〔元〕脱脱等　撰

遼史

中華書局

二十四史

元 脱脱等撰

遼史

第一册

卷一至卷三〇（紀）

中華書局

出版説明

一

遼史一百十六卷，元脱脱等修，記載遼政權二百多年（公元九〇七——一一二五年）的歷史。其中也兼敍了遼以前契丹族和遼末耶律大石建立的西遼的歷史。

契丹是我國歷史上的古老各族之一，魏書、隋書等史都有傳。唐末，封建軍閥篡奪和瓜分農民起義的果實，在中原和南方各地分别建立自己的統治，契丹貴族耶律阿保機（遼太祖）則在祖國的北方疆土上建立了遼朝。它是一個以契丹貴族爲主，聯合一部分漢族地主和其他各族上層分子組成的政權。

遼朝和歷代封建政權一樣，設立史官，撰寫起居注、日曆，纂修實録。歷次所修的實録，最後由耶律儼綜合編訂成書，後人稱之爲耶律儼實録。耶律儼，析津（今北京）人，本書有傳。他的父親耶律仲禧是在遼朝做官的漢人，本姓李，賜姓耶律。耶律儼本人官至參知政事、知樞密院事、監修國史。

從今本遼史可以考見，耶律儼實録包括紀、志、傳等部分，爲後來編寫紀傳體遼

史打下了基礎。金朝兩次纂修遼史，都以這部書爲基本依據。第一次纂修在完顏亶（熙宗）時代，由耶律固、蕭永祺先後執筆，皇統八年（公元一一四八年）完成，未曾刊行，到元修遼史時稿本已散佚無存。第二次在完顏璟（章宗）時代，由移剌履、党懷英等十三人纂修，泰和七年（公元一二〇七年）由陳大任最後完成，後人稱之爲陳大任遼史。當時由於修史的所謂「義例」未定，主要是金朝繼承哪一朝的「帝統」問題還未解決，所以陳大任遼史也没有經金朝批准刊行。

元代中統二年（公元一二六一年）和至元元年（公元一二六四年），都曾議修遼、金二史。南宋亡後，又議修遼、金、宋三史。也由於「義例」未定，以至「六十餘年，歲月因循」。關於「義例」的争論主要有兩種意見：一種主張仿晉書例，以遼、金作爲「載記」，附於宋史；另一種主張仿南、北史例，以北宋爲「宋史」，南宋爲「南史」，遼、金爲「北史」。這個問題長期争議不決。直到元末至正三年（公元一三四三年），脱脱任纂修三史的都總裁，才决定遼、金、宋「各與正統，各繫其年號」，由廉惠山海牙、王沂、徐昺、陳繹曾四人分撰遼史。當時階級矛盾和民族矛盾都很尖鋭，各地人民相繼起義，元政權處於風雨飄摇之中，財政又極困難，故三史都是倉促修成。其中遼史時間最短，只用了十一個月（至正三年四月到四年三月）。這次纂修即以耶律儼實録、陳大任遼史爲基礎，參考資治通鑑、契

中華書局

丹國志及各史契丹傳等，稍加修訂編排。撰成本紀三十卷，志三十二卷，表八卷，列傳四十五卷，國語解一卷，共一百十六卷，就是現在這部遼史。

二

元修遼史時，既没有認真搜集和考訂史料，再加上紀、志、表、傳之間相互檢對也很不够，因此前後重複，史實錯誤，缺漏和自相矛盾之處很多。甚至把一件事當成兩件事，一個人當成兩個人或三個人。這種混亂現象在二十四史中是很突出的。

但由於耶律儼實録和陳大任遼史都已失傳，元修遼史成了現存唯一的一部比較系統、完整地記載遼朝歷史的書。它提供了一些研究當時階級鬥爭、生産鬥爭、民族關係等問題的材料。

例如，天祚紀反映出，當遼朝對女真的戰爭節節失敗的時候，漢族農民和各族人民紛紛起義，其中由安生兒、張高兒領導的起義軍多達二十萬人。又如營衛志、禮志提供了契丹部落的建置、分佈，以及遊牧民族風俗習慣的材料。地理志和百官志記録了當時的地理建置和農牧區統治機構的概況。本紀、部族表、屬國表、二國外紀等部分還保存了一些研究契丹以外各族歷史以及中外關係史的參考資料。從遼史裏還可以看到，當時草原上由

於農業的發展，手工業人口的增加，逐步出現了一些農業聚落和城市。特別是先後建立的上京和中京，與南京（今北京）有着密切的聯繫，從而溝通了這一廣闊地區的經濟和文化。

三

遼史於元順帝至正五年（公元一三四五年）與金史同時刊刻，只印了一百部，這次的印本已經失傳。明初修永樂大典引用的很可能就是這個初刻本。商務印書館影印的百衲本，係用幾種元末或明初翻刻本殘本拼湊而成，雖有不少脱誤，但也有許多勝於後出諸本的地方。明南監本源於百衲本所據的元本。北監本脱誤與南監本同，且偶有誤改。清乾隆殿本係據北監本校刻。道光殿本據四庫本改譯人名、官名等，有失原書面目。

這次點校，以百衲本爲工作本，用乾隆殿本進行通校，以南、北監本和道光殿本進行參校。又用永樂大典所引遼史全部校對一過。另外，還用紀、志、表、傳互校，並參考册府元龜、資治通鑑、續資治通鑑長編、新舊唐書、新舊五代史、宋史、金史、契丹國志、遼文匯等書校訂了史文的脱誤。對於前人校勘成果，主要參考了錢大昕二十二史考異、厲鶚遼史拾遺、陳漢章遼史索隱、張元濟遼史校勘記（稿本）、馮家昇遼史初校、羅繼祖遼史校勘記。原書卷首有關修史的材料移作附録。舊有的總目不便尋檢，現予重編。

本書原由馮家昇同志點校，没有做完。後來馮家昇同志逝世，經陳述同志完成了全部點校工作。陳金生同志擔任了全書的編輯整理。工作中可能還有不少缺點錯誤，希望讀者指正。

中華書局編輯部

遼史目錄

遼史卷一

本紀第一

太祖上

太祖大聖大明神烈天皇帝，姓耶律氏，諱億，字阿保機，小字啜里只，契丹迭剌部霞瀨益石烈鄉耶律彌里人。[一]德祖皇帝長子，母曰宣簡皇后蕭氏。唐咸通十三年生。初，母夢日墮懷中，有娠。及生，室有神光異香，體如三歲兒，卽能匍匐。祖母簡獻皇后異之，鞠爲己子。常匿於別幕，塗其面，不令他人見。三月能行；晬而能言，知未然事。自謂左右若有神人翼衞。雖齠齔，言必及世務。時伯父當國，疑輒咨焉。旣長，身長九尺，豐上銳下，目光射人，關弓三百斤。爲撻馬狘沙里。時小黃室韋不附，太祖以計降之。伐越兀及烏古、六奚、比沙狘諸部，克之。國人號阿主沙里。

唐天復元年，歲辛酉，痕德菫可汗立，以太祖爲本部夷離菫，專征討，連破室韋、于厥及

奚帥轄剌哥，俘獲甚衆。冬十月，授大迭烈府夷離菫。

明年秋七月，以兵四十萬伐河東代北，[二]攻下九郡，獲生口九萬五千，駝、馬、牛、羊不可勝紀。九月，城龍化州于潢河之南，始建開教寺。

明年春，伐女直，下之，獲其戶三百。九月，復攻下河東懷遠等軍。冬十月，引軍略至薊北，俘獲以還。先是德祖俘奚七千戶，徙饒樂之淸河，至是創爲奚迭剌部，分十三縣。遂拜太祖于越、總知軍國事。

明年歲甲子，三月，廣龍化州之東城。九月，討黑車子室韋，唐盧龍軍節度使劉仁恭發兵數萬，遣養子趙霸來拒。霸至武州，太祖諜知之，伏勁兵桃山下。遣室韋人牟里詐稱其會長所遣，約霸兵會平原。旣至，四面伏發，擒霸，殲其衆，乘勝大破室韋。

明年七月，復討黑車子室韋。唐河東節度使李克用遣通事康令德乞盟。冬十月，太祖以騎兵七萬會克用于雲州，宴酣，克用借兵以報劉仁恭木瓜澗之役，太祖許之。易袍馬，約爲兄弟。及進兵擊仁恭，拔數州，盡徙其民以歸。

明年二月，復擊劉仁恭。還，襲山北奚，破之。汴州朱全忠遣人浮海奉書幣、衣帶、珍玩來聘。十一月，遣偏師討奚、霫諸部及東北女直之未附者，悉破降之。十二月，痕德菫可汗殂，羣臣奉遺命請立太祖。曷魯等勸進。太祖三讓，從之。

元年春正月庚寅，命有司設壇于如迂王集會堝，[三]燔柴告天，卽皇帝位。尊母蕭氏爲皇太后，立皇后蕭氏。北宰相蕭轄剌、南宰相耶律歐里思率羣臣上尊號曰天皇帝，后曰地皇后。庚子，詔皇族承遙輦氏九帳爲第十帳。

二月戊午，以從弟迭栗底爲迭烈府夷離菫。是月，征黑車子室韋，降其八部。

夏四月丁未朔，唐梁王朱全忠廢其主，尋弑之，[四]自立爲帝，國號梁，遣使來告。劉仁恭子守光囚其父，自稱幽州盧龍軍節度使。

秋七月乙酉，其兄平州刺史守奇率其衆數千人來降，命置之平盧城。

冬十月乙巳，討黑車子室韋，破之。

二年春正月癸酉朔，御正殿受百官及諸國使朝。辛巳，始置惕隱，典族屬，以皇弟撒剌爲之。河東李克用卒，[五]子存勗襲，遣使弔慰。

夏五月癸酉，詔撒剌討烏丸、黑車子室韋。

秋八月壬子，幽州進合歡瓜。

冬十月己亥朔，建明王樓。築長城於鎭東海口。遣輕兵取吐渾叛入室韋者。

三年春正月，幸遼東。

二月丁酉朔，梁遣郎公遠來聘。

三月，滄州節度使劉守文爲弟守光所攻，遣人來乞兵討之。命皇弟舍利素、夷離菫蕭敵魯以兵會守文於北淖口。進至橫海軍近淀，一鼓破之，守光潰去。因名北淖口爲會盟口。

夏四月乙卯，詔左僕射韓知古建碑龍化州大廣寺以紀功德。

五月甲申，置羊城于炭山之北以通市易。

冬十月己巳，遣鷹軍討黑車子室韋，破之。西北嗢娘改部族進輓車人。

四年秋七月戊子朔，以后兄蕭敵魯爲北府宰相。后族爲相自此始。

冬十月，烏馬山奚庫支及查剌底、鋤勃德等叛，討平之。

五年春正月丙戌朔，日有食之。丙申，上親征西部奚。奚阻險，叛服不常，數招諭弗聽。是役所向輒下，遂分兵討東部奚，亦平之。於是盡有奚、霫之地。東際海，南曁白檀，

西踰松漠，北抵潢水，凡五部，咸入版籍。

三月，次灤河，刻石紀功。復略地薊州。

夏四月壬申，遣人使梁。

五月，皇弟剌葛、迭剌、寅底石、安端謀反。安端妻粘睦姑知之，以告，得實。上不忍加誅，乃與諸弟登山刑牲，告天地爲誓而赦其罪。出剌葛爲迭剌部夷離菫，封粘睦姑爲晉國夫人。

秋七月壬午朔，斜離底及諸蕃使來貢。

八月甲子，劉守光僭號幽州，稱燕。

冬十月戊午，置鐵冶。

十一月壬午，遣人使梁。

六年春正月，以化葛爲惕隱。

二月戊午，親征劉守光。

三月，至自幽州。

夏四月，梁郢王友珪弒父自立。

秋七月丙午，親征朮不姑，降之，俘獲以數萬計。命弟剌葛分兵攻平州。

八月壬辰，上次恩德山。皇子李胡生。

冬十月戊寅，剌葛破平州，還，復與迭剌、寅底石、安端等反。甲申，遣人使梁致祭。壬辰，還次北阿魯山，聞諸弟以兵阻道，引軍南趨十七濼。是日燔柴。翼日，次七渡河，諸弟各遣人謝罪。上猶矜憐，許以自新。

是歲，以兵討兩冶，以所獲僧崇文等五十人歸西樓，建天雄寺以居之，以示天助雄武。

七年春正月甲辰朔，以用兵免朝。晉王李存勗拔幽州，擒劉守光。甲寅，王師次赤水城，弟剌葛等乞降。上素服，乘赭白馬，以將軍耶律樂姑、轄剌僅阿鉢爲御，解兵器、肅侍衞以受之，因加慰諭。剌葛等引退，上復數遣使撫慰。

二月甲戌朔，梁均王友貞討殺其兄友珪，嗣立。

三月癸丑，次蘆水，弟迭剌哥圖爲奚王，與安端擁千餘騎而至，紿稱入覲。上怒曰：「爾曹始謀逆亂，朕特恕之，使改過自新，尙爾反覆，將不利於朕！」遂拘之。以所部分隸諸軍。而剌葛引其衆至乙室菫淀，具天子旗鼓，將自立，皇太后陰遣人諭令避去。會弭姑乃、懷里陽言車駕且至，其衆驚潰，掠居民北走，上以兵追之。剌葛遣其黨寅底石引兵徑趨行宮，焚其輜重、廬帳，縱兵大殺。皇后急遣蜀古魯救之，〔六〕僅得天子旗鼓而已。其黨神速姑復劫西樓，焚明王樓。上至土河，秣馬休兵，若不爲意。諸將請急追之，上曰：「俟其遠遁，人各懷土。懷土既切，其心必離，我軍乘之，破之必矣！」盡以先所獲資畜分賜將士，留夷離畢直里姑總政務。

夏四月戊寅，北追剌葛。己卯，次彌里，問諸弟面木葉山射鬼箭厭禳，〔七〕乃執叛人解里向彼，亦以其法厭之。至達里淀，選輕騎追及培只河，盡獲其黨輜重、生口。先遣室韋及吐渾酋長拔剌、迪里姑等五人分兵伏其前路，命北宰相迪里古爲先鋒進擊之。剌葛率兵逆戰，迪里古以輕兵薄之。其弟遏古只臨陣，射數十人斃，衆莫敢前。相拒至晡，衆乃潰。追至柴河，遂自焚其車乘廬帳而去。前遇拔剌、迪里姑等伏發，合擊，遂大敗之。剌葛奔潰，遺其所奪神帳於路，上見而拜奠之。所獲生口盡縱歸本土。其黨庫古只、磨朶皆面縛請罪。師次札堵河，大雨暴漲。

五月癸丑，遣北宰相迪輦率驍騎先渡。甲寅，奏擒剌葛、涅里衮阿鉢於榆河，前北宰相蕭實魯、寅底石自剄不殊。遂以黑白羊祭天地。壬戌，剌葛、涅里衮阿鉢詣行在，以槀索自縛，牽羊望拜。上還至大嶺。時大軍久出，輜重不相屬，士卒煮馬駒、採野菜以爲食，孳畜道斃者十七八，物價十倍，器服資貨委棄於楚里河，狼藉數百里，因更剌葛名暴里。丙

寅，至庫里，以青牛白馬祭天地。以生口六百、馬二千三百分賜大、小鶻軍。

六月辛巳，至榆嶺，以轄賴縣人掃古非法殘民，磔之。甲申，上登都庵山，撫其先奇首可汗遺跡，徘徊顧瞻而興歎焉。閘獄官涅離擅造大校，人不堪其苦，有至死者，命誅之。壬辰，次狼河，獲逆黨雅里、彌里，生埋之銅河南軌下。放所俘還，多爲于骨里所掠。上怒，引輕騎馳擊。復遣驍將分道追襲，盡獲其衆幷掠者。庚子，次阿敦濼，以養子涅里思附諸弟叛，以鬼箭射殺之。其餘黨六千，各以輕重論刑。于厥掠生口者三十餘人，亦俾贖其罪，放歸本部。至石嶺西，詔收回軍乏食所棄兵仗，召北府兵驗而還之。以夷離菫涅里衮附諸弟爲叛，不忍顯戮，命自投崖而死。

秋八月己卯，幸龍眉宮，轘逆黨二十九人，以其妻女賜有功將校，所掠珍寶、孳畜還主；亡其本物者，命責償其家；不能償者，賜以其部曲。

九月壬戌，上發自西樓。

冬十月庚午，駐赤崖。戊寅，和州回鶻來貢。癸未，乙室府人迪里古、迷骨離部人特里以從逆誅。詔羣臣分決滯訟，以韓知古錄其事，只里姑掌捕亡。

十一月，祠木葉山。還次昭烏山，省風俗，見高年，議朝政，定吉凶儀。

十二月戊子，燔柴于蓮花濼。

八年春正月甲辰，以曷魯爲迭剌部夷離堇，忽烈爲惕隱。于骨里部人特離敏執逆黨怖胡、亞里只等十七人來獻，上親鞫之。辭多連宗室及有脅從者，乃杖殺首惡怖胡，餘並原釋。于越率懶之子化哥屢蓄姦謀，上每優容之，而反覆不悛，召父老羣臣正其罪，并其子戮之，分其財以給衞士。有司所鞫逆黨三百餘人，獄既具，上以人命至重，死不復生，賜宴一日，隨其平生之好，使爲之。酒酣，或歌、或舞、或戲射、角觝，各極其意。明日，乃以輕重論刑。首惡剌葛，其次迭剌哥，上猶弟之，不忍置法，杖而釋之。以寅底石、安端性本庸弱，爲剌葛所使，皆釋其罪。前于越赫底里子解里、剌葛妻轄剌已實預逆謀，命皆絞殺之。寅底石妻涅離脅從，安端妻粘睦姑嘗有忠告，並免。因謂左右曰：「諸弟性雖敏黠，而蓄姦稔惡。嘗自矜有出人之智，安忍兇狠，谿壑可塞而貪黷無厭。求人之失，雖小而可恕，謂重如泰山；身行不義，雖入大惡，謂輕於鴻毛。昵比羣小，謀及婦人，同惡相濟，以危國祚。雖欲不敗，其可得乎？北宰相實魯妻餘盧覩姑於國至親，一旦負朕，從于叛逆，未置之法而病死，此天誅也。解里自幼與朕常同寢食，眷遇之厚，冠於宗屬，亦與其父背大恩而從不軌，茲可恕乎！」

秋七月丙申朔，有司上諸帳族與謀逆者三百餘人罪狀，皆棄市。上嘆曰：「致人于死，

豈朕所欲。若止負朕躬，尚可容貸。此曹恣行不道，殘害忠良，塗炭生民，剽掠財產。民間昔有萬馬，今皆徒步，有國以來所未嘗有。實不得已而誅之。」

冬十月甲子朔，建開皇殿於明王樓基。

九年春正月，烏古部叛，討平之。

夏六月，幽州軍校齊行本舉其族及其部曲男女三千人請降，詔授檢校尚書、左僕射，賜名兀欲，給其廩食。數日亡去，幽帥周德威納之。及詔索之，德威語不遜，乃議南征。

冬十月戊申，鈎魚于鴨淥江。新羅遣使貢方物，高麗遣使進寶劍，吳越王錢鏐遣滕彥休來貢。

是歲，君基太一神數見，詔圖其像。

神册元年春二月丙戌朔，上在龍化州，迭烈部夷離堇耶律曷魯等率百僚請上尊號，三表乃允。丙申，羣臣及諸屬國築壇州東，上尊號曰大聖大明天皇帝，后曰應天大明地皇后。大赦，建元神册。初，闕地爲壇，得金鈴，因名其地曰金鈴岡。壇側滿林曰册聖林。

三月丙辰，以迭烈部夷離堇曷魯爲阿廬朶里于越，百僚進秩、頒賚有差，賜酺三日。立子倍爲皇太子。

夏四月乙酉朔，晉幽州節度使盧國用來降，〔八〕以爲幽州兵馬留後。甲辰，梁遣郎公遠來賀。

六月庚寅，吳越王遣滕彥休來貢。

秋七月壬申，親征突厥、吐渾、党項、小蕃、沙陀諸部，皆平之。俘其酋長及其戶萬五千六百，鎧甲、兵仗、器服九十餘萬，寶貨、駝馬、牛羊不可勝算。

八月，拔朔州，擒節度使李嗣本。勒石紀功於青塚南。

冬十月癸未朔，乘勝而東。

十一月，攻蔚、新、武、嬀、儒五州，斬首萬四千七百餘級。自代北至河曲踰陰山，盡有其地。遂改武州爲歸化州，嬀州爲可汗州，置西南面招討司，選有功者領之。其圍蔚州，敵樓無故自壞，衆軍大譟乘之，不踰時而破。時梁及吳越二使皆在焉，詔引環城觀之，因賜滕彥休名曰述呂。

十二月，收山北八軍。

二年春二月，晉新州裨將盧文進殺節度使李存矩來降。進攻其城，刺史安金全遁，以文進部將劉殷爲刺史。

三月辛亥，攻幽州，節度使周德威以幽、并、鎮、定、魏五州之兵拒于居庸關之西，合戰於新州東，大破之，斬首三萬餘級，殺李嗣恩之子武八。〔九〕以后弟阿骨只爲統軍，實魯爲先鋒，東出關略燕、趙，不遇敵而還。己未，于骨里叛，命室魯以兵討之。

夏四月壬午，圍幽州，不克。

六月乙巳，望城中有氣如煙火狀，上曰：「未可攻也。」以大暑霖潦，班師。留曷魯、盧國用守之。剌葛與其子賽保里叛入幽州。

秋八月，李存勗遣李嗣源等救幽州，曷魯等以兵少而還。

三年春正月丙申，以皇弟安端爲大內惕隱，命攻雲州及西南諸部。

二月，達旦國來聘。癸亥，城皇都，以禮部尚書康默記充版築使。梁遣使來聘。晉、吳越、渤海、高麗、回鶻、阻卜、党項及幽、鎮、定、魏、潞等州各遣使來貢。

夏四月乙巳，皇弟迭烈哥謀叛，事覺，知有罪當誅，預爲營壙，而諸戚請免。上素惡其弟寅底石妻涅里衮，乃曰：「涅里衮能代其死，則從。」涅里衮自縊壙中，并以奴女古、叛人曷魯只生瘞其中。遂赦迭烈哥。

五月乙亥，詔建孔子廟、佛寺、道觀。

秋七月乙酉，于越曷魯薨，上震悼久之，輟朝三日，贈賻有加。

冬十二月庚子朔，幸遼陽故城。辛丑，北府宰相蕭敵魯薨。戊午，以于越曷魯弟汙里軫爲迭烈部夷離菫，蕭阿古只爲北府宰相。甲子，皇孫隈欲生。

校勘記

〔一〕霞瀨益石烈　張元濟校勘記（以下稱張校）引百官志一「石烈，縣也」，百官志二「彌里，鄉也」，謂石烈下不應綴鄉字。按國語解又以石烈爲鄉，彌里爲鄉之小者。石烈鄉，鄉字亦複贅。檢下文太祖七年六月轄賴縣、營衛志下六院部轄懶石烈，均此名異譯。鄉字衍。

〔二〕伐河東代北　代北，原誤「伐北」，據兵衛志上及永樂大典（道光殿本考證引）改。

〔三〕如迂王集會堝　紀太宗天顯五年十月作如迂正集會堝。

〔四〕夏四月丁未朔唐梁王朱全忠廢其主尋弒之　錢大昕廿二史考異（以下稱考異）引歐陽修五代史記（以下稱新五代史），梁王即位在四月甲子，明年正月「弒濟陰王」。此繫之四月朔，誤。

〔五〕河東李克用卒　卒字，據張校補。

〔六〕皇后急遣蜀古魯救之　蜀古魯，儀衛志四作曷古魯，是。

〔七〕問諸弟面木葉山射鬼箭厭禳　馮家昇遼史初校（以下稱馮校）云：問當作聞。

〔八〕晉幽州節度使盧國用來降　按此爲次年二月盧文進來降之重出。考異又論是時幽州節度使爲周德威，不能同時又是盧國用。因文進爲契丹平州節度使，遂誤以契丹所授之官爲唐官。輯本薛居正五代史（以下稱舊五代史）九七文進字國用，新五代史四八作大用。

〔九〕李嗣恩之子武八　嗣恩，原誤「嗣本」。按新、舊五代史李嗣本傳均不稱有子武八。檢舊五代史五二李嗣恩傳：「有子二人，長曰武八……戰契丹於新州，歿焉。」據改。

遼史卷二

本紀第二

太祖下

四年春正月丙申，射虎東山。

二月丙寅，修遼陽故城，以漢民、渤海戶實之，改爲東平郡，置防禦使。

夏五月庚辰，至自東平郡。

秋八月丁酉，謁孔子廟，命皇后、皇太子分謁寺觀。

九月，征烏古部，道聞皇太后不豫，一日馳六百里還，侍太后，病間，復還軍中。

冬十月丙午，次烏古部，天大風雪，兵不能進，上禱于天，俄頃而霽。命皇太子將先鋒軍進擊，破之，俘獲生口萬四千二百，牛馬、車乘、廬帳、器物二十餘萬。自是舉部來附。

五年春正月乙丑，始製契丹大字。

夏五月丙寅，吳越王復遣滕彥休貢犀角、珊瑚，授官以遣。庚辰，有龍見于拽剌山陽水上，上射獲之，藏其骨內府。

閏六月丁卯，以皇弟蘇爲惕隱，康默記爲夷離畢。

秋八月己未朔，党項諸部叛。辛未，上親征。

九月己丑朔，梁遣郎公遠來聘。壬寅，大字成，詔頒行之。皇太子率迭剌部夷離菫汙里軫等略地雲內、天德。

冬十月辛未，攻天德。癸酉，節度使宋瑤降，賜弓矢、鞍馬、旗鼓，更其軍曰應天。甲戌，班師。宋瑤復叛。丙子，拔其城，擒宋瑤，俘其家屬，徙其民於陰山南。

十二月己未，師還。

六年春正月丙午，以皇弟蘇爲南府宰相，迭里爲惕隱。南府宰相，自諸弟構亂，府之名族多罹其禍，故其位久虛，以鋤得部轄得里、只里古攝之。府中數請擇任宗室，上以舊制不可輒變；請不已，乃告于宗廟而後授之。宗室爲南府宰相自此始。

夏五月丙戌朔，詔定法律，正班爵。丙申，詔畫前代直臣像爲招諫圖，及詔長吏四孟月詢民利病。

六月乙卯朔，日有食之。

冬十月癸丑朔，晉新州防禦使王郁以所部山北兵馬內附。丙子，上率大軍入居庸關。

十一月癸卯，下古北口。丁未，分兵略檀、順、安遠、三河、良鄉、望都、潞、滿城、遂城等十餘城，俘其民徙內地。

十二月癸丑，王郁率其衆來朝，上呼郁爲子，賞賚甚厚，而徙其衆于潢水之南。庚申，皇太子率王郁略地定州，康默記攻長蘆。唐義武軍節度使王處直養子都囚其父，[一]自稱留後。癸亥，圍涿州，有白兔緣壘而上，是日破其郛。癸酉，刺史李嗣弼以城降。乙亥，存勗至定州，王都迎謁馬前。存勗引兵趨望都，遇我軍秃餒五千騎，圍之，存勗力戰數四，不解。李嗣昭領三百騎來救，我軍少却，存勗乃得出。大戰，我軍不利，引歸。存勗至幽州，遣二百騎躡我軍後，我軍反擊，悉擒之。己卯，還次檀州，幽人來襲，擊走之，擒其裨將。詔徙檀、順民于東平、瀋州。

天贊元年春二月庚申，復徇幽、薊地。癸酉，詔改元，赦軍前殊死以下。

夏四月甲寅，攻薊州。戊午，拔之，擒刺史胡瓊，以盧國用、涅魯古典軍民事。壬戌，大

饗軍士。癸亥，李存勗圍鎭州，張文禮求援，命郎君迭烈、將軍康末怛往擊，敗之，殺其將李嗣昭。辛未，攻石城縣，拔之。

五月丁未，張文禮卒，其子處瑾遣人奉表來謝。

六月，遣鷹軍擊西南諸部，以所獲賜貧民。

冬十月甲子，以蕭霞的爲北府宰相。分迭剌部爲二院：斜涅赤爲北院夷離堇，綰思爲南院夷離堇。詔分北大濃兀爲二部，立兩節度使以統之。

十一月壬寅，命皇子堯骨爲天下兵馬大元帥，略地薊北。

二年春正月丙申，大元帥堯骨克平州，獲刺史趙思溫、裨將張崇。[二]

二月，如平州。甲子，以平州爲盧龍軍，置節度使。

三月戊寅，軍于箭笴山，討叛奚胡損，獲之，射以鬼箭。誅其黨三百人，沉之狗河。置奚墮瑰部，以勃魯恩權總其事。

夏四月己酉，梁遣使來聘，吳越王遣使來貢。癸丑，命堯骨攻幽州，迭剌部夷離堇覿烈徇山西地。庚申，堯骨軍幽州東，節度使符存審遣人出戰，敗之，擒其將裴信父子。

閏月庚辰，堯骨抵鎭州。壬午，拔曲陽。丙戌，下北平。是月，晉王李存勗卽皇帝位，

國號唐。

五月戊午，堯骨師還。癸亥，大饗軍士，賞賚有差。

六月辛丑，波斯國來貢。

秋七月，前北府宰相蕭阿古只及王郁徇地燕、趙。

冬十月辛未朔，日有食之。己卯，唐兵滅梁。

三年春正月，遣兵略地燕南。

夏五月丙午，以惕隱迭里爲南院夷離堇。是月，徙薊州民實遼州地。渤海殺其刺史張秀實而掠其民。

六月乙酉，召皇后、皇太子、大元帥及二宰相、諸部頭等詔曰：「上天降監，惠及烝民。聖主明王，萬載一遇。朕既上承天命，下統羣生，每有征行，皆奉天意。是以機謀在己，取舍如神，國令既行，人情大附。舛訛歸正，遐邇無愆。可謂大含溟海，安納泰山矣！自我國之經營，爲羣方之父母。憲章斯在，胤嗣何憂？升降有期，去來在我。良籌聖會，自有契於天人；衆國羣王，豈可化其凡骨？三年之後，歲在丙戌，時值初秋，必有歸處。然未終兩事，豈負親誠？日月非遙，戒嚴是速。」聞詔者皆驚懼，莫識其意。是日，大舉征吐渾、党項、阻卜

等部。詔皇太子監國，大元帥堯骨從行。

秋七月辛亥，曷剌等擊素昆那山東部族，破之。

八月乙酉，至烏孤山，以鵝祭天。甲午，次古單于國，登阿里典壓得斯山，以麃鹿祭。

九月丙申朔，次古回鶻城，勒石紀功。庚子，拜日于蹛林。丙午，遣騎攻阻卜。南府宰相蘇、南院夷離堇迭里略地西南。乙卯，蘇等獻俘。丁巳，鑿金河水，取烏山石，[三]輦致潢河、木葉山，以示山川朝海宗嶽之意。癸亥，大食國來貢。甲子，詔礱闢遏可汗故碑，以契丹、突厥、漢字紀其功。是月，破胡母思山諸蕃部，次業得思山，以赤牛青馬祭天地。回鶻霸里遣使來貢。

冬十月丙寅朔，獵寓樂山，獲野獸數千，以充軍食。丁卯，軍于霸離思山。遣兵踰流沙，拔浮圖城，盡取西鄙諸部。

十一月乙未朔，獲甘州回鶻都督畢離遏，因遣使諭其主烏母主可汗。射虎于烏剌邪里山，抵霸室山。六百餘里且行且獵，日有鮮食，軍士皆給。

四年春正月壬寅，以捷報皇后、皇太子。

二月丙寅，大元帥堯骨略党項。丁卯，皇后遣康末怛問起居，進御服、酒膳。乙亥，蕭

阿古只略燕、趙還，進牙旗兵仗。辛卯，堯骨獻党項俘。

三月丙申，饗軍于水精山。

夏四月甲子，南攻小蕃，下之。皇后、皇太子迎謁於札里河。癸酉，回鶻烏母主可汗遣使貢謝。

五月甲寅，清暑室韋北陘。

秋九月癸巳，至自西征。

冬十月丁卯，唐以滅梁來告，卽遣使報聘。庚辰，日本國來貢。辛巳，高麗國來貢。

十一月丁酉，幸安國寺，飯僧，赦京師囚，縱五坊鷹鶻。己酉，新羅國來貢。

十二月乙亥，詔曰：「所謂兩事，一事已畢，惟渤海世讎未雪，豈宜安駐！」乃舉兵親征渤海大諲譔。皇后、皇太子、大元帥堯骨皆從。

閏月壬辰，祠木葉山。壬寅，以靑牛白馬祭天地于烏山。己酉，次撒葛山，射鬼箭。丁巳，次商嶺，夜圍扶餘府。

天顯元年春正月己未，白氣貫日。庚申，拔扶餘城，誅其守將。丙寅，命惕隱安端、前北府宰相蕭阿古只等將萬騎爲先鋒，遇諲譔老相兵，破之。皇太子、大元帥堯骨、南府宰相

蘇、北院夷離菫斜涅赤、南院夷離菫迭里是夜圍忽汗城。己巳，諲譔請降。庚午，駐軍于忽汗城南。辛未，諲譔素服，稾索牽羊，率僚屬三百餘人出降。上優禮而釋之。甲戌，詔諭渤海郡縣。丙子，遣近侍康末怛等十三人入城索兵器，爲邏卒所害。丁丑，諲譔復叛，攻其城，破之。駕幸城中，諲譔請罪馬前。詔以兵衞諲譔及族屬以出。祭告天地，復還軍中。

二月庚寅，安邊、鄚頡、南海、定理等府及諸道節度、刺史來朝，慰勞遣之。以所獲器幣諸物賜將士。壬辰，以靑牛白馬祭天地。大赦，改元天顯。以平渤海遣使報唐。甲午，復幸忽汗城，閱府庫物，賜從臣有差。以奚部長勃魯恩、王郁自回鶻、新羅、吐蕃、党項、室韋、沙陀、烏古等從征有功，優加賞賚。丙午，改渤海國爲東丹，忽汗城爲天福。册皇太子倍爲人皇王以主之。以皇弟迭剌爲左大相，渤海老相爲右大相，渤海司徒大素賢爲左次相，耶律羽之爲右次相。赦其國內殊死以下。丁未，高麗、濊貊、鐵驪、靺鞨來貢。

三月戊午，遣夷離畢康默記、左僕射韓延徽攻長嶺府。甲子，祭天。丁卯，幸人皇王宮。己巳，安邊、鄚頡、定理三府叛，遣安端討之。丁丑，三府平。壬午，安端獻俘，誅安邊府叛帥二人。癸未，宴東丹國僚佐，頒賜有差。甲申，幸天福城。乙酉，班師，以大諲譔舉族行。

夏四月丁亥朔，次傘子山。辛卯，人皇王率東丹國僚屬辭。是月，唐養子李嗣源反，郛存謙弑其主存勗，〔四〕嗣源遂卽位。

五月辛酉，南海、定理二府復叛，大元帥堯骨討之。

六月丁酉，二府平。丙午，次愼州，唐遣姚坤以國哀來告。

秋七月丙辰，鐵州刺史衞鈞反。乙丑，堯骨攻拔鐵州。庚午，東丹國左大相迭剌卒。辛未，衞送大諲譔于皇都西，築城以居之。賜諲譔名曰烏魯古，妻曰阿里只。盧龍行軍司馬張崇叛，奔唐。〔五〕甲戌，次扶餘府，上不豫。是夕，大星隕于幄前。辛巳平旦，子城上見黃龍繚繞，可長一里，光耀奪目，入于行宮。有紫黑氣蔽天，踰日乃散。是日，上崩，年五十五。天贊三年上所謂「丙戌秋初，必有歸處」，至是乃驗。壬午，皇后稱制，權決軍國事。

八月辛卯，康默記等攻下長嶺府。甲午，皇后奉梓宮西還。壬寅，堯骨討平諸州，奔赴行在。乙巳，人皇王倍繼至。

九月壬戌，南府宰相蘇薨。丁卯，梓宮至皇都，權殯于子城西北。己巳，上諡昇天皇帝，廟號太祖。

冬十月，盧龍軍節度使盧國用叛，奔于唐。

十一月丙寅，殺南院夷離菫耶律迭里、郎君耶律匹魯等。

二年八月丁酉，葬太祖皇帝于祖陵，置祖州天城軍節度使以奉陵寢。統和二十六年七月，進諡大聖大明天皇帝。重熙二十一年九月，加諡大聖大明神烈天皇帝。太祖所崩行宮在扶餘城西南兩河之間，後建昇天殿于此，而以扶餘爲黃龍府云。

贊曰：遼之先，出自炎帝，世爲審吉國，其可知者蓋自奇首云。奇首生都菴山，徙潢河之濱。傳至雅里，始立制度，置官屬，刻木爲契，穴地爲牢。讓阻午而不肯自立。雅里生毗牒。毗牒生頦領。頦領生耨里思，大度寡欲，令不嚴而人化，是爲肅祖。肅祖生薩剌德，嘗與黃室韋挑戰，矢貫數札，是爲懿祖。懿祖生勻德實，始教民稼穡，善畜牧，國以殷富，是爲玄祖。玄祖生撒剌的，仁民愛物，始置鐵冶，敎民鼓鑄，是爲德祖，卽太祖之父也。世爲契丹遙輦氏之夷離菫，執其政柄。德祖之弟述瀾，北征于厥、室韋，南略易、定、奚、霫，始興板築，置城邑，敎民種桑麻，習織組，已有廣土衆民之志。而太祖受可汗之禪，遂建國。東征西討，如折枯拉朽。東自海，西至于流沙，北絕大漠，信威萬里，歷年二百，豈一日之故哉！周公誅管、蔡，人未有能非之者。剌葛、安端之亂，太祖既貸其死而復用之，非人君之度乎？舊史扶餘之變，亦異矣夫！

校勘記

〔一〕唐義武軍節度使王處直　唐，原誤「晉」。據卷七五王郁傳、舊五代史五四及司馬光資治通鑑（以下稱通鑑）改。

〔二〕裨將張崇　張崇，新五代史四七、舊五代史八八本傳並作張希崇。此避天祚延禧嫌名，去「希」字。

〔三〕鑿金河水取烏山石　按「鑿」「取」二字互舛。

〔四〕郭存謙弑其主存勗　存謙，新五代史七三作從謙。

〔五〕盧龍行軍司馬張崇叛奔唐　按張奔唐事，舊五代史三九及通鑑並繫于天成三年（遼天顯三年）閏八月。

遼史卷三

本紀第三

太宗上

太宗孝武惠文皇帝，諱德光，字德謹，小字堯骨。太祖第二子，母淳欽皇后蕭氏。唐天復二年生，神光異常，獵者獲白鹿、白鷹，人以爲瑞。及長，貌嚴重而性寬仁，軍國之務多所取決。

天贊元年，授天下兵馬大元帥，尋詔統六軍南徇地。明年，下平州，獲趙思溫、張崇。回破箭笴山胡遜奚，諸部悉降。復以兵掠鎮、定，所至皆堅壁不敢戰。師次幽州，符存審拒于州南，縱兵邀擊，大破之，擒裨將裴信等數十人。及從太祖破于厥里諸部，定河壖党項，下山西諸鎮，取回鶻單于城，東平渤海，破達盧古部，東西萬里，所向皆有功。

天顯元年七月，太祖崩，皇后攝軍國事。明年秋，治祖陵畢。冬十一月壬戌，人皇王倍率羣臣請于后曰：「皇子大元帥勳望，中外攸屬，宜承大統。」后從之。是日即皇帝位。癸亥，謁太祖廟。丙寅，行柴册禮。戊辰，還都。壬申，御宣政殿，羣臣上尊號曰嗣聖皇帝。大赦。有司請改元，不許。十二月庚辰，尊皇太后爲太皇太后，皇后爲應天皇太后，立妃蕭氏爲皇后。禮畢，閱近侍班局。辛巳，諸道將帥辭歸鎮。己丑，祀天地。庚寅，遣使諭諸國。辛卯，閱羣牧于近郊。戊戌，女直遣使來貢。壬寅，謁太祖廟。甲辰，閱旗鼓、客省諸局官屬。丁未，詔選遙輦氏九帳子弟可任官者。

三年春正月己酉，閱北剋兵籍。庚戌，閱南剋兵籍。丁巳，閱皮室、拽剌、墨離三軍。己未，黄龍府羅涅河女直、達盧古來貢。庚午，以王郁爲興國軍節度使，守中書令。

二月，幸長濼。己亥，惕隱涅里衮進白狼。辛丑，達盧古來貢。

三月乙卯，東蒐。癸亥，獵殺攤山。乙丑，獵松山。唐義武軍節度使王都遣人以定州來歸。唐主出師討之，使來乞援，命奚秃里鐵剌往救之。

四月戊寅，東巡。己卯，祭麃鹿神。丁亥，於獵所縱公私取羽毛革木之材。甲午，取箭材赤山。丙申，獵三山。鐵剌敗唐將王晏球于定州。唐兵大集，鐵剌請益師。辛丑，命惕隱涅里袞、都統查剌赴之。

五月丙午，建天膳堂。獵索剌山。戊申，至自獵。丁卯，命林牙突呂不討烏古部。己巳，女直來貢。

六月己卯，行瑟瑟禮。

秋七月丁未，突呂不獻討烏古捷。壬子，王都奏唐兵破定州，鐵剌死之，涅里袞、查剌等數十人被執。上以出師非時，甚悔之，厚賜戰歿將校之家。庚午，有事于太祖廟。

八月丙子，突厥來貢。庚辰，詔建應天皇太后誕聖碑于儀坤州。

九月己卯，突呂不遣人獻討烏古俘。癸未，詔分賜羣臣。己丑，幸人皇王倍第。庚寅，遣人使唐。辛卯，再幸人皇王第。癸巳，有司請以上生日爲天授節，皇太后生日爲永寧節。

冬十月癸卯朔，以永寧節，上率羣臣上壽於延和宮。己酉，謁太祖廟。唐遣使遺玉笛。甲子，天授節，上御五鸞殿受羣臣及諸國使賀。

十一月丙子，鼻骨德來貢。辛丑，自將伐唐。

十二月癸卯，祭天地。庚戌，聞唐主復遣使來聘，上問左右，皆曰：「唐數遣使來，實畏威也。未可輕舉，觀釁而動可也。」上然之。甲寅，次杏堝，唐使至，遂班師。時人皇王在皇

都，詔遣耶律羽之遷東丹民以實東平。其民或亡入新羅、女直，因詔困乏不能遷者，許上國富民給贍而隸屬之。升東平郡爲南京。

四年春正月壬申朔，宴羣臣及諸國使，觀俳優角觝戲。己卯，如瓜堝。

二月庚戌，閱遙輦氏戶籍。

三月甲午，望祀羣神。

夏四月辛亥，至自瓜堝。壬子，謁太祖廟。癸丑，謁太祖行宮。甲寅，幸天城軍，謁祖陵。辛酉，人皇王倍來朝。癸亥，錄囚。

五月癸酉，謁二儀殿，宴羣臣。女直來貢。戊子，射柳于太祖行宮。癸巳，行瑟瑟禮。

六月丙午，突呂不獻烏古俘。戊申，分賜將士。己酉，西巡。己未，選輕騎數千獵近山。癸亥，駐蹕涼陘。

秋七月庚辰，觀市，曲赦繫囚。甲午，祠太祖而東。

八月辛丑，至自涼陘，謁太祖廟。癸卯，幸人皇王第。己酉，謁太祖廟。

九月庚午，如南京。戊寅，祠木葉山。己卯，行再生禮。癸巳，至南京。

冬十月壬寅，幸人皇王第，宴羣臣。甲辰，幸諸營，閱軍籍。庚戌，以雲中郡縣未下，大閱六軍。甲子，詔皇弟李胡帥師趣雲中討郡縣之未附者。

十一月丙寅朔，以出師告天地。丁卯，餞皇弟李胡于西郊。壬申，命大內惕隱告出師于太祖行宮。甲申，觀漁三叉口。

十二月戊申，女直來貢。戊午，至自南京。

五年春正月庚午，皇弟李胡拔寰州捷至。甲午，朝皇太后。

二月己亥，詔修南京。癸卯，李胡還自雲中，朝于行在。丙午，以先所俘渤海戶賜李胡。丙辰，上與人皇王朝皇太后。太后以皆工書，命書于前以觀之。辛酉，召羣臣議軍國事。

三月丙寅，朝皇太后。丁卯，皇弟李胡請赦宗室舍利郎君以罪繫獄者，詔從之。己巳，幸皇叔安端第。辛未，人皇王獻白紵。乙亥，册皇弟李胡爲壽昌皇太弟，〔二〕兼天下兵馬大元帥。壬午，以龍化州節度使劉居言同中書門下平章事。乙酉，宴人皇王僚屬便殿。庚寅，駕發南京。

夏四月乙未，詔人皇王先赴祖陵謁太祖廟。丙辰，會祖陵。人皇王歸國。

五月戊辰，詔修裊潭離宮。乙酉，謁太祖廟。

六月己亥，〔三〕射柳于行在。乙卯，如沿柳湖。丁巳，拜太祖御容于明殿。己未，敵烈德來貢。

秋七月壬申，烏古來貢。戊子，薦時果于太祖廟。

八月丁酉，以大聖皇帝、皇后宴寢之所號日月宮，因建日月碑。丙午，如九層臺。

九月己卯，詔舍利普寧撫慰人皇王。庚辰，詔置人皇王儀衞。丁亥，至自九層臺，謁太祖廟。

冬十月戊戌，遣使賜人皇王胙。癸卯，建太祖聖功碑于如迂正集會堝。甲辰，人皇王進玉笛。

十一月戊寅，東丹奏人皇王浮海適唐。

六年春正月甲子，西南邊將以慕化轄戞斯國人來。乙丑，敵烈德來貢。丁卯，如南京。

三月辛未，召大臣議軍國事。丁亥，人皇王倍妃蕭氏率其國僚屬來見。

夏四月己酉，唐遣使來聘。是月，置中臺省于南京。

五月乙丑，祠木葉山。乙亥，至自南京。壬午，謁太祖陵。

閏月庚寅，射柳于近郊。

六月壬申，如涼陘。壬午，烏古來貢。

秋七月丁亥，女直來貢。己酉，命將校以兵南略。壬子，薦時果于太祖廟。東幸。

八月庚申，皇子述律生，告太祖廟。辛巳，鼻骨德來貢。

九月甲午，詔修京城。

冬十月丁丑，鐵驪來貢。

十一月乙酉，唐遣使來聘。

十二月甲寅朔，祭太祖廟。丙辰，遣人以詔賜唐盧龍軍節度使趙德鈞。

七年春正月壬辰，征西將軍課里遣拽剌鐸括奏軍事。己亥，唐遣使來聘。癸卯，遣人使唐。戊申，祠木葉山。

二月壬申，拽剌迪德使吳越還，吳越王遣使從，獻寶器。復遣使持幣往報之。

三月己丑，林牙迪離畢指斥乘輿，囚之。丁未，遣使諸國。戊申，上率羣臣朝于皇太后。

夏四月甲戌，唐遣使來聘，致人皇王倍書。己卯，女直來貢。

五月壬午朔，幸祖州，謁太祖陵。

六月戊辰，御製太祖建國碑。戊寅，烏古、敵烈德來貢。庚辰，觀角觝戲。

秋七月辛巳朔，賜中外官吏物有差。癸未，賜高年布帛。丙戌，召羣臣耆老議政。壬辰，唐遣使遺紅牙笙。癸巳，使復至，懼報定州之役也。壬寅，唐盧龍軍節度使趙德鈞遣人進時果。丁未，薦新于太祖廟。

八月壬戌，捕鵝于沿柳湖，風雨暴至，舟覆，溺死者六十餘人，命存恤其家，識以爲戒。戊辰，林牙迪離畢逸囚，復獲而鞫之，知其事本誣構，釋之。

九月庚子，阻卜來貢。

冬十月乙卯，唐遣使來聘。己巳，遣使雲中。

十一月丁亥，遣使存問獲里國。丁未，阻卜貢海東青鶻三十連。

十二月辛亥，以叛人泥離衮家口分賜羣臣。丁巳，西狩，駐蹕平地松林。

八年春正月戊子，女直來貢。庚子，命皇太弟李胡、左威衛上將軍撒割率兵伐党項。癸卯，上親餞之。

二月辛亥，吐谷渾、阻卜來貢。乙卯，剋實魯使唐還，以附獻物分賜羣臣。

三月辛卯，皇太弟討党項勝還，宴勞之。丙申，唐遣使請罷征党項兵，上以戰捷及党項巳聽命報之。

夏四月戊午，党項來貢。

五月己丑，獵獨牛山，惕隱迪輦所乘內廐騮馬斃，因賜名其山曰騮山。戊戌，如沿柳湖。

六月甲寅，阻卜來貢。甲子，回鶻阿薩蘭來貢。

秋七月戊寅，行納后禮。癸未，皇子提離古生。丁亥，鐵驪、女直、阻卜來貢。

冬十月乙巳，阻卜來貢。丙午，至自沿柳湖。辛亥，唐遣使來聘。己未，遣拔剌使唐。辛未，烏古吐魯沒來貢。

十一月辛丑，太皇太后崩，遣使告哀于唐及人皇王倍。是月，唐主嗣源殂，子從厚立。

十二月丁卯，党項來貢。

九年春正月癸酉，漁于土河。丙申，党項貢駝、鹿。己亥，南京進白麘。閏月戊午，唐遣使告哀，卽日遣使弔祭。壬戌，東幸。女直來貢。

二月壬申，祠木葉山。戊寅，葬太皇太后於德陵。前二日，發喪于菆塗殿，上具衰服以送。後追謚宣簡皇后，詔建碑于陵。

三月癸卯，女直來貢。

夏四月，唐李從珂弒其主自立。人皇王倍自唐上書請討。

五月甲辰，如沿柳湖。癸丑，女直來貢。大星晝隕。

六月己巳朔，[三]鼻骨德來貢。辛未，唐李從厚謝弔祭所遣使初至闕。

秋八月壬午，自將南伐。乙酉，拽剌解里手接飛雁，上異之，因以祭天地。

九月庚子，西南星隕如雨。乙卯，次雲州。丁巳，拔河陰。

冬十月丁亥，略地靈丘，父老進牛酒犒師。

十一月辛丑，圍武州之陽城。壬寅，陽城降。癸卯，洼只城降，括所俘丁壯籍于軍。

十二月壬辰，皇子阿鉢撒葛里生，皇后不豫。是月駐蹕百湖之西南。

十年春正月戊申，皇后崩于行在。

二月戊寅，百僚請加追謚，不許。辛巳，宰相涅里衮謀南奔，事覺，執之。

三月戊午，党項來貢。

夏四月，吐谷渾酋長退欲德率衆內附。丙戌，皇太后父族及母前夫之族二帳並爲國舅，以蕭緬思爲尚父領之。己丑，錄囚。

五月甲午朔，始製服行后喪。丙午，葬于奉陵。上自製文，謚曰彰德皇后。癸丑，以舍利王庭鶚爲龍化州節度使。

六月乙丑，吐渾來貢。辛未，幸品不里淀。

秋七月乙卯，獵南赤山。

冬十一月丙午，幸弘福寺爲皇后飯僧，見觀音畫像，乃大聖皇帝、應天皇后及人皇王所施，顧左右曰：「昔與父母兄弟聚觀于此，歲時未幾，今我獨來！」悲嘆不已。乃自製文題于壁，以極追感之意。讀者悲之。

十二月庚辰，如金瓶濼，遣拽剌化哥、窟魯里、阿魯掃姑等捉生敵境。

十一年春正月，鉤魚于土河。庚申，如潢河。

三月庚寅朔，女直來貢。

夏四月庚申，謁祖陵。戊辰，還都，謁太祖廟。辛未，燕民之復業者陳汴州事宜。癸酉，女直諸部來貢。癸未，賜回鶻使衣有差。

五月戊戌，清暑沿柳湖。

六月戊午朔，鼻骨德來貢。乙酉，吐谷渾來貢。

秋七月辛卯，烏古來貢。壬辰，蒲割額公主率三河烏古來朝。丙申，唐河東節度使石敬瑭爲其主所討，遣趙瑩因西南路招討盧不姑求救，上白太后曰：「李從珂弒君自立，神人共怒，宜行天討。」時趙德鈞亦遣使至，河東復遣桑維翰來告急，遂許興師。

八月己未，遣蕭轄里報河東師期。丙寅，吐谷渾來貢。庚午，自將以援敬瑭。

九月癸巳，有飛鶩自墜而死，南府夷離堇曷魯恩得之以獻。〔四〕卜之，吉。上曰：「此從珂自滅之兆也！」丁酉，入雁門。戊戌，次忻州，祀天地。己亥，次太原。庚子，遣使諭敬瑭曰：「朕興師遠來，當即與卿破賊。」會唐將高行周、符彥卿以兵來拒，遂勒兵陳于太原。及戰，佯爲之却。唐將張敬達、楊光遠又陳于西，未成列，以兵薄之。而行周、彥卿爲伏兵所斷，首尾不相救。敬達、光遠大敗，棄仗如山，斬首數萬級。敬達走保晉安寨，夷離堇的魯與戰，死之。敬瑭率官屬來見，上執手撫慰之。癸卯，圍晉安。甲辰，以的魯子徒離骨嗣爲夷離堇，仍以父字爲名，以旌其忠。南宰相鶻離底、奚監軍寅你已、將軍陪阿臨陣退懦，上召切責之。

冬十月甲子，封敬瑭爲晉王，幸其府。敬瑭與妻李率其親屬捧觴上壽。初圍晉安，分遣精兵守其要害，以絕援兵之路。而李從珂遣趙延壽以兵二萬屯團栢谷，范延廣以兵二萬屯遼州，〔五〕幽州趙德鈞以所部兵萬餘由上黨趨延壽軍，合勢進擊。知此有備，皆逗留不進。從珂遂將精騎三萬出次河陽，〔六〕親督諸軍。然知其不救，但日酣飲悲歌而已。丁卯，召敬瑭至行在所，賜坐。上從容語之曰：「吾三千里舉兵而來，一戰而勝，殆天意也。觀汝雄偉弘大，宜受茲南土，世爲我藩輔。」遂命有司設壇晉陽，備禮册命。

十一月丁酉，册敬瑭爲大晉皇帝。自戊戌至戊申，候騎兩奏南有兵至，復奏西有兵至。〔七〕命惕隱迪輦涅拒之。唐將張敬達在圍八十餘日，〔八〕內外隔絕，軍儲殆盡，至濯馬糞、屑木以飼馬，馬饑至自相啖其騣尾，死則以充食。光遠等勸敬達出降，敬達曰：「吾有死而已。爾欲降，寧斬吾首以降。」

閏月甲子，楊光遠、安審琦殺敬達以降。上聞敬達至死不變，謂左右曰：「凡爲人臣，當如此也！」命以禮葬。所降軍士及馬五千匹以賜晉帝。丙寅，祀天地以告成功。庚午，僕射蕭酷古只奏趙德鈞等諸援兵將遁，詔夜發兵追擊。德鈞等軍皆投戈棄甲，自相蹂踐，擠于川谷者不可勝紀。仍命皇太子馳輕騎據險要，追及步兵萬餘，悉降之。辛未，兵度團柏谷，以酒肴祀天地。俄追及德鈞父子，乃率衆降。次潞州，召諸將議，皆請班師，從之。命南宰相解領、鶻離底、奚監軍寅你已、將軍陪阿先還。壬申，惕隱涅、林牙迪離畢來獻俘。晉帝辭歸，上與宴飲。酒酣，執手約爲父子。以白貂裘一、廐馬二十、戰馬千二百餞之。命迪離畢將五千騎送入洛。臨別，謂之曰：「朕留此，候亂定乃還耳。」辛巳，晉帝至河陽，李從珂窮

蹙，召人皇王倍同死，不從，遣人殺之，乃舉族自焚。詔收其士卒戰歿者瘞之汾水上，以爲京觀。晉命桑維翰爲文，紀上功德。

十二月乙酉朔，遣近侍撻魯存問晉帝。丙戌，以晉安所獲分賜將校。戊子，遣使馳奏皇太后，及報諸道師還。庚寅，發太原。辛卯，聞晉帝入洛，遣郎君解里德撫問。壬辰，次細河，閱降將趙德鈞父子兵馬。戊戌，次雁門，以沙太保所部兵分隸諸將。庚戌，幸應州。癸丑，唐大同、彰國、振武三節度使迎見，留之不遣。

十二年春正月丙辰，次堆子口。唐大同軍節度判官吳巒閉城拒命，遣崔廷勳圍其城。庚申，上親征，至城下諭之，巒降。〔九〕辛酉，射鬼箭于雲州北。壬戌，祀天地。癸亥，遣國舅安端發奚西部民各還本土。丙寅，皇太后遣侍衞實魯趣行，是夕，率輕騎先進。丁丑，皇子述律迎謁于濼河，告功太祖行宮。戊寅，朝于皇太后，進珍玩爲壽。

二月丁亥，以軍前所獲俘叛入幽州者皆斬之。壬寅，詔諸部休養士卒。癸卯，晉遣唐所掠郎君剌哥、文班吏蕭鶻里還朝。

三月庚申，晉遣使來貢。丁卯，晉天雄軍節度使范延廣潛遣人請內附，不納。己巳，遣郎君的烈古、梅里迭烈使晉。壬午，晉使及諸國使來見。

夏四月甲申，地震。幸平地松林，觀潢水源。

五月甲寅，幸頻蹕淀。壬申，震開皇殿。

六月甲申，晉遣戶部尚書聶延祚等請上尊號，及歸雁門以北與幽、薊之地，仍歲貢帛三十萬疋，詔不許。庚戌，侍中列率言，范延廣叛晉，引兵南向。

秋七月辛亥朔，詔諸部治兵甲。癸丑，幸懷州，謁奉陵。甲子，晉遣使來告范延廣反。庚午，遣耶律褎古里使晉議軍事。

八月癸未，晉遣使復請上尊號，不許。庚寅，晉及太原劉知遠、南唐李昪各遣使來貢。庚子，晉遣使以都汴及范延廣降來告。

九月壬子，鼻骨德來貢。庚申，遣直里古使晉及南唐。癸亥，朮不姑、女直來貢。辛未，遣使高麗、鐵驪。癸酉，回鶻來貢。

冬十月庚辰朔，皇太后永寧節，晉及回鶻、燉煌諸國皆遣使來賀。壬午，詔回鶻使胡離只、阿剌保，問其風俗。丁亥，諸國使還，就遣蒲里骨皮室胡末里使其國。

十一月己未，遣使求醫于晉。丁卯，鐵驪來貢。

十二月甲申，東幸，祀木葉山。己丑，醫來。

校勘記

〔一〕册皇弟李胡爲壽昌皇太弟　弟，原誤「子」。據下文八年正月、卷七二本傳及皇子表改。

〔二〕六月己亥　六月二字原脫。按卷四四朔考，五月甲子朔，是月無己亥、乙卯、丁巳、己未。此四日應屬六月，據補。

〔三〕六月己巳朔　按朔考，六月庚午朔。

〔四〕南府夷離堇曷魯恩　羅繼祖遼史校勘記（以下稱羅校）云：府當作院。

〔五〕范延廣以兵二萬屯遼州　延廣，新五代史五一本傳作延光。此避太宗德光名改。

〔六〕出次河陽　河陽，原作「河橋」。據新五代史七及通鑑改。

〔七〕復奏西有兵至　奏，原作「於」。據永樂大典（以下稱大典）四八〇改。

〔八〕唐將張敬達在圍八十餘日　「唐將張」三字原脫，據大典四八〇補。

〔九〕唐大同軍節度判官吳巒閉城拒命至巒降　按下卷會同七年正月吳巒投井死，與此歧。厲鶚遼史拾遺（以下稱拾遺）引通鑑、新五代史俱稱巒守雲中不下，後守貝州，城破投井死。此有脫誤。

遼史卷四

本紀第四

太宗下

會同元年春正月戊申朔，晉及諸國遣使來賀。晉使且言已命和凝撰聖德神功碑。戊辰，遣人使晉。

二月壬午，室韋進白麃。戊子，鐵驪來貢。丁酉，獵松山。戊戌，幸遼河東。丙申，上思人皇王，遣惕隱率宗室以下祭其行宮。

三月壬戌，將東幸，三剋言農務方興，請減輜重，促還朝，從之。丙寅，女直來貢。癸酉，東幸。

夏四月戊寅朔，如南京。甲申，女直來貢。乙酉，幸溫泉。己丑，還宮，朝于皇太后。丁酉，女直貢弓矢。己亥，西南邊大詳穩耶律魯不古奏党項捷。

五月甲寅，晉復遣使請上尊號，從之。

六月丙子朔，吐谷渾及女直來貢。辛卯，南唐來貢。癸巳，詔建日月四時堂，圖寫古帝王事于兩廡。

秋七月癸亥，遣使賜晉馬。丁卯，遣鶻離底使晉，梅里了古使南唐。戊辰，遣中臺省右相耶律述蘭迭烈哥使晉，臨海軍節度使趙思溫副之，册晉帝爲英武明義皇帝。

八月戊子，女直來貢。庚子，吐谷渾、烏孫、靺鞨皆來貢。

九月庚戌，黑車子室韋貢名馬。邊臣奏晉遣守司空馮道、左散騎常侍韋勳來上皇太后尊號，左僕射劉昫、〔一〕右諫議大夫盧重上皇帝尊號，遂遣監軍寅你已充接伴。壬子，詔羣臣及高年，凡授大臣爵秩，皆賜錦袍、金帶、白馬、金飾鞍勒，著于令。

冬十月甲戌朔，遣郎君迪里姑等撫問晉使。壬寅，晉遣使來謝册禮。是日，復有使進獨峯駝及名馬。

十一月甲辰朔，命南北宰相及夷離堇就館賜晉使馮道以下宴。丙午，上御開皇殿，召見晉使。壬子，皇太后御開皇殿，馮道、韋勳册上尊號曰廣德至仁昭烈崇簡應天皇太后。甲子，行再生柴册禮。丙寅，皇帝御宣政殿，劉昫、盧重册上尊號曰睿文神武法天啓運明德章信至道廣敬昭孝嗣聖皇帝。大赦，改元會同。是月，晉復遣趙瑩奉表來賀，以幽、薊、瀛、莫、涿、檀、順、嬀、儒、新、武、雲、應、朔、寰、蔚十六州幷圖籍來獻。於是詔以皇都爲上京，府曰臨潢。升幽州爲南京，南京爲東京。改新州爲奉聖州，武州爲歸化州。升北、南二院及乙室夷離菫爲王，以主簿爲令，令爲刺史，刺史爲節度使，二部梯里已爲司徒，達剌干爲副使，麻都不爲縣令，縣達剌干爲馬步。置宣徽、閤門使，控鶴、客省、御史大夫、中丞、侍御、判官、文班牙署、諸宮院世燭，馬羣、遙輦世燭，南北府、國舅帳郎君官爲敞史，諸部宰相、節度使帳爲司空，二室韋闥林爲僕射，鷹坊、監治等局官長爲詳穩。

十二月戊戌，遣同括、阿鉢等使晉，制加晉馮道守太傅，劉昫守太保，餘官各有差。

二年春正月乙巳，以受晉册，遣使報南唐、高麗。丁未，御開皇殿，宴晉使馮道以下，賜物有差。戊申，晉遣金吾衞大將軍馬從斌、考功郎中劉知新來貢珍幣，命分賜羣臣。丙辰，晉遣使謝免沿邊四州錢幣。

二月戊寅，宴諸王及節度使來賀受册禮者，仍命皇太子、惕隱迪輦餞之。癸巳，謁太祖廟，賜在京吏民物，及內外羣臣官賞有差。丁酉，加兼侍中、左金吾衞上將軍王郜檢校太尉。

三月，畋于褭潭之側。戊申，女直來貢。丁巳，封皇子述律爲壽安王，罨撒葛爲太平

王。己巳，大賚百姓。

夏四月乙亥，幸木葉山。癸巳，東京路奏狼食人。

五月乙巳，禁南京鬻牝羊出境。思奴古多里等坐盜官物，籍其家。南唐遣使來貢。丁未，以所貢物賜羣臣。戊申，回鶻單于使人乞授官，詔第加刺史、縣令。

六月丁丑，雨雪。是夏，駐蹕頻蹕淀。

秋七月戊申，晉遣使進犀帶。庚戌，吐谷渾來貢。乙卯，敞史阿鉢坐奉使失職，命笞之。

閏月癸未，乙室大王坐賦調不均，以木劍背撻而釋之；幷罷南、北府民上供，及宰相、節度諸賦役非舊制者。乙酉，遣的烈賜晉烏古良馬。己丑，以南王府二刺史貪蠹，各杖一百，仍繫虞候帳，備射鬼箭；選羣臣爲民所愛者代之。

八月乙丑，晉遣使貢歲幣，奏輸戌、亥二歲金幣于燕京。

九月甲戌，阻卜阿離底來貢。己卯，遣使使晉。

冬十月丁未，上以烏古部水草肥美，詔北、南院徙三石烈戶居之。

十一月丁亥，鐵驪、燉煌並遣使來貢。

十二月庚子，鈎魚于土河。甲子，回鶻使者傔人有以刃相擊者，詔付其使處之。

三年春正月戊子，吳越王遣使來貢。庚寅，人皇王妃來朝。回鶻使乞觀諸國使朝見禮，從之。壬辰，遣陪謁、阿鉢使晉致生辰禮。晉以幷、鎭、忻、代之吐谷渾來歸。

二月己亥，奚王勞骨寧率六節度使朝貢。庚子，烏古遣使獻伏鹿國俘，賜其部夷離菫旗鼓以旌其功。壬寅，女直來貢。辛亥，墨離鶻末里使回鶻阿薩蘭還，賜對衣勞之。乙卯，鴨淥江女直遣使來覲。

三月戊辰，遣使使晉，報幸南京。己巳，如南京。辛未，命惕隱耶律涅離骨德率萬騎先驅。壬申，次石嶺，以奚王勞骨寧監軍寅你已朝謁不時，切責之。丙子，魯不姑上党項俘獲數。癸未，獵水門，獲白鹿。庚寅，詔扈從擾民者從軍律。甲午，幸薊州。乙未，晉及南唐各遣使來覲。

夏四月庚子，至燕，備法駕，入自拱辰門，御元和殿，行入閤禮。〔二〕壬寅，遣人使晉。乙巳，幸留守趙延壽別墅。丙午，晉遣宣徽使楊端、王朓等來問起居。壬子，御便殿，宴晉及諸國使。丙辰，晉遣使進茶藥。壬戌，御昭慶殿，宴南京羣臣。癸亥，晉遣使賀端午，以所進節物賜羣臣。乙丑，南唐進白龜。

五月庚午，以端午宴羣臣及諸國使，命回鶻、燉煌二使作本俗舞，俾諸使觀之。庚辰，

晉遣使進弓矢。甲申，遣皇子天德及檢校司徒邸用和使晉。戊子，閱騎兵于南郊。

六月乙未朔，東京宰相耶律羽之言渤海相大素賢不法，詔僚佐部民舉有才德者代之。丙申，閱步卒于南郊。庚子，晉及轄剌骨只遣使來見。壬寅，駕發燕京，命中書令蕭僧隱部諸道軍于長坐營。癸丑，次奉聖州。甲寅，勞軍士。

秋七月己巳，獵猾底烈山。癸酉，朝于皇太后。丙子，從皇太后視人皇王妃疾。戊寅，人皇王妃蕭氏薨。己卯，以安重榮據鎭州叛晉，詔征南將軍柳嚴邊備。丙戌，徙人皇王行宮于其妃薨所。辛卯，晉遣使請行南郊禮，許之。

八月己亥，詔東丹吏民爲其王倍妃蕭氏服。庚子，阻卜來貢。壬寅，遣使南唐。乙巳，阻卜、黑車子室韋、賃烈等國來貢。南唐遣使求青氊帳，賜之。戊申，以安端私城爲白川州。辛亥，鼻骨德使乞賜爵，以其國相授之。甲寅，阻卜來貢。乙卯，置白川州官屬。丙辰，詔以于諧里河、臚朐河之近地，給賜南院歐堇突呂、乙斯勃、北院溫納何剌三石烈人爲農田。〔三〕

九月庚午，侍中崔窮古言：「晉主聞陛下數游獵，意請節之。」上曰：「朕之畋獵，非徒從樂，所以練習武事也。」乃詔諭之。壬午，邊將奏破吐谷渾，擒其長；詔止誅其首惡及其丁壯，餘並釋之。丙戌，晉遣使貢名馬。戊子，女直及吳越王遣使來貢。

冬十月辛丑，遣剋郎使吳越，略姑使南唐。庚申，晉遣使貢布，及請親祠南嶽，〔四〕從之。

十一月己巳，南唐遣使奉蠟丸書言晉密事。丁丑，詔有司教民播種紡績。除姊亡妹續之法。

十二月壬辰朔，率百僚謁太祖行宮。甲午，燔柴，禮畢，祠于神帳。丙申，遣使使晉。丙辰，詔契丹人授漢官者從漢儀，聽與漢人婚姻。丁巳，詔燕京皇城西南堞建涼殿。

是冬，駐蹕于傘淀。

四年春正月壬戌，以乙室、品卑、突軌三部鰥寡不能自存者，官爲之配。丙子，南唐遣使來貢。庚辰，涅剌、烏隗部獻党項俘獲數。己丑，詔定征党項功。

二月丙申，皇太子獲白麐。甲辰，晉遣使進香藥。丙子，鐵驪來貢。丁巳，詔有司編始祖奇首可汗事迹。己未，晉遣楊彥詢來貢，且言鎭州安重榮跋扈狀，遂留不遣。是月，晉鎭州安重榮執遼使者拽剌。

三月，特授回鶻使闆里于越，并賜旌旗、弓劍、衣馬，餘賜有差。癸酉，晉以許祀南郊，遣使來謝，進黃金十鎰。

夏四月己卯，〔四〕晉遣使進櫻桃。

五月庚辰，吐谷渾夷離菫蘇等叛入晉。遣諜蠟往諭晉及太原守臣。

六月辛卯，振武軍節度副使趙崇逐其節度使耶律畫里，以朔州叛，附晉。丙午，命宣徽使褭古只赴朔州，以兵圍其城，有晉使至，請開壁，卽勿聽，驛送闕下。

秋七月癸亥，南唐遣使奉蠟丸書。丙寅，褭古只奏請遣使至朔令降，守者猶堅壁弗納。且言晉有貢物，命卽以所貢物賜攻城將校。己巳，有司奏神纛車有蜂巢成蜜，史占之，吉。壬申，晉遣使進水晶硯。

八月癸巳，南唐奉蠟丸書。庚子，晉遣使進犀弓、竹矢。吳越王遣使奉蠟丸書。

九月壬申，有星孛于晉分。丁丑，幸歸化州。

冬十月辛丑，有司奏燕、薊大熟。癸卯，吳越王遣使來貢。

十一月丙寅，晉以討安重榮來告。庚午，吐谷渾請降，遣使撫諭。阻卜來貢，以其物賜左右。丙子，鴨淥江女直來貢。壬午，以永寧、天授二節及正旦、重午、冬至、臘並受賀，著令。

十二月戊子，晉遣使來告山南節度使安從進反。詔以便宜討之。庚寅，南唐遣使奉蠟丸書。戊戌，晉遣王升鸞來貢。戊申，晉以敗安重榮來告，遂遣楊彥詢歸。辛亥，晉遣使乞罷戍兵，詔惕隱朔古班師。甲寅，攻拔朔州，遣控鶴指揮使諧里勞軍。時褭古只戰歿城下，上怒，命誅城中丁壯，仍以叛民上戶三十爲褭古只部曲。

五年春正月丙辰朔，上在歸化州，御行殿受羣臣朝。以諸道貢物進太后及賜宗室百僚。戊午，詔求直言，北王府郎君耶律海思應詔，召對稱旨，特授宣徽使。詔政事令僧隱等以契丹戶分屯南邊。戊辰，晉函安重榮首來獻。上數欲親討重榮，至是乃止。癸酉，遣使使晉。是月，晉以朔州平，遣使來賀，遂遣客省使耶律化哥使晉并致生辰禮。

二月壬辰，上將南幸，以諸路有未平者，召太子及羣臣議，皆曰：「今襄、鎭、朔三州雖已平，然吐谷渾爲安重榮所誘，猶未歸命，宜發兵討之，以警諸部。」上曰：「正與朕合。」遂詔以明王隈恩代于越信恩爲西南路招討使以討之，且諭明王宜先練習邊事，而後之官。甲午，如南京。遣使使晉索吐谷渾叛者。乙未，鼻骨德來貢。

三月乙卯朔，晉遣齊州防禦使宋暉業、〔五〕翰林茶酒使張言來問起居。

閏月，駐蹕陽門。

夏四月甲寅朔，鐵驪來貢，以其物分賜羣臣。丙子，晉遣使進射柳鞍馬。

五月五日戊子，〔七〕禁屠宰。

六月癸丑朔，晉齊王重貴遣使來貢。丁巳，徒覩古、素撒來貢。乙丑，晉主敬瑭殂，子

重貴立。戊辰，晉遣使告哀，輟朝七日。庚午，遣使往晉弔祭。丁丑，聞皇太后不豫，上馳入侍，湯藥必親嘗。仍告太祖廟，幸菩薩堂，飯僧五萬人。七月乃愈。

秋七月庚寅，晉遣金吾衞大將軍梁言、判四方館事朱崇節來謝，〔八〕書稱「孫」，不稱「臣」，遣客省使喬榮讓之。景延廣答曰：「先帝則聖朝所立，今主則我國自册。爲鄰爲孫則可，奉表稱臣則不可。」榮還，具奏之，上始有南伐之意。辛卯，阻卜、鼻骨德、烏古來貢。將軍闘德里、蒲骨等率降將轄德至闕，并獻所獲。丁未，晉遣使以祖母哀來告。

八月辛酉，女直、阻卜、烏古各貢方物。甲子，晉復襄州。戊辰，詔河東節度使劉知遠送叛臣烏古指揮使由燕京赴闕。癸酉，遣天城軍節度使蕭拜石弔祭于晉。

九月壬辰，遣使賀晉帝嗣位。

冬十月己巳，徵諸道兵。遣將軍密骨德伐党項。

十一月乙未，武定軍奏松生棗。

十二月癸亥，晉遣使來謝。

是冬，駐蹕赤城。

六年春二月乙卯，晉遣使進先帝遺物。辛酉，晉遣使請居汴，從之。

中華書局

三月己卯朔，吳越王遣使來貢。甲申，梅里喘引來歸。戊子，南唐遣使奉蠟丸書。丁未，晉至汴，遣使來謝。

夏四月戊申朔，日有食之。

五月己亥，遣使如晉致生辰禮。

六月丁未朔，鐵驪來貢。己未，奚鋤骨里部進白麝。辛酉，莫州進白鵲。晉遣使貢金。

秋八月丁未朔，晉復貢金。己未，如奉聖州。晉遣其子延煦來朝。

冬十一月辛卯，上京留守耶律迪輦得晉諜，知有二心。甲辰，鐵驪來貢。

十二月丁未，如南京，議伐晉。命趙延壽、趙延昭、安端、解里等由滄、恒、易、定分道而進，大軍繼之。

是歲，楊彥昭請移鎮奈灤及新鎮，從之。

七年春正月甲戌朔，趙延壽、延昭率前鋒五萬騎次任丘。丙子，安端入雁門，圍忻、代。己卯，趙延壽圍貝州，其軍校邵珂開南門納遼兵，太守吳巒投井死。己丑，次元城，授延壽魏、博等州節度使，封魏王，率所部屯南樂。丙申，遣兵攻黎陽，晉張彥澤來拒。辛丑，晉遣使來修舊好，詔割河北諸州，及遣桑維翰、景延廣來議。

二月甲辰朔，〔九〕攻博州，刺史周儒以城降。晉平盧軍節度使楊光遠密道遼師自馬家口濟河。晉將景延廣命石斌守麻家口，白再榮守馬家口。未幾，周儒引遼軍麻答營于河東，攻鄆州北津，以應光遠。晉遣李守貞、皇甫遇、梁漢璋、薛懷讓將兵萬人，緣河水陸俱進。遼軍圍晉別將于戚城，晉主自將救之，遼師解去。守貞等至馬家口，麻答遣步卒萬人築營壘，騎兵萬人守於外，餘兵屯河西。渡未已，晉兵薄之，遼軍不利。

三月癸酉朔，趙延壽言：「晉諸軍沿河置柵，皆畏怯不敢戰。若率大兵直抵澶淵，據其橋梁，晉必可取。」是日，晉兵駐澶淵，其前軍高行周在戚城。乃命延壽、延昭以數萬騎出行周右，上以精兵出其左。戰至暮，上復以勁騎突其中軍，晉軍不能戰。會有諜者言晉軍東面數少，沿河城柵不固，乃急擊其東偏，衆皆奔潰。縱兵追及，遂大敗之。壬午，留趙延昭守貝州，徙所俘戶于內地。

夏四月癸丑，還次南京。辛未，如涼陘。

五月癸酉，耶律拔里得奏破德州，擒刺史尹居璠及將吏二十七人。

六月甲辰，黑車子室韋來貢。乙巳，紙沒里、要里等國來貢。

秋七月己卯，晉楊光遠遣人奉蠟丸書。辛卯，晉遣張暉奉表乞和，留暉不遣。

八月辛酉，回鶻遣使請婚，不許。是月，晉鎮州兵來襲飛狐，大同軍節度使耶律孔阿戰敗之。

九月庚午朔，北幸。

冬十月丁未，鼻骨德來貢。壬戌，天授節，諸國進賀，惟晉不至。

十一月壬申，詔徵諸道兵，以閏月朔會溫榆河北。

十二月癸卯，南伐。甲子，次古北口。

閏月己巳朔，閱諸道兵於溫榆河。己卯，圍恒州，下其九縣。

八年春正月庚子，分兵攻邢、洺、磁三州，殺掠殆盡。入鄴都境。張從恩、馬全節、安審琦兵悉陳于相州安陽水之南。皇甫遇與濮州刺史慕容彥超將兵千騎來覘遼軍。至鄴都，遇遼軍數萬，且戰且却，至榆林店。遼軍繼至，遇與彥超力戰百餘合，遇馬斃，步戰，審琦引騎兵踰水以救，遼軍乃還。

二月，圍魏，晉將杜重威率兵來救。戊子，晉將折從阮陷勝州。〔一〇〕

三月戊戌，師拔祁州，殺其刺史沈斌。庚戌，杜重威、李守貞攻泰州。戊子，趙延壽率前鋒薄泰城。己未，重威、守貞引兵南遁，追至陽城，大敗之。復以步卒爲方陣來拒，與戰二十餘合。壬戌，復搏戰十餘里。癸亥，圍晉兵于白團衞村。〔一一〕晉兵下鹿角爲營。是夕大

風。至曙，命鐵鷂軍下馬，拔其鹿角，奮短兵入擊。順風縱火揚塵，以助其勢。晉軍大呼曰：「都招討何不用兵，令士卒徒死！」諸將皆奮出戰。張彥澤、藥元福、皇甫遇出兵大戰，諸將繼至，遼軍却數百步。風益甚，晝晦如夜。符彥卿以萬騎橫擊遼軍，率步卒並進，遼軍不利。上乘奚車退十餘里，晉追兵急，獲一橐駝乘之乃歸。晉兵退保定州。

夏四月甲申，還次南京，杖戰不力者各數百。庚寅，宴將士於元和殿。癸巳，如涼陘。

六月戊辰，回鶻來貢。辛未，吐谷渾、鼻骨德皆來貢。辛巳，黑車子室韋來貢。丁亥，趙延壽奏晉兵襲高陽，戍將擊走之。

秋七月乙卯，獵平地松林。晉遣孟守中奉表請和，仍以前事答之。

八月己巳，詔侍衞蕭素撒閱羣牧于北陘。

九月壬寅，次赤山，宴從臣，問軍國要務，對曰：「軍國之務，愛民爲本。民富則兵足，兵足則國强。」上以爲然。辛酉，還上京。

冬十月辛未，祠木葉山。

十一月戊戌，女直、鐵驪來貢。

十二月癸亥朔，朝謁太祖行宮。乙丑，雲州節度使耶律孔阿獲晉諜者。戊辰，臘，賜諸國貢使衣馬。

九年春正月庚子，回鶻來貢。丁未，女直來貢。

二月戊辰，鼻骨德奏軍籍。

三月己亥，吐谷渾遣軍校恤烈獻生口千戶，授恤烈檢校司空。

夏四月辛酉朔，吐谷渾白可久來附。是月，如涼陘。

五月庚戌，晉易州戍將孫方簡請內附。〔一二〕

六月戊子，謁祖陵，更閟神殿爲長思。

秋七月辛亥，詔徵諸道兵，敢傷禾稼者，以軍法論。癸丑，女直來貢。乙卯，以阻卜酋長曷剌爲本部夷離菫。

八月丙寅，烏古來貢。是月，自將南伐。

九月壬辰，閱諸道兵于漁陽西棗林淀。是月，趙延壽與晉張彥澤戰于定州，敗之。

冬十一月戊子朔，進圍鎮州。丙申，先遣候騎報晉兵至，遣精兵斷河橋，晉兵退保武强。南院大王迪輦、〔一三〕將軍高模翰分兵由瀛州間道以進，〔一四〕杜重威遣貝州節度使梁漢璋率衆來拒。與戰，大敗之，殺梁漢璋。杜重威、張彥澤引兵據中渡橋，趙延壽以步卒前擊，高彥溫以騎兵乘之，追奔逐北，殭屍數萬，斬其將王淸，宋彥筠墮水死。重威等退保中渡

寨。義武軍節度使李殷以城降，遂進兵，夾滹沱而營。去中渡寨三里，分兵圍之。夜則列騎環守，晝則出兵抄掠，復命大內惕隱耶律朔骨里及趙延壽分兵圍守。自將騎卒夜渡河出其後，攻下欒城，降騎卒數千。分遣將士據其要害。下令軍中預備軍食，三日不得舉煙火，但獲晉人，即黥而縱之。諸饋運見者皆棄而走。於是晉兵內外隔絕，食盡勢窮。

十二月丙寅，杜重威、李守貞、張彥澤等率所部二十萬衆來降。上擁數萬騎，臨大阜，立馬以受之。授重威守太傅、鄴都留守，守貞天平軍節度使，餘各領舊職。分降卒之半付重威，半以隸趙延壽。命御史大夫解里、監軍傅桂兒〔一五〕、張彥澤持詔入汴，諭晉帝母李氏，以安其意，且召桑維翰、景延廣先來。留騎兵千人守魏，自率大軍而南。壬申，解里等至汴，晉帝重貴素服拜命，與母李氏奉表請罪。初，重貴絕和好，維翰數諫止之，不從，至是彥澤殺維翰，紿言自經死。詔收葬之，復其田園第宅，仍厚恤其家。甲戌，彥澤遷重貴及其母若妻於開封府署，以控鶴指揮使李榮督兵衞之。壬午，次赤岡。重貴舉族出封丘門，槀索牽羊以待。上不忍臨視，命改館封禪寺。晉百官縞衣紗帽，俯伏待罪。上曰：「其主負恩，其臣何罪。」命領職如故，卽授安叔千金吾衞上將軍。叔千出班獨立，上曰：「汝邢州之請，朕所不忘。」乃加鎮國軍節度使，蓋在邢嘗密請內附也。將軍康祥執景延廣來獻，詔以牙籌數其罪，凡八，縶送都，道自殺。

大同元年春正月丁亥朔，備法駕入汴，御崇元殿受百官賀。戊子，以樞密副使劉敏權知開封府，殺秦繼旻、李彥紳及鄭州防禦使楊承勳，以其弟承信爲平盧軍節度使，襲父爵。初，楊光遠在靑州求內附，其子承勳不聽，殺其判官丘濤及弟承祚等自歸于晉，故誅之。己丑，以張彥澤擅徙重貴開封，殺桑維翰，縱兵大掠，不道，斬於市。晉人臠食之。辛卯，降重貴爲崇祿大夫、〔一六〕檢校太尉，封負義侯。癸巳，以張礪爲平章事，晉李崧爲樞密使，馮道爲太傅，和凝爲翰林學士，趙瑩爲太子太保，劉昫守太保，馮玉爲太子少保。癸卯，遣趙瑩、馮玉、李彥韜將三百騎送負義侯及其母李氏、太妃安氏、〔一七〕妻馮氏、弟重睿、子延煦、延寶等于黃龍府安置。仍以其宮女五十人、內宦三人、東西班五十人、醫官一人、控鶴四人、庖丁七人、茶酒司三人、儀鸞三人、健卒十人從之。〔一八〕

二月丁巳朔，建國號大遼，大赦，改元大同。升鎮州爲中京。以趙延壽爲大丞相兼政事令、樞密使、中京留守，中外官僚將士爵賞有差。辛未，河東節度使北平王劉知遠自立爲帝，國號漢。詔以耿崇美爲昭義軍節度使，高唐英爲昭德軍節度使，崔廷勳爲河陽軍節度使，分據要地。

三月丙戌朔，以蕭翰爲宣武軍節度使，賜將吏爵賞有差。壬寅，晉諸司僚吏、嬪御、宦

寺、方技、百工、圖籍、曆象、石經、銅人、明堂刻漏、太常樂譜、諸宮縣、鹵簿、法物及鎧仗，悉送上京。磁州帥梁暉以相州降漢，己酉，命高唐英討之。

夏四月丙辰朔，發自汴州，以馮道、李崧、和凝、李澣、徐台符、張礪等從行。次赤岡，夜有聲如雷，起於御幄，大星復隕於旗鼓前。乙丑，濟黎陽渡，顧謂侍臣曰：「朕此行有三失：縱兵掠芻粟，一也；括民私財，二也；不遽遣諸節度還鎮，三也。」皇太弟遣使問軍前事，上報曰：「初以兵二十萬降杜重威、張彥澤，下鎮州。及入汴，視其官屬具員者省之，當其才者任之。司屬雖存，官吏廢墮，猶雛飛之後，徒有空巢。久經離亂，一至於此。所在盜賊屯結，土功不息，餽餉非時，民不堪命。河東尚未歸命，西路酋帥亦相黨附，夙夜以思，制之之術，惟推心庶僚、和協軍情、撫綏百姓三者而已。今所歸順凡七十六處，得戶一百九萬百一十八。非汴州炎熱，水土難居，止得一年，太平可指掌而致。且改鎮州爲中京，以備巡幸。欲伐河東，姑俟別圖。其概如此。」戊辰，次高邑，不豫。丁丑，崩于欒城，年四十六。是歲九月壬子朔，葬于鳳山，陵曰懷陵，廟號太宗。統和二十六年七月，上尊謚孝武皇帝。重熙二十一年九月，增謚孝武惠文皇帝。

贊曰：太宗甫定多方，遠近向化。建國號，備典章，至於釐庶政，閱名實，錄囚徒，教耕

織，配鰥寡。求直言之士，得郎君海思卽擢宣徽。嘉唐張敬達忠於其君，卒以禮葬。輟遊豫而納三剋之請。憫士卒而下休養之令。親征晉國，重貴面縛。斯可謂威德兼弘，英略間見者矣。入汴之後，無幾微之驕，有「三失」之訓。傳稱鄭伯之善處勝，書進秦誓之能悔過，太宗蓋兼有之，其卓矣乎！

校勘記

〔一〕左僕射劉昫　昫原作煦，據新五代史八晉高祖紀及五五劉昫傳改。以下仿此改從昫。

〔二〕晉遣王眺等來問起居　眺，樂志作朓。

〔三〕于諧里河至溫納何剌　食貨志上，于諧里河作諧里河，溫納何剌作溫納河剌。營衞志下，五院部有甌昆、亦習本，卽此歐堇突呂、乙斯勃；六院部有斡納阿剌，卽溫納何剌。

〔四〕及請親祠南嶽　據本年七月及次年三月紀事，「南嶽」疑當作「南郊」。

〔五〕夏四月己卯　按朔考是月庚寅朔，不應有己卯。

〔六〕齊州防禦使宋暉業　暉業，舊五代史八〇作光鄴，此避太宗德光名改。

〔七〕五月五日戊子　子，原誤「午」。按朔考，五月甲申朔，五日爲戊子。據改。

〔八〕判四方館事朱崇節　新五代史九出帝紀作四方館使宋崇節。

〔九〕二月甲辰朔　朔字，據朔考補。

〔一〇〕晉將折從阮陷勝州　勝，原誤「滕」，據地理志五、舊五代史八三及通鑑改。

〔一一〕圍晉兵于白團衞村　白團衞村，契丹國志(以下稱國志)三作白團村。

〔一二〕晉易州戍將孫方簡　孫方簡，國志三同。新五代史九出帝紀及四九本傳、册府元龜作孫方諫。通鑑後晉紀六胡注：「蓋孫方簡後避周太祖皇考諱，遂改名方諫也。」

〔一三〕南院大王迪輦　卷七七本傳，洼字敵輦，會同中遷北院大王。紀天祿元年八月亦作北院大王洼。

〔一四〕將軍高模翰　高模翰，新五代史七二、舊五代史一三七契丹傳並作高牟翰。

〔一五〕監軍傅桂兒　桂兒，新五代史七二、國志三及通鑑並作住兒。

〔一六〕降重貴爲崇祿大夫　崇祿大夫，舊五代史八五作光祿大夫，此避太宗德光名改。

〔一七〕太妃安氏　太、安二字原缺，道光殿本已據大典補入，與新五代史八五合，據補。

〔一八〕內官三人至健卒十人　舊五代史八五作內官三十人、軍健二十人。餘同。

遼史卷五

本紀第五

世宗

世宗孝和莊憲皇帝，諱阮，小字兀欲。讓國皇帝長子，母柔貞皇后蕭氏。帝儀觀豐偉，內寬外嚴，善騎射，樂施予，人望歸之。太宗愛之如子。會同九年，從伐晉。

大同元年春二月，封永康王。

夏四月丁丑，太宗崩於欒城。戊寅，梓宮次鎭陽，卽皇帝位於柩前。甲申，次定州，命天德、朔古、解里等護梓宮先赴上京。太后聞帝卽位，遣太弟李胡率兵拒之。

六月甲寅朔，次南京，五院夷離菫安端、詳穩劉哥遣人馳報，請爲前鋒，至泰德泉，遇李胡軍，戰敗之。上遣郎君勤德等詣兩軍諭解。

秋閏七月，次潢河，太后、李胡整兵拒於橫渡，相持數日。用屋質之謀，各罷兵趨上京。既而聞太后、李胡復有異謀，遷于祖州；誅司徒劃設及楚補里。

八月壬午朔，尊母蕭氏爲皇太后，以太后族剌只撒古魯爲國舅帳，〔一〕立詳穩以總焉。以崇德宮戶分賜翼戴功臣，〔二〕及北院大王洼、南院大王吼各五十，安摶、楚補各百。的魯、鐵剌子孫先以非罪籍沒者歸之。癸未，始置北院樞密使，以安摶爲之。

九月壬子朔，葬嗣聖皇帝於懷陵。丁卯，行柴册禮，羣臣上尊號曰天授皇帝。大赦，改大同元年爲天祿元年。追諡皇考曰讓國皇帝。以安端主東丹國，封明王，察割爲泰寧王，劉哥爲惕隱，高勳爲南院樞密使。

二年春正月，天德、蕭翰、劉哥、盆都等謀反。誅天德，杖蕭翰，遷劉哥於邊，罰盆都使轄戛斯國。漢主劉知遠殂，子承祐立。

夏四月庚辰朔，南唐遣李朗、王祚來慰且賀，兼奉蠟丸書，議攻漢。

秋七月壬申，皇子賢生。

冬十月壬午，南京留守魏王趙延壽薨，以中臺省右相牒蠟爲南京留守，封燕王。

十一月，駐蹕彰武南。

三年春正月，蕭翰及公主阿不里謀反，翰伏誅，阿不里瘐死獄中。庚申，肆赦。內外官各進一階。

夏六月戊寅，以敞史耶律胡離軫爲北院大王。己卯，惕隱頹昱封漆水郡王。

秋九月辛丑朔，召羣臣議南伐。

冬十月，遣諸將率兵攻下貝州高老鎮，徇地鄴都、南宮、堂陽，殺深州刺史史萬山，俘獲甚衆。

四年春二月辛未，泰寧王察割來朝，留侍。是月，建政事省。

三月戊戌朔，南唐遣趙延嗣、張福等來賀南征捷。

秋九月乙丑朔，如山西。

冬十月，自將南伐，攻下安平、內丘、束鹿等城，大獲而還。

是歲，冊皇后蕭氏。

五年春正月癸亥朔，如百泉湖。漢郭威弒其主自立，國號周，遣朱憲來告。卽遣使致

良馬。漢劉崇自立於太原。

二月，周遣姚漢英、華昭胤來，以書辭抗禮，留漢英等。

夏五月壬戌朔，太子太傅趙瑩薨，輟朝一日，命歸葬于汴。詔州縣錄事參軍、主簿，委政事省銓注。

六月辛卯朔，劉崇爲周所攻，遣使稱姪，乞援，且求封冊。卽遣燕王牒蠟、樞密使高勳冊爲大漢神武皇帝。

九月庚申朔，自將南伐。壬戌，次歸化州祥古山。〔三〕癸亥，祭讓國皇帝于行宮。羣臣皆醉，察割反，帝遇弒，年三十四。應曆元年，葬於顯州西山，陵曰顯陵。二年，謚孝和皇帝，廟號世宗。統和二十六年七月，加謚孝和莊憲皇帝。

贊曰：世宗，中才之主也。入繼大統，曾未三年，納唐丸書，卽議南伐，既乏持重，宜乖周防，蓋有致禍之道矣。然而孝友寬慈，亦有君人之度焉。未及師還，變起沉湎，豈不哀也哉！

校勘記

〔一〕以太后族剌只撒古魯爲國舅帳 剌只撒古魯，羅校云，疑外戚表國舅別部北府宰相只魯卽此剌只撒古魯之省文。

〔二〕以崇德宮戶分賜翼戴功臣 按崇德宮爲景宗承天太后宮衞，不得出現于世宗朝。崇德宮應是長寧宮，卽應天太后宮衞。

〔三〕次歸化州祥古山 祥古山，卷一一二察割傳作詳古山。

遼史卷六

本紀第六

穆宗上

穆宗孝安敬正皇帝，諱璟，〔一〕小字述律。太宗皇帝長子，母曰靖安皇后蕭氏。會同二年，封壽安王。

天祿五年秋九月癸亥，世宗遇害。逆臣察割等伏誅。丁卯，卽皇帝位，羣臣上尊號曰天順皇帝，改元應曆。戊辰，如南京。是月，遣劉承訓告哀于漢。

冬十一月，漢、周、南唐各遣使來弔。乙亥，詔朝會依嗣聖皇帝故事，用漢禮。

十二月甲辰，漢遣使獻弓矢、鞍馬。壬子，鐵驪、鼻骨德皆來貢。

二年春正月戊午朔，南唐遣使奉蠟丸書，及進犀兕甲萬屬。壬戌，太尉忽古質謀逆，伏誅。

二月癸卯，女直來貢。

三月癸亥，南唐遣使奉蠟丸書。丁卯，復遣使來貢。甲申，以耶律撻烈爲南院大王。

夏四月丙戌朔，日有食之。己亥，鐵驪進鷹鶻。

五月丙辰朔，視朝。壬午，南唐遣使來貢。

六月壬辰，國舅政事令蕭眉古得、〔二〕宣政殿學士李澣等謀南奔，事覺，詔暴其罪。乙未，祭天地。壬寅，漢爲周所侵，遣使求援，命中臺省右相高模翰赴之。丁未，命乳媼之兄曷魯世爲阿速石烈夷離堇。

秋七月乙亥，政事令婁國、林牙敵烈、侍中神都、郎君海里等謀亂就執。

八月己丑，眉古得、婁國等伏誅，杖李澣而釋之。

九月甲寅朔，雲州進嘉禾四莖，二穗。戊午，詔以先平察割日，用白黑羊、玄酒祭天，歲以爲常。壬戌，獵炭山。祭天。庚辰，敵烈部來貢。

冬十月甲申朔，漢遣使進葡萄酒。甲午，司徒老古等獻白雉。戊申，回鶻及轄戛斯皆遣使來貢。

十一月癸丑朔，視朝。己巳，地震。己卯，日南至，始用舊制行拜日禮。朔州民進黑兔。

十二月癸未朔，高模翰及漢兵圍晉州。辛卯，以生日，飯僧，釋繫囚。〔三〕甲辰，獵于近郊。祀天地。辛亥，明王安端薨。

三年春閏正月壬午朔，漢以高模翰却周軍，遣使來謝。

二月辛亥朔，詔用嗣聖皇帝舊璽。甲子，太保敵烈修易州城，鎮州以兵來挑戰，却之。

三月庚辰朔，南唐遣使來貢，因附書于漢，詔達之。庚寅，如應州擊鞠。丁酉，漢遣使進毬衣及馬。庚子，觀漁於神德湖。

夏四月庚申，鐵驪來貢。

五月壬寅，漢遣使言石晉樹先帝聖德神功碑爲周人所毁，請再刻，許之。

六月丁卯，應天皇太后崩。

秋七月，不視朝。

八月壬子，以生日，釋囚。己未，漢遣使求援。三河烏古、吐蕃、吐谷渾、鼻骨德皆遣使來貢。

九月庚子，漢遣使貢藥。

冬十月己酉，命太師唐骨德治大行皇太后園陵。〔四〕李胡子宛、郎君嵇幹、敵烈謀反，事覺，辭逮太平王罨撒葛、林牙華割、郎君新羅等，皆執之。

十一月辛丑，謚皇太后曰貞烈，葬祖陵。漢遣使來會。

是冬，駐蹕奉聖州。以南京水，詔免今歲租。

四年春正月戊寅，回鶻來貢。己丑，華割、嵇幹等伏誅，宛及罨撒葛皆釋之。是月，周主威殂，養子晉王柴榮嗣立。

二月丙午朔，周攻漢，命政事令耶律敵祿援之。丙辰，漢遣使進茶藥。幸南京。

夏五月乙亥，忻、代二州叛漢，遣南院大王撻烈助敵祿討之。丁酉，撻烈敗周將符彥卿於忻口。

六月癸亥，撻烈獻所獲。

秋七月乙酉，漢民有爲遼軍誤掠者，遣使來請，詔悉歸之。

九月丙申，漢爲周人所侵，遣使來告。

冬十一月，彰國軍節度使蕭敵烈、太保許從贇奏忻、代二州捷。

十二月辛酉朔，[五]謁祖陵。庚午，漢遣使來貢。

是冬，駐蹕杏堝。

五年春正月辛未朔，鼻骨德來貢。

二月庚子朔，日有食之。庚申，漢遣使請上尊號，不許。壬戌，如褭潭。

夏四月己酉，周侵漢，漢遣使求援。癸丑，命郎君蕭海瓈世爲北府宰相。

秋九月庚辰，漢主有疾，遣使來告。

冬十月壬申，女直來貢。丁亥，謁太宗廟。庚寅，南唐遣使來貢。

十一月乙未朔，漢主崇殂，子承鈞遣使來告，且求嗣立，遣使弔祭，遂封册之。

十二月乙丑朔，謁太祖廟。辛巳，漢遣使來議軍事。

六年夏五月丁酉，謁懷陵。

六月甲子，漢遣使來議軍事。

秋七月，不視朝。

九月戊午，謁祖陵。

冬十一月壬寅，鼻骨德來貢。

十二月己未朔，謁太祖廟。

七年春正月庚子，鼻骨德來貢。

二月辛酉，南唐遣使奉蠟丸書。辛未，駐蹕潢河。

夏四月戊午朔，還上京。初，女巫肖古上延年藥方，當用男子膽和之。不數年，殺人甚多。至是，覺其妄。辛巳，射殺之。

五月辛卯，漢遣使來貢。

六月丙辰朔，[六]周遣使來聘。南唐遣使來貢。

八月己未，周遣使來聘。

是秋，不聽政。

冬十月庚申，獵于七鷹山。

十二月丁巳，詔大臣曰：「有罪者，法當刑。朕或肆怒，濫及無辜，卿等切諫，無或面從。」辛巳，還上京。

八年春二月乙丑，駐蹕潢河。

夏四月甲寅，南京留守蕭思溫攻下沿邊州縣，遣人勞之。

五月，周陷束城縣。

六月辛未，蕭思溫請益兵，乞駕幸燕。

秋七月，獵于拽剌山。迄于九月，射鹿諸山，不視朝。

冬十一月辛酉，漢遣使來告周復來侵。乙丑，使再至。

十二月庚辰，又至。

九年春正月戊辰，駐蹕潢河。

夏四月丙戌，周來侵。戊戌，以南京留守蕭思溫爲兵馬都總管擊之。是月，周拔益津、瓦橋、淤口三關。

五月乙巳朔，陷瀛、莫二州。癸亥，如南京。辛未，周兵退。

六月乙亥朔，視朝。戊寅，復容城縣。庚申，西幸，如懷州。是月，周主榮殂，子宗訓立。

秋七月，發南京軍戍范陽。

冬十二月戊寅，還上京。庚辰，王子敵烈、前宣徽使海思及蕭達干等謀反，事覺，鞫之。辛巳，祀天地、祖考，告逆黨事敗。丙申，召羣臣議時政。

十年春正月，周殿前都點檢趙匡胤廢周自立，建國號宋。

夏五月乙巳，謁懷陵。壬子，漢以潞州歸附來告。丙寅，至自懷陵。

六月庚申，漢以宋兵圍石州來告，遣大同軍節度使阿剌率西部往援，詔蕭思溫以三部兵助之。

秋七月己亥朔，宋兵陷石州，[七]潞州復叛，漢使來告。辛酉，政事令耶律壽遠、太保楚阿不等謀反，伏誅。以酒脯祠天地于黑山。

八月，如秋山，幸懷州。庚午，以鎮茵石狻猊擊殺近侍古哥。

冬十月丙子，李胡子喜隱謀反，辭連李胡，下獄死。

十一月，海思獄中上書，陳便宜。

十一年春二月丙寅，釋喜隱。辛亥，司徒烏里只子迭剌哥誣告其父謀反，復詐乘傳及殺行人，以其父請，杖而釋之。

中華書局

三月丙辰，〔八〕蕭思溫奏老人星見，乞行赦宥。

閏月甲子朔，〔九〕如潢河。

夏四月癸巳朔，日有食之。是月，射鹿，不視朝。

五月乙亥，司天王白、李正等進曆。

六月甲午，赦。

冬十一月，歲星犯月。

十二年春正月甲戌，夜觀燈。

二月己丑朔，以御史大夫蕭護思為北院樞密使，賜對衣、鞍馬。

夏五月庚午，以旱，命左右以水相沃，頃之，果雨。

六月甲午，祠木葉山及潢河。

秋，如黑山、赤山射鹿。

十三年春正月，自丁巳，晝夜酣飲者九日。丙寅，宋欲城益津關，命南京留守高勳、統軍使崔廷勳以兵擾之。〔一〇〕癸酉，殺獸人海里。

二月庚寅，漢遣使來告，欲巡邊徼，乞張聲援。壬辰，如潢河。癸巳，觀羣臣射，賜物有差。

乙巳，老人星見。

三月癸丑朔，殺鹿人彌里吉，梟其首以示掌鹿者。

夏四月壬寅，獵于潢河。

五月壬戌，視斡朗改國所進花鹿生麛。〔一一〕

六月癸未，近侍傷獐，杖殺之。甲申，殺獐人霞馬。壬辰，詔諸路錄囚。

秋七月辛亥朔，漢以宋侵來告。乙丑，薦時羞於廟。

八月甲申，以生日，縱五坊鷹鶻。戊戌，幸近山，呼鹿射之，旬有七日而後返。

九月庚戌朔，以青牛白馬祭天地。飲于野次，終夕乃罷。辛亥，以酒脯祭天地，復終夜酣飲。

冬十月丙申，漢以宋侵來告。

十一月庚午，獵，飲于虞人之家，凡四日。

十二月戊子，射野鹿，賜虞人物有差。庚寅，殺彘人曷主。

校勘記

〔一〕穆宗孝安敬正皇帝諱璟　按國志五，穆宗名璟，後更名明。通鑑亦稱璟嘗更名明。李燾續資治通鑑長編（以下稱長編）開寶二年，契丹主明為帳下所殺，即指穆宗。

〔二〕國舅政事令蕭眉古得　蕭眉古得，舊五代史一一二作蕭海貞，國志五及通鑑並作蕭海眞。

〔三〕以生日飯僧釋繫囚　按紀天顯六年八月稱「皇子述律生」，下文應曆三年、十三年、十四年、十七年生日亦在八月，此作十二月，誤，或「生日」上有脫文。

〔四〕治大行皇太后園陵　按皇太后為穆宗祖母，是太皇太后。此沿舊稱。

〔五〕十二月辛酉朔　按次年正月辛未朔，本年十二月是辛丑朔。辛酉誤。

〔六〕六月丙辰朔　朔字，據朔考補。

〔七〕六月庚申漢以宋兵圍石州來告至宋兵陷石州　按長編，本年六月宋攻陷潞州、澤州，不言石州。此繫于七月，或是報到日期。

〔八〕三月丙辰　三月二字原缺。按朔考二月乙丑朔，推至丙辰五十二日，已入三月，據補。

〔九〕閏月甲子朔　朔字，據朔考補。

〔一〇〕統軍使崔廷勳以兵擾之　廷，原誤「延」，據紀天顯十二年正月、大同元年二月及國志十九、舊五代史九八改。

〔一一〕視斡朗改國所進花鹿生麛　視字原脫，據屬國表及文義補。

遼史卷七

本紀第七

穆宗下

十四年春正月戊寅朔，奉安神纛。戊戌，漢以宋將來襲，馳告。

二月壬子，詔西南面招討使撻烈進兵援漢。癸亥，如潢河。戊辰，支解鹿人沒答、海里等七人于野，封土識其地。己巳，如老林東濼。壬申，漢以敗宋兵石州來告。

夏四月丁巳，漢以擊退宋軍，遣使來謝。是月，黃龍府甘露降。

五月，射舐鹻鹿于白鷹山，至于浹旬。

六月丙午朔，獵于玉山，竟月忘返。

秋七月壬辰，以酒脯祀黑山。

八月乙巳，如磑子嶺，呼鹿射之，獲鹿四，賜虞人女瓌等物有差。丁未，還宮。戊申，以

生日值天赦，不受賀，曲赦京師囚。乙卯，錄囚。

九月，黃室韋叛。

冬十月丙午，近侍烏古者進石錯，賜白金二百五十兩。丙辰，以掌鹿矧思代斡里爲閘撒狘，賜金帶、金盞，銀二百兩。所隸死罪以下得專之。

十一月壬午，日南至，宴飲達旦。自是晝寢夜飲。殺近侍小六於禁中。

十二月丙午，以黑兔祭神。烏古叛，掠民財畜。詳穩僧隱與戰，敗績，僧隱及乙實等死之。

十五年春正月己卯，以樞密使雅里斯爲行軍都統，虎軍詳穩楚思爲行軍都監，益以突呂不部軍三百，合諸部兵討之。烏古夷離堇子勃勒底獨不叛，詔褒之。是月，老人星見。

二月壬寅朔，日有食之。上東幸。甲寅，以獲鴨，除鷹坊刺面、腰斬之刑，復其徭役。是月，烏古殺其長窣離底，餘衆降，復叛。

三月癸酉，近侍東兒進匕筯不時，手刃刺之。丁丑，大黃室韋酋長寅尼吉叛。癸未，五坊人四十戶叛入烏古。癸巳，虞人沙剌迭偵鵝失期，[一]加炮烙、鐵梳之刑而死。

夏四月乙巳，小黃室韋叛，雅里斯、楚思等擊之，爲室韋所敗，遣使詰之。乙卯，以禿里代雅里斯爲都統，以女古爲監軍，率輕騎進討，仍令撻馬尋吉里持詔招諭。

五月壬申，尋吉里奏，諭之不從。雅里斯以撻凜、蘇二羣牧兵追至柴河，與戰不利。甲申，庫古只奏室韋長寅尼吉亡入敵烈。

六月辛亥，僉魯古獻良馬，賜銀二千兩。以近侍忽剌比馬至先以聞，賜銀千兩。是月，敵烈來降。

秋七月甲戌，雅里斯奏烏古至河德濼，遣夷離堇畫里、夷離畢常思擊之。丁丑，烏古掠上京北榆林峪居民，遣林牙蕭幹討之。庚辰，雅里斯等與烏古戰，不利。

冬十月丁未，常思與烏古戰，敗之。

十二月甲辰，以近侍喜哥私歸，殺其妻。丁未，殺近侍隨魯。駐蹕黑山平淀。

十六年春正月丁卯朔，被酒，不受賀。甲申，微行市中，賜酒家銀絹。乙酉，殺近侍白海及家僕衫福、押剌葛、樞密使門吏老古、撻馬失魯。

三月己巳，東幸。庚午獲鴨，甲申獲鵝，皆飲達旦。

五月甲申，以歲旱，泛舟于池禱雨；不雨，捨舟立水中而禱，俄頃乃雨。

六月丙申，以白海死非其罪，賜其家銀絹。

秋七月壬午，諭有司：凡行幸之所，必高立標識，令民勿犯，違以死論。

八月丁酉，漢遣使貢金器、鎧甲。

閏月乙丑，觀野鹿入馴鹿羣，立馬飲至晡。

九月庚子，以重九宴飲，夜以繼日，至壬子乃罷。己未，殺狼人褭里。

冬十月庚辰，漢主有母喪，遣使賻弔。

十二月甲子，幸酒人拔剌哥家，復幸殿前都點檢耶律夷臘葛第，宴飲連日。賜金盂、細錦及孕馬百疋，左右授官者甚衆。戊辰，漢遣使來貢。是冬，駐蹕黑山平淀。

十七年春正月庚寅朔，林牙蕭幹、[二]郎君耶律賢適討烏古還，帝執其手，賜巵酒，授賢適右皮室詳穩。雅里斯、楚思、霞里三人賜醨酒以辱之。乙卯，夷離畢骨欲獻烏古俘。

二月甲子，高勳奏宋將城益津關，請以偏師擾之，上從之。

夏四月戊辰，殺鷹人敵魯。丙子，射柳祈雨，復以水沃羣臣。

五月辛卯，殺鹿人札葛。壬辰，北府宰相蕭海璙薨，輟朝，罷重五宴。

六月己未，支解雉人壽哥、念古，殺鹿人四十四人。

是夏，駐蹕褭潭。

秋八月辛酉，生日，以政事令阿不底病亟，不受賀。

九月自丙戌朔，獵于黑山、赤山，至于月終。

冬十月乙丑，殺酒人粹你。

十一月辛卯，殺近侍廷壽。壬辰，殺豕人阿不札、曷魯、朮里者、涅里括。庚子，司天臺奏月當食不虧，上以爲祥，歡飲達旦。壬寅，殺鹿人唐果、直哥、撒剌。

十二月辛未，手殺饔人海里，復臠之。

是冬，駐蹕黑河平淀。

十八年春正月乙酉朔，宴于宮中，不受賀。己亥，觀燈于市。以銀百兩市酒，命羣臣亦市酒，縱飲三夕。

二月乙卯，幸五坊使霞實里家，宴飲達旦。

三月甲申朔，如潢河。乙酉，獲駕鵝，祭天地。造大酒器，刻爲鹿文，名曰「鹿甒」，貯酒以祭天。庚戌，殺鶻人胡特魯、近侍化葛及監囚海里，仍剉海里之尸。

夏四月癸丑朔，〔三〕殺彘人抄里只。己巳，詔左右從班有材器幹局者，不次擢用；老耄

者，增俸以休于家。

五月丁亥，重五，以被酒不受賀。壬辰，獲鵝于述古水，野飲終夜。丁酉，與政事令蕭排押、南京留守高勳、太師昭古、〔四〕劉承訓等酣飲，連日夜。己亥，殺鹿人頗德、臈哥、陶瑰、札不哥、蘇古涅、雛保、彌古特、敵答等。

六月丙辰，殺彘人屯奴。己未，爲殿前都點檢夷臘葛置神帳，曲赦京畿囚。甲戌，撻烈於鶻窠中得牝犬來進。

是夏，淸暑褭潭。

秋七月辛丑，漢主承鈞殂，子繼元立，〔五〕來告，遣使弔祭。

九月戊子，殺詳穩八剌、拽剌痕篤等四人。己丑，登小山祭天地。戊戌，知宋欲襲河東，諭西南面都統、南院大王撻烈豫爲之備。己亥，獵熊，以喚鹿人鋪姑幷掖庭戶賜夷臘葛。甲辰，以夷臘葛兼政事令，仍以黑山東抹眞之地數十里賜之，以女瓌爲近侍，女直詳穩憂陌爲本部夷離菫。

是秋，獵于西京諸山。〔六〕

冬十月辛亥朔，宋圍太原，詔撻烈爲兵馬總管，發諸道兵救之。

十一月癸卯，冬至，被酒，不受賀。

十二月丁丑，殺酒人搭烈葛。

是冬，駐蹕黑山東川。

十九年春正月己卯朔，宴宮中，不受賀。己丑，立春，被酒，命殿前都點檢夷臘葛代行擊土牛禮。甲午，與羣臣爲葉格戲。戊戌，醉中驟加左右官。乙巳，詔太尉化哥曰：「朕醉中處事有乖，無得曲從。酒解，可覆奏。」自立春飲至月終，不聽政。

二月甲寅，〔七〕漢劉繼元嗣立，遣使乞封册。辛酉，遣韓知範册爲皇帝。〔八〕癸亥，殺前導末及益剌，剉其屍，棄之。甲子，漢遣使進白麃。己巳，如懷州，獵獲熊，歡飲方醉，馳還行宮。是夜，近侍小哥、盥人花哥、庖人辛古等六人反，帝遇弑，年三十九。廟號穆宗。後附葬懷陵。重熙二十一年，謚曰孝安敬正皇帝。

贊曰：穆宗在位十八年，知女巫妖妄見誅，諭臣下濫刑切諫，非不明也。而荒耽于酒，畋獵無厭。偵鵝失期，加炮烙鐵梳之刑；獲鴨甚歡，除鷹坊刺面之令。賞罰無章，朝政不視，而嗜殺不已。變起肘腋，宜哉！

校勘記

〔一〕偵鵝失期　鵝，大典二四〇七作「天鵝」。

〔二〕林牙蕭幹　蕭幹原作蕭斡，卷八四有傳，傳文作幹，卷首目錄作幹。檢上文十五年七月，下文乾亨二年十一月，及卷八三休哥傳並作蕭幹。據改。

〔三〕夏四月癸丑朔　朔字，據朔考補。

〔四〕太師昭古　昭古，遊幸表作女古。

〔五〕子繼元立　繼元，應是繼恩。新五代史七〇東漢世家，承鈞卒，子繼恩立，繼恩卒，繼元立。考異已言繼元立在九月，七月立者爲繼恩。

〔六〕西京諸山　按紀重熙十三年十一月始改雲州爲西京，此「西京」應是京西倒誤或追稱。

〔七〕二月甲寅　二月，原誤「三月」。按三月戊寅朔，無甲寅、己巳；二月戊申朔，七日甲寅，二十二日己巳。下卷景宗紀敍「穆宗遇弑」亦在二月。據改。

〔八〕遣韓知範册爲皇帝　韓知範，新五代史七〇東漢世家及長編並作韓知璠。

遼史卷八

本紀第八

景宗上

景宗孝成康靖皇帝，諱賢，字賢寧，小字明扆。[一]世宗皇帝第二子，母曰懷節皇后蕭氏。察割之亂，帝甫四歲。穆宗卽位，養永興宮。既長，穆宗酗酒怠政。帝一日與韓匡嗣語及時事，耶律賢適止之。帝悟，不復言。

應曆十九年春二月戊辰，入見，穆宗曰：「吾兒已成人，可付以政。」己巳，穆宗遇弒，帝率飛龍使女里、侍中蕭思溫、南院樞密使高勳率甲騎千人馳赴。黎明，至行在，哭之慟。羣臣勸進，遂卽皇帝位於柩前。百官上尊號曰天贊皇帝，大赦，改元保寧。以殿前都點檢耶律夷臘[二]右皮室詳穩蕭烏里只宿衞不嚴，斬之。

三月丙戌，入上京，以蕭思溫爲北院樞密使。太平王罨撒葛亡入沙陀。己丑，夷離畢粘木衮以陰附罨撒葛伏誅。癸巳，罨撒葛入朝。甲午，以北院樞密使蕭思溫兼北府宰相。己亥，南院樞密使高勳封秦王。

夏四月戊申朔，進封太平王罨撒葛爲齊王，改封趙王喜隱爲宋王，封隆先爲平王，稍爲吳王，道隱爲蜀王，必攝爲越王，敵烈爲冀王，宛爲衞王。

五月戊寅，立貴妃蕭氏爲皇后。丙申朔，射柳祈雨。[三]有司請以帝生日爲天清節，從之。

壬寅，漢遣李匡弼、劉繼文、李元素等來賀。[四]

冬十月，東幸褭潭。

十一月甲辰朔，行柴册禮，祠木葉山，駐蹕鶴谷。乙巳，蕭思溫封魏王，北院大王屋質加于越。

二年春正月丁未，如潢河。

夏四月，幸東京，致奠于讓國皇帝及世宗廟。

五月癸丑，西幸。乙卯，次盤道嶺，盜殺北院樞密使蕭思溫。

六月，還上京。

秋七月，以右皮室詳穩賢適爲北院樞密使。

九月辛丑，得國舅蕭海只及海里殺蕭思溫狀，皆伏誅，流其弟神覩于黃龍府。

冬十二月庚午，漢遣使來貢。

三年春正月甲寅，右夷離畢奚底遣人獻敵烈俘，詔賜有功將士。庚申，置登聞鼓院。辛酉，南京統軍使魏國公韓匡美封鄴王。

二月癸酉，東幸。壬午，遣鐸遏使阿薩蘭回鶻。己丑，以青牛白馬祭天地。

三月丁未，以飛龍使女里爲契丹行宮都部署。

夏四月丁卯，世宗妃啜里及蒲哥厭魅，賜死。己卯，祠木葉山，行再生禮。丙戌，至自東幸。戊子，蕭神覩伏誅。

六月丙子，漢遣使問起居。自是繼月而至。丁丑，回鶻遣使來貢。

秋七月辛丑，以北院樞密使賢適爲西北路招討使。

八月甲戌，如秋山。辛卯，祭皇兄吼墓，追册爲皇太子，謚莊聖。

九月乙巳，賜傅父侍中達里迭、太保楚補、太保婆兒、保母回室、押雅等戶口、牛羊有差。又以潛邸給使者爲撻馬部，置官掌之。[五]壬子，幸歸化州。甲寅，如南京。

冬十月己巳，以黑白羊祀神。癸未，漢遣使來貢。丙戌，鼻骨德、吐谷渾來貢。

十一月庚子，臚朐河于越延尼里等率戶四百五十來附，乞隸宮籍。詔留其戶，分隸敦睦、積慶、永興三宮，優賜遣之。

十二月癸酉，以青牛白馬祭天地。己丑，皇子隆緒生。

是冬，駐蹕金川。

四年春二月癸亥，漢以皇子生，遣使來賀。

閏月戊申，齊王罨撒葛薨。

三月庚申朔，追册爲皇太叔。

夏四月庚寅朔，追封蕭思溫爲楚國王。

是夏，駐蹕冰井。

秋七月，如雲州。丁丑，鼻骨德來貢。

冬十月丁亥朔，如南京。

十二月甲午，詔內外官上封事。

五年春正月甲子，惕隱休哥伐党項，破之，以俘獲之數來上。漢遣使來貢。庚午，御五鳳樓觀燈。

二月丁亥，近侍實魯里誤觸神纛，法論死，杖釋之。壬辰，越王必攝獻党項俘獲之數。戊申，以青牛白馬祭天地。

三月乙卯朔，復幸新城。辛亥，幸新城。追封皇后祖胡母里爲韓王，贈伯胡魯古兼政事令，尼古只兼侍中。

夏四月丙申，白氣晝見。

五月癸亥，于越屋質薨，輟朝三日。辛未，女直侵邊，殺都監達里迭、拽剌斡里魯，驅掠邊民牛馬。己卯，阿薩蘭回鶻來貢。

六月庚寅，女直宰相及夷離堇來朝。丙申，漢遣人以宋事來告。

秋七月庚辰，以保大軍節度使耶律斜里底爲中臺省左相。是月，駐蹕燕子城。

九月壬子，鼻骨德部長曷魯撻覽來貢。

冬十月丁酉，如南京。

十一月辛亥朔，始獲應曆逆黨近侍小哥、花哥、辛古等，誅之。

十二月戊戌，漢將改元，遣使稟命。是月，如歸化州。

六年春正月癸未，幸南京。

三月，宋遣使請和，以涿州刺史耶律昌朮加侍中與宋議和。〔六〕

夏四月，宋王喜隱坐謀反廢。

秋七月丁未朔，閤門使酌古加檢校太尉兼御史大夫，男海里以告喜隱事，遙授隴州防禦使。庚申，獵于平地松林。

冬十月乙亥朔，還上京。

十二月戊子，以沙門昭敏爲三京諸道僧尼都總管，加兼侍中。

七年春正月甲戌朔，宋遣使來賀。壬寅，望祠木葉山。

二月癸亥，漢雁門節度使劉繼文來朝，貢方物。丙寅，以青牛白馬祭天地。

三月壬午，耶律速撒等獻党項俘，分賜羣臣。

夏四月，遣郎君矧思使宋。〔七〕己酉，祠木葉山。辛亥，射柳祈雨。如頻蹕淀清暑。

五月丙戌，祭神姑。

秋七月，黃龍府衞將燕頗殺都監張琚以叛，遣敞史耶律曷里必討之。〔八〕

九月，敗燕頗於治河，遣其弟安摶追之。燕頗走保兀惹城，安摶乃還，以餘黨千餘戶城通州。

是秋，至自頻蹕淀。

冬十月，鈎魚土河。

八年春正月癸酉，宋遣使來聘。

二月壬寅，諭史館學士，書皇后言亦稱「朕」暨「予」，著爲定式。

三月辛未，遣五使廉問四方鰥寡孤獨及貧乏失職者，振之。

夏六月，以西南面招討使耶律斜軫爲北院大王。〔九〕

秋七月丙寅朔，寧王只沒妻安只伏誅，只沒、高勳等除名。辛未，宋遣使來賀天清節。

八月癸卯，漢遣使言天清節設無遮會，飯僧祝釐。丁未，如秋山。己酉，漢以宋事來告。是月，女直侵貴德州東境。

九月己巳，謁懷陵。辛未，東京統軍使察鄰、詳穩涸奏女直襲歸州五寨，剽掠而去。乙亥，鼻骨德來貢。壬午，漢爲宋人所侵，遣使求援，命南府宰相耶律沙、冀王敵烈赴之。戊子，漢以宋師壓境，遣駙馬都尉盧俊來告。

冬十月辛丑，漢以遼師退宋軍來謝。

十一月丙子，宋主匡胤殂，其弟炅自立，遣使來告。辛卯，遣郎君王六、撻馬涅木古等使宋弔慰。

十二月壬寅，遣蕭只古、馬哲賀宋卽位。丁未，漢以宋軍復至、掠其軍儲來告，且乞賜糧爲助。戊午，詔南京復禮部貢院。是月，轄戞斯國遣使來貢。

校勘記

〔一〕諱賢字賢寧小字明扆　國志六、長編及東都事略並作「諱明記，更名賢。」

〔二〕殿前都點檢耶律夷臘　按卽上卷應曆十六年十二月之殿前都點檢耶律夷臘葛，百官志四作耶律夷剌葛。卷七八有傳。

〔三〕丙申朔射柳祈雨　按朔考，五月丁丑朔。上文戊寅已是初二日，丙申爲二十日，朔字衍。宏簡錄作壬午。

〔四〕漢遣李匡弼劉繼文李元素等來賀　十國春秋北漢紀記此次遣使僅匡弼、元素，無繼文。

〔五〕置官掌之　掌，原誤「堂」，據張校改。

〔六〕涿州刺史耶律昌朮　耶律昌朮，卷八六本傳作耶律合住。

〔七〕遣郎君矧思使宋　矧思，長編、宋史二並作慎思。又均繫此事于三月。

〔八〕遣敵史耶律曷里必討之　按卷七七本傳作何魯不，討燕頗時，已官北院大王。

〔九〕以西南面招討使耶律斜軫爲北院大王　按卷八三本傳作「命節制西南諸軍，仍援河東，改南院大王」。

遼史卷九

本紀第九

景宗下

九年春正月丙寅，女直遣使來貢。

二月庚子，宋遣使致其先帝遺物。甲寅，以青牛白馬祭天地。

三月癸亥，耶律沙、敵烈獻援漢之役所獲宋俘。戊辰，詔以粟二十萬斛助漢。

夏五月庚午，漢遣使來謝，且以宋事來告。己丑，女直二十一人來請宰相、夷離菫之職，以次授之。

六月丙辰，以宋王喜隱爲西南面招討使。

秋七月庚申朔，回鶻遣使來貢。甲子，宋遣使來聘。壬申，漢以宋侵來告。丙子，遣使助漢戰馬。

八月，漢遣使進葡萄酒。

冬十月甲子，耶律沙以党項降酋可醜、買友來見，賜詔撫諭。丁卯，以可醜爲司徒，買友爲太保，各賜物遣之。壬申，女直遣使來貢。乙酉，漢復遣使以宋事來告。

十一月丁亥朔，司天奏日當食不虧。戊戌，吐谷渾叛入太原者四百餘戶，索而還之。癸卯，祠木葉山。乙巳，遣太保迭烈割等使宋。乙卯，漢復遣使以宋事來告。

十二月戊辰，獵于近郊，以所獲祭天。

十年春正月癸丑，如長濼。

二月庚午，阿薩蘭回鶻來貢。

三月庚寅，祭顯陵。

夏四月丁卯，西幸。己巳，女直遣使來貢。

五月癸卯，賜女里死，遣人誅高勳等。

六月己未，駐蹕沿柳湖。

秋七月庚戌，享太祖廟。

九月癸未朔，〔一〕平王隆先子陳哥謀害其父，車裂以徇。

是冬，駐蹕金川。

乾亨元年春正月乙酉，遣撻馬長壽使宋，問興師伐劉繼元之故。丙申，長壽還，言「河東逆命，所當問罪。若北朝不援，和約如舊；不然則戰」。

二月丁卯，漢以宋兵壓境，遣使乞援。詔南府宰相耶律沙爲都統、冀王敵烈爲監軍赴之；又命南院大王斜軫以所部從，樞密副使抹只督之。

三月辛巳，速撒遣人以別部化哥等降，納之。丙戌，漢遣使謝撫諭軍民，詔北院大王奚底、乙室王撒合等以兵戍燕。己丑，漢復告宋兵入境，詔左千牛衛大將軍韓倬、大同軍節度使耶律善補以本路兵南援。辛卯，女直遣使來貢。丁酉，耶律沙等與宋戰於白馬嶺，不利。冀王敵烈及突呂不部節度使都敏、黃皮室詳穩唐筈皆死之，士卒死傷甚衆。

夏四月辛亥，漢以行軍事宜來奏，盧俊自代州馳狀告急。辛酉，敵烈來貢。

五月己卯朔，〔三〕宋兵至河東，漢與戰，不利，劉繼文、盧俊來奔。

六月，劉繼元降宋，漢亡。甲子，封劉繼文爲彭城郡王，盧俊同政事門下平章事。宋主來侵。丁卯，北院大王奚底、〔三〕統軍使蕭討古、乙室王撒合擊之。戰于沙河，失利。己巳，宋主圍南京。丁丑，詔諭耶律沙及奚底、討古等軍中事宜。

秋七月癸未，沙等及宋兵戰于高梁河，少却；休哥、斜軫横擊，大敗之。宋主僅以身免，至涿州，竊乘驢車遁去。甲申，擊宋餘軍，所殺甚衆，獲兵仗、器甲、符印、糧饋、貨幣不可勝計。辛丑，耶律沙遣人上俘獲，以權知南京留守事韓德讓、權南京馬步軍都指揮使耶律學古、知三司事劉弘皆能安人心，捍城池，並賜詔褒獎。

八月壬子，阻卜惕隱曷魯、夷離菫阿里覩等來朝。乙丑，耶律沙等獻俘。丙寅，以白馬之役責沙、抹只，復以走宋主功釋之；奚底遇敵而退，以劍背擊之；撒合雖却，部伍不亂，宥之；冀王敵烈麾下先遁者斬之，都監以下杖之。壬申，宴沙、抹只等將校，賜物有差。

九月己卯，燕王韓匡嗣爲都統，南府宰相耶律沙爲監軍，惕隱休哥、南院大王斜軫、權奚王抹只等各率所部兵南伐；仍命大同軍節度使善補領山西兵分道以進。

冬十月乙丑，韓匡嗣與宋兵戰於滿城，敗績。辛未，太保矧思與宋兵戰於火山，敗之。乙亥，詔數韓匡嗣五罪，赦之。

十一月戊寅，宴賞休哥及有功將校。乙未，南院樞密使兼政事令郭襲上書諫畋獵，嘉納之。辛丑，冬至，赦，改元乾亨。

十二月乙卯，燕王韓匡嗣遙授晉昌軍節度使，降封秦王。壬戌，蜀王道隱南京留守，徙封荆王。

是冬，駐蹕南京。

二年春正月丙子朔，封皇子隆緒爲梁王，隆慶爲恒王。丁亥，以惕隱休哥爲北院大王，前樞密使賢適封西平郡王。

二月戊辰，如清河。

三月丁亥，西南面招討副使耶律王六、太尉化哥遣人獻党項俘。

閏月庚午，有鴇飛止御帳，獲以祭天。

夏四月庚辰，祈雨。戊子，清暑燕子城。

五月，雷火乾陵松。

六月己亥，喜隱復謀反，囚于祖州。

秋七月戊午，王六等獻党項俘。

八月戊戌，東幸。

冬十月辛未朔，命巫者祠天地及兵神。辛巳，將南伐，祭旗鼓。癸未，次南京。丁亥，獲敵人，射鬼箭。庚寅，次固安，以青牛白馬祭天地。己亥，圍瓦橋關。

十一月庚子朔，宋兵夜襲營，突呂不部節度使蕭榦及四捷軍詳穩耶律痕德戰却之。〔四〕

壬寅，休哥敗宋兵於瓦橋東，守將張師引兵出戰，休哥奮擊，敗之。戊申，宋兵陣於水南，休哥涉水擊破之，追至莫州，殺傷甚衆。己酉，宋兵復來，擊之殆盡。丙辰，班師。乙丑，還次南京。

十二月庚午朔，休哥拜于越。大饗軍士。

三年春二月丙子，東幸。己丑，復幸南京。

三月乙卯，皇子韓八卒。〔五〕辛酉，葬潢、土二河之間，置永州。以秦王韓匡嗣爲西南面招討使。

夏五月丙午，上京漢軍亂，劫立喜隱不克，僞立其子留禮壽，上京留守除室擒之。

秋七月甲子，留禮壽伏誅。

冬十月，如蒲瑰坡。

十一月辛亥，加除室同政事門下平章事。是月，以南院樞密使郭襲爲武定軍節度使。

十二月，以遼興軍節度使韓德讓爲南院樞密使。

四年春正月己亥，如華林、天柱。

三月乙未，清明。與諸王大臣較射，宴飲。

夏四月，自將南伐。至滿城，戰不利，守太尉奚瓦里中流矢死。統軍使善補爲伏兵所圍，樞密使斜軫救免，詔以失備杖之。

五月，班師。清暑燕子城。

秋七月壬辰，遣使賜喜隱死。

八月，如西京。

九月庚子，幸雲州。甲辰，獵于祥古山，帝不豫。壬子，次焦山，崩於行在。年三十五，在位十三年。遺詔梁王隆緒嗣位，軍國大事聽皇后命。統和元年正月壬戌，上尊謚孝成皇帝，廟號景宗。重熙二十一年，加謚孝成康靖皇帝。

贊曰：遼興六十餘年，神册、會同之間，日不暇給，天祿、應曆之君，不令其終，保寧而來，人人望治。以景宗之資，任人不疑，信賞必罰，若可與有爲也。而竭國之力以助河東，破軍殺將，無救滅亡。雖一取償於宋，得不償失。知匡嗣之罪，數而不罰；善郭襲之諫，納而不用；沙門昭敏以左道亂德，寵以侍中。不亦惑乎！

校勘記

〔一〕九月癸未朔　朔字，據朔考補。

〔二〕五月己卯朔　朔字，據朔考補。

〔三〕北院大王奚底　按卷八四蕭幹傳作五院糺詳穩奚底。

〔四〕突呂不部節度使蕭幹及四捷軍詳穩耶律痕德戰却之　按卷八四蕭幹傳作「宋兵圍瓦橋，夜襲我營，幹及耶律勻骨戰却之」。

〔五〕皇子韓八卒　韓八，紀統和元年五月、皇子表並作藥師奴。

遼史卷十

本紀第十

聖宗一

聖宗文武大孝宣皇帝，諱隆緒，小字文殊奴。景宗皇帝長子，母曰睿智皇后蕭氏。帝幼喜書翰，十歲能詩。旣長，精射法，曉音律，好繪畫。

乾亨二年，封梁王。

四年秋九月壬子，景宗崩。癸丑，卽皇帝位於柩前，時年十二。皇后奉遺詔攝政，詔諭諸道。

冬十月己未朔，帝始臨朝。辛酉，羣臣上尊號曰昭聖皇帝，尊皇后爲皇太后，大赦。以南院大王勃古哲總領山西諸州事，北院大王、于越休哥爲南面行軍都統，奚王和朔奴副之，

同政事門下平章事蕭道寧領本部軍駐南京。乙丑，如顯州。

十一月甲午，置乾州。

十二月戊午朔，耶律速撒討阻卜。辛酉，南京留守荆王道隱奏宋遣使獻犀帶請和，詔以無書却之。甲子，撻剌干乃万十醉言宮掖事，〔一〕法當死，杖而釋之。辛未，西南面招討使秦王韓匡嗣薨。〔二〕癸酉，奉大行皇帝梓宮于菆塗殿。庚辰，省置中臺省官。

統和元年春正月戊午朔，以大行在殯，不受朝。乙丑，奉遺詔，召先帝庶兄質睦于菆塗殿前，復封寧王。加宰相室昉、宣徽使普領等恩。丙寅，荆王道隱有疾，詔遣使存問。是日，皇太后幸其邸視疾。戊辰，以烏隈烏骨里部節度使耶律章瓦同政事門下平章事。甲戌，荆王道隱薨，輟朝三日，追封晉王，遣使撫慰其家。丙子，以于越休哥爲南京留守，仍賜南面行營總管印綬，總邊事。渤海撻馬解里以受先帝厚恩，乞殉葬，詔不許，賜物以旌之。戊寅，遣使賜于越休哥及奚王籌寧、統軍使頗德等湯藥。命懇篤持送休哥下軍勝，以諭燕民。辛巳，速撒獻阻卜俘。　午，涿州刺史安吉奏宋築城河北，詔留守于越休哥撓之，勿令就功。趙妃及公主胡骨典、奚王籌寧、宰相安寧、北大王普奴寧、惕隱屈烈、吳王稍、寧王只沒與橫帳、國舅、契丹、漢官等並進助山陵費。癸未，齊國公主率內外命婦進物如之。甲申，西南

面招討使韓德威奏党項十五部侵邊，以兵擊破之。乙酉，以速撒破阻卜，下詔褒美；仍諭與大漢討党項諸部。丁亥，樞密使兼政事令室昉以年老請解兼職，詔不允。

二月戊子朔，禁所在官吏軍民不得無故聚衆私語及冒禁夜行，違者坐之。己丑，南京奏，聞宋多聚糧邊境及宋主將如臺山，[三]詔休哥嚴爲之備。甲午，葬景宗皇帝於乾陵，以近幸朗、掌飲伶人撻魯爲殉。上與皇太后因爲書附上大行。丙申，皇太后詣陵置奠，命繪近臣於御容殿，賜山陵工人物有差。庚子，以先帝遺物賜皇族及近臣。辛丑，南京統軍使耶律善補奏宋邊七十餘村來附，詔撫存之。乙巳，以御容殿爲玉殿，酒谷爲聖谷。速撒奏討党項捷，遣使慰勞。戊申，以惕隱化哥爲北院大王，解領爲南府宰相。辛亥，幸聖山，遂謁三陵。甲寅，以皇女長壽公主下嫁國舅宰相蕭婆項之子吳留。[四]

三月戊午，天德軍節度使頹剌父子戰歿，以其弟涅離襲爵。己未，次獨山。遣使賞西南面有功將士。辛酉，以大父帳太尉耶律曷魯寧爲惕隱。甲子，駐蹕遼河之平淀。辛巳，以國舅、同平章事蕭道寧爲遼興軍節度使，仍賜號忠亮佐理功臣。壬午，以青牛白馬祭天地。

夏四月丙戌朔，幸東京。以樞密副使耶律末只兼侍中，爲東京留守。庚寅，謁太祖廟。癸巳，詔賜物命婦寡居者。丙申，南幸。辛丑，謁三陵，以東京所進物分賜陵寢官吏。復詔

賜西南路招討使大漢劍，不用命者得專殺。壬寅，致享于凝神殿。癸卯，謁乾陵。乙巳，遣人以酒脯祭平章耶律河陽墓。庚戌，幸夫人烏骨里第，謁太祖御容，禮畢，幸公主胡古典第飲，賜與甚厚。壬子，大臣以太后預政，宜有尊號，請下有司詳定册禮。詔樞密院諭沿邊節將，至行禮日，止遣子弟奉表稱賀，恐失邊備。樞密請詔北府司徒頗德譯南京所進律文，從之。遂如徽州。以耶律慶朗爲信州節度使。

五月丙辰朔，國舅、政事門下平章事蕭道寧以皇太后慶壽，請歸父母家行禮，而齊國公主及命婦、羣臣各進物。設宴，賜國舅帳耆年物有差。壬戌，西南路招討請益兵討西突厥諸部，詔北王府耶律蒲奴寧以敵畢、迭烈二部兵赴之。癸亥，以于越休哥在南院過用吏人，詔南大王毋相循襲。庚午，耶律善補招亡入宋者，得千餘戶歸國，詔令撫慰。辛未，次永州，祭王子藥師奴墓。乙亥，詔近臣議皇太后上尊號册禮，樞密使韓德度以後漢太后臨朝故事草定上之。丙子，以青牛白馬祭天地。戊寅，幸木葉山。西南路招討使大漢奏，近遣拽剌跋剌哥諭党項諸部，來者甚衆，下詔褒美。

六月乙酉朔，詔有司，册皇太后日，給三品以上法服，三品以下用大射柳之服。西南路招討使奏党項酋長執夷離菫子隈引等乞內附，詔撫納之，仍察其誠僞，謹邊備。丙戌，還上京。己丑，有司奏，同政事門下平章事、駙馬都尉盧俊與公主不協，詔離之，遂出俊爲興國

軍節度使。辛卯，有事于太廟。甲午，上率羣臣上皇太后尊號曰承天皇太后，羣臣上皇帝尊號曰天輔皇帝，大赦，改元統和。丁未，覃恩中外，文武官各進爵一級。以樞密副使耶律斜軫守司徒。

秋七月甲寅朔，皇太后聽政。乙卯，上親錄囚。王子司徒妻國坐稱疾不赴山陵，笞二十。辛酉，行再生禮。癸酉，臨潢尹褭袞進飲饌。上與諸王分朋擊鞠。丙子，韓德威遣詳穩轄馬上破党項俘獲數，并送夷離菫之子來獻。辛巳，賞西南面有功將士。

八月戊子，上西巡。己丑，謁祖陵。辛卯，皇太后祭楚國王蕭思溫墓。癸巳，上與皇太后謁懷陵，遂幸懷州。甲午，上與斜軫於太后前易弓矢鞍馬，約以爲友。己亥，獵赤山，遣使薦熊肪、鹿脯于乾陵之凝神殿。以政事令孫楨無子，詔國舅小翁帳郎君桃隈爲之後。乙巳，詔于越休哥提點元城。壬子，韓德威表請伐党項之復叛者，詔許之；仍發別部兵數千以助之。

九月癸丑朔，以東京、平州旱、蝗，詔振之。乙卯，謁永興、長寧、敦睦三宮。丙辰，南京留守奏，秋霖害稼，請權停關征，以通山西糴易，從之。庚申，謁宣簡皇帝廟。辛酉，幸祖州，謁祖陵。壬戌，還上京。辛未，有司請以帝生日爲千齡節，從之。皇太后言故于越屋只有傅導功，宜錄其子孫，遂命其子泮泱爲林牙。丙子，如老翁川。

冬十月癸未朔，司天奏老人星見。戊子，以公主淑哥下嫁國舅詳穩照姑。[五]癸巳，速撒奏敵烈部及叛蕃來降，悉復故地。乙未，以燕京留守于越休哥言，每歲諸節度使貢獻，如契丹官例，止進鞍馬，從之。丁酉，以吳王稍爲上京留守，行臨潢尹事。上將征高麗，親閱東京留守耶律末只所總兵馬。丙午，命宣徽使兼侍中蒲領、林牙肯德等將兵東討，賜旗鼓及銀符。

十一月壬子朔，觀漁撻馬濼。癸丑，應州奏，獲宋諜者，言宋除道五臺山，將入靈丘界。詔諜者及居停人並磔于市。庚辰，上與皇太后祭乾陵，下詔諭三京左右相、左右平章事、副留守判官、諸道節度使判官、諸軍事判官、錄事參軍等，當執公方，毋得阿順。諸縣令佐如遇州官及朝使非理徵求，毋或畏徇。恆加采聽，以爲殿最。民間有父母在，別籍異居者，聽鄰里覺察，坐之。有孝于父母，三世同居者，旌其門閭。

十二月壬午朔，謁凝神殿，遣使分祭諸陵，賜守殿官屬酒。是日，幸顯州。丁亥，以顯州歲貢綾錦分賜左右。甲午，東幸。己亥，皇太后觀漁于玉盆灣。辛丑，觀漁于濬淵。甲辰，敕諸刑辟已結正決遣而有冤者，聽詣臺訴。是夕，然萬魚燈于雙溪。戊申，千齡節，祭日月，禮畢，百僚稱賀。

二年春正月甲子，如長濼。

二月癸巳，國舅帳彰德軍節度使蕭闥覽來朝。甲午，賜將軍耶律敵不春衣、束帶。丙申，東路行軍、宣徽使耶律蒲寧奏討女直捷，〔六〕遣使執手奬諭。庚子，朝皇太后，太后因從觀獵于饒樂川。乙巳，五國烏隈于厥節度使耶律隗洼以所轄諸部難治，〔七〕乞賜詔給劍，便宜行事，從之。丙午，上與諸王大臣較射。丁未，韓德威以征党項回，遂襲河東，獻所俘，賜詔褒美。

三月乙卯，劃離部請今後詳穩止從本部選授爲宜，上曰：「諸部官惟在得人，豈得定以所部爲限。」不允。贈故同平章事趙延煦兼侍中。

夏四月丁亥，宣徽使、同平章事耶律普寧、都監蕭勤德獻征女直捷，授普寧兼政事令，勤德神武衞大將軍，各賜金器諸物。庚寅，皇太后臨決滯獄。辛卯，祭風伯。壬辰，以宣徽南院使劉承規爲承德軍節度使，崇德宮都部署、保義軍節度使張德筠爲宣徽北院使。

五月乙卯，祠木葉山。丁丑，駐蹕沿柳湖。

六月己卯朔，皇太后決獄，至月終。

秋七月癸丑，皇太后行再生禮。

八月辛卯，東京留守兼侍中耶律末只奏，女直朮不直、賽里等八族乞舉衆內附，詔納之。

九月戊申朔，駐蹕土河。辛未，以景宗忌日，詔諸道京鎭遣官行香飯僧。

冬十月丁丑朔，以歸化州刺史耶律普寧爲彰德軍節度使，右武衞大將軍韓倬爲彰國軍節度使兼侍衞親軍兵馬都指揮使。

十一月壬子，〔八〕以樞密直學士、給事中鄭嘏爲儒州刺史。是月，速撒等討阻卜，殺其酋長撻剌干。

十二月辛丑，以翰林學士承旨馬得臣爲宣政殿學士，耶律頗德南京統軍使，耶律瑤昇大內惕隱，大仁靖東京中臺省右平章事。

三年春正月丙午朔，如長濼。丁巳，以翰林學士邢抱朴爲尙書、禮部侍郎、知制誥，左拾遺知制誥劉景、吏部郎中知制誥牛藏用並政事舍人。

二月丙子朔，以牛藏用知樞密直學士。

三月乙巳朔，樞密奏契丹諸役戶多困乏，請以富戶代之。上因閱諸部籍，涅剌、烏隈二部戶少而役重，幷量免之。

夏四月乙亥朔，祠木葉山。壬午，以鳳州刺史趙匡符爲保靜軍節度使。癸未，以左監門衞大將軍王庭勗爲奉先軍節度使，彰武軍節度使韓德凝爲崇義軍節度使。

五月壬子，還上京。癸酉，以國舅蕭道寧同平章事、知瀋州軍州事。

六月甲戌朔，〔九〕如栢坡。皇太后親決滯獄。乙亥，以歸義軍節度使王希嚴爲興國軍節度使。

秋七月甲辰朔，詔諸道繕甲兵，以備東征高麗。甲寅，東幸。甲子，遣郎君班褒賜秦王韓匡嗣葬物。丙寅，駐蹕土河。以暴漲，命造船橋，明日乘步輦出聽政。老人星見。丁卯，遣使閱東京諸軍兵器及東征道路。以平章事蕭道寧爲昭德軍節度使，武定軍節度使、守司空兼政事令郭襲爲天平軍節度使，大同軍節度使、守太子太師兼政事令劉延構爲義成軍節度使，贈尙父秦王韓匡嗣尙書令。

八月癸酉朔，以遼澤沮洳，罷征高麗。命樞密使耶律斜軫爲都統，駙馬都尉蕭懇德爲監軍，以兵討女直。丁丑，次槀城。庚辰，至顯州，謁凝神殿。辛巳，幸乾州，觀新宮。癸未，謁乾陵。甲申，命南、北面臣僚分巡山陵林木，及令乾、顯二州上所部里社之數。丙戌，北皮室詳穩進勇敢士七人。戊子，故南院大王諧領已里婉妻蕭氏奏夫死不能葬，詔有司助之。庚寅，東征都統所奏路尙陷濘，未可進討，詔俟澤涸深入。癸巳，皇太后謁顯陵。庚子，謁乾陵。辛丑，西幸。

閏九月癸酉，〔一〇〕命邢抱朴勾檢顯陵。丙子，行次海上。庚辰，重九，騎駝山登高，賜羣臣菊花酒。辛巳，詔諭東征將帥，乘水涸進討。丙申，女直宰相朮不里來貢。戊戌，駐蹕東古山。己亥，速撒奏朮不姑諸部至近淀，夷離堇易魯姑請行俘掠，〔一一〕上曰：「諸部於國無惡，何故俘掠，徒生事耳。」不允。

冬十一月甲戌，詔吳王稍領秦王韓匡嗣葬祭事。丁丑，詔以東北路兵馬監軍妻婆底里存撫邊民。戊寅，賜公主胡骨典葬夫金帛、工匠。辛卯，以韓德讓兼政事令。癸巳，禁行在市易布帛不中尺度者。丙申，東征女直，都統蕭闥覽、菩薩奴以行軍所經地里、物產來上。

校勘記

〔一〕撻剌干乃万十　乃万十，刑法志作乃方十。

〔二〕西南面招討使秦王韓匡嗣　西字原脫，據紀乾亨三年三月及卷七四本傳補。

〔三〕宋主將如臺山　臺山，按下文本年十一月，應作五臺山。

〔四〕以皇女長壽公主下嫁國舅宰相蕭婆項之子吳留　按蕭婆項卽蕭斡，吳留卽蕭恒德。檢公主表，景宗第二女長壽，封衞國公主，嫁蕭排押；第三女延壽，封越國公主，嫁蕭恒德。又卷八八蕭排押傳及蕭恒德傳，排押「尙衞國公主」，恒德「統和元年尙越國公主」。則此長壽應作延壽。

〔五〕以公主淑哥下嫁國舅詳穩照姑　照姑，公主表作蕭神奴。

〔六〕東路行軍宣徽使耶律蒲寧奏討女直捷　耶律蒲寧原誤「蕭蒲寧」。下文又作耶律普寧。卷七九耶律阿沒里傳：「阿沒里，字蒲鄰。」蒲寧、普寧均蒲鄰異譯，卽耶律阿沒里一人。又據本傳，「行軍」下應有「都統」二字。

〔七〕五國烏隈于厥節度使耶律隗注　按部族表作「五國隈烏古部節度使耶律隈注」。

〔八〕十一月壬子　十一月上原有「冬」字，衍文從删。

〔九〕六月甲戌朔　朔字，據朔考補。

〔一〇〕閏九月癸酉　按是年遼閏八月，閏字下當有脱文。閏八月壬寅朔，九月壬申朔，癸酉爲九月初二，丙子初五，庚辰爲重九，正合。大典一二〇四三引亦作「九月丙子，行次海上。庚辰重九，次駱駝山登高，賜羣臣菊花酒」。

〔一一〕夷離菫易魯姑請行俘掠　易，疑是曷字之誤。

遼史卷十一

本紀第十一

聖宗二

四年春正月甲戌，觀漁土河。林牙耶律謀魯姑、彰德軍節度使蕭闥覽上東征俘獲，賜詔獎諭。丙子，樞密使耶律斜軫、林牙勤德等上討女直所獲生口十餘萬、馬二十餘萬及諸物。己卯，朝皇太后。決滯訟。壬午，樞密使斜軫、林牙勤德、謀魯姑、節度使闥覽、統軍使室羅、侍中抹只、奚王府監軍迪烈與安吉等克女直還軍，遣近侍泥里吉詔旌其功，仍執手撫諭，賜酒果勞之。甲午，幸長濼。

二月壬寅，以四番都統軍李繼忠爲檢校司徒、上柱國。〔一〕癸卯，西夏李繼遷叛宋來降，以爲定難軍節度使、銀夏綏宥等州觀察處置等使、特進檢校太師、都督夏州諸軍事。西番嗇帥瓦泥乞移爲保大軍節度使、鄜坊等州觀察處置等使。甲寅，耶律斜軫、蕭闥覽、謀魯姑

等族帥來朝，〔二〕行飲至之禮，賞賚有差。丙寅，行次梟里井。

三月甲戌，于越休哥奏宋遣曹彬、崔彥進、米信由雄州道，田重進飛狐道，潘美、楊繼業雁門道來侵，岐溝、涿州、固安、新城皆陷。詔宣徽使蒲領馳赴燕南，與休哥議軍事；分遣使者徵諸部兵益休哥以擊之；復遣東京留守耶律抹只以大軍繼進，賜劍專殺。乙亥，以親征告陵廟、山川。丙子，統軍使耶律頗德敗宋軍于固安，休哥絕其糧餉，擒將吏，獲馬牛、器仗甚衆。庚辰，寰州刺史趙彥章以城叛，〔三〕附于宋。辛巳，宋兵入涿州。順義軍節度副使趙希贊以朔州叛，〔四〕附于宋。時上與皇太后駐兵駝羅口，詔趣東征兵馬以爲應援。壬午，詔林牙勤德以兵守平州之海岸以備宋。仍報平州節度使迪里姑，若勤德未至，遣人趣行；馬乏則括民馬，鎧甲闕，則取於顯州之甲坊。癸未，遼軍與宋田重進戰于飛狐，不利，冀州防禦使大鵬翼、康州刺史馬賨、〔五〕馬軍指揮使何萬通陷焉。丁亥，以北院樞密使耶律斜軫爲山西兵馬都統，〔六〕以副于越休哥。彰國軍節度使艾正、觀察判官宋雄以應州叛，附于宋。庚寅，遣飛龍使亞剌、文班吏亞達哥閱馬以給先發諸軍，詔駙馬都尉蕭繼遠領之。辛卯，武定軍馬步軍都指揮使、鄄州防禦使呂行德、副都指揮使張繼從、馬軍都指揮使劉知進等以飛狐叛，附于宋。癸巳，賜林牙謀魯姑旗鼓四、劍一，率禁軍之驍銳者南助休哥。丙申，步軍都指揮使穆超以靈丘叛，附于宋。詔遣使賜樞密使

中華書局

斜軫密旨及彰國軍節度使杓窊印以趣征討。

夏四月己亥朔，次南京北郊。庚子，惕隱瑤昇、西南面招討使韓德威以捷報。辛丑，宋潘美陷雲州。壬寅，遣抹只、謀魯姑、勤德等領偏師以助休哥，仍賜旗鼓、杓窊印撫諭將校。癸卯，休哥復以捷報，上以酒脯祭天地，率羣臣賀于皇太后。詔勤德還軍。丙午，頗德上所獲鎧仗數。戊申，監軍、宣徽使蒲領奏敵軍引退，而奚王籌寧、北大王蒲奴寧、統軍使頗德等以兵追躡，皆勝之。遣敞史勤德持詔褒美，及詔侍中抹只統諸軍赴行在所。頻不部節度使和盧覩、黃皮室詳穩解里等各上所獲兵甲。又詔兩部突騎赴蔚州，以助闥覽。橫帳郎君老君奴率諸郎君巡徼居庸之北。將軍化哥統平州兵馬，橫帳郎君奴哥爲黃皮室都監，〔七〕郎君謁里爲北府都監，各以步兵赴蔚州以助斜軫。庚戌，以斜軫爲諸路兵馬都統，闥覽兵馬副部署，迪子都監，〔八〕以代善補、韓德威。癸丑，以艾正、趙希贊及應州、朔州節度副使、奚軍小校隘離轄、渤海小校貫海等叛入于宋，籍其家屬，分賜有功將校。宋將曹彬、米信北渡拒馬河，與于越休哥對壘，挑戰，南北列營長六七里。時上次涿州東五十里。甲寅，詔于越休哥、奚王籌寧、宣徽使蒲領、南、北二王等嚴備水道，無使敵兵得潛至涿州。乙卯，休哥等敗宋軍，獻所獲器甲、貨財，賜詔褒美。蔚州左右都押衙李存璋、許彥欽等殺節度使蕭啜里，執監城使、銅州節度使耿紹忠，〔九〕以城叛，附于宋。丙辰，復涿州，告天地。戊午，上次

沙姑河之北淀，召林牙勤德議軍事。諸將校各以所俘獲來上。奚王籌寧、南、北二王率所部將校來朝。以近侍粘米里所進自落鴇祭天地。己未，休哥、蒲領來朝，詔三司給軍前夏衣布。庚申，上朝皇太后。辛酉，大軍次固安。壬戌，圍固安城，統軍使頗德先登，城遂破，大縱俘獲。居民先被俘者，命以官物贖之。甲子，賞攻城將士有差。

五月庚午，遼師與曹彬、米信戰于岐溝關，大敗之，追至拒馬河，溺死者不可勝紀；餘衆奔高陽，又爲遼師衝擊，死者數萬，棄戈甲若丘陵。輓漕數萬人匿岐溝空城中，圍之。壬申，以皇太后生辰，縱還。癸酉，班師，還次新城。休哥、蒲領奏宋兵奔逃者皆殺之。甲戌，以軍捷，遣使分諭諸路京鎮。丁丑，詔諸將校，論功行賞，無有不實。己卯，次固安南，以青牛白馬祭天地。庚辰，以所俘宋人射鬼箭。詔遣詳穩排亞率弘義宮兵及南、北皮室、郎君、拽剌四軍赴應、朔二州界，與惕隱瑤昇、招討韓德威等同禦宋兵在山西之未退者。辛巳，以瑤昇軍赴山西。壬午，還次南京。癸未，休哥、籌寧、蒲奴寧進俘獲。斜軫遣判官蒲姑奏復蔚州，斬首二萬餘級，乘勝攻下靈丘、飛狐，賜蒲姑酒及銀器。丙戌，御元和殿，大宴從軍將校，封休哥爲宋國王，加蒲領、籌寧、蒲奴寧及諸有功將校爵賞有差。丁亥，發南京，詔休哥備器甲，儲粟，待秋大舉南征。戊子，斜軫奏宋軍復圍蔚州，擊破之。詔以兵授瑤昇、韓德威等。壬辰，以宋兵至平州，瑤昇、韓德威不盡追殺，降詔詰責。仍諭，據城未降者，必盡掩殺，

無使遁逃。癸巳，以軍前降卒分賜扈從。乙未，賞頗德諸將校士卒。

六月戊戌朔，詔韓德威赴闕，加統軍使頗德檢校太師。甲辰，詔南京留守休哥遣礮手西助斜軫。乙巳，以夷離畢姪里古部送輜重行宮，晷行日五十里，人馬疲乏，遣使讓之。丁未，度居庸關。壬子，南京留守奏百姓歲輸三司鹽鐵錢，折絹不如直，詔增之。甲寅，斜軫奏復寰州。乙卯，皇太妃、諸王、公主迎上嶺表，設御幄道傍，置景宗御容，率從臣進酒，陳俘獲于前，遂大宴。戊午，幸涼陘。以所俘分賜皇族及乳母。己未，聞所遣宣諭回鶻、覈列哿國度里、亞里等爲朮不姑邀留，詔速撒賜朮不姑貨幣，諭以朝廷來遠之意，使者由是乃得行。癸亥，以節度使韓毗哥、翰林學士邢抱朴等充雲州宣諭招撫使。丙寅，以太尉王八所俘生口分賜趙妃及于越迪輦乙里婉。

秋七月丙子，樞密使斜軫遣侍御涅里底、幹勤哥奏復朔州，擒宋將楊繼業，及上所獲將校印綬、誥敕，賜涅里底等酒及銀器。辛巳，以捷告天地。以宋歸命者二百四十人分賜從臣。又以殺敵多，詔上京開龍寺建佛事一月，飯僧〔一〇〕萬人。辛卯，斜軫奏：大軍至蔚州，營于州左。得諜報，敵兵且至，乃設伏以待。敵至，縱兵逆擊，追奔逐北，至飛狐口。遂乘勝鼓行而西，入寰州，殺守城吏卒千餘人。宋將楊繼業初以驍勇自負，號楊無敵，北據雲、朔數州。至是，引兵南出朔州三十里，至狼牙村，惡其名，不進；左右固請，乃行。遇斜軫，伏

四起，中流矢，墮馬被擒。瘡發不食，三日死。遂函其首以獻。詔詳穩轄麥室傳其首于越休哥，以示諸軍，仍以朔州之捷宣諭南京、平州將吏。自是宋守雲、應諸州者，聞繼業死，皆棄城遁。

八月丁酉朔，〔一一〕置先離闥覽官六員，領于骨里、女直、迪烈于等諸部人之隸宮籍者。以北大王蒲奴寧爲山後五州都管。乙巳，韓德讓奏宋兵所掠州郡，其逃民禾稼，宜募人收穫，以其半給收者，從之。乙卯，斜軫還自軍，獻俘。己未，用室昉、韓德讓言，復山西今年租賦。詔第山西諸將校功過而賞罰之。乙室帳宰相安寧以功過相當，追告身一通；諦居部節度使佛奴笞五十。惕隱瑤昇、拽剌欻烈、朔州節度使慎思、應州節度使骨只、雲州節度使化哥、軍校李元迪、蔚州節度使佛留、都監崔其、劉繼琛，皆以聞敵逃遁奪官；欻烈仍配隸本貫；〔一二〕領國舅軍王六笞五十。壬戌，以斜軫所部將校前破女直，後有宋捷，第功加賞。癸亥，加斜軫守太保。

九月丙寅朔，皇太妃以上納后，進衣物、駝馬，以助會親頒賜。甲戌，次黑河，以重九登高于高水南阜，祭天。賜從臣命婦菊花酒。丁丑，次河陽北。戊寅，內外命婦進會親禮物。辛巳，納皇后蕭氏。丙戌，次儒州，以大軍將南征，詔遣皮室詳穩乞的、郎君拽剌先赴本軍繕甲兵。〔一三〕己丑，召北大王蒲奴寧赴行在所。甲午，皇太后行再生禮。

冬十月丙申朔，党項、阻卜遣使來貢。丁酉，皇太后復行再生禮，爲帝祭神祈福。己亥，以乙室王帳郎君吳留爲御史大夫。政事令室昉奏山西四州自宋兵後，〔一四〕人民轉徙，盜賊充斥，乞下有司禁止。命新州節度使蒲打里選人分道巡檢。北大王帳郎君曷葛只里言本府王蒲奴寧十七罪，詔橫帳太保覈國底鞫之。蒲奴寧伏其罪十一，笞二十釋之。曷葛只里亦伏誣告六事，命詳酌罪之。知事勸德連坐，杖一百，免官。甲辰，出居庸關。乙巳，詔諸京鎭相次軍行，諸細務權停理問。庚戌，分遣拽剌沿邊偵候。辛亥，命皇族廬帳駐東京延芳淀。〔一五〕壬子，詔以敕牓付于越休哥，以南征諭拒馬河南六州。乙卯，幸南京。戊午，以南院大王留寧言，復南院部民今年租賦。壬戌，以銀鼠、青鼠及諸物賜京官、僧道、耆老。甲子，上與大臣分朋擊鞠。

十一月丙寅朔，党項來貢。庚午，以政事令韓德讓守司徒。壬申，以古北、松亭、榆關征稅不法，致阻商旅，遣使鞫之。女直請以兵從征，許之。癸酉，御正殿，大勞南征將校。丙子，南伐，次狹底堝，皇太后親閱輜重兵甲。丁丑，以休哥爲先鋒都統。戊寅，日南至，上率從臣祭酒景宗御容。辛巳，詔以北大王蒲奴寧居奉聖州，山西五州公事，並聽與節度使蒲打里共裁決之。癸未，祭日月，爲駙馬都尉勤德祈福。乙酉，置諸部監，勸所部各守營伍，毋相錯雜。丙戌，遣謀魯姑、蕭繼遠沿邊巡徼。以所獲宋卒射鬼箭。丁亥，以青牛白馬祭天

地。辛卯，次白佛塔川，獲白落駠狐，以爲吉徵，祭天地。詔駙馬都尉蕭繼遠、林牙謀魯姑、太尉林八等固守封疆，毋漏間諜。軍中無故不得馳馬，及縱諸軍殘南境桑果。壬辰，至唐興縣。時宋軍屯滹沱橋北，選將亂射之，橋不能守，進焚其橋。癸巳，涉沙河，休哥來議事。北皮室詳穩排亞獻所獲宋諜二人，上賜衣物，令還招諭泰州。楮特部節度使盧補古、都監耶律盼與宋戰于泰州，不利。甲午，祭麃鹿神。以盧補古臨陣遁逃，奪告身一通；其判官、都監各杖之。郎君拽剌雙骨里遇宋先鋒於望都，擒其士卒九人，獲甲馬十一，賜酒及銀器。乙未，以盧補古等罪詔諭諸軍。以御盞郎君化哥權楮特部節度使，橫帳郎君佛留爲都監，代盧補古。權領國舅軍桃畏請置二校領散卒，詔以郎君世音、頗德等充。命彰德軍節度使蕭闥覽、將軍迪子略地東路。詔休哥、排亞等議軍事。

十二月己亥，休哥敗宋軍於望都，遣人獻俘。壬寅，營于滹沱北，詔休哥以騎兵絕宋兵，毋令入邢州；〔一六〕命太師王六謹偵候。癸卯，小校曷主遇宋輜重，引兵殺獲甚衆，并焚其芻粟。甲辰，詔南大王與休哥合勢進討，宰相安寧領迪離部及三剋軍殿。上率大軍與宋將劉廷讓、李敬源戰于莫州，敗之。乙巳，擒宋將賀令圖、楊重進等；國舅詳穩撻烈哥、宮使蕭打里死之。丙午，詔休哥以下入內殿，賜酒勞之。丁未，築京觀。復以南京禁軍擊楊團城，〔一七〕守將以城降。詔禁侵掠。己酉，營神榆村，詔上楊團城粟麥、兵甲之數。辛亥，以黑白二牲祭天地。癸丑，拔馮母鎭，大縱俘掠。丙辰，邢州降。丁巳，拔深州，以不卽降，誅守將以下，縱兵大掠。李繼遷引五百騎款塞，願婚大國，永作藩輔。詔以王子帳節度使耶律襄之女汀封義成公主下嫁，賜馬三千疋。

校勘記

〔一〕以四番都統軍李繼忠爲檢校司徒　繼忠，百官志二作繼沖。

〔二〕耶律斜軫蕭闥覽謀魯姑等族帥來朝　「族」，疑應作諸。

〔三〕寰州刺史趙彥章以城叛　彥章，長編、宋史五並作彥辛。

〔四〕順義軍節度副使趙希贊以朔州叛　順義，原誤「義順」。據地理志五及遼文滙四張正嵩墓誌改。

〔五〕康州刺史馬贇　馬贇，國志卷七作馬頵，長編及宋史五、通考三四六並作馬顒。

〔六〕以北院宣徽使蒲領爲南征都統　蒲領，又作蒲寧、普寧，卽耶律阿沒里。卷七九本傳作蒲鄰。都統，本傳作都監，下文本年四月亦稱監軍。

〔七〕橫帳郎君奴哥爲黃皮室都監　奴哥，卷八五本傳作奴瓜，「統和四年，宋楊繼業來侵，奴瓜爲黃皮室糺都監，擊敗之。」

〔八〕迪子都監　迪子，卷八五本傳作題子，「授西南面招討都監」。

〔九〕銅州節度使　銅州，長編作同州。

〔一〇〕飯僧萬人　飯僧，原倒訛「僧飯」。據前後文例改。

〔一一〕八月丁酉朔　朔字，據朔考補。

〔一二〕歘烈仍配隸本貫　歘，原誤「配」。據上文及大典五二四九改。

〔一三〕遣皮室詳穩乞的郎君拽剌先赴本軍繕甲兵　按乞的，下卷六年十二月作乞得。郎君拽剌爲官名，下疑脫一人名，或卽下文本年十一月之郎君拽剌雙骨里。

〔一四〕山西四州　州，原誤「川」。按下文有「山西五州」，據改。

〔一五〕東京延芳淀　此淀在居庸關至南京途中，非東京之延芳淀。「東京」當作南京或京東。

〔一六〕毋令入邢州　邢州，國志七作祁州。長編，是年契丹長驅入深、祁。下文云「拔深州」。邢應作祁。

〔一七〕復以南京禁軍擊楊團城　以，原作「入」。據大典五二四九改。

遼史卷十二

本紀第十二

聖宗三

五年春正月乙丑，破束城縣，縱兵大掠。丁卯，次文安，遣人諭降，不聽，遂擊破之。盡殺其丁壯，俘其老幼。戊寅，上還南京。己卯，御元和殿，大賚將士。壬辰，如華林、天柱。

二月甲午朔，至自天柱。

三月癸亥朔，幸長春宮，賞花釣魚，以牡丹徧賜近臣，歡宴累日。丁丑，以諦居部下拽剌解里偵候有功，命入御盞郎君班祗候。

夏四月癸巳朔，幸南京。丁酉，上率百僚册上皇太后尊號曰睿德神略應運啓化承天皇太后，禮畢，羣臣上皇帝尊號曰至德廣孝昭聖天輔皇帝。〔一〕戊戌，詔有司條上勳舊，等第加恩。癸丑，清暑冰井。

六月壬辰朔，〔二〕召大臣決庶政。丙申，以耶律蘇爲遙郡刺史。

秋七月戊辰，涅剌部節度使撒葛里有惠政，民請留，從之。是月，獵平地松林。

九月丙戌，幸南京。是冬止焉。

六年春正月庚申，如華林、天柱。

二月丁未，奚王籌寧殺無罪人李浩，所司議貴，請貸其罪，令出錢贍浩家，從之。甲寅，大同軍節度使、同平章政事劉京致仕。

三月己未，〔三〕休哥奏宋事宜，上親覽之。丙寅，以司天趙宗德、齊泰、王守平、邵祺、閻梅從征四載，言天象數有徵，賜物有差。癸未，李繼遷遣使來貢。

夏四月乙未，幸南京。丁酉，胡里室橫突韓德讓墮馬，皇太后怒，殺之。戊戌，幸宋國王休哥第。

五月癸亥，南府宰相耶律沙薨。

閏月丙戌朔，奉聖州言太祖所建金鈴閣壞，乞加修繕。詔以南征，恐重勞百姓，待軍還治之。壬寅，阿薩蘭回鶻來貢。甲寅，烏隈于厥部以歲貢貂鼠、青鼠皮非土產，皆於他處貿易以獻，乞改貢。詔自今止進牛馬。

六月癸亥，党項太保阿剌恍來朝，貢方物。乙丑，諭諸道兵馬備南征攻城器具。乙酉，夷離菫阿魯勃送沙州節度使曹恭順還，〔四〕授于越。

秋七月丙戌，觀市。己亥，遣南面招討使韓德威討河、湟諸蕃違命者。〔五〕賜休哥、排亞部諸軍戰馬。己酉，駐蹕于洛河。壬子，加韓德威開府儀同三司兼政事令、門下平章事，東京留守兼侍中、漆水郡王耶律抹只爲大同軍節度使。癸丑，排亞請增置涿州驛傳。

八月丙辰，〔六〕以青牛白馬祭天地。戊午，休哥與排亞、裊里曷捉生，將至易州，遇宋兵，殺其指揮使而還。庚申，幸黎園溫湯。癸亥，以將伐宋，遣使祭木葉山。丁丑，瀕海女直遣使速魯里來朝。西北路管押詳穩速撒哥以伐折立、助里二部，上所俘獲。東路林牙蕭勤德及統軍石老以擊敗女直兵，獻俘。大同軍節度使耶律抹只奏今歲霜旱乏食，乞增價折粟，以利貧民。詔從之。濱海女直遣厮魯里來修土貢。〔七〕

九月丙申，〔八〕化哥與朮不姑春古里來貢。休哥遣詳穩意德里獻所獲宋諜者。丁酉，皇太后幸韓德讓帳，厚加賞賚，命從臣分朋雙陸以盡歡。戊戌，幸南京。己亥，有事于太宗皇帝廟。以唐元德爲奉陵軍節度使。癸卯，祭旗鼓南伐。庚戌，次涿州，射帛書諭城中降，不聽。

冬十月乙卯，〔九〕縱兵四面攻之，城破乃降，因撫諭其衆。駙馬蕭勤德、太師闥覽皆中

流矢。勤德載帝車中以歸。聞宋軍退，遣斜軫、排亞等追擊，大敗之。戊午，攻沙堆驛，破之。己巳，以黑白羊祭天地。庚午，以宋降軍分置七指揮，號歸聖軍。壬申，行軍參謀、宣政殿學士馬得臣言諭降宋軍，恐終不爲用，請並放還。詔不允。丙子，籌寧奏破狼山捷。辛巳，復奏敗宋兵于益津關。癸未，進軍長城口，宋定州守將李興以兵來拒，休哥擊敗之，追奔五六里。

十一月甲申朔，〔一〇〕上以將攻長城口，詔諸軍備攻具。庚寅，駐長城口，督大軍四面進攻。士潰圍，委城遁，〔一一〕斜軫招之，不降；上與韓德讓邀擊之，殺獲殆盡，獲者分隸燕軍。辛卯，攻滿城，圍之。甲午，拔其城，軍士開北門遁，上使諭其將領，乃率衆降。戊戌，攻下祁州，縱兵大掠。己亥，拔新樂。庚子，破小狼山砦。丁未，宋軍千人出益津關，國舅郎君桃委、詳穩十哥擊走之，殺副將一人。己酉，休哥獻黃皮室詳穩徇地莫州所獲馬二十匹，士卒二十人。命賜降者衣帶，使隸燕京。辛亥，西路又送降卒二百餘人，給寒者裘衣。以馬得臣權宣徽院事。

十二月甲寅朔，賜皮室詳穩乞得、禿骨里戰馬。橫帳郎君達打里劫掠，命杖之。丙辰，敗于沙河。休哥獻奚詳穩耶魯所獲宋諜。丁巳，遣北宰相蕭繼遠等往覘安平。侍衛馬軍司奏攻祁州、新樂，都頭劉贊等三十人有功，乞加恩賞。是月，大軍駐宋境。

是歲，詔開貢舉，放高舉一人及第。〔一二〕

七年春正月癸未朔，班師。戊子，宋雞壁砦守將郭榮率衆來降，詔屯南京。庚寅，次長城口。三卒出營劫掠，笞以徇衆，以所獲物分賜左右。壬辰，李繼遷與兄繼捧有怨，乞與通好，上知其非誠，不許。癸巳，諭諸軍趣易州。己亥，禁部從伐民桑梓。癸卯，攻易州，宋兵出遂城來援，遣鐵林軍擊之，擒其指揮使五人。甲辰，大軍齊進，破易州，降刺史劉墀，守陴士卒南遁，上帥師邀之，無敢出者。卽以馬質爲刺史，趙質爲兵馬都監。遷易州軍民于燕京。以東京騎將夏貞顯之子仙壽先登，授高州刺史。乙巳，幸易州，御五花樓，撫諭士庶。丙午，以青牛白馬祭天地。詔諭三京諸道。戊申，次淶水，〔一三〕謁景宗皇帝廟。詔遣涿州刺史耶律守雄護送易州降人八百，還隸本貫。己酉，次岐溝，射鬼箭。辛亥，還次南京，六軍解嚴。

二月壬子朔，上御元和殿受百官賀。詔雞壁砦民二百戶徙居檀、順、薊三州。甲寅，回鶻、于闐、師子等國來貢。乙卯，大饗軍士，爵賞有差。樞密使韓德讓封楚國王，駙馬都尉蕭寧遠同政事門下平章事。是日，幸長春宮。甲子，詔南征所俘有親屬分隸諸帳者，給官錢贖之，使相從。乙丑，賞南征女直軍，使東還。丙寅，禁舉人匿名飛書，謗訕朝廷。癸酉，

吐蕃、党項來貢。甲戌，雲州租賦請止輸本道，從之。丙子，以女直活骨德爲本部相。分遣巫覡祭名山大川。丁丑，皇子佛寶奴生。戊寅，阿薩蘭、于闐、轄烈並遣使來貢。

三月壬午朔，遣使祭木葉山。禁芻牧傷禾稼。宋進士十七人挈家來歸，命有司考其中第者，補國學官，餘授縣主簿、尉。李繼遷遣使來貢。丁亥，詔知易州趙質收戰亡士卒骸骨，〔一四〕築京觀。戊子，賜于越宋國王紅珠筋線，命入內神帳行再生禮，皇太后賜物甚厚。以雞壁砦民成廷朗等八戶隸飛狐。己丑，詔免雲州逋賦。乙室王貫寧擊鞠，爲所部郎君高四縱馬突死，詔訊高四罪。丙申，詔開奇峰路通易州市。戊戌，以王子帳耶律襄之女封義成公主，下嫁李繼遷。〔一五〕

是春，駐蹕延芳淀。

夏四月甲寅，還京。乙卯，國舅太師蕭闥覽爲子排亞請尙皇女延壽公主，〔一六〕許之。丙辰，謁太宗皇帝廟。以御史大夫烏骨領乙室大王。己未，幸延壽寺飯僧。甲子，諫議大夫馬得臣以上好擊毬，上疏切諫：「臣伏見陛下聽朝之暇，以擊毬爲樂。臣思此事有三不宜：上下分朋，君臣爭勝，君得臣奪，君輸臣喜，一不宜也；往來交錯，前後遮約，爭心競起，禮容全廢，若貪月杖，誤拂天衣，臣既失儀，君又難責，二不宜也；輕萬乘之貴，逐廣場之娛，地雖平，至爲堅确，馬雖良，亦有驚蹶，或因奔擊，失其控御，聖體寧無虧損？太后豈不驚懼？三不宜也。臣望陛下念繼承之重，止危險之戲。」疏奏，大嘉納之。丁卯，吐渾還金、回鶻安進、吐蕃獨朶等自宋來歸，皆賜衣帶。皇太后謁奇首可汗廟。丙子，以舍利軍耶律沓爲常袞。己卯，駐蹕儒州龍泉。

五月庚辰朔，〔一七〕遣宣徽使蒲領等率兵分道備宋。以遙輦副使控骨離爲舍利拽剌詳穩。辛巳，祭風伯于儒州白馬村。休哥引軍至滿城，招降卒七百餘人，遣使來獻，詔隸東京。辛卯，獵桑乾河。壬辰，燕京奏宋兵至邊，時暑未敢與戰，且駐易州，俟彼動則進擊，退則班師。從之。

六月庚戌朔，以太師柘母迎合，撾之二十。辛酉，詔燕樂、密雲二縣荒地許民耕種，〔一八〕免賦役十年。甲戌，宣政殿學士馬得臣卒，詔贈太子少保，賜錢十萬，粟百石。乙亥，詔出諸畜賜邊部貧民。是月，休哥、排亞破宋兵于泰州。〔一九〕

秋七月乙酉，御含涼殿視朝。丙戌，以中丞耶律褭麥哥權夷離畢，橫帳郎君耶律延壽爲御史大夫。癸巳，遣兵南征。甲午，以迪離畢、涅剌、烏濊三部各四人益東北路夫人婆里德，〔二〇〕仍給印綬。丁酉，勞南征將士。是日，帝與皇太后謁景宗皇帝廟。

八月庚午，放進士高正等二人及第。

冬十月，禁置網捕兔。

十一月甲申，于闐張文寶進內丹書。

十二月甲寅，鉤魚于沈子濼。癸亥，獵于好草嶺。

校勘記

〔一〕冊上皇太后尊號至上皇帝尊號　按本年所上皇太后及聖宗「尊號」與二十四年所上同。考卷七一后妃傳，事在二十四年，五年無此事。疑此係重出。

〔二〕六月壬辰朔　朔字，據朔考補。

〔三〕三月己未　三月二字，原誤在下文「癸未」上。按朔考，二月戊子朔，無己未、丙寅，三月戊午朔，己未初二日。據改。

〔四〕送沙州節度使曹恭順還　恭順，長編、通考作賢順，此避景宗賢名改恭順。羅校，此殆開泰六年事誤繫於此。

〔五〕南面招討使韓德威　卷八二本傳作西南面招討使。

〔六〕八月丙辰　八月二字，原誤在下文「戊午」上。按朔考，八月乙卯朔，丙辰初二日。據改。

〔七〕濱海女直遣廝魯里來修土貢　按此與上文「瀕海女直遣使速魯里來朝」爲一事重出。

〔八〕九月丙申　九月二字，原誤在下文「戊戌」上。按朔考，九月乙酉朔，丙申十二日。據改。

〔九〕冬十月乙卯　冬十月三字，原誤在下文「戊午」上。按朔考，十月甲寅朔，乙卯初二日。據改。

〔一〇〕十一月甲申朔　朔字，據朔考補。

〔一一〕士潰圍委城遁　羅校，士上奪軍字。

〔一二〕放高舉一人及第　「放高舉」三字原缺，據大典五二四九補。

〔一三〕次淶水　淶水原作「漆水」，據地理志四改。

〔一四〕知易州趙質　按上文正月甲辰馬質爲刺史，趙質爲兵馬都監，此趙質應是馬質。

〔一五〕以耶律襄之女封義成公主下嫁李繼遷　按以襄女出嫁事，已見四年十二月。檢卷一一五西夏外記出嫁在本年。或是請婚在四年，七年成行。

〔一六〕蕭闥覽爲子排亞請尙延壽公主　按公主表，排亞作排押，娶長壽公主，延壽公主嫁蕭恒德。延壽應作長壽。參見卷一〇校勘記〔四〕。

〔一七〕五月庚辰朔　五月二字，原誤在下文「辛巳」上，「庚辰」下脫朔字。按朔考，五月庚辰朔。今並補正。

〔一八〕燕樂密雲二縣　按地理志四，檀州，隋開皇十八年以燕樂、密雲二縣置。遼無燕樂縣，此係用舊名。

〔一九〕破宋兵于泰州　按泰州此時已改保州，此用舊稱。類此者不備舉。

〔二〇〕婆里德　按上文統和三年十一月、百官志二並作婆底里。

遼史卷十三

本紀第十三

聖宗四

八年春正月辛巳，如臺湖。庚寅，詔決滯獄。庚子，如沈子濼。

二月丁未朔，于闐、回鶻各遣使來貢。壬申，女直遣使來貢。

三月丁丑，李繼遷遣使來貢。庚辰，太白、熒惑鬬，凡十有五次。乙酉，城杏堝，以宋俘實之。辛丑，置宜州。

夏四月丙午朔，嚴州刺史李壽英有惠政，民請留，從之。庚戌，女直遣使來貢。庚午，以歲旱，諸部艱食，振之。

五月戊子，以宋降卒分隸諸軍。庚寅，女直宰相阿海來貢，封順化王。丙申，清暑胡土白山。詔括民田。

六月丙午，以北面林牙磨魯古爲北院大王。阿薩蘭回鶻于越、達剌干各遣使來貢。甲寅，月掩天駟第一星。丙辰，女直遣使來貢。

秋七月庚辰，改南京熊軍爲神軍。詔東京路諸宮分提轄司，分置定霸、保和、宣化三縣，〔一〕白川州置洪理，儀坤州置廣義，遼西州置長慶，乾州置安德各一縣。〔二〕省遂、嬀、松、饒、寧、海、瑞、玉、鐵里、奉德等十州，〔三〕及玉田、遼豐、松山、弘遠、懷清、雲龍、平澤、平山等八縣，以其民分隸他郡。

八月乙卯，以黑白羊祭天地。

九月乙亥，北女直四部請內附。壬辰，李繼遷獻宋俘。

冬十月丙午，以大敗宋軍，復遣使來告。己酉，阻卜等遣使來貢。是月，駐蹕大王川。〔四〕

十一月庚寅，以吐谷渾民饑，振之。丁酉，太白晝見。

十二月癸卯，李繼遷下宋麟、鄜等州，遣使來告。女直遣使來貢。庚戌，遣使封李繼遷爲夏國王。癸丑，回鶻來貢。

是歲，放鄭雲從等二人及第。

九年春正月甲戌，女直遣使來貢。丙子，詔禁私度僧尼。庚辰，如臺湖。乙酉，樞密使、監修國史室昉等進實錄，賜物有差。戊子，選宋降卒五百置爲宣力軍。辛卯，詔免三京諸道租賦，仍罷括田。

二月丙午，夏國遣使告伐宋捷。丁未，以涿州刺史耶律王六爲惕隱。甲子，建威寇、振化、來遠三城，屯戍卒。

閏月辛未朔，日有食之。壬申，遣翰林承旨邢抱朴、三司使李嗣、給事中劉京、政事舍人張幹、南京副留守吳浩分決諸道滯獄。

三月庚子朔，振室韋、烏古諸部。戊申，復遣庫部員外郎馬守琪、倉部員外郎祁正、虞部員外郎崔祐、薊北縣令崔簡等分決諸道滯獄。甲子，幸南京。

夏四月甲戌，回鶻來貢。乙亥，夏國王李繼遷遣杜白來謝封册。丙戌，清暑炭山。

五月己未，以秦王韓匡嗣私城爲全州。

六月丁亥，突厥來貢。是月，南京霖雨傷稼。

秋七月癸卯，通括戶口。乙巳，詔諸道舉才行、察貪酷、撫高年、禁奢僭，有歿於王事者官其子孫。己未，夏國以復綏、銀二州，遣使來告。

八月癸酉，銅州嘉禾生，東京甘露降。戊寅，女直進喚鹿人。壬午，東京進三足烏。

九月庚子，鼻骨德來貢。己酉，駐蹕廟城。南京地震。

冬十月丁卯，阿薩蘭回鶻來貢。壬申，夏國王李繼遷遣使來上宋所授敕命。丁丑，定難軍節度使李繼捧來附，授推忠效順啓聖定難功臣、開府儀同三司、檢校太師兼侍中，封西平王。

十一月己亥，以青牛白馬祭天地。

十二月，夏國王李繼遷潛附于宋，遣招討使韓德威持詔諭之。

是歲，放進士石用中一人及第。

十年春正月丁酉，禁喪葬禮殺馬，及藏甲冑、金銀、器玩。丙午，如臺湖。

二月乙丑朔，日有食之。韓德威奏李繼遷稱故不出，至靈州俘掠以還。壬申，兀惹來貢。壬午，免雲州租賦。庚寅，夏國以韓德威俘掠，遣使來奏，賜詔安慰。辛卯，給復雲州流民。

三月甲辰，鐵驪來貢。丙辰，如炭山。

夏四月乙丑，以臺湖爲望幸里。庚寅，命羣臣較射。

五月癸巳，朔州流民給復三年。

七月辛酉，鐵驪來貢。

八月癸亥，觀稼，仍遣使分閱苗稼。

九月癸卯，幸五臺山金河寺飯僧。

冬十月壬申，夏國王遣使來貢。戊寅，鐵驪來貢。

十一月壬辰，回鶻來貢。

十二月庚辰，獵儒州東川。拜天。是月，以東京留守蕭恒德等伐高麗。

十一年春正月壬寅，〔五〕回鶻來貢。丙午，出內帑錢賜南京統軍司軍。高麗王治遣朴良柔奉表請罪，詔取女直鴨淥江東數百里地賜之。

二月癸亥，霸州民妻王氏以妖惑衆，伏誅。

夏四月，幸炭山清暑。

六月，大雨。

秋七月己丑，桑乾、羊河溢居庸關西，害禾稼殆盡，奉聖、南京居民廬舍多墊溺者。

八月，如秋山。

冬十月甲申朔，駐蹕蒲瑰坂。

是年，放進士王熙載等二人及第。〔六〕

十二年春正月癸丑朔，漷陰鎮水，漂溺三十餘村，詔疏舊渠。甲寅，以同政事門下平章事耶律碩老爲惕隱。詔復行在五十里內租。乙卯，幸延芳淀。戊午，蠲宜州賦調。庚申，郎君耶律鼻舍等謀叛，伏誅。壬戌，以南院大王耶律景爲上京留守，封漆水郡王。霸州民李在宥年百三十有三，賜束帛、錦袍、銀帶，月給羊酒，仍復其家。

二月甲申，免南京被水戶租賦。己丑，高麗來貢。甲午，免諸部歲輸羊及關征。庚子，回鶻來貢。

三月丁巳，高麗遣使請所俘人畜，詔贖還。戊午，幸南京。丙寅，遣使撫諭高麗。己巳，涿州木連理。壬申，如長春宮觀牡丹。是月，復置南京統軍都監。

夏四月辛卯，幸南京。壬辰，樞密直學士劉恕爲南院樞密副使。戊戌，以景宗石像成，幸延壽寺飯僧。

五月甲寅，詔北皮室軍老不任事者免役。戊午，如炭山清暑。庚辰，武定軍節度使韓德沖秩滿，其民請留，從之。

六月辛巳朔，詔州縣長吏有才能無過者，減一資考任之。癸未，可汗州刺史賈俊進新曆。庚子，錄囚。甲辰，詔龍、鳳兩軍老疾者代之。是月，太白、歲星相犯。

秋七月辛亥朔，日有食之。甲寅，遣使視諸道禾稼。辛酉，南院樞密使室昉爲中京留守，加尚父。丙寅，女直遣使來貢。戊辰，觀穫。庚午，詔契丹人犯十惡者依漢律。己卯，以翰林承旨邢抱朴參知政事。

八月庚辰朔，詔皇太妃領西北路烏古等部兵及永興宮分軍，撫定西邊；〔七〕以蕭撻凜督其軍事。乙酉，宋遣使求和，不許。戊子，以國舅帳剋蕭徒骨爲夷離畢。乙未，下詔戒諭中外官吏。丁酉，錄囚，雜犯死罪以下釋之。

九月壬子，室韋、党項、吐谷渾等來貢。辛酉，宋復遣使求和，不許。壬戌，行拜奧禮。癸酉，阻卜等來貢。

冬十月乙酉，獵可汗州之西山。乙巳，詔定均稅法。丁未，大理寺置少卿及正。

十一月戊申朔，行再生禮。鐵驪來貢。詔諸部所俘宋人有官吏儒生抱器能者，諸道軍有勇健者，具以名聞。庚戌，詔郡邑貢明經、茂材異等。甲寅，詔南京決滯獄。己未，官宋俘衞德升等六人。

十二月戊寅朔，日有食之。詔并奚王府奧理、〔八〕墮隗、梅只三部爲一，其二剋各分爲部，以足六部之數。甲申，賜南京統軍司貧戶耕牛。戊子，高麗進妓樂，却之。庚寅，禁游

食民。癸巳，女直以宋人浮海賂本國及兀惹叛來告。丁未，幸南京。

是年，放進士呂德懋等二人及第。

十三年春正月壬子，幸延芳淀。甲寅，置廣靈縣。丁巳，增泰州、遂城等縣賦。庚申，詔諸道勸農。癸亥，長寧軍節度使蕭解里秩滿，民請留，從之。庚午，如長春宮。

二月丁丑朔，〔九〕女直遣使來貢。甲辰，高麗遣李周楨來貢。

三月癸丑，夏國遣使來貢。戊辰，武清縣百餘人入宋境剽掠，命誅之，還其所獲人畜財物。

夏四月己卯，參知政事邢抱朴以母憂去官，起復。丙戌，詔諸道民戶應曆以來脅從爲部曲者，仍籍州縣。甲午，如炭山清暑。

五月壬子，高麗進鷹。乙亥，北、南、乙室三府請括富民馬以備軍需，不許，給以官馬。

六月丙子朔，啓聖軍節度使劉繼琛秩滿，民請留，從之。丁丑，詔減前歲括田租賦。甲申，以宣徽使阿沒里私城爲豐州。丙戌，詔許昌平、懷柔等縣諸人請業荒地。

秋七月乙巳朔，女直遣使來貢。丁巳，兀惹烏昭度、〔一〇〕渤海燕頗等侵鐵驪，遣奚王和朔奴等討之。壬戌，詔蔚、朔等州龍衞、威勝軍更戍。

八月丙子，夏國遣使進馬。壬辰，詔修山澤祠宇、先哲廟貌，以時祀之。

九月戊午，以南京太學生員浸多，特賜水磑莊一區。丁卯，奉安景宗及皇太后石像于延芳淀。

冬十月乙亥，置義倉。〔一一〕辛巳，回鶻來貢。甲申，高麗遣李知白來貢。戊子，兀惹歸欵，詔諭之。庚子，鼻骨德來貢。

十一月乙巳，阿薩蘭回鶻遣使來貢。辛酉，遣使册王治爲高麗國王。戊辰，高麗遣童子十人來學本國語。

十二月己卯，鐵驪遣使來貢鷹、馬。辛巳，夏國以敗宋人遣使來告。

是年，放進士王用極等二人。

十四年春正月己酉，漁于潞河。丁巳，蠲三京及諸州稅賦。丙寅，夏國遣使來貢。庚午，以宣徽使阿沒里家奴閻貴爲豐州刺史。

二月庚寅，回鶻遣使來貢。

三月壬寅，高麗王治表乞爲婚，許以東京留守、駙馬蕭恒德女嫁之。庚戌，高麗復遣童子十人來學本國語。甲寅，韓德威奏討党項捷。甲子，詔安集朔州流民。

夏四月甲戌，東邊諸糺各置都監。〔一二〕庚寅，如炭山清暑。己亥，鑿大安山，取劉守光所藏錢。〔一三〕是月，奚王和朔奴、東京留守蕭恒德等五人以討兀惹不克，削官。改諸部令穩爲節度使。

五月癸卯，詔參知政事邢抱朴決南京滯獄。庚戌，朔州威勝軍一百七人叛入宋。

六月辛未，如炭山清暑。鐵驪來貢。乙酉，回鶻來貢。己丑，高麗遣使來問起居。後至無時。

秋七月戊午，回鶻等來貢。

閏月丁丑，五院部進穴地所得金馬。

冬十月丙辰，命劉遂教南京神武軍士劍法，賜袍帶錦幣。戊午，烏昭度乞內附。

十一月甲戌，詔諸軍官毋非時畋獵妨農。乙酉，奉安景宗及太后石像于乾州。是月，回鶻阿薩蘭遣使爲子求婚，不許。

十二月甲寅，以南京道新定稅法太重，減之。甲子，撻凜誘叛酋阿魯敦等六十人斬之，封蘭陵郡王。幸南京。

是年，放進士張儉等三人。

十五年春正月庚午，幸延芳淀。丙子，以河西党項叛，詔韓德威討之。庚辰，詔諸道勸民種樹。癸未，兀惹長武周來降。戊子，女直遣使來貢。己丑，詔南京決滯囚。乙未，免流民稅。

二月丙申朔，如長春宮。戊戌，勸品部富民出錢以贍貧民。庚子，徙梁門、遂城、泰州、北平民於內地。丙午，夏國遣使來貢。甲寅，問安皇太后。丙辰，韓德威奏破党項捷。丁巳，詔品部曠地令民耕種。

三月乙丑朔，党項來貢。戊辰，募民耕灤州荒地，免其租賦十年。己巳，夏國破宋兵，遣使來告。己卯，封夏國王李繼遷爲西平王。壬午，通括宮分人戶，免南京逋稅及義倉粟。甲申，河西党項乞內附。庚寅，兀惹烏昭度以地遠，乞歲時免進鷹、馬、貂皮，詔以生辰、正旦貢如舊，餘免。癸巳，宋主炅殂，子恒嗣位。甲午，皇太妃獻西邊捷。

夏四月乙未朔，罷奚五部歲貢麕。戊戌，錄囚。壬寅，發義倉粟振南京諸縣民。丙午，廣德軍節度使韓德凝有善政，秩滿，其民請留，從之。己酉，幸南京。丁巳，致奠于太宗皇帝廟。己未，如炭山清暑。

五月甲子朔，日有食之。己巳，詔平州決滯獄。是月，敵烈八部殺詳穩以叛，蕭撻凜追擊，獲部族之半。

六月丙申，鐵驪來貢。壬子，夏國遣使來謝封册。

秋七月戊辰，党項來貢。辛未，禁吐谷渾別部鬻馬於宋。丙子，高麗遣韓彥敬奉幣弔越國公主之喪。辛卯，詔南京疾決獄訟。

八月丁酉，獵于平地松林，皇太后誡曰：「前聖有言：欲不可縱。吾兒爲天下主，馳騁田獵，萬一有銜橛之變，適遺予憂。其深戒之！」

九月丙寅，罷東邊戍卒。庚午，幸饒州，致奠太祖廟。戊子，蕭撻凜奏討阻卜捷。

冬十月壬辰朔，駐蹕駝山，罷奚王諸部貢物。乙未，賜宿衞時服。丁酉，禁諸山寺毋濫度僧尼。戊戌，弛東京道魚濼之禁。戊申，以上京獄訟繁冗，詰其主者。辛酉，錄囚。

十一月壬戌朔，錄囚。丙戌，幸顯州。戊子，謁顯陵。庚寅，謁乾陵。是月，高麗王治薨，姪誦遣王同穎來告。

十二月乙巳，鉤魚土河。己酉，駐蹕駝山。壬子，夏國遣使來貢。甲寅，遣使祭高麗王治，詔其姪權知國事。丙辰，錄囚。

是年，放進士陳鼎等二人。

校勘記

〔一〕分置定霸保和宣化三縣　分置，原誤「置分」。據大典五二四九改。

〔二〕白川州置洪理至乾州置安德各一縣　按地理志三洪理作弘理，地理志二乾州無安德縣。

〔三〕省遂嬀松饒寧海瑞玉鐵里奉德等十州　地理志二鐵里作鐵利。松卽地理志三之松山州。

〔四〕大王川　川，原誤「州」。據遊幸表及大典五二四九改。

〔五〕春正月　正，原誤「三」。據遊幸表及大典五二四九改。

〔六〕是年放進士王熙載等　年，原誤「時」。據大典五二四九改。

〔七〕詔皇太妃至撫定西邊　陳漢章遼史索隱（以下稱索隱）謂「皇太妃」當作王太妃。長編，「景宗后姊爲齊王罨撒葛妃，王死，稱齊妃，領兵屯西鄙驢胸兒河，西捍達靼。後謀奔骨歷札國，結兵以篡。」卽此人。骨歷札卽卷九二蕭奪剌傳之北阻卜耶覩刮。

〔八〕奧隗　營衛志下、百官志二並作奧里。

〔九〕二月丁丑朔　朔字，據朔考補。

〔一〇〕兀惹烏昭度　下文十七年六月、二十二年九月及屬國表並作烏昭慶。

〔一一〕置義倉　按食貨志上：「統和十三年詔諸道置義倉。」

〔一二〕東邊諸糺　糺字，本史所見並同。金史屢見，俱作乣。應從金史。

〔一三〕劉守光所藏錢　畢沅續資治通鑑作劉仁恭所藏錢。拾遺亦稱大安山藏錢，唐書、御覽俱作劉仁恭事。非劉守光。

遼史卷十四

本紀第十四

聖宗五

十六年春正月乙丑，如長濼。

二月庚子，夏國遣使來貢。丙午，以監門衞上將軍耶律喜羅爲中臺省左相。

三月甲子，女直遣使來貢。乙亥，鼻骨德酋長來貢。

夏四月癸卯，振崇德宮所隸州縣民之被水者。丁未，罷民輸官俸，給自內帑。己酉，祈雨。乙卯，如木葉山。

五月甲子，祭白馬神。丁卯，祠木葉山，告來歲南伐。庚辰，鐵驪來貢。乙酉，還上京。婦人年踰九十者賜物。

六月戊子朔，致奠於祖、懷二陵。是月，清暑炭山。

秋七月丁巳朔，錄囚，聽政。

八月丁亥朔，東幸。

九月丁巳朔，駐蹕得勝口。

冬十一月，遣使册高麗國王誦。

十二月丙戌朔，〔一〕宋國王休哥薨，輟朝五日。進封皇弟恒王隆慶爲梁國王、南京留守，鄭王隆祐爲吳國王。

是年，放進士楊又玄等二人。〔二〕

十七年春正月乙卯朔，如長春宮。

夏四月，如炭山清暑。

六月，兀惹烏昭慶來。

秋七月，以伐宋詔諭諸道。

九月庚辰朔，幸南京。己亥，南伐。癸卯，射鬼箭。北院樞密使魏王耶律斜軫薨，以韓德讓兼知北院樞密使事。

冬十月癸酉，攻遂城，不克。遣蕭繼遠攻狼山鎮石砦，破之。次瀛州，與宋軍戰，擒其將康昭裔、宋順，獲兵仗、器甲無算。進攻樂壽縣，拔之。次遂城，敵衆臨水以拒，縱騎兵突之，殺戮殆盡。

是年，放進士初錫等四人及第。

十八年春正月，還次南京，賞有功將士，罰不用命者。詔諸軍各還本道。

二月，幸延芳淀。

夏四月己未，駐蹕于清泉淀。

五月丁酉，清暑炭山。

六月，阻卜叛酋鶻碾之弟鐵剌不率部衆來附，鶻碾無所歸，遂降，詔誅之。

秋七月，駐蹕于湯泉。

九月乙亥朔，駐蹕黑河。

冬十一月甲戌朔，授西平王李繼遷子德昭朔方軍節度使。〔三〕

十二月，回鶻來貢。

是年，放進士南承保等三人及第。

十九年春正月辛巳，以祗候郎君班詳穩觀音爲奚六部大王。甲申，回鶻進梵僧名醫。

三月乙亥，夏國遣李文貴來貢。乙酉，西南面招討司奏党項捷。壬辰，皇后蕭氏以罪降爲貴妃。賜大丞相韓德讓名德昌。

夏四月乙巳，幸吳國王隆祐第視疾。丙午，問安皇太后。

五月癸酉，清暑炭山。丙戌，册蕭氏爲齊天皇后。庚寅，以千拽剌詳穩耶律王奴爲乙室大王。辛卯，以青牛白馬祭天地。

六月乙巳，以所俘宋將康昭裔爲昭順軍節度使。戊午，夏國奏下宋恒、環、慶等三州，賜詔褒之。

秋七月丙戌，以東京統軍使耶律奴瓜爲南府宰相。

八月庚戌，達盧骨部來貢。

九月己巳朔，問安皇太后。戊子，駐蹕昌平。庚寅，西南面招討司奏討吐谷渾捷。辛卯，幸南京。

冬十月己亥，南伐。壬寅，次鹽溝。徙封吳國王隆祐爲楚國王，留守京師。丁未，梁國王隆慶統先鋒軍以進。辛亥，射鬼箭。壬子，以青牛白馬祭天地。甲寅，遼軍與宋兵戰于遂城，敗之。庚申，以黑白羊祭天地。丙寅，次滿城，以泥淖班師。

二十四史

十一月庚午，射鬼箭。丙子，宋兵出淤口、益津關來侵，偵候諜注、虞人招古擊敗之。己卯，觀漁儒門濼。

閏月己酉，鼻骨德來貢。己未，減關市稅。

十二月庚辰，免南京、平州租稅。

二十年春正月庚子，如延芳淀。癸丑，東方五色虹見。詔安撫西南面向化諸部。甲寅，夏國遣使貢馬、駝。辛酉，女直宰相夷離底來貢。

二月丁丑，女直遣其子來朝。高麗遣使賀伐宋捷。

三月甲寅，遣北府宰相蕭繼遠等南伐。壬戌，駐蹕鴛鴦濼。

夏四月丙寅朔，文班太保達里底敗宋兵于梁門。甲戌，南京統軍使蕭撻凜破宋軍於泰州。乙酉，南征將校獻俘，賜爵賞有差。戊子，鐵驪遣使來貢。

五月乙卯，幸炭山清暑。

六月，夏國遣劉仁勗來告下靈州。

秋七月甲午朔，日有食之。丁酉，以邢抱朴爲南院樞密使。辛丑，高麗遣使來貢本國地里圖。

九月癸巳朔，謁顯陵，告南伐捷。

冬十月癸亥朔，至自顯陵。

十二月，奚王府五帳六節度獻七金山土河川地，賜金幣。

是歲，南京、平州麥秀兩岐。放進士邢祥等六人及第。

二十一年春正月，如鴛鴦濼。

三月壬辰，詔修日曆官毋書細事。甲午，朝皇太后。戊午，鐵驪來貢。

夏四月乙丑，女直遣使來貢。戊辰，兀惹、渤海、奧里米、越里篤、越里吉等五部遣使來貢。〔四〕是月，耶律奴瓜、蕭撻凜獲宋將王繼忠于望都。

五月庚寅朔，清暑炭山。丁巳，西平王李繼遷薨，其子德昭遣使來告。

六月己卯，贈繼遷尚書令，遣西上閤門使丁振弔慰。辛巳，党項來貢。乙酉，阻卜鐵剌里率諸部來降。是月，修可敦城。

秋七月庚戌，阻卜、烏古來貢。甲寅，以奚王府監軍耶律室魯爲南院大王。〔五〕

八月乙酉，阻卜鐵剌里來朝。丙戌，朝皇太后。

九月己亥，夏國李德昭遣使來謝弔贈。癸丑，幸女河湯泉，改其名曰松林。

冬十月丁巳朔，〔六〕駐蹕七渡河。戊辰，以楚國王隆祐爲西南面招討使。

十一月壬辰，故于越耶律休哥之子道士奴、高九等謀叛，伏誅。丙申，通括南院部民。

十二月癸未，罷三京諸道貢。

二十二年春正月丁亥，如鴛鴦濼。

二月乙卯朔，女直遣使來貢。丙寅，南院樞密使邢抱朴薨，輟朝三日。

三月己丑，罷番部賀千齡節及冬至、重五貢。乙未，西夏李德昭遣使上繼遷遺物。

夏四月丁卯，朝皇太后。

五月，清暑炭山。

六月戊午，〔七〕以可敦城爲鎮州，軍曰建安。

秋七月甲申，遣使封夏國李德昭爲西平王。丁亥，兀惹、蒲奴里、剖阿里、越里篤、奧里米等部來貢。

八月丙辰，党項來貢。庚申，阻卜酋鐵剌里來朝。戊辰，鐵剌里求婚，不許。〔八〕丙子，駐蹕犬牙山。

九月己丑，以南伐諭高麗。丙午，幸南京。女直遣使獻所獲烏昭慶妻子。丁未，致祭于太宗皇帝廟。以北院大王磨魯古、太尉老君奴監北、南王府兵。庚戌，命楚國王隆祐留守京師。

閏月己未，南伐。癸亥，次固安。以所獲諜者射鬼箭。甲子，以青牛白馬祭天地。丙寅，遼師與宋兵戰于唐興，大破之。丁卯，蕭撻凜與宋軍戰于遂城，敗之。庚午，軍于望都。

冬十月乙酉，以黑白羊祭天地。丙戌，攻瀛州，不克。甲午，下祁州，賚降兵。以酒脯祭天地。己酉，西平王李德昭遣使謝封册。

十一月癸亥，馬軍都指揮使耶律課里遇宋兵于洺州，擊退之。甲子，東京留守蕭排押獲宋魏府官吏田逢吉、郭守榮、常顯、劉綽等以獻。丁卯，南院大王善補奏宋遣人遺王繼忠弓矢，密請求和。詔繼忠與使會，許和。庚午，攻破德清軍。壬申，次澶淵。蕭撻凜中伏弩死。乙亥，攻破通利軍。丁丑，宋遣崇儀副使曹利用請和，卽遣飛龍使韓杞持書報聘。〔九〕

十二月庚辰朔，日有食之，既。癸未，宋復遣曹利用來，以無還地之意，遣監門衛大將軍姚東之持書往報。〔一〇〕戊子，宋遣李繼昌請和，以太后爲叔母，願歲輸銀十萬兩，絹二十萬匹。許之，卽遣閤門使丁振持書報聘。己丑，詔諸軍解嚴。是月，班師。皇太后賜大丞相齊王韓德昌姓耶律，徙王晉。

是年，放進士李可封等三人。

中華書局

二十三年春正月戊午，還次南京。庚申，大饗將卒，爵賞有差。

二月丙戌，復置榷場於振武軍。丁巳，夏國遣使告下宋青城。辛酉，朝皇太后。以惕隱化哥為南院大王，行軍都監老君奴為惕隱。乙丑，振党項部。丁卯，回鶻來貢。丁丑，改易州飛狐招安使為安撫使。

夏四月丙戌，女直及阿薩蘭回鶻各遣使來貢。乙未，鐵驪來貢。己亥，党項來侵。

五月戊申朔，宋遣孫僅等來賀皇太后生辰。乙卯，以金帛賜陣亡將士家。丙寅，高麗以與宋和，遣使來賀。

六月壬辰，清暑炭山。甲午，阻卜酋鐵剌里遣使賀與宋和。己亥，達旦國九部遣使來聘。

秋七月癸丑，問安皇太后。戊午，党項來貢。辛酉，以青牛白馬祭天地。壬戌，烏古來貢。丁卯，女直遣使來貢。阿薩蘭回鶻遣使來請先留使者，皆遣之。

九月甲戌，遣太尉阿里、太傅楊六賀宋主生辰。

冬十月丙子朔，鼻骨德來貢。戊子，朝皇太后。甲午，駐蹕七渡河。癸卯，宋歲幣始至，後為常。

十一月戊申，上遣太保合住、頒給使韓橁，[一]太后遣太師盆奴、政事舍人高正使宋賀正旦。辛亥，觀漁桑乾河。丁巳，詔大丞相耶律德昌出宮籍，屬于橫帳。

十二月丙申，宋遣周漸等來賀千齡節。丁酉，復遣張若谷等來賀正旦。

二十四年春正月，如鴛鴦濼。

夏五月壬寅朔，幸炭山清暑。幽皇太妃胡輦于懷州，[二]囚夫人夷懶于南京，餘黨皆生瘞之。

秋七月辛丑朔，南幸。

八月丙戌，改南京宮宣敎門為元和，外三門為南端，左掖門為萬春，右掖門為千秋。是月，沙州燉煌王曹壽遣使進大食國馬及美玉，[三]以對衣、銀器等物賜之。

九月，幸南京。

冬十月庚午朔，帝率羣臣上皇太后尊號曰睿德神略應運啓化承天皇太后，羣臣上皇帝尊號曰至德廣孝昭聖天輔皇帝。大赦。

是年，放進士楊佶等二十三人及第。

二十五年春正月，建中京。

二月，如鴛鴦濼。

夏四月，清暑炭山。

六月，賜皇太妃胡輦死于幽所。

秋七月壬申，西平王李德昭母薨，遣使弔祭。甲戌，遣使起復。

九月，西北路招討使蕭圖玉討阻卜，破之。

冬十月丙申，駐蹕中京。

十二月己酉，振饒州饑民。

二十六年春二月，如長濼。

夏四月辛卯朔，祠木葉山。

五月庚申朔，還上京。丙寅，高麗進龍鬚草席。己巳，遣使賀中京成。庚午，致祭祖、懷二陵。辛未，駐蹕懷州。

秋七月，增太祖、太宗、讓國皇帝、世宗謚，仍謚皇太弟李胡曰欽順皇帝。[四]

冬十月戊子朔，幸中京。

十二月，蕭圖玉奏討甘州回鶻，降其王耶剌里，撫慰而還。

是年，放進士史克忠等一十三人。

二十七年春正月，鈎魚土河。獵于瑞鹿原。

夏四月丙戌朔，駐蹕中京，營建宮室。庚戌，廢霸州處置司。

秋七月甲寅朔，霖雨，潢、土、斡剌、陰涼四河皆溢，漂沒民舍。

八月甲申，北幸。

冬十一月壬子朔，行柴冊禮。

十二月乙酉，南幸。皇太后不豫。戊子，肆赦。辛卯，皇太后崩于行宮。壬辰，遣使報哀于宋、夏、高麗。戊申，如中京。己酉，詔免賀千齡節。

是歲，御前引試劉二宜等三人。

校勘記

[一]十二月丙戌朔　朔字，據朔考補。

[二]楊又玄　又玄，原作「又立」，大典五二四九同。紀開泰七年十一月作「人玄」，殿本作又玄。太平

二年十月，百、殿兩本並作又玄。核其事蹟，確是一人。按道德經「玄之又玄」，似爲取名所本，據改。下同。

〔三〕李繼遷子德昭　德昭，宋史夏國傳作德明。此避穆宗明名改。西夏外記作德明，應屬漏改或後人回改者。

〔四〕越里吉　吉，原作「古」。按屬國表作越里吉，紀重熙六年八月作越棘，知「古」是吉之訛，據改。

〔五〕耶律室魯爲南院大王　卷八一本傳作北院大王，下文二十九年三月亦稱室魯爲北院大王，「南」字疑誤。

〔六〕冬十月丁巳朔　朔字，據朔考補。

〔七〕六月戊午　午，原誤「子」。南、北、殿各本同，惟大典五二四九作戊午。按本年六月甲寅朔，戊午初五日，月內無戊子。據改。

〔八〕鐵刺里求婚不許　按屬國表作「鐵刺里求婚，許之」。

〔九〕飛龍使韓杞　按長編作左飛龍使韓杞。

〔一〇〕監門衛大將軍姚東之　監門衛大將軍，長編作右監門衛大將軍。東，原作「柬」，據長編改。

〔一一〕頒給使韓㯄　㯄，原誤「簡」，據遼文滙六韓㯄墓誌改。

〔一二〕幽皇太妃胡輦于懷州　按「皇太妃」應作王太妃，參卷一三校勘記〔七〕。

〔一三〕沙州燉煌王曹壽　宋史四九〇、通考三三五並作曹宗壽。此避興宗宗眞名，省宗字。

〔一四〕諡皇太弟李胡曰欽順皇帝　按欽順當作恭順，陳大任避金章宗父允恭名改。

遼史卷十五

本紀第十五

聖宗六

二十八年春正月辛亥朔，不受賀。甲寅，如乾陵。癸酉，奉安大行皇太后梓宮于乾州菆塗殿。

二月丙戌，宋遣王隨、王儒等來弔祭。〔一〕己亥，高麗遣魏守愚等來祭。是月，遣左龍虎衞上將軍蕭合卓饋大行皇太后遺物于宋，仍遣臨海軍節度使蕭虛列、左領軍衞上將軍張崇濟謝宋弔祭。

三月癸卯，上大行皇太后諡爲聖神宣獻皇后。是月，宋、高麗遣使來會葬。

夏四月甲子，葬太后於乾陵。賜大丞相耶律德昌名曰隆運。庚午，賜宅及陪葬地。

五月己卯朔，如中京。辛卯，清暑七金山。乙巳，西北路招討使蕭圖玉奏伐甘州回鶻，

破肅州，盡俘其民。詔修土隗口故城以實之。丙午，高麗西京留守康肇弑其主誦，擅立誦從兄詢，詔諸道繕甲兵，以備東征。

秋八月戊申，振平州饑民。辛亥，幸中京。丙寅，謁顯、乾二陵。丁卯，自將伐高麗，遣使報宋。以皇弟楚國王隆祐留守京師，北府宰相、駙馬都尉蕭排押爲都統，北面林牙僧奴爲都監。

九月乙酉，遣使册西平王李德昭爲夏國王。辛卯，遣樞密直學士高正、引進使韓杞宣問高麗王詢。

冬十月丙午朔，女直進良馬萬匹，乞從征高麗，許之。王詢遣使奉表乞罷師，不許。

十一月乙酉，大軍渡鴨淥江，康肇拒戰，敗之，退保銅州。〔二〕丙戌，肇復出，右皮室詳穩耶律敵魯擒肇及副將李立，〔三〕追殺數十里，獲所棄糧餉、鎧仗。戊子，銅、霍、貴、寧等州皆降。排押至奴古達嶺，遇敵兵，戰敗之。辛卯，王詢遣使上表請朝，許之。禁軍士俘掠。以政事舍人馬保佑爲開京留守，安州團練使王八爲副留守。遣太子太師乙凜將騎兵一千，送保佑等赴京。壬辰，守將卓思正殺遼使者韓喜孫等十人，領兵出拒，保佑等還。遣乙凜領兵擊之，思正遂奔西京。圍之五日不克，駐蹕城西。高麗禮部郎中渤海陀失來降。庚子，遣排押、盆奴等攻開京，遇高麗兵，敗之。王詢棄城遁去，遂焚開京，至清江，還。

二十九年春正月乙亥朔，班師，所降諸城復叛。至貴州南峻嶺谷，大雨連日，馬駝皆疲，甲仗多遺棄，霽乃得渡。己丑，次鴨淥江。庚寅，皇后及皇弟楚國王隆祐迎于來遠城。壬辰，詔罷諸軍。己亥，次東京。

二月己酉，謁乾、顯二陵。戊午，所俘高麗人分置諸陵廟，餘賜內戚、大臣。

三月己卯，大丞相晉國王耶律隆運薨。庚辰，皇弟楚國王隆祐權知北院樞密使事，樞密直學士高正爲北院樞密副使。庚寅，南京、平州水，振之。己亥，以北院大王耶律室魯爲北院樞密使，封韓王，北院郎君耶律世良爲北院大王，前三司使劉慎行參知政事兼知南院樞密使事。

夏四月，清暑老古堝。

五月甲戌朔，詔已奏之事送所司附日曆。又詔帳族有罪，黥墨依諸部人例。乙未，以劉慎行爲南院樞密使，南府宰相邢抱質知南院樞密使事。

六月庚戌，升蔚州、利州爲觀察使。乙卯，韓王耶律室魯薨。丙辰，以南院大王化哥爲北院樞密使。丁巳，詔西北路招討使、駙馬都尉蕭圖玉安撫西鄙。置阻卜諸部節度使。

是秋，獵于平地松林。

冬十月庚子朔，〔四〕駐蹕廣平淀。甲寅，贈大丞相晉國王耶律隆運尚書令，謚文忠。

十一月庚午朔，幸顯州。

十二月庚子朔，〔五〕復如廣平淀。癸丑，以知南院樞密使事邢抱質年老，詔乘小車入朝。是月，置歸、寧二州。

是年，御試，放高承顏等二人及第。

開泰元年春正月己巳朔，宋遣趙湘、符成翰來賀。〔六〕癸未，長白山三十部女直酋長來貢，乞授爵秩。甲申，駐蹕王子院。丙戌，望祠木葉山。丁亥，女直太保蒲撚等來朝。戊子，獵于買曷魯林。〔七〕庚寅，祠木葉山。辛卯，曷蘇館大王曷里喜來朝。

二月壬子，駐蹕瑞鹿原。

三月甲戌，以蔚州爲觀察，不隸武定軍。乙亥，如葦濼。丁丑，詔封皇女八人爲郡主。乙酉，詔卜日行拜山、大射柳之禮，命北宰相、駙馬、蘭陵郡王蕭寧，樞密使、司空邢抱質督有司具儀物。丁亥，皇弟楚國王隆祐徙封齊國王，留守東京。

夏四月庚子，高麗遣蔡忠順來，乞稱臣如舊，詔王詢親朝。壬寅，夏國遣使進良馬。己酉，祀風伯。辛酉，以前孟父房敞穩蕭佛奴爲左夷離畢。

五月戊辰朔，還上京。詔裴玄感、邢祥知禮部貢舉，放進士史簡等十九人及第。以駙馬蕭紹宗爲鄭州防禦使。乙亥，以邢抱質爲大同軍節度使。

六月，駐蹕上京。

秋七月丙子，以耶律遂貞爲遼興軍節度使，遂正北院宣徽使，張昭瑩南院宣徽使，耶律受益上京副留守，寇卿彰德軍節度使。命耶律釋身奴、李操充賀宋生辰國信使副，蕭涅袞、齊泰賀宋正旦使副。進士康文昭、張素臣、郎玄達坐論知貢舉裴玄感、邢祥私曲，祕書省正字李萬上書，辭涉怨訕，皆杖而徒之，萬役陷河冶。

八月丙申朔，〔八〕鐵驪那沙等送兀惹百餘戶至賓州，賜絲絹。是日，那沙乞賜佛像、儒書，詔賜護國仁王佛像一，易、詩、書、春秋、禮記各一部。己未，高麗王詢遣田拱之奉表稱病不能朝，詔復取六州地。是月，齊國王隆祐薨，輟朝五日。

冬十月辛亥，如中京。

閏月丁卯，贈隆祐守太師，謚仁孝。

十一月甲午朔，〔九〕文武百官加上尊號曰弘文宣武尊道至德崇仁廣孝聰睿昭聖神贊天輔皇帝。大赦，改元開泰。改幽都府爲析津府，薊北縣爲析津縣，幽都縣爲宛平縣，覃恩中外。己亥，賜夏國使、東頭供奉官曹文斌、呂文貴、竇珪祐、守榮、武元正等爵有差。癸卯，

前遼州錄事張庭美六世同居，儀坤州劉興胤四世同居，各給復三年。甲辰，西北招討使蕭圖玉奏七部太師阿里底因其部民之怨，殺本部節度使霸暗幷居其家以叛，阻卜執阿里底以獻，而沿邊諸部皆叛。

十二月丙寅，奉遷南京諸帝石像于中京觀德殿，景宗及宣獻皇后于上京五鸞殿。壬申，振奉聖州饑民。庚辰，賜皇弟秦晉國王隆慶鐵券。癸未，劉晨言殿中高可垣、中京留守推官李可舉治獄明允，詔超遷之。甲申，詔諸道水災饑民質男女者，起來年正月，日計傭錢十文，價折傭盡，遣還其家。歸州言其居民本新羅所遷，未習文字，請設學以教之，詔允所請。貴德、龍化、儀坤、雙、遼同、祖七州，至是有詔始征商。己丑，詔諸鎭建宣敕樓。

二年春正月癸巳朔，以裴玄感爲翰林承旨，邢祥給事中，石用中翰林學士，呂德推樞密直學士，張儉政事舍人，邢抱質加開府儀同三司、守司空兼侍中，王繼忠中京留守、檢校太師，戶部侍郎劉涇加工部尚書，駙馬蕭紹宗加檢校太師，耶律控溫加政事令，封幽王。〔一〇〕丁未，如瑞鹿原。北院樞密使耶律化哥封豳王。以馬氏爲麗儀，耿氏淑儀，尙寢白氏昭儀，尙服李氏順儀，尙功艾氏芳儀，尙儀孫氏和儀。己未，錄囚。烏古、敵烈叛，右皮室詳穩延壽率兵討之。是月，達旦國兵圍鎭州，州軍堅守，尋引去。

二月丙子，詔以麥務川爲象雷縣，女河川爲神水縣，羅家軍爲閭山縣，山子川爲富庶縣，習家砦爲龍山縣，阿覽峪爲勸農縣，松山川爲松山縣，金甸子爲金原縣。〔一一〕壬午，遣北院樞密副使高正按察諸道獄。

三月壬辰朔，化哥以西北路略平，留兵戍鎮州，赴行在。

夏四月甲子，拜日。詔從上京請，以韓斌所括贍國、撻魯河、奉、豪等州戶二萬五千四百有奇，置長霸、興仁、保和等十縣。丙子，如緬山。

五月辛卯朔，復命化哥等西討。

六月辛酉朔，遣中丞耶律資忠使高麗，取六州舊地。

秋七月壬辰，烏古、敵烈皆復故疆。乙未，西南招討使、政事令斜軫奏，党項諸部叛者皆遁黃河北模赧山，其不叛者曷黨、烏迷兩部因據其地，今復西遷，詰之則曰逐水草。不早圖之，後恐爲患。又聞前後叛者多投西夏，西夏不納。詔遣使再問西遷之意，若歸故地，則可就加撫諭。使不報，上怒，欲伐之。遂詔李德昭：「今党項叛，我欲西伐，爾當東擊，毋失掎角之勢。」仍命諸軍各市肥馬。丁酉，以惕隱耶律滌洌爲南府宰相，太尉五哥爲惕隱。〔一二〕癸卯，鈎魚曲溝。戊申，詔以敦睦宮子錢振貧民。己酉，化哥等破阻卜酋長烏八之衆。丁卯，封皇子宗訓大內惕隱。

八月壬戌，遣引進使李延弘賜夏國王李德昭及義成公主車馬。己丑，耶律資忠使高麗還。

冬十月己未朔，畋鹿井之北。命耶律阿營等使宋賀生辰。〔一三〕辛酉，駐蹕長濼。丙寅，詳穩張馬留獻女直人知高麗事者。上問之，曰：「臣三年前爲高麗所虜，爲郎官，故知之。自開京東馬行七日，有大砦，廣如開京，旁州所貢珍異，皆積于此。勝、羅等州之南，亦有二大砦，所積如之。若大軍行由前路，取曷蘇館女直北，直渡鴨淥江，並大河而上，至郭州與大路會，高麗可取而有也。」上納之。

十一月甲午，錄囚。癸丑，樞密使豳王化哥以西征有罪，削其官封，出爲大同軍節度使。

十二月甲子，以北院大王耶律世良爲北院樞密使，封岐王。以宰臣劉晟監修國史，牛璘爲彰國軍節度使，蕭孝穆爲西北路招討使。

放進士鮮于茂昭等六人及第。

三年春正月己丑，錄囚。阻卜酋長烏八來朝，封爲王。乙未，如渾河。丁酉，女直及鐵驪各遣使來貢。是夕，彗星見西方。丙午，畋潢河濱。壬子，帝及皇后獵瑞鹿原。

二月戊午，詔增樞密使以下月俸。甲子，遣上京副留守耶律資忠復使高麗取六州舊地。

三月庚子，遣耶律世良城招州。戊申，南京、奉聖、平、蔚、雲、應、朔等州置轉運使。

夏四月戊午，詔南京管內毋淹刑獄，以妨農務。癸亥，烏古叛。乙亥，沙州回鶻曹順遣使來貢。丙子，以西北路招討都監蕭孝穆爲北府宰相。

五月乙酉朔，清暑緬山。

六月乙亥，合拔里、乙室二國舅爲一帳，以乙室夷離畢蕭敵烈爲詳穩以總之。甲申，封皇姪胡都古爲廣平郡王。

是夏，詔國舅詳穩蕭敵烈、東京留守耶律團石等討高麗，造浮梁于鴨淥江，城保、宣義、定遠等州。〔一四〕

秋七月乙酉朔，如平地松林。壬辰，詔政事省、樞密院，酒間授官釋罪，毋卽奉行，明日覆奏。

八月甲寅朔，幸沙嶺。

九月丁酉，八部敵烈殺其詳穩稍瓦，皆叛，詔南府宰相耶律吾剌葛招撫之。辛亥，釋敵烈數人，令招諭其衆。壬子，耶律世良遣使獻敵烈俘。

冬十月甲寅朔，幸中京。丙子，以旗鼓拽剌詳穩題里姑爲奚六部大王。〔一五〕

放進士張用行等三十一人及第出身。

四年春正月乙酉，如瑞鹿原。丙戌，詔耶律世良再伐迪烈得。戊子，命詳穩拔姑瀦水瑞鹿原，〔一六〕以備春蒐。丁酉，獵馬蘭淀。壬寅，東征。東京留守善寧、平章涅里衮奏，已總大軍及女直諸部兵分道進討，遂遣使齎密詔軍前。

二月壬子朔，如薩堤濼。于闐國來貢。

夏四月癸丑，以林牙建福爲北院大王。甲寅，蕭敵烈等伐高麗還。丙辰，曷蘇館部請括女直王殊只你戶舊無籍者，會其丁入賦役，從之。樞密使貫寧奏大破八部迪烈得，詔侍御撒剌獎諭，代行執手之禮。丙寅，耶律世良等上破阻卜俘獲數。戊辰，駐蹕沿柳湖。己巳，女直遣使來貢。壬申，耶律世良討烏古，破之。甲戌，遣使賞有功將校。世良討迪烈得至清泥堝。時于厥既平，朝廷議內徙其衆，于厥安土重遷，遂叛。世良懲創，既破迪烈得，輒殲其丁壯。勒兵渡曷刺河，進擊餘黨，斥候不謹，其將勃括聚兵稠林中，擊遼軍不備。遼軍小却，結陣河曲。勃括是夜來襲。翌日，遼後軍至，勃括誘于厥之衆皆遁，世良追之，軍至險阨。勃括方阻險少休，遼軍偵知其所，世良不亟掩之，勃括輕騎遁去。獲其輜重及所誘于厥之衆，併遷迪烈得所獲轄麥里部民，城臚朐河上以居之。是月，蕭楊哥尙南平郡主。

五月辛巳，命北府宰相劉晟爲都統，樞密使耶律世良爲副，殿前都點檢蕭屈烈爲都監以伐高麗。晟先携家置邊郡，致緩師期，追還之。以世良、屈烈總兵進討。以耶律德政爲遼興軍節度使，蕭年骨烈天城軍節度使。李仲舉卒，詔賻恤其家。

六月庚戌，上拜日如禮。以廝都骨世勳，易衣馬爲好。以上京留守耶律八哥爲北院樞密副使。

秋七月，上又拜日，遂幸秋山。

自八月射鹿至于九月，復自癸丑至于辛酉，連獵于有柏、碎石、太保、響應、松山諸山。丁卯，與夷離畢、兵部尙書蕭榮寧定爲交契，以重君臣之好。丙子，以旗鼓拽剌詳穩題里姑爲六部奚王。

冬十月，駐蹕撻剌割濼。

十一月庚申，詔汰東京僧，〔一七〕及命上京、中京泊諸宮選精兵五萬五千人以備東征。

十二月，南巡海徼。還，幸顯州。

五年春正月丁未，北幸。庚戌，耶律世良、蕭屈烈與高麗戰于郭州西，破之，斬首數萬

級，盡獲其輜重。乙卯，師次南海軍，耶律世良薨于軍。癸酉，駐蹕雪林。

二月己卯，阻卜長來朝。辛巳，如薩堤濼。庚寅，以前東京統軍使耶律韓留爲右夷離畢。戊戌，皇子宗眞生。

三月乙卯，鼻骨德長撒保特、賽剌等來貢。辛酉，諸道獄空，詔進階賜物。丙寅，以前北院大王耶律敬溫爲阿扎割只。辛未，党項魁可來降。

夏四月乙亥，振招州民。戊寅，以左夷離畢蕭合卓爲北院樞密使，曷魯寧爲副使。庚辰，淸暑孤樹淀。

五月甲子，尙書蕭姬隱坐出使後期，削其官。丁卯，以耿元吉爲戶部使。

六月，以政事舍人吳克昌按察霸州刑獄。丁丑，回鶻獻孔雀。

秋七月甲辰，獵于赤山。

八月丙子，幸懷州，有事于諸陵。戊寅，還上京。

九月癸卯，皇弟南京留守秦晉國王隆慶來朝，上親出迎勞至實德山，因同獵于松山。

乙丑，駐蹕杏堝。

冬十月甲午，封秦晉國王隆慶長子查割中山郡王，次子遂哥樂安郡王。

十一月辛丑朔，〔一八〕以參知政事馬保忠同知樞密院事、監修國史。丁巳，以北面林牙蕭隈洼爲國舅詳穩。

十二月乙酉，秦晉國王隆慶還，至北安菴，訃聞，上爲哀慟，輟朝七日。丁酉，宋遣張遜、王承德來賀千齡節。

是歲，放進士孫傑等四十八人及第。

六年春正月癸卯，如錐子河。

二月甲戌，以公主賽哥殺無罪婢，駙馬蕭圖玉不能齊家，降公主爲縣主，削圖玉同平章事。丁丑，詔國舅帳詳穩蕭隗洼將本部兵東征高麗，其國舅司事以都監攝之。庚辰，以南面林牙涅合爲南院大王。

三月乙巳，如顯州，葬秦晉國王隆慶。有事于顯、乾二陵。追册隆慶爲太弟。

夏四月辛卯，封隆慶少子謝家奴爲長沙郡王，以樞密使漆水郡王耶律制心權知諸行宮都部署事。〔一九〕壬辰，禁命婦再醮。丙申，如涼陘。

五月戊戌朔，命樞密使蕭合卓爲都統，〔二〇〕漢人行宮都部署王繼忠爲副，殿前都點檢蕭屈烈爲都監以伐高麗。翌日，賜合卓劍，俾得專殺。丙午，錄囚。己酉，設四帳都詳穩。甲寅，以南京統軍使蕭惠爲右夷離畢。乙卯，祠木葉山、潢河。乙丑，駐蹕九層臺。

六月戊辰朔，德妃蕭氏賜死，葬兔兒山西。後數日，大風起塚上，晝暝，大雷電而雨不止者踰月。是月，南京諸縣蝗。

秋七月辛亥，如秋山。遣禮部尙書劉京、翰林學士吳叔達、知制誥仇正己、起居舍人程翥、吏部員外郎南承顏、禮部員外郎王景運分路按察刑獄。辛酉，以西南路招討請，置寧仁縣于勝州。

九月庚子，還上京，以皇子屬思生，大赦。丁未，以駙馬蕭璉、節度使化哥、知制誥仇正己、楊佶充賀宋生辰正旦使副。乙卯，蕭合卓等攻高麗興化軍不克，還師。

冬十月丁卯，南京路饑，輓雲、應、朔、弘等州粟振之。辛未，獵鏵子河。庚寅，駐蹕遼離山。

十一月乙卯，建州節度使石匡弼卒。

十二月丁卯，上輕騎還上京。戊子，宋遣李行簡、張信來賀千齡節。〔二一〕翌日，宋馮元、張綸來賀正旦。

校勘記

〔一〕王儒 長編作王曙，宋史二八六有傳。

〔二〕銅州　銅州，卷一一五高麗外記同，高麗史四作通州。

〔三〕右皮室詳穩耶律敵魯擒蘗及副將李立　敵魯，卷八八本傳作的琭，右皮室詳穩作左皮室詳穩。李立，的琭傳及卷八八耶律盆奴傳並作李玄蘊。

〔四〕十月庚子朔　朔字，據朔考補。

〔五〕十二月庚子朔　朔字，據朔考補。

〔六〕宋遣符成翰來賀　符成翰，長編作符承翰。

〔七〕賈曷魯林　遊幸表作賈曷魯林。

〔八〕八月丙申朔　朔字，據朔考補。

〔九〕十一月　原誤「十月」，據大典五二四九及前後文改。

〔一〇〕耶律控溫封幽王　「幽」當作「豳」。卷九四耶律化哥傳，化哥字弘隱，弘隱卽控溫，開泰元年伐阻卜，後封豳王。此與下文化哥封豳王爲重出。

〔一一〕金原縣　按地理志三與金史地理志並作金源縣。

〔一二〕五哥爲惕隱　五哥卽吳哥，漢名宗訓。惕隱卽大內惕隱。此與下文封宗訓大內惕隱爲重出。

〔一三〕耶律阿營　「營」，大典五二四九作管，長編作果。管、果音近，應作阿管。

〔一四〕城保宣義定遠等州　按地理志二，保州宣義軍是一州，定遠是宣州軍號，非州名。

〔一五〕題里姑爲奚六部大王　按此事另見于四年九月，檢部族表亦在四年，疑此係重出。

〔一六〕瀦水瑞鹿原　瀦，原作「溺」。據大典五二四九改。

〔一七〕（四年十一月）詔汰東京僧　按大典八七〇六此事在開泰五年十一月。

〔一八〕十一月辛丑朔　朔字，據朔考補。

〔一九〕耶律制心　卽上文開泰元年七月之耶律遂貞。耶律，下文亦作韓。本姓韓，賜姓耶律。制心，紀文原作製，卷八二本傳作制心。遼文滙六韓椅墓誌稱「諱遂貞，賜名直心」，直心卽制心。今改製作制心。

〔二〇〕命樞密使蕭合卓爲都統　命字原脫，依上文例補。

〔二一〕張信　長編作張信，宋史三〇八有傳。

遼史卷十六

本紀第十六

聖宗七

七年春正月甲辰，如達離山。

二月乙丑朔，拜日，如渾河。

三月辛丑，命東北越里篤、剖阿里、奧里米、蒲奴里、鐵驪等五部歲貢貂皮六萬五千，馬三百。丙午，烏古部節度使蕭普達討叛命敵烈，滅之。

夏四月，拜日。丙寅，振川、饒二州饑。辛未，振中京貧乏。癸酉，禁匿名書。壬辰，以三司使呂德懋爲樞密副使。

閏月壬子，以蕭進忠爲彰武軍節度使兼五州制置。戊午，吐蕃王并里尊奏，凡朝貢，乞假道夏國，從之。

五月丙寅，皇子宗眞封梁王，宗元永清軍節度使，宗簡右衞大將軍，宗愿左驍衞大將軍，宗偉右衞大將軍，皇姪宗範昭義軍節度使，宗熙鎭國軍節度使，宗亮絳州節度使，宗弼濮州觀察使，宗奕曹州防禦使，宗顯、宗肅皆防禦使。以張儉守司徒兼政事令。

六月丙申，〔一〕品打魯瑰部節度使勃魯里至鼻灑河，遇微雨，忽天地晦冥，大風飄四十三人飛旋空中，良久乃墮數里外。勃魯里幸獲免。一酒壺在地乃不移。八月丙午，〔二〕行大射柳之禮。庚申，以耶律留寧、吳守達使宋賀生辰，蕭高九、馬貽謀使宋賀正旦。加平章蕭弘義開府儀同三司、尚父兼政事令。

秋七月甲子，詔翰林待詔陳升寫南征得勝圖於上京五鸞殿。丁卯，蒲奴里部來貢。

九月庚申朔，〔三〕蒲昵國使奏本國與烏里國封壤相接，數侵掠不寧，賜詔諭之。戊辰，詔內外官，因事受賕，事覺而稱子孫僕從者，禁之。庚午，錄囚。括馬給東征軍。是月，駐蹕土河川。

冬十月，名中京新建二殿曰延慶，曰永安。壬寅，以順義軍節度使石用中爲漢人行宮都部署。丙辰，詔以東平郡王蕭排押爲都統，殿前都點檢蕭虛列爲副統，東京留守耶律八哥爲都監伐高麗。仍諭高麗守吏，能率衆自歸者，厚賞，堅壁相拒者，追悔無及。

十一月壬戌，以呂德懋知吏部尚書，楊又玄知詳覆院，劉晟爲霸州節度使，北府宰相劉慎行爲彰武軍節度使。〔四〕庚辰，禁服用明金、縷金、貼金。戊子，幸中京。

十二月丁酉，宋遣呂夷簡、曹瑋來賀千齡節。是月，蕭排押等與高麗戰于茶、陀二河，遼軍失利，天雲、右皮室二軍沒溺者衆，遙輦帳詳穩阿果達、客省使酌古、渤海詳穩高清明、天雲軍詳穩海里等皆死之。

放進士張克恭等三十七人及第。

八年春正月，宋遣陳堯佐、張羣來賀。〔五〕壬戌，鐵驪來貢。建景宗廟于中京。封沙州節度使曹順爲燉煌郡王。

二月丁未，以前南院樞密使韓制心爲中京留守，漢人行宮都部署王繼忠南院樞密使。丙辰，祭風伯。

三月己未，以契丹弘義宮使赫石爲興聖宮都部署，前遙恩拈部節度使控骨里積慶宮都部署，左祇候郎君耶律罕四捷軍都監。乙亥，東平王蕭韓寧、東京留守耶律八哥、國舅平章事蕭排押、林牙要只等討高麗還，〔六〕坐失律，數其罪而釋之。己卯，詔加征高麗有功渤海將校官。壬午，閱飛龍院馬。癸未，回跋部太師踏剌葛來貢。丙戌，置東京渤海承奉官都知押班。

夏四月戊子朔，如緬山。

五月壬申，以駙馬蕭克忠爲長寧軍節度使。乙亥，遷寧州渤海戶于遼、土二河之間。己卯，曷蘇館惕隱阿不葛、宰相賽剌來貢。

六月戊子，錄征高麗戰歿將校子弟。己丑，以左夷離畢蕭解里爲西南面招討使，御史大夫蕭要只爲夷離畢。己亥，惕隱耶律合葛爲南府宰相，南面林牙耶律韓留爲惕隱。癸卯，弛大擺山猿嶺採木之禁。乙巳，以南皮室軍校等討高麗有功，賜金帛有差。

秋七月己未，征高麗戰歿諸將，詔益封其妻。庚申，以東北路詳穩耶律獨迭爲北院大王。辛酉，肴里、涅哥二奚軍征高麗有功，皆賜金帛。癸亥，詔阻卜依舊歲貢馬千七百，駝四百四十，貂鼠皮萬，青鼠皮二萬五千。戊辰，覲稼。己巳，回跋部太保麻門來貢。庚午，觀市，曲赦市中繫囚。命解寧、馬翼充賀宋生辰使副。

八月庚寅，遣郎君曷不呂等率諸部兵會大軍討高麗。

九月己巳，以石用中參知政事。宋遣崔遵度、王應昌來賀千齡節。壬申，錄囚。甲戌，復錄囚。庚辰，曷蘇館惕隱阿不割來貢。壬午，駐蹕土河川。

冬十月乙酉，詔諸道，事無巨細，已斷者，每三月一次條奏。戊子，遣耶律繼崇、鄭玄珢賀宋正旦。〔七〕癸巳，詔橫帳三房不得與卑小帳族爲婚；凡嫁娶，必奏而後行。癸卯，以前北院大王建福爲阿扎割只。甲辰，改東路耗里太保城爲咸州，建節以領之。

十一月甲寅，置雲州宣德縣。

十二月辛卯，駐蹕中京。乙巳，以廣平郡王宗業爲中京留守、大定尹，韓制心爲惕隱。辛亥，高麗王詢遣使乞貢方物，詔納之。

九年春正月，宋遣劉平、張元普來賀。

二月，如鴛鴦濼。

五月庚午，耶律資忠使高麗還，王詢表請稱藩納貢，歸所留王人只剌里。〔八〕只剌里在高麗六年，忠節不屈，以爲林牙。辛未，遣使釋王詢罪，並允其請。癸酉，以耶律宗教檢校太傅，宗誨啓聖軍節度使，劉晟太子太傅，仍賜保節功臣。

秋七月庚戌朔，日有食之，詔以近臣代拜救日。甲寅，遣使賜沙州回鶻燉煌郡王曹順衣物。以查剌、耿元吉、韓九、宋璋爲來年賀宋生辰正旦使副。

九月戊午，以駙馬蕭紹宗平章事。丁卯，文武百僚奉表上尊號，不許；表三上，乃從之。乙亥，沙州回鶻燉煌郡王曹順遣使來貢。括諸道漢民馬賜東征軍。以夷離畢延寧爲兵馬副都部署，總兵東征。是月，駐蹕金鉼濼。宋遣宋綬、駱繼倫賀千齡節。

冬十月戊寅朔，〔九〕以涅里爲奚王都監，突迭里爲北王府舍利軍詳穩。郎君老使沙州還，詔釋宿累。國家舊使遠國，多用犯徒罪而有才略者，使還，卽除其罪。戊子，西南招討奏党項部有宋犀族輸貢不時，常有他意，宜以時遣使督之。詔曰：「邊鄙小族，歲有常貢。邊臣驕縱，徵斂無度，彼懷懼不能自達耳。第遣淸愼官將，示以恩信，無或侵漁，自然效順。」復奏諦居、迭烈德部言節度使韓留有惠政，今當代，請留。上命進其治狀。辛丑，如中京。壬寅，大食國遣使進象及方物，爲子册割請婚。

十一月丁巳，以漆水郡王韓制心爲南京留守、析津尹、兵馬都總管。己未，以夷離畢蕭孝順爲南面諸行宮都部署，加左僕射。

十二月丁亥，禁僧燃身煉指。戊子，詔中京建太祖廟，制度、祭器皆從古制。乙巳，詔來年冬行大册禮。

放進士張仲舉等四十五人。

太平元年春正月丁丑朔，宋使魯宗道、成吉來賀。〔一〇〕如渾河。

二月乙卯，幸鈌河。壬戌，獵高柳林。

三月戊戌，皇子勃已只生。庚子，駙馬都尉蕭紹業建私城，賜名睦州，軍曰長慶。是月，大食國王復遣使請婚，封王子班郎君胡思里女可老爲公主，嫁之。

夏四月戊申，東京留守奏，女直三十部酋長請各以其子詣闕祗候。詔與其父俱來受約。乙卯，錄囚。丁卯，置來州。[一一]是月，清暑緬山。

秋七月甲戌朔，賜從獵女直人秋衣。乙亥，遣骨里取石晉所上玉璽于中京。阻卜來貢。辛巳，如沙嶺。是月，獵潢河。

九月，幸中京。

冬十月丁未，敵烈酋長頗白來貢馬、駝。戊申，錄囚。壬子，宋使李懿、王仲賓來賀千齡節，[一二]及蘇惟甫、周鼎賀來歲元正，卽遣蕭善、程翥報聘。党項長曷魯來貢。己未，以薩敵解里爲都點檢，高六副點檢，耶律羅漢奴左皮室詳穩，嗓姑右皮室詳穩，聊了西北路金吾，耶律僧隱御史大夫，求哥駙馬都尉，蕭春、骨里並大將軍。庚申，幸通天觀，觀魚龍曼衍之戲。翌日，再幸。還，升玉輅，自內三門入萬壽殿，奠酒七廟御容，因宴宗室。

十一月癸未，上御昭慶殿，文武百僚奉册上尊號曰睿文英武遵道至德崇仁廣孝功成治定昭聖神贊天輔皇帝，大赦，改元太平，中外官進級有差。宋遣使來聘，夏、高麗遣使來貢。甲申，册皇子梁王宗眞爲皇太子。

二年春正月，如納水鈎魚。

二月辛丑朔，駐蹕魚兒濼。

三月甲戌，如長春州。丁丑，宋使薛貽廓來告宋主恒殂，子禎嗣位。遣都點檢耶律僧隱等充宋祭奠使副，林牙蕭日新、觀察馮延休充宋后弔慰使副。戊寅，遣金吾耶律諸領、引進姚居信充宋主弔慰使副。戊子，爲宋主飯三京僧。是月，地震，雲、應二州屋摧地陷，嵬白山裂數百步，泉湧成流。

夏四月，如緬山清暑。

五月乙亥，[一三]參知政事石用中薨。庚辰，鐵驪遣使獻兀惹十六戶。

六月己未，[一四]宋遣使薛由等來饋其先帝遺物。[一五]

秋七月己卯，以耶律信寧爲奉陵軍節度使，高麗國參知政事王同頴靜海軍節度使，[一六]耶律遂忠長寧軍節度使，耿延毅昭德軍節度使，高守貞河西軍節度使。

九月癸巳，遣尚書僧隱、韓格賀宋主卽位。

冬十月壬寅，[一七]遣堂後官張克恭充賀夏國王李德昭生日使，耶律掃古、韓王充賀宋太后生日使副，[一八]耶律仙寧、史克忠充賀宋正旦使副。是月，駐蹕胡魯古思淀。癸卯，[一九]賜宰臣呂德懋、參知政事吳叔達、樞密副使楊又玄、右丞相馬保忠錢物有差。辛亥，至上京，曲赦畿內囚。

十一月丙戌，宋遣使來謝。

十二月辛丑，高麗王詢薨，其子欽遣使來報，卽命使册欽爲高麗國王。[二〇]甲寅，宋遣劉燁、郭志言來賀千齡節。

是年，放進士張漸等四十七人。

三年春正月丙寅朔，如納水鈎魚。以僧隱爲平章事。乙亥，以蕭臺德爲南王府都監，林牙耶律信寧西北路招討都監。辛巳，賜越國公主私城之名曰懿州，軍曰慶懿。

二月丙申，以丁振爲武信軍節度使，改封蘭陵郡王。戊申，以東平郡王蕭排押爲西南面都招討，進封豳王。

夏四月，以耶律守寧爲都點檢。

五月，清暑緬山。

六月戊申，以南院宣徽使劉涇參知政事，蕭孝惠爲副點檢，蕭孝恭東京統軍兼沿邊巡檢使。戊午，以蕭璉爲左夷離畢，蕭琳爲詳穩。

秋七月戊寅，以南府宰相耶律合葛爲上京留守，封漆水郡王。丙戌，以皇后生辰爲順

天節。丁亥，賜緬山名曰永安。是月，獵赤山。

閏九月壬辰朔，[二一]以蕭伯達、韓紹雍充賀宋正旦使副，唐骨德、程昭文賀宋生辰使副。

冬十月庚辰，宋遣薛奎、郭盛來賀順天節，王臻、慕容惟素賀千齡節。東征軍奏：「統帥諸領、常袞課奴率師自毛母國嶺入，林牙高九、裨將大臣逸等率師鼓山嶺入。閏月未至撻離河，[二二]不遇敵而還。以是月會於弘怕只嶺，駝、馬死者甚衆。」駐蹕遼河。

十一月辛卯朔，以皇姪宗範爲歸德軍節度使，北府宰相蕭孝穆南京留守，封燕王，南京留守韓制心南院大王、兵馬都總管，仇正燕京轉運使。[二三]

十二月壬戌，以宗範爲平章事，封三韓郡王，仇道衡中京副留守，馮延休順州刺史，郎玄化西山轉運使，[二四]趙其樞密直學士。丁卯，以蕭永爲太子太師。己卯，封皇子重元秦國王。

四年春正月庚寅朔，宋遣張傳、張士禹、程琳、丁保衡來賀。如鴨子河。

二月己未朔，[二五]獵撻魯河。詔改鴨子河曰混同江，撻魯河曰長春河。

三月戊子朔，[二六]千齡節，詔賜諸宮分耆老食。

夏四月癸酉，以右丞相馬保忠之子世弘使嶺表，至平地松林爲盜所殺，特贈昭信軍節

度使。

五月，清暑永安山。

六月己未，〔二七〕南院大王韓制心薨。戊辰，以鄭弘節爲兵部郎中，劉慎行順義軍節度使。辛未，以燕王蕭孝穆子順爲千牛衞將軍。甲戌，以中山郡王查哥爲保靜軍節度使，樂安郡王遂哥廣德軍節度使，蕭解里彰德軍節度使。庚辰，以遼興軍節度使周王胡都古爲臨海軍節度使，漆水郡王敵烈南院大王。

秋七月，如秋山。

八月丙辰朔，〔二八〕以韓紹芳爲樞密直學士，駙馬蕭匹敵都點檢。

九月，以駙馬蕭紹宗爲武定軍節度使，耶律宗福安國軍節度使。

冬十月，駐蹕遼河。宋遣蔡齊、李用和來賀千齡節。

十一月，追封南院大王韓制心爲陳王。

十二月，以蕭從政爲歸義軍節度使，康筠監門衞，充賀宋正旦使副。

是年，放進士李烱等四十七人。

校勘記

〔一〕六月丙申　「六月」二字原脫。按朔考，五月壬戌朔，六月壬辰朔，丙申已入六月。據補。

〔二〕八月丙午　「八月丙午」四字夾於上文六月與下文七月之間，六月壬辰朔，丙午是十五日，「八月」二字疑衍，或是八月一段應在七月、九月之間。

〔三〕九月庚申朔　朔字，據朔考補。

〔四〕劉晟爲霸州節度使北府宰相劉慎行爲彰武軍節度使　按劉慎行卽劉晟，彰武軍卽霸州，一事重出。

〔五〕宋遣張羣來賀　張羣，長編作張君平。

〔六〕東平王蕭韓寧東京留守耶律八哥國舅平章事蕭排押林牙要只等討高麗還　按卷八八蕭排押傳，排押字韓隱，開泰五年進王東平。隱、寧音近，蕭韓寧卽蕭排押，重出。

〔七〕遣耶律繼崇鄭玄琨賀宋正旦　繼崇，長編作繼宗。玄琨，長編作去琨。

〔八〕歸所留王人只剌里　按卷八八耶律資忠傳，資忠小字札剌。只剌里卽札剌異譯。

〔九〕十月戊寅朔　朔字，據朔考補。

〔一〇〕宋使魯宗道成吉來賀　成吉，長編作侯成吉。

〔一一〕來州　來，原作「萊」。據地理志三、營衞志上及卷一一〇乙辛傳改。

〔一二〕宋使李懿王仲賓來賀千齡節　李懿，長編作李懋。王仲賓，長編作王仲寶。

〔一三〕五月乙亥　原作「五月乙亥朔」。按朔考，五月己巳朔，乙亥是初七日。「朔」字衍，今刪。

〔一四〕六月己未　己未，原誤「乙未」。按朔考，六月己亥朔，有己未，無乙未。據改。

〔一五〕宋遣薛由等來饋其先帝遺物　薛由，長編作薛田，宋史三〇一有傳。

〔一六〕高麗國參知政事王同顯靜海軍節度使　羅校，王同顯，疑卽統和十五年之高麗使者王同穎。（穎，殿本作潁。）

〔一七〕冬十月壬寅　「冬十月」三字原脫。按朔考，九月戊辰朔，無壬寅；十月丁酉朔，壬寅初六日。據補。

〔一八〕耶律捋古韓王充賀宋太后生日使副　「王」字疑誤。長編作韓玉。

〔一九〕癸卯　原誤「冬十月癸卯朔」。按朔考，十月丁酉朔，癸卯初七日。「冬十月」已見於壬寅，則此「冬十月」三字與「朔」字均衍文。並刪。

〔二〇〕高麗王詢薨其子欽遣使來報卽命使冊欽爲高麗國王　按高麗史四，本年是冊高麗太子王欽爲高麗國公。此時王詢尙未卒。

〔二一〕閏九月壬辰朔　「九」、「朔」二字原脫，據朔考補。

〔二二〕閏月未至撻離河　按「閏月未至」費解。未字或係「末」字之訛，卽指閏九月末而言。若是「末」字，則未字上應脫一天干字。

〔二三〕南京留守韓制心南院大王兵馬都總管仇正燕京轉運使　按遼文滙六韓橁墓誌稱制心爲「四十萬兵馬都總管兼侍中、南大王」，則此「兵馬都總管」當屬制心所任官。仇正，疑是上文開泰六年七月及九月之仇正己。

〔二四〕郎玄化西山轉運使　西山，疑是「山西」之倒誤。

〔二五〕二月己未朔　朔字，據朔考補。

〔二六〕三月戊子朔　朔字，據朔考補。

〔二七〕六月己未　六月二字原脫。按朔考，六月丁巳朔，己未是初三日。下文戊辰、辛未、甲戌、庚辰，均屬六月。據補。

〔二八〕八月丙辰朔　朔字，據朔考補。

遼史卷十七

本紀第十七

聖宗八

五年春正月乙酉，如混同江。

二月戊午，禁天下服用明金及金線綺，國親當服者，奏而後用。是月，如魚兒濼。

三月壬辰，以左丞相張儉爲武定軍節度使，同政事門下平章事，鄭弘節臨潢少尹，劉慎行遼興軍節度使，武定軍節度使蕭匹敵契丹行宮都部署，樞密副使楊又玄吏部尚書、參知政事兼樞密使。是月，如長春河魚兒濼，其水一夕有聲如雷，越沙岡四十里，別爲一陂。

夏五月，清暑永安山。以蕭從順爲太子太師，〔一〕吳叔達翰林學士，道士馮若谷加太子中允，耶律晨武定軍節度使，張儉彰信軍節度使，〔二〕呂士宗禮部員外郎，李可舉順義軍節度使。

秋七月，獵平地松林。

九月，駐蹕南京。己亥，以蕭迪烈、李紹琪充賀宋太后生辰使副，耶律守寧、劉四端充賀宋主生辰使副。

冬十月辛未，宋太后遣馮元宗、史方來賀順天節。〔三〕

十一月庚子，幸內果園宴，京民聚觀。求進士得七十二人，命賦詩，第其工拙，以張昱等一十四人爲太子校書郎，韓欒等五十八人爲崇文館校書郎。辛丑，以左祗候郎君詳穩蕭羅羅爲右夷離畢。

十二月丁巳，以漢人行宮都部署蕭孝先爲上京留守，皇姪長沙郡王謝家奴匡義軍節度使，耶律仁舉興國軍節度使。甲子，蕭守寧爲點檢侍衞親軍馬步軍。乙丑，北院樞密使蕭合卓薨。戊辰，〔四〕以北府宰相蕭普古爲北院樞密使。己巳，遣蕭諧、李琪充賀宋正旦使副。庚午，以參知政事劉京爲順義軍節度使。乙亥，宋使李維、張綸來賀千齡節。

是歲，燕民以年穀豐熟，車駕臨幸，爭以土物來獻。上禮高年，惠鰥寡，賜酺飲。至夕，六街燈火如晝，士庶嬉遊，上亦微行觀之。丁丑，禁工匠不得銷毀金銀器。

六年春正月己卯朔，宋遣徐奭、裴繼起、張若谷、崔準來賀。庚辰，如鴛鴦濼。

二月己酉，以迷離已同知樞密院，黃翩爲兵馬都部署，達骨只副之，赫石爲都監，引軍城混同江、疎木河之間。黃龍府請建堡障三、烽臺十，詔以農隙築之。東京留守八哥奏黃翩領兵入女直界徇地，俘獲人、馬、牛、豕，不可勝計，得降戶二百七十，詔獎諭之。戊午，以耶律野爲副點檢，以國舅帳蕭柳氏、徒魯骨領西北路十二班軍、奚王府舍利軍。己巳，南京水，遣使振之。庚午，詔党項別部塌西設契丹節度使治之。

三月戊寅朔，〔五〕以大同軍節度使張儉入爲南院樞密使、左丞相兼政事令，參知政事吳叔達責授將作少監，出爲東州刺史。〔六〕是月，阻卜來侵，西北路招討使蕭惠破之。

夏四月丁未朔，以武定軍節度使耶律洪古爲惕隱。〔七〕戊申，蒲盧毛朵部多兀惹戶，詔索之。丙寅，如永安山。

五月辛卯，以東京統軍使蕭慥古爲契丹行宮都部署。癸卯，遣西北路招討使蕭惠將兵伐甘州回鶻。

六月辛丑，詔凡官畜並印其左以識之。

秋七月戊申，獵黑嶺。

八月，蕭惠攻甘州不克，師還。自是阻卜諸部皆叛，遼軍與戰，皆爲所敗，監軍涅里姑、國舅帳太保曷不呂死之。詔遣惕隱耶律洪古、林牙化哥等將兵討之。

九月，駐蹕遼河滸。

冬十月丙子，曷蘇館諸部長來朝。庚辰，遣使問夏國五月與宋交戰之故。辛巳，以前南院大王直魯袞爲烏古敵烈都詳穩。庚寅，以蕭孝順、蕭紹宗兼侍中，駙馬蕭紹業平章政事，前南院大王胡覩菫同知上京留守，安哥通化州節度使。

十一月乙丑，〔八〕宋遣韓翼、田承說來賀順天節。〔九〕戊辰，西北路招討司小校掃姑訴招討蕭惠三罪，詔都監奧骨禎按之。

十二月庚辰，曷蘇館部乞建旗鼓，許之。辛巳，詔北南諸部廉察州縣及石烈、彌里之官，不治者罷之。詔大小職官有貪暴殘民者，立罷之，終身不錄，其不廉直，雖處重任，即代之；能清勤自持者，在卑位亦當薦拔，其內族受賂，事發，與常人所犯同科。戊戌，遣杜防、蕭蘊充賀宋生辰使副。庚子，駐蹕遼河。

七年春正月壬寅朔，宋遣張保維、孫繼業、孔道輔、馬崇至來賀。如混同江。辛亥，以女直白縷爲惕隱，蒲馬爲巖母部太師。甲寅，蒲盧毛朵部遣使來貢。

夏四月乙未，獵黑嶺。

五月，清暑永安山。西南路招討司奏陰山中產金銀，請置冶，從之。復遣使循遼河源求產金銀之礦。

六月，禁諸屯田不得擅貨官粟。癸巳，詔蕭惠再討阻卜。

秋七月己亥朔，詔更定法令。庚子，詔諭駙馬蕭鉏不、公主粘米袞：「爾於后有父母之尊，后或臨幸，祗謁先祖，祗拜空帳，失致敬之禮，今後可設像拜謁。」乙巳，詔輦路所經，旁三十步內不得耕種者，不在訴訟之限。

九月，駐蹕遼河。

冬十月丁卯朔，詔諸帳院庶孼，並從其母論貴賤。

十一月，宋遣石中立、石貽孫來賀千齡節，王博文、王雙賀順天節。辛亥，以楊又玄、邢祥知貢舉。己未，〔一〇〕匡義軍節度使中山郡王查葛、保寧軍節度使長沙郡王謝家奴、〔一一〕廣德軍節度使樂安郡王遂哥奏，各將之官，乞選伴讀書史，從之。癸亥，以三韓王欽爲啓聖軍節度使，楊佶刑部侍郎。甲子，以左千牛衞上將軍耶律古昱爲北院大王。

十二月丁卯朔，〔一二〕遣耶律遂英、王永錫充賀宋太后生辰，蕭速撒、馬保永充賀正旦使副。癸酉，以金吾蕭高六爲奚舍利軍詳穩。

八年春正月己亥，如混同江。庚申，党項侵邊，破之。甲子，詔州縣長吏勸農。

二月戊子，燕京留守蕭孝穆乞于拒馬河接宋境上置戍長巡察，詔從之。

三月，駐蹕長春河。

夏五月，清暑永安山。

六月，以韓寧、劉湘充賀宋太后生辰使副，吳克荷充賀夏國王李德昭生辰使。癸巳，權北院大王耶律鄭留奏，今歲十一月皇太子納妃，諸族備會親之帳。詔以豪盛者三十戶給其費。

秋七月丁酉，以遙輦帳郎君陳哥爲西北路巡檢，與蕭諧領同管二招討地。以南院大王耶律敵烈爲上京留守。戊戌，獵平地松林。

九月壬辰朔，以渤海宰相羅漢權東京統軍使。壬子，幸中京。北敵烈部節度使耶律延壽請視諸部，賜旗鼓，詔從之。癸丑，阻卜別部長胡懶來降。乙卯，阻卜長春古來降。

冬十月，宋遣唐肅、葛懷愍來賀順天節。樞密使、魏王耶律斜軫孫婦阿聒指斥乘輿，其孫骨欲爲之隱，事覺，乃幷坐之，仍籍其家。詔燕城將士，若敵至，總管備城之東南，統軍守其西北，馬步軍備其野戰，統軍副使繕壁壘，課士卒，各練其事。

十一月丙申，皇太子納妃蕭氏。以耶律求翰爲北院大王。

十二月辛酉朔，〔一三〕以遙輦太尉謝佛留爲天雲軍詳穩。壬申，以前北院大王耶律留寧爲雙州節度使，康筠崇德宮都部署，謝十永興宮都部署，旅墳宜州節度使，□菴遼州節度使，耶律野同知中京留守，耶律曷魯突婉爲大將軍。丁丑，詔庶孼雖已爲良，不得預世選。丁亥，宋遣寇瑊、康德來賀千齡節，朱諫、曹英、張逸、劉永釗賀來歲兩宮正旦。詔兩國舅及南、北王府乃國之貴族，賤庶不得任本部官。

是歲，放進士張宥等五十七人。

九年春正月，至自中京。

二月戊辰，遣使賜高麗王欽物。如斡凜河。

夏五月，清暑永安山。

六月戊子朔，〔一四〕以長沙郡王謝家奴爲廣德軍節度使，樂安郡王遂哥匡義軍節度使，中山郡王查葛保定軍節度使，〔一五〕進封潞王；豫章王貼不長寧軍節度使。以耶律思忠、耶律荷、耶律曷、遙輦謝佛留、陳邈、韓紹一、韓知白、張震充賀宋兩宮生辰及來歲正旦使副。〔一六〕

秋七月戊午朔，如黑嶺。

八月己丑，東京舍利軍詳穩大延琳囚留守、駙馬都尉蕭孝先及南陽公主，殺戶部使韓紹勳、副使王嘉、四捷軍都指揮使蕭頗得，延琳遂僭位，號其國爲興遼，年爲天慶。初，東遼之地，自神册來附，未有榷酤鹽麴之法，關市之征亦甚寬弛。馮延休、韓紹勳相繼以燕地平山之法繩之，民不堪命。燕又仍歲大饑，戶部副使王嘉復獻計造船，使其民諳海事者，漕粟以振燕民，水路艱險，多至覆沒。雖言不信，鞭楚搒掠，民怨思亂。故延琳乘之，首殺紹勳、嘉，以快其衆。延琳先事與副留守王道平謀，道平夜棄其家，踰城走，與延琳所遣召黃龍府黃翩者，俱至行在告變。上卽徵諸道兵，以時進討。時國舅詳穩蕭匹敵治近延琳，先率本管及家兵據其要害，絕其西渡之計。渤海太保夏行美亦舊主兵，戍保州，延琳密馳書，使圖統帥耶律蒲古。行美乃以實告，蒲古得書，遂殺渤海兵八百人，而斷其東路。延琳知黃龍、保州皆不附，遂分兵西取瀋州，其節度使蕭王六初至，其副張傑聲言欲降，故不急攻。及知其詐，而已有備，攻之不克而還。時南、北女直皆從延琳，高麗亦稽其貢。及諸道兵次第皆至，延琳嬰城固守。

冬十月丙戌朔，以南京留守燕王蕭孝穆爲都統，國舅詳穩蕭匹敵爲副統，奚六部大王蕭蒲奴爲都監以討之。

十一月乙卯朔，如顯陵。丙寅，以瀋州節度副使張傑爲節度使，其皇城進士張人紀、趙睦等二十二人入朝，〔一七〕試以詩賦，皆賜第，超授保州戍將夏行美平章事。壬申，以駙馬劉四端權知宣徽南院事。

十二月丁未，宋遣仇永、韓永錫來賀千齡節。〔一八〕命耶律育、吳克荷、蕭可觀、趙利用充賀宋生辰使副，耶律元吉、崔閭、蕭昭古、竇振充來歲賀宋正旦使副。〔一九〕

十年春正月乙卯朔，〔二〇〕宋遣王夷簡、竇處約、張易、張士宜來賀。〔二一〕

二月，幸龍化州。

三月甲寅朔，詳穩蕭匹敵至自遼東，言都統蕭孝穆去城四面各五里許，築城堡以圍之。駙馬延寧與其妹穴地遁去，惟公主崔八在後，爲守陴者覺而止。

夏四月，如乾陵。以耶律行平爲廣平軍節度使，夏行美爲忠順軍節度使，〔二二〕李延弘知易州，蕭從順加太子太師。

五月戊申，〔二三〕清暑栢坡。

秋七月壬午，詔來歲行貢舉法。

八月丙午，東京賊將楊詳世密送款，夜開南門納遼軍。擒延琳，渤海平。

冬十月，駐蹕長寧淀。

十一月辛亥，南京留守燕王蕭孝穆以東征將士凱還，戎服見上，上大加宴勞。翌日，以孝穆爲東平王、東京留守，國舅詳穩、駙馬都尉蕭匹敵封蘭陵郡王，奚王蒲奴加侍中；以權

燕京留守兼侍中蕭惠爲燕京統軍使，前統軍委窊大將軍、節度使，宰相兼樞密使馬保忠權知燕京留守，奚王府都監蕭阿古軫東京統軍使。詔渤海舊族有勳勞材力者敍用，餘分居來、隰、遷、潤等州。〔二四〕

十二月乙巳，宋遣梅詢、王令傑來賀千齡節。漆水郡王耶律敵烈加尙父，烏古部節度使蕭普達爲乙室部大王，尙書左僕射蕭琳爲臨海軍節度使。

十一年春正月己酉朔，如混同江。

二月，如長春河。

三月，上不豫。

夏五月，大雨水，諸河橫流，皆失故道。

六月丁丑朔，駐蹕大福河之北。己卯，帝崩于行宮，年六十一，在位四十九年。景福元年閏十月壬申，上尊謚曰文武大孝宣皇帝，廟號聖宗。

贊曰：聖宗幼沖嗣位，政出慈闈。及宋人二道來攻，親御甲冑，一舉而復燕、雲，破信、彬，再舉而蹦河、朔，不亦偉歟！既而侈心一啓，佳兵不祥，東有茶、陀之敗，西有甘州之喪，此衄於常勝之過也。然其踐阼四十九年，理冤滯，擧才行，察貪殘，抑奢僭，錄死事之子孫，振諸部之貧乏，責迎合不忠之罪，却高麗女樂之歸。遼之諸帝，在位長久，令名無窮，其唯聖宗乎！

校勘記

〔一〕以蕭從順爲太子太師　按下文太平十年四月又有蕭從順加太子太師，與此重複。檢百官志三，太平十一年見太子少師蕭從順。此或誤少師爲太師，百官志殆誤五年爲十一年。

〔二〕張儉彰信軍節度使　按遼文滙續編張儉墓誌，張儉是彰國軍節度使。

〔三〕宋太后遣馮元宗來賀順天節　馮元宗，錢大昕奉使年表謂應從長編作馮宗元。

〔四〕戊辰　原作「十二月戊辰」。按「十二月」三字已見前，衍文從刪。

〔五〕三月戊寅朔　朔字，據朔考補。

〔六〕出爲東州刺史　東州，卷八〇張儉傳作康州。

〔七〕以耶律洪古爲惕隱　洪古原誤「漢古」，據下文八月惕隱耶律洪古改。卷九五本傳作弘古。

〔八〕十一月乙丑　「十一月」三字，原在下文「戊辰」上。按朔考，十一月癸卯朔，乙丑是二十三日。據改。

〔九〕宋遣韓翼來賀順天節　按翼原名億，因奉使遼廷避太祖耶律億名改意，遼史又改翼。

〔一〇〕己未　己原誤「乙」。按朔考，十一月丁酉朔，無乙未。檢此日在辛亥、癸亥之間，乙卯十九日，己未二十三日，己易誤乙，據改。

〔一一〕匡義軍節度使中山郡王查葛及保寧軍節度使長沙郡王謝家奴　按上文太平四年六月，查哥（即查葛）爲保靜軍節度使，五年十二月，謝家奴爲匡義軍節度使，與此互歧。

〔一二〕十二月丁卯朔　朔字，據朔考補。

〔一三〕十二月辛酉朔　原作「冬十二月辛酉朔」，「冬」字已見前文十月，衍文從刪。

〔一四〕六月戊子朔　朔字，據朔考補。

〔一五〕保定軍節度使　地理志無保定軍。上文太平四年六月作保靜軍。

〔一六〕充賀宋兩宮生辰及正旦使副　使副二字原脫，據文義補。下文十二月耶律元吉等充來歲賀宋正旦使副，使副二字亦同此例補。

〔一七〕其皇城進士張人紀等入朝　道光殿本改皇城爲防城，按曰：「防城原作皇城，與下文『人朝』文義不屬。蓋張人紀與張傑同守瀋州拒大延琳者，故與張傑、夏行美同加恩擢。今據永樂大典改。」

〔一八〕宋遣仇永韓永錫來賀千齡節　仇永，長編作鞠詠。韓永錫，長編作王永錫。

〔一九〕命耶律育吳克荷蕭可觀趙利用充賀宋生辰使副耶律元吉崔閏蕭昭古竇振充來歲賀宋正旦使副 蕭可觀，長編作蕭可親。崔閏，長編作崔潤。

〔二〇〕正月乙卯朔 乙，原誤「己」。據朔考改。

〔二一〕宋遣張易張士宜來賀 張易，長編作張億，此避耶律億名改。張士宜，長編作士宣。

〔二二〕夏行美爲忠順軍節度使 忠，原誤「中」。據卷八七本傳及地理志五改。

〔二三〕五月戊申 按朔考五月癸丑朔，無戊申日，當有誤字。

〔二四〕餘分居來隰遷潤等州 潤，原誤「閏」。據地理志三改。

遼史卷十八

本紀第十八

興宗一

興宗神聖孝章皇帝，諱宗眞，字夷不堇，小字只骨。聖宗長子，母曰欽哀皇后蕭氏。上始生，齊天皇后取養之。幼而聰明，長而魁偉，龍顏日角，豁達大度。善騎射，好儒術，通音律。三歲封梁王，太平元年册爲皇太子，十年六月判北南院樞密使事。

十一年夏六月己卯，聖宗崩，卽皇帝位於柩前。壬午，尊母元妃蕭氏爲皇太后。甲申，遣使告哀于宋及夏、高麗。是年，御宣政殿放進士劉貞等五十七人。〔一〕辛卯，大赦，改元景福。乙未，奉大行皇帝梓宮，殯于永安山太平殿。辛丑，皇太后賜駙馬蕭鉏不里、蕭匹敵死，囿場都太師女直著骨里、右祗候郎君詳穩蕭延留等七人皆棄市，籍其家，遷齊天皇后于上京。

秋七月丙午朔，皇太后率皇族大臨于太平殿。高麗遣使弔慰。上召晉王蕭普古等飲博，夜分乃罷。丁未，擊鞠。戊申，以耶律韓八爲左夷離畢，特末里爲左祗候郎君詳穩，橫帳郎君欒古權右祗候郎君詳穩。己酉，以耶律鄭留爲于厥迪烈都詳穩，高八爲右皮室詳穩。庚戌，振薊州饑民。癸丑，詔寫大行皇帝御容。甲寅，錄囚。以觀察姚居信爲上將軍。建慶州于慶陵之南，徙民實之，充奉陵邑。乙卯，以比歲豐稔，罷給東京統軍司糧。丁巳，上謁大行皇帝御容，哀慟久之，因詔寫北府宰相蕭孝先、南府宰相蕭孝穆像于御容殿。以蕭阿姑軫爲東京留守。丁卯，謁太平殿，焚先帝所御弓矢。幸晉王普古第視疾。辛未，錄囚。壬申，上謁神主帳，時奧隈蕭氏始入宮，亦命拜之。

八月壬午，〔二〕遷大行皇帝梓宮於菆塗殿。

九月戊申，躬視慶陵。庚戌，問安于皇太后。辛亥，宋遣王隨、曹儀致祭，王曮、許懷信、梅詢、張綸來慰兩宮，范諷、孫繼業賀卽位，孔道輔、魏昭文賀皇太后册禮。戊午，焚弧矢、鞍勒于菆塗殿。庚申，夏國遣使來慰。庚午，以宋使弔祭，喪服臨菆塗殿。甲戌，遣御史中丞耶律翥、司農卿張確、詳穩耶律勵、四方館使高維翰謝宋弔慰。

冬十月戊寅，宰臣呂德懋薨。癸未，殺鉏不里黨彌勒奴、觀音奴等。丙戌，遣工部尚書高德順、崇祿卿李可封致先帝遺物于宋；〔三〕以右領軍衞上將軍耶律遜、少府監馬憚充皇太后謝宋使，右監門衞上將軍耶律元載、引進使魏永充皇帝謝宋使。丁酉，夏國遣使來賻。戊戌，以蕭革、趙爲果、耶律郁、馬保業充來歲賀宋正旦使副。

閏月辛亥，謁菆塗殿，閱玄宮閟器。有司請以生辰爲永壽節，皇太后生辰爲應聖節，從之。辛酉，閱新造鎧甲。丁卯，振黃龍府饑民。

十一月壬辰，上率百僚奠于菆塗殿。出大行皇帝服御、玩好焚之，縱五坊鷹鶻。甲午，葬文武大孝宣皇帝于慶陵。乙未，祭天地。問安皇太后。丙申，謁慶陵，以遺物賜羣臣，名其山曰慶雲，殿曰望仙。

十二月癸丑，至自慶陵。皇太后聽政，帝不親庶務，羣臣表請，不從。

是歲，以興平公主下嫁夏國王李德昭子元昊，以元昊爲夏國公、駙馬都尉。

重熙元年春正月壬申朔，皇太后御正殿，受帝與羣臣朝。宋遣任布、王遵範、陳琰、王克善來賀。乙亥，宋遣鄭向、郭遵範來賀永壽節。丁丑，如雪林。

二月，大蒐。

三月壬申朔，尚父、漆水郡王敵烈復爲惕隱。

是春，皇太后誣齊天皇后以罪，遣人卽上京行弒。后請具浴以就死，許之。有頃后崩。

夏四月乙巳，清暑別輦斗。

秋七月，獵平地松林。以蕭達溥、王英秀、蕭麓、張素羽充來歲賀宋正旦生辰使。

八月丙午，駐蹕刺河源。皇子洪基生。

冬十月己酉，幸中京。

十一月己卯，帝率羣臣上皇太后尊號曰法天應運仁德章聖皇太后，羣臣上皇帝尊號曰文武仁聖昭孝皇帝。大赦，改元重熙。癸未，宋遣劉隨、王德本來賀應聖節。〔四〕以楊佶爲翰林承旨。丙戌，夏國遣使來賀。辛卯，五國酋長來貢。夏國王李德昭薨，册其子夏國公元昊爲夏國王。

十二月庚戌，宋遣胥偃、王從益、崔暨、張懷志來賀來歲正旦；又遣楊日嚴、王克纂來賀永壽節。〔五〕以北大王耶律求翰同平章事。

是年，放進士劉師貞等五十七人。

二年春正月庚辰，東幸。乙酉，夏國遣使來貢。壬辰，女直詳穩臺押率所部來貢。宋遣曹琮來告母后劉氏哀，章得象、安繼昌來饋母后遺物。卽遣興聖宮使耶律壽寧、給事中知制誥李奎充祭奠使，天德軍節度使耶律卿寧、大理卿和道亨、河西軍節度使耶律嵩，引進使馬世卿充兩宮弔慰使。

秋七月甲子朔，以耶律寔、高升、耶律迪、王惟允充兩宮賀宋生辰使副，以耶律師古、劉五常充賀宋來歲正旦使副。

八月丁酉，幸溫泉宮。乙卯，遣使閱諸路禾稼。

冬十一月甲申，宋遣劉寶、符忠、李昭述、張茂實等來謝慰奠。〔六〕

十二月乙未，宋遣丁度、王繼凝來賀應聖節。己酉，禁夏國使沿路私市金、鐵。甲寅，宋遣章頻、李懿、王冲睦、張緯、李紘、李繼一來賀永壽節及來歲正旦。庚申，以北府宰相蕭孝先爲樞密使。

三年春正月丁卯，宋使章頻卒，詔有司賻贈，命近侍護喪以歸。辛卯，如春水。

二月壬辰朔，〔七〕以北院樞密使蕭普古爲東京留守。戊申，耶律大師奴有侍禰褫恩，詔入屬籍。

夏四月甲寅，振耶迷只部。

五月庚申朔，清暑沿柳湖。是月，皇太后還政于上，躬守慶陵。

六月己亥，以蕭普古爲南院樞密使。

秋七月戊子朔，上始親政，以耶律庶徵、劉六符、耶律睦、薄可久充賀宋來歲正旦使副。〔八〕壬辰，如秋山。

冬十月己未，駐蹕中會川。

十二月，宋遣段少連、杜仁贇來賀來歲正旦，楊偕、李守忠來賀永壽節。

四年春正月庚寅，如耶迷只里。

三月乙酉朔，立皇后蕭氏。

夏四月甲寅朔，如涼陘。

五月庚子，清暑散水源。

六月癸丑朔，皇子寶信奴生。以耶律信、呂士宗、蕭袞、郭揆充賀宋生辰及來歲正旦使副。

秋七月壬午朔，獵于黑嶺。

九月己酉，駐蹕長寧淀。

冬十月，如王子城。

十一月壬午，改南京總管府爲元帥府。乙酉，行柴册禮于白嶺，大赦。加尚父耶律信寧、政事令耶律求翰耆宿贊翊功臣。

十二月癸丑，詔諸軍砲、弩、弓、劍手以時閱習。庚申，宋遣鄭戩、柴貽範、楊日華、張士禹來賀永壽節及正旦。

五年春正月甲申，如魚兒濼。樞密使蕭延寧請改國舅乙室小功帳敞史爲將軍，從之。

夏四月庚申，以潞王查葛爲南府宰相，崇德宮使耶律馬六爲惕隱。甲子，幸后弟蕭無曲第，曲水泛觴賦詩。丁卯，頒新定條制。己巳，上與大臣分朋擊鞠。

五月甲午，南幸。丁未，如胡土白山淸暑。庚申，幸北院大王高十行帳拜奠，賜銀絹。

壬戌，詔修南京宮闕府署。

秋七月辛丑，錄囚。耶律把八誣其弟韓哥謀殺己，有司奏當反坐。臨刑，其弟泣訴：「臣惟一兄，乞貸其死。」上憫而從之。

九月癸巳，獵黃花山，獲熊三十六，賞獵人有差。

冬十月丁未，幸南京。辛亥，曲赦析津府境內囚。壬子，御元和殿，以日射三十六熊

賦、幸燕詩試進士于廷，賜馮立、趙徽四十九人進士第。以馮立爲右補闕，趙徽以下皆爲太子中舍，賜緋衣、銀魚，遂大宴。御試進士自此始。宋遣宋郊、王世文來賀永壽節。〔九〕甲子，宰臣張儉等請幸禮部貢院，歡飲至暮而罷，賜物有差。以耶律祥、張素民、耶律甫、王澤充賀宋生辰正旦使副。

六年春正月丁丑，西幸。

三月戊寅，以秦王蕭孝穆爲北院樞密使，徙封吳王；晉王蕭孝先爲南京留守。

夏四月，獵野狐嶺。

閏月，獵龍門縣西山。

五月己酉，淸暑炭山。以耶律韓八爲北院大王，蕭把哥左夷離畢，王子郎君詳穩鼻姑得林牙，簽北面事耶律涅哥同簽點檢司。甲寅，錄囚。以南大王耶律信寧故匿重囚及侍婢贓汚，命撻以劍脊而奪其官；都監坐阿附及侍婢罪，皆論死，詔貸之。丙辰，以耶律信寧爲西南路招討使。庚申，出飛龍厩馬，賜皇太弟重元及北、南面侍臣有差。癸亥，以上京留守耶律胡覩袞爲南大王，平章事蕭查剌寧上京留守，侍中管寧行宮都部署，耶律蒲奴寧烏古迪烈得都詳穩。甲子，以上京留守耶律洪古爲北院大王。〔一〇〕

六月壬申朔，以善寧爲殿前都點檢，護衞太保耶律合住兼長寧宮使，蕭阿剌里、耶律烏魯斡、耶律和尚、蕭韓家奴、蕭特里、蕭求翰爲各宮都部署。上酒酣賦詩，吳國王蕭孝穆、北宰相蕭撒八等皆屬和，〔一一〕夜中乃罷。己卯，祀天地。癸未，賜南院大王耶律胡覩袞命，上親爲製誥詞，幷賜詩以寵之。丙申，以北院大王侯哂爲南京統軍使。

秋七月辛丑朔，以北、南樞密院獄空，賞賚有差。壬寅，以皇太弟重元生子，賜詩及寶玩器物，曲赦死罪以下。癸卯，如秋山。

八月己卯，北樞密院言越棘部民苦其酋帥坤長不法，多流亡，詔罷越棘等五國酋帥，以契丹節度使一員領之。

冬十月癸酉，駐蹕石寶岡。

十一月己亥朔，阻卜酋長來貢。辛亥，以契丹行宮都部署蕭惠爲南院樞密使。壬子，以管寧爲南院樞密使，〔一二〕蕭掃古諸行宮都部署，耶律褭里知南面行宮副部署，蕭阿剌里左祗候郎君詳穩，耶律曷主右祗候郎君詳穩。庚申，幸晉國公主行帳視疾。封皇子洪基爲梁王。

十二月，以楊佶爲忠順軍節度使。遣耶律斡、秦鑑、耶律德、崔繼芳賀宋生辰及正旦。

七年春正月戊戌朔，宋遣高若訥、夏元正、謝絳、張茂實來賀正旦及永壽節。辛丑，如混同江。

二月庚午，如春州。乙亥，駐蹕東川。丁丑，高麗遣使來貢。壬午，幸五坊閱鷹鶻。乙酉，遣使慶州問安皇太后。

三月戊戌朔，幸皇太弟重元行帳。壬寅，如蒲河淀。辛亥，夏國遣使來貢。甲寅，錄囚。

夏四月己巳，以興平公主薨，遣北院承旨耶律庶成持詔問夏國王李元昊。公主生與元昊不睦，沒，詰其故。己卯，獵白馬堝。甲申，射兔新淀井。乙未，獵金山，遣楊家進鹿尾茸于大安宮。

六月乙亥，御淸涼殿試進士，賜邢彭年以下五十五人第。

秋七月甲辰，錄囚。乙巳，阻卜酋長屯禿古斯來朝。戊申，如黑嶺。

九月丁未，駐蹕平淀。

冬十月甲子朔，渡遼河。丙寅，駐蹕白馬淀。壬申，錄囚。

十一月癸巳朔。以耶律元方、張泥、韓至德、蕭傅充賀宋生辰正旦使副。〔一三〕辛丑，問安皇太后，進珍玩。庚申，錄囚。

十二月，召善擊鞠者數十人于東京，令與近臣角勝，上臨觀之。己巳，以皇太弟重元判北南院樞密使事，北府宰相撒八寧再任兼知東京留守事，耶律應穩南府宰相，查割折大內惕隱，乙室巳帳蕭斡乾州節度使，劉六符參知政事，王子帳冠哥王子郎君詳穩，鈕窨大王平州節度使，宰臣張克恭守司空，宰臣韓紹芳加侍中，惕隱耶律馬六北院宣徽使，傅父耶律喜孫南府宰相。〔一四〕癸未，宋遣王舉正、張士禹來賀永壽節。甲申，命日進酒于大安宮，致薦慶陵。丁亥，錄囚。非故殺者減科。南面侍御壯骨里詐取女直貢物，罪死；上以有吏能，黥而流之。

八年春正月壬辰朔，宋遣韓琦、王從益來賀。丙申，如混同江觀漁。戊戌，振品部。庚戌，叉魚于率沒里河。丁巳，禁朔州鬻羊于宋。

二月丙子，駐蹕長春河。

夏六月乙丑，詔括戶口。

秋七月丁巳，謁慶陵，致奠于望仙殿；迎皇太后至顯州，謁園陵，還京。

冬十月，駐蹕東京。

十一月甲午，詔有言北院處事失平，擊鐘及邀駕告者，悉以奏聞。戊戌，朝皇太后，召

僧論佛法。戊申，皇太后行再生禮，大赦。己酉，城長春。

閏十二月壬辰，視吳國王蕭孝穆疾。宋遣龐籍、杜贇來賀永壽節。

九年春正月丙辰朔，上進酒于皇太后宮，御正殿。宋遣王拱辰、彭再思來賀。庚申，如鴨子河。

二月，駐蹕魚兒濼。

三月辛未，以應聖節，大赦。

五月乙卯朔，清暑永安山。

六月，射柳祈雨。

秋七月癸酉，宋遣郭禎以伐夏來報，〔一五〕遣樞密使杜防報聘。〔一六〕丁丑，如秋山。

冬十月癸未朔，駐蹕中會川。

十一月甲子，女直侵邊，發黃龍府鐵驪軍拒之。宋遣蘇伸、向傳範來賀應聖節。〔一七〕

十二月庚寅，以北大王府布猥帳郎君自言先世與國聯姻，許置敞史，命本帳蕭胡覩爲之。辛卯，以所得女直戶置肅州。以蕭迪、劉三嘏、耶律元方、王惟吉、耶律庶忠、孫文昭、蕭紹筠、秦德昌充賀宋生辰及來歲正旦使副。詔諸犯法者，不得爲官吏。諸職官非婚祭，

不得沉酗廢事。有治民安邊之略者，悉具以聞。

校勘記

〔一〕放進士劉貞等五十七人　羅校謂是次年放進士劉師貞等五十七人之複出。

〔二〕八月壬午　壬午，遼文滙五聖宗哀册作壬寅。

〔三〕遣工部尙書高德順致先帝遺物于宋　高德順，長編作蕭德順。

〔四〕宋遣王德本來賀應聖節　王德本，長編作王德基。此避道宗洪基名改。

〔五〕又遣王克纂來賀永壽節　王克纂，長編作王克基。此避道宗洪基名改。

〔六〕宋遣劉寶符忠來謝慰奠　劉寶，長編作劉賽。符忠，長編作符惟忠。

〔七〕二月壬辰朔　朔字，據朔考補。

〔八〕以耶律庶徵至充賀宋來歲正旦使副　庶徵，長編作庶幾。又按長編庶幾、六符爲賀乾元節使副，此脫「生辰」二字。

〔九〕宋遣宋郊來賀永壽節　宋郊，長編作宋祁。

〔一〇〕以上京留守耶律洪古爲北院大王　按卷九五本傳，洪古作弘古，本年由上京留守遷南院大王。又弘古字胡覩菫，此與上文以上京留守耶律胡覩袞爲南大王係一事重出，北院應作南院。

〔一一〕吳國王蕭孝穆北宰相蕭撒八等皆屬和　撒八，原誤「八撒」。按卷八一蕭孝忠傳：「字撒板，……太平中擢北府宰相，重熙七年爲東京留守。」撒八卽撒板之異譯。據改。下文重熙七年十二月「北府宰相撒八寧再任兼知東京留守事」，亦卽此人。

〔一二〕辛亥以契丹行宮都部署蕭惠爲南院樞密使及壬子以管寧爲南院樞密使　按連日以一官任二人，不合。檢上文本年五月，以侍中管寧爲行宮都部署，卷九三蕭惠傳云，「興宗卽位，兼侍中」，「重熙六年，復爲契丹行宮都部署」，「徙王趙，拜南院樞密使」，是管寧卽蕭惠，一事重出。

〔一三〕耶律元方張泥韓至德蕭傳　長編作耶律九方、張漼、韓志德、蕭溥。

〔一四〕耶律應穩南府宰相至耶律喜孫南府宰相　按一官同時任二人，不合。卷九七耶律喜孫傳，字盈隱。應穩卽盈隱異譯，一事重出。

〔一五〕宋遣郭禎以伐夏來報　郭禎，長編作郭稹。

〔一六〕遣樞密使杜防報聘　樞密使，卷八六本傳作樞密副使，長編作「契丹遣工部尙書、修國史杜防來聘」。

〔一七〕宋遣蘇伸來賀應聖節　蘇伸，長編作蘇紳。

遼史卷十九

本紀第十九

興宗二

十年春正月辛亥朔，宋遣梁適、張從一、富弼、趙日宣來賀。甲子，復遣吳育、馮載來賀永壽節。

二月庚辰朔，詔蒲盧毛朵部歸曷蘇館戶之沒入者使復業。甲申，北樞密院言，南、北二王府及諸部節度侍衞祗候郎君，皆出族帳，既免與民戍邊，其祗候事，請亦得以部曲代行。詔從其請。

夏四月，詔罷修鴨淥江浮梁及漢兵屯戍之役。又以東京留守蕭撒八言，弛東京擊鞠之禁。

六月戊寅朔，〔一〕以蕭寧、耶律坦、崔禹稱、馬世良、耶律仁先、劉六符充賀宋生辰使副；

耶律庶成、趙成、耶律烈、張旦充來歲賀宋正旦使副。

秋七月壬戌，詔諸職官私取官物者，以正盜論。諸敢以先朝已斷事相告言者，罪之。諸帳郎君等於禁地射鹿，決三百，不徵償；小將軍決二百以下；及百姓犯者，罪同郎君論。

八月丙戌，以醫者鄧延貞治詳穩蕭留寧疾驗，贈其父母官以奬之。

九月辛亥，朝皇太后。國舅留寧薨。庚申，皇太后射獲熊，上進酒爲壽。癸亥，上獵馬盂山，草木蒙密，恐獵者誤射傷人，命耶律迪姑各書姓名于矢以志之。丙寅，夏國獻宋俘。以石硬砦太保郭三避虎不射，〔二〕免官。

冬十月丙戌，詔東京留守蕭孝忠察官吏有廉幹淸强者，具以名聞。庚寅，以女直太師臺押爲曷蘇館都大王。辛卯，以皇子胡盧斡里生，北宰相、駙馬撒八寧迎上至其第宴飲，上命衞士與漢人角觝爲樂。壬辰，復飲皇太后殿，以皇子生，肆赦。夕，復引公主、駙馬及內族大臣入寢殿劇飲。甲午，幸中京。庚子，以駙馬都尉蕭忽列爲國舅詳穩。

十一月丙辰，回鶻遣使來貢。

十二月丙子朔，宋遣劉沆、王整來賀應聖節。乙未，置撻朮不姑酋長。以胡撻剌爲平章事。上聞宋設關河，治壕塹，恐爲邊患，與南、北樞密吳國王蕭孝穆、趙國王蕭貫寧謀取宋舊割關南十縣地，〔三〕遂遣蕭英、劉六符使宋。〔四〕庚寅，宋遣張沔、侯宗亮、薛申、侍其濬、施昌言、潘永照來賀永壽節及來歲正旦。以宣政殿學士楊佶爲吏部尚書、判順義軍節度使事。〔五〕丁酉，議伐宋，詔諭諸道。

十一年春正月戊申，奉迎皇太后于內殿。庚戌，遣南院宣徽使蕭特末、翰林學士劉六符使宋，取晉陽及瓦橋以南十縣地；且問興師伐夏及沿邊疏濬水澤，增益兵戍之故。

二月壬寅，如鴛鴦濼。

夏四月甲戌朔，頒南征賞罰令。

六月乙亥，宋遣富弼、張茂實奉書來聘，以書答之。壬午，御含涼殿，放進士王寔等六十四人。禁氈、銀鬻入宋。

秋七月壬寅朔，詔盜易官馬者減死論。外路官勤瘁正直者，考滿代；不治事者卽易之。

八月丙申，宋復遣富弼、張茂實奉書來聘，乞增歲幣銀絹，以書答之。

九月壬寅，遣北院樞密副使耶律仁先、漢人行宮副部署劉六符使宋約和。是時，富弼爲上言，大意謂遼與宋和，坐獲歲幣，則利在國家，臣下無與；與宋交兵，則利在臣下，害在國家。上感其言，和好始定。

閏月癸未，耶律仁先遣人報，宋歲增銀、絹十萬兩、匹，文書稱「貢」，送至白溝；帝喜，宴

羣臣于昭慶殿。是日，振恤三父族之貧者。辛卯，仁先、劉六符還，進宋國誓書。

冬十一月丁亥，羣臣加上尊號曰聰文聖武英略神功睿哲仁孝皇帝，册皇后蕭氏曰貞懿宣慈崇聖皇后。大赦。梁王洪基進封燕國王。

十二月癸卯，朝皇太后。甲辰，封皇太弟重元子涅魯古爲安定郡王。己酉，以宣獻皇后忌日，上與皇太后素服，飯僧于延壽、憫忠、三學三寺。辛亥，詔錮預備伐宋諸部租稅一年。壬子，以吐渾、党項多鬻馬夏國，詔謹邊防。己未，宋遣賀正旦及永壽節使居邸，帝微服往觀。丁卯，禁喪葬殺牛馬及藏珍寶。

十二年春正月辛未，遣同知析津府事耶律敵烈、樞密院都承旨王惟吉諭夏國與宋和。壬申，以吳國王蕭孝穆爲南院樞密使，北府宰相蕭孝忠北院樞密使，封楚王，韓國王蕭惠北府宰相、同知元帥府事，韓八南院大王，〔六〕耶律侯哂東京留守，〔七〕北院樞密副使耶律仁先同知東京留守事，〔八〕北面林牙蕭革北院樞密副使。甲戌，如武清寨䓁淀。

二月壬寅，禁關南漢民弓矢。己酉，夏國以加上尊號，遣使來賀。甲寅，耶律敵烈等使夏國還，奏元昊罷兵，卽遣使報宋。

三月辛卯，幸南京。壬辰，高麗國以加上尊號，遣使來賀。

夏四月己亥，置回跋部詳穩、都監。庚子，夏國遣使進馬、駝。

五月辛卯，斡魯、蒲盧毛朶部二使來貢失期，宥而遣還。乙未，詔復定禮制。是月，幸山西。

六月丙午，詔世選宰相、節度使族屬及身爲節度使之家，許葬用銀器；仍禁殺牲以祭。庚戌，詔漢人宮分戶絕，恆產以親族繼之。辛亥，阻卜大王屯禿古斯弟太尉撒葛里來朝。丙辰，回鶻遣使來貢。甲子，以南院樞密使吳國王蕭孝穆爲北院樞密使，徙封齊國王。

秋七月丙寅朔，北院樞密使蕭孝忠薨，特釋繫囚。庚寅，夏國遣使上表，請伐宋，不從。

八月丙申，謁慶陵。辛丑，燕國王洪基加尚書令，知北南院樞密使事，進封燕趙國王。戊午，以前西北路招討使蕭塔烈葛爲右夷離畢。庚申，于越耶律洪古薨。甲子，阻卜來貢。

九月壬申，朝皇太后，謁望仙殿。壬午，謁懷陵。

冬十月丁酉，駐蹕中會川。己亥，北院樞密使蕭孝穆薨，追贈大丞相、晉國王。庚子，詔諸路上重囚，遣官詳讞。辛亥，參知政事韓紹芳爲廣德軍節度使，三司使劉六符長寧軍節度使。壬子，以夏人侵党項，遣延昌宮使高家奴讓之。甲子，北府宰相蕭惠爲北院樞密使，豳王遂哥爲惕隱，惕隱敵魯古封漆水郡王、西北路招討使，樞密副使蕭阿剌同知北院宣徽事。出飛龍廄馬，分賜羣臣。

十一月丁丑，追封楚王蕭孝忠爲楚國王。丁亥，以上京歲儉，復其民租稅。癸巳，朝皇太后。

十二月戊申，改政事省爲中書省。

十三年春正月甲子朔，朝皇太后。戊辰，如混同江。辛未，獵兀魯館岡。

二月庚戌，如魚兒濼。丙辰，以參知政事杜防爲南府宰相。

三月丁亥，高麗遣使來貢。以宣政殿學士楊佶參知政事。是月，置契丹警巡院。

夏四月己酉，遣東京留守耶律侯哂、知黃龍府事耶律歐里斯將兵攻蒲盧毛朶部。甲寅，南院大王耶律高十奏党項等部叛附夏國。丙辰，西南面招討都監羅漢奴、詳穩斡魯母等奏，山西部族節度使屈烈以五部叛入西夏，乞南、北府兵援送實威塞州戶。詔富者遣行，餘留屯田天德軍。

五月壬戌朔，羅漢奴奏所發部兵與党項戰不利，招討使蕭普達、四捷軍詳穩張佛奴歿于陣。李元昊來援叛黨。戊辰，詔徵諸道兵會西南邊以討元昊。

六月甲午，阻卜酋長烏八遣其子執元昊所遣求援使窊邑改來，〔九〕乞以兵助戰，從之。駐蹕永安山。以將伐夏，遣延昌宮使耶律高家奴告宋。丙申，詔前南院大王耶律谷欲、翰林都林牙耶律庶成等編集國朝上世以來事蹟。丙午，高麗遣使來貢。丁未，錄囚。

秋七月辛酉，香河縣民李宜兒以左道惑衆，伏誅。庚午，行再生禮。庚辰，夏國遣使來朝。

八月乙未，以夏使對不以情，羈之。丁巳，夏國復遣使來，詢以事宜，又不以實對，笞之。

九月戊辰，宋以親征夏國，遣余靖致贐禮。壬申，會大軍于九十九泉，以皇太弟重元、北院樞密使韓國王蕭惠將先鋒兵西征。

冬十月庚寅，祭天地。丙申，獲党項偵人，射鬼箭。丁酉，李元昊上表謝罪。己亥，元昊遣使來奏，欲收叛黨以獻，從之。辛亥，元昊遣使來進方物，詔北院樞密副使蕭革迓之。壬子，軍于河曲。革言元昊親率党項三部來，詔革詰其納叛背盟，元昊伏罪，賜酒，許以自新，遣之。召羣臣議，皆以大軍旣集，宜加討伐。癸丑，督數路兵掩襲，殺數千人，駙馬都尉蕭胡覩爲夏人所執。丁巳，元昊遣使以先被執者來歸，詔所留夏使亦還其國。

十一月辛酉，賜有功將校有差。甲子，班師。丁卯，改雲州爲西京。辛巳，朝皇太后。

十二月己丑，幸西京。戊戌，以北院樞密副使耶律敵烈爲右夷離畢。己亥，高麗遣使來貢。戊申，蕭胡覩自夏來歸。

十四年春正月庚申，以侍中蕭虛烈爲南院統軍使，封遼西郡王。庚午，如鴛鴦濼。壬午，以金吾衛大將軍敵魯古爲乙室大王。甲申，夏國遣使進鶻。以常侍斡古得戰歿，命其子習羅爲帥。

二月庚子，朝皇太后。駐蹕撒剌濼。

三月己卯，宋以伐夏師還，遣使來賀。

四月辛亥，〔一〇〕高麗遣使來貢。

閏五月癸丑，清暑永安山。

六月丁卯，〔一一〕謁慶陵。己卯，阻卜大王屯禿古斯率諸酋長來朝。庚辰，夏國遣使來貢。辛巳，〔一二〕以西南面招討使蕭普達戰歿，贈同中書門下平章事。

秋七月戊申，駐蹕中會川。

冬十月甲子，望祀木葉山。

十一月壬午朔，回鶻阿薩蘭遣使來貢。甲辰，以同知北院宣徽事蕭阿剌爲北府宰相。

十二月癸丑，觀漢軍習砲射擊刺。癸亥，決滯獄。

十五年春正月乙酉，如混同江。禁契丹以奴婢鬻與漢人。

二月乙卯，如長春河。丙寅，蒲盧毛朶界曷懶河戶來附，詔撫之。

三月甲申，朝皇太后。乙酉，以應聖節，減死罪，釋徒以下。辛卯，朝皇太后。丁酉，高麗遣使來貢。詔諸道歲具獄訟以聞。

夏四月辛亥朔，〔一三〕禁五京吏民擊鞠。戊午，罷遙輦帳戍軍。壬戌，以北女直詳穩蕭高六爲奚六部大王。甲子，淸暑永安山。甲戌，蒲盧毛朶曷懶河百八十戶來附。

六月癸丑，以西京留守耶律馬六爲漢人行宮都部署，參知政事楊佶出爲武定軍節度使。戊辰，御淸涼殿，放進士王棠等六十八人。甲戌，西北路招討使耶律敵魯古坐贓免官。

秋七月乙酉，幽王遂哥薨。戊子，觀穫。乙未，以北院宣徽使旅墳爲左夷離畢，前南府宰相耶律喜孫東北路詳穩。丙申，籍諸路軍。丁酉，如秋山。辛丑，禁扈從踐民田。丁未，以女直部長遮母率衆來附，加太師。

八月癸丑，高麗王欽薨，〔一四〕遣使來告。

九月甲辰，禁以罝網捕狐兔。

冬十月己酉，駐蹕中會川。

十一月丁亥，以南院樞密使蕭孝友爲北府宰相，契丹行宮都部署耶律仁先南院大王，

北府宰相蕭革同知北院樞密使事，知夷離畢事耶律信先漢人行宮都部署，左夷離畢旅墳惕隱，漢人行宮都部署耶律敵烈左夷離畢。己亥，渤海部以契丹戶例通括軍馬。乙巳，振南京貧民。

十二月壬申，曲赦徒以下罪。是日爲聖宗在時生辰。

校勘記

〔一〕六月戊寅朔　朔字，據朔考補。

〔二〕石硬砦太保　硬砦太保卽硬寨太保，官名，見百官志一及紀保大三年四月，「石」字衍。

〔三〕趙國王蕭貫寧　按蕭貫寧卽蕭惠，卷九三有傳。上文六年五月、十一月並作管寧。

〔四〕遂遣蕭英劉六符使宋　按明年正月，遣南院宣徽使蕭特末、翰林學士劉六符使宋，取晉陽及瓦橋以南十縣地，與此爲一事。英卽特末漢名。此記定議遣使，明年正月成行。

〔五〕判順義軍節度使事　義，原誤「度」。順義爲朔州軍號。據地理志五及卷八九楊佶傳改。

〔六〕韓八南院大王　卷九一本傳作北院大王，是。

〔七〕耶律侯哂東京留守　侯，原誤「遼」。據下文及卷九二本傳改。

〔八〕同知東京留守事　卷九六本傳作同知南京留守事。

〔九〕烏八遣其子執元昊所遣求援使窊邑改來　求，原誤「來」。據屬國表改。

〔一〇〕四月辛亥　「四月」二字原脫。朔考三月丁巳朔，無辛亥；四月丁亥朔，辛亥爲二十五日。檢屬國表高麗來貢正在四月，據補。

〔一一〕六月丁卯　「六月」二字原脫。朔考閏五月丙戌朔，無丁卯；六月乙卯朔，丁卯爲十三日。檢屬國表阻卜來貢正在六月，據補。

〔一二〕辛巳　原誤「辛亥」。按六月乙卯朔，無辛亥。庚辰之後，七月之前，只有辛巳，據改。

〔一三〕夏四月辛亥朔　朔字，據朔考補。

〔一四〕高麗王欽薨　卷一一五高麗外記同。按高麗史五，欽立于辛未（遼景福元年），卒于甲戌（重熙三年）。卒于本年（丙戌、重熙十五年）之高麗王是亨，非欽。

遼史卷二十

本紀第二十

興宗三

十六年春正月己卯，如混同江。

二月庚申，如魚兒濼。辛酉，禁羣臣遇宴樂奏請私事。詔世選之官，從各部耆舊擇材能者用之。

三月丁亥，如黑水濼。癸巳，遣使審決雙州囚。壬寅，大雪。

夏四月乙巳朔，皇太后不豫，上馳往視疾。丙午，皇太后愈，復如黑水濼。丁卯，肆赦。

六月戊申，清暑永安山。丁巳，阻卜大王屯禿古斯來朝，獻方物。戊午，詔士庶言事。

秋七月辛卯，幸慶州。自是月至于九月，日射獵于楚不溝霞列、繫輪、石塔諸山。

冬十月辛亥，幸中京謁祖廟。丙辰，定公主行婦禮於舅姑儀。庚午，鐵驪仙門來朝，以

始入貢，加右監門衞大將軍。

十一月戊寅，祠木葉山。己丑，幸中京，朝皇太后。壬辰，禁漏泄宮中事。

十二月辛丑朔，女直遣使來貢。辛亥，謁太祖廟，觀太宗收晉圖。癸丑，問安皇太后。乙卯，以太后愈，雜犯死罪減一等論，徒以下免。庚申，南府宰相杜防、韓紹榮奏事有誤，各以大杖決之。出防爲武定軍節度使。壬戌，高麗遣使來貢。

十七年春正月丁亥，如春水。

閏月癸丑，射虎于候里吉。

二月辛巳，振瑤穩、嘲穩部。是月，詔士庶言國家利便，不得及己事；奴婢所見，許白其主，不得自陳。夏國王李元昊薨，其子諒祚遣使來告，卽遣永興宮使耶律褭里、右護衞太保耶律興老、將作少監王全慰奠。

三月癸卯，以同知南京留守事蕭塔烈葛爲左夷離畢，知右夷離畢事唐古爲右夷離畢。丙午，夏國李諒祚遣使上其父元昊遺物。丁卯，鐵不得國使來，乞以本部軍助攻夏國，不許。

夏四月辛未，武定軍節度使杜防復爲南府宰相。丙子，高麗遣使來貢。甲申，蒲盧毛朶部大王蒲輦以造舟人來獻。

六月庚辰，阻卜獻馬、駝二萬。辛卯，長白山太師柴葛、回跋部太師撒刺都來貢方物。

秋七月丁未，于越摩梅欲之子不葛一及婆離八部夷離菫虎翫等內附。甲寅，錄囚，減雜犯死罪。

八月丙戌，復南京貧戶租稅。戊子，以殿前都點檢耶律義先爲行軍都部署，忠順軍節度使夏行美副部署，東北面詳穩耶律朮者爲監軍，〔一〕伐蒲奴里酋陶得里。

冬十月甲申，南院大王耶律韓八薨。甲午，駐蹕獨盧金。

十一月乙未朔，遣使括馬。丁巳，賜皇太弟重元金券。封皇子和魯斡爲越王，阿璉許王，忠順軍節度使謝家奴陳王，西京留守貼不漢王，惕隱旅墳遼西郡王，行宮都部署別古得柳城郡王，〔二〕奉陵軍節度使侯古饒樂郡王，安定郡王涅魯古進封楚王。

十八年春正月甲午朔，日有食之。戊戌，留夏國賀正使不遣。己亥，遣北院樞密副使蕭惟信以伐夏告宋。辛丑，錄囚。丙午，如鴛鴦濼。丙辰，獵霸特山。耶律義先奏蒲奴里捷。

二月庚辰，幸燕趙國王洪基帳視疾。乙酉，耶律義先等執陶得里以獻。

三月乙巳，高昌國遣使來貢。壬子，以洪基疾愈，赦雜犯死罪以下。丁巳，烏古遣使送款。

夏四月癸酉，以南府宰相耶律高十爲南京統軍使。

五月甲辰，五國酋長各率其部來附。庚戌，回跋部長兀迭臺扎等來朝。戊午，五國節度使耶律仙童以降烏古叛人，授左監門衞上將軍。

六月壬戌朔，以韓國王蕭惠爲河南道行軍都統，趙王蕭孝友、漢王貼不副之。乙丑，錄囚。丙寅，行十二神纛禮。己巳，宋以遼師伐夏，遣錢逸致賵禮。〔三〕庚辰，阻卜來貢馬、駝、珍玩。辛巳，夏國使來貢，留之不遣。丁亥，行再生禮。

秋七月戊戌，親征。

八月辛酉朔，〔四〕渡河。夏人遁，乃還。

九月丁未，蕭惠等爲夏人所敗。

冬十月，北道行軍都統耶律敵魯古率阻卜諸軍至賀蘭山，獲李元昊妻及其官僚家屬，遇夏人三千來戰，殪之；烏古敵烈部都詳穩蕭慈氏奴、南剋耶律斡里死焉。

十二月戊寅，慶陵林木火。己卯，錄囚。有弟從兄爲强盜者，兄弟俱無子，特原其弟。

十九年春正月庚寅，僧惠鑑加檢校太尉。庚子，耶律敵魯古復封漆水郡王，諸將校及阻卜等部酋長各進爵有差。贈蕭慈氏奴同中書門下平章事。辛丑，遣使問罪于夏國。壬寅，如魚兒濼。

二月丁亥，夏將洼普、猥貨、乙靈紀等來攻金肅城，南面林牙耶律高家奴等破之。洼普被創遁去，殺猥貨、乙靈紀。

三月戊戌，殿前都點檢蕭迭里得與夏戰于三角川，敗之。癸卯，命西南招討使蕭蒲奴、北院大王宜新、林牙蕭撒抹等帥師伐夏，以行宮都部署別古得監戰。甲辰，遣同知北院樞密使蕭革按軍邊城，以爲聲援。己酉，駐蹕息雞淀。丙辰，幸殿前都點檢蕭迭里得、駙馬都尉蕭胡覩帳視疾。

夏四月丙寅，如魚兒濼。壬申，蒲盧毛朵部惕隱信篤來貢。甲申，高麗遣使來貢。

五月己丑，如涼陘。癸巳，蕭蒲奴等入夏境，不與敵遇，縱軍俘掠而還。丁酉，夏國洼普來降。己亥，遠夷拔思母部遣使來貢。

六月丙辰朔，置倒塌嶺都監。丙寅，謁慶陵。庚午，幸慶州，謁大安殿。壬申，詔醫卜、屠販、奴隸及倍父母或犯事逃亡者，不得舉進士。回跋、曷蘇館、蒲盧毛朵部各遣使貢馬。甲戌，宋遣使來賀伐夏捷，高麗使俱至。辛巳，御金鑾殿試進士。

秋七月壬辰，駐蹕括里蒲盌。癸巳，以燕趙國王洪基領北南樞密院。乙未，阻卜長豁得剌弟斡得來朝，加太尉遣之。戊戌，錄囚。戊申，以左夷離畢蕭唐古爲北院樞密副使。

八月丁卯，阻卜酋長喘只葛拔里斯來朝。壬子，獵候里吉。

九月壬寅，夏人侵邊，敵魯古遣六院軍將海里擊敗之。

冬十月庚午，還上京。辛未，夏國王李諒祚母遣使乞依舊稱藩。使還，詔諭別遣信臣詣闕，當徐思之。壬申，釋臨潢府役徒。甲戌，如中會川。

十一月甲午，阻卜酋長豁得剌遣使來貢。庚戌，錄囚。壬子，出南府宰相韓知白爲武定軍節度使，樞密副使楊續長寧軍節度使，翰林學士王綱澤州刺史，張宥徽州刺史，知制誥周白海北州刺史。

閏月乙卯，以漢王貼不爲中京留守。辛未，以同知北院樞密使事蕭革爲南院樞密使，南院大王耶律仁先知北院樞密使事，封宋王。[五]

十二月丁亥，北府宰相、趙王蕭孝友出爲東京留守，東京留守蕭塔烈葛爲北府宰相，南院樞密使、潞王查葛爲南院大王。庚戌，韓國王蕭惠徙封魏王，致仕。壬子，夏國李諒祚遣使上表，乞依舊臣屬。

二十年春正月戊戌，駐蹕混同江。

二月甲申，遣前北院都監蕭友括等使夏國，索党項叛戶。己丑，如蒼耳濼。甲辰，吐蕃遣使來貢。

三月壬子朔，幸黑水。

夏五月癸丑，蕭友括等使夏還，李諒祚母表乞如党項權進馬、駝、牛、羊等物。己巳，夏國遣使求唐隆鎮及乞罷所建城邑，以詔答之。

六月丙戌，詔以所獲李元昊妻及前後所俘夏人，安置蘇州。以伐夏所獲物遣使遺宋。

秋七月，如秋山。

九月，詔更定條制。駐蹕中會川。

冬十月己卯朔，括諸道軍籍。

十一月庚申，以惕隱都監蕭謨魯爲左夷離畢。甲子，命東京留守司總領戶部、內省事。丁卯，罷中丞記錄職官過犯，令承旨總之。

十二月乙酉，以皇太后行再生禮，肆赦。

二十一年春正月辛亥，如混同江。

二月，如魚兒濼。

夏四月癸未，以國舅詳穩蕭阿剌爲西北路招討使，封西平郡王。

六月丙子，駐蹕永安山。

秋七月甲辰朔，召北府宰相蕭塔烈葛、南府宰相漢王貼不、南院樞密使蕭革、知北院樞密使事仁先等，賜坐，論古今治道。戊申，祀天地。己酉，詔北、南樞密院，日再奏事。壬子，追尊太祖之祖爲簡獻皇帝，廟號玄祖，祖妣爲簡獻皇后；太祖之考爲宣簡皇帝，廟號德祖，妣爲宣簡皇后。追封太祖伯父夷離堇巖木爲蜀國王，于越釋魯爲隋國王。以燕趙國王洪基爲天下兵馬大元帥、知惕隱事，賜詔諭之。癸亥，近侍小底盧寶僞學御書，免死，配役終身。甲子，如秋山。戊辰，謁慶陵。以南院樞密使蕭革爲北院樞密使，封吳王。辛未，如慶州。壬申，追封太祖弟寅底石爲許國王。

八月戊子，太尉烏者薨，詔配享聖宗廟。九月乙卯，平州進白兔。己未，謁懷陵。庚申，追上嗣聖皇帝、天順皇帝尊諡，及更諡彰德皇后曰靖安。癸亥，諡齊天皇后曰仁德皇后。甲子，謁祖陵。增太祖諡大聖大明神烈天皇帝，更諡貞烈皇后曰淳欽，恭順皇帝曰章肅，后蕭氏諡曰和敬。

冬十月戊寅，駐蹕中會川。丁亥，夏國李諒祚遣使乞弛邊備，卽遣蕭友括奉詔諭之。戊子，幸顯、懿二州。甲午，遼興軍節度使蕭虛烈封鄭王，南院大王、潞王查葛爲南院樞密使，進封越國王。〔六〕戊戌，射虎于南撒葛柏。辛丑，謁乾陵。

十一月壬寅朔，增謚文獻皇帝爲文獻欽義皇帝，及謚二后曰端順，曰柔貞。復更謚世宗孝烈皇后爲懷節。丁未，增孝成皇帝謚曰孝成康靖皇帝，更謚聖神宣獻皇后爲睿智。甲子，次中會川。回鶻阿薩蘭遣使貢名馬、文豹。丙寅，錄囚。

十二月戊戌，以北府宰相搭烈葛爲南京統軍使，鄭王虛烈北府宰相，契丹行宮都部署耶律義先惕隱。釋役徒限年者。

二十二年春正月乙巳，如混同江。

二月丙子，回鶻阿薩蘭爲鄰國所侵，遣使求援。庚辰，如春水。

三月癸亥，李諒祚以賜詔許降，遣使來謝。丙寅，如黑水濼。

夏四月戊子，獵鶴淀。

五月壬寅，詔內地州縣植果。

六月壬申，駐蹕胡呂山。癸未，高麗遣使來貢。

秋七月已酉，阻卜大王屯禿古斯率諸部長獻馬、駝。庚申，如黑嶺。

閏月庚午，烏古來貢。癸巳，長春州置錢帛司。

九月壬辰，夏國李諒祚遣使進降表。甲午，遣南面林牙高家奴等奉詔撫諭。

冬十月丙申朔，日有食之。

十一月辛卯，詔諸職事官以禮受代及以罪去者置籍，歲申樞密院。

十二月丙申朔，詔回鶻部副使以契丹人充。庚子，應聖節，曲赦徒以下罪。壬子，詔大臣曰：「朕與宋主約爲兄弟，歡好歲久，欲見其繪像，可諭來使。」

二十三年春正月己巳，如混同江。癸酉，獵雙子淀。戊子，夏國遣使貢方物。壬辰，如春水。甲午，獵盤直坡。

三月丁亥，幸皇太弟重元帳。

夏四月癸卯，高麗遣使來貢。癸丑，獵合只忽里。

五月己巳，李諒祚乞進馬、駝，詔歲貢之。庚寅，駐蹕永安山。壬辰，夏國遣使來貢。

六月丙申，如慶州。己亥，謁慶陵。壬寅，高麗王徽請官其子，詔加檢校太尉。辛亥，吐蕃遣使來貢。

秋七月己巳，夏國李諒祚遣使來求婚。甲戌，如秋山。己卯，詔八房族巾幘。

九月庚寅，獵，遇三虎，縱犬獲之。

冬十月丁酉，駐蹕中京。戊戌，幸新建祕書監。辛丑，有事于祖廟。癸丑，以開泰寺鑄銀佛像，曲赦在京囚。丙辰，李諒祚遣使進誓表。

十一月乙丑，阻卜部長來貢。壬申，帝率羣臣上皇太后尊號曰仁慈聖善欽孝廣德安靜貞純懿和寬厚崇覺儀天皇太后，大赦。內外官進級有差。癸未，錄囚。甲申，羣臣上皇帝尊號曰欽天奉道祐世興曆武定文成聖神仁孝皇帝，册皇后蕭氏曰貞懿慈和文惠孝敬廣愛崇聖皇后。

十二月丙申，如中會川。

二十四年春正月癸亥，如混同江。戊辰，朝皇太后。辛巳，宋遣使來賀，饋馴象。

二月己丑朔，召宋使釣魚、賦詩。癸巳，如長春河。甲寅，夏國遣使來賀。

三月癸亥，皇太弟重元生子，曲赦行在及長春、鎭北二州徒以下罪。

夏五月，駐蹕南崖。

秋七月壬午，如秋山。次南崖之北峪，不豫。

八月丁亥，疾大漸，召燕趙國王洪基，諭以治國之要。戊子，大赦，縱五坊鷹鶻，焚鈎魚之具。己丑，帝崩于行宮，年四十。遺詔燕趙國王洪基嗣位。淸寧元年十月庚子，上尊謚爲神聖孝章皇帝，廟號興宗。

贊曰：興宗卽位年十有六矣，不能先尊母后而尊其母，以致臨朝專政，賊殺不辜，又不能以禮幾諫，使齊天死於弑逆，有虧王者之孝，惜哉！若夫大行在殯，飮酒博鞠，叠見簡書。及其謁遺像而哀慟，受宋弔而衰絰，所爲若出二人。何爲其然歟？至於感富弼之言而申南宋之好，許諒祚之盟而罷西夏之兵，邊鄙不聳，政治內修，親策進士，大修條制，下至士庶，得陳便宜，則求治之志切矣。于時左右大臣，曾不聞一賢之進，一事之諫，欲庶幾古帝王之風，其可得乎？雖然，聖宗而下，可謂賢君矣。

校勘記

〔一〕東北面詳穩耶律朮者爲監軍　按卷九一蕭朮哲傳：「蒲奴里酋長陶得里叛，朮哲爲統軍都監，從都統耶律義先討之。」此耶律朮者應是蕭朮哲。

〔二〕行宮都部署別古得　別古得，皇子表作別古特，「行宮都部署」前有「契丹」二字。

〔三〕宋遣錢逸致𧬈禮　錢逸，長編作錢明逸，宋史三一七有傳。此避穆宗耶律明名改。

〔四〕八月辛酉朔　朔字，據朔考補。

〔五〕南院大王耶律仁先知北院樞密使事封宋王　按卷九六本傳，仁先於重熙間由北院大王遷北院樞密使，封吳王，淸寧末始進封宋王。

〔六〕查葛進封越國王　越國，按下文淸寧二年十一月作趙國。

遼史卷二十一

本紀第二十一

道宗一

道宗孝文皇帝，諱洪基，〔一〕字涅鄰，小字查剌。興宗皇帝長子，母曰仁懿皇后蕭氏。六歲封梁王，重熙十一年進封燕國，總領中丞司事。明年，總北南院樞密使事，加尚書令，進封燕趙國王。二十一年爲天下兵馬大元帥，知惕隱事，預朝政。帝性沉靜、嚴毅，每朝，興宗爲之斂容。

二十四年秋八月己丑，興宗崩，卽皇帝位於柩前，哀慟不聽政。辛卯，百僚上表固請，許之。詔曰：「朕以菲德，託居士民之上，第恐智識有不及，羣下有未信；賦斂妄興，賞罰不中，上恩不能及下，下情不能達上。凡爾士庶，直言無諱。可則擇用，否則不以爲愆。卿等

其體朕意。」壬辰，以皇太弟重元爲皇太叔，免漢拜，不名。癸巳，遣使報哀于宋及夏、高麗。甲午，遣重元安撫南京軍民。戊戌，以遺詔，命西北路招討使西平郡王蕭阿剌爲北府宰相，仍權知南院樞密使事，北府宰相蕭虛烈爲武定軍節度使。辛丑，改元淸寧，大赦。

九月戊午，詔常所幸囿場外毋禁。庚申，詔除護衞士，餘不得佩刃入宮；非勳戚後及夷離堇、副使、承應諸職事人不得冠巾。壬戌，詔夷離堇及副使之族幷民如賤，〔二〕不得服駝尼、水獺裘，刀柄、兔鶻、鞍勒、珮子不許用犀玉、骨突犀；惟大將軍不禁。乙丑，賜內外臣僚爵賞有差。庚午，尊皇太后爲太皇太后。辛未，遣左夷離畢蕭謨魯、翰林學士韓運以先帝遺物遺宋。〔三〕癸酉，遣使以卽位報宋。丙子，尊皇后爲皇太后，宴菆塗殿。以上京留守宿國王陳留爲南京留守。〔四〕壬午，遣使賜高麗、夏國先帝遺物。

冬十月丁亥，有司請以帝生日爲天安節，從之。以吳王仁先同知南京留守事，陳王塗孛特爲南府宰相，進封吳王。壬寅，以順義軍節度使十神奴爲南院大王。

十一月甲子，葬興宗皇帝於慶陵。宋及高麗遣使來會。名其山曰永興。丙寅，以南院大王侯古爲中京留守，北府宰相西平郡王蕭阿剌進封韓王。壬申，次懷州。有事於太宗、穆宗廟。甲戌，謁祖陵。戊寅，冬至，有事於太祖、景宗、興宗廟，不受羣臣賀。

十二月丙戌，詔左夷離畢曰：「朕以眇冲，獲嗣大位，夙夜憂懼，恐弗克任。欲聞直言，

以匡共失。今已數月，未見所以副朕委任股肱耳目之意。其令內外百官，比秩滿，各言一事。仍轉諭所部，無貴賤老幼，皆得直言無諱。」戊子，應聖節，上太皇太后壽，宴羣臣、命婦，册妃蕭氏爲皇后。進封皇弟越王和魯斡爲魯國王，許王阿璉爲陳國王，楚王涅魯古徙封吳王。辛卯，詔部署院，事有機密即奏，其投謗訕書，輒受及讀者并棄市。癸巳，皇族十公悖母，伏誅。甲午，以樞密副使姚景行爲參知政事，翰林學士吳湛爲樞密副使，參知政事、同知樞密院事韓紹文爲上京留守。丙申，宋遣歐陽修等來賀卽位。戊戌，詔設學養士，頒五經傳疏，置博士、助教各一員。癸卯，以知涿州楊績參知政事兼同知樞密院事。庚戌，以聖宗在時生辰，赦上京囚。

是年，御清涼殿放進士張孝傑等四十四人。

二年春正月丙辰，詔州郡官及僚屬決囚，如諸部族例。己巳，詔二女古部與世預宰相、節度使之選者免皮室軍。是月，幸魚兒濼。

二月乙酉，以左夷離畢蕭謨魯知西南面招討都監事。乙巳，以興宗在時生辰，宴羣臣，命各賦詩。

三月丁巳，應聖節，曲赦百里內囚。己卯，御製放鷹賦賜羣臣，諭任臣之意。

閏月己亥，始行東京所鑄錢。乙巳，南京獄空，進留守以下官。

夏四月甲子，詔曰：「方夏，長養鳥獸孳育之時，不得縱火於郊。」

五月戊戌，謁慶陵。甲辰，有事于興宗廟。

六月丁巳，詔宰相舉才能之士。戊午，命有司籍軍補邊戍。辛酉，阻卜酋長來朝，貢方物。丁卯，高麗遣使來貢。辛未，罷史官預聞朝議，俾問宰相而後書。乙亥，中京蝗蝻爲災。丙子，詔强盜得實者，聽諸路決之。丁丑，南院樞密使趙國王查葛爲上京留守，同知南京留守事吳王仁先爲南院樞密使。乙酉，遣使分道平賦稅，繕戎器，勸農桑，禁盜賊。

八月辛未，如秋山。

九月庚子，幸中京，祭聖宗、興宗於會安殿。

冬十月丙子，如中會川。

十一月戊戌，知左夷離畢事耶律劃里爲夷離畢，北院大王耶律仙童知黃龍府事。甲辰，文武百僚上尊號曰天祐皇帝，后曰懿德皇后。大赦。乙巳，以皇太叔重元爲天下兵馬大元帥，徙封趙國王查葛爲魏國王、魯國王和魯斡爲宋國王、陳國王阿璉爲秦國王，吳王涅魯古進封楚國王，百官進遷有差。

十二月戊申朔，以韓王蕭阿剌爲北院樞密使，東京留守宿國王陳留北府宰相，宋國王和魯斡上京留守，秦國王阿璉知中丞司事。甲寅，上皇太后尊號曰慈懿仁和文惠孝敬廣愛宗天皇太后。

三年春正月庚辰，如鴨子河。丙戌，置倒塌嶺節度使。乙未，五國部長來貢方物。

二月己未，如大魚濼。

三月辛巳，以楚國王涅魯古爲武定軍節度使。

夏四月丙辰，淸暑永安山。

五月己亥，如慶陵，獻酎於金殿、同天殿。

六月辛未，以魏國王查葛爲惕隱，同知樞密院事蕭唐古南府宰相，魏國王貼不東京留守。

秋七月甲申，南京地震，赦其境內。乙酉，如秋山。

八月辛亥，帝以君臣同志華夷同風詩進皇太后。

九月庚子，幸中會川。

冬十月己酉，謁祖陵。庚申，謁讓國皇帝及世宗廟。辛酉，奠酎于玉殿。

十一月丙子，以左夷離畢蕭謨魯爲契丹行宮都部署。庚子，高麗遣使來貢。

十二月庚戌，禁職官於部內假貸貿易。戊辰，太皇太后不豫，曲赦行在五百里內囚。己巳，太皇太后崩。

四年春正月壬申朔，遣使報哀于宋、夏。如鴨子河鈎魚。癸酉，宋遣使奉宋主繪像來。丁亥，知易州事耶律頗得秩滿，部民乞留，許之。

二月丙午，詔夷離畢：諸路鞫死罪，獄雖具，仍令別州縣覆按，無冤，然後決之；稱冤者，卽具奏。庚戌，如魚兒濼。

三月戊寅，募天德、鎭武、東勝等處勇捷者，籍爲軍。[五]甲午，肆赦。

夏四月甲辰，謁慶陵。丁卯，宋遣使弔祭。

五月庚午朔，上大行太皇太后尊諡曰欽哀皇后。癸酉，葬慶陵。夏國、高麗遣使來會。乙酉，如永安山淸暑。

六月乙丑，以北院樞密使鄭王蕭革爲南院樞密使，徙封楚王，南院樞密使吳王仁先爲北院樞密使。

秋七月辛巳，制諸掌內藏庫官盜兩貫以上者，許奴婢告。壬午，獵于黑嶺。

冬十月戊戌朔，以同知東京留守事侯古爲南院大王，保安軍節度使奚底爲奚六部大王。

十一月癸酉，行再生及柴册禮，宴羣臣於八方陂。庚辰，御清風殿受大册禮。大赦。以吳王仁先爲南京兵馬副元帥，徙封隋王。壬午，謁太祖及諸帝宮。丙戌，祠木葉山。禁造玉器。

十二月辛丑，弛駝尼、水獺裘之禁。乙巳，許士庶畜鷹。辛亥，南院樞密使楚王蕭革復爲北院樞密使。

閏月己巳，賜皇太叔重元金券。

是歲，皇子濬生。

五年春，如春州。

夏六月甲子朔，駐蹕納葛濼。己丑，以南院樞密使蕭阿速爲北府宰相，樞密副使耶律乙辛南院樞密使，惕隱查葛遼興軍節度使，魯王謝家奴武定軍節度使，東京留守吳王貼不西京留守。

秋七月丁酉，以烏古敵烈詳穩蕭謨魯爲左夷離畢。

冬十月壬子朔，幸南京，祭興宗於嘉寧殿。

十一月，禁獵。

十二月壬戌，以北院林牙奚馬六爲右夷離畢，參知政事吳湛以弟洵冒入仕籍，削爵爲民。

是年，上御百福殿，放進士梁援等百一十五人。

六年春，如鴛鴦濼。

夏五月戊子朔，監修國史耶律白請編次御製詩賦，仍命白爲序。己酉，駐蹕納葛濼。

六月戊午朔，以東北路女直詳穩高家奴爲惕隱。壬戌，遣使錄囚。丙寅，中京置國子監，命以時祭先聖先師。癸未，以隋王仁先爲北院大王，賜御製誥。

冬十月甲子，駐蹕藕絲淀。

七年春三月庚戌，如春州。以耶律乙辛知北院樞密使事。

夏四月辛未，禁吏民畜海東青鶻。

五月丙戌，清暑永安山。丙午，謁慶陵。辛亥，殺東京留守陳王蕭阿剌。

六月壬子朔，日有食之。甲子，以蕭謨魯爲順義軍節度使。丁卯，幸弘義、永興、崇德三宮致祭。射柳，賜宴，賞賚有差。戊辰，行再生禮，復命羣臣分朋射柳。丁丑，以楚國王涅魯古知南院樞密使事。

秋九月丁丑，駐蹕藕絲淀。

冬十二月壬午，〔六〕以知黃龍府事耶律阿里只爲南院大王。

校勘記

〔一〕道宗諱洪基　洪，遼文滙二理宗欽哀皇后哀册及仁德皇后哀册均作弘。

〔二〕幷民如賤　疑「民如」二字倒舛，應作「幷如民賤」。

〔三〕左夷離畢蕭謨魯及翰林學士韓運　長編作：右宣徽使、左金吾衛上將軍蕭運，翰林學士、給事中、史館修撰史運。

〔四〕以上京留守宿國王陳留爲南京留守　按卷八七蕭孝友傳，孝友小字陳留，改上京留守，更王秦，頃之，復守東京。檢下文二年又以東京留守宿國王陳留爲北府宰相。則此南京應是東京之訛。

〔五〕鎮武東勝等處　鎮武，應作振武。索隱：「唐朔州軍額本作振武，遼已改爲順義軍，此仍舊名。」東勝，地理志五作勝州。

〔六〕冬十二月壬午　十二，原作「十一」。按十一月庚戌朔，無壬午，十二月庚辰朔，初三日爲壬午。據改。

遼史卷二十二

本紀第二十二

道宗二

八年春正月癸丑，如鴨子河。

二月，駐蹕納葛濼。

三月戊申朔，楚王蕭革致仕，進封鄭國王。

夏五月，吾獨婉惕隱屯禿葛等乞歲貢馬、駝，許之。

六月丙子朔，駐蹕拖古烈。辛丑，以右夷離畢奚馬六爲奚六部大王。是月，御清涼殿放進士王鼎等九十三人。

秋七月甲子，射熊于外室刺。

冬十月甲戌朔，駐蹕獨盧金。

十二月庚辰，以知北院樞密使事蕭圖古辭爲北院樞密使。癸未，幸西京。戊子，以皇太后行再生禮，曲赦西京囚。

九年春正月辛亥，幸鴛鴦濼。辛未，禁民鬻銅。

三月辛未，宋主禎殂，以姪曙爲子嗣位。

夏五月丙午，以隋王仁先爲南院樞密使，徙封許王。是月，清暑曷里狘。

秋七月丙辰，如太子山。戊午，皇太叔重元與其子楚國王涅魯古及陳國王陳六、同知北院樞密使事蕭胡覩、衛王貼不、林牙涅剌溥古、統軍使蕭迭里得、駙馬都尉參及弟朮者、圖骨、旗鼓拽剌詳穩耶律郭九、文班太保奚叔、內藏提點烏骨、護衛左太保敵不古、按答、副宮使韓家奴、寶神奴等凡四百人，誘脅弩手軍犯行宮。時南院樞密使許王仁先、知北樞密院事趙王耶律乙辛、南府宰相蕭唐古、北院宣徽使蕭韓家奴、北院樞密副使蕭惟信、敦睦宮使耶律良等率宿衛士卒數千人禦之。涅魯古躍馬突出，將戰，爲近侍詳穩渤海阿廝、〔一〕護衛蘇射殺之。己未，族逆黨家。庚申，重元亡入大漠，自殺。辛酉，詔諭諸道。壬戌，以仁先爲北院樞密使，進封宋王，加尚父，耶律乙辛南院樞密使，蕭韓家奴殿前都點檢，封荆王。蕭惟信、耶律馮家奴並加太子太傅。宿衛官蕭乙辛、回鶻海隣、褭里、耶律撻不也、阿廝、宮分人急里哥、霞抹、乙辛、只魯並加上將軍。諸護衛及士卒、庖夫、弩手、傘子等三百餘人，各授官有差。耶律良密告重元變，命籍橫帳夷離堇房，爲漢人行宮都部署。癸亥，貼不訴爲重元等所脅，詔削爵爲民，流鎭州。戊辰，以黑白羊祭天。

八月庚午朔，遣使安撫南京吏民。癸酉，以永興宮使耶律塔不也有定亂功，爲同知點檢司事。

冬十月戊辰朔，幸興王寺。庚午，以六院部太保耶律合朮知南院大王事。是月，駐蹕藕絲淀。

十一月辛丑，以南院宣徽使蕭九哥爲北府宰相。己未，追封故富春郡王耶律義先爲許王。

是歲，封皇子濬爲梁王。

十年春正月己亥，北幸。

二月，禁南京民決水種粳稻。

秋七月壬申，詔決諸路囚。辛巳，禁僧尼私詣行在，妄述禍福取財物。

九月壬寅，幸懷州，謁太宗、穆宗廟。

冬十月壬辰朔，駐蹕中京。戊午，禁民私刊印文字。

十一月甲子，定吏民衣服之制。辛未，禁六齋日屠殺。丁丑，詔求乾文閣所闕經籍，命儒臣校讎。庚辰，以彰國軍節度使韓謝十爲惕隱。詔南京不得私造御用綵緞，私貨鐵，及非時飲酒。命南京三司，每歲春秋以官錢饗將士。

十二月癸巳，以北院大王蕭兀古匿爲契丹行宮都部署。

是歲，南京、西京大熟。

咸雍元年春正月辛酉朔，文武百僚加上尊號曰聖文神武全功大略廣智總仁睿孝天祐皇帝。改元，大赦。册梁王濬爲皇太子，內外官賜級有差。甲子，如魚兒濼。庚寅，詔諸遇正旦、重午、冬至，別表賀東宮。〔二〕

三月丁亥，以知興中府事楊績知樞密院事。

夏四月辛卯，以知樞密院事張嗣復疾，改知興中府事。庚子，清暑拖古烈。

五月辛巳，夏國遣使來貢。

秋七月丙子，以皇太后射獲熊，賞賚百官有差。

八月丙申，客星犯天廟，詔諸路備盜賊，嚴火禁。

九月乙亥，駐蹕藕絲淀。丁丑，左夷離畢憶古爲孟父敵穩。

冬十月丁亥朔，幸醫巫閭山。己亥，皇太后射獲虎，大宴羣臣，令各賦詩。

十一月壬戌，有星如斗，逆行，隱隱有聲。

十二月甲午，以遂王仁先爲南京留守，徙封晉王。辛亥，以南京留守蕭惟信爲左夷離畢。壬子，熒惑與月並行，自旦至午。

二年春正月丁巳，如鴨子河。宋賀正使王嚴卒，以禮送還。癸未，幸山榆淀。

二月甲午，詔武定軍節度使姚景行，問以治道，拜南院樞密使。

三月辛巳，以東北路詳穩耶律韓福奴爲北院大王。壬午，彗星見於西方。

夏四月，霖雨。

五月乙亥，駐蹕拖古烈。辛巳，以戶部使劉詵爲樞密副使。[三]

六月丙戌，回鶻來貢。甲辰，阻卜來貢。

秋七月癸丑朔，以西北路招討使蕭朮者爲北府宰相，左夷離畢蕭惟信南院樞密使，[四]同知南院樞密使事耶律白惕隱。丙辰，南院樞密使姚景行致仕。庚申，錄囚。辛酉，景行復前職。丁卯，如藕絲淀。以歲旱，遣使振山後貧民。

九月壬子朔，日有食之。以參知政事韓孚爲樞密副使。

冬十二月壬午，以知樞密院事楊績爲南院樞密使，樞密副使劉詵參知政事。戊子，僧守志加守司徒。丁酉，以西京留守合朮爲南院大王。辛丑，以蕭朮者爲武定軍節度使。

是年，御永安殿放進士張臻等百一人。

三年春正月辛亥，如鴨子河。甲子，御安流殿鈎魚。

三月癸亥，宋主曙殂，子頊嗣位，遣使告哀；卽遣右護衞太保蕭撻不也、翰林學士陳覺等弔祭。

閏月丁亥，扈駕軍營火，賜錢、粟及馬有差。辛卯，駐蹕春州北淀。乙巳，以蕭兀古匿爲北府宰相。

夏五月壬辰，駐蹕納葛濼。壬寅，賜隨駕官諸工人馬。

六月戊申，有司奏新城縣民楊從謀反，僞署官吏。上曰：「小人無知，此兒戲爾。」獨流其首惡，餘釋之。庚戌，宋遣使饋其先帝遺物。辛亥，宋以卽位，遣陳襄來報，卽遣知黄龍府事蕭圖古辭、中書舍人馬鉉往賀。壬戌，南府宰相韓王蕭唐古致仕。壬申，以廣德軍節度使耶律藥奴爲南府宰相，度支使趙徽參知政事。

秋七月辛丑，熒惑晝見，凡三十五日。

九月戊戌，詔給諸路囚糧。癸卯，幸南京。

冬十一月壬辰，夏國遣使進回鶻僧、金佛、梵覺經。

十二月丁未，以參知政事劉詵爲樞密副使，東北路詳穩高八南院大王，樞密直學士張孝傑參知政事。己酉，以張孝傑同知樞密院事。丁巳，行再生禮，赦死罪以下。是月，夏國王李諒祚薨。

是歲，南京旱、蝗。

四年春正月甲戌朔，日有食之。丙子，如鴛鴦濼。辛巳，改易州兵馬使爲安撫使。丁亥，獵炭山。辛卯，遣使振西京饑民。

二月甲辰朔，詔元帥府募軍。壬子，夏國王李諒祚子秉常遣使告哀。癸丑，頒行御製華嚴經贊。丁卯，北行。

三月丙子，遣使夏國弔祭。甲申，振應州饑民。乙酉，詔南京除軍行地，餘皆得種稻。庚寅，振朔州饑民。乙未，夏國李秉常遣使獻其父諒祚遺物。

夏四月戊午，阿薩蘭回鶻遣使來貢。

五月丙戌，駐蹕拖古烈。

六月壬子，西北路雨穀，方三十里。丙寅，以北院林牙耶律趙三爲北院大王，右夷離畢蕭素颯中京留守。

秋七月壬申，置烏古敵烈部都統軍司。丙子，獵黑嶺。是月，南京霖雨，地震。

九月己亥，駐蹕藕絲淀。

冬十月辛亥，曲赦南京徒罪以下囚。永淸、武淸、安次、固安、新城、歸義、容城諸縣水，復一歲租。戊辰，册李秉常爲夏國王。

十二月辛亥，夏國遣使來貢。

五年春正月，阻卜叛，[五]以晉王仁先爲西北路招討使，領禁軍討之。

夏六月己亥，駐蹕拖古烈。丙午，吐蕃遣使來貢。壬戌，以南院樞密使蕭惟信知北院樞密使事。

秋七月乙丑朔，日有食之。戊辰，夏國遣使來謝封册。癸未，詔禁皇族恃勢侵漁細民。

八月，謁慶陵。

九月戊辰，仁先遣人奏阻卜捷。

冬十月己亥，駐蹕藕絲淀。

十一月丁卯，詔四方館副使止以契丹人充。丁丑，五國剖阿里部叛，〔六〕命蕭素颯討之。

閏月戊申，夏國王李秉常遣使乞賜印綬。己未，僧志福加守司徒。

十二月甲子，行皇太子再生禮，減諸路徒以下罪一等。乙丑，詔百官廷議國政。甲戌，五國來降，仍獻方物。

六年春正月甲午，如千鵝濼。

二月丙寅，阻卜來朝，貢方物。

夏四月癸未，西北路招討司以所降阻卜酋長至行在。

五月甲辰，清暑拖古烈。甲寅，設賢良科，詔應是科者，先以所業十萬言進。

六月辛巳，阻卜來朝。乙酉，以惕隱耶律白爲中京留守。是月，御永安殿放進士趙廷睦等百三十八人。

秋七月辛亥，獵于合魯聶特。

八月丙子，耶律白薨，追封遼西郡王。

九月庚戌，幸藕絲淀。甲寅，以馬希白詩才敏妙，十吏書不能給，召試之。

冬十月丁卯，五國部長來朝。壬申，西北路招討司擒阻卜酋長來獻。

十一月乙卯，禁鬻生熟鐵于回鶻、阻卜等界。

十二月戊午，加圓釋、法鈞二僧並守司空。己未，以坤寧節，赦死罪以下。辛酉，禁漢人捕獵。

七年春正月戊子，如鴨子河。

二月乙丑，女直進馬。丙寅，以南院樞密使姚景行知興中府事。

三月己酉，以討五國功，加知黄龍府事蒲延、懷化軍節度使高元紀、易州觀察使高正並千牛衞上將軍，五國節度使蕭陶蘇斡、寧江州防禦使大榮並靜江軍節度使。

夏四月癸酉，如納葛濼。乙亥，禁布帛短狹不中尺度者。

六月己卯，吐蕃來貢。癸未，南院大王高八致仕。

秋七月甲申朔，以東北路詳穩合里只爲南院大王，西南面招討使拾得奴爲奚六部大王。己丑，遣使按問五京囚。庚子，如藕絲淀。

八月辛巳，置佛骨于招仙浮圖，罷獵，禁屠殺。

冬十月己卯，如醫巫閭山。壬戌，以南府宰相耶律褭奴爲南京統軍使。戊辰，謁乾陵。庚辰，詔百官廷議軍國事。

十一月戊子，免南京流民租。己丑，振饒州饑民。丙午，高麗遣使來貢。

十二月壬子，以契丹行宮都部署耶律胡覩知北院樞密使事，知北院樞密使事蕭惟信爲南府宰相，兼契丹行宮都部署。丁巳，漢人行宮都部署李仲禧、北院宣徽使劉霂、樞密副使王觀、都承旨楊興工各賜國姓。戊寅，回鶻來貢。

是歲，春州斗粟六錢。

校勘記

〔一〕近侍詳穩渤海阿廝　卷一一二涅魯古傳同。阿廝，卷九六本傳作阿思。「近侍詳穩渤海」，本傳作「渤海近侍詳穩」，檢百官志一有「渤海近侍詳穩司」，此處「渤海」與「近侍詳穩」互倒。

〔二〕詔諸遇正旦重午冬至別表賀東宮　按「諸」下疑脫「路」或「道」字。

〔三〕以戶部使劉詵爲樞密副使　按劉詵即劉伸，字濟時，宛平人。卷九八有傳。

〔四〕蕭惟信南院樞密使　卷九六本傳作北院樞密副使。

〔五〕五年春正月阻卜叛　正，屬國表作三。

〔六〕五國剖阿里部叛　剖，原誤「部」。據營衞志下及部族表改。

遼史卷二十三

本紀第二十三

道宗三

八年春正月癸未，烏古敵烈部詳穩耶律巢等奏克北邊捷。以戰多殺人，飯僧南京、中京。甲申，如魚兒濼。壬寅，昏霧連日。

二月丙辰，北、南樞密院言無事可陳。壬戌，以討北部功，烏古敵烈部詳穩耶律巢知北院大王事，都監蕭阿魯帶烏古敵烈部詳穩，加左監門衞上將軍。戊辰，歲饑，免武安州租稅，振恩、蔚、順、惠等州民。

三月癸卯，有司奏春、泰、寧江三州三千餘人願爲僧尼，受具足戒，許之。

夏四月壬子，振義、饒二州民。丁巳，駐蹕塔里捨。〔一〕己卯，淸暑拖古烈。

五月壬午，晉王仁先薨。

六月甲寅，振易州貧民。己未，振中京。甲子，振興中府。甲戌，封北府宰相楊績爲趙王，樞密副使耶律觀參知政事兼知南院樞密使事。丁丑，高麗遣使來貢。

秋七月己卯，慶州靳文高八世同居，詔賜爵。丙申，振饒州饑民。丁酉，幸黑嶺。丁未，以御書華嚴經五頌出示羣臣。

閏月辛未，射熊于羖羊山。

八月庚辰，混同郡王侯古薨，遣使致祭。

九月甲子，駐蹕藕絲淀。

冬十月己丑，參知政事耶律觀矯制營私第，降爲庶人。癸巳，回鶻來貢。

十一月庚戌，免祖州稅。丙辰，大雪，許民樵採禁地。丁卯，賜延昌宮貧戶錢。

十二月戊辰，漢人行宮都部署耶律仲禧封韓國公，樞密副使、參知政事趙徽出爲武定軍節度使，樞密副使柴德滋參知政事，漢人行宮副部署耶律大悲奴陞都部署，同知南院樞密使事蕭韓家奴知左夷離畢事。丁丑，以坤寧節，大赦。庚寅，賜高麗佛經一藏。

九年春正月丁未，如雙濼。

夏四月壬辰，如旺國崖。

秋七月甲辰，獵大熊山。戊申，烏古敵烈統軍言，八石烈敵烈人殺其節度使以叛。己酉，詔隗烏古部軍分道擊之。丙寅，南京奏歸義、淶水兩縣蝗飛入宋境，餘爲蜂所食。

八月丙申，以耶律仲禧爲南院樞密使。

九月癸卯，駐蹕獨盧金。

冬十月，幸陰山，遂如西京。

十一月戊午，詔行幸之地免租一年。甲子，南院大王合理只致仕。

十二月辛未，以知北院樞密使事耶律宜新爲中京留守，南院宣徽使耶律撒剌爲南院大王。壬辰，高麗、夏國並遣使來貢。

十年春正月乙卯，如鴛鴦濼。

二月癸未，蠲平州復業民租賦。戊子，阻卜來貢。

三月甲子，如拖古烈。以耶律巢爲北院大王。

夏四月，旱。辛未，以奚人達魯三世同居，賜官旌之。

五月丙寅，錄囚。

六月戊辰，親出題試進士。壬申，詔臣庶言得失。丙子，御永定殿，策賢良。

秋七月丙辰，如秋山。癸亥，謁慶陵。

九月庚戌，幸東京，謁二儀、五鸞殿。癸亥，祠木葉山。

冬十月丁卯，駐蹕藕絲淀。丁丑，詔有司頒行史記、漢書。

十一月戊午，高麗遣使來貢。

十二月辛巳，改明年爲大康，大赦。

大康元年春正月乙未，如混同江。壬寅，振雲州饑。

二月丁卯，祥州火，遣使恤災。乙酉，駐蹕大魚濼。丁亥，以獲鵝，加鷹坊使耶律楊六爲工部尙書。

三月乙巳，命皇太子寫佛書。

夏四月丙子，振平州饑。乙酉，如犢山。

閏月丙午，振平、灤二州饑。庚戌，皇孫延禧生。

五月甲子，賜妃之親及東宮僚屬爵有差。

六月癸巳，以興聖宮使奚謝家奴知奚六部大王事。戊戌，知三司使事韓操以錢穀增羨，授三司使。癸卯，遣使按問諸路囚。以惕隱大悲奴爲始平軍節度使，參知政事柴德滋武定軍節度使。乙卯，吐蕃來貢。丙辰，詔皇太子總領朝政，仍戒諭之。以武定軍節度使趙徽爲南府宰相，樞密副使楊遵勗參知政事。

秋七月辛酉朔，獵平地松林。丙寅，振南京貧民。

八月庚寅朔，日有食之。

九月乙亥，駐蹕藕絲淀。己卯，以南京饑，免租稅一年，仍出錢粟振之。

冬十月，西北路酋長遐搭、雛搭、雙古等來降。

十一月辛酉，皇后被誣，賜死，殺伶人趙惟一、高長命，並籍其家屬。

十二月己丑朔，〔二〕以南京統軍使耶律藥奴爲惕隱，漢人行宮都部署耶律霂樞密副使，同知東京留守事蕭鐸剌夷離畢。庚寅，賜張孝傑國姓。壬辰，以西京留守蕭燕六爲左夷離畢。

二年春正月己未，如春水。庚辰，駐蹕雙濼。

二月戊子，振黃龍府饑。癸丑，南京路饑，免租稅一年。

三月辛酉，皇太后崩。壬戌，遣殿前副點檢耶律轄古報哀于宋。癸亥，遣使報哀于高麗、夏國。丁卯，大赦。戊寅，以皇太后遺物遺使遺宋、夏。

夏六月乙酉朔，上大行皇太后尊謚曰仁懿皇后。戊子，宋及高麗、夏國各遣使弔祭。甲午，葬仁懿皇后于慶陵。己亥，駐蹕拖古烈。壬寅，出北院樞密使魏王耶律乙辛爲中京留守。丁未，册皇后蕭氏，封其父祗候郎君鼈里剌爲趙王，叔西北路招討使余里也遼西郡王，兄漢人行宮都部署、駙馬都尉霞抹柳城郡王，〔三〕參知政事楊遵勗知南院樞密使事，北院樞密副使蕭速撒知北院樞密使事，漢人行宮副部署劉詵參知政事。己酉，南府宰相趙徽致仕。

秋七月戊辰，如秋山。癸酉，柳城郡王霞抹薨。

八月庚寅，獵，遇麕失其母，憫之，不射。

九月戊午，以南京蝗，免明年租稅。己卯，駐蹕藕絲淀。

冬十月戊戌，召中京留守魏王耶律乙辛復爲北院樞密使。

十一月甲戌，上欲觀起居注，修注郎不攧及忽突堇等不進，各杖二百，罷之，流林牙蕭岩壽於烏隗部。是月，南京地震，民舍多壞。

十二月己丑，以左夷離畢蕭撻不也爲南京統軍使。

三年春正月癸丑，如混同江。乙卯，省諸道春貢金帛，及停周歲所輸尙方銀。

二月壬午朔，東北路統軍使蕭韓家奴加尙父，封吳王。甲申，詔北院樞密使魏王耶律乙辛同母兄大奴、同母弟阿思世預北、南院樞密之選，其異母諸弟世預夷離堇之選。己丑，如魚兒濼。辛卯，中京饑，罷巡幸。

夏四月乙酉，泛舟黑龍江。

五月丙辰，玉田、安次蝝傷稼。癸亥，日中有黑子。己巳，駐蹕犢山。乙亥，北院樞密使耶律乙辛奏，右護衛太保查剌等告知北院樞密使事蕭速撒等八人謀立皇太子，〔四〕上以無狀，不治，出速撒等三人補外，護衛撒撥等六人各鞭百餘，徙于邊。丙子，以西北路招討使遼西郡王蕭余里也爲北府宰相，兼知契丹行宮都部署事。戊寅，詔告謀逆事者，重加官賞。

六月己卯朔，耶律乙辛令牌印郎君蕭訛都斡誣首嘗預速撒等謀，籍其姓名以告。卽命乙辛及耶律仲禧、蕭余里也、耶律孝傑、楊遵勗、燕哥、抄只、蕭十三等鞫治，杖皇太子，囚之宮中。辛巳，殺宿直官敵里剌等三人。壬午，殺宣徽使撻不也等二人。癸未，殺始平軍節度使撒剌等十人，又遣使殺上京留守速撒，及已徙護衛撒撥等六人。乙酉，殺耶律撻不也及其弟陳留。〔五〕丙戌，廢皇太子爲庶人，囚之上京。己丑，回鶻來貢。殺東京留守同知耶律回里不。辛卯，殺速撒等諸子，籍其家。戊申，遣使按五京諸道獄。

秋七月辛亥，護衛太保查剌加鎭國大將軍，預突呂不部節度使之選，室韋查剌及蕭寶神奴、謀魯古並加左衛大將軍，牌印郎君訛都斡尙皇女趙國公主，授駙馬都尉、始平軍節度使，祗候郎君耶律撻不也及蕭圖古辭並加監門衛上將軍。壬子，知北院樞密副使蕭韓家奴爲漢人行宮都部署。乙丑，如秋山。丁丑，謁慶陵。

八月庚寅，漢人行宮都部署蕭韓家奴薨。辛丑，謁慶陵。

九月癸亥，玉田貢嘉禾。壬申，修乾陵廟。

冬十月辛丑，駐蹕藕絲淀。

十一月，北院樞密使耶律乙辛遣其私人盜殺庶人濬于上京。

閏十二月戊午，以北府宰相遼西郡王蕭余里也知北院樞密使事，左夷離畢耶律燕哥爲契丹行宮都部署。丙寅，預行正旦禮。

是歲，南京大熟。

四年春正月庚辰，如春水。甲午，振東京饑。

二月乙丑，駐蹕掃獲野。戊辰，以東路統軍使耶律王九爲惕隱。

夏四月辛亥，高麗遣使乞賜鴨淥江以東地，不許。

五月丙戌，駐蹕散水原。

六月甲寅，阻卜諸酋長進良馬。

秋七月甲戌，諸路奏飯僧尼三十六萬。

八月癸卯，詔有司決滯獄。

九月乙未，駐蹕藕絲淀。庚子，五國部長來貢。

冬十月癸卯，以參知政事劉伸爲保靜軍節度使。

十一月丁亥，禁士庶服用錦綺、日月、山龍之文。己丑，回鶻遣使來貢。庚寅，南院樞密使耶律仲禧爲廣德軍節度使。辛卯，錦州民張寶四世同居，命諸子三班院祗候。

十二月丁卯，以北院樞密副使耶律霂知北院樞密使事。

校勘記

〔一〕駐蹕塔里捨　塔里捨，紀大安八年三月作撻里捨。

〔二〕十二月己丑朔　朔字，據朔考補。

〔三〕兄漢人行宮都部署駙馬都尉霞抹　兄字原脫，據卷七一道宗惠妃蕭氏傳及本句文義補。

〔四〕知北院樞密使事蕭速撒　「知」「事」二字原脫。按上下文任北院樞密使者爲耶律乙辛，蕭速撒

時爲知北院樞密使事，見上文二年六月。據補。

〔五〕壬午殺宣徽使撻不也等二人至乙酉殺耶律撻不也及其弟陳留　按蕭撻不也未嘗爲宣徽使，而耶律撻不也則以宣徽使見殺，見卷九九蕭撻不也傳及耶律撻不也傳。是死于壬午者爲耶律撻不也，乙酉被殺者爲蕭撻不也，紀文所記互倒。

遼史卷二十四

本紀第二十四

道宗四

五年春正月壬申，如混同江。癸酉，賜宰相耶律孝傑名仁傑。乙亥，如山榆淀。

三月辛未，以宰相仁傑獲頭鵝，加侍中。壬辰，以北院樞密使魏王耶律乙辛知南院大王事，加于越，知北院樞密使事耶律霂爲北院樞密使，北院樞密副使耶律特里底知北院樞密使事，左夷離畢耶律世遷同知北院樞密使事。

夏四月己未，如納葛濼。

五月丁亥，謁慶陵。以契丹行宮都部署耶律燕哥爲南府宰相，北面林牙耶律永寧爲夷離畢，同知南院樞密使事蕭撻不也及殿前副點檢、駙馬都尉蕭酬斡並封蘭陵郡王。

六月辛亥，阻卜來貢。丁巳，以北府宰相、遼西郡王蕭余里也爲西北路招討使。己未，

遣使錄囚。是月，放進士劉瓌等百一十三人。

秋七月己卯，獵夾山。

八月庚申，命有司撰太宗神功碑，立于南京。

九月己卯，詔諸路毋禁僧徒開壇。

冬十月戊戌，夏國遣使來貢。己亥，駐蹕獨盧金。壬子，詔惟皇子仍一字王，餘並削降。丁巳，振平州貧民。己未，以趙王楊績爲遼西郡王，魏王耶律乙辛降封混同郡王，吳王蕭韓家奴蘭陵郡王，致仕。

十一月丁丑，召沙門守道開壇于內殿。癸未，復南京流民差役三年，被火之家免租稅一年。

十二月丙午，彗星犯尾。乙卯，幸西京。戊午，行再生禮，赦雜犯死罪以下。

六年春正月癸酉，如鴛鴦濼。辛卯，耶律乙辛出知興中府事。

三月庚寅，封皇孫延禧爲梁王，忠順軍節度使耶律頗德南院大王，耶律仲禧南院樞密使，〔一〕戶部使陳毅參知政事。

夏四月乙卯，獵炭山。

五月壬申，免平州復業民租賦一年。庚寅，以旱，禱雨，命左右以水相沃，俄而雨降。

六月戊戌，駐蹕納葛濼。戊申，以度支使王績參知政事。庚戌，女直遣使來貢。

秋七月戊辰，觀市。癸未，爲皇孫梁王延禧設旗鼓拽剌六人衞護之。甲申，獵沙嶺。

九月壬寅，祠木葉山。己酉，駐蹕藕絲淀。

冬十月己未朔，省同知廣德軍節度使事，命奉先軍節度使兼巡警乾、顯二州。丁卯，耶律仁傑出爲武定軍節度使。庚午，參知政事劉詵致仕。癸酉，以陳毅爲漢人行宮都部署，王績同知樞密院事。辛巳，回鶻遣使來貢。

十一月己丑朔，日有食之。癸卯，召羣臣議政。

十二月甲子，以耶律特里底爲孟父敞穩。乙丑，以蕭撻不也爲北府宰相，耶律世遷知北院樞密使事，耶律愼思同知北院樞密使事。庚午，免西京流民租賦一年。甲戌，減民賦。丁亥，豫行正旦禮。戊子，如混同江。

七年春正月戊申，五國部長來貢。甲寅，女直貢良馬。

二月甲子，如魚兒濼。

夏五月壬子，駐蹕嶺西。癸丑，有司奏永清、武淸、固安三縣蝗。甲寅，以蕭撻不也兼

殿前都點檢，蕭酬斡爲漢人行宮都部署兼知樞密院事。

六月甲子，詔月祭觀德殿，歲寒食，諸帝在時生辰及忌日，詣景宗御容殿致奠。丙寅，阻卜余古赧來貢。丁卯，以翰林學士王言敷參知政事，封北院宣徽使石篤漆水郡王。

秋七月戊子，如秋山。丙申，謁慶陵。

八月丁卯，射鹿赤山，加圍場使涅葛爲靜江軍節度使。

九月戊子，次懷州，命皇后謁懷陵。辛卯，次祖州，命皇后謁祖陵。乙巳，駐蹕藕絲淀。

冬十月戊辰，以惕隱王九爲南院大王，夷離畢奚抄只爲彰國軍節度使。

十一月乙酉，詔歲出官錢，振諸宮分及邊戍貧戶。丁亥，幸駙馬都尉蕭酬斡第，方飲，宰相梁穎諫曰：「天子不可飲人臣家。」上卽還宮。己亥，高麗遣使來貢。辛亥，除絹帛尺度狹短之令。

十二月丁卯，武定軍節度使耶律仁傑以罪削爵爲民。辛未，知興中府事耶律乙辛以罪囚于來州。〔二〕

八年春正月甲申，如混同江。丁酉，鐵驪、五國諸長各貢方物。

二月戊午，如山楡淀。辛酉，詔北、南院官，凡給驛者，必先奏聞。貢新及奏獄訟，方許馳驛，餘並禁之。己巳，夏國獲宋將張天一，〔三〕遣使來獻。壬申，以耶律頗德爲南府宰相兼知北院樞密使，燕哥爲惕隱，蕭撻不也兼知契丹行宮都部署事。

三月庚戌，黃龍府女直部長朮乃率部民內附，予官，賜印綬。是月，詔行秬黍所定升斗。

夏四月壬戌，以耶律世遷爲上京留守。

六月辛亥朔，駐蹕納葛濼。丙辰，夏國遣使來貢。丁巳，以耶律頗德爲北院樞密使，耶律巢哥南府宰相，劉筠南院樞密使，蕭撻不也兼知北院樞密使事，王績漢人行宮都部署，蕭酬斡國舅詳穩。乙丑，阻卜長來貢。丙子，以耶律愼思知右夷離畢事。

秋七月甲午，如秋山。南京霖雨，沙河溢永淸、歸義、新城、安次、武淸、香河六縣，傷稼。

九月庚寅，謁慶陵。丁未，駐蹕藕絲淀。大風雪，牛馬多死，賜扈從官以下衣馬有差。

冬十月乙卯，詔化哥傳導梁王延禧，加金吾衞大將軍。丙子，謁乾陵。

十一月壬午，以乙室大王蕭何葛爲南院宣徽使，權知奚六部大王事圖赶爲本部大王。

十二月癸丑，烏古敵烈統軍使耶律馬五爲北院大王。庚申，降皇后爲惠妃，出居乾陵。

九年春正月辛巳，如春水。

夏四月丙午朔，大雪，平地丈餘，馬死者十六、七。

五月，如黑嶺。

六月己未，駐蹕散水原。甲子，以耶律阿思爲契丹行宮都部署，耶律愼思北院樞密副使。庚午，詔諸路檢括脫戶，罪至死者，原之。

閏月丁丑，以漢人行宮副部署可汗奴爲南院大王。戊寅，追謚庶人濬爲昭懷太子。丁亥，阻卜來貢。己丑，以知興中府事邢熙年爲漢人行宮都部署，漢人行宮都部署王績爲南院樞密副使。

秋七月乙巳，獵馬尾山。丁巳，謁慶陵。癸亥，禁外官部內貸錢取息及使者館于民家。

八月，高麗王徽薨。〔四〕

九月癸卯朔，日有食之。己酉，射熊于白石山，加圍場使涅葛左金吾衞大將軍。己巳，以高麗王徽子三韓國公勳權知國事。辛未，五國部長來貢。壬申，召北、南樞密院官議政事。

冬十月丁丑，謁觀德殿。己卯，南院樞密使劉筠薨。壬辰，混同郡王耶律乙辛謀亡入宋，伏誅。

十一月丙午，進封梁王延禧爲燕國王，大赦。以南院宣徽使蕭何葛爲南府宰相，三司使王經參知政事兼知樞密事。甲寅，詔僧善知讎校高麗所進佛經，頒行之。己未，定諸令史、譯史遷敍等級。

十二月丁亥，以邢熙年知南院樞密使事。辛卯，以王言敷爲漢人行宮都部署。高麗三韓國公王勳薨。

是年，御前放進士李君裕等五十一人。

十年春正月辛丑朔，如春水。丙午，復建南京奉福寺浮圖。戊辰，如山榆淀。

二月庚午朔，萌古國遣使來聘。

三月戊申，遠萌古國遣使來聘。丁巳，命知制誥王師儒、牌印郎君耶律固傅導燕國王延禧。

夏四月丁丑，女直貢良馬。

五月壬戌，駐蹕散水原。乙丑，阻卜來貢。丙寅，降國舅詳穩班位在敞穩之下。

六月壬辰，禁毀銅錢爲器。

秋七月甲辰，如黑嶺。

九月癸亥，駐蹕藕絲淀。

冬十二月乙未，改慶州大安軍曰興平。是月，改明年爲大安，赦雜犯死罪以下。

大安元年春正月丁酉，如混同江。癸卯，王績知南院樞密使事，邢熙年爲中京留守。戊申，以樞密直學士杜公謂參知政事。庚戌，五國酋長來貢良馬。

二月辛未，如山榆淀。

夏四月乙酉，宋主頊殂，子煦嗣位，使來告哀。辛卯，西幸。

六月戊辰，駐蹕拖古烈。壬申，以王績爲南府宰相，蕭撻不也兼知南院樞密使事。丁丑，遣使弔祭于宋。戊寅，宋遣王寘、甄祐等饋其先帝遺物。[一]

秋七月乙巳，遣使賀宋主卽位。戊午，獵于赤山。

八月丁卯，幸慶州。戊辰，謁慶陵。

冬十月癸亥，駐蹕好草淀。戊辰，夏國王李秉常遣使報其母梁氏哀。甲申，以蕭撻不也爲南院樞密使。

十一月乙未，詔：「比者，外官因譽進秩，久而不調，民被其害。今後皆以資給遷轉。」丁酉，以南女直詳穩蕭袍里爲北府宰相。辛亥，史臣進太祖以下七帝實錄。丙辰，遣使册三韓國公王勳弟運爲高麗國王。[二]己未，詔僧尼無故不得赴闕。

十二月甲戌，宋遣蔡卞來謝弔祭。

二年春正月辛卯，如混同江。己酉，五國諸部長來貢。癸丑，召權翰林學士趙孝嚴、知制誥王師儒等講五經大義。

二月癸酉，駐蹕山榆淀。是月，太白犯歲星。

三月乙酉，女直貢良馬。

夏四月戊戌，北幸。癸丑，遣使加統軍使蕭訛都斡太子太保，裨將老古金吾衞大將軍，蕭雅哥靜江軍節度使，耶律燕奴右監門衞大將軍，仍賜賚諸軍士。

五月丁巳朔，以牧馬蕃息多至百萬，賞羣牧官，以次進階。乙亥，駐蹕納葛濼。戊寅，宰相梁穎出知興中府事。是月，放進士張轂等二十六人。

六月丁亥朔，以左夷離畢耶律坦爲惕隱，知樞密院事耶律斡特剌兼知左夷離畢事。丙申，阻卜來朝。癸卯，遣使按諸路獄。甲辰，以同知南京留守事耶律那也知右夷離畢事。乙巳，阻卜酋長余古赧及愛的來朝，詔燕國王延禧相結爲友。戊申，以契丹行宮都部署耶律阿思兼知北院大王事。壬子，高墩以下、縣令、錄事兄弟及子，悉許敍用。

秋七月丁巳，惠妃母燕國夫人削古以厭魅梁王事覺，伏誅，子蘭陵郡王蕭酬斡除名，置邊郡，仍隸興聖宮。戊午，獵沙嶺。甲子，賜興聖、積慶二宮貧民錢。乙酉，出粟振遼州貧民。

八月戊子，以雪罷獵。

九月庚午，還上京。壬申，發粟振上京、中京貧民。丙子，謁二儀、五鸞二殿。己卯，出太祖、太宗所御鎧仗示燕國王延禧，諭以創業征伐之難。辛巳，召南府宰相議國政。

冬十月乙酉朔，以樞密副使竇景庸知樞密院事。丙戌，五國部長來貢。丁亥，以夏國王李秉常薨，遣使詔其子乾順知國事。

十一月甲戌，爲燕國王延禧行再生禮，曲赦上京囚。戊寅，高麗遣使謝封册。癸未，出粟振乾、顯、成、懿四州貧民。

十二月辛卯，以蘭陵郡王蕭撻不也爲南院樞密使。[三]己亥，夏國王李乾順遣使上其父遺物。

校勘記

[一] 耶律仲禧南院樞密使　按此事已見咸雍九年八月。既非再任，當是重出。

〔二〕來州　來，原作「萊」。據地理志三改。參卷一六校勘記〔二〕。

〔三〕宋將張天一　卷一一五西夏外記作張天益。

〔四〕八月高麗王徽薨　按高麗史七，徽在位三十七年，死于是年七月辛酉。

〔五〕王眞　按長編作王震，宋史三二〇有傳。

〔六〕册三韓國公王勳弟運　弟，原誤「子」。據高麗史七改。

〔七〕蘭陵郡王蕭撻不也爲南院樞密使　按此與大安元年十月所記重出。

遼史卷二十五

本紀第二十五

道宗五

三年春正月乙卯，如魚兒濼。甲戌，出錢粟振南京貧民，仍復其租賦。己卯，大雪。

二月丙戌，發粟振中京饑。甲辰，以民多流散，除安泊逃戶徵償法。

三月乙卯，高麗遣使來貢。己未，免錦州貧民租一年。甲戌，免上京貧民租如錦州。庚辰，女直貢良馬。

夏四月戊子，賜中京貧民帛，及免諸路貢輸之半。丙申，賜隈烏古部貧民帛。〔一〕庚子，如涼陘。甲辰，南府宰相王績薨。乙巳，詔出戶部司粟，振諸路流民及義州之饑。

五月庚申，海雲寺進濟民錢千萬。

秋七月丙辰，獵黑嶺。丁巳，出雜帛賜興聖宮貧民。庚午，大雨，罷獵。丁丑，秦越國

王阿璉薨。

九月乙亥，駐蹕匣魯金。

冬十月庚辰，以參知政事王經爲三司使。壬辰，罷節度使已下官進珍玩。癸卯，追封秦越國王阿璉爲秦魏國王。

十一月甲寅，以惕隱耶律坦同知南京留守事，遼興軍節度使耶律王九爲南府宰相。

十二月己卯朔，以樞密直學士呂嗣立參知政事。

四年春正月庚戌，如混同江。甲寅，太白晝見。甲子，五國部長來貢。庚午，免上京逋逃及貧戶稅賦。甲戌，以上京、南京饑，許良人自鬻。丁丑，曲赦西京役徒。

二月己丑，如魚兒濼。甲午，曲赦春州役徒，終身者皆五歲免。己亥，如春州。赦泰州役徒。

三月乙丑，免高麗歲貢。己巳，振上京及平、錦、來三州饑。

夏四月己卯，振蘇、吉、復、淥、鐵五州貧民，并免其租稅。甲申，振慶州貧民。乙酉，減諸路常貢服御物。丁酉，立入粟補官法。癸卯，西幸。召樞密直學士耶律儼講尚書洪範。

五月辛亥，命燕國王延禧寫尚書五子之歌。乙卯，振祖州貧民。丁巳，詔免役徒，終身

者五歲免之。己未，振春州貧民。丙寅，禁挾私引水犯田。

六月庚辰，駐蹕散水原。丁亥，命燕國王延禧知中丞司事，以同知南院樞密使事耶律弘里知右夷離畢，知右夷離畢事耶律那也同知南院樞密使事。庚寅，北院樞密使耶律頗德致仕。

秋七月戊申，曲赦奉聖州役徒。丙辰，遣使册李乾順爲夏國王。庚申，如秋山。己巳，禁錢出境。

八月庚辰，有司奏宛平、永清蝗爲飛鳥所食。庚寅，謁慶陵。

冬十月丁丑，獵遼水之濱。己卯，駐蹕藕絲淀。癸未，免百姓所貸官粟。己丑，知北院樞密使事耶律阿思封漆水郡王。癸巳，以乙室大王耶律敵烈知西北路招討使事，權知西北路招討使事蕭朽哥知乙室大王事。壬寅，詔諸部長官親鞫獄訟。

十一月庚申，興中府民張化法以父兄犯盜當死，請代，皆免。

十二月戊寅，南府宰相耶律王九致仕。癸未，以孟父敵穩耶律慎思爲中京留守。

閏十二月癸卯朔，預行正旦禮。丙午，如混同江。

五年春正月癸未，如魚兒濼。甲午，高麗遣使來貢。

三月癸酉，詔析津、大定二府精選舉人以聞，仍詔諭學者，當窮經明道。

夏四月甲辰，以知奚六部大王事涅葛爲本部大王。壬子，獵北山。甲子，霖雨，罷獵。

五月丁亥，駐蹕赤勒嶺。己丑，以阻卜磨古斯爲諸部長。癸巳，回鶻遣使貢良馬。己亥，以同知南院樞密使事耶律那也知右夷離畢事，左祗候郎君班詳穩耶律涅里知北院大王事。

六月甲寅，夏國遣使來謝封册。壬戌，以參知政事王言敷爲樞密副使，前樞密副使賈士勳參知政事，兼同知樞密院事。[一]

秋七月庚午，獵沙嶺。

九月辛卯，遣使遺宋鹿脯。壬辰，駐蹕藕絲淀。

冬十月乙巳，以新定法令太煩，復行舊法。庚申，以遼興軍節度使何葛爲乙室大王。

十一月丁卯朔，燕國王延禧生子，大赦，妃之族屬進爵有差。

六年春正月，如混同江。

二月辛丑，駐蹕雙山。

三月辛未，女直遣使來貢。

夏四月丁酉，東北路統軍司設掌法官。庚子，以同知南院樞密使事耶律吐朶知左夷離畢事。

五月壬辰，駐蹕散水原。

六月甲寅，遣使決五京囚。

秋七月丙子，如黑嶺。

冬十月丁酉，駐蹕藕絲淀。

十一月壬戌，高麗遣使來貢。己巳，以南府宰相竇景庸爲武定軍節度使。

是年，放進士文充等七十二人。

七年春正月壬戌，如混同江。

二月己亥，駐蹕魚兒濼。壬寅，詔給渭州貧民耕牛、布絹。

三月丙戌，駐蹕黑龍江。

夏四月丙辰，以漢人行宮副部署耶律谷欲知乙室大王事。

五月己未朔，日有食之。

六月甲午，駐蹕赤勒嶺。己亥，倒塌嶺人進古鼎，有文曰「萬歲永爲寶用」。辛丑，回鶻

遣使貢方物。癸卯，以權知東京留守蕭陶隗爲契丹行宮都部署。丁未，端拱殿門災。

秋七月戊午朔，回鶻遣使來貢異物，不納，厚賜遣之。

八月庚寅，以霖雨，罷獵。壬寅，幸慶州，謁慶陵。

九月丙申，還上京。己亥，日本國遣鄭元、鄭心及僧應範等二十八人來貢。[二]

冬十月辛巳，命燕國王延禧爲天下兵馬大元帥，總北南院樞密使事。

十一月庚子，如藕絲淀。甲子，望祀木葉山。

八年春正月乙酉，如山榆淀。乙未，阻卜諸長來降。

三月己亥，駐蹕撻里捨淀。丁未，曲赦中京、蔚州役徒。

夏四月乙卯，阻卜長來貢。丁丑，獵西山。惕德酋長胡里只來附。

五月甲辰，駐蹕赤勒嶺。

六月乙丑，夏國爲宋侵，遣使乞援。

秋七月丁亥，獵沙嶺。

九月乙巳，駐蹕藕絲淀。丁未，日本國遣使來貢。

冬十月庚戌朔，遣使遺宋鹿脯。丙辰，振西北路饑。辛酉，阻卜磨古斯殺金吾吐古斯

以叛，遣奚六部禿里耶律郭三發諸蕃部兵討之。壬申，南府宰相王經薨。戊寅，以左夷離畢耶律涅里爲彰聖軍節度使。

十一月戊子，以樞密副使王是敦兼知樞密院事，權參知政事韓資讓參知政事，漢人行宮都部署奚回離保知奚六部大王事。丁酉，以通州潦水害稼，遣使振之。戊申，北院大王合魯薨。

是年，放進士冠甯文等五十三人。〔四〕

九年春正月庚辰，如混同江。

二月，磨古斯來侵。

三月，西北路招討使耶律阿魯掃古追磨古斯還，都監蕭張九遇賊，與戰不利。二室韋、拽剌、北王府、特滿羣牧、宮分等軍多陷沒。

夏四月乙卯，興中府甘露降，遣使祠佛飯僧。癸酉，獵西山。

六月丁未朔，駐蹕散水原。庚申，以遼興軍節度使榮哥爲南院大王，知左夷離畢事耶律吐朶爲左夷離畢。

秋七月辛卯，如黑嶺。壬寅，遣使賜高麗羊。

九月癸卯，振西北路貧民。

冬十月庚戌，有司奏磨古斯詣西北路招討使耶律撻不也僞降，旣而乘虛來襲，撻不也死之。阻卜烏古札叛，〔五〕達里底、拔思母並寇倒塌嶺。壬子，遣使籍諸路兵。癸丑，以南院大王特末同知南京留守事，命鄭家奴率兵往援倒塌嶺。甲寅，駐蹕藕絲淀，以左夷離畢耶律禿朶、圍場都管撒八並爲西北路行軍都監。乙卯，詔以馬三千給烏古部。丙辰，有司奏阻卜長轄底掠西路羣牧。丁巳，振西北路貧民。己未，燕國王延禧生子，肆赦，妃之族屬並進級。壬戌，以樞密直學士趙廷睦參知政事兼同知南院樞密使事。癸亥，烏古敵烈統軍使蕭朽哥奏討阻卜等部捷。甲子，宋遣使告其母后曹氏哀，〔六〕卽遣使弔祭。己巳，詔廣積貯，以備水旱。

十一月辛巳，特抹等奏討阻卜捷。

十二月丙辰，宋遣使以母后遺留物來饋。

十年春正月，如春水。癸未，惕德來貢。戊子，烏古扎等來降，達里底、拔思母二部來侵，四捷軍都監特抹死之。

二月甲辰，以破阻卜，賞有功者。丙午，西南面招討司奏討拔思母捷。癸丑，排雅、僕里、同葛、虎骨、僕果等來降。達里底來侵。

三月壬申朔，日有食之。山北路副部署蕭阿魯帶奏討達里底捷。〔七〕

夏四月壬寅朔，惕德萌得斯、老古得等各率所部來附，詔復舊地。甲辰，駐蹕春州北平淀。丙午，烏古部節度使耶律陳家奴奏討茶扎剌捷。庚戌，以知北院樞密使事耶律斡特剌爲都統，夷離畢耶律禿朶爲副統，龍虎衞上將軍耶律胡呂都監，討磨古斯，遣積慶宮使蕭紇里監戰。辛亥，朽哥奏頗里八部來侵。擊破之。己巳，除玉田、密雲流民租賦一年。

閏月庚子，賜西北路貧民錢。達里底、拔思母二部來降。

五月甲辰，駐蹕赤勒嶺。甲寅，括馬。戊午，西北路招討司奏敵烈等部來侵，統軍司出兵與戰，不利，招討司以兵擊破之，敦睦宮太師耶律愛奴及其子死之。辛酉，以知國舅詳穩事蕭阿烈同領西北路行軍事。

六月辛未，宋遣使來謝弔祭。乙酉，烏古敵烈統軍使朽哥有罪，除名。丙戌，和烈葛等部來聘。癸巳，惕德來貢。己亥，禁邊民與蕃部爲婚。

是夏，高麗國王運薨，子昱遣使來告，卽遣使賻贈。

秋七月庚子朔，獵赤山。是月，阻卜等寇倒塌嶺，盡掠西路羣牧馬去，東北路統軍使耶律石柳以兵追及，盡獲所掠而還。

九月己未，以南院大王特末爲南院樞密使。甲子，敵烈諸酋來降，釋其罪。是月，斡特剌破磨古斯。

冬十月丙子，駐蹕藕絲淀。壬午，山北路副部署蕭阿魯帶以討達里底功，加左金吾衞上將軍。癸巳，西北路統軍司獲阻卜長拍撒葛、蒲魯等來獻。

十一月乙巳，惕德銅刮、阻卜的烈等來降。達里底及拔思母等復來侵，山北副部署阿魯帶擊敗之。

十二月癸酉，三河縣民孫賓及其妻皆百歲，復其家。甲戌，以參知政事趙廷睦兼同知樞密院事，樞密副使王師儒參知政事兼同知樞密院事。己卯，詔錄西北路有功將士及戰歿者，贈官。乙酉，詔改明年元，減雜犯死罪以下，仍除貧民租賦。戊子，西北路統軍司奏討磨古斯捷。

校勘記

〔一〕隈烏古部　按紀淸寧九年七月及營衞志下並作隗烏古部。

〔二〕賈士勳參知政事兼同知樞密院事　賈士勳，近年有墓誌出土，作賈師訓。見遼文滙卷七。

〔三〕日本國遣鄭元鄭心及僧應範等二十八人來貢　應範，在日本古籍如百練抄等俱作明範。此似避穆宗明名改。

〔四〕冠尊文 「冠」，疑當作「寇」。

〔五〕烏古札 按下文十年正月及屬國表並作烏古扎。

〔六〕宋遣使告其母后曹氏哀 按考異：是歲宋元祐八年，太皇太后高氏崩，非曹氏。

〔七〕山北路副部署蕭阿魯帶 山北路，羅校，山當作西。

遼史卷二十六

本紀第二十六

道宗六

壽隆元年春正月己亥，〔一〕如混同江。庚戌，西南面招討司奏拔思母來侵，蕭阿魯帶等擊破之。乙卯，振奉聖州貧民。

二月戊辰，賜左、右二皮室貧民錢。癸酉，高麗遣使來貢。乙亥，駐蹕魚兒濼。

三月丙午，賜東北路貧民絹。

夏四月丁卯，斡特剌奏討耶覩刮捷。乙亥，〔二〕女直遣使來貢。庚寅，錄西北路有功將士。

五月乙未朔，左夷離畢耶律吐朶爲惕隱，南京宣徽使耶律特末爲北院大王。癸卯，贈陣亡者官。丁巳，駐蹕特禮嶺。

六月己巳，以知奚六部大王事回里不爲本部大王，權參知政事趙孝嚴爲漢人行宮都部署，圍場都管撒八以討阻卜功，加鎮國大將軍。癸巳，阻卜長禿里底及圖木葛來貢。〔三〕

秋七月庚子，阻卜長猛達斯等來貢。癸卯，獵沙嶺。癸丑，頗里八部來附，進方物。甲寅，斡特剌奏磨古斯捷。

九月甲寅，祠木葉山。丙辰，詔西京砲人、弩人教西北路漢軍。

冬十月甲子，駐蹕藕絲淀。甲戌，以北面林牙耶律大悲奴爲右夷離畢。癸未，以參知政事王師儒爲樞密副使，漢人行宮都部署趙孝嚴參知政事。壬辰，錄討阻卜有功將士。

十一月丙申，女直遣使進馬。己亥，以都統斡特剌爲西北路招討使，封漆水郡王。甲辰，夏國進貝多葉佛經。庚申，高麗王昱疾，命其叔顒權知國事。〔四〕

十二月癸亥朔，以知北院樞密使事耶律阿思爲北院樞密使。

是年，放進士陳衡甫等百三十人。

二年春正月甲午，如春水。癸卯，西南面招討司討拔思母，破之。乙卯，駐蹕瑟尼思。

辛酉，市牛給烏古、敵烈、隈烏古部貧民。

二月癸亥，振達麻里別古部。

夏四月己卯，振西北邊軍。

六月辛酉，駐蹕撒里乃。

秋七月甲午，阻卜來貢。丙午，獵赤山。

八月乙丑，頗里八部進馬。

九月丙午，徙烏古敵烈部于烏納水，以扼北邊之衝。

冬十月戊辰，駐蹕藕絲淀。庚辰，高麗遣使來貢。

十二月己未，斡特剌討梅里急，破之。壬戌，南府宰相耶律鐸魯斡致仕。癸亥，蕭撻不也爲北府宰相，耶律大悲奴殿前都點檢。乙亥，夏國獻宋俘。

三年春正月丁亥，如春水。壬寅，烏古部節度使耶律陳家奴以功加尚書右僕射。癸卯，駐蹕雙山。

二月丙辰朔，〔五〕南京水，遣使振之。

閏月丙午，〔六〕阻卜長猛撒葛、粘八葛長禿骨撒、梅里急長忽魯八等請復舊地，貢方物，從之。

三月辛酉，燕國王延禧生子。癸亥，賜名撻魯。妃之父長哥遷左監門衞上將軍，仍賜

宮屬錢。

是春，高麗王昱薨。

夏四月，南府宰相趙廷睦出知興中府事，參知政事牛溫舒兼同知樞密院事。

五月癸亥，斡特剌討阻卜，破之。己巳，駐蹕撒里乃。

六月甲申，詔罷諸路馳驲貢新。丙戌，詔每冬駐蹕之所，宰相以下構宅，毋役其民。辛丑，夏人來告宋城要地，遣使之宋，諭與夏和。庚戌，以契丹行宮都部署耶律吾也爲南院大王。

秋七月壬子朔，獵黑嶺。

八月己亥，蒲盧毛朵部長率其民來歸。乙巳，彗星見西方。

九月壬申，駐蹕藕絲淀。丁丑，以武定軍節度使梁援爲漢人行宮都部署。戊寅，斡特剌奏討梅里急捷。己卯，五國部長來貢。

冬十月庚戌，以西北路招討使斡特剌爲南府宰相。

十一月乙卯，蒲盧毛朵部來貢。戊午，以安車召醫巫閭山僧志達。己未，以中京留守韓資讓知樞密院事，同知南院樞密使事蕭藥師奴知右夷離畢。丁丑，西北路統軍司奏討梅里急捷。

四年春正月壬子，如魚兒濼。己巳，徙阻卜等貧民于山前。辛未，宋遣使來饋錦綺。

三月庚午，幸春州。丙子，有司奏黃河清。

夏四月辛丑，以雨，罷獵。

五月癸酉，那也奏北邊捷。甲戌，駐蹕撒里乃。

六月戊寅朔，夏國爲宋所攻，遣使求援。丁亥，以遼興軍節度使涅里爲惕隱，前知惕隱事耶律郭三爲南京統軍使。甲午，以參知政事牛溫舒兼知中京留守事。

秋七月戊午，如黑嶺。

冬十月乙亥朔，駐蹕藕絲淀。己卯，以南府宰相斡特剌兼契丹行宮都部署，以傅導燕國王延禧。

十一月乙巳朔，知右夷離畢事蕭藥師奴、樞密直學士耶律儼使宋，諷與夏和。辛酉，夏復遣使求援。

十二月壬辰，爲燕國王延禧行再生禮，曲赦三百里內囚。

五年春正月乙巳，如魚兒濼。己酉，詔夏國王李乾順伐拔思母等部。

夏五月壬戌，藥師奴等使宋回，奏宋罷兵。癸亥，謁乾陵。戊辰，以南府宰相斡特剌兼

西北路招討使，禁軍都統。己巳，駐蹕沿柳湖。

六月甲申，以奚六部大王回離保爲契丹行宮都部署，知右夷離畢事蕭藥師奴南面林牙，兼知契丹行宮都部署事。乙未，五國部長來朝。戊戌，阻卜來貢。己亥，以興聖宮使耶律郝家奴爲右夷離畢。

秋七月壬寅朔，惕德長禿的等來貢。辛亥，如大牢古山。

閏九月丙子，駐蹕獨盧金。

冬十月己亥朔，高麗王顒遣使乞封册。丁巳，斡特剌奏討耶覩刮捷。丙寅，以同知南京留守事蕭得里底知北院樞密使事。丁卯，宋遣郭知章、曹平來聘。戊辰，振遼州饑，仍免租賦一年。

十一月甲戌，振南、北二糺。乙酉，夏國以宋罷兵，遣使來謝。

十二月甲子，以參知政事趙孝嚴爲漢人行宮都部署，漢人行宮都部署梁援爲遼興軍節度使。

六年春正月癸酉，南院大王耶律吾也薨。壬午，以太師致仕禿開起爲奚六部大王。丁亥，如春水。辛卯，斡特剌執磨古斯來獻。丙申，詔問民疾苦。

二月丁未，以烏古部節度使陳家奴爲南院大王。己酉，磔磨古斯于市。癸丑，出絹賜五院貧民。辛酉，宋遣使告宋主煦殂，弟佶嗣位，卽日遣使弔祭。

三月甲申，弛朔州山林之禁。

夏四月丁酉朔，日有食之。癸卯，如炭山。

五月壬午，烏古部討茶扎剌，破之。乙酉，漢人行宮都部署趙孝嚴薨。丙戌，駐蹕納葛濼。辛卯，宋遣使饋先帝遺物。乙未，以東京留守何魯掃古爲惕隱，南院宣徽使蕭常哥爲漢人行宮都部署。

六月庚子，遣使賀宋主。辛丑，以有司案牘書宋帝「嗣位」爲「登寶位」，詔奪宰相鄭顓以下官，出顓知興中府事，韓資讓爲崇義軍節度使，御史中丞韓君義爲廣順軍節度使。癸丑，阻卜長來貢。戊午，遣使決五京滯獄。己未，以遼興軍節度使梁援爲樞密副使。

秋七月庚午，如沙嶺。壬申，耶覩刮諸部寇西北路。

八月，斡特剌以兵擊敗之，使來獻捷。

九月癸未，望祠木葉山。戊子，駐蹕藕絲淀。

冬十月壬寅，以樞密副使王師儒監修國史。癸卯，五國諸部長來貢。甲寅，以平州饑，復其租賦一年。

十一月壬申，以天德軍民田世榮三世同居，詔官之，令一子三班院祗候。丙子，召醫巫閭山僧志達設壇於內殿。戊子，夏國王李乾順遣使請尙公主。

十二月乙未，女直遣使來貢。己亥，以知右夷離畢事郝家奴爲北面林牙。辛亥，詔燕國王延禧擬注大將軍以下官。庚申，鐵驪來貢。宋遣使來謝。帝不豫。

是歲，封高麗王顒長子俁爲三韓國公。〔七〕放進士康秉儉等八十七人。

七年春正月壬戌朔，力疾御清風殿受百官及諸國使賀。是夜，白氣如練，自天而降。黑雲起于西北，疾飛有聲。北有青赤黑白氣，相雜而落。癸亥，如混同江。甲戌，上崩于行宮，年七十。遺詔燕國王延禧嗣位。

六月庚子，上尊謚仁聖大孝文皇帝，廟號道宗。

贊曰：道宗初卽位，求直言，訪治道，勸農興學，救災恤患，粲然可觀。及夫謗訕之令既行，告訐之賞日重。羣邪並興，讒巧競進。賊及骨肉，皇基寖危。衆正淪胥，諸部反側。甲兵之用無寧歲矣。一歲而飯僧三十六萬，一日而祝髮三千。徒勤小惠，蔑計大本。尙足與論治哉？

校勘記

〔一〕壽隆　錢大昕養新錄八稱，東北諸蕃紀要、北遼通書、歷代紀年、東都事略、通考以及各種石刻均作「壽昌」，遼人謹于避諱，道宗斷無取聖宗名紀元之理。錢說是，「隆」當作「昌」。壽昌，全史只聞考一見。今一律未改。

〔二〕乙亥　乙亥，原誤「己亥」。按朔考，四月丙寅朔，無己亥，初十日乙亥。據改。

〔三〕阻卜長禿里底来贡　禿里底，原誤「香里底」，據屬國表改。殿本作「杳里底」，亦誤。

〔四〕命其叔顒權知國事　叔，原誤「子」。按高麗史，徽三子：勳、運、顒。昱係運之子，于顒爲侄。據改。

〔五〕二月丙辰朔　丙，原誤「甲」。按正月丙戌朔，下推三十一日丙辰。朔考，二月丙辰朔。據改。

〔六〕閏月丙午　「閏月」二字原脫。按二月丙辰朔，無丙午；閏二月丙戌朔，丙午二十一日。據補。

〔七〕封高麗王顒長子俁爲三韓國公　「長子俁」三字原脫。按高麗史十一，顒册封爲高麗王在丁丑（壽昌三年），顒之長子俁册爲三韓國公在庚辰（壽昌六年）。據補。

中華書局

遼史卷二十七

本紀第二十七

天祚皇帝一

天祚皇帝，諱延禧，字延寧，小字阿果。道宗之孫，父順宗大孝順聖皇帝，母貞順皇后蕭氏。大康元年生。六歲封梁王，加守太尉，兼中書令。後三年，進封燕國王。大安七年，總北南院樞密使事，加尚書令，爲天下兵馬大元帥。

壽隆七年正月甲戌，道宗崩，奉遺詔卽皇帝位于柩前。羣臣上尊號曰天祚皇帝。

二月壬辰朔，改元乾統，大赦。詔爲耶律乙辛所誣陷者，復其官爵，籍沒者出之，流放者還之。乙未，遣使告哀于宋及西夏、高麗。乙巳，以北府宰相蕭兀納爲遼興軍節度使，加守太傅。

三月丁卯，詔有司以張孝傑家屬分賜羣臣。甲戌，召僧法頤放戒于內庭。

夏四月，旱。

六月庚寅朔，如慶州。甲午，宋遣王潛等來弔祭。丙申，高麗、夏國各遣使慰奠。戊戌，以南府宰相斡特剌兼南院樞密使。庚子，追謚懿德皇后爲宣懿皇后。壬寅，以宋魏國王和魯斡爲天下兵馬大元帥。乙巳，以北平郡王淳進封鄭王。丁未，北院樞密使耶律阿思加于越。辛亥，葬仁聖大孝文皇帝、宣懿皇后于慶陵。〔一〕

秋七月癸亥，阻卜、鐵驪來貢。

八月甲寅，謁慶陵。

九月壬申，謁懷陵。乙亥，駐蹕藕絲淀。

冬十月壬辰，謁乾陵。甲辰，上皇考昭懷太子謚曰大孝順聖皇帝，廟號順宗，皇妣曰貞順皇后。

十二月戊子，以樞密副使張琳知樞密院事，翰林學士張奉珪參知政事兼同知樞密院事。癸巳，宋遣黃實來賀卽位。丁酉，高麗、夏國並遣使來賀。乙巳，詔先朝已行事，不得陳告。

初，以楊割爲生女直部節度使，其俗呼爲太師。是歲楊割死，傳于兄之子烏雅束，束死，其弟阿骨打襲。〔二〕

二年春正月，如鴨子河。

二月辛卯，如春州。

三月，大寒，冰復合。

夏四月辛亥，詔誅乙辛黨，徙其子孫于邊，發乙辛、得里特之墓，剖棺，戮屍，以其家屬分賜被殺之家。

五月乙丑，斡特剌獻耶律覩刮等部捷。

六月壬辰，以雨罷獵，駐蹕散水原。丙午，夏國王李乾順復遣使請尚公主。丁未，南院大王陳家奴致仕。壬子，李乾順爲宋所攻，遣李造福、田若水求援。

閏月庚申，策賢良。壬申，降惠妃爲庶人。

秋七月，獵黑嶺，以霖雨，給獵人馬。阻卜來侵，斡特剌等戰敗之。

冬十月乙卯，蕭海里叛，劫乾州武庫器甲。命北面林牙郝家奴捕之，蕭海里亡入陪朮水阿典部。丙寅，以南府宰相耶律斡特剌爲北院樞密使，參知政事牛溫舒知南院樞密使事。

十一月乙未，郝家奴以不獲蕭海里，免官。壬寅，以上京留守耶律愼思爲北院樞密副使。有司請以帝生日爲天興節。

三年春正月辛巳朔，如混同江。女直函蕭海里首，遣使來獻。戊申，如春州。

二月庚午，以武清縣大水，弛其陂澤之禁。

夏五月戊子，以獵人多亡，嚴立科禁。乙巳，清暑赤勒嶺。丙午，謁慶陵。

六月辛酉，夏國王李乾順復遣使請尚公主。

秋七月，中京雨雹，傷稼。

冬十月甲辰，如中京。己未，吐蕃遣使來貢。庚申，夏國復遣使求援。己巳，有事于觀德殿。

十一月丙申，文武百官加上尊號曰惠文智武聖孝天祚皇帝，大赦，以宋魏國王和魯斡爲皇太叔，梁王撻魯進封燕國王，鄭王淳爲東京留守，進封越國王，百官各進一階。丁酉，以惕隱耶律何魯掃古爲南院大王。戊戌，以受尊號，告廟。乙巳，謁太祖廟，追尊太祖之高祖曰昭烈皇帝，廟號肅祖，妣曰昭烈皇后；曾祖曰莊敬皇帝，廟號懿祖，妣曰莊敬皇后。召監修國史耶律儼纂太祖諸帝實錄。

十二月戊申，如藕絲淀。

中華書局

是年，放進士馬恭回等百三人。

四年春正月戊子，幸魚兒濼。壬寅，獵木嶺。癸卯，燕國王撻魯薨。

二月丁丑，鼻骨德遣使來貢。

夏六月甲辰，駐蹕旺國崖。甲寅，夏國遣李造福、田若水求援。癸亥，吐蕃遣使來貢。

秋七月，南京蝗。庚辰，獵南山。癸未，以西北路招討使蕭得里底、北院樞密副使耶律慎思並知北院樞密使事。辛卯，以同知南院樞密使事蕭敵里爲西北路招討使。

冬十月己酉，鳳凰見于漷陰。己未，幸南京。

十一月乙亥，御迎月樓，賜貧民錢。

十二月辛丑，以張琳爲南府宰相。

五年春正月乙亥，夏國遣李造福等來求援，且乞伐宋。庚寅，以遼興軍節度使蕭常哥爲北府宰相。丁酉，遣樞密直學士高端禮等諷宋罷伐夏兵。

二月癸卯，微行，視民疾苦。丙午，幸鴛鴦濼。

三月壬申，以族女南仙封成安公主，下嫁夏國王李乾順。

夏四月甲申，射虎炭山。

五月癸卯，淸暑南崖。壬子，宋遣曾孝廣、王戩報聘。

六月甲戌，夏國遣使來謝，及貢方物。己丑，幸候里吉。

秋七月，謁慶陵。

九月辛亥，駐蹕藕絲淀。乙卯，謁乾陵。

冬十一月戊戌，禁商賈之家應進士舉。丙辰，高麗三韓國公王顒薨，子俁遣使來告。

十二月己巳，夏國復遣李造福、田若水求援。癸酉，宋遣林洙來議與夏約和。〔三〕

六年春正月辛丑，遣知北院樞密使事蕭得里底、〔四〕知南院樞密使事牛溫舒使宋，諷歸所侵夏地。

夏五月，淸暑散水原。

六月辛巳，夏國遣李造福等來謝。

秋七月癸巳，阻卜來貢。甲午，如黑嶺。庚子，獵鹿角山。

冬十月乙亥，宋與夏通好，遣劉正符、曹穆來告。〔五〕庚辰，以皇太叔、南京留守和魯斡兼惕隱，東京留守、越國王淳爲南府宰相。

十一月乙未，以謝家奴爲南院大王，馬奴爲奚六部大王。丙申，行柴册禮。戊戌，大赦。以和魯斡爲義和仁聖皇太叔，〔六〕越國王淳進封魏國王，封皇子敖盧斡爲晉王，習泥烈爲饒樂郡王。己亥，謁太祖廟。甲辰，祠木葉山。

十二月己巳，封耶律儼爲漆水郡王，餘官進爵有差。

七年春正月，鈎魚于鴨子河。

二月，駐蹕大魚濼。

夏六月，次散水原。

秋七月，如黑嶺。

冬十月，謁乾陵，獵醫巫閭山。

是年，放進士李石等百人。

八年春正月，如春州。

夏四月丙申，封高麗王俁爲三韓國公，贈其父顒爲高麗國王。〔七〕

五月，淸暑散水原。

六月壬辰，西北路招討使蕭敵里率諸蕃來朝。丙申，射柳祈雨。壬寅，夏國王李乾順以成安公主生子，遣使來告。丁未，如黑嶺。

秋七月戊辰，以雨罷獵。

冬十二月己卯，高麗遣使來謝。

九年春正月丙午朔，如鴨子河。

二月，如春州。

三月戊午，夏國以宋不歸地，遣使來告。

夏四月壬午，五國部來貢。

六月乙亥，淸暑特禮嶺。

秋七月，隕霜，傷稼。甲寅，獵于候里吉。

八月丁酉，雪，罷獵。

冬十月癸酉，望祠木葉山。丁丑，詔免今年租稅。

十二月甲申，高麗遣使來貢。

是年，放進士劉楨等九十人。

十年春正月辛丑，預行立春禮。如鴨子河。

二月庚午朔，駐蹕大魚濼。

夏四月丙子，五國部長來貢。丙戌，預行再生禮。癸巳，獵于北山。

六月甲戌，清暑玉丘。癸未，夏國遣李造福等來貢。甲午，阻卜來貢。

秋七月辛丑，謁慶陵。

閏月辛亥，謁懷陵。己未，謁祖陵。壬戌，皇太叔和魯斡薨。

九月甲戌，免重九節禮。

冬十月，駐蹕藕絲淀。

十二月己酉，改明年元。

是歲，大饑。

天慶元年春正月，鈎魚于鴨子河。

二月，如春州。

三月乙亥，五國部長來貢。

夏五月，清暑散水原。

秋七月，獵。

冬十月，駐蹕藕絲淀。

二年春正月己未朔，如鴨子河。丁丑，五國部長來貢。

二月丁酉，如春州，幸混同江鈎魚，〔八〕界外生女直酋長在千里內者，以故事皆來朝。適遇「頭魚宴」，酒半酣，上臨軒，命諸酋次第起舞；獨阿骨打辭以不能。諭之再三，終不從。他日，上密謂樞密使蕭奉先曰：「前日之燕，阿骨打意氣雄豪，顧視不常，可託以邊事誅之。否則，必貽後患。」奉先曰：「麤人不知禮義，無大過而殺之，恐傷向化之心。假有異志，又何能為？」其弟吳乞買、粘罕、胡舍等嘗從獵，〔九〕能呼鹿、刺虎、搏熊。上喜，輒加官爵。

夏六月庚寅，清暑南崖。甲午，和州回鶻來貢。戊戌，成安公主來朝。甲辰，阻卜來貢。

秋七月乙丑，獵南山。

九月己未，射獲熊，燕羣臣，上親御琵琶。初，阿骨打混同江宴歸，疑上知其異志，遂稱兵，先併旁近部族。女直趙三、阿鶻產拒之，阿骨打虜其家屬。二人走訴咸州，詳穩司送北樞密院。樞密使蕭奉先作常事以聞上，仍送咸州詰責，欲使自新。後數召，阿骨打竟稱疾不至。

冬十月辛亥，高麗三韓國公王俁之母死，來告，即遣使致祭，起復。是月，駐蹕奉聖州。

十一月乙卯，幸南京。丁卯，謁太祖廟。

是年，放進士韓昉等七十七人。

三年春正月丙寅，賜南京貧民錢。丁卯，如大魚濼。甲戌，禁僧尼破戒。丙子，獵狗牙山，大寒，獵人多死。

三月，籍諸道戶，徙大牢古山圍場地居民于別土。阿骨打一日率五百騎突至咸州，吏民大驚。翌日，赴詳穩司，與趙三等面折庭下。阿骨打不屈，送所司問狀。一夕遁去。遣人訴于上，謂詳穩司欲見殺，故不敢留。自是召不復至。

夏閏四月，李弘以左道聚衆為亂，支解，分示五京。

六月乙卯，斡朗改國遣使來貢良犬。丙辰，夏國遣使來貢。

秋七月，幸秋山。

九月，駐蹕藕絲淀。

十一月甲午，以三司使虞融知南院樞密使事，西南面招討使蕭樂古為南府宰相。

十二月庚戌，高麗遣使來謝致祭。癸丑，回鶻遣使來貢。甲寅，以樞密直學士馬人望參知政事。丙辰，知樞密院事耶律儼薨。癸亥，高麗遣使來謝起復。

四年春正月，如春州。初，女直起兵，以紇石烈部人阿疎不從，遣其部撒改討之。阿疎弟狄故保來告，詔諭使勿討，不聽，阿疎來奔。至是女直遣使來索，不發。

夏五月，清暑散水原。

秋七月，女直復遣使取阿疎，不發，乃遣侍御阿息保問境上多建城堡之故。女直以慢語答曰：「若還阿疎，朝貢如故，不然，城未能已。」遂發渾河北諸軍，益東北路統軍司。阿骨打乃與弟粘罕、胡舍等謀，〔一〇〕以銀朮割、移烈、婁室、闍母等為帥，集女直諸部兵，擒遼障鷹官。及攻寧江州，東北路統軍司以聞。時上在慶州射鹿，聞之略不介意，遣海州刺史高仙壽統渤海軍應援。蕭撻不也遇女直，戰于寧江東，敗績。

冬十月壬寅朔，〔一一〕以守司空蕭嗣先為東北路都統，靜江軍節度使蕭撻不也為副，發契丹、奚軍三千人，中京禁兵及土豪二千人，別選諸路武勇二千餘人，以虞候崔公義為都押官，控鶴指揮邢穎為副，引軍屯出河店。兩軍對壘，女直軍潛渡混同江，掩擊遼衆。蕭嗣先軍潰，崔公義、邢穎、耶律佛留、蕭葛十等死之，其獲免者十有七人。蕭奉先懼其弟嗣先獲罪，輒奏東征潰軍所至劫掠，若不肆赦，恐聚爲患。上從之，嗣先但免官而已。諸軍相謂曰：「戰則有死而無功，退則有生而無罪。」故士無鬬志，望風奔潰。

十一月壬辰，都統蕭敵里等營于斡鄰濼東，又爲女直所襲，士卒死者甚衆。甲午，蕭敵里亦坐免官。〔三〕辛丑，以西北路招討使耶律斡里朶爲行軍都統，〔三〕副點檢蕭乙薛、同知南院樞密使事耶律章奴副之。

十二月，咸、賓、祥三州及鐵驪、兀惹皆叛入女直。乙薛往援賓州，南軍諸將實婁、特烈等往援咸州，並爲女直所敗。

校勘記

〔一〕辛亥葬仁聖大孝文皇帝宣懿皇后于慶陵　遼文滙八道宗哀册、宣懿哀册並作壬子將還座于永福陵。

〔二〕其弟阿骨打襲　按金史世紀，楊割(盈歌)卒于乾統三年癸未，烏雅束襲；烏雅束卒于天慶三年癸巳，阿骨打襲。此係帶叙，年份未合。

〔三〕宋遣林洙來議與夏約和　林洙，國志一〇、宋史二〇及長編並作林攄。

〔四〕知北院樞密使事蕭得里底　事字原脫，據上文四年六月及卷一〇〇本傳補。

〔五〕遣劉正符曹穆來告　劉正符，國志一〇、宋史二〇及長編並作劉正夫。

〔六〕以和魯斡爲義和仁聖皇太叔　按皇子表，聖作壽。和魯斡與天祚爲祖孫輩，「皇太叔」係封號。

〔七〕封高麗王俁爲三韓國公贈其父顒爲高麗國王　按高麗史一一，壽昌三年已封顒爲高麗王，六年已封俁爲三韓國公。又卷一二，六年二月，遼遣使册俁爲高麗王，顒無追封之事。

〔八〕正月如鴨子河至二月幸混同江　按紀太平四年二月，「詔改鴨子河曰混同江」。但此後鴨子河之名仍沿用未廢。

〔九〕其弟吳乞買粘罕胡舍等嘗從獵　按國志一〇云：「阿骨打有弟姪曰吳乞馬、粘罕、胡捨輩，天祚歲入秋山，數人必從行。」吳乞馬卽吳乞買，漢名晟，爲阿骨打之弟。粘罕，本名粘沒喝，又作粘哥，金史七四有傳作宗翰；胡捨卽胡舍，大金國志二七有傳作骨捨。二人均阿骨打之姪。

〔一〇〕阿骨打乃與弟粘罕胡舍等謀　「弟」，應作姪。參校勘記〔九〕。

〔一一〕冬十月壬寅朔　冬字，依文例補。朔字，據朔考補。

〔一二〕蕭敵里亦坐免官　按蕭敵里卽上文蕭嗣先，金史作蕭糺里。

〔一三〕西北路招討使耶律斡里朶爲行軍都統　國志一〇作「北樞密副使耶律斡離朶涞流河路都統」。

遼史卷二十八

本紀第二十八

天祚皇帝二

五年春正月，下詔親征，遣僧家奴持書約和，斥阿骨打名。阿骨打遣賽剌復書，〔一〕若歸叛人阿疎，遷黃龍府於別地，然後議之。都統耶律斡里朶等與女直兵戰于達魯古城，敗績。

二月，饒州渤海古欲等反，自稱大王。

三月，以蕭謝佛留等討之。遣耶律張家奴等六人齎書使女直，斥其主名，冀以速降。

夏四月癸丑，蕭謝佛留等爲渤海古欲所敗，以南面副部署蕭陶蘇斡爲都統，赴之。

五月，陶蘇斡及古欲戰，敗績。張家奴等以阿骨打書來，復遣之往。

六月己亥朔，淸暑特禮嶺。壬子，張家奴等還，阿骨打復書，亦斥名諭之使降。癸丑，

以親征諭諸道。丙辰，陶蘇斡招獲古欲等。癸亥，以惕隱耶律末里爲北院大王。是月，遣蕭辭剌使女直，以書辭不屈見留。

秋七月辛未，宋遣使致助軍銀絹。丙子，獵于嶺東。是月，都統斡里朶等與女直戰于白馬濼，敗績。

八月甲子，罷獵，趨軍中。以斡里朶等軍敗，免官。丙寅，以圍場使阿不爲中軍都統，耶律張家奴爲都監，率番、漢兵十萬；蕭奉先充御營都統，諸行營都部署耶律章奴爲副，〔二〕以精兵二萬爲先鋒。餘分五部爲正軍，貴族子弟千人爲硬軍，扈從百司爲護衞軍，北出駱駝口；以都點檢蕭胡覩姑爲都統，樞密直學士柴誼爲副，將漢步騎三萬，南出寧江州。自長春州分道而進，發數月糧，期必滅女直。

九月丁卯朔，女直軍陷黃龍府。己巳，知北院樞密使蕭得里底出爲西南面招討使。辭剌還，女直復遣賽剌以書來報：若歸我叛人阿疎等，卽當班師。上親征。粘罕、兀朮等以書來上，陽爲卑哀之辭，實欲求戰。書上，上怒，下詔有「女直作過，大軍翦除」之語。女直主聚衆，剺面仰天慟哭曰：「始與汝等起兵，蓋苦契丹殘忍，欲自立國。今主上親征，奈何？非人死戰，莫能當也。不若殺我一族，汝等迎降，轉禍爲福。」諸軍皆曰：「事已至此，惟命是從。」乙巳，耶律章奴反，奔上京，謀迎立魏國王淳。上遣駙馬蕭昱領兵詣廣平淀護后妃，行

宮小底乙信持書馳報魏國王。時章奴先遣王妃親弟蕭諦里以所謀說魏國王。王曰：「此非細事，主上自有諸王當立，北、南面大臣不來，而汝言及此，何也？」密令左右拘之。有頃，乙信等賫御札至，備言章奴等欲廢立事。魏國王立斬蕭諦里等首以獻，單騎間道詣廣平淀待罪。上遇之如初。章奴知魏國王不聽，率麾下掠慶、饒、懷、祖等州，結渤海羣盜，衆至數萬，趨廣平淀犯行宮。順國女直阿鶻產以三百騎一戰而勝，擒其貴族二百餘人，並斬首以徇。其妻子配役繡院，或散諸近侍爲婢，餘得脫者皆奔女直。章奴詐爲使者，欲奔女直，爲邏者所獲，縛送行在，腰斬于市，剖其心以獻祖廟，支解以徇五路。

冬十一月，遣駙馬蕭特末、林牙蕭察剌等將騎兵五萬、步卒四十萬、親軍七十萬至駝門。

十二月乙巳，耶律張家奴叛。〔三〕戊申，親戰于護步答岡，敗績，盡亡其輜重。己未，錦州刺史耶律朮者叛應張家奴。〔四〕庚申，北面林牙耶律馬哥討張家奴。癸亥，以北院宣徽使蕭韓家奴知北院樞密使事，南院宣徽使蕭特末爲漢人行宮都部署。

六年春正月丙寅朔，東京夜有惡少年十餘人，乘酒執刃，踰垣入留守府，問留守蕭保先所在：「今軍變，請爲備。」蕭保先出，刺殺之。戶部使大公鼎聞亂，卽攝留守事，與副留守高

清明集奚、漢兵千人，〔五〕盡捕其衆，斬之，撫定其民。東京故渤海地，太祖力戰二十餘年乃得之。而蕭保先嚴酷，渤海苦之，故有是變。其裨將渤海高永昌僭號，稱隆基元年。〔六〕遣蕭乙薛、高興順招之，不從。

閏月己亥，遣蕭韓家奴、張琳討之。戊午，貴德州守將耶律余覩以廣州渤海叛附永昌，我師擊敗之。

二月戊辰，侍御司徒撻不也等討張家奴，戰于祖州，敗績。乙酉，遣漢人行宮都部署蕭特末率諸將討張家奴。戊子，張家奴誘饒州渤海及中京賊侯槩等萬餘人，攻陷高州。

三月，東面行軍副統酬斡等擒侯槩于川州。

夏四月戊辰，親征張家奴。癸酉，敗之。甲戌，誅叛黨，饒州渤海平。丙子，賞平賊將士有差；而蕭韓家奴、張琳等復爲賊所敗。

五月，淸暑散水原。女直軍攻下瀋州，復陷東京，擒高永昌。東京州縣族人痕孛、鐸剌、吳十、撻不也、道剌、酬斡等十三人皆降女直。

六月乙丑，籍諸路兵，有雜畜十頭以上者皆從軍。庚辰，魏國王淳進封秦晉國王，爲都元帥；上京留守蕭撻不也爲契丹行宮都部署兼副元帥。丁亥，知北院樞密使事蕭韓家奴爲上京留守。

秋七月，獵秋山。春州渤海二千餘戶叛，東北路統軍使勒兵追及，盡俘以還。

八月，烏古部叛，遣中丞耶律撻不也等招之。

九月丙午，謁懷陵。

冬十月丁卯，以張琳軍敗，奪官。庚辰，烏古部來降。

十一月，東面行軍副統馬哥等攻曷蘇館，敗績。

十二月乙亥，封庶人蕭氏爲太皇太妃。辛巳，削副統耶律馬哥官。

七年春正月甲寅，減廐馬粟，分給諸局。是月，女直軍攻春州，東北面諸軍不戰自潰，女古、皮室四部及渤海人皆降，復下泰州。〔七〕

二月，淶水縣賊董龐兒聚衆萬餘，西京留守蕭乙薛、南京統軍都監查剌與戰于易水，破之。

三月，龐兒黨復聚，乙薛復擊破之于奉聖州。

夏五月庚寅，東北面行軍諸將涅里、合魯、涅哥、虛古等棄市。乙巳，諸圍場隙地，縱百姓樵採。

六月辛巳，以同知樞密院事余里也爲北院大王。

秋七月癸卯，獵秋山。

八月丙寅，獵狘斯那里山，命都元帥秦晉王赴沿邊，會四路兵馬防秋。

九月，上自燕至陰涼河，置怨軍八營：募自宜州者曰前宜、後宜，自錦州者曰前錦、後錦，自乾自顯者曰乾曰顯，又有乾顯大營、岩州營，凡二萬八千餘人，屯衞州蒺藜山。丁酉，獵輞子山。

冬十月乙卯朔，至中京。

十二月丙寅，都元帥秦晉國王淳遇女直軍，戰于蒺藜山，敗績。女直復拔顯州旁近州郡。庚午，下詔自責。癸酉，遣夷离畢查剌與大公鼎諸路募兵。丁丑，以西京留守蕭乙薛爲北府宰相，東北路行軍都統奚霞末知奚六部大王事。

是歲，女直阿骨打用鐵州楊朴策，卽皇帝位，建元天輔，國號金。楊朴又言，自古英雄開國或受禪，必先求大國封册，遂遣使議和，以求封册。

八年春正月，幸鴛鴦濼。丁亥，遣耶律奴哥等使金議和。庚寅，保安軍節度使張崇以雙州二百戶降金。東路諸州盜賊蜂起，掠民自隨以充食。

二月，耶律奴哥還自金，金主復書曰：「能以兄事朕，歲貢方物，歸我上、中京、興中府三

路州縣；以親王、公主、駙馬、大臣子孫爲質；還我行人及元給信符，并宋、夏、高麗往復書詔、表牒，則可以如約。」

三月甲午，復遣奴哥使金。

夏四月辛酉，以西南面招討使蕭得里底爲北院樞密使。

五月壬午朔，奴哥以書來，約不踰此月見報。戊戌，復遣奴哥使金，要以酌中之議。是月，至納葛濼。賊安生兒、張高兒聚衆二十萬，耶律馬哥等斬生兒于龍化州，高兒亡入懿州，與霍六哥相合。金主遣胡突衮與奴哥持書，報如前約。

六月丁卯，遣奴哥等齎宋、夏、高麗書詔、表牒至金。霍六哥陷海北州，趣義州，軍帥回離保等擊敗之。通、祺、雙、遼四州之民八百餘戶降于金。

秋七月，獵秋山。金復遣胡突衮來，免取質子及上京、興中府所屬州郡，裁減歲幣之數，「如能以兄事朕，册用漢儀，可以如約」。

八月庚午，遣奴哥、突迭使金，議册禮。

九月，突迭見留，遣奴哥還，謂之曰：「言如不從，勿復遣使。」

閏月丙寅，遣奴哥復使金，而蕭寶、訛里等十五人各率戶降于金。〔八〕

冬十月，奴哥、突迭持金書來。龍化州張應古等四人率衆降金。

十一月，副元帥蕭撻不也薨。

十二月甲申，議定册禮，遣奴哥使金。寧昌軍節度使劉宏以懿州戶三千降金。時山前諸路大饑，乾、顯、宜、錦、興中等路，斗粟直數縑，民削榆皮食之，既而人相食。

是年，放進士王翚等百三人。

九年春正月，金遣烏林答贊謨持書來迎册。

二月，至鴛鴦濼。賊張撒八誘中京射糧軍，僭號，南面軍帥余覩擒撒八。

三月丁未朔，遣知右夷離畢事蕭習泥烈等册金主爲東懷國皇帝。己酉，烏林答贊謨、奴哥等先以書報。

夏五月，阻卜補疎只等叛，執招討使耶律斡里朶，都監蕭斜里得死之。

秋七月，獵南山。金復遣烏林答贊謨來，責册文無「兄事」之語，不言「大金」而云「東懷」，乃小邦懷其德之義；及册文有「渠材」二字，語涉輕侮；若「遙芬多戩」等語，皆非善意，殊乖體式。如依前書所定，然後可從。楊詢卿、羅子韋率衆降金。

八月，以趙王習泥烈爲西京留守。

九月，至西京。復遣習泥烈、楊立忠先持册藁使金。〔九〕

冬十月甲戌朔，耶律陳圖奴等二十餘人謀反，伏誅。是月，遣使送烏林答贊謨持書以還。

十年春二月，幸鴛鴦濼。金復遣烏林答贊謨持書及册文副本以來，仍責乞兵于高麗。

三月己酉，民有羣馬者，十取其一，給東路軍。庚申，以金人所定「大聖」二字，與先世稱號同，復遣習泥烈往議。金主怒，遂絕之。

夏四月，獵胡土白山，聞金師再舉，耶律白斯不等選精兵三千以濟遼師。

五月，金主親攻上京，克外郛，留守撻不也率衆出降。

六月乙酉，以北府宰相蕭乙薛爲上京留守、知鹽鐵內省兩司、東北統軍司事。

秋，獵沙嶺。

冬，復至西京。

校勘記

〔一〕阿骨打遣賽剌復書　賽剌，又見本年九月。屬國表並作塞剌。

〔二〕耶律張家奴至耶律章奴　按耶律章奴卽耶律張家奴，金史作張奴。紀事重複。

〔三〕耶律張家奴叛　按此卽上文九月乙巳耶律章奴反，奔上京，謀迎立魏國王淳事。以下章奴事重出不備舉。

〔四〕錦州刺史耶律朮者　按卷一〇〇本傳，左遷銀州刺史。錦州爲節度，非刺史。

〔五〕副留守高清明　按百官志四及國志一〇並作高清臣。

〔六〕稱隆基元年　按國志一〇，隆基作應順。

〔七〕女古皮室四部及渤海人皆降復下泰州　按金史七六杲傳：「杲以兵一萬攻泰州，下金山縣，女固、脾室四部及渤海人皆來降，遂克泰州。」

〔八〕蕭寶訛里等十五人各率戶降于金　按屬國表：「蕭寶、訛里野、特末、霍石、韓慶和、王伯龍等各率衆歸于金。」金史二太祖紀亦作蕭寶、訛里野。

〔九〕楊立忠使金　按屬國表，楊立忠作楊近忠。

遼史卷二十九

本紀第二十九

天祚皇帝三

保大元年春正月丁酉朔，改元，肆赦。初，金人興兵，郡縣所失幾半。上有四子：長趙王，母趙昭容；[1]次晉王，母文妃；次秦王、許王，皆元妃生。國人知晉王之賢，深所屬望。元妃之兄樞密使蕭奉先恐秦王不得立，潛圖之。文妃姊妹三人：長適耶律撻曷里，次文妃，次適余覩。一日，其姊若妹俱會軍前，奉先諷人誣駙馬蕭昱及余覩等謀立晉王，事覺，昱、撻曷里等伏誅，文妃亦賜死；獨晉王未忍加罪。余覩在軍中，聞之大懼，卽率千餘騎叛入金。[2]上遣知奚王府事蕭遐買、北府宰相蕭德恭、大常袞耶律諦里姑、歸州觀察使蕭和尚奴、四軍太師蕭幹將所部兵追之，及諸閭山縣。諸將議曰：「主上信蕭奉先言，奉先視吾輩蔑如也。余覩乃宗室豪俊，常不肯爲奉先下。若擒余覩，他日吾黨皆余覩也！不若縱之。」

還，卽紿曰：「追襲不及。」奉先既見余覩之亡，恐後日諸校亦叛，遂勸驟加爵賞，以結衆心。以蕭遐買爲奚王，蕭德恭試中書門下平章事兼判上京留守事，耶律諦里姑爲龍虎衞上將軍，蕭和尚奴金吾衞上將軍，蕭幹鎭國大將軍。

二月，幸鴛鴦濼。

夏五月，至曷里狘。

秋七月，獵炭山。

九月，至南京。

冬十一月癸亥，以西京留守趙王習泥烈爲惕隱。

二年春正月乙亥，金克中京，進下澤州。上出居庸關，至鴛鴦濼。聞余覩引金人婁室孛堇奄至，蕭奉先曰：「余覩乃王子班之苗裔，此來欲立甥晉王耳。若爲社稷計，不惜一子，明其罪誅之，可不戰而余覩自回矣。」上遂賜晉王死，素服三日，耶律撒八等皆伏誅。王素有人望，諸軍聞其死，無不流涕，由是人心解體。余覩引金人逼行宮，上率衞兵五千餘騎幸雲中，遺傳國璽于桑乾河。

二月庚寅朔，日有食之，既。甲午，知北院大王事耶律馬哥、漢人行宮都部署蕭特末並

爲都統，太和宮使耶律補得副之，將兵屯鴛鴦濼。己亥，金師敗奚王霞末于北安州，遂降其城。

三月辛酉，上聞金師將出嶺西，遂趨白水濼。乙丑，羣牧使謨魯斡降金。丙寅，上至女古底倉。聞金兵將近，計不知所出，乘輕騎入夾山，方悟奉先之不忠。怒曰：「汝父子誤我至此，今欲誅汝，何益于事！恐軍心忿怨，爾曹避敵苟安，禍必及我，其勿從行。」奉先下馬，哭拜而去。行未數里，左右執其父子，縛送金兵。金人斬其長子昂，以奉先及其次子昱械送金主。道遇遼軍，奪以歸國，遂並賜死。遂樞密使蕭得里底。召撻不也典禁衞。丁卯，以北院樞密副使蕭僧孝奴知北院樞密使事，同知北院樞密使事蕭查剌爲左夷離畢。戊辰，同知殿前點檢事耶律高八率衞士降金。己巳，偵人蕭和尚、牌印郎君耶律哂斯爲金師所獲。癸酉，以諸局百工多亡，凡扈從不限吏民，皆官之。初，詔留宰相張琳、李處溫與秦晉國王淳守燕。處溫聞上入夾山，數日命令不通，卽與弟處能、子奭，外假怨軍，內結都統蕭幹，謀立淳。遂與諸大臣耶律大石、左企弓、虞仲文、曹勇義、康公弼集蕃漢百官、諸軍及父老數萬人詣淳府。處溫邀張琳至，白其事。琳曰：「攝政則可。」處溫曰：「天意人心已定，請立班耳。」處溫等請淳受禮，淳方出，李奭持赭袍被之，令百官拜舞山呼。淳驚駭，再三辭，不獲已而從之。以處溫守太尉，左企弓守司徒，曹勇義知樞密院事，虞仲文參知政事，張琳守太師，

李處能直樞密院，李奭爲少府少監、提舉翰林醫官，李爽、陳秘十餘人會與大計，並賜進士及第，授官有差。蕭幹爲北樞密使，駙馬都尉蕭旦知樞密院事。改怨軍爲常勝軍。於是肆赦，自稱天錫皇帝，改元建福，降封天祚爲湘陰王。遂據有燕、雲、平及上京、遼西六路。天祚所有，沙漠已北，西南、西北路兩都招討府、諸蕃部族而已。

夏四月辛卯，西南面招討使耶律佛頂降金，雲內、寧邊、東勝等州皆降。阿疎爲金兵所擒。金已取西京，沙漠以南部族皆降。上遂遁於訛莎烈。時北部謨葛失贐馬、駝、食羊。

五月甲戌，都統馬哥收集散亡，會于漚里謹。丙子，以馬哥知北院樞密使事，兼都統。

六月，淳寢疾，聞上傳檄天德、雲內、朔、武、應、蔚等州，合諸蕃精兵五萬騎，約以八月入燕；并遣人問勞，索衣裘、茗藥。淳甚驚，命南、北面大臣議。而李處溫、蕭幹等有迎秦拒湘之說，集蕃漢百官議之。從其議者，東立；惟南面行營都部署耶律寧西立。處溫等問故，寧曰：「天祚果能以諸蕃兵大舉奪燕，則是天數未盡，豈能拒之？否則，秦、湘，父子也，拒則皆拒。自古安有迎子而拒其父者？」處溫等相顧微笑，以寧扇亂軍心，欲殺之。淳欹枕長歎曰：「彼忠臣也，焉可殺？天祚果來，吾有死耳，復何面目相見耶！」已而淳死，衆乃議立其妻蕭氏爲皇太后，主軍國事。奉遺命，迎立天祚次子秦王定爲帝。太后遂稱制，改元德興。處溫父子懼禍，南通童貫，欲挾蕭太后納土于宋，北通于金，欲爲內應，外以援立大功自陳。蕭

太后罵曰：「誤秦晉國王者，皆汝父子！」悉數其過數十，賜死，梟其子奭而磔之，籍其家，得錢七萬緡，[三]金玉寶器稱是，爲宰相數月之間所取也。讒葛失以兵來援，爲金人敗于洪灰水，擒其子陀古及其屬阿敵音。夏國援兵至，亦爲金所敗。

秋七月丁巳朔，敵烈部皮室叛，烏古部節度使耶律棠古討平之，加太子太保。乙丑，上京毛八十率二千戶降金。[四]辛未，夏國遣曹价來問起居。

八月戊戌，親遇金軍，戰于石輦驛，[五]敗績，都統蕭特末及其姪撒古被執。辛丑，會軍于歡撻新查剌，金兵追之急，棄輜重以遁。

九月，敵烈部叛，都統馬哥克之。

冬十月，金兵攻蔚州，降。

十一月乙丑，聞金兵至奉聖州，遂率衛兵屯于落昆髓。秦晉王淳妻蕭德妃五表于金，求立秦王，不許，以勁兵守居庸。及金兵臨關，厓石自崩，戍卒多壓死，不戰而潰。德妃出古北口，趨天德軍。

十二月，知金主撫定南京，上遂由掃里關出居四部族詳穩之家。

三年春正月丁巳，奚王回離保僭號，稱天復元年，命都統馬哥討之。甲子，初，張瑴爲遼興軍節度副使，[六]民推瑴領州事。秦晉王淳既死，蕭德妃遣時立愛知平州。瑴知遼必亡，練兵畜馬，籍丁壯爲備。立愛至，瑴弗納。金帥粘罕入燕，首問平州事於故參知政事康公弼。公弼曰：「瑴狂妄寡謀，雖有鄉兵，彼何能爲？示之不疑，圖之未晚。」金人招時立愛赴軍前，加瑴臨海軍節度使，仍知平州。既而又欲以精兵三千先下平州，擒張瑴。公弼曰：「若加兵，是趣之叛也。」公弼請自往覘之。瑴謂公弼曰：「遼之八路，七路已降，獨平州未解甲者，防蕭幹耳。」厚賂公弼而還。公弼復粘罕曰：「彼無足慮。」金人遂改平州爲南京，加瑴試中書門下平章事，判留守事。庚辰，宜、錦、乾、顯、成、川、豪、懿等州相繼皆降，上京盧彥倫叛，殺契丹人。

二月乙酉朔，興中府降金。來州歸德軍節度使田顥、權隰州刺史杜師回、權遷州刺史高永昌、權潤州刺史張成，皆籍所管戶降金。丙戌，誅蕭德妃，降淳爲庶人，盡釋其黨。癸巳，興中、宜州復城守。

三月，駐蹕于雲內州南。

夏四月甲申朔，以知北院樞密使事蕭僧孝奴爲諸道大都督。丙申，金兵至居庸關，擒耶律大石。戊戌，金兵圍輜重于青塚，硬寨太保特母哥竊梁王雅里以遁，秦王、許王、諸妃、公主、從臣皆陷沒。庚子，梁宋大長公主特里亡歸。壬寅，金遣人來招。癸卯，答言請和。丙午，金兵送族屬輜重東行，乃遣兵邀戰于白水濼，趙王習泥烈、蕭道寧皆被執。上遣牌印郎君謀盧瓦送兔紐金印僞降，遂西遁雲內。駙馬都尉乳奴詣金降。己酉，金復以書來招，答其書。壬子，金帥書來，不許請和。是月，特母哥挈雅里至，上怒不能盡救諸子，詰之。

五月乙卯，夏國王李乾順遣使請臨其國。庚申，軍將耶律敵烈等夜劫梁王雅里奔西北部，立以爲帝，改元神曆。辛酉，渡河，止于金肅軍北。回離保爲衆所殺。

六月，遣使冊李乾順爲夏國皇帝。

秋九月，耶律大石自金來歸。

冬十月，復渡河東還，居突呂不部。梁王雅里歿，耶律朮烈繼之。

十一月，朮烈爲衆所殺。

四年春正月，上趨都統馬哥軍。金人來攻，棄營北遁，馬哥被執。讒葛失來迎，贐馬、駝、羊，又率部人防衛。時侍從乏糧數日，以衣易羊。至烏古敵烈部，以都點檢蕭乙薛知北院樞密使事，封讒葛失爲神于越王。特母哥降金。

二月，耶律遙設等十人謀叛，伏誅。

夏五月，金人既克燕，驅燕之大家東徙，以燕空城及涿、易、檀、順、景、薊州與宋以塞

盟。左企弓、康公弼、曹勇義、虞仲文皆東遷。燕民流離道路，不勝其苦，入平州，言於留守張瑴曰：「宰相左企弓不謀守燕，使吾民流離，無所安集。公今臨巨鎮，握强兵，盡忠於遼，必能使我復歸鄉土，人心亦惟公是望。」瑴遂召諸將領議。皆曰：「聞天祚兵勢復振，出沒漠南。公若仗義勤王，奉迎天祚，以圖中興，先責左企弓等叛降之罪而誅之，盡歸燕民，使復其業，而以平州歸宋，則宋無不接納，平州遂爲藩鎮矣。卽後日金人加兵，內用平山之軍，外得宋爲之援，又何懼焉！」瑴曰：「此大事也，不可草草。翰林學士李石智而多謀，可召與議。」石至，其言與之合。乃遣張謙率五百餘騎，傳留守令，召宰相左企弓、曹勇義、樞密使虞仲文、參知政事康公弼至灤河西岸，遣議事官趙祕校往數十罪，[七]曰：「天祚播遷夾山，不卽奉迎，一也；勸皇叔秦晉王僭號，二也；詆訐君父，降封湘陰，三也；天祚遣知閤王有慶來議事而殺之，四也；檄書始至，有迎秦拒湘之議，五也；不謀守燕而降，六也；不顧大義，臣事于金，七也；根括燕財，取悅于金，八也；使燕人遷徙失業，九也；教金人發兵先下平州，十也。爾有十罪，所不容誅。」左企弓等無以對，皆縊殺之。仍稱保大三年，畫天祚象，朝夕謁，事必告而後行，稱遼官秩。

六月，榜諭燕人復業，恆產爲常勝軍所占者，悉還之。燕民既得歸，大悅。翰林學士李石更名安弼，偕故三司使高黨往燕山，說宋王安中曰：「平州帶甲萬餘，瑴有文武材，可用爲

屏翰，不然，將爲肘腋之患。」安中深然之，令安弼與黨詣宋。宋主詔帥臣王安中、詹度厚加安撫，與免三年常賦。瑴聞之，自謂得計。

秋七月，金人屯來州，闍母聞平州附宋，以二千騎問罪，〔八〕先入營州。瑴以精兵萬騎擊敗之。宋建平州爲泰寧軍，以瑴爲節度使，以安弼、黨爲徽猷閣待制，令宣撫司出銀絹數萬犒賞。瑴喜，遠迎。金人諜知，舉兵來襲，瑴不得歸，奔燕。金人克三州，始來索瑴，王安中諱之。索急，斬一人貌類者去。金人曰，非瑴也，以兵來取。安中不得已，殺瑴，函其首送金。〔九〕天祚既得林牙耶律大石兵歸，又得陰山室韋謨葛失兵，自謂得天助，再謀出兵，復收燕、雲。大石林牙力諫曰：「自金人初陷長春、遼陽，則車駕不幸廣平淀，而都中京；及陷上京，則都燕山；及陷中京，則幸雲中；自雲中而播遷夾山。向以全師不謀戰備，使舉國漢地皆爲金有。國勢至此，而方求戰，非計也。當養兵待時而動，不可輕舉。」不從。大石遂殺乙薛及坡里括，置北、南面官屬，自立爲王，率所部西去。上遂率諸軍出夾山，下漁陽嶺，取天德、東勝、寧邊、雲內等州。南下武州，遇金人，戰于奄遏下水，復潰，直趨山陰。〔一〇〕

八月，國舅詳穩蕭撻不也、筆硯祗候察剌降金。是月，金主阿骨打死。〔一一〕

九月，建州降金。

冬十月，納突呂不部人訛哥之妻諳葛，以訛哥爲本部節度使。昭古牙率衆降金。金攻

興中府，降之。

十一月，從行者舉兵亂，北護衛太保朮者、舍利詳穩牙不里等擊敗之。

十二月，置二總管府。

校勘記

〔一〕上有四子長趙王母趙昭容　按皇子表，天祚六子。馮校：趙昭容「趙」字衍。

〔二〕卽率千餘騎叛入金　按國志一一、金史太祖紀，余覩叛入金在本年五月。

〔三〕籍其家得錢七萬緡　按國志一一作「得見錢十萬餘貫」。

〔四〕毛八十率二千戶降金　按毛八十卽毛子廉。金史七五本傳稱「率戶二千六百來歸」。

〔五〕石輦驛　卷一〇一耶律阿息保傳、卷一一四蕭特烈傳作石輦鐸，金史七四宗望傳作石輦驛。

〔六〕張瑴爲遼興軍節度副使　瑴，原誤「穀」。金史一三三本傳作覺，覺、瑴音同，據改。

〔七〕遣議事官趙祕校往數十罪　趙祕校，國志一二作趙能。

〔八〕以二千騎問罪　按國志一二，二千騎作「三千騎」。

〔九〕夏五月金人既克燕至秋七月函其首送金　按此一大段應屬三年。

〔一〇〕直趨山陰　山陰，地理志五作河陰。索隱：「遼置河陰縣，金改山陰。」

〔一一〕是月金主阿骨打死　按金史太祖紀，阿骨打死于天輔七年（保大三年）八月戊申。

遼史卷三十

本紀第三十

天祚皇帝四

五年春正月辛巳，党項小斛祿遣人請臨其地。戊子，趨天德，過沙漠，金兵忽至。上徒步出走，近侍進珠帽，却之，乘張仁貴馬得脫，至天德。〔一〕己丑，遇雪，無禦寒具，朮者以貂裘帽進；途次絕糧，朮者進麨與棗；欲憩，朮者卽跪坐，倚之假寐。朮者輩惟齧冰雪以濟饑。過天德。至夜，將宿民家，紿曰偵騎，其家知之，乃叩馬首，跪而大慟，潛宿其家。居數日，嘉其忠，遙授以節度使，遂趨党項。以小斛祿爲西南面招討使，總知軍事，仍賜其子及諸校爵賞有差。

二月，至應州新城東六十里，爲金人完顏婁室等所獲。

八月癸卯，至金。丙午，降封海濱王。以疾終，年五十有四，在位二十四年。金皇統元

年二月，改封豫王。五年，葬于廣寧府閭陽縣乾陵傍。

耶律淳者，世號爲北遼。淳小字涅里，興宗第四孫，南京留守、宋魏王和魯斡之子。清寧初，太后鞠育之。〔二〕既長，篤好文學。昭懷太子得罪，上欲以淳爲嗣。上怒耶律白斯不，知與淳善，出淳爲彰聖等軍節度使。

天祚卽位，進王鄭。〔三〕乾統二年，加越王。〔四〕六年，拜南府宰相，首議制兩府禮儀。上喜，徙王魏。其父和魯斡薨，卽以淳襲父守南京。冬夏入朝，寵冠諸王。

天慶五年，東征，都監章奴濟鴨子河，與淳子阿撒等三百餘人亡歸，先遣敵里等以廢立之謀報淳，淳斬敵里首以獻，進封秦晉國王，拜都元帥，賜金券，免漢拜禮，不名。許自擇將士，乃募燕、雲精兵。東至錦州，隊長武朝彥作亂，劫淳。淳匿而免，收朝彥誅之。會金兵至，聚兵戰于阿里軫斗，敗績，收亡卒數千人拒之。淳入朝，釋其罪，詔南京刻石紀功。

保大二年，天祚入夾山，奚王回離保、林牙耶律大石等引唐靈武故事，議欲立淳。淳不從，官屬勸進曰：「主上蒙塵，中原擾攘，若不立王，百姓何歸？宜熟計之。」遂卽位。百官上號天錫皇帝，改保大二年爲建福元年，大赦。放進士李寶信等一十九人，遙降天祚爲湘陰

王。以燕、雲、平、上京、中京、遼西六路，淳主之；沙漠以北、南北路兩都招討府、諸蕃部族等，仍隸天祚。自此遼國分矣。封其妻普賢女爲德妃，以回離保知北院樞密使事，軍旅之事悉委大石。又遣使報宋，免歲幣，結好。宋人發兵問罪，擊敗之。尋遣使奉表于金，乞爲附庸。事未決，淳病死，年六十。百官僞謚曰孝章皇帝，廟號宣宗，葬燕西香山永安陵。

遺命遙立秦王定以存社稷，德妃爲皇太后，稱制，改建福爲德興元年，放進士李球等百八人。時宋兵來攻，戰敗之，由是人心大悅，兵勢日振。宰相李純等潛納宋兵，〔五〕居民內應，抱關者被殺甚衆。翌日，攻內東門，衞兵力戰，宋軍大潰，踰城而走，死者相藉。五表于金，求立秦王，不從。而金兵大至，德妃奔天德軍，見天祚。天祚怒，誅德妃，降淳庶人，除其屬籍。

耶律雅里者，天祚皇帝第二子也，字撒鸞。七歲，欲立爲皇太子，別置禁衞，封梁王。保大三年，金師圍青塚寨，雅里在軍中。太保特母哥挾之出走，間道行至陰山。聞天祚失利趨雲內，雅里馳赴。時扈從者千餘人，多於天祚。天祚慮特母哥生變，欲誅之。責以不能全救諸王，將訊之。仗劍召雅里問曰：「特母哥教汝何爲？」雅里對曰：「無他言。」乃

釋之。

天祚渡河奔夏，隊帥耶律敵列等劫雅里北走。至沙嶺，見蛇橫道而過，識者以爲不祥。後三日，羣僚共立雅里爲主。雅里遂卽位，改元神曆，命士庶上便宜。

雅里性寬大,惡誅殺。獲亡者,笞之而已。有自歸者，卽官之。因謂左右曰：「欲附來歸，不附則去。何須威逼耶？」每取唐貞觀政要及林牙資忠所作治國詩，令侍從讀之。烏古部節度使糺哲、迭烈部統軍撻不也、都監突里不等各率其衆來附。自是諸部繼至。而雅里日漸荒怠，好擊鞠。特母哥切諫，乃不復出。以耶律敵列爲樞密使，特母哥副之。敵列劾西北路招討使蕭糺里熒惑衆心，志有不臣，與其子麻涅並誅之。以遙設爲招討使，與諸部戰，數敗，杖免官。

從行有疲困者，輒振給之。直長保德諫曰：「今國家空虛，賜賚若此，將何以相給耶？」雅里怒曰：「昔畋於福山，卿誣獵官，今復有此言。若無諸部，我將何取？」不納。初，令羣牧運鹽濼倉粟，而民盜之，議籍以償。雅里乃自爲直：每粟一車，償一羊；三車一牛；五車一馬；八車一駝。左右曰：「今一羊易粟二斗且不可得，乃償一車！」雅里曰：「民有則我有。若令盡償，民何堪？」

後獵查剌山，一日而射黃羊四十，狼二十一，因致疾，卒，年三十。

耶律大石者，世號爲西遼。大石字重德，太祖八代孫也。通遼、漢字，善騎射，登天慶五年進士第，擢翰林應奉，尋陞承旨。遼以翰林爲林牙，故稱大石林牙。歷泰、祥二州刺史，遼興軍節度使。

保大二年，金兵日逼，天祚播越，與諸大臣立秦晉王淳爲帝。淳死，立其妻蕭德妃爲太后，以守燕。及金兵至，蕭德妃歸天祚。天祚怒誅德妃而責大石曰：「我在，汝何敢立淳？」對曰：「陛下以全國之勢，不能一拒敵，棄國遠遁，使黎民塗炭。卽立十淳，皆太祖子孫，豈不勝乞命於他人耶？」上無以答，賜酒食，赦其罪。

大石不自安，遂殺蕭乙薛、坡里括，自立爲王，率鐵騎二百宵遁。北行三日，過黑水，見白達達詳穩牀古兒。牀古兒獻馬四百，駝二十，羊若干。西至可敦城，駐北庭都護府，會威武、崇德、會蕃、新、大林、紫河、駝等七州及大黃室韋、敵剌、王紀剌、茶赤剌、也喜、鼻古德、尼剌、達剌乖、達密里、密兒紀、合主、烏古里、阻卜、普速完、唐古、忽母思、奚的、糺而畢十八部王衆，〔六〕諭曰：「我祖宗艱難創業，歷世九主，歷年二百。金以臣屬，逼我國家，殘我黎庶，屠翦我州邑，使我天祚皇帝蒙塵于外，日夜痛心疾首。我今仗義而西，欲借力諸蕃，翦

我仇敵，復我疆宇。惟爾衆亦有軫我國家，憂我社稷，思共救君父，濟生民於難者乎？」遂得精兵萬餘，置官吏，立排甲，具器仗。

明年二月甲午，以青牛白馬祭天地、祖宗，整旅而西。先遺書回鶻王畢勒哥曰：「昔我太祖皇帝北征，過卜古罕城，〔七〕卽遣使至甘州，詔爾祖烏母主曰：『汝思故國耶，朕卽爲汝復之；汝不能返耶，朕則有之。在朕，猶在爾也。』爾祖卽表謝，以爲還國于此，十有餘世，軍民皆安土重遷，不能復返矣。是與爾國非一日之好也。今我將西至大食，假道爾國，其勿致疑。」畢勒哥得書，卽迎至邸，大宴三日。臨行，獻馬六百，駝百，羊三千，願質子孫爲附庸，送至境外。所過，敵者勝之，降者安之。兵行萬里，歸者數國，獲駝、馬、牛、羊、財物，不可勝計。軍勢日盛，銳氣日倍。

至尋思干，西域諸國舉兵十萬，號忽兒珊，來拒戰。兩軍相望二里許。諭將士曰：「彼軍雖多而無謀，攻之，則首尾不救，我師必勝。」遣六院司大王蕭斡里剌、招討副使耶律松山等將兵二千五百攻其右；樞密副使蕭剌阿不、〔八〕招討使耶律朮薛等將兵二千五百攻其左；自以衆攻其中。三軍俱進，忽兒珊大敗，僵屍數十里。駐軍尋思干凡九十日，回回國王來降，貢方物。

又西至起兒漫，文武百官冊立大石爲帝，以甲辰歲二月五日卽位，年三十八，號葛兒

罕。復上漢尊號曰天祐皇帝，改元延慶。追謚祖父爲嗣元皇帝，祖母爲宣義皇后，册元妃蕭氏爲昭德皇后。因謂百官曰：「朕與卿等行三萬里，跋涉沙漠，夙夜艱勤。賴祖宗之福，卿等之力，冒登大位。爾祖爾父宜加卹典，共享尊榮。」自蕭斡里剌等四十九人祖父，封爵有差。

延慶三年，班師東歸，馬行二十日，得善地，遂建都城，號虎思斡耳朶，改延慶爲康國元年。三月，以六院司大王蕭斡里剌爲兵馬都元帥，敵剌部前同知樞密院事蕭查剌阿不副之，茶赤剌部禿魯耶律燕山爲都部署，護衞耶律鐵哥爲都監，率七萬騎東征。以青牛白馬祭天，樹旗以誓于衆曰：「我大遼自太祖、太宗艱難而成帝業，其後嗣君耽樂無厭，不恤國政，盜賊蠭起，天下土崩。朕率爾衆，遠至朔漠，期復大業，以光中興。此非朕與爾世居之地。」申命元帥斡里剌曰：「今汝其往，信賞必罰，與士卒同甘苦，擇善水草以立營，量敵而進，毋自取禍敗也。」行萬餘里無所得，牛馬多死，勒兵而還。大石曰：「皇天弗順，數也！」康國十年歿，在位二十年，廟號德宗。

子夷列年幼，遺命皇后權國。后名塔不煙，號感天皇后，稱制，改元咸清，在位七年。子夷列卽位，改元紹興。籍民十八歲以上，得八萬四千五百戶。在位十三年歿，廟號仁宗。子幼，遺詔以妹普速完權國，稱制，改元崇福，號承天太后。後與駙馬蕭朶魯不弟朴古

只沙里通，出駙馬爲東平王，羅織殺之。駙馬父斡里剌以兵圍其宮，射殺普速完及朴古只沙里。普速完在位十四年。

仁宗次子直魯古卽位，改元天禧，在位三十四年。時秋出獵，乃蠻王屈出律以伏兵八千擒之，而據其位。遂襲遼衣冠，尊直魯古爲太上皇，皇后爲皇太后，朝夕問起居，以侍終焉。直魯古死，遼絕。

耶律淳在天祚之世，歷王大國，受賜金券，贊拜不名。一時恩遇，無與爲比。當天祚播越，以都元帥留守南京，獨不可奮大義以激燕民及諸大臣，興勤王之師，東拒金而迎天祚乎？乃自取之，是篡也。況忍王天祚哉？

大石既帝淳而王天祚矣，復歸天祚。天祚責以大義，乃自立爲王而去之。幸藉祖宗餘威遺智，建號萬里之外。雖寡母弱子，更繼迭承，幾九十年，亦可謂難矣。

然淳與雅里、大石之立，皆在天祚之世。有君而復君之，其可乎哉？諸葛武侯爲獻帝發喪，而後立先主爲帝者，不可同年語矣。故著以爲戒云。

贊曰：遼起朔野，兵甲之盛，鼓行寰外，席卷河朔，樹晉植漢，何其壯歟？太祖、太宗乘百戰之勢，輯新造之邦，英謀叡略，可謂遠矣。雖以世宗中才，穆宗殘暴，連遘弒逆，而神器不搖。蓋由祖宗威令猶足以震疊其國人也。

聖宗以來，內修政治，外拓疆宇。既而申固鄰好，四境乂安。維持二百餘年之基，有自來矣。

降臻天祚，既丁末運，又觖人望，崇信姦回，自椓國本，羣下離心。金兵一集，內難先作，廢立之謀，叛亡之迹，相繼蠭起。馴致土崩瓦解，不可復支，良可哀也！耶律與蕭，世爲甥舅，義同休戚。奉先挾私滅公，首禍構難，一至於斯。天祚窮蹙，始悟奉先誤己，不幾晚乎！

淳、雅里所謂名不正，言不順，事不成者也。大石苟延，彼善於此，亦幾何哉？

校勘記

〔一〕至天德　按金史八二蕭仲恭傳作「至霍里底泊」。

〔二〕清寧初太后鞠育之　按淳死于保大二年，若「年六十」無誤，則當生于清寧九年，「清寧初」有誤字。

〔三〕天祚卽位進王鄭　按紀乾統元年六月，以北平郡王淳進封鄭王。

〔四〕乾統二年加越王　按紀乾統三年十一月，鄭王淳進封越國王。

〔五〕宰相李純　按紀保大二年三月及卷一〇二本傳並作李處溫。

〔六〕大黃室韋等十八部　按敵剌，百官志二作敵烈；王紀剌卽金史之廣吉剌、元史之宏吉剌；茶赤剌，紀大安十年四月、百官志二並作茶札剌，卽元史之札只剌特；鼻古特，百官志二作鼻國德，密兒紀，紀壽隆三年二月作梅里急，卽元秘史之篾兒乞；忽母思，卽百官志二之胡母思山部，兵衞志下之胡母思山蕃；糺而畢，部族表作紀而畢。

〔七〕卜古罕城　羅校謂卽太祖紀之古回鶻城。

〔八〕蕭剌阿不　按下文作蕭查剌阿不。

二十四史

中華書局

遼史

元 脱脱等撰

第二册

卷三一至卷四四（志）

中華書局

遼史卷三十一

志第一

營衛志上

上古之世，草衣木食，巢居穴處，熙熙于于，不求不爭。爰自炎帝政衰，蚩尤作亂，始制干戈，以毒天下。軒轅氏作，戮之涿鹿之阿。處則象吻于宮，行則懸旍于纛，以爲天下萬世戒。於是師兵營衛，不得不設矣。

冀州以南，歷洪水之變，夏后始制城郭。其人土著而居綏服之中，外奮武衛，內揆文教，守在四邊。營衛之設，以備非常而已。并、營以北，勁風多寒，隨陽遷徙，歲無寧居，曠土萬里，寇賊姦宄乘隙而作。營衛之設，以爲常然。其勢然也。

有遼始大，設制尤密。居有宮衛，謂之斡魯朵；出有行營，謂之捺鉢；分鎭邊圉，謂之部族。有事則以攻戰爲務，閑暇則以畋漁爲生。無日不營，無在不衞。立國規模，莫重於此。

作營衛志。

宮衛

遼國之法：天子踐位置宮衛，分州縣，析部族，設官府，籍戶口，備兵馬。崩則扈從后妃宮帳，以奉陵寢。有調發，則丁壯從戎事，老弱居守。

太祖曰弘義宮，應天皇后曰長寧宮，太宗曰永興宮，世宗曰積慶宮，穆宗曰延昌宮，景宗曰彰愍宮，承天太后曰崇德宮，聖宗曰興聖宮，興宗曰延慶宮，道宗曰太和宮，天祚曰永昌宮。又孝文皇太弟有敦睦宮，丞相耶律隆運有文忠王府。凡州三十八，縣十，提轄司四十一，石烈二十三，瓦里七十四，抹里九十八，得里二，閘撒十九。爲正戶八萬，蕃漢轉戶十二萬三千，〔一〕共二十萬三千戶。

算斡魯朵，太祖置。國語心腹曰「算」，宮曰「斡魯朵」。是爲弘義宮。以心腹之衞置，益以渤海俘，錦州戶。其斡魯朵在臨潢府，陵寢在祖州東南二十里。正戶八千，蕃漢轉戶七千，出騎軍六千。

州五：錦、祖、嚴、祺、銀。

縣一：富義。
提轄司四：南京、西京、奉聖州、平州。
石烈二：曰須，曰速魯。
瓦里四：曰合不，曰撻撒，曰慢押，曰虎池。
抹里四：曰膻，曰預墩，曰鶻突，曰糺里闌。
得里二：曰述壘北，曰述壘南。

國阿輦斡魯朵，太宗置。收國曰「國阿輦」。是爲永興宮，初名孤穩斡魯朵。以太祖平渤海俘戶，東京、懷州提轄司及雲州懷仁縣、澤州灤河縣等戶置。其斡魯朵在游古河側，陵寢在懷州南三十里。正戶三千，蕃漢轉戶七千，出騎軍五千。
州四：懷、黔、開、來。
縣二：保和、灤河。
提轄司四：南京、西京、奉聖州、平州。
石烈一：北女古。
瓦里四：曰抹，曰母，曰合李只，曰述壘。

抹里十三：曰述壘軫，曰大隔蔑，曰小隔蔑，曰毋，曰歸化不朮，曰唐括，曰吐谷，曰百爾瓜忒，曰合魯不只，曰移馬不只，曰膻，曰淸帶，曰速穩。
閘撒七：曰伯德部，曰守狘，曰穴骨只，曰合不頻尼，曰虎里狘，曰耶里只挾室，曰僧隱令公。

耶魯盌斡魯朵，世宗置。興盛曰「耶魯盌」。是爲積慶宮。以文獻皇帝衞從及太祖俘戶，及雲州提轄司，并高、宜等州戶置。其斡魯朵在土河東，陵寢在長寧宮北。正戶五千，蕃漢轉戶八千，出騎軍八千。
州三：康、顯、宜。
縣一：山東。
提轄司四。〔二〕
石烈一：兮臘。
瓦里八：曰達撒，曰合不，曰吸烈，曰逼里，曰潭馬，曰槊不，曰耶里直，曰耶魯兀也。
抹里十：曰紇斯直，曰蠻葛，曰厥里，曰潭馬忒，曰出懶，曰速忽魯椀，曰牒里得，曰閭馬，曰迭里特，曰女古。

蒲速盌斡魯朵，應天皇太后置。興隆曰「蒲速盌」。是爲長寧宮。以遼州及海濱縣等戶置。其斡魯朵在高州，陵寢在龍化州東一百里。世宗分屬讓國皇帝宮院。正戶七千，蕃漢轉戶六千，出騎軍五千。
州四：遼、儀坤、遼西、顯。
縣三：奉先、歸義、定霸。
提轄司四。
石烈一：北女古。
瓦里六：曰潭馬，曰合不，曰達撒，曰慢押，曰耶里只，曰渾只。
抹里十三：曰渾得移鄰稍瓦只，曰合四卑臘因鐵里卑稍只，曰奪羅果只，曰拏葛只，曰合里只，曰婆渾昆母溫，曰阿魯埃得本，曰東厮里門，曰西厮里門，曰東鑊里，曰西鑊里，曰牒得只，曰滅母鄰母。

奪里本斡魯朵，穆宗置。是爲延昌宮。討平曰「奪里本」。以國阿輦斡魯朵戶及阻卜俘戶，中京提轄司、南京制置司、咸、信、韓等州戶置。其斡魯朵在糺雅里山南，陵寢在京南。

正戶一千，蕃漢轉戶三千，出騎軍二千。
州二：遂、韓。
提轄司三：中京、南京、平州。
石烈一：曰須。
瓦里四：曰抹骨古等，曰兀沒，曰潭馬，曰合里直。
抹里四：曰抹骨登兀沒滅，曰土木直移鄰，曰息州決里，曰莫瑰奪石。

監母斡魯朵，景宗置。是爲彰愍宮。遺留曰「監母」。以章肅皇帝侍衞及武安州戶置。其斡魯朵在合魯河，陵寢在祖州南。正戶八千，蕃漢轉戶一萬，出騎軍一萬。
州四：永、龍化、降聖、同。
縣二：行唐、阜俗。〔三〕
提轄司四。
石烈二：曰監母，曰南女古。
瓦里七：曰潭馬，曰奚烈，曰埃合里直，曰蠻雅葛，曰特末，曰烏也，曰滅合里直。
抹里十一：曰尼母曷烈因稍瓦直，曰察改因廝得不，曰移失鄰斡直，曰辛古不直，曰撒改眞，曰牙葛直，曰虎猻阿里鄰，曰潑昆，曰潭馬，曰閘臘，曰楚兀眞果鄰。

孤穩斡魯朶，承天太后置。是爲崇德宮。玉曰「孤穩」。以乾、顯、雙三州戶置。其斡魯朶在土河東，陵袝景宗皇帝。正戶六千，蕃漢轉戶一萬，出騎軍一萬。

州四：乾、川、雙、貴德。

縣一：潞上京。

提轄司三：南京、西京、奉聖州。

石烈三：曰鏤里，曰滂，曰迭里特女古。

瓦里七：曰達撒，曰耶里，曰合不，曰歇不，曰合里直，曰慢押，曰耶里直。

抹里十一：曰阿里厮直遞壘，曰預篤温稍瓦直，曰潭馬，曰賃預篤温一臘，曰牙葛直，曰牒得直，曰虎温，曰孤温，曰撒里僧，曰阿里葛斯過鄰，曰鐵里乖穩鏤里。

閘撒五：曰合不直迷里幾頻你，曰牒耳葛太保果直，曰爪里阿本果直，曰僧隱令公果直，曰老昆令公果直。

女古斡魯朶，聖宗置。是爲興聖宮。金曰「女古」。以國阿輦、耶魯盌、蒲速盌三斡魯朶戶置。其斡魯朶在女混活直，陵寢在慶州南安。正戶一萬，蕃漢轉戶二萬，出騎軍五千。

州五：慶、隰、烏上京、烏東京、霸。

提轄司四。

石烈四：曰毫兀眞女姑，曰拏兀眞女室，曰女特里特，曰女古滂。

瓦里六：曰女古，曰蒲速盌，曰鶻篤，曰乙抵，曰蓊，曰埃也。

抹里九：曰乙辛不只，曰鐵乖温，曰埃合里只，曰嘲瑰，曰合魯山血古只，曰奪忒排登血古只，曰勞骨，曰虛沙，曰土鄰。

閘撒五：曰達鄰頻你，曰和里懶你，曰爪阿不厥眞，曰粘獨里僧，曰袍達夫人厥只。

窩篤盌斡魯朶，興宗置。是爲延慶宮。孳息曰「窩篤盌」。以諸斡魯朶及饒州戶置。其斡魯朶在高州西，陵寢在上京慶州。正戶七千，蕃漢轉戶一萬，出騎軍一萬。

州三：饒、長春、泰。

提轄司四。

石烈二：曰窩篤盌、曰鶻篤骨。

瓦里六：曰窩篤盌，曰厮把 曰厮阿，曰紇里，曰得里，曰歐烈。

抹里六：曰歐里本，曰燕厮，曰緬四，曰乙僧，曰北得里，曰南得里。

阿思斡魯朶，道宗置。是爲太和宮。寬大曰「阿思」。以諸斡魯朶御前承應人及興中府戶置。其斡魯朶在好水濼，陵寢在上京慶州。正戶一萬，蕃漢轉戶二萬，出騎軍一萬五千。

石烈二：曰阿厮，曰耶魯。

瓦里八：曰阿厮，曰耶魯，曰得里，曰紇里，曰撒不，曰鶻篤，曰蒲速斡，曰曷烈。

抹里七：曰恩州得里，曰斡奢得里，曰歐里本，曰特滿，曰查剌土鄰，曰紇里，曰阿里厮迷里。

阿魯盌斡魯朶，天祚皇帝置。是爲永昌宮。輔祐曰「阿魯盌」。以諸斡魯朶御前承應人，春、宣州戶置。正戶八千，蕃漢轉戶一萬，出騎軍一萬。

石烈二：曰阿魯盌，曰楡魯盌。

瓦里八：曰阿魯斡，曰合里也，曰鶻突，曰敵剌，曰謀魯斡，曰紇里，曰奪里剌，曰特末也。

抹里八：曰蒲速盌，曰移輦，曰斡篤盌，曰特滿，曰謀魯盌，曰移典，曰悅，曰勃得本。

孝文皇太弟敦睦宮，謂之赤寔得本斡魯朶。孝曰「赤寔得本」。文獻皇帝承應人及渤海俘，建、瀋、巖三州戶置。陵寢在祖州西南三十里。正戶三千，蕃漢轉戶五千，出騎軍五千。

州三：建、瀋、巖。

提轄司一：南京。

石烈二：曰嘲，曰與敦。

瓦里六：曰乙辛，曰得里，曰奚烈直，曰大潭馬，曰小潭馬，曰與墩。

抹里二：曰潭馬抹乖，曰柳實。

閘撒二：曰毳里頻你，曰打里頻你。

大丞相晉國王耶律隆運，本韓氏，名德讓。以功賜國姓，出宮籍，隸橫帳季父房。贈尚書令，謚文忠。無子，以皇族魏王貼不子耶魯爲嗣，早卒；天祚皇帝又以皇子敖魯斡繼之。官給葬具，建廟乾陵側。擬諸宮例，建文忠王府。正戶五千，蕃漢轉戶八千，出騎軍一萬。

州一。[四]

提轄司六：上京、中京、南京、西京、奉聖州、平州。

著帳郎君

著帳郎君：初，遙輦痕德堇可汗以蒲古只等三族害于越釋魯，籍沒家屬入瓦里。淳欽皇后宥之，以爲著帳郎君。世宗悉免。後族、戚、世官犯罪者沒入。

著帳戶

著帳戶：本諸斡魯朵析出，及諸罪沒入者。凡承應小底、司藏、鷹坊、湯藥、尚飲、盥漱、尚饍、尚衣、裁造等役，及宮中、親王祗從、伶官之屬，皆充之。

凡諸宮衛人丁四十萬八千，〔五〕騎軍十萬一千。著帳釋宥、沒入，隨時增損，無常額。

校勘記

〔一〕正戶八萬蕃漢轉戶十二萬三千　按下文各宮戶數合計，正戶爲八萬一千，蕃漢轉戶十二萬四千。

〔二〕提轄司四　按此缺提轄司所在地名，應與弘義、永興兩宮同。下文長寧宮、彰愍宮、興聖宮、延慶宮仿此。

〔三〕縣二行唐阜俗　按地理志一，保和縣、宣化縣均于統和八年隸彰愍宮。

〔四〕州一　按地理志二，「宗州，耶律隆運以所俘漢民置。聖宗立爲州，隸文忠王府。王薨，屬提轄司。」又地理志三，「川州，初隸崇德宮，統和中屬文忠王府。」

〔五〕諸宮衛人丁四十萬八千　永昌宮正戶八千，正丁一萬四千。若按其他各宮每戶二丁之例，則應是人丁一萬六千。諸宮衛人丁共爲四十一萬。

遼史卷三十二

志第二

營衛志中

行營

周官土圭之法：日東，景夕多風；〔一〕日北，景長多寒。天地之間，風氣異宜，人生其間，各適其便。王者因三才而節制之。長城以南，多雨多暑，其人耕稼以食，桑麻以衣，宮室以居，城郭以治。大漠之間，多寒多風，畜牧畋漁以食，皮毛以衣，轉徙隨時，車馬爲家。此天時地利所以限南北也。遼國盡有大漠，浸包長城之境，因宜爲治。秋冬違寒，春夏避暑，隨水草就畋漁，歲以爲常。四時各有行在之所，謂之「捺鉢」。

春捺鉢：

曰鴨子河濼。皇帝正月上旬起牙帳，約六十日方至。天鵝未至，卓帳冰上，鑿冰取魚。

冰泮，乃縱鷹鶻捕鵝雁。晨出暮歸，從事弋獵。鴨子河濼東西二十里，南北三十里，在長春州東北三十五里，四面皆沙堝，多榆柳杏林。皇帝每至，侍御皆服墨綠色衣，各備連鎚一柄，鷹食一器，刺鵝錐一枚，於濼周圍相去各五七步排立。皇帝冠巾，衣時服，繫玉束帶，於上風望之。有鵝之處舉旗，探騎馳報，遠泊鳴鼓。鵝驚騰起，左右圍騎皆舉幟麾之。五坊擎進海東青鶻，拜授皇帝放之。鶻擒鵝墜，勢力不加，排立近者，舉錐刺鵝，取腦以飼鶻。救鶻人例賞銀絹。皇帝得頭鵝，薦廟，羣臣各獻酒果，舉樂。更相酬酢，致賀語，皆插鵝毛于首以爲樂。賜從人酒，遍散其毛。弋獵網鉤，春盡乃還。

夏捺鉢：

無常所，多在吐兒山。道宗每歲先幸黑山，拜聖宗、興宗陵，賞金蓮，乃幸子河避暑。吐兒山在黑山東北三百里，近饅頭山。黑山在慶州北十三里，上有池，池中有金蓮。子河在吐兒山東北三百里。懷州西山有清涼殿，亦爲行幸避暑之所。四月中旬起牙帳，卜吉地爲納涼所，五月末旬、六月上旬至。居五旬。與北、南臣僚議國事，暇日遊獵。七月中旬乃去。

秋捺鉢：

曰伏虎林。七月中旬自納涼處起牙帳，入山射鹿及虎。林在永州西北五十里。嘗有虎據林，傷害居民畜牧。景宗領數騎獵焉，虎伏草際，戰慄不敢仰視，上舍之，因號伏虎林。每歲車駕至，皇族而下分布濼水側。伺夜將半，鹿飲鹽水，令獵人吹角效鹿鳴，既集而射之。謂之「舐鹻鹿」，又名「呼鹿」。

冬捺鉢：

曰廣平淀。在永州東南三十里，本名白馬淀。東西二十餘里，南北十餘里。地甚坦夷，四望皆沙磧，木多榆柳。其地饒沙，冬月稍暖，牙帳多於此坐冬，與北、南大臣會議國事，時出校獵講武，兼受南宋及諸國禮貢。皇帝牙帳以槍爲硬寨，用毛繩連繫。每槍下黑氈傘一，以庇衞士風雪。槍外小氈帳一層，每帳五人，各執兵仗爲禁圍。南有省方殿，殿北約二里曰壽寧殿，皆木柱竹榱，以氈爲蓋，彩繪韜柱，錦爲壁衣，加緋繡額。又以黃布繡龍爲地障，窻、槅皆以氈爲之，傅以黃油絹。基高尺餘，兩廂廊廡亦以氈蓋，無門戶。省方殿北有鹿皮帳，帳次北有八方公用殿。壽寧殿北有長春帳，衞以硬寨。宮用契丹兵四千人，每日輪番千人祗直。禁圍外卓槍爲寨，夜則拔槍移卓御寢帳。周圍拒馬，外設鋪，傳鈴宿衞。

每歲四時，周而復始。

皇帝四時巡守，契丹大小內外臣僚幷應役次人，及漢人宣徽院所管百司皆從。漢人樞密院、中書省唯摘宰相一員，樞密院都副承旨二員，令史十人，中書令史一人，御史臺、大理

寺選摘一人扈從。每歲正月上旬，車駕啓行。宰相以下，還於中京居守，行遣漢人一切公事。除拜官僚，止行堂帖權差，俟會議行在所，取旨、出給誥敕。文官縣令、錄事以下更不奏聞，聽中書銓選；武官須奏聞。

五月，納涼行在所，南、北臣僚會議。十月，坐冬行在所，亦如之。

部族上

部落曰部，氏族曰族。契丹故俗，分地而居，合族而處。有族而部者，五院、六院之類是也；有部而族者，奚王、室韋之類是也；有部而不族者，特里特勉、稍瓦、曷朮之類是也；有族而不部者，遙輦九帳、皇族三父房是也。

奇首八部爲高麗、蠕蠕所侵，僅以萬口附于元魏。生聚未幾，北齊見侵，掠男女十萬餘口。繼爲突厥所逼，寄處高麗，不過萬家。部落離散，非復古八部矣。別部有臣附突厥者，內附於隋者，依紇臣水而居。部落漸衆，分爲十部，有地遼西五百餘里。唐世大賀氏仍爲八部，而松漠、玄州別出，亦十部也。遙輦氏承萬榮、可突于散敗之餘，更爲八部；然遙輦、迭剌別出，又十部也。阻午可汗析爲二十部，契丹始大。至于遼太祖，析九帳、三房之族，更列二十部。聖宗之世，分置十有六，增置十有八，幷舊爲五十四部；內有拔里、乙室已國

舅族，外有附庸十部，盛矣！

其氏族可知者，略具皇族、外戚二表。餘五院、六院、乙室部止見益古、撒里本，涅剌、烏古部止見撒里卜、涅勒，突呂不、突舉部止見塔古里、航斡，皆兄弟也。奚王府部時瑟、哲里，則臣主也。品部有拏女，楮特部有洼。其餘世系名字，皆漫無所考矣。

舊志曰：「契丹之初，草居野次，靡有定所。至涅里始制部族，各有分地。太祖之興，以迭剌部强熾，析爲五院、六院。奚六部以下，多因俘降而置。勝兵甲者卽著軍籍，分隸諸路詳穩、統軍、招討司。番居內地者，歲時田牧平莽間。邊防糺戶，生生之資，仰給畜牧，績毛飲湩，以爲衣食。各安舊風，狃習勞事，不見紛華異物而遷。故家給人足，戎備整完。卒之虎視四方，强朝弱附，東踰蟠木，西越流沙，莫不率服。部族實爲之爪牙云。」

古八部：

悉萬丹部。

何大何部。

伏弗郁部。

羽陵部。〔三〕

日連部。

匹絜部。

黎部。〔四〕

吐六于部。

契丹之先，曰奇首可汗，生八子。其後族屬漸盛，分爲八部，居松漠之間。今永州木葉山有契丹始祖廟，奇首可汗、可敦幷八子像在焉。潢河之西，土河之北，奇首可汗故壤也。

隋契丹十部：

元魏末，莫弗賀勿于畏高麗、蠕蠕侵逼，率車三千乘、衆萬口內附，乃去奇首可汗故壤，居白狼水東。〔五〕北齊文宣帝自平州三道來侵，虜男女十餘萬口，分置諸州。又爲突厥所逼，以萬家寄處高麗境內。隋開皇四年，諸莫弗賀悉衆款塞，聽居白狼故地。又別部寄處高麗者曰出伏等，率衆內附，詔置獨奚那頡之北。〔六〕又別部臣附突厥者四千餘戶來降，詔給糧遣還，固辭不去，部落漸衆，徙逐水草，依紇臣水而居。在遼西正北二百里，其地東西亙五百里，南北三百里。分爲十部，逸其名。

唐大賀氏八部：

達稽部，峭落州。

紇便部，彈汗州。

獨活部，無逢州。

芬問部，〔六〕羽陵州。

突便部，日連州。

芮奚部，徒河州。

墜斤部，萬丹州。

伏部，州二：匹黎、赤山。

唐太宗置玄州，以契丹大帥據曲爲刺史。〔七〕又置松漠都督府，以窟哥爲都督，分八部，幷玄州爲十州。則十部在其中矣。

遙輦氏八部：

旦利皆部。

乙室活部。

實活部。〔八〕

納尾部。

頻沒部。

納會雞部。〔九〕

集解部。

奚嗢部。

當唐開元、天寶間，大賀氏既微，遼始祖涅里立迪輦祖里爲阻午可汗。〔一〇〕時契丹因萬榮之敗，部落凋散，卽故有族衆分爲八部。涅里所統迭剌部自爲別部，不與其列。幷遙輦、迭剌亦十部也。

遙輦阻午可汗二十部：

耶律七部。

審密五部。

八部。

涅里相阻午可汗，分三耶律爲七，二審密爲五，幷前八部爲二十部。三耶律：一曰大賀，二曰遙輦，三曰世里，卽皇族也。二審密：一曰乙室已，二曰拔里，卽國舅也。其分部皆未詳，可知者曰迭剌，曰乙室，曰品，曰楮特，曰烏隗，曰突呂不，曰捏剌，〔一一〕曰突舉，又有右大部、左大部，凡十，逸其二。大賀、遙輦析爲六，而世里合爲一，茲所以迭剌部終遙輦之世，强不可制云。

校勘記

〔一〕景夕多風　夕，原誤「朝」。據周禮地官大司徒改。

〔二〕伏弗郁部及羽陵部　按此二部名本魏書契丹傳。魏書顯祖紀兩見，並作具伏弗部、郁羽陵部，册府元龜九六九同。魏書勿吉傳又見郁羽陵之名。魏書契丹傳誤，通典邊防典、北史契丹傳及本志均沿誤。

〔三〕匹絜部及黎部　按此本魏書契丹傳。魏書顯祖紀、勿吉傳並作匹黎爾部，册府元龜九六九、通典邊防典作匹黎部，均作一部之名。本志沿魏書契丹傳誤分爲二部。又魏書顯祖紀來朝者爲具伏弗、郁羽陵、日連、匹黎爾、叱六于、悉萬丹、阿大何、羽眞侯各部。

〔四〕白狼水　按隋書八四契丹傳作白貔河。

〔五〕獨奚那頡　按世表及隋書契丹傳作渴奚那頡。

〔六〕芬問部　芬問部，册府元龜、新唐書地理志及契丹傳同。地理志一作芬阿部。

〔七〕大帥據曲爲刺史　據曲，新唐書契丹傳、地理志並作曲據。舊唐書地理志作李去閭。

〔八〕實活部　按地理志三作室活部。

〔九〕納會雞部　按地理志一作內會雞部。

〔一〇〕迪輦祖里　按世表作迪輦俎里。

〔一一〕涅剌　按上下文均作捏剌。

遼史卷三十三

志第三

營衞志下

部族下

遼起松漠，經營撫納，竟有唐、晉帝王之器，典章文物施及潢海之區，作史者尙可以故俗語耶？舊史有部族志，歷代之所無也。古者，巡守于方岳，五服之君各述其職，遼之部族實似之。故以部族置宮衞、行營之後云。

遼內四部族：

遙輦九帳族。

橫帳三父房族。

國舅帳拔里、乙室已族。

國舅別部。

太祖二十部，二國舅升帳分，止十八部。

五院部。其先曰益古，凡六營。阻午可汗時，與弟撒里本領之，曰迭剌部。傳至太祖，以夷離菫卽位。天贊元年，以强大難制，析五石烈爲五院，六爪爲六院，各置夷離菫。會同元年，更夷離菫爲大王。部隸北府，以鎭南境。大王及都監春夏居五院部之側，秋冬居羊門甸。〔一〕石烈四：

大蔑孤石烈。

小蔑孤石烈。

甌昆石烈。太宗會同二年，以烏古之地水草豐美，命居之。三年，益以海勒水之地爲農田。

乙習本石烈。會同二年，命以烏古之地。

六院部。隸北府，以鎭南境。其大王及都監春夏居泰德泉之北，秋冬居獨盧金。石烈四：

轄懶石烈。

阿速石烈。

斡納撥石烈。

斡納阿剌石烈。會同二年，命居烏古。三年，益以海勒水地。

乙室部。其先曰撒里本，阻午可汗之世，與其兄益古分營而領之，曰乙室部。會同二年，更夷離菫爲大王。〔二〕隸南府，其大王及都監鎭駐西南之境，司徒居鴛鴦泊，閘撒狘居車軸山。石烈二：

阿里答石烈。

欲主石烈。

品部。其先曰拏女，阻午可汗以其營爲部。太祖更諸部夷離菫爲令穩。統和中，又改節度使。隸北府，屬西北路招討司，司徒居太子墳。凡戍軍隸節度使，留後戶隸司徒。石烈二：

北哲里只石烈。

南轄懶石烈。

楮特部。其先曰洼，阻午可汗以其營爲部。隸南府，節度使屬西北路招討司，司徒居

柏坡山及鉢山之側。〔三〕石烈二：

北石烈。

南石烈。

烏隗部。其先曰撒里卜，與其兄涅勒同營，阻午可汗析爲二：撒里卜爲烏隗部，涅勒爲涅剌部。俱隸北府，烏隗部節度使屬東北路招討司，司徒居徐母山、郝里河之側。石烈二：

北石烈。

南石烈。

涅剌部。其先曰涅勒，阻午可汗分其營爲部。節度使屬西南路招討司，居黑山北，〔四〕司徒居郝里河側。石烈二：

北塌里石烈。

南察里石烈。

突呂不部。其先曰塔古里，領三營。阻午可汗命分其一與弟航斡爲突舉部，塔古里得其二，更爲突呂不部。隸北府，節度使屬西北路招討司，司徒居長春州西。石烈二：

北托不石烈。

南須石烈。

突輩部。〔五〕其先曰航斡，阻午可汗分營置部。隸南府，戍於隗烏古部，司徒居兀泉側。

石烈二：

北石烈。

南石烈。

奚王府六部五帳分。其先曰時瑟，事東遙里十帳部主哲里。後逐哲里，自立爲奚王。卒，弟吐勒斯立。遙輦鮮質可汗討之，俘其拒敵者七百戶，撫其降者。以時瑟鄰睦之故，止俘部曲之半，餘悉留焉。奚勢由是衰矣。初爲五部：曰遙里，曰伯德，曰奧里，曰梅只，曰楚里。太祖盡降之，號五部奚。天贊二年，〔六〕有東扒里厮胡損者，恃險堅壁於箭笴山以拒命，揶揄曰：「大軍何能爲，我當飲墮瑰門下矣！」太祖滅之，以奚府給役戶，併括諸部隱丁，收合流散，置墮瑰部，因墮瑰門之語爲名，遂號六部奚。命勃魯恩主之，仍號奚王。太宗卽位，置宰相、常袞各二員。聖宗合奧里、梅只、墮瑰三部爲一，特置二剋部以足六部之數。奚王和朔奴討兀惹，敗績，籍六部隸北府。〔七〕

突呂不室韋部。本名大、小二黃室韋戶。太祖爲達馬狘沙里，以計降之，乃置爲二部。

隸北府，節度使屬東北路統軍司，戍泰州東北。

涅剌拏古部。與突呂不室韋部同。節度使戍泰州東。

迭剌迭達部。本鮮質可汗所俘奚七百戶，太祖卽位，以爲十四石烈，置爲部。隸南府，節度使屬西南路招討司，戍黑山北，部民居慶州南。

乙室奧隗部。神册六年，太祖以所俘奚戶置。隸南府，節度使屬東北路兵馬司。

楮特奧隗部。太祖以奚戶置。隸南府，節度使屬東京都部署司。

品達魯虢部。太祖以所俘達魯虢部置。隸南府，節度使屬西南路招討司，戍黑山北。

烏古涅剌部。〔八〕亦曰涅離部。太祖取于骨里戶六千，神册六年，析爲烏古涅剌及圖魯二部。俱隸北府，節度使屬西南路招討司。

圖魯部。節度使屬東北路統軍司。

已上太祖以遙輦氏舊部族分置者凡十部，增置者八。

聖宗三十四部：

撒里葛部。奚有三營：曰撒里葛，曰窈爪，〔九〕曰耨盌爪。太祖伐奚，乞降，願爲著帳子弟，籍于宮分，皆設夷離菫。聖宗各置爲部，改設節度使，皆隸南府，以備畋獵之役。居澤州東。

窈爪部。與撒里葛部同。居潭州南。

耨盌爪部。節度使屬東京都部署司。

訛僕括部。與撒里葛三部同。居望雲縣東。

特里特勉部。初於八部各析二十戶以戍奚，偵候落馬河及速魯河側，置二十詳穩。聖宗以戶口蕃息，置爲部，設節度使。隸南府，戍倒塌嶺，居橐駝岡。

稍瓦部。初，取諸宮及橫帳大族奴隸置稍瓦石烈，「稍瓦」，鷹坊也，居遼水東，掌羅捕飛鳥。聖宗以戶口蕃息置部。節度使屬東京都部署司。

曷朮部。初，取諸宮及橫帳大族奴隸置曷朮石烈，「曷朮」，鐵也，以治于海濱柳濕河、三黜古斯、手山。聖宗以戶口蕃息置部。屬東京都部署司。

遙里部。居潭、利二州間。石烈三：

撒里必石烈。

北石烈。

帖魯石烈。

伯德部。松山、平州之間，〔一〇〕太師、太保居中京西。石烈六：

啜勒石烈。

速古石烈。

腆你石烈。

迭里石烈。

旭特石烈。

悅里石烈。

楚里部。居潭州北。

奧里部。統和十二年，以與梅只、墮瑰三部民籍數寡，合爲一部。并上三部，本屬奚王府，聖宗分置。

南剋部。

北剋部。統和十二年，〔一一〕以奚府二剋分置二部。

隗衍突厥部。〔一二〕聖宗析四闢沙、四頗憊戶置，以鎭東北女直之境。開泰九年，節度使奏請置石烈。隸北府，屬黃龍府都部署司。

奧衍突厥部。與隗衍突厥部同。

涅剌越兀部。以涅剌室韋戶置。隸北府，節度使屬西南面招討司，戍黑山北。

奧衍女直部。聖宗以女直戶置。隸北府，節度使屬西北路招討司，戍鎮州境。自此至河西部，皆俘獲諸國之民。初隸諸宮，戶口蕃息置部。訖於五國，皆有節度使。

乙典女直部。聖宗以女直戶置。隸南府，〔一三〕居高州北。

斡突盌烏古部。聖宗以烏古戶置。隸南府，節度使屬西南面招討司，戍黑山北。

迭魯敵烈部。聖宗以敵烈戶置。隸北府，節度使屬烏古敵烈統軍司。

室韋部。聖宗以室韋戶置。隸北府，〔一四〕節度使屬西北路招討司。

朮哲達魯虢部。聖宗以達魯虢戶置。隸北府，節度使屬東北路統軍司，戍境內，居境外。

梅古悉部。聖宗以唐古戶置。隸北府，節度使屬西南面招討司。

頡的部。聖宗以唐古戶置。隸北府，節度使屬西南面招討司。

北敵烈部。聖宗以敵烈戶置。戍隗烏古部。

匿訖唐古部。聖宗置。隸北府，節度使屬西南面招討司。

北唐古部。聖宗以唐古戶置。隸北府，節度使屬黃龍府都部署司，戍府南。

南唐古部。聖宗置。隸北府。

鶴剌唐古部。與南唐古同。節度使屬西南面招討司。

河西部。聖宗置。隸北府，節度使屬東北路統軍司。

薛特部。開泰四年，以回鶻戶置。隸北府，居慈仁縣北。

伯斯鼻骨德部。本鼻骨德戶。初隸諸宮，聖宗以戶口蕃息置部。隸北府，節度使屬東北路統軍司，戍境內，居境外。

達馬鼻骨德部。聖宗以鼻骨德戶置。隸南府，節度使屬東北路統軍司。

五國部。剖阿里國、盆奴里國、〔一五〕奧里米國、越里篤國、越里吉國，聖宗時來附，命居本土，以鎮東北境，屬黃龍府都部署司。重熙六年，以越里吉國人尚海等訴酋帥渾敞貪汚，〔一六〕罷五國酋帥，設節度使以領之。

已上聖宗以舊部族置者十六，增置十八。

遼國外十部：〔一七〕

烏古部。

敵烈八部。

隗古部。

回跋部。

嵓母部。

吾禿婉部。

迭剌葛部。

回鶻部。

長白山部。

蒲盧毛朶部。

右十部不能成國，附庸於遼，時叛時服，各有職貢，猶唐人之有羈縻州也。

校勘記

〔一〕秋冬居羊門甸　冬字原脫，據上下文義補。

〔二〕會同二年更夷離堇爲大王　按紀，更夷離堇爲大王在會同元年十一月。

〔三〕鏵山　鏵，南監本同，殿本改作鏵。鏵、鏵均不見字書，疑應作鏵或鏵。

〔四〕居黑山北　居，疑當作戍。

〔五〕突舉部　紀會同四年正月作突軌部，統和四年八月作譎居部。

〔六〕天贊二年　二年，原誤「八年」。按紀，天贊僅四年，滅胡損事在二年三月，據改。

〔七〕隸北府　按兵衞志上，奚五部隸北府，屬東北路統軍司。

〔八〕烏古湼剌部　按卷八二蕭陽阿傳作烏古湼里。

〔九〕窈爪　爪，原作「介」。據下文及兵衞志中、百官志二改。

〔一〇〕松山平州之間　松山上疑脫戍字。

〔一一〕統和十二年　十二年，原脫十字，誤作「二年」。按紀，以二剋分置二部在統和十二年十二月，據補。

〔一二〕隗衍突厥部　按卷八九耶律庶箴傳作烏衍突厥部。

〔一三〕隸南府　據兵衞志上，此下脫「節度使屬西南路招討司」。

〔一四〕隸北府　「隸北府」三字原脫，據兵衞志上補。

〔一五〕盆奴里國　按紀統和二十二年七月作蒲奴里。

〔一六〕酋帥渾敞貪汚　渾敞，紀重熙六年八月作坤長。

〔一七〕遼國外十部　按百官志二，烏古、敵烈、隗古、迭剌葛入「諸部」，回跋、嵓母、吾禿婉、蒲盧毛朶入「大部」，長白山部作長白山女直國，與回鶻部並入「諸國」。

遼史卷三十四

志第四

兵衛志上

軒轅氏合符東海，邑于涿鹿之阿，遷徙往來無常處，以兵爲營衛。飛狐以北，無慮以東，西暨流沙，四戰之地，聖人猶不免於兵衛，地勢然耳。

遼國左都遼海，右邑涿鹿，兵力莫强焉。其在隋世，依紇臣水而居，分爲十部。兵多者三千，少者千餘。順寒暑，逐水草畜牧。侵伐則十部相與議，興兵致役，合契而後動。獵則部得自行。至唐，大賀氏勝兵四萬三千人，分爲八部。大賀氏中衰，僅存五部。有耶律雅里者，分五部爲八，立二府以總之，析三耶律氏爲七，二審密氏爲五，凡二十部。刻木爲契，政令大行。遜不有國，乃立遙輦氏代大賀氏，兵力益振，卽太祖六世祖也。

及太祖會李克用于雲中，以兵三十萬，盛矣。

遙輦耶瀾可汗十年，歲在辛酉，太祖授鉞專征，[一]破室韋、于厥、奚三國，俘獲廬帳，不可勝紀。十月，授大迭烈府夷離菫，明賞罰，繕甲兵，休息民庶，滋蕃羣牧，務在戢兵。十一年，總兵四十萬伐代北，克郡縣九，俘九萬五千口。十二年，德祖討奚，俘七千戶。十五年，遙輦可汗卒，遺命遜位于太祖。[二]

太祖卽位五年，討西奚、東奚，悉平之，盡有奚、霫之衆。六年春，親征幽州，東西旌旗相望，亙數百里。所經郡縣，望風皆下，俘獲甚衆，振旅而還。秋，親征背陰國，[三]俘獲數萬計。神册元年，親征突厥、吐渾、党項、小蕃、沙陀諸部，俘戶一萬五千六百；攻振武，乘勝而東，攻蔚、新、武、嬀、儒五州，俘獲不可勝紀，斬不從命者萬四千七百級。盡有代北、河曲、陰山之衆，遂取山北八軍。四年，親征于骨里國，[四]俘獲一萬四千二百口。五年，征党項，俘獲二千六百口；攻天德軍，拔十有二柵，徙其民。六年，出居庸關，分兵掠檀、順等州，安遠軍、三河、良鄉、望都、潞、滿城、遂城等縣，俘其民徙內地；皇太子略定州，俘獲甚衆。天贊元年，以戶口滋繁，糺轄疎遠，分北大濃兀爲二部，立兩節度以統之。三年，西征党項等國，俘獲不可勝紀。四年，又親征渤海。天顯元年，滅渤海國，地方五千里，兵數十萬，五京、十五府、六十二州，盡有其衆，契丹益大。

會同初，太宗滅唐立晉，晉獻燕、代十六州，民衆兵强，莫之能禦矣。

兵制

遼國兵制，凡民年十五以上，五十以下，隸兵籍。每正軍一名，馬三疋，打草穀、守營鋪家丁各一人。人鐵甲九事，馬韉轡，馬甲皮鐵，視其力；弓四，箭四百，長短鎗、䤸𨥁、斧鉞、小旗、鎚錐、火刀石、馬盂、粆一斗、粆袋、搭鈍傘各一，[五]縻馬繩二百尺，皆自備。人馬不給糧草，日遣打草穀騎四出抄掠以供之。鑄金魚符，調發軍馬。其捉馬及傳命有銀牌二百。軍所舍，有遠探攔子馬，以夜聽人馬之聲。

凡舉兵，帝率蕃漢文武臣僚，以青牛白馬祭告天地、日神，惟不拜月，分命近臣告太祖以下諸陵及木葉山神，乃詔諸道徵兵。惟南、北、奚王，東京渤海兵馬，燕京統軍兵馬，雖奉詔，未敢發兵，必以聞。上遣大將持金魚符，合，然後行。始聞詔，攢戶丁，推戶力，覈籍齊衆以待。自十將以上，次第點集軍馬、器仗。符至，兵馬本司自領，使者不得與。唯再共點軍馬訖，又以上聞。量兵馬多少，再命使充軍主，與本司互相監督。又請引五方旗鼓，然後皇帝親點將校。又選勳戚大臣，充行營兵馬都統、副都統、都監各一人。又選諸軍兵馬尤精銳者三萬人爲護駕軍，又選驍勇三千人爲先鋒軍，又選剽悍百人之上爲遠探攔子軍，以上各有將領。又於諸軍每部，量衆寡，抽十人或五人，合爲一隊，別立將領，以備勾取兵馬，

騰遞公事。

其南伐點兵，多在幽州北千里鴛鴦泊。及行，並取居庸關、曹王峪、白馬口、古北口、安達馬口、松亭關、榆關等路。將至平州、幽州境，又遣使分道催發，不得久駐，恐踐禾稼。出兵不過九月，還師不過十二月。在路不得見僧尼、喪服之人。

皇帝親征，留親王一人在幽州，權知軍國大事。旣入南界，分爲三路，廣信軍、雄州、霸州各一。駕必由中道，兵馬都統、護駕等軍皆從。各路軍馬遇縣鎭，卽時攻擊。若大州軍，必先料其虛實、可攻次第而後進兵。沿途民居、園囿、桑柘，必夷伐焚蕩。至宋北京，三路兵皆會，以議攻取。及退亦然。三路軍馬前後左右有先鋒。遠探攔子馬各十數人，在先鋒前後二十餘里，全副衣甲，夜中每行十里或五里少駐，下馬側聽無有人馬之聲。有則擒之；力不可敵，飛報先鋒，齊力攻擊。如有大軍，走報主帥。敵中虛實，動必知之。軍行當道州城，防守堅固，不可攻擊，引兵過之。恐敵人出城邀阻，乃圍射鼓譟，詐爲攻擊。敵方閉城固守，前路無阻，引兵進，分兵抄截，使隨處州城隔絕不通，孤立無援。所過大小州城，至夜，恐城中出兵突擊，及與鄰州計會軍馬，甲夜，每城以騎兵百人去城門左右百餘步，被甲執兵，立馬以待。兵出，力不能加，馳還勾集衆兵與戰。左右官道、斜徑、山路、河津，夜中並遣兵巡守。其打草穀家丁，各衣甲持兵，旋團爲隊，必先斫伐園林，然後驅掠老幼，運土木

中華書局

塡壕塹，攻城之際，必使先登，矢石檑木併下，止傷老幼。又於本國州縣起漢人鄉兵萬人，隨軍專伐園林，塡道路。御寨及諸營壘，唯用桑柘梨栗。軍退，縱火焚之。敵軍旣陣，料其陣勢小大，山川形勢，往回道路，救援捷徑，漕運所出，各有以制之。然後於陣四面，列騎爲隊，每隊五、七百人，十隊爲一道，十道當一面，各有主帥。最先一隊走馬大譟，衝突敵陣。得利，則諸隊齊進；若未利，引退，第二隊繼之。退者，息馬飮水粆。諸道皆然。更退迭進，敵陣不動，亦不力戰。歷二三日，待其困憊，又令打草穀家丁馬施雙箒，因風疾馳，揚塵敵陣，更互往來。中旣飢疲，目不相覩，可以取勝。若陣南獲勝，陣北失利，主將在中，無以知之，則以本國四方山川爲號，聲以相聞，得相救應。

若帝不親征，重臣統兵不下十五萬衆，三路往還，北京會兵，進以九月，退以十二月，行事次第皆如之。若春以正月，秋以九月，不命都統，止遣騎兵六萬，不許深入，不攻城池、不伐林木；但於界外三百里內，耗蕩生聚，不令種養而已。

軍入南界，步騎車帳不循阡陌。三道將領各一人，率攔子馬各萬騎，支散游弈百十里外，更迭覘邏。及暮，以吹角爲號，衆卽頓舍，環繞御帳。自近及遠，折木稍屈，爲弓子鋪，不設鎗營塹柵之備。

毎軍行，鼓三伐，不問晝夜，大衆齊發。未遇大敵，不乘戰馬；俟近敵師，乘新羈馬，蹄有餘力。成列不戰，退則乘之。多伏兵斷糧道，冒夜舉火，上風曳柴。饋餉自賫，散而復聚。善戰，能寒。此兵之所以强也。

校勘記

〔一〕遙輦耶瀾可汗十年歲在辛酉太祖授鉞專征　按世表，耶瀾可汗在唐會昌間，次巴剌可汗在咸通間，又次痕德菫可汗在光啓間。辛酉歲當天復元年，不合。太祖紀上，「唐天復元年，歲辛酉，痕德菫可汗立，以太祖爲本部夷離菫，專征討。」較近實際。

〔二〕十五年遙輦可汗卒遺命遜位于太祖　按太祖紀上云，丙寅年「十二月，痕德菫可汗殂」，太祖翌年丁卯歲「正月，卽皇帝位」。

〔三〕背陰國　按紀太祖六年七月作朮不姑。

〔四〕于骨里國　按紀神册四年九月作烏古部，屬國表作骨里國。

〔五〕搭鈍傘　按「鈍」字不見字書。道光殿本考證云：「通考作『搭鈎氈繖』。史以鈎、氈二字偏旁誤合爲『鈍』字」。

遼史卷三十五

志第五

兵衛志中

御帳親軍

漢武帝多行幸之事，置期門、佽飛、羽林之目，天子始有親軍。唐太宗加親、勳、翊、千牛之衞，布腹心之地，防衞密矣。遼太祖宗室盛强，分迭剌部爲二，宮衞內虛，經營四方，未逞鳩集。皇后述律氏居守之際，摘蕃漢精銳爲屬珊軍；太宗益選天下精甲，置諸爪牙爲皮室軍。合騎五十萬，國威壯矣。

大帳皮室軍。

太宗置，凡三十萬騎。〔一〕

屬珊軍。

地皇后置，二十萬騎。

宮衞騎軍

太祖以迭剌部受禪，分本部爲五院、六院，統以皇族，而親衞缺然。乃立斡魯朶法，裂州縣，割戶丁，以强幹弱支。詒謀嗣續，世建宮衞。入則居守，出則扈從，葬則因以守陵。有兵事，則五京、二州各提轄司傳檄而集，不待調發州縣、部族，十萬騎軍已立具矣。恩意親洽，兵甲犀利，敎練完習。簡天下精銳，聚之腹心之中。懷舊者歲深，增新者世盛。此軍制之良者也。

弘義宮：

正丁一萬六千，

蕃漢轉丁一萬四千，

騎軍六千。

長寧宮：

正丁一萬四千，

蕃漢轉丁一萬二千，
騎軍五千。
永興宮：
正丁六千，
蕃漢轉丁一萬四千，
騎軍五千。
積慶宮：
正丁一萬，
蕃漢轉丁一萬六千，
騎軍八千。
延昌宮：
正丁二千，
蕃漢轉丁六千，
騎軍二千。
彰愍宮：

正丁一萬六千，
蕃漢轉丁二萬，
騎軍一萬。
崇德宮：
正丁一萬二千，
蕃漢轉丁二萬，
騎軍一萬。
興聖宮：
正丁二萬，
蕃漢轉丁四萬，
騎軍五千。
延慶宮：
正丁一萬四千，
蕃漢轉丁二萬，
騎軍一萬。

太和宮：
正丁二萬，
蕃漢轉丁四萬，
騎軍一萬五千。
永昌宮：
正丁一萬四千，〔三〕
蕃漢轉丁二萬，
騎軍一萬。
敦睦宮：
正丁六千，
蕃漢轉丁一萬，
騎軍五千。
文忠王府：
正丁一萬，
蕃漢轉丁一萬六千，

騎兵一萬。

十二宮一府，自上京至南京總要之地，各置提轄司。重地每宮皆置，內地一二而已。

太和、永昌二宮宜與興聖、延慶同，舊史不見提轄司，蓋闕文也。

南京：
弘義宮提轄司。
長寧宮提轄司。
永興宮提轄司。
積慶宮提轄司。
延昌宮提轄司。
彰愍宮提轄司。
崇德宮提轄司。
興聖宮提轄司。
延慶宮提轄司。
敦睦宮提轄司。

文忠王府提轄司。

西京：[三]

弘義宮提轄司。

長寧宮提轄司。

永興宮提轄司。

積慶宮提轄司。

彰愍宮提轄司。

崇德宮提轄司。

延慶宮提轄司。

文忠王府提轄司。

奉聖州：

弘義宮提轄司。

長寧宮提轄司。

永興宮提轄司。

積慶宮提轄司。

彰愍宮提轄司。

崇德宮提轄司。

興聖宮提轄司。

延慶宮提轄司。

文忠王府提轄司。

平州：

弘義宮提轄司。

長寧宮提轄司。

永興宮提轄司。

積慶宮提轄司。

延昌宮提轄司。

彰愍宮提轄司。

興聖宮提轄司。

延慶宮提轄司。

文忠王府提轄司。

中京：

延昌宮提轄司。

文忠王府提轄司。

上京：

文忠王府提轄司。

凡諸宮衞，丁四十萬八千，出騎軍十萬一千。

大首領部族軍

遼親王大臣，體國如家，征伐之際，往往置私甲以從王事。大者千餘騎，小者數百人，著籍皇府。國有戎政，量借三五千騎，常留餘兵爲部族根本。

太子軍。

偉王軍。

永康王軍。

于越王軍。

麻荅軍。

五押軍。

衆部族軍

衆部族分隸南北府，守衞四邊，各有司存，具如左。

北府凡二十八部。[四]

侍從宮帳：

奚王府部。

鎮南境：

五院部。

六院部。

東北路招討司：

烏隗部。

東北路統軍司：

遙里部。
伯德部。
奧里部。
南剋部。
北剋部。
圖盧部。〔五〕
朮者達魯虢部。
河西部。
西北路招討司：
突呂不部。
奧衍女直部。
室韋部。
西南路招討司：
涅剌部。
烏古涅剌部。

涅剌越兀部。
梅古悉部。
頡的部。
匿訖唐古部。
鶴剌唐古部。
黃龍府都部署司：
隗衍突厥部。
奧衍突厥部。
北唐古部。
五國部。
烏古敵烈統軍司：
迭魯敵烈部。
戍隗烏古部：
北敵烈部。

南府凡一十六部。〔六〕
鎮駐西南境：
乙室部。
西南路招討司：
品部。〔七〕
迭達迭剌部。〔八〕
品達魯虢部。〔九〕
乙典女直部。
西北路招討司：
楮特部。
東北路統軍司：
達馬鼻古德部。
東北路女直兵馬司：〔一〇〕
乙室奧隗部。
東京都部署司：

楮特奧隗部。
窈爪部。
稍瓦部。
曷朮部。
戍倒塌嶺：
訛僕括部。〔一一〕
屯駐本境：
撒里葛部。
南唐古部。〔一二〕
薛特部。

校勘記

〔一〕太宗置凡三十萬騎　按百官志二，太祖時已置。太宗增多至三十萬騎。

〔二〕正丁一萬四千　按各宮丁數，均爲戶數之二倍，檢營衞志上，永昌宮正戶八千。若非例外，則丁數應爲一萬六千。

〔三〕西京　按營衛志上，興聖宮提轄司四。此西京下無興聖宮提轄司，疑脫。

〔四〕北府凡二十八部　按營衛志下，尚有突呂不室韋部、涅剌拏古部、伯斯鼻古德部屬東北路統軍司，品部屬西北路招討司，均隸北府。凡三十二部。

〔五〕圖盧部　按營衛志下作圖魯部。

〔六〕南府凡一十六部　按營衛志下，尚有斄盌爪部屬東京都部署司，隸南府，又品部、南唐古部隸北府。凡十五部。

〔七〕品部　按紀會同四年正月作品卑部，統和四年四月作頻不部。

〔八〕迭達迭剌部　營衛志下、百官志二並作迭剌迭達部。

〔九〕品達魯虢部　按紀開泰七年六月作品打魯瑰部。

〔一〇〕東北路女直兵馬司　按營衛志下作東北路兵馬司。

〔一一〕戍倒塌嶺訛僕括部　按營衛志下，訛僕括部，與撒里葛三部同，居望雲縣東。特里特勉部戍倒塌嶺。

〔一二〕南唐古部　按營衛志下，南唐古部隸北府。

遼史卷三十六

志第六

兵衛志下

五京鄉丁

遼建五京：臨潢，契丹故壤；遼陽，漢之遼東，爲渤海故國；中京，漢遼西地，自唐以來契丹有之。三京丁籍可紀者二十二萬六千一百，蕃漢轉戶爲多。析津、大同，故漢地，籍丁八十萬六千七百。契丹本戶多隸宮帳、部族，其餘蕃漢戶丁分隸者，皆不與焉。

臨潢府：

太祖建皇都于臨潢府。太宗定晉，晉主石敬瑭來獻十六城，〔一〕乃定四京，改皇都爲上京。有丁一十六萬七千二百。

臨潢縣丁七千。

長泰縣丁八千。

保和縣丁六千。

定霸縣丁六千。

宣化縣丁四千。〔二〕

潞縣丁六千。

易俗縣丁一千五百。

遷遼縣丁一千五百。

祖州：

長霸縣丁四千。

咸寧縣丁二千。

越王城丁二千。

懷州：

扶餘縣丁三千。

顯理縣丁二千。

慶州玄寧縣丁一萬二千。〔三〕
泰州興國縣丁一千四百。
長春州長春縣丁四千。
烏州愛民縣丁二千。
永州：
長寧縣丁九千。
義豐縣丁三千。
慈仁縣丁八百。
儀坤州廣義縣丁五千。
龍化州龍化縣丁二千。
降聖州永安縣丁一千五百。
饒州：
長樂縣丁八千。
臨河縣丁二千。
安民縣丁二千。

頭下：
徽州丁二萬。
成州丁八千。
懿州丁八千。
渭州丁二千。
原州丁一千。
壕州丁一萬二千。
福州丁五百。
橫州丁四百。
鳳州丁一千。〔四〕
遂州丁一千。
豐州丁一千。
順州丁二千。
閭州丁二千。
松山州丁一千。
豫州丁一千。
寧州丁六百。
遼陽府：
東京，本渤海，以其地建南京遼陽府。統縣六，轄軍、府、州、城二十六，〔五〕有丁四萬一千四百。天顯十三年，太宗改爲東京。
遼陽縣丁三千。
仙鄉縣丁三千。
鶴野縣丁二千四百。
析木縣丁二千。
紫蒙縣丁二千。
興遼縣丁二千。
開州開遠縣丁二千。
鹽州丁五百。
穆州丁五百。

賀州丁五百。
定州定東縣丁一千六百。
保州來遠縣丁二千。
辰州丁四千。
盧州丁五百。
鐵州丁二千。
興州丁三百。
湯州丁七百。
崇州丁一千。
海州丁三千。
耀州丁一千二百。
嬪州丁七百。
淥州丁四千。
桓州丁一千。
豐州丁五百。

正州丁七百。
慕州丁三百。

南京析津府，統縣十一，[五]轄軍、府、州、城九，有丁五十六萬六千。

析津府：
析津縣丁四萬。
宛平縣丁四萬四千。
昌平縣丁一萬四千。
良鄉縣丁一萬四千。
潞縣丁一萬一千。
安次縣丁二萬四千。
武清縣丁二萬。
永清縣丁一萬。
香河縣丁一萬四千。
玉河縣丁二千。

漷陰縣丁一萬。
順州懷柔縣丁一萬。
檀州：
密雲縣丁一萬。
行唐縣丁六千。
涿州：
范陽縣丁二萬。
固安縣丁二萬。
新城縣丁二萬。
歸義縣丁八萬。[六]
易州：
易縣丁五萬。
淶水縣丁五萬四千。
容城縣丁一萬。
薊州：
漁陽縣丁八千。
三河縣丁六千。
玉田縣丁六千。
平州：
盧龍縣丁一萬四千。
安喜縣丁一萬。
望都縣丁六千。
灤州：
義豐縣丁八千。
馬城縣丁六千。
石城縣丁六千。
營州廣寧縣丁六千。
景州遵化縣丁六千。

西京大同府，統縣七，轄軍、府、州、城十七，有丁三十二萬二千七百。

大同府：
大同縣丁二萬。
雲中縣丁二萬。
天成縣丁一萬。[七]
長青縣丁八千。
奉義縣丁六千。
懷仁縣丁六千。
懷安縣丁六千。
弘州：
永寧縣丁二萬。
順聖縣丁六千。
德州宣德縣丁六千。
豐州：
富民縣丁二千四百。
振武縣鄉兵三百。

奉聖州：
永興縣丁一萬六千。
礬山縣丁六千。
龍門縣丁八千。
望雲縣丁二千。
歸化州文德縣丁二萬。
可汗州懷來縣丁六千。
儒州縉山縣丁一萬。
蔚州：
靈仙縣丁四萬。
定安縣丁二萬。
飛狐縣丁一萬。
靈丘縣丁六千。
廣陵縣丁六千。
應州：

金城縣丁一萬六千。
渾源縣丁一萬。
河陰縣丁六千。
朔州：
鄯陽縣丁八千。
寧遠縣丁四千。
馬邑縣丁六千。
金肅軍防秋兵一千。
武州神武縣丁一萬。
河清軍防秋兵一千。

聖宗統和二十三年，城七金山，建大定府，號中京。統縣九，轄軍、府、州、城二十三。草創未定，丁籍莫考，可見者一縣：
高州三韓縣丁一萬。

大約五京民丁可見者，一百一十萬七千三百爲鄉兵。

屬國軍

遼屬國可紀者五十有九，朝貢無常。有事則遣使徵兵，或下詔專征；不從者討之。助軍衆寡，各從其便，無常額。又有鐵不得國者，興宗重熙十七年乞以兵助攻夏國，詔不許。

吐谷渾。
鐵驪。
靺鞨。
兀惹。
黑車子室韋。
西奚。
東部奚。
烏馬山奚。
斜離底。〔九〕
突厥。

党項。
小蕃。
沙陀。
阻卜。
烏古。〔一〇〕
素昆那。
胡母思山蕃。
波斯。
大食。
甘州回鶻。
新羅。
烏孫。
燉煌。〔一一〕
賃烈。
要里。

回鶻。
轄戛斯。
吐蕃。
黃室韋。
小黃室韋。
大黃室韋。
阿薩蘭回鶻。
于闐。
師子。
北女直。
河西党項。
南京女直。[一二]
沙州燉煌。
曷蘇館。
沙州回鶻。

查只底。[一三]
蒲盧毛朶。
蒲奴里。
大蕃。
高昌。[一四]
回拔。
頗里。
達里底。
拔思母。
敵烈。
粘八葛。
梅里急。[一五]
耶覩刮。
鼻骨德。[一六]
和州回鶻。
斡朗改。[一七]
高麗。
西夏。
女直。

遼之爲國，鄰於梁、唐、晉、漢、周、宋。晉以恩故，始則父子一家，終則寇讎相攻；梁、唐、周隱然一敵國，宋惟太宗征北漢，遼不能救，餘多敗衄，縱得亦不償失。良由石晉獻土，中國失五關之固然也。高麗小邦，屢喪遼兵，非以險阻足恃故歟。西夏彈丸之地，南敗宋，東抗遼。雖西北士馬雄勁，元昊、諒祚智勇過人，能使党項、阻卜掣肘大國，蓋亦襟山帶河，有以助其勢耳。雖然，宋久失地利，而舊志言兵，唯以敵宋爲務。踰三關，聚議北京，猶不敢輕進。豈不以大河在前，三鎮在後，臨事好謀之審，不容不然歟。

二帳、十二宮一府、五京，有兵一百六十四萬二千八百。宮丁、大首領、諸部族、中京、頭下等州，屬國之衆，皆不與焉。不輕用之，所以長世。

邊境戍兵

又得高麗大遼事跡，載東境戍兵，以備高麗、女直等國，見其守國規模，布置簡要，舉一可知三邊矣。

東京至鴨淥西北峰爲界：
黃龍府正兵五千。
咸州正兵一千。
東京沿女直界至鴨淥江：
軍堡凡七十，各守軍二十人，計正兵一千四百。
來遠城宣義軍營八：
太子營正兵三百。
大營正兵六百。
蒲州營正兵二百。
新營正兵五百。
加陀營正兵三百。
王海城正兵三百。
柳白營正兵四百。

沃野營正兵一千。

神虎軍城正兵一萬。大康十年置。

右一府、一州、二城、七十堡、八營，計正兵二萬二千。

校勘記

〔一〕晉主石敬瑭　主原作「王」，據大典七七〇二改。

〔二〕宣化縣丁四千　按地理志一，宣化縣戶四千。一戶一丁，疑誤。

〔三〕慶州玄寧縣　玄寧，地理志一作玄德。

〔四〕鳳州丁一千　按地理志一，鳳州戶四千。丁數少于戶數，疑誤。

〔五〕遼陽府統縣六轄軍府州城二十六　道光殿本考證云：「按地理志，統縣九，轄軍、府、州、城八十七。此所載『縣六』，係據丁數可見者；其『二十六』之數，恐有舛誤。」

〔六〕析津府統縣十一　十一，原脫「一」字。按下列縣數十一，與地理志四合，據補。

〔七〕歸義縣丁八萬　按地理志四，歸義縣戶四千。「丁八萬」疑是丁八千之誤。

〔八〕天成縣　成，原誤「詳」。據地理志五改。金史地理志作天城。

〔九〕斜離底　百官志二：「達里得部，亦曰達離底。」按下文有達里底，疑與此爲重出。

〔一〇〕烏古　按屬國表作骨里國，卽烏骨里，亦作于骨里、于厥、于厥里。

〔一一〕燉煌　此與下文沙州燉煌、沙州回鶻爲重出。

〔一二〕南京女直　按紀統和二十二年九月：「丙午，幸南京。女直遣使獻所獲烏昭慶妻子。」屬國表誤作「南京女直遣使獻所獲烏昭慶妻子」。此「南京女直」似沿襲屬國表之誤。紀大安元年十一月，「以南女直詳穩蕭袍里爲北府宰相」。檢上文有北女直，則此目當作南女直。卽金史世紀所謂其在南者籍契丹，號熟女直；其在北者不在契丹籍，號生女直。下文不冠南北之女直，似指完顏强大以後之女直。

〔一三〕查只底　按部族表，「太平七年，查只底部來附。」是部，非屬國。

〔一四〕高昌　此與下文和州回鶻爲重出。

〔一五〕梅里急　按紀保大五年作密兒紀，卽金、元之篾兒乞。

〔一六〕鼻骨德　按百官志二作鼻國德。

〔一七〕斡朗改　按斡朗改及嗢娘改本書屢見，一爲屬國，一爲部族。劉師培左盦集卷五遼史部族表書後云，均烏梁海之轉音，元秘史作兀良合。

遼史卷三十七

志第七

地理志一

帝堯畫天下爲九州。舜以冀、青地大，分幽、幷、營，爲州十有二。幽州在渤、碣之間，幷州北有代、朔，營州東暨遼海。其地負山帶海，其民執干戈，奮武衞，風氣剛勁，自古爲用武之地。太祖以迭剌部之衆代遙輦氏，起臨潢，建皇都；東併渤海，得城邑之居百有三。太宗立晉，有幽、涿、檀、薊、順、營、平、蔚、朔、雲、應、新、嬀、儒、武、寰十六州，〔一〕於是割古幽、幷、營之境而跨有之。東朝高麗，西臣夏國，南子石晉而兄弟趙宋，吳越、南唐航海輸貢。嘻，其盛矣！

遼國其先曰契丹，本鮮卑之地，居遼澤中；去榆關一千一百三十里，去幽州又七百一十四里。南控黃龍，北帶潢水，冷陘屏右，遼河塹左。高原多榆柳，下隰饒蒲葦。當元魏

時，有地數百里。至唐，大賀氏蠶食扶餘、室韋、奚、靺鞨之區，地方二千餘里。貞觀三年，以其地置玄州。尋置松漠都督府，建八部爲州，各置刺史：達稽部曰峭落州，紇便部曰彈汗州，獨活部曰無逢州，芬阿部曰羽陵州，突便部曰日連州，芮奚部曰徒河州，墜斤部曰萬丹州，伏部曰匹黎、赤山二州。以大賀氏窟哥爲使持節十州軍事。分州建官，蓋昉於此。

迨于五代，闢地東西三千里。遙輦氏更八部曰旦利皆部、乙室活部、實活部、納尾部、頻沒部、內會雞部、集解部、奚嗢部，屬縣四十有一。每部設刺史，縣置令。太宗以皇都爲上京，升幽州爲南京，改南京爲東京，聖宗城中京，興宗升雲州爲西京，於是五京備焉。又以征伐俘戶建州襟要之地，多因舊居名之；加以私奴置投下州。總京五，府六，州、軍、城百五十有六，縣二百有九，部族五十有二，屬國六十。東至于海，西至金山，暨于流沙，北至臚朐河，南至白溝，幅員萬里。

上京道

上京臨潢府，本漢遼東郡西安平之地。新莽曰北安平。太祖取天梯、蒙國、別魯等三山之勢于葦甸，〔二〕射金齪箭以識之，謂之龍眉宮。神册三年城之，名曰皇都。天顯十三年，更名上京，府曰臨潢。

廣義縣。本回鶻部牧地。應天皇后以四征所俘居之，因建州縣。統和八年，以諸宮提轄司戶置來遠縣，十三年併入。戶二千五百。

龍化州，興國軍，下，節度。本漢北安平縣地。契丹始祖奇首可汗居此，稱龍庭。太祖於此建東樓。唐天復二年，太祖爲迭烈部夷離菫，破代北，遷其民，建城居之。明年，伐女直，俘數百戶實焉。天祐元年，增修東城，制度頗壯麗。十三年，太祖於城東金鈴岡受尊號曰大聖大明天皇帝，建元神册。天顯元年，崩于東樓。太宗升節度。隸彰愍宮，兵事屬北路女直兵馬司。刺史州一，未詳。統縣一：

龍化縣。太祖東伐女直，南掠燕、薊，所俘建城置邑。戶一千。

降聖州，開國軍，下，刺史。本大部落東樓之地。太祖春月行帳多駐此。應天皇后夢神人金冠素服，執兵仗，貌甚豐美，異獸十二隨之。中有黑兔躍入后懷，因而有娠，遂生太宗。時黑雲覆帳，火光照室，有聲如雷，諸部異之。穆宗建州。四面各三十里，禁樵採放牧。先屬延昌宮，後隸彰愍宮。統縣一：

永安縣。本龍原府慶州縣名。太祖平渤海，破懷州之永安，遷其人置寨於此，建縣。

戶八百。

饒州，匡義軍，中，節度。本唐饒樂府地。貞觀中置松漠府。太祖完葺故壘。有潢河、長水濼、沒打河、青山、大福山、松山。隸延慶宮。統縣三：

長樂縣。本遼城縣名。太祖伐渤海，遷其民，建縣居之。戶四千，內一千戶納鐵。

臨河縣。本豐永縣人，〔二六〕太宗分兵伐渤海，遷於潢水之曲。戶一千。

安民縣。太宗以渤海諸邑所俘雜置。戶一千。

頭下軍州〔二七〕

頭下軍州，皆諸王、外戚、大臣及諸部從征俘掠，或置生口，各團集建州縣以居之。橫帳諸王、國舅、公主許創立州城，自餘不得建城郭。朝廷賜州縣額。其節度使朝廷命之，刺史以下皆以本主部曲充焉。官位九品之下及井邑商賈之家，征稅各歸頭下，唯酒稅課納上京鹽鐵司。

徽州，宣德軍，節度。景宗女秦晉大長公主所建。媵臣萬戶，在宜州之北二百里，因建州城。北至上京七百里。節度使以下，皆公主府署。戶一萬。

成州，長慶軍，節度。聖宗女晉國長公主以上賜媵臣戶置。在宜州北一百六十里，因建州城。北至上京七百四十里。戶四千。

懿州，廣順軍，節度。聖宗女燕國長公主以上賜媵臣戶置。在顯州東北二百里，因建州城。西北至上京八百里。戶四千。

渭州，高陽軍，節度。駙馬都尉蕭昌裔建。尚秦國王隆慶女韓國長公主，〔二八〕以所賜媵臣建州城。顯州東北二百五十里。遼制，皇子嫡生者，其女與帝女同。戶一千。

壕州。國舅宰相南征，俘掠漢民，居遼東西安平縣故地。在顯州東北二百二十里，西北至上京七百二十里。戶六千。

原州。本遼東北安平縣地。顯州東北三百里。國舅金德俘掠漢民建城。西北至上京八百里。戶五百。

福州。國舅蕭寧建。南征俘掠漢民，居北安平縣故地。在原州北二十里，西北至上京七百八十里。戶三百。

橫州。國舅蕭克忠建。部下牧人居漢故遼陽縣地，因置州城。在遼州西北九十里，西北至上京七百二十里。有橫山。戶二百。

鳳州。橐離國故地，渤海之安寧郡境，南王府五帳分地。在韓州北二百里，西北至上

京九百里。戶四千。〔二九〕

遂州。本高州地，南王府五帳放牧於此。在檀州西二百里，西北至上京一千里。戶五百。

豐州。本遼澤大部落，遙輦氏僧隱牧地。北至上京三百五十里。戶五百。

順州。本遼隊縣地。橫帳南王府俘掠燕、薊、順州之民，建城居之。在顯州東北一百二十里，西北至上京九百里。戶一千。

閭州。羅古王牧地，近醫巫閭山。在遼州西一百三十里，西北至上京九百五十里。戶一千。

松山州。本遼澤大部落，橫帳普古王牧地。有松山。北至上京一百七十里。戶五百。

豫州。橫帳陳王牧地。南至上京三百里。戶五百。

寧州。本大賀氏勒得山，橫帳管寧王放牧地。在豫州東八十里，西南至上京三百五十里。戶三百。

邊防城

遼國西北界防邊城，因屯戍而立，務據形勝，不資丁賦。具列如左：

靜州，觀察。本泰州之金山。天慶六年升。

鎮州，建安軍，節度。本古可敦城。統和二十二年皇太妃奏置。〔二〇〕選諸部族二萬餘騎充屯軍，專捍禦室韋、羽厥等國，凡有征討，不得抽移。渤海、女直、漢人配流之家七百餘戶，分居鎮、防、維三州。東南至上京三千餘里。

維州，刺史。

防州，刺史。

河董城。本回鶻可敦城，語訛爲河董城。久廢，遼人完之以防邊患。高州界女直常爲盜，劫掠行旅，遷其族於此。東南至上京一千七百里。

靜邊城。本契丹二十部族水草地。北鄰羽厥，每入爲盜，建城，置兵千餘騎防之。東南至上京一千五百里。

皮被河城。地控北邊，置兵五百於此防托。〔二一〕皮被河出回紇北，東南經羽厥，入臚朐河，沿河董城北，東流合沱漉河，入于海。南至上京一千五百里。

招州，綏遠軍，刺史。開泰三年以女直戶置。隸西北路招討司。

塔懶主城。〔二二〕大康九年置。在臚朐河。

校勘記

〔一〕十六州　按紀會同元年十一月，十六州內有瀛、莫，無營、平。考異謂遼得瀛、莫後未久旋失，後人因以營、平計入十六州，蓋相沿之誤。

〔二〕天梯蒙國別魯等三山　蒙國二字原脫，據卷一一六國語解補。

〔三〕御河　按大典七七〇二作枯河。

〔四〕他魯河　按遊幸表作撻魯河。

〔五〕鴛鴦湖　按紀、傳及遊幸表並作鴛鴦濼。

〔六〕火神淀　火，原誤「大」。據通考三四六及國志四、五、六、一三各卷改。

〔七〕兔兒山　按營衞志中作吐兒山。

〔八〕鑿山　按大典七七〇二作鑒山。

〔九〕轄軍府州城二十五　按「二十五」與下文所列軍、府、州、城實數不合。

〔一〇〕五鸞　鸞，原作「鑾」。按本紀中凡五見，並作鸞，據改。

〔一一〕致祭　按大典七七〇二作致敬。

〔一二〕南曰順陽曰南福　按順陽大典作順歸。「曰南福」三字，原舛在「曰西鴈兒」下，大典引同，據上下文改。

〔一三〕貝聖尼寺　貝，南、北及乾隆殿本並作「具」，大典七七〇二亦作「具」。道光殿本改作「有」。

〔一四〕中京正北八十里至松山舘　按富弼行程錄，由中京至臨都舘、官窰舘，再至松山舘，爲一百九十里。

〔一五〕唐於契丹嘗置饒樂州　州字原脫，據國志二四補。

〔一六〕涼淀　按紀天顯四年六月、八月以下及遊幸表並作涼陘。

〔一七〕祖州天成軍至右八部世沒里地　天成軍，大典同。太祖紀、太宗紀、聖宗紀並作天城軍。「右八部」，疑當作右大部。營衞志中阻午可汗二十部中有右大部，下文儀坤州亦有右大部之名。

〔一八〕于越王述魯　述魯，皇子表作述瀾，釋魯字。

〔一九〕天贊中從太祖破扶餘城　按紀，破扶餘城在天顯元年正月。

〔二〇〕慶州玄寧軍　按紀大康十年十二月，改慶州大安軍曰興平。玄寧應是大安以前或興平以後軍號。

〔二一〕在州二百里　州下疑脫方位字。

〔二二〕遼北大王撥剌占爲牧　按牧下應有「地」或「場」字，文意始完。

〔二三〕太宗援石晉主中國　宗，原誤「祖」。援石晉爲太宗時事，據改。

〔二四〕柳林淀亦曰白馬淀　白字原脫。據紀重熙七年十月及營衞志中補。

〔二五〕又嘗改富義縣屬泰州　按上文富義縣屬慶州。

〔二六〕豐永縣　按下文遼陽府仙鄉縣條作永豐縣。

〔二七〕頭下軍州　原無此目。按「頭下軍州」皆因諸王、外戚、大臣私城所建，與以上州軍不盡同。國志別出「投下州」一項。今仿下文「邊防城」例，增此一目。

〔二八〕秦國王隆慶　按皇子表、國志十四並作秦晉國王。

〔二九〕鳳州戶四千　兵衞志下，鳳州丁一千。按一戶二丁通例，戶、丁數疑誤。

〔三〇〕皇太妃奏置　「皇」應作王。參卷十三校勘記〔七〕。

〔三一〕置兵五百於此防托　「托」，疑應作戍。

〔三二〕塔懶主城　按塔懶卽撻覽，「主」應作王。

遼史卷三十八

志第八

地理志二

東京道

東京遼陽府，本朝鮮之地。周武王釋箕子囚，去之朝鮮，因以封之。作八條之教，尙禮義，富農桑，外戶不閉，人不爲盜。傳四十餘世。燕屬眞番、朝鮮，始置吏、築障。秦屬遼東外徼。漢初，燕人滿王故空地。武帝元封三年，定朝鮮爲眞番、臨屯、樂浪、玄菟四郡。後漢出入靑、幽二州，遼東、玄菟二郡，沿革不常。漢末爲公孫度所據，傳子康；孫淵，自稱燕王，建元紹漢，魏滅之。晉陷高麗，後歸慕容垂；子寶，以勾麗王安爲平州牧居之。元魏太武遣使至其所居平壤城，遼東京本此。唐高宗平高麗，於此置安東都護府；後爲渤海大氏所有。大氏始保挹婁之東牟山。武后萬歲通天中，爲契丹盡忠所逼，有乞乞仲象者，度遼水

自固，武后封爲震國公。傳子祚榮，建都邑，自稱震王，併吞海北，地方五千里，兵數十萬。中宗賜所都曰忽汗州，封渤海郡王。十有二世至彝震，僭號改元，擬建宮闕，有五京、十五府、六十二州，爲遼東盛國。忽汗州卽故平壤城也，號中京顯德府。[一]太祖建國，攻渤海，拔忽汗城，俘其王大諲譔，以爲東丹王國，立太子圖欲爲人皇王以主之。神冊四年，葺遼陽故城，以渤海、漢戶建東平郡，爲防禦州。[二]天顯三年，遷東丹國民居之，升爲南京。

城名天福，[三]高三丈，有樓櫓，幅員三十里。八門：東曰迎陽，東南曰韶陽，南曰龍原，西南曰顯德，西曰大順，西北曰大遼，北曰懷遠，東北曰安遠。宮城在東北隅，高三丈，具敵樓，南爲三門，壯以樓觀，四隅有角樓，相去各二里。宮牆北有讓國皇帝御容殿。大內建二殿，不置宮嬪，唯以內省使副、判官守之。大東丹國新建南京碑銘，在宮門之南。外城謂之漢城，分南北市，中爲看樓；晨集南市，夕集北市。街西有金德寺，大悲寺，駙馬寺，鐵幡竿在焉；趙頭陀寺；留守衙；戶部司；軍巡院，歸化營軍千餘人，河、朔亡命，皆籍于此。東至北烏魯虎克四百里，南至海邊鐵山八百六十里，西至望平縣海口三百六十里，北至挹婁縣、范河二百七十里。東、西、南三面抱海。遼河出東北山口爲范河，西南流爲大口，入于海；東梁河自東山西流，與渾河合爲小口，會遼河入于海，又名太子河，亦曰大梁水；渾河在東梁、范河之間；沙河出東南山西北流，徑蓋州入于海。有蒲河，淸河，浿水，亦曰泥河，又

曰蓒芋濼，水多蓒芋之草；駐蹕山，唐太宗征高麗，駐蹕其巔數日，勒石紀功焉，俗稱手山，山巔平石之上有掌指之狀，泉出其中，取之不竭。又有明王山、白石山——亦曰橫山。天顯十三年，改南京爲東京，府曰遼陽。

戶四萬六百四。轄州、府、軍、城八十七。[四]統縣九：

遼陽縣。本渤海國金德縣地。漢浿水縣，高麗改爲勾麗縣，渤海爲常樂縣。戶一千五百。

仙鄉縣。本漢遼隊縣，渤海爲永豐縣。神仙傳云：「仙人白仲理能煉神丹，點黃金，以救百姓。」戶一千五百。

鶴野縣。本漢居就縣地，渤海爲雞山縣。昔丁令威家此，去家千年，化鶴來歸，集於華表柱，以咮畫表云：「有鳥有鳥丁令威，去家千年今來歸；城郭雖是人民非，何不學仙塚纍纍。」戶一千二百。

析木縣。本漢望平縣地，渤海爲花山縣。戶一千。

紫蒙縣。本漢鏤芳縣地。[五]後拂涅國置東平府，領蒙州紫蒙縣。後徙遼城，幷入黃嶺縣。渤海復爲紫蒙縣。戶一千。

興遼縣。本漢平郭縣地，渤海改爲長寧縣。唐元和中，渤海王大仁秀南定新羅，北略

諸部，開置郡邑，遂定今名。戶一千。

肅愼縣。以渤海戶置。

歸仁縣。

順化縣。

開州，鎭國軍，節度。本濊貊地，高麗爲慶州，渤海爲東京龍原府。有宮殿。都督慶、鹽、穆、賀四州事。故縣六：曰龍原、永安、烏山、壁谷、熊山、白楊，皆廢。疊石爲城，周圍二十里。唐薛仁貴征高麗，與其大將溫沙門戰熊山，擒善射者於石城，卽此。太祖平渤海，徙其民于大部落，城遂廢。聖宗伐高麗還，[六]周覽城基，復加完葺。開泰三年，遷雙、韓二州千餘戶實之，號開封府開遠軍，節度；更名鎭國軍。隸東京留守，兵事屬東京統軍司。統州三、縣一。

開遠縣。本柵城地，高麗爲龍原縣，渤海因之，遼初廢。聖宗東討，復置以軍額。民戶一千。

鹽州。本渤海龍河郡，故縣四：海陽、接海、格川、龍河，皆廢。戶三百。隸開州。相去一百四十里。

穆州，保和軍，刺史。本渤海會農郡，故縣四：會農、水岐、順化、美縣，皆廢。戶三百。隸開州。東北至開州一百二十里。統縣一：

會農縣。

賀州，刺史。本渤海吉理郡，故縣四：洪賀、送誠、吉理、石山，皆廢。戶三百。隸開州。

定州，保寧軍。高麗置州，故縣一，曰定東。聖宗統和十三年升軍，遷遼西民實之。隸東京留守司。統縣一：

定東縣。高麗所置，遼徙遼西民居之。戶八百。

保州，宣義軍，節度。高麗置州，故縣一，曰來遠。聖宗以高麗王詢擅立，問罪不服，統和末，高麗降，[七]開泰三年取其保、定二州，於此置搉場。隸東京統軍司。統州、軍二，縣一：

來遠縣。初徙遼西諸縣民實之，又徙奚、漢兵七百防戍焉。戶一千。

宣州，定遠軍，刺史。開泰三年徙漢戶置。隸保州。

懷化軍，下，刺史。開泰三年置。隸保州。

辰州，奉國軍，節度。本高麗蓋牟城。唐太宗會李世勣攻破蓋牟城，卽此。渤海改爲蓋州，又改辰州，以辰韓得名。井邑駢列，最爲衝會。遼徙其民於祖州。初曰長平軍。戶二千。隸東京留守司。統縣一：

建安縣。

盧州，玄德軍，刺史。本渤海杉盧郡，故縣五：山陽、杉盧、漢陽、白巖、霜巖，皆廢。戶三百。在京東一百三十里。兵事屬南女直湯河司。統縣一：

熊岳縣。西至海一十五里，傍海有熊岳山。

來遠城。本熟女直地。統和中伐高麗，以燕軍驍猛，置兩指揮，建城防戍。兵事屬東京統軍司。

鐵州，建武軍，刺史。本漢安市縣，高麗爲安市城。唐太宗攻之不下，薛仁貴白衣登城，卽此。渤海置州，故縣四：位城、河端、蒼山、龍珍，[八]皆廢。戶一千。在京西南六十里。統縣一：

湯池縣。

興州，中興軍，節度。本漢海冥縣地。渤海置州，故縣三：盛吉、蒜山、鐵山，皆廢。戶二百。在京西南三百里。

湯州。本漢襄平縣地。渤海置州，[九]故縣五：靈峯、常豐、白石、均谷、嘉利，皆廢。戶五百。在京西北一百里。

崇州，隆安軍，刺史。本漢長岑縣地。渤海置州，故縣三：崇山、潙水、綠城，皆廢。戶五百。在京東北一百五十里。統縣一：

崇信縣。

海州，南海軍，節度。本沃沮國地。高麗爲沙卑城，唐李世勣嘗攻焉。渤海號南京南海府。疊石爲城，幅員九里，都督沃、晴、椒三州。故縣六：沃沮、鷲巖、龍山、濱海、昇平、靈

泉，皆廢。太平中，大延琳叛，南海城堅守，經歲不下，別部酋長皆被擒，乃降。因盡徙其人於上京，置遷遼縣，移澤州民來實之。戶一千五百。統州二、縣一：

臨溟縣。

耀州，刺史。本渤海椒州，故縣五：椒山、貂嶺、澌泉、尖山、巖淵，皆廢。戶七百。隸海州。東北至海州二百里。統縣一：

巖淵縣。東界新羅，故平壤城在縣西南。東北至海州一百二十里。

嬪州，柔遠軍，刺史。本渤海晴州，故縣五：天晴、神陽、蓮池、狼山、仙巖，皆廢。戶五百。隸海州。東南至海州一百二十里。

淥州，鴨淥軍，節度。本高麗故國，渤海號西京鴨淥府。城高三丈，廣輪二十里，都督神、桓、豐、正四州事。故縣三：神鹿、神化、劍門，皆廢。大延琳叛，遷餘黨於上京，置易俗縣居之。在者戶二千。隸東京留守司。統州四、縣二：

弘聞縣。

神鄉縣。

桓州。高麗中都城，故縣三：桓都、神鄉、淇水，[一〇]皆廢。高麗王於此創立宮闕，國人

謂之新國。五世孫釗，晉康帝建元初爲慕容皝所敗，宮室焚蕩。戶七百。隸淥州。在西南二百里。

豐州。渤海置盤安郡，故縣四：安豐、渤恪、隰壤、硤石，皆廢。戶三百。隸淥州。在東北二百一十里。

正州。本沸流王故地，國爲公孫康所併。渤海置沸流郡。有沸流水。戶五百。隸淥州。在西北三百八十里。統縣一：

東那縣。本漢東耐縣地。[二]在州西七十里。

慕州。本渤海安遠府地，故縣二：慕化、崇平，久廢。戶二百。隸淥州。在西北二百里。

顯州，奉先軍，上，節度。本渤海顯德府地。世宗置，以奉顯陵。顯陵者，東丹人皇王墓也。人皇王性好讀書，不喜射獵，購書數萬卷，置醫巫閭山絕頂，築堂曰望海。山南去海一百三十里。大同元年，世宗親護人皇王靈駕歸自汴京。以人皇王愛醫巫閭山水奇秀，因葬焉。山形掩抱六重，於其中作影殿，制度宏麗。州在山東南，遷東京三百餘戶以實之。應曆元年，穆宗葬世宗於顯陵西山，仍禁樵採。有十三山，有沙河。隸長寧、積慶二宮，兵事屬東京都部署司。統州三、縣三：

奉先縣。本漢無慮縣，即醫巫閭，幽州鎮山。世宗析遼東長樂縣民以爲陵戶，隸長寧宮。

山東縣。本漢望平縣。穆宗割渤海永豐縣民爲陵戶，隸積慶宮。

歸義縣。初置顯州，渤海民自來助役，世宗嘉憫，因籍其人戶置縣，隸長寧宮。

嘉州，嘉平軍，下，刺史。隸顯州。

遼西州，阜成軍，中，刺史。本漢遼西郡地，世宗置州，隸長寧宮，屬顯州。統縣一：

長慶縣。統和八年，以諸宮提轄司人戶置。

康州，下，刺史。世宗遷渤海率賓府人戶置，屬顯州。初隸長寧宮，後屬積慶宮。統縣一：

率賓縣。本渤海率賓府地。[三]

宗州，下，刺史。在遼東石熊山，耶律隆運以所俘漢民置。聖宗立爲州，隸文忠王府。王薨，屬提轄司。統縣一：

熊山縣。本渤海縣地。

乾州，廣德軍，上，節度。本漢無慮縣地。聖宗統和三年置，[四]以奉景宗乾陵。有凝神殿。隸崇德宮，兵事屬東京都部署司。統州一、縣四：

奉陵縣。本漢無慮縣地。括諸落帳戶，助營山陵。

延昌縣。析延昌宮戶置。

靈山縣。本渤海靈峰縣地。

司農縣。本渤海麓郡縣，併麓波、雲川二縣入焉。

海北州，廣化軍，中，刺史。世宗以所俘漢戶置。地在閭山之西，南海之北。初隸宣州，[五]後屬乾州。統縣一：

開義縣。

貴德州，寧遠軍，下，節度。本漢襄平縣地，漢公孫度所據。[六]太宗時察割以所俘漢民置。後以弒逆誅，沒入焉。聖宗建貴德軍，後更名。有陀河、大寶山。隸崇德宮，兵事屬東京都部署司。統縣二：

貴德縣。本漢襄平縣，渤海爲崇山縣。

奉德縣。本渤海緣城縣地。[七]嘗置奉德州。

瀋州，昭德軍，中，節度。本挹婁國地。渤海建瀋州，故縣九，皆廢。[八]太宗置興遼軍，後更名。初隸永興宮，[九]後屬敦睦宮，兵事隸東京都部署司。統州一、縣二：

樂郊縣。太祖俘薊州三河民，建三河縣，後更名。

靈源縣。太祖俘薊州吏民，建漁陽縣，後更名。

巖州，白巖軍，下，刺史。本渤海白巖城，太宗撥屬瀋州。初隸長寧宮，後屬敦睦宮。統縣一：

白巖縣。渤海置。

集州，懷衆軍，下，刺史。古陴離郡地，漢屬險瀆縣，高麗爲霜巖縣，渤海置州。統縣一：

奉集縣。渤海置。

廣州，防禦。漢屬襄平縣，高麗爲當山縣，渤海爲鐵利郡。太祖遷渤海人居之，建鐵利州。統和八年省。開泰七年以漢戶置。統縣一：

昌義縣。

遼州，始平軍，下，節度。本拂涅國城，渤海爲東平府。唐太宗親征高麗，李世勣拔遼城，高宗詔程振、蘇定方討高麗，至新城，大破之，皆此地也。太祖伐渤海，先破東平府，遷民實之。故東平府都督伊、蒙、陀、黑、北五州，〔二九〕共領縣十八，皆廢。太祖改爲州，軍曰東平，太宗更爲始平軍。有遼河、羊腸河、錐子河、蛇山、狼山、黑山、巾子山。隸長寧宮，兵事屬北女直兵馬司。統州一、縣二：

遼濱縣。

安定縣。

祺州，〔三〇〕祐聖軍，下，刺史。本渤海蒙州地。太祖以檀州俘於此建檀州，後更名。隸弘義宮，兵事屬北女直兵馬司。統縣一：

慶雲縣。太祖俘密雲民，於此建密雲縣，後更名。

遂州，刺史。本渤海美州地，採訪使耶律頗德以部下漢民置。穆宗時，頗德嗣絕，沒入焉。隸延昌宮。統縣一：

山河縣。本渤海縣，併黑川、麓川二縣置。

通州，安遠軍，節度。本扶餘國王城，渤海號扶餘城。太祖改龍州，聖宗更今名。保寧七年，以黃龍府叛人燕頗餘黨千餘戶置，升節度。〔三一〕統縣四：

通遠縣。本渤海扶餘縣，併布多縣置。

安遠縣。本渤海顯義縣，併鵲川縣置。

歸仁縣。本渤海强帥縣，〔三二〕併新安縣置。

漁谷縣。本渤海。

韓州，東平軍，下，刺史。本槀離國舊治柳河縣。高麗置鄚頡府，都督鄚、頡二州。〔三三〕渤海因之。今廢。太宗置三河、榆河二州。聖宗併二州置。隸延昌宮，兵事屬北女直兵馬司。統縣一：

柳河縣。本渤海粵喜縣地，併萬安縣置。

雙州，保安軍，下，節度。本挹婁故地。渤海置安定郡，久廢。漚里僧王從太宗南征，以俘鎮、定二州之民建城置州。察割弒逆誅，沒入焉。故隸延昌宮，後屬崇德宮，兵事隸北女直兵馬司。統縣一：

雙城縣。本渤海安夷縣地。

銀州，富國軍，下，刺史。本渤海富州，太祖以銀冶更名。隸弘義宮，兵事屬北女直兵馬司。統縣三：

延津縣。本渤海富壽縣，境有延津故城，更名。

新興縣。本故越喜國地，渤海置銀冶，嘗置銀州。

永平縣。本渤海優富縣地，太祖以俘戶置。舊有永平寨。

同州，鎮安軍，下，節度。本漢襄平縣地，渤海爲東平寨。太祖置州，軍曰鎮東，後更名。隸彰愍宮，兵事屬北女直兵馬司。統州一，未詳；縣二：

東平縣。本漢襄平縣地。產鐵，撥戶三百採鍊，隨征賦輸。

永昌縣。本高麗永寧縣地。

咸州，安東軍，下，節度。本高麗銅山縣地，渤海置銅山郡。地在漢候城縣北，渤海龍

泉府南。地多山險，寇盜以爲淵藪，乃招平、營等州客戶數百，建城居之。初號郝里太保城，〔三四〕開泰八年置州。兵事屬北女直兵馬司。統縣一：

咸平縣。唐安東都護，天寶中治營、平二州間，即此。太祖滅渤海，復置安東軍。開泰中置縣。

信州，彰聖軍，下，節度。〔三五〕本越喜故城。渤海置懷遠府，今廢。聖宗以地鄰高麗，開泰初置州，以所俘漢民實之。兵事屬黃龍府都部署司。統州三，未詳；縣二：

武昌縣。本渤海懷福縣地，析平州提轄司及豹山縣一千戶隸之。

定武縣。本渤海豹山縣地，析平州提轄司併乳水縣人戶置。初名定功縣。

賓州，懷化軍，節度。本渤海城。統和十七年，遷兀惹戶，置刺史于鴨子、混同二水之間，〔三六〕後升。兵事隸黃龍府都部署司。〔三七〕

龍州，黃龍府。本渤海扶餘府。太祖平渤海還，至此崩，有黃龍見，更名。保寧七年，軍將燕頗叛，府廢。開泰九年，遷城于東北，以宗州、檀州漢戶一千復置。統州五、縣三：

黃龍縣。本渤海長平縣，併富利、佐慕、肅愼置。

遷民縣。本渤海永寧縣，併豐水、扶羅置。

永平縣。渤海置。

益州，觀察。屬黃龍府。統縣一：

靜遠縣。

安遠州，懷義軍，刺史。屬黃龍府。

威州，武寧軍，刺史。屬黃龍府。

清州，建寧軍，刺史。屬黃龍府。

雍州，刺史。屬黃龍府。

湖州，興利軍，刺史。渤海置。兵事隸東京統軍司。統縣一：

長慶縣。

渤州，清化軍，刺史。渤海置。兵事隸東京統軍司。統縣一：

貢珍縣。渤海置。

郢州，彰聖軍，刺史。渤海置。兵事隸北女直兵馬司。統縣一：

延慶縣。

銅州，廣利軍，刺史。渤海置。兵事隸北兵馬司。統縣一：

析木縣。本漢望平縣地，渤海爲花山縣。初隸東京，後來屬。

涑州，刺史。渤海置。兵事隸南兵馬司。

率賓府，刺史。故率賓國地。

定理府，刺史。故挹婁國地。

鐵利府，刺史。故鐵利國地。

安定府。〔二八〕

長嶺府。

鎮海府，防禦。兵事隸南女直湯河司。統縣一：

平南縣。

冀州，防禦。聖宗建，升永安軍。

東州。以渤海戶置。

尚州。以渤海戶置。

吉州，福昌軍，刺史。

麓州，下，刺史。渤海置。

荊州，刺史。

懿州，寧昌軍，節度。太平三年越國公主以媵臣戶置。初曰慶懿軍，更曰廣順軍，隸上京。清寧七年宣懿皇后進入，改今名。統縣二：

寧昌縣。本平陽縣。

順安縣。

媵州，昌永軍，刺史。

順化城，嚮義軍，下，刺史。開泰三年以漢戶置。兵事隸東京統軍司。

寧州，觀察。統和二十九年伐高麗，以渤海降戶置。兵事隸東京統軍司。統縣一：

新安縣。

衍州，安廣軍，防禦。以漢戶置。初刺史，後升軍。兵事屬東京統軍司。統縣一：

宜豐縣。

連州，德昌軍，刺史。以漢戶置。兵事屬東京統軍司。統縣一：

安民縣。

歸州，觀察。太祖平渤海，以降戶置，後廢。統和二十九年伐高麗，以所俘渤海戶復置。兵事屬南女直湯河司。統縣一：

歸勝縣。

蘇州，安復軍，節度。本高麗南蘇，興宗置州。兵事屬南女直湯河司。統縣二：

來蘇縣。

懷化縣。

復州，懷德軍，節度。〔二九〕興宗置。兵事屬南女直湯河司。統縣二：

永寧縣。

德勝縣。

肅州，信陵軍，刺史。重熙十年州民亡入女直，取之復置。兵事隸北女直兵馬司。統縣一：

清安縣。

安州，刺史。〔三〇〕兵事隸北女直兵馬司。

榮州。

率州。

荷州。

源州。

渤海州。

寧江州，混同軍，觀察。淸寧中置。初防禦，後升。兵事屬東北統軍司。統縣一：

混同縣。

河州，德化軍。置軍器坊。

祥州，瑞聖軍，節度。興宗以鐵驪戶置。兵事隸黃龍府都部署司。統縣一：

懷德縣。

校勘記

〔一〕東京遼陽府至號中京顯德府　「本朝鮮之地」，據史記一一五朝鮮傳、漢書二八下地理志，應作「本燕國地」。本節誤以遼陽爲平壤。又據新唐書二一九渤海傳，忽汗州爲上京龍泉府，非平壤城，亦非遼陽。

〔二〕太祖建國攻渤海拔忽汗城至神册四年葺遼陽故城建東平郡爲防禦州　按葺遼陽故城、建東平郡在前，攻渤海、拔忽汗城在後，敍次倒舛。疑神册四年之前脫「先是」二字。

〔三〕城名天福　按紀天顯元年二月，改忽汗城爲天福。非升東平爲南京時以東平爲天福。

〔四〕轄州府軍城八十七　按「八十七」與下文所列州、府、軍、城之數不合。

〔五〕本漢鏤芳縣地　鏤芳，漢書地理志、後漢書郡國志均作鏤方，屬樂浪郡。

〔六〕聖宗伐高麗還　高麗原誤「新羅」，據紀統和三年七月、十年正月改。

〔七〕統和末高麗降　「統和末，高麗降」六字，原誤在「開泰三年，取其保、定二州」之下，時間倒舛，今改。

〔八〕河端　道光殿本考證引永樂大典作河瑞。

〔九〕渤海置州　「渤海置州」四字原脫，道光殿本據通考增。今從之。

〔一〇〕淇水　按趙萬里輯元一統志(以下稱輯本元一統志)卷二有淯水。「淇」字誤。

〔一一〕本漢東耐縣地　道光殿本考證謂，漢無東耐縣，或是後漢書郡國志東暆、不而之脫誤。索隱疑是唐羈縻代那州。

〔一三〕率賓縣本渤海率賓府地　索隱：「既云遷率賓府人戶置，則非故地。」

〔一四〕乾州聖宗統和三年置　按紀乾亨四年十一月置乾州。

〔一五〕宜州　「宜」，應作宜。此卽中京道宜州。屬縣開義，金史地理志同，本書中京道宜州條下作閻義。

〔一五〕漢公孫度所據　依上下文例，漢下脫「末」字。

〔一六〕本渤海緣城縣地　緣城，上文崇州條作綠城。

〔一七〕渤海建瀋州故縣九皆廢　道光殿本考證：「按元一統志，渤海建定理府，都督瀋、定二州，領定理、平邱、巖城、慕美、安夷、瀋水、安定、保山、能利九縣，並廢。」

〔一八〕初隸永興宮　宮字原脫，據營衞志上補。

〔一九〕伊蒙陀黑北五州　北，新唐書二一九渤海傳作比。

〔二〇〕祺州　祺，原誤「棋」，據營衞志上及金史地理志改。

〔二一〕聖宗更今名至升節度　按聖宗在景宗保寧之後。景宗保寧七年已增置戶口，升節度，聖宗時，始更名通州。

〔二二〕强師縣　金史地理志作强師縣。

〔二三〕鄚頡府都督鄚頡二州　按新唐書二一九渤海傳，鄚頡府領鄚、高二州。

〔二四〕郝里太保城　郝，紀開泰八年十月作耗。

〔二五〕信州彰聖軍下節度　按百官志四作信州彰聖軍節度，同。卷九一耶律僕里篤傳，太平中累遷彰聖軍節度使，紀大安八年有彰聖軍節度使耶律涅里。下文郢州，軍號與信州同，但爲刺史州，非節鎭。百官志四刺史州內有郢州。又皇子表及卷八二蕭陽阿傳有彰信軍節度，金史地理志作信州彰信軍。

〔二六〕置刺史于鴨子混同二水之間　按紀太平四年二月，「詔改鴨子河曰混同江」，但此後仍沿用鴨子河名稱，卷九八耶律儼傳：「父仲禧……淸寧四年城鴨子、混同二水間。」

〔二七〕黃龍府都部署司　司，原誤「事」。據上下文及兵衞志中、營衞志下、百官志二改。

〔二八〕安定府　按紀天顯元年三月作安邊府。

〔二九〕復州懷德軍節度　按金史地理志：「復州，下，刺史，遼懷遠軍節度。」

〔三〇〕安州刺史　按紀統和二十八年十一月，馬保佑曾爲安州團練使，卷九四耶律何魯掃古傳，淸寧初加安州團練使，百官志四亦作團練。惟國志二二刺史州內有安州。或初是刺史，後升團練。卷一〇五蕭文傳，「父直善，安州防禦使。」文官于大康、壽昌間。

遼史卷三十九

志第九

地理志三

中京道

中京大定府，虞爲營州，夏屬冀州，周在幽州之分。秦郡天下，是爲遼西。漢爲新安平縣。漢末步奚居之，幅員千里，多大山深谷，阻險足以自固。魏武北征，縱兵大戰，降者二十餘萬，去之松漠。其後拓拔氏乘遼建牙於此，〔一〕當饒樂河水之南，溫渝河水之北。唐太宗伐高麗，駐蹕於此。部帥蘇支從征有功。奚長可度率衆內附，爲置饒樂都督府。咸通以後，契丹始大，奚族不敢復抗。太祖建國，舉族臣屬。聖宗嘗過七金山土河之濱，南望雲氣，有郛郭樓闕之狀，因議建都。擇良工於燕、薊，董役二歲，郛郭、宮掖、樓閣、府庫、市肆、廊廡，擬神都之制。統和二十四年，五帳院進故奚王牙帳地。〔二〕二十五年，城之，實以漢

戶，號曰中京，府曰大定。

皇城中有祖廟，景宗、承天皇后御容殿。城池湫濕，多鑿井泄之，人以爲便。大同驛以待宋使，朝天館待新羅使，來賓館待夏使。有七金山、馬盂山、雙山、松山、土河。

統州十、縣九：

大定縣。白霫故地。以諸國俘戶居之。

長興縣。〔三〕本漢賓從縣。以諸部人居之。

富庶縣。本漢新安平地。開泰二年析京民置。

勸農縣。本漢賓從縣地。開泰二年析京民置。

文定縣。開泰二年析京民置。

升平縣。開泰二年析京民置。

歸化縣。本漢柳城縣地。

神水縣。本漢徒河縣地。開泰二年置。

金源縣。本唐青山縣境。開泰二年析京民置。

恩州，懷德軍，下，刺史。本漢新安平縣地。太宗建州。開泰中，以渤海戶實之。初隸永興宮，後屬中京。統縣一：

中華書局

恩化縣。開泰中渤海人戶置。

惠州，惠和軍，中，刺史。本唐歸義州地。太祖俘漢民數百戶兔麛山下，創城居之，置州。屬中京。統縣一：

惠和縣。聖宗遷上京惠州民，括諸宮院落帳戶置。

高州，觀察。唐信州之地。萬歲通天元年，以契丹室活部置。開泰中，聖宗伐高麗，以俘戶置高州。有平頂山、灤河。〔四〕屬中京。統縣一：

三韓縣。辰韓爲扶餘，弁韓爲新羅，馬韓爲高麗。開泰中，聖宗伐高麗，俘三國之遺人置縣。戶五千。

武安州，觀察。唐沃州地。太祖俘漢民居木葉山下，因建城以遷之，號杏堝新城。復以遼西戶益之，更曰新州。統和八年改今名。初刺史，後升。有黃柏嶺、맘羅水、箇沒里水。〔五〕屬中京。統縣一：

沃野縣。

利州，中，觀察。本中京阜俗縣。統和二十六年置刺史州，開泰元年升。〔六〕屬中京。統縣一：

阜俗縣。唐末，契丹漸熾，役使奚人，遷居琵琶川。統和四年置縣。初隸彰愍宮，

更隸中京。後置州，仍屬中京。

榆州，高平軍，下，刺史。本漢臨渝縣地，後隸右北平驪城縣。唐載初二年，析慎州置黎州，〔七〕處靺鞨部落，後爲奚人所據。太宗南征，橫帳解里以所俘鎮州民置州。開泰中沒入。屬中京。統縣二：

和衆縣。本新黎縣地。

永和縣。本漢昌城縣地。統和二十二年置。

澤州，廣濟軍，下，刺史。本漢土垠縣地。太祖俘蔚州民，立寨居之，採煉陷河銀冶。隸中京留守司。開泰中置澤州。有松亭關、神山、九宮嶺、石子嶺、灤河、撒河。屬中京。統縣二：

神山縣。神山在西南。

灤河縣。本漢徐無縣地。屬永興宮。

北安州，興化軍，上，刺史。本漢女祁縣地，屬上谷郡。晉爲馮跋所據。唐爲奚王府西省地。聖宗以漢戶置北安州。屬中京。統縣一：

興化縣。〔八〕本漢且居縣地。

潭州，廣潤軍，下，刺史。本中京之龍山縣，開泰中置州，仍屬中京。統縣一：

龍山縣。本漢交黎縣地。開泰二年以習家寨置。

松山州，勝安軍，下，刺史。開泰中置。統和八年省，復置。屬中京。統縣一：

松山縣。〔九〕本漢文成縣地。邊松漠，商賈會衝。開泰二年置縣。有松山川。

宋王曾上契丹事曰：出燕京北門，至望京館。五十里至順州。七十里至檀州，漸入山。五十里至金溝館。將至館，川原平曠，謂之金溝淀。自此入山，詰曲登陟，無復里堠，但以馬行記日，〔一〇〕約其里數。九十里至古北口，兩傍峻崖，僅容車軌。又度德勝嶺，盤道數層，俗名思鄉嶺，八十里至新館。過雕窠嶺、偏槍嶺，四十里至臥如來館。〔一一〕過烏灤河，〔一二〕東有灤州，又過摸斗嶺，一名渡雲嶺，〔一三〕芹菜嶺，七十里至柳河館。松亭嶺甚險峻，七十里至打造部落館。〔一四〕東南行五十里至牛山館。八十里至鹿兒峽館。過蝦蟆嶺，九十里至鐵漿館。過石子嶺，自此漸出山，七十里至富谷館。八十里至通天館。二十里至中京大定府。城垣卑小，方圓纔四里許。門但重屋，無築闍之制。南門曰朱夏，門內通步廊，多坊門。又有市樓四：曰天方、大衢、通闤、望闕。次至大同館。其門正北曰陽德、閶闔。城內西南隅岡上有寺。〔一五〕城南有園圃，宴射之所。自過古北口，〔一六〕居人草庵板屋，耕種，但無桑柘；所種皆從壠上，廣吹沙所壅。山中長松鬱然，深谷中時見畜牧牛馬橐駝，多青羊黃豕。〔一七〕

成州，興府軍，節度。晉國長公主以媵戶置，軍曰長慶，隸上京。復改軍名。〔一八〕統縣一：

同昌縣。

興中府。本霸州彰武軍，節度。古孤竹國。漢柳城縣地。慕容皝以柳城之北，龍山之南，福德之地，乃築龍城，構宮廟，改柳城爲龍城縣，遂遷都，號曰和龍宮。慕容垂復居焉，後爲馮跋所滅。元魏取爲遼西郡。隋平高保寧，置營州。煬帝廢州置柳城郡。唐武德初，改營州總管府，尋爲都督府。萬歲通天中，陷李萬榮。神龍初，移府幽州。開元四年復治柳城。八年西徙漁陽。十年還柳城。後爲奚所據。太祖平奚及俘燕民，將建城，命韓知方擇其處。〔一九〕乃完葺柳城，號霸州彰武軍，節度。統和中，制置建、霸、宜、錦、白川等五州。尋落制置，隸積慶宮。後屬興聖宮。重熙十年升興中府。有大華山、小華山、香高山、麝香崖——天授皇帝刻石在焉、駐龍峪、神射泉、小靈河。統州二、縣四：

興中縣。本漢柳城縣地。太祖掠漢民居此，建霸城縣。重熙中置府，更名。

營丘縣。析霸城置。

象雷縣。開泰二年以麥務川置。初隸中京，後屬。

閭山縣。本漢且慮縣。開泰二年以羅家軍置。隸中京，後屬。

安德州，化平軍，下，刺史。以霸州安德縣置，來屬。統縣一：

安德縣。統和八年析霸城東南龍山徒河境戶置。初隸乾州，更屬霸州，置州來屬。

黔州，阜昌軍，下，刺史。本漢遼西郡地。太祖平渤海，以所俘戶居之，隸黑水河提轄司。安帝置州，析宜、霸二州漢戶益之。初隸永興宮，更隸中京，後置府，來屬。統縣一：

盛吉縣。太祖平渤海，俘興州盛吉縣民來居，因置縣。

宜州，崇義軍，上，節度。本遼西纍縣地。東丹王每秋畋于此。興宗以定州俘戶建州。〔一〇〕有墳山，松柏連亙百餘里，禁樵採；淩河，纍石爲堤。隸積慶宮。統縣二：

弘政縣。世宗以定州俘戶置。民工織紝，多技巧。

聞義縣。世宗置。初隸海北州，後來屬。

錦州，臨海軍，中，節度。本漢遼東無慮縣。慕容皝置西樂縣。太祖以漢俘建州。有大胡僧山、小胡僧山、大查牙山、小查牙山、淘河島。隸弘義宮。統州一、縣二：

永樂縣。

安昌縣。

嚴州，保肅軍，下，刺史。本漢海陽縣地。太祖平渤海，遷漢戶雜居興州境，聖宗於此建城焉。隸弘義宮，來屬。〔一一〕統縣一：

興城縣。

川州，長寧軍，中，節度。本唐青山州地。太祖弟明王安端置。會同三年，詔爲白川州。安端子察割以大逆誅，沒入，省曰川州。初隸崇德宮，統和中屬文忠王府。統縣三：

弘理縣。統和八年以諸宮提轄司戶置。

咸康縣。

宜民縣。統和中置。

建州，保靜軍，上，節度。唐武德中，置昌樂縣。太祖完葺故壘，置州。漢乾祐元年，故石晉太后詣世宗，求於漢城側耕墾自贍。許於建州南四十里給地五十頃，營構房室，創立宗廟。州在靈河之南，屢遭水害，聖宗遷於河北唐崇州故城。〔一二〕初名武寧軍，〔一三〕隸永興宮，後屬敦睦宮。統縣二：

永霸縣。

永康縣。本唐昌黎縣地。

來州，歸德軍，下，節度。聖宗以女直五部歲饑來歸，置州居之。初刺史，後升。隸永興宮。有三州山、六州山、五脂山。〔一四〕統州二、〔一五〕縣一：

來賓縣。本唐來遠縣地。

隰州，平海軍，下，刺史。慕容皝置集寧縣。聖宗括帳戶遷信州，大雪不能進，建城於此，置焉。隸興聖宮，來屬。統縣一：

海濱縣。本漢縣。瀕海，地多鹼鹵，置鹽場於此。

遷州，興善軍，下，刺史。本漢陽樂縣地。聖宗平大延琳，遷歸州民置，來屬。有箭笴山。統縣一：

遷民縣。

潤州，海陽軍，下，刺史。聖宗平大延琳，遷寧州之民居此，置州。統縣一：

海陽縣。〔一六〕本漢陽樂縣地，遷潤州，本東京城內渤海民戶，因叛移於此。

校勘記

〔一〕其後拓拔氏乘遼建牙於此　「乘遼」二字不解，疑有訛脫。按輯本元一統志大寧路：「奚匿松漢間。元魏時，其部族始於此建牙帳。」

〔二〕統和二十四年五帳院進故奚王牙帳地　按紀在統和二十年十二月。

〔三〕長興縣　長興，原誤「長安」。據金史地理志、輯本元一統志二及陳襄使遼語錄改。

〔四〕平頂山灤河　平，原誤「半」。按輯本元一統志：「平頂山在高州北五里。」據改。灤，原誤「欒」，按下文澤州及王曾行程錄並作灤河，據改。

〔五〕裊羅水箇沒里水　按國志卷首初興本末作裊羅箇沒里。「裊羅箇」，黃也；「沒里」，水也。卽潢河，並非兩水。

〔六〕統和二十六年置刺史州開泰元年升　據遼文滙續編王悅墓誌，統和二十三年已有利州。北番地理云，利州，承天太后所建。又按紀，統和二十九年六月升。

〔七〕愼州　原誤「鎭州」，據新唐書地理志改。

〔八〕興化縣　原誤「利民縣」，據遼文滙五宋匡世墓誌及考異改。利民爲金承安五年以利民寨升置，遼無利民縣。

〔九〕松山州及松山縣　松山州，山原誤「江」，據百官志四及金史地理志改。松山縣，山原亦誤「江」，據紀開泰二年二月及金史地理志改。

〔一〇〕以馬行記日　按王曾行程錄作「以馬行記日影而約其里數」。

〔一一〕四十里至臥如來館　至字原脫，據行程錄補。

〔一二〕過烏灤河　灤，原誤「濼」。據行程錄改。

〔一三〕摸斗嶺一名渡雲嶺　摸，原誤「黑」，行程錄作墨。按陳襄使遼語錄、沈括使遼圖抄、蘇頌使北詩並作摸，據改。一名二字原脫，渡原作「度」，並據行程錄補正。

〔一四〕至打造部落館　至、館二字原脫，據行程錄補。

〔一五〕城內西南隅　城內，原誤「城西內」。據行程錄改。

〔一六〕古北口　古字原脫，據行程錄補。

〔一七〕青羊黃豕　羊，原誤「鹽」。據行程錄改。

〔一八〕復改軍名　按上京道作成州長慶軍。紀太平元年三月，「駙馬都尉蕭紹業建私城，賜名睦州，軍曰長慶」。是此州原爲頭下州，名睦州，軍曰長慶；後隸上京道即成州長慶軍；改隸中京道以後爲成州興府軍。「復改軍名」之上，應有「後來屬」三字。

〔一九〕命韓知方擇其處　按卷七四韓知古傳，神册初知古曾授彰武節度使，與此事蹟合。疑「方」是古字之訛。

〔二〇〕興宗以定州俘戶建州　按紀，統和八年三月置宜州。遼文滙四李內貞墓誌有宜州觀察，劉繼文墓誌亦有宜州。卷七五王郁傳稱太祖時已有宜州。所屬弘政縣，爲「世宗以定州俘戶置」。蓋因頭下州而建置者。

〔二一〕隸弘義宮來屬　按應是「初隸弘義宮，後來屬」。

〔二二〕唐崇州故城　唐，原誤「康」。據新唐書地理志改。

〔二三〕初名武寧軍　名，原誤「屬」。金史地理志：「建州，遼初名軍曰武寧。」據改。

〔二四〕五脂山　脂，疑應作指。

〔二五〕統州二　按下文實統三州。

〔二六〕潤州海陽縣　原與隰州海濱縣互舛。金史地理志：「海陽縣，遼潤州海陽軍故縣也。」「海濱縣，遼隰州平海軍故縣也。」按海陽縣與軍名同，海濱縣瀕海。輯本元一統志二：「遼隰州治海濱縣。」據改。

遼史卷四十

志第十

地理志四

南京道

南京析津府，本古冀州之地。高陽氏謂之幽陵，陶唐曰幽都，有虞析爲幽州。商併幽於冀。周分并爲幽。職方，東北幽州，山鎮醫巫閭，澤藪貕養，川河、泲，浸菑、時。其利魚、鹽，其畜馬、牛、豕，其穀黍、稷、稻。武王封太保奭于燕。秦以其地爲漁陽、上谷、右北平、遼西、遼東五郡。漢爲燕國，歷封臧荼、盧綰、劉建、劉澤、劉旦，嘗置涿郡廣陽國。後漢爲廣平國廣陽郡；或合于上谷，復置幽州。後周置燕及范陽郡，隋爲幽州總管。唐置大都督府，改范陽節度使。安祿山、史思明、李懷仙、朱滔、劉怦、劉濟相繼割據。劉總歸唐。至張仲武、張允仲，以正得民。劉仁恭父子僭爭，遂入五代。自唐而晉，高祖以遼有援立之勞，

割幽州等十六州以獻。〔一〕太宗升爲南京，又曰燕京。

城方三十六里，崇三丈，衡廣一丈五尺。敵樓、戰櫓具。八門：東曰安東、迎春，南曰開陽、丹鳳，西曰顯西、淸晉，北曰通天、拱辰。大內在西南隅。皇城內有景宗、聖宗御容殿二，東曰宣和，南曰大內。內門曰宣教，改元和；外三門曰南端、左掖、右掖。左掖改萬春，右掖改千秋。門有樓閣，毬場在其南，東爲永平館。皇城西門曰顯西，設而不開；北曰子北。西城巔有涼殿，東北隅有燕角樓。坊市、廨舍、寺觀，蓋不勝書。其外，有居庸、松亭、榆林之關，〔二〕古北之口，桑乾河、高梁河、石子河、大安山、燕山——中有瑤嶼。府曰幽都，軍號盧龍，開泰元年落軍額。〔三〕

統州六、縣十一：

析津縣。本晉薊縣，改薊北縣，開泰元年更今名。以燕分野旅寅爲析木之津，故名。戶二萬。

宛平縣。本晉幽都縣，〔四〕開泰元年改今名。戶二萬二千。

昌平縣。本漢軍都縣，〔五〕後漢屬廣陽郡，晉屬燕國，元魏置東燕州、平昌郡及昌平縣。〔六〕郡廢，縣隸幽州。在京北九十里。戶七千。

良鄉縣。燕爲中都縣，漢改良鄉縣，舊屬涿郡，北齊天保七年省入薊縣，武平六年復

置。唐聖曆元年改固節鎮，〔七〕神龍元年復爲良鄉縣，劉守光徙治此。在京南六十里。戶七千。

潞縣。本漢舊縣，屬漁陽郡。唐武德二年置元州，貞觀元年州廢，復爲縣。有潞水。在京東六十里。戶六千。

安次縣。本漢舊縣，屬漁陽郡。唐武德四年徙置東南五十里石梁城，貞觀八年又徙今縣西五里常道城，開元二十三年又徙耿就橋行市南。在京南一百二十里。戶一萬二千。

永清縣。本漢益昌縣，隋置通澤縣，唐置武隆縣，改會昌，天寶初爲永清縣。在京南一百五十里。戶五千。

武清縣。前漢雍奴縣，屬漁陽郡。水經注，〔八〕雍奴者，藪澤之名，四面有水曰雍，不流曰奴。唐天寶初改武清。在京東南一百五十里。戶一萬。

香河縣。本武清孫村。遼於新倉置榷鹽院，居民聚集，因分武清、三河、潞三縣戶置。〔九〕在京東南一百二十里。戶七千。

玉河縣。本泉山地。〔一〇〕劉仁恭於大安山創宮觀，師煉丹羽化之術于方士王若訥，因割薊縣分置，以供給之。在京西四十里。戶一千。

漷陰縣。本漢泉山之霍村鎮。遼每季春，弋獵於延芳淀，居民成邑，就城故漷陰鎮，後改爲縣。在京東南九十里。延芳淀方數百里，春時鵝鶩所聚，夏秋多菱芡。國主春獵，衛士皆衣墨綠，各持連鎚、鷹食、刺鵝錐，列水次，相去五七步。上風擊鼓，驚鵝稍離水面。國主親放海東青鶻擒之。鵝墜，恐鶻力不勝，在列者以佩錐刺鵝，急取其腦飼鶻。得頭鵝者，例賞銀絹。國主、皇族、羣臣各有分地。戶五千。

宋王曾上契丹事曰：自雄州白溝驛渡河，四十里至新城縣，古督亢亭之地。又七十里至涿州。北渡范水、劉李河，〔一一〕六十里至良鄉縣。渡盧溝河，六十里至幽州，號燕京。子城就羅郭西南爲之。正南曰啓夏門，內有元和殿，東門曰宣和。城中坊閈皆有樓。有閔忠寺，本唐太宗爲征遼陣亡將士所造；又有開泰寺，魏王耶律漢寧造。皆邀朝使遊觀。南門外有于越王廨，爲宴集之所。門外永平館，舊名碣石館，請和後易之。南即桑乾河。

順州，歸化軍，中，刺史。秦上谷，漢范陽，北齊歸德郡境。隋開皇中，粟末靺鞨與高麗戰不勝，厥稽部長突地稽率八部勝兵數千人，自扶餘城西北舉落內附，置順州以處之。唐武德初改燕州，會昌中改歸順州，唐末仍爲順州。有溫渝河；白遂河；曹王山，曹操嘗駐軍于此；黍谷山，鄒衍吹律之地，南有齊長城。〔一二〕城東北有華林、天柱二莊，遼建涼殿，春賞花，夏納涼。初軍曰歸寧，後更名。統縣一：

懷柔縣。唐貞觀六年置，治五柳城，改順義縣。開元四年置松漠府彈汗州。天寶元年改歸化郡。〔一三〕乾元元年復今名。戶五千。

檀州，武威軍，下，刺史。本燕漁陽郡地，漢爲白檀縣。魏書，曹公歷白檀，破烏丸於柳城。續漢書，白檀在右北平。元魏創密雲郡，兼置安州。後周改爲元州。隋開皇十八年割燕樂、密雲二縣置檀州。唐天寶元年改密雲郡，乾元元年復爲檀州。遼加今軍號。有桑溪、鮑丘山、桃花山、螺山。統縣二：

密雲縣。本漢白檀縣，後漢以居庠奚。元魏置密雲郡，領白檀、要陽、密雲三縣。高齊廢郡及二縣，來屬。戶五千。

行唐縣。本定州行唐縣。太祖掠定州，破行唐，盡驅其民，北至檀州，擇曠土居之，凡置十寨，仍名行唐縣。隸彰愍宮。戶三千。

涿州，永泰軍，上，刺史。漢高祖六年分燕置涿郡，魏文帝改范陽郡，晉爲范陽國，元魏復爲郡。隋開皇三年罷郡，屬幽州，大業三年以幽州爲涿郡。唐武德元年郡廢，爲涿縣，七年改范陽縣，大曆四年置涿州。石晉以歸太宗。有大房山、六聘山、涿水、樓桑河、橫溝河、禮遜河、祁溝河。統縣四：

范陽縣。本漢涿縣。唐武德中，改范陽縣。有涿水、范水。戶一萬。

固安縣。本漢方城縣，先屬廣陽國。隋開皇九年，自易州淶水縣移置，屬幽州，取漢故安縣名。唐武德四年屬北義州，徙治章信堡。貞觀元年義州廢，移今治，復屬幽州。在州東南九十里。戶一萬。

新城縣。本漢新昌縣。唐大曆四年析固安縣置，後省。後唐天成四年復析范陽縣置。在州南六十里。戶一萬。

歸義縣。本漢易縣地。齊併入鄚縣。唐武德五年置北義州，州廢，復置縣來屬。民居在巨馬河南，僑治新城。戶四千。

易州，高陽軍，上，刺史。漢爲易、故安二縣地。〔一四〕隋置易州，隋末爲上谷郡。唐武德四年復易州。天寶元年仍上谷郡。乾元元年又改易州。五代隸定州節度使。會同九年孫方簡以其地來附。應曆九年爲周世宗所取，後屬宋。統和七年攻克之，升高陽軍。有易水、淶水、狼山、太寧山、白馬山。統縣三：

易縣。本漢縣，故城在今縣東南六十里。齊天保七年省。隋開皇十六年，於故安城西北隅置縣，即今縣治也。戶二萬五千。

淶水縣。本漢道縣，〔一五〕今縣北一里故道城是也。元魏移於故城南，即今縣置。周大象二年省。隋開皇十八年改淶水縣。〔一六〕在州東四十里。有淶水。戶二萬七千。

容城縣。本漢縣，先屬涿郡，故城在雄州西南。唐武德五年屬北義州。貞觀元年還本屬。聖曆二年改全忠縣。天寶元年復名容城縣。在州東八十里。戶民皆居巨馬河南，僑治涿州新城縣。戶五千。

薊州，尚武軍，上，刺史。秦漁陽、右北平二郡地。隋開皇中徙治玄州總管府，煬帝改漁陽郡。唐武德元年廢入幽州，開元十八年分立薊州。統縣三：

漁陽縣。本漢縣，屬漁陽郡。晉省，復置。元魏省。唐屬幽州，開元十八年置薊州。有鮑丘水。戶四千。

三河縣。本漢臨朐縣地，唐開元四年析潞州置。〔一七〕戶三千。

玉田縣。本春秋無終子國。漢置無終縣，屬右北平郡。元魏屬漁陽郡治，省，唐武德二年復置。貞觀初省，乾封中復置。萬歲通天元年更名玉田，屬營州。開元四年還屬幽州。八年屬營州。十一年又屬幽州。十八年來屬。搜神記：「雍伯，洛陽人，性孝，父母沒，葬無終山。山高八十里，上無水，雍伯置飲。人有就飲者，與石一斗，種生玉，因名玉田。」戶三千。

景州，清安軍，下，刺史。本薊州遵化縣，重熙中置。戶三千。遵化縣，本唐平州買馬

監，爲縣來屬。

平州，遼興軍，上，節度。商爲孤竹國，春秋山戎國。秦爲遼西、右北平二郡地，漢因之。漢末，公孫度據有，傳子康、孫淵，入魏。隋開皇中改平州，大業初復爲郡。唐武德初改州，天寶元年仍北平郡。後唐復爲平州。太祖天贊二年取之，以定州俘戶錯置其地。統州二、縣三：

盧龍縣。本肥如國。春秋晉滅肥，肥子奔燕，受封於此。漢、晉屬遼西郡。元魏爲郡治，兼立平州。北齊屬北平郡。隋開皇中，省肥如，入新昌。十八年改新昌曰盧龍。唐爲平州，後因之。戶七千。

安喜縣。本漢令支縣地，久廢。太祖以定州安喜縣俘戶置。在州東北六十里。戶五千。

望都縣。本漢海陽縣，久廢。太祖以定州望都縣俘戶置。有海陽山。縣在州南三十里。戶三千。

灤州，永安軍，中，刺史。本古黃洛城。灤河環繞，在盧龍山南。齊桓公伐山戎，見山神俞兒，卽此。秦爲右北平。漢爲石城縣，後名海陽縣。漢末爲公孫度所有。晉以後

屬遼西。石晉割地，在平州之境。〔一八〕太祖以俘戶置。灤州負山帶河，爲朔漢形勝之地。有扶蘇泉，甚甘美，秦太子扶蘇北築長城嘗駐此；臨榆山，峰巒崛起，高千餘仞，下臨渝河。統縣三：

義豐縣。本黃洛故城。黃洛水北出盧龍山，南流入於濡水。漢屬遼西郡，久廢。唐季入契丹，世宗置縣。戶四千。

馬城縣。本盧龍縣地。唐開元二十八年析置縣，以通水運。東北有千金冶，東有茂鄉鎮。遼割隸灤州。在州西南四十里。戶三千。

石城縣。漢置，屬右北平郡，久廢。唐貞觀中於此置臨渝縣，萬歲通天元年改石城縣，在灤州南三十里，唐儀鳳石刻在焉。今縣又在其南五十里，遼徙置以就鹽官。戶三千。

營州，鄰海軍，下，刺史。本商孤竹國。秦屬遼西郡。漢爲昌黎郡。前燕慕容皝徙都于此。元魏立營州，領昌黎、建德、遼東、樂浪、冀陽、〔一九〕營丘六郡。後周爲高寶寧所據。隋開皇置州，大業改遼西郡。唐武德元年改營州，萬歲通天元年始入契丹。聖曆二年僑治漁陽。開元五年還治柳城。天寶元年改曰柳城郡。後唐復爲營州。太祖以居定州俘戶。統縣一：

廣寧縣。漢柳城縣，〔二〇〕屬遼西郡。東北與奚、契丹接境。萬歲通天元年，入契丹李萬榮。〔二一〕神龍元年移幽州界。開元四年復舊地。遼改今名。戶三千。

校勘記

〔一〕高祖以遼有援立之勞割幽州等十六州以獻　援立，原誤「援力」。按地理志五「晉高祖以契丹有援立功，割山前、代北地爲賂。」又地理志一：「太宗援立晉。」據改。

〔二〕榆林之關　索隱謂，今山海關，隋書曰渝關，亦曰臨渝關。此榆林蓋臨渝之聲同而倒誤者。

〔三〕開泰元年落軍額　按紀開泰元年十一月，改幽都府爲析津府。

〔四〕本晉幽都縣　索隱謂晉無幽都縣，唐志幽州范陽郡有幽都縣，晉應作唐。

〔五〕昌平縣本漢軍都縣　按昌平、軍都並漢置縣，後魏始廢昌平入軍都。

〔六〕元魏置東燕州平昌郡及昌平縣　「州平昌」三字原脫。輯本元一統志卷一：「後魏卽縣郭置東燕州及平昌郡昌平縣，後郡廢縣存，以隸幽州。」據補。

〔七〕固節鎭　據新唐書地理志及太平寰宇記（以下稱寰宇記）六九，應作固節縣。

〔八〕水經注　注字原脫。按「雍奴者」云云，非水經經文，爲酈道元注，據補。

〔九〕因分武清三河潞三縣戶置　三河，原誤「香河」。按香河爲分武清、三河、潞三縣戶所新置，非

舊有。據改。

〔一〇〕本泉山地　索隱：「泉山上當有玉字。清一統志玉泉山在宛平縣西北二十五里。玉河源出于玉泉山，亦名御河。玉河廢縣在宛平縣西南。」

〔一一〕北渡范水劉李河　渡，原誤「復」。據王曾行程錄改。又行程錄范水上有涿水，下文元和殿後有洪政殿。

〔一二〕齊長城　按此地非齊境，索隱謂齊當作燕。昌平山水記則謂北齊天保中所築。

〔一三〕改歸化郡　郡，原誤「縣」。據舊唐書地理志及寰宇記六九改。

〔一四〕易故安二縣地　故安，原誤「安故」，據漢書地理志及上文改。

〔一五〕本漢道縣　索隱謂「道」當作遒，漢志注：「遒，古遒字，音字由反。」續志亦作遒，晉志始作遒。

〔一六〕周大象二年省隋開皇十八年改淶水縣　「二年省，隋開皇」六字原脫。按周大象三年二月爲隋所滅，無十八年。寰宇記六七云，後周大象二年省遒縣入涿縣。隋志云，開皇元年以范陽爲遒，更置范陽於此，六年爲固安，八年廢，十年又置爲永陽，十八年改爲淶水。據補。

〔一七〕本漢臨朐縣地唐開元四年析潞州置　考異謂「朐」當作泃。索隱云：「兩漢志俱無臨泃縣。唐武德二年析潞縣置臨泃。貞觀元年省。開元四年復析潞縣置三河縣，卽臨泃故地。」

〔一八〕石晉割地在平州之境　此九字衍文。按石晉割地在太宗時，灤州爲太祖以俘戶置，不在十六州之內。

〔一九〕冀陽　冀，原誤「翼」，據魏書地形志、隋書地理志改。

〔二〇〕廣寧縣漢柳城縣　拾遺云，漢當作唐。元豐九域志：「河北路營州下都督柳城郡，領羈縻四州，柳城一縣。」漢柳城在中京道。索隱謂自此以下至「復舊地」，應移入中京道興中縣下。

〔二一〕李萬榮　榮，原誤「營」，據世表及舊唐書一九九、新唐書二一九契丹傳改。

遼史卷四十一

志第十一

地理志五

西京道

西京大同府，陶唐冀州之域。虞分幷州。夏復屬冀州。周職方，正北曰幷州。戰國屬趙，武靈王始置雲中郡。秦屬代王國，後爲平城縣。魏屬新興郡。晉仍屬雁門。劉琨表封猗盧爲代王，都平城。元魏道武於此遂建都邑。孝文帝改爲司州牧，置代尹，遷都洛邑，改萬年，又置恒州。高齊文宣帝廢州爲恒安鎭，今謂之東城，尋復恒州。周復恒安鎭，改朔州。隋仍爲鎭。唐武德四年置北恒州，〔一〕七年廢。貞觀十四年移雲中定襄縣於此。永淳元年默啜爲民患，移民朔州。開元十八年置雲州。〔二〕天寶元年改雲中郡。乾元元年曰雲州。乾符三年，大同軍節度使李國昌子克用爲雲中守捉使，殺防禦使，據州以聞。僖宗赦克用，以

國昌爲大同軍防禦使，不受命。廣明元年，李琢攻國昌，國昌兵敗，與克用奔北地。黃巢入京師，詔發代北軍，尋赦國昌，使討賊。克用率三萬五千騎而南，收京師，功第一，國昌封隴西郡王。國昌卒，克用取雲州。〔三〕旣而所向失利，乃卑詞厚禮，與太祖會于雲州之東城，謀大舉兵攻梁，不果。克用子存勗滅梁，是爲唐莊宗。同光三年，復以雲州爲大同軍節度使。晉高祖代唐，以契丹有援立功，割山前、代北地爲賂，大同來屬，因建西京。敵樓、棚櫓具。廣袤二十里。門，東曰迎春，南曰朝陽，西曰定西，北曰拱極。元魏宮垣占城之北面，雙闕尚在。遼旣建都，用爲重地，非親王不得主之。淸寧八年建華嚴寺，奉安諸帝石像、銅像。又有天王寺、留守司衙，南曰西省。北門之東曰大同府，北門之西曰大同驛。初爲大同軍節度，重熙十三年升爲西京，府曰大同。

統州二、縣七：

大同縣。本大同川地。重熙十七年西夏犯邊，析雲中縣置。戶一萬。

雲中縣。趙置。沿革與京府同。戶一萬。

天成縣。〔四〕本極塞之地。魏道武帝置廣牧縣，唐武德五年置定襄縣，遼析雲中置。在京北一百八十里。戶五千。

長青縣。〔五〕本白登臺地。冒頓單于縱精騎三十餘萬圍漢高帝於白登七日，卽此。遼

始置縣。有青陂。梁元帝橫吹曲云「朝跋青陂，暮上白登。」在京東北一百一十里。戶四千。

奉義縣。本漢陶林縣地。後唐武皇與太祖會此。遼析雲中置。戶三千。

懷仁縣。本漢沙南縣。元魏葛榮亂，縣廢。隋開皇二年移雲內于此。大業二年置大利縣，屬雲州，改屬定襄郡。隋末陷突厥。李克用敗赫連鐸，駐兵於此。遼改懷仁。在京南六十里。戶三千。

懷安縣。本漢夷輿縣地。歷魏至隋，爲突厥所據。唐克頡利，縣遂廢爲懷荒鎮。高勳鎮燕，奏分歸化州文德縣置。初隸奉聖州，後來屬。在州西北二百八十里。戶三千。

弘州，博寧軍，下，刺史。東魏靜帝置北靈丘縣。唐初地陷突厥，開元中置橫野軍安邊縣，天寶亂廢，後爲襄陰村。統和中，以寰州近邊，爲宋將潘美所破，廢之，乃於此置弘州，初軍曰永寧。有桑乾河、白道泉、白登山，亦曰火燒山，有火井。統縣二：

永寧縣。戶一萬。

順聖縣。本魏安塞軍，五代兵廢。高勳鎮幽州，奏景宗分永興縣置。〔六〕初隸奉聖州。在州西北二百八十里。戶三千。

德州，下，刺史。唐會昌中以西德店置德州。開泰八年以漢戶復置。有步落泉、金河山、野狐嶺、白道坂。縣一：

宣德縣。本漢桐過縣地，屬雲中郡，後隸定襄郡，漢末廢。高齊置紫阿鎮。唐會昌中置縣。〔七〕戶三千。

豐州，天德軍，節度使。秦爲上郡北境，漢屬五原郡。地磧鹵，少田疇。自晉永嘉之亂，屬赫連勃勃。後周置永豐鎮。隋開皇中升永豐縣，改豐州。大業七年爲五原郡。義寧元年太守張遜奏改歸順郡。唐武德元年爲豐州總管府。六年省，遷民於白馬縣，遂廢。貞觀四年分靈州境，置豐州都督府，領蕃戶。天寶初改九原郡。乾元元年復豐州，後入回鶻。會昌中克之，後唐改天德軍。太祖神册五年攻下，更名應天軍，復爲州。〔八〕有大鹽濼、九十九泉、沒越濼、古磧口、青塚——卽王昭君墓。兵事屬西南面招討司。統縣二：

富民縣。本漢臨戎縣，遼改今名。戶一千二百。

振武縣。本漢定襄郡盛樂縣。背負陰山，前帶黃河。元魏嘗都盛樂，卽此。唐武德四年克突厥，建雲中都督府。麟德三年改單于大都督府。〔九〕聖曆元年又改安北都督。開元七年割隸東受降城。八年置振武軍節度使。會昌五年爲安北都護府。〔一〇〕後唐莊宗以兄嗣本爲振武節度使。太祖神册元年，伐吐渾還，攻之，盡俘其民以東，唯存鄉兵三百人防戍。後更爲縣。

雲內州，開遠軍，下，節度。本中受降城地。遼初置代北雲朔招討司，改雲內州。清寧初升。有威塞軍、古可敦城、大同川、〔一一〕天安軍、永濟柵、安樂戍、拂雲堆。兵事屬西南面招討司。統縣二：

柔服縣。

寧人縣。〔一二〕

天德軍，本中受降城。唐開元中廢橫塞軍，置天安軍於大同川。乾元中改天德軍，移永濟柵，今治是也。太祖平党項，遂破天德，盡掠吏民以東。後置招討司，漸成井邑，乃以國族爲天德軍節度使。有黃河、黑山峪、廬城、威塞軍、秦長城、唐長城，又有牟那山，鉗耳觜城在其北。

寧邊州，鎮西軍，下，刺史。本唐隆鎮，遼置。兵事屬西南面招討司。

奉聖州，武定軍，上，節度。本唐新州。後唐置團練使，總山後八軍，莊宗以弟存矩爲之。軍亂，殺存矩于祁州，〔一三〕擁大將盧文進亡歸。太祖克新州，莊宗遣李嗣源復取之。同光二年升威塞軍。〔一四〕石晉高祖割獻，太宗改升。有兩河會、溫泉、龍門山、涿鹿山。東南至南京三百里，西北至西京四百四十里。兵事屬西京都部署司。統州三、縣四：

永興縣。本漢涿鹿縣地。黃帝與蚩尤戰于此。戶八千。

礬山縣。本漢軍都縣。山出白綠礬，故名。有礬山、桑乾河。在州南六十里。戶三千。

龍門縣。有龍門山，石壁對峙，高數百尺，望之若門。徼外諸河及沙漠潦水，皆於此趣海。雨則俄頃水蹤十仞，晴則淸淺可涉，實塞北控扼之衝要也。在州東北二百八十里。戶四千。

望雲縣。本望雲川地。景宗於此建潛邸，因而成井肆。穆宗崩，景宗入紹國統，號御莊。後置望雲縣，直隸彰愍宮，附庸于此。在州東北二百六十里。戶一千。

歸化州，雄武軍，上，刺史。本漢下洛縣。元魏改文德縣。唐升武州，僖宗改毅州。後唐太祖復武州，明宗又爲毅州，潞王仍爲武州。晉高祖割獻于遼，改今名。有桑乾河，會河川，愛陽川，炭山，又謂之陘頭，有涼殿，承天皇后納涼於此，山東北三十里有新涼殿，景宗納涼於此，唯松棚數陘而已；斷雲嶺，極高峻，故名。州西北至西京四百五十里。統縣一：

文德縣。本漢女祁縣地。元魏置。戶一萬。

可汗州，清平軍，下，刺史。本漢潘縣，元魏廢。北齊置北燕郡，〔一五〕改懷戎縣。隋廢郡，屬涿郡。唐武德中復置北燕州，縣仍舊。貞觀八年改嬀州。五代時，奚王去諸以數千帳徙嬀州，〔一六〕自別爲西奚，號可汗州；太祖因之。有嬀泉在城中，相傳舜嬪二女於此。又有溫泉、版泉、磨笄山、雞鳴山、喬山、歷山。統縣一：

懷來縣。本懷戎縣，太祖改。戶三千。

儒州，縉陽軍，中，刺史。唐置。後唐同光二年隸新州。太宗改奉聖州，仍屬。有南溪河、沽河、宋王峪、桃峪口。統縣一：

縉山縣。本漢廣甯縣地。唐天寶中割嬀川縣置。戶五千。

蔚州，忠順軍，上，節度。周職方，幷州川曰嘔夷，在州境飛狐縣。趙襄子滅代；武靈王置代郡；項羽徙趙歇爲代王；歇還趙，立陳餘王代；漢韓信斬餘，復置代郡；文帝初封代；皆

此地。周宣帝始置蔚州，隋開皇中廢。唐武德四年復置。至德二年改興唐縣。乾元元年仍舊。大中後，朱邪執宜爲刺史，有功，賜姓名李國昌。子克用乞爲留後，僖宗不許。廣明初，攻敗國昌，代北無備，太祖來攻，克之，俘掠居民而去。石晉獻地，升忠順軍，後更武安軍。統和四年入宋，尋復之，降刺史，隸奉聖州，升觀察，〔一七〕復忠順軍節度。兵事屬西京都部署司。統縣五

靈仙縣。唐置興唐縣，梁改隆化縣，後唐同光初復置，晉改今名。戶二萬。

定安縣。本漢東安陽縣地，久廢。後唐太祖伐劉仁恭，次蔚州，晨霧晦冥，占，不利深入，會雷電大作，燕軍解去，即此。遼置定安縣。西北至州六十里。戶一萬。

飛狐縣。後周大象二年置廣昌縣于五龍城，即此。隋仁壽元年改名飛狐。相傳有狐於紫荆嶺食五粒松子，成飛仙，故云。西北至州一百四十里。戶五千。

靈丘縣。漢置。後漢省。東魏復置，屬靈丘郡。隋開皇中罷郡來屬。大業初改隸代州。唐武德六年仍舊。東北至州一百八十里。戶三千。

廣陵縣。本漢延陵縣。隋唐爲鎭州。後唐同光初分興唐縣置。石晉割屬遼。東南至州四十里。戶三千。

應州，彰國軍，上，節度。唐武德中置金城縣，後改應州。後唐明宗，州人也。天成元年升彰國軍節度，興唐軍、寰州隸焉。遼因之。北龍首山，南雁門。兵事屬西京都部署司。統縣三。

金城縣。本漢陰館縣地，漢末廢爲陰館城。隋大業末陷突厥。〔一八〕唐始置金城縣，遼因之。戶八千。

渾源縣。唐置。有渾源川。在州東南一百五十里。戶五千。

河陰縣。本漢陰館縣地。初隸朔州，清寧中來屬。戶三千。

朔州，順義軍，下，節度。本漢馬邑縣地。元魏孝文帝始置朔州，在今州北三百八十里定襄故城。葛榮亂，廢。高齊天保六年復置，在今州南四十七里新城。八年徙馬邑，即今城。武成帝置北道行臺。周武帝置朔州總管府。隋大業三年改馬邑郡。唐武德四年復朔州。遼升順義軍節度。兵事屬西京都部署司。統州一、縣三。

鄯陽縣。〔一九〕本漢定襄縣地。建安中置新興郡。元魏置桑乾郡。高齊置招遠縣，郡仍舊。隋開皇三年罷郡，隸朔州。大業元年初名鄯陽縣，遼因之。戶四千。

寧遠縣。齊天保六年，於朔州西置招遠縣。唐乾元元年改今名，遼因之。有寧遠鎭。

東至朔州八十里。戶二千。

馬邑縣。漢置，屬雁門郡。唐開元五年，析鄯陽縣東三十里置大同軍，倚郭置馬邑縣。南至朔州四十里。戶三千。

武州，宣威軍，下，刺史。趙惠王置武川塞。魏置神武縣。唐末置武州。後唐改毅州。〔二〇〕重熙九年復武州，號宣威軍。統縣一：

神武縣。魏置。晉改新城。後唐太祖生神武川之新城，即此。初隸朔州，後置州，併寧遠爲一縣來屬。戶五千。

東勝州，〔二一〕武興軍，下，刺史。隋開皇七年置勝州。大業五年改榆林郡。唐貞觀五年於南河地置決勝州，故謂此爲東勝州。天寶七年又爲榆林郡。乾元元年復爲勝州。太祖神册元年破振武軍，勝州之民皆趨河東，州廢。晉割代北來獻，復置。兵事屬西南面招討司。統縣二：

榆林縣。

河濱縣。

金肅州。重熙十二年伐西夏置。割燕民三百戶，防秋軍一千實之。屬西南面招討司。

河清軍。西夏歸遼，開直路以趨上京。重熙十二年建城，號河淸軍。徙民五百戶，防秋兵一千人實之。屬西南面招討司。

校勘記

〔一〕唐武德四年置北恒州　按新唐書地理志作武德元年置。舊唐書地理志作武德六年。

〔二〕開元十八年置雲州　雲州，原誤「雲中州」。據新唐書地理志改。舊唐書地理志作開元二十年。

〔三〕克用取雲州　州，原誤「南」。據太祖紀及新五代史四改。

〔四〕天成縣　金史地理志作天城縣。

〔五〕長青縣　兵衞志下同。遼文滙續編董匡信墓誌、金史地理志並作長淸縣。

〔六〕奏景宗分永興縣置　據紀應曆十三年正月、卷八五高勳傳及金史地理志，景宗應作穆宗。

〔七〕唐會昌中置縣　按紀開泰八年十一月，置雲州宣德縣。新、舊唐書地理志無宣德縣。

〔八〕更名應天軍復爲州　按金史地理志豐州天德軍，遼嘗更名應天，尋復。

〔九〕改單于大都督府　索隱：「督，當作護。」新、舊唐書地理志並作「龍朔三年置雲中都護府，麟德

元年改爲單于大都護府」。

〔一〇〕會昌五年爲安北都護府　索隱：「案方鎭表會昌三年改。」

〔一一〕大同川　川，原作「州」。據下文及新唐書地理志改。

〔一二〕寧人縣　按卽寧仁縣。紀開泰六年七月以西南路招討請，置寧仁縣于勝州。此隸雲內，或是以後改屬。金史地理志雲內州有寧仁舊縣。

〔一三〕殺存矩于祁州　祁州，新五代史四八及通鑑並作祁溝關。

〔一四〕升威塞軍　通考三一六作威勝軍。

〔一五〕北齊置北燕郡　索隱：「郡，當作州。隋志，後齊置北燕州，領長寧、永豐二郡。」

〔一六〕去諸以數千帳徙嬀州　徙，原誤「欲」。據新五代史附錄改。

〔一七〕升觀察　按紀，統和二十九年六月升。

〔一八〕隋大業末陷突厥　隋字原脫。大業爲隋年號，據補。

〔一九〕鄯陽縣　隋書、唐書地理志及通考三一六作善陽。遼文滙一〇甯鑑墓誌、元和郡縣志作鄯陽。

〔二〇〕後唐改毅州　後字原脫，據上文「唐末」及通考三一六補。

〔二一〕東勝州　按紀開泰六年七月作勝州。紀淸寧四年三月、保大二年四月、四年七月、百官志四並作東勝州。

遼史卷四十二

志第十二

曆象志上

遼以幽、營立國，禮樂制度規模日完，授曆頒朔二百餘年。今奉詔修遼史，體與宋、金儗，其大明曆不可少也。曆書法禁不可得，求大明曆元，得祖冲之法于外史。冲之之法，遼曆之所從出也歟？國朝亦嘗因之。以冲之法算，而至於遼更曆之年，以起元數，是蓋遼大明曆。遼曆因是固可補，然弗之補，史貴闕文也。外史紀其法，司天存其職，遼史志是足矣。作曆象志。

曆

大同元年，太宗皇帝自晉汴京收百司僚屬伎術曆象，遷于中京，遼始有曆。先是，梁、

唐仍用唐景福崇玄曆。晉天福四年，司天監馬重績奏上乙未元曆，號調元曆，太宗所收于汴是也。穆宗應曆十一年，司天王白、李正等進曆，蓋乙未元曆也。聖宗統和十二年，可汗州刺史賈俊進新曆，則大明曆是也。高麗所志大遼古今錄稱統和十二年始頒正朔改曆，驗矣。大明曆本宋祖冲之法，〔一〕具見沈約宋書。具如左。

宋武帝大明六年，祖冲之上甲子元曆法，未及施用，因名大明曆。

上元甲子至宋大明七年癸卯，五萬一千九百三十九年算外。

元法：五十九萬二千三百六十五。

紀法：三萬九千四百九十一。

章歲：三百九十一。

章月：四千八百三十六。

章閏：一百四十四。

閏法：十二。

月法：十一萬六千三百二十一。

日法：三千九百三十九。

餘數：二十萬七千四百四十四。

中華書局

歲餘：九千五百八十九。

沒分：三百六十萬五千九百五十一。

沒法：五萬一千七百六十一。

周天：一千四百四十二萬四千六百六十四。

虛分：萬四百四十九。

行分法：二十三。

小分法：一千七百一十七。

通周：七十二萬六千八百一十。

會周：七十一萬七千七百七十七。

通法：二萬六千三百七十七。

差率：三十九。

推朔術：

置入上元年數算外，以章月乘之，滿章歲爲積月，不盡爲閏餘。閏餘二百四十七以上，其年有閏。以月法乘積月，滿日法爲積日，〔二〕不盡爲小餘。六旬去積日，不盡爲大餘。大餘命以甲子，算外，所求年天正十一月朔也。小餘千八百四十九以上，其月大。

求次月：

加大餘二十九，小餘二千九十二。小餘滿日法從大餘，〔三〕大餘滿六旬去之，命如前，次月朔也。

求弦望：

加朔大餘七，小餘千五百七，小分一。小分滿四從小餘，小餘滿日法從大餘，命如前，上弦日也。又加得望，又加得下弦，又加得後月朔也。

推閏術：

以閏餘減章歲，餘滿閏法得一月，命以天正，算外，閏所在也。閏有進退，以無中氣爲正。

推二十四氣：

置入上元年數算外，以餘數乘之，滿紀法爲積日，不盡爲小餘。六旬去積日，不盡爲大餘。大餘命以甲子，算外，天正十一月冬至日也。

求次氣：

加大餘十五，小餘八千六百二十六，小分五。小分滿六從小餘，小餘滿紀法從大餘，〔四〕命如前，次氣日也。

求土王用事：

加冬至大餘二十七，小餘萬五千五百二十八，季冬土用事日也。〔五〕又加大餘九十一，小餘萬二千二百七十，次土用事日也。

推沒術：

以九十乘冬至小餘，以減沒分，滿沒法爲日，不盡爲日餘，命日以冬至，算外，沒日也。

求次沒：

加日六十九，日餘三萬四千四百四十二，餘滿沒法從日，次沒日也。日餘盡爲滅。

推日所在度術：

以紀法乘朔積日爲度實，周天去之，餘滿紀法爲積度，不盡爲度餘。命以虛一，次宿除之，算外，天正十一月朔夜半日所在度也。

求次月：

大月加度三十，小月加度二十九，入虛去度分。

求次日：

以小分法除度餘，所得爲行分，不盡爲小分，小分滿法從行分，行分滿法從度。

加一度。入虛去行分六，小分百四十七。

推月所在度術：

以朔小餘乘百二十四爲度餘，又以朔小餘乘八百六十爲微分，微分滿月法從度餘，〔六〕度餘滿紀法爲度。以減朔夜半日所在，則月所在度。

求次月：

大月加度三十五，度餘三萬一千八百三十四，微分七萬七千九百六十七，小月加度二十二，度餘萬七千二百六十一，微分六萬三千七百三十六，入虛去度也。

遲疾曆：〔七〕

	月行度	損益率	盈縮積分	差法
一日	十四行分十三	益七十	盈初	五千三百四
二日	十四十一	益六十五	盈百八十四萬二千三百一十六	五千二百七十
三日	十四八	益五十七	盈三百五十五萬七百六	五千二百一十九
四日	十四四	益四十七	盈五百五萬八千三百八	五千一百五十一

五日	十三二十一	益三十四	盈六百二十九萬七千八百五十七	五千六十六
六日	十三十七	益二十二	盈七百二十萬二千六百九十一	四千九百八十一
七日	十三十一	益六	盈七百七十七萬二千七百一十一	四千八百七十九
八日	十三五	損九	盈七百九十四萬九百五十二	四千七百七十七
九日	十二二十二	損二十四	盈七百七十萬七千四百一十五	四千六百七十五
十日	十二十六	損三十九	盈七百七萬二千一百	四千五百七十三
十一日	十二十一	損五十二	盈六百三萬五千七	四千四百八十八
十二日	十二八	損六十	盈四百六十六萬三千一百	四千四百三十七
十三日	十二六	損六十五	盈三百九萬三百三	四千四百三
十四日	十二四	損七十	盈百三十八萬三千五百八十	四千三百六十九
十五日	十二五	益六十七	縮四十五萬七千六百十九	四千三百八十六
十六日	十二七	益六十二	縮二百二十三萬七百五十五	四千四百二十

十七日	十二十	益五十五	縮三百八十七萬五十四	四千四百七十一
十八日	十二十四	益四十四	縮五百三十一萬九千三百八十五	四千五百二十九
十九日	十二十九	益三十二	縮六百四十八萬四百四	四千六百二十四
二十日	十三	益十九	縮七百三十一萬六千六百八	
二十一日	十三七	益四	縮七百八十一萬七千九百九十六	四千八百一十一
二十二日	十二十二	損十一	縮七百九十一萬七千六百七	四千九百一十三
二十三日	十三十九	損三十七	縮七百六十一萬五千四百四十	五千一十五
二十四日	十四一	損三十九	縮六百九十萬一千四百九十五	五千一百
二十五日	十四十六	損五十二	縮五百八十七萬一千七百三十五	五千一百八十五
二十六日	十四十	損六十二	縮四百四十九萬九千一百五十九	五千二百五十三
二十七日	十四十二	損六十七	縮二百八十五萬七千七百三十二	五千二百八十七
二十八日	十四十	損七十四	縮百八萬二千三百七十九	五千三百三十一

推入遲疾曆術：

以通法乘朔積日爲通實，通周去之，餘滿通法爲日，不盡爲日餘。命日算外，天正十一月朔夜半入曆日也。

求次月：

大月加二日，小月加一日，日餘皆萬一千七百四十六。曆滿二十七日，日餘萬四千六百三十一，則去之。

求次日：

加一日。

求日所在定度：

以夜半入曆日餘乘損益率，以損益盈縮積分，如差率而一，所得滿紀法爲度，不盡爲度餘，以盈加縮減平行度及餘爲定度。益之或滿法，損之或不足，以紀法進退。求度行分如上法。求次日，如所入遲疾加之。虛去分，如上法。

陰陽曆：

	損益率	兼數
一日	益十六	初
二日	益十五	十六
三日	益十四	三十一
四日	益十二	四十五
五日	益九	五十七
六日	益五	六十六
七日	益一	七十一
八日	損二	七十二
九日	損六	七十
十日	損十	六十四
十一日	損十三	五十四

十二日	損十五	四十一
十三日	損十六	二十六
十四日	損十六	十

推入陰陽曆術：

置通實以會周去之，不滿交數三十五萬八千八百八十八半爲朔入陽曆分，〔八〕各去之，爲朔入陰曆分，各滿通法得一日，不盡爲日餘。命日算外，天正十一月朔夜半入曆日也。

求次月：

大月加二日，小月加一日，日餘皆二萬七百七十九。曆滿十三日，日餘萬五千九百八十七半，則去之。陽竟入陰，陰竟入陽。

求次日：

加一日。

求朔望差：

以二千二十九乘朔小餘，滿三百三爲日餘，不盡倍之爲小分，則朔差數也。加一十四日，日餘二萬一百八十六，小分百二十五。小分滿六百六從日餘，日餘滿通法爲日，即望差數也。又加之，後月朔也。

求合朔月食：

置朔望夜半入陰陽曆及餘，有半者去之，置小分三百三，以差數加之。小分滿六百六從日餘，日餘滿通法從日，日滿一曆去之。命日算外，則朔望加時入曆也。朔望加時入曆一日，日餘四千一百九十八，小分四百二十八以下，十二日，日餘萬一千七百八十八，小分四百八十一以上，朔則交會，望則月食。

求合朔月食定大小餘：

令差數日餘加夜半入遲疾曆餘，〔九〕日餘滿通法從日，則朔望加時入曆也。以入曆餘乘損益率，以損益盈縮積分，如差法而一，以盈減縮加本朔望小餘爲定小餘。益之或滿法，損之或不足，以日法進退日。

求合朔月食加時：

以十二乘定小餘，滿日法得一辰，命以子，算外，加時所在辰也。有餘者四之，滿日法得一爲少，二爲半，三爲太。又有餘者三之，滿日法得一爲强，以强并少爲少强，并半爲半强，并太爲太强。得二者爲少弱，以并少爲半弱，并半爲太弱，〔一〇〕并太爲一辰弱，以前辰名之。

求月去日道度：

置入陰陽曆餘乘損益率，如通法而一，以損益兼數爲定。定數十二而一爲度。不盡四而一，爲少、半、太。又不盡者三而一，〔一一〕一爲强，二爲少弱，則月去日道數也。陽曆在表，陰曆在裏。

測景漏刻中星數：〔一二〕

二十四氣	日中景	晝漏刻	夜漏刻	昏中星度	明中星度
冬至	一丈三尺	四十五	五十五	八十二 行分二十一	二百八十三 行分八
小寒	一丈二尺四寸三分	四十五 六	五十四 四	八十四	二百八十二 六
大寒	一丈一尺二寸	四十六 七	五十三 二	八十六 一	二百八十 六
立春	九尺八寸	四十八 四	五十一 六	八十九 三	二百七十七 三
雨水	八尺一寸七分	五十五	四十九 五	九十三	二百七十三 七
驚蟄	六尺六寸七分	五十二 九	四十七 一	九十一	二百六十八 二十

春分	五尺三寸七分	五十五 五	四十四 五	百二 三	二百六十四 三
清明	四尺二寸五分	五十八 一	四十一 九	百六 二十一	二百五十九 八
穀雨	二尺二寸六分	六十 四	三十九 六	百一十一 三	二百五十四 四
立夏	二尺五寸三分	六十二 四	三十七 六	百一十四 十八	二百五十一 七
小滿	一尺九寸九分	六十三 九	二十六 一	百一十七 十二	二百四十八 十七
芒種	一尺六寸九分	六十四 八	二十五 二	百一十九 四	二百四十七 二
夏至	一尺五寸	六十五	三十五	百一十九 十二	二百四十六 十七
小暑	一尺六寸九分	六十四 八分	三十五 一	百一十九 四	二百四十七 一
大暑	一尺九寸九分	六十三 九	三十六 一	百一十七 十二	二百四十八 十七
立秋	二尺五寸三分	六十二 四	三十七 六	百一十四 十八	二百五十一 十一
處暑	三尺二寸六分	六十 四	三十九 六	百一十一 二	二百五十四 四
白露	四尺二寸五分	五十八 一	四十一 九	百六 二十一	二百五十九 八

秋分	五尺三寸七分	五十五五	四十四五	百二三	二百六十四三
寒露	六尺六寸七分	五十二九	四十七一	九十七九	二百六十八二十
霜降	八尺一寸七分	五十五	四十九五	九十三	二百七十三七
立冬	九尺八寸	四十八四	五十一六	八十九三	二百七十七三
小雪	一丈一尺二寸	四十六七	五十三三	八十六一	二百八十六
大雪	一丈二尺四寸三分	四十五六	五十四四	八十四	二百八十二六

求昏明中星：

各以度數如夜半日所在，〔一三〕則中星度。

推五星術：

木率：千五百七十五萬三千八十二。

火率：三千八十萬四千一百九十六。

土率：千四百九十三萬三百五十四。

金率：二千三百六萬一十四。

水率：四百五十七萬六千二百四。

推五星術：

置度實各以率去之，餘以減率，其餘，如紀法而一，爲入歲日，不盡爲日餘，命以天正朔，算外，星合日。

求星合度：

以入歲日及餘從天正朔日積度及餘，滿紀法從度，滿三百六十餘度分則去之，命以虛一，算外，星合所在度也。

求星見日：

以術伏日及餘加星合日及餘，餘滿紀法從日，命如前，見日也。

求星見度：

以術伏度及餘加星合度及餘，餘滿紀法從度，入虛去度分，命如前，星見度也。

行五星法：

以小分法除度餘，所得爲行分，不盡爲小分，及日加所行分，滿法從度，留者因前，逆則減之，伏不盡度。〔一四〕從行入虛，去行分六，小分百四十七，逆行出虛，則加之。

木星：

初與日合，伏，十六日，日餘萬七千八百三十二，行二度，度餘三萬七千五百四，晨見東方。從，日行四分，百一十二日行十九度十一分。留，二十八日。逆，日行三分，八十六日退十一度五分。又留二十八日。〔一五〕從，日行四分，百一十二日，〔一六〕夕伏西方，日度餘如初。一終三百九十八日，日餘三萬五千六百六十四，〔一七〕行三十三度，度餘二萬五千二百一十五。

火星：

初與日合，伏，七十二日，〔一八〕日餘六百八，行五十五度，度餘二萬八千八百六十五，晨見東方。從，疾，日行十七分，九十二日行六十八度。小遲，日行十四分，九十二日行五十六度。大遲，日行九分，九十二日行三十六度。留，十日。逆，日行六分，六十四日退十六度十六分。又留，十日。從，遲，日行九分，九十二日。小疾，日行十四分，九十二日。大疾，日行十七分，九十二日。夕伏西方，日度餘如初。一終七百八十日，日餘千二百一十六，行四百一十四度，度餘三萬二百五十八，除一周，定行四十九度，度餘萬九千八百九。

土星：

初與日合，伏，十七日，日餘千三百七十八，行一度，度餘萬九千三百三十三，晨見東方，行順，日行二分，八十四日行七度七分。留，三十三日。行逆，日行一分，百一十日退四度十八分。又留，三十三日。從，日行二分，八十四日，夕伏西方，日度餘如初。一終三百七十八日，日餘二千七百五十六，行十二度，度餘三萬一千七百九十八。

金星：

初與日合，伏，三十九日，日餘三萬八千一百二十六，行四十九度，度餘三萬八千一百二十六，夕見西方。從，疾，日行一度五分，九十二日行百十二度。小遲，日行一度四分，九十二日行百八度。大遲，日行十七分，四十五日行三十三度六分。〔一九〕留，九日。遲，日行十六分，〔二〇〕九日退六度六分，夕伏西方。伏五日，退五度，而與日合。又五日退五度，而晨見東方。逆，日行十六分，九日。留，九日。從，遲，日行十七分，四十五日。小疾，日行一度四分，九十二日。大疾，日行一度五分，九十二日。晨伏東方，日度餘如初。一終五百八十三日，日餘三萬六千七百六十一，行星如之。除一周，定行二百十八度，度餘二萬六千三百一十三。〔二一〕合二百九十一日，〔二二〕日餘三萬八千一百二十六，行星亦如之。

水星

初與日合，伏，十四日，日餘三萬七千一百一十五，行三十度，度餘三萬七千一百一十五，夕見西方。從，疾，日行一度六分，二十三日行二十九度。遲，日行二十分，八日行六度二十二分。留，二日。遲，日行十一分，二日退二十二分，〔二三〕夕伏西方。伏八日，退八度，而與日合。又八日退八度，晨見東方。逆，日行十一分，二日。留，二日。從，遲，日行二十分，八日。疾，日行一度六分，二十三日。晨伏東方，日度餘如初。一終百一十五日，日餘三萬四千七百三十九，行星如之。一合五十七日，日餘三萬七千一百一十五，行星亦如之。

上元之歲，歲在甲子，天正甲子朔夜半冬至，日月五星聚于虛度之初，陰陽遲疾並自此始。

梁武帝天監三年，冲之子暅上疏，論何承天曆乖謬不可用。九年正月，詔用祖冲之所造甲子元曆頒朔。陳氏因梁，亦用祖冲之曆。至遼，聖宗以賈俊所進新曆，因宋大明舊號行之。金曰重修大明曆。傳至皇元亦曰重修大明曆。及改授時曆，別立司天監存肄之，每歲甲子冬至重修其法。書在太史院，禁莫得聞。

校勘記

〔一〕大明曆本宋祖冲之法　考異：「祖冲之曆，已見前史，而此志全錄之，蓋作史者徒求卷帙之富，於史例無當也。」汪曰楨古今推步諸術云：「遼賈俊大明曆無考，見遼史志。謂卽劉宋時祖冲之大明術，其說出于臆度附會，實則『大明』之名偶同，非卽祖術也。」檢本志下文稱：「至遼，聖宗以賈俊所進新曆，因宋大明舊號行之。」是元人修史時已知賈俊新曆與宋祖冲之術不同，不過

因襲大明舊號。但本卷仍全錄宋書所載祖冲之曆。

〔二〕滿日法爲積日　「積日」原誤「積月」，據宋書改。

〔三〕小餘滿日法從大餘　「小」字原脫，據曆理補。

〔四〕小餘滿紀法從大餘　「小餘」二字原脫，據宋書補。

〔五〕季冬土用事日也　「冬」原誤「月」，據宋書改。

〔六〕微分滿月法從度餘　「餘」字原脫，據曆理補。

〔七〕遲疾曆　表中數字據曆理推算應校改如下：

第一格：行五，行分二十一應作二十二。行二十，應補行分一。行二十二，月行度十二應作十三，行分十二亦應作十三。行二十五，行分十六應作六。行二十八，行分十應作十四。

第二格：行二十三，三十七應作二十七。

第三格：行四，五百五萬八千三百八，三百八應作二百八。行七，七百七十七萬二千七百一十一，末「一」字應刪。行十七，三百八十七萬五十四，五十四應作五百一十四。行十八，五百三十一萬應作五百三十萬。行二十四，六百九十萬應作六百九十一萬。行二十五，五百八十七萬一千，一千應作二千。

第四格：行十八，四千五百二十九，二十九應作三十九。行二十，應補「四千七百九」五字。

行二十八，五千三百三十一，三十一應作二十一。

〔八〕不滿交數三十五萬八千八百八十八半爲朔入陽曆分　「三」原誤「二」，據宋書改。

〔九〕令差數日餘加夜半入遲疾曆餘　「令」原誤「合」，據宋書改。

〔一〇〕并少爲半弱并半爲太弱　此十字原脫，據算理補。

〔一一〕不盡四而一爲少半太又不盡者三而一　「四」原誤「三」，「三而一」原脫，據算理補正。

〔一二〕測景漏刻中星數　表中數字應校改如下：大寒，夜漏刻分「二」應作「三」，明中星度行分「六」應作「五」。雨水，明中星度行分「七」應作「六」。驚蟄，昏中星度「九十一」應作「九十七」，補行分「九」。穀雨，日中景「二尺二寸六分」應作「三尺二寸六分」，昏中星度行分「三」應作「二」，明中星度「二百五十四」應作「二百五十五」。立夏，明中星度行分「七」應作「十一」。小滿，夜漏刻「二十六」應作「三十六」。芒種，夜漏刻「二十五」應作「三十五」。小暑，晝漏刻分「八分」，「分」字衍；夜漏刻分「一」應作「二」，明中星度行分「一」應作「二」。處暑，明中星度「二百五十四」應作「二百五十五」。霜降，明中星度行分「七」應作「六」。

〔一三〕各以度數如夜半日所在　「如」應作「加」。

〔一四〕伏不盡度　「盡」應作「書」。

〔一五〕又留二十八日　「二」原誤「一」，據宋書改。

〔一六〕百一十二日　「二」原誤「五」，據宋書改。

〔一七〕日餘三萬五千六百六十四　「三萬」原誤「五萬」，據宋書改。

〔一八〕初與日合伏七十二日　「七十二日」原誤「二十七日」，據宋書改。

〔一九〕四十五日行三十三度六分　「三十三度」原誤「二十三度」，據宋書改。

〔二〇〕遲日行十六分　「遲」應作「逆」。

〔二一〕度餘二萬六千三百一十三　「一十三」應作「一十二」。

〔二二〕合二百九十一日　「合」上應補「一」字。

〔二三〕遲日行十一分二日退二十二分　「遲」應作「逆」。「二十二分」原誤「二十一分」，據宋書改。

遼史卷四十三

志第十三

曆象志中

閏考

月度不足，是生朔虛；天行有餘，是爲氣盈。盈虛相懸，歲月乃舛。積舛而差，寒暑互易，百穀不成，庶政不明。聖人驗以斗柄，準以歲星，爰立閏法，信治百官。是故閏正而月正，月正而歲正。歲月既正，頒令考績，無有不時。國史正歲年以敍事，莫重於此。

遼始徵曆梁、唐。入晉之後，奄有帝制，乙未、大明，曆法再變。穆宗應曆六年，周用顯德欽天曆；十年，宋用建隆應天曆。景宗乾亨四年，宋用乾元曆。聖宗統和十九年，宋用儀天曆；太平元年，宋用崇天曆。道宗清寧十年，宋用明天曆；大康元年，宋用奉元曆；大安七年，宋用觀天曆。天祚皇帝乾統六年，宋用紀元曆。五代曆三變，宋凡八變，遼終始再變。

曆法不齊，故定朔置閏，時有不同，覽者惑焉。作閏考。

年	正	二	三	四	五	六	七	八	九	十	十一	十二
首缺五閏〔一〕 太祖神册五年						閏 耶律儼 陳大任						
天贊二年〔二〕				梁閏								
缺一閏 太宗天顯三年								閏 儼				
六年					閏 儼 唐							
九年	閏 儼 大任 唐											
十一年											閏 儼 大任 唐	
會同二年〔三〕					閏 儼 大任 晉							
缺一閏 七年												閏 儼 大任

大同元年[四]　閏　儀　大任　高麗十年七月

缺再閏

穆宗應曆三年

五年　閏　儀　大任

八年　閏　儀　大任

十一年　閏　儀　大任　宋

十三年　宋閏

十六年　閏　儀　大任　宋

十九年　宋閏

景宗保寧四年　閏　儀　大任　宋

六年　宋閏

九年　宋閏

乾亨二年　閏　儀　大任　宋

四年												宋閏
聖宗統和三年[五]									宋閏			
六年					閏 儀 大任							

九年[六]		閏 儀 大任 宋 高麗										
十一年										宋閏 高麗		
十四年							閏 大任 宋					

十七年			宋閏									
十九年											閏 儀 大任	宋閏 異
二十二年									閏 大任 宋			

二十五年					宋閏							
二十八年		宋閏										
開泰元年										宋閏		

四年　宋閏

七年　宋閏

九年[七]　閏（曆）；宋閏（異）

太平三年　閏（曆、宋）

六年　宋閏

九年　宋閏

十一年　閏（曆、大任、宋、高麗）

興宗重熙三年　宋閏

六年　閏（曆、宋）

八年　閏（曆、宋、高麗）

十一年　閏（曆、宋）

十四年　閏（曆、宋）

十七年	閏 儼 宋 高麗											
十九年											閏 儼 宋 高麗	
二十二年							閏 儼 宋					

道宗清寧二年			閏 儼 宋									
四年												閏 儼 宋
七年								宋閏				

十年					宋閏							
咸雍三年			宋閏									
五年											閏 大任 宋	

八年							閏 儼 宋					
大康元年				閏 儼 大任 宋								
三年 宋閏來年正月，異。												閏 儼

六年	九年	大安四年〔八〕
	閏 徽 大任 宋	
宋閏		
		閏 徽 大任 宋 高麗

七年	十年	壽昌三年
		宋閏
	閏 大任 宋	
宋閏		

五年	天祚乾統二年	五年
		宋閏
	閏 徽 大任 宋	
閏 徽 大任 宋		

七年	十年	天慶三年
		閏 徽 大任 宋
	閏 徽 大任	
	宋閏 異	
宋閏		

六年	閏 儀 大任 宋
八年	閏 儀 大任 宋
保大元年	宋閏

四年	閏 儀 大任 宋

校勘記

〔一〕首缺五閏　檢汪曰楨歷代長術輯要（以下稱輯要）、陳垣二十史朔閏表（以下稱陳表），自太祖元年至神册四年，實缺四閏，卽太祖三年閏八月，六年閏五月，九年閏二月，神册二年閏十月。按閏考登錄遼及五代、宋之閏，頗多缺誤。因下卷朔考兼載閏、朔，玆于下卷詳校其訛脫，本卷僅舉例說明，以省煩文。

〔二〕天贊二年　「二」字原缺。檢舊五代史梁末帝紀、唐莊宗紀及輯要、陳表，梁龍德三年（唐同光元年）閏四月。是年當遼天贊二年，據補。又天贊四年閏十二月，通欄缺。下欄天顯三年注「缺一閏」，應卽指四年十二月之閏，凡此皆仍存原式不補。

〔三〕會同二年　檢太祖紀及輯要、陳表，是年閏七月，此作閏五月誤。朔考不誤。

〔四〕大同元年　元，原誤「九」。按紀，大同元年世宗改元天祿，無九年。又據輯要、陳表，大同元年閏七月。據改。又原注「高麗十年七月」，疑當爲「高麗來年七月」，謂高麗於次年閏七月也。

〔五〕統和三年　檢輯要、陳表，是年遼閏八月，與宋閏九月異，此失書遼閏。

〔六〕統和九年　二月內「高麗」二字原誤入下欄十一年二月內，原注云：「誤，當在九年。」今依注移此，省注文。

〔七〕開泰九年　按是年遼、宋同閏十二月。此作遼閏二月、宋閏十二月，以同爲異，誤。朔考亦誤。

〔八〕大安四年　按大安二年閏二月，此通欄缺，四年欄內亦漏注「缺一閏」。

遼史卷四十四

志第十四

曆象志下

朔考

古者太史掌正歲年以敍事，國史以事繫日，以日、月、時繫年。時月不正，則敍事不一。故二史合爲一官，頒曆授時，必大一統。

遼、漢、周、宋，俱行夏時，各自爲曆。國史閏朔，頗有異同。遼初用乙未元曆，本何承天元嘉曆法，後用大明曆，本祖冲之甲子元曆法。承天日食晦朏，一章必七閏，冲之日食必朔，〔一〕或四年一閏。用乙未曆，漢、周多同，用大明曆，則間與宋異。國史敍事，甲子不殊，閏朔多異，以此故也。耶律儼紀以大明法追正乙未月朔，又與陳大任紀時或牴牾。稽古君子，往往惑之。

用五代職方考志契丹州軍例，作朔考。法殊曰「異」，傳訛曰「誤」，遼史不書國，儼、大任偏見並見各名，他史以國冠朔。並見注于后。

年	孟月朔	仲月朔	季月朔
太祖元年〔二〕	丁未 耶律儼	梁丁丑	

年	孟月朔	仲月朔	季月朔
二年〔三〕			梁壬申
三年〔四〕	乙亥 儼	丁酉	

年	孟月朔	仲月朔	季月朔
四年	梁壬辰		
	戊子 儼		
五年〔五〕	戊戌 儼		
	壬午 儼	梁甲申	梁辛巳

年	上	中	下
六年〔六〕	丙戌儀		
七年	甲辰儀	甲戌儀	甲辰儀
	癸酉儀	壬寅儀	壬申儀 梁庚寅，誤。
	辛丑儀	庚午儀	庚子儀
	己巳儀		戊辰儀

年	上	中	下
八年	戊戌儀		
	丁卯儀		
	丙申儀		
	甲子儀		
九年〔七〕	壬辰儀		
			庚寅儀
	庚申儀		
	戊子儀		

年	上	中	下
神册元年〔八〕	丙辰儀	戊戌儀	乙卯儀
	乙酉儀		甲申儀
	甲寅儀	癸未儀	
	癸未儀	壬子儀	壬戌儀
二年〔九〕	辛亥儀	庚辰儀	庚戌儀
	己卯儀		戊寅儀
	戊申儀	戊寅儀	
	丁丑儀		

年	上	中	下
三年	乙亥儀	甲辰儀	甲戌
	癸卯儀	癸酉儀	
	壬申儀		
	辛丑儀		庚子
四年	庚午儀	己亥儀	
	戊戌儀	丁卯儀	
	丙寅儀	乙未儀	
	乙未儀		

五年〔一〇〕
閏六月庚申 儼 大任

甲子 儼
癸巳 儼
庚寅 儼
己未 儼

壬戌 儼，誤，當作壬辰。
己未 儼 梁乙未，誤。
戊午 儼，誤，當作戊子。

癸亥 儼 梁，誤，當作癸巳。
辛亥 儼，誤，當作辛酉。
己丑 儼 大任

六年〔一一〕

戊子 儼
丁卯 儼，誤，當作丁亥。
甲申 儼
癸丑 儼 大任

戊午 儼
丙戌 儼 大任，誤，當作丙辰。
壬午 儼

丁亥 儼，誤，當作丁巳。
己卯 儼 大任

天贊元年

二年

辛未 儼 大任 梁

庚午 儼 唐

三年

唐己巳

丙申 儼

四年〔一二〕

丙寅 儼
唐癸亥

乙未 儼

天顯元年

丁亥 儼 大任

唐乙酉

二年

唐癸丑

唐壬午
己卯 儼 唐

唐壬子

三年 閏八月癸卯 儀	戊申 儀	丁丑 儀 唐	丁未 儀 唐
	丙子 儀	乙巳 儀	甲戌 儀
	甲辰 儀	癸酉 儀	癸酉 儀
	壬寅 儀 大任癸卯，巽。	壬申 儀	壬寅 儀
四年〔一三〕	壬申 儀大任	辛丑 儀	辛未 儀
	庚子 儀	己巳 儀 唐	戊戌 儀
	戊辰 儀	丁丑 儀	丁卯 儀大任
	丙申 儀	丙寅 儀	丙申 儀

五年	丙寅 儀	乙未 儀	乙丑 儀
	甲午 儀	甲子 儀	癸巳 儀 唐
	壬戌 儀	壬辰 儀	辛酉 儀
	辛卯 儀	庚申 儀 唐	庚寅 儀
六年 閏五月戊子 儀唐	庚申 儀	己丑 儀	己未 儀
	己丑 儀	戊午 儀	丁巳 儀
	丙戌 儀	丙辰 儀	乙酉 儀
	乙卯 儀	甲申 儀 唐	甲寅 儀 唐

七年	癸未 儀	癸丑 儀	癸未 儀
	癸丑 儀	壬午 儀大任	壬子 儀
	辛巳 儀大任	庚戌 儀	庚辰 儀
	己酉 儀	己卯 儀	戊申 儀
八年〔一四〕	戊寅 儀	丁未 儀	丁丑 儀
	丁未 儀	丙子 儀	丙午 儀
	乙亥 儀		
	甲辰 儀	癸酉 儀	癸卯 儀 大任己巳，巽。

九年 閏正月壬寅 唐	壬申 儀 唐	辛未 儀	辛丑 儀
	庚午 儀	庚子 儀	庚午 儀
	己亥 儀	己巳 儀	戊戌 儀
	戊辰 儀	丁酉 儀	丁卯 儀
十年	丙申 儀	丙寅 儀	乙未 儀
	乙丑 儀	甲午 儀大任	甲子 儀
	癸巳 儀		癸巳 儀
	壬戌 儀	壬辰 儀	壬戌 儀

十一年 閏十一月丙辰 儀唐大任				十二年			
辛卯儀	己未儀	丁亥儀	丙辰儀	甲寅儀大任乙卯。晉二日乙卯同。	癸未儀	辛亥儀	庚辰儀
庚申儀	己丑儀	丁巳儀	丙戌儀	甲申儀	壬子儀	辛巳儀	庚戌儀
庚寅儀大任		丁亥儀	乙酉儀	甲寅儀	壬午儀	庚戌儀	己卯儀

會同元年				二年[一五] 閏七月 儀大任晉			
戊申儀大任己酉，異。晉同。	戊寅儀大任	丙午儀	甲戌儀	癸卯儀	壬申儀晉	庚子儀	戊戌儀
戊寅儀	丁未儀	乙亥儀	甲辰儀	癸酉儀	壬寅儀	己亥儀	戊辰儀
戊申儀	丙子儀大任	乙巳儀	甲戌儀	癸卯儀	辛未儀	己巳儀	丁酉儀

三年				四年			
丁卯儀	丙申儀	甲子儀	癸巳儀	辛酉儀	庚寅儀	己未儀	丁亥儀
丁酉儀	丙寅儀	甲午儀	壬戌儀	辛卯儀	庚申儀	戊子儀	丁巳儀
丁卯儀	乙未儀	癸亥儀	壬辰儀	辛酉儀	庚寅儀	戊午儀	丙戌儀

五年 閏三月甲申				六年			
丙辰儀	甲寅儀大任晉	癸未儀	辛亥儀	庚辰儀	戊申儀	丁丑儀	丙午儀
乙酉儀	甲申儀	壬子儀	辛巳儀	己酉儀	戊寅儀	丁未儀晉	乙亥儀
乙卯儀	癸丑儀大任	壬午儀	庚戌儀	己卯儀大任	丁未儀	丙子儀	乙巳儀

七年 閏十二月己巳 儀晉大任	甲戌 儀	甲辰 儀大任	癸酉 儀大任
	癸卯 儀	壬申 儀	辛丑 儀
	辛未 儀	辛丑 儀	庚午 儀 晉
	庚子 儀	庚午 儀	己卯 儀，誤，當作己亥。
八年	戊戌 儀	戊辰 儀	丁酉 儀
	丙寅 儀	丙申 儀	乙丑 儀
	乙未 儀	甲子 儀 晉	甲午 儀
	甲子 儀	甲午 儀	癸亥 儀

九年	癸巳 儀	壬戌 儀 晉	壬辰 儀
	辛酉 儀大任	庚寅 儀	庚申 儀
	己丑 儀	己未 儀	戊子 儀
	戊午 儀	戊子 儀大任	丁巳 儀
大同元年〔六〕 九月改天祿元年	丁亥 儀大任	丁巳 儀大任	丙戌 儀大任
	丙辰 儀大任		甲寅 儀大任
		壬午 儀大任	壬子 儀大任

世宗天祿二年			
	庚辰 儀大任		漢戊寅
	漢戊申		
三年〔七〕	漢乙巳		
			漢癸酉
			辛丑 儀大任

四年〔八〕			戊戌 儀大任
			乙丑 儀大任
		漢甲子	
五年 九月改元應曆	癸亥 儀大任		
		壬戌 儀大任	辛卯 儀大任
	辛酉 儀大任	丙辰 儀，誤，當作庚寅。	庚申 儀大任

穆宗應曆二年	戊午 儀大任	丙辰 儀大任	周丁巳
	丙戌 儀大任	丙辰 儀大任	周乙酉
			甲寅 儀大任
	甲申 儀大任	癸丑 儀大任	癸未 儀大任
三年[九]	壬午 儀大任 周	辛亥 儀大任	庚申 儀大任

四年	周丙子	丙午 儀大任	
五年[一〇] 閏九月 儀大任	辛未 儀大任	庚子 儀大任 周	
		乙未 儀大任	乙丑 儀大任

六年			己未 儀大任
七年	戊午 儀大任		丙辰 儀大任

八年 閏七月庚戌 儀大任		周辛巳	周壬午
九年		乙巳 儀大任 周	乙亥 儀大任
		甲戌 儀大任	

年	1	2	3	4	5	6	7	8	9	10	11	12
十年〔三〕	宋辛丑	宋庚午	己亥 儼 宋	宋丁亥	宋辛未	宋己亥	戊辰 儼大任 宋	宋丁酉	宋庚子	宋己巳	宋戊戌	宋丙寅
十一年 閏三月甲子 宋大任	宋丙申	癸巳 儼大任 宋	宋壬戌	宋辛卯	宋乙丑	宋癸亥	宋壬辰	宋辛酉	宋乙未	宋癸巳	宋壬戌	宋庚寅

年	1	2	3	4	5	6	7	8	9	10	11	12
十二年	宋庚申	宋戊子	宋丙辰	宋乙酉	己丑 儼大任 宋	丁巳 儼 宋戊午，異。	宋丙戌	宋乙卯	宋戊午	宋丁亥	宋丙辰	宋乙酉
十三年 宋閏十二月己酉	宋甲寅	宋壬午	辛亥 儼大任 宋	宋己卯	宋甲申	宋壬子	宋庚辰	宋己酉	癸丑 儼大任 宋	宋辛巳	庚戌 儼大任 宋	宋己卯

年	1	2	3	4	5	6	7	8	9	10	11	12
十四年	戊寅 儼大任 宋	宋丁未	宋甲戌	宋癸卯	宋戊申	宋丙子	宋甲辰	宋癸酉	宋丁丑	丙午 儼大任 宋乙巳，異。	宋甲戌	宋癸卯
十五年	宋癸酉	宋辛丑	宋己巳	宋丁酉	壬寅 儼大任 宋	宋辛未	宋戊戌	宋丁卯	宋壬申	宋庚子	宋戊辰	宋丁酉

年	1	2	3	4	5	6	7	8	9	10	11	12
十六年 閏八月壬戌 宋大任	丁卯 儼大任 宋	宋丙申	宋甲子	宋辛酉	宋丙申	宋乙丑	宋癸巳	宋辛卯	宋丙寅	宋甲午	宋壬辰	宋辛酉
十七年	庚寅 儼大任 宋	宋己未	宋戊子	宋丙辰	宋庚申	宋己丑	宋丁巳	宋乙酉	宋庚寅	宋戊午	丙戌 大任 宋	宋乙卯

十八年	乙酉 遼大任 宋	宋甲寅	甲申 遼大任 宋乙酉異。	癸丑 大任 宋	宋癸未	宋癸丑	宋壬午	宋壬子	宋辛巳	辛亥 遼大任 宋庚戌，異。	宋庚辰	宋己酉
十九年 宋閏五月丁未	己卯 遼大任 宋	己酉 遼大任 宋戊申異。	宋戊寅	戊申 遼大任 宋	宋丁丑	丙子 遼大任 宋	宋丙午	宋丙子	宋乙巳	宋乙亥	甲辰 遼大任 宋	宋甲戌

景宗保寧二年	宋癸卯	宋壬申	宋壬寅	宋辛未	宋辛丑	宋庚午	宋庚子	宋庚午	宋己亥	宋己巳	宋己亥	宋己巳
三年	宋戊戌	宋丁卯	宋丙申	宋丙寅	宋乙未	宋乙丑	宋甲午	甲子 遼大任 宋	宋甲午	宋癸亥	宋癸巳	癸亥 遼大任 宋

四年 宋閏二月辛卯	宋壬辰	宋壬戌	庚申 遼大任 宋	庚寅 遼大任 宋	宋己未	宋戊子	宋戊午	宋戊子	宋丁巳	丁亥 遼大任 宋	宋丁巳	宋丙戌
五年	宋丙辰	宋丙戌	乙卯 遼大任 宋	宋甲申	宋癸丑	宋癸未	宋壬子	宋壬午	宋壬子	宋辛巳	辛亥 遼大任 宋	宋辛巳

六年〔三〕 宋閏十月己巳	宋庚戌	宋庚辰	宋庚戌	宋己卯	宋戊申	宋戊寅	丁未 遼大任 宋	宋丙子	宋丙午	乙亥 遼大任 宋	宋乙亥	宋甲辰
七年	甲戌 遼大任 宋	宋甲辰	宋癸酉	宋癸卯	宋壬申	宋壬寅	宋辛未	宋庚子	宋庚午	宋己亥	宋己巳	宋己亥

八年〔二五〕	宋戊辰	宋丁卯	宋乙未	宋癸亥
	宋戊戌	宋丁酉	宋乙丑	宋癸巳
	宋戊辰	宋丙申	甲子 儀大任 宋	宋癸亥
九年 宋閏七月庚寅	宋壬戌	宋辛卯	庚申 儀 宋	宋戊午
	宋壬辰	宋辛酉	宋己未	丁亥 儀大任 宋
	宋壬戌	宋辛卯	宋己丑	宋丁巳

十年	宋丙戌	宋乙卯	宋甲申	癸丑 儀大任 宋
	宋丙辰	宋乙酉	癸丑 儀大任 宋	宋癸未
	宋乙酉	宋甲寅	宋癸未	宋壬子
乾亨元年	宋辛巳	宋己酉	宋戊寅	宋丁未
	宋辛亥	己卯 儀大任 宋	宋戊申	宋丁丑
	宋庚辰	宋己酉	宋丁丑	宋丙午

二年 宋閏三月甲辰	丙子 儀大任 宋	宋甲戌	宋癸卯	辛未 儀大任 宋
	宋乙巳	宋癸卯	宋壬申	庚子 儀大任 宋
	宋甲戌	宋癸酉	宋壬寅	庚午 儀大任 宋
三年	宋庚子	宋戊辰	宋丙申	宋乙丑
	宋己巳	宋丁酉	宋乙丑	宋乙未
			宋乙未	宋甲子

四年 宋閏十二月戊子	宋甲午	宋壬戌		己未 儀大任 宋
			宋庚申	宋己丑
			宋己丑	戊午 儀大任 宋
五年 是歲改統和元年	戊午 儀 宋	丙戌 儀大任 宋	甲寅 儀宋 大任乙卯，異。	癸未 儀大任
	戊子 儀宋 大任丁亥，異。	丙辰 儀 宋	甲申 儀 大任	壬子 儀宋大任
	宋丁巳	乙酉 儀大任 宋	癸丑 儀大任 宋	壬午 儀大任 宋

聖宗統和二年				三年〔三〕 宋閏九月壬申			
壬子 儼 宋	辛巳 儼	己酉 儼	丁丑 儼 宋戊寅，異。	丙午 儼宋 大任甲戌，異。	乙亥 儼宋 大任甲戌，異。	甲辰 儼宋	辛丑
壬午 儼	庚戌 儼	戊寅 儼	丁未 儼 宋	丙子 儼 宋乙亥，異。	乙巳 儼 宋甲辰，異。	癸酉 儼大任 宋	辛未
辛亥 儼宋 大任庚戌，異。	庚辰 儼宋 大任己卯，異。	戊申 儼大任 宋		乙巳 儼 宋	甲戌 儼宋 大任癸酉，異。	壬寅	庚子 儼 宋

四年				五年			
庚午 儼 宋	己亥 宋 大任	宋戊辰	丙申 儼大任 宋	甲子 儼 宋	癸巳 儼大任 宋	壬戌	宋庚寅
己亥 儼 宋庚子，異。	戊辰 儼 宋	丁酉 儼宋 大任丙申，異。	乙丑 儼宋 大任丙寅，異。	甲午 儼宋	壬戌 儼 宋癸亥，異。	宋辛卯	宋庚申
己巳 儼大任 宋	戊戌 儼 宋	丙寅 儼 宋	丁酉 儼，誤 宋乙未，異。	癸亥 儼大任 宋	壬辰 儼 宋	宋辛酉	宋庚寅

六年 閏五月丙戌 宋大任				七年			
己未 儼 宋	丁亥	乙酉	宋甲寅	癸未 儼大任 宋	辛亥 儼 宋	宋己卯	宋己酉
戊子 儼 宋己丑，異。	丁巳 儼 宋丙辰，異。	乙卯	甲申 儼 宋	壬子 儼宋	庚辰 大任 宋	宋己酉	宋戊寅
戊午 儼 宋	丙辰 儼 宋	乙酉 儼 宋	甲寅 儼 宋	壬午 儼大任 宋	庚戌	宋己卯	宋戊申

八年				九年 閏二月辛未 儼宋			
宋戊寅	丙午 儼 宋	宋甲戌	宋癸卯	宋壬申	宋庚午	宋戊戌	宋丙寅
丁未 儼 宋	宋乙亥	宋癸卯	宋壬申	宋辛丑	宋己亥	宋丁卯	宋丙申
宋丙子	宋甲辰	宋癸酉	宋壬寅	庚子 儼 宋	宋己巳	宋丁酉	宋丙寅

十年	宋丙申	乙丑 儀 宋	宋乙未
	宋甲子	甲午 儀	宋癸亥
	宋壬辰	宋壬戌	宋壬辰
	庚申 儀誤 宋辛酉	宋辛卯	宋庚申
十一年 宋閏十月甲申	宋庚寅	宋己未	宋己丑
	宋己未	宋戊子	宋戊午
	宋丁亥	宋丙辰	宋丙戌
	甲申 儀誤 宋乙卯	宋甲寅	宋甲申

十二年	癸丑 儀大任 宋甲寅異。	宋癸未	宋癸丑
	宋壬午	宋壬子	辛巳 儀 宋壬午，異。
	辛亥 儀大任 宋	庚辰 儀大任 宋	宋庚戌
	宋己卯	戊申 儀大任 宋	戊寅 儀大任 宋
十三年〔三五〕	宋戊申	丁丑 儀大任 宋	宋丁未
	宋丙子	宋丙午	丙子 儀大任 宋
	己巳 儀大任 宋	宋乙亥	宋甲辰
	宋甲戌	宋癸卯 高麗	宋癸酉

十四年 閏七月己巳 儀大任宋	宋壬寅	宋壬申	宋辛丑
	宋辛未	宋辛丑	宋庚午
	宋己亥	宋己亥	宋戊辰
	宋戊戌	宋丁卯	宋丁酉
十五年	宋丙寅	丙申 儀大任 宋	乙丑 儀大任 宋
	乙未 儀大任 宋	甲子 儀大任 宋	宋癸巳
	宋癸亥	宋癸巳	宋癸亥
	壬辰 儀大任 宋	壬戌 儀大任 宋	宋壬辰

十六年	宋辛酉	宋庚寅	宋庚申
	宋己丑	宋戊午	戊子 儀大任 宋
	丁巳 儀大任 宋	丁亥 儀大任 宋	丁巳 儀大任 宋
	宋丙戌	宋丙辰	丙戌 儀大任 宋
十七年〔三六〕 宋閏三月甲申	乙卯 儀大任，宋丙辰異。	宋乙酉	宋甲寅
	宋癸丑	宋壬午	宋壬子
	宋辛丑	宋辛亥	庚辰 儀宋大任
	宋庚戌	宋庚辰	宋庚戌

十八年	宋己卯	宋己酉	宋戊寅
	宋戊申	宋丁丑	宋丙午
	宋丙子	宋乙巳	乙亥 徽大任 宋
	宋甲辰	甲戌 徽大任 宋	宋甲辰
十九年〔一七〕宋閏十二月戊辰	宋甲戌	宋癸卯	宋壬申
	宋壬寅	宋壬申	宋辛丑
	庚午 徽大任 宋	宋庚子	己巳 徽大任 宋
	宋己亥	宋戊辰	宋戊戌

二十年	宋丁酉	宋丁卯	宋丁酉
	丙寅 徽大任 宋	宋丙申	宋乙丑
	甲午 徽大任 宋	甲子 徽大任 宋	癸巳 徽大任 宋
	癸亥 徽大任 宋	宋壬辰	宋壬戌
二十一年	宋辛卯	宋辛酉	宋辛卯
	宋庚申	庚寅 徽大任 宋	宋己未
	宋己丑	宋戊午	宋戊子
	丁巳 徽大任 宋	丁亥 徽大任 宋	宋丙辰

二十二年 閏九月壬子 徽宋大任	宋丙戌	乙卯 徽大任 宋	宋乙酉
	宋甲寅	宋甲申	宋甲寅
	宋癸未	宋癸丑	宋壬午
	宋辛巳	宋辛亥	庚辰 徽大任 宋
二十三年	宋庚戌	宋己卯	宋己酉
	宋戊寅	戊申 徽大任 宋	宋丁丑
	宋丁未	宋丁丑	宋丙午
	丙子 徽大任 宋	乙巳	宋乙亥

二十四年	宋甲辰	宋甲戌	宋癸卯
	宋壬申	壬寅 徽大任 宋	宋辛未
	辛丑 徽大任 宋	宋辛未	宋庚子
	庚午 徽 宋	宋庚子	宋己巳
二十五年 宋閏五月丙寅	宋己亥	宋戊辰	宋戊戌
	宋丁卯	宋丙申	宋乙未
	宋乙丑	宋甲午	宋甲子
	宋甲午	宋甲子	宋癸巳

年			
二十六年	宋癸亥	宋壬辰	宋壬戌
	辛卯 儀大任 宋	庚申 儀 宋	宋庚寅
	宋己未	宋己丑	宋戊午
	戊子 儀 宋	宋戊午	宋丁亥
二十七年	宋丁巳	宋丁亥	宋丙辰
	丙戌 儀大任 宋	宋乙卯	宋甲申
	甲申 儀誤 宋大任甲寅	宋癸未	宋壬子
	宋壬午	壬子 儀大任 宋	宋辛巳

年			
二十八年 宋閏二月辛亥	辛亥 儀大任 宋	宋辛巳	宋庚辰
	宋庚戌	己卯 儀大任 宋乙卯誤。	宋戊申
	宋戊寅	宋丁未	宋丙子
	丙午 儀大任 宋	宋丙子	宋乙巳
二十九年	乙亥 儀大任 宋	宋乙巳	宋甲戌
	宋甲辰	甲戌 儀大任 宋	宋癸卯
	宋壬申	宋壬寅	宋辛未
	宋庚子	庚午 大任 宋	宋庚子

年			
開泰元年〔二〇〕 宋閏十月己丑	宋己巳	宋己亥	宋戊辰
	宋戊戌	戊辰 儀大任 宋	宋丁酉
	宋丁卯	宋丙申	宋丙寅
	宋乙未	甲午 大任 宋	宋甲子
二年	宋癸巳	宋癸亥	壬辰 儀大任 宋
	壬戌	辛卯 儀大任 宋	辛酉 儀大任 宋
	辛卯	宋庚申	宋庚寅
	己未 儀大任 宋	宋己丑	宋戊午

年			
三年	宋戊子	宋丁巳	宋丙戌
	宋丙辰	丙戌 儀大任 宋乙酉異。	宋乙卯
	乙酉 儀大任 宋	甲寅 儀大任 宋	宋甲申
	甲寅 儀大任 宋	宋癸未	宋癸丑
四年〔二九〕 宋閏六月己卯	宋壬午	壬子 儀大任 宋	宋辛巳
	庚戌 儀大任 宋	宋庚辰	宋己酉
	宋戊申	宋戊寅	宋戊申
	宋戊寅	宋丁未	宋丁丑

年				
五年	宋丙午	宋甲戌	宋癸卯	宋壬申
	宋丙子	宋甲辰	宋壬申	宋辛丑
	乙巳 儼大任 宋	宋甲戌	宋壬寅	宋辛未
六年	宋辛丑	宋己巳	宋丁酉	宋丙寅
	宋庚午	戊戌 儼大任 宋	宋丙寅	宋乙未
	宋庚子	戊辰 大任 宋	宋丙申	宋乙丑

年				
七年 宋閏四月癸巳	宋乙未	宋甲子	宋辛酉	宋庚寅
	乙丑 儼大任 宋	宋壬戌	宋庚寅	宋己未
	宋乙未	宋壬辰	宋庚申	宋己丑
八年	宋己未	戊子 儼大任 宋	宋丙辰	宋甲申
	宋己丑	宋丁巳	宋乙酉	宋癸丑
	宋戊午	宋丙戌	宋甲寅	宋癸未

年				
九年〔三〇〕 閏二月壬子 儼	宋癸丑	宋壬午 儼三月。以下用此推之。	庚戌 儼大任 宋	宋戊寅
	宋癸未	宋辛亥	宋庚辰	宋戊申
	宋壬子 以下宋朔同、月異。	宋辛巳	宋己酉	宋丁丑 宋閏丁未，異。
太平元年	宋丁丑	宋丙午	甲戌 儼大任 宋	宋癸卯
	宋丙午	宋乙亥	宋甲辰	壬申 儼 宋癸酉，異。
	宋丙子	宋乙巳	宋甲戌	宋壬寅

年				
二年	宋辛未	宋庚子	宋戊辰	宋丁酉
	辛丑 儼大任 宋庚子，異。	宋己巳	宋戊戌	宋丁卯
	宋庚午	宋己亥	宋戊辰	宋丙申
三年 閏九月壬辰 儼宋	宋丙寅 高麗	宋甲午	宋壬戌	宋辛酉
	宋乙未	宋癸亥	宋壬辰	宋辛卯
	宋甲子	宋癸巳	宋壬戌	宋庚申

四年	宋庚寅	宋戊午	宋丙戌	宋乙卯	宋己未	宋丁亥	宋丙辰	宋乙酉	戊子 儀 宋	宋丁巳	宋丙戌	宋乙卯
五年	宋甲申	宋壬子	宋庚辰	宋己酉	宋甲寅	宋壬午	宋庚戌	宋己卯	宋癸未	宋辛亥	宋庚辰	宋己酉

六年 閏五月丙午 宋	宋己卯	丁未 儀 宋	宋甲辰	宋甲戌	宋戊申	宋丁丑	宋甲戌	宋癸卯	宋戊寅	宋乙亥	宋甲辰	宋壬申
七年	宋壬寅	宋辛未	宋己亥	宋丁卯	宋壬申	宋庚子	宋戊辰	宋丁酉	宋壬寅	宋庚午	宋戊戌	宋丁卯

八年	宋丁酉	宋丙寅	宋甲午	宋壬戌	宋丙寅	宋乙未	宋癸亥	宋辛卯	宋丙申	宋甲子	宋壬辰	宋辛酉
九年〔三〕 閏七月庚寅 宋	宋辛卯	宋己丑	戊午 儀大任 宋	丙戌 儀大任 宋	宋庚申	宋己未	丁卯 儀誤 宋丁亥	乙卯 儀大任 宋	宋庚申	宋戊子	宋丙辰	宋乙酉

十年	宋乙卯	宋癸未	宋壬子	宋辛巳	宋甲申	宋癸丑	宋壬午	宋庚戌	宋甲寅	宋癸未	宋辛亥	宋己卯
十一年 閏十月乙巳 儀宋	宋己酉	宋丁丑	宋丙午	宋乙亥	宋戊寅	宋丁未	宋庚子 誤，當作丙子。	宋甲戌	宋戊申	丁丑 儀大任 宋	宋丙午	宋癸卯

興宗重熙元年	宋壬申	宋壬寅	壬申 儀 宋	宋辛丑	宋辛未	宋庚子	宋庚午	宋庚子	宋己巳	宋己亥	宋己巳	宋戊戌
二年	宋戊辰	宋丁酉	宋丙寅	宋丙申	宋乙丑	宋甲午	宋甲子	宋甲午	宋癸亥	宋癸巳	宋癸亥	宋癸巳

三年 閏六月戊午 宋	宋壬戌	壬辰 儀 宋	宋辛酉	宋庚寅	庚申 儀 宋	宋己丑	戊子 儀 宋	宋戊午	宋丁亥	宋丁巳	宋丁亥	宋丁巳
四年	宋丙戌	宋丙辰	乙酉 儀 宋	甲寅 儀 宋	宋甲申	癸酉 儀誤 宋癸丑	壬午 儀 宋	宋壬子	宋辛巳	宋辛亥	宋辛巳	宋辛亥

五年	宋庚辰	宋庚戌	宋庚辰	宋己酉	宋戊寅	宋戊申	宋丁丑	丙午 儀 宋	丙子	宋乙巳	宋乙亥	宋乙巳
六年 閏四月癸酉 宋	宋甲戌	宋甲辰	宋甲戌	宋甲辰	宋壬寅	宋壬申	辛丑 儀 宋	宋庚午	宋庚子	宋己巳	宋己亥	己亥 儀誤 宋戊辰

七年	宋戊戌	宋戊辰	戊戌	宋丁卯	宋丁酉	宋丙寅	宋丙申	宋乙丑	宋甲午	甲子 儀 宋	宋癸巳	宋癸亥
八年 閏十二月丁亥 宋	宋壬辰	宋壬戌	宋壬辰	宋辛酉	宋辛卯	宋庚申	宋庚寅	宋庚申	宋己丑	宋己未	宋戊子	宋丁巳

九年	丙辰 儀 宋	宋乙酉	宋甲寅	癸未 儀 宋	宋丙戌	乙卯 儀 宋甲寅，異。	宋癸未	宋壬子	宋乙卯	宋甲申	宋癸丑	宋壬午
十年	宋辛亥	宋己卯	宋戊申	宋丁丑	庚辰 儀 宋	宋己酉	宋丁丑	宋丁未	宋庚戌	宋戊寅	宋丁未	宋丙子

十一年 閏九月辛未 宋	宋丙午	甲戌 儀 宋	壬寅 儀 宋	宋辛丑	宋乙亥	宋癸卯	宋壬申	宋庚午	甲辰 儀 宋	宋癸酉	宋辛丑	宋庚子
十二年	宋庚午	宋戊戌	丙寅 儀 宋	宋乙未	宋己亥	宋丁卯	乙未 儀 宋高麗	宋乙丑	宋戊辰	宋丙申	壬申 誤 宋乙丑	宋甲午

十三年	甲子 儀 宋	宋壬辰	宋辛酉	宋己丑	宋甲午	壬戌 儀 宋	宋庚寅	宋戊午	宋癸亥	宋辛卯	宋己未	宋戊子
十四年 閏五月丙戌 宋	宋戊午	宋丁亥	甲申 儀 宋	宋癸丑	宋戊子	宋丙辰	宋甲寅	壬午 儀 宋	宋丁巳	宋乙卯	宋癸未	宋壬子

十五年	宋壬午	辛亥 儀 宋	宋己卯	宋丁未	宋壬子	宋庚辰	宋戊申	宋丁丑	宋辛巳	宋庚戌	宋戊寅	宋丙午
十六年	宋丙子	乙巳 儀 宋	宋甲戌	宋壬寅	宋丙午	宋乙亥	宋癸卯	宋辛未	宋乙亥	宋甲辰	宋壬申	辛丑 儀 宋

十七年 閏正月庚子 宋	宋庚午	宋己巳	宋丁酉	宋丙寅	宋己巳	宋戊戌	宋丁卯	乙未 儀 宋	宋己亥	宋戊辰	宋丙申	宋乙丑
十八年	甲午 儀 宋高麗	宋癸亥	宋壬辰	宋庚申	宋甲子	宋壬辰	宋辛酉	宋庚寅	宋癸巳	宋壬戌	宋辛卯	宋庚申

十九年 閏十一月甲寅 宋	宋己丑	宋丁巳	丙戌	宋乙卯	宋戊午	宋丁亥	宋乙卯	宋甲申	宋戊子	丙辰 儀 宋	宋乙酉	宋甲申
二十年	宋癸丑	宋辛巳	宋己酉	己卯 儀 宋	宋壬午	宋庚戌	宋己卯	宋戊申	壬子 儀 宋	宋庚辰	宋己酉	宋戊寅

二十一年	宋戊申	宋丙子	甲辰 儀 宋	宋癸酉	宋丁丑	宋乙巳	癸酉 儀 宋	宋壬寅	宋丙午	宋甲戌	宋癸卯	宋壬申
二十二年 閏七月戊辰	宋壬寅	宋庚午	宋戊戌	丙申 儀 宋	宋壬申	宋庚子	宋丁酉	宋丙寅	宋辛丑	宋己巳	宋丁卯	丙申 儀 宋

二十三年	宋丙寅	宋甲午	宋壬戌	宋辛卯	宋乙未	宋甲子	宋壬辰	宋庚申	宋乙丑	宋癸巳	宋辛酉	宋庚寅
二十四年	宋庚申	宋己丑	宋丁巳	宋乙酉	宋己丑	宋戊午	宋丙戌	宋乙卯	宋己未 高麗	宋戊子	宋丙辰	宋甲申

道宗清寧二年　宋閏三月癸未	宋甲寅	宋壬子	宋辛巳	宋己酉	宋癸未	宋壬午	宋庚戌	宋己卯	宋癸丑	宋辛亥	宋庚辰	戊申 儷宋
三年	宋戊寅 高麗	宋丙午	宋乙亥	宋甲辰	宋丁未	宋丙子	宋乙巳	宋癸酉	宋丁丑	宋丙午	宋甲戌	宋癸卯

四年　宋閏十二月丁卯	壬申 儷宋	宋辛丑	宋己巳	戊戌 儷宋	宋壬寅	庚午 儷宋	宋己亥	宋戊辰	宋辛未	宋庚子	宋己巳	宋丁酉
五年	宋丙申	甲子 儷宋乙丑，異。	宋癸巳	壬子 誤宋壬戌	宋丙寅	宋甲午	宋癸亥	宋壬辰	宋乙未	宋癸亥	宋癸巳	宋壬戌

六年	宋辛卯	宋己未	宋丁亥	宋丙辰	宋庚申	戊子 儷宋	宋丁巳	宋丙戌	宋庚寅	戊午 儷宋	宋丁亥	宋丙辰
七年　閏八月辛巳 宋	宋乙酉	宋甲寅	宋壬午	宋庚辰	宋乙卯	宋癸未	宋辛亥	宋庚戌	宋甲申	壬午 儷誤宋壬子	宋庚戌	宋庚辰

八年	宋己酉	宋戊寅	宋丙午	甲戌 儷宋	宋己卯	宋丁未	宋乙亥	宋甲辰	戊申 儷宋	甲子 儷誤宋丙子	宋乙巳	宋甲戌
九年	宋癸卯	宋壬申	宋庚子	戊辰 儷宋	宋癸酉	宋壬寅	庚午 儷宋	宋戊戌	宋癸卯	宋辛未	宋己亥	宋戊辰

年			
十年〔三二〕 閏五月丙寅 宋	宋丁酉	宋丁卯	宋丁酉
	宋丁卯	宋丙申	宋乙未
	宋甲子	宋甲午	宋癸亥
	壬辰 儼 宋癸巳，異。	宋壬戌	宋壬辰
咸雍元年	辛酉 儼大任 宋高麗	宋辛卯	宋辛酉
	宋庚寅	宋庚申	宋己丑
	宋己未	宋戊子	宋戊午
	丁亥 儼大任 宋	宋丁巳	宋丙戌

年			
二年	宋丙辰	宋乙酉	宋乙卯
	宋甲申	宋甲寅	宋甲申
	癸丑 儼大任 宋	宋癸未	壬子 儼大任，宋
	宋壬午	宋辛亥	宋辛巳
三年〔三三〕 閏二月己卯 宋	宋庚戌	宋庚辰	宋己酉
	宋戊申	宋戊寅	宋丁未
	宋丁丑	宋丁未	宋丙子
	宋丙午	宋乙亥	宋乙巳

年			
四年	甲戌 儼大任 宋	甲辰 儼大任 宋	宋癸酉
	宋壬寅	宋壬申	宋辛丑
	宋辛未	宋辛丑	宋庚午
	宋庚子	宋庚午	宋己亥
五年 閏十一月甲午 宋	宋己巳	宋戊戌	宋戊辰
	宋丁酉	宋丙寅	宋丙申
	乙丑 儼大任 宋	宋乙未	宋甲子
	宋甲午	宋甲子	宋癸亥

年			
六年	宋癸巳	宋癸亥	宋壬辰
	宋辛酉	宋庚寅	宋庚申
	宋己丑	宋戊午	宋戊子
	宋戊午	宋戊子	宋丁巳
七年	宋丁亥	宋丁巳	宋丙戌
	宋丙辰	宋乙酉	宋甲寅
	甲申 儼大任 宋	宋癸丑	宋壬午
	宋壬子	宋壬午	宋辛亥

八年 閏七月戊申 宋	宋辛巳	宋辛亥	宋辛巳	宋庚戌	宋庚辰	宋己酉	宋戊寅	宋丁丑	宋丙午	宋丙子	宋丙午	宋乙亥
九年	宋乙巳	宋乙亥	宋甲辰	宋甲戌	宋癸卯	宋癸酉	宋壬寅	宋壬申	宋辛丑	宋庚午	宋庚子	宋庚午

十年	宋己亥	宋己巳	宋戊戌	宋戊辰	宋戊戌	宋丁卯	宋丁酉	宋丙寅	宋丙申	宋乙丑	宋乙未	宋甲子
大康元年 閏四月壬辰 宋	宋甲午	宋癸亥	宋癸巳	宋壬戌	宋辛酉	宋辛卯	辛酉 宋	庚寅 徽大任 宋	宋庚申	宋己丑	宋己未	宋己丑

二年	宋戊午	宋丁亥	宋丙辰	宋丙戌	宋丙辰	乙酉 徽大任 宋	宋乙卯	宋甲申	宋甲寅	宋甲申	宋癸丑	宋癸未
三年	宋壬子	壬午 徽大任 宋	宋辛亥	宋庚辰	宋庚戌	己卯	宋己酉	宋戊寅	宋戊申	宋戊寅	宋戊申	宋丁丑

四年〔三四〕 閏五月丙子 宋	宋丁未	宋丙午	宋乙亥	宋甲辰	宋甲戌	宋癸卯	宋癸酉	宋壬寅	宋壬申	宋壬寅	宋辛未	宋辛丑
五年	宋辛未	宋庚子	宋庚午	宋己亥	宋戊辰	宋戊戌	宋丁卯	宋丙申	宋丙寅	宋丙申	宋乙丑	宋乙未

六年〔三五〕 閏九月庚寅 宋	宋乙丑	宋乙未	宋甲子
	宋甲午	癸亥 大任	宋壬辰
	宋壬戌	宋辛卯	宋庚申
	己未 儀大任 宋	己丑 儀大任 宋	宋己未
七年	宋己丑	宋戊午	宋戊子
	宋戊午	宋丁亥	宋丙辰
	宋丙戌	宋乙卯	宋甲申
	宋甲寅	宋癸未	宋癸丑

八年	宋癸未	宋癸丑	宋壬午
	宋壬子	宋辛巳	辛亥 儀大任 宋
	宋庚辰	宋庚戌	宋己卯
	宋戊申	宋戊寅	宋丁未
九年 閏六月乙亥 宋	宋丁丑	宋丁未	宋丙子
	丙午 儀大任 宋	宋丙子	宋乙巳
	宋甲辰	宋甲戌	癸卯 儀大任
	宋癸酉	宋壬寅	宋辛未

十年	辛丑 儀大任 宋高麗	庚午 儀 宋	宋庚子
	宋庚午	宋己亥	宋己巳
	宋戊戌	宋戊辰	宋戊戌
	宋丁卯	宋丁酉	宋丙寅
大安元年 缺一閏	宋丙申	宋乙丑	宋甲午
	宋甲子	宋癸巳	宋癸亥
	宋癸巳	宋壬戌	宋壬辰
	宋壬戌	辛卯 高麗 宋	辛酉

二年〔三六〕	宋庚寅	庚申	宋戊午
	宋戊子	丁巳 儀大任 宋	丁亥 儀大任丙午，誤。 宋
	宋丙辰	宋丙戌	宋丙辰
	己酉 儀誤 宋乙酉	宋庚午 誤，當作乙卯。	宋乙酉
三年	宋甲寅	宋甲申	宋癸丑
	宋壬午	宋壬子	宋辛巳
	宋庚戌	宋庚辰	宋庚戌
	宋己卯	宋己酉	宋己卯

四年 閏十二月癸卯 宋	宋己酉	宋戊寅	宋戊申
	宋丁丑	宋丙午	宋丙子
	宋乙巳	宋甲戌	宋甲辰
	宋癸酉	宋癸卯	癸卯 遼誤 大任宋癸酉
五年	宋壬申	宋壬寅	宋壬申
	宋辛丑	宋庚午	宋庚子
	宋己巳	宋戊戌	宋戊辰
	宋丁酉	丁卯 遼大任 宋	宋丁酉

六年	宋丁卯	宋丙申	宋丙寅
	宋丙申	宋乙丑	宋甲午
	宋甲子	宋癸巳	宋壬戌
	宋壬辰	宋辛酉	宋辛卯
七年 閏八月丁巳 宋	宋辛酉	宋庚寅	宋庚申
	宋庚寅	己未 遼大任 宋	宋己丑
	戊午 遼大任 宋	宋戊子	宋丙戌
	宋丙辰	宋乙酉	宋乙卯

八年	宋甲申	宋甲寅	宋甲申
	宋癸丑	宋癸未	宋癸丑
	宋壬午	宋壬子	宋辛巳
	庚戌 遼大任 宋	宋庚辰	宋己酉
九年	宋己卯	宋戊申	宋戊寅
	宋丁未	宋丁丑	丁未 遼大任 宋
	宋丙子	宋丙午	宋丙子
	宋乙巳	宋乙亥	宋甲辰

十年 閏四月辛未 宋	宋癸酉	宋癸卯	壬申 遼 宋
	壬寅 遼大任 宋	宋辛丑	宋庚午
	庚子 大任 宋	宋庚午	宋己亥
	宋己巳	宋己亥	宋戊辰
壽隆元年	戊戌 遼大任 宋	宋丁卯	宋丙申
	宋丙寅	乙未 遼大任 宋	宋乙丑
	宋甲午	宋甲子	宋癸巳
	宋癸亥	宋癸巳	宋癸亥

二年	宋壬辰	宋壬戌	宋辛卯
	宋庚申	宋庚寅	宋己未
	宋戊子	宋戊午	宋丁亥
	宋丁巳	宋丁亥	宋丁巳
三年 閏二月丙戌 宋	宋丙戌	丙辰 儀大任 宋	宋乙卯
	宋甲申	宋甲寅	宋癸未
	壬子 大任	宋壬午	宋辛亥
	宋辛巳	宋辛亥	宋辛巳

四年	宋庚戌	宋庚辰	宋庚戌
	宋己卯	宋戊申	戊寅 儀大任 宋
	宋丁未	宋丙子	宋丙午
	乙亥 儀大任 宋	乙巳 儀大任 宋	宋乙亥
五年 閏九月庚午 宋	宋甲辰	宋甲戌	宋甲辰
	宋癸酉	宋癸卯	宋壬申
	壬寅 儀大任 宋	宋辛未	宋庚子
	己亥 儀大任 宋	己巳 儀	宋戊戌

六年	宋戊辰	宋戊戌	宋戊辰
	丁酉 儀大任 宋	宋丁卯	宋丙申
	宋丙寅	宋乙未	宋甲子
	宋甲午	宋癸亥	宋癸巳
七年	壬戌 儀大任 宋	壬辰 儀大任 宋	宋壬戌
	宋辛卯	宋辛酉	宋庚寅
	宋庚申	宋庚寅	宋己未
	宋戊子	宋戊午	宋丁亥

天祚乾統二年 閏六月甲寅 宋	宋丁巳	宋丙戌	宋丙辰
	宋乙酉	宋乙卯	宋乙酉
	宋甲申	宋癸丑	宋癸未
	宋壬子	宋壬午	宋辛亥
三年	宋辛巳	宋庚戌	宋庚辰
	宋己酉	宋己卯	宋戊申
	宋戊寅	宋丁未	宋丁丑
	宋丁未	宋丁丑	宋丙午

年	一	二	三	四	五	六	七	八	九	十	十一	十二
四年	宋丙子	宋乙巳	宋甲戌	宋甲辰	宋癸酉	宋壬寅	宋壬申	宋壬寅	宋辛未	宋辛丑	宋辛未	宋庚子
五年〔七〕 閏二月己巳 宋	宋庚午	宋庚子	宋戊戌	宋戊辰	宋丁酉	宋丙寅	宋丙申	宋乙丑	宋乙未	宋乙丑	宋乙未	宋甲子

年	一	二	三	四	五	六	七	八	九	十	十一	十二
六年	宋甲午	宋甲子	宋癸巳	宋壬戌	宋壬辰	宋辛酉	宋庚寅	宋庚申	宋己丑	宋己未	宋戊子	宋戊午
七年 閏十月癸未 宋	宋戊子	宋戊午	宋丁亥	宋丁巳	宋丙戌	宋丙辰	宋乙酉	宋甲寅	宋甲申	宋癸丑	宋壬子	宋壬午

年	一	二	三	四	五	六	七	八	九	十	十一	十二
八年	宋壬子	宋壬午	宋辛亥 高麗	宋辛巳	宋庚戌	宋庚辰	宋己酉	宋戊寅	宋戊申	宋丁丑	宋丁未	宋丙子
九年	丙午 大任 宋	宋丙子	宋乙巳	宋乙亥	宋乙巳	宋甲戌	宋甲辰	宋癸酉	宋壬寅	宋壬申	宋辛丑	宋辛未

年	一	二	三	四	五	六	七	八	九	十	十一	十二
十年 閏八月丁酉 宋	宋庚子	宋庚午	宋己亥	宋己巳	宋己亥	宋戊辰	宋戊戌	宋丁卯	宋丙寅	宋丙申	宋乙丑	宋乙未
天慶元年	宋甲子	宋甲午	宋癸亥	宋癸巳	宋壬戌	宋壬辰	宋壬戌	宋辛卯	宋辛酉	宋庚寅	宋庚申	宋己丑

	二年	三年 閏四月辛亥 宋
	己未 儀大任 宋	宋甲寅
	丁亥 儀大任 宋	宋壬午
	宋丙辰	宋己卯
	宋乙酉	宋戊申
	宋戊子	宋癸未
	宋丁巳	宋庚辰
	宋乙酉	宋己酉
	宋甲寅	宋戊寅
	宋戊午	宋壬子
	宋丙戌	宋庚戌
	宋乙卯	宋己卯
	宋甲申	宋戊申

	四年	五年
	宋戊寅	宋壬申
	宋丙午	宋庚子
	宋甲戌	宋戊辰
	壬寅 儀大任 宋	宋丁酉
	宋丁未	宋辛丑
	宋乙亥	宋庚午
	宋癸卯	宋戊戌
	宋壬申	宋丙寅
	宋丙子	宋辛未
	宋甲辰	己亥 儀大任 宋
	宋癸酉	丁卯 儀大任 宋
	宋壬寅	宋丙申

	六年 閏正月丙申 宋	七年
	宋丙寅	宋庚寅
	宋甲子	宋己未
	宋壬辰	宋丁亥
	宋辛酉	乙卯 儀大任 宋
	宋乙丑	宋己未
	宋甲午	宋戊子
	宋壬戌	宋丙辰
	宋庚寅	宋乙酉
	宋乙未	宋己丑
	宋癸亥	宋戊午
	宋辛卯	宋丙戌
	宋庚申	宋甲寅

	八年〔三〇〕 閏五月庚戌 宋	九年
	宋甲申	宋戊申
	宋癸丑	宋丙子
	宋辛巳	宋乙巳
	宋己卯	甲戌 大任 宋
	宋癸丑	宋丁丑
	壬午 儀 宋	宋丙午
	宋辛亥	宋乙亥
	宋己酉	宋癸卯
	宋癸未	丁未 儀大任 宋
	宋壬子	宋丙子
	宋庚辰	宋甲辰
	宋戊寅	宋癸酉

十年	宋壬寅	宋壬申	宋辛丑
	宋辛未	宋庚子	宋庚午
	宋己亥	宋己巳	宋己亥
	宋戊辰	宋戊戌	宋丁卯
保大元年 閏五月甲子 宋	丁酉 儀大任 宋	宋丙寅	宋丙申
	宋乙丑	宋甲午	宋癸巳
	宋癸亥	宋癸巳	宋壬戌
	宋壬辰	宋壬戌	宋辛卯

二年	宋辛酉	庚寅 儀大任 宋	宋庚申
	宋己丑	宋戊午	宋戊子
	丁巳 儀大任 宋	宋丁亥	宋丁巳
	宋丙戌	宋丙辰	宋丙戌
三年	宋乙卯	乙酉 儀 宋	宋甲寅
	甲申 儀大任 宋	癸丑 大任 宋	宋壬午
	宋壬子	宋辛巳	宋辛亥
	宋庚辰	宋庚戌	宋庚辰

四年 閏三月戊寅 宋	宋庚戌	宋己卯	宋己酉
	宋戊申	宋丁丑	宋丙午
	宋丙子	宋乙巳	宋甲戌
	宋甲辰	宋甲戌	宋甲辰
五年	宋癸酉	宋癸卯	宋癸酉
	宋壬寅	宋壬申	宋辛丑
	宋庚午	宋庚子	宋己巳
	宋戊戌	宋戊辰	宋戊戌

宋元豐元年十二月，詔司天監考遼及高麗、日本國曆與奉元曆同異。遼己未歲氣朔與宣明曆合，日本戊午歲與遼曆相近，高麗戊午年朔與奉元曆合，氣有不同。戊午，遼大康四年，己未，五年也。當遼、宋之世，二國司天固相參考矣。高麗所進大遼事蹟，載諸王册文，頗見月朔，因附入。

象

孟子有言：「天之高也，星辰之遠也，苟求其故，千歲之日至可坐而致。」甚哉！聖人之用心，可謂廣大精微，至矣盡矣。

日有晷景，月有明魄，斗有建除，星有昏旦。觀天之變而制器以候之，八尺之表，六尺之筩，百刻之漏，日月星辰示諸掌上。運行既察，度分既審，於是像天圜以顯運行，置地櫃以驗出入，渾象是作。天道之常，尋尺之中可以俯窺，陶唐之象是矣。設三儀以明度分，管一衡以正辰極，渾儀是作。天文之變，六合之表可以仰觀，有虞之璣是矣。體莫固於金，用莫利於水。範金走水，不出戶而知天道，此聖人之所以爲聖也。

歷代儀象表漏，各具于志。太宗大同元年，得晉曆象、刻漏、渾象。後唐清泰二年已稱損折不可施用，其至中京者概可知矣。古之鍊銅，黑黃白青之氣盡，然後用之，故可施於久遠。唐沙門一行鑄渾天儀，時稱精妙，未幾銅鐵漸澀，不能自轉，置不復用。金質不精，水性不行，況移之沍寒之地乎？

刻漏

晉天福三年造。周官挈壺氏懸壺必爨之以火。地雖沍寒，蓋可施也。

官星

古者官星萬餘名。遭秦焚滅圖籍，世祕不傳。漢收散亡，得甘德、石申、巫咸三家圖經。經緯合千餘官，僅存什一。分爲三垣、四宮、二十八宿，樞以二極，建以北斗，緯以五星，日月代明，貴而太一，賤逮屎糠。占決之用，亦云備矣。司馬遷天官書既以具錄，後世保章守候，無出三家官星之外者。天象昭垂，歷代不易，而漢、晉、隋、唐之書累志天文，近於衍矣。且天象機祥，律格有禁，書于勝國之史，詿誤學者，不宜書。其日食、星變、風雲、震雪之祥，具載帝紀，不復書。

校勘記

〔一〕日食必朔　原誤「日必食朔」，據文義、曆理改。

〔二〕太祖元年　四月丁未、五月丁丑，原誤書于前行正月及二月，據紀、新五代史梁紀及輯要、陳表移。

〔三〕太祖二年　十月乙亥，據紀及輯要、陳表，當作己亥。

〔四〕太祖三年　此年原缺，依史例補。又紀，二月丁酉朔，與輯要、陳表合，據補。又據輯要、陳表，是年閏八月癸亥朔，遼、梁同。以下凡閏月朔失書或訛誤者，均據此二書出校，原文不予改補。

〔五〕太祖五年　正月戊戌，據紀、新五代史梁紀及輯要、陳表，應作丙戌。

〔六〕太祖六年　是年閏五月戊申朔，遼、梁同，此失書。正月丙戌當作庚辰。以下凡朔日干支錯誤，均據輯要、陳表出校，原文不改。但誤差一日者，乃因當進朔而未進，或不當進朔而進，或有其它原因，概不出校。

〔七〕太祖七年八年九年　原有七、八、九、十、十一年共五欄。按太祖十年已建元神册，不當有十年、十一年。蓋先是七、八兩年重出，後誤改重出之七年、八年爲九年、十年，又改原九年爲十一年。今删原七年、八年，將原九、十、十一年回改爲七、八、九年。又七年（原九年）六月壬申注云：「梁庚寅，誤。」檢新五代史末帝紀，梁貞明元年六月庚寅朔，是年當遼太祖九年。修史者因誤以七年當九年，遂謂「梁庚寅誤」。今仍存原注不删。又九年閏二月壬辰朔，遼、梁同，此失書。

〔八〕神册元年　二月戊戌當作丙戌，十二月壬戌當作壬午。

〔九〕神册二年　是年閏十月丁未朔，遼、梁同，此失書。

〔一〇〕神册五年　三月癸亥注：「誤，當作癸巳。」五月壬戌注：「誤，當作壬辰。」皆以不誤爲誤。六月辛亥註：「誤，當作辛酉。」按六月辛卯朔，正文及注皆誤。八月己未注：「梁乙未，誤。」檢新、舊五代史梁紀，貞明五年八月乙未朔，是年當遼之神册四年。此蓋誤當五年，遂謂「梁乙未誤。」十一月戊午注：「誤，當作戊子。」是，當從之。以下凡注誤者出校不删注文，不誤者不出。

〔一一〕神册六年　三月丁亥注及五月丙戌注，皆以不誤爲誤。四月丁卯注：「誤，當作丁亥。」（當字原脫，據文義補）按四月丁巳朔，正文及注皆誤。六月己卯當作乙卯。

〔一二〕天贊二年及四年　二年閏四月乙亥朔，遼、梁同；四年閏十二月己丑朔，遼、唐同。此皆失書。

〔一三〕天顯四年　八月丁丑當作丁酉。

〔一四〕天顯八年　十二月癸卯注：「大任己巳，異。」己當作乙。

〔一五〕會同二年　是年閏七月庚午朔，遼、晉同，此脫「庚午」二字。

〔一六〕大同元年　是年閏七月癸丑朔，遼、晉同，此失書。

〔一七〕天祿三年　六月漢癸酉，原誤書于七月，依輯要、陳表移。

〔一八〕天祿四年　是年閏五月丁卯朔，遼、漢同，此失書。

〔一九〕應曆三年　是年閏正月壬午朔，遼、周同，此失書。正月壬午當作壬子，三月庚申當作庚辰。

〔二〇〕應曆五年　是年閏九月丙申朔，遼、周同，此脫「丙申」二字。

〔二一〕應曆十年　十月丁亥當作丁卯。

〔二二〕保寧六年　是年閏十月乙巳朔，遼、宋同，原作「己巳」誤。

〔二三〕保寧八年　四、五兩月干支當互易，即四月丁酉朔，五月丁卯朔。七、八兩月干支亦當互易。又十、十一、十二月亦當互易（癸亥當作癸巳，癸巳當作癸亥）。

〔二四〕統和三年　是年遼閏八月壬寅朔，與宋異，失書。正月丙午注：「大任甲戌，異。」甲戌當作乙巳。又九月壬寅當作壬申，壬寅係宋朔。

〔二五〕統和十三年　七月己巳當作乙巳。

〔二六〕統和十七年　是年遼閏四月癸丑朔，與宋異，失書。七月辛丑當作辛巳。

〔二七〕統和十九年　是年遼閏十一月戊戌朔，與宋異，失書。閏考不誤。

〔二八〕開泰元年　是年閏十月乙丑朔，遼、宋同，原作「己丑」誤。

〔二九〕開泰四年　是年遼閏七月戊申朔，與宋異，失書。

〔三〇〕開泰九年　據推算，是年遼、宋同閏十二月。此由七月庚戌下小注亦可證明。今誤以遼閏二月，與宋閏十二月異，故以宋之三月當遼之閏二月，宋之四月當遼之三月，如此類推。今按原「閏二月壬子」當改「閏十二月丁未」，二月、四月、十二月下之注文均當刪去。

〔三一〕太平九年　是年遼閏三月庚申朔，與宋異，失書。又宋閏二月庚寅朔，原作「七月」誤。

〔三二〕清寧十年　是年遼閏六月乙未朔，與宋異，失書。

〔三三〕咸雍三年　是年閏三月己卯朔，遼、宋同，原作「二月」誤。

〔三四〕大康三年及四年　三年遼閏十二月丁未朔，失書。四年宋閏正月丙子朔，原作「五月」誤。閏考不誤。

〔三五〕大康六年　是年遼閏八月庚申朔，與宋異，失書。

〔三六〕大安二年　是年閏二月己丑朔，遼、宋同，失書。元年注「缺一閏」，卽此。

〔三七〕乾統五年　是年遼閏三月己亥朔，與宋異，失書。

〔三八〕天慶八年　是年閏九月庚戌朔，遼、宋同，原作「五月」誤。

遼史

元　脱脱等撰

第三册

卷四五至卷六二（志）

中華書局

二十四史

中華書局

遼史卷四十五

志第十五

百官志一

官生於職，職沿於事，而名加之。後世沿名，不究其實。吏部一太宰也，爲大司徒，爲尚書，爲中書，爲門下。兵部一司馬也，爲大司馬，爲太尉，爲樞密使。沿古官名，分今之職事以配之，於是先王統理天下之法，如治絲而棼，名實淆矣。

契丹舊俗，事簡職專，官制朴實，不以名亂之，其興也勃焉。太祖神册六年，詔正班爵。至于太宗，兼制中國，官分南、北，以國制治契丹，以漢制待漢人。國制簡朴，漢制則沿名之風固存也。遼國官制，分北、南院。北面治宮帳、部族、屬國之政，南面治漢人州縣、租賦、軍馬之事。因俗而治，得其宜矣。

初，太祖分迭剌夷離菫爲北、南二大王，謂之北、南院。宰相、樞密、宣徽、林牙，下至郎

君、護衛，皆分北、南，其實所治皆北面之事。語遼官制者不可不辨。

凡遼朝官，北樞密視兵部，南樞密視吏部，北、南二王視戶部，夷離畢視刑部，宣徽視工部，敵烈麻都視禮部，北、南府宰相總之。惕隱治宗族，林牙修文告，于越坐而論議以象公師。朝廷之上，事簡職專，此遼所以興也。

北面

北面朝官〔一〕

契丹北樞密院。掌兵機、武銓、羣牧之政，凡契丹軍馬皆屬焉。以其牙帳居大內帳殿之北，故名北院。元好問所謂「北衙不理民」是也。

北院樞密使。

知北院樞密使事。

知樞密院事。

北院樞密副使。

知北院樞密副使事。

同知北院樞密使事。

簽書北樞密院事。

北院都承旨。

北院副承旨。

北院林牙。

知北院貼黃。

給事北院知聖旨頭子事。

掌北院頭子。

北樞密院敞史。

北樞密院通事。

北院郎君。

北院掾史。

北樞密院中丞司。

北南樞密院點檢中丞司事。

總知中丞司事。

北院左中丞。

北院右中丞。

同知中丞司事。

北院侍御。

契丹南樞密院。掌文銓、部族、丁賦之政，凡契丹人民皆屬焉。以其牙帳居大內之南，故名南院。元好問所謂「南衙不主兵」是也。

南院樞密使。

知南院樞密使事。

知南院樞密事。

南院樞密副使。

知南院樞密副使事。

同知南院樞密使事。

簽書南樞密院事。

南院都承旨。

南院副承旨。

南院林牙。

知南院貼黃。

給事南院知聖旨頭子事。

掌南院頭子。

南樞密院敞史。

南樞密院通事。

南院郎君。

南院掾史。

南樞密院中丞司。

北南樞密院點檢中丞司事。

總知中丞司事。

南院左中丞。

南院右中丞。

同知中丞司事。

南院侍御。

北宰相府。掌佐理軍國之大政，皇族四帳世預其選。

北府左宰相。

北府右宰相。

總知軍國事。

知國事。

南宰相府。掌佐理軍國之大政，國舅五帳世預其選。[三]

南府左宰相。

南府右宰相。

總知軍國事。

知國事。

北大王院。分掌部族軍民之政。

北院大王。初名迭剌部夷離菫，太祖分北、南院，太宗會同元年改夷離菫爲大王。

知北院大王事。

北院太師。

北院太保。

北院司徒。

北院司空。

北院郎君。

北院都統軍司。掌北院從軍之政令。

北院統軍使。

北院副統軍使。

北院統軍都監。

北院詳穩司。掌北院部族軍馬之政令。

北院詳穩。

北院都監。

北院將軍。

北院小將軍。

北院都部署司。掌北院部族軍民之事。

北院都部署。

北院副部署。

南大王院。分掌部族軍民之政。

南院大王。

知南院大王事。

南院太師。

南院太保。天慶八年，省南院太保。

南院司徒。

南院司空。

南院郎君。

南院都統軍司。掌南院從軍之政令。

南院統軍使。

南院副統軍使。

南院統軍都監。

南院詳穩司。掌南院部族軍馬之政令。

南院詳穩。

南院都監。

南院將軍。

南院小將軍。

南院都部署司。掌南院部族軍民之事。

南院都部署。

南院副部署。

宣徽北院。太宗會同元年置，掌北院御前祗應之事。

北院宣徽使。

知北院宣徽事。

北院宣徽副使。

同知北院宣徽事。

宣徽南院。會同元年置，掌南院御前祗應之事。

南院宣徽使。

知南院宣徽事。

南院宣徽副使。

同知南院宣徽事。

大于越府。無職掌，班百僚之上，非有大功德者不授，遼國尊官，猶南面之有三公。太祖以遼輦氏于越受禪。終遼之世，以于越得重名者三人：耶律曷魯、屋質、仁先，謂之三于越。

大于越。

大惕隱司。太祖置，掌皇族之政教。興宗重熙二十一年，〔三〕耶律義先拜惕隱，戒族人曰：「國家三父房最爲貴族，凡天下風化之所自出，不孝不義，雖小不可爲。」其妻晉國長公主之女，每見中表，必具禮服。義先以身率先，國族化之。遼國設官之實，於此可見。太祖有國，首設此官，其後百官擇人，必先宗姓。

惕隱。亦曰梯里已。

知惕隱司事。

惕隱都監。

夷離畢院。掌刑獄。

夷離畢。

左夷離畢。

右夷離畢。

知左夷離畢事。

知右夷離畢事。

敞史。

選底。掌獄。

大林牙院。掌文翰之事。

北面都林牙。

北面林牙承旨。

北面林牙。

左林牙。

右林牙。

敵烈麻都司。掌禮儀。

敵烈麻都。

總知朝廷禮儀。

總禮儀事。

文班司。所掌未詳。

文班太保。

文班林牙。

文班牙署。

文班吏。

阿札割只。所掌未詳。遙輦故官，後併樞密院。

阿札割只。

北面御帳官

三皇聖人也，當淳朴之世，重門擊柝，猶嚴於待暴客。遼之先世，未有城郭、溝池、宮室之固，氈車為營，硬寨為宮，御帳之官不得不謹。出於貴戚為侍衞，著帳為近侍，北南部族為護衞，武臣為宿衞，親軍為禁衞，百官番宿為宿直。奉宸以司供御，三班以肅會朝，硬寨以嚴晨夜。法制可謂嚴密矣。考其凡如左。

侍衞司。掌御帳親衞之事。

侍衞太師。

侍衞太保。

侍衞司徒。

侍衞司空。

侍衞。

近侍局。

近侍直長。

近侍。

近侍小底。

近侍詳穩司。

近侍詳穩。

近侍都監。

近侍將軍。

近侍小將軍。

北護衞府。掌北院護衞之事。皇太后宮有左右護衞。

北護衞太師。

北護衞太保。

北護衞司徒。

總領左右護衞司。

總領左右護衞。

左護衞司。

左護衞太保。

左護衞。

右護衞司。

右護衞太保。

右護衞。

南護衞府。掌南院護衞之事。

南護衞太師。

南護衞太保。

南護衞司徒。

總領左右護衞司。

總領左右護衞。

左護衞司。

左護衞太保。

左護衞。

右護衞司。

右護衞太保。

右護衞。

奉宸司。掌供奉宸御之事。

官名未詳。

奉宸。

三班院。掌左、右、寄班之事。

左班都知。

右班都知。

寄班都知。

三班院祗候。

宿衞司。專掌宿衞之事。

總宿衞事。亦曰典宿衞事。

總知宿衞事。

同掌宿衞事。

宿衞官。

禁衞局。

總禁衞事。

禁衞長。

宿直司。掌輪直官員宿直之事。皇太后宮有宿直官。

宿直詳穩。

宿直都監。

宿直將軍。

宿直小將軍。

宿直官。

宿直護衞。

硬寨司。掌禁圍槍寨、下鋪、傳鈴之事。

硬寨太保。

皇太子惕隱司。掌皇太子宮帳之事。

皇太子惕隱。

北面著帳官

古者刑人不在君側。叛逆家屬沒爲著帳，執事禁衞，可爲寒心。此遼世所以多變起肘腋歟。

著帳郎君院。遙輦痕德菫可汗以蒲古只等三族害于越室魯，家屬沒入瓦里。應天皇太后知國政，析出之，以爲著帳郎君、娘子，每加矜恤。世宗悉免之。其後內族、外戚及世官之家犯罪者，[四]皆沒入瓦里。人戶益衆，因復故名。皇太后、皇太妃帳，皆有著帳諸局。

著帳郎君節度使。

著帳郎君司徒。

祗候郎君班詳穩司。

祗候郎君班詳穩。

祗候郎君直長。

祗候郎君閘撒狘。

祗候郎君。

祗候郎君拽剌。

左祗候郎君班詳穩司。

左祗候郎君班詳穩。

左祗候郎君直長。

左祗候郎君閘撒狘。

左祗候郎君。

左祗候郎君拽剌。

右祗候郎君班詳穩司。

右祗候郎君班詳穩。

右祗候郎君直長。

右祗候郎君閘撒狘。

右祗候郎君。

右祗候郎君拽剌。

筆硯局。

筆硯祗候郎君。

筆硯吏。

牌印局。

牌印郎君。

裀褥局。

裀褥郎君。

燈燭局。

燈燭郎君。

牀幔局。

牀幔郎君。

殿幄局。

殿幄郎君。

車輿局。

車輿郎君。

御盞局。

御盞郎君。

本班局。

本班郎君。

皇太后祗應司。

領皇太后諸局事。

知皇太后宮諸司事。

皇太妃祗應司。

皇后祗應司。

近位祗應司。

皇太子祗應司。

親王祗應司。

著帳戶司。本諸斡魯朵戶析出，及諸色人犯罪沒入。凡御帳、皇太后、皇太妃、皇后、皇太子、近位、親王祗從，伶官，皆充其役。

著帳節度使。

著帳殿中。

承應小底局。

筆硯小底。

寢殿小底。

佛殿小底。

司藏小底。

習馬小底。

鷹坊小底。

湯藥小底。

尚飲小底。

盥漱小底。

尚膳小底。

尚衣小底。

裁造小底。

北面皇族帳官

肅祖長子洽昚之族在五院司，叔子葛剌、季子洽禮及懿祖仲子帖剌、季子褭古直之族皆在六院司。此五房者，謂之二院皇族。玄祖伯子麻魯無後，次子巖木之後曰孟父房，叔子釋魯曰仲父房，季子爲德祖，德祖之元子是爲太祖天皇帝，謂之橫帳，次曰剌葛，曰迭剌，曰寅底石，曰安端，曰蘇，皆曰季父房。此一帳三房，謂之四帳皇族。二院治之以北、南二王，四帳治之以大內惕隱，皆統於大惕隱司。

大內惕隱司。〔五〕掌皇族四帳之政教。

大內惕隱。

知大內惕隱事。

大內惕隱都監。

大橫帳常袞司。掌太祖皇帝後九帳皇族之事。

橫帳常袞。亦曰橫帳敞穩。

橫帳太師。

橫帳太保。

橫帳司空。

橫帳郎君。

橫帳知事。

孟父族帳常袞司。掌蜀國王巖木房族之事。

仲父族帳常袞司。掌隋國王釋魯房族之事。

季父族帳常袞司。掌德祖皇帝三房族之事。

四帳都詳穩司。掌四帳軍馬之事。

都詳穩。
都監。
將軍。本名敞史。
小將軍。
橫帳詳穩司。
孟父帳詳穩司。
仲父帳詳穩司。
季父帳詳穩司。
舍利司。掌皇族之軍政。
舍利詳穩。
舍利都監。
舍利將軍。
舍利小將軍。
舍利。

梅里。
親王國。官制未詳。
王府近侍。
王府祗候。
大東丹國中臺省。太祖天顯元年置，乾亨四年聖宗省。〔六〕
左大相。
右大相。
左次相。
右次相。
王子院。掌王子各帳之事。
王子太師。
王子太保。
王子司徒。
王子司空。
王子班郎君。
駙馬都尉府。掌公主帳宅之事。
駙馬都尉。

北面諸帳官

遼太祖有帝王之度者三：代遙輦氏，尊九帳於御營之上，一也；滅渤海國，存其族帳，亞於遙輦，二也；併奚王之衆，撫其帳部，擬於國族，三也。有英雄之智者三：任國舅以耦皇族，崇乙室以抗奚王，列二院以制遙輦是已。觀北面諸帳官，可以見之矣。

遙輦九帳大常袞司。掌遙輦洼可汗、阻午可汗、胡剌可汗、蘇可汗、鮮質可汗、昭古可汗、〔七〕耶瀾可汗、巴剌可汗、痕德菫可汗九世宮分之事。太祖受位于遙輦，以九帳居皇族一帳之上，設常袞司以奉之，有司不與焉。凡遼十二宮、五京，皆太祖以來征討所得，非受之

於遙輦也。其待先世之厚，蔑以加矣。遼俗東嚮而尚左，御帳東嚮，遙輦九帳南嚮，皇族三父帳北嚮。東西為經，南北為緯，故謂御營為橫帳云。

大常袞。亦曰敞穩。
遙輦太師。
遙輦太保。
遙輦太尉。
遙輦司徒。
遙輦司空。
遙輦侍中。一作世燭。太宗會同元年置。
敞史。
知事。
遙輦帳節度使司。
節度使。
節度副使。
遙輦糺詳穩司。

遙輦糺詳穩。
遙輦糺都監。
遙輦糺將軍。
遙輦糺小將軍。
遙輦剋。官名未詳。

大國舅司。掌國舅乙室已、拔里二帳之事。太宗天顯十年，合皇太后二帳爲國舅司；聖宗開泰三年，又併乙室已、拔里二司爲一帳。
乙室已國舅大翁帳常袞。一作敞穩。
乙室已國舅小翁帳常袞。
拔里國舅大父帳常袞。
拔里國舅少父帳常袞。
國舅太師。
國舅太保。
國舅太尉。

國舅司徒。
國舅司空。
敞史。太宗會同元年，改郎君爲敞史。
知事。[八]
國舅乙室已大翁帳詳穩司。
國舅詳穩。
國舅都監。
國舅本族將軍。
國舅本族小將軍。興宗重熙五年，樞密院奏，國舅乙室已小翁帳敞史，[九]准大橫帳及國舅二父帳，改爲將軍。
國舅乙室已小翁帳詳穩司。
國舅拔里大父帳詳穩司。
國舅拔里少父帳詳穩司。
國舅夷離畢司。
國舅夷離畢。
國舅左夷離畢。
國舅右夷離畢。
敞史。
國舅帳剋。

國舅別部。世宗置。
官制未詳。
國舅別部敞史。聖宗太平八年，見國舅別部敞史蕭塔葛。[一〇]

渤海帳司。官制未詳。
渤海宰相。
渤海太保。
渤海撻馬。
渤海近侍詳穩司。

乙室王府。並見部族官。
奚王府。

北面宮官

遼建諸宮斡魯朵，部族、蕃戶，統以北面宮官。具如左。

諸行宮都部署院。總契丹漢人諸行宮之事。
諸行宮都部署。
知行宮諸部署司事。
諸行宮副部署。
諸行宮判官。
契丹行宮都部署司。總行在行軍諸斡魯朵之政令。
契丹行宮都部署。
知契丹行宮都部署事。

契丹行宮副部署。

契丹行宮判官。

行宮諸部署司。掌行在諸宮之政令。

行宮都部署。

行宮副部署。

行宮部署判官。

十二宮職名總目：

某宮。

某宮使。

某宮副使。

某宮太師。

某宮太保。

某宮侍中。太宗會同元年置，亦曰世燭。

某宮都部署司。掌本宮契丹軍民之事。

某宮都部署。

某宮副部署。

某宮判官。

某宮提轄司。官制未詳。

某宮馬羣司。

侍中。

敞史。

某石烈。石烈，縣也。

夷離董。本名彌里馬特本，改辛袞，會同元年升。

麻普。本名達剌干，會同元年改。

牙書。〔二〕會同元年置。

某瓦里。內族、外戚、世官犯罪，沒入瓦里。

抹鶻。

某抹里。

闡撒狘。

某得里。官名未詳。

太祖弘義宮。

太宗永興宮。

世宗積慶宮。

應天皇太后長寧宮。

穆宗延昌宮。

景宗彰愍宮。

承天皇太后崇德宮。

聖宗興聖宮。

興宗延慶宮。

道宗太和宮。

天祚永昌宮。

孝文皇太弟敦睦宮。

文忠王府。

已上十二宮一府，部署、提轄、石烈、瓦里、抹里、得里等，並見營衞志。

押行宮輜重夷離畢司。掌諸宮巡幸扈從輜重之事。

夷離畢。

敞史。

校勘記

〔一〕北面及北面朝官　原無此二目。按卷首目錄有「北面」，下文卷四七有「南面」、「南面朝官」之目，南面朝官序云：「遼有北面朝官。」又續通志一三二遼官制亦列「北面」、「北面朝官」。道光殿本已增，今補。

〔二〕北宰相府皇族四帳世預其選及南宰相府國舅五帳世預其選　按紀傳所見，北府宰相多出于國舅五帳，南府宰相多出于皇族四帳。此應是錯簡。

〔三〕重熙二十一年　二十一年，原誤「二十二年」。據紀重熙二十一年十二月、卷九〇耶律義先傳改。

〔四〕內族外戚及世官之家犯罪者　犯罪者，原誤「罪犯者」。據營衞志上著帳郎君條及文義改。

中華書局

〔五〕大內惕隱司　馮校，大內惕隱司卽大惕隱司。

〔六〕乾亨四年聖宗省　四，原誤「元」。按紀乾亨四年九月，聖宗卽位，十二月，省置中臺省官。據改。

〔七〕昭古可汗　卷七九耶律阿沒里傳作嘲古可汗。

〔八〕知事　原在「敞史」一行之末，依遙輦大常袞司之例，改另行。

〔九〕國舅乙室已小翁帳　紀重熙五年正月作乙室小功帳。

〔一〇〕聖宗太平八年見國舅別部敞史蕭塔葛　「舅別部」三字原脫，據上文補。又按外戚表序：「世宗以舅氏塔列葛爲國舅別部。」卷九〇蕭塔剌葛傳：「世宗卽位，以舅氏故，補國舅別部敞史。」此言「聖宗太平八年」，相距八十餘年，未合。或爲另一人。

〔一一〕麻普及牙書　按紀會同元年十一月，麻普作馬步，牙書作牙署。下卷部族職名總目云：「麻普，亦曰馬步。」

遼史卷四十六

志第十六

百官志二

北面部族官

部族，詳見營衞志。設官之制具如左。

部族職名總目：

大部族。

某部大王。本名夷離堇。

某部左宰相。

某部右宰相。

某部太師。

某部太保。

某部太尉。

某部司徒。本名惕隱。

某部節度使司。

某部節度使。

某部節度副使。

某部節度判官。

某部族詳穩司。

某部族詳穩。

某部族都監。

某部族將軍。

某部族小將軍。

某石烈。

某石烈夷離堇。

某石烈麻普。亦曰馬步，本名石烈達剌干。

某石烈牙書。

某彌里。彌里，鄉也。

辛袞。本曰馬特本。

小部族。

某部族司徒府。

某部族司徒。

某部族司空。

某部族節度使司。

某部族詳穩司。

某石烈。

令穩。

麻普。

牙書。

某彌里。

辛袞。

五院部。有知五院事，在朝曰北大王院。

六院部。有知六院事，在朝曰南大王院。

乙室部。在朝曰乙室王府。有乙室府迪骨里節度使司。

奚六部。在朝曰奚王府。有二常袞，有二宰相，又有吐里太尉，有奚六部漢軍詳穩，有奚拽剌詳穩，有先離撻覽官。

已上四大王府，爲大部族。

品部。

楮特部。

烏隗部。

突呂不部。

突舉部。

涅剌部。

遙里部。

伯德部。

墮瑰部。

楚里部。

奧里部。

南剋部。

北剋部。

突呂不室韋部。

涅剌拏古部。

迭剌迭達部。

乙室奧隗部。

楮特奧隗部。

品達魯虢部。

烏古涅剌部。

圖魯部。

撒里葛部。

窈爪部。

耨盌爪部。

訛僕括部。

特里特勉部。

稍瓦部。

曷朮部。

隗衍突厥部。

奧衍突厥部。

涅剌越兀部。

奧衍女直部。

乙典女直部。

斡突盌烏古部。

迭魯敵烈部。

大黃室韋部。

小黃室韋部。〔一〕二黃室韋闥林，改爲僕射。
尤哲達魯虢部。
梅古悉部。
頡的部。
匿訖唐古部。
北唐古部。
南唐古部。
鶴剌唐古部。
河西部。
北敵烈部。
薛特部。
伯斯鼻骨部。
達馬鼻骨部。〔二〕
五國部。

已上四十九節度，〔三〕爲小部族。

北面坊場局冶牧廐等官

遼始祖涅里究心農工之事，太祖尤拳拳焉，畜牧畋漁固俗尚也。坊場牧廐，設官如左。

諸坊職名總目：
某坊使。
某坊副使。
某坊詳穩司。
某坊詳穩。
某坊都監。

鷹坊。
鐵坊。
五坊。未詳。
八坊。內有軍器坊，餘未詳。
已上坊官。

圍場。
圍場都太師。
圍場都管。
圍場使。
圍場副使。
已上場官。

局官職名總目：
某局使。
某局副使。

客省局。
器物局。
太醫局。
醫獸局。有四局都林牙。
已上局官。

五冶。未詳。
太師。
已上冶官。

羣牧職名總目：
某路羣牧使司。
某羣太保。
某羣侍中。
某羣敞史。
總典羣牧使司。
總典羣牧部籍使。
羣牧都林牙。
某羣牧司。

羣牧使。
　羣牧副使。
西路羣牧使司。
倒塌嶺西路羣牧使司。
渾河北馬羣司。
漠南馬羣司。
漠北滑水馬羣司。
牛羣司。
　已上羣牧官。
尚廄。
　尚廄使，
　尚廄副使。
飛龍院。
　飛龍使。

　飛龍副使。
總領內外廄馬司。
　總領內外廄馬。
　　已上諸廄官。
監鳥獸詳穩司職名總目：
　監某鳥獸詳穩。
　監某鳥獸都監。
　監某鳥。
　監某獸。
監鹿詳穩司。
監雉。
　已上監養鳥獸官。

北面軍官

遼宮帳、部族、京州、屬國，各自爲軍，體統相承，分數秩然。雄長二百餘年，凡以此也。考其可知者如左。

天下兵馬大元帥府。太子、親王總軍政。
　天下兵馬大元帥。
　副元帥。
大元帥府。大臣總軍馬之政。
　大元帥。
　副元帥。
都元帥府。大將總軍馬之事。
　兵馬都元帥。
　同知元帥府事。
　副元帥。

便宜從事府。亦曰便宜行事。
　便宜從事。
大詳穩司。
　大詳穩。
　都監。
　將軍。
　小將軍。
　軍校。
　隊帥。
東都省。分掌軍馬之政。
　東都省太師。
西都省。分掌軍馬之政。

西都省太師。

大將軍府。各統所治軍之政令。

大將軍。

上將軍。

將軍。

小將軍。

護軍司。

護軍司徒。

衞軍司。

衞軍司徒。

諸路兵馬統署司。

諸路兵馬都統署。

諸路兵馬副統署。

左皮室詳穩司。

右皮室詳穩司。

北皮室詳穩司。

南皮室詳穩司。太宗選天下精甲三十萬爲皮室軍。初，太祖以行營爲宮，選諸部豪健千餘人，置爲腹心部，耶律老古以功爲右皮室詳穩。則皮室軍自太祖時已有，卽腹心部是也。太宗增多至三十萬耳。

黃皮室軍詳穩司。黃皮室，屬國名。〔四〕

屬珊軍詳穩司。應天皇太后置，軍二十萬。選蕃漢精兵，珍美如珊瑚，故名。

舍利軍詳穩司。統皇族之從軍者，橫帳、三父房屬焉。

北王府舍利軍詳穩司。五院皇族屬焉。

南王府舍利軍詳穩司。六院皇族屬焉。

禁軍都詳穩司。掌禁衞諸軍之事。

各部族舍利司。掌各部族子弟之軍政。

郎君軍詳穩司。掌著帳郎君之軍事。

拽剌軍詳穩司。走卒謂之拽剌。

旗鼓拽剌詳穩司。掌旗鼓之事。

千拽剌詳穩司。

猛拽剌詳穩司。

墨離軍詳穩司。

礮手軍詳穩司。〔五〕掌飛礮之事。

弩手軍詳穩司。掌强弩之事。

鐵林軍詳穩司。

大鷹軍詳穩司。

鷹軍詳穩司。

鶻軍詳穩司。大、小鶻軍，卽二室韋軍號。

鳳軍詳穩司。

龍軍詳穩司。

飛龍軍詳穩司。

虎軍詳穩司。

熊軍詳穩司。〔六〕

左鐵鷂子軍詳穩司。

右鐵鷂子軍詳穩司。

龍衞軍詳穩司。

威勝軍詳穩司。

天雲軍詳穩司。

特滿軍詳穩司。

敵烈軍詳穩司。

敵烈皮室詳穩司。

肴里奚軍詳穩司。〔七〕

涅哥奚軍詳穩司。

渤海軍詳穩司。

女古烈詳穩司。

奚王南剋軍詳穩司。 諸帳並有剋官爲長，餘同詳穩司。

奚王北剋軍詳穩司。

國舅帳剋軍。

三剋軍。

頻必剋軍。

九剋軍。

十二行糺軍。 諸糺並有司徒，餘同詳穩司。

各宮分糺軍。

遙輦糺軍。

各部族糺軍。

羣牧二糺軍。

怨軍八營都詳穩司。天祚天慶六年，命秦晉王淳募遼東飢民，得二萬餘人，謂之怨軍。及

淳僭位，改號常勝軍。 八營皆以所募州名爲號。

前宜營。

後宜營。

前錦營。

後錦營。

乾營。

顯營。

乾顯大營。

巖州營。

北面邊防官

遼境東接高麗，南與梁、唐、晉、漢、周、宋六代爲勁敵，北鄰阻卜、朮不姑，大國以十數；西制西夏、党項、吐渾、回鶻等，强國以百數。居四戰之區，虎踞其間，莫敢與攖，制之有術故爾。觀於邊防之官，太祖、太宗之雄圖見矣。

諸軍都虞候司。

都虞候。

奚王府。見部族官。

大惕隱司。見帳官。

大國舅司。

大常袞司。

五院司。見部族官。

六院司。

沓溫司。未詳。

已上上京路諸司，控制諸奚。

諸部署職名總目：

某兵馬都部署。

某兵馬副部署。

某兵馬都監。

某都部署判官。

諸指揮使職名總目：

某軍都指揮使。

某軍副指揮使。

某軍都監。

諸統軍使職名總目：

有都統軍使、副使、都監等官。

東京兵馬都部署司。

契丹、奚、漢、渤海四軍都指揮使司。

契丹奚軍都指揮使司。〔八〕

奚軍都指揮使司。

漢軍都指揮使司。

渤海軍都指揮使司。

東京都統軍使司。

東京都詳穩司。
保州都統軍司。
湯河詳穩司。亦曰南女直湯河司。
杓窊司。未詳。
金吾營。屬南面。
銅州北兵馬指揮使司。
淶州南兵馬指揮使司。〔九〕
　已上遼陽路諸司，控扼高麗。
黃龍府兵馬都部署司。一作都監署司。
黃龍府鐵驪軍詳穩司。
咸州兵馬詳穩司。有知咸州路兵馬事、同知咸州路兵馬事、咸州糺將。
東北路都統軍使司。有掌法官，道宗大安六年置。
　已上長春路諸司，控制東北諸國。

南京都元帥府。本南京兵馬都總管府，興宗重熙四年改。有都元帥、大元帥。
南京兵馬都總管府。屬南面。有兵馬都總管，有總領南面邊事，有總領南面軍務，有總領南面戍兵等官。
南京馬步軍都指揮使司。屬南面。
侍衞控鶴都指揮使司。屬南面。
燕京禁軍詳穩司。
南京都統軍司。又名燕京統軍司。聖宗統和十二年復置南京統軍都監。
牛欄都統領司。
　都統領。
　副統領。
距馬河戍長司。聖宗開泰七年，沿距馬河宋界東西七百餘里，特置戍長一員巡察。〔一〇〕
　戍長。
監軍寨統領司。
石門統領司。
南皮室軍詳穩司。

北皮室軍詳穩司。
猛拽剌詳穩司。
管押平州甲馬司。
　管押平州甲馬。
　已上南京諸司，並隸元帥府，備禦宋國。
西南面安撫使司。
　西南面安撫使。
西南面都招討司。太祖神册元年置。亦曰西南路招討司。
　西南面招討使。
西南邊大詳穩司。
西南路詳穩司。
西南面五押招討司。
　五押招討大將軍。
西南路巡察司。又有西南巡邊官。

　西南路巡察將軍。
西南面巡檢司。
　西南面巡檢。
　西南面同巡檢。
西南面拽剌詳穩司。
山北路都部署司。又有知山北道邊境事官。
金肅軍都部署司。
南王府。見北面朝官。
北王府。
乙室王府。
山金司。一作山陰司。置在金山之北。
　已上西京諸司，控制西夏。
西北路招討使司。有知西路招討事，有監軍。
西北路管押詳穩司。

西北路總領司。有總領西北路軍事官。

領西北路十二班軍使司。

契丹軍詳穩司。

吐渾軍詳穩司。

迭律軍詳穩司。

禁軍詳穩司。

奚王府舍利軍詳穩司。

大室韋軍詳穩司。

小室韋軍詳穩司。

北王府軍詳穩司。

特滿軍詳穩司。

羣牧軍詳穩司。

宮分軍詳穩司。

西北路金吾軍。屬南面。

西北路兵馬都部署司。

西北路阻卜都部署司。

西北路統軍司。

西北路戍長司。

西北路禁軍都統司。

西北部鎮撫司。兼掌西北諸部軍民。有鎮撫西北部事官。

西北路巡檢司。

黑水河提轄司。在中京黔州置。

已上西北路諸司，控制諸國。

東北路兵馬詳穩司。亦曰東北面詳穩司。

東北路監軍馬司。有東北路監軍馬使，有管押東北路軍馬事官。

東北路女直詳穩司。

北女直兵馬司。在東京遼州置。

已上東北路諸司。

東路兵馬都總管府。有東路兵馬都總管，有同知東路兵馬事官。

東路都統軍使司。

遙里等十軍都詳穩司。

遙里軍諸詳穩司。未詳。

九水諸夷安撫使。

已上東路諸司。

西南面節制司。有節制西南諸軍事。

西南面都統軍司。

已上西南邊諸司。

山西兵馬都統軍司。

西路招討使司。

西邊大詳穩司。

四蕃都軍所。聖宗統和四年置，授李繼沖。

夏州管內蕃落使。[二]聖宗統和四年置，授李繼遷。

倒塌嶺節度使司。

倒塌嶺統軍司。

塌西節度使司。

塌母城節度使司。

已上西路諸司。

北面行軍官

遼行軍官，樞密、都統、部署之司，上下相維，先鋒、兩翼嚴重，中軍於遠探偵候爲尤謹，臨陣委重於監戰。司存有常，秩然整暇，所以爲制勝之道也。

行樞密院。有左、右林牙，有參謀。

行軍都統所。有監軍，有行軍諸部都監，有監戰。

行軍都統。

行軍副都統。

行軍都監。

行軍都押司。有都押官、副押官。

行軍都部署司。

先鋒使司。

先鋒都統所。

左翼軍都統所。

右翼軍都統所。

中軍都統所。

御營都統所。

遠探軍。有小校，有拽剌。

候騎。有偵候，有候人，有拽剌。

東征行樞密院。

東征都統所。亦曰東面行軍都統所，又曰東路行軍都統所。

東征統軍司。

東征先鋒使司。

西征統軍司。

南征都統所。亦曰南面行軍都統所。

南征統軍司。

南面行營總管府。

南面行營都部署司。

河南道行軍都統所。

北道行軍都統所。

東北面行軍都統所。

西北面行軍都統所。

西南面行軍都統所。

北面屬國官

遼制，屬國、屬部官，大者擬王封，小者准部使。命其酋長與契丹人區別而用，恩威兼制，得柔遠之道。考其可知者具如左。

屬國職名總目：

某國大王。

某國于越。

某國左相。

某國右相。

某國惕隱。亦曰司徒。

某國太師。

某國太保。

某國司空。本名闥林。

某國某部節度使司。

某國某部節度使。

某國某部節度副使。

某國詳穩司。

某國詳穩。

某國都監。

某國將軍。

某國小將軍。

大部職名：

並同屬國。

諸部職名：

並同部族。

女直國順化王府。景宗保寧九年，女直國來請宰相、夷離堇之職，以次授者二十一人。聖宗統和八年，封女直阿海爲順化王，亦作阿改。天祚天慶二年有順國女直阿鶻產大王。

北女直國大王府。

南女直國大王府。

曷蘇館路女直國大王府。亦曰合蘇袞部女直王，又曰合素女直王，又曰蘇館都大王。聖宗太平六年，曷蘇館諸部許建旗鼓。

長白山女直國大王府。聖宗統和三十年，長白山三十部女直乞授爵秩。

鴨淥江女直大王府。
瀕海女直國大王府。
阻卜國大王府。
阻卜扎剌部節度使司。
阻卜諸部節度使司。聖宗統和二十九年置。
阻卜別部節度使司。
西阻卜國大王府。
北阻卜國大王府。
西北阻卜國大王府。
乞粟河國大王府。
城屈里國大王府。
朮不姑國大王府。亦曰述不姑。又有直不姑。
阿薩蘭回鶻大王府。亦曰阿思懶王府。
回鶻國單于府。興宗重熙二十二年，詔回鶻部副使以契丹人充。
沙州回鶻燉煌郡王府。〔一一〕

甘州回鶻大王府。
高昌國大王府。
党項國大王府。
西夏國西平王府。
高麗國王府。
新羅國王府。〔一二〕
日本國王府。
吐谷渾國王府。
吐渾國王府。
轄戛斯國王府。
室韋國王府。
黑車子室韋國王府。
鐵驪國王府。
靺鞨國王府。
沙陀國王府。

濊貊國王府。
突厥國王府。
西突厥國王府。〔一三〕
斡朗改國王府。
迪烈德國王府。亦曰敵烈，亦曰迭烈德。
于厥國王府。
越離覲國王府。亦曰斡離都。
阿里國王府。
褭里國王府。
朱灰國王府。
烏孫國王府。
于闐國王府。
獅子國王府。
大食國王府。
西蕃國王府。

大蕃國王府。
小蕃國王府。
吐蕃國王府。
阿撒里國王府。
波剌國王府。
惕德國王府。
仙門國王府。〔一四〕
鐵不得國王府。〔一五〕
鼻國德國王府。〔一六〕
轄剌國只國王府。〔一七〕
賃烈國王府。
獲里國王府。
怕里國王府。
噪溫國王府。
阿鉢頗得國王府。

阿鉢押國王府。
紙沒里國王府。
要里國王府。
徒覩古國王府。亦曰徒魯古。
素撒國王府。
夷都袞國王府。
婆都魯國王府。
霸斯黑國王府。
達離諫國王府。
達盧古國王府。
三河國王府。
驅列哲國王府。
述律子國王府。
殊保國王府。
蒲昵國王府。

烏里國王府。

已上諸國。

蒲盧毛朶部大王府。
回跋部大王府。
嵓母部大王府。
黃龍府女直部大王府。道宗大康八年，賜官及印。
吾禿婉部大王府。
烏隈于厥部大王府。
婆離八部大王府。
于厥里部族大王府。太宗會同三年，賜旗鼓。

已上大部。

生女直部。
直不姑部。

狐山部。
拔思母部。
茶扎剌部。
粘八葛部。
耶覩刮部。
耶迷只部。
撻朮不姑部。
渤海部。
西北渤海部。
達里得部。亦曰達離底。
烏古部。
隈烏古部。
三河烏古部。
烏隈烏骨里部。
敵烈部。[一九]

迪離畢部。
涅剌部。
烏濊部。已上三部，隸夫人婆底里東北路管押司。[二〇]
鈕德部。[二一]
諦居部。亦曰諦舉部。
涅剌奧隗部。
八石烈敵烈部。
迭剌葛部。
兀惹部。亦曰烏惹部。
党項部。
隗衍党項部。
山南党項部。
北大濃兀部。
南大濃兀部。
九石烈部。

嘔娘改部。

鼻骨德部。

退欲德部。

涅古部。

遙思拈部。〔二二〕

劃離部。聖宗統和元年，劃離部請今後詳穩於當部人內選授，〔二三〕不許。

四部族部。

四蕃部。

三國部。〔二四〕

素昆那山東部。

胡母思山部。

盧不姑部。

照姑部。

白可久部。〔二五〕

兪魯古部。

七火室韋部。

黃皮室韋部。

瑤穩部。

嘲穩部。

二女古部。

蔑思乃部。

麻達里別古部。〔二六〕

梅里急部。

斡魯部。

楡里底乃部。

率類部。

五部蕃部。

蒲奴里部。

鬧古胡里扒部。

已上諸部。

校勘記

〔一〕大黃室韋部小黃室韋部　按營衞志下：「突呂不室韋部，本名大、小二黃皮韋戶。太祖爲撻馬狘沙里，以計降之，乃置爲二部。」卽突呂不室韋、涅剌拏古二部。檢該二部已見上文，此是重出。

〔二〕伯斯鼻骨部達馬鼻骨部　按營衞志下作伯斯鼻骨德部、達馬鼻骨德部。

〔三〕已上四十九節度　按自品部至五國部共五十部。突呂不室韋部、涅剌拏古部與大、小二黃室韋部爲前後異名，實四十八部。檢營衞志下：「奧里部，統和十二年以與梅只、墮瑰三部民籍數寡，合爲一部。」以上所列有墮瑰無梅只。按在合併之後應除墮瑰，爲四十七部；未合之前，則應加梅只爲四十九部。

〔四〕黃皮室軍詳穩司黃皮室屬國名　按下文「諸部」名內有黃皮室韋部。

〔五〕礮手軍　手，原作「首」。按紀統和四年六月有礮手，壽隆元年九月有砲人、弩人，下文有「弩手軍」。據改。

〔六〕熊軍　按紀統和八年七月，「改南京熊軍爲神軍」。此仍用舊名。

〔七〕肴里奚軍　肴里，原作「滑里」，據紀開泰八年七月及高麗外記改。

〔八〕契丹奚軍都指揮使司　「奚」字疑衍。

〔九〕淶州南兵馬指揮使司　淶州，地理志二作涞州。

〔一〇〕開泰七年特置戍長一員巡察　按紀，置戍長巡察事，始于太平八年二月。

〔一一〕夏州管內蕃落使　按紀統和四年二月作定難軍節度使、銀夏綏宥等州觀察處置等使。

〔一二〕沙州回鶻燉煌郡王府　府字原缺，據前後文補。

〔一三〕新羅國王府　按新羅爲高麗重出。

〔一四〕濊貊國突厥國及西突厥國　按此三國已亡，或是遣人用舊名貢獻者，因存于史册。下文烏孫國同此。

〔一五〕仙門國　按紀重熙十六年十月，「鐵驪仙門來朝，以始入貢，加右監門衞大將軍」。仙門似是鐵驪酋長名。鐵驪已見，此重出。

〔一六〕鐵不得國　鐵不得卽吐蕃，此與上文西蕃、大蕃等並是當時吐蕃不同部分朝貢於遼者，故以不同名稱存於史册。

〔一七〕鼻國德國　按兵衞志下作鼻骨德。此與諸部之鼻骨德重出。

〔一八〕轄剌國只國　按紀會同三年六月作轄剌骨只。

〔一九〕烏隈烏骨里部及敵烈部　烏隈烏骨里部卽上文烏隈于厥部；敵烈部卽上文迪烈德，亦曰敵烈或迭烈德，紀開泰四年正月作迪烈得。均一部重出。

〔三〇〕婁底里　按紀統和七年七月作婁里德。

〔三一〕鉏德部　按部族表，「會同六年六月，奚鋤勃德部進白麝」。疑鉏德卽鋤勃德，亦卽伯德部。

〔三二〕遙恩拈部　按紀開泰八年三月作遙恩拈部。

〔三三〕統和元年劃離部請今後詳穩於當部人內選授　按紀及部族表並作統和二年三月。

〔三四〕三國部　「三」，疑當作五，卽五國部。下文五部蕃部，亦指此五國部。卷九六蕭樂音奴傳：「監障海東青鶻，獲白花者十三，拜五蕃部節度使。」海東青鶻產于五國，五蕃部卽五國部。

〔三五〕白可久部　按上文又有退欲德部。紀天顯十年四月，「吐谷渾酋長退欲德率衆內附」；會同九年四月，「吐谷渾白可久來附」。退欲德、白可久均爲吐谷渾酋長名。與前吐谷渾、吐渾重出。或是當時吐谷渾之不同部分。

〔三六〕廝達里別古部　按紀壽隆二年二月及部族表並作達廝里別古部。

遼史卷四十七

志第十七上

百官志三

南面

契丹國自唐太宗置都督、刺史，武后加以王封，玄宗置經略使，始有唐官爵矣。其後習聞河北藩鎭受唐官名，於是太師、太保、司徒、司空施于部族。太祖因之。大同元年，世宗始置北院樞密使。明年，世宗以高勳爲南院樞密。〔一〕則樞密之設，蓋自太宗入汴始矣。天祿四年，建政事省。於是南面官僚可得而書。

其始，漢人樞密院兼尙書省，吏、兵刑有承旨，戶、工有主事，中書省兼禮部，別有戶部使司。以營州之地加幽、冀之半，用是適足矣。

中葉彌文，耶律楊六爲太傅，知有三師矣。忽古質爲太尉，知有三公矣。於斡古得爲

常侍，〔二〕劉涇爲禮部尙書，知有門下、尙書省矣。庫部、虞部、倉部員外出使，則知備郎官列宿之員。室昉監修，則知國史有院。程翥舍人，則知起居有注。邢抱朴承旨，王言敷學士，則知有翰林內制。張幹政事舍人，則知有中書外制。大理、司農有卿，國子、少府有監，九卿、列監見矣。金吾、千牛有大將，十六列衞見矣。太子上有師保，下有府率，東宮備官也。節度、觀察、防禦、團練、刺史，咸在方州，如唐制也。

凡唐官可考見者，列具于篇；無徵者不書。

南面朝官

遼有北面朝官矣，旣得燕、代十有六州，乃用唐制，復設南面三省、六部、臺、院、寺、監、諸衞、東宮之官。誠有志帝王之盛制，亦以招徠中國之人也。

三師府。本名三公，漢以丞相、太尉、御史大夫爲三公，故稱三師。

太師。穆宗應曆三年見太師唐骨德。

太傅。太宗會同元年命馮道守太傅。

太保。會同元年劉昫守太保。

少師。耶律資忠傳見少師蕭把哥。

少傅。

少保。

　掌印。耶律乙辛，重熙中掌太保印。

三公府。先漢丞相、太尉、御史大夫，後漢更名大司徒、大司馬、大司空，唐太尉、司徒、司空，又名三司。

太尉。太宗天顯十一年見太尉趙思溫。

司徒。世宗天祿元年見司徒劃設。

司空。聖宗統和三十年見司空邢抱質。

漢人樞密院。本兵部之職，在周爲大司馬，漢爲太尉。唐季宦官用事，內置樞密院，後改用士人。晉天福中廢，開運元年復置。太祖初有漢兒司，韓知古總知漢兒司事。太宗入汴，因晉置樞密院，掌漢人兵馬之政，初兼尚書省。

樞密使。太宗大同元年見樞密使李崧。

知樞密使事。

知樞密院事。

樞密副使。楊遵勗，咸雍中爲樞密副使。

同知樞密院事。聖宗太平六年見同知樞密院事耶律迭離已。

知樞密院副使事。楊晳，興宗重熙十二年知樞密院副使事。

樞密直學士。聖宗統和二年見樞密直學士郭暇。〔三〕

　樞密都承旨。聖宗開泰九年見樞密都承旨韓紹芳。

　樞密副承旨。楊遵勗，重熙中爲樞密副承旨。

　吏房承旨。

　兵刑房承旨。〔四〕

　戶房主事。

　廳房卽工部主事。〔五〕

中書省。初名政事省。太祖置官，世宗天祿四年建政事省，興宗重熙十三年改中書省。〔六〕

中書令。韓延徽，太祖時爲政事令；韓知古，天顯初爲中書令；會同五年又見政事令趙延壽。

大丞相。太宗大同元年見大丞相趙延壽。

左丞相。聖宗太平四年見左丞相張儉。

右丞相。聖宗開泰元年見右丞相馬保忠。〔七〕

知中書省事。蕭孝友，興宗重熙十年知中書省事。

中書侍郎。韓資讓，壽隆初爲中書侍郎。

同中書門下平章事。太祖加王郁同政事門下平章事，〔八〕太宗大同元年見平章事張礪。

參知政事。聖宗統和十二年見參知政事邢抱朴。

　堂後官。太平二年見堂後官張克恭。

　主事。

　守當官。〔九〕並見耶律儼建官制度。

　令史。耶律儼，道宗咸雍三年爲中書省令史。

中書舍人院。

中書舍人。室昉，景宗保寧間爲政事舍人；道宗咸雍三年見中書舍人馬鉉。

右諫院。

右諫議大夫。聖宗統和七年見諫議大夫馬得臣。

右補闕。

右拾遺。劉景，穆宗應曆初爲右拾遺。

門下省。

侍中。趙思忠，太宗會同中爲侍中。

常侍。興宗重熙十四年見常侍斡古得。

散騎常侍。馬人望，天祚乾統中爲左散騎常侍。

給事中。聖宗統和二年見給事中郭暇。

門下侍郎。楊晳，清寧初爲門下侍郎。

起居舍人院。

起居舍人。聖宗開泰五年見起居舍人程翥。

知起居注。耶律敵烈，重熙末知起居注。

起居郎。杜防，開泰中爲起居郎。

左諫院。
　左諫議大夫。
　左補闕。
　左拾遺。統和三年見左拾遺劉景。
通事舍人院。
　通事舍人。統和七年見通事舍人李琬。
符寶司。
　符寶郎。耶律玦，重熙初爲符寶郎。
東上閤門司。太宗會同元年置。
　東上閤門使。韓延徽傳見東上閤門使鄭延豐。
　東上閤門副使。
西上閤門司。
　西上閤門使。統和二十一年見西上閤門使丁振。
　西上閤門副使。
東頭承奉班。

　東頭承奉官。〔一〇〕韓德讓，景宗時爲東頭承奉官。
西頭承奉班。
　西頭承奉官。
通進司。
　左通進。
　右通進。耶律瑤質，景宗時爲右通進。
登聞鼓院。
　登聞鼓使。
匭院。
　知匭院使。太平三年見知匭院事杜防。
誥院。
　誥院給事。耶律鐸斡，重熙末爲誥院給事。
尙書省。太祖嘗置左右尙書。
　尙書令。蕭思溫，景宗保寧初爲尙書令。

　左僕射。太祖初康默記爲左尙書，三年見左僕射韓知古。
　右僕射。太宗會同元年見右僕射烈束。
　左丞。武白爲尙書左丞。
　右丞。
　左司郎中。
　右司郎中。
　左司員外郎。
　右司員外郎。
六部職名總目：
某部。
　某部尙書。聖宗開泰元年見吏部尙書劉績。
　某部侍郎。王觀，興宗重熙中爲兵部侍郎；李澣，穆宗朝累遷工部侍郎。
　某部郎中。劉輝，道宗大安末爲禮部郎中。
　某部員外郎。開泰五年見禮部員外郎王景運。

　某部郎中。〔一一〕聖宗統和九年見虞部郎中崔祐。諸曹郎官未詳。
御史臺。太宗會同元年置。
　御史大夫。會同九年見御史大夫耶律解里。
　御史中丞。
　侍御。重熙七年見南面侍御壯骨里。
殿中司。〔一二〕
　殿中。聖宗開泰元年見殿中高可恒。
　殿中丞。
尙舍局。見遼朝雜禮。
　奉御。
尙乘局奉御。
尙輦局奉御。
尙食局奉御。

尙衣局奉御。

翰林院。掌天子文翰之事。

翰林都林牙。興宗重熙十三年見翰林都林牙耶律庶成。

南面林牙。耶律磨魯古，聖宗統和初爲南面林牙。

翰林學士承旨。趙延壽傳見翰林學士承旨張礪。

翰林學士。太宗大同元年見和凝爲翰林學士。

翰林祭酒。韓德崇，景宗保寧初爲翰林祭酒。

知制誥。室昉，太宗入汴，詔知制誥。

翰林畫院。

翰林畫待詔。聖宗開泰七年見翰林畫待詔陳升。

翰林醫官。天祚保大二年見提舉翰林醫官李奭。

國史院。

監修國史。聖宗統和九年見監修國史室昉。

史館學士。景宗保寧八年見史館學士。

史館修撰。劉輝，大安末爲史館修撰。

修國史。耶律玦，重熙初修國史。

宣政殿。

宣政殿學士。穆宗應曆元年見宣政殿學士李澣。

觀書殿。

觀書殿學士。王鼎，壽隆初爲觀書殿學士。

昭文館。

昭文館直學士。楊遵勗子晦爲昭文館直學士。

崇文館。

崇文館大學士。韓延徽，太祖時爲崇文館大學士。

乾文閣。

乾文閣學士。王觀，道宗咸雍五年爲乾文閣學士。

宣徽院。太宗會同元年置。

宣徽使。

知宣徽院事。馬得臣，統和初知宣徽院事。

宣徽副使。

同知宣徽使事。

同知宣徽院事。

內省。

內省使。聖宗太平九年初見內省使。

內省副使。

內藏庫。

內藏庫提點。道宗淸寧元年見內藏庫提點耶律烏骨。

內侍省。

黃門令。

內謁者。

內侍省押班。

內侍左廂押班。

內侍右廂押班。

契丹、漢兒、渤海內侍都知。

左承宣使。

右承宣使。

內庫。

都提點內庫。

尙衣庫。

尙衣庫使。

湯藥局。

都提點、勾當湯藥。

內侍省官，並見王繼恩、趙安仁傳。

客省。太宗會同元年置。

都客省。興宗重熙十年見都客省回鶻重哥。

客省使。會同五年見客省使耶律化哥。

左客省使。蕭護思，應曆初爲左客省使。

右客省使。

客省副使。

四方館。

四方館使。高勳，太宗入汴爲四方館使。

四方館副使。道宗咸雍五年，詔四方館副使止以契丹人充。

引進司。

引進使。聖宗統和二十八年見引進使韓杞。

點簽司。

同簽點簽司事。興宗重熙六年見同簽點簽司事耶律圓寧。〔一三〕

禮信司。

勾當禮信司。興宗重熙七年見勾當禮信司骨欲。

禮賓使司。

禮賓使。大公鼎曾祖忠爲禮賓使。

寺官職名總目：

某卿。興宗景福元年見崇祿卿李可封。

某少卿。耶律儼子處貞爲太常少卿。

某丞。

某主簿。

太常寺。有博士、贊引、太祝、奉禮郎、協律郎。

諸署職名總目：

某署令。

某署丞。

太樂署。

鼓吹署。

法物庫。遼朝雜禮有法物庫所掌圖籍。

法物庫使。

法物庫副使。

崇祿寺。本光祿寺，避太宗諱改。

衞尉寺。

宗正寺。職在大惕隱司。

太僕寺。有乘黃署。

大理寺。有提點大理寺，有大理正，〔一四〕聖宗統和十二年置。

鴻臚寺。

司農寺。

諸監職名總目：

某太監。〔一五〕興宗景福元年見少府監馬懽。

某少監。興宗重熙十七年見將作少監王企。〔一六〕

某監丞。

某監主簿。

祕書監。有祕書郎，祕書郎正字。〔一七〕

著作局。

著作郎。

著作佐郎。楊皙，聖宗太平十一年爲著作佐郎。

校書郎。楊佶，統和中爲校書郎。

正字。開泰元年見正字李萬。

司天監。有太史令，有司曆，靈臺郎，挈壺正，五官正，丞，主簿，五官靈臺郎、保章正、司曆、監候、挈壺正、司辰，〔一八〕刻漏博士，典鐘，典鼓。

國子監。上京國子監，太祖置。

祭酒。

司業。

監丞。

主簿。

國子學。

博士。武白爲上京國子博士。

助敎。

太府監。

少府監。

將作監。

都水監。

已上文官。

各衞。

諸衞職名總目：

大將軍。聖宗開泰七年見皇子宗簡右衞大將軍。

上將軍。王繼忠，統和二十二年加左武衞上將軍。

將軍。聖宗太平四年見千牛衞將軍蕭順。

折衝都尉。

果毅都尉。

親衞。

勳衞。

翊衞。

左右衞。

左右驍衞。

左右武衞。

左右威衞。

左右領軍衞。

左右金吾衞。

左右監門衞。

左右千牛衞。

左右羽林軍。

左右龍虎軍。

左右神武軍。

左右神策軍。

左右神威軍。

已上武官。

東宮三師府。凡東宮官多見遼朝雜禮。

太子太師。太宗大同元年見太子太師李崧。

太子太傅。世宗天祿五年見太子太傅趙瑩。

太子太保。大同元年見太子太保趙瑩。

太子少師。聖宗太平十一年見太子少師蕭從順。

太子少傅。耶律合里，重熙中爲太子少傅。

太子少保。大同元年見太子少保馮玉。

太子賓客院。

太子賓客。

太子詹事院。

太子詹事。

少詹事。

詹事丞。

詹事主簿。

太子司直司。

太子司直。

左春坊。

太子左庶子。

太子中允。聖宗太平五年見太子中允馮若谷。

太子司議郎。

太子左諭德。

太子左贊善大夫。

文學館。

崇文館學士。

崇文館直學士。

太子校書郎。聖宗太平五年見太子校書郎韓灤。〔一九〕

司經局。

太子洗馬。劉輝，大安末爲太子洗馬。

太子文學。

太子校書郎。聖宗太平五年見太子校書郎張昱。

太子正字。
典設局。
典設郎。
宮門局。
宮門郎。
右春坊。
太子右庶子。
太子中舍人。
太子舍人。
太子右諭德。
右贊善大夫。
太子通事舍人。
太子家令寺。
太子家令。
丞。

主簿。
太子率更寺。
太子率更令。
丞。
主簿。
太子僕寺。
太子僕。
丞。
主簿。
太子率府職名總目：
某率。興宗重熙十四年見率府率習羅。〔二〇〕
太子左右衞率府。
太子左右司禦率府。
太子左右清道率府。
太子左右監門率府。
太子左右內率府。
已上東宮官。
王傅府。
王傅。蕭惟信，重熙十五年爲燕趙王傅。
親王內史府。
內史。道宗大康三年見內史吳家奴。
長史。
參軍。
諸王文學館。
諸王教授。姚景行，重熙中爲燕趙國王教授。
諸王伴讀。聖宗太平八年，長沙郡王宗允等奏選諸王伴讀。
已上諸王府官。

南面宮官

漢兒行宮都部署院。亦曰南面行宮都部署司。聖宗開泰九年改左僕射。〔二一〕
漢兒行宮都部署。開泰七年見漢兒行宮都部署石用中。
漢兒行宮副部署。興宗重熙十五年見漢兒行宮副部署耶律敵烈。〔二二〕
知南面諸行宮副部署。重熙十年見知南面諸行宮副部署耶律褭里。
同知漢兒行宮都部署事。道宗大康三年見同知漢兒行宮都部署事蕭撻不也。
同簽部署司事。耶律儼，大康中爲同簽部署司事。
都部署判官。耶律儼，咸雍中爲都部署判官。〔二三〕
十二宮南面行宮都部署司職名總目：
某宮漢人行宮都部署。
某宮南面副部署。
某宮同知漢人都部署。
弘義宮。
永興宮。
積慶宮。

長寧宮。

延昌宮。

彰愍宮。

崇德宮。

興聖宮。

延慶宮。

太和宮。

永昌宮。

敦睦宮。

校勘記

〔一〕明年世宗以高勳爲南院樞密　按紀，大同元年八月始置北院樞密使，九月改大同元年爲天祿元年，以高勳爲南院樞密即在九月，雖改元而非明年。

〔二〕於斡古得爲常侍　「於」字衍。斡，原誤「韓」，據紀重熙十四年正月及下文改。

〔三〕樞密直學士郭嘏　按紀統和二年十一月作鄭嘏。

〔四〕兵刑房承旨　按史愿亡遼錄：「尚書省併入樞密院，有副都承旨，吏房、兵房、刑房承旨。」據此，兵、刑分房。

〔五〕廳房郎工部主事　原「郎工部」與「主事」誤倒。按亡遼錄：「戶房、廳房——郎工部也，主事各一員。」據改。

〔六〕重熙十三年改中書省　檢紀，改中書省在重熙十二年。會同三年六月稱中書令蕭僧隱，五年正月又稱政事令。

〔七〕太平四年見左丞相張儉至開泰元年見右丞相馬保忠　按紀，張儉爲左丞相在太平六年，馬保忠爲右丞相在開泰二年。此類歧異不備注。

〔八〕加王郁同政事門下平章事　郁，原誤「都」。按卷七五王郁傳：「從太祖平渤海，戰有功，加同政事門下平章事。」王都未曾入遼。據改。

〔九〕守當官　按續通考五二同，續通志一三二作守堂官。

〔一〇〕東頭承奉官　承奉，石刻中並作供奉。金避章宗父允恭嫌名，改爲承奉。

〔一一〕某部郎中　此目重出。按上文有禮部郎中劉輝。又紀統和九年崔祐官虞部員外郎。員外郎、郎中卽郎官。

〔一二〕殿中司　唐書百官志殿中省有監、少監、丞。檢禮志五皇帝受册儀有「殿中監、少監、殿中丞等押金吾四色仗入」，是殿中司與唐殿中省設官相同。唐殿中省下屬六局，此設五局，以尚藥爲湯藥局，隸內侍省。又殿中高可恒，紀開泰元年十二月作高可垣。

〔一三〕點簽司至同簽點簽司事耶律圓寧　按紀重熙六年五月，耶律涅哥同簽點檢司。此點簽司應作點檢司。涅哥卽圓寧。

〔一四〕大理寺有提點大理寺有大理正　按紀統和十二年十月，「大理寺置少卿及正」。卷九八劉伸傳，重熙五年登進士，歷任大理正、大理少卿、大理卿、提點大理寺。

〔一五〕某太監　按監職但稱某監，如「太府監」、「少府監」及卷九六姚景行傳「爲將作監」，不稱太監。乘軺錄有祕書大監張肅。

〔一六〕將作少監王企　按紀重熙十七年二月作王全。

〔一七〕祕書郎正字　按正字自是一職，祕書郎若非重出，或是校書郎。

〔一八〕五官靈臺郎至司辰　按新唐書百官志司天臺有五官靈臺郎、五官保章正、五官司曆、五官監候、五官挈壺正、五官司辰，注云：「武后長安二年置挈壺正，乾元元年與靈臺郎、保章正、司曆、司辰皆加五官之名。」遼仿唐制，保章正、司曆、監候、挈壺正、司辰皆當冠以五官二字，史省其文。

〔一九〕太子校書郎韓欒　按紀太平五年十一月，「以張昱等一十四人爲太子校書郎，韓欒等五十八人爲崇文館校書郎」，韓欒卽韓欒。此學士、直學士、校書郎應移前崇文館下。文學如曾設專館，則太子文學等似應屬之。道光殿本考證云：「志引張昱於司經局條下，則文學館條下應作校書郎，『太子』二字疑衍。」

〔二〇〕率府率習羅　按紀重熙十四年正月：「以常侍斡古得戰歿，命其子習羅爲帥。」非謂習羅爲率府率。遼文滙四李內貞墓誌稱內貞於景宗時曾官太子左衞率府率。

〔二一〕開泰九年改左僕射　按紀開泰九年十一月：「以夷離畢蕭孝順爲南面諸行宮都部署，加左僕射。」是加官，非改都部署爲左僕射。

〔二二〕漢兒行宮副部署耶律敵烈　按紀重熙十五年十一月，耶律敵烈爲漢人行宮都部署，非副部署。

〔二三〕耶律儼咸雍中爲都部署判官　卷九八耶律儼傳，大康初，歷都部署判官。非「咸雍中」。

遼史卷四十八

志第十七下

百官志四

南面京官

遼有五京。上京爲皇都，凡朝官、京官皆有之；餘四京隨宜設官，爲制不一。大抵西京多邊防官，南京、中京多財賦官。五京並置者，列陳之；特置者，分列于後。

三京宰相府職名總目：

左相。

右相。

左平章政事。

右平章政事。

東京宰相府。聖宗統和元年，詔三京左右相、左右平章事。

中京宰相府。

南京宰相府。

諸京內省客省職名總目：

某京某省使。

某京某省副使。耶律蒲奴，開泰末爲上京內客省副使。

上京內省司。

東京內省司。地理志，東京大內不置宮嬪，唯以內省使、副、判官守之。

五京諸使職名總目：

某京某使。王棠，重熙中爲上京鹽鐵使。

知某京某使事。張孝傑，清寧間知戶部使事。

某京某副使。劉伸，重熙中爲三司副使。

同知某京某使事。道宗大康三年見撻不也同知度支使事。

某京某判官。聖宗太平九年見戶部使判官。

上京鹽鐵使司。

東京戶部使司。

中京度支使司。

南京三司使司。

南京轉運使司。亦曰燕京轉運使司。

西京計司。

五京留守司兼府尹職名總目：

某京留守行某府尹事。聖宗統和元年見上京留守、行臨潢尹事吳王稍。

某京副留守。天祚天慶六年見東京副留守高清臣。

知某京留守事。蕭惠，開泰二年知東京留守事。

某府少尹。聖宗太平四年見臨潢少尹鄭弘節。〔一〕

同知某京留守事。太平八年見中京同知耶律野。

同簽某京留守事。蕭滴冽，太平六年同簽南京留守事。〔二〕

某京留守判官。室昉，天祿中爲南京留守判官。

某京留守推官。聖宗開泰元年見中京留守推官李可舉。

上京留守司。

東京留守司。

中京留守司。太宗大同元年命趙延壽爲中京留守，治鎮州。聖宗統和十二年命室昉爲中京留守，治大定府。〔三〕

南京留守司。太宗天顯三年升東平郡爲南京，治遼陽。十三年以幽州爲南京，治析津。聖宗開泰元年改幽都府爲析津府。

西京留守司。

五京都總管府職名總目：

某京都總管、知某府事。

同知某府事。聖宗太平五年見同知中京事蕭堯袞。

上京都總管府。

中華書局

東京都總管府。
中京都總管府。
南京都總管府。
西京都總管府。

五京都虞候司職名總目：
都虞候。
上京都虞候司。
東京都虞候司。
南京都虞候司。
西京都虞候司。
中京都虞候司。

五京警巡院職名總目：
某京警巡使。

某京警巡副使。
上京警巡院。
東京警巡院。
中京警巡院。
南京警巡院。
西京警巡院。

五京處置使司職名總目：
某京處置使。
上京處置司。
東京處置司。
中京處置司。
西京處置司。
南京處置司。

五京學職名總目：道宗清寧五年，詔設學養士，[三]頒經及傳疏，置博士、助教各一員。
博士。
助教。
上京學。上京別有國子監，見朝官。
東京學。
中京學。中京別有國子監，與朝官同。
南京學。亦曰南京太學，太宗置。聖宗統和十三年，賜水磑莊一區。
西京學。
已上五京官。

上京城隍使司。亦曰上京皇城使。
上京城隍使。韓德讓，景宗時爲上京皇城使。[四]
東京渤海承奉官。聖宗開泰八年耶律八哥奏，渤海承奉班宜設官以統之，因置。
渤海承奉都知押班。
遼陽大都督府。太宗會同二年置。

遼陽大都督。會同二年，都督曷魯泊等關防遼陽東都。
東京安撫使司。
東京安撫使。
東京軍巡院。地理志，東京有歸化營軍千餘人，籍河朔亡命於此，置軍巡院。
東京軍巡使。
中京文思院。
中京文思使。馬人望父佺爲中京文思使。[五]
中京路按問使司。
中京路按問使。耶律和尚，重熙二十四年爲中京路按問使。
中京巡邏使司。
中京巡邏使。耶律古昱，開泰間爲中京巡邏使。
中京大內都部署司。
中京大內都部署。聖宗開泰元年見中京大內都部署。
中京大內副部署。
南京宣徽院。

南京宣徽使。道宗壽隆元年見宣徽使耶律特末。

知南京宣徽院使事。

知南京宣徽院事。

南京宣徽副使。

同知南京宣徽院事。

南京處置使司。〔七〕聖宗開泰元年見秦王隆慶爲燕京管內處置使。

燕京管內處置使。

南京侍衞親軍馬步軍都指揮使司。

南京侍衞親軍馬步軍都指揮使。蕭討古，乾亨初爲南京侍衞親軍都指揮使。

南京馬步副指揮使。

南京侍衞親軍馬軍都指揮使司。

南京馬軍都指揮使。

南京馬軍副指揮使。

南京侍衞親軍步軍都指揮使司。

南京步軍都指揮使。

南京步軍副指揮使。

南京栗園司。

典南京栗園。

雲州宣諭招撫使司。

雲州管內宣諭招撫使二員。統和四年見韓毗哥、邢抱朴爲雲州管內宣諭招撫使。〔八〕

南面大蕃府官

黃龍府。

知黃龍府事。興宗重熙十三年見知黃龍府事耶律甌里斯。

同知黃龍府事。

黃龍府判官。

黃龍府侍衞親軍馬步軍都指揮使。

黃龍府侍衞親軍都指揮使。

黃龍府侍衞親軍副指揮使。

黃龍府侍衞馬軍都指揮使。

黃龍府侍衞步軍都指揮使。

黃龍府侍衞馬軍副指揮使。

黃龍府侍衞步軍副指揮使。

黃龍府學。

博士。

助教。

興中府。

知興中府事。咸雍元年見知興中府事楊績。

同知興中府事。

興中府判官。

興中府學。

博士。

助教。

南面方州官

遼東、西，燕、秦、漢、唐已置郡縣，設官職矣。高麗、渤海因之。至遼，五京列峙，包括燕、代，悉爲畿甸。二百餘年，城郭相望，田野益闢。冠以節度，承以觀察、防禦、團練等使，分以刺史、縣令，大略採用唐制。其間宗室、外戚、大臣之家築城賜額，謂之「頭下州軍」，唯節度使朝廷命之，後往往皆歸王府。不能州者謂之軍，不能縣者謂之城，不能城者謂之堡。其設官則未詳云。

節度使職名總目：

某州某軍節度使。

某州某軍節度副使。

同知節度使事。耶律玦，重熙中同知遼興軍節度使事。

行軍司馬。

軍事判官。

掌書記。劉伸，重熙五年爲彰武軍節度使掌書記。

衙官。
某馬步軍都指揮使司。
都指揮使。
副指揮使。
某馬軍指揮使司。
指揮使。
副指揮使。
某步軍指揮使司。
指揮使。
副指揮使。

上京道[九]

懷州奉陵軍節度使司。
慶州玄寧軍節度使司。
泰州德昌軍節度使司。
長春州韶陽軍節度使司。

儀坤州啓聖軍節度使司。
龍化州興國軍節度使司。
饒州匡義軍節度使司。
徽州宣德軍節度使司。
成州長慶軍節度使司。
懿州廣順軍節度使司。
渭州高陽軍節度使司。
鎮州建安軍節度使司。

東京道：

開州鎮國軍節度使司。
保州宣義軍節度使司。
辰州奉國軍節度使司。
興州中興軍節度使司。
海州南海軍節度使司。
淥州鴨淥軍節度使司。
顯州奉先軍節度使司。
乾州廣德軍節度使司。
貴德州寧遠軍節度使司。
瀋州昭德軍節度使司。
遼州始平軍節度使司。
通州安遠軍節度使司。
雙州保安軍節度使司。
同州鎮安軍節度使司。
咸州安東軍節度使司。
信州彰聖軍節度使司。
賓州懷化軍節度使司。
懿州寧昌軍節度使司。
蘇州安復軍節度使司。
復州懷德軍節度使司。
祥州瑞聖軍節度使司。

中京道：

成州興府軍節度使司。
興中府彰武軍節度使司。[一〇]
宜州崇義軍節度使司。
錦州臨海軍節度使司。
川州長寧軍節度使司。
建州保靜軍節度使司。
來州歸德軍節度使司。

南京道：

幽州盧龍軍節度使司。[一一]
平州遼興軍節度使司。

西京道[一二]

雲中大同軍節度使司。[一三]
雲內州開遠軍節度使司。
奉聖州武定軍節度使司。

蔚州忠順軍節度使司。
應州彰國軍節度使司。
朔州順義軍節度使司。

觀察使職名總目：
某州軍觀察使。
某州軍觀察副使。
某州軍觀察判官。王鼎，清寧五年爲易州觀察判官。
州學。
博士。
助教。
中京道：
高州觀察使司。
武安州觀察使司。
利州觀察使司。

東京道：
益州觀察使司。
寧州觀察使司。
歸州觀察使司。
寧江州混同軍觀察使司。
上京道：
永州永昌軍觀察使司。
靜州觀察使司。

團練使司職名總目：
某州團練使。
某州團練副使。
某州團練判官。
州學。
博士。
助教。
東京道：
安州團練使。

防禦使司職名總目：
某州防禦使。
某州防禦副使。
某州防禦判官。
州學。
博士。
助教。
東京道：
廣州防禦使司。
鎮海府防禦使司。
冀州防禦使司。[四]

衍州安廣軍防禦使司。

州刺史職名總目：
某州刺史。
某州同知州事。耶律獨攧，重熙中同知金肅軍事。
某州錄事參軍。世宗天祿五年，韶州錄事參軍委政事省差注。
州學。
博士。
助教。
上京道五州：烏、降聖、維、防、招。
東京道三十七州：穆、賀、盧、鐵、崇、耀、嬪、遼西、康、宗、海北、巖、集、祺、遂、韓、銀、安遠、威、清、雍、湖、渤、郢、銅、涑、率賓、定理、鐵利、吉、麓、荆、勝、順化、連、肅、烏。[五]
中京道十三州：恩、惠、榆、澤、北安、潭、松山、安德、黔、嚴、隰、[六]遷、潤。
南京道八州：順、檀、涿、易、薊、景、灤、營。
西京道八州：弘、德、寧邊、歸化、可汗、儒、武、東勝。

縣職名總目：

某縣令。

某縣丞。

某縣主簿。世宗天祿五年，詔縣主簿委政事省差注。

某縣尉。

縣學。大公鼎爲良鄉縣尹，〔一七〕建孔子廟。

博士。

助教。

五京諸州屬縣，見地理志。縣有驛遞、馬牛、旗鼓、鄉正、廳隸、倉司等役。有破產不能給者，良民患之。馬人望設法，使民出錢免役，官自募人，倉司給使以公使充，人以爲便。

南面分司官

平理庶獄，採摭民隱，漢、唐以來，賢主以爲恤民之令典。官不常設，有詔，則選材望官爲之。

分決諸道滯獄使。聖宗統和九年，命邢抱朴等五員，又命馬守琪等三員，分決諸道滯獄。〔一八〕

按察諸道刑獄使。開泰五年遣劉涇等分路按察刑獄。〔一九〕

採訪使。太宗會同三年命于骨鄰爲採訪使。

南面財賦官

遼國以畜牧、田漁爲稼穡，財賦之官，初甚簡易。自涅里教耕織，而後鹽鐵諸利日以滋殖，既得燕、代，益富饒矣。

諸錢帛司職名總目：

某州錢帛都點檢。大公鼎爲長春州錢帛都提點。

長春路錢帛司。興宗重熙二十二年置。

遼西路錢帛司。

平州路錢帛司。

轉運司職名總目

某轉運使。

某轉運副使。

同知某轉運使。

某轉運判官。

山西路都轉運使司。楊晳，興宗重熙二十年爲山西轉運使。〔二〇〕

奉聖州轉運使司。聖宗開泰三年置。

蔚州轉運使司。

應州轉運使司。

朔州轉運使司。

保州轉運使司。已上並開泰三年置。〔二一〕

西山轉運使。〔二二〕聖宗太平三年見西山轉運使郎玄化。

南面軍官

傳曰：「雖楚有材，晉寔用之。」遼自太祖以來，攻掠五代、宋境，得其人，則就用之，東、

北二鄙，以農以工，有事則從軍政。計之善者也。

點檢司職名總目：

某都點檢。穆宗應曆十六年見殿前都點檢耶律夷剌葛。

某副點檢。聖宗太平六年見副點檢耶律野。

同知某都點檢。道宗清寧九年見同知點檢司事耶律撻不也。

點檢司。

殿前都點檢司。

點檢侍衛親軍馬步司。

諸指揮使司職名總目：

某軍都指揮使。聖宗統和二年見侍衛親軍都指揮使韓倬。

某軍副指揮使。

某軍都監。

某軍都指揮使司。

某軍副指揮使司。

並同前。

侍衞親軍馬步軍都指揮使司。

侍衞親軍馬軍都指揮使司。

侍衞親軍步軍都指揮使司。

侍衞控鶴兵馬都指揮使司。

侍衞漢軍兵馬都指揮使司。

四軍兵馬都指揮使司。

歸聖軍兵馬都指揮使司。聖宗統和五年，以宋降軍置七指揮署，左右廂，凡四十二員。七年，隸總管府。

歸聖軍左廂兵馬都指揮使司。

歸聖軍右廂兵馬都指揮使司。

第一左廂兵馬都指揮使司。

第一右廂兵馬都指揮使司。

第二左廂兵馬都指揮使司。

第二右廂兵馬都指揮使司。

第三左廂兵馬都指揮使司。

第三右廂兵馬都指揮使司。

第四左廂兵馬都指揮使司。

第四右廂兵馬都指揮使司。

第五左廂兵馬都指揮使司。

第五右廂兵馬都指揮使司。

第六左廂兵馬都指揮使司。

第六右廂兵馬都指揮使司。

第七左廂兵馬都指揮使司。

第七右廂兵馬都指揮使司。

宣力軍都指揮使司。

四捷軍都指揮使司。

天聖軍都指揮使司。

漢軍都指揮使司。

諸軍都團練使職名總目：

某軍都團練使。趙思溫，太祖神册二年爲漢軍都團練使。

某軍團練副使。

某軍團練判官。

漢軍都團練使司。

諸軍兵馬都總管府職名總目：

某兵馬都總管。聖宗太平四年見兵馬都總管。〔三三〕

某兵馬副總管。

同知某兵馬事。

某兵馬判官。

兵馬都總管府。

歸聖軍兵馬都總管府。

南面邊防官

三皇、五帝寬柔之化，澤及漢、唐。好生惡殺，習與性成。雖五代極亂，習於戰鬬者才幾人耳。宋以文勝，然遼之邊防猶重於南面，直以其地大民衆故耳。卒之親仁善鄰，桴鼓不鳴幾二百年。此遼之所以爲美也歟。

易州飛狐招安使司。聖宗統和二十三年改安撫使司。

易州飛狐兵馬司。道宗咸雍四年改易州安撫司。

易州飛狐招撫司。

西南面招安使司。耶律合住，景宗保寧初爲西南面招安使。

巡檢使司。耶律合住，景宗保寧中爲巡檢使。

五州都總管府。耶律速撒，穆宗應曆初爲義、霸、祥、順、聖五州都總管。

山後五州都管司。聖宗統和四年見蒲奴寧爲山後五州都管。

五州制置使司。聖宗開泰九年見霸、建、宜、泉、錦五州制置使。〔三四〕

三州處置使司。韓德樞，太宗時爲平、灤、營三州處置使。

霸州處置使司。統和二十七年廢。

校勘記

〔一〕太平四年見臨潢少尹鄭弘節　按紀，鄭弘節爲臨潢少尹在太平五年三月。

〔二〕蕭滴冽太平六年同簽南京留守事　按卷九五蕭滴冽傳，同簽南京留守事在重熙六年。

〔三〕統和十二年命室昉爲中京留守治大定府　考異謂中京大定府，始于統和二十五年，不應昉先得爲留守。卷七九昉傳稱保寧間改南京副留守，統和八年請致政，後病劇，遣人就第授中京留守。疑中京本南京之譌，治大定者，則附益之說。

〔四〕清寧五年詔設學養士　按紀，詔設學養士在清寧元年十二月。

〔五〕韓德讓景宗时爲上京皇城使　皇，原作「隍」。據上文「亦曰上京皇城使」及卷八二本傳改。

〔六〕馬人望父佺　佺，卷一〇五馬人望傳作詮。

〔七〕南京處置使司　按此目重出。又此下「聖宗開泰元年見秦王隆慶爲燕京管內處置使」一句當在下文「燕京管內處置使」下。此職亦應列于前五京處置司職名總目南京處置司下。

〔八〕邢抱朴　抱朴原誤抱質，據紀統和四年六月及卷八〇本傳改。

〔九〕上京道　據地理志一，上京道缺祖州天成軍節度使司。

〔一〇〕興中府彰武軍節度使司　按地理志三，興中府本霸州彰武軍，重熙十年升府。升府後軍名已

廢，已非節度州。

〔一一〕幽州盧龍軍節度使司　按地理志四，幽州入遼以後卽升南京，府曰幽都，軍號盧龍，開泰元年落軍額，已非節度州。

〔一二〕西京道　據地理志五，西京道缺豐州天德軍節度使司。另天德軍，後亦由招討升節度。

〔一三〕雲中大同軍節度使司　按地理志五，大同于重熙十三年升爲西京，已非節度州。

〔一四〕冀州防禦使司　據地理志二，應作冀州永安軍防禦使司。

〔一五〕東京道三十七州　據地理志二，賀州下應有宣州、懷化軍，嬪州下應有嘉州。總數四十。又地理志勝州作滕州；無烏州，有安州。

〔一六〕隰　隰，原誤「濕」。據地理志三及金史地理志改。

〔一七〕大公鼎爲良鄉縣尹　按卷一〇五大公鼎傳作良鄉縣令。

〔一八〕又命馬守瑛等三員分決諸道滯獄　按紀統和九年三月，「復遣庫部員外郞馬守琪、倉部員外郞祁正、虞部員外郞崔祐、薊北縣令崔簡等分決諸道滯獄。」馬守瑛卽馬守琪，「三員」應作四員。

〔一九〕開泰五年遣劉涇等分路按察刑獄　按紀在開泰六年七月，劉涇作劉京。

〔二〇〕楊皙興宗重熙二十年爲山西轉運使　按卷八九楊皙傳作重熙十二年。

〔二一〕奉聖州轉運使司至已上並開泰三年置　按紀開泰三年三月，南京、奉聖、平、蔚、雲、應、朔等州置轉運使。此缺南京、平州、雲州，多保州。

〔二二〕西山轉運使　參見卷一六校勘記〔二四〕。

〔二三〕太平四年見兵馬都總管　按紀太平三年十一月有兵馬都總管韓制心。

〔二四〕開泰九年見霸建宜泉錦五州制置使　按遼無泉州。檢地理志三，統和中制置建、霸、宜、錦、白川等五州，「泉」應是白川之誤。

遼史卷四十九

志第十八

禮志一

理自天設，情由人生。以理制情，而禮樂之用行焉。林射梁獺，是生郊禘；洼尊燔黍，是生燕饗；藁梩瓦棺，是生喪葬；儷皮緇布，是生婚冠。皇造帝秩，三王彌文。一文一質，蓋本于忠。變通革弊，與時宜之。唯聖人爲能通其意。執理者膠瑟聚訟，不適人情；徇情者稊稗絺蕝，不中天理。秦、漢而降，君子無取焉。

遼本朝鮮故壤，箕子八條之敎，流風遺俗，蓋有存者。自其上世，緣情制宜，隱然有尙質之風。遙輦胡刺可汗制祭山儀，蘇可汗制瑟瑟儀，阻午可汗制柴册、再生儀。其情朴，其用儉。敬天恤災，施惠本孝，出於悃忱，殆有得於膠瑟聚訟之表者。太古之上，椎輪五禮，何以異兹。太宗克晉，稍用漢禮。

今國史院有金陳大任遼禮儀志，皆其國俗之故，又有遼朝雜禮，漢儀爲多。別得宣文閣所藏耶律儼志，視大任爲加詳。存其略，著于篇。

吉儀

祭山儀：設天神、地祇位于木葉山，東鄉；中立君樹，前植羣樹，以像朝班；又偶植二樹，以爲神門。皇帝、皇后至，夷離畢具禮儀。牲用赭白馬、玄牛、赤白羊，皆牡。僕臣曰旗鼓拽剌，殺牲，體割，懸之君樹。太巫以酒酹牲。禮官曰敵烈麻都，奏「儀辦」。皇帝服金文金冠，白綾袍，絳帶，懸魚，三山絳垂，飾犀玉刀錯，絡縫烏靴。皇后御絳帓，絡縫紅袍，懸玉佩，雙結帕，絡縫烏靴。皇帝、皇后御鞍馬。羣臣在南，命婦在北，服從各部旗幟之色以從。皇帝、皇后至君樹前下馬，升南壇御榻坐。羣臣、命婦分班，以次入就位；合班，拜訖，復位。皇帝、皇后詣天神、地祇位，致奠；閤門使讀祝訖，復位坐。北府宰相及惕隱以次致奠于君樹，徧及羣樹。樂作。羣臣、命婦退。皇帝率孟父、仲父、季父之族，三匝神門樹；餘族七匝。皇帝、皇后再拜，在位者皆再拜。上香，再拜如初。皇帝、皇后升壇，御龍文方茵坐。再聲警，詣祭東所，羣臣、命婦從，班列如初。巫衣白衣，惕隱以素巾拜而冠之。巫三致辭。每致辭，皇帝、皇后一拜，在位者皆一拜。皇帝、皇后各舉酒二爵，肉二器，再奠。大臣、命婦右持酒，左持肉各一器，少後立，一奠。命惕隱東向擲之。皇帝、皇后六拜，在位者皆六拜。皇帝、皇后復位，坐。命中丞奉茶果、餅餌各二器，奠于天神、地祇位。執事郎君二十人持福酒、胙肉，詣皇帝、皇后前。太巫奠酹訖，皇帝、皇后再拜，在位者皆再拜。皇帝、皇后一拜，飲福，受胙，復位，坐。在位者以次飲。皇帝、皇后率羣臣復班位，再拜。聲蹕，一拜。退。

太宗幸幽州大悲閣，遷白衣觀音像，〔一〕建廟木葉山，尊爲家神。於拜山儀過樹之後，增「詣菩薩堂儀」一節，然後拜神，非胡刺可汗之故也。興宗先有事于菩薩堂及木葉山遼河神，然後行拜山儀，冠服、節文多所變更，後因以爲常。神主樹木，懸牲告辦，班位奠祝，致嘏飲福，往往暗合于禮。天理人情，放諸四海而準，信矣夫。興宗更制，不能正以經術，無以大過於昔，故不載。

瑟瑟儀：若旱，擇吉日行瑟瑟儀以祈雨。前期，置百柱天棚。及期，皇帝致奠于先帝御容，乃射柳。皇帝再射，親王、宰執以次各一射。中柳者質誌柳者冠服，不中者以冠服質之。不勝者進飮於勝者，然後各歸其冠服。又翼日，植柳天棚之東南，巫以酒醴、黍稗薦植柳，祝之。皇帝、皇后祭東方畢，子弟射柳。皇族、國舅、羣臣與禮者，賜物有差。既三日雨，則賜敵烈麻都馬四疋、衣四襲；否則以水沃之。

道宗清寧元年，皇帝射柳訖，詣風師壇，再拜。

柴册儀：擇吉日。前期，置柴册殿及壇。壇之制，厚積薪，以木爲三級壇，置其上。席百尺氈，龍文方茵。〔二〕又置再生母后搜索之室。皇帝入再生室，行再生儀畢，八部之叟前導後扈，左右扶翼皇帝册殿之東北隅。拜日畢，乘馬，選外戚之老者御。皇帝疾馳，仆，御者、從者以氈覆之。皇帝詣高阜地，大臣、諸部帥列儀仗，遙望以拜。皇帝遣使敕曰：「先帝升遐，有伯叔父兄在，當選賢者。沖人不德，何以爲謀？」羣臣對曰：「臣等以先帝厚恩，陛下明德，咸願盡心，敢有他圖。」皇帝令曰：「必從汝等所願，我將信明賞罰。爾有功，陟而任之；爾有罪，黜而棄之。若聽朕命，則當謨之。」僉曰：「唯帝命是從。」皇帝于所識之地，封土石以誌之。遂行。拜先帝御容，宴饗羣臣。翼日，皇帝出册殿，護衞太保扶翼升壇。奉七廟神主置龍文方茵。北、南府宰相率羣臣圜立，各舉氈邊，贊祝訖，樞密使奉玉寶、玉册入。有司讀册訖，樞密使稱尊號以進，羣臣三稱「萬歲」，皆拜。宰相、北南院大王、諸部帥進赭、白羊各一羣。皇帝更衣，拜諸帝御容。遂宴羣臣，賜賚各有差。

拜日儀：皇帝升露臺，設褥，向日再拜，上香。門使通，閤使或副、應拜臣僚殿左右階陪位，再拜。皇帝昇坐。奏牓訖，北班起居畢，時相已下通名再拜，不出班，奏「聖躬萬福」，又再拜，各祗候。宣徽已下橫班同。諸司、閤門、北面先奏事；餘同。教坊與臣僚同。

告廟儀：至日，臣僚昧爽朝服，詣太祖廟。次引臣僚，合班，先見御容，再拜畢，引班首左上，至褥位，再拜。贊上香，揖欄內上香畢，復褥位，再拜。各祗候立定。左右舉告廟祝版，於御容前跪捧。中書舍人俛跪，讀訖，俛興，退。引班首左下，復位，又再拜。分引上殿，次第進酒三。分班引出。

謁廟儀：至日昧爽，南北臣僚各具朝服，赴廟。車駕至，臣僚於門外依位序立，望駕鞠躬。班首不出班，奏「聖躬萬福」。舍人贊各祗候畢，皇帝降車，分引南北臣僚左右入，至丹墀褥位。合班定，皇帝升露臺褥位。宣徽贊皇帝再拜，殿上下臣僚陪位皆再拜。上香畢，退，復位，再拜。分引臣僚左右上殿位立，進御容酒依常禮。若即退，再拜。舍人贊「好去」，引退。禮畢。

告廟、謁廟，皆曰拜容。以先帝、先后生辰及忌辰行禮，自太宗始也。其後正旦、皇帝生辰、諸節辰皆行之。若忌辰及車駕行幸，亦嘗遣使行禮。凡瑟瑟、柴册、再生、納后則親行之。凡柴册、親征則告；幸諸京則謁。四時有薦新。

孟冬朔拜陵儀：有司設酒饌于山陵。皇帝、皇后駕至，敵烈麻都奏「儀辦」。閤門使贊皇帝、皇后詣位四拜訖，巫贊祝燔胙及時服，酹酒薦牲。大臣、命婦以次燔胙，四拜。皇帝、皇后率羣臣、命婦，循諸陵各三匝。還宮。翼日，羣臣入謝。

爇節儀：皇帝即位，凡征伐叛國俘掠人民，或臣下進獻人口，或犯罪沒官戶，皇帝親覽閑田，建州縣以居之，設官治其事。及帝崩，所置人戶、府庫、錢粟，穹廬中置小氈殿，帝及后妃皆鑄金像納焉。節辰、忌日、朔望，皆致祭于穹廬之前。又築土爲臺，高丈餘，置大盤于上，祭酒食撒於其中，焚之，國俗謂之爇節。

歲除儀：初夕，敕使及夷離畢率執事郎君至殿前，以鹽及羊膏置爐中燎之。巫及大巫以次贊祝火神訖，閤門使贊皇帝面火再拜。

初，皇帝皆親拜，至道宗始命夷離畢拜之。

校勘記

〔一〕太宗幸幽州大悲閣遷白衣觀音像　宗，原誤「祖」。據地理志一永州興王寺遷白衣觀音像事改。

〔二〕壇之制至龍文方茵　按燕北錄：「柴籠之制，高三十二尺，用帶皮檢柴疊成，上安黑漆木壇三層，壇安御帳。」

遼史卷五十

志第十九

禮志二

凶儀

喪葬儀：聖宗崩，興宗哭臨于菆塗殿。大行之夕四鼓終，皇帝率羣臣入，柩前三致奠。奉柩出殿之西北門，就輼輬車，藉以素裀。巫者祓除之。詰旦，發引，至祭所，凡五致奠。太巫祈禳。皇族、外戚、大臣、諸京官以次致祭。乃以衣、弓矢、鞍勒、圖畫、馬駝、儀衛等物皆燔之。至山陵，葬畢，上哀册。皇帝御幄，命改火，面火致奠，三拜。又東向，再拜天地訖，乘馬，率送葬者過神門之木乃下，東向又再拜。翼日詰旦，率羣臣、命婦詣山陵，行初奠之禮。升御容殿，受遺賜。又翼日，再奠如初。興宗崩，道宗親擇地以葬。道宗崩，菆塗于遊仙殿，有司奉喪服。天祚皇帝問禮于總知翰林院事耶律固，始服斬衰；皇族、外戚、使相、

矮墩官及郎君服如之；餘官及承應人皆白枲衣巾以入，哭臨。惕隱、三父房、南府宰相、遙輦常袞、九奚首郎君、夷離畢、國舅詳穩、十閘撒郎君、南院大王、郎君，各以次薦奠，進鞍馬、衣襲、犀玉帶等物，表列其數。讀訖，焚表。諸國所賻器服，親王、諸京留守奠祭、進賻物亦如之。先帝小斂前一日，皇帝喪服上香，奠酒，哭臨。其夜，北院樞密使、契丹行宮都部署入，小斂。翼日，遣北院樞密副使、林牙，以所賵器服，置之幽宮。靈柩升車，親王推之，至食羖之次。蓋遼國舊俗，於此刑羖羊以祭。皇族、外戚、諸京州官以次致祭。至葬所，靈柩降車，就轝，皇帝免喪服，步引至長福岡。是夕，皇帝入陵寢，授遺物于皇族、外戚及諸大臣，乃出。命以先帝寢幄，過於陵前神門之木。帝不親往，遣近侍冠服赴之。初奠，皇帝、皇后率皇族、外戚、使相、節度使、夫人以上命婦皆拜祭，循陵三匝而降。再奠，如初。辭陵而還。

上謚册儀：先一日，於菆塗殿西廊設御幄幷臣僚幕次。太樂令展宮懸於殿庭，協律郎設舉麾位。至日，北、南面臣僚朝服，昧爽赴菆塗殿。先置册、寶案于西廊下。閤使引皇帝至御幄，服寬衣皂帶。臣僚班齊，分班引入，鶴殿合班立定。引册案上殿至褥位，寶案次之，設於西階。閤使引皇帝自西階升殿。初行，樂作；至位立，樂止。宣徽使揖皇帝鞠躬再拜，陪位者皆再拜。翰林使執臺琖以進，皇帝再拜。引至神座前，跪，奠三，樂作；進奠訖，復

位，樂止。又再拜，陪位者皆再拜。引皇帝于神座前，北面立。捧册函者去蓋，進前跪。册案退，置殿西壁下。引讀册者進前，俛伏跪，自通全銜臣讀謚册。讀訖，俛伏興，復位。捧册函者置于案上，捧寶函者進前跪，讀寶官通銜跪讀訖，引皇帝至褥位再拜，陪位者皆再拜。禮畢，引皇帝歸御幄。初行，樂作；至御幄，樂止。引臣僚分班出。若皇太后奠酒，依常儀。

忌辰儀：先一日，奏忌辰榜子，預寫名紙。大紙一幅，用陰面後第三行書「文武百僚宰臣某以下謹詣西上閤門進名奉慰」。至日，應拜大小臣僚並皂衣、皂鞓帶，四鼓至時，於幕次前，在京於僧寺，班齊，依位望闕敍立。直日舍人跪右，執名紙在前，班首以下皆再拜。引退。名紙於宣徽使面付內侍奏聞。

宋使祭奠弔慰儀：太皇太后至菆塗殿，服喪服。太后於北間南面垂簾坐，皇帝於南間北面坐。宋使至幕次，宣賜素服、皂帶。更衣訖，引南北臣僚入班，立定。可矮墩以下，並上殿依位立。先引祭奠使副捧祭文南洞門入，殿上下臣僚並舉哀，至丹墀立定。西上閤門使自南階下，受祭文，上殿啓封，置於香案，哭止。祭奠禮物列殿前。引使副南階上殿，至褥位立，揖，再拜。引大使近前上香，退，再拜。大使近前跪，捧臺琖，進奠酒三，教坊奏樂，退，再拜。揖中書二舍人跪捧祭文，引大使近前俛伏跪，讀訖，舉哀。引使副下殿立定，哭

止。禮物擔牀出畢，引使副近南，面北立。勾弔慰使副南洞門入。四使同見大行皇帝靈，再拜。引出，歸幕次。皇太后別殿坐，服喪服。先引北南面臣僚並於殿上下依位立，弔慰使副捧書匣右入，當殿立。閤門使右下殿受書匣，上殿奏「封全」。開讀訖，引使副南階上殿，傳達弔慰訖，退，下殿立。引禮物擔牀過畢，引使副近南，北面立。勾祭奠使副入。四使同見，鞠躬，再拜。不出班，奏「聖躬萬福」，再拜。出班，謝面天顏，又再拜，立定。宣徽傳聖旨撫問，就位謝，再拜。引出，歸幕次。皇帝御南殿，服喪服。使副入見，如見皇太后儀，加謝遠接、撫問、湯藥，再拜。次宣賜使副并從人，祭奠使副別賜讀祭文例物。即日就館賜宴。高麗、夏國奉弔、進賻等使禮，略如之。道宗崩，天祚皇帝問禮于耶律固。宋國遣使弔及致祭、歸賵，皇帝喪服，御遊仙之北別殿。使入門，皇帝哭。使者詣柩前上香，讀祭文訖，又哭。有司讀遺詔，慟哭。使者出，少頃，復入，陳賻賵于柩前，皇帝入臨哭。退，更衣，御遊仙殿南之幄殿。使者入見且辭，敕有司賜宴於館。

宋使告哀儀：皇帝素冠服，臣僚皂袍、皂鞓帶。宋使奉書右入，丹墀內立。西上閤門使右階下殿，受書匣；上殿，欄內鞠躬，奏「封全」。開封，於殿西案授宰相讀訖，皇帝舉哀。舍人引使者右階上，欄內俛跪，附奏起居訖，俛興，立。皇帝宣問「南朝皇帝聖躬萬福」，使者跪奏「來時皇帝聖躬萬福」，起，退。舍人引使者右階下殿，於丹墀西，面東鞠躬。通事舍人通

使者名某祗候見，再拜。不出班，奏「聖躬萬福」，再拜。出班，謝面天顏，再拜。又出班，謝遠接、撫問、湯藥，再拜。贊祗候，引出，就幕次，宣賜衣物。引從人入，通名拜，奏「聖躬萬福」，出就幕，賜衣，如使者之儀。又引使者入，面殿鞠躬，贊謝恩。再贊「有敕賜宴」，再拜。贊祗候，出就幕次宴。引從人謝恩，拜敕賜宴，皆如初。宴畢，歸館。

宋使進遺留禮物儀：百官昧爽朝服，殿前班立。宋遺留使、告登位使副入內門，館伴副使引謝登位使就幕次坐。〔一〕館伴大使與遺留使副奉書入，至西上閤門外氈位立。閤使受書匣，置殿西階下案。引進使引遺留物於西上閤門入，即於廊下橫門出。皇帝昇殿坐。宣徽使押殿前班起居畢，引宰臣押文武班起居，引中書令西階上殿，奏宋使見牓子。契丹臣僚起居，控鶴官起居。遺留使副西上閤門入，面殿立。舍人引使副西階上殿，附奏起居訖，引西階下殿，於丹墀東，西面鞠躬，通名奏「聖躬萬福」，如告哀使之儀。謝面天顏，謝遠接、撫問、湯藥。引遺留使從人見亦如之。次引告登位使副奉書匣，於東上閤門入，面殿立。閤使東階下殿，受書匣。中書令讀訖，舍人引使副東階上殿，附奏起居。引下殿，南面立。告登位禮物入，即於廊下橫門出。退，西面鞠躬，附奏起居，謝面天顏、遠接等，皆如遺留使之儀。宣賜遺留、登位兩使副并從人衣物，如告哀使。應坐臣僚皆上殿就位立，分引兩使副等於兩廊立。皇帝問使副「衝涉不易」，丹墀內五拜。各引上殿祗候位立。大臣進

酒，皇帝飲酒。契丹通、漢人贊，殿上臣僚皆拜，稱「萬歲」。贊各就坐，行酒殽、茶饍、饅頭畢，從人出水飯畢，臣僚皆起。契丹通、漢人贊，皆再拜，稱「萬歲」。各祗候。獨引宋使副下殿謝，五拜。引出。控鶴官門外祗候，報閤門無事，供奉官捲班出。

高麗、夏國告終儀：先期，於行宮左右下御帳，設使客幕次於東南。至日，北面臣僚各常服，其餘臣僚並朝服，入朝。使者至幕次，有司以嗣子表狀先呈樞密院，准備奏呈。先引北面臣僚并矮墩已上近御帳，相對立，其餘臣僚依班位序立。引告終人使右入，至丹墀，面殿立。引右上，立；揖少前，拜，跪奏訖，宣問。若嗣子已立，恭身受聖旨。奏訖，復位。嗣子未立，不宣問。引右下丹墀，面北鞠躬。通班畢，引面殿再拜。不出班，奏「聖躬萬福」，再拜。出班，謝面天顏，復位，再拜。出班，謝遠接，復位，再拜。贊祗候，退就幕次。再入，依前面北鞠躬，通辭，再拜；敍戀闕，再拜。贊「好去」。禮畢。

校勘記

〔一〕遺留使及謝登位使　使，按下文並應作使副。

遼史卷五十一

志第二十

禮志三

軍儀

皇帝親征儀：常以秋冬，應敵制變或無時。將出師，必先告廟。乃立三神主祭之：曰先帝，曰道路，曰軍旅。刑青牛白馬以祭天地。其祭，常依獨樹；無獨樹，卽所舍而行之。或皇帝服介胄，祭諸先帝宮廟，乃閱兵。將行，牝牡麃各一爲禡祭。將臨敵，結馬尾，祈拜天地而後入。下城克敵，祭天地，牲以白黑羊。班師，以所獲牡馬、牛各一祭天地。出師以死囚，還師以一諜者，植柱縛其上，于所向之方亂射之，矢集如蝟，謂之「射鬼箭」。

臘儀：臘，十二月辰日。前期一日，詔司獵官選獵地。其日，皇帝、皇后焚香拜日畢，設圍，命獵夫張左右翼。司獵官奏成列，皇帝、皇后升轝，敵烈麻都以酒二尊、盤飧奉進，北南

院大王以下進馬及衣。皇帝降輿，祭東畢，乘馬入圍中。皇太子、親王率羣官進酒，分兩翼而行。皇帝始獲兎，羣臣進酒上壽，各賜以酒。至中食之次，親王、大臣各進所獲。及酒訖，賜羣臣飲，還宮。應曆元年冬，漢遣使來賀，自是遂以爲常儀。統和中，罷之。

出軍儀：制見兵志。

禮志四

賓儀

常朝起居儀：昧爽，臣僚朝服入朝，各依幕次。內侍奏「班齊」。先引京官班於三門外，當直舍人放起居，再拜，各祗候。次依兩府以下文武官，於丹墀內面殿立，竪班諸司并供奉官，於東西道外相向立定。當直閤使副贊放起居，再拜，各祗候。退還幕次，公服。帝昇殿坐，兩府并京官丹墀內聲喏，各祗候。教坊司同北班起居畢，奏事。

燕京嘉寧殿，西京同文殿。朝服，幞頭、袍笏；公服，紫衫、帽。

正座儀：皇帝升殿坐，警蹕絕。契丹、漢人殿前班畢，各依位侍立。次教坊班畢，捲退。京官班入拜畢，揖於右橫街西，依位班立。次武班入拜畢，依位立。文班入拜畢，依位立。北班入，起居畢，於左橫街東，序班立。次兩府班入，鞠躬，通宰臣某官已下起居，拜畢，引上殿奏事。

已上六班起居，並七拜。內有不帶節度使，班首止通名，亦七拜。捲班，與常朝同。直院有旨入文班。留守司、三司、統軍司、制置司謂之京官；都部署司、宮使、副宮使，都承以下令史，北面主事以下隨駕諸司爲武官；館、閣、大理寺，堂後以下，御史臺、隨駕閑員、令史、司天臺、翰林、醫官院爲文官。

天慶二年冬，教坊並服袍。

臣僚接見儀：皇帝御座，奏見牓子畢，臣僚左入，鞠躬。通文武百僚宰臣某官以下祗候見。引面殿鞠躬，起居，凡七拜。引班首出班，謝面天顏，復位。舞蹈，五拜，鞠躬。宣答問制，再拜。宣訖，謝宣諭，五拜。各祗候畢，可矮墩以上引近前，問「聖躬萬福」。傳宣問「跋涉不易」，鞠躬。引班舍人贊各祗候畢，引右上，准備宣問。其餘臣僚並於右侍立。

宣答云：「卿等久居鄉邑，來奉乘輿。時屬霜寒——或云炎蒸，諒多勞止。卿各平安好。想宜知悉。」

問聖體儀：皇帝行幸，車駕至捺鉢，坐御帳。臣僚公服，問「聖躬萬福」。贊再拜，各祗候。奏事。宣徽以下常服，教坊與臣僚同。

保大元年夏，特旨通名再拜，不稱宰臣。

車駕還京儀：前期一日，宣徽以下橫班，諸司、閤門並公服，於宿帳祗候。至日詰旦，皇帝乘玉輅，閤門宣諭軍民訖，導駕。時相以下進至內門，閤副勘箭畢，通事舍人鞠躬，奏「臣宣放仗」。禮畢。

勘箭儀：皇帝乘玉輅，至內門。北南臣僚於輅前對班立。勘箭官執雌箭，門中立。東上閤門使詣車前，執雄箭在車左立，勾勘箭官進。勘箭官揖進，至車約五步，面車立。閤使言「受箭行勘」。勘箭官拜跪，受箭；舉手勘訖，鞠躬，奏「內外勘同」。閤使言「准敕行勘」。勘箭官平立，退至門中舊位立，當胸執箭，贊「軍將門仗官近前」。門仗官應聲開門，舉聲兩邊齊出，並列左右，立。勘箭官舉右手贊「呈箭」，次贊「內出喚仗御箭一隻，准敕付左金吾仗行勘」。贊「合不合」，應「合、合、合」，贊「同不同」，應「同、同、同」訖。勘箭官再進，依位立，鞠躬，自通全銜臣某對御勘箭同，退門中立。贊「其箭謹付閤門使進入」。事畢，其箭授閤使，轉付宣徽。

宋使見皇太后儀：宋使賀生辰、正旦。至日，臣僚昧爽入朝，使者至幕次。臣僚班齊，皇太后御殿坐。宣徽使押殿前班起居畢，捲班。次契丹臣僚班起居畢，引應坐臣僚上殿，就位立；其餘臣僚不應坐者，退於東面侍立。漢人臣僚東洞門入，面西鞠躬。舍人鞠躬，通

某以下起居，凡七拜畢；贊各祗候。引應坐臣僚上殿，就位立。中書令、大王西階上殿，奏宋使并從人牓子訖，就位立。其餘臣僚不應坐者，退於西面侍立。次引宋使副六人於東洞門入，丹墀內面殿齊立。閤使自東階下，受書匣，使人捧書匣者皆跪，閤使搢笏立，受書匣。自東階上殿，欄內鞠躬，奏「封全」訖，授樞密開封。宰臣對皇太后讀訖，引使副六人東階上殿，欄內立。使者揖生辰節大使少前，〔一〕使者俛伏跪，附起居訖，起，復位立。次引賀皇太后正旦大使，附起居，如前儀。皇太后宣問「南朝皇帝聖躬萬福」，舍人揖生辰大使并皇太后正旦大使少前，皆跪，唯生辰大使奏「來時聖躬萬福」，皆俛伏，興。引東階下殿，丹墀內面殿齊立。引進使引禮物於西洞門入，殿前置擔牀。控鶴官起居，四拜，擔牀於東便門出畢，揖使副退於東方，西面，皆鞠躬。舍人鞠躬，通南朝國信使某官某以下祗候見，舞蹈，五拜畢；不出班，奏「聖躬萬福」，再拜；揖班首出班，謝面天顏訖，復位，舞蹈，五拜畢，贊各上殿祗候，引各使副西階上殿就位。勾從人兩洞門入，面殿鞠躬，通名，贊拜，起居，四拜畢，贊各祗候，分班引兩洞門出。若宣問使副「跋涉不易」，引西階下殿，丹墀內舞蹈，五拜畢，贊各上殿祗候，引西階上殿，就位立。契丹舍人、漢人閤使齊贊拜，應坐臣僚并使副皆拜，稱「萬歲」。贊各就坐，行湯、行茶。供過人出殿門，揖臣僚并使副起，鞠躬。契丹舍人、漢人閤使齊贊，皆拜，稱「萬歲」。贊各祗候。先引宋使副西階下殿，西洞門出，次揖臣僚出

畢，報閤門無事。皇太后起。

宋使見皇帝儀：宋使賀生辰、正旦。至日，臣僚昧爽入朝，使者至幕次。奏「班齊」，聲警，皇帝升殿坐。宣徽使押殿前班起居畢，捲班出。契丹臣僚班起居畢，引應坐臣僚上殿，就位立；其餘臣僚不應坐者，並退於北面侍立。次引漢人臣僚北洞門入，面殿鞠躬。舍人鞠躬，通某官某以下起居，皆七拜畢，引應坐臣僚上殿，就位立。引首相南階上殿，奏宋使并從人牓子，就位立。臣僚並退於南面侍立。教坊入，起居畢，引南使副北洞門入，丹墀內面殿立。閤使北階下殿，受書匣，使人捧書匣者跪，閤使搢笏立，受於北階。上殿，欄內鞠躬，奏「封全」訖，授樞密開封。宰相對皇帝讀訖，舍人引使副北階上殿，欄內立。揖生辰大使少前，俛伏跪，附起居。俛伏興，復位立。大使俛伏跪，奏訖，俛伏興，退；引北階下殿，揖使副北方，南面鞠躬。舍人鞠躬，通南朝國信使某官某以下祗候見，起居，七拜畢；揖班首出班，謝面天顏，舞蹈，五拜畢；出班，謝遠接、御筵、撫問、湯藥，舞蹈，五拜畢，贊各祗候。引出，歸幕次。閤使傳宣賜對衣、金帶。勾從人以下入見。舍人贊班首姓名以下，再拜；不出班，奏「聖躬萬福」，贊再拜，稱「萬歲」。贊各祗候。引出。舍人傳宣賜衣。使副并從人服賜衣畢，舍人引使副入，丹墀內面殿鞠躬。舍人贊謝恩，拜，舞蹈，五拜畢，贊上殿祗候。引使副南階上殿，就位立。勾從人入，贊謝恩，拜，稱「萬歲」。贊「有敕賜宴」，再拜，稱「萬歲」。贊各

祗候。承受官引北廊下立。御牀入，大臣進酒，皇帝飲酒。契丹舍人、漢人閤使齊贊拜，應坐并侍立臣僚皆拜，稱「萬歲」。贊各祗候。卒飲，贊拜，應坐臣僚皆拜，稱「萬歲」。贊各就坐行酒，親王、使相、使副共樂曲。若宣令飲盡，並起立飲訖。放琖，就位謝。贊拜，並隨拜，稱「萬歲」。贊各就坐。次行方茵地坐臣僚等宣酒。若宣令飲盡，贊謝如初。殿上酒一行畢，贊廊下從人拜，稱「萬歲」。贊各就坐。若傳宣令飲盡，並拜，稱「萬歲」。贊各就坐。殿上酒三行，行茶、行殽、行饍。酒五行，候曲終，揖廊下從人起，贊拜，稱「萬歲」。贊各祗候，引出。曲破，臣僚并使副並起，鞠躬。贊拜，應坐臣僚并使副皆拜，稱「萬歲」。贊各祗候。引使副南階下殿，丹墀內舞蹈，五拜畢，贊各祗候。引出。次引衆臣僚下殿出畢，報閤門無事。皇帝起，聲蹕。

曲宴宋使儀：昧爽，臣僚入朝，宋使至幕次。皇帝升殿，殿前、教坊、契丹文武班，皆如初見之儀。宋使副綴翰林學士班，東洞門入，面西鞠躬。舍人鞠躬，通文武百僚臣某以下起居，七拜。謝宣召赴宴，致詞訖，舞蹈，五拜畢，贊各上殿祗候。舍人引大臣、使相、臣僚、使副及方茵朵殿應坐臣僚並於西階上殿，就位立；其餘不應坐臣僚並於西洞門出。勾從人入，起居，謝賜宴，兩廊立，如初見之儀。二人監琖，教坊再拜，贊各上殿祗候。入御牀，大臣進酒。舍人、閤使贊拜、行酒，皆如初見之儀。次行方茵朵殿臣僚酒，傳宣飲盡，如常儀。

殿上酒一行畢，兩廊從人行酒如初。殿上行餅茶畢，教坊致語，揖臣僚、使副并廊下從人皆起立，候口號絕，揖臣僚等皆鞠躬。贊拜，殿上應坐并侍立臣僚皆拜，稱「萬歲」。贊各就坐。次贊廊下從人拜，亦如之。歇宴，揖臣僚起立，御牀出，皇帝起，入閤。引臣僚東西階下殿，〔二〕還幕次內賜花。承受官引從人出，賜花，亦如之。簪花畢，引從人復兩廊位立。次引臣僚、使副兩洞門入，復殿上位立。皇帝出閤，復坐。御牀入，揖應坐臣僚、使副及侍立臣僚鞠躬。贊拜，稱「萬歲」，贊各就坐。贊兩廊從人，亦如之。行單茶，行酒，行膳，行果。殿上酒九行，使相樂曲。聲絕，揖兩廊從人起，贊拜，稱「萬歲」，贊「各好去」，承受引出。曲破，殿上臣僚、使副皆起立，贊拜，稱「萬歲」。贊各祗候。引臣僚使副東西階下殿。契丹班謝宴出，漢人并使副班謝宴，舞蹈，五拜畢，贊「各好去」。引出畢，報閤門無事。皇帝起。

賀生辰正旦宋使朝辭太后儀：臣僚、使副班齊，如曲宴儀。皇太后升殿坐，殿前契丹文武起居、上殿畢。宰臣奏宋使副、從人朝辭牓子畢，就位立。舍人引使副北洞門入，面南鞠躬。舍人鞠躬，通南朝國信使某官某以下祗候辭，再拜；不出班，奏「聖躬萬福」，再拜；出班，戀闕，致詞訖，又再拜。贊各上殿祗候。舍人引南階上殿，就位立。引從人，贊姓名，再拜；奏「聖躬萬福」，再拜，稱「萬歲」。贊「各好去」，引出。殿上揖應坐臣僚并使副就位鞠躬。贊拜，稱「萬歲」。贊各就坐。行湯、行茶畢，揖臣僚并南使起立，與應坐臣僚鞠躬。贊

拜，稱「萬歲」。贊各祗候，立。引使副六人於欄內拜跪，受書匣畢，直起立，揖少前，鞠躬，受傳答語訖，退。於北階下殿，丹墀內面殿鞠躬。舍人贊「各好去」，引出。臣僚出。

賀生辰正旦宋使朝辭皇帝儀：臣僚入朝如常儀，宋使至幕次。於外賜從人衣物。皇帝升殿，宣徽、契丹文武班起居、上殿，如曲宴儀。中書令奏宋使副并從人朝辭牓子畢，臣僚並於南面侍立。教坊起居畢，舍人引使副六人北洞門入，丹墀北方，面南鞠躬，通南朝國信使某官某以下祗候辭，再拜；起居，戀闕，如辭皇太后儀。贊各祗候，平身立。揖使副鞠躬。宣徽贊「有敕」，使副再拜，鞠躬，平身立。宣徽使贊「各賜卿對衣、金帶、疋段、弓箭、鞍馬等，想宜知悉」，使副平身立。揖大使三人少前，俛伏跪，搢笏，閤門使授別錄賜物。過畢，俛起，復位立。揖副使三人受賜，亦如之。贊謝恩，舞蹈，五拜。贊上殿祗候，舍人引使副南階上殿，就位立。引從人，贊謝恩，再拜；起居，再拜；贊賜宴，再拜；皆稱「萬歲」。贊各祗候，承受引兩廊立。御牀入，皇帝飲酒，舍人、閤使贊臣僚、使副拜，稱「萬歲」，皆如曲宴。應坐臣僚拜，稱「萬歲」。就坐、行酒、樂曲，方茵、兩廊皆如之；行殽、行茶、行饍亦如之。行饅頭畢，從人起，如登位使之儀。曲破，臣僚、使副皆起立，拜，稱「萬歲」，如辭太后之儀。使副下殿，舞蹈，五拜。贊各上殿祗候，引北階上殿，欄內立。揖生辰、正旦大使二人少前，齊跪，受書畢，起立，揖磬折受起居畢，退。引北階下殿，丹墀內並鞠躬。舍人

贊「各好去」，引南洞門出。次引殿上臣僚南北洞門出畢，報閤門無事。

高麗使入見儀：臣僚常服，起居，應上殿臣僚殿上序立。閤門奏牓子，引高麗使副面殿立。引上露臺拜跪，附奏起居訖，拜，起立。閤門傳宣「王詢安否」，使副皆跪，大使奏「臣等來時詢安」。引下殿，面殿立。進奉物入，列置殿前。控鶴官起居畢，引進使鞠躬，通高麗國王詢進奉。宣徽使殿上贊進奉赴庫，馬出，擔牀出畢，引使副退，面西鞠躬。舍人鞠躬，通高麗國謝恩進奉使某官某以下祗候見，舞蹈，五拜。不出班，奏「聖躬萬福」，再拜。出班，謝面天顏，五拜。出班，謝遠接、湯藥，五拜。贊各祗候。使副私獻入，列置殿前。控鶴官起居，引進使鞠躬，通高麗國謝恩進奉某官某以下進奉。宣徽使殿上贊如初。引使副西階上殿序立。皇帝不入御牀，臣僚伴酒。契丹舍人通，漢人閤使贊，再拜，稱「萬歲」，各就坐。酒三行，肴膳二味。若宣令飲盡，就位拜，稱「萬歲」，贊各就坐。肴膳不贊，起，再拜，稱「萬歲」。引下殿，舞蹈，五拜。贊各祗候。引出，於幕次內別差使臣伴宴。起，宣賜衣物訖，遙謝，五拜畢，歸館。

曲宴高麗使儀：臣僚入朝，班齊，皇帝升殿。宣徽、教坊、控鶴、文武班起居，皆如常儀；謝宣宴，如宋使儀。贊各上殿祗候。契丹臣僚謝宣宴。勾高麗使入，面南鞠躬。舍人鞠躬，通高麗國謝恩進奉使某官某以下起居，謝宣宴，共十二拜。贊各上殿祗候，臣僚、使副

就位立。大臣進酒，契丹舍人通，漢人閤使贊，上殿臣僚皆拜。贊各祗候，進酒。大臣復位立，贊應坐臣僚拜，贊各就坐行酒。若宣令飲盡，贊再拜，贊各就坐。教坊致語，臣僚皆起立。口號絕，贊再拜，贊各就坐。凡拜，皆稱「萬歲」。曲破，臣僚起，下殿。契丹臣僚謝宴，中書令以下謝宴畢，引使副謝，七拜。贊「各好去」。控鶴官門外祗候，報閤門無事。供奉官捲班出。來日問聖體。

高麗使朝辭儀：臣僚起居、上殿如常儀。閤門奏高麗使朝辭牓子，起居、戀闕，如宋使之儀。贊各上殿祗候，引西階上殿立。契丹舍人贊拜，稱「萬歲」。贊各就坐，中書令以下伴酒三行，肴饍二味，皆如初見之儀。既謝，贊「有敕宴」，五拜。贊「各好去」，引出，於幕次內別差使臣伴宴。畢，賜衣物，跪受，遙謝，五拜。歸館。

西夏國進奉使朝見儀：臣僚常朝畢，引使者左入，至丹墀，面殿立。引使者上露臺立。揖少前，拜跪，附奏起居訖，俛興，復位。閤使宣問「某安否」，鞠躬聽旨，跪奏「某安」。俛伏興，退，復位。引左下，至丹墀，面殿立。禮物右入左出，畢，閤使鞠躬，通某國進奉使姓名候見，共一十七拜。贊祗候，平立。有私獻，過畢，揖使者鞠躬，贊「進奉收訖」。贊祗候，引左上殿，就位立。臣僚、使者齊聲喏。酒三行，引使左下，至丹墀謝宴，五拜。畢，贊「有敕宴」，五拜。祗候，引右出。禮畢。於外賜宴，客省伴宴，仍賜衣物。

西夏使朝辭儀：常朝畢，引使者左入，通某國某使祗候辭，再拜。不出班，起居，再拜。出班，戀闕、致詞，復再拜。賜衣物，謝恩如常儀。若賜宴，五拜。畢，贊「好去」，引右出。

校勘記

〔一〕使者揖生辰節大使少前　按：「使者」疑是閤使或舍人之誤。

〔二〕引臣僚東西階下殿　按「臣僚」下疑脫「使副」二字。

遼史卷五十二

志第二十一

禮志五

嘉儀上

皇帝受册儀：前期一日，尙舍奉御設幄於正殿北墉下，南面設御坐；奉禮郎設官僚、客使幕次於東西朝堂；太樂令設宮懸於殿庭，舉麾位在殿第二重西階上，東向；乘黃令陳車輅；尙輦奉御陳輿輦；尙舍奉御設解劍席于東西階。設文官六品已上位橫街南，東方西向；武官五品已上位橫街南，西方東向。皆北上重行，每等異位。將士各勒所部六軍仗屯諸門。金吾仗、黃麾仗陳于殿庭。至日，押册官引册自西便門入，置册案西階上。通事舍人引侍從班入，就位。侍中東階下，解劍履，上殿，欄外俛伏跪，奏「中嚴」；下殿，劍履，復位立。閤使西階上殿，欄外跪請木契；面殿鞠躬，奏「奉敕喚仗」。殿中監、少監、殿中丞等押金吾

四色仗入，位臣僚後。協律郎入，就舉麾位。符寶郎詣閤奉迎。通事舍人引文官四品至六品、武官三品至五品，就門外位。皇帝御輦至宣德門。宣徽使押內諸司班起居，引皇帝至閤，服衮冕。侍中東階下，解劍履，上殿，版奏外辦。太常博士引太常卿，太常卿引帝。內諸司出。協律郎舉麾，太樂令令撞黃鍾之鍾，左五鍾皆應，〔一〕工人鼓柷，樂作；皇帝卽御坐，宣徽使贊扇合，樂止；贊簾捲，扇開。符寶郎奉寶進，左右金吾報平安。通事舍人引文官三品、武官二品已上入門，樂作；就相向位畢，樂止。通事舍人引侍從班、南班文官三品、武官二品已上合班，北向。東班西上，西班東上，起居，七拜。分班，各復位。通事舍人引押册官押册自西階下，至丹墀，當殿置香案册案。置册訖，樂作；就位，樂止。捧册官近後，東西相對立。舍人引侍從班并南班合班，北向如初。贊再拜，在位者皆再拜；舞蹈，五拜。分班，各復位如初。捧册官就西階下解劍席，解劍履，捧册西階上殿，樂作；置册御坐前，東西立，北向。捧册官西墉下立，北上，樂止。讀册官出班，當殿立，贊再拜，三呼「萬歲」。就西階下解劍席，解劍履，西階上殿，欄內立，當御坐前。侍中取册，捧册官捧册匣至讀册官前跪，相對捧册。讀册官俛伏跪；讀訖，俛伏興。捧册官跪左膝，以册授侍中。侍中受册，以册授執事者，降自西階，劍履訖，復當殿位。贊再拜，三呼「萬歲」，復分班位。舍人引侍從班、南班合班，北向如初。贊拜，在位者皆拜；舞蹈、鞠躬如初。通事舍人引班首西階下，解

劍履。上殿，樂作；就欄內位，樂止。俛伏跪，通全銜臣某等致詞稱賀訖，俛伏興。降西階下，帶劍，納舄，樂作；復位，樂止。贊拜，在位者皆再拜，舞蹈，五拜，鞠躬。侍中臨軒西向，稱「有制」，皆再拜。侍中宣答訖，贊皆再拜，舞蹈，五拜，分班各復位。三品已上出，樂作；出門畢，樂止。侍中當御坐俛伏跪，通全銜奏「禮畢」，俛伏興。退，東階下殿，帶劍，納履，復位。宣徽使贊扇合，下簾。太常博士、太常卿引皇帝起，樂作；至閤，樂止。舍人引文官四品、武官三品以下出門外，分班立；次引侍從班出，次兵部、吏部出，次金吾出，次起居郎、舍人出，次殿中監、少監押金吾細仗出，仍位臣僚後。次東西上閤門使於丹墀內鞠躬，奏衙內無事，捲班出。閤門使丹墀內鞠躬，揖「奉敕放仗」。〔二〕出，門外文武班中間立，喚承受官。承受官聲喏，至閤使後，鞠躬，揖。閤使鞠躬，稱「奉敕放仗」。承受聲喏，鞠躬，揖，平身立，引聲「奉敕放仗」。聲絕，趨退。文武合班，再拜。舍人一員攝詞令官，殿前鞠躬，揖，稱「奉敕放黃麾仗」，出。放金吾仗亦如之。翼日，文武臣僚入問聖躬。

太平元年，行此儀，大略遵唐、晉舊儀。又有上契丹册儀，以阻午可汗柴册禮合唐禮雜就之。又有上漢册儀，與此儀大同小異，加以上寶儀。

册皇太后儀：前期，陳設於元和殿如皇帝受册之儀。至日，皇帝御弘政殿。册入，侍從班入，門外金吾列仗，文武分班。侍中解劍，奏「中嚴」。宣徽使請木契、喚仗皆如之。樂工

入，閤使門外文武班中間立，喚承受官。聲喏，趨至閤使後立。〔三〕閤使鞠躬，揖，稱「奉敕喚仗」。承受官鞠躬，聲喏，揖，引聲「奉敕喚仗」。文武合班，再拜。殿中監押仗入，文武班入，亦如之。宣徽使押內諸司供奉官天橋班候。皇太后御紫宸殿，乘平頭輦，童子、女童隊樂引。至金鑾門，閤使奏內諸司起居訖，贊引駕，自下先行至元和殿。皇太后入西北隅閤內更衣。侍中解劍，上殿奏外辦。宣徽受版入奏。侍中降，復位。協律郎舉麾，樂作。太樂令、太常卿導引皇太后升坐。宣徽使贊扇合，簾捲，扇開，樂止。符寶郎奉寶置皇太后坐右。左右金吾大將軍對揖，鞠躬，奏「軍國內外平安」。東上閤門副使引丞相東門入，西上閤門副使引親王西門入，通事舍人引文武班入，如儀，樂作；至位，樂止。文武班趨進，相向再拜，退復位。東西上閤門使、宣徽使自弘政殿引皇帝御肩輿至西便門下。引入門，樂作；至殿前位，樂止。宣徽使贊皇帝拜，問皇太后「聖躬萬福」，拜。皇帝御西閤坐，合班起居如儀。北府宰相押册，中書、樞密令史八人舁册，東西上閤門使引册，宣徽使引皇帝送册，樂作；至殿前置册位，樂止。宣徽使贊皇帝再拜，稱「萬歲」，羣臣陪位，揖。翰林學士四人、大將軍四人舁册。皇帝捧册行，三舉武，授册。舁之西階上殿，樂作。置太后坐前，樂止。皇帝册西面東立。舍人引丞相當殿再拜，三呼「萬歲」，解劍，西階上殿，樂作；至讀册位，樂止。俛伏跪讀册訖，俛伏三呼「萬歲」，〔四〕復班位。宣徽使引皇帝下殿，樂作；至殿前位，樂

止。皇帝拜，舞蹈，拜訖，引皇帝西階上殿。至皇太后坐前位，俛跪，致詞訖，俛伏興。引西階下，至殿前位，拜，舞蹈，拜，鞠躬。侍中臨軒，宣太后荅稱「有制」，皇帝再拜。宣訖，引皇帝上殿，樂作，至西閤，樂止。丞相、親王、侍從文武合班，贊拜，舞蹈，三呼「萬歲」如儀。丞相上賀，侍中宣荅如儀。丞相以下出，舉樂，出門，樂止。侍中奏「禮畢」，宣徽索扇，扇合，下簾。皇太后起，舉樂；入閤，樂止。文武官出門外分班侍從。兵部、吏部起居，金吾仗出，如儀。閤使奏「放仗」，皆如皇帝受冊之儀。

冊皇后儀：至日，北南臣僚、內外命婦詣端拱殿幕次。皇后至閤，侍中奏「中嚴」，引命婦班入，就東西相向位立。皇帝臨軒，命使發冊。使副押冊至端拱殿門外幕次。侍中奏外辦。所司承旨索扇，扇上，舉麾，樂作，皇后出閤升坐，扇開，簾捲，偃麾，樂止。引命婦合班面殿起居，八拜。皇后降坐，樂作，至殿下褥位，樂止。引冊入，置皇后褥位前。侍中傳宣，皇后四拜，命婦陪位皆拜。引讀冊官至皇后褥位前，俛伏跪讀訖，皇后四拜，陪位者皆拜。引皇后升殿，使臣引冊，置皇后坐前冊案，退，西向侍立。命婦當殿稱賀，四拜。引班首東階上殿，致詞訖，東階下殿，復位，四拜。侍中奏宣荅稱「有敎旨」，四拜。宣荅訖，四拜。班首上殿進酒，皇后賜押冊使副等酒訖，侍中奏「禮畢」。承旨索扇，樂作，皇后起，入閤，樂止。分引命婦等東西門出。

冊皇太子儀：前期一日，設幄坐于宣慶殿，設文武官幕次于朝堂，并殿庭板位，太樂令陳宮縣，皆如皇帝受冊儀。守宮設皇太子次于朝堂北，西向，乘黃令陳金輅朝堂門外，西向，皇太子儀仗、笳簫、鼓吹等陳宣慶門外，典儀設皇太子板位于殿橫街南，近東北向，設文武官五品以上位於樂縣東西，餘官如常儀。至日，門下侍郎奉冊，中書侍郎奉寶綬，各置于案。令史二人絳服，對舉案立。寶案在橫街北西向，冊案在北。門下侍郎、中書侍郎並立案後。侍中板奏「中嚴」。皇太子遠遊冠，絳紗袍，秉珪出。太子舍人引入，就板位北面殿立。東宮官三師以下皆從，立皇太子東南，西向。太子入門，樂作；至位，樂止。典儀贊皇太子再拜，在位者皆再拜。中書令立太子東北，西向，門下侍郎引冊案，中書侍郎取冊，進授中書令，退復位。傳宣宣稱「有制」，皇太子再拜。傳宣訖，再拜。中書令跪讀冊訖，俛伏興。皇太子再拜，受冊，退授左庶子。中書侍郎取寶，進授中書令。皇太子進受寶，退授左庶子。中書令以下退，復位。舁案者以案退。典儀贊再拜，皇太子拜，在位者皆再拜。太子舍人引皇太子退，樂作，出門，樂止。侍中奏「禮畢」。皇太子升金輅，左庶子以下夾侍，儀仗、鼓吹等並列宣慶門外，三師、三少諸宮臣於金輅前後導從，鳴鐃而行，還東宮。宮庭先設仗衞如式，至宮門，鐃止。皇太子降金輅，舍人引入就位坐，文武宮臣序班稱賀。禮畢。

冊王妃公主儀：至日，押冊使副并讀冊等官押冊東便門入，持節前導至殿。冊案置橫街北少東。引使副等面殿立而鞠躬。侍中臨軒稱「有制」，皆再拜，鞠躬。宣制訖，舞蹈，五拜，引冊於宣慶門出。使副等押領儀仗、冊案，赴各私第廳前，向闕陳列。設傳宣受冊拜褥，冊案置褥左，去羃蓋。使副案右序立。受冊者就位立，傳宣稱「有制」，再拜。宣制畢，舁冊人舉冊匣於褥前跪捧，引讀冊者與受冊者皆俛伏跪，讀訖，皆俛伏興。受冊者謝恩，國王五拜，王妃、公主四拜。若冊禮同日，先上皇太后冊寶，次臨軒同制，遣使冊皇后、諸王妃主，次冊皇太子。

皇帝納后之儀：擇吉日。至日，后族畢集。詰旦，后出私舍，坐于堂。皇帝遣使及媒者，以牲酒饔餼至門。執事者以告，使及媒者入謁，再拜，平身立。少頃，拜，進酒于皇后，次及后之父母、宗族、兄弟。酒徧，再拜。納幣，致詞，再拜訖，后族皆坐。惕隱夫人四拜，請就車。后辭父母、伯叔父母、兄，各四拜；宗族長者，皆再拜。皇后升車，父母飲后酒，致戒詞，徧及使者、媒者、送者。發軔，伯叔父母、兄飲后酒，徧及送者。既至，惕隱率皇族奉迎，再拜。皇后車至便殿東南七十步止，惕隱夫人請降車。負銀罌，捧縢，履黃道行。後一人張羔裘若襲之，前一婦人捧鏡却行。置鞍于道，后過其上。乃詣神主室三拜，南北向各一拜，酹酒。向謁者一拜。起居訖，再拜。次詣舅姑御容拜，奠酒。選皇族諸婦宜子孫者，再

拜之，授以罌、縢。又詣諸帝御容拜，奠酒。神賜襲衣、珠玉、珮飾，拜受服之。后姊若妹、陪拜者各賜物。皇族迎者、后族送者徧賜酒，皆相偶飲訖，后坐別殿，送后者退食于次。媒者傳旨命送后者列于殿北。俟皇帝卽御坐，選皇族尊者一人當奧坐，主婚禮。命執事者往來致辭于后族，引后族之長率送后者升，當御坐，皆再拜；又一拜，少進，附奏送后之詞，退復位，再拜。后族之長及送后者向當奧者三拜，南北向各一拜，向謁者一拜。后族之長跪問「聖躬萬福」，再拜；復奏送后之詞，又再拜。當奧者與媒者行酒三周，命送后者再拜，皆坐，終宴。翼日，皇帝晨興，詣先帝御容拜，奠酒訖，復御殿，宴后族及羣臣，皇族、后族偶飲如初，百戲、角觝、戲馬較勝以爲樂。又翼日，皇帝御殿，賜后族及贐送后者，各有差。受賜者再拜，進酒，再拜。皇帝御別殿，有司進皇后服飾之籍。酒五行，送后者辭訖，皇族獻后族禮物，后族以禮物謝當奧者。禮畢。

公主下嫁儀：選公主諸父一人爲婚主，凡當奧者、媒者致詞之儀，自納幣至禮成，大略如納后儀。擇吉日，詰旦，媒者趣尚主之家詣宮。俟皇帝、皇后御便殿，率其族入見。進酒訖，命皇族與尚主之族相偶飲。翼日，尚主之家以公主及婿率其族入見，致宴于皇帝、皇后。獻贐送者禮物訖，朝辭。賜公主青幰車二，螭頭、蓋部皆飾以銀，駕駝；送終車一，車樓純錦，銀螭，懸鐸，後垂大氈，駕牛，載羊一，謂之祭羊，擬送終之具，至覆尸儀物咸在。賜其

婿朝服、四時襲衣、鞍馬，凡所須無不備。選皇族一人，送至其家。

親王女封公主者婚儀：倣此，以親疏爲差降。

校勘記

〔一〕左五鍾皆應　按樂志作左右鍾皆應。

〔二〕閤門使丹墀內鞠躬搢奉敕放仗　「搢」字，按前後情節及文例似應作「奏」。下文冊皇太后儀：「閤使奏『放仗』，皆如皇帝受册之儀。」即指此。

〔三〕聲喏趨至閤使後立　按聲喏上疑脫「承受官」三字。

〔四〕俛伏三呼萬歲　疑當作「俛伏興，三呼萬歲」。

遼史卷五十三

志第二十二

禮志六

嘉儀下

皇太后生辰朝賀儀：至日，臣僚入朝，國使至幕，班齊，如常儀。皇太后昇殿坐，皇帝東面側坐。契丹舍人殿上通名，契丹、漢人臣僚，宋使副綴翰林學士班，東西兩洞門入，合班稱賀，班首上殿祝壽，分班引出，皆如正旦之儀。教坊起居，七拜。契丹、漢人臣僚入，進酒，皆如正旦之儀，唯宣答稱「聖旨」。皇帝降御座，進奉皇太后生辰禮物。過畢，皇帝殿上再拜，殿下臣僚皆再拜。皇帝昇御座。引臣僚分班出，引中書令、北大王西階上殿，奏契丹臣僚進奉。次漢人臣僚并諸道進奉。控鶴官置擔牀，起居，四拜畢，引進使鞠躬，通文武百僚某官某以下、高麗、夏國、諸道進奉。宣徽使殿上贊進奉各付所司，控鶴官聲喏。擔牀

過畢，契丹、漢人臣僚以次謝，五拜。贊各祇候，引出。教坊、諸道進奉使謝如之。契丹臣僚謝宣宴，引上殿就位立，漢人臣僚并宋使副東洞門入，面西謝宣宴，如正旦儀。贊各上殿祇候，臣僚、使副上殿就位立，亦如之。監琖、教坊上殿，從人入東廊立，皆如之。御牀入，皇帝初進酒，臣僚就位陪拜。皇太后飲酒，殿上應坐、侍立臣僚皆拜，稱「萬歲」。贊各祇候，立。皇太后卒飲，手賜皇帝酒。皇帝跪，卒飲，退就褥位，再拜，臣僚皆陪拜。若皇帝親賜使相、臣僚、宋使副酒，皆立飲。皇帝昇坐，贊應坐臣僚并使副皆拜，稱「萬歲」。贊各就坐。行方裀朶殿臣僚酒，如正旦儀。一進酒，兩廊從人拜，稱「萬歲」，各就坐。親王進酒，如正旦儀。若皇太后手賜親王酒，跪飲訖，退露臺上，五拜。贊祇候。殿上三進酒，行餅茶訖，教坊跪，致語，揖臣僚、使副、廊下從人皆立。口號絕，贊拜亦如之。行茶、行殽膳，皆如之。大饌入，行粥盌。殿上七進酒，使相、臣僚樂曲終，揖廊下從人起，拜，稱「萬歲」，「各好去」，承受官引兩門出。曲破，揖臣僚、使副起，鞠躬。贊拜，皆拜，稱「萬歲」。贊各祇候，引臣僚、使副下殿。契丹臣僚謝宴畢，出。漢人臣僚、使副舞蹈，五拜畢，贊「各好去」。出洞門畢，報閤門無事，皇太后、皇帝起。

應聖節，宋遺使來賀生辰、正旦，始制此儀，故詳見賓儀。

凡五拜：拜，興。再拜，興。跪，搢笏，三舞蹈，三叩頭，出笏，就拜，興。拜，興。再

拜，興。其就拜，亦曰俛伏興。

賓儀，臣僚皆曰坐，於此儀曰高裀，與方裀別。

皇帝生辰朝賀儀：臣僚、國使班齊，皇帝昇殿坐。臣僚、使副入，合班稱賀，合班出，皆如皇太后生辰儀。中書令、北大王奏諸道進奉表目。敎坊起居，七拜。臣僚東西門入，合班再拜。贊進酒，班首上殿進酒。宣徽使宣答，羣臣謝宣諭，分班。奏樂，皇帝卒飲，合班。班首下殿，分班出。皆如正旦之儀。進奉皆如皇太后生辰儀。皇帝詣皇太后殿，近上皇族、外戚、大臣並從，奉迎太后卽皇帝殿坐。皇太后御小輦，皇帝輦側步從，臣僚分行序引，宣徽使、諸司、閤門攢隊前引。敎坊動樂，控鶴起居，四拜。引駕臣僚並於山樓南方立候。皇太后入閤，揖使副幷臣僚入幕次。皇太后昇殿坐，皇帝東方側坐。引契丹、漢人臣僚、使副兩洞門入，合班，起居，舞蹈，五拜。贊各祗候，面殿立。皇帝降御坐，殿上立，進皇太后生辰物。過畢，皇帝殿上再拜，殿上下臣僚皆拜。皇帝昇御座，引臣僚分班出。契丹臣僚入，謝宣宴。漢人臣僚、使副入，通名謝宣宴，上殿就位。不應坐臣僚出，從人入，皆如儀。御牀入，皇帝初進皇太后酒，皇太后賜皇帝酒，皆如皇太后生辰儀。贊各就坐，行酒。宣飲盡，就位謝如儀。殿上一進酒畢，從人入就位如儀。親王進酒，行餅茶，敎坊致語如儀。行茶、行看饍如儀。七進酒，使相樂曲終，從人起。曲破，臣僚、使副起。餘皆如正旦之儀。

皇后生辰儀：臣僚昧爽朝。皇帝、皇后大帳前拜日，契丹、漢人臣僚陪拜。皇帝昇殿坐，皇后再拜，臣僚殿下合班陪拜。皇帝賜皇后生辰禮物，皇后殿上謝，再拜，臣僚皆拜。契丹舍人通名，契丹、漢人臣僚以次入賀。琖入，舍人贊，舞蹈，五拜，起居不表「聖躬萬福」。贊再拜。班首上殿拜跪，自通全銜祝壽訖，引下殿，復位，鞠躬。贊舞蹈，五拜。贊各祗候。引宰臣一員上殿，奏百僚諸道進表目。〔一〕敎坊起居，七拜，不賀。控鶴官起居，四拜。諸道押衙附奏起居，賜宴，共八拜。契丹、漢人合班，進壽酒，舞蹈，五拜。引大臣一員上殿，欄外褥位搢笏，執臺琖進酒，皇帝、皇后受琖。退，復褥位。授臺出笏，欄內拜跪，自通全銜祝壽「臣等謹進千萬歲壽酒」訖，引下殿，復位，舞蹈，五拜，鞠躬。宣徽使奏宣答如儀，引上殿，搢笏執臺。皇帝、皇后飮，殿下臣僚分班，敎坊奏樂，皆拜，稱「萬歲」。卒飲，皇帝、皇后授琖。引下殿，舞蹈，五拜。贊各祗候，引出。臣僚進奉如儀，宣宴如儀。敎坊、監琖、臣僚上殿祗候如儀。皇后進皇帝酒，殿上贊拜，侍臣僚皆拜。皇帝受琖，皆拜。皇后坐，契丹舍人、漢人閤使殿上贊拜，皆拜，稱「萬歲」。贊各就坐。大臣進皇帝、皇后酒，行酒如儀。酒三行，行殽，行饍。又進皇帝、皇后酒。酒再行，大饌入，行粥。敎坊致語，臣僚皆起立。口號絕，贊拜，稱「萬歲」，引下殿謝宴，引出，皆如常儀。

進士接見儀：其日，舉人從時相至御帳側，通名牓子與時相牓子同奏訖，時相朝見如常儀。畢，揖進士第一名以下丹墀內面殿鞠躬，通名，四拜。贊各祗候，皆退。若有進文字者，不退，奉卷平立。閤門奏受，跪左膝授訖，直起退。禮畢。

進士賜等甲敕儀：臣僚起居畢，讀卷官奏訖，於左方依等甲唱姓名序立，閤門亥收敕牒。閤使奏引至丹墀，依等甲序立。閤使稱「有敕」，再拜，鞠躬。舍人宣敕「各依等甲賜卿敕牒一道，想宜知悉」，揖拜。各跪左膝，受敕訖，鞠躬，皆再拜。各祗候，分引左右相向侍立。候奏事畢，引兩階上殿，就位，齊聲喏，賜坐。酒三行，起，聲喏如初。退揖出。禮畢。牌印郎君行酒，閤使勸飲。

進士賜章服儀：皇帝御殿，臣僚公服引進士入，東方面西，再拜，揖就丹墀位，面殿鞠躬。閤使稱「有敕」，再拜，鞠躬。舍人宣敕「各依等甲賜卿敕牒一道，兼賜章服，想宜知悉」，揖再拜。跪受敕訖，再拜。退，引至章服所，更衣訖，揖復丹墀位，鞠躬。贊謝恩，舞蹈，五拜。各祗候，殿東亭內序立。聲喏，坐。賜宴，簪花。宣閤使一員、閤門三人或二人勸飲終日。禮畢。

宰相中謝儀：皇帝常服昇殿坐，諸班起居如常儀。應坐臣僚上殿，其餘臣僚殿下東西侍立，皆如宋使初見之儀。引中謝官左入，至丹墀面西立。舍人當殿鞠躬，通新受具官姓名祗候中謝。宣徽殿上索通班舍人就贊禮位，贊某官至。宣徽贊通班舍人二人對立，揖中

謝官鞠躬。贊就拜位，舍人二人引面殿鞠躬。贊拜，中謝官舞蹈，五拜，不出班，奏「聖躬萬福」。贊再拜。揖出班跪，敍官，致詞訖，俛伏興，復位。贊拜，舞蹈，五拜。又出班，中謝致詞如初儀，共十有七拜。贊祗候，引右階上殿，就位。揖應坐臣僚聲喏坐。供奉官行酒，傳宣飲盡。臣僚搢笏，執琖起，位後立飲；置琖，出笏。贊拜，臣僚皆再拜。贊各坐，搢笏，執琖，授供奉官琖。酒三行，揖應坐臣僚聲喏立。引中謝官右階下殿，至丹墀，面殿鞠躬。贊拜，舞蹈，五拜，引右出。臣僚皆出。丞相、樞密使同，餘官不升殿，賜酒，不帶節度使不通班，止通名，七拜。衆謝，班首一人出班中謝。

拜表儀：其日，先於東上閤門陳設氈位，分引南北臣僚、諸國使副於氈位合班。通事舍人二人舁表案，置班首前，揖鞠躬，再拜，平身。中書舍人立案側，班首跪，搢笏，興，捧表，跪左膝，以表授中書舍人。出笏，就拜，興，再拜。中書舍人復置表案上。通事舍人舁表案於東上閤門入，捲班，分引出。禮畢。

元日，皇帝不御坐行此儀，餘應上表有故皆倣此。

賀生皇子儀：其日，奉先帝御容，設正殿，皇帝御八角殿昇坐。聲警畢，北南宣徽使殿階上左右立，北南臣僚金冠盛服，合班入。班首二人捧表立，讀表官先於左階上側立。二宣徽使東西階下殿受表，捧表者跪左膝授訖，就拜，興，再拜。各祗候。二宣徽使俱左階上授

讀表官，讀訖，揖臣僚鞠躬。引北面班首左階上殿，欄內稱賀訖，引左階下殿，復位，舞蹈，五拜。禮畢。

賀祥瑞儀：聲警，北南臣僚金冠盛服，合班立。班首二人各奉表賀，北南宣徽使左階下殿受表，上殿授讀表大臣。讀訖，揖殿下臣僚鞠躬，五拜畢，鞠躬。引班首二人左階上殿，欄內拜跪稱賀，致詞訖，引左階下殿，復位，五拜畢，鞠躬。宣答、聽制訖，再拜，鞠躬。謝宣諭，五拜畢，各祗候，分班侍立。禮畢，兩府奏事如常。

乾統六年，木葉山瑞雲見，始行此儀。天慶元年，天雨穀，謝宣諭後，趙王進酒，教坊動樂，臣僚酒一行。禮畢，奏事。

賀平難儀：皇帝、皇后昇殿坐，北南臣僚幷命婦合班，五拜。揖班首二人出班，俛跪，搢笏，執表，舁案近前。閤使受表，置案上，皆再拜。通事舍人二人舁案，左階上殿，置露臺上。讀表官受，入讀表。對御讀訖，臣僚殿下五拜，鞠躬。引班首二人左右階上殿，欄內並立。先引北面班首少前，跪致詞訖，退復褥位。次引南面班首亦如之。畢，分引左右階下殿，復位，五拜，鞠躬。宣徽稱「有敕」，再拜，宣答「內難已平，與公等內外同慶」。謝宣諭，五拜。捲班。臣僚從皇帝，命婦從皇后，詣皇太后殿，見先帝御容，陪位，皆再拜。皇太后正坐，稱賀，共十拜，並引上殿，賜宴如儀。

平難之儀，道宗清寧九年，太叔重元謀逆，仁懿太后親率衞士與逆黨戰。事平，因制此儀。

正旦朝賀儀：臣僚幷諸國使昧爽入朝，奏「班齊」。皇帝昇殿坐，契丹舍人殿上通訖，引契丹臣僚東洞門入，引漢人臣僚幷諸國使西洞門入。合班，舞蹈，五拜，鞠躬，平身。引親王東階上殿，欄內褥位俛伏跪，自通全銜臣某等祝壽訖，伏興，退，引東階下殿，復位，舞蹈，五拜畢，鞠躬。宣徽使殿上鞠躬，奏「臣宣答」，稱「有敕」，班首以下聽制訖，再拜，鞠躬。宣徽傳宣云：「履新之慶，與公等同之。」舍人贊謝宣諭，拜，舞蹈，五拜。贊各祗候，分班引出，引班首西階上殿，奏表目訖，教坊起居，賀，十二拜，畢，贊各祗候。引契丹、漢人臣僚幷諸國使東西洞門入，合班，再拜。贊進酒，引親王東階上殿，就欄內褥位，搢笏，執臺琖，進酒訖，退，復褥位。置臺，出笏，少前俛跪，自通全銜臣某等謹進千萬歲壽酒。俛伏興，退，復褥位，與殿下臣僚皆再拜，鞠躬。候宣徽使殿上鞠躬，奏「臣宣答」，稱「有敕」，親王以下再拜如初儀。傳宣云：「飲公等壽酒，與公等內外同慶。」舍人贊謝宣諭如初。贊各祗候，親王搢笏，執臺，殿下臣僚分班。皇帝飲酒，教坊奏樂，殿上下臣僚皆拜，稱「萬歲」。贊各祗候。樂止，教坊再拜。皇帝卒飲，親王進受琖，復褥位，置臺琖，出笏。揖臣僚合班，引親王東階下殿，復位，鞠躬，再拜。贊各祗候，分班引出。皇帝起，詣皇太后殿，臣僚幷諸國使皆

從。皇太后昇殿，皇帝東方側坐。引契丹、漢人臣僚幷諸國使兩洞門入，合班稱賀，進酒，皆如皇帝之儀。畢，引出。教坊入，起居、進酒亦如之。皇太后宣答稱「聖旨」。契丹班謝宣宴，上殿就位立。漢人臣僚幷諸國使東洞門入，丹墀東方，面西鞠躬。舍人鞠躬，通文武百僚宰臣某已下謝宣宴，再拜，出班致詞訖，退復位，舞蹈，五拜。贊各上殿祗候，引宰臣以下幷諸國使副，方裀朶殿臣僚，西階上殿就位立。不應坐臣僚並於西洞門出。二人監琖，教坊再拜。贊各上階，下殿謝宴，如皇太后生辰儀。

冬至朝賀儀：臣僚班齊，如正旦儀。皇帝、皇后拜日，臣僚陪位再拜。皇帝、皇后昇殿坐，契丹舍人通，臣僚入，合班，親王祝壽，宣答，皆如正旦之儀。謝訖，舞蹈，五拜，鞠躬。出班奏「聖躬萬福」，復位，再拜，鞠躬。班首出班，俛伏跪，祝壽訖，伏興，舞蹈，五拜，鞠躬。贊各祗候。分班，不出，合班。御牀入，再拜，鞠躬。贊進酒。臣僚平身。引親王左階上殿，就欄內褥位，搢笏，執臺琖，進酒。皇帝、皇后受琖訖，退就褥位，置臺，出笏，俛伏跪。少前，自通全銜臣某等謹進千萬歲壽酒。俛伏興，退，復褥位，再拜，鞠躬。殿下臣僚皆再拜，鞠躬。宣答如正旦儀。親王搢笏，執臺，分班。皇帝、皇后飲酒，奏樂；殿上下臣僚皆拜，稱「萬歲壽」，樂止。教坊再拜，臣僚合班。親王進受琖，至褥位，置臺琖，出笏，引左階下殿。御牀出。親王復丹墀位，再拜，鞠躬。贊祗候。分班引出。班首右階上殿奏表目進奉。諸

道進奉，教坊進奉過訖，贊進奉收。班首舞蹈，五拜，鞠躬。贊各祗候。班首出，臣僚復入，合班謝，舞蹈，五拜，鞠躬。贊各祗候。分班引出。聲警，皇帝、皇后起，赴北殿。皇太后於御容殿，與皇帝、皇后率臣僚再拜。皇太后上香，皆再拜。贊各祗候。可矮墩以上上殿。皇太后三進御容酒，陪位皆拜。皇太后昇殿坐。皇帝就露臺上褥位，親王押北南臣僚班丹墀內立。皇帝再拜，臣僚皆拜，鞠躬。皇帝欄內跪，祝皇太后壽訖，復位，再拜。凡拜，皆稱「萬歲」。贊各祗候。臣僚不出，皇帝、皇后側座，親王進酒，臣僚陪拜，皇太后宣答，皆如正旦之儀。臣僚分班，不出，班首右階上殿奏表目，合班謝宣宴，上殿就位如儀。御牀入。皇帝進皇太后酒如初，各就座行酒，宣飲盡，如皇太后生辰之儀。皇后進酒，如皇帝之儀。三進酒，行茶，教坊致語，行殽饍，大饌，七進酒。曲破，臣僚起，御牀出，謝宴，皆如皇太后生辰儀。

立春儀：皇帝出就內殿，拜先帝御容，北南臣僚丹墀內合班，再拜。可矮墩以上入殿，賜坐。帝進御容酒，陪位幷侍立皆再拜。一進酒，臣僚下殿，左右相向立。皇帝戴幡勝，等第賜幡勝。臣僚簪畢，皇帝於土牛前上香，三奠酒，不拜。教坊動樂，侍儀使跪進綵杖。皇帝鞭土牛，可矮墩以上北南臣僚丹墀內合班，跪左膝，受綵杖，直起，再拜。贊各祗候。司辰報春至，鞭土牛三匝。矮墩鞭止，引節度使以上上殿，撒穀豆，擊土牛。撒穀豆，許衆奪之。臣僚依位坐，酒兩行，春盤入。酒三行畢，行茶。皆起。禮畢。

重午儀：至日，臣僚昧爽赴御帳，皇帝繫長壽綵縷昇車坐，引北南臣僚合班，如丹墀之儀。所司各賜壽縷，揖臣僚跪受，再拜。引退，從駕至膳所，酒三行。若賜宴，臨時聽敕。

重九儀：北南臣僚旦赴御帳，從駕至圍場，賜茶。皇帝就坐，引臣僚御前班立，所司各賜菊花酒，跪受，再拜。酒三行，揖起。

藏鬮儀：至日，北南臣僚常服入朝，皇帝御天祥殿，臣僚依位賜坐。契丹南面，漢人北面，分朋行鬮。或五或七籌，賜膳。入食畢，皆起。頃之，復坐行鬮如初。晚賜茶，三籌或五籌，罷教坊承應。若帝得鬮，臣僚進酒訖，以次賜酒。

大康十年十二月二十二日，始行是儀。是日不御朝。

歲時雜儀：

正旦，國俗以糯飯和白羊髓爲餅，丸之若拳，每帳賜四十九枚。戊夜，各於帳內窗中擲丸於外。數偶，動樂，飲宴。數奇，令巫十有二人鳴鈴，執箭，繞帳歌呼，帳內爆鹽壚中，燒地拍鼠，謂之驚鬼，居七日乃出。國語謂正旦爲「廼捏咿呪」。「廼」，正也；「捏咿呪」，旦也。

立春，婦人進春書，刻青繒爲幟，像龍御之；或爲蟾蜍，書幟曰「宜春」。

人日，凡正月之日，一雞、二狗、三豕、四羊、五馬、六牛，七日爲人。其占，晴爲祥，陰爲災。俗煎餅食於庭中，謂之「薰天」。

二月一日爲中和節，國舅族蕭氏設宴，以延國族耶律氏，歲以爲常。國語是日爲「悒里尀」。「悒里」，請也；「尀」，時也。悒，讀若狎；尀，讀若頗。

二月八日爲悉達太子生辰，〔二〕京府及諸州雕木爲像，儀仗百戲導從，循城爲樂。悉達太子者，西域淨梵王子，姓瞿曇氏，名釋迦牟尼。以其覺性，稱之曰「佛」。

三月三日爲上巳，國俗，刻木爲兔，分朋走馬射之。先中者勝，負朋下馬列跪進酒，勝朋馬上飲之。國語謂是日爲「陶里樺」。「陶里」，兔也；「樺」，射也。

五月重五日，午時，採艾葉和綿著衣，七事以奉天子，北南臣僚各賜三事，君臣宴樂，渤海膳夫進艾餻。以五綵絲爲索纏臂，謂之「合歡結」。又以綵絲宛轉爲人形簪之，謂之「長命縷」。國語謂是日爲「討賽咿呪」。「討」，五；「賽咿呪」，月也。

夏至之日，俗謂之「朝節」。婦人進綵扇，以粉脂囊相贈遺。

六月十有八日，國俗，耶律氏設宴，以延國舅族蕭氏，亦謂之「悒里尀」。

七月十三日，夜，天子於宮西三十里卓帳宿焉。前期，備酒饌。翼日，諸軍部落從者皆動蕃樂，飲宴至暮，乃歸行宮，謂之「迎節」。十五日中元，動漢樂，大宴。十六日昧爽，復往西方，隨行諸軍部落大譟三，謂之「送節」。國語謂之「賽咿呪奢」。「奢」，好也。

八月八日，國俗，屠白犬，於寢帳前七步瘞之，露其喙。後七日中秋，移寢帳於其上。國語謂之「捏褐耐」。「捏褐」，犬也；「耐」，首也。

九月重九日，天子率羣臣部族射虎，少者爲負，罰重九宴。射畢，擇高地卓帳，賜蕃、漢臣僚飲菊花酒。兔肝爲臡，鹿舌爲醬，又研茱萸酒，洒門戶以禬禳。國語謂是日爲「必里遲離」，九月九日也。

歲十月，五京進紙造小衣甲、槍刀、器械萬副。十五日，天子與羣臣望祭木葉山，用國字書狀，並焚之。國語謂之「戴辣」。「戴」，燒也；「辣」，甲也。

冬至日，國俗，屠白羊、白馬、白鴈，各取血和酒，天子望拜黑山。黑山在境北，俗謂國人魂魄，其神司之，猶中國之岱宗云。每歲是日，五京進紙造人馬萬餘事，祭山而焚之。俗甚嚴畏，非祭不敢近山。

臘辰日，天子率北南臣僚並戎服，戊夜坐朝，作樂飲酒，等第賜甲仗、羊馬。國語謂是日爲「炒伍侕尀」。「炒伍侕」，戰也。

再生儀：凡十有二歲，皇帝本命前一年季冬之月，擇吉日。前期，禁門北除地置再生室、母后室、先帝神主輿。在再生室東南，倒植三岐木。其日，以童子及產醫嫗置室中。一婦人執酒，一叟持矢箙，立於室外。有司請神主降輿，致奠。奠訖，皇帝出寢殿，詣再生室。羣臣奉迎，再拜。皇帝入室，釋服、跣。以童子從，三過岐木之下。每過，產醫嫗致詞，拂拭帝躬。童子

過岐木七，皇帝臥木側，叟擊箙曰：「生男矣。」太巫幪皇帝首，興，羣臣稱賀，再拜。產醫嫗受酒于執酒婦以進，太巫奉襁褓、綵結等物贊祝之。預選七叟，各立御名繫于綵，皆跪進。皇帝選嘉名受之，賜物。再拜，退。羣臣皆進襁褓、綵結等物。皇帝拜先帝諸御容，遂宴羣臣。

善哉，阻午可汗之垂訓後嗣也。孺子無不慕其親者，嗜欲深而愛淺，妻子具而孝衰。人人皆然，而況天子乎。再生之儀，歲一周星，使天子一行是禮，以起其孝心。夫體之也眞，則其思之也切，孺子之慕，將有油然發于中心者，感發之妙，非言語文字之所能及。善哉，阻午可汗之垂訓後嗣也。始之以三過岐木，母氏劬勞能無念乎。終之以拜先帝御容，敬承宗廟宜何如哉。詩曰：「無念爾祖，聿修厥德。」

校勘記

〔一〕奏百僚諸道進表目　「進表目」當作「進奉表目」。

〔二〕二月八日爲悉達太子生辰　考異：「二月當爲四月。契丹國志本作四月八日。志載此條于二月一日之後，三月三日之前，則史文固然，非轉寫之誤。金史海陵紀正隆元年，禁二月八日迎佛，亦一證。」檢遼文滙四，應曆十五年王正重修范陽白帶山雲居寺碑言「風俗以四月八日共慶佛生」。又高麗蔡忠順大慈恩玄化寺碑陰記亦稱「每年四月八日開菩薩會」。

遼史卷五十四

志第二十三

樂志

遼有國樂，有雅樂，有大樂，有散樂，有鐃歌、橫吹樂。舊史稱聖宗、興宗咸通音律，聲氣、歌辭、舞節，徵諸太常、儀鳳、教坊不可得。按紀、志、遼朝雜禮，參考史籍，定其可知者，以補一代之闕文。

嗚呼！咸、韶、夏、武之樂，聲亡書逸，河間作記，史遷因以爲書，寥乎希哉。遼之樂觀此足矣。

國樂

遼有國樂，猶先王之風；其諸國樂，猶諸侯之風。故志其略。

正月朔日朝賀，用宮懸雅樂。元會，用大樂；曲破後，用散樂；角觝終之。是夜，皇帝燕飲，用國樂。

七月十三日，皇帝出行宮三十里卓帳。十四日設宴，應從諸軍隨各部落動樂。十五日中元，大宴，用漢樂。

春飛放杏堝，皇帝射獲頭鵝，薦廟燕飲，樂工數十人執小樂器侑酒。

諸國樂

太宗會同三年，晉宣徽使楊端、王朓等及諸國使朝見，皇帝御便殿賜宴。端、朓起進酒，作歌舞，上爲擧觴極歡。

會同三年端午日，百僚及諸國使稱賀，如式燕飲，命回鶻、燉煌二使作本國舞。

天祚天慶二年，駕幸混同江，頭魚酒筵，半酣，上命諸酋長次第歌舞爲樂。女直阿骨打端立直視，辭以不能。上謂蕭奉先曰：「阿骨打意氣雄豪，顧視不常，可託以邊事誅之。不然，恐貽後患。」奉先奏：「阿骨打無大過，殺之傷向化之意。蕞爾小國，又何能爲。」

雅樂

自漢以後，相承雅樂，有古頌焉，有古大雅焉。遼闕郊廟禮，無頌樂。大同元年，太宗自汴將還，得晉太常樂譜、宮懸、樂架，委所司先赴中京。

聖宗太平元年，尊號册禮：設宮懸於殿庭，擧麾位在殿第三重西階之上，協律郎各入就擧麾位，太常博士引太常卿，太常卿引皇帝。將仗動，協律郎擧麾，太樂令令撞黃鍾之鍾，左右鍾皆應。工人擧柷，樂作；皇帝即御坐，扇合，樂止。王公入門，樂作；至位，樂止。通事舍人引押册大臣，初動，樂作；置册殿前香案訖，就位，樂止。舁册官奉册，初動，樂作；升殿，置册御坐前，就西墉北上位，樂止。大臣上殿，樂作；至殿欄內位，樂止。大臣降殿階，樂作；復位，樂止。王公三品以上出，樂作；太常博士引太常卿，太常卿引皇帝降御坐入閤，樂止。

興宗重熙九年，上契丹册，〔一〕皇帝出，奏隆安之樂。

聖宗統和元年，册承天皇太后，設宮懸、簨簴，太樂工、協律郎入。太后儀衞動，擧麾，太和樂作；太樂令、太常卿導引昇御坐，簾捲，樂止。文武三品以上入，舒和樂作；至位，樂止。皇帝入門，雍和樂作；至殿前位，樂止。宰相押册，皇帝隨册，樂作；至殿前置册於案，樂止。翰林學士、大將軍舁册，樂作；置御坐前，樂止。丞相上殿，樂作；至讀册位，樂止。皇帝下殿，樂作；至位，樂止。太后宣答訖，樂作；皇帝至西閤，樂止。親王、丞相上殿，樂作；退班出，樂止。下簾，樂作；皇太后入內，樂止。

册皇太子儀：太子初入門，貞安之樂作。

册禮樂工次第：四隅各置建鼓一簴，樂工各一人；宮懸每面九簴，每簴樂工一人，近北置柷、敔各一，樂工各一人；樂簴內坐部樂工，左右各一百二人；樂簴西南武舞六十四人，執小旗二人；樂簴東南文舞六十四人，執小旗二人；協律郎二人；太樂令一人。

唐十二和樂，遼初用之：豫和祀天神，順和祭地祇，永和享宗廟，肅和登歌奠玉帛，雍和入俎接神，壽和酌獻飲神，太和節升降，舒和節出入，昭和擧酒，休和以飯，正和皇后受册以行，承和太子以行。

遼十二安樂：初，梁改唐十二和樂爲九慶樂，後唐建唐宗廟，仍用十二和樂，晉改爲十二同樂。遼雜禮：「天子出入，奏隆安，太子行，奏貞安。」則是遼嘗改樂名矣。餘十安樂名缺。

遼雅樂歌辭，文闕不具；八音器數，大抵因唐之舊。

八音：

金　鎛、鍾。

石　球、磬。

絲　琴、瑟。

竹　籥、簫、篪。

匏　笙、竽。

土　壎。

革　鼓、鼗。

木　柷、敔。

十二律用周黍尺九寸管，空徑三分爲本。道宗大康中，詔行秬黍所定升斗，嘗定律矣。其法大抵用古律焉。

大樂

自漢以來，因秦、楚之聲置樂府。至隋高祖詔求知音者，鄭譯得西域蘇祇婆七旦之聲，求合七音八十四調之說，由是雅俗之樂，皆此聲矣。用之朝廷，別於雅樂者，謂之大樂。

晉高祖使馮道、劉昫册應天太后、太宗皇帝，其聲器、工官與法駕，同歸於遼。

聖宗統和元年，册承天皇太后，[二]童子弟子隊樂引太后輦至金鑾門。

天祚皇帝天慶元年上壽儀：皇帝出東閤，鳴鞭，樂作；簾捲，扇開，樂止。太尉執臺，分班，太樂令舉麾，樂作；皇帝飲酒訖，樂止。應坐臣僚東西外殿，太樂令引堂上，樂升。大臣

執臺，太樂令奏舉觴，登歌，樂作；飲訖，樂止。行臣僚酒遍，太樂令奏巡周，舉麾，樂作；飲訖，樂止。太常卿進御食，太樂令奏食遍，[三]樂作；文舞入，三變，引出，樂止。次進酒，行臣僚酒，舉觴，巡周，樂作；飲訖，樂止。次進食，食遍，樂作；武舞入，三變，引出，樂止。扇合，簾下，鳴鞭，樂作；皇帝入西閤，樂止。

大樂器：本唐太宗七德、九功之樂。武后毀唐宗廟，七德、九功樂舞遂亡，自後宗廟用隋文、武二舞。朝廷用高宗景雲樂代之，元會，第一奏景雲樂舞。杜佑通典已稱諸樂並亡，唯景雲樂舞僅存。唐末、五代板蕩之餘，在者希矣。遼國大樂，晉代所傳。雜禮雖見坐部樂工左右各一百二人，蓋亦以景雲遺工充坐部；其坐、立部樂，自唐已亡，可考者唯景雲四部樂舞而已。

玉磬，

方響，

搊箏，

筑，

臥箜篌，

大箜篌，

小箜篌，

大琵琶，

小琵琶，

大五絃，

小五絃，

吹葉，

大笙，

小笙，

觱篥，

簫，

銅鈸，

長笛，

尺八笛，

短笛。

　以上皆一人。

毛員鼓，

連鼗鼓，

貝。[四]

　以上皆二人，餘每器工一人。

歌二人，

舞二十人，分四部：

景雲舞八人，[五]

慶雲樂舞四人，[六]

破陣樂舞四人，

承天樂舞四人。

大樂調：雅樂有七音，大樂亦有七聲，謂之七旦：一曰娑陁力，[七]平聲；二曰雞識，長聲；三曰沙識，質直聲；四曰沙侯加濫，應聲；五曰沙臘，應和聲；[八]六曰般贍，五聲；七曰俟利箑，斛牛聲。[九]自隋以來，樂府取其聲，四旦二十八調爲大樂。

娑陁力旦：

正宮，

高宮，
中呂宮，
道調宮，
南呂宮，
仙呂宮，
黃鍾宮。
雞識旦：
越調，
大食調，
高大食調，
雙調，
小食調，
歇指調，
林鍾商調。
沙識旦：

大食角，
高大食角，
雙角，
小食角，
歇指角，
林鍾角，
越角。
般涉旦：〔一〇〕
中呂調，
正平調，
高平調，
仙呂調，
黃鍾調，
般涉調，
高般涉調。

右四旦二十八調，不用黍律，以琵琶絃叶之。皆從濁至清，迭更其聲，下益濁，上益清。七七四十九調，餘二十一調失其傳。蓋出九部樂之龜茲部云。

大樂聲：各調之中，度曲協音，其聲凡十，曰：五、凡、工、尺、上、一、四、六、勾、合，近十二雅律，於律呂各闕其一，猶雅音之不及商也。

散樂

殷人作靡靡之樂，其聲往而不反，流爲鄭、衞之聲。秦、漢之間，秦、楚聲作，鄭、衞寖亡。漢武帝以李延年典樂府，稍用西涼之聲。今之散樂，俳優、歌舞雜進，往往漢樂府之遺聲。晉天福三年，遣劉昫以伶官來歸，遼有散樂，蓋由此矣。

遼冊皇后儀：呈百戲、角觝、戲馬以爲樂。

皇帝生辰樂次：

酒一行　觱篥起，歌。
酒二行　歌，手伎入。
酒三行　琵琶獨彈。
　餅、茶、致語。

　食入，雜劇進。
酒四行　闕。
酒五行　笙獨吹，鼓笛進。
酒六行　箏獨彈，築毬。
酒七行　歌曲破，角觝。

曲宴宋國使樂次：

酒一行　觱篥起，歌。
酒二行　歌。
酒三行　歌，手伎入。
酒四行　琵琶獨彈。
　餅、茶、致語。
　食入，雜劇進。
酒五行　闕。
酒六行　笙獨吹，合法曲。
酒七行　箏獨彈。

酒八行　歌，擊架樂。

酒九行　歌，角觝。

散樂，以三音該三才之義，四聲調四時之氣，應十二管之數。截竹爲四竅之笛，以叶音聲，而被之絃歌。三音：天音揚，地音抑，人音中，皆有聲無文。四時：春聲曰平，夏聲曰上，秋聲曰去，冬聲曰入。

散樂器：觱篥、簫、笛、笙、琵琶、五絃、箜篌、箏、方響、杖鼓、第二鼓、第三鼓、腰鼓、大鼓、鞚、拍板。

雜戲：自齊景公用倡優侏儒，至漢武帝設魚龍曼延之戲，後漢有繩舞、自刳之伎，杜佑以爲多幻術，皆出西域。哇俚不經，故不具述。

鼓吹樂

鼓吹樂，一曰短簫鐃歌樂，自漢有之，謂之軍樂。遼雜禮，朝會設熊羆十二案，法駕有前後部鼓吹，百官鹵簿皆有鼓吹樂。

前部：

鼓吹令二人，

掆鼓十二，

金鉦十二，

大鼓百二十，

長鳴百二十，

鐃十二，

鼓十二，

歌二十四，

管二十四，

簫二十四，

笳二十四。

後部：

鼓吹丞二人，〔二〕

大角百二十，

羽葆十二，

鼓十二，

管二十四，

簫二十四，

鐃十二，

鼓十二，

簫二十四，〔三〕

笳二十四。

右前後鼓吹，行則導駕奏之，朝會則列仗，設而不奏。

橫吹樂

橫吹亦軍樂，與鼓吹分部而同用，皆屬鼓吹令。

前部：

大橫吹百二十，

節鼓二，

笛二十四，

觱篥二十四，

笳二十四，

桃皮觱篥二十四，

掆鼓十二，

金鉦十二，

小鼓百二十，

中鳴百二十，

羽葆十二，

鼓十二，

管二十四，

簫二十四，

笳二十四。〔四〕

後部：

小橫吹百二十四，

笛二十四，

簫二十四，

鷩篥二十四，

桃皮鷩篥二十四。

百官鼓吹、橫吹樂，自四品以上，各有增損，見儀衞志。自周衰，先王之樂寖以亡缺，周南變爲秦風。始皇有天下，鄭、衞、秦、燕、趙、楚之聲迭進，而雅聲亡矣。漢、唐之盛，文事多西音，是爲大樂、散樂，武事皆北音，是爲鼓吹、橫吹樂。雅樂在者，其器雅，其音亦西云。

校勘記

〔一〕重熙九年上契丹册　按紀，册帝、后在重熙十一年十一月，九年無此事。

〔二〕統和元年册承天皇太后　統和，原誤「太平」。據上文及紀統和元年六月、卷七一后妃傳改。

〔三〕太樂令　樂，原誤「官」。據上文改。

〔四〕鷩篥至貝　按新唐書二一禮樂志十一作「大、小鷩篥」。又「長笛、尺八、短笛」，舊唐書二九音樂志二未著「尺八」。尺八亦笛之一種，直吹。長笛、短笛皆橫吹。貝，原誤「具」，據新唐書改。

〔五〕景雲舞　據上文及以下三例，應作景雲樂舞。

〔六〕慶雲樂舞　新唐書二一禮樂志十一、舊唐書二九音樂志二並作慶善樂舞，以唐太宗生於慶善宮。

〔七〕娑陁力　娑，原作「婆」。據隋書一四音樂志中改。下文「娑陁力旦」同。

〔八〕沙侯加濫至應和聲　沙侯加濫下原脫「應」字，應和聲原誤「皆應聲」。按隋書一四音樂志中：「沙侯加濫，華言應聲。沙臘，華言應和聲。」據改。

〔九〕俟利箑解牛聲　箑原作「篷」，牛原作「先」，並據隋書一四音樂志中改。

〔一〇〕般涉旦　般涉，原作沙侯加濫。邱瓊蓀歷代樂志校釋云：「般涉爲羽聲，沙侯加濫爲變徵聲，有隋志可證。此七調，新唐志、樂府雜錄、宋志皆謂之七羽，則當作般涉旦無疑。」般涉，隋志作般贍，唐人作般涉。按調名內有「般涉」、「高般涉」之目，因從之。

〔一一〕鼓吹丞二人　鼓吹丞原列大角百二十之後，依前部例移。

〔一二〕鼓十二及鐃二十四　重出，疑衍。

〔一三〕笳二十四　重出，疑衍。

遼史卷五十五

志第二十四

儀衞志一

遼太祖奮自朔方，太宗繼志述事，以成其業。於是舉渤海，立敬瑭，破重貴，盡致周、秦、兩漢、隋、唐文物之遺餘而居有之。路車法物以隆等威，金符玉璽以布號令。是以傳至九主二百餘年，豈獨以兵革之利，士馬之强哉。文謂之儀，武謂之衞，足以成一代之規模矣。

考遼所有輿服、符璽、儀仗，作儀衞志。

輿服

自黃帝而降，輿服之制，其來遠矣。禹乘四載作小車，商人得桑根之瑞爲大輅，周人加金玉，象飾益備。秦取六國儀物，而分別其用，先王之制，置而弗御。至漢中葉，銳意稽古，

然禮文之事，名存實亡，蓋得十一於千百焉。唐之車輅因周、隋遺法，損益可知。而祭服皆青，朝服皆絳，常服用宇文制，以紫、緋、綠、碧分品秩。五代頗以常服代朝服。遼國自太宗入晉之後，皇帝與南班漢官用漢服；太后與北班契丹臣僚用國服，其漢服卽五代晉之遺制也。

考之載籍之可徵者，著輿服篇，冠諸儀衞之首。

國輿

契丹故俗，便於鞍馬。隨水草遷徙，則有氊車，任載有大車，婦人乘馬，亦有小車，貴富者加之華飾。禁制疎闊，貴適用而已。帝后加隆，勢固然也。輯其可知著于篇。

大輿，柴册再生儀載神主見之。

輿，臘儀見皇帝、皇后升輿、降輿。

總纛車，駕以御駝。祭山儀見皇太后升總纛車。〔一〕

車，納后儀見皇后就車。

青幰車，二螭頭、蓋部皆飾以銀，〔二〕駕用駝，公主下嫁以賜之。古者王姬下嫁，車服不繫其夫，下王后一等。此其遺意歟。

送終車，車樓純飾以錦，螭頭以銀，下縣鐸，後垂大氈，駕以牛。上載羊一，謂之祭羊，以擬送終之用。亦賜公主。

椅，冊皇太后儀，皇帝乘椅，〔三〕自便殿轝至西便門。

鞍馬，祭山儀，皇帝乘馬，侍皇太后行。臘儀，皇帝降輿，祭東畢，乘馬入獵圍。瑟瑟儀，俱乘馬東行，〔四〕羣臣在南，命婦在北。

漢輿

太宗皇帝會同元年，晉使馮道、劉昫等備車輅法物，上皇帝、皇太后尊號冊禮。自此天子車服昉見於遼。太平中行漢冊禮，〔五〕乘黃令陳車輅，尚輦奉御陳輿輦。盛唐輦輅，盡在遼廷矣。

五輅：周官典輅有五輅。秦亡之後，漢創製。

玉輅，祀天、祭地、享宗廟、朝賀、納后用之。青質，玉飾，黃屋，左纛。十二鑾在衡，二鈴在軾。龍輈左建旂，十二旒，皆畫升龍，長曳地。駕蒼龍，金鍐，鏤錫，鞶纓十二就。遼國勘箭儀，皇帝乘玉輅至內門。聖宗開泰十年，上升玉輅自內三門入萬壽殿，進七廟御容酒。

金輅，饗射、祀還、飲至用之。赤質，金飾，餘如玉輅，色從其質。駕赤騮。

象輅，行道用之。黃質，象飾，餘如金輅。駕黃騮。

革輅，巡狩、武事用之。白質，革鞔。駕白翰。

木輅，田獵用之。黑質，漆飾。駕黑駱。

車：制小於輅，小事乘之。

耕根車，耕耤用之。青質，蓋三重，餘如玉輅。

安車，一名進賢車，臨幸用之。金飾，重輿，曲壁，八鑾在衡，紫油纁朱裏幰，朱絲絡網。駕赤騮，朱鞶纓。

四望車，一名明遠車，拜陵、臨弔則用之。金飾，青油纁朱裏通幰。駕牛，餘同安車。

涼車，赤質，〔六〕省方、罷獵用之。赤質，金塗，銀裝。五綵龍鳳織，藤油壁，緋條，蓮座。駕以橐駝。

輦：用人挽，本宮中所乘。唐高宗始制七輦。周官巾車有輦，以人組挽之。太平冊禮，皇帝御輦。

大鳳輦，赤質，頂有金鳳，壁畫雲氣金翅。前有軾，下有構欄。絡帶皆繡雲鳳，銀梯。主輦八十人。

大芳輦。

仙游輦。

小輦，永壽節儀，皇太后乘小輦。

芳亭輦，黑質，幕屋緋欄，皆繡雲鳳。朱綠夾窗，花板紅網，兩簾四竿，銀飾梯。主輦百廿人。

大玉輦。

小玉輦。

逍遙輦，常用之。〔七〕棕屋，赤質，金塗，銀裝，紅條。輦官十二人，春夏緋衫，秋冬素錦服。

平頭輦，常行用之。制如逍遙，無屋。冊承天皇太后儀，皇太后乘平頭輦。

步輦，聖宗統和三年，駐蹕土河，乘步輦聽政。

羊車，古輦車。赤質，兩壁龜文、鳳翅，緋幰，絡帶、門簾皆繡瑞羊，畫輪。駕以牛，隋易果下馬。童子十八人，服繡。瑞羊輓之。

輿：以人肩之，天子用韝絡臂綰。

腰輿，前後長竿各二，金銀螭頭，緋繡鳳欄，上施錦褥，別設小床。奉輿十六人。

小輿，赤質，青頂，曲柄，緋繡絡帶。制如鳳輦而小，上有御座。奉輿二十四人。

皇太子車輅：

金輅，從祀享、正冬大朝、納妃用之。冊皇太子儀，乘黃令陳金輅，皇太子升，降金輅。

軺車，五日常朝、享宮臣、出入行道用之。金飾，紫幰朱裏。駕一馬。

四望車，弔臨用之。金飾，紫油纁通幰。駕一馬。

校勘記

〔一〕祭山儀見皇太后升總纛車　按禮志一祭山儀無皇太后及總纛車之事，疑有脫誤或刪節。

〔二〕青幰車二螭頭蓋部皆飾以銀　按禮志五公主下嫁儀：「賜公主青幰車二，螭頭、蓋部皆飾以銀。」此蓋沿用前文而誤衍「二」字，當刪。

〔三〕皇帝乘椅　椅，按禮志五冊皇太后儀作肩輿。

〔四〕祭山儀皇帝乘馬侍皇太后行至瑟瑟儀俱乘馬東行　按禮志一祭山儀無「侍皇太后行」，瑟瑟儀有「祭東畢」，無「乘馬東行」之語，疑有脫誤或刪節。

〔五〕太平中行漢冊禮　太平中殆約略之言，實是太平元年，應作太平初。

〔六〕涼車赤質　「赤質」二字衍。

〔七〕逍遙輦常用之　據下文「平頭輦，常行用之」，常下當補行字。

遼史卷五十六

志第二十五

儀衞志二

國服

上古之人，網罟禽獸，食肉衣皮，以儷鹿韋掩前後，謂之韠。然後夏葛、冬裘之製興焉。周公陳王業，七月之詩，至於一日于貉，三月條桑，八月載績，公私之用由是出矣。

契丹轉居薦草之間，去邃古之風猶未遠也。太祖仲父述瀾，以遙輦氏于越之官，占居潢河沃壤，始置城邑，爲樹藝、桑麻、組織之教，有遼王業之隆，其亦肇迹於此乎！太祖帝北方，太宗制中國，紫銀之鼠，羅綺之篚，麇載而至。纖麗耎毳，被土綢木。於是定衣冠之制，北班國制，南班漢制，各從其便焉。詳國服以著厥始云。

祭服：遼國以祭山爲大禮，服飾尤盛。

大祀，皇帝服金文金冠，白綾袍，紅帶，懸魚，三山紅垂。〔一〕飾犀玉刀錯，絡縫烏韠。小祀，皇帝硬帽，紅克絲龜文袍。皇后戴紅帕，服絡縫紅袍，懸玉佩，雙同心帕，絡縫烏韠。

臣僚、命婦服飾，各從本部旗幟之色。

朝服：太祖丙寅歲卽皇帝位，〔二〕朝服衷甲，以備非常。其後行瑟瑟禮、大射柳，卽此服。聖宗統和元年册承天皇太后，給三品以上用漢法服，三品以下用大射柳之服。

皇帝服實里薛袞冠，絡縫紅袍，垂飾犀玉帶錯，絡縫韠，謂之國服袞冕。太宗更以錦袍、金帶。

臣僚戴氈冠，金花爲飾，或加珠玉翠毛，額後垂金花，織成夾帶，中貯髮一總。或紗冠，制如烏紗帽，無簷，不擫雙耳。額前綴金花，上結紫帶，末綴珠。服紫窄袍，繫鞊鞢帶，以黃紅色絛裹革爲之，用金玉、水晶、靛石綴飾，謂之「盤紫」。太宗更以錦袍、金帶。會同元年，羣臣高年有爵秩者，皆賜之。

公服：謂之「展裹」，著紫。興宗重熙二十二年，詔八房族巾幘。道宗淸寧元年，詔非勳戚之後及夷離菫副使幷承應有職事人，不帶巾。

皇帝紫皂幅巾，紫窄袍，玉束帶，或衣紅襖；臣僚亦幅巾，紫衣。

常服：

宰相中謝儀，帝常服。高麗使入見儀，臣僚便衣，謂之「盤裹」。綠花窄袍，中單多紅綠色。〔三〕貴者披貂裘，以紫黑色爲貴，青次之。又有銀鼠，尤潔白。賤者貂毛、羊、鼠、沙狐裘。

田獵服：

皇帝幅巾，擐甲戎裝，以貂鼠或鵝項、鴨頭爲扞腰。蕃漢諸司使以上並戎裝，衣皆左衽，黑綠色。

弔服：太祖叛弟剌哥等降，〔四〕素服受之。

素服，乘赭白馬。

漢服

黃帝始制冕冠章服，後王以祀以祭以享。夏收、殷冔、周弁以朝，〔五〕冠端以居，所以別尊卑、辨儀物也。厥後唐以冕冠、青衣爲祭服，通天、絳袍爲朝服，平巾幘、袍襴爲常服。大同元年正月朔，太宗皇帝入晉，備法駕，受文武百官賀于汴京崇元殿，自是日以爲常。是年北歸，唐、晉文物，遼則用之。左右采訂，摭其常用者存諸篇。

祭服：終遼之世，郊丘不建，大裘冕服不書。

袞冕，祭祀宗廟、遣上將出征、飲至、踐阼、加元服、納后若元日受朝則服之。金飾，垂白珠十二旒，以組爲纓，色如其綬，黈纊充耳，玉簪導。玄衣、纁裳十二章：八章在衣，日、月、星、龍、華蟲、火、山、宗彝；四章在裳，藻、粉米、黼、黻。衣褾領，爲升龍織成文，各爲六等。龍、山以下，每章一行，行十二，白紗中單，黼領，青褾襈裾，黻革帶、大帶，劍佩綬，舄加金飾。元日朝會儀，皇帝服袞冕。

朝服：乾亨五年，聖宗册承天太后，給三品以上法服。雜禮，册承天太后儀，侍中就席，解劍脫履。重熙五年尊號册禮，〔六〕皇帝服龍衮，北南臣僚並朝服，蓋遼制。會同中，太后、北面臣僚國服；皇帝、南面臣僚漢服。乾亨以後，大禮雖北面三品以上亦用漢服；重熙以後，大禮並漢服矣。常朝仍遵會同之制。

皇帝通天冠，諸祭還及冬至、朔日受朝、臨軒拜王公、元會、冬會服之。冠加金博山，附蟬十二，首施珠翠。黑介幘，髮纓翠緌，玉若犀簪導。絳紗袍，白紗中單，褾領，朱襈裾，白裙襦，絳蔽膝，白假帶方心曲領。其革帶佩劍綬，韈舄。若未加元服，則雙童髻，空頂，黑介幘，雙玉導，加寶飾。元日上壽儀，皇帝服通天冠，絳紗袍。

皇太子遠遊冠，謁廟還宮、元日、冬至、朔日入朝服之。三梁冠，加金附蟬九，首施珠翠。黑介幘，髮纓翠緌，犀簪導。絳紗袍，白紗中單，皂領褾，襈裾，白裙襦，白假帶方心曲領，絳紗蔽膝。其革帶劍佩綬，韈舄與上同，後改用白韈、黑舄。未冠，則雙童髻，空頂，黑介幘，雙玉導，加寶飾。册皇太子儀，皇太子冠遠遊，服絳紗袍。

親王遠遊冠，陪祭、朝饗、拜表、大事服之。冠三梁，加金附蟬。黑介幘，青緌導。絳紗單衣，白紗中單，皂領，褾裾，白裙襦。革帶鉤鰈，假帶曲領方心，絳紗蔽膝，韈舄，劍佩綬。二品以上同。

諸王遠遊冠，三梁，黑介幘，青緌。

三品以上進賢冠，三梁，寶飾。

五品以上進賢冠，二梁，金飾。

九品以上進賢冠，一梁，無飾。

七品以上去劍佩綬。

八品以下同公服。

公服：勘箭儀，閤使公服，繫履。遼國嘗用公服矣。

皇帝翼善冠，朔視朝用之。柘黃袍，九環帶，白練裙襦，六合鞾。

皇太子遠遊冠，五日常朝、元日、冬至受朝服。絳紗單衣，白裙襦，革帶金鉤鰈，假帶方

心，紛鞶囊，白韈，烏皮履。

一品以下、五品以上，冠幘纓，簪導，謁見東宮及餘公事服之。絳紗單衣，白裙襦，帶鉤鰈，假帶方心，韈履，紛鞶囊。

六品以下，冠幘纓，簪導，去紛鞶囊，餘並同。

常服：遼國謂之「穿執」。起居禮，臣僚穿執。言穿鞾、執笏也。

皇帝柘黃袍衫，折上頭巾，九環帶，六合鞾，起自宇文氏。唐太宗貞觀已後，非元日、冬至受朝及大祭祀，皆常服而已。

皇太子進德冠，九琪，金飾，絳紗單衣，白裙襦，白韈，烏皮履。

五品以上，幞頭，亦曰折上巾，紫袍，牙笏，金玉帶。文官佩手巾、算袋、刀子、礪石、金魚袋；武官鞊鞢七事：佩刀、刀子、磨石、契苾眞、噦厥、針筒、火石袋，〔七〕烏皮六合鞾。

六品以下，幞頭，緋衣，木笏，銀帶，銀魚袋佩，鞾同。

八品九品，幞頭，綠袍，鍮石帶，鞾同。

校勘記

〔一〕紅帶至紅垂　按禮志一祭山儀作絳帶、絳垂。

〔二〕太祖丙寅歲卽皇帝位　按紀，太祖卽位于丁卯歲。

〔三〕綠花窄袍中單多紅綠色　中單上原有「綠」字，係衍文。契丹國志二三亦無綠字，從删。

〔四〕太祖叛弟剌哥　剌哥，儀衞志四同。紀太祖六年十月以下及皇子表並作剌葛。

〔五〕夏收殷冔周弁以朝　夏收殷冔周弁原作「唐收殷冔周弁」，按儀禮士冠禮：「周弁，殷冔，夏收。」據改。

〔六〕重熙五年尊號册禮　按紀重熙五年無尊號册禮，五年疑是元年之誤。

〔七〕武官鞊鞢七事佩刀刀子磨石契苾眞噦厥針筒火石袋　針筒原誤「計筒」，火石袋原誤「大石袋」。按新唐書二四車服志：「武官五品以上佩鞊鞢七事：佩刀、刀子、礪石、契苾眞、噦厥、針筒、火石是也。」據改。

遼史卷五十七

志第二十六

儀衛志三

符印

遙輦氏之世，受印于回鶻。至耶瀾可汗請印於唐，武宗始賜「奉國契丹印」。太祖神冊元年，梁幽州刺史來歸，詔賜印綬。是時，太祖受位遙輦十年矣。會同九年，太宗伐晉，末帝表上傳國寶一、[一]金印三，天子符瑞於是歸遼。

傳國寶，秦始皇作，用藍玉，螭紐，六面，其正面文「受命于天，既壽永昌」，魚鳥篆，子嬰以上漢高祖。王莽篡漢，平皇后投璽殿階，螭角微玷。獻帝失之，孫堅得于井中，傳至孫權，以歸于魏。魏文帝隸刻肩際曰「大魏受漢傳國之寶」。唐更名「受命寶」。晉亡歸遼。自三國以來，僭僞諸國往往模擬私製，歷代府庫所藏不一，莫辨眞僞。聖宗開泰十年，馳驛取

石晉所上玉璽于中京。興宗重熙七年，以有傳國寶者爲正統賦試進士。天祚保大二年，遺傳國璽于桑乾河。

玉印，太宗破晉北歸，得于汴宮，藏隨駕庫。穆宗應曆二年，詔用太宗舊寶。[二]

御前寶，金鑄，文曰「御前之寶」，以印臣僚宣命。

詔書寶，文曰「書詔之寶」，凡書詔批答用之。

契丹寶，受契丹册儀，符寶郎捧寶置御坐東。

金印三，晉帝所上，其文未詳。

皇太后寶，制未詳。天顯二年，應天皇太后稱制，[三]羣臣上璽綬。册承天皇太后儀，符寶郎奉寶置皇太后坐右。

皇后印，文曰「皇后教印」。

皇太子寶，未詳其制。重熙九年册皇太子儀，中書令授皇太子寶。

印

吏部印，文曰「吏部之印」，銀鑄，以印文官制誥。

兵部印，文曰「兵部之印」，銀鑄，以印軍職制誥。

契丹樞密院、契丹諸行軍部署、漢人樞密院、中書省、漢人諸行宮都部署印，並銀鑄。文不過六字以上，以銀朱爲色。

南北王以下內外百司印，並銅鑄，以黃丹爲色，諸稅務以赤石爲色。

杓窊印，杓窊，鷙鳥之總名，以爲印紐，取疾速之義。行軍詔賜將帥用之。道宗賜耶律仁先鷹紐印，卽此。

符契

自大賀氏八部用兵，則合契而動，不過刻木爲牌合。太祖受命，易以金魚。

金魚符七枚，黃金鑄，長六寸，各有字號，每魚左右判合之。有事，以左半先授守將，使者執右半，大小、長短、字號合同，然後發兵。事訖，歸于內府。

銀牌二百面，長尺，刻以國字，文曰「宜速」，又曰「敕走馬牌」。國有重事，皇帝以牌親授使者，手劄給驛馬若干。驛馬闕，取它馬代。法，晝夜馳七百里，其次五百里。所至如天子親臨，須索更易，[四]無敢違者。使回，皇帝親受之，手封牌印郎君收掌。

木契，正面爲陽，背面爲陰，閤門喚仗則用之。朝賀之禮，宣徽使請陽面木契下殿，至于殿門，以契授西上閤門使云：「授契行勘。」勘契官聲喏，跪受契，舉手勘契同，俛、興，鞠

躬，奏「內外勘契同」。閤門使云：「准敕勘契，行勘。」勘契官執陰面木契聲喏，平身立，少退近後，引聲云「軍將門仗官」，齊聲喏。勘契官云：「內出喚仗木契一隻，准敕付左右金吾仗行勘。」勘契官云「合不合」，門仗官云「合」，凡再。勘契官云「同不同」，門仗官云「同」，亦再。勘契官近前鞠躬，奏：「勘官左金吾引駕仗、勾畫都知某官某，對御勘同。」平身，少退近後，右手舉契云：「其契謹付閤門使進入。」閤門使引聲喏，門仗官下聲喏。勘契官跪以契授，閤門使上殿納契，宣徽使受契。閤門使下殿，奉敕喚仗。

木箭，內箭爲雄，外箭爲雌，皇帝行幸則用之。還宮，勘箭官執雌箭，東上閤門使執雄箭，如勘契之儀，詳具禮儀志。

校勘記

[一] 末帝表上傳國寶一　按末帝卽指石重貴，重貴舊五代史稱少帝，新五代史作出帝，此是一般稱呼。

[二] 詔用太宗舊寶　按紀在應曆三年二月。

[三] 天顯二年應天皇太后稱制　皇太后原誤「皇后」，奪「太」字，據紀天顯二年十二月補。

[四] 須索更易　「須」，國志二五引使遼錄作需，是。

遼史卷五十八

志第二十七

儀衛志四

儀仗〔一〕

帝王處則重門擊柝，出則以師兵爲營衛，勞人動衆，豈得已哉。天下大患生於大欲，不得不遠慮深防耳。智英勇傑、魁臣雄藩於是乎在，寓武備於文物之中，此儀仗所由設也。

金吾、黃麾六軍之仗，遼受之晉，晉受之後唐，後唐受之梁、唐，其來也有自。耶律儼、陳大任舊志有未備者，兼考之遼朝雜禮云。

國仗

王通氏言，舜歲徧四岳，民不告勞，營衛省，徵求寡耳。遼太祖匹馬一麾，斥地萬里，經

營四方，未嘗寧居，所至樂從，用此道也。太宗兼制中國，秦皇、漢武之儀文日至，後嗣因之。旄頭豹尾，馳騁五京之間，終歲勤動，轍迹相尋。民勞財匱，此之故歟。

遼自大賀氏摩會受唐鼓纛之賜，是爲國仗。其制甚簡，太宗伐唐、晉以前，所用皆是物也。著于篇首，以見艱難創業之主，豈必厚衛其身云。

十二神纛，

十二旗，

十二鼓，

曲柄華蓋，

直柄華蓋。

遙輦末主遺制，迎十二神纛、天子旗鼓置太祖帳前。諸弟剌哥等叛，勻德實縱火焚行宮，皇后命曷古魯救之，止得天子旗鼓。太宗卽位，置旗鼓、神纛于殿前。聖宗以輕車儀衛拜帝山。

渤海仗

天顯四年，太宗幸遼陽府，人皇王備乘輿羽衛以迎。乾亨五年，聖宗東巡，東京留守具儀衛迎車駕。此故渤海儀衛也。

漢仗

大賀失活入朝于唐，娑固兄弟繼之，尙主封王，飫觀上國。開元東封，邵固扈從，又覽太平之盛。自是朝貢歲至于唐。遼始祖涅里立遙輦氏，世爲國相，目見耳聞，歆企帝王之容輝有年矣。遙輦致鼓纛於太祖帳前，曾何足以副其雄心霸氣之所睥睨哉。厥後交梁聘唐，不憚勞勤。至於太宗，立晉以要册禮，入汴而收法物，然後累世之所願欲者，一舉而得之。太原擅命，力非不敵，席卷法物，先致中京，蹝棄山河，不少顧慮，志可知矣。於是秦、漢以來帝王文物盡入于遼；周、宋按圖更製，乃非故物。遼之所重，此其大端，故特著焉。

太宗會同元年，晉使馮道備車輅法物，上皇太后册禮；劉昫、盧重備禮，上皇帝尊號。三年，上在薊州觀導駕儀衛圖，遂備法駕幸燕，御元和殿行入閤禮。六年，備法駕幸燕，迎導御元和殿。

大同元年正月朔，備法駕至汴，上御崇元殿，受文武百僚朝賀。自是日以爲常。二月朔，上御崇元殿，備禮受朝賀。三月，將幸中京鎭陽，〔二〕詔收鹵簿法物，委所司押領先往。

未幾鎭陽入漢，鹵簿法物隨世宗歸于上京。四月，皇太弟李胡遣使問軍事，上報曰，朝會起居如禮。是月，太宗崩，世宗卽位，鹵簿法物備而不御。

穆宗應曆元年，詔朝會依嗣聖皇帝故事，用漢禮。

景宗乾亨五年二月，神柩升轀輬車，具鹵簿儀衛。六月，聖宗至上京，留守具法駕迎導。

聖宗統和元年，車駕還上京，迎導儀衛如式。

三年，駕幸上京，留守具儀衛奉迎。

四年，燕京留守具儀衛導駕入京，上御元和殿，百僚朝賀。

是後，儀衛常事，史不復書。

鹵簿儀仗人數馬匹

步行擎執二千四百一十二人，坐馬擎執二百七十五人，坐馬樂人二百七十三人，步行教坊人七十一人，御馬牽攏官五十二人，御馬二十六匹，官僚馬牽攏官六十六人，坐馬挂甲人五百九十八人，步行挂甲人百六十人，金甲二人，神輿十二人，長壽仙一人，諸職官等三百五人，內侍一人，引稍押衙二人，赤縣令一人，府牧一人，府吏二人，少尹一人，司錄一人，

功曹一人，太常少卿一人，太常丞一人，太常博士一人，司徒一人，太僕卿一人，鴻臚卿一人，大理卿一人，御史大夫一人，侍御史二人，殿中侍御史二人，監察御史一人，兵部尚書一人，兵部侍郎一人，兵部郎中一人，兵部員外郎一人，符寶郎一人，左右諸衞將軍三十五人，左右諸折衝二十一人，左右諸果毅二十八人，尙乘奉御二人，排仗承直二人，左右夾騎二人，都頭六人，主帥一十四人教坊司差，押纛二人，左右金吾四人，虞候佽飛一十六人，鼓吹令二人，漏刻生二人，押當官一人，司天監一人，令史一人，司辰一人，統軍六人，千牛備身二人，左右親勳二人，左右郎將四人，左右拾遺二人，左右補闕二人，起居舍人一人，左右諫議大夫二人，給事中書舍人二人，〔三〕左右散騎常侍二人，門下侍郎二人，中書侍郎二人，鳴鞭二人內侍內差，侍中一人，中書令一人，監門校尉二人，排列官二人，武衞隊正一人，隨駕諸司供奉官三十人，三班供奉官六十人，通事舍人四人，御史中丞二人，乘黃丞二人，都尉一人，太僕卿一人，步行太卜令一人。職官乘馬三百四匹，進馬四匹，駕車馬二十八匹。人之數凡四千二百三十有九，馬之數凡千五百二十。

得諸本朝太常卿徐世隆家藏遼朝雜禮者如是。至於儀注之詳，不敢傅會云。

校勘記

〔一〕儀仗　原脫此目。按本志總序：「考遼所有輿服、符璽、儀仗，作儀衞志。」前此既有「輿服」、「符印」兩目，據補。

〔二〕中京鎭陽　按紀大同元年二月，升鎭州爲中京。鎭陽應作鎭州。

〔三〕給事中書舍人二人　據百官志三，應作「給事中、中書舍人二人」。

遼史卷五十九

志第二十八

食貨志上

契丹舊俗，其富以馬，其强以兵。縱馬於野，弛兵於民。有事而戰，彍騎介夫，卯命辰集。馬逐水草，人仰湩酪，挽强射生，以給日用，糗糧芻茭，道在是矣。以是制勝，所向無前。及其有國，內建宗廟朝廷，外置郡縣牧守，制度日增，經費日廣，上下相師，服御浸盛，而食貨之用斯爲急矣。於是五京及長春、遼西、平州置鹽鐵、轉運、度支、錢帛諸司，以掌出納。其制數差等雖不可悉，而大要散見舊史。若農穀、租賦、鹽鐵、貿易、坑冶、泉幣、羣牧，逐類採摭，緝而爲篇，以存一代食貨之略。

初，皇祖勻德實爲大迭烈府夷離菫，喜稼穡，善畜牧，相地利以教民耕。仲父述瀾爲于

越，飭國人樹桑麻，習組織。太祖平諸弟之亂，弭兵輕賦，專意於農。嘗以戶口滋繁，糺轄疎遠，分北大濃兀爲二部，程以樹藝，諸部效之。

太宗會同初，將東獵，三剋奏減輜重，疾趨北山取物，以備國用，無害農務。尋詔有司勸農桑，教紡績。以烏古之地水草豐美，命甌昆石烈居之，益以海勒水之善地爲農田。三年，詔以諧里河、臚朐河近地，賜南院歐堇突呂、乙斯勃、北院溫納河剌三石烈人，以事耕種。八年，駐蹕赤山，宴從臣，問軍國要務。左右對曰：「軍國之務，愛民爲本。民富則兵足，兵足則國强。」上深然之。是年，詔徵諸道兵，仍戒敢有傷禾稼者以軍法論。

應曆間，雲州進嘉禾，時謂重農所召。保寧七年，漢有宋兵，使來乞糧，詔賜粟二十萬斛助之。〔一〕非經費有餘，其能若是？

聖宗乾亨五年詔曰：「五稼不登，開帑藏而代民稅；螟蝗爲災，罷徭役以恤饑貧。」統和三年，帝嘗過藁城，〔二〕見乙室奧隗部下婦人迪輦等黍過熟未穫，遣人助刈。太師韓德讓言，兵後逋民棄業，禾稼棲畝，募人穫之，以半給穫者。政事令室昉亦言，山西諸州給軍興，〔三〕民力凋敝，田穀多躪於邊兵，請復今年租。六年，霜旱，災民饑，詔三司，舊以稅錢折粟，估價不實，其增以利民。又徙吉避寨居民三百戶于檀、順、薊三州，〔四〕擇沃壤，給牛、種穀。十三年，詔諸道置義倉。歲秋，社民隨所穫，戶出粟庤倉，社司籍其目。歲儉，發以振

民。十五年，詔免南京舊欠義倉粟，仍禁諸軍官非時畋牧妨農。開泰元年，詔曰：「朕惟百姓徭役煩重，則多給工價；年穀不登，發倉以貸；田園蕪廢者，則給牛、種以助之。」太平初幸燕，燕民以年豐進土產珍異。上禮高年，惠鰥寡，賜酺連日。九年，燕地饑，戶部副使王嘉請造船，募習海漕者，移遼東粟餉燕，議者稱道險不便而寢。

興宗卽位，遣使閱諸道禾稼。是年，通括戶口，詔曰：「朕於早歲，習知稼穡。力辦者廣務耕耘，罕聞輸納；家食者全虧種植，〔五〕多至流亡。宜通檢括，普遂均平。」禁諸職官不得擅造酒糜穀；有婚祭者，有司給文字始聽。

道宗初年，西北雨穀三十里，春州斗粟六錢。時西蕃多叛，上欲爲守禦計，命耶律唐古督耕稼以給西軍。〔六〕唐古率衆田臚朐河側，歲登上熟。移屯鎭州，凡十四稔，積粟數十萬斛，每斗不過數錢。以馬人望前爲南京度支判官，公私兼裕，檢括戶口，用法平恕，乃遷中京度支使。〔七〕視事半歲，積粟十五萬斛，擢左散騎常侍。遼之農穀至是爲盛。而東京如咸、信、蘇、復、辰、海、同、銀、烏、遂、春、泰等五十餘城內，〔八〕沿邊諸州，各有和糴倉，依祖宗法，出陳易新，許民自願假貸，收息二分。所在無慮二三十萬碩，雖累兵興，未嘗用乏。迨天慶間，金兵大入，盡爲所有。會天祚播遷，耶律敵烈等逼立梁王雅里，令羣牧人戶運鹽濼倉粟，人戶侵耗，議籍其產以償。雅里自定其直：粟一車一羊，三車一牛，五車一馬，八

車一駝。從者曰：「今一羊易粟二斗，尙不可得，此直太輕。」雅里曰：「民有則我有。若令盡償，衆何以堪？」事雖無及，然使天未絕遼，斯言亦足以收人心矣。

夫賦稅之制，自太祖任韓延徽，始制國用。太宗籍五京戶丁以定賦稅，戶丁之數無所於考。聖宗乾亨間，〔九〕以上京「云爲戶」訾具實饒，善避徭役，遺害貧民，遂勒各戶，凡子錢到本，悉送歸官，與民均差。統和中，耶律昭言，西北之衆，每歲農時，一夫偵候，一夫治公田，二夫給糺官之役。當時沿邊各置屯田戍兵，易田積穀以給軍餉。故太平七年詔，諸屯田在官斛粟不得擅貸，在屯者力耕公田，不輸稅賦，此公田制也。餘民應募，或治閑田，或治私田，則計畝出粟以賦公上。統和十五年，〔一〇〕募民耕灤河曠地，十年始租，此在官閑田制也。又詔山前後未納稅戶，並於密雲、燕樂兩縣，占田置業入稅，〔一一〕此私田制也。各部大臣從上征伐，俘掠人戶，自置郛郭，爲頭下軍州。凡市井之賦，各歸頭下，惟酒稅赴納上京，此分頭下軍州賦爲二等也。

先是，遼東新附地不榷酤，而鹽麴之禁亦弛。馮延休、韓紹勳相繼商利，欲與燕地平山例加繩約，其民病之，遂起大延琳之亂。連年詔復其租，民始安靖。南京歲納三司鹽鐵錢折絹，大同歲納三司稅錢折粟。開遠軍故事，民歲輸稅，斗粟折五錢，耶律抹只守郡，表請折六錢，亦皆利民善政也。

校勘記

〔一〕保寧七年五詔賜粟二十萬斛助之　按紀，漢乞糧在保寧八年十二月；助粟二十萬斛在保寧九年三月。

〔二〕統和三年帝嘗過藁城　「統和三年」四字原脫，據紀統和三年八月補。下文「十五年」上原有「統和」二字，今刪。

〔三〕山西諸州給軍興　「給軍興」，疑應作給軍或軍興。

〔四〕徙吉避寨居民三百戶　按紀，此事在統和七年二月，吉避寨作雞壁砦，三百戶作二百戶。

〔五〕家食者全虧種植　「食」，疑應作貧。

〔六〕道宗初年五命耶律唐古督耕稼以給西軍　按卷九一耶律唐古傳，唐古仕於統和、重熙初，重熙四年致仕。此繫於道宗初年，誤。

〔七〕以馬人望前爲南京度支判官五乃遷中京度支使　按卷一〇五馬人望傳，人望爲中京度支使在天祚時。此繫於道宗初年，誤。

〔八〕東京如咸信蘇復辰海同銀烏遂春泰等五十餘城內　按烏、春、泰三州均隸上京道，不屬東京。

〔九〕聖宗乾亨間　乾亨爲景宗年號，聖宗乾亨，或指接位後改元統和之前。上文「聖宗乾亨五年」同此。

〔一〇〕統和十五年　「統和」二字原缺，據紀統和十五年三月補。

〔一一〕於密雲燕樂兩縣占田置業　按紀在統和七年六月。

遼史卷六十

志第二十九

食貨志下

征商之法，則自太祖置羊城于炭山北，起榷務以通諸道市易。太宗得燕，置南京，城北有市，百物山偫，命有司治其征；餘四京及它州縣貨產懋遷之地，置亦如之。東平郡城中置看樓，分南、北市，禺中交易市北，午漏下交易市南。雄州、高昌、渤海亦立互市，以通南宋、西北諸部、高麗之貨，故女直以金、帛、布、蜜、蠟諸藥材及鐵離、靺鞨、于厥等部以蛤珠、青鼠、貂鼠、膠魚之皮、牛羊駝馬、毳罽等物，來易於遼者，道路繈屬。聖宗統和初燕京留守司言，〔一〕民艱食，請弛居庸關稅，以通山西糴易。又令有司諭諸行宮，布帛短狹不中尺度者，不鬻於市。明年，詔以南、北府市場人少，宜率當部車百乘赴集。開奇峰路以通易州貿易。〔二〕二十三年，振武軍及保州並置榷場。時北院大王耶律室魯以俸羊多闕，部人貧乏，

請以羸老之羊及皮毛易南中之絹，上下爲便。至天祚之亂，賦斂既重，交易法壞，財日匱而民日困矣。

鹽筴之法，則自太祖以所得漢民數多，卽八部中分古漢城別爲一部治之。城在炭山南，有鹽池之利，卽後魏滑鹽縣也，八部皆取食之。及征幽、薊還，次于鶴剌濼，命取鹽給軍。自後濼中鹽益多，上下足用。會同初，太宗有大造於晉，晉獻十六州地，而瀛、莫在焉，始得河間煑海之利，置榷鹽院於香河縣，於是燕、雲迤北暫食滄鹽。一時產鹽之地如渤海、鎭城、海陽、豐州、陽洛城、廣濟湖等處，五京計司各以其地領之。其煎取之制，歲出之額，不可得而詳矣。

坑冶，則自太祖始併室韋，其地產銅、鐵、金、銀，其人善作銅、鐵器。又有曷朮部者多鐵；「曷朮」，國語鐵也。部置三冶：曰柳濕河，曰三黜古斯，曰手山。神册初，平渤海，得廣州，〔三〕本渤海鐵利府，改曰鐵利州，地亦多鐵。東平縣本漢襄平縣故地，產鐵礦，置採煉者三百戶，隨賦供納。以諸坑冶多在國東，故東京置戶部司，長春州置錢帛司。太祖征幽、薊，師還，次山麓，得銀、鐵礦，命置冶。聖宗太平間，於潢河北陰山及遼河之源，各得金、銀礦，興冶採煉。自此以訖天祚，國家皆賴其利。

鼓鑄之法，先代撒剌的爲夷離菫，以土產多銅，始造錢幣。太祖其子，襲而用之，遂致富强，以開帝業。太宗置五冶太師，以總四方錢鐵。石敬瑭又獻沿邊所積錢，以備軍實。景宗以舊錢不足於用，始鑄乾亨新錢，錢用流布。聖宗鑿大安山，取劉守光所藏錢，〔四〕散諸五計司，兼鑄太平錢，新舊互用。由是國家之錢，演迤域中。所以統和出內藏錢，賜南京諸軍司。開泰中，詔諸道，貧乏百姓，有典質男女，計傭價日以十文；折盡，還父母。每歲春秋，以官錢宴饗將士，錢不勝多，故東京所鑄至淸寧中始用。是時，詔禁諸路不得貨銅鐵，以防私鑄，又禁銅鐵賣入回鶻，法益嚴矣。道宗之世，錢有四等：曰咸雍，曰大康，曰大安，曰壽隆，皆因改元易名。其肉好、銖數亦無所考。第詔楊遵勗徵戶部司逋戶舊錢，得四十餘萬繦，拜樞密直學士；劉伸爲戶部使，歲入羨餘錢三十萬繦，擢南院樞密使；〔五〕其以災沴，出錢以振貧乏及諸宮分邊戍人戶。是時，雖未有貫朽不可較之積，亦可謂富矣。至其末年，經費浩穰，鼓鑄仍舊，國用不給。雖以海雲佛寺千萬之助，受而不拒，尋禁民錢不得出境。天祚之世，更鑄乾統、天慶二等新錢，而上下窮困，府庫無餘積。

始太祖爲迭烈府夷離菫也，懲遙輦氏單弱，於是撫諸部，明賞罰，不妄征討，因民之利而利之，羣牧蕃息，〔六〕上下給足。及卽位，伐河東，下代北郡縣，〔七〕獲牛、羊、駝、馬十餘萬。樞密使耶律斜軫討女直，復獲馬二十餘萬，分牧水草便地，數歲所增不勝算。當時，括富人馬，不加多，賜大、小鶻軍萬餘疋，不加少，蓋畜牧有法然也。咸雍五年，蕭陶隗爲馬羣太保，

上書猶言羣牧名存實亡，上下相欺，宜括實數以爲定籍。厥後東丹國歲貢千疋，〔八〕女直萬疋，直不古等國萬疋，阻卜及吾獨婉、惕德各二萬疋，〔九〕西夏、室韋各三百疋，越里篤、剖阿里、奧里米、蒲奴里、鐵驪等諸部三百疋；仍禁朔州路羊馬入宋，吐渾、党項馬鬻于夏。以故羣牧滋繁，數至百有餘萬，諸司牧官以次進階。自太祖及興宗垂二百年，羣牧之盛如一日。天祚初年，馬猶有數萬羣，每羣不下千疋。祖宗舊制，常選南征馬數萬疋，牧于雄、霸、淸、滄間，以備燕、雲緩急；復選數萬，給四時遊畋；餘則分地以牧。法至善也。至末年，累與金戰，番漢戰馬損十六七，雖增價數倍，竟無所買，乃冒法買官馬從軍。諸羣牧私賣日多，畋獵亦不足用，遂爲金所敗。棄衆播遷，以訖于亡。松漠以北舊馬，皆爲大石林牙所有。

遼之食貨其可見者如是耳。至於鄰國歲幣，諸屬國歲貢土宜，雖累朝軍國經費多所仰給，然非本國所出，況名數已見本紀，玆不復載。

夫冀北宜馬，海濱宜鹽，無以議爲。遼地半沙磧，三時多寒，春秋耕穫及其時，黍稌高下因其地，蓋不得與中土同矣。然而遼自初年，農穀充羨，振饑恤難，用不少靳，旁及鄰國，沛然有餘，果何道而致其利歟？此無他，勸課得人，規措有法故也。

世之論錢幣者，恆患其重滯之難致，鼓鑄之弗給也，於是楮幣權宜之法興焉。西北之通舟楫，比之東南，十纔一二。遼之方盛，貨泉流衍，國用以殷，給戍賞征，賜與億萬，未聞

有所謂楮幣也，又何道而致其便歟？此無他，蓄儲新鑄，並聽民用故也。

孟子曰：「周于利者，凶年不能殺。」人力苟至，一夫猶足以勝時災，況爲國乎。以是知善謀國者，有道以制天時、地利之宜，無往而不遂其志。食莫大於穀，貨莫大於錢，特志二者，以表遼初用事之臣，亦善裕其國者矣。

校勘記

〔一〕統和初燕京留守司言　統和初原誤「乾亨間」。按紀乾亨五年六月改元統和，燕京留守司上言在九月。據改。

〔二〕開奇峰路以通易州貿易　按紀在統和七年三月。

〔三〕神册初平渤海得廣州　按紀，天顯元年二月平渤海，非神册初。地理志二，初爲渤海鐵利郡，太祖建鐵利州，開泰七年置爲廣州。

〔四〕取劉守光所藏錢　參卷一三校勘記〔一三〕。

〔五〕劉仲玉擢南院樞密使　按卷九八劉仲傳作樞密副使。

〔六〕羣牧蓄息　蓄，應作蕃。

〔七〕及卽位伐河東下代北郡縣　按紀，伐河東下代北在唐天復二年，阿保機卽位前五年。

〔八〕厥後東丹國歲貢千疋　按紀，天顯元年二月改渤海國爲東丹，貢馬規定卽在此時，見卷七二義宗倍傳。世宗天祿元年以安端主東丹國，已是僅存空名。此敍道宗時東丹貢馬，前後淆混。

〔九〕愓德　愓德原誤「愓隱」，據紀大安十年正月、六月及部族表改。

遼史卷六十一

志第三十

刑法志上

刑也者，始於兵而終於禮者也。鴻荒之代，生民有兵，如蠭有螫，自衞而已。蚩尤惟始作亂，斯民鴟義，姦宄並作，刑之用豈能已乎？帝堯清問下民，乃命三后恤功於民，伯夷降典，折民惟刑。故曰刑也者，始於兵而終於禮者也。先王順天地四時以建六卿。秋，刑官也，象時之成物焉。秋傳氣於夏，變色於春，推可知也。

遼以用武立國，禁暴戢姦，莫先於刑。國初制法，有出於五服、三就之外者，兵之勢方張，禮之用未遑也。及阻午可汗知宗室雅里之賢，命爲夷離菫以掌刑辟，豈非士師之官，非賢者不可爲乎。太祖、太宗經理疆土，擐甲之士歲無寧居，威克厥愛，理勢然也。子孫相繼，其法互有輕重；中間能審權宜，終之以禮者，惟景、聖二宗爲優耳。

然其制刑之凡有四：曰死，曰流，曰徒，曰杖。死刑有絞、斬、凌遲之屬，又有籍沒之法。流刑量罪輕重，置之邊城部族之地，遠則投諸境外，又遠則罰使絕域。徒刑一曰終身，二曰五年，三曰一年半；終身者決五百，其次遞減百；又有黥刺之法。杖刑自五十至三百，凡杖五十以上者，以沙袋決之；又有木劍、大棒、鐵骨朶之法。木劍、大棒之數三，自十五至三十；鐵骨朶之數，或五、或七。有重罪者，將決以沙袋，先于脽骨之上及四周擊之。拷訊之具，有麄、細杖及鞭、烙法。麄杖之數二十；細杖之數三，自三十至于六十。鞭、烙之數，凡烙三十者鞭三百，烙五十者鞭五百。被告諸事應伏而不服者，以此訊之。品官公事誤犯，民年七十以上、十五以下犯罪者，聽以贖論。贖銅之數，杖一百者，輸錢千。亦有八議、八縱之法。籍沒之法，始自太祖爲撻馬狘沙里時，奉痕德菫可汗命，按于越釋魯遇害事，以其首惡家屬沒入瓦里。及淳欽皇后時析出，以爲著帳郎君，至世宗詔免之。其後內外戚屬及世官之家，犯反逆等罪，復沒入焉；餘人則沒爲著帳戶；其沒入宮分、分賜臣下者亦有之。木劍、大棒者，太宗時制。木劍面平背隆，大臣犯重罪，欲寬宥則擊之。沙袋者，穆宗時制，其制用熟皮合縫之，長六寸，廣二寸，柄一尺許。徒刑之數詳于重熙制，杖刑以下之數詳于咸雍制；其餘非常用而無定式者，不可殫紀。

太祖初年，庶事草創，犯罪者量輕重決之。其後治諸弟逆黨，權宜立法。親王從逆，不磬諸甸人，或投高崖殺之；淫亂不軌者，五車轘殺之；逆父母者視此；訕詈犯上者，以熟鐵錐摏其口殺之。從坐者，量罪輕重杖決。杖有二：大者重錢五百，小者三百。又爲梟磔、生瘞、射鬼箭、砲擲、支解之刑。歸於重法，閑民使不爲變耳。歲癸酉，下詔曰：「朕自北征以來，四方獄訟，積滯頗多。今休戰息民，羣臣其副朕意，詳決之，無或寃枉。」乃命北府宰相蕭敵魯等分道疏決。有遼欽恤之意，昉見于此。神册六年，克定諸夷，上謂侍臣曰：「凡國家庶務，鉅細各殊，若憲度不明，則何以爲治，羣下亦何由知禁。」乃詔大臣定治契丹及諸夷之法，漢人則斷以律令，仍置鐘院以達民寃。

至太宗時，治渤海人一依漢法，餘無改焉。會同四年，皇族舍利郎君謀毒通事解里等，已中者二人，命重杖之，及其妻流于厥拔離弭河，族造藥者。

世宗天祿二年，天德、蕭翰、劉哥及其弟盆都等謀反，天德伏誅，杖翰，流劉哥，遣盆都使轄戛斯國。夫四人之罪均而刑異。遼之世，同罪異論者蓋多。

穆宗應曆十二年，國舅帳郎君蕭延之奴海里強陵拽剌秃里年未及之女，[一]以法無文，加之宮刑，仍付秃里以爲奴。因著爲令。十六年，諭有司：「自先朝行幸頓次，必高立標識以禁行者。比聞楚古輩，故低置其標深草中，利人誤入，因之取財。自今有復然者，以死論。」然帝嗜酒及獵，不恤政事，五坊、掌獸、近侍、奉饍、掌酒人等，以獐鹿、野豕、鶻雉之屬亡失

傷斃，及私歸逃亡，在告踰期，召不時至，或以奏對少不如意，或以飲食細故，或因犯者遷怒無辜，輒加炮烙鐵梳之刑。甚者至于無筭。或以手刃刺之，斬擊射燎，斷手足，爛肩股，折腰脛，劃口碎齒，棄尸于野。且命築封于其地，死者至百有餘人。京師置百尺牢以處繫囚。蓋其即位未久，惑女巫肖古之言，取人膽合延年藥，故殺人頗衆。後悟其詐，以鳴鏑叢射、騎踐殺之。及海里之死，爲長夜之飲，五坊、掌獸人等及左右給事誅戮者，相繼不絶。雖嘗悔其因怒濫刑，諭大臣切諫，在廷畏懦，鮮能匡救，雖諫又不能聽。當其將殺壽哥、念古，殿前都點檢耶律夷臘葛諫曰：「壽哥等斃所掌雉，畏罪而亡，法不應死。」帝怒，斬壽哥等，支解之。命有司盡取鹿人之在繫者凡六十五人，斬所犯重者四十四人，餘悉痛杖之。中有欲置死者，賴王子必攝等諫得免。已而怒頗德飼鹿不時，致傷而斃，遂殺之。季年，暴虐益甚，嘗謂太尉化葛曰：「朕醉中有處決不當者，醒當覆奏。」徒能言之，竟無悛意，故及於難。雖云虐止褻御，上不及大臣，下不及百姓，然刑法之制，豈人主快情縱意之具邪。

景宗在潛，已鑒其失。及即位，以宿衞失職，斬殿前都點檢耶律夷臘葛。[二]趙王喜隱自囚所擅去械鎖，求見自辯，語之曰：「枉直未分，焉有出獄自辯之理？」命復繫之。既而躬錄囚徒，盡召而釋之。保寧三年，以穆宗廢鐘院，窮民有寃者無所訴，故詔復之，仍命鑄鐘，紀詔其上，道所以廢置之意。吳王稍爲奴所告，有司請鞫，帝曰：「朕知其誣，若按問，恐餘人效之。」命斬以徇。五年，近侍實魯里誤觸神纛，法應死，杖而釋之。庶幾寬猛相濟。然緩于討賊，應曆逆黨至是始獲而誅焉，議者以此少之。

聖宗冲年嗣位，睿智皇后稱制，留心聽斷，嘗勸帝宜寬法律。帝壯，益習國事，銳意於治。當時更定法令凡十數事，多合人心，其用刑又能詳慎。先是，契丹及漢人相毆致死，其法輕重不均，至是一等科之。統和十二年，詔契丹人犯十惡，亦斷以律。[三]舊法，死囚尸市三日，至是一宿即聽收瘞。二十四年，詔主非犯謀反大逆及流死罪者，其奴婢無得告首；若奴婢犯罪至死，聽送有司，其主無得擅殺。二十九年，以舊法，宰相、節度使世選之家子孫犯罪，徒杖如齊民，惟免黥面，詔自今但犯罪當黥，即准法同科。開泰八年，以竊盜贓滿十貫，爲首者處死，其法太重，故增至二十五貫，其首處死，從者決流。嘗敕諸處刑獄有寃，不能申雪者，聽詣御史臺陳訴，委官覆問。往時大理寺獄訟，凡關覆奏者，以翰林學士、給事中、政事舍人詳決，至是始置少卿及正主之。[四]猶慮其未盡，而親爲錄囚。數遣使詣諸道審決寃滯，如邢抱朴之屬，[五]所至，人自以爲無寃。

五院部民有自壞鎧甲者，其長佛奴杖殺之，上怒其用法太峻，詔奪官。吏以故不敢酷。撻剌干乃方十因醉言宮掖事，法當死，特貰其罪。五院部民偶遺火，延及木葉山兆域，亦當死，杖而釋之，因著爲法。至於敵八哥始竊薊州王令謙家財，及覺，以刃刺令謙，幸不死。

有司擬以盜論，止加杖罪。又那母古犯竊盜者十有三次，皆以情不可恕，論棄市。因詔自今三犯竊盜者，黥額、徒三年；四則黥面、徒五年；至于五則處死。若是者，重輕適宜，足以示訓。近侍劉哥、烏古斯嘗從齊王妻而逃，以赦，後會千齡節出首，乃詔諸近侍、護衞集視而腰斬之。於是國無倖民，綱紀修舉，吏多奉職，人重犯法。故統和中，南京及易、平二州以獄空聞。至開泰五年，諸道皆獄空，有刑措之風焉。

故事，樞密使非國家重務，未嘗親決，凡獄訟惟夷離畢主之。及蕭合卓、蕭朴相繼爲樞密使，專尚吏才，始自聽訟。時人轉相效習，以狡智相高，風俗自此衰矣。故太平六年下詔曰：「朕以國家有契丹、漢人，故以南、北二院分治之，蓋欲去貪枉，除煩擾也；若貴賤異法，則怨必生。夫小民犯罪，必不能動有司以達於朝，惟內族、外戚多恃恩行賄，以圖苟免，如是則法廢矣。自今貴戚以事被告，不以事之大小，並令所在官司按問，具申北、南院覆問得實以聞；其不按輒申，及受請託爲奏言者，以本犯人罪罪之。」七年，詔中外大臣曰：「制條中有遺闕及輕重失中者，其條上之，議增改焉。」

校勘記

[一] 强陵拽剌秃里年未及之女　及下疑脫笄字。

〔二〕斬殿前都點檢耶律夷臘葛　斬，原誤「監」。據紀保寧元年二月及卷七八本傳改。

〔三〕亦斷以律　按紀統和十二年七月作「依漢律」。

〔四〕至是始置少卿及正主之　按紀統和十二年十月，大理寺置少卿及正主之。

〔五〕如邢抱朴之屬　按紀邢抱朴等分決諸道滯獄，在統和九年閏二月。

遼史卷六十二

志第三十一

刑法志下

興宗即位，欽哀皇后始得志，昆弟專權。馮家奴等希欽哀意，誣蕭浞卜等謀反，連及嫡后仁德皇后。浞卜等十餘人與仁德姻援坐罪者四十餘輩，皆被大辟，仍籍其家。幽仁德于上京，既而遣人弒之。迫殞非命，中外切憤。欽哀後謀廢立，遷于慶州。及奉迎以歸，頗復預事，其酷虐不得逞矣。然興宗好名，喜變更，又溺浮屠法，務行小惠，數降赦宥，釋死囚甚衆。

重熙元年，詔職事官公罪聽贖，私罪各從本法；子弟及家人受賕，不知情者，止坐犯人。先是，南京三司銷錢作器皿三斤，持錢出南京十貫，及盜遺火家物五貫者處死；至是，銅逾三斤，持錢及所盜物二十貫以上處死。二年，有司奏：「元年詔曰，犯重罪徒終身者，加以捶

楚，而又黥面。是犯一罪而具三刑，宜免黥。其職事官及宰相、節度使世選之家子孫，犯姦罪至徒者，未審黥否？」上諭曰：「犯罪而悔過自新者，亦有可用之人，一黥其面，終身為辱，朕甚憫焉。」後犯終身徒者，止刺頸。奴婢犯逃，若盜其主物，主無得擅黥其面，刺臂及頸者聽。犯竊盜者，初刺右臂，再刺左，三刺頸之右，四刺左，至于五則處死。五年，新定條制成，詔有司凡朝日執之，仍頒行諸道。蓋纂修太祖以來法令，參以古制。其刑有死、流、杖及三等之徒，而五凡、五百四十七條。〔一〕

時有羣牧人竊易官印以馬與人者，法當死，帝曰：「一馬殺二人，不亦甚乎？」減死論。又有兄弟犯強盜當死，以弟從兄，且俱無子，特原其弟。至於枉法受賕，詐敕走遞，僞學御書，盜外國貢物者，例皆免死。郡王貼不家奴彌里吉告其主言涉怨望，鞫之無驗，當反坐，以欽哀皇后裏言，竟不加罪，亦不斷付其主，僅籍沒焉。寧遠軍節度使蕭白強掠烏古敵烈都詳穩敵魯之女爲妻，亦以后言免死，杖而奪其官。梅里狗丹使酒殺人而逃，會永壽節出首，特赦其罪。皇妹秦國公主生日，帝幸其第，伶人張隋，本宋所遣泃者，大臣覺之以聞。召詰，款伏，乃遽釋之。後詔諸職官私取官物者，以正盜論。諸帳郎君等於禁地射鹿，決杖三百，不徵償；小將軍決二百已下；至百姓犯者決三百。聖宗之風替矣。

道宗清寧元年，詔諸宮都部署曰：「凡有機密事，即可面奏；餘所訴事，以法施行。有投

詐訕之書，其受及讀者皆棄市。」二年，命諸郡長吏如諸部例，與僚屬同決罪囚，無致枉死獄中。下詔曰：「先時諸路死刑皆待決于朝，故獄訟留滯；自今凡强盜得實者，聽卽決之。」四年，復詔左夷離畢曰：「比詔外路死刑，聽所在官司卽決。然恐未能悉其情，或有枉者。自今雖已款伏，仍令附近官司覆問。無冤然後決之，有冤者卽具以聞。」咸雍元年，詔獄囚無家者，給以糧。六年，帝以契丹、漢人風俗不同，國法不可異施，於是命惕隱蘇、樞密使乙辛等更定條制。凡合于律令者，具載之；其不合者，別存之。時校定官卽重熙舊制，更竊盜贓二十五貫處死一條，增至五十貫處死；又刪其重複者二條，爲五百四十五條；取律一百七十三條，又創增七十一條，凡七百八十九條，增重編者至千餘條。皆分類列。以大康間所定，復以律及條例參校，續增三十六條。其後因事續校，至大安三年止，又增六十七條。條約既繁，典者不能偏習，愚民莫知所避，犯法者衆，吏得因緣爲姦。故五年詔曰：「法者所以示民信，而致國治。簡易如天地，不忒如四時，使民可避而不可犯。比命有司纂修刑法，然不能明體朕意，多作條目，以罔民于罪，朕甚不取。自今復用舊法，餘悉除之。」

然自大康元年，北院樞密使耶律乙辛等用事。宮婢單登等誣告宣懿皇后，乙辛以聞，卽詔乙辛劾狀，因實其事。上怒，族伶人趙惟一，斬高長命，皆籍其家，仍賜皇后自盡。三年，乙辛又與其黨謀搆昭懷太子，陰令右護衛太保耶律查剌，告知樞密院事蕭速撒等八人

謀立皇太子。〔二〕詔按無狀，出速撒、達不也外補，流護衞撒撥等六人。詔告首謀逆者，重加官賞；否則悉行誅戮。乙辛敎牌印郎君蕭訛都斡自首「臣嘗預速撒等謀」，因籍姓名以告。帝信之，以乙辛等鞫按，至杖皇太子，囚之宮中別室，殺撻不也、撒剌等三十五人，又殺速撒等諸子；其幼稚及婦女、奴婢、家產，皆籍沒之，或分賜羣臣。燕哥等詐爲太子爰書以聞，上大怒，廢太子，徙上京，乙辛尋遣人弒于囚所。帝猶不寤，朝廷上下，無復紀律。

天祚乾統元年，凡大康三年預乙辛所害者悉復官爵，籍沒者出之，流放者還鄉里。至二年，始發乙辛等墓，剖棺戮尸，誅其子孫，餘黨子孫減死，徙邊，其家屬奴婢皆分賜被害之家。如耶律撻不也、蕭達魯古等，黨人之尤兇狡者，皆以賂免。至于覆軍失城者，第免官而已。行軍將軍耶律涅里三人有禁地射鹿之罪，皆棄市。其職官諸局人有過者，鐫降決斷之外，悉從軍。賞罰無章，怨讟日起；劇盜相挻，叛亡接踵。天祚大恐，益務繩以嚴酷，由是投崖、砲擲、釘割、臠殺之刑復興焉。或有分尸五京，甚者至取其心以獻祖廟。雖由天祚救患無策，流爲殘忍，亦由祖宗有以啓之也。

遼之先代，用法尙嚴。使其子孫皆有君人之量，知所自擇，猶非祖宗貽謀之道；不幸一有昏暴者，少引以藉口，何所不至。然遼之季世，與其先代用刑同，而興亡異者何歟？蓋創業之君，施之于法未定之前，民猶未敢測也；亡國之主，施之于法既定之後，民復何所賴焉。此其所爲異也。傳曰：「新國輕典。」豈獨權事宜而已乎？

天祚末年，遊畋無度，頗有倦勤意。諸子惟文妃所生敖盧斡最賢。蕭奉先乃元妃兄，深忌之。會文妃之女兄適耶律撻曷里，女弟適耶律余覩，奉先乃誣告余覩等謀立晉王，尊天祚爲太上皇。遂戮撻曷里及其妻，賜文妃自盡。敖盧斡以不與謀得免。及天祚西狩奉聖州，又以耶律撒八等欲劫立敖盧斡，遂誅撒八，盡其黨與。敖盧斡以有人望，卽日賜死。當時從行百官、諸局承應人及軍士聞者，皆流涕。

蓋自興宗時，遽起大獄，仁德皇后戕于幽所，遼政始衰。道宗殺宣懿皇后，遷昭懷太子，太子尋被害。天祚知其父之冤，而己亦幾殆，至是又自殺其子敖盧斡。傳曰：「於所厚者薄，無所不薄矣。」遼二百餘年，骨肉屢相殘滅。天祚荒暴尤甚，遂至于亡。噫！

校勘記

〔一〕其刑有死流杖及三等之徒而五凡五百四十七條　按上卷言制刑之凡有四：死、流、徒、杖。此亦稱死、流、杖、徒。五凡之「五」字，設非「四」字之訛，則杖前應脫「笞」字，檢紀遼亦有笞刑。

〔二〕知樞密院事蕭速撒　按紀大康三年五月作知北院樞蜜使事。

遼史

元 脱脱等撰

第四册

卷六三至卷七〇（表）

中華書局

中華書局

遼史卷六十三

表第一

世表

天開於子，地闢於丑，人生於寅。天地人之初，一焉耳矣。天動也，有恆度；地靜也，有恆形；人動靜無方，居止靡常。天主流行，地主蓄泄，二氣無往而弗達，亦惟人之所在而畀付焉。

庖犧氏降，炎帝氏、黃帝氏子孫衆多，王畿之封建有限，王政之布濩無窮，故君四方者，多二帝子孫，而自服土中者本同出也。考之宇文周之書，遼本炎帝之後，而耶律儼稱遼爲軒轅後。儼志晚出，盍從周書。蓋炎帝之裔曰葛烏菟者，世雄朔陲，後爲冒頓可汗所襲，保鮮卑山以居，號鮮卑氏。旣而慕容燕破之，析其部曰宇文，曰庫莫奚，曰契丹。契丹之名，昉見于此。

隋、唐之際，契丹之君號大賀氏。武后遣將擊潰其衆，大賀氏微，別部長過折代之。過折尋滅，迭剌部長涅里立迪輦組里爲阻午可汗，更號遙輦氏。唐賜國姓，曰李懷秀。旣而懷秀叛唐，更封楷落爲王。而涅里之後曰耨里思者，左右懷秀。楷落至于屈戍幾百年，國勢復振。

至耨里思之孫曰阿保機，〔一〕功業勃興，號世里氏，是爲遼太祖。於是世里氏與大賀、遙輦號「三耶律」。自時厥後，國日益大。起唐季，涉五代、宋，二百餘年。名隨代遷，字傳音轉，此其言語文字之相通，可考而知者也。其所不可知者，有若奇首可汗、胡剌可汗、蘇可汗、昭古可汗，皆遼之先，而世次不可考矣。摭其可知者，作遼世表。

帝統	契丹先世。
漢	冒頓可汗以兵襲東胡，滅之。餘衆保鮮卑山，因號鮮卑。
魏	青龍中，部長比能稍桀驁，爲幽州刺史王雄所害，散徙潢水之南，黃龍之北。

晉

鮮卑葛烏菟之後曰普回。普回有子莫那，自陰山南徙，始居遼西。九世爲慕容晃所滅，〔二〕鮮卑衆散爲宇文氏，或爲庫莫奚，或爲契丹。

元魏

契丹國在庫莫奚東，異族同類，東部鮮卑之別支也，至是始自號契丹。爲慕容氏所破，俱竄松漠之間。道武帝登國間，大破之，遂與庫莫奚分背。經數十年，稍滋蔓，有部落於和龍之北數百里。太武帝太平眞君以來，歲致名馬。獻文時，使莫弗紇何辰來獻，始班諸國末，欣服。〔三〕萬丹部、何大何部、伏弗郁部、羽陵部、日連部、匹絜部、黎部、〔四〕吐六于部以名馬文皮來貢，得交市于和龍、密雲之間。太和三年，高句麗與蠕蠕謀取地豆于以分之，契丹懼，莫弗賀勿于率其部落車三千乘、衆萬餘口內附，止於白狼水東。

北齊

天保四年九月，契丹犯塞，文宣帝親討之，至平州，乃趨長塹。〔五〕司徒潘相樂率精騎五千，自東道趨青山；安德王韓軌帥騎四千東斷走路。帝親踰山嶺奮擊，虜男女十餘萬，雜畜數十萬。相樂又於青山大破別部，所虜生口分置諸州。復爲突厥所逼，又以萬家寄處高麗境內。

隋

開皇四年，率諸莫弗賀來謁。五年，悉衆款塞，高祖納之，聽居故地。六年，諸部相攻不止，又與突厥相侵，高祖使使諭解之。別部出伏等違高麗，率衆內附，置於渴奚那頡之北。開皇末，別部四千餘戶違突厥來降，高祖給糧遣還，固辭不去，部落漸衆。遂北徙，逐水草，當遼西正北二百里，依紇臣水而居。〔六〕東西亙五百里，南北三百里，分爲十部，兵多者三千，少者千餘。有征伐，酋帥相與議之，興兵則合符契。突厥沙鉢略可汗遣吐屯潘垤統之，契丹殺吐屯。大業七年，貢方物。

唐

契丹地直京師東北五千里而贏，東距高麗，西奚，南營州，北靺鞨、室韋，阻冷陘山以自固。射獵居處無常。其君大賀氏有勝兵四萬，析八部，臣于突厥，以爲俟斤。凡調發攻戰，則諸部畢會，獵則部得自行。與奚不平，每鬬不利，輒遁保鮮卑山。武德初，〔七〕大帥孫敖曹與靺鞨長突地稽俱來朝。二年，入犯平州境。六年，君長咄羅獻名馬、豐貂。貞觀二年，摩會來降，突厥請以梁師都易契丹，太宗曰：「契丹、突厥不同類，師都唐編戶，我將擒之，不可易降者。」三年，摩會入朝，賜鼓纛，由是有常貢。帝伐高麗，悉發契丹、奚首領從軍。還過營州，以窟哥爲左武衛將軍。大帥辱紇主據曲率衆來歸，〔八〕即其部爲玄州，以據曲爲刺史，隸營州都督府。窟哥舉部內屬，乃置松漠都督府，以窟哥爲都督，封無極男，賜姓李氏。以達稽部爲峭落州，紇便部爲彈汗州，獨活部爲無逢州，芬問部爲羽陵州，突便部爲日連州，芮奚部爲徒河州，墜斤部爲萬丹州，伏部爲匹黎、赤山二州，俱隸松漠府，以辱紇主爲刺史。窟哥死，與奚叛，行軍總管阿史德樞賓執松漠都督阿不固，〔九〕獻于東都。窟哥二孫：曰枯莫離，彈汗州刺史、歸順郡王；曰盡忠，松漠都督。敖曹曾孫曰萬榮，〔一〇〕歸誠州刺史。時營州都督趙文翽數侵侮其下，盡忠等怨望，與萬榮共舉兵，殺文翽，據營州，自號「無上可汗」，推萬榮爲帥。不二旬，衆數萬，攻崇州，執擊討副使許欽寂。武后怒，詔將軍曹仁師等二十八將擊之，更號萬榮曰「萬斬」，盡忠曰「盡滅」。戰西硤石黃獐谷，王師敗績。進攻平州，不克。武后益發兵擊契丹。萬榮夜襲檀州，清邊道副總管張九節拒戰，萬榮敗走。俄盡忠死，突厥默啜襲破其部。萬榮收散兵，復振。別將駱務整、何阿小入冀州，殺刺史陸寶積，掠數千人。武后聞盡忠死，詔夏官尚書王孝傑等率兵十七萬討萬榮，戰東硤石，敗績，孝傑死之，萬榮進屠幽州。又詔御史大夫婁師德等率兵二十萬擊之，萬榮乘銳，鼓行而南，殘瀛州屬縣。神兵道總管楊玄基率奚兵掩擊，〔一一〕大破萬榮，執何阿小，別將李楷固、駱務整降。萬榮委軍走，玄基與奚四面合擊，萬榮衆潰，東走。張九節設三伏待之。萬榮窮蹙，與家奴輕騎走潞河東，憊甚，臥林下。奴斬其首以獻，九節傳東都。契丹餘衆不能立，遂附突厥。開元二年，盡忠從父弟失活率部落歸唐。

失活，玄宗賜丹書鐵券。開元四年，與奚長李大酺偕來，詔復置松漠府，以失活爲都督，封松漠郡王；仍置靜析軍，以失活爲經略大使，八部長皆爲刺史。五年，以楊氏爲永樂公主下嫁失活。〔一二〕六年，卒。

娑固，失活之弟，帝以娑固襲爵。開元七年十一月，娑固與公主來朝。衙官可突于勇悍，得衆心，娑固欲除之；事泄，可突于攻之，娑固奔營州。都督許欽澹及奚君李大酺攻可突于，不勝，娑固、大酺皆死。韓愈作可突干，劉昫、宋祁及唐會要皆作可突于。

鬱于，娑固從父弟也，可突于推以爲主，遣使謝罪，玄宗册立襲娑固位。開元十年，鬱于入朝，以慕容氏爲燕郡公主下嫁鬱于，卒。

咄于，〔一三〕鬱于之弟，襲官爵。開元十三年，咄于復與可突于猜阻，與公主來奔，改封遼陽王。〔一四〕

邵固,咄于之弟,〔一五〕國人共立之。開元十三年冬,朝于行在,從封禪泰山,改封廣化郡王,以陳氏爲東光公主下嫁邵固。〔一六〕十八年,爲可突于所弒,以其衆降突厥,東光公主走平盧。

屈列,〔一七〕不知其世系,可突于立之。開元二十二年六月,幽州節度使張守珪大破可突于。〔一八〕十二月,又破之,斬屈列及可突于等,傳首東都,餘衆散走山谷。

過折,〔一九〕本契丹部長,爲松漠府衙官,斬可突于及屈列歸唐。幽州節度使張守珪立之,封北平郡王。是年,可突于餘黨泥禮弒過折,屠其家,一子剌乾走安東,拜左驍衞將軍。自此,契丹中衰,大賀氏附庸於奚王,以通于唐,朝貢歲至。至德、寶應間再至,大曆中十三至,〔二〇〕貞元九年、十年、十一年三至,元和中七至,太和、開成間四至。泥禮,耶律儼遼史書爲涅里,陳大任書爲雅里,蓋遼太祖之始祖也。

李懷秀,唐賜姓名,契丹名迪輦俎里,〔二一〕本八部大帥。天寶四年降唐,拜松漠都督。安祿山表請討契丹,懷秀發兵十萬,〔二二〕與祿山戰潢水南,祿山大敗,自是與祿山兵連不解。耶律儼紀云,太祖四代祖耨里思爲迭剌部夷離菫,

遣將只里姑、括里,大敗范陽安祿山于潢水,適當懷秀之世。則懷秀固遙輦氏之首君,爲阻午可汗明矣。

楷落,以唐封恭仁王,代松漠都督,遂稱契丹王。其後寖大,貞元四年,犯北邊,幽州以聞。自祿山反,河北割據,道隔不通,世次不可悉考。〔二三〕

契丹王屈戍,武宗會昌二年授雲麾將軍,是爲耶瀾可汗。〔二四〕幽州節度使張仲武奏契丹舊用回鶻印,乞賜聖造,詔以「奉國契丹」爲文。高麗古今錄作屈戍。

契丹王習爾,〔二五〕是爲巴剌可汗。咸通中,再遣使貢獻,部落寖强。

契丹王欽德,習爾之族也,是爲痕德菫可汗。光啓中,鈔掠奚、室韋諸部,皆役服之,數與劉仁恭相攻。晚年政衰。八部大人,法常三歲代,迭剌部耶律阿保機建旗鼓,自爲一部,不肯受代,自號爲王,盡有契丹國,遙輦氏遂亡。

蕭韓家奴有言,先世遙輦可汗洼之後,國祚中絕,自夷離菫雅里立阻午可汗,大位始定。今以唐史、遼史參考,大賀氏絕于邵固,雅里所立則懷秀也,其間唯屈列、過折二世。屈列乃可突于所立,過折以別部長爲雅里所殺。唐史稱泥里爲可突于餘黨,則洼可汗者,殆爲屈列耶?

校勘記

〔一〕耨里思之孫曰阿保機　孫,據太祖紀贊及下文「太祖四代祖耨里思」,應是玄孫。

〔二〕爲慕容晃所滅　據晉書一〇九前燕載記,「晃」應作皝。

〔三〕始班諸國末欣服　按此源於魏書一〇〇契丹傳:「得班饗於諸國之末」,「心皆忻慕」,「莫不思服」,欣服二字,語義不完。

〔四〕萬丹部至黎部　萬丹部,按營衛志中及魏書一〇〇、新唐書二一九契丹傳並作悉萬丹部。日連部,連原誤「速」,據營衛志中及魏書、新唐書契丹傳改。伏弗郁、羽陵、匹絜、黎等部參卷三二校勘記〔二〕〔三〕。

〔五〕長塹　塹原誤「漸」,據北齊書四文宣紀及北史九四契丹傳改。

〔六〕紇臣水　按隋書八四、北史九四契丹傳作託紇臣水。

〔七〕武德初　初原作「中」,據下文二年及舊唐書一九九下契丹傳改。

〔八〕辱紇主據曲　辱紇主原誤「紇主」,據新唐書二一九契丹傳改。據曲,參卷三二校勘記〔七〕。

〔九〕阿不固　按新唐書契丹傳作阿卜固。

〔一〇〕敖曹曾孫曰萬榮　曾孫,舊唐書契丹傳同。新唐書契丹傳作「有孫曰萬榮」。

〔一一〕神兵道總管楊玄基　原作神兵總管楊立基,據新唐書契丹傳改。

〔一二〕五年以楊氏爲永樂公主下嫁失活　按舊唐書契丹傳,「開元三年,其首領李失活率種落內附。明年,失活入朝,封宗室外甥女楊氏爲永樂公主以妻之。」

〔一三〕咄于　按新、舊唐書契丹傳及通考三四五並作吐于。

〔一四〕遼陽王　按新、舊唐書契丹傳作遼陽郡王。

〔一五〕邵固咄于之弟　按新、舊唐書契丹傳作李盡忠之弟。

〔一六〕東光公主　新、舊唐書契丹傳作東華公主。

〔一七〕屈列　新唐書契丹傳作屈烈,張九齡曲江集八作據埒。

〔一八〕幽州節度使張守珪　新、舊唐書契丹傳並作幽州長史張守珪。按當時張守珪官銜爲「幽州節度副大使、幽州長史兼御史大夫」,見曲江集九。

〔一九〕過折　按曲江集卷五、卷八作鬱捷,卷九、卷十一作過折。遏、鬱音同,遏似應作過。

〔二〇〕大曆中十三至　原誤「大曆十二年」,據新唐書契丹傳改。按大曆凡十四年,約每年一次。

〔二一〕契丹名迪輦俎里　按上文作迪輦組里。

〔三二〕懷秀發兵十萬　按新唐書契丹傳，安祿山發幽州、雲中、平盧、河東兵十餘萬。非懷秀發兵十萬。

〔三三〕世次不可悉考　按百官志一，遙輦九帳大常袞司已列遙輦九世可汗世次。

〔三四〕授雲麾將軍是爲耶瀾可汗　「是爲耶瀾可汗」原在下文「幽州節度使」下，誤以屈戍爲幽州節度使。據新唐書契丹傳改。

〔三五〕習爾　新唐書契丹傳作習爾之。

遼史卷六十四

表第二

皇子表

帝官天下，王者家焉。至于親九族，敬五宗，其揆一也。三代以上，封建久長，故吳、魯、燕、蔡、衞、晉、鄭，太史遷既著世家，又列年表，不厭其詳。自漢以降，封建實亡，猶有其名，長世者登世家，自絕者置列傳，然王子侯猶可以年表也。班固以爲文無實，併諸侯削年而表，世君子韙之。自魏以降，不帝不世，王侯身徙數封，朝不謀夕，於是列而傳之。功不足以垂法，罪不足以著戒，碌碌然，抑又甚焉。

今摘其功罪傑然者列諸傳；敍親親之恩，敬長之義，而無他可書者，略表見之，爲皇子表。

帝系	名字	第行	封爵	官職	功	罪	薨壽	子孫
肅祖四子：昭烈皇后蕭氏生，懿祖第二，見帝紀。	洽昚，字牙新。	第一。		迭剌部夷離菫。	有德行。分五石烈爲七，六爪爲十一。			房在五院司。
	葛剌，字古昆。	第三。		舍利。			早卒。	房在六院司。
	洽禮，字敵輦。	第四。		舍利。				房在六院司。
懿祖四子：莊敬皇后蕭氏生，玄	叔剌。	第一。		舍利。			早卒。	
	帖剌，字痕得。	第二。		九任迭剌部夷離菫。			卒年七十。	六院司，呼爲夷離菫

祖第三，見帝紀。								房。
	褭古直，字巖母根。	第四。		舍利。	善射。		年幾冠，墮馬卒。	六院司，呼爲舍利房。
玄祖四子：簡獻皇后蕭氏生，德祖第四，見帝紀。	麻魯。	第一。		舍利。			早卒。	
	巖木，字敵輦。	第二。	重熙中，追封蜀國王。	三爲迭剌部夷離菫。	身長八尺，多力，能裂麛皮。語音如鐘，彌里本嶺去家數里，嘗登嶺呼其從，家人悉聞之。		年四十五薨。	二子：胡古只、末掇。其後即三父房之孟父。

	釋魯，字述瀾。	第三。	重熙中，追封爲隋國王。	于越。	驕脅多力，賢而有智。先遙輦氏可汗歲貢于突厥，至釋魯爲于越，始免。教民種樹桑麻。		年五十七，爲子滑哥所弒。	子滑哥。其後即三父房之仲父。
德祖六子：宣簡皇后蕭氏生五子，太祖第	剌葛，字率懶。	第二。		太祖卽位，爲惕隱，改迭剌部夷離菫。	爲惕隱，討涅烈部，破之，改爲迭剌部夷離	性愚險。破涅烈部而驕，與弟迭剌、安端等	自幽州南竄，爲人所殺。	子賽保。卽三父房之季父。

一，見帝紀。					菫。從太祖親征，統本部兵攻下平州。	謀亂。事覺，按問，具伏，太祖令誓而捨之。太祖曰：「汝謀此事，不過欲富貴爾。」出爲迭剌部夷離菫。復謀爲亂，誘奪弟據西山以阻歸路，		

						太祖聞而避之，次赤水城。剌葛詐降，復使神速焚明王樓，大掠而去。至擘只、曷只二河，〔二〕與追兵戰，衆潰。及鴨里河，女骨部人邀擊之，剌		

	迭剌，字雲獨昆。
	第三。
	天顯元年，爲中臺省左大相。
	性敏給。太祖曰：「迭剌之智，卒然圖功，吾所不及；緩以謀事，不如我。」回鶻使至，無能通其語者，太后謂太祖曰：「迭剌聰敏可使。」遣迓之。相從二旬，能習其言與書，因制契
葛輕騎遁去，至楡河，先鋒敵魯生擒之。太祖念其同氣，不忍加刑，杖而釋之。神冊二年，南奔。	與兄剌葛謀反，剌葛遁，迭剌與安端降，太祖杖而釋之。神冊三年，欲南奔，事覺，親戚請免於上，又赦之。

	寅底石，字阿辛。	安端，字猥隱。
	第四。	第五。
	重熙間，追封許國王。	天祿初，以功王東丹國，賜號明王。
	太祖遺詔寅底石守太師、政事令，輔東丹王。	神冊三年，爲惕隱。天顯四年，爲北院夷離菫。〔一〕
丹小字，數少而該貫。		神冊三年，討平雲州。天顯元年，征渤海，〔二〕破老相兵三萬餘人；安邊、鄚頡、定理三府叛，平之。太宗即位，有定策功，會同中，伐晉，率兵先出
	生而闇懦。與兄剌葛作亂，兵敗，太祖赦之。後復與剌葛遁至楡河，自剌不死，被擒，太祖釋之。	與兄剌葛謀亂，妻粘睦姑告變，太祖誓而免之。復叛，兵敗，見擒，杖而釋之。子察割弒逆被誅，穆宗赦通謀罪，放歸田里。
	太祖命輔東丹王，淳欽皇后遣司徒劃沙殺于路。	
	孫阿烈。	

蘇，字雲獨昆。

第六。

神册五年，爲惕隱。六年，爲南府宰相。

雁門，下忻、代。世宗初立，以兵往應，及李胡戰于泰德泉，敗之。

言無隱情，太祖尤愛之。滄州節度使劉守文求救，太祖命往救，解滄州圍。

在南府，以賄聞，民頗怨。

征渤海國還，薨。

已上並係季父房。

刺薊詐降，蘇往來其間。既平，蘇力爲多。天贊三年，與迭里略地西南。天顯初，征渤海，攻破忽汗城，大諲譔降。性柔順，事上忠謹。太祖二十

太祖四子：淳欽皇后蕭氏生三子，太宗第二，見帝紀。

倍，小字圖欲，唐明宗賜姓東丹，名慕華，改賜姓李，名贊華。

第一。

神册元年，立爲皇太子。天顯元年，爲東丹國人皇王，建元甘露，稱制行事，置左右大相及百官，一用漢法。太宗立，詔

唐遣人來招，倍浮海奔唐，唐人迎以天子儀衛，改瑞州爲懷化軍，拜懷化軍節度使，瑞、愼等州觀察使。移鎭滑州。召

功臣，蘇居其一。

聰敏好學，通陰陽、醫藥、箴灸之術，知音律，善畫，工文章。太祖征烏古、党項，倍爲先鋒都統。經略燕地，至定州。聞太祖

外寬內忍，刻急，喜殺人。

唐主從珂將自焚，遣壯士李彥紳害之，薨年三十八，葬醫巫閭山。

子婁國、隆先、道隱。已下並係橫帳。

居東平郡，升爲南京。太宗謚曰文武元皇王。世宗謚讓國皇帝。統和中，更謚文獻皇帝。重熙二十一年，增謚文獻欽義皇帝。

入，遙領虔州節度使。

與李存勗相拒于雲碧店，引兵馳赴，存勗退走。陳渤海可取之計。天顯元年，從征渤海，拔扶餘城，太祖欲括戶口，諫止，且勸乘勢攻忽汗

	李胡，一名洪古，字奚隱。
	第三。
	天顯五年，立爲皇太弟。統和中，追謚欽順皇帝。[四]重熙二十一
	天顯五年，兼天下兵馬大元帥。
城，夜圍降之。唐李從珂自立，密報太宗曰：「從珂弑君，不可不討。」	勇悍多力。天顯五年，徇代北，攻寰州，多俘而還。太宗凡親征，常
	性酷忍，小怒，輒黥人面，或投水火中。世宗卽位于鎭陽，太后怒，
	死于囚所，年五十，葬玉峯山西谷。
	二子：宋王喜隱、衛王宛。

年，更謚章肅皇帝。
留守京師。
遣李胡將兵往擊，至泰德泉，爲安端、劉哥所敗。耶律屋質諫太后，李胡作色曰：「我在，兀欲安得立？」屋質曰：「民心畏公酷暴，無如之

何。」太后曰：「我與太祖愛汝異於諸子。諺曰：『偏憐之子不保業，難得之婦不主家。』我非不欲立汝，汝自不能矣。」李胡往世宗軍

	宮人蕭氏生一子。
	牙里果，字敵輦。
	第四。
	自晉還，始爲惕隱。
	性沉默，善騎射。
議和，解劍而後見。和約定，趨上京。有告李胡與太后謀廢立，徙祖州。穆宗時，喜隱反，辭連李胡，囚之。	天顯三年，救耶律沙于定州，爲
	以病薨。
	二子：敵烈、奚底，皆知名。

太宗五子：靖安皇后蕭氏生二子，穆宗第一，見帝紀。

罨撒葛。

第二。

會同元年，封太平王。〔五〕世宗詔許與晉主往復以昆弟禮。景宗封齊王，贈皇太叔，謚欽靖。

穆宗委以國政。

謀亂，令司天魏璘卜日，覺，貶西北邊戍。景宗即位，撤葛懼，竄于大漠，召還，釋其罪。

保寧四年，病疽薨。

李嗣源所獲，至石晉立，始得還。

宮人蕭氏生三子。

天德，字荅扁。

第三。

猛悍趫捷，人望而畏。太宗討石重貴，至望都，晉將杜重威率兵十萬先據河梁。上欲以計破之，募能斷糧道者，天德請以五千騎行。許之。

與李胡戰于泰德泉，太后聞之不悅，後不復用。與侍衛蕭翰謀反，繫獄。耶律留哥、盆都等辭連天德，併按之。天德斷鑌，不能出。

天祿二年，伏誅。

從間道擊走衛送之軍，火其輜重。重威窮蹙，乃降。會同三年，與郎用和使晉。世宗即位，遣天德護送太宗靈柩于上京。太后遣李胡拒世

宗，遇耶律留哥等于泰德泉，戰甚力，敗之。

敵烈，字巴速董。

第四。

保寧初，封冀王。

多力善射。保寧初，宋人侵漢，與南府宰相耶律沙將兵往援，却敵而還。

與宣徽使耶律海思等謀反，事覺，穆宗釋之。乾亨初，宋主攻河東，至白馬嶺，敵烈以先鋒度澗，

歿于陣。

子哇哥，白馬嶺之敗俱歿。

中華書局

	必攝，字箴董。
	第五。
	景宗封爲越王。〔六〕
	應曆間，族人恒特及蕭毀里有罪，欲亡，必攝密以聞。上以爲忠，常以侍從。上好畜鹿，有傷斃及逸去，卽殺主者。適欲
未半，宋軍逆擊，師潰。	
	以疾薨。

	世宗三子：景宗第二。
	吼阿不。
	第一。舊史皇族傳書在第三，且云未詳所出。按景宗本紀云，景宗皇帝，世宗第
	景宗立，追册爲皇太子，謚莊聖。
誅一監養鹿官，必攝諫而免。景宗時，討党項有功。	
	早薨。墓號太子院。

	妃甄氏生一子。
	只沒，〔七〕字和魯堇。
二子。又按舊史本傳云，景宗立，親祭于墓，追册爲皇太子。當是世宗嫡長子也。	第三。舊史皇族傳書在第一。
	景宗封爲寧王，保寧八年奪爵。統和元年，皇太后稱
	敏給好學，通契丹、漢字，能詩。統和元年，應皇太后命，
	應曆末，與宮人私通，上聞，怒，榜掠數百，刺一目而宮

	景宗四子：睿智皇后蕭氏生三
	隆慶，字燕隱，小字普賢奴。
	第二。
制，詔復舊爵。	八歲封恒王。統和十六年，徙王
	初兼侍中。統和中，拜南京留守。
賦移芍藥詩。	統和十七年南征，爲先鋒，至瀛
之，繫獄，將棄市。景宗卽位，釋之，賜以所私宮人。保寧八年，妻造鴆毒，奪爵，貶烏古部。賦放鶴詩，徵還。	
	入覲，還至北安州，浴溫泉，疾薨，
	子五人：查葛、遂哥、謝家奴、驢糞、

子，聖宗第一，見帝紀。	
	隆祐，小字高七，一字胡都堇。
	第三。
梁國。開泰初，更王晉國，進王秦晉，追贈皇太弟。	乾亨初，封鄭王。統和中，徙王吳，
開泰初，加守太師，兼政事令，尋拜大元帥，賜金券。	統和中伐宋，留守京師，拜西南
州，遇宋將范庭召列陣以待。隆慶遣蕭柳擊敗之，逃入空壁，圍而盡殪。十九年，復敗宋人于行唐。	
葬醫巫閭山。	開泰元年薨。
蘇撒。	子三人：胡都古、合祿、貼不。

	一子不詳所出。	聖宗六子：欽哀皇后蕭氏生二子，興宗第
	藥師奴。	重元，小字孛吉只。
	第四。	第二。
更王楚。開泰初，改王齊。〔一〕諡仁孝。重熙間，改諡孝靖。		太平三年，封秦國王。興宗立，為皇太弟，賜
面招討使。及征高麗，復留守京師，權知北院樞密使。出守東京。贈守太師。		歷南、北院樞密使，南京留守，知元帥府事。
		聖宗崩，欽哀皇后稱制，密謀立重元，重元
		清寧九年，車駕秋獮灤水，重元子涅魯古
	早卒，葬王子院。	謀反，軍潰，自殺。
		子涅魯古謀反，戰歿。

一，見帝紀。
金券。道宗冊為皇太叔，免拜，不名，復賜金券。
道宗拜天下兵馬大元帥。
以所謀白於上，上益重之。後雖處戎職，未嘗離輦下，尊寵古未之有。
與陳六、蕭胡覩等四百餘人謀反，誘脅弩手軍攻行宮。將戰，其黨多悔過效順，各奔潰。重元奔走大漠，歎曰：「涅魯古使我至此。」

一子未詳所出。	僕隗氏生二子。	
別古特，字撒懶。	吳哥，字洪隱。	狗兒，字屠
第三。	第四。	第五。
重熙中，封柳城郡王。	燕王。	太平元年，
太平七年，遙領彰信軍節度使，為王子郎君班詳穩。重熙中，累遷契丹行宮都部署。	開泰二年，為惕隱，出為南京留守。	
明敏，善射。討夏國，督戰有功。		
討夏軍還，薨。	薨于南京。	暴疾薨。
	四世孫敵烈、朮烈。朮烈繼梁王雅里稱帝。	

	魯昆。		拜南府宰相。					
姜氏生一子。	侯古，字訛里本。	第六。	重熙十七年，封饒樂郡王，〔九〕咸雍中，徙混同郡王。	重熙初，王子郎君班詳穩，後爲上京留守。			薨于上京。	
興宗三子：仁懿皇后蕭氏生三子，道宗第一，見帝紀。	和魯斡，字阿輦。	第二。	重熙十七年，封越王。清寧初，徙王魯，進王宋魏。乾統三年，冊爲	清寧中，拜上京留守，改南京留守。乾統初，爲天下兵馬大元帥，	重元亂，和魯斡夜赴戰。	天祚卽位，弛圍場之禁。和魯斡請曰：「天子以巡幸爲大事，雖	從獵于慶州，薨。	子三人：石篤、遠淳、淳封秦晉王，稱帝。

			皇太叔。	加守太師，免拜不名。三年，爲偈隱，加義和仁壽之號，復守南京。〔一〇〕		居諒陰，不可廢也。」上以爲然，復命有司促備春水之行。		
	阿璉，字訛里本。	第三。	重熙十七年，封許王。清寧初，徙陳王、秦王，進封秦越國。追封秦	清寧中，出爲遼興軍節度使，咸雍間，歷西京、上京留守。			從車駕秋獮，以疾薨。	

			魏國王，諡欽正。					
道宗一子：宣懿皇后蕭氏生。	濬，小字耶魯斡。	第一。	六歲封梁王，八歲立爲皇太子，諡昭懷，以天子禮葬。〔一一〕乾統初，追尊大孝順聖皇帝，廟號順宗。	大康元年，兼領北、南院樞密使。	幼能言，好學，知書。文帝屢曰：「此子聰慧，殆天授。」七歲從獵，連中二鹿，上謂左右曰：「祖先騎射絕人，威		年二十，爲乙辛誣害，囚上京，見殺，葬玉峰山。	子天祚皇帝，諱延禧。

					振天下，是兒雖幼，當不墜祖風。」後復遇十鹿，射之得九，帝喜，爲設宴。			
天祚六子：文妃生一子。	敖魯斡。	第一。出繼大丞相耶律隆運後。	初封晉王。		喜揚人善，勸其不能，中外稱其長者。	保大元年，南軍都統耶律余覩以敖盧斡有人望，與文妃密謀	保大二年，以得人心縊死。	

						立之，不果，余覩降金，文妃伏誅，敖盧斡不與謀，得免。耶律撒八等復謀立敖盧斡，事覺，或勸之亡，曰：「安忍爲蕞爾之軀，失臣子之節！」聞者傷之。		
元妃生一子。	雅里，字撒鸞。	第二。	七歲，欲立爲太子，別置禁衞，封梁王。天祚奔夏，衆推稱帝，改元神曆。					
四子未詳所出。〔一二〕	撻魯。	第三。	燕國王。				早薨。	
	習泥烈。	第四。	趙王。				從天祚至白水濼，爲金師所獲。	
	定。	第五。	秦王。				至青塚濼，爲金師所獲。	
	寧。	第六。	許王。				至青塚濼，爲金師所獲。	

校勘記

〔一〕至轝只喝只二河　按紀太祖二年四月作培只河、柴河。

〔二〕天顯四年爲北院夷離堇　天顯，原誤「天贊」。按紀天顯元年安端猶爲惕隱，時北院夷離堇爲斜涅赤。卷七三耶律斜涅赤傳斜涅赤天顯中卒。安端繼之。據改。

〔三〕神册三年討平雲州天顯元年征渤海　三年原誤「元年」，天顯原誤「天贊」。按紀神册三年正月攻雲州，天顯元年正月征渤海，據改。

〔四〕統和中追謚欽順皇帝　中字原脫，據卷七二本傳補。欽順，紀重熙二十一年九月及遼文滙六韓椅墓誌均作恭順，此與本傳作欽順者，因陳大任避金章宗父允恭名改。

〔五〕會同元年封太平王　按紀封罨撒葛爲太平王在會同二年三月。

〔六〕景宗封爲越王　景宗，原誤「穆宗」。按紀封越王在保寧元年四月，據改。

〔七〕只沒　按紀統和元年正月作先帝庶兄質睦。

〔八〕開泰初改王齊　初，原作「中」。按紀開泰元年二月，楚國王隆祐徙封齊國王。據改。

〔九〕重熙十七年封饒樂郡王　原脫「十」字。按紀在十七年十一月，據補。

〔一〇〕三年至復守南京　按紀乾統六年十月，以皇太叔、南京留守和魯斡兼惕隱。義和仁壽之號，紀作義和仁聖。「復守」應作仍守，因惕隱爲兼官，並未離去南京留守。

〔一一〕兼領北南院樞密使　紀大康元年六月稱「詔皇太子總領朝政」。卷七二本傳：「大康元年，兼領北南樞密院事。」

〔一二〕四子未詳所出　按卷七一后妃傳德妃生子撻魯。又紀保大元年正月，趙王母昭容。

遼史卷六十五

表第三

公主表

春秋之法，王姬下嫁書于策，以魯公同姓之國爲之婚主故爾。古者，婦諱不出門，內言不出梱。公主悉列于傳，非禮也。然遼國專任外戚，公主多見紀、傳間，不得不表見之。禮，男女異長，不當與皇子同列，別爲公主附表。〔一〕

屬	母	名	封	下嫁	事	罪	薨	子
太祖一女：		質古。		下嫁淳欽皇后弟蕭室魯。	幼爲奧姑。契丹故俗，凡婚燕之禮，推女子之可尊敬者坐於奧，謂之「奧姑」。		未封而卒。	
太宗二女：		呂不古，第一。	應曆間，封汧國長公主。保寧中，進封燕國大長公主。	下嫁北府宰相蕭思溫。			以疾薨。	
		嘲瑰，第二。		下嫁北府宰相蕭海瓈。			應曆初，未封卒。	
世宗三女：	懷節皇后生：	和古典，〔二〕第一。	保寧間，封秦國長公主。	下嫁侍中蕭啜里。			以疾薨。	
		觀音，第二。	保寧間，封晉國長公主。	下嫁蕭夏剌。				
		撒剌，第三。		下嫁蕭幹里。			未封卒。	
景宗四女：	睿智皇后生三女：〔三〕	觀音女，第一。	封魏國公主，進封齊國，景福中，封燕國大長公主。	下嫁北府宰相蕭繼先。	皇后尤加愛，賜奴婢萬口。		重熙中薨。	
		長壽女，第二。	封吳國公主，統和初，進封衛國，改封魏國長公主。	下嫁宰相蕭排押。			開泰六年薨。	
		延壽女，第三。	封越國公主，追封趙國。	下嫁蕭恒德。	性沉厚，睿智皇后於諸女尤愛，甚得婦道，不以貴寵自驕。		年二十一，以疾薨。	
	渤海妃生	淑哥，第四。	無封號。	乾亨二年，		與駙馬都		

	聖宗十四女：	
一女：	貴妃生一女：	欽哀皇后生二女：
	燕哥，第一。	巖母菫，第二。
	封隨國公主，進封秦國。興宗封宋國長公主。	開泰七年，封魏國公主。進封秦國長公主，
下嫁盧俊。	下嫁蕭匹里。	下嫁蕭啜不。〔四〕
尉盧俊不諧，表請離婚，改適蕭神奴。		改適蕭海里，不諧，離之。又適蕭胡覩，不諧，

		蕭氏生二
	槊古，第三。	崔八，第四。
改封秦晉國長公主。清寧初，加大長公主。〔五〕	封越國公主，進封晉國。景福初，封晉蜀國長公主。清寧初，加大長公主。	封南陽郡
	下嫁蕭孝忠。	下嫁蕭孝
	姿質秀麗，禮法自將。	
離之。乃適韓國王蕭惠。		
	以疾薨。	太平末，東

女：	蕭氏，國舅夷離畢房之女。	蕭氏生一女：	馬氏生一女：	大氏生一女：
	陶哥，第五。	鈿匣，第六。	九哥，第七。	長壽，第八。
主，進封公主。	封長寧郡主，進封公主。	封平原郡主，進封荆國公主。	封潯陽郡主，進封公主。	封臨海郡主，進封公
先。	下嫁蕭楊六。	下嫁蕭雙古。	下嫁蕭璉。	下嫁大力秋。
京大延琳反，遇害。				駙馬都尉大力秋坐

	白氏生四女：			
	八哥，第九。	十哥，第十。	擘失，第十一。	泰哥，第十
主。	封同昌縣主，進封公主。	封三河郡主，進封公主。	封仁壽縣主，進封公主。	
	下嫁劉三嘏。	下嫁奚王蕭高九。	下嫁劉四端。	下嫁蕭忽
大延琳事伏誅，改適蕭憒古。				

		二。		烈。				
	李氏生一女:	賽哥,第十三。	封金鄉郡主,進封公主。	統和中,下嫁蕭圖玉。		以殺奴婢,得罪。	薨於貶所。	
	艾氏生一女:	興哥,第十四。		下嫁蕭王六。				
興宗二女:	仁懿皇后生二女:	跋芹,第一。	封魏國公主,重熙末,徙封晉國,加長公主。	下嫁蕭撒八。		與駙馬都尉蕭撒八不諧,離之。清寧初,改適蕭阿速。以婦道不修,徙中京,		

						又嫁蕭窩匱。		
		斡里太,第二。	封鄭國公主,清寧間,加長公主。壽隆間,加大長公主。	下嫁蕭余里也。				
道宗三女:	宣懿皇后生三女:	撒葛只,第一。	封鄭國公主,咸雍中,徙封魏國。〔六〕	下嫁蕭末。〔七〕	端麗有智。		大康初薨。	
		糺里,第二。	封齊國公主,進封趙	下嫁蕭撻不也。	駙馬都尉撻不也坐		大安五年,以疾薨。	

			國。		昭懷太子事被害,其弟訛都斡欲逼尚公主,公主以訛都斡黨乙辛,惡之。未幾,訛都斡以事伏誅。天祚幼,乙辛用事,公主每以匡救爲心,			

					竟誅乙辛。			
		特里,第三。	封越國公主,乾統初,進封秦晉國大長公主,徙封梁宋國大長公主。	下嫁蕭酬斡。	公主從天祚出奔。明年,攻應州,留公主守輜重。金人圍之,公主奔行在所,天祚潛遁,爲金人所獲。	大康八年,以駙馬都尉蕭酬斡得罪,離之。大安初,改適蕭特末。爲都統,與金人戰,敗于石輦鐸,被擒。		
昭懷太子女:		延壽。	封楚國公主,徙封許	下嫁蕭韓家奴。	幼遭乙辛之難,與兄			

	一	二	三	四	五	六	七
			國。乾統元年，進封趙國，加秦晉國長公主。		天祚俱養于蕭懷忠家。後李氏進挾穀歌，文帝感悟，召還宮。		
天祚六女：	文妃生一女：	余里衍。	封蜀國公主。		爲金人所獲。		
	元妃生三女：				俱爲金人所獲。		
	宮人生二女：				俱爲金人所獲。[八]		

校勘記

〔一〕別爲公主附表　羅校，附字衍。

〔二〕和古典　按紀統和元年正月作胡骨典，四月作胡古典。

〔三〕睿智皇后　智原作「聖」。按卷七一本傳作知，紀、志、表、傳另見者並作智，據改。

〔四〕巖母堇第二下嫁蕭啜不　按紀太平七年七月巖母堇作粘米袞，蕭啜不作蕭鉏不。

〔五〕改封秦晉國長公主淸寧初加大長公主　按遼文滙八妙行大師行狀碑作秦越國大長公主。

〔六〕咸雍中徙封魏國　雍原作「和」，陳大任避金世宗雍名改，元人回改遺漏，今回改。

〔七〕下嫁蕭末　紀大康二年六月作蕭霞抹。

〔八〕俱爲金人所獲　按金史七四宗望傳，天祚女爲金人所俘者有骨欲、餘里衍、斡里衍、大奧野、次奧野，惟長女乘軍亂逃去。餘里衍卽余里衍。

遼史卷六十六

表第四

皇族表

遼太祖建國，諸弟竊覦，含容誘掖，弗忍致辟，古聖人猶難之。雖其度量恢廓，然經國之慮遠矣。終遼之世，其出於橫帳、五院、六院之間者，大憝固有，元勳實多。不表見之，莫知源委。作皇族表。

一世	二世	三世	四世	五世	六世	七世	八世	九世
五院夷離堇房洽昚。			五院夷離堇歐魯古。	北院大王圖魯窘。[一]				
六院郎君房葛剌。			不知世次：	太子太傅棠古。				侍中陳家奴。[二]

右系出肅祖昭烈皇帝。

一世	二世	三世	四世	五世	六世	七世	八世	九世
六院夷離堇房帖剌。	夷離堇古只。							
	于越轄底。	迭里特。						
六院部舍利房裏古直。			不知世次：	北院夷離堇斜涅赤。				姪右皮室詳穩老古。
								大王頗德。
				政事令撻烈。				

	簡獻皇帝兄匣馬葛。〔四〕	
	遙輦可汗時，本部夷離菫偶思。	
	阿魯敦于越曷魯。	
	惕刺。 撒刺。	
北院大王曷魯。〔三〕 南院大王吾也。	太師斜軫。	
	小將軍狗兒。	

右系出懿祖莊敬皇帝。

橫帳孟父房巖木楚國王。〔五〕	
迭刺部夷離菫胡古只。	迭刺部夷離菫末掇。
撻馬狘沙里神速。〔六〕	

迭刺部夷離菫楚不魯。		
北院樞密使安摶。〔七〕	左皮室詳穩撒給。	

孟父房，不知世次：

惕隱朔古。	于越屋質。
	黨項節度使唐古。
節度劉家奴。	
昭德節度孟簡。	

孟父房楚國王之後，不知世次：

匡義節度大悲奴。	惕隱何魯掃古。

仲父房隋國王釋魯。		
滑哥。		
寘只。	于越洼。	
	惕隱學古。	
滌洌。		
撒刺竹。〔八〕		

漆水郡王頹昱。〔九〕	北院宣徽使敵祿。	右皮室詳穩奚低。	南院大王善補。	侍中化哥于越弘古。〔一〇〕	北院宣徽使馬六。	燕王瑰引。
					南京宣徽使奴古達。	于越仁先。〔一一〕 惕隱許王義先。 南面林牙信先。

于越休哥。〔一二〕
于越高十。

仲父房，不知世次：

東路統軍使烏古不。〔一三〕	國留。	昭德節度賓忠。	昭。	匡義節度馬哥。	北院大王的祿。	北面林牙韓留。	武定節度仙童。〔一四〕	西北招討使塔不也。

	太祖從姪，不知所出：	于越魯不古。	西平郡王賢適。	大同節度觀音。				

右系出玄祖簡獻皇帝。

季父房夷離菫剌葛。	賚保。[二五]							
	中京留守拔里。[二六]							
左大相迭剌。		鎮國節度合住。						
許國王寅底石。		中書令阿烈。					混同郡王斡特剌。[二七]	
	劉哥。							
	盆都。[二八]							

	化葛里。				
	奚蹇。				
明王安端。	察割。				
南府宰相蘇。		尚父奴瓜。		北院樞密使頗的。	北院樞密使霞抹。[二九]
				惕隱蒲古。	鐵驪。
鐸穩。[三〇]			太師豁里斯。	惕隱燕哥。	
		季父房，不知世次：		平章的烈。	
				中京路按問使和尚。	
				林牙高家。[三一]	漆水郡王撻不也。
				南府宰相鐸魯斡。[三二]	烏古部節度使普古。

				北面大王特麽。				
				先鋒都監張奴。				
				檢校太師吳九。		林牙庶成。		
						都林牙庶箴。		
				罨古只。				朗。[三三]

右系出德祖宣簡皇帝。

讓國文獻皇帝倍。	平王隆先。	陳哥。
	晉王道隱。	
	婁國。	
章肅皇帝李胡。	宋王喜隱。	留禮壽。
	衛王宛。	
惕隱牙里果。	南府宰相敵烈。	
	室魯。	
	北院大王奚底。	

右系出太祖天皇帝。

冀王敵烈。	蛙哥。

右系出太宗孝武惠文皇帝。

皇太弟隆慶。	魏國王查葛。
	豳王遂哥。
	陳王謝家奴。

	遼西郡王驢糞。			
	漆水郡王蘇撒。	祇候郎君王家奴。		
		祇候郎君羅漢奴。		
齊國王隆祐。	周王胡都古。			
	魏王合祿。			

右系出景宗孝成康靖皇帝。

重元。	涅魯古。			
燕王吳哥。				敵烈。
				朮烈，稱帝。

右系出聖宗文武大孝宣皇帝。

皇太叔和魯斡。	漆水郡王石篤。
	匡義節度遠。
	秦晉國王淳，稱帝。

右系出興宗神聖孝章皇帝。

校勘記

〔一〕北院大王圖魯窘　按卷七五本傳：「肅祖子洽昚之孫，其父敵魯古。」行輩與此不合。以下凡行輩舛誤及名字脫漏者，並存原式，不予移補。

〔二〕（九世）侍中陳家奴　按卷九五本傳：「懿祖弟葛剌之八世孫。」行輩不合。

〔三〕北院大王曷魯　曷魯，紀大安八年十一月及卷一一一本傳作合魯，其弟吾也。

〔四〕六院夷離堇房帖剌及簡獻皇帝兄匣馬葛　考異，帖剌、蒲古只、匣馬葛爲一人三名。此分帖剌、匣馬葛爲二，誤。

〔五〕橫帳孟父房巖木楚國王　楚國王，卷七七耶律頹昱傳同。紀重熙二十一年七月、卷六五皇子表並作蜀國王。又「楚國王」三字應移「巖木」之前。

〔六〕撻馬狘沙里神速　撻馬狘前原有「捕」字，衍文從刪。

〔七〕（三世）北院樞密使安摶　按卷七七本傳：「祖楚不魯，父迭里，侄撒給。」表行輩不合，缺迭里。

〔八〕滌冽及撒剌竹　按滌冽與撒剌竹之間世次原不明確。檢卷一一四撒剌竹傳稱「孟父房滌冽之孫」。今於二人之間空一格。

〔九〕（不知世次）漆水郡王頹昱　按卷七七本傳：「父末掇。」頹昱應在二世迭剌部夷離堇末掇之下，非不知世次。

〔一〇〕侍中化哥及于越弘古　卷九五耶律弘古傳，弘古爲化哥弟。二人應平列。

〔一一〕于越仁先　卷九六本傳，父瑰引，表誤爲祖。又有子撻不也，表缺。

〔一二〕東路統軍使烏古不　烏古不，卷八三本傳作烏不呂。

〔一三〕于越洼及于越休哥　卷七七耶律洼傳及卷八三休哥傳並稱父綰思，又休哥有子高八、高九、道士奴，表並缺。

〔一四〕武定節度仙童　武定原誤「定武」，據卷九五本傳及地理志五、百官志四改。

〔一五〕賽保　按紀神册二年六月作賽保里。

〔一六〕中京留守拔里　按卷七六本傳作拔里得。

〔一七〕（八世）混同郡王斡特剌　按卷九七本傳：「許國王寅底石六世孫。」行輩不合。

〔一八〕盆都　原作「盆哥」，據紀天祿二年正月、刑法志上及卷一一三本傳改。

〔一九〕北院樞密使霞抹　按卷八六耶律頗的傳：「子霞抹，北院樞密副使。」

〔二〇〕鐸穩　皇子表，太祖異母弟蘇字雲獨昆；卷一一〇耶律燕哥傳，稱「四世祖鐸穩，太祖異母弟」。疑鐸穩卽是雲獨昆。

〔二一〕林牙高家　紀重熙十九年二月作南面林牙高家奴。

〔二二〕南府宰相鐸魯斡　鐸原作「釋」，據紀壽隆二年十二月及卷一〇五本傳改。

〔二三〕罨古只及朗　卷一一三耶律朗傳：「朗祖罨古只爲其弟轄底詐取夷離堇。」卷一一二轄底傳：「轄底，肅祖孫夷離堇帖剌之子。異母兄罨古只。」罨古只、朗並應在帖剌欄內。

遼史卷六十七

表第五

外戚表

漢外戚有新室之患，晉宗室有八王之難。遼史耶律、蕭氏十居八九，宗室、外戚，勢分力敵，相爲唇齒，以翰邦家，是或一道。然以是而興，亦以是而亡，又其法之弊也。

契丹外戚，其先曰二審密氏：曰拔里，曰乙室已。至遼太祖，娶述律氏。述律，本回鶻糯思之後。大同元年，太宗自汴將還，留外戚小漢爲汴州節度使，賜姓名曰蕭翰，以從中國之俗，由是拔里、乙室已、述律三族皆爲蕭姓。拔里二房，曰大父、少父；乙室已亦二房，曰大翁、小翁，世宗以舅氏塔列葛爲國舅別部。三族世預北宰相之選，自太祖神册二年命阿骨只始也。〔一〕聖宗合拔里、乙室已二國舅帳爲一，與別部爲二。此遼外戚之始末也。作外戚表。

戚	一世	二世	三世	四世	五世	六世	七世	八世	九世	十世	十一世
蕭氏：	五世祖胡母里。	北府宰相敵魯。〔二〕		平章事討古。							
			北府宰相幹。								
景宗睿智皇后父思溫：	忽里沒。〔三〕	北府宰相思溫。	北府宰相繼先。思溫無嗣，睿智皇后命爲後。								
		馬羣侍	蘭陵郡	南京統							

戚	一世	二世	三世	四世	五世	六世	七世	八世	九世	十世	十一世
		中朮魯烈。〔四〕	王撻凜。	軍撻古。							
			大父房，不知世次：		林牙蕭和尚。			北院樞密使革。			
					北院宣徽使特末。						
太祖淳欽皇后父月椀：	阿扎豁只月椀。	北府宰相阿古只。				北府宰相排押。					
世宗懷節皇后父阿古只：						蘭陵郡王恒德。	蘭陵郡王匹敵。〔五〕				
							東路統軍柳。				

戚	一世	二世	三世	四世	五世	六世	七世	八世	九世	十世	十一世
道宗宣懿皇后父惠：				蘭陵郡王某。		齊國王某。	北院樞密使惠。	西北招討使慈氏奴。			
										兀古匿。	蒲離不。〔六〕
興宗仁懿皇后父孝穆：						國舅詳穩陶瑰。	大丞相孝穆。	北院樞密使阿剌。	趙國王別里剌。	蘭陵郡王酬斡。	
								北院宣徽使撒八。			
							北院樞密使孝	使相撒磨。	蘭陵郡王得里	磨撒。	

				宰相撻列。	
先。	北院樞密使孝忠。	北府宰相孝友。			
	南院樞密使阿速。		樞密副使胡覩。〔七〕		
底。				龍虎衛上將軍忽古。〔八〕	臨海節

	太宗靖安皇后，父室魯：					
	駙馬都尉室魯。	勉思。				
			少父房，不知世次：			
			勞古，聖宗詩友。	中書令乙薛。	始平節度使訛都斡。	國舅詳
			南院樞密使朴。			南京統
度使拔剌。						

	聖宗仁德皇后，父隗因：			
	不知房族世次：	國舅族，不知世次：		國舅別部，不知世次：
穩雙谷。	隗因。〔九〕	國舅、郡王高九。〔一〇〕	漢人行宮都部署韓家。	北府宰相只魯。
軍迭里得。黃八。		北府宰相朮哲。		
		蘭陵郡王撻不也。		八世孫，世選北府宰相

		戚屬，不知世次：
		令穩塔列。
	七世孫臺哂。	總知軍國海璆。
塔列葛。〔一一〕		烏古節度圖玉。
		南京統軍雙古。
		敵烈統軍訛都斡。

校勘記

〔一〕自太祖神册二年命阿骨只始也　按紀在神册三年十二月。

〔二〕北府宰相敵魯　卷一〇二蕭翰傳："一名敵烈，字寒眞，宰相敵魯之子。"敵魯下缺翰。依原式未補。以下仿此不備注。

〔三〕忽里沒　卷七八蕭思溫傳作忽沒里。

〔四〕馬羣侍中朮魯烈　朮魯烈，卷八五蕭撻凜傳作朮魯列。

〔五〕蘭陵郡王恒德至蘭陵郡王匹敵　按恒德原脫「德」字，匹敵原誤「恒敵」，並據卷八八本傳補正。

〔六〕兀古匿至蒲離不　兀古匿原誤「乙古匿」，蒲離不原脫「不」字。按卷九三蕭惠傳：「二子：慈氏奴、兀古匿。」又卷一〇六蕭蒲離不傳：「魏國王惠之四世孫，父母蚤喪，鞠于祖父兀古匿。」並據傳補正。又兀古匿、蒲離不行輩不合，並存原式未移。

〔七〕樞密副使胡覩　卷八七孝友傳，子胡覩。胡覩應在孝友下。

〔八〕龍虎衞上將軍忽古　按卷八八蕭敵烈傳，「宰相撻烈四世孫」，「族子忽古，弟拔剌。」此脫敵烈，拔剌、忽古行輩亦不合。

〔九〕不知房族世次隗因　按卷七一仁德皇后傳，「睿智皇后弟隗因之女」。睿智皇后父思溫，則隗因爲思溫之子。

〔一〇〕國舅郡王高九　按卷九一朮哲傳，「孝穆弟高九之子」，則高九爲陶隗之子。

〔一一〕北府宰相只魯至八世孫塔列葛　按卷八五蕭塔列葛傳：「八世祖只魯，唐安祿山來攻，只魯戰于黑山之陽，敗之，以功爲北府宰相，世預其選。」又紀重熙十九年十二月，以東京留守蕭塔列葛爲北府宰相。是年距安祿山來攻，三百餘年，八世似不合。又卷九〇蕭塔剌葛傳：「太祖時坐叔祖臺哂謀殺于越釋魯沒入弘義宮，世宗卽位，以舅氏故，出其籍，補國舅別部敞史。」塔剌葛爲臺哂孫輩，仕世宗朝，塔列葛僅次臺哂一輩，仕興宗朝，亦不合。

遼史卷六十八

表第六

遊幸表

朔漠以畜牧射獵爲業，猶漢人之劭農，生生之資於是乎出。自遼有國，建立五京，置南北院，控制諸夏，而遊田之習，尚因其舊。太祖經營四方，有所不暇；穆宗、天祚之世，史不勝書。今援司馬遷別書封禪例，列于表，觀者固足以鑒云。作遊幸表。

太祖	正月	二月	三月	四月	五月	六月	七月	八月	九月	十月	十一月	十二月
七年							次烏林					

							河觀漁。					
九年						射野馬於漠北。						
神册四年	射虎于東山。											幸遼陽故城〔一〕
五年					射龍於拽剌山陽水上，其龍一角，尾長足短，身長五尺，舌二尺							

					有牛，敕藏內庫。							
天贊二年		如平州。										
三年									次回鶻城。獵于野鳥篤幹山。幸回鶻城。獵于西河石堰，得白兔。			

									觀漁烏魯古河。			
天顯元年			幸天福城。									
太宗四年	獵于潢河。	獵于近地。				如涼陘。				出獵，獲虎。		
五年			蒐于近淀。			射柳。如沿柳湖。						
六年		獵于近山，獲虎。		觀銀冶。射柳。				障鷹于近山。				
七年			是春，蒐于潢水之曲。									獵于小滿得山。

九年					射柳。							
十年			蒐于滿德湖。						如金瓶濼。[二]			
十一年						射柳。						
十二年						射柳。						
會同元年			射虎于松山。[三]	觀伐木。								
三年		獵于盤山。					獵于炭山。					
六年								障鷹于合不剌山。				

七年							障鷹於炭山。					
九年			鈎魚于土河。			射柳。						
世宗五年							如太液谷，留飲三日。					
穆宗應曆三年						障鷹于輞山。獵于羝羊山。	障鷹于團鹿峪。					
四年		獵于郭里山。					障鷹于白羊山。					

五年									獵于西山。			
六年									擊鞠。	與羣臣水上擊髀石爲戲。		
七年						射柳。	射柳。					獵于赤山。獵于拽剌山。
八年							獵赤山。					
九年					獵于鹿嶠南林。	獵于白鷹山。	射鹿于鳳凰門	射鹿於近山，迄				獵于黑山。

							下。	于九月。				
十年		獵于圖不得泉。如裹潭。獵于成吉得井。			射舐鹹鹿于鳳凰門。			次三石嶺，呼鹿射之。				獵于天梯山。
十一年			射鹿于遙斯嶺。			射鹿于赤山。射柳。						
十二年		獵于蘇隱山。				是夏，射舐鹹鹿于玉山。						
十三年	丁卯夜，		獵，多獲		射柳。	是夏，獵			登高，以			獵于三

	觀燈。		鴈鴨。還宮，飲至終夜。自是，晝出夜飲，迄于月終。			于玉山。			南唐所貢菊花酒賜羣臣。是秋，射鹿於黑山、拽剌山。			嶺。
十四年		如潢河。				獵于玉山。射臥鹿于白嶺山。	射舐鹹鹿于葛德泉。	射舐鹹鹿于赤山，呼鹿射之。				幸樞密使蕭護思第。
十五年									是秋，獵于黑山。			獵于七鷹山。

十六年	擊鞠。			以野鹿入馴鹿羣，觀之，飲至竟日。[四]			獵于玉山。					
十七年		如潢河。		駐蹕于裹潭。								獵于碓觜嶺。
十八年	幸太師女古第，宴飲終夜。	如裹潭。				避暑于裹潭。		射鹿于近山，三旬而返。	以菊花酒飲從臣。獵熊。	射鹿于皇威嶺。復射鹿、射麃。	射鹿于皇威嶺。	
十九年		幸鹿囿飲酒。至										

年												
		暮，幸五坊。										
景宗 保寧元年								如秋山。		漁于赤山濼。		
二年						是夏，幸塌母城，進幸東京。						
三年					射柳。		如沿柳湖。	射鴨于惠民湖。獵于平地松林。	獵于胡土白山。幸于越屋質第。	駐蹕于蒲瑰坂。		

年												
								獵于遼河之源。				
四年						觀從臣射柳。	射柳。					
五年	如神得湖。如應州。								駐蹕于歸化州西硬城。			
六年				幸冰井。								
七年	如查懶淀。											
八年		如金瓶濼。								如長濼。		
九年	如鹿蝸。									如老翁		

年												
										川。鈎魚于赤山濼。		
十年			獵于頡山。復如長濼。					獵于赤山。		漁于褭潭。		
乾亨元年	觀燈于市。				幸惠民湖。			幸冰井。				
二年			閏月，如南京賞牡丹。西幸。									如蒲瑰坂。獵于檀州之南。
三年		放鶻于		幸羊城				獵于焱				

年												
		溫泉南。		濼。				山。				
四年									獵于焱山。			
聖宗 統和元年			從禽于近川，獲六鴇。幸甘露等寺。駐蹕長濼。又駐蹕于閣甸旁山。獵于羖攊甸，		幸興王寺。獵于盆馬里坂。				獵于黑山。	駐蹕于老翁川。	鈎魚于近川。	

			大獲鹿家。									
二年	幸近地。	如潢河。	獵于山榆甸。					幸鵝山觀障鷹。獵于嶺右。				
三年							次庫骨水山障鷹。畋于赤山。	障鷹于斜軫山。擊鞠。獵于赤山。	渡怕里水，觀海。		獵于東古山。	
四年	觀漁于新灣。獵于謁懶				如炭山清暑。獵于燕山。			障鷹于炭山。獵于炭山。	獵于畫達剌山。駐蹕白	幸齊國公主第宴。		

	甸。							獵于畫達剌山。	楊嶺。			
五年		幸潞縣西，放鶻，擒鵝。		北幸，趨沒打河避暑。			沿東山行獵。					
六年				幸延壽、延洪二寺，及秦國長公主第。			觀鹿于炭山。幸黎園、溫湯。	射鹿于近山。駐蹕赤城南。				獵于沙河。
七年			擊鞠。	擊鞠。獵于新西道東。	射熊于虎特嶺。	幸秦國公主第。	障鷹于花山。幸秦國					獵于薊州之南甸。鈎魚

							公主第					于曲水濼。
八年			幸盤山諸寺。獵西括折山。									
九年		如曲水濼。						獵于盤道嶺。獵于炭山。				
十年					射鹿于湯山。				射鹿于蔚州南山。	射熊于紫荊口。		
十一年	幸延芳											

	淀。											
十二年				如炭山清暑。〔五〕				獵于東山。	獵于宰相山。獵于黑河南山。		漁于潞縣西濼。	獵于順州西甸。
十三年		幸延芳淀。〔六〕							幸大王川。			
十四年	幸延芳淀。					擊鞠。						
十五年				幸延壽寺。				如秋山。				
十六年						獵于平地松林。						

十七年								獵于諸山。				
十九年		獵于崖頭川。		如高林嶋。			觀市。	駐蹕于昌平。幸南京。〔七〕				漁于崖頭川。漁于閣崖。
二十年								獵于平地松林。	叉魚于遼河。			
二十一年					觀市。				獵于田里不魯幹。		鈎魚于周河。	
二十二年								獵于褭古狨。				
二十三					獵于抹	獵于畫				獵于孩	獵于桑	

年					特濼谷。	盧打山。獵于奴穆賓峪。獵于吾魯賓峪。獵于野葛嶺。獵于沙渚卷峪。獵于括只阿剌阿里山。獵于青林				里迭扎剌。獵于虎特嶺。	乾河。	

						川，射熊，獲之。						
二十八年								幸檢林湯泉。				
二十九年						獵于沙嶺。						
三十年 開泰元年〔八〕	獵于賈曷魯林。幸興王寺。			捕魚于排得述魯濼。	幸上京。					幸中京。		
二年		獵于阿里濼。如					獵于永安山。障	獵于赤山。		鈎魚于長濼。		

		薩堤濼。					鷹于緬山。畋于陷嶺。					
三年		觀漁于瓌泥濼。	觀漁于三樹濼。弋鵝于薩堤濼。									
四年	獵于沙皐。獵于鍋林。			獵于牛山。獵于直舍山。								
五年				獵于渾河之西。								
六年					獵于狠							

	一	二	三	四	五	六	七	八	九	十	十一	十二
					林東。觀漁于遼花濼。獵于羖羊堝。							
七年			如三樹濼。									
八年	如渾河。		獵于雪林。獵于石底水。		獵于樺山。獵于淺嶺山。獵于涅烈山。獵于跋恩		如秋山。障鷹于緬山。	獵于近甸。			幸中京。	幸開泰寺宴飲。幸秦晉長公主第作藏鬮宴。幸

	一	二	三	四	五	六	七	八	九	十	十一	十二
					山。							開泰寺。[九]
九年	獵于馬盂山。			如大魚濼。				獵于果里白山。獵于崖頭川。獵于蕎麥山。獵于榆林。射喚鹿于侯勒水灘。射喚鹿于鐵	獵于松山，獵于黑山。	觀漁于沙濼。		

	一	二	三	四	五	六	七	八	九	十	十一	十二
								里必山。獵于遼河之源。				
太平元年				獵于渾河山。			獵于鷂子山。障鷹于只舍山。	獵于馬盂山。				
三年	觀漁于鴨淥江。	駐蹕于魚兒濼。	飛放于撻魯河。									
四年		如魚兒濼。	飛放于長春河。				獵于平地松林。		射兔于平川。			
五年				獵黑嶺。西至銅				獵于檀州北山。				

	一	二	三	四	五	六	七	八	九	十	十一	十二
				河。				射兔于平川。				
六年					避暑于永安山之涼陘。				獵于狠河。			
七年		如長春河飛放。					獵于黑嶺。					
八年	鉤魚、弋鵝于長春河。						駕至遼河源獵。					
九年				獵于陘山。								
十年							獵于沙	獵于平				

							嶺。	地松林。				
興宗景福元年							幸楚國公主帳。幸皇姊涅木袞第。					幸樞密延寧第。
重熙元年				清暑于別鞊斗。	駐蹕于別嶺甸。		障鷹于習禮吉山。	駐蹕于遼河上源。	獵于習禮吉山。獵于牛山。	幸中京。		
三年	東幸。	射柳。			駐蹕于永安山。		東幸。射鹿。					
四年	東幸。			獵于娥								

				兒山。								
五年	獵于平地松林。				釣魚于赤項濼。次五鶻部，弋獵飲酒。	擊鞠。放海東青鶻于葦濼。擊鞠。		如秋山。獵于炭山之側。	獵于沙山。			
六年	獵于鴛鴦濼。	獵于野狐嶺。			擊鞠。幸于北護衞太保耶律合住帳，賜物，歡飲。	幸蕭孝穆第，醉飲。	射鹿于耶里山。			擊鞠。	幸晉國公主行帳。	
七年				射柳。獵			擊鞠。射		射鹿于		擊鞠。	幸佛寺

				金山。			麃鹿于轄剌罷。射虎于東剌山。獵于頗羅扎不葛。		麃子嶺。獵于娥兒山。			受戒。
八年	叉魚于治河。	獵于武清寨之葦甸。								擊鞠。		閏月，擊鞠。
九年				獵，至于月終。駐蹕于永						觀漁于混同江。飛放于		駐蹕于永安山。

				安山清暑。[10]						韶陽軍。		
十年								射虎于醫巫閭山。幸外祖母齊國太妃之帳。	獵于敝都。	獵于烽臺山，親射虎，立斃。		
十一年		幸牛山濼。	如赤蝸濼。						閏月，幸南京，宴于皇太弟重元第，泛舟			幸延壽寺飯僧。詔宋使觀擊鞠。

									于臨水殿宴飲。			
十二年								幸慶州諸寺焚香。獵于拽剌山。獵于永安山。				
十三年					射鹿于拜馬山。					獵于陰山。		
十四年							獵于黑嶺。		獵于平川。			
十五年		如魚兒			射鹿于			南府宰		幸秦國		

		濼。			淺林山。			相杜防生男，幸其居。觀穫。		長公主帳。		
十六年					射鹿于訛魯古只山。		觀市。擊鞠。射鹿于都里也剌。幸慶州諸寺焚香。障鷹于直舍山。	障鷹于霞列山。射鹿于擊輪山。〔二〕		觀擊鞠。	幸興王寺拜佛。	
十九年					獵于分	獵于烏	幸鷹坊	射熊于	射鹿于		獵于不	

					金山。	里嶺。	使頗得帳。	醫巫閭山。	索阿不山。		野山。	
二十年			如多樹濼。									
二十一年					獵于涼陘諸山。		擊鞠。觀市。幸聖濟寺。	幸溫湯。射虎于諸山。	射鹿于黑山。獵于玉山。獵于白鷹山。	觀燈。	觀擊鞠。獵于柳河。獵于平頂山。	
二十二年		獵于黑林。			射熊于曷朗底。	射鹿于門嶺。			駐蹕于訛魯昆坡。			
二十三	獵于水	如奪里				幸聖濟	擊鞠。	獵于悅			擊鞠。	

年	涸川。	捨澤。				寺。擊鞠。		只吉。	獵，射虎，獲之。			
道宗清寧二年												
十年							獵于赤山，以皇太后射獲大鹿，設宴。庚寅，獵，梁王濬遇十鹿，射之得九。		幸七金山三學寺。	幸北牡山。		

年	1	2	3	4	5	6	7	8	9	10	11	12
							帝大喜，復設宴。					
咸雍元年							幸黑嶺。					
二年						如藕絲淀。						
三年	幸沙奴特。		駐蹕于細葛泊。			幸魏王乙辛第。	獵于赤山。					
四年	北幸。			射柳。幸魏王乙辛第。								
六年									獵于木葉山。			

年	1	2	3	4	5	6	7	8	9	10	11	12
七年		如魚兒濼。										
九年			如黑水濼。				幸金河寺。	獵于三門口。				
大康三年						避暑于永安山。						
四年						獵于黑嶺。						
六年					獵于白石山。							
大安元年								射鹿于潑山。				
二年								射鹿于				

年	1	2	3	4	5	6	7	8	9	10	11	12
								查沙。				
九年		獵于拖古烈。						獵于漫牙觀山。				
壽隆元年								射鹿查沙。				
二年											幸沙門恒策戒壇，問佛法。	
三年							射熊于排葛都。	射熊于沙只直山。				
五年							射熊于	射熊于				

年	1	2	3	4	5	6	7	8	9	10	11	12
							青崖。	覩里山。				
天祚皇帝乾統三年									獵于吾刺里山，虎傷獵夫。庚子，射熊于善山。			
四年					射鹿于沙只山。				射熊于瓦石剌山。			
六年								獵于撒不烈山。				
八年								獵于柏				

								山。				
天慶二年				如斧柯水。								
四年								如慶州。射鹿于秋山。	駐蹕于藕絲淀。			
七年									獵于輞子山，虎傷獵夫。			

校勘記

〔一〕（神册四年十二月）幸遼陽故城　按紀在三年十二月。

〔二〕（九月）如金瓶濼　按紀在十二月。

〔三〕（三月）射虎于松山　按紀，二月獵松山。

〔四〕（四月）以野鹿入馴鹿羣觀之飲至竟日　按紀在閏八月。

〔五〕（四月）如炭山清暑　按紀在五月。

〔六〕（二月）幸延芳淀　按紀在正月。

〔七〕（八月）駐蹕于昌平幸南京　按紀在九月。

〔八〕三十年開泰元年　按紀統和三十年九月改元開泰。原誤分二欄，據紀改正。

〔九〕幸開泰寺　設非重出，應是再至。

〔一〇〕（四月）駐蹕于永安山清暑　按紀在五月。此因上文連敍。

〔一一〕射鹿于鑿輪山　按紀重熙十六年九月作繫輪山。

遼史卷六十九

表第七

部族表

司馬遷作史記，敍四裔於篇末。秦、漢以降，各有其國，彼疆此界，道里云邈。不能混一寰宇，周知種落，鄰國聘貢往來，焉能歷覽。或口傳意記，模寫梗概耳。遼接五代，漢地遠近，載諸簡册可考。西北沙漠之地，樹藝五穀，衣服車馬禮文，制度文爲，土產品物，得其粗而失其精。部落之名，姓氏之號，得其音而未得其字。歷代踵訛，艱於考索。

遼氏與諸部相通，往來朝貢，及西遼所至之地，見於紀、傳亦豈少也哉。其事則書於紀，部族則列於表云。

紀年	正月	二月	三月	四月	五月	六月	七月	八月	九月	十月	十一月	十二月
太祖元年	黑車子室韋八部降。									討黑車子室韋。		
二年					皇弟惕隱撒剌討烏丸及黑車子室韋。							
三年										討黑車子室韋，破之。		

										西北嗢娘改部族進奉車人。		
四年										烏馬山奚庫支及查剌底、鋤勃德等部叛，討平之。		
五年	西奚部、東奚部											

	叛，討平之。											
神册元年							征突厥、党項、小蕃、沙陀諸部，破降之。					
三年	皇弟安端爲偈隱，攻西南諸部。											
四年									征烏古部。			

六年			皇太子暨諸將分擊部落，以烏古、奚爲圖盧、涅離、奧畏三部。[一]									
天贊元年						擊西南諸部。				分迭剌部爲二院。		
二年			討奚胡損，獲之，									

			置奚墮瑰部。									
三年							擊山東部族，破之。		破胡母思山蕃部。			
天顯元年		奚部長勃魯恩、王郁從征有功，賞之。	安邊、鄚頡、定理三府叛，討之。									
三年 太宗不改元					突呂不討烏古部。				突呂不獻烏古俘。		鼻骨德來貢。	

四年						突呂不獻烏古俘。						
五年						敵烈來貢。	烏古來貢。					
六年	敵烈來貢。					烏古來貢。		鼻骨德來貢。				
七年						烏古、敵烈來貢。						
九年						鼻骨德來貢。						
十一年						鼻骨德來貢。	于厥里來貢。					

十二年								鼻骨德來貢。				
會同元年		室韋進白麃。						黑車子室韋貢名馬。				
三年	烏古獻伏鹿國俘。						黑車子室韋來貢。	朮不姑三部人來貢。				
四年	涅剌、烏隗二部上党項俘獲。乙室、品、	烏古來貢。于厥里來貢。[二]				阿里底來貢。					朮不姑來貢。女直來貢。	

	突舉三部上党項俘獲。											
五年		鼻骨德來貢。						鼻骨德、烏古來貢。朮不姑、鼻骨德、于厥里來貢。				
六年							奚鋤勃德部進白麝。[三]					

七年					黑車子室韋來貢。					鼻骨德來貢。		
八年						鼻骨德來貢。黑車子室韋來貢。		鼻骨德來貢。				
九年	鼻骨德奏軍籍。							烏古來貢。				
穆宗應曆元年												鼻骨德來貢。

二年	三年	五年	六年	七年	十四年
		鼻骨德來貢。		鼻骨德來貢。	
	烏古、鼻骨德來貢。				
敵烈部來貢。					黃室韋叛。
	敵烈部來貢。		鼻骨德來貢。		
					庫古只奏黃室

	十五年
	烏古殺其酋長
	大黃室韋酋長
	小黃室韋叛去，
	庫古只奏室韋
	敵烈來降。
	烏古至河德濼，
	常思與烏古戰，
韋掠馬牛，叛去。庫古只與黃室韋戰，敗之，降其衆。賜詔撫諭。烏古叛，掠居民財畜。	

	十七年
孛离底，降而復叛。	夷離畢
寅底吉叛。五坊人四十戶叛入烏古。	
雅里斯、楚思等擊之，爲室韋所敗。遣使讓之。	
酋長寅底吉亡入敵烈。	
遣夷離堇畫里、夷離畢常思以擊之。[四]丁丑，烏古掠上京北榆林峪居民，遣林牙蕭幹討之。	
大敗之。	

	景宗保寧三年	四年	五年	八年
骨欲獻烏古之俘。				
		鼻骨德來貢。		
			鼻骨德部長曷魯撻覽來朝。	鼻骨德
	鼻骨德來貢。			

	乾亨元年	聖宗統和元年	二年
			五國、隈烏古部節度使耶律隈洼以所
			劃離部人請今後詳穩只於當部選授，
	敵烈來貢。		耶律蒲寧、都監蕭勤德東征女直回，獻
來貢。			速撒奏降敵烈部。速撒奏叛蕃來降。

	三年
轄諸部難制，請賜詔、劒，仍便宜從事。從之。	
上以諸部官長惟在得人，詔不允。	上閱諸部籍，以涅剌、烏隈二部額少役重，故量免之。
捷。	
	乙室奥隗部黍過熟未穫，遣人以助收刈。
	乙室姥隈部族副使進物。朮不姑諸部來至近地。

四年	五年
頻不部節度使和盧覩、黃皮室詳穩解里等各上所獲兵甲。	
姪里古部送輜重行宮。〔三〕	
	涅剌部節度使撒葛里有惠政，部民請

	六年	九年	十二年
		振濟室韋、烏古部。	
	詔烏隈于厥部却貢貂鼠、青鼠皮，止以馬牛入貢。		
留，從之。	以西南面招討使韓德威討河湟路逵命諸蕃。		
			詔皇太妃領西
		鼻骨德來貢。	

年	1	2	3	4	5	6	7	8	9	10	11	12
								北路烏古部兵。				
十三年										鼻骨德來貢。		
十五年				罷奚五部歲貢麛鹿。	敵烈八部殺詳穩以叛，蕭撻凜追擊，獲其部族之半。					罷奚王諸部貢物。		
十六年			鼻骨德酋長來									

年	1	2	3	4	5	6	7	8	9	10	11	12
			貢。									
十九年								達盧骨部來貢。			閏月，鼻骨德來貢。	
二十一年				奧里等部來貢。			烏古來貢。					
二十二年			罷蕃部賀千齡節及冬至、重五進貢。				蒲奴里、剖阿里等部來貢。					
二十三年							烏古來貢。			鼻骨德來貢。		

年	1	2	3	4	5	6	7	8
開泰元年	曷蘇館大王曷里喜來朝。							
二年	烏古、敵烈叛，命右皮室詳穩延壽率兵討之。						烏古、敵烈皆復故地。	
三年	鐵驪來貢。			烏古叛。				八部敵烈殺其詳穩稍

年	1	2	3	4	5	6	7	8
								瓦，皆叛，詔南府宰相耶律吾剌葛招撫之。釋所囚敵烈數人，令招諭其衆。壬子，耶律世良遣使獻敵

	四年	五年
	耶律世良討敵烈得部。	
		鼻骨德酋長撒保特、賽剌等來貢。
	耶律世良討叛命烏古，盡殺之。遣使賞軍前有功將校。	
烈之俘。		
	以旗鼓拽剌詳穩題里姑爲六部奚王。	

七年
命東北越里篤、剖阿里、奧里米、蒲奴里、鐵驪等五部歲貢貂皮六萬五千，馬三百匹。烏古部節度使
蒲奴里部來貢。〔六〕

	八年	太平元年
蕭普達討叛命敵烈，滅之。	回跋部太師踏剌葛來貢。	
	曷蘇館惕隱阿不葛、宰相賽剌來貢。	
	回跋部太保麻門來貢。	
	曷蘇館惕隱阿不葛來貢。	
		敵烈酋長頗白來貢馬、駝。

六年	七年	興宗重熙元年
	蒲盧毛朵部遣使來貢。	
	女直部、蒲盧毛朵部送來州收管。	
蒲盧毛朵部內多有兀惹民戶，詔索之。		
朮不姑諸部皆叛。		
曷蘇館諸部長來朝。		
	查只底部民四百戶來附。	五國酋長來貢。
曷蘇館部乞建旗鼓，許之。		

三年				振濟耶迷只部。								
十年		曷蘇館人戶沒入蒲盧毛朵部者，索還復業。										朮不姑酋長來貢。
十二年				置回跋部詳穩、都監。	以斡朵、蒲盧毛朵部二使來貢不時，釋							

					其罪，遣之。[七]							
十三年				耶律歐里斯將兵攻蒲盧毛朵部。西南面招討都監羅漢奴、詳穩斡魯母等奏山西	羅漢奴奏所發部兵與党項戰不利。					元昊率党項三部酋長來降。		

				部族節度使屈烈以五部叛入西夏，乞南北府兵援送實威塞州人戶。詔選富者發之，餘令屯田于								

				天德軍。								
十五年		蒲盧毛朵界曷懶河人戶來附。		蒲盧毛朵曷懶河一百八十戶來附。			女直部長遮母率衆來附。					
十七年		振濟瑤穩、嘲穩部。		蒲盧毛朵部大王蒲輦進舡工。		長白山太師柴葛、回跋太師撒剌都來貢方物。	婆離八部夷離菫虎骷等內附。[八]	伐蒲奴里酋陶得里。				
十八年	耶律義	耶律義	烏古遺		五國酋							

先奏蒲奴里之捷。

先等執陶得里以獻。

使送欵。

長各率其部來附。回跋部長兀迭、臺札等來朝。五國節度使耶律仙童以降烏古叛人，授左監門衛

十九年

蒲盧毛朶部惕隱信篤來貢。高麗來貢。〔九〕

上將軍。

遠夷拔思母部遣使來貢。

回跋、曷蘇館、蒲盧毛朶部各遣使進馬。

二十一年

遣使詣五國及鼻骨德、烏古、敵烈四部捕海東

道宗清寧二年

詔二女古部與世預宰相、節度使之選者，免皮室軍役。

三年

五國部長貢方物。

八年

吾獨婉惕隱屯

青鶻。

咸雍五年

禿葛等乞歲貢馬、駝，許之。

五國剖阿里部叛命，左夷離畢蕭素颯討之。

五國酋長來降，仍獻方物。

六年

五國部長來朝。

九年

八石烈

	大康元年
敵烈人殺其節度使以叛，上詔隈烏古部軍分兩道擊之。	
	西北路叛命酋長邊搭、雛搭、雙古等來

（大康元年）	四年	七年	八年	九年	大安元年
		五國部長來貢。	五國諸酋長貢方物。		五國酋長來貢良馬。
	五國部長來貢。			五國部長來貢。	
降。					

三年	四年	八年
	五國諸部長來貢。	
出絹賜隈烏古部貧民。		
西北部渤海進牛。		
	詔諸部官長親鞫獄訟。	阻卜酋長磨古斯殺金吾吐古斯以叛，遣奚六部吐里

（八年）	九年
耶律郭三發諸蕃部兵討之。	詔以戰馬三千給烏古部。烏古敵烈統軍使蕭朽哥奏討阻卜之捷。

十年	惕德會長來貢。			烏古部節度使耶律陳家奴奏討茶札刺之捷。知北院樞密使事耶律斡特刺爲都統，夷離畢耶律禿朶爲副統，龍虎衛上將軍耶律胡呂爲都監，討磨古斯，遣積慶宮使蕭糺里監戰。	西北路招討司奏敵烈部入寇，統軍司兵與戰不利，招討司兵擊破之。	和烈葛部來貢。惕德會長來貢。						是歲，惕德會長萌得斯領所部來降，詔復舊地。頗里八部來寇，擊敗之。
壽隆元年	敵烈入寇，掠槖牧馬，戍兵襲之，盡得所掠。			斡特刺奏耶覩刮之捷。			頗里八部會長來附，且進方物。斡特刺奏磨古斯之捷。					
二年	市牛以給烏古、敵烈、隗烏古部貧民。	振達麻里別古部。						頗里八部進馬。				
三年	烏古部節度使耶律陳家奴討西北諸部有功。〔一〇〕							蒲盧毛朶部長率其部民來歸。	五國部長來貢。		蒲盧毛朶部來貢。	
五年						五國部長來貢。	惕德會長禿的等來貢。			斡特刺奏討耶覩刮之捷。		
六年	斡特刺獲叛命磨古斯來獻。				烏古部討茶扎刺，破之。		耶覩刮諸部寇西北路。	斡特刺奏耶覩刮諸部之捷。		五國諸部長來貢。		
天祚					斡特刺							

乾統二年	四年	九年	十年	天慶元年
	鼻骨德遣使來貢。			
				五國部長來貢。
		五國部來貢。	五國部長來貢。	
獻耶覩刮等部之捷。				

二年	五年	六年
五國部長來貢。		
	饒州渤海古欲等反，自稱大王，以蕭謝佛留等討之。	
		烏古部叛，遣中丞耶律撻不也
		烏古部降。
		東面行軍副統馬哥、余覩等攻

	保大二年	三年
	金師取西京，沙漠以南部族皆降之，帝遁訛莎烈。	
		軍將耶律敵烈等劫梁
	烏古部節度使耶律棠古破敵烈部叛命皮室，加太子太保。	
等招之。		
	都統馬哥討叛命敵烈部，克之。	耶律大石自金朝亡歸。
曷蘇館，敗績。		
	聞金主撫定南京，遂由掃里關出，居四部族詳穩之家。	

	四年
	上北遁，謨葛失來迎，率部人防衞。時侍從乏糧數日，以衣易羊。至烏古
王雅里奔西北部。	
復渡河東還，居突呂不部。[二]	
	上納突呂不部人訛哥之妻諳葛，以訛葛爲本部節度使。

敵烈部，封謨葛失爲神于越。

天祚播越，耶律大石立燕晉國王淳，〔一二〕淳死，與蕭妃奔天德軍。上誅妃，責大石。大石率衆西去，自立爲帝。所歷諸部，附見于後：

大黃室韋部	白達旦部	敵烈部	王紀剌部	茶赤剌部	也喜部	鼻骨德部
尼剌部	達剌乖部	達密里部	密兒紀部	合主部	烏古里部	阻卜部
普速完部	唐古部	忽母思部	奚的部	紀而畢部〔一三〕	乃蠻部	畏吾兒城
回回大食部	尋思干地	起而漫地				

校勘記

〔一〕以烏古奚爲圖盧涅離奥畏三部　按營衞志下圖盧作圖魯，奥畏作乙室奥隗。

〔二〕烏古來貢于厥里來貢　按于厥里卽烏古，重出。或是不同部分。下文五年七月同此。

〔三〕奚鋤勃德部進白麝　按紀會同六年六月，作奚鋤骨里部進白麝。

〔四〕寅底吉叛至常思與烏古戰　按紀應曆十五年寅底吉作寅尼吉，常思作常思。又正月至六月均應移下一格。

〔五〕姪里古部送輻重行宮　按紀統和四年六月，「以夷離畢直里古部送輻重行宮。」姪里古卽直里古，人名，非部族。

〔六〕（九月）蒲奴里部來貢　按紀在七月。以下月份異同不備注。

〔七〕以斡朶蒲盧毛朶部二使來貢不時　斡朶，紀作斡魯。

〔八〕婆離八部夷離菫虎黏等內附　婆離，紀本年作婆離，下文大安十年表、紀並作頗里。

〔九〕高麗來貢　按高麗應入屬國。以下屬部、屬國互舛者不備注。

〔一〇〕烏古部節度使耶律陳家奴討西北諸部有功　「西北諸部」四字原缺，據卷九五本傳補。

〔一一〕（九月）耶律大石自金朝亡歸復渡河東還居突呂不部　按紀十月復渡河東還，接前五月辛酉渡河而言，指天祚。大石自金朝亡歸，不涉部族事。

〔一二〕耶律大石立燕晉國王淳　燕晉國王，紀作秦晉國王。

〔一三〕白達旦部敵烈部鼻骨德部紀而畢部　按紀作白達達、敵剌、鼻古德、紇而畢。

遼史卷七十

表第八

屬國表

周有天下，不期而會者八百餘國。遼居松漠，最爲强盛。天命有歸，建國改元。號令法度，皆遵漢制。命將出師，臣服諸國。人民皆入版籍，貢賦悉輸內帑。東西朔南，何啻萬里。視古起百里國而致太平之業者，亦幾矣。故有遼之盛不可不著。作屬國表。

紀年	太祖元年	神册元年	三年	四年
正月		御正殿，受百僚暨諸國人使朝賀。		
二月			渤海、高麗、回鶻、阻卜、党項各遣使來貢。	
三月			高麗及西北諸蕃皆遣使來貢。回鶻獻珊瑚樹。	
四月				
五月				
六月				
七月				
八月				
九月				
十月				師次烏骨里國，
十一月				
十二月	和州回鶻來貢。			

										分路擊之，華國歸附。		
五年								征党項。				
天贊二年						波斯國來貢。						
三年						西討吐渾、党項、阻卜。			大食國來貢。回鶻怕里遣使來貢。[一]攻阻卜。	遣兵踰流沙，拔浮圖城，盡取西鄙諸部。	獲甘州回鶻烏母主可汗。[二]	
四年		大元帥		攻小番，						日本國	新羅國	

		堯骨略地党項。		下之。回鶻烏母主可汗遣使貢謝。						來貢。	來貢。	
天顯元年		回鶻、新羅、吐蕃、党項、沙陀從征有功，賞之。[三]濊貊、鐵驪、靺鞨										

		來貢。改渤海國爲東丹國，忽汗城爲天福城。										
二年 太宗 不改元												女直國遣使來貢。
三年		達盧古來貢。						突厥來貢。				
六年	西南邊將以慕									鐵驪來貢。		

	化轄戛斯國人來。											
七年				女直來貢。							阻卜貢海東青鶻。	
八年	皇太弟李胡率兵伐党項。	吐渾、阻卜來貢。		党項來貢。		阻卜來貢。阿薩蘭回鶻來貢。	鐵驪來貢。阻卜來貢。朮不姑來貢。			阻卜來貢。朮不姑來貢。		
九年	党項貢		女直來									

（前年）	駝、鹿。；貢。
十年	党項來貢。；吐谷渾酋長率衆內附。；吐渾來貢。
十一年	女直國遣使來貢。；吐谷渾來貢。；吐渾來貢。
十二年	女直國遣使來貢。回鶻來貢。；鐵驪來貢。
會同元年	鐵驪來貢。；女直國遣使來貢。；女直國遣使進弓矢。西南邊大詳穩耶律魯不古奏党項之捷。；吐谷渾來貢。；吐谷渾、烏孫、靺鞨各來貢。
二年	女直國來貢。；吐谷渾來貢。；阻卜來貢。；鐵驪、燉煌並遣使來貢。
三年	女直來朝貢。；阻卜來貢。；女直國來貢。

（三年）	阻卜及賃烈國來貢。阻卜來貢。〔四〕
四年	鐵驪來貢。；魯不古伐党項回，獻俘。；吐谷渾降。阻卜來貢。女直國遣使來貢。
五年	鐵驪來貢。；素撒國人來貢。〔五〕阻卜貢方物。；阻卜來貢。；党項逆命，伐之。
六年	鐵驪來貢。；鐵驪來貢。
七年	賃烈、要里等國來貢。〔六〕；回鶻遣使請婚，不許。
八年	回鶻來貢。吐谷渾來貢。粘沒里、；鐵驪來貢。

九年　回鶻、女直來貢。吐渾進生口。吐渾白可久來附。女直來貢。

（前年）要里等國貢方物。

穆宗應曆元年　鐵驪來貢。

二年　女直來貢。鐵驪貢鷹鶻。回鶻及轄戛斯國來貢。

三年　鐵驪來貢。吐蕃、吐谷渾來貢。

十二年　女直國貢鼻上有毛小兒。

十三年　斡朗改國進花鹿生麛，視之。

景宗保寧三年　漢遣使來告。回鶻遣使來貢。漢以宋人來攻，遣使來告。吐谷渾來貢。

五年　伐党項，破之，上俘獲之數。女直國侵邊。阿薩蘭回鶻來貢。

八年　女直國侵貴德州。轄戛斯國遣使來貢。

九年　女直國遣使來貢。女直國二十一人來請宰相、夷離堇之職，以次授之。回鶻遣使來貢。耶律沙以党項降酋可醜買友來，賜詔撫諭。吐谷渾叛入太原四百餘戶，索而還之。

十年　阿薩蘭回鶻遣使來貢。女直國遣使來貢。女直國遣使來貢。

乾亨元年　女直國宰相遣使來貢。

四年　討阻卜。

聖宗　党項十　韓德威

統和元年	五部寇邊，西南面招討使韓德威破之。破阻卜。韓德威討党項諸部。 破党項，上俘獲之數。
二年	女直宰相海里等八族內附。 速撒等討阻卜，殺其酋長撻剌

	干。
三年	女直國宰相朮里補來朝。
四年	阻卜遣使來貢。 党項來貢。
六年	閏月，阿薩蘭回鶻來貢。 党項太保阿剌怢來朝。 瀕海女直宰相速魯里來朝。[七]
七年	回鶻、于闐、師子 阿思懶、于闐、轄 于闐遣張文寶

	等國來貢。党項遣使來貢。 烈三國來貢。吐蕃來貢。 進內丹書。
八年	于闐、回鶻各遣使來貢。女直國遣使來貢。 女直國遣使來貢。 女直國宰相阿海來朝。 阿薩蘭回鶻于越、達剌干遣使來貢。女直遣使來貢。 北女直國四部請內附。 阻卜遣使來貢。 女直遣使來貢。回鶻來貢。
九年	女直國遣使來 回鶻來貢。 突厥來貢。 女直國進喚鹿 阿薩蘭回鶻來

	貢。 人。 貢。
十年	兀惹來貢。 鐵驪來貢。 鐵驪來貢。 鐵驪來貢。 回鶻來貢。
十一年	回鶻來貢。
十二年	回鶻來貢。高麗來貢。 高麗遣使請所俘生口，詔贖還之。 回鶻遣使來貢。 女直國遣使來貢。 党項、吐谷渾來貢。阻卜來貢。 鐵驪來貢。 女直國以宋人由海道賂本國及說兀惹叛，遣使來告。
十三年	女直國 夏國遣 高麗進 女直國 回鶻來 阿薩蘭 鐵驪遣

		遣使來貢。	使來貢。		鷹。		遣使來貢。			貢。兀惹歸欵。鼻骨來貢。〔八〕	回鶻遣使來貢。高麗遣童子十人來學本國語。	使來貢鷹、馬。
十四年		回鶻遣使來貢。女直國遣使來貢。	韓德威奏討党項之捷。			鐵驪來貢。回鶻來貢。	回鶻來貢。				阿薩蘭回鶻遣使爲子求婚，不許。	
十五年	河西党項叛，詔韓德威討之。兀惹會長武周來降。女直國遣使來貢。	韓德威奏破党項之捷。	党項來貢。河西党項乞內附。兀惹烏昭慶乞歲時免進貢鷹、馬、貂皮，以其地遠，詔生辰、正旦外，並免。			鐵驪來貢。	党項會長來貢。禁吐渾別部鬻馬於宋。		蕭撻凜奏討阻卜之捷。			
十六年		夏國遣使來貢。	女直國遣使來貢。		鐵驪來貢。							
十七年							兀惹烏昭慶來降，釋之。〔九〕					
十八年							阻卜叛會鶻碾之弟鐵剌不率部民來附，鶻碾無所歸，繼降詔誅之。					回鶻來貢。
十九年	回鶻進梵僧名醫。		西南面招討司奏討党項之捷。					達盧骨部來貢。	西南面招討司奏討吐谷渾之捷。		鼻骨德來貢。〔一〇〕	
二十年	女直國宰相夷离底來貢。	女直國大王阿改遣其子出燭你、耶剌改、塞剌		鐵驪遣使來貢。			高麗遣使來進本國地里圖。					

		來朝。										
二十一年			鐵驪來貢。	女直國來貢。兀惹、渤海、奧里米、越里篤、越里吉五部來貢。		党項來貢。阻卜酋長鐵刺里率諸部來降。	阻卜鐵刺里來朝。					
二十二年		女直國遣使來貢。						党項來貢。阻卜酋鐵刺里	南京女直國遣使獻所獲烏昭			

								來朝。鐵刺里求婚，許之。[一一]	慶妻子。[一二]			
二十三年			振党項部。回鶻來貢。	女直國及阿薩蘭回鶻各遣使來貢。鐵驪來貢。党項來寇。		阻卜酋鐵刺里遣使賀與宋和。	党項來貢。烏古來貢。[一三]女直國遣使來貢。阿薩蘭回鶻遣					

							使來，因請先留使者，皆遣之。					
二十四年						沙州燉煌王曹壽遣使進大食馬及美玉，以對衣、銀器等物賜之。						

二十五年									西北路招討使蕭圖玉討叛命阻卜，破之。			
二十六年					高麗進文化、武功兩殿龍鬚草地席。							蕭圖玉奏討甘州回鶻，降其王耶刺里，撫慰而還。

二十八年

西北路招討使蕭圖玉奏伐甘州回鶻，破其屬郡肅州，盡俘其生口。詔修土隗口故城以實之。

二十九年

詔西北路招討使、駙馬都尉蕭圖玉安撫西鄙，置阻卜等部。〔一四〕

開泰元年

女直國太保蒲撚等來朝。

鐵驪那沙等送兀惹百餘戶至賓州，賜絲絹以賞之。

二年

化哥等破阻卜會長烏八之衆。

三年

阻卜會長烏八來朝貢，封烏八爲王。女直國及鐵驪各遣使來貢。

沙州回鶻曹順遣使來貢，回賜衣幣。

四年

于闐國來貢。

耶律世良等破阻卜，上俘獲之數。女直國遣使來貢。

五年

耶律世良與蕭善寧東

阻卜會長來朝。

叛命党項會長魁可來

年												
	討高麗，破〔一五〕之。		降。									
八年	鐵驪來貢。						詔阻卜依舊歲貢馬、駝、貂鼠、青鼠皮等物。					
九年							遣使賜沙州回鶻燉煌郡王曹順衣物。		沙州回鶻燉煌郡王曹順遣使來貢。	大食國王遣使爲其子册哥請婚，進象及方物。		
太平元年			大食國王復遣使請婚，以王子班郎君胡思里女可老封公主，降之。				阻卜扎剌部來貢。			党項酋長曷魯來貢。		
二年					鐵驪遣使進兀惹人一十六戶。							

年												
六年		詔党項別部塌西設契丹節度使治之。	阻卜入寇，西北路招討使蕭惠破之。		遣西北路招討使蕭惠將兵伐甘州回鶻。			蕭惠攻甘州不克，師還。自是，西阻卜諸部皆叛。我軍與戰，敗績，涅里姑、曷不呂皆殁於陣，遣惕隱耶律洪古等將兵討之。				
七年					詔蕭惠再討阻卜。							
八年	党項寇邊，破之。											
興宗重熙二年	女直國詳穩臺押率所											

	六年	七年	九年
部來貢。			
		高麗遣使來貢。	
		夏國遣使來貢。	
		阻卜酋長屯禿古斯來朝。	
	阻卜酋長來貢。		女直國人侵邊，發黃龍府路鐵驪軍拒之。

十年	十一年	十二年
		高麗國以加上
		夏國遣使進馬、
		阻卜大王屯禿
		阻卜來貢。
夏國遣使獻所俘宋將及生口。		
		夏人侵掠党項，
回鶻遣使來貢。		
	以吐渾及党項多鬻馬于夏國，詔沿邊築障塞以防之。	

	十三年
尊號，遣使來賀。	高麗遣使來貢。
駝。	南院大王耶律高十奏党項等部叛附夏國。
	羅漢奴奏所發部兵與党項戰不利。[一六]
古斯弟太尉撒葛里來朝。回鶻遣使來貢。	阻卜酋長烏八遣其子執元昊求援使者寘邑改來，且
	夏國遣使來朝。
	夏國復遣使來詢。
遣延昌宮使高家奴問之。	獲叛命党項偵人，射鬼箭。元昊親執党項三部酋

	十四年	十五年	十六年
		高麗遣使來貢。	
	高麗遣使來貢。		
乞以兵助戰，從之。	阻卜大王屯禿古斯率諸酋長來朝。夏國遣使來朝。		阻卜大
長來降。[一七]			鐵驪仙
	阿薩蘭回鶻遣使來貢。		
			女直國

（續）	十七年
	鐵不得國遣使來，乞以本部軍助攻夏國，不許。
	高麗遣使來貢。
王屯秃古斯來朝，進方物。	阻卜進馬、駝二萬。
門來朝，以前此未嘗入貢，仍加右監門衛大將軍。	
遣使來貢。阿薩蘭回鶻王以公主生子，遣使來告。	

十八年	十九年	二十年	二十一年
		吐蕃遣使來貢。	
高昌國遣使來貢。			
	高麗遣使來貢。		
	遠夷拔思母部遣使來貢。		
阻卜來貢馬、駝、珍玩。	高麗遣使來賀伐夏之捷。		
	阻卜酋長豁得剌弟斡得來朝，加太尉遣之。		
	阻卜酋長喘只葛拔里斯來朝。		
	阻卜酋長豁得剌遣使來貢。		阿薩蘭回鶻遣

（續）	二十二年	二十三年	道宗清寧二年
		夏國遣使貢方物。	
	阿薩蘭回鶻爲鄰國所侵，遣使求援。		
		高麗遣使來貢。	
		夏國遣使來貢。	
	高麗遣使來貢。	吐蕃遣使來貢。	阻卜酋長來朝及貢方
	阻卜大王屯秃古斯率諸部長進馬、駝。		
使貢名馬、文豹。		阻卜酋長來貢。	

（續）	咸雍二年	四年	五年
			阻卜酋長叛，以南京留守晉王仁先爲
		阿薩蘭回鶻遣使來貢。	
物。	回鶻來貢。阻卜酋長來貢。		吐蕃遣使來貢。
			晉王仁先遣人奏阻卜之捷。
		夏國遣使來貢。	

				西北路招討使，領禁軍討之。								
六年		阻卜酋長來朝，且貢方物。		西北路招討司以所降阻卜酋來。			阻卜酋長來朝。			西北路招討司擒阻卜酋長來獻，以所降阻卜酋長圖木同刮來。		

七年		女直國進馬。				吐蕃來貢。					高麗遣使來貢。	回鶻來貢。
八年						振易州貧民。[一〇]高麗遣使來貢。				回鶻來貢。		
九年										回鶻來貢。		高麗、夏國並遣使來貢。
十年		阻卜諸酋長來貢。									高麗遣使來貢。	

大康元年						吐蕃來貢。						
三年						回鶻來貢。						
四年				高麗遣使乞賜鴨淥江以東地，不許。		阻卜酋長來貢。阻卜諸酋長進良馬。					回鶻遣使來貢。	
五年						阻卜酋長來貢。						
六年						女直國遣使來						

						貢。						
七年	女直國貢良馬。					阻卜余古赧來貢。[一九]					高麗遣使來貢。	
八年	鐵驪酋長貢方物。					阻卜酋長來貢。						
九年						阻卜酋長來貢。						
十年				女直國貢良馬及犬。	阻卜諸酋長來貢。							
大安二			女直國			阻卜諸					高麗遣	

年			來貢良馬。			酋長來朝。					使謝封册。	
三年			女直國來貢良馬。高麗遣使來貢。									
四年			免高麗歲貢。									
五年	高麗遣使來貢。				回鶻遣使貢良馬。							
六年			女直國								高麗遣	

			遣使貢良馬。								使來貢。	
七年						回鶻遣使貢方物。	回鶻遣使來貢異物，不納，厚賜遣之。		日本國遣鄭元等二十八人來貢。			
八年	阻卜諸酋長來降。			阻卜酋長來貢。					日本國遣使來貢。	阻卜酋長磨古斯殺金吾禿古斯以叛，遣奚六		

										部禿里耶律郝三發諸蕃部兵討之。		
九年	磨古斯入寇。	西北路招討使耶律阿魯掃古追磨古斯還，都監蕭張九遇賊								有司奏磨古斯詣西北路招討使，耶律撻不也遇害，〔三〇〕附近阻		

		衆，與戰不利，二室韋、拽剌、北王府、特滿羣牧、宮分等軍多陷于賊。								卜酋長烏古扎叛去。達里底及拔思母並寇倒塌嶺路。阻卜酋轄底侵掠西路羣牧。		
十年	烏古扎等來降。	西南面招討司	山北路副部署	閏月，達里底、拔			阻卜來寇倒塌			西北路統軍司	惕德酋銅刮、阻	西北路統軍司

	壽隆元年
達里底、拔思母二部入寇。	西南面招討司
奏拔思母之捷。達里底入寇。	高麗遣使來貢。
蕭阿魯帶奏達里底之捷。	
思母二部來降。	女直國遣使來
	阻卜酋長禿里
嶺，西路羣牧及渾河北牧馬皆爲所掠。東北路統軍使耶律石柳以兵追及，盡獲所掠。	阻卜酋長猛達
獲阻卜酋拍撒葛、蒲魯等來獻。	
卜酋的烈等來降。達里底及拔思母等來寇，山北副部署阿魯帶擊敗之。	女直國遣使進
奏討磨古斯之捷。	

	二年	三年
奏拔思母入寇，擊敗之。蕭阿魯帶等討拔思母，破之。〔三〕	西南面招討司討拔思母，破之。	
		阻卜酋長猛撒
貢。		
		斡特剌討阻卜，
底及圖木葛來朝貢。		
斯來貢。	阻卜來貢。	
		斡特剌遣人奏
	高麗來貢。	
馬。		
		西北路統軍司

	五年
	詔夏國王李乾順伐拔思母部。
葛及粘八葛酋長禿骨撒、梅里急酋長忽魯八等請復舊地，以貢方物。	
破之。	
	阻卜來貢。
梅里急之捷。	
奏梅里急之捷。	

六年	七年	天祚乾統二年	三年
			女直國
阻卜酋長來貢。			
	阻卜、鐵驪酋長來貢。	阻卜入寇，斡特剌等戰敗之。	
			吐蕃遣
女直國遣使來貢。鐵驪來貢。			

	鼻灑海里首，遣使來獻。									使來貢。		
四年						吐蕃遣使來貢。						
六年							阻卜來貢。					
八年						西北路招討使蕭敵里率諸蕃酋長來朝。					高麗遣使來謝。	

九年			夏國以宋不歸地，遣使來告。									高麗遣使來貢。
十年						阻卜來貢。						
天慶二年						和州回鶻來貢。阻卜酋長來貢。						
三年						斡朗改國遣使來獻良						回鶻遣使來貢。高麗遣

						犬。						使來謝。
四年			女直國遣使索叛人阿疎，不發。				女直國復遣使來取阿疎，不發，即遣侍御阿息保往問境上建城堡之故。	阿息保還，言女直國主之意，若還阿疎，朝貢如舊；不然，城未能已。女直國遣師來攻。		女直國下寧江州。		鐵驪、兀惹叛歸女直。

五年	遣僧家奴持書約和，斥女直國主名。女直國主遣塞剌復書，若歸叛人阿疎，遷黃龍府於別地，然後圖		遣耶律張家奴、蕭蘇、阿息保、蔦紇石保、得里底等齎書使女直國，斥其名，冀以速降。		張家奴等以女直國主書來，復遣張家奴以往。	張家奴等還，女直國主復書，亦指其名，諭之使降。遣蕭辭剌使女直國，以書辭不屈，見留。	都統斡里朵等及女直軍戰于白馬濼，敗績。		女直軍下黃龍府。女直國主遣塞剌以書來報，若歸我叛人阿疎，即當班師。			

之。

六年

女直軍攻下瀋州。族人瘕孛、鐸剌、吳十、撻不也、道剌、酬斡、平甲、盧僕古、闢離剌、韓七、吳十、那也溫、曷魯十三人皆歸女直國。[二二]

七年

女直軍攻春州，女古、皮室四部及渤海人皆降。復下泰州。

都元帥秦晉國王淳遇女直軍，戰于蒺藜山，敗績。女直軍復攻拔顯州。是歲，女直國主即皇帝位，建元天輔，國號金。

八年

遣耶律奴哥等使金國，復議和好。保安軍節度使張崇以雙州民二百戶歸金國。

耶律奴哥還，金主復書，大略言，如以兄事朕，歲貢方物，歸上、中京、興中府三路州縣，以親王、公主、駙馬、大臣子孫爲質，及還我行人與元給信牌，并宋、

復遣奴哥使金國。

奴哥以書來，約不踰此月見報。復遣奴哥使金國，要以酌中之議。金主遣胡突袞與奴哥持書來，大略如前所約。

遣奴哥齎三國書詔、表牒，復使金國。[二三]通、祺、雙、遼四州之民八百餘戶歸附金朝。

金朝復遣胡突袞以書來，免所取質，及上京、興中府所屬州郡，裁減歲幣之數；如能以兄事朕，冊用漢儀，可以如約。

奴哥、突迭復使金朝，議冊禮。

突迭見留，奴哥還。金主復書謂，如不能從，勿復遣使。遣奴哥復使金朝。蕭寶、訛里野、特末、霍石、韓慶和、王伯龍等各率衆歸于金。[二四]

奴哥、突迭持金主書來。龍化州張應古、劉仲良、渤海二哥等率衆歸附金朝。

以議定冊禮，遣奴哥使于金。寧昌軍節度使劉宏以懿州民戶三千歸金。[二五]

夏、高麗往復書詔、表牒，可以如約。

九年

金遣烏林答贊謨持書來迎册禮。

遣知右夷離畢事蕭習泥烈、大理寺提點楊勉等册金主爲東懷國皇帝。

阻卜補疎只等反。

金復遣烏林答贊謨持書來，責册文無兄事之語，不言「大金」，而云「東懷」，及乖體式。如依前書所定，然後可從。楊詢卿、羅子章率來歸金。

復遣蕭習泥烈、楊近忠先持册藁使于金。

遣使送贊謨以還。

十年

金復遣贊謨以

以金朝所定册

金主親師攻上

書幷撰到册文副本以來，仍責乞兵于高麗。

草內「大聖」二字與先世稱號相同，復遣習泥烈持書議之。

京，已攻外郛，〔三六〕留守撻不也出降。

保大元年

南京統軍耶律余覩率將吏戶歸于金。

二年

金師克中京，進下澤州。

金師敗奚王霞末于北安州，遂降其城。

聞金師將出嶺西，遂趨白水濼。羣牧使謨魯斡歸金。聞金師將及，輕騎以遁。殿前點檢耶律高八率

金師取西京。

夏國遣兵來援，爲金師所敗。

親遇金師，戰于石輦驛，敗績。夏國遣曹介來問起居。〔三七〕

奉聖州降金。

蔚州降金。

金師屯奉聖，上遁於落昆髓。

金主撫定南京。

	三年
	遼興軍、宜、錦、乾、顯、成、川、豪、懿等州降金。
	興中府降金。歸德軍及隰、遷、潤三州欵附金。〔二八〕
衛士歸金。	
	金師至居庸關，耶律大石被擒。金師圍輜重於青塚硬寨。〔二九〕金遣人以書來招，回書
	回金帥書，乞爲弟若子，量賜土地。夏國王李乾順請臨其國。
	冊李乾順爲夏國皇帝。

請和。金帥以兵送族屬東行，乃遣兵邀戰于白水濼，爲金師所敗。金帥以書來招，以書答之，金帥

	四年	五年
	金師來攻，上棄營北遁。特母哥歸金。	党項小解祿遣人請臨其地。上過沙漠，金師
		上至應州新城，爲金帥完顏婁室等所獲。
復書，不許請和。		
	蕭撻不也、察剌歸金。	
	建州降金。	
	興中府降金。	

忽至，徒步出走。

校勘記

〔一〕回鶻怕里遣使來貢　怕里，紀作霸里。

〔二〕獲甘州回鶻烏母主可汗　按紀作「獲甘州回鶻都督畢離遏，因遣使諭其主烏母主可汗」。

〔三〕回鶻新羅吐蕃党項沙陀從征有功賞之　按紀作：「以奚部長勃魯恩、王郁自回鶻、新羅、吐蕃、党項、室韋、沙陀、烏古等從征有功，優加賞賚。」非回鶻等部從征有功。

〔四〕阻卜來貢　按本月三次阻卜來貢，未著不同部分，史文重複。

〔五〕素撒國人來貢　按紀作「徒覩古、素撒來貢」。

〔六〕賃烈要里等國來貢　按紀作「六月紅沒里、要里等國來貢」。

〔七〕瀕海女直宰相速魯里來朝　瀕海二字原脫。據紀統和六年八月補。

〔八〕鼻骨來貢　按鼻骨卽鼻骨德。此條已見部族表，重出。

〔九〕兀惹烏昭慶來降　按紀作「兀惹烏昭慶來」，不稱來降。

二十四史

〔一〇〕（八月）達盧骨部來貢及（十一月）鼻骨德來貢　按並已見部族表，重出。
〔一一〕鐵剌里求婚許之　按紀作鐵剌里求婚，不許。
〔一二〕南京女直國遣使獻所獲烏昭慶妻子　「南京」二字衍。參卷三六校勘記〔一〕。
〔一三〕烏古來貢　按已見部族表，重出。
〔一四〕置阻卜等部　按紀作「置阻卜等部節度使」，是。
〔一五〕耶律世良與蕭善寧東討高麗　蕭善寧，紀作蕭屈烈。
〔一六〕羅漢奴奏所發部兵與党項戰不利　已見部族表，重出。
〔一七〕元昊親執党項三部酋長來降　已見部族表，重出。
〔一八〕振易州貧民　「振易州貧民」無涉屬國，五字衍。
〔一九〕阻卜余古赧來貢　余古赧爲阻卜酋長名，見紀大康七年六月及大安二年六月。阻卜下原有「與」字，今刪。
〔二〇〕有司奏磨古斯詒西北路招討使耶律撻不也遇害　按紀作：「磨古斯詒西北路招討使耶律撻不也僞降，既而乘虛來襲，撻不也死之。」
〔二一〕西南面招討司奏拔思母人寇擊敗之蕭阿魯帶等討拔思母破之　按紀作「西南面招討司奏，拔思母來侵，蕭阿魯帶等擊破之」。此以入寇、追討分記之。

〔二二〕族人痕孛至十三人皆歸女直國　按「那也溫」如爲一人，則二吳十爲同時同姓名人；如「那也、溫」爲二人，則吳十爲一人重出。
〔二三〕遣奴哥齎三國書詔表牒復使金國　奴哥原誤胡突衮。按紀天慶八年六月稱「遣奴哥等齎宋、夏、高麗書詔、表牒至金」；又按上下文胡突衮爲金使，奴哥爲遼使，據改。
〔二四〕蕭寶訛里野特末霍石韓慶和王伯龍等各率衆歸于金　按紀天慶八年閏九月，「蕭寶、訛里等十五人各率戶降于金」。金史二太祖紀天輔二年閏九月，「以降將霍石、韓慶和爲千戶。九百奚部蕭寶、乙辛、北部訛里野、漢人王六兒、王伯龍、契丹特末、高從祐等各率衆來降」。
〔二五〕寧昌軍節度使劉宏　劉宏原誤「劉完」，據紀天慶八年十二月及金史二太祖紀、七五孔敬宗傳改。
〔二六〕金主親師攻上京巳攻外郛　按紀作「金主親攻上京，克外郛」。
〔二七〕夏國遣曹介來問起居　曹介，紀作曹价。
〔二八〕隰遷潤三州　潤，原誤「閏」。據紀及地理志三改。
〔二九〕金師圍輜重於青塚硬寨　據紀保大三年四月，「硬寨」二字衍。

元　脱脱等撰

遼史

第五冊

卷七一至卷一一六（傳）

中華書局

中華書局

遼史卷七十一

列傳第一

后妃

肅祖昭烈皇后蕭氏　懿祖莊敬皇后蕭氏　玄祖簡獻皇后蕭氏
德祖宣簡皇后蕭氏　太祖淳欽皇后述律氏　太宗靖安皇后蕭氏
世宗懷節皇后蕭氏　世宗妃甄氏　穆宗皇后蕭氏
景宗睿智皇后蕭氏　聖宗仁德皇后蕭氏　聖宗欽哀皇后蕭氏
興宗仁懿皇后蕭氏　興宗貴妃蕭氏　道宗宣懿皇后蕭氏
道宗惠妃蕭氏　天祚皇后蕭氏　天祚德妃蕭氏
天祚文妃蕭氏　天祚元妃蕭氏

書始嬪虞，詩興關雎。國史記載，往往自家而國，以立天下之本。然尊卑之分，不可易

也。司馬遷列呂后于紀，班固因之，而傳元后於外戚之後，范曄登后妃于帝紀。天子紀年以敍事謂之紀，后曷爲而紀之？自晉史列諸后以首傳，隋、唐以來，莫之能易也。

遼因突厥，稱皇后曰「可敦」，國語謂之「脦俚寋」，尊稱曰「耨斡麼」，[一]蓋以配后土而母之云。太祖稱帝，尊祖母曰太皇太后，母曰皇太后，嫡曰皇后。等以徽稱，加以美號，質於隋、唐，文於故俗。后族唯乙室、拔里氏，而世任其國事。太祖慕漢高皇帝，故耶律兼稱劉氏；以乙室、拔里比蕭相國，遂爲蕭氏。

耶律儼、陳大任遼史后妃傳，大同小異，酌取其當著于篇。

肅祖昭烈皇后蕭氏，小字卓眞。歸肅祖，生四子，見皇子表。乾統三年，追尊昭烈皇后。

懿祖莊敬皇后蕭氏，小字牙里辛。肅祖嘗過其家，曰：「同姓可結交，異姓可結婚。」知爲蕭氏，爲懿祖聘焉。生男女七人。乾統三年，追尊莊敬皇后。

玄祖簡獻皇后蕭氏，小字月里朶。玄祖爲狠德所害，[二]后嫠居，恐不免，命四子往依鄰家耶律臺押，乃獲安。太祖生，后以骨相異常，懼有陰圖害者，鞠之別帳。重熙二十一年，追尊簡獻皇后。

德祖宣簡皇后蕭氏，小字巖母斤。遙輦氏宰相剔剌之女。男、女六人，太祖長子也。天顯八年崩，[三]祔德陵。重熙二十一年，追尊宣簡皇后。

太祖淳欽皇后述律氏，諱平，小字月理朶。其先回鶻人糯思，生魏寧舍利，魏寧生愼思梅里，愼思生婆姑梅里，[四]婆姑娶匀德恝王女，生后于契丹右大部。婆姑名月椀，仕遙輦氏爲阿扎割只。

后簡重果斷，有雄略。嘗至遼、土二河之會，有女子乘青牛車，倉卒避路，忽不見。未幾，童謠曰：「青牛嫗，曾避路。」蓋諺謂地祇爲青牛嫗云。

太祖即位，羣臣上尊號曰地皇后。神册元年，大册，加號應天大明地皇后。行兵御衆，后嘗與謀。太祖嘗渡磧擊党項，黃頭、臭泊二室韋乘虛襲之；后知，勒兵以待，奮擊，大破之，名震諸夷。

時晉王李存勗欲結援，以叔母事后。幽州劉守光遣韓延徽求援，不拜，太祖怒，留之，

使牧馬。后曰：「守節不屈，賢者也。宜禮用之。」太祖乃召延徽與語，大悅，以爲謀主。吳主李昪獻猛火油，以水沃之愈熾。太祖選三萬騎以攻幽州。后曰：「豈有試油而攻人國者？」[五]指帳前樹曰：「無皮可以生乎？」太祖曰：「不可。」后曰：「幽州之有土有民，亦猶是耳。吾以三千騎掠其四野，不過數年，困而歸我矣，何必爲此？萬一不勝，爲中國笑，吾部落不亦解體乎！」其平渤海，后與有謀。

太祖崩，后稱制，攝軍國事。及葬，欲以身殉，親戚百官力諫，因斷右腕納于柩。太宗即位，尊爲皇太后。會同初，上尊號曰廣德至仁昭烈崇簡應天皇太后。[六]

初，太祖嘗謂太宗必興我家，后欲令皇太子倍避之，太祖册倍爲東丹王。太祖崩，太宗立，東丹王避之唐。太后常屬意於少子李胡。太宗崩，世宗即位于鎮陽，太后怒，遣李胡以兵逆擊。李胡敗，太后親率師遇于潢河之橫渡。賴耶律屋質諫，罷兵。遷太后于祖州。應曆三年崩，年七十五，祔祖陵，謚曰貞烈。重熙二十一年，更今謚。

太宗靖安皇后蕭氏，小字溫，淳欽皇后弟室魯之女。帝爲大元帥，納爲妃，生穆宗。及即位，立爲皇后。性聰慧潔素，尤被寵顧，雖軍旅、田獵必與。天顯十年崩，謚彰德，葬奉陵。重熙二十一年，更今謚。

世宗懷節皇后蕭氏，小字撒葛只，淳欽皇后弟阿古只之女。帝爲永康王，納之，生景宗。天祿末，立爲皇后。明年秋，生萌古公主。在蓐，察割作亂，弒太后及帝。后乘步輦，直詣察割，請畢收殮。明日遇害。謚曰孝烈皇后。重熙二十一年，更今謚。

世宗妃甄氏，後唐宮人，有姿色。帝從太宗南征得之，寵遇甚厚，生寧王只沒。及即位，立爲皇后。嚴明端重，風神閑雅。內治有法，莫干以私。劉知遠、郭威稱帝，世宗承强盛之資，奄奄歲時。后與參帷幄，密贊大謀，不果用。察割作亂，遇害。景宗立，葬二后于醫巫閭山，建廟陵寢側。

穆宗皇后蕭氏，父知璠，內供奉翰林承旨。后生，有雲氣馥郁久之。幼有儀則。帝居藩，納爲妃。及正位中宮，性柔婉，不能規正。無子。

景宗睿智皇后蕭氏，諱綽，小字燕燕，北府宰相思溫女。早慧。思溫嘗觀諸女掃地，惟后潔除，喜曰：「此女必能成家！」帝即位，選爲貴妃。尋册爲皇后，生聖宗。

景宗崩，尊爲皇太后，攝國政。后泣曰：「母寡子弱，族屬雄强，邊防未靖，奈何？」耶律斜軫、韓德讓進曰：「信任臣等，何慮之有！」於是，后與斜軫、德讓參決大政，委于越休哥以南邊事。統和元年，上尊號曰承天皇太后。二十四年，加上尊號曰睿德神略應運啓化承天皇太后。二十七年崩，謚曰聖神宣獻皇后。重熙二十一年，更今謚。

后明達治道，聞善必從，故羣臣咸竭其忠。習知軍政，澶淵之役，親御戎車，指麾三軍，賞罰信明，將士用命。聖宗稱遼盛主，后教訓爲多。

聖宗仁德皇后蕭氏，小字菩薩哥，睿智皇后弟隗因之女。年十二，美而才，選入掖庭。統和十九年，册爲齊天皇后。

嘗以草莛爲殿式，密付有司，令造清風、天祥、八方三殿。既成，益寵異。所乘車置龍首鴟尾，飾以黃金。又造九龍輅、諸子車，以白金爲浮圖，各有巧思。夏秋從行山谷間，花木如繡，車服相錯，人望之以爲神仙。

生皇子二，皆早卒。開泰五年，宮人耨斤生興宗，后養爲子。帝大漸，耨斤詈后曰：「老物寵亦有既耶！」左右扶后出。帝崩，耨斤自立爲皇太后，是爲欽哀皇后。護衞馮家奴、喜孫等希旨，誣告北府宰相蕭浞卜、國舅蕭匹敵謀逆。詔令鞫治，連及后。興宗聞之曰：「皇

后侍先帝四十年，撫育眇躬，當爲太后；今不果，反罪之，可乎？」欽哀曰：「此人若在，恐爲後患。」帝曰：「皇后無子而老，雖在，無能爲也。」欽哀不從，遷后于上京。

車駕春蒐，欽哀慮帝懷鞠育恩，馳遣人加害。使至，后曰：「我實無辜，天下共知。卿待我浴，而後就死，可乎？」使者退。比反，后已崩，年五十。是日，若有見后于木葉山陰者，乘青蓋車，衞從甚嚴。

追尊仁德皇后。與欽哀並祔慶陵。

聖宗欽哀皇后蕭氏，小字耨斤，淳欽皇后弟阿古只五世孫。黝面，狠視。母嘗夢金柱擎天，諸子欲上不能；后後至，與僕從皆陞，異之。

久之，入宮。嘗拂承天太后榻，獲金雞，吞之，膚色光澤勝常。太后驚異曰：「是必有奇子！」已而生興宗。仁德皇后無子，取而養之如己出。后以興宗侍仁德皇后謹，不悅。聖宗崩，令馮家奴等誣仁德皇后與蕭浞卜、蕭匹敵等謀亂，徙上京，害之。自立爲皇太后，攝政，以生辰爲應聖節。

重熙元年，尊爲仁慈聖善欽孝廣德安靖貞純寬厚崇覺儀天皇太后。[七]三年，后陰召諸弟議，欲立少子重元，重元以所謀白帝。帝收太后符璽，遷于慶州七括宮。六年秋，帝悔

之，親馭奉迎，[八]侍養益孝謹。后常不懌。帝崩，殊無戚容。見崇聖皇后悲泣如禮，誚曰：「汝年尚幼，何哀痛如是！」

清寧初，尊爲太皇太后。崩，謚曰欽哀皇后。

后初攝政，追封曾祖爲蘭陵郡王，父爲齊國王，諸弟皆王之，雖漢五侯無以過。

興宗仁懿皇后蕭氏，小字撻里，欽哀皇后弟孝穆之長女。性寬容，姿貌端麗。帝即位，入宮，生道宗。重熙四年，立爲皇后。二十三年，號貞懿慈和文惠孝敬廣愛崇聖皇后。道宗即位，尊爲皇太后。清寧二年，上尊號曰慈懿仁和文惠孝敬廣愛宗天皇太后。九年秋，敦睦宮使耶律良以重元與其子涅魯古反狀密告太后，乃言于帝。帝疑之，太后曰：「此社稷大事，宜早爲計。」帝始戒嚴。及戰，太后親督衞士，破逆黨。大康二年崩，謚仁懿皇后。

仁慈淑謹，中外感德。凡正旦、生辰諸國貢幣，悉賜貧瘠。嘗夢重元曰：「臣骨在太子山北，不勝寒慄。」寤，即命屋之，慈憫類此。

興宗貴妃蕭氏，小字三嬸，駙馬都尉匹里之女。選入東宮。帝即位，立爲皇后。重熙

初，以罪降貴妃。

道宗宣懿皇后蕭氏，小字觀音，欽哀皇后弟樞密使惠之女。姿容冠絕，工詩，善談論。自製歌詞，尤善琵琶。重熙中，帝王燕趙，納爲妃。清寧初，立爲懿德皇后。

皇太叔重元妻，以豔冶自矜，后見之，戒曰：「爲貴家婦，何必如此！」后生太子濬，有專房寵。好音樂，伶官趙惟一得侍左右。大康初，宮婢單登、教坊朱頂鶴誣后與惟一私，樞密使耶律乙辛以聞。詔乙辛與張孝傑鞫狀，因而實之。族誅惟一，賜后自盡，歸其尸於家。

乾統初，追謚宣懿皇后，合葬慶陵。

道宗惠妃蕭氏，小字坦思，駙馬都尉霞抹之妹。大康二年，乙辛譽之，選入掖庭，立爲皇后。

居數歲，未見皇嗣。后妹斡特懶先嫁乙辛子綏也，后以宜子言于帝，離婚，納宮中。八年，皇孫延禧封梁王，降爲惠妃，徙乾陵，斡特懶還其家。頃之，其母燕國夫人厭魅梁王，伏誅。貶妃爲庶人，幽于宜州，諸弟沒入興聖宮。

天慶六年，召還，封太皇太妃。後二年，奔黑頂山，卒，葬太子山。

天祚皇后蕭氏，小字奪里懶，宰相繼先五世孫。大安三年入宮。明年，封燕國王妃。乾統初，册爲皇后。性閑淑，有儀則。兄弟奉先、保先等緣后寵柄任。女直亂，從天祚西狩，以疾崩。

天祚德妃蕭氏，小字師姑，北府宰相常哥之女。壽隆二年入宮，封燕國妃，生子撻魯。乾統三年，改德妃，以柴册禮，封撻魯爲燕國王，加妃號贊翼。王薨，以哀戚卒。

天祚文妃蕭氏，小字瑟瑟，國舅大父房之女。乾統初，帝幸耶律撻葛第，見而悅之，匿宮中數月。皇太叔和魯斡勸帝以禮選納，三年冬，立爲文妃。生蜀國公主、晉王敖盧斡，尤被寵幸。以柴册，加號承翼。

善歌詩。女直亂作，日見侵迫。帝畋遊不恤，忠臣多被疏斥。妃作歌諷諫，其詞曰：「勿嗟塞上兮暗紅塵，勿傷多難兮畏夷人；不如塞姦邪之路兮，選取賢臣。直須卧薪嘗膽兮，激壯士之捐身，可以朝清漠北兮，夕枕燕、雲。」又歌曰：「丞相來朝兮劍佩鳴，千官側目兮寂無聲。養成外患兮嗟何及！禍盡忠臣兮罰不明。親戚並居兮藩屏位，私門潛畜兮爪牙兵。可憐往代兮秦天子，猶向宮中兮望太平。」天祚見而銜之。

播遷以來，郡縣所失幾半，上頗有倦勤之意。諸皇子敖盧斡最賢，素有人望。元妃兄蕭奉先深忌之，[九]誣南軍都統余覩謀立晉王，以妃與聞，賜死。

天祚元妃蕭氏，小字貴哥，燕國妃之妹。[一〇]年十七，册爲元妃。性沉靜。嘗晝寢，近侍盜貂裀，妃覺而不言，宮掖稱其寬厚。從天祚西狩，以疾薨。

論曰：遼以鞍馬爲家，后妃往往長於射御，軍旅田獵，未嘗不從。如應天之奮擊室韋，承天之御戎澶淵，仁懿之親破重元，古所未有，亦其俗也。

靖安無毀無譽，齊天巧思，乃奢侈之漸，宣懿度曲知音，豈致誣蠛之階乎？文妃能歌詩諷諫，而謂謀私其子，非矣。若簡憲之艱危保孤，懷節之從容就義，雖烈丈夫何以過之。欽哀狠桀，賊殺嫡后，而興宗不能防閑其母，惜哉！

校勘記

〔一〕國語謂之賦俚窘禽稱曰耨斡麼　賦俚窘，國語解作「忒里蹇」；耨斡麼，國語解「麼」作「麽」。

〔二〕玄祖爲狠德所害　狠德，各本作狠德，卷七五耶律鐸臻傳亦作狠德。

〔三〕天顯八年崩　八年，原誤「十一年」。按紀天顯八年十一月辛丑「太皇太后崩」，此誤以「十一月」爲「十一年」，今改。

〔四〕婆姑梅里　按地理志一作容我梅里。

〔五〕豈有試油而攻人國者　油，原誤「讎」，據道光殿本及通鑑改。

〔六〕廣德至仁昭烈崇簡應天皇太后　皇字，據紀會同元年十一月補。

〔七〕重熙元年尊爲仁慈聖善欽孝廣德安靖貞純寬厚崇覺儀天皇太后　按紀重熙元年十一月「上皇太后尊號曰法天應運仁德章聖皇太后」，二十三年十一月「上皇太后尊號曰仁慈聖善欽孝廣德安靜貞純懿和寬厚崇覺儀天皇太后」。

〔八〕六年秋帝悔之親馭奉迎　按紀此事在八年七月。

〔九〕元后兄蕭奉先深忌之　按元后，應作元妃。

〔一〇〕燕國妃之妹　按燕國妃係德妃，與元妃非姊妹。元妃之姊爲天祚皇后，曾封燕國王妃，此疑脫王字。

遼史卷七十二

列傳第二

宗室

義宗倍 子平王隆先 晉王道隱　章肅皇帝李胡 子宋王喜隱
順宗濬　晉王敖盧斡

義宗，名倍，小字圖欲，太祖長子，母淳欽皇后蕭氏。幼聰敏好學，外寬內摯。神册元年春，立爲皇太子。

時太祖問侍臣曰：「受命之君，當事天敬神。有大功德者，朕欲祀之，何先？」皆以佛對。太祖曰：「佛非中國教。」倍曰：「孔子大聖，萬世所尊，宜先。」太祖大悅，卽建孔子廟，詔皇太子春秋釋奠。

嘗從征烏古、党項，爲先鋒都統，及經略燕地。太祖西征，留倍守京師，因陳取渤海計。

天顯元年，從征渤海。拔扶餘城，上欲括戶口，倍諫曰：「今始得地而料民，民必不安。若乘破竹之勢，徑造忽汗城，克之必矣。」太祖從之。倍與大元帥德光爲前鋒，夜圍忽汗城，大諲譔窮蹙，請降。尋復叛，太祖破之。改其國曰東丹，名其城曰天福，以倍爲人皇王主之。仍賜天子冠服，建元甘露，稱制，置左右大次四相及百官，一用漢法。歲貢布十五萬端，馬千匹。上諭曰：「此地瀕海，非可久居，留汝撫治，以見朕愛民之心。」駕將還，倍作歌以獻。陛辭，太祖曰：「得汝治東土，吾復何憂。」倍號泣而出。遂如儀坤州。

未幾，諸部多叛，大元帥討平之。太祖訃至，倍卽日奔赴山陵。倍知皇太后意欲立德光，乃謂公卿曰：「大元帥功德及人神，中外攸屬，宜主社稷。」乃與羣臣請於太后而讓位焉。於是大元帥卽皇帝位，是爲太宗。

太宗旣立，見疑，以東平爲南京，徙倍居之，盡遷其民。又置衞士陰伺動靜。倍旣歸國，命王繼遠撰建南京碑，起書樓于西宮，作樂田園詩。唐明宗聞之，遣人跨海持書密召倍。倍因畋海上。使再至，倍謂左右曰：「我以天下讓主上，今反見疑；不如適他國，以成吳太伯之名。」立木海上，刻詩曰：「小山壓大山，大山全無力。羞見故鄉人，從此投外國。」攜高美人，載書浮海而去。

唐以天子儀衞迎倍，倍坐船殿，衆官陪列上壽。至汴，見明宗。明宗以莊宗后夏氏妻之，〔一〕賜姓東丹，名之曰慕華。改瑞州爲懷化軍，拜懷化軍節度使、瑞愼等州觀察使。復賜姓李，名贊華。移鎭滑州，遙領虔州節度使。倍雖在異國，常思其親，問安之使不絕。

後明宗養子從珂弒其君自立，倍密報太宗曰：「從珂弒君，盍討之。」及太宗立石敬瑭爲晉主，加兵于洛。從珂欲自焚，召倍與俱，倍不從，遣壯士李彥紳害之，時年三十八。有一僧爲收瘞之。敬瑭入洛，喪服臨哭，以王禮權厝。後太宗改葬于醫巫閭山，謚曰文武元皇王。世宗卽位，謚讓國皇帝，陵曰顯陵。統和中，更謚文獻。重熙二十年，增謚文獻欽義皇帝，廟號義宗，及謚二后曰端順，曰柔貞。

倍初市書至萬卷，藏于醫巫閭絕頂之望海堂。通陰陽，知音律，精醫藥、砭焫之術。工遼、漢文章，嘗譯陰符經。善畫本國人物，如射騎、獵雪騎、千鹿圖，皆入宋秘府。然性刻急好殺，婢妾微過，常加刲灼。夏氏懼而求削髮爲尼。五子：長世宗，次婁國、稍、隆先、道隱，各有傳。〔二〕

平王隆先，字團隱，母大氏。

景宗卽位，始封平王。未幾，兼政事令，留守東京。薄賦稅，省刑獄，恤鰥寡，數薦賢能之士。後與統軍耶律室魯同討高麗有功，還薨，葬醫巫閭山之道隱谷。

平王爲人聰明，博學能詩，有閬苑集行于世。保寧之季，其子陳哥與渤海官屬謀殺其父，舉兵作亂，上命轘裂于市。」

晉王道隱，字留隱，母高氏。

道隱生于唐，人皇王遭李從珂之害，時年尚幼，洛陽僧匿而養之，因名道隱。太宗滅唐，還京，詔賜外羅山地居焉。性沉靜，有文武才，時人稱之。

景宗卽位，封蜀王，爲上京留守。乾亨元年，遷守南京，號令嚴肅，民獲安業。居數年，徙封荆王。〔三〕統和初，病薨，追封晉王。

論曰：自古新造之國，一傳而太子讓，豈易得哉？遼之義宗，可謂盛矣！然讓而見疑，豈不兆於建元稱制之際乎？斯則一時君臣昧於禮制之過也。

東書浮海，寄跡他國，思親不忘，問安不絕，其心甚有足諒者焉。觀其始慕泰伯之賢而爲遠適之謀，終疾陳恒之惡而有請討之舉，志趣之卓，蓋已見於早歲先祀孔子之言歟。善不令終，天道難詰，得非性卞嗜殺之所致也！

雖然，終遼之代，賢聖繼統，皆其子孫。至德之報，昭然在茲矣。

中華書局

章肅皇帝，小字李胡，一名洪古，字奚隱，太祖第三子，母淳欽皇后蕭氏。少勇悍多力，而性殘酷，小怒輒黥人面，或投水火中。太祖嘗觀諸子寢，李胡縮項臥內，曰：「是必在諸子下。」又嘗大寒，命三子採薪。太宗不擇而取，最先至；人皇王取其乾者束而歸，後至；李胡取少而棄多，既至，袖手而立。太祖曰：「長巧而次成，少不及矣。」而母篤愛李胡。

天顯五年，遣徇地代北，攻寰州，多俘而還，遂立爲皇太弟，兼天下兵馬大元帥。太宗親征，常留守京師。世宗卽位鎭陽，太后怒，遣李胡將兵擊之，至泰德泉，爲安端、留哥所敗。太后與世宗隔潢河而陣，各言舉兵意。耶律屋質入諫太后曰：「主上已立，宜許之。」時李胡在側，作色曰：「我在，兀欲安得立？」屋質曰：「奈公酷暴失人心何！」太后顧李胡曰：「昔我與太祖愛汝異於諸子，諺云：『偏憐之子不保業，難得之婦不主家。』我非不欲立汝，汝自不能矣。」及會議，世宗使解劍而言。和約既定，趨上京。會有告李胡與太后謀廢立者，徙李胡祖州，禁其出入。

穆宗時，其子喜隱謀反，辭逮李胡，囚之，死獄中，年五十，葬玉峯山西谷。統和中，追

謚欽順皇帝。重熙二十一年，更謚章肅，后曰和敬。二子：宋王喜隱、衞王宛。[四]

喜隱，字完德，雄偉善騎射，封趙王。應曆中，謀反，事覺，上臨問有狀，以親釋之。未幾，復反，下獄。景宗卽位，聞有赦，自去其械而朝。上怒曰：「汝罪人，何得擅離禁所。」詔誅守者，復置于獄。及改元保寧，乃宥之，妻以皇后之姊，復爵，王宋。

喜隱輕僄無恆，小得志卽驕。上嘗召，不時至，怒而鞭之，由是憤怨謀亂。貶而復召，適見上與劉繼元書，辭意卑遜，諫曰：「本朝於漢爲祖，書旨如此，恐虧國體。」帝尋改之。授西南面招討使，命之河東索吐蕃戶，[五]稍見進用。復誘羣小謀叛，上命械其手足，築圜土囚祖州。宋降卒二百餘人欲劫立喜隱，以城堅不得入，立其子留禮壽，上京留守除室擒之。留禮壽伏誅，賜喜隱死。

論曰：李胡殘酷驕盈，太祖知其不才而不能敎，太后不知其惡而溺愛之。初以屋質之言定立世宗，而復謀廢立。子孫繼以逆誅，幷及其身，可哀也已。

夫自太祖之世，剌葛、安端首倡禍亂，太祖既不之誅，又復用之，固爲有君人之量。然惟太祖之才足以駕馭，庶乎其可也。李胡而下，宗王反側，無代無之，遼之內難，與國始終。

厥後嗣君，雖嚴法以繩之，卒不可止。烏虖，創業垂統之主，所以貽厥孫謀者，可不審歟！

順宗，名濬，小字耶魯斡，道宗長子，母宣懿皇后蕭氏。幼而能言，好學知書。道宗嘗曰：「此子聰慧，殆天授歟！」

六歲，封梁王。明年，從上獵，矢連發三中。[六]上顧左右曰：「朕祖宗以來，騎射絕人，威震天下。是兒雖幼，不墜其風。」後遇十鹿，射獲其九。帝喜，設宴。八歲，立爲皇太子。大康元年，兼領北南樞密院事。

及母后被害，太子有憂色。耶律乙辛爲北院樞密使，常不自安。會護衞蕭忽古謀害乙辛，事覺，下獄。副點檢蕭十三謂乙辛曰：「臣民心屬太子，公非閥閱，一日若立，吾輩措身何地！」乃與同知北院宣徽事蕭特裏特謀搆陷太子，陰令右護衞太保耶律查剌[七]誣告都宮使耶律撒剌、知院蕭速撒、[八]護衞蕭忽古謀廢立。詔按無迹，不治。

乙辛復令牌印郎君蕭訛都斡等言：「查剌前告非妄，臣實與謀，欲殺耶律乙辛等，然後立太子。臣若不言，恐事發連坐。」帝信之，幽太子于別室，以耶律燕哥鞫按。太子具陳枉狀曰：「吾爲儲副，尚何所求。公當爲我辨之。」燕哥乃乙辛之黨，易其言爲欵伏。上大怒，

廢太子爲庶人。將出，曰：「我何罪至是！」十三叱登車，遣衞士闔其扉。徙于上京，囚圜堵中。乙辛尋遣達魯古、撒八往害之，[九]太子年方二十，上京留守蕭撻得紿以疾薨聞。上哀之，命有司葬龍門山。欲召其妃，乙辛陰遣人殺之。

帝後知其冤，[一〇]悔恨無及，謚曰昭懷太子，以天子禮改葬玉峯山。乾統初，追尊大孝順聖皇帝，廟號順宗，妃蕭氏貞順皇后。一子，延禧，卽天祚皇帝。

論曰：道宗知太子之賢，而不能辨乙辛之詐，竟絕父子之親，爲萬世惜。乙辛知爲一身之計，不知有君臣之義，豈復知有太子乎！姦邪之臣亂人家國如此，可不戒哉！可不戒哉！

晉王，小字敖盧斡，天祚皇帝長子，母曰文妃蕭氏。

甫髫齔，馳馬善射。出爲大丞相耶律隆運後，封晉王。性樂道人善，而矜人不能。時宮中見讀書者輒斥。敖盧斡嘗入寢殿，見小底茶剌閱書，因取觀。會諸王至，陰袖而歸之，曰：「勿令他人見也。」一時號稱長者。

及長，積有人望，內外歸心。保大元年，南軍都統耶律余覩與其母文妃密謀立之，事覺，余覩降金，文妃伏誅，敖盧斡實不與謀，免。二年，耶律撒八等復謀立，不克。上知敖盧斡得人心，不忍加誅，令縊殺之。或勸之亡，敖盧斡曰：「安忍爲蕞爾之軀，而失臣子之大節。」遂就死。聞者傷之。

論曰：天祚不君，臣下謀立其子，適以殺之。敖盧斡重君父之命，不亡而死，申生其恭矣乎！

校勘記

〔一〕明宗以莊宗后夏氏妻之　按國志一四：「以莊宗後宮夏氏賜之。」五代會要一：莊宗昭容夏氏，封虢國夫人。新五代史一四亦稱：明宗立，悉放莊宗時宮人還其家，「虢國夫人夏氏無所歸，乃以河陽節度使夏魯奇同姓也，因以歸之。後嫁李贊華。」夏氏爲莊宗後宮，非皇后。

〔二〕婁國稍隆先道隱各有傳　按隆先、道隱下文有附傳，婁國傳見卷一一二，惟稍無傳。此處當是沿襲耶律儼、陳大任舊史之文，而稍傳實被刪去。

〔三〕乾亨元年遷守南京 至 居數年徙封荊王　按紀乾亨元年十二月，蜀王道隱南京留守，徙封荊王。

又四年十二月道隱奏事，亦稱南京留守荊王。統和元年正月道隱疾，亦作荊王。非遷南京留守後數年始封荊王。

〔四〕衛王宛　宛，原誤「完」。按紀應曆三年十月，又皇子表、皇族表及大典五二五二並作宛，據改。

〔五〕授西南面招討使命之河東索吐蕃戶　按紀保寧九年六月，以喜隱爲西南面招討使；乾亨二年六月，「喜隱復謀反，囚于祖州」。此三年內無吐蕃戶入河東者。惟保寧九年十一月稱：「吐谷渾叛入太原者四百餘戶，索而還之。」吐蕃應是吐渾（卽吐谷渾）之誤。

〔六〕矢連發三中　連發三中，大典一三一九四引作三發三中。

〔七〕右護衛太保耶律查剌　右護衛太保，原誤「護尉太保」。據紀大康三年五月及百官志一改。

〔八〕知院蕭速撒　蕭，原誤「耶律」。據紀大康二年六月及卷九九本傳改。

〔九〕撒八　卷一一〇耶律乙辛傳作撒把。

〔一〇〕帝後知其冤　帝，原誤「州」。據大典五二五二改。

遼史卷七十三

列傳第三

耶律曷魯　蕭敵魯 阿古只　耶律斜涅赤 老古 頗德
耶律欲穩　耶律海里

耶律曷魯，字控溫，一字洪隱，迭剌部人。祖匣馬葛，簡憲皇帝兄。父偶思，遙輦時爲本部夷離菫，曷魯其長子也。

性質厚。在髫齡，與太祖遊，從父釋魯奇之曰：「興我家者，必二兒也。」太祖既長，相與易裘馬爲好，然曷魯事太祖彌謹。會滑哥弒其父釋魯，太祖顧曷魯曰：「滑哥弒父，料我必不能容，將反噬我。今彼歸罪臺哂爲解，我姑與之。是賊吾不忘也！」自是，曷魯常佩刀從太祖，以備不虞。

居久之，曷魯父偶思病，召曷魯曰：「阿保機神略天授，汝率諸弟赤心事之。」已而太祖

來問疾，偶思執其手曰：「爾命世奇才。吾兒曷魯者，他日可委以事，吾已諭之矣。」既而以諸子屬之。

太祖爲撻馬狘沙里，參預部族事，曷魯領數騎召小黃室韋來附。太祖素有大志，而知曷魯賢，軍國事非曷魯議不行。會討越兀與烏古部，曷魯爲前鋒，戰有功。

及太祖爲迭剌部夷離菫，討奚部，其長朮里倨險而壘，攻莫能下，命曷魯持一箭往諭之。既入，爲所執。乃說奚曰：「契丹與奚言語相通，實一國也。我夷離菫於奚豈有輳轢之心哉？漢人殺我祖奚首，夷離菫怨次骨，日夜思報漢人。顧力單弱，使我求援於奚，傳矢以示信耳。夷離菫受命於天，撫下以德，故能有此衆也。今奚殺我，違天背德，不祥莫大焉。且兵連禍結，當自此始，豈爾國之利乎！」朮里感其言，乃降。

太祖爲于越，秉國政，欲命曷魯爲迭剌部夷離菫。辭曰：「賊在君側，未敢遠去。」太祖討黑車子室韋，幽州劉仁恭遣養子趙霸率衆來救。曷魯伏兵桃山，俟霸衆過半而要之；與太祖合擊，斬獲甚衆，遂降室韋。太祖會李克用于雲州，時曷魯侍，克用顧而壯之曰：「偉男子爲誰？」太祖曰：「吾族曷魯也。」

會遙輦痕德菫可汗歿，羣臣奉遺命請立太祖。太祖辭曰：「昔吾祖夷離菫雅里嘗以不當立而辭，今若等復爲是言，何歟？」曷魯進曰：「曩吾祖之辭，遺命弗及，符瑞未見，第爲國

人所推戴耳。今先君言猶在耳，天人所與，若合符契。天不可逆，人不可拂，而君命不可違也。」太祖曰：「遺命固然，汝焉知天道？」曷魯曰：「聞于越之生也，神光屬天，異香盈幄，夢受神誨，龍錫金佩。天道無私，必應有德。我國削弱，齮齕於鄰部日久，以故生聖人以興起之。可汗知天意，故有是命。且遙輦九營棊布，非無可立者；小大臣民屬心于越，天也。昔者于越伯父釋魯嘗曰：『吾猶蛇，兒猶龍也。』天時人事，幾不可失。」太祖猶未許。是夜，獨召曷魯責曰：「衆以遺命迫我。汝不明吾心，而亦僞隨耶？」曷魯曰：「在昔夷離堇雅里雖推戴者衆，辭之，而立阻午爲可汗。相傳十餘世，君臣之分亂，紀綱之統隳。委質他國，若綴斿然。羽檄蠭午，民疲奔命。興王之運，實在今日。應天順人，以答顧命，不可失也。」太祖乃許。

明日，卽皇帝位，命曷魯總軍國事。

時制度未講，國用未充，扈從未備，而諸弟剌葛等往往覬非望。太祖宮行營始置腹心部，選諸部豪健二千餘充之，以曷魯及蕭敵魯總焉。已而諸弟之亂作，太祖命曷魯總領軍事，討平之，以功爲迭剌部夷離菫。時民更兵焚剽，日以抏敝，曷魯撫輯有方，畜牧益滋，民用富庶。乃討烏古部，破之。自是震慴，不敢復叛。乃請制朝儀、建元，率百官上尊號。太祖既備禮受册，拜曷魯爲阿魯敦于越。〔二〕「阿魯敦」者，遼言盛名也。

後太祖伐西南諸夷，數爲前鋒。神册二年，從逼幽州，與唐節度使周德威拒戰可汗州

西，敗其軍，遂圍幽州，未下。太祖以時暑班師，留曷魯與盧國用守之。俄而救兵繼至，曷魯等以軍少無援，退。

三年七月，皇都旣成，燕羣臣以落之。曷魯是日得疾薨，年四十七。既葬，賜名其阡宴答，山曰于越峪，詔立石紀功。清寧間，命立祠上京。

初，曷魯病革，太祖臨視，問所欲言。曷魯曰：「陛下聖德寬仁，羣生咸遂，帝業隆興。臣既蒙寵遇，雖瞑目無憾。惟析迭剌部議未決，願亟行之。」及薨，太祖流涕曰：「斯人若登三五載，吾謀蔑不濟矣！」

後太祖二十一功臣，各有所擬，以曷魯爲心云。子惕剌、撒剌，俱不仕。

論曰：曷魯以肺腑之親，任帷幄之寄，言如蓍龜，謀成戰勝，可謂算無遺策矣。其君臣相得之誠，庶吳漢之於光武歟？夫信其所可信，智也，太祖有焉。故曰，惟聖知聖，惟賢知賢，斯近之矣。

蕭敵魯，字敵輦，其母爲德祖女弟，而淳欽皇后又其女兄也。五世祖曰胡母里，遙輦氏時嘗使唐，唐留之幽州。一夕，折關遁歸國，由是世爲決獄官。

敵魯性寬厚，膂力絕人，習軍旅事。太祖潛藩，日侍左右，凡征討必與行陣。既卽位，敵魯與弟阿古只、耶律釋魯、耶律曷魯偕總宿衞。拜敵魯北府宰相，世其官。

太祖征奚及討劉守光，敵魯略地海濱，殺獲甚衆。頃之，剌葛等作亂，潰而北走。敵魯率輕騎追之，〔三〕兼晝夜行。至楡河，敗其黨，獲剌葛以獻。太祖嘉之，錫賚甚渥。後討西南夷，功居諸將先。神册三年十二月卒。

敵魯有膽略，聞敵所在卽馳赴，親冒矢石，前後戰未嘗少衂，必勝乃止。以故在太祖功臣列，喻以手云。弟阿古只。

阿古只，〔三〕字撒本。少卓越，自放不羈。長驍勇善射，臨敵敢前。每射甲楯輒洞貫。太祖爲于越時，以材勇充任使。既卽位，與敵魯總腹心部。剌葛之亂也，淳欽皇后軍黑山，阻險自固。太祖方經略奚地，命阿古只統百騎往衞之。逆黨迭里特、耶律滑哥素憚其勇略，相戒曰：「是不可犯也！」剌葛既北走，與敵魯追擒于楡河。

神册初元，討西南夷有功；徇山西諸郡縣，又下之，敗周德威軍。三年，以功拜北府宰相，世其職。天贊初，與王郁略地燕、趙，破磁窰鎭。太祖西征，悉諉以南面邊事。

攻渤海，破扶餘城，獨將騎兵五百，敗老相軍三萬。渤海旣平，改東丹國。頃之，已降郡縣復叛，盜賊蜂起。阿古只與康默記討之，所向披靡。會賊游騎七千自鴨渌府來援，勢張甚。阿古只帥麾下精銳，直犯其鋒，一戰克之，斬馘三千餘，遂進軍破回跋城。以病卒。

功臣中喻阿古只爲耳云。子安團，官至右皮室詳穩。

耶律斜涅赤，字撒剌，六院部舍利褭古直之族。始字鐸盌，早隸太祖幕下，嘗有疾，賜樽酒飲而愈，遼言酒樽曰「撒剌」，故詔易字焉。

太祖卽位，掌腹心部。天贊初，分迭剌部爲北、南院，斜涅赤爲北院夷離菫。帝西征至流沙，威聲大振，諸夷潰散，乃命斜涅赤撫集之。

及討渤海，破扶餘城，斜涅赤從太子大元帥率衆夜圍忽汗城，大諲譔降。已而復叛，命諸將分地攻之。詰旦，斜涅赤感勵士伍，鼓譟登陴，敵震慴，莫敢禦，遂破之。

天顯中卒，年七十，居佐命功臣之一。姪老古、頗德。

老古，字撒懶，其母淳欽皇后姊也。老古幼養宮掖，既長，沉毅有勇略，隸太祖帳下。

既卽位，屢有戰功。剌葛之亂也，欲乘我不備爲掩襲計，紿降。太祖將納之，命老古、耶律欲穩嚴號令，勒士卒，控轡以防其變。逆黨知有備，懼而遁。以功授右皮室詳穩，典宿衛。

太祖侵燕、趙，遇唐兵雲碧店，老古恃勇輕敵，直犯其鋒。戰久之，被數創，歸營而卒。太祖深悼惜之，佐命功臣其一也。

頗德，字兀古鄰。弱冠事太祖。天顯初，爲左皮室詳穩，典宿衛，遷南院夷離菫，治有聲。

石敬瑭破張敬達軍於太原北，時頗德勒兵爲援，敬達遁。敬瑭追至晉安寨圍之，頗德領輕騎襲潞州，塞其餉道。唐諸將懼，殺敬達以降。會同初，改迭剌部夷離菫爲大王，卽拜頗德，旣而加採訪使。

舊制，肅祖以下宗室稱院，德祖宗室號三父房，稱橫帳，百官子弟及籍沒人稱著帳。耶律斜的言，橫帳班列，不可與北、南院並。太宗詔在廷議，皆曰然，乃詔橫帳班列居上。頗德奏曰：「臣伏見官制，北、南院大王品在惕隱上。今橫帳始圖爵位之高，顯與北、南院參任，玆又恥與同列。夫橫帳與諸族皆臣也，班列奚以異？」帝乃諭百官曰：「朕所不知，卿等

不宜面從。」[二]詔仍舊制。其強直不撓如此。

頗德狀貌秀偉，初太祖見之曰：「是子風骨異常兒，必爲國器。」後果然。卒年四十九。

耶律欲穩，字轄剌干，突呂不部人。

祖臺押，遙輦時爲北邊拽剌。簡獻皇后與諸子之罹難也，嘗倚之以免。太祖思其功不忘，又多欲穩嚴重，有濟世志，乃命典司近部，以遏諸族窺覬之想。

欲穩旣見器重，益感奮思報。太祖始置宮分以自衛，欲穩率門客首附宮籍。帝益嘉其忠，詔以臺押配享廟廷。及平剌葛等亂，以功遷奚迭剌部夷離菫。[四]從征渤海有功。天顯初卒。

後諸帝以太祖之與欲穩也爲故，往往取其子孫爲友。宮分中稱「八房」，皆其後也。弟霞里，終奚六部禿里。

耶律海里，字涅剌昆，遙輦昭古可汗之裔。

太祖傳位，海里與有力焉。初受命，屬籍比局萌覬覦，而遙輦故族尤觖望。海里多先帝知人之明，而素服太祖威德，獨歸心焉。以故太祖託爲耳目，數從征討。旣淸內亂，始置遙輦敞穩，命海里領之。

天顯初，征渤海，海里將遙輦糺，破忽汗城。師般，卒。

校勘記

[一] 拜曷魯爲阿魯敦于越 阿魯敦，紀神册元年三月作「阿廬朵里」，爲契丹語譯音，漢語「貴顯」、「盛名」之意。

[二] 敵魯率輕騎追之 敵魯，紀太祖七年四月作迪里古，五月作迪輦。

[三] 阿古只 按紀太祖七年四月作遏古只，神册二年三月作阿骨只。

[四] 奚迭剌部夷離菫 卷九八耶律胡呂傳作迭剌部夷離菫。

遼史卷七十四

列傳第四

耶律敵剌　蕭痕篤　康默記 延壽
韓延徽 德樞 紹勳 紹芳 資讓　韓知古 匡嗣 德源 德凝

耶律敵剌，字合魯隱，遙輦鮮質可汗之子。太祖踐阼，與敞穩海里同心輔政。太祖知其忠實，命掌禮儀，且諉以軍事。後以平內亂功，代轄里爲奚六部吐里，卒。敵剌善騎射，頗好禮文。

蕭痕篤，字兀里軫，迭剌部人。其先相遙輦氏。痕篤少慷慨，以才能自任。早隸太祖帳下，數從征討。既踐阼，除北府宰相。痕篤事

親孝，爲政尚寬簡。

康默記，本名照。少爲薊州衙校，太祖侵薊州得之，愛其材，隸麾下。一切蕃、漢相涉事，屬默記折衷之，悉合上意。

時諸部新附，文法未備，默記推析律意，論決重輕，不差毫釐。罹禁網者，人人自以爲不冤。頃之，拜左尚書。神册三年，始建都，默記董役，人咸勸趨，百日而訖事。五年，爲皇都夷離畢。會太祖出師居庸關，命默記將漢軍進逼長蘆水寨，俘馘甚衆。

天贊四年，親征渤海，默記與韓知古從。後大諲譔叛，命諸將攻之。默記分薄東門，率驍勇先登。既拔，與韓延徽下長嶺府。軍還，已下城邑多叛，默記與阿古只平之。

既破回跋城，歸營太祖山陵畢，卒。佐命功臣其一也。

孫延壽，字胤昌，少倜儻，謂其所親：「大丈夫爲將，當效節邊垂，馬革裹屍。」景宗特授千牛衞大將軍。宋人攻南京，諸將既成列，延壽獨奮擊陣前，敵遂大潰。以功遙授保大軍節度使。乾亨三年卒。

韓延徽，字藏明，幽州安次人。父夢殷，累官薊、儒、順三州刺史。延徽少英，燕帥劉仁恭奇之，召爲幽都府文學、平州錄事參軍，同馮道祗候院，授幽州觀察度支使。

後守光爲帥，延徽來聘，太祖怒其不屈，留之。述律后諫曰：「彼秉節弗撓，賢者也，奈何困辱之？」太祖召與語，合上意，立命參軍事。攻党項、室韋，服諸部落，延徽之籌居多。乃請樹城郭，分市里，以居漢人之降者。又爲定配偶，教墾藝，以生養之。以故逃亡者少。

居久之，慨然懷其鄉里，賦詩見意，遂亡歸唐。已而與他將王緘有隙，懼及難，乃省親幽州，匿故人王德明舍。德明問所適，延徽曰：「吾將復走契丹。」德明不以爲然。延徽笑曰：「彼失我，如失左右手，其見我必喜。」既至，太祖問故。延徽曰：「忘親非孝，棄君非忠。臣雖挺身逃，臣心在陛下。臣是以復來。」上大悅，賜名曰匣列。「匣列」，遼言復來也。卽命爲守政事令、崇文館大學士，中外事悉令參決。

天贊四年，從征渤海，大諲譔乞降。既而復叛，與諸將破其城，以功拜左僕射。又與康默記攻長嶺府，拔之。師還，太祖崩，哀動左右。

太宗朝，封魯國公，仍爲政事令。使晉還，改南京三司使。

世宗朝，遷南府宰相，建政事省，設張理具，稱盡力吏。天祿五年六月，河東使請行册

禮，〔一〕帝詔延徽定其制，延徽奏一遵太宗册晉帝禮，從之。

應曆中，致仕。子德樞鎭東平，詔許每歲東歸省。九年卒，年七十八。上聞震悼，贈尙書令，葬幽州之魯郭，世爲崇文令公。

初，延徽南奔，太祖夢白鶴自帳中出；比還，復入帳中。詰旦，謂侍臣曰：「延徽至矣。」已而果然。太祖初元，庶事草創，凡營都邑，建宮殿，正君臣，定名分，法度井井，延徽力也。爲佐命功臣之一。子德樞。

德樞年甫十五，太宗見之，謂延徽曰：「是兒卿家之福，朕國之寶，眞英物也！」未冠，守左羽林大將軍，遷特進太尉。

時漢人降與轉徙者，多寓東平。丁歲災，饑饉疾厲。德樞請往撫字之，授遼興軍節度使。下車整紛剔蠹，恩煦信孚，勸農桑，興敎化，期月民獲蘇息。

入爲南院宣徽使，遙授天平軍節度使，平、灤、營三州管內觀察處置等使，門下平章事。已而加開府儀同三司、行侍中，封趙國公。保寧元年卒。孫紹勳、紹芳。

紹勳，仕至東京戶部使。會大延琳叛，被執，辭不屈，賊以鋸解之，憤罵至死。

紹芳，重熙間參知政事，加兼侍中。時廷議征李元昊，力諫不聽，出爲廣德軍節度使。聞敗，嘔血卒。

孫資讓，壽隆初拜中書侍郎、平章事。會宋徽宗嗣位，遣使來報，有司按籍，有「登寶位」文，坐是出爲崇義軍節度使。改鎮遼興，卒。

韓知古，薊州玉田人，善謀有識量。太祖平薊時，知古六歲，〔一〕爲淳欽皇后兄欲穩所得。后來嬪，知古從焉，未得省見。久之，負其有，〔二〕怏怏不得志，挺身逃庸保，以供資用。其子匡嗣得親近太祖，因間言。太祖召見與語，賢之，命參謀議。神册初，遥授彰武軍節度使。久之，信任益篤，總知漢兒司事，兼主諸國禮儀。時儀法疏闊，知古援據故典，參酌國俗，與漢儀雜就之，使國人易知而行。頃之，拜左僕射，與康默記將漢軍征渤海有功，遷中書令。天顯中卒，爲佐命功臣之一。子匡嗣。

匡嗣以善醫，直長樂宮，皇后視之猶子。應曆十年，爲太祖廟詳穩。後宋王喜隱謀叛，辭引匡嗣，上置不問。

初，景宗在藩邸，善匡嗣。即位，拜上京留守。頃之，王燕，改南京留守。保寧末，以留守攝樞密使。

時耶律虎古使宋還，言宋人必取河東，合先事以爲備。匡嗣詆之曰：「寧有是！」已而宋人果取太原，乘勝逼燕。匡嗣與南府宰相沙、惕隱休哥侵宋，軍于滿城，方陣，宋人請降。匡嗣欲納之，休哥曰：「彼軍氣甚鋭，疑誘我也。可整頓士卒以禦。」匡嗣不聽。俄而宋軍鼓譟薄我，衆蹙踐，塵起漲天。匡嗣倉卒諭諸將，無當其鋒。衆既奔，遇伏兵扼要路，匡嗣棄旗鼓遁，其衆走易州山，獨休哥收所棄兵械，全軍還。

帝怒匡嗣，數之曰：「爾違衆謀，深入敵境，爾罪一也；號令不肅，行伍不整，爾罪二也；棄我師旅，挺身鼠竄，爾罪三也；偵候失機，守禦弗備，爾罪四也；捐棄旗鼓，損威辱國，爾罪五也。」促令誅之。皇后引諸内戚徐爲開解，上重違其請。良久，威稍霽，乃杖而免之。

既而遥授晉昌軍節度使。乾亨三年，改西南面招討使，〔四〕卒。睿智皇后聞之，遣使臨弔，賻贈甚厚，後追贈尚書令。五子：德源，德讓——後賜名隆運，德威，德崇，德凝。〔五〕德源、德凝附傳，餘各有傳。

德源，性愚而貪，早侍景宗邸。及即位，列近侍。保寧間，〔六〕官崇義、興國二軍節度使，加檢校太師。以賄名，德讓貽書諫之，終不悛。以故論者少之。後加同政事門下平章事，遥攝保寧軍節度使。乾亨初卒。

德凝，謙遜廉謹。保寧中，遷護軍司徒。開泰中，累遷護衛太保、都宫使、崇義軍節度使。〔七〕移鎮廣德，秩滿，部民請留，從之。改西南面招討使，党項隆益答叛，平之。遷大同軍節度使，卒于官。

子郭三，終天德軍節度使。孫高家奴，終南院宣徽使；高十，終遼興軍節度使。

校勘記

〔一〕天祿五年六月河東使請行册禮　五，原誤「三」。按紀天祿五年正月，劉崇自立于太原；六月，求封册。據改。

〔二〕太祖平薊時知古六歲　按下文其子匡嗣已得「親近太祖，因間言」，則六歲被掠不合，疑有漏字。

〔三〕負其有　疑應作「負其才」或「負其有才」。

〔四〕乾亨三年改西南面招討使　三，原作「二」。按紀改西南面招討使在乾亨三年三月，據改。

〔五〕五子德源德讓德威德崇德凝　德崇，紀統和十二年五月作德沖。又下文稱「德威、德凝附傳，餘各有傳」，今按德讓、德威傳見卷八二，德崇僅於其子韓制心傳中追敍，無專傳。此處當是沿襲耶律儼或陳大任舊史之文，而德崇傳實已删去。

〔六〕保寧間　保寧，原誤「統和」。據上、下文改。

〔七〕開泰中累遷護衛太保都宫使崇義軍節度使　按紀統和三年四月，德凝以彰武軍節度使爲崇義軍節度使。開泰應作統和。

遼史卷七十五

列傳第五

耶律覿烈 羽之　耶律鐸臻 古　突呂不　王郁　耶律圖魯窘

耶律覿烈，字兀里軫，六院部蒲古只夷離菫之後。父偶思，亦爲夷離菫。

初，太祖爲于越時，覿烈以謹願寬恕見器使。既卽位，兄曷魯典宿衞，以故覿烈入侍帷幄，與聞政事。神册三年，曷魯薨，命覿烈爲迭剌部夷離菫，屬以南方事。會討党項，皇太子爲先鋒，覿烈副之。軍至天德、雲內，分道並進。覿烈率偏師渡河力戰，斬獲甚衆。天贊初，析迭剌部爲北、南院，羅夷離菫。〔一〕時大元帥率師由古北口略燕地，覿烈徇山西，所至城堡皆下，太祖嘉其功，錫賚甚厚。從伐渤海，拔扶餘城，留覿烈與寅底石守之。天顯二年，留守南京。十年卒，年五十六。弟羽之。

羽之，小字兀里，字寅底哂。幼豪爽不羣，長嗜學，通諸部語。太祖經營之初，多預軍謀。

天顯元年，渤海平，立皇太子爲東丹王，以羽之爲中臺省右次相。時人心未安，左大相迭剌不踰月薨，羽之莅事勤恪，威信並行。

太宗卽位，上表曰：「我大聖天皇始有東土，擇賢輔以撫斯民，不以臣愚而任之。國家利害，敢不以聞。渤海昔畏南朝，阻險自衞，居忽汗城。今去上京遼邈，既不爲用，又不罷戍，果何爲哉？先帝因彼離心，乘釁而動，故不戰而克。天授人與，彼一時也。遺種浸以蕃息，今居遠境，恐爲後患。梁水之地乃其故鄉，地衍土沃，有木鐵鹽魚之利。乘其微弱，徙還其民，萬世長策也。彼得故鄉，又獲木鐵鹽魚之饒，必安居樂業。然後選徙以翼吾左，突厥、党項、室韋夾輔吾右，可以坐制南邦，混一天下，成聖祖未集之功，貽後世無疆之福。」表奏，帝嘉納之。是歲，詔徙東丹國民於梁水，時稱其善。

人皇王奔唐，羽之鎮撫國人，一切如故。以功加守太傅，遷中臺省左相。會同初，以册禮赴闕，加特進。表奏左次相渤海蘇貪墨不法事，〔二〕卒。子和里，終東京留守。

耶律鐸臻，字敵輦，六院部人。祖蒲古只，遙輦氏時再爲本部夷離菫。耶律狠德等既害玄祖，暴横益肆。蒲古只以計誘其黨，悉誅夷之。

鐸臻幼有志節，太祖爲于越，常居左右。後卽位，梁人遣使求轅軸材，太祖難之。鐸臻曰：「梁名求材，實覘吾輕重。宜答曰：『材之所生，必深山窮谷，有神司之，須白鼻赤驢禱祠，然後可伐。』如此，則其語自塞矣。」已而果然。

天贊三年，將伐渤海，鐸臻諫曰：「陛下先事渤海，則西夏必躡吾後。請先西討，庶無後顧憂。」太祖從之。及淳欽皇后稱制，惡鐸臻，囚之，誓曰：「鐵鎖朽，當釋汝！」既而召之，使者欲去鎖，鐸臻辭曰：「鐵未朽，可釋乎？」后聞，嘉歎，趣召釋之。天顯二年卒。弟古、突呂不。

古，字涅剌昆，初名霞馬葛。太祖爲于越，嘗從略地山右。會李克用於雲州，古侍，克用異之曰：「是兒骨相非常，不宜使在左右。」以故太祖頗忌之。時方西討，諸弟亂作，聞變，太祖問古與否，曰無。喜曰：「吾無患矣！」趣召古議。古陳殄滅之策，後皆如言，以故錫賚甚厚。

神册末，南伐，以古佐右皮室詳穩老古，與唐兵戰于雲碧店。老古中流矢，傷甚，太祖疑古陰害之。古知上意，跪曰：「陛下疑臣恥居老古麾下耶？及今老古在，請遣使問之。」太祖使問老古，對曰：「臣於古無可疑者。」上意乃釋。老古卒，遂以古爲右皮室詳穩。

既卒，太祖謂左右曰：「古死，猶長松自倒，非吾伐之也。」

突呂不，字鐸袞，幼聰敏嗜學。事太祖見器重。及製契丹大字，突呂不贊成爲多。未幾，爲文班林牙，領國子博士、知制誥。明年，受詔撰決獄法。

太祖略燕，詔與皇太子及王郁攻定州。師還至順州，幽州馬步軍指揮使王千率衆來襲，突呂不射其馬躓，擒之。天贊二年，皇子堯骨爲大元帥，突呂不爲副，既克平州，進軍燕、趙，攻下曲陽、北平。至易州，易人來拒，蹕濠而陣。李景章出降，言城中人無鬬志。大元帥將修攻具，突呂不諫曰：「我師遠來，人馬疲憊，勢不可久留。」乃止。軍還，大元帥以其謀聞，太祖大悅，賜賚優渥。

車駕西征，突呂不與大元帥爲先鋒，伐党項有功，太祖犒師水精山。大元帥東歸，突呂不留屯西南部，復討党項，多獲而還。太祖東伐，大諲譔降而復叛，攻之，突呂不先登。渤海平，承詔銘太祖功德于永興殿壁。班師，已下州郡往往復叛，突呂不從大元帥攻破之。淳欽皇后稱制，有飛語中傷者，后怒，突呂不懼而亡。太宗知其無罪，召還。天顯三年，討烏古部，俘獲甚衆。伐唐，以突呂不爲左翼，攻唐軍霞沙寨，降之。十一年，送晉主石敬瑭入洛。及大册，突呂不總禮儀事，加特進檢校太尉。會同五年卒。

王郁，京兆萬年人，唐義武軍節度使處直之孽子。伯父處存鎭義武，卒，三軍推其子郜襲，處直爲都知兵馬使。光化三年，梁王朱全忠攻定州，郜遣處直拒于沙河。兵敗，入城逐郜，郜奔太原。亂兵推處直爲留後，遣人請事梁王。梁與晉王克用絕好，表處直爲義武軍節度使。

初郜之亡也，郁從之。晉王克用妻以女，用爲新州防禦使。處直料晉必討張文禮，鎭亡，則定不獨存，益自疑。陰使郁北導契丹入塞以牽晉兵，且許爲嗣。郁自奔晉，常恐失父心，得使，大喜。神册六年，奉表送欵，舉室來降，太祖以爲養子。未幾，郁兄都囚父，自爲留後，帝遣郁從皇太子討之。至定州，都堅壁不出，掠居民而還。

明年，從皇太子攻鎭州，遇唐兵于定州，破之。天贊二年秋，郁及阿古只略地燕、趙，攻下磁窯務。[三]從太祖平渤海，戰有功，加同政事門下平章事，改崇義軍節度使。

太祖崩，郁與妻會葬，其妻泣訴於淳欽皇后，求歸鄉國，許之。郁奏曰：「臣本唐主之壻，主已被弒，此行夫妻豈能相保。願常侍太后。」后喜曰：「漢人中，惟王郎最忠孝。」以太祖嘗與李克用約爲兄弟故也。尋加政事令。還宜州，卒。

耶律圖魯窘，字阿魯隱，肅祖子洽昚之孫，勇而有謀略。

太宗立晉之役，其父敵魯古爲五院夷離菫，歿于兵，帝即以其職授圖魯窘。會同元年，改北院大王，嘗屏左右與議大事，占對合上意。

從討石重貴，杜重威擁十萬餘衆拒滹沱橋，力戰數日，不得進。帝曰：「兩軍爭渡，人馬疲矣，計安出？」諸將請緩師，爲後圖，帝然之。圖魯窘厲色進曰：「臣愚竊以爲陛下樂於安逸，則謹守四境可也；既欲擴大疆宇，出師遠攻，詎能無廑聖慮。若中路而止，適爲賊利，則必陷南京，夷屬邑。若此，則爭戰未已，吾民無奠枕之期矣。且彼步我騎，何慮不克。況漢人足力弱而行緩，如選輕銳騎先絕其餉道，則事蔑不濟矣。」帝喜曰：「國强則其人賢，海巨則其魚大。」於是塞其餉道，數出師以牽撓其勢，重威果降如言。以功獲賜甚厚。明年春，卒軍中。

論曰：神册初元，將相大臣拔起風塵之中，翼扶王運，以任職取名者，固一時之材；亦由太祖推誠御下，不任獨斷，用能總攬羣策而爲之用歟！其投天隙而列功庸，至有心腹、耳目、手足之喻，豈偶然哉！討党項，走敵魯，平剌葛，定渤海，功亦偉矣。若默記治獄不冤，頗德持論不撓，延徽立經陳紀，紹勳秉節而死，圖魯窘料敵制勝，豈器博者無近用，道長者其功遠歟？稱爲佐命固宜。

校勘記

〔一〕羅夷離菫　按「羅」字誤，似應作「置」或「罷」。置，謂迭剌部分二部後，新置夷離菫二人。罷則謂二部均新設夷離菫，原迭剌部夷離菫名義已不復存在。按紀天贊元年十月分迭剌部爲二部，各置夷離菫；二年四月「迭剌部夷離菫覿烈徇山西地」。似應作置。

〔二〕左次相渤海蘇　按紀會同三年六月作渤海相大素賢。

〔三〕磁窯務　按卷七三阿古只傳作磁窯鎭。

遼史卷七十六

列傳第六

耶律解里　耶律拔里得　耶律朔古　耶律魯不古

趙延壽　高模翰　趙思溫　耶律漚里思　張礪

耶律解里，字潑單，突呂不部人。世爲小吏。解里早隸太宗麾下，擢爲軍校。天顯間，唐攻定州，既陷，解里爲唐兵所獲。晉高祖立，始歸國。太宗貰其罪，拜御史大夫。

會同九年伐晉，師次滹沱河，奪中渡橋，降其將杜重威。上命解里與降將張彥澤率騎兵三千疾趨河南，所至無敢當其鋒。既入汴，解里等遷晉主重貴于開封府。彥澤恣殺掠，亂宮掖，解里不能禁，百姓騷然，莫不怨憤。車駕至京，數彥澤罪，斬于市，汴人大悅，解里亦被詰責，尋釋之。

天祿間，加守太子太傅。應曆初，置本部令穩，解里世其職，卒。

耶律拔里得，字孩鄰，太祖弟剌葛之子。太宗卽位，以親愛見任。

會同七年，討石重貴，拔里得進圍德州，下之，擒刺史師居璠等二十七人。〔一〕九年，再舉兵，次滹沱河，降杜重威，戰功居多。太宗入汴，以功授安國軍節度使，總領河北道事。師還，州郡往往叛，以應劉知遠，拔里得不能守而歸。

世宗卽位，遷中京留守，卒。

耶律朔古，字彌骨頂，橫帳孟父之後。幼爲太祖所養。既冠，爲右皮室詳穩。從伐渤海，戰有功。

天顯七年，授三河烏古部都詳穩。平易近民，民安之，以故久其任。會同間，爲惕隱。時晉主石重貴渝盟，帝親征，晉將杜重威擁衆拒滹沱。月餘，帝由他渡濟。朔古與趙延壽據中渡橋，重威兵却，遂降。是歲，入汴。

世宗卽位，朔古奉太宗喪歸上京，佐皇太后出師，坐是免官，卒。

耶律魯不古，字信寧，太祖從姪也。初，太祖制契丹國字，魯不古以贊成功，授林牙、監修國史。

後率偏師，爲西南邊大詳穩，從伐党項有功。會河東節度使石敬瑭爲其主所討，遣人求援，魯不古導送于朝，如其請。帝親率師往援，魯不古從擊唐將張敬達于太原北，敗之。

會同初，從討党項，俘獲最諸將，師還。

天祿中，拜于越。六年，爲北院大王。終年五十五。

趙延壽，本姓劉，恒山人。父邧，令蓨。梁開平初，滄州節度使劉守文陷蓨，其稗將趙德鈞獲延壽，養以爲子。

少美容貌，好書史。唐明宗先以女妻之，及卽位，封其女爲興平公主，拜延壽駙馬都尉、樞密使。明宗子從榮恃權跋扈，內外莫不震懾，延壽求補外避之，出爲宣武軍節度使。清泰初，加魯國公，復爲樞密使，鎭許州。石敬瑭發兵太原，唐遣張敬達往討。會敬達敗保晉安寨，延壽與德鈞往救，聞晉安已破，走團柏峪。太宗追及，延壽與其父俱降。

明年，德鈞卒，以延壽爲幽州節度使，封燕王，及改幽州爲南京，遷留守，總山南事。天顯末，以延壽妻在晉，詔取之以歸。自是益自激昂圖報。

會同初，帝幸其第，加政事令。六年冬，晉人背盟，〔二〕帝親征，延壽爲先鋒，下貝州，授

魏、博等州節度使，封魏王。敗晉軍于南樂，獲其將賽項羽。軍元城，晉將李守貞、高行周率兵來逆，破之。至頓丘，會大霖雨，帝欲班師。延壽諫曰：「晉軍屯河濱，不敢出戰，若徑入澶州，奪其橋，則晉不足平。」上然之。適晉軍先歸澶州，高行周至析城，〔三〕延壽將輕兵逆戰，上親督騎士突其陣，敵遂潰。師還，留延壽徇貝、冀、深三州。

八年，再伐晉，晉主遣延壽族人趙行實以書來招。時晉人堅壁不出，延壽紿曰：「我陷虜久，寧忘父母之邦。若以軍逆，我卽歸。」晉人以爲然，遣杜重威率兵迎之。延壽至滹沱河，據中渡橋，與晉軍力戰，手殺其將王清，〔四〕兩軍相拒。太宗潛由他渡濟，留延壽與耶律朔古據橋，敵不能奪，屢敗之，杜重威掃厥衆降。上喜，賜延壽龍鳳赭袍，且曰：「漢兵皆爾所有，爾宜親往撫慰。」延壽至營，杜重威、李守貞迎謁馬首。

後太宗克汴，延壽因李崧求爲皇太子，上曰：「吾於魏王雖割肌肉亦不惜，但皇太子須天子之子得爲，魏王豈得爲也？」蓋上嘗許滅晉後，以中原帝延壽，以故摧堅破敵，延壽常以身先。至是以崧達意，上命遷延壽秩。翰林學士承旨張礪進擬中京留守、大丞相、錄尚書事、都督中外諸軍事，上塗「錄尚書事、都督中外諸軍事」。

世宗卽位，以翊戴功，授樞密使。天祿二年薨。

中華書局

高模翰，一名松，渤海人。有膂力，善騎射，好談兵。初，太祖平渤海，模翰避地高麗，王妻以女。因罪亡歸。坐使酒殺人下獄，太祖知其才，貰之。

天顯十一年七月，唐遣張敬達、楊光遠帥師五十萬攻太原，勢銳甚。石敬瑭遣人求救，太宗許之。九月，徵兵出雁門，模翰與敬達軍接戰，敗之，太原圍解。敬瑭夜出謁帝，約爲父子。帝召模翰等賜以酒饌，親饗士卒，士氣益振。翌日，復戰，又敗之。敬達鼠竄晉安寨，模翰獻俘于帝。會敬瑭自立爲晉帝，光遠斬敬達以降，諸州悉下。上諭模翰曰：「朕自起兵，百餘戰，卿功第一，雖古名將無以加。」乃授上將軍。會同元年，册禮告成，宴百官及諸國使于二儀殿。帝指模翰曰：「此國之勇將，朕統一天下，斯人之力也。」羣臣皆稱萬歲。

及晉叛盟，出師南伐。模翰爲統軍副使，與僧遏前驅，拔赤城，破德、貝諸寨。是冬，兼總左右鐵鷂子軍，下關南城邑數十。三月，勑虎官楊覃赴乾寧軍，爲滄州節度使田武名所圍，模翰與趙延壽聚議往救。俄有光自模翰目中出，縈繞旗矛，焰焰如流星久之。模翰喜曰：「此天贊之祥！」遂進兵，殺獲甚衆。以功加侍中。略地鹽山，破饒安，晉人震怖，不敢接戰。加太傅。

晉以魏府節度使杜重威領兵三十萬來拒，模翰謂左右曰：「軍法在正不在多。以多陵

少，不義必敗。其晉之謂乎！」詰旦，以麾下三百人逆戰，殺其先鋒梁漢璋，餘兵敗走。手詔褒美，比漢之李陵。頃之，杜重威等復至滹沱河，帝召模翰問計。上善其言曰：「諸將莫及此。」乃令模翰守中渡橋。及戰，復敗之，上曰：「朕憑高觀兩軍之勢，顧卿英銳無敵，如鷹逐雉兔。當圖形麟閣，爵貤後裔。」已而杜重威等降。車駕入汴，加特進檢校太師，封悊郡開國公，賜璽書、劍器。爲汴州巡檢使，平氾水諸山土賊，還鎮中京。

天祿二年，加開府儀同三司，賜對衣、鞍勒、名馬。應曆初，召爲中臺省右相。至東京，父老歡迎曰：「公起戎行，致身富貴，爲鄉里榮，相如、買臣輩不足過也。」九年正月，還左相，卒。

趙思溫，字文美，盧龍人。少果銳，膂力兼人，隸燕帥劉仁恭幕。李存勗問罪于燕，思溫統偏師拒之。流矢中目，裂裳漬血，戰猶不已。爲存勗將周德威所擒，存勗壯而釋其縛。久之，日見信用。與梁戰於莘縣，以驍勇聞，授平州刺史，兼平、營、薊三州都指揮使。

神册二年，太祖遣大將經略燕地，思溫來降。及伐渤海，以思溫爲漢軍都團練使，力戰拔扶餘城。身被數創，太祖親爲調藥。

太宗卽位，以功擢檢校太保、保靜軍節度使。天顯十一年，唐兵攻太原，石敬瑭遣使求

救，上命思溫自嵐、憲間出兵援之。旣罷兵，改南京留守、盧龍軍節度使、管內觀察處置等使、開府儀同三司，兼侍中，賜協謀靜亂翊聖功臣，尋改臨海軍節度使。

會同初，從耶律牒蠟使晉行册禮，還，加檢校太師。二年，有星隕于庭，卒。上遣使賻祭，贈太師、魏國公。子延照、延靖，官至使相。

耶律漚里思，六院夷離菫蒲古只之後。負勇略，每戰被重鎧，揮鐵槊，所向披靡。

會同間，伐晉，上至河而獵，適海東青鶻搏雉，晉人隔水以鴿引去。上顧左右曰：「誰爲我得此人？」漚里思請內廐馬，濟河擒之，幷殺救者數人還。上大悅，優加賞賚。

旣而晉將杜重威逆于望都，據水勒戰。漚里思介馬突陣，餘軍繼之。被圍，衆言陣薄處可出，漚里思曰：「恐彼有他備。」竟引兵衝堅而出；回視衆所指，皆大塹也。其料敵多此類。

是年，總領敵烈皮室軍，坐私免部曲，奪官，卒。

張礪，磁州人，初仕唐爲掌書記，遷翰林學士。會石敬瑭起兵，唐主以礪爲招討判官，從趙德鈞援張敬達于河東。及敬達敗，礪入契丹。

後太宗見礪剛直，有文彩，擢翰林學士。礪臨事必盡言，無所避，上益重之。未幾，謀亡歸，爲追騎所獲。上責曰：「汝何故亡？」礪對曰：「臣不習北方土俗、飲食、居處，意常鬱鬱，以是亡耳。」上顧通事高彥英曰：「朕嘗戒汝善遇此人，何乃使失所而亡？礪去，可再得耶？」遂杖彥英而謝礪。

會同初，陞翰林承旨，兼吏部尙書，從太宗伐晉。入汴，諸將蕭翰、耶律郎五、麻答輩肆殺掠，礪奏曰：「今大遼始得中國，宜以中國人治之，不可專用國人及左右近習。苟政令乖失，則人心不服，雖得之亦將失之。」上不聽。改右僕射，兼門下侍郎、平章事。

頃之，車駕北還，至欒城崩。時礪在恒州，蕭翰與麻答以兵圍其第。礪方臥病，出見之。翰數之曰：「汝何故於先帝言國人不可爲節度使？我以國舅之親，有征伐功，先帝留我守汴，以爲宣武軍節度使，汝獨以爲不可。又譖我與解里好掠人財物子女。今必殺汝！」趣令鎖之。礪抗聲曰：「此國家大體，安危所繫，吾實言之。欲殺卽殺，奚以鎖爲？」麻答以礪大臣，不可專殺，乃救止之。是夕，礪恚憤卒。

論曰：初，晉因遼之兵而得天下，故兼臣禮而父事之，割地以爲壽，輸帛以爲貢。未久也，而會同之師次滹沱矣。豈羣帥貪功黷武而致然歟？抑所謂信不由衷也哉？

模翰以功名自終，可謂良將。若延壽之勳雖著，至於覬覦儲位，謬矣。利令智昏，固無足議。若乃成末釁以虧儁功，如解里者，何譏焉！

校勘記

〔一〕搶剌史師居璠等　師居璠，紀會同七年五月及舊五代史八二、通鑑並作尹居璠。此是陳大任避金章宗父允恭嫌名改。

〔二〕六年冬晉人背盟　六年二字原脫，據紀會同六年十二月補。

〔三〕高行周至析城　按舊五代史八二、新五代史九、弘簡錄二〇三及通鑑並稱戰高行周於戚城。

〔四〕手殺其將王清　清，原作「靖」。據紀會同九年十一月、舊五代史九五、新五代史三三本傳、國志三及通鑑改。

遼史卷七十七

列傳第七

耶律屋質　耶律吼 何魯不　耶律安摶　耶律洼

耶律頹昱　耶律撻烈

耶律屋質，字敵輦，系出孟父房。姿簡靜，有器識，重然諾。遇事造次，處之從容，人莫能測。博學，知天文。

會同間，爲惕隱。太宗崩，諸大臣立世宗，太后聞之，怒甚，遣皇子李胡以兵逆擊，遇安端、劉哥等于泰德泉，敗歸。李胡盡執世宗臣僚家屬，謂守者曰：「我戰不克，先殪此曹！」人皆恂恂相謂曰：「若果戰，則是父子兄弟相夷矣！」軍次潢河橫渡，隔岸相拒。

時屋質從太后，世宗以屋質善籌，欲行間，乃設事奉書，以試太后。太后得書，以示屋質。屋質讀竟，言曰：「太后佐太祖定天下，故臣願竭死力。若太后見疑，臣雖欲盡忠，得

乎？爲今之計，莫若以言和解，事必有成；否卽宜速戰，以決勝負。然人心一搖，國禍不淺，惟太后裁察。」太后曰：「我若疑卿，安肯以書示汝？」屋質對曰：「李胡、永康王皆太祖子孫，神器非移他族，何不可之有？太后宜思長策，與永康王和議。」太后曰：「誰可遣者？」對曰：「太后不疑臣，臣請往。萬一永康王見聽，廟社之福。」太后乃遣屋質授書於帝。

帝遣宣徽使耶律海思復書，辭多不遜。屋質諫曰：「書意如此，國家之憂未艾也。能釋怨以安社稷，則臣以爲莫若和好。」帝曰：「彼衆烏合，安能敵我？」屋質曰：「卽不敵，奈骨肉何！況未知孰勝？借曰幸勝，諸臣之族執於李胡者無噍類矣。以此計之，惟和爲善。」左右聞者失色。帝良久，問曰：「若何而和？」屋質對曰：「與太后相見，各紓忿恚，和之不難；不然，決戰非晚。」帝然之，遂遣海思詣太后約和。往返數日，議乃定。

始相見，怨言交讓，殊無和意。太后謂屋質曰：「汝當爲我畫之。」屋質進曰：「太后與大王若能釋怨，臣乃敢進說。」太后曰：「汝第言之。」屋質借謁者籌執之，謂太后曰：「昔人皇王在，何故立嗣聖？」太后曰：「立嗣聖者，太祖遺旨。」又曰：「大王何故擅立，不稟尊親？」帝曰：「人皇王當立而不立，所以去之。」屋質正色曰：「人皇王捨父母之國而奔唐，子道當如是耶？大王見太后，不少遜謝，惟怨是尋。太后牽于偏愛，託先帝遺命，妄授神器。如此何敢望和，當速交戰！」擲籌而退。太后泣曰：「向太祖遭諸弟亂，天下荼毒，瘡痍未復，庸可再

乎！」乃索籌一。帝曰：「父不爲而子爲，又誰咎也。」亦取籌而執。左右感激，大慟。

太后復謂屋質曰：「議既定，神器竟誰歸？」屋質曰：「太后若授永康王，順天合人，復何疑？」李胡厲聲曰：「我在，兀欲安得立！」屋質曰：「禮有世嫡，不傳諸弟。昔嗣聖之立，尚以爲非，況公暴戾殘忍，人多怨讟。萬口一辭，願立永康王，不可奪也。」太后顧李胡曰：「汝亦聞此言乎？汝實自爲之！」乃許立永康。

帝謂屋質曰：「汝與朕屬尤近，何反助太后？」屋質對曰：「臣以社稷至重，不可輕付，故如是耳。」上喜其忠。

天祿二年，耶律天德、蕭翰謀反下獄，惕隱劉哥及其弟盆都結天德等爲亂。耶律石剌潛告屋質，屋質遽引入見，白其事。劉哥等不服，事遂寢。未幾，劉哥邀駕觀樗蒲，捧觴上壽，袖刃而進。帝覺，命執之，親詰其事。劉哥自誓，帝復不問。屋質奏曰：「當使劉哥與石剌對狀，不可輒恕。」帝曰：「卿爲朕鞫之。」屋質率劍士往訊之，天德等伏罪，誅天德，杖翰，遷劉哥，以盆都使轄戛斯國。

三年，表列泰寧王察割陰謀事，上不聽。五年，爲右皮室詳穩。秋，上祭讓國皇帝于行宮，與羣臣皆醉，察割弑帝。屋質聞有言「衣紫者不可失」，乃易衣而出，亟遣人召諸王，及喻禁衛長皮室等同力討賊。時壽安王歸帳，屋質遣弟冲迎之。王至，尙猶豫。屋質曰：「大

王嗣聖子，賊若得之，必不容。羣臣將誰事，社稷將誰賴？萬一落賊手，悔將何及？」王始悟。諸將聞屋質出，相繼而至。遲明整兵，出賊不意，圍之，遂誅察割。

亂既平，穆宗卽位，謂屋質曰：「朕之性命，實出卿手。」命知國事，以逆黨財產盡賜之，屋質固辭。應曆五年，爲北院大王，總山西事。

保寧初，宋圍太原，以屋質率兵往援，至白馬嶺，遣勁卒夜出間道，疾馳駐太原西，鳴鼓舉火。宋兵以爲大軍至，懼而宵遁。以功加于越。四年，漢劉繼元遣使來貢，致幣於屋質，屋質以聞，帝命受之。五年五月薨，〔一〕年五十七。帝痛悼，輟朝三日。後道宗詔上京立祠祭享，樹碑以紀其功云。

耶律吼，字曷魯，六院部夷離菫蒲古只之後。端愨好施，不事生產。太宗特加倚任。會同六年，爲南院大王，莅事清簡，人不敢以年少易之。時晉主石重貴表不稱臣，辭多踞慢，吼言晉罪不可不伐。及帝親征，以所部兵從。既入汴，諸將皆取內帑珍異，吼獨取馬鐙，帝嘉之。

及帝崩于欒城，無遺詔，軍中憂懼不知所爲。吼詣北院大王耶律洼議曰：「天位不可一

日曠。若請于太后，則必屬李胡。李胡暴戾殘忍，詎能子民。必欲厭人望，則當立永康王。」洼然之。會耶律安摶來，意與吼合，遂定議立永康王，是爲世宗。

頃之，以功加採訪使，賜以寶貨。吼辭曰：「臣位已高，敢復求富！臣從弟的琭諸子坐事籍沒，陛下哀而出之，則臣受賜多矣！」上曰：「吼舍重賞，以族人爲請，其賢遠甚。」許之，仍賜宮戶五十。時有取當世名流作七賢傳者，吼與其一。天祿三年卒，年三十九。子何魯不。

何魯不，字斜寧，嘗與耶律屋質平察割亂。穆宗以其父吼首議立世宗，故不顯用。晚年爲本族敞史。

及景宗卽位，以平察割功，授昭德軍節度使，爲北院大王。時黃龍府軍將燕頗殺守臣以叛，何魯不討之，〔二〕破於鴨淥江。坐不親追擊，以至失賊，杖之。乾亨間卒。

耶律安摶，曾祖巖木，玄祖之長子；祖楚不魯，爲本部夷離菫。父迭里，幼多疾，時太祖爲撻馬狘沙里，常加撫育。神冊六年，爲惕隱，從太祖將龍軍討阻卜、党項有功。天贊三

年，爲南院夷離菫，征渤海，攻忽汗城，俘斬甚衆。太祖崩，淳欽皇后稱制，欲以大元帥嗣位。迭里建言，帝位宜先嫡長；今東丹王赴朝，當立。由是忤旨。以黨附東丹王，詔下獄，訊鞫，加以炮烙。不伏，殺之，籍其家。

安摶自幼若成人，居父喪，哀毀過禮，見者傷之。太宗屢加慰諭，嘗曰：「此兒必爲令器。」既長，寡言笑，重然諾，動遵繩矩，事母至孝。以父死非罪，未葬，不預宴樂。世宗在藩邸，尤加憐恤，安摶密自結納。

太宗伐晉還，至欒城崩，諸將欲立世宗，以李胡及壽安王在朝，猶豫未決。時安摶直宿衛，世宗密召問計。安摶曰：「大王聰安寬恕，人皇王之嫡長；先帝雖有壽安，天下屬意多在大王。今若不斷，後悔無及。」會有自京師來者，安摶詐以李胡死傳報軍中，皆以爲信。於是安摶詣北、南二大王計之。北院大王洼聞而遽起曰：「吾二人方議此事。先帝嘗欲以永康王爲儲貳，今日之事有我輩在，孰敢不從！但恐不白太后而立，爲國家啓釁。」安摶對曰：「大王既知先帝欲以永康王爲儲副，況永康王賢明，人心樂附。今天下甫定，稍緩則大事去矣。若白太后，必立李胡。且李胡殘暴，行路共知，果嗣位，如社稷何？」南院大王吼曰：「此言是也。吾計決矣！」乃整軍，召諸將奉世宗卽位于太宗柩前。是歲，約和于潢河橫渡。太后問安摶曰：「吾與汝有

何隙？」安摶以父死爲對，太后默然。及置北院樞密使，上命安摶爲之，賜奴婢百口，寵任無比，事皆取決焉。然性太寬，事循苟簡，豪猾縱恣不能制。天祿末，察割兵犯御幄，又不能討，由是中外短之。

穆宗即位，以立世宗之故，不復委用。應曆三年，或誣安摶與齊王罨撒葛謀亂，繫獄死。姪撒給，左皮室詳穩。

耶律洼，字敵輦，隋國王釋魯孫，南院夷離堇綰思子。少有器識，人以公輔期之。太祖時，雖未官，常任以事。太宗即位，爲惕隱。天顯末，帝援河東，洼爲先鋒，敗張敬達軍於太原北。會同中，遷北院大王。及伐晉，復爲先鋒，與梁漢璋戰於瀛州，敗之。

太宗崩于欒城，南方州郡多叛，士馬困乏，軍中不知所爲。洼與耶律吼定策立世宗，乃令諸將曰：「大行上賓，神器無主，永康王人皇王之嫡長，天人所屬，當立；有不從者，以軍法從事。」諸將皆曰：「諾。」世宗即位，賜宮戶五十，拜于越。卒，年五十四。

耶律頽昱，字團寧，孟父楚國王之後。父末掇，嘗爲夷離堇。頽昱性端直。會同中，領九石烈部，政濟寬猛。世宗即位，爲惕隱。天祿三年，兼政事令，封漆水郡王。

及穆宗立，以匡贊功，嘗許以本部大王。後將葬世宗，頽昱懇言於帝曰：「臣蒙先帝厚恩，未能報；幸及大葬，臣請陪位。」帝由是不悅，寢其議。薨。

耶律撻烈，字涅魯袞，六院部郎君褭古直之後。沉厚多智，有任重才。年四十未仕。會同間，爲邊部令穩。應曆初，陞南院大王，均賦役，勸耕稼，部人化之，戶口豐殖。時周人侵漢，以撻烈都統西南道軍援之。周已下太原數城，漢人不敢戰。及聞撻烈兵至，周主遣郭從義、尚鈞等率精騎拒於忻口。撻烈擊敗之，獲其將史彥超，周軍遁歸，復所陷城邑，漢主詣撻烈謝。及漢主殂，宋師來伐，上命撻烈爲行軍都統，發諸道兵救之。旣出雁門，宋諜知而退。

保寧元年，加兼政事令，致政。乾亨初，召之。上見鬢髮皓然，精力猶健，問以政事，厚禮之。以疾薨，年七十九。

撻烈凡用兵，賞罰信明，得士卒心。河東單弱，不爲周、宋所併者，撻烈有力焉。在治所不修邊幅，百姓無稱，年穀屢稔。時耶律屋質居北院，撻烈居南院，俱有政迹，朝議以爲「富民大王」云。

贊曰：立嗣以嫡，禮也。太宗崩，非安摶、吼、洼謀而克斷，策立世宗，非屋質直而能諫，杜太后之私，折李胡之暴，以成橫渡之約，則亂將誰定？四臣者，庶幾春秋首止之功哉。

校勘記

〔一〕四年漢劉繼元遣使來貢至五年五月薨　五年原作「是年」，即四年。按紀漢遣使來貢，在三年十月。四年二月，漢以皇子生遣使來賀。五年五月癸亥，于越屋質薨。據改。

〔二〕何魯不討之　按紀保寧七年七月，「黃龍府衛將燕頗殺都監張琚以叛，遣敞史耶律曷里必討之」。曷里必即何魯不。

中華書局

遼史卷七十八

列傳第八

耶律夷臘葛　蕭海瓈　蕭護思　蕭思溫　蕭繼先

耶律夷臘葛，字蘇散，本宮分人檢校太師合魯之子。

應曆初，以父任入侍。數歲，始爲殿前都點檢。時上新卽位，疑諸王有異志，引夷臘葛爲布衣交，一切機密事必與之謀，遷寄班都知，賜宮戶。

時上酗酒，數以細故殺人。有監雉者因傷雉而亡，獲之欲誅，夷臘葛諫曰：「是罪不應死。」帝竟殺之，以屍付夷臘葛曰：「收汝故人！」夷臘葛終不爲止。復有監鹿詳穩亡一鹿，下獄當死，夷臘葛又諫曰：「人命至重，豈可爲一獸殺之？」良久，得免。

遼法，麑歧角者，惟天子得射。會秋獵，善爲鹿鳴者呼一麑至，命夷臘葛射，應弦而踣。上大悅，賜金、銀各百兩，名馬百疋，及黑山東抹眞之地。

後穆宗被弑，坐守衛不嚴，被誅。

蕭海瓈，字寅的哂，其先遙輦氏時爲本部夷離董，父塔列，天顯間爲本部令穩。

海瓈貌魁偉，膂力過人。天祿間，娶明王安端女藹因翁主。應曆初，察割亂，藹因連坐，繼娶嘲瑰翁主。上以近戚，嘉其勤篤，命預北府宰相選。頃之，總知軍國事。時諸王多坐反逆，海瓈爲人廉謹，達政體，每被命按獄，多得其情，人無冤者，由是知名。漢主劉承鈞每遣使入貢，必別致幣物，詔許受之。年五十卒，帝愍悼，輟朝二日。

蕭護思，字延寧，世爲北院吏，累遷御史中丞，總典羣牧部籍。

應曆初，遷左客省使。未幾，拜御史大夫。時諸王多坐事繫獄，上以護思有才幹，詔窮治，稱旨，改北院樞密使，仍命世預宰相選。護思辭曰：「臣子孫賢否未知，得一客省使足矣。」從之。

上晚歲酗酒，用刑多濫，護思居要地，蹜蹜自保，未嘗一言匡救，議者以是少之。年五十七卒。

蕭思溫，小字寅古，宰相敵魯之族弟忽沒里之子。通書史。

太宗時爲奚禿里太尉，尙燕國公主，爲羣牧都林牙。思溫在軍中，握齱修邊幅，僚佐皆言非將帥才。尋爲南京留守。

初，周人攻揚州，上遣思溫躡其後，憚暑不敢進，拔緣邊數城而還。後周師來侵，圍溤母鎭，勢甚張。思溫請益兵，帝報曰：「敵來，則與統軍司併兵拒之；敵去，則務農作，勿勞士馬。」會敵入束城，我軍退渡滹沱而屯。思溫勒兵徐行，周軍數日不動。思溫與諸將議曰：「敵衆而銳，戰不利則有後患。不如頓兵以老其師，躡而擊之，可以必勝。」諸將從之。遂與統軍司兵會，飾他說請濟師。周人引退，思溫亦還。

已而，周主復北侵，與其將傅元卿、李崇進等分道並進，〔一〕圍瀛州，陷益津、瓦橋、淤口三關，垂迫固安。思溫不知計所出，但云車駕旦夕至，麾下士奮躍請戰，不從。已而，陷易、瀛、莫等州，京畿人皆震駭，往往遁入西山。思溫以邊防失利，恐朝廷罪己，表請親征。會周主榮以病歸，思溫退至益津，僞言不知所在。遇步卒二千餘人來拒，敗之。是年，聞喪，燕民始安，乃班師。

時穆宗湎酒嗜殺，思溫以密戚預政，無所匡輔，士論不與。十九年，春蒐，上射熊而中，思溫與夷離畢牙里斯等進酒上壽，帝醉還宮。是夜，爲庖人斯奴古等所弑。〔二〕思溫與南院

樞密使高勳、飛龍使女里等立景宗。

保寧初，爲北院樞密使，兼北府宰相，仍命世預其選。上册思溫女爲后，加尙書令，封魏王。從帝獵閭山，爲賊所害。

蕭繼先，字楊隱，小字留只哥。幼穎悟，叔思溫命爲子，睿智皇后尤愛之。乾亨初，尙齊國公主，拜駙馬都尉。

統和四年，宋人來侵，繼先率邏騎逆境上，〔三〕多所俘獲，上嘉之，拜北府宰相。自是出師，繼先必將本府兵先從。拔狼山石壘，從破宋軍應州，上南征取通利軍，戰稱捷力。及親征高麗，以繼先年老，留守上京。卒，年五十八。

繼先雖處富貴，尙儉素，所至以善治稱，故將兵攻戰，未嘗失利，名重戚里。

論曰：嗚呼！人君之過，莫大於殺無辜。湯之伐桀也，數其罪曰「並告無辜於上下神祇」；武王之伐紂也，數其罪曰「無辜籲天」；堯之伐苗民也，呂侯追數其罪曰「殺戮無辜」。迹是言之，夷臘葛之諫，凜凜庶幾古君子之風矣。

雖然，善諫者不諫於已然。蓋必先得於心術之微，如察脈者，先其病而治之，則易爲功。

穆宗沈湎失德，蓋其資富强之勢以自肆久矣。使羣臣於造次動作之際，此諫彼諍，提而警之，以防其甚，則亦詎至是哉。于以知護思、思溫處位優重，耽祿取容，眞鄙夫矣！若海璘之折獄，繼先之善治，可謂任職臣歟。

校勘記

〔一〕與其將傳元卿李崇進等分道並進　李崇進，舊五代史一一九作李重進。

〔二〕爲庖人斯奴古等所弒　按紀應曆十九年二月作庖人辛古。

〔三〕繼先率邏騎逆境上　按紀統和四年十一月，遣蕭繼遠沿邊巡徼。七年二月，駙馬都尉蕭寧遠同政事門下平章事。繼遠、寧遠均是繼先。

遼史卷七十九

列傳第九

室昉　耶律賢適　女里　郭襲　耶律阿沒里

室昉，字夢奇，南京人。幼謹厚篤學，不出外戶者二十年，雖里人莫識。其精如此。會同初，登進士第，爲盧龍巡捕官。太宗入汴受册禮，詔昉知制誥，總禮儀事。天祿中，爲南京留守判官。應曆間，累遷翰林學士，出入禁闥十餘年。保寧間，兼政事舍人，數延問古今治亂得失，奏對稱旨。上多昉有理劇才，改南京副留守，決訟平允，人皆便之。遷工部尚書，尋改樞密副使，參知政事。頃之，拜樞密使，兼北府宰相，加同政事門下平章事。乾亨初，監修國史。

統和元年，告老，不許。進尚書無逸篇以諫，太后聞而嘉奬。二年秋，詔修諸嶺路，昉發民夫二十萬，一日畢功。〔一〕是時，昉與韓德讓、耶律斜軫相友善，同心輔政，整析蠹弊，知

無不言，務在息民薄賦，以故法度修明，朝無異議。

八年，復請致政。詔入朝免拜，賜几杖，太后遣閤門使李從訓持詔勞問，令常居南京，封鄭國公。初，晉國公主建佛寺于南京，上許賜額。昉奏曰：「詔書悉罷無名寺院。今以主請賜額，不惟違前詔，恐此風愈熾。」上從之。表進所撰實錄二十卷，手詔褒之，加政事令，賜帛六百匹。

九年，薦韓德讓自代，不從。上以昉年老苦寒，賜貂皮衾褥，許乘輦入朝。病劇，遣翰林學士張幹就第授中京留守，〔二〕加尚父。卒，年七十五。上嗟悼，輟朝二日，贈尚書令。遺言戒厚葬。恐人譽過情，自志其墓。

耶律賢適，字阿古眞，于越魯不古之子。嗜學有大志，滑稽玩世，人莫之知。惟于越屋質器之，嘗謂人曰：「是人當國，天下幸甚。」

應曆中，朝臣多以言獲譴，賢適樂於靜退，游獵自娛，與親朋言不及時事。會討烏古還，擢右皮室詳穩。景宗在藩邸，常與韓匡嗣、女里等游，言或刺譏，賢適勸以宜早疎絕，由是穆宗終不見疑，賢適之力也。

景宗立，以功加檢校太保，尋遙授寧江軍節度使，賜推忠協力功臣。時帝初踐阼，多疑

諸王或萌非望，陰以賢適爲腹心，加特進同中書門下平章事。保寧二年秋，拜北院樞密使，兼侍中，賜保節功臣。三年，爲西北路兵馬都部署。〔三〕賢適忠介廉敏，推誠待人，雖燕息不忘政務。以故百司首職，罔敢媮惰，累年滯獄悉決之。

大丞相高勳、契丹行宮都部署女里席寵放恣，及帝姨母、保母勢薰灼。一時納賂請謁，門若賈區。賢適患之，言于帝，不報；以病解職，又不允，令鑄手印行事。乾亨初，疾篤，得請。明年，封西平郡王，薨，年五十三。子觀音，大同軍節度使。

女里，字涅烈袞，逸其氏族，補積慶宮人。應曆初，爲習馬小底，以母憂去。一日至雅伯山，見一巨人，惶懼走。巨人止之曰：「勿懼，我地祇也。葬爾母於斯，當速詣闕，必貴。」女里從之，累遷馬羣侍中。

時景宗在藩邸，以女里出自本宮，待遇殊厚，女里亦傾心結納。及穆宗遇弑，女里奔赴景宗。是夜，集禁兵五百以衞。既卽位，以翼戴功，加政事令、契丹行宮都部署，賞賚甚渥，尋加守太尉。北漢主劉繼元聞女里爲上信任，遇其生日必致禮。

女里素貪，同列蕭阿不底亦好賄，二人相善。人有氈裘爲梟耳子所著者，或戲曰：「若遇女里、阿不底，必盡取之！」傳以爲笑。其貪猥如此。

保寧末，坐私藏甲五百屬，有司方按詰，女里袖中又得殺樞密使蕭思溫賊書，賜死。

女里善識馬，嘗行郊野，見數馬跡，指其一曰：「此奇駿也！」以己馬易之，果然。

郭襲，不知何郡人。性端介，識治體。久淹外調。景宗卽位，召見，對稱旨，知可任以事，拜南院樞密使，尋加兼政事令。

以帝數游獵，襲上書諫曰：「昔唐高祖好獵，蘇世長言不滿十旬未足爲樂，高祖卽日罷，史稱其美。伏念聖祖創業艱難，修德布政，宵旰不懈。穆宗逞無厭之欲，不恤國事，天下愁怨。陛下繼統，海內翕然望中興之治。十餘年間，征伐未已，而寇賊未弭；年穀雖登，而瘡痍未復。正宜戒懼修省，以懷永圖。側聞恣意遊獵，甚於往日。萬一有銜橜之變，搏噬之虞，悔將何及？況南有強敵伺隙而動，聞之得無生心乎？伏望陛下節從禽酣飲之樂，爲生靈社稷計，則有無疆之休。」上覽而稱善，賜協贊功臣，拜武定軍節度使，卒。

耶律阿沒里，字蒲鄰，遙輦嘲古可汗之四世孫。幼聰敏。

保寧中，爲南院宣徽使。統和初，皇太后稱制，與耶律斜軫參預國論，爲都統。以征高麗功，遷北院宣徽使，加政事令。四年春，宋將曹彬、米信等侵燕，上親征，阿沒里爲都監，屢破敵軍。十二年，行在多盜，阿沒里立禁捕法，盜始息。

先是，叛逆之家，兄弟不知情者亦連坐。阿沒里諫曰：「夫兄弟雖曰同胞，賦性各異，一行逆謀，雖不與知，輒坐以法，是刑及無罪也。自今，雖同居兄弟，不知情者免連坐。」太后嘉納，著爲令。致仕，卒。

阿沒里性好聚斂，每從征所掠人口，聚而建城，請爲豐州，就以家奴閻貴爲刺史，時議鄙之。子賢哥，左夷離畢。

論曰：景宗之世，人望中興，豈其勤心庶績而然，蓋承穆宗酗虐之餘，爲善易見；亦由羣臣多賢，左右弼諧之力也。室昉進無逸之篇，郭襲陳諫獵之疏，阿沒里請免同氣之坐，所謂仁人之言，其利溥哉。賢適忠介，亦近世之名臣。女里貪猥，後人所當取鑑者也。

校勘記

〔一〕一日畢功　一日，疑有誤字。似是一旬或一月。

〔二〕就第授中京留守　按考異，中京疑是南京之訛。參卷四八校勘記〔三〕。

〔三〕三年爲西北路兵馬都部署　按紀保寧三年七月，以北院樞密使賢適爲西北路招討使。

遼史卷八十

列傳第十

張儉　邢抱朴　馬得臣　蕭朴　耶律八哥

張儉，宛平人，性端愨，不事外飾。統和十四年，舉進士第一，調雲州幕官。故事，車駕經行，長吏當有所獻。聖宗獵雲中，節度使進曰：「臣境無他產，惟幕僚張儉，一代之寶，願以爲獻。」先是，上夢四人侍側，賜食人二口，至聞儉名，始悟。召見，容止朴野；訪及世務，占奏三十餘事。由此顧遇特異，踐歷清華，號稱明幹。

開泰中，累遷同知樞密院事。太平五年，出爲武定軍節度使，移鎮大同。六年，入爲南院樞密使。帝方眷倚，參知政事吳叔達與儉不相能，帝怒，出叔達爲康州刺史，拜儉左丞相，封韓王。帝不豫，受遺詔輔立太子，是爲興宗，賜貞亮弘靖保義守節耆德功臣，拜太師、

中書令，加尚父，徙王陳。

重熙五年，帝幸禮部貢院及親試進士，皆儉發之。進見不名，賜詩褒美。儉衣唯紬帛，食不重味，月俸有餘，賙給親舊。方冬，奏事便殿，帝見衣袍弊惡，密令近侍以火夾穿孔記之，屢見不易。帝問其故，儉對曰：「臣服此袍已三十年。」時尚奢靡，故以此微諷喻之。上憐其清貧，令恣取內府物，儉奉詔持布三端而出，益見獎重。儉弟五人，上欲俱賜進士第，固辭。有司獲盜八人，既戮之，乃獲正賊。家人訴冤，儉三乞申理。上勃然曰：「卿欲朕償命耶！」儉曰：「八家老稚無告，少加存恤，使得收葬，足慰存沒矣。」乃從之。儉在相位二十餘年，裨益爲多。

致政歸第，會宋書辭不如禮，上將親征。幸儉第，尙食先往具饌，却之；進葵羹乾飯，帝食之美。徐問以策，儉極陳利害，且曰：「第遣一使問之，何必遠勞車駕？」上悅而止。復即其第賜宴，器玩悉與之。二十二年薨，〔一〕年九十一，敕葬宛平縣。

邢抱朴，應州人，刑部郎中簡之子也。抱朴性穎悟，好學博古。

保寧初，爲政事舍人、知制誥，累遷翰林學士，加禮部侍郎。統和四年，山西州縣被兵，命抱朴鎮撫之，民始安，加戶部尙書。遷翰林學士承旨，與室昉同修實錄。決南京滯獄還，優詔褒美。十年，拜參知政事。〔二〕以樞密使韓德讓薦，按察諸道守令能否而黜陟之，大協人望。尋以母憂去官，詔起視事。表乞終制，不從；宰相密諭上意，乃視事。人以孝稱。及耶律休哥留守南京，又多滯獄，復詔抱朴平決之，人無冤者。改南院樞密使，卒，贈侍中。

初，抱朴與弟抱質受經于母陳氏，皆以儒術顯，抱質亦官至侍中，時人榮之。

馬得臣，南京人，好學博古，善屬文，尤長於詩。

保寧間，累遷政事舍人、翰林學士，常預朝議，以正直稱。乾亨初，宋師屢犯邊，命爲南京副留守，復拜翰林學士承旨。

聖宗即位，皇太后稱制，兼侍讀學士。上閱唐高祖、太宗、玄宗三紀，得臣乃錄其行事可法者進之。及扈從伐宋，進言降不可殺，亡不可追，二三其德者別議。詔從之。俄兼諫議大夫，知宣徽院事。

時上擊鞠無度，上書諫曰：

臣竊觀房玄齡、杜如晦，隋季書生，向不遇太宗，安能爲一代名相？臣雖不才，陛下在東宮，幸列侍從，今又得侍聖讀，未有裨補聖明。陛下嘗問臣以貞觀、開元之事，臣請略陳之。

臣聞唐太宗侍太上皇宴罷，則挽輦至內殿；玄宗與兄弟歡飲，盡家人禮。陛下嗣祖考之祚，躬侍太后，可謂至孝。臣更望定省之餘，睦六親，加愛敬，則陛下親親之道，比隆二帝矣。

臣又聞二帝耽玩經史，數引公卿講學，至于日昃。故當時天下翕然嚮風，以隆文治。今陛下游心典籍，分解章句，臣願研究經理，深造而篤行之，二帝之治不難致矣。

臣又聞太宗射豕，唐儉諫之；玄宗臂鷹，韓休言之；二帝莫不樂從。今陛下以毬馬爲樂，愚臣思之，有不宜者三，故不避斧鉞言之。竊以君臣同戲，不免分爭，君得臣愧，彼負此喜，一不宜。躍馬揮杖，縱橫馳騖，不顧上下之分，爭先取勝，失人臣禮，二不宜。輕萬乘之尊，圖一時之樂，萬一有銜勒之失，其如社稷、太后何？三不宜。儻陛下不以臣言爲迂，少賜省覽，天下之福，羣臣之願也。

書奏，帝嘉歎良久。未幾卒，贈太子太保，〔三〕詔有司給葬。

蕭朴，字延寧，國舅少父房之族。父勞古，以善屬文，爲聖宗詩友。朴幼如老成人。及長，博學多智。

開泰初，補牌印郎君，爲南院承旨，權知轉運事，尋改南面林牙。帝問以政，朴具陳百

姓疾苦，國用豐耗，帝悅曰：「吾得人矣！」擢左夷離畢。時蕭合卓爲樞密使，朴知部署院事，以酒廢事，出爲興國軍節度使，俄召爲南面林牙。太平三年，守太子太傅。明年，拜北府宰相，遷北院樞密使。〔四〕時太平日久，帝留心翰墨，始畫譜牒以別嫡庶，由是爭訟紛起。朴有吏才，能知人主意，敷奏稱旨，朝議多取決之。封蘭陵郡王，進王恒，加中書令。及大延琳叛，詔安撫東京，以便宜從事。

興宗卽位，皇太后稱制，國事一委弟孝先。方仁德皇后以馮家奴所誣被害，朴屢言其寃，不報。每念至此，爲之嘔血。重熙初，改王韓，拜東京留守。及遷太后于慶州，朴徙王楚，升南院樞密使。四年，王魏。薨，年五十，贈齊王。子鐸剌，國舅詳穩。

耶律八哥，字烏古鄰，五院部人。幼聰慧，書一覽輒成誦。統和中，以世業爲本部吏。未幾，陞閘撒狘，尋轉樞密院侍御。會宋將曹彬、米信侵燕，八哥以扈從有功，擢上京留守。開泰四年，召爲北院樞密副使。頃之，留守東京。七年，上命東平王蕭排押帥師伐高麗，八哥爲都監，至開京，大掠而還。濟茶、陀二河，高麗追兵至。諸將皆欲使敵渡兩河擊之，獨八哥以爲不可，曰：「敵若渡兩河，必殊死戰，乃危道也；不若擊於兩河之間。」排押從

之，戰，敗績。

明年，還東京，奏渤海承奉官宜有以統領之，上從其言，置都知押班。後以茶、陀之敗，削使相，降西北路都監，卒。

論曰：張儉名符帝夢，遂結主知。服弊袍不易，志敦薄俗。功著兩朝，世稱賢相，非過也。邢抱朴甄別守令，大愜人望。兩決滯獄，民無寃濫。馬得臣引盛唐之治以諫其君。蕭朴痛皇后之誣，至於嘔血。四人者，皆以明經致位，忠藎若此，宜矣。聖宗得人，於斯爲盛。

校勘記

〔一〕二十二年薨　二十二年，原誤「十二年」。據遼文滙續編張儉墓誌改。

〔二〕十年拜參知政事　按紀，拜參知政事在十二年七月。

〔三〕贈太子太保　按紀統和七年六月甲戌，宣政殿學士馬得臣卒，詔贈太子少保。

〔四〕明年（太平四年）拜北府宰相遷北院樞密使　按紀太平五年十二月，以北府宰相蕭普古爲北院樞密使。普古卽朴。

遼史卷八十一

列傳第十一

耶律室魯 歐里斯　王繼忠　蕭孝忠　陳昭袞　蕭合卓

耶律室魯，字乙辛隱，六院部人。魁岸，美容儀。聖宗同年生，帝愛之。甫冠，補祗候郎君。未幾，爲宿直官。

及出師伐宋，爲隊帥，從南府宰相耶律奴瓜、統軍使蕭撻覽略地趙、魏，有功，加檢校太師，爲北院大王。攻拔通利軍。宋和議成，特進門下平章事，賜推誠竭節保義功臣。以本部俸羊多闕，部人空乏，請以羸老之羊及皮毛，歲易南中絹，彼此利之。拜北院樞密使，封韓王。自韓德讓知北院，職多廢曠，室魯拜命之日，朝野相慶。從上獵松林，至沙嶺卒，年四十四，贈守司徒、政事令。二子：十神奴、歐里斯。十神奴，南院大王。

歐里思，字留隱，少有大志。未冠，補祗候郎君。開泰初，爲本部司徒。秩滿閑居，徵爲郎君班詳穩。遷右皮室詳穩，將本部兵，從東平王蕭排押伐高麗，至茶、陀二河，戰不利。歐里斯獨全軍還，帝嘉賞。終西南面招討使。

王繼忠，不知何郡人。仕宋爲鄆州刺史、殿前都虞候。統和二十一年，宋遣繼忠屯定之望都，以輕騎覘我軍，遇南府宰相耶律奴瓜等，獲之。太后知其賢，授戶部使，以康默記族女女之。繼忠亦自激昂，事必盡力。宋以繼忠先朝舊臣，每遣使，必有附賜，聖宗許受之。

二十二年，宋使來聘，遺繼忠弧矢、鞭策及求和劄子，有曰：「自臨大位，愛養黎元。豈欲窮兵，惟思息戰。每敕邊事，嚴諭守臣。至于北界人民，不令小有侵擾，衆所具悉，爾亦備知。向以知雄州何承矩已布此懇，自後杳無所聞。汝可密言，如許通和，卽當別使往請。」詔繼忠與宋使相見，仍許講和。以繼忠家無奴隸，賜宮戶三十，加左武衞上將軍，攝中京留守。

開泰五年，〔一〕爲漢人行宮都部署，封琅邪郡王。六年，進楚王，賜國姓。上嘗燕飲，議以蕭合卓爲北院樞密使，繼忠曰：「合卓雖有刀筆才，暗於大體。蕭敵烈才行兼備，可任。」上不納，竟用合卓。及遣合卓伐高麗，繼忠爲行軍副部署，攻興化鎮，月餘不下。師還，上謂明於知人，拜樞密使。

太平三年致仕，卒。子懷玉，仕至防禦使。

蕭孝忠，字撒板，小字圖古斯，志慷慨。開泰中，補祗候郎君，尚越國公主，拜駙馬都尉，累遷殿前都點檢。太平中，擢北府宰相。

重熙七年，爲東京留守。時禁渤海人擊毬，孝忠言：「東京最爲重鎮，無從禽之地，若非毬馬，何以習武？且天子以四海爲家，何分彼此？宜弛其禁。」從之。

十二年，入朝，封楚王，拜北院樞密使。國制，以契丹、漢人分北、南院樞密治之，孝忠奏曰：「一國二樞密，風俗所以不同。若併爲一，天下幸甚。」事未及行，薨。追封楚國王。帝素服哭臨，赦死囚數人，爲孝忠薦福。葬日，親臨，賜宮戶守冢。子阿速，終南院樞密使。

陳昭袞，小字王九，雲州人。工譯鞮，勇而善射。統和中，補祗候郎君，爲奚拽剌詳穩，累遷敦睦宮太保，兼掌圍場事。

開泰五年秋，大獵，帝射虎，以馬馳太速，矢不及發。虎怒，奮勢將犯蹕。左右辟易，昭袞捨馬，捉虎兩耳騎之。虎駭，且逸。上命衞士追射，昭袞大呼止之。虎雖軼山，昭袞終不墮地。伺便，拔佩刀殺之。輦至上前，慰勞良久。卽日設燕，悉以席上金銀器賜之，特加節鉞，遷圍場都太師，賜國姓，命張儉、呂德懋賦以美之。

遷歸義軍節度使，同知上京留守，歷西南面招討都監，卒。

蕭合卓，字合魯隱，突呂不部人。始爲本部吏。統和初，以謹恪，補南院侍郎。十八年，北院樞密使韓德讓舉合卓爲中丞，以太后遺物使宋。還，遷北院樞密副使。開泰三年，爲左夷離畢。

合卓久居近職，明習典故，善占對。以是尤被寵渥，陞北院樞密使。時議以爲無完行，不可大用，南院樞密使王繼忠侍宴，又譏其短。帝頗不悅。六年，遣合卓伐高麗，還，時求進者多附之，然其服食、僕馬不加于舊。帝知其廉，以族屬女妻其子，詔許親友饋獻，豪貴奔趨于門。

太平五年，有疾，帝欲臨視，合卓辭曰：「臣無狀，猥蒙重任。今形容毁瘁，恐陛下見而動心。」帝從之。會北府宰相蕭朴問疾，合卓執其手曰：「吾死，君必爲樞密使，慎勿舉勝己者。」朴出而鄙之。是日卒。子烏古，終本部節度使。

論曰：統和諸臣，名昭王室者多矣。室魯拜樞密使，朝野相[illegible]，必有得民心者。繼忠既不能死國，雖通南北之和，有知人之鑑，奚足尚哉！孝忠、昭袞，皆有可稱者。合卓臨終，教蕭朴毋舉勝己者任樞密，其誤國之罪大矣！

校勘記

〔一〕開泰五年　開泰二字原脫，據上下文補。

遼史卷八十二

列傳第十二

耶律隆運 德威 滌魯 制心 耶律勃古哲 蕭陽阿

武白 蕭常哥 耶律虎古 磨魯古

耶律隆運，本姓韓，名德讓，西南面招討使匡嗣之子也。統和十九年，賜名德昌；二十二年，賜姓耶律；二十八年，復賜名隆運。重厚有智略，明治體，喜建功立事。侍景宗，以謹飭聞，加東頭承奉官，補樞密院通事，轉上京皇城使，遙授彰德軍節度使，代其父匡嗣爲上京留守，權知京事，甚有聲。尋復代父守南京，時人榮之。宋兵取河東，侵燕，五院糺詳穩奚底、統軍蕭討古等敗歸，宋兵圍城，招脅甚急，人懷二心。隆運登城，日夜守禦。援軍至，圍解。及戰高梁河，宋兵敗走，隆運邀擊，又破之。以功拜遼興軍節度使，徵爲南院樞密使。

景宗疾大漸，與耶律斜軫俱受顧命，立梁王爲帝，皇后爲皇太后，稱制，隆運總宿衞事，太后益寵任之。統和元年，加開府儀同三司，兼政事令。四年，宋遣曹彬、米信將十萬衆來侵，隆運從太后出師敗之，加守司空，[一]封楚國公。師還，與北府宰相室昉共執國政。上言山西四州數被兵，[二]加以歲饑，宜輕稅賦以來流民，從之。六年，太后觀擊鞠，胡里室突隆運墜馬，命立斬之。詔率師伐宋，圍沙堆，敵乘夜來襲，隆運嚴軍以待，敗走之，封楚王。九年，復言燕人挾姦，苟免賦役，貴族因爲囊橐，可遣北院宣徽使趙智戒諭，從之。

十一年，丁母憂，詔强起之。明年，室昉致政，以隆運代爲北府宰相，仍領樞密使，監修國史，賜興化功臣。十二年六月，[三]奏三京諸鞫獄官吏，多因請託，曲加寬貸，或妄行搒掠，乞行禁止。上可其奏。又表請任賢去邪，太后喜曰：「進賢輔政，眞大臣之職。」優加賜賚，服闋，加守太保、兼政事令。會北院樞密使耶律斜軫薨，詔隆運兼之。久之，拜大丞相，進王齊，總二樞府事。以南京、平州歲不登，奏免百姓農器錢，及請平諸郡商賈價，並從之。

二十二年，從太后南征，及河，許宋成而還。徙王晉，賜姓，出宮籍，隸橫帳季父房後，乃改賜今名，位親王上，賜田宅及陪葬地。

從伐高麗還，得末疾，帝與后臨視醫藥。薨，年七十一。贈尚書令，謚文忠，官給葬具，建廟乾陵側。無子。清寧三年，以魏王貼不子耶魯爲嗣。天祚立，以皇子敖盧斡繼之。弟德威，姪制心。

德威，性剛介，善馳射。保寧初，歷上京皇城使，儒州防禦使，改北院宣徽使。乾亨末，丁父喪，[四]强起復職，權西南招討使。統和初，党項寇邊，一戰却之。賜劍許便宜行事，領突呂不、迭剌二糺軍。以討平稍古葛功，眞授招討使。

夏州李繼遷叛宋內附，德威請納之。既得繼遷，諸夷皆從，璽書褒獎。與惕隱耶律善補敗宋將楊繼業，加開府儀同三司、政事門下平章事。未幾，以山西城邑多陷，奪兵柄。李繼遷受賂，潛懷二心，奉詔率兵往諭，繼遷託以西征不出，德威至靈州俘掠而還。

年五十五卒，贈兼侍中。子雱金，終彰國軍節度使。二孫：謝十、滌魯。謝十終惕隱。

滌魯，字遵寧。幼養宮中，授小將軍。重熙初，歷北院宣徽使、右林牙、副點檢，拜惕隱，改西北路招討使，封漆水郡王，請減軍籍三千二百八十人。後以私取回鶻使者獺毛裘，及私取阻卜貢物，事覺，決大杖，削爵免官。俄起爲北院宣徽使。十九年，改烏古敵烈部都詳穩，尋爲東北路詳穩，封混同郡王。清寧初，徙王鄧，擢拜南府宰相。以年老乞骸骨，更王漢。大康中薨，年八十。

滌魯神情秀徹，聖宗子視之，興宗待以兄禮，雖貴愈謙。初爲都點檢，扈從獵黑嶺，獲熊。上因樂飲，謂滌魯曰：「汝有求乎？」對曰：「臣富貴踰分，不敢他望。惟臣叔先朝優遇，身歿之後，不肖子坐罪籍沒，四時之薦享，諸孫中得赦一人以主祭，臣願畢矣。」詔免籍，復其產。子燕五，官至南京步軍都指揮使。

制心，小字可汗奴。父德崇，善醫，視人形色，輒決其病，累官至武定軍節度使。制心善調鷹隼。統和中，爲歸化州刺史。開泰中，拜上京留守，進漢人行宮都部署，封漆水郡王。以皇后外弟，恩遇日隆。樞密副使蕭合卓用事，制心奏合卓寡識度，無行檢，上默然。每內宴歡洽，輒避之。皇后不悅曰：「汝不樂耶？」制心對曰：「寵貴鮮能長保，以是爲憂耳！」

太平中，歷中京留守、[五]惕隱、南京留守，徙王燕，遷南院大王。或勸制心奉佛，對曰：「吾不知佛法，惟心無私，則近之矣。」一日，沐浴更衣而臥，家人聞絲竹之聲，怪而入視，則已逝矣。年五十三。贈政事令，[六]追封陳王。

守上京時，酒禁方嚴，有捕獲私醞者，一飲而盡，笑而不詰。卒之日，部民若哀父母。

耶律勃古哲，字蒲奴隱，六院夷離堇蒲古只之後。勇悍，善治生。保寧中，爲天德軍節度使，歷南京侍衞馬步軍都指揮使。以討平党項羌阿理撒米、僕里鼈米，遷南院大王。

聖宗卽位，太后稱制，會羣臣議軍國事，勃古哲上疏陳便宜數事，稱旨，卽日兼領山西路諸州事。統和四年，宋將曹彬等侵燕，勃古哲擊之甚力，賜輸忠保節致主功臣，總知山西五州。

會有告勃古哲曲法虐民者，按之有狀，以大杖決之。八年，爲南京統軍使，卒。子爻里，官至詳穩。

蕭陽阿，字稍隱。端毅簡嚴，識遼、漢字，通天文、相法。父卒，自五蕃部親挽喪車至奚王嶺，人稱其孝。

年十九，爲本班郎君。歷鐵林、鐵鷂、大鷹三軍詳穩。乾統元年，由烏古敵烈部屯田太保爲易州刺史。幸臣劉彥良嘗以事至州，怙寵恣橫，爲陽阿所沮。彥良歸，妄加毀訾，尋遣人代陽阿。州民千餘詣闕請留，卽日授武安州觀察使。歷烏古涅里、順義、彰信等軍節度

使，權知東北路統軍使事。

聞耶律狠不、鐸魯斡等叛，獨引麾下三十餘人追捕之，身被二創，生擒十餘人，送之行在。坐不獲首惡，免官。未幾，權南京留守，卒。

武白，不知何郡人。爲宋國子博士，差知相州，至通利軍，爲我軍所俘。詔授上京國子博士。改臨潢縣令，遷廣德軍節度副使。

先是，有訟宰相劉慎行與子婦姚氏私者，有司出其罪。聖宗詔白鞫之，白正其事。使高麗還，〔七〕權中京留守。時慎行諸子皆處權要，以白斷百姓分籍事不直，坐左遷。

未幾，遷尚書左丞，知樞密事，拜遼興軍節度使。致仕，卒。

蕭常哥，字胡獨堇，國舅之族。祖約直，同政事門下平章事，父實老，累官節度使。

常哥魁偉寡言。年三十餘，始爲祗候郎君。歷本族將軍、松山州刺史。壽隆二年，以女爲燕王妃，拜永興宮使。及妃生子，爲南院宣徽使，尋改漢人行宮都部署。乾統初，〔八〕加太子太師，爲國舅詳穩。二年，改遼興軍節度使，召爲北府宰相，以柴册禮，加兼侍中。

天慶元年，致仕，卒，謚曰欽肅。

耶律虎古，字海鄰，六院夷離堇覲烈之孫。少穎悟，重然諾。

保寧初，補御盞郎君。十年，使宋還，以宋取河東之意聞于上。燕王韓匡嗣曰：「何以知之？」虎古曰：「諸僭號之國，宋皆併收，惟河東未下。今宋講武習戰，意必在漢。」匡嗣力沮，乃止。明年，宋果伐漢。帝以虎古能料事，器之，乃曰：「吾與匡嗣慮不及此。」授涿州刺史。

統和初，皇太后稱制，召赴京師。與韓德讓以事相忤，德讓怒，取護衞所執戎仗擊其腦，卒。子磨魯古。

磨魯古，字遙隱，有智識，善射。

統和初，拜南面林牙。四年，宋侵燕，太后親征。磨魯古爲前鋒，手中流矢，拔而復進。太后既至，磨魯古以創不能戰，與北府宰相蕭繼先巡邏境上。累遷北院大王。

六年，伐宋爲先鋒，〔九〕與耶律奴瓜破其將李忠吉于定州。以疾卒于軍。

論曰：德讓在統和間，位兼將相，其克敵制勝，進賢輔國，功業茂矣。至賜姓名，王齊、晉，抑有寵於太后而致然歟？宗族如德威平党項，瀚魯完宗祀，制心不苟合，家聲益振，豈無所自哉！若勃古之忠，陽阿之孝，武白之直，亦彬彬乎一代之良臣矣。

校勘記

〔一〕加守司空　守司空，按紀統和四年十一月作「守司徒」。

〔二〕山西四州數被兵　「山」、「四」二字原脫，據紀統和四年八月及食貨志上補。

〔三〕十二年六月　按上文已有「十一年」之「明年」，卽十二年。此「十二年」三字當有衍誤。

〔四〕乾亨末丁父喪　末，原誤「初」。按乾亨止五年，檢紀德威父匡嗣卒於乾亨四年十二月。統和元年正月，德威以西南面招討使奏破党項十五部捷。據改。

〔五〕太平中歷中京留守　按紀開泰八年二月，以前南院樞密使韓制心爲中京留守。非太平中。

〔六〕贈政事令　遼文滙六韓橁墓誌：「南大王贈政事令諱遂貞，賜名直心，譜系於國姓，再從兄也。」

紀開泰元年七月，以耶律遂貞爲遼興軍節度使。遂貞卽直心，亦卽制心。紀開泰六年四月作耶律制心。

〔七〕使高麗還 高麗，原作「新羅」。按高麗史，白奉使在顯宗十四年，卽遼太平三年。

〔八〕乾統初 乾統，原誤「統和」。按前有壽隆後有天慶，據改。

〔九〕六年伐宋爲先鋒 六，原誤「七」。據紀統和六年九月及卷八五耶律奴瓜傳改。

遼史卷八十三

列傳第十三

耶律休哥 馬哥 耶律斜軫 耶律奚低 耶律學古 烏不呂

耶律休哥，字遜寧。祖釋魯，隋國王。父綰思，南院夷離菫。休哥少有公輔器。初烏古、室韋二部叛，休哥從北府宰相蕭幹討之。應曆末，爲惕隱。

乾亨元年，宋侵燕，北院大王奚底、統軍使蕭討古等敗績，南京被圍。帝命休哥代奚底，將五院軍往救。遇大敵于高梁河，與耶律斜軫分左右翼，擊敗之。追殺三十餘里，斬首萬餘級，休哥被三創。明旦，宋主遁去，休哥以創不能騎，輕車追至涿州，不及而還。

是年冬，上命韓匡嗣、耶律沙伐宋，以報圍城之役。休哥率本部兵從匡嗣等戰于滿城。翌日將復戰，宋人請降，匡嗣信之。休哥曰：「彼衆整而銳，必不肯屈，乃誘我耳。宜嚴兵以待。」匡嗣不聽。休哥引兵憑高而視，須臾南兵大至，鼓譟疾馳。匡嗣倉卒不知所爲，士卒

棄旗鼓而走，遂敗績。休哥整兵進擊，敵乃却。詔總南面戍兵，爲北院大王。

明年，車駕親征，〔一〕圍瓦橋關。宋兵來救，守將張師突圍出。帝親督戰，休哥斬師，餘衆退走入城。宋陣于水南。將戰，帝以休哥馬介獨黃，慮爲敵所識，乃賜玄甲、白馬易之。休哥率精騎渡水，擊敗之，追至莫州。橫屍滿道，靫矢俱罄，生獲數將以獻。帝悅，賜御馬、金盂，勞之曰：「爾勇過于名，若人人如卿，何憂不克？」師還，拜于越。

聖宗卽位，太后稱制，令休哥總南面軍務，以便宜從事。休哥均戍兵，立更休法，勸農桑，修武備，邊境大治。統和四年，宋復來侵，其將范密、楊繼業出雲州；〔二〕曹彬、米信出雄、易，取岐溝、涿州，陷固安，置屯。時北南院、奚部兵未至，休哥力寡，不敢出戰。夜以輕騎出兩軍間，殺其單弱以脅餘衆；晝則以精銳張其勢，使彼勞於防禦，以疲其力。又設伏林莽，絕其糧道。曹彬等以糧運不繼，退保白溝。月餘，復至。休哥以輕兵薄之，伺彼蓐食，擊其離伍單出者，且戰且却。由是南軍自救不暇，結方陣，塹地兩邊而行。軍渴乏井，漉淖而飲，凡四日始達于涿。聞太后軍至，彬等冒雨而遁。太后益以銳卒，追及之。彼力窮，環糧車自衞，休哥圍之。至夜，彬、信以數騎亡去，餘衆悉潰。追至易州東，聞宋師尚有數萬，瀕沙河而爨，促兵往擊之。宋師望塵奔竄，墮岸相蹂死者過半，沙河爲之不流。太后旋旆，休哥收宋屍爲京觀。封宋國王。

又上言，可乘宋弱，略地至河爲界。書奏，不納。及太后南征，休哥爲先鋒，敗宋兵於望都。時宋將劉廷讓以數萬騎並海而出，約與李敬源合兵，聲言取燕。休哥聞之，先以兵扼其要地。會太后軍至，接戰，殺敬源，廷讓走瀛州。七年，宋遣劉廷讓等乘暑潦來攻易州，諸將憚之；獨休哥率銳卒逆擊于沙河之北，殺傷數萬，獲輜重不可計，獻于朝。太后嘉其功，詔免拜、不名。自是宋不敢北向。時宋人欲止兒啼，乃曰：「于越至矣！」

休哥以燕民疲弊，省賦役，恤孤寡，戒戍兵無犯宋境，雖馬牛逸于北者悉還之。遠近向化，邊鄙以安。十六年，薨。是夕，雨木冰。聖宗詔立祠南京。

休哥智略宏遠，料敵如神。每戰勝，讓功諸將，故士卒樂爲之用。身更百戰，未嘗殺一無辜。二子：高八，官至節度使；高十，終于越。孫馬哥。

馬哥，字訛特懶。興宗時，以散職入見，上問：「卿奉佛乎？」對曰：「臣每旦誦太祖、太宗及先臣遺訓，未暇奉佛。」帝悅。

清寧中，遷唐古部節度使。咸雍中，累遷匡義軍節度使。大康初，致仕，卒。

耶律斜軫，字韓隱，于越曷魯之孫。性明敏，不事生產。

保寧元年，樞密使蕭思溫薦斜軫有經國才，上曰：「朕知之，第佚蕩，豈可羈屈？」對曰：「外雖佚蕩，中未可量。」乃召問以時政，占對剴切，帝器重之。妻以皇后之姪，命節制西南面諸軍，仍援河東。改南院大王。

乾亨初，宋再攻河東，從耶律沙至白馬嶺遇敵，沙等戰不利；斜軫赴之，令麾下萬矢齊發，敵氣褫而退。是年秋，宋下河東，乘勝襲燕，北院大王耶律奚底與蕭討古逆戰，敗績，退屯清河北。斜軫取奚底等青幟軍于得勝口以誘敵，敵果爭赴。斜軫出其後，奮擊敗之。及高梁之戰，與耶律休哥分左右翼夾擊，大敗宋軍。

統和初，皇太后稱制，益見委任，爲北院樞密使。會宋將曹彬、米信出雄、易，楊繼業出代州。太后親帥師救燕，以斜軫爲山西路兵馬都統。繼業陷山西諸郡，各以兵守，自屯代州。斜軫至定安，遇賀令圖軍，擊破之，追至五臺，斬首數萬級。明日，至蔚州，敵不敢出，斜軫書帛射城上，諭以招慰意。陰聞宋軍來救，令都監耶律題子夜伏兵險阨，俟敵至而發。城守者見救至，突出。斜軫擊其背，二軍俱潰，追至飛狐，斬首二萬餘級，遂取蔚州。賀令圖、潘美復以兵來，斜軫逆于飛狐，擊敗之。宋軍在渾源、應州者，皆棄城走。斜軫聞繼業出兵，令蕭撻凜伏兵于路。明旦，繼業兵至，斜軫擁衆爲戰勢。繼業麾幟而前，斜軫佯退。伏兵發，斜軫進攻，繼業敗走，至狼牙村，衆軍皆潰。繼業爲流矢所中，被擒。斜軫責曰：「汝與我國角勝三十餘年，今日何面目相見！」繼業但稱死罪而已。初，繼業在宋以驍勇聞，人號楊無敵，首建梗邊之策。至狼牙村，心惡之，欲避不可得。既擒，三日死。

斜軫歸闕，以功加守太保。從太后南伐，卒于軍。〔三〕太后親爲哀臨，仍給葬具。庶子狗兒，官至小將軍。

耶律奚低，孟父楚國王之後。便弓馬，勇於攻戰。景宗時，多任以軍事。

統和四年，爲右皮室詳穩。時宋將楊繼業陷山西郡縣，奚低從樞密使斜軫討之。凡戰必以身先，矢無虛發。繼業敗于朔州之南，匿深林中。奚低望袍影而射，繼業墮馬。先是，軍令須生擒繼業，奚低以故不能爲功。

後太后南伐，屢有戰績。以病卒。

耶律學古，字乙辛隱，于越洼之庶孫。穎悟好學，工譯鞮及詩。保寧中，補御盞郎君。

乾亨元年，宋既下河東，乘勝侵燕，學古受詔往援。始至京，宋敗耶律奚底、蕭討古等，勢益張，圍城三周，穴地而進，城中民懷二心。學古以計安反側，隨宜備禦，晝夜不少懈。適有敵三百餘人夜登城，學古戰却之。會援軍至，圍遂解。學古開門列陣，四面鳴鼓，居民大呼，聲震天地。旋有高梁之捷。以功遙授保靜軍節度使，爲南京馬步軍都指揮使。

二年，伐宋，乞將漢軍，從之，改彰國軍節度使。時南境未靜，民思休息，學古禁寇掠以安之。會宋將潘美率兵分道來侵，學古以軍少，虛張旗幟，雜丁黃爲疑兵。是夜，適獨虎峪舉烽火，遣人偵視，見敵俘掠村野，擊之，悉獲所掠物，擒其將領。自是學古與潘美各守邊約，無相侵軼，民獲安業。以功爲惕隱，卒。弟烏不呂。

烏不呂，字留隱。嚴重，有膂力，善屬文。統和中伐宋，屢任以軍事。嘗與爻直不相能，因曰：「爾奴才，何所知？」爻直訟于北院樞密使韓德讓。德讓怒，問曰：「爾安得此奴耶？」烏不呂對曰：「三父異籍時亦易得。」德讓笑而釋之。

後從蕭恒德伐蒲盧毛朵部，以功爲東路統軍都監。及德讓爲大丞相，薦其材可任統軍使，太后曰：「烏不呂嘗不遜于卿，何善而薦？」德讓奏曰：「臣忝相位，於臣猶不屈，況於其餘。以此知可用。若任使之，必能鎮撫諸蕃。」太后從之，加金紫崇祿大夫、檢校太尉。

而弟國留以罪亡，烏不呂及其母俱下吏。恐禍及母，陰使人召國留，紿曰：「太后知事之誣，汝第來勿畏。」國留至，送有司，坐誅。其後，退歸田里，以疾卒。

論曰：宋乘下太原之銳，以師圍燕，繼遣曹彬、楊繼業等分道來伐。是兩役也，遼亦岌岌乎殆哉！休哥奮擊于高粱，敵兵奔潰；斜軫擒繼業于朔州，旋復故地。宋自是不復深入，社稷固而邊境寧，雖配古名將，無愧矣。然非學古之在南京安其反側，則二將之功，蓋亦難致。故曰，國以人重，信哉。

校勘記

〔一〕明年車駕親征　「明年」二字原脫。續通志四一九本傳增此二字，與紀乾亨二年十月合，據補。

〔二〕其將范密楊繼業出雲州　羅校，考宋史、長編諸書，當時宋將無「范密」，疑是潘美之誤。索隱，范密爲潘美譯音。

〔三〕以功加守太保從太后南伐卒于軍　按紀，加守太保在統和四年六月。從太后用兵卒于軍，在十七年九月。

遼史卷八十四

列傳第十四

耶律沙　耶律抹只　蕭幹 討古　耶律善補　耶律海里

耶律沙，字安隱。其先嘗相遙輦氏。應曆間，累官南府宰相。景宗卽位，總領南面邊事。保寧間，宋攻河東，沙將兵救之，有功，加守太保。

乾亨初，宋復北侵，沙將兵由間道至白馬嶺，阻大澗遇敵。沙與諸將欲待後軍至而戰，冀王敵烈、監軍耶律抹只等以爲急擊之便，沙不能奪。敵烈等以先鋒渡澗，未半，爲宋人所擊，兵潰。敵烈及其子蛙哥、沙之子德里、令穩都敏、詳穩唐筈等五將俱沒。會北院大王耶律斜軫兵至，萬矢俱發，敵軍始退。

沙將趨太原，會漢駙馬都尉盧俊來奔，言太原已陷，遂勒兵還。宋乘銳侵燕，沙與戰于高梁河，稍却；遇耶律休哥及斜軫等邀擊，敗宋軍。宋主宵遁，至涿州，微服乘驢車，間道而

走。上以功釋前過。

是年，復從韓匡嗣伐宋，敗績，帝欲誅之，以皇后營救得免。睿智皇后稱制，召賜几杖，以優其老。復從伐宋，敗劉廷讓、李敬源之軍，賜賚優渥。統和六年卒。

耶律抹只，〔一〕字留隱，仲父隋國王之後。初以皇族入侍。景宗卽位，爲林牙，以幹給稱。保寧間，遷樞密副使。

乾亨元年春，〔二〕宋攻河東，南府宰相耶律沙爲都統，將兵往援，抹只監其軍。及白馬嶺之敗，僅以身免。宋乘銳攻燕，將奚兵翊休哥擊敗之。上以功釋前過。是年冬，〔三〕從都統韓匡嗣伐宋，戰于滿城，爲宋將所紿，諸軍奔潰，獨抹只部伍不亂，徐整旗鼓而歸。璽書褒諭，改南海軍節度使。乾亨二年，拜樞密副使。

統和初，爲東京留守。宋將曹彬、米信等侵邊，抹只引兵至南京，先繕守禦備。及車駕臨幸，抹只與耶律休哥逆戰于涿之東，克之，遷開遠軍節度使。〔四〕故事，州民歲輸稅，斗粟折錢五，抹只表請折錢六，部民便之。統和末卒。

蕭幹，小字項烈，字婆典，北府宰相敵魯之子。性質直。

初，察割之亂，其黨胡古只與幹善，使人召之。幹曰：「吾豈能從逆臣！」縛其人送壽安王。賊平，上嘉其忠，拜羣牧都林牙。復以伐烏古功，遷北府宰相，改突呂不部節度使。乾亨初，宋伐河東，乘勝侵燕，詔幹拒之，戰于高梁河。耶律沙退走，幹與耶律休哥等併力戰敗之，上手敕慰勞。自是每征伐必參決軍事。加政事令。二年，宋兵圍瓦橋，夜襲我營，幹及耶律勻骨戰却之。

時皇后以父呼幹，〔五〕及后爲皇太后稱制，幹數條奏便宜，多見聽用。統和四年卒。姪討古。

討古，字括寧，性忠簡。

應曆初，始入侍。會冀王敵烈、宣徽使海思謀反，討古與耶律阿列密告於上，上嘉其忠，詔尚朴謹公主。保寧末，爲南京統軍使。

乾亨初，宋侵燕，討古與北院大王奚底拒之，不克，軍潰。討古等不敢復戰，退屯清河。帝聞其敗，遣使責之曰：「卿等不嚴偵候，用兵無法，遇敵卽敗，奚以將爲！」討古懼。頃之，

援兵至，討古奮力以敗宋軍。上釋其罪，降爲南京侍衞親軍都指揮使。四年卒。

耶律善補，字瑤昇，孟父楚國王之後。純謹有才智。

景宗卽位，授千牛衞大將軍，遷大同軍節度使。及伐宋，韓匡嗣與耶律沙將兵由東路進，善補以南京統軍使由西路進。善補聞匡嗣失利，斂兵還。乾亨末，與宋軍戰于滿城，爲伏兵所圍，斜軫救之獲免。以失備，大杖決之。

統和初，爲惕隱。會宋來侵，善補爲都元帥逆之，不敢戰，故嶺西州郡多陷，罷惕隱。以其叔安端有匡輔世宗功，上愍之，徵善補爲南府宰相，遷南院大王。

會再舉伐宋，欲攻魏府，召衆集議。將士以魏城無備，皆言可攻。善補曰：「攻固易，然城大叵量，若克其城，士卒貪俘掠，勢必不可遏。且傍多巨鎭，各出援兵，內有重敵，何以當之？」上乃止。

善補性懦，守靜。凡征討，憚攻戰，急還，以故戰多不利。年七十四卒。

耶律海里，字留隱，令穩拔里得之長子。〔六〕察割之亂，其母的魯與焉。遣人召海里，海里拒之。亂平，的魯以子故獲免。

海里儉素，不喜聲利，以射獵自娛。雖居閑，人敬之若貴宦然。保寧初，拜彰國軍節度使，遷惕隱。秩滿，稱疾不仕。久之，復爲南院大王。及曹彬、米信等來侵，海里有却敵功，賜資忠保義匡國功臣。

帝屢親征，海里在南院十餘年，鎭以寬靜，戶口增給，時議重之。封漆水郡王，遷上京留守，〔七〕薨。詔以家貧給葬具。

論曰：當高梁、朔州之捷，偏裨之將如沙與抹只，旣因休哥、斜軫類見其功，所謂失之東隅，收之桑榆。若蕭幹、海里拒察割之招，討古告海思之變，則不止有戰功而已。其視善補畏懦，豈不優哉。

校勘記

〔一〕耶律抹只　按紀統和元年四月作耶律末只。

〔二〕乾亨元年春　按此五字據紀乾亨元年二月及卷八三耶律休哥傳、卷八四耶律沙傳補。

〔三〕是年冬　按「是年冬」三字，原誤作「十一年」。據紀乾亨元年十一月及卷八三耶律休哥傳、卷八四耶律沙傳改。

〔四〕開遠軍節度使　按紀統和六年七月、八月並作大同軍節度使。大同軍爲雲州，開遠軍係雲內州。

〔五〕時皇后以父呼幹　按卷七一睿智皇后傳，后父思溫，幹於皇后應爲同輩。

〔六〕拔里得之長子　拔，原誤「援」。據卷七六本傳及大典四八〇改。

〔七〕遷上京留守　按紀統和十二年正月，以南院大王耶律景爲上京留守，封漆水郡王。景卽海里漢名。

遼史卷八十五

列傳第十五

蕭撻凜　蕭觀音奴　耶律題子　耶律諸理　耶律奴瓜　蕭柳　高勳　奚和朔奴　蕭塔列葛　耶律撒合

蕭撻凜，字駝寧，思溫之再從姪。父朮魯列，善相馬，應曆間爲馬羣侍中。撻凜幼敦厚，有才略，通天文。保寧初，爲宿直官，累任簿劇。統和四年，宋楊繼業率兵由代州來侵，攻陷城邑。撻凜以諸軍副部署，從樞密使耶律斜軫敗之，擒繼業于朔州。六年秋，改南院都監，從駕南征，攻沙堆，力戰被創，太后嘗親臨視。明年，加右監門衞上將軍、檢校太師，遙授彰德軍節度使。[一]

十一年，與東京留守蕭恒德伐高麗，破之。高麗稱臣奉貢。十二年，夏人梗邊，皇太妃受命總烏古及永興宮分軍討之，[二]撻凜爲阻卜都詳穩。凡軍中號令，太妃並委撻凜。師

還，以功加兼侍中，封蘭陵郡王。十五年，敵烈部人殺詳穩而叛，遁于西北荒，撻凜將輕騎逐之，因討阻卜之未服者，諸蕃歲貢方物充于國，自後往來若一家焉。上賜詩嘉奬，仍命林牙耶律昭作賦，以述其功。撻凜以諸部叛服不常，上表乞建三城以絕邊患，從之。俄召爲南京統軍使。

二十年，復伐宋，擒其將王先知，[三]破其軍于遂城，下祁州，上手詔奬諭。進至澶淵，宋主軍于城隍間，未接戰，撻凜按視地形，取宋之羊觀、鹽堆、鳧雁，中伏弩卒。[四]明日，轊車至，太后哭之慟，輟朝五日。子慥古，南京統軍使。

蕭觀音奴，字耶寧，奚王搭紇之孫。統和十二年，爲右祗候郎君班詳穩，還奚六部大王。先是，俸秩外，給獐鹿百數，皆取於民，觀音奴奏罷之。及伐宋，與蕭撻凜爲先鋒，降祁州，下德清軍，上加優賞。同知南院事，卒。

耶律題子，字勝隱，北府宰相兀里之孫。善射，工畫。保寧間，爲御盞郎君。九年，奉使于漢，具言兩國通好長久之計，其主繼元深加禮重。

統和二年，將兵與西邊詳穩耶律速撒討陀羅斤，大破之。四年，宋將楊繼業陷山西城邑，題子從北院樞密使耶律斜軫擊之，敗賀令圖於定安，授西南面招討都監。宋兵守蔚州急，召外援，題子聞之，夜伏兵道傍。黎明，宋兵果來，過未半而擊之；城中軍出，斜軫復邀之。兩軍俱潰，奔飛狐，地隘不得進，殺傷甚衆。賀令圖復集敗卒來襲蔚州，題子逆戰，破之，應州守將自遁。進圍寰州，冒矢石登城，宋軍大潰。當斜軫擒繼業于朔州，題子功居多。是年冬，復與蕭撻凜由東路擊宋，俘獲甚衆。後聞宋兵屯易州，率兵逆之，至易境而卒。

初，題子破令圖，宋將有因傷而仆，題子繪其狀以示宋人，咸嗟神妙。

耶律諸理，字烏古鄰，突舉部人。統和四年，宋將楊繼業來攻山西，[五]諸理從耶律斜軫擊之，常居先鋒，偵候有功。是歲，伐宋，宋人拒於滹沱河，諸理率精騎便道先濟，獲其將康保威，以功詔世預節度使選。

太平元年，稍遷本部節度使。六年，從蕭惠攻甘州，不克。會阻卜攻圍三剋軍，諸理與都監耶律涅魯古往救，[六]至可敦城西南，遇敵，不能陣，中流矢卒。

耶律奴瓜，字延寧，太祖異母弟南府宰相蘇之孫。有膂力，善調鷹隼。

統和四年，宋楊繼業來侵，奴瓜爲黃皮室糺都監，擊敗之，盡復所陷城邑。軍還，加諸衞小將軍。及伐宋，有功，遷黃皮室詳穩。六年，再舉，將先鋒軍，敗宋游兵于定州，爲東京統軍使，加金紫崇祿大夫。從奚王和朔奴伐兀惹，以戰失利，削金紫崇祿階。十九年，拜南府宰相。二十一年，復伐宋，擒其將王繼忠于望都，俘殺甚衆，以功加同政事門下平章事。二十六年，爲遼興軍節度使，尋復爲南府宰相。開泰初，加尚父，卒。

蕭柳，字徒門，淳欽皇后弟阿古只五世孫。幼養于伯父排押之家，多知，能文，膂力絕人。

統和中，叔父恒德臨終，薦其才，詔入侍衞。十七年，南伐，宋將范庭召列方陣而待。時皇弟隆慶爲先鋒，問諸將佐誰敢當者，柳曰：「若得駿馬，則願爲之先。」隆慶授以甲騎。柳攬轡，謂諸將曰：「陣若動，諸君急攻。」遂馳而前，敵少却。隆慶席勢攻之，南軍遂亂。柳中流矢，裹創而戰，衆皆披靡。時排押留守東京，奏柳爲四軍兵馬都指揮使。

明年，爲北女直詳穩，政濟寬猛，部民畏愛。遷東路統軍使。秩滿，百姓願留復任，許之。從伐高麗，遇大蛇當路，前驅者請避；柳曰：「壯士安懼此！」拔劍斷蛇。師還，致仕。柳好滑稽，雖君臣燕飲，詼諧無所忌，時人比之俳優。臨終，謂人曰：「吾少有致君志，

不能直遂，故以諧進。冀萬有一補，俳優名何避！」頃之，被寢衣而坐，呼曰：「吾去矣！」言訖而逝。耶律觀音奴集柳所著詩千篇，目曰歲寒集。

高勳，字鼎臣，晉北平王信韜之子。性通敏。仕晉爲閤門使。會同九年，與杜重威來降。太宗入汴，授四方館使。好結權貴，能服勤大臣，多推譽之。

天祿間，爲樞密使，總漢軍事。五年，劉崇遣使來求封册，詔勳册崇爲大漢神武皇帝。應曆初，封趙王，出爲上京留守，尋移南京。會宋欲城益津，勳上書請假巡徼以擾之，〔七〕帝然其奏，宋遂不果城。十七年，宋略地益津關，勳擊敗之，知南院樞密事。景宗卽位，以定策功，進王秦。

保寧中，以南京郊內多隙地，請疏畦種稻，帝欲從之。林牙耶律昆宣言於朝曰：「高勳此奏，必有異志。果令種稻，引水爲畦，設以京叛，官軍何自而入？」帝疑之，不納。尋遷南院樞密使。以毒藥餽駙馬都尉蕭啜里，事覺，流銅州。尋又謀害尚書令蕭思溫，詔獄誅之，沒其產，皆賜思溫家。

奚和朔奴，字籌寧，奚可汗之裔。保寧中，爲奚六部長。

統和初，皇太后稱制，以耶律休哥領南邊事，和朔奴爲南面行軍副部署。四年，宋曹彬、米信等來侵，和朔奴與休哥破宋兵于燕南，手詔褒美。軍還，怙權撾無罪人李浩至死，上以其功釋之。六年冬，南征，〔八〕將本部軍由別道進擊敵軍於狼山，俘獲甚衆。

八年，上表曰：「臣竊見太宗之時，奚六部二宰相、二常袞，詔命大常袞班在酋長左右，副常袞總知酋長五房族屬，二宰相臣輔酋長，建明善事。今宰相職如故，二常袞別無所掌，乞依舊制。」從之。

十三年秋，遷都部署，伐兀惹。駐于鐵驪，秣馬數月，進至兀惹城。利其俘掠，請降不許，令急攻之。城中大恐，皆殊死戰。和朔奴不能克，從副部署蕭恒德議，掠地東南，循高麗北界而還。以地遠糧絕，士馬死傷，詔降封爵，卒。子烏也，郎君班詳穩。

蕭塔列葛，字雄隱，五院部人。八世祖只魯，遙輦氏時嘗爲虞人。唐安祿山來攻，只魯戰于黑山之陽，敗之。以功爲北府宰相，世預其選。

塔列葛仕開泰間，累遷西南面招討使。〔九〕重熙十一年，使西夏，諭伐宋事，約元昊出別道以會。十二年，改右夷離畢，同知南京留守，轉左夷離畢，俄授東京留守，以世選爲北府宰相，卒。〔一〇〕

耶律撒合，字率懶，乙室部人，南府宰相歐禮斯子。天祿間始仕。應曆中，拜乙室大王，兼知兵馬事。

乾亨初，宋來侵，詔以本部兵守南京，與北院大王奚底、統軍蕭討古等逆戰，奚底等敗走，獨撒合全軍還。上諭之曰：「拒敵當如此。卿勉之，無憂不富貴。」加守太保。統和間卒。

論曰：遼在統和間，數舉兵伐宋，諸將如耶律諧理、奴瓜、蕭柳等俱有降城擒將之功。最後，以蕭撻凜爲統軍，直抵澶淵。將與宋戰，撻凜中弩，我兵失倚，和議始定。或者天厭其亂，使南北之民休息者耶！

校勘記

〔一〕明年（統和七年）遙授彰德軍節度使　按紀，統和二年二月國舅帳彰德軍節度使蕭闥覽來朝。闥覽卽撻凜，彰德軍節度不始自七年。

〔二〕皇太妃受命討之　「皇太妃」應作王太妃，參卷一三校勘記〔七〕。

〔三〕二十年復伐宋擒其將王先知　按紀統和二十一年四月及卷八五耶律奴瓜傳，蕭撻凜獲宋將王繼忠於望都。先知卽繼忠。

〔四〕中伏弩卒　按紀，撻凜中伏弩卒，在統和二十二年十一月。

〔五〕統和四年宋將楊繼業來攻山西　四，原誤「五」。按紀繼業於四年三月出兵，七月被擒，據改。

〔六〕諧理與都監耶律涅魯古往救　都監耶律涅魯古，紀太平六年八月作監軍涅里姑。

〔七〕勳上書請假巡徼以擾之　按紀，勳上書在應曆十七年二月。

〔八〕六年冬南征　「六年」二字原脫。用兵爲六年事，原連敍在四年下。據補。

〔九〕累遷西南面招討使　按紀，重熙十二年八月，以前西北路招討使蕭塔烈葛爲右夷離畢。官職歧互，或有脫誤。

〔一〇〕以世選爲北府宰相卒　按紀，重熙二十一年十二月，以北府宰相塔烈葛爲南京統軍使。

遼史卷八十六

列傳第十六

耶律合住　劉景　劉六符　耶律褒履　牛溫舒

杜防　蕭和尚特末　耶律合里只　耶律頗的

耶律合住，〔一〕字粘袞，太祖弟迭剌之孫。幼不好弄，臨事明敏，善談論。初以近族入侍，每從征伐有功。保寧初，加右龍虎衞上將軍。以宋師屢梗南邊，拜涿州刺史，西南兵馬都監、招安、巡檢等使，賜推忠奉國功臣。合住久任邊防，雖有克獲功，然務鎭靜，不妄生事以邀近功。鄰壤敬畏，屬部乂安。宋數遣人結歡，冀達和意，合住表聞其事，帝許議和。安邊懷敵，多有力焉。拜左金吾衞上將軍。秩滿，遙攝鎭國軍節度使，卒。

合住智而有文，曉暢戎政。鎭范陽時，嘗領數騎徑詣雄州北門，與郡將立馬陳兩國利

害，及周師侵邊本末。辭氣慷慨，左右壯之。自是，邊境數年無事。識者以謂合住一言，賢於數十萬兵。

劉景，字可大，河間人。四世祖怦，卽朱滔之甥，〔二〕唐右僕射、盧龍軍節度使。父守敬，南京副留守。

景資端厚，好學能文。燕王趙延壽辟爲幽都府文學。應曆初，遷右拾遺、知制誥，爲翰林學士。九年，周人侵燕，留守蕭思溫上急變，帝欲俟秋出師，景諫曰：「河北三關已陷于敵，今復侵燕，安可坐視！」上不聽。會父憂去。未幾，起復舊職。一日，召草赦；既成，留數月不出。景奏曰：「唐制，赦書日行五百里，今稽期弗發，非也。」上亦不報。

景宗卽位，以景忠實，擢禮部侍郎，遷尙書、宣政殿學士。上方欲倚用，乃書其笏曰：「劉景可爲宰相。」頃之，爲南京副留守。時留守韓匡嗣因扈從北上，景與其子德讓共理京事。俄召爲戶部使，歷武定、開遠二軍節度使。

統和六年致仕，〔三〕加兼侍中。卒，年六十七。贈太子太師。子愼行，孫一德、二玄、三嘏、四端、五常、六符，皆具六符傳。

劉六符，父愼行，由膳部員外郎累遷至北府宰相、監修國史。時上多卽宴飲行誅賞，愼行諫曰：「以喜怒加威福，恐未當。」帝悟，諭政府「自今宴飲有刑賞事，翌日稟行」。爲都統，伐高麗，以失軍期下吏，議貴乃免，出爲彰武軍節度使。賜保節功臣。子六人：一德、二玄、三嘏、四端、五常、六符。德早世。玄終上京留守。常歷三司使、武定軍節度使。嘏、端、符皆第進士。嘏、端俱尙主，爲駙馬都尉。三嘏獻聖宗一矢斃雙鹿賦，上嘉其贍麗。與公主不諧，奔宋；歸，殺之。四端以衞尉少卿使宋賀生辰，方宴，大張女樂，竟席不顧，人憚其嚴。還，拜樞密直學士。

六符有志操，能文。重熙初，遷政事舍人，擢翰林學士。十一年，與宣徽使蕭特末使宋索十縣地；還，爲漢人行宮副部署。會宋遣使增歲幣以易十縣，復與耶律仁先使宋，定「進貢」名，宋難之。六符曰：「本朝兵强將勇，海內共知，人人願從事于宋。若恣其俘獲以飽所欲，與『進貢』字孰多？況大兵駐燕，萬一南進，何以禦之！顧小節，忘大患，悔將何及！」宋乃從之，歲幣稱「貢」。六符還，加同中書門下平章事。及宋幣至，命六符爲三司使以受之。

六符與參知政事杜防有隙，防以六符嘗受宋賂，白其事，出爲長寧軍節度使，俄召爲三

司使。

道宗卽位，將行大册禮，北院樞密使蕭革曰：「行大禮備儀物，必擇廣地，莫若黃川。」六符曰：「不然。禮儀國之大體，帝王之樂不奏于野。今中京四方之極，朝覲各得其所，宜中京行之。」上從其議。尋以疾卒。

耶律褒履，字海隣，六院夷離菫蒲古只之後。風神爽秀，工于畫。

重熙問，累遷同知點檢司事。駙馬都尉蕭胡覩爲夏人所執，奉詔索之，三返以歸，轉永興宮使、右祗候郎君班詳穩。褒履將娶秦晉長公主孫，其母與公主婢有隙，謂褒履曰：「能去婢，乃許爾婚。」褒履以計殺之，婚成。事覺，有司以大辟論。褒履善畫，寫聖宗眞以獻，得減，坐長流邊戍。復以寫眞，召拜同知南院宣徽事。使宋賀正，寫宋主容以歸。

淸寧間，復使宋。宋主賜宴，瓶花隔面，未得其眞。陛辭，僅一視，及境，以像示餞者，駭其神妙。聞重元亂，不卽勤王。賊平入賀，帝責讓之。宴酣，顧褒履曰：「重元事成，卿必得爲上客！」褒履大慚。咸雍中，加太子太師，卒。

牛溫舒，范陽人。剛正，尚節義，有遠器。咸雍中，擢進士第，滯小官。大安初，累遷戶部使，轉給事中、知三司使事。國、民兼足，上以爲能，加戶部侍郎，改三司使。壽隆中，拜參知政事，兼同知樞密院事，攝中京留守。部民詣闕請眞拜，從之。召爲三司使。

乾統初，復參知政事，知南院樞密使事。五年，夏爲宋所攻，來請和解。溫舒與蕭得里底使宋。〔四〕方大燕，優人爲道士裝，索土泥藥爐。優曰：「土少不能和。」溫舒遽起，以手藉土懷之。宋主問其故，溫舒對曰：「臣奉天子威命來和，若不從，則當卷土收去。」宋人大驚，遂許夏和。還，加中書令，卒。

杜防，涿州歸義縣人。開泰五年，擢進士甲科，累遷起居郎、知制誥，人以爲有宰相器。太平中，遷政事舍人，拜樞密副使。

重熙九年，夏人侵宋。宋遣郭稹來告，請與夏和，上命防使夏解之。如約罷兵，各歸侵地，拜參知政事。韓紹芳、劉六符忌之，防待以誠。十二年，紹芳等罷，愈見信任。十三年，

拜南府宰相。〔五〕十五年，防生子，帝幸其第，賜名王門奴。〔六〕以進奏有誤，出爲武定軍節度使。十七年，復召爲南府宰相。〔七〕二十一年秋，祭仁德皇后，詔儒臣賦詩，防爲冠，賜金帶。道宗諒陰，爲大行皇帝山陵使。清寧二年，上諭防曰：「朕以卿年老嗜酒，不欲煩以劇務。朝廷之事，總綱而已。」頃之，拜右丞相，加尚父，卒。上歎悼不已，賵贈加等，官給葬具，贈中書令，謚曰元肅。子公謂，終南府宰相。

蕭和尚，字洪寧，國舅大父房之後。忠直，多智略。

開泰初，補御盞郎君，尋爲內史、太醫等局都林牙。使宋賀正，將宴，典儀者告，班節度使下。和尚曰：「班次如此，是不以大國之使相禮。且以錦服爲貺，如待蕃部。若果如是，吾不預宴。」宋臣不能對，易以紫服，位視執政，使禮始定。

八年秋，爲唐古部節度使，卒。弟特末。

特末，字何寧。爲人機辨任氣。

太平中，累遷安東軍節度使，有能稱。十一年，召爲左祇候郎君班詳穩。未幾，遷左夷離畢。重熙十年，累遷北院宣徽使。明年，與劉六符使宋，〔八〕索十縣故地，宋請增銀、絹十萬兩、疋以易之。歸，稱旨，加同政事門下平章事。詔城西南渾底甸。還，復爲北院宣徽使，卒。

耶律合里只，字特滿，六院夷離菫蒲古只之後。

重熙中，累遷西南面招討都監。充宋國生辰使，館于白溝驛。宋宴勞，優者嘲蕭惠河西之敗。合里只曰：「勝負兵家常事。我嗣聖皇帝俘石重貴，至今興中有石家寨。惠之一敗，何足較哉？」宋人慚服。帝聞之曰：「優伶失辭，何可傷兩國交好！」鞭二百，免官。

清寧初，起爲懷化軍節度使。七年，入爲北院大王，封豳國公。歷遼興軍節度使、東北路詳穩，加兼侍中。致仕，卒。

合里只明達勤恪，懷柔有道。置諸賓館及西邊營田，皆自合里只發之。

耶律頗的，字撒版，季父房奴瓜之孫。孤介寡合。重熙初，補牌印郎君。清寧初，稍遷

知易州。去官，部民請留，許之。

咸雍八年，改彰國軍節度使。上獵大牢古山，頗的謁于行宮。帝問邊事，對曰：「自應州南境至天池，皆我耕牧之地。清寧間，邊將不謹，爲宋所侵，烽堠內移，似非所宜。」道宗然之。拜北面林牙。後遣人使宋，得其侵地，命頗的往定疆界。還，拜南院宣徽使。

大康四年，遷忠順軍節度使，尋爲南院大王，改同知南京留守事，召拜南府宰相，賜貞良功臣，封吳國公，爲北院樞密使。廉謹奉公，知無不爲。大安中致仕，卒。子霞抹，北院樞密副使。

論曰：耶律合住安邊講好，養兵息民，其慮深遠矣。六符啓釁邀功，豈國家之利哉？牛、杜、頗的、合里只輩銜命出使，幸不辱命。褭里殺人婢以求婚，身負罪釁，晝其主容，以冀免死，亦可醜也。

校勘記

〔一〕耶律合住　合住，紀保寧六年三月作昌朮。長編景德二年十二月作昌主。漢名琮，見職官

分紀及太平治迹統類。

〔二〕卽朱滔之甥　朱，原誤「木」。據舊唐書一四三、新唐書二一二本傳改。

〔三〕劉景統和六年致仕　按紀，統和六年二月，大同軍節度使、同平章政事劉京致仕。

〔四〕温舒與蕭得里底使宋　紀記此事在乾統六年正月。

〔五〕十三年拜南府宰相　十三年，原誤「十二年」。按紀防爲南府宰相在重熙十三年二月，據改。

〔六〕十五年防生子帝幸其第　「十五年」三字原脫。按遊幸表防生子，帝幸其第在十五年八月，據補。

〔七〕十七年復召爲南府宰相　十七年原誤「十四年」。按紀復爲南府宰相在十七年四月，據改。

〔八〕重熙十年累遷北院宣徽使明年與劉六符使宋　「明年與」三字原脫。按紀重熙十年十二月，謀取宋舊割關南十縣地，遂遣蕭英、劉六符使宋。十一年正月，遣南院宣徽使蕭特末、翰林學士劉六符使宋取晉陽及瓦橋以南十縣地。英爲特末漢名，並見長編、國志八及富弼奉使錄。十年定議遣使，明年成行，據補。又北院宣徽使紀作南院宣徽使。

遼史卷八十七

列傳第十七

蕭孝穆 撒八　孝先　孝友　蕭蒲奴　耶律蒲古　夏行美

蕭孝穆，小字胡獨堇，淳欽皇后弟阿古只五世孫。父陶瑰，爲國舅詳穩。

孝穆廉謹有禮法。統和二十八年，累遷西北路招討都監。開泰元年，遙授建雄軍節度使，加檢校太保。是年尤烈等變，孝穆擊走之。冬，進軍可敦城。阻卜結五羣牧長查剌、阿覩等，謀中外相應，孝穆悉誅之，乃嚴備禦以待，餘黨遂潰。以功遷九水諸部安撫使。〔一〕尋拜北府宰相，賜忠穆熙霸功臣，檢校太師，同政事門下平章事。八年，還京師。

太平二年，知樞密院事，充漢人行宮都部署。三年，封燕王、南京留守、兵馬都總管。九年，大延琳以東京叛，孝穆爲都統討之，戰于蒲水。中軍稍却，副部署蕭匹敵、都監蕭蒲奴以兩翼夾擊，賊潰，追敗之于手山北。延琳走入城，深溝自衞。孝穆圍之，築重城，起樓

櫓，使內外不相通，城中撤屋以爨。其將楊詳世等擒延琳以降，遼東悉平。改東京留守，賜佐國功臣。爲政務寬簡，撫納流徙，其民安之。

興宗卽位，徙王秦，尋復爲南京留守。重熙六年，進封吳國王，拜北院樞密使。八年，表請籍天下戶口以均徭役，又陳諸部及舍利軍利害。從之。由是政賦稍平，衆悅。九年，徙王楚。時天下無事，戶口蕃息，上富于春秋，每言及周取十縣，慨然有南伐之志。羣臣多順旨。孝穆諫曰：「昔太祖南伐，終以無功。嗣聖皇帝仆唐立晉，後以重貴叛，長驅入汴；鑾馭始旋，反來侵軼。自後連兵二十餘年，僅得和好，蒸民樂業，南北相通。今國家比之曩日，雖曰富强，然勳臣、宿將往往物故。且宋人無罪，陛下不宜棄先帝盟約。」時上意已決，書奏不報。以年老乞骸骨，不許。十二年，復爲北院樞密使，〔二〕更王齊，薨。追贈大丞相、晉國王，謚曰貞。

孝穆雖椒房親，位高益畏。太后有賜，輒辭不受。妻子無驕色。與人交，始終如一。所薦拔皆忠直士。嘗語人曰：「樞密選賢而用，何事不濟？若自親煩碎，則大事凝滯矣。」自蕭合卓以吏才進，其後轉效，不知大體。歎曰：「不能移風易俗，偷安爵位，臣子之道若是乎。」時稱爲「國寶臣」，目所著文曰寶老集。二子阿剌、撒八，弟孝先、孝忠、孝友，各有傳。

撒八，字周隱。七歲，以戚屬加左右千牛衞大將軍。〔三〕重熙初，補祗候郎君。

性廉介，風姿爽朗，善毬馬、馳射。帝每燕飲，喜諧謔。撒八雖承寵顧，常以禮自持，時人稱之。以柴册禮恩，加檢校太傅、永興宮使，總領左右護衞，同知點檢司事。尚魏國公主，拜駙馬都尉，爲北院宣徽使，仍總知朝廷禮儀。重熙末，出爲西北路招討使、武寧郡王。居官以治稱。

清寧初薨，年三十九，追封齊王。

孝先，字延寧，小字海里。統和十八年，補祗候郎君。尚南陽公主，拜駙馬都尉。

開泰五年，爲國舅詳穩。將兵城東鄙。還，爲南京統軍使。太平三年，爲漢人行宮都部署，尋加太子太傅。五年，遷上京留守。以母老求侍，復爲國舅詳穩。改東京留守。會大延琳反，被圍數月，穴地而出。延琳平，留守上京。十一年，帝不豫，欽哀召孝先總禁衞事。

興宗諒陰，欽哀弒仁德皇后，孝先與蕭浞卜、蕭匹敵等謀居多。〔四〕及欽哀攝政，遂授天平軍節度使，加守司徒，兼政事令。重熙初，封楚王，爲北院樞密使。孝先以椒房親，爲太后所重。在樞府，好惡自恣，權傾人主，朝多側目。三年，太后與孝先謀廢立事，帝知之，勒衞兵出宮，召孝先至，諭以廢太后意。孝先震慴不能對。還太后于慶州。〔五〕孝先悒鬱不

樂。四年，徙王晉。後爲南京留守，卒，謚忠肅。

孝友，字撻不衍，小字陳留。開泰初，以戚屬爲小將軍。太平元年，以大册，加左武衞大將軍、檢校太保，賜名孝友。

重熙元年，累遷西北路招討使，封蘭陵郡王。八年，進王陳。先是，蕭惠爲招討使，專以威制西羌，諸夷多叛。孝友下車，厚加綏撫，每入貢，輒增其賜物，羌人以安。久之，寖成姑息，諸夷桀驁之風遂熾，議者譏其過中。

十年，加政事令，賜効節宣庸定遠功臣，更王吳。後以葬兄孝穆、孝忠，還京師，拜南院樞密使，加賜翊聖協穆保義功臣，進王趙，拜中書令。〔六〕丁母憂，起復北府宰相，出知東京留守。會伐夏，孝友與樞密使蕭惠失利河南，帝欲誅之，太后救免。復爲東京留守，徙王燕，改上京留守，更王秦。

清寧初，加尚父。頃之，復留守東京。明年，復爲北府宰相。帝親製誥詞以褒寵之。以柴册恩，遂授洛京留守，益賜純德功臣，致仕，進封豐國王。

坐子胡覩首與重元亂，伏誅，年七十三。胡覩在逆臣傳。

蕭蒲奴，字留隱，奚王楚不寧之後。幼孤貧，傭于醫家牧牛。傷人稼，數遭笞辱。醫者嘗見蒲奴熟寐，有蛇繞身，異之。教以讀書，聰敏嗜學。不數年，涉獵經史，習騎射。既冠，意氣豪邁。

開泰間，選充護衞，稍進用。俄坐罪黥流烏古部。久之，召還，累任劇，遷奚六部大王，治有聲。

太平九年，大延琳據東京叛，蒲奴爲都監，將右翼軍，遇賊戰蒲水。中軍少却，蒲奴與左翼軍夾攻之。先據高麗、女直要衝，使不得求援，又敗賊于手山。延琳走入城。蒲奴不介馬而馳，追殺餘賊。已而大軍圍東京，蒲奴討諸叛邑，平吼山賊，延琳堅守不敢出。既被擒，蒲奴以功加兼侍中。

重熙六年，改北阻卜副部署，再授奚六部大王。十五年，爲西南面招討使，西征夏國。蒲奴以兵二千據河橋，聚巨艦數十艘，仍作大鉤，人莫測。戰之日，布舟于河，綿亙三十餘里。遣人伺上流，有浮物輒取之。大軍既失利，蒲奴未知，適有大木順流而下，勢將壞浮梁，斷歸路，操舟者爭鉤致之，橋得不壞。

明年，復西征，懸兵深入，大掠而還，復爲奚六部大王。致仕，卒。

耶律蒲古，字提隱，太祖弟蘇之四世孫。以武勇稱。統和初，爲涿州刺史，從伐高麗有功。開泰末，爲上京內客省副使。

太平二年，城鴨淥江，蒲古守之，在鎮有治績。五年，改廣德軍節度使，尋遷東京統軍使。莅政嚴肅，諸部慴服。九年，大延琳叛，以書結保州。夏行美執其人送蒲古，蒲古入據保州，延琳氣沮。以功拜惕隱。

十一年，爲子鐵驪所弒。

夏行美，渤海人。太平九年，大延琳叛，時行美總渤海軍于保州。延琳使人說欲與俱叛，行美執送統軍耶律蒲古，又誘賊黨百人殺之。延琳謀沮，乃嬰城自守，數月而破。以功加同政事門下平章事，錫賚甚厚。明年，擢忠順軍節度使。

重熙十七年，遷副部署，從點檢耶律義先討蒲奴里，獲其酋陶得里以歸。致仕，卒。上思其功，遣使祭于家。

論曰：不有君子，其能國乎？方其擒延琳，定遼東，一時諸將之功偉矣。宜其撫劍抵掌，賈餘勇以威天下也。蕭孝穆之諫南侵，其意防何其弘遠歟，是豈瞋目語難者所能知哉！至論移風俗爲治之本，親煩碎爲失大臣體，又何其深切著明也。爲「國寶臣」，宜矣。孝先預弒仁德之謀，猶依城社以逃熏灌，爲國巨蠹，雖功何議焉。

校勘記

〔一〕九水諸部安撫使　按紀開泰二年十二月作「西北路招討使」，三年四月作「西北路招討都監」，官名各異。

〔二〕十二年復爲北院樞密使　十二年，原作「十一年」。按紀，孝穆復爲此官在十二年六月，據改。

〔三〕以戚屬加左右千牛衞大將軍　按紀太平四年五月以燕王蕭孝穆子順爲千牛衞將軍。重熙五年四月，幸后弟蕭無曲第，曲水泛觴賦詩。順、無曲卽撒八。

〔四〕欽哀弒仁德皇后孝先與蕭浞卜蕭匹敵等謀居多　按此處似有錯簡。蕭浞卜卽蕭鉏不里，與蕭匹敵以黨仁德已于景福元年爲欽哀所殺，仁德被殺於後一年卽重熙元年，浞卜、匹敵何能預其

謀？應作：「欽哀弒仁德皇后及殺蕭浞卜、蕭匹敵等，孝先謀居多。」

〔五〕三年太后與孝先謀廢立事至遷太后于慶州　三年，原作「二年」。按紀，「皇太后還政於上，躬守慶陵」，在三年五月，據改。

〔六〕十年加政事令至拜中書令　按百官志三，中書省初名政事省，重熙十三年改中書省。

遼史卷八十八

列傳第十八

蕭敵烈　拔剌　耶律盆奴　蕭排押　恒德　匹敵　耶律資忠
耶律瑤質　耶律弘古　高正　耶律的琭　大康乂

蕭敵烈，字涅魯袞，宰相撻烈四世孫。識度弘遠，爲鄉里推重。始爲牛羣敞史。帝聞其賢，召入侍，遷國舅詳穩。

統和二十八年，帝謂羣臣曰：「高麗康肇弒其君誦，立誦族兄詢而相之，大逆也。宜發兵問其罪。」羣臣皆曰可。敵烈諫曰：「國家連年征討，士卒抏敝。況陛下在諒陰，年穀不登，創痍未復。島夷小國，城壘完固。勝不爲武；萬一失利，恐貽後悔。不如遣一介之使，往問其故。彼若伏罪則已；不然，俟服除歲豐，舉兵未晚。」時令已下，言雖不行，識者韙之。

明年，同知左夷離畢事。改右夷離畢。開泰初，率兵巡西邊。時夷離菫部下閘撒狘撲

里、失室、勃葛率部民遁，敵烈追擒之，令復業，遷國舅詳穩。從樞密使耶律世良伐高麗。還，加同政事門下平章事，拜上京留守。

敵烈爲人寬厚，達政體，廷臣皆謂有王佐才。漢人行宮都部署王繼忠薦其材可爲樞密使，帝疑其黨而止。爲中京留守，卒。族子忽古，有傳。弟拔剌。

拔剌，字別勒隱。多智，善騎射。開泰間，以兄爲右夷離畢，始補郎君，累遷奚六部禿里太尉。太平末，大延琳叛，拔剌將北、南院兵往討，遇于蒲水，南院兵少却。至手山，復與賊遇。拔剌乃易兩院旗幟，鼓勇力戰，破之。上聞，以手詔褒獎，賜內廄馬。重熙中，遷四捷軍詳穩，謝事歸鄉里。數歲，起爲昭德軍節度使，尋改國舅詳穩，卒。

耶律盆奴，字胡獨菫，惕隱涅魯古之孫。景宗時，爲烏古部詳穩，政尚嚴急，民苦之。有司以聞，詔曰：「盆奴任方面寄，以細故究問，恐損威望。」尋遷馬羣太保。統和十六年，隱實燕軍之不任事者，汰之。二十八年，親征高麗，盆奴爲先鋒。至銅州，

高麗將康肇分兵爲三以抗我軍：一營于州西，據三水之會，肇居其中；一營近州之山；一附城而營。盆奴率耶律弘古擊破三水營，擒肇，李玄蘊等軍望風潰。會大軍至，斬三萬餘級，追至開京，破敵於西嶺。高麗王詢聞邊城不守，遁去。

盆奴入開京，焚其王宮，乃撫慰其民人。上嘉其功，遷北院大王，薨。

蕭排押，字韓隱，國舅少父房之後。多智略，能騎射。

統和初，爲左皮室詳穩，討阻卜有功。四年，破宋將曹彬、米信兵于望都。凡軍事有疑，每預參決。尋總永興宮分糺及舍利、拽剌、二皮室等軍，與樞密使耶律斜軫收復山西所陷城邑。是冬，攻宋，隸先鋒，圍滿城，率所部先登，拔之，改南京統軍使。尙衞國公主，拜駙馬都尉，加同政事門下平章事。

十三年，歷北、南院宣徽使。條上時政得失，及賦役法，上嘉納焉。十五年，加政事令，還東京留守。二十二年，復攻宋，將渤海軍，下德清軍。後蕭撻凜卒，專任南面事。宋和議成，爲北府宰相。

聖宗征高麗，將兵由北道進，至開京西嶺，破敵兵，斬數千級。高麗王詢懼，奔平州。排押入開京，大掠而還。帝嘉之，封蘭陵郡王。開泰二年，以宰相知西南面招討使。五年，進王東平。

排押爲政寬裕而善斷，諸部畏愛，民以殷富，時議多之。七年，再伐高麗，至開京，敵奔潰，縱兵俘掠而還。渡茶、陀二河，敵夾射，排押委甲仗走，坐是免官。

太平三年，復王豳，薨。弟恒德。

恒德，字遜寧。有膽略而善謀。

統和元年，尙越國公主，拜駙馬都尉，遷南面林牙。從宣徽使耶律阿沒里征高麗還，改北面林牙。會宋將曹彬、米信侵燕，耶律休哥與恒德議軍事，多見信用，爲東京留守。

六年，上攻宋，圍沙堆，恒德獨當一面。城上矢石如雨，恒德意氣自若，督將士奪其陴。城陷，中流矢，太后親臨視，賜藥。攻長城口，復先登，太后益多其功。時高麗未附，恒德受詔，率兵拔其邊城。王治懼，上表請降。

十二年八月，賜啓聖竭力功臣。從都部署和朔奴討兀惹，未戰，兀惹請降。恒德利其俘獲，不許。兀惹死戰，城不能拔。和朔奴議欲引退，恒德曰：「以彼倔强，吾奉詔來討，無功而還，諸部謂我何！若深入多獲，猶勝徒返。」和朔奴不得已，進擊東南諸部，至高麗北鄙。比還，道遠糧絕，士馬死傷者衆，坐是削功臣號。

十四年，爲行軍都部署，伐蒲盧毛朶部。還，公主疾，太后遣宮人賢釋侍之，恒德私焉。公主恚而薨，太后怒，賜死。後追封蘭陵郡王。子匹敵。

匹敵，字蘇隱，一名昌裔。生未月，父母俱死，育于禁掖。

既長，尙秦晉王公主，〔一〕拜駙馬都尉，爲殿前副點檢。統和八年，改北面林牙。〔二〕太平四年，遷殿前都點檢，出爲國舅詳穩。九年，渤海大延琳叛，劫掠鄰部，與南京留守蕭孝穆往討。孝穆欲全城降，乃築重城圍之，數月，城中人陰來納款，遂擒延琳，東京平，以功封蘭陵郡王。

十一年，聖宗不豫。先是，欽哀與仁德皇后有隙，以匹敵嘗爲后所愛，忌之。時護衞馮家奴上變，誣后弟浞卜與匹敵謀逆，〔三〕以皇后攝政，徐議當立者。公主竊聞其謀，謂匹敵曰：「爾將無罪被戮。與其死，何若奔女直國以全其生！」匹敵曰：「朝廷詎肯以飛語害忠良。寧死弗適他國。」及欽哀攝政，殺之。

耶律資忠，字沃衍，小字札剌，系出仲父房。

兄國留善屬文，聖宗重之。時妻弟之妻阿古與奴通，將奔女直國，國留追及奴，殺之，阿古自經。阿古母有寵于太后，事聞，太后怒，將殺之。帝度不能救，遣人訣別，問以後事。國留謝曰：「陛下憫臣無辜，恩漏九泉，死且不朽！」既死，人多寃之。在獄著兔賦、寤寐歌，爲世所稱。

資忠博學，工辭章，年四十未仕。聖宗知其賢，召補宿衞。數問以古今治亂，資忠對無隱。開泰中，授中丞，眷遇日隆。

初，高麗內屬，取女直六部地以賜。至是，貢獻不時至，詔資忠往問故。高麗無歸地意。由是權貴數短於上，出爲上京副留守。三年，再使高麗，〔四〕留弗遣。資忠每懷君親，輒有著述，號西亭集。帝與羣臣宴，時一記憶曰：「資忠亦有此樂乎？」九年，高麗上表謝罪，始送資忠還。帝郊迎，同載以歸，命大臣宴勞，留禁中數日。謂曰：「朕將屈卿爲樞密，何如？」資忠對曰：「臣不才，不敢奉詔。」乃以爲林牙，知惕隱事。初，資忠在高麗也，弟昭爲著帳郎君，坐罪沒家產。至是，乃復橫帳，且還舊產，詔以外戚女妻之。

是時，樞密使蕭合卓、少師蕭把哥有寵，資忠不肯俛附，詆之。帝怒，奪官。數歲，出知來遠城事，歷保安、昭德二軍節度使。

聖宗崩，表請會葬。既至，伏梓宮大慟曰：「臣幸遇聖明，横被構譖，不獲盡犬馬報。」氣絕而蘇，興宗命醫治疾。久之，言國舅侍中無憂國心，陛下不當復用唐景福舊號，於是用事者惡之，遣歸鎮，卒。弟昭，有傳。

耶律瑤質，字拔里堇，積慶宮人。父侯古，室韋部節度使。

瑤質篤學廉介，有經世志。統和十年，累遷至積慶宮使。聖宗嘗諭瑤質曰：「聞卿正直，是以進用。國有利害，爾言宜無所隱。」由是所陳多見嘉納。

上征高麗，破康肇軍于銅州，瑤質之力爲多。王詢乞降，羣臣議皆謂宜納。瑤質曰：「王詢始一戰而敗，遽求納款，此詐耳；納之，恐墮其姦計。待其勢窮力屈，納之未晚。」已而詢果遁，清野無所獲。其衆阻險而壘，攻之不下，瑤質以計降之。擢拜四蕃部詳穩。

時招討使耶律頗的爲總管，瑤質恥居其下，上表曰：「臣先朝舊臣，今既垂老，乞還新命，覬得常侍左右。」帝曰：「朕不使汝久處是任。」且命無隸招討，得專奏事到部。戢暴懷善，政績顯著。卒于官。

耶律弘古，字盆訥隱，遙輦鮮質可汗之後。

統和初，嘗以軍事任爲拽剌詳穩，尋徙南京統軍使。十三年，徇地南鄙，克敵於四岳橋，斬首百餘級。攻宋，以戰功遷東京留守，封楚國公。後伐高麗，副先鋒耶律盆奴，擒康肇于銅州。

三十年，西北部叛，從南府宰相耶律奴瓜討之。及典禁軍，號令整肅，諸部多降。尋遷侍中，卒。

高正，不知何郡人。統和初，舉進士第，累遷樞密直學士。

上將伐高麗，遣正先往諭意。及還，遷右僕射。時高麗王詢表請入覲，上許之，遣正率騎兵千人迓之。館于路，爲高麗將卓思正所圍。正以勢不可敵，與麾下壯士突圍出，士卒死傷者衆。上悔輕發，釋其罪。

明年，遷工部侍郎，爲北院樞密副使。開泰五年卒。

耶律的琭，字耶寧，仲父房之後。習兵事，爲左皮室詳穩。〔五〕

統和二十八年，伐高麗，的琭率本部軍與盆奴等擒康肇、李玄蘊于銅州。帝壯之曰：「以卿英才，爲國戮力，眞吾家千里駒也！」乃賜御馬及細鎧。

明年，爲北院大王，出爲烏古敵烈部都詳穩。年七十二卒。

大康乂，渤海人。開泰間，累官南府宰相，出知黄龍府，善綏撫，東部懷服。曷里底乃部長伯陰與榆烈比來附，送于朝。且言蒲盧毛朶界多渤海人，乞取之。詔從其請。康乂領兵至大石河駞準城，掠數百戶以歸。未幾卒。

論曰：高句驪弒其君誦而立詢，遼興問罪之師，宜其簞食壺漿以迎，除舍以待；而乃乘險旅拒，俾智者竭其謀，勇者窮其力。雖得其要領，而顓顓獨居一海之中自若也。豈服人者以德而不以力歟？況乎殘毀其宮室，係累其民人，所謂以燕伐燕也歟？嗚呼！朱崖之棄，捐之之力也，敵烈之諫有焉。

校勘記

〔一〕秦晉王公主　按秦晉王公主，即指秦晉國王隆慶女韓國長公主，見地理志一頭下軍州渭州。

〔二〕生未月父母俱死至統和八年改北面林牙　按上文，恒德于統和十四年賜死。匹敵生未月，父母俱死，則匹敵生于統和十四年，不得于統和八年以前尙主、任官，八年又改北面林牙。統和似應作開泰。

〔三〕后弟涅卜　后字原脫。涅卜爲仁德皇后弟，據上下文義補。

〔四〕三年再使高麗　三，原誤「四」。按紀，復使高麗在三年二月，高麗史同，據改。

〔五〕爲左皮室詳穩　按紀統和二十八年十一月及高麗外記並作「右皮室詳穩耶律敵魯」。

遼史卷八十九

列傳第十九

耶律庶成 庶箴 蒲魯　楊晳　耶律韓留　楊佶　耶律和尚

耶律庶成，字喜隱，小字陳六，季父房之後。父吳九，檢校太師。

庶成幼好學，書過目不忘。善遼、漢文字，於詩尤工。重熙初，補牌印郎君，累遷樞密直學士。與蕭韓家奴各進四時逸樂賦，帝嗟賞。初，契丹醫人鮮知切脈審藥，上命庶成譯方脈書行之，自是人皆通習，雖諸部族亦知醫事。時入禁中，參決疑議。偕林牙蕭韓家奴等撰實錄及禮書。與樞密副使蕭德修定法令，〔一〕上詔庶成曰：「方今法令輕重不倫。法令者，爲政所先，人命所繫，不可不愼。卿其審度輕重，從宜修定。」庶成參酌古今，刊正訛謬，成書以進。帝覽而善之。

庶成方進用，爲妻胡篤所誣，以罪奪官，絀爲「庶耶律」。使吐蕃凡十二年，淸寧間始歸。帝知其誣，詔復本族，仍還所奪官，卒。

庶成嘗爲林牙，夢善卜者胡呂古卜曰：「官止林牙，因妻得罪。」及置於理，法當離婚。胡篤適有娠，至期不產而死。剖視之，其子以手抱心，識者謂誣夫之報。有詩文行于世。弟庶箴。

庶箴，字陳甫，善屬文。重熙中，爲本族將軍。咸雍元年，同知東京留守事，俄徙烏衍突厥部節度使。九年，知薊州事。

明年，遷都林牙。上表乞廣本國姓氏曰：「我朝創業以來，法制修明；惟姓氏止分爲二，耶律與蕭而已。始太祖制契丹大字，取諸部鄉里之名，續作一篇，著于卷末。臣請推廣之，使諸部各立姓氏，庶男女婚媾有合典禮。」帝以舊制不可遽釐，不聽。

大康二年，出耶律乙辛爲中京留守，庶箴與耶律孟簡表賀。頃之，乙辛復爲樞密使，專權恣虐。庶箴私見乙辛泣曰：「前抗表，非庶箴之願也。」乙辛信其言，乃得自安。聞者鄙之。八年，致仕，卒。子蒲魯。

蒲魯，字乃展。幼聰悟好學，甫七歲，能誦契丹大字。習漢文，未十年，博通經籍。重熙中，舉進士第。主文以國制無契丹試進士之條，聞于上，以庶箴擅令子就科目，鞭之二百。尋命蒲魯爲牌印郎君。應詔賦詩，立成以進。帝嘉賞，顧左右曰：「文才如此，必不能武事。」蒲魯奏曰：「臣自蒙義方，兼習騎射，在流輩中亦可周旋。」帝未之信。會從獵，三矢中三兔，帝奇之，轉通進。

是時，父庶箴嘗寄戒諭詩，蒲魯答以賦，衆稱其典雅。寵遇漸隆。淸寧初卒。

楊晳，〔二〕字昌時，安次人。幼通五經大義。聖宗聞其穎悟，詔試詩，授祕書省校書郎。太平十一年，擢進士乙科，爲著作佐郎。

重熙十二年，累遷樞密都承旨，權度支使。登對稱旨，進樞密副使。歷長寧軍節度使，山西路轉運使，知興中府。淸寧初，入知南院樞密使，與姚景行同總朝政。請行柴册禮。封趙國公。以足疾，復知興中府。咸雍初，徙封齊，召賜同德功臣、尙書左僕射，兼中書令，拜樞密使，改封晉，給宰相、樞密使兩廳傔從，封趙王。

屢請歸政，益賜保節功臣，致仕。大康五年，例改遼西郡王，薨。

耶律韓留，字速寧，仲父隋國王之後。有明識，篤行義，舉止嚴重，工爲詩。統和間，召攝御院通進。開泰三年，稍遷烏古敵烈部都監，俄知詳穩事。敵烈部叛，將宮分軍，從樞密使耶律世良討平之，加千牛衞大將軍。

重熙元年，累遷至同知上京留守，改奚六部禿里太尉。性不苟合，爲樞密使蕭解里所忌。上欲召用韓留，解里言目病不能視，議遂寢。四年，召爲北面林牙。帝曰：「朕早欲用卿，聞有疾，故待之至今。」韓留對曰：「臣昔有目疾，才數月耳；然亦不至于昏。第臣駑拙，不能事權貴，是以不獲早覲天顏。非陛下聖察，則愚臣豈有今日耶！」詔進述懷詩，上嘉歎。方將大用，卒。

楊佶，字正叔，南京人。幼穎悟異常，讀書自能成句，識者奇之。弱冠，聲名籍甚。統和二十四年，舉進士第一，歷校書郎、大理正。開泰六年，轉儀曹郎，典掌書命，加諫議大夫。出知易州，治尙淸簡，徵發期會必信。入爲大理少卿。累遷翰林學士，文章號得體。八年，燕地饑疫，民多流殍，以佶同知南京留守事，發倉廩，振乏絕，貧民鬻子者計傭而出之。宋遣梅詢賀千齡節，詔佶迎送，多唱酬，詢每見稱賞。復爲翰林學士。

重熙元年，陞翰林學士承旨。丁母憂，起復工部尙書。歷忠順軍節度使，朔、武等州觀察、處置使，天德軍節度使，加特進檢校太師、同中書門下平章事，復拜參知政事，兼知南院樞密使。

十五年，出爲武定軍節度使。境內亢旱，苗稼將槁。視事之夕，雨澤霑足。百姓歌曰：「何以蘇我？上天降雨。誰其撫我？楊公爲主。」灤陽水失故道，歲爲民害，乃以己俸創長橋，人不病涉。及被召，郡民攀轅泣送。上御清涼殿宴勞之，卽日除吏部尙書，兼門下侍郎、同中書門下平章事。上曰：「卿今日何減呂望之遇文王！」佶對曰：「呂望比臣遭際有十年之晚。」上悅。其居相位，以進賢爲己任，事總大綱，責成百司，人人樂爲之用。三請致政，許之，月給錢粟傔隸，四時遣使存問。卒。有登瀛集行于世。

耶律和尙，字特抹，系出季父房。善滑稽。

重熙初，補祗候郎君。時帝篤于親親，凡三父之後，皆序父兄行第，於和尙尤狎愛。然

每侍宴飮，雖詼諧，未嘗有一言之過，由是上益重之。歷積慶、永興宮使，累遷至同知南院宣徽使事、南面林牙。十六年，出爲懷化軍節度使，俄召爲御史大夫。二十三年，因大册，加天平軍節度使、檢校太師，徙中京路按問使，卒。

和尙雅有美行，數以財恤親友，人皆愛重。然嗜酒不事事，以故不獲柄用。或以爲言，答曰：「吾非不知，顧人生如風燈石火，不飮將何爲？」晚年沈湎尤甚，人稱爲「酒仙」云。

論曰：庶成定法令，治民者不容高下其手。庶箴雖嘗表請廣姓氏，以秩典禮，其隨勢俯仰，則有愧於其子蒲魯矣。楊晳爲上寵遇，迭封王爵，而功業不少槪見。然得愛民治國之要，其楊佶哉。

校勘記

〔一〕與樞密副使蕭德修定法令　蕭德，原誤「耶律德」。按紀耶律德曾于重熙六年十二月使宋，無修定法令事。卷九六蕭德傳：「累遷北院樞密副使，詔與林牙耶律庶成修律令。」據改。

〔二〕楊晳　按楊晳卽卷九七之楊績，一人兩傳。陳襄使遼語錄作楊哲。

遼史卷九十

列傳第二十

蕭阿剌　耶律義先　信先　蕭陶隗　蕭塔剌葛　耶律敵祿

蕭阿剌，字阿里懶，北院樞密使孝穆之子也。幼養宮中，興宗尤愛之。重熙六年，爲弘義宮使。累遷同知北院樞密使，加同中書門下平章事，出爲東京留守。二十一年，拜西北路招討使，封西平郡王。〔一〕尋尙秦晉國王公主，拜駙馬都尉。

清寧元年，遺詔拜北府宰相，兼南院樞密使，〔二〕進王韓。明年，改北院樞密使，徙王陳，與蕭革同掌國政。革諂諛不法，阿剌爭之不得，告歸。上由此惡之，除東京留守。會行瑟瑟禮，入朝陳時政得失。革以事中傷，帝怒，縊殺之。皇太后營救不及，大慟曰：「阿剌何罪而遽見殺？」帝乃優加賻贈，葬乾陵之赤山。

阿剌性忠果，曉世務，有經濟才。議者以謂阿剌若在，無重元、乙辛之亂。

耶律義先，于越仁先之弟也。美風姿，舉止嚴重。

重熙初，補祗候郎君班詳穩。十三年，車駕西征，爲十二行糺都監，戰功最，改南院宣徽使。

時蕭革同知樞密院事，席寵擅權，義先疾之。因侍讌，言于帝曰：「革狡佞喜亂，一朝大用，必誤國家！」言甚激切，不納。它日侍宴，上命羣臣博，負者罰一巨觥。義先當與革對，憮然曰：「臣縱不能進賢退不肖，安能與國賊博哉！」帝止之曰：「卿醉矣！」義先厲聲詬不已。上大怒，賴皇后救，得解。翌日，上謂革曰：「義先無禮，當黜之。」革對曰：「義先天性忠直，今以酒失而出，誰敢言人之過？」上謂革忠直，益加信任。義先鬱鬱不自得，然議事未嘗少沮。又於上前博，義先祝曰：「向言人過，冒犯天威。今日一擲，可表愚款。」俄得堂印。上愕然。

十六年，爲殿前都點檢，討蒲奴里，多所招降，獲其酋長陶得里以歸，手詔褒獎，以功改南京統軍使，封武昌郡王。奏請統軍司錢營息，以贍貧民。未期，軍器完整，民得休息。二十一年，拜惕隱，進王富春，薨，年四十二。

義先常戒其族人曰：「國中三父房，皆帝之昆弟，不孝不義尤不可爲。」其接下無貴賤賢否，皆與均禮。其妻晉國長公主之女，每遇中表親，非禮服不見，故內外多化之。清寧間，追贈許王。弟信先。

信先，興宗以其父瑰引爲刺血友，幼養于宮。善騎射。重熙十四年爲左護衞太保，同知殿前點檢司事。十八年，兼右祗候郎君班詳穩。上問所欲，信先曰：「先臣瑰引與陛下分如同氣，然不及王封。儻使蒙恩地下，臣願畢矣。」上曰：「此朕遺忘之過。」追封燕王。是年，從蕭惠伐夏，敗於河南，例被責。清寧初，爲南面林牙，卒。

蕭陶隗，字烏古鄰，宰相轄特六世孫。剛直，有威重。

咸雍初，任馬羣太保。素知羣牧名存實亡，悉閱舊籍，除其羸病，錄其實數，牧人畏服。陶隗上書曰：「羣牧以少爲多，以無爲有。上下相蒙，積弊成風。不若括見眞數，著爲定籍，公私兩濟。」從之。畜產歲以蕃息。

大康中，累遷契丹行宮都部署。上嘗謂羣臣曰：「北樞密院軍國重任，久闕其人，耶律阿思、蕭斡特剌二人孰愈？」羣臣各譽所長，陶隗獨默然。上問：「卿何不言？」陶隗曰：「斡特剌懦而敗事；[三]阿思有才而貪，將爲禍基。不得已而用，敗事猶勝基禍。」上曰：「陶隗雖魏徵不能過，但恨吾不及太宗爾！」然竟以阿思爲樞密使。由是阿思銜之。

九年，西圉不寧，阿思奏曰：「邊隅事大，可擇重臣鎮撫。」上曰：「陶隗何如？」阿思曰：「誠如聖旨。」遂拜西南面招討使。阿思陰與蕭阿忽帶誣奏賊掠漠南牧馬及居民畜產，陶隗不急追捕，罪當死，詔免官。久之，起爲塌母城節度使。未行，疽發背卒。

陶隗負氣，怒則須髯輒張。每有大議，必毅然決之。雖上有難色，未嘗遽已。見權貴無少屈，竟爲阿思所陷，時人惜之。二子，曰圖木、轄式。阿思死，始獲進用。

蕭塔剌葛，字陶哂，六院部人。素剛直。太祖時，坐叔祖臺哂謀殺于越釋魯，沒入弘義宮。世宗卽位，以舅氏故，出其籍，補國舅別部敞史。

或言泰寧王察割有無君心。塔剌葛曰：「彼縱忍行不義，人孰肯從！」他日侍宴，酒酣，塔剌葛捉察割耳，强飲之曰：「上固知汝傲狠，然以國屬，曲加矜憫，使汝在左右，且度汝才何能爲。若長惡不悛，徒自取赤族之禍！」察割不能答，强笑曰：「何戲之虐也！」

天祿末，塔剌葛爲北府宰相，及察割作亂，塔剌葛醉詈曰：「吾悔不殺此逆賊！」尋爲察割所害。

耶律敵祿，字陽隱，孟父楚國王之後。性質直，多膂力。察割作亂，敵祿聞之，入見壽安王，慷慨言曰：「願得精兵數百，破賊黨。」王嘉其忠。穆宗卽位，爲北院宣徽使。上以飛狐道狹，詔敵祿廣之。

明年，將兵援河東，至太原，與漢王會于高平，擊周軍，敗之，仍降其衆。忻、代二州叛，將兵討之。會耶律撻烈至，敗周師於忻口。師還，卒。

論曰：忠臣惟知有國，而不知有身，故惡惡不避其患。阿剌以諂諛不法折蕭革，陶隗以用必基禍言阿思，塔剌葛以忍行不義徒自取赤族之罪責察割，其心可謂忠矣。言一出而禍輒隨之。吁，邪正旣不辨，國焉得無亂哉！

校勘記

〔一〕西平郡王　平，原誤「北」。據紀重熙二十一年四月改。

〔二〕北府宰相兼南院樞密使　按紀清寧元年八月作「北府宰相，權知南院樞密使事」。

〔三〕斡特剌懦而敗事　斡，原作「訛」。據上下文改。

遼史卷九十一

列傳第二十一

耶律韓八　耶律唐古　蕭朮哲 藥師奴

耶律玦　耶律僕里篤

耶律韓八，字嘲隱，倜儻有大志，北院詳穩古之五世孫。〔一〕

太平中，游京師，寓行宮側，惟囊衣匹馬而已。帝微服出獵，見而問之曰：「汝爲何人？」韓八初不識，漫應曰：「我北院部人韓八，來覓官耳。」帝與語，知有長才，陰識之。會北院奏南京疑獄久不決，帝召韓八馳驛審錄，舉朝皆驚。韓八量情處理，人無寃者。上嘉之。籍羣牧馬，闕其二，同事者考尋不已；韓八略不加詰，卽先馳奏，帝益信任。

景福元年，爲左夷離畢，從北面林牙，眷遇優異。重熙六年，改北院大王，政務寬仁，復爲左夷離畢。十二年，再爲北院大王。〔二〕入朝，帝從容謂曰：「卿守邊任重，當實府庫、振貧

乏以報朕。」旣受詔，愈竭忠謹，知無不言，便益爲多。卒，年五十五。上聞，悼惜。死之日，篋無舊蓄，椸無新衣，遣使弔祭，給葬具。

韓八平居不屑細務，喜慍不形。嘗失所乘馬，家僮以同色者代之，數月不覺。

耶律唐古，字敵隱，于越屋質之庶子。廉謹，善屬文。

統和二十四年，述屋質安民治盜之法以進，補小將軍，遷西南面巡檢，歷豪州刺史、〔三〕唐古部詳穩。嚴立科條，禁姦民鬻馬於宋、夏界。因陳弭私販、安邊境之要。太后嘉之，詔邊郡遵行，著爲令。

朝議欲廣西南封域，黑山之西，綿亙數千里，唐古言：「戍壘太遠，卒有警急，赴援不及，非良策也。」從之。西蕃來侵，詔議守禦計，命唐古勸督耕稼以給西軍，田于臚朐河側，是歲大熟。明年，移屯鎭州，凡十四稔，積粟數十萬斛，斗米數錢。

重熙間，改隗衍党項部節度使。先是，築可敦城以鎭西域。諸部縱民畜牧，反招寇掠。重熙四年，上疏曰：「自建可敦城已來，西蕃數爲邊患，每煩遠戍。歲月旣久，國力耗竭。不若復守故疆，省罷戍役。」不報。是年，致仕。乞勒其父屋質功于石，帝命耶律庶成製文，勒石上京崇孝寺。卒，年七十八。

蕭朮哲，字石魯隱，孝穆弟高九之子。以戚屬加監門衞上將軍。

重熙十三年，將衞兵討李元昊有功，遷興聖宮使。蒲奴里部長陶得里叛，朮哲爲統軍都監，從都統耶律義先擊之，擒陶得里。朮哲與義先不協，誣義先罪，免官。稍遷西南面招討都監，坐事下獄，以太后言，杖而釋之。

清寧初，爲國舅詳穩、西北路招討使，私取官粟三百斛，及代，留畜產，令主者鬻之以償。後族弟胡覩到部發其事，帝怒，決以大杖，免官。尋起爲昭德軍節度使，徵爲北院宣徽使。九年，上以朮哲先爲招討，威行諸部，復爲西北路招討使。訓士卒，增器械，省追呼，嚴號令。人不敢犯，邊境晏然。十年，入朝，封柳城郡王。

咸雍二年，拜北府宰相，爲北院樞密使耶律乙辛所忌，誣朮哲與護衞蕭忽古等謀害乙辛。詔獄無狀，罷相，出鎭順義軍。卒，追王晉、宋、梁三國。姪藥師奴。

藥師奴，幼穎悟，謹禮法，補祇候郎君。

大康中，爲興聖宮使，累遷同知殿前點檢司事。上嘉其宿衞嚴肅，遷右夷離畢。夏王李乾順爲宋所攻，求解，帝命藥師奴持節使宋，請罷兵通好，宋從之。拜南面林牙，改漢人行宮副部署。

乾統初，出爲安東軍節度使，卒。

耶律玦，字吾展，遙輦鮮質可汗之後。

重熙初，召修國史，補符寶郎，累遷知北院副部署事。入見太后，后顧左右曰：「先皇謂玦必爲偉人，果然。」除樞密副使，出爲西南面招討都監，歷同簽南京留守事、南面林牙。皇弟秦國王爲遼興軍節度使，以玦同知使事，多所匡正。十年，復爲樞密副使。咸雍初，兼北院副部署。及秦國王爲西京留守，請玦爲佐，從之。歲中獄空者三，召爲孟父房敞穩。

玦不喜貨殖，帝知其貧，賜宮戶十。嘗謂宰相曰：「契丹忠正無如玦者，漢人則劉伸而已。然熟察之，玦優於伸。」先是，西北諸部久不能平，上遣玦問狀，執弛慢者痛繩之。以酒疾卒。

耶律僕里篤，字燕隱，六院林牙突呂不也四世孫。[四]開泰間，爲本班郎君。有捕盜功，樞密使蕭朴薦之，遷率府率。太平中，同知南院宣徽事，累遷彰聖軍節度使。

重熙十六年，[五]知興中府，以獄空聞。十八年，伐夏，攝西南面招討使。十九年，夏人侵金肅軍，敗之，斬首萬餘級，加右武衞上將軍。時近邊羣牧數被寇掠，遷倒塌嶺都監以治之，桴鼓不鳴。二十年，知金肅軍事。宰相趙惟節總領邊城橋道芻粟，請貳，帝命僕里篤副之，以稱職聞。

清寧初，歷長寧、匡義二軍節度使，致仕。咸雍間卒。子阿固質，終倒塌嶺都監。

論曰：韓八因帝微行，才始見售。及任以事，落落知大體，不負上之知矣。唐古、朮哲經略西北邊，勸農積粟，訓練士卒，敵人不敢犯。玦以忠直見稱於上，僕里篤以幹敏爲宰相佐，在鎭俱以獄空聞。之數人者，豈特甲胄之士，抑亦李牧、程不識之亞歟。

校勘記

〔一〕北院詳穩古之五世孫 北院詳穩，卷七五古傳作右皮室詳穩。

〔二〕十二年再爲北院大王 按紀重熙十二年五月作南院大王，又十七年十月南院大王耶律韓八薨。與此歧互。

〔三〕歷豪州刺史 豪州，紀開泰二年四月、保大三年正月同；地理志一、兵衞志下並作壕州。

〔四〕六院林牙突呂不也四世孫 卷七五有突呂不傳。卷九二耶律古昱傳亦作突呂不。

〔五〕重熙十六年 重熙二字原脫。按太平止十一年，以後爲重熙，據補。

遼史卷九十二

列傳第二十二

蕭奪剌 蕭普達 耶律侯哂 耶律古昱 耶律獨攧 蕭韓家 蕭烏野

蕭奪剌，字挼懶，遙輦洼可汗宮人。祖涅魯古，北院樞密副使。父撒抹，字胡獨堇，重熙初補祗候郎君，累遷北面林牙。十九年，從耶律宜新、蕭蒲奴伐夏，至蕭惠敗績之地，獲偵候者，知人煙聚落，多國人陷沒而不能還者，盡俘以歸，拜大父敞穩，知山北道邊境事。清寧初，歷西南面、西北路招討使，加同中書門下平章事，卒。

奪剌體貌豐偉，騎射絕人。由祗候郎君陞漢人行宮副部署。後爲烏古敵烈統軍使，克敵有功，加龍虎衞上將軍，授西北路招討使。因陳北邊利害，請以本路諸部與倒塌嶺統軍司連兵屯戍。再表，不納。改東北路統軍使。

乾統元年，以久練邊事，復爲西北路招討使。北阻卜耶覩刮率鄰部來侵，奪剌逆擊，追奔數十里。二年，乘耶覩刮無備，以輕騎襲之，獲馬萬五千疋，牛羊稱是。先是，有詔方面無事，招討、副統軍、都監內一員入覲。是時同僚皆闕，奪剌以軍事付幕吏而朝，坐是免官。改西京留守，復爲東北路統軍使。卒于官。

蕭普達，字彈隱。統和初，爲南院承旨。開泰六年，出爲烏古部節度使。七年，敵烈部叛，討平之，徙烏古敵烈部都監。遣敵烈騎卒取北阻卜名馬以獻，賜詔褒獎。重熙初，改烏古敵烈部都詳穩，討諸蕃有功。

普達深練邊事，能以悅使人。有所俘獲，悉散麾下，由是大得衆心。歷西南面招討使。黨項叛入西夏，普達討之，中流矢，歿于陣。帝聞，惜之，賻贈加厚。

耶律侯哂，字禿寧，北院夷離堇蒲古只之後。祖查只，北院大王。父忽古，黃皮室詳穩。侯哂初爲西南巡邊官，以廉潔稱，累遷南京統軍使，尋爲北院大王。[一]重熙十一年，黨項部人多叛入西夏，侯哂受詔，巡西邊沿河要地，多建城堡以鎭之，徙東京留守。十三年，與知府蕭歐里斯討蒲盧毛朵部有功，[二]加兼侍中。致仕，卒。

耶律古昱，字磨魯堇，北院林牙突呂不四世孫。有膂力，工馳射。
開泰間，爲烏古敵烈部都監。會部人叛，從樞密使耶律世良討平之，以功詔鎮撫西北部。教以種樹、畜牧，不數年，民多富實。中京盜起，命古昱爲巡邏使，悉擒之。上親征渤海，〔三〕將黄皮室軍，有破敵功，累遷御史中丞，尋授開遠軍節度使，徙鎮歸德。重熙二十一年，〔四〕改天成軍節度使，卒于官，年七十，贈同中書門下平章事。二子：宜新，兀沒。

宜新，重熙間從蕭惠討西夏。惠敗績，宜新一軍獨全，拜北院大王。

兀沒，大康三年爲漢人行宫副部署。乙辛誣害太子，詞連兀沒，帝釋之。是秋，乙辛復奏與蕭楊九私議宫壼事，被害。乾統間，贈同中書門下平章事。

耶律獨攧，字胡獨堇，太師古昱之子。

重熙初，爲左護衛，將禁兵從伐夏有功，授十二行糺司徒。再舉伐夏，獨攧括山西諸郡馬。還，遷拽剌詳穩。西南未平，命獨攧同知金肅軍事，夏人來侵，擊敗之，進涅剌奧隗部節度使。

清寧元年，召爲皇太后左護衛太保。四年，改寧遠軍節度使。東路饑，奏振之。歷五國、烏古部、遼興軍三鎮節度使，四捷軍詳穩。大康元年卒，追贈同中書門下平章事。子阿思，有傳。

蕭韓家，〔五〕國舅之族。性端簡，謹愿，動循禮法。

清寧中，爲護衛太保。大康二年，遷知北院樞密副使。三年，經畫西南邊天池舊塹，立堡砦，正疆界，刻石而還，爲漢人行宫都部署。是年秋獵，墮馬卒。

蕭烏野，字阜隱，其先出興聖宫分，觀察使塔里直之孫也。性孝悌，尚禮法，雅爲鄉黨所稱。

重熙中，補護衛，興宗見其勤恪，遷護衛太保。清寧九年，佐耶律仁先平重元亂，〔六〕以功加團練使。時敵烈部數爲鄰部侵擾，民多困弊，命烏野爲敵烈部節度使，恤困窮，省徭役，不數月，部人以安。尋以母老，歸養于家。母亡，尤極哀毁。服闋，歷官興聖、延慶二宮使，卒。

論曰：烏古敵烈，大部也，奪剌爲統軍，克敵有功；普達居詳穩，悅以使人。西北，重鎮也，侯哂巡邊以廉稱；古昱鎮撫而民富，獨攧駐金肅而夏人不敢東獵。噫！部人內附，方面以寧，雖朝廷處置得宜，而諸將之力抑亦何可少哉。

校勘記

〔一〕累遷南京統軍使尋爲北院大王　按紀重熙六年六月，以北院大王侯哂爲南京統軍使。

〔二〕與知府蕭歐里斯討蒲盧毛朵部有功　蕭歐里斯，紀重熙十三年四月作耶律歐里斯。

〔三〕上親征渤海　按此卽開泰四年用兵事，應指高麗，非渤海。

〔四〕重熙二十一年　重熙二字原脫。按開泰、太平均無二十一年，開泰四年從征之後，紀太平七年十一月，以古昱爲北院大王，傳亦漏載。太平之後爲重熙，據補。

〔五〕蕭韓家　按紀大康三年七月、八月並作蕭韓家奴。此脫奴字。

〔六〕清寧九年佐耶律仁先平重元亂　按佐耶律仁先平重元事，原附敍於重熙之後，無清寧紀年。檢紀重元叛亂在清寧九年，據補。

遼史卷九十三

列傳第二十三

蕭惠 慈氏奴　蕭迂魯 鐸盧斡　蕭圖玉　耶律鐸軫

蕭惠，字伯仁，小字脫古思，淳欽皇后弟阿古只五世孫。

初以中宮親，爲國舅詳穩。從伯父排押征高麗，至奴古達北嶺，高麗阻險以拒，惠力戰，破之。及攻開京，以軍律整肅聞，授契丹行宮都部署。開泰二年，改南京統軍使。未幾，爲右夷離畢，加同中書門下平章事。朝議以遼東重地，非勳戚不能鎮撫，乃命惠知東京留守事。改西北路招討使，封魏國公。

太平六年，討回鶻阿薩蘭部，徵兵諸路，獨阻卜酋長直剌後期，立斬以徇。進至甘州，攻圍三日，不克而還。時直剌之子聚兵來襲，阻卜酋長烏八密以告，惠未之信。會西阻卜叛，襲三剋軍，都監涅魯古、突舉部節度使諧理、阿不呂等將兵三千來救，遇敵于可敦城西

南。諧理、阿不呂戰歿，〔一〕士卒潰散。惠倉卒列陣，敵出不意攻我營。衆請乘時奮擊，惠以我軍疲獘，未可用，弗聽。烏八請以夜斫營，惠又不許。阻卜歸，惠乃設伏兵擊之。前鋒始交，敵敗走。惠爲招討累年，屢遭侵掠，士馬疲困。七年，左遷南京侍衞親軍馬步軍都指揮使，尋還南京統軍使。

興宗卽位，知興中府，歷順義軍節度使、東京留守、西南面招討使，加開府儀同三司、檢校太師，兼侍中，封鄭王，賜推誠協謀竭節功臣。重熙六年，復爲契丹行宮都部署，加守太師，徙王趙。拜南院樞密使，更王齊。

是時帝欲一天下，謀取三關，集羣臣議。惠曰：「兩國强弱，聖慮所悉。宋人西征有年，師老民疲，陛下親率六軍臨之，其勝必矣。」蕭孝穆曰：「我先朝與宋和好，無罪伐之，其曲在我；況勝敗未可逆料。願陛下熟察。」帝從惠言，乃遣使索宋十城，會諸軍于燕。惠與太弟帥師壓宋境，宋人重失十城，增歲幣請和。惠以首事功，進王韓。十二年，兼北府宰相，同知元帥府事，又爲北樞密使。

十三年，夏國李元昊誘山南党項諸部，帝親征。元昊懼，請降。惠曰：「元昊忘奕世恩，萌姦計，車駕親臨，不盡歸所掠。天誘其衷，使彼來迎。天與不圖，後悔何及？」帝從之。詰旦，進軍。夏人列拒馬于河西，蔽盾以立，惠擊敗之。元昊走，惠麾先鋒及右翼邀之。夏人

千餘潰圍出，我師逆擊。大風忽起，飛沙眯目，軍亂，夏人乘之，蹂踐而死者不可勝計。詔班師。

十七年，尙帝姊秦晉國長公主，拜駙馬都尉。明年，帝復征夏國。惠自河南進，戰艦糧船綿亙數百里。旣入敵境，偵候不遠，鎧甲載于車，軍士不得乘馬。諸將咸請備不虞，惠曰：「諒祚必自迎車駕，何暇及我？無故設備，徒自弊耳。」數日，我軍未營。候者報夏師至，惠方詰妄言罪，諒祚軍從阪而下。惠與麾下不及甲而走。追者射惠，幾不免，軍士死傷尤衆。師還，以惠子慈氏奴歿于陣，詔釋其罪。

十九年，請老，詔賜肩輿入朝，策杖上殿。辭章再上，乃許之，封魏國王。詔冬夏赴行在，參決疑議。旣歸，遣賜湯藥及他錫賚不絕。每生日，輒賜詩以示尊寵。淸寧二年薨，年七十四，遺命家人薄葬。訃聞，輟朝三日。

惠性寬厚，自奉儉薄。興宗使惠恣取珍物，惠曰：「臣以戚屬據要地，祿足養廉，奴婢千餘，不爲闕乏。陛下猶有所賜，貧於臣者何以待之。」帝以爲然。故爲將，雖數敗衄，不之罪也。

弟虛列，武定軍節度使。二子：慈氏奴，兀古匿。兀古匿終北府宰相。

慈氏奴，字寧隱。太平初，以戚屬補祗候郎君。上愛其勤愼，陞閘撒狘，加右監門衞上將軍。

西邊有警，授西北路招討都監，領保大軍節度使。政濟恩威，諸部悅附。入爲殿前副點檢，歷烏古敵烈部詳穩。征李諒祚，爲統軍都監，與西北路招討使敵魯古率蕃部諸軍由北路趨涼州，獲諒祚親屬。夏人扼險以拒，慈氏奴中流矢卒，年五十一，贈中書門下平章事。

蕭迂魯，字胡突堇，五院部人。父約質，歷官節度使。

迂魯重熙間爲牌印郎君。淸寧九年，國家旣平重元之亂，其黨郭九等亡，詔迂魯追捕，獲之，遷護衞太保。咸雍元年，使宋議邊事，稱旨，知殿前副點檢事。

五年，阻卜叛，爲行軍都監，擊敗之，俘獲甚衆。初軍出，止給五月糧，過期糧乏，士卒往往叛歸。迂魯坐失計，免官，降戍西北部。未行，會北部兵起，迂魯將烏古敵烈兵擊敗之，每戰以身先，由是釋前罪，命總知烏古敵烈部。

九年，敵烈叛，都監耶律獨迭以兵少不戰，屯臚朐河。敵烈合邊人掠居民，迂魯率精騎四百力戰，敗之，盡獲其輜重。繼聞酋長合朮三千餘騎掠附近部落，縱兵躡其後，連戰二

日，斬數千級，盡得被掠人畜而還。值敵烈黨五百餘騎劫捕鷹戶，逆擊走之，俘斬甚衆，自是敵烈勢沮。

時，敵烈方爲邊患，而阻卜相繼寇掠，邊人以故疲弊。朝廷以地遠，不能時益援軍，而使彊圉帖然者，皆迂魯力也。帝嘉其功，拜左皮室詳穩。會宋求天池之地，詔迂魯兼統兩皮室軍屯太牢古山以備之。〔二〕大康初，阻卜叛，遷西北招討都監，從都統耶律趙三征討有功，改南京統軍都監、黃皮室詳穩。未幾，遷東北路統軍都監，卒。弟鐸盧斡。

鐸盧斡，字撒板。幼警悟異常兒。三歲失母，哭盡哀，見者傷之。及長，魁偉沉毅，好學，善屬文，有才幹。年三十始仕，爲朝野推重，給事北院知聖旨事。坐皇太子事，大康二年，乙辛再入樞府，鐸盧斡素與蕭巖壽善，誣以罪，謫戍西北部。一日臨流，聞雉鳴，三復孔子「時哉」語，作古詩三章見志。當時名士稱其高情雅韻，不減古人。特恩減死，仍錮終身。在戍十餘年，太子事稍直，始得歸鄉里，屏居謝人事。壽隆六年卒，年六十一。乾統初，贈彰義軍節度使。

蕭圖玉，字兀衍，北府宰相海瓈之子。統和初，皇太后稱制，以戚屬入侍。尋爲烏古部都監。討速母縷等部有功，遷烏古部節度使。十九年，總領西北路軍事。後以本路兵伐甘州，降其酋長牙懶。〔三〕既而牙懶復叛，命討之，克肅州，盡遷其民于土隗口故城。師還，詔尙金鄉公主，拜駙馬都尉，加同政事令門下平章事。

上言曰：「阻卜今已服化，宜各分部，治以節度使。」上從之。自後，節度使往往非材，部民怨而思叛。開泰元年十一月，〔四〕石烈太師阿里底殺其節度使，西奔窩魯朶城，蓋古所謂龍庭單于城也。已而，阻卜復叛，圍圖玉于可敦城，勢甚張。圖玉使諸軍齊射却之，屯于窩魯朶城。明年，北院樞密使耶律化哥引兵來救，圖玉遣人誘諸部皆降。帝以圖玉始雖失計，後得人心，釋之，仍領諸部。請益軍，詔讓之曰：「叛者既服，兵安用益？且前日之役，死傷甚衆，若從汝謀，邊事何時而息。」遂止。

會公主坐殺家婢，降封郡主，圖玉罷使相。〔五〕尋起爲烏古敵烈部詳穩。以老代，還卒。子雙古，南京統軍使。孫訛篤斡，尙三韓郡王合魯之女骨浴公主，終烏古敵烈部統軍使，以善戰名于世。

耶律鐸軫，字敵輦，積慶宮人。仕統和間。性疏簡，不顧小節，人初以是短之。後侵宋，分總贏師以從。及戰，取緋帛被介冑以自標顯，馳突出入敵陣，格殺甚衆。太后望見喜，召謂之曰：「卿勠力如此，何患不濟！」厚賞之。由是多以軍事屬任。俄授東北詳穩。開泰二年，進討阻卜，克之。

重熙間，歷東北路統軍使、天德軍節度使。十七年，城西邊，命鐸軫相地及造戰艦，因成樓船百三十艘。上置兵，下立馬，規制堅壯，稱旨。及西征，詔鐸軫率兵由別道進，會于河濱。敵兵阻河而陣，帝御戰艦絕河擊之，大捷而歸，親賜卮酒。仍問所欲，鐸軫對曰：「臣幸被聖恩，得効駑力，萬死不能報國，又將何求？」帝愈重之，手書鐸軫衣裾曰：「勤國忠君，舉世無雙。」卒于官，年七十。子低烈，歷觀察、節度使。

論曰：初，遼之謀復三關也，蕭惠贊伐宋之舉，而宋人增幣請和。狃於一勝，移師西夏，而勇智俱廢，敗潰隨之。豈非貪小利，迷遠圖而然。況所得不償所亡，利果安在哉？同時諸將撫綏邊圉，若迂魯忠勤不伐，鐸魯斡高情雅韻，鐸軫雖廉不逮蕭惠，〔六〕而無邀功啓釁之罪，亦庶乎君子之風矣。

校勘記

〔一〕都監涅魯古突舉部節度使諧理阿不呂至諧理阿不呂戰歿 按紀太平六年八月作「監軍涅里姑，國舅帳太保曷不呂死之」。

〔二〕太牢古山 按紀壽隆五年七月、天慶三年九月、卷八六耶律頗的傳並作大牢古山。

〔三〕降其酋長牙懶 牙懶，按紀統和二十六年十二月作耶剌里。

〔四〕開泰元年十一月 十一月，原作「七月」。按紀，此事繫于十一月，據改。

〔五〕降封郡主圖玉罷使相 按紀開泰六年二月作「降公主爲縣主，削圖玉同平章事」。

〔六〕鐸魯斡高情雅韻鐸軫雖廉不逮蕭惠 原鐸魯斡與鐸軫倒舛，誤作「鐸軫高情雅韻，鐸魯斡雖廉不逮蕭惠」，據本傳傳文改。又鐸魯斡，傳文作鐸盧斡。

遼史卷九十四

列傳第二十四

耶律化哥　耶律斡臘　耶律速撒　蕭阿魯帶　耶律那也　耶律何魯掃古　耶律世良

耶律化哥，字弘隱，孟父楚國王之後。善騎射。

乾亨初，爲北院林牙。統和四年，南侵宋，化哥擒諜者，知敵由海路來襲，即先據平州要地。事平，拜上京留守，遷北院大王。十六年，復侵宋，爲先鋒，破敵于遂城，以功遷南院大王，尋改北院樞密使。〔一〕

開泰元年，伐阻卜，阻卜棄輜重遁走，俘獲甚多。帝嘉之，封豳王。後邊吏奏，自化哥還闕，糧乏馬弱，勢不可守，上復遣化哥經略西境。化哥與邊將深入。聞蕃部逆命居翼只水，化哥徐以兵進。敵望風奔潰，獲羊馬及輜重。

路由白拔烈，遇阿薩蘭回鶻，掠之。都監裹里繼至，謂化哥曰：「君誤矣！此部實効順者。」化哥悉還所俘。諸蕃由此不附。上使按之，削王爵。以侍中遙領大同軍節度使，卒。

耶律斡臘，字斯寧，奚迭剌部人。趫捷有力，善騎射。

保寧初，補護衞。車駕獵頡山，適豪猪伏叢莽，帝射中，猪突出。御者托滿捨轡而避，厩人鶻骨翼之，斡臘復射而斃。帝嘉賞。及獵赤山，適奔鹿奮角突前，路隘不容避，垂犯蹕。斡臘以身當之，鹿觸而顚。帝謂曰：「朕因獵，兩瀕于危，賴卿以免，始見爾心。」遷護衞太保。

從樞密使耶律斜軫破宋將楊繼業軍于山西。統和十三年秋，爲行軍都監，從都部署奚王和朔奴伐兀惹烏昭度，數月至其城。昭度請降。和朔奴利其俘掠，令四面急攻。昭度率衆死守，隨方捍禦。依埤垷虛構戰棚，誘我軍登陴，俄撤枝柱，登者盡覆。和朔奴知不能下，欲退。蕭恒德謂師久無功，何以藉口，若深入大掠，猶勝空返。斡臘曰：「深入，恐所得不償所損。」恒德不從，略地東南，循高麗北鄙還。道遠糧絕，人馬多死。詔奪諸將官，惟斡臘以前議得免。

尋加同政事門下平章事，爲東京留守。開泰中卒。

耶律速撒，字阿敏，性忠直簡毅，練武事。

應曆初，爲侍從，累遷突呂不部節度使。歷霸、濟、祥、順、聖五州都總管，〔二〕俄爲敦睦宮太師。保寧三年，改九部都詳穩。四年，伐党項，屢立戰功，手詔勞之。

統和初，皇太后稱制，西邊甫定，速撒務安集諸蕃，利害輒具以聞，太后益信任之。凡臨戎，與士卒同甘苦，所獲均賜將校。賞順討逆，威信大振。在邊二十年卒。

蕭阿魯帶，字乙辛隱，烏隗部人。父女古，仕至糺詳穩。

阿魯帶少習騎射，曉兵法。淸寧間始仕，累遷本部司徒，改烏古敵烈統軍都監。

大安七年，遷山北副部署。九年，達理得、拔思母二部來侵，率兵擊却之。達理得復劫牛羊去，阿魯帶引兵追及，盡獲所掠，斬渠帥數人。是冬，達理得等以三百餘人梗邊，復戰却之，斬首二百餘級，加金吾衞上將軍，封蘭陵縣公。壽隆元年，第功，加同中書門下平章事，進爵郡公，改西北路招討使。

乾統三年，坐留宋俘當遣還者爲奴，免官。後被徵，以老疾致仕，卒。

耶律那也，字移斯輦，夷離菫蒲古只之後。

父斡，嘗爲北剋，〔三〕從伐夏戰歿。季父趙三，始爲宿直官，累遷至北面林牙。咸雍四年，拜北院大王，改西南面招討使。大康中，西北諸部擾邊，議欲往討，帝以爲非趙三不可，遂拜西北路招討使，兼行軍都統，平之，以功復爲北院大王。

那也敦厚才敏。上以其父斡死王事，九歲加諸衞小將軍，爲題里司徒，尋召爲宿直官。大康三年，爲遙輦剋。大安九年，爲倒塌嶺節度使。明年冬，以北阻卜長磨古斯叛，與招討都監耶律胡呂率精騎二千往討，破之。那也薦胡呂爲漢人行宮副部署。壽隆元年，復討達理得、拔思母等有功，〔四〕賜詔褒美，改烏古敵烈部統軍使，邊境以寧。部民乞留，詔許再任。乾統六年，拜中京留守，改北院大王，薨。

那也爲人廉介，長于理民，每有鬬訟，親覈曲直，不尙威嚴，常曰：「凡治人，本欲分別是非，何事迫脅以立名。」故所至以惠化稱。

耶律何魯掃古，字烏古鄰，孟父房之後。

重熙末，補祗候郎君。淸寧初，加安州團練使。大康中，歷懷德軍節度使、奚六部禿里太尉。詔與樞密官措畫東北邊事，改左護衞太保。侍上，言多率易，察無他腸，以故上優貸之。

大安八年，知西北路招討使事。〔五〕時邊部耶覩刮等來侵，何魯掃古誘北阻卜酋豪磨古斯攻之，俘獲甚衆，以功加左僕射。復討耶覩刮等，誤擊磨古斯，北阻卜由是叛命。遣都監張九討之，〔六〕不克，二室韋與六院部、特滿羣牧、宮分等軍俱陷于敵。何魯掃古不以實聞，坐是削官，決以大杖。壽隆間，累遷惕隱，兼侍中，賜保節功臣。道宗崩，與宰相耶律儼總山陵事。乾統中，致仕，卒。

耶律世良，小字斡，六院部人。才敏給，練達國朝典故及世譜。上書與族弟敵烈爭嫡庶，帝始識之。

時北院樞密使韓德讓病，帝問：「孰可代卿？」德讓曰：「世良可。」北院大王耶律室魯復問北院之選，德讓曰：「無出世良。」統和末，爲北院大王。

開泰初，因大冊禮，加檢校太尉，同政事門下平章事。時邊部拒命，詔北院樞密使耶律化哥將兵，以世良爲都監，往禦之。明年，化哥還，將罷兵。世良上書曰：「化哥以爲無事而還，不思師老糧乏，敵人已去，焉能久守？若益兵，可克也。」帝卽命化哥益兵，與世良追之。

至安眞河，大破而還。自是，邊境以寧。以功王岐，拜北院樞密使。

三年，命選馬駝于烏古部。會敵烈部人夷剌殺其酋長稍瓦而叛，鄰部皆應，攻陷巨母古城。世良率兵壓境，遣人招之，降數部，各復故地。

四年，伐高麗，爲副部署。都統劉愼行逗留失期，執還京師，世良獨進兵。明年，至北都護府，破追兵于郭州。以暴疾卒。

論曰：大之懷小也以德，制之也以威。德不足懷，威不足制，而欲服人也難矣。化哥利俘獲，而諸蕃不附，何魯掃古誤擊磨古斯，而阻卜叛命，是皆喜於一旦之功，而不圖後日之患，庸何議焉。若斡臘之戒深入，速撒之務安集，亦鐵中之錚錚者邪？

校勘記

〔一〕以功遷南院大王尋改北院樞密使　按紀統和二十三年二月，以惕隱化哥爲南院大王。二十九年六月，以南院大王化哥爲北院樞密使。

〔二〕霸濟祥順聖五州都總管　按百官志四，作「義、霸、祥、順、聖五州都總管」。

〔三〕父斡嘗爲北剋　按紀重熙十八年十月及卷一一五西夏外記並作「南剋耶律斡里」。

〔四〕達理得拔思母　原作「達里、拔思」，據本卷蕭阿魯帶傳補。紀大安九年十月、十年二月達理得亦作達理底。

〔五〕大康中至大安八年知西北路招討使事　大安二字原脫。按何魯掃古，紀、屬國表亦作阿魯掃古。大康中未任西北路官職，惟紀、表大安九年三月，並有西北路招討使耶律阿魯掃古追磨古斯還，八年應是大安八年，據補。官名互歧，或有遷升。

〔六〕張九　按卽蕭張九。見紀大安九年三月及屬國表。

中華書局

遼史卷九十五

列傳第二十五

耶律弘古　耶律馬六　蕭滴冽　耶律適祿　耶律陳家奴
耶律特麼　耶律仙童　蕭素颯　耶律大悲奴

耶律弘古，字胡篤堇，樞密使化哥之弟。

統和間，累遷順義軍節度使，入爲北面林牙。太平元年，加同政事門下平章事，出爲彰國軍節度使，兼山北道兵馬都部署，徙武定軍節度使。六年，拜惕隱。〔一〕討阻卜有功。聖宗嘗刺臂血與弘古盟爲友，禮遇尤異，拜南府宰相，改上京留守。

重熙六年，遷南院大王，御製誥辭以寵之。十二年，〔二〕加于越。帝閔其勞，復授武定軍節度使，卒。訃聞，上哭曰：「惜哉善人！」喪至，親臨奠焉。

耶律馬六，字揚隱，孟父楚國王之後。性寬和，善諧謔，親朋會遇，一坐盡傾。恬于榮利。

與耶律弘古爲刺血友，弘古爲惕隱，薦補宿直官。重熙初，遷旗鼓拽剌詳穩。爲人畏愼容物，或有面相陵折者，恬然若弗聞，不臧否世務。以故上益親狎。三年，遷崇德宮使，爲惕隱，〔三〕御製誥辭以褒之。拜北院宣徽使，寵遇過宰輔，帝常以兄呼之。改遼興軍節度使，卒，年七十。子奴古達，終南京宣徽使。

蕭滴冽，字圖寧，遙輦鮮質可汗宮人。〔四〕

重熙初，遙攝鎭國軍節度使。六年，奉詔使宋，傷足而跛，不告遂行，帝怒。及還，決以大杖，降同簽南京留守事。遙授靜江軍節度使，歷羣牧都林牙，累遷右夷離畢。以才幹見任使。

會車駕西征，元昊乞降，帝以前後反覆，遣滴冽往覘誠否。因爲元昊陳述禍福，聽命乃還。拜北院樞密副使，出爲中京留守。十九年，改西京留守，卒。

耶律適祿，字撒懶。清寧初，爲本班郎君，稍遷宿直官。乾統中，從伐阻卜有功，加奉宸。歷護衛太保，改弘義宮副使。時上京梟賊趙鍾哥跋扈自肆，適祿擒之，加泰州觀察使，爲達魯虢部節度使。天慶中，知興中府，加金吾衛上將軍。爲盜所殺。

耶律陳家奴，字綿辛，懿祖弟葛剌之八世孫。

重熙中，補牌印郎君。坐直日不至，降本班。會帝獵，陳家奴逐鹿圍內，鞭之二百。時耶律仁先薦陳家奴健捷比海東青鶻，授御盞郎君。歷鷹坊、尙厩、四方館副使，改徒魯古皮室詳穩。會太后生辰，進詩獻馴鹿，太后嘉獎，賜珠二琲，雜綵二百段。兄撒鉢卒，陳家奴聞訃，不告而去。帝怒，鞭之。

清寧初，累遷右夷離畢。適帝與燕國王射鹿俱中，王時年九歲，帝悅，陳家奴應制進詩。帝喜，解衣以賜。後皇太子廢，帝疑陳家奴黨附，罷之。

時西北諸部寇邊，以陳家奴爲烏古部節度使行軍都監，賜甲一屬、馬二疋，討諸部，擒其酋送于朝。偵候者見馬蹤，意寇至，陳家奴遣報元帥，耶律愛奴視之曰：「此野馬也！」將出獵，賊至，愛奴戰歿。有司詰按，陳家奴不伏，詔釋之。由是感激，每事竭力。後諸部復來侵，陳家奴率兵三往，皆克，邊境遂寧。

以老告歸，不從。道宗崩，爲山陵使，致仕。年八十卒。

耶律特麼，季父房之後。重熙間，爲北剋，累遷六部禿里太尉。〔五〕

大安四年，爲倒塌嶺節度使。頃之，爲禁軍都監。是冬，討磨古斯，斬首二千餘級。十年，復討之。既捷，授南院宣徽使。壽隆元年，爲北院大王。四年，知黃龍府事，薨。

耶律仙童，仲父房之後。重熙初，爲宿直官，累遷惕隱、都監。以寬厚稱。蒲奴里叛，仙童爲五國節度使，率師討之，擒其帥陶得里。又擊烏隗叛，降其衆，改彰國軍節度使，拜北院大王。清寧二年，知黃龍府事，遷侍衛親軍馬步軍都指揮，歷忠順、武定二軍節度使。致仕，封蔣國公。咸雍初，徙封許國，卒。

蕭素颯，字特免，五院部人。重熙間始仕，累遷北院承旨，彰愍宮使。

清寧初，歷左皮室詳穩、右夷離畢。咸雍五年，剖阿里部叛，素颯討降之，率其酋長來朝。帝嘉其功，徙北院林牙，改南院副部署，卒。

子謀魯斡，字回璉，初補夷離畢郎君，遷文班太保。大康中，改南京統軍使，爲右夷離畢。與樞密使耶律阿思論事不合，見忌，出爲馬羣太保。北部來侵，謀魯斡破之，以功遷同知烏古敵烈統軍，仍許便宜行事。

後以讒毀，降領西北路戍軍，復爲馬羣太保，卒。

耶律大悲奴，字休堅，王子班聶里古之後。大康中，歷永興延昌宮使、右皮室詳穩。會阻卜叛，奉詔招降之。壽隆二年，拜殿前都點檢。乾統初，歷上京留守、惕隱，復爲都點檢，改西南面招討使。請老，不許。天慶中，留守上京，領北南樞密院點檢中丞諸司等事。以彰國軍節度使致仕，卒。大悲奴舉止馴雅，好禮儀，爲時人所稱。

論曰：遼自神册而降，席富强之勢，內修法度，外事征伐，一時將帥震揚威靈，風行電掃，討西夏，征党項，破阻卜，平敵烈。諸部震慴，聞鼙鼓而膽落股弁，斯可謂雄武之國矣。其戰勝攻取，必有奇謀秘計神變莫測者，將前史所載，未足以發之邪？抑天之所授，衆莫與爭而能然邪？

雖然，兵者凶器，可戢而不可玩；爭者末節，可遏而不可召。此黃石公所謂柔能制剛，

弱能制强也。又況乎仁者之無敵哉。遼之君臣智足守此，金人果能乘其敝而躡其後乎？是以於耶律弘古輩諸將，不能無慨然也。

校勘記

〔一〕六年拜惕隱 「拜惕隱」三字原錯於六年之上，據紀太平六年四月改。

〔二〕十二年 二，原誤「三」。按紀重熙十二年八月，「于越耶律洪古薨」。洪古卽弘古，據改。

〔三〕三年遷崇德宮使爲惕隱 按紀重熙五年四月，以崇德宮使耶律馬六爲惕隱。

〔四〕遙輦鮮質可汗宮人 宮下疑脫分字。

〔五〕累遷六部禿里太尉 按百官志二：「奚六部在朝曰奚王府，有二常袞，有二宰相，又有吐里太尉。」禿里太尉卽吐里太尉，六部疑應作奚六部。

遼史卷九十六

列傳第二十六

耶律仁先 撻不也 耶律良 蕭韓家奴 蕭德 蕭惟信 蕭樂音奴 耶律敵烈 姚景行 耶律阿思

耶律仁先，字糺鄰，小字查剌，孟父房之後。父瑰引，南府宰相，封燕王。仁先魁偉爽秀，有智略。重熙三年，補護衞。帝與論政，才之。仁先以不世遇，言無所隱。授宿直將軍，累遷殿前副點檢，改鶻剌唐古部節度使，俄召爲北面林牙。十一年，陞北院樞密副使。時宋請增歲幣銀絹以償十縣地產，仁先與劉六符使宋，仍議書「貢」。宋難之。仁先曰：「曩者石晉報德本朝，割地以獻，周人攘而取之，是非利害，灼然可見。」宋無辭以對。乃定議增銀、絹十萬兩、匹，仍稱「貢」。既還，同知南京留守事。

十三年，伐夏，留仁先鎭邊。未幾，召爲契丹行宮都部署，奏復王子班郎君及諸宮雜

役。十六年，遷北院大王，奏今兩院戶口殷庶，乞免他部助役，從之。十八年，再舉伐夏，仁先與皇太弟重元爲前鋒。蕭惠失利于河南，帝猶欲進兵，仁先力諫，乃止。後知北院樞密使，遷東京留守。女直恃險，侵掠不止，仁先乞開山通道以控制之，邊民安業。封吳王。

清寧初，爲南院樞密使。以耶律化哥譖，出爲南京兵馬副元帥，守太尉，更王隋。六年，復爲北院大王，民歡迎數百里，如見父兄。時北、南院樞密官涅魯古、蕭胡覩等忌之，請以仁先爲西北路招討使。耶律乙辛奏曰：「仁先舊臣，德冠一時，不宜補外。」復拜南院樞密使，更王許。

九年七月，〔一〕上獵太子山，耶律良奏重元謀逆，帝召仁先語之。仁先曰：「此曹兇狠，臣固疑之久矣。」帝趣仁先捕之。仁先出，且曰：「陛下宜謹爲之備！」未及介馬，重元犯帷宮。帝欲幸北、南院，仁先曰：「陛下若舍扈從而行，賊必躡其後；且南、北大王心未可知。」仁先子撻不也曰：「聖意豈可違乎？」仁先怒，擊其首。帝悟，悉委仁先以討賊事。乃環車爲營，拆行馬，作兵仗，率官屬近侍三十餘騎陣柢枑外。及交戰，賊衆多降。涅魯古中矢墮馬，擒之，重元被傷而退。仁先以五院部蕭塔剌所居最近，亟召之，分遣人集諸軍。黎明，重元率奚人二千犯行宮，蕭塔剌兵適至。仁先料賊勢不能久，俟其氣沮攻之。乃背營而陣，乘便奮擊，賊衆奔潰，追殺二十餘里，重元與數騎遁去。帝執仁先手曰：「平亂皆卿之功

也。」加尚父，進封宋王，爲北院樞密使，親製文以褒之，詔畫灤河戰圖以旌其功。

咸雍元年，加于越，改封遼王，與耶律乙辛共知北院樞密事。乙辛恃寵不法，仁先抑之，由是見忌，出爲南京留守，改王晉。恤孤惸，禁姦慝，宋聞風震服。議者以爲自于越休哥之後，惟仁先一人而已。

阻卜塔里干叛命，仁先爲西北路招討使，賜鷹紐印及劍。上諭曰：「卿去朝廷遠，每俟奏行，恐失機會，可便宜從事。」仁先嚴斥候，扼敵衝，懷柔服從，庶事整飭。塔里干復來寇，仁先逆擊，追殺八十餘里。大軍繼至，又敗之。別部把里斯、禿沒等來救，見其屢挫，不敢戰而降。北邊遂安。

八年卒，年六十，遺命家人薄葬。弟義先、信先，俱有傳。子撻不也。

撻不也，字胡獨堇。清寧二年，補祗候郎君，累遷永興宮使。以平重元之亂，遙授忠正軍節度使，賜定亂功臣，同知殿前點檢司事。歷高陽、臨海二軍節度使，左皮室詳穩。大康六年，授西北路招討使，率諸部酋長入朝，加兼侍中。自蕭敵祿爲招討之後，朝廷務姑息，多擇柔愿者用之，諸部漸至跋扈。撻不也含容尤甚，邊防益廢，尋改西南面招討使。

阻卜酋長磨古斯來侵，西北路招討使何魯掃古戰不利，詔撻不也代之。磨古斯之爲酋長，由撻不也所薦，至是遣人誘致之。磨古斯紿降，撻不也逆于鎮州西南沙磧間，禁士卒無得妄動。敵至，裨將耶律綰斯、徐烈見其勢銳，不及戰而走，遂被害，年五十八。贈兼侍中，謚曰貞愍。

撻不也少謹愿，後爲族嫠婦所惑，出其妻，終以無子。人以此譏之。

耶律良，[二]字習撚，小字蘇，著帳郎君之後。生於乾州，讀書醫巫閭山。學既博，將入南山肄業，友人止之曰：「爾無僕御，驅馳千里，縱聞見過人，年亦垂暮。今若即仕，已有餘地。」良曰：「窮通，命也，非爾所知。」不聽，留數年而歸。

重熙中，補寢殿小底，尋爲燕趙國王近侍。以家貧，詔乘廄馬。遷修起居注。會獵秋山，良進秋游賦，上嘉之。

清寧中，上幸鴨子河，作捕魚賦。由是寵遇稍隆，遷知制誥，兼知部署司事。奏請編御製詩文，目曰清寧集；上命良詩爲慶會集，親製其序。頃之，爲敦睦宮使，兼權知皇太后宮諸局事。

良聞重元與子涅魯古謀亂，以帝篤於親愛，不敢遽奏，密言於皇太后。太后託疾，召帝白其事。帝謂良曰：「汝欲間我骨肉耶？」良奏曰：「臣若妄言，甘伏斧鑕。陛下不早備，恐墮賊計。如召涅魯古不來，可卜其事。」帝從其言。使者及門，涅魯古意欲害之，羈於帳下。使者以佩刀斷帟而出，馳至行宮以狀聞。帝始信。亂平，以功遷漢人行宮都部署。

咸雍初，同知南院樞密使事，爲惕隱，出知中京留守事。未幾卒，帝嗟悼，遣重臣賻祭，給葬具，追封遼西郡王，謚曰忠成。

蕭韓家奴，字括寧，奚長渤魯恩之後。性孝友。太平中，補祗候郎君，累遷敦睦宮使。伐夏，爲左翼都監，遷北面林牙。俄爲南院副部署，賜玉帶，改奚六部大王，治有聲。

清寧初，封韓國公，歷南京統軍使、北院宣徽使，封蘭陵郡王。九年，上獵太子山，聞重元亂，馳詣行在。帝倉卒欲避于北、南大王院，與耶律仁先執轡固諫，乃止。明旦，重元復誘奚獵夫來。韓家奴獨出諭之曰：「汝曹去順効逆，徒取族滅。何若悔過，轉禍爲福！」獵夫投仗首服。以功遷殿前都點檢，封荊王，賜資忠保義奉國竭貞平亂功臣。

咸雍二年，遷西南面招討使。大康初，徙王吳，賜白海東青鶻。皇太子爲乙辛誣構，幽

于上京。韓家奴上書力言其冤，不報。四年，復爲西南面招討使。例削一字王爵，改王蘭陵，薨。子楊九，終右祗候郎君班詳穩，贈同中書門下平章事。

蕭德，字特末隱，楮特部人。性和易，篤學好禮法。太平中，領牌印，直宿，累遷北院樞密副使，敷奏詳明，多稱上旨。詔與林牙耶律庶成修律令，改契丹行宮都部署，賜宮戶十有五。

清寧元年，遷同知北院樞密使，封魯國公。上以德爲先朝眷遇，拜南府宰相。五年，轉南京統軍使。九年，復爲南府宰相。重元之亂，推鋒力戰，斬涅魯古首以獻，論功封漢王。咸雍初，以告老歸，優詔不許。久之，加尚父，致仕。卒，年七十二。

蕭惟信，字耶寧，楮特部人。五世祖霞賴，南府宰相。曾祖烏古，中書令。祖阿古只，知平州。

父高八，多智數，博覽古今。開泰初，爲北院承旨，稍遷右夷離畢，以幹敏稱，拜南府宰

相。累遷倒塌嶺節度使，知興中府，復爲右夷離畢。陵青誘衆作亂，事覺，高八按之，止誅首惡，餘並釋之。歸奏，稱旨。

惟信資沉毅，篤志于學，能辨論。重熙初始仕，累遷左中丞。十五年，徙燕趙國王傅，帝諭之曰：「燕趙左右多面諛，不聞忠言，浸以成性。汝當以道規誨，使知君父之義。有不可處王邸者，以名聞。」惟信輔導以禮。十七年，遷北院樞密副使，坐事免官。尋復職，兼北面林牙。

清寧九年，重元作亂，犯灤河行宮，惟信從耶律仁先破之，賜竭忠定亂功臣。歷南京留守、左右夷離畢，復爲北院樞密副使。大康中，以老乞骸骨，不聽。樞密使耶律乙辛譖廢太子，中外知其冤，無敢言者，惟信數廷爭，不得復。告老，加守司徒，卒。

蕭樂音奴，字婆丹，奚六部敞穩突呂不六世孫。

父拔剌，三歲居父母喪，毁瘠過甚，養于家奴奚列阿不。重熙初，興宗獵奚山，過拔剌所居，奚列阿不言于近臣，拔剌得見上。年甫十歲，氣象如成人。帝悅之，錫賚甚厚。既長，有遠志，不樂仕進，隱于奚王嶺之插合谷。上以其名家，又有時譽，就拜舍利軍詳穩。

樂音奴貌偉言辨，通遼、漢文字，善騎射擊鞠，所交皆一時名士。年四十，始爲護衛。平重元之亂，以功遷護衛太保，改本部南剋，俄爲旗鼓拽剌詳穩。監障海東青鶻，獲白花者十三，賜檟柮犀并玉吐鶻。拜五蕃部節度使，卒。子陽阿，有傳。

耶律敵烈，字撒懶，採訪使吼五世孫。寬厚，好學，工文詞。重熙末，補牌印郎君，兼知起居注。

清寧元年，稍遷同知永州事，禁盜有功，改北面林牙承旨。九年，重元作亂，敵烈赴援，力戰平之，遙授臨海軍節度使。十年，徙武安州觀察使。咸雍五年，累遷長寧宮使。撿括戶部司乾州錢帛逋負，立出納經畫法，公私便之。大康四年，爲南院大王。秩滿，部民請留，同知南京留守事。有疾，上命乘傳赴闕，遣太醫視之。還上京留守。大安中，改塌母城節度使。以疾致仕，加兼侍中，賜一品俸。八年卒。

姚景行，始名景禧。祖漢英，本周將，應曆初來聘，用敵國禮，帝怒，留之，隸漢人宮分。及景行既貴，始出籍，貫興中縣。

景行博學。重熙五年，擢進士乙科，爲將作監，改燕趙國王教授。不數年，至翰林學士，樞密副使，參知政事。[三] 性敦厚廉直，人望歸之。

道宗即位，多被顧問，爲北府宰相。九年秋，告歸，道聞重元亂，收集行旅得三百餘騎勤王。比至，賊已平。帝嘉其忠，賜以逆人財產。咸雍元年，出爲武定軍節度使。明年，驛召拜南院樞密使。上從容問治道，引入內殿，出御書及太子書示之，賜什器車仗。帝有意伐宋，召景行問曰：「宋人好生邊事，如何？」對曰：「自聖宗皇帝以威德懷遠，宋修職貢，迨今幾六十年。若以細故用兵，恐違先帝成約。」上然其言而止。

致仕，不踰月復舊職。丁家艱，起復，兼中書令。上問古今儒士優劣，占對稱旨，知興中府，改朔方軍節度使。大康初，徙鎮遼興。以上京多滯獄，命爲留守，不數月，以獄空聞。

累乞致政，不從。復請，許之，加守太師。卒，遣使弔祭，追封柳城郡王，謚文憲。壽隆五年，詔爲立祠。

耶律阿思，字撒班。清寧初，補祗候郎君。以善射，掌獵事，進渤海近侍詳穩。重元之亂，與護衛蘇射殺涅魯古，賜號靖亂功臣，徙契丹行宮都部署。大安初，爲北院大王，封漆水郡王。壽隆元年，爲北院樞密使，[四] 監修國史。

道宗崩，受顧命，加于越。錄乙辛黨人，罪重者當籍其家，阿思受賂，多所寬貰。蕭合魯嘗言當修邊備，阿思力沮其事，或譏其以金賣國。

後以風疾失音，致仕，加尚父，封趙王。薨，年八十，追封齊國王。

論曰：「灤河之變，重元擁兵行幄，微仁先等，道宗其危乎！當其止幸北、南院，召塔剌兵以靖大難，功宜居首。良以反謀白太后，韓家奴以逆順降奚人，德與阿思殺涅魯古，皆有討賊之力焉。仁先齊名休哥，勳德兼備，此其一節歟。

校勘記

[一] 九年七月 「九年」二字原脫，據紀清寧九年七月補。

[二] 耶律良 按紀清寧六年五月、咸雍六年六月、八月，並作耶律白。

〔三〕不數年至翰林學士樞密副使參知政事　按紀清寧元年十二月以樞密副使姚景行爲參知政事。

〔四〕壽隆元年爲北院樞密使　壽隆元年，原作「大安十一年」。按大安止十年，次年壽隆元年。紀壽隆元年十二月，以知北院樞密使事耶律阿思爲北院樞密使，據改。

遼史卷九十七

列傳第二十七

耶律斡特剌　孩里　竇景庸　耶律引吉

楊績　趙徽　王觀　耶律喜孫

耶律斡特剌，字乙辛隱，許國王寅底石六世孫。少不喜官祿，年四十一，始補本班郎君。時樞密使耶律乙辛擅權，讒害忠良，斡特剌恐禍及，深自抑畏。

大康中，爲宿直官，歷左、右護衞太保。大安元年，升燕王傅，徙左夷離畢。四年，改北院樞密副使。帝賜詩褒之，遷知北院樞密使事，賜翼聖佐義功臣。北阻卜酋長磨古斯叛，斡特剌率兵進討。會天大雪，敗磨古斯四別部，斬首千餘級，拜西北路招討使，封漆水郡王，加賜宣力守正功臣。尋拜南府宰相。復討閘古胡里扒部，破之，召爲契丹行宮都部署。先是，北、南府有訟，各州府得就按之；比歲，非奉樞密檄，不得鞫問，以故訟者稽留。

斡特剌奏請如舊，從之。壽隆五年，〔一〕復爲西北路招討使，討耶覩刮部，俘斬甚衆，獲馬、駝、牛、羊各數萬。明年，擒磨古斯，加守太保，賜奉國匡化功臣。

乾統初，乞致仕，不許，止罷招討。復兼南院樞密使，〔二〕封混同郡王。遷北院樞密使，加守太師，賜推誠贊治功臣。致仕，薨，謚曰敬肅。

孩里，〔三〕字胡輦，回鶻人。其先在太祖時來貢，願留，因任用之。

孩里，重熙間歷近侍長。清寧九年，討重元之亂有功，加金吾衞上將軍，賜平亂功臣。累遷殿前都點檢，以宿衞嚴肅稱。大康初，加守太子太保。二年，加同中書門下平章事。三年，改同知南院宣徽使事。會耶律乙辛出守中京，孩里入賀；及議復召，陳其不可。後乙辛再入樞府，出孩里爲廣利軍節度使。及皇太子被誣，孩里當連坐，有詔勿問。大安初，歷品達魯虢部節度使。壽隆五年，有疾，自言吾數已盡，却醫藥，卒，年七十七。

孩里素信浮圖。清寧初，從上獵，墮馬，憒而復蘇。言始見二人引至一城，宮室宏敞，有衣絳袍人坐殿上，左右列侍，導孩里升階。持牘者示之曰：「本取大腹骨欲，誤執汝。」牘上書「官至使相，壽七十七」。須臾還，擠之大壑而寤。道宗聞之，命書其事。後皆驗。

竇景庸，中京人，中書令振之子。聰敏好學。清寧中，第進士，授祕書省校書郎，累遷少府少監。

咸雍六年，授樞密直學士，尋知漢人行宮副部署事。大安初，遷南院樞密副使，監修國史，知樞密院事，賜同德功臣，封陳國公。有疾，表請致仕；不從，加太子太保，授武定軍節度使。審決冤滯，輕重得宜，以獄空聞。

七年，拜中京留守。九年薨，謚曰肅憲。子瑜，三司副使。

耶律引吉，字阿括，品部人。父雙古，鎮西邊二十餘年，治尚嚴肅，不殖貨利，時多稱之。

引吉寅畏好義。以廕補官，累遷東京副留守、北樞密院侍御。時蕭革、蕭圖古辭等以佞見任，鬻爵納賄；引吉以直道處其間，無所阿唯。改客省使。時朝廷遣使括三京隱戶不得，以引吉代之，得數千餘戶。

時昭懷太子知北南院事，選引吉爲輔導。樞密使乙辛將傾太子，惡引吉在側，奏出之，爲羣牧林牙。大康元年，乙辛請賜牧地，引吉奏曰：「今牧地褊陿，畜不蕃息，豈可分賜臣下。」帝乃止。乙辛由是益嫉之，除懷德軍節度使，徙漠北猾水馬羣太保，〔四〕卒。

楊績，〔五〕良鄉人。太平十一年進士及第，累遷南院樞密副使。與杜防、韓知白等擅給進士堂帖，降長寧軍節度使，徙知涿州。

清寧初，拜參知政事，兼同知樞密院事，爲南府宰相。九年，聞重元亂，與姚景行勤王，上嘉之。十年，知興中府。咸雍初，入知樞密院事。二年，乞致仕，不許，拜南院樞密使。帝以績舊臣，特詔燕見，論古今治亂，人臣邪正。帝曰：「方今羣臣忠直，耶律玦、劉伸而已；然伸不及玦之剛介。」績拜賀曰：「何代無賢，世亂則獨善其身，主聖則兼濟天下。陛下銖分邪正，升黜分明，天下幸甚。」累表告歸，不許，封趙王。大康中，以例改王遼西。致仕，加守太保，薨。子貴忠，〔六〕知興中府。

趙徽，南京人。重熙五年，擢甲科，累遷大理正。

清寧二年，銅州人妄毀三教，徽按鞫之，以狀聞，稱旨。歷煩劇，有能名。累遷翰林學士承旨。咸雍初，爲度支使。三年，拜參知政事。出爲武定軍節度使，及代，軍民請留。後同知樞密院事，兼南府宰相、門下侍郎、平章事。致仕，卒。追贈中書令，謚文憲。

王觀，南京人。博學有才辯。重熙七年，中進士乙科。興宗崩，充夏國報哀使；還，除給事中。咸雍初，遷翰林學士。五年，兼乾文閣學士。七年，改南院樞密副使，賜國姓，參知政事，兼知南院樞密事。

坐矯制修私第，削爵爲民，卒。

耶律喜孫，字盈隱，永興宮分人。興宗在青宮，嘗居左右輔導。聖宗大漸，喜孫與馮家奴告仁德皇后同宰相蕭浞卜等謀逆事。及欽哀爲皇太后稱制，喜孫尤見寵任。

重熙中，其子涅哥爲近侍，坐事伏誅。帝以喜孫有翼戴功，且悼其子罪死，欲世其官，喜孫無所出之部，因見馬印文有品部號，使隸其部，拜南府宰相。尋出爲東北路詳穩，卒。

論曰：孩里、引吉之爲臣也，當乙辛擅權、蕭革貪黷之日，雖與同官，而能以正自處，不少阿唯，其過人遠矣！傳曰：「歲寒知松栢之後凋。」二子有焉。若斡特剌之戰功，竇景庸之讞獄，楊績之忠告，亦賢矣夫。

校勘記

〔一〕壽隆五年　壽隆二字原脫，據紀壽隆五年五月補。

〔二〕復兼南院樞密使　復兼二字原脫。按紀乾統元年六月，「以南府宰相斡特剌兼南院樞密使」，據補。

〔三〕孩里　按紀清寧九年七月作海鄰。

〔四〕徙漠北猾水馬羣太保　猾水，卷一〇一蕭陶蘇斡傳作滑水，字通。

〔五〕楊績　參卷八九校勘記〔三〕。

〔六〕子貴忠　按陳襄使遼語錄云，子二人：長規正，知順州，太傅；次規忠，即此貴忠。

遼史卷九十八

列傳第二十八

蕭兀納　耶律儼　劉伸　耶律胡呂

蕭兀納，一名撻不也，字特免，六院部人。其先嘗爲西南面拽剌。兀納魁偉簡重，善騎射。淸寧初，兄圖獨以事入見，帝問族人可用者，圖獨以兀納對，補祗候郎君。遷近侍敞史，護衛太保。

大康初，爲北院宣徽使。時乙辛已害太子，因言宋魏國王和魯斡之子淳可爲儲嗣。羣臣莫敢言，唯兀納及夷離畢蕭陶隗諫曰：「舍嫡不立，是以國與人也。」帝猶豫不決。五年，帝出獵，乙辛請留皇孫，帝欲從之。兀納奏曰：「竊聞車駕出遊，將留皇孫，苟保護非人，恐有他變。果留，臣請侍左右。」帝乃悟，命皇孫從行。由此，始疑乙辛。頃之，同知南院樞密使事，出乙辛、淳等。帝嘉其忠，封蘭陵郡王，人謂近於古社稷臣，

授殿前都點檢。上謂王師儒、耶律固等曰：「兀納忠純，雖狄仁傑輔唐，屋質立穆宗，無以過也。卿等宜達燕王知之。」自是，令兀納輔導燕王，益見優寵。大安初，詔尙越國公主，兀納固辭。改南院樞密使，奏請掾史宜以歲月遷敍，從之。壽隆元年，拜北府宰相。〔一〕

初，天祚在潛邸，兀納數以直言忤旨。及嗣位，出爲遼興軍節度使，守太傅。以佛殿小底王華誣兀納借內府犀角，詔鞫之。兀納奏曰：「臣在先朝，詔許日取帑錢十萬爲私費，臣未嘗妄取一錢，肯借犀角乎！」天祚愈怒，奪太傅官，降寧邊州刺史，尋改臨海軍節度使。

兀納上書曰：「自蕭海里亡入女直，彼有輕朝廷心，宜益兵以備不虞。」不報。天慶元年，知黃龍府事，改東北路統軍使，復上書曰：「臣治與女直接境，觀其所爲，其志非小。宜先其未發，舉兵圖之。」章數上，皆不聽。及金兵來侵，戰于寧江州，其孫移敵蹇死之，兀納退走入城。留官屬守禦，自以三百騎渡混同江而西，城遂陷。後與蕭敵里拒金兵于長濼，〔二〕以軍敗免官。五年，天祚親征，兀納殿，復敗績。後數日乃與百官入見，授上京留守。六年，耶律章奴叛，〔三〕來攻京城，兀納發府庫以賚士卒，諭以逆順，完城池，以死拒戰。章奴無所得而去。以功授副元帥，尋爲契丹都宮使。〔四〕

天祚以兀納先朝重臣，有定策勳，每延問以政，兀納對甚切。上雖優容，終不能用。以疾卒，年七十。

耶律儼，字若思，析津人。本姓李氏。父仲禧，重熙中始仕。淸寧初，同知南院宣徽使事。四年，城鴨子、混同二水間，拜北院宣徽使。咸雍初，坐誤奏事，出爲榆州刺史。俄詔復舊職，遷漢人行宮都部署。六年，賜國姓，封韓國公，改南院樞密使。〔五〕時樞臣乙辛等誣陷皇太子，詔仲禧偕乙辛鞫之，蔓引無辜，未嘗雪正。乙辛薦仲禧可任，拜廣德軍節度使，復爲南院樞密使，卒，謚欽惠。

儼儀觀秀整，好學，有詩名，登咸雍進士第。守著作佐郎，補中書省令史，以勤敏稱。大康初，歷都部署判官、將作少監。後兩府奏事，論羣臣優劣，唯稱儼才俊。改少府少監，知大理正，賜紫。六年，遷大理少卿，奏讞詳平。明年，陞大理卿。丁父憂，奪服，同簽部署司事。

大安初，爲景州刺史。繩胥徒，禁豪猾，撫老恤貧，未數月，善政流播，郡人刻石頌德。二年，改御史中丞，詔按上京滯獄，多所平反。同知宣徽院事，提點大理寺。六年冬，改山西路都轉運使。刮剔垢弊，奏定課額，益州縣俸給，事皆施行。壽隆初，授樞密直學士。以母憂去官，尋召復舊職。宋攻夏，李乾順遣使求和解，帝命儼如宋平之，拜參知政事。六年，駕幸鴛鴦濼，召至內殿，訪以政事。

帝晚年倦勤，用人不能自擇，令各擲骰子，以采勝者官之。儼嘗得勝采，上曰：「上相之徵也！」遷知樞密院事，賜經邦佐運功臣，封越國公。〔六〕修皇朝實錄七十卷。

帝大漸，儼與北院樞密使阿思同受顧命。乾統三年，徙封秦國。六年，封漆水郡王。天慶中，以疾，命乘小車入朝。疾甚，遣太醫視之。薨，贈尙父，謚曰忠懿。

儼素廉潔，一芥不取於人。經籍一覽成誦。又善伺人主意。妻邢氏有美色，常出入禁中，儼敎之曰：「愼勿失上意！」由是權寵益固。三子：處貞，太常少卿；處廉，同知中京留守事；處能，少府少監。

劉伸，字濟時，宛平人。少穎悟，長以辭翰聞。重熙五年，登進士第，歷彰武軍節度使掌書記、大理正。因奏獄，上適與近臣語，不顧，伸進曰：「臣聞自古帝王必重民命，願陛下省臣之奏。」上大驚異，擢樞密都承旨，權中京副留守。

詔徙富民以實春、泰二州，伸以爲不可，奏罷之。遷大理少卿，人以不冤。陞大理卿，改西京副留守。以父憂，終制，爲三司副使，加諫議大夫，提點大理寺。以伸明法而恕，案寃獄全活者衆，徙南京副留守。俄改崇義軍節度使，政務簡靜，民用不擾，致烏、鵲同巢之異，優詔褒之。改戶部使，歲入羨餘錢三十萬繦，拜南院樞密副使。

道宗嘗謂大臣曰：「今之忠直，耶律玦、劉伸而已！」宰相楊績賀其得人，拜參知政事。〔七〕上諭之曰：「卿勿憚宰相！」時北院樞密使乙辛勢焰方熾，伸奏曰：「臣於乙辛尚不畏，何宰相之畏！」乙辛銜之，相與排詆，出爲保靜軍節度使。上終欲大用，加守太子太保，遷上京留守。乙辛以事徙鎭雄武，復以崇義軍節度使致仕。

適燕、薊民飢，伸與致政趙徽、韓造日濟以糜粥，所活不勝算。大安二年卒，上震悼，賻贈加等。

耶律胡呂，字蘇撒，弘義宮分人。其先欲穩，佐太祖有功，爲迭烈部夷離堇。父楊五，左監門衞大將軍。

胡呂性謙謹，於人無適莫。重熙末，補寢殿小底。以善職，屢更華要，遷千牛衞大將軍。大安中，北阻卜酋磨魯斯叛，〔八〕爲招討都監，與耶律那也率精騎二千討平之，以功爲漢人行宮副部署，兼知太和宮事。致仕，加同中書門下平章事，卒。

論曰：兀納當道宗昏惑之會，擁佑皇孫，使乙辛姦計不獲復逞，而遼祚以續。比之屋質立穆宗，非溢美也。儼以俊才莅政，所至有能譽；纂述遼史，具一代治亂，亦云勤矣。但其

固寵，不能以禮正家，惜哉。劉伸三爲大理，民無寃抑；一登戶部，上下兼裕，至與耶律玦並稱忠直，不亦宜乎。

校勘記

〔一〕壽隆元年拜北府宰相　按紀在壽隆二年十二月。又前此大康六年十二月，以蕭撻不也爲北府宰相，至大安元年十月改南院樞密使。壽隆時似是再任。

〔二〕拒金兵于長濼　長濼，紀天慶四年十一月作斡鄰濼。

〔三〕耶律章奴叛　卷一〇〇耶律章奴傳及紀並繫此事于天慶五年九月。

〔四〕辭爲契丹都宮使　按紀天慶六年六月作「契丹行宮都部署兼副元帥」。

〔五〕六年賜國姓封韓國公改南院樞密使　按紀，七年十二月賜國姓，八年十二月封韓國公，九年八月爲南院樞密使。

〔六〕賜經邦佐運功臣封越國公　按遼文滙八乾統元年所撰道宗哀册署銜作「經邦守正翊贊功臣、趙國公」。

〔七〕拜參知政事　按紀咸雍二年十二月，以樞密副使劉詵參知政事。劉詵卽劉伸。

〔八〕北阻卜酋磨魯斯叛　磨魯斯，紀大安八年十月作磨古斯。

遼史卷九十九

列傳第二十九

蕭巖壽　耶律撒剌　蕭速撒　耶律撻不也

蕭撻不也　蕭忽古　耶律石柳

蕭巖壽，乙室部人。性剛直，尚氣。仕重熙末。道宗卽位，皇太后屢稱其賢，由是進用。上出獵較，巖壽典其事，未嘗高下于心，帝益重之。歷文班太保、同知樞密院事。咸雍四年，從耶律仁先伐阻卜，〔一〕破之，有詔留屯，亡歸者衆，由是鐫兩官。十年，討敵烈部有功，爲其部節度使。

大康元年，同知南院宣徽使事，遷北面林牙。密奏乙辛以皇太子知國政，心不自安，與張孝傑數相過從，恐有陰謀，動搖太子。上悟，出乙辛爲中京留守。〔二〕會乙辛生日，上遣近臣耶律白斯本賜物爲壽，乙辛因私屬白上：「臣見姦人在朝，陛下孤危。身雖在外，竊用寒

心。」白斯本還，以聞。上遣人賜乙辛車，諭曰：「無慮弗用，行將召矣。」由是反疑巖壽，出爲順義軍節度使。

乙辛復入爲樞密使，流巖壽於烏隗路，終身拘作。巖壽雖竄逐，恆以社稷爲憂，時人爲之語曰：「以狼牧羊，何能久長！」三年，乙辛誣巖壽與謀廢立事，執還殺之，年四十九。

乾統間，贈同中書門下平章事，繪像宜福殿。巖壽廉直，面折廷諍，多與乙辛忤，故及於難。

耶律撒剌，字董隱，南院大王磨魯古之孫。〔三〕性忠直沉厚。淸寧初，累遷西南面招討使，以治稱。咸雍九年，改北院大王。〔四〕未幾，爲契丹行宮都部署。

大康二年，耶律乙辛爲中京留守，詔百官廷議，欲復召之，羣臣無敢正言。撒剌獨奏曰：「蕭巖壽言乙辛有罪，不可爲樞臣，故陛下出之；今復召，恐天下生疑。」進諫者三，不納；左右爲之震慄。乙辛復爲樞密使，見撒剌讓曰：「與君無憾，何獨異議？」撒剌曰：「此社稷計，何憾之有！」乙辛誣撒剌與速撒同謀廢立，詔按無迹，出爲始平軍節度使。及蕭訛都斡誣首，竟遣使殺之。

乾統間，追封漆水郡王，繪像宜福殿，仍追贈三子官爵。

蕭速撒，字禿魯堇，突呂不部人。性沉毅。重熙間，累遷右護衛太保。蒲奴里叛，從耶律義先往討，執首亂陶得里以歸。清寧中，歷北面林牙、彰國軍節度使，入爲北院樞密副使。咸雍十年，經略西南邊，撤宋堡障，戍以皮室軍，上嘉之。

大康二年，知北院樞密使事。〔五〕耶律乙辛權寵方盛，附麗者多至通顯，速撒未嘗造門。乙辛銜之，誣構速撒首謀廢立；按之無驗，出爲上京留守。乙辛復令蕭訛都斡以前事誣告，上怒，不復加訊，遣使殺之。時方盛暑，尸諸原野，容色不變，烏鵲不敢近。

乾統間，追封蘭陵郡王，繪像宜福殿。

耶律撻不也，字撒班，系出季父房。父高家。仕至林牙，重熙間破夏人于金肅軍有功，優加賞賚。

撻不也，清寧中補牌印郎君，累遷永興宮使。九年，平重元之亂，以功知點檢司事，賜平亂功臣，爲懷德軍節度使。咸雍五年，遷遙輦剋。

大康三年，授北院宣徽使。耶律乙辛謀害太子，撻不也知其姦，欲殺乙辛及蕭特里得、〔六〕蕭十三等。乙辛知之，令其黨誣構撻不也與廢立事，殺之。

乾統間，追封漆水郡王，繪像宜福殿。

蕭撻不也，字斡里端，國舅郡王高九之孫。性剛直。咸雍中，補祗候郎君。大康元年，爲彰愍宮使，尚趙國公主，拜駙馬都尉。

三年，改同知漢人行宮都部署。與北院宣徽使耶律撻不也善，乙辛嫉之，令人誣告謀廢立事。不勝搒掠，誣伏。上引問，昏聵不能自陳，遂見殺。

乾統間，追封蘭陵郡王，繪像宜福殿。

蕭忽古，字阿斯憐，性忠直，趫捷有力。甫冠，補禁軍。

咸雍初，從招討使耶律趙三討番部之違命者。及請降，來介有能躍駝峯而上者，以捷相詫。趙三問左右誰能此，忽古被重鎧而出，手不及峯，一躍而上，使者大駭。趙三以女妻之。帝聞，召爲護衛。

時北院樞密使耶律乙辛以狡佞得幸，肆行兇暴。忽古伏于橋下，伺其過，欲殺之。俄以暴雨壞橋，不果。後又欲殺于獵所，爲親友所沮。大康三年，復欲殺乙辛及蕭得里特等，乙辛知而械繫之，考劾不服，流于邊。及太子廢徙于上京，召忽古至，殺之。

乾統初，追贈龍虎衛上將軍。

耶律石柳，字酬宛，六院部人。祖獨攧，南院大王。父安十，統軍副使。

石柳性剛直，有經世志。始爲牌印郎君。大康初，爲夷離畢郎君。時樞密使耶律乙辛誣殺皇后，謀廢太子，斥忠賢，進姦黨，石柳惡其所爲，乙辛覺之。太子既廢，以石柳附太子，流鎮州。

天祚卽位，召爲御史中丞。時方治乙辛黨，有司不以爲意。石柳上書曰：

臣前爲姦臣所陷，斥竄邊郡。幸蒙召用，不敢隱默。

恩賞明則賢者勸，刑罰當則姦人消。二者旣舉，天下不勞而治。臣見耶律乙辛身出寒微，位居樞要，竊權肆惡，不勝名狀。蔽先帝之明，誣陷順聖，構害忠讜，敗國罔上，自古所無。賴廟社之休，陛下獲纂成業，積年之冤，一旦洗雪。正陛下英斷，克成孝道之秋。如蕭得裏特實乙辛之黨，耶律合魯亦不爲早辨，賴陛下之明，遂正其事。

臣見陛下多疑，故有司顧望，不切推問。乙辛在先帝朝，權寵無比。先帝若以順考爲實，則乙辛爲功臣，陛下豈得立耶？先帝黜逐嬖后，詔陛下在左右，是亦悔前非也。陛下詎可忘父讎不報，寬逆黨不誅。今靈骨未獲，而求之不切。傳曰，聖人之德，無加于孝。昔唐德宗因亂失母，思慕悲傷，孝道益著。周公誅飛廉、惡來，天下大悅。今逆黨未除，大冤不報，上無以慰順考之靈，下無以釋天下之憤。怨氣上結，水旱爲沴。

臣願陛下下明詔，求順考之瘞所，盡收逆黨以正邦憲，快四方忠義之心，昭國家賞罰之用，然後致治之道可得而舉矣。謹別錄順聖升遐及乙辛等事，昧死以聞。

書奏不報，聞者莫不歎惋。

乾統中，遙授靜江軍節度使，卒。子馬哥，同中書門下平章事。

論曰：易言「履霜，堅冰至」，謹始也。使道宗能從巖壽、撒剌之諫，后何得而誣，太子何得而廢哉？速撒、撻不也以忠言見殺，國欲無亂，得乎？石柳之書，亦幸出於乙辛旣敗之後，獲行其說。有國家者，可不知人哉！

校勘記

〔一〕咸雍四年從耶律仁先伐阻卜　按紀，耶律仁先伐阻卜在咸雍五年三月。

〔二〕中京留守　中，原誤「上」。據紀大康二年六月及卷九七孩里傳、卷一一〇耶律乙辛傳改。

〔三〕南院大王磨魯古之孫　南院大王，卷八二磨魯古傳作北院大王。

〔四〕咸雍九年改北院大王　按紀咸雍九年十二月作南院大王。

〔五〕知北院樞密使事　事字原脫。按紀大康二年六月，北院樞密副使蕭速撒知北院樞密使事，據補。

〔六〕蕭特里得　按卷一一一本傳作蕭得裏特，卷七二順宗傳作蕭特裏特。

遼史卷一百

列傳第三十

耶律棠古　蕭得里底　蕭酬斡　耶律章奴　耶律术者

耶律棠古，字蒲速宛，六院郎君葛剌之後。

大康中，補本班郎君，累遷至大將軍。性坦率，好別白黑，人有不善，必盡言無隱，時號「强棠古」。在朝數論宰相得失，由是久不得調，後出爲西北戍長。

乾統三年，蕭得里底爲西北路招討使，以后族慢侮僚吏。棠古不屈，乃罷之。棠古詣之朝，不省。天慶初，烏古敵烈叛，召拜烏古部節度使。至部，諭降之。遂出私財及發富民積，以振其困乏，部民大悅，加鎮國上將軍。會蕭得里底以都統率兵與金人戰敗績，棠古請以軍法論。且曰：「臣雖老，願爲國破敵。」不納。

保大元年，乞致仕。明年，天祚出奔，棠古謁於倒塌嶺，爲上流涕，上慰止之，復拜烏古

部節度使。及至部，敵烈以五千人來攻，棠古率家奴擊破之，加太子太傅。年七十二卒。〔一〕

蕭得里底，〔二〕字糺鄰，晉王孝先之孫。父撒鉢，歷官使相。

得里底短而僂，外謹內倨。大康中，補祗候郎君，稍遷興聖宮副使，兼同知中丞司事。大安中，燕王妃生子，得里底以妃叔故，歷寧遠軍節度使、長寧宮使。壽隆二年，監討達里得、拔思母二部，多俘而還，改同知南京留守事。

乾統元年，爲北面林牙、同知北院樞密事，受詔與北院樞密使耶律阿思治乙辛餘黨。阿思納賄，多出其罪；得里底不能制，亦附會之。

四年，知北院樞密事。夏王李乾順爲宋所攻，遣使請和解，詔得里底與南院樞密使牛溫舒使宋平之。宋既許，得里底受書之日，乃曰：「始奉命取要約歸，不見書辭，豈敢徒還。」遂對宋主發函而讀。既還，朝議爲是。天慶三年，加守司徒，封蘭陵郡王。

女直初起，廷臣多欲乘其未備，舉兵往討；得里底獨沮之，以至敗衄。天祚以得里底不合人望，出爲西南面招討使。八年，召爲北院樞密使，寵任彌篤。是時，諸路大亂，飛章告急者絡繹而至，得里底不卽上聞，有功者亦無甄別。由是將校怨怒，人無鬬志。

保大二年，金兵至嶺東。會耶律撒八、習騎撒跋等謀立晉王敖盧斡事泄，上召得里底

議曰：「反者必以此兒爲名，若不除去，何以獲安。」得里底唯唯，竟無一言申理。王既死，人心益離。金兵踰嶺，天祚率衞兵西遁。元妃蕭氏，得里底之姪，謂得里底曰：「爾任國政，致君至此，何以生爲！」得里底但謝罪，不能對。明日，天祚怒，逐得里底與其子麼撒。[三]

得里底既去，爲耶律高山奴執送金兵。得里底伺守者怠，脫身亡歸，復爲耶律九斤所得，送之耶律淳。時淳已僭號，得里底自知不免，詭曰：「吾不能事僭竊之君！」不食數日，卒。子麼撒，爲金兵所殺。

蕭酬斡，字訛里本，國舅少父房之後。祖阿剌，終採訪使。父別里剌，以后父封趙王。酬斡貌雄偉，性和易。年十四，尚越國公主，拜駙馬都尉，爲祗候郎君班詳穩。年十八，封蘭陵郡王。時帝欲立皇孫爲嗣，恐無以解天下疑，出酬斡爲國舅詳穩，降皇后爲惠妃，遷于乾州。初酬斡母入朝，擅取驛馬，至是覺，奪其封號；復與妹魯姐爲巫蠱，伏誅。詔酬斡與公主離婚，籍興聖宮，流烏古敵烈部。

天慶中，以妹復尊爲太皇太妃，召酬斡爲南女直詳穩，遷征東副統軍。時廣州渤海作亂，乃與駙馬都尉蕭韓家奴襲其不備，平之，復敗敵將侯槩于川州。是歲，東京叛，遇敵來擊，師潰；獨酬斡率麾下數人力戰，歿于陣，追贈龍虎衞上將軍。

耶律章奴，字特末衍，季父房之後。父查剌，養高不仕。

章奴明敏善談論。大安中，補牌印郎君。乾統元年，累遷右中丞，兼領牌印宿直事。六年，以直宿不謹，降知內客省事。天慶四年，授東北路統軍副使。五年，改同知咸州路兵馬事。

及天祚親征女直，蕭胡篤爲先鋒都統，章奴爲都監。大軍渡鴨子河，章奴與魏國王淳妻兄蕭敵里及其甥蕭延留等謀立淳，誘將卒三百餘人亡歸。既而天祚爲女直所敗，章奴乃遣敵里、延留以廢立事馳報淳。淳猶豫未決。會行宮使者乙信持天祚御札至，備言章奴叛命，淳對使者號哭，即斬敵里、延留首以獻天祚。

章奴見淳不從，誘草寇數百攻掠上京，取府庫財物。至祖州，率僚屬告太祖廟云：「我大遼基業，由太祖百戰而成。今天下土崩，竊見興宗皇帝孫魏國王淳道德隆厚，能理世安民，臣等欲立以主社稷。會淳適好草甸，大事未遂。邇來天祚惟耽樂是從，不恤萬機；强敵肆侮，師徒敗績。加以盜賊蜂起，邦國危于累卵。臣等忝預族屬，世蒙恩渥，上欲安九廟之靈，下欲救萬民之命，乃有此舉。實出至誠，冀累聖垂祐。」西至慶州，復祀諸廟，仍述所以舉兵之意，移檄州縣、諸陵官僚，士卒稍稍屬心。

時饒州渤海及侯槩等相繼來應，衆至數萬，趨廣平淀。其黨耶律女古等暴橫不法，劫掠婦女財畜。章奴度不能制，內懷悔恨；又攻上京不克，北走降虜。[四]順國女直阿鶻產率兵追敗之，殺其將耶律彌里直，擒貴族二百餘人，其妻子配役繡院，或散諸近侍爲婢；餘得脫者皆遁去。章奴詐爲使者，欲奔女直，爲邏者所獲，縛送行在，伏誅。

耶律朮者，字能典，于越蒲古只之後，魁偉雄辨。乾統初，補祗候郎君。六年，因柴册，加觀察使。天慶五年，受詔監都統耶律斡里朵戰。及敗，左遷銀州刺史，徙咸州糺將。

嘗與耶律章奴謀立魏國王淳。及聞章奴自鴨子河亡去，卽引麾下數人往會之。道爲游兵所執，送行在所。上問曰：「予何負卿而反？」朮者對曰：「臣誠無憾。但以天下大亂，已非遼有，小人滿朝，賢臣竄斥，誠不忍見天皇帝艱難之業一旦土崩。臣所以痛入骨髓而有此舉，非爲身計。」後數日，復問，朮者厲聲數上過惡，陳社稷危亡之本，遂殺之。

論曰：遼末同事之臣，其善惡何相遠也！棠古骨鯁不屈權要，兩鎮烏古，恩威並著。酬斡平亂渤海，又以討叛力戰而死，忠可尙矣。得里底縱女直而不討，寢變告而不聞。其蔽主聰明，爲國階亂，莫斯之甚也。章奴、朮者乘時多艱，潛謀廢立，將求寵幸，以犯大逆，其得免於天下之戮哉！

校勘記

〔一〕加太子太傅　皇子表同。紀保大二年七月作「加太子太保」。

〔二〕蕭得里底　按蕭得里底與卷一〇二有傳之蕭奉先事迹有重複，疑是一人兩傳。

〔三〕得里底與其子麼撒　麼撒，外戚表作磨撒。金史撻懶傳，獲遼樞密使得里底及其子磨哥、那野。磨哥卽麼撒。

〔四〕北走降虜　按「虜」下原有「上」字，衍文從刪。

遼史卷一百一

列傳第三十一

蕭陶蘇斡　耶律阿息保　蕭乙薛　蕭胡篤

蕭陶蘇斡，字乙辛隱，突呂不部人。四世祖因吉，髮長五尺，時呼爲「長髮因吉」。祖里拔，奥隗部節度使。

陶蘇斡謹愿，不妄交。伯父留哥坐事免官，閒重元亂，挈家赴行在。時陶蘇斡雖幼，已如成人，補筆硯小底。累遷祗候郎君，轉樞密院侍御。咸雍五年，遷崇德宮使。會有訴北南院聽訟不直者，事下，陶蘇斡悉改正之，爲耶律阿思所忌。帝欲召用，輒爲所沮。八年，歷漠北滑水馬羣太保，數年不調，嘗曰：「用才未盡，不若閑。」乾統中，遷漠南馬羣太保，以大風傷草，馬多死，鞭之三百，免官。九年，徙天齊殿宿衞。明年，轂價翔踊，宿衞士多不給，陶蘇斡出私廩賙之，召同知南院樞密使事。

天慶四年，爲漢人行宮副部署。時金兵初起，攻陷寧江州。天祚召羣臣議，陶蘇斡曰：「女直國雖小，其人勇而善射。自執我叛人蕭海里，勢益張。我兵久不練，若遇强敵，稍有不利，諸部離心，不可制矣。爲今之計，莫若大發諸道兵，以威壓之，庶可服也。」北院樞密使蕭得里底曰：「如陶蘇斡之謀，徒示弱耳。但發滑水以北兵，〔一〕足以拒之。」遂不用其計。

數月間，邊兵屢北，人益不安。饒州渤海結構頭下城以叛，有步騎三萬餘，招之不下。陶蘇斡帥兵往討，擒其渠魁，斬首數千級，得所掠物，悉還其主。及耶律章奴叛，陶蘇斡與留守耶律大悲奴爲守禦。章奴既平，陶蘇斡請曰：「今邊兵懈弛，若清暑嶺西，則漢人嘯聚，民心益搖。臣愚以爲宜罷此行。」不納。乃命陶蘇斡控扼東路，招集散卒。

後以太子太傅致仕，卒。

耶律阿息保，字特里典，五院部人。祖胡劣，太祖時徙居西北部，〔二〕世爲招討司吏。

阿息保慷慨有大志，年十六，以才幹補內史。天慶初，轉樞密院侍御。金人起兵城境上，遣阿息保問之，金人曰：「若歸阿疎，敢不聽命。」阿息保具以聞。金兵陷寧江州，邊兵屢敗，遣阿息保與耶律章奴等齎書而東，冀以脅降。阿息保曰：「臣前使，依詔開諭，略無所屈。將還，謂臣曰：『若所請不遂，無相見。』今臣請獨往。」不聽。將行，別蕭得里底曰：「不肯適

異國，必無生還，願公善輔國家。」既至，阿息保見執。久乃遁歸。

及天祚敗績，遷都巡捕使。六年，從阿疎討耶律章奴，加領軍衞大將軍。阿疎將兵而東，阿息保送至軍，乃還。天祚怒其專，鞭之三百。尋爲奚六部禿里太尉。後阿疎反，阿息保以偏師進擊，臨陣墜馬，被擒。因阿疎有舊得免。時阿疎頗好殺，阿息保謂曰：「欲舉大事，何以殺爲！」由是全活者衆。會阿疎敗，乃還。以戰失利，囚中京數歲。

保大二年，金兵至中京，始出獄。尋爲敵烈皮室詳穩。是時，魏王淳僭號，屢遣人以書來招。阿息保封書以獻，因諫曰：「東兵甚銳，未可輕敵。」及石輦鐸之敗，天祚奔竄，召阿息保，不時至，疑有貳心，并怒爲淳所招，殺之。

初，阿息保知國將亡，前後諫甚切。及死以非罪，人尤惜之。

蕭乙薛，字特免，國舅少父房之後。性謹愿。壽隆間，累任劇官。

天慶初，知國舅詳穩事，遷殿前副點檢。金兵起，爲行軍副都統。以戰失利，罷職。六年，出爲武定軍節度使，遷西京留守。明年，討劇賊董厖兒，戰易水西，大破之。以功爲北府宰相，加左僕射，兼東北路都統。十年，金兵陷上京，詔兼上京留守、東北路統軍使。爲政寬猛得宜，民之窮困者，輒加振恤，衆咸愛之。

保大二年，金兵大至，乙薛軍潰，左遷西南面招討使。以部民流散，不赴。及天祚播遷，給侍從不闕，拜殿前都點檢。凡金兵所過，諸營敗卒復聚上京，遣乙薛爲上京留守以安撫之。

明年，盧彥倫以城叛，乙薛被執數月，以居官無過，得釋。後爲耶律大石所殺。

蕭胡篤，字合朮隱。其先撒葛只，太祖時願隸宮分，遂爲太和宮分人。

曾祖敵魯，明醫。人有疾，觀其形色即知病所在。統和中，宰相韓德讓貴寵，敵魯希旨，言德讓宜賜國姓，籍横帳，由是世預太醫選。子孫因之入官者衆。

胡篤爲人便佞，與物無忤。清寧初，補近侍。大安元年，爲彰愍宮太師。壽隆二年，轉永興宮太師。天慶初，累遷至殿前副點檢。五年，從天祚東征，爲先鋒都統，臨事猶豫，凡隊伍皆以圍場名號之。進至剌離水，與金兵戰，敗，大軍亦却。及討耶律章奴，以籍私奴爲軍，遷知北院樞密使事，卒。

胡篤長于騎射，見天祚好游畋，每言從禽之樂，以逢其意。天祚悅而從之。國政隳廢，自此始云。

論曰：甚矣，承平日久，上下狃於故常之可畏也！天慶之間，女直方熾，惟陶蘇斡明於料敵，善於忠諫，惜乎天祚痛蔽，不見信用。阿息保不死阿踈之難，乙薛甘忍盧彥倫之執，大節已失矣，他有所長，亦奚足取。胡篤以游畋逢迎天祚而驟國政，可勝罪哉！

校勘記

〔一〕發滑水以北兵　按紀天慶四年七月作「發渾河北諸軍」。

〔二〕太祖時徙居西北部　祖，原誤「子」。依道光殿本據大典改。

遼史卷一百二

列傳第三十二

蕭奉先　李處溫　張琳　耶律余覩

蕭奉先，〔一〕天祚元妃之兄也。外寬內忌。因元妃爲上眷倚，累官樞密使，封蘭陵郡王。天慶二年，上幸混同江鉤魚。故事，生女直酋長在千里內者皆朝行在。適頭魚宴，上使諸酋次第歌舞爲樂，至阿骨打，但端立直視，辭以不能。再三旨諭，不從。上密謂奉先曰：「阿骨打跋扈若此！可託以邊事誅之。」奉先曰：「彼粗人，不知禮義，且無大過，殺之傷向化心。設有異志，蕞爾小國，亦何能爲！」上乃止。

四年，阿骨打起兵犯寧江州，東北路統軍使蕭撻不也戰失利。上命奉先弟嗣先爲都統，將番、漢兵往討，屯出河店。女直乃潛渡混同江，乘我師未備來襲。〔二〕嗣先敗績，軍將往往遁去。奉先懼弟被誅，乃奏「東征潰軍逃罪，所至劫掠，若不肆赦，將嘯聚爲患」。從之。嗣

先詣闕待罪，止免官而已。由是士無鬬志，遇敵輒潰，郡縣所失日多。

初，奉先誣耶律余覩結駙馬蕭昱謀立其甥晉王，事覺，殺昱。余覩在軍中聞之懼，奔女直。保大二年，余覩爲女直監軍，引兵奄至，上憂甚。奉先曰：「余覩乃王子班之苗裔，此來實無亡遼心，欲立晉王耳。若以社稷計，不惜一子，誅之，可不戰而退。」遂賜晉王死。中外莫不流涕，人心益解體。

當女直之兵未至也，奉先逢迎天祚，言：「女直雖能攻我上京，終不能遠離巢穴。」而一旦越三千里直擣雲中，計無所出，惟請播遷夾山。天祚方悟，顧謂奉先曰：「汝父子誤我至此，殺之何益！汝去，毋從我行。恐軍心忿怒，禍必及我。」奉先父子慟哭而去，爲左右執送女直兵。女直兵斬其長子昂，送奉先及次子昱於其國主。道遇我兵，奪歸，天祚並賜死。

李處溫，析津人。伯父儼，大康初爲將作少監，累官參知政事，封漆水郡王，雅與北樞密使蕭奉先友舊。執政十餘年，善逢迎取媚，天祚又寵任之。儼卒，奉先薦處溫爲相，處溫因奉先有援己力，傾心阿附，以固權位，而貪汙尤甚，凡所接引，類多小人。

保大初，金人陷中京，諸將莫能支。天祚懼，奔夾山，兵勢日迫。處溫與族弟處能、〔三〕子奭，外假怨軍聲援，結都統蕭幹謀立魏國王淳，召番、漢官屬詣魏王府勸進。魏國王將

出，奭乃持赭袍衣之，令百官拜舞稱賀。魏王固辭不得，遂稱天錫皇帝。以處溫守太尉，處能直樞密院，奭爲少府少監，左企弓以下及親舊與其事者，賜官有差。

會魏國王病，自知不起，密授處溫番漢馬步軍都元帥，意將屬以後事。及病亟，蕭幹等矯詔南面宰執入議，獨處溫稱疾不至，陰聚勇士爲備，給云奉密旨防他變。魏國王卒，蕭幹擁契丹兵，宣言當立王妃蕭氏爲太后，權主軍國事，衆無敢異者。幹以后命，召處溫至，時方多難，未欲卽誅，但追毀元帥劄子。處能懼及禍，落髮爲僧。

尋有永清人傅遵說隨郭藥師入燕，被擒，具言處溫嘗遣易州富民趙履仁書達宋將童貫，欲挾蕭后納土歸宋。后執處溫問之，處溫曰：「臣父子於宣宗有定策功，宜世蒙宥容，可使因讒獲罪？」后曰：「向使魏國王如周公，則終享親賢之名於後世。誤王者皆汝父子，何功之有！」幷數其前罪惡。處溫無以對，乃賜死，奭亦伏誅。

張琳，瀋州人。幼有大志。壽隆末，爲秘書中允。天祚卽位，累遷戶部使。頃之，擢南府宰相。

初，天祚之敗於女直也，意謂蕭奉先不知兵，乃召琳付以東征事。琳以舊制，凡軍國大計，漢人不與，辭之。上不允，琳奏曰：「前日之敗，失於輕舉。若用漢兵二十萬分道進討，

無不克者。」上許其半，仍詔中京、上京、長春、遼西四路計戶產出軍。時有起至二百軍者，生業蕩散，民甚苦之。四路軍甫集，尋復遁去。

及中京陷，天祚幸雲中，留琳與李處溫佐魏國王淳守南京。處溫父子召琳，欲立淳爲帝，琳曰：「王雖帝胄，初無上命；攝政則可，卽眞則不可。」處溫曰：「今日之事，天人所與，豈可易也！」琳雖有難色，亦勉從之。

淳既稱帝，諸將咸居權要，琳獨守太師，十日一朝，平章軍國大事。陽以元老尊之，實則不使與政。琳由是鬱悒而卒。

耶律余覩，一名余都姑，國族之近者也。慷慨尙氣義。保大初，歷官副都統。

其妻天祚文妃之妹；文妃生晉王，最賢，國人皆屬望。時蕭奉先之妹亦爲天祚元妃，生秦王。奉先恐秦王不得立，深忌余覩，將潛圖之。適耶律撻葛里之妻會余覩之妻於軍中，奉先諷人誣余覩結駙馬蕭昱、撻葛里，謀立晉王，尊天祚爲太上皇。事覺，殺昱及撻葛里妻，賜文妃死。余覩在軍中聞之，懼不能自明被誅，卽引兵千餘，幷骨肉軍帳叛歸女直。

會大霖雨，道途留阻。天祚遣知奚王府蕭遐買、北宰相蕭德恭、大常袞耶律諦里姑、歸州觀察使蕭和尙奴、四軍太師蕭幹追捕甚急。至閭山，及之。諸將議曰：「蕭奉先恃寵，蔑

害官兵。余覩乃宗室雄才，素不肯爲其下。若擒之，則他日吾輩皆余覩矣。不如縱之。」還，給云追襲不及。

余覩既入女直，爲其國前鋒，引婁室孛菫兵攻陷州郡，不測而至。天祚聞之大驚，知不能敵，率衞兵入夾山。

余覩在女直爲監軍，久不調，意不自安，乃假遊獵，遁西夏。夏人問：「汝來有兵幾何？」余覩以二三百對，夏人不納，卒。

論曰：遼之亡也，雖孽降自天，亦柄國之臣有以誤之也。當天慶而後，政歸后族。奉先沮天祚防微之計，陷晉王非罪之誅，夾山之禍已見於此矣。處溫逼魏王以僭號，結宋將以賣國，迹其姦佞，如出一軌。嗚呼！天祚之所倚毗者若此，國欲不亡，得乎？張琳妮妮守位，余覩反覆自困，則又何足議哉！

校勘記

〔一〕蕭奉先　參卷一〇〇校勘記〔二〕。

〔二〕乘我師未備來襲　來襲，原作「擊之」。據宏簡錄二一三及本傳上下文義改。

〔三〕處溫與族弟處能　索隱，「族」當作從。按傳文稱處溫「伯父儼」，耶律儼傳稱「子處能」，應作從。

遼史卷一百三

列傳第三十三

文學上

蕭韓家奴　李澣

遼起松漠，太祖以兵經略方內，禮文之事固所未遑。及太宗入汴，取晉圖書、禮器而北，然後制度漸以修舉。至景、聖間，則科目聿興，士有由下僚擢陞侍從，駸駸崇儒之美。但其風氣剛勁，三面鄰敵，歲時以蒐獮爲務，而典章文物視古猶闕。然二百年之業，非數君子爲之綜理，則後世惡所考述哉。作文學傳。

蕭韓家奴，字休堅，涅剌部人，中書令安摶之孫。少好學，弱冠入南山讀書，博覽經史，通遼、漢文字。統和十四年始仕。家有一牛，不任驅策，其奴得善價鬻之。韓家奴曰：「利

己誤人，非吾所欲。」乃歸直取牛。二十八年，爲右通進，典南京栗園。重熙初，同知三司使事。四年，遷天成軍節度使，徙彰愍宮使。帝與語，才之，命爲詩友。嘗從容問曰：「卿居外有異聞乎？」韓家奴對曰：「臣惟知炒栗：小者熟，則大者必生；大者熟，則小者必焦。使大小均熟，始爲盡美。不知其他。」蓋嘗掌栗園，故託栗以諷諫。帝大笑。詔作四時逸樂賦，帝稱善。

時詔天下言治道之要，制問：「徭役不加于舊，征伐亦不常有，年穀既登，帑廩既實，而民重困，豈爲吏者慢、爲民者惰歟？今之徭役何者最重？何者尤苦？何所蠲省則爲便益？補役之法何可以復？盜賊之害何可以止？」韓家奴對曰：

臣伏見比年以來，高麗未賓，阻卜猶强，戰守之備，誠不容已。乃者，選富民防邊，自備糧糗。道路修阻，動淹歲月；比至屯所，費已過半；隻牛單轂，鮮有還者。其無丁之家，倍直傭僦，人憚其勞，半途亡竄，故戍卒之食多不能給。求假于人，則十倍其息，至有鬻子割田，不能償者。或逋役不歸，在軍物故，則復補以少壯。其鴨淥江之東，戍役大率如此。況渤海、女直、高麗合從連衡，不時征討。富者從軍，貧者偵候。加之水旱，菽粟不登，民以日困。蓋勢使之然也。

方今最重之役，無過西戍。如無西戍，雖遇凶年，困弊不至於此。若能徙西戍稍近，則往來不勞，民無深患。議者謂徙之非便：一則損威名，二則召侵侮，三則棄耕牧之地。臣謂不然。阻卜諸部，自來有之。曩時北至臚朐河，南至邊境，人多散居，無所統壹，惟往來抄掠。及太祖西征，至於流沙，阻卜望風悉降，西域諸國皆願入貢。因遷種落，內置三部，以益吾國，不營城邑，不置戍兵，阻卜累世不敢爲寇。統和間，皇太妃出師西域，〔一〕拓土既遠，降附亦衆。自後一部或叛，鄰部討之，使同力相制，正得馭遠人之道。及城可敦，開境數千里，西北之民，徭役日增，生業日殫。警急既不能救，叛服亦復不恆。空有廣地之名，而無得地之實。若貪土不已，漸至虛耗，其患有不勝言者。況邊情不可深信，亦不可頓絕。得不爲益，捨不爲損。國家大敵，惟在南方。今雖連和，難保他日。若南方有變，屯戍遼邈，卒難赴援。我進則敵退，我還則敵來，不可不慮也。方今太平已久，正可恩結諸部，釋罪而歸地，內徙戍兵以增堡障，外明約束以正疆界。每部各置酋長，歲修職貢。叛則討之，服則撫之。諸部既安，必不生釁。如是，則臣雖不能保其久而無變，知其必不深入侵掠也。或云，棄地則損威。殊不知殫費竭財，以貪無用之地，使彼小部抗衡大國，萬一有敗，損威豈淺？或又云，沃壤不可遽棄。臣以爲土雖沃，民不能久居，一旦敵來，則不免內徙，豈可指爲吾土而惜之？

夫帑廩雖隨部而有，此特周急部民一偏之惠，不能均濟天下。如欲均濟天下，則

當知民困之由，而窒其隙。節盤遊，簡驛傳，薄賦斂，戒奢侈。期以數年，則困者可蘇，貧者可富矣。蓋民者國之本，兵者國之衛。兵不調則曠軍役，調之則損國本。且諸部皆有補役之法。昔補役始行，居者、行者類皆富實，故累世從戍，易爲更代。近歲邊虞數起，民多匱乏，既不任役事，隨補隨缺。苟無上戶，則中戶當之。曠日彌年，其窮益甚，所以取代爲艱也。非惟補役如此，在邊戍兵亦然。譬如一抔之土，豈能填尋丈之壑！欲爲長久之便，莫若使遠戍疲兵還於故鄉，薄其徭役，使人人給足，則補役之道可以復故也。

臣又聞，自昔有國家者，不能無盜。比年以來，羣黎凋弊，利於剽竊，良民往往化爲凶暴。甚者殺人無忌，至有亡命山澤，基亂首禍。所謂民以困窮，皆爲盜賊者，誠如聖慮。今欲芟夷本根，願陛下輕徭省役，使民務農。衣食既足，安習教化，而重犯法，則民趨禮義，刑罰罕用矣。臣聞唐太宗問羣臣治盜之方，皆曰：「嚴刑峻法。」太宗笑曰：「寇盜所以滋者，由賦斂無度，民不聊生。今朕內省嗜欲，外罷游幸，使海內安靜，則寇盜自止。」由此觀之，寇盜多寡，皆由衣食豐儉，徭役重輕耳。

今宜徙可敦城於近地，與西南副都部署烏古敵烈、隗烏古等部聲援相接。罷黑嶺二軍，并開、保州，皆隸東京；益東北戍軍及南京總管兵。增修壁壘，候尉相望，繕完樓

櫓，浚治城隍，以爲邊防。此方今之急務也，願陛下裁之。

擢翰林都林牙，兼修國史。仍詔諭之曰：「文章之職，國之光華，非才不用。以卿文學，爲時大儒，是用授卿以翰林之職。朕之起居，悉以實錄。」自是日見親信，每入侍，賜坐。遇勝日，帝與飲酒賦詩，以相酬酢，君臣相得無比。韓家奴知無不言，雖諧謔不忘規諷。

十三年春，上疏曰：「臣聞先世遙輦可汗洼之後，國祚中絕；自夷離菫雅里立阻午，大位始定。然上世俗朴，未有尊稱。臣以爲三皇禮文未備，正與遙輦氏同。後世之君以禮樂治天下，而崇本追遠之義興焉。近者唐高祖創立先廟，尊四世爲帝。昔我太祖代遙輦卽位，乃製文字，修禮法，建天皇帝名號，制宮室以示威服，興利除害，混一海內。厥後累聖相承，自夷離菫湖烈以下，大號未加，天皇帝之考夷離菫的魯猶以名呼。臣以爲宜依唐典，追崇四祖爲皇帝，則陛下弘業有光，墜典復舉矣。」疏奏，帝納之，始行追册玄、德二祖之禮。〔二〕

韓家奴每見帝獵，未嘗不諫。會有司奏獵秋山，熊虎傷死數十人，韓家奴書于册。帝見，命去之。韓家奴既出，復書。他日，帝見之曰：「史筆當如是。」帝問韓家奴：「我國家創業以來，孰爲賢主？」韓家奴以穆宗對。帝怪之曰：「穆宗嗜酒，喜怒不常，視人猶草芥，卿何謂賢？」韓家奴對曰：「穆宗雖暴虐，省徭輕賦，人樂其生。終穆之世，無罪被戮，未有過今日秋山傷死者。臣故以穆宗爲賢。」帝默然。

詔與耶律庶成錄遙輦可汗至重熙以來事迹，集爲二十卷，進之。十五年，復詔曰：「古之治天下者，明禮義，正法度。我朝之興，世有明德，雖中外嚮化，然禮書未作，無以示後世。卿可與庶成酌古準今，制爲禮典。事或有疑，與北、南院同議。」韓家奴既被詔，博考經籍，自天子達于庶人，情文制度可行於世，不繆于古者，譔成三卷，進之。又詔譯諸書，韓家奴欲帝知古今成敗，譯通曆、貞觀政要、五代史。

時帝以其老，不任朝謁，拜歸德軍節度使。以善治聞。帝遣使問勞，韓家奴表謝。召修國史，卒，年七十二。有六義集十二卷行于世。

李澣，初仕晉，爲中書舍人。晉亡歸遼，當太宗崩、世宗立，恟恟不定，澣與高勳等十餘人羈留南京。久之，從歸上京，授翰林學士。

穆宗卽位，累遷工部侍郎。時澣兄濤在汴爲翰林學士，密遣人召澣。澣得書，託求醫南京，易服夜出，欲遁歸汴。至涿，爲徼巡者所得，送之南京，下吏。澣伺獄吏熟寢，以衣帶自經，不死，防之愈嚴。械赴上京，自投潢河中流，爲鐵索牽掣，又不死。及抵上京，帝欲殺之。時高勳已爲樞密使，救止之。屢言於上曰：「澣本非負恩，以母年八十，急於省覲致罪。且澣富於文學，方今少有倫比，若留掌誥命，可以增光國體。」帝怒稍解，仍令禁錮于奉國寺，凡六年，艱苦萬狀。

會上欲建太宗功德碑，高勳奏曰：「非李澣無可秉筆者。」詔從之。文成以進，上悅，釋囚。尋加禮部尚書，宣政殿學士，卒。

論曰：統和、重熙之間，務修文治，而韓家奴對策，落落累數百言，槪可施諸行事，亦遼之晁、賈哉。李澣雖以詞章見稱，而其進退不足論矣。

校勘記

〔一〕皇太妃出師西域　「皇太妃」，應作王太妃。參卷一三校勘記〔七〕。

〔二〕始行追册玄德二祖之禮　按紀，追册玄、德二祖均在重熙二十一年。此是帶敍。

遼史卷一百四

列傳第三十四

文學下

王鼎　耶律昭　劉輝　耶律孟簡　耶律谷欲

王鼎，字虛中，涿州人。幼好學，居太寧山數年，博通經史。時馬唐俊有文名燕、薊間，適上巳，與同志祓禊水濱，酌酒賦詩。鼎偶造席，唐俊見鼎樸野，置下坐。欲以詩困之，先出所作索賦，鼎援筆立成。唐俊驚其敏妙，因與定交。

清寧五年，擢進士第。〔一〕調易州觀察判官，改淶水縣令，〔二〕累遷翰林學士。當代典章多出其手。上書言治道十事，帝以鼎達政體，事多咨訪。鼎正直不阿，人有過，必面詆之。

壽隆初，陞觀書殿學士。〔三〕一日宴主第，醉與客忤，怨上不知己，坐是下吏。狀聞，上大怒，杖黥奪官，流鎮州。居數歲，有赦，鼎獨不免。會守臣召鼎爲賀表，因以詩貽使者，有

「誰知天雨露，獨不到孤寒」之句。上聞而憐之，卽召還，復其職。乾統六年卒。〔四〕

鼎宰縣時，憩于庭，俄有暴風舉臥榻空中。鼎無懼色，但覺枕榻俱高，乃曰：「吾中朝端士，邪無干正，可徐置之。」須臾，榻復故處，風遂止。

耶律昭，字述寧，博學，善屬文。統和中，坐兄國留事，流西北部。會蕭撻凜爲西北路招討使，愛之，奏免其役，禮致門下。欲召用，以疾辭。撻凜問曰：「今軍旅甫罷，三邊宴然，惟阻卜伺隙而動。討之，則路遠難至；縱之，則邊民被掠；增戍兵，則餽餉不給；欲苟一時之安，不能終保無變。計將安出？」昭以書答曰：

竊聞治得其要，則仇敵爲一家；失其術，則部曲爲行路。夫西北諸部，每當農時，一夫爲偵候，一夫治公田，二夫給糺官之役，大率四丁無一室處。芻牧之事，仰給妻孥。一遭寇掠，貧窮立至。春夏賑恤，吏多雜以糠粃，重以掊克，不過數月，又復告困。且畜牧者，富國之本。有司防其隱沒，聚之一所，不得各就水草便地。兼以逋亡戍卒，隨時補調，不習風土，故日瘠月損，馴至耗竭。

爲今之計，莫若振窮薄賦，給以牛種，使遂耕穫。置游兵以防盜掠，頒俘獲以助伏臘，散畜牧以就便地。期以數年，富强可望。然後練簡精兵，以備行伍，何守之不固，何動而不克哉？然必去其難制者，則餘種自畏。若捨大而謀小，避强而攻弱，非徒虛費財力，亦不足以威服其心。此二者，利害之機，不可不察。

昭聞古之名將，安邊立功，在德不在衆。故謝玄以八千破苻堅百萬，休哥以五隊敗曹彬十萬。良由恩結士心，得其死力也。閤下膺非常之遇，專方面之寄，宜遠師古人，以就勳業。上觀乾象，下盡人謀；察地形之險易，料敵勢之虛實。慮無遺策，利施後世矣。

撻凜然之。

開泰中，獵于拔里堵山，爲羱羊所觸，卒。

劉輝，好學善屬文，疏簡有遠略。大康五年，第進士。

大安末，爲太子洗馬，上書言：「西邊諸番爲患，士卒遠戍，中國之民疲于飛輓，非長久之策。爲今之務，莫若城于鹽濼，實以漢戶，使耕田聚糧，以爲西北之費。」言雖不行，識者韙之。

壽隆二年，復上書曰：「宋歐陽修編五代史，附我朝於四夷，妄加貶訾。且宋人賴我朝寬大，許通和好，得盡兄弟之禮。今反令臣下妄意作史，恬不經意。臣請以趙氏初起事蹟，詳

附國史。」上嘉其言，遷禮部郎中。

詔以賢良對策，輝言多中時病。擢史館修撰，卒。

耶律孟簡，字復易，于越屋質之五世孫。父劉家奴，官至節度使。

孟簡性穎悟。六歲，父晨出獵，俾賦曉天星月詩，孟簡應聲而成，父大奇之。旣長，善屬文。大康初，樞密使耶律乙辛以姦險竊柄，出爲中京留守，孟簡與耶律庶箴表賀。未幾，乙辛復舊職，銜之，謫巡磁窯關。時雖以讒見逐，不形辭色。遇林泉勝地，終日忘歸。明年，流保州。及聞皇太子被害，不勝哀痛，以詩傷之，作放懷詩二十首。自序云：「禽獸有哀樂之聲，螻蟻有動靜之形。在物猶然，況於人乎？然賢達哀樂，不在窮通、禍福之間。易曰：『樂天知命，故不憂。』是以顏淵簞瓢自得，此知命而樂者也。予雖流放，以道自安，又何疑耶？」

大康中，始得歸鄉里。詣闕上表曰：「本朝之興，幾二百年，宜有國史以垂後世。」乃編耶律曷魯、屋質、休哥三人行事以進。上命置局編修。孟簡謂餘官曰：「史筆天下之大信，一言當否，百世從之。苟無明識，好惡徇情，則禍不測。故左氏、司馬遷、班固、范曄俱罹殃禍，可不慎歟！」

乾統中，遷六院部太保。處事不拘文法，時多笑其迂。孟簡聞之曰：「上古之時，無簿書法令，而天下治。蓋簿書法令，適足以滋姦倖，非聖人致治之本。」改高州觀察使，修學校，招生徒。遷昭德軍節度使。以中京饑，詔與學士劉嗣昌減價糶粟。事未畢，卒。

耶律谷欲，字休堅，六院部人。父阿古只，官至節度使。

谷欲沖澹有禮法，工文章。統和中，為本部太保。開泰中，稍遷塌母城節度使。鞫霸州疑獄，稱旨，授啓聖軍節度使。太平中，復為本部太保。謝病歸，俄擢南院大王。歎風俗日頹，請老，不許。

興宗命為詩友，數問治要，多所匡建。奉詔與林牙耶律庶成、蕭韓家奴編遼國上世事跡及諸帝實錄，未成而卒，年九十。

論曰：孔子言「誦詩三百，授之以政，不達。雖多，亦奚以為？」王鼎忠直達政，劉輝侍青宮，建言國計，昭陳邊防利害，皆洞達閫敏。孟簡疾乙辛姦邪，黜而不怨。孰謂文學之士，無益於治哉。

校勘記

〔一〕清寧五年擢進士第　按紀，王鼎擢進士第在清寧八年。

〔二〕改淶水縣令　淶水，原誤「漆水」。按地理志無「漆水」，淶水屬易州，據改。

〔三〕壽隆初陞觀書殿學士　按焚椒錄序於大安五年已稱前觀書殿學士王鼎，似非壽隆初陞。

〔四〕乾統六年卒　卒字，依道光殿本據大典補。

遼史卷一百五

列傳第三十五

能吏

大公鼎　蕭文　馬人望　耶律鐸魯斡　楊遵勗　王棠

漢以璽書賜二千石，唐疏刺史、縣令于屏，以示獎率，故二史有循吏、良吏之傳。遼自太祖創業，太宗撫有燕、薊，任賢使能之道亦略備矣。然惟朝廷參置國官，吏州縣者多遵唐制。歷世既久，選舉益嚴。時又分遣重臣巡行境內，察賢否而進退之。是以治民、理財、決獄、弭盜，各有其人。考其德政，雖未足以與諸循、良之列，抑亦可謂能吏矣。作能吏傳。

大公鼎，渤海人，先世籍遼陽率賓縣。統和間，徙遼東豪右以實中京，因家于大定。曾

祖忠，禮賓使。父信，興中主簿。

公鼎幼莊愿，長而好學。咸雍十年，登進士第，調瀋州觀察判官。時遼東雨水傷稼，北樞密院大發瀕河丁壯以完隄防。有司承令峻急，公鼎獨曰：「邊障甫寧，大興役事，非利國便農之道。」乃疏奏其事。朝廷從之，罷役，水亦不為災。瀕河千里，人莫不悅。改良鄉令，省徭役，務農桑，建孔子廟學，部民服化。累遷興國軍節度副使。

時有隸鷹坊者，以羅畢為名，擾害田里。歲久，民不堪。公鼎言于上，即命禁戢。會公鼎造朝，大臣諭上嘉納之意，公鼎曰：「一郡獲安，誠為大幸；他郡如此者衆，願均其賜于天下。」從之。徙長春州錢帛都提點。車駕如春水，貴主例為假貸，公鼎曰：「豈可輟官用，徇人情？」拒之。頗聞怨詈語，曰：「此吾職，不敢廢也。」俄拜大理卿，多所平反。

天祚即位，歷長寧軍節度使、南京副留守，改東京戶部使。時盜殺留守蕭保先，始利其財，因而倡亂。民亦互生猜忌，家自為鬬。公鼎單騎行郡，陳以禍福，衆皆投兵而拜曰：「是不欺我，敢弗聽命。」安輯如故。拜中京留守，賜貞亮功臣，乘傳赴官。時盜賊充斥，有遇公鼎于路者，即叩馬乞自新。公鼎給以符約，俾還業，聞者接踵而至。不旬日，境內清肅。天祚聞之，加賜保節功臣。時人心反側，公鼎慮生變，請布恩惠以安之，為之肆赦。

公鼎累表乞歸，不許。會奴賊張撒八率無賴嘯聚，公鼎欲擊而勢有不能。歎曰：「吾欲

中華書局

謝事久矣。爲世故所牽，不幸至此，豈命也夫！」因憂憤成疾。保大元年卒，年七十九。子昌輪，左承制；昌嗣，洛州刺史；昌朝，鎮寧軍節度。

蕭文，字國華，外戚之賢者也。父直善，安州防禦使。

文篤志力學，喜慍不形。大康初，掌秦越國王中丞司事，以才幹稱。尋知北面貼黃。王邦彥子爭廕，數歲不能定，有司以聞。上命文詰之，立決。車駕將還宮，承詔閱習儀衞，雖執事林林，指顧如一。遷同知奉國軍節度使，歷國舅都監。

壽隆末，知易州，兼西南面安撫使。高陽土沃民富，吏其邑者，每黷于貨，民甚苦之。文始至，悉去舊弊，務農桑，崇禮教，民皆化之。時大旱，百姓憂甚，文禱之輒雨。屬縣又蝗，議捕除之，文曰：「蝗，天災，捕之何益！」但反躬自責，蝗盡飛去，遺者亦不食苗，散在草莽，爲烏鵲所食。會霪雨不止，文復隨禱而霽。是歲，大熟。朝廷以文可大用，遷唐古部節度使，高陽勒石頌之。後不知所終。

馬人望，字儼叔，高祖胤卿，爲石晉青州刺史，太宗兵至，堅守不降。城破被執，太宗義而釋之，〔一〕徙其族于醫巫閭山，因家焉。曾祖廷煦，南京留守。祖淵，中京副留守。父詮，

中京文思使。

人望穎悟。幼孤，長以才學稱。咸雍中，第進士，爲松山縣令。歲運澤州官炭，獨役松山，人望請于中京留守蕭吐渾均役他邑。吐渾怒，下吏，繫幾百日；復引詰之，人望不屈。蕭喜曰：「君爲民如此，後必大用。」以事聞于朝，悉從所請。

徙知涿州新城縣。縣與宋接境，驛道所從出。人望治不擾，吏民畏愛。近臣有聘宋還者，帝問以外事，多薦之，擢中京度支司鹽鐵判官。轉南京三司度支判官，公私兼裕。遷警巡使。京城獄訟填委，人望處決，無一寃者。會檢括戶口，未兩旬而畢。同知留守蕭保先怪而問之，人望曰：「民產若括之無遺，他日必長厚斂之弊，大率十得六七足矣。」保先謝曰：「公慮遠，吾不及也。」

先是，樞密使乙辛竊弄威柄，卒害太子。及天祚嗣位，將報父仇，選人望與蕭報恩究其事。人望平心以處，所活甚衆。改上京副留守。會劇賊趙鐘哥犯闕，劫宮女、御物，人望率衆捕之。右臂中矢，炷以艾，力疾馳逐，賊棄所掠而遁。人望令關津譏察行旅，悉獲其盜。尋擢樞密都承旨。

宰相耶律儼惡人望與己異，遷南京諸宮提轄制置。歲中，爲保靜軍節度使。有二吏兇暴，民畏如虎。人望假以辭色，陰令發其事，黥配之。是歲諸處飢乏，惟人望所治粒食不闕，路不鳴桴。遂授彰義軍節度使。遷中京度支使，始至，府廩皆空；視事半歲，積粟十五萬斛，錢二十萬繈。徙左散騎常侍，累遷樞密直學士。

未幾，拜參知政事，判南京三司使事。時錢粟出納之弊，惟燕爲甚。人望以縑帛爲通曆，凡庫物出入，皆使別籍，名曰「臨庫」。姦人黠吏莫得軒輊，乃以年老揚言道路。朝論不察，改南院宣徽使，以示優老。踰年，天祚手書「宣馬宣徽」四字詔之。既至，諭曰：「以卿爲老，誤聽也。」遂拜南院樞密使。人不敢干以私，用人必公議所當與者。如曹勇義、虞仲文嘗爲姦人所擠，人望推薦，皆爲名臣。當時民所甚患者，驛遞、馬牛、旗鼓、鄉正、廳隸、倉司之役，至破產不能給。人望使民出錢，官自募役，時以爲便。久之請老，以守司徒、兼侍中致仕。卒，謚曰文獻。

人望有操守，喜怒不形，未嘗附麗求進。初除執政，家人賀之。人望愀然曰：「得勿喜，失勿憂。抗之甚高，擠之必酷。」其畏愼如此。

耶律鐸魯斡，字乙辛隱，季父房之後。廉約重義。

重熙末，給事誥院。咸雍中，累遷同知南京留守事。被召，以部民懇留，乃賜詔褒獎。大康初，改西南面招討使，爲北面林牙，遷左夷離畢。大安五年，拜南府宰相。壽隆初，致

仕，卒。

鐸魯斡所至有聲，吏民畏愛。及退居鄉里，子普古爲烏古部節度使，遣人來迎。既至，見積委甚富。謂普古曰：「辭親入仕，當以裕國安民爲事。枉道欺君，以茍貨利，非吾志也。」命駕而歸。普古後爲盜所殺。

楊遵勗，字益誠，〔二〕涿州范陽人。重熙十九年登進士第，調儒州軍事判官，累遷樞密院副承旨。

咸雍三年，爲宋國賀正使，還，遷都承旨。天下之事，叢于樞府，簿書填委。遵勗一目五行俱下，剖決如流，敷奏詳敏。上嘉之。奉詔徵戶部逋錢，得四十餘萬繈，拜樞密直學士，改樞密副使。大康初，參知政事，徙知樞密院事，兼門下侍郎、平章事，拜南府宰相。耶律乙辛誣皇太子，詔遵勗與燕哥按其事，遵勗不敢正言，時議短之。尋拜北府宰相。大安中暴卒，年五十六。贈守司空，謚康懿。子晦，終昭文館直學士。

王棠，涿州新城人。博古，善屬文。重熙十五年擢進士。鄉貢、禮部、廷試對皆第一。

累遷上京鹽鐵使。或誣以賄，無狀，釋之。遷東京戶部使。大康二年，遼東饑，民多死，請賑恤，從之。三年，入爲樞密副使，拜南府宰相。大安末，卒。

棠練達朝政，臨事不怠，在政府修明法度，有聲。

論曰：孟子謂「民爲貴，社稷次之」，司牧者當如何以盡心。公鼎奏罷完隄役以息民，拒公主假貸以守法，單騎行郡，化盜爲良，庶幾召、杜之美。文知易州，雨暘應禱，蝗不爲災。人望爲民不避囚繫，判度支，公私兼裕，亦卓乎未易及已。鐸魯斡吏畏民愛，楊遵勗決事如流，眞能吏哉。

校勘記

〔一〕太宗兵至五　太宗義而釋之　宗，原誤「祖」。按用兵石晉爲太宗時事，據改。

〔二〕楊遵勗字益誠　遵勗又名興工。益誠，沈括入國別錄作益戒。

遼史卷一百六

列傳第三十六

卓行

蕭札剌　耶律官奴　蕭蒲離不

遼之共國任事，耶律、蕭二族而已。二族之中，有退然自足，不淫於富貴，不詘於聲利，可以振頹風，激薄俗，亦足嘉尙者，得三人焉。作卓行傳。

蕭札剌，字虛輦，北府宰相排押之弟。性介特，不事生業。保寧間，以戚屬進，累遷寧遠軍節度使。秩滿里居，澹泊自適。統和末，召爲南京馬步軍都指揮使。以疾求退，不聽，遷夷離畢。又以疾辭，許之。遂入頡山，杜門不出。上嘉其志，不復徵，札剌自是家于頡山。親友或過之，終日言不及世務。凡宴游相邀，亦不拒。一

歲山居過半，與世俗不偶。耶律賁忠重之，目曰頡山老人。卒。

耶律官奴，字奚隱，林牙斡魯之孫。沉厚多學，詳於本朝世系。嗜酒好俠。初，徵爲宿直將軍。重熙九年，以疾去官。上以官奴屬尊，欲成其志，乃許自擇一路節度使。官奴辭曰：「臣愚鈍，不任官使。」加歸義軍節度使，輒請致政。

官奴與歐里部人蕭哇友善，哇謂官奴曰：「仕不能致主澤民，成大功烈，何屑屑爲也！吾與若居林下，以枕簟自隨，觴詠自樂，雖不官，無慊焉。」官奴然之。時稱「二逸」。乾統間，官奴卒。

蕭蒲離不，字挼懶，魏國王惠之四世孫。父母蚤喪，鞠于祖父兀古匿。性孝悌。年十三，兀古匿卒，自以早失怙恃，復遭祖喪，哀毀踰禮，族里嘉歎。嘗謂人曰：「我於親不得終養，今誰爲訓者？苟不自勉，何以報鞠育恩！」自是力學，於文藝無不精。

乾統間，以兀古匿之故召之，不應。常與親識游獵山水，奉養無長物僕隸，欣欣如也。或曰：「公胡不念以嗣先世功名？」答曰：「自度不足以繼先業，年踰強仕，安能益主庇民！」累徵，皆以疾辭。

晚年，謝絕人事，卜居抹古山，屏遠葷茹，潛心佛書，延有道者談論彌日。人問所得何如，但曰：「有深樂！惟覺六鑿不相攘，餘無知者。」一日，易服，無疾而逝。

論曰：隱，固未易爲也，而亦未可輕以與人。若札剌謝職不談時務，官奴兩辭節鎭，蕭離不召而不赴，雖未足謂之隱，然在當時能知內外之分，甘於肥遯，不猶愈於求富貴利達而爲妻妾羞者哉？故稱卓行可也。

遼史卷一百七

列傳第三十七

列女

邢簡妻陳氏　耶律氏常哥　耶律奴妻蕭氏　耶律朮者妻蕭氏
耶律中妻蕭氏

男女居室，人之大倫。與其得烈女，不若得賢女。天下而有烈女之名，非幸也。詩讚衞共姜，春秋褒宋伯姬，蓋不得已，所以重人倫之變也。遼據北方，風化視中土爲疎。終遼之世，得賢女二，烈女三，以見人心之天理有不與世道存亡者。

邢簡妻陳氏，營州人。父陘，五代時累官司徒。

陳氏甫笄，涉通經義，凡覽詩賦，輒能誦，尤好吟詠，時以女秀才名之。年二十，歸於簡。孝舅姑，閨門和睦，親黨推重。有六子，陳氏親教以經。後二子抱朴、抱質皆以賢，位宰相。

統和十二年卒。睿智皇后聞之，嗟悼，贈魯國夫人，刻石以表其行。及遷祔，遣使以祭。論者謂貞靜柔順，婦道母儀始終無慊云。

耶律氏，太師適魯之妹，小字常哥。幼爽秀，有成人風。及長，操行修潔，自誓不嫁。能詩文，不苟作。讀通曆，見前人得失，歷能品藻。

咸雍間，作文以述時政。其略曰：「君以民爲體，民以君爲心。人主當任忠賢，人臣當去比周，則政化平，陰陽順。欲懷遠，則崇恩尚德；欲强國，則輕徭薄賦。四端五典爲治教之本，六府三事寔生民之命。淫侈可以爲戒，勤儉可以爲師。錯枉則人不敢詐，顯忠則人不敢欺。勿泥空門，崇飾土木；勿事邊鄙，妄費金帛。滿當思溢，安必慮危。刑罰當罪，則民勸善。不寶遠物，則賢者至。建萬世磐石之業，制諸部强橫之心。欲率下，則先正身；欲治遠，則始朝廷。」上稱善。

時樞密使耶律乙辛愛其才，屢求詩，常哥遺以回文。乙辛知其諷己，銜之。大康三年，皇太子坐事，乙辛誣以罪，按無跡，獲免。會兄適魯謫鎭州，常哥與俱，常布衣疏食。人問曰：「何自苦如此？」對曰：「皇儲無罪遭廢，我輩豈可美食安寢。」及太子被害，不勝哀痛。年七十，卒于家。

耶律奴妻蕭氏，小字意辛，國舅駙馬都尉陶蘇斡之女。母胡獨公主。意辛美姿容，年二十，始適奴。事親睦族，以孝謹聞。嘗與娣姒會，爭言厭魅以取夫寵，意辛曰：「厭魅不若禮法。」衆問其故，意辛曰：「修己以潔，奉長以敬，事夫以柔，撫下以寬，毋使君子見其輕易，此之爲禮法，自然取重於夫。以厭魅獲寵，獨不愧於心乎！」聞者大慚。

初，奴與樞密使乙辛有隙。及皇太子廢，被誣奪爵，沒入興聖宮，流烏古部。上以意辛公主之女，欲使絕婚。意辛辭曰：「陛下以妾葭莩之親，使免流竄，實天地之恩。然夫婦之義，生死以之。妾自笄年從奴，一旦臨難，頓爾乖離，背綱常之道，於禽獸何異？幸陛下哀憐，與奴俱行，妾卽死無恨！」帝感其言，從之。

意辛久在貶所，親執役事，雖勞無難色。事夫禮敬，有加于舊。壽隆中，上書乞子孫爲著帳郎君。帝嘉其節，召畢家還。

子國隱，乾統間始仕。保大中，意辛在臨潢，謂諸子曰：「吾度盧彥倫必叛，汝輩速避，我當死之。」賊至，遇害。

耶律朮者妻蕭氏，小字訛里本，國舅孛堇之女。性端愨，有容色，自幼與他女異。年十

八，歸朮者。謹裕貞婉，娣姒推尊之。

及居朮者喪，極哀毀。既葬，謂所親曰：「夫婦之道，如陰陽表裏。無陽則陰不能立，無表則裏無所附。妾今不幸失所天，且生必有死，理之自然。朮者早歲登朝，有才不壽。天禍妾身，罹此酷罰，復何依恃。儻死者可見，則從；不可見，則當與俱。」侍婢慰勉，竟無回意，自刃而卒。

耶律中妻蕭氏，小字挼蘭，韓國王惠之四世孫。聰慧謹愿。年二十歸於中，事夫敬順，親戚咸譽其德。中嘗謂曰：「汝可粗知書，以前貞淑爲鑑。」遂發心誦習，多涉古今。天慶中，爲賊所執，潛置刃於履，誓曰：「人欲汙我者，卽死之。」至夜，賊遁而免。久之，帝召中爲五院都監，中謂妻曰：「吾本無宦情，今不能免。我當以死報國，汝能從我乎？」挼蘭對曰：「謹奉敎。」及金兵徇地嶺西，盡徙其民，中守節死。挼蘭悲戚不形於外，人怪之。俄躍馬突出，至中死所自殺。

論曰：陳氏以經敎二子，並爲賢相，耶律氏自潔不嫁，居閨閫之內而不忘忠其君，非賢而能之乎。三蕭氏之節，雖烈丈夫有不能者矣。

遼史卷一百八

列傳第三十八

方技

直魯古　王白　魏璘　耶律敵魯　耶律乙不哥

孔子稱「小道必有可觀」，醫卜是已。醫以濟夭札，卜以決猶豫，皆有補於國，有惠於民。前史錄而不遺，故傳。

直魯古，吐谷渾人。初，太祖破吐谷渾，一騎士棄橐，反射不中而去。及追兵開橐視之，中得一嬰兒，卽直魯古也。因所俘者問其故，乃知射橐者，嬰之父也。世善醫，雖馬上視疾，亦知標本。意不欲子爲人所得，欲殺之耳。

由是進於太祖，淳欽皇后收養之。長亦能醫，專事鍼灸。太宗時，以太醫給侍。嘗撰

脈訣、鍼灸書，〔一〕行于世。年九十卒。

王白，冀州人，明天文，善卜筮，晉司天少監，太宗入汴得之。應曆十九年，王子只沒以事下獄，其母求卜，白曰：「此人當王，未能殺也，毋過憂！」景宗卽位，釋其罪，封寧王，竟如其言。凡決禍福多此類。保寧中，歷彰武、興國二軍節度使。撰百中歌行于世。

魏璘，不知何郡人，以卜名世，太宗得于汴。天祿元年，上命馳馬較遲疾，以爲勝負。問王白及璘孰勝？白奏曰：「赤者勝。」璘曰：「臣所見，驄馬當勝。」既馳，竟如璘言。上異而問之，白曰：「今日火王，故知赤者勝。」璘曰：「不然，火雖王，而上有煙。以煙察之，青者必勝。」上嘉之。五年，察割謀逆，私卜于璘。璘始卜，謂曰：「大王之數，得一日矣，宜慎之！」及亂，果敗。應曆中，周兵犯燕，上以勝敗問璘。璘曰：「周姓柴也，燕分火也。柴入火，必焚。」其言果驗。

璘嘗爲太平王罨撒葛卜僭立事，上聞之，免死，流烏古部。一日，節度使召璘，適有獻雙鯉者，戲曰：「君卜此魚何時得食？」璘良久答曰：「公與僕不出今日，有不測禍，奚暇食

魚？」亟命烹之。未及食，寇至，俱遇害。

耶律敵魯，字撒不椀。其先本五院之族，始置宮分，隸焉。敵魯精于醫，察形色即知病原。雖不診候，有十全功。統和初，為大丞相韓德讓所薦，官至節度使。

初，樞密使耶律斜軫妻有沉痾，易數醫不能治。敵魯視之曰：「心有蓄熱，非藥石所及，當以意療。因其聵，聒之使狂，用泄其毒則可。」於是令大擊鉦鼓於前。翌日果狂，叫呼怒罵，力極而止，遂愈。治法多此類，人莫能測。年八十卒。

耶律乙不哥，字習撚，六院郎君褭古直之後。幼好學，尤長於卜筮，不樂仕進。嘗為人擇葬地曰：「後三日，有牛乘人逐牛過者，即啓土。」至期，果一人負乳犢，引牸牛而過。其人曰：「所謂『牛乘人』者，此也。」遂啓土。既葬，吉凶盡如其言。又為失鷹者占曰：「鷹在汝家東北三十里濼西榆上。」往求之，果得。當時占候無不驗。

論曰：方技，術者也。苟精其業而不畔于道，君子必取焉。直魯古、王白、耶律敵魯無

大得失，錄之宜矣。魏璘為察割卜謀逆，為罨撒葛卜僭立，罪在不貰，雖有寸長，亦奚足取哉。存而弗削，為來者戒。

校勘記

〔一〕脈訣鍼灸書　訣，原誤「諸」。據大典二〇八八九改。

遼史卷一百九

列傳第三十九

伶官

羅衣輕

伶，官之微者也。五代史列鏡新磨於傳，〔一〕是必有所取矣。遼之伶官當時固多，然能因詼諧示諫，以消未形之亂，惟羅衣輕耳。孔子曰：「君子不以人廢言。」是宜傳。

羅衣輕，不知其鄉里。滑稽通變，一時諧謔，多所規諷。

興宗敗於李元昊也，單騎突出，幾不得脫。先是，元昊獲遼人，輒劓其鼻，有奔北者，惟恐追及。故羅衣輕止之曰：「且觀鼻在否？」上怒，以毳索繫帳後，將殺之。太子笑曰：「打諢底不是黃幡綽！」羅衣輕應聲曰：「行兵底亦不是唐太宗！」上聞而釋之。

上嘗與太弟重元狎昵，宴酣，許以千秋萬歲後傳位。重元喜甚，驕縱不法。又因雙陸，賭以居民城邑。帝屢不競，前後已償數城。重元既恃梁孝王之寵，又多鄭叔段之過，朝臣無敢言者，道路以目。一日復博，羅衣輕指其局曰：「雙陸休癡，和你都輸去也！」帝始悟，不復戲。清寧間，以疾卒。

宦官

王繼恩　趙安仁

周禮，寺人掌中門之禁。至巷伯詩列于雅，勃貂功著于晉，雖忠於所事，而非其職矣。漢、唐中世，竊權蠹政，有不忍言者，是皆寵過之過。遼宦者二人，其賢不肖皆可為後世鑑，故傳焉。

王繼恩，棣州人。睿智皇后南征，繼恩被俘。

初，皇后以公私所獲十歲已下兒容貌可觀者近百人，載赴涼陘，並使閹為豎，繼恩在焉。聰慧，通書及遼語。擢內謁者、內侍左廂押班。聖宗親政，累遷尚衣庫使、左承宜、監門衛大將軍、靈州觀察使、內庫都提點。

中華書局

繼恩好清談，不喜權利，每得賜賚，市書至萬卷，載以自隨，誦讀不倦。每宋使來聘，繼恩多充宣賜使。後不知所終。

趙安仁，字小喜，深州樂壽人，自幼被俘。統和中，爲黃門令、秦晉國王府祗候。王薨，授內侍省押班、御院通進。開泰八年，與李勝哥謀奔南土，爲游兵所擒。初，仁德皇后與欽哀有隙，欽哀密令安仁伺皇后動靜，無不知者。仁德皇后威權既重，安仁懼禍，復謀亡歸。仁德欲誅之，欽哀以言營救。聖宗曰：「小喜言父母兄弟俱在南朝，每一念，神魂隕越。今爲思親，冒死而亡，亦孝子用心，實可憐憫。」赦之。

重熙初，欽哀攝政，欲廢帝，立少子重元。帝與安仁謀遷太后慶州守陵，授安仁左承宣、監門衞大將軍，充契丹漢人渤海內侍都知，兼都提點。會上思太后，親馭奉迎，太后責曰：「汝負萬死，我嘗營救。不望汝報，何爲離間我母子耶！」安仁無答。後不知所終。

論曰：名器所以礪天下，非賢而有功則不可授，況宦者乎。繼恩爲內謁者，安仁爲黃門令，似矣；何至溺於私愛，而授以覰察使、大將軍耶？易曰：「負且乘，致寇至。」此安仁所以

不克有終，繼恩幸而免歟？

校勘記

〔一〕五代史列鏡新磨於傳　鏡，新五代史三七作敬。

遼史卷一百十

列傳第四十

姦臣上

耶律乙辛　張孝傑　耶律燕哥　蕭十三

春秋褒貶，善惡並書，示勸懲也。故遷、固傳佞幸、酷吏，歐陽修則幷姦臣錄之，將俾爲君者知所鑒，爲臣者知所戒。此天地聖賢之心，國家安危之機，治亂之原也。遼自耶律乙辛而下，姦臣十人，其敗國皆足以爲戒，故列于傳。

耶律乙辛，字胡覩衮，五院部人。父迭剌，家貧，服用不給，部人號「窮迭剌」。初，乙辛母方娠，夜夢手搏羖羊，拔其角尾。既寤占之，術者曰：「此吉兆也。羊去角尾爲王字，汝後有子當王。」及乙辛生，適在路，無水以浴，廻車破轍，忽見湧泉。迭剌自以得

子，欲酒以慶，聞酒香，于草棘間得二榼，因祭東焉。

乙辛幼慧黠。嘗牧羊至日昃，迭剌視之，乙辛熟寢。迭剌觸之覺，乙辛怒曰：「何遽驚我！適夢人手執日月以食我，我已食月，啗日方半而覺，惜不盡食之。」迭剌自是不令牧羊。

及長，美風儀，外和內狡。重熙中，爲文班吏，掌太保印，陪從入宮。皇后見乙辛詳雅如素宦，令補筆硯吏；帝亦愛之，累遷護衞太保。道宗卽位，以乙辛先朝任使，賜漢人戶四十，同知點檢司事，常召決疑議，陞北院同知，歷樞密副使。淸寧五年，爲南院樞密使，改知北院，封趙王。

九年，耶律仁先爲南院樞密使，時駙馬都尉蕭胡覩與重元黨，惡仁先在朝，奏曰：「仁先可任西北路招討使。」帝將從之。乙辛奏曰：「臣新參國政，未知治體。仁先乃先帝舊臣，不可遽離朝廷。」帝然之。重元亂平，拜北院樞密使，〔一〕進王魏，賜匡時翊聖竭忠平亂功臣。咸雍五年，加守太師。詔四方有軍旅，許以便宜從事，勢震中外，門下饋賂不絕。凡阿順者蒙薦擢，忠直者被斥竄。

大康元年，皇太子始預朝政，法度修明。乙辛不得逞，謀以事誣皇后。后既死，乙辛不自安，又欲害太子。乘間入奏曰：「帝與后如天地並位，中宮豈可曠？」盛稱其黨駙馬都尉蕭霞抹之妹美而賢。上信之，納于宮，尊册爲皇后。時護衞蕭忽古知乙辛姦狀，伏橋下，欲殺

之。俄暴雨壞橋，謀不遂。林牙蕭巖壽密奏曰：「乙辛自皇太子預政，內懷疑懼，又與宰相張孝傑相附會。恐有異圖，不可使居要地。」出爲中京留守。乙辛泣謂人曰：「乙辛無過，因讒見出。」其黨蕭霞抹輩以其言聞於上。上悔之。無何，出蕭巖壽爲順義軍節度使，詔近臣議召乙辛事。北面官屬無敢言者，耶律撒剌曰：「初以蕭巖壽奏，出乙辛。若所言不當，宜坐以罪；若當，則不可復召。」累諫不從。乃復召爲北院樞密使。

時皇太子以母后之故，憂見顏色。乙辛黨欣躍相慶，讒謗沸騰，忠良之士斥逐殆盡。乙辛因蕭十三之言，夜召蕭得裏特謀搆太子，令護衛太保耶律查剌誣告耶律撒剌等同謀立皇太子。詔按無迹而罷。又令牌印郎君蕭訛都斡詣上誣首：「耶律查剌前告耶律撒剌等事皆實，臣亦與其謀。本欲殺乙辛等而立太子。臣等若不言，恐事白連坐。」詔使鞫劾，乙辛迫令具伏。上怒，命誅撒剌及速撒等。乙辛恐帝疑，引數人庭詰，各令荷重校，縲繫其頸，不能出氣，人人不堪其酷，惟求速死。反奏曰：「別無異辭。」時方暑，尸不得瘞，以至地臭。乃囚皇太子於上京，監衛者皆其黨。尋遣蕭達魯古、撒把害太子。乙辛黨大喜，聚飲數日。上京留守蕭撻得以卒聞。上哀悼，欲召其妻，乙辛陰遣人殺之，以滅其口。

五年正月，上將出獵，乙辛奏留皇孫，上欲從之。同知點檢蕭兀納諫曰：「陛下若從乙辛留皇孫，皇孫尚幼，左右無人，願留臣保護，以防不測。」遂與皇孫俱行。由是上始疑乙

辛，頗知其姦。會北幸，將次黑山之平淀，上適見扈從官屬多隨乙辛後，惡之，出乙辛知南院大王事。及例削一字王爵，改王混同，意稍自安。及赴闕入謝，帝即日遣還，改知興中府事。

七年冬，坐以禁物鬻入外國，下有司議，法當死。乙辛黨耶律燕哥獨奏當入八議，得減死論，擊以鐵骨朵，幽於來州。後謀奔宋及私藏兵甲事覺，縊殺之。乾統二年，發塚，戮其屍。

張孝傑，建州永霸縣人。家貧，好學。重熙二十四年，擢進士第一。清寧間，累遷樞密直學士。咸雍初，坐誤奏事，出爲惠州刺史。俄召復舊職，兼知戶部司事。三年，參知政事，同知樞密院事，加工部侍郎。八年，封陳國公。上以孝傑勤幹，數問以事，爲北府宰相。漢人貴幸無比。

大康元年，賜國姓。明年秋獵，帝一日射鹿三十，燕從官。酒酣，命賦雲上于天詩，詔孝傑坐御榻旁。上誦黍離詩：「知我者謂我心憂，不知我者謂我何求。」孝傑奏曰：「今天下太平，陛下何憂？富有四海，陛下何求？」帝大悅。三年，羣臣侍燕，上曰：「先帝用仁先、化葛，以賢智也。朕有孝傑、乙辛，不在仁先、化葛下，誠爲得人。」歡飲至夜，乃罷。

是年夏，乙辛譖皇太子，孝傑同力相濟。及乙辛受詔按皇太子黨人，誣害忠良，孝傑之謀居多。乙辛薦孝傑忠於社稷，帝謂孝傑可比狄仁傑，賜名仁傑，乃許放海東青鶻。六年，既出乙辛，上亦悟孝傑姦佞，尋出爲武定軍節度使。坐私販廣濟湖鹽及擅改詔旨，削爵，貶安肅州，數年乃歸。大安中，死於鄉。乾統初，剖棺戮屍，以族產分賜臣下。

孝傑久在相位，貪貨無厭，時與親戚會飲，嘗曰：「無百萬兩黃金，不足爲宰相家。」初，孝傑及第，詣佛寺，忽迅風吹孝傑幞頭，與浮圖齊，墜地而碎。有老僧曰：「此人必驟貴，然亦不得其死。」竟如其言。

耶律燕哥，字善寧，季父房之後。四世祖鐸穩，[三]太祖異母弟。父曰豁里斯，官至太師。

燕哥狡佞而敏。清寧間，爲左護衛太保。大康初，轉北面林牙。初耶律乙辛自中京留守復爲樞密使，以燕哥爲耳目，凡聞見必以告。乙辛愛而薦之，帝亦以爲賢，拜左夷離畢。及皇太子被誣，帝遣燕哥往訊之，太子謂燕哥曰：「帝惟我一子，今爲儲嗣，復何求，敢爲此事！公與我爲昆弟行，當念無辜，達意於帝。」禱之甚懇。蕭十三聞之，謂燕哥曰：「宜以太子言，易爲伏狀。」燕哥頷之，盡如所教以奏。及太子被逐，乙辛殺害忠良，多燕哥之謀，爲

契丹行宮都部署。五年夏，拜南府宰相，遷惕隱。大安三年，爲西京留守，致仕。壽隆初，以疾卒。

蕭十三，蔑古乃部人。父鐸魯斡，歷官節度使。

十三辨黠，善揣摩人意。清寧間，以年勞遷護衛太保。大康初，耶律乙辛復入樞府，益橫恣。時十三出入乙辛家，以朝臣不附者輒使出之，十三由宿衛遷殿前副點檢。

三年夏，護衛蕭忽古等謀殺乙辛，事覺下獄。十三謂乙辛曰：「今太子猶在，臣民屬心。大王素無根柢之助，復有誣皇后之怨。若太子立，王置身何地？宜熟計之。」乙辛曰：「吾憂此久矣！」是夜，召蕭得裏特謀所以構太子事。十三計既行，尋遷殿前都點檢，兼同知樞密院事。復令蕭訛都斡等誣首耶律查剌前告耶律撒剌等事皆實，詔究其事，太子不服。別遣夷離畢耶律燕哥問太子，太子具陳所以見誣之狀。十三聞之，謂燕哥曰：「如此奏，則大事去矣！當易其辭爲伏欵。」燕哥入，如十三言奏之。上大怒，廢太子。太子將出，曰：「我何罪至是！」十三叱令登車，遣衛卒闔車門。是年，遷北院樞密副使，復陳陰害太子計，乙辛從之。

及乙辛出知南院大王事，亦出十三爲保州統軍使，卒。乾統間，剖棺戮屍。二子：的里

得、念經，皆伏誅。

校勘記

〔一〕重元亂平拜北院樞密使　按紀清寧九年七月，重元平後，以耶律仁先爲北院樞密使，乙辛爲南院樞密使。

〔二〕四世祖鐸穩　按下文，如燕哥與太子濬爲兄弟行，則鐸穩應是七世祖。

遼史卷百十一

列傳第四十一

姦臣下

蕭余里也　耶律合魯　蕭得裏特　蕭訛都斡
蕭達魯古　耶律塔不也　蕭圖古辭

蕭余里也，字訛都椀，國舅阿剌次子。便佞滑稽，善女工。重熙間，以外戚進。清寧初，補祗候郎君，尙鄭國公主，拜駙馬都尉，累遷南面林牙。以父阿剌爲蕭革所譖，出余里也爲奉先軍節度使。十年冬，召爲北面林牙。

咸雍中，會有告余里也與族人兆哲謀害耶律乙辛，按無狀，出爲寧遠軍節度使。自後余里也揣乙辛意，傾心事之，薦爲國舅詳穩。大康初，封遼西郡王。時乙辛擅恣，凡不附己者出之，乃引余里也爲北府宰相，兼知契丹行宮都部署事。及乙辛謀構皇太子，余里也多

助成之，遂知北院樞密事，賜推誠協贊功臣。以女姪妻乙辛子綏也，恃勢橫肆，至有無君之語，朝野側目。

帝出乙辛知南院大王事，坐與乙辛黨，以天平軍節度使歸第。尋拜西北路招討使。以母憂去官，卒。

耶律合魯，字胡都菫，六院舍利褭古直之後。柔佞，喜苟合。仕清寧初。時乙辛引用羣小，合魯附之，遂見委任，俄擢南面林牙。乙辛譖皇太子，殺忠直，合魯多預其謀。弟吾也亦黨乙辛，時號「二賊」。乙辛薦爲北院大王，卒。吾也亦至南院大王。

蕭得裏特，遙輦洼可汗宮分人。善阿意順色。清寧初，乙辛用事，〔一〕甚見引用，累遷北面林牙、同知北院宣徽使事。

及皇太子廢，遣得裏特監送上京。得裏特促其行，不令下車，起居飲食數加陵侮，至則築圜堵囚之。大康中，遷西南招討使，歷順義軍節度使，轉國舅詳穩。

壽隆五年，坐怨望，以老免死，闔門籍輿聖宮，貶西北統軍司，卒。二子：得末、訛里，乾統間以父與乙辛謀，伏誅。

蕭訛都斡，國舅少父房之後。咸雍中，補牌印郎君。

大康三年，樞密使乙辛陰懷逆謀，乃令護衞太保耶律查剌誣告耶律撒剌等廢立事。詔按無狀，皆補外。頃之，訛都斡希乙辛意，欲實其事，與耶律塔不也等入闕，誣首：「耶律撒剌等謀害乙辛，欲立皇太子事，臣亦預謀。今不自言，恐事泄連坐。」帝果怒，徙皇太子于上京。

訛都斡尚皇女趙國公主，[二]爲駙馬都尉。後與乙辛議不合，銜之，復以車服僭擬人主，被誅。訛都斡臨刑，語人曰：「前告耶律撒剌事，皆乙辛教我。恐事彰，殺我以滅口耳！」

蕭達魯古，遙輦嘲古可汗宮分人。性姦險。

清寧間，乙辛爲樞密使，竊權用事，陰懷逆謀。達魯古比附之，遂見獎拔，稍遷至旗鼓拽剌詳穩。乙辛欲害太子，以達魯古兇果可使，遣與近侍直長撒把詣上京，同留守蕭撻得夜引力士至囚室，紿以有赦，召太子出，殺之，函其首以歸，詐云疾薨。以達魯古爲國舅詳穩。達魯古恐殺太子事白，出入常佩刀，有急召，即欲自殺。

乾統間，詔樞密使耶律阿思大索乙辛黨人，達魯古以賂獲免。後以疾卒。

耶律塔不也，仲父房之後。以善擊鞠，幸於上，凡馳騁，鞠不離杖。

咸雍初，補祗候郎君。與耶律乙辛善，故內外畏之。及太子被譖，按無迹，塔不也附乙辛，欲實其誣，與訛都斡等密奏：「太子謀亂事本實，臣不首，恐事覺連坐。」帝信之，廢太子。改延慶宮副使。壽隆元年，爲行宮都部署。

天祚嗣位，以塔不也黨乙辛，出爲特免部節度使。及樞密使耶律阿思大索乙辛舊黨，塔不也以賂獲免。徙敵烈部節度使，復爲敦睦宮使。天慶元年，出爲西北路招討使。以疾卒。

蕭圖古辭，字何寧，楮特部人。仕重熙中，以能稱，累遷左中丞。

清寧初，歷北面林牙，改北院樞密副使。辨敏，善伺顏色，應對合上意。皇太后嘗曰：「有大事，非耶律化哥、蕭圖古辭不能決。」眷遇日隆。知北院樞密使事。六年，出知黃龍府。八年，拜南府宰相。頃之，爲北院樞密使，詔許便宜從事。

爲人姦佞有餘，好聚歛，專愎，變更法度。爲樞密數月，所薦引多爲重元黨與，由是免爲庶人。後沒入興聖宮，卒。

論曰：舜流共工，孔子誅少正卯，治姦之法嚴矣。後世不是之察，反以爲忠而信任之，不至於流毒宗社而未已。道宗之於乙辛是也。當其留仁先，討重元，若眞爲國計者，不知包藏禍心，待時而發耳。一旦專權，又得孝傑、燕哥、十三爲之腹心，故肆惡而無忌憚。始誣皇后，又殺太子及其妃，其禍之酷，良可悲哉。

嗚呼！君之所親，莫皇后、太子若也。姦臣殺之而不知，羣臣言之而不悟。一時忠讜，廢戮幾盡。雖黑山親見官屬之盛，僅削一字王號。至私藏甲兵，然後誅之。吁！乙辛之罪，固非一死可謝天下，抑亦道宗不明無斷，有以養成之也。

如蕭余里也輩，忘君黨惡，以饕富貴，雖幸而死諸牖下，其得免於遺臭之辱哉！

校勘記

〔一〕清寧初乙辛用事　按清寧初應作清寧末。

〔二〕訛都斡尚皇女趙國公主　按公主表：道宗第二女趙國公主嫁蕭撻不也，「撻不也坐昭懷太子事被害，其弟訛都斡欲逼尚公主，公主以訛都斡黨乙辛，惡之。未幾，訛都斡以事伏誅」。

遼史卷百十二

列傳第四十二

逆臣上

耶律轄底 迭里特　耶律察割　耶律婁國

耶律重元 涅魯古　耶律滑哥

易曰：「天尊地卑，乾坤定矣；卑高以陳，貴賤位矣。」貴賤位而後君臣之分定，君臣之分定而後天地和，天地和而後萬化成。五帝三王之治，用此道也。三代而降，臣弑其君者有之，子弑其父者有之。孔子作春秋以寓王法，誅死者於前，懼生者於後，其慮深遠矣。歐陽修作唐書，創逆臣傳，蓋亦春秋之意也。遼叛逆之臣二十有二，迹其事則又有甚焉者，然豈一朝一夕之故哉。列于傳，所以公天下之貶，以示夫戒云。

轄底，字涅烈袞，肅祖孫夷離堇帖剌之子。幼黠而辯，時險佞者多附之。故事，爲夷離堇者，得行再生禮。遙輦痕德菫可汗時，異母兄罨古只爲迭剌部夷離菫。乃令黨人大呼曰：「夷離菫出矣！」衆皆羅拜，因行柴册禮，自立爲夷離菫。與于越耶律釋魯同知國政。及釋魯遇害，轄底懼人圖己，挈其二子迭里特、朔刮奔渤海，僞爲失明。後因毬馬之會，與二子奪良馬奔歸國。益爲姦惡，常以巧辭獲免。

太祖將卽位，讓轄底，轄底曰：「皇帝聖人，由天所命，臣豈敢當！」太祖命爲于越。及自將伐西南諸部，轄底誘剌葛等亂，不從者殺之。車駕還至赤水城，轄底懼，與剌葛俱北走，至榆河爲追兵所獲。太祖問曰：「朕初卽位，嘗以國讓，叔父辭之；今反欲立吾弟，何也？」轄底對曰：「始臣不知天子之貴，及陛下卽位，衞從甚嚴，與凡庶不同。臣嘗奏事心動，始有窺覦之意。度陛下英武，必不可取；諸弟懦弱，得則易圖也。事若成，豈容諸弟乎。」太祖謂諸弟曰：「汝輩乃從斯人之言耶！」迭剌曰：「謀大事者，須用如此人；事成，亦必去之。」轄底不復對。囚數月，縊殺之。

將刑，太祖謂曰：「叔父罪當死，朕不敢赦。事有便國者，宜悉言之。」轄底曰：「迭剌部人衆勢强，故多爲亂，宜分爲二，以弱其勢。」子迭里特。

迭里特，字海鄰。有膂力，善馳射，馬蹶不仆。尤神于醫，視人疾，若隔紗覩物，莫不悉見。

太祖在潛，已加眷遇，及卽位，拜迭剌部夷離菫。太祖嘗思鹿醢解酲，以山林所有，問能取者。迭里特曰：「臣能得之。」乘內廐馬逐鹿，射其一。欲復射，馬跌而斃。迭里特躍而前，弓猶不弛，復獲其一。帝歎甚曰：「吾弟萬人敵！」會帝患心痛，召迭里特視之。迭里特曰：「膏肓有瘀血如彈丸，然藥不能及，必鍼而後愈。」帝從之。嘔出瘀血，痛止。

帝以其親，每加賜賚；然知其爲人，未嘗任以職。後從剌葛亂，與其父轄底俱縊殺之。

察割，字歐辛，〔一〕明王安端之子。善騎射。貌恭而心狡，人以爲懦。太祖曰：「此兒頑，非懦也。」其父安端嘗使奏事，太祖謂近侍曰：「此子目若風駝，面有反相。朕若獨居，無令入門。」

世宗卽位于鎭陽，安端聞之，欲持兩端。察割曰：「太弟忌刻，若果立，豈容我輩！永康王寬厚，且與劉哥相善，宜往與計。」安端卽與劉哥謀歸世宗。及和議成，以功封泰寧王。

會安端爲西南面大詳穩，察割佯爲父惡，陰遣人白於帝，卽召之。既至上前，泣訴不勝哀，帝憫之，使領女石烈軍。〔二〕出入禁中，數被恩遇。帝每出獵，察割託手疾，不操弓矢，但執鍊鎚馳走。屢以家之細事聞於上，上以爲誠。

察割以諸族屬雜處，不克以逞，漸徙廬帳迫於行宮。右皮室詳穩耶律屋質察其姦邪，表列其狀。帝不信，以表示察割。察割稱屋質疾己，哽咽流涕。帝曰：「朕固知無此，何至泣耶！」察割時出怨言，屋質曰：「汝雖無是心，因我過疑汝，勿爲非義可也。」他日屋質又請於帝，帝曰：「察割捨父事我，可保無他。」屋質曰：「察割於父既不孝，於君安能忠！」帝不納。

天祿五年七月，帝幸太液谷，留飲三日，察割謀亂不果。帝伐周，至詳古山，太后與帝祭文獻皇帝于行宮，羣臣皆醉。察割歸見壽安王，邀與語，王弗從。察割以謀告耶律盆都，盆都從之。是夕，同率兵入弑太后及帝，因僭位號。百官不從者，執其家屬。至夜，閱內府物，見碼碯盌，曰：「此希世寶，今爲我有！」詫于其妻。妻曰：「壽安王、屋質在，吾屬無噍類，此物何益！」察割曰：「壽安年幼，屋質不過引數奴，詰旦來朝，固不足憂。」其黨矧斯報壽安、屋質以兵圍于外，察割尋遣人弑皇后於柩前，倉惶出陣。壽安遣人諭曰：「汝等既行弑逆，復將若何？」有夷離堇劃者委兵歸壽安王，餘衆望之，徐徐而往。察割知其不濟，乃繫羣官家屬，執弓矢脅曰：「無過殺此曹爾！」叱令速出。時林牙耶律敵獵亦在繫中，進曰：「不有所廢，壽安王何以興。籍此爲辭，猶可以免。」察割曰：「誠如公言，誰當使者？」敵獵請與罨撒葛同往說之，察割從其計。壽安王復令敵獵誘察割，斬殺之。諸子皆伏誅。

婁國，字勉辛，文獻皇帝之子。天祿五年，遙授武定軍節度使。及察割作亂，穆宗與屋質從林牙敵獵計，誘而出之，婁國手刃察割。改南京留守。

穆宗沉湎，不恤政事，婁國有覬覦之心，誘敵獵及羣不逞謀逆。事覺，按問不服。帝曰：「朕爲壽安王時，卿數以此事說我，今日豈有虛乎？」婁國不能對。及餘黨盡服，遂縊於可汗州西谷，詔有司擇絕後之地以葬。

重元，小字孛吉只，聖宗次子。材勇絕人，眉目秀朗，寡言笑，人望而畏。

太平三年，封秦國王。聖宗崩，欽哀皇后稱制，密謀立重元。重元以所謀白於上，上益重之，封爲皇太弟。歷北院樞密使、〔三〕南京留守、知元帥府事。重元處戎職，未嘗離輦下。先是契丹人犯法，例須漢人禁勘，受枉者多。重元奏請五京各置契丹警巡使，詔從之，賜以金券誓書。道宗卽位，册爲皇太叔，免拜不名，爲天下兵馬大元帥，復賜金券、四頂帽、二色袍，尊寵所未有。

淸寧九年，車駕獵灤水，以其子涅魯古素謀，與同黨陳國王陳六、知北院樞密事蕭胡覩等凡四百餘人，誘脅弩手軍陣于帷宮外。將戰，其黨多悔過效順，各自奔潰。重元既知失計，北走大漠，歎曰：「涅魯古使我至此！」遂自殺。

先是重元將舉兵，帳前雨赤如血，識者謂敗亡之兆。子涅魯古。

涅魯古，小字耶魯綰。性陰狠。興宗一見，謂曰：「此子目有反相。」

重熙十一年，封安定郡王。十七年，進王楚，爲惕隱。淸寧三年，出爲武定軍節度使。〔四〕七年，知南院樞密使事，說其父重元詐病，竢車駕臨問，因行弒逆。

九年秋獵，帝用耶律良之計，遣人急召涅魯古。涅魯古以事泄，遽擁兵犯行宮。南院樞密使許王仁先等率宿衞士討之。涅魯古躍馬突出，爲近侍詳穩渤海阿廝、〔五〕護衞蘇射殺之。

滑哥，字斯懶，隋國王釋魯之子。性陰險。初烝其父妾，懼事彰，與剋蕭臺哂等共害其父，歸咎臺哂，滑哥獲免。

太祖卽位，務廣恩施，雖知滑哥兇逆，姑示含忍，授以惕隱。六年，滑哥預諸弟之亂。事平，羣臣議其罪，皆謂滑哥不可釋，於是與其子痕只俱陵遲而死，勑軍士恣取其產。帝曰：「滑哥不畏上天，反君弒父，其惡不可言。諸弟作亂，皆此人敎之也。」

校勘記

〔一〕察割字歐辛　歐辛，地理志二作漚里僧王。

〔二〕使領女石烈軍　百官志二有女古烈詳穩司，似源于此。女石烈、女古烈，未知孰是。

〔三〕歷北院樞密使　按紀重熙七年十二月作「判北南院樞密使事」，皇子表作「歷南、北院樞密使」。

〔四〕淸寧三年出爲武定軍節度使　三，原誤「二」。按紀在淸寧三年二月，據改。

〔五〕近侍詳穩渤海阿廝　參卷一一二校勘記〔一〕。

遼史卷百十三

列傳第四十三

逆臣中

蕭翰　耶律牒蠟　耶律朗　耶律劉哥 盆都

耶律海思　耶律敵獵　蕭革

蕭翰，一名敵烈，字寒眞，宰相敵魯之子。

天贊初，唐兵圍鎭州，節度使張文禮遣使告急。翰受詔與康末怛往救，克之，殺其將李嗣昭，拔石城。會同初，領漢軍侍衞。八年，伐晉，敗晉將杜重威，追至望都。翰奏曰：「可令軍下馬而射。」帝從其言，軍士步進。敵人持短兵猝至，我軍失利。帝悔之曰：「此吾用言之過至此！」及從駕入汴，爲宣武軍節度使。

會帝崩欒城，世宗卽位。翰聞之，委事於李從敏，徑趨行在。是年秋，世宗與皇太后相拒於潢河横渡，和議未定。太后問翰曰：「汝何怨而叛？」對曰：「臣母無罪，太后殺之，以此不能無憾。」初耶律屋質以附太后被囚，翰聞而快之，卽囚所謂曰：「汝嘗言我輩不及，今在狴犴，何也？」對曰：「第願公不至如此！」翰默然。

天祿二年，尙帝妹阿不里。後與天德謀反，下獄。復結惕隱劉哥及其弟盆都亂，耶律石剌告屋質，屋質遽入奏之，翰等不伏。帝不欲發其事，屋質固諍以爲不可，乃詔屋質鞫按。翰伏辜，帝竟釋之。復與公主以書結明王安端反，屋質得其書以奏，翰伏誅。

牒蠟，字述蘭，六院夷離菫蒲古只之後。

天顯中，爲中臺省右相。會同元年，與趙思溫持節册晉帝。〔一〕及我師伐晉，至滹沱河，降晉將杜重威，牒蠟功居多。大同元年，平相州之叛，斬首數萬級。

世宗卽位，遣使馳報，仍命牒蠟執偏將㐫者以來。其使誤入㐫者營，㐫者得詔，反誘牒蠟，執送太后。牒蠟亡歸世宗。和約旣成，封燕王，爲南京留守。

天祿五年，察割弑逆，牒蠟方醉，其妻扶入察割之幕，因從之。明旦，壽安王討亂，凡脅從者皆棄兵降；牒蠟不降，陵遲而死。妻子皆誅。

朗，字歐新，季父房䨓古只之孫。性輕佻，多力，人呼爲「虎斯」。天顯間以材勇進，每戰輒克，由是得名。

會同九年，太宗入汴，命知澶淵，控扼河渡。天祿元年，燕、趙已南皆應劉知遠，朗與汴守蕭翰棄城歸闕。先是，朗祖䨓古只爲其弟轄底詐取夷離菫，自是族中無任六院職事者，世宗不悉其事，以朗爲六院大王。

及察割作亂，遣人報朗曰：「事成矣！」朗遣詳穩蕭胡里以所部軍往，命曰：「當持兩端，助其勝者。」穆宗卽位，伏誅，籍其家屬。

劉哥，字明隱，太祖弟寅底石之子。〔二〕幼驕狠，好陵侮人，長益兇狡。太宗惡之，使守邊徼，累遷西南邊大詳穩。

會同十年，叔父安端從帝伐晉，〔三〕以病先歸，與劉哥鄰居。世宗立於軍中，安端議所往，劉哥首建附世宗之策，以本部兵助之。時太后命皇太弟李胡率兵而南，劉哥、安端遇於泰德泉。既接戰，安端墜馬。王子天德馳至，欲以鎗刺之。劉哥以身衞安端，射天德，貫甲不及膺。安端得馬復戰，太弟兵敗。劉哥與安端朝于行在。及和議成，太后問劉哥曰：「汝何怨而叛？」對曰：「臣父無罪，太后殺之，以此怨耳。」事平，以功爲惕隱。

天祿中，與其弟盆都、王子天德、侍衞蕭翰謀反，耶律石剌發其事，劉哥以飾辭免。後請帝博，欲因進酒弑逆，帝覺之，不果，被囚。一日，召劉哥，鎖項以博。帝問：「汝實反耶？」劉哥誓曰：「臣若有反心，必生千頂疽死！」遂貫之。耶律屋質固諍，以爲罪在不赦。上命屋質按之，具服。詔免死，流烏古部，果以千頂疽死。弟盆都。

盆都，殘忍多力，膚若蛇皮。天祿初，以族屬爲皮室詳穩。二年，與兄劉哥謀反，免死，使於轄戞斯國。既還，復預察割之亂，陵遲而死。

異母弟二人：化葛里、奚蹇。應曆初，無職任，以族子，甚見優禮。三年，或告化葛里、奚蹇與衞王宛謀逆，下獄，飾辭獲免。四年春，復謀反，伏誅。

海思，字鐸袞，隋國王釋魯之庶子。機警口辯。

會同五年，詔求直言。時海思年十八，衣羊裘，乘牛詣闕。有司問曰：「汝何故來？」對曰：「應詔言事。苟不以貧稚見遺，亦可備直言之選。」有司以聞。會帝將出獵，使謂曰：「俟吾還則見之。」海思曰：「臣以陛下急於求賢，是以來耳，今反緩於獵，請從此歸。」帝聞，卽召見賜坐，問以治道。命明王安端與耶律頽德試之，數日，安端等奏曰：「海思之材，臣等所不及。」帝召海思問曰：「與汝言者何如人也？」對曰：「安端言無收檢，若空車走峻坂；頽德如着靴行曠野射鴇。」帝大笑。擢宣徽使，屢任以事。帝知其貧，以金器賜之，海思卽散于親友。後從帝伐晉有功。

世宗卽位於軍中，皇太后以兵逆於潢河橫渡。太后遣耶律屋質責世宗自立。屋質至帝前，諭旨不屈，世宗遣海思對，亦不遜，且命之曰：「汝見屋質勿懼！」海思見太后還，不稱旨。旣和，領太后諸局事。

穆宗卽位，與冀王敵烈謀反，死獄中。

敵獵，字烏輦，六院夷離菫朮不魯之子。少多詐。

世宗卽位，爲羣牧都林牙。察割謀亂，官僚多被囚繫。及壽安王與耶律屋質率兵來

討，諸黨以次引去。察割度事不成，卽詣囚所，持弓矢脅曰：「悉殺此曹！」敵獵進曰：「殺何益於事？竊料屋質將立壽安王，故爲此舉，且壽安未必知。若遣人藉此爲辭，庶可免。」察割曰：「如公言。誰可使者？」敵獵曰：「大王若不疑，敵獵請與罨撒葛同往說之。」察割遣之。壽安王用敵獵計，誘殺察割，凡被脅之人無一被害者，皆敵獵之力。

亂旣平，帝嘉賞，然未顯用。敵獵失望，居常怏怏，結羣不逞，陰懷不軌。應曆二年，與其黨謀立婁國，事覺，陵遲死。

蕭革，小字滑哥，字胡突菫，國舅房林牙和尙之子。警悟多智數。太平初，累遷官職。游近習間，以諛悅相比昵，爲流輩所稱，由是名達於上。

重熙初，拜北面林牙。十二年，爲北院樞密副使。帝嘗與近臣宴，謂革曰：「朕知卿才，故自拔擢，卿宜勉力！」革曰：「臣不才，誤蒙聖知，無以報萬一，惟竭愚忠，安敢怠？」明年，拜北府宰相。十五年，改同知北院樞密事。革怙寵專權，同僚具位而已。時夷離畢耶律義先知革姦佞，因侍燕，言革所短，用之將敗事。帝不聽。一日，上令義先對革巡擲，義先酒酣曰：「臣備位大臣，縱不能進忠去佞，安能與賊博乎！」革銜之，佯言曰：「公相譏，不旣甚乎！」義先詬詈不已。帝怒，皇后解之曰：「義先酒狂，醒可治也。」翌日，上詔革謂曰：「義先無禮，可痛繩之。」革曰：「義先之才，豈逃聖鑒！然天下皆知忠直。今以酒過爲罪，恐咈人望。」帝以革犯而不校，眷遇益厚。其矯情媚上多此類。拜南院樞密使，詔班諸王上，封吳王。改知北院，進王鄭，兼中書令。帝大漸，詔革曰：「大位不可一日曠，朕若弗寤，宜卽令燕趙國王嗣位。」

淸寧元年，復爲南院樞密使，更王楚。復從北院，與國舅蕭阿剌同掌朝政。革多私撓，阿剌每裁正之，由是有隙，出阿剌爲東京留守。會南郊，阿剌以例赴闕，帝訪羣臣以時務，阿剌陳利病，言甚激切。革伺帝意不悅，因譖曰：「阿剌恃寵，有慢上心，非臣子禮。」帝大怒，縊阿剌于殿下。

後上知革姦計，寵遇漸衰。八年，致仕，封鄭國王。九年秋，革以其子爲重元婿，[四]革預其謀，陵遲殺之。

校勘記

〔一〕會同元年與趙思溫持節册晉帝　元，原誤「二」。按紀此事在會同元年七月，新、舊五代史、通鑑並同，據改。

〔二〕劃哥太祖弟寅底石之子　劃哥，皇子表、卷七二李胡傳作留哥。弟，原誤「兄」。據皇子表改。

〔三〕會同十年叔父安端從帝伐晉　按紀，太宗伐晉始于會同六年十二月，至九年十二月晉帝出降，十年二月已改元大同。

〔四〕革以其子爲重元婿　馮校：「革」當作帝。

遼史卷百十四

列傳第四十四

逆臣下

蕭胡覩　蕭迭里得　古迭　耶律撒剌竹　奚回離保　蕭特烈

蕭胡覩，字乙辛。口吃，視斜，髮鬈，伯父孝穆見之曰：「是兒狀貌，族中未嘗有。」及壯，魁梧桀傲，好揚人惡。

重熙中，爲祗候郎君。俄遷興聖宮使，尙秦國長公主，授駙馬都尉。以不諧離婚，復尙齊國公主，爲北面林牙。

清寧中，歷北、南院樞密副使，代族兄朮哲爲西北路招討使。時蕭革與蕭阿剌俱爲樞密使，不協，革以朮哲爲阿剌所愛，嫉之。朮哲受代赴闕，先嘗借官粟，留直而去。胡覩希革意，發其事，朮哲因得罪。

胡覩又欲要權，歲時獻遺珍玩、畜產于革，二人相愛過于兄弟。胡覩族弟敵烈爲北剋，薦國舅詳穩蕭胡篤于胡覩，胡覩見其辨給壯勇，傾心交結。每遇休沐，言論終日，人皆怪之。會胡覩同知北院樞密事，奏胡篤及敵烈可用，帝以敵烈爲旗鼓拽剌詳穩，胡篤爲宿直官。及革擠陷其兄阿剌，胡篤陰爲之助，時人醜之。

耶律乙辛知北院樞密事，胡覩位在乙辛下，意怏怏不平。初，胡覩嘗與重元子涅魯古謀逆，欲其速發。會車駕獵太子山，遂與涅魯古脅弩手軍犯行宮。既戰，涅魯古中流矢而斃，衆皆逃散。時同黨耶律撒剌竹適在圍場，聞亂，率獵夫來援。其黨謂胡覩等曰：「我軍甚衆，乘其無備，中夜決戰，事冀有成，若至明日，其誰從我？」胡覩曰：「倉卒中，黑白不辨。若內外軍相應，則吾事去矣。黎明而發，何遲之有！」重元聽胡覩之計，令四面巡警待旦。是夜，同黨立重元僭位號，胡覩自爲樞密使。

明日戰敗，胡覩被創，單騎遁走，至十七濼，投水死。五子，同日誅之。

蕭迭里得，字胡覩堇，國舅少父房之後。父雙古，尙鈿匿公主，仕至國舅詳穩。

迭里得幼警敏不羈，好射獵。太平中，以外戚補祗候郎君，歷延昌宮使、殿前副點檢。重熙十三年伐夏，迭里得將偏師首入敵境，多所俘掠，遷都點檢，改烏古敵烈部都詳穩。十八年，再舉西伐，迭里得奏：「軍馬器械之事，務在選將，夏人豈爲難制。但嚴設斥堠，不用掩襲計，何慮不勝？」帝曰：「卿其速行，無後軍期。」既而迭里得失利還，復爲都點檢。十九年，夏人來侵金肅軍，上遣迭里得率輕兵督戰，至河南三角川，斬候者八人，擒覘察使，以功命知漢人行宮都部署事，出爲西南面招討使。

族弟黄八家奴告其主私議宮掖事，迭里得寢之。事覺，決大杖，削爵爲民。清寧中，上以所坐事非迭里得所犯，起爲南京統軍使。至是，從重元子涅魯古等亂，敗走被擒，伏誅。

古迭，本宮分人，不知姓氏。好戲狎，不喜繩檢。膂力過人，善擊鞠。

重熙初，爲護衞，歷宿直官。十三年，西征，以古迭爲先鋒。夏人伏兵掩之，古迭力戰，麾下士多殁，乃單騎突出。遇夏王李元昊來圍，勢甚急。古迭馳射，應弦輒仆，躍馬直擊中堅，夏兵不能當，晡乃還營。改興聖宮太保。

清寧九年，從重元、涅魯古亂，與扈從兵戰，敗而遁，追擒之，陵遲而死。

撒剌竹，孟父房滌列之孫。性兇暴。

清寧中，累遷宣徽使，改殿前都點檢，首與重元謀亂。會帝獵灤河，重元恐事泄，與扈

從軍倉卒而戰。其子涅魯古既死，同黨潰散。撒剌竹適在畋所，聞亂，劫獵夫以援。既至，知涅魯古已死，大悔恨之，謂曰：「我輩惟有死戰，胡爲若兒戲，自取殄滅？今行宮無備，乘夜劫之，大事可濟。若俟明旦，彼將有備，安知我衆不携貳。一失機會，悔將無及。」重元、蕭胡覩等曰：「今夕但可四面圍之，勿令外軍得入，彼何能備！」不從。

遲明，投仗而走，撒剌竹戰死。

奚回離保，一名翰，字挼懶，奚王忒鄰之後。善騎射，趫捷而勇，與其兄𪓐里剌齊名。大安中，車駕幸中京，補護衞，稍遷鐵鷂軍詳穩。天慶間，徙北女直詳穩，兼知咸州路兵馬事，改東京統軍。既而諸蕃入寇，悉破之，遷奚六部大王，兼總知東路兵馬事。

保大二年，金兵至，天祚播遷，回離保率吏民立秦晉國王淳爲帝。淳僞署回離保知北院樞密事，兼諸軍都統，屢敗宋兵。淳死，其妻普賢女攝事。是年，金兵由居庸關入，回離保知北院，即箭笴山自立，號奚國皇帝，改元天復，[一]設奚、漢、渤海三樞密院，改東、西節度使爲二王，分司建官。

時奚人巴輒、韓家奴等引兵擊附近契丹部落，劫掠人畜，羣情大駭。會回離保爲郭藥師所敗，一軍離心，其黨耶律阿古哲與其甥乙室八斤等殺之，僞立凡八月。[二]

蕭特烈，字訛都椀，遙輦洼可汗宮分人。乾統中，入宿衞，出爲順義軍節度使。天慶四年，同知咸州路兵馬事。五年，以兵敗奪節度使。

保大元年，遷隗古部節度使。[三]及天祚在山西集羣牧兵，特烈爲副統軍。聞金兵將至，特烈諭士卒以君臣之義，死戰于石輦鐸。金兵不戰，特烈伺間欲攻之。天祚喜甚，召嬪御諸子登高同觀，將詫之。金兵望日月旗，知天祚在其下，以勁兵直趨奮擊，無敢當者，天祚遁走。特烈所至，招集散亡，尋爲中軍都統，復敗于梯己山。

天祚決意渡河奔夏，從臣切諫不聽，人情惶懼不知所爲。特烈陰謂耶律兀直曰：「事勢如此，億兆離心，正我輩效節之秋。不早爲計，奈社稷何！」遂共劫梁王雅里，奔西北諸部，僞立爲帝，特烈自爲樞密使。[四]

雅里卒，欲擇可立者。會耶律兀直言朮烈才德純備，兼興宗之孫，衆皆曰可，遂僭立焉，特烈僞職如故。未三旬，與朮烈俱爲亂兵所殺。

論曰：遼之秉國鈞，握兵柄，節制諸部帳，非宗室外戚不使，豈不以爲帝王久長萬世之計哉。及夫肆叛逆，致亂亡，皆是人也。有國家者，可不深戒矣乎！

校勘記

[一] 號奚國皇帝改元天復　按紀，保大二年十一月，金人下居庸關。三年正月，回離保自立，改元天復。

[二] 僞立凡八月　按回離保於三年正月自立，五月爲衆所殺，實不及八月。

[三] 遷隗古部節度使　隗古部，營衞志下、兵衞志中並作隗烏古部。

[四] 特烈自爲樞密使　按紀保大五年附雅里紀事，以耶律敵烈爲樞密使，特母哥副之。

遼史卷百十五

列傳第四十五

二國外記

高麗

高麗自有國以來，傳次久近，人民土田，歷代各有其志，然高麗與遼相爲終始二百餘年。

自太祖皇帝神册間，高麗遣使進寶劍。[一]天贊三年，來貢。太宗天顯二年，來貢。會同二年，受晉上尊號册，遣使往報。

聖宗統和三年秋七月，詔諸道各完戎器，以備東征高麗。八月，以遼澤沮洳，罷師。十年，以東京留守蕭恒德伐高麗。十一年，王治遣朴良柔奉表請罪，詔取女直國鴨淥江東數百里地賜之。十二年，入貢。三月，王治遣使請所俘生口，詔續還之，仍遣使撫諭。十二

月，王治進妓樂，詔却之。十三年，治遣李周楨來貢，又進鷹。十月，遣李知白奉貢。十一月，遣使册治爲王。遣童子十人來學本國語。十四年，王治表乞爲婚姻，以東京留守駙馬蕭恒德女下嫁之。六月，遣使來問起居。自是，至者無時。

十五年，韓彥敬來納聘幣，弔駙馬蕭恒德妻越國公主薨。十一月，治薨，其姪誦遣王同穎來告。十二月，遣使致祭，詔其姪誦權知國事。[二]十六年，遣使册誦爲王。二十年，誦遣使賀伐宋之捷。七月，來貢本國地里圖。二十二年，以南伐事詔諭之。二十三年，高麗聞與宋和，遣使來賀。二十六年，進龍鬚草席，及賀中京城。二十七年，承天皇太后崩，遣使報以國哀。二十八年，誦遣魏守愚等來祭。三月，使來會葬。

五月，高麗西京留守康肇弒其主誦，擅立誦從兄詢。[三]八月，聖宗自將伐高麗，報宋，遣引進使韓杞宣問詢。詢奉表乞罷師，不許。十一月，大軍渡鴨淥江，康肇拒戰于銅州，敗之。肇復出，右皮室詳穩耶律敵魯擒肇等，追奔數十里，獲所棄糧餉、鎧仗，銅、霍、貴、寧等州皆降。詢上表請朝，許之，禁軍士俘掠。以政事舍人馬保祐爲開京留守，安州團練使王八爲副留守。太子太師乙凜將騎兵一千，送保祐等赴京。守將卓思正殺我使者韓喜孫等十人，領兵出拒，保祐等復還。乙凜領兵擊之，思正遂奔西京。圍之五日，不克，駐蹕于城西佛寺。高麗禮部郎中渤海陀失來降。遣排押、盆奴攻開京，遇敵于京西，敗之。詢棄城

中華書局

遁走，遂焚開京，至清江而還。二十九年正月，班師，所降諸城復叛。至貴州南嶺谷，[四]大雨連日，霽乃得渡，馬駝皆疲乏，甲仗多遺棄。次鴨淥江，以所俘人分置諸陵廟，餘賜內戚、大臣。

開泰元年，詢遣蔡忠順來乞稱臣如舊，詔詢親朝。八月，遣田拱之奉表，稱病不能朝。詔復取六州之地。二年，耶律資忠使高麗取地，未幾還。三年，資忠復使，如前索地。五月，詔國舅詳穩蕭敵烈、東京留守耶律團石等造浮梁于鴨淥江，城保、宣義、定遠等州。四年，命北府宰相劉愼行爲都統，樞密使耶律世良爲副，殿前都點檢蕭虛烈爲都監。愼行挈家邊上，致緩師期，追還之；以世良、虛烈總兵伐高麗。五年，世良等與高麗戰于郭州西，破之。六年，樞密使蕭合卓爲都統，漢人行宮都部署王繼忠爲副，殿前都點檢蕭虛烈爲都監進討。蕭合卓攻興化軍不克，師還。七年，詔東平郡王蕭排押爲都統，蕭虛烈爲副統，東京留守耶律八哥爲都監，復伐高麗。十二月，蕭排押與戰于茶、陀二河之間，我軍不利，天雲、右皮室二軍沒溺者衆，天雲軍詳穩海里、遙輦帳詳穩阿果達、客省使酌古、渤海詳穩高清明等皆沒于陣。八年，詔數排押討高麗罪，釋之。加有功將校，益封戰沒將校之妻，錄其子弟。以南皮室軍校有功，[五]賜衣物銀絹有差，出金帛賜肴里、涅哥二奚軍。八月，遣郎君曷不呂等率諸部兵，會大軍同討高麗。詢遣使來乞貢方物。九年，資忠還，以詢降表進，釋詢罪。

太平元年，詢薨，[六]遣使來報嗣位，卽遣使册王欽爲王。九年，賜欽物。十一年，聖宗崩，遣使告哀。七月，使來慰奠。

興宗重熙七年，來貢。十二年三月，以加上尊號，來賀。十三年，遣使來貢。十四年三月，又來貢。十五年，入貢。八月，王欽薨，遣使來告。十六年，來貢。明年，又來貢。十九年，復貢。六月，遣使來賀伐夏之捷。二十二年，入貢。二十三年四月，王徽請官其子，詔加檢校太尉。

興宗崩，道宗卽位，淸寧元年八月，遣使報國哀，以先帝遺留物賜之。十一月，使來會葬。二年、三年，皆來貢。四年春，遣使報太皇太后哀。五月，使來會葬。咸雍七年、八年，來貢。[七]十二月，以佛經一藏賜徽。九年、十年，來貢。大康二年三月，皇太后崩，遣使報哀。[八]六月，使來弔祭。四年，王徽乞賜鴨淥江以東地，不許。九年八月，王徽薨，以徽子三韓國公勳權知國事。十二月，勳薨。[九]大安元年，册勳子運爲國王。二年，遣使來謝封册。三年，來貢。四年三月，免歲貢。五年、六年，連貢。九年，賜王運羊。十年，運薨，子昱遣使來告，卽賻贈。壽隆元年，來貢。十一月，王昱病，命其子顒權知國事。二年，來貢。三年三月，王昱薨。五年，王顒乞封册。六年，封顒爲三韓國公。

七年，道宗崩，天祚卽位，改爲乾統元年，報道宗哀，使來慰奠。十二月，遣使來賀。五年，三韓國公顒薨，子俁遣使來告。八年，封俁爲三韓國公，贈其父顒爲國王。[一〇]十二月，遣使來謝。九年，來貢。天慶二年，王俁母薨，來告，遣使致祭，起復。三年，遣使來謝致祭，又來謝起復。十年，乞兵于高麗以禦金，而金人責之。至是遼國亡矣。

西夏

西夏，本魏拓跋氏後，其地則赫連國也。遠祖思恭，唐季受賜姓曰李，涉五代至宋，世有其地。至李繼遷始大，據夏、銀、綏、宥、靜五州，緣境七鎭，其東西二十五驛，南北十餘驛。子德明，曉佛書，通法律，嘗觀太一金鑑訣、野戰歌，製番書十二卷，又製字若符篆。

其俗，衣白窄衫，氈冠，冠後垂紅結綬。自號嵬名，設官分文武。[一一]其冠用金縷貼，間起雲，銀紙帖，緋衣，金塗銀帶，佩蹀躞、解錐、短刀、弓矢，穿靴，禿髮，耳重環，紫旋襴六襲。出入乘馬，張青蓋，以二旗前引，從者百餘騎。民庶衣青綠。革樂之五音爲一音，裁禮之九拜爲三拜。凡出兵先卜，有四：一炙勃焦，以艾灼羊胛骨；二擗筭，擗竹于地以求數，若揲蓍然；三呪羊，其夜牽羊，焚香禱之，又焚穀火于野，次晨屠羊，腸胃通則吉，羊心有血則敗；四矢擊絃，聽其聲，知勝負及敵至之期。病者不用醫藥，召巫者送鬼，西夏語以巫爲「厮」也；或遷他室，謂之「閃病」。喜報仇，有喪則不伐人，負甲葉於背識之。仇解，用雞猪犬血和酒，貯於髑髏中飲之，乃誓曰：「若復報仇，穀麥不收，男女禿癩，六畜死，蛇入帳。」有力小不能復仇者，集壯婦，享以牛羊酒食，趨讎家縱火，焚其廬舍。俗曰敵女兵不祥，輒避去。訴于官，官擇舌辯氣直之人爲和斷官，聽其屈直。殺人者，納命價錢百二十千。

土產大麥、蓽豆、青稞、䅟子、古子蔓、鹹地蓬實、蓯蓉苗、小蕪荑、席雞草子、地黃葉、登厮草、沙葱、野韭、拒灰蓧、白蒿、鹹地松實。

民年十五爲丁。有二丁者，取一爲正軍。負擔雜使一人爲抄，四丁爲兩抄。餘人得射它丁，皆習戰鬭。[一二]正軍馬駝各一，每家自置一帳。團練使上，帳、弓、矢各一，馬五百疋，槖駝一，旗鼓五，槍、劍、棍棓、粆袋、雨氈、渾脫、鍬、钁、箭牌、鐵笊籬各一；[一三]刺史以下，人各一駝，箭三百，毛幕一；餘兵三人共一幕。有炮手二百人，號「潑喜」。勇健者號「撞令郎」。齎糧不過一旬。晝則舉煙、揚塵，夜則篝火爲候。若獲人馬，射之，號曰殺鬼招魂。或射草縛人。出軍用單日，避晦日。多立虛寨，設伏兵。衣重甲，乘善馬，以鐵騎爲前鋒，用鉤索絞聯，雖死馬上不落。

其民俗勇悍，衣冠、騎乘、土產品物、子姓傳國，亦略知其大概耳。

初，西夏臣宋有年，賜姓曰趙；迨遼聖宗統和四年，繼遷叛宋，始來附遼，授特進檢校太師、都督夏州諸軍事，遂復姓李。十月，遣使來貢。六年，入貢。七年，來貢，以王子帳耶律襄之女封義成公主，下嫁繼遷。八年正月，來謝。三月，又來貢。九月，繼遷遣使獻宋俘。十月，以敗宋軍來告。十二月，下宋麟、鄜等州，來告，遣使封繼遷爲夏國王。九年二月，遣使告伐宋之捷。四月，遣李知白來謝封册。〔一四〕七月，復綏、銀二州，來告。十月，繼遷以宋所授敕命，遣使來上。是月，定難軍節度使李繼捧來附，授開府儀同三司、檢校太師，兼侍中，封西平王，仍賜推忠效順啓聖定難功臣。十二月，繼遷潛附于宋，遣韓德威持詔諭之。十年二月，韓德威還，奏繼遷託故不出，至靈州俘掠以還。西夏遣使來奏德威俘掠，賜詔撫諭。十月，來貢。十二年，入貢。十三年，敗宋師，遣使來告。十四年，又來貢。十五年三月，以破宋兵來告，封繼遷爲西平王。六月，遣使來謝封册。十六年，來貢。十八年，授繼遷子德明朔方軍節度使。十九年，遣李文冀來貢。〔一五〕六月，奏下宋恒、環、慶三州，賜詔褒美。二十年，遣使來進馬、駝。六月，遣劉仁勗來告下靈州。二十一年，繼遷薨，其子德昭遣使來告。六月，贈繼遷尚書令，遣西上閤門使丁振弔慰。八月，德昭遣使來謝弔贈。二十二年三月，德昭遣使上繼遷遺留物。七月，封德昭爲西平王。十月，遣使來謝封册。二十三年，下宋青城，來告。二十五年，德昭母薨，遣使弔祭，起復。二十七年，承天皇太后崩，遣使報哀于夏。二十八年，遣使册德昭爲夏國王。開泰元年，德昭遣使進良馬。二年，遣

引進使李延弘賜夏國王李德昭及義成公主車馬。太平元年，來貢。十一年，聖宗崩，報哀于夏，德昭遣使來進賻幣。

興宗卽位，以興平公主下嫁李元昊，以元昊爲駙馬都尉。重熙元年，夏國遣使來賀。李德昭薨，册其子夏國公元昊爲王。二年，來貢。十二月，禁夏國使沿路私市金鐵。七年，來貢。李元昊與興平公主不諧，公主薨，遣北院承旨耶律庶成持詔問之。九年，宋遣郭禎以伐夏來報。十年，夏國獻所俘宋將及生口。十一年，遣使問宋興師伐夏之由。十二月，禁吐渾鬻馬于夏，沿邊築障塞以防之。十二年正月，遣同知析津府事耶律敵烈、樞密都承旨王惟吉諭夏國與宋和。〔一六〕二月，元昊以加上尊號，遣使來賀。耶律敵烈等使夏國還，奏元昊罷兵，遣使報宋。四月，夏國遣使進馬、駝。七月，元昊上表請伐宋，不從。十月，夏人侵党項，遣延昌宮使高家奴讓之。十三年四月，党項及山西部族節度使屈烈以五部叛入西夏，〔一七〕詔徵諸道兵討之。六月，阻卜酋長烏八遣其子執元昊所遣求援使窊邑改來。〔一八〕八月，夏使對不以情，羈之。使復來，詢事宜不實對，笞之。十月，元昊上表謝罪，欲收集叛黨以獻，從之；進方物，命北院樞密副使蕭革迓之。元昊親率党項三部來降，詰其納叛背盟，元昊伏罪。初，夏人執蕭胡覩，至是，請以被執者來歸。詔所留夏使亦還其國。十二月，胡覩來歸，又遣使來貢。

十七年，元昊薨，其子諒祚遣使來告，上其父遺留物。鐵不得國乞以本部軍助攻夏國，不許。十八年，復議伐夏，留其賀正使不遣，遣北院樞密副使蕭惟信以伐夏告宋。六月，夏國遣使來貢，留之。七月，親征。八月，渡河，夏人遁。九月，蕭惠爲夏人所敗。十月，招討使耶律敵古率阻卜軍至賀蘭山，獲元昊妻及其官屬。遇其軍三千來拒，殪之；詳穩蕭慈氏奴、南剋耶律斡里歿于陣。十九年正月，遣使問罪于夏。夏將洼普等攻金肅城，耶律高家奴等破之，洼普被創遁去，殺猥貨乙靈紀。三月，殿前都點檢蕭迭里得與夏軍戰于三角川，敗之。招討使蕭蒲奴、北院大王宜新等帥師伐夏，都部署別古得爲監戰。五月，蕭蒲奴等入夏境，不遇敵，縱軍俘掠而還。夏國洼普來降。十月，李諒祚母遣使乞依舊稱臣。十二月，諒祚上表如母訓。二十年二月，遣使索党項叛戶。五月，蕭爻括使夏回，進諒祚母表，乞代党項權進馬駝牛羊等物；又求唐隆鎮，仍乞罷所建城邑。以詔答之。六月，獲元昊妻，及俘到夏人置于蘇州。二十一年十月，諒祚遣使乞弛邊備，遣爻括賷詔諭之。二十二年七月，諒祚進降表，遣林牙高家奴賷詔撫諭。二十三年正月，貢方物。五月，乞進馬、駝，詔歲貢之。七月，諒祚遣使求婚。十月，進誓表。二十四年，興宗崩，遣使報哀于夏。〔一九〕

道宗卽位，淸寧元年，遣使來賀。九月，以先帝遺物賜夏。四年四月，遣使會葬。〔二〇〕九年正月，禁民鬻銅于夏。咸雍元年五月，來貢。三年十一月，遣使進回鶻僧、金佛、梵覺經。

十二月，諒祚薨。四年二月，諒祚子秉常遣使報哀，卽遣使弔祭。秉常上其父遺物。十月，册秉常爲夏國王。十二月，來貢。五年七月，遣使來謝封册。閏十一月，〔二一〕秉常乞賜印綬。九年，遣使來貢。大康二年正月，仁懿皇后崩，遣使報哀于夏，以皇太后遺物賜之。〔二二〕遣使來弔祭。五年，來貢。八年二月，遣使以所獲宋將張天益來獻。大安元年十月，秉常遣使報其母哀。二年十月，秉常薨，遣使詔其子乾順知國事。十二月，李乾順遣使上其父秉常遺物。四年七月，册乾順爲夏國王。五年六月，遣使來謝封册。八年六月，夏爲宋所侵，遣使乞援。壽隆三年六月，以宋人置壁壘于要地，遣使來告。四年六月，求援。十一月，遣樞密直學士耶律儼使宋，諷與夏和。夏復遣使來求援。五年正月，詔乾順伐拔思母等部。〔二三〕十一月，夏以宋人罷兵，遣使來謝。六年十一月，遣使請尙公主。七年，道宗崩，遣使告哀于夏。遣使來慰奠。

天祚卽位，乾統元年，夏遣使來賀。二年，復請尙公主。又以爲宋所侵，遣李造福、田若水來求援。三年，復遣使請尙公主。十月，使復來求援。四年、五年，李造福等至，乞援。以族女南仙封成安公主下嫁乾順。六年正月，遣牛溫舒使宋，令歸所侵夏地。六月，遣李造福來謝。八年，乾順以成安公主生子，遣使來告。九年，以宋不歸地來告。十年，遣李造福等來貢。天慶三年六月，來貢。保大二年，天祚播遷，乾順率兵來援，爲金師所敗，乾順

請臨其國。六月，遣使册乾順爲夏國皇帝，而天祚被執歸金矣。〔二四〕

論曰：高麗、西夏之事遼，雖嘗請婚下嫁，烏足以得其固志哉？三韓接壤，反覆易知；涼州負遠，納叛侵疆，乘隙輒動，貢使方往，事釁隨生。興師問罪，屢煩親征。取勝固多，敗亦貽悔。昔吳趙咨對魏之言曰：「大國有征伐之兵，小國有備禦之固。」豈其然乎！先王柔遠，以德而不以力，尙矣。遼亡，求援二國，雖能出師，豈金敵哉。

校勘記

〔一〕神册間高麗遣使進寶劍　按紀，高麗進寶劍，在太祖九年十月。

〔二〕詔其姪誦權知國事　誦，原誤「記」。據下文及道光殿本改。

〔三〕擅立誦從兄詢　按宋史四八七高麗傳作「誦卒，弟詢權知國事」。

〔四〕貴州南嶺谷　貴州，原誤「貴德州」。據紀統和二十八年十一月、二十九年正月改。南嶺谷，紀作南峻嶺谷。

〔五〕以南皮室軍校有功　「軍校」二字原缺，據紀開泰八年六月補。

〔六〕太平元年詢薨　按高麗史五，詢卒于辛未（遼太平十一年）五月辛未。紀作詢卒于太平二年十二月壬戌，亦誤。

〔七〕咸雍七年八年來貢　咸雍二字原脫，據紀咸雍七年十一月、八年六月補。

〔八〕大康二年三月皇太后崩遣使報哀　二，原誤「元」。按紀，大康二年三月，皇太后崩，遣使報哀于高麗。據改。

〔九〕十二月勳薨　按高麗史九，勳死于大康九年十月乙未。

〔一〇〕八年封俁爲三韓國公贈其父顒爲國王　參卷二七校勘記〔七〕。

〔一一〕自號嵬名設官分文武　按宋史四八五夏國傳上作：李元昊「自號嵬名吾祖，凡六日、九日，則見官屬，其官分文武班。」

〔一二〕餘人得射它丁皆習戰鬬　按宋史四八六夏國傳下：「男年登十五爲丁，率二丁取正軍一人。每負擔一人爲一抄，負擔者，隨軍雜役也。四丁爲兩抄，餘號空丁。願隸正軍者得射他丁爲負擔，無則許射正軍之疲弱者爲之。故壯者皆習戰鬬，而得正軍爲多。」宋史是。

〔一三〕團練使上至鐵笊籬各一　宋史四八六夏國傳下作「團練使以上，帳一，弓一，箭五百，馬一，橐駝五，旗鼓、槍、劍、棍棓、粆袋、披氈、渾脫、背索、鍬钁、斤斧、箭牌、鐵爪籬各一」，宋史是。

〔一四〕遣李知白來謝封册　李知白，紀統和九年四月作杜白。

〔一五〕遣李文冀來貢　文冀，紀統和十九年三月作文貴，是。按宋史四八五夏國傳，文貴曾使宋被留，遣還後又使宋，並作文貴。

〔一六〕遣同知析津府事耶律敵烈樞密都承旨王惟吉諭夏國與宋和　「同知析津府事耶律敵烈」十字原脫，據紀重熙十二年正月及下文「耶律敵烈等使夏國還」補。

〔一七〕党項及山西部族節度使屈烈　族字原脫，據紀重熙十三年四月補。

〔一八〕阻卜酋長烏八遣其子執元昊所遣求援使窊邑改來　按此句原脫誤爲「阻卜子烏八執元昊」八字，據紀重熙十三年六月及屬國表補正。

〔一九〕興宗崩遣使報哀于夏　此九字原在「二十四年」之前。按紀，興宗卒于重熙二十四年八月，同時道宗接位，今移。

〔二〇〕四年四月遣使會葬　按紀，太皇太后卒于三年十二月，四年正月，遣使報哀于宋、夏。此次遣使卽會太皇太后葬。

〔二一〕閏十一月　閏字原脫，據紀咸雍五年及卷四三閏考補。

〔二二〕大康二年正月至以皇太后遺物賜之　按紀在大康二年三月。

〔二三〕詔乾順伐拔思母等部　詔字原脫，拔思母原倒舛「拔母思」，據紀壽隆五年正月補正。

〔二四〕保大二年至天祚被執歸金矣　按紀，乾順請臨其國在保大三年五月，遣使册乾順亦三年六月事，天祚被執歸金，在五年八月。

遼史卷百十六

國語解

史自遷、固，以迄晉、唐，其爲書雄深浩博，讀者未能盡曉。於是裴駰、顏師古、李賢、何超、董衝諸儒，訓詁音釋，然後制度、名物、方言、奇字，可以一覽而周知。其有助於後學多矣。

遼之初興，與奚、室韋密邇，土俗言語大概近俚。至太祖、太宗，奄有朔方，其治雖參用漢法，而先世奇首、遙輦之制尚多存者。子孫相繼，亦遵守而不易。故史之所載，官制、宮衞、部族、地理，率以國語爲之稱號。不有註釋以辨之，則世何從而知，後何從而考哉。今卽本史參互研究，撰次遼國語解以附其後，庶幾讀者無齟齬之患云。

帝紀

太祖紀：

耶律氏、蕭氏　本紀首書太祖姓耶律氏，繼書皇后蕭氏，則有國之初，已分二姓矣。有謂始興之地曰世里，譯者以世里爲耶律，故國族皆以耶律爲姓。有謂述律皇后兄子名蕭翰者，爲宣武軍節度使，其妹復爲皇后，故后族皆以蕭爲姓。其說與紀不合，故陳大任不取。又有言以漢字書者曰耶律、蕭，以契丹字書者曰移剌、石抹，則亦無可考矣。

霞瀨益石烈　鄉名。諸宮下皆有石烈，設官治之。

彌里　鄉之小者。

撻馬狘沙里　撻馬，人從也。沙里，郎君也。管率衆人之官。後有止稱撻馬者。

大迭烈府　卽迭剌部之府也。初，阻午可汗與其弟撒里本領之，及太祖以部夷離菫卽位，因强大難制，析爲二院。烈、剌音相近。

夷離菫　統軍馬大官。會同初，改爲大王。

集會堝下窩、陀二音。　地名。

阿主沙里　阿主，父祖稱。

惕隱　典族屬官。卽宗正職也。

奚、霫下音習。　國名。中京地也。

黑車子　國也。以善製車帳得名。契丹之先，嘗遣人往學之。

于越　貴官，無所職。其位居北、南大王上，非有大功德者不授。

鷹軍　鷹，鷙鳥，以之名軍，取捷速之義。後記龍軍、虎軍、鐵鷂軍者，倣此。〔一〕

嗢娘改上音丸。　地名。

西樓　遼有四樓：在上京者曰西樓；木葉山曰南樓；龍化州曰東樓；唐州曰北樓。歲時遊獵，常在四樓間。

阿點夷離的　阿點，貴稱。夷離的，大臣夫人之稱。

糺轄　糺，軍名。轄者，管束之義。

夷離畢　卽參知政事，後置夷離畢院以掌刑政。宋刁約使遼有詩云「押宴夷離畢」，知其爲執政官也。

射鬼箭　凡帝親征，服介冑，祭諸先帝，出則取死囚一人，置所向之方，亂矢射之，名射鬼箭，以祓不祥。及班師，則射所俘。後因爲刑法之用。

暴里　惡人名也。

大、小鶻軍　二室韋軍號也。

神纛　從者所執。以旄牛尾爲之，纓槍屬也。

龍眉宮　太祖取天梯、蒙國、別魯三山之勢于葦淀，射金齪箭以識之，名龍眉宮。神冊三年，築都城于其地，臨潢府是也。齪，測角切，箭名。

蜻里　室韋部名。

君基太一神　福神名。其神所臨之國，君能建極，孚于上下，則治化升平，民享多福。

撻林　官名。後二室韋部改爲僕射，又名司空。

舍利　契丹豪民要裹頭巾者，納牛駝十頭，馬百疋，乃給官名曰舍利。後遂爲諸帳官，以郎君繫之。

阿廬朶里一名阿魯敦。　貴顯名。遼于越官兼此者，惟曷魯耳。

選底　主獄官。

常袞　官名。掌遙輦部族戶籍等事；奚六部常袞掌奚之族屬。

諲譔　渤海國主名。

剋釋魯　剋，官名。釋魯，人名。後剋朗、剋臺哂倣此。

烏魯古、阿里只　太祖及述律后受諲譔降時所乘二馬名也，因賜諲譔夫婦以爲名。

太宗紀：

箭笴山笴音簳。　胡損奚所居。

柴册　禮名。積薪爲壇，受羣臣玉册。禮畢，燔柴，祀天。阻午可汗制也。

遙輦氏九帳　遙輦九可汗宮分。
北剋、南剋　掌軍官名，猶漢南北軍之職。
祭麃鹿神　遼俗好射麃鹿，每出獵，必祭其神以祈多獲。
林牙　掌文翰官，時稱爲學士。其羣牧所設，止管簿書。
瑟瑟禮　祈雨射柳之儀，遙輦蘇可汗制。
再生禮　國俗，每十二年一次，行始生之禮，名曰再生。惟帝與太后、太子及夷離菫得行之。又名覆誕。
神速姑　宗室人名，能知蛇語。
蒲割額下乃頂切。　公主名也。
三剋　統軍官，猶云三帥也。
詳穩　諸官府監治長官。
梯里已　諸部下官也，後陞司徒。
達剌干　縣官也，後陞副使。
麻都不　縣官之佐也，後陞爲令。
馬步　未詳何官，以達剌干陞爲之。

牙署　官名。疑卽牙書，石烈官也。
世燭　遙輦帳侍中之官。
敞史　官府之佐吏也。
怱奴古　官與敞史相近。
徒覩古　邊徼外小國。
世宗、穆宗紀：
蹛林上音帶。　地名，卽松林故地。
閘撒狘　抹里司官，亦掌宮衞之禁者。
撻馬　扈從之官。
濃兀　部分名。
葉格戲　宋錢僖公家有葉子揭格之戲。
景宗、聖宗紀：
飛龍使　掌馬官，亦爲導騎。
橫帳　德祖族屬號三父房，稱橫帳，宗室之尤貴者。
著帳　凡世官之家及諸色人，因事籍沒者爲著帳戶，官有著帳郎君。

杓窊印　杓窊，鷙鳥總稱，以爲印紐，取疾速之義。凡調發軍馬則用之，與金魚符、銀牌略同。
國舅帳剋　官制有大國舅帳，此則本帳下掌兵之官。
拜奧禮　凡納后，卽族中選尊者一人當奧而坐，以主其禮，謂之奧姑。送后者拜而致敬，故云拜奧禮。
拜山禮　祀木葉山之儀。
敞穩　諸帳下官。亦作常袞，蓋字音相近也。
萬役陷河冶[二]　地名。本漢土垠縣，有銀礦。太祖募民立寨以專採煉，故名陷河冶。
合蘇衮　女直別部名，又作曷蘇館。
執手禮　將帥有克敵功，上親執手慰勞；若將在軍，則遣人代行執手禮。優遇之意。
阿札割只　官名。位在樞密使下，蓋墩官也。
四捷軍　遼以宋降者分立二部：一曰四捷軍，一曰歸聖軍。
山金司　以陰山產金，置冶採煉，故以名司；後改統軍司。
興宗紀：
別輦斗　地名。

虎黏下北潘切。　婆離八部人名。
解洗禮　解裝前祓，飲至之義。
獨盧金　地名。六院官屬秋冬居之。
行十二神纛禮　神纛解見前。凡大祭祀、大朝會，以十二纛列諸御前。
南撒葛栢　地名。
合只忽里　地名。
拖古烈　地名。
曷里狘　地名。
撒里乃　地名。
塔里捨　地名。
道宗紀：
三班院祗候　左、右班幷寄班爲三班。祗候，官名。
高墩　遼排班圖，有高墩、矮墩、方墩之列。自大丞相至阿札割只，皆墩官也。
天祚紀：
候里吉　地名。

頭魚宴　上歲時鈎魚，得頭魚，輒置酒張宴，與頭鵝宴同。
訛莎烈　地名。
漚里謹　地名。
懽撻新查剌　地名。
射粮軍　射，請也。
女古底　地名。
落昆髓　地名。
阿里軫斗　地名。
忽兒珊　西域大軍將名。〔三〕
起兒漫　地名。
虎思斡魯朶　思亦作斯，有力稱。斡魯朶，宮帳名。
葛兒罕　漠北君王稱。

志

禮志：〔四〕

祭東　國俗，凡祭皆東向，故曰祭東。
敵烈麻都　掌禮官。
旗鼓拽剌　拽剌，官名。軍制有拽剌司，此則掌旗鼓者也。
爇節　歲時雜禮名。
九奚首　奚首，營帳名。
食羖之次　大行殯出，羣臣以羖羊祭于路，名曰食羖之次。
獻祭上於琰切。　凡出征，以牝牡麃各一祭之曰獻，詛敵也。
勘箭　車駕遠歸，閤門使持雄箭，勘箭官持雌箭，比較相合，而後入宮。
檐牀　一人肩任曰檐，兩人以手共舁曰牀。
攢隊　士卒攢簇，各爲隊伍。
方裀、朶殿　凡御宴，官卑，地坐殿中方墩之上；其不應升殿，則賜坐左右朶殿。
地拍　田鼠名。正旦日，上於聰閤擲米團，得隻數爲不利，則燒地拍鼠以禳之。
迺捏咿唲　正月朔旦也。
⿰忄甲里尀　⿰忄甲讀作狎，尀讀作頗。二月一日也。六月十八日宴國舅族，亦曰⿰忄甲里尀。
陶里樺　上巳日，射兔之節名。

討賽咿唲　重午日也。
賽伊唲奢　日辰之好也。
揑褐耐　犬首也。〔五〕
必里遲離　重九日也。
戴辣　燒甲也。
炒伍侕尀　戰名也。
卓帳　卓，立也。帳，氈廬也。

百官志：
石烈辛袞　石烈官之長。
令穩　官名。
彌里馬特本　官名，後陞辛袞。
麻普　卽麻都不，縣官之副也，初名達剌干。
知聖旨頭子事　掌誥命奏事官。
提轄司　諸宮典兵官。
皮室　軍制，有南、北、左、右皮室及黃皮室，皆掌精兵。

廳房　卽工部。
梅里　貴戚官名。述律皇后族有愼思梅里、婆姑梅里，未詳何職。
抹鶻　瓦里司之官。
先離撻覽　奚、渤海等國官名，疑卽撻林字訛。

營衞志：
象吻　黃帝治宮室，陶蚩尤象置棟上，名曰蚩吻。
瓦里　官府名，宮帳、部族皆設之。凡宗室、外戚、大臣犯罪者，家屬沒入於此。〔六〕
抹里　官府名。閘撒狘亦抹里官之一。
算斡魯朶　算，腹心拽剌也。斡魯朶，宮也。已下國阿輦至監母，皆斡魯朶名，其注語，則始置之義也。
國阿輦　收國也。
奪里本　討平也。
耶魯盌　興旺也。
蒲速盌　義與耶魯盌同。
女古　金也。

孤穩　玉也。

窩篤盌　孳息也。〔七〕

阿斯　寬大也。〔八〕

阿魯盌〔九〕　輔佑也。

得失得本〔一〇〕　孝也。

監母　遺留也。

地理志：

糺里　應天皇后從太祖征討，所俘人戶有技藝者置之帳下，〔一一〕名糺里，蓋比珊瑚之寶。

永州　其地居潢河、土河二水之間，故名永州，蓋以字從二、從水也。

鄚頡上慕各切，下胡結切。　渤海郡府名。

且慮皆平聲。　興中府縣名。

豯養上音奚。　幽州澤藪名，見周職方。

菑、時　幽州浸名，出同上。

墮瑰　門名，遼有墮瑰部。

野旅寅　野謂星野，旅謂躔次；寅者，辰舍。東北之位，燕分析津之所也。

儀衛志：

金㲎下祖叢切。　馬首飾也。

果下馬　馬名。謂果樹下可乘行者，言其小也。

實里薛袞　祭服之冠，行拜山禮則服之。

鞊韘帶上他協切，下徒協切。　武官束帶也。

扞腰　卽拄腰，以鵝項、鴨頭爲之。

胡木鍪　胄名。

鞚馬上音誕。　馬不施鞍轡曰鞚。

白氉音毦。　以白鷺羽爲網，又罽也。

兵衛志：

捉馬　拘刷馬也。

欄子軍　居先鋒前二十餘里，偵候敵人動靜。

弓子鋪　遼軍馬頓舍，不設營塹，折木稍爲弓，以爲團集之所。又諸國使來，道旁簽置木稍弓，以充欄楯。

食貨志：

云爲戶〔一二〕　義卽營運，字之訛。

刑法志：

鐘院　有寃者擊鐘，以達于上，猶怨鼓云。

楚古　官名。掌北面訊囚者。〔一三〕

表

皇子表：

五石烈　卽五院。非是分院爲五，以五石烈爲一院也。

六爪　爪，百數也。遼有六百家奚，後爲六院，〔一四〕義與五院同。二院，卽迭剌部析之爲二者是也。

裂麃皮　麃，牡鹿。力能分牡鹿皮。

世表：

莫弗紇　諸部酋長稱，又云莫弗賀。

蠕蠕而宣切。　國名。

俟斤　突厥官名。

遊幸表：

舔鹹鹿〔一五〕　鹿性嗜鹹，灑鹻於地以誘鹿，射之。

女瓌〔一六〕　虞人名。

列傳

可敦　突厥皇后之稱。

忒里蹇　遼皇后之稱。

耨斡麼　麼，亦作改。耨斡，后土稱。麼，母稱。

乙室、拔里　國舅帳二族名。

諸功臣傳：

龍錫金佩　太祖從兄鐸骨札以本帳下蛇鳴，命知蛇語者神速姑解之，知蛇謂穴傍樹中有金，往取之，果得金，〔一七〕以爲帶，名「龍錫金」。

撒剌　酒樽名。

遙輦糺　遙輦帳下軍也。其書永興宮分糺、十二行糺、黃皮室糺者，倣此。

吐里　官名。與奚六部禿里同。吐，禿字訛。

寢殿小底　官名。遼制多小底官，餘不注。

雜丁黃　禮，男幼爲黃，四歲爲小，十六爲中，二十一爲丁。軍中雜幼弱，以疑敵也。

遙輦剋　遙輦帳下掌兵官。

柢柾　宮衞門外行馬也。〔一八〕

榾柮犀　千歲蛇角，又爲篤訥犀。

珠二琲下蒲昧切。　珠五百枚爲琲。

題里司徒　題里，官府名。

庢中上陟栗切。　地名。

堂印　搏之采名。

臨庫　以帛爲通曆，具一庫之物，盡數籍之，曰臨庫。

堂帖　遼制，宰相凡除拜，行頭子堂帖權差，俟再取旨，〔一九〕出給告敕。故官有知頭子事。見陰山雜錄。

夷離菫畫者　畫者人名，爲夷離菫官。

虎斯　有力稱。紀言「虎思」，義同。

校勘記

〔一〕鷹鶻鳥以之名軍取捷速之義後記龍軍虎軍鐵鷂軍者倣此　鳥字原脫。記，原誤「託」。據上下文義補正。

〔二〕萬役陷河冶　按萬爲人名，見紀開泰元年七月。下文只釋陷河冶，「萬役」二字當刪。

〔三〕西域大軍將名　據紀保大五年後附耶律大石紀事，應作「西域大軍名」，「將」字衍。

〔四〕禮志　志字原脫，依史文例補。

〔五〕捏褐耐犬首也　犬，原誤「大」。據禮志六及國志二七改。

〔六〕宮帳部族皆設之凡宗室外戚大臣犯罪者家屬沒入於此　族字原脫。宗，原誤「宮」。據大典五二五二及百官志一補正。

〔七〕孳息也　孳，原誤「慈」。據營衞志上改。

〔八〕寬大也　寬，原誤「實」。據營衞志上改。

〔九〕阿魯盌　阿，原誤「何」。據營衞志上改。

〔一〇〕得失得本　營衞志上，作亦寔得本。

〔一一〕有技藝者置之帳下　「有技藝者置」五字原缺，據陳士元諸史夷語音義卷三補。置，大典五二五二作「隸」。

〔一二〕云爲戶　戶，原誤「所」。據大典五二五二及食貨志上改。

〔一三〕掌北面訊囚者　訊，原誤「詔」。據大典五二五二改。

〔一四〕後爲六院　六字原脫，據大典五二五二補。

〔一五〕舔鹹鹿　舔，本書亦作䑛；鹹，本書亦作鹻。字通。

〔一六〕女瓌　瓌，原誤「瓖」。據大典五二五二及紀應曆十四年八月、十八年九月改。

〔一七〕穴傍樹中有金往取之果得金　「樹中有金往取之果」八字原缺，據大典五二五二補。

〔一八〕柢柾宮衞門外行馬也　柢柾，周禮天官掌舍作梐枑，註云：「梐枑，謂行馬。」

〔一九〕俟再取旨　旨，原誤「二日」。據營衞志中改。

附錄

修三史詔[一]

聖旨：至正三年三月十四日，篤憐帖木兒怯薛第三日，咸寧殿裏有時分，速古兒赤江家奴、云都赤蠻子、殿中俺都剌哈蠻、給事中孛羅帖木兒等有來，脫脫右丞相、也先帖木兒平章、鐵睦爾達世平章、太平右丞、長仙參議、孛里不花郎中、老老員外郎、孛里不花都事等奏：遼、金、宋三國史書不曾纂修來，歷代行來的事跡合纂修成書有俺商量來。如今選人將這三國行來的事迹交纂修成史，不交遲滯。但凡合舉行事理，俺定擬了呵。怎生奏呵，奉聖旨那般者。

三月二十八日，別兒怯不花怯薛第二日，咸寧殿裏有時分，速古兒赤不顏帖木兒、云都赤蠻子、殿中俺都剌哈蠻、給事中孛羅帖木兒等有來，脫脫右丞相、也先帖木兒平章、鐵睦爾達世平章、太平右丞、吳參政、買朮丁參議、長仙參議、韓參議、別里不花郎中、王郎中、老

老員外郎、孔員外郎、觀音奴都事、孛里不花都事、杜都事、直省舍人倉赤也先、蒙古必闍赤鎖住、都馬等奏：昨前遼、金、宋三國行來的事跡，選人交纂修成史書者麼道奏了來。這三國爲聖朝所取制度、典章、治亂、興亡之由，恐因歲久散失，合遴選文臣，分史置局，纂修成書，以見祖宗盛德得天下遼、金、宋三國之由，垂鑑後世，做一代盛典。[二]交翰林國史院分局纂修，職專其事。集賢、秘書、崇文并內外諸衙門裏，著文學博雅、才德修潔，堪充的人每斟酌區用。纂修其間，予奪議論，不無公私偏正，必須交總裁官質正是非，裁決可否。遴選位望老成，長於史才，爲衆所推服的人交做總裁官。這三國實錄、野史、傳記、碑文、行實，多散在四方，交行省及各處正官提調，多方購求，許諸人呈獻，量給價直，咨達省部，送付史館，以備采擇。合用紙札、筆墨，一切供需物色，於江西、湖廣、江浙、河南省所轄各學院并貢士莊錢糧，除祭祀、廩膳、科舉、修理存留外，都交起解將來，以備史館用度。如今省裏脫脫右丞相監修國史做都總裁。交鐵睦爾達世平章、太平右丞、張中丞、歐陽學士、呂侍御、揭學士做總裁官。提調官，省裏交也先帖木兒平章、吳參政，樞密院裏塔失帖木兒同知、姚副樞，臺裏狗兒侍御、張治書、買朮丁參議、長仙參議、韓參議、右司王郎中、左司王郎中、老老員外郎、孔員外郎、觀音奴都事、杜都事，六部各委正官并首領官提調。其餘修史的凡例，合行事理，交總裁官、修史官集議舉行呵。怎生奏呵，奉聖旨那般者。

進遼史表

開府儀同三司、上柱國、錄軍國重事、中書右丞相、監修國史、領經筵事臣脫脫言：竊惟天文莫驗於璣衡，人文莫證於簡策。人主監天象之休咎，則必察乎璣衡之精；監人事之得失，則必考乎簡策之信。是以二者所掌，俱有太史之稱。然天道幽而難知，人情顯而易見。動靜者吉凶之兆，敬怠者興亡之機。史臣雖述前代之設施，大意有助人君之鑑戒。

遼自唐季，基于朔方。造邦本席於干戈，致治能資於黼黻。敬天尊祖，而出入必祭；親仁善鄰，而和戰以宜。南府治民，北府治兵。春狩省耕，秋狩省斂。吏課每嚴於芻牧，歲饑屢賜乎田租。至若觀市赦罪，則脗合六典之規；臨軒策士，則恪遵三歲之制。享國二百一十九載，政刑日舉，品式備具，蓋有足尙者焉。迨夫子孫失御，上下離心。驕盈盛而釁隙生，讒賊興而根本蹙。變强爲弱，易於反掌。吁！可畏哉！

天祚自絕，大石苟延。國既丘墟，史亦蕪茀。耶律儼語多避忌，陳大任辭乏精詳。五代史繫之終篇，宋舊史埒諸載記。予奪各徇其主，傳聞況失其眞。我世祖皇帝一視同仁，深加愍惻。嘗敕詞臣撰次三史，首及於遼。六十餘年，歲月因循，造物有待。

臣脫脫誠惶誠恐頓首，欽惟皇帝陛下，如堯稽古，而簡寬容衆；若舜好問，而濬哲冠倫。

講經兼誦乎祖謨，訪治旁求乎往牒。茲修史事，斷自宸衷。睿旨下而徵聘行，朝士賀而遺逸起。於是命臣脫脫以中書右丞相領都總裁，中書平章政事臣鐵睦爾達世、[三]中書右丞今平章政事臣賀惟一、御史中丞今翰林學士承旨臣張起巖、翰林學士臣歐陽玄、侍御史今集賢侍講學士兼國子祭酒臣呂思誠、翰林侍講學士臣揭傒斯奉命爲總裁官。中書遴選儒臣宗文太監今兵部尙書臣廉惠山海牙、翰林直學士臣王沂、祕書著作佐郎臣徐昺、國史院編修官臣陳繹曾分撰遼史。起至正三年四月，迄四年三月。發故府之櫝藏，集遐方之匭獻，蒐羅剔抉，删潤研劘。紀志表傳，備成一代之書；臧否是非，不迷千載之實。臣脫脫叨承隆寄，幸覩成功。載宣日月之光華，願效涓埃之補報。我朝之論議歸正，氣之直則辭之昌；遼國之君臣有知，善者喜而惡者懼。所撰本紀三十卷、志三十二卷、[四]表八卷、列傳四十六卷，各著論贊，具存體裁，隨表以聞。上塵天覽，下情無任慚懼戰汗屏營之至。臣脫脫誠惶誠懼頓首頓首謹言。

至正四年三月　日，開府儀同三司、上柱國、錄軍國重事、中書右丞相、監修國史、領經筵事臣脫脫上表。

三史凡例

一、帝紀
三國各史書法，準史記、西漢書、新唐書。各國稱號等事，準南、北史。
一、志：
各史所載，取其重者作志。
一、表：
表與志同。
一、列傳：
后妃，宗室，外戚，羣臣，雜傳。
人臣有大功者，雖父子各傳。餘以類相從，或數人共一傳。
三國所書事有與本朝相關涉者，當稟。金、宋死節之臣，皆合立傳，不須避忌。其餘該載不盡，從總裁官與修史官臨文詳議。
一、疑事傳疑，信事傳信，準春秋。

修史官員

都總裁：
開府儀同三司、上柱國、錄軍國重事、中書右丞相、監修國史、領經筵事臣脫脫。
總裁官：
光祿大夫、中書平章政事、知經筵事、提調都水監臣鐵睦爾達世。〔五〕
榮祿大夫、中書平章政事、知經筵事臣賀惟一。
翰林學士承旨、榮祿大夫、知制誥兼修國史臣張起巖。
翰林學士、資善大夫、知制誥、同修國史臣歐陽玄。
集賢侍講學士、通奉大夫兼國子祭酒臣呂思誠。
翰林侍講學士、中奉大夫、知制誥、同修國史、同知經筵事臣揭傒斯。
纂修官：
正議大夫、兵部尚書臣廉惠山海牙。
翰林直學士、朝請大夫、知制誥、同修國史兼經筵官臣王沂。
文林郎、秘書監著作佐郎臣徐昺。
將仕佐郎、翰林、國史院編修官臣陳繹曾。
提調官：
資德大夫、中書右丞臣伯彥。
榮祿大夫、中書左丞臣姚庸。
奉議大夫、參議中書省事臣長仙。
通議大夫、參議中書省事臣呂彬。
朝散大夫、中書右司郎中臣悟良哈台。
嘉議大夫、中書左司郎中臣趙守禮。
亞中大夫、中書左司員外郎臣偰哲篤。
亞中大夫、中書省左司員外郎臣何執禮。
儒林郎、右司都事臣觀音奴。
奉議大夫、左司都事臣烏古孫良楨。
嘉議大夫、禮部尚書臣王守誠。
中憲大夫、工部尚書臣丁元。
奉議大夫、禮部侍郎臣老老。
嘉議大夫、禮部侍郎臣杜秉彝。

校勘記

〔一〕修三史詔 原作「聖旨」，今改此題，「聖旨」二字移置正文之首。
〔二〕一代盛典 典，原誤「興」。據文義改。
〔三〕鐵睦爾達世 鐵睦，原誤「或睦」。據前修三史詔改正。
〔四〕志三十二卷 二，原誤「一」，據正文改正。又下文「列傳四十六卷」，四十六當作四十五。國語解一卷，不當計入列傳。
〔五〕鐵睦爾達世 鐵字原脫，據前修三史詔補入。金史作帖。

〔元〕脱脱等　撰

金史

中華書局

金史

[illegible]

二十四史

元 脱脱 等撰

金史

第一册

卷一至卷一三（紀）

中華書局

出版説明

一

金史一百三十五卷，其中本紀十九卷、志三十九卷、表四卷、列傳七十三卷，是記載女真族所建金朝興亡始末的一部史書。女真族是我國最古老的民族之一。公元十二世紀初，女真滅遼，臣服了西夏，建立了與宋南北對峙的金朝。金以今天的北京爲中心，在北方統治了近一百二十年，對我國的歷史産生了極大影響。

早在元世祖中統二年（一二六一），本着「國亡史作」的慣例，便已開始議修遼、金二史。宋亡，又議修遼、金、宋三史。但由於當時以哪一朝爲「正統」長期爭論不休，體例不能確定，故一直没有修成。直到元順帝至正三年（一三四三），才決定宋、遼、金「各與正統」，並任命丞相脱脱爲都總裁官，主持修史。次年十一月，金史修成，這時脱脱已罷相，由新相阿魯圖繼任都總裁官，由他奏上。

在參加修史的人員中，值得一提的是歐陽玄（一二八三——一三五七），元修三史的「發凡舉例……至於論、贊、表、奏，皆玄屬筆」（元史卷一八二本傳）。歐陽玄字原功，瀏陽

人，曾做過翰林學士承旨等官，有圭齋文集傳世。

二

金史修成所以如此之快，主要是修史所依據的材料比較充分。首先是金實録。金建國以後，仿歷代王朝成規，金主九代大都撰有實録。這些實録，在金亡時，都被降元將領張柔載歸北去。中統二年，他把這些實録交到了史館。不過，由於戰亂，這些實録已有亡佚，如衛紹王一朝的實録，就是中統三年王鶚據楊雲翼日録、陳老日録等補綴。

在這之前，金末文人元好問（欲之）曾想利用金實録撰修金史，未能實現。但所傳中州集及壬辰雜編，保存了不少他蒐集的金史史料，這兩部書也爲修撰金史之所本。又，金末文人劉祁（京叔），目睹金的亡國，他從汴京輾轉兩千餘里，回到故鄉渾源以後，寫了歸潛志一書，記載了作者所熟悉的人和事，對了解金末文人及社會情況有極大參攷價值。故元史館的臣僚説：「劉京叔歸潛志與元欲之壬辰雜編二書，雖微有異同，而金末喪亂之事猶有足徵者焉。」（金史卷一一五完顔奴申傳）這些都爲修金史提供了很好的條件。所以在元人修的三史之中，金史要算是較好的一部。

金史比較系統地記載了女真族的發展歷史，尤其是關於女真及其有關各族早期的情

中華書局

況，多不見於其它史籍。本書的志比較詳備，爲我們研究金代各項制度、行政區域、自然現象等，提供了不少有用的資料。

但是，金史在敍事方面，也存在不少缺略和錯誤，這些問題，清人施國祁的金史詳校多已指出，不再贅述。此外，宋、遼、金三史之間的關係，由於各書所據史料不同，而史官記事又往往從本政權的角度出發，有所迴護，所以有關同一事件的記載，難免互有差異。遇到這種情況，就需要各史參看，才能了解事件的全貌和真相。

三

百衲本影印的元至正刊本（其中八十卷是初刻，五十五卷是元朝後來的覆刻本），是現存金史最早的本子。這次點校就採用它作底本，並與北監本、殿本參校，擇善而從。此外，還參考了大金國志、大金弔伐錄、大金集禮、歸潛志、中州集、三朝北盟會編等書，以及殘存永樂大典的有關部分，以訂正本史的錯誤。對於前人校勘成果，採用最多的是施國祁的金史詳校，但校勘記中沒有逐條注明，對於施說舉證缺略的地方，還作了一些補充。底本卷首原有進金史表等幾份材料，現移到書末，作爲附錄。每卷的卷目，基本上保持原狀。爲了便於檢查，重編了總目。

本書的點校，先由傅樂煥同志做過一部分工作，大部分是張政烺同志完成的。崔文印同志擔任了全書的編輯整理。缺點錯誤，望讀者批評指正。

中華書局編輯部

金史目錄

卷七十六 列傳第十四

太宗諸子

卷七十七 列傳第十五

卷七十八 列傳第十六

卷七十九 列傳第十七

卷八十 列傳第十八

熙宗二子

卷八十一 列傳第十九

卷八十二 列傳第二十

海陵諸子

卷八十三 列傳第二十一

卷八十四 列傳第二十二

卷八十五 列傳第二十三

世宗諸子

金史卷一

本紀第一

世紀

金之先，出靺鞨氏。靺鞨本號勿吉。勿吉，古肅愼地也。元魏時，勿吉有七部：曰粟末部，曰伯咄部，曰安車骨部，曰拂涅部，曰號室部，曰黑水部，曰白山部。隋稱靺鞨，而七部並同。唐初，有黑水靺鞨、粟末靺鞨，其五部無聞。粟末靺鞨始附高麗，姓大氏。李勣破高麗，粟末靺鞨保東牟山。後爲渤海，稱王，傳十餘世。有文字、禮樂、官府、制度。有五京、十五府、六十二州。黑水靺鞨居肅愼地，東瀕海，南接高麗，亦附于高麗。嘗以兵十五萬衆助高麗拒唐太宗，敗于安市。開元中，來朝，置黑水府，以部長爲都督、刺史，置長史監之。賜都督姓李氏，名獻誠，領黑水經略使。其後渤海盛强，黑水役屬之，朝貢遂絕。五代時，契丹盡取渤海地，而黑水靺鞨附屬于契丹。其在南者籍契丹，號熟女直；其在北者不在契丹籍，號生女直。生女直地有混同江、長白山，混同江亦號黑龍江，所謂「白山、黑水」是也。

金之始祖諱函普，初從高麗來，年已六十餘矣。兄阿古廼好佛，留高麗不肯從，曰：「後世子孫必有能相聚者，吾不能去也。」獨與弟保活里俱。始祖居完顏部僕幹水之涯，保活里居耶懶。其後胡十門以曷蘇館歸太祖，自言其祖兄弟三人相別而去，蓋自謂阿古廼之後。石土門、迪古乃，保活里之裔也。及太祖敗遼兵于境上，獲耶律謝十，乃使梁福、斡答剌〔一〕招諭渤海人曰：「女直、渤海本同一家。」蓋其初皆勿吉之七部也。

始祖至完顏部，居久之，其部人嘗殺它族之人，由是兩族交惡，鬨鬭不能解。完顏部人謂始祖曰：「若能爲部人解此怨，使兩族不相殺，部有賢女，年六十而未嫁，當以相配，仍爲同部。」始祖曰：「諾。」廼自往諭之曰：「殺一人而鬭不解，損傷益多。曷若止誅首亂者一人，部內以物納償汝，可以無鬭而且獲利焉。」怨家從之。乃爲約曰：「凡有殺傷人者，徵其家人口一、馬十偶、牸牛十、黃金六兩，與所殺傷之家，卽兩解，不得私鬭。」曰：「謹如約。」女直之俗，殺人償馬牛三十自此始。旣備償如約，部衆信服之，謝以青牛一，并許歸六十之婦。始祖乃以青牛爲聘禮而納之，并得其貲產。後生二男，長曰烏魯，次曰斡魯，一女曰注思板，遂爲完顏部人。天會十四年，追謚景元皇帝，廟號始祖。皇統四年，號其藏曰光陵。五年，增謚始祖懿憲景元皇帝。

子德帝，諱烏魯。天會十四年，追謚德皇帝。皇統四年，號其藏曰熙陵。五年，增謚淵穆玄德皇帝。

子安帝，諱跋海。天會十四年，追謚安皇帝。皇統四年，號其藏建陵。五年，增謚和靖慶安皇帝。

子獻祖，諱綏可。黑水舊俗無室廬，負山水坎地，梁木其上，覆以土，夏則出隨水草以居，冬則入處其中，遷徙不常。獻祖乃徙居海古水，耕墾樹藝，始築室，有棟宇之制，人呼其地爲納葛里。「納葛里」者，漢語居室也。自此遂定居于安出虎水之側矣。天會十四年，追謚定昭皇帝，廟號獻祖。皇統四年，號其藏曰輝陵。五年，增謚獻祖純烈定昭皇帝。

子昭祖，諱石魯，剛毅質直。生女直無書契，無約束，不可檢制。昭祖欲稍立條教，諸

父、部人皆不悅，欲坑殺之。已被執，叔父謝里忽知部衆將殺昭祖，曰：「吾兄子，賢人也，必能承家，安輯部衆，此輩奈何輒欲坑殺之。」亟往，彎弓注矢射於衆中，劫執者皆散走，昭祖乃得免。

昭祖稍以條教爲治，部落寖强。遼以惕隱官之。諸部猶以舊俗，不肯用條教。昭祖耀武至于青嶺、白山，順者撫之，不從者討伐之，入于蘇濱、耶懶之地，所至克捷。還經僕鷰水。「僕鷰」，漢語惡瘡也。昭祖惡其地名，雖已困憊，不肯止。行至姑里甸，得疾。追夜，寢于村舍。有盜至，遂中夜啓行，至逼剌紀村止焉。是夕，卒。載柩而行，遇賊於路，奪柩去。部衆追賊與戰，復得柩。加古部人蒲虎復來襲之，垂及，蒲虎問諸路人曰：「石魯柩去此幾何？」其人曰：「遠矣，追之不及也。」蒲虎遂止。於是乃得歸葬焉。生女直之俗，至昭祖時稍用條教，民頗聽從，尚未有文字，無官府，不知歲月晦朔，是以年壽修短莫得而考焉。天會十五年，〔三〕追謚成襄皇帝，廟號昭祖。皇統四年，藏號安陵。五年，增謚昭祖武惠成襄皇帝。

子景祖，諱烏古廼。遼太平元年辛酉歲生。自始祖至此，已六世矣。景祖稍役屬諸部，自白山、耶悔、統門、耶懶、土骨論之屬，以至五國之長，皆聽命。是時，遼之邊民有逃而

歸者。及遼以兵徙鐵勒、烏惹之民，鐵勒、烏惹多不肯徙，亦逃而來歸。遼使曷魯林牙將兵來索逋逃之民。景祖恐遼兵深入，盡得山川道路險易，或將圖之，乃以計止之曰：「兵若深入，諸部必驚擾，變生不測，逋戶亦不可得，非計也。」曷魯以爲然，遂止其軍，與曷魯自行索之。

是時，隣部雖稍從，孩懶水烏林答部石顯尚拒阻不服。攻之，不克。景祖以計告於遼主，遼主遣使責讓石顯。石顯乃遣其子婆諸刊入朝。遼主厚賜遣還。其後石顯與婆諸刊入見遼主於春蒐。遼主乃留石顯於邊地，而遣婆諸刊還所部。景祖之謀也。

既而五國蒲聶部節度使拔乙門畔遼，鷹路不通。遼人將討之，先遣同幹來諭旨。景祖曰：「可以計取。若用兵，彼將走保險阻，非歲月可平也。」遼人從之。蓋景祖終畏遼兵之入其境也，故自以爲功。於是景祖陽與拔乙門爲好，而以妻子爲質，襲而擒之，獻於遼主。遼主召見于寢殿，燕賜加等，以爲生女直部族節度使。遼人呼節度使爲太師，金人稱「都太師」者自此始。遼主將刻印與之。景祖不肯繫遼籍，辭曰：「請俟他日。」遼主終欲與之，遣使來。景祖詭使部人揚言曰：「主公若受印繫籍，部人必殺之。」用是以拒之，遼使乃還。既爲節度使，有官屬，紀綱漸立矣。

生女直舊無鐵，隣國有以甲胄來鬻者，傾貲厚賈以與貿易，亦令昆弟族人皆售之。得

鐵既多，因之以修弓矢，備器械，兵勢稍振，前後願附者衆。斡泯水蒲察部、泰神忒保水完顏部、統門水溫迪痕部、神隱水完顏部，皆相繼來附。

景祖爲人寬恕，能容物，平生不見喜愠。推財與人，分食解衣，無所吝惜。人或忤之，亦不念。先時，有畔去者，遣人諭誘之。畔者曰：「汝主，活羅也。活羅，吾能獲之，吾豈能爲活羅屈哉。」「活羅」，漢語慈烏也，北方有之，狀如大雞，善啄物，見馬牛橐駝脊間有瘡，啄其脊間食之，馬牛輒死，若飢不得食，雖砂石亦食之。景祖嗜酒好色，飲啗過人，時人呼曰活羅，故彼以此訕之，亦不以介意。其後訕者力屈來降，厚賜遣還。曷懶水有率衆降者，錄其歲月姓名，卽遣去，俾復其故。人以此益信服之。

遼咸雍八年，五國沒撚部謝野勃堇畔遼，鷹路不通。景祖伐之，謝野來禦。景祖被重鎧，率衆力戰。謝野兵敗，走拔里邁濼。時方十月，冰忽解，謝野不能軍，衆皆潰去。乃旋師。道中遇逋亡，要遮險阻，晝夜拒戰，比至部已憊。卽往見遼邊將達魯骨，自陳敗謝野功。行次來流水，未見達魯骨，疾作而復，卒于家，年五十四。天會十四年，追謚惠桓皇帝，廟號景祖。皇統四年，藏號定陵。五年，增謚景祖英烈惠桓皇帝。

第二子襲節度使，是爲世祖，諱劾里鉢。生女直之俗，生子年長卽異居。景祖九子，元

配唐括氏生劾者，次世祖，次劾孫，次肅宗，次穆宗。及當異居，景祖曰：「劾者柔和，可治家務。劾里鉢有器量智識，何事不成。劾孫亦柔善人耳。」乃命劾者與世祖同居，劾孫與肅宗同居。景祖卒，世祖繼之。世祖卒，肅宗繼之。肅宗卒，穆宗繼之。穆宗復傳世祖之子，至於太祖，竟登大位焉。

世祖，遼重熙八年己卯歲生。遼咸雍十年，襲節度使。景祖異母弟跋黑有異志，世祖慮其爲變，加意事之，不使將兵，但爲部長。跋黑遂誘桓赧、散達、烏春、窩謀罕爲亂，及間諸部使貳于世祖。世祖猶欲撫慰之，語在跋黑、桓赧等傳中。世祖嘗買加古部鍛工烏不屯被甲九十，烏春欲託此以爲兵端，世祖還其甲，語在烏春傳。部中有流言曰：「欲生則附於跋黑，欲死則附於劾里鉢、頗剌淑。」世祖聞之，疑焉，無以察之，乃佯爲具裝，欲有所往者，陰遣人揚言曰：「寇至。」部衆聞者莫知虛實，有保於跋黑之室者，有保於世祖之室者，世祖乃盡得兄弟部屬向背彼此之情矣。

間數年，烏春來攻，世祖拒之。時十月已半，大雨累晝夜，冰澌覆地，烏春不能進。既而悔曰：「此天也。」乃引兵去。烏春舍於阿里矮村滓不乃家，而以兵圍其弟勝昆於胡不村。既兵退，勝昆執其兄滓不乃，而請涖殺于世祖，且請免其孥戮。從之。

桓赧、散達亦舉兵，遣肅宗拒之。當是時，烏春兵在北，桓赧兵在南，其勢甚盛。戒之

曰：「可和則與之和，否則決戰。」肅宗兵敗。會烏春以久雨解去，世祖乃以偏師涉舍很水，經貼割水，覆桓赧、散達之家。明日，大霧晦冥，失道，至婆多吐水乃覺。卽還至舍很、貼割之間，升高阜望之，見六騎來，大呼，馳擊之。世祖射一人斃，生獲五人，問之，乃知卜灰、撒骨出使助桓赧、散達者也。世祖至桓赧、散達所居，焚蕩其室家，殺百許人，舊將主保亦死之。比世祖還，與肅宗會，肅宗兵又敗矣。世祖讓肅宗失利之狀。遣人議和。桓赧、散達曰：「以爾盈歌之大赤馬、辭不失之紫騮馬與我，我則和。」二馬皆女直名馬，不許。

桓赧、散達大會諸部來攻，過裴滿部，以其附於世祖也，縱火焚之。蒲察部沙祗勃堇、胡補答勃堇使阿喜來告難，世祖使之詭從以自全，曰：「戰則以旗鼓自別。」世祖往禦桓赧之衆，將行，有報者曰：「跋黑食於愛妾之父家，肉張咽，死矣。」乃遣肅宗求援於遼，遂率衆出。使辭不失取海姑兄弟兵，已而乃知海姑兄弟貳於桓赧矣，欲併取其衆，徑至海姑。偵者報曰：「敵已至。」將戰，世祖戒辭不失曰：「汝先陣於脫豁改原，待吾三揚旗，三鳴鼓，卽棄旗決戰。死生惟在今日，命不足惜。」使裴滿胡喜牽大紫騮馬以爲貳馬，馳至陣。時桓赧、散達盛强，世祖軍吏未戰而懼，皆植立無人色。世祖陽陽如平常，亦無責讓之言，但令士卒解甲少憩，以水沃面，調麨水飲之。有頃，訓勵之，軍勢復振。乃避衆獨引穆宗，執其手密與之言曰：「今日之事，若勝則已，萬一有不勝，吾必無生。汝今介馬遙觀，勿預戰事。若我死，

汝勿收吾骨，勿顧戀親戚，亟馳馬奔告汝兄頗剌淑，于遼繫籍受印，乞師以報此讎。」語畢，袒袖，不被甲，以縕袍垂襴護前後心，韔弓提劍，三揚旗，三鳴鼓，棄旗搏戰，身爲軍鋒，突入敵陣，衆從之。辭不失從後奮擊，大敗之。乘勝逐之，自阿不彎至于北隘甸，死者如仆麻，破多吐水水爲之赤，棄車甲馬牛軍實盡獲之。世祖曰：「今日之捷，非天不能及此，亦可以知足矣。雖縱之去，敗軍之氣沒世不振。」乃引軍還。世祖視其戰地，馳突成大路，闊且三十隴。手殺九人，自相重積，人皆異之。桓赧、散達自此不能復聚，未幾，各以其屬來降，遼大安七年也。

初，桓赧兄弟之變，不术魯部卜灰、蒲察部撒骨出助之。至是，招之，不肯和。卜灰之黨石魯遂殺卜灰來降。撒骨出追躡亡者，道傍人潛射之，中口而死。自是舊部悉歸。景祖時，斡勒部人盃乃來屬，及是，有他志。會其家失火，因以縱火誣歡都，世祖徵償如約。盃乃不自安，遂結烏春、窩謀罕舉兵。使肅宗與戰，敗之，獲盃乃，世祖獻之於遼。

臘醅、麻產侵掠野居女直，略來流水牧馬。世祖擊之，中四創，久之疾愈。臘醅等復略穆宗牧馬，交結諸部。世祖復伐之，臘醅等紿降，乃旋。臘醅得姑里甸兵百十有七人，據暮稜水守險，石顯子婆諸刊亦在其中。世祖圍而克之，盡獲姑里甸兵。麻產遁去。遂擒臘醅及婆諸刊，皆獻之遼。既已，復請之，遼人與之，幷以前後所獻罪人歸之。

歡都大破烏春等於斜堆，〔三〕故石、拔石皆就擒。世祖自將與歡都合兵嶺東，諸軍皆至。是時，烏春已前死，窩謀罕請于遼，願和解。既與和，復來襲，乃進軍圍之。窩謀罕棄城遁去。破其城，盡俘獲之，以功差次分賜諸軍。城始破，議渠長生殺，衆皆長跪，遼使者在坐。忽一人佩長刀突前咫尺，謂世祖曰：「勿殺我。」遼使及左右皆走匿。世祖色不少動，執其人之手，語之曰：「吾不殺汝也。」於是罰左右匿者，曰：「汝等何敢失次耶。」罰既已，乃徐使執突前者殺之。其膽勇鎭物如此。

師還，寢疾，遂篤。元妃拏懶氏哭不止，世祖曰：「汝勿哭，汝惟後我一歲耳。」肅宗請後事，曰：「汝惟後我三年。」肅宗出，謂人曰：「吾兄至此，亦不與我好言。」乃叩地而哭。俄呼穆宗謂曰：「烏雅束柔善，若辦集契丹事，阿骨打能之。」遼大安八年五月十五日卒。襲位十九年，年五十四。明年，拏懶氏卒。又明年，肅宗卒。肅宗病篤，歎曰：「我兄眞多智哉。」

世祖天性嚴重，有智識，一見必識，暫聞不忘。凝寒不縮栗，動止不回顧。每戰未嘗被甲，先以夢兆候其勝負。嘗乘醉騎驢入室中，明日見驢足跡，問而知之，自是不復飲酒。襲位之初，內外潰叛，締交爲寇。世祖乃因敗爲功，變弱爲强。既破桓赧、散達、烏春、窩謀罕，基業自此大矣。天會十五年，追謚聖肅皇帝，廟號世祖。皇統四年，號其藏曰永陵。五年，增謚世祖神武聖肅皇帝。

母弟頗剌淑襲節度使，景祖第四子也，是爲肅宗。遼重熙十一年壬午歲生。在父兄時號國相。國相之稱不知始何時。初，雅達爲國相。雅達者，桓赧、散達之父也。景祖以幣馬求之於雅達，而命肅宗爲之。

肅宗自幼機敏善辯。當其兄時，身居國相，盡心匡輔。是時，叔父跋黑有異志，及桓赧、散達、烏春、窩謀罕、石顯父子、臘醅、麻產作難，用兵之際，肅宗屢當一面。尤能知遼人國政人情。凡有遼事，一切委之肅宗專心焉。凡白事於遼官，皆令遠跪陳辭，譯者傳致之，往往爲譯者錯亂。肅宗欲得自前委曲言之，故先不以實告譯者。譯者惑之，不得已，引之前，使自言。乃以草木瓦石爲籌，枚數其事而陳之。官吏聽者皆愕然，問其故，則爲卑辭以對曰：「鄙陋無文，故如此。」官吏以爲實然，不復疑之，是以所訴無不如意。

桓赧、散達之戰，部人賽罕死之，其弟活羅陰懷忿怨。一日，忽以劍脅置肅宗項上曰：「吾兄爲汝輩死矣，刭汝以償，則如之何？」久之，因其兄柩至，遂怒而攻習不出，習不出走避之。攻肅宗于家，矢注次室之裙，著于門扉。復攻歡都，歡都衷甲拒于室中，既不能入，持其門旃而去，往附盃乃。盃乃誘烏春兵度嶺，世祖與遇于蘇素海甸。世祖曰：「予昔有異夢，今不可親戰。若左軍中有力戰者，則大功成矣。」命肅宗及斜列、辭不失與之戰。肅宗

下馬，名呼世祖，復自呼其名而言曰：「若天助我當爲衆部長，則今日之事神祇監之。」語畢再拜。遂炷火束緼。頃之，大風自後起，火益熾。是時八月，幷青草皆焚之，煙焰漲天。我軍隨煙衝擊，大敗之。遂獲盃乃，囚而獻諸遼。幷獲活羅。肅宗釋其罪，左右任使之，後竟得其力焉。

大安八年，自國相襲位。是時，麻產尙據直屋鎧水，繕完營堡，誘納亡命。招之，不聽，遣康宗伐之。太祖別軍取麻產家屬，錡釜無遺。旣獲麻產，殺之，獻馘于遼。陶溫水民來附。

二年癸酉，遣太祖以偏師伐泥厖古部帥水抹离海村跋黑、播立開，平之，自是寇賊皆息。

三年八月，肅宗卒。天會十五年，追諡穆憲皇帝。皇統四年，藏號泰陵。五年，增諡肅宗明睿穆憲皇帝。

母弟穆宗，諱盈歌，字烏魯完，景祖第五子也。南人稱「揚割太師」，又曰揚割追諡孝平皇帝，號穆宗，又曰揚割號仁祖。金代無號仁祖者，穆宗諱盈歌，諡孝平，「盈」近「揚」，「歌」近「割」，南北音訛。遼人呼節度使爲「太師」，自景祖至太祖皆有是稱。凡叢言、松漠記、張

棣金志等書皆無足取。

穆宗，遼重熙二十二年癸巳歲生。[四]肅宗時擒麻產，遼命穆宗爲詳穩。大安十年甲戌，襲節度使，年四十二。以兄劾者子撒改爲國相。

三年丙子，唐括部跋葛勃堇與溫都部人跋忒有舊，跋葛以事往，跋忒殺跋葛。使太祖率師伐跋忒，跋忒亡去，追及，殺之星顯水。紇石烈部阿踈、毛睹祿阻兵爲難，穆宗自將伐阿踈，撒改以偏師攻鈍恩城，拔之。阿踈初聞來伐，乃自訴于遼。遂留劾者守阿踈城，穆宗乃還。會陶溫水、徒籠古水紇石烈部阿閤版及石魯阻五國鷹路，執殺遼捕鷹使者。遼詔穆宗討之，阿閤版等據險立柵。方大寒，乃募善射者操勁弓利矢攻之。數日，入其城，出遼使存者數人，俾之歸。

統門、渾蠢水之交烏古論部留可、詐都與蘇濱水烏古論敵庫德起兵于米里迷石罕城，納根涅之子鈍恩亦亡去。於是兩黨作難。八月，撒改爲都統，辭不失、阿里合懣、斡帶副之，以伐留可、詐都、塢塔等。謾都訶、石土門伐敵庫德。撒改欲先平邊地城堡，或欲先取留可，莫能決。乃命太祖往。鈍恩將援留可，乘謾都訶兵未集而攻之。石土門軍旣與謾都訶會，迎擊鈍恩，大敗之，降米里迷石罕城，獲鈍恩、敵庫德，釋弗殺。太祖度盆搦嶺，與撒改會，攻破留可城，留可已先往遼矣，盡殺其城中渠長。還圍塢塔城。塢塔先已亡在外，城

降於軍，詐都亦降於蒲家奴，於是撫寧諸路如舊時。太祖因致穆宗，敎統門、渾蠢、耶悔、星顯四路及嶺東諸部自今勿復稱都部長。命勝管、醜阿等撫定乙离骨嶺注阿門水之西諸部居民，又命斡帶及偏裨悉平二涅囊虎、二蠢出等路寇盜而還。

七年庚辰，劾者尙守阿踈城，毛睹祿來降。阿踈猶在遼，遼使使來罷兵。未到，穆宗使烏林荅石魯往佐劾者，戒之曰：「遼使來罷兵，但換我軍衣服旗幟與阿踈城中無辨，勿令遼使知之。」因戒劾者曰：「遼使可以計却。勿聽其言遽罷兵也。」遼使果來罷兵。穆宗使蒲察部胡魯勃堇、邈遜孛堇與俱至阿踈城。劾者見遼使，詭謂胡魯、邈遜曰：「我部族自相攻擊，干汝等何事？誰識汝之太師？」乃援創刺殺胡魯、邈遜所乘馬。[五]遼使驚駭遽走，不敢回顧，徑歸。居數日，破其城。狄故保還自遼，在城中，執而殺之。阿踈復訴於遼。遼遣奚節度使乙烈來。穆宗至來流水興和村，見乙烈。問阿踈城事，命穆宗曰：「凡攻城所獲，存者復與之，不存者備償。」且徵馬數百匹。穆宗與僚佐謀曰：「若償阿踈，則諸部不復可號令任使也。」乃令主隈、禿答兩水之民陽爲阻絕鷹路，復使鼈故德部節度使言于遼曰：「欲開鷹路，非生女直節度使不可。」遼不知其爲穆宗謀也，信之，命穆宗討阻絕鷹路者，而阿踈城事遂止。穆宗聲言平鷹路，畋於土溫水而歸。是歲，留可來降。

八年辛巳，遼使使持賜物來賞平鷹路之有功者。

九年壬午，使蒲家奴以遼賜，給主隈、禿荅之民，且修鷹路而歸。冬，蕭海里叛，入于係案女直阿典部，遣其族人斡達剌來結和，曰：「願與太師爲友，同往伐遼。」穆宗執斡達剌。會遼命穆宗捕討海里，穆宗送斡達剌于遼，募軍得甲千餘。女直甲兵之數，始見于此，蓋未嘗滿千也。軍次混同水，蕭海里再使人來，復執之。既而與海里遇。海里遙問曰：「我使者安在？」對曰：「與後人偕來。」海里不信。是時，遼追海里兵數千人，攻之不能克。穆宗謂遼將曰：「退爾軍，我當獨取海里。」遼將許之。太祖策馬突戰。流矢中海里首，海里墮馬下，執而殺之，大破其軍。使阿离合懣獻馘于遼。金人自此知遼兵之易與也。是役也，康宗最先登，於是以先登并有功者爲前行，次以諸軍護俘獲歸所部。穆宗朝遼主于漁所，大被嘉賞，授以使相，錫予加等。

十年癸未，二月，穆宗還。遼使使授從破海里者官賞。高麗始來通好。十月二十九日，穆宗卒，年五十有一。

初，諸部各有信牌，穆宗用太祖議，擅置牌號者置于法，自是號令乃一，民聽不疑矣。自景祖以來，兩世四主，志業相因，卒定離析，一切治以本部法令，東南至于乙离骨、曷懶、耶懶、土骨論，東北至于五國、主隈、禿荅，金蓋盛于此。天會十五年，追謚孝平皇帝，廟號穆宗。皇統四年，號其藏曰獻陵。五年，增謚章順孝平皇帝。

兄子康宗，諱烏雅束，字毛路完，世祖長子也。遼清寧七年辛丑歲生。乾統三年癸未，襲節度使，〔六〕年四十三。穆宗末年，阿疎使達紀誘扇邊民，曷懶甸人執送之。穆宗使石適歡撫納曷懶甸，未行，穆宗卒，至是遣焉。先是，高麗通好，既而頗有隙，高麗使來請議事，使者至高麗，拒而不納。五水之民附于高麗，執團練使十四人，語在高麗傳中。

二年甲申，高麗再來伐，石適歡再破之。高麗復請和，前所執團練十四人皆遣歸，石適歡撫定邊民而還。蘇濱水民不聽命，使斡帶等至活羅海川，召諸官僚告諭之。含國部蘇濱水居斡豁勃堇不至。斡准部、職德部既至，復亡去。塢塔遇二部於馬紀嶺，執之而來，遂伐斡豁，克之。斡帶進至北琴海，攻拔泓忒城，乃還。

四年丙戌，高麗遣黑歡方石來賀襲位，遣盃魯報之。高麗約還諸亡在彼者，乃使阿聒、勝昆往受之。高麗背約，殺二使，築九城於曷懶甸，以兵數萬來攻。斡賽敗之。斡魯亦築九城，與高麗九城相對。高麗復來攻，斡賽復敗之。高麗約以還逋逃之人，退九城之軍，復所侵故地。九月，乃罷兵。

七年己丑，歲不登，減盜賊徵償，振貧乏者。

十一年癸巳，康宗卒，〔七〕年五十三。天會十五年，追謚恭簡皇帝。皇統四年，號其藏曰喬陵。五年，增謚康宗獻敏恭簡皇帝。

贊曰：金之厥初，兄弟三人，亦微矣。熙宗追帝祖宗，定著始祖、景祖、世祖廟，世世不祧。始祖娶六十之婦而生二男一女，豈非天耶。景祖不受遼籍遼印，取雅達「國相」以與其子。世祖既破桓赧、散達，遼政日衰，而以太祖屬之穆宗。其思慮豈不深遠矣夫。

校勘記

〔一〕乃使梁福斡荅剌　「斡」原作「幹」。按本書卷二太祖紀，「召渤海梁福、斡荅剌使之僞亡去，招諭其鄉人」，又天輔六年七月丙寅，「以斡荅剌招降者衆，命領八千戶」，皆作「斡荅剌」，今據改。

〔二〕天會十五年　按本書卷三二禮志及大金集禮卷三天會十四年奉上祖宗謚號，記追謚諸帝在天會十四年八月。而本卷記追謚成襄、聖肅、穆憲、孝平、恭簡皆以爲「天會十五年」。「五」顯係誤字，今爲拈出，以下不復一一舉正。

〔三〕歡都大破烏春等於斜堆　「大」原譌作「在」。按本書卷六八歡都傳，「大破烏春、窩謀罕於斜堆，擒故石、拔石」。今據改。

〔四〕穆宗遼重熙二十二年癸巳歲生　「二十二年」原作「二十一年」，干支不合。按下文「癸未十月卒，年五十一」。由此上推，知「癸巳」二字不誤。癸巳是重熙二十二年，今據改。

〔五〕乃援創刺殺胡魯邈遜所乘馬　「創」字誤。疑當是「槍」或「劍」字。

〔六〕乾統三年癸未襲節度使　「三年」原作「五年」，干支不合。按上文，康宗于「遼清寧七年辛丑歲生」，至乾統三年癸未「年四十三」，今據改。

〔七〕十一年癸巳康宗卒　「癸巳」原作「癸酉」，干支不合。按上文「七年己丑」，則十一年自應是癸巳。本書卷二太祖紀，「歲癸巳十月……康宗卽世」，正與之合。今據改。

中華書局

金史卷二

本紀第二

太祖

太祖應乾興運昭德定功仁明莊孝大聖武元皇帝，諱旻，本諱阿骨打，世祖第二子也。母曰翼簡皇后拏懶氏。遼道宗時有五色雲氣屢出東方，大若二千斛囷倉之狀，司天孔致和竊謂人曰：「其下當生異人，建非常之事。天以象告，非人力所能爲也。」咸雍四年戊申，七月一日，太祖生。幼時與羣兒戲，力兼數輩，舉止端重，世祖尤愛之。世祖與臘醅、麻產戰於野鵲水，世祖被四創，疾困，坐太祖于膝，循其髮而撫之，曰：「此兒長大，吾復何憂。」十歲，好弓矢。甫成童，即善射。一日，遼使坐府中，顧見太祖手持弓矢，使射羣鳥，連三發皆中。遼使矍然曰：「奇男子也。」太祖嘗宴紇石烈部活离罕家，散步門外，南望高阜，使衆射之，皆不能至。太祖一發過之，度所至踰三百二十步。宗室謾都訶最善射遠，其不及者猶

百步也。天德三年，立射碑以識焉。

世祖伐卜灰，太祖因辭不失請從行。世祖不許而心異之。烏春既死，窩謀罕請和。既請和，復來攻，遂圍其城。太祖年二十三，被短甲，免胄，不介馬，行圍號令諸軍。城中望而識之。壯士太峪乘駿馬持槍出城，馳刺太祖。太祖不及備，舅氏活臘胡馳出其間，擊太峪，槍折，刺中其馬。太峪僅得免。嘗與沙忽帶出營殺略，不令世祖知之。且還，敵以重兵追之。獨行隘巷中，失道，追者益急。值高岸與人等，馬一躍而過，追者乃還。

世祖寢疾。太祖以事如遼統軍司。將行，世祖戒之曰：「汝速了此事，五月未半而歸，則我猶及見汝也。」太祖往見曷魯騷古統軍，既畢事，前世祖沒一日還至家。世祖見太祖來，所請事皆如志，喜甚，執太祖手，抱其頸而撫之，謂穆宗曰：「烏雅束柔善，惟此子足了契丹事。」穆宗亦雅重太祖，出入必俱。太祖遠出而歸，穆宗必親迓之。

世祖已擒臘醅，麻產尙據直屋鎧水。肅宗使太祖先取麻產家屬，康宗至直屋鎧水圍之。太祖會軍，親獲麻產，獻馘於遼。遼命太祖爲詳穩，仍命穆宗、辭不失、歡都皆爲詳穩。久之，以偏師伐泥厖古部跋黑、播立開等，乃以達塗阿爲鄉導，沿帥水夜行襲之，鹵其妻子。

初，溫都部跋忒殺唐括部跋葛，穆宗命太祖伐之。太祖入辭，謂穆宗曰：「昨夕見赤祥，此行必克敵。」遂行。是歲大雪，寒甚。與烏古論部兵沿土溫水過末鄰鄉，追及跋忒於阿斯

溫山北濼之間，殺之。軍還，穆宗親迓太祖于霍建村。

撒改以都統伐留可，謾都訶合石土門伐敵庫德。撒改與將佐議，或欲先平邊地部落城堡，或欲徑攻留可城，議不能決，願得太祖至軍中。穆宗使太祖往，曰：「事必有可疑。軍之未發者止有甲士七十，盡以畀汝。」謾都訶在米里迷石罕城下，石土門未到，土人欲執謾都訶以與敵，使來告急，遇太祖於斜堆甸。太祖曰：「國兵盡在此矣。使敵先得志於謾都訶，後雖種誅之，何益也。」乃分甲士四十與之。太祖以三十人詣撒改軍。道遇人曰：「敵已據盆搦嶺南路矣。」衆欲由沙偏嶺往，太祖曰：「汝等畏敵邪？」既度盆搦嶺，不見敵，已而聞敵乃守沙偏嶺以拒我。及至撒改軍，夜急攻之，遲明破其衆。是時留可、塢塔皆在遼。既破留可，還攻塢塔城，城中人以城降。初，太祖過盆搦嶺，經塢塔城下，從騎有後者，塢塔城人攻而奪之釜。太祖駐馬呼謂之曰：「毋取我炊食器。」其人謾言曰：「公能來此，何憂不得食。」太祖以鞭指之曰：「吾破留可，即於汝乎取之。」至是，其人持釜而前曰：「奴輩誰敢毀詳穩之器也。」遣蒲家奴招詐都，詐都乃降，釋之。

穆宗將伐蕭海里，募兵得千餘人。女直兵未嘗滿千，至是，太祖勇氣自倍，曰：「有此甲兵，何事不可圖也。」海里來戰，與遼兵合，因止遼人，自爲戰。勃海留守以甲贈太祖，太祖亦不受。穆宗問何爲不受。曰：「被彼甲而戰，戰勝則是因彼成功也。」穆宗末年，令諸部不

得擅置信牌馳驛訊事，號令自此始一，皆自太祖啓之。

康宗七年，歲不登，民多流莩，强者轉而爲盜。歡都等欲重其法，爲盜者皆殺之。太祖曰：「以財殺人，不可。財者，人所致也。」遂減盜賊徵償法爲徵三倍。民間多逋負，賣妻子不能償，康宗與官屬會議，太祖在外庭以帛繫杖端，麾其衆，令曰：「今貧者不能自活，賣妻子以償債。骨肉之愛，人心所同。自今三年勿徵，過三年徐圖之。」衆皆聽令，聞者感泣，自是遠近歸心焉。

歲癸巳十月，康宗夢逐狼，屢發不能中，太祖前射中之。旦日，以所夢問僚佐，衆皆曰：「吉。兄不能得而弟得之之兆也。」是月，康宗即世，太祖襲位爲都勃極烈。

遼使阿息保來，曰：「何以不告喪？」太祖曰：「有喪不能弔，而乃以爲罪乎？」他日，阿息保復來，徑騎至康宗殯所，閱賵馬，欲取之。太祖怒，將殺之，宗雄諫而止。既而遼命久不至。遼主好畋獵，淫酗怠于政事，四方奏事往往不見省。紇石烈阿疎既奔遼，穆宗取其城及其部衆。不能歸，遂與族弟銀朮可、辭里罕陰結南江居人渾都僕速欲與俱亡入高麗。事覺，太祖使夾古撒喝捕之，而銀朮可、辭里罕先爲遼戍所獲，渾都僕速已亡去，撒喝取其妻子而還。

二年甲午，六月，太祖至江西，遼使使來致襲節度之命。初，遼每歲遣使市名鷹「海東青」于海上，道出境內，使者貪縱，徵索無藝，公私厭苦之。康宗嘗以不遣阿踈爲言，稍拒其使者。太祖嗣節度，亦遣蒲家奴往索阿踈，故常以此二者爲言，終至于滅遼然後已。至是，復遣宗室習古迺、完顏銀术可往索阿踈。習古迺等還，具言遼主驕肆廢弛之狀。於是召官僚耆舊，以伐遼告之，使備衝要，建城堡，修戎器，以聽後命。遼統軍司聞之，使節度使捏哥來問狀，曰：「汝等有異志乎？修戰具，飭守備，將以誰禦？」太祖答之曰：「設險自守，又何問哉。」遼復遣阿息保來詰之。太祖謂之曰：「我小國也，事大國不敢廢禮。大國德澤不施，而逋逃是主，以此字小，能無望乎？若以阿踈與我，請事朝貢。苟不獲已，豈能束手受制也。」阿息保還，遼人始爲備，命統軍蕭撻不野調諸軍於寧江州。

太祖聞之，使僕聒剌復索阿踈，實觀其形勢。僕聒剌還言：「遼兵多，不知其數。」太祖曰：「彼初調兵，豈能遽集如此。」復遣胡沙保往，還言：「惟四院統軍司與寧江州軍及渤海八百人耳。」太祖曰：「果如吾言。」謂諸將佐曰：「遼人知我將舉兵，集諸路軍備我，我必先發制之，無爲人制。」衆皆曰：「善。」乃入見宣靖皇后，告以伐遼事。后曰：「汝嗣父兄立邦家，見可則行。吾老矣，無貽我憂，汝必不至是也。」太祖感泣，奉觴爲壽。即奉后率諸將出門，舉觴東向，以遼人荒肆，不歸阿踈，并己用兵之意，禱于皇天后土。酹畢，后命太祖正坐，與僚

屬會酒，號令諸部。使婆盧火徵移懶路迪古乃兵，斡魯古、阿魯撫諭斡忽、急賽兩路係遼籍女直，實不迭往完睹路執遼障鷹官達魯古部副使辭列、寧江州渤海大家奴。於是達魯古部實里館來告曰：「聞舉兵伐遼，我部誰從？」太祖曰：「吾兵雖少，舊國也，與汝隣境，固當從我。若畏遼人，自往就之。」

九月，太祖進軍寧江州，次寥晦城。婆盧火徵兵後期，杖之，復遣督軍。諸路兵皆會于來流水，得二千五百人。致遼之罪，申告于天地曰：「世事遼國，恪修職貢，定烏春、窩謀罕之亂，破蕭海里之衆，有功不省，而侵侮是加。罪人阿踈，屢請不遣。今將問罪於遼，天地其鑒佑之。」遂命諸將傳梃而誓曰：「汝等同心盡力，有功者，奴婢部曲爲良，庶人官之，先有官者敍進，輕重視功。苟違誓言，身死梃下，家屬無赦。」師次唐括帶斡甲之地，諸軍禳射，介而立，有光如烈火，起於人足及戈矛之上，人以爲兵祥。明日，次扎只水，光見如初。

將至遼界，先使宗幹督士卒夷塹。既度，遇渤海軍攻我左翼七謀克，衆少却，敵兵直犯中軍。斜也出戰，哲垤先驅。太祖曰：「戰不可易也。」遣宗幹止之。宗幹馳出斜也前，控止哲垤馬，斜也遂與俱還。敵人從之，耶律謝十墜馬，遼人前救。太祖射救者斃，併射謝十中之。有騎突前，又射之，徹扎洞胸。謝十拔箭走，追射之，中其背，飮矢之半，僨而死。獲所乘馬。宗幹與數騎陷遼軍中，太祖救之，免胄戰。或自傍射之，矢拂于顙。太祖顧見射者，

一矢而斃。謂將士曰：「盡敵而止。」衆從之，勇氣自倍。敵大奔，相蹂踐死者十七八。撒改在別路，不及會戰，使人以戰勝告之，而以謝十馬賜之。撒改使其子宗翰、完顏希尹來賀，且稱帝，因勸進。太祖曰：「一戰而勝，遂稱大號，何示人淺也。」

進軍寧江州，諸軍填塹攻城。寧江人自東門出，温迪痕阿徒罕邀擊，盡殪之。十月朔，克其城，獲防禦使大藥師奴，陰縱之，使招諭遼人。鐵驪部來送款。次來流城，以俘獲賜將士。召渤海梁福、斡荅剌使之僞亡去，招諭其鄉人曰：「女直、渤海本同一家，我興師伐罪，不濫及無辜也。」使完顏婁室招諭係遼籍女直。

師還，謁宣靖皇后，以所獲頒宗室耆老，以實里館貲產給將士。初命諸路以三百戶爲謀克，十謀克爲猛安。酬斡等撫定譏謀水女直。〔一〕鼈古酋長胡蘇魯以城降。

十一月，遼都統蕭糺里、副都統撻不野將步騎十萬會于鴨子河北。太祖自將擊之。未至鴨子河，既夜，太祖方就枕，若有扶其首者三，寤而起，曰：「神明警我也。」即鳴鼓舉燧而行。黎明及河，遼兵方壞凌道，選壯士十輩擊走之。大軍繼進，遂登岸。甲士三千七百，至者纔三之一。俄與敵遇于出河店，會大風起，塵埃蔽天，乘風勢擊之，遼兵潰。逐至斡論濼，殺獲首虜及車馬甲兵珍玩不可勝計，徧賜官屬將士，燕犒彌日。遼人嘗言女直兵若滿萬則不可敵，至是始滿萬云。

斡魯古敗遼兵，〔二〕斬其節度使撻不野。僕虺等攻賓州，拔之。兀惹雛鶻室來降。遼將赤狗兒戰于賓州，僕虺、渾黜敗之。鐵驪王回离保以所部降。吾睹補、蒲察復敗赤狗兒、蕭乙薛軍于祥州東。斡忽、急塞兩路降。斡魯古敗遼軍于咸州西，斬統軍實婁于陣。〔三〕完顏婁室克咸州。

是月，吳乞買、撒改、辭不失率官屬諸將勸進，願以新歲元日恭上尊號。太祖不許。阿离合懣、蒲家奴、宗翰等進曰：「今大功已建，若不稱號，無以繫天下心。」太祖曰：「吾將思之。」

收國元年正月壬申朔，羣臣奉上尊號。是日，即皇帝位。上曰：「遼以賓鐵爲號，取其堅也。賓鐵雖堅，終亦變壞，惟金不變不壞。金之色白，完顏部色尚白。」於是國號大金，改元收國。

丙子，上自將攻黃龍府，進臨益州。州人走保黃龍，取其餘民以歸。遼遣都統耶律訛里朵、左副統蕭乙薛、右副統耶律張奴、都監蕭謝佛留，騎二十萬、步卒七萬戍邊。留婁室、銀术可守黃龍，上率兵趨達魯古城，次寧江州西。遼使僧家奴來議和，國書斥上名，且使爲屬國。庚子，進師，有火光正圓，自空而墜。上曰：「此祥徵，殆天助也。」酹白水而拜，將士

莫不喜躍。進逼達魯古城。上登高望遼兵若連雲灌木狀，顧謂左右曰：「遼兵心貳而情怯，雖多不足畏。」遂趨高阜爲陣。宗雄以右翼先馳遼左軍，左軍却。左翼出其陣後，遼右軍皆力戰。婁室、銀术可衝其中堅，凡九陷陣，皆力戰而出。宗翰請以中軍助之。上使宗幹往爲疑兵。宗雄已得利，擊遼右軍，遼兵遂敗。乘勝追蹋，至其營，會日已暮，圍之。黎明，遼軍潰圍出，逐北至阿婁岡。遼步卒盡殪，得其耕具數千以給諸軍。是役也，遼人本欲屯田，且戰且守，故併其耕具獲之。

二月，師還。

三月辛未朔，獵于寥晦城。

四月，遼耶律張奴以國書來。上以書辭慢侮，留其五人，獨遣張奴回報，書亦如之。

五月庚午朔，避暑于近郊。甲戌，拜天射柳。故事，五月五日、七月十五日、九月九日拜天射柳，歲以爲常。

六月己亥朔，遼耶律張奴復以國書來，猶斥上名。上亦斥遼主名以復之，且諭之使降。

七月戊辰，以弟吳乞買爲諳班勃極烈，國相撒改爲國論勃極烈，辭不失爲阿買勃極烈，弟斜也爲國論昊勃極烈。〔四〕甲戌，遼使辭剌以書來，留之不遣。九百奚營來降。

八月戊戌，上親征黃龍府。次混同江，無舟，上使一人道前，乘赭白馬徑涉，曰：「視吾鞭所指而行。」諸軍隨之，水及馬腹。後使舟人測其渡處，深不得其底。熙宗天眷二年，以黃龍府爲濟州，〔五〕軍曰利涉，蓋以太祖涉濟故也。

九月，克黃龍府，遣辭剌還，遂班師。至江，徑渡如前。丁丑，至自黃龍府。己卯，黃龍見空中。癸巳，以國論勃極烈撒改爲國論忽魯勃極烈，阿离合懣爲國論乙室勃極烈。

十一月，遼主聞取黃龍府，大懼，自將七十萬至駝門。駙馬蕭特末、林牙蕭查剌等將騎五萬、步四十萬至斡鄰濼。上自將禦之。

十二月己亥，行次爻剌，會諸將議。皆曰：「遼兵號七十萬，其鋒未易當。吾軍遠來，人馬疲乏，宜駐于此，深溝高壘以待。」上從之。遣迪古乃、銀术可鎮達魯古。丁未，上以騎兵親候遼軍，獲督餉者，知遼主以張奴叛，西還二日矣。是日，上還至熟結濼，有光見于矛端。戊申，諸將曰：「今遼主既還，可乘怠追擊之。」上曰：「敵來不迎戰，去而追之，欲以此爲勇邪？」衆皆悚愧，願自効。上復曰：「誠欲追敵，約齎以往，無事餽饋。若破敵，何求不得。」衆皆奮躍，追及遼主于護步荅岡。是役也，兵止二萬。上曰：「彼衆我寡，兵不可分。視其中軍最堅，遼主必在焉。敗其中軍，可以得志。」使右翼先戰。兵數交，左翼合而攻之。遼兵大潰。我師馳之，橫出其中。遼師敗績，死者相屬百餘里。獲輿輦帟幄兵械軍資，他寶物馬牛不可勝計。是戰，斜也援矛殺數十人，阿离本被圍，溫迪罕迪忽迭以四謀克兵出之，完顏蒙刮身被數創，力戰不已，功皆論最。蕭特末等焚營遁去。遂班師。夾谷撒喝取開州。婆盧火下特鄰城，辭里罕降。

二年正月戊子，詔曰：「自破遼兵，四方來降者衆，宜加優恤。自今契丹、奚、漢、渤海、係遼籍女直、室韋、達魯古、兀惹、鐵驪諸部官民，已降或爲軍所俘獲，逃遁而還者，勿以爲罪，其酋長仍官之，且使從宜居處。」

閏月，高永昌據東京，使撻不野來求援。高麗遣使來賀捷，且求保州。詔許自取之。

二月己巳，詔曰：「比以歲凶，庶民艱食，多依附豪族，因爲奴隸，及有犯法，徵償莫辦，折身爲奴者，或私約立限，以人對贖，過期則爲奴者，並聽以兩人贖一爲良。若元約以一人贖者，即從元約。」

四月乙丑，以斡魯統內外諸軍，與蒲察、迪古乃會咸州路都統斡魯古討高永昌。胡沙補等被害。

五月，斡魯等敗永昌，撻不野擒永昌以獻，戮之于軍。東京州縣及南路係遼女直皆降。詔除遼法，省稅賦，置猛安謀克一如本朝之制。以斡魯爲南路都統、迭勃極烈。阿徒罕破遼兵六萬于照散城。

九月己亥，上獵近郊。乙巳，南路都統斡魯來見于婆盧買水。始製金牌。

十二月庚申朔，諳班勃極烈吳乞買及羣臣上尊號曰大聖皇帝，改明年爲天輔元年。

天輔元年正月，開州叛，加古撒喝等討平之。國論昊勃極烈斜也以兵一萬取泰州。

四月，遼秦晉國王耶律捏里來伐，迪古乃、婁室、婆盧火將兵二萬，會咸州路都統斡魯古擊之。

五月丁巳，詔自收寧江州已後同姓爲婚者，杖而離之。

七月戊申，以完顏斡論知東京事。

八月癸亥，高麗遣使來請保州。

十二月甲子，斡魯古等敗耶律捏里兵于蒺藜山，拔顯州，乾、懿、豪、徽、成、川、惠等州皆降。是月，宋使登州防禦使馬政以國書來，〔六〕其略曰：「日出之分，實生聖人。竊聞征遼，屢破勍敵。若克遼之後，五代時陷入契丹漢地，願畀下邑。」

二年正月庚寅，遼雙州節度使張崇降。使散覩如宋報聘，〔七〕書曰：「所請之地，今當與宋夾攻，得者有之。」

二月癸丑朔，遼使耶律奴哥等來議和。辛酉，孛菫迪古乃、婁室來見。上以遼主近在中京，而敢輒來，皆杖之。劾里保、雙古等言，咸州都統斡魯古知遼主在中京而不進討，芻糧豐足而不以實聞，攻顯州時所獲生口財畜多自取。

三月癸未朔，命闍哥代爲都統而鞫治之，斡魯古坐降謀克。壬辰，遼使耶律奴哥以國書來。庚子，以婁室言黃龍府地僻且遠，宜重戍守，乃命合諸路謀克，以婁室爲萬戶鎭之。

四月辛巳，遼使以國書來。

五月丙申，命胡突衮如遼。

六月甲寅，詔有司禁民凌虐典雇良人，及倍取贖直者。甲戌，遼通、祺、雙、遼等州八百餘戶來歸，命分置諸部，擇膏腴之地處之。

七月癸未，詔曰：「匹里水路完顏朮里古、渤海大家奴等六謀克貧乏之民，昔嘗給以官糧，置之漁獵之地。今歷日已久，不知登耗，可具其數以聞。」胡突衮還自遼。耶律奴哥復以國書來。丙申，胡突衮如遼。遼戶二百來歸，處之泰州。詔遣阿里骨、李家奴、特里底招諭未降者。仍詔達魯古部勃菫辭列：「凡降附新民，善爲存撫。來者各令從便安居，給以官糧，毋輒動擾。」

八月，胡突衮還自遼。耶律奴哥、突迭復以國書來。

九月戊子，詔曰：「國書詔令，宜選善屬文者爲之。其令所在訪求博學雄才之士，敦遣赴闕。」

閏月庚戌朔，以降將霍石、韓慶和爲千戶。九百奚部蕭寶、乙辛，北部訛里野，漢人王六兒、王伯龍，契丹特末、高從祐等，各率衆來降。遼耶律奴哥以國書來。

十月癸未，以龍化州降者張應古、劉仲良爲千戶。乙未，咸州都統司言，漢人李孝功、渤海二哥率衆來降。命各以所部爲千戶。

十二月甲辰，遣孛菫朮孛以定遼地諭高麗。耶律奴哥以國書來。遼懿州節度使劉宏以戶三千幷執遼候人來降，以爲千戶。川州寇二萬已降復叛，紇石烈照里擊破之。

三年正月甲寅，東京人爲質者永吉等五人結衆叛。事覺，誅其首惡，餘皆杖百，沒入在行家屬資產之半。詔知東京事斡論，繼有犯者並如之。丙辰，詔鼈古孛菫酬斡曰：「胡魯古、迭八合二部來送款，若等先時不無交惡，自今毋相侵擾。」

三月，耶律奴哥以國書來。

四月丙子朔，日有食之。

五月壬戌，詔咸州路都統司曰：「兵興以前，曷蘇館、回怕里與係遼籍、不係遼籍女直戶民，有犯罪流竄邊境或亡入于遼者，本皆吾民，遠在異境，朕甚憫之。今既議和，當行理索。可明諭諸路千戶、謀克，徧與詢訪其官稱、名氏、地里，具錄以上。」

六月辛卯，遼遣太傅習泥烈等奉册璽來，上擿册文不合者數事復之。散覩還自宋。宋使馬政及其子宏來聘。〔八〕散覩受宋團練使，上怒，杖而奪之。宋使還，復遣孛菫辭列、曷魯等如宋。〔九〕

七月辛亥，遼人楊詢卿、羅子韋各率衆來降，命各以所部爲謀克。

八月己丑，頒女直字。

九月，以遼册禮使失期，詔諸路軍過江屯駐。

十一月，習泥烈等復以國書來。曷懶甸長城，高麗增築三尺。詔胡剌古、習顯愼固營壘。

四年二月，辭列、曷魯還自宋。〔一〇〕宋使趙良嗣、王暉來議燕京、西京地。〔一一〕

三月甲辰，上謂羣臣曰：「遼人屢敗，遣使求成，惟飾虛辭，以爲緩師之計，當議進討。其令咸州路統軍司治軍旅、修器械，具數以聞。」辛酉，詔咸州路都統司曰：「朕以遼國和議

無成，將以四月二十五日進師。」令斜葛留兵一千鎭守，闍母以餘兵來會于渾河。遼習泥烈以國書來。

四月乙未，上自將伐遼。以遼使習泥烈、宋使趙良嗣等從行。

五月甲辰，次渾河西，使宗雄先趨上京，遣降者馬乙持詔諭城中。壬子，至上京，詔官民曰：「遼主失道，上下同怨。朕興兵以來，所過城邑負固不服者卽攻拔之，降者撫恤之，汝等必聞之矣。今爾國和好之事，反覆見欺，朕不欲天下生靈久罹塗炭，遂決策進討。比遣宗雄等相繼招諭，尙不聽從。今若攻之，則城破矣。重以弔伐之義，不欲殘民，故開示明詔，諭以禍福，其審圖之。」上京人恃禦備儲蓄爲固守計。甲寅，亟命進攻。上謂習泥烈、趙良嗣等曰：「汝可觀吾用兵，以卜去就。」上親臨城，督將士諸軍鼓譟而進。自旦及巳，闍母以麾下先登，克其外城，留守撻不野以城降。趙良嗣等奉觴爲壽，皆稱萬歲。是日，赦上京官民。詔諭遼副統余覩。壬戌，次沃黑河。宗幹率羣臣諫曰：「地遠時暑，軍馬罷乏，若深入敵境，糧餽乏絕，恐有後艱。」上從之，乃班師，命分兵攻慶州。余覩襲闍母於遼河，完顏背荅、烏塔等戰却之，完顏特虎死焉。

七月癸卯，上至自伐遼。

九月，燭隈水部實里古達等殺孛菫酬斡、僕忽得以叛。

校勘記

〔一〕酬斡等撫定譏謀水女直　「謀」疑當作「坦」，形近而誤。按本書卷一二一僕忽得傳，「酬斡率濤溫路兵招撫三坦、石里很、跋苦三水鱉古城邑，皆降之」。「譏坦」卽三坦。

〔二〕斡魯古敗遼兵　原脫「古」字。按本書卷七一斡魯古勃堇傳，「與遼節度使撻不也戰，敗之，斬撻不也」，卽此人。今據補。

〔三〕斬統軍實婁于陣　「實婁」原作「婁實」。按本書卷七一斡魯古勃堇傳，「與遼都統實婁戰于咸州之西，敗之，斬實婁于陣」。遼史卷二七天祚紀亦記天慶四年十二月「南軍諸將實婁、特烈等往援咸州，並爲女直所敗」。今據乙正。

〔四〕弟斜也爲國論昊勃極烈　原脫「昊」字。按下文天輔元年稱「國論昊勃極烈斜也」。本書卷七〇撒改傳，收國元年七月，「杲國論昊勃極烈」，又卷七六杲傳，收國元年「杲爲國論昊勃極烈」。今據補。

〔五〕熙宗天眷二年以黃龍府爲濟州　按本書卷二四地理志記此事作「天眷三年」。

〔六〕是月宋使登州防禦使馬政以國書來　按徐夢莘三朝北盟會編以下簡稱會編卷一及二，宋于政和八年卽天輔二年四月二十七日遣馬政等過海至女眞軍前議事，未齎國書。閏九月二十七日馬政等

至女眞所居阿芝川淶流河。此條追記多誤，當記於下年閏九月末。

〔七〕使散覩如宋報聘　按會編卷二，宋重和元年卽天輔二年馬政回至登州，「女眞發渤海人一名李善慶，熟女眞一名小散多，生女眞一名渤達，共三人，齎國書同馬政等俾來朝覲還禮，以十二月二日至登州，遣詣京師」。小散多當卽散覩。此條應在本年十月。

〔八〕宋使馬政及其子宏來聘　按會編卷四，宣和二年卽天輔四年九月二十日，「習魯等出國門，差馬政持國書及事目，隨習魯等前去報聘，約期夾攻，求山後地，許歲幣等事」。「差馬擴隨父行」。「十一月二十九日，馬政至女眞，以國書授之，及出事目示之」。本卷天輔四年「十二月，宋復使馬政來請西京之地」，當卽此事，則此十字爲重出。

〔九〕宋使還復遣孛董辭列曷魯等如宋　按會編卷四，宣和元年卽天輔三年三月，散覩還金，宋「止差呼延慶等用登州牒遣」。「六月三日戊寅，呼延慶至女眞軍前，爲女眞所留」，並未遣使。又同書卷四，「宣和二年三月六日，詔趙良嗣由登州往，使王瓌副之，議夾攻契丹、求燕地、歲幣等」。「七月十八日，金人差女眞斯剌、習魯充回使，持其國書，來許燕地」。斯剌、習魯當卽辭列、曷魯，是共事當在天輔四年七月。

〔一〇〕四年二月辭列曷魯還自宋　按辭列、曷魯還金在天輔四年十一月二十九日，參考本卷校記〔八〕。

〔一一〕宋使趙良嗣王暉來議燕京西京地　按會編卷四，宣和二年卽天輔四年三月六日，詔「趙良嗣由登州往，王瓌副之，議夾攻契丹、求燕地、歲幣等」。四月十四日，抵薊州關下。會女眞已出師分三路趨上京，諭令相隨，引看攻上京，城破，遂與阿骨打相見于龍岡，致議約之意」。則此十四字當在下文四月下。

〔一二〕十二月辛丑　「十二月」原作「十一月」。按是年十一月壬戌朔，無辛丑。十二月辛卯朔，辛丑是十一日。今據改。

〔一三〕乙丑上京漢人毛八十率二千餘戶降　按本書卷七五毛子廉傳，「毛子廉本名八十。天輔四年，遣謀克辛斡特剌、移剌窟斜招諭臨潢，子廉率戶二千六百來歸」，卽此事，在天輔四年，按之盧彥倫等傳皆合，疑此處誤。

〔一四〕來州節度使田顥　「顥」原作「顯」。按本書卷八一田顥傳，「權歸德節度使，太祖定燕，顥舉四州版圖歸朝」。遼史卷二九天祚紀，保大三年二月乙酉朔，「來州歸德軍節度使田顥……降金」。皆作「田顥」。今據改。

〔一五〕都統杲等言耶律麻哲告余覩吳十鐸剌等謀叛　原脫「告」字。按本書卷一三三耶律余覩傳，「耶律麻者告余睹、吳十、鐸剌結黨謀叛」，今據補。

〔一六〕上召余覩等　原脫「等」字。按下文連言「汝等」，又說「皆戰慄不能對」，應非一人，今據補。又下文「皆戰慄不能對」上亦補一「等」字。

〔一七〕又遣奚馬和尚攻下品達魯古并五院司諸部　按「下品」未詳其地。考本卷屢見「達魯古部」，他卷亦屢見「達魯古城」。本書卷六七奚王回离保傳，「達魯古部節度使乙列已降復叛，奚馬和尚討達魯古并五院司等諸部，諸部皆降，遂執乙列」，皆未及「下品」，疑「品」字或爲衍文。

〔一八〕乙卯葬宮城西南建寧神殿　原脫「建」字，不成語。按本書卷三〇禮志，「天輔七年八月，太祖葬上京宮城之西南，建寧神殿于陵上」。今據補。

金史卷三

本紀第三

太宗

太宗體元應運世德昭功哲惠仁聖文烈皇帝，諱晟，本諱吳乞買，世祖第四子，母曰翼簡皇后拏懶氏，〔一〕太祖母弟也。遼太康元年乙卯歲生。初爲穆宗養子。收國元年七月，命爲諳班勃極烈。太祖征伐，常居守。天輔五年，賜詔曰：「汝惟朕之母弟，義均一體，是用汝貳我國政。凡軍事違者，閱實其罪，從宜處之。其餘事無大小，一依本朝舊制。」

天輔七年六月，太祖次鴛鴦濼，有疾。至斡獨山驛，召赴行在。詔曰：「今遼主盡喪其師，奔于夏國。遼官特列、遙設等劫其子雅里而立之，已留宗翰等措畫。朕親巡已久，功亦大就，所獲州部，政須綏撫，是用還都。八月中旬，可至春州，汝率內戚迎我，若至豹子崖尤善。」

八月乙未，會于渾河北。戊申，太祖崩。

九月乙卯，葬太祖于宮城西。國論勃極烈杲、鄆王昂、宗峻、宗幹率宗親百官請正帝位，不許，固請，亦不許。宗幹率諸弟以赭袍被體，置璽懷中。丙辰，卽皇帝位。己未，告祀天地。丙寅，大赦中外。改天輔七年爲天會元年。癸酉，發春州粟，賑降人之徙于上京者。戊寅，詔諸猛安賦米，給戶口在內地匱乏者。南路軍帥闍母，敗張覺于樓峯口。

十月壬辰，詔以空名宣頭百道給西南、西北兩路都統宗翰，曰：「今寄爾以方面，如當遷授必待奏請，恐致稽滯，其以便宜從事。」己亥，上京慶元寺僧獻佛骨，却之。闍母及張覺戰于兎耳山，闍母敗績。

十一月壬子，命宗望問闍母罪，以其兵討張覺。壬戌，復以空名宣頭及銀牌給上京路軍帥實古迺、婆盧火等。癸亥，宗望以闍母軍發廣寧，下瀕海諸郡縣。詔諭南京，割武、朔二州入于宋。婁室破朔州西山，擒其帥趙公直。勃堇斡魯別及勃剌速破走乙室白答於歸化。己巳，徙遷、潤、來、隰四州之民于瀋州。庚午，宗望及張覺戰于南京東，大敗之。張覺奔宋，城中人執其父及二子以獻，戮之軍中。壬申，張忠嗣、張敦固以南京降，遣使與張敦固入諭城中，復殺其使者以叛。己卯，詔女直人，先有附於遼，今復虜獲者，悉從其所欲居而復之。其奴婢部曲，昔雖逃背，今能復歸者，並聽爲民。

十二月辛巳，蠲民間貸息。詔以咸州以南，蘇、復州以北，年穀不登，其應輸南京軍糧免之。甲午，詔曰：「比聞民間乏食，至有鬻其子者，其聽以丁力等者贖之。」是日，以國論勃極烈杲爲諳班勃極烈，宗幹爲國論勃極烈。遣勃堇李靖如宋告哀。

二年春正月庚戌朔，以讒都訶爲阿捨勃極烈，參議國政。壬子，命賞宗望及將士克南京之功，赦闍母罪。甲寅，以空名宣頭五十、銀牌十給宗望。戊午，詔孛堇完顏阿實賚曰：「先帝以同姓之人有自鬻及典質其身者，命官爲贖。今聞尚有未復者，其悉閱贖之。」癸亥，以東京比歲不登，詔減田租、市租之半。甲戌，西南、西北兩路都統宗翰、宗望請勿割山西郡縣與宋，上曰：「是違先帝之命也，其速與之。」夏國奉表稱藩，以下寨以北、陰山以南、乙室耶剌部吐祿濼西之地與之。丙子，貽宋書，索俘虜叛亡。丁丑，始自京師至南京每五十里置驛。

二月，詔有盜發遼諸陵者，罪死。庚寅，詔命給宗翰馬七百疋、田種千石、米七千石，以賑新附之民。丁酉，命徙移懶路都勃堇完顏忠于蘇瀕水。乙巳，詔諭南京官僚，小大之事，必關白軍帥，無得專達朝廷。丙午，宗翰乞濟師，詔有司選精兵五千給之。丁未，命宗望，凡南京留守及諸闕員，可選勳賢有人望者就注擬之，具姓名官階以聞。

三月己酉朔，命宗望以宋歲幣銀絹分賜將士之有功者。庚戌，叛人活孛帶降，詔釋之。宗望請選良吏招撫遷、潤、來、隰之民保山砦者，從之。己未，宗望以南京反覆，凡攻取之計，乞與知樞密院事劉彥宗裁決之。劉公胄、王永福棄家踰城來降，以公胄爲廣寧尹，永福爲奉先軍節度使。辛未，夏國王李乾順遣使上誓表。

閏月戊寅朔，賜夏國誓詔。辛巳，命置驛上京、春、泰之間。己丑，烏虎里、迪烈底兩部來降。丙午，旣許割山西諸鎭與宋，以宗翰言罷之。是月，斜野襲遙輦昭古牙，走之，獲其妻孥羣從及豪族。勃堇渾啜等破奚七巖而撫其民人。

四月己酉，以宗翰經略西夏及破遼功，賜以十馬，使自擇其二，餘以分諸帥。賑上京路、西北路降者及新徙嶺東之人。戊午，以實古迺所築上京新城名會平州。乙亥，詔贖上京路新遷寧江州戶口賣身者六百餘人。宋遣使來弔喪。以高朮僕古等充遺留國信使，高興輔、劉興嗣等充告卽位國信使，如宋。

五月丁丑朔，上京軍帥實古迺以所獲印綬二十二及銀牌來上。癸未，詔曰：「新降之民，訴訟者衆，今方農時，或失田業，可俟農隙聽決。」丁亥，婆速路猛安僕盧古以贓罷，以謀克習泥烈代之。乙巳，曷懶路軍帥完顏忽剌古等言：「往者歲捕海狗、海東青、鴉、鶻於高麗之境，近以二舟往，彼乃以戰艦十四要而擊之，盡殺二舟之人，奪其兵仗。」上曰：「以小故起戰爭，甚非所宜。今後非奉命，毋輒往。」闍母克南京，殺都統張敦固。

七月壬午，皇子宗峻薨。丙戌，禁外方使介冗從多者。壬辰，鶻實答言：「高麗納吾叛亡，增其邊備，必有異圖。」詔曰：「納我叛亡而弗歸，其曲在彼。凡有通問，毋違常式。或來侵略，整爾行列，與之從事。敢先犯彼，雖捷必罰。」乙未，以烏虎部及諸營叛，以昊勃極烈昱等討平之。

八月乙巳朔，以孛堇烏爪乃等爲賀宋生辰使。丁巳，撒离改部猛安雛思以贓罷，以奚金家奴代之。六部都統撻懶擊走昭古牙，殺其隊將曷魯燥、白撒曷等。又破降駱駝山、金源、興中諸軍，詔增給銀牌十。

十月甲辰朔，夏國遣使謝誓詔。戊午，天清節，宋、夏遣使來賀。甲子，詔發寧江州粟，賑泰州民被秋潦者。遙輦昭古牙率衆來降。興中府降。丙寅，詔有司運米五萬石于廣寧，以給南京、潤州戍卒。命南路軍帥闍母，以甲士千人益合蘇館路孛堇完顏阿實賚，以備高麗。戊辰，西南、西北兩路權都統斡魯言：「遼詳穩撻不野來奔，言耶律大石自稱爲王，置南北官屬，有戰馬萬疋。遼主從者不過四千戶，有步騎萬餘，欲趨天德，駐余都谷。」詔曰：「追襲遼主，必酌事宜。其討大石，則俟報下。」

十一月癸未，闍母下宜州，拔杈枒山，殺節度使韓慶民。癸卯，詔以米五萬石給撻懶、

實古迺。

十二月戊申，以孛堇高居慶等爲賀宋正旦使。

三年正月癸酉朔，宋、夏遣使來賀。戊子，同知宣徽院事韓資正加尚書左僕射，爲諸宮都部署。乙未，夏國遣使奠幣及賀即位。宋遣使賀即位。

二月壬戌，婁室獲遼主于余睹谷。丁卯，以厖葛城地分授所徙烏虎里、廸烈底二部及契丹民。[二]

三月乙亥，阿捨勃極烈謾都訶薨。丙子，賑奚、契丹新附之民。辛巳，建乾元殿。斡魯獻傳國寶，以謀葛失來附，請授印綬。是日，賜完顏婁室鐵券。

四月壬寅朔，詔以遼主赴京師。丁巳，南路軍帥察剌以罪罷。

五月己丑，蕭八斤獲遼玉寶來獻。

六月庚申，以獲遼主，遣李用和等充告慶使如宋。

七月壬申，禁內外官、宗室毋私役百姓。己卯，南京帥以錦州野蠶成繭，奉其絲綿來獻，命賞其長吏。詔權勢之家毋買貧民爲奴。其脅買者一人償十五人。詐買者一人償二人。皆杖一百。甲申，詔南京括官豪牧馬，以等第取之，分給諸軍。以耶律固等爲宋報謝使。

八月癸卯，斡魯以遼主至京師。甲辰，告于太祖廟。丙午，遼主延禧入見，降封海濱王。壬子，詔有司揀閱善射勇健之士以備宋。

九月壬午，廣寧府獻嘉禾。癸巳，保州路都孛堇加古撒曷有罪伏誅，以孛堇徒單烏烈代之。

十月甲辰，詔諸將伐宋。以諳班勃極烈杲兼領都元帥，移賚勃極烈宗翰兼左副元帥先鋒，經略使完顏希尹爲元帥右監軍，左金吾上將軍耶律余睹爲元帥右都監，自西京入太原。六部路軍帥撻懶爲六部路都統，斜也副之，宗望爲南京路都統，闍母副之，知樞密院事劉彥宗兼領漢軍都統，自南京入燕山。詔建太祖廟于西京。召耶魯赴京師教授女直字。戊申，有司言權南路軍帥鶻實荅官吏貪縱，詔鞫之。壬子，天清節，宋、夏遣使來賀。丁巳，以闍母爲南京路都統，埽喝副之，宗望爲闍母、劉彥宗兩軍監戰。壬戌，詔曰：「今大有年，無儲蓄則何以備饑饉，其令牛一具賦粟一石，每謀克爲一廩貯之。」宋易州戍將韓民毅以軍降，處之蔚州。

十一月庚辰，以降封遼主爲海濱王詔中外。辛卯，南路軍帥司請禁契丹、奚、漢人挾兵器，詔勿禁。以張忠嗣權簽南京中書樞密院事。

十二月庚子，宗翰下朔州。甲辰，宗望諸軍及宋郭藥師、張企徽、劉舜仁戰於白河，大破之。蒲莧敗宋兵于古北口。丙午，郭藥師降，燕山州縣悉平。戊申，宗翰克代州。乙卯，中山降。丙辰，宗望破宋兵五千于眞定。戊午，宗翰圍太原。耶律余睹破宋河東、陝西援兵于汾河北。甲子，宗望克信德府。

四年春正月丁卯朔，始朝日。降臣郭藥師、董才皆賜姓完顏氏。戊辰，宗弼取湯陰，大臭攻下濬州，迪古補取黎陽。己巳，諸軍渡河。庚午，取滑州。宗望使吳孝民等入汴，問宋取首謀平山者童貫、譚稹、詹度及張覺等。[三]宋太上皇帝出奔。癸酉，諸軍圍汴。甲戌，宋使李棁來謝罪，且請修好。宗望許宋修好，約質，割三鎮地，增歲幣，載書稱伯姪。戊寅，宋以康王構、少宰張邦昌爲質。辛巳，宋上誓書、地圖，稱姪大宋皇帝、伯大金皇帝。癸未，諸軍解圍。

二月丁酉朔，夜，宋將姚平仲兵四十萬來襲宗望營，敗之。己亥，復進師圍汴。宋使宇文虛中以書來，改以肅王樞爲質，遣康王構歸。師還。壬子，以滑、濬二州與宋。宗翰定威勝軍，攻下隆德府。丁巳，次澤州。海濱王家奴誣其主欲亡去，詔誅其首惡，餘並杖之。

三月癸未，銀朮可圍太原，宗翰還西京。

四月癸卯，宗望使宗弼來奏捷。乙丑，耿守忠等大敗宋兵于西都谷。

五月辛未，宋种師中以兵出井陘。癸酉，完顏活女敗之于殺熊嶺，斬師中於陣。是日，拔离速敗宋姚古軍於隆州谷。

六月丙申朔，高麗國王王楷奉表稱藩。庚戌，宗望獻所獲三象。庚申，以宗望爲右副元帥。

七月丙寅，遣高伯淑等宣諭高麗。壬申，出金牌，命孛堇大臭以所領渤海軍八猛安爲萬戶。戊子，以鐵勒部長奪离剌不從其兄夔里本叛，賜馬十一、豕百、錢五百萬。蕭仲恭使宋還，以所持宋帝與耶律余睹蠟書自陳。

八月庚子，詔左副元帥宗翰、右副元帥宗望伐宋。宋張灝率兵出汾州，拔离速擊走之。劉臻以兵出壽陽，婁室破之。庚戌，宗翰發西京。辛亥，婁室等破宋張灝軍于文水。癸丑，宗望發保州。是日，耶律鐸破宋兵于雄州，那野等敗宋兵于中山。甲寅，新城縣進白烏。庚申，突撚取新樂。

九月丙寅，宗翰克太原，執經略使張孝純。鶻沙虎取平遙、靈石、孝義、介休諸縣。己巳，復以南京爲平州。辛未，宗望破宋种師閔軍於井陘，取天威軍，克眞定，殺其守李邈。

十月，婁室克汾州，石州降。蒲察克平定軍，遼州降。丁未，天清節，高麗、夏遣使來

賀。中京進嘉禾。

十一月甲子，宗翰自太原趨汴。丙寅，宗望自眞定趨汴。戊辰，宗翰下威勝軍。癸酉，撒剌荅破天井關。乙亥，宗翰克隆德府。活女渡盟津。西京、永安軍、鄭州皆降。庚辰，宗翰克澤州。宗望諸軍渡河，臨河、大名二縣，德清軍、開德府皆下。丙戌，克懷州。是日，宗望至汴。

閏月壬辰朔，宋出兵拒戰，宗望等擊敗之。癸巳，宗翰至汴。丙辰，克汴城。庚申，以高隨充高麗生日使。辛酉，宋主桓出居青城。

十二月癸亥，宋主桓降，是日，歸于汴城。庚辰，詔曰：「朕惟國家，四境雖遠而兵革未息，田野雖廣而畎畝未闢，百工略備而祿秩未均，方貢僅修而賓館未贍。是皆出乎民力，苟不務本業而抑游手，欲上下皆足，其可得乎。其令所在長吏，敦勸農功。」

五年正月辛卯朔，高麗、夏遣使來賀。癸巳，宗翰、宗望使使以宋降表來上。乙未，知樞密院事劉彥宗上表，請復立趙氏，不聽。丁巳，回鶻喝里可汗遣使入貢。

二月丙寅，詔降宋二帝爲庶人。

三月丁酉，立宋太宰張邦昌爲大楚皇帝。〔四〕割地賜夏國。

四月乙酉，克陝府，取虢州。丙戌，以六部路都統撻懶爲元帥左監軍，南京路都統闍母爲元帥左都監。宗翰、宗望以宋二帝歸。己丑，詔曰：「合蘇館諸部與新附人民，其在降附之後同姓爲婚者，離之。」

五月庚寅朔，宋康王構卽位於歸德。宋殺張邦昌。婁室降解、絳、慈、隰、石、河中、嵐、寧化、保德、火山諸城。撻懶徇地山東，下密州。迪虎下單州，廣信軍降。

六月庚申，詔曰：「自河之北，今既分畫，重念其民或見城邑有被殘者，不無疑懼，遂命堅守。若卽討伐，生靈可愍。其申諭以理，招輯安全之。儻執不移，自當致討。若諸軍敢利於俘掠輒肆蕩毀者，底于罰。」庚辰，右副元帥宗望薨。漢國王宗傑薨。

七月甲午，賜宗翰券書，除反逆外，咸貰勿論。以石州戍將烏虎棄城喪師，杖之，削其官。

八月戊寅，以宋捷，遣耶律居謹等充宣慶使使高麗。丙戌，以宗輔爲右副元帥。詔曰：「河北、河東郡縣職員多闕，宜開貢舉取士，以安新民。其南北進士，各以所業試之。」

九月丁未，詔曰：「內地諸路，每耕牛一具賦粟五斗，以備歉歲。」辛亥，賜元帥右監軍完顏希尹、萬戶銀朮可券書，除赦所不原，餘並勿論。闍母取河間，大敗宋兵于莫州，雄州降。撻懶克祁州，永寧軍、保州、順安軍皆降。

冬十月丁卯，沙州回鶻活剌散可汗遣使入貢。辛未，天清節，高麗、夏遣使來賀。宋二帝自燕徙居于中京。

十二月丙寅，右副元帥宗輔伐宋，徇地淄、青。烏林荅泰欲敗宋將李成于淄州。趙州降。阿里刮徇地濬州，敗敵兵，遂取滑州。乙亥，西南路都統斡魯薨。己卯，賽里下汝州。

六年正月丙戌朔，高麗、夏遣使來賀。宗弼破宋鄭宗孟軍于青州。銀朮可取鄧州。薩謀魯入襄陽。拔离速入均州。馬五取房州。癸巳，克青州。癸卯，闍母克濰州。丁未，迪古補敗宋將趙子昉兵。撒离喝敗宋兵于河上。甲寅，宋將馬括兵次樂安，宗輔擊敗之，聞宋主在維揚，以農時還師。宗弼敗宋兵于河上。

二月乙卯朔，拔离速取唐州，癸亥，取蔡州。己巳，移剌古敗宋將臺宗雋等兵于大名。庚午，再破其軍，獲臺宗雋及宋忠。甲戌，拔离速取陳州。癸未，克潁昌府。鄭州叛入于宋，復取鄭州。遷洛陽、襄陽、潁昌、汝、鄭、均、房、唐、鄧、陳、蔡之民于河北。宗翰復遣婁室攻下同、華、京兆、鳳翔，擒宋經制使傅亮。阿鄰破河中。斡魯入馮翊。

三月壬辰，命南路軍帥實古廼，籍節度使完顏愼思所領諸部及未置猛安謀克戶來上。己酉，撻懶下恩州。

五月戊戌，移沙土古思以本部來附。

六月己未，詔求祖宗遺事。撻懶遣兵徇下磁州、信德府。真定賊自稱元帥、秦王，撒离喝討平之。

七月乙巳，宋主遣使奉表請和，詔進兵伐之。以宋二庶人赴上京。

八月乙卯，婁室敗宋兵于華州，訛特剌破敵于渭水，遂取下邽。丁丑，以宋二庶人素服見太祖廟，遂入見于乾元殿。封其父昏德公、子重昏侯。是日，告于太祖廟。以州郡職員名稱及俸給因革詔中外。

九月辛丑，繩果等敗宋兵于蒲城。甲申，又破敵於同州。乙丑，取丹州。〔五〕

十月丙寅，天清節，高麗、夏遣使來賀。癸酉，知樞密院事劉彥宗薨。丁丑，蒲察、婁室敗宋兵于臨真。戊寅，徙昏德公、重昏侯于韓州。庚辰，宗翰、宗輔會于濮，伐宋。

十一月庚寅，蒲察、婁室取延安府。壬辰，賑移懶路。乙未，取濮州。綏德軍降。婁室再攻晉寧軍，其守徐徽言固守，不能克。

十二月丙辰，宗弼取開德府。丁卯，宗輔克大名府。鶻沙虎敗宋兵于鞏。

七年正月庚辰朔，高麗、夏遣使來賀。辛巳，吳國王闍母薨。甲午，以西京留守韓企先

同中書門下平章事、知樞密院事。〔六〕

二月戊辰，宋麟府路安撫使折可求以麟、府、豐三州降。己巳，婁室、塞里、鶻沙虎等破晉寧軍，其守徐徽言據子城拒戰。庚午，率衆潰圍走，擒之。使之拜，不拜。臨之以兵，不動。命降將折可求諭之降，指可求大罵，出不遜語，遂殺之。其統制孫昂及士卒皆不屈，盡殺之。甲戌，詔禁醫巫閭山遼代山陵樵採。

三月己卯朔，日中有黑子。壬寅，詔軍興以來，良人被略爲驅者，聽其父母夫妻子贖之。尚書左僕射高楨罷。〔七〕

四月，蒲察、婁室取鄜、坊二州。

五月乙卯，拔离速等襲宋主于揚州。〔八〕

九月丙午朔，日有食之。庚午，宗弼敗宋兵于睢陽。辛未，降其城。是月，曹州降。

十月丙子朔，京兆府降。丁丑，鞏州降。庚寅，天清節，高麗、夏遣使來賀。丁酉，阿里、當海、大臭破敵于壽春。己亥，安撫使馬世元以城降。甲辰，廬州降。

十一月庚戌，徙曷蘇館都統司治寧州。乙卯，高麗遣使來貢。丙辰，宗弼取和州。壬戌，宗弼渡江，敗宋副元帥杜充軍于江寧。丁卯，守臣陳邦光以城降。

十二月丙戌，宗弼取湖州。丁亥，克杭州。阿里、蒲盧渾追宋主于明州。越州降。大臭敗宋樞密使周望于秀州，又敗宋兵于杭州東北。戊戌，阿里、蒲盧渾敗宋兵于東關，遂濟曹娥江。壬寅，敗宋兵于高橋。宋主入于海。

八年正月甲辰朔，高麗、夏遣使來賀。丁巳，以同中書門下平章事韓企先爲尚書左僕射兼侍中。己未，阿里、蒲盧渾克明州，執其守臣趙伯諤。庚申，詔曰：「避役之民，以微直鬻身權貴之家者，悉出還本貫。」阿魯補、斜里也下太平、順昌及濠州。是月，宋副元帥杜充以其衆降。

二月乙亥，宗弼還自杭州。庚寅，取秀州。戊戌，取平江。
汴京亂，三月丁卯，大迪里復取之。宗弼及宋韓世忠戰于鎮江，不利。

四月丙申，復戰于江寧，敗之。諸軍渡江。是日，阿魯補戰于拓皐，己亥，周企戰于壽春，辛丑，婁室戰于淳化，皆勝之。醴州降，遂克邠州。

五月癸卯，禁私度僧尼及繼父繼母之男女無相嫁娶。戊申，詔曰：「河北、河東簽軍，其家屬流寓河南被俘掠爲奴婢者，官爲贖之，俾復其業。」

六月壬申，詔遣遼統軍使耶律曷禮質、節度使蕭別离剌等十人，分治新附州鎮。癸酉，詔以昏德公六女爲宗婦。

七月辛亥，詔給泰州都統婆盧火所部諸謀克甲冑各五十。先遣婁室經略陝西，所下城邑叛服不常，其監戰阿盧補請益兵。帥府會諸將議曰：「兵威非不足，綏懷之道有所未盡。誠得位望隆重、恩威兼濟者以往，可指日而定。若以皇子右副元帥宗輔往，爲宜。」以聞。詔曰：「婁室往者所向輒克，今使專征陝西，淹延未定，豈倦于兵而自愛邪？關、陝重地，卿等其戮力焉。」丁卯，上如東京溫湯。徙昏德公、重昏侯于鶻里改路。

九月戊申，立劉豫爲大齊皇帝，世修子禮，都大名府。辛酉，諳班勃極烈、都元帥杲薨。癸亥，宗輔等敗宋張浚軍于富平。耀州降。乙丑，鳳翔府降。

十月乙亥，上至自東京。齊帝劉豫遣使謝封册。甲申，天清節，齊、高麗、夏遣使來賀。以鐵驪突离剌同中書門下平章事。詔遼、宋官上本國誥命，等第換授。

十一月甲辰，宗輔下涇州。丁未，渭州降。敗宋劉倪軍于瓦亭。戊申，原州降。宋涇原路統制張中孚、知鎮戎軍李彥琦以衆降。馬五等擊宋吳玠軍于隴州。庚戌，以遙鎮節度使烏克壽等爲齊劉豫生日使。癸亥，宗輔以陝西事狀聞，詔獎諭之。

十二月丁丑，完顏婁室薨。乙酉，宗輔敗宋劉維輔軍。壬辰，熙州降。

九年正月己亥朔，齊、高麗、夏遣使來賀。戊申，命以徒門水以西，渾疃、星顯、僝蠢三

水以北閑田，給曷懶路諸謀克。辛亥，蒲察鶻拔魯、完顏忒里討張萬敵于白馬湖，陷于敵。癸丑，以同中書門下平章事時立愛爲侍中，知樞密院張忠嗣爲宣政殿大學士、知三司使事。宗弼、阿盧補撫定鞏、洮、河、樂、西寧、蘭、廓、積石等州。涇原、熙河兩路皆平。

四月己卯，詔「新徙戍邊戶，匱于衣食，有典質其親屬奴婢者，官爲贖之。戶計其口而有二三者，以官奴婢益之，使戶爲四口。又乏耕牛者，給以官牛，別委官勸督田作。戍戶及邊軍資糧不繼，糴粟于民而與賑卹。其續遷戍戶在中路者，姑止之，即其地種藝，俟畢穫而行，及來春農時，以至戍所」。

五月丙午，分遣使者諸路勸農。

六月壬辰，賜昏德公、重昏侯時服各兩襲。

八月辛巳，回鶻隈欲遣使來貢。

九月己酉，和州回鶻執耶律大石之黨撒八、迪里、突迭來獻。

十月戊寅，天清節，齊、高麗、夏遣使來賀。撒离喝攻下慶陽。慕洧以環州降。宗弼與宋吳玠戰于和尚原，敗績。

十一月己未，遷趙氏疎屬于上京。以陝西地賜齊。

十年正月癸巳朔，齊、高麗、夏遣使來賀。己酉，齊表謝賜地。壬子，詔曰：「昔遼人分士庶之族，賦役皆有等差，其悉均之。」

二月庚午，賑上京路戍邊猛安民。

四月丁卯，詔「諸良人知情嫁奴者，聽如故爲妻；其不知而嫁者，去住悉從所欲」。移賚勃極烈、左副元帥宗翰朝京師。庚午，以太祖孫亶爲諳班勃極烈，皇子宗磐爲國論忽魯勃極烈，國論勃極烈宗幹爲國論左勃極烈，移賚勃極烈、左副元帥宗翰爲國論右勃極烈兼都元帥，右副元帥宗輔爲左副元帥。庚寅，聞鴨淥、混同江暴漲，命賑徙戍邊戶在混同江者。

閏月辛卯，詔分遣鶻沙虎等十三人閱諸路丁壯，調赴軍。

七月甲午，賑泰州路戍邊戶。上如中京。

九月，元帥右都監耶律余睹謀反，出奔。其黨燕京統軍使蕭高六伏誅，蔚州節度使蕭特謀葛自殺。

十月壬寅，天清節，大赦。齊、高麗、夏遣使來賀。上如興中府。齊使使來告母喪。

十一月癸亥，以武良謨爲齊弔祭使。癸未，撒离喝請取劍外十三州，從之。部族節度使土古厮捕斬余睹及其諸子，函其首來獻。

十二月庚子，撒离喝克金州。上至自興中府。

十一年正月丁巳朔，齊、高麗、夏遣使來賀。丁卯，撒离喝敗吳玠于饒峰關。戊辰，取洋州。甲戌，入興元府。

二月己亥，元帥府言：「承詔賑軍士，臣恐有司錢幣將不繼，請自元帥以下有祿者出錢助給之。」詔曰：「官有府庫而取於臣下，此何理耶。其悉從官給。」

八月甲申，黃龍府置錢帛司。戊子，趙愣誣告其父昏德公謀反，愣及其壻劉文彥伏誅。戊戌，詔曰：「比以軍旅未定，嘗命帥府自擇人授官，今並從朝廷選注。」

十月丙申，天清節，齊、高麗、夏遣使來賀。

十一月丙寅，賑移懶路。宗弼克和尚原。

十二月癸未，賑曷懶路。

十二年正月辛亥朔，齊、高麗、夏遣使來賀。甲子，初改定制度，詔中外。丙寅，如東京。

二月丁酉，撒离喝敗宋吳玠軍于固鎮。

四月，至自東京。

六月甲午，以阿盧補爲元帥右都監。

十月庚寅，天清節，齊、高麗、夏遣使來賀。

十三年正月丙午朔，日有食之。己巳，上崩于明德宮，年六十一。庚午，諳班勃極烈即皇帝位于柩前。三月庚辰，上尊謚曰文烈皇帝，廟號太宗。乙酉，葬和陵。皇統四年，改號恭陵。五年，增上尊謚曰體元應運世德昭功哲惠仁聖文烈皇帝。貞元三年十一月戊申，改葬于大房山，仍號恭陵。

贊曰：天輔草創，未遑禮樂之事。太宗以斜也、宗幹知國政，以宗翰、宗望總戎事。既滅遼舉宋，即議禮制度，治曆明時，纘以武功，述以文事，經國規摹，至是始定。在位十三年，宮室苑籞無所增益。末，聽大臣計，傳位熙宗，使太祖世嗣不失正緒，可謂行其所甚難矣。

校勘記

〔一〕母曰翼簡皇后拏懶氏　「拏」原作「拏」，從殿本改。

〔二〕分授所徙烏虎里廸烈底二部及契丹民　原脫「底」字。按上文天會二年閏三月「己丑，烏虎里、廸烈底兩部來降」，本書卷七二習古迺傳，「以厖葛城地分賜烏虎里、迪烈底二部及契丹人」，皆

中華書局

稱「迪烈底」，今據補。

〔三〕問宋取首謀平山者童貫譚稹詹度及張覺等　原脫「者」字。按本書卷六〇交聘表，天會四年「正月己巳，宗望諸軍渡河，使吳孝民入汴，問宋取首謀平山者」，有「者」字。今據補。

〔四〕立宋太宰張邦昌爲大楚皇帝　「太宰」原作「少宰」。按本書卷七七張邦昌傳云，「天會五年，宗望軍圍汴，……邦昌爲宋太宰，與肅王樞俱爲質以來」。宋史卷四七五張邦昌傳，「欽宗卽位，拜少宰，……俄進太宰」。今據改。

〔五〕甲申又破敵於同州乙丑取丹州　按天會六年九月壬午朔，辛丑後無甲申，此「甲申」當有誤字。十月壬子朔，「乙丑」當在下文「十月」下。

〔六〕以西京留守韓企先同中書門下平章事知樞密院事　「西京」原作「南京」。按本書卷七八韓企先傳，「宗翰爲都統經略山西，表署西京留守。天會六年，劉彥宗薨，企先代之，同中書門下平章事、知樞密院事」。今據改。

〔七〕尚書左僕射高楨罷　「楨」原作「貞」。據本書卷八四高楨傳改。

〔八〕五月乙卯拔离速等襲宋主于揚州　按，考宋史卷二五高宗紀，建炎「三年春正月庚辰朔，帝在揚州」，「二月壬子，『內侍鄺詢報金兵至，帝被甲馳鎮江府』」。繫年要錄卷二〇記載同，則此處「五月」當是二月之誤。

金史卷四

本紀第四

熙宗

熙宗弘基纘武莊靖孝成皇帝，諱亶，本諱合剌，太祖孫，景宣皇帝子。母蒲察氏。天輔三年己亥歲生。

天會八年，諳班勃極烈杲薨，太宗意久未決。十年，左副元帥宗翰、右副元帥宗輔、左監軍完顏希尹入朝，與宗幹議曰：「諳班勃極烈虛位已久，今不早定，恐授非其人。合剌，先帝嫡孫，當立。」相與請於太宗者再三，廼從之。四月庚午，詔曰：「爾爲太祖之嫡孫，故命爾爲諳班勃極烈，其無自謂冲幼，狎于童戲，惟敬厥德。」諳班勃極烈者，太宗嘗居是官，及登大位，以命弟杲。杲薨，帝定議爲儲嗣，故以是命焉。

十三年正月己巳，太宗崩。庚午，卽皇帝位。甲戌，詔中外。詔公私禁酒。癸酉，遣使告哀于齊、高麗、夏及報卽位，仍詔齊自今稱臣勿稱子。

二月乙巳，追謚太祖后唐括氏曰聖穆皇后，裴滿氏曰光懿皇后。追册太祖妃僕散氏曰德妃，烏古論氏曰賢妃。辛酉，改葬太祖于和陵。

三月己卯，齊、高麗使來弔祭。庚辰，謚大行皇帝曰文烈，廟號太宗。乙酉，葬太宗于和陵。甲午，以國論右勃極烈、都元帥宗翰爲太保，領三省事，封晉國王。戊戌，詔諸國使賜宴，不舉樂。

四月戊午，齊、高麗遣使賀卽位。丙寅，昏德公趙佶薨，遣使致祭及賻贈。是月，甘露降于熊岳縣。

五月甲申，左副元帥宗輔薨。

九月壬申，追尊皇考豐王爲景宣皇帝，廟號徽宗，皇妣蒲察氏爲惠昭皇后。戊寅，尊太祖后紇石烈氏、太宗后唐括氏皆爲太皇太后，詔中外。乙酉，改葬徽宗及惠昭后于興陵。

十一月，以尚書令宋國王宗磐爲太師。乙亥，初頒曆。己卯，以元帥左監軍完顏希尹爲尚書左丞相兼侍中，太子少保高慶裔爲左丞，平陽尹蕭慶爲右丞。己丑，建天開殿于爻剌。

十二月癸亥，始定齊、高麗、夏朝賀、賜宴、朝辭儀。以京西鹿囿賜農民。

十四年正月己巳朔，上朝太皇太后于兩宮。齊、高麗、夏遣使來賀。癸酉，頒曆于高麗。丁丑，太皇太后紇石烈氏崩。乙酉，萬壽節，齊、高麗、夏遣使來賀。上本七月七日生，以同皇考忌日，改用正月十七日。

二月癸卯，上尊謚曰欽憲皇后，〔一〕葬睿陵。

三月壬午，以太保宗翰、太師宗磐、太傅宗幹並領三省事。丁酉，高麗遣使來弔。

八月丙辰，追尊九代祖以下曰皇帝、皇后，定始祖、景祖、世祖、太祖、太宗廟皆不祧。癸亥，詔齊國與本朝軍民訴訟相關者，文移署年，止用天會。

十月甲寅，以吳激爲高麗王生日使，蕭仲恭爲齊劉豫回謝并生日正旦使。

十五年正月癸亥朔，上朝太皇太后于明德宮。齊、高麗、夏遣使來賀。初用大明曆。己卯，萬壽節，齊、高麗、夏遣使來賀。

六月庚戌，尚書左丞高慶裔、轉運使劉思有罪伏誅。

七月辛巳，太保、領三省事、晉國王宗翰薨。丙戌夜，京師地震。封皇叔宗雋、宗固，叔祖𣆀皆爲王。丁亥，汰兵與濫爵。

十月乙卯，以元帥左監軍撻懶爲左副元帥，封魯國王。宗弼右副元帥，封瀋王。知樞密院事兼侍中時立愛致仕。

十一月丙午，廢齊國，降封劉豫爲蜀王，詔中外。置行臺尚書省于汴。

十二月戊辰，劉豫上表謝封爵。癸未，詔改明年爲天眷元年。大赦。命韓昉、耶律紹文等編修國史。以勗爲尚書左丞、同中書門下平章事。徙蜀王劉豫臨潢府。

天眷元年正月戊子朔，上朝明德宮。高麗、夏遣使來賀。頒女直小字。封大司空昱爲王。甲辰，萬壽節，高麗、夏遣使來賀。

二月壬戌，上如爻刺春水。乙丑，幸天開殿。己巳，詔罷來流水、混同江護邏地，與民耕牧。

三月庚寅，以禁苑隙地分給百姓。戊申，以韓昉爲翰林學士。

四月丁卯，命少府監盧彥倫營建宮室，止從儉素。壬午，朝享于天元殿。立裴滿氏爲貴妃。

五月己亥，詔以經義、詞賦兩科取士。

六月戊午，上至自天開殿。

秋七月辛卯，左副元帥撻懶、東京留守宗雋來朝。丁酉，按出滸河溢，壞廬舍，民多溺死。壬寅，左丞相希尹罷。

八月甲寅朔，頒行官制。癸亥，回鶻遣使朝貢。己卯，以河南地與宋。以右司侍郎張通古等使江南。以京師爲上京，府曰會寧，舊上京爲北京。

九月甲申朔，以奭爲會寧牧，封鄧王。乙未，詔百官誥命，女直、契丹、漢人各用本字，渤海同漢人。丁酉，改燕京樞密院爲行臺尚書省。戊戌，上朝明德宮。甲辰，以奕爲平章政事。己酉，省燕中西三京、平州東、西等路州縣。辛亥，權行臺左丞相張孝純致仕。

十月甲寅朔，以御前管勾契丹文字李德固爲參知政事。丙寅，封叔宗強爲紀王，宗敏邢王，太宗子斛魯補等十三人爲王。己巳，始禁親王以下佩刀入宮。辛未，定封國制。癸酉，以東京留守宗雋爲尚書左丞相兼侍中，封陳王。

十一月丙辰，以康宗以上畫像工畢，奠獻于乾元殿。

十二月癸亥，新宮成。甲戌，高麗遣使入貢。丁丑，立貴妃裴滿氏爲皇后。

二年正月壬午朔，高麗、夏遣使來賀。戊戌，萬壽節，高麗、夏遣使來賀。以左丞相宗雋爲太保、領三省事，進封兗國王。興中尹完顏希尹復爲尚書左丞相兼侍中。

二月乙未，〔二〕上如天開殿。

三月丙辰，〔三〕命百官詳定儀制。

四月甲戌，百官朝參，初用朝服。己卯，宋遣使謝河南地。

五月戊子，太白晝見。乙巳，上至自天開殿。

六月己酉朔，初御冠服。辛亥，吳十謀反，伏誅。己未，上從容謂侍臣曰：「朕每閱貞觀政要，見其君臣議論，大可規法。」翰林學士韓昉對曰：「皆由太宗溫顏訪問，房、杜輩竭忠盡誠。其書雖簡，足以爲法。」上曰：「太宗固一代賢君，明皇何如？」昉曰：「唐自太宗以來，惟明皇、憲宗可數。明皇所謂有始而無終者。初以艱危得位，用姚崇、宋璟，惟正是行，故能成開元之治。末年怠于萬機，委政李林甫，姦諛是用，以致天寶之亂。苟能慎終如始，則貞觀之風不難追矣。」上稱善。又曰：「周成王何如主？」昉對曰：「古之賢君。」上曰：「成王雖賢，亦周公輔佐之力。後世疑周公殺其兄，以朕觀之，爲社稷大計，亦不當非也。」

七月辛巳，宋國王宗磐、兗國王宗雋謀反，伏誅。丙戌，以右副元帥宗弼爲都元帥，進封越國王。丁亥，以誅宗磐等詔中外。己丑，以左副元帥撻懶爲行臺左丞相，杜充爲行臺右丞相，蕭寶、耶律暉行臺平章政事。甲午，咸州詳穩沂王暈坐與宗磐謀反，伏誅。辛丑，以太傅、領三省事宗幹爲太師，領三省如故，進封梁宋國王。

中華書局

八月辛亥，行臺左丞相撻懶、翼王鶻懶及活离胡土、撻懶子斡帶、烏達補謀反，伏誅。丁丑，太白晝見。

九月戊寅朔，降封太宗諸子。大司空昱罷。丙申，初居新宮。立太祖原廟于慶元宮。壬寅，宋遣王倫等乞歸父喪及母韋氏等，拘倫不遣。以溫都思忠諸路廉問。

十月癸酉，夏國使來告喪。

十二月，豫國公昱薨。

三年正月丁丑朔，高麗、夏遣使來賀。癸巳，萬壽節，高麗、夏遣使來賀。以都元帥宗弼領行臺尚書省事。

四月乙巳朔，溫都思忠廉問諸路，得廉吏杜遵晦以下百二十四人，各進一階，貪吏張軫以下二十一人皆罷之。癸丑，蜀國公完顏銀术哥薨。丁卯，上如燕京。

五月丙子，詔元帥府復取河南、陝西地。己卯，詔册李仁孝爲夏國王。命都元帥宗弼以兵自黎陽趨汴，右監軍撒离合出河中趨陝西。是月，河南平。

六月，陝西平。上次涼陘。〔四〕大旱。使蕭彥讓、田瑴決西京囚。

秋七月癸卯朔，日有食之。乙卯，宗弼遣使奏河南、陝西捷。丁卯，詔文武官五品以上

致仕，給俸祿之半，職三品者仍給傔人。

八月辛巳，招撫諭陝西五路。壬午，初定公主、郡縣主及駙馬官品。

九月壬寅朔，宗弼來朝。戊申，上至燕京。己酉，親饗太祖廟。庚申，宗弼還軍中。夏國遣使謝賻贈。癸亥，殺左丞相完顏希尹、右丞蕭慶〔五〕及希尹子昭武大將軍把搭、符寶郎漫帶。戊辰，夏國遣使謝封册。

十一月癸丑，以孔子四十九代孫璠襲封衍聖公。癸亥，以都點檢蕭仲恭爲尚書右丞，前西京留守昂爲平章政事。甲子，行臺尚書右丞相杜充薨。

十二月乙亥，都元帥宗弼上言宋將岳飛、張俊、韓世忠率衆渡江，詔命擊之。丁丑，地震。己亥，以元帥左監軍阿离補爲左副元帥，右監軍撒离合爲右副元帥。

皇統元年正月辛丑朔，高麗、夏遣使來賀。庚戌，羣臣上尊號曰崇天體道欽明文武聖德皇帝。初御袞冕。癸丑，謝太廟。大赦。改元。丁巳，萬壽節，高麗、夏遣使來賀。己未，初定命婦封號。夏國請置榷場，許之。己巳，封平章政事昂爲漆水郡王。

二月戊寅，詔諸致仕官職俱至三品者，俸祿人力各給其半。宗弼克廬州。乙酉，改封海濱王耶律延禧爲豫王，昏德公趙佶爲天水郡王，重昏侯趙桓爲天水郡公。戊子，上親祭孔子廟，〔六〕北面再拜。退謂侍臣曰：「朕幼年游佚，不知志學，歲月逾邁，深以爲悔。孔子雖無位，其道可尊，使萬世景仰。大凡爲善，不可不勉。」自是頗讀尚書、論語及五代、遼史諸書，或以夜繼焉。

三月己未，〔七〕上宴羣臣于瑤池殿，適宗弼遣使奏捷，侍臣多進詩稱賀。帝覽之曰：「太平之世，當尚文物，自古致治，皆由是也。」

四月丙子，以濟南尹韓昉參知政事。辛巳，宗弼請伐江南，從之。

五月己酉，太師、領三省事、梁宋國王宗幹薨。庚戌，上親臨。日官奏，戌、亥不宜哭泣。上曰：「君臣之義，骨肉之親，豈可避之。」遂哭之慟，命輟朝七日。

六月甲戌，詔都元帥宗弼與宰執同入奏事。庚寅，行臺平章政事耶律暉致仕。壬辰，有司請舉樂，上以宗幹新喪不允。甲午，衞王宗強薨，〔八〕上親臨，輟朝如宗幹喪。

七月癸卯，以景宣皇帝忌辰，命尚食徹肉。丙午，以宗弼爲尚書左丞相兼侍中，都元帥、領行臺如故。己酉，宗弼還軍中。辛亥，參知政事耶律讓罷。

九月戊申，上至自燕京。朝太皇太后于明德宮。詔賜鰥寡孤獨不能自存者，人絹二疋、絮三斤。

是秋，蝗。都元帥宗弼伐宋，渡淮。以書讓宋，宋復書乞罷兵，宗弼以便宜畫淮爲界。

十一月己酉，高麗國賀受尊號。稽古殿火。

十二月癸巳，夏國賀受尊號。天水郡公趙桓乞本品俸，詔賙濟之。左丞勗進先朝實錄三卷，上焚香立受之。

二年正月乙未朔，高麗、夏遣使來賀。己亥，上獵于來流河。乙巳，命封高麗。〔九〕丁未，上至自來流河。辛亥，萬壽節，高麗、夏遣使來賀。壬子，衍聖公孔璠薨，子拯襲。

二月丁卯，上如天開殿。甲戌，賑熙河路。戊子，皇子濟安生。辛卯，宋使曹勛來許歲幣銀、絹二十五萬兩、匹，畫淮爲界，世世子孫，永守誓言。改封蜀王劉豫爲曹王。壬辰，以皇子生，赦中外。

三月辛丑，還自天開殿。大雪。丙午，以宗弼爲太傅。丙辰，遣左宣徽使劉筈以袞冕圭册册宋康王爲帝。歸宋帝母韋氏及故妻邢氏、天水郡王并妻鄭氏喪于江南。戊午，立子濟安爲皇太子。

四月丙寅，〔一〇〕以臣宋告中外。庚午，五雲樓、重明等殿成。

五月癸巳朔，不視朝。上自去年荒于酒，與近臣飲，或繼以夜。宰相入諫，輒飲以酒，曰：「知卿等意，今既飲矣，明日當戒。」因復飲。乙卯，賜宋誓詔。辛酉，宴羣臣於五雲樓，

皆盡醉而罷。

七月甲午，回鶻遣使來貢。北京、廣寧府蝗。丁酉，賜宗弼金券。

八月丁卯，詔歸朱弁、張邵、洪皓于宋。辛未，復太宗子胡盧爲王。賑陝西。

九月壬辰，詔給天水郡王子、姪、壻、天水郡公子俸給。

十一月甲寅，平章政事漆水郡王昂薨，追封鄆王。

十二月乙丑，高麗王遣使謝封册。庚午，宋遣使謝歸三喪及母韋氏。壬申，上獵于核耶呆米路。癸未，還宮。甲申，皇太子濟安薨。

三年正月己丑朔，以皇太子喪不御正殿，羣臣詣便殿稱賀。宋、高麗、夏使詣皇極殿遙賀。乙巳，萬壽節，如正旦儀。

三月辛卯，以尚書左丞勗爲平章政事，殿前都點檢宗憲爲尚書左丞。丁酉，太皇太后唐括氏崩。己酉，封子道濟爲魏王。

五月丁巳朔，京兆進瑞麥。癸亥，上致祭太皇太后。甲申，初立太廟、社稷。

六月己酉，初置驍毅軍。

七月丙寅，上致祭太皇太后。庚辰，太原路進獮豸并瑞麥。

八月辛卯，詔給天水郡王孫及天水郡公壻俸祿。丙申，老人星見。乙巳，謚太皇太后曰欽仁皇后。戊申，葬恭陵。

十二月癸未朔，日有食之。

四年正月癸丑朔，宋、高麗、夏遣使來賀。甲寅，詔以去年宋幣賜始祖以下宗室。己未，以宋使王倫爲平州轉運使，既受命，復辭，罪其反覆，誅之。乙丑，陝西進嘉禾十有二莖，莖皆七穗。己巳，萬壽節，宋、高麗、夏遣使來賀。乙亥，上祭欽仁皇后，哭盡哀。

二月癸未，上如東京。丙申，次百泊河春水。丁酉，回鶻遣使來賀，以粘合韓奴報之。

五月辛亥朔，次薰風殿。

六月辛巳朔，日有食之。

七月庚午，建原廟于東京。

八月癸未，殺魏王道濟。

九月乙酉，〔一〕上如東京。壬子，畋于沙河，射虎獲之。乙卯，〔二〕遣使祭遼主陵。辛酉，詔薰風殿二十里內及巡幸所過五里內，並復一歲。癸酉，行臺左丞相張孝純薨。

十月壬辰，〔三〕立借貸飢民酬賞格。甲辰，以河朔諸郡地震，詔復百姓一年，其壓死無人收葬者，官爲斂藏之。陝西、蒲、解、汝、蔡等處因歲饑，流民典雇爲奴婢者，官給絹贖爲良，放還其鄉。

十一月己酉，上獵于海島。

十二月甲午，至東京。

五年正月丁未朔，宋、高麗、夏遣使來賀。癸亥，萬壽節，宋、高麗、夏遣使來賀。

二月乙未，次濟州春水。

三月戊辰，次天開殿。

五月戊午，初用御製小字。壬申，以平章政事勗諫，上爲止酒，仍布告廷臣。

六月乙亥朔，日有食之。

八月戊戌，發天開殿。

九月庚申，至自東京。

十月辛卯，增謚太祖。

閏月戊寅，大名府進牛生麟。壬辰，懷州進嘉禾。

十二月戊申，增謚始祖以下十帝及太宗、徽宗。丁巳，赦。

六年正月辛未朔，宋、高麗、夏遣使來賀。壬申，封太祖諸孫爲王。乙亥，畋于謀勒。甲申，還京師。丁亥，萬壽節，宋、高麗、夏遣使來賀。庚寅，以邊地賜夏國。壬辰，如春水。帝從禽，導騎誤入大澤中，帝馬陷，因步出，亦不罪導者。乙未，封偎喝爲王。

二月丙寅，右丞相韓企先薨。

三月壬申，以阿离補爲行臺右丞相。

四月庚子朔，上至自春水。以同判大宗正事宗固爲太保、右丞相兼中書令。戊午，行臺右丞相阿离補薨。

五月壬申，高麗王楷薨。辛卯，以左宣徽使劉筈爲行臺右丞相。

六月乙巳，殺宇文虛中及高士談。乙丑，遣使弔祭高麗，并起復嗣王晛。

九月戊辰朔，以許王破汴，睿宗平陝西，鄆王克遼及婁室、銀朮可皆有大功，並爲立碑。戊寅，曹王劉豫薨。

是歲，遣粘割韓奴招耶律大石，被害。

七年正月乙丑朔，宋、高麗、夏遣使來賀。辛巳，萬壽節，宋、高麗、夏遣使來賀。癸未，以西京鹿囿爲民田。丁亥，太白經天。

三月戊寅，高麗遣使謝弔祭、起復。

四月戊午，宴便殿，上醉酒，殺戶部尙書宗禮。

六月丁酉，殺橫海軍節度使田瑴、左司郎中奚毅、翰林待制邢具瞻及王植、高鳳廷、王傚、趙益興、龔夷鑒等。

七月己巳，太白經天，曲赦畿內。

九月，太保、右丞相宗固薨。以都元帥宗弼爲太師、領三省事，都元帥、行臺尙書省事如故，平章政事勗爲左丞相兼侍中，都點檢宗賢爲右丞相兼中書令，行臺右丞相劉筈、右丞蕭仲恭爲平章政事，李德固爲尙書右丞，秘書監蕭肄爲參知政事。

十月壬子，平章行臺尙書省事奚寶薨。

十一月癸酉，以工部侍郎僕散太彎爲御史大夫。乙亥，兵部尙書秉德進三角羊。己卯，詔減常膳羊豕五之二。癸未，以尙書左丞宗憲爲行臺平章政事，同判大宗正事亮爲尙書左丞。

十二月戊午，參知政事韓昉罷。兵部尙書秉德爲參知政事。

八年正月庚申朔，宋、高麗、夏遣使來賀。丙子，萬壽節，宋、高麗、夏遣使來賀。

二月壬子，以哥魯葛波古等爲橫賜高麗、夏國使。甲寅，以大理卿宗安等爲高麗王晛封册使。乙卯，上如天開殿。

四月戊子朔，日有食之。辛丑，遣參知政事秉德等廉察官吏。庚戌，至自天開殿。甲寅，遼史成。

六月乙卯，平章政事蕭仲恭爲行臺左丞相，左丞亮爲平章政事，都點檢唐括辯爲尙書左丞。〔一四〕高麗王遣使謝封册。

七月乙亥，御史大夫僕散太彎罷，以侍衞親軍都指揮使阿魯帶爲御史大夫。戊寅，以尙書左丞唐括辯奉職不謹，杖之。

八月戊戌，宗弼進太祖實錄，上焚香立受之。庚子，以尙書左丞相勗領行臺尙書省事，右丞相宗賢爲太保、尙書左丞相。丙午，以行臺左丞相蕭仲恭爲尙書右丞相。

閏月庚申，宰臣以西林多鹿，請上獵，上恐害稼，不允。丙寅，太廟成。

九月丙申，尙書左丞唐括辯罷。以左宣徽使禀爲尙書左丞。

十月辛酉，太師、領三省事、都元帥、越國王宗弼薨。

十一月壬辰，太白經天。乙未，左丞相宗賢、左丞禀等言，州郡長吏當並用本國人。上曰：「四海之內，皆朕臣子，若分別待之，豈能致一。諺不云乎，『疑人勿使，使人勿疑』。自今本國及諸色人，量才通用之。」辛丑，以尙書左丞相宗賢爲左副元帥，平章政事亮爲尙書左丞相兼侍中，參知政事秉德爲平章政事。庚戌，左副元帥宗賢復爲太保，左丞相、左副元帥如故。

十二月乙卯，以右丞相蕭仲恭爲太傅、領三省事，左丞相亮爲尙書右丞相。乙亥，以左丞相宗賢爲太師、領三省事兼都元帥。

九年正月甲申朔，宋、高麗、夏遣使來賀。戊戌，太師、領三省事、都元帥宗賢罷。領行臺尙書省事勗爲太師、領三省事，同判大宗正事充爲尙書左丞相，右丞相亮兼都元帥。庚子，萬壽節，宋、高麗、夏遣使來賀。壬寅，左丞相充薨。丙午，以右丞相亮爲左丞相，判大宗正事宗本爲尙書右丞相，左副元帥宗敏爲都元帥，南京留守宗賢爲左副元帥兼西京留守。己酉，宗賢復爲太保、領三省事。

二月甲寅，會寧牧唐括辯復爲尙書左丞，尙書左丞禀爲行臺平章政事。

三月癸未朔，日有食之。辛丑，以司空宗本爲尙書右丞相兼中書令，左丞相亮爲太保、領三省事。

四月壬申夜，大風雨，雷電震壞寢殿鴟尾，有火入上寢，燒幃幔，帝趨別殿避之。丁丑，有龍鬬於利州榆林河水上。大風壞民居、官舍，瓦木人畜皆飄颺十數里，死傷者數百人。

五月戊子，以四月壬申、丁丑天變，肆赦。命翰林學士張鈞草詔，參知政事蕭肄擿其語以爲誹謗，上怒，殺鈞。是日，曲赦上京囚。庚寅，出太保、領三省事亮領行臺尙書省事。戊申，武庫署令耶律八斤妄稱上言宿直將軍蕭榮與胙王元爲黨，誅之。

六月己未，以都元帥宗敏爲太保、領三省事兼左副元帥，左丞相宗賢兼都元帥。

八月庚申，以劉筈爲司空，行臺右丞相如故。宰臣議徙遼陽、勃海之民於燕南，從之。侍從高壽星等當遷，訴於后，后以白上，上怒議者，杖平章政事秉德，殺左司郎中三合。

九月丙申，以領行臺尙書省事亮復爲平章政事。戊戌，以右丞相宗本爲太保、領三省事，左副元帥宗敏領行臺尙書省事，平章政事秉德爲尙書左丞相兼中書令，司空劉筈爲平章政事。庚子，以御史大夫宗甫爲參知政事。

十月乙丑，殺北京留守胙王元及弟安武軍節度使查剌、左衞將軍特思。大赦。癸酉，以翰林學士京爲御史大夫。

十一月癸未，殺皇后裴滿氏。召胙王妃撒卯入宮。戊子，殺故鄧王子阿懶、達懶。癸巳，上獵于忽剌渾土溫。遣使殺德妃烏古論氏及夾谷氏、張氏。

十二月己酉朔，上至自獵所。丙辰，殺妃裴滿氏於寢殿。而平章政事亮因羣臣震恐，與所親駙馬唐括辯、寢殿小底大興國、護衞十人長忽土、阿里出虎等謀爲亂。丁巳，以忽土、阿里出虎當內直，命省令史李老僧語興國。夜二鼓，興國竊符，矯詔開宮門，召辯等。亮懷刀與其妹夫特廝隨辯入至宮門，守者以辯駙馬，不疑，內之。及殿門，衞士覺，抽刃劫之，莫敢動。忽土、阿里出虎至帝前，帝求榻上常所置佩刀，不知已爲興國易置其處，忽土、阿里出虎遂進弒帝，亮復前手刃之，血濺滿其面與衣。帝崩，時年三十一。左丞相秉德等遂奉亮坐，羅拜呼萬歲，立以爲帝。降帝爲東昏王，葬于皇后裴滿氏墓中。貞元三年，改葬于大房山蓼香甸，諸王同兆域。大定初，追諡武靈皇帝，廟號閔宗，陵曰思陵。別立廟。十九年，升祔于太廟，增諡弘基纘武莊靖孝成皇帝。二十七年，改廟號熙宗。二十八年，以思陵狹小，改葬于峨眉谷，仍號思陵，詔中外。

贊曰：熙宗之時，四方無事，敬禮宗室大臣，委以國政，其繼體守文之治，有足觀者。末年酗酒妄殺，人懷危懼，所謂前有讒而不見，後有賊而不知，馴致其道，〔一五〕非一朝一夕故也。

校勘記

〔一〕上尊諡曰欽憲皇后　「憲」原作「獻」。按本書卷六三太祖欽憲皇后傳，「欽憲」之稱凡五見，又卷六九太祖諸子傳亦作「欽憲」，今據改。

〔二〕二月乙未　按是年二月壬子朔，無乙未，月份或干支有誤。

〔三〕三月丙辰　按三月辛巳朔，無丙辰，月份或干支有誤。

〔四〕上次涼陘　「陘」原作「涇」。按本書卷二四地理志，西京路桓州有「涼陘」。紀傳所見亦皆作「陘」，今據改。

〔五〕右丞蕭慶　「右丞」原作「右丞相」。按上文天會十三年十一月己卯，「以平陽尹蕭慶爲右丞」，本書卷七三完顏希尹傳記賜希尹死「并殺右丞蕭慶」，皆作「右丞」。「相」字衍，今刪。

〔六〕戊子上親祭孔子廟　「戊子」原作「戊午」。按二月庚午朔有戊子無戊午。大金集禮卷三六宣聖廟，「皇統元年二月戊子日，帝詣文宣王廟奠祭，北面再拜，謂儒臣曰：『爲善不可不勉，孔子雖無位，以其道可尊，使萬世高仰如此。』」與此記事相合，今據改。

〔七〕三月己未　原脫「三月」二字。按是年二月庚午朔，三月庚子朔，己未當在三月，今據補。

〔八〕衞王宗强薨　「衞」原作「紀」。按本書卷五九宗室表作「衞王」，又卷六九宗强傳亦作「衞王」。蓋「衞」「紀」草書形近致誤，今改正。

〔九〕乙巳命封高麗　「命封」原作「命伐」。按本書卷六〇交聘表，皇統二年正月「乙巳，詔加高麗國王王楷開府儀同三司、上柱國」。又卷一三五高麗傳皇統二年亦記其事。高麗史卷一七仁宗世家，「二十年即皇統二年五月「庚戌，金遣大府監完顏宗禮、翰林直學士田瑴來册王」。各書皆不記此時金與高麗有戰爭事。蓋「封」「伐」二字雙聲致誤，今改正。

〔一〇〕四月丙寅　原脫「四月」二字。按是年三月甲午朔，丙寅當在四月，今補。

〔一一〕九月乙酉　按九月己酉朔，無乙酉，月份或干支有誤。疑「乙」當作「己」，此事在九月朔。

〔一二〕乙卯　原作「十月乙卯」。按十月戊寅朔，無乙卯。此乙卯及下文辛酉皆當在九月。「十月」二字衍，今刪。

〔一三〕十月壬辰　「十月」原作「十一月」。按十一月戊申朔，壬辰及下文甲辰皆當在十月。本書卷二三五行志，皇統四年「十月甲辰地震」，記事與此合。今據改。

〔一四〕都點檢唐括辯爲尚書左丞　「辯」原作「辨」，據殿本改。

〔一五〕馴致其道　殿本作「馴致其禍」。

金史卷五

本紀第五

海陵

廢帝海陵庶人亮，字元功，本諱迪古乃，遼王宗幹第二子也。母大氏。天輔六年壬寅歲生。

天眷三年，年十八，以宗室子爲奉國上將軍，赴梁王宗弼軍前任使，以爲行軍萬戶，遷驃騎上將軍。

皇統四年，加龍虎衞上將軍，爲中京留守，遷光祿大夫。爲人僄急，多猜忌，殘忍任數。初，熙宗以太祖嫡孫嗣位，亮意以爲宗幹太祖長子，而已亦太祖孫，遂懷覬覦。在中京，專務立威，以厭伏小人。猛安蕭裕傾險敢決，亮結納之，每與論天下事。裕揣知其意，因勸海陵舉大事，語在裕傳。

七年五月，召爲同判大宗正事，加特進。十一月，拜尚書左丞，〔一〕務攬持權柄，用其腹心爲省臺要職，引蕭裕爲兵部侍郎。一日因召對，語及太祖創業艱難，亮因嗚咽流涕，熙宗以爲忠。

八年六月，拜平章政事。十一月，拜右丞相。

九年正月，兼都元帥。熙宗使小底大興國賜亮生日，悼后亦附賜禮物，熙宗不悅，杖興國百，追其賜物，海陵由此不自安。三月，拜太保、領三省事，益邀求人譽，引用勢望子孫，結其驩心。四月，學士張鈞草詔忤旨死，熙宗問：「誰使爲之？」左丞相宗賢對曰：「太保實然。」熙宗不悅，遂出爲領行臺尚書省事。過中京，與蕭裕定約而去。至良鄉，召還。海陵莫測所以召還之意，大恐。旣至，復爲平章政事，由是益危迫。

熙宗嘗以事杖左丞唐括辯及右丞相秉德，辯乃與大理卿烏帶謀廢立，而烏帶先以此謀告海陵。他日，海陵與辯語及廢立事，曰：「若舉大事，誰可立者？」辯曰：「胙王常勝乎？」問其次，曰：「鄧王子阿懶。」亮曰：「阿懶屬疏，安得立？」辯曰：「公豈有意邪？」海陵曰：「果不得已，捨我其誰！」於是旦夕相與密謀。護衞將軍特思疑之，以告悼后曰：「辯等公餘每竊竊聚語，竊疑之。」后以告熙宗。熙宗怒，召辯謂曰：「爾與亮謀何事，將如我何。」杖之。亮因此忌常勝、阿懶，且惡特思。因河南兵士孫進自稱皇弟按察大王，而熙宗之弟止有常勝、查剌，海陵乘此構常勝、查剌、阿懶、達懶。熙宗使特思鞫之，無狀。海陵曰：「特思鞫不以實。」遂俱殺之。

護衞十人長僕散忽土舊受宗幹恩。徒單阿里出虎與海陵姻家。大興國給事寢殿，時時乘夜從主者取符鑰歸家，以爲常。興國嘗以李老僧屬海陵，得爲尚書省令史，故使老僧結興國爲內應，而興國亦以被杖怨熙宗，遂與亮約。十二月丁巳，忽土、阿里出虎內直。是夜，興國取符鑰啓門納海陵、秉德、辯、烏帶、徒單貞、李老僧等入至寢殿，遂弑熙宗。秉德等未有所屬。忽土曰：「始者議立平章，今復何疑。」乃奉海陵坐，皆拜，稱萬歲。詐以熙宗欲議立后，召大臣，遂殺曹國王宗敏，左丞相宗賢。是日，以秉德爲左丞相兼侍中、左副元帥，辯爲右丞相兼中書令，烏帶爲平章政事，忽土爲左副點檢，阿里出虎爲右副點檢，貞爲左衞將軍，興國爲廣寧尹。於是自太師、領三省事勗以下二十人進爵增職各有差。

己未，大赦。改皇統九年爲天德元年。參知政事蕭肄除名。鎭南統軍孛極爲尚書左丞。賜左丞相秉德、右丞相辯、平章政事烏帶、廣寧尹興國、點檢忽土、阿里出虎、左衞將軍貞、尚書省令史老僧、辯父刑部尚書阿里等錢絹馬牛羊有差。甲子，誓太祖廟，召秉德、辯、烏帶、忽土、阿里出虎、興國六人賜誓券。丙寅，以燕京路都轉運使劉麟爲參知政事。癸酉，太傅、領三省事蕭仲恭，尚書右丞亶罷。以行臺尚書左丞溫都思忠爲右丞。乙亥，追謚

皇考太師憲古弘道文昭武烈章孝睿明皇帝，廟號德宗，名其故居曰興聖宮。宋、高麗、夏賀正旦使中道遣還。

二年正月辛巳，以同知中京留守事蕭裕爲秘書監。癸巳，尊嫡母徒單氏及母大氏皆爲皇太后。名徒單氏宮曰永壽，大氏宮曰永寧。乙巳，以勵官守、務農時、愼刑罰、揚側陋、恤窮民、節財用、審才實七事詔中外。遣侍衞親軍步軍都指揮使完顏思恭等以廢立事報諭宋、高麗、夏國。以左丞相兼左副元帥秉德領行臺尚書省事。

二月戊申朔，封子元壽爲崇王。庚戌，降前帝爲東昏王。給天水郡公孫女二人月俸。甲子，以兵部尚書完顏元宜等充賀宋生日使。戊辰，群臣上尊號曰法天膺運睿武宣文大明聖孝皇帝，詔中外。永壽、永寧兩太后父祖贈官有差。以右丞相唐括辯爲左丞相，平章政事烏帶爲右丞相。

三月丙戌，宋、高麗遣使賀卽位。〔二〕以弟兗爲司徒兼都元帥。詔以天水郡王玉帶歸宋。

四月戊午，殺太傅、領三省事宗本，尚書左丞相唐括辯，判大宗正府事宗美。遣使殺領行臺尚書省事秉德，東京留守宗懿，北京留守卞及太宗子孫七十餘人，周宋國王宗翰子孫

三十餘人，諸宗室五十餘人。辛酉，以尚書省譯史蕭玉爲禮部尚書，祕書監蕭裕爲尚書左丞，司徒兗領三省事，封王，都元帥如故，右丞相烏帶爲司空、左丞相兼侍中，平章政事劉筈爲尚書右丞相兼中書令，左丞宗義、右丞溫都思忠爲平章政事，參知政事劉麟爲尚書右丞，殿前左副點檢僕散忽土爲殿前都點檢。

五月戊子，以平章行臺尚書省事、右副元帥大臭爲行臺尚書右丞相，元帥如故。壬辰，以左副元帥撒離喝爲行臺尚書左丞相，元帥如故。同判大宗正事宗安爲御史大夫。

六月丙午朔，高麗遣使賀卽位。〔三〕甲子，太廟初設四神門及四隅罘罳。

七月己丑，司空、左丞相兼侍中烏帶罷。以平章政事溫都思忠爲左丞相，尚書左丞蕭裕爲平章政事，右丞劉麟爲左丞，侍衞親軍步軍都指揮使完顏思恭爲右丞。參知政事張浩丁憂，起復如故。戊戌，夏國遣使賀卽位及受尊號。

八月戊申，以司徒兗爲太尉，領三省事、都元帥如故。以禮部尚書蕭玉爲參知政事。

九月甲午，立惠妃徒單氏爲皇后。

十月癸卯，太師、領三省事勗致仕。辛未，殺太皇太妃蕭氏及其子任王偎喝。使使殺行臺左丞相、左副元帥撒離喝于汴，幷殺平章政事宗義、前工部尚書謀里野、御史大夫宗安，皆夷其族。以魏王斡帶之孫活里甲好修飾，亦族之。

十一月癸未，尚書右丞相劉筈罷。以會寧牧徒單恭爲平章政事。尚書左丞劉麟、右丞完顏思恭罷。以參知政事張浩爲尚書右丞。乙酉，以行臺尚書左丞張通古爲尚書左丞。丙戌，白虹貫日。丁亥，以太后旨稱令旨。戊子，以十二事戒約官吏。己丑，命庶官許求次室二人，百姓亦許置妾。

十二月癸卯朔，詔去羣臣所上尊號。丙午，初定襲封衍聖公俸格。命外官去所屬百里外者不許參謁，百里內者往還不得過三日。癸丑，立太祖射碑于紇石烈部中，上及皇后致奠于碑下。甲寅，野人來獻異香，却之。乙卯，有司奏慶雲見，上曰：「朕何德以當此。自今瑞應毋得上聞，若有妖異，當以諭朕，使自警焉。」己未，罷行臺尚書省。改都元帥府爲樞密院。詔改定繼絕法。以右副元帥大臭爲尚書右丞相兼中書令，參知行臺尚書省事張中孚爲參知政事，都元帥兗爲樞密使，太尉、領三省事如故，元帥左監軍昂爲樞密副使，刑部尚書趙資福爲御史大夫。

三年正月癸酉朔，宋、夏、高麗遣使來賀。乙亥，參知政事蕭玉丁憂，起復如故。癸未，立春，觀擊土牛。丁亥，初造燈山于宮中。戊子，生辰，宋、高麗、夏遣使來賀。甲午，初置國子監。謂御史大夫趙資福曰：「汝等多徇私情，未聞有所彈劾，朕甚不取。自今百官有不法者，必當舉劾，無憚權貴。」乙未，上出獵，宰相以下辭於近郊。上駐馬戒之曰：「朕不惜高爵厚祿以任汝等，比聞事多留滯，豈汝等苟圖自安不以民事爲念耶？自今朕將察其勤惰，以爲賞罰，其各勉之。」丁酉，白虹貫日。

二月丁巳，還宮。

三月庚寅，以翰林學士劉長言等爲宋生日使。壬辰，詔廣燕城，建宮室。己亥，謂侍臣曰：「昨太子生日，皇后獻朕一物，大是珍異，卿試觀之。」卽出諸絲囊中，乃田家稼穡圖。「后意太子生深宮之中，不知民間稼穡之艱難，故以爲獻，朕甚賢之。」

四月丙午，詔遷都燕京。辛酉，有司圖上燕城宮室制度，營建陰陽五姓所宜。海陵曰：「國家吉凶，在德不在地。使桀、紂居之，雖卜善地何益。使堯、舜居之，何用卜爲。」丙寅，罷歲貢鷹隼。沂州男子吳眞犯法，當死，有司以其母老疾無侍爲請，命官與養濟，著爲令。

閏月辛未朔，命尚書右丞張浩調選燕京，仍諭浩無私徇。丙子，命太官常膳惟進魚肉，舊貢鵝鴨等悉罷之。丁丑，罷皇統間苑中所養禽獸。歸德軍節度使阿魯補以撤官舍材木構私第，賜死。戊戌，詔朝官稱疾不治事者，尚書省令監察御史與太醫同診視，無實者坐之。

五月壬子，以戒勅宰相以下官，詔中外。戊辰，宰臣請益嬪御以廣嗣續。上命徒單貞語宰臣，前所誅黨人諸婦人中多朕中表親，欲納之宮中。平章政事蕭裕不可，上不從。遂納宗本子莎魯唲、宗固子胡里剌、胡失打，秉德弟糺里等妻宮中。

六月丙子，殺太府監完顏馮六。宋遣使祈請山陵，不許。

九月庚戌，賜燕京役夫帛，人一匹。以東京路兵馬都總管府判官蕭子敏爲高麗生日使，修起居注蕭彭哥爲夏國生日使。

十月己巳，殺蘭子山猛安蕭拱。以右副點檢不朮魯阿海等爲宋正旦使。

十一月癸亥，詔罷世襲萬戶官，前後賜姓人各復本姓。

十二月戊辰，杖壽寧縣主徐輦。癸酉，還宮。乙酉，獵于近郊。是歲，子崇王元壽薨。

四年正月丁酉朔，宋、高麗、夏遣使來賀。羣臣請立皇太子，從之。戊戌，初定東宮官屬。立捕盜賞格。癸卯，太白經天。壬子，生辰，宋、高麗、夏遣使來賀。癸亥，朝謁世祖、太祖、太宗、德宗陵。甲子，還宮。

二月丁卯，立子光英爲皇太子，庚午，詔中外。甲戌，如燕京。昭義軍節度使蕭仲宣家奴告其主怨謗。上曰：「仲宣之姪迪輦阿不近以誹謗誅，故敢妄憩。」命殺告者。迪輦阿不者，蕭拱也。戊子，次泰州。

三月丙申朔，以刑部尙書田秀頴等爲宋生日使。

四月丙寅朔，有司請今歲河南、北選人並赴中京銓注，從之。壬辰，上自泰州如涼陘。

五月丁酉，獵于立列只山。甲寅，賜獵士，人一羊。乙卯，次臨潢府。丁巳，太白經天。

六月甲子朔，駐綿山。戊寅，權楚底部猛安那野伏誅。

七月癸卯，命崇義軍節度使烏帶之妻唐括定哥殺其夫而納之。

八月癸亥朔，獵于途你山。甲戌，以侍御史保魯鞫事不實，杖之。丙子，次于鐸瓦。

九月甲午，次中京。丙午，尙書右丞相大㚖罷。殺太府少監劉景。以都水使者完顏廝潑爲高麗生日使，吏部郎中蕭中立爲夏國生日使。

十月壬戌朔，使使奉遷太廟神主。御史大夫趙資福罷。甲申，以太子詹事張用直等爲賀宋正旦使。殺太祖長公主兀魯，杖罷其夫平章政事徒單恭，封其侍婢忽撻爲國夫人。恭之兄定哥初尙兀魯，定哥死，恭强納焉，而不相能，又與侍婢忽撻不協。忽撻得幸于后，遂譖于上，故見殺，而并罷恭。

十一月戊戌，以咸平尹李德固爲平章政事。辛丑，買珠于烏古迪烈部及蒲與路，禁百姓私相貿易，仍調兩路民夫，採珠一年。戊申，以前平章政事徒單恭爲司徒。

十二月甲子，斬妄人敲仙于中京市。辛未，以汴京路都轉運使左瀛等爲賀宋正旦使。

庚寅，太尉、領三省事、樞密使兗薨。

貞元元年正月辛卯朔，上不視朝。詔有司受宋、高麗、夏、回紇貢獻。丙午，生辰，宋、高麗、夏遣使來賀。以中京留守高楨爲御史大夫。

二月庚申，上自中京如燕京。

三月辛亥，上至燕京，初備法駕。甲寅，親選良家子百三十餘人充後宮。乙卯，以遷都詔中外。改元貞元。改燕京爲中都，府曰大興，汴京爲南京，中京爲北京。丙辰，以司徒徒單恭爲太保、領三省事，平章政事蕭裕爲右丞相兼中書令，右丞張浩、左丞張通古爲平章政事，參知政事張中孚爲左丞，蕭玉爲右丞，平章政事李德固爲司空，左宣徽使劉蕚爲參知政事，樞密副使昂爲樞密使，工部尙書僕散師恭爲樞密副使。

四月辛酉，以右宣徽使紇石烈撒合輦等爲賀宋生日使。[四]辛未，特封唐括定哥爲貴妃。戊寅，皇太后大氏崩。

五月辛卯，殺弟西京留守蒲家。西京兵馬完顏謨盧瓦、編修官圓福奴、通進孛迭坐與蒲家善，并殺之。乙卯，以京城隙地賜朝官及衞士。

六月乙丑，以安國軍節度使耶律恕爲參知政事。

七月戊子朔，元賜朝官京城隙地，徵錢有差。

八月壬戌，司空李德固薨。禁中都路捕射麞兔。戊寅，賜營建宮室工匠及役夫帛。

九月丁亥朔，以翰林待制諜良虎爲夏國生日使，吏部郎中窊合山爲高麗生日使。

十月丁巳，獵于良鄉。封料石岡神爲靈應王。初，海陵嘗過此祠，持杯珓禱曰：[五]「使吾有天命，當得吉卜。」投之，吉。又禱曰：「果如所卜，他日當有報，否則毀爾祠宇。」投之，又吉，故封之。戊午，還宮。壬戌，有司言，太后園陵未畢，合停冬享及祫祭，從之。丙子，命內外官聞大功以上喪，止給當日假，若父母喪，聽給假三日，著爲令。

十一月丙戌朔，定州獻嘉禾，詔自今不得復進。己丑，瑤池殿成。丙申，以戶部尙書蔡松年等爲賀宋正旦使。戊戌，左丞相耨盌溫都思忠致仕。庚戌，以樞密使昂爲左丞相，樞密副使僕散師恭爲樞密使。

十二月，太白經天。戊午，特賜貴妃唐括定哥家奴孫梅進士及第。壬戌，以簽書樞密院事南撒爲樞密副使。辛未，封所納皇叔曹國王宗敏妃阿懶爲昭妃。丙子，貴妃唐括定哥坐與舊奴姦，賜死。

閏月乙酉朔，殺護衞特謨葛。癸巳，定社稷制度。太白經天。癸卯，以太保、領三省事徒單恭爲太師，領三省事如故。命西京路統軍撻懶、西北路招討蕭懷忠、臨潢府總管馬和尙、烏古迪烈司招討斜野等北巡。

二年正月甲寅朔，上不豫，不視朝。賜宋、高麗、夏使就館燕。庚申，太白經天。尙書右丞相蕭裕與前眞定尹蕭馮家奴、前御史中丞蕭招折、博州同知遙設等謀反，伏誅，詔中外。己巳，生辰，宋、高麗、夏遣使來賀。

二月甲申朔，以平章政事張浩爲尙書右丞相兼中書令。甲午，以尙書右丞蕭玉爲平章政事，前河南路統軍使張暉爲尙書右丞，西北路招討使蕭好胡爲樞密副使。[六]

三月戊辰，夏遣使賀遷都。

四月丙戌，[七]幸大興府及都轉運使司。遣薦舍桃于衍慶宮。

五月癸丑朔，日有食之，避正殿，勅百官勿治事。己未，詔自今每月上七日不奏刑名，尙食進饌不進肉。丁卯，始置交鈔庫，設使副員。丁丑，太原尹徒單阿里出虎伏誅，復命其子术斯剌乘傳焚其骨，擲水中。

七月庚申，初設鹽鈔香茶文引印造庫使副。丙子，參知政事耶律恕罷。

八月丙午，以左丞相昂去衣杖其弟婿，命杖之。戊申，以御史大夫高楨爲司空，御史大夫如故。

九月己未，常武殿擊鞠，令百姓縱觀。辛酉，以吏部尚書蕭賾爲參知政事。癸亥，獵于近郊。丁卯，次順州。太師、領三省事徒單恭薨。是夜，還宮。乙亥，復獵于近郊。

十月庚辰朔，殺廣寧尹韓王亨。庚寅，還宮。庚子，以左丞相致仕溫都思忠起爲太傅、領三省事。以刑部侍郎白彥恭等爲賀宋正旦使。

十一月戊辰，上命諸從姊妹皆分屬諸妃，出入禁中，與爲淫亂，臥內徧設地衣，裸逐爲戲。是月，初置惠民局。高麗遣使謝賜生日。

十二月乙酉，以太傅溫都思忠爲太師，領三省事如故，平章政事張通古爲司徒，平章政事如故。

三年正月己酉朔，宋、高麗、夏遣使來賀。辛酉，以判東京留守大㚖爲太傅，領三省事。甲子，生辰，宋、高麗、夏遣使來賀。

二月壬午，以左丞相昂爲太尉、樞密使，右丞相張浩爲左丞相兼侍中，樞密使僕散師恭爲右丞相兼中書令。尚書左丞張中孚罷，右丞張暉爲平章政事。參知政事劉蕚爲左丞，參知政事蕭賾爲右丞，吏部尚書蔡松年爲參知政事。

三月壬子，以左丞相張浩、平章政事張暉每見僧法寶必坐其下，失大臣體，各杖二十。

僧法寶妄自尊大，杖二百。乙卯，命以大房山雲峯寺爲山陵，建行宮其麓。庚午，以左司郎中李通爲賀宋生日使。

夏四月丁丑朔，昏霧四塞，日無光，凡十有七日。

五月丁未朔，日有食之。癸丑，南京大內火。乙卯，命判大宗正事京等如上京，奉遷太祖、太宗梓宮。丙寅，如大房山，營山陵。

六月丙戌，登寶昌門觀角抵，百姓縱觀。乙未，命右丞相僕散師恭、大宗正丞胡拔魯如上京，奉遷山陵及迎永壽宮皇太后。

七月癸丑，太白晝見。辛酉，如大房山，杖提舉營造官吏部尚書耶律安禮等。乙亥，還宮。

八月壬午，如大房山。甲申，啓土，賜役夫，人絹一匹。是日，還宮。甲午，遣平章政事蕭玉迎祭祖宗梓宮於廣寧。乙未，增置教坊人數。庚子，杖左宣徽使敬嗣暉、同知宣徽事烏居仁及尚食官。

九月戊申，平章政事張暉迎祭梓宮于宗州。乙卯，上謂宰臣及左司官曰：「朝廷之事，尤在愼密。昨授張中孚、趙慶襲官，除書未到，先已知之，皆汝等泄之也。敢復爾者，殺無赦。」己未，如大房山。庚申，還宮。丙寅，以殿前都點檢納合椿年爲參知政事。丁卯，上親迎梓宮及皇太后于沙流河，命左右持杖二束，跽太后前，曰：「某不孝，久失溫凊，願痛笞之。」太后掖起之，曰：「凡民有子克家，猶愛之，況我有子如此。」叱持杖者退。庚午，獵，親射麚以薦梓宮。壬申，至自沙流河。

十月丙子，皇太后至中都，居壽康宮。戊寅，權奉安太廟神主于延聖寺，致奠梓宮于東郊，舉哀。己卯，梓宮至中都，以大安殿爲丕承殿，安置。壬午，命省部諸司便服治事，不奏死刑一月。辛卯，告于丕承殿。乙未，如葍宮，册謚永寧皇太后曰慈憲皇后。丁酉，大房山行宮成，名曰磐寧。戊戌，還宮。己亥，以翰林學士承旨耶律歸一等爲賀宋正旦使。

十一月乙巳朔，梓宮發丕承殿。戊申，山陵禮成。甲寅，詔內外大小職官覃遷一重，貞元四年租稅並與放免，軍士久於屯戍不經替換者，人賜絹三匹、銀三兩。羣臣稱賀。丙辰，燕百官於泰和殿。丁卯，奉安神主于太廟。戊辰，羣臣稱賀。辛未，獵于近郊。

十二月己丑，還宮。木冰。乙未，上朝太后于壽康宮。己亥，太傅、領三省事大㚖薨，親臨哭之，命有司廢務及禁樂三日。

正隆元年正月癸卯朔，宋、高麗、夏遣使來賀。己酉，羣臣奉上尊號曰聖文神武皇帝。上自九月廢朝，常數月不出，有急奏，召左右司郎中省于臥內。庚戌，始視朝。戊午，生辰，

宋、高麗、夏遣使來賀。乙丑，觀角抵戲。罷中書、門下省。以太師、領三省事溫都思忠爲尚書令，太尉、樞密使昂爲太保，右丞相僕散師恭爲太尉、樞密使。左丞劉蕚、右丞蕭賾罷，參知政事蔡松年爲尚書右丞。樞密副使蕭懷忠罷，吏部尚書耶律安禮爲樞密副使。平章政事蕭玉爲右丞相，平章政事張暉罷，不置平章政事官。

二月癸酉朔，改元正隆，大赦。庚辰，御宣華門觀迎佛，賜諸寺僧絹五百匹、綵五十段、銀五百兩。辛巳，改定內外諸司印記。乙未，司徒張通古致仕。庚子，謁山陵。辛丑，還都。

三月壬寅朔，始定職事官朝參等格。仍罷兵衞。庚申，以左宣徽使敬嗣暉等爲賀宋生日使。

四月，太尉、樞密使僕散師恭以父憂，起復如故。

五月辛亥，修容安氏閣女御爲妖所憑，舞譟宮中，命殺之。是月，頒行正隆官制。

六月庚辰，天水郡公趙桓薨。丙戌，以尚書右丞蔡松年爲左丞，樞密副使耶律安禮爲右丞，駙馬都尉烏古論當海爲樞密副使。

七月己酉，命太保昂如上京，奉遷始祖以下梓宮。

八月丁丑，如大房山行視山陵。

十月乙酉，葬始祖以下十帝于大房山。丁酉，還宮。

閏月己亥朔，山陵禮成，羣臣稱賀。甲辰，回鶻使使寅朮烏籠骨來貢。庚寅，〔八〕杖右丞相蕭玉、左丞蔡松年、右丞耶律安禮、御史中丞馬諷等。

十一月己巳朔，以右司郎中梁銶等爲賀宋正旦使。癸巳，禁二月八日迎佛。

二年正月戊辰朔，宋、高麗、夏遣使來賀。庚辰，太白晝見。癸未，生辰，宋、高麗、夏遣使來賀。庚寅，以工部侍郎韓錫同知宣徽院事，錫不謝，杖百二十，奪所授官。

二月辛丑，初定太廟時享牲牢禮儀。癸卯，改定親王以下封爵等第，命置局追取存亡告身，存者二品以上，死者一品，參酌削降。公私文書，但有王爵字者，皆立限毀抹，雖墳墓碑志並發而毀之。

三月丙寅朔，高麗遣使賀受尊號。

四月戊戌，追降景宣皇帝爲豐王。〔九〕以簽書宣徽院事張喆爲橫賜高麗使，宿直將軍溫敦幹喝爲橫賜夏國使。

六月乙未，參知政事納合椿年薨。以禮部尚書耶律守素等爲賀宋生日使。〔一〇〕

八月癸卯，始置登聞院。甲寅，罷上京留守司。

九月乙丑，以宿直將軍僕散烏里黑爲夏國生日使。戊子，罷護駕軍，置龍翔虎步軍。罷尚書省文資令史出爲外官。

是秋，中都、山東、河東蝗。

十月壬寅，命會寧府毀舊宮殿、諸大族第宅及儲慶寺，仍夷其址而耕種之。丁未，禁賣古器入他境。乙卯，初鑄銅錢。

十一月辛未，以侍衞親軍副指揮使高助不古等爲賀宋正旦使。

十二月己亥，以侍衞親軍都指揮使紇石烈良弼爲參知政事。

三年正月壬戌朔，宋、高麗、夏遣使來賀。丙寅，子矧思阿不死，殺太醫副使謝友正及其乳母等。丁丑，生辰，宋、高麗、夏遣使來賀。己卯，杖右諫議大夫楊伯雄。

二月壬辰朔，都城及京兆初置錢監。甲午，遣使檢視隨路金銀銅鐵冶。

三月辛酉朔，司天奏日食，候之不見。命自今遇日食，面奏，不須頒告。辛巳，以兵部尚書蕭恭等爲賀宋生日使。

四月丙辰，樞密副使烏古論當海罷，以北京留守張暉爲樞密副使。

六月壬辰，蝗入京師。

七月庚申，封子廣陽爲滕王。甲申，以右丞相蕭玉爲司徒，尚書左丞蔡松年爲右丞相，右丞耶律安禮爲左丞，參知政事紇石烈良弼爲右丞，左宣徽使敬嗣暉、吏部尚書李通爲參知政事。〔一一〕

九月己未，太白經天。甲子，滕王廣陽薨。庚午，以宿直將軍阿魯保爲夏國生日使。丁丑，以敎坊提點高存福爲高麗生日使。辛巳，遷中都屯軍二猛安於南京，遣吏部尚書李惇等分地安置。

十月戊戌，詔尚書省：「凡事理不當者，許詣登聞檢院投狀，院類奏覽訖，付御史臺理問。」

十一月辛酉，以工部尚書蘇保衡等爲賀宋正旦使。癸亥，詔有司勤政安民。癸未，尚書左丞耶律安禮罷。參知政事李通以憂制，起復如故。詔左丞相張浩、參知政事敬嗣暉營建南京宮室。

十二月乙卯，以樞密副使張暉爲尚書左丞。歸德尹致仕高召和式起爲樞密副使。

四年正月丙辰朔，宋、高麗、夏遣使來賀。上朝太后于壽康宮。丁巳，御史大夫高楨薨。庚申，更定私相越境法，並論死。辛酉，罷鳳翔、唐、鄧、潁、蔡、鞏、洮、膠西諸榷場，置

場泗州。辛未，生辰，宋、高麗、夏遣使來賀。

二月己丑，以左宣徽使許霖爲御史大夫。丁未，修中都城。造戰船于通州。詔諭宰臣以伐宋事。調諸路猛安謀克軍年二十以上、五十以下者，皆籍之，雖親老丁多亦不許留侍。

三月丙辰朔，遣兵部尚書蕭恭經畫夏國邊界。遣使分詣諸道總管府督造兵器。

四月辛丑，命增山東路泉水、畢括兩營兵士廩給。庚戌，詔諸路舊貯軍器並致于中都。時方建宮室於南京，又中都與四方所造軍器材用皆賦於民，箭翎一尺至千錢，村落間往往椎牛以供筋革，至於烏鵲狗彘無不被害者。辛亥，尚書左丞張暉、御史大夫許霖罷。以大興尹徒單貞爲樞密副使。

八月，詔諸路調馬，以戶口爲差，計五十六萬餘疋，富室有至六十疋者，仍令戶自養飼以俟。己卯，尚書右丞相蔡松年薨。

九月，以翰林待制完顏達紀爲高麗生日使，宿直將軍加古撻懶爲夏國生日使。

十月乙亥，獵于近郊，觀造船于通州。賜尚書右丞紇石烈良弼、樞密副使徒單貞佩刀入宮。

十一月甲辰，以翰林侍講學士施宜生等爲賀宋正旦使。

十二月乙卯，宋遣使告母韋氏哀。甲子，太白晝見。乙丑，以左副點檢大懷忠等爲宋

弔祭使。乙亥，太醫使祁宰上疏諫伐宋，〔一二〕殺之。

五年正月庚辰朔，宋、高麗、夏遣使來賀。乙未，生辰，宋、高麗、夏遣使來賀。

二月壬子，宋遣使獻母后遺留物。丁卯，太白晝見。辛未，河東、陝西地震，鎮戎、德順軍大風，壞廬舍，人多壓死。甲戌，遣引進使高植、刑部郎中海狗分道監視所獲盜賊，並凌遲處死，或鋸灼去皮截手足。仍戒屯戍千戶謀克等，後有獲者，並處死，總管府官亦決罰。

三月辛巳，東海縣民張旺、徐元等反，遣都水監徐文、步軍指揮使張弘信、同知大興尹事李惟忠、宿直將軍蕭阿窊率舟師九百，浮海討之，命之曰：「朕意不在一邑，將試舟師耳。」庚子，以司徒判大宗正事蕭玉爲御史大夫，司徒如故，尚書右丞紇石烈良弼爲左丞，橫海軍節度使致仕劉長言起爲右丞。

四月庚戌，昭妃蒲察阿里忽有罪賜死。甲寅，宿州防禦使耶律翼使宋失體，杖二百，除名。甲戌，太白晝見。

六月，徐文等破賊張旺、徐元，東海平。

七月辛巳，詔東海縣徐元、張旺詿誤者，並釋之。壬午，以張弘信被命討賊，稱疾逗遛萊州，與妓樂飲燕，杖之二百。癸卯，遣使簽諸路漢軍。

八月丙午朔，日有食之。辛亥，命榷貨務并印造鈔引庫起赴南京。己巳，樞密副使徒單貞罷，以太子少保徒單永年爲樞密副使。辛未，謁山陵，見田間穫者，問其豐耗，以衣賜之。

九月己卯，還宮。

十月庚午，遣護衞完顏普連等二十四人督捕山東、河東、河北、中都盜賊。籍諸路水手得三萬人。

十一月乙酉，以濟南尹僕散烏者等爲賀宋正旦使。尚書右丞劉長言罷。命親軍司以所掌付大興府。置左右驍騎都副指揮使，隸點檢司。步軍都副指揮使，〔一三〕隸宣徽院。

十二月癸丑，禁中都、河北、山東、河南、河東、京兆軍民網捕禽獸及畜養雕隼者。戊辰，禁朝官飲酒，犯者死，三國人使燕飲者非。〔一四〕

六年正月甲戌朔，宋、高麗、夏遣使來賀。丁丑，判大宗正徒單貞、益都尹京、安武軍節度使爽、金吾衞上將軍阿速飲酒，以近屬故，杖貞七十，餘皆杖百。壬午，上將如南京，以司徒、御史大夫蕭玉爲大興尹，司徒如故。樞密副使徒單永年罷，以都點檢紇石烈志寧爲樞密副使。己丑，生辰，宋、高麗、夏遣使來賀。癸巳，命參知政事李通諭宋使徐度等曰：「朕昔從梁王軍，樂南京風土，常欲巡幸。今營繕將畢功，期以二月末先往河南。帝王巡守，自古有之。以淮右多隙地，欲校獵其間，從兵不踰萬人。況朕祖宗陵廟在此，安能久于彼乎。汝等歸告汝主，令有司宣諭朕意，使淮南之民無懷疑懼。」庚子，詔自中都至河南府所過州縣調從獵騎士二千。辛丑，殺蒲察阿虎迭女义察。义察，慶宜公主出，幼鞠宮中，上屢欲納之，太后不可。至是，以罪殺之。

二月乙巳，杖衞王襄之妃及左宣徽使許霖。甲寅，以參知政事李通爲尚書右丞。己未，禁扈從縱獵擾民。庚申，徵諸道水手運戰船。癸亥，發中都。丙寅，次安肅州。

三月己卯，改河南北邙山爲太平山，稱舊名者以違制論。丁亥，將至獲嘉，有男子上書言事，斬之，所言莫得聞。癸巳，次河南府，因出獵，幸汝州溫湯，視行宮地。自中都至河南，所過麥皆爲空。復禁扈從毋輒離次及游賞飲酒，犯者罪皆死，而莫有從者。詔內地諸猛安赴山後牧馬，俟秋並發。弟兗之妻烏延氏有罪，賜死。烏延氏之弟南京兵馬副都指揮使習泥烈亦以罪誅。〔一五〕

四月丁未，詔百官先赴南京治事，尚書省、樞密院、大宗正府、勸農司、太府、少府皆從行，吏、戶、兵、刑部，四方館，都水監，大理司官各留一員。以簽書樞密院事高景山等爲賀宋生日使。戊申，詔汝州百五十里內州縣，量遣商賈赴溫湯置市。詔有司移問宋人，蔡、潁、壽諸州對境創置堡戍者。庚戌，發河南府。契丹不補自山馳下，伏道左，自陳破東海賊

有功，爲李惟忠所抑，立命斬之。丁卯，次溫湯。誡扈從毋輒過汝水。上獵，奔鹿突之墮馬，嘔血數日。遣使徵諸道兵。

五月庚辰，太師、尚書令耨盌溫都思忠薨。契丹諸部反，遣右衞將軍蕭禿剌等討之。〔一六〕

六月癸卯，命樞密使僕散師恭、西京留守蕭懷忠將兵一萬討契丹諸部。上自汝州如南京。壬戌，次南京近郊，左丞相張浩率百官迎謁。是夜，大風，壞承天門鴟尾。癸亥，上備法駕入于南京。

七月丁亥，以左丞相張浩爲太傅、尚書令，司徒、大興尹蕭玉爲尚書左丞相，吏部尚書白彥恭爲樞密副使，樞密副使紇石烈志寧爲開封尹，安武軍節度使徒單貞爲御史大夫。己丑，賜從駕、從行、從軍及千戶謀克錢帛。大括天下贏馬。殺亡遼耶律氏、宋趙氏子男凡百三十餘人。

八月壬寅，單州賊杜奎據城叛，遣都點檢耶律湛、右驍騎副都指揮使大磐討之。以樞密副使白彥恭爲北面兵馬都統，開封尹紇石烈志寧副之，中都留守完顏轂英爲西北面兵馬都統，〔一七〕西北路招討使唐括孛古的副之，討契丹。癸丑，以諫伐宋弑皇太后徒單氏于寧德宮，仍命即宮中焚之，棄其骨水中，并殺其侍婢等十餘人。癸亥，殺右衞將軍蕭禿剌，〔一八〕護衞十人長斡盧保，族樞密使僕散師恭、北京留守蕭賾、西京留守蕭懷忠，杖尚書令張浩、左

丞相蕭玉。以太常博士張崇爲高麗生日使，蕭誼忠爲夏國生日使。甲子，封所幸太后侍婢高福娘爲鄖國夫人。

九月庚午朔，以太保、判大宗正事昂爲樞密使，太保如故。戊子，殺前壽州刺史毛良虎。

庚寅，大名府賊王九據城叛，衆至數萬，所至盜賊蜂起，大者連城邑，小者保山澤，或以十數騎張旗幟而行，官軍莫敢近。上又惡聞盜賊事，言者輒罪之。

上自將三十二總管兵伐宋，進自壽春。以太保、樞密使昂爲左領軍大都督，尚書右丞李通副之，尚書左丞紇石烈良弼爲右領軍大都督，判大宗正烏延蒲盧渾副之，御史大夫徒單貞爲左監軍，同判大宗正事徒單永年爲右監軍，左宣徽使許霖爲左都監，河南尹蒲察斡論爲右都監，皆從。工部尚書蘇保衡爲浙東道水軍都統制，益都尹鄭家副之，由海道徑趨臨安。太原尹劉蕚爲漢南道行營兵馬都統制，濟南尹僕散烏者副之，進自蔡州。河中尹徒單合喜爲西蜀道行營兵馬都統制，平陽尹張中彥副之，由鳳翔取散關，駐軍以俟後命。武勝、武平、武捷三軍爲前鋒。徒單貞別將兵二萬入淮陰。

甲午，上發南京，詔皇后及太子光英居守，尚書令張浩、左丞相蕭玉、參知政事敬嗣暉留治省事。丙申，太白晝見。將士自軍中亡歸者相屬于道。曷蘇館猛安福壽、東京謀克金住等始授甲于大名，卽舉部亡歸，從者衆至萬餘，皆公言於路曰：「我輩今往東京，立新天

子矣。」

十月乙巳，陰迷失道，二鼓始達營所。丙午，慶雲見。

東京留守曹國公烏祿卽位于遼陽，改元大定，大赦。數海陵過惡：弒皇太后徒單氏，殺太宗及宗翰、宗弼子孫及宗本諸王，毁上京宮室，殺遼豫王、宋天水郡王、郡公子孫等數十事。

丁未，大軍渡淮，將至廬州，獲白鹿，以爲武王白魚之兆。漢南道劉蕚取通化軍、蔣州、信陽軍。徒單貞敗宋將王權于盱眙，進取揚州。前鋒軍至段寨，宋戍兵皆遁去，敗宋兵于蔚子橋，敗宋兵于巢縣，斬二百級，至和州。王權夜以兵千餘來襲，射却之。翼日，雨。宋人夜焚其積聚遁去。詰旦追之，宋人逆戰，猛安韓棠軍却，遂失利。溫都奧剌奔北，武捷軍副總管阿散率猛安謀克力戰，却之。王權退保南岸。癸亥，上次和州，阿散等進階賞賚有差。西蜀道徒單合喜駐散關，宋人攻秦州臘家城、德順州，克之。浙東道蘇保衡與宋人戰于海道，敗績，副統制鄭家死之。

十一月庚午，左司郎中兀不喝等聞赦，入白東京卽位改元事，上拊髀歎曰：「我本欲滅宋後改元大定，豈非天命乎。」出其書示之，卽預志改元事也。

以勸農使完顏元宜爲浙西道兵馬都統制，刑部尚書郭安國副之。上駐軍江北。遣武

平總管阿鄰先渡江至南岸，失利。上還和州，遂進兵揚州。甲午，會舟師于瓜洲渡，期以明日渡江。乙未，浙西兵馬都統制完顏元宜等軍反，帝遇弒，崩，年四十。

海陵在位十餘年，每飾情貌以御臣下。却尚食進鵝以示儉，及游獵頓次，不時需索，一鵝一鶉，民間或用數萬售之，有以一牛易一鶉者。或以弊衾覆衣，以示近臣。或服補綴，令記注官見之。或取軍士陳米飯與尚食同進，先食軍士飯幾盡。或見民車陷泥澤，令衛士下挽，俟車出然後行。與近臣燕語，輒引古昔賢君以自況。顯責大臣，使進直言。使張仲軻爲諫官，而祁宰竟以直諫死。比昵羣小，官賞無度，左右有曠僚者，人或以名呼之，卽授以顯階。常置黃金裀褥間，有喜之者，令自取之。而淫嬖不擇骨肉，刑殺不問有罪。至營南京宮殿，運一木之費至二千萬，牽一車之力至五百人。宮殿之飾，徧傅黃金而後間以五采，金屑飛空如落雪。一殿之費以億萬計，成而復毁，務極華麗。其南征造戰艦江上，毁民廬舍以爲材，煑死人膏以爲油，殫民力如馬牛，費財用如土苴，空國以圖人國，遂至於敗。

都督府以其柩置之南京班荆館。大定二年，降封爲海陵郡王，謚曰煬。二月，世宗使小底婁室與南京官還其柩於寧德宮。四月，葬于大房山鹿門谷諸王兆域中。二十年，熙宗既祔廟，有司奏曰：「煬王之罪未正。準晉趙王倫廢惠帝自立，惠帝反正，誅倫，廢爲庶人。煬帝罪惡過於倫，不當有王封，亦不當在諸王塋域。」乃詔降爲海陵庶人，改葬于山陵西南

四十里。

贊曰：海陵智足以拒諫，言足以飾非。欲爲君則弒其君，欲伐國則弒其母，欲奪人之妻則使之殺其夫。三綱絕矣，何暇他論。至於屠滅宗族，翦刈忠良，婦姑姊妹盡入嬪御。方以三十二總管之兵圖一天下，卒之戾氣感召，身由惡終，使天下後世稱無道主以海陵爲首。可不戒哉，可不戒哉。

校勘記

〔一〕十一月拜尚書左丞　「左丞」原作「右丞」。按本書卷四熙宗紀，皇統七年十一月「癸未，以尚書左丞宗憲爲行臺平章政事，同判大宗正事亮爲尚書左丞」，八年六月乙卯，「左丞亮爲平章政事」。今據改。

〔二〕三月丙戌宋高麗遣使賀卽位　按上文，本年正月乙巳，「遣侍衛親軍步軍都指揮使完顏思恭等以廢立事報諭宋、高麗、夏國」。宋史卷三〇高宗紀，是年三月丙戌，遣使「賀金主卽位」，行程約兩月，進賀當在五月以後，此處「宋」字疑衍。

〔三〕六月丙午朔高麗遣使賀卽位　按高麗賀卽位已見上文三月丙戌，本書卷六〇交聘表同。此處

重出。又，宋使賀卽位似當在此時，參見前條，疑「高麗」是「宋國」之誤。

〔四〕爲賀宋生日使　「賀宋」原作「宋賀」，據本書卷六〇交聘表乙正。

〔五〕持杯玟觴曰　「玟」原作「校」，據文義改。

〔六〕西北路招討使蕭好胡爲樞密副使　按本書卷九一蕭懷忠傳，「蕭懷忠本名好胡」，又卷一二九蕭裕傳，「好胡卽懷忠」。本卷上下文皆稱蕭懷忠，此處「好胡」亦當作「懷忠」。

〔七〕四月丙戌　原脫「四月」二字。按下文五月癸丑朔，則丙戌當在四月，今據補。

〔八〕庚寅　按正隆元年閏十月己亥朔，十一月己巳朔，中間不容有庚寅，干支有誤，或以他月事誤繫于此。

〔九〕追降景宣皇帝爲豐王　「豐王」原作「遼王」。按本書卷一九景宣紀，「海陵弑立，降帝爲豐王」，今據改。

〔一〇〕以禮部尚書耶律守素等爲賀宋生日使　按宋高宗生日爲五月二十日，金使例以十九日致賀。自海陵遷燕後，例以三月遣使，偶或在四月，絕不能在六月。宋史卷三一高宗紀，紹興二十七年「五月癸未，金遣耶律守素等來賀天申節」，知此處繫月誤。

〔一一〕吏部尚書李通爲參知政事　「吏部」原作「戶部」。按本書卷一二九佞幸李通傳云，「累官右司郎中，遷吏部尚書，……渤海、漢人仕進者必賴吏部尚書李通、戶部尚書許霖爲之先容，……頃

之，拜參知政事」。知此當是「吏部」之誤，今據改。

〔一二〕太醫使祁宰上疏諫伐宋　「祁宰」原作「祈宰」。按本書卷八三祁宰傳，「海陵將伐宋……卽上疏諫……海陵怒，命戮於市」。又本卷海陵紀末、卷七世宗紀、卷八三傳贊、卷八四耨盌溫敦思忠傳皆作「祁宰」，今據改。

〔一三〕步軍都副指揮使　原脫「副」字。按本書卷四四兵志禁軍之制，海陵正隆五年，「置步軍都副指揮使隸宣徽院」。今據補。

〔一四〕三國人使燕飲者非　「非」殿本作「罪」。

〔一五〕烏延氏之弟南京兵馬副都指揮使習泥烈亦以罪誅　原脫「烈」字。按本書卷七六兗傳，「正隆六年……南京兵馬副都指揮使習泥烈」，以下「習泥烈」又三見，今據補。

〔一六〕遣右衞將軍蕭禿剌等討之　原脫「衞」字。按本書兵志及百官志皆無「右將軍」。卷九一蕭懷忠傳，「契丹撒八反……與右衞將軍蕭禿剌……往討之」。卷一三三移剌窩斡傳，「海陵使……與右衞將軍蕭禿剌討平之」，皆作「右衞將軍」。今據補。

〔一七〕中都留守完顏彀英爲西北面兵馬都統　「英」原作「亨」。按本書卷六世宗紀，又卷一三三移剌窩斡傳並述此事，皆作「完顏彀英」，卷七二銀朮可、彀英等傳亦皆作「彀英」，今據改。

〔一八〕殺右衞將軍蕭禿剌　原脫「衞」字。今補。參見本卷校記〔一六〕。

金史卷六

本紀第六

世宗上

世宗光天興運文德武功聖明仁孝皇帝，諱雍，本諱烏祿，太祖孫，睿宗子也。母曰貞懿皇后李氏。天輔七年癸卯歲，生于上京。體貌奇偉。美鬚髯，長過其腹。胸間有七子如北斗形。性仁孝，沉靜明達。善騎射，國人推爲第一，每出獵，耆老皆隨而觀之。

皇統間，以宗室子例授光祿大夫，封葛王，爲兵部尚書。天德初，判會寧牧。明年，判大宗正事，改中京留守，俄改燕京，未幾，爲濟南尹。貞元初，爲西京留守，三年，改東京，進封趙王。正隆二年，例降封鄭國公，進封衞國。三年，再任留守，徙封曹國。六年五月，居貞懿皇后喪。一日方寢，有紅光照室，及黃龍見寢室上。又嘗夜有大星流入留守第中。是歲，東梁水漲溢，暴至城下，水與城等，決女牆石罅中流入城，湍激如涌，城中人惶駭，上親

登城，擧酒酹之，水退。

海陵南伐，天下騷動。是時，籍契丹部人丁壯爲兵，部人不願行，以告使者，使者燥合畏海陵不以告，部人遂反。至是，咸平府謀克括里攻陷韓州，據咸平，將犯東京。

八月，起復東京留守。婆速路兵四百來會討括里，復得城中子弟願爲兵者數百人。帝舅興中少尹李石以病免，家居遼陽。戊午，發東京，以石主留務。賊覘者聞鼙鼓聲震天，見旌旗蔽野，傳言國公兵十萬且至，賊衆至瀋州，遁去。會烏延查剌等敗賊兵，還至常安縣，海陵使婆速路總管完顏謀衍來討賊，以兵屬之。

九月，至東京。副留守高存福，其女在海陵後宮，海陵使存福伺起居。適以造兵器餘材造甲數十，存福宣言，留守何爲造甲，密使人以白海陵，遂與推官李彥隆託爲擊毬，謀不利。存福家人以其謀來告，平定知軍李蒲速越亦言其事。海陵嘗聞上有疾，卽使近習來覘動靜，至是，又使謀良虎圖淮北諸王，上知之，心常隱憂。及討括里還至淸河，遇故吏六斤乘傳自南來，具言海陵殺其母，殺兄子檀奴、阿里白及樞密使僕散忽土等，又曰「且遣人來害宗室兄弟矣」。上聞之，益懼。及聞存福圖己，事且有迹，李石勸上早圖之。於是，以議備賊事，召官屬會淸安寺，彥隆先到，存福累召始來，並於座上執之。是月，復有雲來自西，黃龍見雲中。

十月辛丑，南征萬戶完顏福壽、高忠建、盧萬家奴等自山東率所領兵二萬，完顏謀衍自常安率兵五千皆來附。〔一〕謀衍即以臣禮上謁。乙巳，諸軍入城，共擊殺存福等。是夜，諸軍被甲環衛皇城。丙午，慶雲見，官屬諸軍勸進，固讓良久，於是覲告于太祖廟，還御宣政殿，即皇帝位。以完顏謀衍爲右副元帥，高忠建元帥左監軍，完顏福壽右監軍，盧萬家奴顯德軍節度使。丁未，大赦，改元大定。下詔暴揚海陵罪惡數十事。己酉，饗將士，賜官賞各有差，仍給復三年。會寧、胡里改、速頻等路南伐諸軍，會尚書省，奏請以從軍來者補諸局司承應人及官吏闕員。上曰：「舊人南征者即還，何以處之。必不可闕者，量用新人可也。」辛亥，以利涉軍節度使獨吉義爲參知政事。中都留守、西北面行營都統完顏彀英將兵三萬駐歸化，以爲左副元帥。丁巳，出內府金銀器物贍軍，吏民出財物佐官用者甚衆。壬戌，以前臨潢尹晏爲左丞相。癸亥，詔諭南京太傅、尚書令張浩。甲子，興平軍節度使張玄素上謁。尚書省奏，正隆軍興之餘，進錢粟者宜量授以官，從之。詔遣移剌札八招契丹諸部爲亂者。以前肇州防禦使神土懣爲元帥右都監。

十一月己巳朔，以左丞相晏兼都元帥。辛未，以戶部尚書李石爲參知政事。己卯，詔調民間馬充軍用，事畢還主，死者給價。阿瑣、璋殺同知中都留守事沙离只，阿瑣自稱中都留守，璋自稱同知留守事，使石家奴等來上表賀。〔二〕辛巳，以如中都期日詔羣臣。壬午，詔

中都都轉運使左淵曰：「凡宮殿張設毋得增置，無役一夫以擾百姓，但謹圍禁、嚴出入而已。」以尚書右司員外郎完顏兀古出爲詔諭高麗使。癸未，遣權元帥左都監吾札忽、右都監神土懣、廣寧尹僕散渾坦討契丹諸部。甲申，追尊皇考豳王爲皇帝，謚簡肅，廟號睿宗，皇妣蒲察氏曰欽慈皇后，李氏曰貞懿皇后。羣臣上尊號曰仁明聖孝皇帝。乙酉，追復東昏王帝號，謚武靈，廟號閔宗，詔中外。封子實魯剌爲許王，胡土瓦爲楚王。戊子，辭謁太祖廟及貞懿皇后園陵。己丑，如中都。次小遼口。〔三〕使中都留守宗憲先往。壬辰，次梁魚務。樞密副使、北面行營都統白彥敬、南京留守北面行營副統紇石烈志寧以所統軍數來上。安武軍節度使爽來歸。乙未，完顏元宜等弒海陵於揚州。丙申，次義州。丁酉，宋人破陝州，防禦使折可直降，同知防禦使事李柔立死之。

十二月乙卯，次三河縣，左副元帥完顏彀英來朝。丙辰，次通州，延安尹唐括德溫來朝。丁巳，至中都。戊午，謁太祖廟。己未，御貞元殿，受羣臣朝。庚申，以元帥左監軍高忠建等爲報諭宋國使。壬戌，詔軍士自東京扈從至京師者復三年。同知河間尹高昌福上書陳便宜，上覽之再三。詔內外大小職官陳便宜。丙寅，詔左副元帥完顏彀英規措南邊及陝西等路事。

二年正月戊辰朔，日有食之。伐鼓用幣。上徹樂減膳，不視朝。庚午，上謂宰相曰：「進賢退不肖，宰相之職也。有才能高於己者，或懼其分權，往往不肯引置同列，朕甚不取。卿等毋以此爲心。」以前翰林學士承旨致仕翟永固爲尚書左丞，濟南尹僕散忠義爲右丞。都統斜哥、副統完顏布輝坐擅易置中都官吏，斜哥除名，布輝削兩階，罷之。辛未，御太和殿，宴百官，宗戚命婦賜賚有差。壬申，勅御史臺檢察六部文移，稽而不行，行而失當，皆舉劾之。甲戌，除迎賽神佛禁令。乙亥，如大房山。丙子，獻享山陵，禮畢，欲獵而還，左丞相晏等諫曰：「邊事未寧，不宜游幸。」戊寅，還宮。因諭晏等曰：「朕常慕古之帝王，虛心受諫。卿等有言即言，毋緘默以自便。」辛巳，以兵部尚書可喜等謀反，伏誅，詔中外。是日，賜扈從猛安謀克甲士下至阿里喜有差。遣左副點檢蒲察阿孛罕等賞賚河南將士。以前勸農使移剌元宜爲御史大夫。詔前工部尚書蘇保衡、太子少保高思廉振賜山東百姓粟帛，無妻者具姓名以聞。庚寅，行納粟補官法。遣右副元帥完顏謀衍率師討蕭窩斡。壬辰，上謂宰執曰：「朕即位未半年，可行之事甚多，近日全無敷奏。朕深居九重，正賴卿等贊襄，各思所長以聞，朕豈有倦怠。」癸巳，太白晝見。甲午，上謂宰執曰：「卿等當參民間利害，及時事之可否，以時敷奏。不可公餘輒從自便，優游而已。」命河北、山東、陝西等路征南步軍並放還家。咸平、濟州軍二萬入屯京師。〔四〕丙申，以西南路招討使完顏思敬、兵部尚書阿鄰督北

邊將士。

二月己亥，前翰林待制大穎以言盜賊忤海陵，杖而除名，起爲秘書丞。補闕馬欽以諂事海陵得幸，除名。庚子，詔前戶部尚書梁銶、〔五〕戶部郎中耶律道安撫山東百姓。招諭盜賊或避賊及避徭役在他所者，並令歸業，及時農種，無問罪名輕重，並與原免。壬寅，太傅、尚書令張浩來見。癸卯，以上初即位，遣遼陽主簿石抹移迭、東京麴院都監移剌葛補招契丹叛人，爲白彥敬、紇石烈志寧所害，並贈鎮國上將軍，令其家各食五品俸，仍收錄其子。甲辰，以張浩爲太師，尚書令如故，御史大夫移剌元宜爲平章政事。辛亥，定世襲猛安謀克遷授格。壬子，以太保、左領軍大都督奔睹爲都元帥，太保如故。癸丑，詔降蕭玉、敬嗣暉、許霖等官，放歸田里。甲寅，復用進士爲尚書省令史。丙辰，嵩州刺史石抹术突剌等敗宋兵於壽安縣。丁巳，鄭州防禦使蒲察世傑取陝州。甲子，詔都元帥奔睹開府山東，經略邊事。

閏月甲戌，上謂宰臣曰：「比聞外議言，奏事甚難。朕於可行者未嘗不從。自今敷奏勿有所隱，朕固樂聞之。」戊子，上謂宰臣曰：「臣民上書者，多勅尚書省詳閱，而不即具奏，天下將謂朕徒受其言而不行也。其亟條具以聞。」庚寅，詔平章政事移剌元宜泰州路規措邊事。辛卯，太和、厚德殿火。乙未，尚書兵部侍郎溫敦术突剌等與窩斡戰，敗于勝州。〔六〕

三月癸卯，參知政事獨吉義罷。元帥左都監徒單合喜敗宋將吳璘于德順州。甲辰，追削李通官職。乙巳，免南京正隆丁夫貸役錢。辛亥，以廉平誡諭中外官吏。癸亥，詔河南、陝西、山東，昨因捕賊，良民被虜爲賊者，釐正之。

四月己巳，右副元帥完顏謀衍等敗窩斡于長濼。辛未，降廢帝亮爲海陵郡王。乙亥，詔減御膳及宮中食物之半。夏國遣使來賀卽位，及進方物，及賀萬春節。右副元帥完顏謀衍復敗窩斡於霿𩅽河。辛巳，宴夏使貞元殿。故事，外國使三節人從皆坐廡下賜食。上察其食不精腆，曰：「何以服遠人之心。」掌食官皆杖六十。癸未，夏使朝辭，乞互市，從之。己丑，以左丞相晏爲太尉。〔七〕壬辰，詔征契丹部將士曰：「應契丹與大軍未戰而降者，不得殺傷，仍安撫之。後招誘來降者，除奴婢以已虜爲定，其親屬使各還其家，仍官爲贖之。」

五月丁酉朔，以曷速館節度使白彥敬爲御史大夫。戊戌，遣元帥左監軍高忠建會北征將帥討契丹。己亥，以臨海軍節度使紇石烈志寧爲元帥右監軍。右副元帥完顏謀衍、元帥右監軍完顏福壽坐逗遛，召還京師，皆罷之。壬寅，立楚王允迪爲皇太子，詔中外。丁巳，押軍萬戶裴滿按剌、猛安移剌沙里剌敗宋兵于華州。

六月戊辰，命御史大夫白彥敬西北路市馬。庚午，以尚書右丞僕散忠義爲平章政事兼

右副元帥，經略契丹。詔出內府金銀給征契丹軍用。戊寅，詔居庸關、古北口譏察契丹姦細，捕獲者加官賞。己卯，詔守禦古北口及石門關。庚辰，宋遣使賀卽位。壬午，右副元帥僕散忠義與窩斡戰于花道。戊子，以南京留守紇石烈良弼爲尚書右丞。庚寅，右副元帥僕散忠義大敗窩斡于裊嶺西陷泉，〔八〕獲其弟裊。壬辰，以西南路招討使完顏思敬爲元帥右都監。

七月丁酉，復取原州。丙午，宋主傳位于子眘。甲寅，詔諭契丹。丁巳，速頻軍士朮里古等誣完顏謀衍子斜哥寄書其父謀反，并以其書上之。上覽書曰：「此誣也。」止訊告者。訊之，果誣也。朮里古伏誅。庚申，太尉、尚書左丞相晏致仕。壬戌，詔發濟州會寧府軍在京師者，以五千人赴北京都統府。陝西都統璋敗宋將吳璘于張義堡。

八月乙丑朔，奚抹白謀克徐列等降。左監軍高忠建破奚于栲栳山，及招降旁近奚六營，有不降者，攻破之，盡殺其男子，以其婦女童孺分給諸軍。丁卯，永興縣進嘉禾。壬申，萬戶溫迪罕阿魯帶與奚戰于古北口，敗焉，詔同判大宗正事完顏謀衍等禦之。癸酉，上謂宰臣曰：「百姓上書陳時政，其言猶有所補。卿等位居機要，略無獻替，可乎。夫聽斷獄訟，簿書期會，何人不能。唐、虞之聖，猶務兼覽博照，乃能成治。正隆專任獨見，故取敗亡。朕早夜孜孜，冀聞讜論，卿等宜體朕意。」詔「百司官吏，凡上書言事或爲有司所抑，許進表以

聞，朕將親覽，以觀人材優劣」。夏國遣使賀尊號。丁丑，免齊國妃、韓王亨、樞密忽土、留守蹟等家親屬在宮籍者。詔元帥右都監完顏思敬以所部軍與大軍會討窩斡。乙酉，詔左諫議大夫石琚、監察御史馮仲尹廉察河北東路。丁亥，詔御史臺曰：「卿等所劾，惟諸局行移稽緩，及緩於赴局者耳，此細事也。自三公以下，官僚善惡邪正，當審察之。若止理細務而略其大者，將治卿等罪矣。」契丹老和尚降。辛卯，罷諸關征稅。

九月甲午朔，完顏謀衍擒奚猛安合住。元帥左都監徒單合喜大敗宋將吳璘于德順州。乙未，詔尚書右丞紇石烈良弼以便宜招撫奚、契丹之叛者。庚子，元帥右都監完顏思敬獲契丹窩斡，餘衆悉平。以尚書左司員外郎完顏正臣爲夏國生日使。壬寅，獵于近郊。乙巳，以移剌窩斡平，詔中外。庚戌，改葬睿宗皇帝。壬子，以元帥右都監完顏思敬爲右副元帥。戊午，詔思敬經略南邊。辛酉，奉遷睿宗皇帝梓宮于磐寧宮。癸亥，元帥左監軍徒單合喜等敗宋兵于德順州。河南統軍使宗尹復取汝州。

十月丁卯，以左副元帥完顏穀英爲平章政事。戊辰，如山陵，謁睿宗皇帝梓宮，哭盡哀。平章政事、右副元帥僕散忠義等還自軍，上謁。丙戌，以僕散忠義爲尚書右丞相、元帥左監軍紇石烈志寧爲左副元帥。戊子，葬睿宗皇帝于景陵，大赦。己丑，詔左副元帥紇石烈志寧經略南邊。壬辰，華州防禦使蒲察世傑、丹州刺史赤盞胡速魯改敗宋兵于德

順州。

十一月癸巳朔，詔右丞相僕散忠義伐宋。丁酉，第職官，廉能、汚濫、不職各爲三等而黜陟之。

十二月乙酉，遣尚書刑部侍郎劉仲淵等廉察宣諭東京、北京等路。

三年正月壬辰朔，高麗、夏遣使來賀。庚子，太白晝見。壬子，遣客省使烏居仁賞勞河南軍士。癸丑，復取德順州。

二月甲子，詔太子少詹事楊伯雄等廉問山西路。庚午，上謂宰相曰：「灤州饑民，流散逐食，甚可矜恤。移於山西，富民贍濟，仍于道路計口給食。」壬申，詔撫諭陝西。庚辰，太保、都元帥奔睹薨。丙戌，趙景元等以亂言伏誅。庚寅，高麗、夏遣使來賀萬春節。高麗遣使賀卽位。東京僧法通以妖術亂衆，都統府討平之。

三月丙申，中都以南八路蝗，詔尚書省遣官捕之。壬寅，詔戶部侍郎魏子平等九人，〔九〕分詣諸路猛安謀克，勸農及廉問。詔臨潢漢民逐食於會寧府濟、信等州。庚戌，詔免去年租稅。

四月辛酉朔，右副元帥完顏思敬罷。丁卯，平章政事完顏穀英、御史大夫白彥敬罷。以

參知政事李石爲御史大夫。丁丑，詔吏犯贓罪，雖會赦不敍。己卯，以引進使韓綱爲橫賜高麗使。乙酉，賑山西路猛安謀克貧民，給六十日糧。是月，取商、虢、環州，宋所侵一十六州至是皆復。

五月辛卯朔，右丞相僕散忠義朝京師。乙未，以重五，幸廣樂園射柳，命皇太子、親王、百官皆射，勝者賜物有差。上復御常武殿，賜宴擊毬。自是歲以爲常。丙申，宋人攻破靈璧、虹縣。己亥，罷河南、山東、陝西統軍司，置都統、副統。以太子詹事完顏守道從皇太子，上召諭守道曰：「卿任執政，所責非輕，自今毋從行。」辛丑，以右丞相僕散忠義兼都元帥。癸卯，僕散忠義還軍。河南路都統奚撻不也叛入于宋。丙午，宋人攻破宿州。辛亥，更定出征軍逃亡法。尚書省請籍天德間被誅大臣諸奴隸及從窩斡亂者爲軍，上以四方甫定，民意稍蘇，而復簽軍，非長策，不聽。癸丑，詔諭契丹餘黨蒲速越等，如能自新，並釋其罪。若執蒲速越父子以來者，仍官賞之。左副元帥紇石烈志寧復取宿州，河南副統孛朮魯定方死于陣。乙卯，以北京留守完顏思敬復爲右副元帥。中都蝗。詔參知政事完顏守道按問大興府捕蝗官。

六月庚申朔，日有食之。以刑部尚書蘇保衡爲參知政事。丙子，詔曰：「正隆之末，濟州路逃回軍士爲中都官軍所邀殺者，官爲收葬。」己卯，觀稼于近郊。甲申，太師、尚書令張

浩罷。以宿直將軍阿勒根和衍爲橫賜夏國使。

七月庚戌，太白晝見。以太子太師宗憲爲平章政事。以孔總爲襲封衍聖公。

八月丙寅，太白經天。庚午，詔曰：「祖宗時有勞効未曾遷賞者，五品以上聞奏，六品以下及無職事者尚書省約量升除。」甲戌，詔參知政事完顏守道招撫契丹餘黨。戊寅，詔罷契丹猛安謀克，其戶分隸女直猛安謀克。命諸官員年老者，許存馬一二疋，餘並括買入官。勅殿前都點檢唐括德溫，「重九出獵，國朝舊俗。今扈從軍二千，能無擾民，可嚴爲約束，仍以錢萬貫分賜之」。乙酉，如大房山。丁亥，薦享于睿陵。戊子，還宮。

九月癸巳，〔一〇〕以宿直將軍僕散習尼列爲夏國生日使。〔一一〕丁酉，秋獵。以重九，拜天于北郊。丙午，詔翰林待制劉仲誨等廉問車駕所經州縣。乙卯，還宮。

十月甲子，大享于太廟。丙寅，以許王府長史移剌天佛留爲高麗生日使。癸酉，冬獵。

十一月庚寅，太白晝見，經天。壬辰，還都。戊申，詔「求仕官輒入權要之門，追一官，仍降除。以請求有所饋獻及受之者，具狀奏裁」。庚戌，百官請上尊號，不允。詔「中都、平州及饑荒地并經契丹剽掠，有質賣妻子者，官爲收贖」。壬子，尚書左丞翟永固罷。癸丑，罷貢金線段疋。甲寅，以尚書右丞紇石烈良弼爲左丞，吏部尚書石琚爲參知政事。

十二月丁丑，臘，獵于近郊，以所獲薦山陵，自是歲以爲常。詔流民未復業，增限招誘。己卯，參知政事蘇保衡至自軍。辛巳，以爲尚書右丞。

四年正月丁亥朔，高麗、夏遣使來賀。戊子，罷路府州元日及萬春節貢獻。上謂侍臣曰：「秦王宗翰有功於國，何乃無嗣？」皆未知所對。上曰：「朕嘗聞宗翰在西京坑殺匄者千人，得非其報耶。」癸巳，百官復請上尊號，不允。丁酉，如安州春水。壬寅，至安州。大雪。詔扈從人舍民家者，人日支錢一百與其主。甲辰，元帥府言「宋遣審議官胡昉致尚書右僕射書，來議和好。以其言失信，拘昉軍中，以書答之」。及以書進，上覽之曰：「宋之失信，行人何罪，當卽遣還。邊事令元帥府從宜措畫。」乙巳，尚書省奏「徐州民曹珪討賊江志，而子弼亦在賊中，并殺之。法當補二官，敍雜班」。上以所奏未當，進一官，正班用之。辛亥，獲頭鵝，遣使薦山陵，自是歲以爲常。

二月丁巳，免安州今年賦役，及保塞縣御城邊吳二村凡扈從人嘗止其家者，亦復一年。辛酉，獵于高陽之北。庚午，還都。庚辰，以北京粟價踴貴，詔免今年課甲。

三月丙戌朔，萬春節，高麗、夏遣使來賀。詔免北京歲課段匹一年。庚子，京師地震。壬寅，百官復請上尊號，不允。

四月丁巳，平章政事完顏元宜罷。甲戌，出宮女二十一人。

五月，旱。癸卯，勅有司審冤獄，禁宮中音樂，放毬場役夫。乙巳，詔禮部尚書王競禱雨于北岳。己酉，命參知政事石琚等於北郊望祭禱雨。壬子，雨。窩斡餘黨蒲速越伏誅。

六月甲寅朔，日有食之。壬戌，尚書左丞紇石烈良弼至自征南元帥府。甲子，以雨足，命有司祭謝嶽鎮海瀆于北郊。己巳，幸東宮，視皇太子疾。庚午，初定祭五嶽四瀆禮。辛未，觀稼于近郊。庚辰，詔諭元帥府曰：「所請伐宋軍萬五千，今以騎三千、步四千赴之。」詔陝西元帥府議入蜀利害以聞。

七月壬辰，故衞王襄妃及其子和尙以妖妄伏誅。庚子，以尚書左丞紇石烈良弼爲平章政事。辛丑，大風雷雨，拔木。

八月甲寅朔，詔征南元帥府曰：「前所請收復舊疆，乞候秋涼進發，今已秋涼，復俟何時。」戊午，以參知政事完顏守道爲尚書左丞，大興尹唐括安禮爲參知政事。壬申，上謂宰臣曰：「卿每奏皆常事，凡治國安民及朝政不便於民者，未嘗及也。如此，則宰相之任誰不能之。」己卯，如大房山。辛巳，致祭于山陵。

九月癸未朔，還都。乙酉，上謂宰臣曰：「形勢之家，親識訴訟，請屬道達，官吏往往屈法徇情，宜一切禁止。」己丑，上謂宰臣曰：「北京、懿州、臨潢等路嘗經契丹寇掠，平、薊二州

近復蝗旱，百姓艱食，父母兄弟不能相保，多冒鬻爲奴，朕甚閔之。可速遣使閱實其數，出內庫物贖之。」乙未，幸鷹房，主者以鷹隼置內省堂上，上怒曰：「此宰相聽事，豈置鷹隼處耶。」痛責其人，俾置他所。己亥，以宿直將軍烏里雅爲夏國生日使。辛亥，以太子少詹事烏古論三合爲高麗生日使。

十月癸丑朔，〔一二〕獵于密雲縣。丙寅，還都。己卯，命泰寧軍節度使張弘信等二十四人分路通檢諸路物力。

十一月乙酉，征南都統徒單克寧敗宋兵，取楚州。己丑，封子永功爲鄭王。辛卯，冬獵。乙未，詔進師伐宋。戊戌，次河間府。辛丑，尚書省火。甲辰，次清州。

閏月壬子朔，還都。

十二月丁亥，尚書省奏都統高景山取商州。己丑，臘，獵于近郊。辛卯，太白晝見，經天。是歲，大有年。斷死罪十有七人。

五年正月辛亥朔，高麗、夏遣使來賀。乙卯，詔泰州、臨潢接境〔一三〕設邊堡七十，駐兵萬三千。己未，宋通問使魏杞等以國書來。書不稱「大」，稱「姪宋皇帝」，稱名，「再拜奉書于叔大金皇帝」。歲幣二十萬。辛未，詔中外。復命有司，旱、蝗、水溢之處，與免租賦。癸酉，

命元帥府諸新舊軍以六萬人留戍，餘並放還。以宋國歲幣悉賞諸軍。

二月壬午，以左副都點檢完顏仲等爲宋報問使。壬寅，罷納粟補官令。戊申，萬春節，〔一四〕宋、高麗、夏遣使來賀。

三月壬申，羣臣奉上尊號曰應天興祚仁德聖孝皇帝，詔中外。

四月癸卯，西京留守壽王京謀反，獄成，特免死，杖之，除名，嵐州安置。乙巳，右副元帥完顏思敬罷。丁未，右丞相、都元帥僕散忠義還自軍。

五月壬子，左副元帥紇石烈志寧以召入見。丁巳，以僕散忠義爲尚書左丞相，紇石烈志寧爲平章政事，還軍。乙丑，以平章政事宗憲爲尚書右丞相。癸酉，罷山東路都統府，以其軍各隸總管府。

六月甲辰，芝產大安殿柱。丙午，京師地震，雨毛。

七月戊申朔，京師地復震。罷陝西都統府，復置統軍司京兆，徙陝西元帥府河中。

八月己卯，前宿州防禦使烏林答剌撒以與宋李世輔交通，伏誅。癸巳，宋、夏遣使賀尊號。

九月丁未朔，以吏部尚書高衎等爲賀宋生日使。戊申，秋獵。庚戌，以宿直將軍术虎蒲查爲夏國生日使。甲戌，還都。

十月丁丑朔，地震。辛巳，以大宗正丞璋爲高麗生日使。乙未，冬獵。辛丑，還都。

十一月丙午朔，上謂宰臣曰：「朕在位日淺，未能徧識臣下賢否，全賴卿等盡公舉薦。今六品以下殊乏人材，何以副朕求賢之意。」癸丑，幸東宮。戊午，以右副都點檢烏古論粘沒曷爲賀宋正旦使。癸亥，立諸路通檢地土等第稅法。癸酉，大霧，晝晦。

十二月己丑，獵于近郊。高麗遣使賀尊號。

六年正月丙午朔，宋、高麗、夏遣使來賀。庚午，勑有司，宮中張設毋以塗金爲飾。

二月丁亥，尚書左丞相兼都元帥沂國公僕散忠義薨。壬寅，萬春節，〔一五〕宋、高麗、夏遣使來賀。

三月甲寅，上如西京。庚申，次歸化州，西京留守唐括德溫上謁。戊辰，至西京。庚午，朝謁太祖廟。壬申，擊毬，百姓縱觀。

四月甲戌朔，詔月朔禁屠宰。戊戌，以尚書右司郎中移剌道爲橫賜高麗使，宿直將軍斜卯攔剌爲橫賜夏國使。辛丑，太白晝見。

五月戊申，幸華嚴寺，觀故遼諸帝銅像，詔主僧謹視之。壬子，詔雲中大同縣及警巡院給復一年。壬戌，詔將幸銀山，諸扈從軍士賜錢五萬貫，有敢損苗稼者，並償之。

六月辛巳，太白晝見，經天。丙戌，發自西京。庚子，獵于銀山。

七月辛酉，次三叉口。

八月辛未朔，次涼陘。庚辰，獵于望雲之南山。

九月辛丑朔，至自西京。丁未，以戶部尚書魏子平爲賀宋生日使。辛亥，以翰林待制移剌熙載爲夏國生日使。澤州刺史劉德裕等以盜用官錢伏誅。壬子，太白晝見。癸丑，尚書右丞相宗憲薨。丙辰，太白晝見，經天。

十月己卯，以尚書兵部侍郎移剌按答爲高麗生日使。甲申，朝享于太廟。詔免雄、莫等州今年租。壬辰，太白晝見，經天。丁酉，如安肅州。冬獵。

十一月丙午，還都。癸丑，以右副都點檢烏古論元忠爲賀宋正旦使。上謂宰臣曰：「朝官當慎選其人，庶可激勵其餘，若不當，則啟覬覦之心。卿等必知人才優劣，舉實才用之。」庚申，太白晝見，經天。丁卯，參知政事石琚以母憂罷。

十二月甲戌，詔有司，每月朔望及上七日毋奏刑名。戊子，太白晝見，經天。甲午，泰州民合住謀反，伏誅。丙申，以平章政事紇石烈良弼爲尚書右丞相，紇石烈志寧爲樞密使。

七年正月庚子朔，宋、高麗、夏遣使來賀。辛亥，石琚起復參知政事。壬子，上服袞冕，

御大安殿，受尊號册寶禮。癸丑，大赦。庚申，以元帥左監軍徒單合喜爲樞密副使。

二月庚寅，尚書右丞蘇保衡薨。丙申，以參知政事石琚爲尚書右丞。

三月己亥朔，萬春節，宋、高麗、夏遣使來賀。

四月戊辰朔，日有食之。壬辰，以御史大夫李石爲司徒，大夫如故。

五月丙午，大興府獄空，詔賜錢三百貫爲宴樂之用，以勞之。甲寅，以北京留守紇石烈良弼進太宗實錄，上立受之。

六月癸酉，命地衣用龍文者罷之。

七月戊申，禁服用金線，其織賣者，皆抵罪。丙辰，幸東宮。己未，幸東宮視皇太子疾。

閏月丁卯，觀稼于近郊。戊辰，許王永中進封越王，〔一六〕鄭王永功封隨王，永成封瀋王。

甲戌，詔遣秘書監移剌子敬經略北邊。戊寅，幸東宮。己卯，慶雲環日。壬午，觀稼于近郊。

八月辛亥，慶雲環日。癸丑，尚書右丞相監修國史紇石烈良弼進太宗實錄，上立受之。戊子，觀稼于北郊。

己未，如大房山。壬戌，致祭睿陵。

九月乙丑朔，還宮。己巳，右三部檢法官韓贊以捕蝗受賂，除名。詔吏人但犯贓罪，雖會赦，非特旨不敍。以勸農使蒲察莎魯窩等爲賀宋生日使。辛未，參知政事唐括安禮罷。乙亥，以宿直將軍唐括鶻魯爲夏國生日使。庚辰，地震。辛巳，以都水監李衞國爲高麗生日使。乙酉，秋獵。庚寅，次保州。詔修起居注王天祺察訪所經過州縣官。

十月乙未朔，上謂侍臣曰：「近聞朕所幸郡邑，曾宴寢堂宇，後皆避之，此甚無謂，可宣諭，令仍舊居止。」戊申，還都。丁巳，上謂宰臣曰：「海陵不辨人才優劣，惟徇己欲，多所升擢。朕卽位以來，以此爲戒，止取實才用之。近聞蠡州同知移剌延壽在官汚濫，詢其出身，乃正隆時鷹房子。如鷹房，厨人之類，可典城牧民耶？自今如此局分，不得授以臨民職任。」以御史中丞孟浩爲參知政事。是日，參知政事𢬵盌溫敦兀帶薨。辛酉，勅有司於東宮涼樓前增建殿位，孟浩諫曰：「皇太子雖爲儲貳，宜示以儉德，不當與至尊宮室相侔。」乃罷之。

十一月乙丑朔，上謂宰臣曰：「聞縣令多非其人，其令吏部察其善惡，明加黜陟。」辛未，以河間尹徒單克寧等爲賀宋正旦使。壬申，太白晝見。丁丑，歲星晝見。丁亥，樞密副使徒單合喜罷。

十二月戊戌，東京留守徒單合喜、北京留守完顏謀衍、肇州防禦使蒲察通朝辭，賜通金帶，諭之曰：「卿雖有才，然用心多詐，朕左右須忠實人，故命卿補外。賜卿金帶者，答卿服勞之久也。」又顧謂左宣徽使敬嗣輝曰：「如卿不可謂無才，所欠者純實耳。」甲辰，以北京留守完顏思敬爲平章政事。是歲，斷死囚二十人。

八年正月甲子朔，宋、高麗、夏遣使來賀。乙丑，上謂宰臣曰：「朕治天下，方與卿等共之，事有不可，各當面陳，以輔朕之不逮，愼毋阿順取容。卿等致位公相，正行道揚名之時，苟或偸安自便，雖爲今日之幸，後世以爲何如。」羣臣皆稱萬歲。辛未，謂秘書監移剌子敬等曰：「昔唐、虞之時，未有華飾，漢惟孝文務爲純儉。朕於宮室惟恐過度，其或興修，卽損宮人歲費以充之，今亦不復營建矣。如宴飲之事，近惟太子生日及歲元嘗飲酒，往者亦止上元、中秋飲之，亦未嘗至醉。至於佛法，尤所未信。梁武帝爲同泰寺奴，遼道宗以民戶賜寺僧，復加以三公之官，其惑深矣。」庚辰，行皇太子册禮。

二月甲午朔，制子爲改嫁母服喪三年。上諭左宣徽使敬嗣輝曰：「凡爲人臣，上欲要君之恩，下欲干民之譽，必虧忠節，卿宜戒之。」

三月癸亥朔，萬春節，宋、高麗、夏遣使來賀。己巳，命以職官子補令史。丁丑，命護衞親軍百戶、五十戶，非直日不得帶刀入宮。己丑，太白晝見。

四月丙午，詔曰：「馬者軍旅所用，牛者農耕之資，殺牛有禁，馬亦何殊，其令禁之。」戊申，擊毬常武殿，司天馬貴中諫曰：「陛下爲天下主，繫社稷之重，又春秋高，圍獵擊毬危事也，宜悉罷之。」上曰：「朕以示習武耳。」

五月甲子，北望淀大震、風、雨雹，廣十里，長六十里。詔戶、工兩部，自今宮中之飾，並勿用黃金。乙丑，上如涼陘。丁卯，歲星晝見。庚寅，改旺國崖曰靜寧山，曷里滸東川曰金蓮川。

六月，河決李固渡，水入曹州。

七月甲子，制盜羣牧馬者死，告者給錢三百貫。戊辰，上謂平章政事完顏思敬等曰：「朕思得賢士，寤寐不忘。自今朝臣出外，卽令體訪外任職官廉能者，及草萊之士可以助治者，具姓名以聞。」甲戌，秋獵。己卯，次三叉口。上諭點檢司曰：「沿路禾稼甚佳，其扈從人少有蹂踐，則當汝罪。」

八月乙卯，至自涼陘。

九月辛酉，上諭尚書右丞石琚、參政孟浩曰：「聞蔚州採地蕈，役夫數百千人，朕所用幾何，而擾動如此。自今差役凡稱御前者，皆須稟奏，仍令附册。」癸亥，以右宣徽使移剌神獨斡等爲賀宋生日使。己巳，以引進使高希甫爲夏國生日使。庚午，上幸東宮。癸酉，上諭宰臣曰：「卿等舉用人材，凡己所知識，必使他人舉奏，朕甚不喜。如其果賢，何必以親疏爲避忌也。」以戶部尚書魏子平爲參知政事。辛巳，上謂御史大夫李石曰：「臺憲固在分別邪正，然內外百司豈謂無人。惟見卿等劾人之罪，不聞舉善。自今宜令監察御史分路刺舉善惡以聞。」上嘗命左衞將軍大磐訪求良弓，而磐多自取，護衞婁室以告，上命點檢司鞫磐。磐妹爲寶林，磐屬內侍僧兒言之寶林，寶林以聞，命杖僧兒百，出磐爲隴州防禦使。

十月己丑朔，以戒諭官吏貪墨，詔中外。乙未，命涿州刺史兼提點山陵，每以朔望致祭，朔則用素，望則用肉，仍以明年正月爲首。及命圖畫功臣於太祖廟，其未立碑者立之。以翰林待制靖爲高麗生日使。上謂宰臣曰：「海陵時，修起居注不任直臣，故所書多不實。可訪求得實，詳而錄之。」參政孟浩進曰：「良史直筆，君舉必書，自古帝王不自觀史，意正在此。」辛亥，詔罷復州歲貢鹿筋。

十一月乙丑，幸東宮。以同簽大宗正事闢合土等爲賀宋正旦使。

十二月戊子朔，遣武定軍節度使移剌按等招諭阻𩫞。

九年正月戊午朔，宋、高麗、夏遣使來賀。辛酉，上與宣徽使敬嗣暉、秘書監移剌子敬論古今事，因曰：「亡遼日屠食羊三百，亦豈能盡用，徒傷生耳。朕雖處至尊，每當食，常思貧民飢餒，猶在己也。彼身爲惡而口祈福，何益之有。如海陵以張仲軻爲諫議大夫，何以得聞忠言。朕與大臣論議一事，非正不言，卿等不以正對，豈人臣之道也。」庚午，詔諸州縣

和糴，毋得抑配百姓。戊寅，契丹外失剌等謀叛，伏誅。丙戌，制漢人、渤海兄弟之妻，服闋歸宗，以禮續婚者，聽。

二月庚寅，制妄言邊關兵馬者，徒二年。丙申，詔改葬漢二燕王於城東。庚子，以中都等路水，免稅，詔中外。又以曹、單二州被水尤甚，給復一年。甲寅，詔女直人與諸色人公事相關，只就女直理問。

三月丁巳朔，萬春節，宋、高麗、夏遣使來賀。丁卯，以尚書省定網捕走獸法，或至徒，上曰：「以禽獸之故而抵民以徒，是重禽獸而輕民命也，豈朕意哉。自今有犯，可杖而釋之。」詔御史中丞移剌道廉問山東、河南。辛未，禁民間稱言「銷金」，條理內舊有者，改作「明金」字。辛巳，以大名路諸猛安民戶艱食，遣使發倉廩減價出之。

四月己丑，謂宰臣曰：「朕觀在位之臣，初入仕時，競求聲譽以取爵位，亦既顯達，即徇默苟容爲自安計，朕甚不取。宜宣諭百官，使知朕意。」癸巳，遣翰林修撰蒲察兀虎、監察御史完顏鶻沙分詣河北西路、大名、河南、山東等路勸猛安謀克農。

五月丙辰朔，以符寶郎徒單懷貞爲橫賜高麗使，宿直將軍完顏賽也爲橫賜夏國使。戊辰，尚書省奏越王永中、隋王永功二府有所興造，發役夫。上曰：「朕見宮中竹有枯瘁者，欲令更植，恐勞人而止。二王府各有引從人力，又奴婢甚多，何得更役百姓。爾等但以例爲請，海陵橫役無度，可盡爲例耶。自今在都浮役，久爲例者仍舊，餘並官給傭直，重者奏聞。」

六月庚寅，冀州張和等反，伏誅。戊戌，以久旱，命宮中毋用扇。庚子，雨。

七月乙卯朔，罷東北路採珠。壬申，觀稼于近郊。

八月甲申朔，有司奏日食，以雨不見，伐鼓用幣如常禮。

九月甲寅朔，以刑部尚書高德基等爲賀宋生日使，宿直將軍僕散守中爲夏國生日使，提點司天臺馬貴中爲高麗生日使。罷皇太子月料，歲給錢五萬貫。上謂臺臣曰：「比聞朝官內有攬中官物以規貨利者，汝何不言？」皆對曰：「不知。」上曰：「朕尚知之，汝有不知者乎。朕若舉行，汝將安用。」壬戌，秋獵。

十月丁亥，還都。辛丑，以尚書右丞相紇石烈良弼爲左丞相，樞密使紇石烈志寧爲右丞相。詔宗廟之祭，以鹿代牛，著爲令。丙午，大享于太廟。辛亥，以平章政事完顏思敬爲樞密使。

十一月己未，以尚書左丞完顏守道爲平章政事，右丞石琚爲左丞，參知政事孟浩爲右丞。庚申，上幸東宮。辛酉，以京兆尹𢿘等爲賀宋正旦使。壬戌，冬獵。丙子，還都。

十二月丙戌，詔賑臨潢、泰州、山東東路、河北東路諸猛安民。以東京留守徒單合喜爲

平章政事。丁酉，太白晝見。辛丑，獵于近郊。丙午，制職官犯公罪，在官已承伏者，雖去官猶論。

十年正月壬子朔，宋、高麗、夏遣使來賀。甲子，命宮中元宵無得張燈。甲戌，以司徒、御史大夫李石爲太尉、尚書令。

二月甲午，安化軍節度使徒單子溫、副使老君奴以贓罪，伏誅。戊申，上謂近臣曰：「護衞以後皆是治民之官，其令教以讀書。」

三月壬子朔，萬春節，宋、高麗、夏遣使來賀。丙辰，上因命護衞中善射者押賜宋使射弓宴，宋使中五十，押宴者纔中其七，謂左右將軍曰：「護衞十年出爲五品職官，每三日上直，役亦輕矣，豈徒令飽食安臥而已。弓矢不習，將焉用之。」戊午，以河南統軍使宗敍爲參知政事。庚午，上謂參政宗敍曰：「卿昨爲河南統軍時，言黃河堤埽利害，甚合朕意。朕每念百姓差調，官吏互爲姦弊，不早計料，臨期星火率斂，所費倍蓰，爲害非細。卿既參朝政，皆當革弊，擇利行之。」又諭左丞石琚曰：「女直人徑居達要，不知閭閻疾苦。汝等自丞簿至是，民間何事不知，凡有利害，宜悉敷陳。」

四月丁酉，制命婦犯姦，不用夫廕以子封者，不拘此法。

五月乙卯，如柳河川。

閏月庚辰，夏國任得敬脅其主李仁孝，[七]使上表，請中分其國。上問宰臣李石，石等以爲事繫彼國，不如許之。上曰：「彼刦於權臣耳。」詔不許，并却其貢物。

七月壬午，秋獵。戊戌，放圍場役夫。詔扈從糧食並從官給。乙巳，勅扈從人縱畜牧蹂踐禾稼者，杖之，仍償其直。

八月己未，至自柳河川。壬申，遣參知政事宗敍北巡。

九月庚辰，尚書左丞相紇石烈良弼丁憂，起復如故。壬午，以簽書樞密院事移剌子敬爲賀宋生日使。庚寅，以戶部郎中夾谷阿里補爲夏國生日使。

十月己酉，以大宗正丞紇爲高麗生日使。甲寅，如霸州，冬獵。乙丑，上謂大臣曰：「比因巡獵，聞固安縣令高昌裔不職，已令罷之。霸州司候成奉先奉職謹恪，可進一階，除固安令。」辛未，上謂宰臣曰：「朕凡論事有未能深究其利害者，卿等宜悉心論列，無爲面從而退有後言。」

十一月辛巳，制盜太廟物者與盜宮中物論同。甲申，上幸東宮。丁亥，以太子詹事蒲察蒲速越等爲賀宋正旦使。癸巳，夏國以誅任得敬遣使來謝，詔慰諭之。

十二月丙寅，上謂宰臣曰：「比體中不佳，有妨朝事。今觀所奏事，皆依條格，殊無一

利國之事。若一朝行一事，歲計有餘，則其利博矣。朕居深宮，豈能悉知外事，卿等尤當注意。」

十一年正月丙子朔，宋、夏遣使來賀。丁丑，封子永升爲徐王，永蹈爲滕王，永濟爲薛王。壬午，詔職官年七十以上致仕者，不拘官品，並給俸祿之半。丙申，命賑南京屯田猛安被水災者。戊戌，尚書省奏汾陽軍節度副使牛信昌生日受饋獻，法當奪官。上曰：「朝廷行事苟不自正，何以正天下。尚書省、樞密院生日節辰饋獻不少，此而不問，小官饋獻即加按劾，豈正天下之道。自今宰執樞密饋獻亦宜罷去。」上謂宰臣曰：「往歲淸暑山西，近路禾稼甚廣，殆無畜牧之地，因命五里外乃得耕墾。今聞民皆去之他所，甚可矜憫，其令依舊耕種。事有類此，卿等宜卽告朕。」

三月乙亥朔，萬春節，宋、夏遣使來賀。辛巳，命有司以天水郡公旅櫬依一品禮葬於鞏洛之原。

四月丁未，歸德府民臧安兒謀反，伏誅。大理卿李昌圖以廉問眞定尹徒單貞、咸平尹石抹阿沒剌受贓不法，既得罪狀，不卽黜罷，杖之四十。癸亥，參知政事魏子平罷。高麗國王晛弟皓，廢其主自立，詐稱讓國，遣使以表來上。

五月辛卯，詔遣吏部侍郎靖使高麗問故。癸巳，以南京留守移剌成爲樞密副使。

六月己酉，詔曰：「諸路常貢數內，同州沙苑羊非急用，徒勞民爾，自今罷之。朕居深宮，勞民之事豈能盡知，似此當具以聞。」戊午，觀稼于近郊。甲子，平章政事徒單合喜薨。

七月甲申，參知政事宗敍薨。

八月癸卯朔，太白晝見。詔朝臣曰：「朕嘗諭汝等，國家利便，治體遺闕，皆可直言。外路官民亦嘗言事，汝等終無一語。凡政事所行，豈能皆當。自今直言得失，毋有所隱。」乙巳，上謂宰臣曰：「隨朝之官，自謂歷一考則當得某職，兩考則當得某職。第務因循，碌碌而已。自今以外路官與內除者，察其公勤則升用之，但苟簡於事，不須任滿，便以本品出之。賞罰不明，豈能勸勉。」庚戌，詔曰：「應因窩斡被掠女直及諸色人未經刷放者，官爲贖放。隱匿者，以違制論。其年幼不能稱說住貫者，從便住坐。」上謂宰臣曰：「五品以下闕員甚多，而難於得人。三品以上朕則知之，五品以下不能知也。卿等會無一言見舉者。欲畫久安之計，興百姓之利，而無良輔佐，所行皆尋常事耳，雖日日視朝，何益之有。卿等宜勉思之。」己巳，以尚書刑部侍郎烏林荅天錫等爲賀宋生日使，近侍局使劉琬爲夏國生日使。

九月癸未，獵于橫山。庚寅，還都。

十月壬寅朔，以左宣徽使敬嗣暉爲參知政事。甲寅，上謂宰臣曰：「朕已行之事，卿等

以爲成命不可復更，但承順而已，一無執奏。且卿等凡有奏，何嘗不從。自今朕旨雖出，宜審而行，有未便者，卽奏改之。或在下位有言尚書省所行未便，亦當從而改之，毋拒而不從。」丙寅，尚書左丞相紇石烈良弼進睿宗實錄。戊辰，上謂宰臣曰：「衍慶宮圖畫功臣，已命增爲二十人。如丞相韓企先，自本朝興國以來，憲章法度，多出其手。至於關決大政，但與大臣謀議，終不使外人知覺。漢人宰相，前後無比，若褒顯之，亦足示勸，愼無遺之。」

十一月丁丑，以西南路招討使宗寧等爲賀宋正旦使。戊寅，幸東宮。上謂皇太子曰：「吾兒在儲貳之位，朕爲汝措天下，當無復有經營之事。汝惟無忘祖宗純厚之風，以勤修道德爲孝，明信賞罰爲治而已。昔唐太宗謂其子高宗曰：『吾伐高麗不克終，汝可繼之。』如此之事，朕不以遺汝。如遼之海濱王，以國人愛其子，嫉而殺之，此何理也。子爲衆愛，愈爲美事，所爲若此，安有不亡。唐太宗有道之君，而謂其子高宗曰：『爾於李勣無恩。今以事出之，我死，宜卽授以僕射，彼必致死力矣。』君人者，焉用僞爲。受恩於父，安有忘報於子者乎。朕御臣下，惟以誠實耳。」羣臣皆稱萬歲。丙戌，朝享于太廟。丁亥，有事于圓丘，大赦。癸巳，羣臣奉上尊號曰應天興祚欽文廣武仁德聖孝皇帝，乙未，詔中外。

十二月癸卯，冬獵。乙卯，還宮。丙辰，參知政事敬嗣暉薨。辛酉，進封越王永中趙王，隨王永功曹王，瀋王永成豳王，徐王永升虞王，滕王永蹈徐王，薛王永濟滕王。乙丑，趙

王永中、曹王永功俱授猛安，仍命永功親治事，以習爲政。

校勘記

〔一〕完顏謀衍自常安率兵五千皆來附　「常」原作「長」。按上文作「常安縣」，本書卷七二謀衍傳亦記「世宗爲東京留守，自將討括里還，遇謀衍于常安縣，盡以甲士付之」。今據改。

〔二〕使石家奴等來上表賀　「石」原作「后」。按本書卷六五斡者附孫璋傳、卷六九阿瑣傳記此事皆作「石家奴」，今據改。

〔三〕己丑如中都次小遼口　原脫「遼」字，按本書卷七〇宗憲傳，「宗憲聞世宗卽位，先已棄官來歸……遂見上于小遼口，除中都留守，卽遣赴任」。今據補。

〔四〕咸平濟州軍二萬入屯京師　「二」字似「三」字缺上畫，殿本作「三」。

〔五〕戶部尙書梁銤　「銤」原作「球」。按本書卷八八移剌道傳、卷九一石抹榮傳記此事皆作「梁銤」，今據改。

〔六〕敗于勝州　按本書卷二四地理志，西京路有東勝州，此外並無「勝州」，疑此處脫「東」字。

〔七〕以左丞相晏爲太尉　「左」原作「右」。按上文大定元年十月壬戌，「以前臨潢尹晏爲左丞相」。以下晏兩見，皆是「左丞相」。今據改。

〔八〕庚寅右副元帥僕散忠義大敗窩斡于裊嶺西陷泉　「庚寅」二字，原錯置於「右副元帥」下。按上文大定二年五月，「右副元帥完顏謀衍、元帥右監軍完顏福壽坐逗留，召還京師，皆罷之」。六月庚午，「以尙書右丞僕散忠義爲平章政事兼右副元帥，經略契丹。」下文亦見「右副元帥僕散忠義」，今據乙正。

〔九〕詔戶部侍郎魏子平等九人　按本書卷九二曹望之傳，大定三年，「詔遣戶部侍郎魏子平、大興少尹同知中都轉運事李滌、禮部侍郎李愿、工部郎中移剌道、戶部員外郎完顏兀古出、監察御史夾谷阿里補及望之分道勸農，廉問職官臧否」，實七人，與此數目不同。

〔一〇〕九月癸巳　「九月」二字原在下文丁酉之上。按長術是年八月庚申朔，無癸巳，九月己丑朔，癸巳是五日。「九月」二字原係錯置，應在「癸巳」之上，今乙正。

〔一一〕以宿直將軍僕散習尼列爲夏國生日使　原脫「以」字。按本書卷六一交聘表，大定三年「九月癸巳，以宿直將軍僕散習尼列爲夏生日使」。今據補。

〔一二〕十月癸丑朔　「癸丑」原作「癸亥」。按上文九月癸未朔，則十月當爲癸丑朔，今據改。

〔一三〕詔泰州臨潢接境　「臨潢」原作「臨湟」。按本書地理志無「臨湟」。卷九〇阿勒根彥忠傳記此事作「臨潢」，正與泰州接境，今據改。

〔一四〕戊申萬春節　「戊申」上原有「三月」二字。按是年正月辛亥朔，戊申當在二月末，「三月」二字應在下文「壬申」之上。今乙正。

〔一五〕壬寅萬春節　「壬寅」上原有「三月」二字。按是年三月甲辰朔，壬寅當在二月末，「三月」二字應在下文「甲寅」之上。今乙正。

〔一六〕許王永中進封越王　原作「越王永中進封許王」。按本書卷八五永中傳，「大定元年封許王，七年進封越王」。今據改。

〔一七〕閏月庚辰夏國任得敬脅其主李仁孝　按本書卷六一交聘表記夏國任得敬事在乙未。庚辰是閏五月朔，庚辰下當有闕文，並脫「乙未」二字。

金史卷七

本紀第七

世宗中

十二年正月庚午朔，宋、高麗、夏遣使來賀。戊寅，詔有司，「凡陳言文字，皆國政利害，自今言有可行，以其本封送祕書監，當行者錄副付所司」。丙申，以水旱，免中都、西京、南京、河北、河東、山東、陝西去年租稅。

二月壬寅，上召諸王府長史諭之曰：「朕選汝等，正欲勸導諸王，使之爲善。如諸王所爲有所未善，當力陳之，尙或不從，則具某日行某事以奏。若阿意不言，朕惟汝罪。」丙午，尙書省奏，廉察到同知城陽軍事山和尙等淸强官，上曰：「此輩暗察明訪皆著政聲，可第其政績，各進官旌賞。其速議升除。」庚戌，上如順州春水。癸丑，還都。丙辰，詔「自今官長不法，其僚佐不能糾正又不言上者，並坐之」。戶部尙書高德基濫支朝官俸錢四十萬貫，杖

八十。

三月己巳朔，萬春節，宋、高麗、夏遣使來賀。乙亥，詔尙書省，「贓汙之官，已被廉問，若仍舊職，必復害民。其遣使諸道，卽日罷之」。丁丑，詔遣宿直將軍烏古論思列，冊封王晧爲高麗國王。庚寅，雨土。癸巳，以前西北路招討使移剌道爲參知政事。回紇遣使來貢。丁酉，北京曹貴等謀反，伏誅。

四月，旱。癸卯，尙書右丞孟浩罷。丁巳，西北路納合七斤等謀反，伏誅。癸亥，以久旱，命禱祠山川。詔宰臣曰：「諸府少尹多闕員，當選進士雖資敍未至而有政聲者，擢用之。」以宿直將軍唐括阿忽里爲橫賜夏國使。乙丑，大名尹荆王文以贓罪奪王爵，降授德州防禦使。回紇使使來貢。丙寅，尙書右丞相紇石烈志寧薨。丁卯，宋、高麗遣使賀尊號。阻轐來貢。

五月癸酉，上如百花川。甲戌，命賑山東東路胡剌溫猛安民饑。丁丑，次阻居。久旱而雨。戊寅，觀稼。禁扈從蹂踐民田。〔一〕禁百官及承應人不得服純黃油衣。癸未，諭宰臣曰：「朕每次舍，凡秣馬之具皆假於民間，多亡失不還其主。此彈壓官不職，可擇人代之。所過卽令詢問，但亡失民間什物，並償其直。」乙酉，詔給西北路人戶牛。

六月甲寅，如金蓮川。

九月丙子，至自金蓮川。辛巳，以右副都點檢夾谷淸臣等爲賀宋生日使，右衞將軍粘割斡特剌爲夏國生日使。丁亥，太白晝見，在日前。鄜州李方等謀反，伏誅。

十月，高麗國王王晧遣使謝封冊。乙未，臨奠故右丞相紇石烈志寧喪。壬子，召皇太子及趙王永中上殿，上顧謂宰臣曰：「京嘗圖逆，今不除之，恐爲後患。」〔二〕又曰：「天下大器歸於有德。海陵失道，朕乃得之。但務修德，餘何足慮。」皇太子及永中皆曰：「誠如聖訓。」遂釋之。丙辰，以德州防禦使文貲產賜其兄之子咬住，且諭其母：「文之罪，汝等皆當連坐。念宋王有大功於國，故置不問，仍以家產賜汝子。」

十一月甲戌，上謂宰臣曰：「宗室中有不任官事者，若不加恩澤，於親親之道，有所未弘。朕欲授以散官，量予廩祿，未知前代何如？」左丞石琚曰：「陶唐之親九族，周家之內睦九族，見於詩、書，皆帝王美事也。」丙子，上以曹國公主家奴犯事，宛平令劉彥弼杖之，主乃折辱令，旣深責公主，又以臺臣徇勢偸安，畏忌不敢言，奪俸一月。以陝西統軍使璋爲御史大夫。以戶部尙書曹望之爲賀宋正旦使。壬午，同州民屈立等謀反，伏誅。戊子，上屛侍臣，與宰臣議事，記注官亦退，上曰：「史官記人君善惡，朕之言動及與卿等所議，皆當與知，其於記錄無或有隱。可以朕意諭之。」

十二月乙未朔，以濟南尹劉蕚在定武軍貪墨不道，命大理少卿張九思鞫之。丁酉，詔遣官及護衞二十人，分路選年二十以上四十以下有門地才行及善射者，充護衞，不得過百人。冀州王瓊等謀反，伏誅。德州防禦使文以謀反，伏誅。辛丑，出宮女二十餘人。己酉，樞密副使移剌成罷。辛亥，禁審錄官以宴飮廢公務。詔金、銀坑冶聽民開採，毋得收稅。癸丑，獵于近郊。以殿前都點檢徒單克寧爲樞密副使。己未，詔自今除名人子孫有在仕者並取奏裁。

十三年正月乙丑朔，宋、高麗、夏遣使來賀。癸酉，尙書省奏，南客車俊等因榷場貿易，誤犯邊界，罪當死。上曰：「本非故意，可免罪發還，毋令彼國知之，恐復治其罪。」詔有司嚴禁州縣坊里爲民害者。

閏月壬子，詔太子詹事曰：「東宮官屬尤當選用正人，如行檢不修及不稱職者，具以名聞。」辛酉，太白晝見。洛陽縣賊聚衆攻盧氏縣，殺縣令李庭才，亡入于宋。

三月癸巳朔，萬春節，宋、高麗、夏遣使來賀。乙卯，上謂宰臣曰：「會寧乃國家興王之地，自海陵遷都永安，女直人寖忘舊風。朕時嘗見女直風俗，迄今不忘。今之燕飮音樂，皆習漢風，蓋以備禮也，非朕心所好。東宮不知女直風俗，第以朕故，猶尙存之。恐異時一變

此風，非長久之計。甚欲一至會寧，使子孫得見舊俗，庶幾習效之。」太子詹事劉仲誨請增東宮牧人及張設，上曰：「東宮諸司局人自有常數，張設已具，尚何增益。太子生於富貴，易入於侈，惟當導以淳儉。朕自即位以來，服御器物，往往仍舊，卿以此意諭之。」

四月己巳，定出繼子所繼財產不及本家者，以所繼與本家財產通數均分制。以有司言，特授洺州孝子劉政太子掌飲丞。乙亥，上御睿思殿，命歌者歌女直詞。顧謂皇太子及諸王曰：「朕思先朝所行之事，未嘗暫忘，故時聽此詞，亦欲令汝輩知之。汝輩自幼惟習漢人風俗，不知女直純實之風，至於文字語言，或不通曉，是忘本也。汝輩當體朕意，至於子孫，亦當遵朕教誡也。」辛巳，更定盜宗廟祭物法。

五月壬辰朔，日有食之。戊戌，禁女直人毋得譯爲漢姓。壬寅，眞定尹孟浩薨。甲辰，尚書省奏，鄧州民范三毆殺人，當死，而親老無侍。上曰：「在醜不爭謂之孝，孝然後能養。斯人以一朝之忿忘其身，而有事親之心乎。可論如法。其親，官與養濟。」

六月，樞密使完顏思敬薨。

七月庚子，復以會寧府爲上京。庚戌，罷歲課雉尾。

八月丁卯，以判大興尹趙王永中爲樞密使。詔賜諸猛安謀克廉能三等官賞。己卯，御史大夫璋罷。丙戌，以左副都點檢襄等爲賀宋生日使。丁亥，秋獵。

九月辛卯朔，以宿直將軍胡什賚爲夏國生日使。辛亥，還都。大名府僧李智究等謀反，伏誅。

十月乙丑，歲星晝見。丙子，以前南京留守唐括安禮爲尚書右丞。

十一月，以大興尹璋爲賀宋正旦使，引進使大洞爲高麗生日使。上謂宰臣曰：「外路正五品職事多闕員，何也？」太尉李石對曰：「資考少有及者。」上曰：「苟有賢能，當不次用之。」壬子，吏部尚書梁肅請禁奴婢服羅綺。上曰：「近已禁其服明金。行之以漸可也。且敎化之行，當自貴近始。朕宮中服御，常自節約，舊服明金者，已減太半矣。近民間風俗，比正隆時闓稍淳儉，卿等當更務從儉素，使民知所效也。」

十四年正月己丑朔，宋、高麗、夏遣使來賀。

二月壬戌，以大興尹璋使宋有罪，杖百五十，除名，仍以所受禮物入官。丙寅，以刑部尚書梁肅等爲宋詳問使。庚午，以太尉、尚書令李石爲太保，致仕。戊寅，詔免去年被水旱百姓租稅。

三月戊子朔，萬春節，宋、高麗、夏遣使來賀。甲午，上謂大臣曰：「海陵純尚吏事，當時宰執止以案牘爲功。卿等當思經濟之術，不可狃于故常也。」又詔，「猛安謀克之民，今後不許殺生祈祭。若遇節辰及祭天日，許得飲會。自二月一日至八月終，並禁絕飲燕，亦不許赴會他所，恐妨農功。雖閒月亦不許痛飲，犯者抵罪。可徧諭之」。又命，「應衞士有不閑女直語者，並勒習學，仍自後不得漢語」。辛丑，太白、歲星晝見。甲辰，上更名雍，詔中外。丙辰，太白、歲星晝見，經天。

四月乙丑，上諭宰臣曰：「聞愚民祈福，多建佛寺，雖已條禁，尚多犯者，宜申約束，無令徒費財用。」戊辰，有事于太廟，以皇太子攝行事。乙亥，以勸農副使完顏蒲涅爲橫賜高麗使。上御垂拱殿，顧謂皇太子及親王曰：「人之行，莫大於孝弟。孝弟無不蒙天日之祐。汝等宜盡孝于父母，友于兄弟。自古兄弟之際，多因妻妾離間，以至相違。且妻者乃外屬耳，可比兄弟之親乎。若妻言是聽，而兄弟相違，甚非理也。汝等當以朕言常銘于心。」戊子，以樞密副使徒單克寧兼大興尹。

五月丙戌朔，詳問使梁肅等還自宋。甲午，如金蓮川。

六月己未，太白晝見。

八月丁巳，次紈里舌。日中，白龍見御帳東小港中，須臾，乘雲雷而去。癸亥，獵于彌離補。己卯，太白晝見。

九月丁亥，還都。乙未，以兵部尚書完顏讓等爲賀宋生日使，宿直將軍崇肅爲夏國生日使。癸卯，上退朝，謂侍臣曰：「朕自在潛邸及踐阼以至于今，於親屬舊知未嘗欺心有徇近御史臺奏，樞密使永中嘗致書河南統軍使完顏仲，託以賣馬。朕知而不問。朕之欺心，此一事耳，夙夜思之，其如有疾。」己酉，宋遣使報聘。

十月乙卯朔，詔圖畫功臣二十人衍慶宮聖武殿之左右廡。

十一月甲申朔，日有食之。丙申，御史中丞劉仲誨等爲賀宋正旦使。戊戌，召尚食局使，諭之曰：「太官之食，皆民脂膏。日者品味太多，不可徧舉，徒爲虛費。自今止進可口者數品而已。」戊申，以儀鸞局使曹士元爲高麗國生日使。

十二月戊寅，以平章政事完顏守道爲右丞相，樞密副使徒單克寧爲平章政事。

十五年正月。此下闕。

七月丙午，粘拔恩與所部康里孛古等內附。

九月戊子，至自金蓮川。辛卯，高麗西京留守趙位寵叛其君，請以慈悲嶺以西，鴨淥江以東四十餘城內附，不納。丙申，幸新宮。

閏月己酉朔，定應禁弓箭槍刀路分品官家奴客旅等許帶弓箭制。上謂左丞相良弼曰：「今之在官者，須職位稱愜所望，然後始加勉力。其或稍不如意，則止以度日爲務，是豈忠臣之道耶。」丁巳，又謂良弼曰：「海陵時，領省秉德、左丞相言皆有能名，[三]然爲政不務遠圖，止以苛刻爲事。言及可喜等在會寧時，一月之間，杖而殺之者二十人，罪皆不至於死，於理可乎。海陵爲人如虎，此輩尚欲以術數要之，以至賣直取死，得爲能乎。」己未，以歸德尹完顏王祥等爲賀宋生日使，符寶郎斜卯和尚爲夏國生日使。辛酉，高麗國王奏告趙位寵伏誅，詔慰答之。詔親王、百官傔人所服紅紫改爲黑紫。甲戌，詔年老之人毋注縣令。年老而任從政，其佐亦擇壯者參用。

十月乙未，冬獵。丁未，還都。

十一月乙卯，上幸東宮。初，唐古部族節度使移剌毛得之子殺其妻而逃，上命捕之。至是，皇姑梁國公主請赦之。[四]上謂宰臣曰：「公主婦人，不識典法，罪尚可恕。毛得請託至此，豈可貸宥。」不許。戊午，以右宣徽使靖等爲賀宋正旦使。甲子，太白晝見。戊辰，以宿直將軍阿典蒲魯虎爲高麗生日使。

十六年正月戊申朔，宋、高麗、夏遣使來賀。甲寅，詔免去年被水、旱路分租稅。甲子，詔宗屬未附玉牒者並與編次。丙寅，上與親王、宰執、從官從容論古今興廢事，曰：「經籍之興，其來久矣，垂教後世，無不盡善。今之學者，旣能誦之，必須行之。然知而不能行者多

矣，苟不能行，誦之何益。女直舊風最爲純直，雖不知書，然其祭天地，敬親戚，尊耆老，接賓客，信朋友，禮意款曲，皆出自然，其善與古書所載無異。汝輩當習學之，舊風不可忘也。」戊辰，宮中火。庚午，上按鷹高橋，見道側醉人墮驢而臥，命左右扶而乘之，送至其家。辛未，皇姑邀上至私第，諸妃皆從，宴飲甚歡。公主每進酒，上立飲之。

二月庚寅，皇子豳王妃[五]徒單氏以姦，伏誅。己亥，平章政事徒單克寧罷，以女故。

三月丙午朔，日有食之。是日，萬春節，改用明日，宋、高麗、夏遣使來賀。戊申，雨豆於臨潢之境。戊午，上御廣仁殿，皇太子、親王皆侍膳，上從容訓之曰：「大凡資用當務節省，如其有餘，可周親戚，勿妄費也。」因舉所御服曰：「此服已三年未嘗更換，尚爾完好，汝等宜識之。」壬申，復置吾都椀部禿里。

四月丙戌，詔京府設學養士，及定宗室、宰相子程試等第。戊子，制商賈舟車不得用馬。以東京留守崇尹爲樞密副使。壬寅，如金蓮川。

五月戊申，南京宮殿火。甲寅，太白晝見。庚申，遣使禱雨靜寧山神，有頃而雨。

六月，山東兩路蝗。

七月壬子，夏津縣令移剌山住坐贓，伏誅。

八月辛巳，次霹靂濼。

九月乙巳，至自金蓮川。己酉，諭左丞相紇石烈良弼曰：「西邊自來不備儲蓄，其令所在和糴，以爲緩急之備。」癸丑，以殿前都點檢蒲察通等爲賀宋生日使，宿直將軍完顏覩古速爲夏國生日使。諭左丞相良弼曰：「海陵非理殺戮臣下，甚可哀憫。其孛論出等遺骸，仰逐處訪求，官爲收葬。」辛酉，以南京宮殿火，留守、轉運兩司官皆抵罪。

十月丙申，詔諭宰執曰：「諸王小字未嘗以女直語命之，今皆當更易，卿等擇名以上。」

十一月壬寅朔，參知政事王蔚罷。尚書省奏，河北東路胡剌溫猛安所轄謀克孛术魯合厮，以謀克讓其兄子蒲速列。上賢而從之，仍令議加合厮恩賞。戊午，以同知宣徽院事劉珫等爲賀宋正旦使。庚申，以吏部尚書張汝弼爲參知政事。甲子，以粘割韓奴之子詳古爲尚輦局直長，婁室爲武器直長。初，韓奴被旨招契丹大石，後不知所終，至是因粘拔恩部長撒里雅寅特斯等來，詢知其死節之詳，故錄其後。遣兵部郎中移剌子元爲高麗國生日使。

十二月壬申朔，詔諸科人出身四十年方注縣令，年歲太遠，今後仕及三十二年，別無負犯贓染追奪，便與縣令。丙子，詔諸流移人老病者，官與養濟。上諭宰臣曰：「凡已經奏斷事有未當，卿等勿謂已行，不爲奏聞改正。朕以萬幾之繁，豈無一失，卿等但言之，朕當更改，必無吝也。」庚寅，定榷場香、茶罪賞法。

十七年正月壬寅朔，宋、高麗、夏遣使來賀。高麗并表謝不納趙位寵。丙午，有司奏，高麗所進玉帶乃石似玉者，上曰：「小國無能辨識者，誤以爲玉耳。且人不易物，惟德其物，若復却之，豈禮體耶。」戊申，詔於衍慶宮聖武殿西建世祖神御殿，東建太宗、睿宗神御殿。詔西北路招討司契丹民戶，其嘗叛亂者已行措置，其不與叛亂及放良奴隸可徙烏古里石壘部，令及春耕作。尚書省奏，吾都椀部體土胡魯雅里密斯請入獻，許之。庚戌，詔諸大臣家應請功臣號者，旣不許其子孫自陳，吏部考功郎其詳考其勞績，當賜號者，卽以聞。壬子，上謂宰臣曰：「宗室中年高者，往往未有官稱。其先皆有功於國，朕欲稍加以官，使有名位可稱，如何？」對曰：「親親報功，先王之令則。」丁巳，詔朝官嫁娶給假三日，不須申告。壬戌，詔宰臣：「海陵時，大臣無辜被戮家屬籍沒者，並釋爲良。遼豫王、宋天水郡王被害子孫，各葬於廣寧、河南舊塋。」其後復詔「天水郡王親屬於都北安葬外，咸平所寄骨殖，官爲葬於本處。遼豫王親屬未入本塋者，亦遷祔之」。

三月辛丑朔，宋、高麗、夏遣使來賀。[六]辛亥，詔免河北、山東、陝西、河東、西京、遼東等十路去年被旱、蝗租稅。賑東京、婆速、曷速館三路。乙丑，尚書省奏，三路之粟，不能周給。上曰：「朕嘗語卿等，遇豐年卽廣糴以備凶歉。卿等皆言天下倉廩盈溢。今欲賑濟，乃云不給。自古帝王皆以蓄積爲國家長計，朕之積粟，豈欲獨用之耶。今既不給，可於鄰

道取之以濟。自今預備，當以爲常。」

四月甲戌，制世襲猛安謀克若出仕者，雖年未及六十，欲令子孫襲者，聽。戊寅，諭宰臣曰：「郡縣之官雖以罪解，一二歲後，亦須再用。猛安謀克皆太祖創業之際於國勤勞有功之人，其世襲之官，不宜以小罪奪免。」戊子，以滕王府長史徒單烏者爲橫賜高麗使。

五月，尚書省奏，定皇家袒免以上親燕饗班次，並從唐制。癸卯，幸姚村淀，閱七品以下官及宗室子、諸局承應人射柳，賞有差。

六月己卯，謂宰臣曰：「朕年老矣。恐因一時喜怒，處置有所不當，卿等卽當執奏，毋爲面從，成朕之失。」乙未，以英王爽之子思列爲忠順軍節度副使。爽入謝，上曰：「朕以卿疾故，特任卿子，所冀卿因喜而愈也。欲卽加峻授，恐思列年幼，未閑政事。汝當訓之，使有善可觀，更當升擢。」

七月壬子，尚書省奏，歲以羊三萬賜西北路戍兵，〔七〕上問如何運致，宰臣不能對。上曰：「朕雖退朝，留心政務，不遑安寧。卿等勿謂細事非帝王所宜問，以卿等於國家之事未嘗用心，故問之耳。」是月，大雨，河決。

八月己巳，觀稼于近郊。壬申，以監察御史體察東北路官吏，輒受訟牒，爲不稱職，笞之五十。庚辰，上謂宰臣曰：「今之在官者，同僚所見，事雖當理，必以爲非，意謂從之則恐人謂政非己出。如此者多，朕甚不取。今觀大理寺所斷，雖制有正條，理不能行者別具情見，朕惟取其所長。夫爲人之理，他人之善者從之，則可謂善矣。」壬午，上謂宰臣曰：「今在下僚豈無人材，但在上者不爲汲引，惡其材勝己故耳。」丙戌，上謂御史中丞紇石烈邈曰：「臺臣糾察吏治之能否，務去其擾民，且冀其得賢也。今所至輒受訟牒，聽其妄告，使爲政者如何則可也。」

九月丁酉朔，日有食之。辛丑，封子永德爲薛王。以右副都點檢完顏習尼烈等爲賀宋生日使。癸卯，以兵部郎中石抹忽土爲夏國生日使。戊申，秋獵。庚戌，歲星、熒惑、太白聚於尾。甲子，還都。

十月己巳，夏國進百頭帳，詔却之境上。癸酉，有司奏：「衍慶宮所畫功臣二十人，惟五人有謚，今考檢餘十五人功狀，擬定謚號以進」。詔可。詔以羊十萬付烏古里石壘部畜牧，其滋息以予貧民。丁丑，制諸猛安，父任別職，子須年二十五以上方許承襲。辛巳，上謂宰臣曰：「今在位不聞薦賢何也。昔狄仁傑起自下僚，力扶唐祚，使既危而安，延數百年之永。仁傑雖賢，非婁師德何以自薦乎。」癸未，更護送罪人逃亡制。上謂宰臣曰：「近觀上封章者，殊無大利害。且古之諫者既忠於國，亦以求名，今之諫者爲利而已。如戶部尚書曹望之、濟南尹梁肅皆上書言事，蓋覬覦執政耳，其於國政竟何所補。達官如此，況餘人乎。昔海陵南伐，太醫使祁宰極諫，至戮於市，此本朝以來一人而已。」丁亥，上命宰臣曰：「監察御史田忠孺嘗上書言事，今當升擢，以勵其餘。」

十一月戊戌，以南京留守徒單克寧爲平章政事。庚戌，上謂宰臣曰：「朕常恐重斂以困吾民，自今諸路差科之煩細者，亦具以聞。」有司奏，夏國進御帳使因邊臣懇求進入，乃許之。以尚書左丞石琚爲平章政事。丙辰，以延安尹完顏蒲剌睹等爲賀宋正旦使。

十二月戊辰，以渤海舊俗男女婚娶多不以禮，必先攘竊以奔，詔禁絕之，犯者以姦論。以宿直將軍僕散懷忠爲高麗生日使。己巳，太白晝見。壬申，以尚書右丞唐括安禮爲左丞，殿前都點檢蒲察通爲右丞。上謂宰執曰：「朕今年已五十有五，若年踰六十，雖欲有爲，而莫之能矣。宜及朕之康强，其女直人猛安謀克及國家政事之未完，與夫法令之未一者，宜皆修舉之。凡所施行，朕不爲怠。」

十八年正月丙申朔，宋、高麗、夏遣使來賀。壬寅，定殺異居周親奴婢、同居卑幼，輒殺奴婢及妻無罪而輒毆殺者罪。庚戌，修起居注移剌傑上書言：「每屏人議事，雖史官亦不與聞，無由紀錄。」上以問平章政事石琚、左丞唐括安禮，對曰：「古者，天子置史官於左右，言動必書，所以儆戒人君，庶幾有所畏也。」庚申，免中都、河北、河東、山東、河南、陝西等路前年被災租稅。壬戌，如春水。

二月丙寅朔，次管莊。丙子，次華港。己丑，還宮。

三月乙未朔，萬春節，宋、高麗、夏遣使來賀。乙巳，命戍邊女直人遇祭祀、婚嫁、節辰許自造酒。丁未，上謂宰執曰：「縣令之職最爲親民，當得賢材用之。邇來犯法者衆，殊不聞有能者。比在春水，見石城、玉田兩縣令，皆年老，苟祿而已。畿甸尚爾，遠縣可知。」平章政事石琚對曰：「良鄉令焦旭、慶都令李伯達皆能吏，可任。」上曰：「審如卿言，可擢用之。」己酉，禁民閒無得創興寺觀。獻州人殷小二等謀反，伏誅。

四月己巳，上謂宰臣曰：「朕巡幸所至，必令體訪官吏臧否。向玉田知主簿石抹杳乃能吏也，可授本縣令。」己丑，以太子左贊善阿不罕德甫爲橫賜夏國使。〔八〕

五月丙午，上如金蓮川。

六月庚午，尚書左丞相紇石烈良弼薨。

閏月辛丑，命賑西南、西北兩招討司民，及烏古里石壘部轉戶饑。

七月丙子，上謂宰臣曰：「職官始犯贓罪，容有過誤，至於再犯，是無改過之心。自今再犯不以贓數多寡，並除名。」

八月乙巳，至自金蓮川。丙辰，以尚書右丞相完顏守道爲左丞相，平章政事石琚爲右丞相。

九月辛未，以大理卿張九思等爲賀宋生日使，侍御史完顏蒲魯虎爲夏國生日使。癸酉，以尚書左丞唐括安禮爲平章政事。乙亥，以右丞蒲察通爲左丞，參知政事移剌道爲右丞，刑部尚書粘割斡特剌爲參知政事。

十月庚寅朔，陝州防禦使石抹靳家奴以罪除名。甲午，御史中丞劉仲誨、〔九〕侍御史李瑜坐失糾察大長公主事，各削官一階。

十一月庚申朔，尚書省奏，擬同知永寧軍節度使事阿可爲刺史，上曰：「阿可年幼，於事未練，授佐貳官可也。」平章政事唐括安禮奏曰：「臣等以阿可宗室，故擬是職。」上曰：「郡守係千里休戚，安可不擇人而私其親耶。若以親親之恩，賜與雖厚，無害於政。使之治郡而非其才，一境何賴焉。」壬申，以靜難軍節度使烏延查剌等爲賀宋正旦使。丙子，尚書省奏，崇信縣令石安節買車材於部民，三日不償其直，當削官一階，解職。上因言：「凡在官者，但當取其貪污與淸白之尤者數人黜陟之，則人自知懲勸矣。夫朝廷之政，太寬則人不知懼，太猛則小玷亦將不免於罪，惟當用中典耳。」戊寅，上責宰臣曰：「近聞趙承元何故再任，卿等言，曹王嘗遣人言其才能幹敏，故再任之。官爵擬注，雖由卿輩，予奪之權，當出于朕。曹王之言尚從之，假皇太子有所論，則其從可知矣。此事因卿言始知，其不知者知復幾何。

且卿等公受請屬，可乎？」蓋承元前爲曹王府文學，與王邸婢姦，杖百五十除名，而復用也。〔一〇〕丙戌，以吏部尚書烏古論元忠爲御史大夫，以東上閤門使左光慶爲高麗生日使。

十二月庚戌，封孫吾都補溫國公，麻達葛金源郡王，承慶道國公。壬子，羣臣奉上「大金受命萬世之寶」。

十九年正月庚申朔，宋、高麗、夏遣使來賀。丁卯，如春水。

二月己酉，還宮。乙卯，免去年被水旱民田租稅。

三月己未朔，萬春節，宋、高麗、夏遣使來賀。乙丑，尚書省奏，廍課院務官顏葵等六十八人，各合削官一階。上曰：「以承廕人主榷沽，此遼法也。法弊則當更張，唐、宋法有可行者則行之。」己巳，上與宰臣論史事，且曰：「朕觀前史多溢美。大抵史書載事貴實，不必浮辭諂諛也。」辛未，上謂宰臣曰：「姦邪之臣，欲有規求，往往私其黨與，不肯明言，託以他事，陽不與而陰爲之力。朕觀古之姦人，當國家建儲之時，恐其聰明不利於己，往往屈以陰事，破壞其議，惟擇昏懦者立之，冀他日可弄權爲功利也。如晉武欲立其弟，而姦臣沮之，竟立惠帝，以致喪亂，此明驗也。」丁丑，上謂宰臣曰：「朕觀前代人臣將諫於朝，與父母妻子訣，示以必死。同列目覩其死，亦不顧身，又爲之諫。此盡忠於國者，人所難能也。」己卯，制糾彈之官知有犯法而不舉者，減犯人罪一等科之，關親者許回避。上謂宰臣曰：「人多奉釋老，意欲徼福。朕蚤年亦頗惑之，旋悟其非。且上天立君，使之治民，若盤樂怠忽，欲以僥倖祈福，難矣。果能愛養下民，上當天心，福必報之。」

四月己丑朔，詔賑西南路招討司所部民。己酉，以升祔閔宗，詔中外。丁巳，歲星晝見。

五月戊寅，幸太寧宮。

六月戊子朔，詔更定制條。

七月辛未，有司奏擬趙王子石古乃人從，上不從，謂宰相曰：「兒輩尚幼，若奉承太過，使侈心滋大，卒難節抑，此不可長。諸兒每入侍，當其語笑娛樂之際，朕必淵默，涖之以嚴，庶其知朕敎戒之意，使常畏愼而寡過也。」癸酉，密州民許通等謀反，伏誅。丙子，太白晝見。庚辰，至自太寧宮。

八月壬辰，尚書右丞相石琚致仕。戊戌，以宋大觀錢當五用。丙午，濟南民劉溪忠謀反，伏誅。

九月戊午，以左宣徽使蒲察鼎壽等爲賀宋生日使，太子左衛率府率裴滿胡剌爲夏國生日使。癸亥，秋獵。癸未，還都。

十月辛卯，西南路招討使哲典以贓罪，伏誅。辛亥，制知情服內成親者，雖自首仍依律坐之。

十一月壬戌，改葬昭德皇后，大赦。以御史中丞移剌慥等爲賀宋正旦使。戊辰，以西上閤門使盧拱爲高麗生日使。壬申，上如河間冬獵。癸未，至自河間。

二十年正月甲寅朔，宋、高麗、夏遣使來賀。戊午，定試令史格。壬戌，命歲以錢五千貫造隨朝百官節酒及冰、燭、藥、炭，視品秩給之。己巳，如春水。丙子，幸石城縣行宮。丁丑，以玉田縣行宮之地偏林爲御林，大淀濼爲長春淀。

二月丁未，還都。

三月癸丑朔，萬春節，宋、高麗、夏遣使來賀。己未，詔凡犯罪被問之官，〔一一〕雖遇赦，不得復職。乙丑，以新定猛安謀克，詔免中都、西京、河北、山東、河東、陝西路去年租稅。辛巳，以平章政事徒單克寧爲尚書右丞相，御史大夫烏古論元忠爲平章政事。

四月丁亥，定冒廕罪賞。己亥，制宗室及外戚幷一品命婦，衣服聽用明金。以西上閤門使郭喜國爲橫賜高麗使。太寧宮火。乙巳，上謂宰臣曰：「女直官多謂朕食用太儉，朕謂不然。夫一食多費，豈爲美事。況朕年高，不欲屠宰物命。貴爲天子，能自節約，亦不惡也。朕服御或舊，常使澣濯，至于破碎，方始更易。向時帳幕常用塗金爲飾，今則不爾，但令足用，何必事紛華也。」庚戌，如金蓮川。

五月丙寅，京師地震，生黑白毛。

七月，旱。

八月壬午，秋獵。

九月壬戌，至自金蓮川。以太府監李佾等爲賀宋生日使，少府少監賽補爲夏國生日使。丙子，蒲速椀羣牧老忽謀叛，伏誅。

十月庚辰朔，更定銓注縣令丞簿格。詔西北路招討司每進馬駝鷹鶻等，輒率斂部內，自今並罷之。壬午，上謂宰臣曰：「察問細微，非人君之體，朕亦知之。然以卿等殊不用心，故時或察問。如山後之地，皆爲親王、公主、權勢之家所占，轉租於民，皆由卿等之不察。卿等當盡心勤事，毋令朕之煩勞也。」詔徙遙落河、移馬河兩猛安於大名、東平等路安置。〔一二〕戊戌，上謂宰臣曰：「凡人在下位，欲冀升進，勉爲公廉，賢不肖何以知之。及其通顯，觀其施爲，方見本心。如招討哲典，初任定州同知，繼爲都司，未嘗少有私徇，所至皆有清名，及爲招討，不固守。人心險于山川，誠難知也。」壬寅，上謂宰臣曰：「近覽資治通鑑，編次累代廢興，甚有鑒戒，司馬光用心如此，古之良史無以加也。校書郎毛麾，朕屢問以

事，善於應對，眞該博老儒，可除太常職事，以備討論。」甲辰，以殿前都點檢襄爲御史大夫。

十一月丁巳，尙書右丞移剌道罷。乙丑，以眞定尹徒單守素等爲賀宋正旦使。癸酉，以御史大夫襄爲尙書右丞。乙亥，上諭宰臣曰：「郡守選人，資考雖未及，廉能者則升用之，以勵其餘。」以太常少卿任倜爲高麗生日使。

十二月辛巳，上謂宰臣曰：「岐國用人，但一言合意便升用之，一言之失便責罰之。凡人言辭，一得一失，賢者不免。自古用人咸試以事，若止以奏對之間，安能知人賢否。朕之取人，衆所與者用之，不以獨見爲是也。」己亥，河決衞州。〔一三〕辛丑，獵于近郊。癸卯，特授襲封衍聖公孔總兗州曲阜令，封爵如故。

校勘記

〔一〕禁扈從蹂踐民田　「蹂」原作「躁」，據殿本改。

〔二〕上顧謂宰臣曰京嘗圖逆今不除之恐爲後患　按此句與下文世宗「但務修德」句相矛盾，本書卷七四宗望附京傳記此事作「上問皇太子、趙王允中及宰臣曰：『京謀不軌，朕特免死，今復當緣坐，何如？』宰臣或言：『京圖逆，今不除之恐爲後患。』」則此句實爲宰臣語。「曰」下當有脫文。

〔三〕海陵時領省秉德左丞相言皆有能名　「海陵」原作「武靈」。按本書卷四熙宗紀之末，「大定初，追諡武靈皇帝」。秉德領省，言爲左丞相，皆在天德二年，見本書卷五海陵紀及卷一三二秉德、烏帶傳。作金史者常誤以「武靈」爲海陵，今改正。

〔四〕皇姑梁國公主請赦之　按下文作「大長公主」，本書卷一二〇烏古論元忠傳亦稱「皇姑梁國大長公主」，此處脫「大長」二字。

〔五〕皇子豳王妃　「豳」原作「瀋」。按本書卷八五永成傳，「大定七年始封瀋王」，「十一年進封豳」，則十六年當稱豳王。今據改。

〔六〕三月辛丑朔宋高麗夏遣使來賀　按依本紀文例，「朔」下當脫「萬春節」三字。

〔七〕歲以羊三萬賜西北路戍兵　按本書卷四四兵志養兵之法，大定「十七年七月，歲以羊皮三萬賜西北路戍兵」，多一「皮」字。或以羊不能運致，改用「羊皮」，今不可考。

〔八〕阿不罕德甫爲横賜夏國使　「夏國」原作「高麗」。按本書卷六一交聘表作「横賜夏國使」，又記十二月戊午夏遣使謝横賜，知「夏國」是，今據改。

〔九〕御史中丞劉仲誨　「誨」原作「晦」，據本書卷七八劉仲誨傳改。

〔一〇〕杖百五十除名而復用也　「復」原作「後」，形近而誤，據殿本改。

〔一一〕詔凡犯罪被問之官　「凡」原作「月」。殿本改作「有」，據文義似當作「凡」，以形近誤作「月」，今改。

〔一二〕詔徙遙落河移馬河兩猛安於大名東平等路安置　按本書卷四四兵志，事在二十一年三月。

〔一三〕己亥河決衞州　按歲末水小無河決之理。本書卷二三五行志，大定二十年「秋，河決衞州」，是年八月辛巳朔，「己亥」爲八月十九日。似志是。

金史卷八

本紀第八

世宗下

二十一年正月戊申朔，宋、高麗、夏遣使來賀。壬子，以夏國請，詔復綏德軍榷場，仍許就館市易。上聞山東、大名等路猛安謀克之民，驕縱奢侈，不事耕稼。詔遣閱實，計口授地，必令自耕，地有餘而力不贍者，方許招人租佃，仍禁農時飲酒。丙辰，追貶海陵煬王亮爲庶人，詔中外。甲子，如春水。丙子，次永淸縣。有移剌余里也者，契丹人也，隸虞王猛安，有一妻一妾。妻之子六，妾之子四。妻死，其六子廬墓下，更宿守之。妾之子皆曰「是嫡母也，我輩獨不當守墳墓乎」。於是，亦更宿焉，三歲如一。上因獵，過而聞之，賜錢五百貫，仍令縣官積錢於市，以示縣民，然後給之，以爲孝子之勸。

二月戊戌，太白晝見。庚子，還都。壬寅，以河南尹張景仁爲御史大夫。乙巳，以元妃

李氏之喪，致祭興德宮，過市肆不聞樂聲，謂宰臣曰：「豈以妃故禁之耶。細民日作而食，若禁之是廢其生計也，其勿禁。朕前將詣興德宮，有司請由薊門，朕恐妨市民生業，特從他道。顧見街衢門肆，或有毀撤，障以簾箔，何必爾也。自今勿復毀撤。」

三月丁未朔，萬春節，宋、高麗、夏遣使來賀。上初聞薊、平、灤等州民乏食，命有司發粟糶之，貧不能糴或貸之。有司以貸貧民恐不能償，止貸有戶籍者。上至長春宮，聞之，更遣人閱實，賑貸。以監察御史石抹元禮、鄭達卿不糾舉，各笞四十，前所遣官皆論罪。甲子，太白晝見。乙丑，詔山後冒占官地十頃以上者皆籍入官，均給貧民。遼州民朱忠等亂言，伏誅。上謂宰臣曰：「近聞宗州節度使阿思懣行事多不法，通州刺史完顏守能旣與招討職事，猶不守廉。達官貴要多行非理，監察未嘗舉劾。斡覩只群牧副使僕散那也取部人二毬杖，至細事也，乃便劾奏。謂之稱職，可乎。今監察職事修舉者與遷擢，不稱者，大則降罰，小則決責，仍不許去官。」

閏月己卯，恩州民鄒明等亂言，伏誅。辛卯，漁陽令夾谷移里罕、司候判官劉居漸以被命賑貸，止給富戶，各削三官，通州刺史郭邦傑總其事，奪俸三月。乙未，上謂宰臣曰：「朕觀自古人君多進用讒諂，其間蒙蔽，爲害非細，若漢明帝尙爲此輩惑之。朕雖不及古之明君，然近習讒言，未嘗入耳。至於宰輔之臣，亦未嘗偏用一人私議也。」癸卯，以尙書左丞相

完顏守道爲太尉、尙書令，尙書左丞蒲察通爲平章政事，右丞襄爲左丞，參知政事張汝弼爲右丞，彰德軍節度使梁肅爲參知政事。

四月戊申，以右丞相徒單克寧爲左丞相，平章政事唐括安禮爲右丞相。增築泰州、臨潢府等路邊堡及屋宇。庚戌，奉安昭祖以下三祖三宗御容於衍慶宮，行親祀禮。上諭宰臣曰：「朕之言行豈能無過，常欲人直諫而無肯言者。使其言果善，朕從而行之，又何難也。」戊辰，以滕王府長史把德固爲橫賜夏國使。壬申，幸壽安宮。

五月戊子，西北路招討使完顏守能以贓罪，杖二百，除名。

七月丙戌，還都。丁酉，樞密使趙王永中罷。己亥，以左丞相徒單克寧爲樞密使。辛丑，以太尉、尙書令完顏守道復爲左丞相，太尉如故。

八月乙丑，以右副都點檢胡什賚等爲賀宋生日使，吏部郎中奚胡失海爲夏國生日使。

二十二年三月辛未朔，萬春節，宋、高麗、夏遣使來賀。丁丑，命尙書省申勅西北路招討司勒猛安謀克官督部人習武備。甲申，諭戶部，今歲行幸山後，所須並不得取之民間，雖所用人夫，並以官錢和雇，違者杖八十，罷職。癸巳，詔頒重修制條。以吏部尙書張汝霖爲御史大夫。

四月乙卯，行監臨院務官食直法。以削明肅尊號，詔中外，從皇太子請也。甲子，上如金蓮川。

五月甲申，太白晝見。

六月庚子朔，制立限放良之奴，限內娶良人爲妻，所生男女卽爲良。丁巳，右丞相致仕石琚薨。

七月辛巳，宰臣奏事，上頗違豫，宰臣請退，上曰：「豈以朕之微爽於和，而倦臨朝之大政耶。」使終其奏。甲午，秋獵。

八月戊辰，太白經天。

九月戊寅，至自金蓮川。以左衞將軍禪赤等爲賀宋生日使，尙輦局使僕散曷速罕爲夏國生日使。己丑，以同知東京留守司事裔在任專恣，失上下之分，謫授復州刺史。乙未，壽州刺史訛里也、同知査剌、軍事判官孫紹先、榷場副使韓仲英等以受商賂縱禁物出界，皆處死。

十月辛丑，徙河閒宗室于平州。庚戌，祫享于太廟。

十一月丙子，以吏部尙書孛朮魯阿魯罕等爲賀宋正旦使。東京留守徒單貞以與海陵逆謀，伏誅。妻永平縣主，子愼思並賜死。〔一〕甲申，以宿直將軍僕散忠佐爲高麗生日使。

玉田縣令移剌查坐贓，伏誅。戊子，冬獵。

十二月庚子，還都。癸丑，獵近郊。辛酉，立強取諸部羊馬法。

二十三年正月丁卯朔，宋、高麗、夏遣使來賀。庚午，詔有司但獲強盜，迹狀既明，賞隨給之，勿得更待。丁丑，參知政事梁肅致仕。辛巳，廣樂園燈山火。壬午，如春水，詔夾道三十里內被役之民與免今年租稅，仍給傭直。甲午，大邦基伏誅。

二月乙巳，還都。戊申，以尚書右丞張汝弼攝太尉，致祭于至聖文宣王廟。庚戌，以戶部尚書張仲愈爲參知政事。御史臺進所察州縣官罪，上覽之曰：「卿等所廉皆細碎事，又止錄其惡而不舉其善，審如是，其爲官者不亦難乎。其併察善惡以聞。」

三月丙寅朔，萬春節，宋、高麗、夏遣使來賀。丙子，初製「宣命之寶」，金、玉各一。尚書右丞相烏古論元忠罷。潞州涉縣人陳圓亂言，伏誅。乙酉，雨土。丙戌，詔戒諭中外百官。

四月辛丑，[二]更定奉使三國人從差遣格。祁州刺史大磐坐無罪掠死染工，妄認良人二十五口爲奴，削官四階，罷之。癸丑，地生白毛。以大理正紇石烈朮列速爲橫賜高麗使。壬戌，幸壽安宮。勑有司爲民禱雨。是夕，雨。

五月庚午，縣令大雛訛只等十人以不任職罷歸。[三]六十以上者進官兩階，六十以下者進官一階，並給半俸。甲戌，命應部除官嘗以罪罷而再敍者，遣使按其治迹，如有善狀，方許授以縣令，無治狀者，不以任數多少，並不得授。丁亥，雷，雨雹，地生白毛。

六月壬子，有司奏右司郎中段珪卒，上曰：「是人甚明正，可用者也。如知登聞檢院巨構，每事但委順而已。燕人自古忠直者鮮，遼兵至則從遼，宋人至則從宋，本朝至則從本朝，其俗詭隨，有自來矣。雖屢經遷變而未嘗殘破者，凡以此也。南人勁挺，敢言直諫者多，前有一人見殺，後復一人諫之，甚可尚也。」又曰：「昨夕苦暑，朕通宵不寐，因念小民比屋卑隘，何以安處。」

七月乙酉，平章政事移剌道，參知政事張仲愈皆罷。御史大夫張汝霖坐失糾舉，降授棣州防禦使。

八月乙未，觀稼于東郊。以女直字孝經千部付點檢司分賜護衞親軍。癸卯，還都。乙巳，大名府猛安人馬和尚謀叛，伏誅。括定猛安謀克戶口田土牛具。以戶部尚書程輝爲參知政事。

九月己巳，以同僉大宗正事方等爲賀宋生日使，宿直將軍完顏斜里虎爲夏國生日使。譯經所進所譯易、書、論語、孟子、老子、揚子、文中子、劉子及新唐書。上謂宰臣曰：「朕所以令譯五經者，正欲女直人知仁義道德所在耳。」命頒行之。辛未，秋獵。

十月癸巳，還都。庚戌，幸東宮，賜皇孫吾都補洗兒禮。己未，慶雲見。辛酉，太白晝見。

十一月壬戌朔，日有食之。丙寅，平章政事蒲察通罷。丁卯，歲星晝見。壬申，以樞密副使崇尹爲平章政事。

閏月甲午，上謂宰臣曰：「帝王之政，固以寬慈爲德，然如梁武帝專務寬慈，以至綱紀大壞。朕嘗思之，賞罰不濫，卽是寬政也，餘復何爲。」以尚書左丞襄爲平章政事，右丞張汝弼爲左丞，參知政事粘割斡特剌爲右丞，禮部尚書張汝霖爲參知政事。以西京留守婆盧火等爲賀宋正旦使。制外任官嘗爲宰執者，凡吏牘上省部，依親王例，免書名。戊午，歲星晝見。上謂宰臣曰：「女直進士可依漢兒進士補省令史。夫儒者操行清潔，非禮不行。以吏出身者，自幼爲吏，習其貪墨，至於爲官，習性不能遷改。政道興廢，實由於此。」庚申，尚書省左司員外郎徐偉奏事，上謂宰臣曰：「斯人純而幹，右司郎中郭邦傑直而頗躁。」

十二月癸酉，上謂宰臣曰：「海陵自以失道，恐上京宗室起而圖之，故不問疎近，並徙之南。豈非以漢光武、宋康王之疎庶得繼大統，故有是心。過慮若此，何其謬也。」乙酉，高麗以母喪來告。丁亥，以眞定尹烏古論元忠復爲尚書右丞相。

二十四年正月辛卯朔，宋、夏遣使來賀。徐州進芝草十有八莖，眞定進嘉禾二本，六莖，異畝同穎。戊戌，如長春宮春水。

二月壬申，還都。癸酉，上曰：「朕將往上京。念本朝風俗重端午節，比及端午到上京，則燕勞鄉閭宗室父老。」甲戌，制一品職事官庶孽子承廕，更不引見。丙戌，以東上閤門使完顏進兒等爲高麗勑祭使，西上閤門使大仲尹爲慰問使，虞王府長史永明爲起復使，以器物局使𨱇爲橫賜夏國使。

三月庚寅朔，萬春節，宋、夏遣使來賀。甲午，以上將如上京，尚書省奏定「皇太子守國諸儀」。丙申，尙書省進「皇太子守國寶」，上召皇太子授之，且諭之曰：「上京祖宗興王之地，欲與諸王一到，或留三二年，以汝守國。譬之農家種田，商人營財，但能不墜父業，卽爲克家子，況社稷任重，尤宜畏愼。常時觀汝甚謹，今日能紓朕憂，乃見中心孝也。」皇太子再三辭讓，以不諳政務，乞備扈從。上曰：「政事無甚難，但用心公正，毋納讒邪，久之自熟。」皇太子流涕，左右皆爲之感動。皇太子乃受寶。丁酉，如山陵。己亥，還都。壬寅，如上京。皇太子允恭守國。癸卯，宰執以下奉辭于通州。上謂宰執曰：「卿輩皆故老，皇太子守國，宜悉心輔之，以副朕意。」又謂樞密使徒單克寧曰：「朕巡省之後，脫或有事，卿必親之。」

毋忽細微，大難圖也。」又顧六部官曰：「朕聞省部文字多以小不合而駁之，苟求自便，致累歲不能結絕，朕甚惡之。自今可行則行，可罷則罷，毋使在下有滯留之歎。」時諸王皆從，以趙王永中留輔太子。

四月己未朔，太白晝見。咸平尹移剌道薨。庚申，次廣寧府。丙寅，次東京。丁卯，朝謁孝寧宮。給復東京百里內夏秋稅租一年。在城隨關年七十者補一官。曲赦百里內犯徒二年以下罪。乙酉，觀漁于混同江。

五月己丑，至上京，居于光興宮。庚寅，朝謁于慶元宮。戊戌，宴于皇武殿。上謂宗戚曰：「朕思故鄉，積有日矣，今既至此，可極歡飲，君臣同之。」賜諸王妃、主，宰執百官命婦各有差。宗戚皆霑醉起舞，竟日乃罷。

六月辛酉，幸按出虎水臨漪亭。壬戌，閱馬于綠野淀。

七月乙未，上謂宰臣曰：「天子巡狩當舉善罰惡，凡士民之孝弟婣睦者舉而用之，其不顧廉恥無行之人則教戒之，不悛者則加懲罰。」丙午，獵于勃野淀。乙卯，上謂宰臣曰：「今時之人，有罪不問，既過之後則謂不知。有罪必責，則謂每事尋罪。風俗之薄如此。不以文德感化，不能復于古也。卿等以德輔佐，當使復還古風。」

八月癸亥，以太府監張大節等爲賀宋生日使，侍御史遙里特末哥爲夏國生日使。乙

亥，詔免上京今年市稅。

九月甲辰，歲星晝見。

十月丁卯，獵于近郊。

十一月辛卯，還宮。甲午，詔以上京天寒地遠，宋正旦、生日，高麗、夏國生日，並不須遣使，令有司報諭。丙午，尚書省奏徙速頻、胡里改三猛安二十四謀克以實上京。

十二月丙辰，獵于近郊。己卯，還宮。

二十五年正月乙酉朔。丁亥，宴妃嬪、親王、公主、文武從官于光德殿，宗室、宗婦及五品以上命婦，與坐者千七百餘人，賞賚有差。

二月癸酉，以東平尹烏古論思列怨望，殺之。丁丑，如春水。

四月己未，至自春水。癸亥，幸皇武殿擊毬，許士民縱觀。甲子，詔於速頻、胡里改兩路猛安下選三十謀克爲三猛安，移置于率督畔窟之地，〔四〕以實上京。壬申，曲赦會寧府，仍放免今年租稅，百姓年七十以上者補一官。甲戌，以會寧府官一人兼大宗正丞，以治宗室之政。上謂羣臣曰：「上京風物朕自樂之，每奏還都，輒用感愴。祖宗舊邦，不忍捨去，萬歲之後，當置朕于太祖之側，卿等無忘朕言。」丁丑，宴宗室、宗婦于皇武殿，大功親賜官三階，小功二階，緦麻一階，年高屬近者加宣武將軍，及封宗女，賜銀、絹各有差。曰：「朕尋常不飲酒，今日甚欲成醉，此樂亦不易得也。」宗室婦女及羣臣故老以次起舞，進酒。上曰：「吾來數月，未有一人歌本曲者，吾爲汝等歌之。」命宗室子弟敍坐殿下者皆坐殿上，聽上自歌。其詞道王業之艱難，及繼述之不易，至「慨想祖宗，宛然如睹」，慷慨悲激，不能成聲，歌畢泣下。右丞相元忠率羣臣、宗戚捧觴上壽，皆稱萬歲。於是，諸夫人更歌本曲，如私家之會。既醉，上復續調，至一鼓乃罷。己卯，發上京。庚辰，宗室戚屬奉辭。上曰：「朕久思故鄉，甚欲留一二歲，京師天下根本，不能久於此也。太平歲久，國無征徭，汝等皆奢縱，往往貧乏，朕甚憐之。當務儉約，無忘祖先艱難。」因泣數行下，宗室戚屬皆感泣而退。

五月庚寅，平章政事襄、奉御平山等射懷孕兔。上怒杖平山三十，召襄誡飭之，遂下詔禁射兔。壬寅，次天平山好水川。癸卯，遣使臨潢、泰州勸農。丙午，命尚書省奏事衣窄紫。

六月甲寅，獵近山，見田壠不治，命笞田者。庚申，皇太子允恭薨。丙寅，尚書右丞相烏古論元忠罷。庚午，遣左宣徽使唐括鼎詣京師，致祭皇太子。戊寅，命皇太子妃及諸皇孫執喪，並用漢儀。

七月戊申，發好水川。

九月辛巳朔，次轄沙河，賜百歲老嫗帛。甲申，次遼水，召見百二十歲女直老人，能道太祖開創事，上嘉歎，賜食，并賜帛。己酉，至自上京。是日，上臨奠宣孝皇太子于熙春園。

十月丙辰，尚書省奏親軍數多，宜稍減損，詔定額爲三千。宰臣退，上謂左右曰：「宰相年老艱于久立，可置小榻廊下，使少休息。」甲子，禁上京等路大雪及含胎時採捕。上謂宰臣曰：「護衞年老出職而授臨民，手字尚不能畫，何以治民。人胸中明暗外不能知，精神昏耄已見於外，是强其所不能也。天子以兆民爲子，不能家家而撫，在用人而已。知其不能而强授之，百姓其謂我何。」丁丑，命學士院、諫院、秘書監、司天臺、著作局、閤門、通進、拱衞、直武器署等官，凡直宮中，午前許退。

十一月庚辰朔，詔曰：「豺未祭獸，不許採捕。冬月，雪尺以上，不許用網及速撒海，恐盡獸類。」歲星晝見。壬午，太白晝見。甲午，以臨潢尹僕散守中等爲賀宋正旦使。丙申，夏國遣使問起居。戊戌，以曹王永功爲御史大夫。壬寅，以禮部員外郎移剌履爲高麗生日使。

十二月戊午，以皇孫金源郡王麻達葛判大興尹，進封原王。甲子，太白晝見，經天。丙寅，左丞相完顏守道、左丞張汝弼、右丞粘割斡特剌、參知政事張汝霖坐擅增東宮諸皇孫食料，各削官一階。甲戌，制增留守、統軍、總管、招討、都轉運、府尹、轉運、節度使月俸。上

謂宰臣曰：「太尉守道論事止務從寬，犯罪罷職者多欲復用。若懲其首惡，後來知畏，罪而復用，何以示戒。」是日，命範銅爲「禮信之寶」，凡賜外方禮物，給信袋則用之。丙子，上問宰臣曰：「原王大興行事如何？」右丞斡特剌對曰：「聞都人皆稱之。」上曰：「朕令察于民間，咸言見事甚明，予奪皆不失當，曹、豳二王弗能及也。又聞有女直人訴事，以女直語問之，漢人訴事，漢語問之。大抵習本朝語爲善，不習，則淳風將棄。」汝弼對曰：「不忘本者，聖人之道也。」斡特剌曰：「以西夏小邦，崇尚舊俗，猶能保國數百年。」上曰：「事當任實，一事有僞則喪百眞，故凡事莫如眞實也。」

二十六年正月庚辰朔，宋、高麗、夏遣使來賀。甲辰，如長春宮春水。

二月癸酉，還都。乙亥，詔曰：「每季求仕人，問以疑難，令剖決之。其才識可取者，仍訪察政迹，如其言行相副，即加陞用。」

三月己卯朔，萬春節，宋、高麗、夏遣使來賀。丁亥，以大理卿闞，上問誰可，右丞粘割斡特剌言，前吏部尚書唐括貢可，乃授以是職。己丑，尚書省擬奏除授，上曰：「卿等在省未嘗薦士，止限資級，安能得人。古有布衣入相者，聞宋亦多用山東、河南流寓疏遠之人，皆不拘於貴近也。以本朝境土之大，豈無其人，朕難徧知，卿又不舉。自古豈有終身爲相者。

外官三品以上，必有可用之人，但無故得進耳。」左丞張汝弼曰：「下位雖有才能，必試之乃見。」參政程輝曰：「外官雖有聲，一旦入朝，却不稱任，亦在沙汰而已。」癸巳，香山寺成，幸其寺，賜名大永安，給田二千畝，栗七千株，錢二萬貫。丁酉，以親軍完顏乞奴言，制猛安謀克皆先讀女直字經史然後承襲。因曰：「但令稍通古今，則不肯爲非。爾一親軍粗人，乃能言此，審其有益，何憚而不從。」

四月壬子，尚書省奏定院務監官虧免陪納法及橫班格。因曰：「朕常日御膳亦從減省，嘗有一公主至，至無餘膳可與，當直官皆目睹之。若欲豐腆，雖日用五十羊亦不難矣，然皆民之脂膏，不忍爲也。監臨官惟知利己，不知其利自何而來。朕嘗歷外任，稔知民間之事，想前代之君，雖享富貴，不知稼穡艱難者甚多，其失天下，皆由此也。遼主聞民間乏食，謂何不食乾腊，蓋幼失師保之訓，及其即位，故不知民間疾苦也。隋煬帝時，楊素專權行事，乃不愼委任之過也。與正人同處，所知必正道，所聞必正言，不可不愼也。今原王府官屬，當選純謹秉性正直者充，勿用有權術之人。」戊午，尚書左丞張汝弼罷。己未，幸壽安宮。〔五〕壬戌，太尉、左丞相完顏守道致仕。以客省使李磐爲橫賜高麗使。尚書省奏「北京轉運使以贓除名」，〔六〕尚書省奏事，上曰：「比有上書言，職官犯除名不可復用，朕謂此言極當。如軍期急速，權可使用。今天下無事，復用此輩，何以戒將來。」又奏「年前以諸路水

旱，於軍民地土二十一萬餘頃內，擬免稅四十九萬餘石」，從之。詔曰：「今之稅，考古行之，但遇災傷，常加蠲免。」

五月甲申，以司徒、樞密使徒單克寧爲太尉，尚書左丞相，判大宗正事趙王永中復爲樞密使，大興尹原王麻達葛爲尚書右丞相，賜名璟。參知政事程輝致仕。戊子，盧溝決於上陽村，湍流成河，遂因之。庚寅，御史大夫曹王永功罷，以豳王永成爲御史大夫。戊戌，以尚書右丞粘割斡特剌爲左丞，參知政事張汝霖爲右丞。

六月癸亥，尚書省奏速頻、胡里改世襲謀克事，上曰：「其人皆勇悍，昔世祖與之隣，苦戰累年，僅能克復。其後乍服乍叛，至穆、康時，始服聲教。近世亦嘗分徙。朕欲稍遷其民上京，實國家長久之計。」己巳，上謂宰執曰：「齊桓中庸主也，得一管仲，遂成霸業。朕夙夜以思，惟恐失人。朕既不知，卿等又不薦，必俟全才而後舉，蓋亦難矣。如舉某人長於某事，朕亦量材用之。朕與卿等俱老矣。天下至大，豈得無人，薦舉人材，當今急務也。」又言：「人之有幹能，固不易得，然不若德行之士最優也。」上謂右丞相原王曰：「爾嘗讀太祖實錄乎？太祖征麻產，襲之，至泥淖馬不能進，太祖捨馬而步，歡都射中麻產，遂擒之。創業之難如此，可不思乎。」甲戌，詔曰：「凡陳言文字詣登聞檢院送學士院聞奏，毋經省廷。」

七月壬午，詔給內外職事官兼職俸錢。丙申，御史中丞馬惠迪爲參知政事。庚子，上

聞同知中都路都轉運使事趙曦瑞，其在職應錢穀利害文字多不題署，但思安身，降授積石州刺史。

閏月己未，還都。

八月丁丑，上謂宰臣曰：「親軍雖不識字，亦令依例出職，若涉贓賄，必痛繩之。」太尉左丞相克寧曰：「依法則可。」上曰：「朕於女直人未嘗不知優恤。然涉於贓罪，雖朕子弟亦不能恕。太尉之意，欲姑息女直人耳。」戊寅，尚書省奏，河決，衞州壞。命戶部侍郎王寂、都水少監王汝嘉徙衞州胙城縣。丁亥，尚書省奏，遣吏部侍郎李晏等二十六人分路推排諸路物力，從之。己丑，以宿直將軍李達可爲夏國生日使。辛卯，以益都尹宗浩等爲賀宋生日使。〔七〕甲午，秋獵。庚子，〔八〕次薊州。辛丑，幸仙洞寺。壬寅，幸香林、淨名二寺。

九月甲辰朔，幸盤山上方寺，因徧歷中盤、天香、感化諸寺。庚申，還都。丙寅，上謂宰臣曰：「烏底改叛亡，已遣人討之，可益以甲士，毀其船栰。」參知政事馬惠迪曰：「得其人不可用，有其地不可居，恐不足勞聖慮。」上曰：「朕亦知此類無用，所以毀其船栰，欲不使再窺邊境耳。」

十月戊寅，定職官犯贓同職相糾察法。庚寅，上謂宰臣曰：「西南、西北兩路招討司地險，猛安人戶無處圍獵，不能閑習騎射。委各猛安謀克官依時教練，其弛慢過期及不親

監視，並決罰之。」甲午，詔增河防軍數。戊戌，寧昌軍節度使崇肅、行軍都統忠道以討烏底改不待克敵而還，崇肅杖七十，削官一階，忠道杖八十，削官三階。

十一月甲辰朔，定閔宗陵廟薦享禮。上謂宰臣曰：「女直人中材傑之士，朕少有識者，蓋亦難得也。新進士如徒單鎰、夾古阿里補、尼厖古鑑輩皆可用之材也。起身刀筆者，雖才力可用，其廉介之節，終不及進士。今五品以上闕員甚多，必資級相當，至老有不能得者，況欲至卿相乎。古來宰相率不過三五年而退，罕有三二十年者，卿等特不舉人，甚非朕意。」上顧修起居注崇璧曰：「斯人孱弱，付之以事，未必能辦，以其謹厚長者，故置諸左右，欲諸官効其爲人也。」辛亥，以刑部尚書移剌子元等爲賀宋正旦使。戊午，以左警巡副使鶻沙通敏善斷，擢殿中侍御史兼右三部司正。庚申，立右丞相原王璟爲皇太孫。甲子，上謂宰臣曰：「朕聞宋軍自來教習不輟，今我軍專務游惰，卿等勿謂天下既安而無豫防之心，一旦有警，軍不可用，顧不敗事耶。其令以時訓練。」丙寅，上謂侍臣曰：「唐太子承乾所爲多非度，太宗縱而弗檢，遂至於廢，如早爲禁止，當不至是。朕於聖經不能深解，至於史傳，開卷輒有所益。每見善人不忘忠孝，檢身廉潔，皆出天性。至於常人多喜爲非，有天下者苟無以懲之，何由致治。孔子爲政七日而誅少正卯，聖人尚爾，況餘人乎。」戊辰，上謂宰臣曰：「朕雖年老，聞善不厭。孔子云『見善如不及，見不善如探湯』，大哉言乎。」右丞張汝弼對

曰：「知之非艱，行之惟艱。」以拱衞直副都指揮使韓景懋爲高麗生日使。以近侍局直長尼厖古鑑純直通敏，擢皇太孫侍丞。己巳，獵近郊。庚午，上謂宰臣曰：「朕方前古明君，固不可及。至於不納近臣讒言，不受戚里私謁，亦無愧矣。朕嘗自思，豈能無過，所患過而不改，過而能改，庶幾無咎。省朕之過，頗喜興土木之工，自今不復作矣。」

十二月甲申，上退朝，御香閣，左諫議大夫黃久約言遞送荔支非是，上諭之曰：「朕不知也，今令罷之。」丙戌，上謂宰臣曰：「有司奉上，惟沽辦事之名，不問利害如何。朕嘗欲得新荔支，兵部遂於道路特設鋪遞。比因諫官黃久約言，朕方知之。夫爲人無識，一旦臨事，便至顚沛。宮中事無大小，朕常親覽者，以不得人故也，如使得人，寧復他慮。」丁亥，上謂宰臣曰：「朕年來惟以省約爲務，常膳止四五味，已厭飫之，比初即位十減七八。」宰臣曰：「天子自有制，不同餘人。」上曰：「天子亦人耳，枉費安用。」丙申，上謂宰臣曰：「比聞河水泛溢，民罹其害者貲產皆空。今復遣官於彼推排，何耶？」右丞張汝霖曰：「今推排皆非被災之處。」上曰：「必隣道也。既隣水而居，豈無驚擾遷避者乎。計其貲產，豈有餘哉，尚何推排爲。」又曰：「平時用人，宜尚平直。至於軍職，當用權謀，使人不易測，可以集事。唐太宗自少年能用兵，其後雖居帝位，猶不能改，吮瘡剪鬚，皆權謀也。」

二十七年正月癸卯朔，宋、高麗、夏遣使來賀。己酉，以襄城令趙渢爲應奉翰林文字。渢入謝，上問宰臣曰：「此党懷英所薦耶？」對曰：「諫議黃久約亦嘗薦之。」上曰：「學士院比舊殊無人材，何也？」右丞張汝霖曰：「人材須作養，若令久任練習，自可得人。」庚戌，如長春宮春水。

二月乙亥，還都。己卯，改閔宗廟號曰熙宗。癸未，命曲陽縣置錢監，賜名「利通」。乙酉，上謂宰執曰：「朕自即位以來，言事者雖有狂妄，未嘗罪之。卿等未嘗肯盡言，何也。當言而不言，是相疑也。君臣無疑，則謂之嘉會。事有利害，可竭誠言之。朕見緘默不言之人，不欲觀之矣。」丁亥，命沿河京、府、州、縣長貳官，並帶管勾河防事。己丑，諭宰執曰：「近侍局官須選忠直練達之人用之。朕雖不聽讒言，使佞人在側，將恐漸漬聽從之矣。」上謂宰執曰：「朕聞寶坻尉蒙括特末也清廉，其爲政何如？」左丞斡特剌對曰：「其部民亦稱譽之，然不知所稱何事。」上曰：「凡爲官但得清廉亦可矣，安得全才之人。可進官一階，升爲令。」又言：「朕時或體中不佳，未嘗不視朝。諸王、百官但有微疾，便不治事，自今宜戒之。」丙申，命罪人在禁有疾，聽親屬入視。

三月癸卯朔，萬春節，宋、高麗、夏遣使來賀。辛亥，皇太孫受册，赦。乙卯，尚書省言「孟家山金口閘下視都城百四十餘尺，恐暴水爲害，請閉之」。從之。上謂大臣曰：「十室之

邑，必有忠信。今天下之廣，人民之衆，豈得無人。唐之顏眞卿、段秀實皆節義之臣也，終不升用，亦當時大臣固蔽而不舉也。卿等當不私親故，而特舉忠正之人，〔九〕朕將用之。」又言：「國初風俗淳儉，居家惟衣布衣，非大會賓客，未嘗輒烹羊豕。朕嘗念當時節儉之風，不欲妄費，凡宮中之官與賜之食者，皆有常數。」

四月丙戌，以刑部尚書宗浩爲參知政事。丙申，上如金蓮川。辛丑，京師地震。

五月壬子，詔罷曷懶路所進海葱及太府監日進時果。曰：「葱、果應用幾何，徒勞人耳。惟上林諸果，三日一進。」庚午，以所進御膳味不調適，有旨問之。尚食局直長言：「臣聞老母病劇，私心憒亂，如喪魂魄，以此有失嘗視，臣罪萬死。」上嘉其孝，即令還家侍疾，俟平愈乃來。

六月戊寅，免中都、河北等路嘗被河決水災軍民租稅。庚辰，太白晝見。

七月丙午，太白晝見，經天。壬子，秋獵。

八月丙戌，次雙山子。

九月己亥朔，還都。己酉，上謂宰臣曰：「朕今歲春水所過州縣，其小官多幹事，蓋朕前嘗有賞擢，故皆勉力。以此見專任責罰，不如用賞之有激勸也。」以河中尹田彥皐等爲賀宋生日使，武器署令斜卯阿土爲夏國生日使。

十月乙亥，宋前主構殂。庚辰，祫享于太廟。庚寅，上謂宰臣曰：「朕觀唐史，惟魏徵善諫，所言皆國家大事，甚得諫臣之體。近時臺諫惟指摘一二細碎事，姑以塞責，未嘗有及國家大利害者，豈知而不言歟，無乃亦不知也。」宰臣無以對。

十一月庚戌，以左副都點檢崇安爲賀宋正旦使。甲寅，詔「河水泛溢，農夫被災者，與免差稅一年。衞、懷、孟、鄭四州塞河勞役，并免今年差稅」。庚申，平章政事崇尹致仕。甲子，上謂宰臣曰：「卿等老矣，殊無可以自代者乎，必待朕知而後進乎？」顧右丞張汝霖曰：「若右丞者亦石丞相所言也。」平章政事襄及汝霖對曰：「臣等苟有所知，豈敢不言，但無人耳。」上曰：「春秋諸國分裂，土地褊小，皆稱有賢。卿等不舉而已。今朕自勉，庶幾致治，他日子孫，誰與共治者乎。」宰臣皆有慚色。

十二月庚午，以翰林待制趙可爲高麗生日使。丁丑，獵于近郊。壬午，宋遣使告哀。甲申，上諭宰臣曰：「人皆以奉道崇佛設齋讀經爲福，朕使百姓無寃，天下安樂，不勝於彼乎。爾等居輔相之任，誠能匡益國家，使百姓蒙利，不惟身享其報，亦將施及子孫矣。」左丞斡特剌曰：「臣等敢不盡心，第才不逮，不能稱職耳。」上曰：「人亦安能每事盡善，但加勉勵可也。」戊子，禁女直人不得改稱漢姓，學南人衣裝，犯者抵罪。

二十八年正月丁酉朔，宋、高麗、夏遣使來賀。癸卯，遣宣徽使蒲察克忠爲宋弔祭使。甲辰，如春水。

二月乙亥，還都。己丑，宋遣使獻先帝遺留物。癸巳，宋使朝辭，以所獻禮物中玉器五，玻璃器二十，及弓劍之屬使還遺宋，曰：「此皆爾國前主珍玩之物，所宜寶藏，以無忘追慕。今受之，義有不忍，歸告爾主，使知朕意也。」

三月丁酉朔，萬春節，宋、高麗、夏遣使來賀。御慶和殿受羣臣朝，復宴于神龍殿，諸王、公主以次捧觴上壽。上歡甚，以本國音自度曲。蓋言臨御久，春秋高，渺然思國家基緒之重，萬世無窮之託。以戒皇太孫，當修身養德，善于持守，及命太尉、左丞相克寧盡忠輔導之意。於是，上自歌之，皇太孫及克寧和之，極歡而罷。戊申，命隨朝六品、外路五品以上職事官，〔一〇〕舉進士已在仕、才可居翰苑者，試制詔等文字三道，取文理優贍者補充學士院職任。應赴部求仕人，老病昏昧者，勒令致仕，止給半俸，更不遷官。甲寅，幸壽安宮。

四月癸酉，命增外任小官及繁難局分承應人俸。丁丑，以陝西路統軍使孛术魯阿魯罕爲參知政事。癸未，命建女直大學。

五月丙午，制諸教授必以宿儒高才者充，給俸與丞簿等。戊申，宋使來謝弔祭。

七月辛亥，尚書左丞粘割斡特剌罷。

八月甲子朔，日有食之。辛未，還都。庚辰，上謂宰臣曰：「近聞烏底改有不順服之意，若遣使責問，彼或抵捍不遜，則邊境之事有不可已者。朕嘗思之，招徠遠人，於國家殊無所益。彼來則聽之，不來則勿強其來，此前世羈縻之長策也。」參知政事孛术魯阿魯罕罷。壬午，以山東路統軍使完顏婆盧火爲參知政事。甲申，上謂宰臣曰：「用人之道，當自其壯年心力精强時用之，若拘以資格，則往往至於耄老，此不思之甚也。阿魯罕使其早用，朝廷必得補助之力，惜其已衰老矣。凡有可用之材，汝等宜早思之。」

九月甲午朔，以鷹坊使崇夔爲夏國生日使。〔一一〕丙申，以安武軍節度使王克溫等爲賀宋生日使。〔一二〕己亥，秋獵。乙卯，還都。

十月乙丑，京、府及節度州增置流泉務，凡二十八所。禁糠禪、瓢禪，其停止之家抵罪。乙酉，尚書省奏擬除授而拘以資格，上曰：「日月資考所以待庸常之人，若才行過人，豈可拘以常例。國家事務皆須得人，汝等不能隨才委使，所以事多不治。朕固不知用人之術，汝等但務循資守格，不思進用才能，豈以才能見用，將奪己之祿位乎。不然，是無知人之明也。」羣臣皆曰：「臣等豈敢蔽賢，才識不逮耳。」上顧謂右丞張汝霖曰：「前世忠言之臣何多，今日何少也？」汝霖對曰：「世亂則忠言進，承平則忠言無所施。」上曰：「何代無可言之事，但古人知無不言，今人不肯言耳。」汝霖不能對。

十一月戊戌，以改葬熙陵，詔中外。上謂侍臣曰：「凡修身者喜怒不可太極，怒極則心勞，喜極則氣散，得中甚難，是故節其喜怒，以思安身。今宮中一歲未嘗責罰人也。」庚子，太白晝見。詔南京、大名府等處避水逃移不能復業者，官與津濟錢，仍量地頃畝給以耕牛。甲辰，以河中尹田彥皐等爲賀宋正旦使。戊申，上謂宰臣曰：「制條以拘於舊律，間有難解之辭。夫法律歷代損益而爲之，彼智慮不及而有乖違本意者，若行刪正，令衆易曉，有何不可。宜修之，務令明白。」有司奏重修上京御容殿，上謂宰臣曰：「宮殿制度，苟務華飾，必不堅固。今仁政殿遼時所建，全無華飾，但見它處歲歲修完，惟此殿如舊，以此見虛華無實者，不能經久也。今土木之工，滅裂尤甚，下則吏與工匠相結爲姦，侵剋工物，上則戶工部官支錢度材，惟務苟辦，至有工役纔畢，隨即欹漏者，姦弊苟且，勞民費財，莫甚於此。自今體究，重抵以罪。」庚戌，上謂宰臣曰：「朕近讀漢書，見光武所爲，人有所難能者。更始既害其兄伯升，當亂離之際，不思報怨，事更始如平日，人不見戚容，豈非人所難能乎。此其度量蓋將大有爲者也，其他庸主豈可及哉。」右丞張汝霖曰：「湖陽公主奴殺人，匿主車中，洛陽令董宣從車中曳奴下，殺之。主入奏，光武欲殺宣，及聞宣言，意遂解，使宣謝主，宣不奉詔。主以言激怒光武，光武但笑而已，更賜宣錢三十萬。」上曰：「光武聞直言而怒解，可謂賢主矣，令宣謝主，則非也。高祖英雄大度，駕馭豪傑，起自布衣，數年而成帝業，非光武所及，然及卽帝位，猶有布衣粗豪之氣，光武所不爲也。」癸丑，幸太尉克寧第。

十二月丙寅，以大理正移剌彥拱爲高麗生日使。乙亥，上不豫。庚辰，赦天下。乙酉，詔皇太孫璟攝政，居慶和殿東廡。丙戌，以太尉、左丞相徒單克寧爲太尉兼尚書令，平章政事襄爲尚書右丞相，右丞張汝霖爲平章政事。參知政事完顏婆盧火罷，以戶部尚書劉暐爲參知政事。戊子，詔尚書令徒單克寧、右丞相襄、平章政事張汝霖宿於內殿。

二十九年正月壬辰朔，上大漸，不能視朝。詔遣宋、高麗、夏賀正旦使還。癸巳，上崩于福安殿，壽六十七。皇太孫卽皇帝位。己亥，殯于大安殿。三月辛卯朔，〔三〕上尊諡曰光天興運文德武功聖明仁孝皇帝，廟號世宗。四月乙酉，葬興陵。

贊曰：世宗之立，雖由勸進，然天命人心之所歸，雖古聖賢之君，亦不能辭也。蓋自太祖以來，海內用兵，寧歲無幾。重以海陵無道，賦役繁興，盜賊滿野，兵甲並起，萬姓盻盻，國內騷然，老無留養之丁，幼無顧復之愛，顚危愁困，待盡朝夕。世宗久典外郡，明禍亂之故，知吏治之得失。卽位五載，而南北講好，與民休息。於是躬節儉，崇孝弟，信賞罰，重農桑，愼守令之選，嚴廉察之責，却任得敬分國之請，拒趙位寵郡縣之獻，孳孳爲治，夜以繼

日，可謂得爲君之道矣。當此之時，羣臣守職，上下相安，家給人足，倉廩有餘，刑部歲斷死罪，或十七人，或二十人，號稱「小堯舜」，此其效驗也。然舉賢之急，求言之切，不絕于訓辭，而羣臣偸安苟祿，不能將順其美，以底大順，惜哉。

校勘記

〔一〕子愼思並賜死　按本書卷一三二徒單貞傳，「詔誅貞及其妻與二子愼思、十六」，此處脫「十六」二字。

〔二〕四月辛丑　原脫「四月」二字。按三月丙寅朔，辛丑當在四月。又本書卷二三五行志，大定二十三年四月有庚子，則此辛丑確在四月，今據補。

〔三〕以不任職罷歸　此與下文文義不屬，當有闕文。施國祁云當加「詔致仕官」「年」等字。

〔四〕移置于率督畔窟之地　按本書卷四四兵志記此事作「上京率、胡剌溫之地」。

〔五〕幸壽安宮　「壽」原作「永」。按上下文常記幸壽安宮，如上文二十一年四月壬申「幸壽安宮」、二十三年四月壬戌「幸壽安宮」，下文二十八年三月甲寅「幸壽安宮」。又本書卷九五移剌履傳，「世宗崩，遺詔移梓宮壽安宮」。「永安」之誤蓋緣本卷上文「香山寺成，幸其寺，賜名大永安」所致，今據改。

〔六〕尚書省奏北京轉運使以贓除名　「轉運使」下當脫人名。

〔七〕以益都尹宗浩等爲賀宋生日使　「宗」原作「崇」。按本書卷九三宗浩傳，大定「二十三年，徵爲大理卿，逾年，授山東路統軍使兼知益都府事」。「二十六年，爲賜宋主趙眘生日使」。皆與紀合。此蓋章宗時爲避其父諱，凡名有「宗」字者皆改作「崇」，見本書卷九九孫卽康傳，卷一〇〇宗端修傳。後修史時回改遺漏，今改正。下同不複出校。

〔八〕庚子　原作「九月庚子」。按下文明記「九月甲辰朔」，庚子、辛丑、壬寅皆在八月。「九月」二字衍，今刪。

〔九〕而特舉忠正之人　「特」原作「不」，文義不通，從殿本改。

〔一〇〕外路五品以上職事官　原脫「上」字，據文義補。

〔一一〕以鷹坊使崇夔爲夏國生日使　「坊」原作「房」。按本書卷五六百官志有「鷹坊使」，卷六一交聘表亦記大定二十八年「九月甲午朔，以鷹坊使崇夔爲夏國生日使」，今據改。

〔一二〕丙申以安武軍節度使王克溫等爲賀宋生日使　原脫「丙申以」三字。按本書卷六一交聘表，大定二十八年「九月丙申，以安武軍節度使王克溫，近侍局使鶻殺虎爲賀宋生日使」，今據補。

〔一三〕三月辛卯朔　按本書卷三二禮志，事在大定二十九年四月乙丑，月日與此不同。

金史卷九

本紀第九

章宗一

章宗憲天光運仁文義武神聖英孝皇帝，諱璟，小字麻達葛，顯宗嫡子也。母曰孝懿皇后徒單氏。大定八年，世宗幸金蓮川，秋七月丙戌，次冰井，上生。翌日，世宗幸東宮，宴飲歡甚，語顯宗曰：「祖宗積慶而有今日，社稷之福也。」又謂司徒李石、樞密使紇石烈志寧等曰：「朕子雖多，皇后止有太子一人。幸見嫡孫又生於麻達葛山，朕嘗喜其地衍而氣清，其以山名之。」羣臣皆稱萬歲。

十八年，封金源郡王。始習本朝語言小字，及漢字經書，以進士完顏匡、司經徐孝美等侍讀。

二十四年，世宗東巡，顯宗守國，上奉表詣上京問安，仍請車駕還都，世宗嘉其意，賜勅

書答諭。

二十五年三月，萬春節，復奉表朝賀。六月，顯宗崩，世宗遣滕王府長史臺、御院通進膏來護視。[一]十二月，進封原王，判大興府事。入以國語謝，世宗喜，且爲之感動，謂宰臣曰：「朕嘗命諸王習本朝語，惟原王語甚習，朕甚嘉之。」諭旨曰：「朕固知汝年幼，服制中未可付以職，然政事亦須學，京輦之任，姑試爾才，其勉之。」

二十六年四月，詔賜名璟。五月，拜尚書右丞相。世宗謂曰：「宮中有輿地圖，觀之可以具知天下遠近阨塞。」又謂宰臣曰：「朕所以置原王於近輔者，欲令親見朝廷議論，習知政事之體故也。」十一月，詔立爲皇太孫，稱謝於慶和殿。世宗諭之曰：「爾年尚幼，以明德皇后嫡孫惟汝一人，試之以事，甚有可學之資。朕從正立汝爲皇太孫，建立在朕，保守在汝，宜行正養德，勿近邪佞，事朕必盡忠孝，無失衆望，則惟汝嘉。」

二十七年三月，世宗御大安殿，授皇太孫册，赦中外。丁巳，謁謝太廟及山陵。始受百官牋賀。

二十八年十二月乙亥，世宗不豫，詔攝政，聽授五品以下官。丁亥，受「攝政之寶」。

二十九年春正月癸巳，世宗崩，卽皇帝位于柩前。丙申，詔中外。賜內外官覃恩兩重，三品已上者一重，免今歲租稅，并自來懸欠係官等錢，鰥寡孤獨人絹一匹、米兩石。己亥，遷大行皇帝梓宮于大安殿。癸卯，以皇太后命爲令旨。甲辰，以大理卿王元德等報哀于宋、高麗、夏。乙卯，白虹貫日亙天。丁巳，參知政事宗浩罷。山東統軍裔以私過都城不赴哭臨，笞五十，降授彰化軍節度使。戊午，名皇太后宮曰仁壽，設衞尉等官。

二月辛酉朔，日有食之。癸亥，始聽政。追尊皇考爲皇帝，尊母爲皇太后。甲子，命學士院進呈漢、唐便民事，及當今急務。乙丑，白虹亙天。勅登聞鼓院所以達寃枉，舊嘗鎖戶，其令開之。戊辰，更仁壽宮名隆慶。詔宮籍監戶舊係睿宗及大行皇帝、皇考之奴婢者，悉放爲良。己巳，勅御史臺，自今監察令本臺辟舉，任內不稱職亦從奏罷。丁丑，增定百官俸。乙酉，詔有司稽考典故，許引用宋事。是月，宋主內禪，子惇嗣立。

三月壬辰，朝于隆慶宮，是月凡五朝。己酉，詔以生辰爲天壽節。癸丑，夏國遣使來弔。

夏四月己巳，夏國遣使來祭。辛未，宋遣使來弔祭。乙酉，葬世宗光天興運文德武功聖明仁孝皇帝於興陵。戊子，朝于隆慶宮。

五月庚寅朔，太白晝見。壬寅，宋主遣使來報嗣位。夏國遣使來賀卽位。丙午，以祔廟禮成，大赦。丁未，地生白毛。庚戌，詔罷送宣錢，今後諸護衞考滿賜官錢二千貫。壬子，勅收錄功臣子孫，量材於局分承應。戊午，朝于隆慶宮。以東北路招討使溫迪罕速可

等爲賀宋主卽位使。河溢曹州。

閏月庚申朔，封兄珣爲豐王，琮鄆王，瓌瀛王，從彝沂王，弟從憲壽王，玠溫王。辛酉，制諸飢民賣身已贖放爲良，復與奴生男女，並聽爲良。丙寅，觀稼于近郊。庚午，以樞密副使唐括貢爲御史大夫。壬申，封乳母孫氏蕭國夫人，姚氏莘國夫人。丙子，進封趙王永中漢王，曹王永功冀王，豳王永成吳王，虞王永升隨王，徐王永蹈衞王，滕王永濟潞王，薛王永德潘王。庚辰，宋遣使來賀卽位。癸未，朝于隆慶宮。詔學士院，自今誥詞並用四六。乙酉，詔諸有出身承應人，係將來受親民之職，可命所屬諭使爲學。其護衞、符寶、奉御、奉職，侍直近密，當選有德行學問之人爲之敎授。

六月己丑朔，有司言：「律科舉人止知讀律，不知教化之原，必使通治論語、孟子，涵養器度。遇府、會試，委經義試官出題別試，與本科通定去留爲宜。」從之。詔有司，請親王到任各給錢二十萬。[二]辛卯，修起居注完顏烏者、同知登聞檢院孫鐸皆上書諫罷圍獵，[三]上納其言。拾遺馬升上儉德箴。乙未，初置提刑司，分按九路，並兼勸農採訪事，屯田、鎭防諸軍皆屬焉。丁酉，幸慶壽寺。作盧溝石橋。己亥，朝于隆慶宮。甲辰，罷送赦禮物錢。朝于隆慶宮。乙卯，高麗國王晧遣使來弔祭及會葬。勅有司移報宋、高麗、夏，天壽節於九月一日來賀。丁巳，命提刑官除後於便殿聽旨，每十月使副內一員入見議事，如止一員則

令判官入見，其判官所掌煩劇可升同隨朝職任。

秋七月辛酉，減民地稅十之一，河東南、北路十之二，下田十之三。甲子，朝于隆慶宮。乙丑，勅近侍官授外任三品、四品，賜金帶一，重幣有差。丁卯，以太尉、尙書令東平郡王徒單克寧爲太傅，改封金源郡王。辛未，高麗遣使來賀卽位。甲戌，奉皇太后幸壽安宮。辛巳，詔京、府、節鎭、防禦州設學養士。初設經童科。御史大夫唐括貢罷。禮部尙書移剌履爲參知政事。以刑部尙書完顏守貞等爲賀宋生日使。

八月戊子朔，奉皇太后幸壽安宮。辛卯，勅有司，京、府、州、鎭設學校處，其長貳幕職內各以進士官提控其事，仍具入銜。壬辰，初定品官子孫試補令史格，及提刑司所掌三十二條。左司諫郭安民上疏論三事：曰崇節儉，去嗜欲，廣學問。丁酉，如大房山。戊戌，謁奠諸陵。己亥，還都。庚子，朝于隆慶宮，是月凡三朝。壬寅，制提刑司設女直、契丹、漢兒知法各一人。甲辰，參知政事劉瑋罷。丙辰，宋、高麗、夏遣使來賀天壽節。

九月戊午朔，天壽節，以世宗喪，不受朝。庚申，詔增守山陵爲二十丁，給地十頃。壬戌，詔罷告捕亂言人賞。甲子，制諸盜賊聚集至十人，或騎五人以上，所屬移捕盜官捕之，仍遞言省部，三十人以上聞奏，違者杖百。是日，朝于隆慶宮，是月凡四朝。丁卯，制强族大姓不得與所屬官吏交往，違者有罪。戊辰，以隆慶宮衞尉把思忠爲夏國生日使。庚午，

以尙輦局使崇德爲橫賜高麗使。丙子，獵于近郊。戊寅，監察御史焦旭劾奏太傅克寧、右丞相襄不應請車駕田獵，上曰：「此小事，不須治之。」乙酉，如大房山。

冬十月丁亥朔，謁奠諸陵。己丑，還都。庚寅，朝于隆慶宮，是月凡四朝。辛卯，上顧謂宰臣曰「翰林闕人」，平章政事汝霖對曰：「鳳翔治中郝俁可。」汝霖諫止田獵，詔答曰：「卿能每事如此，朕復何憂。然時異事殊，得中爲當。」丙申，冬獵。己亥，次羅山。庚子，次玉田。辛丑，沁州、丹州進嘉禾。丁未，次寶坻。庚戌，中侍石抹阿古誤帶刀入禁門，罪應死，詔杖八十。癸丑，至自寶坻。

十一月己未，朝于隆慶宮。辛酉，以右宣徽院使裴滿餘慶等爲賀宋正旦使。癸亥，上謂宰臣曰：「今之用人，太拘資歷。循資之法，起於唐代，如此何以得人？」平章政事汝霖對曰：「不拘資格，所以待非常之材。」上曰：「崔祐甫爲相，未踰年薦八百人，豈皆非常之材歟？」甲子，諭尙書省曰：「太傅年高，每趨朝而又赴省，恐不易。自今旬休外，四日一居休，庶得調攝。常事他相理問，惟大事白之可也。」戊辰，諭尙書省，自今五品以上官各舉所知，歲限所舉之數，如不舉者坐以蔽賢之罪。仍依唐制，內五品以上官到任卽舉自代，並從提刑司採訪之。己巳，初制轉遞文字法。壬申，朝于隆慶宮。乙亥，命參知政事移剌履提控刊修遼史。丁丑，以西上閤門使移剌郁爲高麗生日使。御史臺奏：「故事，臺官不得與人相見。蓋爲親王、宰執、形勢之家，恐有私徇。然無以訪知民間利病、官吏善惡。」詔自今許與四品以下官相見，三品以上如故。辛巳，詔有司，今後諸處或有饑饉，令總管、節度使或提刑司先行賑貸或賑濟，然後言上。

十二月丙戌朔，朝于隆慶宮，是月凡五朝。詔罷鑄錢。丁亥，密州進白雉。壬辰，諭有司，女直人及百姓不得用網捕野物，及不得放鼕鶻枉害物命，亦恐女直人廢射也。戊戌，復置北京、遼東鹽使司，仍罷西京、解鹽巡捕使。〔四〕以河東南、北路提刑司言，賑寧化、保德、嵐州饑，其流移復業，給復一年。是日，禁宮中上直官及承應人毋得飲酒。乙巳，祭奠興陵。壬子，諭臺臣曰：「提刑司所舉劾多小過，行則失大體，不行則恐有所沮，其以此意諭之。」甲寅，宋、高麗、夏遣使來賀正旦。是冬，無雪。

明昌元年春正月丙辰朔，改元。以世宗喪，不受朝賀。上朝于隆慶宮，是月凡四朝。丁巳，制諸王任外路者許游獵五日，過此禁之，仍令戒約人從，毋擾民。辛酉，諭尙書省，宰執所以總持國家，不得受人餽遺。或遇生辰，受所獻毋過萬錢。若緦大功以上親，及二品以上官，不禁。壬戌，以知河中府事王蔚爲尙書右丞，刑部尙書完顏守貞爲參知政事。甲子，如大房山。乙丑，奠謁興陵、裕陵。丙寅，還都。戊辰，制禁自披剃爲僧道者。勅外路

求世宗御書。辛未，如近畿春水。己卯，如春水。

二月丁亥，太白晝見。丙申，遣諭諸王，凡出獵毋越本境。壬寅，諭有司，寒食給假五日，著于令。甲辰，至自春水。朝于隆慶宮，是月凡四朝。癸丑，地生白毛。甲寅，如大房山。

三月乙卯朔，謁奠興陵。丙辰，還都。朝于隆慶宮，是月凡六朝。己未，勅點檢司，諸試護衞人須身形及格，若功臣子孫善射出衆，雖不及格，亦令入見。癸亥，禮官言：「民或一產三男，內有才行可用者可令察舉，量材敍用。其驅婢所生，舊制官給錢百貫，以資乳哺，尙書省請更給錢四十貫，贖以爲良。」制可。丙寅，有司言：「舊制，朝官六品以下從人輪庸者聽，五品以上不許輪庸，恐傷禮體。其有官職俱至三品、年六十以上致仕者，人力給半，乞不分內外，願令輪庸者聽。」從之。己巳，擊毬於西苑，百僚會觀。癸酉，詔內外五品以上，歲舉廉能官一員，不舉者坐蔽賢罪。乙亥，初設應制及宏詞科。丁丑，制內外官幷諸局承應人，遇祖父母、父母忌日並給假一日。辛巳，詔修曲阜孔子廟學。壬午，如壽安宮。

夏四月甲申朔，朝于隆慶宮，是月凡四朝。戊戌，如壽安宮。

五月，不雨。乙卯，祈于北郊及太廟。朝于隆慶宮，是月凡三朝。丙辰，以鷹坊使移剌寧爲橫賜夏國使。戊午，拜天于西苑。射柳、擊毬，縱百姓觀。壬戌，祈雨于社稷。甲子，

制省元及四舉終場人許該恩。己巳，復祈雨于太廟。庚午，置知登聞鼓院事一人。丙子，以祈雨，望祭嶽鎮海瀆于北郊。戊寅，命內外官五品以上，任內舉所知才能官一員以自代。壬午，以參知政事移剌履爲尚書右丞，御史中丞徒單鎰爲參知政事，尚書右丞相襄罷。

六月己丑，制定親王家人有犯，其長史府掾失覺察、故縱罪。壬辰，奉皇太后幸慶壽寺。甲辰，勅僧、道三年一試。

秋七月己巳，以禮部尚書王翛等爲賀宋生日使。庚午，朝于隆慶宮。丁丑，詔罷西北路蝦蟆山市場。

八月癸未朔，禁指託親王、公主奴隸占綱船、侵商旅及妄徵錢債。乙酉，詔設常平倉。丁亥，至自壽安宮。戊子，朝于隆慶宮，是月凡三朝。己丑，以判大睦親府事宗寧爲平章政事。壬辰，幸玉泉山，卽日還宮。癸巳，罷諸府鎭流泉務。選才幹之官爲諸州刺史，皆召見諭戒之。戊戌，上諭宰臣曰：「何以使民棄末而務本，以廣儲蓄？」令集百官議。戶部尚書鄧儼等曰：「今風俗侈靡，宜定制度，辨上下，使服用居室，各有差等。抑昏喪過度之禮，禁追逐無名之費。用度有節，蓄積自廣矣。」右丞履、參知政事守貞、鎰曰：「凡人之情，見美則願，若不節以制度，將見奢侈無極，費用過多，民之貧乏，殆由此致。方今承平之際，正宜講究此事，爲經久法。」上是履議。壬寅，勅廝吉以皇家袒免之親，特收充尙書省祗候郎君，仍

爲永制。丁未，獵于近郊。己酉，宋、高麗、夏遣使來賀天壽節。

九月壬子朔，天壽節，以世宗喪，不受朝。丙辰，以廉能進擢北海縣令張翙等十八人官。己未，以武衛軍副都指揮使烏林荅謀甲爲夏國生日使。庚申，朝于隆慶宮。壬戌，如秋山。

冬十月丁亥，至自秋山。戊子，朝于隆慶宮。丙申，詔賜貴德州孝子翟巽、遂州節婦張氏各絹十四、粟二十石。戊戌，以有司言，登聞鼓院同記注院，勿有所隸。制民庶聘財爲三等，上百貫，次五十貫，次二十貫。丁未，獵于近郊。

十一月乙卯，朝于隆慶宮，是月凡五朝。以惑衆亂民，禁罷全眞及五行毗盧。以僉書樞密院事把德固等爲賀宋正旦使。丁巳，制諸職官讓廕兄弟子姪者，從其所請。戊辰，召禮部尚書王翛、諫議大夫張暐詣殿門，諭之曰：「朝廷可行之事，汝諫官、禮官卽當辯析。小民之言，有可採者朕尙從之，況卿等乎。自今所議毋但附合於尙書省。」辛未，以西上閤門使移剌揵不也爲高麗生日使。丙子，冬獵。己卯，次雄州。判眞定府事吳王永成、判定武軍節度使隋王永升來朝。

十二月壬午，免獵地今年稅。丁亥，次饒陽。己丑，平章政事張汝霖薨。丁酉，至自饒陽。甲辰，幸太傅徒單克寧第視疾。以克寧爲太師、尙書令，封淄王，賜銀千五百兩，絹二

千匹。乙巳，朝于隆慶宮。丙午，詔有司，正旦可先賀隆慶宮，然後進酒。丁未，宋、高麗、夏遣使來賀正旦。

二年春正月庚戌朔，以世宗喪，不受朝。癸丑，諭有司，夏國使可令館內貿易一日。尙書省言，故事許貿易三日，從之。甲寅，始許宮中稱聖主。乙卯，皇太后不豫，自是日往侍疾，丙夜乃還。辛酉，皇太后崩。丙寅，以左副都點檢敻等報哀于宋、高麗、夏。庚午，太師、尙書令淄王徒單克寧薨。甲戌，百官表請聽政，不許。戊寅，詔賜陁括里部羊三萬口、重幣五百端、絹二千匹，以振其乏。吳王永成、隋王永升以聞國喪奔赴失期，罰其俸一月，其長史笞五十。己卯，有司言，漢王永中以疾失期，上諭使回。

二月壬午，百官復請聽政，不許。壬辰，上始視朝。勅親王及三品官之家，毋許僧尼道士出入。諭有司，進士程文但合格者卽取之，毋限人數。丙申，以樞密副使夾谷清臣爲尙書左丞。戊戌，更定奴誘良人法。丙午，初設王傅府尉官。

三月丁巳，夏國遣使來弔。癸亥，勅有司，國號犯漢、遼、唐、宋等名不得封臣下。有司議，以遼爲恒，宋爲汴，秦爲鎬，晉爲并，漢爲益，梁爲邵，齊爲彭，殷爲譙，唐爲絳，吳爲鄂，蜀爲夔，陳爲宛，隋爲涇，虞爲澤。制可。丁卯，夏國遣使來祭。乙亥，高麗遣使來弔祭。

丁丑，宋遣使來弔祭。

四月戊寅朔，尙書省言：「齊民與屯田戶往往不睦，若令遞相婚姻，實國家長久安寧之計。」從之。乙酉，葬孝懿皇太后于裕陵。戊子，制諸部內災傷，主司應言而不言及妄言者杖七十，檢視不以實者罪如之，因而有傷人命者以違制論，致枉有徵免者坐贓論，妄告者戶長坐詐不以實罪，計贓重從詐匿不輸法。庚寅，禁民庶不得服純黃銀褐色，婦人勿禁，著爲永制。辛卯，上幸壽安宮，諫議大夫張暐等上疏請止其行，不允。癸巳，諭有司，自今女直字直譯爲漢字，國史院專寫契丹字者罷之。甲午，改封永中爲并王，永功爲魯王，永成兗王，永升曹王，永蹈鄭王，永濟韓王，永德豳王。戊戌，增太學博士助教員。己亥，學士院新進唐杜甫、韓愈、劉禹錫、杜牧、賈島、王建，宋王禹偁、歐陽修、王安石、蘇軾、張耒、秦觀等集二十六部。庚子，改壽安宮名萬寧。壬寅，如萬寧宮。詔襲封衍聖公孔元措視四品秩。

五月庚戌，勅自今四日一奏事，仍免朝。戊辰，詔諸郡邑文宣王廟、風雨師、社稷神壇隳廢者，復之。詔御史臺令史並以終場舉人充。

六月戊子，平章政事宗寧薨。〔五〕癸巳，禁稱本朝人及本朝言語爲「蕃」，違者杖之。丙午，尙書右丞移剌履薨。

秋七月丁巳，以參知政事徒單鎰爲尙書右丞，御史中丞夾谷衡爲參知政事。己未，觀

稼于近郊。己巳，禁職官元日、生辰受所屬獻遺，仍爲永制。以同僉大睦親府事兗等爲賀宋生日使。庚午，諭有司，自今外路公主應赴闕，其駙馬都尉非奉旨，毋擅離職。

八月癸未，至自萬寧宮。己亥，勅山東、河北闕食等處，許納粟補官。諭有司，自今親王所領，如有軍處，令佐貳總押軍事。乙巳，宋、高麗、夏遣使來賀天壽節。

九月丁未朔，天壽節，以皇太后喪，不受朝。甲寅，如大房山。乙卯，謁奠裕陵。丙辰，還都。丁巳，以西上閤門使白琬爲夏國生日使。己未，定詐爲制書未施行制。以尚書左丞夾谷清臣爲平章政事，封芮國公，參知政事完顏守貞爲尚書左丞，知大興府事張萬公爲參知政事。庚申，如秋山。

冬十月己丑，至自秋山。甲午，勅司獄毋得與府州司縣官筵宴還往，違者罪之。禁以太一混元受籙私建庵室者。壬寅，以河北、山東旱，應雜犯及強盜已未發覺減死一等，釋徒以下。

十一月丙午朔，制諸女直人不得以姓氏譯爲漢字。甲寅，禁伶人不得以歷代帝王爲戲，及稱萬歲，犯者以不應爲事重法科。丁巳，以豳王傅宗璧等爲賀宋正旦使。戊午，夏人殺我邊將阿魯帶。甲子，制投匿名書者，徒四年。丙寅，以近侍局副使完顏匡爲高麗生日使。壬申，勅提刑司官自今每十五日一朝。

十二月乙亥朔，勅三品致仕官所得傔從毋令輸庸。己卯，定鎮邊守將致盜賊罪。甲申，獵于近郊。乙酉，詔罷契丹字。己丑，尚書右丞徒單鎰罷。癸卯，宋、高麗、夏遣使來賀正旦。

三年春正月乙巳朔，以皇太后喪，不受朝。丙辰，以孝懿皇后小祥，尚書省請依明昌元年世宗忌辰例，諸王陪位，服慘紫，去金玉之飾，百官不視事，禁音樂屠宰，從之。壬戌，如春水。

二月甲戌朔，勅猛安謀克許於冬月率所屬戶畋獵二次，每出不得過十日。壬辰，至自春水。丁酉，獵于近郊。辛丑，詔追復田瑴等官爵。

閏月甲子，以山東路統軍使烏林荅愿爲御史大夫。

三月乙亥，更定強盜徵贓、品官及諸人親獲強盜官賞制。辛巳，初設左右衞副將軍。癸未，濾溝石橋成。幸熙春園。丁亥，如萬寧宮。辛卯，詔賜棣州孝子劉瑜、錦州孝子劉慶祐絹、粟，旌其門閭，復其身。上因問宰臣曰：「從來孝義之人曾官使者幾何？」左丞守貞對曰：「世宗時有劉政者嘗官之，然若輩多淳質不及事。」〔六〕上曰：「豈必盡然。孝義之人素行已備，稍可用即當用之，後雖有希覬作僞者，然僞爲孝義，猶不失爲善。可檢勘前後所申孝義之人，如有可用者，可具以聞。」癸巳，尚書省奏：「言事者謂，釋道之流不拜父母親屬，敗壞風俗，莫此爲甚。禮官言唐開元二年勅云：『聞道士、女冠、僧、尼不拜二親，是爲子而忘其生，傲親而徇於末。自今以後並聽拜父母，其有喪紀輕重及尊屬禮數，一准常儀。』臣等以爲宜依典故行之。」制可。左丞守貞言：「上嘗命臣問忻州陳毅上書所言事，其一極論守令之弊，臣面問所以救之之道，竟不能言。」上曰：「方今政欲知其弊也。彼雖無救弊之術，但能言其弊，亦足嘉矣。如毅言及隨處有司不能奉行條制，爲人傭雇尚須出力，況食國家祿而乃如是，得無虧臣子之行乎？其令檢會前後所降條理舉行之。」是日，溫王玠薨。丁酉，命有司祈雨，望祀嶽鎮海瀆于北郊。

四月壬寅朔，定宣聖廟春秋釋奠，三獻官以祭酒、司業、博士充，祝詞稱「皇帝謹遣」，及登歌改用太常樂工。其獻官并執事與享者並法服，陪位學官公服，學生儒服。尚書省奏：「提刑司察舉涿州進士劉器博、博州進士張安行、河中府胡光謙，光謙年雖八十三，尚可任用。」勅劉器博、張安行特賜同進士出身，胡光謙召赴闕。甲辰，祈雨于社稷。丙午，罷天山北界外採銅。戊申，瀛王瓌薨。戊午，詔集百官議北邊開壕事。詔賜雲內孝子孟興絹十四、粟二十石，賜同州貞婦師氏謚曰「節」。丙寅，以旱災，下詔責躬。丁卯，復以祈雨，望祀嶽鎮海瀆山川于北郊。戊辰，勅親王衣領用銀褐紫緣。遣御史中丞吳鼎樞等審決中都寃

獄，外路委提刑司處決。左丞守貞以旱，上表乞解職，不允。參知政事衡、萬公皆入謝。上曰：「前詔所謂罷不急之役、省無名之費、議冗官、決滯獄四事，其速行之。」

五月壬申朔，以尚書禮部員外郎孛朮魯子元爲橫賜高麗使。癸酉，罷北邊開壕之役。甲戌，祈雨于社稷。是日，雨。戊寅，出宮女百八十三人。尚書省奏，近以山東、河北之饑，已委宣差所至安撫賑濟，復遣右三部司正范文淵往視之。乙酉，以雨足，致祭于社稷。戊子，百官賀雨足。尚書左丞完顏守貞罷。己丑，以雨足，望祀嶽鎮海瀆。

六月癸卯，宰臣請罷提刑司，上曰：「諸路提刑司官止三十餘員，猶患不得其人，州郡三百餘處，其能盡得人乎？」弗許。甲寅，以久雨，命有司祈晴。丁巳，定提刑司條制。辛酉，詔定內外所司公事故作疑申呈罪罰格。乙丑，以知大名府事劉瑋爲尚書右丞。有司言，河州災傷，民乏食，而租稅有未輸。詔免之。諭戶部，可預給百官冬季俸，令就倉以時直糶與貧民，秋成各以其貲糴之，其所得必多矣，而上下便之。其承應人不願者，聽。

秋七月戊寅，勅尚書省曰：「饑民如至遼東，恐難遽得食，必有饑死者。其令散糧官問其所欲居止，給以文書，命隨處官長計口分散，令富者出粟養之，限以兩月，其粟充秋稅之數。」己卯，邠州刺史頓長壽、安武軍節度副使胡刺坐賑濟不及四縣，各杖五十。癸未，詔增北邊軍千二百人，分置諸堡。丁亥，胡光謙至闕，命學士院以雜文試之，稱旨。上曰：「朕欲

親問之。」辛卯，以殿前都點檢僕散端等爲賀宋生日使。己亥，上謂宰臣曰：「聞諸王傅尉多苛細，舉動拘防，亦非朕意。是職之設，本欲輔導諸王，使歸之正，得其大體而已。」平章政事清臣曰：「請以聖意偏行之。」曰：「已論之矣。」

八月癸卯，勅諸職官老病不肯辭避，有司論使休閑者，不在給俸之列，格前勿論。上以軍民不和、吏員姦弊，詔四品以下、六品以上集議于尚書省，各述所見以聞。甲辰，集三品以下、六品以上官，問以朝政得失及民間利害，令各書所對。丁未，以有司奏寧海州文登縣王震孝行，以營業進士，并試其文，特賜同進士出身，仍注教授一等職任。辛亥，至自萬寧宮。特賜胡光謙明昌二年進士第三甲及第，授將仕郎、太常寺奉禮郎。官制舊設是職，未嘗除人，以光謙德行才能，故特授之。己未，以烏林荅愿爲尚書左丞。辛酉，獵于近郊。乙丑，上謂宰臣曰：「朕欲任官，令久於其事。若今日作禮官，明日司錢穀，雖間有異材，然事能悉辦者鮮矣。」對曰：「使中材之人久於其職，事既熟，終亦得力。」上問太常卿張暐：「古有三恪，今何無之？」暐具典故以聞。丁卯，宋、高麗、夏遣使來賀天壽節。

九月庚午朔，天壽節，以皇太后喪，不受朝。諭尚書省，去歲山東、河北被災傷處所閣租稅及借貸錢粟，若便徵之，恐貧民未蘇，俟豐收日以分數帶徵可也。又諭宰臣曰：「隨路提刑司舊止察老病不任職及不堪親民者，如得其實，即改除他路。若他路提刑司覆察得

實，勿復注親民之職。卿等其議行之。」甲戌，以郊社署令唐括合達爲夏國生日使。己卯，如秋山。免圍場經過人戶今歲夏秋租稅之半，曾當差役者復一年。

冬十月壬寅，至自秋山。丙午，勅御史臺，提刑司自今保申廉能官，勿復有乞升品語。壬子，有司奏增修曲阜宣聖廟畢，勅「党懷英撰碑文；朕將親行釋奠之禮，其檢討典故以聞」。甲寅，勅置常平倉處，並令州、府官以本職提舉，縣官兼管勾其事，以所糴多寡約量升降，以爲永制。賜河南路提刑司所舉逸民游總同進士出身，以年老不樂仕進，授登仕郎，〔七〕給正八品半俸終身。戊午，諭尚書省訪求博物多知之士。癸亥，遣諭諸王府傅尉曰：「朕分命諸王出鎮，蓋欲政事之暇，安便優逸，有以自適耳。然慮其舉措之間或違於理，所以分置傅尉，使勸導彌縫，不入於過失而已。若公餘遊宴不至過度，亦復何害。今聞爾等或用意太過，凡王門細碎之事無妨公道者，一一干與，贊助之道，豈當如是。宜各思職分，事舉其中，無失禮體。」仍就論諸王，使知朕意。」丙寅，勅應保舉官及試中書判者委官覆察，言行相副者量與陞除，隨朝及六品以上各隨所長用之。己巳，獵于近郊。

十一月庚午朔，尚書省奏：「翰林侍講學士党懷英舉孔子四十八代孫端甫，年德俱高，該通古學。濟南府舉魏汝翼有文章德誼，苦學三十餘年，已四舉終場。蔚州舉劉震亨學行俱優，嘗充舉首。益都府舉王樞博學善書，事親至孝。」勅魏汝翼特賜進士及第，劉震亨等同進士出身，並附王澤榜。孔端甫俟春暖召之。丙子，詔臣庶名犯古帝王而姓復同者禁之，周公、孔子之名亦令回避。戊寅，升相州爲彰德府。以前右副都點檢溫敦忠等爲賀宋正旦使。壬午，尚書省奏，知河南府事程嶧乞進封父祖。權尚書禮部郎中党懷英言：「凡宰執改除外任長官，其佐官以下相見禮儀皆與他長官不同，合與宰執一例封贈。」從之。甲申，改提刑司令史爲書史。丙申，以有司言：「河州定羌民張顯孝友力田，棼券已責，又獻粟千石以賑饑。棣州民榮楫賑米七百石、錢三百貫，冬月散柴薪三千束。皆別無希覬。」特各補兩官，仍正班敍。

十二月癸卯，以東上閤門使張汝猷爲高麗生日使。辛亥，諭有司祈雪。癸丑，獵于近郊。丙辰，有赤氣見于北方。丁巳，勅華州下邽縣置武定鎮倉，京兆櫟陽縣置粟邑鎮倉，許州舞陽縣置北舞渡倉，各設倉草都監一人，縣官兼領之。乙丑，定到任告致仕格。丁卯，宋、高麗、夏遣使來賀正旦。

校勘記

〔一〕世宗遺滕王府長史奩御院通進奢來護視　按本書卷一九世紀補，奩作「再興」，奢作「阿里剌」。

〔二〕詔有司請親王到任各給錢二十萬　「請」疑是「諸」字之誤。

〔三〕同知登聞檢院孫鐸皆上書諫罷圍獵　原脫「同」字。按本書卷九九孫鐸傳云「除同知登聞檢院事」，今據補。

〔四〕仍罷西京解鹽巡捕使　原作「仍罷巡鹽使」。按本書卷四九食貨志，章宗大定二十九年「十二月，遂罷西京、解鹽巡捕使」，又云「遂復置北京遼東鹽使司……」，「罷西京及解州巡捕使」。今據補。

〔五〕六月戊子平章政事宗寧薨　「宗」原作「崇」。按上文明昌元年八月己丑，「以宗寧爲平章政事」，又本書卷七三宗寧傳亦記「拜平章政事，明昌二年薨」。今據改。參見本書卷八校記〔七〕。卷六一交聘表大定十一年「十一月，以西南路招討使宗室崇寧爲賀宋正旦使」，亦作「崇」，同改。

〔六〕然若輩多淳質不及事　「不」原作「亦」。據殿本改。

〔七〕以年老不樂仕進授登仕郎　「授」原作「特」。據殿本改。

金史卷十

本紀第十

章宗二

四年春正月己巳朔，以皇太后喪，不受朝。辛未，以平章政事夾谷清臣爲尚書右丞相，監修國史。丁丑，遣戶部侍郎李獻可等分路勸農事。癸未，尚書省奏大興府推官蘇德秀爲禮部主事，上曰：「朕旣嘗語卿，百官當使久於其職。彼方任理官，復改戶曹，尋又除禮部，人才豈能兼之。若久於其職，但中材勝於新人，事旣經練，亦必有濟，後不可輕易改除。」上又言：「凡稱政有異迹者，謂其斷事有餘才也。若止清廉，此乃本分，以貪汙者多，故顯其異耳。宰臣又言：『近言事者謂，方今孝弟廉恥道缺，乞正風俗』。此蓋官吏不能奉宣敎化使然。今之察舉官吏者，多責近效，以幹辦爲上，其有秉心寬厚，欲行德化者，輒謂之迂闊。故人人皆以敎化爲餘事，此孝弟所以廢也。若論所司，官吏有能務行德化者，擢而用之，則敎

化可行，孝弟可興矣。今之所察舉，皆先才而後德。巧猾之徒，雖有贓汙，一旦見用，猶爲能吏，此廉恥所以喪也。若論所司，察舉官吏，必審眞僞，使有才無行者不能覬覦，非道求進者加之糾劾，則奔競之俗息，而廉恥可興矣。」辛卯，賑河北諸路被水災者。癸巳，諭點檢司，行宮外地及圍獵之處悉與民耕，雖禁地，聽民持農器出入。丙申，東京路副使三勝進鷹，〔一〕遣諭之曰：「汝職非輕。民間利害，官吏邪正，略不具聞，而乃以鷹進，此豈汝所職也！後毋復爾。」

二月戊戌朔，如春水。始以春、秋二仲月上戊日祭社稷。癸丑，獵于姚村淀。癸亥，至自春水。丙寅，參知政事張萬公罷。

三月戊辰朔，諸路提刑司入見，各問以職事，仍誡諭曰：「朕特設提刑司，本欲安民，于今五年，效猶未著。蓋多不識本職之體，而徒事細碎，以致州縣例皆畏縮而不敢行事。廼者山東民艱于食，嘗遣使賑濟，蓋卿等不職，故至於此。旣往之失，其思悛改。」庚午，上將幸景明宮，御史中丞董師中等上書切諫，不報。壬申，章再上，補闕許安仁、拾遺路鐸皆諫，廼止。制定民習角觝、槍棒罪。以工部尙書胥持國爲參知政事。丙子，特賜有司孔端甫及第，〔三〕授小學教授，尋以年老，命食主簿半俸致仕。〔四〕甲申，幸香山永安寺及玉泉山。甲午，定配享功臣。勑自今御史臺奏事，修起居注並令回避。

夏四月丁酉朔，幸興陵崇妃第。是日，始舉樂。自己亥至癸卯，百官三表請上尊號，上曰：「祖宗古先有受尊號者，蓋有其德，故有其名。比年五穀不登，百姓流離，正當戒懼修身之日，豈得虛受榮名耶。」不許，仍斷來章。戊申，親禘于太廟。庚戌，如萬寧宮。辛亥，右丞相淸臣率百官及耆艾等復請上尊號，學官劉璣亦率六學諸生趙楷等七百九十五人詣紫宸門請上尊號，如唐元和故事，不許。丁巳，賑河州饑。勑女直進士及第後，仍試以騎射，中選者升擢之。乙丑，減尙廄食穀馬。

五月丙寅朔，曹王永升及諸王請上尊號，不許。以尙廄局使石抹貞爲橫賜夏國使。己巳，上以羣臣累上尊號不受，詔諭中外，徒罪以下遞降一等，杖以下原之。甲戌，覲稼于近郊。辛巳，諭左司，偏諭諸路，令月具雨澤田禾分數以聞。癸未，以久雨，禜。

六月癸丑，賜有司所舉德行才能之士安州崔秉仁、兗州翟駒、錦州齊文乙、大名孫可久、陳信仁、應州董戣並同進士出身。丙辰，以晴，致祭嶽鎭海瀆。壬戌，尙書右丞相夾谷清臣進封戴國公，西京留守完顏守貞爲平章政事，封蕭國公。尙書右丞劉瑋薨。

秋七月辛巳，南京路提刑司自許州遷治南京。己丑，制三品以上官有故者，若親、賢、勳、舊，尙書省卽與聞奏，議加追贈。命以銀改鑄「禮信之寶」，仍塗以金。以同判大睦親府事襄爲樞密使。以御史中丞董師中等爲賀宋生日使。

八月己亥，樞密使襄帥百僚再請上尊號，不許。是日，歲星、太白晝見。庚子，大赦。甲辰，至自萬寧宮。丁未，釋奠孔子廟，北面再拜。辛亥，國史院進世宗實錄，上服袍帶，御仁政殿，降座，立受之。

九月甲子朔，天壽節，御大安殿，受親王百官及宋、高麗、夏使朝賀。戊辰，以參知政事夾谷衡爲尙書右丞，戶部尙書馬琪爲參知政事。勑尙書省，大定二十九年以後士庶言事，或係國家或邊關大利害已嘗施行者，可特補一官，有益於官民，量給以賞。以西上閤門使大暑爲夏國生日使。庚午，如山陵，次奉先縣。辛未，拜天于縣西。壬申，致奠諸陵。癸酉，如秋山。

十一月庚午，右丞相清臣、參知政事持國上表丐閑，優詔不許。戊寅，以翰林直學士完顏匡等爲賀宋正旦使，命匡權易名弼，以避宋諱。壬午，木冰。丙戌，詔諸職官以贓汙不職被罪、以廉能獲升者，令隨路、京、府、州、縣列其姓名，揭之公署，以示勸懲。庚寅，夏國嗣子李純佑遣使來訃告。

十二月甲午朔，夏國李純佑遣使奉故王仁孝遺表以進。諭大興府於暖湯院日給米五石，以贍貧者。戊戌，定武軍節度使鄭王永蹈以謀反，伏誅。己亥，諭有司，以鄭王財產分賜諸王，澤國公主財物分賜諸公主。甲辰，諸王府增置司馬一人。以紇石烈瑆爲高麗生日

使，西上閤門使大礐等爲夏國勑祭慰問使。庚戌，尚書省以科目近多得人，乞是舉增取進士。上然之，詔有司，會試毋限人數。甲寅，册長白山之神爲開天弘聖帝。丙辰，獵于近郊。

是歲，大有年。邢、洺、深、冀及河北西路十六謀克之地，〔四〕野蠶成繭。

五年春正月癸亥朔，宋、高麗、夏遣使來賀。乙丑，昭容李氏進位淑妃。己巳，初用唐、宋典禮，皇后忌辰皆廢務。尚書省進區田法，詔相其地宜，務從民便。又言遣官劭農之擾，命提刑司禁止之。乙亥，以葉魯、谷神始製女直字，詔加封贈，依倉頡立廟盩厔例，祠於上京納里渾莊。歲時致祭，令其子孫拜奠，本路官一人及本千戶春秋二祭。辛巳，前中都路都轉運使王寂薦三舉終場人蔡州文商經明行修，足備顧問。前河北西路轉運使李揚言慶陽府進士李獎純德博學，鄉曲譽之。絳州李天祺、應州康晉侯屢赴廷試，皆有才德。上曰：「文商可令召之。李獎給主簿半俸終身，餘賜同進士出身。」遣國子祭酒劉璣册李純佑爲夏國王。丁亥，幸城南別宮。

二月丁酉，〔五〕初定長吏勸課能否賞罰格。尚書省奏：「禮官言孝懿皇后祥除已久，宜易隆慶宮爲東宮，慈訓殿爲承華殿。」從之。詔購求崇文總目內所闕書籍。戊戌，祭社稷，

以宣獻皇后忌辰，用熙寧祀儀，樂縣而不作。甲辰，〔六〕鄆王琮薨。己酉，宰臣請罷北邊屯駐軍馬，不允。癸丑，以齊河縣民張涓、濟陽縣王琛、河州李錡急義好施，詔復之終身，仍著于令。命宣徽使移剌敏、戶部主事赤盞實理哥相視北邊營屯，經畫長久之計。

三月壬申，初定限錢禁。庚辰，初定日月風雨雷師常祀。戊子，置弘文院，譯寫經書。

夏四月壬辰朔，幸北苑。庚子，詔各路所舉德行才能之士，涿州時琦、雲中劉摯、鄭州李升、恩州傅礪、濟南趙摯、興中田扈方六人，並特賜同進士出身。以文商爲國子教授，特遷登仕郎。己酉，詔自今筐櫝床榻之飾毋以金玉。壬子，特賜翰林待制溫迪罕迪翰林學士承旨、中奉大夫。乙卯，幸景明宮，董師中、賈守謙、路鐸先後凡兩上封事切諫，不報。

五月庚午，次烏十撒八。戊子，桓、撫二州旱，遣使禱于緡山。

六月壬辰，如冰井。己亥，出獵。登胡土白山，酹酒再拜。曹王永升以下進酒。丙午，拜天，曲赦西北路。己未，如查沙秋山。〔七〕是月，宋前主昚殂。

七月戊辰，獵于豁赤火，一發貫雙鹿。是日，獲鹿二百二十二，賜扈從官有差。辛巳，次魯溫合失不。是日，上親射，獲黃羊四百七十一。乙酉，次冰井。丙戌，以天壽節，宴樞光殿，凡從官及承應人遇覃恩遷秩者，並受宣勑於殿前。時久雨初霽，有龍曳尾于殿前雲間。戊子，御膳羹中有髮，上舉視而棄之，戒左右毋宣言。

八月辛亥，至自景明宮。壬子，河決陽武故堤，灌封丘而東。丁巳，賜從幸山後親軍銀、絹有差。

九月戊午朔，天壽節，宋、高麗、夏遣使來賀。壬戌，命增定捕盜官被殺賻錢及官賞格。甲子，都水監官王汝嘉等坐河決，各削官兩階，杖七十，罷之。乙丑，上御睿思殿，諸路提刑使入見。戊辰，初令民買撲隨處金、銀、銅冶。命參知政事馬琪往視河決，仍許便宜從事。壬申，宋主遣使來告哀。戊寅，以知大興府事尼厖古鑑等爲宋國弔祭使。勑尚書省，集百官議備邊事。壬午，特推恩東宮舊人司經王伯溫等八人官有差。甲申，命上京等九路并諸抹及乣等處選軍三萬，俟來春調發，仍命諸路并北阻𩥶以六年夏會兵臨潢。

冬十月庚寅，右丞相夾谷清臣等表請上尊號，不允。宋遣使獻遺留物。壬寅，右丞相清臣復請上尊號，國子祭酒劉璣亦率六學諸生上表陳請，不允。遣戶部員外郎何格賑河決被災人戶。庚戌，張汝弼妻高陀斡以謀逆，伏誅。壬子，尚書省奏，升提刑司所察廉官南皮縣令史肅以下十有二人，而大興主簿蒙括蠻都亦在選中，上知其人，曰：「蠻都澆浮人也，升之可乎？與其任澆浮，孰若用淳厚。況蠻都常才，才智過人猶不當用，恐敗風俗，況常才耶！其再察之。」

閏月戊午朔，宋主遣使來報卽位。甲子，親王、百官各奉表請上尊號，不允。丙寅，以

代國公歡都等五人配享世祖廟廷。甲戌，以河東南、北提刑使王啓等爲賀宋主卽位使。乙亥，獵于近郊。戊寅，上問輔臣：「孔子廟諸處何如？」平章政事守貞曰：「諸縣見議建立。」上因曰：「僧徒修飾宇像甚嚴，道流次之，惟儒者於孔子廟最爲滅裂。」守貞曰：「儒者不能長居學校，非若僧道久處寺觀。」上曰：「僧道以佛、老營利，故務在莊嚴閎侈，起人施利自多，所以爲觀美也。」庚辰，參知政事馬琪自行省回，具奏河防利害，語載琪傳中。〔八〕丙戌，以翰林待制奧屯忠孝權戶部侍郎，太府少監溫昉權工部侍郎，行戶、工部事，修治河防。以引進使完顏夷爲夏國生日使。

十一月癸巳，詔罷紫荊嶺所護圍場。庚子，以右宣徽使移剌敏等爲賀宋正旦使。癸丑，太白晝見。

十二月辛酉，平章政事完顏守貞罷。以知大興府事尼厖古鑑爲參知政事，以戶部郎中李敬義爲賜高麗生日使。丁卯，免被黃河水災今年秋稅。辛巳，勑減修內司備營造軍千人，都城所五百人。癸未，勑尚書省，自今獻靈芝嘉禾者賞。

六年春正月丁亥朔，受宋、高麗、夏使朝賀。庚寅，太白晝見。辛卯，勑有司給天水郡公家屬田宅。壬辰，如春水。庚戌，罷陝西括地。辛亥，諭胥持國，河上役夫聚居，恐生疾

疫，可廩醫護視之。乙卯，次御林。

二月丁巳朔，勅有司，行宮側及獵所有農者勿禁。己未，始祭高禖。庚午，至自春水。丁丑，京師地震。大雨雹，晝晦，震應天門右鴟尾。癸未，宋遣使來報謝。

三月丙戌朔，日有食之。甲午，以翰林直學士孛术魯子元兼右司諫，監察御史田仲禮爲左拾遺，翰林修撰僕散訛可兼右拾遺，諭之曰：「國家設置諫官，非取虛名，蓋責實效，庶幾有所裨益。卿等皆朝廷選擢，置之諫職，如國家利害、官吏邪正，極言無隱。近路鐸左遷，本以他罪，卿等勿以被責，遂畏縮不言，其悉心戮力，毋得緘默。」丙申，如萬寧宮。戊戌，以北邊糧運，括羣牧所、三招討司猛安謀克、隨乣及迭剌、唐古部諸抹、西京、太原官民駝五千充之，惟民以駝載爲業者勿括。以銀五十萬兩、錢二十三萬六千九百貫以備支給。銀五萬兩、金盂二千八百兩、金牌百兩、銀盂八千兩、絹五萬匹、雜綵千端、衣四百四十六襲以備賞勞。庚子，以郡舉才行之士翟介然以下三人特賜進士及第，李貞固以下十五人同進士出身。

夏四月癸亥，勅有司，以增修曲阜宣聖廟工畢，賜衍聖公以下三獻法服及登歌樂一部，仍遣太常舊工往敎孔氏子弟，以備祭禮。甲子，以尚書左丞烏林荅愿爲平章政事，右丞夾谷衡爲尚書左丞。丙子，幸玉泉山。戊寅，以修河防工畢，參知政事胥持國進官二階，翰林

待制奧屯忠孝以下三十六人各一階，獲嘉令王維翰以下五十六人各賜銀幣有差。庚辰，以尚書右丞相夾谷清臣爲左丞相，監修國史，封密國公。樞密使襄爲尚書右丞相，封任國公。參知政事胥持國爲尚書右丞。壬午，賜宰臣手詔，以風俗不淳，官吏苟且，責之。

五月丙戌，命減萬寧宮陳設九十四所。辛卯，以出師，遣禮部尚書張暐告于廟社。乙未，判平陽府事鎬王永中以罪賜死，幷及二子。丁酉，詔中外。乙巳，詔諸路猛安謀克農隙講武，本路提刑司察其惰者罰之。庚戌，命左丞相夾谷清臣行省于臨潢府。

六月丙辰，右諫議大夫賈守謙、右拾遺僕散訛可坐鎬王永中事奏對不實，削官二階，罷之。御史中丞孫卽康、右補闕蒙括胡剌、右拾遺田仲禮各罰金二十斤。丙寅，以樞密副使唐括貢爲樞密使。以久雨，禜。庚辰，太白經天。辛巳，左丞相清臣遣使來獻捷。

七月丙申，幸曹王永升第。甲辰，始定文武官六貫石以上、承應人幷及廕者、若在籍儒生章服制。

八月己未，命兗州長官以曲阜新修廟告成于宣聖。癸亥，至自萬寧宮。己巳，以溫敦伯英言，命禮部令學官講經。辛未，以吏部尚書吳鼎樞等爲賀宋生日使。壬申，行省都事獨吉永中來報捷。乙亥，勅宮中承應人出職後三年內犯贓罪者，元舉官連坐，不在去官之限，著爲令。辛巳，木波進馬。

九月壬午朔，天壽節，宋、高麗、夏遣使來賀。甲申，册靜寧山神爲鎭安公，忽土白山神爲瑞聖公。丙戌，知河間府事移剌仲方爲御史大夫。辛卯，如秋山。以尚書左司郎中粘割胡上爲夏國生日使。

冬十月丙辰，至自秋山。丁巳，以歲幸春水、秋山，五日一進起居表，自今可十日一進。乙亥，命尚書左丞夾谷衡行省于撫州，命選親軍、武衞軍各五百人以從，仍給錢五千萬。

十一月戊子，左丞相夾谷清臣罷，右丞相襄代領行省事。丙申，以刑部尚書紇石烈貞等爲賀宋正旦使。壬寅，初定猛安謀克鎭邊後放免者授官格。禁射糧軍，應役但成隊伍，不得持兵器及凡可以傷人者。甲辰，報敗敵於望雲。乙巳，以樞密使唐括貢、御史大夫移剌仲方、禮部尚書張暐等二十三人充計議官，凡軍事則議之。戊申，初定縣官增水田陞除制。

十二月乙卯，詔招撫北邊軍民。以知登聞檢院賈益爲高麗生日使，戶部員外郎納蘭昉爲橫賜使。戊午，禮部尚書張暐等進大金儀禮。丁卯，應奉翰林文字趙秉文上書論姦欺。乙亥，詔加五鎭四瀆王爵。庚辰，上幸後園閱軍器。是月，右丞相襄率駙馬都尉僕散揆等進軍大鹽濼，分兵攻取諸營。

承安元年春正月辛巳朔，受宋、高麗、夏使朝賀。甲申，大鹽濼羣牧使移剌覩等爲廣吉剌部兵所敗，死之。丁亥，國子學齋長張守愚上平邊議三篇，特授本學敎授，仍以其議付史館。

二月甲子，命有司祀高禖如新儀。丁卯，右丞相襄、左丞衡至自軍前。己巳，復命還軍。幸都南行宮春水。甲戌，至自行宮。是月，初造虎符發兵。

三月丁酉，如萬寧宮。不雨，遣官望祭嶽鎭海瀆于北郊。癸卯，勅尚書省，刑獄雖已奏行，其間恐有疑枉，其再議以聞。人命至重，不可不愼也。甲辰，遣參知政事尼厖古鑑祈雨于社稷。丁未，復遣使就祈于東嶽。

夏四月辛亥，命尚書右丞胥持國祈雨于太廟。壬子，遣使審決冤獄。京城禁傘扇。戊午，初行區種法，民十五以上、六十以下有土田者，丁種一畝。乙丑，命御史大夫移剌仲方祈雨于社稷。壬申，命參知政事馬琪祈雨于太廟。甲戌，尚書省以趙承元言，請追上孝懿皇太后册寶，然後行謚册禮。禮官執奏尊皇太后已詔示中外，無追册禮，從之。戊寅，上以久不雨，命禮部尚書張暐祈于北嶽。己卯，遣官望祭嶽鎭海瀆于北郊。

五月庚辰朔，覩稼于近郊，因閱區田。乙酉，以久旱，徙市。庚寅，詔復市如常。壬辰，以尚藥局副使粘割忠爲橫賜夏國使。乙未，參知政事尼厖古鑑薨。庚子，雨足。

六月甲寅，上以百姓艱食，詔出倉粟十萬石減價以糶之。乙丑，平晉縣民利通家蠶自成綿段，長七尺一寸五分，闊四尺九寸，詔賜絹十疋。丁卯，勅自今長老、大師、大德不限年甲，長老、大師許度弟子三人，大德二人，戒僧年四十以上者度一人。其大定十五年附籍沙彌年六十以上並令受戒，仍不許度弟子。尼、道士、女冠亦如之。御史大夫移剌仲方罷。庚午，幸環秀亭觀稼。癸酉，詔應禁軍器路分，步弓手擬於射糧軍內選之，馬弓手擬於猛安謀克軍戶餘丁內選之。其有爲百姓害，從本州縣斷遣。無猛安戶，於二百里內屯駐軍餘丁內取之，依步弓手月給二貫石。

七月庚辰，御紫宸殿，受諸王、百官賀，賜諸王、宰執酒。勅有司，以酒萬尊置通衢，賜民縱飲。乙酉，勅今後高麗、夏使入見敷奏，令新設各國通事具公服與閤門使上殿監聽。命有司收瘗西北路陣亡骸骨。

八月己酉，獵于近郊。癸丑，幸玉泉山。甲子，以郊祀日期詔中外。戊辰，至自萬寧宮。以陝西西路轉運使董師中爲御史大夫。癸酉，左丞衡丁父憂。

九月丁丑朔，天壽節，宋、高麗、夏遣使來賀。幸天長觀。辛巳，以右丞相襄爲左丞相，監修國史，封常山郡王。壬午，賜襄酒百尊。太白晝見。癸未，都人進酒三千一百瓶，詔以賜北邊軍吏。以吏部尚書張嗣等爲賀宋生日使。癸巳，左丞衡起復。丁酉，知大興府卞、

同知郭鑄以擅逮問宰臣，各笞四十。辛丑，西南路招討使僕散揆至自軍。乙巳，以國子監丞烏古論達吉不爲夏國生日使。

冬十月丙午朔，詔選親軍八百人戍撫州。庚戌，命左丞相襄行省于北京，簽書樞密院事完顏匡行院於撫州。丙辰，祫享于太廟。

十一月戊子，參知政事馬琪罷。庚寅，特滿羣牧契丹陁鎖、德壽反，〔九〕泰州軍擊敗之。御史大夫董師中、北京留守裔並爲參知政事。甲午，以陝西路統軍使崇道等爲賀宋正旦使。丁酉，朝享于太廟。戊戌，有事于南郊，大赦，改元。己亥，曹王永升率親王、百官賀。癸卯，命有司祈雪，仍遣官祈于東嶽。

十二月丙午，樞密使唐括貢率百官請上尊號，不允。己酉，遣提點太醫近侍局使李仁惠勞賜北邊將士，授官者萬一千人，授賞者幾二萬人，凡用銀二十萬兩、絹五萬疋、錢三十二萬貫。庚戌，以同知登聞檢院阿不罕德剛爲高麗國生日使。壬子，樞密使唐括貢復率百官請上尊號，不允。

二年春正月乙亥朔，宋、高麗、夏遣使來賀。乙酉，勅職官犯贓私不得訴于同官。丁亥，如安州春水。丁酉，至自春水。辛丑，宋主以母后喪，遣使告哀。〔一〇〕

二月丁巳，勅自今職官犯贓，每削一官殿一年。是日，太白晝見，經天。是月，特命襲封衍聖公孔元措世襲兼曲阜令。

三月己卯，親王、百官復請上尊號，不允。壬午，命尚書戶部侍郎溫昉佩金符，行六部尚書於撫州。庚寅，幸西園閱軍器。辛卯，始定保舉德行才能格。癸巳，平章政事烏林荅愿罷。丁酉，樞密使唐括貢率百官請上尊號，不允。以參知政事裔代左丞相襄行省于北京。〔一一〕

夏四月甲寅，如萬寧宮。丙辰，命有司祈雨，望祭嶽鎮海瀆于北郊。甲子，祈雨于社稷。尚書省奏，比歲北邊調度頗多，請降僧道空名度牒紫褐師德號以助軍儲，從之。癸酉，親王宣勅始用女直字。

五月甲戌朔，諭宰臣曰：「比以軍須，隨路賦調。司縣不度緩急，促期徵斂，使民費及數倍，胥吏又乘之以侵暴。其令提刑司究察之。」丙子，集官吏于尚書省，詔諭之曰：「今紀綱不立，官吏弛慢，遷延苟簡，習以成弊。職官多以吉善求名，計得自安，國家何賴焉。至於徇情賣法，省部令史尤甚。尚書省其戒諭之。」丁丑，北京行省參知政事裔移駐臨潢府。庚辰，升撫州爲鎮寧軍。以雨足，報祭于社稷。甲申，望祭嶽鎮海瀆于北郊。丁亥，左丞相襄詣臨潢府。己丑，皇子生，庚寅，詔中外，降死罪，釋徒以下。

六月乙巳，命禮部尚書張暐報祀高禖。丙午，雨雹。戊申，以澄州刺史王遵古爲翰林直學士，仍勅無與撰述，入直則奏聞，或霖雨，免入直，以遵古年老，且嘗侍講讀也。庚戌，詔罷瑤光殿工作。甲寅，置全州盤安軍節度使，治安豐縣。乙卯，封皇子爲壽王。

閏月甲午，出西橫門觀稼。

秋七月壬寅朔，幸天長觀，建普天大醮，禁屠宰七日，無奏刑，百司權停決罰。己未，命西上閤門使劉頍賜參知政事裔宴于行省。戊辰，天壽節，御紫宸殿受朝。

八月庚辰，勅計議官所進奏帖，可直言利害，勿用浮辭。辛巳，以邊事未寧，詔集六品以上官於尚書省，〔一二〕問攻守之計。應中外臣僚不以職位高下，或有方略材武，或長於調度，各舉三五人以備選用，無有顧望不盡所懷，期五日封章以進。議者凡八十四人，言攻者五，守者四十六，且攻且守者三十三，召對睿思殿，論難久之。癸未，至自萬寧宮。丙戌，以左丞相襄爲左副元帥，參知政事董師中尚書左丞，左宣徽使膏〔一三〕尚書右丞，戶部尚書楊伯通參知政事。尚書左丞夾谷衡罷。右丞胥持國致仕。庚寅，參知政事裔罷。樞密使唐括貢致仕。壬辰，以左副元帥襄爲樞密使兼平章政事。

九月辛丑朔，天壽節，宋、高麗、夏遣使來賀。壬寅，遣官分詣上京、東京、北京、咸平、臨潢、西京等路招募漢軍，不足則簽補之。乙巳，以夏使朝辭，詔答許復保安、蘭州榷場。丁

未，以知歸德府事完顏愈爲賀宋生日使。癸丑，以上京留守粘割斡特剌爲平章政事。〔一四〕辛酉，以樞密使兼平章政事襄、知大興府事胥持國爲樞密副使，〔一五〕權參知政事，行省于北京。乙丑，始置軍器監，掌治戎器，班少府監下，設甲坊、利器二署隸焉。丁卯，分遣官於東、西、北京，河北等路，〔一六〕中都二節鎮，買牛五萬頭。

冬十月庚午朔，初設講議所官十員，共議錢穀，以中都路轉運使孫鐸、戶部侍郎高汝礪等爲之。庚辰，尚書省奏，高麗國牒報，其王以老疾，令母弟晫權國事。壬午，尚書省行推排。丁亥，皇子壽王蒆。壬辰，詔獎諭西南路招討使僕散揆等有功將士。甲午，大雪，以米千石賜普濟院，令爲粥以食貧民。丙申，以禮部員外郎蒙括仁本爲夏國生日使。

十一月甲辰，冬至，有事于南郊。乙巳，以薪貴，勑圍場地內無禁樵採。壬子，諭尚書省，猛安謀克既不隸提刑司，宜令監察御史察其臧否。庚申，北京留守裔以行省失職，杖一百，除名。右諫議大夫納蘭昉杖九十，削官二階，罷之。甲子，諭宰臣曰：「朕居九重，民間難以徧知，宰相不見賓客，何以得知民間利害。」

十二月己巳朔，勑御史臺糾察諂佞趨走有實跡者。己卯，始鑄「承安寶貨」。癸未，遣戶部侍郎上官瑜體究西京逃亡，勸率沿邊軍民耕種，戶部郎中李敬義規措臨潢等路農務。乙酉，諭宰臣，今後水潦旱蝗、盜賊竊發，命提刑司預爲規畫。戊子，諭西南路將士。庚寅，

豫王永成進馬八十疋，賜詔獎諭，稱皇叔豫王而不名。

校勘記

〔一〕東京路副使三勝進鷹　「三勝」殿本作「王勝」。

〔二〕特賜有司孔端甫及第　按下文「六月癸丑，賜有司所舉德行才能之士安州崔秉仁……並同進士出身」，此處「有司」下似有脫文。

〔三〕命食主簿乍倖致仕　「致仕」原作「致事」，據本書卷一〇五孔揔傳改。

〔四〕邢洺深冀及河北西路十六謀克之地　原脫「西路」二字。按本書卷二三五行志，明昌四年「邢、洺、深、冀及河北西路十六謀克之地，野蠶成繭」，今據補。

〔五〕二月丁酉　「二月」二字原在下文「甲辰」上。按正月癸亥朔，則丁酉在二月，今將「二月」移在「丁酉」上。

〔六〕甲辰　原作「二月甲辰」。「二月」二字已移在上文「丁酉」上。參見前條。

〔七〕如查沙秋山　「查」字原缺末畫，按本書卷二四地理志西京路桓州有查沙，今據補正。

〔八〕參知政事馬琪自行省回具奏河防利害語載琪傳中　按馬琪奏河防利害事見本書卷三九河渠志，而卷九五馬琪傳失載。

〔九〕特滿羣牧契丹陁鎖德壽反　「羣」原作「郡」，按本書卷二四地理志，西京路「羣牧十二處」有「特滿羣牧」。又卷九四內族襄傳云，「會羣牧德壽、陁鎖等據信州叛」，亦作「羣牧」。今據改。

〔一〇〕辛丑宋主以母后喪遣使告哀　按承安二年當宋寧宗慶元三年，宋主無母后喪，未嘗遣使，故金亦未遣「宋弔祭使」，此乃抄襲本書卷六二交聘表之誤。

〔一一〕以參知政事裔代左丞相襄行省于北京　「左丞相」原誤作「左丞省」。按上文，承安元年九月辛巳，「以右丞相襄爲左丞相」，十月庚戌，「命左丞相襄行省于北京」。今據改。

〔一二〕以邊事未寧詔集六品以上官於尚書省　按本書卷九七移剌益傳作「召朝官四品以上入議」。

〔一三〕左宣徽使𠶷　錢大昕廿二史考異卷八四云，「案𠶷字不見於字書，必是傳寫之譌。予見曲阜孔廟石刻，承安四年三月泰定軍節度使兼兗州觀察使完顏𠶷祭文，復有孔元措跋云：『相國完顏公，自尚書右丞出鎮沇郡。』與此紀三年十二月『尚書右丞𠶷罷』年月相合。然則𠶷卽啚之譌。說文：『啚，用也，從亯從自，讀若庸。』石刻作𠶷，隸體小變耳」。錢說是。

〔一四〕以上京留守粘割斡特剌爲平章政事　「斡」原作「訛」。按本書卷五九粘割斡特剌傳，「承安初，……改上京留守……二年九月還朝，拜平章政事」。今據改。

〔一五〕知大興府事胥持國爲樞密副使　按本書卷一二九胥持國傳作「起知大名府事，未行，改樞密副使」。疑「興」當是「名」字之誤。

〔一六〕分遣官於東西北京河北等路　「東西北京」原作「東西北路」。既非地名，又與下文「河北等路」承文不順。按本書卷二四地理志有東京路、西京路、北京路，今據改。

中華書局

金史卷十一

本紀第十一

章宗三

三年春正月己亥朔，日有食之。辛丑，宋、夏遣使來賀。癸卯，諭有司，凡館接伴幷奉使者，毋以語言相勝，務存大體。奉使者亦必得其人乃可。乙卯，詔罷講議所。丙辰，如城南春水。丁巳，併上京、東京兩路提刑司爲一，提刑使、副兼安撫使、副，安撫專掌教習武事，毋令改其本俗。己未，以都南行宮名建春。甲子，至自春水。乙丑，宋主以祖母喪，〔一〕遣使告哀。

二月己巳朔，幸建春宮。辛巳，諭宰臣曰：「自今內外官有闕，有才能可任者，雖資歷未及，亦具以聞。雖親故，毋有所避。」以武衞軍都指揮使烏林荅天益等爲宋弔祭使。甲申，至自建春宮。丙戌，斜出內附。辛卯，平章政事粘割斡特剌薨。

三月戊戌，以禮部尚書張暐爲御史大夫。壬寅，復榷醋。〔二〕甲寅，如萬寧宮。丁巳，勅隨處盜賊，毋以强爲竊，以多爲少，以有爲無。嘯聚三十人以上奏聞。違者杖百。丙寅，高麗王王晧以弟晫權國事，遣使奉表來告。

夏四月戊辰朔，諭有司，宰相遇雨，可循殿廡出入。丙申，諭御史臺曰：「隨朝大小官雖有才能，率多苟簡，朕甚惡之，其察舉以聞。提刑司所察廉能汙濫官，皆當殿奏，餘事可轉以聞。」以侍御史孫俁爲宣問高麗王王晧使。

五月庚子，〔三〕右宣徽使張汝方以漏泄廷議，削官兩階。壬寅，〔四〕射柳、擊毬，縱百姓觀。戊申，以客省使移剌都爲夏國生日使。甲子，參知政事楊伯通表乞致仕，不許。

秋七月丙午，幸香山。己酉，如萬寧宮。甲寅，還宮。

八月辛未，獵于近郊。癸酉，獵于香山。戊寅，如萬寧宮。庚辰，以護衞石和尙爲押軍萬戶，率親軍八百人、武衞軍千六百人戍西北路。癸未，還宮。宋遣使來報謝。

九月丙申朔，天壽節，宋、夏遣使來賀。以中都路都轉運使孫鐸等爲賀宋生日使。乙巳，獵于近郊。庚戌，參知政事楊伯通再表乞致政，不許。戊午，木波進馬。

冬十月庚午，獵于近郊。癸未，行樞密院言斜出等請開榷場於轄里裊，〔五〕從之。丁亥，定官民存留見錢之數，設回易務，更立行用鈔法。

十一月丁酉，樞密使兼平章政事襄至自軍，癸卯，以爲尙書左丞相，監修國史。丁未，以太常卿楊庭筠等爲賀宋正旦使。戊申，詔獎諭樞密副使夾谷衡以下將士。辛亥，定屬託法。定軍前官吏遷賞格。以邊事定，詔中外，減死罪，徒已下釋之。賜左丞相襄以下將士金幣有差。甲寅，冬獵。

十二月甲子朔，獵于酸棗林。大風寒，罷獵，凍死者五百餘人。己巳，還都。丙戌，尙書右丞膏罷。高麗權國事王晫遣使奉表來告。

四年春正月癸巳朔，宋、夏遣使來賀。乙巳，尙書左丞董師中致仕。辛酉，監察御史姬端修以妄言下吏。尙書左丞相襄爲司空，職如故。樞密副使夾谷衡爲平章政事，封英國公。前知濟南府事張萬公起復爲平章政事，封壽國公。楊伯通爲尙書左丞。簽樞密院事完顏匡爲尙書右丞。

二月乙丑，如建春宮春水。己巳，還宮。庚午，御宣華門，觀迎佛。辛未，如建春宮。赦姬端修罪，令居家俟命。司空襄言，西南路招討使僕散揆治邊有功，召赴闕，以知興中府事紇石烈子仁代之。壬申，諭有司，自三月一日爲始，每旬三品至五品官各一人轉對，六品亦以次對。臺諫勿與，有應奏事，與轉對官相見，無面對者上章亦聽。乙亥，還宮。戊寅，

如建春宮。庚辰，上諭點檢司曰：「自蒲河至長河及細河以東，朕常所經行，官爲和買其地，令百姓耕之，仍免其租稅。」甲申，還宮。乙酉，以西南路招討使僕散揆爲參知政事。起姬端修爲太學博士。如建春宮。戊子，還宮。

三月丁酉，同判大睦親府事宗浩爲樞密使，封崇國公。〔六〕己亥，如建春宮。遣使册王晫爲高麗國王。戶部尙書孫鐸、郎中李仲略、國子祭酒趙忱始轉對香閣。丁未，勅尙書，〔七〕官員必須改除者議之，其月日淺者毋數改易。乙卯，尙書省奏減親軍武衞軍額及太學女直、漢兒生員，罷小學官及外路教授。詔學校仍舊，武衞軍額再議，餘報可。司空襄、右丞匡、參知政事揆請罷諸路提點刑獄，從之。戊午，雨雹。

夏四月癸亥，改提刑司爲按察使司。戊辰，如萬寧宮。壬申，左丞楊伯通致仕。御史大夫張暐以奏事不實，追一官，〔八〕侍御史路鐸追兩官，俱罷之。姬端修杖七十，贖。壬午，英王從憲進封瀛王。詔同州、許州節度使罷兼陝西、河南副統軍。

五月壬辰朔，以旱，下詔責躬，求直言，避正殿，減膳，審理寃獄，命奏事於泰和殿。戊戌，命有司望祭嶽瀆禱雨。己亥，應奉翰林文字陳載言四事：其一，邊民苦于寇掠；其二，農民困于軍須；其三，審決寃滯，一切從寬，苟縱有罪；其四，行省官員，例獲厚賞，而沿邊司縣，曾不霑及，此亦干和氣，致旱災之所由也。上是之。壬寅，以兵部郎中完顏撒里合爲夏

國生日使。戊申，宰臣以京畿雨，率百官請御正殿，復常膳。不從。尙書省奏上更定給發虎符制，著于令。庚戌，諭宰臣曰：「諸路旱，或闕執政。今惟大興、宛平兩縣不雨，得非其守令之過歟？」司空襄、平章政事萬公、參知政事揆上表待罪。上以罪己答之，令各還職。詔頒銅杖式。壬子，祈雨于太廟。乙卯，更定軍功賞格。戊午，司空襄以下再請御正殿，復常膳。不從。庚申，平章政事夾谷衡薨。以宿直將軍徒單仲華爲橫賜夏國使。

六月丁卯，雨。司空襄以下復表請御正殿，復常膳。從之。甲戌，以雨足，命有司報謝于太廟。丁丑，右補闕楊庭秀言：「自轉對官外，復令隨朝八品以上、外路五品以上及出使外路有可言者，並許移檢院以聞。則時政得失，民間利病，可周知矣。」從之。己卯，以雨足，報祭社稷。辛巳，遣官報祀嶽瀆。癸未，奉職醜和尙進浮漏水稱影儀簡儀圖，命有司依式造之。丁亥，定宮中親戚非公事傳達語言、轉遞諸物及書簡出入者罪。

七月甲辰，更定尙藥、儀鸞局學者格。辛亥，勅宣徽院官，天壽節凡致仕宰執悉召與宴。丙辰，以久雨，令大興府祈晴。

八月己巳，獵于近郊。壬申，獵于香山。甲戌，以皇嗣未立，命有司祈于太廟。丁丑，獵于近郊。庚辰，還宮。

九月庚寅朔，天壽節，宋、高麗、夏遣使來賀。己亥，如薊州秋山。己未，以知東平府事

僕散琦等爲賀宋生日使。

冬十月丙寅，至自秋山。壬午，初定百官休假。〔九〕甲申，初置審官院。

十一月乙未，〔一〇〕勅京、府、州、縣設普濟院，每歲十月至明年四月設粥，以食貧民。丙申，平章政事張萬公表乞致政，不許。庚戌，命有司祈雪。甲寅，〔一一〕定護衞改充奉御格。以知濟南府事范楫等爲賀宋正旦使。

十二月己未，除授文字初送審官院。辛酉，更定考試隨朝檢、知法條格。右補闕楊庭秀請類集太祖、太宗、世宗三朝聖訓，以時觀覽。從之，仍詔增熙宗爲四朝。癸未，更定科舉法。增設國史院女直、漢人同修史各一人。定親軍及承應人退閑遷賞格。是月，淑妃李氏進封元妃。

五年春正月戊子朔，宋、高麗、夏遣使來賀。乙未，以尙書省言，會試取策論、詞賦、經義不得過六百人，合格者不及其數則闕之。丙申，如春水。庚子，命左右司五日一轉奏事。辛丑，諭點檢司，車駕所至，仍令百姓市易。庚戌，定猛安謀克軍前怠慢罷世襲制。

二月辛未，至自春水。辛巳，有司奏：「應奉翰林文字溫迪罕天興與其兄直學士思齊同僚學士院，定撰制誥文字，合無廻避？」詔不須避，仍爲定制。

閏月癸卯，〔一二〕定進納粟補官之家存留弓箭制。丁未，上與宰臣論置相曰：「徒單鎰，朕志先定。賈鉉如何？」皆曰：「知延安府事孫卽康可。」平章政事萬公亦曰：「卽康及第，先鉉一榜。」上曰：「至此安問榜次，特以賈才可用耳。」尙書省奏：「右補闕楊庭秀言，乞令尙書省及第左右官一人，應入史事者編次日曆，或一月，或一季，封送史院。」上是其言，仍令送著作局潤色，付之。

三月庚申，大睦親府進重修玉牒。平章政事張萬公乞致政，不許。壬戌，命有司禱雨。癸亥，雨。戶部尙書孫鐸、大理卿完顏撒剌、國子司業蒙括仁本召對便殿。丙寅，如萬寧宮。戊辰，定妻亡服內婚娶聽離制。親王、宰執、百官再請上尊號。不許。庚午，以知大興府事卞爲御史大夫。丙子，尙書省奏，擬同知商州事蒲察西京爲濟南府判官。上曰：「宰相豈可止徇人情，要當重惜名爵。此人不堪，朕常記之，止與七品足矣。」庚辰，以上京留守徒單鎰爲平章政事，封濟國公。辛巳，定本國婚聘禮制。改山東東路舊皇城猛安名曰合里哥阿鄰。

四月丙戌朔，文武百官再請上尊號。不許。丙午，尙書省進律義。

五月乙卯朔，定猛安謀克鬭毆殺人遇赦免死罷世襲制。以雨足，遣使報祭社稷。丁巳，定策論進士及承蔭人試弓箭格。戊午，勅來日重五拜天，服公裳者拜禮仍舊，諸便服者並

用女直拜。己□，〔一三〕勅諸路按察司，糾察親民官以大杖箠人者。乙亥，親王、文武百官、六學各上表請上尊號。不許。庚辰，地震。詔定進納官有犯決斷法。

六月乙巳，遣有司祈晴，望祭嶽瀆。

七月乙卯朔，以晴，遣官望祭嶽鎭海瀆。癸亥，定居祖父母喪婚娶聽離法。初置蒲思衍羣牧。辛未，平章政事萬公特賜告兩月。甲戌，獵于近郊。

八月壬辰，幸香山。乙未，至自香山。丁未，勅審官院奏事，其院官皆許升殿。戊申，更定鎭防軍犯徒配役法。

九月甲寅朔，天壽節，宋、高麗遣使來賀。〔一四〕戊午，命樞密使宗浩、禮部尙書賈鉉佩金符行省山東等路括地。己未，尙書省奏：「西北路招討使獨吉思忠言，各路邊堡牆隍，西自坦舌，東至胡烈公，〔一五〕幾六百里，向以起築怱遽，並無女牆副隄。近令修完，計工七十五萬，止役戍軍，未嘗動民，今已畢功。」上賜詔獎諭。修玉牒成。定皇族收養異姓男爲子者徒三年，姓同者減二等，立嫡違法者徒一年。癸亥，如薊州秋山。

冬十月庚寅，至自秋山。庚子，風霾。宋遣使來告哀。辛丑，集百官于尙書省，問：「間者亢旱，近則久陰，豈政有錯謬而致然歟？」各以所見對。以禮部郎中劉公憲爲高麗生日使。丁未，獵于近郊。以宿直將軍完顏觀音奴爲夏國生日使。

十一月癸丑朔，日有食之。乙卯，以國史院編修官呂卿雲爲左補闕兼應奉翰林文字。審官院以資淺駁奏，上諭之曰：「明昌間，卿雲嘗上書言宮掖事，辭甚切直，皆他人不能言者，卿輩蓋不知也。臣下言事不令外人知，乃是謹密，正當顯用，卿宜悉之。」以工部尚書烏古論誼等爲宋弔祭使。初定品官過闕則下制。己巳，宋復遣使來告哀。辛未，以殿前右副點檢紇石烈忠定爲賀宋正旦使。

十二月癸未朔，詔改明年爲泰和元年。以河南路統軍使充等爲宋弔祭使。乙未，定管軍官受所部財物輒放離役及令人代役法。辛丑，詔宮籍監戶，百姓自願以女爲婚者聽。癸卯，定造作不如法，三年內有損壞者罪有差。

泰和元年正月壬子朔，宋、高麗、夏遣使來賀。壬戌，宋遣使獻先帝遺留物。己巳，以太府監孫復言：「方今在仕者三萬七千餘員，而門廕補敍居三之二，諸司待闕，動至累年。蓋以補廕猥多，流品混淆，本末相舛，至於進納之人，既無勞績，又非科第，而亦廕及子孫，無所分別，欲流之清，必澄其源。」乃更定廕敍法而頒行之。尚書省奏：「今杖式輕細，民不知畏，請用大杖。」詔不許過五分。庚午，如長春宮春水。辛未，上以方春，禁殺含胎兔，犯者罪之，告者賞之。甲戌，初命文武官官職俱至三品者許贈其祖。

二月壬辰，去造土茶律。丁未，至自春水。

三月乙丑，夏國遣使來謝。壬申，幸天長觀。癸酉，如萬寧宮。乙亥，宋遣使來報謝。丁丑，更定鎭防千戶謀克放老入除格。辛巳，勑官司、私文字避始祖以下廟諱小字，〔一六〕犯者論如律。

夏四月甲辰，詔諭契丹人戶，累經簽軍立功者，官賞恩例與女直人同，仍許養馬、爲吏。

五月甲寅，擊毬于臨武殿，令都民縱觀。丙辰，樞密使宗浩罷。壬戌，幸玉泉山。戊寅，削尊長有罪卑幼追捕律。以直東上閤門劉頍爲橫賜高麗使。

六月己卯，幸香山。乙酉，平章政事張萬公表乞致仕。不許。辛卯，祈雨于北郊。己亥，用尚書省言，申明舊制，猛安謀克戶每田四十畝樹桑一畝，毁樹木者有禁，鬻地土者有刑。其田多汙萊，人戶闕乏，幷坐所臨長吏。按察司以時勸督，有故慢者量決罰之，仍減牛頭稅三之一。勑尚書省舉行風俗奢僭之禁。乙巳，初許諸科徵鋪馬、黃河夫、軍須等錢，折納銀一半，願納錢鈔者聽。丁未，詔有司修蓮花漏。

七月辛酉，禁放良人不得應諸科舉，子孫不在禁限。甲子，諭刑部官，凡上書人言及宰相者不得申省。乙丑，更定右選注縣令丞簿格。己巳，初禁廟諱同音字。

八月庚辰，初命戶絕者田宅以三分之一付其女及女孫。戊子，特改授司空襄河間府路算注海世襲猛安。乙未，至自萬寧宮。丙申，宋遣使來報謝。壬寅，制猛安謀克並隸按察司，監察御史止按部糾舉，有罪則併坐監臨之官。

九月戊申朔，天壽節，宋、高麗、夏遣使來賀。詔推排西、北京、遼東三路人戶物力。更定贍學養士法：生員，給民佃官田人六十畝，歲支粟三十石，國子生，人百八畝，歲給以所入，官爲掌其數。以右宣徽使徒單懷忠等爲賀宋生日使。甲寅，如秋山。丙子，至自秋山。

冬十月乙酉，祫享于太廟。戊子，平章政事張萬公乞致仕，不許。壬辰，御史臺奏：「在制，按察司官比任終遣官考覈，然後尚書省命官覆察之。今監察御史添設員多，宜分路巡行，每路女直、漢人各一人同往。」從之，仍勑分四路。丙申，御史大夫卞乞致仕，不許。戊戌，以武衞軍都指揮使司判官納合鈸爲高麗生日使。壬寅，勑有司，購遺書宜尚其價，以廣搜訪。藏書之家有珍惜不願送官者，官爲謄寫，畢復還之，仍量給其直之半。甲辰，以刑部員外郎完顏綱爲夏國生日使。

十一月庚戌，司空襄以下文武百官復請上尊號。不許。辛亥，勑尚書省，凡役衆勞民之事，勿輕行之。丁巳，諭工部曰：「比聞懷州有橙結實，官吏檢視，已嘗擾民，今復進柑，得無重擾民乎。其誡所司，遇有則進，無則已。」庚申，以殿前右衞將軍紇石烈七斤等爲賀宋正旦使。

十二月辛巳，勑改原廟春秋祭祀稱朝獻。司空襄以下復請上尊號。詔不允，仍斷來章。丁酉，司空襄等進新定律令勑條格式五十二卷，〔一七〕辛丑，詔頒行之。〔一八〕壬寅，獵于近郊。乙巳，初定廉能官升注格。

二年春正月丁未朔，宋、高麗、夏遣使來賀。乙卯，始朝獻于衍慶宮。庚申，幸芳苑觀燈。癸酉，歸德軍節度副使韓琛以强市民布帛，削一官，罷之。甲戌，如建春宮。

二月戊戌，初置內侍寄祿官。乙巳，還宮。

三月甲寅，初置宮苑司都、同監各一人。甲子，蔡王從彝母充等大師卒，詔有司定喪禮葬儀，事載從彝傳。〔一九〕

四月庚辰，幸昇國長公主第問疾。己亥，定遷三品官格。復撲買河濼法。辛丑，諭御史臺，諸訴事于臺，當以實上聞，不得輒稱察知。癸卯，如萬寧宮。命有司祈雨。

五月甲辰朔，日有食之。戊申，如泰和宮。辛亥，初薦新于太廟。壬戌，諭有司曰：「金井捺鉢不過二三日留，朕之所止，一涼厦足矣。若加修治，徒費人力。其藩籬不急之處，用圍幕可也。」甲子，更泰和宮曰慶寧，長樂川曰雲龍。己巳，勑御史臺，京師拜廟及巡幸所過州縣，止令洒掃，不得以黃土覆道，違者糾之。

六月辛卯，諭尚書省，諸路禾稼及雨多寡，令州郡以聞。

七月辛亥，有司奏還宮日請用黃麾仗。不許。乙卯，朝獻于衍慶宮。

八月丙申，鳳凰見于磁州武安縣鼓山石聖臺。丁酉，還宮。皇子生。

九月壬寅朔，天壽節，宋、高麗、夏遣使來賀。甲寅，以拱衛直都指揮使完顏瑭等爲賀宋生日使，且戒之曰：「兩國和好久矣，不宜爭細故，傷大體。」癸亥，以皇子生，親謝南北郊。庚午，封皇子爲葛王。

冬十月戊寅，報謝于太廟及山陵。甲申，以鳳凰見，詔中外。丙戌，獵近郊。壬辰，遣尚輦局副使李仲元爲高麗國生日使。以宿直將軍紇石烈毅爲夏國生日使，瀛王府司馬獨吉溫爲橫賜使。

十一月甲辰，更定德運爲土，臘用辰。以西京留守宗浩爲樞密使。戊申，以更定德運，詔中外。庚申，初命外官三品到任進表稱謝。甲子，幸玉虛觀，遣使報謝于太淸宮。

十二月癸酉，以皇子晬日，放僧道戒牒三千。以武安軍節度使徒單公弼等爲賀宋正旦使。戊寅，冬獵。庚辰，報謝于高禖。丁酉，還都。

閏月庚戌，司空襄薨。癸丑，初命監察御史非特旨不許舉官。辛酉，遣使報謝于北嶽。定人戶物力隨時推收法。丁卯，遣使報謝于長白山。冬，無雪。

三年春正月辛未朔，宋、高麗、夏遣使來賀。癸酉，遣官祈雪于北嶽。丁丑，朝獻于衍慶宮。己卯，以樞密使宗浩爲尚書右丞相，右丞完顏匡爲左丞，參知政事僕散揆爲右丞，御史中丞孫卽康、刑部尚書賈鉉並爲參知政事。庚辰，如建春宮。

二月癸丑，還宮。甲子，定諸職官省親拜墓給假例。

三月壬申，〔一〇〕平章政事張萬公致仕。庚辰，如萬寧宮。丁亥，定從人銅牌賣毀罪賞制。庚寅，定職官應遷三品格，刺史以上及隨朝資歷在刺史以上身故者，〔一一〕每半年一次敷奏。甲午，如玉泉山。丙申，以殿前都點檢僕散端爲御史大夫。

四月乙巳，禘于太廟。勅點檢司，致仕官入宮，年高艱于步履者，並聽策杖，仍令舍人護衞扶之。丁巳，勅有司祈雨，仍頒土龍法。己未，命吏部侍郎李炳、國子司業蒙括仁本、知登聞檢院喬宇等再詳定儀禮。庚申，諭省司，宮中所用物，如民間難得，勿强市之。癸亥，尚書省奏，遣官分路覆實御史所察事。

五月壬申，以重五，拜天，〔一二〕射柳，上三發三中。四品以上官侍宴魚藻殿。以天氣方暑，命兵士甲者釋之。丙戌，以定律令、正土德、鳳凰來、皇嗣建，大赦。辛卯，皇子葛王薨。壬辰，定擅增減宮門鎖鑰罪。丙申，作太極宮。

六月己亥，太白晝見。壬寅，詔選聰明方正之士爲修起居注。又詰點檢司，諸親軍所設教授及授業人若干，其爲教何法，通大義者幾人，各具以聞。戊申，定職官追贈法，惟嘗犯贓罪者不在追贈之列。壬戌，遣官行視中都田禾雨澤分數。

七月壬申，朝獻于衍慶宮。乙亥，定大臣薨百官奉慰禮。庚辰，獵于近郊。丁亥，上諭宰臣：「凡奏事，朕欲徐思或如己者，若除授事，可俟三五日再奏，餘並二十日奏之。」

八月丙辰，還宮。庚申，命編修官左容充宮教，賜銀、幣。

九月丙寅朔，天壽節，宋、高麗、夏遣使來賀。壬申，以刑部尚書承暉等爲賀宋生日使。戊子，以萬寧宮提舉司隸工部。壬辰，詔定千戶謀克受隨處捕盜官公移，盜急，不卽以衆應之者罪有差。召右丞相宗浩還朝。

冬十月戊戌，日將暮，赤如赭。己亥，大風。甲辰，申、酉間天大赤，夜將旦亦如之。壬子，右丞僕散揆至自北邊，丙辰，召至香閣慰勞之。〔一三〕以尚食局使師孝爲高麗生日使。庚申，尚書左丞完顏匡等進世宗實錄。〔一四〕上降座，立受之。壬戌，以薊州刺史完顏太平爲夏國生日使。奉御完顏阿魯帶以使宋還，言宋權臣韓侂胄市馬厲兵，將謀北侵。上怒，以爲生事，笞之五十，出爲彰德府判官。及淮平陷，乃擢爲安國軍節度副使。丁卯，諭尚書省，士庶陳言皆從所司以聞，自今可悉令詣闕，量與食直，仍給官舍居之。其言切直及繫利害

重者，並三日內奏聞。

十一月辛未，以簽樞密院事獨吉思忠等爲賀宋正旦使。丁丑，冬獵，以獲兔，薦山陵。甲午，詔監察等察事可二年一出。

十二月庚子，諭宰臣曰：「賀正宋使且至，可令監察隨之，以爲常。」壬寅，還都。己酉，賜天長觀額爲太極宮。辛亥，詔諸親王、公主每歲寒食、十月朔聽朝謁興、裕二陵，忌辰亦如之。癸丑，詔遣監察御史分按諸路，所遣者女直人，卽以漢人朝臣偕，所遣者漢人，卽以女直朝臣偕。戊午，勅行宮名曰光春，其朝殿曰蘭皐，寢殿曰輝寧。

校勘記

〔一〕宋主以祖母喪　「母」原誤作「無」。從殿本改。

〔二〕復榷醋　「復」原作「始」。按本書卷四九食貨志，「醋稅，自大定初，以國用不足，設官榷之。……至二十三年……遂罷之。……承安三年三月省臣以國用浩大，遂復榷之」。今據改。

〔三〕五月庚子　原脫「五月」二字。按四月戊辰朔，庚子當在五月，因將下文「五月壬寅」之「五月」二字移此。

〔四〕壬寅　原作「五月壬寅」。今將「五月」二字移在上文「庚子」之上。參見前條。

〔五〕開榷場於轄里裊　「轄里裊」，本書卷五〇食貨志作「轄里尼要」，此乃譯音用字之異。

〔六〕宗浩爲樞密使封崇國公　「崇國公」，本書卷九三宗浩傳作「榮國公」。

〔七〕丁未勅尚書　按「書」下疑脫「省」字。亦或是簡稱，猶宣徽院簡稱「宣徽」。

〔八〕御史大夫張暐以奏事不實追一官　「實」原作「寶」。按本書卷一〇六張暐傳，承安三年「爲御史大夫，明年，坐奏事不實奪一官」。今據改。

〔九〕初定百官休假　按「假」下疑脫「格」字。

〔一〇〕十一月乙未　原脫「十一月」三字。按十月庚申朔，乙未在十一月。今將下文「甲寅」上之「十一月」移此。

〔一一〕甲寅　原作「十一月甲寅」。已將「十一月」三字移在上文「乙未」之上。參見前條。

〔一二〕閏月癸卯　原脫「閏月」二字。今依長術補。

〔一三〕己□　「己」下缺一字，殿本作「己未」。按己未是重五，拜天射柳，無行勅之理。疑「己」下或脫「巳」或脫「卯」，今仍以□誌闕。

〔一四〕宋高麗遣使來賀　按本書卷六二交聘表，夏亦遣使來賀，此處脫「夏」字。

〔一五〕東至胡烈么　按本書卷九三獨吉思忠傳記此事作「東至胡烈么」，「么」、「么」蓋皆乣字之誤。又卷九四襄傳有「胡疋乣」，則因「烈」亦作「里」，里、疋二字草書形近而訛。

〔一六〕勅宮司私文字避始祖以下廟諱小字　按此處文字有誤，或「宮」下衍「司」字，或「司」下脫「公」字。

〔一七〕司空襄等進新定律令勅條格式五十二卷　按本書卷四五刑志，計律令二十卷，新定勅條三卷，六部格式三十卷，合之當爲五十三卷。

〔一八〕辛丑詔頒行之　按本書卷四五刑志作「詔以明年五月頒行之」。

〔一九〕隳王從彝母充等大師卒詔有司定喪禮葬儀事載從彝傳　「充等大師」，錢大昕廿二史考異卷八四以爲當是「充華太妃之譌」，係就字形推測。然從彝母非「充華」，施氏詳校以爲「當改作興陵太妃」，然從彝母乃金顯宗妃，當稱「裕陵」而不得稱「興陵」。按當時貴族婦女多奉佛，或受戒而有「大師」之號？疑莫能定。又本書卷九三從彝傳不載定喪禮葬儀事，惟卷一〇六張暐傳簡載其事，但時間在明昌六年。

〔二〇〕三月壬申　「申」下原衍「朔」字。按是年三月庚午朔，壬申非朔，今删。

〔二一〕剌史以上及隨朝資歷在剌史以上身故者　原脫「隨」字，按本史文例補。

〔二二〕五月壬申以重五拜天　「申」原作「午」。按「重五」拜天射柳爲女直舊俗，本書卷二太祖紀云，「故事，五月五日、七月十五日、九月九日拜天射柳，歲以爲常」。是年五月戊辰朔，重五在壬申，今改正。

〔二三〕召至香閣慰勞之　「至」原作「王」。從殿本改。

〔二四〕尚書左丞完顏匡等進世宗實錄　此事又見本書卷九八完顏匡傳。按卷一〇章宗紀，明昌四年八月「辛亥，國史院進世宗實錄」，此又重見，故錢大昕元史藝文志、施國祁皆以完顏匡所進爲顯宗實錄。

金史卷十二

本紀第十二

章宗四

四年春正月乙丑朔，宋、高麗、夏遣使來賀。丁卯，諭外方使人不得佩刀入宮。庚午，幸豫王永成第視疾。辛未，如光春宮春水。壬申，陰霧，木冰。丁丑，行尚書省奏，宋賀正使還至慶都卒。詔遣防禦使女奚烈元往祭，[一]致賻絹布各二百二十疋，仍命送伴使張雲護喪以歸。豫王永成薨。辛卯，高麗國王王晫沒，嗣子韺遣使來告哀。

二月乙未朔，還宮。丁酉，以山東、河北旱，詔祈雨東、北二嶽。己亥，命購豫王永成遺文。庚戌，始祭三皇、五帝、四王。癸丑，詔刺史、州郡無宣聖廟學者並增修之。

三月丁卯，日昏無光，大風毀宣陽門鴟尾。癸酉，命大興府祈雨。戊寅，幸太極宮。詔定前代帝王合致祭者。尚書省奏：「三皇、五帝、四王，已行三年一祭之禮。若夏太康，殷太

甲、太戊、武丁，周成王、康王、宣王，漢高祖、文、景、武、宣、光武、明帝、章帝，唐高祖、文皇一十七君致祭爲宜。」從之。乙酉，祈雨于北郊。丁亥，如萬寧宮。壬辰，祈雨于社稷。遼陽府判官斜卯劉家以上書論列朝臣，削官一階，罷之。

夏四月丙申，詔定縣令以下考課法。己亥，祈雨于太廟。庚子，增定關防姦細格。丙午，定衣服制。以祈雨，望祀嶽鎮海瀆于北郊。癸丑，祈雨于社稷。甲寅，以久旱，下詔責躬，求直言，避正殿，減膳撤樂，省御廄馬，免旱災州縣徭役及今年夏稅。遣使審繫囚，理冤獄。乙卯，宰臣上表待罪。詔答曰：「朕德有愆，上天示異。卿等各趨乃職，思副朕懷。」戊午，以西上閤門使張偁等爲故高麗國王王晫勅祭使，東上閤門使石懋等爲高麗國王王韺慰問起復横賜使。庚申，祈雨于太廟。壬戌，萬寧宮端門災。

五月乙丑，祈雨于北郊。有司請雩，詔三禱嶽瀆社稷宗廟，不雨，乃行之。癸酉，平章政事徒單鎰、尚書左丞完顏匡罷。[二]甲戌，雨。乙亥，百官上表請御正殿，復常儀。乙酉，謝雨于宗廟。丁亥，報祀社稷。汰隨朝冗官。定省令史闕決公務，詭稱已稟，擅退六部、大理寺法狀及妄有所更易者罪。辛卯，報謝嶽鎮海瀆。

六月壬辰朔，罷兼官俸給。壬寅，復行吏目移轉法。乙巳，始祭中霤。戊申，罷惠、川、高三州，秀巖、灤陽、徽川、咸寧、金安、[三]利民六縣，及北京宮苑使，諸羣牧提舉，居庸、紫

荆、通會三關使，西北路鎮防十三千戶，諸路醫學博士。壬子，司天臺長行張翼進天象傳。

秋七月丁卯，定申報盜賊制。戊辰，朝獻于衍慶宮。庚午，幸望京甸。壬申，如萬寧宮。甲戌，罷限錢法。甲申，改葬鎬王永中于威州。

八月，大理丞姬端修、司直溫敦按帶論奏知大興府事紇石烈執中，坐所言不當，各削一官，罷職。丁酉，以尚書右丞相宗浩爲左丞相，右丞僕散揆爲平章政事，參知政事孫卽康爲尚書右丞，御史大夫僕散端爲左丞，吏部尚書獨吉思忠爲參知政事。庚子，詔完顏綱、喬宇、宋元吉等編類陳言文字，其言涉宮庭，若大臣、省臺、六部，各以類從，凡二千卷。辛丑，以西京留守崇肅爲御史大夫。癸卯，更定閤門祗候出職格。先是以天旱詔求直言。[四]至是尚書省奏：「河南府盧顯達、汝州王大材所陳，言涉不遜，請以情理切害論其罪。」從之，仍偏諭中外。命諸路學校生徒少者罷教授，止以本州、府文資官提控之。丁未，以安州軍事判官劉常言，諸按察司體訪不實，輒加糾劾者，從故出入人罪論，仍勒停。若事涉私曲，各從本法。辛亥，還宮。乙卯，以知眞定府事完顏昌等爲賀宋生日使。丁巳，幸太極宮。弛圍場遠地禁，縱民耕捕樵採。減教坊長行五十人，渤海教坊長行三十人，文繡署女工五十人。出宮女百六十人。

九月庚申朔，天壽節，宋、高麗、夏遣使來賀。丙寅，如薊州秋山。壬申，定屯田戶自種

及租佃法。

冬十月甲午，定私鹺法。丙申，詔親軍三十五以下令習孝經、論語。癸卯，至自秋山。甲寅，以提點尚衣局完顏僕爲夏國生日使。

十一月丁卯，以殿前右副都點檢烏林荅毅等爲賀宋正旦使。癸酉，木冰，凡三日。丁丑，定收補承應人格。

十二月己丑朔，新平等縣蝗蝻蟲生。己亥，左丞相宗浩等請上尊號。不許。辛丑，勅陝西、河南饑民所鬻男女，官爲贖之。乙卯，百官再表乞受尊號。不許。

五年春正月己未朔，大雪。宋、高麗、夏遣使來賀。庚申，謁衍慶宮。乙丑，幸太極宮。丁卯，如光春宮春水。壬申，朝獻于衍慶宮。乙亥，詔有司，自泰和三年郡縣三經行幸、民嘗供億者，賜今年租稅之半。丁丑，次霸州。調山東、河北軍夫改治漕渠。

二月己丑朔，諭按察司：「近制以鎮靜而知大體爲稱職，苛細而闇於大體爲不稱。由是各路按察以因循爲事，莫思舉刺，郡縣以貪贖相尙，莫能畏戢。自今若糾察得實，民無冤滯，能使一路鎮靜者爲稱職。其或煩紊使民不得伸愬者，是爲曠廢。」癸巳，定鞫勘官受飲宴者罪。己亥，如建春宮。甲寅，制盜用及僞造都門契者罪，視宮城門減一等。

三月庚申，還宮。癸亥，更定兩稅輸限。乙丑，宋兵入秦川界。庚午，親王、百官請上尊號，不許。甲戌，諭有司，進士名有犯孔子諱者避之，仍著爲令。命給米諸寺，自十月十五日至次年正月十五日作糜以食貧民。戊寅，罷獄空錢。辛巳，宋兵入鞏州來遠鎮。唐州得宋諜者，言韓侂胄屯兵鄂、岳，將謀北侵。

四月戊子朔，如萬寧宮。癸巳，命樞密院移文宋人，依誓約撤新兵，毋縱入境。壬子，定隨路轉運司及府官每季檢視庫物法。

五月甲子，以平章政事僕散揆爲河南宣撫使，籍諸道兵以備宋。癸酉，詔定遼東邑社人數。戊寅，更定檢、知法勒留格。己卯，如慶寧宮。制司屬丞凡遭父母喪止給卒哭假，爲永制。甲申，宋人入漣水縣。

六月戊子，復漣水縣。丁酉，制定本朝婚禮。更定鬻米麪入外界法。己酉，制鎮防軍逃亡致邊事失錯、陷敗戶口者罪。甲寅，詔拜禮不依本朝者罰。召諸大臣問備宋之策，皆以設備養惡爲言。上以南北和好四十餘載，民不知兵，不忍先發。

七月戊辰，如錦屏山。壬申，朝獻于衍慶宮。乙亥，宣撫使揆奏定姦細罪賞法。丙子，定圍場誤射中人罪。壬午，詔諸縣盜賊多所選注巡尉。

八月辛卯，詔罷宣撫司。時宋殿帥郭倪、濠州守將田俊邁誘虹縣民蘇貴等爲間，河南

將臣亦屢縱諜，往往利俊邁之賂，反爲遊說。皆言宋之增戍，本虞他盜，及聞行臺之建，益畏讋不敢去備，且兵皆白丁，自裹糧糒，窮蹙飢疫，死者十二三，由是中外信之。宣撫司以宋三省、樞密院及盱眙軍牒來上，又皆鐫黜邊臣爲辭。宣撫使揆因請罷司，從之。揆又奏罷臨洮、德順、秦、鞏新置弓箭手。

閏月乙卯朔，罷典衞司。〔五〕丙子，還宮。

九月甲申朔，天壽節，宋、高麗、夏遣使來賀。戊子，西北方黑雲間有赤氣如火色，次及西南、正南、東南方皆赤，有白氣貫其中，至中夜，赤氣滿天，四更乃散。以河南路統軍使紇石烈子仁等爲賀宋生日使。戊戌，宋兵三百攻比陽寺莊，副巡檢阿里根寺家奴死之。甲辰，宋人焚黃澗，虜巡檢高顥。

冬十月庚申，以刑部員外郎李元忠爲高麗生日使。丁丑，宋人襲比陽，唐州軍事判官撒覩死之。

十一月乙酉，宋人入內鄉，攻洛南之固縣，〔六〕商州司獄壽祖追至丹河，擊敗之。己丑，以太常卿趙之傑等爲賀宋正旦使。癸巳，山東闕食，賜錢三萬貫以賑之。乙未，初定武舉格。丁酉，詔山東、陝西帥臣訓練士卒，以備非常。仍以銀十五萬兩分給邊帥，募民偵伺。復遣武衞軍副都指揮使完顏太平、殿前右衞副將軍蒲察阿里赴邊，伺其入，伏兵掩之。戊戌，大雪，免朝參。己亥，更定宮中局、署承應收補格。宋吳曦擁衆興元，欲窺闕、隴，皇甫斌益募兵擾淮北，所掠即以與之，使自爲戰。

六年春正月癸未朔，宋、高麗、夏遣使來賀。丁亥，宋使陳克俊等朝辭。〔七〕遣御史大夫孟鑄就館諭克俊等〔八〕曰：「大定初，世宗皇帝許宋世爲姪國，朕遵守遺法，和好至今。豈意爾國屢有盜賊犯我邊境，以此遣大臣宣撫河南軍民。及得爾國有司公移，稱已罷黜邊臣，抽去兵卒，朕方以天下爲度，不介小嫌，遂罷宣撫司。未幾，盜賊甚于前日。比來羣臣屢以爾國渝盟爲言，朕惟和好歲久，委曲涵容。恐姪宋皇帝或未詳知。若依前不息，臣下或復有云，朕雖兼愛生靈，事亦豈能終已。卿等歸國，當以朕意具言之汝主。」辛卯，朝享于衍慶宮。丙申，宋興元守將吳曦遣兵圍抹熟龍堡，部將蒲鮮長安擊走之，斬其將。辛丑，更定保伍法。癸卯，始以沿河縣官兼管勾漕河事，州、府官兼提控。〔九〕丁未，如春水。庚戌，宋人入撒牟谷。陝西統軍判官完顏撒剌、鞏州兵馬鈐轄完顏七斤約宋西和州守將會境上。俄伏發，爲所襲，木波部長趙彥雄等七人死焉。撒剌馬陷淖中，中流矢，七斤僅以身免。

二月甲戌，御史中丞孟鑄言：「提刑改爲按察司，又差官覆察，權削而望輕，非便。」參知政事賈鉉曰：「按察司既差監察體訪，復遣官覆察之，誠爲繁冗。請自今差監察時即遣官

與俱，更不覆察。」從之。

三月甲午，尚書省奏，商州刺史烏古論兗州請賻押軍官與南兵戰沒者，又奏遷右振肅蒲察五斤官，皆從之。明昌初，五斤嘗爲奉御，出使山東，至河間，以百姓飢，輒移提刑司開倉賑之，還具以聞。上初甚悅。太傅徒單克寧言：「陛下始親大政，不宜假近侍人權，乞正專擅之罪。」詔杖之二十。克寧又以爲言，乃罷之。後上思之，由泰州都軍召爲振肅。己亥，如萬寧宮。甲辰，勅尚書省：「祖父母、父母無人侍養，而子孫遠遊至經歲者，甚傷風化，雖舊有徒二年之罪，似涉太輕。其考前律，再議以聞。」己酉，宋人攻靈璧，南京按察使行部至縣，匿民舍得免。

四月丙辰，宋人圍壽春。壽春告急于亳，同知防禦使賢聖奴將步騎六百赴之，乃退。癸亥，尚書省奏：「河南統軍司言，統軍使紇石烈子仁等遣嚴整、閻忠、周秀輩入襄陽，覘敵陰事。還言皇甫斌遣兵四萬規取鄧，以我叛人田元爲鄉導，三萬人規取唐，以張眞、張勝爲鄉導，俱授統領官，故不敢無備。乃聚鄧、汝、陽翟之兵于昌武，以南京副留守兼兵馬副都總管紇石烈毅統之，聚亳、陳、襄邑之兵于歸德，以河南路副統軍徒單鐸統之，而自以所部兵駐汴。及擬山東東、西路軍七千付統軍紇石烈執中駐大名，河北東、西路軍萬七千屯河南，皆給以馬，有老弱者易其人。」皆從之。甲子，宋人攻天水界，乙丑，入東柯谷，部將劉鐸戰

敗之。丙寅，詔平章政事僕散揆領行省于汴，許以便宜從事。升諸道統軍司爲兵馬都統府，以山東東、西路統軍使紇石烈執中爲山東西路兵馬都統使，定海軍節度使、副都統軍使完顏撒剌副之，陝西統軍使充爲陝西五路兵馬都統使，通遠軍節度使胡沙、知臨洮府事石抹仲溫副之。河南皆聽揆節制如故。盡徵諸道籍兵。辛未，宋吳曦攻來遠鎮之蘭家嶺。丙子，詔內外職官納馬各有數。丁丑，宋人入新息、內鄉，又入泗州。戊寅，入褒信。己卯，入虹縣。庚辰，入潁上。

五月壬午，宋李爽圍壽州，田俊邁入蘄縣，秦詵攻蔡州。防禦使完顏佛住敗之。又入金城海口，殺長山尉，執二巡檢以去。甲申，太白晝見。丙戌，以宋畔盟出師，告于天地太廟社稷。丁亥，親告于衍慶宮。戊子，平章政事僕散揆兼左副元帥，陝西兵馬都統使充爲元帥右監軍，知眞定府事烏古論誼爲元帥左都監。辛卯，以征南詔中外。賜唐州刺史吾古孫兀屯、總押鄧州軍馬事完顏江山爵各二級，蔡州防禦使完顏佛住爵一級，餘賞賚有差。又以非嚴整上變，必爲所誤，授整嵩州巡檢使，賜爵八級，錢二百萬。上以宋兵方熾，東北新調之兵未集，河南之衆不足支，命河北、大名、北京、天山之兵萬五千屯眞定、河間、清、獻等以爲應。壬辰，諭尙書省：「今國家多故，凡言軍國利害，五品以上官以次奏陳，朕將親問之。六品以下則具帖子以進。」癸巳，山東路災，赦死罪已下。以樞密副使完顏匡爲右副元

帥。宋田俊邁攻宿州，安國軍節度副使納蘭邦烈等出兵擊之。邦烈中流矢，宋郭倬、李汝翼以衆繼至，遂圍宿州。壬寅，納蘭邦烈等擊敗之，俊邁退保于蘄。癸卯，執俊邁于蘄。甲辰，皇甫斌攻唐州，刺史吾古孫兀屯拒之，行省遣泌陽副巡檢納合軍勝來援，遂擊敗之。庚戌，太白經天。

六月辛亥朔，左丞僕散端以母憂罷。平章政事揆報蘄之捷，幷送所獲宋將田俊邁至闕。上降詔褒諭，賜紇石烈貞、納蘭邦烈、史扢搭等爵賞有差。宋將李爽以兵圍壽州，刺史徒單義拒守，踰月不能下。壬子，河南統軍判官乞住及買哥等以兵來援，義出兵應之，爽大敗，同知軍州事蒲烈古中流矢死。乙卯，初置急遞鋪，腰鈴轉遞，日行三百里，非軍期、河防不許起馬。定軍前差發受贓罪。除飛蝗入境雖不損苗稼亦坐罪法。丁巳，詔彰德府，宋韓侂冑祖琦墳毋得損壞，仍禁樵採。庚申，右翼都統完顏賽不敗宋曹統制于溱水。辛酉，詔有司，有宋宗族所居，各具以聞。長官常加提控。壬戌，平章政事揆報壽州之捷。戊辰，詔升壽州爲防禦，免今年租稅諸科名錢，釋死罪以下。以徒單義爲防禦使。贈蒲烈古昭勇大將軍，賜錢三百貫，官其子圖剌。擢乞住同知昌武軍節度使事，買哥河南路統軍判官。都統賽不、副統蒲鮮萬奴各進爵一級，賜金幣有差。辛未，木星晝見，至七月戊申，經天。乙亥，宋吳曦攻鹽川，戍將完顏王喜敗之。〔一〇〕

秋七月癸未，宋商榮復攻東海，縣令完顏卞僧復敗之。還，中伏矢死，贈海州刺史，以銀五百兩，絹百疋給其家，仍官其一子。甲申，朝獻于衍慶宮。丁亥，勅翰林直學士陳大任妨本職專修遼史。甲午，宋統制戚春以舟師攻邳州，刺史完顏從正敗之，春赴水死，斬其副夏統制。吳曦兵五萬入秦州，陝西路都統副使承裕等敗之。丙申，夏國王李純佑廢，姪安全立，遣使奉表來告。詔禁賣馬入外境，但至界欲賣而爲所捕即論死。

八月庚戌，山東帥來報邳州之捷。辛亥，木星晨見。乙卯，以羌酋青宜可爲疊州副都總管。己未，太白晝見。丙寅，左丞僕散端起復前職。詔諭平南諸將軍。辛未，宋程松襲取方山原，蒲察貞破走之。壬申，太白晝見，經天。甲戌，至自萬寧宮。乙亥，赦唐、鄧、潁、蔡、宿、泗六州，免來年租稅三分之一。

九月己卯朔，天壽節，高麗遣使來賀。辛巳，元帥右都監蒲察貞取和尙原，臨洮蕃部遴寧獻芻粟、戰馬以助軍。乙酉，將五鼓，北方有赤白氣數道，起于王良之下，行至北斗開陽、搖光之東。丙戌，幸香山。庚寅，勅行尙書省，有方略出衆、武藝絕倫、才幹辦事、工巧過人者，其招選之。甲午，參知政事賈鉉乞致政，不許。戊戌，尙書左丞僕散端行省于汴。己亥，尙書戶部侍郎梁鏜行六部尙書事於山東。辛丑，遣尙書左司郎中溫迪罕思敬册李安全爲夏國王。甲辰，宋吳曦將馮興、楊雄、李珪等入秦州，陝西都統副使承裕等擊破之，斬楊

雄、李珪。

冬十月戊申朔，平章政事僕散揆督諸道兵伐宋。庚戌，揆以行省兵三萬出潁、壽，河南路統軍使紇石烈子仁以兵三萬出渦口，元帥匡以兵二萬五千出唐、鄧，左監軍紇石烈執中以山東兵二萬出淸口，右監軍充以關中兵一萬出陳倉，右都監蒲察貞以岐、隴兵一萬出成紀，蜀漢路安撫使完顏綱以漢、蕃步騎一萬出臨潭，臨洮路兵馬都總管石抹仲溫以隴右步騎五千出鹽川，隴州防禦使完顏璘以本部兵五千出來遠。甲子，獵于近郊。

十一月戊寅朔，詔定諸州府物力差役式。壬午，完顏匡攻下棗陽。乙酉，詔屯田軍戶與所居民爲婚姻者聽。丁亥，僕散揆克安豐軍，取霍丘縣。紇石烈執中克淮陰，遂圍楚州。己丑，尙書省奏，減朝官及承應人月俸折支錢。庚寅，完顏匡克光化軍及神馬坡。壬辰，僕散揆次廬江。宋督視江淮兵馬事丘崈遣劉祐來乞和。紇石烈子仁克定遠縣。乙未，完顏匡取隨州。丙申，紇石烈子仁克滁州。戊戌，詔諸路行用小鈔。完顏匡圍德安，別以兵徇下安陸、應城、雲夢、孝感、漢川、荆山等縣。庚子，日斜，有流星二，光芒如炬，幾及一丈，起東北沒東南。初定茶禁。完顏綱圍祐州，降之。宋丘崈遣林拱持書乞和。辛丑，完顏匡攻襄陽，破其外城。僕散揆克含山，蒲察貞克天水，紇石烈子仁徇下來安、全椒二縣。壬寅，完顏綱徇下荔川、閬川等城。癸卯，丘崈復遣宋顯等以書幣乞和。乙巳，完顏綱克宕昌。

丙午，蒲察貞克西和州。

十二月丁未朔，完顏匡克宜城，僕散揆攻和州，史抗搭中流矢死。壬子，完顏綱次大潭縣，降之。蒲察貞克成州。癸丑，宋太尉、昭信軍節度使、四川宣撫副使吳曦納款于完顏綱。戊午，右監軍充攻下大散關。己未，紇石烈子仁克眞州，丘崈復遣陳璧等奉書乞和。辛酉，右監軍充遣兀顏抄合以兵趣鳳州，城潰入焉。完顏綱遣京兆錄事張仔會吳曦于興州之置口。曦具言所以歸朝之意，仔請以告身爲報，盡出以付之，仍獻階州。乙丑，初設都提控急遞鋪官。平章政事僕散揆班師。完顏綱以朝命，假太倉使馬良顯齎詔書、金印立吳曦爲蜀王。戊辰，蒲察貞以西和、天水等捷來報。完顏匡進所掠女子百人。己巳，曦遣其果州團練使郭澄、提舉仙人關使任辛奉表及蜀地圖志、吳氏譜牒來上。壬申，詔完顏匡權尚書右丞，行省事、右副元帥如故。以紇石烈執中縱下虜掠，遣近臣杖其經歷阿里不孫等，仍詔放還所掠。

七年春正月丁丑朔，高麗、夏遣使來賀。完顏匡進攻襄陽。戊寅，勅宰臣舉材幹官同議南征事。辛巳，詔御史大夫崇肅、同判大睦親府事徒單懷忠、吏部尚書范楫、戶部尚書高汝礪、禮部尚書張行簡、知大興府事溫迪罕思齊等十有四人同對于慶和殿。壬午，詔百官

及前十四人同對于廣仁殿。甲申，朝獻于衍慶宮。乙酉，贈故壽州死節軍士魏全宣武將軍、蒙城令，封其妻鄉君，子俟年至十五收充八貫石正班局分承應，仍賜錢百萬。初，李爽圍壽州，刺史徒單羲募人往斫敵營，全在選中，而爲敵所執。敵令罵羲則免，全陽許，及至城下，反罵敵，遂殺之。至死罵不絕聲，故有是恩。戊子，召完顏綱赴闕。庚寅，僕散揆還駐下蔡而病。丙申，以左丞相宗浩兼都元帥，行省于南京以代揆。己亥，有司奏更定茶禁。辛丑，完顏匡取穀城。

二月丙辰，赦鳳、成、西和、階、山五州。〔一一〕丁巳，詔追復永中、永蹈王爵。宋知樞密院張巖遣方信孺以書詣平章政事揆、左丞端乞和。己未，獵于近郊。完顏匡克荊門軍。癸亥，如建春宮。吳曦遣使奉三表來：謝封爵，陳誓言，賀全蜀內附。丙寅，還宮。戊辰，平章政事兼左副元帥僕散揆薨于軍。癸酉，遣同知府事朮虎高琪等册吳曦爲蜀國王。判平陽府事衞王永濟改武定軍節度使，兼奉聖州管內觀察使。是月，蜀國王吳曦爲宋臣安丙所殺。

三月戊子，幸太極宮。庚寅，詔撫諭陝西軍士。壬辰，初定蟲蝻生發地主及隣主首不申之罪。宋復攻破階州。癸巳，復攻破西和州。乙未，宣撫副使完顏綱至鳳翔，詔撤五州之兵，分保要害，綱召諸軍還。庚子，以完顏匡爲左副元帥。壬寅，如萬寧宮。甲辰，幸西園。

夏四月壬子，遣宮籍副監楊序爲橫賜高麗王使。癸丑，宋人攻破散關，鞏州鈐轄兀顏阿失死之。丙辰，以紇石烈子仁爲右副元帥。戊辰，詔元帥府分遣諸將遊奕淮南諸州。癸酉，復下散關。

五月己卯，幸東園射柳。〔一二〕己丑，幸玉泉山。丙申，宋知樞密院事張巖復遣方信孺以書至都元帥府，增歲幣乞和。四川安撫使安丙遣西和州安撫使李孝義率步騎三萬攻秦州，〔一三〕圍皂角堡。朮虎高琪以兵赴之，七戰而解其圍。是月，放宮女二十人。

六月乙巳朔，詔朝官六品、外官五品以上，及親王舉通錢穀官一人。不舉者罰，舉不當者論如律。己酉，以山東盜，制同黨能自殺捕出首官賞法。戊午，烏古論誼爲元帥左監軍，完顏撒剌爲元帥左都監。乙丑，遣使捕蝗。

秋七月庚辰，朝獻于衍慶宮。壬午，詔民間交易、典質，一貫以上並用交鈔，毋用錢。乙酉，勅尚書省，自今初受監察者令進利害帖子，以待召見。甲午，左副元帥匡至自許州。乙未，詔覈西夏人口，盡贖放還，敢有藏匿者以違制論。

八月戊申，宋張巖復遣方信孺齎其主誓書藁來乞和。庚戌，割汝州襄城縣于許州。戊辰，至自萬寧宮。

九月甲戌朔，天壽節，高麗、夏遣使來賀。左丞相兼都元帥宗浩薨于軍。甲申，定西、北京、遼東鹽司判官諸場管勾增虧升降格。以尚書左丞僕散端爲平章政事，封申國公；左

副元帥完顏匡爲平章政事兼左副元帥，封定國公。丙戌，獵于近郊。壬辰，還宮。戊戌，更定受制忘誤及誤寫制書事重加等罪。

冬十月甲辰，詔應廕之家，旁正廕足，其正廕者未出官而亡，許補廕一人。辛亥，以武庫令朮甲法心爲高麗生日使。丙辰，獵于近郊。己巳，詔定隨軍遷賞格。辛未，陝西宣撫使徒單鎰分遣副統把回海攻下蘇嶺關。是月，定南征將士功賞格。

十一月癸酉，詔新定學令內削去薛居正五代史，止用歐陽修所撰。是日，都統押剌拔鶻嶺關、新道口，〔一四〕副統回海取小湖關、敖倉，進至營口鎮，遂取其城。丙子，宋韓侂胄遣左司郎中王柟以書來乞和，請稱伯，復增歲幣、犒軍錢，誅蘇師旦函首以獻。丙戌，上聞陝州防禦使紇石烈孛孫禁民糴，命尚書省罪之。壬辰，宋參知政事錢象祖以誅韓侂胄移䜛行省。甲午，獵于近郊。戊戌，參知政事賈鉉罷。詔完顏匡檄宋，函侂胄首以贖淮南故地。

十二月壬寅朔，遼史成。丙午，以符寶郎烏古論福齡爲夏國生日使。戊午，詔策論進士免試弓箭、擊毬。庚申，以尚書右丞孫卽康爲左丞，參知政事獨吉思忠爲右丞，中都路都轉運使孫鐸爲參知政事。

八年春正月辛未朔，高麗、夏遣使來賀。壬申，朝謁于衍慶宮。癸酉，收毀大鈔，行小

鈔。以元帥左都監完顏撒剌爲參知政事。乙亥，宋安丙遣兵襲鶻嶺關，副統把回海、完顏掴剌擊走之，斬其將景統領。丙子，左司郎中劉昂、通州刺史史肅、監察御史王宇、吏部主事曹元、吏部員外郎徒單永康、太倉使馬良顯、順州刺史唐括直思白坐與蒲陰令大中私議朝政，皆杖之。癸未，如春水。丙戌，如光春宮。

二月乙巳，宋參知政事錢象祖遣王柟來，以書上行省，復請川、陝關隘。甲寅，如建春宮。庚申，諭有司曰：「方農作時，雖在禁地亦令耕種。」己巳，還宮。

三月丁亥，幸瀛王第視疾。庚寅，以與宋和，諭尚書省。壬辰，宰臣上表謝罪。甲午，瀛王從憲薨。乙未，上親臨祭。

夏四月癸卯，日暈三重，皆內黃外赤。戊申，禘于太廟。庚戌，如萬寧宮。甲寅，以北邊無事，勅尚書省，命東北路招討司還治泰州，就兼節度使，其副招討仍置于邊。詔諭有司，以苗稼方興，宜速遣官分道巡行農事，以備蟲蝻。詔更定猛安謀克承襲程試格。宋錢象祖復遣王柟以書上行省。庚申，詔諸路按察司歲賜公用錢。

閏月辛未，諭尚書省曰：「翰林侍講學士蒲察畏也言，使宋官當選人，其言甚當。彼通謝使雖未到闕，其報聘人當先議擇。此乃更始，凡有禮數，皆在奉使。今既行之，遂爲永例，不可不慎也。」甲戌，制諸州府司縣造作，不得役諸色人匠。違者準私役之律，計傭以受

所監臨財物論。甲申，定承應人收補年甲格。甲午，雨雹。定保甲軍殺獲南軍官賞。乙未，宋獻韓侂胄等首于元帥府。

五月丁未，御應天門，備黃麾立仗，親王文武合班起居。中路兵馬提控、平南撫軍上將軍紇石烈貞以宋賊臣韓侂胄、蘇師旦首獻，并奉元帥府露布以聞。懸其首并畫像于市，以露布頒中外。丙辰，平章政事匡至自軍。己未，更元帥府爲樞密院。癸亥，詔移天壽節於十月十五日。丁卯，遣使分路捕蝗。

六月癸酉，宋通謝使朝議大夫、試禮部尚書許奕，福州觀察使、右武衛上將軍吳衡等奉其主書入見。甲戌，謁謝于衍慶宮。癸未，以許宋平，詔中外。免河南、山東、陝西等六路今年夏稅，河東、河北、大名等五路半之。丁亥，以元帥左都監烏古論誼爲御史大夫。戊子，飛蝗入京畿。乙未，定服飾明金象金制。丁酉，以左副都點檢完顏侃爲宋論成使，〔三〕禮部侍郎喬宇副之。

秋七月戊戌朔，太白晝見。庚子，詔更定蝗蟲生發坐罪法。乙巳，朝獻于衍慶宮。詔頒捕蝗圖于中外。戊申，宋使朝辭，致答通謝書及誓書于宋主。

八月壬申，更定遼東行使鈔法。癸酉，如建春宮。己丑，以戶部尚書高汝礪等爲宋生日使。庚寅，如秋山。

九月甲子，遣吏部尚書賈守謙等一十三人與各路按察司官推排民戶物力。乙丑，至自秋山。

冬十月辛未，以吏部郎中郭郛爲高麗生日使。辛巳，宋、高麗、夏遣使來賀。夏國有兵，遣使來告。癸未，更定安泊强竊盜罪格。辛卯，以軍民共譽爲廉能官條附善最法。

十一月丁酉朔，詔諸路按察使並兼轉運使。初設三司使，掌判鹽鐵、度支、勸農事。以樞密使紇石烈子仁兼三司使。癸卯，詔戒諭尚書省曰：「國家之治，在於紀綱。紀綱所先，賞罰必信。今廼上自省部之重，下逮司縣之閒，律度弗循，私懷自便。遷延曠歲，苟且成風，習此爲恒，從何致理。朝廷者百官之本，京師者諸夏之儀。其勗自今，各懲已往，遵繩奉法，竭力赴功。無枉撓以循情，無依違而避勢，壹歸于正，用範乃民。」是日，御臨武殿試護衞。丁未，勅諭臨潢泰州路兵馬都總管承裔等修邊備。

乙卯，上不豫。丙辰，崩于福安殿，年四十一。大安元年春正月，謚曰憲天光運仁文義武神聖英孝皇帝，廟號章宗。二月甲申，葬道陵。

贊曰：章宗在位二十年，承世宗治平日久，宇內小康，乃正禮樂，修刑法，定官制，典章文物粲然成一代治規。又數問羣臣漢宣綜核名實、唐代考課之法，蓋欲跨遼、宋而比跡於

漢、唐，亦可謂有志於治者矣。然婢寵擅朝，冢嗣未立，疏忌宗室而傳授非人。向之所謂維持鞏固於久遠者，徒爲文具，而不得爲後世子孫一日之用，金源氏從此衰矣。昔揚雄氏有云：「秦之有司負秦之法度，秦之法度負聖人之法度。」蓋有以夫。

校勘記

〔一〕詔遣防禦使女奚烈元往祭　「烈」下原脫「元」字。按「女奚烈」是「白號」之姓，見本書卷五五百官志及書末國語解。其下當有名。卷六二交聘表，泰和四年正月丁丑，「差防禦使女奚烈元充勅祭使」，今據補。

〔二〕尚書左丞完顏匡罷　「左」原作「右」。按本書卷一一章宗紀，泰和三年正月己卯，以「右丞完顏匡爲左丞」，十月庚申，「尚書左丞完顏匡等進世宗實錄」。皆作「左丞」，今據改。

〔三〕金安　「金」原作「全」。按本書卷二四地理志，北京路臨潢府泰州注云，「舊有金安縣，承安三年置，尋廢」。今據改。

〔四〕先是以天旱詔求直言　「是」原作「詔」。從殿本改。

〔五〕罷典衞司　原脫「罷」字。按本書卷五六百官志，宣徽院典衞司，「泰和五年閏八月，以崇妃薨，興定元年復設」。按上下文義「薨」下當脫「罷」字，此處亦然，今補。

[六] 攻洛南之固縣　按元豐九域志卷三，洛南有故縣鎭，似「固」當作「故」。

[七] 宋使陳克俊等朝辭　「陳克俊」又見本書卷一〇〇孟鑄傳。按卷六二交聘表，泰和六年「正月癸未朔，宋試刑部尚書陳景俊賀正旦」。宋史卷三八寧宗紀，開禧元年九月「丁未，遣陳景俊使金賀正旦」。皆作「陳景俊」。蓋景俊是其本名，金章宗諱璟，宋使入金有改名之事，修史時回改未能一致。

[八] 遣御史大夫孟鑄就館諭克俊等　「御史大夫」，下文作「御史中丞」。按本書卷一〇〇孟鑄傳，「泰和四年入爲御史中丞」。稱「御史大夫」者，或宋金外事官多假高位之故。

[九] 州府官兼提控　「州府官」原作「州府府官」。按本書卷二七河渠志漕渠，泰和六年定制，「凡漕河所經之地，州府官銜內皆帶提控漕河事」。今據刪一「府」字。

[一〇] 戍將完顏王喜敗之　按「完顏王喜」本書卷九八完顏綱傳作「完顏王善」。

[一一] 二月丙辰赦鳳成西和階山五州　按宋史卷四七五吳曦傳作「獻關外階、成、和、鳳四州」。

[一二] 幸東園射柳　按「東園」殿本作「東園」。

[一三] 四川安撫使安丙遣西和州安撫使李孝義率步騎三萬攻秦州　按此事又見本書卷一〇六术虎高琪傳，所記與此同。唯宋史卷四〇二安丙、李好義傳，「李孝義」作「李好義」。

[一四] 都統押剌拔鶻嶺關新道口　按本書卷九九徒單鎰傳記此事作「十一月，蒲察瓦拔鶻嶺關，攔剌

別將攻破燕子關新道口」。蒲察瓦即押剌，而攔剌則副統，記載較此清楚，此處疑有脫文。

[一五] 以左副都點檢完顏侃爲宋論成使　原脫「左」字。按本書卷六二交聘表，泰和八年七月，「以左副點檢完顏侃爲宋論成使」。今據補。

金史卷十三

本紀第十三

衞紹王

衞紹王諱永濟，小字興勝，更諱允濟，章宗時避顯宗諱，詔改「允」爲「永」。世宗第七子，母曰元妃李氏。大定十一年，封薛王。十七年，授世襲猛安。二十五年，加開府儀同三司。二十六年，進封滕王。衞王長身，美髯鬚，天資儉約，不好華飾。二十九年，世宗崩，章宗卽位，進封潞王。明年，轉刑部尚書。又明年，改殿前都點檢。五月，至冀州，以到任表謝，賜詔優答。明昌二年，進封韓王。四年，改判安武軍節度使。五年，改沁南軍。承安二年，改封衞王。三年，改昭義軍。

泰和元年，改判彰德府事。五年，改判平陽府。初，章宗誅鄭王永蹈、趙王永中，久，頗悔之。七年，下詔追復舊封，仍賜諡。而永蹈無後，乃以衞王子按陳爲鄭王後，賜衞王詔曰：

「朕念鄭王自棄天常，以干國憲，藁瘞曠野，忽諸不祀。歷歲既久，深用愴然。親親之情，有懷難置。已詔追復舊爵，改葬如儀。稽考古禮，以卿之子按陳爲鄭王後，謹其祭祀，卿其悉之。」已而改武定軍節度使。

八年十一月，自武定軍入朝。是時，章宗已感嗽疾，衞王且辭行，而章宗意留之。章宗初年，雅愛諸王，置王傅府尉官以傅導德義。及永中、永蹈之誅，由是疏忌宗室，遂以王傅府尉檢制王家，苛問嚴密，門戶出入皆有籍。而衞王乃永蹈母弟，柔弱鮮智能，故章宗愛之。既無繼嗣，而諸叔兄弟多在，章宗皆不肯立，惟欲立衞王，故於辭行留之。無何，章宗大漸，元妃李氏、黃門李新喜、平章政事完顏匡定策。章宗崩，匡等傳遺詔，立衞王。衞王固讓，乃承詔舉哀，卽皇帝位于柩前。明日，羣臣朝見于大安殿。詔路府州縣爲大行皇帝服七日。

大安元年正月辛丑，飛星如火，起天市垣，有尾，跡若赤龍。壬戌，改元，大赦。立元妃徒單氏爲皇后。

二月乙丑朔，太白晝見，經天。壬辰，章宗內人范氏損其遺腹，以詔內外。初，章宗遺詔：「內人有娠者兩人，生男則立爲儲貳。」至是平章政事僕散端等奏：「承御賈氏當以十一

月免乳，今則已出三月。范氏產期合在正月，醫稱胎氣有損，用藥調治，脉息雖和，胎形已失。范氏願削髮爲尼。」封皇子六人爲王。

三月甲辰，道陵禮成，大赦。詔曰：「自今於朕名不連續，及祀、詠等字，不須別改。」以平章政事僕散端爲右丞相。

四月庚辰，殺章宗元妃李氏及承御賈氏。以平章政事完顏匡爲尚書令。

五月，高麗賀卽位。試宏詞科。

七月，幸海王莊，臨奠魯國公主。

八月，萬秋節，宋遣使來賀。

九月，如大房山，謁奠睿陵、裕陵、道陵。百官表請建儲，不允。

十月，歲星犯左執法。己卯，詔戒勵風俗。

十一月，平陽地震，有聲如雷，自西北來。

十二月，詔平陽地震，人戶三人死者免租稅一年，〔一〕二人及傷者免一年，貧民死者給葬錢五千，傷者三千。尚書令申王完顏匡薨。右丞相僕散端爲左丞相，進封兄鄆王永功爲譙王，〔二〕御史大夫張行簡爲太保。

二年正月庚戌朔，〔三〕日中有流星出，大如盆，其色碧，向西行，漸如車輪，尾長數丈，沒于濁中，至地復起，光散如火。

二月，客星入紫微垣，光散爲赤龍。地大震，有聲如雷。以禮部侍郎耿端義爲參知政事。

四月，校大金儀禮。北方有黑氣，如大道，東西亙天。〔四〕徐、邳州河淸五百餘里，以告宗廟社稷。

五月，詔儒臣編續資治通鑑。

六月，大旱。下詔罪己，振貧民闕食者。曲赦西京、太原兩路雜犯，死罪減一等，徒以下免。丙寅，地震。

七月，地震。

八月，地震。乙丑，立子胙王從恪爲皇太子。萬秋節，宋遣使來賀。獵于近郊。夏人侵葭州。

九月，地大震。乙未，詔求直言，招勇敢，撫流亡。庚子，遣使慰撫宣德行省軍士。丙午，京師戒嚴。上日出巡撫，百官請視朝，不允。辛亥，宣德行省罷。癸丑，詔撫諭中都、西京、淸、滄被兵民戶。

十一月，獵于近郊。中都大悲閣東渠內火自出，逾旬乃滅。閤南剎竿下石罅中火自出，人近之卽滅，俄復出，如是者復旬日。中都火燬民居。

十二月乙卯朔，日有食之。〔五〕

是歲大饑。禁百姓不得傳說邊事。

三年正月乙酉朔，宋、高麗、夏遣使來賀。熒惑入氐中。

二月，熒惑犯房宿。有大風從北來，發屋折木，通玄門重關折，東華門重關折。

閏月，熒惑犯鍵閉星。

三月，大悲閣災，延及民居。有黑氣起北方，廣長若大堤，內有三白氣貫之，如龍虎狀。括民間馬，令職官出馬有差。

四月，我大元太祖法天啓運聖武皇帝來征。遣西北路招討使粘合合打乞和。平章政事獨吉千家奴，參知政事胡沙行省事備邊。西京留守紇石烈胡沙虎行樞密院事。參知政事奧屯忠孝爲尚書右丞。戶部尚書梁瑭爲參知政事。

六月壬寅，更定軍前賞罰格。

八月，詔獎諭行省官，慰撫軍士。千家奴、胡沙自撫州退軍，駐于宣平。河南大名路軍

逃歸，下詔招撫之。

九月，千家奴、胡沙敗績于會河堡，居庸關失守。禁男子不得輒出中都城門。大元前軍至中都，中都戒嚴。參知政事梁瑭鎭撫京城。

十月，每夜初更正，東、西北天明如月初出，經月乃滅。熒惑犯壘壁陣。上京留守徒單鎰遣同知烏古孫兀屯將兵二萬衞中都。泰州刺史朮虎高琪屯通玄門外。上巡撫諸軍。罷宣德行省。

十一月，殺河南陳言人郝贊。以上京留守徒單鎰爲右丞相。簽中都在城軍。紇石烈胡沙虎棄西京，走還京師，卽以爲右副元帥，權尚書左丞。是時，德興府、弘州、昌平、懷來、〔六〕縉山、豐潤、密雲、撫寧、集寧，東過平、灤，南至淸、滄，由臨潢過遼河，西南至忻、代，皆歸大元。初，徒單鎰請徙桓、昌、撫百姓入內地。上信梁瑭議，以責鎰曰：「是自蹙境土也。」及大元已定三州，上悔之。至是，鎰復請置行省事于東京，備不虞。上不悅曰：「無故遣大臣，動搖人心。」未幾，東京不守，上乃大悔。右副元帥胡沙虎請兵二萬屯宣德，詔與三千人屯嬀川。平章政事千家奴、參知政事胡沙坐覆全軍，千家奴除名，胡沙責授咸平路兵馬總管。萬戶佤頭屯古北口。

十二月，簽陝西兩路漢軍五千人赴中都。太保張行簡、左丞相僕散端宿禁中議軍事。

左丞相僕散端罷。

崇慶元年正月己酉朔，〔七〕改元，赦。宋、夏遣使來賀。右副元帥胡沙虎請退軍屯南口，詔數其罪，免之。

三月，大旱。遣使册李遵頊爲夏國王。以御史大夫福興爲參知政事。參知政事孟鑄爲御史大夫。夏人犯葭州，延安路兵馬總管完顏奴婢禦之。

五月，簽陝西勇敢軍二萬人，射糧軍一萬人，赴中都。括陝西馬。安武軍節度使致仕賈鉉起復參知政事。〔八〕參知政事福興爲尚書左丞。詔賣空名勅牒。河東、陝西大饑，斗米錢數千，流莩滿野。以南京留守僕散端爲河南、陝西安撫使，提控軍馬。

七月，有風自東來，吹帛一段，高數十丈，飛動如龍形，墜於拱辰門。

八月，萬秋節，以兵事不設宴。

十月，曲赦西京、遼東、北京。

十一月，賑河東南路、南京路、陝西東路、山東西路、衞州旱災。

十二月，夏國王李遵頊謝封册。

至寧元年正月，賑河東陝西饑。

二月，詔撫諭遼東。知大名府事烏古論誼謀不軌，伏誅。

三月，太陰、太白與日並見，相去尺餘。

五月，改元。詔諭咸平路契丹部人之嘯聚者。起胡沙虎復爲右副元帥，領武衞軍三千人屯通玄門外。陝西大旱。

六月，夏人犯保安州，殺刺史，犯慶陽府，殺同知府事。以戶部尚書胥鼎、刑部尚書王維翰爲參知政事。〔九〕

八月，尚書左丞完顏元奴將兵備邊。詔軍官、軍士賜賚有差。大霧，晝晦。治中福海別將兵屯城北。辛卯，胡沙虎矯詔以誅反者，招福海執而殺之，奪其兵。壬辰，自通玄門入，殺知大興府徒單南平、刑部侍郎徒單沒撚於廣陽門西。福海男符寶郗陽、都統石古乃率衆拒戰，〔一〇〕死之。胡沙虎叩東華門，遣人呼守直親軍百戶冬兒、五十戶蒲察六斤，不應。許以世襲猛安三品官職，亦不應。都點檢徒單渭河縋而出，護衞斜烈揞鎖啓門，胡沙虎以兵入宮，盡逐衞士，代以其黨，自稱監國都元帥。癸巳，逼上出宮，以素車載至故邸，以武衞軍二百人錮守之。尚宮左夫人鄭氏爲內職，掌寶璽，聞難，端居璽所待變。胡沙虎遣黃門入收璽，鄭曰：「璽，天子所用，胡沙虎人臣，取將何爲？」黃門曰：「今天時大變，主上猶且不保，況璽乎。御侍當思自脫計。」鄭厲聲罵曰：「若輩宮中近侍，恩遇尤隆，君難不以死報之，反爲逆竪奪璽耶。我死可必，璽必不與。」遂瞑目不語。黃門出，胡沙虎卒取「宣命之寶」，僞除其黨醜奴爲德州防禦使、烏古論奪剌順天軍節度使、提控宿直將軍徒單金壽永定軍節度使，及其餘黨凡數十人，皆遷官。遂使宦者李思中害上於邸。誘奉御和尙使作書急召其父左丞元奴議事，元奴以軍來，幷其子皆殺之。

九月甲辰，宣宗卽位。丁未，詣邸臨奠，伏哭盡哀。勅以禮改葬。胡沙虎請廢爲庶人，詔百官議于朝堂，議者二百餘人。太子少傅奥屯忠孝、侍讀學士蒲察思忠請從廢黜，戶部尚書武都、拾遺田庭芳等三十人請降爲王侯，太子太保張行簡請用漢昌邑王、晉海西公故事，侍御史完顏訛出等十人請降復王封。胡沙虎固執前議，宣宗不得已，乃降封東海郡侯。昭雪道陵元妃李氏、承御賈氏。

十月辛亥，元帥右監軍朮虎高琪殺胡沙虎于其第。胡沙虎者，紇石烈執中也。宣宗乃下詔削其官爵。贈石古乃順州刺史，郗陽順天軍節度副使，〔一一〕凡從二人拒戰者，千戶賞錢五百貫，謀克三百貫，蒲輦散軍二百貫，各遷官兩階，戰沒者贈賞付其家。冬兒加龍虎衞上將軍，再遷宿直將軍。蒲察六斤加定遠大將軍、武衞軍鈐轄。石古乃子尙幼，給俸八貫石，勅有司，俟其年十五以聞。貞祐四年，詔追復衞王謚曰紹。

贊曰：衞紹王政亂於內，兵敗於外，其滅亡已有徵矣。身弑國蹙，記注亡失，南遷後不復紀載。皇朝中統三年，翰林學士承旨王鶚有志論著，求大安、崇慶事不可得，采摭當時詔令，故金部令史竇祥年八十九，耳目聰明，能記憶舊事，從之得二十餘條。司天提點張正之寫災異十六條，張承旨家手本載舊事五條，金禮部尚書楊雲翼日錄四十條，陳老日錄三十條，藏在史館。條件雖多，重複者三之二。惟所載李妃、完顏匡定策，獨吉千家奴兵敗，紇石烈執中作難，及日食、星變、地震、氛祲，不相背盭。今校其重出，删其繁雜。章宗實錄詳其前事，宣宗實錄詳其後事。又於金掌奏目女官大明居士王氏所紀，得資明夫人援璽一事，附著于篇，亦可以存其梗概云爾。

校勘記

〔一〕人戶三人死者免租稅一年　按下文接敍「二人及傷者免一年」，則此「一年」疑當作「二年」。

〔二〕進封兄鄆王永功爲譙王　「鄆王」原作「越王」。按本書卷八〇永功傳，「承安元年進封鄆王，……大安元年進封譙王……明年進封越王」。今據改。

〔三〕二年正月庚戌朔　按此事又見本書卷二〇天文志。考長術是年正月庚寅朔，庚戌是二十一日。

疑「戊」爲「寅」之誤，或「朔」字衍。

〔四〕北方有黑氣如大道東西亘天　按本書卷二〇天文志記此事在「衛紹王大安元年四月壬申」。此繫二年，疑誤。

〔五〕十二月乙卯朔日有食之　「乙卯」原作「辛酉」。按下文「三年正月乙酉朔」，依長術二年十二月當爲乙卯朔。高麗史卷四七天文志，「熙宗六年即金大安二年十二月乙卯朔日食」，正與之合。今據改。

〔六〕懷來　按本書卷二四地理志，西京路德興府嬀川注云，「縣舊曰懷戎，更名懷來，明昌六年更今名」。是此時懷來當作嬀川。

〔七〕崇慶元年正月己酉朔　原脫「己酉」二字，據長術補。

〔八〕安武軍節度使致仕賈鉉起復參知政事　「安武」原作「武安」。按金無「武安軍」。本書卷九九賈鉉傳云，「乃出爲安武軍節度使」。今據改。

〔九〕刑部尚書王維翰爲參知政事　原脫「翰」字。按本書卷一二一王維翰傳云，「改刑部尚書，拜參知政事」。今據補。

〔一〇〕都統石古乃率衆拒戰　按本書卷一二一鄯陽附石古乃傳，「完顏石古乃爲護衛十人長」，卷一三二紇石烈執中傳亦稱「護衛十人長完顏石古乃」。疑「都統」二字誤。

〔一一〕鄯陽順天軍節度副使　原脫「副」字。按本書卷一二一鄯陽傳，「鄯陽贈宣武將軍、順天軍節度副使」。今據補。

元　脱脱　等撰

金史

第　二　册

卷一四至卷二六（紀志）

中華書局

二十四史

中華書局

金史卷十四

本紀第十四

宣宗上

宣宗繼天興統述道勤仁英武聖孝皇帝諱珣，本名吾睹補，顯宗長子，母曰昭華劉氏。大定三年癸未歲生，世宗養于宮中。十八年，封溫國公，加特進。二十六年，賜今名。二十九年，進封豐王，加開府儀同三司，累判兵、吏部，又判永定、彰德等軍。承安元年，進封翼王。泰和五年，改賜名從嘉。八年，進封邢王，又封昇王。所至著祥異。

至寧元年八月，衞紹王被弒，徒單銘等迎于彰德府。既至京，親王、百官上表勸進。九月甲辰，〔一〕卽皇帝位於大安殿。以紇石烈胡沙虎爲太師、尚書令兼都元帥，封澤王。乙巳，〔二〕諭尚書省，事有規畫者皆卽規畫，悉依世宗所行行之。丙午，以駙馬雄名第

賜胡沙虎。丁未，諭宰臣曰：「朕卽大位，羣臣凡有所見，各直言勿隱。」臨奠于衞紹王第。有司奏，舊禮當設坐哭。上命撤坐，伏哭盡哀。勅有司，以禮改葬。戊申，御仁政殿視朝。賜胡沙虎坐，胡沙虎不辭。辛亥，封皇子守禮爲遂王，守純爲濮王，皇女溫國公主。夔王永升薨，上親臨奠。大元遣乙里只來。壬子，改元貞祐，大赦。恩賚中外臣民有差。丙辰，左諫議大夫張行信上章言崇節儉、廣聽納、明賞罰三事。尚書右丞相徒單鎰進左丞相，封廣平郡王。庚申，澤王胡沙虎等議廢故衞王爲庶人，上曰：「朕徐思之，以諭卿等。」壬戌，授胡沙虎中都路和魯忽土世襲猛安。丙寅，詔諭六品以下官，事有可言者言之無隱。

閏月戊辰朔，拜日于仁政殿，自是每月吉爲常。授尚書左丞相徒單鎰中都路迭魯猛安。庚午，上復舊名珣，詔所司，告天地廟社。前所更名二字，自今不須迴避。辛未，詔追尊皇妣爲皇太后。是日，皇妃皇子至自彰德府。遣使使宋。己卯，左諫議大夫張行信上疏請立皇太子。甲申，立子守忠爲皇太子。丙戌，詔降故衞王爲東海郡侯。甲午，減定監察御史爲十二員。

冬十月丁酉朔，京師戒嚴。辛丑，大元乙里只來。乙巳，詔應遷加官賞，諸色人與本朝人一體。庚戌，勅有司，皇太子册禮，俟邊事息然後舉行。辛亥，元帥右監軍朮虎高琪戰于城北，凡兩敗績而歸，就以兵殺胡沙虎于其第，持其首詣闕待罪。赦之，仍授左副元帥。壬子，殿前都點檢紇石烈特末也等補外。甲寅，張行信上封事，〔三〕言正刑賞、擇將帥，及鄯陽、石古乃之寃。大元兵下涿州。設京城鎮撫彈壓官。置招賢所。癸亥，放宮女百三十人。

十一月戊辰，夏人攻會州，徒單醜兒出兵擊走之。庚午，將乞和于大元，詔百官議于尚書省。以橫海軍節度使承暉爲尚書右丞，耿端義爲參知政事。癸未，詔贈死事裴滿福興及鄯陽、石古乃官。大元兵徇觀州，刺史高守約死之。又徇河間府、滄州。乙未，定亡失告身文憑格。

十二月丁酉朔，上御應天門，詔諭軍士，仍出銀以賜之。平章政事徒單公弼進尚書右丞相，尚書右丞承暉進都元帥兼平章政事，左副元帥朮虎高琪進平章政事兼前職。

二年春正月丁卯朔，以邊事未息，詔免朝賀。辛未，大元兵徇彰德府，知府事黄摑九住死之。宋人攻秦州，統軍使石抹仲溫擊却之。癸未，有司奏，請權止今年禘享朝獻原廟及皇太后册禮，從之。乙酉，徵處士王澮，不至。大元兵徇益都府。命有司復議本朝德運。乙未，大元兵徇懷州，沁南軍節度使宋扆死之。

二月丙申朔。壬子，大元乙里只扎八來。丙辰，罷按察司。壬戌，大元乙里只復來。

三月辛未，遣承暉詣大元請和。丁丑，赦國內。癸未，京師大括粟。甲申，大元乙里只

扎八來。詔百官議于尚書省。戊子，以濮王守純爲殿前都點檢兼侍衞親軍都指揮使，權都元帥府事。庚寅，奉衞紹王公主歸于大元太祖皇帝，是爲公主皇后。辛卯，詔許諸人納粟買官。京師戒嚴。壬辰，大元兵下嵐州，鎭西軍節度使烏古論仲溫死之。

夏四月乙未朔，以知大興府事胥鼎爲尚書右丞。戊戌，奉遷昭聖皇后柩于新寺。時山東、河北諸郡失守，惟眞定、清、沃、大名、東平、徐、邳、海數城僅存而已，河東州縣亦多殘燬。兵退，命僕散安貞等爲諸路宣撫使，安集遺黎。至是以大元允和議，大赦國內。癸卯，權厝昭聖皇后于新寺。甲辰，詔有司具陣亡人子孫以備錄用。丁未，以都元帥承暉爲右丞相。〔四〕庚戌，左丞相、監修國史廣平郡王徒單鎰薨。乙卯，尚書省奏巡幸南京，詔從之。己未，葬衞紹王。

五月癸酉，承暉加金紫光祿大夫，封定國公。尚書左丞抹撚盡忠加崇進，封申國公。甲戌，霍王從彝薨。乙亥，輟朝。上決意南遷，詔告國內。太學生趙昉等上章極論利害，以大計已定，不能中止，皆慰諭而遣之。詣原廟奉辭。戊寅，將發，雨，不果行。以南京留守僕散端等營請臨幸，及行，先詔諭之。辛巳，詔還衞紹、鎬厲王家屬于鄭州。壬午，車駕發中都。是日雨，至甲申止。丙戌，次定興。禁有司扈從踐蹂民田。丁亥，次安肅州，元帥右監軍完顏弼以兵迎見。癸巳，次中山府，勅扈從軍所踐禾稼，計直酬之。

六月甲午朔，以按察轉運使高汝礪爲參知政事。[五]癸丑，次內丘縣。大元乙里只來。戊午，次彰德府，曲赦其境內。庚申，次鉅橋鎮。是日，南京行宮寶鎮閣災。壬戌，次宜村。黃龍見西北。

秋七月，車駕至南京。詔立元妃溫敦氏爲皇后。

八月甲午，以立后，百官上表稱賀。庚子，皇太子至自中都。丁未，夏人入邊，命移文責之。甲寅，罷經略司。應奉翰林文字完顏素蘭上書言事。

九月壬戌朔，日有食之。皇孫生。癸亥，山東路報萊州之捷。辛未，立監察御史陞黜格。庚辰，詔訓練軍士。丁亥，諭宣徽院，正旦生辰不須進物。太白晝見于軫。戊子，禁軍官圍獵。

冬十月甲午，詔遣官市木波、西羌馬。陝西軍戶戰死者給糧贍其家。丁酉，大元兵徇順州，勸農使王晦死之。壬寅，左副元帥兼尚書左丞抹撚盡忠進平章政事。以御史中丞孛術魯德裕爲參知政事兼簽樞密院事。曲赦中都路。乙卯，遣參知政事孛術魯德裕行尚書省于大名府。丙辰，大元兵收成州。諭大名行省，貶損用度。德州防禦使完顏醜奴伏誅。

十一月丁卯，以御史大夫僕散端爲尚書左丞相。曲赦山東路。辛未，詔賜衞紹王家屬旣稟。詔有司答夏國牒。丙子，許諸色人試武舉。蘭州譯人程陳僧叛，西結夏人爲援。辛

巳，熒惑犯房宿鉤鈐星。癸未，曲赦遼東路。勅罷宣撫司輒擬官。

十二月戊戌，遣眞定行元帥府事永錫等援中都。頒勸農詔。丁未，以和議旣定，聽民南渡。乙卯，登州刺史耿格伏誅，流其妻孥。大元兵徇懿州，節度使高閭山死之。

三年春正月辛酉朔，宋遣使來賀。壬戌，遣內侍諭永錫防邊，毋以和議爲辭。癸亥，曲宴羣臣、宋使。定文武五品以上侍坐員，遂爲常制。乙丑，詔宣撫阿海、總管合住討賊劉二祖、張汝楫。戊辰，尚書省言：「內外軍人入粟補官者多，行伍浸虛。請俟平定，應監差者與三酬，門戶有職事者陞一等，其子弟應廕者罷之。」上可其奏。乙亥，夏人犯環州。北京軍亂，殺宣撫使奧屯襄。丁丑，右副元帥蒲察七斤以其軍降於大元。辛巳，皇太子疾。輟朝。乙酉，皇太子薨。

二月辛卯，環州刺史烏古論延壽及斜卯毛良虎等敗夏人于州境，詔進官有差。大元乙里只來。壬辰，上臨奠皇太子殯所。有司奏辰日不哭，上曰：「父子至親，何可拘忌？」命御史中丞李英、元帥左都監烏古論慶壽領兵護饟中都，付以空名宣勅，許視功遷敍，逗撓者治以軍律。乙未，改寧邊州隸嵐州。丁酉，詔諸色人遷官並視女直人，有司妄生分別，以違制論，從戶部郎中奧屯阿虎請也。辛丑，勅宰臣饋乙里只酒饌。壬寅，頒獎諭官吏軍民詔，曲

赦，招撫北京作亂者。丙午，尚書省以南遷後，吏部秋冬置選南京，春夏置選中都，赴調者不便，請併選於南京。從之。武清縣巡檢梁佐、柳口巡檢李咬住以誅糺賊張暉、劉永昌等功進官有差，皆賜姓完顏。丁未，山東宣撫使僕散安貞遣提控僕散留家等破賊楊安兒步騎三萬，殲其衆，降僞頭目三百餘人、脅從民三萬餘戶。戊申，減沿邊州府官資考有差。壬子，立保城無虞及捕獲姦叛遷賞格。乙卯，勅奏急事不拘假日。丁巳，日初出赤如血，欲沒復然。戊午，大風，隆德殿鴟尾壞。

三月壬戌，詔河北州縣官，令文武五品以上辟舉，不聽以它事差占，仍勒終任。有勞績者但升遙領之職，應降罰者亦止本處居住。時河北殘燬，吏治多苟且以求代易，故著是令。癸亥，詔百官各陳防邊利害，封章以聞。丙寅，勅河東、河北、大名長貳官訓練隨處義兵，鄰境有警，責其捄援。降人自拔歸國者遷職，仍列其姓名，以招諭來者。沿河州縣官罷軟不勝職任者汰去，令五品已上官公舉，仍許今季到部人內先擇能者量緩急易之。丁卯，安武軍節度使張行信上書言急務四事。庚午，諭遼東宣撫使蒲鮮萬奴選精銳屯瀋州、廣寧，以俟進止。壬申，長春節，宋遣使來賀。戊寅，諭尚書省，歲旱，議弛諸處碾磑，以其水溉民田。己卯，雨。自去冬不雨雪，至是始雨。勸農使李革[六]言：「河北州縣官吏多求河南差占以避難，宜發元任領戍兵者。不可離則別注以往。」庚辰，御史臺言：「在京軍官及委差官

芻糧券例悉同征行，乞減其給。樞密院委差有俸人吏，非征行不必給。」皆從之。勅尚書省，入粟補官者毋括其戶爲軍。有司議賞軍功，毋有所沮格。壬午，山東宣撫司報大沫堌之捷，夾谷石里哥及沒烈擒賊渠劉二祖等斬之，前後殪賊萬計。西京軍民變，遣官撫諭之。己丑，禁州縣置刃於杖以決罪人。前年，京兆治中李友直私逃華州，結同知防禦使馮朝、河州防禦判官郝遵甫、平涼府同知致仕楊庭秀、水洛縣主簿宿徽等團集州民，號「忠義扈駕都統府」，相挻爲亂，殺其防禦判官完顏八斤及城中女直人，以書約都統楊珪，爲府兵所得。珪諱之，請自效，誘友直等執之，麾所招千餘人納仗阬諸城下。時京師道路隔絕，安撫司以便宜族友直等，至是以狀聞。乃贈八斤及被害官軍十餘人各一官，賻錢三百貫。

夏四月癸巳，河東宣撫使胥鼎言利害十三事。長勝軍都統楊珪伏誅。丙申，河南路蝗，遣官分捕。上諭宰臣曰：「朕在潛邸，聞捕蝗者止及道傍，使者不見處即不加意，當以此意戒之。」權參知政事德升言：「舊制夏至後免朝，四日一奏事。」上曰：「此在平時可耳。方今多故，勿謂朕勞，遂云當免，但使國事無廢則善矣。」己亥，曲赦山東路。癸卯，籍赴選監當官爲軍。乙巳，罷都南行尚書六部。侯摯言九事。曲赦蒲察七斤脅從之黨，募能殺獲七斤者，以其官官之。丙午，以調度不給，凡隨朝六品以下官及承應人，罷其從己人力輸傭錢。經兵州、府其吏減半，司、縣吏減三之一。其餘除開封府、南京轉運司外，例減三之一。

有祿官吏被差不出本境者並罷給劵，出境者以其半給之。修內司軍夫亦減其半。丁未，故皇太子啓薨，賜謚曰莊獻，戊申，權葬迎朔門外。詔自今策論詞賦進士，第一甲第一人特遷奉直大夫，第二人以下、經義第一人並儒林郎，第二甲以下徵事郎，同進士從仕郎，經童將仕郎。壬子，芮國公從厚薨。詔遣使同山西宣撫司選其民勇健者爲軍。諭有司，勿拒河北避兵之民，所至加存䘏。用山東西路宣撫副使完顏弼言，招大沬堌渠賊孫邦佐、張汝楫以五品職，下詔湔洗其罪。乙卯，詔檢覈朝廷差遣官劵曆，無故稽留中道者罪之。丙辰，諭田琢留山西流民少壯者充軍，老幼者令就食於邢、洺等州，欲趣河南者聽。上議遣親軍六千餘及所募二千七百人援中都。宰臣以爲行宮單弱，親軍不可遣，遂止。

五月庚申，招撫山西軍民，仍降詔諭之。是日，中都破，尚書右丞相兼都元帥定國公承暉死之。戶部尚書任天寵、知大興府事高霖皆及於難。壬戌，降空名宣勅、紫衣師德號度牒，以補軍儲。辛未，立皇孫鏗爲皇太孫。癸酉，劉炳上書言十事。辛巳，上諭宰臣：「多事之秋，陳言者悉送省。恐卿等不暇，朕於宮中置局，命方正官數員擇可取者付出施行，何如？」宰臣請如聖諭。詔削納馬補官恩例。戊子，謀伐西夏，遣大臣鎮撫京兆。

秋七月戊午朔，大元兵收濟源縣。己未，徵弓箭于內外品官，三品以上三副，四品、五品二副，餘以等級徵之。庚申，置陳、潁漕運提舉官，以戶部勾當官往來督察。有星如太

白，色青白，有尾，出紫微垣北極傍，入貫索中。上聞河北譏察官有要求民財始聽民渡河者，避兵民至或餓死、自溺，特命御史臺體訪之。又禁隨朝職官斂民碾磑以自營利。詔河間孤城，移其軍民就粟清州，括民間騾付諸軍，與馬參用。辛酉，議括官田及牧馬地以贍河北軍戶之徙河南者，已爲民佃者俟穫畢日付之。羣臣迭言其不便，遂寢。癸亥，詔河北郡縣軍須並減河南之半。定尚書所造諸符：樞密院鹿，宣撫司魚，統軍司虎。丙寅，遣參知政事高汝礪往河南，便宜措置糧儲。制品官納弓箭之令，丁憂致仕者免。甲戌，借平陽民租一年。詔職官更兵亡失告身，見任者保識卽重給之，妄冒者從詐僞法。丙子，尚書省奏給皇太孫歲賜錢。上不從，曰：「襁褓兒安所用之。」詔致仕官俸給比南征時減其半。丁丑，肅宗神主至自中都，奉安于明俊殿。戊寅，月入畢宿中，戌夜犯畢大星。己卯，明德皇后神主至自中都。裁損宮中歲給有差。甲申，詔尚書省，行六部太多，其令各路運司兼之。改交鈔名「貞祐寶券」。

八月戊子朔，以陝西統軍使完顏合打簽樞密院事。己丑，制軍府庶事樞密院官須與經歷官裁決，經歷議是而院官不從，許直以聞。癸巳，詔遣官體究京西路新遷軍戶。丙申，諭尚書省，職官犯罪，大者卽施行之，小者籍之，事定始論其罪。諭樞密院，撒合輦所簽軍有具戒僧人，可罷遣之。己亥，詔武舉官非見任及已從軍者，隨處調赴京師，別爲一軍，以備

用。被薦未授官者，量才任之。庚子，上慮平陽城大，兵食不足，議棄之，宰臣持不可。賞前冀州教授粘割忒鄰，集義兵，出方略，遏土寇，〔七〕兵後攝州，復立州治，積芻糧，招徠民戶至五萬，特遷三官，升正五品職。〔八〕置山東西路總管府于歸德府及徐、亳二州。以太常卿侯摯爲參知政事，行尚書省于河北東、西兩路。〔九〕太祖御容至自西京，奉安于啓慶宮。甲辰，置行樞密院于徐州、歸德府。詔諸職官不拘何從出身，其才可大用者尚書省具以聞。丙午，山東西路宣撫使完顏弼表：「遙授同知東平府事張汝楫將謀復叛，密遣人招同知益都府事孫邦佐。邦佐斬其人，馳報弼，弼殺汝楫及其黨萬餘。承制升邦佐德州防禦使，餘立功者賞有差。」上嘉弼功，加崇進，封密國公，詔獎諭之。丁未，詔近臣舉良將，加孫邦佐昭毅大將軍、泰定軍節度使，仍官其子。戊申，東平、益都、太原、潞州置元帥府。大赦。己酉，監察御史許古獻恢復中都之策。紅襖賊掠成武，宣撫副使顏盞天澤討走之，斬首數百級。進天澤一官，將校有功者命就遷賞。命侯摯招邢州賊程邦傑以官，不從則誘其黨圖之。減戶部幹辦官四員及委差官有差。壬子，置行省于陝西。乙卯，增沿河闌糴之法，十取其八，以抑販粟之弊，仍嚴禁私渡。增步軍萬人，戍京以西，四萬人戍京以東。選陝西騎兵二千，增京畿之衞。諭陝西，堅守延安、臨洮、環、慶、蘭、會、保安、綏德、平涼、德順、鎭戎、涇原、鄜、坊、邠、寧、乾、耀等處要害。分渭南州郡步兵屯平涼，令宣撫使治邠州，副使治同州之

澄城以統之。更以步騎守沿渭諸津。丙辰，元帥左監軍兼知眞定府事永錫坐援中都失律，削官爵，杖之八十。

九月丁巳朔，戶部侍郎奧屯阿虎言：「國家多故，職官往往不仕。乞限以兩季，違者勿復任用。」上嫌其太重，命違限者止奪三官，降職三等，仍永不升注。辛酉，除名永錫特遷信武將軍、息州刺史。甲子，諭宰臣，沿淮塘路以南地鼎授民業，今爲豪勢據奪者，其令有司察之。丙寅，樞密院言：「陝西、河東世襲蕃部巡檢，昨與世襲猛安謀克例罷其俸。今邊事方急，宜仍給之，庶獲其用。又西邊弓箭手有才武出衆，獲功未推賞者，令宣撫司覈實以聞。」從之。丁卯，以秋稼未穫，禁軍官圍獵。詔授隱士王澮太中大夫、右諫議大夫，充遼東宣撫司參謀官。戊辰，遙授武寧軍節度副使徒單吾典告平章政事抹撚盡忠逆謀，詔有司鞫之。設潼關提控總領軍馬等官。辛未，置河北東路行總管府於原武、陽武、封丘、陳留、延津、通許、杞諸縣，以治所徙軍戶。命司屬令和尙等護治鞏國公按辰第。上謂宰臣曰：「按辰所爲不愼，或至犯法。舍之則理所不容，治之則失親親之道，但當設官以防之耳。」按辰尋以不法，〔一〇〕謫博州防禦使。黜衞紹王母李氏光獻皇后尊謚，神主在太廟，畫像在啓慶宮，〔一一〕並遷出之。陳州鎭防軍段仲連進羊三百，詔遷三官。命右丞汝礪詣陳州規畫糧儲。壬申，以蘇門縣爲輝州。癸酉，朝謁世祖、太祖御容于啓慶宮，行獻享禮，始用樂。賜東永昌姓爲溫

敎氏，包世顯、包疙疸爲烏古論氏，覩令孤爲和速嘉氏，何定爲必蘭氏，馬福德、馬柏壽爲夾谷氏，各遷一官。甲戌，朝謁太宗、熙宗、睿宗御容，行獻享禮。詔開、滑、濬、濟、曹、滕諸州置連珠寨，如衞州。乙亥，詔河北、山東等路及平涼、慶陽、臨洮府，涇、邠、秦、鞏、德順諸州經兵，四品以下職事官並以二十月爲滿。募隨處主帥及官軍、義軍將校，有能率衆復取中都者封王，遷一品階，授二品職。能戰却敵、善誘降人、取附都州縣者，予本處長官、散官，隨職遷授，餘州縣遞減二等。

紅襖賊周元兒陷深、祁州，束鹿、安平、無極等縣，眞定帥府以計破之，斬元兒及殺其黨五百餘人。丁丑，詔司、縣官能募民進糧五千石以上，減一資考，萬石以上，遷一官，減二資考，二萬石以上遷一官，升一等，注見闕。諸色人以功賜國姓者，能以千人敗敵三千人，賜及緦麻以上親，二千人以上，賜及大功以上親，千人以上，賜止其家。庚辰，陝西宣撫司來上第五將城萬戶楊再興擊走夏人之捷。壬午，以空名宣勅付陝西宣撫司，凡夏人入寇，有能臨陣立功者，五品以下並聽遷授。乙酉，置大名府行總管府于柘城縣，以治所徙軍戶。

冬十月丙戌朔，翰林侍讀學士、權參知政事烏古論德升出爲集慶軍節度使兼亳州管內觀察使。〔三〕丁亥，尚書右丞汝礪言：「河北軍戶之徙河南者，宜以係官閑田及牧馬草地之可耕者賜之，使自耕以食，而罷其月糧。」上從其請。命右司諫馮開隨處按視，人給三十畝。夏

人入保安，都統完顏國家奴破之；攻延安，戍將又敗之。是日，捷至。戊子，以御史中丞徒單思忠爲參知政事。己丑，平章抹撚盡忠下獄既久，監察御史許古言：「盡忠逮繫有司，此必重罪，而莫知其由，甚駭衆聽。乞遣公正重臣鞫之。如得其實，明示罪目，以厭中外之心。」書上，不報。庚寅，遂誅盡忠。癸巳，罪狀盡忠告中外。詔樞密副使僕散安貞行樞密院于徐州。戊戌，遼東宣撫司報敗留哥之捷。甲辰，詔求廣平郡王承暉之後，得其猶子歷亭縣丞永懷，以爲器物直長。丙午，夏人陷臨洮，陝西宣撫副使完顏胡失刺被執。庚戌，詔尚書左丞相僕散端兼都元帥，行尚書省于陝西。辛亥，蒙古綱奏：「昨被旨權山東路宣撫副使，屯東平。行至徐北岸，北兵已偪徐，不可往。」詔樞密副使僕散安貞權於沿河任使之。壬子，以同、華舊屯陝西兵及河南所移步騎舊隸陝州宣撫司者，改隸陝西行省。召中奉大夫、〔三〕襲封衍聖公孔元措爲太常博士。上初用元措於朝，或言宣聖墳廟在曲阜，宜遣之奉祀。既而上念元措聖人之後，山東寇盜縱橫，恐罹其害，是使之奉祀而反絕之也，故有是命。遼東賊蒲鮮萬奴僭號，改元天泰。

十一月丙辰朔，河北行尚書省侯摯入見。詔河北西路宣撫副使田琢自濬徙其兵屯陝。戊午，樞密院進王世安取盱眙、楚州之策，遂以世安爲招撫使，與泗州元帥府所遣人同往淮南計度其事。戊辰，夏人犯綏德之克戎寨，官軍敗之，犯綏平，又敗之。賞有功將士及來告

捷者。參知政事徒單思忠言：「今陳言者多掇拾細故，乞不送省，止令近侍局度其可否發遣。」上曰：「若爾，是塞言路。凡係國家者，豈得不由尚書省乎？」庚午，上與尚書右丞汝礪商略遣官括田賜軍之利害，〔四〕汝礪言不便者數端。乃詔有司罷其令，仍給軍糧之半，其半給詣實之價。壬申，遣參知政事侯摯祭河神于宜村。甲戌，移剌塔不也以軍萬人破夏人數萬於熟羊寨。丙子，詔市民間輓車羸疾牝馬置羣牧中，以圖滋息。知臨洮府陀滿胡土門破夏人八萬於城下。丁丑，監察御史陳規劾參知政事侯摯，上不允所言，而慰答之。庚辰，上謂宰臣曰：「朕恐括地擾民，罷其令矣。官荒牧馬地軍戶願耕者聽，已爲民承種者勿斂。舊例點檢左右將軍、近侍局官、護衞、承應人秩滿皆賜匹帛，雖所司爲之製造，然不免賦取於民，近亦罷之，止給寶券。至於朕所服御，亦以官絲付太府監織之，自今勿復及民也。」大元兵徇彰德府，知府陀滿斜烈死之。

十二月乙酉朔，徙朔州民分屯嵐、石、隰、吉、絳、解等州。戊子，以軍事免樞密院官朝拜。己丑，侯摯復行尚書省于河北。庚寅，太白晝見。壬辰，詔免元日朝賀。乙未，勅贈昭聖皇后三代官爵。太康縣人劉全、時溫、東平府民李寧謀反，伏誅。戊戌，陝西行元帥府乞益兵，以田琢之衆隸之，仍獎諭以詔。壬寅，詔林州刺史惟宏與都提控從坦同經理邊事，諸將功賞次第便宜行之。乙巳，大元兵徇大名府。癸丑，皇太孫薨，以殤，無祭享之制，戒勿

勞民。諭宣徽院免元日親王、公主進酒。甲寅，禮官奏，正旦宋遣使來賀，不宜輟朝。命舉樂、服色如常儀。詔臨洮路兵馬都總管陀滿胡土門進官三階，再任。

四年春正月癸亥，監察御史田迥秀條陳五事。丙寅，紅襖賊犯泰安、德、博等州，山東西路行元帥府敗之。丁卯，諭御史臺曰：「今旦視朝，百官既拜之後，始聞開封府報衙聲。四方多故之秋，弛慢如此，可乎？中丞福興號素謹于官事者，當一詰之。」己巳，尚書右丞高汝礪進左丞。庚午，大元兵收曹州。辛未，參知政事侯摯進尚書右丞。壬申，太原元帥左監軍烏古論德升招其民降北者，得四千三百餘人。癸酉，詔賜故皇太孫謚曰冲懷。更定捕獲僞造寶券者官賞。乙亥，以殿前都點檢皇子遂王守禮爲樞密使，樞密使濮王守純爲平章政事。己卯，立遂王守禮爲皇太子。庚辰，詔免逃戶租。壬午，言者請遣官劭農，至秋成，考其績以甄賞。宰臣言：「民恃農以生，初不待勸，但寬其力，勿奪其時而已。遣官不過督州縣計頃畝、嚴期會而已。吏卒因爲姦利，是乃妨農，何名爲勸。」上是其言，不遣。

二月甲申朔，日有食之。上不視朝，詔皇太子控制樞密院事。大元兵圍太原。〔五〕乙酉，以信武將軍、宣撫副使永錫簽樞密院事，權尚書右丞。皇太子既總樞務，詔有司議典禮，以金鑄「撫軍之寶」授太子，啓稟之際用之。平章政事高琪表乞致仕，不允。召樞密院

官問所以備禦之策。丁亥，以河東南路宣撫使胥鼎爲樞密副使，權尚書左丞，行省于平陽。鼎方抗表求退，詔勉諭就職，因有是命。行省左丞相僕散端先亦告老，遣太醫往鎭護視其疾。戊子，宰臣以皇太子既立，服御儀物悉與已受册同，今邊事未寧，請少緩册寶之禮，從之。戊戌，免親王、公主長春節入賀致禮。己亥，大元兵攻下霍山諸隘。甲辰，命參知政事李革爲修奉太廟使，禮部尚書張行信提控修奉社稷。權祔肅宗神主于世祖室，奉始祖以下神主于隨室，祭器以瓦代銅，獻官以公服行事，供張等物並從簡約。庚戌，詔凡死節之臣籍其數，立廟致祭。壬子，任國公瑋薨，輟朝。是月，同知觀州軍州事張開復河間府滄、獻等州并屬縣十有三，表請赦旁郡脅從之臣。又請以宣撫司空名宣勑二百道付之，從權署補，仍以糧繼其軍食。詔樞密措畫。

三月乙卯，以將修太廟，遣李革奏告祖宗神主于明俊殿。丁巳，曲赦中都、河北等路。議軍戶給地事。乙丑，延州刺史溫撒可喜上疏言：「皇太子宜選正人爲師保。」丙寅，長春節，宋遣使來賀。己巳，以將修社稷，遣太子少保張行信預告。滄州經略副使張文破趙福，復恩州。丙子，曲赦遼東路。己卯，處士王澮以右諫議大夫復遷中奉大夫、翰林學士，仍賜詔褒諭。庚辰，復邢州捷至。

夏四月己丑，陝西行省來報秦州官軍破妖賊趙用、劉高二之捷。遣官鞫單州防禦使僕

散倖之罪，罷其城單州之役。癸巳，張開奏復淸州等十有一城，詔遷官兩階，賞將士有差。甲午，改賜皇太子名守緒。詔諭陝西路軍民。丙申，河北行省侯摯言：「北商販粟渡河，官遮糴其什八，商遂不行，民饑益甚。請罷其令。」從之。河南、陝西蝗。丁酉，太白晝見于奎。己亥，夏人葩俄族都管汪三郎率其蕃戶來歸，以千羊進，詔納之，優給其直。辛丑，侯摯言：「紅襖賊掠臨沂、費縣之境，官軍敗之。獲其黨訊之，知其渠賊郝定僭號署官，已陷滕、兗、單諸州，萊蕪、新泰等十餘縣。」時道路不通，宰臣請諭摯爲備。仍詔樞密院招捕。蔡、息行元帥府兵拔木陡關，斬首千級。甲辰，有司言，扶風、郿縣有蟲傷麥。

五月癸丑朔，禮官言：「太廟既成，行都禮雖簡約，惟以親行祔享爲敬，請權不用鹵簿儀仗及宮縣樂舞。」從之。山東行省上沂州之捷。甲寅，鳳翔及華、汝等州蝗。辛酉，以尚書右丞侯摯行省事于東平。己巳，來遠鎭獲夏諜者陳岊等，知夏人將圖臨洮、鞏州，闚長安。命陝西行省嚴爲之備。丙子，上將以七月行祔享禮，慮時雨有妨，詔改用十月。夏人修來羌城界河橋。元帥右都監完顏賽不遣兵焚之，俘馘甚多。戊寅，京兆、同、華、鄧、裕、汝、亳、宿、泗等州蝗。

六月戊子，詔凡進奏帖及申尚書省、樞密院關應密大事，私發視者絞，誤者減二等，制書應密者如之。壬辰，遼西僞瀛王張致遣完顏南合、張頑僧上表來歸。詔授致特進，行北京路元帥府事，兼本路宣撫使，南合同知北京兵馬總管府，頑僧同知廣寧府。丙申，木星晝見于奎，百有一日乃伏。癸卯，詔有司祈雨。丁未，河南大蝗傷稼，遣官分道捕之。罷河北諸路宣撫司，更置經略司。壬子，以旱，詔參知政事李革審決京師冤獄。

秋七月癸丑朔，昭義軍節度使必蘭阿魯帶復威州及獲鹿縣。飛蝗過京師。甲寅，山東行省檻賊郝定等至京師，伏誅。乙卯，以旱蝗，詔中外。己未，勑減尚食數品及後宮歲給縑帛有差。辛酉，監察御史陳規上章條陳八事。

閏月壬午朔，日有食之。辛卯，復深州。癸巳，翰林學士完顏孛迭進中興事跡。甲午，命掌軍官舉奇才絕力之人，提控、都副統等官互舉其屬。頒舉官賞罰格，許功過相除。品官及草澤人有才武者，舉薦升降亦如之。庚子，詔河南、陝西鎭防軍應廕及納粟補官者，當役如舊，俟事定乃聽赴銓。

八月甲寅，太子少保兼禮部尚書張行信定祔享親祀之儀以進。上嘉納之。三原縣僧廣惠進僧道納粟多寡與都副威儀及監寺等格，從其言鬻之。夏人入安塞堡，元帥左監軍烏古論慶壽遣軍敗之。壬戌，賜張行信寶券二萬貫、重幣十端，旌其議禮之當。乙亥，詔諭中都民，命大名招撫使募人持詔以往。丙子，大元兵攻延安。己卯，夏人入結耶觜川，官軍擊走之。

九月辛巳朔，大元兵攻坊州。〔一六〕以簽樞密院事永錫爲御史大夫，領兵赴陝西，便宜從事。壬辰，大元兵攻代州。經略使奧屯醜和尚戰沒。以中衞尉完顏奴婢等充賀宋生日使。〔一七〕

冬十月己未，親王、百官奉迎祖宗神主于太廟。招射生獵戶練習武藝知山徑者分屯陝、虢要地。命元帥左監軍必蘭阿魯帶守潼關，遙授知歸德府事完顏仲元軍盧氏。大元兵攻潼關。西安軍節度使泥厖古蒲魯虎戰沒。辛酉，上親行祔享禮。甲子，祔享禮成。赦。乙丑，詔諭河南官吏軍民，以賞格募立功之士。命參知政事徒單思忠提控鎭撫京師，移剌周剌阿不屯關、陝。丙寅，詔京師具防城器械，多鑿坎穽，築垣牆於隙地。徙衞紹及鎬厲王家屬于京師。丁卯，以奉安社稷，遣官預告。戊辰，命張行信攝太尉，奉安社稷，禮樂咸稱其數。詔吏、禮、兵、工四部尚書董防城之役。大元兵徇汝州。己巳，沿河唯存通報小舟，餘皆焚之。庚午，詔宿糧州縣屯兵，其簽民爲兵者就署隊長，以自防遏。河東行省胥鼎，〔一八〕遣潞州元帥左監軍必蘭阿魯帶以軍一萬，孟州經略使徒單百家以軍五千，由便道濟河趣關、陝，自將平陽精兵援京師。命樞府督軍應之。辛未，置官領招賢所事。命內外官採訪有才識勇略能區畫防城者具以聞，得實超任，仍賞舉主。內負長才不爲人所知者，聽赴招賢所自陳。壬申，以龍虎衞上將軍裴滿羊哥知歸德府事，行樞密院事。癸酉，詔罷遣有司

所拘民間輸稅車牛以運軍士衣糧者。甲戌，諭附京民盡徙其芻糧入城，官儲併運之。丙子，行樞密院知河南府事完顏合打以徵兵失應，坐誅。戶部郎中魏琦以沒王事，官其子。己卯，議禁京師糜糓，近侍以寶券方行，恐滯其用，不果。吏部令史韓希祖陳言，曾以戰功致身者盡拘京師備用，從之。

十一月庚辰朔，增定守禦官及軍人遷賞格。辛巳，詔止附京農民自撤其廬舍。壬午，河東行省胥鼎入援京師，用其言以知平陽府王質權元帥左監軍，同知完顏僧家奴權右監軍，代鎭河東。拜鼎爲尙書左丞兼樞密副使，知歸德府完顏伯嘉簽樞密院事。以完顏合打伏誅，詔中外。乙酉，元帥右都監完顏賽不來獻其提控石盞合喜、楊斡烈等大敗夏人于定西之捷，命行省視其功賞之。大元兵至澠池，〔九〕右副元帥蒲察阿里不孫軍潰而逃，失其所佩虎符。丙戌，前臨潢府推官權元帥右監軍完顏合達率官軍老幼自北歸國，升鎭南軍節度使，進官三階。詔出公帑綿絹付有司償所括民服以衣軍者。是夕，月暈木星，木在奎，月在壁。己丑，定毀防城器具法。辛卯，詔立功五品以上官賜饌御前，六品以下官賜饌近侍局。癸巳，上諭皇太子：「京城提控官有以文資充者，彼豈知兵？其速易之。」甲午，放免諸職官傔從及諸司局射糧兵卒嘗選充軍者。戊戌，勑諸州縣簽籍軍民，以備土寇。華州元帥府復潼關。庚子，罷在京防城民軍。遣御史陳規等充河南宣差安撫捕盜官。河南路統軍使

紇石烈攊合以發兵後期，坐誅。甲辰，以尙書工部侍郎和尙等充賀宋正旦使。丙午，河南行樞密院從坦言，其族人道哥願隸行伍以自效。上嘉其忠，許之。內族承立進所獲馬駝。上曰：「此軍士所得，卽以予之可也，朕安用哉。」因徧諭諸道將帥，後勿復如是。

十二月辛亥，平章政事朮虎高琪加崇進、尙書右丞相。參知政事李革罷。癸亥，大元兵攻平陽。丙寅，皇太子議伐西夏。大元兵徇大名府。壬申，大元兵進自代州神仙横城及平定承天鎭諸隘，攻太原府。宣撫使烏古論禮遣人間道齎礬書至京師告急。詔發潞州元帥府，平陽、河中、絳、孟宣撫司兵援之。乙亥，高琪請修南京裏城。上曰：「民力已困，此役一興，病滋甚矣。城雖完固，朕亦何能獨安此乎。」

校勘記

〔一〕九月甲辰　原脫「九月」二字。按本書卷一三衞紹王紀云，「九月甲辰，宣宗卽位」。今將本卷下文「乙巳」上「九月」二字移此。

〔二〕乙巳　原作「九月乙巳朔」。按「九月」二字已移在上文「甲辰」前。參見前條。又下文閏九月戊辰朔，十月丁酉朔，則九月決非乙巳朔，今删「朔」字。

〔三〕甲寅張行信上封事　原脫「甲寅」二字。按本書卷一三二紇石烈執中傳，「甲寅，左諫議大夫張行信上封事」，卽此事。今據補。

〔四〕以都元帥承暉爲右丞相　「右丞相」原作「平章政事」。按上文貞祐元年十二月丁酉，「尙書右丞承暉進都元帥兼平章政事」。此不應重出。本書卷一〇一承暉傳云，「宣宗遷汴，進拜右丞相……」。今據改。

〔五〕以按察轉運使高汝礪爲參知政事　按本書卷一〇七高汝礪傳，泰和「二年正月爲北京臨潢府路按察使，四年二月遷河北西路轉運使」。「六年六月拜戶部尙書」。「貞祐二年六月宣宗南遷，次邯鄲，拜汝礪爲參知政事」。則此處「按察轉運使」似當作「戶部尙書」。

〔六〕勸農使李革　「使」原作「事」，「革」原作「華」。按本書卷九九李革傳，「宣宗遷汴，行河北西路六部事，遷知開封府事、河南勸農使」。今據改。

〔七〕遏土寇　「遏」原作「遇」。據文義改。

〔八〕招徠民戶至五萬特遷三官升正五品職　「特遷三官升正五品職」九字，原在下文「徐、亳二州」下，今按文義移此。

〔九〕行尙書省于河北東西兩路　「尙」原作「中」。按本書卷一〇八侯摯傳，貞祐三年八月「拜參知政事，行尙書省于河北」。今據改。

〔一〇〕命司屬令和尙等護治鞏國公按辰第……按辰所爲不愼……按辰尋以不法　「辰」原皆作「春」。

按本書卷八五永蹈傳，按春是鄭王永蹈子，明昌三年已賜死。泰和七年，詔「以衞王永濟子按辰爲永蹈後，奉其祭祀」。事亦見卷一三衞紹王紀作按陳及卷九三衞紹王子傳。今改正。

〔一一〕畫像在啓慶宮　「啓」原作「衍」。按衍慶宮在中都，是年五月已爲蒙古所破。本卷上下文皆記南遷後畫像置于啓慶宮。本書卷一六宣宗紀，「世宗忌日，謁奠于啓慶宮」，知「衍慶」當是「啓慶」之訛，今改正。

〔一二〕出为集慶軍節度使兼亳州管內觀察使　「慶」原作「義」。按本書卷一二二烏古論德升傳，「宣宗遷汴……以翰林侍讀權參知政事，……無何，出爲集慶軍節度使」。又卷二五地理志，「亳州，……貞祐三年升爲節鎭，軍名集慶」。今據改正。

〔一三〕召中奉大夫　按本書卷五五百官志吏部，從三品下曰「中奉大夫」。品階太高。卷一〇五孔璠附孫元措傳作「超遷中議大夫」，疑是。

〔一四〕上與尙書右丞汝礪商略遣官括田賜軍之利害　「右」原作「左」。按高汝礪官職上文已兩見，皆是右丞，進左丞見下文四年正月己巳。此時尙爲右丞，今據改。

〔一五〕大元兵圍太原　按本書卷一〇八胥鼎傳作貞祐「四年正月，大兵略霍、吉、隰三州，已而步騎六萬圍平陽」。

〔一六〕大元兵攻坊州　「坊」原作「防」。據本書卷二六地理志鄜延路坊州改。

〔一七〕以中衛尉完顏奴婢等充賀宋生日使　「中衛尉」原作「中尉衛」。按本書卷六二交聘表，貞祐四年「九月乙未，以榮祿大夫中衛尉完顏奴婢、太子少詹事納坦謀嘉爲賀宋生日使」。又卷五六百官志，衛尉司有「中衛尉，從三品」。今據改。

〔一八〕河東行省胥鼎　「東」原作「南」。按本書卷一〇八胥鼎傳，「貞祐四年二月拜樞密副使，權尚書左丞，行省于平陽」。平陽爲河東南路首府，本卷上文亦載此事同。今據改。

〔一九〕大元兵至澠池　「澠」原作「沔」。今改，參考本書卷二五地理志校記〔一九〕。

金史卷十五

本紀第十五

宣宗中

興定元年春正月己卯朔，宋遣使來賀。癸未，宋使朝辭。上謂宰臣曰：「聞息州南境有盜，此乃彼界飢民沿淮爲亂耳。宋人何故攻我。」高琪請伐之，以廣疆土。上曰：「朕意不然，但能守祖宗所付足矣，安事外討。」乙未，詔中都、西京、北京等路策論進士及武舉人權試于南京，東平、婆速、上京等四路。丙申，東平行省言：「調兵以來，吏卒因勞進爵多至五品，例獲封贈，及民年七十並該覃恩。若人往自陳，公私俱費。請令本路爲製誥勅，類赴朝廷，以求印署。使受命者量輸諸物而給之。人力不勞，兵食少濟。」從之。皇子平章政事濮王守純授世襲東平府路三屯猛安。尚書左丞胥鼎進平章政事，封莘國公。癸卯，議減庶官冗員。乙巳，大元兵攻觀州。

二月戊申朔，初用「貞祐通寶」，凡一貫當「貞祐寶券」千貫。己酉，命樞密院汰罷軟軍士。諭尚書省，用官馬給驛傳以紓民力。庚戌，皇后生辰，詔百官免賀，仍諭旨曰：「時方多難，將來長春節亦免賀禮。」辛亥，以崇進、元帥右都監完顏賽不簽樞密院事。癸丑，罷招賢所。乙卯，皇孫生，宣徽請稱賀，詔無用樂。己未，大元兵徇忻、代。詔定州、縣官雖積階至三品，坐乏軍儲者，聽行部決遣。壬戌，尚書省以軍儲不繼，請罷州府學生廩給。上曰：「自古文武並用，向在中都，設學養士猶未嘗廢，況今日乎？其令仍舊給之。」丙子，議置莊獻太子廟。

三月戊寅，勅事關刑名，當面議之，勿聽轉奏。以絳陽軍節度使李革知平陽府，兼河東南路兵馬都總管，權參知政事，行尚書省。壬午，定民間收潰軍亡馬之法，及以馬送官酬直之格。乙酉，上宮中見蝗，遣官分道督捕，仍戒其勿以苛暴擾民。庚寅，長春節，宋遣使來賀。辛卯，詔罷平陽、河中元帥。乙未，先徵山東兵接應苗道潤共復中都，而石海據眞定叛，慮爲所梗，乃集粘割貞、郭文振、武仙所部精銳與東平軍爲犄角之勢，圖之。己亥，大元兵攻新城。庚子，攻霸州。甲辰，威州刺史武仙率兵斬石海及其黨二百餘人，降葛仲、趙林、張立等軍，盡獲海僭擬之物。尋進仙權知眞定府事。

夏四月丁未朔，以宋歲幣不至，命烏古論慶壽、完顏賽不等經略南邊。戊申，孟州經略司萬戶宋子玉率所部叛，斬關而出，經略使從坦等追敗之。庚戌，花帽軍作亂于滕州，詔山東行省討之。南陽五朵山盜發，衆至千餘人，節度副使移剌羊哥出討，遇之方城，招之不從，乃進擊之，殺其衆殆盡。癸丑，以安化軍節度使完顏寓權元帥左都監，行元帥府事，督經略使苗道潤進復都城，且令和輯河閒招撫使移剌鐵哥等軍。鐵哥與道潤不協，互言其有異志，故命重臣臨鎮之。戊午，單州雨雹傷稼，詔遣官勸諭農民改蒔秋田，官給其種。平定州賊閻德用之黨閻顯殺德用，以其衆降。己未，以權參知政事遼東路行省完顏阿里不孫爲參知政事，行尚書省、元帥府于上京。庚申，李革請罷義軍總領使副，以畀州縣。尚書省以秋防在邇，改法非便，姑如舊制，州縣各司察之。甲子，元帥完顏賽不破宋兵于信陽，使來奏捷。乙丑，濟南、泰安、滕、兗等州賊並起，侯摯遣棣州防禦使完顏霆討平之，降其壯士二萬人、老幼五萬人。完顏賽不復奏，敗宋軍于隴山等處，俘馘甚衆。戊辰，太白晝見于井。辛未，權孟州經略使從坦追賊宋子玉至輝州境上，其黨邢福殺子玉，以衆來歸。壬申，以萬奴叛逆未殄，詔諭遼東諸將。完顏賽不軍渡淮破光州兩關，獲軍實分給將士。

五月戊寅，陝西行省破夏人于大北岔，是日捷至。丁亥，民苑汝濟上書陳利害，上以示宰臣曰：「卑賤小人，猶能盡言如此，有可采者卽行之。」己丑，賊宋子玉餘黨家屬悉放歸農。

尚書右丞蒲察移剌都棄官擅赴京師，降知河南府事，行樞密院兼行六部事。壬辰，延州原武縣雨雹傷稼，詔官貸民種改蒔。癸巳，宋人攻潁州，焚掠而去。戊戌，行樞密院兵敗宋人於泥河灣，又敗之樊城縣。山東行元帥府事蒙古綱擅械轉運使李秉鈞，〔一〕法當決，秉鈞返詈綱，應論贖，詔兩釋之。宋人取漣水縣。癸卯，蘭州水軍千戶李平等苦提控蒲察燕京貪暴，殺之。構夏人以叛，脅其徒張辰俱行，辰以計盡獲之。陝西行省便宜遷辰官四階，授同知蘭州事，賞士卒有差，以其事上聞。甲辰，大元兵下洺城縣，〔二〕軍官任福死之。丙午，定河北求仕官渡河之法，曾經總兵者白樞密院，餘驗據聽渡。行樞密院事烏古論慶壽南伐還，奏不以實，詔鞫之。

六月己酉，苗道潤表歸國人李琛復以衆叛，琛亦表道潤異謀，詔山東行省察之。修潼關，遣中使持詔及暑藥勞夫匠。權參知政事張行信進參知政事。庚戌，詔捕治遼東受僞署官家屬，得按察使高禮妻子，皆戮之。壬子，制鄜、坊、丹州四品以下州縣官視環、慶例，以二十月終更。甲寅，招撫使惟宏言彰德府守臣擅徙民山砦避兵，上曰：「難保之城，守之何益，徒傷吾民耳。勿治。」乙卯，顯宗忌日，謁奠于啓慶宮。丙辰，詔樞密院遣經歷官分諭行院，嚴兵利器以守衝要，仍禁飲宴，違以軍律論。宋人合土寇攻東海境。戊午，以宋遣兵數犯境，及歲幣不至，詔諭沿邊罪宋。己未，詔凡上書人其言已采用者，上其姓名。辛酉，以

進士朱蓋、草澤人李維嶽論議可取，詔給八貫石俸。乙丑，設潼關使、副，及三門、集津提舉官。尚書左丞相兼都元帥僕散端薨，輟朝。置南京流泉務。遼東行省遣使來上正月中敗契丹之捷。

秋七月丙子朔，日有食之。辛巳，宋人圍泗州。壬午，圍靈壁縣。癸未，隩州振威軍萬戶馬寬逐其刺史李策，據城叛。遣使招之，乃降。已而復謀變，州吏擒戮之，夷其族。甲申，詔諭遼東諸路。乙酉，宋人襲破東海縣。丙申，置提舉倉場使、副。癸卯，太社壇產嘉禾，一莖十有五穗。甲辰，夏人犯黃鶴岔，〔三〕官軍敗之。乙巳，初置集賢院知院事、同知院事等官。宋人及土寇攻海州，經略使擊破其衆。夏人圍羊狼寨，帥府發諸鎮兵擊走之。

八月戊申，陝西行省報木波賊犯洮州敗績，遁去。木星晝見于昴，六十有七日乃伏。己酉，海州經略司表官軍與宋人戰石湫南，戰漣水縣，戰中土橋，宋兵敗績。壬子，削御史大夫永錫官爵，有司論失律當斬，上以近族，特貰其死。癸丑，宋人攻確山縣，爲官軍所敗，詔諭國內軍士，使知宋人渝盟之故，仍命大臣議其事。乙卯，集賢院諮議官朱蓋上書陳禦敵三策。壬戌，海州經略使阿不罕奴失剌敗宋人于其境。提控李元與宋人戰，屢捷，多所俘獲。徙欄通渡經略司於黃陵堈。乙丑，制增定擒捕逃軍賞格及居停人罪。丙寅，左司諫僕散毅夫乞更開封府號，賜美名，以尉氏縣爲刺郡，睢州爲防禦使，與鄭、延二州左右前

後輔京師。上曰：「山陵在中都，朕豈樂久居此乎？」遂止。癸酉，太祖忌日，謁奠于啓慶宮。甲戌，元帥左都監承裔〔四〕遣其部將納蘭記僧等，合葩俄族都管尼厖古，以兵掩襲瓜黎餘族諸蕃帳，屢破之，斬馘士卒，禽其首領，俘獲人畜甚多，是日捷至。

九月丁丑，更定監察御史失察法。以元帥左監軍必蘭阿魯帶權參知政事，行省于益都。戊寅，夏人犯綏德之克戎寨，都統羅世暉逆擊，却之。己卯，蔡州帥府偵宋人將窺息州，以輕兵誘其進，別以銳師邀擊之，虜其將沈俊。壬午，以改元興定，赦國內。甲申，罷規運所，設行六部。辛卯，大元兵徇隰州及汾西縣，癸巳，攻沁州。遼東行省完顏阿里不孫爲叛人伯德胡土所殺。月犯東井西扇北第二星。乙未，大元兵攻太原籛箕掌寨。丁酉，薄太原城，攻交城、清源。癸卯，立沿河冰牆鹿角。

冬十月丁未，以霖雨，詔寬農民輸稅之限。庚戌，以將有事于宋，詔帥臣整厲師徒。辛亥，遣官括市民馬，紅賞格以示勸。甲寅，命高汝礪、張行簡同修章宗實錄。息州帥府獻破宋人于中渡之捷。乙卯，大元兵徇中山府及新樂縣。丙辰，丹州進嘉禾，異畝同穎。辛酉，制定州府司縣官失覺姦細罪。壬戌，右司諫兼侍御史許古上疏，請先遣使與宋議和。乙丑，大元兵下磁州。丙寅，定職官不求仕及規避不赴任法。高汝礪上疏言，和議先發於我，恐自示弱，非便。戊辰，上命許古草通宋議和牒，既進以示宰臣，宰臣以其言有祈哀之

意，徙示微弱，無足取者，議遂寢。辛未，罷流泉務。大元兵收鄒平、長山及淄州。壬申，改郇國號爲管，避上嫌名。高汝礪表致仕，不允。

十一月壬午，〔四〕從宜移剌買奴言：「五朵山賊魚張二等若悉誅之，屢詔免罪，恐乖恩信。且其親屬淪落宋境，近在均州，或相搆亂。乞貸其死，徙之歸德、睢、陳、鈞、許間爲便。」詔許之。癸未，月暈木、火二星，木在胃，火在昴。丙戌，太白晝見，遣翰林侍講學士楊雲翼禜之。大元兵收山東濱、棣、博三州，己丑，下淄州。庚寅，下沂州。甲午，河西掬納、籛納等族千餘戶來歸。丁酉，詔唐、鄧、蔡州行元帥府舉兵伐宋。戊戌，大元兵攻太原府。庚子，上謂宰臣曰：「朕聞百姓流亡，逋賦皆配見戶，人何以堪？又添徵軍須錢太多，亡者詎肯復業。其幷議除之。」宰臣請命行部官閱實蠲貸，已代納者給以恩例，或除他役，或減本戶雜征四之一。上曰：「朕於此事未嘗去懷，其亟行之。」

十二月甲辰朔，大元兵攻潞州，都統馬甫死之。戊申，即墨移風砦於大舶中得日本國太宰府民七十二人，因糴遇風，飄至中國。有司覆驗無他，詔給以糧，俾還本國。庚戌，元帥左監軍蒲察五斤進右副元帥，權參知政事，充遼東行省。是日，大元兵平益都府。辛亥，陝西行省胥鼎諫伐宋，不報。甲寅，海州經略使報提控韓璧敗宋人于鹽倉。己未，大元兵復攻沂州，官民棄城遁，辛酉，下密州，節度使完顏寓死之。壬戌，侯摯兼三司使。庚午，免

逃戶復業者差賦。

二年春正月乙亥，詔議賑恤。辛巳，勅南征將帥所至毋縱殺掠。壬午，宋人攻淮北，唐州元帥府擊敗之，獲統領李雄韜、陳皐以歸。癸未，近侍局副使訛可遣使報南師之捷。乙酉，陝西行省獲歸國人，言大元兵圍夏王城，李遵頊命其子居守而出走西涼。詔諭諸帥府明斥候，嚴守備。戊子，唐、鄧元帥完顏賽不報連破宋人之捷。宋人攻泗州，又戰却之。

二月癸卯，宋人侵青口，行樞密院遣兵敗之。甲辰，免中京、嵩、汝等州逋租。諭胥鼎，克宋散關，可保則保，不可保則焚毀而還。定奴婢捄主法。丙午，訛可敗宋人于防山。紇石烈桓端亦遣使來上光州、信陽之捷。庚戌，海州經略敗宋兵于朐山，表請繼其軍儲，督東平帥府發兵護送資糧以應之。許州長社縣何冕等謀反，伏誅。辛亥，張行信出爲彰化軍節度使兼涇州管內觀察使。壬子，御史以北兵退，請汰各處行樞密院、元帥府冗官。尚書以爲非便，上從尚書言，仍舊制。完顏賽不報棗陽之捷。癸丑，完顏阿鄰報皁郊堡之捷。丁巳，壽州行樞密院破宋人高柳橋水砦，夷其砦而還。壬戌，訛可遣兵拔宋柵碁盤嶺，又破其衆於裴家莊、寒山嶺、龍門關等處，得粟二千餘石。乙丑，諭樞密曰：「中京、商、虢諸州軍人願耕屯田，比括地授之。聞徐、宿軍獨不願受，意謂予田必絕其廩給也。朕肯爾耶。其以朕意曉之。」丙寅，諭尚書省曰：「聞中都納粟官多爲吏部繳駁，殊不思方闕乏時，利害爲如何。又立功戰陣人，必責保官，若輩皆義軍白丁，豈識職官，苟文牒可信，即當與之。至若在都時，規運薪炭入城者，朕嘗植恩授以官。此豈容僞，而間亦爲所沮格。其悉諭之，勿復若是。」紇石烈牙吾塔破宋人于盱眙軍，上俘獲之數。己巳，以侯摯行省河北，兼行三司安撫司事。

三月庚辰，尚書集文資官雜議進士之選，詔依泰和例行之。癸未，訛可敗宋人于光化軍。甲申，長春節。戊子，諭宰臣曰：「舊制，廷試進士日晡後出宮。近欲復舊，恐能文而思遲者，不得盡其才，其令日沒乃出。」以御史中丞把胡魯爲參知政事。陝西行六部尚書楊貞削五官，累杖一百七十，解職。訛可表言，官軍自桐柏入宋境，所向多克捷。癸巳，宋人爭皁郊堡，擊官軍，軍潰，主將完顏阿鄰戰沒。丙申，更定京城捕告强盜官賞制。辛丑，上京行省蒲察五斤表，左監軍哥不靄誣坊州宣撫副使紇石烈按敦將叛而殺之。事下尚書省，宰臣以爲按敦之死徐議卹典，哥不靄亦姑牢籠使之，上勉從其言。

夏四月壬寅朔，蒲察五斤表，遼東便宜阿里不孫貸糧高麗不應，輒以兵掠其境。上命五斤遣人以詔往諭高麗，使知興兵非上國意。乙巳，詔河南路行總管府節鎮以上官，充宣差捕盜使，以防禦刺史以上長貳官，及世襲猛安之才武者爲之副，又命濮王府尉完顏毛良

虎爲宣差提控，以巡督之。是日，曲赦遼東等路。以戶部尚書夾谷必蘭爲翰林學士承旨，權參知政事，行省于遼東。丁未，承裔敗宋人于皁郊堡。庚戌，御史劾集賢院諮議官李維嶽本中山府無極縣進士趙孝選家奴，乞正其事。上曰：「國家用人，奚擇貴賤。」命以官銀五十兩贖放爲良，任使仍舊。壬子，遣侍御史完顏素蘭、近侍局副使訛可同赴遼東，察訪叛賊萬奴事體。行省侯摯督兵復密州。提控朱琛復高密縣。癸丑，完顏素蘭請宣諭高麗復開互市，從之。乙卯，特賜武舉溫迪罕繳住以下一百四十人及第。丁巳，陝西行省兵破宋雞公山，取和州、成州，至河池縣黑谷關，守者皆遁，前後獲糧九萬斛，錢數千萬，軍實不可勝計。戊午，紅襖賊犯徐、邳，行樞密院兵大破之。己未，阿里不孫自潼關之敗，失其所在，變姓名匿居柘城，爲御史覺察，繫其家屬，將窮治之，乃遣子上書詣吏待罪。臺臣力請誅之，以懲不忠。上卒赦其罪，諭以自效。癸亥，遣重臣審理京師冤獄。丁卯，河南諸郡蝗。臨洮路報敗宋人之捷。東平行省敗黑旗賊，拔膠西縣，渠賊李全來援，併破之。戊辰，河北行省敗紅襖賊，進至密州，降僞將校數十人，士卒七百人，悉復其業。

五月辛未朔，鳳翔元帥完顏閭山破宋人步落堝、香爐堡諸屯。甲戌，招撫副使黃摑阿魯荅襲破李全于莒州及日照縣之南，三道擊之，追奔四十里。丙子，夏人自葭州入鄜延，元帥承立遣兵敗之馬吉峰，是日捷至。詔遣官督捕河南諸路蝗。辛巳，策論詞賦經義進士及

武舉人入見，賜告命章服。萊州民曲貴殺節度經略使內族轉奴，自稱元帥，構宋人據城叛。山東招撫司遣提控王庭玉、招撫副使黃摑阿魯荅等討平之，斬僞統制白珍及牙校數十人，生禽貴及僞節度使呂忠等十餘人，誅之。乃命庭玉保萊，朱琛保密，阿魯荅保寧海，以安輯其民。丙戌，陝西行省言：「四月中，鞏州行元帥承裔遣提控烏古論長壽、納蘭記僧分道伐宋。長壽出鹽川鎮，記僧出鐵城堡，皆克捷而還。」辛卯，壽州行樞密院南城軍攻辛城鎮，一軍趨史河，與宋人戰，勝之。壬辰，河北行省復黃縣。乙未，第鳳翔、秦、鞏三道南征將士功，各遷其官。丙申，增隨朝官及諸承應人俸。戊戌，陝西行省連報承裔等入宋境之捷。己亥，大元兵徇錦州，元帥劉仲亨死之。庚子，陝州羣狠傷百餘人，立賞募人捕殺。

六月甲辰，樞密院言：「諸道表稱大元集兵應州、飛狐，將分道南下，觀其意不在河北，而在陝西。河東各路義士、土兵、蕃漢弓箭手，宜於農隙敎閱，以備緩急。東平、單州衝要，豫徙其農民糧畜，置可守之城，修近城水砦，因以爲固。潼谷遠連商、虢，宜令兩帥府選官按視阨塞。」又言「賈瑀等剌殺苗道潤，乞治瑀等專殺之罪。餘州郡各以正職授頭目，使分治一方。」上諭之曰：「道潤之衆亟收集之，瑀等是非未明，姑置勿問。諸頭目各制一方，利害至重，更審處之。」石州賊馮天羽衆數千，據臨泉縣爲亂。帥府命將討捕之，爲賊所敗，旁郡縣將謀應之。州剌史紇石烈公順赴以兵，天羽等數十人迎降，公順殺之。餘賊走保積翠山，

遣將王九思攻之，不下。詔國史院編修官馬季良持告勑金幣往招之。比至，九思先破栅，殺賊二千人，餘復走險。已而，其黨安國用等詣季良降者五千餘人，就署國用同知孟州防禦使事，以次遷擢有差。分其衆于絳、霍閒。丁未，以參知政事把胡魯權左副元帥，與平章政事胥鼎協力防秋。己酉，苗道潤所部軍請隸潞州元帥府，詔河北行省審處之。壬子，紅襖賊犯沂州，官軍敗之，追至白里港，都提控齊信沒於陣，詔有司議贈卹。〔六〕丙辰，遣監察御史粘割梭失往河中、絳、解等郡，同守土官商度可保城池。丁巳，上以久旱，諭宰臣治京獄冤。因及京城小民，中納石炭，既給其價，御史劾以過請官錢，並繫之獄，有論至極刑者，欲悉從寬宥，何如？高琪對不然，遂止。壬戌，御史言戶部員外郎臧伯昇供億息州，偶遇官軍戰勝，亦冒遷一官，乞論其罪。上曰：「軍前如此者，何止伯昇，今遽見罪，餘皆不安。且詰所從來，勢連及帥府。多故之秋，豈爲一官，遂忘大計，但令釐正之。」癸亥，遣高汝礪、徒單思忠禱雨。

秋七月庚午朔，日有食之。辛未，詔賞南伐將士有差。夏人犯龕谷，提控夾谷瑞及其副趙防擊走之。甲戌，以旱災，詔中外。己卯，遣官望祀嶽鎭海瀆于北郊，享太廟，祭太社、太稷，祭九宮貴神于東郊，以禱雨。遣太子太保阿不罕德剛、禮部尙書楊雲翼分道審理冤獄。癸未，大雨。太子、親王、百官表請御正殿，復常膳。庚寅，擇明幹官提控銓選無違失

者與升擢，令譯史不任事者，驗已歷俸月放滿，別選能者。甲午，夏人復犯龕谷，夾谷瑞大破之。用點檢承玄言，遣官詣諸道選寄居守闕丁憂官及親軍入仕才堪總兵者，得一百六人，付樞密任使。

八月庚子朔，河北行省以苗道潤軍隸涿州剌史李擴驢，〔七〕副以張甫、張柔。戊申，勑親軍百戶以下授職待闕者給本俸，仍充役，俟當赴任遣之。己酉，詔河北行省完顏霆進軍援山東招撫使田琢，自今將士立功聽琢先賞以聞。大元遣木華里等帥步騎數萬自太和嶺徇河東。乙卯，大元兵收代州。辛酉，棣州提控紇石烈醜漢討賊張聚，大破其衆，復濱、棣二州。姦人李宜伏誅。復禁北歸民渡河。戊辰，大元兵收隰州。

九月乙亥，下太原府，元帥左監軍兼知樞府事烏古論德升死之。丙戌，諭皇太子曰：「軍務之速，動關機會，悉從中覆，則或稽緩。自今有當亟行者，先行後聞。」以戶部尙書納合蒲剌都爲元帥右監軍，行元帥府事于潞州。戊子，置秦關等處九守禦使，命完顏蒲察等分戍諸阨。議遷海州，侯摯言不便，止。大元兵徇汾州，節度使兀顏訛出虎死之。庚寅，李全破密州，執招撫副使黃摑阿魯荅、同知節度使夾谷寺家奴。辛卯，大元兵下孝義縣。乙未，設隨處行六部官，以京府節鎭長官充尙書，次侍郎、郎中、員外郎；防剌長官侍郎，次郎中、員外郎、主事；勾當官聽所屬任使。州府官並充勸農事，防剌長官及京府節鎭同知以下

充副使。丙申，李全破壽光縣。

冬十月甲辰，李全破鄒平縣，戊申，破臨朐縣。己酉，大元兵徇絳、潞。壬子，攻平陽，提控郭用死之。癸丑，下平陽，知府事、權參知政事、行尙書省李革及從坦死之。甲寅，權平定州剌史范鐸以棄城，伏誅。詔諸郡錄囚官，凡坐軍期者皆奏讞。山東路轉運副使兼同知沂州防禦使程戩及邳州副提控王汝霖等通宋人爲變，伏誅。宋人攻漣水縣，提控劉瑛敗之。丁巳，大元兵攻澤州。戊午，尙書省言獲姦細叛亡，率多僧道。詔沿邊諸州，惟本處受度聽依舊居止，來自河北、山東遣入內郡，譏其出入。己未，李全據安丘，提控王政屯昌樂，俟王庭玉兵同進討。宣差太府少監伯德玩擅率政兵攻全，爲全所敗，提控王顯死焉。田琢上言乞正玩罪。癸亥，月犯軒轅左角之少民星。甲子，詔河東北路忻、代、寧化、東勝諸州並受嵐州帥府節制。

十一月庚午，大赦。庚辰，御登賢門召致政舊臣賜食，訪以時政得失。辛巳，以行元帥府紇石烈桓端權簽樞密院事，行院于徐州，權右都監訛可行元帥府事于息州。甲申，詔河東南路隰、吉等州聽絳州元帥府節制。〔八〕大元兵收潞州，元帥右監軍納合蒲剌都、參議官修起居注王良臣死之。戊子，龕谷提控夾谷瑞敗夏人于質孤堡。河北行省報海州之捷。壬辰，定經兵州縣職官子孫非本貫理廕及過期不廕等格。丙申，大元兵下太原之韓村砦。

定京師失火法。

十二月己亥朔，以御史中丞完顏伯嘉權參知政事、元帥左監軍，行河中府尚書省元帥府，控制河東南、北路便宜從事。升絳州爲晉安府，總管河東南路兵，降平陽爲散府。辛丑，簽樞密院事蒲察移剌都伏誅。壬寅，前山東西路轉運使致仕移剌福僧上章言時事。癸卯，詔大理卿溫迪罕達權同簽樞密院事，行院于許州。甲辰，以誅移剌都，詔中外。乙巳，命徒單思忠祈雪，已而，大雪。甲寅，以開封府治中呂子羽等使宋講和。紅襖賊攻彭城之胡材寨，徐州兵討敗之。乙卯，以禮部侍郎抹撚胡魯剌爲汾陽軍節度使，權元帥右監軍，與嵐州元帥古里甲石倫完復河東。〔九〕丁巳，籍瀕河埽兵。癸亥，尚書省言：「樞密掌天下兵，皇太子撫軍，而諸道又設行院。其有功及失律者，須白院，啓東宮，至於奏可，然後誅賞，有司但奉行而已。自今軍中號令關賞罰者，皆明注詔旨、敎令，毋容軍司售其姦欺。」上從之。以樞密副使駙馬都尉僕散安貞爲左副元帥，權參知政事，行尚書省元帥府事，伐宋。甲子，上諭旨有司：「京師丐食死於祁寒，朕甚憫之。給以後苑竹木，令居獲煖所。」

三年春正月庚午，呂子羽至淮，宋人不納而還。詔伐宋。丙子，稅民種地畝，議行均輸。戊寅，勅和市邊城軍需，無至配民。定鎭戍征行軍官減資歷月日格。壬午，大雪。上

聞東掖有撤瓦聲，問左右，知爲丁夫葺器物庫廡舍，上憫然，諭主者曰：「雪寒役人不休，可乎？姑止之。」丙戌，紇石烈牙吾塔上濠州香山村之捷。丁亥，諭宣徽，皇后生日免百官賀。壬辰，以大元兵已定太原，河北事勢非復向日，集百官議備禦長久之計。伐宋捷至，上謂侍臣曰：「此事豈得已哉。近日遣使實欲講和，彼既不從，安得不用兵也？」免單丁民戶月輸軍需錢。甲午，有司請立價以買南征軍士所獲馬，上恐失衆心，因至敗事，不聽。乙未，勅尚書省，自今六部稟議常事，但可再送，不得趣召辨正。餘應入法寺定斷而再送，猶未當者具以聞，下吏治之。宰相執政以下皆不得召部寺官，部寺官亦不得詣省，犯者論違制。丁酉，鄧州元帥府提控婁室有罪，減死削爵。

二月庚子，上與太子謀南征帥，不得其人，歎曰：「天下之廣，緩急無可使者，朕安得不憂？」紇石烈牙吾塔敗宋人于滁。甲辰，胥鼎言：「軍中誅賞，近制須聞朝廷。賞由中出，示恩有歸，可。部分失律，主將不得卽治其罪，不可。」詔尚書樞密雜議。宰臣請城守野戰將校有罪，從七品以下許便宜決罰，餘悉奏裁。上曰：「七品以下財令治之，將權太輕，或至誤事。自今四品以下聽決。」乙巳，攻宋光山縣，俘其統制蔡從定等，光州以兵來援，復敗之。丙午，上謂宰臣：「江淮之人，號稱選愞，然官軍攻蔓菁堝，其衆困甚，脅之使降，無一肯從者。我家河朔州郡，一遇北警，往往出降，此何理也？」丁未，勅凡立功將士有居喪者特起

復遷授。戊申，拔宋小江寨，殺其統制王大蓬。己酉，取宋武休關。庚戌，元帥左都監承立，〔一〇〕以綏德、保安之境，各獲夏人統軍司文移來上，其辭雖涉不遜，而皆有保境息民之言，詔尚書省議之。宰臣言：「鎭戎、靈平等鎭近耗，夏人數犯疆埸。此文正緩我耳，宜嚴備禦，以破姦計。」上然其言。又曰：「頃近侍還自陝西，謂白撒已得鳳州，如得武休關，將遂取蜀。朕意殊不然，假令得之，亦何可守？此舉蓋爲宋人渝盟，初豈貪其土地耶？朕重惜生靈，惟和議早成爲佳耳。」高汝礪乞致事，優詔不允。甲寅，詔陝西行省，從七品以下官許注擬，有罪許決罰，丁憂待闕隨宜任使。軍官徒以上罪及軍事怠慢者，巡按御史治之。己未，行省安貞入宋境，破梁縣等軍，擒統制李中之。右副元帥完顏賽不、左都監牙吾塔，白石關、平山砦之捷俱至。

三月丁卯朔，陝西兵破宋虎頭關，取興元、洋州。捷至，上大悅。庚午，破宋人于七口倉。甲戌，高麗先請朝貢，因遣使撫諭之，使還，表言道路不通，俟平定後議通款。命行省姑示羈縻，勿絕其好。戊寅，蔡州行元帥府右都監完顏合達破宋人于梅林關，〔一一〕擒統制張時。己卯，長春節，免朝賀。提控奧屯吾里不敗宋人于上津縣，軍還至濠州，宋人來拒，牙吾塔擊走之。乙酉，河南路節鎭以上立軍器庫，設使、副各一員，防刺郡設都監、同監各一員。完顏合達敗宋人于馬嶺堡。丙戌，行省安貞破宋人于石堌山。己丑，追賜皇后父太尉

汴國公彥昌姓溫敦。庚寅，攻宋麻城縣，拔之，獲其令張偶等。辛卯，行省安貞破宋兵于塗山。壬辰，賽不敗宋兵于老口鎭，又敗宋人于石鶻崖。甲午，錄用罪廢官副元帥蒲察阿里不孫、御史大夫永錫等七十人。詔太原等路，州縣闕正授官，令民推其所愛爲長，從行省量與職任。及運解鹽入陝西，以濟調度，命胥鼎兼領其事。

閏三月丙申朔。申明屠宰牛罪律。以雄、霸以東付權中都經略李瘸驢，易州以西付權中都西路經略靖安民治之。遙授金安軍節度使完顏和尚、故行軍副提控夾古吾典皆除名。庚子，皇子平章政事濮王守純進封英王。壬寅，叛賊王公喜構宋人取沂州。甲辰，以沂國公主薨，輟朝。丙午，給空名宣勅及金銀符，付嵐州帥古里甲石倫，〔一二〕許便宜遷注，以招脅從。丁未，諭樞密院議晉安、東平、河中諸郡備兵之策。庚戌，行省左副元帥僕散安貞至自軍前，入見于仁安殿。辛亥，少府少監粘割梭失言利害七事。甲寅，以南伐師還，罷南邊州郡籍民爲兵者。戊午，夏人破葭州之通秦砦，〔一三〕刺史紇石烈王家奴戰沒。壬戌，治書侍御史蒲魯虎上書，請選太子師傅。甲子，胥鼎等各遷官，賞南伐之功。

夏四月丙寅朔，裕、宿等州置元帥府，選陝西步騎精銳六千人實京兆。戊辰，選精銳六萬分屯平涼、涇、邠、乾、耀等州。庚午，以秦州防禦使女奚烈古里間行元帥府于平涼。罷募民運解鹽。築京師裏城，命侯摯董役，高琪總監之。甲戌，以知臨洮府事石盞合喜爲元

帥左都監，行元帥府事于鞏州。壬午，遣近侍四人巡視築城丁夫，時其飲食，聽其更休，督吏慘酷悉禁止之。癸未，陝西黑風晝起，有聲如雷，地大震。甲申，詔河北州縣官止令土著推其所愛者充，朝廷已授者別議任使。乙酉，夏人據通秦寨，提控納合買住擊敗之。己丑，林州都統霍成以疑貳誣殺降人，論罪當死，元帥惟良不欲以殺敵人誅邊將，請寬其罰，仍請立護送降民賞格，以杜後患。上爲之赦成，而命有司班賞格焉：護送十人以上至者遷一官，不及者每名賞錢二百緡，五十人以上兩官，百人以上兩官雜班任使。庚寅，以時暑，詔朝臣四日一奏事。高汝礪請備防秋之糧，宜及年豐於河南州郡驗直立式，募民入粟。上與議定其法而行之。同提舉榷貨司王三錫請榷油，歲可入銀數萬兩，高琪主之，衆以爲不便，遂止。辛卯，夏人犯通秦砦，元帥完顏合達出兵安塞堡以擣其巢。至隆州，夏人逆戰，官軍擊之，衆潰，進薄城，俄陷其西南隅，會日暮，還。壬辰，以同知平陽府事胡天作充便宜招撫使。

五月乙未朔，鳳翔元帥府遣兵敗宋人于黃牛等堡。壬子，太白晝見于參。

六月甲子朔，時暑，給修城夫病者藥餌。遣諭元帥合達曰：「以卿幹局，故有唐、鄧之委。或有侵軼，戰退不宜遠追，第固吾圉。」以驃騎上將軍河南路統軍使石盞女魯歡爲元帥右都監，行平涼元帥府事。詔付遼東等處行省金銀符及空名宣勑，〔一四〕聽便宜處置。壬申，制沿河戍兵逃亡罪並同征行軍人例。詔御史中丞完顏伯嘉行樞密院于許州。甲戌，定防

秋將校擊毬飲燕之罰。李全寇日照、博興，紇石烈萬奴敗之；寇卽墨，完顏僧壽又敗之，復萊州。戊寅，詔陝西簽軍如河南例，曲赦河東南、北路。丁亥，命防禦使徒單福定等帥所部義軍，與沂州民老幼盡徙于邳。戊子，遼州總領提控唐括狗兒帥師復太原府。平涼等處地震，詔右司諫郭著撫諭其軍民。

秋七月丁酉，籍邳、海等州義軍及脅從歸國而充軍者，人給地三十畝，有力者五十畝，仍蠲差稅，日支糧二升，號「決勝軍」。戊戌，上進樞密臣僚諭之曰：「襄城久未畢功，尚書欲增調民，朕慮妨農。況糧儲不繼，將若之何，盍改圖之。」樞臣言：「是役之興，實爲大計，今功已過半，偶值霖潦，成功差遲。尚書議增丁夫，勢必驗口，不令妨業。比及防秋，當告成矣。」上曰：「卿等善爲計畫，無貽朕憂。」庚子，以地震，曲赦陝西路。甲辰，置京東、西、南三路行三司。〔一五〕乙卯，曲赦山東西路。丁巳，遣徒單思忠以地震祭地祇于上清宮。

八月丙寅，補闕許古等削官解職。丁卯，木星犯輿鬼東南星。戊辰，遣禮部尚書楊雲翼祭社稷，翰林侍讀學士趙秉文祭后土于河中府。京西行三司李復亨言汝、鄧冶鐵，河南、北食鹽之利。〔一六〕木星晝見于柳，百有九日乃滅。壬申，上勑臺臣：「朕處分尚書事，或至數日不奉行，及再問則巧飾次第以對。大臣容有遺忘，左右司玩弛，臺臣當糾。今後復爾，併罪卿等。」乃定御史上下半月勾檢省中制勑文字。大元兵下武州，軍事判官郭秀死之。

丁丑，緩在京差徭。中山治中王善殺權知府事李仲等以叛。大元兵下合河縣，縣令喬天翼等死之。乙酉，命樞密遣官簡嶺外諸軍之武健者，養之彰德、邢、洺、衞、濬、懷、孟等城，弱者罷遣。戊子，勑侯摯諭三司行部官勸民種麥，無種粒者貸之。

九月甲午，詔單州經略使完顏仲元屯宿州，〔一七〕與右都監紇石烈德同行帥府事。丙申，唐州從宜夾谷天成敗宋人于桐栢。丁酉，尚書省請申命侯摯廣營積貯，上不許，曰：「徵斂已多。今更規畫，不過復取於民耳。防秋稍緩，當量減戍兵，用度幸足。何至是耶。」甲辰，大元兵徇東勝州，節度使伯德窊哥死之。庚戌，命行省胥鼎領兵赴河中。壬子，眞定招撫使武仙請給金銀符賞有功，從之。沿河造戰艦，付行院帥府。

冬十月癸亥朔，定保舉縣令能否升黜舉主制。乙丑，用蒙古綱言，招集義軍各置都統、副統等官，如貞祐三年制。平涼府先以地震被命醮祭，方行事，慶雲見，以圖來上。遣官覆驗得實，是日，百官奉表稱賀。丁卯，以完顏開權元帥左都監，郭文振權右都監，並行元帥府事，謀復太原。壬申，定贓吏計罪以銀爲則。癸酉，以慶雲遣官告太廟。甲戌，以慶雲詔國內。己卯，大元兵次單州境，詔諸路民應遷避兵而不欲者，亟遣人以利害曉之。癸未，襄城畢工，百官稱賀。宴宰臣便殿。遷右丞摯官一階，賜右丞相琪、左丞汝礪、參知政事思忠金鼎各一，重幣三。是役，上慮擾民，募人能致甓五十萬者遷一官，百萬仍升一等。平陽

判官完顏阿剌、左廂譏察霍定和發宋蔡京故居，得二百萬有奇，准格遷賞。甲申，宰臣請以襄城之功建碑會朝門，從之。丁亥，大元兵屯絳上。壬辰，命有司葺閒舍，給薪米，以濟貧民，期明年二月罷，俟時平則贍之以爲常。

十一月癸巳朔，前嵐州倉使張祐自夏國來歸。以樞密副使僕散安貞、同簽院事訛可行院事于河北。乙未，以官驢借朝士之無馬者乘之，仍給芻豆。己亥，大元兵徇彰德府。辛丑，詔朝官七品、外路六品以上官，二歲舉縣令一人。戶部令史蘇唐催租封丘，期限迫促，民有生刈禾輸租者。上聞之，遣吏按問，杖唐五十，縣令高希隆減二等。尚書以希隆罰輕，上曰：「使臣至外路，自非至剛者孰能不從。其依前詔。」甲寅，徐州總領納合六哥大破紅襖賊于狄山。禮部郎中抹撚胡魯剌上疏言時事。丁巳，右丞相高琪下獄。泰安軍副使張天翼爲賊張林所執以歸宋，縶之楚州。至是逃歸，授睢州刺史，超兩官，進職一等。戊午，大元兵平晉安府，行元帥府事、工部尚書粘割貞死之。

十二月，誅高琪。

校勘記

〔一〕山東行元帥府事蒙古綱擅械轉運使李秉鈞　原脫「元」字。按本書卷一〇二蒙古綱傳，「貞祐四

年十月行元帥府事」。今據補。

〔二〕大元兵下洒城縣　按本書地理志無「洒城縣」。疑有誤字。

〔三〕夏人犯黃鶴岔　「岔」原作「坌」。按本書卷一三四西夏傳，興定元年「右都監完顏閭山敗夏兵于黃鶴岔」。今照改。

〔四〕甲戌元帥左都監承裔　「左」原作「右」。按本書卷一一三白撒傳，「內族白撒名承裔」，「興定元年爲元帥左都監，行帥府事於鳳翔」。卷一〇一僕散端傳同。今據改。

〔五〕十一月壬午　原脫「十一月」三字。按下文「十二月甲辰朔」，壬午當在十一月。今據補。

〔六〕詔有司議贈卹　原脫「詔」字，據文義補。

〔七〕河北行省以苗道潤軍隸涿州刺史李瘸驢　「河」原作「江」。按上文六月己酉，苗道潤所部軍請隸潞州元帥府，「詔河北行省審處之」。又下文己酉「詔河北行省」，皆作「河北」。今據改。

〔八〕甲申詔河東南路隰吉等州聽絳州元帥府節制　原脫「詔」字，據文義補。

〔九〕與嵐州元帥古里甲石倫完復河東　原脫「石倫」二字。按本書卷一一一古里甲石倫傳，「興定元年十一月，遷鎭西軍節度使兼嵐州管內觀察使，行元帥府事」。今據補。

〔一〇〕元帥左都監承立　「左」原作「右」。按本書卷一一六承立傳，貞祐三年爲元帥右都監，興定元年「以功進元帥左都監」。今據改。

〔一一〕蔡州行元帥府右都監完顏合達破宋人于梅林關　「梅」原作「海」。按本書卷一一二完顏合達傳，興定三年「三月，破宋兵於梅林關，擒統領張時」。又卷一〇二僕散安貞傳、卷一二四畢資倫傳亦見梅林關。今據改。

〔一二〕付嵐州帥古里甲石倫　原脫「石倫」二字。今補。參見本卷校記〔九〕。

〔一三〕夏人破葭州之通秦砦　「秦」原作「泰」。據下文四月「乙酉，夏人據通秦寨」、「辛卯，夏人犯通秦砦」各條改。參見本書卷二六地理志校記〔一〇〕。

〔一四〕詔付遼東等處行省金銀符及空名宣勅　「付」原作「赴」。據文義改。

〔一五〕置京東西南三路行三司　原脫「京」字。按本書卷一〇〇李復亨傳，興定三年「七月，置京東、京西、京南三路行三司」。今據補。

〔一六〕京西行三司李復亨言汝鄧治鐵河南北食鹽之利　「京西」原作「西京」。按本書卷一〇〇李復亨傳云，「置京東、京西、京南三路行三司」，「復亨攝西路，治中京」。今據改。

〔一七〕詔單州經略使完顏仲元屯宿州　「完顏仲元」原作「完顏仲」。按完顏仲係世宗大定間人，與此時間不合。本書卷一〇三完顏仲元傳，「興定元年復爲單州經略使。三年，詔屯宿州，與右都監紇石烈德同行帥府事」。又卷一二八紇石烈德傳，「興定三年以節度權元帥右都監，與左都監單州經略使完顏仲元俱行帥府于宿州」。今據改。

金史卷十六

本紀第十六

宣宗下

四年春正月壬辰朔，詔免朝。丙申，金安軍節度使行元帥府事古里甲石倫除名。丁酉，大元兵下好義堡，霍州刺史移剌阿里合等死之。詔贈官有差。庚戌，宋步騎十餘萬圍鄧州，聞援軍至，夜焚營去，招撫副使术虎移剌荅追及之，奪其俘還。壬子，晝晦，有頃大雷電，雨以風。癸丑，戶部侍郎張師魯上書，請遣騎兵數千，及春，淮、蜀並進，以撓宋。丙辰，以武仙遙領中京留守，進官一階。

三月辛丑，議遷睢州，治書侍御史蒲魯虎奉詔相視京東城池，還言勿遷便，乃止。癸卯，長春節，詔免朝。乙巳，林州元帥惟良擒叛人單仲、李俊，誅之，降其黨盧廣。己酉，以吏部尚書李復亨參知政事，南京兵馬使术甲賽也行懷、孟帥府事。辛亥，進平章政事高汝

礪爲尚書右丞相，監修國史，封壽國公。參知政事李復亨兼修國史。平章政事、陝西行尚書省胥鼎進封溫國公，致仕。壬子，紅襖賊于忙兒襲據海州，經略使完顏陳兒以兵擊敗忙兒，復取之。甲寅，木星犯鬼宿積尸氣。

夏四月庚申朔，詔御史中丞完顏伯嘉提控防城事。癸亥，安武軍節度使柴茂破紅襖賊于棗強。祁州經略使段增順破叛賊甄全于唐縣。夏人犯邊，元帥石盞合喜破之。乙丑，以彰德、衞、輝、滑、濬諸州隸河南路轉運司。以河南路轉運司爲都轉運，視中都，增置官吏。戊辰，禘于太廟。大元遣趙瑞以兵攻孟州。提控魯德、王安復大名府。以參知政事把胡魯權尚書右丞、左副元帥，元帥左都監承立爲右監軍權參知政事，同行尚書省元帥府于京兆。庚辰，東平元帥府總領提控蒲察山兒破紅襖賊于聊城。壬午，命六部檢法以法狀親白部官，聽其面議，大理寺如之。

五月壬辰，定二品至三品立功遷官格。癸巳，紅襖賊寇樂陵、鹽山，〔一〕橫海軍節度使王福連擊敗之，〔二〕張聚來寇，又敗之。甲午，上擊鞠于臨武殿。丙申，以時暑，免常朝，四日一奏事。丁酉，諭工部暑月停工役。癸卯，大元兵徇陝州。丙辰，大元兵徇兗州，泰定軍節度使兀顏畏可死之。

六月丙寅，遣人招張柔。丁卯，詔減監察御史四員。戊辰，山東民僑居者募壯士五百

人，益東莒公燕寧軍。月犯土星。己巳，太白晝見于張，百八十有四日乃伏。甲戌，制諸倉場庫院巡護軍，受提舉倉場司及監支納官彈壓。京畿不雨，勅有司閱獄，雜犯死罪以下皆釋之。丁丑，大元遣楊在攻下大名，又攻開州及東明、長垣等縣。己卯，祈雨。庚辰，宋人方子忻來歸，有司處之鄭州。上曰：「吾民奔宋者，彼例衣食之。彼來歸者，不善視之，或復逃歸，漏泄機事。」命增子忻廩給，有司優遇之。元帥右監軍、權參知政事承立上封事。

秋七月辛卯，宋人及紅襖賊犯河朔，諸郡皆降，獨滄州經略使王福固守。會益都賊張林來攻，福乃叛降林，帥府請討之。是日，雨。癸丑，林州行元帥府遣總領嚴祿等討紅襖賊于彰德府，生擒僞安撫使王九。詔參知政事李復亨爲宣慰使，御史中丞完顏伯嘉副之，循行郡縣勸農。以烏古論仲端等使大元。

八月戊午朔，嚴實、成江、王贇據濟南，山東招撫高居實遣人招嚴實于青崖砦，獲其款以聞。李全犯東平府，監軍王庭玉敗之，擒其僞安化軍節度使張林。庚申，高陽公張甫請增兵守冀州。上諭樞密，潁州民渡淮爲宋軍者凡十村，可追索主者，懲一二以誡其餘。庚午，勅掌兵官不聽舉縣令。夏人陷會州，刺史烏古論世顯降。甲戌，陝西行省報龕谷敗夏人之捷。乙亥，上諭宰臣，河南水災，唐、鄧尤甚。其被災州縣，已除其租。餘順成之方，止賣正供，和糴、雜徵並免。仍自今歲九月始，停周歲桑皮故紙折輸。流民佃荒田者如上優

免。丙子，陝西行省與夏人議和。戊寅，定選補親軍法。己卯，罷葭州招撫司。壬午，陝西路行省承裔報定西州之捷。丙戌，以隨路諸軍戶徙河南、京東、西、南路，各設檢察使、副。恒山公武仙降大元。

九月戊子，詔遣官于河南、陝西選親軍。辛卯，進章宗實錄。戊戌，大元木華里屯軍眞定。置總領元帥府于歸德，以壽州、陳留兩鎭兵屬之。庚子，夏人入定西州。壬寅，宋人屯皂郊堡，行軍提控完顏益都擊敗之。大元遣塔忽等來。癸卯，夏人來侵。甲辰，滕州招捕提控夏義勇討紅襖賊，敗之。乙巳，詔參知政事李復亨提控芻糧事。己酉，夏人陷西寧州，尚書省都事僕散奴失不坐誅，駙馬都尉徒單壽春奪官一階，杖六十。癸丑，更定安泊逃亡出征軍人罪及捕獲賞格。甲寅，宋人出秦州，及夏人來侵。丙辰，鞏州行元帥府事石盞合喜報定西州之捷。

冬十月壬戌，大元遣蒙古塔忽、訛里剌等來。己卯，陝西東路行省報綏德州之捷。泗州元帥府言，紅襖賊一月四入寇，掠人畜而去。庚辰，上擊鞠于臨武殿。辛巳，授紅襖賊時靑滕陽公、本處兵馬總領、元帥兼宣撫。癸未，京西山寨各設守禦使、副，令本路帥府總之。諭陝西行省圖復會州。上擊鞠于臨武殿。

十一月丁亥朔，免朝參。易水公靖安民爲其下所殺。戊子，黃陵堈經略使烏古論石虎等以戰陣失律，伏誅。壬辰，木星晝見于翼，積六十有七日伏，夜又犯靈臺北第一星。〔三〕甲午，河南水，遣官勸課。更浮山縣名忠孝。戊戌，詔復衞紹王王爵，仍加開府儀同三司。壬寅，山東東路軍戶徙許州，命行東平總管府治之，判官一人分司臨潁。乙巳，詔柴茂權元帥左都監，蓋仁貴攝右都監，同行元帥府于眞定。是月，大元木華里國王以兵圍東平。

十二月甲戌，祈雪。禮部郎中權左司諫抹撚胡魯剌上封事。戊寅，詔軍官許月擊鞠者三次，以習武事。庚辰，臘，享于太廟。乙酉，鎭南軍節度使溫迪罕思敬上書言錢幣、稅賦二事。

五年春正月丙戌朔，免朝。丁亥，世宗忌日，謁奠于啓慶宮。戊子，括南京諸州逋戶舊耕官田，給軍戶。壬辰，議禦西夏及征南事。諭皇太子以東平禦敵方略。甲午，諭樞密院，南伐事重，當詳議其便。撰故衞王事跡，如海陵庶人例。丁酉，大元兵攻天井關。戊戌，宋人襲泗州西城，提控王祿死之。辛丑，太白晝見于牛，二百三十有二日伏。乙巳，詔諸道兵集蔡州。己酉，伐宋。庚戌，山東行省報東平之捷。

二月丙辰朔，置招撫司于單州。曲赦東平府。庚申，下詔伐宋。以內族惟弼權同簽樞

密院事，行院于中京；斡勒合打權元帥府右都監，行元帥府于蔡、息；納合降福權簽樞密院事，行院于宿州；孛朮魯達阿權元帥右都監，完顏訛論副右都監，行元帥府于唐、鄧。戊辰，罷懷州行元帥府，復置招撫司，與孟州經略司並受中京行樞密院節制。辛未，僕散安貞以兵出息州，破宋人于淨居山寺，拔黃土關。癸酉，以旱災，曲赦河南路。丙子，禁京城兵器。元帥紇石烈牙吾塔破宋兵，復泗州。進逼濠州，至渦口，乏糧而還西城。癸未，以旱災，詔中外。

三月丙戌朔，上御仁安殿，祈雨，仍望祭于北郊。庚寅，宋人圍唐、鄧，行元帥府事完顏訛論力戰却之。前鄧州千戶孛朮魯毛良虎自拔歸國，訛論便宜遷其官三階，授同知唐州事，乞正授以示信，從之。乙未，罷河南路行三司。丙申，參知政事徒單思忠進尚書右丞、兼修國史，以太子詹事僕散毅夫爲參知政事。諭宰臣曰：「今奉御、奉職多不留心采訪外事。聞章宗時近侍人秩滿，以所采事定升降。今亦宜預爲考覈之法，以激勸之。」戊戌，長春節，免朝。己亥，夏因叛人竇趙兒之招，入據來羌城，孛朮魯合住以重賞誘脅從人爲內應，督兵急攻城，拔之。省試經義進士，考官於常額外多放裔松等十餘人。有司奏請駁放，上已允，尋復遣諭松等曰：「汝等中選而復黜，不能無動于心。方今久旱，恐傷和氣，今特恩放汝矣。」庚子，賜林州行元帥府經歷官康琚進士及第。琚以武階乞赴廷試，故有是命。丙

午，以旱禁擅祀雷雨師。壬子，雨。

四月己未，山東行省蒙古綱言：「東莒公燕寧戰敗而死。寧所居天勝砦據險，寧亡，衆無所歸，變在朝夕。權署其提控孫邦佐爲招撫使，黃摑兀也爲總領，以撫其衆。」遣使請命，勅有司議之。辛酉，禱雨于太廟。丙寅，僕散安貞破宋黃、蘄等州。壬申，俘宋宗室男女七十餘口獻于京師。癸酉，詔親軍中武舉第而授職需次者，仍執舊役，廩給循常，闕至發遣。辛巳，監察御史劉從益以彈劾失當，奪官一階，罷之。詔定進士中下甲及監官散階至明威者舉充縣令法。

五月甲申朔，日有食之。戊戌，宋人據楚丘，官軍復之。庚子，納蘭記僧伏誅，告人趙銳升職四等。壬寅，陝西元帥完顏賽不遣使來獻晉安、平陽之捷，方議其賞，御史烏古論胡魯劾其縱將士鹵掠，不副主上除亂捄民之意，乞正其罪。上以賽不有功，詔勿問，賞議亦寢。癸卯，唐州守將訛論爲元帥賽不猶子，與宋人戰唐州境上，爲宋人所敗，死者七百餘人，匿之而以捷聞。御史納蘭發其事。上以賽不故，亦不之罪，而以是意諭之。乃稱納蘭敢言，錄其功付有司，秩滿考最。癸丑，東平內徙，命蒙古綱行省于邳州，王庭玉行帥府于黃陵堌。

六月甲寅朔，尚書省奏駙馬都尉安貞反狀，上閱奏慮其不實，謂平章政事英王守純曰：

「國家誅一大臣，必合天下後世公議。其令覆按之。」乙丑，遣使諭晉陽公郭文振、上黨公完顏開各守疆土，同心濟難，毋以細故啓釁端，誤國事。戊寅，僕散安貞坐謀反，幷其三子，皆伏誅。己卯，越王永功薨。庚辰，輟朝。壬午，上親奠于殯所。

秋七月己亥，義勇軍叛，據碭山縣。庚子，詔增給徐州、淸口等處戍兵衣糧。己酉，碭山賊夜襲永城縣，行軍副總領高琬敗之，命蒙古綱併力討捕。辛亥，單州招撫劉瓊乞移河南糧濟其軍，詔給之。

八月壬子朔，罷黃陵堌招撫司。上諭尚書省，碭山叛軍家屬囚歸德，旬餘不給糧，恐傷其生。宰臣奏，已給之矣。又諭樞密，河北艱食，民欲南來者日益多，速令渡之，毋致殍死。甲子，詔南征潰軍復歸而能力戰者，依出界立功格賞之。乙丑，宋人掠沈丘，殺縣令。甲戌，命有司除逋戶負租，毋徵見戶。

九月甲申，以京東歲饑多盜，遣御史大夫紇石烈胡失門爲宣慰使，往撫安之。更定監察御史違犯的決法。丁亥，詔州府及軍官捕盜慢職，四品以下宣慰使決之，三品以上奏裁。戊子，增授隰州招撫使軒成官，改受陝西省節制。[四] 乙巳，崇進、駙馬都尉定國公徒單公弼薨。庚戌，歲星犯左執法。右丞相高汝礪表乞致仕，詔溫留之。

冬十月癸丑，進汝礪官榮祿大夫。命僕散毅夫行尚書省于京東，督諸軍芻糧。乙卯，太醫侯濟、張子英治皇孫疾，用藥瞑眩，皇孫不能任，遂不療，罪當死。上曰：「濟等所犯誠宜死，然在諸叔及弟兄之子，便應准法行之，以朕孫故殺人，所不忍也。」命杖七十，除名。尚書省言：「司、縣官貪暴不法，部民逃亡，既有決罰，他縣停匿亦宜定罪。隨處土民久困徭役，客戶販鬻坐獲厚利，官無所斂，亦宜稍及客戶，以寬土民。行院帥府幕職，雖無部衆，亦嘗贊畫戎功，而推賞止進官一階，宜聽主將保奏，第功行賞。」上皆從其請。戊午，遣親軍討河南羣盜。辛酉，大元兵攻綏德州。壬戌，夏人復侵龕谷。甲子，勅監察所彈事，同列不可預聞，著爲令。丁卯，夏人犯定西、積石之境。戊寅，分京畿戍卒萬二千，河中民兵八千，以許州元帥紇石烈鶴壽將之，屯潼關西。

十一月癸未，陝西東路行省報安塞堡敗夏人之捷。甲申，諭太府減損食品。庚寅，募民興南陽水田。壬辰，太子、親王、百官表賀安塞堡之捷，却之。乙未，夏人攻龕谷。宋人攻蘄縣。紅襖賊掠宿州。辛丑，詔蠲徐、邳、宿、泗等州逋租，官民有能墾闢閑田，除來年科徵。歸德、亳、壽、潁停閣逋戶租外，仍蠲三之一。逋戶田廬有司募民承業，禁其毀損，以俟來復。蒲城縣民李文秀等謀反，伏誅。壬寅，宋人焚潁州，執防禦判官而去。是日，相國寺火。大元兵攻延安。

十二月辛亥朔，以大元兵下潼關、京兆，詔省院議之。壬子，罷辟舉縣令法。丁巳，禮

部侍郎烏古孫仲端、翰林待制安庭珍使北還，各遷一階。庚申，罷河南義軍。丁卯，詔罷新簽民軍，減樞密院掌兵官及京城戍兵，仍諭行院帥府，毋擅增設補簽。辛未，罷行總管府及招討統軍檢察等司。定宋人來歸賞格及詐誘征防軍人逃亡罪法。癸酉，元帥合達、買住及其將士以延安功特賞賚之，仍下詔獎諭。

閏月辛巳朔，大元兵徇鄜州，保大軍節度使完顏六斤、權元帥左都監紇石烈鶴壽、右都監蒲察婁室、遙授金安軍節度使女奚烈資祿皆死之。乙酉，提控术甲咬住破沈丘賊于陳瓦。丙戌，頒詔撫諭河南土寇。戊子，熒惑犯軒轅。己丑，孫瑀及捕盜官吾古出招降泰和縣賊二千人，詔斬其首惡，餘皆釋之。同知保靜軍節度使郭澍以徵糧失期，誣殺平民，坐誅。辛卯，官軍復葭州。癸巳，通遠軍節度使孛术魯合住削官。甲午，月犯熒惑。丙申，紅襖賊夜入蒙城縣，縣官失其符印，軍民死者甚衆，賊大掠而去。戊戌，鎭星晝見于軫。己亥，發兵捕京東盜。太白晝見于室。壬寅，發上林署粟賑貧民。陳、亳等州，鹿邑、城父諸縣，盜蠭起，趣樞府遣官討之。捕盜軍所過殘民，遣御史一人按視。軍所獲牛，有司以官錢收贖。戊申，詔定招捕土寇官賞格。己酉，更造「興定寶泉」，每一貫當「通寶」四百貫。

元光元年春正月庚戌朔，免朝。辛亥，世宗忌辰，謁奠于啓慶宮。元帥惟弼破紅襖賊

于張鶩店。壬子，遣官墾種京東、西、南三路水田。甲寅，禁非邊關急速事無馳傳，卽濫乘者州縣徑白省部，四方館從御史臺，外路從分按御史治之。詔陝西西路行省徙京兆者，兵退還治平涼。坊州刺史〔五〕把移失剌以棄城，伏誅。鄜州防禦使裴滿羊哥，同知防禦使古里甲石倫除名。平西節度使把古咬住奪官一階。丁卯，詔撫諭京東百姓。

二月壬午，〔六〕詔徙中京、唐、鄧、商、虢、許、陝等州屯軍及諸軍家屬赴京兆、同、華就糧屯。乙酉，〔七〕陝西西路行省請以厚賞募河西諸蕃部族寺僧，圖復大通城，命行省樞密院籌之。癸巳，上諭宰臣，宋人以重兵攻平輿、褒信，我師力戰却之，又偵知其事狀之詳。若俟帥府上功推賞，豈急於勸獎之道。其遣清望官，齎空名宣勅，覈實給之。乙未，詔諭河南、陝西。大元兵屯葭州。壬寅，權定行省、樞府、元帥府輒杖左右司、經歷司官罪法。甲辰，上念鄜延被兵，又延安受圍，嘗發民粟給軍。詔除延安、鄜、坊、丹、葭、綏德稅租，仍令有司償其粟直，不足者許補官。戊申，恒州軍變，萬戶呼延棫等千餘人殺掠城中，焚廬舍而去。己酉，遣元帥左監軍訛可行元帥府事，節制三路軍馬伐宋，同簽樞密院事時全行院事，副之。

三月辛酉，宋人掠確山縣之劉村。丙寅，歲星犯太微左執法。戊辰，樞密院委差官賈天安上書言利害。壬申，尚書右丞徒單思忠以病馬輸官，冒取高價，御史劾之，有司以監主

自盜論死，上顧惜大體，降授陳州防禦使。癸酉，提控李師林敗夏人于永木嶺。郭文振表，近得俘者言，南北合兵將攻河南、陝西。詔樞密備禦。

夏四月辛巳，以金吾衞上將軍、勸農使訛可簽樞密院事。置大司農司，設大司農卿、少卿、丞，京東、西、南三路置行司，並兼採訪事。壬午，大元兵攻陵川縣。丁酉，林懷路行元帥府事惟良削官兩階，〔八〕罷之。更定辟舉縣令之法，而復行之。戊戌，籍丁憂待闕、追殿等官，備防秋。丁未，行樞密院報淮南之捷。

五月戊申朔，大元兵屯隰、吉、翼等州。壬戌，訛可、時全軍大敗。甲子，訛可以敗績當死，上面數而責之，勉其後效命，朘官兩階。丁卯，召致政胥鼎等赴省議利害。壬申，時全伏誅。

六月戊寅朔，造舟運陝西糧，由大慶關渡抵湖城。癸未，大赦。陳州防禦使呂子羽坐乏軍興，自盡。制諸監官及八品以下職事，丁憂、待闕、任滿、遙授者，試補侍衞親軍。命各路司農司設捕盜方略。丁酉，紅襖賊掠柳子鎭，驅百姓及驛馬而去，提控張瑀追擊，奪所掠還。僞監軍王二據黎陽縣，提控王泉討之，復其城。

秋七月庚戌，大元將按察兒以其衆屯晉安、冀州之境。丙辰，上黨公完顏開復澤州。己未，歸德行樞密院王庭玉報曹州破紅襖賊之捷。庚申，定監當官選法。河北羣盜犯封丘、開封界，令樞密院禦捕。甲子，京東總帥紇石烈牙吾塔請自今行院帥府幕職，有過得自決之。不允。戊辰，紅襖賊襲徐州之十八里砦，又襲古城、桃園，官軍破之。乙亥，太白晝見經天，與日爭光。

八月丁丑，定西征將士官賞有差。己卯，彗星見西方。甲申，增定藏匿逃亡親軍罪及告捕賞格。積石州蕃族叛附于夏，鞏州提控尼厖古三郎討之，獲羊千口，進尙膳，詔却之。以彗星見，改元，大赦。諭旨宰臣曰：「赦書已頒，時刻之間人命所係。其令將命者速往，計期而至。」以大司農把胡魯爲參知政事。癸巳，河間公移剌衆家奴、高陽公張甫兵復河間府，是日，報捷者始達。上以道途梗塞，報者艱虞，命厚賞之。夏人入德順。壬寅，祈雨。

九月丙午朔，以左右警巡使兼彈壓。諭陝西行省備邊。壬子，牙吾塔請以兵由壽州渡淮，擣宋人巢穴，不從。乙卯，議經略淮南。己巳，宋人掠遂平縣之石砦店，復侵南陽，唐州提控夾谷九住敗之。

冬十月丁丑，夏人掠德順之神林堡。壬午，宋張惠攻零子鎭，爲斡魯朶所敗，虜其裨將二人。河中府萬戶孫仲威執其安撫使阿不罕胡魯剌據城叛，陝西行省遣將討平之。癸未，復曹州。甲申，上獵于近郊，詔免百官送迎，且勿令治道，以勞百姓。庚寅，從彰德招撫使杜

先軍於衞州。乙未，大元兵下滎州之胡壁堡及臨晉。庚子，詔所司巡護避兵民資產。甲辰，以京兆官民避兵南山者多至百萬，詔兼同知府事完顏霆等安撫其衆。

十一月丁未，大元兵徇同州，定國軍節度使李復亨、同知定國軍節度使訛可皆自盡。甲寅，京東總帥牙吾塔報臨淮破宋兵之捷。戊辰，大元蒙古蒲花攻鳳翔府。

十二月乙亥朔，上謂皇太子曰：「吾嘗夜思天下事，必索燭以記，明而卽行，汝亦當然。」以河中治中侯小叔權元帥右都監便宜行事。〔九〕乙酉，遷同知平陽府事史詠龍虎衞上將軍，賜號「守節忠臣」，權行平陽公府事。丁亥，疊州總管靑宜可卒，特命其子角襲職。詔諭近侍局官曰：「奉御、奉職皆少年，不知書。朕憶曩時置說書人，日爲講論自古君臣父子之教，使知所以事上者，其復置。」己丑，蘭州提控唐括昉敗夏人于質孤堡。大元以大軍攻鳳翔。

二年春正月甲辰朔，詔免朝賀。乙巳，世宗忌日，謁奠于啓慶宮。右丞相汝礪乞致政，上面諭使留。大元兵下河中府，權元帥右都監侯小叔復之。壬子，壽州防禦使完顏乃剌奪官四階。甲寅，上諭宰臣曰：「向有人言便宜事，卿等屢奏乞作中旨行之。帝王從諫足矣，豈可掠人之美以爲己出哉。」戊午，四方館使李瘸驢以罪罷，宰臣請以散地羈縻之，上曰：「此輩豪傑，正須誠待，若以術制，適使自疑。但不畀軍政，外補何害？」授瘸驢恒州刺史。

又謂：「鬻餠恩例有丁憂官得起復者，是教人以不孝也，何爲著此令哉？」丁卯，大元兵復下河中府。

二月甲戌朔，皇后生辰，詔免賀禮。己卯，丞相汝礪朝會，免拜，設榻殿下，久立賜休。壬午，詔軍官犯罪，舊制更不任用，今多故之秋，人才難得，朕欲除大罪外，徒刑追配有武藝善掌兵者，量才復用。其令尚書省議以聞。丁亥，大赦。己亥，鳳翔圍解。石盞合喜加金紫光祿大夫，升左監軍，特授大名府海谷忽申猛安，完顏仲元加光祿大夫，升右監軍，特授河北東路洮委必刺猛安，各賜金聲帶有差。

三月甲辰朔，宋人襲汝陽。壬子，誡諭平章英王守純崇飲。癸丑，以河中府推官籍阿外權元帥右都監，代領侯小叔軍。甲寅，上謂宰臣：「人有才堪任事，其心不正者，終不足貴。」丞相汝礪對曰：「其心不正而濟之以才，所謂虎而翼者也，雖古聖人亦未易知。」上以爲然。丙辰，長春節，免朝。以戶部尚書石盞畏忻爲參知政事，兼修國史。辛酉，禁茶。壬戌，詔以鳳翔戰功及頒賞等級徧諭諸郡。甲子，以完顏伯嘉權參知政事，行尚書省于河中府。辛未，詔職官犯罪非死罪除名，遇赦幸免，有才幹者中外並用。

夏四月癸酉朔，復霍州汾西縣，詔給空名宣勅，遷賞將士之有功者。丙子，設京兆南山安撫司。丁丑，故鳳翔萬戶完顏醜和以死節贈懷遠大將軍，授刺史職。其父恕除以功例賞

外，遷兩官，升職二等。己卯，遣官閱河南帥府見兵，籍閑官豪右親丁及遼東、河北客戶爲軍。庚子，募西山獵戶爲軍。

五月癸卯朔，始造「元光重寶」。丙午，復河中府及榮州，遣人持檄招前恒山公武仙。乙卯，權平陽公史詠復霍州及洪洞縣。丁巳，始造「元光珍貨」，同銀行用。戊午，以檄招東平嚴實。己未，參知政事毅夫言：「脅從人號『忠孝軍』，而置沿淮者所爲多不法，請防閑之。」上曰：「人心無常，顧馭之何如耳。馭之有術，遠方猶且聽命，況此輩乎？不然，雖左右亦難防閑。正在廓開大度而已。若是而不能致太平者，命也。」庚申，簽河南路寄居官民充軍。辛酉，徙晉陽公郭文振兵于孟州。甲子，徙權平陽公史詠兵于解州、河中府。

六月乙亥，京東總帥牙吾塔報淮南之捷。[一〇]丁亥，罷行省所置監察御史兼彈壓之職。戊子，曦遣人招李全、嚴實、張林。甲午，詔罷河中行省，置元帥府。辛丑，遙授靜難軍節度使顏盞蝦蟆等以保鳳翔功進官。

秋七月壬寅朔，夏人犯積石州，羌界寺族多陷沒，惟桑逋寺僧看逋、昭逋、厮沒，及答那寺僧奔鞠等拒而不從。詔賞諸僧鈐轄正將等官，而給以廩祿。乙巳，遣兵守衛解州鹽池。庚戌，以空名宣勅遷賞諸部降人。壬子，除市易用銀及銀與寶泉私相易之禁。癸丑，勅諸御史曰：「瑣細事非人主所宜詰，然凡涉姦弊靡不有關國政者。比聞朝官及承應人月給俸

糧，多雜糠土，有司所收曷嘗有是物哉。至于出納斗斛亦小大不一。此皆理所不容者，而臺官初不問。事事須朕言之，安用汝曹也。」乙卯，丹鳳門壞。丁巳，陰坡族之骨鞠門等叛歸夏，元帥夾谷瑞發兵討之，以捷聞。御史中丞師安石言制敵二事。戊午，宰臣方對次，有司奏前奉御溫敦太平卒。上大駭曰：「朕屢欲授太平一職，每以事阻，今僅授之未數日而亡，豈非天耶！」因謂宰臣曰：「海陵時有護衞二人私語，一曰富貴在天，一曰由君所賜。海陵竊聞之，詔授言由君所賜者以五品職，意謂誠由己也，而其人以疾竟不及授。章宗秋獮，[一一]聞平章張萬公薨，歎曰：『朕廼將拜萬公丞相，而遂不起，命也。』」乙丑，詔籍陝西路僑居官民爲軍。

八月辛未朔，邳州從宜經略使納合六哥等率都統金山顏俊以沂州百餘人，晨入省署，殺行尚書省蒙古綱，據州反。壬申，詔賞京兆路官軍保全南山諸谷之功，以所全人數多寡爲等第，千人以上官一階，三千人以上兩階，五千人以上三階，仍升職一等，能以力戰護之者又增一階，戰沒者就以贈之。甲戌，遣官持空名宣勅，諭以重賞招納合六哥，拒命，即命牙吾塔合行院兵討滅之。乙亥，火星入鬼宿中，掩積尸氣。乙酉，詔能捕獲反賊六哥者，除見定官外，仍與世襲謀克。丙戌，遣官分行蔡、息、陳、亳、唐、鄧、裕諸州，洎司農司州縣吏同議，凡民丁相聚立砦避兵，與各巡檢軍相依者，五十戶以上置砦長一員，百戶增副一員，

仍先遷一官，能安民弭盜勸農者論功注授。

九月庚子朔，日有食之。宋人入壽州，女奚烈蒲乃力戰却之。壬寅，樞密院奏提控术甲剌只罕破宋人之功。甲辰，宋人攻南陽。丙午，牙吾塔報桃園、淮陽之捷，幷以納合六哥結搆李全之狀來告。戊申，降人孫邦佐自李全軍中歸，遙授知東平府兼山東西路兵馬都總管。官軍與宋人力戰于胡陂而却之，提控术虎春兒爲所殺。癸丑，納合六哥所署僞都統烏古論賽漢、夾谷留住等來歸。己未，贈术虎春兒銀青榮祿大夫。丙寅，扎也胡魯等拔邳州南城。丁卯，權御史中丞師安石[一二]等劾英王守純不實，付有司鞫治，尋詔免罪，而猶責諭之。

冬十月癸酉，徙晉陽公郭文振等兵于衞州。乙亥，制行樞密院及元帥府，農隙之月分番巡徼校獵，月不過三次。丁丑，上獵于近郊。己卯，袷于太廟。壬午，火星犯靈臺。乙酉，上獵于近郊。辛卯，詔石壕店、澠池、[一三]永寧縣各屯兵千人。壬辰，滕州人時明謀反，伏誅。戊戌，唐、鄧行元帥報淮南之捷。

十一月己亥，紅襖賊僞監軍徐福等來降。詔進牙吾塔官一階，賜金幣有差。辛丑，總帥牙吾塔報邳州之捷，函叛人六哥首以獻。開封縣境有虎咥人，詔親軍百人射殺之，賞射獲者銀二十兩，而以內府藥賜傷者。丙午，邳州紅襖賊三千來降，初擬置諸陳、許之間，上

以爲若輩雖降，家屬尙在河朔，餘黨必殺之，所得者寡而被害者衆，亦復安忍？不若命使撫諭，加以官賞而遣之還。果忠於我，雖處河朔豈負我耶？且餘衆感恩，將有效順者矣。戊午，以上黨公完顏開之請，諭開及郭文振、史詠、王遇、張道、盧芝等各與所鄰帥府相視可耕土田，及瀕河北岸之地，分界而種之，以給軍餉。辛酉，鞏州行元帥府報會州破夏人之捷。

十二月己巳朔，徙沿淮巡檢邊軍于內地。癸酉，以空名宣命金銀符給完顏開賞功。辛巳，詔延安土人充司縣官義軍使者選人代之，量免其民差稅。邳州民丁死戰陣者各贈官一階。歸德、徐、邳、宿、泗、永、亳、潁、壽等州復業及新地民，免差稅二年，見戶一年，嘗供給邳州者復免一年之半，睢州、陳留、杞縣免三之一。

丁亥，上不豫，免朝。戊子，皇太子率百官及王妃、公主入問起居。己丑，復入問起居。庚寅，上崩于寧德殿，壽六十有一。上疾大漸，暮夜，近臣皆出，惟前朝資明夫人鄭氏年老侍側，上知其可託，詔之曰：「速召皇太子主後事。」言絕而崩。夫人秘之。是夜，皇后及貴妃龐氏問安寢閤。龐氏陰狡機慧，常以其子守純年長不得立，心觖觖。夫人恐其爲變，卽紿之曰：「上方更衣，后妃可少休他室。」伺其入，遽鑰之，急召大臣，傳遺詔立皇太子，始啓戶出后妃，發喪。皇太子方入宮，英王守純已先入，皇太子知之，分遣樞密院官及東宮親衞軍官移剌蒲阿集軍三萬餘于東華門街。部署旣定，命護衞四人監守純於近侍局，乃卽皇帝

位於柩前。壬辰，宣遺詔。是日，詔赦中外。明年正月戊戌朔，改元正大，諡大行曰繼天興統述道勤仁英武聖孝皇帝，廟號宣宗。三月庚申，葬德陵。

贊曰：宣宗當金源末運，雖乏撥亂反正之材，而有勵精圖治之志。迹其勤政憂民，中興之業蓋可期也，然而卒無成功者何哉？良由性本猜忌，崇信暬御，奬用吏胥，苛刻成風，舉措失當故也。執中元惡，此豈可相者乎，顧乃懷其援立之私，自除廉陛之分，悖禮甚矣。高琪之誅執中，雖云除惡，律以春秋之法，豈逃趙鞅晉陽之責，旣不能罪而遂相之，失之又失者也。遷汴之後，北顧有道之朝日益隆盛，智識之士孰不先知。方且狃於餘威，牽制羣議，南開宋衅，西啓夏侮，兵力旣分，功不補患。曾未數年，昔也日闢國百里，今也日蹙國百里，其能濟乎。再遷遂至失國，豈不重可歎哉。

校勘記

〔一〕寇樂陵鹽山　「鹽」原作「監」。按本書卷一一八王福傳，興定四年四月，「紅襖賊李二太尉寇樂陵，……復寇鹽山」。今據改。

〔二〕橫海軍節度使王福連擊敗之　原脫「軍」字。按本書卷二五地理志，「滄州，上，橫海軍節度」。今據補。

〔三〕靈臺北第一星　原脫「北」字。按本書卷二〇天文志，興定四年十一月「壬辰，歲星晝見于翼，六十有七日，夜又犯靈臺北第一星」。歲星卽木星，今據補「北」字。

〔四〕改受陝西省節制　原脫「陝」字。按本書卷一一八胡天作傳，「初，軒成本隸程琢麾下，琢死，成率衆保隰州。……是時，隰州方用兵，未可制」。又據同卷郭文振傳，知當時河東等地「武夫悍卒因緣而起，……朝廷因而撫之，假權傳授，……陝西行省總爲節制」。今據補。

〔五〕坊州刺史　「坊」原作「防」。據本書卷二六地理志改。

〔六〕二月壬午　原脫「二月」二字。按「正月庚戌朔」，壬午當在二月。今將下文「乙酉」上之「二月」二字移此。

〔七〕乙酉　原作「二月乙酉」。今將「二月」二字移在上文「壬午」之上。參見前條。

〔八〕林懷路行元帥府事惟良削官兩階　「兩」原作「西」。據殿本改。

〔九〕以河中治中侯小叔權元帥右都監便宜行事　「權元帥右都監」原作「權元帥元帥右都監」。今據本書卷一二二侯小叔傳删重文「元帥」二字。

〔一〇〕京東總帥牙吾塔報淮南之捷　原脫「牙吾塔」三字。按本書卷一一一紇石烈牙吾塔傳，「元光元年五月，以京東便宜總帥兼行戶工部事。……二年四月……還遇宋兵數百，陣淮南岸，擊殺其

半，尋有兵千餘自東南來追，復大敗之」。今據補。

〔一一〕章宗秋獵　「秋」下原空格缺一字。按本書卷九五張萬公傳，「泰和七年薨」。卷一二章宗紀，泰和七年秋九月「丙戌，獵于近郊，壬辰，還宮」。萬公之卒蓋在此時，與此處所敍合。今據補一「獵」字。

〔一二〕權御史中丞師安石　按本書卷一〇八師安石傳，「元光二年，累遷御史中丞」。無「權」字。

〔一三〕澠池　「澠」原作「沔」。今改。參見本書卷二五地理志校記〔一九〕。

金史卷十七

本紀第十七

哀宗上

哀宗諱守緒，初諱守禮，又諱寧甲速，宣宗第三子。母曰明惠皇后王氏，賜姓溫敦氏，仁聖皇后之女兄也。承安三年八月二十三日生於翼邸，仁聖無子，養爲己子。泰和中，授金紫光祿大夫。宣宗登極，進封遂王，授祕書監，改樞密使。貞祐初，莊獻太子守忠薨，立皇孫鏗爲皇太孫，尋又薨。四年正月己卯，立守禮爲皇太子，仍控制樞密院事，詔略曰：「子以母貴，遂王守禮地鄰冢嫡，慶集元妃，立爲皇太子。其典禮，有司條具以聞。」四月甲午，用太子少保張行信言，更賜名守緒。元光二年十二月庚寅，宣宗崩。辛卯，奉遺詔卽皇帝位于柩前。壬辰，詔大赦，略曰：「朕述先帝之遺意，有便於時欲行而未及者，悉奉而行之。國家已有定制，有司往往以情破法，使人罔遭刑憲，今後有本條而不遵者，以故入人罪罪之。

草澤士庶，許令直言軍國利害，雖涉譏諷無可采取者，並不坐罪。」

正大元年春正月戊戌朔，詔改元正大。庚子，上居廬，百官始奏事。祕書監、權吏部侍郎蒲察合住改恒州刺史，左司員外郎泥厖古華山同知楨州軍州事，逐二姦臣，大夫士相賀。令邠州節度使移剌术納阿卜貢白兔，詔曰：「得賢臣輔佐，年穀豐登，此上瑞也，焉事此爲。令有司給道里費，縱之本土。」禮部其徧諭四方，使知朕意。」丁巳，詔朝臣議修復河中府。禮部尚書趙秉文、太常卿楊雲翼等言，陝西民方疲敝，未堪力役。遂止。戊午，上始視朝。大司農、守汝州防禦使李蹊爲太常卿，權參知政事。平章政事荆王守純罷，判睦親府。參知政事僕散五斤罷，充大行山陵使。尊皇后溫敦氏、元妃溫敦氏皆爲皇太后，號其宮一曰仁聖，一曰慈聖。百官入賀于隆德殿。是日，大風飄端門瓦。赤盞合喜權樞密副使。有男子服麻衣，望承天門且笑且哭。詰之，則曰：「吾笑，笑將相無人。吾哭，哭金國將亡。」羣臣請置重典，上持不可，曰：「近詔草澤諸人直言，雖涉譏訕不坐。」法司唯以君門非笑哭之所，重杖而遣之。南陽民布陳謀反，伏誅。

三月，熒惑犯左執法。戊申，奉安宣宗御容于孝嚴寺。辛亥，丞相高汝礪薨。癸丑，葬宣宗于德陵。甲寅，起復邠州節度使致仕張行信爲尚書左丞。以延安帥臣完顏合達戰禦有功，授金虎符，權參知政事，行尚書省事于京兆，兼統河東兩路。

夏四月癸酉，宣宗祔廟，大赦中外。熒惑犯右執法。

五月戊戌，平章政事把胡魯薨。癸卯，樞密副使完顏賽不爲平章政事，權參知政事石盞尉忻爲尚書右丞，太常卿李蹊爲翰林承旨，仍權參政。甲辰，賜策論進士孛术論長河以下十餘人及第，經義進士張介以下五人及第。戊申，賜詞賦進士王鶚以下五十人及第。詔刑部，登聞檢、鼓院，毋鎖閉防護，聽有寃者陳訴。

六月甲戌，宰執請擊鞠，上以心喪不許。辛卯，立妃徒單氏爲皇后。遣樞密判官移剌蒲阿率兵至光州，榜諭宋界軍民更不南伐。

秋七月己亥，詔諭百官各勤乃職。癸卯，補修大樂。

九月，樞密判官移剌蒲阿復澤、潞，獲馬千疋。

冬十月戊午，夏國遣使來修好。

十二月乙巳，恒州刺史蒲察合住有罪，〔一〕伏誅。甲寅，宣宗小祥，燒飯于德陵。改定辟舉縣令法，以六事課縣令。京東、西、南，陝西設大司農司，兼採訪公事，京師大司農總之。左丞張行信言：「先帝詔國內，刑不上大夫，治以廉恥。丞相高琪所定職官犯罪的決百餘條，乞改依舊制。」上不欲彰先帝之過，〔二〕略施行之。

二年春正月甲申，有黃黑之祲。

夏四月辛卯朔，恒山公武仙自眞定府來奔。起復平章政事致仕莘國公胥鼎爲平章政事，行省事于衛州，進封英國公。甲午，以京畿旱，遣使慮囚。鈞、許州大雨雹。丁酉，宿、鄭州雨傷麥。

五月丁丑，以旱甚責己，避正殿，減常膳，赦罪。蘇椿自大名來奔，詔置椿許州。

秋七月，都水蒲察毛花輦殺人，免死除名。

八月，鞏州元帥田瑞反，行省軍圍之，其母弟十哥殺瑞出降，赦其罪，以爲涇州節度使，世襲猛安。

九月，夏國和議定，以兄事金，各用本國年號，遣使來聘，奉國書稱弟。

冬十月，以夏國修好，詔中外。新軍政改總領爲都尉。己酉，以誅田瑞詔中外。癸亥，遣禮部尚書奧敦良弼、大理卿裴滿欽甫、侍御史烏古孫弘毅爲夏國報成使，國書稱兄。乙亥，面諭臺諫完顏素蘭、陳規曰：「宋人輕犯邊界，我以輕騎襲之，冀其懲創通好，以息吾民耳。夏人從來臣屬我朝，今稱弟以和，〔三〕我尙不以爲辱。果得和好，以安吾民，尙欲用兵乎。卿等宜悉朕意。」移剌蒲阿及宋人戰于光州，獲馬數千，殺人千餘而還。內族王家奴故殺鮮于主簿，權貴多救之者，上曰：「英王朕兄，敢妄撻一人乎？朕爲人主，敢以無罪害一人乎？國家衰弱之際，生靈有幾何，而族子恃勢殺一主簿，吾民無主矣。」特命斬之。詔有司爲死節士十有三人立褒忠廟。禁宿、泗、青口巡邊官兵，毋復擅殺過淮紅衲軍。詔趙秉文、楊雲翼作龜鏡萬年錄。

三年春正月丁巳朔，夏國遣使來賀。

三月，陝西旱。平章政事胥鼎復請致仕，不許。詔尚書省議省減用度。

夏四月辛卯，親享于太廟。鄎國夫人車經御路，過廟前，馭者乘馬，二婢坐車中，俱不下，詔繫獄杖之。辛丑，以旱，遣官禱于濟瀆。癸卯，祈于太廟。禁傘扇。河南大雨雹。己酉，遣使慮囚，遣使捕蝗。

五月己未，大雨。宋兵掠壽州境。癸亥，永州桃園軍失利，死者四百人。乙丑，大雨。壬申，詔諭陝州趙甫等，能以土地來歸，當任使之。

六月辛卯，京東大雨雹，蝗盡死。壬子，詔諭高麗及遼東行省葛不靄，討反賊萬奴，〔四〕赦脅從者。

秋七月庚午，平章政事英國公胥鼎薨。

八月，移剌蒲阿復曲沃及晉安。辛卯，詔設益政院于內廷，以禮部尚書楊雲翼等爲益政院說書官，日二人直，備顧問。

冬十月丁酉，夏使來報哀。

十一月庚申，議與宋修好。戊辰，又議之。己巳，宋忠義軍夏全自楚州來歸，楚州王義深、張惠、范成進以城降，封四人爲郡王。辛未，改楚州爲平淮府，以夏全等來降，赦諸路從宋及淮、楚官吏軍民，并其家屬。甲戌，遣使夏國賀正旦。丙子，夏以兵事方殷來報，各停使聘。大元兵征西夏，平中興府。召陝西行省及陝州總帥完顏訛可、靈寶總帥紇石烈牙吾塔赴汴議兵事。詔諭陝西兩省，凡戎事三品以下官聽以功過賞罰之，銀二十五萬兩從其給賞。遣中奉大夫完顏履信等爲弔祭夏國使。〔五〕

四年春正月辛亥朔。壬戌，增築中京城，浚汴城外濠。

二月，蒲阿、牙吾塔復平陽，執知府李七斤，獲馬八千。〔六〕

三月，簽勞效官充軍，有怨言，不果用。以銀贖平陽虜獲男女，分賜官軍者聽自便。大元兵平德順府，節度使愛申、攝府判馬肩龍死之。大元兵復下平陽。己巳，徵夏稅二倍。

夏五月丁丑，議乞和于大元。大元兵平臨洮府，總管陁滿胡土門死之。陝西行省進三策：上策自將出戰，中策幸陝州，下策棄秦保潼關。不從。

六月戊申朔，遣前御史大夫完顏合周爲議和使。丙辰，地震。太白入井。賜詞賦經義盧亞以下進士第。

秋七月，大元兵自鳳翔徇京兆。關中大震。工部尚書師安石爲尚書右丞。壬辰，以中丞烏古孫卜吉、祭酒裴滿阿虎帶兼司農卿，簽民軍，勸率富民入保城聚，兼督秋稅，令百姓知避遷之計。丁酉，赦陝西東、西兩路，賜民今年租。

八月庚戌，詔有司罷遣防備丁壯、修城民夫，軍須差發應不急者權停。己巳，萬年節，同知集賢院史公奕進大定遺訓，〔七〕待制呂造進尚書要略。是日，大風落左掖門鴟尾，壞丹鳳門扉。隕霜，禾盡損。李全自益都復入楚州據之，遣總帥完顏訛可、元帥慶山奴守盱眙，與全戰于龜山，敗績。

冬十月辛酉，右拾遺李大節、右司諫陳規劾同判睦親府事撒合輦姦贓，不報。壬戌，外臺監察御史諫獵，上怒，以邀名賣直責之。詔贈德順府死事愛申、馬肩龍等官。以淮南王爵招李全。

十一月乙未，未時，日上有二白虹貫之。丁酉，獵于近郊。

十二月，眞授李蹊參知政事。大元兵下商州。壬子，遣使安撫陝西，以牛千頭賜貧民。

五年春正月丁丑，親祭三廟。庚辰，遣知開封府事完顏麻斤出如大元弔慰。丙戌，議擊盱眙。辛卯，以龜山之敗，降元帥慶山奴爲定國軍節度使。

二月乙巳朔，大寒，雷，雨雪，木之華者盡死。癸丑，詔有司以臨洮總管陁滿胡土門塑像入褒忠廟。書死節子孫于御屏，量材官使之。

三月甲戌朔，羣臣請依祖宗故事，樞密院聽尚書省節制，不從。乙酉，監察御史烏古論不魯剌劾近侍張文壽、張仁壽、李麟之受饋遺，〔八〕曲赦其罪而出之。

夏四月甲辰朔，以御史言三姦不已，凡四日不視朝。八日，議放還西夏人口。丙寅，右丞師安石薨。親衞軍王咬兒酗酒殺其孫，大理寺當以徒刑，特命斬之。

五月癸巳，定國軍節度使慶山奴以受賂，奪一官。

六月壬戌，以旱，赦雜犯死罪已下。

秋七月戊子，同判睦親府事撒合輦出爲中京留守，行樞密院事。

八月乙卯，以旱，遣使禱于上清宮。甲子，參知政事白撒爲尚書右丞，太常卿顏盞世魯權參知政事。增築歸德行樞密院，擬工役數百萬，詔遣權樞密院判官白華喩以農夫勞苦，減其工三之二。〔九〕以節制不一，併衞州帥府於恒山公府，命白華往經畫之。

九月庚寅，雨足，始種麥。

冬十一月辛巳，進宣宗實錄。

十二月庚子朔，日有食之。完顏麻斤出以奉使不職，免死除名。壬子，完顏奴申改侍講學士，充國信使。〔一〇〕以陝西大寒，賜軍士柴炭銀有差。京兆、鳳翔府司竹監退竹，令分給之。

六年春二月丙辰，樞密院判官移剌蒲阿權樞密副使。耀州刺史李興有戰功，詔賜玉兔鶻帶、金器。以丞相完顏賽不行尚書省事于關中，召平章政事完顏合達還朝。移剌蒲阿率忠孝軍總領完顏陳和尚忠孝軍一千騎駐邠州。遣白華馳諭蒲阿以用兵之意。〔一一〕詔樞密更給忠孝軍馬疋，以漸調發都尉司步卒及忠孝馬軍屯京西。以白華專備軍須。

三月乙亥，忠孝軍總領陳和尚有戰功，授定遠大將軍、平涼府判官，世襲謀克。

夏五月，隴州防禦使石抹冬兒進黃鸚鵡，詔曰：「外方獻珍禽異獸，違物性，損人力，令勿復進。」

秋七月，罷陝西行省軍中浮費。

八月，移剌蒲阿再復澤、潞。

九月，洮、河、蘭、會元帥顏盞蝦蟆進西馬二疋，詔曰：「卿武藝超絕，此馬可充戰用，朕乘此豈能盡其力。既入進，即尚廄物也，今以賜卿，其悉朕意。」

冬十月，移剌蒲阿東還，令陳和尚率陝西歸順馬軍屯鈞、許。大元兵駐慶陽界。詔陝西行省遣使奉羊酒幣帛乞緩師請和。

十一月，遣使鈞、許還試陝西歸順人，得軍二千，以藝優者充忠孝軍，次充合里合軍。

十二月，詔副樞蒲阿、總帥紇石烈牙吾塔、權簽樞密院事完顏訛可救慶陽。罷附京獵地百里，聽民耕稼。

七年春正月，副樞蒲阿、總帥牙吾塔、權簽院事訛可解慶陽之圍。以訛可屯邠州，蒲阿、牙吾塔還京兆。

夏五月，詔釋清口宋敗軍三千人，願留者五百人，以屯許州，餘悉縱遣之。賜經義詞賦李瑭以下進士第。

秋七月，以平章政事合達權樞密副使。

八月，賜陝西死事之孤鹽引及絹，仍量材任使。大元兵圍武仙于舊衛州。

冬十月，平章合達、副樞蒲阿引兵救衛州。衛州圍解，上登承天門犒軍，合達、蒲阿並世襲謀克。移剌蒲阿權參知政事，同合達行省事于閿鄉，以備潼關。

八年春正月，大元兵圍鳳翔府。遣樞密院判官白華、右司郎中夾谷八里門諭閿鄉行省進兵，合達、蒲阿以未見機會不行。復遣白華諭合達、蒲阿將兵出關以解鳳翔之圍，又不行。

夏四月丁巳朔，赦。全免京西路軍需錢一年。旱災州縣，差稅從實減貸。大元兵平鳳翔府。兩行省棄京兆，遷居民於河南，留慶山奴守之。

五月，李全妻楊妙眞以全陷沒于宋，構浮梁楚州北，欲復宋讎。遣合達、蒲阿屯桃源界滶河口，以備侵軼。宋八里莊人拒其主將，納合達、蒲阿。詔改八里莊爲鎭淮府。

秋七月，宋將焚浮梁。

九月丙申，慈聖宮皇太后溫敦氏崩，遺誥園陵制度務從儉約。大元兵駐河中府。慶山奴棄京兆東還。召合達、蒲阿赴汴，議引兵趨河中府，懼不敢行，還陝州，出師至冷水谷而歸。大元兵攻河中府，合達、蒲阿遣元帥王敢率兵萬人救之。

冬十月，右丞相賽不致仕。

十一月丁未，大元進兵嶢峯關，〔一二〕由金州而東。省院議以逸待勞，未可與戰。上諭之曰：「南渡二十年，所在之民，破田宅，鬻妻子，竭肝腦以養軍。今兵至不能逆戰，止以自護，京城縱存，何以爲國，天下其謂我何。朕思之熟矣，存與亡有天命，惟不負吾民可也。」乃詔諸將屯軍襄、鄧。

十二月己未，葬明惠皇后。河中府破，權簽樞密院事草火訛可死之，元帥板子訛可提敗卒三千走閿鄉。詔赦將佐以下，杖訛可二百以死。合達、蒲阿率諸軍入鄧州，楊沃衍、陳和尚、武仙皆引兵來會，出屯順陽。戊辰，大元兵渡漢江而北，丙子，畢渡。合達、蒲阿將兵禦于禹山之前。大元兵分道趨汴京，京師戒嚴。是夜二鼓，合達、蒲阿引軍還鄧州。大元兵躡其後，盡獲其輜重。

天興元年是年本正大九年，正月改元開興，四月又改元天興。春正月壬午朔，日有兩珥。大元兵道唐州，元帥完顏兩婁室與戰襄城之汝墳，敗績。兩婁室走汴京。遣完顏麻斤出等部民丁萬人，決河水衞京城。癸未，罷尚書省、樞密院于宮中，以便召問。起前元帥古里甲石倫權昌武軍節度使，行元帥府事。合達、蒲阿引軍自鄧州赴汴京。乙酉，以點檢夾谷撒合爲總帥，將步騎三萬巡河渡，權近侍局使徒單長樂監其軍。起近京諸色軍家屬五十萬口入京。丙戌，大元兵既定河中，由河清縣白坡渡河。丁亥，長樂、撒合引兵至封丘而還。戊子，左司郎中斜卯愛實上書請斬長樂、撒合以肅軍政，不從。都尉烏林荅胡土一軍自潼關入援，至偃師聞大元兵渡河，遂走登封少室山。壬辰，衞州節度使完顏斜捻阿不棄城走汴。甲午，修京城樓櫓及守禦備。大元兵薄鄭州，與白坡兵合，屯軍元帥馬伯堅以城降，防禦使烏林荅咬住死之。乙未，大元游騎至汴城。丁酉，大雪。大元兵及兩省軍戰鈞州之三峯山，兩省軍大潰，合達、陳和尚、楊沃衍走鈞州，城破皆死之。樞密副使蒲阿就執，尋亦死。武仙走密縣。自是，兵不復振。己亥，徐州行省完顏慶山奴引兵入援，義勝軍校侯進、杜正、張興率所部北降，慶山奴入睢州。庚子，御端門肆赦，改元開興。辛丑，潼關守將李平以關降大元。壬寅，扶溝民錢大亨、李鈞叛，殺縣令王浩及其簿尉。庚戌，許州軍變，殺元帥古里甲石倫、粘合仝周、蘇椿等，以城降大元。

二月壬子朔，慶山奴謀走歸德，至陽驛店遇大元兵，徐帥完顏兀里力戰而死，慶山奴被擒，使招京城，不從。睢州刺史張文壽棄城從慶山奴，皆死之。甲寅，大元兵徇臨渙，攝縣令張若愚死之。戊午，次盧氏。關、陝行省總帥兩軍及秦、藍帥府軍棄潼關而東，與之遇，天又大雪，未戰而潰。行省徒單兀典，總帥納合合閏敗死，完顏重喜降，斬于馬前。都尉鄭倜殺都尉苗英亦降。秦、藍總帥府經歷商衡死之。大元兵下睢州。庚申，翰林待制馮延登使北來歸。乙丑，大元兵攻歸德。庚午，起復右丞相致仕賽不為左丞相。括京師民軍二十

萬分隸諸帥，人月給粟一石有五斗。

三月丁亥，大元軍平中京，留守撒合輦投水死。甲午，命平章政事白撒宿上清宮，樞密副使合喜宿大佛寺，以備緩急。大元遣使自鄭州來諭降，使者立出國書以授譯史，譯史以授宰相，宰相跪進，上起立受之，以付有司。書索翰林學士趙秉文、衍聖公孔元措等二十七家，及歸順人家屬，蒲阿妻子，繡女、弓匠、鷹人又數十人。庚子，封荆王子訛可為曹王，議以為質。密國公璹以曹王幼，請代行，上慰遣之，不聽其代。壬寅，尚書左丞李蹊送曹王出質，諫議大夫裴滿阿虎帶、太府監國世榮為講和使。戶部侍郎楊慥權參知政事。分軍防守四城。大元兵攻汴城，上出承天門撫西面將士。千戶劉壽語不遜，詔釋勿問。癸卯，上復出撫東面將士，親傅戰傷者藥于南薰門下，仍賜卮酒。出內府金帛器皿以賞戰士。乙巳，鳳翔府砲軍萬戶王阿驢、樊喬來歸。己酉，造革車三千兩，已而不用。置局養無家俘民。

夏四月癸丑，兵士李新有功，擢四方舘使。元帥劉益叱其子戰死。丁巳，遣戶部侍郎楊居仁奉金帛詣大元兵乞和。[三]戊午，又以珍異往謝許和。癸亥，明惠皇后陵被發，失柩所在，遣中官往視之，至是始得。以兵護宮女十人出迎朔門奉柩至城下，設御幄安置，是夜復葬之。戮鄭倜妻子。甲子，御端門肆赦，改元天興。詔內外，官民能完復州郡者功賞有差。出金帛酒炙犒飫軍士。減御膳，罷冗員，放宮女。上書不得稱聖，改聖旨為制旨。釋

鎬厲王、衞紹王二族禁錮，聽自便。乙丑，百官初起居于隆德殿前。丙寅，以尚書省兼樞密院事。丁卯，放宮女，聽以衣裝自隨，金珠留犒士卒。汴京解嚴，步軍始出封丘門采薪蔬。己巳，建威都尉完顏兀論同大元使沒忒入城。庚午，見使臣於隆德殿。放宮女如前。辛未，開鄭門聽百姓男子出入。甲戌，御承天門大饗將士，聞有聲屈者乃還宮。乙亥，有詔止奏事。許州進櫻桃。

五月辛巳，遷民告出城者以萬數，賽不、白撒不聽。乙酉，以南陽郡王子思烈行尚書省于鄧州，召援兵。丙戌，拜天於大慶殿。詔白撒致仕。放京城四面軍，李辛不奉詔。丁亥，鑿洧川漕渠，尋罷之。馮延登以奉使有勞，授禮部侍郎。戊子，裕州鎮防軍將領賀都喜率西軍二千人入援。放還民出京。辛卯，大寒如冬。密國公璹薨。汴京大疫，凡五十日，諸門出死者九十餘萬人，貧不能葬者不在是數。癸巳，楊春入據亳州，觀察判官劉均死之。辛丑，上御香閣，面責宰相。乙巳，將相受保城爵賞。

六月庚戌朔，詔百官舉大將，衆舉劉益，不能用。癸丑，飛虎軍二百人奪封丘門出奔。甲寅，以出師錮門禁。乙卯，白撒開渠於私第東。丙辰，閱官馬，擇瘠者殺以食。丁巳，封仙據徐州，徒單益都走宿州，推張興行省事。庚申，塞京城四門，以便守禦。壬戌，國安用入徐州，[四]殺張興，推封仙為元帥，以主州事。己巳，詔贈禦侮中郎將完顏陳和尚鎮南軍

節度使。立褒忠廟碑。權參知政事楊慥罷。辛未，復修汴城。以疫後，園戶、僧道、醫師、鬻棺者擅厚利，命有司倍征之，以助其用。甲戌，宿州鎮防千戶高臘哥、李宜殺節度使紇石烈阿虎父子，請行省徒單益都主帥事，益都不從，率其將吏西走，至穀熟遇大元軍，死之。乙亥，左丞李蹊送曹王與其子仝俱還。丁丑，恒山公武仙殺士人李汾。

七月庚辰朔，兵刃有火。辛巳，軍士撾登聞鼓乞將劉益。癸未，尚書右丞顏盞世魯罷。吏部尚書完顏奴申為參知政事。甲申，飛虎軍士申福、蔡元擅殺北使唐慶等三十餘人于館，詔貰其罪，和議遂絕。乙酉，都人揚言欲殺白撒，密詔遣衞士護其家。丙戌，軍士毀白撒別墅。斜捻阿不妄殺市人之過其門者，以靖亂。丁亥，拜天于承天門下，出內府及兩宮物賜軍士。戊子，下令招軍。辛卯，簽民為兵。鞏昌民百二十人赴援。乙未，宿州帥衆僧奴稱國安用降，遣近侍直長因世英等持詔封安用為兗王，行京東等路尚書省事，賜姓完顏，改名用安。新軍有撾登聞鼓者，杖殺之。乙巳，金、木、火、太陰會于軫、翼。丙午，參知政事完顏思烈、恒山公武仙、鞏昌總帥完顏忽斜虎率諸將兵自汝州入援，以合喜為樞密使，將兵一萬應之，命左丞李蹊勸諭出師，乃行。

八月己酉朔，合喜屯杏花營，又益兵五千人，始進屯中牟故城。庚戌，發丁壯五千人運糧，餉合喜軍。辛亥，完顏思烈遇大元兵于京水，遂潰，武仙退保留山，思烈走御寨，中京元

帥左監軍任守貞死之。合喜棄輜重奔至鄭門，聚兵乃入。甲寅，免合喜爲庶人，籍其家以賜軍士。降監軍長樂爲符寶郎。丁巳，釋奠孔子。戊午，括民間粟。己未，籍徒單兀典、完顏重喜、納合合閏家貲。前儀封令魏璠上言，鞏昌帥完顏仲德沉毅有遠謀，臣請奉命往召。不報。戊辰，免府試。起復前大司農侯摯爲平章政事，進封蕭國公，行京東路尚書省事。己巳，摯帥兵行至封丘，將士將潰，摯止之，乃與衆還汴。壬申，聽無軍家口戍京。甲戌，金木星交。乙亥，賣官，及許買進士第。丙子，詔罷括粟，復以進獻取之。丁丑，京城民楊興入貲，授延州刺史。戊寅，劉仲溫入貲，授許州刺史。〔一五〕

校勘記

〔一〕恒州刺史蒲察合住有罪　「恒」原作「桓」。按上文正大元年正月庚子，「蒲察合住改恒州刺史」。本書卷一二九蒲察合住傳亦云「爲恒州刺史」，今據改。

〔二〕上不欲彰先帝之過　原脫「不」字，據文義補。

〔三〕今稱弟以和　「弟」原作「帝」。據殿本改。

〔四〕討反賊萬奴　「萬奴」原作「萬家奴」。按萬奴卽蒲鮮萬奴，參見本書卷一四、一五宣宗紀。卷一四云，貞祐三年十月，「遼東賊蒲鮮萬奴僭號」。卷一五亦云，興定元年四月「壬申，以萬奴叛

逆未殄，詔諭遼東諸將」。今據刪「家」字。

〔五〕遣中奉大夫完顏履信等爲弔祭夏國使　原脫「奉」字、「等」字。按本書卷六二交聘表，哀宗正大元年十一月，「遣中奉大夫完顏履信、昭毅大將軍太府監徒單居正爲弔祭夏國使」。今據補。

〔六〕獲馬八千　按本書卷一一一牙吾塔傳作「獲馬三千」。

〔七〕同知集賢院史公奕进大定遺訓　「大」原作「之」。據殿本改。

〔八〕監察御史烏古論不魯剌劾近侍張文壽張仁壽李麟之受饋遺　按「烏古論不魯剌」本書卷一一五完顏奴申傳作「烏古論石魯剌」。

〔九〕滅其工三之二　按本書卷一一四白華傳記此事作「滅工三之一」。

〔一〇〕完顏奴申改侍講學士充國信使　「奴」原作「訥」。據本書卷一一五完顏奴申傳改。

〔一一〕遣白華馳諭蒲阿以用兵之意　「諭」原作「喻」。按本書卷一一四白華傳記此事云，「上令密諭蒲阿」，今從改。

〔一二〕大元進兵嶢峯關　按「嶢峯關」本書卷一八哀宗紀下作「饒豐關」。錢大昕十駕齋養新錄卷八云，「嶢峯、饒豐卽一地也，郭蝦蟆傳作饒風，與元史同」。錢說是。

〔一三〕遣戶部侍郎楊居仁奉金帛詣大元乞和　原脫「居」字。按本書卷一一三赤盞合喜傳，「遣戶部侍郎楊居仁出宜秋門以酒炙犒師」。卷一二四烏古孫仲端傳，「楊居仁以奉使不職，尙書省具獄，有旨釋之備再使」。蓋卽此人。今據補。

〔一四〕國安用入徐州　「安用」原作「用安」。按下文七月「乙未，宿州帥衆僧奴稱國安用降，賜姓完顏，改名用安」。則此處不當作「用安」。今據改。

〔一五〕戊寅劉仲溫入貲授許州刺史　按戊寅爲九月朔，見下卷。此蓋因上文記「丁丑京城民楊興入貲，授延州刺史」，故將次日同類事順記於此。

金史卷十八

本紀第十八

哀宗下

九月戊寅朔，詔減親衞軍。己丑，軍士殺鄭門守者出奔。壬辰，起上黨公張開及臨淄郡王王義深、廣平郡王范成進爲元帥。〔一〕以前御史大夫完顏合周權參知政事。乙未，以牓召民賣放下年軍需錢，上戶田租如之。辛丑，夜大雷，工部尚書蒲乃速震死。

閏月戊申朔，遣使以鐵券一、虎符六、大信牌十、織金龍文御衣一、越王玉魚帶一、弓矢二，賜兗王用安，其父母妻皆贈封之。又以世襲宣命十、郡王宣命十、玉兔鶻帶十，付用安，其同盟可賜者卽賜之。辛亥，遣張開、溫撒辛、劉益、高顯率步軍護陳留、通許糧道。罷貧民進獻糧。戊午，招鄉導。己未，有箭射入宮中，書姦臣姓名，兩日而再得之。辛酉，再括京城粟，以御史大夫合周、點檢徒單百家等主之。丙寅，括粟使者兵馬都總領完顏九住以

粟有蓬稗，杖殺孝婦于省門。

十月，以前司農卿李渙飛語，詔左丞李蹊、戶部侍郎楊慥繫獄，將以軍儲失計坐罪。俄蹊、慥並除名，而止籍慥家貲。渙遂權戶部尚書。尋赦殘欠糧，其應以糧事繫者皆釋之。詔徵諸道軍，期以十二月一日入援。

十一月丁未朔，賜貧民粥。平章政事侯摯致仕。左司郎中斜卯愛實以言事忤近侍，送有司，尋釋之。己酉，衞州軍校白晝取豐備倉米。壬子，京城人相食。癸丑，詔曹門、宋門放士民出就食。壬戌，召諸將相入議事。兗王用安率兵至徐州，元帥王德全閉城不納。會劉安國與宿帥衆僧奴引兵入援，至臨渙，用安使人劫殺之，攻徐州久不能下，退保漣水。制使因世英以用安不赴援，還至宿州西，遇大元兵，死之。丙寅，河、解元帥權興寶軍節度使趙偉襲據陝州以叛，〔二〕殺行省阿不罕奴十剌以下凡二十一人，誣阿不罕奴十剌等反狀以聞。上知其冤，不能直其事，就授偉元帥左監軍，兼西安軍節度使，行總帥府事。偉尋亦歸北。

十二月丙子朔，以事勢危急，遣近侍卽白華問計，華對以紀季以酅入齊之義，遂以爲右司郎中。甲申，詔議親出。乙酉，再議於大慶殿，上欲以官奴、高顯、劉益爲元帥，不果。是日，除拜扈從及留守京城官。以右丞相、樞密使兼左副元帥賽不，平章政事、權樞密使兼右

副元帥白撒，右副元帥兼樞密副使權參知政事訛出，兵部尚書權尚書左丞李蹊，元帥左監軍行總帥府事徒單百家等率諸軍扈從。參知政事兼樞密院副使完顏奴申，樞密副使兼知開封府權參知政事習捏阿不，裹城四面都總領、戶部尚書完顏珠顆，外城東面元帥把撒合，南面元帥朮甲咬住，西面元帥崔立，北面元帥孛朮魯買奴等留守。除拜既定，以京城付之。擢魏璠爲翰林修撰，如鄧州招武仙入援。丁亥，上御端門，發府庫及兩府器皿宮人衣物賜將士。戊戌，官奴、阿里合謀立荊王不果，朝廷知其謀，置不問。庚子，上發南京，與太后、皇后、諸妃別，大慟。行次公主苑，太后遣中官持米肉徧犒軍士。辛丑，至開陽門外，麾百官退。詔諭戍兵曰：「社稷宗廟在此，汝等壯士也，毋以不預進發之數，便謂無功，若保守無虞，將來功賞顧豈在戰士下？」聞者皆灑泣。是日，鞏昌元帥完顏忽斜虎至自金昌，爲上言京西三百里之間無井竈，不可往。東行之議遂決，以爲尚書右丞從行，遂次陳留。壬寅，次杞縣。癸卯，次黃城。丞相完顏賽不之子按春有罪，伏誅。甲辰，次黃陵岡。乙巳，諸將請幸河朔，從之。

二年正月丙午朔，濟河，北風大作，後軍不克濟。丁未，大元兵追擊于南岸，元帥完顏猪兒、賀都喜死之，建威都尉完顏兀論出降。己酉，上哭祭戰死士于河北岸，皆贈官，斬兀

論出二弟以殉。赦河朔，招集兵糧議取衞州。元帥蒲察官奴將忠孝軍千人，東面元帥高顯、果毅都尉粘哥咬住領軍萬人爲前鋒，至蒲城。庚戌，上次漚麻岡，平章政事白撒，元帥和速嘉兀底不繼至。辛亥，白撒引兵攻衞州，不克。乙卯，聞大元兵自河南渡河，至衞之西南，遂退師。丁巳，戰于白公廟，白撒敗績，棄軍東遁。元帥劉益、上黨公張開亦遁，並爲民家所殺。益部曲王全降。戊午，上進次蒲城，復還魏樓村。李辛自汴京出奔，伏誅。己未，上以白撒謀，夜棄六軍渡河，與副元帥、合里合六七人走歸德。庚申，諸軍始知上已往，遂潰。辛酉，司農大卿蒲察世達、元帥完顏忽土出歸德西門，奉迎上入歸德。赦在府囚。軍民普覃一官。賜進士終場王輔以下十六人出身。遣奉御朮甲塔失不、后弟徒單四喜往汴京奉迎兩宮。白撒還自蒲城，聚兵于大橋不敢入。壬戌，遣使召白撒至，數其罪，下之獄，仍籍其家財以賜將士，曰：「汝輩宜竭忠力，毋如斯人誤國。」人予金一兩。七日，白撒及其子忽土鄰皆死獄中。右丞相賽不致仕。右丞完顏忽斜虎行省事于徐州。官奴再請率兵北渡，女魯懽不可。遣歸德知府行戶部尚書蒲察世達、都轉運使張俊民如陳、蔡取糧，以元帥李琦、王璧護之。戊辰，安平都尉、京城西面元帥崔立，與其黨韓鐸、藥安國等舉兵爲亂，殺參知政事完顏奴申、樞密副使完顏斜捻阿不，勒兵入見太后，傳令召衞王子從恪爲梁王，監國。卽自爲太師、軍馬都元帥、尚書令，尋自稱左丞相、都元帥、尚書令、鄭王。弟倚平章政

事，侃殿前都點檢，其黨孛朮魯長哥御史中丞，[三]韓鐸副元帥兼知開封府，[四]折希顏、藥安國、張軍奴、完顏合荅並元帥，師肅左右司郎中，賈良兵部郎中兼右司都事，又署工部尙書溫迪罕二十、吏部侍郎劉仲周並爲參知政事，宣徽使奧屯舜卿爲尙書左丞，戶部侍郎張正倫爲尙書右丞，左右司都事張節爲左右司郎中，尙書省掾元好問爲左右司員外郎，都轉運知事王天祺、懷州同知康璹並爲左右司都事。開封判官李禹翼棄官去。戶部主事鄭著召不起。是日，右副點檢溫敦阿里，左右司員外郎聶天驥，御史大夫裴滿阿虎帶，諫議大夫、左右司郎中烏古孫奴申，左副點檢完顏阿散，奉御忙哥，講議蒲察琦並死之。遂送款大元軍前。癸酉，大元將碎不觧進兵汴京。甲戌，立閱隨駕官屬軍民子女於省署，及禁民間嫁娶，括京城財。兩宮値變不果行，荅失不以其父咬住、四喜以其妻奪門而出，庚午至歸德。上怒二人，皆斬於市。[五]乙亥，遣右宣徽提點近侍局事移剌粘古如徐州，相地形，察倉庫虛實。白華如鄧州召兵。

二月丙子朔。魚山張瓛殺元帥完顏忽土，[六]行省忽斜虎自率兵討之，會從宜嚴祿誅瓛，乃還。括城中糧。知歸德府事石盞女魯懽爲樞密副使、權參知政事。留元帥官奴忠孝軍四百五十人，都尉馬用軍二百八十餘人，[七]發餘軍赴宿、徐、陳三州就糧。

三月乙丑，石盞女魯懽乞盡散衞兵出城就食。官奴私與國用安謀，邀上幸海州，不從。

蔡帥烏古論鎬以糧四百餘斛至歸德，表請臨幸，上遣學士烏古論蒲鮮以幸蔡之意諭其州人。戊辰，官奴以忠孝軍爲亂，攻殺馬用，遂殺尙書左丞李蹊、參知政事石盞女魯懽、點檢徒單長樂，從官右丞已下三百餘人。上赦官奴，暴女魯懽罪狀，以官奴爲樞密副使、權參知政事，左右司郎中張天綱爲戶部侍郎、權參知政事。辛卯，官奴眞授參知政事，[八]兼左副元帥。官奴以上居照碧堂，禁近諸臣無一人敢奏對者。上日悲泣言曰：「自古無不亡之國、不死之主，但恨朕不知用人，致爲此奴所囚耳。」遂與內局令宋珪等謀誅官奴。

夏四月壬午，徐州行省完顏忽斜虎執王德全幷其子誅之，及其黨王琳、楊璝、斜卯延壽。召經歷商瑀用之。魚山從宜嚴祿叛歸漣水。庚寅，陳州都尉李順兒殺行省粘葛奴申及招撫使劉天起，送款于崔立。張俊民、李琦奔汴京。王璧還歸德。癸巳，崔立以梁王從恪、荆王守純及諸宗室男女五百餘人至青城，皆及於難。甲午，兩宮北遷。甲辰，鄧州節度使移剌瑗以其城叛，與白華俱亡入宋。

六月己卯，官奴及其黨阿里合、白進皆伏誅。上御雙門，赦忠孝軍，以安反側。遂決策遷蔡，詔蔡、息、陳、潁各以兵來迓。中京留守、權參政烏林荅胡土棄城奔蔡。壬午，中京破，留守兼便宜總帥强伸死之。戊子，召徐州行省完顏忽斜虎赴行在所，以抹撚兀典代行省事，郭恩爲總帥兼節度使。辛卯，上發歸德，留元帥王璧守之。壬辰，次亳州。癸巳，以

亳州節度使王進、同知節度使王賓徵民丁運鐵甲糗糧，留權參政張天綱董之，就還有功將士。臨淄郡王王義深據靈壁望口寨以叛，[九]遣近侍直長女奚烈完出將徐、宿兵討之，義深敗走漣水，入宋。丙申，亳州鎭防軍崔復哥殺守臣王賓等，張天綱以便宜授復哥節度使，罷運鐵甲糗糧，州人乃安。己亥，上入蔡州。詔尙書省爲書召武仙會兵入援。徐州行省抹撚兀典赴蔡州。起復右丞相致仕賽不代行省事。

七月癸卯朔，曲赦蔡州管內雜犯死罪以下。官吏軍民普覃兩官，經應辦者更遷一官。弛門禁，通粜貨，蔡人便之。乙巳，以烏古論鎬爲御史大夫，總帥如故，張天綱爲御史中丞，仍權參政，完顏藥師爲鎭南軍節度使，兼蔡州管內觀察使。戊申，左右司郎中烏古論蒲鮮兼息州刺史，權元帥右都監，[一〇]行帥府事。征行元帥權總帥婁室簽樞密院事。己酉，選室女備宮中使令，已得數人，以右丞忽斜虎諫，留識文義者一人，餘聽自便。乙卯，遣魏璠徵武仙兵。丁巳，護衞蒲鮮石魯負祖宗御容至自汴，勅有司奉安于乾元寺。前御史中丞蒲察世達、[一一]西面元帥把撒合自汴來歸。辛酉，武仙劫將士，謀取宋金州，至淅水衆潰。行六部尙書盧芝、侍郎石玠謀歸蔡州，仙追芝不及，遂殺玠。丁卯，定進馬遷賞格，又定括馬罪格，以簽樞密院事權參政抹撚兀典領其事。遣使分詣諸道，選兵會于蔡。己巳，以蒲察世達爲吏部侍郎，權行六部尙書。

八月癸酉朔，以秦州元帥粘哥完展權參知政事，行省事於陝西。諭以蠟書，期九月中徵兵與上會于饒豐關，欲出宋不意，以取興元。甲戌，大元使王檝諭宋還，宋以軍護其行，青山招撫盧進得還吏言以聞，上爲之懼。丁丑，上閱兵于見山亭。癸未，元帥楚珩復立壽州於蒙城，詔遷賞有差，州縣官皆令眞授。乙酉，大元召宋兵攻唐州，元帥右監軍烏古論黑漢死于戰，主帥蒲察某爲部曲兵所食。城破，宋人求食人者盡戮之，餘無所犯。宋人駐兵息州南。丙戌，詔權參政抹撚兀典、簽樞密院事婁室行省、院于息州。丁亥，烏古論鎬權參知政事，兀林荅胡土爲殿前都點檢。庚寅，初設四隅機察官。壬辰，息州行省抹撚兀典以兵襲宋人于中渡店，斬獲甚衆。乙未，萬年節，州郡以表來賀二十餘所。辛丑，設四隅和糴官及惠民司，以太醫數人更直，病人官給以藥，仍擇年老進士二人爲醫藥官。是月，假蔡州都軍致仕內族阿虎帶同僉大睦親府事，使宋借糧，[一二]入辭，上諭之曰：「宋人負朕深矣。朕自卽位以來，戒飭邊將無犯南界。邊臣有自請征討者，未嘗不切責之。向得宋一州，隨卽付與。近淮陰來歸，彼多以金幣爲贖，朕若受財，是貨之也，付之全城，秋毫無犯。淸口臨陣生獲數千人，悉以資糧遣之。今乘我疲敝，據我壽州，誘我鄧州，又攻我唐州，彼爲謀亦淺矣。大元滅國四十，以及西夏，夏亡及於我，我亡必及於宋。脣亡齒寒，自然之理。若與我連和，所以爲我者亦爲彼也。卿其以此曉之。」至宋，宋不許。

九月戊申，〔一三〕魯山元帥元志率兵入援，賜以大信牌，升爲總帥。庚戌，以重九拜天于節度使廳，羣臣陪從成禮，上面諭之曰：「國家自開創涵養汝等百有餘年。汝等或以先世立功，或以勞效起身，被堅執銳，積有年矣。今當厄運，與朕同患，可謂忠矣。比聞北兵將至，正汝等立功報國之秋，縱死王事，不失爲忠孝之鬼。往者汝等立功，常慮不爲朝廷所知，今日臨敵，朕親見之矣，汝等勉之。」因賜巵酒。酒未竟，邏騎馳奏，敵兵數百突至城下。將士踴躍咸請一戰，上許之。是日，分軍防守四面及子城，以總帥孛术魯婁室守東面，內族承麟副之；參知政事烏古論鎬守南面，總帥元志副之；殿前都點檢兀林荅胡土守西面，忠孝軍元帥蔡八兒副之；忠孝軍元帥、權殿前右副點檢王山兒守北面，元帥紇石烈柏壽副之；遙授西安軍節度使兼殿前右衛將軍、行元帥府事女奚烈完出守東南，元帥左都監夾谷當哥副之；殿前右衛將軍、權左副都點檢內族斜烈守子城，都尉王愛實副之。辛亥，大元兵築長壘圍蔡城。己未，括蔡城粟。辛酉，禁公私釀酒。

十月戊寅，〔一四〕更造「天興寶會」。辛巳，縱飢民老稚羸疾者出城。癸未，徐州守臣郭恩殺逐官吏以叛，行省賽不死之。甲申，給飢民船，聽採城壕菱芡水草以食。戊子，徵諸道兵。辛卯，上閱射于子城，中者賞麥有差。丙申，殿前左副都點檢溫敦昌孫戰歿。戊戌，賜義軍戰歿被創者麥。

十一月辛丑朔，以右副都點檢阿勒根移失剌爲宣差鎮撫都彈壓，別設彈壓四員副之，四隅機察亦隸焉。宋遣其將江海、孟珙帥兵萬人，獻糧三十萬石助大元兵攻蔡。

十二月甲戌，盡籍民丁防守，括婦人壯捷者假男子衣冠，運大石。上親出撫軍。丁丑，大元兵決練江，宋兵決柴潭入汝水。己卯，大元兵破外城，宿州副總帥高剌哥戰歿。辛巳，以總帥孛术魯婁室、殿前都點檢兀林荅胡土皆權參政，都尉完顏承麟爲東面元帥，權總帥。己丑，大元兵隳西城，上謂侍臣曰：「我爲金紫十年，太子十年，人主十年，自知無大過惡，死無恨矣。所恨者祖宗傳祚百年，至我而絕，與自古荒淫暴亂之君等爲亡國，獨此爲介介耳。」又曰：「古無不亡之國，亡國之君往往爲人囚縶，或爲俘獻，或辱於階庭，閉之空谷。朕必不至於此。卿等觀之，朕志決矣。」都尉王愛實戰歿。砲軍總帥王銳殺元帥夾谷當哥，率三十人降大元。庚寅，以御用器皿賞戰士。甲午，上微服率兵夜出東城謀遁，及柵不果，戰而還。乙未，殺廄馬五十疋，官馬一百五十疋犒將士。

三年正月壬寅，册柴潭神爲護國靈應王。甲辰，以近侍分守四城。戊申，夜，上集百官，傳位于東面元帥承麟，承麟固讓。詔曰：「朕所以付卿者豈得已哉。以肌體肥重，不便鞍馬馳突。卿平日趫捷有將略，萬一得免，祚胤不絕，此朕志也。」己酉，承麟卽皇帝位。百官稱賀，禮畢亟出捍敵，而南面已立宋幟。俄頃，四面呼聲震天地。南面守者棄門，大軍入，與城中軍巷戰，城中軍不能禦。帝自縊于幽蘭軒。末帝退保子城，聞帝崩，率羣臣入哭，謚曰哀宗。哭奠未畢，城潰，諸禁近舉火焚之，奉御絳山收哀宗骨瘞之汝水上。末帝爲亂兵所害，金亡。

贊曰：金之初興，天下莫彊焉。太祖、太宗威制中國，大槪欲效遼初故事，立楚、立齊，委而去之，宋人不競，遂失故物。熙宗、海陵濟以虐政，中原觖望，金事幾去。天厭南北之兵，挺生世宗，以仁易暴，休息斯民。是故金祚百有餘年，由大定之政有以固結人心，乃克爾也。章宗志存潤色，而秕政日多，誅求無藝，民力浸竭，明昌、承安盛極衰始。至於衞紹，紀綱大壞，亡徵已見。宣宗南度，棄厥本根，外狃餘威，連兵宋、夏，內致困憊，自速土崩。哀宗之世無足爲者。皇元功德日盛，天人屬心，日出爝息，理勢必然。區區生聚，圖存於亡，力盡乃斃，可哀也矣。雖然，在禮「國君死社稷」，哀宗無愧焉。

校勘記

〔一〕壬辰起上黨公張開及臨淄郡王王義深廣平郡王范成進爲元帥　按王義深、范成進等降金封王

事，見本書卷一一四白華傳。該傳云，「張惠臨淄郡王，義深東平郡王，成進膠西郡王」。又卷一一二移剌蒲阿傳亦稱「臨淄郡王張惠」。山東濰縣有金膠西郡王范成進碑，見山左金石志及康熙濰縣志。足證白華傳記載可信。則此處當作東平郡王王義深，膠西郡王范成進爲是。

〔二〕河解元帥權興寶軍節度使趙偉叛據陝州以叛　按本書卷一一六徒單兀典傳亦云，「尋以偉權興寶軍節度使」。然金無「興寶軍」。卷二六地理志解州，「貞祐三年復升爲節鎮，軍名寶昌」。疑「興寶」或是「寶昌」之誤。

〔三〕共黨孛术魯長哥御史中丞　「哥」原作「河」。按本書卷一一五崔立傳屢見孛术魯長哥之名，崔立變後，官「共黨孛术魯長哥御史中丞」，與此記事相同。今據改。

〔四〕韓鐸副元帥兼知開封府　按本書卷一一五崔立傳記此事作「韓鐸都元帥兼知開封府事」。參看該卷校記〔二〕。

〔五〕庚午至歸德上怒二人皆斬于市　按庚午在上文癸酉、甲戌之前，此蓋追敍其事，而斬以甲戌，故次于此。

〔六〕二月丙子朔魚山張虆殺元帥完顏忽土　按本書卷一一九完顏仲德傳，「忽土到，軍士不悅，二月辛卯夜，遂爲總領張虆、崔振所害」，當得其實。以下各事亦皆不在丙子朔日，蓋彙記于此，「二月丙子朔」在此處猶言「是月」。

〔七〕都尉馬用軍二百八十餘人　按本書卷一一六石盞女魯歡傳記此事云，「時城中止有馬用一軍，近七百人」。同卷蒲察官奴傳亦云「馬用軍七百人」，疑此處「二百」當是「六百」之誤。

〔八〕辛卯官奴眞授參知政事　按是年三月乙巳朔，無辛卯。本書卷一一六蒲察官奴傳記官奴眞授參知政事在五月，此干支有誤，亦不當繫於此月。

〔九〕臨淄郡王王義深據靈壁望口寨以叛　按本書卷一一四白華傳，義深封東平郡王。參考本卷校記〔一〕。

〔一〇〕權元帥右都監　按王鶚汝南遺事卷一記此事作「權元帥左監軍」。

〔一一〕前御史中丞蒲察世達　「中丞」原作「大夫」。按本書卷一一五崔立傳記此事作「前御史中丞」。汝南遺事卷二作「前正奉大夫御史中丞」。今據改。

〔一二〕是月假蔡州都軍致仕內族阿虎帶同僉大睦親府事使宋借糧　「是月」原作「九月癸卯朔」。按阿虎帶使宋借糧一事，本書卷六二交聘表記作天興二年八月己卯。汝南遺事卷二「詔尙書省牒宋中書省借糧仍諭阿虎帶等」條記載最詳，實金史之所本，作八月初七日己卯。又按汝南遺事卷三，是年「九月壬寅朔」，而本卷下文有「庚戌，以重九拜天」，正與之合。是「九月癸卯朔」五字錯誤最多，今删改爲「是月」，將「九月」二字移于下文「戊申」之上。

〔一三〕九月戊申　原脫「九月」二字。今補，參見前條。

〔一四〕十月戊寅　「寅」原作「辰」。按是年十月壬申朔，見卷一一九完顏仲德傳。無戊辰，汝南遺事卷三記此事作「戊寅」，更造『天興寶會』」。今據改。

金史卷十九

本紀第十九

世紀補

景宣皇帝諱宗峻，本諱繩果，太祖第二子。母曰聖穆皇后唐括氏，太祖元妃。宗峻在諸子中最嫡。

天輔五年，忽魯勃極烈杲都統諸軍取中京，帝別領合扎猛安，受金牌，既克中京，遂與杲俱襲遼主于鴛鴦濼。遼主走陰山，耿守忠救西京，帝與宗翰等擊走之。西京城南有浮圖，敵先據之，下射，士卒多傷。帝曰：「先取是，則西京可下。」既而攻浮圖，克之，遂下西京。太祖崩，帝與兄宗幹率宗室羣臣立太宗。天會二年，薨。

熙宗即位，追上尊謚曰景宣皇帝，廟號徽宗，改葬興陵。海陵弒立，降熙宗爲東昏王，降帝爲豐王。世宗復尊熙宗廟謚，尊帝爲景宣皇帝。子合剌、常勝、查剌。合剌是爲熙宗。

睿宗立德顯仁啓聖廣運文武簡肅皇帝諱宗堯，初諱宗輔，本諱訛里朶，大定上尊謚，追上今諱。魁偉尊嚴，人望而畏之。性寬恕，好施惠，尙誠實。太祖征伐四方，諸子皆總戎旅，帝常在帷幄。

天輔六年，太祖親征，太宗居守黃龍府，安福哥誘新降之民以叛，帝與烏古廼討平之。南路軍帥鶻實荅以賊敗，帝往閱實之，咸稱平允。

天會五年，宗望薨，帝爲右副元帥，駐兵燕京。十一月，分遣諸將伐宋，帝發自河間，徇地淄、靑。六年正月，宋馬括兵二十萬至樂安，〔一〕帝率師擊破之。聞宋主在揚州，時東作方興，留大軍夾河屯田而還，軍山西。二月，移剌古破宋臺宗雋、宋忠軍五萬于大名，明日再破之，獲宗雋、忠而還。冀州人乘夜出兵襲照里營，照里擊敗之。宋主奉表請和，密書以誘契丹、漢人。詔伐宋，帝發自河北，降滑州，取開德府，攻大名府，克之，河北平。

初，伐宋，河北、河東諸將議不決，或欲先定河北，或欲先平陝西，太宗兩用其策。而宗翰來會于濮，既平河北，遂取東平及徐州，盡得宋人江淮運致金幣在徐州官庫者，分給諸軍，而劉豫遂以濟南降。使拔离速等襲宋主于揚州，而宋主聞之，比拔离速至揚州，前夕已渡江矣。宋主乃貶去帝號，再以書來請存社稷，語在宗翰傳中。既而宗弼追宋主，宋主渡江，入于杭州，復遁入海，宗弼乃還。

於是，婁室所下陝西城邑輒叛，宗翰等曰：「前討宋，故分西師合于東軍，而陝西五路兵力雄勁，當併力攻取。今撻懶撫定江北，宗弼以精兵二萬先往洛陽。以八月往陝西，或使宗弼遂將以行，或宗輔、宗幹、希尹中以一人往。」〔二〕上曰：「婁室往者所向輒辦，今專征陝右，豈倦于兵而自愛邪？卿等其戮力焉！」由是詔帝往。

是時，宋張浚兵取陝西，帝至洛水治兵，張浚騎兵六萬，步卒十二萬壁富平。帝至富平，婁室爲左翼，宗弼爲右翼，兩軍並進，自日中至于昏暮，凡六合戰，破之。耀州、鳳翔府皆來降。遂下涇、渭二州。敗宋經略使劉倪軍于瓦亭，原州降。撒离喝破德順軍靜邊寨，宋涇原路統制張中孚、知鎮戎軍李彥琦以城降。宋秦鳳路都統制吳玠軍于隴州境上，招討都監馬五擊走之，降一縣而還。帝進兵降甘泉等三堡，取保川城，破宋熙河路副總管軍三萬，獲馬千餘，拔安西等二寨，熙州降。分遣左翼都統阿盧補，右翼都統宗弼招撫城邑之未下者，遂得鞏、洮、河、樂、西寧、蘭、廓、積石等州，定遠、和政、甘峪、寧洮、安隴等城寨，及鎮堡蕃漢營部四十餘，於是涇原、熙河兩路皆平。撒离喝降慶陽府，慕洧以環州降。既定陝西五路，乃還騎兵六千，使撒离喝列屯衝要。於是班師，與宗翰俱朝京師，立熙宗爲諳版勃極烈，帝爲左副元帥。

十三年，行次嬀州薨，年四十，陪葬睿陵，追封潞王，謚襄穆。皇統六年，進冀國王。正隆二年，追贈太師、上柱國，改封許王。世宗即位，追上尊謚立德顯仁啓聖廣運文武簡肅皇帝，廟號睿宗。二年，改葬于大房山，號景陵。

顯宗體道弘仁英文睿德光孝皇帝，諱允恭，本諱胡土瓦，世宗第二子，母曰明德皇后烏林荅氏。皇統六年丙寅歲生。體貌雄偉，孝友謹厚。

大定元年十一月，世宗即位于東京。乙酉，封楚王，置官屬。十二月，從至中都。

二年四月己卯，賜名允迪。五月壬寅，立爲皇太子，世宗謂之曰：「在禮貴嫡，所以立卿。卿友于兄弟，接百官以禮，〔三〕勿以儲位生驕慢。〔四〕日勉學問，非有召命，不須侍食。」帝上表謝。專心學問，與諸儒臣講議於承華殿。燕閑觀書，乙夜忘倦，翼日輒以疑字付儒臣校證。九月庚子，詔東宮三師對皇太子稱名，少師以降稱臣。十一月庚子，生辰，百官賀于承華殿。世宗賜以襲衣良馬，賜宴于仁政殿，皇族百官皆與。自後生辰，世宗或幸東宮，或宴內殿，歲以爲常。十二月辛卯，奏曰：「東宮賀禮，親王及一品皇族皆北面拜伏，臣但答揖。伏望天慈聽臣答拜，庶惇親親友愛之道。」世宗從之，以爲定制。

世宗聞儒者鄭松賢，松先爲同知博州防禦事致仕，起爲左諭德，詔免朝參，令輔太子讀書。松以友諒自處，帝嘗顧松使取服帶，松對曰：「臣忝諭德，不敢奉命。」帝改容稱善，自是益加禮遇。每出獵獲鹿，輒分賜之。

四年九月，納妃徒單氏，行親迎禮。故事，大駕鹵簿天子乘玉路，皇太子鹵簿乘金路。六年，世宗行自西京還都，禮官不知皇太子自有鹵簿金路，乃請太子就乘大駕綴路，行在天子之前。上疑其非禮，詳閱舊典，禮官始覺其誤。於是禮部郎中李邦直、員外郎李山削一階，太常少卿武之才、太常丞張子羽、博士張檗削兩階。

頃之，禮官議受册謁謝太廟，服常朝服，乘馬，世宗曰：「此與外官禮上後謁諸神廟無異，海陵一時率意行之，何足爲法？大册與三歲祫享當用古禮爲是。孔子曰：『禮與其奢也寧儉。』不當輕易如此。」又曰：「右丞蘇保衡雖漢人不通經史，參政石琚通經史而不言，前日禮官既已削奪，猶不懼邪？其具前代典禮以聞，朕將擇而處之。」久之，將授太子册寶，儀注備儀仗告太廟。上曰：「朕受尊號謁謝，乃用故宋眞宗故事，常朝服乘馬。皇太子乃用備禮，前後不稱，甚無謂也。」謂右丞相良弼、左丞守道曰：「此卿等不用心所致。」良弼等謝曰：「臣愚慮不及此。」上復曰：「此文臣因循故也。」是年十月甲申，祫享于太廟，行亞獻禮。

七年，帝有疾，詔左丞守道侍湯藥，徙居瓊林苑臨芳殿調治。

八年正月甲戌，改賜名允恭。庚辰，受皇太子册寶，〔五〕帝上表謝。

九年五月，世宗命避暑于草濼，隋王惟功從行，〔六〕其應從行者皆給道路費。帝奏曰：「遠去闕廷，獨就涼地，非臣子所安，願罷行。」世宗曰：「汝體羸弱，山後高涼，故命汝往。」丁丑，百官奉辭于都城之北，再拜，帝答拜。是月，百官承詔具牋問起居。六月，百官問起居如前。八月乙酉，至自草濼，百官迎謁于都城之北，如送儀。丙戌，入見，世宗曰：「吾兒相別經夏，極甚思憶也。」九月，詔皇太子供膳勿月支，歲給五千萬。

十年八月，帝在承華殿經筵，太子太保壽王爽啓曰：「殿下頗未熟本朝語，何不屏去左右漢官，皆用女直人。」帝曰：「諭德、贊善及侍從官，曷敢輒去？」爽乃揖而退。帝曰：「宮官四員謂之諭德、贊善，義可見矣，而反欲去之，無學故也。」有使者自山東還，帝問民間何所苦，使者曰：「錢難最苦。官庫錢滿有露積者，而民間無錢，以此苦之。」帝曰：「貯之空室，雖多奚爲。」謂戶部尚書張仲愈曰：「天子富藏天下，何必獨在府庫也。」因奏曰：「錢在府庫，何異銅鑛在野。乞流轉，使公私俱利。」世宗嘉納，詔有司議行之。

十一年十一月丁亥，〔七〕有事於圓丘，帝行亞獻禮。

十二年五月，世宗聞德州防禦使胡剌謀叛，因曰：「朕於親親之道未嘗不篤，而輒敢如此。」帝徐奏曰：「叔胡剌性荒縱，耽娛樂，而無子嗣，忽如此狂謀，望更閱實之。」十月己未，祫享于太廟，帝攝行祀事。

十三年十月，承詔與趙王惟中、曹王惟功獵于保州、定州。十一月甲午，還京師。

十四年四月乙亥，世宗御垂拱殿，帝及諸王侍側。世宗論及兄弟妻子之際，世宗曰：「婦言是聽而兄弟相違，甚哉。」帝對曰：「思齊之詩曰：『刑于寡妻，至于兄弟，以御于家邦。』臣等愚昧，願相勵而修之。」因引常棣華萼相承，脊令急難之義，爲文見意，以誡兄弟焉。

十五年，世宗詔五品職事官謝見皇太子。

十七年五月甲辰，侍宴于常武殿，典食令涅合進粥，帝將食，有蜘蛛在粥盌中，涅合恐懼失措，帝從容曰：「蜘蛛吐絲乘空，忽墮此中爾，豈汝罪哉。」十月己卯，祫享于太廟，攝行祀事。

十九年四月戊申，有事于太廟，攝行祀事。丁巳，詹事烏林荅愿入謝，帝命取幞頭腰帶，官屬請曰：「此見宰相師傅之禮也。」帝曰：「愿事陛下久，以此加敬耳。」皆曰：「非臣等所及。」十一月，改葬明德皇后于坤厚陵，帝徒行輓靈車，遇大風雪，左右進雨具，帝却之，〔八〕比至頓所，衣盡霑濕，觀者無不下淚。海陵雖貶黜爲庶人，宗幹尚稱明肅皇帝，議者以爲未盡，帝具表奏論。世宗嘉納之。於是宗幹削去帝號，降封遼王。

二十四年，世宗將幸上京，詔帝守國，作「守國之寶」以授之。其遣使、祭享、五品以上官及事利害重者遣使馳奏，六品以下官、其餘常事，並聽裁決。每三日一次於集賢殿受尚

書省啓事。京朝官遇朔望具朝服問候。車駕在路，每二十日一遣使問起居。已達上京，每三十日一問起居。世宗曰：「今巡幸或能留一二年，以汝守國。譬之農家種田，商人營利，但能不墜父業，卽爲克家子也。」帝對曰：「臣在東宮二十餘年，過失甚多，陛下以明德皇后之故未嘗見責。臣誠愚昧，不克負荷，乞備扈從。」世宗曰：「凡人養子皆望投老得力。朕留太尉、左右丞、參政輔汝，彼皆國家舊人，可與商議。且政事無難，但用心公正，無納讒邪，一月之後政事自熟。」帝流涕堅辭，左右爲之感動。三月，世宗如上京，帝守國留中都。初，帝在東宮，或攜中侍步于芳苑。中侍出入禁中，未嘗限阻。此輩見帝守國，各爲得意，帝知之，謂諸中侍曰：〔九〕「我向在東宮不親國政，日與汝輩語話。今既守國，汝等有召命然後得入。」五月，世宗至上京，賜勅書曰：「朕以前月八日到遼陽，此月二日達上京，翌日祀慶元廟。省方觀民，古之制也。汝守國任重，夏暑方熾，益當自愛，無貽朕憂。」帝謂徒單克寧曰：「車駕巡幸，以國事見屬。刑名最重，人之死生繫焉。凡有可議，當盡至公。比主上還都，勿有廢事。」自是，凡啓稟刑名，帝自披閱，召都事委曲折正，移晷忘倦，或賜之食。近侍報瑤池位遼開，當設宴。帝曰：「聖上東巡，命我守國，何敢宴遊廢事？採致數花足矣。」七月，遣子金源郡王麻達葛奉表問起居，請世宗還都。十一月壬寅，帝冬獵。辛亥，還都。

二十五年正月乙酉朔，免羣臣賀禮。〔一〇〕帝自守國，深懷謙抑，宮臣不庭拜，啓事時不侍

立，免朔望禮。京朝朔望日當具公服問候，並停免。至是，羣臣當賀，亦不肯受。甲寅，帝如春水。二月庚申，還都。丁卯，遣子金源郡王麻達葛奉表賀萬春節。四月，久不雨，帝親禱，卽日霑足。

六月甲寅，帝不豫。庚申，崩于承華殿。世宗自上京還，次天平山好水川，訃聞，爲位臨奠于行宮之南，大慟者久之。親王、百官、皇族、命婦及侍衞皆會哭，世宗號泣還宮。比至中都，爲位奠哭者凡七焉。世宗以豳王永成爲中都留守，來護喪，遣滕王府長史再興、御院通進阿里刺來保護金源郡王，遣左宣徽使唐括鼎來致祭，詔妃徒單氏及諸皇孫喪服並如漢制。帝在儲位久，恩德在人者深，每日三時哭臨，侍衞軍士皆爭入臨，伏哭于承華殿下，聲殷如雷。中都百姓市門巷端爲位慟哭。七月壬午朔，賜謚宣孝太子。九月庚寅，殯于南園熙春殿。己酉，世宗至自上京，未入國門，先至熙春殿致奠，慟哭久之。比葬，親臨者六。帝事世宗，凡巡幸西京、涼陘，及上陵、祭廟，謁衍慶宮，田獵觀稼，拜天射柳，未嘗去左右。上有事于圜丘，及親享于太廟，則行亞獻禮，不親祀則攝行祀事。國有大慶則率百官上表賀。正旦、萬春節則總班上壽。冬十月庚戌朔，宰相以下朝見于慶和殿，太尉完顏守道上壽，世宗追悼悽愴者久之。十一月甲申，靈駕發引，世宗路祭于都城之西。庚寅，葬于大房山。世宗欲加帝號，以問羣臣，翰林修撰趙可對曰：「唐高宗追謚太子弘爲孝敬皇帝。」左丞

張汝弼曰：「此蓋出于武后。」遂止。乃建廟于衍慶宮後，祭用三獻，樂用登歌。

二十六年，立子璟爲皇太孫。二十九年，世宗崩。太孫卽位，是爲章宗。五月甲午，追謚體道弘仁英文睿德光孝皇帝，廟號顯宗。丁酉，祔于太廟，陵曰裕陵。

帝天性仁厚，不忍刑殺。梁檀兒盜金銀葉，憐其母老，李福興盜段匹，值坤厚陵禮成，家令本把盜銀器，值萬春節，皆委曲全活之。亡失物者，責其償而不加罪。聞四方饑饉，輒先奏，加賑贍。因田獵出巡，所過問民間疾苦。敬禮大臣，友愛兄弟。葬明德皇后于坤厚陵，諸妃皆祔，自磐寧宮發引，趙王惟中以其母轜車先發，令張黃蓋者前行，帝呼執蓋者不應，少府監張僅言欲奏其事，帝止之。嘗作重光座銘，及刻座右銘于小玉碑，〔一一〕幷刻其碑陰，皆深有理致。最善射而不殫物，嘗奉詔拜陵，先獵，射一鹿獲之，卽命罷獵，曰：「足奉祀事，焉用多殺？」好生蓋其天性云。

贊曰：遼王杲取中京，宗翰、宗望皆從，景宣別領合扎猛安。合扎猛安者，太祖之猛安也。宗翰請立熙宗，宗幹不敢違，〔一二〕太宗不能拒，其義正，其理直矣。舊史稱睿宗寬恕好施惠，熙宗不終，海陵隕斃，自時厥後，得大位者皆其子孫，有以夫。顯宗孝友惇睦，在東宮二十五年，不聞有過。承意開導，四方陰受其賜。天不假之年，惜哉。

校勘記

〔一〕六年正月宋馬括兵二十萬至樂安　原脫「六年正月」四字。按本書卷三太宗紀，「六年正月……甲寅，宋將馬括兵次樂安，宗輔擊敗之」。今據補。

〔二〕或宗輔宗幹希尹中以一人往　「幹」原作「翰」。按此是宗翰的話，「翰」字必譌，今改。參見本卷校記〔一三〕。

〔三〕接百官以禮　「接」原作「按」。據文義改。

〔四〕勿以儲位生驕慢　「位」原作「以」。據殿本改。

〔五〕庚辰受皇太子册寶　「辰」原作「戌」。按大定八年正月甲子朔，無庚戌。本書卷六世宗紀，「八年正月庚辰，行皇太子册禮」。今據改。

〔六〕隋王惟功從行　「惟功」又見下文「十三年十月，承詔與趙王惟中、曹王惟功獵于保州、定州」。「惟功」皆當作「永功」，「惟中」亦當作「永中」。按本書卷八五世宗諸子傳，世宗諸子命名排「允」字，章宗時避其父顯宗允恭諱，皆改「允」爲「永」。衞紹王名永濟，諱「永」，又皆改「永」爲「惟」。今本書中僅本卷見「惟功」、「惟中」等名，他卷則否。蓋所據史料如此，今不復改。

〔七〕十一年十一月丁亥　原脫「十一年」三字。按本書卷六世宗紀，大定十一年十一月「丁亥，有事

於圜丘」。今據補。

〔八〕左右進雨具帝卻之　「帝」原作「上」。按景宣、睿宗、顯宗等，實未登極，皆追尊之號，故依文例，「上」作「帝」是。殿本已改，今從之。

〔九〕謂諸中侍曰　「中侍」原作「侍中」。按上文兩見皆作「中侍」，今乙正。

〔一〇〕二十五年正月乙酉朔免羣臣賀禮　原脫「朔」字。據本書卷八世宗紀補。

〔一一〕及刻座右銘于小玉碑　「座」原作「左」。今改。

〔一二〕宗幹不敢違　「幹」原作「翰」。按本書卷七四宗翰傳，「初，太宗以斜也爲諳班勃極烈，天會八年斜也薨，久虛此位。而熙宗宗峻子，太祖嫡孫，宗幹等不以言太宗，而太宗亦無立熙宗意。宗翰朝京師，謂宗幹曰：『儲嗣虛位頗久，合剌先帝嫡孫當立，……』遂與宗幹、希尹定議，入言於太宗，請之再三。」今據改。

金史卷二十

志第一

天文

日薄食煇珥雲氣　月五星凌犯及星變

自伏羲仰觀俯察，黃帝迎日推策，重黎序天地，堯曆象日月星辰，舜齊七政，周武王訪箕子，陳洪範，協五紀，而觀天之道備矣。易曰：「天垂象見吉凶，聖人象之。」故孔子因魯史作春秋，於日星風雨霜雹雷霆皆書變而不書常，所以明天道、驗人事也。秦漢而下，治日患少，陰陽愆違，天象錯迕，無代無之。金百有十九年，而日食四十二，星辰風雨霜雹雷霆之變不知其幾。金九主，莫賢於世宗，二十九年之間，猶日食者十有一，日珥虹貫者四五。然終金之世，慶雲環日者三，皆見於世宗之世。

羲、和之後，漢有司馬，唐有袁、李，皆世掌天官，故其說詳。且六合爲一，推步之術不見異同。金、宋角立，兩國置曆，法有差殊，而日官之選亦有精粗之異。今奉詔作金史，於志天文，各因其舊，特以春秋爲準云。

日薄食煇珥雲氣

太祖天輔三年夏四月丙子朔，日食。　四年冬十月戊辰朔，日食。　六年春二月庚寅朔，日食。　七年秋八月辛巳朔，日食。

太宗天會七年三月己卯朔，日中有黑子。　九月丙午朔，日食。　十三年正月丙午朔，日食。〔一〕

熙宗天會十四年十一月丙寅，日中有黑子，斜角交行。

天眷三年七月癸卯朔，日食。

皇統三年十二月癸未朔，日食。　四年六月辛巳朔，日食。　五年六月乙亥朔，日食。　八年四月戊子朔，日食。　九年三月癸未朔，日食。

海陵庶人天德二年正月甲辰，日有暈珥，白虹貫之。　十一月丙戌，白虹貫日。〔二〕　十二月乙卯，慶雲見，狀如鸞鳳，五彩。　三年正月丁酉，白虹貫日。

貞元二年五月癸丑朔，日食。　三年四月丁丑朔，昏霧四塞，日無光，凡十有七日乃霽。五月丁未朔，日食。

正隆三年三月辛酉朔，司天奏日食，候之不見。海陵勑，自今日食皆面奏，不須頒告中外。　五年八月丙午朔，日食。　庚午，日中有黑子，狀如人。　六年二月甲辰朔，日有暈珥，戴背。　十月丙午，慶雲見。

世宗大定二年正月戊辰朔，日食，伐鼓用幣，命壽王京代拜行禮。　爲制，凡遇日月虧食，禁酒、樂，屠宰一日。　三年六月庚申朔，日食，上不視朝，命官代拜。　有司不治務，過時乃罷。　後爲常。　四年六月甲寅朔，日食。　七年四月戊辰朔，日食，上避正殿，減膳，伐鼓應天門內，百官各於本司庭立，明復乃止。　閏七月己卯午刻，慶雲環日。　八月辛亥午刻，慶雲環日。　九年八月甲申朔，有司奏日當食，以雨不見。　爲近奉安太祖，乃伐鼓于社，用幣于應天門內。　十三年五月壬辰朔，日食。　十四年十一月甲申朔，日食。　十六年三月丙午朔，日食。　十七年九月丁酉朔，日食。　二十三年十月己未，慶雲見於日側。　十一月壬戌朔，日食。　二十八年八月甲子朔，日食。　二十九年正月乙卯巳初，日有暈，左右有珥，上有背氣兩重，其色青赤而厚。　復有白虹貫之亙天，其東有戴氣長四尺餘，五刻而散。　丁巳巳初，日有兩珥，上有背氣兩重，其色青赤而淡。　頃之，背氣於日上爲冠，已而俱散。　二月

辛酉朔，日食。　甲子辰刻，日上有重暈兩珥，抱而復背，背而復抱，凡二三次。　乙丑，日暈兩珥，有負氣承氣，而白虹亙天，左右有戟氣。

章宗明昌三年十二月丙辰，北方微有赤氣。　四年九月癸未，日上有抱氣二，戴氣一，俱相連。　左右有珥，其色鮮明。　六年三月丙戌朔，日食。

承安三年正月己亥朔，日食，陰雲不見。　五年十一月癸丑，日食。宋史作六月乙酉朔。

泰和二年五月甲辰朔，日食。　三年十月戊戌，日將沒，色赤如赭。　甲辰，申酉間，天色赤，夜將旦復然。　四年三月丁卯，日昏無光。　五年九月戊子戌時，西北方黑雲間有赤氣如火，次及西南、正南、東南方皆赤，中有白氣貫徹，乍隱乍見。　既而爲雨，隨作風。　至二更初，黑雲間赤氣復起於西北方，及正西、正東、東北，往來遊曳，內有白氣數道，時復出沒。其赤氣又滿中天，約四更皆散。　六年正月，北京，龍山縣西見有雲結成車牛行帳之狀，或如前後摧損之勢，晡時乃散。　二月壬子朔，日食。　七月癸巳，申刻，日上有背氣一，內赤外青，須臾散。　九月乙酉，夜將瞖，北方有赤白氣數道，歷王良下，徐行至北斗開陽、搖光之東而散。　八年四月癸卯，巳刻，日暈二重，內黃外赤，移時而散。

衞紹王大安元年四月壬申，北方有黑氣如大道，東西竟天，至五更散。　十二月辛酉朔，日食。[三]　三年三月辛酉辰刻，北方有黑氣如堤，內有白氣三，似龍虎之狀。　十月己卯，東北、西北每至初更如月將出之狀，明至夜半而滅，經月乃已。

宣宗貞祐元年十月丙午，夜有白氣三，衝紫微而不貫。　十一月丙申，[四]白氣東西竟天，移時散。　二年九月壬戌朔，日食，大星皆見。　三年正月壬戌，日有左右珥，上有冠氣，移刻散。　二月丁巳，日初出赤如血，將沒復然。　六月戊申，夜有黑氣，廣如大路，自東南至于西北，其長竟天。　四年二月甲申朔，日食。　閏七月壬午朔，日食。

興定元年七月丙子朔，日食。　二年七月庚午朔，日食。　三年七月庚申，五色雲見。十月乙丑，平涼府慶雲見，遣官驗實，以告太廟，詔國中。　五年正月，山東行省蒙古綱奏慶雲見，命圖以進。　四月丙子，日正午，有黃暈四匝，其色鮮明。　五月甲申朔，日食。　六月戊寅，日將出，有氣如大道，經丑未，歷虛危，東西不見首尾，移時沒。　十二月己巳，北方有白氣，廣三尺餘，東西亙天。

元光元年十一月丁未，東北有赤雲如火。　二年五月辛未，日暈不匝而有背氣。　九月庚子朔，日食。

哀宗正大二年正月甲申，[五]有黃黑祲。　三年三月庚午，省前有氣微黃，[六]自東北亙西南，其狀如虹，中有白物十餘，往來飛翔，又有光倏見如二星，移時方滅。　四年十一月乙未，日上有虹，背而向外者二，約長丈餘，兩旁俱有白虹貫之。　是年六月丙辰，有白氣經天，

或云太白入井。　五年十二月庚子朔，日食。　八年三月庚戌酉正，日忽白而失色，乍明乍晦，左右有氣似日而無光，與日相淩，而日光四出搖盪至沒。

天興元年正月壬午朔，日有兩珥。　三年正月己酉，日大赤無光，京、索之間雨血十餘里。　是日，蔡城陷，金亡。

月五星淩犯及星變

太宗天會七年十一月甲寅，天旗明，河鼓直。　十年閏四月丙申，熒惑入氐。　八月辛亥，彗星出於文昌。　十一年五月乙丑，月忽失行而南，頃之復故。　七月己巳昏，有大星隕于東南，如散火。　十二月丙戌，月食昴。

熙宗天會十三年十一月乙酉，月食，命有司用幣以救，著爲令。　十四年正月辛巳，太白晝見，凡四十餘日伏。　壬辰，熒惑入月。　三月丁酉夜，中星搖。　九月癸未，有星大如缶，起西南，流于正西。　十一月己巳，狼星搖。　十五年正月戊辰，歲星犯積尸氣。

天眷二年三月辛巳朔，歲星留逆在太微。　五月戊子，太白晝見。　八月丁丑，太白晝見，九月辛巳，犯軒轅左星，乙巳，犯左執法，十一月戊寅，入氐。　三年七月壬戌，月犯畢。　十二月壬午，月掩東井東轅南第一星。

皇統元年二月甲戌，月掩畢大星。二年十一月己酉，月犯軒轅大星。甲寅，月犯氐東北星。三年正月己丑，熒惑逆犯軒轅次北一星。二月乙丑，月犯畢大星。閏四月癸巳，月掩軒轅左角星。八月丙申，老人星見。九月丁丑，月犯軒轅大星。四年八月癸未，熒惑入輿鬼。五年四月丙申，彗星見於西北，長丈餘，至五月壬戌始滅。六月甲辰，〔七〕熒惑犯左執法。六年九月戊寅，熒惑犯西垣上將。己丑，月犯軒轅第二星。七年正月辛未，彗星出東方，長丈餘，凡十五日滅。丁亥，太白經天。七月己巳，太白經天。庚辰，熒惑犯房第二星。十一月壬戌，歲星逆犯井東扇第二星。八年閏八月丙子，熒惑入太微垣。十月甲申，太白晝見；十一月壬辰，經天。十二月丙寅，太白晝見。九年二月癸亥，月掩軒轅第二星。七月甲辰，太白、辰星、歲星合于張。丁未，熒惑犯南斗第四星。八月壬子，又歷南斗第三星。

海陵天德元年十二月甲子，土犯東井東星。二年正月乙酉，月犯昴；壬辰，犯木；乙未，犯角；二月丙寅，犯心大星。九月乙亥，太白晝見，至明年正月辛卯後不見。〔八〕丁酉，月犯軒轅左角；十月乙丑，犯太微上將；十二月癸丑，犯昴。三年二月丙辰，月食。十月丁亥，月犯軒轅左角。四年正月癸卯，太白經天。二月乙亥，月掩鬼，犯鑕星。五月己亥，太白經天；丁巳，又經天。六月癸巳，太白犯井東第二星。八月辛未，太白犯軒轅大星。十一

月甲辰，熒惑犯鈎鈐。丙午，月犯井北第一星。十二月乙卯朔，太白經天。丙子，月食。閏月己亥，太白經天。〔九〕

貞元元年正月辛丑，〔一〇〕月犯井東第一星。四月戊寅，有星如杯，自氐入於天市，其光燭地。十二月乙卯，太白經天。庚午，月食。閏月乙酉，太白經天。二年正月庚申，太白經天。是夜，月掩昴；二月辛丑，犯心前星；三月辛巳，食。〔一一〕七月癸丑，太白晝見，凡三十有三日伏。八月戊戌，熒惑入井，凡十一日而出。十一月甲子，月食。三年八月乙酉，月犯牛；九月辛亥，犯建星；十一月戊午，掩井鉞星。

正隆二年正月庚辰，太白晝見，凡六十七日伏。三年正月丁亥，有流星如杯，長二丈餘，其光燭地，出太微，沒於梗河之北。二月乙卯，〔一二〕熒惑入鬼。辛巳，月食。甲午，月掩歲星；〔一三〕六月丁酉，犯氐。九月己未，太白經天，至明年正月二十一日不見。十二月戊申，月入氐。四年九月壬寅，月掩軒轅右角；十一月壬辰，入畢，犯大星。十二月，太白晝見，凡七日。五年正月，海陵問司天提點馬貴中曰：「朕欲自將伐宋，天道如何？」貴中對曰：「去年十月甲戌，熒惑順入太微，至屏星，留退西出。占書熒惑常以十月入太微庭，受制出伺無道之國。又去年十二月，太白晝見經天，占爲兵喪，爲不臣，爲更主。又主有兵兵罷，無兵兵起。」甲午，月食。二月丁卯，太白晝見。四月甲戌，復見，凡百六十有九日乃伏。

六年七月乙酉，月食。九月丙申，太白晝見。先是，海陵問司天馬貴中曰：「近日天道何如？」貴中曰：「前年八月二十九日太白入太微右掖門，九月二日至端門，九日至左掖門出，並歷左右執法。太微爲天子南宮，太白兵將之象，其占：兵入天子之庭。」海陵曰：「今將征伐，而兵將出入太微，正其事也。」貴中又言：「當端門而出，其占爲受制，歷左右執法爲受事，此當有出使者，或爲兵，或爲賊。」海陵曰：「兵興之際，小賊固不能無也。」是歲，海陵南伐，遇弒。

世宗大定元年十月丙午，熒惑入太微垣，在上將東。丁巳，月犯井西扇北第二星。二年正月癸巳，太白晝見。閏二月戊寅，月掩軒轅大星；三月戊申，掩太微東藩南第一星；八月乙酉，犯井西扇北第二星；九月庚戌，犯畢距星。十月戊辰，有大星如太白，起室壁間，沒於羽林軍，尾跡長丈餘。三年正月庚子，太白晝見，凡百有十日乃伏。五月辛丑，月入氐。七月庚戌，太白晝見，百二十有七日乃伏。八月丁未，月犯井距星。丙寅，太白晝見，經天。十月庚辰，月犯太微垣西上將星。十一月庚寅，太白晝見，經天。歲星入氐，凡二十四日伏。壬子，月入氐。四年正月戊子，熒惑、歲星同居氐。己丑，熒惑出氐。二月壬午，歲星退入氐，凡二十九日。九月丙午，月犯軒轅大星北次星。十一月丙申，月食，旣。十二月辛卯，太白晝見經天。癸卯，月掩房北第一星。五年正月癸亥，月掩軒轅大星北次星；八月

丁酉，犯井東扇第一星。十一月癸丑，熒惑入氐，凡二十一日。六年二月丙申，月犯南斗東南第二星；三月己未，入氐。四月辛丑，太白晝見，八十有八日伏。六月辛巳，太白晝見，經天。〔一四〕九月壬子，太白晝見，百有三日乃伏；丙辰，經天；十月壬辰，復晝見，經天。十一月辛亥，金入氐，凡七日。庚申，太白晝見，經天；十二月戊子，復見，經天。癸巳，月犯房北第二星。七年十月乙巳，火入氐，凡四日。十一月壬申，太白晝見，九十有一日伏。丁丑，歲星晝見，二日。八年正月癸未，月掩心大星；三月庚午，掩軒轅大星北一星。己丑，太白晝見，百五十有八日乃伏。五月丁卯，歲星晝見。八月甲午，太白犯軒轅大星。十月庚子，月掩熒惑；十一月庚午，犯昴。九年正月戊寅，月掩心後星；四月庚子，掩心前星；八月癸卯，掩昴；十二月丙戌，犯土。丁酉，太白晝見，十有六日伏。十年正月丙寅，月掩軒轅大星；七月庚子，犯五車東南星。八月戊申朔，木星掩熒惑，在參畢間。十一年二月壬戌，熒惑犯井東扇北第一星。八月癸卯，太白晝見。十二年五月辛巳，月犯心後星；八月癸卯，犯心大星。辛亥，熒惑掩井東扇北第二星。九月丁亥，〔一五〕太白晝見，在日前，九十有八日伏。十月己酉，熒惑掩鬼西北星。歲星晝見，在日後，四十有七日伏。十三年閏正月辛酉，太白晝見，四十有九日伏。二月己丑，熒惑犯鬼西北星；三月癸巳朔，入鬼；次日，犯積尸氣。六月辛未，月犯心前星。十月乙丑，歲星晝見於日後，五十有三日伏。十四年三月

辛丑，太白歲星晝見，十有八日伏；丙辰，二星經天，凡二日。六月己未，太白晝見，三十有九日；八月己卯，晝見，又百三十二日乃伏。庚辰，熒惑犯積尸氣。十月丙寅，歲星晝見，六日。十五年十一月甲子，太白晝見，〔一六〕八十有六日伏。十二月乙丑，月掩井西扇北第一星。十六年三月庚申，月食。五月甲寅，太白晝見，五十有四日伏。庚午，月掩太白；七月丁未，犯角宿距星；甲子，掩畢宿距星。八月丙子，太白犯軒轅大星。九月丁巳，月食。十月丁丑，熒惑入太微。十一月甲寅，月掩畢距星。戊辰，熒惑犯太微上將。十二月己丑，月掩太微左執法。十七年春正月丙寅，熒惑犯太微西藩上相。九月庚戌，歲星、熒惑、太白聚於尾。十二月己巳，太白晝見，四十有四日伏。十八年七月庚辰，土星犯井東扇北第二星。九月己丑，熒惑犯左執法。十二月甲午，鎮星掩井西扇北第一星，凡十日。十九年正月甲戌，月食，既。三月甲戌，熒惑犯氐距星。四月丁巳，歲星晝見，凡七日。七月丙子，太白晝見，四十有五日伏；八月癸卯，犯軒轅御女。辛亥，熒惑掩南斗杓第二星。九月壬申，月掩畢大星。十一月辛未，熒惑掩歲星。十二月丁亥，月犯歲星。二十年二月己丑，月掩畢大星；三月丙辰，掩畢西第二星。二十一年二月戊子，月犯鎮星。戊戌，太白晝見。三月甲子，太白晝見。四月壬申，熒惑掩斗魁第二星，十有四日。六月甲戌，客星見于華蓋，凡百五十有六日滅。七月乙亥朔，熒惑順入斗魁中，五日。以下史闕。二十二年五月甲申，

太白晝見，六十有四日伏。七月戊子，歲星晝見，二日。八月戊辰，太白晝見，百二十有八日，其經天者六十四日。十一月辛未，熒惑行氐中。乙亥，太白入氐。辛巳夜，月食，既。九月癸未，熒惑太白皆出氐中。十二月戊戌，熒惑犯鈎鈐。二十三年五月己卯，月食，既。九月甲申，歲星晝見，五十有五日伏。十月辛酉，太白晝見，百四十有九日乃伏。十一月丁卯，歲星晝見，三十有三日伏。閏十一月庚申，歲星晝見，九十日伏。二十四年四月己未朔，太白晝見，百四十有五日乃伏。甲申，月掩太白。九月庚子，歲星犯軒轅大星，甲辰晝見，凡五十二日伏。十月壬申，太白、辰星同度。二十五年三月乙酉，太白與月相犯。九月丁亥，月在斗魁中，犯西第五星。十一月庚辰朔，歲星晝見，在日後，凡七十四日。壬午，太白晝見，在日後，百十有一日乃伏。十二月己未，月犯熒惑。甲子，太白晝見經天。二十六年三月丙戌，熒惑入井。鎮星犯太微東藩上相。壬辰，月食。四月丁丑，熒惑犯鬼西南星。七月丙申，月掩心前星。八月乙亥朔，日月五星會于軫。十二月乙未，月掩心前大星，又犯於後星。二十七年五月壬子，月犯心大星。六月庚辰，太白晝見，百七十有三日乃伏。癸巳，月掩昴；七月丙午，犯房南第一星。是日，太白晝見經天。十月己丑，太白入氐。十二月丁丑，月掩昴。二十八年正月己未，歲星留於房；甲子，守房北第一星。十一月丙申，鎮星入氐。庚子，太白晝見，在日前，四十有九日伏。十二月壬申，月掩昴。二十九年正月

丁酉，土星留氐中，三十有七日逆行，後七十九日出氐。五月庚寅朔，太白晝見，在日後。六月丙辰，月犯太白，月北星南，同在柳宿。十一月己未，熒惑守軒轅，至戊辰退行，其色稍怒。十二月辛丑，月食，既。

章宗明昌元年二月丁亥，太白晝見。六月丁酉，月食，既。十二月乙未，月食。二年六月壬辰，月食。十一月乙丑，金木二星見在日前，十三日方伏而順行，危宿在羽林軍上、壘壁陣下，〔一七〕光芒明大。十二月戊子，木金相犯，有光芒。三年三月戊戌，熒惑順行犯太微西藩上將。四月丁巳，月食。己未，熒惑掩右執法，色怒而稍赤。四年正月丙子，月有暈，白虹貫其中。八月己亥，卯初三刻，歲星見，未正二刻，太白見，俱在午位。其夜歲星留胃十三度，守天廪。十月戊申，月食。〔一八〕五年十月癸卯，月食。十一月癸丑，太白晝見，在日前，三十有三日伏。六年正月庚寅，太白晝見，在日前，百有二日乃伏。六月庚辰，復晝見，在日後，百六十七日，唯是日經天。

承安元年四月，司天奏河津星象事，上諭宰相曰：「天道不測，當預防之。」八月壬戌，月食。九月壬午，太白晝見，在日前，百有七日乃伏。二年二月丁巳，太白晝見，在日後，百九十有五日乃伏；己未，經天。是夜，月食，既。三年正月甲寅，月食。七月庚戌，月食。五年五月庚午，月食。六月庚戌，月掩太白。

泰和元年十一月辛酉，月食。二年五月己未，月食。三年三月癸未，月食。六月戊戌，太白晝見，在日後，百有十日乃伏。四年九月乙亥，月食。五年三月壬申，月食。閏八月己巳，月食。〔一九〕六年五月甲申，太白晝見，在日前，七十有六日；庚戌，經天。六月辛未，歲星晝見，在日後；七月戊申，經天。八月癸卯，月暈圍太白、熒惑二星。辛亥，歲星辰見，至夜五更，與東井距星相去七寸內。癸丑，夜半有流星如太白，其色赤，起於婁宿。己未卯正初刻，太白晝見，在日前。其夜五更，熒惑與輿鬼、積尸氣相犯，在七寸內。庚申卯正初刻，太白晝見，在日後。其夜五更初，熒惑在輿鬼、積尸氣中。壬申，太白晝見，經天，在日後。十月丙午，歲星犯東井距星。十一月壬午，太白入氐。七年正月丙戌初更，月有暈圍歲、鎮二星，在參畢間。辛卯，月食。三月癸丑，月掩軒轅大星。七月戊子，月食。九月己卯初更，月在南斗魁中。旦，歲星在輿鬼中。八年正月丙戌，月食。七月戊戌朔，太白晝見，在日後。八月壬戌，太白、歲星光芒相及，同在張一度。十一月庚子未刻，有流星如太白者二，光芒如炬，幾一丈，起東北沒東南。

衛紹王大安元年正月辛丑，有飛星如火，起天市垣，尾跡如赤龍之狀，移刻散。二月乙丑朔，太白晝見，經天。六月丁丑，月食。十月乙丑，月食熒惑。丙寅，歲星犯左執法。二年正月庚戌朔，〔二〇〕日中有流星出，大如盆，其色碧，西行，漸如車輪，尾長數丈，沒于濁中，

至地復起，光散如火，移刻滅。二月，客星入紫微中，其光散如赤龍之狀。三年正月乙酉，熒惑入氐中，凡十有一日乃出。二月，熒惑犯房；閏月，犯鍵閉星；十月癸巳，犯壘壁陣。

崇慶元年〔二一〕春三月，日正午，日、月、太白皆相去咫尺。

宣宗貞祐元年十一月丙子，熒惑入壘壁陣。二年二月庚戌，月食。八月丁未，月食。九月丁亥，太白晝見於軫。十一月庚辰，鎮星犯太微東垣上相。辛巳，熒惑犯房、鈎鈐。三年七月庚申，有流星如太白，其色青白，有尾出紫微垣北極之旁，入貫索中。己卯，月入畢，〔二二〕至戊夜犯畢大星。八月辛丑，月食，既。十二月庚寅，太白晝見於危，八十有五日伏。四年正月乙卯夜，中天有流星大如十，〔二三〕色赤長丈餘，墜於西南，其聲如雷。二月己亥，月食。四月丁酉，太白晝見於奎，百九十有六日乃伏。六月丙申，歲星晝見於奎，百有一日乃伏。閏七月乙未，月食；辛丑，犯畢。十一月丙戌，月暈歲星，歲在奎，月在壁；己丑，犯畢大星；十二月戊午，復犯畢大星。

興定元年正月乙酉，月犯畢左股第二星。四月戊辰，太白晝見於井，百六十有二日乃伏。八月戊申，歲星晝見於昴，六十有七日伏。九月癸巳，月犯東井西扇第二星。十月癸丑，夜有流星大如杯，尾長丈餘，自軒轅起貫太微，沒於角宿之上。十一月癸未，月暈歲星、熒惑二星，木在胃，火在昴。丙戌，太白晝見。十二月戊午，月食。二年六月乙卯，月食。

八月壬戌，有流星大如杯，尾長丈餘，其光燭地，起建星沒尾中。一云自東北至西北而墜，其光如塔狀，先有聲如風，後若雷者三，牕紙皆震。十月庚申，〔二五〕月犯軒轅左角之少民星。十二月壬子，月食，既。〔二四〕三年五月庚戌，月食，既。壬子，太白晝見於參，三十有六日經天，又百八十四日乃伏。七月壬寅初昏，有星自西南來，其光燭地，狀如月而稍不圓，色青白，有小星千百環之，若迸火然，墜於東北，少頃有聲如鼓。八月丁卯，歲星犯輿鬼東南星。己巳，歲星晝見於柳，百有九日乃伏。十一月乙巳，月食。〔二六〕癸丑，白虹二，夾月，尋復貫之。四年正月庚子，月犯東井。三月甲寅，歲星犯鬼、積尸氣。五月甲辰，月食；六月戊辰，犯鎮星。己巳，太白晝見於張，百八十有四日乃伏。十一月壬辰，歲星晝見于翼，六十有七日，夜又犯靈臺北第一星。五年正月辛丑，太白晝見於牛，二百三十有二日乃伏。司天夾谷德玉等奏以爲臣强之象，請致祭以禳之。宣宗曰：「斗、牛吳分，蓋宋境也。他國有災，吾禳之可乎。」九月庚戌，歲星犯左執法。閏十二月戊子，熒惑犯軒轅。甲午，月犯熒惑。戊戌，鎮星晝見于軫。己亥，太白晝見於室。六年正月辛酉，月犯熒惑；壬戌，犯軒轅。三月壬子，月食太白。癸亥，月食。丙寅，歲星犯太微左執法。〔二七〕七月乙亥，太白經天，與日爭光。八月己卯，彗星出於亢宿、右攝提、周鼎之間，指大角。太史奏：「除舊布新之象，宜改元修政以消天變。」於是，改是年爲元光元年。九月丁未，滅。壬申，月食歲星。

元光二年八月乙亥，熒惑入輿鬼，掩積尸氣；十月壬午，犯靈臺；十一月，又犯心大星。

哀宗正大元年正月丙午，月犯昴；三月癸丑，犯熒惑。是月，熒惑逆行犯左執法。四月癸酉，熒惑犯右執法。乙未，太白、辰星相犯。三年十一月丙辰，月掩熒惑。丁巳，熒惑犯歲星；庚申，犯壘壁陣。癸酉，五星並見於西南。十二月，熒惑入月。四年正月壬戌，熒惑犯太白。六月丙辰，太白入井。七月丁亥，熒惑犯斗從西第二星。五年五月乙酉，月掩心大星。七年十月己巳，月暈，至五更復有大連環貫之，絡北斗，內有戟氣。十二月庚寅，有星出天津下，大如鎮星而色不明，初犯輦道，二日見於東北，在織女南；乙未，入天市垣，戊申方出；癸丑，歷房北，復東南行，入積薪，凡二十五日而滅。

天興元年七月乙巳，太白、歲星、熒惑、太陰俱會於軫、翼，司天武亢極言天變，上惟歎息，竟亦不之罪也。八月甲戌，太白、歲星交。閏九月己酉，彗星見東方，色白，長丈餘，彎曲如象牙，出角、軫南行，至十二日長二丈，十六日月燭不見，二十七日五更復出東南，約長四丈餘，至十月一日始滅，凡四十有八日。〔二八〕司天奏其咎在北，哀宗曰：「我亦北人，今日之事我當滅也，何乃不先不後適丁此乎。」

校勘記

〔一〕十三年正月丙午朔日食　按宋史卷二八高宗紀，紹興「五年春正月乙巳朔，日有食之」，同書卷五二天文志日食同。此作「丙午朔」，相差一日。

〔二〕十一月丙戌白虹貫日　「日」原作「之」。據殿本改。

〔三〕衛紹王大安元年四月壬申……十二月辛酉朔日食　按宋志不載是年十二月朔日食。據高麗史卷四七天文志，次年十二月乙卯朔日食，參見本書卷一三校記〔五〕。此處誤。

〔四〕十一月丙申　「一」原作「二」。按本書卷一四宣宗紀，貞祐元年「十二月丁酉朔」，丙申當是十一月晦。今據改。

〔五〕哀宗正大二年正月甲申　「正」原作「二」，「申」原作「寅」。按本書卷一七哀宗紀記此事在正大「二年春正月甲申」，卷二三五行志同。今據改。

〔六〕三年三月庚午省前有氣微黃　按「省」字或是「日」字之誤。

〔七〕六月甲辰　原脫「六月」二字。按是年五月丙午朔，無甲辰。「六月乙亥朔，日有食之」，見本書卷四熙宗紀及本志日薄食煇珥雲氣。甲辰是六月三十日。今據補。

〔八〕至明年正月辛卯後不見　按永樂大典卷七八五六引作「伏不見」，文義爲優。

〔九〕十二月乙卯朔太白經天丙子月食閏月己亥太白經天　以上二十二字與下年所記重複。按天德四年十二月辛酉朔，無乙卯。設爲「乙卯朔」，則丙子爲二十二日，非月食之日。且是年亦無閏月，故知此是史官誤書，又點竄數字以飾其欺。

〔一〇〕貞元元年正月辛丑　「元年」原作「二年」。據殿本改。

〔一一〕三月辛巳食　按是月甲寅朔，辛巳是二十八日。「食」下疑脫被食星名。

〔一二〕二月乙卯　「乙」原作「己」。按正隆三年二月壬辰朔，無己卯。宋史卷五五天文志熒惑，紹興「二十八年二月癸丑，順行犯輿鬼，乙卯又如之」。今據改。

〔一三〕辛巳月食甲午月掩歲星　按是年二月壬辰朔，無辛巳。三月辛酉朔，辛巳是二十一日，非月食之日。此「食」字下蓋脫被食星名。四月庚寅朔，甲午是其月五日。

〔一四〕六月辛巳太白晝見經天　「辛巳」二字原在「晝見」之下。按本書卷六世宗紀，大定六年「六月辛巳，太白晝見經天」。今據乙正。

〔一五〕九月丁亥　原脫「九月」二字。按本書卷七世宗紀，大定十二年九月「丁亥，太白晝見在日前」。今據補。

〔一六〕十五年十一月甲子太白晝見　原脫「十五年」三字。按本書卷七世宗紀，大定十四年「十一月甲申朔」，是月無甲子。十五年十一月「甲子，太白晝見」。今據補。

〔一七〕危宿在羽林軍上壘壁陣下　按危宿爲恒星，觀象時常在羽林軍壘壁陣之上，縱有天象變異，亦

決不可能移動至壘壁陣下。疑此處係接敍上文金木二星「十三日伏而順行」之後，至危宿南之羽林軍上。則「危宿在」當作「在危宿」爲是。

〔一八〕十月戊申月食　「十」原作「九」。按是年九月甲子朔，見本書卷一〇章宗紀。無戊申。十月甲午朔，戊申是十五日。高麗史卷四八天文志，明宗二十三年十月「戊申月食」。今據改。

〔一九〕閏八月己巳月食　原脫「閏」字。按是年八月丙戌朔，無己巳。本書卷一二章宗紀，「閏月乙卯朔」，己巳是十五日。今據補。

〔二〇〕二年正月庚戌朔　按本書卷一三衞紹王紀同。然依長術是年正月庚寅朔，庚戌是二十一日。此事如在朔日，則「戌」字當改作「寅」，如在二十一日，又當刪「朔」字。今無可考。

〔二一〕崇慶元年　按本書卷一三衞紹王紀，至寧元年「三月，太陰、太白與日並見，相去尺餘」，當卽此事。衞紹王記注亡失，本紀殊不足據。今仍兩存。

〔二二〕己卯月入畢　按本書卷一四宣宗紀，貞祐三年七月「戊寅，月入畢宿中，戊夜犯畢大星」。較此早一日。

〔二三〕中天有流星大如十　「十」殿本作「日」。疑是「斗」字之誤。

〔二四〕十月庚申　按本書卷一五宣宗紀，興定二年十月「癸亥，月犯軒轅左角之少民星」，庚申先三日，疑此下有脫文。并脫「癸亥」二字。

〔二五〕十二月壬子月食既　「二」原作「一」。按本書卷一五宣宗紀，興定二年「十二月己亥朔」，壬子是十二月十五日。又宋史卷五二天文志月食，嘉定十一年「十二月壬子，月食既」。高麗史卷四八天文志，「高宗五年十二月壬子月食」。今據改。

〔二六〕十一月己巳月食　按本書卷一五宣宗紀，興定三年「十一月癸巳朔」，乙巳是十三日，非月食之日。宋史卷五二天文志月食，「嘉定十二年十一月丙午月食」。高麗史卷四八天文志，「高宗六年十一月丁未月食」。蓋食在丙午夜半之後，本志誤先一日。

〔二七〕癸亥月食丙寅歲星犯太微左執法　「癸亥」上原有「四月」二字。按是年四月己卯朔，無癸亥、丙寅。本書卷一六宣宗紀，元光元年三月「丙寅，歲星犯太微左執法」。宋史卷五二天文志月食，嘉定「十五年三月癸亥，月當食于氐既，雲陰不見」。高麗史卷四八天文志，「高宗九年三月癸亥，月食。丙寅，歲星入太微，犯右執法」。今據刪「四月」二字。

〔二八〕四十有八日　按本書卷一八哀宗紀，天興元年「九月戊寅朔」，「閏月戊申朔」，己酉是閏月二日，至十月一日丁丑凡二十八日。「四」當是「二」字之誤。

金史卷二十一

志第二

曆上

步氣朔　步卦候　步日躔　步晷漏

昔者聖人因天道以授人時，釐百工以熙庶政，步推之法，其來尚矣。自漢太初迄于前宋，治曆者奚啻七十餘家，大概或百年或數十年，率一易焉。蓋日月五星盈縮進退，與夫天運，至不齊也，人方製器以求之，以俾其齊，積寡至多不能無爽故爾。

金有天下百餘年，曆惟一易。天會五年，司天楊級始造大明曆，十五年春正月朔，始頒行之。其法，以三億八千三百七十六萬八千六百五十七爲曆元，五千二百三十爲日法。然其所本，不能詳究，或曰因宋紀元曆而增損之也。正隆戊寅三月辛酉朔，司天言日當食，而

不食。大定癸巳五月壬辰朔，日食，甲午十一月甲申朔，日食，加時皆先天。丁酉九月丁酉朔，食乃後天。由是占候漸差，乃命司天監趙知微重修大明曆，十一年曆成。〔一〕時翰林應奉耶律履亦造乙未曆。二十一年十一月望，太陰虧食，遂命尚書省委禮部員外郎任忠傑與司天曆官驗所食時刻分秒，比校知微、履及見行曆之親疏，以知微曆爲親，遂用之。明昌初，司天又改進新曆，〔二〕禮部郎中張行簡言：「請俟他日月食，覆校無差，然後用之。」事遂寢。是以終金之世，惟用知微曆，我朝初亦用之，後始改授時曆焉。今其書存乎太史，采而錄之，以爲曆志。

步氣朔第一

演紀：上元甲子距今大定庚子，八千八百六十三萬九千六百五十六年。

日法：五千二百三十分。

歲實：一百九十一萬二百二十四分。

通餘：二萬七千四百二十四分。

朔實：一十五萬四千四百四十五分。

通閏：五萬六千八百八十四分。

歲策：三百六十五日，餘一千二百七十四分。

朔策：二十九日，餘二千七百七十五分。

氣策：一十五日，餘一千一百四十二分，六十秒。

望策：一十四日，餘四千二分，四十五秒。

象策：七日，餘二千一分，〔三〕二十二秒半。

沒限：四千八十七分，三十秒。

朔虛分：二千四百五十五分。

旬周：三十一萬三千八百分。

紀法：六十。

秒母：九十。

求天正冬至

置上元甲子以來積年，歲實乘之，爲通積分。滿旬周去之，不盡以日法約之爲日，不盈爲餘。命甲子算外，卽所求天正冬至日大小餘。

求次氣

置天正冬至大小餘，以氣策累加之，秒盈秒母從分，分滿日法從日，卽得次氣日及

餘秒。

求天正經朔

以朔實去通積分，不盡爲閏餘，以減通積分爲朔積分。〔四〕滿旬周去之，不盡如日法而一爲日，不盈爲餘，卽所求天正經朔大小餘也。

求弦望及次朔

置天正經朔大小餘，以象策累加之，卽各得弦、望及次朔經日及餘秒也。

求沒日

置有沒之恒氣小餘，如沒限以上，爲有沒之氣。以秒母乘之，內其秒，用減四十七萬七千五百五十六，餘滿六千八百五十六而一，所得併恒氣大餘，命爲沒日。

求滅日

置有滅之朔小餘，經朔小餘不滿朔虛分者。六因之，如四百九十一而一，所得併經朔大餘，命爲滅日。

步卦候第二

候策：五，餘三百八十，秒八十。

卦策：六，餘四百五十七，秒六。

貞策：三，餘二百二十八，秒四十八。

秒母：九十。

辰法：二千六百一十五。〔五〕

半辰法：一千三百七半。

刻法：三百一十三，秒八十。

辰刻：八，一百四分，秒六十。

半辰刻：四，五十二分，秒三十。

秒母：一百。

求七十二候

置中氣大小餘，命之爲初候，以候策累加之，即次候及末候也。

求六十四卦

置中氣大小餘，命之爲公卦，以卦策累加之，得辟卦，又加之，得侯內卦。以貞策加之，得節氣之初，爲侯外卦，又以貞策加之，得大夫卦。又以卦策加之，爲卿卦。

求土王用事

以貞策減四季中氣大小餘，即土王用事日也。

求發斂

置小餘，以六因之，如辰法而一爲辰。如不盡，以刻法除之爲刻。命子正算外，即得加時所在辰刻及分。如加半辰法，即命子刻初。

二十四氣卦候

恒氣月中節四正卦	初候	次候	末候	始卦	中卦	終卦
冬至十一月中，坎初六。	蚯蚓結	麋角解	水泉動	公中孚	辟復	侯屯內
小寒十二月節，坎九二。	雁北鄉	鵲始巢	野雞始雊	侯屯外	大夫謙	卿睽
大寒十二月中，坎六三。	雞始乳	鷙鳥厲疾	水澤腹堅	公升	辟臨	侯小過內
立春正月節，坎六四。	東風解凍	蟄蟲始振	魚上冰	侯小過外	大夫蒙	卿益
雨水正月中，坎九五。	獺祭魚	鴻雁來	草木萌動	公漸	辟泰	侯需內
驚蟄二月節，坎上六。	桃始華	倉庚鳴	鷹化爲鳩	侯需外	大夫隨	卿晉
春分二月中，震初九。	玄鳥至	雷乃發聲	始電	公解	辟大壯	侯豫內
清明三月節，震六二。	桐始華	田鼠化爲鴽	虹始見	侯豫外	大夫訟	卿蠱
穀雨三月中，震六三。	萍始生	鳴鳩拂其羽	戴勝降于桑	公革	辟夬	侯旅內
立夏四月節，震九四。	螻蟈鳴	蚯蚓出	王瓜生	侯旅外	大夫師	卿比
小滿四月中，震六五。	苦菜秀	靡草死	小暑至	公小畜	辟乾	侯大有內
芒種五月節，震上六。	螳螂生	鵙始鳴	反舌無聲	侯大有外	大夫家人	卿井
夏至五月中，離初九。	鹿角解	蜩始鳴	半夏生	公咸	辟姤	侯鼎內
小暑六月節，離六二。	溫風至	蟋蟀居壁	鷹乃學習	侯鼎外	大夫豐	卿渙
大暑六月中，離九三。	腐草化爲螢	土潤溽暑	大雨時行	公履	辟遯	侯恒內
立秋七月節，離九四。	涼風至	白露降	寒蟬鳴	侯恒外	大夫節	卿同人
處暑七月中，離六五。	鷹乃祭鳥	天地始肅	禾乃登	公損	辟否	侯巽內
白露八月節，離上九。	鴻雁來	玄鳥歸	羣鳥養羞	侯巽外	大夫萃	卿大畜
秋分八月中，兌初九。	雷乃收聲	蟄蟲坏戶	水始涸	公賁	辟觀	侯歸妹內
寒露九月節，兌九二。	鴻雁來賓	雀入大水化爲蛤	鞠有黃華	侯歸妹外	大夫無妄	卿明夷
霜降九月中，兌六三。	豺乃祭獸	草木黃落	蟄蟲咸俯	公困	辟剝	侯艮內
立冬十月節，兌九四。	水始冰	地始凍	野雞入水化爲蜃	侯艮外	大夫既濟	卿噬嗑
小雪十月中，兌九五。	虹藏不見	天氣上升地氣下降	閉塞而成冬	公大過	辟坤	侯未濟內
大雪十一月節，兌上六。	鶡鳥不鳴	虎始交	荔挺出	侯未濟外	大夫蹇	卿頤

步日躔第三

周天分：一百九十一萬二百九十三分，五百三十秒。

歲差：六十九，五百三十秒。秒母一萬。

周天度：三百六十五度，二十五分，六十八秒。

象限：九十一，三十一分，九秒。〔六〕

二十四氣日積度及盈縮

恒氣	日積度（分 秒）	損益率	初末率	日差	盈縮積
冬至	空	益七千五十九	初四百九十八 八十 六十五 末四百三十八〔七〕 八十八 一十一	四 九十一 七十九	盈空
小寒	一十五 九十二 四十三	益五千九百二十	初四百三十五 八十九 七十二 末三百五十二 一十 四十一	五 一十八 九十九	盈七千五十九
大寒	三十一 七十三 四十八	益四千七百一十八	初三百四十八 八十四 八十 末二百七十一 一十八 七十四	五 四十六 一十九	盈一万二千九百七十九
立春	四十七 四十二 五十一	益三千四百五十三	初二百六十七 六十二 八十六 末一百八十六 一十六 一十六	五 七十二 九十六	盈一万七千六百九十七
雨水	六十二 九十八 八十九	益二千一百二十六	初一百八十二 二十七 三十八 末九十七 一十二 三十二	五 九十八 八十七	盈二万一千一百五十
驚蟄	七十八 四十二 空	益七百五十九	初九十一 一十五 四十六 末五 九十八 四十	五 九十八 八十七	盈二万三千二百七十六〔八〕
春分	九十三 七十一 二十四	損七百五十九	初五 九十八 四十 末九十一 一十三 四十六	五 九十八 八十七	盈二万四千一十五
清明	一百八 八十五 六十九	損二千一百二十六	初九十八 九十六 五十 末一百八十 四十三 二十	五 七十二 九十六	盈二万三千二百七十六

恒氣	日積度（分 秒）	損益率	初末率	日差	盈縮積
穀雨	一百二十三 八十六 二十八	損三千四百五十三	初一百八十八 六 四十八 末二百六十五 七十二 五十四	五 四十六 一十九	盈二万一千一百五十
立夏	一百三十八 七十三 六十	損四千七百一十八	初二百七十三 一十一 九十七 末三百四十六 九十一 四十三〔九〕	五 一十八 九十九	盈一万七千六百九十七
小滿	一百五十三 四十八 二十七	損五千九百二十	初三百五十四 三 七十九 末四百三十五 九十六 三十二〔一〇〕	四 九十一 七十九	盈一万二千九百七十九
芒種	一百六十八 一十 九十二	損七千五十九	初四百三十八 八十八 一十一〔一一〕 末四百九十八 八十 六十五	四 九十一 七十九	盈七千五十九
夏至	一百八十二 六十二 一十八	益七千五十九	初四百九十八 八十 六十五 末四百三十八 八十八 一十一	四 九十一 七十九	縮空
小暑	一百九十七 一十三 四十三	益五千九百二十	初四百三十五 八十九 七十二 末三百五十二 一十 四十一	五 一十八 九十九	縮七千五十九
大暑	二百一十一 七十六〔一二〕 八	益四千七百一十八	初三百四十八 八十四 八十 末二百七十一 一十八 七十四	五 四十六 一十九	縮一万二千九百七十九
立秋	二百二十六 五十 七十五〔一三〕	益三千四百五十三	初二百六十七 六十二 八十六〔一四〕 末一百八十六 一十六 一十六	五 七十二〔一五〕 九十六	縮一万七千六百九十七
處暑	二百四十一 三十八 七	益二千一百二十六	初一百八十二 二十七 三十八 末九十七 一十二 三十二	五 九十八 八十七	縮二万一千一百五十
白露	二百五十六 三十八 六十六	益七百五十九	初九十一 一十三〔一六〕 四十六 末五 九十八 四十	五 九十八 八十七	縮二万三千二百七十六
秋分	二百七十一 五十三 一十二	損七百五十九	初五 九十八 四十 末九十一 一十五 四十六	五 九十八 八十七	縮二万四千一十五

恒氣	日積度（分 秒）	損益率	初末率	日差	盈縮積
寒露	二百八十六 八十二 三十五	損二千一百二十六	初九十八 九十六 五十 末一百八十 四十三 二十	五 七十二 九十六	縮二万三千二百七十六
霜降	三百二 二十五 四十六	損三千四百五十三〔一七〕	初一百八十八 六 四十八〔一八〕 末二百六十五 七十二 五十四	五 四十六 一十九	縮二万一千一百五十〔一九〕
立冬	三百一十七 八十一 八十四	損四千七百一十八	初二百七十三 一十一 九十一 末三百四十六 九十一 四十三	五 一十八 九十九	縮一万七千六百九十七
小雪	三百三十三 五十 八十七	損五千九百二十〔二〇〕	初三百五十四 三 七十九 末四百三十五 九十六 三十二	四 九十一 七十九	縮一万二千九百七十九
大雪	三百四十九 三十一 九十二	損七千五十九	初四百三十八 八十八 一十一 末四百九十八 八十〔二一〕 六十五	四 九十一 七十九	縮七千五十九

二十四氣中積及朓朒

恒氣	中積（經分 約分）	損益率	初末率	日差	朓朒積
冬至	空	益二百七十六	初一十九 四十八 六十四 末一十六 七十八 五十二	一十九空	朒空
小寒	十五日 一千一百四十二 二十一 六十 八十四	益二百三十二	初一十六 六十八 七十四 末一十三 八十〔二二〕 一十九	二十 二十九	朒二百七十六
大寒	三十 二千二百八十五 四十三 三十 六十九	益一百八十五	初一十三 六十九 一十一 末十 六十二 一十四〔二三〕	二十一 五十九	朒五百八
立春	四十五 三千四百二十八 六十五 五十四	益一百三十五〔二四〕	初十 四十六 七十 末七 二十七 四十五	二十二 四十五	朒六百九十三

恒氣	中積（經分 約分）	損益率	初末率	日差	朓朒積
雨水	六十 四千五百七十〔二五〕 八十七 六十 五十九	益八十三	初七 一十一 一十四 末三 七十九 六十三	二十三 三十二	朒八百二十八
驚蟄	七十六 四百八十三 九 三十〔二六〕 二十四	益二十九	初三 五十六〔二七〕 三十一 末空 二十四 八十	二十三 三十二	朒九百一十一
春分	九十一 一千六百三十六 三十一 九	損二十九	初空 二十四 八十 末三 五十六 三十一	二十三 三十二	朒九百四十
清明	一百六 二千七百六十八 五十二 六十〔二八〕 九十三	損八十三	初三 八十五 七十六 末七 五 一	二十二 四十五	朒九百一十一
穀雨	一百二十一 三千九百二十一 七十四 三十 七十八	損一百三十五	初七 三十三 五十九 末一十 四十一 五十六	二十一 五十九	朒八百二十八
立夏	一百三十六 五千五十四 九十六 六十三	損一百八十五	初十 七十二〔二九〕 三十六 末一十三 五十九 九十一	二十 二十九	朒六百九十三
小滿	一百五十二 九百六十六 一十八 六十〔三〇〕 四十八	損二百三十二	初一十三 八十九 四十 末十六 五十九 五十二	一十九空	朒五百八
芒種	一百六十七 二千一百九 四十 三十 三十三〔三一〕	損二百七十六	初十六 七十八 五十二 末一十九 四十八 六十四	一十九空	朒二百七十六
夏至	一百八十二 三千二百五十二〔三二〕 六十二 一十八	益二百七十六	初一十九 四十八 六十四 末一十六 七十八 五十二	一十九空	朓空
小暑	一百九十七 四千三百九十四 八十四 六十 二	益二百三十二	初一十六 六十八 七十四 末一十三 八十 一十九	二十 二十九	朓二百七十六
大暑	二百一十三 五百七 五 三十〔三三〕 八十七	益一百八十五	初十三 六十九 一十一 末十 六十二 一十四	二十一 五十九	朓五百八

立秋	二百二十八 一千四百五十 二十七	七十二	益一百三十五	初十 末七	四十六 二十七	七十 四十五	二十二四十五	朓六百九十三
處暑	二百四十三 三千五百九十三 四十九	六十 五十七〔三四〕	益八十三	初七 末四	一十一 七十九	一十四 六十三	二十三三十二	朓八百二十八
白露	二百五十八 三千七百三十五 七十一	三十 四十二〔三五〕	益二十九	初三 末空	五十六 二十四	三十一 八十	二十三三十二	朓九百一十一
秋分	二百七十三 四千八百七十八 九十三	二十七	損二十九	初空 末三〔三六〕	二十四 五十六	八十 三十一	二十三三十二	朓九百四十
寒露	二百八十九 七百九十 一十五	六十 一十二	損八十三	初三 末七	八十五〔三七〕 五	七十六 一	二十二四十五	朓九百一十一
霜降	三百四 一千九百三十三 三十六	三十八〔三八〕 九十六	損一百三十五	初七 末十	三十三 四十	五十九 五十六	二十一五十九	朓八百二十八
立冬	三百一十九 三千七十六 五十八	八十一	損一百八十五	初十 末一十三	七十一 五十九	三十六 九十一	二十二十九	朓六百九十三
小雪	三百三十四 四千三百一十六 八十六	六十 十六	損二百三十二	初十三 末十六	八十九 五十九	四十八〔三九〕 五十二	一十九空	朓五百八
大雪	三百五十 一百三十一 二	三十 五十一〔四〇〕	損二百七十六	初十六 末一十九〔四一〕	七十八 四十八	五十二 六十四	一十九空	朓二百七十六

求每日盈縮朓朒

各置其氣損益率，求盈縮用盈縮之損益，求朓朒用朓朒之損益。六因，如象限而一，爲氣中率。

與後氣中率相減，爲合差。半合差加減其氣中率，爲初末汎率。至後：加初，減末。分後：減初，加末。又置合差，六因，如象限而一，爲日差。半之，加減初末汎率，爲初末定率。至後：減初，加末。分後：加初，減末。以日差累加減其氣初末定率，爲每日損益分。至後減，分後加。各以每日損益分加減氣下盈縮、朓朒，爲每日盈縮、朓朒。二分前一氣無後率相減爲合差者，皆用前氣合差。

求經朔弦望入氣

置天正閏餘，〔四二〕以日法除爲日，不滿爲餘。如氣策以下，〔四三〕以減氣策，爲入大雪氣。〔四四〕以上去之，餘亦減氣策，爲入小雪氣。卽得天正經朔入氣日及餘也。以象策累加之，滿氣策去之，卽得弦、望入次氣日及餘。因加，後朔入氣日及餘也。

求每日損益、盈縮、朓朒

以日差益加減損加減其氣初損益率，爲每日損益率。馴積損益其氣盈縮、朓朒積，爲每日盈縮、朓朒積。

求經朔弦望入氣朓朒定數

各以所入恒氣小餘，以乘其日損益率，如日法而一，〔四五〕以所得損益其下朓朒積爲定數。

赤道宿度

斗二十五度　牛七度少　女十一度少　虛九度少　秒六十八　危十五度半　室十七度　壁八度太

右北方七宿九十四度　秒六十八

奎十六度半　婁十二度　胃十五度　昴十一度少　畢十七度少　觜半度　參十度半

右西方七宿八十三度

井三十三度少　鬼二度半　柳十三度太　星六度太　張十七度少　翼十八度太　軫十七度

右南方七宿一百九度少

角十二度　亢九度少　氐一十六度　房五度太　心六度少　尾十九度少　箕十度半

右東方七宿七十九度

求冬至赤道日度

置通積分，以周天分去之，餘日法而一爲度，不滿退除爲分秒。以百爲母。命起赤道虛宿七度外去之，至不滿宿，卽所求年天正冬至加時日躔赤道宿度及分秒。〔四六〕

求春分夏至秋分赤道日度

置天正冬至加時赤道日度，累加象限，滿赤道宿次去之，卽各得春分、夏至、秋分加時日在宿度及分秒。〔四七〕

求四正赤道宿積度

置四正赤道宿全度，以四正赤道日度及分減之，餘爲距後度。以赤道宿度累加之，各

得四正後赤道宿積度及分。

求赤道宿積度入初末限

視四正後赤道宿積度及分，在四十五度六十五分秒五十四半以下爲入初限，以上者用減象限，餘爲入末限。

求二十八宿黃道度

以四正後赤道宿入初末限度及分，減一百一度，餘以初末限度及分乘之，進位，滿百爲分，分滿百爲度。至後以減、分後以加赤道宿積度，爲其宿黃道積度。以前宿黃道積度減之，其四正之宿，先加象限，然後前宿減之。爲其宿黃道度及分。其分就近約爲太、半、少。

黃道宿度

斗二十三度　牛七度　女十一度　虛九度少　秒六十八　危十六度　室十八度少　壁九度半

右北方七宿九十四度六十八秒

奎十七度太　婁十二度太　胃十五度半　昴十一度　畢十六度半　觜半度　參九度太

右西方七宿八十三度太　一百七十七、七十五、六十八

井三十度半　鬼二度半〔四八〕　柳十三度少　星六度太　張十七度太　翼二十度　軫十八度半

右南方七宿一百九度少　二百八十七、六十八〔四九〕

角十二度太　亢九度太　氐十六度少　房五度太　心六度　尾十八度少　箕九度半

右東方七宿七十八度少　三百六十五、二十五、六十八

前黃道宿度，依今曆歲差所在算定。如上考往古，下驗將來，當據歲差，每移一度，依術推變當時宿度，然後可步七曜，[三〇]知其所在。

求天正冬至加時黃道日度

以冬至加時赤道日度及分秒，減一百一度，餘以冬至赤道日度及分秒乘之，進位，滿百爲分，分滿百爲度。命曰黃赤道差。[三一]用減冬至加時赤道日度及分秒，卽所求年天正冬至加時黃道日度及分秒。

求二十四氣加時黃道日度

置所求年冬至日躔黃赤道差，以次年黃赤道差減之，餘以所求氣數乘之，二十四而一，所得以加其氣中積及約分，又以其氣初日盈縮數盈加縮減之，用加冬至加時黃道日度，依宿次去之，卽各得其氣加時黃道日躔宿度及分秒。如其年冬至加時赤道宿度[三二]空分秒在歲差以下者，卽加前宿全度，然後求黃赤道差，[三三]餘依術算。

求二十四氣每日晨前夜半黃道日度

副置其氣小餘，以其氣初日損益率乘之，盈縮之損益。萬約之爲分，應益者盈加縮減，應

損者盈減縮加其副，日法除之爲度，不滿退除爲分秒，以減其氣加時黃道日度，卽各得其氣初日晨前夜半黃道日度。每日加一度，以百約每日損益率，盈縮之損益。應益者盈加縮減，應損者盈減縮加，爲每日晨前夜半黃道日度及分秒。

求每日午中黃道日度

置一萬分，以所入氣日盈縮損益率，應益者盈加縮減，應損者盈減縮加，皆加減損益率，餘半之，滿百爲分，不滿爲秒，以加其日晨前夜半黃道日度，卽其日午中日躔黃道宿度及分秒。

求每日午中黃道積度

以二至加時黃道日度，距至所求日午中黃道日度，爲入二至後黃道積度及分秒。[三四]

求每日午中黃道入初末限

視二至後黃道積度，在四十三度一十二分秒八十七以下爲初限，以上，用減象限，餘爲入末限。其積度滿象限去之，爲二分後黃道積度，在四十八度一十八分秒二十二以下爲初限，以上，用減象限，餘爲入末限。

求每日午中赤道日度

以所求日午中黃道積度，入至後初限，分後末限，度及分秒，進三位，加二十萬二千五十少，開平方除之，所得，減去四百四十九半，餘在初限者，直以二至赤道日度加而命之。在末限者，以減象限，餘以二分赤道日度加而命之。卽每日午中赤道日度。以所求日午中黃道積度，入至後末限，分後初限，度及分秒，進三位，用減三十萬三千五十少，開平方除之，所得，以減五百五十半，其在初限者，以所減之餘，直以二分赤道日度加而命之。在末限者，以減象限，餘以二至赤道日度加而命之。卽每日午中赤道日度。

太陽黃道十二次入宮宿度

雨水　危十三度三十九分五十九秒外，入衞分，陬訾之次，辰在亥。

春分　奎二度三十五分八十五秒外，入魯分，降婁之次，辰在戌。

穀雨　胃四度二十四分三十三秒外，入趙分，大梁之次，辰在酉。

小滿　畢七度九十六分六秒外，入晉分，實沈之次，辰在申。

夏至　井九度四十七分一十秒外，入秦分，鶉首之次，辰在未。

大暑　柳四度九十五分一十六秒外，入周分，鶉火之次，辰在午。

處暑　張十五度五十六分三十五秒外，入楚分，鶉尾之次，辰在巳。

秋分　軫十度四十四分五秒外，入鄭分，壽星之次，辰在辰。

霜降　氐一度七十七分七十七秒外，入宋分，大火之次，辰在卯。

小雪　尾三度九十七分九十二秒外，入燕分，析木之次，辰在寅。

冬至　斗四度三十六分六十六秒外，[三五]入吳越分，星紀之次，辰在丑。

大寒　女二度九十一分九十一秒外，入齊分，玄枵之次，辰在子。

求入宮時刻

各置入宮宿度及分秒，以其日晨前夜半日度減之，相近一度之間者求之。餘以日法乘其分，其秒從於下，亦通乘之，爲實，以其日太陽行分爲法，實如法而一，所得，依發斂加時求之，卽得其日太陽入宮時刻及分秒。

步晷漏第四

中限：一百八十二日，六十二分，一十八秒。

冬至初限，夏至末限：六十二日，二十分。

夏至初限，冬至末限：一百二十日，四十二分。

冬至地中晷影常數：一丈二尺八寸三分。

夏至地中晷影常數：一尺五寸六分。

周法：一千四百二十八。

內外法：一萬八百九十六。

半法：二千六百一十五。

日法四分之三：三千九百二十二半。

日法四分之一：一千三百七半。

昏明分：一百三十分，七十五秒。

昏明刻：二刻，一百五十六分，九十秒。

刻法：三百一十三分，八十秒。

秒母：一百。

求午中入氣中積

置所求日大餘及半法，以所入之氣大小餘減之，爲其日午中入氣。以加其氣中積，爲其日午中中積。小餘以日法除爲約分。

求二至後午中入初末限

置午中中積及分，如中限以下，爲冬至後。以上，去中限，爲夏至後。其二至後，如在初限以下，爲初限。以上，覆減中限，餘爲入末限也。

求午中晷影定數

視冬至後初限、夏至後末限，百通日，內分，自相乘，副置之。以一千四百五十除之，所得加五萬三百八十，〔五六〕折半限分併之；除其副爲分。分滿十爲寸，寸滿十爲尺，用減冬至地中晷影常數，〔五七〕爲所求晷影定數。視夏至後初限、冬至後末限，百通日，內分，自相乘爲上位。下置入限分，以二百二十五乘，百約之，〔五八〕加一十九萬八千七十五爲法。夏至前後半限以上者，減去半限，列於上位。下位置半限。各百通日，內分，先相減，後相乘。以七千七百除之，所得以加其法。反除上位，爲分。分滿十爲寸，寸滿十爲尺，用加夏至地中晷影常數，爲所求晷影定數。

求四方所在晷影

各於其處測冬夏二至晷影，乃相減之餘，爲其處二至晷差。亦以地中二至晷數相減，爲地中二至晷差。其所求日在冬至後初限、夏至後末限者，如在半限以下，倍之；半限以上，覆減半限，餘亦倍之，併入限日，三因折半，以日爲分，十爲寸，以減地中二至晷差爲法。置地中冬至晷影常數，以所求日地中晷影定數減之，餘以其處二至晷差乘之爲實。實如法而一，所得，以減其處冬至晷數，即得其處其日晷影定數。所求日在夏至後初限、冬至後末限者，如在半限以下，倍之，半限以上，覆減半限，餘亦倍之，併入限日，三因四除，以日爲分，十爲寸，以加地中二至晷差爲法。置所求日地中晷影定數，以地中夏至晷影常數減之，餘以其處二至晷差乘之爲實。實如法而一，所得，以加其處夏至晷數，即得其處其日晷影定數。

二十四氣陟降及日出分

恒氣	增損差	加減差	陟降率	初末率	日出分
冬至	增 初九 二十六 末七 九十六	減十	陟一 四十	初空 五 五十 末一 二十六 四	一千五百六十七 九十二
小寒	增 初七 八十九 末六 五十九	減十	陟二十八 七十三	初一 三十六 末二 三十七 三十六	一千五百五十七 五十二
大寒	增 初六 五十二 末五 二十二	減十	陟四十三 五十六	初二 四十三 末三〔五九〕 二十五 一十八	一千五百二十八 七十九
立春	增 初五 一十八 末四 八十八	減十	陟五十五 一十九	初三 二十九 末三 九十二 四十二	一千四百八十五 二十三〔六〇〕
雨水	增 初三 八十二 末二 五十二	減十	陟六十三 九十	初三 九十五 五十 末四 三十九 八十八	一千四百三十 四
驚蟄	增 初二 四十八 末一 三十八	減十	陟六十九 一十八	初四 四十四 末四 六十七 一十六	一千三百六十六 一十四
春分	損 初一 三十六 末二 四十	加八	陟六十四 六十九	初四 三十七 末四 一十 六十八	一千二百九十六 九十六
清明	損 初二 五十 末三 五十四	加八	陟五十九 九	初四 八 五十 末三 六十六 二十二	一千二百三十二 二十七

恒氣	增損差	加減差	陟降率	初末率	日出分
穀雨	損 初三 六十五 末四 六十九	加八	陟五十八 八十四	初三 六十二 末三 三 六十二	一千一百七十三 一十八
立夏	損 初四 八十 末五 八十四	加八	陟三十九 八十六	初二 九十八 五十 末二 二十四 二	一千一百二十二 三十四
小滿	損 初五 九十八〔六一〕 末七 二	加八	陟二十六 六	初二 一十六〔六二〕 末一 三十五	一千八十二 四十八
芒種	損 初七 一十九 末八 二十三	加八	陟九 三十五	初一 一十五 末空 七 六	一千五十六 四十二
夏至	增 初八 三十七 末七 三十三	減八	降九 三十五〔六三〕	初空 四 五十 末一 一十四〔六四〕 四十	一千四十七 七
小暑	增 初七 二十 末六 一十六	減八	降二十六 六	初一 二十三 末二 一十六 五十三〔六五〕	一千五十六 四十二
大暑	增 初六 空 末四 九十六	減八	降三十九 八十六	初二 二十二 五十 末二 九十九 二十二	一千八十二 四十八
立秋	增 初四 八十 末三 七十六	減八	降五十 八十四	初三 三 末三 六十二 九十二	一千一百二十二 三十四
處暑	增 初三 六十 末二 五十六	減八	降五十九 九	初三 六十五 五十 末四 八 六十二	一千一百七十三 一十八
白露	增 初二 四十 末一 三十六	減八	降六十四 六十九	初四 一十 五十 末四 三十六 八十二	一千二百三十二 二十七
秋分	損 初一 六十 末二 六十	加十	降六十九 一十八	初四 六十八 末四 四十四 九十	一千二百九十六 九十六

寒露	損 初二 六十三 末三 九十三	加十	降六十三 九十	初四 四十二 末三 九十六 二十二	一千三百六十六 二十四
霜降	損 初三 九十八 末五 二十八	加十	降五十五 一十九	初三 九十四 末三 二十九 一十八	一千四百三十四
立冬	損 初五 三十二 末六 六十二	加十	降四十三 五十六	初三 二十七 末二 四十三 四十二	一千四百八十五 三十三
小雪	損 初六 六十六 末七 九十六	加十	降二十八 七十三	初二 三十九 五十 末一 三十七 一十六	一千五百二十八 七十九
大雪	損 初八 二 末九 三十二	加十	降一十 四十	初一 二十八 五十 末空 七 一十二	一千五百五十七 五十二

二分前後陟降率

春分前三日太陽入赤道內，秋分後三日太陽出赤道外，故其陟降與他日不倫，今各別立數而用之。

驚蟄，十二日，陟四六十七，一十六。〔六六〕此爲末率，於此用畢。〔六七〕其減差亦止於此。十三日，陟四四十一，六。十四日，陟四三十六，九十。十五日，陟四〔六八〕一。

秋分，初日，降四三十八。一日，降四三十九。二日，降四五十七。三日，降四六十八。此爲初率，始用之。〔六九〕其加差亦始於此。

求每日日出入晨昏半晝分

各以陟降初率，陟減降加其氣初日日出分，爲一日下日出分。以增損差，仍加減加減差。增損陟降率，馴積而加減之，卽爲每日日出分。覆減日法，餘爲日入分。以日出分減日入分〔七〇〕而半之，爲半晝分。以昏明分減日出分爲晨分，加日入分爲昏分。

求日出入辰刻

置日出入分，以六因之，滿辰法而一，爲辰數。不盡，刻法除之爲刻數，不滿爲分，命子正算外，卽得所求。

求晝夜刻

置日出分，十二乘之，刻法而一，爲刻，不滿爲分，卽爲夜刻。覆減百刻，餘爲晝刻。

求更點率

置晨分，四因，退位爲更率。二因更率，退位爲點率。

求更點所在辰刻

置更點率，以所求更點數因之，又六因，內加昏明分，滿辰法而一，爲辰數。不盡，滿刻法除之爲刻數，不滿爲分，命其辰刻算外，卽得所求。

求四方所在漏刻

各於所在下水漏，以定其處冬至或夏至夜刻，乃與五十刻相減，餘爲至差刻。置所求日黃道去赤道內外度及分，以至差刻乘之，進一位，如二百三十九而一，〔七一〕爲刻，不盡以刻法乘之，退除爲分，內減外加五十刻，卽所求日夜刻。以減百刻，餘爲晝刻。其日出入辰刻及更點差率算等，並依術求之。

求黃道內外度

置日出分，如日法四分之一以上，去之，餘爲外分。如日法四分之一以下，〔七二〕覆減之，餘爲內分。置內外分，千乘之，如內外法而一，爲度，不滿退除爲分，卽爲黃道去赤道內外度。內減外加象限，卽得黃道去極度。

求距中度及更差度

置半法，以晨分減之，餘爲距中分，百乘之，如周法而一，爲距中度。用減一百八十三度一十二分八十四秒，餘四因退位，爲每更差度。

求昏明五更中星

置距中度，以其日午中赤道日度加而命之，卽昏中星所格宿次，因爲初更中星。以更差度累加之，命赤道宿次去之，卽得逐更及明中星。

校勘記

〔一〕十一年曆成　按上文言大定丁酉九月丁酉朔，日食後天，「乃命司天監趙知微重修大明曆」，下文步氣朔言，「演紀：上元甲子距今大定庚子」，丁酉是十七年，庚子是二十年，則此「十一年」或爲「二十一年」之誤。

〔二〕司天又改進新曆　「新」原作「親」。按本書卷一〇六張行簡傳，章宗卽位，「累遷禮部郎中，「司天臺劉道用改進新曆，詔學士院更定曆名」。今據改。

〔三〕象策七日餘二千一分　「一分」原作「二分」。按象策爲望策之半，今據上文望策之數減半改。

〔四〕以減通積分爲朔積分　「通積」下原脫「分」字。按上文作「通積分」，知此必脫「分」字。元史卷五六、五七曆志，庚午元曆以下簡稱庚午曆係沿用金趙知微重修大明曆，今據該志補。

〔五〕辰法二千六百一十五　原脫「五」字。按辰法爲六乘日法再除十二得之。殿本不誤，今據補。

〔六〕象限九十一三十一分九秒　「三十一」原作「三十」。按本曆太陽年平行度爲三六五度二四分三五秒强，其四分之一卽爲象限，則作「三十一」是。又宋史卷七九、八〇律曆志紀元曆爲金大明曆之所本，其象限同，庚午曆亦同。今據改。

〔七〕末四百二十八　原作「四百七十八」。按冬至夏至盈縮初末率同，本表夏至作「末四百二十八」。又初率加末率，半之，乘一平氣日，卽得本氣損益率。以此倒推，亦得此數。今據改。

〔八〕盈二萬三千二百七十六　「二萬」原作「一萬」。按盈縮積爲本氣前損益率的累計數。本表前已「盈二萬一千一百五十」，複益二千一百二十六，其和當爲二萬三千二百七十六。庚午曆同。今據改。

〔九〕四十三　原作「四十二」。按立夏立冬盈縮初末率同，本表立冬作「四十三」。庚午曆同。今據改。其計算方法，參見本卷校記〔七〕。下同。

〔一〇〕三十二　原作「三十」。按小滿小雪盈縮初末率同，本表小雪作「三十二」。庚午曆同。今據改。

〔一一〕一十一　原作「一十二」。按芒種大雪盈縮初末率同，本表大雪作「一十一」。庚午曆同。今改。

〔一二〕二百一十一七十六八　「七十六」原作「七十八」。按日積度分秒，即本氣前累計之太陽實行度及分秒。下一表大暑中積約分二百一十三日五分八十七秒，減本表大暑縮積分一萬二千九百七十九即一日二十九分七十九秒，即得其日積度二百一十一日七十六分八秒。庚午曆同。今據改。

〔一三〕二百二十六五十七十五七十五　「七十五」原作「七十六」。按下表立秋中積約分二百二十八日二十七分七十二秒減其縮積分一萬七千六百九十七即一日七十六分九十七秒，即得其日積度二百二十六日五十分七十五秒。庚午曆同。今據改。

〔一四〕六十二　八十六　原作「六十一　八十二」。按立秋立春盈縮初末率同，本表立春爲「六十二　八十六」。庚午曆同。今據改。

〔一五〕七十二　原作「七十三」。按日差即本氣每日損益率之差，可以初率與末率之差除平氣日數減一求之。又立秋立春日差同，本表立春爲「七十二」。庚午曆同。殿本已改，今從之。

〔一六〕一十三　原作「一十七一」。顯係訛誤。按白露驚蟄盈縮初末率同，本表驚蟄作「一十三」。庚午曆同。今據改。

〔一七〕損三千四百五十三　「五」下原脫「十三」二字。按本行霜降盈縮積爲「縮二萬一千一百五十」，下行立冬盈縮積爲「縮一萬七千六百九十七」，當損三千四百五十三爲是。庚午曆不誤。今據補。

〔一八〕初一百八十八　六　四十八　原脫「六」字。按霜降穀雨盈縮初末率同，本表穀雨初率有「六」字。庚午曆同。今據補。

〔一九〕縮二萬一千一百五十　「二萬」原作「一萬」。按上一行寒露盈縮積爲「縮二萬三千二百七十六」，複損「二千一百二十六」，還當縮二萬一千一百五十。即爲本行霜降之盈縮積。庚午曆同。今據改。

〔二〇〕損五千九百二十　「九」下原衍「一」字。今據庚午曆删。

〔二一〕八十　原作「八十一」。按大雪芒種盈縮初末率同，本表芒種作「八十」。庚午曆同。殿本已改，今從之。

〔二二〕八十　原作「八十一」。按小寒小暑朓朒初末率同，本表小暑作「八十」。庚午曆同。今據改。其計算方法與本卷校記〔七〕同。下同。

〔二三〕一十四　原作「二十四」。按大寒大暑朓朒初末率同，本表大暑作「一十四」。庚午曆同。今改。

〔二四〕益一百三十五　「三十五」原作「二十五」。按本表下「朒六百九十三」，次行「朒八百二十八」，當益一百三十五爲是。庚午曆同。今據改。

〔二五〕四千五百七十　「四千」原作「四十」。按本欄所載，爲截至本氣前的平氣累計日數及餘。經分爲未經日法的分數，約分爲約後的實數。本表立春經分爲四十五日又三千四百二十八分，與氣策十五日一千一百四十二分六十秒之和，即本氣中積日數及餘，則「四千」是。殿本同，今據改。

〔二六〕三十　「十」字原誤置於約分「九」字之上，今據庚午曆改移。

〔二七〕五十六　原作「五十八」。按驚蟄白露朓朒初末率同，本表白露作「五十六」。庚午曆同。今改。

〔二八〕一百六二千七百六十八　六十　「六十八」原作「六十六」。按前氣春分中積經分加氣策，即得清明中積經分一百六日二千七百六十八分六十秒。庚午曆同。今據改。又經分「六十」原誤置於約分「五十二」之上，今據庚午曆改移。

〔二九〕七十一　原作「七十二」。按立夏立冬朓朒初末率同，本表立冬作「七十一」。庚午曆同。今改。

〔三〇〕一百五十二九百六十六　六十　原脫最後「六十」二字。按立夏中積經分加氣策，得小滿中積經分一百五十二日九百六十六分六十秒。庚午曆同。今據補。

〔三一〕一百六十七二千一百九　三十　四十　三十三　「三十」原作「十二」、「四十」上原衍「十」字。按前氣小滿中積經分加氣策，得芒種中積經分一百六十七日二千一百九分三十秒。又小滿中積約分一百五十二日一十八分四十八秒三，加氣策約分十五日二十一分八十四秒八，得芒種中積約分一百六十七日四十分三十三秒表上均將秒下小數略去。庚午曆同。今據改。

〔三二〕一百八十二三千二百五十二　「二百五十二」原作「五百五十一」。按前氣芒種中氣經分加氣策，得夏至中積經分一百八十二日三千二百五十二分。庚午曆同。今據改。

〔三三〕二百一十三三百七　三十　「二百」原作「一百」、「三十」原作「二十」。按前氣小暑中積經分加氣策，得大暑中積經分二百一十三日三百七分三十秒。庚午曆同。今據改。

〔三四〕二百四十三二千五百九十二　六十　四十九　五十七　「五十七」原作「五十四」。按前氣立秋中積約分加氣策約分，得處暑中積約分二百四十三日四十九分五十七秒。庚午曆同。今據改。又經分之「六十」秒原在約分之「四十九」分之上，今據庚午曆改移。

〔三五〕二百五十八三千七百三十五　三十　七十一　四十二　「三千七百三十五」原作「三千七百五十五」，庚午曆作「三千七百二十五」、「四十二」原作「四十一」，殿本、庚午曆皆作「四十二」。按前氣處暑中積經分加氣策，得白露中積經分二百五十八日三千七百三十五分三十秒。處暑中積約分加氣策約分，得白露中積約分二百五十八日七十一分四十二秒。今據以改正。又經分之「三十」秒原在約分之

「七十一」上，今據庚午曆改移。

〔三六〕末三　原脫「三」字。按秋分春分朓朒初末率同，本表春分「末」下有「三」字。庚午曆同。今據補。

〔三七〕八十五　原作「八十一」。按寒露清明朓朒初末率同，本表淸明作「八十五」。庚午曆同。今據改。

〔三八〕三十　「十」字原誤置於約分「三十六」之上，今據庚午曆改移。

〔三九〕四十　原作「十四」。按小雪小滿朓朒初末率同，本表小滿作「四十」。庚午曆同。今乙正。

〔四〇〕三百五十一百三十一二　三十五十一　「二　五十一」原誤作「二三　五十一」。庚午曆則誤作「二　三十一」。按前氣小雪中積約分加氣策約分，得大雪約分三百五十日二分五十一秒。今據改。

〔四一〕末一十九　「末」下原脫「一十」二字。今據本表芒種及庚午曆補。

〔四二〕置天正閏餘　原脫「閏」字。今據庚午曆補。

〔四三〕如氣策以下　原脫「策」字。今據庚午曆補。

〔四四〕爲入大雪氣　「氣」下原衍「策」字。今據庚午曆刪。

〔四五〕如日法而一　「如」上原衍「乘」字，「而」下原脫「一」字。今據庚午曆刪補。

〔四六〕卽所求年天正冬至加時日躔赤道宿度及分秒　原脫「時」字、「分」字。今據庚午曆補。

〔四七〕秋分加時日在宿度及分秒　原脫「加」字、「度」字。今據庚午曆補。

〔四八〕鬼二度半　「二」下原誤衍「十」字。今據庚午曆刪。

〔四九〕二百八十七六十八　原脫「六十八」三字。按依上文數據，北方、西方、南方二十一宿的總度數爲二百八十七度又六十八秒。今補。

〔五〇〕然後可步七曜　原脫「後」字、「七」字。文義不明。今據庚午曆補。

〔五一〕命曰黃赤道差　「命」上原涉上文衍「度」字，其下又脫「曰」字。今據庚午曆刪補。

〔五二〕如其年冬至加時赤道宿度　「赤道」下原衍「加」字。今據宋志紀元曆刪。

〔五三〕然後求黃赤道差　原脫「後」字。今據文義補。

〔五四〕黃道積度及分秒　原脫「及」字。今據庚午曆補。

〔五五〕斗四度三十六分六十六秒外　「六十六」原作「六十二」。今據庚午曆改。

〔五六〕加五萬三百八十　按庚午曆「八」下無「十」字。本曆此數係取宋史卷七九紀元曆「加一十萬六百一十七」之半數，應爲「五萬三百八半」。「十」似「半」字之誤。

〔五七〕用減冬至地中晷影常數　「常」原作「當」。據殿本改。

〔五八〕以二百二十五乘百約之　「二十五」原作「五十」。按此在紀元曆作「九因再折」。九除以四，得二點二十五。本志爲便於計算，逕作「以二百二十五乘，百約之」。庚午曆同。今據改。

〔五九〕末三　「末」下原脫「三」字。按陟降末率爲增損差初率加末率，半之，乘累積天數十四，加減增加損減陟降初率得之。本表增損初率爲六五二，加末率五二二之和爲一一七四。半之爲五八七，乘十四得八二一八，與陟降初率二四三〇〇之和爲三二五一八，知「末」下當脫「三」字。庚午曆不脫，今據改。

〔六〇〕一千四百八十五二十三　「二十三」原作「三十三」。按本表前格日出分爲一千五百二十八七十九，陟四十三五十六，其差當爲一千四百八十五二十三。庚午曆同。今據改。

〔六一〕九十八　原作「九十六」。按增損初率爲末率減去本氣累計之加減差。本表末率爲七〇二，加減差爲八，累積實十三天，共得加減差一〇四，與七〇二之差爲五九八，則作「九十八」是。庚午曆同。今據改。

〔六二〕一十六　原作「二十六」。按陟降初率爲增損差初率加末率，半之，乘累積天數十四，減加增減損加陟降末率得之。本表增損初率爲五九八，加末率七〇二，和爲一三〇〇，半之爲六五〇，乘十四得九一〇〇，與一二五〇〇之和爲二一六〇〇，則作「一十六」是。庚午曆同。今據改。

〔六三〕降九三十五　「降」原作「陟」。按陟降率由每氣日出分與下一氣日出分和差而得，下氣日出分小者爲陟，增者爲降。此處小暑日出分增于夏至，知原作「陟」誤。庚午曆不誤，今據改正。

〔六四〕一十四　原作「二十四」。據庚午曆改正。計算方法參見本卷校記〔五九〕。下同。

〔六五〕五十二　原作「五十三」。據庚午曆改正。

〔六六〕陟四六十七一十六　「一十六」原作「一十四」。按此卽上表驚蟄末率，庚午曆同。今據改正。

〔六七〕於此用畢　「此」、「用」原譌作「觜」。今據庚午曆改正。

〔六八〕十五日陟四　「陟四」原作「陟一」。按上十二日至十四日皆陟四，此亦不得小於四。庚午曆作「四」不誤。今據改。

〔六九〕始用之　「始」原作「如」。文義不貫。今據庚午曆改。

〔七〇〕以日出分減日入分　「以」下原脫「日」字。按上下文及庚午曆補。

〔七一〕如二百三十九而一　「如」原作「加」。據庚午曆改正。

〔七二〕如日法四分之一以下　「日法」原作「出分」。按此句係與上文「如日法四分之一以上，去之，餘爲外分」相對爲文，「出分」顯係「日法」之誤，「四」下亦當有「分」字。今據庚午曆改正。

金史卷二十二

志第三

曆下

步月離　步交會　步五星　渾象

步月離第五

轉終分：〔一〕一十四萬四千一百一十，秒六千六十六。

轉終日：二十七日，餘二千九百，秒六千六十六。

轉中日：一十三日，餘四千六十五，秒三千三十三。

朔差日：一，餘五千一百四，秒三千九百三十四。

象策：七日，餘二千一分，二十二秒半。

秒母：一萬。

上弦：九十一度，三十一分，四十二秒。

望：一百八十二度，六十二分，八十四秒。

下弦：二百七十三度，九十四分，二十六秒。

月平行度：十三度，三十六分，八十七秒半。

分、秒母：一百。

七日：初數，四千六百四十八。末數，五百八十二。

十四日：初數，四千六十五。末數，一千一百六十五。

二十一日：初數，三千四百八十三。末數，一千七百四十七。

二十八日：初數，二千九百一。末數，二千三百二十九。

求經朔弦望入轉

置天正朔積分，以轉終分及秒去之，不盡，如日法而一，〔二〕爲日，不滿爲餘秒，卽天正十一月經朔入轉日及餘秒。以象策累加之，去命如前，卽得弦、望經日加時入轉日及餘秒。徑求次朔入轉，以朔差加之。

轉定分及積度朓朒率

一日	一千四百六十八	初度	疾初	益五百一十三〔三〕	朓初
二日	一千四百五十七	一十四度六十八	疾一度三十一	益四百六十九	朓五百一十三
三日	一千四百四十二	二十九度二十五〔四〕	疾二度五十一	益四百一十一	朓九百八十二
四日	一千四百二十二	四十三度六十七	疾三度五十六	益三百三十二	朓一千三百九十三
五日	一千三百九十九	五十七度八十九	疾四度四十一	益二百四十三	朓一千七百二十五
六日	一千三百七十三	七十一度八十八	疾五度三	益一百四十一	朓一千九百六十八
七日	一千三百四十七	八十五度六十二〔五〕	疾五度三十九	初益四十三 末損四	朓二千一百九
八日	一千三百二十一	九十九度八	疾五度四十九〔六〕	損六十三	朓二千一百四十八
九日	一千二百九十五	一百一十二度二十九	疾五度三十三〔七〕	損一百六十四	朓二千八十五
十日	一千二百七十一	一百二十五度二十四	疾四度九十一	損二百五十八	朓一千九百二十一
十一日	一千二百四十七	一百三十七度九十五	疾四度二十五	損三百五十二〔八〕	朓一千六百六十三

十二日	一千二百二十八	一百五十度四十二	疾三度三十五	損四百二十七	朓一千三百一十一
十三日	一千二百一十四	一百六十二度七十	疾二度二十六	損四百八十一	朓八百八十四
十四日	一千二百四	一百七十四度八十四	疾一度二	初損四百〇三 末益一百一十七	朓四百三
十五日	一千二百八	一百八十六度八十八	遲空三十	益五百〇五	朒一百一十七
十六日	一千二百一十九	一百九十八度九十六	遲一度三十九	益四百六十二	朒六百二十二
十七日	一千二百三十六	二百一十一度十五〔九〕	遲二度七十七〔一〇〕	益三百九十五	朒一千八十四
十八日	一千二百五十八	二百二十三度三十一〔一一〕	遲三度七十八	益三百〇九	朒一千四百七十九
十九日	一千二百八十一	二百三十六度九	遲四度三十七	益二百一十九	朒一千七百八十八
二十日	一千三百七	二百四十八度九十	遲五度十四	益一百一十七	朒二千〇七
二十一日	一千三百三十三	二百六十一度九十七	遲五度四十三〔一二〕	初益三十七 末損一十一	朒二千一百二十四
二十二日	一千三百五十九	二百七十五度三十	遲五度四十七	損八十六	朒二千一百四十〔一三〕

二十三日	一千三百八十四	二百八十八度八十九	遲五度二十五	損一百八十四	朒二千五十四〔一四〕
二十四日	一千四百八	三百二度七十四	遲四度七十八	損二百七十八	朒一千八百七十〔一五〕
二十五日	一千四百三十一	三百一十六度八十一	遲四度七	損三百六十八	朒一千五百九十二
二十六日	一千四百四十九	三百三十一度十三	遲三度十四	損四百三十八	朒一千二百二十四
二十七日	一千四百六十三	三百四十五度六十一〔一六〕	遲二度一	損四百九十三	朒七百八十六
二十八日	一千四百七十二	三百六十度二十四	遲空七十五〔一七〕	損二百九十三	朒二百九十三

求朔弦望入轉朓朒定數

置入轉小餘，以其日算外，損益率乘之，如日法而一，所得，以損益朓朒積爲定數。其四七日下餘，如初數以下，初率乘之，初數而一，以損益朓朒積爲定數。如初數以上，初數減之，餘乘末率，末數而一，用減初率，餘加朓朒爲定數。其十四日下餘，如初數以上者，初數減之，餘乘末率，末數而一，便爲朓朒定數。

求朔弦望定日〔一八〕

置經朔、弦、望小餘，朓減朒加入氣入轉朓朒定數，滿與不足，進退大餘，命甲子算外，各得定朔、弦、望日辰及餘。定朔前干名與後干名同者，其月大；不同者，其月小。月內無中氣者爲閏。視定朔小餘：秋分後，在日法四分之三以上者，進一日。春分後，定朔日出分與春分日出分相減之餘，三約之，用減四分之三，定朔小餘及此數以上者，亦進一日。或有交，虧初在日入前者，不進之。

定弦、望小餘在日出分以下者，退一日。望或有交，虧初在日出前者，小餘雖在日出後，亦退之。如十七日望者，又視定朔小餘在四分之三以下之數，春分後用減定之數。與定望小餘在日出分以上之數相較之；朔少望多者，望不退，而朔猶進之。望少朔多者，朔不進，而望猶退之。日月之行，有盈有縮，遲疾加減之數，或有四大三小；若隨常理，當察其時早晚，隨所近而進退之，使不過三大二小。

求定朔弦望中積

置定朔、弦、望大小餘與經朔、弦、望大小餘相減之餘，以加減經朔、弦、望入氣日餘，〔一九〕經朔、弦、望少卽加之，多卽減之。卽爲定朔、弦、望入氣。以加其氣中積，卽爲定朔、弦、望中積。其餘以日法退除爲分秒。

求定朔弦望加時日度

置定朔、弦、望約餘，以所入氣日損益率乘，盈縮損益。萬約之，以損益其下盈縮積，乃盈加縮減定朔弦望中積，又以冬至加時日躔黃道宿度加之，〔二〇〕依宿次去之，卽得定朔、弦、望加時日所在度及分秒。又置定朔、弦、望約餘，副置之。以乘其日盈縮之損益率，萬約之，應益者盈加縮減，應損者盈減縮加其副，滿百爲分，分滿百爲度，以加其日夜半日度，命之，各得其日加時日躔黃道宿次。若先於曆注定每日夜半日度，卽爲妙也。〔二一〕

求定朔弦望加時月度

凡合朔加時日月同度，其定朔加時黃道日度，卽爲定朔加時黃道月度。弦、望各以弦、望度加定弦、望加時黃道日度，〔二二〕依宿次去之，卽得定朔、弦、望加時黃道月度及分秒。

求夜半午中入轉

置經朔入轉，以經朔小餘減之，爲經朔夜半入轉。又經朔小餘與半法相減之餘，以加減經朔加時入轉，〔二三〕經朔少，如半法加之；多，如半法減之。爲經朔午中入轉。若定朔大餘有進退者，亦加減轉日，〔二四〕否則因經爲定。每日累加一日，滿轉終日〔二五〕及餘秒去命如前，各得每日夜半、午中入轉。求夜半，因定朔夜半入轉累加之。求午中，因定朔午中入轉累加之。求加時入轉者，如求加時入氣術。

求加時及夜半月度

置其日入轉算外轉定分，以定朔、弦、望小餘乘之，如日法而一，爲加時轉分。分滿百爲度。減定朔、弦、望加時月度，爲夜半月度。以所得轉定分累加之，卽得每日夜半月度。或朔至弦、望，或至後朔，皆可累加之。然近則差少，遠則差多。置所求前後夜半相距月度爲行度，計其相距入轉積度，與行度相減，餘以相距日數除爲日差，行度多以日差加每日轉定分，行度少以日差減每日轉定分，然後用之可中。或欲速求，用此數，欲究其故，宜用後術。

求晨昏月度

置其日晨分，乘其日算外轉定分，日法而一，爲晨轉分。用減轉定分，餘爲昏轉分。又以朔、弦、望定小餘，乘轉定分，日法而一，爲加時分。以減晨、昏轉分，爲前；不足，覆減之，爲後。乃前加後減加時月度，卽晨昏月所在宿度及分秒。

求朔弦望晨昏定程

各以其朔昏定月，減上弦昏定月，餘爲朔後昏定程。以上弦昏定月，減望昏定月，餘爲上弦後昏定程。以望晨定月，減下弦晨定月，餘爲望後晨定程。以下弦晨定月，減後朔晨定月，餘爲下弦後晨定程。

求每日轉定度

累計每程相距日下轉積度，與晨昏定程相減，餘以相距日數除之，爲日差，定程多加之，定程少減之。以加減每日轉定分，爲轉定度。因朔、弦、望晨昏月，每日累加之，滿宿次去之，爲每日晨昏月度及分秒。凡注曆，朔日以後注昏月，望後一日注晨月。古曆有九道月度，其數雖繁，亦難削去，具其術如後。

求平交日辰

置交終日及餘秒，以其月經朔加時〔二六〕入交汎日及餘秒減之，爲平交入其月經朔加時後日算及餘秒。以加其月經朔大小餘，其大餘命甲子算外，卽平交日辰及餘秒。求次交者，以交終日及餘秒加之，大餘滿紀法去之，命如前，卽次平交日辰及餘秒。

求平交入轉朓朒定數

置平交小餘，加其日夜半入轉餘，以乘其日損益率，日法而一，所得，以損益其下朓朒積，爲定數。

求正交日辰

置平交小餘，以平交入轉朓朒定數，朓減朒加之，滿與不足，進退日辰，卽正交日辰及餘秒。與定朔日辰相距，卽所在月日。

求經朔加時中積

各以其月經朔加時入氣日及餘，加其氣中積及餘，其日命爲度，其餘以日法退除爲分

秒，卽其經朔加時中積度及分秒。

求正交加時黃道月度

置平交入經朔加時後日算及餘秒，以日法通日，內餘，進二位，如三萬九千一百二十一分而一爲度，〔二七〕不滿退除爲分秒，以加其月經朔加時中積，然後以冬至加時〔二八〕黃道日度加而命之，卽得其月正交加時月離黃道宿度及分秒。如求次交者，以交終度及分秒加而命之，〔二九〕卽得所求。

求黃道宿積度

置正交時黃道宿全度，以正交加時月離黃道宿度及分秒減之，餘爲距後度及分秒，以黃道宿度累加之，卽各得正交後黃道宿積度及分秒。

求黃道宿積度入初末限

置黃道宿積度及分秒，滿交象度及分秒去之，如在半交象以下，爲初限；以上者，以減交象度及分秒，餘爲入末限。入交積度交象度並在交會術中。

求月行九道宿度

凡月行所交：冬入陰曆，夏入陽曆，月行靑道。冬至夏至後，靑道半交在春分之宿，當黃道東。立冬立夏後，〔三〇〕靑道半交在立春之宿，當黃道東南。至所衝之宿亦如之。冬入陽曆，夏入陰曆，月行白道。冬至夏至後，白道半交在秋分之宿，當黃道西。立冬立夏後，白道半交在立秋之宿，當黃道西北。至所衝之宿亦如之。春入陽曆，秋入陰曆，月行朱道。春分秋分後，朱道半交在夏至之宿，當黃道南。立春立秋後，朱道半交在立夏之宿，當黃道西南。至所衝之宿亦如之。春入陰曆，秋入陽曆，月行黑道。春分秋分後，黑道半交在冬至之宿，當黃道北。立春立秋後，黑道半交在立冬之宿，當黃道東北。至所衝之宿亦如之。四序離爲八節，至陰陽之所交，皆與黃道相會，故月行有九道。

各以所入初末限度及分秒，減一百一度，餘以所入初末限度及分乘之，半而退位爲分，分滿百爲度，命爲月道與黃道汎差。凡日以赤道內爲陰，外爲陽；月以黃道內爲陰，外爲陽。故月行正交，入夏至後宿度內爲同名，入冬至後宿度內爲異名。其在同名者，置月行與黃道汎差，九因八約之，爲定差。半交後，正交前，以差減；正交後，半交前，以差加。此加減出入六度，正，如黃赤道相交同名之差，若較之漸異，則隨交所在，遷變不同也。仍以正交度距秋分度數，乘定差，如象限而一，所得爲月道與赤道定差。前加者爲減，減者爲加。其在異名者，置月行與黃道汎差，七因八約之，〔三一〕爲定差。半交後，正交前，以差加；正交後，半交前，以差減。此加減出入六度，異，如黃道赤道相交異名之差，較之漸同，則隨交所在遷變不常。仍以正交度距春分度數，乘定差，如象限而一，所得爲月道與赤道定差。〔三二〕前加者爲減，減者爲加。各加減黃道宿積度，爲九道宿積度。以前宿九道積度減之，爲其宿九道度及分。其分就近約爲太半少。〔三三〕論春夏秋冬以

四時日所在宿度爲正。

求正交加時月離九道宿度

以正交加時黃道日度及分，減一百一度，餘以正交度及分乘之，半而退位爲分，分滿百爲度，命爲月道與黃道汎差。其在同名者，置月行與黃道汎差，九因八約之，爲定差，以加；仍以正交度距秋分度數，乘定差，如象限而一，所得爲月道與赤道定差，以減。其在異名者，置月行與黃道汎差，七因八約之，爲定差，以減；仍以正交度距春分度數，乘定差，如象限而一，所得爲月道與赤道定差，以加。置正交加時黃道月度及分，以二差加減之，卽爲正交加時月離九道宿度及分。

求定朔弦望加時月所在度

置定朔加時日躔黃道宿次，凡合朔加時，月行潛在日下，與太陽同度，是爲加時月離宿次。各以弦、望度及分秒，加其所當弦、望加時月躔黃道宿度，滿宿次去之，命如前，各得定朔、弦、望加時月所在黃道宿度及分秒。

求定朔弦望加時九道月度

各以定朔、弦、望加時月離黃道宿度及分秒，加前宿正交後黃道積度，〔三四〕爲定朔、弦、望加時正交後黃道積度。如前求九道積度，以前宿九道積度減之，餘爲定朔、弦、望加時九

道月離宿度及分秒。其合朔加時，若非正交，則日在黃道，月在九道，所入宿度，雖多少不同，考其兩極，若應繩準。故云：月行潛在日下，與太陽同度，卽爲加時九道月度。其求晨昏夜半月度，並依前術。

步交會第六

交終分：一十四萬二千三百一十九，秒九千三百六十八。

交終日：二十七日，餘一千一百九分，秒九千三百六十八。

交中日：十三，餘三千一百六十九，秒九千六百八十四。

交朔日：二，餘一千六百六十五，秒六百三十二。

交望日：十四，餘四千二，秒五千。

秒母：一萬。

交終：三百六十三度，七十九分，三十六秒。〔三五〕

交中：一百八十一度，八十九分，六十八秒。

交象：九十度，九十四分，八十四秒。

半交象：四十五度，四十七分，四十二秒。

日蝕既前限：二千四百。定法：二百四十八。

日蝕既後限：三千一百。定法：三百二十。

月蝕限：五千一百。

月蝕既限：〔三六〕一千七百。定法：三百四十、

分秒母：一百。

求朔望入交

置天正朔積分，以交終分去之，不盡，如日法而一，爲日，不滿爲餘，卽天正十一月經朔加時入交汎日及餘秒。交朔加之，得次朔。交望加之，得次望。再加交望，亦得次朔。各爲朔、望入交汎日及餘秒。

求定朔每日夜半入交

各置入交汎日及餘秒，減去經朔、望小餘，卽爲定朔、望夜半入交汎日及餘秒。若定朔、望有進退者，亦進退交日，否則因經爲定。大月加二日，小月加一日，餘皆加四千一百二十秒六百三十二，卽次朔夜半入交。累加一日，滿交終日及餘秒去之，卽每日夜半入交汎日及餘秒。

求定朔望加時入交〔三七〕

置經朔、望加時入交汎日及餘秒，以入氣入轉朓朒定數，朓減朒加之，卽定朔望加時入交汎日及餘秒。

求定朔望加時入交積度及陰陽曆

置定朔、望加時入交汎日，以日法通之，內餘，進二位，如三萬九千一百二十一而一爲度，不滿退除爲分秒，卽定朔、望加時月行入交積度。以定朔、望加時入轉遲疾度，遲減疾加之，卽月行入交定積度。如交中度以下，入陽曆積度；以上，去之，餘爲入陰曆積度。每日夜半，準此求之。〔三八〕

求月去黃道度

視月入陰陽曆積度及分，如交象以下，爲少象；以上，覆減交中，餘爲老象。置所入老少象度於上，列交象度於下，相減相乘，倍而退位爲分，滿百爲度，用減所入老少象度及分，餘又與交中度相減相乘，八因之，以百一十除爲分，分滿百爲度，卽得月去黃道度。

求朔望加時入交常日及定日

置朔望入交汎日，以入氣朓朒定數，朓減朒加之，爲入交常日。

又置入轉朓朒定數，進一位，一百二十七而一，所得朓減朒加入交常日，爲入交定日〔三九〕及餘秒。

求入交陰陽曆交前後分

視入交定日，如交中以下，爲陽曆；以上，去之，爲陰曆。如一日上下，以日法通日爲分。爲交後分。十三日上下，覆減交中，爲交前分。

求日月蝕甚定餘

置朔、望入氣入轉朓朒定數，同名相從，異名相消，以一千三百三十七乘之，定朔、望加時入轉算外轉定分除之，所得，以朓減朒加經朔、望小餘，爲汎餘。

日蝕：視汎餘如半法以下，爲中前分；半法以上，去半法，爲中後分。置中前後分，與半法相減相乘，倍之，萬約爲分，曰時差。中前，以時差減汎餘爲定餘，覆減半法，餘爲午前分。中後，以時差加汎餘爲定餘，減去半法，爲午後分。

月食：視汎餘在日入後、夜半前者，如日法四分之三以下，減去半法，爲酉前分；四分之三以上，覆減日法，餘爲酉後分。又視汎餘在夜半後、日出前者，如日法四分之一以下，爲卯前分，四分之一以上，覆減半法，餘爲卯後分。其卯酉前後分，自相乘，四因，退位，萬約爲分，以加汎餘，爲定餘。各置定餘，以發斂加時法求之，卽得日月所蝕之辰刻。

求日月食甚日行積度

置定朔、望食甚大小餘，與經朔、望大小餘相減之餘，以加減經朔、望入氣日小餘，經朔、望日少加多減。卽爲食甚入氣。以加其氣中積，爲食甚中積。又置食甚入氣小餘，以所入氣

日損益率〔四〇〕盈縮之損益。〔四一〕乘之，日法而一，以損益其日盈縮積，盈加縮減食甚中積，即爲食甚日行積度及分。

求氣差

置日食甚日行積度及分，滿中限去之，餘在象限以下，爲初限；以上，覆減中限，爲末限。皆自相乘，進二位，如四百七十八而一，所得，用減一千七百四十四，餘爲氣差恒數。以午前後分乘之，半晝分除之，所得，以減恒數爲定數。不及減，覆減之，爲定數。應加者減之，減者加之。春分後，陽曆減，陰曆加；秋分後，陽曆加，陰曆減。春分前、秋分後各二日二千一百分爲定氣，於此加減之。

求刻差

置日食甚日行積度及分，滿中限去之，餘與中限相減相乘，進二位，如四百七十八而一，所得，爲刻差恒數。以午前後分乘之，日法四分之一除之，所得爲定數。若在恒數以上者，倍恒數，以所得之數減之爲定數，依其加減。冬至後，午前陽加陰減，午後陽減陰加。夏至後，午前陽減陰加，午後陽加陰減。

求日食去交前後定分〔四二〕

氣刻二差定數，同名相從，異名相消，爲食差。依其加減去交前後分，爲去交前後定

分。視其前後定分，如在陽曆，即不食；如在陰曆，即有食之。如交前陰曆不及減，反減之，反減食差。爲交後陽曆；交後陰曆不及減，反減之，爲交前陽曆；即不食。交前陽曆不及減，〔四三〕反減之，爲交後陰曆；交後陽曆，不及減，反減之，爲交前陰曆；〔四四〕即日有食之。

求日食分

視去交前後定分，如二千四百以下，爲既前分，以二百四十八除爲大分。二千四百以上，覆減五千五百，不足減者不食。爲既後分，以三百二十除爲大分。不盡，退除爲秒，即得日食之分秒。

求月食分

視去交前後分，不用氣刻差者。一千七百以下者，食既。以上，覆減五千一百，不足減者不食。餘以三百四十除爲大分，不盡，退除爲秒，即爲月食之分秒也。去交分在既限以下，覆減既限，亦以三百四十除，爲既內之大分。

求日食定用分

置日食之大分，與三十分相減相乘，又以二千四百五十乘之，如定朔入轉算外轉定分而一，〔四五〕所得，爲定用分。減定餘，爲初虧分。加定餘，爲復圓分。各以發斂加時法求之，即得日食三限辰刻。

求月食定用分

置月食之大分，與三十五分相減相乘，又以二千一百乘之，如定望入轉〔四六〕算外轉定分而一，所得，爲定用分。加減定餘，爲初虧、復圓分。各如發斂加時法求之，即得月食三限辰刻。

月食既者，以既內大分與十五相減相乘，又以四千二百乘之，如定望入轉〔四七〕算外轉定分而一，所得，爲既內分。用減定用分，爲既外分。置月食定餘減定用分，爲初虧。因加既外分，爲食既。又加既內分，爲食甚。即定餘分也。再加既內分，爲生光。復加既外分，爲復圓。各以發斂加時法求之，即得月食五限辰刻。

求月食入更點

置食甚所入日晨分，倍之，五約爲更法。又五約更法，爲點法。〔四八〕乃置月食初末諸分，昏分以上減昏分，晨分以下加晨分。如不滿更法爲初更。不滿點法爲一點。依法以次求之，即各得更點之數。

求日食所起

食在既前，初起西南，甚於正南，復於東南；食在既後，初起西北，甚於正北，復於東北。其食八分以上，皆起正西，復於正東。此據正午地而論之。

求月食所起

月在陽曆：初起東北，甚於正北，復於西北。月在陰曆：初起東南，甚於正南，復於西南。其食八分以上，皆起正東，復於正西。此亦據正午地而論之。〔四九〕

求日月出入帶食所見分數

各以食甚小餘，與日出入分相減，餘爲帶食差，以乘所食之分，滿定用分而一，月食既者，以既內分減帶食差，餘乘所食分，如既外分而一。不及減者，爲帶食既出入。以減所食分，即日月出入帶食所見之分。其食甚在晝，晨爲漸進，昏爲已退。食甚在夜，晨爲已退，昏爲漸進。

求日月食甚宿次

置日月食甚日行積度，望即更加半周天。以天正冬至加時黃道日度，加而命之，依黃道宿次去之，即各得日月食甚宿度及分。

步五星第七

木星

周率：二百八萬六千一百四十二，五十四秒。

曆率：二千二百六十五萬五百七。

曆度法：六萬二千一十四。
周日：三百九十八日，八十八分。
曆度：三百六十五度，二十四分，八十二秒。
曆中：一百八十二度，六十二分，四十一秒。
曆策：一十五度，二十一分，八十七秒。
伏見：一十三度。

段目	段日	平度	限度	初行率
合伏	一十六日八十六分	三度八十六	二度九十三	二十三
晨順疾	二十八日	六度一十一	四度六十四	二十二
晨次疾	二十八日	五度五十一	四度一十九	二十一
晨順遲	二十八日	四度三十一	三度二十八	一十八
晨末遲	二十八日	一度九十一	一度四十五	一十二

晨留	二十四日			
晨退	四十六日五十八	四度八十八一十八	空三十二八十二〔五〇〕	
夕退	四十六日五十八	四度八十八一十八	空三十二八十二〔五一〕	一十八
夕留	二十四日			
夕末遲	二十八日	一度九十一	一度四十五〔五二〕	
夕順遲	二十八日	四度三十一	三度二十八	一十二
夕次疾	二十八日	五度五十一	四度一十九	一十八
夕順疾	二十八日	六度一十一	四度六十四	二十一
夕伏	一十六日八十六〔五三〕	三度八十六	二度九十三	二十二

策數	損益率	盈積度	損益率	縮積度
一	益一百五十九	初	益一百五十九	初
二	益一百四十二	一度五十九	益一百四十二	一度五十九
三	益一百二十	三度一	益一百二十	三度一
四	益九十三	四度二十一	益九十三	四度二十一
五	益六十一	五度一十四	益六十一	五度一十四
六	益二十四	五度七十五	益二十四	五度七十五
七	損二十四	五度九十九	損二十四	五度九十九
八	損六十一	五度七十五	損六十一	五度七十五
九	損九十三	五度一十四	損九十三	五度一十四
十	損一百二十	四度二十一	損一百二十	四度二十一〔五四〕

十一	損一百四十二	三度一	損一百四十二	三度一
十二	損一百五十九	一度五十九	損一百五十九	一度五十九

火星
周率：四百七萬九千四十一，秒九十七。
曆率：三百五十九萬二千七百五十八，秒三十二。
曆度法：九千八百三十六半。
周日：七百七十九日，九十三分，一十六秒。
曆度：三百六十五度，二十四分，七十六秒。
曆中：一百八十二度，六十二分，三十八秒。
曆策：一十五度，二十一分，八十六秒。
伏見：一十九度。

段目	段日	平度	限度	初行率
合伏	六十七日	四十八度	四十五度四十八	七十二

晨順疾	六十三日	四十四度六十	四十二度二十六	七十一
晨次疾	五十八日	四十度九	三十七度九十九〔五五〕	七十
晨中疾	五十二日	三十四度六	三十二度三十二	六十八
晨末疾	四十五日	二十六度三十二	二十四度九十九	六十三
晨順遲	三十七日	一十六度六十八〔五六〕	一十五度八十	五十四
晨末遲	二十八日	五度七十五	五度四十五	三十七
晨留	一十一日			
晨退	二十八日九十六五十八	八度一十五六十〔五七〕	三度五四十	
夕退	二十八日九十六五十八	八度一十五六十	三度五四十	四十一
夕留	一十一日			
夕末遲	二十八日	五度七十五〔五八〕	五度四十五	

夕順遲	三十七日	一十六度六十八	一十五度八十〔五九〕	三十七
夕末疾	四十五日	二十六度三十二	二十四度九十九	五十四
夕中疾	五十二日	三十四度六	三十二度三十二	六十三
夕次疾	五十八日	四十度九	三十七度九十九	六十八
夕順疾	六十三日	四十四度六十	四十二度二十六	七十
夕伏	六十七日	四十八度	四十五度四十八	七十一

策數	損益率	盈積度	損益率	縮積度
一	益一千一百六十	初	益四百五十八	初
二	益八百	一十一度六十	益四百五十三	四度五十八〔六〇〕
三	益四百六十四	一十九度六十	益四百三十三	九度一十一

四	益一百五十二	二十四度二十四〔六一〕	益三百九十六	一十三度四十四
五	損五十七	二十五度七十六	益三百四十一	一十七度四十
六	損一百七十二	二十五度一十九	益二百六十六	二十度八十一
七	損二百六十六	二十三度四十七	益一百七十二	二十三度四十七
八	損三百四十一	二十度八十一	益五十七	二十五度一十九
九	損三百九十六	十七度四十	損一百五十二	二十五度七十六
十	損四百三十三	十三度四十四	損四百六十四	二十四度二十四
十一	損四百五十三	九度一十一	損八百	十九度六十
十二	損四百五十八	四度五十八	損一千一百六十	十一度六十

土星

周率：一百九十七萬七千四百一十二，秒四十六。

曆率：五千六百二十二萬三千二百一十九。

曆度法：一十五萬三千九百二十八。

周日：三百七十八日，九分，三秒。

曆度：三百六十五度，二十五分，六十六秒。

曆中：一百八十二度，六十二分，八十三秒。

曆策：一十五度，二十一分，九十秒。

伏見：一十七度。

段目	段日	平度	限度	初行率
合伏	十九日四十八	二度四十八	一度五十六	一十三
晨順疾	二十七日五十	三度二十二	二度二	一十二
晨次疾	二十七日五十	二度六十四	一度六十五	一十一
晨遲	二十七日五十	一度四十八	空度九十一	八

晨留	三十六日			
晨退	五十一日六五十一半	三度三十九六十六半	空度二十八三十三半	
夕退	五十一日六五十一半	三度三十九六十六半	空度二十八三十三半	九七十五〔六二〕
夕留	三十六日			
夕遲	二十七日五十	一度四十八	空度九十一	
夕次疾	二十七日五十	二度六十四	一度六十五	八
夕順疾	二十七日五十	三度二十二	二度二	一十一
夕伏	一十九日四十八	二度四十八	一度五十六	一十二

策數	損益率	盈積度	損益率	縮積度
一	益二百一十三	初	益一百六十三	初

二	益一百九十七	二度一十三	益一百四十九	一度六十三
三	益一百六十八	四度一十	益一百二十八	三度一十二
四	益一百二十八	五度七十八	益一百	四度四十
五	益八十一	七度六	益六十五	五度四十
六	益三十三	七度八十七	益二十三	六度五
七	損三十三	八度二十	損二十三	六度二十八
八	損八十一	七度八十七	損六十五	六度五
九	損一百二十八	七度六	損一百	五度四十
十	損一百六十八	五度七十八	損一百二十八	四度四十
十一	損一百九十七	四度一十	損一百四十九	三度一十二
十二	損二百一十三	二度一十三	損一百六十三	一度六十三

金星

周率：三百五萬三千八百四，秒二十三。

曆率：一百九十一萬二百四十一，秒一十一。

曆度法：五千二百三十。

周日：五百八十三日，九十分，一十四秒。

合日：二百九十一日，九十五分，七秒。

曆度：三百六十五度，二十四分，六十八秒。

曆中：一百八十二度，六十二分，三十四秒。

曆策：一十五度，二十一分，八十六秒。

伏見：一十度半。

段目	段日	平度	限度	初行率
合伏	三十九日二十五	四十九度七十五	四十七度七十六	一百二十七
夕順疾	四十七日七十五	六十度一十六〔六三〕五十	五十七度七十六	一百二十六

夕次疾	四十七日七十五	五十九度三十九	五十七度一	一百二十五
夕中疾	四十七日七十五	五十七度空	五十四度七十二	一百二十三
夕末疾	三十九日二十五	四十二度二十九	四十度六十	一百一十五
夕順遲	二十九日二十五	二十四度七十二	二十三度七十三	一百
夕末遲	一十八日二十五	六度九十三〔六四〕五十	六度六十六	六十九
夕留	七日			
夕退	九日七十七	三度七十九九十三	一度六十九七	
夕退伏	六日	四度五十	二度二	六十八
合退伏	六日	四度五十	二度二	八十二
晨退	九日七十七	三度七十九九十三	一度六十九七	六十八
晨留	七日			

晨末遲	一十八日二十五	六度九十三五十	六度六十六	
晨順遲	二十九日二十五	二十四度七十二	二十三度七十三	六十九
晨末疾	三十九日二十五	四十二度二十九	四十度六十	一百
晨中疾	四十七日七十五	五十七度空	五十四度七十二	一百一十五
晨次疾	四十七日七十五	五十九度三十九	五十七度一	一百二十三
晨順疾	四十七日七十五	六十度一十六五十	五十七度七十六	一百二十五
晨伏	三十九日二十五	四十九度七十五	四十七度七十六	一百二十六

策數	損益率	盈積度	損益率	縮積度
一	益五十二	初	益五十二	初
二	益四十八	空度五十二	益四十八	空度五十二
三	益四十一半	一度空	益四十一半	一度空
四	益三十二半	一度四十一半	益三十二半	一度四十一半
五	益二十一	一度七十四	益二十一	一度七十四
六	益七	一度九十五	益七	一度九十五
七	損七	二度二	損七	二度二
八	損二十一	一度九十五	損二十一	一度九十五
九	損三十二半	一度七十四	損三十二半	一度七十四
十	損四十一半	一度四十一半	損四十一半	一度四十一半
十一	損四十八	一度空	損四十八	一度空
十二	損五十二	空度五十二	損五十二	空度五十二〔五〕

水星

周率：六十萬六千三十一，秒八十四。

曆率：一百九十一萬二百四十二，秒三十五。

曆度法：五千二百三十。

周日：一百一十五日，八十七分，六十秒。

合日：五十七日，九十三分，八十秒。

曆度：三百六十五度，二十四分，七十一秒。

曆中：一百八十二度，六十二分，三十五秒半。

曆策：一十五度，二十一分，八十六秒。

晨伏夕見：一十四度。

夕伏晨見：一十九度。

段目	段日	平度	限度	初行率
合伏	一十五日	二十九度	二十四度三十六〔六〕	二百五
夕順疾	一十五日	二十三度七十五	一十九度九十五	一百八十一
夕順遲	一十五日	一十三度二十五	一十一度一十三	一百三十五
夕留	二日			
夕退伏	一十日九十三八十	八度六二十	二度四十九八十	
合退伏	一十日九十三八十	八度六二十	二度四十九八十	一百八〔七〕
晨留	二日			
晨順遲	一十五日	一十三度二十五	一十一度一十三	
晨順疾	一十五日	二十三度七十五	一十九度九十五	一百三十五
晨伏	一十五日	二十九度	二十四度三十六	一百八十一

策數	損益率	盈積度	損益率	縮積度
一	益五十七	初	益五十七	初
二	益五十三	空度五十七	益五十三	空度五十七
三	益四十五	一度一十	益四十五	一度一十
四	益三十五	一度五十五	益三十五	一度五十五
五	益二十二	一度九十	益二十二	一度九十
六	益八	二度一十二	益八	二度一十二
七	損八	二度二十	損八	二度二十
八	損二十二	二度一十二	損二十二	二度一十二
九	損三十五	一度九十	損三十五	一度九十
十	損四十五	一度五十五	損四十五	一度五十五
十一	損五十三	一度一十	損五十三	一度一十
十二	損五十七	空度五十七	損五十七	空度五十七

求五星天正冬至後平合及諸段中積中星

置通積分，各以其星周率去之，不盡，爲前合分。覆減周率，餘爲後合分。如日法而一，不滿退除爲分秒，卽其星天正冬至後平合中積、中星。命爲日，曰中積。命爲度，曰中星。以段日累加中積，卽爲諸段中積。以平度累加中星，〔六八〕經退減之，卽爲諸段中星。

求五星平合及諸段入曆

置前通積分，各加其星後合分，以曆率去之，不盡，各以其星曆度法除爲度，不滿退爲分秒，卽爲其星平合入曆度及分秒。以諸段限度累加之，卽得諸段入曆。

求五星平合及諸段盈縮差

各置其星其段入曆度及分秒，如在曆中以下，爲在盈；以上，減去曆中，餘爲在縮。以其星曆策除之爲策數，不盡爲入策度及分，命策數算外，以其策數下損益率乘之，如曆策而一爲分，以損益其下盈縮積度，卽爲其星其段盈縮定差。

求五星平合及諸段定積

各置其星其段中積，以其盈縮定差盈加縮減之，卽其段定積日及分。以加天正冬至大餘及約分，滿紀法六十去之，不盡，卽爲定日及加時分秒。不滿命甲子算外，卽得日辰。

求五星及諸段所在日月

各置其段定積日及分，以加天正閏日及分，滿朔策及約分除之爲月數，不盡，爲入月已來日數及分。其月數命天正十一月算外，卽得其段入月經朔日數及分，以日辰相距爲所在定朔月日。

求五星平合及諸段加時定星

各置中星，以盈縮定差盈加縮減之，金星倍之，水星三因之，然後加減。〔六九〕卽爲五星諸段定星。以加天正冬至加時黃道日度，依宿命之，卽其星其段加時所在宿度及分秒。

求五星諸段初日晨前夜半定星

各以其段初行率，乘其段定積日下加時分，百約之，乃順減退加其日加時定星，卽爲其段初日晨前夜半定星所在宿度。

求諸段日率度率

各以其段日辰距後段日辰爲日率。以其段夜半宿次與後段夜半宿次相減，餘爲度率。

求諸段平行分

各置其段度率及分秒，以其段日率除之，卽其段平行度及分秒。

求諸段總差日差

以本段前後平行分相減，餘爲其段汎差。假令求木星次疾汎差，乃以順疾、順遲平行分相減，餘爲次疾汎差。他皆倣此。倍而退位爲增減差，加減其段平行分，爲初末日行分。前多後少者，加爲初，減爲末。前少後多者，減爲初，加爲末。倍增減差爲總差，以日率減一除之，爲日差。

求前後伏遲退段增減差

前伏者，置後段初日行分，加其日差之半，爲末日行分。後伏者，置前段末日行分，加其日差之半，爲初日行分。以減伏段平行分，餘爲增減差。前遲者，置前段末日行分，倍其日差減之，爲初日行分。後遲者，置後段初日行分，倍其日差減之，爲末日行分。以遲段平行分減之，餘爲增減差。前後近留之遲段。

木、火、土三星退行者，六因平行分，退一位，爲增減差。

金星前後伏退，三因平行分，半而退位，爲增減差。前退者，置後段初日行分，以其日差減之，爲末日行分。後退者，置前段末日行分，以其日差減之，爲初日行分。以本段平行分減，餘爲增減差。〔七〇〕

水星，半平行分爲增減差，皆以增減差加減平行分，爲初末日行分。前多後少，加初減末；前少後多，減初加末。又倍增減差爲總差，以日率減一除之，爲日差。

求每日晨前夜半星行宿次

各置其段初日行分，以日差累損益之，後少則損之，後多則益之。爲每日行度及分秒。乃順加退減之，滿宿次去之，卽得每日晨前夜半星行宿次。視前段末日、後段初日行分相較之數，不過一二日差爲妙。或多日差數倍，或顚倒不倫，當類會前後增減差稍損益之，〔七一〕使其有倫，然後用之。或前後平行俱多俱少，則平注之。或總差之秒，不盈一分，亦平注之。若有不倫而平注之得倫者，亦平注之。

求五星平合及見伏入氣

置定積，以氣策及約分除之，爲氣數，不滿爲入氣日及分秒，命天正冬至算外，卽所求平合及伏見入氣日及分秒。

求五星平合及見伏行差

各以其段初日星行分與其太陽行分相減，餘爲行差。若金在退行，水在退合者，相併爲行差。如水星夕伏晨見者，直以太陽行分爲行差。

求五星定合見伏汎積

木、火、土三星，各以平合晨疾夕伏定積，便爲定合定見定伏汎積。金、水二星，置其段

盈縮差，水星倍之。各以行差除之，爲日，不滿退除爲分秒。若在平合夕見晨伏者，盈減縮加；如在退合夕伏晨見者，盈加縮減。皆以加減定積，爲定合定見定伏汎積。

求五星定合定積定星

木、火、土三星，各以平合行差除其日太陽盈縮差，爲距合差日。以太陽盈縮差減之，爲距合差度。日在盈曆，以差日差度減之。在縮，加之。加減其星定合汎積，爲定合定積定星。

金、水二星順合退合，〔七二〕各以平合退合行差〔七三〕除其日太陽盈縮差，爲距合差日。順加退減太陽盈縮差，爲距合差度。順在盈曆，以差日差度加之；在縮，減之。退在盈曆，以差日減之，差度加之；在縮，以差日加之，差度減之。皆以加減其星定合及再定合汎積，爲定合再定合定積定星。以冬至大餘及約分，加定積，滿紀法去，命，卽得定合日辰。以冬至加時黃道日度，加定星，滿宿次去之，卽得定合所在宿次。其順退所在盈縮，太陽盈縮也。

求木火土三星定見伏定積日

各置其星定見伏汎積，晨加夕減象限日及分秒，半中限爲象限。〔七四〕如中限以下，自相乘，以上，覆減歲周日及分秒，餘亦自相乘，滿七十五而一，〔七五〕所得，以其星伏見度乘之，十五除之，爲差。其差如其段行差而一，爲日，不滿退除爲分秒。見加伏減汎積爲定積。〔七六〕加命如前，卽得日辰也。

求金水二星定見伏定積日〔七七〕

各以伏見日行差，除其日太陽盈縮差，爲日。若晨伏夕見，日在盈曆，加之，在縮，減之。如夕伏晨見，日在盈曆，減之，在縮，加之。加減其星汎積爲常積。視常積，如中限以下，爲冬至後，以上，去之，餘爲夏至後。其二至後，如象限以下，自相乘，以上，覆減中限，亦自相乘，各如法而一，爲分。冬至後晨，夏至後夕，以一十八爲法。冬至後夕，夏至後晨，以七十五爲法。以伏見度乘之，十五除之，爲差。差滿行差而一，爲日，不滿退除爲分秒。加減常積爲定積。冬至後晨見夕伏，加之；夕見晨伏，減之。夏至後晨見夕伏，減之；夕見晨伏，加之也。加命如前，卽得定見伏日辰。

其水星，夕疾，在大暑氣初日至立冬氣九日三十五分以下者，不見。晨留，在大寒氣初日至立夏氣九日三十五分以下者，春不晨見，秋不夕見者，亦舊有之矣。

渾象

古之言天者有三家：一曰蓋天，二曰宣夜，三曰渾天。漢靈帝時，蔡邕於朔方上書，言「宣夜之學，絕無師法」；周髀術數具存，考驗天狀多所違失；惟渾天爲近，最得其情，近世太

史候臺銅儀是也。立八尺體圓而具天地之形，以正黃道赤道之表裏，以行日月之度數，步五緯之遲速，察氣候之推遷，精微深妙，百代所不可廢者也。然傳歷久遠，製造者衆，測候占察，互有得失。張衡之制謂之靈憲，史失其傳。魏、晉以來官有其器，而無本書，故前志亦闕。吳中常侍王蕃云：「渾天儀者，羲和之舊器，謂之機衡。」積代相傳，沿革不一。宋太平興國中，蜀人張思訓首創其式，造之禁中，踰年而成，詔置文明殿東鼓樓下，題曰「太平渾儀」。自思訓死，璣衡斷壞，無復知其法制者。景德中，曆官韓顯符依倣劉曜時、孔挺、晁崇之法，失之簡略。景祐中，冬官正舒易簡乃用唐梁令瓚、僧一行之法，頗爲詳備，亦失之於密而難爲用。元祐時，尙書右丞蘇頌與昭文館校理沈括奉勅詳定渾儀法要，遂奏舉吏部勾當官韓公廉通九章勾股法，常以推考天度與張衡、王蕃、僧一行、梁令瓚、張思訓法式，大綱可以尋究。若據算術考案象器，亦能成就，請置局差官製造。詔如所言。奏鄭州原武主簿王沇之，太史局官周日嚴、于太古、張仲宣，同行監造。制度既成，詔置之集英殿，總謂之渾天儀。公廉將造儀時，先撰九章勾股驗測渾天書一卷，貯之禁中，今失其傳，故世無知者。

舊制渾儀，規天矩地，機隱於內，上布經躔，次具日月五星行度，以察其寒暑進退，如張衡渾天、開元水運銅渾儀者，是也。久而不合，乖於施用。

公廉之制則爲輪三重：一曰六合儀，縱置地渾中，卽天經環也，與地渾相結，其體不動；

二曰三辰儀，置六合儀內，三曰四游儀，置三辰儀內。植四龍柱於地渾之下，又置鼇雲於六合儀下。四龍柱下設十字水趺，鑿溝道通水以平高下。別設天常單環於六合儀內，又設黃道赤道二單環，皆置三辰儀內，東西相交隨天運轉，以驗列舍之行。又爲四象環，附三辰儀，相結於天運環，黃赤道兩交爲直距二縱置于四游儀內。北屬六合儀地渾之上，以正北極出地之度。南屬六合儀地渾之下，以正南極入地之度。此渾儀之大形也。直距內夾置望筒一，于筒之半設關軸，附直距上，使運轉低昂，筒常指日，日體常在筒竅中，天西行一周，日東移一度，仍以窺測四方星度，皆掛酌李淳風、孔挺、韓顯符、舒易簡之制也。

三辰儀上設天運環，以水運之。水運之法始於漢張衡，成于唐梁令瓚及僧一行，復于太平興國中張思訓，公廉今又變正其制，設天運環，下以天柱關軸之類上動渾儀，此新制也。

舊制渾象，張衡所謂置密室中者，推步七曜之運，以度曆象昏明之候，校二十四氣，考晝夜刻漏，無出於渾象。隋志稱梁祕府中有宋元嘉中所造者，以木爲之，其圓如丸，徧體布二十八宿、三家星色，黃赤道、天河等，別爲橫規繞於外，上下半之，以象地也。開元中，詔僧一行與梁令瓚更造銅渾象，爲圓天之象，上具列宿周天度數，注水激輪令其自轉，一日一夜天轉一周，又別置日月五星循繞，絡在天外，令得運行。每天西轉一匝，日正東行一度，

月行一十三度有奇，凡二十九轉而日月會，三百六十五轉而日行一匝。仍置木櫃以爲地平，令象半在地上，半在地下，又立二木偶人於地平之前，置鍾鼓使木人自然撞擊以報辰刻，〔六〕命之曰水運渾天俯視圖。既成，命置之武成殿。

宋太史局舊無渾象，太平興國中，張思訓準開元之法，而上以蓋爲紫宮，旁爲周天度，而東西轉之，出新意也。

公廉乃增損隋志制之，上列二十八宿周天度數，及紫微垣中外官星，以俯窺七政之運轉，納於六合儀天經地渾之內，同以木櫃載之。其中貫以樞軸，南北出渾象外，南長北短，地渾在木櫃面，橫置之，以象地。天經與地渾相結，縱置之，半在地上，半隱地下，以象天。其樞軸北貫天經上杠中，末與杠平，出櫃外三十五度稍弱，以象北極出地。南亦貫天經出下杠外，入櫃內三十五度少弱，以象南極入地。就赤道爲牙距，四百七十八牙以衡天輪，隨機輪地轂正東西運轉，昏明中星既應其度，分至節氣亦驗應而不差。

王蕃云：「渾象之法，地當在天內，其勢不便，故反觀其形，地爲外郭，於已解者無異，詭狀殊體而合于理，可謂奇巧者也。」今地渾亦在渾象外，蓋出于王蕃制也。其下則思訓舊制，有樞輪關軸，激水運動，以直神搖鈴扣鍾擊鼓，置時刻十二神司辰像於輪上，時初、正至，則執牌循環而出，報隨刻數以定晝夜長短。至冬水凝，運轉遲澀，則以水銀代之。

今公廉所製，共置一臺，臺中有二隔，渾儀置其上，渾象置其中，激水運轉，樞機輪軸隱于下。內設晝夜時刻機輪五重，第一重日天輪，以撥渾象赤道牙距，第二重曰撥牙輪，上安牙距，隨天柱中輪轉動，以運上下四輪，第三重曰時刻鍾鼓輪，上安時初、時正百刻撥牙，以扣鍾擊鼓搖鈴，第四重曰日時初、正司辰輪，上安時初十二司辰、時正十二司辰，第五重曰報刻司辰輪，上安百刻司辰。以上五輪並貫於一軸，上以天束束之，下以鐵杵臼承之，前以木閣五層蔽之，稍增異其舊制矣。五輪之北，又側設樞輪，其輪以七十二輻爲三十六洪，束以三輞，夾持受水三十六壺。轂中橫貫鐵樞軸一，南北出軸爲地轂，運撥地輪。天柱中輪動，機輪動渾象，上動渾天儀。又樞輪左設天池、平水壺，平水壺受天池水，注入受水壺，以激樞輪。受水壺落入退水壺，由壺下北竅引水入昇水下壺，以昇水下輪運水入昇水上壺，上壺內昇水上輪及河車同轉上下輪，運水入天河，天河復流入天池，每一晝一夜周而復始。此公廉所製渾儀、渾象二器而通三用，總而名之曰渾天儀。

金既取汴，皆輦致于燕，天輪赤道牙距撥輪懸象鍾鼓司辰刻報天池水壺等器久皆棄毀，惟銅渾儀置之太史局候臺。但自汴至燕相去一千餘里，地勢高下不同，望筒中取極星稍差，移下四度纔得窺之。明昌六年秋八月，風雨大作，雷電震擊，龍起渾儀鼇雲水趺下，臺忽中裂而摧，渾儀仆落臺下，旋命有司營葺之，復置臺上。貞祐南渡，以渾儀鎔鑄成物，

不忍毀拆，若全體以運則艱於輦載，遂委而去。

興定中，司天臺官以臺中不置渾儀及測候人數不足，言之於朝，宜鑄儀象，多補生員，庶得盡占考之實。宣宗召禮部尚書楊雲翼問之，雲翼對曰：「國家自來銅禁甚嚴，雖罄公私所有，恐不能給。今調度方殷，財用不足，實未可行。」他日，上又言之，於是止添測候之人數員，鑄儀之議遂寢。

初，張行簡爲禮部尚書提點司天監時，嘗製蓮花、星丸二漏以進，章宗命置蓮花漏于禁中，星丸漏遇車駕巡幸則用之。貞祐南渡，二漏皆遷于汴，汴亡廢毀，無所稽其製矣。

校勘記

〔一〕轉終分　「終」原作「中」。按下文，「轉終日，二十七日餘二千九百秒六千六十六」，以本書卷二一曆上「日法五千二百三十分」乘之，正合轉終分數。又下文「求經朔弦望入轉」條，「置天正朔分以轉終分及秒去之……」作「轉終分」。元史卷五六庚午曆同。今據改。

〔二〕如日法而一　「如」原作「以」。據庚午曆改。

〔三〕朓五百一十三　原作「五百一十二」。按本表次行二日「朓五百一十三」，卽據此數，庚午曆亦作「五百一十三」。今改正。又，據本志文例，本表闕各欄欄目，其名稱順次爲：轉日、轉定分、轉積

度、遲疾度、損益率、朓朒積。

〔四〕二十九度二十五　「二十五」原作「五十一」。按本表二日轉定分爲「一千四百五十七」，卽十四度五十七，與積度「十四度六十八」之和爲二十九度二十五，卽三日積度之數。庚午曆載此不誤，今據改。

〔五〕八十五度六十一　「八十五」原作「八十」。按本表六日轉定分與積度之和爲八十五度六十一，卽本日積度之數，知脫「五」字。庚午曆不脫，今據補。

〔六〕疾五度四十九　「四十九」原作「十九」。按本志載月每日平行度爲十三度三十七分，累積至今日當爲九十三度五十九，而是日實載積度爲九十九度八，超過五度四十九，是爲本日疾度。庚午曆同，今據改。

〔七〕疾五度三十三　「三十三」原作「三十二」。按月平行度累積至今日當爲一〇六度九十六，與今日積度一百一十二度二十九差五度三十三，是爲本日疾度。庚午曆同，今據改。

〔八〕損三百五十二　原作「三百五十一」。按本表今日朓一千六百六十三，當損三百五十二，方得次日朓一千三百一十一。今據改。

〔九〕二百一十一度十五　「一十一」原作「一十二」。按本表十六日轉定分與積度之和爲二百一十一度十五，卽本日積度之數。庚午曆不誤，今據改。

〔一〇〕遲二度七十七　「七十七」原作「八十七」。按月平行度累積至今日當爲二百一十四度五十二，而

本日積度爲「二百一十一度十五」，尚少「二度七十七」，是爲本日遲度。庚午曆同，今據改。

〔一一〕二百二十三度五十一　「五十一」原作「五十」。按本表十七日轉定分與積度之和爲「二百二十三度五十一」，卽本日積度數。庚午曆載此不誤，今據改正。

〔一二〕遲五度四十三　「四十三」原作「四十二」。按月平行度累積至今日當爲二百六十七度四，而本日積度二百六十一度九十七，尚少「五度四十三」，是爲本日遲度。庚午曆不誤，今據改。

〔一三〕朒二千一百四十　「十」下原衍「三十九」三字。按本表二十一日「朒二千一百二十四」，「初益二十七，末損一十一」，尚益一十六，其和爲二千一百四十，卽今日朓朒積。庚午曆同。今據删。

〔一四〕朒二千五十四　「四」下原衍「二」字。按本表二十二日「朒二千一百四十」，「損八十六」，其差爲「二千五十四」，卽今日朓朒積。庚午曆同，今據删。

〔一五〕朒一千八百七十　「十」下原衍「六十九」三字。按本表二十三日「朒二千五十四」，「損一百八十四」，其差爲「一千八百七十」，卽今日朓朒積。庚午曆同，今據删。

〔一六〕三百四十五度六十一　「六十一」原作「六十二」。按二十六日轉定分與積度之和爲「三百四十五度六十一」，卽本日積度數。今據改。

〔一七〕遲空七十五　「七十五」原作「七十七」。按月平行度積至今日當爲三百六十度九十九，而本日積度三百六十度二十四，尚差空度七十五。庚午曆載此不誤，今據改。

〔一八〕求朔弦望定日　原脫「弦」字。按下文「置經朔弦望小餘」、「各得定朔弦望日辰及餘」，皆有「弦」字。今據庚午曆補。

〔一九〕經朔弦望入氣日餘　原脫「餘」字。據庚午曆補。

〔二〇〕以冬至加時日躔黃道宿度加之　原脫「加之」二字。據庚午曆補。

〔二一〕若先於曆注定每日夜半日度卽爲妙也　「注」原作「法」，「妙」原作「秒」。據庚午曆改。

〔二二〕黃道日度　「日」原作「月」。今據庚午曆改正。

〔二三〕經朔加時入轉　原脫「轉」字。今據庚午曆補。

〔二四〕亦加減轉日　「日」原作「入」。今據庚午曆改。

〔二五〕滿轉終日　原脫「轉」字。今據庚午曆補。

〔二六〕以其月經朔加時　「以其」原作「其以」。據庚午曆乙正。

〔二七〕如三萬九千一百二十一分而一爲度　「分」下原脫「而一」二字。今據宋史卷七九紀元曆補。

〔二八〕然後以冬至加時　原脫「後」字。今據庚午曆補。

〔二九〕以交終度及分秒加而命之　「交」原作「受」，「及」下原脫「分」字。今據庚午曆改補。

〔三〇〕立冬立夏後　原脫「立冬」二字。按上文冬至、夏至並稱，下文亦作「立冬、立夏後」，知此脫「立冬」二字。今據庚午曆補。

〔三一〕七因八約之　原脫「之」字。依上下文例補。

〔三二〕所得爲月道與赤道定差　「月道」原作「月行」。今據庚午曆改。

〔三三〕其分就近約爲太半少　原脫「爲」字。據庚午曆補。

〔三四〕加前宿正交後黃道積度　「加」原作「如」。今據庚午曆改。

〔三五〕交終三百六十三度七十九分三十六秒　「三百」原作「二百」，「七十」原作「七千」。按下文「交中一百八十一度八十九分六十八秒」，倍之正爲此交終數。或四倍交象亦爲此數。庚午曆同。今據改。

〔三六〕月蝕既限　原脫「限」字。今據庚午曆補。

〔三七〕求定朔望加時入交　「定」原作「交」。今據宋紀元曆改。

〔三八〕每日夜半準此求之　原脫「半」字、「之」字。據庚午曆補。

〔三九〕所得朓減朒加入交常日爲入交定日　「入交」原作「之」。庚午曆作「交」。今據上文及本處文義改正。又「爲入交」下原脫「定」字。今據庚午曆補。

〔四〇〕損益率　「損」原作「積」。今據庚午曆改。

〔四一〕盈縮之損益　「損益」下原衍「之」字。今據庚午曆删。

〔四二〕求日食去交前後定分　「去」原誤作「爲」。據庚午曆改。

〔四三〕交前陽曆不及減　「交」上原衍「亦入」二字。今據庚午曆删。

〔四四〕爲交前陰曆　「陰」原作「陽」。今據庚午曆改正。

〔四五〕入轉算外轉定分而一　「外」下原脫「轉」字。今據庚午曆補。

〔四六〕如定望入轉　「望」原作「朔」。今據庚午曆改正。

〔四七〕如定望入轉　「望」原作「朔」。同前改。

〔四八〕五約更法爲點法　「點」下原脫「法」字。今據庚午曆補。

〔四九〕此亦據正午地而論之　原脫「正」字。按上文有「正字」，庚午曆同。今據補。

〔五〇〕空三十二 八十二　「三十二」、「八十二」原在下格誤爲初行率。今據庚午曆改正。

〔五一〕空三十二 八十二　「三十二」、「八十二」原在下格誤爲初行率。今亦同前改正。又初行率「一十八」，紀元曆、庚午曆皆作「一十六」。且原在格外，今升入格內。

〔五二〕一度四十五　「四十五」原在下格誤爲初行率。今據庚午曆改正。

〔五三〕一十六日八十六　「一十六」原作「二十六」。據紀元曆、庚午曆改。

〔五四〕四度二十一　「二十一」原作「二十」。按本表前格縮積度爲「五度一十四」，損「九十三」，其差爲「四度二十一」。庚午曆同。今據改。

〔五五〕三十七度九十九　原脫「度」字。據殿本補。

〔五六〕一十六度六十八　按本表晨順遲初行率爲五十四，晨末遲初行率爲三十七，兩初行率相加，半之，乘晨順遲段日三十七，卽得平度一十六度八十四。如以紀元曆晨末遲初行率三七・二六計算，則得平度一六・八八。然紀元曆亦作一六・六八。又平度總和與限度總和相等，據此推之，亦是一六・六八。疑其中有訛誤，或初行率尾數進捨所致。

〔五七〕八度一十五 六十　「一十五」、「六十」原誤入下格限度欄。按此爲晨退平度。今據庚午曆改正。又本爲限度之「三度五 四十」亦誤入下格初行率欄。今並據庚午曆改正。

〔五八〕五度七十五　「七十五」原誤入下格限度欄。下格「五度四十五」亦順次誤入下格初行率欄。今皆據庚午曆提一格改正。

〔五九〕一十五度八十　原脫「度」字。據殿本補。

〔六〇〕四度五十八　「度」下原衍「十一」二字。按本表前格縮積度爲零，損益率爲「益四百五十八」，卽本格之縮積度。庚午曆同。今據删「十一」二字。

〔六一〕二十四度二十四　「二十四」原作「二十六」。按本表前行盈積度爲「一十九度六十」，又益「四百六十四」，卽四度六十四，其和爲「二十四度二十四」，卽本行之盈積度。庚午曆同。今據改。

〔六二〕九七十五　原脫「七十五」三字。按本表土星夕退平度爲三・三九六六五，段日爲五一・〇六五一五，則知其平行分爲〇・〇六六五。平行分乘十四，十五而一，得總差〇・〇六二〇，總差之半卽〇・〇三一，與平行分〇・〇六六五之和，卽爲夕退初率〇・〇九七五。知「九」下脫「七十五」三字，庚午曆不脫，今據補。

〔六三〕六十度一十六 五十　「一十六」原作「一十五」。按金星順行，限度爲平度的百分之九十六，本段限度爲五十七度七十六，則平度當作「六十度一十六 五十」。紀元曆、庚午曆同。今據改。

〔六四〕六度九十三 五十　「九十三」原作「九十二」。據紀元曆、庚午曆改。參見前條。

〔六五〕空度五十二　「五十二」原作「五十一」。按本表前格縮積度爲「一度空」、「損四十八」，其差爲「空度五十二」，卽爲本格之縮積度。庚午曆同。今據改。

〔六六〕二十四度三十六　「三十六」原作「二十六」。按水星順行，限度爲平度的百分之八十四，本段平度爲二十九度，則限度當作「二十四度三十六」，紀元曆、庚午曆同。今據改。

〔六七〕一百八　原脫「八」字。今據紀元曆、庚午曆補。計算方法參見本卷校記〔六二〕。

〔六八〕以平度累加中星　「中星」原作「中積」。今據庚午曆改正。

〔六九〕然後加減　「後」原誤作「可」。今據庚午曆改。

〔七〇〕餘爲增減差　「減」下原衍「之」字。今據庚午曆删。

〔七一〕當類會前後增減差稍損益之　「減」下原衍「之」字。今據庚午曆删。又「類會」，庚午曆作「類同」較妥。

〔七二〕順合退合　「順」原作「定」。今據庚午曆改。

〔七三〕平合退合行差　「行」原作「以」。今據庚午曆改。

〔七四〕半中限爲象限　「爲」原作「與」。今據庚午曆改。

〔七五〕滿七十五而一　「十」原作「千」。今據庚午曆改。

〔七六〕見加伏減汎積爲定積　原脫「爲定積」三字。今據庚午曆補。

〔七七〕求金水二星定見伏定積日　「積日」原誤作「日積」。依上段標題乙正。

〔七八〕以報辰刻　「報」原作「使」。據殿本改。

金史卷二十三

志第四

五行

五行之精氣，在天爲五緯，在地爲五材，在人爲五常及五事。五緯志諸天文，歷代皆然。其形質在地，性情在人，休咎各以其類，爲感應於兩間者，歷代又有五行志焉。兩漢以來，儒者若夏侯勝之徒，專以洪範五行爲學，作史者多采其說，凡言某徵之休咎，則以某事之得失繫之，而配之以五行。謂其盡然，其弊不免於傅會；謂其不然，「肅，時雨若」、「蒙，恒風若」之類，箕子蓋嘗言之。金世未能一天下，天文災祥猶有星野之說，五行休咎見於國內者不得他諉，乃彙其史氏所書，仍前史法，作五行志。至於五常五事之感應，則不必泥漢儒爲例云。

初，金之興，平定諸部，屢有禎異，故世祖每與敵戰，嘗以夢寐卜其勝負。烏春兵至蘇速海甸，世祖曰：「予夙昔有異夢，不可親戰，若左軍有力戰者當克。」既而與肅宗等擊之，敵大敗。

太祖之生也，常有五色雲氣若二千斛囷廩之狀，屢見東方。遼司天孔致和曰：「其下當生異人，建非常之事，天以象告，非人力所能爲也。」

溫都部跋忒畔，穆宗遣太祖討之，入辭，奏曰：「昨夕見赤祥，往必克。」遂與跋忒戰，殺之。

穆宗攻阿疎日，辰巳間，忽暴雨昏曀，雷電環阿疎所居，是夕有巨火聲如雷，墜阿疎城中，遂攻下之。

太祖嘗往寧江，夢斡帶之禾場焚，頃刻而盡。覺而大戚，卽馳還，斡帶已寢疾，翌日不起。

斡塞伐高麗，太祖臥而得夢，亟起曰：「今日捷音必至。」乃爲具於毬場以待。有二麞渡水而至，獲之，太祖曰：「此休徵也。」言未既，捷書至，衆大異之。

他日軍寧江，駐高阜，撒改仰見太祖體如喬松，所乘馬如岡阜之大，太祖亦視撒改人馬異常，撒改因白所見，太祖喜曰：「此吉兆也。」卽舉酒酹之曰：「異日成功，當識此地。」師次唐括帶斡甲之地，諸軍介而立，有光起於人足及戈矛上，明日，至札只水，光復如初。

收國元年，上在寧江州，有光正圓，自空而墜。八月己卯，〔一〕黃龍見空中。十二月丁未，上候遼軍還至熟結濼，〔二〕有光復見於矛端。

天輔六年三月，師攻西京，有火如斗，墜其城中。是月，城降而復叛，四月辛卯，取之。

太宗天會二年，曷懶移鹿古水霖雨害稼，且爲蝗所食。秋，泰州潦，害稼。三年七月，錦州野蠶成繭。九月，廣寧府進嘉禾。四年十月，中京進嘉禾。六年冬，移懶路飢。九年七月丙申，上御西樓聽政，聞咸州所貢白鵲音忽異常，上起視之，見東樓外光明中有像巍然高五丈許，下有紅雲承之，若世所謂佛者，乃擎跽修虔，久之而沒。十年冬，〔三〕移懶、曷懶等路飢。

熙宗天會十三年五月，甘露降於盧州熊岳縣。十五年七月辛巳，有司進四足雀。丙戌夜，京師地震。

天眷元年夏，有龍見於熙州野水，凡三日。初，於水面見一蒼龍，良久而沒。次日，見金龍一，爪承一嬰兒，兒爲龍所戲，略無懼色，三日如故。又見一人，乘白馬，紅袍玉帶，如少年官狀，馬前有六蟾蜍，凡三時乃沒，郡人競往觀之。七月丁酉，按出滸河溢，壞民廬舍。三年十二月丁丑，地震。

皇統元年秋，蝗。十一月己酉，稽古殿火。二年二月，熙河路飢。三月辛丑，大雪。秋，燕、西東二京、河東、河北、山東、汴、平州大熟。三年，陝西旱。五月丁巳，京兆府貢瑞麥。七月丙寅，太原進獬豸及瑞麥。四年正月乙丑，陝西進嘉禾，十有二莖，一本七穎。十月甲辰，地震。五年閏月戊寅，大名府進牛生麟。壬辰，懷州進嘉禾。七年十一月，完顏秉德進三角牛。九年四月壬申夜，大風雨，雷電震寢殿鴟尾壞。有火入帝寢，燒帷幔，上懼，徙別殿。丁丑，有龍鬬于利州榆林河上。大風壞民居官舍十六七，木瓦人畜皆飄揚十餘里，死傷者數百，同知州事石抹里壓死。

海陵天德二年十二月，野人採石炭，獲異香。

貞元三年五月癸丑，〔四〕南京大內災。三年十二月己丑，雨，木冰。

正隆二年六月壬辰，蝗飛入京師。秋，中都、山東、河東蝗。四年十一月庚寅，霜附木。五年二月辛未，河東、陝西地震。鎮戎、德順等軍大風，壞廬舍，民多壓死。海陵問司天馬貴中等曰：「何爲地震？」貴中等曰：「伏陽逼陰所致。」又問：「震而大風，何也？」對曰：「土失其性，則地以震。風爲號令，人君嚴急則有烈風及物之災。」六年六月壬戌，大風壞承天門鴟尾。

是歲，世宗居貞懿皇后憂，在遼陽，一日方寢，有紅光照其室，及黃龍見於室上，又夜有大星流入其邸。八月，復有雲氣自西來，黃龍見其中，人皆見之。是時，臨潢府閈空中有車馬聲，仰視見風雲杳靄，神鬼兵甲蔽天，自北而南，仍有語促行者。未幾，海陵下詔南征。

世宗大定二年閏二月辛卯，神龍殿十六位焚，延及太和、厚德殿。三年三月丙申，〔五〕中都以南八路蝗。四年三月庚子夜，京師地震。七月辛丑，大風雷雨，拔木。臨潢府境禾黍穭生。嵐州進白兔二。八月，永興進嘉禾，異畝同穎。中都南八路蝗飛入京畿。十一月辛丑，尚書省火。是歲，有年。五年六月戊子，河南府進芝草十三本，得於芝田石上，薦之太廟。六月甲辰，大安殿楹產芝，其色如玉。丙午，京師地震，有聲自西北來，殷殷如雷，地生白毛。七月戊申，又震。十一月癸酉，大霧，晝晦。七年九月庚辰，地震。八年五月甲子，北望淀大風，雨雹，廣十里，長六十里。六月，河決李固渡，水入曹州。十年正月，鄧州進芝草。十一年六月戊申，西南路招討司苾里海水之地雨雹三十餘里，小者如鷄卵。其

一最大，廣三尺，長丈餘，四五日始消。十二年三月庚寅，雨土。四月，旱。十三年正月，尚書省奏：「宛平張孝善有子曰合得，大定十二年三月旦以疾死，至暮復活，云是本良鄉人王建子喜兒。而喜兒前三年已死，建驗以家事，能具道之，此蓋假屍還魂，擬付王建爲子。」上曰：「若是則姦倖小人競生詐僞，瀆亂人倫。」止付孝善。八月丁丑，策試進士於憫忠寺，夜半忽聞音樂聲起東塔上，西達於宮。考官完顏蒲捏、李晏等〔六〕以爲文運始開，得賢之兆。十四年八月丁巳朔，次乣里舌，日午，白龍見於御帳之東小港中，既而乘雷雲而上，尾猶曳地，良久北去。十六年三月戊申，雨豆於臨潢之境，其形上銳而赤，食之味頗苦。五月戊申，南京宮殿火。是歲，中都、河北、山東、陝西、河東、遼東等十路旱、蝗。十七年七月，大雨，滹沱、盧溝水溢，河決白溝。二十年四月己亥，太寧宮門火。五月丙寅，京師地震，生黑白毛。七月，旱。秋，河決衞州。二十二年五月，慶都蝗蝝生，散漫十餘里。一夕大風，蝗皆不見。二十三年正月辛巳，廣樂園燈山焚，延及熙春殿。三月乙酉，氛埃雨土。四月庚子亦如之。五月丁亥，雨雹，地生白毛。二十四年正月辛卯朔，徐州進芝十有八莖。眞定進嘉禾二本，異畝同穎。二十六年正月庚辰，河南府進芝三本。秋，河決，壞衞州城。二十七年四月辛丑，京師地微震。

章宗大定二十九年五月丁未，地生白毛。五月，曹州河溢。〔七〕十二月，密州進白鵲、白雉各一。河間府進嘉禾。是冬無雪。

明昌元年正月，懷州、河間等處進芝草、嘉禾。二月，地生白毛。六月庚子，都水進異卵。夏，旱。七月，淫雨傷稼。二年五月，桓、撫等州旱。秋，山東、河北旱，飢。三年秋，綏德虸蚄蟲生。旱。四年三月，御史中丞董師中奏：「廼者太白晝見，京師地震，北方有赤氣，遲明始散。天之示象，冀有以警悟聖主也。」上問：「所言天象何從得之？」師中曰：「前監察御史陳元升得之於一司天長行。」上曰：「司天臺官不奏固有罪，其以語人尤非。朕欲令自今司天有事而不奏者長行得言之，何如？」師中曰：「善。」五月，霖雨，命有司祈晴。六月，河決衞州，魏、清、滄皆被害。是歲，河北、山東、南京、陝西諸路大稔。邢、洺、深、冀及河北西路十六謀克之地，野蠶成繭。〔八〕十一月壬午，木冰。五年七月丙戌，天壽節，先陰雨連日，至是開霽，有龍曳尾於殿前雲間。八月，河決陽武故堤，〔九〕灌封丘而東。六年二月丁丑，京師地震，大雨雹，晝晦，大風，震應天門右鴟尾壞。六年八月，大雨震電，有龍起於渾儀鰲趺，臺忽中裂而摧，儀仆於臺下。

承安元年五月，自正月不雨，至是月雨。六月，平晉縣民利通家蠶自成綿段，長七尺一寸五分，闊四尺九寸。二年，自正月至四月不雨。六月丙午，雨雹。四年三月戊午，雨

雹。五月，旱。五年五月庚辰，地震。十月庚子，天久陰，是日雲色黃而風霾。癸卯晨，陰霜附木，至日入亦如之。

泰和二年八月丙申，磁州武安縣鼓山石聖臺，有大鳥十集於臺上，其羽五色爛然，文多赤黃，赫冠雞項，尾闊而修，狀若鯉魚尾而長，高可逾人，九子差小侍傍，亦高四五尺。禽鳥萬數形色各異，或飛或蹲，或步或立，皆成行列，首皆正向如朝拱然。初自東南來，勢如連雲，聲如殷雷，林木震動，牧者驚惶，即驅牛擊物以驚之，殊不爲動。俄有大鳥如鵰鶚者怒來搏擊之，民益恐，奔告縣官，皆以爲鳳凰也，命工圖上之。留二日西北去。按視其處，糞迹數頃，其色各異。遺禽數千，累日不能去。所食皆巨鯉，大者丈餘，魚骨蔽地。章宗以其事告宗廟，詔中外。三年四月，旱。十月己亥，大風。四年正月壬申，陰霧，木冰。三月丁卯，大風，毀宣陽門鴟尾。四月，旱。壬戌，萬寧宮端門災。十一月丁卯，陰。木冰凡三日。〔一〇〕五年夏，旱。八年閏四月甲午，雨雹。〔一一〕河南路蝗。六月戊子，飛蝗入京畿。八月乙酉，有虎至陽春門外，駕出射獲之。時又有童謠云：「易水流，汴水流，百年易過又休休。兩家都好住，前後總成留。」至貞祐中，舉國遷汴。

衞紹王大安元年，徐、邳界黃河清五百餘里，〔一二〕幾二年，以其事詔中外。臨洮人楊珪

上書曰：「河性本濁，而今反清，是水失其性也。正猶天動地靜，使當動者靜，當靜者動，則如之何，其爲災異明矣。且傳曰：『黃河清，聖人生。』假使聖人生，恐不在今日。又曰『黃河清，諸侯爲天子』。正當戒懼，以銷災變，而復誇示四方，臣所未喻。」宰相以爲妖言，議誅之，慮絕言路，卽詔大興府鎖還本管。十一月丙申，平陽地震，有聲自西北來。戊戌夜，又震，自此時復震動，浮山縣尤劇，城廨民居圮者十七八，死者凡二三千人。二年二月乙酉，地大震，有聲殷殷然。六月、七月至九月晦，其震不一。十一月，京師民周修武宅前渠內火出，高二尺，焚其板橋。又旬日，大悲閣幡竿下石隙中火出，高二三尺，人近之卽滅，凡十餘日。自是都城連夜燔爇二三十處。是歲四月，山東、河北大旱，至六月，雨復不止，民間斗米至千餘錢。三年二月乙亥夜，大風從西北來，發屋折木，吹清夷門〔三〕關折。三月戊午，大悲閣災，延燒萬餘家，火五日不絕。山東、河北、河東諸路大旱。是歲，有男子郝贊詣省言：「上卽位之後，天變屢見，火焚萬家，風折門關，非小異也，宜退位讓有德。」有司問：「爾狂疾乎？」贊大言曰：「我不狂疾，但爲社稷計，宰相皆非其才。」每日省前大呼，凡半月。上怒，誅之隱處。

崇慶元年七月辛未未時，有風從東來，吹帛一段高數十丈，宛轉如龍，墜於拱辰門內。是歲，河東、陝西、山東、南京諸路旱。二年二月，放進士榜，有狂僧公言：「殺天子。」求之

不知所在。是歲，河東、陝西大旱，京兆斗米至八千錢。

至寧元年，宣宗彰德故園竹開白花，如鷺鷥藤。紫雲覆城上數日，俄而入繼大統。七月，以河東、陝西諸處旱，遣工部尚書高朶剌祈雨于嶽瀆，至是雨足。時斗米有至錢萬二千者。八月癸巳，衞紹王遇弒。是日，海水不潮，寶坻鹽司懼其虧課，致禱無應。九月丙午，宣宗卽位乃潮。初，衞王卽位改元大安，四年改曰崇慶，旣而又改曰至寧，有人謂曰：「三元大崇至矣。」俄而有胡沙虎之變。

宣宗貞祐元年八月戊子夜，將曙，大霧蒼黑，跬步無所見，至辰巳間始散。十二月乙卯，雨，木冰。時衞州有童謠曰：「團圞冬，劈半年。寒食節，沒人煙。」明年正月，元兵破衞，遂丘墟矣。二年六月，潮白河溢，漂古北口鐵裹關門至老王谷。庚申，南京寶鎭閣災。壬戌，上次宜村，有黃龍見於西北。冬，黃河自陝州界至衞州八柳樹，清十餘日，纖鱗皆見。十二月己酉，雨，木冰。三年二月戊午，大風，隆德殿鴟尾壞。三月戊辰，大風，霾。四月，自去冬不雨，至于是月。五月，河南大蝗。〔四〕六月，京城中夜妄相驚逐狼，月餘方息。十月丙申昏，西北有霧氣如積土，至二更乃散。四年正月己未旦，黑霧四塞，巳時乃散。是春，河朔人相食。五月，河南、陝西大蝗。鳳翔、扶風、岐山、郿縣蝻蟲傷麥。七月，旱。癸丑，飛

蝗過京師。

興定元年三月，宮中有蝗。四月，單州雹傷稼。陳州商水縣進瑞麥，一莖四穗。開封府進瑞麥，一莖三穗、二莖四穗。五月乙丑，河南大風，吹府門署以去。延州原武縣雹傷稼。七月癸卯，大社壇產嘉禾，一莖十五穗。秋，霖雨。十月，邠州進白兔。丹州進嘉禾，異畝同穎。二年四月，河南諸郡蝗。五月，秦、陝狼害人。六月，旱。是歲，京師屢火，遣禮部尚書楊雲翼禁之。三年春，吏部火。四月癸未，陝右黑風晝起，有聲如雷，頃之地大震，平涼、鎭戎、德順尤甚，廬舍傾，壓死者以萬計，雜畜倍之。夏，旱。十二月壬申，雨，木冰。四年正月戊辰〔五〕二更，天鳴有聲。壬子，晝晦，有頃大雷風雨。四月丁丑，大風吹河南府署飛百餘步，戶案門鑰開，文牘飄散，不知所在。六月，旱。七月，河南大水，唐、鄧尤甚。十二月癸酉，火。是歲，華州渭南縣民裴德寧家伐樹，破其中有赤色「太」字，表裏脗合。有司言與唐大曆中成都瑞木有文「天下太平」者其事頗同，蓋太平之兆也。乞付史館。五年三月，以久旱，詔中外。〔六〕仍命有司祈禱。十一月壬寅，京師相國寺火。十二月丁丑，霜附木。先是，有童謠云：「青山轉，轉山青。耽誤盡，少年人。」蓋言是時人皆爲兵，轉鬬山谷，戰伐不休，當至老也。

元光元年四月，京畿旱。十月，上獵近郊，獲白兔，羣臣以爲瑞。明日，御便殿，置鈴於

項，將縱之，兔驚躍不已，忽斃几上。二年正月辛酉日午，有鶴千餘翔于殿庭，移刻乃去。七月乙卯，丹鳳門壞，壓死者數人。十一月，開封有虎害人。是時屢有妖怪，二年之中，白日虎入鄭門，吏部及宮中有狐狼，鬼夜哭于輦路，烏鵲夜驚，飛鳴蔽天。十二月，宣宗崩。

哀宗正大元年正月戊午，上初視朝，尊太后爲仁聖宮皇太后，太元妃爲慈聖宮皇太后。是日，大風飄端門瓦，昏霾不見日，黃氣塞天。仁聖又夢乞丐萬數踵其後，心惡之，占者曰：「后爲天下母，百姓貧窶，將誰訴焉。」遂勅京城設粥與冰藥以應之，人以爲壬辰、癸巳之兆。又有人衣麻衣，望承天門大笑者三，大哭者三，有司拘而問之，其人曰：「我先笑者，笑許大天下將相無人。後哭者，哀祖宗家國破蕩至此也。」有司以爲妖言，處之重典。上曰：「近詔草澤之士並許直言，雖涉譏訕亦不治罪，況此人言亦有理，止不應哭笑闕下耳。」乃杖之。二年正月甲申，有黃黑之祲。四月，旱。京畿大雨雹。三年春，大寒。三月乙丑，有火自吏部中出，大如斛，流行展轉，人皆驚避，踰時而滅。四月，旱、蝗。六月，京東雨雹，蝗死。四年六月丙辰，地震。八月癸亥，大風吹左掖門鴟尾墜，丹鳳門扉壞。是日，風、霜損禾皆盡。五年春，大寒。二月，雷而雪，木之華者皆敗。四月，鄭州大雨雹，桑柘皆枯。京畿旱。八月，御座上聞若有言者曰：「不放捨則何？」索之不見。七年十二月，新衞州北三里許，有

影在沙上，如舊衞州城狀，寺塔宛然，數日乃滅。

天興元年正月丁酉，大雪。二月癸丑，又雪。戊午，又雪。是時，鈞州、陽邑、盧氏兵皆大敗。〔一七〕五月，大寒如冬。七月庚辰，兵刃有火。閏八月己未，有箭射入宮中。〔一八〕九月辛丑夜，大雷，工部尚書蒲乃速震死。二年六月，上遷蔡，自發歸德，連日暴雨，平地水數尺，軍士漂沒。及蔡始晴，復大旱數月。識者以爲不祥。初，南京未破一二年間，市中有一僧不知所從來，持一布囊貯棗，日散與市人無窮，所在兒童百十從之。又有一人拾街中破瓦，復以石擊碎之。人皆以爲狂，不曉其理，後乃知之，其意蓋欲使人早散，國家將瓦解矣。

校勘記

〔一〕八月己卯　按是年八月戊戌朔，無己卯。本書卷二太祖紀作收國元年九月是。

〔二〕十二月丁未上候遼軍還至熱結濼　原脫「十二月」三字，丁未承上八月。按本書卷二太祖紀，收國元年「十二月丁未，上以騎兵親候遼軍……是日，上還至熟結濼」，今據補。又「熟」原作「孰」。今依太祖紀改。

〔三〕十年冬　按本書卷三太宗紀作天會十一年「十一月丙寅，賑移懶路。十二月癸未，賑曷懶路」。與此稍異。

〔四〕貞元三年　「三」原作「二」。按本書卷五海陵紀，「貞元三年五月癸丑，南京大內火」。又卷八二郭安國傳亦記「貞元三年，南京大內火」。今據改。

〔五〕三年三月丙申　「三月」原作「二月」。按二月壬戌朔，無丙申。本書卷六世宗紀，大定三年「三月丙申，中都以南八路蝗，詔尚書省遣官捕之」。今據改。

〔六〕考官完顏蒲揑李晏等　「晏」原作「宴」。據殿本改。

〔七〕五月曹州河溢　「五」原作「六」。按本書卷九章宗紀，大定二十九年五月戊午，「河溢曹州」，卷二七河渠志同。今據改。

〔八〕邢洺深冀及河北西路十六謀克之地野蠶成繭　「洺」原作「洛」。據本書卷一〇章宗紀改。

〔九〕八月河決陽武故堤　「八月」原作「是月」，承上文卽七月。按本書卷一〇章宗紀，明昌五年八月「壬子，河決陽武故堤，灌封丘而東」，卷二七河渠志同。今據改。

〔一〇〕十一月丁卯陰木冰凡三日　按本書卷一二章宗紀，泰和四年十一月「癸酉，木冰凡三日」。此處「丁卯陰」下似有脫文。

〔一一〕八年閏四月甲午雨雹　原脫「閏」字。按本書卷一二章宗紀，泰和八年閏月「甲午，雨雹」。今據補一「閏」字。

〔一二〕大安元年徐邳界黃河清五百餘里　「邳」原作「沛」。按本書卷一三衞紹王紀，「徐、邳州河清五百餘里」。卷二五地理志，山東西路有徐州和邳州。又滕州有沛縣，其地距黃河較遠。今據改。惟大安元年，紀作「二年」。

〔一三〕清夷門　按本書卷一三衞紹王紀作通玄門。

〔一四〕五月河南大蝗　按本書卷一四宣宗紀記此事作「四月」。

〔一五〕四年正月戊辰　按本書卷一六宣宗紀，「興定四年春正月壬辰朔」，無「戊辰」。

〔一六〕五年三月以久旱詔中外　按本書卷一六宣宗紀，作興定五年二月「癸酉，以旱災曲赦河南路。癸未，以旱災詔中外」。

〔一七〕是時鈞州陽邑盧氏兵皆大敗　按本書卷一七哀宗紀，天興元年「二月壬子朔，慶山奴謀走歸德，至陽驛店，遇大元兵，徐帥完顏兀里力戰而死，慶山奴被擒」。卷一一六內族承立傳記此事作「二月，行次楊驛店，遇小乃𩧐軍，遂潰」。考元史卷一五五史天澤傳，「壬辰春，招降太康、柘縣、瓦岡、睢州，追斬金將完顏慶山奴於陽邑」。蓋「陽邑」卽「陽驛」或「楊驛」。「陽」與「楊」、「邑」與「驛」皆同音字，今仍兩存。

〔一八〕閏八月己未有箭射入宮中　按天興元年閏九月，不閏八月，此「閏」字顯係誤書。又據本書卷一八哀宗紀，載是年「九月戊寅朔」，「閏月戊申朔」，「己未，有箭射入宮中，書姦臣姓名，兩日而再得之」，則此條當在下文「蒲乃速震死」之下。

金史卷二十四

志第五

地理上

上京路　咸平路　東京路　北京路　西京路　中都路

金之壤地封疆，東極吉里迷兀的改諸野人之境，北自蒲與路之北三千餘里，火魯火疃謀克地爲邊，右旋入泰州婆盧火所浚界壕而西，經臨潢、金山，跨慶、桓、撫、昌、淨州之北，出天山外，包東勝，接西夏，逾黃河，復西歷葭州及米脂寨，出臨洮府、會州、積石之外，與生羌地相錯。復自積石諸山之南左折而東，逾洮州，越鹽川堡，循渭至大散關北，並山入京兆，絡商州，南以唐鄧西南皆四十里，取淮之中流爲界，而與宋爲表裏。

襲遼制，建五京，置十四總管府，是爲十九路。其間散府九，節鎭三十六，防禦郡二十二，刺史郡七十三，軍十有六，縣六百三十二。後復盡升軍爲州，或升城堡寨鎭爲縣，是以金之京府州凡百七十九，縣加於舊五十一，城寨堡關百二十二，鎭四百八十八。雖貞祐、興定危亡之所廢置，既歸大元，或有因之者，故凡可考必盡著之，其所不載則闕之。

上京路，卽海古之地，金之舊土也。國言「金」曰「按出虎」，以按出虎水源於此，故名金源，建國之號蓋取諸此。國初稱爲內地，天眷元年號上京。海陵貞元元年〔一〕遷都于燕，削上京之號，止稱會寧府，稱爲國中者以違制論。大定十三年七月，復爲上京。其山有長白、青嶺、馬紀嶺、完都魯，水有按出虎水、混同江、來流河、宋瓦江、鴨子河。府一，領節鎭四，防禦一，縣六，鎭一。舊有會平州，天會二年築，契丹之周特城也，〔二〕後廢。其宮室有乾元殿，天會三年建，天眷元年更名皇極殿。慶元宮，天會十三年建，殿曰辰居，門曰景暉，天眷二年安太祖以下御容，爲原廟。〔三〕朝殿，天眷元年建，殿曰敷德，門曰延光，寢殿曰宵衣，書殿曰稽古。又有明德宮、明德殿，熙宗嘗享太宗御容於此，太后所居也。涼殿，皇統二年構，門曰延福，樓曰五雲，殿曰重明。東廡南殿曰東華，次曰廣仁。西廡南殿曰西清，次曰明義。重明後，東殿曰龍壽，西殿曰奎文。時令殿及其門曰奉元。有泰和殿，有武德殿，有薰風殿。其行宮有天開殿，爻剌春水之地也。有混同江行宮。太廟、社稷，皇統三年建，正隆二年毀。原廟，天眷元年以春亭名天元殿，安太祖、太宗、徽宗及諸后御容。春亭者，太祖所嘗御之所也。天眷二年作原廟，皇統七年改原廟乾文殿曰世德，正隆二年毀。大定五年復建太祖廟。興聖宮，德宗所居也，天德元年名之。興德宮，後更名永祚宮，睿宗所居也。光興宮，世宗所居也。正隆二年命吏部郎中蕭彥良盡毀宮殿、宗廟、諸大族邸第及儲慶寺，夷其趾，耕墾之。大定二十一年復修宮殿，建城隍廟。二十三年以甓束其城。有皇武殿，擊毬校射之所也。有雲錦亭，有臨漪亭，爲籠鷹之所，在按出虎水側。

會寧府，下。初爲會寧州，太宗以建都，升爲府。天眷元年，置上京留守司，以留守帶本府尹，兼本路兵馬都總管。後置上京曷懶等路提刑司。戶三萬一千二百七十。舊歲貢秦王魚，大定十二年罷之。又貢豬二萬，二十五年罷之。東至胡里改六百三十里，西至肇州五百五十里，北至蒲與路七百里，東南至恤品路一千六百里，至曷懶路一千八百里。縣三：

會寧倚，與府同時置。有長白山、青嶺、馬紀嶺、勃野淀、綠野淀。有按出虎河，又書作阿朮滸。有混同江、淶流河。有得勝陀，國言忽土皚葛蠻，太祖誓師之地也。

曲江初名鎭東，大定七年置，十三年更今名。

宜春大定七年置。有鴨子河。

肇州，下，防禦使。舊出河店也。天會八年，以太祖兵勝遼，肇基王績於此，遂建爲州。天眷元年十月，置防禦使，隸會寧府。海陵時，嘗爲濟州支郡。承安三年，復以爲太祖神武隆興之地，陞爲節鎭，軍名武興。五年，置漕運司，以提舉兼州事。後廢軍。貞祐二年復陞爲武興軍節鎭，置招討司，以使兼州事。戶五千三百七十五。縣一：

始興倚，與州同時置。有鴨子河、黑龍江。

隆州，下，利涉軍節度使。古扶餘之地，遼太祖時，有黃龍見，遂名黃龍府。天眷三年，改爲濟州，以太祖來攻城時大軍徑涉，不假舟楫之祥也，置利涉軍。天德三年置上京路都轉運司，四年，改爲濟州路轉運司。大定二十九年嫌與山東路濟州同，更今名。貞祐初，陞爲隆安府。戶一萬一百八十。縣一：

利涉倚，與州同時置。有混同江、淶流河。鎭一與縣同時置，有混同館。

信州，下，彰信軍刺史。本渤海懷遠軍，遼開泰七年建，取諸路漢民置。戶七千三百五十九。縣一：

武昌本渤海懷福縣地。鎭一八十戶。

蒲與路，國初置萬戶，海陵例罷萬戶，乃改置節度使。承安三年，設節度副使。南至上京六百七十里，東南至胡里改一千四百里，北至北邊界火魯火疃謀克三千里。

合懶路，置總管府。貞元元年，改總管爲尹，仍兼本路兵馬都總管。承安三年，設兵馬副總管。舊貢海葱，〔四〕大定二十七年罷之。有移鹿古水。西北至上京一千八百里，東南至高麗界五百里。

恤品路，節度使。遼時，爲率賓府，置刺史。本率賓故地，太宗天會二年，以耶懶路都孛菫所居地瘠，遂遷于此。以海陵例罷萬戶，置節度使，因名速頻路節度使。世宗大定十一年，以耶懶、速頻相去千里，既居速頻，然不可忘本，遂命名石土門親管猛安曰押懶猛安。〔五〕承安三年，設節度副使。西北至上京一千五百七十里，東北至胡里改一千一百，西南至合懶一千二百，北至邊界斡可阿憐千戶二千里。「耶懶」又書作「押懶」。

曷蘇館路，置節度使。天會七年，徙治寧州，〔六〕嘗置都統司，明昌四年廢。有化成關，國言曰曷撒罕關。〔七〕

胡里改路，國初置萬戶，海陵例罷萬戶，乃改置節度使。承安三年，置節度副使。西至上京六百三十里，北至邊界合里賓忒千戶一千五百里。

烏古迪烈統軍司，後升爲招討司，與蒲與路近。

咸平路，府一，領刺郡一，縣十。

咸平府，下，總管府，安東軍節度使。本高麗銅山縣地，遼爲咸州，國初爲咸州路，置都統司。天德二年八月，陞爲咸平府，後爲總管府。置遼東路轉運司、東京咸平路提刑司。戶五萬六千四百四。縣八：

平郭倚，舊名咸平，大定七年更。

銅山遼同州鎮安軍，本漢襄平縣，遼太祖時以東平寨置，因名東平，軍曰鎮東。章宗大定二十九年，以與東平重，

故更。南有柴河，北有清河，西有遼河。

新興遼銀州富國軍，本渤海富州，熙宗皇統三年廢州，更名來屬。有范河，北有柴河，西有遼河。

慶雲遼祺州祐聖軍，本以所俘檀州密雲民建檀州密雲，後更名。有遼河。

清安遼肅州信陵軍，熙宗皇統三年降爲縣。

榮安東有遼河。

歸仁遼舊隸通州安遠軍，本渤海強師縣，遼更名，金因之。北有細河。

玉山章宗承安三年，以烏速集、平郭、林河之間相去六百餘里之地置，貞祐二年四月陞爲節鎮，軍曰鎮安。

韓州，下，刺史。遼置東平軍，本渤海鄚頡府。〔八〕戶一萬五千四百一十二。舊有營。縣二：

臨津倚，未詳何年置。

柳河本渤海粵喜縣地，遼以河爲名。有狗河、柳河。

東京路，府一，領節鎮一，〔九〕刺郡四，縣十七，鎮五。皇統四年二月，立東京新宮，寢殿曰保寧，宴殿曰嘉惠，前後正門曰天華、曰乾貞。七月，建宗廟，有孝寧宮。七年，建御容殿。

遼陽府，中，東京留守司。本渤海遼陽故城，遼完葺之，郡名東平。天顯三年，陞爲南京，府曰遼陽。十三年，更爲東京。太宗天會十年，改南京路平州軍帥司爲東南路都統司之時，嘗治於此，以鎮高麗。後置兵馬都部署司，天德二年，改爲本路都總管府，後更置留守司。產白兔、師姑布、鼠毫、白鼠皮、人參、白附子。戶四萬六百四。縣四、鎮一：

遼陽倚。東梁河，國名兀魯忽必剌，俗名太子河。

鶴野　鎮一長宜，曷蘇館在其地。

宜豐遼舊衍州安廣軍，皇統三年廢爲縣。有東梁河。

石城興定三年九月，以縣之靈巖寺爲巖州，名其倚郭縣曰東安，置行省。

澄州，南海軍刺史，下。本遼海州，〔一〇〕天德三年改州名。戶一萬一千九百三十五。縣二、鎮一：

臨溟　鎮一新昌。

析木遼銅州廣利軍附郭析木縣也，皇統三年廢州來屬。有沙河。

瀋州，昭德軍刺史，中。本遼定理府地，遼太宗時置軍曰興遼，〔一一〕後爲昭德軍，置節度。明昌四年改爲刺史，與通、貴德、澄三州皆隸東京。戶三萬六千八百九十二。縣五：

樂郊遼太祖俘三河之民建三河縣於此，後改更今名。有渾河。

章義遼舊廣州，皇統三年降爲縣來屬。有遼河、東梁河、遼河大口。

遼濱遼舊遼州東平軍，遼太宗改爲始平軍，皇統三年廢爲縣。有遼河。

挹樓遼舊興州興中軍〔一二〕常安縣，遼嘗置定理府刺史於此，本挹樓故地，大定二十九年章宗更名。有范河、清河國名叩隈必剌。

雙城遼雙州保安軍也，皇統三年降爲縣，章宗時廢。

貴德州，刺史，下。遼貴德州寧遠軍，國初廢軍，降爲刺郡。戶二萬八百九十六。縣二：

貴德倚。有范河。

奉集遼集州懷遠軍〔一三〕奉集縣，本渤海舊縣。有渾河。

蓋州，奉國軍節度使，下。本高麗蓋葛牟城，遼辰州。明昌四年，罷曷蘇館，建辰州遼海軍節度使。六年，以與「陳」同音，更取蓋葛牟爲名。戶一萬八千四百五十六。縣四、鎮二：

湯池遼鐵州建武軍湯池縣。鎮一神鄉。

建安遼縣。鎮一大寧。

秀巖本大寧鎮，明昌四年陞。泰和四年廢爲鎮，貞祐四年復陞置。

熊岳遼盧州玄德軍熊岳縣。遼屬南女直湯河司。

復州，下，刺史。遼懷遠軍節度，〔一四〕明昌四年降爲刺史。舊貫鹿筋，大定八年罷之。戶一萬

三千九百五十。縣二、鎮一：
永康倚。舊名永寧，大定七年更。
化成遼蘇州安復軍，本高麗地，興宗置。皇統三年降爲縣來屬。貞祐四年五月陞爲金州，興定二年陞爲防禦。鎮一歸勝。
來遠州，下。舊來遠城，本遼熟女直地，大定二十二年升爲軍，後升爲州。
婆速府路，國初置統軍司，天德二年置總管府，貞元元年與曷懶路總管並爲尹，兼本路兵馬都總管。此路皆猛安戶。

北京路，府四，領節鎮七，刺郡三，縣四十二，鎮七，寨一。[一五]
大定府，中，北京留守司。遼中京。統和二十五年建爲中京，國初因稱之。海陵貞元元年更爲北京，置留守司、都轉運司、警巡院。產鼲鼠、螺盃、茶英梳、玳瑁鞍、酥乳餅、五味子。戶六萬四千四十七。縣十一、鎮二：
大定倚，遼縣舊名。有土河、七金山、陰涼河。鎮一恩化。
長興有塗河。
富庶有心河。鎮一文安。

松山遼松山州勝安軍松山縣，開泰中置，舊置刺史。太祖天輔七年置觀察使。皇統三年廢州來屬。承安三年隸高州，泰和四年復。有陰涼河、落馬河。
神山遼澤州神山縣，遼太祖俘蔚州之民置。[一六]章宗承安二年嘗置惠州，陞孩兒館爲灤陽縣，以隸之。泰和四年罷州及灤陽縣。
惠和皇統三年以遼惠州惠和縣置。
金源唐靑山縣，遼開泰二年置，以地有金甸爲名。有駱駝山。
和衆遼榆州和衆縣，皇統三年罷州來屬。
武平遼築城杏塲，初名新州，統和間更爲武安州。皇統三年降爲武安縣來屬，大定七年更名。承安三年隸高州，泰和四年復來屬。
靜封承安二年以胡設務置，隸全州，三年隸高州，泰和四年來屬。
三韓遼伐高麗，遷馬韓、辰韓、弁韓三國民爲縣，置高州。太祖天輔七年以高州置節度使，皇統三年廢爲縣，承安三年復陞爲高州，置刺史，爲全州支郡，分武平、松山、靜封三縣隸焉。泰和四年廢。有落馬河、塗河。
利州，下，刺史。遼統和十六年置。[一七]戶二萬一千二百九十六。縣二、鎮一、寨一：
阜俗遼統和四年置，金因之。
龍山遼故潭州廣潤軍縣故名，熙宗皇統三年廢州來屬。有榆河。寨一蘭州。鎮一漆河。

義州，下，崇義軍節度使。遼宜州，天德三年更州名。戶三萬二百三十三。縣三、鎮一：
弘政有凌河。
開義遼海北州廣化軍縣故名，熙宗皇統三年廢州來屬。鎮一饒慶。
同昌遼成州興府軍縣故名，國初隸川州，大定六年罷川州，隸懿州，承安二年復隸川州，泰和四年來屬。
錦州，下，臨海軍節度使。舊隸興中府，後來屬。戶三萬九千一百二十三。縣三：
永樂本慕容皝之西樂縣地。
安昌
神水遼開泰二年置，皇統三年廢爲鎮，大定二十九年復升爲縣。有土河。
瑞州，下，歸德軍節度使。本來州，天德三年更爲宗州，泰和六年以避睿宗諱，謂本唐瑞州地，故更今名。戶一萬九千九百五十三。縣三、鎮一：
瑞安舊名來賓，唐來遠縣也。明昌六年更爲宗安，泰和六年復更今名。
海陽遼潤州海陽軍故縣，皇統三年廢州來屬。鎮一遷民。
海濱本慕容皝集寧縣地，遼隰州海平軍故縣，[一八]皇統三年廢州來屬。
廣寧府，散，下，鎮寧軍節度使。本遼顯州奉先軍，漢望平縣地，天輔七年升爲府，因軍名置節度。天會八年改軍名鎮寧。天德二年隸咸平，後廢軍隸東京。泰和元年七月來

屬。戶四萬三千一百六十一。縣三、舊有奉玄縣，[一九]天會八年改爲鍾秀縣。鎮六、寨四、[二〇]鎮二歡城、遼西。[二一]
廣寧舊名山東縣，大定二十九年更名。有遼世宗顯陵。寨二閭城、兔兒窩。[二二]
望平大定二十九年升梁漁務置。鎮二梁漁務、山西店。[二三]
閭陽遼乾州廣德軍，以奉乾陵故名奉陵縣。天會八年廢州更名來屬。有凌河。有遼景宗乾陵。鎮二閭陽、衡家。寨二大斧山、北川。
懿州，下，寧昌軍節度使。遼嘗更軍名慶懿，又爲廣順，復更今名。金因之，先隸咸平府，泰和末來屬。戶四萬二千三百五十一。縣二：大定六年罷川州，以宜民、同昌二縣來屬。承安二年復以二縣隸川州。泰和四年罷川州，以宜民隸興中，同昌隸義州。
順安
靈山本渤海靈峯縣地。
興中府，散，下。本唐營州城，遼太祖遷漢民以實之，曰霸州彰武軍，重熙十一年升爲府，[二四]更今名，金因之。戶四萬九百二十七。縣四、鎮三：
興中本漢柳城地。[二五]南有淩河。鎮一黔城。
永德遼安德州化平軍安德縣，世宗大定七年更今名。北有淩河。鎮一阜安。

興城遼嚴州保肅軍縣故名，皇統三年廢州隸錦州。有桃花島。

宜民遼川州長寧軍，會同中嘗名白川州，天祿五年去「白」字，國初因之，與同昌縣皆隸焉。大定六年降為宜民縣，隸懿州。承安二年復置川州，改徽川寨為徽川縣，為懿州支郡。泰和四年罷州及徽川縣來屬。鎮一咸康，遼縣也，國初廢為鎮。

建州，下，保靜軍刺史。[二六]遼初名軍曰武寧，後更，金因之。戶一萬一千四百三十九。縣一：

永霸本唐昌黎縣地。

全州，下，盤安軍節度使。承安二年置，改胡設務為靜封縣，[二七]黑河鋪為盧川縣，撥北京三韓縣烈虎等五猛安以隸焉。貞祐二年四月嘗僑置于平州。[二八]戶九千三百一十九。縣一：

安豐承安元年十月改豐州鋪為安豐縣，隸臨潢府，二年置全州盤安軍節度使治。[二九]有黃河、黑河。

臨潢府，下，總管府。地名西樓，遼為上京，國初因稱之，天眷元年改為北京。天德二年改北京為臨潢府路，以北京路都轉運司為臨潢府路轉運司，天德三年罷。貞元元年以大定府為北京後，但置北京臨潢路提刑司。大定後罷路，[三〇]併入大定府路。貞祐二年四月嘗僑置于平州。有天平山、好水川，行宮地也，大定二十五年命名。有撒里乃地，熙宗皇統九年嘗避暑于此。

有陷泉，國言曰落孛魯。有合襲追古思阿不漢合沙地。戶六萬七千九百七。縣五、堡三十七：大定間二十四，後增。

臨潢倚。有金粟河。

長泰有立列只山，其北千餘里有龍駒河，國言曰喝必刺。有撒里葛覩地。

盧川承安二年以黑河鋪升，隸全州，後復來屬。有潢河。

寧塞泰和元年五月置。有滑河。

長寧遼永州永昌軍縣故名，太祖天輔七年嘗置節度使，皇統三年廢州來屬。

慶州，下，玄寧軍刺史。境內有遼祖州，[三一]天會八年改為奉州，皇統三年廢，遼太祖祖陵在焉。境內有遼懷州，[三二]舊置奉陵軍，天會八年更為奉德軍，皇統三年廢，遼太宗、穆宗懷陵在焉。[三三]北山有遼聖宗、興宗、道宗慶陵。城中有遼行宮，比他州為富庶，遼時刺此郡者非耶律、蕭氏不與，遼國寶貨多聚藏於此。北至界二十里，南至盧川二百二十，西至桓州九百，東至臨潢一百六十。[三四]戶二千七。縣一：舊有孝安縣，天會八年改為慶民縣，皇統三年廢。

朔平有榷場務。

興州，寧朔軍節度使。本遼北安州興化軍，皇統三年降軍置興化縣，[三五]承安五年升為興州，置節度，軍名寧朔，改利民寨為利民縣，撥梅堅河徒門必罕、寧江、速馬剌三猛安隸

焉。貞祐二年四月僑置于密雲縣。戶一萬五千九百七十。縣二：又有利民縣，承安五年以利民寨升，泰和四年廢。

興化倚。遼舊縣，[三六]皇統三年降興化軍置，隸大定府，承安五年建興州於縣，為倚郭。舊有白檀鎮。

宜興本興化縣白檀鎮，泰和三年陞為縣來屬。

泰州，德昌軍節度使。[三七]遼時本契丹二十部族牧地，海陵正隆間，置德昌軍，隸上京，大定二十五年罷之。承安三年復置于長春縣，以舊泰州為金安縣，隸焉。北至邊四百里，南至懿州八百里，東至肇州三百五十里。[三八]戶三千五百四。縣一、舊有金安縣，承安三年置，尋廢。堡十九：

長春遼長春州韶陽軍，天德二年降為縣，隸肇州，承安三年來屬。有撻魯古河、鴨子河。有別里不泉。

邊堡，大定二十一年三月，世宗以東北路招討司十九堡在泰州之境，及臨潢路舊設二十四堡障參差不齊，遣大理司直蒲察張家奴等往視其處置。於是東北自達里帶石堡子至鶴五河地分，臨潢路自鶴五河堡子至撒里乃，皆取直列置堡戍。評事移剌敏言：「東北及臨潢所置，土瘠樵絕，當令所徙之民姑逐水草以居，分遣丁壯營畢，開壕塹以備邊。」上令無水草地官為建屋，及臨潢路諸堡皆以放良人戍守。省議：「臨潢路二十四堡，堡置戶三十，共為七百二十，若營建畢，官給一

歲之食。」上以年飢權寢，姑令開壕為備。四月，遣吏部郎中奚胡失海經畫壕塹，旋為沙雪堙塞，不足為禦。乃言：「可築二百五十堡，堡日用工三百，計一月可畢，糧亦足備，可為邊防久計。泰州九堡、臨潢五堡之地斥鹵，官可為屋外，自撒里乃以西十九堡，舊戍軍舍少，可令大鹽濼官木三萬餘，與直東堡近嶺求木，每家官為構室一椽以處之。」

西京路，府二，領節鎮七，刺郡八，縣三十九，[三九]鎮九。大定五年建宮室，名其殿曰保安，其門南曰奉天，東曰宣仁，西曰阜成。天會三年建太祖原廟。

大同府，中，西京留守司。晉雲州大同軍節度，遼重熙十三年，升為西京，府名大同，金因之。皇統元年，以燕京路隸尚書省，西京及山後諸部族隸元帥府。舊置兵馬都部署司，天德二年，改置本路都總管府，後更置留守司。置轉運司及中都西京路提刑司。貢瑪瑙環子、瑪瑙數珠。產白駞、安息香、松明、松脂、黃連、百藥煎、芥子煎、鹽、撈鹽、石綠、綠礬、鐵、甘草、枸杞、礞玉砂、地蕈。戶九萬八千四百四十四。縣七、鎮三：

大同倚。遼析雲中置，金因之。有牛皮闕、武周山、方山、采望山、燕樂城、御河、鬬雞臺、平城外郭鹽場、如渾水、桑乾河、紇真山。有遼帝后像，在華嚴寺。鎮一奉義。

雲中晉舊縣名。

宣寧遼德州昭聖軍宣德縣，大定八年更名。有官山、彌陁山、石綠山，產碾玉砂。鎮一窟龍城。

懷安晉故縣名。

天成〔四〇〕遼析雲中置。

白登本名長清，〔四一〕大定七年更。有白登臺、採掠山。

懷仁遼析雲中置，貞祐二年五月升爲雲州。有黃花嶺、錦屛山、清涼山、金龍山、早起城、日中城。鎮一安七疃。

豐州，下，天德軍節度使。遼嘗更軍名應天，尋復，金因之。皇統九年升爲天德總管府，置西南路招討司，〔四二〕以天德尹兼領之。大定元年降爲天德軍節度使，兼豐州管內觀察使，以元管部族直撤、軍馬公事，並隸西南路招討司。產不灰木、地蕈。戶二萬二千六百八十三。縣一、鎮一：

富民晉舊名。有黑山、神山。鎮一振武。

弘州，下，刺史。遼名軍曰博寧，本襄陰村，統和中建。國初置保寧軍，後廢軍。產瑪瑙。戶二萬二千二。縣二、鎮二：

襄陰倚。本名永寧，大定七年改。

順聖本安塞軍故地，遼應曆中置，金因之。鎮二陽門，貞祐二年七月陞爲縣。大羅。

淨州，下，刺史。大定十八年以天山縣升，爲豐州支郡，刺史兼權譏察。〔四三〕北至界八十里。〔四四〕戶五千九百三十八。縣一：

天山舊爲榷場，大定十八年置，爲倚郭。

桓州，下，威遠軍節度使。軍兵隸西北路招討司。明昌七年改置刺史。北至舊界一里半。〔四五〕戶五百七十八。縣一：曷里滸東川，更名金蓮川，世宗曰：「蓮者連也，取其金枝玉葉相連之義。」景明宮，避暑宮也，在涼陘，有殿、揚武殿，〔四六〕皆大定二十年命名。有查沙。有白濼，國言曰勺赤勒。

清塞倚。明昌四年以罷錄事司置。

撫州，下，鎮寧軍節度使。遼秦國大長公主建爲州，章宗明昌三年復置刺史，爲桓州支郡，治柔遠。明昌四年置司候司。承安二年陞爲節鎮，軍名鎮寧，撥西北路招討司所管梅堅必刺、王敦必刺、拿憐术花速、宋葛斜忒渾四猛安以隸之。戶一萬一千三百八十。縣四：有旺國崖，大定八年五月更名靜寧山。有麻達葛山，大定二十九年更名胡土白山。有冰井。

柔遠倚。大定十年置于燕子城，隸宣德州，明昌三年來屬。有燕子城國言曰吉甫魯灣城，北羊城國言曰火唵榷場，查剌嶺，沔山，大漁濼行宮有樞光殿。有雙山，七里河，石井，蝦蟆山，昂吉濼又名鴛鴦濼，得勝口舊名北望淀，大定二十年更。

集寧明昌三年以春市場置，北至界二百七十里。

豐利明昌四年以泥濼置。有蓋里泊。

威寧承安二年以撫州新城鎮置。

德興府，晉新州，遼奉聖州武定軍節度，國初因之。大安元年陞爲府，名德興。戶八萬八百六十八。縣六、有漫天堝，泰和二年更名排雲，平砢崖更名壘翠巖。鎮一：

德興倚。舊名永興縣，大安元年更名。有涿鹿定、方水鎮。有雞鳴山。

嬀川遼可汗州清平軍，本晉嬀州，會同元年遼太祖嘗名可汗州，縣舊曰懷戎，更名懷來，明昌六年更今名。西北有合河龜頭館石橋，明昌四年建。

縉山遼儒州縉陽軍縣故名，皇統元年廢州來屬，崇慶元年陞爲鎮州。鎮一永安。

望雲本望雲川地，遼帝嘗居，號曰御莊，後更爲縣，金因之。

礬山晉故縣，國初隸弘州，明昌三年來屬。

龍門晉縣，國初隸弘州，後來屬。明昌三年割隸宣德州。有慶寧宮，行宮也，泰和五年以提舉兼龍門令。

昌州，天輔七年降爲建昌縣，隸桓州。明昌七年以狗濼復置，隸撫州，後來屬。戶一千二百四十一。縣一：

寶山有狗濼，國言曰押恩尼要。其北五百餘里有日月山，大定二十年更曰抹白山，國言涅里塞一山。

宣德州，下，刺史。遼改晉武州爲歸化州雄武軍，大定七年更爲宣化州，八年復更爲宣

德。戶三萬二千一百四十七。縣二：

宣德舊文德縣，大定二十九年更名。

宣平承安二年以大新鎮置，以北邊用兵嘗駐此地也。

朔州，中，順義軍節度使。貞祐三年七月，嘗割朔州廣武縣隸代州。產鐵、荆三稜、枸杞。戶四萬四千八百九十。縣二：

鄯陽晉故縣。有桑乾河、大和嶺、天池、雁門關、霸德山。

馬邑晉故縣，貞祐二年五月陞爲固州。有洪濤山、漯水——又曰桑乾河。

武州，邊，下，刺史。大定前仍置宣威軍。戶一萬三千八百五十一。縣一：

寧遠晉故縣。黃河。

應州，下，彰國軍節度使。戶三萬二千九百七十七。縣三：

金城晉故縣。有黃瓜堆、復宿山、桑乾河、渾河、崞川水、黃花城。

山陰本名河陰，大定七年以與鄭州屬縣同，故更焉。貞祐二年五月陞爲忠州。有黃花嶺、桑乾河。

渾源晉縣，貞祐二年五月陞爲渾源州。產鹽。

蔚州，下，忠順軍節度使。遼嘗更爲武安軍，尋復。貢地蕈。戶五萬六千六百七十四。縣五：

靈仙北有桑乾河、代王城、薄家村。

廣靈亦作「陵」，遼統和三年析靈仙置。

靈丘晉縣，貞祐二年四月陞爲成州，四年割爲代州支郡。

定安晉縣。有桑乾河。貞祐二年四月陞爲定安州。

飛狐晉縣。

雲內州，下，開遠軍節度使。天會七年徙奚第一、第三部來戍。產青鑌鐵。戶二萬四千八百六十八。縣二、鎮一：

柔服夾山在城北六十里。鎮一寧仁，舊縣也，大定後廢爲鎮。

雲川本曷董館，後陞爲裕民縣，皇統元年復廢爲曷董館，大定二十九年復陞，更爲今名。

寧邊州，下，刺史。國初置鎮西軍，貞祐三年隸嵐州，四年二月陞爲防禦。戶六千七十二。縣一：

寧邊正隆三年置。

東勝州，下，邊，刺史。國初置武興軍，有古東勝城。戶三千五百三十一。縣一、鎮一：

東勝　鎮一寧化。

部族節度使：

烏昆神魯部族節度使，軍兵事屬西北路招討司，明昌三年罷節度使，以招討司兼領。

烏古里部族節度使。

石壘部族節度使。

助魯部族節度使。

孛特本部族節度使。

計魯部族節度使。

唐古部族，承安三年改爲部羅火扎石合節度使。

迪烈又作迭剌女古部族，承安三年改爲土魯渾扎石合節度使。

詳穩九處：

咩乣詳穩，貞祐四年六月改爲葛也阿隣猛安。

木典乣詳穩，貞祐四年改爲抗葛阿隣謀克。

骨典乣詳穩，貞祐四年改爲撒合輦必剌謀克。

唐古乣詳穩。

耶剌都乣詳穩。

移典乣詳穩。

蘇木典乣詳穩，近北京。

胡都乣詳穩。

霞馬乣詳穩。

羣牧十二處：

斡獨椀羣牧，大定四年改爲斡覩只羣牧。

蒲速斡羣牧。本斡覩只地，大定七年分置。

耶魯椀羣牧。

訛里都羣牧。

乣斡羣牧。

歐里本羣牧。

烏展羣牧。

特滿羣牧。

駝駝都羣牧。

訛魯都羣牧。

忒恩羣牧。承安四年創置。

蒲鮮羣牧。承安四年創置。〔四七〕

中都路，遼會同元年爲南京，開泰元年號燕京。海陵貞元元年定都，以燕乃列國之名，不當爲京師號，遂改爲中都。府一，領節鎮三，刺郡九，〔四八〕縣四十九。〔四九〕天德三年，始圖上燕城宮室制度，三月，命張浩等增廣燕城。城門十三，東曰施仁、曰宣曜、曰陽春，南曰景風、曰豐宜、曰端禮，西曰麗澤、曰顥華、曰彰義，北曰會城、曰通玄、曰崇智、曰光泰。浩等取眞定府潭園材木，營建宮室及涼位十六。應天門十一楹，左右有樓，門內有左、右翔龍門，及日華、月華門，前殿曰大安，左、右掖門，內殿東廊曰敷德門。大安殿之東北爲東宮，正北列三門，中曰粹英，〔五〇〕爲壽康宮，母后所居也。西曰會通門，門北曰承明門，又北曰昭慶門。東曰集禧門，尙書省在其外，其東西門左、右嘉會門也，門有二樓，大安殿後門之後也。其北曰宣明門，則常朝後殿門也。北曰仁政門，傍爲朶殿，朶殿上爲兩高樓，曰東、西上閤門，內有仁政殿，常朝之所也。宮城之前廊，東西各二百餘間，分爲三節，節爲一門。將至宮城，東西轉各有廊百許間，馳道兩傍植柳，廊脊覆碧瓦，宮闕殿門則純用碧瓦。應天門舊名通天門，大定五年更。七年改稱壽殿曰壽安宮。明昌五年復以隆慶宮爲東宮，慈訓殿爲承華殿，承華殿者皇太子所居之東宮也。泰和殿，泰和二年更名慶寧殿。又有崇慶殿。魚藻池、瑤池殿位，貞元元年建。有神龍殿，又有觀會亭。又有安仁殿、隆德殿、臨芳殿。皇統元年有元和殿。有常武殿，有廣武殿，爲擊毬、習射之所。京城北離宮有太寧宮，大定十九年建，後更爲壽寧，又更爲壽安，明昌二年更爲萬寧宮。瓊林苑有橫翠殿。寧德宮西園有瑤光臺，又有瓊華島，又有瑤光樓。皇統元年有宣和門，正隆三年有宣華門，又有撒合門。

大興府，上。晉幽州，遼會同元年陞爲南京，府曰幽都，仍號盧龍軍，開泰元年更爲永安析津府。〔五一〕天會七年析河北爲東、西路時屬河北東路，貞元元年更今名。〔五二〕戶二十二萬五千五百九十二。大定四年十月，命都門外夾道重行植柳各百里。產金銀銅鐵。藥產滑石、半夏、蒼朮、代赭石、白龍骨、薄荷、五味子、白牽牛。縣十、鎮一：

大興倚。遼名析津，貞元二年更今名。有建春宮。鎮一廣陽。

宛平倚。本晉幽都縣，遼開泰元年更今名。〔五三〕有玉泉山行宮。

安次晉舊名。

漷陰遼太平中，以漷陰村置。

永清晉舊名。

寶坻本新倉鎮，大定十二年置，以香河縣近民附之。承安三年陞置盈州，爲大興府支郡，以香河、武清隸焉。尋廢州。

香河遼以武清縣之孫村置。

昌平有居庸關，國名查剌合攀。

武清晉縣。

良鄉有料石岡、闔溝。

通州，下，刺史。天德三年陞潞縣置，以三河隸焉。興定二年五月陞爲防禦。戶三萬五千九十九。縣二：

潞晉縣名。有潞水。

三河晉縣名。

薊州，中，刺史。遼置上武軍。戶六萬九千一十五。產栗。縣五、舊又有永濟縣，大定二十七年以永濟務置，未詳何年廢。〔五四〕又有黎豁縣，廢置皆未詳。鎮二：

漁陽倚。

遵化遼景州清安軍。鎮一石門。

豐潤泰和間置。

玉田有行宮、偏林，大定二十年改爲御林。鎮一韓城。

平峪大定二十七年，以漁陽縣大王鎮陞。

易州，下，刺史。遼置高陽軍。戶四萬一千五百七十七。縣二：

易有易水。

淶水有淶水。

涿州，中，刺史。遼爲永泰軍。貢羅。戶一十一萬四千九百一十二。縣五、鎮一：

范陽倚。晉縣。有湖梁河。有劉李河。鎮一政滿。

固安晉縣。

新城

定興大定六年以范陽縣黃村置，割淶水、易縣近民屬之。有巨馬河。

奉先大定二十九年置萬寧縣以奉山陵，明昌二年更今名。有房山、龍泉河、盤寧宮。

順州，下，刺史。遼置歸化軍。戶三萬三千四百三十三。縣二：

溫陽舊名懷柔，明昌六年更。有螺山、溆水、兔耳山。

密雲遼檀州武威軍。有古北口，〔五五〕國言曰留斡嶺。

平州，中，興平軍節度使。遼爲遼興軍。天輔七年以燕西地與宋，遂以平州爲南京，以錢帛司爲三司。天會四年復爲平州，嘗置軍帥司。天會十年徙軍帥司治遼陽府，後置轉運司。貞元元年以轉運司併隸中都路。貞祐二年四月置東面經略司，八月罷。貢櫻桃、綾。戶四萬一千七百四十八。縣五、鎮一：

盧龍倚。

撫寧本新安鎮，大定二十九年置。

海山本漢海陽故城，遼以所俘望都縣民置，故名望都，大定七年更名。

遷安本漢令支縣故城，遼以所俘安喜縣民置，因名安喜，大定七年更今名。

昌黎遼營州鄰海軍，以所俘定州民置廣寧縣。皇統二年降州來屬，大定二十九年以與廣寧府重，故更今名。鎮一建昌。

灤州，中，刺史。本黃落故城，遼爲永安軍，天輔七年因置節度使。〔五六〕戶六萬九千八百六。縣四、有松亭關，〔五七〕國名斜烈只。鎮二：

義豐倚。

石城有長春行宮。長春淀舊名大定淀，大定二十年更。鎮一榛子。

馬城

樂亭　鎮一新橋。

雄州，中。宋名易陽郡。天會七年置永定軍節度使。〔五八〕隸河北東路，貞元二年來屬。戶二萬四百一十一。縣三：

歸信倚。有易水、巨馬河。

容城泰和八年割隸安州，貞祐二年隸安肅州。有南易水、大泥淀、渾泥城。〔五九〕

保定宋保定軍，後廢爲縣。

霸州，下，刺史。遼益津郡。〔六〇〕隸河北東路，貞元二年來屬。戶四萬一千二百七十六。

縣四：

益津倚。大定二十九年創置，倚郭。

文安

大城

信安國初因宋爲信安軍，大定七年降爲信安縣，隸霸州。元光元年四月陞爲鎮安府，所以重高陽公張甫也。

保州，中，順天軍節度使。宋舊軍事，天會七年置順天軍節度使，隸河北東路，貞元二年來屬。〔六一〕海陵賜名清苑郡。戶九萬三千二十一。縣二：

清苑倚。宋名保塞，大定十六年更。有抱陽山、沉水、鐀軍河。

滿城大定二十八年以清苑縣塔院村置。

安州，下，刺史。宋順安軍治高陽，天會七年陞爲安州，隸河北東路，後置高陽軍。大定二十八年徙治葛城，因陞葛城爲縣，作倚郭。泰和四年改混泥城爲渥城縣，來屬，八年

移州治於渥城，以葛城爲屬縣。戶三萬五百三十二。縣三：

渥城倚。泰和四年置。

葛城大定二十八年置。

高陽泰和八年正月改隸莫州，四月復。有徐河、百濟河。

遂州，下，刺史。宋廣信軍，天會七年改爲遂州，隸河北東路，貞元二年來隸，號龍山郡。泰和四年廢爲遂城縣，隸保州，貞祐二年復置州。戶一萬一千一百七十四。縣一：

遂城倚。有光春宮行宮。有遂城山、易水、漕水、鮑河。

安肅州，下，刺史。宋安肅軍，天會七年陞爲徐州，軍如舊，隸河北東路，貞元二年來屬。天德三年改爲安肅州，軍名徐郡軍。大定後降爲刺郡，廢軍。戶一萬二千九百八十。

縣一：

安肅按金初州郡志，雄、霸、保、安、遂、安肅六州皆隸廣寧府。太宗紀載天會七年分河北爲東、西路，則隸河北東路，豈以平州爲南京之後，以六州隸廣寧也？不然，則郡志誤。

校勘記

〔一〕海陵貞元元年　「貞元元年」原作「貞祐二年」。按本書卷五海陵紀，貞元元年三月辛亥，「上至燕京」。「乙卯，以遷都詔中外。改元貞元」。又正隆二年八月「甲寅，罷上京留守司」。「十月壬寅，命會寧府毀舊宮殿、諸大族第宅及儲慶寺，仍夷其址而耕種之」。蓋貞元元年「遷都于燕」，正隆二年「削上京之號」。今據改。

〔二〕契丹之周特城也　「城」原作「成」。按本書卷七二習古迺傳，「及習古迺築新城於契丹周特城，詔置會平州」。今據改。

〔三〕天眷二年安太祖以下御容爲原廟　「二」原作「元」。按本書卷四熙宗紀，天眷二年九月「立太祖原廟于慶元宮」，卷三三禮志原廟條同。今據改。

〔四〕舊貢海葱　「貢」原作「有」。據殿本改。

〔五〕遂命名石土門親管猛安曰押懶猛安　原脫「石土門」三字，文義不明。按本書卷七〇石土門傳，「耶懶路完顏部人，世爲其部長」。子習室傳，「授猛安。世宗時，近臣奏請改蘇濱爲耶懶節度使，不忘舊功。上曰：蘇濱、耶懶二水相距千里，節度使治蘇濱不必改。石土門親管猛安子孫襲封者，可改爲耶懶猛安，以示不忘其初」。今據補「石土門」三字。

〔六〕徙治寧州　按遼史卷三八地理志，東京道「寧州，觀察。統和二十九年伐高麗，以渤海降戶置。兵事隸東京統軍司。統縣一：新安縣」。蓋寧州是遼舊地名，金末已廢，故不見于本書地理志。又本卷下文東京路遼陽府鶴野縣「鎮一：長宜，曷蘇館在其地」。是曷蘇館與寧州皆在東京路，

北風揚沙錄亦謂合蘇款在「遼陽之南」，此將其地列入上京路誤。

〔七〕有化成關國言曰曷撒罕關　「曷撒罕關」，「關」原作「酉」。按本書卷六六齊傳，「先是，復州合厮罕關地方七百餘里，卽牧民以居，田收甚利，因名其地曰合厮罕猛安」。卷一〇四溫迪罕達傳，「度今之勢，可令濮王守純行省蓋州，駐兵合思罕，以繫一方之心」。合思罕、合厮罕卽曷撒罕。蓋「曷撒罕」是金語，而「關」、「酉」形似致誤，今改正。

〔八〕本渤海鄚頡府　「鄚」原作「鄭」。按遼史卷三八地理志，東京道韓州，「高麗置鄚頡府，都督鄚、頡二州，渤海因之」。又該書卷一一六國語解，「鄚頡，上慕各切，下胡結切，渤海郡府名」。今據改。

〔九〕東京路府一領節鎮一　原脫「府一」二字。據殿本補。

〔一〇〕本遼海州　「州」原作「軍」。按遼史卷三八地理志，東京道，「海州，南海軍節度」。今據改。

〔一一〕遼太宗時置軍曰興遼　「興遼」原作「興遠」。按遼史卷三八地理志，東京道瀋州，「太宗置興遼軍，後更名」。元一統志卷二瀋陽路，「後罹契丹兵火，卽瀋州爲興遼軍」。今據改。

〔一二〕遼舊興州興中軍　按遼史卷三八地理志，東京道，作「興州，中興軍節度」。

〔一三〕遼集州懷遠軍　按遼史卷三八地理志，東京道，作「集州，懷衆軍」。

〔一四〕遼懷遠軍節度　按遼史卷三八地理志，東京道，作「復州，懷德軍節度」。

〔一五〕寨一　按殿本下有「堡五十六」四字。

〔一六〕遼太祖俘蔚州之民置　「民」原作「名」。按遼史卷三九地理志，「太祖俘蔚州民立寨居之」。殿本亦作「民」，今據改。

〔一七〕遼統和十六年置　按遼史卷三九地理志作「統和二十六年置」。

〔一八〕遼隰州海平軍故縣　按遼史卷三九地理志，中京道，作隰州，「平海軍」。

〔一九〕舊有奉玄縣　按遼史卷三八地理志，東京道，顯州奉先軍作「奉先縣」。

〔二〇〕鎭六寨四　原作小字注文，今依本志文例改爲大字正文。

〔二一〕鎭二歡城遼西　施國祁云，「正文及注大小六字，當改入下廣寧注文下」。

〔二二〕寨二閭城兔兒窩　「寨」上原衍「鎭」字，依文例刪。

〔二三〕鎭二梁漁務山西店　「梁」上原衍「有」字，依文例刪。

〔二四〕重熙十一年升爲府　按遼史卷三九地理志，作「重熙十年升興中府」。

〔二五〕興中本漢柳城地　「漢」原作「唐」。按遼史卷三九地理志，中京道，興中府「興中縣，本漢柳城縣地」。今據改。

〔二六〕建州下保靖軍刺史　按「保靖」遼史卷三九地理志作「保靜」。

〔二七〕改胡設務爲靜封縣　「靜」原作「靖」。按上文大定府「靜封，承安二年以胡設務置」。又三韓縣

注文中亦有靜封縣。今據改。

〔二八〕貞祐二年四月嘗僑置于平州　「平」原作「薊」。按下文臨潢府，「貞祐二年四月嘗僑置于平州」。又本書卷一一二完顏合達傳，「貞祐三年授臨潢府推官，權元帥右監軍。時臨潢避遷，與全、慶兩州之民共壁平州」。今據改。

〔二九〕二年置全州盤安軍節度使治　「盤」原作「磐」。據殿本改。

〔三〇〕大定後罷路　按臨潢路，世宗、章宗時未罷，紀傳中屢見，章宗以後不見。疑「定」是「安」字之誤。

〔三一〕境內有遼祖州　原脫「遼」字，文義不明。按下文「境內有遼懷州」例，補一「遼」字。

〔三二〕遼太祖祖陵在焉境內有遼懷州　「遼太祖祖陵在焉」七字原在「境內有遼懷州」句下。按遼史卷三七地理志，上京道，祖州「有祖山，太祖陵鑿山爲殿」。又「懷州奉陵軍，上，節度」。今據乙正。

〔三三〕遼太宗穆宗懷陵在焉　原脫「在焉」二字。按遼史卷三七地理志，懷州條云，「太宗崩，葬西山，曰懷陵」。又「穆宗被害，葬懷陵側」。今據上文例補「在焉」二字。

〔三四〕北至界二十里南至盧川二百二十西至桓州九百東至臨潢一百六十　按以上二十八字，原作正文，今依本志文例改成小字注文。

〔三五〕本遼北安州興化軍皇統三年降軍置興化縣　原脫「皇統三年降軍置」七字，文義不明。按下文興化縣注，「皇統三年降興化軍置，隸大定府，承安五年建興州於縣」。今據補「皇統三年降軍置」七字。

〔三六〕興化倚遼舊縣　按遼史卷三九地理志，「北安州興化軍，上，刺史」，「統縣一，利民縣」。無興化縣。且此下明言「皇統三年降興化軍置」，則「遼舊縣」三字當是衍文。

〔三七〕泰州德昌軍節度使　「德昌」原作「昌德」。按下文「海陵正隆間置德昌軍」。遼史卷三七地理志，上京道「泰州德昌軍節度，本契丹二十部族放牧之地」。又同書卷四八百官志，上京道有「泰州德昌軍節度使司」。今據乙正。

〔三八〕北至邊四百里南至懿州八百里東至肇州三百五十里　按以上二十二字，原作正文，今依本志文例改爲小字注文。

〔三九〕縣三十九　按殿本作「縣四十」。

〔四〇〕天成　「成」原作「城」。按本書卷八九蘇保衡傳云，衡「雲中天成人」。卷一三三移剌窩斡傳，李家奴「追僞監軍那也至天成縣」，皆作「天成」。又遼史卷四一地理志，西京道大同府「天成縣，遼析雲中置」。今據改。

〔四一〕本名長清　按「長清」遼史卷四一地理志作「長靑」。

〔四二〕置西南路招討司　「南」原作「北」。與下文「並隸西南路招討司」不合。按遼史卷四一地理志，西京道「豐州天德軍節度使，兵事屬西南面招討司」。又契丹國志卷三八，「招討司三處，西南路豐州置司，西北路桓州置司，東北路泰州置司」。今據改。

〔四三〕刺史兼權譏察　「譏」原作「機」。按卷五七百官志，「譏察官」字皆作「譏」。今據改。

〔四四〕北至界八十里　原作正文，今依本志文例改成小字注文。

〔四五〕北至舊界一里半　按「一里半」當有脫誤。又此七字原作正文，今依本志文例改爲小字注文。

〔四六〕有殿揚武殿　按「有」字下有脫文。

〔四七〕承安四年創置　按本書卷一一章宗紀，「初置蒲思衍羣牧」在承安五年七月。

〔四八〕刺郡九　「刺」下原衍「史」字。據殿本刪。

〔四九〕縣四十九　殿本此下有「鎭七」二字。

〔五〇〕中曰粹英　「英」上原闕一字，今據殿本補「粹」字。

〔五一〕開泰元年更爲永安析津府　按遼史卷一五聖宗紀，開泰元年十一月甲午朔，「改幽都府爲析津府」，卷四〇地理志同。並無「永安」二字。

〔五二〕貞元元年更今名　按元好問續夷堅志卷三永安錢條，「海陵天德初按當作貞元初，卜宅於燕，建號中都，易析津府爲大興。始營造時，得古錢地中，文曰『永安一千』，朝議以爲瑞，乃取長安例，地名永安。改東平中都縣曰汶陽，河南永安縣曰芝田，中都永安坊曰長甯」。本書卷七世宗紀，大定十三年三月乙卯，有世宗謂宰臣「自海陵遷都永安」句，考卷二五地理志，南京路河南府「芝

田，宋名永安，貞元元年更」。又山東西路東平府「汶上，本名中都，貞元元年更爲汶陽」。皆與續夷堅志記載相合，知析津府貞元元年曾名永安府。又下文「大興，倚，遼名析津，貞元二年更今名」。知析津之改大興在貞元二年。則此當作「貞元元年改曰永安府，二年更今名」爲是。

〔五三〕遼開泰元年更今名　「元」原作「二」，無「更今名」三字。按遼史卷四〇地理志，南京道「宛平縣，本晉幽都縣，開泰元年改今名」，卷一五聖宗紀記載同。今據改「二」爲「元」，補「更今名」三字。

〔五四〕舊又有永濟縣大定二十七年以永濟務置未詳何年廢　按永濟縣卽下文之豐潤縣 參考嘉慶重修一統志卷五四。本書卷一三衞紹王紀，「衞紹王諱永濟」。蓋泰和八年十一月卽皇帝位卽改永濟縣名豐潤。注誤以爲「泰和間置」，此亦失考。

〔五五〕有古北口　原脫「有」字，據本志文例補。

〔五六〕天輔七年因置節度使　按此下當記某年改降，蓋史有闕文。亦或「節度使」爲「刺史」之誤。

〔五七〕有松亭關　原脫「有」字，據本志文例補。

〔五八〕宋名易陽郡天會七年置永定軍節度使　「宋」原作「賜」。按宋史卷八六地理志，河北路「雄州，政和三年賜郡名曰易陽」，輿地廣記卷一〇同。今據改爲「宋」字。又此句「宋名易陽郡」五字原在「天會七年置永定軍節度使」句下，今據文義移上。

〔五九〕渾泥城　「城」原作「村」。按渾泥城卽下文安州之混泥城。太平寰宇記卷六七，雄州容城縣，

「渾泥城在舊縣南四十里。水經注云，『泥同口有渾泥城』」。今據改。

〔六〇〕霸州下刺史遼益津郡　按宋史卷八六地理志，河北路「霸州中，防禦。本唐幽州永清縣地，後置益津關。周置霸州，以鄚之文安、瀛州之大城來屬。政和三年賜郡名曰永清」。是「遼益津郡」當作「宋永清郡」爲是。

〔六一〕貞元二年來屬　「元」原作「祐」。按海陵貞元元年遷都燕京，爲擴展中都路，將河北東路一部分軍州劃歸中都路，如雄州、霸州、遂州、安肅州皆記「隸河北東路，貞元二年來屬」，保州蓋亦如此。改「祐」爲「元」，與下文「海陵賜名清苑郡」次敍正合。因改正。

金史卷二十五

志第六

地理中

南京路　河北東路　河北西路　山東東路　山東西路

南京路，國初曰汴京，貞元元年更號南京。府三，領節鎮三，防禦八，刺史郡八，縣一百五。〔一〕都城門十四，曰開陽，曰宣仁，曰安利，曰平化，曰通遠，曰宜照，曰利川，曰崇德，曰迎秋，曰廣澤，曰順義，曰迎朔，曰順常，曰廣智。宮城門，南外門曰南薰，南薰北新城門曰豐宜，橋曰龍津橋，北門曰丹鳳，其門三。丹鳳北曰舟橋，橋少北曰文武樓，遵御路而北橫街也。東曰太廟，西曰郊社，正北曰承天門，其門五，雙闕前引，東曰登聞檢院，西曰登聞鼓院。檢院東曰左掖門，門南曰待漏院。鼓院西曰右掖門，門南曰都堂。直承天門北曰大慶門，門東曰日精門，又東曰左昇平門。大慶門西曰月華門，又西曰右昇平門。正殿曰大慶殿，前有龍墀，又南有丹墀，又南曰沙墀，東廡曰嘉福樓，

西廡曰嘉瑞樓。大慶後曰德儀殿。殿東曰左昇龍門，西曰右昇龍門。正門曰隆德，內有隆德殿，有蕭牆，有丹墀。隆德殿左曰東上閤門，右曰西上閤門，皆南向。鼓樓在東，鐘樓在西。隆德之次曰仁安門、仁安殿，東則內侍局，又東曰近侍局，又東則嚴祗門，宮中則稱曰撒合門，少南曰東樓，則授除樓也。西曰西樓。仁安之次曰純和殿，正寢也。純和西曰雪香亭，亭北則后妃位也，有樓，樓西曰瓊香亭，亭西曰涼位，有樓，樓北少西曰玉清殿。純和之次曰福寧殿，殿後曰苑門，內曰仁智殿，有二太湖石，左曰敷錫神運萬歲峰，右曰玉京獨秀太平巖，殿曰山莊，其西南曰翠微閣。苑門東曰僊韶院，院北曰翠峯，〔二〕峯之洞曰大滌湧翠，東連長生殿，又東曰湧金殿，又東曰蓬萊殿。長生西曰浮玉殿，又西曰瀛洲殿。長生殿南曰閱武殿，又南曰內藏庫。嚴祗門東曰尚食局，又東曰宣徽院，院北曰御藥院，又北右藏庫，東則左藏庫。宣徽院東曰點檢司，司北曰祕書監，又北曰學士院，又北曰諫院，又北曰武器署。點檢司南曰儀鸞局，又南曰尚輦局。宣徽院南曰拱衞司，又南曰尚衣局。其南爲繁禧門，又南曰安泰門，門與左昇龍門相直。東則壽聖宮，兩宮太后位也，本明俊殿，試進士之所。宮北曰徽音院，又北曰燕壽殿，殿垣後少西曰振肅衞司，東曰中衞尉司。儀鸞局東曰小東華門，更漏在焉。中衞尉司東曰祗肅門，少東南曰將軍司。徽音、壽聖東曰太后苑，〔三〕苑殿曰慶春，與燕壽殿並。小東華與正東華門對。東華門內正北尚廄局，其西北曰臨武殿。左掖門北，尚食局南曰宮苑司。其西北尚醞局、湯藥局。侍儀司少西曰符寶局、器物局，又西則撒合門也。嘉瑞樓西曰三廟，正殿曰德昌，東曰文昭，西曰光興。德昌後，宣宗廟也。宮西門曰西華，與東華相直，北門曰安貞。

開封府，上。留守司留守帶本府尹，兼本路兵馬都總管。天德二年罷行臺尙書省，置

轉運司、提刑司。〔四〕天德二年置統軍司。有藥市四，榷場。產蜜蠟、香茶、心紅、朱紅、地龍、黃栢。天德四年，戶二十三萬五千八百九十。泰和末，戶百七十四萬六千二百一十。〔五〕縣十五、鎮十五：

開封東附郭。有古通津、臨蔡關、汴河。鎮一延嘉。

祥符西附郭。有岳臺、浚水、沙臺、崇臺、夷門山、蔡河、金水河、廣濟河、寒泉河。鎮三陳橋、八角、郭橋。

陽武有沙池、黑陽山、黃河、汴河、白溝河。

通許宋名咸平，大定二十九年以與咸平府重，更。有牛首城、婆亭。

泰康有魯溝、蔡河、渦河。鎮一崔橋。

中牟有汴河、鄭河、中牟臺。鎮四圃田、〔六〕陽武、萬勝、白沙鎮。

杞宋雍丘縣，杞國也，正隆後更今名。鎮一圉城。

鄢陵有洧水、潩水、太丘城。鎮一馬欄橋。〔七〕

尉氏有惠民河、長明溝。鎮二朱家曲、宋樓。

扶溝有郦耶山、洧水、白亭。鎮二建雄、義店。舊有赤倉鎮。

陳留有皇栢山、狠丘、汴河。

延津貞祐三年七月升爲延州。有土山、黃河。

洧川貞祐二年置惠民倉，興定二年四月以尉氏縣之宋樓鎮隸。

長垣

封丘

睢州，下，刺史。宋拱州保慶軍，國初猶稱拱州，天德三年更。戶四萬六千三百六十。縣三、鎮一：

襄邑古襄牛地。有汴河、睢水、渙水、承匡城。鎮一重華。

考城宋隸東京，〔八〕正隆前隸曹州，後來屬。有葵丘、〔九〕黃河、黃陵岡——元光二年改爲通安堡。

柘城古株林，首止地在焉。有渙水、泡水、泓水。

歸德府，散，中，宣武軍。故宋州，宋南京應天府河南郡歸德軍，國初置宣武軍。戶七萬六千三百八十九。縣六、鎮四：

睢陽宋名宋城，承安五年更名。有鷹鷲池、汴水、睢水、渙水。鎮一葛驛。

寧陵大定二十二年徙於汴河堤南古城。有汴水、睢水、渙水。

下邑有汴水、黃水。鎮一會亭。

虞城有孟諸藪。

穀熟有汴水、穀水。鎮二營城、洛場。又有舊高辛鎮。

楚丘國初隸曹州，海陵後來屬，興定元年以限河不便，改隸單州。有景山、京岡。

單州，中，刺史。宋碭郡，貞祐四年二月升爲防禦，興定五年二月置招撫司，以安集河北遺黎。戶六萬五千五百四十五。縣四：

單父有棲霞山、泡溝。

成武有堂溝。

魚臺有泗水、涓溝、五丈溝。

碭山興定元年以限河不便，改隸歸德府。有芒碭山、古汴渠、午溝。

壽州，下，刺史。宋隸壽春府，貞元元年來屬，泰和六年六月升爲防禦。戶八千六百七十七。縣二、鎮一：

下蔡有硤石山、潁水、淮水。

蒙城宋隸亳州，國初來屬。有狠山、渦水。鎮一蒙館。

陝州，下，防禦。宋陝郡保平軍節度，皇統二年降爲防禦，貞祐二年七月陞爲節鎮。戶四萬一千一十。縣四、鎮七：

陝倚。有虢山、峴頭山、三崤山、底柱山、黃河、〔一〇〕橐水。鎮一石壕。

靈寶有夸父山、黃河、稠桑澤、古函谷關。〔一一〕鎮二乾壕、關東。

湖城有荊山、鑄鼎原、鳳林泉、鼎湖。鎮二三門、集津。

閿鄉有太華山、〔一二〕黃河、玉潤水、潼關、太谷關。鎮二張店、故鎮。舊又有曹張鎮，恐誤。

鄧州，武勝軍節度使。宋南陽郡，嘗置榷場。戶二萬四千九百八十九。縣三、鎮六：

穰城〔一三〕倚。有五龍山、覆釜山、湍水、朝水。鎮四順陽、新野、穰東、板橋。

南陽有豫山、百重山、豐山、梅溪水、白水、淯冷水。鎮一張村。

內鄉有高前山、熊耳山、〔一四〕黃水、菊水、淅水、〔一五〕富水。鎮一峽口。

唐州，中，刺史。宋淮安郡，嘗置榷場。戶一萬一千三十一。縣四、鎮四：

泌陽倚。有泌水、醴水。鎮一胡陽。〔一六〕

比陽有大明湖〔一七〕、中陽山、比水。鎮一羊棚。

湖陽貞祐元年廢。鎮一羅渠。

桐栢大定十年始置正官，興定五年六月廢。有桐栢山、淮水、栢河。鎮一許封。大定二十八年命規措界壕於唐、鄧間。

裕州，本方城縣，泰和八年正月陞置，以方城縣爲倚郭，割汝州葉縣、許州舞陽隸焉。戶八千三百。縣三、鎮四：

方城倚。有方城山、〔一八〕衡山、堵水。鎮一青臺。

葉本隸汝州，泰和八年來屬。有方城山、石塘河、澧水。鎮一臨墳。
舞陽本隸許州，泰和八年來屬。有伏牛山、馬鞍山、舞水、汝水、濮水、溰水。鎮二吳城、北舞。
河南府，散，中。宋西京河南府雒陽郡。初置德昌軍，興定元年八月升爲中京，府曰金昌。戶五萬五千六百三十五。縣九、正隆郡志有壽安縣，紀錄皆無。鎮四：
洛陽倚。有北邙山，正隆六年更名太平山，稱舊名者以違制論。有伊、洛、瀍、澗、金水，銅駝街，金粟山，金谷。
鎮一龍門。
澠池〔一九〕有天壇山、〔二〇〕廣陽山、黃河、澠河。
登封有太室山、箕山、陽城山、少室山，宣宗置御寨其上。舊有潁陽鎮，後廢。
孟津貞祐三年七月升爲陶州，〔二一〕十二月復爲縣。鎮一長泉。舊有河清鎮，後廢。
芝田宋名永安，貞元元年更。有轘轅山、〔二二〕青龍山。
新安有闕門山、長石山、金水、穀水、畛水。
偃師有北邙山、緱氏山、半石山、景山、黃河、洛水。鎮一緱氏。
宜陽有錦屏山、鹿蹄山、慇鶴山、女几山、洛水、昌水、少水。
鞏有侯山、九山、〔二三〕黃河、洛水。鎮一洛口。
嵩州，中，刺史。舊名順州，天德三年更。戶二萬六千六百四十九。縣四、鎮四：

伊陽宋隸河南府。有三塗山、陸渾山、鼓鐘山、伊水、淯陽水。鎮一鳴皐。舊有伊闕鎮，後廢。
永寧宋隸河南府，正隆六年以前寄治於府，後即鎮爲縣。有三肴山、熊耳山、嶕嶢山、天柱山、黃河、杜陽水。鎮一府店。
福昌宋隸河南府。有女几山、金門山。鎮二韓城、三鄉。
長水宋隸河南府。有壇山、松陽山、洛水、松陽水。
汝州，上，刺史。宋臨汝郡陸海軍節度，國初爲刺郡，貞祐三年八月升爲防禦。戶三萬五千二百五十四。縣四、鎮二：
梁有霍陽山、〔二四〕崆峒山、紫邏山、汝水、廣潤河。正隆六年，勅環汝州百五十里內州縣商賈，赴溫湯置市。
郟城宋隸許州。有汝水、扈澗河。鎮一黃道。
魯山有堯山、瀷水、鴉河。
寶豐有龕龍城。鎮一汝南。
許州，下，昌武軍節度使。宋潁昌府許昌郡忠武軍。戶四萬五千五百八十七。縣五、鎮七：
長社倚。有潩水、潁水。鎮二許田、〔二五〕椹澗。
郾城有長沙河、五溝水。鎮二駝口、新寨。
長葛有小陘、洧水。
臨潁鎮二合流、繁城。
襄城本隸汝州，泰和七年來屬。鎮一潁橋。
鈞州，中，刺史。舊陽翟縣，僞齊升爲潁順軍。大定二十二年升爲州，仍名潁順，二十四年更今名。戶一萬八千五百一十。縣二、鎮一：
陽翟倚。有具茨山、三封山、荆山、潁水。
新鄭宋隸鄭州。有溱、洧、潩三水。鎮一郭店。
亳州，上，防禦使。宋譙郡集慶軍，隸揚州。貞祐三年升爲節鎮，軍名集慶。戶六萬五百三十五。縣六、鎮五：舊有龍寧、馬頭二鎮。
譙倚。有渦水、泡水。鎮一雙溝。
鹿邑有渦水、明水。鎮一鄲城。
衞眞有洵水、沙水。鎮一谷陽。
城父有渦水、淝水、夊水。
酇有睢水、汴河、白龍潭。鎮一鄗陽。
永城興定五年十二月升爲永州，以下邑、碭山、酇縣隸焉。有芒山、汴河。鎮一保安。

陳州，下，防禦使。宋淮寧府淮陽郡鎮安軍。戶二萬六千一百四十五。縣五、鎮二：
宛丘有蔡河、潁水、洧水。
項城有潁水、百尺堰。
南頓鎮一殄寇。
商水本溵水，宋避宣祖諱改。有商水、潁水。
西華有宜陽山、蔡河、潁水。鎮一長平。
蔡州，中，防禦使。宋汝南郡淮康軍，泰和八年升爲節度，軍曰鎮南，嘗置榷場。戶三萬六千九十三。縣六、鎮二：
汝陽有溱水、灈水。鎮一保城。
遂平有吳房山、吳城山、龍泉水、溵水。
上蔡
西平有九頭山、滱水、鄧艾陂。
確山有確山、溰水、〔二六〕溱水。鎮一毛宗。
平輿
息州，本新息縣，泰和八年陞爲息州，以新息爲倚郭，割眞陽、褒信、新蔡隸焉，爲蔡州支郡。戶九千六百八十五。縣四、鎮一：
新息倚。鎮一王務。
眞陽本隸蔡州，泰和八年來屬。有淮水、汝水、石塘陂。
褒信本隸蔡州，泰和八年來屬。有汝水、葛陂。
新蔡本隸蔡州，泰和八年來屬。有汝水。
鄭州，中，防禦。宋滎陽郡奉寧軍節度。戶四萬五千六百五十七。縣七、鎮三：
管城倚。貞祐四年更名故市。有圃田澤。
滎陽有鴻溝，京、索二水。
密有大騩山、溱水、洧水。鎮二大騩、䵷水。
河陰
原武　鎮一陳橋。
汜水有虎牢關。
滎澤有廣武澗。舊有許橋、賈谷二鎮，在鄭境。
潁州，下，防禦。宋順昌府汝陰郡。嘗置榷場，正隆四年罷榷場。戶一萬六千七百一十四。縣四、鎮十一：舊有萬善鎮，後廢。

汝陰倚。有潁水、淮水、淝水、汝水。
潁上元光二年十一月改隸壽州。有潁水、[二七]淮水。鎮十永寧、潘口、王家市、櫟頭、永淸、椒陂、正陽、江陂、界溝、斤溝。
泰和有潁水。
沈丘有武丘。鎮一永安。
宿州，中，防禦。宋符離郡保靜軍節度，隸揚州。國初隸山東西路，大定六年來屬。貞祐三年陞爲節鎮，軍曰保靜。戶五萬五千五十八。縣四、鎮八：舊有荆山鎮。
符離倚。有睹陽山、汴河、睢水、陴湖。鎮三曲溝、符離、黃團。
臨渙有嵇山、汴河、肥水。[二八]鎮三柳子、蘄澤、[二九]桐墟。
靈壁宋元祐元年置。鎮一西固。
蘄有渙水、渦水、蘄水。鎮一靜安。
泗州，中，防禦使。宋臨淮郡。正隆四年正月罷鳳翔府、唐、鄧、潁、蔡、鞏、洮等州并膠西縣諸榷場，但置榷場於泗州。先隸山東西路，大定六年來屬。戶八千九十二。縣四、鎮六：
淮平舊盱眙縣，明昌六年以宋有盱眙軍，故更。
虹有朱山、汴河、淮水、廣濟渠。鎮二千仙、通海。
臨淮　鎮四安河、臭城、青陽、翟家灣。
睢寧興定二年四月以宿遷縣之古城置。又有淮濱，興定二年四月以桃園置，元光二年四月廢。
邊戍，皇統元年十月，都元帥宗弼與宋約，以淮水中流爲界，西自鄧州南四十里、西南四十里爲界。泰和八年設沿淮巡檢使，及朐山縣完瀆村創立巡路，置巡檢。

河北東路。天會七年析河北爲東、西路，各置本路兵馬都總管。府一，領節鎮二，[三〇]防禦一，刺郡五，縣三十，鎮三十五。[三一]

河間府，中，總管府，瀛海軍。宋河間郡瀛海軍。天會七年置總管府。正隆間升爲次府，置瀛州瀛海軍節度使兼總管，置轉運司。後復置總管府，河北東西大名等路提刑司產無縫綿、滄鹽、蒲席、馬藺花、香附子、錢鰻蟹、乾魚。戶三萬一千六百九十一。縣二、鎮三：
河間倚。有滹沱河、君子館。鎮三東城、[三二]永寧、北林。
肅寧

蠡州，下，刺史。宋永寧軍，國初因之，天會七年陞爲寧州博野郡軍，天德三年更爲蠡州。戶二萬九千七百九十七。縣一、鎮一：
博野倚。有沙河、唐河。鎮一新橋。
莫州，下，刺史。宋文安郡軍防禦，治任丘。貞祐二年五月降爲鄚亭縣。戶二萬二千九百三十三。縣一、鎮一：
任丘　鎮一長豐。
獻州，下，刺史。本樂壽縣，天會七年升爲壽州，天德三年更今名。戶五萬六百三十二。縣二、鎮十：
樂壽倚。有徒駭河、房淵、漢獻王陵。
交河大定七年以石家圈置。鎮十景城、南大樹、劉解、槐家、參軍、貫河、北望、夾灘、策河、沙渦。
冀州，上。宋信都郡，天會七年仍舊置安武軍節度。戶三千六百七十。縣五、鎮三：
信都倚。有胡盧河、降水。鎮一來遠，後廢。
南宮有降水枯瀆。鎮三唐陽，後增寧化、七公二鎮。
衡水有長盧河、降水。
武邑有漳河、長盧河。鎮一觀津，後廢。

棗强　鎮一廣川，後廢。

深州，上，刺史。宋饒陽郡防禦，國初爲刺郡。戶五萬六千三百四十。縣五、鎮一：

靜安倚。有衡漳水、大陸澤。鎮一下博。

束鹿有衡漳水、〔三三〕滹沱河。

武强置河倉。有衡漳水、武强泉。

饒陽有滹沱河。

安平有沙水、滹沱河。

清州，中。宋乾寧郡軍，國初因置軍，天會七年以守邊置防禦。戶四萬七千八百七十五。縣三、鎮一：

會川本名乾寧，貞元元年更名。置河倉。鎮一范橋。

興濟本隸滄州，大定六年來屬。

靖海明昌四年以清州窩子口置。

滄州，上，橫海軍節度。宋景城郡。貞元二年來屬。戶一十萬四千七百七十四。縣五、鎮十一：

清池置河倉。有浮陽水、徒駭河。鎮五長蘆、新饒安、舊饒安、乾符、郭疃。舊有郭橋，後廢。

無棣有老烏山、鬲津河。鎮一分水。

鹽山有鹽山、浮水。鎮四海豊、海潤，後增利豐、撲頭二鎮。

南皮置河倉。有夫、小台山、永濟渠、〔三四〕潔河。鎮一馬明。

樂陵有鬲津河、篤馬河、鈎盤河。舊有會寧河、永利、東中三鎮，後廢。

景州，上，刺史。宋永靜軍同下州，治東光。國初陞爲景州，貞元二年來屬。大安間更爲觀州，避章廟諱也。戶六萬五千八百二十八。縣六、鎮四：

東光倚。置河倉。有永濟渠、漳河。鎮一建橋。

阜城有衡水、漳水河。劉豫祖塋在縣南十二里。

將陵置河倉。有永濟渠、鈎盤河。

吳橋有永濟渠。

蓨宋隸冀州。有漳河、蓨市。

寧津　鎮三西保安、廣平、會津。

河北西路。天會七年析爲西路。府三，領節鎮二，防禦二，刺郡五，縣六十一。〔三五〕

眞定府，上，總管府，成德軍。宋常山郡鎮州成德軍節度，正隆間依舊次府，置本路兵馬都總管府、轉運司。產瓷器、銅、鐵。有丹粉場、烏梨。藥則有茴香、零陵香、御米榖、天南星、皂角、木瓜、芎、井泉石。戶一十三萬七千一百三十七。縣九、鎮三：

眞定倚。有大茂山、〔三六〕滋水、滹沱水。

稾城有滋水、滹沱水。

平山

欒城有洨水、洨水。

獲鹿興定三年三月升爲鎮寧州，權河北西路，以經略使武仙駐焉。有草山、滹沱水。

行唐有玉女山、常山。鎮二嘉祐、北鎮。舊有行臺、新年二鎮，後廢。

阜平明昌四年以北鎮置。

靈壽　鎮一慈谷。

元氏有封龍山、槐河。

威州，下，刺史。天會七年以井陘縣升，置陘山郡軍，後爲刺郡。戶八千三百一十。縣一：

井陘

沃州，上，刺史。宋徽宗升爲慶源府趙郡慶源軍，治平棘。天會七年改爲趙州，天德三

年更爲沃州，蓋取水沃火之義，軍曰趙郡軍。後廢軍。戶三萬八千一百八十五。縣七、鎮一：

平棘倚。有洨水、槐水。

臨城有敦輿山、彭山、泜水。

高邑有贊皇山、濟水。

贊皇

寧晉有洨水、寖水。鎮一奉城。

栢鄉

隆平

邢州，上，安國軍節度。宋信德府鉅鹿郡安國軍節度，天會七年降爲邢州，仍置安國軍節度。產玄精石。戶八萬二百九十二。縣八、鎮四：

邢臺有石門山、百巖山、蓼水、渦水。

唐山有堯山、泜水。

內丘有干言山、內丘山、泜水、渚水。

平鄉　鎮一道武。

任有滱水、任水。鎮一新店。
沙河有湯水、〔三七〕渦水。鎮一綦村。
南和有任水、泜水。
鉅鹿有大陸澤、漳河、落漠水。鎮一團城。
洺州，上，防禦，廣平郡。治永年。天會七年以守邊置防禦使。戶七萬三千七十。縣九、鎮四：
永年有檜溪山、洺水、漳水。鎮一西臨洺。
廣平本魏縣，大定七年更。
宗城
新安
成安
肥鄉　鎮一新安。
雞澤有洺水、漳水、沙河。
曲周　鎮二平恩、白家灘。
洺水

彰德府，散，下。宋相州鄴郡彰德軍節度，治安陽。天會七年仍置彰德軍節度，明昌三年陞爲府，以軍爲名。戶七萬七千二百七十六。縣五、鎮五：
安陽倚。有韓陵山、龍山、洹水、防水。鎮三天禧、永和、豐樂。
林慮舊林慮鎮，貞祐三年十月升爲林州，置元帥府。興定三年九月升爲節鎮，以安陽縣水治村爲輔巖縣隸焉。有隆慮山、洹水〔三八〕、漳水。
湯陰有牟山、羑水、蕩水、通濟、羑里。鎮一鶴壁。
臨漳東山、漳水。鎮一鄴鎮。
輔巖本水治村，興定三年置。
磁州，中，刺史。宋滏陽郡，國初置滏陽郡軍。戶六萬三千四百一十七。縣三、鎮八：
滏陽有滏山、磁山、漳水、滏水。鎮四臺城、觀城、昭德，後廢二祖增臨水鎮。
武安有錫山、武安山。鎮一固鎮。
邯鄲有邯山、鹽山、滏水、牛首山。鎮三大趙、北陽、邑城。士民須知惟有邯山鎮。
中山府。宋府，天會七年降爲定州博陵郡定武軍節度使，後復爲府。戶八萬三千四百九十。縣七、鎮二：
安喜倚。有滱水、盧奴水、長星川。

新樂有泒水、木刀溝。
無極有滱河。
永平貞祐二年四月升爲完州。
慶都有堯山、都山、唐水。
曲陽劇。有常山、曲防水。〔三九〕鎮一龍泉。
唐有孤山、唐山、滱水。鎮一軍城。
祁州，中，刺史。宋蒲陰郡，國初置蒲陰郡軍。戶二萬三千三百八十二。縣三：
蒲陰
鼓城
深澤
濬州，中，防禦。宋大邳郡通利軍，又改平川軍。天會七年以邊境置防禦使。皇統八年，嫌與宗峻音同，〔四〇〕更爲通州，天德三年復。戶二萬九千三百一十九。縣二、鎮二：
黎陽有大伾山、枉人山。
衛有蘇門山、鹿臺、糟丘酒池、枋頭城。鎮二衛橋、淇門。
衛州，下，河平軍節度。宋汲郡，天會七年因宋置防禦使，明昌三年升爲河平軍節度，

治汲縣，以滑州爲支郡。大定二十六年八月以避河患，徙於共城。二十八年復舊治。貞祐二年七月城宜村，三年五月徙治于宜村新城，以胙城爲倚郭。正大八年以石甃其城。戶九萬一百一十二。縣四、〔四一〕鎮二：
汲有蒼山、黃河。
新鄉
蘇門本共城，大定二十九年改爲河平，避顯宗諱也。明昌三年改爲今名。貞祐三年九月升爲輝州，興定四年置山陽縣隸焉。有白鹿山、天門山、淇水、百門陂。〔四二〕鎮一早生。
獲嘉　鎮一大寧。
胙城本隸南京，海陵時割隸滑州，泰和七年復隸南京，八年以限河來屬。貞祐五年五月爲衛州倚郭，增置主簿。興定四年以修武縣重泉村置縣，來隸。
滑州，下，刺史。宋靈河郡武成軍。本南京屬郡，大定六年割隸大名府。戶二萬二千五百七十。縣二、鎮二：
白馬　鎮二衛南、武城。
內黃本隸大名府，大定六年來屬。

山東東路，宋爲京東東路，〔四三〕治益都。府二，領節鎮二，〔四四〕防禦二，刺郡七，縣五十三，鎮八十三。

益都府，上，總管府。宋鎮海軍，〔四五〕國初仍舊置軍，置南青州節度使，後升爲總管府，置轉運司。大定八年置山東東西路統軍司。〔四六〕產石器、玉石、沙魚皮、天南星、半夏、澤瀉、紫草。戶一十一萬八千七百一十八。縣七、鎮七：

益都

臨朐有朐山、几山、洱水、般水。

穆陵貞祐四年四月升臨朐之穆陵置。

壽光有甘水、瀰水。鎮一廣陵，有鹽場。

博興有濟水、時水。鎮二博昌、淳化。

臨淄有南郊山、牛山、天齊淵、康浪水。

樂安　鎮四新鎮、高家港、清河、王家。

濰州，中，刺史。戶三萬九百八十九。縣三、鎮一：

北海倚。有浮煙山、溉源山、溉水、汶水。鎮一固底。

昌邑有霍侯山、濰水。

昌樂有方山、聚角山、丹水、朐水。

濱州，中，刺史。宋軍事。戶一十一萬八千五百八十九。縣四、鎮十：

渤海有黃河。鎮五疊國、寧海、濱海、蒲臺、安平。

利津明昌三年十二月以永和鎮升置。

蒲臺　鎮二安定、合波。

霑化本名招安，明昌六年更。鎮三永豐、永阜、永科。〔四七〕

沂州，上，防禦。宋琅邪郡。戶二萬四千三十五。縣二、鎮三：

臨沂劇。鎮三長任、向城、利城。

費

密州，宋爲密州高密郡安化軍節度。戶一萬一千八十二。縣四、鎮七：

諸城劇。有琅邪山、濰水、荆水、盧水。鎮三普慶、信陽、草橋。

安丘有安丘山、劉山，汶、濰、浯水。〔四八〕鎮一李文。

高密有礪阜山、密水、膠水。

膠西　鎮三張倉、梁鄉、陳村。

海州，中，刺史。戶三萬六百九十一。縣五、〔四九〕鎮四：

朐山。

贛榆本懷仁，大定七年更。鎮二荻水、臨洪。

東海

漣水本漣水軍，皇統二年降爲縣來屬。鎮二太平、金城。

莒州，中，刺史。本城陽軍，大定二十二年升爲城陽州，二十四年更今名。戶四萬三千二百四十。縣三、鎮三：〔五〇〕

莒

日照　鎮一濤洛。

沂水　鎮一沂安。舊有扶溝、洛鎮二鎮，後廢。

棣州，上，防禦。宋安樂郡。戶八萬二千三百三。縣三、鎮九：

猒次　鎮五清河、歸化、〔五一〕遞多、永利、脂角。

陽信有黃河、鈎盤河。鎮二欽風、西界。

商河有黃河、馬頰河、商河。鎮二歸仁、官口。

濟南府，散，上。宋齊州濟南郡。初置興德軍節度使，後置尹，置山東東西路提刑司。戶三十萬八千四百六十九。縣七、鎮二十九：

歷城　鎮六盤水、中宮、老僧口、上洛口、王舍人店、遥墻。

臨邑　鎮三新鎮、安仁、新市。

齊河　鎮三晏城、劉宏、新孫耿。

章丘有長白山、東陵山、百脈水、楊緒水。鎮四普濟、延安、臨濟、明水。

禹城有黃河、濟河、淇河、漯水。鎮三新安、仁水寨、黎濟寨。

長清劇。有瀨筓山、隔馬山、黃河、清水。鎮六赤莊、莒鎮、李家莊、歸德、豐濟、陰河。

濟陽　鎮四回河、曲堤、舊孫耿、仁豐。

淄州，中，刺史。宋淄川郡軍。戶一十二萬八千六百二十二。縣四、鎮六：

淄川倚。有夔山、〔五二〕夾谷山、商山、淄水。鎮三金嶺、張店、顏神店。

長山有長白山、栗水。

鄒平有系河、濟河。鎮三淄鄉、齊東、〔五三〕孫家嶺。舊有啞店鎮，後廢。

高苑有濟河。

萊州，上，定海軍節度。宋東萊郡。戶八萬六千六百七十五。縣五、鎮一：

掖倚。有三山、夜居山、掖水。

萊陽有高麗山、七子山。鎮一衡村。舊有海倉、西由、移風三鎮。

卽墨有牢山、不其山、天室山、沽水、曲臺鹽場。
膠水
招遠
登州，中，刺史。宋東牟郡。戶五萬五千九百一十三。縣四、鎮二：
蓬萊有巨風鹽場。
福山 鎮一孫夼。
黃有萊山、蹲狗山。鎮一馬停。
棲霞
寧海州，上，刺史。本寧海軍，大定二十二年升爲州。戶六萬一千九百三十三。縣二、鎮二：
牟平有東牟山、之罘山、清陽水。鎮一湯泉。
文登劇。有文登山、成山、昌陽山。鎮一溫水。
山東西路，府一，領節鎮二，防禦二，刺郡五。〔五四〕
東平府，上，天平軍節度。宋東平郡，舊鄆州，後以府尹兼總管，置轉運司。產天麻、全蝎、

阿膠、薄荷、防風、絲、綿、綾、錦、絹。戶一十一萬八千四十六。縣六、鎮十九：
須城有梁山、濟水、清河。
東阿有吾山、穀城山、黃河、阿井。鎮五景德、木仁、關山、銅城、陽劉。
陽穀有黃河、碻磝津。鎮二欒安、〔五五〕定水。
汶上本名中都，貞元元年更爲汶陽，泰和八年更今名。有汶水、大野陂。鎮一柴城。
壽張大定七年河水壞城，遷於竹口鎮，十九年復舊治。鎮一竹口。
平陰有鬱葱山、騶夷山。鎮九但歡、安寧、寧鄉、翔鸞、固留、滑口、廣里、石横、澄空、傅家岸。〔五六〕
濟州，中，刺史。宋濟陽郡，舊治鉅野，天德二年徙治任城縣，分鉅野之民隸嘉祥、鄆城、金鄉三縣。戶四萬四百八十四。縣四、鎮二：
任城倚。有承注山、〔五七〕泗水、新河。鎮一魯橋。
金鄉有桓溝。鎮一昌邑。
嘉祥舊有合來、山口二鎮，後廢。
鄆城大定六年五月徙治盤溝村以避河決。有馬頰河、濮水。
徐州，下，武寧軍節度使。宋彭城郡，貞祐三年九月改隸河南路。戶四萬四千六百八十九。縣三、鎮五：
彭城倚。有九里山、赭土山、〔五八〕泗水、獲水、沛澤。鎮三呂梁、利國、卞唐。〔五九〕又有厥塌鎮，元光二年陞爲永固縣。
豐有泡水、大澤。
蕭有絞興山、丁公山、古汴渠。鎮二白土、安民。舊有酇城、雙溝二鎮。
邳州，中，刺史。宋淮陽軍，貞祐三年九月改隸河南路。戶二萬七千二百三十二。縣三：
下邳有嶧陽山、磬石山、艾山、〔六〇〕沂水、泗水、沭水、〔六一〕睢水。
蘭陵本承縣，明昌六年更名。貞祐四年三月徙治土婁村。
宿遷元光二年四月廢。有泗水、汜水。
滕州，上，刺史。本宋滕陽軍，大定二十二年升爲滕陽州，二十四年更今名。貞祐三年九月爲兗州支郡。戶四萬九千九。縣三、鎮一：
滕舊名滕陽，大定二十四年更。有桃山、抱犢山、漷水。
沛有微山、泗水、泡水、漷水。鎮一陶陽。
鄒宋隸泰寧軍。有嶧山、鳧山、泗水、漷水。
博州，上，防禦。宋博平郡。戶八萬八千四十六。縣五、鎮十一：

聊城倚。有茌山、黃河、金沙水。鎮二王館、武水。
堂邑 鎮二回河、侯固。
博平有漯河。鎮一博平。
茌平 鎮二廣平、興利。
高唐有黃河、鳴犢溝。鎮四固河、齊城、靈城、夾灘。
兗州，中，泰定軍節度使。宋襲慶府魯郡。舊名泰寧軍，大定十九年更。戶五萬九十九。縣四：
嵫陽本瑕丘。
曲阜宋名仙源。有防山、曲阜山、泗、洙、沂水。
泗水有陪尾山、尼丘山、泗水、洙水。
寧陽舊名龔縣，大定二十九年以避顯宗諱改。
泰安州，上，刺史。本泰安軍，大定二十二年升。戶三萬一千四百三十五。縣三、鎮二：
奉符倚。有泰山、社首山、龜山、徂徠山、亭亭山。有汶水、梁水。鎮二太平、靜封。
萊蕪有鷹然山、安期山、瀛汶水、〔六二〕牟汶水。
新泰

德州，上，防禦。宋平原郡軍。戶一萬五千五十三。縣三、鎮七：

安德有高津河。鎮四磁博、觭化、盤河、德安。

平原有金河。鎮一水務。

德平　鎮二懷仁、孔家鎮。

曹州，中，刺史。宋興仁府濟陰郡彰信軍。本隸南京，泰和八年來屬。大定八年城爲河所沒，遷州治于古乘氏縣。戶一萬二千六百七十七。縣三、鎮一：

濟陰倚。有曹南山、定濮岡、左山、祝丘、菏水、汜水、〔六三〕饗城、鄄城。鎮一濮水。

定陶本宋廣濟軍，熙寧間廢爲定陶縣。城中有梁王臺。有夢山、獨孤山。

東明初隸南京，後避河患，徙河北冤句故地。後以故縣爲蘭陽、儀封，有舊東明城。

校勘記

〔一〕縣一百五　殿本作「縣一百八、鎮九十八」。

〔二〕院北曰翠峯　按「翠峯」大金國志卷三三汴京制度作「湧翠峯」。與下文「峯之洞曰大滌湧翠，東連長生殿」合，疑此處脫「湧」字。

〔三〕東曰太后苑　「太」原作「大」。據永樂大典卷七七〇一京字韻引文改。

〔四〕置轉運司提刑司　按本書卷九章宗紀，大定二十九年六月「乙未，初置提刑司」。又卷一〇章宗紀，「明昌四年秋七月辛巳，南京路提刑司自許州遷治南京」。是天德二年無南京路提刑司。「提刑司」三字疑衍。

〔五〕戶百七十四萬六千二百一十　按本書卷四六食貨志，泰和七年「十二月奏，天下戶七百六十八萬四千四百三十八」。則開封府戶數將佔「天下」總戶數的四分之一，不太可能，疑此數有誤字。

〔六〕圃田　「圃」原作「嗣」。按元豐九域志以下簡稱九域志卷一，東京開封府中牟有圃田鎮。太平寰宇記以下簡稱寰宇記卷二東京開封府中牟縣，隋開皇十八年「於圃田城中爲圃田縣，以界內澤爲名」。圃田鎮蓋即舊圃田城，「圃」、「嗣」字形略近致誤。今改正。

〔七〕馬欄橋　「欄」原作「棚」。按九域志卷一，東京開封府，鄢陵有「馬欄橋一鎮」。嘉慶重修一統志以下簡稱嘉慶一統志卷一八七開封府，「馬欄鎮，在鄢陵縣南十里」。今據改。

〔八〕宋隸東京　「東」原作「南」。按九域志卷一，東京開封府有考城。宋史卷八五地理志，開封府縣十六，中有考城。今據改。

〔九〕有葵丘　原作「葵丘有」，今據文義乙正。

〔一〇〕黄河　「黄」原作「莫」。按九域志卷三，陝西路，陝州陝縣有黄河。寰宇記卷六，陝州陝縣，「黄河自靈寶界流入」。今據改。

〔一一〕古函谷關　原脫「關」字。按九域志卷三，陝西路，陝州靈寶有古函谷關。寰宇記卷六，陝州靈寶縣「古函谷關，在縣南十里一百六十步，秦之舊關也。……（漢）武帝意好廣闊，遂東移於新安」。今據補一「關」字。

〔一二〕有太華山　原脫「有」字。據本志文例補。

〔一三〕穰城　按穰縣古今皆稱穰，金代不宜獨異。「城」疑是衍文。

〔一四〕熊耳山　「熊」原作「縣」。按九域志卷一，京西路鄧州，內鄉有熊耳山。嘉慶一統志卷二一〇，南陽府「湍水源出內鄉縣熊耳山……漢書地理志，熊耳之山出三水，湍水其一焉」。今據改。

〔一五〕淅水　「淅」原作「浙」。據殿本改。

〔一六〕鎮一胡陽　「胡」原作「明」。據殿本改。

〔一七〕有大明湖　按九域志卷一，京西路唐州比陽有大胡山。嘉慶一統志卷二一〇，南陽府「大胡山，在泌陽縣東北七十里，一曰大狐山，亦名壺山」。皆未載有「大明湖」。此處脫載大胡山，或「大明湖」卽爲「大胡山」之誤。

〔一八〕有方城山　原作「有方山城」。按九域志卷一，京西路唐州方城，有方城山。嘉慶一統志卷二一〇南陽府，「方城山，在葉縣南四十里，跨裕州境。元和志，在方城縣東北五十里」。今據改。

〔一九〕澠池　「澠」原作「沔」。按澠池之「澠」，本書中有兩種寫法，一、「澠」，如本條下澠河，卷九六李

愈傳「調河南澠池主簿」，卷一一四白華傳「金軍自閿鄉屯至澠池」，這是正確的。二、寫作「沔」，這是簡寫字，散見各卷，今皆改作「澠」。

〔二〇〕有天壇山　「壇」原作「檀」。按九域志卷一，西京河南府澠池，有天壇山。寰宇記卷五，河南府澠池縣「天壇山，在縣東北十八里，四面陡絕如壇」。今據改。

〔二一〕孟津貞祐三年七月升爲陶州　「陶」原作「淘」。按水經注卷四，「孟津有陶河之稱」。嘉慶一統志卷二〇五，河南府「孟津縣，金改曰孟津，貞祐三年升爲陶州，尋復爲縣」皆作「陶州」。今據改。

〔二二〕轘轅山　「轅」原作「軒」。按輿地廣記以下簡稱廣記卷五，西京河南府永安縣，有轘轅山。寰宇記卷五，西京河南府緱氏縣「轘轅山，在縣東南四十六里」。今據改。

〔二三〕九山　原脫「山」字。按九域志卷一，西京河南府鞏，有九山。寰宇記卷五，西京河南府鞏縣「九山，在縣西南五十五里」。今據補。

〔二四〕有霍陽山　「陽」原作「確」。按九域志卷一，京西路汝州「梁，有霍陽山」。寰宇記卷八，汝州梁縣「霍陽山，俗謂現山，在縣西南七十里。……漢立霍陽縣，因山以爲名」。今據改。

〔二五〕許田　「田」原作「由」。按九域志卷一，京西路潁昌府長社縣有許田鎮。宋史卷八五地理志，京西北路潁昌府長社縣注云，「熙寧四年省許田縣爲鎮，入焉」。今據改。

〔二六〕漫水　「漫」原作「沒」。按九域志卷一，京西北路蔡州確山「有漫水」。「漫」卽古「汶」字。嘉慶一統志卷二一五，汝寧府「汶水，在正陽縣東北五十里」。明統志，汶水在府城南九十里，水自青龍陂入汝，今稱汶口」。今據改。

〔二七〕有潁水　原脫「有」字。據本志文例補。

〔二八〕肥水　「水」原作「山」。按九域志卷五，淮南路宿州臨渙，有淝水。文獻通考卷三一七亦載臨渙有淝水。今據改。

〔二九〕蘄澤　「蘄」原作「鄿」。按九域志卷五，淮南路宿州臨渙縣有蘄澤鎮。三朝北盟會編卷二四四引張棣金虜圖經地里驛程云，「宿州至蘄澤鎮四十里，蘄澤至柳子鎮五十里」。程卓使金錄，嘉定四年十二月「三日辛巳，晴，早頓蘄澤鎮，四十五里至柳子鎮宿」。今據改。

〔三〇〕領節鎮二　原脫「領」字，據本志文例補。

〔三一〕鎮三十五　按殿本作「鎮三十八」。

〔三二〕東城　「東」原作「策」。按九域志卷二，河北路瀛州河間縣有東城鎮。廣記卷一〇，河北東路河間府河間縣「東城鎮，本漢東州縣，屬勃海郡」。今據改。

〔三三〕有衡漳水　原脫「水」字。按上文有衡漳水。又九域志卷二，河北路深州束鹿有衡漳水。今據補「水」字。

〔三四〕永濟渠　「渠」原作「河」。按下文景州之東光、將陵、吳橋，本書卷二七恩州之歷亭、武城、清河等縣皆作「永濟渠」。今據改。

〔三五〕府三領節鎮二防禦二刺郡五縣六十一　原脫「領節」二字、「防禦」下脫「二」字。今據殿本補。又「縣六十一」下，殿本有「鎮三十三」四字。

〔三六〕大茂山　原脫「大」字。按九域志卷二，河北西路眞定府眞定，有大茂山。寰宇記卷六一，河北道鎮州眞定縣有大茂山「隋圖經云，大茂山，恆山之異名也」。今據補。

〔三七〕沙河有湯水　按九域志卷二，河北路邢州沙河，「有湯山、渦水」，寰宇記卷五九，河北道邢州沙河縣「湯山，在縣西北七十一里。山海經云，湯山，湯水出焉」。則此處脫載湯山。

〔三八〕有隆慮山洹水　原脫「有」字。按本志文例補。又「洹水」原作「洹山」。按九域志卷二，河北路相州林慮，「有隆慮山、洹水」。寰宇記卷五五，河北道林慮縣，「洹水出縣西北，俗謂安陽河」。今據改。

〔三九〕曲防水　按九域志卷二，河北路定州曲陽，作「曲陽水」。

〔四〇〕嫌與宗峻音同　「峻」原作「雋」。按本書卷四熙宗紀，天眷二年七月「辛巳，兗國王宗雋謀反，伏誅」，決無皇統八年猶爲宗雋嫌名改地名之理。此當係熙宗避其父宗峻嫌名。「峻」、「濬」廣韻並「私閏切」，而「雋」爲「徂兗切」，音不同。知此必當作「峻」，今改。

〔四一〕縣四　殿本作「縣五」。

〔四二〕淇水百門陂　「水」原作「山」、「陂」原作「波」。按九域志卷二，河北路衞州共城有「淇水、百門陂」。元和郡縣志以下簡稱元和志卷一六，河北道衞州共城縣，「淇水，源出縣西北沮洳山」。「百門陂在縣西北五里，方五百許步。……陂南通漳水」。今據改。

〔四三〕山東東路宋爲京東東路　原脫「宋」字。按宋史卷八五地理志，「京東路，熙寧七年分爲東、西兩路，以青、淄、濰、萊、登、密、沂、徐州、淮陽軍爲東路」。今據補。

〔四四〕領節鎮二　原脫「領」字，據本志文例補。

〔四五〕宋鎮海軍　原脫「宋」字。因下句「國初仍舊置軍」當有所承，知有脫文。按宋史卷八五地理志，京東路「青州，望，北海郡鎮海軍節度」。今據補「宋」字。

〔四六〕大定八年置山東東西路統軍司　按本書卷八六夾古胡剌傳，「正隆末，山東盜起。山東路統軍司選諸軍八百人作十謀克」，是正隆末已有山東路統軍司。卷六世宗紀，「大定三年五月己亥，罷河南、山東、陝西統軍司」。卷七三宗尹傳，「大定八年置山東路統軍司」。是大定間爲復置。「八年」下當有「復」字爲是。

〔四七〕永豐永阜永科　按嘉慶一統志卷一七六，武定府永豐鎮注云，「金志，霑化縣有永豐、永阜、永利三鎮」。又云，「永利場在霑化縣東三十五里」。則「永科」當是「永利」之誤。

〔四八〕汶濰浯水　「浯」原作「涪」。按九域志卷一，京東路密州「安丘，有浯水、汶水、濰水」。寰宇記卷二四，河南道，密州安丘縣，「浯水堰，三齊略記曰，昔者堰浯水南入荆水」。今據改。

〔四九〕縣五　下文僅朐山、贛楡本懷仁、東海、漣水四縣，數目不合。按宋史卷八八地理志，淮南東路「海州，上，東海郡，團練。建炎間入于金，紹興七年復。隆興初，割以畀金，隸山東路，以漣水縣來屬。……縣四：朐山、懷仁、沭陽、東海」。據此，金之海州當有沭陽縣。本書卷四九食貨志鹽，「其行鹽之界，各視其地宜。莒之場十二，……板浦場行漣水沭陽縣」。卷一三二紇石烈執中傳，泰和六年「五月，宋兵犯金城，轉趨沭陽」。卷一〇八侯摯傳，興定二年，「摯奏曰，……仍擇沭陽之地可以爲營屯者分兵護邏」。是金有沭陽絕無可疑。今據九域志疑有脫文如下：「沭陽有韓山、沭水。」韓山、沭水皆見寰宇記卷二二河南道海州沭陽縣。

〔五〇〕鎭三　按殿本作「鎭二」。

〔五一〕歸化　按九域志卷二，河北路棣州厭次縣五鎭，「歸化」作「歸仁」。

〔五二〕鬻山　「鬻」原作「鸒」。按九域志卷一，京東路淄州淄川有鬻山。寰宇記卷一九，河南道淄州淄川縣「鬻山，在縣東北十里」。嘉慶一統志卷一六二，濟南府「鬻山，在淄川縣東北十里，即古黃山」。今據改。

〔五三〕齊東　「齊」原作「介」。按九域志卷一，京東路淄州鄒平縣有「孫家、趙巖口、淄鄉」等鎭。嘉慶一統志卷一六三，濟南府古蹟「齊東鎭，今齊東縣治，金史地理志，鄒平有齊東鎭，齊乘，齊東縣舊曰趙巖口，金爲齊東鎭」。今據改。

〔五四〕刺郡五　按殿本此下有「縣二十七，鎭四十八」八字。

〔五五〕樂安　按九域志卷一，京東路鄆州陽穀有安樂鎭。嘉慶一統志卷一六六，兗州府關隘「安樂鎭，在陽穀縣東北三十里」。則「樂安」疑當作「安樂」。

〔五六〕鎭九但歡安寧寧鄉翔鸞固留滑口廣里石橫澄空傳家岸　按九域志卷一，京東西路鄆州平陰縣有「祖歡、石溝、界首、寧鄉、滑家口、傳家岸、翔鸞七鎭」，今參酌點斷，但歧異尙多。又鎭名是十，與「鎭九」不合。本卷上文東平府「鎭十九」，而東阿「鎭五」、陽穀「鎭二」、汶上「鎭一」、壽張「鎭一」，加平陰「鎭九」共鎭十八，尙缺其一。疑此「鎭九」或是「鎭十」之誤。

〔五七〕承注山　原脫「注」字。按元和志卷一〇，河南道兗州任城縣「承注山，在縣東南七十六里，女媧生處」。嘉慶一統志卷一八三，濟寧直隸州「承注山，在州南四十里」。今據補「注」字。但九域志卷一與寰宇記卷一四濟州任城下都作承匡山。「匡」當爲「注」字之誤。

〔五八〕赭土山　原脫「山」字。按九域志卷一，京東路徐州彭城有赭土山。寰宇記卷一五，河南道徐州彭城縣「赭土山，在縣北三十五里」。今據補。

〔五九〕卞唐　「卞」原作「下」。按九域志卷一，京東路徐州彭城有卞塘鎭。嘉慶一統志卷一〇一，徐州

府關隘「卞塘鎭，在銅山縣東。舊志卞塘集在州東昌化鄉，蓋以卞塘湖爲名」。今據改。

〔六〇〕艾山　「山」原作「水」。按九域志卷一，京東路淮陽軍下邳有艾山。嘉慶一統志卷一〇〇，徐州府「艾山，在邳州北五里，以產艾故名，元魏時艾山縣蓋置於此」。今據改。

〔六一〕沭水　「沭」原作「沐」。按九域志卷一，京東路淮陽軍下邳有沭水。嘉慶一統志卷一〇〇，徐州府直河「在邳州南百十里，即古沭水也」。今據改。

〔六二〕嬴汶水　「嬴」原作「羸」。按九域志卷一，京東路兗州萊蕪有嬴汶水。嘉慶一統志卷一七九，泰安府「汶水，源出萊蕪縣東北八十里原山之陽，西南流經泰安縣東，左合牟汶、嬴汶水西流」。今據改。

〔六三〕汜水　「汜」原作「汎」。按九域志卷一，京東路曹州濟陰有汜水。寰宇記卷一三，河南道曹州濟陰縣，「汜水在縣南，昔漢高祖既定天下，即帝位於定陶汜水之陽。張晏曰，汜水在濟陰界，取其泛愛弘大而潤下也」。又「張晏曰，汜音敷劍反，愛之汜也」。今據改。

金史卷二十六

志第七

地理下

大名府路　河東北路　河東南路　京兆府路　鳳翔路

鄜延路　慶原路　臨洮路

大名府路，宋北京魏郡。府一，領刺郡三，縣二十，鎭二十二。貞祐二年十月置行尙書省。

大名府，上，天雄軍。舊爲散府，先置統軍司，天德二年罷，以其所轄民戶分隸旁近總管府。正隆二年陞爲總管府，附近十二猛安皆隸焉，兼漕河事。產皺縠、絹、梨肉、櫻桃煎、木耳、硝。戶三十萬八千五百一十一。縣十、鎭十三：舊有柳林、侯固二鎭。

元城有㥄山、漕運御河、屯氏河。鎭二安定、安賢。

大名倚。鎭一〔一〕

魏縣

冠氏有弇山水、沙河。鎭四普通、淸水、博寧、桑橋。

南樂　鎭一南樂。

館陶有漕運御河。鎭一館陶。

夏津有屯氏河、淵溝河。鎭一孫生。

朝城　鎭一韓張。

淸平有新渠金堤。鎭一淸平。

莘　鎭一馬橋。

恩州，中，刺史。宋淸河郡軍事，治淸河，今治歷亭。戶九萬九千一百一十九。縣四、鎭六：

歷亭倚。有永濟渠，置河倉。鎭四漳南、新安樂、舊安樂、王杲。

武城有永濟渠、沙河。鎭一武城。

淸河有永濟渠、漳渠。

臨清有河倉。鎮一曹仁。
濮州，下，刺史。宋濮陽郡。戶五萬二千九百四十八。縣二、鎮三：
鄄城倚。有旄丘、陶丘、金堤。鎮二臨濮、雷澤，皆舊縣，貞元二年爲鎮。
范　鎮一定安。
開州，中，刺史。宋開德府澶淵郡鎮寧軍節度，降爲澶州，皇統四年復更今名。戶三萬三千八百三十六。縣四、鎮一：
濮陽倚。有衞陽山、鮒鰅山、〔二〕黃河、淇河、瓠子口。
清豐有廣陽山、黃河。
觀城有泉源河。鎮一武鄉。
長垣本隸南京，泰和八年以限河不便，來屬。

河東北路。宋河東路，天會六年析河東爲南、北路，〔三〕各置兵馬都總管。府一，領節鎮三，刺郡九，縣三十九，鎮四十，堡十，寨八。
太原府，上，武勇軍。宋太原郡河東軍節度，國初依舊爲次府，復名并州太原郡河東軍總管府，置轉運司。有造墨場、煉銀洞、瑪瑙石。藥產松脂、白膠香、五靈脂、大黃、白玉石。戶一十六萬五

千八百六十二。縣十一、鎮八：
陽曲倚。有罕山、蒙山、汾水。鎮五陽曲〔四〕、百井、赤塘關、天門關、陵井驛。
太谷有太谷山、蔣水。
平晉貞祐四年七月廢，興定元年復置。有龍山、晉水。鎮二晉寧、晉祠。
清源有清源水、汾水。
徐溝本清源縣之徐溝鎮，大定二十九年升。
榆次有麓臺山、塗水。
祁〔五〕有犢山、太谷水。鎮一團柏。
文水有隱泉山、汾水、文水。
交城有少陽山、狐突山、汾水。
盂興定中升爲州，聽絳州元帥府節制，置刺史，尋復。有白馬山、原仇山、〔六〕滹沱水。
壽陽興定二年九月嘗割隸平定州。有方山、洞過水。
晉州。興定四年正月以壽陽縣西張寨置。
忻州，下，刺史。舊定襄郡軍。戶三萬二千三百四十一。縣二、鎮四：
秀容有程侯山、雲母山、忻水、滹沱水。鎮四忻口、雲內、徒合、石嶺。

定襄
平定州，中，刺史。本宋平定軍，大定二年升爲州。〔七〕興定二年爲防禦，十一月復降爲刺郡。戶一萬八千二百九十六。縣二、鎮三：
平定倚。有浮山、浮濼水。鎮二承天、東百井。
樂平興定四年正月升爲皐州。有樂平山、清漳水。鎮一淨陽。
汾州，上。宋西河郡軍事，天會六年置汾陽軍節度使，後又置河東、南、北路提刑司。戶八萬七千一百二十七。縣五、鎮二：
西河有謁泉山、比干山、文水、汾水。鎮一郭柵。
孝義有勝水。
介休有介山、汾水。鎮一洪山。
平遙有麓臺山、汾水。
靈石貞祐三年割隸霍州，四年五月復來屬。有靜巖山、汾水。
石州，上，刺史。舊昌化軍，〔八〕興定五年復隸晉陽，從郭文振之請也。戶三萬六千五百二十八。縣六、鎮四：
離石倚。有胡公山、離石水。鎮一石窟。

方山貞祐四年徙治于積翠山。有方山、赤洪水。
孟門舊名定胡，明昌六年更。宋隸晉寧軍。有黃河、寧鄉水。鎮二吳保、天澤。
溫泉貞祐四年五月改隸汾州。有遠望山、溫泉。
臨泉宋隸晉寧軍。有黃河、臨泉水。鎮一克胡。〔九〕
寧鄉舊名平夷，明昌六年更。
葭州，下，刺史。本晉寧軍，貞元元年隸汾州，大定二十二年升爲晉寧州，二十四年更今名。在黃河西，興定二年五月以河東殘破，改隸延安府。戶八千八百六十四。寨八、堡九：神泉寨、永祚堡、烏龍寨、康定堡、寧河寨、寧河堡、太和寨、神木寨、通津堡、彌川寨、護川堡、強川堡、淸川堡、通秦寨、通秦堡、〔一〇〕晉安堡、吳堡寨，已上皆在黃河西，臨西夏界。
代州，中。宋雁門郡防禦，天會六年置震武軍節度使。貞祐二年四月僑置西面經略司，八月罷。戶五萬七千六百九十。縣五、鎮十三：
雁門倚。有夏屋山、雁門山、滹沱水。鎮三雁門、西陘、〔一一〕胡谷。
崞有崞山、石鼓山、滹沱河、沙河。鎮一樓板。
五臺貞祐四年三月升爲臺州。有五臺山、慮虒水。〔一二〕鎮二興善、石觜。
廣武貞祐三年七月來屬。

繁畤貞祐三年九月升爲堅州。鎮七茹越、大石、義興、麻谷、瓶形、梅廻、寶興。

隩州，下。本宋舊火山軍，大定二十二年升爲火山州，後更今名。興定二年九月改隸嵐州，四年以殘破徙治于黃河灘許父寨。戶七千五百九十二。縣一、鎮一：

河曲貞元元年置。有火山、黃河。鎮一鄭鎮。

寧化州，下，刺史。本寧化軍，大定二十二年陞爲州。戶六千□百。〔一三〕縣一、鎮一：

寧化　鎮一窟谷。

嵐州，下。宋舊樓煩郡軍事，天會六年置鎮西節度使。戶一萬七千五百五十七。縣三、鎮四：

宜芳　鎮一飛鳶。

合河　鎮三合河津、乳浪、鹽院渡。

樓煩

岢嵐州，下，刺史。本宋岢嵐軍，大定二十二年爲州，貞祐三年九月升爲防禦，四年正月升爲節鎮，五月復爲防禦。戶五千八百五十一。縣一、堡一：

嵐谷有岢嵐山、雪山、岢嵐水。〔一四〕堡一寨光。

保德州，下，刺史。本宋保德軍，大定二十二年升爲州，元光元年六月升爲防禦。戶三

千一百九十一。縣一：

保德大定十一年置。有大堡津、沙谷津。〔一五〕

管州，下，刺史。本宋憲州靜樂郡，天德三年更。興定三年升爲防禦。戶五千八百八十一。縣一：

靜樂

河東南路，府二，領節鎮三，〔一六〕防禦一，刺郡六，縣六十八，鎮二十九，〔一七〕關六。

平陽府，上。宋平陽郡建雄軍節度。本晉州，初爲次府，置建雄軍節度使。天會六年升總管府，置轉運司。興定二年十二月以殘破降爲散府。有書籍。產解鹽、隰州絲、卷子布、龍門椒、紫團參、甘草、蒼朮。戶一十三萬六千九百三十六。縣十、鎮一：

臨汾天會六年定臨汾爲次赤，餘並次畿，置丞、簿、尉各一。有姑射山、平水、壺口山、汾水。

襄陵倚。有浮山、汾水、潏水。鎮一故關。

洪洞有霍山、〔一八〕汾水。

趙城有姑射山、汾水、霍水。

霍邑貞祐三年七月升爲霍州，以趙城、汾西、靈石隸焉。興定元年七月升爲節鎮，軍曰鎮定。有霍山、汾水、彘水。

汾西有汾西山、汾水。

岳陽有烏嶺山、通軍水。

浮山舊名神山，大定七年更爲浮山，興定四年更名曰忠孝。

和川

冀氏

隰州，上，刺史。宋大寧郡，團練。舊大寧郡軍刺史，天會六年改爲南隰州，以與北京隰州重也，天德三年去「南」字。戶二萬五千四百四十五。縣六、關四：

隰川倚。有石馬山、石樓山。

仵城興定五年正月陞隰川之仵城鎮置。

蒲興定五年正月升爲蒲州，以大寧隸焉。有孤石山、橫木嶺。

大寧有孔山、黃河、日斤水。〔一九〕關一馬門關。

永和有樓山、黃河、仙芝水。關一永和關。

石樓有石樓山、黃河、龍泉。關二永寧、上平關。

吉州，下，刺史。〔二〇〕宋置團練。舊名慈州，天德三年改爲耿州，置文成郡軍，明昌元年更名吉。戶一萬三千三百二十四。縣二：

吉鄉有壺口山、孟門山、黃河、蒲水。

鄉寧

河中府，散，上。宋河東郡。舊置護國軍節度使，天會六年降爲蒲州，置防禦使。天德元年升爲河中府，仍舊護國軍節度使。大定五年置陝西元帥府。戶十萬六千五百三十九。縣七、鎮四：

河東倚。有中條山、五老山、黃河、媯水、汭水。鎮二永樂、合河。

榮河貞祐三年升爲榮州，〔二一〕以河津、萬泉隸焉。有黃河、汾水、脽丘。鎮一北郎。

虞鄉有雷首山、中條山、壇道山。

萬泉　鎮一胡壁。

臨晉有三疑山、黃河。

河津

猗氏有涑水。

絳州，上。宋置絳郡防禦。天會六年置絳陽軍節度使。興定二年十二月升爲晉安府，總管河東南路兵馬，三年三月置河東南路轉運司。戶一十三萬一千五百一十。縣七、鎮五、關一：

正平倚。劇。有定境山、汾水、澮水、鼓水。鎮一澤掌。
曲沃劇。有絳山、絳水、汾水、澮水。鎮二柴村、九王。
稷山有稷山、汾水。
翼城興定四年七月升爲翼州，以垣曲、絳縣隸焉。元光二年升爲節鎮，軍曰翼安。有澮高山、清野山、烏嶺山。
太平有汾水。
垣曲有王屋山、清廉山、黃河、清水。鎮一皋落。關一行臺。
絳有太陰山、教山、絳水。鎮一繪交。
平水興定四年七月徙置汾河之西，從平陽公胡天作之請也。

解州，上，刺史。宋慶成軍防禦，國初置解梁郡軍，後廢爲刺郡。貞祐三年復升爲節鎮，軍名寶昌。興定四年徙治平陸縣。戶七萬一千二百三十二。縣六、鎮四：
解倚。有壇道山、鹽池。
平陸有吳山、黃河。鎮一張店。
芮城宋隸陝州。有中條山、黃河、龍泉。
夏有巫咸山、中條山、淡水。鎮一曹張。
安邑有中條山、稷山、鹽池、涑水。

聞喜有九龍山、湯山、涑水。鎮二東鎮、劉莊。

澤州，上，刺史。宋高平郡。天會六年以與北京澤州同，加「南」字，天德三年復去「南」字。貞祐四年隸潞州昭義軍，後又改隸孟州。元光二年升爲節鎮，軍曰忠昌。戶五萬九千四百一十六。縣六、鎮二：
晉城倚。有太行山、丹水、白水、天井關。鎮二周村、巴公。舊又置星軺鎮。
端氏有石門山、巨峻山。
陵川有太行山、九仙山。
陽城元光二年十一月升爲勣州。有王屋山、濩澤。
高平有頭顱山、米山、丹水。
沁水有鹿臺山、沁水、馬邑山。

潞州，上。宋隆德府上黨郡昭德軍節度使。天會六年，節度使兼潞南遼沁觀察處置使。戶七萬九千二百三十二。縣八、鎮四：
上黨倚。鎮一八義。
壺關有抱犢山、紫團山、赤壤山。
屯留有盤秀山、絳水。鎮一寺底。
長子有羊頭山、發鳩山、堯水。鎮一橫水。
潞城有三垂山、伏牛山、潞水、漳水。
襄垣有鹿臺山、湼水、漳水。鎮一褫亭。
黎城有白巖山、故壺口關。〔二二〕
涉貞祐三年七月升爲崇州，以黎城縣隸焉。四年八月以殘破復爲縣。興定五年九月復升爲州。有崇山、涉水。

遼州，中，刺史。宋本樂平郡刺史，天會六年以與東京遼州同，加「南」字，天德三年復去「南」字。戶一萬五千八百五十。縣四、鎮一、關一：
遼山倚。有箕山、青谷水。鎮一平城，舊縣也，貞元間廢爲鎮，屬遼山縣，及廢舊芹泉鎮。關一黃澤。
榆社有武鄉水、石勒漚麻池。
和順有九原山。
儀城舊爲平城縣，貞元二年廢入遼山爲鎮，貞祐四年復升爲縣，更今名。

沁州，中，刺史。〔二三〕錦山郡。宋威勝軍，天會六年升爲州。元光二年升爲節鎮，軍曰義勝。戶一萬八千五十九。縣四、鎮一：〔二四〕
銅鞮倚。有銅鞮山、石梯山、洹水、交水。
武鄉有胡甲山、武鄉水。鎮一南關。

沁源元光二年十一月升爲穀州。有霍山、沁水。
綿上有羊頭山、沁水。

懷州，上。宋河內郡防禦，天會六年以與臨潢府懷州同，加「南」字，仍舊置沁南軍節度使，天德三年去「南」字。皇統三年閏四月置黃沁河堤都大管勾司。大定五年置行元帥府。興定五年置招撫司。戶八萬六千七百五十六。縣四、鎮六：
河內倚。有太行陘、太行山、黃河、沁水、溴水。〔二五〕鎮四武德、柏鄉、萬善、清化。
修武有濁鹿城。鎮一承恩。
山陽興定四年以修武縣重泉村爲山陽縣，隸輝州。
武陟有太行山、天門山、黃河、沁水。鎮一宋郭。

孟州，上。宋濟源郡節度，天會六年降河陽府爲孟州，置防禦，守盟津。宣宗朝置經略司。戶四萬一千六百四十九。縣四、鎮二：
河陽倚。有嶺山、黃河、湛水、同水。鎮二穀羅、沇河。
王屋有王屋山、天壇山、析城山、黃河。
濟源有太行山、孔山、濟水、溴水、〔二六〕沁水。
溫有黃河、沛水。〔二七〕

京兆府路，宋爲永興軍路。皇統二年省併陝西六路爲四，曰京兆，曰慶原，曰熙秦，曰鄜延。府一，領節鎮一，防禦一，刺郡四，縣三十六，鎮三十七。

京兆府，上。宋京兆郡永興軍節度使。皇統二年置總管府，天德二年置陝西路統軍司、陝西東路轉運司。產白芷、麻黃、白蒺藜、茴香、細辛。戶九萬八千一百七十七。縣十二、鎮十：舊又有中橋、臨涇二鎮，後廢。

長安 倚。有終南山、龍首山、澧水、[二八]渭水、鎬水。鎮一子午。

咸寧 倚。本萬年，後更名。泰和四年廢，尋復。鎮二鳴犢、乾祐。

興平 有渭水、醴泉。

涇陽

臨潼 有驪山、渭水、戲水。[二九]鎮一零口。

藍田 有藍田山、蕢山、灞水。

雲陽 鎮一孟店。

高陵 有涇水、渭水、白渠。[三〇]鎮二毗沙、渭城。[三一]

終南 宋清平軍。鎮一甘河。

櫟陽 有渭水、沮河、[三二]清泉陂。鎮一粟邑。[三三]

鄠 有終南山、牛首山、[三四]渼陂、渭水。鎮一秦渡。

咸陽

商州，下，刺史。宋上洛郡軍事。貞祐四年升爲防禦，尋隸陝州，興定二年正月復來屬，元光二年五月改隸河南路。戶三千九百九十九。縣二、鎮二：舊又有西市、黃川、青雲[三五]三鎮，後廢。

上洛 有楚山、熊耳山、丹水、嶢關。鎮二商洛、豐陽，皆舊爲縣，貞元二年廢爲鎮。

洛南 有冢嶺山、洛水。

虢州，下，刺史。宋虢郡軍事。貞祐二年割爲陝州支郡，以備潼關。戶一萬二十二。縣三、鎮五：

虢略 有鹿蹄山、黃河、燭水。鎮三靖遠、玉城、[三六]朱陽。

盧氏 有朱陽山、熊耳山、洛水、鄩水。鎮二社管、欒川[三七]舊爲縣，海陵貞元二年廢爲鎮。

朱陽 海陵時嘗廢，後復置。有地肺山。

乾州，中，刺史。宋嘗改爲醴州，天德三年復。戶二萬六千八百五十六。縣四、鎮三：

奉天 有梁山、莫谷水、甘谷水。鎮一薛祿。

醴泉 有九嵕山、涝水。鎮一甘北。

武亭 本武功，大定二十九年以避顯宗諱更。有敦物山、武功山、渭水。鎮一長寧。

好畤 有梁山、武亭河。

同州，中。宋馮翊郡定國軍節度，治馮翊。後改安國軍節度使。[三八]舊貢圓筋萵耳羊，大定十一年罷之。戶三萬五千五百六十一。縣六、鎮九：

馮翊 倚。有洛水、渭水。鎮二沙苑弁監。[三九]

朝邑 有黃河、渭水。鎮四朝邑、新市、延祥、溶谷。

白水 有五龍山、洛水、白水。

郃陽 有瀵水、黃河。鎮一夏陽。

澄城 有梁山、[四〇]洛水。

韓城 貞祐三年升爲楨州，以郃陽縣隸焉。鎮二寺前、良輔。

耀州，上，刺史。宋華原郡感德軍節度，皇統二年降爲軍事，後爲刺史州。戶五萬二百一十一。縣四、鎮二：

華原 有土門山、漆水、沮水。

同官 有白馬山、同官川。鎮一黃堡。

美原 有頻陽山。

三原 有堯門山、中白渠。鎮一龍橋。

華州，中。宋華陰郡鎮潼軍節度，治鄭，國初因之，後置節度使，皇統二年降爲防禦使。貞祐三年八月升爲節鎮，軍曰金安，以商州爲支郡。戶五萬三千八百。縣五、鎮六：

鄭 倚。有少華山、聖山、渭水、符禺水。鎮一赤水。

華陰 有太華山、松果山、黃河、渭水、潼關。鎮二關西、敷水。

下邽 有渭水、太白渠。鎮二素化、新市。

蒲城 有金粟山、洛水。鎮一荆姚。

渭南 有靈臺山、渭水。

鳳翔路，宋秦鳳路，治秦州。府二，領防禦二，[四一]刺郡二，縣三十三，城一，堡四，寨十四，鎮十五。[四二]

鳳翔府，中。宋扶風郡鳳翔軍節度。皇統二年升爲府，軍名天興，大定十九年更軍名爲鳳翔。大定二十七年升總管府。產芎藭、獨活、橙草、無心草、升麻、秦艽、[四三]骨碎補、羌活。戶六萬二千三百三。縣九、鎮四：舊有橫水、驛店、崔模、[四四]麻務、長清五鎮，後廢。

鳳翔倚。有杜陽山、吳岳、雍水。舊名天興縣，大定十九年更。
寶雞有陳倉山、渭水、汧水、大散關。鎮一武城。
虢有楚山、渭水。鎮一陽平。
郿有太白山、渭水。
盩厔南至遡馬道二十里。貞祐四年升爲恒州，以郿縣隸焉。有終南山、渭水、浴谷。
扶風國初作扶興。有渭水、漳水。〔四五〕鎮一岐陽。
岐山有岐山、終南山、渭水、姜水、汧水。鎮一馬磧。
普潤有杜水、漆水、岐水。〔四六〕
麟遊有五將山、黝土山。
德順州，上，刺史。宋德順軍，國初隸熙秦路，〔四七〕皇統二年升爲州，大定二十七年來屬。貞祐四年四月升爲防禦，十月升爲節鎮，軍曰隴安。戶三萬五千四百四十九。縣六、寨四、堡一：舊有上接鎮、通安寨、王家城、牧龍城、同家堡，後廢。
隴干〔四八〕倚。
水洛本中安堡城。堡一中安。
威戎本威戎堡城。

隆德本隆德寨。
通邊本通邊寨。寨三靜邊舊爲縣，得勝，寧安。
治平本治平寨。寨一懷遠。
平涼府，散，中。宋渭州隴西郡平涼軍節度。舊爲軍，後置陝西西路轉運司、陝西東、西路提刑司。大定二十六年來屬。〔四九〕戶三萬一千三十三。縣五、鎮五、寨一：
平涼倚。有笄頭山、〔五〇〕馬屯山。
潘原有烏鼠山、銅城山。
崇信有閣川水。鎮一西赤城。
華亭有小隴山。
化平本名安化，大定七年更。鎮四安化、安國、白巖河、耀武。寨一瓦亭。
鎮戎州，下，刺史。本鎮戎軍，大定二十二年爲州，二十七年來屬。戶一萬四百四十七。縣二、堡三、寨八：
東山本東山寨。
三川本三川寨。〔五一〕堡三彭陽、乾興、開遠。寨八天聖、飛泉、熙寧、靈平、通峽、盪羌、九羊、張義。
秦州，下。宋天水郡雄武軍節度，後置秦鳳路。國初置節度，皇統二年置防禦使，隸熙秦路，大定二十七年來屬。元光二年四月升爲節鎮，軍曰鎮遠，後罷，貞祐三年復置。〔五二〕戶四萬四百四十八。縣八、城一、寨三、鎮二：舊有甘谷城、甘泉城、結藏城、定西寨、西顧堡，後廢。
成紀倚。有龍馬泉。
冶坊〔五三〕
甘谷
清水宋舊縣。有中隴山、〔五四〕嶓冢山、清水。〔五五〕
雞川
隴城有大隴山、瓦亭山。寨一隴城。
西寧貞祐四年十月升爲西寧州，以甘谷、雞川、治平三縣隸焉。
秦安城一伏羌。寨二三陽務、弓門。鎮二靜戎、床穰。
隴州，下。宋汧陽郡，防禦。海陵時隸熙秦路，大定二十七年來屬。戶一萬六千四百四十二。縣三、鎮五：
汧陽倚。有汧水、隃麋澤。鎮二安化、新興。
汧源有吳嶽山、白環水。鎮三吳山、定戎、隴西。
隴安泰和八年以隴安寨升。有秦嶺山、渭水。

鄜延路，府一，領節鎮一，〔五六〕刺郡四，縣十六，鎮五，城二，堡四，寨十八，關二。
延安府，下。宋延安郡彰武軍節度使，皇統二年置彰武軍總管府。戶八萬八千九百九十四。縣七、寨四、堡一、鎮一。〔五七〕
膚施倚。有五龍山、伏龍山、洛水、清水、濯巾水。鎮一豐盤。
延川有濯巾河、黃河、吐延水。〔五八〕寨一永平。
延長有獨戰山、濯巾水。
臨眞有庫利川。〔五九〕
甘泉有洛水。
敷政有三堆山、洛水。
門山有重覆山、黃河、渭牙川水。堡一安定，置第六正將。安寨。寨四萬安，興定二年廢。德安，置第五副將。招安。永平，有丹陽驛。
丹州，中，刺史。宋咸寧郡軍事，國初因之。戶一萬三千七十八。縣一、鎮一、關一：
宜川有雲巖山、孟門山、黃河、庫利川。〔六〇〕鎮一雲巖。關一烏仁。
保安州，下，刺史。宋保安軍，大定二十二年升爲州。戶七千三百四十。縣一、寨三、鎮二、堡一、城一：

保安大定十二年以保安軍置。寨三德靖、順寧、平戎。鎮二靜邊、永和。堡一圍林。城一金湯。

綏德州，下，刺史。唐綏州，宋綏德軍，大定二十二年升爲州。戶一萬二千七百二十。縣一、寨十、城一、堡一、關一：

清澗本宋清澗城，大定二十二年升。寨十暖泉，義合，清邊，臨夏，白草，米脂置第二將，懷寧，鎮邊，綏平，克戎置第四將。城一嗣武。堡一開光。關一永寧。

鄜州，下。宋洛交郡康定軍節度，〔六一〕國初因之，置保大軍節度使。戶六萬二千九百三十一。縣四、鎮一：

洛交倚。有疏屬山、洛水、華池水。鎮一三川。〔六二〕

直羅有大盤山、〔六三〕羅川水。

鄜城有楊班湫。

洛川有洛川水、圁水。

坊州，中，刺史。宋中部郡軍事。戶二萬七百四十六。縣二、鎮一：

中部有沮河、橋山、石堂山、洛水、蒲谷水。

宜君有沮水。鎮一玉華。

天會五年，元帥府宗翰、宗望奉詔伐宋，若克宋則割地以賜夏。及宋既克，乃分割楚、夏疆封，自麟府路洛陽溝距黃河西岸，西歷暖泉堡，鄜延路米脂谷至累勝寨，環慶路威邊寨〔六四〕踰九星原至委布谷口，涇原路威川寨略古蕭關至北谷口，秦鳳路通懷堡至古會州，自此距黃河，依見流分熙河路盡西邊，以限楚、夏之封，或指定地名有懸邈者，相地勢從便分畫。

慶原路，舊作陝西西路。府一，領節鎮二，刺郡三，縣十八，〔六五〕鎮二十三，城二，堡四，寨二十二，〔六六〕邊將營八。

慶陽府，中。宋安化郡慶陽軍節度。本慶州軍事，國初改安國軍，後置定安軍節度使兼總管，皇統二年置總管府。戶四萬六千一百七十一。縣三、城二、堡一、寨三、鎮七：

安化倚。有馬嶺山、延慶水。

彭原有彭池原、睦陽川。鎮二董志、赤城。

合水有子午山。鎮五金櫃、懷安、業樂、〔六七〕五交、景山。城二白豹、大順。寨三安疆、〔六八〕華池、柔遠。堡一荔原。

環州，上，刺史。宋軍事，國初因之，大定間升爲刺郡。戶九千五百四。縣一、堡三、寨六、鎮三：

通遠倚。有鹹河、馬嶺坂、塔子平榷場。堡三木瓜、歸德、興平。舊有惠丁、射香、流井三堡，後廢。寨六定邊、平遠、永和、〔六九〕洪德、烏崙、安邊。鎮三合道、馬嶺、木波。

寧州，中，刺史。宋彭原郡興寧軍節度，國初因之，皇統二年降爲軍，仍加「西」字，天德二年去「西」字，爲刺郡。戶三萬四千七百五十七。縣四、鎮五：

安定本名定安，大定七年更。倚。有洛水、九陵水。鎮一交城。

定平　鎮二棗社、大昌。

眞寧有子午山、〔七〇〕羅川水。鎮二要關、山河。

襄樂有延川水。

邠州，中。宋新平郡靜難軍節度使，〔七一〕國初因之。戶四萬七千二百九十一。縣五、鎮三、寨一：

新平倚。有涇水、濇水。

淳化有仲山、車箱坂。

宜祿有涇水、汭水。鎮一亭口。

永壽宋隸醴州。有高泉山。鎮一永壽。舊有邵寨鎮，後割隸涇州。寨一常寧。

三水有石門山、涇水、羅川水。鎮一清泉。

原州，上，刺史。宋平涼郡軍事，〔七二〕大定二十七年爲涇州支郡，後復軍事。戶一萬七千八百。縣二、鎮三、寨五：

臨涇倚。有陽晉水、朝那水。

彭陽有大湖河、蒲川河。鎮三蕭鎮、柳泉、新城。寨五綏寧、平安、靖安、〔七三〕開邊、西壕。

涇州，中，彰化軍節度使。本治涇川，〔七四〕元光二年徙治長武。戶二萬六千二百九十。縣四、寨一、鎮二：

涇川本保定縣，大定七年更。寨一官地。

長武

良原

靈臺　鎮二百里、邵寨。

邊將：

第二將營，在荔原堡西，白豹城南七十五里，戶三千七百一十六。

次西第四將營，戶一千二百三十二。
次西第三將營，戶二千一百五。
次西第八將營，戶一千二百二十二。
次西第七將營，戶八百五十。
次西第九將營，戶七百二十七。
次西第六將營，戶九百八十九。
次西第五將營，戶三百六十四。

皇統六年，以德威城、西安州、定邊軍等沿邊地賜夏國，從所請也。正隆元年，命與夏國邊界對立烽候，以防侵軼。

臨洮路，皇統二年改熙州爲臨洮府，置熙秦路總管府，大定二十七年更今名。府一，領節鎮一，防禦一，刺郡四，縣一十三，鎮六，城六，〔七五〕堡十二，寨九，關二。

臨洮府，中。宋舊熙州臨洮郡鎮洮軍節度，後更爲德順軍，皇統二年置總管府。產甘草、菴蕳子、大黃。戶一萬九千七百二十一。縣三、鎮一、城一、堡四：

狄道 有白石山、洮水、澔亹河。鎮一 慶平。城一 景骨。
當川　堡一 通谷。
康樂　堡三 渭源，臨洮，南川臨宋界。

積石州，下，刺史。本宋積石軍溪哥城，大定二十二年爲州。戶五千一百八十五。縣一、城三、堡三：
懷羌 西至生羌界八十里。城三 循化，西至生羌界一百里。大通，臨河，夏界。來羌，臨夏邊。堡三 通津、臨灘、來同。

洮州，下。宋嘗置團練。刺史。舊軍事。臨宋界，至西生羌界八十里。戶一萬一千三百三十七。堡二：通祐，臨宋界，無民戶，置軍守。鐵城，臨宋界，無民戶，置軍守。

蘭州，上，刺史。宋金城郡軍事。戶一萬一千三百六十。縣三、鎮三、城二、堡三、關一：
定遠 兼第十將，去質孤堡一十五里。
龕谷 宋舊寨。
阿干 宋舊寨。城二 寧遠、安羌。堡三 東關。質孤，臨夏邊，兼第八將。西關，〔七六〕臨黃河、夏邊。鎮三 原川、礌鬻、納米。關一 京玉。

鞏州，下，節度。宋通遠軍，皇統二年升軍事爲通遠軍節度使。戶三萬六千三百一。縣五、寨四、鎮一：
隴西 宋舊縣。
通渭
定西 貞祐四年六月升爲州，以通西、安西隸焉。鎮一 鹽川。舊有赤鬻鎮，後廢。
通西
安西　寨四 熟羊，臨宋界。來遠，去宋界二十五里，舊爲鎮。永寧，去宋界三十里。南川。舊有平西、寧遠二寨，及南三岔堡。〔七七〕

會州，上，刺史。宋前舊名汝遮。戶八千九百一十八。縣一、舊有會川城。寨二、關一：
保川　寨二 平西、通安。關一 會安，舊作會寧。

河州，下，防禦。宋安鄉郡軍事。至都四千七百一十里。皇統二年升軍事爲防禦，貞祐四年十月升爲節鎮，軍曰平西。戶一萬四千九百四十二。縣二、城一、寨三、鎮一：
枹罕 國初廢，貞元二年復置。
寧河　城一 安鄉關。寨三 南川、通會關、定羌城。鎮一 積慶。

校勘記

〔一〕鎮一　按應有鎮名，原脫。

〔二〕鮒鰅山　「鰅」原作「鍋」。按元豐九域志以下簡稱九域志卷二，河北路澶州濮陽有鮒鰅山。嘉慶重修一統志以下簡稱嘉慶一統志卷三五，大名府「鮒鰅山，在頓丘縣西北三十里，今名廣陽山。……按『鮒鰅』，山海經作『務隅』，又作『附禺』」。今據改。

〔三〕天會六年析河東爲南北路　「河」下原脫「東」字。據上下文補。

〔四〕陽曲　按九域志卷四，河東路太原府陽曲縣有陽興寨，宋史卷八六地理志同。嘉慶一統志卷一三六，太原府關隘「陽興寨，在陽曲縣東北一百里」。疑「陽曲」當作「陽興」。

〔五〕祁　原作「祈」。按太原府祁縣自漢以來皆作「祁」，本書所見如卷七二銀术可傳，「宋兵據太谷、祁縣」，同卷拔離速傳，「宋軍來救太原者復據太谷、祁縣」，卷八〇突合速傳，「師至太原，祁縣降而復叛」，卷一二三禹顯傳，「追至祁縣而還」，皆作「祁」字。今據改。

〔六〕原仇山　「原」原作「泉」。按九域志卷四，河東路太原府盂縣有原仇山。元和郡縣志以下簡稱元和志卷一三，河東道太原府盂縣「原仇山，在縣北三十里」。今據改。

〔七〕大定二年升爲州　按大金國志以下簡稱國志卷三八京府州軍，「十六軍並改作州」，上等三州，泰安、滕、寧海。中等三州，平定、鈞、莒。下等十州，嵐、寧化、保德、陝、綏德、保安、葭、鎮戎、積石、來遠。除平定外，本志皆書「大定二十二年升爲州」，平定升州當亦同時。疑「大定」下脫「二十」二字。

〔八〕石州上刺史舊昌化軍　「刺史」二字原在「軍」字下。據本志文例乙正。

〔九〕克胡　「胡」原作「明」。按九域志卷四，河東路石州臨泉有尅胡寨。嘉慶一統志卷一四四，汾州府關隘「尅狐寨，在臨縣西北一百二十里黃河東岸，路通陝西葭州，置浮梁以濟，金大定中，築城屯兵防禦夏人」。今據改。

〔一〇〕通秦寨通秦堡　「秦」原皆作「泰」。按宋史卷八六地理志，河東路晉寧軍有通秦砦、通秦堡。本書紀傳所見亦多作「通秦」。今據改。

〔一一〕西陘　「陘」原作「徑」。按九域志卷四，河東路代州雁門縣有西陘寨。宋史卷八六地理志，河東路代州同。今據改。

〔一二〕慮虒水　原作「虒慮水」。按九域志卷四，河東路代州五臺有慮虒水。太平寰宇記以下簡稱寰宇記卷四九，河東道代州「五臺縣本漢慮虒縣，因慮虒水爲名」。今據乙正。

〔一三〕戶六千□百　「百」上原闕，殿本戶數作「六千一百」。

〔一四〕有岢嵐山雪山岢嵐水　原作「有嵐谷山、雪山、岢嵐山」。按九域志卷四，河東路岢嵐軍嵐谷縣「有岢嵐山、雪山、岢嵐水」。寰宇記卷五〇，河東道岢嵐軍嵐谷縣「岢嵐山，在縣東二里。雪山，

在縣東北四十里。岢嵐河，在縣東，水從嵐州宜芳縣走馬嶺下流出，去縣四十里，西入合河縣界」。今據改。

〔一五〕沙谷津　「沙」原作「汝」。按九域志卷四，河東路保德軍津二：大堡，沙谷。宋史卷八六地理志，河東路保德軍同。今據改。

〔一六〕河東南路府二領節鎮三　原脫「領」字，據本志文例補。

〔一七〕縣六十八鎮二十九　按殿本作「縣六十九、鎮三十」。

〔一八〕霍山　「山」原作「水」。按九域志卷四，河東路晉州洪洞，有霍山。元和志卷一二，河東道晉州洪洞縣，「霍山，在縣東北三十里」。今據改。

〔一九〕日斤水　「日」原作「白」。按九域志卷四，河東路隰州大寧，有日斤水。寰宇記卷四八，河東道隰州大寧縣「日斤川，在縣內……其水屈曲入黃河」。今據改。

〔二〇〕吉州下刺史　原脫「刺史」二字。按國志卷三八京府州軍，「刺史七十五處」，「下等三十六處」中有吉州。三朝北盟會編以下簡稱會編卷二四四引張棣金虜圖經，「刺史七十四處」中亦有吉州。今據補。

〔二一〕榮河貞祐三年升爲榮州　「榮」原皆作「滎」。按宋史卷八七地理志，陝西路河中府作「榮河」。本書卷一六宣宗紀，元光元年十月「乙未，大元兵下榮州之胡壁堡」。元光二年五月「丙午，復河中府及榮州」。卷一一二完顏合達傳，元光元年「五月，上言：頃河中安撫司報，北將按察兒率兵入隰、吉、翼州，寖及榮、解之境，……竊見河中、榮、解司縣官與軍民多不相諳」。皆作「榮」。今據改。

〔二二〕故壺口關　原作「故壺關口」。按輿地廣記以下簡稱廣記卷一八，黎城縣「有壺口故關」。嘉慶一統志卷一四二，潞安府關隘所記同。今據乙正。

〔二三〕沁州中刺史　原脫「刺史」二字。按國志卷三八京府州軍，「刺史七十五處」，「中等二十五處」中有沁州。會編卷二四四引張棣金虜圖經，「刺史七十四處」中亦有沁州。今據補。

〔二四〕鎮一　「一」原作「二」。按下文只載武鄉縣鎮一南關，今據殿本改。

〔二五〕湨水　「湨」原誤作「淏」。按嘉慶一統志卷二〇二，懷慶府「湨水，在濟源縣西南，東流經孟縣北，又東南入河」。爾雅，「梁莫大於湨梁」。左傳襄公十六年，「公會諸侯於湨梁」。注，「湨水出河內軹縣東南，至溫入河」。水經注，「湨水出原城西北原山勳掌谷」。今據改。

〔二六〕湨水　「湨」原誤作「澳」。按九域志卷一，京西路孟州濟源，有湨水，今據改，參見前條。

〔二七〕沛水　「沛」原作「漳」。按漳水在陝西扶風，見下文。溫縣無「漳水」。考寰宇記卷五二，孟州溫縣，「沛水在故城西，東南流注於河」。按述征記云，「沛水經河內溫縣注於河」。知「漳」爲「沛」之誤。今據改。

〔二八〕灃水　「灃」原作「澧」。按九域志卷三，永興軍路長安，有灃水。廣記卷一三，永興軍路京兆府長安縣同。今據改。

〔二九〕有驪山渭水戲水　原脫二「水」字。按九域志卷三，永興軍路京兆府臨潼，「有驪山、渭水、戲水」。廣記卷一三，永興軍路京兆府臨潼縣，亦記有戲水。今據補二「水」字。

〔三〇〕有涇水渭水白渠　原脫二「水」字。按九域志卷三，永興軍路京兆府高陵，「有涇水、渭水、白渠」。今據補。

〔三一〕渭城　按九域志卷三，永興軍路京兆府高陵縣有渭橋鎮。嘉慶一統志卷二二九，西安府關隘「渭橋鎮，在咸寧縣東，接高陵縣界。長安志，在萬年縣東四十里，高陵縣南十八里，即東渭橋，李晟屯兵處」。疑「城」是「橋」字之誤。

〔三二〕沮河　「沮」原作「洹」。按九域志卷三，永興軍路京兆府櫟陽，有沮河。寰宇記卷二六雍州櫟陽縣之「沮水，一名石川水，北自富平縣界流入」。今據改。

〔三三〕粟邑　「粟」原作「栗」。按本書卷九章宗紀，明昌三年十二月「丁巳，勅京兆櫟陽縣置粟邑鎮倉」。九域志卷三，京兆府櫟陽有粟邑鎮。今據改。

〔三四〕牛首山　原脫「山」字。按九域志卷三，京兆府鄠，有牛首山。元和志卷二，京兆鄠縣「牛首山，在縣西南二十三里」。今據補。

〔三五〕青雲　「雲」原作「雪」。按九域志卷三，永興軍路商州商洛有青雲鎮。嘉慶一統志卷二四六，商州關隘，「舊志有廢青雲館，在州南一百五十里，卽青雲鎮也」。今據改。

〔三六〕玉城　「玉」原作「王」。按九域志卷三，永興軍路虢州虢略有玉城鎮。廣記卷一四，永興軍路虢州虢略縣「玉城鎮，故玉城縣。西魏廢之，唐屬虢州，皇朝熙寧四年省入虢略」。今據改。

〔三七〕欒川　「欒」原作「灤」。按九域志卷三，永興軍路虢州盧氏有「欒川冶一鎮」。宋史卷八七地理志，陝西虢州「欒川，元祐二年以欒川冶爲鎮，崇寧三年改爲縣」。今據改。

〔三八〕後改安國軍節度使　按本書卷二五地理志河北西路「邢州，上，安國軍節度」。同州不應後改安國軍節度，疑是修史者誤書。

〔三九〕沙苑幷監　「監」原作「藍」。按九域志卷三，永興軍路同州馮翊有「沙苑一鎮」，又「監一乾德三年于馮翊朝邑二縣境置牧馬監，隸州。沙苑州南二十五里」。寰宇記卷二八，同州馮翊縣記載同。蓋沙苑與沙苑監是二地，金時同爲鎮，故曰「沙苑幷監」。今據改。

〔四〇〕有梁山　「山」原作「水」。按九域志卷三，永興軍路同州澄城，有梁山。嘉慶一統志卷二四三，同州府「梁山，在韓城縣西北九十里。書禹貢，『治梁及岐』……郃陽縣志，『山在縣西北四十里，東西橫亙，逶迤最遠』……按諸志言梁山所在，其說皆不同，蓋是山延亙最遠」之故。今據改。

〔四一〕府二領防禦二　原脫「領」字。據本志文例補。

〔四二〕寨十四鎮十五　殿本作「寨十六、鎮十六」。

〔四三〕秦艽　「艽」原作「芁」。按「秦艽」藥名。本草綱目云，「秦艽出秦中，以根作羅紋交糾者佳，故名秦艽、秦糺」。今據改。

〔四四〕崔模　「崔」原作「雀」。按九域志卷三，秦鳳路鳳翔府麟游有「崔模一鎮」。嘉慶一統志卷二三六，鳳翔府關隘「崔模鎮，在麟遊縣東北四十里。舊志有催木鎮，在催木嶺下。其地東接邠、乾，北連邳、慶，蓋卽『崔模』之訛也」。今據改。

〔四五〕漳水　「水」原作「山」。按九域志卷三，秦鳳路鳳翔府扶風，有漳水。嘉慶一統志卷二三五，鳳翔府「漳水，在岐山縣東，東南流至扶風縣西入雍水」。今據改。

〔四六〕岐水　「水」原作「山」。按九域志卷三，秦鳳路鳳翔府普潤，有岐水。嘉慶一統志卷二三五，鳳翔府「岐水，在麟遊縣西。……隋書地理志，普潤縣有岐水。寰宇記，岐水源出普潤縣，東南流入漆水」。今據改。

〔四七〕國初隸熙秦路　按上文京兆府路下曰，「皇統二年省併陝西六路爲四」，曰熙秦。是皇統二年始併宋秦鳳、熙河爲一路，以前無熙秦路之稱。下文云，「大定二十七年來屬」鳳翔路，則金初必隸熙河路。疑「秦」當作「河」。

〔四八〕隴干　「干」原作「平」。按九域志卷三，秦鳳路「德順軍，慶曆三年以渭州隴竿城置軍」。宋史卷八七地理志，秦鳳路「德順軍，慶曆三年卽渭州隴干城建爲軍。縣一：隴干」。今據改。

〔四九〕大定二十六年來屬　按上文鳳翔府下云，「大定二十七年升總管府」。故德順州、鎮戎州、秦州、隴州下皆云「大定二十七年來屬」。平涼府不應獨異，疑「六」字當作「七」。

〔五〇〕有笄頭山　「笄」原作「羊」。按九域志卷三，渭州平涼，有笄頭山。廣記卷一六，陝西秦鳳路渭州平涼縣「有笄頭山，禹貢涇水所出」。今據改。

〔五一〕三川寨　原作「三水寨」。按九域志卷三，秦鳳路鎮戎軍「寨七……天聖八年置三川」。「三川，軍西三十五里」。宋史卷八七地理志，陝西鎮戎軍砦七，其中亦有三川。今據改。

〔五二〕元光二年四月升爲節鎮軍曰鎮遠後罷貞祐三年復置　按元光在貞祐後，此處倒置。疑「元光」當作「貞祐」，「貞祐」當作「元光」。

〔五三〕冶坊　「冶」原作「治」。按九域志卷三，秦鳳路秦州堡三，「冶坊，州東北一百二十里」。宋史卷八七地理志，陝西秦鳳路秦州堡三，其中有冶坊。嘉慶一統志卷二七五，秦州古蹟，「冶坊廢縣，在清水縣北四十里，其地多冶坊」。今據改。

〔五四〕中隴山　按九域志卷三，秦鳳路秦州清水縣「有小隴山」。元和志卷三九，隴右道秦州清水縣「小隴山，一名隴坻」。此「中」字疑當作「小」。

〔五五〕清水　「清」原作「渭」。按九域志卷三，秦鳳路秦州清水縣有清水。嘉慶一統志卷二七四，秦州「清水，在清水縣北。水經注，導源東北隴山」。今據改。

〔五六〕鄜延路府一領節鎮一　原脫「府一」二字。據殿本補。

〔五七〕縣七寨四堡一鎮一　按「寨四堡一鎮一」六字原作小字注文，今據本志文例改爲大字正文。又殿本作「縣七、鎮一、寨五、堡二」。

〔五八〕吐延水　原脫「吐」字。按九域志卷三，永興軍路延州延川縣有吐延水。元和志卷三，延州延川縣「吐延水，北自綏州綏德縣流入」。今據補。

〔五九〕有庫利川　「川」原作「山」。按九域志卷三，永興軍路延州臨眞有庫利川。寰宇記卷三六，延州臨眞縣「庫利川，在縣北一十五里」。今據改。

〔六〇〕庫利川　「川」原作「山」。按九域志卷三，永興軍路丹州宜川縣有庫利川。寰宇記卷三五，坊州雲巖縣「庫利川，在縣西，從西延州臨眞縣入界。土諺云，昔有奴賊居此川內，稽胡呼奴爲『庫利』，因此爲川名」。今據改。

〔六一〕宋洛交郡康定軍節度　按宋史卷八七地理志，陝西「鄜州，上，洛交郡，保大軍節度」。九域志卷三，永興軍路「鄜州，洛交郡保大軍節度」。又「縣四」下注云，「康定二年卽鄜城縣治置康定軍，使仍隸州」。蓋宋承唐制，于鄜州置保大軍節度，則此處仍當作「保大軍」，下文「置保大軍節度使」可證。其「康定軍」非節度，係在鄜城。修史者不察，以鄜州爲「康定軍節度」誤。

〔六二〕三川 「川」原作「水」。按九域志卷三，永興軍路鄜州，「熙寧七年省三川縣爲鎮，入洛交」。廣記卷一四，陝西永興軍路鄜州洛交縣「三川鎮，以華池水、黑水、洛水所會爲名」。今據改。

〔六三〕有大盤山 「大」原作「水」。按九域志卷三，永興軍路鄜州直羅縣有大槃山。元和志卷三，鄜州直羅縣「大槃山，在縣西北一百一十里」。今據改。

〔六四〕威邊寨 「邊」原作「延」。按本書卷一三四西夏傳記此事作「威邊寨」。宋史卷八七地理志，陝西慶陽府亦有「威邊砦」。今據改。

〔六五〕縣十八 殿本作「縣十九」。

〔六六〕寨二十二 殿本作「寨十六」。

〔六七〕業樂 「業」原作「華」。按九域志卷三，永興軍路慶州安化有業樂鎮。嘉慶一統志卷二六二，慶陽府關隘「業樂鎮，在縣東北八十里，去懷安鎮七十里，有城周二里二十步，亦宋范仲淹築」。今據改。

〔六八〕安疆 「疆」原作「强」。按九域志卷三，慶州安化作「安疆寨」。宋史卷八七地理志，陝西慶陽府亦作「安疆砦」。今據改。

〔六九〕永和 「和」原作「鄉」。按九域志卷三，永興軍路環州通遠有永和寨。宋史卷八七地理志，陝西環州通遠同。嘉慶一統志卷二六二，慶陽府關隘「永和砦在縣東南一百里」。今據改。

〔七〇〕有子午山 原脫「子」字。按九域志卷三，永興軍路寧州眞寧有子午山。元和志卷三，寧州眞寧縣「子午山，亦曰橋山，在縣東八十里」。今據補。

〔七一〕宋新平郡靜難軍節度使 「靜」原作「靖」。按本書紀傳中靜難軍十餘見，皆作「靜」，惟此作「靖」。九域志卷三，永興軍路「邠州，新平郡靜難軍節度」。宋史卷八七地理志陝西邠州同。今據改。

〔七二〕宋平涼郡軍事 原脫「郡」字。按九域志卷三，秦鳳路「原州平涼郡軍事」。宋史卷八七地理志，陝西原州平涼同。今據補。

〔七三〕靖安 「靖」原作「清」。按九域志卷三，陝西秦鳳路原州有靖安，宋史卷八七地理志陝西原州同。今據改。

〔七四〕本治涇川 「川」原作「州」。按下文屬縣四，首爲「涇川」，注云，「本保定縣」。唐、宋志書如元和志卷三，寰宇記卷三二，九域志卷三，以及新唐書卷三七地理志，宋史卷八七地理志，涇州皆以涇川爲首縣，知金元光二年以前，亦以此爲州治。今據改。

〔七五〕縣一十三鎮六城六 殿本作「縣一十五、鎮六、城七」。

〔七六〕西關 「關」原作「開」。按九域志卷三，秦鳳路蘭州「堡四：元豐四年置東關、皐蘭……六年置阿干、西關」。又「東關，州東一十八里。西關，州西二十里」。宋史卷八七地理志，陝西秦鳳路蘭州，元豐五年置西關堡。嘉慶一統志卷二五三，蘭州府關隘「西關堡，在皐蘭縣西」。今據改。

〔七七〕及南三岔堡 「岔」原作「分」。按九域志卷三，陝西秦鳳路通遠軍「堡一，熙寧四年置，三岔，軍北二十五里」。宋史卷八七地理志，陝西秦鳳路鞏州堡七，其中「三岔，舊堡，熙寧四年置」。嘉慶一統志卷二五六，鞏昌府關隘「三岔堡，在隴西縣北，金史地理志安西縣舊有南三岔堡」。今據改。

二十四史

金史

元 脱脱 等撰

第三册

卷二七至卷四五（志）

中華書局

金史卷二十七

志第八

河渠

黄河　漕渠　盧溝河　滹沱河　漳河

黄河。

金始克宋，兩河悉畀劉豫。豫亡，河遂盡入金境。數十年間，或決或塞，遷徙無定。金人設官置屬，以主其事。沿河上下凡二十五埽，六在河南，十九在河北，埽設散巡河官一員。雄武、滎澤、原武、陽武、延津五埽則兼汴河事，設黄汴都巡河官一員於河陰以莅之。懷州、孟津、孟州及城北之四埽則兼沁水事，設黄沁都巡河官一員於懷州以臨之。崇福上下、衞南、淇上四埽屬衞南都巡河官，則居新鄉。武城、白馬、書城、教城四埽屬濬滑都巡河

官，則處教城。曹甸都巡河官則總東明、西佳、孟華、淩城四埽。曹濟都巡河官則司定陶、濟北、寒山、金山四埽者也。故都巡河官凡六員。後又特設崇福上下埽都巡河官兼石橋使。凡巡河官，皆從都水監廉舉，總統埽兵萬二千人，歲用薪百一十一萬三千餘束，草百八十三萬七百餘束，椿杙之木不與，此備河之恒制也。

大定八年六月，河決李固渡，水潰曹州城，分流于單州之境。九年正月，朝廷遣都水監梁肅往視之。河南統軍使宗室宗敍言：「大河所以決溢者，以河道積淤，不能受水故也。今曹、單雖被其患，而兩州本以水利爲生，所害農田無幾。今欲河復故道，不惟大費工役，又卒難成功。縱能塞之，他日霖潦，亦將潰決，則山東河患又非曹、單比也。又沿河數州之地，驟興大役，人心動搖，恐宋人乘間構爲邊患。」而肅亦言：「新河水六分，舊河水四分，今若塞新河，則二水復合爲一。如遇漲溢，南決則害於南京，北決則山東、河北皆被其害。不若李固南築隄以防決溢爲便。」尚書省以聞，上從之。

十年三月，拜宗敍爲參知政事，〔一〕上諭之曰：「卿昨爲河南統軍時，嘗言黄河堤埽利害，甚合朕意。朕每念百姓凡有差調，吏互爲姦，若不早計而迫期徵斂，則民增十倍之費。然其所徵之物，或委積經年，至腐朽不可復用，使吾民數十萬之財，皆爲棄物，此害非細。卿既參朝政，凡類此者皆當革其弊，擇所利而行之。」

十一年，河決王村，南京孟、衞州界多被其害。

十二年正月，尚書省奏：「檢視官言，水東南行，其勢甚大。可自河陰廣武山循河而東，至原武、陽武、東明等縣孟、衞等州增築堤岸，日役夫萬一千，期以六十日畢。」詔遣太府少監張九思、同知南京留守事紇石烈邈小字阿補孫監護工作。

十三年三月，以尚書省請修孟津、滎澤、崇福埽堤以備水患，上乃命雄武以下八埽並以類從事。

十七年秋七月，大雨，河決白溝。十二月，尚書省奏：「修築河堤，日役夫一萬一千五百，以六十日畢工。」詔以十八年二月一日發六百里內軍夫，幷取職官人力之半，餘聽發民夫，以尚書工部郎中張大節、同知南京留守事高蘇董役。

先是，祥符縣陳橋鎮之東至陳留潘崗，黃河堤道四十餘里以縣官攝其事，南京有司言，乞專設埽官，十九年九月，乃設京埽巡河官一員。

二十年，河決衞州及延津京東埽，瀰漫至于歸德府。檢視官南京副留守石抹輝者言：「河水因今秋霖潦暴漲，遂失故道，勢益南行。」宰臣以聞。乃自衞州埽下接歸德府南北兩岸增築堤以捍湍怒，計工一百七十九萬六千餘，日役夫二萬四千餘，期以七十日畢工。遂于歸德府創設巡河官一員，埽兵二百人，且詔頻役夫之地與免今年稅賦。

二十一年十月，以河移故道，命築堤以備。

二十六年八月，河決衞州堤，壞其城。上命戶部侍郎王寂、都水少監王汝嘉馳傳措畫備禦。而寂視被災之民不爲拯救，乃專集衆以網魚取官物爲事，民甚怨嫉。上聞而惡之。既而，河勢泛濫及大名。上於是遣戶部尚書劉瑋往行工部事，〔二〕從宜規畫，黜寂爲蔡州防禦使。

冬十月，上謂宰臣曰：「朕聞亡宋河防一步置一人，可添設河防軍數。」它日，又曰：「比聞河水泛溢，民罹其害者，貲產皆空。今復遣官於被災路分推排，何耶？」右丞張汝霖曰：「今推排者皆非被災之處。」上曰：「雖然，必其鄰道也。既鄰水而居，豈無驚擾遷避者乎，計其貲產，豈有餘哉，尚何推排爲。」十一月，又謂宰臣曰：「河未決衞州時嘗有言者，既決之後，有司何故不令朕知。」命詢其故。

二十七年春正月，尚書省言：「鄭州河陰縣聖后廟，前代河水爲患，屢禱有應，嘗加封號廟額。今因禱祈，河遂安流，乞加褒贈。」上從其請，特加號曰昭應順濟聖后，廟曰靈德善利之廟。

二月，以衞州新鄉縣令張虡、丞唐括唐古出、主簿溫敦偎喝，以河水入城閉塞救護有功，皆遷賞有差。御史臺言：「自來沿河京、府、州、縣官坐視管內河防缺壞，特不介意。若令沿河京、府、州、縣長貳官皆於名銜管勾河防事，如任內規措有方能禦大患，或守護不謹以致疏虞，臨時聞奏，以議賞罰。」上從之，仍命每歲將泛之時，令工部官一員沿河檢視。於是以南京府及所屬延津、封丘、祥符、開封、陳留、胙城、杞縣、長垣，〔三〕歸德府及所屬宋城、寧陵、虞城，河南府及孟津，河中府及河東，懷州河內、武陟，同州朝邑，衞州汲、新鄉、獲嘉，徐州彭城、蕭、豐，孟州河陽、溫，鄭州河陰、滎澤、原武、汜水，濬州衞，陝州閿鄉、湖城、靈寶，曹州濟陰，滑州白馬，睢州襄邑，滕州沛，單州單父，解州平陸，開州濮陽，濟州嘉祥、金鄉、鄆城，四府、十六州之長貳皆提舉河防事，四十四縣之令佐皆管勾河防事。

初，衞州爲河水所壞，乃命增築蘇門，遷其州治。至二十八年，水息，居民稍還，皆不樂遷。於是遣大理少卿康元弼按視之。元弼還奏：「舊州民復業者甚衆，且南使驛道館舍所在，向以不爲水備，以故被害。若但修其堤之薄缺者，可以無虞，比之遷治，所省數倍，不若從其民情，修治舊城爲便。」乃不遷州，仍勅自今河防官司怠慢失備者，皆重抵以罪。

二十九年五月，河溢于曹州小堤之北。六月，上諭旨有司曰：「比聞五月二十八日河溢，而所報文字如此稽滯。水事最急，功不可緩，稍緩時頃，則難固護矣。」十二月，工部言：「營築河堤，用工六百八萬餘，就用埽兵軍夫外，有四百三十餘萬工當用民夫。」遂詔命去役所五百里州、府差顧，於不差夫之地均徵顧錢，驗物力科之。每工錢百五十文外，〔四〕日支官錢五十文，米升半。仍命彰化軍節度使內族裔、都水少監大齡壽提控五百人往來彈壓。

先是，河南路提刑司言：「沿河居民多困乏逃移，蓋以河防差役煩重故也。竊惟禦水患者，不過堤埽，若土功從實計料，薪藁椿杙以時徵斂，亦復何難。今春築堤，都水監初料取土甚近，及其興工乃遠數倍，人夫懼不及程，貴價買土，一隊之間多至千貫。又許州初科薪藁十八萬餘束，既而又配四萬四千，是皆常歲必用之物，農隙均科則易輸納。自今堤埽興工，乞令本監以實計度，量一歲所用物料，驗數折稅，或令和買，於冬月分爲三限輸納爲便。」詔尚書省詳議以聞。

明昌元年春正月，尚書省奏：「臣等以爲，自今凡興工役，先量負土遠近，增築高卑，定功立限，牓諭使人先知，無令增加力役。幷河防所用物色，委都水監每歲於八月以前，先拘籍舊貯物外實闕之數，及次年春工多寡，移報轉運司計置，於冬三月分限輸納。如水勢不常，夏秋暴漲危急，則用相鄰埽分防備之物，不足，則復於所近州縣和買。然復慮人戶道塗泥淖，艱于運納，止依稅內科折他物，更爲增價，當官支付，違者並論如律，仍令所屬提刑司正官一員馳驛監視體究，如此則役作有程，而河不失備。」制可之。

四年十一月，尚書省奏：「河平軍節度使王汝嘉等言『大河南岸舊有分流河口，如可疏導，足泄其勢，及長堤以北恐亦有可以歸納排瀹之處，乞委官視之。濟北埽以北宜創起月堤』。臣等以爲宜從所言。其本監官皆以諳練河防故注以是職，當使從汝嘉等同往相視，庶免異議。如大河南北必不能開挑歸納，其月堤宜依所料興修。」上從之。

十二月，勅都水監官提控修築黃河堤，及令大名府差正千戶一員，部甲軍二百人彈壓勾當。

五年春正月，尚書省奏：「都水監丞田櫟同本監官講議黃河利害，嘗以狀上言，前代每遇古堤南決，多經南、北清河分流，南清河北下有枯河數道，河水流其中者長至七八分，北清河乃濟水故道，可容三二分而已。今河水趨北，齧長堤而流者十餘處，而堤外率多積水，恐難依元料增修長堤與創築月堤也。可於北岸牆村決河入梁山濼故道，依舊作南、北兩清河分流。然北清河舊堤歲久不完，當立年限增築大堤，而梁山故道多有屯田軍戶，亦宜遷徙。今擬先於南岸王村、宜村兩處決堤導水，使長堤可以固護，姑宜仍舊，如不能疏導，即依上開決，分爲四道，俟見水勢隨宜料理。」尚書省以櫟等所言與明昌二年劉瑋等所案視利害不同，及令陳言人馮德輿與櫟面對，亦有不合者，送工部議。復言「若遽於牆村疏決，緣瀕北清河州縣二十餘處，兩岸連亙千有餘里，其堤防素不修備，恐所屯軍戶亦卒難徙。今歲先於南岸延津縣堤決洩水，其北岸長堤自白馬以下，定陶以上，並宜加功築護，庶可以遏將來之患。若定陶以東三埽棄堤則不必修，止決舊壓河口，引導積水東南行，流堤北張彪、白

塔兩河間，礙水軍戶可使遷徙，及梁山濼故道分屯者，亦當預爲安置」。宰臣奏曰：「若遽從櫟等所擬，恐既更張，利害非細。比召河平軍節度使王汝嘉同計議，先差幹濟官兩員行戶工部事覆視之，同則就令計實用工物、量州縣遠近以調丁夫，其督趣春工官即充今歲守漲，及與本監官同議經久之利。」詔以知大名府事內族裔、尚書戶部郎中李敬義充行戶工部事，以參知政事胥持國都提控。又奏差德州防禦使李獻可、尚書戶部郎中焦旭於山東當水所經州縣築護城堤，及北清河兩岸舊有堤處別率丁夫修築，亦就令講究河防之計。

他日，上以宋閻士良所述黃河利害一帙付參知政事馬琪曰：「此書所言亦有可用者，今以賜卿。」

二月，上諭平章政事守貞曰：「王汝嘉、田櫟專管河防，此國家之重事也。朕比問其曾於南岸行視否？乃稱『未也』。又問水決能行南岸乎？又云『不可知』。且水趨北久矣，自去歲便當經畫，今不稱職如是耶？可諭旨令往盡心固護，無致失備，及講究所以經久之計。稍涉違慢，當併治罪。」

三月，行省并行戶工部及都水監官各言河防利害事。都水監元擬於南岸王村、宜村兩處開導河勢，緣比來水勢去宜村堤稍緩，〔五〕唯王村岸向上數里臥捲，可以開決作一河，且無所犯之城市村落。又擬於北岸牆村疏決，依舊分作兩清河入梁山故道，北清河兩岸素有

小堤不完，後當築大堤。〔六〕尚書省謂：「以黃河之水勢，若於牆村決注，則山東州縣膏腴之地及諸鹽場必被淪溺。設使修築壞堤，而又吞納不盡，功役至重，虛困山東之民，非徒無益，而又害之也。況長堤已加固護，復於南岸疏決水勢，已寢決河入梁山濼之議，水所經城邑已勸率作護城堤矣，先所修清河舊堤已遣罷之。〔七〕監丞田櫟言定陶以東三埽棄堤不當修，止言『決舊壓河口以導漸水入堤北張彪、白塔兩河之間，凡當水衝屯田戶須令遷徙』。臣等所見，止當堤前作木岸以備之，其間居人未當遷徙，至夏秋水勢泛溢，權令避之，水落則當各復業，此亦戶工部之所言也。」上曰：「地之相去如此其遠，彼中利害，安得悉知？惟委行省盡心措畫可也。」

四月，以田櫟言河防事，上諭旨參知政事持國曰：「此事不惟責卿，要卿等同心規畫，不勞朕心爾。如櫟所言，築堤用二十萬工，歲役五十日，五年可畢，此役之大，古所未有。況其成否未可知，就使可成，恐難行也。遷徙軍戶四千則不爲難，然其水特決，尚不知所歸，儻有潰走，若何枝梧。如令南岸兩處疏決，〔八〕使其水趨南，或可分殺其勢。然水之形勢，朕不親見，難爲條畫，雖卿亦然。丞相、左丞皆不熟此，可集百官詳議以行。」百官咸謂：「櫟所言棄長堤，無起新堤，放河入梁山故道，使南北兩清河分流，爲省費息民長久之計。臣等以爲黃河水勢非常，變易無定，非人力可以斟酌，可以指使也。況梁山濼淤填已高，而北清

河窄狹不能吞伏，兼所經州縣農民廬井非一，使大河北入清河，山東必被其害。櫟又言乞許都水監符下州府運司，專其用度，委其任責，一切同於軍期，仍委執政提控。緣今監官已經添設，又於外監署司多以沿河州府長官兼領之，及令佐管勾河防，其或怠慢已有同軍期斷罪的決之法，凡櫟所言無可用。」遂寢其議。

八月，以河決陽武故堤，灌封丘而東，尚書省奏，都水監、行部官有失固護。詔命同知都轉運使高旭、武衞軍副都指揮使女奚列奕小字韓家奴同往規措。尚書省奏：「都水監官前來有犯，已經戒諭，使之常切固護。今王汝嘉等殊不加意，既見水勢趨南，不預經畫，承留守司累報，輒爲遷延，以至害民。即是故違制旨，私罪當的決。」詔汝嘉等各削官兩階，杖七十罷職。

上謂宰臣曰：「李愈論河決事，謂宜遣大臣往，以慰人心，其言良是。嚮慮河北決，措畫堤防，猶嘗置行省，況今方橫潰爲害，而止差小官，恐失衆望。自國家觀之，雖山東之地重於河南，然民皆赤子，何彼此之間。」乃命參知政事馬琪往，仍許便宜從事。上曰：「李愈不得爲無罪，雖都水監官非提刑司統攝，若與留守司以便宜率民固護，或申聞省部，亦何不可使朕聞之。徒能張皇水勢而無經畫，及其已決，乃與王汝嘉一往視之而還，亦未嘗有所施行。問王村河口開導之月，則對以四月終，其實六月也，月日尚不知，提刑司官當如是乎。」

尋命戶部員外郎何格賑濟被浸之民。

時行省參知政事胥持國、馬琪言：「已至光祿村周視堤口。以其河水浸漫，堤岸陷潰，至十餘里外乃能取土。而堤面窄狹，僅可數步，人力不可施，雖竭力可以暫成，終當復毀。而中道淤澱，地有高低，流不得泄，且水退，新灘亦難開鑿。其孟華等四埽與孟陽堤道，沿汴河東岸，但可施功者，即悉力修護，將於農隙興役，及凍畢工，則京城不至爲害。」

參知政事馬琪言：「都水外監員數冗多，每事相倚，或復邀功，議論紛紜不一，隳廢官事。擬罷都水監掾，設勾當官二員。又自昔選用都、散巡河官，止由監官辟舉，皆諸司人，或有老疾，避倉庫之繁，行賄請託，以致多不稱職。擬升都巡河作從七品，於應入縣令廉舉人內選注外，散巡河依舊，亦於諸司及丞簿廉舉人內選注，並取年六十以下有精力能幹者。到任一年，委提刑司體察，若不稱職，即日罷之。如守禦有方，致河水安流，任滿，從本監及提刑司保申，量與升除。凡河橋司使副亦擬同此選注。」繼而胥持國亦以爲言，乃從其請。

閏十月，平章政事守貞曰：「馬琪措畫河防事，未見功役之數，[九]加之積歲興功，民力將困，今持國復病，請別遣有材幹者往議之。」上曰：「堤防救護若能成功，則財力固不敢惜。第恐財殫力屈，成而復毀，如重困何。」宰臣對曰：「如盡力固護，縱爲害亦輕，若恬然不顧，則爲害滋甚。」上曰：「無乃因是致盜賊乎？」守貞曰：「宋以河決興役，亦嘗致盜賊，然多生於

凶歉。今時平歲豐，少有差役，未必至此。且河防之役，理所當然，今之當役者猶爲可耳。至於科徵薪芻，不問有無，督輸迫切則破產業以易之，恐民益困耳。」上曰：「役夫須近地差取，若遠調之，民益艱苦，但使津濟可也。然當俟馬琪至而後議之。」庚辰，琪自行省還，入見，言：「孟陽河堤及汴堤已塡築補修，水不能犯汴城。自今河勢趨北，來歲春首擬於中道疏決，以解南北兩岸之危。凡計工八百七十餘萬，可於正月終興工。臣乞前期再往河上監視。」上以所言付尚書省，而治檢覆河堤幷守漲官等罪有差。

他日，尚書省奏事，上語及河防事，馬琪奏言：「臣非敢不盡心，然恐智力有所不及。若別差官相度，儻有奇畫，亦未可知。如適與臣策同，方來興功，亦庶幾稍寬朝廷憂顧。」上然之，命翰林待制奧屯忠孝權尚書戶部侍郎、太府少監溫昉權尚書工部侍郎，行戶、工部事，修治河防，且諭之曰：「汝二人皆朕所素識，以故委任，冀副朕意。如有錯失，亦不汝容。」

承安元年七月，勑自今沿河傍側州、府、縣官雖部除者皆勿令員闕。

泰和二年九月，勑御史臺官：「河防利害初不與卿等事，然臺官無所不問，應體究者亦體究之。」

五年二月，以崔守眞言，「黃河危急，芻藁物料雖云折稅，每年不下五六次，或名爲和買，而未嘗還其直」，勑委右三部司正郭澥、御史中丞孟鑄講究以聞。澥等言「大名府、鄭州等處自承安二年以來，所科芻藁未給價者，計錢二十一萬九千餘貫」。遂命以各處見錢差能幹官同各州縣清强官一一酬之，續令按察司體究。

宣宗貞祐三年十一月壬申，[一〇]上遣參知政事侯摯祭河神於宜村。

三年四月，單州刺史顏盞天澤言：「守禦之道，當決大河使北流德、博、觀、滄之境。今其故堤宛然猶在，工役不勞，水就下必無漂沒之患。而難者若不以犯滄鹽場損國利爲說，必以浸沒河北良田爲解。臣嘗聞河側故老言，水勢散漫，則淺不可以馬涉，深不可以舟濟，此守禦之大計也。若曰浸民田，則河徙之後，淤爲沃壤，正宜耕墾，收倍于常，利孰大焉。若失此計，則河南一路兵食不足，而河北、山東之民皆瓦解矣。」詔命議之。

四年三月，延州刺史溫撒可喜言：「近世河離故道，自衞東南而流，由徐、邳入海，以此，河南之地爲狹。臣竊見新鄉縣西河水可決使東北，其南有舊堤，水不能溢，行五十餘里與清河合，則由濬州、大名、觀州、清州、柳口入海，此河之故道也，皆有舊堤，補其缺罅足矣。如此則山東、大名等路，皆在河南，而河北諸郡亦得其半，退足以爲禦備之計，進足以壯恢復之基。」又言：「南岸居民，既已籍其河夫修築河堰，營作戍屋，又使轉輸芻糧，賦役繁殷，倍於他所，夏秋租稅，猶所未論，乞減其稍緩者，以寬民力。」事下尚書省，宰臣謂：「河流東南舊矣，一旦決之，恐故道不容，衍溢而出，分爲數河，不復可收。水分則淺狹易渡，天寒

輒凍，禦備愈難，此甚不可。」詔但令量宜減南岸郡縣居民之賦役。

五年夏四月，勑樞密院，沿河要害之地，可壘石岸，仍置撒星椿、陷馬塹以備敵。

漕渠。

金都於燕，東去潞水五十里，故爲牐以節高良河、白蓮潭諸水，以通山東、河北之粟。凡諸路瀕河之城，則置倉以貯傍郡之稅，若恩州之臨清、歷亭，景州之將陵、東光，清州之興濟、會川，獻州及深州之武强，是六州諸縣皆置倉之地也。[一一]其通漕之水，舊黃河行滑州、大名、恩州、景州、滄州、會川之境，漳水東北爲御河，則通蘇門、獲嘉、新鄉、衞州、濬州、黎陽、衞縣、彰德、磁州、洺州之饋，衡水則經深州會于滹沱，以來獻州、清州之餉，皆合于信安海壖，泝流而至通州，由通州入牐，十餘日而後至于京師。其它若霸州之巨馬河，雄州之沙河，山東之北清河，皆其灌輸之路也。然自通州而上，地峻而水不留，其勢易淺，舟膠不行，故常從事陸輓，人頗艱之。世宗之世，言者請開盧溝金口以通漕運，役衆數年，竟無成功，事見盧溝河。[一二]其後亦以牐河或通或塞，而但以車輓矣。

其制，春運以冰消行，暑雨畢。秋運以八月行，冰凝畢。其綱將發也，乃合衆，以所載之粟苴而封之，先以付所卸之地，視與所封樣同則受。凡綱船以前期三日修治，日裝一綱，

裝畢以三日啓行。計道里分泝流、沿流爲限，至所受之倉，以三日卸，又三日給收付。凡輓漕脚直，水運鹽每石百里四十八文，米五十文一分二釐七毫，粟四十文一分三毫，錢則每貫一文七分二釐八毫。陸運傭直，米每石百里百一十二文一分五毫，粟五十七文六分八釐四毫，錢每貫三文九釐六毫。餘物每百斤行百里，平路則春冬百三十一文五分，夏秋百五十七文八分，山路則春冬百四十九文，夏秋二百一文。凡使司院務納課傭直，春冬九十文三分，夏秋百一十四文。諸民戶射賃官船漕運者，其脚直以十分爲率，初年克二分，二年克一分八釐，三年克一分七釐，四年克一分五釐，五年以上克一分。

初，世宗大定四年八月，以山東大熟，詔移其粟以實京師。十月，上出近郊，見運河湮塞，召問其故。主者云戶部不爲經畫所致。上召戶部侍郎曹望之，責曰：「有河不加濬，使百姓陸運勞甚，罪在汝等。朕不欲即加罪，宜悉力使漕渠通也。」五年正月，尚書省奏，可調夫數萬，上曰：「方春不可勞民，令宮籍監戶、東宮親王人從、及五百里內軍夫，濬治。」

二十一年，以八月京城儲積不廣，詔沿河恩、獻等六州粟百萬餘石運至通州，輦入京師。

明昌三年四月，尚書省奏：「遼東、北京路米粟素饒，宜航海以達山東。昨以按視東京近海之地，自大務清口并咸平銅善館皆可置倉貯粟以通漕運，若山東、河北荒歉，即可運以相濟。」制可。

承安五年，邊河倉州縣，可令折納菽二十萬石，漕以入京，驗品級養馬於俸內帶支，仍漕麥十萬石，各支本色。乃命都水監丞田櫟相視運糧河道。

泰和元年，尚書省以景州漕運司所管六河倉，歲稅不下六萬餘石，其科州縣近者不下二百里，官吏取賄延阻，人不勝苦，雖近官監之亦然。遂命監察御史一員往來糾察之。

五年，上至霸州，以故漕河淺澁，勑尚書省發山東、河北、河東、中都、北京軍夫六千，改鑿之。犯屯田戶地者，官對給之。民田則多酬其價。

六年，尚書省以凡漕河所經之地，州縣官以爲無與於己，多致淺滯，使綱戶以盤淺剝載爲名，姦弊百出。於是遂定制，凡漕河所經之地，州府官銜內皆帶「提控漕河事」，縣官則帶「管勾漕河事」，俾催檢綱運，營護堤岸。爲府三：大興、大名、彰德。州十二：恩、景、滄、清、獻、深、衞、濬、滑、磁、洺、通。縣三十三：〔三〕大名、元城、館陶、夏津、武城、歷亭、臨清、吳橋、將陵、東光、南皮、清池、靖海、興濟、會川、交河、樂壽、武強、安陽、湯陰、臨漳、成安、滏陽、內黃、黎陽、衞、蘇門、獲嘉、新鄉、汲、潞、武清、香河、漷陰。

十二月，通濟河創設巡河官一員，與天津河同爲一司，通管漕河牐岸，止名天津河巡河官，隸都水監。

八年六月，通州刺史張行信言：「船自通州入牐，凡十餘日方至京師，而官支五日轉脚

之費」，遂增給之。

貞祐三年，既遷于汴，以陳、潁二州瀕水，欲借民船以漕，不便。遂依觀州漕運司設提舉官，募船戶而籍之，命戶部勾當官往來巡督。

四年，從右丞侯摯言，開沁水以便餽運。上又念京師轉輸之勞，命出尚廐牛及官車，以助其力。

興定四年十月，諭皇太子曰：「中京運糧護送官，當擇其人，萬有一失，樞密官亦有罪矣。其船當用毛花輦所造兩首尾者，仍張幟如渡軍之狀，勿令敵知爲糧也。」

陝西行省把胡魯言：「陝西歲運糧以助關東，民力浸困，若以舟自渭入河，順流而下，可以紓民力。」遂命嚴其偵候，如有警，則皆維於南岸。

時朝廷以邳、徐、宿、泗軍儲，京東縣輓運者歲十餘萬石，民甚苦之。元光元年，遂於歸德府置通濟倉，設都監一員，以受東郡之粟。

定國軍節度使李復亨言：〔四〕「河南駐蹕，兵不可闕，糧不厭多。比年，少有匱乏即仰給陝西，陝西地腴歲豐，十萬石之助不難。但以車運之費先去其半，民何以堪。宜造大船二十，由大慶關渡入河，東抵湖城，往還不過數日，篙工不過百人，使舟皆容三百五十斛，則是百人以數日運七千斛矣。自夏抵秋可漕三千餘萬斛，〔五〕且無稽滯之患。」上從之。

時又於靈壁縣潼郡鎮設倉都監及監支納，以方開長直溝，將由萬安湖舟運入汴至泗，以貯粟也。

盧溝河。

大定十年，議決盧溝以通京師漕運，上忻然曰：「如此，則諸路之物可徑達京師，利孰大焉。」命計之，當役千里內民夫，上命免被災之地，以百官從人助役。已而，勑宰臣曰：「山東歲飢，工役興則妨農作，能無怨乎。開河本欲利民，而反取怨，不可。其姑罷之。」十一年十二月，省臣奏復開之，自金口疏導至京城北入壕，而東至通州之北，入潞水，計工可八十日。十二年三月，上令人覆按，還奏：「止可五十日」。上召宰臣責曰：「所餘三十日徒妨農費工，卿等何爲慮不及此。」及渠成，以地勢高峻，水性渾濁。峻則奔流漩洄，齧岸善崩，濁則泥淖淤塞，積滓成淺，不能勝舟。其後，上謂宰臣曰：「分盧溝爲漕渠，竟未見功，若果能行，南路諸貨皆至京師，而價賤矣。」平章政事駙馬元忠曰：「請求識河道者，按視其地。」竟不能行而罷。

二十五年五月，〔六〕盧溝決於上陽村。先是，決顯通寨，詔發中都三百里內民夫塞之，至是復決，朝廷恐枉費工物，遂令且勿治。

二十七年三月，宰臣以「孟家山金口牐下視都城，高一百四十餘尺，止以射糧軍守之，恐不足恃。儻遇暴漲，人或爲姦，其害非細。若固塞之，則所灌稻田俱爲陸地，種植禾麥亦非曠土。不然則更立重牐，仍於岸上置埽官廨署，及埽兵之室，庶幾可以無虞也」。上是其言，遣使塞之。

夏四月丙子，詔封盧溝水神爲安平侯。

二十八年五月，詔盧溝河使旅往來之津要，令建石橋。未行而世宗崩。章宗大定二十九年六月，復以涉者病河流湍急，詔命造舟，既而更命建石橋。明昌三年三月成，勅命名曰廣利。有司謂車駕之所經行，使客商旅之要路，請官建東西廊，令人居之。上曰：「何必然，民間自應爲耳。」左丞守貞言：「但恐爲豪右所占，況罔利之人多止東岸，若官築則東西兩岸俱稱，亦便於觀望也。」遂從之。

六月，盧溝堤決，詔速遏塞之，無令泛溢爲害。右拾遺路鐸上疏言，當從水勢分流以行，不必補修玄同口以下、丁村以上舊堤。上命宰臣議之，遂命工部尚書胥持國及路鐸同檢視其堤道。

滹沱河。

大定八年六月，滹沱犯眞定，命發河北西路及河間、太原、冀州民夫二萬八千，繕完其堤岸。

十年二月，滹沱河創設巡河官二員。

十七年，滹沱決白馬崗，有司以聞，詔遣使固塞，發眞定五百里內民夫，以十八年二月一日興役，命同知眞定尹鶻沙虎、同知河北西路轉運使徐偉監護。

漳河。

大定二十年春正月，詔有司修護漳河牐，所須工物一切並從官給，毋令擾民。

明昌二年六月，漳河及盧溝堤皆決，詔命速塞之。

四年春正月癸未，有司言修漳河堤埽計三十八萬餘工，詔依盧溝河例，招被水闕食人充夫，官支錢米，不足則調礙水人戶，依上支給。

校勘記

〔一〕十年三月拜宗敍爲參知政事　原脫「十年」二字。按本書卷六世宗紀，大定十年三月「戊午，以河南統軍使宗敍爲參知政事」。卷七一宗敍傳，「十年，召至京師，拜參知政事」，今據補。

〔二〕劉瑋往行工部事　「工」原作「戶」。按本書卷九五劉瑋傳，「擢戶部尚書，時河決于衞……，詔兼工部尚書往塞之」。今據改。

〔三〕於是以南京府及所屬延津封丘胙符開封陳留胙城杞縣長垣　按金代無「南京府」之建置。本書卷二五地理志，南京路開封府屬縣十五，與此相較，僅無胙城。而衞州胙城下云，「本隸南京，海陵時割隸滑州，泰和七年復隸南京，八年以限河來屬」。蓋金人習慣稱開封府爲南京，此處「府」字蓋是衍文。

〔四〕每工錢百五十文外　原脫「錢」字。據殿本補。

〔五〕緣比來水勢去宜村堤稍緩　「比」原作「北」。據文義改。

〔六〕後當築大堤　「後」殿本作「復」。

〔七〕先所修淸河舊堤已遣罷之　「已」殿本作「宜」。

〔八〕如令南岸兩處疏決　「令」原作「今」。據文義改。

〔九〕未見功役之數　「數」疑是「效」字之誤。

〔一〇〕宣宗貞祐三年十一月壬申　原脫「十一月」三字。按本書卷一四宣宗紀，貞祐三年十一月「壬申，遣參知政事侯摯祭河神于宜村」。卷一〇八侯摯傳，貞祐三年「十一月入見。壬申，遣祭河神于宜村」。今據補。又此事依年月順敍當在下條「三年四月」之後。

〔一一〕是六州諸縣皆置倉之地也　按上文僅敍恩、景、淸、獻、深五州，與「六州」之數不合，「獻州」下無縣名，當有脫文。本書卷二五地理志，河北東路滄州「淸池，置河倉。南皮，置河倉」，則所脫倘有「滄州之淸池、南皮」，下接「及深州之武强」，六州之數具足。惟地理志于獻州屬縣皆不記「置河倉」，究脫何縣，竟無可考。

〔一二〕事見盧溝河　「盧溝河」原作「漕渠」。按下文盧溝河條首記請開金口事，終言「竟不能行而罷」，與此相合。今據改。

〔一三〕縣三十三　按下文列名者實得三十四縣。

〔一四〕定國軍節度使李復亨言　原脫「軍」字。按本書卷一六宣宗紀，元光元年「十一月丁未，大元兵徇同州，定國軍節度使李復亨……自盡」。今據補。

〔一五〕自夏抵秋可漕三千餘萬斛　按上文言「百人以數日運七千斛」，則「自夏抵秋」可漕三十餘萬斛。「千」當是「十」字之誤。

〔一六〕二十五年五月　按本書卷八世宗紀作大定二十六年五月「戊子，盧溝決於上陽村。」相差一年。

金史卷二十八

志第九

禮一

郊

金人之入汴也，時宋承平日久，典章禮樂粲然備具。金人既悉收其圖籍，載其車輅、法物、儀仗而北，時方事軍旅，未遑講也。既而，卽會寧建宗社，庶事草創。皇統間，熙宗巡幸析津，始乘金輅，導儀衞，陳鼓吹，其觀聽赫然一新，而宗社朝會之禮亦次第舉行矣。繼以海陵狼顧，志欲併吞江南，乃命官修汴故宮，繕宗廟社稷，悉載宋故禮器以還。外而黷武，內而縱欲，其猷既失，奚敢議禮樂哉。

世宗既興，復收嚮所遷宋故禮器以旋，廼命官參校唐、宋故典沿革，開「詳定所」以議

禮，設「詳校所」以審樂，統以宰相通學術者，於一事之宜適、一物之節文，既上聞而始彙次，至明昌初書成，凡四百餘卷，名曰金纂修雜錄。凡事物名數，支分派引，珠貫棋布，井然有序，炳然如丹。又圖吉、凶二儀：鹵簿十三節以備大葬，小鹵簿九節以備郊廟。而命尚書左右司、春官、兵曹、太常寺各掌一本，其意至深遠也。是時，宇內阜安，民物小康，而維持幾百年者實此乎基。嗚呼，禮之爲國也信矣夫。而況關雎、麟趾之化，其流風遺思被於後世者，爲何如也。

宣宗南播，疆宇日蹙，旭日方升而爝火之燃，蔡流弗東而餘燼滅矣。圖籍散逸既莫可尋，而其宰相韓企先等之所論列，禮官張暐與其子行簡所私著自公紀，亦亡其傳。故書之存，僅集禮若干卷，其藏史館者又殘缺弗完，姑掇其郊社宗廟諸神祀、朝覲會同等儀而爲書，若夫凶禮則略焉。蓋自熙宗、海陵、衞紹王之繼弑，雖曰「鹵簿十三節以備大葬」，其行乎否耶，蓋莫得而考也，故宣孝之喪禮存，亦不復紀。噫，告朔餼羊雖孔子所不去，而史之缺文則亦慎之。作禮志。

南北郊。

金之郊祀，本於其俗有拜天之禮。其後，太宗卽位，乃告祀天地，蓋設位而祭也。天德以後，始有南北郊之制，大定、明昌其禮寖備。

南郊壇，在豐宜門外，當闕之巳地。圓壇三成，成十二陛，各按辰位。壝牆三匝，四面各三門。齋宮東北，廚庫在南。壇、壝皆以赤土圬之。

北郊方丘，在通玄門外，當闕之亥地。方壇三成，成爲子午卯酉四正陛。方壝三周，四面亦三門。

朝日壇曰大明，在施仁門外之東南，當闕之卯地，門壝之制皆同方丘。

夕月壇曰夜明，在彰義門外之西北，當闕之酉地，〔一〕掘地汙之，爲壇其中。

常以冬至日合祀昊天上帝、皇地祇於圜丘，夏至日祭皇地祇於方丘，春分朝日於東郊，秋分夕月於西郊。

大定十一年始郊，命宰臣議配享之禮。左丞石琚奏曰：「按禮記『萬物本乎天，人本乎祖，此所以祖配上帝也』。〔二〕蓋配之者，侑神作主也。自外至者無主不止，故推祖考配天，尊之也。兩漢、魏、晉以來，皆配以一祖。至唐高宗，始以高祖、太宗崇配。垂拱初，又加以高宗，遂有三祖同配之禮。至宋，亦嘗以三帝配，後禮院上議，以爲對越天地，神無二主，由是止以太祖配。臣謂冬至親郊宜從古禮。」上曰：「唐、宋以私親，不合古，不足爲法。今止當

以太祖配。」又謂宰臣曰：「本國拜天之禮甚重。今汝等言依古制築壇，亦宜。我國家絀遼、宋主，據天下之正，郊祀之禮豈可不行。」乃以八月詔曰：「國莫大于祀，祀莫大于天，振古所行，舊章咸在。仰惟太祖之基命，詔我本朝之燕謀，奄有萬邦，于今五紀。因時制作，雖增飾于國容，推本奉承，猶未遑于郊見。況天休滋至而年穀屢豐，敢不敷繹曠文、明昭大報。取陽升之至日，將親享于圓壇，嘉與臣工，共圖熙事。以今年十一月十七日有事于南郊，咨爾有司，各揚乃職，相予肆祀，罔或不欽。」乃於前一日，遍見祖宗，告以郊祀之事。其日，備法駕鹵簿，躬詣郊壇行禮。

儀注。

齋戒：用唐制。大祀，散齋四日，致齋三日。中祀，散齋二日，致齋一日。

天子親祀，皆前期七日，攝太尉誓亞終獻官、親王、陪祀皇族於宮省。皇族十五以上，官雖不至七品者亦助祭受誓。又誓百官於尚書省。攝太尉南向，司徒北向，監祭御史在西，〔三〕監禮博士居東，皆相向。太常卿、光祿卿在司徒後，重行北向。司天監、光祿丞、太廟令丞、大樂令丞、太官令丞、良醞令、廩犧令、郊社丞、司尊、太祝、奉禮郎、協律郎、諸執事官皆重行西上北向。禮直官以誓文授攝太尉，乃誓曰：「維某年歲次某甲，某月，某日，某

甲，皇帝有事于南郊，各揚其職。其或不恭，國有常刑。」禮直官贊曰：「七品以下官皆退。」餘皆再拜，退。誓於宮省之儀皆同。於是，皇帝散齋于別殿。

前致齋一日，尙舍設御坐於大安殿，當中南向。設東西房於御坐之側，設御幄於室內，施簾於楹下。享前三日，陳設小次。享前一日，設拜褥，及皇帝版位、皇帝飲福位，及黃道褥，自玉輅下至升輿所。

及致齋之日，通事舍人引文武五品以上官，陪位如式。諸侍衞之官，各服其器服，並結珮，俱詣閤奉迎。上水二刻，侍中版奏「外辦」。皇帝服袞冕，結珮，乘輿出，警蹕，侍衞如常儀。皇帝卽御座，東向坐。通事舍人承傳，殿上下俱拜，訖，西面，贊「各祗候」。一刻頃，侍中跪奏：「臣某言，請降就齋。」俛伏，興，還侍位。皇帝降座，入室，羣官皆退。諸執事官皆宿於正寢，治事如故，不弔喪問疾，不判署刑殺文字，不決罰罪人，不與穢惡事。致齋日，惟祀事則行，餘悉禁。已齋而闕者，通攝行事。

陳設：前祀五日，儀鸞、尙舍陳設齋宮。有司設扆從侍衞次於宮東西。又設陪祀親王次宮東稍南，西向北上，宗室子孫位於其後。又設司徒亞終獻行事執事官次於壇南外壝門之西，東向北上，重行異位。又設天名房，在壇南外壝門之東，西向。大禮使次於其後，

皆西向。又設席大屋於壇外西北，駐車輅以備風雪。

祀前三日，尙舍設大次於東壝外門內道北，南向。又設小次於壇下卯陛之北，南向。有司設饌幔於東壝中門之北，南向。設兵衞，各服其器服，守衞壝門，每門二人。郊社令帥其屬，掃除壇之上下及壝之內外。乃爲燎位，在南中壝東門之東，壇之巳位。又爲瘞坎，在中壝內戊位。

祀前二日，太樂令帥其屬，設登歌之樂於壇上稍南，北向。玉磬在午陛之西，金鐘在午陛之東，柷一在鐘前稍北，敔一在磬前稍北，東西相向，歌工次之，餘工各位於縣後。〔四〕琴瑟在前，匏竹在後，於壇下第一等上，皆重行異位，北向。又設宮縣樂南壝外門之外，八佾二舞表於樂前。又設采茨樂於應天門前。

祀前一日，奉禮郎升設皇帝版位於壇上辰巳之間，北向。又設皇帝飲福位於其左稍却，北向。又帥禮直官設亞終獻位於卯陛之東北，西向北上。司徒位於卯陛之東，道南西向。禮部尙書、太常卿、光祿卿、禮部侍郎位各次之，太常丞、光祿丞又次之。又設大禮使位於小次之左少却，西向。又設分獻官、司天監、讀册中書侍郎位於中壝門道北，西向。郊社令、廩犧令、太官令、良醞令位於其後。又設郊社丞、太祝、奉禮郎以下諸執事官位於其後，〔五〕皆西向，重行異位。又設從祀文武羣官一品至五品位於中壝門內道南，西向，皆重

行立。又設助奠祝史齋郎位於東壝門外道北，西向。又設陪祀皇族於道南，西向。六品至九品從祀羣官，又於其南，皆西向，重行異位，各依其品。又設監祭御史二員，〔六〕一員在午陛之西南，一員在子陛之西北，皆東向。又設監禮博士二員，一員在午陛之東南，一員在子陛之東北，皆西向。又設太樂令位於樂簴之間稍東，西向。協律郎位於樂簴之西，東向。又設奉禮郎位於壇南稍東，〔七〕西向。贊者次之。司尊位於酌尊所，俱北向。又設牲牓於外壝東門之外，西向。饌牓於其北稍西，南向。牲牓之東，牲位。太史、太祝各位於牲後，俱西向。又設禮部尙書、太常卿、光祿卿位於牲牓南稍北，西向。太常丞、光祿丞、太官令位於其後。監祭御史、監禮博士於禮部尙書位之西稍却，北向。廩犧令位在牲位西南，北向。又陳禮饌於饌牓之前案上。

未後三刻，陳饌之時，又設禮部尙書、太常卿、光祿卿位於案前稍東，北上，西向。太常丞、光祿丞、太官令位於其後，西向。又設監祭御史、監禮博士位於案前稍西，北上，東向。又設異寶嘉瑞位於宮縣西北，太府少監位於寶後。諸州歲貢位於宮縣東北，戶部郎中位於其後。天子八寶位於宮縣西南，符寶郎八員各於寶後。伐國毀寶位於宮縣東南，少府少監位於其後。又設大樂令位於宮縣之北稍東，協律郎二在大樂令南，東西相向。

司天監，未後二刻，同郊社令升設昊天上帝、皇地祇神座於壇上北方南向，地祇位在東

稍却，席皆以藁秸。太祖配位座於東方西向，席以蒲越。五方帝、日、月、神州地祇、天皇大帝、北極神座於壇上第一等，席皆藁秸。內官五十四座、五神、五官、嶽鎭海瀆二十九座於壇上第二等，〔八〕中官一百五十有八座、崑崙、山林川澤二十一座於壇上第三等，外官一百六座、丘陵墳衍原隰三十座於內壝之內，衆星三百六十座在內壝之外，席皆以莞。神座版各設於座首。又設禮神玉。俟告潔畢，權徹去壇上及第一等神位，祀日丑前五刻重設。〔九〕

奉禮郎同司尊及執事者設天、地、配位各左十有一籩，右十有一豆，俱爲三行。登三在籩豆間。簠一簋一於登前，簠在左，簋在右。各於神座前藉以席。又設天、地位太尊各二、著尊各二、犧尊各二、山罍各二，壇上東南隅配位著尊二、犧尊二、象尊二，在天、地位酒尊之東，俱北向西上，皆有坫，加勺、冪，爲酌尊所。又天、地位象尊各二、壺尊各二、山罍各四，在壇下午陛之南，北向西上。配位壺尊二、山罍四在酉陛之北，東向北上，皆有坫，設而不酌，亦左以明水，右以玄酒。

又設五方帝、日、月、神州地祇、天皇大帝、北極，第一等皆左八籩、右八豆，登在籩豆間，簠一簋一在登前，爵坫一在神座前。第二等內官五十四座，五神、五官、嶽鎭海瀆二十九座，每座籩二、豆二、簠一、簋一、俎一、爵坫一。第三等中官一百五十八座，崑崙、山林川澤二十一座，及內壝內外官一百六座，〔一〇〕丘陵墳衍原隰三十座，內壝外衆星三百六十座，

每位籩二、豆二、簠一、簋一、俎一、爵一。又設第一等每位太尊二、著尊二，皆有坫加勺。第二等每陛山尊二，第三等每位蜃尊二，內壝內外每辰概尊二，[二]皆加勺。自第二等已下皆用匏爵，先洗拭訖，置於尊所，其尊所皆在神位之左。凡祭器皆藉以席，籩豆各加巾蓋。又設天、地及配位籩一、豆一、簠一、簋一、俎四、及毛血豆各一，幷第一等神位每位俎二，於饌幔內。

又設皇帝洗二於卯陛下，道北，南向。盥洗在東，爵洗在西，匜在東，巾在西。篚南肆，實玉爵坫。又設亞終獻洗位在小次之東，南向。盥洗在東，爵洗在西，加勺。篚在西，南肆，加巾。又設第一等分獻官盥洗爵洗位，及第二等分獻官盥洗位，各於其辰陛道之左，罍在洗左，篚在洗右，俱內向，執罍篚者位於其後。

太府監、少府監祀前一日未後二刻，帥其屬升壇陳玉幣。昊天上帝以蒼璧、蒼幣，皇地祇以黃琮、黃幣，配位以蒼幣，黃帝以黃琮，青帝以青珪，赤帝以赤璋，大明以青珪璧，白帝以白琥，黑帝以玄璜，北極以青珪璧，天皇大帝以玄珪璧，神州地祇以玄色兩珪有邸，皆置於匣。五帝之幣各從其方色。凡幣皆陳於篚。設訖，俟告潔訖權徹去，祀日重設。

祀日丑前五刻，禮部設祝册神座之右，皆藉以案。太常卿明燈燎。戶部郎中設諸州歲貢於宮縣東北，金爲前列，玉帛次之，餘爲從列，皆藉以席，立於歲貢之後，北向。太府監、

少府監設異寶嘉瑞於宮縣西，北上，瑞居前，中下次之，皆藉以席，立於寶後，北向。少府少監設伐國毀寶於宮縣東南，皆藉以席，立於寶後，北向。符寶郎設八寶於宮縣西南，各分立於寶南，皆北向。司天監、太府監、少府監、郊社令、奉禮郎升設昊天上帝、皇地祇、配位、及壇上第一等神座，又設玉幣，各於其位。太祝取瘞玉加於幣，以禮神之玉各置於神座前，乃退。

光祿卿帥其屬入實祭器。昊天上帝、皇地祇、配位每位籩三行，以右爲上，形鹽在前，魚鱐糗餌次之，第二行榛實在前，乾桃乾薢乾棗次之，第三行乾蔆在前，乾芡乾栗鹿脯次之。豆三行，以左爲上，芹菹在前，筍菹葵菹次之，第二行韭菹在前，菁菹魚醢兔醢次之，第三行豚胉在前，醓醢䏶食鹿臡次之。簠黍、簋稷，登皆大羹。第一等壇上一十位，每位皆實籩三行，以右爲上，形鹽在前，魚鱐次之，第二行乾薢在前，桃棗次之，第三行乾芡在前，榛實鹿脯次之。豆三行以左爲上，芹菹在前，筍菹次之，第二行菁菹在前，韭菹魚醢次之，第三行豚胉在前，醓醢鹿臡次之。[三]簠黍，簋稷，登大羹。第二、第三等每位籩二，鹿脯、乾棗。豆二，鹿臡、菁菹。俎，羊一段。內壝內、內壝外每位籩鹿脯，豆鹿臡，俎羊一段。

良醞令帥其屬入實尊罍，昊天上帝、皇地祇大尊爲上，實以汎齊，著尊次之，實以醴齊，犧尊次之，實以盎齊；象尊次之，實以醍齊；壺尊次之，實以沈齊；山罍爲下，實以三酒。配位著尊爲上，實以汎齊；犧尊次之，實以醴齊；象尊次之，實以盎齊；壺尊次之，實以醍齊；山罍爲下，實以三酒。第一等每位大尊實以汎齊，著尊實以醴齊。第二等山尊實以醍齊。第三等及內壝內，蜃尊實以汎齊。內壝外及衆星，概尊實以三酒。

省牲器：祀前一日午後八刻，去壇二百步禁止行人。未後二刻，郊社令丞帥其屬掃除壇之上下，司尊、奉禮郎帥執事者以祭器入，設於位。司天監設神位，太府監、少府監陳玉幣於篚。未後三刻，禮直官引廩犧令與諸太祝、祝史以牲就位。又禮直官贊者分引禮部尚書、太常卿、光祿卿、禮部侍郎、太常丞、監祭御史、監禮博士、廩犧令、太官令、太官丞詣內壝東門外省牲位。立定，乃引禮部尚書、侍郎、太常丞、及監祭御史、監禮博士升自卯階，視濯滌，執事者皆舉冪告潔，俱畢，降復位。禮直官稍前曰：「告潔畢，請省牲。」禮部尚書侍郎及太常卿丞稍前，省牲訖，退，復位。次引光祿卿丞巡牲一匝，光祿卿退，光祿丞西向折身曰「備」訖，乃復位。次引廩犧令巡牲一匝，西向躬身曰「充」，又引諸祝史巡牲一匝，首一員西向躬身曰「腯」。畢，俱復位。禮直官稍前曰「請省饌」。乃引禮部尚書以下各就位，立定，省饌，訖，禮直官引禮部尚書侍郎、太常卿丞各還齋所，餘官廩犧令與諸太祝祝史以次牽牲詣厨，授太官令丞。次引光祿卿丞、監祭、監禮詣厨，省鼎鑊，視滌濯畢，乃還齋所。

晡後一刻，太官令帥宰人以鸞刀割牲，祝史各取毛血實以豆，置於饌幔。遂烹牲。祝史乃取瘞血貯於盤。

奠玉幣：祀日丑前五刻，亞終獻司徒已下，應行事陪從羣官，各服其服就次。司天監復設壇上及第一等神位。太府監、少府監陳玉幣。太常卿、郊社令丞明燭燎。光祿卿丞實籩豆簠簋尊罍，俟監祭、監禮案視訖，徹去巾蓋。大樂令帥工人布於宮縣之內，文舞八佾立於縣前表後，武舞八佾各爲四佾立於宮縣左右，引舞執纛等在前，又引登歌樂工由卯陛而升，各就其位。歌、擊、彈者坐，吹者立。奉禮郎贊者先入就位，餘禮直官、贊者分引分獻官、監祭御史、監禮博士、諸執事及太祝、祝史、齋郎、助奠、執尊罍、舉冪等官，入自中壝東門，當壇南重行西上、北向立定。奉禮郎贊「拜」，分獻官以下皆再拜，訖，奉禮贊曰「各就位」。贊者、禮直官分引監祭御史、監禮博士，按視壇之上下，糾察不如儀者，退復位。禮直官引司徒入就位，西向立。禮直官引博士，博士引亞獻，自東壝偏門入就位，西向立。又禮直官引終獻，次於其位。

祀日未明一刻，通事舍人引侍中詣齋殿，跪奏「請中嚴」，俛伏，興。又少頃，乃跪奏「外辦」。俟尚輦進輿，乃跪奏稱「具官臣某，請皇帝降座升輿」。皇帝至大次，乃跪奏稱「具官臣

某，請皇帝降輿」。皇帝入次，卽位於大次外。質明，詣次前跪奏「請中嚴」，少頃，又奏「外辦」。訖，太常卿乃當次前跪稱「具官臣某，請皇帝行事」，俛伏，興。凡跪奏，准此。皇帝出次，乃前導至中壝門，殿中監進大圭，太常卿奏「請執大圭」。入自正門，皇帝入小次位，西向立，太常卿乃與博士分左右立定，乃奏「有司謹具，請行事」。降神，六成，樂止。太常卿別一員，乃升煙瘞血，訖，乃奏「拜」，訖，俟侍中升壇，請詣盥洗位。[一三]至位，奏「請搢大圭、盥手」。訖，奏「請帨手」，皇帝帨手，訖，奏「請執大圭」。乃引至壇上，殿中監進鎮圭，乃奏「請搢大圭、執鎮圭」。皇帝執鎮圭，詣昊天上帝神座前，奏「請跪，奠鎮圭」。皇帝奠，訖，執大圭，俛伏，興。侍中進玉幣，乃奏「請搢大圭、跪奠玉幣」。訖，乃奏「請執大圭」，俛伏，興。少退，又奏「請再拜」。詣皇地祇及配位，奠鎮圭玉幣，並如儀。[一四]配位唯奏請奠鎮圭及幣。奠玉幣畢，皇帝還版位，乃奏「請還小次、釋大圭」。皇帝入小次，乃立於小次之南稍東，以俟。

皇帝將奠配位之幣也，贊者分引第一等分獻官詣盥洗位，搢笏、盥手、帨手、執笏，各由其陛升，唯不由午陛。詣神前，搢笏，跪，太祝以玉幣授之，奠訖，俛伏，興。再拜，訖，各由本陛降，復位。初，分獻將降也，禮直官引諸祝史、齋郎、應助奠者再拜，祝史各奉毛血之豆入，各由其陛升，諸太祝迎取於壇上，奠訖，退立於罇所。

進熟：奠玉幣訖，降還小次。有司先陳牛鼎三、羊鼎三、豕鼎三、魚鼎三，各在鑊右。太官令丞帥進饌者詣厨，以匕升牛羊豕魚，自鑊各實於鼎。牛羊豕皆肩、臂、臑、肫、胳、正脊各一，長脅二、短脅二、代脅二，凡十一體。[一五]牛豕皆三十斤，羊十五斤，魚十五頭一十五斤，實訖，冪之。祝史二人以扃對舉一鼎，牛鼎在前，羊豕次之，魚又次之，有司執匕以從，各陳於每位饌幔位。從祀壇上第一等五方帝、大明、夜明、天皇大帝、神州地祇、北極，皆羊豕之體並同。光祿卿帥祝史、齋郎、太官令丞各以匕升牛羊豕魚於俎，肩臂臑在上端，肫胳在下端，脊脅在中，魚卽橫置，頭在罇位，設去鼎冪。光祿卿丞同太官令丞實籩豆簠簋，籩實以粉餈，豆實以糝食，簠實稻，簋實粱。

俟皇帝還小次，樂止。禮直官引司徒出詣饌幔所，與薦籩豆簠簋俎齋郎，各奉天、地、配位之饌。司徒帥太官令以序入內壝正門，樂作，至壇下，俟。祝史進徹毛血豆，降自卯陛，以次出，訖，司徒與薦籩豆簠簋俎齋郎，奉昊天上帝、皇地祇之饌，升自午陛。各位太祝迎於壇陛之道間。太官令丞與薦籩豆簠簋俎齋郎，奉配位及第一等神位之饌，升自卯陛。於昊天上帝位，司徒搢笏北向跪奉，粉餈籩在糗餌之前，糝食豆在醓醢之前，簠左簋右，皆在登前，牛俎在豆前，羊豕魚俎次之，以右爲上。司徒俛伏，興，奉饌者奉訖，皆出笏就位，一

拜。司徒次詣皇地祇奉奠，並如上儀。配位亦同。司徒及奉天、地、配位饌者以次降。太官令帥奉第一等神位之饌，各於其位，並如前儀。俱畢，樂止。司徒、太官令以下皆就位，訖，侍中升自卯陛，立於昊天上帝酌罇所，以俟。

太常卿乃當次前俛伏，跪奏「請皇帝詣盥洗位」，俛伏，興。皇帝出次，殿中監進大圭，乃奏「請執大圭」。至盥洗位，奏「請搢大圭、盥手」。皇帝盥手，訖，奏「請帨手」。皇帝帨手，訖，奏「請執大圭」。乃詣爵洗位。至位，奏「請搢大圭、受爵」，又奏「請洗爵」。皇帝洗爵，訖，奏「請拭爵」。皇帝拭爵，訖，奏「請執大圭」，以爵授奉爵官。皇帝乃詣昊天上帝酌罇所，執爵，良醞令舉冪，侍中跪酌太罇之汎齊，酌訖，皇帝以爵授侍中。皇帝詣昊天上帝神座前，侍中進爵，乃奏「請搢大圭，跪執爵三祭酒」，訖，奏「請奠爵」。奠爵訖，奏「請執大圭」。俛伏，興。又奏「請少退」，立俟。中書侍郎讀册文，訖，乃奏「請再拜」。詣皇地祇位及配位，並如上儀。獻畢，皇帝還版位，乃奏「請還小次，釋大圭」。皇帝入小次，太常卿立於小次東南。

禮直官引博士，博士引亞獻，詣盥洗位，搢笏、盥手、帨手，訖，詣爵洗位，搢笏、洗爵、拭爵，訖，以爵授執事者，執笏升自卯陛，詣昊天上帝酌罇所，西向立。執事者以爵授之，乃搢笏執爵。執罇者舉冪，良醞令跪酌著罇之醴齊，酌訖，復以爵授執事者，執笏詣昊天上帝神

座前。初，亞獻至盥洗位，文舞退，武舞進，樂作。亞獻詣昊天上帝神座前，搢笏跪，執事者以爵授之，乃執爵三祭酒，奠爵，執笏，俛伏，興，少退，再拜。次詣皇地祇及配位，並如上儀。獻畢，降復位。

禮直官引博士，博士引終獻，詣盥洗位，盥手，洗爵，升壇奠獻，並如上儀。

初，終獻將升壇，禮直官分引第一等分獻官詣盥洗位，搢笏，盥手，帨手。執笏，各由其陛，唯不由午陛，詣神位酌罇所，[一六]執事者以爵授之，乃酌汎齊，訖，以爵授執事者，共詣神座前，搢笏跪，執事者以爵授之，乃執爵三祭酒，奠爵，執笏，俛伏，興，少退，再拜，訖，各引還本位。

初，第一等分獻官將升，贊引引第二等、第三等、內壝內外衆星位分獻[一七]各詣盥洗位，搢笏、盥手、帨手、酌酒、奠拜，並同上儀。祝史、齋郎以次助奠，訖，各還本位。諸太祝各進徹籩、豆各一，少移故處，樂作。卒徹，樂止。

初，終獻禮畢，降復位，太常卿乃當次前俛伏，跪奏「請皇帝詣飲福位」。皇帝出次，殿中監進大圭。[一八]乃奏「請執爵，三祭酒」，又奏「請啐酒」。皇帝啐酒，訖，以爵授侍中，乃奏「請受胙」。侍中再以爵酒進，乃奏「請受爵飲福」。皇帝飲福，訖，奏「請執大圭」。俛伏，興。又奏「請再拜」，訖，乃導還版位，西向立，俟送神樂止。乃奏「請詣望燎位」，至位，南向

立，俟火半柴，乃跪奏「具官臣某言禮畢」。皇帝還大次，出中壝門外，奏「請釋大圭」，皇帝入大次。

初，終獻禮畢，司徒、侍中、太祝各升自卯陛，太祝持胙俎進，減天、地、配位前胙肉加於俎，皆取前脚第二節，又以黍稷飯共置一籩，奉詣司徒侍中後，北向立。俟皇帝至飲福位，太常卿奏「請皇帝搢大圭晬酒」。訖，司徒乃進胙俎，皇帝受胙，訖，奉禮郎贊曰「賜胙」，贊者唱曰「再拜」，在位者皆再拜，送神，樂一成止。

皇帝既入大次，更通天冠、絳紗袍，升輿，至齋宮，乘金輅。通事舍人引門下侍郎當輅前跪奏，稱「具官臣某請車駕進發」。至侍臣上馬所，乃跪奏「具官臣某請車駕少駐，勅侍臣上馬」。侍中稱「制可」，乃退，傳制稱「侍臣上馬」。侍臣上馬畢，乃跪奏，稱「具官臣某請勅車右升」，千牛將軍升訖，跪奏稱「具官臣某請車駕進發」。車駕動，前中後三部鼓吹凡十二隊齊作。應行禮陪從祀官先詣應天門奉迎，再拜。大樂令先詣應天門外，准備奏樂如儀。訖，擇日稱賀。

承安元年，將郊，禮官言：「禮神之玉當用眞玉，燔玉當用次玉。昔大定十一年，天、地

之玉皆以次玉代之，臣等疑其未盡。禮貴有恒，不能繼者不敢以獻。若燔眞玉，常祀用之恐有時或闕，反失禮制。若從近代之典及本朝儀禮，眞玉禮神，次玉燔瘞，於禮爲當。近代郊，自第二等升天皇大帝、北極於第一等，前八位舊各有禮玉燔玉，而此二位尚無之。按周禮典瑞云『以圭璧祀日月星辰』，近代禮九宮貴神、大火星位，猶用周禮之說。其天皇大帝、北極二位，固宜用禮神之玉及燔玉也。」上命俱用眞玉。

省臣又奏：「前時郊，天、地、配位各用一犢，五方帝、日、月、神州、天皇大帝、北極十位皆大祀，亦當用犢，當時止以羊代。第二等以下從祀神位則分封羊豕以獻。竊意天、地之祀，籩豆尚多者以備陰陽之物，鼎俎尚少者以人之烹薦無可以稱其德，則貴質而已。故天地日月星辰之位皆用一俎，前時第一等神位偏用二俎，似爲不倫。今第一等神位亦當各用犢一，餘位以羊豕分獻，及朝享太廟則用犢十二。」上從之。

校勘記

〔一〕當闕之酉地　原脫「之」字。據本志文例補。

〔二〕此所以祖配上帝也　按禮記郊特牲，「配」上無「祖」字。

〔三〕監祭御史在西　「祭」原作「察」。按本書卷五五百官志，御史臺，監察御史掌「監祭禮」，故本志皆稱「監祭御史」。今參考本書卷二九禮二方丘儀改正。

〔四〕歌工次之餘工各位於縣後　「次之」原作「之次」，「位」原作「立」。按大金集禮卷一一皇帝祭皇地祇於方丘，禮文與此多同，云「歌工次之，餘工各位於懸後」。今據改。

〔五〕又設郊社丞太祝奉禮郎以下諸執事官位於其後　原脫「位」字。按清秦蕙田五禮通考以下簡稱秦考卷一七引此文有「位」字。今從補。

〔六〕又設監祭御史二員　「祭」原作「察」。按下文已作「監祭御史」，今改，參見本卷校記〔三〕。

〔七〕又設奉禮郎位於壇南稍東　原脫「位」字。按秦考卷一七引此文有「位」字。今從補。

〔八〕於壇上第二等　原脫「上」字。按上文言「於壇上第一等」，下文亦言「於壇上第三等」，今依文例補。

〔九〕祀日丑前五刻重設　原脫「丑」字。按下文「祀日丑前五刻，禮部設祝册神座之右」。又「奠玉幣」亦云「祀日丑前五刻」。今據補一「丑」字。

〔一〇〕外官一百六座　「六」下原衍「十」字。按上文已記有「外官一百六座」。政和五禮新儀卷二神位、元史卷七二祭祀志亦皆謂此處「外官一百六座」，今據刪。

〔一一〕第三等每位蜃尊二內壝內外每辰概尊二　此處文有脫誤。按下文「良醞令帥其屬入實尊罍。第三等及內壝內，蜃尊實以汎齊。內壝外及衆星，概尊實以三酒」。可以參考。

〔一二〕醓醢鹿臡次之　「醓醢」下原衍「次之」二字。秦考卷一七引此文無。今據刪。

〔一三〕俟侍中升壇請詣盥洗位　原脫「請」字。據殿本補。

〔一四〕並如儀　按殿本「儀」上有「上」字。

〔一五〕凡十一體　按以上所列牲體與十一之數不合，儀禮少牢饋食禮，「肩、臂、臑、膞、胳，正脊一、脡脊一、横脊一，短脅一、正脅一、代脅一皆二骨以並」，爲十一體。此處「正脊」下脫「脡脊、横脊」四字。

〔一六〕詣神位酌尊所　「詣」原作「諸」。按秦考卷一七引此文作「詣」。今從改。

〔一七〕贊引引第二等第三等內壝內外衆星位分獻　按「贊引引」當作「贊者分引」，「分獻」下當有「官」字。

〔一八〕殿中監進大圭　按此下有脫文。

金史卷二十九

志第十

禮二

方丘儀　朝日夕月儀　高禖

方丘儀。

齋戒：祭前三日質明，有司設三獻以下行事官位於尚書省。初獻南面，監祭御史位於西，東向，監禮博士位於東，西向，俱北上。司徒亞、終獻位於南，北向。次光祿卿、太常卿，次第一等分獻官，司天監，次第二等分獻官、光祿丞、郊社令、大樂令、良醞令、廩犧令、司尊彝，次內壝內外分獻官、太祝官、奉禮郎、協律郎、諸執事官，就位，立定。次禮直官引初獻就位，初獻讀誓曰：「今年五月幾日夏至，祭皇地祇於方丘，所有攝官，各揚其職。其或不

敬，國有常刑。」讀畢，禮直官贊「七品以下官先退」，餘官對拜，訖，退。散齋二日，宿於正寢，治事如故。齋禁並如郊祀。守壝門兵衞與大樂工人，俱清齋一宿。行禮官前期習儀於祠所。

陳設：祭前三日，所司設三獻官以下行事執事官次於外壝東門之外，道南，北向，西上，隨地之宜。又設饌幕於內壝東門之外，道北南向。

祭前二日，所司設兵衞，各服其服，守衞壝門，每門二人。大樂令帥其屬，設登歌之樂於壇上，如郊祀。郊社令帥其屬，掃除壇之上下，爲瘞坎在內壝外之壬地。

祭前一日，司天監、郊社令各服其服，帥其屬，升設皇地祇神座於壇上北方，南向，席以藁秸。又設配位神座於東方，西向，席以蒲越。又設神州地祇神座於壇之第一等東南方，席以藁秸。又設五神、五官、嶽鎭海瀆二十九座於第二等階之間，[一]各依方位。又設崑崙、山林川澤二十一座於內壝之內，又設丘陵墳衍原隰三十座於內壝外，席皆以莞。

又設神位版，各於座首。子陛之西，水神玄冥、北嶽、北鎭、北海、北瀆於壇之第二等，北山、北林、北川、北澤，於內壝內，北丘、北陵、北墳、北衍、北原、北隰於內壝外，皆各爲一列，以東爲上。卯陛之北，木神勾芒，東嶽、長白山、東鎭、東海、東瀆於壇之第二等，東山、東林、東川、東澤於內壝內，東丘、東陵、東墳、東衍、東原、東隰於內壝外，皆各爲一列，以南爲上。午陛之東，神州地祇於壇之第一等，火神祝融，南嶽、南鎭、南海、南瀆於壇之第二等，南山、南林、南川、南澤於內壝內，南丘、南陵、南墳、南衍、南原、南隰於內壝外，皆各爲一列，以西爲上。

午陛之西，土神后土，中嶽、中鎭於壇之第二等，中山、中林、中川、中澤於內壝內，中丘、中陵、中墳、中衍、中原、中隰於內壝外，皆各爲一列，以南爲上。

酉陛之南，金神蓐收，西嶽、西鎭、西海、西瀆於壇之第二等，崑崙、西山、西林、西川、西澤於內壝內，西丘、西陵、西墳、西衍、西原、西隰於內壝外，皆各爲一列，以北爲上。其皇地祇、及配位、神州地祇之座，幷禮神之玉，設訖，俟告潔畢權徹，祭日早重設。其第二等以下神座，設定不收。

奉禮郎、禮直官又設三獻官位於卯陛之東稍北，西向。司徒位於卯陛之東，道南，西向。太常卿、光祿卿位次之。[二]第一等分獻官、司天監位於其東，光祿丞、郊社令、太官令、廩犧令位又在其東，每等異位重行，俱西向北上。

又設太祝、奉禮郎及諸執事位於內壝東門外道南，每等異位重行，俱西向北上。設監

祭御史二位，一於壇下午陛之西南，一於子陛之西北，俱東向。設監禮博士二位，一於壇下午陛之東南，一於子陛之東北，俱西向。奉禮郎位於壇之東南，西向。協律郎位於樂簴西北，東向。大樂令位於樂簴之間，西向。司尊彝位於酌尊所，俱北向。設望瘞位坎之南，北向。

又設牲牓位於內壝東門之外，西向。太祝、祝史各位於牲後，俱西向。設省饌位於牲西，太常卿、光祿卿、太官令位於牲北，南向，西上。監祭、監禮位在太常卿之西稍却，西上。廩犧令位於牲西南，北向。

又陳禮饌於內壝東門之外，道北，南向。設省饌位於禮饌之南。太常卿、光祿卿、太官令位在東，西向，監祭、監禮位在西，東向，俱北上。設祝版於神位之右。

司尊及奉禮郎帥其屬，設玉幣篚於酌尊所，次及籩豆之位。正、配位各左有十一籩、右有十一豆，俱爲三行。登三，在籩豆間。鉶三，在登前。簠一、簋一，各在鉶前。又設尊罍之位，皇地祇太尊二、著尊二、犧尊二、山罍二，在壇上東南隅。配位著尊二、犧尊二、象尊二、山罍二，在正位酒尊之東，俱北向西上，皆有坫，加勺、冪，爲酌尊所。又設皇地祇位象尊二、壺尊二、山罍四，在壇下午陛之西，北向西上。[三]配位犧尊二、壺尊二、山罍四，在酉陛之北，東向北上，皆有坫，加冪，設而不酌。神州地祇位左八籩、右八豆，登一在籩豆間，簠一、

簋一在登前，爵坫一，在神座前。

又設第二等諸神位每位籩二、豆二、簠一、簋一、俎一、爵坫一。內壝之內外諸神每位籩一、豆一、簠一、簋一、俎一、爵坫一。陳列皆與上同。又設神州地祇太尊二、著尊二，皆有坫。第二等諸神每方山尊二，內壝內每方蜃尊二，內壝外每方概尊二，〔四〕皆加勺、冪。又設正、配位籩一、豆一、簠一、簋一、俎三、及毛血豆一、幷神州地祇位俎一，各於饌幕內。

又設二洗於壇下卯陛之東，北向，盥洗在東，爵洗在西，並有罍加勺。篚在洗西，南肆，實以巾。爵洗之篚實以匏爵，加坫。又設第一等分獻官盥洗爵洗位，〔五〕第二等以下分獻官盥洗位，各於其方道之左，罍在洗左，篚在洗右，俱內向。執罍篚者各於其後。〔六〕

祭日丑前五刻，司天監、郊社令帥其屬，升設皇地祇及配位神座於壇上。設神州地祇座於第一等。又設玉幣，皇地祇玉以黃琮，神州地祇玉以兩圭有邸，皆置於匣。正、配位幣並以黃色，神州地祇幣以玄色，五神、五官、嶽鎮海瀆之幣各從其方色，皆陳於篚。太祝取瘞玉加於幣，於禮神之玉各置於神座前。

光祿卿帥其屬，入實正、配位籩豆。籩三行以右爲上，豆三行以左爲上，其實並如郊祀。登實以大羹，鉶實以和羹。又設從祭第一等神州地祇之饌。籩三行以右爲上，豆三行以左爲上，其實並如郊祀。登實以大羹，簠實以稷，簋實以黍。第二等每位，左二籩，栗在

前，鹿脯次之。右二豆，菁菹在前，鹿臡次之。簠實以稷，簋實以黍。俎，一羊、一豕。內壝內外每位，左籩一，鹿脯。右豆一，鹿臡。簠稷，簋黍，俎以羊。

良醞令帥其屬，入實酒尊。皇地祇太尊爲上，實以汎齊。著尊次之，實以醴齊。犧尊次之，實以盎齊。象尊次之，實以醍齊。壺尊次之，實以沈齊。山罍爲下，實以三酒。配位，著尊爲上，實以汎齊。犧尊次之，實以醴齊。象尊次之，實以盎齊。壺尊次之，實以醍齊。山罍爲下，實以三酒。皆左實明水，右實玄酒，皆尙醞代。次實從祭第一等神州地祇酒尊，太尊爲上，實以汎齊。著尊次之，實以醴齊。第二等，山尊實以醍齊。內壝內，蜃尊實以沈齊。內壝外，概尊實以三酒。以上尊皆左以明水，右以玄酒，皆尙醞代之。太常卿設燭於神座前。

省牲器：祭前一日午後八刻，去壇二百步禁止行者。未後二刻，郊社令帥其屬，掃除壇之上下。司尊與奉禮郎，帥執事者以祭器入，設於位。郊社令陳玉幣於篚。未後三刻，廩犧令與諸太祝、祝史，以牲就省位。禮直官、贊者分引太常卿，光祿卿、丞，〔七〕監禮、祭，太官令等詣內壝東門外省牲位。其視滌濯、告潔、省牲饌，並同郊祀。俱畢，廩犧令、諸太祝、祝史以次牽牲詣厨，授太官令。次引光祿卿以下詣厨，省鼎鑊，視滌溉，乃還齋所。晡後一

刻，太官令帥宰人以鸞刀割牲，祝史各取毛血，實以豆，置於饌幔。遂烹牲，又祝史取瘞血貯於盤。

奠玉幣：祭日丑前五刻，獻官以下行事官，各服其服。有司設神位版，陳玉幣，實籩豆簠簋尊罍，俟監祭、監禮按視壇之上下，乃徹去蓋冪。大樂令帥工人，及奉禮郎、贊者先入。禮直官、贊者分引分獻官以下，監祭、監禮、諸大祝、祝史、齋郎與執事者，入自南壝東門，當壇南，重行，北向，西上，立定。奉禮郎贊「拜」，獻官以下皆再拜，訖，以次分引各就壇陛上下位。次引監祭、監禮按視壇之上下，訖，退復位。

禮直官分引三獻官以下行事官俱入就位。行禮官皆自南壝東門入。禮直官進立初獻之左，白曰「有司謹具，請行事」。退復位。協律郎高舉笏，執麾者舉麾，俛伏，興。工鼓柷，樂作坤寧之曲，八成，偃麾，戛敔，樂止。俟太常卿瘞血，訖，奉禮郎贊「拜」，在位者皆再拜。又贊「諸執事者各就位」，禮直官引諸執事各就其位俟。太祝跪取玉幣於篚，立於尊所。諸位太祝亦各取玉幣立於尊所。

禮直官引初獻詣盥洗位，樂作肅寧之曲。至位，北向立，樂止。搢笏，盥手，帨手，執笏，詣壇，樂作肅寧之曲。凡初獻升降，皆作肅寧之曲。升自卯階，至壇，樂止。詣皇地祇神座

前，北向立，樂作靜寧之曲。搢笏，跪。太祝加玉於幣，西向跪以授初獻。初獻受玉幣奠訖，執笏，俛伏，興，再拜，訖，樂止。次詣配位神座前，東向立，樂作億寧之曲，奠幣如上儀，樂止。降自卯陛，樂作，復位，樂止。

初獻將奠配位之幣，贊者引第一等分獻官詣盥洗位，搢笏，盥手，帨手，執笏，由卯陛詣神州地祇神座前，搢笏，跪。太祝以玉幣授分獻官，分獻官受玉幣，奠訖，執笏，俛伏，興，再拜，訖，退。

初，第一分獻官將升，贊者引第二分獻官詣盥洗位，盥手，〔八〕帨手，執笏，各由其陛升，唯不由午陛，詣於首位神座前，〔九〕奠幣如上儀。餘以次祝史、齋郎助奠訖，各引還位。初獻奠幣將畢，祝史奉毛血豆，各由午陛升，諸太祝迎於壇上，進奠於正、配位神座前，太祝與祝史俱退，立於尊所。

進熟：初獻既升奠玉幣。有司先陳牛鼎二、羊鼎二、豕鼎二於神厨，各在鑊右。太官帥進饌者詣厨，以匕升牛、羊、豕，自鑊實於各鼎。牛、羊、豕各肩、臂、臑、肫、胳、正脊一、橫脊一、長脅一、短脅一、代脅一，皆二骨以並，〔一〇〕冪之。祝史以扃各對舉鼎，有司執匕以從，陳於饌幔內。從祀之俎實以羊，更陳於饌幔內。

光祿卿實以籩豆簠簋。〔一一〕籩實以粉餈，豆實以糝食，簠實以稷，簋實以黍。實訖，去鼏之扃冪，匕加於鼎。太官令以匕升牛羊豕，載於俎，肩臂臑在上端，肫胳在下端，脊脅在中。俟初獻還位，樂止。禮直官引司徒出詣饌所，同薦籩豆簠簋俎。齋郎各奉皇地祇配位之饌，升自卯陛，諸太祝各迎於壇上。司徒詣皇地祇神座前，搢笏，奉籩豆簠簋，次奉俎，北向跪奠，訖，執笏，俛伏，興，設籩於糗餌之前，豆於醯醢之前，簠簋在登前，俎在籩前。〔一二〕次於卯陛奉配位之饌，東向跪奠於神座前，並如上儀。各降自卯陛，還位。太官令又同齋郎奉神州地祇之饌，升自卯陛，太祝迎於壇陛之道間，奠於神座前，在籩前，〔一三〕訖，樂止。太官令進饌者降自卯陛，還位。

禮直官引初獻官詣盥洗位，樂作。至位，樂止。北向立，搢笏，盥手，帨手，執笏，詣爵洗位。至位，北向立，搢笏，洗爵，拭爵以授執事者。執笏，詣壇，樂作。升自卯陛，至壇上，樂止。詣皇地祇酌尊所，西向立。執事者以爵授初獻。初獻搢笏，執爵。司尊舉冪，良醞令跪酌太尊之汎齊，〔一四〕酌訖，初獻以爵授執事者，執笏，詣皇地祇神座前，北向立，搢笏，跪。執事者以爵授初獻，初獻執爵，三祭酒於茅苴，奠爵，三獻奠爵，皆執事者受以興。執笏，俛伏，興，少退，跪，樂止。舉祝官跪，對舉祝版。讀祝，太祝東向跪，讀祝訖，俛伏，興。舉祝奠版於案，再拜，興。

次詣配位酌尊所，執事者以爵授初獻，初獻搢笏，〔一五〕執爵。司尊舉冪，良醞令跪酌著尊之汎齊，樂作太簇宮保寧之曲。初獻以爵授執事者，執笏，詣配位神座前，東向立，搢笏，跪。執事者以爵授初獻，初獻執爵，三奠酒於茅苴。奠爵，執笏，俛伏，興。少退，跪，樂止。讀祝，訖，樂作，就拜，興，拜，興。〔一六〕降自卯陛，讀祝、舉祝官俱從，〔一七〕樂作，復位，樂止。

次引亞獻詣盥洗位，北向立，搢笏，盥手，帨手。執笏，詣爵洗位，北向立，搢笏，洗爵，拭爵授執事者。執笏，升自卯陛，詣皇地祇酌尊所，西向立。執事者以爵授亞獻。亞獻搢笏執爵，司尊舉冪，良醞令酌著尊之醴齊，〔一八〕酌訖，以爵授執事者，執笏，詣皇地祇神座前，北向立，搢笏，跪。執事以爵授亞獻，亞獻執爵，三祭酒於茅苴，奠爵，執笏，俛伏，興，少退，再拜。次詣配位酌獻如上儀，唯酌犧尊爲異。樂止，降復位。

次引終獻詣盥洗位，盥手，帨手，洗爵，拭爵，以爵授執事者，升壇。正位，酌犧尊之盎齊，配位，酌象尊之醴齊，奠獻並如亞獻之儀。禮畢，降復位。

初，終獻將升，贊者引第一等分獻官詣盥洗位，搢笏，盥手，帨手，洗爵，拭爵，以爵授執事者。執笏，詣神州地祇酌尊所，搢笏，執事者以爵授獻官。獻官執爵，執事者酌太尊之汎齊，酌訖，以爵授執事者。進詣神座前，搢笏，跪，執事者以爵授獻官，獻官執爵，三祭酒於茅苴，奠爵，俛伏，興，少退，跪，再拜，訖，還位。

初，第一等分獻官將升，贊者分引第二等分獻官詣盥洗位，搢笏，盥手，帨手，執笏詣酌尊所，執事以爵授分獻官，酌以授執事者，〔一九〕進詣首位神座前，奠獻並如上儀。祝史、齋郎以次助奠，訖，各引還位。諸獻俱畢，諸太祝進徹籩豆，籩豆各一，少移故處。樂作豐寧之曲，卒徹，樂止。奉禮官贊曰「賜胙」，衆官再拜，樂作，一成，止。

初，送神樂止，引初獻官詣望瘞位，樂作太簇宮肅寧之曲。至位，南向立，樂止。初，在位官將拜，諸太祝、祝史各奉篚進詣神座前，玉幣，〔二〇〕從祭神州地祇以下，並以俎載牲體，并取黍稷飯爵酒，各由其陛降壇，北詣瘞坎，實於坎中，又以從祭之位禮幣皆從瘞，禮直官曰「可瘞」，東西六行，置土半坎，禮直官贊「禮畢」，引初獻出，禮官贊者各引祭官及監祭、監禮、太祝以下，俱復壇南，北向立定，奉禮郎贊曰「再拜」，監祭以下皆再拜，訖，奉禮以下及工人以次出。光祿卿以胙奉進，監祭、監禮展視。其祝版燔於齋坊。

朝日、夕月儀。

齋戒、陳設、省牲器、奠玉幣、進熟，其節並如大祀之儀。朝日玉用靑璧，夕月用白璧，幣皆如玉之色。牲各用羊一、豕一。有司攝三獻司徒行事。

其親行朝日，金初用本國禮，天會四年正月，始朝日于乾元殿，而後受賀。天眷二年，定朔望朝日儀。皇帝服靴袍，百官常服。有司設壇案、御褥位于所御殿前陛上，設百官褥位于殿門外，皆向日。宣徽使奏導皇帝至位，南向，再拜，上香，又再拜。閤門皆相應贊，殿門外臣僚陪拜如常儀。大定二年，以無典故罷。

十五年，言事者謂今正旦幷萬春節，宜令有司定拜日之禮。有司援據漢、唐春分朝日，升煙奠玉如圜丘之儀。又按唐開元禮，南向設大明神位，天子北向，皆無南向拜日之制。今已奉勅以月朔拜日，宜遵古制，殿前東向拜。詔姑從南向。其日，先引臣僚於殿門外立，陪位立殿前班露臺左右，皇帝於露臺香案拜如上儀。

十八年，上拜日於仁政殿，始行東向之禮。皇帝出殿，東向設位，宣徽贊「拜」，皇帝再拜，上香，訖，又再拜。臣僚並陪拜，依班次起居，如常儀。

高禖。

明昌六年，章宗未有子，尙書省臣奏行高禖之祀，乃築壇於景風門外東南端，當闕之卯辰地，與圜丘東西相望，壇如北郊之制。歲以春分日祀靑帝、伏羲氏、女媧氏，凡三位，壇上南向，西上。姜嫄、簡狄位於壇之第二層，東向，北上。

前一日未三刻，布神位，省牲器，陳御弓矢弓韣於上下神位之右。其齋戒、奠玉幣、進熟，皆如大祀儀。青帝幣玉皆用青，餘皆無玉。每位牲用羊一、豕一。有司攝三獻司徒行事。禮畢，進胙，倍於他祀之肉。進胙官佩弓矢弓韣以進，上命后妃嬪御皆執弓矢東向而射，迺命以次飲福享胙。

校勘記

〔一〕於第二等階之間　「二」原作「四」。按大金集禮以下簡稱集禮卷一一皇帝祭皇地祇於方丘爲本志所本，其陳設條記此事作「第二等」。今據改。

〔二〕太常卿光祿卿位次之　原脫「位」字。據集禮卷一一陳設條補。

〔三〕在壇下午陛之西北向西上　原脫「北向西上」四字。據集禮卷一一陳設條補。

〔四〕內壝內每方蜃尊二內壝外每方概尊二　原「內壝內」下衍「外」字，「內壝外」之「壝」字下衍「內」字。按下文「良醞令帥其屬，入實酒尊」，「內壝內，蜃尊實以汎齊。內壝外，概尊實以三酒」，可證無此二字。殿本已刪，今從之。

〔五〕又設第一等分獻官盥洗爵洗位　原脫「等」字。按本書卷二八禮一，郊禮作「又設第一等分獻官

盥洗爵洗位」。今據補。

〔六〕執罍篚者各於其後　「罍」原作「爵」。按集禮卷一一作「罍」。本卷上文有「罍在洗左，篚在洗右」，則作「罍」是。今據改。

〔七〕贊者分引太常卿光祿卿丞　按本書卷二八禮一，郊禮與此節儀文相同，而記載較詳，此處「丞」上當有「太常」二字。

〔八〕第二分獻官詣盥洗位盥手　按「盥手」上疑脫「搢笏」二字。

〔九〕詣於首位神座前　原脫「前」字。按集禮卷一一有「前」字。本書卷二八禮一，郊禮作「詣神前」。今據補。

〔一〇〕皆二骨以並　「以」原作「一」。按本書卷三〇時享儀作「皆二骨以并」。集禮卷一一進熟條，牛羊「實於各鼎」，注云「皆二骨以并」。今據改。

〔一一〕光祿卿實以籩豆簠簋　「以」字疑是衍文。

〔一二〕俎在籩前　「在」原作「右」。據殿本改。

〔一三〕在籩前　「在」原作「左」。據集禮卷一一改。

〔一四〕良醞令跪酌太尊之汎齊　按集禮卷一一此下有「樂作太簇宮溥寧之曲」一句。

〔一五〕初獻搢笏　原脫「初獻」二字。據集禮卷一一補。

〔一六〕樂作就拜興拜興　按集禮卷一一作「初讀祝文，樂作，拜訖，樂止」。

〔一七〕讀祝舉祝官俱從　原脫「官」字。據集禮卷一一補。

〔一八〕良醞令酌著尊之醴齊　按集禮卷一一此下有「樂作咸寧之曲」一句。

〔一九〕酌以授執事者　殿本「酌」上有「分獻」二字。

〔二〇〕玉幣　按「玉」字上疑脫「取」字。

金史卷三十

志第十一

禮三

宗廟　禘祫　朝享　時享儀

金初無宗廟。〔一〕天輔七年九月，〔二〕太祖葬上京宮城之西南，建寧神殿于陵上，以時薦享。自是諸京皆立廟，惟在京師者則曰太廟，天會六年，以宋二帝見太祖廟者，是也。或因遼之故廟，安置御容，亦謂之廟，天眷三年，熙宗幸燕及受尊號，皆親享恭謝，是也。皇統三年，初立太廟，八年，太廟成，則上京之廟也。貞元初，海陵遷燕，乃增廣舊廟，奉遷祖宗神主于新都，三年十一月丁卯，奉安于太廟。正隆中，營建南京宮室，復立宗廟，南渡因之。其廟制，史不載，傳志雜記或可概見，今附之。

汴京之廟，在宮南馳道之東。殿規，一屋四注，限其北爲神室，其前爲通廊。東西二十六楹，爲間二十有五，每間爲一室。廟端各虛一間爲夾室，中二十三間爲十一室。從西三間爲一室，爲始祖廟，祔德帝、安帝、獻祖、昭祖、景祖祧主五，餘皆兩間爲一室。或曰：「惟第二、第三室兩間，餘止一間爲一室，總十有七間。」世祖室祔肅宗，穆宗室祔康宗，餘皆無祔。每室門一、牖一，門在左，牖在右，皆南向。石室之龕於各室之西壁，東向。其始祖之龕六，〔三〕南向者五、東向者一，其二其三俱二龕，餘皆一室一龕，總十八龕。祭日出主於北墉下，南向。禘祫則並出主，始祖東向，羣主依昭穆南北相向，東西序列。室戶外之通廊，殿階二級，列陛三，前井亭二。外作重垣四繚，南東西皆有門。內垣之隅有樓，南門五闔，餘皆三。中垣之外東北，册寶殿也，太常官一人季視其封緘，謂之點寶。內垣之南曰大次，東南爲神庖。西南垣外，則廟署也。神門列戟各二十有四，植以木锜。戟下以板爲掌形，畫二青龍，下垂五色帶長五尺，享前一日則縣戟上，祭畢藏之。

室次。大定十二年，議建閔宗別廟，禮官援晉惠、懷，唐中宗，後唐莊宗升祔故事，若依此典，武靈皇帝無嗣亦合升祔。然中宗之祔，始則爲虛室，終則增至九室。惠、懷之祔乃遷豫章、潁川二廟，莊宗之祔乃祧懿祖一室。今太廟之制，除祧廟外，爲七世十一室，如當

升祔武靈，卽須別祧一廟。荀子曰：「有天下者事七世」，若旁容兄弟，上毀祖考，則天子有不得事七世者矣。伏覩宗廟世次，自睿宗上至始祖，凡七世，別無可祧之廟。晉史云：「廟以容主爲限，無拘常數。」東晉與唐皆用此制，遂增至十一室。康帝承統，以兄弟爲一室，故不遷遠廟而祔成帝。唐以敬、文、武三宗同爲一代，於太廟東間增置兩室，定爲九代十一室。今太廟已滿此數，如用不拘常數之說，增至十二室，可也。然廟制已定，復議增展，其事甚重，又與睿宗皇帝祏室昭穆亦恐更改。春秋之義不以親親害尊尊，漢志云：「父子不並坐，而孫可從王父。」若武靈升祔，太廟增作十二室。依春秋尊尊之典，武靈當在十一室，禘祫合食。依孫從王父之典，當在太宗之下，而居昭位，又當稱宗。然前升祔睿宗已在第十一室，累遇祫享，睿宗在穆位，與太宗昭位相對，若更改祏室及昭穆序，非有司所敢輕議，宜取聖裁。十九年四月，禘祔閔宗，遂增展太廟爲十二室。

二十九年，世宗將祔廟，有司言：「太廟十二室，自始祖至熙宗雖係八世，然世宗與熙宗爲兄弟，不相爲後，用晉成帝故事，止係七世，若特升世宗、顯宗卽係九世。」〔四〕於是五月遂祧獻祖、昭祖，陞祔世宗、明德皇后、顯宗于廟。

貞祐二年，宣宗南遷，廟社諸祀並委中都，自抹撚盡忠棄城南奔，時謁之禮盡廢。四年，禮官言：「廟社國之大事，今主上駐蹕陪京，列聖神主已遷于此，宜重修太廟社稷，以奉

歲時之祭。按中都廟制，自始祖至章宗凡十二室，而今廟室止十一，若增建恐難卒成。況時方多故，禮宜從變，今擬權祔肅宗主世祖室，始祖以下諸神主于隨室奉安。」

主用栗，依唐制，皇統九年所定也。

祏室，旁及上下皆石，門東向，以木爲闔，髹以朱。室中有褥，奠主訖，帝主居左，覆以黃羅帕，后主居右，覆以紅羅帕。

黼扆以紙，木爲筐，兩足如立屏狀。覆以紅羅三幅，繡金斧五十四，裏以紅絹，覆於屏上，其半無文者垂於其後。置北墉下，南向，前設几筵以坐神主。

五席，各長五尺五寸，闊二尺五寸。莞筵，粉純。以藺爲席，緣以紅羅，以白繡蕙文及雲氣之狀，復以紅絹裏之。每位二。繅席，畫純。以五色絨織靑蒲爲之，緣以紅羅，畫藻文及雲氣狀，亦以紅絹裏之。每位一，在莞上。次席，黼純。以輕筠爲之，亦曰桃枝席，緣以紅綃，繡鐵色斧，裏以紅絹。每位二，在繅席上。虎席二，大者長同，惟闊增一尺。以虎皮爲褥，有緼，以紅羅繡金色斧緣之。又有小虎皮褥，制同三席。時暄則用桃枝次席，時寒則去桃枝加虎皮褥。夏、秋享，則用桃枝次席。一冬，則去桃枝加小虎皮褥於繅席上。臘冬，則又添大虎皮褥二於繅席上，〔五〕遷小虎皮褥二在大褥之上。

曲几三足，直几二足，各長尺五寸，以丹漆之。帝主前設曲几，後設直几。

禘祫。

大定十一年，尚書省奏禘祫之儀曰：「禮緯『三年一祫，五年一禘』。唐開元中，太常議，禘祫之禮皆爲殷祭，祫爲合食祖廟，禘謂禘序尊卑。申先君逮下之慈，成羣嗣奉親之孝。自異常享，有時行之。祭不欲數，數則黷。不欲疎，疎則怠。是以王者法諸天道，以制祀典，烝嘗象時，禘祫象閏。五歲再閏，天道大成，宗廟法之，再爲殷祭。自周以後，並用此禮。自大定九年已行祫禮，若議禘祭，當於祫後十八月孟夏行禮。」詔以「三年冬祫、五年夏禘」爲常禮。又言：「海陵時，每歲止以二月、十月遣使兩享，三年祫享。按唐禮四時各以孟月享于太廟，季冬又臘享，歲凡五享。若依海陵時歲止兩享，非天子之禮，宜從典禮歲五享。」從之。

享日並出神主前廊，序列昭穆。應圖功臣配享廟廷，各配所事之廟，以位次爲序。以太子爲亞獻，親王爲終獻，或並用親王。或以太尉爲亞獻，光祿卿爲終獻。其月則停時享。儀闕。

朝享儀。

大定十一年十一月，郊祀前一日，朝享太廟。齋戒如親郊。

享前三日，〔六〕太廟令帥其屬，掃除廟之內外。點檢司於廟之前約度，設兵衞旗幟。尚舍於南神門之西設饌幔十一，南向，以西爲上。殿中監帥尚舍，陳設大次殿。又設小次於阼階下，稍南，西向。又設皇帝拜褥位殿上，版位稍西。又設黃道褥於廟門之內外，自玉輅至升輦之所，又自大次至東神門。又設七祀位一於殿下橫街之北，西街之西，東向，配享功臣位於殿下道東，橫街之南，西向，北上。

前二日，大樂令設宮縣之樂於庭中，四方各設編鐘三、編磬三。東方編鐘起北，編磬間之，東向。西方編磬起北，編鐘間之，西向。南方編磬起西，編鐘間之，北方編鐘起西，編磬間之，俱北向。設特磬、大鐘、鎛鐘共十二，於編縣之內，各依辰位。樹路鼓、路鼗於北縣之內，道之左右。晉鼓一，在其後稍南。植建鼓、鞞鼓、應鼓於四隅，建鼓在中，鞞鼓在左，應鼓在右。置柷敔於縣內，柷一在道東，敔一在道西。立舞表於酇綴之間。設登歌之樂於殿上前楹間，金鐘一在東，玉磬一在西，俱北向。柷一在金鐘北稍西，敔一在玉磬北稍東。搏拊二，一在柷北，一在敔北，東西相向。琴瑟在前。其匏竹者立於階間，重行北向。諸工人各位於縣後。

前一日，太廟令開室，奉禮郎帥其屬，設神位於每室內北墉下。各設黼扆一、莞席一、繅席二、次席二、紫綾厚褥一、紫綾蒙褥一、曲几一、直几一。

又設皇帝版位於殿東間門內，西向。又設飲福位於東序，西向。又設亞終獻位於殿下橫街之北稍東，西向。助祭親王宗室使相位在亞終獻之後，助祭宗室位在橫街之南，西向。奉瓚官、奉瓚盤官、進爵酒官、奉爵官等又在其南，奉匜槃巾篚官位於其後。七祀獻官位在奉爵官之南，助奠讀祝奉罍洗爵洗等官位於其後。司尊彝官位在七祀獻官之南，亞終獻司罍洗爵洗奉爵酒官等又在其南，並西向，北上。大禮使位於西階之西稍南，與亞終獻相對。太尉、司徒、助祭宰相位在大禮使之南，侍中、執政官又在其南，禮部尚書、太常卿、太僕卿、光祿卿、功臣獻官在西，舉册、光祿丞、太常博士又在其西，功臣助奠罍洗爵洗等官位於功臣獻官之後。又設監祭御史位二於西階下，俱東向，北上。奉禮郎、太廟令、太官令、太祝、宮闈令、祝史位於亞獻終獻奉爵酒官之南，薦籩豆簠簋官、薦俎齋郎又在太祝、奉禮郎之南。太廟丞、太官丞各位於令後。協律郎位二，一於殿上前楹間，一於宮縣之西北，俱東向。大樂令於登歌樂縣之北，大司樂於宮縣之北，良醞令於酌尊所，俱北向。又設助祭文

武羣官位於橫街之南，東向北上。又設光祿卿陳牲位於東神門外橫街之東，西向，以南爲上。設廩犧令位於牲西南，北向。諸太祝位於牲東，各當牲後，祝史各陪其後，俱西向。設禮部尚書省牲位於牲前稍北，又設御史位於禮部尚書之西，俱南向。

禮部帥其屬，設祝册案於室戶外之右。

司尊彝帥其屬，設尊彝之位於室戶之左，每位斝彝一、黃彝一、犧尊二、象尊二、著尊二、山罍二，各加勺、冪、坫爲酌尊。又設瓚槃爵坫於篚，置于始祖尊彝所。又設壺尊二、太尊二、山罍四，各有坫、冪，在殿下階間，北向西上，設而不酌。七祀功臣每位設壺尊二於座之左，皆加冪、坫於內，酌尊加勺，皆藉以席。

奉禮郎設祭器，每位四簋在前，四簠次之，次以六登，次以六鉶，籩豆爲後。左十有二籩，右十有二豆，皆濯而陳之，藉以席。籩豆加以巾，蓋於內。籩一、豆一、簠一、簋一、幷俎四，設於每室饌幔內。又設御洗二於東階之東。又設亞終獻罍洗於東橫街下東南，北向，罍在洗東，篚在洗西，南肆，實以巾。又設亞終獻爵洗於罍洗之西，罍在洗東，篚在洗西，南肆，實以巾、爵幷坫。執巾罍巾篚各位於其後。

享日丑前五刻，太常卿帥執事者，設燭於神位前及戶外。光祿卿帥其屬，入實籩豆。籩之實，魚鱐、糗餌、粉餈、乾棗、形鹽、鹿脯、榛實、乾䕩、桃、菱、芡、栗，以序爲次。豆之實，芹

菹、笋菹、葵菹、菁菹、韭菹、酏食、魚醢、兔醢、豚拍、鹿臡、醓醢、糝食，以序爲次。又鉶實以羹，加芼滑，登實以大羹，簠實以稻粱，簋實以黍稷，粱在稻前，稷在黍前。

良醞令入實尊彝。斝彝、黃彝實以鬱鬯，犧尊、象尊、著尊實以玄酒外，皆實以酒，用香藥酒。各加坫、勺、冪。殿下之尊罍，壺尊、太尊、山罍，內除山罍上尊實以玄酒外，皆實以酒，加冪、坫。

太廟令帥其屬，設七祀功臣席褥於其次，每位各設莞席一、碧綃褥一，又各設版位於其座前，又籩豆簠簋各二、俎一。每位次各設壺尊二於神座之右，北向，玄酒在西。良醞令以法酒實尊如常，加勺、冪，置爵於尊下，加坫。光祿卿實饌。左二籩，栗在前，鹿脯次之。右二豆，菁菹在前，鹿臡次之。俎實以羊熟，簠簋實以黍稷。太廟令又設七祀燎柴，及開瘞坎於西神門外之北。太府監陳異實、嘉瑞、伐國之寶，戶部陳諸州歲貢，金爲前列，玉帛次之，餘爲後，皆於宮縣之北，東西相向，各藉以席。凡祀神之物，當時所無者則以時物代之。

省牲器：前一日未後，廟所禁行人。司尊彝、奉禮郎及執事者，升自西階以俟。少頃，諸太祝與廩犧令，以牲就位。禮直官、贊者引禮部尚書、光祿卿丞詣省牲位，立定。禮直官

引禮部尚書，贊引者引御史，入就西階升，遍視滌濯。訖，執事者皆舉冪曰「潔」。俱降，就省牲位，禮直官稍前曰：「告潔畢，請省牲。」次引禮部尚書侍郎稍前，省牲訖，退復位。次引光祿卿丞出班，巡牲一匝。光祿丞西向曰「充」，曰「備」。廩犧令帥諸太祝巡牲一匝，西向躬身曰「腯」。禮直官稍前曰：「省牲畢，請就省饌位。」引禮部尚書以下各就位，立定。御史省饌具畢，禮直官贊「省饌訖」，俱還齋所。〔七〕光祿卿、丞及太祝、廩犧令以次牽牲詣廚，授太官令。禮直官引禮部尚書詣廚，省鼎鑊，視濯溉，訖，還齋所。晡後一刻，太官令帥宰人，執鸞刀割牲，祝史各取毛血，每座共實一豆，遂烹牲。祝史洗肝於鬱鬯，又取肝膋，每座共實一豆，俱還饌所。

鑾駕出宮：前一日，有司設大駕鹵簿於應天門外，尚輦進玉輅於應天門內，南向。其日質明，侍臣直衞及導駕官，於致齋殿前，左右分班立俟。通事舍人引侍中俛伏，跪，奏「請中嚴」，皇帝服通天冠、絳紗袍。少頃，侍中奏「外辦」，皇帝出齋室，即御座，羣官起居訖，尚輦進輿。侍中奏「請皇帝升輿」，皇帝乘輿，侍衞警蹕如常儀。太僕卿先詣玉輅所，攝衣而升，正立執轡。導駕官前導，皇帝至應天門內玉輅所，侍中進當輿前，奏「請皇帝降輿升輅」，皇帝升輅。太僕卿立授綏，導駕官分左右步導，以裏爲上。門下侍郎進當輅前，奏「請車駕進發」，奏訖，俛伏，興，退復位。侍衞儀物止於應天門內，車駕動，稱「警蹕」。至應天門，門下侍郎奏「請車駕少駐，勅侍臣上馬」，侍中奉旨退，稱曰「制可」。門下侍郎退，傳制，稱「侍臣上馬」。贊者承傳「勅侍臣上馬」。導駕官分左右前導，門下侍郎奏「請車駕進發」。車駕動，稱「警蹕」，不鳴鼓吹。將至太廟，禮直官、贊者各引享官，通事舍人分引從享羣官、宗室子孫，於廟門外，立班奉迎。駕至廟門，廻輅南向，侍中於輅前奏稱「侍中臣某言，請皇帝降輅，步入廟門」。皇帝降輅，導駕官前導，皇帝步入廟門，稍東。侍中奏「請皇帝升輿」，尚輦奉輿，侍衞如常儀。皇帝乘輿至大次，侍中奏「請皇帝降輿，入就大次」。皇帝入就次，簾降，傘扇侍衞如常儀。太常卿、太常博士各分立於大次左右。導駕官詣廟庭班位，立俟。

晨祼：享日丑前五刻，諸享官及助祭官，各服其服。太廟令、良醞令帥其屬，入實尊罍。光祿卿、太官令、進饌者實籩豆簠簋，並徹去蓋冪。奉禮郎、贊者先入，就位。贊者引御史、太廟令、太祝、宮闈令、祝史與執事官等，各自東偏門入，就位。

未明二刻，禮直官引太常寺官屬并太祝、宮闈令升殿，開始祖祏室。太祝、宮闈令捧出帝后神主，設於座。以次，逐室神主各設於內黼扆前，置定。贊者引御史、太廟令、宮闈

令、太祝、祝史與太常官屬，於當階間，重行北向立。奉禮郎於殿上贊「奉神主」，訖，奉禮曰「再拜」，贊者承傳，御史以下皆再拜，訖，各就位。大樂令帥工人二舞入，就位。禮直官贊者各引享官，通事舍人分引助祭文武羣官宗室入就位。符寶郎奉寶，陳於宮縣之北。皇帝入大次。

少頃，侍中奏「請中嚴」，皇帝服衮冕。侍中奏「外辦」，太常卿俛伏，跪，奏稱「太常卿臣某言，請皇帝行事」，俛伏，興。簾捲，皇帝出次。太常卿、太常博士前導，傘扇侍衞如常儀，大禮使後從。至東神門外，殿中監跪進鎮圭，太常卿奏「請執圭」，皇帝執鎮圭。傘扇仗衞停於門外，近侍者從入。協律郎跪伏舉麾，興。工鼓柷，宮縣昌寧之樂作。至阼階下，偃麾，戛敔，樂止。升自阼階，登歌樂作，左右侍從量人數升至版位，西向立，樂止。前導官分左右侍立。太常卿前奏「請再拜」，皇帝再拜。奉禮曰「衆官再拜」，贊者承傳，凡在位者皆再拜。奉禮又贊「諸執事者各就位」，禮直官、贊者分引執事者各就殿上下之位。太常卿奏「請皇帝詣罍洗位」，登歌樂作，至阼階，樂止。降自阼階，宮縣樂作，至洗位，樂止。

內侍跪取匜，興，沃水。又內侍跪取槃，興，承水。太常卿奏「請搢鎮圭」，皇帝搢鎮圭，盥手，訖，內侍跪取巾於篚，興，以進。帨手，訖。奉瓚槃官以瓚跪進，皇帝受瓚，內侍奉匜沃水，又內侍跪奉槃承水，洗瓚訖。內侍跪奉巾以進，皇帝拭瓚，訖，內侍奠槃匜，又奠巾於

篚。奉瓚槃官以槃受瓚。太常卿奏「請執鎮圭」，前導，皇帝升殿，宮縣樂作，至阼階下，樂止。

皇帝升自阼階，登歌樂作，太常卿前導，詣始祖位酌尊所，樂止。奉瓚槃官以瓚涖鬯，執尊者舉冪，侍中跪酌鬱鬯，訖，太常卿前導，入詣始祖室神位前，北向立。太常卿奏「請搢鎮圭」，跪。奉瓚槃官西向跪，以瓚授奉瓚官，奉瓚西向以瓚跪進。〔八〕太常卿奏「請執瓚以鬯祼地」。皇帝執瓚以鬯祼地，訖，以瓚授奉瓚槃官。太常卿奏「請執鎮圭」，俛伏，興，前導出戶外。太常卿奏「請再拜」，皇帝再拜，太常卿前導詣次位，並如上儀。

祼畢。太常卿奏「請還版位」，登歌樂作，至版位西向立，樂止。太常卿奏「請還小次」，前導皇帝行，登歌樂作，降自阼階，登歌樂止，宮縣樂作。將至小次，太常卿奏「請釋鎮圭」，殿中監跪受鎮圭。皇帝入小次，簾降，樂止。少頃，宮縣奏來寧之曲，以黃鍾爲宮，大呂爲角，大簇爲徵，應鍾爲羽，作仁豐道洽之舞，九成止。黃鍾三奏，大呂、太簇、應鐘各再奏，送神通用來寧之曲。

初，晨祼將畢，祝史各奉毛血及肝膋之豆，先於南神門外，齋郎奉爐炭蕭蒿黍稷，各立於肝膋之後。皇帝既晨祼畢，至樂作六成，皆入自正門，升自太階。諸太祝於階上各迎毛血肝膋，進奠於神座前。祝史立於尊所，齋郎奉爐置於室戶外之左，其蕭蒿黍稷各置於爐炭

下。齋郎降自西階，諸太祝各取肝膋燔於爐，還尊所。

進熟：皇帝升祼，太官令帥進饌者，奉陳於南神門外諸饌幔內，以西爲上。禮直官引司徒出詣饌所，與薦俎齋郎奉俎，幷薦籩豆簠簋官奉籩豆簠簋，禮直官、太官令引以序入自正門，宮縣豐寧之樂作。徹豆通用。至太階，樂止。祝史俱進徹毛血之豆，降自西階，以出。

饌升，諸太祝迎於階上，各設於神位前。先薦牛，次薦羊，次薦豕及魚。禮直官引司徒以下，降自西階，復位。諸太祝各取蕭蒿黍稷擩於脂，燎於爐炭，訖，還尊所。贊者引舉册官升自西階，詣始祖位之右，進取祝册置在版位之西，置訖，於祝册案近南立。

太常卿跪奏「請詣罍洗位」。簾捲，出次，宮縣樂作。殿中監跪進鎮圭，太常卿奏「請執鎮圭」，前導，詣罍洗位，樂止。盥手，洗爵，並如晨祼之儀。盥洗訖，太常卿奏「請執鎮圭」，前導，升殿，宮縣樂作，至阼階下，樂止。升自阼階，登歌樂作。太常卿前導，詣始祖位尊彝所，登歌樂作，至尊彝所，登歌樂止，宮縣奏大元之樂，文舞進。奉爵官以爵涖尊，執尊者舉冪，侍中跪酌犧尊之泛齊，訖，太常卿前導，入詣始祖室神位前，北向立。太常卿奏「請搢鎮圭」，跪。奉爵官以爵授進爵酒官。進爵酒官西向以爵跪進，太常卿奏「請執爵三祭酒」。三祭酒於茅苴，訖，以爵授進爵酒官，〔九〕進爵酒官以爵授奉爵官。太常卿奏「請執鎮圭」，興。

前導，出戶外。太常卿奏「請少立」，樂止。

舉册官進舉祝册，中書侍郎搢笏跪讀祝，舉祝官舉册奠訖，先詣次位。太常卿奏「請再拜」，再拜訖，太常卿前導，詣次位行禮，並如上儀。酌獻畢，太常卿前導還版位，登歌樂作，至位西向立定，樂止。太常卿奏「請還小次」，登歌樂作。降自阼階，登歌樂止，宮縣樂作。將至小次，太常卿奏「請釋鎮圭」，殿中監跪受鎮圭。入小次，簾降，樂止，文舞退，武舞進，宮縣奏肅寧之樂，作功成治定之舞，舞者立定，樂止。

皇帝酌獻訖，將詣小次，禮直官引博士，博士引亞獻，詣盥洗位，北向立，搢圭，盥手，帨手，執圭。詣爵洗位，北向立，搢圭，洗爵，拭爵以授執事者，執圭。升自西階，詣始祖位尊彝所，西向立。宮縣樂作。執事者以爵授亞獻，亞獻搢圭，執爵，執尊者舉冪，太官令酌象尊之醴齊，訖，詣始祖神位前，搢圭，跪。執事者以爵授亞獻，亞獻執爵祭酒。三祭酒於茅苴，奠爵，執圭，俛伏，興，少退，再拜，訖，博士前導，亞獻詣次位行禮，並如上儀。禮畢，樂止。

終獻除本服執笏外，餘如亞獻之儀。

七祀功臣獻官行禮畢。太常卿跪奏「請詣飲福位」，〔一〇〕簾捲，出次，宮縣樂作。殿中監跪進鎮圭，太常卿奏「請皇帝執鎮圭」，前導，至阼階下，樂止。升自阼階，登歌樂作，將至飲福位，樂止。

初，皇帝既獻訖，太祝分神位前三牲肉，各取前脚第二骨加於俎，又以籩取黍稷飯共置一籩，又酌上尊福酒合置一尊。又禮直官引司徒升自西階，東行，立於阼階上前楹間，北向。皇帝既至飲福位，西向立。登歌福寧之樂作。太祝酌福酒於爵，以奉侍中，侍中受爵捧以立。太常卿奏「請皇帝再拜」。訖，奏「請搢圭」，跪，侍中以爵北向跪以進，太常卿奏「請執爵」，「三祭酒於沙池」。又奏「請啐酒」，皇帝啐酒，訖，以爵授侍中。太常卿奏「請受胙」。太祝以黍稷飯籩授司徒，司徒跪奉進，皇帝受以授左右。太祝又以胙肉俎跪授司徒，司徒受俎訖跪進，皇帝受以授左右。禮直官引司徒退立，侍中再以爵酒跪進。太常卿奏「請皇帝受爵飲福」。飲福訖，侍中受虛爵以興，以授太祝。太常卿奏「請執圭」，俛伏，興。又奏「請皇帝再拜」，再拜訖，樂止。太常卿前導，皇帝還版位，登歌樂作，俟至位，樂止。

太祝各進徹籩豆，登歌豐寧之樂作，卒徹，樂止。奉禮曰：「賜胙行事，助祭官再拜。」贊者承傳，在位官皆再拜，宮縣來寧之樂作，一成止。太常卿奏「禮畢」，前導，降自阼階，登歌樂止，宮縣樂作，出門，宮縣樂止，傘扇仗衛如常儀。太常卿奏「請釋鎮圭」，殿中監跪受鎮圭，皇帝還大次。通事舍人、禮直官、贊者各引享官、宗室子孫及從享羣官，以次出。及引導駕官東神門外大次前祗候，前導如來儀。贊者引御史已下俱復執事位，立定。奉禮曰「再拜」，皆再拜。贊者引工人、舞人以次出。大禮使帥諸禮官、太廟令、太祝、宮闈令，升納

神主如常儀。禮畢，禮直官引大禮使已下降自西階，至橫街，再拜而退。其祝册藏於匱。

七祀功臣分奠，如祫享之儀。

時享。

有司行事。前期，太常寺舉申禮部，關學士院司天臺，擇日。以其日報太常寺。前七日，受誓戒於尚書省。其日質明，禮直官設位版於都堂之下，依已定誓戒圖，禮直官引三獻官，并應行事執事官等，各就位，立定，贊「揖」，在位官皆對揖，訖，禮直官以誓文奉初獻官，初獻官搢笏，讀誓文：「某月某日，孟春薦享太廟，各揚其職。不恭其事，國有常刑。」讀訖，執笏。七品以下官先退，餘官對拜訖乃退。

散齋四日，治事如故，宿於正寢，唯不弔喪、問疾、作樂、判署刑殺文字決罰罪人及預穢惡。致齋，三日於本司，唯享事得行，其餘悉禁，一日於享所。已齋而闕者，通攝行事。

前三日，兵部量設兵衛，列於廟之四門。前一日，禁斷行人。儀鸞司設饌幔十一所於南神門外西，南向。又設七祀司命、戶二位於橫街之北，道西，東向。又設羣官齋宿次於廟門之東西舍。

前二日，大樂局設登歌之樂於殿上。太廟令帥其屬，掃除廟殿門之內外，於室內鋪設神位於北墉下，當戶南向。設几於筵上。又設三獻官拜褥位二。一在室內，一在室外。學士院定撰祝文訖，計會通進司請御署，降付禮部，置於祝案。祠祭局濯溉祭器與尊彝訖，鋪設如儀。內太尊二、山罍二在室。犧尊五、象尊五、鷄彝一、鳥彝一在室戶外之左，爐炭稍前。著尊二、犧尊二在殿上，象尊二、壺尊六在下。俱北向西上，加冪，皆設而不酌。并設獻官罍洗位。禮部設祝案於室戶外之右。禮直官設位版并省牲位，如式。

前一日，諸太祝與廩犧令以牲就東神門外。司尊彝與禮直官及執事皆入，升自西階，以俟。禮直官引太常卿，贊者引御史，自西階升，遍視滌濯。〔二〕執尊者舉冪告潔，訖，引降就省牲位。廩犧令少前，曰「請省牲」，退復位。太常卿省牲，廩犧令及太祝巡牲告備，皆如郊社儀。既畢，太祝與廩犧令以次牽牲詣廚，授太官令。贊者引光祿卿詣廚，請省鼎鑊，申視滌溉。贊者引御史詣廚，省饌具，訖，與太常卿等各還齋所。太官令帥宰人以鸞刀割牲，祝史各取毛血，每室共實一豆，又取肝膋共實一豆，置饌所，遂烹牲。光祿卿帥其屬，入實祭器。良醞令入實尊彝。

享日質明，百官各服其品服。禮直官、贊者先引御史、博士、太廟令、太官令、諸太祝、祝史、司尊彝與執罍篚官等，入自南門，當階間，北面西上，立定。奉禮曰「再拜」，贊者承傳，皆再拜。訖，贊者引太祝與宮闈令，升自西階，詣始祖室，開祏室，太祝捧出帝主，宮闈令捧出后主，置於座。帝主在西，后主在東。贊者引太祝與宮闈令，降自西階，俱復位。奉禮曰「再拜」，贊者承傳，在位官皆再拜，訖，俱各就執事位。大樂令帥工人入。禮直官、贊者分引三獻官與百官，俱自南東偏門入，至廟庭橫街上，三獻官當中，北向西上，應行事執事官并百官，依品，重行立。奉禮曰「拜」，贊者承傳，應北向在位官皆再拜。其先拜者不拜。拜訖，贊者引三獻官詣廟殿東階下西向位，其餘行事執事官與百官，俱各就位。訖，禮直官詣初獻官前，〔三〕稱「請行事」。協律郎跪，俛伏，興，樂作。禮直官引初獻詣盥洗位，北向立定，樂止。搢笏，盥手，帨手，執笏。詣爵洗位，北向立，搢笏，洗瓚，拭瓚，以瓚授執事者，執笏，升殿，樂作。至始祖室尊彝所，西向立，樂止。執事者以瓚奉初獻官，初獻官搢笏，〔四〕執瓚。執尊者舉冪，太官令酌鬱鬯，訖，初獻以瓚授執事者，執笏，詣始祖室神位前，樂作，北向立，搢笏，跪。執事者以瓚授初獻官。初獻官執瓚，以鬯祼地，訖，以瓚授執事者，執笏，俛伏，興，出戶外，北向，再拜，訖，樂止。每室行禮，並如上儀。禮直官引初獻降復位。

初獻將升祼，祝史各奉毛血肝膋豆，及齋郎奉爐炭蕭蒿黍稷篚，各於饌幔內以俟。初獻晨祼訖，以次入自正門，升自太階。諸太祝皆迎毛血肝膋豆於階上，俱入奠於神座前。齋郎所奉爐炭蕭蒿篚，皆置於室戶外之左，與祝史俱降自西階以出。諸太祝取肝膋，洗於鬱

鬯，燔於爐炭，訖，還尊所。

享日，有司設羊鼎十一、豕鼎十一於神廚，各在鑊右。初獻既升祼，光祿卿帥齋郎詣廚，以匕升羊於鑊，實于一鼎，肩、臂、臑、肫、胳、正脊一、橫脊一、長脅一、短脅一、代脅一，皆二骨以並。次升豕如羊，實于一鼎。每室羊豕各一鼎，皆設扃冪。齋郎對舉，入鑊，放饌幔前。〔四〕齋郎抽扃，委于鼎右，除冪。光祿卿帥太官令，以匕升羊，載于一俎，肩臂臑在上端，肫胳在下端，脊脅在中。次升豕如羊，各載于一俎。每室羊豕各一俎。齋郎即以扃舉鼎先退，置于神廚，訖，復還饌幔所。禮直官引司徒出詣饌幔前，立以俟。光祿卿帥其屬，實籩以粉餈，實豆以糝食，實簠以粱，實簋以稷。俟初獻祼畢，復位，祝史俱進徹毛血之豆，降自西階以出。禮直官引司徒，帥薦籩豆簠簋官、奉俎齋郎，各奉籩豆簠簋羊豕俎，每室以序而進，立於南神門之外以俟，羊俎在前，豕俎次之，籩豆簠簋又次之。入自正門，樂作，升自太階，諸太祝迎引於階上，樂止。各設於神位前，訖，禮直官引司徒以下，降自西階，樂作，復位，樂止。諸太祝各取蕭蒿黍稷擩於脂，燔於爐炭，還尊所。

禮直官引初獻詣罍洗位，樂作，至位，北向立，樂止。搢笏，盥手，帨手，執笏。詣爵洗位，北向立，搢笏，洗爵，拭爵，以爵授執事者，執笏，升殿，樂作，詣始祖室酌尊所，西向立，樂止。執事者以爵授初獻。初獻搢笏執爵，執事者舉冪，太官令酌犧尊之泛齊，訖，次詣

第二室酌尊所，如上儀。詣始祖神位前，樂作，北向立，搢笏跪，執事者以爵授初獻，初獻執爵，三祭酒於茅苴，奠爵，執笏，俛伏，興，出室戶外，北向立，樂止。贊者引太祝詣室戶外，東向，搢笏，跪讀祝文。〔一五〕讀訖，執笏，興。次詣第二室。次詣每室行禮，並如上儀。初獻降階，樂作，復位，樂止。

禮直官次引亞獻詣盥洗位，北向立，搢笏，盥手，帨手，執笏。詣爵洗位，北向立，搢笏，洗爵，拭爵以授執事官。執笏，升殿，詣始祖酌尊所，西向立，執事者以爵授亞獻。亞獻搢笏，執爵，執尊者舉冪，太官令酌象尊之醴齊，訖，次詣第二室酌尊所，如上儀。詣始祖神位前，樂作，北向立，搢笏，跪，執事者以爵授亞獻。亞獻執爵，三祭酒于茅苴，奠爵，執笏，俛伏，興，出戶外，北向再拜，訖，樂止。次詣每室行禮，並如上儀。降階，樂作，復位，樂止。

禮直官次引終獻詣盥洗、及升殿行禮，並如亞獻之儀，降復位。

次引太祝徹籩豆，少移故處。樂作，卒徹，樂止。俱復位。禮直官曰「賜胙」，贊者承傳曰「賜胙，再拜」，在位者皆再拜。禮直官引太祝、宮闈令奉神主，太祝搢笏，納帝主於匱，奉入祏室，執笏，退復位。次引宮闈令納后主於匱，〔一六〕奉入祏室，並如上儀，退復位。禮直官、贊者引行事、執事官各就位，奉禮曰「再拜」，贊者承傳，應在位官皆再拜。禮直官、贊者引百官次出，大樂令帥工人次出，太官令帥其屬，徹禮饌，次引監祭御史詣殿監視卒徹，

訖，還齋所。太廟令闔戶以降。太常藏祝版於匱。〔一七〕光祿以胙奉進，監祭御史就位展視，光祿卿望闕再拜，乃退。

其七祀，夏竈、中霤，秋門、厲，冬行，鋪設祭器，入實酒饌，俟終獻將升獻，獻官行禮，并讀祝文。每歲四孟月并臘五享，〔一八〕并如上儀。

校勘記

〔一〕金初無宗廟　據本志文例，此句上當脫「宗廟」二字。

〔二〕天輔七年九月　「九」原作「八」。按本書卷二太祖紀，金太祖以天輔七年八月死，九月葬。今據改。

〔三〕其始祖之龕六　「始」原作「世」。按上文「爲始祖廟，祔德帝、安帝、獻祖、昭祖、景祖祧主五」，而世祖室僅祔肅宗，不得有六龕。下文「始祖東向」，知此確是始祖之室。今改正。

〔四〕若特升世宗顯宗卽係九世　「升」原作「非」。據殿本改。

〔五〕於繅席上　原脫「席」字。按「繅席」二字是一詞，上文屢見。今據補。

〔六〕享前三日　據本志文例，此上當脫「陳設」二字。

〔七〕俱還齋所　「還」原作「遂」。據殿本改。

〔八〕奉瓚西向以瓚跪進　原脫「奉瓚」二字。據殿本補。

〔九〕以爵授進爵酒官　原脫「酒」字。據殿本補。

〔一〇〕請詣飲福位　原脫「請」字。據殿本補。

〔一一〕遍視滌濯　「視」原作「親」。按大金集禮以下簡稱集禮卷一八時享上，爲本志所本，作「視」，殿本同。今據改。

〔一二〕禮直官詣初獻官前　原脫「直」字。按上下文皆作「禮直官」，集禮卷一八同。今據補。

〔一三〕初獻官搢笏　原脫「初」字。按上下文皆作「初獻官」，集禮卷一八同。今據補。

〔一四〕齋郎對舉入鑊放饌幔前　據集禮卷一八無「入鑊」二字。

〔一五〕跪讀祝文　原重複一「祝」字。據集禮卷一八刪。

〔一六〕次引宮闈令納后主於匱　「闈」原作「衞」。據集禮卷一八改。

〔一七〕太常藏祝版於匱　「匱」集禮卷一八作「匵」。

〔一八〕每歲四孟月并臘五享　「并」字原在「每歲」之上，文義不明。今據集禮卷一八乙正。

金史卷三十一

志第十二

禮四

奏告儀　皇帝恭謝儀　皇后恭謝儀　皇太子恭謝儀
薦新　功臣配享　陳設寶玉　雜儀

奏告儀。

皇帝卽位、加元服、受尊號、納后、册命、巡狩、征伐、封祀、請謚、營修廟寢，凡國有大事皆告。或一室，或遍告及原廟，並一獻禮，用祝幣。皇統以後，凡皇帝受尊號、册皇后太子、禘祫、升祔、奉安、奉遷等事皆告，郊祀則告配帝之室。

大定十四年三月十七日，詔更御名，命左丞相良弼告天地，平章守道告太廟，左丞石琚告昭德皇后廟，禮部尚書張景仁告社稷，及遣官祭告五嶽。前期二日，太廟令掃除廟內外，設告官以下次所。前一日，行事官赴祀所清齋。告日前三刻，[一]禮直官引太廟令帥其屬，入殿開室戶，掃除鋪筵，設几於北墉下，如時享儀。禮直官帥祀祭官陳幣篚於室戶之左，陳祝版於室戶之右案上。及設香案祭器，皆藉以席。每位各左一籩實以鹿脯，右一豆實以鹿臡。犧尊一，置於坫，加勺、冪，在殿上室戶之左，北向，實以酒，每位一瓶。設燭於神位前。又設盥爵洗位橫街之南稍東。[二]設告官褥位，於殿下東階之南，西向，餘官在其後稍南。又設望燎位於西神門外之北。

告日未明，禮直官引太廟令、太祝、宮闈令入，當階間北面西上立定。奉禮贊「再拜」，訖，升自西階，太祝、宮闈令各入室，出神主設於座，如常儀。次引告官入，就位。禮直官稍前，贊「有司謹具，請行事」，又贊「再拜」，在位者拜，訖，禮直官引告官就盥洗位，盥手，訖，詣神位前，搢笏，跪，三上香。執事者以幣授奉禮郎，西向授告官。告官受幣，奠訖，執笏，俛伏，興，退就戶外位，再拜。詣次位行禮如上儀，訖，降復位。少頃，引告官再詣爵洗位，讀祝，舉祝官後從。至位，北向立，搢笏，洗拭爵，訖，授執事者。執笏升，詣酒尊所，西向立，執爵，執尊者舉冪酌酒，告官以授執事者。詣神位前，北向，搢笏，跪，執爵三祭酒，執笏，俛

伏，興，退就戶外位，北向立俟，讀祝文，訖，再拜。詣次位行禮如上儀。訖，與讀祝官皆復位。禮直官贊曰「再拜」，在位者皆再拜。次引告官以下詣望燎位，執事者取幣帛祝版置於燎，禮直官曰「可燎」。半柴，禮直官贊「禮畢」，告官以下退。署令闔廟門，瘞祝于坎。

貞元四年正月，上尊號。前三日，遣使奏告天地，於常武殿拜天臺設褥位，昊天上帝居中，皇地祇居西少却，行一獻禮。

大定七年正月十三日，上尊號。[三]前三日，命皇子判大興尹許王告天地，判宗正英王文告太廟。於自來拜天處設昊天上帝位，當中南向，皇地祇位次西少却，並用坐褥位牌及香酒脯臡等。祝版三，學士院撰告祝文，書寫訖，進請御署，訖，以付禮部，移文宣徽院，幷差控鶴官用案舁，覆以黃羅帕，隨所差告官詣祀所。

前一日，告官等就局所致齋一日。告日質明，宣徽院、太常寺鋪設供具如儀。閤門舍人一員、太常博士一員引告官各服其服，以次就位。禮直官、舍人稍前，贊「有司謹具，請行事」。贊者曰「拜」，在位者皆再拜。

禮直官先引執事官各就位。舍人博士次引告官詣盥洗、爵洗位，北向立，搢笏，盥手，帨手，洗爵，拭爵。執笏，詣酒尊所，搢笏，執爵，司尊者舉冪酌酒，告官以爵授奉爵酒官，[四]執笏詣昊天上帝、皇地祇神位前再拜，每位三上香，跪奠酒，訖，以爵授奉爵官，執笏，俛伏，興。舉祝官跪舉，讀訖，俛伏，興。告官再拜。告畢。引告官以下降復位，再拜，訖，詣望燎位，燔祝版，再拜。半燎，告官已下皆退。

皇帝恭謝儀。

大定七年正月，世宗受尊號，禮畢恭謝。

前三日，太廟令帥其屬，洒掃廟庭之內外及陳設。尙舍於廟南門之西，設饌幔一十一室。殿中監帥尙舍視大次殿，又設皇帝版位於始祖神位前北向，又設飲福位於版位西南少却，又設隨室奠拜褥位於神座前。大樂令設登歌於殿上，宮縣於殿下。又設皇太子位於阼階東南，又設親王位於其南稍東，宗室王使相位於其後。又設太尉、司徒以下行事官位於殿西階之西，東向，每等異位。又設文武羣官位於橫階之南，東、西向。又設御洗位於阼階之東，又設太尉洗位於西階下橫階之南。又設齋郎位於東班羣官之後。又設盥洗等官、幷

奉禮、贊者、大司樂、協律郎、大樂令等位，各如祫享之儀。又設尊彝祭器等於殿之上下，如時享之儀。

前一日，禮官御史帥其屬，省牲，視濯滌，如常儀。

其日質明，禮官御史帥太廟官、太祝官、宮闈令出神主，如時享儀。有司列黃麾仗二千人於應天門外。尙輦進金輅於應天門內。午後三刻，宣徽院奏請皇帝赴齋宿殿，文武羣官並齋宿於所司。

謝日質明，侯諸衛各勒所部屯門列仗。導駕官分左右侍立於殿階下，並朝服。通事舍人引侍中詣齋殿，俛伏，跪稱「臣某言，請中嚴」，俛伏，興。凡侍中奏請，准此。皇帝服通天冠、絳紗袍。少頃，侍中奏「外辦」，皇帝出齋殿，即御座，羣官起居訖，侍中奏「請升輦」，皇帝升輦以出，侍衛警蹕如常儀。導駕官前導，至應天門，侍中奏「請降輦升輅」，皇帝升輅，門下侍郎俛伏，跪奏「請車駕進發」，俛伏，興。凡門下侍郎奏請，准此。車駕動，警蹕如常儀。至應天門外，門下侍郎奏「請車駕少駐，勅侍臣上馬」。侍中前承旨，退稱曰「制可」。門下侍郎退，傳制稱「侍臣上馬」，通事舍人承傳「勅侍臣上馬」。導駕官分左右前導，門下侍郎奏「請車駕進發」。車駕動，稱「警蹕」，不鳴鼓吹。典贊儀引皇太子常服乘馬至廟中幕次，更服遠遊冠、朱明衣，執圭。通事舍人文武羣官並朝服。於廟門外班迎。車駕至廟門，侍

中於輅前奏「請降輅」，導駕官步入廟門稍東，侍中奏「請升輦」，皇帝升輦，傘扇侍衛如常儀。至大次，侍中奏「請降輦，入就大次」。皇帝入大次。

通事舍人分引文武羣官由南神東西偏門入廟庭，東西相向立。禮直官引太尉以下行事官詣横街北向，再拜，訖，禮直官引太尉詣盥洗位，搢笏，盥手，帨手，執笏，詣爵洗位，北向立，搢笏，洗瓚，拭瓚，以瓚授執事者，執笏，由西階升殿，詣始祖尊彝所，西向立。執事者以瓚奉太尉，太尉搢笏，執瓚酌鬯，詣神位前，以鬯祼地，訖，以虛瓚授執事者，執笏，俛伏，興，出戶外北向，再拜，訖。次詣隨室並如上儀。禮畢，降自西階，復位。禮直官引司徒出詣饌所，引薦俎齋郎奉俎，幷薦籩豆簠簋官奉籩豆簠簋，及太官令，以序入自正門，宮縣樂作，至大階，樂止。諸太祝迎於階上，各設於神座前。先薦牛，次薦羊，次薦豕，訖，禮直官引司徒已下降階復位。典贊儀引皇太子、通事舍人引親王，由南神東偏門入，詣褥位。禮直官引中書侍郎、舉册官等升自西階，詣始祖室前，東西立。

通事舍人引侍中詣大次前，奏「請中嚴」，皇帝服衮冕。少頃，侍中奏「外辦」。侍中詣廟庭本位立，皇帝將出大次，禮儀使與太常卿贊導。凡禮儀使與太常卿贊導，並博士前引，俛伏，跪稱「臣某贊導皇帝行禮」，俛伏，興。前導至東神門，撤傘扇，近侍者從入。殿中監跪進鎭圭，禮儀使奏「請執圭」，皇帝執圭，宮縣樂作。奏「請詣罍洗位」，至位，樂止。內侍跪取匜，興，沃水。又內侍跪取槃，承水。時寒，預備溫水。禮儀使奏「請搢鎭圭」，皇帝搢鎭圭，盥手。內侍跪取巾於篚，興，進，皇帝帨手，訖，奉爵官以爵跪進，皇帝受爵，內侍捧匜沃水，又內侍跪捧槃承水，皇帝洗爵，訖，內侍跪奉巾以進，皇帝拭爵，訖，內侍奠槃匜，又奠巾於篚。奉爵官受爵。禮儀使奏「請執鎭圭」，前導皇帝升殿，左右侍從量人數升，宮縣樂作。皇帝至阼階下，樂止。皇帝升自阼階，登歌樂作。禮儀使前導，皇帝至版位，樂止，奏「請再拜」。奉禮郎贊「皇太子已下在位羣官皆再拜」。贊者承傳，皆再拜。禮儀使前導，皇帝詣始祖尊彝所，樂作，至尊所，樂止。奉爵官以爵涖尊，執尊者舉冪，侍中跪酌犧尊之泛齊，訖，禮儀使導皇帝至版位，再拜，訖，禮儀使奏「請詣始祖神位前褥位」，登歌樂作。禮儀使奏「請搢圭」，跪，奉爵官以爵授奉爵酒官以進。禮儀使奏「請執爵」，皇帝執爵，三奠酒，訖，以虛爵授奉爵酒官。禮儀使奏「請執圭」，興，樂止。奉爵酒官以爵授奉爵官。禮儀使奏「請詣隨室」，並如上儀。

禮直官先引司徒升自西階，立於飲福位之側，酌獻將畢，奉胙，酌福酒。太祝從司徒立於其側，酌獻畢，侍中亦立於其側。禮儀使奏「請皇帝詣版位」，北向立，登歌樂作，至位樂止。中書侍郎跪讀册，訖，舉册官奠，訖，禮儀使奏「請皇帝再拜」，拜訖，禮儀使奏「請詣飲福位」，登歌樂作。至位，太祝酌福酒於爵，時寒預備溫酒，以奉侍中，侍中受爵奉以立。禮

儀使奏「請搢圭」，跪，侍中以爵北向跪以進，禮儀使奏「請執爵」，三祭酒。禮儀使奏「請飲福」，飲福訖，以虛爵授侍中。禮儀使奏「請受胙」，司徒跪以黍稷飯籩進，皇帝受以授左右。司徒又跪以胙肉進，皇帝受以授左右。禮儀使奏「請執圭」，興，〔五〕再拜訖，樂止。禮儀使前導，皇帝還版位，登歌樂作，至位樂止。

太祝各進徹籩豆，登歌樂作。卒徹，樂止。奉禮曰「賜胙」，贊「皇太子已下在位羣官皆再拜」。贊者承傳，皆再拜，宮縣作，一成止。禮儀使奏「請皇帝再拜」，奉禮郎贊「皇太子已下在位官皆再拜」。拜訖，禮儀使奏「禮畢」，前導皇帝降阼階，登歌樂作，至階下樂止。宮縣作，前導皇帝出東神門，樂止。傘扇侍衛如常儀。禮儀使奏「請釋圭」，殿中監跪受鎭圭。至大次，轉仗衛於還途，如來儀。禮官御史帥其屬，納神主、藏册如儀。

少頃，通事舍人引侍中奏「請中嚴」，皇帝服通天冠、絳紗袍。少頃，侍中奏「外辦」。侯尙輦進輦，侍中奏「請降座升輦」。皇帝升輦，傘扇侍衛如常儀。至南神門稍東，侍中奏「請降輦步出廟門」。皇帝步出廟門，至輅，侍中奏「請升輅」，皇帝升輅。門下侍郎奏「請車駕少駐，勅侍臣上馬」，侍中前承旨，〔六〕退稱曰「制可」，門下侍郎退，傳制稱「侍臣上馬」。通事舍人承傳「勅侍臣上馬」。車駕還內，鼓吹振作，至應天門外，百官班迎起居，宮縣奏采茨之曲。入應天門內，侍中奏「請降輅乘輦」。皇帝降輅乘輦以入，傘扇侍衛警蹕如常儀。皇

帝入宮，至致齋殿，侍中奏「解嚴」。通事舍人承旨「勅羣臣各還次，將士各還本所」。

皇后恭謝儀。

皇后既受册，前一日，齋戒於別殿。內命婦應從入廟者俱齋戒一日。其日未明二刻，有司陳設儀仗於后車之左右，以次排列。外命婦先自太廟後門入，內命婦妃嬪已下俱詣殿庭，起居訖，宣徽使版奏「中嚴」，少頃，又奏「外辦」。首飾褘衣，御肩輿，取便路至車所。內侍奏「請降輿升車」，既升車，奏「請進發」。車出元德東偏門，內命婦妃嬪已下自殿門外上車，由左掖門出，從至太廟門外，儀仗止於門外，回車南向。內侍奏「請降車升輿」，后降車升輿，就東神門外幄次，下簾。內命婦妃嬪已下降車，入就陪列位。內侍引外命婦詣幄次前，起居訖，並赴殿庭陪列位。

少頃，宣徽使詣幄次，贊「行朝謁之禮」，簾卷，宣徽使前導，詣殿庭階下西向褥位立。宣徽使贊「再拜」，內外命婦皆再拜。宣徽使前導，升東階，詣始祖皇帝神位香案前褥位，宣徽使奏「請三上香」，又奏「再拜」，拜訖。宣徽使前導，次詣獻祖已下十室，並如上儀。宣徽使奏「禮畢」，導歸幄次。宣徽使奏「請解嚴」。內外命婦還幕次。

少頃，轉仗還內如來儀，外命婦退。內侍奏「請御輿」，出至車所，奏「請升車」，既升車，奏「請進發」。內命婦上車。至元德東偏門，內侍奏「請降車升輿」，后御輿，取便路還內，內命婦從入。册禮畢，百官上表稱賀，并以牋賀中宮。

皇太子恭謝儀。

其日質明，東宮應從官各服朝服，所司陳鹵簿金輅於左掖門外。皇太子服遠游冠、朱明衣，升輿以出，至金輅所，降輿升輅。左庶子已下夾侍。三師、三少乘馬導從，餘官亦皆乘馬以從。東行，由太廟西階轉至廟，〔七〕不鳴鐃吹。至廟西偏門外降輅步進，由東偏門入幄次，改服袞冕。出次，執圭自南神東偏門入，宮官幷太常寺官皆從。皇太子入詣殿庭東階之東，西向立，典儀贊「再拜」，訖，升自西階，詣始祖神位前北向，再拜，訖，以次詣逐室行禮，並如上儀。訖，降自西階，復西向位俟，典儀稱「禮畢」。出東神北偏門，謁別廟如上儀。訖，歸幄次，改服遠游冠、朱明衣。出次，步至廟門外升輅，過廟門鳴鐃而行。至左掖門外降輅，升輿以入。將士各還本所。後一日於東宮受羣官賀，如元正受賀之儀。

薦新。

天德二年，命有司議薦新禮，依典禮合用時物，令太常卿行禮。正月，鮪，明昌間用牛魚，無則鯉代。二月，雁。三月，韭，以卵、以葑。四月，薦冰。五月，筍、蒲，羞以含桃。六月，彘肉、小麥仁。七月，嘗雛雞以黍，羞以瓜。八月，羞以芡、以菱、以栗。九月，嘗粟與稷，羞以棗、以梨。十月，嘗麻與稻，羞以兔。十一月，羞以麕。十二月，羞以魚。從之。大定三年，有司言「每歲太廟五享，若復薦新，似涉繁數。擬遇時享之月，以所薦物附於籩豆薦之，以合古者『祭不欲數』之義」。制可。牛魚狀似鮪，鮪之類也。

功臣配享。

明昌五年閏十月丙寅，以儀同三司代國公歡都、銀青光祿大夫冶訶、特進劾者、開府儀同三司盆納、儀同三司拔達，配享世祖廟庭。

天德二年二月，太廟祫享，有司擬上配享功臣，詔以撒改、辭不失、斜也杲、斡魯、阿思魁忠東向，配太祖位。以粘哥宗翰、斡里不宗望、闍母、婁室、銀朮可西向，配太宗位。大定

三年十月，祫享，又以斜也、斡魯、撒改、習不失、〔八〕阿思魁配享太祖，宗望、闍母、宗翰、婁室、銀朮哥配享太宗。其後，次序屢有更易。

八年，上命圖畫功臣於太祖廟，有司第祖宗佐命之臣，勳績之大小，官資之崇卑以次上聞。乃定左廡：開府金源郡王撒改、皇伯太師右副元帥宋王宗望、開府金源郡王斡魯、皇伯太師梁王宗弼、開府金源郡王婁室、皇叔祖元帥左都監魯王闍母、開府隋國公阿离合懣、儀同三司兗國公劉彥宗、右丞相齊國簡懿公韓企先、特進宗人習失；〔九〕右廡：太師秦王宗翰、皇叔祖遼王杲、開府金源郡王習不失、〔一〇〕開府金源郡王完顏希尹、太傅楚王宗雄、開府前燕京留守金源郡王完顏銀朮哥、開府金源郡王完顏忠、金源郡王完顏撒离喝、特進宗人斡魯古、右丞相金源郡王紇石烈志寧。

十六年，左廡遷梁王宗弼於斡魯上。十八年，黜習失，〔一一〕而次蒲家奴於阿离合懣下。二十二年，增皇伯太師遼王斜也。

至明昌四年，次序始定，東廊：皇叔祖遼智烈王斜也杲、皇伯太師遼忠烈王宗幹斡本、〔一二〕皇伯太師右副元帥宋桓肅王訛魯補宗望、開府儀同三司金源郡毅武王習不失、〔一三〕開府儀同三司金源郡貞憲王完顏谷神希尹、太傅楚威敏王謀良虎宗雄、開府儀同三司燕京留守金源郡襄武王完顏銀朮可、〔一四〕開府儀同三司金源郡明毅王完顏忠阿思魁、金源郡莊

襄王杲撒离喝、特進宗人斡里古莊翼、特進完顏習失威敬，〔一五〕太師尚書令淄忠烈王徒單克寧、太師尚書令南陽郡文康王張浩；西廊：開府儀同三司金源郡忠毅王撒改、太師秦桓忠王粘罕宗翰、皇伯太師梁忠烈王斡出宗弼、開府儀同三司金源郡剛烈王斡魯、開府儀同三司金源郡莊義王完顏婁室、皇叔祖元帥左都監魯莊明王闍母、開府儀同三司隋國剛憲公阿离合懣、開府儀同三司豫國襄毅公蒲家奴昱、開府儀同三司兗國英敏公劉彥宗、右丞相齊國簡懿公韓企先、太保尚書令廣平郡襄簡王李石、開府儀同三司右丞相金源郡武定王紇石烈志寧、開府儀同三司左丞相沂國公僕散忠義、儀同三司左丞相崇國公紇石烈良弼、右丞相莘國公石琚、右丞相申國公唐括安禮、開府儀同三司平章政事徒單合喜、參知政事宗敍。每一朝爲一列，著爲令。

寶玉。

凡天子大祀，則陳八寶及勝國寶於庭，所以示守也。金克遼宋所得寶玉，及本朝所製，今并載焉。

獲於遼者，玉寶四、金寶二。玉寶：「通天萬歲之璽」一，「受天明命惟德乃昌」之寶一，

皆方三寸，〔一六〕「嗣聖」寶一，御封不辨印文寶一。金寶：「御前之寶」一，「書詔之寶」一，二寶金初用之。

獲於宋者，玉寶十五，金寶七、印一，金塗銀寶五。玉寶：受命寶一，咸陽所得，三寸六分，文曰「受命于天，既壽永昌」，相傳爲秦璽，白玉螽，螭紐；傳國寶一，螭紐；鎭國寶一，二面並碧色，〔一七〕文曰「承天休，延萬億，永無極」；又受命寶一，文曰「受命于天，既壽永昌」；「天子之寶」一，「天子信寶」一，「天子行寶」一；「皇帝之寶」一，「皇帝信寶」一，「皇帝行寶」一，「皇帝恭膺天命之寶」二，皆四寸八分，螭紐；「御書之寶」二，一龍紐，一螭紐；「宣和御筆之寶」一，螭紐。金寶并印：「天下同文之寶」一，龍紐；「御前之寶」三；「御書之寶」一；「宣和殿寶」一；「皇后之寶」一；「皇太子寶」一，龜紐；「皇太子妃」印一，龜紐。金塗銀寶：「皇帝欽崇國祀之寶」一，「天下合同之寶」一，「御前之寶」一，「御前錫賜之寶」一，「書詔之寶」一。外有宋內府圖書印三十八，「內府圖書之印」一、「御書」三、「御筆」一、「御畫」一、「御書玉寶」一、「天子萬年」一、「天子萬壽」一、「龜龍上珍」一、「河洛元瑞」二、「雲漢之章」一、「奎璧之文」一、「華國之瑞」一、「大觀中祕」一、「大觀寶篆」一、「政和」一、「宣和」三、「宣和御覽」一、「宣和中祕」一、「宣和殿制」一、「宣和大寶」一、「宣和書寶」二、「宣和畫寶」一、「常樂未央」一、古文二、「封」四，共三十五面，〔一八〕並玉。「封」字一、「御畫」一，二面並馬瑙。「政和御筆」一，係水晶。玄圭一，白玉圭一十九。

本朝所製。國初就用遼寶，皇統五年始鑄金「御前之寶」一、「書詔之寶」一。大定十八年，得美玉，詔作「大金受命萬世之寶」，其制徑四寸八分、厚寸四分，盤龍紐高厚各四寸六分。〔一九〕二十三年，又鑄「宣命之寶」，其徑四寸二釐，厚一寸四分，紐高一寸九分，字深二分。勅有司議所當用，奏「今所收八寶及皇統五年造『御前之寶』，賜宋國書及常例奏目則用之，『書詔之寶』，賜高麗、夏國詔并頒詔則用之。大定十八年造『大金受命萬世之寶』，奉勅再議。今所鑄金寶宜以進呈爲始，一品及王公妃用玉寶，二品以下用金『宣命之寶』」。又有「禮信之寶」，用銅，歲賜三國禮物緘封用之，明昌間更以銀。又有太皇太后、皇太后、皇后、皇太妃寶，又有皇太子及守國寶，皆用金。大定二十四年，皇太子寶，金鑄龜紐，有司定其文曰「監國」，上命以「守」易「監」，比親王印廣長各加一分。

雜儀。

大定三年八月，有司議：「祫享犧牲品物，按唐開元禮、宋開寶禮每室犢一、羊一、豬一，五禮新儀每室復加魚十有五尾。天德、貞元例，與唐、宋同，有司行事則不用太牢，七祀功臣羊各二，酒共二百一十瓶。正隆減定，通用犢一，兩室共用羊一豕一，酒百瓶，此於禮有

闕。今七祀功臣牲酒請依天德制，宗廟每室則用宋制，加魚。然每室一犢復恐太豐。」世宗乃命每祭共用一犢，羊豕如舊。又以九月五日祫享，當用鹿肉五十斤、獐肉三十五斤、兔十四頭爲醬醢，以貞元、正隆時方禁獵，皆以羊代，此禮殊爲未備，詔從古制。

十年正月，詔宰臣曰：「古禮殺牛以祭，後世有更者否？其檢討典故以聞。」有司謂：「自周以來，下逮唐、宋，祫享無不用牛者。唐開元禮時享每室各用太牢一，至天寶六年始減牛數，太廟每享用一犢。宋政和五禮新儀時享太廟，親祀用牛，有司行事則不用。宋開寶二年詔，昊天上帝、皇地祇用犢，餘大祀皆以羊豕代之。合二羊五豕足代一犢。今三年一祫乃爲親祠，其禮至重，每室一犢恐難省減。」遂命時享與祭社稷如舊，若親祠宗廟則共用一犢，有司行事則不用。

十二年十月，祫享，以攝官行事，詔共用三犢。二十二年十月，詔祫禘共用三犢，有司行事則以鹿代。昭德皇后廟大定十九年禘祭，不用犢。

大定二十九年，章宗即位，禮官言：「自大定二十七年十月祫享，至今年正月世宗升遐，故四月不行禘禮。按公羊傳，閔公二年『吉禘于莊公』，言吉者未可以吉，謂未三年也。注：『謂禘祫從先君數，朝聘從今君數，三年喪畢，遇禘則禘，遇祫則祫。』故事，宜於辛亥歲爲大祥，三月禫祭，踰月則吉，則四月一日爲初吉，適當孟夏禘祭之時，可爲親祠。」詔從之。及

期，以孝懿皇后崩而止。

五月，禮官言：「世宗升祔已三年，〔三〇〕尚未合食於祖宗，若來冬遂行祫禮，伏爲皇帝見居心喪，喪中之吉春秋譏其速，恐冬祫未可行。然周禮王有哀慘則春官攝事，竊以世宗及孝懿皇后升祔以來，未曾躬謁，豈可令有司先攝事哉。況前代令攝事者止施于常祀，今乞依故事，三年喪畢，祫則祫，禘則禘，於明昌四年四月一日釋心喪，行禘禮。」上從之。

明昌三年十二月，尚書省奏：「明年親禘，室當用犢一。欽懷皇后祔于明德之廟，按大定三年祫享，明德皇后室未嘗用犢」，勅欽懷皇后亦用之。〔三一〕上因問拜數，右丞璋具對，上曰：「世宗聖壽高，故殺其數，亦不立於位，今當從禮而已。」

大定六年，定晨祼行禮，自大次至板位先見神之禮，兩拜。再至板位，又兩拜。祼鬯畢，還板位，再兩拜。還小次，酌獻時，罍洗位盥訖，至板位，先兩拜。酌獻畢還板位，再兩拜。止將始祖祝册於板位西南安置，讀册訖又兩拜。還小次，又至飲福位，先兩拜，飲畢兩拜。凡十六拜。

貞祐四年，命參知政事李革爲修奉太廟使，〔三二〕七月吉日親行祔享，有司以故事用皇帝時享儀，初至板位兩拜，晨祼及酌獻則每位三拜，飲福五拜，總七十九拜。今升祔則徧及祧廟五室，則爲一百九拜也。明昌間嘗減每位酌獻奠爵後一拜，則爲九十二拜而已。然大定

六年，世宗嘗令禮官通減爲十六拜。又皇帝當散齋四日于別殿，致齋三日于大慶殿，今國事方殷，宜權散齋二日，致齋一日。上曰：「拜數從大定例，餘准奏。」

禮部尚書張行信言：〔三三〕「近奉詔從世宗十六拜之禮，臣與太常參定儀注，竊有疑焉。謹按唐、宋親祠典禮，皆有通拜及隨位拜禮。世宗大定三年親行奉安之禮，亦通七拜，每室各五拜，合七十二拜。逮六年禘，始勅有司減爲十六拜，仍存七十二拜之儀，其意亦可見矣。蓋初年享禮以備，故後從權，更定通拜。今陛下初廟見奉安，而遽從此制，是於隨室神位並無拜禮，此臣之所疑一也。大定間十有二室，姑從十六拜，猶可。今十有七室，而拜數反不及之，此臣之所疑二也。況六年所定儀注，惟於皇帝板位前讀始祖一室祝册。夫祭有祝辭，本告神明，今諸祝册各書帝后尊謚，及高曾祖考世次不一，皇帝所自稱亦自不同，而乃止讀一册，餘皆虛設，恐於禮未安，此臣之所疑三也。先王之禮順時施宜，不可多寡，惟稱而已。今近年禮官酌古今，別定四十四拜之禮。初見神二拜，晨祼通四拜，隨室酌獻讀祝畢兩拜，飲福四拜，似爲得中。」上從之，乃定祔享如時享十二室之儀。又以祧廟五主始祖室不能容，止於室戶外東西一列，以西爲上。神主闕者以升祔前三日廟內敬造，以享日丑前題寫畢，以次奉陞。十月己未，親王百官自明俊殿奉迎祖宗神主于太廟幄次。辛酉行禮，用四十四拜之儀，無宮縣樂，犧牲從儉，十七室用犢三、羊豕九而已。以皇太子爲亞獻，

濮王守純爲終獻。皇帝權服靴袍，行禮日服衮冕，皇太子以下公服，無鹵簿儀仗，禮畢乘馬還宮。

校勘記

〔一〕告日前三刻　按下文云「告日未明」，知此是未明前三刻，「日」下蓋脫「未明」二字。

〔二〕又設盥爵洗位横街之南稍東　「位」下疑脫「於」字。

〔三〕大定七年正月十三日上尊號　「三」原作「一」。按本書卷六世宗紀，大定七年正月庚子朔，「壬子，上服衮冕，御大安殿，受尊號册寶禮」。壬子爲十三日。今據改。

〔四〕告官以爵授奉爵酒官　「授」上原衍「奉」字。據殿本删。

〔五〕禮儀使奏請執圭興　原脫「奏」字。今據上下文例補。

〔六〕侍中前承旨　「中」原訛作「臣」。係涉上句「侍臣」致誤。今據上下文改。

〔七〕由太廟西階轉至廟　「階」疑是「街」字之誤。

〔八〕習不失　原作「習失」。按上文天德二年太廟祫享，詔以撒改、辭不失等配太祖位，本書卷七〇習不失傳，「習不失本作辭不失，後定爲習不失」。「大定三年進封金源郡王，配饗太祖廟庭」。今據改。

〔九〕特進宗人習失　「習失」原作「辭不失」。按辭不失即習不失，本書卷七〇有傳，官爵與此不合，此是石土門之子「習失特進」，卷五九宗室表，亦作「習室」。卷七〇習室傳，「熙宗時，贈特進。」大定間，以太祖、太宗時勳臣圖像于衍慶宮。與此相合。今據改。

〔一〇〕開府金源郡王習不失　「習不失」原作「習失」。今改正。參見本卷校記〔八〕、〔九〕。

〔一一〕十八年黜習失　「習失」原作「辭不失」。今改正。參見本卷校記〔九〕。

〔一二〕皇伯太師遼忠烈王宗幹斡本　「本」原作「魯」。按本書卷七六宗幹傳，「宗幹本名斡本」。今據改。

〔一三〕開府儀同三司金源郡毅武王習不失　「習不失」原作「習失」。按據其官爵當是習不失，今改正。參考本卷校記〔八〕、〔九〕。

〔一四〕開府儀同三司燕京留守金源郡襄武王完顏銀术可　按本書卷七二銀术可傳，「大定十五年謚武襄」。與此稍異。

〔一五〕特進完顏習失威敬　「習失」原作「辭不失」。按其官爵、次第當是習失。今改正。參考本卷校記〔八〕、〔九〕。又「威敬」，本書卷七〇習失傳作「威敏」。

〔一六〕皆方三寸　「皆」原作「自」。按大金集禮以下簡稱集禮卷三〇輿服下，寶條記獲于遼「通天萬歲之璽」一，「受天明命惟德乃昌」寶一，「皆方三寸」。今據改。

〔一七〕鎮國寶一二面並碧色 「二面並碧色」原作「二玉并碧色」，并在「鎮國寶一」四字上。按集禮卷三〇，此五字與下文「文曰承天休」等十一字皆爲「鎮國寶一」之小注。今據改。

〔一八〕共三十五面 「三」原作「二」。據集禮卷三〇改。

〔一九〕盤龍紐高厚各四寸六分 按本書卷七五左光慶傳記此事作「蟠龍紐高厚各四寸六分有半」。

〔二〇〕五月禮官言世宗升祔已三年 「五月」上脫紀年。按金世宗升祔在大定二十九年，見本書卷三〇禮志。又本卷下文記「明昌三年」事，則知此「五月」當屬明昌二年。

〔二一〕勅欽懷皇后亦用之 「亦用之」按文義當作「亦不用之」。

〔二二〕貞祐四年命參知政事李革爲修奉太廟使 「四」原作「二」，無「奉」字。按本書卷一四宣宗紀，貞祐四年二月「甲辰，命參知政事李革爲修奉太廟使」。今據改補。

〔二三〕禮部尚書張行信言 「信」原作「簡」。按本書卷一〇七張行信傳，貞祐三年十二月，轉禮部尚書，四年「八月，上將祔享太廟，詔依世宗十六拜之禮。行信與禮官參定儀注，上言宜從四十四拜之禮，上嘉納焉。語在禮志」。今據改。

金史卷三十二

志第十三

禮五

上尊謚

天會三年六月，諳班勃極烈杲等表請追册先大聖皇帝。十二月二十五日，奉玉册、玉寶，恭上尊謚曰大聖武元皇帝，廟號太祖。

天會十三年三月七日，遣攝太尉皇叔祖大司空昱奉玉册、玉寶，上尊謚曰文烈皇帝，廟號太宗。九月，追謚皇考曰景宣皇帝，廟號徽宗。

十四年八月庚戌，文武百僚、太師宗磐等上議曰：「國家肇造區夏，四征弗庭，太祖武元皇帝受命撥亂，光啓大業。太宗文烈皇帝繼志卒伐，奮張皇威。原其積德累功，所由來者遠矣。且禮多爲貴，固前籍之美談；德厚流光，實本朝之先務。伏惟皇九代祖，廓君人之量，挺御世之姿，虞舜生潙，遷於負夏，太王避狄，邑此岐山，聖姥來歸，天原肇發。皇八代祖、皇七代祖，承家襲慶，裕後垂芳，不求赫赫之名，終大振振之族。皇六代祖，徙居得吉，播種是勤，去暴露獲棟宇之安，釋負載興車輿之利。皇五代祖孛堇，雄姿邁世，美略濟時，成百里日辟之功，戎車既飾，著五敎在寬之訓，人紀肇修。皇高祖太師，質自天成，德爲民望，兼精騎射，往無不摧，始置官師，歸者蓋衆。皇曾祖太師，威稜震遠，機警絕人，雅善運籌，未嘗衿甲，臨敵愈奮，應變若神。〔一〕皇曾叔祖太師，機獨運心，公無私物，四方聳動，諸部歸懷，德威兩隆，風俗大定。皇伯祖太師，友于盡愛，國爾惟忠，謀必罔愆，舉無不濟。累代祖妣，婦道警戒，王業艱難，俱殫內助之勞，實著始基之漸。是宜采羣臣之僉議，酌故事以遵行，款帝于郊，稱天以誄。謹按謚法，布義行剛曰『景』，主義行德曰『元』，保民耆艾曰『明』，溫柔聖善曰『懿』，請上皇九代祖尊謚曰景元皇帝，廟號始祖，妣曰明懿皇后。中和純備曰『德』，道德純一曰『思』，請上皇八代祖尊謚曰德皇帝，妣曰思皇后。好和不爭曰『安』，好廉自克曰『節』，請上皇七代祖尊謚曰安皇帝，妣曰節皇后。安民治古曰『定』，明德有勞曰『昭』，尊賢讓善曰『恭』，柔德好衆曰『靖』，請上皇六代祖尊謚曰定昭皇帝，廟號獻祖，妣曰恭靖皇后。愛民立政曰『成』，辟土有德曰『襄』，强毅執正曰『威』，慈仁和民曰『順』，請上皇五代祖孛堇尊謚曰成襄皇帝，廟號昭祖，妣曰威順皇后。愛民好與曰『惠』，辟土兼國曰『桓』，明德有勞曰『昭』，執心決斷曰『肅』，請上皇高祖太師尊謚曰惠桓皇帝，廟號景祖，妣曰昭肅皇后。大而化之曰『聖』，剛德克就曰『肅』，思慮深遠曰『翼』，一德不懈曰『簡』，請上皇曾祖太師尊謚曰聖肅皇帝，廟號世祖，妣曰翼簡皇后。申情見貌曰『穆』，博聞多能曰『憲』，柔德好衆曰『靜』，〔二〕聖善周聞曰『宣』，請上皇曾叔祖太師尊謚曰穆憲皇帝，廟號肅宗，妣曰靜宣皇后。慈愛忘勞曰『孝』，執事有制曰『平』，淸白守節曰『貞』，愛民好與曰『惠』，請上皇曾叔祖太師尊謚曰孝平皇帝，廟號穆宗，妣曰貞惠皇后。愛民長悌曰『恭』，一德不懈曰『簡』，夙夜共事曰『敬』，小心畏忌曰『僖』，請上皇伯祖太師尊謚曰恭簡皇帝，廟號康宗，妣曰敬僖皇后。仍請以始祖景元皇帝、景祖惠桓皇帝、世祖聖肅皇帝、太祖武元皇帝、太宗文烈皇帝爲永永不祧之廟。須廟室告成，涓日備物，奉上寶册，藏于天府，施之罔極。」

丙辰，奉上九代祖妣尊謚廟號，是日百僚上表稱賀。

皇統五年，增上太祖尊謚，禮官議：「自古辨祀，以南北郊、太社、太稷、太廟爲序。若太廟神主造畢，即合題尊謚，擇日奉安，恐在郊社之前於禮未倫。候築郊兆畢，擇日奏告昊天上帝、皇地祇，次奉安社稷神主及奏告，其次恭造太廟神主，題號奉安入室，以此爲序。元奉勑旨，候到上京行禮，不見元奏目內，有無指定候修建太廟奉安神主以後行禮，或只於慶元宮奉上謚號。若候奉安太廟神主禮畢，方奉上謚號册寶，即百官並合法服，兼於皇帝所御殿合立黃麾仗及殿中省細仗，太廟殿前亦合立黃麾仗，其册寶在路亦合量設儀仗。若太廟未奉安，只於慶元宮上册寶，即行事及立班官並用常服，及依例量用大小旗、甲騎、門仗官，供奉官引從册寶綵服。若奉安後發册，即御服通天冠、絳紗袍。若只就慶元宮，即幞頭紅袍。并慶元宮上册寶，即將來題太廟本室神主，便可用新謚。若於太廟先奉安神主，即先題舊謚，及至就本室上册寶，又須改題新謚。有兩節不同。五月九日擬奏告於太廟，上册寶，竊慮法物樂舞難辦，只於慶元宮上册寶。」從之。

十月三日，奉上尊謚册寶儀：〔三〕

前期，有司供張辰居殿神御牀案。少府監、鈎盾署設燎薪于殿庭西南，掘坎於其側。儀鸞司設小次于辰居殿下東廂，又設册寶幄殿于景輝門外東仗舍。殿前司、宣徽院量差甲騎、大小旗鼓、門仗官、香輿，自製造册寶所迎奉册寶，奉安于幄殿，行事官、製造官皆騎馬

引從，門下中書侍郎在前，侍中中書令在後，大禮使又在其後，舉舁奉册寶官、製造官分左右夾侍，以北爲上，皆給人從錦帽衫帶。

是日未明，翰林使、大官令丞鋪設香案酒果、供具牲體膳羞於神御前。儀鸞司設皇帝拜褥四，一在阼階上，面西，一在香案南，面北，一在殿上東欄子內，面西，〔四〕一在燎薪之東，面西。設黃道，自小次至阼階褥位。

質明，有司備常行儀仗、駕頭扇筤，常朝官常服騎馬執鞭前導，以北爲上，造册寶官、排辦管勾官常服，於慶元宮門外立班，迎駕再拜。皇帝自宮中服靴袍、御馬，至景暉門外下馬，步入小次。少頃，御史臺催班，大禮使、行事官自幄殿奉册寶入正門，置于辰居殿西階下。大禮使歸押班位，閤門使奏「班齊」，太常卿奏「請皇帝行奉上册寶之禮」。宣徽使、太常卿分引前導，皇帝由黃道升阼階上面西褥位立，贊「請再拜」，閤門使臚傳，在位官皆再拜。乃引皇帝由殿上正門入殿，於香案前褥位再拜，上香，又再拜，退稍東於欄子內面西褥位立定。儀鸞司徹香案前拜褥，設册寶褥位於香案南，舉册、舁册官取册匣于牀，對捧由西階升，中書侍郎分左右前導。奉册中書令、讀册中書令並後從，候於褥位。置定，奉册中書令於褥位南再拜，退就殿階上西南柱外，面東立。讀册官、中書令稍前，再拜。舁册官取匣蓋下，置于西階下册牀。舉册官對舉册，讀册官中書令一拜起，跪，搢笏，讀册文曰：「孝孫

嗣皇帝臣某，謹拜手稽首奉玉册玉寶，恭上尊謚曰應乾興運昭德定功睿神莊孝仁明大聖武元皇帝。」讀册畢，就拜，興，又再拜，退立于奉册中書令之次。奉册官進，與中書侍郎率舉册、舁册官奉册匣由西階下，引從如上儀，復置于册牀。置定，舉寶官以寶盝進，至侍中讀畢，由西階下，復置于牀，皆如册匣之儀。

有司徹册寶褥位，復設香案南拜褥。宣徽使、太常卿導皇帝進就褥位，再拜，上香、茶、酒，樂作，三酹酒，樂止。太祝讀祝文，訖，皇帝再拜，復歸阼階褥位，立定。大禮使升殿，於香案南宣徽使處授福酒臺盞，行至皇帝阼階褥位前，宣徽使贊「皇帝再拜飲福」，閤門臚傳「賜胙，再拜」，應在位官皆再拜。大禮使跪，以酒盞進授皇帝，樂作，飲訖，又再拜。大禮使受酒盞，復以授宣徽使，訖，由西階下，歸押班位。太祝奉祝版，翰林使酌酒，太官令丞量取牲羞，自西階下，置于燎薪之上。文武班皆回班向燎所立，禮官贊「請皇帝就望燎位」。宣徽使取酒盞臺于翰林使，以進授皇帝。皇帝酹酒于燎薪之上，執事者舉燎，半燎，瘞于坎。宣徽使贊「皇帝再拜」，閤門喝「百官皆再拜」。太常卿、宣徽使前導，皇帝歸小次，即御座，簾降。太常卿俛伏，興，跪奏「太常卿臣某言，禮畢」。百官皆卷班西出。大禮使以下奉册寶牀，納于慶元宮收掌去處。皇帝進膳于別殿，侍食官取旨，有司轉仗由來路，皇帝便服還內，教坊作樂前導。

次日，大禮使率百官稱賀。

是歲閏十一月，增上祖宗尊謚，始祖景元皇帝曰懿憲景元皇帝，德皇帝曰淵穆玄德皇帝，安皇帝曰和靖慶安皇帝，獻祖定昭皇帝曰純烈定昭皇帝，昭祖成襄皇帝曰武惠成襄皇帝，景祖惠桓皇帝曰英烈惠桓皇帝，世祖聖肅皇帝曰神武聖肅皇帝，肅宗穆憲皇帝曰明睿穆憲皇帝，穆宗孝平皇帝曰章順孝平皇帝，康宗恭簡皇帝曰獻敏恭簡皇帝，太宗文烈皇帝曰體元應運世德昭功哲惠仁聖文烈皇帝，徽宗景宣皇帝曰允恭克讓孝德玄功佑聖景宣皇帝，已上廟號如故。十二月一日，奏告如儀。

大定三年，增上睿宗尊謚。先是，元年十一月十六日，追册皇考曰簡肅皇帝，廟號睿宗，皇妣蒲察氏欽慈皇后，皇妣李氏貞懿皇后。二年八月一日，有司奏「祖宗謚號或十六字，或十四字，或十二字，即今睿宗皇帝更合增上尊謚，於升祔前奉册寶」。制可。十七日，左平章元宜等奏請增上尊謚曰睿宗立德顯仁啓聖廣運文武簡肅皇帝。有司奏「睿宗皇帝未經升祔，合無於衍慶宮聖武殿設神御牀案」？奉旨崇聖閣借設正位。又奏「皇帝親授册寶，太尉行事」。制可。

九月二十二日，奏告太廟。二十八日，大安殿置大樂，閱習。前一日，自衍慶宮奉迎册寶，於大安殿安置。

授册日未明三刻，有司各勒所部，整肅儀衞，羣臣集于殿門，行事官各法服，陪位官公服。皇帝自宮中常服乘輿，侍衞如儀，赴大安殿後更衣幄次。御史臺催班，通事舍人引太尉及羣臣就位。侍中跪奏「中嚴」，少頃，又跪奏「外辦」。皇帝服通天冠、絳紗袍出。太常卿跪奏稱「太常卿臣某言，請皇帝行奉上册寶之禮」。奏訖，俛伏，興。宣徽使分左右前導，皇帝步詣册寶幄次。將至幄次，登歌樂作，至幄次前北向，宣徽使贊「請皇帝再拜」，[四]典儀贊「在位官再拜」。拜訖，奏「請皇帝搢圭」，三上香，訖，執圭。奏「請皇帝再拜」。典儀贊「在位官再拜」，訖，各分班東西序立。奏「請皇帝詣稍東褥位」，樂止。中書令、中書侍郎奉引册，侍中、門下侍郎奉引寶，行，登歌樂作。宣徽使贊導皇帝隨册寶降自西階，登歌樂止，宮縣樂作，至大安殿下當中褥位。中書令、侍中奉册寶於皇帝褥位之西，樂止。宣徽使奏「請皇帝再拜」，典儀贊「在位官皆再拜」，拜訖，中書令搢笏，奉册匣，宮縣樂作，至皇帝褥位前，俛伏，跪，奉置訖，執笏，俛伏，興，退稍西立，東向。太常博士引太尉至褥位，北向立。宣徽使奏「請皇帝搢圭」，跪捧册匣授太尉，[五]太尉搢笏，跪受訖，[六]執笏，少東立。宣徽使奏「請執圭」，俛伏，興。舁册官捧册匣，中書侍郎奉册匣置於册牀，樂止。侍中搢笏，奉寶盝，宮縣樂作，至皇帝褥位前，俛伏，跪，奉置訖，執笏，俛伏，興，退稍西立，東向。太常博士引太尉至褥位，北向立。宣徽使奏「皇帝搢圭」，跪捧寶盝授太尉，太尉搢笏，跪，受訖，執笏，少東立。宣徽使奏「請執圭」，俛伏，興。舁寶官捧寶盝，門下侍郎奉置於寶牀，樂止。宣徽使奏「皇帝再拜」，典儀贊「在位官再拜」。皇帝南向立，宮縣樂作。太常博士引太尉奉册寶出，主節者持節前導，册牀在前，寶牀次之，樂止。中書門下侍郎各導於册寶之前，太尉居其後，至大安門外，太尉以次跪奉册寶於玉輅中，中書侍郎於輅旁夾侍，所司迎衞如式。太尉奉册寶訖，步出通天門外，革車用本品鹵簿，導從如儀，鼓吹不振作。俟册寶出大安門，太常卿跪奏稱「太常卿臣某言，禮畢」。奏訖，俛伏，興，前導皇帝升自東階，登歌樂作，還大安殿後幄次，樂止。侍中跪奏「解嚴」。乘輿還內，侍衞如來儀。

十月一日，攝太尉特進平章政事兼太子太師定國公臣完顏宗憲率百官赴衍慶宮行禮。

前一日，設册寶幄次於聖武殿門外，西向。

其日質明，太常寺官率所屬，於聖武殿設神御牀案，宣徽院排備茶酒菓、時饌、茶食、香花等，並如太祖皇帝忌辰供備之數。大樂署設登歌之樂於殿上前楹間稍南，北向。迎衞册寶至衍慶宮門外，中書門下侍郎各奉册寶降輅，各置於牀。太尉至門外降車，率中書令以下導從，赴聖武殿門外幄次，奉安如式。其儀仗兵士並退。

次引文武百官各服其服，以次就位。大樂令率工人就位，禮直官亦先就位。應執事者並先入殿庭北向立，禮直官贊「再拜」，訖，升殿。次引太尉就東階下褥位西向立，禮直官贊「拜」，在位官俱再拜。禮直官曰：「有司謹具，請行事。」禮直官贊「拜」，在位官俱再拜，訖，引太尉詣盥洗盥手，升殿，詣神座前，搢笏，跪，三上香，樂作，奠茶，奠酒，訖，執笏，俛伏，興，樂止。太尉再拜，訖，還位少立。

次引太尉出，率中書門下侍郎等，奉册寶牀入自殿門，[七]中書令侍中等並導從，登歌樂作，册寶牀至殿庭，列於西階之下，承以席褥，樂止。太尉以下各就而北褥位立定，禮直官贊「拜」，在位官俱再拜，訖，太尉率中書令侍郎奉册匣升殿，登歌樂作，至殿上，册匣置於食案之前，仍設褥位，樂止。次引太尉詣神位前，俛伏，跪，稱「攝太尉臣某言，謹上加尊謚册、寶」。奏訖，俛伏，興，稍西立。次引中書令立於册匣南，舉册官舉册，中書令俛伏，跪讀册，訖，俛伏，興。中書令奉册匣降自西階，置于牀，登歌樂作，置訖，樂止。

次引侍中門下侍郎奉寶盝升殿，樂作，置于食案之前，仍設褥位，樂止。舉寶官舉寶盝，侍中俛伏，跪讀寶，訖，俛伏，興。侍中奉寶盝降自西階，置于牀，登歌樂作，置訖，樂止。太尉詣殿門外褥位，再拜，訖，太尉而下俱降階，以次就位。禮直官贊「拜」，在位官皆再拜，訖，以次出。寺官、署官率拱衞直，舁册寶牀置于册寶殿，各退。

次日，百官稱賀如常儀。

大定十九年，奉上孝成皇帝謚號。元年十一月十六日，詔曰：「前君乃太祖之長孫，受太宗之遺命，嗣膺神器，十有五年。垂拱仰成，委任勳戚，廢齊國以省徭賦，柔宋人而息兵戈，世格泰和，俗躋仁壽，混車書於南北，一尉候於東西。晚雖淫刑，幾於恣意，宼施弟后，戮及良工，虐不及民，事猶可諫，過之至此，古或有焉。右丞相岐國王亮不務弼諧，反行簒弒，妄加黜廢，抑損徽稱。遠近傷嗟，神人憤怒，天方悔禍，朕乃繼興，受天下之樂推，居域中之有大。將撥亂而反正，務在革非。期事亡以如存，聿思盡禮。宜上謚號曰閔宗武靈皇帝。」

十八年，有司言：「本朝祖宗尊謚或十八字，或十四字，或十二字，或四字。今擬增上閔宗尊謚曰弘基纘武莊靖孝成皇帝，仍加謚悼皇后曰悼平皇后。」又言：「大定三年追尊睿宗皇帝禮儀，大安殿前立黃麾仗一千人，應天門外行仗二千人，皇帝服通天冠、絳紗袍，隨册寶降自西階，搢圭，跪，捧册寶授太尉。今擬大安殿行禮，及依唐、周典故，降階捧册寶授太尉。所有冠冕儀仗擬依已行禮例。」上命儀仗人數約量減之，餘略同前儀。明年四月十日，奉上册寶，升祔太廟。

二十六年，勅再議閔宗廟號，禮官擬上「褱、威、敬、定、桓、烈、熙」七字，奉旨用「熙」字，

乃以明年四月一日，遣官奏告太廟及閔宗本室，易新廟號。

大定二十九年四月乙丑，〔九〕謚大行皇帝曰光天興運文德武功聖明仁孝皇帝，廟號世宗。五月丙午，以祔廟禮成，大赦。

大定二十九年五月甲午，上皇考尊謚曰體道弘仁英文睿德光孝皇帝，廟號顯宗。

大安元年二月丁卯，〔一〇〕謚大行皇帝曰憲天光運仁文義武神聖英孝皇帝，廟號章宗。

正大元年正月戊戌，謚大行皇帝曰繼天興統述道勤仁英武聖孝皇帝，廟號宣宗。

校勘記

〔一〕應變若神　按大金集禮以下簡稱集禮卷三、卷四，追加謚號，爲本志上尊謚之所本。其天會十四年奉上祖宗謚號條，「應變若神」句下有「皇曾叔祖太師道宜知言，智窮博識，始搆經營之力，卒成奄宅之勳」二十六字。

〔二〕柔德好衆曰靜　按「好」集禮卷三作「合」。此蓋音近致誤。

〔三〕奉上尊謚册寶儀　原脫「謚」字。據集禮卷三皇統五年增上太祖尊謚條補。

〔四〕一在殿上東欄子內面西　「面西」原作「西面」。據集禮卷三乙正。

〔五〕請皇帝再拜　「請」原作「拜」。據集禮卷四大定三年增上睿宗尊謚條改。

〔六〕跪捧册匣授太尉　原脫「匣」字。按上下文皆稱「册匣」。又下文皇帝「跪捧寶盝授太尉」，知授寶並不去盝，則授册亦不去匣。今補一「匣」字。

〔七〕太尉搢笏跪受訖　原脫「太尉」二字。據集禮卷四補。

〔八〕奉册寶牀入自殿門　原脫「册」字。據集禮卷四補。

〔九〕大定二十九年四月乙丑　按「四月乙丑」本書卷八世宗紀作「三月辛卯朔」。

〔一〇〕大安元年二月丁卯　按「二月」本書卷一二章宗紀作「正月」。

金史卷三十三

志第十四

禮六

原廟　朝謁儀　朝拜儀　別廟

太宗天會二年，[一]立大聖皇帝廟于西京。熙宗天眷二年九月，又以上京慶元宮爲太祖皇帝原廟。皇統七年，有司奏「慶元宮門舊曰景暉，殿曰辰居，似非廟中之名，今宜改殿名曰世德」。是歲，東京御容殿成。世宗大定二年十二月，詔以「會寧府國家興王之地，宜就慶元宮址建正殿九間，仍其舊號，以時薦享」。

海陵天德四年，有司言：「燕京興建太廟，復立原廟。三代以前無原廟制，至漢惠帝始置廟於長安渭北，薦以時果，其後又置於豐、沛，不聞享薦之禮。今兩都告享宜止於燕京所建原廟行事。」於是，名其宮曰衍慶，殿曰聖武，門曰崇聖。

大定二年，以睿宗御容奉遷衍慶宮。

五年，會寧府太祖廟成，有司言宜以御容安置。先是，衍慶宮藏太祖御容十有二：法服一、立容一、戎衣一、佩弓矢一、坐容二、巾服一，舊在會寧府安置，半身容二、春衣容一、巾而衣紅者二，舊在中都御容殿安置，今皆在此。詔以便服容一，遣官奉安，擇日啓行。

前一日，夙興，告廟，用酒饌，差奏告官一員，以所差使充，進請御署祝板。

其日質明，有司設龍車於衍慶宮門外少西，東向。宰執率百官公服詣本宮殿下，班立，再拜。班首升殿，跪上香，奠酒，教坊樂作，少退，再拜。班首降階復位，陪位官皆再拜。奉送使副率太祝捧御容匣出，宰執以下分左右前導，出衍慶宮門外，俟御容匣升車，百官上馬後從，旗幟甲馬錦衣人等分左右導，香輿扇等前行。至都門郊外，俟御容車少駐，導從官下馬，車前立班，再拜。奉送使副側侍不拜。班首詣香輿，跪上香，俛伏，興，還班，再拜辭訖，退。使副遂行。

每程到館或廨舍內安駐。其道路儀衞，紅羅傘一，龍車一，其制以青布爲亭子狀，安車上，駕以牛。又用駝五，旗鼓共五十，舁香輿一十人，導從六十人，執扇八人，兵士百人，護衞二十人以宗室猛安謀克子孫充。所過州縣，官屬公服出郭香果奉迎，再拜，班首上香奠酒，又再拜。送至郊外，再拜乃退。

至會寧府，官屬備香輿奉迎如上儀，乘馬從至廟門外下馬，分左右導引。至日質明，使副率太祝四員，捧御容入廟，於中門外東壁幄次內奉置定，再拜，訖，退，擇日奉安。至日質明，差去官與本府官及建廟官等並公服，詣幄次前排立，先再拜，跪上香，樂作，奠酒，訖，又再拜。太祝捧御容，衆官前導引，至殿下排立。御容升殿奉安，訖，再拜，班首升殿，跪上香，讀祝，奠酒，樂作，少退再拜，訖，班首降階復位，同執事官再拜，訖，退。

十五年二月，有司言東京開覺寺藏睿宗皇帝皁衣展裹眞容，勅遷本京祖廟奉祀，仍易袍色。

明年四月，詔依奉安睿宗禮，奉安世祖御容於衍慶宮。前期，有司備香案、酒果、教坊樂。至日質明，親王宰執率百官公服迎引至衍慶宮。凡用甲騎百人，傘二人，扇十二人，香輿八人，綵輿十六人，從者二十四人，執事官二人，弩手控鶴各五十人，贊者二人，禮直官二人，六品以下官三十員公服乘馬前導。奉安訖，百官再拜，禮畢，退立宮門之外，迎駕朝謁。

十六年正月，有司奏：「奉勅議世祖皇帝御容當於何處安置。臣等參詳衍慶宮卽漢之原廟，每遇太祖皇帝忌辰，百官朝拜。今世祖皇帝擇地修建殿位，庶可副嚴奉之意。」從之。乃勅於聖武殿東西興建世祖、太宗、睿宗殿位。

既而復欲擇地建太宗殿于歸仁館，有司言：「山陵太祖、太宗、睿宗共一兆域，太廟世祖、太祖、太宗、睿宗亦同堂異室。今於歸仁館興建太宗殿位，似與山陵、太廟之制不同。」詔從前議，止於衍慶宮各建殿七間、閣五間、三門五間。乃定世祖殿曰廣德，閣曰燕昌，太宗殿曰丕承，閣曰光昭，睿宗殿曰天興，閣曰景福。

十九年五月六日，奏告。七日，奉安。執事禮官二人，每位香案一、祭器席一、拜褥二、盥洗一、大勺篚巾全。

前一日，太廟令率其屬掃除宮內外，又各設神座於殿上，又設親王宰執以下百官拜位於殿庭。又設盥洗位于東階下，執罍篚者位于其後。又於神位前各設北向拜褥位，并各設香案香爐匙合香酒花果器皿物等，依前來例。又於聖武殿上設香案爐匙合香等，又於殿下各設腰輿一、舁士一十六人、傘子各二人、執扇各十二人、導從弩手各三十人。前一日，清齋，親王於本府，百官於其第。行禮官執事人等習儀，就祠所清齋。

中華書局

其日質明，禮官率太廟署官等詣崇聖閣奉世祖御容，每匣用內侍二人、太祝一員，禮官、署官前導，置於聖武殿神座。禮直官引親王宰執百官公服於殿庭班立，七品以下班于殿門之外，贊者曰「拜」，在位官皆再拜。禮直官引班首詣罍洗，盥手訖，升殿，詣神座前跪上香，訖，少退，再拜。禮直官引班首降殿復位，贊者曰「拜」，在位官皆再拜，訖，禮直官導世祖御容升腰輿，〔二〕儀衞依次序導從，至廣德殿，百官後從，至庭下班位立。禮官率太廟署官就腰輿內捧御容，於殿上正面奉安訖，百官於階下、六品已下官於殿門外，立班。贊者曰「再拜」，在位官皆再拜。禮直官引班首詣盥洗，盥手訖，升殿，執事官等從升，詣御容前，跪上香，奠酒，敎坊樂作，少退再拜，訖，樂止。禮直官引班首降殿復位，贊者曰「拜」，在位官皆再拜。訖，禮官率太廟署官詣崇聖閣。

太祝內侍捧太宗御容，禮官導太宗御容置於聖武殿，〔三〕行禮畢，以次奉安於丕承殿，行禮並如上儀。

次睿宗御容奉安於天興殿，〔四〕禮亦如之。俟奉安禮畢，百官退。

二十一年閏三月，奉旨昭祖、景祖奉安燕昌閣上，肅宗、穆宗、康宗奉安閣下，明肅皇帝奉安崇聖閣下。每位設黃羅幕一、黃羅明金柱衣二、紫羅地褥一、龍牀一、踏牀二、衣全。前

期奏告。四月一日奉安，五日親祀。

是年五月，遷聖安寺睿宗皇帝御容于衍慶宮，皇太子親王宰執奉迎安置。

朝謁儀。

大定十六年四月十九日，奉安世祖御容，行朝謁之禮。皇帝前一日齋於內殿，皇太子齋於本宮，親王齋於本府，百官齋於其第。太廟令率其屬，於衍慶宮內外掃除，設親王百官拜位於殿庭，又設皇太子拜褥於親王百官位前。宣徽院率其屬，於聖武門外之東設西向御幄，靈星門東設皇太子幄次。

其日，有司列仗衞于應天門，俟奉安御容訖，有司於殿上幷神御前設北向拜褥位，安置香爐香案幷香酒器物等。皇太子比至車駕進發已前，公服乘馬，本宮官屬導從，〔五〕至衍慶宮門西下馬，步入幄次。親王百官於衍慶宮門外西向立班。俟車駕將至，典贊儀引皇太子出幄次，於親王百官班前奉迎。導駕官，五品六品七品職官內差四十員於應天門外道南立班以俟。

皇帝服靴袍乘輦，從官傘扇侍衞如常儀。勅旨用大安輦、儀仗一千人。出應天門，閤門通喝「導駕官再拜」，訖，閤門傳勅「導駕官上馬」，分左右前導，至廟門外西偏下馬。車駕至衍慶宮門外稍西降輦。左右宣徽使前導，皇帝步入御幄，簾降。閤門先引親王、宰執、四品已上執事官，由東西偏門入，至殿庭分東西班相向立。典贊儀引皇太子入，立於褥位之西，東向。進香進酒等執事官並升階，於殿上分東西向以次立。宣徽使跪奏「請皇帝行朝謁之禮」。簾捲，皇帝出幄。宣徽使前導，至殿上褥位，北向立。典贊儀引皇太子就褥位，閤門引親王宰執四品已上職事官回班，並北向立。令中門歇空，不礙奏樂。五品以下聖武門外、八品以下宮門外陪拜。奏請，並宣徽使。皇帝再拜，〔六〕敎坊樂作。皇太子已下羣官皆再拜。請皇帝詣神御前褥位，北向立，又請皇帝再拜，皇太子已下羣官皆再拜。請皇帝跪，三上香，三奠酒，俛伏，興。又請皇帝再拜，皇太子已下羣官皆再拜，訖，皇帝復位。又請皇帝再拜，皇太子已下羣官皆再拜。宣徽使奏「禮畢」。已上擬八拜，宣徽院奏過，依舊例十二拜。

典贊儀引皇太子復立於褥位之西，東向。閤門引親王宰執以下羣官，東西相向立。先引五品已下官出。宣徽使前導，皇帝還御幄，簾降。典贊儀引皇太子，閤門分引殿庭百官，以次出。宣徽使跪奏「請皇帝還宮」。簾捲，步出廟門外，升輦還宮，如來儀。

十九年奉安禮同。

朝拜儀。

初，太祖忌辰，皇帝至褥位立，再拜。稍東，西向，詣香案前，又再拜。上香訖，復位，又再拜。進食、奠茶、辭神皆再拜而退。

大定二十一年〔七〕五月十二日，睿宗忌辰，有司更定儀禮。前一日，宣徽院設御幄于天興殿門外稍西。至日質明，皇太子親王百官具公服于衍慶宮門外立班，奉迎。皇帝乘馬至衍慶宮門外下馬，〔八〕二宣徽前導，步入宮門稍東。皇帝乘輦，傘扇侍衞如常儀，至天興殿門外稍西。皇帝降輦，入幄次，簾降。典贊儀引皇太子、閤門引親王宰執四品已上官由偏門入，至于殿庭，左右分班立定。二宣徽使導皇帝由天興門正門入，〔九〕自東階升殿，詣褥位立定。皇太子已下官合班，五品以下班于殿門外。宣徽使奏「請皇帝先再拜」，「請詣侍神位立」，俟有司置香案酒卓訖，「請詣褥位」，又再拜，三上香、奠酒，復位，再拜。已上，皇太子已下皆陪拜。再奏「請詣稍東侍神位立」。典贊儀引皇太子升殿赴褥位，先兩拜，奠酒再兩拜，降復褥位。次閤門引終獻官趙王上殿行禮。宣徽使奏「請皇帝詣褥位」，再兩拜。皇太子已下官皆再拜。禮畢，百官依前分班立。皇帝出殿門外，入幄次，簾降，更衣。次引皇

太子已下官出宮門外立班。〔一〇〕皇帝乘輦，至宮門稍東降輦，步出宮門外，上馬還宮，導從侍衞如來儀。皇太子已下官，俟車駕行然後退。

大定五年，奉旨「太祖忌辰，衍慶宮薦享止用素食，諸京凡御容所在皆同。又朔望皆行朝拜禮」。

六年，有司奏：「太祖皇帝忌辰，車駕親奠，百官陪拜。今車駕巡幸，合以宰臣爲班首，率百官詣衍慶宮行禮。」從之。

十六年，奉旨「世祖、太宗忌辰，一體奉奠」。

十八年八月，太祖忌辰，世祖、太宗同在一處致祭，有司言「歷代無一聖忌辰列聖預祭之典」。擬議間，勅遣太子，一位行禮，幷就祭功臣。

二十六年，以內外祖廟不同，定擬「太廟每歲五享，山陵朔、望、忌辰及節辰祭奠並依前代典故外，衍慶宮自來車駕行幸，遇祖宗忌辰百官行禮，幷諸京祖廟節辰、忌辰、朔、望拜奠，雖無典故參酌，恐合依舊，以盡崇奉之意」。從之。

別廟。

大定二年，有司擬奏閔宗無嗣，合別立廟，有司以時祭享，不稱宗，以武靈爲廟號。又奏：「唐立別廟，不必專在太廟垣內。今武靈皇帝既不稱宗，又不與祫享，其廟擬於太廟東墉外隙地建立。」從之。十四年，廟成，以武靈後謚孝成，又謂之孝成廟。

十五年三月戊申，奉安武靈皇帝及悼皇后。前期一日，奏告太廟十一室及昭德皇后廟，餘如昭德過廟之儀。四月十七日，夏享太廟，同時行禮，命判宗正英王爽攝太尉，充初獻官。兵部尚書讓攝司徒，差大理卿天錫攝太常卿，充亞獻。大興少尹高居中攝光祿卿，充終獻。自是，歲常五享。

十七年十月，祫享太廟，「檢討唐禮，孝敬皇帝廟時享用廟舞、宮縣、登歌，讓皇帝廟至禘祫月一祭，只用登歌，其禮制損益不同。今武靈皇帝廟庭與太廟地步不同，難以容設宮縣樂舞，幷樂器亦是闕少，看詳恐合依唐讓皇帝祫享典故，樂用登歌，所有牲牢樽俎同太廟一室行禮。及契勘得自來祫享，遇親祠每室一犢，攝官行禮共用三犢。今添武靈皇帝別廟行禮，合無依已奏定共用三犢，或增添牛數」。奏奉勅旨，「太廟、別廟共用三犢，武靈皇帝廟樂用登歌，差官奏告，並准奏」。

大定十九年四月，升祔太廟，其舊廟遂毀。

昭德皇后廟。大定二年，有司援唐典，昭德皇后合立別廟，擬於太廟內垣東北起建，從之。三年十月七日，太廟祫享，升祔睿宗皇帝幷昭德皇后，神主同時制造題寫，奉詣殿庭，謁畢祔於祖姑欽仁皇后之左，享祀畢，奉主還本廟。十二月二十一日，臘享，禮官言：「唐禮，別廟薦享皆準太廟一室之儀，伏恐今廟享畢已過質明，請別差官攝祭。」制可。後以殿制小，又於太廟之東別建一位。十二年八月，廟成，正殿三間，東西各空半間，以兩間爲室，從西一間西壁上安置祏室。廟置一便門，與太廟相通。仍以舊殿爲册寶殿，祏室奏毀。

十三年六月二十一日，奏告太廟，祭告別廟。二十三日，奉安，用前祫享過廟儀。有司言當用鹵簿，以廟相去不遠，參酌擬用清道二人，次團扇二人，次職掌八人，次衙官二十六人爲十三重，供奉官充。次腰輿，輿士一十六人，傘子二人，次團扇十四爲七重，方扇四，次排列職掌六人，燭籠十對，輦官並錦襖盤裹。仍令皇太子率百官行禮。

前一日，行事執事官就祠所清齋一宿，仍習儀。執事者眡醴饌，太廟令帥其屬掃除廟之內外。禮直官設皇太子西向位，執事官位皇太子後，近南，西向，各依品從立。監祭，殿西階下東向立。及親王百官位於廟庭，北向，西上。又設祝案於神位之右，設尊彝之位於左，各加勺、冪、坫。又設祭器，皆藉以席，左一籩實以鹿脯，右一豆實以鹿臡。又設盥洗、爵洗位于橫街之南稍東。罍在洗東，加勺。篚在洗西，南肆，實以巾。執罍篚者位于其後。

太廟令又設神位於室內北墉下，當戶南向。設直几一、黼扆一、莞席一、繅席一、次席二、紫綾厚褥一、紫綾蒙褥一幷幄帳等，諸物並如舊廟之儀。又設望燎位于西神門外之北，設燎柴于位之北，預掘瘞坎于燎所。所司陳儀衞於舊廟門之外。

奉安日未明二刻，所司進方扇燭籠於舊廟殿門外，設腰輿一、傘一於殿階之下，南向。質明，皇太子公服乘馬，本宮官屬導從，至廟門外下馬，步入廟門，至幕。次引親王百官常服由廟門入，於殿庭北向西上、重行立定。次引皇太子於百官前絕席位立，贊者曰「再拜」，皆再拜。宮闈令升殿，捧昭德皇后神主置于座，贊者曰「再拜」，皆再拜。

次引內常侍北向俛伏，跪奏「請昭德皇后神主奉安于新廟，降殿升輿」，奏訖，俛伏，興。捧几內侍先捧几置跪置於輿，又宮闈令接神主，內侍前引，跪置于輿上几後，覆以紅羅帕。內常侍已下分左右前引，皇太子步自舊廟先從行，親王次之，百官分左右後從，儀衞導從，至別廟殿下北向。內常侍於腰輿前俛伏，興，跪奏「請降輿升殿」。內侍捧几置前，宮闈令捧接神主升殿，置于座。禮直官引皇太子以下親王百官入殿庭，北向西上、重行立，皇太子在絕席立，禮直官贊曰「再拜」，皆再拜。又贊曰「行事官各就位」。禮直官引皇太子西向位立定。禮直官少前贊曰「有司謹具，請行事」。卽引皇太子就盥洗位，北向，搢笏，盥手，帨手，執笏。詣爵洗位，北向立，搢笏，洗爵，拭爵以授執事者。執笏，升，詣酒尊所，西向立，執事者以爵授皇太子，搢笏，執爵。執事者舉冪酌酒，皇太子以爵授執事者，詣神位前北向，搢笏，跪。執事者以爵授皇太子，執爵三祭酒，反爵于坫，執笏，俛伏，興，少立。

次引太祝、舉祝官詣讀祝位東北向，舉祝官跪舉祝版，太祝跪讀祝，訖，置祝于案，俛伏，興。舉祝官皆却立北向。贊者曰「再拜」，皇太子就兩拜，降階復位。舉祝、讀祝官後從，復本位。禮直官曰「再拜」，在位者皆再拜。宮闈令納神主于室，贊者曰「再拜」，皆再拜，禮畢，退。署令闔廟門，瘞祝于坎，儀物各還所司。

十一年，〔一一〕郊祀前一日朝享，與太廟同日，用登歌樂，行三獻禮，有司攝事。

二十六年，勅別建昭德皇后影廟于太廟內。有司言：「宜建殿三間，南面一屋三門，垣周以甓，外垣置靈星門一，神厨及西房各三間。然禮無廟中別建影廟之例，今皇后廟西有隙地，廣三十四步，袤五十四步，可以興建。」制可。仍於正南別創正門，門以坤儀爲名。仍留舊有便門，遇禘祫祔享由之。每歲五享并影廟行禮於正南門出入。又於廟外起齋廊房二十三間。

宣孝太子廟。大定二十五年七月，有司奏：「依唐典，故太子置廟，設官屬奉祀。擬於法物庫東建殿三間，南垣及外垣皆一屋三門，東西垣各一屋一門，門設九戟。齋房、神廚，

度地之宜。」又奉旨，太子廟既安神主，宜別建影殿。有司定擬制度，於見建廟稍西中間，限以塼墉，內建影殿三間。南面一屋三門，垣周以甓，無闕角及東西門。外垣正南建三門一，〔一二〕左右翼廊二十間，神廚、齋室各二屋三間。〔一三〕是歲十月，廟成，十一日奉安神主，十四日奉遷畫像。

神主用栗，依唐制諸侯用一尺，刻諡于背。省部遣官於本廟西南隅面北設幄次，監視製造，於行禮前一日製造訖。其日晚，奉神主官奉承以箱，覆以帕，捧詣題神主幄中。次日丑前五刻，題神主官與典儀并禮官詣幄次前，題神主官詣盥洗位，盥手、帨手訖，奉神主官先以香湯奉沐，拭以羅巾。題神主官就褥位，題諡號於背云「宣孝太子神主」，墨書，用光漆模，訖，授奉神主官，承以箱，覆以梅紅羅帕，藉以素羅帕，詣座置於匱，乃下簾帷，侍衞如式。俟典儀俛伏，跪請，備腰輿傘扇詣神位。導引侍衞皆減昭德廟儀。

祭儀，有司言：「當隨祖廟四時祭享。初獻於皇孫皇族、亞獻於皇族或五品以下差。樂用登歌，今量減用二十五人，其接神用無射宮，升降徹豆則歌夾鍾。牲羊、豕各一，籩豆各八，簠簋各二，登鉶各一，其餘祭食亦量減之。」

二十六年十一月一日，奏「神主廟，牲牢樂縣官給。影廟，皇孫奉祀」。

校勘記

〔一〕太宗天會二年　按依本志文例，此句上當脫「原廟」二字。

〔二〕禮直官導世祖御容升腰輿　原脫「直」字。按大金集禮（以下簡稱集禮）卷二〇。原廟上爲本志原廟之所本，記此事作「禮直官」。今據補。

〔三〕禮官導太宗御容置於聖武殿　原脫「置」字。據集禮補。

〔四〕次睿宗御容奉安於天興殿　「興」原作「慶」。按上文「睿宗殿曰天興，閣曰景福」，下文朝拜儀睿宗忌辰，「宣徽院設御幄于天興殿門外稍西」，「至天興殿門外稍西，皇帝降輦」，皆作「天興」。今據改。

〔五〕本宮官屬導從　原脫「宮」字。按集禮卷二一原廟下爲本志朝謁儀、朝拜儀之所本，其記此事作「本宮官屬導從」。今據補。

〔六〕奏請並宣徽使皇帝再拜　「並宣徽使」四字原作大字正文，殿本此句作「二宣徽使奏請皇帝再拜」。按集禮卷二一「並宣徽使」四字爲小字注文，說明上文「前導」與下文之「奏請」皆爲宣徽使。集禮是，今從改。

〔七〕大定二十一年　原脫「大定」二字。今補。

〔八〕皇帝乘馬至衍慶宮門外下馬　「皇帝乘」集禮作「皇太子」。

〔九〕二宣徽使導皇帝由天興門正門入　「天興門」集禮作「天興殿」。

〔一〇〕次引皇太子已下官出宮門外立班　原脫「次」字。據集禮補。

〔一一〕十一年　按上文爲「十三年」，下文爲「二十六年」，疑此數字有誤，亦或敍次顚倒。

〔一二〕外垣正南建三門一　按「一」字疑是衍文。

〔一三〕神厨齋室各二屋三間　疑當作「各一屋三間」或「二屋各三間」。

金史卷三十四

志第十五

禮七

社稷　風雨雷師　嶽鎮海瀆

貞元元年閏十二月，〔一〕有司奏建社稷壇于上京。〔二〕大定七年七月，又奏建壇于中都。社爲制，其外四周爲垣，南向開一神門，門三間。內又四周爲垣，東西南北各開一神門，門三間，各列二十四戟。四隅連飾罘罳，無屋，於中稍南爲壇位，令三方廣闊，一級四陛。以五色土各飾其方，中央覆以黃土，其廣五丈，高五尺。其主用白石，下廣二尺，剡其上，形如鐘，埋其半。壇南，栽栗以表之。

近西爲稷壇，如社壇之制而無石主。四壝門各五間，兩塾三門，門列十二戟。壝有角

樓，樓之面皆隨方色飾之。饌幔四楹，在北壝門西，北向。神廚在西壝門外，南向。廨在南圍牆內，東西向。有望祭堂三楹，在其北，雨則於是堂望拜。堂之南北各爲屋二楹，三獻及司徒致齋幕次也。堂下南北相向有齋舍二十楹。外門止一間，不施鴟尾。

祭用春秋二仲月上戊日，樂用登歌，遣官行事。太尉一，司徒一，已上奏差。亞獻太常卿一，終獻光祿卿一，省差。太常卿一，光祿卿一，郊社令一，學士院官一，請御署祝版。大樂令一，太官令二，監祭御史二，太常博士二，廩犧令一，奉禮郎一，協律郎二，司尊罍二，奉爵酒官一，太祝七，祝史四，盥洗官二，爵洗官二，執巾篚官四，齋郎四十八，贊者一，禮直官十，已上部差。守衞十二人，各衣其方色，其服官給。舉瘞四，衣皂，軍人內差，其衣自備。

前三日質明，行事官受誓戒於尚書省，御史臺、太常寺引衆官就位，禮直官贊「揖」，對揖，訖，太尉誓曰：「某月某日上戊，祭于太社，各揚爾職。不恭其事，國有常刑。」讀訖，對拜，訖，退。凡與祭官散齋二日，致齋一日，已齋而闕者通攝行事，仍習禮於社宮。諸衞令率其屬，各以其方器服守衞社宮門。大樂工人俱清齋一宿。

前三日，陳設局設祭官公卿已下次於齋房之內。及設饌幔四於社宮西神門之外，門南，西向。

前二日，郊社令率其屬，掃除壇之上下。大樂令設樂於壇上。郊社令爲瘞坎二於壬地，方深取足容物，南出陛。又設望瘞位於坎之北，南向。

前一日，奉禮郎帥禮直官，設祭官公卿已下褥位於西神門之內道南，執事官於道北，每等異位，俱重行，東向，南上。設御史位二於壇下，一在太社東北，西向，一在太稷西北，東向，博士各在其北。設奉禮郎位於稷壇上西北，贊者一在北，東向。設協律郎位二於壇上東北隅，俱西向。設大樂令位於兩壇之間，南向。設獻官褥位於逐壇上神座前。設省牲位於西神門外。設牲榜於當門，黝牲二居前，又黝牲二少退，三牲皆用黝。〔三〕北上。設廩犧令位於牲東北，南向。設諸太祝位於牲西，各當牲後，祝史陪其後，俱東向。設太常卿省牲位於前近南，北向。又設御史位於太常卿之東，北向。太常卿帥其屬，設酒罇之位。太罇二、著罇二、犧罇二、山罍二在壇上北隅，南向。象罇二、壺罇二、山罍二在壇下北陛之西，南向。后土氏象罇二、著罇二、山罍二在太社酒罇之西，俱東南上。設太稷、后稷酒罇於壇之上下，如太社、后土之儀。設洗位二於社壇西北，南向。罍在洗東，篚在洗西，北肆。司罇罍篚冪者，各位於其後。設玉帛之篚於壇上罇坫之所。設四座，各籩十、豆十、簠二、簋二、鉶三、槃一、俎三、坫四，內籩一、豆一、簠一、簋一、俎三各設於饌幔內。光祿卿率其屬，入實。籩之實，魚鱐、乾棗、形鹽、鹿脯、榛實、乾䕩、桃、菱、芡、栗，以序爲次。豆之實，芹菹、筍菹、葵菹、菁菹、韭菹、魚醢、兔醢、豚拍、鹿臡、醓醢以序爲次。鉶實以羹，加芼滑。簠實

以稻、粱，簋實以黍、稷，粱在稻前，稷在黍前。太官令入實罇罍以酒，各一罇實以玄酒。

祭日未明五刻，郊社令升設太社太稷神座，各於壇上近南，北向。設后土氏神座於太社神座之左，后稷氏神座於太稷神座之左，俱東向。席皆以莞，加裀褥如幣之色。神位版各於座首。

前一日，諸衞之屬禁斷行人。郊社令與其屬，以罇坫罍洗篚冪入設於位，司罇罍奉禮郎及執事者升自太社壇西陛以俟。其省牲器、視滌溉，並如郊廟儀。

祭日未明十刻，太官令率宰人以鸞刀割牲，祝史以豆取毛血，各置於饌所，以盤取血置神座前，遂烹牲。未明三刻，諸祭官各服其服。郊社令、太官令入實玉幣罇罍。太官令帥進饌者實諸籩豆簠簋。未明一刻，奉禮郎、贊者先入就位。禮直官引光祿卿、御史、博士、諸太祝、祝史、司罇罍篚冪者入自西門，當太社壇北，重行南向東上立定，奉禮曰「再拜」，贊者承傳，御史以下皆再拜，訖，司罇罍篚冪者皆就位。奉盤血祝史與太祝由西陛升壇，各於罇所立，祝史以俟瘞血，大祝以俟取玉幣。大樂令帥工人入。禮直官各引祭官入，就位立定，奉禮曰「衆官再拜」，贊者曰「在位者皆再拜」，其先拜者不拜。禮直官進太尉之左曰「有司謹具，請行事」，退復位。禮直官引光祿卿就瘞血所，又引祝史奉盤血降自西陛，至瘞位，光祿卿瘞血，訖，復位。祝史以盤還饌幔，以俟奉毛血豆。奉禮曰「衆官再拜」，在位者皆

中華書局

再拜。諸太祝取玉幣於篚，各立於尊所。禮直官引太尉詣盥洗位。協律郎跪，俛伏，舉麾，樂作太簇宮正寧之曲。後盥洗同。至洗位南向立，樂止。

搢笏、盥手、帨手訖，詣太社壇，樂作應鍾宮嘉寧之曲。後升壇同。升自北陛，樂止，南向立。太祝以玉帛西向授太尉，太尉受玉帛。禮神之玉奠於神前，瘞玉加於幣，配位不用玉。玉用兩圭有邸，盛以匣。瘞玉以玉石爲之。帛用黑繒，長一丈八尺。樂作太簇宮嘉寧之曲，太稷同。禮直官引太尉進，南向跪奠於太社座前，俛伏，興。引太尉少退，詣褥位南向再拜。太祝以幣授太尉，太尉受幣，西向跪奠於后土神座前，俛伏，興。禮直官引太尉少退，西向再拜，訖，樂止。

禮直官引太尉降自北陛，詣太稷壇，盥洗、升奠玉幣如太社后土之儀。祝史奉毛血入，各由其陛升，毛血豆係別置一豆。諸太祝迎取於壇上，俱進奠於神座前，祝史退立於罇所。太尉既升奠玉幣，太官令出帥進饌者，奉饌陳於西門外。禮直官引司徒出詣饌所，司徒奉太社之俎。諸太祝既奠毛血，禮直官太官令引太社太稷之饌入自正門，配座之饌入自左闥。饌初入門，樂作太簇宮正寧之曲，饌至陛，樂止。祝史俱進徹毛血豆，降自西陛以出。太社太稷之饌升自北陛，配座之饌升自西陛，諸太祝迎引於壇上，各於神座前設訖，禮直官引司徒已下降自西陛，樂作，復位，樂止。諸太祝還罇所。禮直官引太尉詣罍洗位，樂

作，至位，樂止。

盥手、洗爵訖，禮直官引太尉詣太社壇，升自北陛，樂作，至太社酒罇所，樂止。執罇者舉冪，執事者以爵授太尉，太尉執爵，〔四〕太官令酌酒，訖，樂作太簇宮皁寧之曲。太稷同。禮直官引太尉詣太社神座前，執事者以爵授太尉，南向跪奠爵，訖，以爵授執事者，俛伏，興。太尉少退，樂止。讀祝官與捧祝官進於神座前右，西向跪讀祝，讀訖，讀祝官就一拜，各還罇所。太尉拜訖，詣配位酒罇所。太尉以爵授執事者。執事者舉冪，執事者以爵授太尉，太尉執爵，太官令酌酒，訖，樂作太簇宮昭寧之曲。太尉以爵授執事者。禮直官引太尉進后土神座前，執事者以爵授太尉，西向跪奠爵，訖，以爵授執事者，俛伏，興。太尉少退，樂止。讀祝如上儀。太尉再拜，訖，禮直官引太尉降自北陛，樂作，至罍洗位，樂止。

盥手、洗爵訖，禮直官引太尉詣太稷壇，升自北陛，並如太社后土之儀，樂曲同。訖，禮直官引太尉還本位。

亞、終獻，盥洗升獻並如太尉之儀。

禮直官引終獻降復位，樂止。太祝各進徹豆，樂作應鍾宮娛寧之曲，還罇所，樂止。徹者籩豆各一，少移於故處。奉禮曰「賜胙」，贊者曰「衆官再拜」，在位者皆再拜。禮直官進太尉之右，請就望瘞位，御史博士從，南向立。於衆官將拜之前，太祝執篚進於神座前取玉

幣，齋郎以俎載牲體、稷黍飯、爵酒，體謂牲之左髀。〔五〕各由其陛降壇，以玉幣饌物置於坎，訖，奉禮曰「可瘞」，坎東西各二人置土半坎，訖，禮直官進太尉之左曰「禮畢」，遂引太尉出，祭官以下以次出。禮直官引御史博士以下俱復執事位，立定。奉禮曰「再拜」，御史以下皆再拜，訖，出。工人以次出。祝版燔於齋坊。光祿卿以胙奉進，御史就位展視，光祿卿望闕再拜，乃退。

其州郡祭享，一遵唐、宋舊儀。

風、雨、雷師。

明昌五年，禮官言：「國之大事，莫重於祭。王者奉神靈，祈福祐，皆爲民也。我國家自祖廟禘祫五享外，惟社稷、嶽鎮海瀆定爲常祀，而天地日月風雨雷師其禮尚闕，宜詔有司講定儀注以聞。」尚書省奏：「天地日月，或親祀或令有司攝事。若風雨雷師乃中祀，合令有司攝之。且又州縣之所通祀者也，合先舉行。」制可。

乃爲壇於景豐門外東南，闕之巽地，歲以立春後丑日，以祀風師。牲、幣、進熟，如中祀儀。又爲壇於端禮門外西南，闕之坤地，以立夏後申日以祀雨師，其儀如中祀，羊豕各一。

是日，祭雷師於位下，〔六〕禮同小祀，一獻，羊一，無豕。其祝稱「天子謹遣臣某」云。

嶽、鎮、海、瀆。

大定四年，禮官言：「嶽鎮海瀆，當以五郊迎氣日祭之。」詔依典禮以四立、土王日就本廟致祭，其在他界者遙祀。立春，祭東嶽于泰安州、東鎮于益都府、東海于萊州、東瀆大淮于唐州。立夏，望祭南嶽衡山、南鎮會稽山于河南府，南海、南瀆大江于萊州。季夏土王日，祭中嶽于河南府、中鎮霍山于平陽府。立秋，祭西嶽華山于華州、西鎮吳山于隴州，望祭西海、西瀆于河中府。立冬，祭北嶽恒山于定州、北鎮醫巫閭山于廣寧府，望祭北海、北瀆大濟于孟州。其封爵並仍唐、宋之舊。明昌間，從沂山道士楊道全請，封沂山爲東安王，吳山爲成德王，霍山爲應靈王，會稽山爲永興王，醫巫閭山爲廣寧王，淮爲長源王，江爲會源王，河爲顯聖靈源王，濟爲清源王。

每歲遣使奉御署祝版奩薌，乘馹詣所在，率郡邑長貳官行事。禮用三獻。讀祝官一、捧祝官二、盥洗官二、爵洗官二、奉爵官一、司尊彝一、禮直官四，以州府司吏充。

前三日，應行事執事官散齋二日，治事如故，宿於正寢，如常儀。前二日，有司設行事

中華書局

執事官次於廟門外。掌廟者掃除廟之內外。前一日，有司牽牲詣祠所，享官以下常服閱饌物，視牲充腯。

享日丑前五刻，執事者設祝版於神位之右，置於坫，及以血豆設於饌所。次設祭器，皆藉以席，掌饌者實之。左十籩爲三行，以右爲上，實以乾橑、乾棗、形鹽、魚鱐、鹿脯、榛實、乾桃、菱、芡、栗。右十豆爲三行，以左爲上，實以芹菹、筍菹、韭菹、葵菹、菁菹、魚醢、兎醢、豚拍、鹿臡、醓醢。左簠二，實以粱、稻。右簋二，實以稷、黍。俎二，實以牲體。次設犧罇二、象罇二，在堂上東南隅，北向西上。犧罇在前，實以法酒。犧罇，初獻官酌。象罇，亞、終獻酌。又設太罇一、山罇一，在神位前，設而不酌。有司設燭於神位前。洗二，在東堦之下，直東霤北向，罍在洗東，加勺。篚在洗西，南肆，實以巾。執罍篚者位於其後。又設揖位於廟門外，初獻在西，東向，亞、終及祝在東，南向，北上。〔七〕開瘞坎於廟內廷之壬地。

享日丑前五刻，執事官各就次。掌饌者帥其屬，實饌具畢。凡祭官各服其服，與執事官行止皆贊者引，點視陳設訖，退就次。引初獻以下詣廟南門外揖位，立定，贊禮者贊「揖」。次引祝升堂就位立。次引初獻詣盥洗位北向立，搢笏、盥手、帨手，執笏，詣爵洗位北向立，搢笏，洗爵，以爵授執事者，執笏，升堂，詣酌罇所西向立。執事者以爵授初獻。初獻搢笏執爵，執罇者舉冪，執事者酌酒。初獻以爵授執事者，執笏，詣神位前北向立，搢笏，跪，執事

者以爵授初獻。初獻執爵三祭酒，奠爵訖，執笏，俛伏，興，少立。次引祝詣神位前東向立。搢笏，跪，讀祝，訖，執笏，興，退復位。初獻再拜，贊禮者引初獻復位。

次引亞獻酌獻，並如初獻之儀。次引終獻，並如亞獻之儀。

贊者引初獻官詣神位前北向立，執事者以爵酌淸酒，進初獻之右，初獻跪，祭酒，啐酒，奠爵。執事者以俎進，減神座前胙肉前脚第二節，共置一俎上，以授初獻，初獻以授執事者。初獻取爵，遂飲，卒爵，執事者進受爵，復於坫。初獻興，再拜，贊者引初獻復位。贊者曰：「再拜。」已飲福、受胙者不拜。〔八〕亞獻官以下皆再拜，拜訖，次引初獻已下就望瘞位，以饌物置於坎，東西廂各二人，贊者曰「可瘞」，置土半坎，又曰「禮畢」，遂引初獻官已下出。祝與執罇罍篚冪者俱復位立定，贊者曰「再拜」，再拜訖，遂出。祝版燔於齋所。

校勘記

〔一〕貞元元年閏十二月　按依本志文例，此句前當脫「社稷」二字。

〔二〕建社稷壇于上京　按此處有誤字，「上京」當作「中都」。本書卷五海陵紀，貞元元年「三月辛亥，上至燕京」，「乙卯，以遷都詔中外，改燕京爲中都」。又閏十二月「癸巳，定社稷制度」，則建社稷壇當在中都。上京舊建築曾毀滅之不暇，絕無創建社稷壇之理。本卷下文「大定七年七月，又奏建壇于中都」，或是改建增修，不可考矣。

〔三〕三牲皆用黝　「三」殿本作「二」。按上文「黝牲二居前，又黝牲二少退」，凡四牲。疑「三」或爲「四」之誤。

〔四〕太尉執爵　原脫「太尉」二字。據五禮通考卷四四社稷引本文補。

〔五〕膟膋牲之左髀　按此六字原誤作正文，殿本改成小注，今從之。

〔六〕祭雷師於位下　「師」原作「神」。按上文三處皆作「師」。今據殿本改。

〔七〕初獻在西東向亞終及祝在東南向北上　按「南向」則不得「北上」。此處係與「初獻在西東向」相對，當作「在東西向」爲是。

〔八〕贊者曰再拜已飲福受胙者不拜　原脫「再拜」二字。按大金集禮卷三四岳鎭海瀆爲本志嶽鎭海瀆之所本，其敍此節有「再拜」二字。今據補。又「已飲福受胙者不拜」八字原作大字正文，今亦據集禮改作小字注文。

金史卷三十五

志第十六

禮八

本國拜儀

宣聖廟　武成王廟　前代帝王　諸神雜祠　祈禜　拜天

宣聖廟。

皇統元年二月戊子，〔一〕熙宗詣文宣王廟奠祭，北面再拜，顧儒臣曰：「爲善不可不勉。孔子雖無位，以其道可尊，使萬世高仰如此。」

大定十四年，國子監言：「歲春秋仲月上丁日，釋奠於文宣王，用本監官房錢六十貫，止造茶食等物，以大小楪排設，用留守司樂，以樂工爲禮生，率倉場等官陪位，於古禮未合也。

伏覩國家承平日久，典章文物當粲然備具，以光萬世。況京師爲首善之地，四方之所觀仰，擬釋奠器物、〔二〕行禮次序，合行下詳定。兼兗國公親承聖教者也，鄒國公力扶聖教者也，當於宣聖像左右列之。今孟子以燕服在後堂，宣聖像側還虛一位，禮宜遷孟子像於宣聖右，與顏子相對，改塑冠冕，粧飾法服，一遵舊制。」

禮官參酌唐開元禮，定擬釋奠儀數：文宣王、兗國公、鄒國公每位籩豆各十、犧尊一、象尊一、簠簋各二、俎二、祝板各一，皆設案。七十二賢、二十一先儒，每位各籩一、豆一、爵一，兩廡各設象尊二。總用籩、豆各一百二十三，簠簋各六，俎六，犧尊三，象尊七，爵九十四。其尊皆有坫。罍二，洗二，篚勺各二，冪六。正位并從祀藉尊、罍、俎、豆席，約用三十幅，尊席用葦，俎、豆席用莞。牲用羊、豕各三，酒二十瓶。

禮行三獻，以祭酒、司業、博士充。分奠官二，讀祝官一，太官令一，捧祝官二，罍洗官一，爵洗官一，巾篚官二，禮直官十一，學生以儒服陪位。

樂用登歌，大樂令一員，本署官充，樂工三十九人。迎神，三奏姑洗宮來寧之曲，辭曰：「上都隆化，廟堂作新。神之來格，威儀具陳。穆穆凝旒，巍然聖真。斯文伊始，羣方所視。」〔三〕初獻盥洗，姑洗宮靜寧之曲，辭曰：「偉矣素王，風猷至粹。垂二千年，斯文不墜。涓辰維良，爰修祀事。沃盥于庭，嚴禋禮備。」升階，南呂宮肅寧之曲，辭曰：「巍乎聖師，道全德隆。修明五常，垂教無窮。增崇儒宮，遹追遺風。嚴祀申虔，登降有容。」奠幣，姑洗宮和寧之曲，辭曰：「天生聖人，賢於堯、舜。仰之彌高，磨而不磷。新廟告成，宮牆數仞。遣使陳祠，斯文復振。」降階，姑洗宮安寧之曲，辭曰：「稟靈尼丘，垂芳闕里。生民以來，孰如夫子。新祠巋然，四方所視。醻觴告成，祗循典禮。」兗國公酌獻，姑洗宮輯寧之曲，辭曰：「聖師之門，顏惟居上。其殆庶幾，是宜配饗。桓圭袞衣，有嚴儀象。載之神祠，增光吾黨。」鄒國公酌獻，姑洗宮泰寧之曲，辭曰：「有周之衰，王綱既墜。是生真儒，宏才命世。言而爲經，醇乎仁義。力扶聖功，同垂萬祀。」亞、終獻，姑洗宮咸寧之曲，辭曰：「於昭聖能，與天立極。有承其流，皇仁帝德。豈伊立言，訓經王國。煥我文明，典祀千億。」送神，姑洗宮來寧之曲，辭曰：「吉蠲爲饎，孔惠孔時。正辭嘉言，神之格思。是饗是宜，神保聿歸。惟時肇祀，太平極致。」

承安二年，春丁，章宗親祀，以親王攝亞、終獻，皇族陪祀，文武羣臣助奠。上親爲贊文，舊封公者升爲國公，侯者爲國侯，郕伯以下皆封侯。

宣宗遷汴，建廟會朝門內，歲祀如儀，宣聖、顏、孟各羊一、豕一，餘同小祀，共用羊八，無豕。

其諸州釋奠並遵唐儀。

武成王廟。

泰和六年，詔建昭烈武成王廟于闕庭之右，麗澤門內。其制一遵唐舊，禮三獻，官以四品官已下，儀同中祀，用二月上戊。

七年，完顏匡等言：「我朝創業功臣，禮宜配祀。」於是，以秦王宗翰同子房配武成王，而降管仲以下。又躋楚王宗雄、宗望、宗弼等侍武成王坐，韓信而下降立於廡。又黜王猛、慕容恪等二十餘人，而增金臣遼王斜也等。〔四〕其祭，武成王、宗翰、子房各羊一、豕一，餘共用羊八，無豕。

宣宗遷汴，於會朝門內闕庭之右營廟如制，春秋上戊之祭仍舊。

諸前代帝王。

三年一祭，於仲春之月祭伏犧於陳州，神農於亳州，軒轅於坊州，少昊於兗州，顓頊於開州，高辛於歸德府，陶唐於平陽府，虞舜、夏禹、成湯於河中府，周文王、武王於京兆府。

泰和三年，尚書省奏：「太常寺言：『開元禮祭帝嚳、堯、舜、禹、湯、文、武、漢祖祝板請御署。開寶禮儀、軒、顓頊、帝嚳、陶唐、女媧、成湯、文、武請御署，自漢高祖以下二十七帝不署。』平章政事鎰、左丞匡、太常博士溫迪罕天興言：『方嶽之神各有所主，有國所賴，請御署固宜。至于前古帝王，寥落杳茫，列于中祀亦已厚矣，不須御署。』參知政事卽康及鉉以爲三皇、五帝、禹、湯、文、武皆垂世立教之君，唐、宋致祭皆御署，而今降祝板不署，恐於禮未盡。不若止從外路祭社稷及釋奠文宣王例，不降祝板，而令學士院定撰祝文，頒各處爲常制。」勅命依期降祝板，而不請署。

長白山。[三]

大定十二年，有司言：「長白山在興王之地，禮合尊崇，議封爵，建廟宇。」十二月，禮部、太常、學士院奏奉勅旨封興國靈應王，卽其山北地建廟宇。

十五年三月，奏定封冊儀物，冠九旒，服九章，玉圭，玉冊，函，香，幣，冊，祝。遣使副各一員，詣會寧府。行禮官散齋二日，致齋一日。所司於廟中陳設如儀。廟門外設玉冊、衮冕幄次，牙杖旗鼓從物等視一品儀。禮用三獻，如祭嶽鎮。

其冊文云：「皇帝若曰：自兩儀剖判，山嶽神秀各鍾于其分野。國將興者，天實作之。對越神休，必以祀事。故肇基王迹，有若岐陽。望秩山川，於稽虞典。厥惟長白，載我金德，仰止其高，實惟我舊邦之鎭。混同流光，源所從出。秩秩幽幽，有相之道。列聖蕃衍熾昌，迄于太祖，神武徵應，無敵于天下，爰作神主。肆予冲人，紹休聖緒，四海之內，名山大川靡不咸秩。矧王業所因，瞻彼旱麓，可儉其禮？服章爵號非位於公侯之上，不足以稱焉。今遣某官某，持節備物，冊命玆山之神爲興國靈應王，仍勅有司歲時奉祀。於戲！廟食之享，亘萬億年。維金之禎，與山無極，豈不偉歟。」自是，每歲降香，命有司春秋二仲擇日致祭。

明昌四年十月，[四]備衮冕、玉冊、儀物，上御大安殿，用黃麾立仗八百人，行仗五百人，復冊爲開天弘聖帝。

大房山。

大定二十一年，勅封山陵地大房山神爲保陵公，冕八旒，服七章，圭、冊、香、幣，使副持節行禮，並如冊長白山之儀。其冊文云：「皇帝若曰：古之建邦設都，必有名山大川以爲形勝。我國既定鼎於燕，西顧郊圻，巍然大房，秀拔混厚，雲雨之所出，萬民之所瞻，祖宗陵寢於是焉依。仰惟嶽鎭古有秩序，皆載祀典，矧玆大房，禮可闕歟？其爵號服章俾列于侯伯之上，庶足以稱。今遣某官某，備物冊命神爲保陵公。申勅有司，歲時奉祀。其封域之內，禁無得樵採弋獵。著爲令。」是後，遣使山陵行禮畢，山陵官以一獻禮致奠。

混同江。

大定二十五年，有司言：「昔太祖征遼，策馬徑渡，江神助順，靈應昭著，宜修祠宇，加賜封爵。」迺封神爲興國應聖公，致祭如長白山儀，冊禮如保陵公故事。

其冊文云：「昔我太祖武元皇帝，受天明命，掃遼季荒茀，成師以出，至于大江，浩浩洪流，不舟而濟，雖穆滿渡江而鼋梁，光武濟河而水氷，自今觀之無足言矣。執徐之歲，四月孟夏，朕時邁舊邦，臨江永歎，仰藝祖之開基，佳江神之效靈，至止上都，議所以尊崇之典。蓋古者五嶽視三公，四瀆視諸侯，至有唐以來，遂享帝王之尊稱，非直後世彌文，而崇德報功理亦有當然者。矧玆江源出於長白，經營帝鄕，實相興運，非錫以上公之號，則無以昭荅神休。今遣某官某，持節備物冊命神爲興國應聖公。申命有司，歲時奉祀。於戲！嚴廟貌，正封爵，禮亦至矣。惟神其衍靈長之德，用輔我國家彌億年，神亦享廟食於無窮，豈不休哉。」

嘉蔭侯。

大定二十五年，勅封上京護國林神爲護國嘉蔭侯，毳冕七旒，服五章，圭同信主，遣使詣廟，以三獻禮祭告。其祝文曰：「蔚彼長林，實壯天邑，廣袤百里，惟神主之。廟貌有嚴，侯封是享，歆時蠲潔，相厥滋榮。」是後，遇月七日，上京幕官一員行香，著爲令。

瀘溝河神。

大定十九年，有司言：「瀘溝河水勢泛決嚙民田，乞官爲封冊神號。」禮官以祀典所不載，難之。已而，特封安平侯，建廟。二十七年，奉旨，每歲委本縣長官春秋致祭，如令。

昭應順濟聖后。

大定十七年，都水監言：「陽武上埽黃河神聖后廟，宜依唐仲春祭五龍祠故事。」二十七年春正月，尚書省言：「鄭州河陰縣聖后廟，前代河水爲患，屢禱有應，嘗加封號廟額。今因禱祈，河遂安流，乞加褒贈。」上從其請，特加號曰昭應順濟聖后，廟曰靈德善利之廟。每歲委本縣長官春秋致祭，如令。

鎮安公。

舊名旺國崖，太祖伐遼嘗駐蹕於此。大定八年五月，更名靜寧山，後建廟。明昌六年八月，〔七〕以衮服玉册，册山神爲鎮安公。

册文曰：「皇帝若曰：古之名山，咸在祀典。軒皇之世，神靈所奉者七千。虞氏之時，望秩每及於五載。蓋惟有益于國，是以必報其功。逮乎後王，申以徽册，至于嶽鎮之外，亦或封爵之加。故太白有神應之稱，而終南有廣惠之號。禮由義起，事與時偕，載籍所傳，于今猶監。朕修和有夏，咸秩無文，眷茲靜寧，秀峙朔野，緼澤布氣，幽贊乎坤元，導風出雲，協符乎乾造。一方之表，萬物所瞻，南直都畿，北維障徼，連延廣厚，寶藏攸興，盤固高明，諺宮斯奠。昔有遼嘗恃以富國，迄大定更爲之錫名。洪惟世宗，功昭列聖，亦越顯考，德利生民。爰卽歲時，駕言臨幸，兵革不試，遠人輯寧。雨暘常調，品彙蕃廡，此上帝無疆之貺，亦英靈有相之符。比卽輿情，載修故事。顧先皇帝駐蹕之地，揖累世承平之風。迓續遺休，式甄神祐。肆象德以畀號，仍班台而闡儀。宇像一新，采章具舉。今遣使某、副某，持節備物，册命神爲鎮安公，仍勅歲時奉祀。於戲！容典焜燿，精明感通，惟永億年，翊我昌運。神其受職，豈不偉歟。」

瑞聖公。

卽麻達葛山也，章宗生於此。世宗愛此山勢衍氣清，故命章宗名之。後更名胡土白山，建廟。明昌四年八月，〔八〕以衮服玉册，封山神爲瑞聖公。建廟，命撫州有司，春秋二仲，擇日致祭爲常。

其册文曰：「皇帝若曰：國家之興，命曆攸屬。天地元化，惟時合符。山川百神，無不受職。粹精薦瑞，明聖繼生。著丕應於殊禎，啓昌期於幽贊。哀對信猶之典，咸修望秩之文。嘉乃名山，奠茲勝地，下綿乾分，上直樞輝。盤析木之津，達中原之氣。廓除氛祲，函毓泰和。仰惟光烈昭垂，徽音如在，卽高明而清暑，克靜壽以安仁。周廬安寧，厚澤浹洽。朕祗循祖武，順講時巡，感美號以興懷，佩聖謨而介福。言念誕彌之初度，抑由翊衞之效靈。然猶祀秩無章，神居不屋，非所以盡報功崇德之義，副追始樂原之心。爰飾名稱，載新祠宇。今遣使某、副某，持節備物，册命神爲瑞聖公，仍勅有司歲時奉祀。於戲！尙其聰明，歆此誠意，孚休惟永，亦莫不寧。」

貞獻郡王廟。〔九〕

明昌五年正月，陳言者謂「葉魯、谷神二賢創製女直文字，乞各封贈名爵，建立祠廟。令女直、漢人諸生隨拜孔子之後拜之」。有司謂葉魯難以致祭，若金源郡貞獻王谷神則既已配享太廟矣，亦難特立廟也。有旨，令再議之。禮官言：「前代無創製文字入孔子廟故事，如於廟後或左右置祠，令諸儒就拜，亦無害也。」尙書省謂「若如此，恐不副國家厚功臣之意」。遂詔令依蒼頡立廟于盩厔例，官爲立廟于上京納里渾莊，委本路官一員與本千戶春秋致祭，所用諸物從宜給之。

祈禜。

大定四年五月，不雨。命禮部尙書王競祈雨北嶽，以定州長貳官充亞、終獻。又卜日於都門北郊，望祀嶽鎮海瀆，有司行事，禮用酒脯醢。後七日不雨，祈太社、太稷。又七日祈宗廟，不雨，仍從嶽鎮海瀆如初祈。其設神座，實樽罍，如常儀。其樽罍用瓢齊，擇甘瓠去柢以爲尊。祝板惟五岳、宗廟、社稷御署，餘則否。後十日不雨，乃徙市，禁屠殺，斷傘扇，造土龍以祈。雨足則報祀，送龍水中。

十七年夏六月，京畿久雨，遵祈雨儀，命諸寺觀啓道場祈禱。

拜天。

金因遼舊俗，以重五、中元、重九日行拜天之禮。重五於鞠場，中元於內殿，重九於都城外。其制，刳木爲盤，如舟狀，赤爲質，畫雲鶴文。爲架高五六尺，置盤其上，薦食物其中，聚宗族拜之。若至尊則於常武殿築臺爲拜天所。

重五日質明，陳設畢，百官班俟於毬場樂亭南。皇帝靴袍乘輦，宣徽使前導，自毬場南門入，至拜天臺，降輦至褥位。皇太子以下百官皆詣褥位。宣徽贊「拜」，皇帝再拜。上香，又再拜。排食拋盞畢，又再拜。飲福酒，跪飲畢，又再拜。百官陪拜，引皇太子以下先出，皆如前導引。

皇帝回輦至幄次，更衣，行射柳、擊毬之戲，亦遼俗也，金因尙之。

凡重五日拜天禮畢，插柳毬場爲兩行，當射者以尊卑序，各以帕識其枝，去地約數寸，削其皮而白之。先以一人馳馬前導，後馳馬以無羽橫鏃箭射之，既斷柳，又以手接而馳去者，爲上。斷而不能接去者，次之。或斷其青處，及中而不能斷，與不能中者，爲負。每射，必伐鼓以助其氣。

已而擊毬，各乘所常習馬，持鞠杖。杖長數尺，其端如偃月。分其衆爲兩隊，共爭擊一毬。先於毬場南立雙桓，置板，下開一孔爲門，而加網爲囊，能奪得鞠擊入網囊者爲勝。或曰：「兩端對立二門，互相排擊，各以出門爲勝。」毬狀小如拳，以輕韌木枵其中而朱之。皆所以習蹻捷也。

既畢賜宴，歲以爲常。

本國拜儀。

金之拜制，先袖手微俯身，稍復却，跪左膝，左右搖肘，若舞蹈狀。凡跪，搖袖，下拂膝，上則至左右肩者，凡四。如此者四跪，復以手按右膝，單跪左膝而成禮。國言搖手而拜謂之「撒速」。

承安五年五月，上諭旨有司曰：「女直、漢人拜數可以相從者，酌中議之。」禮官奏曰：「周官九拜，一曰稽首，拜中至重，臣拜君之禮也。乞自今，凡公服則用漢拜，若便服則各用本俗之拜。」主事陳松曰：「本朝拜禮，其來久矣，乃便服之拜也。可令公服則朝拜，便服則

從本朝拜。」平章政事張萬公謂拜禮各便所習，不須改也。司空完顏襄曰：「今諸人袛髮皆從本朝之制，宜從本朝拜禮，松言是也。」上乃命公裳則朝拜，諸色人便服則皆用本朝拜。

校勘記

〔一〕皇統元年二月戊子 「子」原作「午」。按皇統元年二月庚午朔，無戊午。大金集禮以下簡稱集禮卷三六宣聖廟爲本志宣聖廟之所本，首記此事作「二月戊子日」。今據改。

〔二〕擬釋奠器物 「擬」原作「據」。按下文「禮官參酌唐開元禮，定擬釋奠儀數」，又集禮記此事亦作「擬釋奠合用器物」，皆作「擬」。今據改。

〔三〕羣方所覩 按「覩」字與上文「新」「陳」「眞」不叶，疑是「覯」字之誤。

〔四〕而增金臣遼王斜也等 「斜」原作「賽」。按本書卷七六杲傳，「杲本名斜也」，「正隆例封遼王」，卷五九宗室表同。今據改。

〔五〕長白山 按本志文例此句上當脫「諸神雜祠」四字。

〔六〕明昌四年十月 按本書卷一〇章宗紀作明昌四年十二月。

〔七〕明昌六年八月 按本書卷一〇章宗紀作明昌六年九月。

〔八〕明昌四年八月 按本書卷一〇章宗紀，明昌六年九月「甲申，册忽土白山神爲瑞聖公」，年月與此不同，疑此處誤。

〔九〕貞獻郡王廟 按本書卷七三希尹傳，「完顏希尹本名谷神」。「金人初無文字……太祖命希尹撰本國字，備制度」。「正隆二年例降金源郡王。大定十五年謚貞憲」。大金故左丞相金源郡貞憲王完顏公神道碑拓本亦作「貞憲」。與此異。

金史卷三十六

志第十七

禮九

國初即位儀　受尊號儀　上壽儀　朝參常朝儀　肆赦儀

臣下拜詔儀

國初即位儀。

收國元年春正月壬申朔，諸路官民耆老畢會，議創新儀，奉上即皇帝位。阿离合懣、宗翰乃陳耕具九，祝以闢土養民之意。復以良馬九隊，隊九疋，別爲色，幷介胄弓矢矛劍奉上。國號大金，建元收國。

天會元年九月六日，皇弟諳板孛極烈即皇帝位。己未，告祀天地。丙寅，大赦，改元。

受尊號儀。

皇統元年正月二日，太師宗幹率百僚上表，請上皇帝尊號，凡三請，詔允。七日，遣上京留守奭告天地社稷，析津尹宗强告太廟。十日，帝服衮冕御元和殿，宗幹率百僚恭奉册禮。册文云云，「臣等謹奉玉册、玉寶，上尊號曰崇天體道欽明文武聖德皇帝」。是日，皇帝改服通天冠，宴二品以上官及高麗、夏國使。十二日，恭謝祖廟，還御宣和門，大赦，改元。

大定七年，恭上皇帝尊號。前三日，遣使奏告天地宗廟社稷。前二日，諸司停奏刑罰文字。百官習儀於大安殿庭。兵部帥其屬，設黃麾仗於大安殿門之內外。宣徽院帥儀鸞司，於前一日設受册寶壇於大安殿中間，又設御榻於壇上，又設册寶幄次於大安殿門外，及設皇太子幕次於殿東廊，又設羣官次於大安門外。大樂令與協律郎前一日設宮縣於殿庭，又設登歌樂架於殿上，立舞表於殿下。符寶郎其日俟文武羣官入，奉八寶置於御座左右，候上册寶訖，復舁寶還所司。

其日質明，奉册太尉、奉寶司徒、讀册中書令、讀寶侍中以次應行事官，並集於尚書省，俟册寶輿，乘馬奉迎。册寶至應天門，下馬由正門步導入，至大安殿門外，置册寶於幄次。舁册寶床弩手人等分立於左右。文武羣官並朝服入次。攝太常卿與大樂令帥工人入就位，協律郎各就舉麾位。舁册寶案官由西偏門先入，置案於殿東西間褥位，置訖，各退于西階册寶位後。捧册官、捧寶官、舁册匣官、舁寶盝官由西偏門先入，至殿西階下册寶褥位之西，東向立，俟閤門報。

通事舍人引攝侍中版奏「中嚴」，訖，〔一〕典儀、贊者各就位。閤門官引文武百僚分左右入，於殿階下塼道之東西，相向立。通事舍人引攝侍中版奏「外辦」，扇合，服衮冕以出，曲直華蓋、侍衞警蹕如常儀。殿上鳴鞭，訖，殿下亦鳴鞭。初索扇，協律郎跪，俛伏，興，舉麾。工鼓柷，奏乾寧之曲。出自東房，即座，儀鸞使副添香，爐煙升，扇開，簾捲。協律郎偃麾，戛敔，樂止。

太常博士、通事舍人自册寶幄次分引册，太常卿前導，吏部侍郎押册而行，奉册太尉、讀册中書令、舉册官於册後以次從之。次太常博士、通事舍人二員分引寶，禮部侍郎押寶而行，奉寶司徒、讀寶侍中、舉寶官於寶後以次從之。由正門入，宮縣奏歸美揚功之曲。太常卿於册牀前導，至第一墀香案南，藉册寶褥位上少置。太常卿與舉册寶官退於册寶稍西，東向立。應博士、舍人立於其後，舁册寶牀弩手、傘子官等又於其後，皆東向。太尉、司徒、中書令、侍中皆於册後，面北以次立。吏部侍郎、禮部侍郎次立於其後。立定，樂止。閤門舍人分引東西兩班羣官合班，轉北向立，中間少留班路。俟立定，太常博士、通事

舍人四員分引太尉、司徒、中書令、侍中、吏部禮部侍郎以次各復本班，訖，博士、舍人退以俟。初引時，樂奏歸美揚功之曲，至位立定，樂止。典儀曰「拜」，贊者承傳，太尉以下應在位官皆舞蹈，五拜。班首出班起居訖，又贊「再拜」，如朝會常儀。

太常博士、通事舍人四員再引太尉、司徒、中書令、侍中、吏禮部侍郎復進至册寶所稍南，立定。舁册寶牀弩手、傘子官並進前，舉册寶牀興。太常博士、通事舍人二員分引册，太常卿前導，吏部侍郎押册而行，奉册太尉、讀册中書令、舉册官於册後以次從之。册初行，樂奏肅寧之曲。次通事舍人、太常博士又二員分引寶，禮部侍郎押寶而行，奉寶司徒、讀寶侍中、舉寶官於寶後以次從之，詣西階下，至册寶褥位少置，册北，寶南。樂止。舁册寶牀弩手、傘子官等退於後稍西，東向立。

捧册官與舁册官並進前，取册匣升。太常博士、通事舍人分引册，太常卿側身導册先升，奉册太尉、讀册中書令、舉册官、捧册官於册後以次從升。册初行，樂奏肅寧之曲。進至殿上，博士舍人分左右於前楹立以俟，讀册中書令於欄子外前楹稍西立以俟，舉册官、捧册官立於其後。奉册太尉從升，至褥位，搢笏，少前跪置訖，執笏，俛伏，興，樂止，退於前楹稍西立以俟。太常博士立於後。太常卿少退東向立。舁册官立於其後，皆東向。捧册官先入，舉册官次入，讀册中書令又次入。捧册官四員皆搢笏雙跪捧。舉册官二員亦搢笏，兩

邊單跪對舉。中書令執笏進，跪稱「中書令臣某讀册」。讀訖，俛伏，興。中書令俟册興，先退。通事舍人引，降自東階，復本班。訖，太常卿降復寶牀前、舁册官並進，與捧册官等取册匣興，置於殿東間褥位案上，西向。捧舉册官等降自東階，還本班。舁册官亦退。太常博士引奉册太尉降自西階，東向立以俟。

次捧寶官與舁寶官俟讀册中書令讀訖出，並進前，取寶盝升。太常博士通事舍人分引寶，太常卿側身導寶，先升。奉寶司徒、讀寶侍中、舉寶官、捧寶官於寶後以次從升。寶初行，樂奏肅寧之曲，進至殿上，博士舍人俱退不升，並於前楹稍西立俟。讀寶侍中於欄子外前楹間稍西立以俟。舉寶官、捧寶官立於其後。奉寶司徒從升，至褥位，搢笏，少前跪置，訖，執笏，俛伏，興，樂止。司徒退於前楹西，立以俟。太常卿少退，東向立。舁寶官立於其後，皆東向。捧寶官先入，舉寶官次入，讀寶侍中又次入。捧寶官四員皆搢笏雙跪捧。舉寶官二員亦搢笏兩邊單跪對舉。侍中執笏進，跪稱「侍中臣某讀寶」，讀訖，俛伏，興。侍中俟寶興先退，通事舍人引，降自西階，復本班，訖，舁寶官進前，與捧寶舉寶官等取寶盝興，置於殿之西間褥位案上，東向。捧寶舉寶官等與太常卿俱降自西階，及吏部侍郎皆復本班。舁寶官亦退。太常博士引奉寶司徒次奉册太尉，東向立定。

博士舍人贊引太尉司徒進，詣第一墀香案南褥位立定，博士舍人稍退。典儀曰「拜」，

贊者承傳，在位官皆再拜，訖，博士舍人二員引太尉詣東階升，宮縣奏純誠享上之曲，至階，止。閤門使二員引太尉進至前，立定，樂止。閤門使揖贊太尉拜跪賀，殿下閤門揖百僚躬身，太尉稱「文武百僚具官臣等言」，致賀詞云云，俛伏，興，退至階上。博士舍人分引太尉降至東階，初降，宮縣作肅寧之曲，復香案南褥位立定，樂止。博士舍人少退。典儀曰「拜」，贊者承傳，太尉、司徒及在位羣官俱再拜舞蹈，三稱萬歲，又再拜。訖，通事舍人引攝侍中升自東階，進詣前楹間，躬承旨，退臨階西向，稱「有制」。典儀曰「拜」，贊者承傳，太尉、司徒及在位羣官俱再拜，躬身宣詞云云，宣訖，通事舍人引侍中還位。典儀曰「拜」，贊者承傳，階上下應在位羣官俱再拜舞蹈，三稱萬歲，又再拜。訖，博士舍人分引太尉、司徒就百僚位。初引，宮縣作肅寧之曲，至位立定，樂止。閤門舍人分引應北面位羣官，各分班東西相向立定。通事舍人引攝侍中升自東階，當前楹間，跪奏「禮畢」，俛伏，興，引降還位。扇合，簾降。協律郎俛伏，興，舉麾，工鼓柷，奏乾寧之曲。降座，入自東房，還後閤，進膳，侍衞警蹕如儀。扇開，樂止。捧册官帥舁册床人，捧寶官帥舁寶床人，皆升殿取匣、盝，蓋訖，置於床前。引進司官前導，通事舍人贊引，詣東上閤門上進。通事舍人分引文武百僚等以次出，歸幕次，賜食，以俟上壽。

上册寶禮畢，有司供辦御床及與宴羣官位，並如曲宴儀。

攝太常卿與大樂令帥工人入，并協律郎各就舉麾位，俟舍人報。通事舍人引三師以下文武百僚親王宗室等分左右入，至殿階下稍南，東西相向立。通事舍人先引攝侍中版奏「中嚴」，少頃，又奏「外辦」。扇合，鳴鞭。協律郎跪，俛伏，興，工鼓柷，宮縣奏乾寧之曲。服通天冠、絳紗袍，御座，簾捲。內侍贊「扇開」，殿上下鳴鞭，戛敔，樂止。儀使副等添香，爐煙升。通事舍人引班首已下合班，樂奏肅寧之曲，至北向位，重行立定，中間少留班路。通事舍人引攝侍中詣東階升，至殿上少立。閤門舍人引禮部尚書出班前，北向俛伏，跪奏，稱「禮部尚書臣某言，請允羣臣上壽」，俛伏，興，躬身。通事舍人引攝侍中少退。舍人贊「禮部尚書再拜」，訖，贊「祗候」，復本班。內侍局進御床入。次良醞令於殿下橫階南酹酒，訖，典儀曰「拜」，贊者承傳，在位官皆再拜，隨拜三稱「萬歲」，訖，平立。

太常博士、通事舍人分引攝上公由東階升。初升，宮縣奏肅寧之曲。殿上，舍人少退，二閤使揖上公進，至進酒褥位，樂止。宣徽使以爵授上公，上公搢笏，受爵，詣榻前跪進。受爵訖，上公執槃授宣徽使，訖，二閤使揖上公入欄子內，贊「拜」，跪。殿下，閤門揖百僚皆躬身。通事舍人揖攝侍中進，詣前楹間，躬承旨，退臨階西向稱「有制」，典儀曰「拜」，贊者承傳，上公及在位羣官皆再拜，隨拜三稱「萬歲」，訖，躬身宣曰：「得公等壽酒，與公等內外同慶。」閤門舍人贊宣諭訖，上公與百僚皆舞蹈五拜，訖，閤門舍人引百僚分班東西序北向立。

博士舍人再引上公自東階升，宮縣奏肅寧之曲，至進酒褥位，樂止。上公搢笏，宣徽使授上公槃，上公詣欄子內褥位，跪舉酒，宮縣奏景命萬年之曲，飲訖，樂止。上公進受虛爵訖，復褥位，以爵授宣徽使，訖，二閤使揖上公退，內侍局舁御床出。博士舍人並進前分引，降自東階，宮縣作肅寧之曲。閤門舍人分引東西兩班，隨上公俱復北向位，立定，樂止。典儀曰「拜」，贊者承傳，在位官皆再拜，三稱「萬歲」，訖，平立。殿上，通事舍人揖攝侍中進，詣前楹間，躬承旨，退臨階西向，閤門官先揖，百僚躬身，侍中稱「有制」，典儀曰「拜」，贊者承傳，在位官皆再拜，訖，躬身宣曰「延王公等升殿」，典儀曰「拜」，贊者承傳，在位官皆再拜，訖，搢笏，舞蹈，又再拜。訖，太常博士、通事舍人引王公以下合赴宴羣官，分左右升殿，不與宴羣官分左右捲班出，宮縣奏肅寧之曲。百僚至殿上坐後立，樂止。

內侍局進御床入。依尋常宴會，再進第一爵酒，登歌奏聖德昭明之曲，飲訖，樂止。執事者行羣官酒，宮縣作肅寧之曲，文舞入，觴行一周，樂止。尚食局進食，執事者設羣官食，宮縣奏保大定功之舞，三成，止，出。又進第二爵酒，登歌奏天贊堯齡之曲，飲訖，樂止。執事者行羣官酒，宮縣作肅寧之曲，武舞入，觴行一周，樂止。尚食局進食，執事者設羣官食，宮縣奏萬國來同之舞，三成，止，出。又進第三爵酒，登歌奏慶雲之曲，飲訖，樂止。執事者行羣官酒，宮縣作肅寧之曲，觴行一周，樂止。尚食局進食，執事者設羣官食，宮縣奏肅寧

之曲，食畢，樂止。閤門官分揖侍宴羣官起，立於席後。通事舍人引攝侍中詣榻前，俛伏，興，跪奏「侍中臣某言，禮畢」。俛伏，興。閤門舍人分引羣官俱降東西階，內侍局舁御床出，宮縣作肅寧之曲，至北向位立定，樂止。典儀曰「拜」，贊者承傳，在位官皆再拜，訖，搢笏，舞蹈，又再拜，訖，再分班東西序立。扇合，簾降，殿上下鳴鞭。協律郎俛伏，跪，舉麾，興，工鼓柷，奏乾寧之曲。降座，入自東房，還後閤，侍衞如來儀。內侍贊「扇開」，戛敔，樂止。通事舍人引攝侍中版奏「解嚴」，所司承旨放仗，在位羣官皆再拜以次出。

元日、聖誕上壽儀。

皇帝陞御座，鳴鞭，報時畢，殿前班小起居，各復侍立位。舍人引皇太子并臣僚使客合班入，至丹墀，舞蹈五拜，平立。閤使奏諸道表目，皇太子以下皆再拜。引皇太子升殿褥位，搢笏，捧盞盤，進酒，皇帝受置於案。皇太子退復褥位，轉盤與執事者，出笏，二閤使齊揖入欄子內，拜跪致詞云：「元正啓祚，品物咸新，恭惟皇帝陛下與天同休。」若聖節則云：「萬春令節，謹上壽卮，伏願皇帝陛下萬歲萬歲萬萬歲。」祝畢，拜，興，復褥位，同殿下臣僚皆再拜。宣徽使稱「有制」，在位皆再拜，宣答曰：「履新上壽，與卿等內外同慶。」聖節則曰：「得卿壽酒，與卿等內外同慶。」詞畢，舞蹈五拜，齊立。皇太子搢笏，執盤，臣僚分班，敎坊

奏樂。皇帝舉酒，殿上下侍立臣僚皆再拜。皇太子受虛盞，退立褥位，轉盤盞與執事者，出笏，左下殿，樂止，合班，在位臣僚皆再拜。

分引與宴官上殿。次引宋國人從至丹墀，再拜，不出班奏「聖躬萬福」，再拜，喝「有勅賜酒食」，又再拜，各祗候，平立，引左廊立。次引高麗、夏人從，如上儀畢，分引左右廊立。御果床入，進酒。皇帝飲，則坐宴侍立臣皆再拜。進酒官接盞還位，坐宴官再拜，復坐。行酒，傳宣，立飲，訖，再拜，坐。次從人再拜，坐。三盞，致語，揖臣使并從人立。誦口號畢，坐宴侍立官皆再拜，坐，次從人再拜，坐。食入。七盞，曲將終，揖從人立，再拜畢，引出。聞曲時，揖臣使起，再拜，下殿。果床出。至丹墀，合班謝宴，舞蹈五拜，各祗候，分引出。

大定六年正月，上御大安殿，受皇太子以下百官及外國使賀，賜宴，文武五品以上侍坐者有定員，爲常制。十七年，詔以皇族袒免以上親，雖無官爵封邑，若與宴當有班次。禮官言：「按唐典，皇家周親視三品，大功親、小功尊屬視四品，小功親、緦麻尊屬視五品，緦麻袒免以上視六品。」上命以此制爲班次。

朝參、常朝儀。

天眷二年五月，詳定常朝及朔、望儀，准前代制，以朔日、六日、十一日、十五日、二十一

日、二十六日爲六參日。後又定制，以朔、望日爲朝參，餘日爲常朝。

凡朔、望朝參日，百官卯時至幕次，皇帝辰刻視朝，供御弩手、傘子直於殿門外，分兩面排立。司辰入殿報時畢，皇帝御殿坐，鳴鞭。閤門報班齊。執擊儀物內侍分降殿階兩傍，面南立。宿衞官自都點檢至左右親衞，祗應官自宣徽閤門祗候，〔二〕先兩拜，班首少離位，奏「聖躬萬福」，兩拜。弩手、傘子先於殿門外東西向排立，俟奏「聖躬萬福」時，即就位北面山呼聲喏，起居畢，卽相向對立。擎御傘直立左班內侍上。都點檢以次陞殿，副點檢在少南，東西相向立。左右衞在殿下，東西相向立。閤門乃引親王班，贊班首名以下再拜，訖，班首少離位，奏「聖躬萬福」，歸位再拜畢，先退。

次引文武百僚班首以下應合朝參官，并府運六品以上官，皆左入，至丹墀之東，西向鞠躬畢，閤門通唱，復引至丹墀。閤門贊班首名以下起居，舞蹈五拜，又再拜，畢，領省宰執陞殿奏事。殿中侍御史對立於左右衞將軍之北少前，修起居東西對立於殿欄子內副階下，〔三〕餘退，右出。

初，帝就坐，置寶匣於殿堦上東南角。後定制，師傅起居畢，御案始東入，置定，捧案內侍東西分下，侍殿隅。直日主寶捧寶當殿叩欄奏「封全」，符寶郎及當監印郎中各一員，監當手分令史用印，訖，主寶吏封授主寶，俟奏事畢進封，訖，內侍徹案。

若常朝，則親王班退，引七品以上職事官，分左右班入丹墀，再拜。班首稍前起居畢，復位，再拜。宰執升殿，餘官分班退。

大定二年五月，命臺臣定朝參禮。五品已上官職趨朝朝服，入局治事則展皂。自來朝參，除殿前班外，若遇朔望，自七品已上職事官皆赴。其餘朝日，五品已上職事官得赴，六品已下止於本司局治事。如左右司員外郎、侍御史、記注院等官職，雖不係五品，亦赴朝參。若拜詔，則但有職事并七品已上散官，皆赴。朝參，吏員、令譯史、通事、檢法各於本局待，官員朝退，赴局簽押文字，不得於宮內署押。七品已下流外職，遇朝日亦不合入宮。如左右司都事有須合取奏事，乃聽入宮。七品已上職事官，如遇使客朝辭見日，依朔望日，皆赴。若元日、聖節、拜詔、車駕出獵送迎、詣祖廟燒飯，但有職事并七品已上散官，皆赴。凡親王宗室已命官者年十六以上，皆隨班赴起居。

大定五年，右諫議大夫移剌子敬言：「猛安謀克不得與州鎭官隨班入見，非軍民一體之意」。上是其言，責宣徽院令隨班入見。

凡班首遇朝參，有故不赴，以次押班。

凡五品以上及侍御史、尙書諸司郎中、太常丞、翰林修撰起居注、殿中侍御史、補闕、拾遺赴石，或假一月以上若除官出使之類，皆通班入見謝、辭，餘官於殿門外見。〔四〕謝班皆舞

蹈七拜，辭班四拜，門見謝，辭並再拜。

肆赦儀。

大定七年正月十一日，上尊册禮畢。十四日，應天門頒赦。十一年制同。

前期，宣徽院使率其屬，陳設應天門之內外，設御座于應天門上，又設更衣御幄於大安殿門外稍東，南向。閤門使設捧制書箱案於御座之左。少府監設鷄竿於樓下之左，竿上置大盤，盤中置金鷄，鷄口銜絳幡，幡上金書「大赦天下」四字，卷而銜之。盤四面近邊安四大鐵鐶，盤底四面近邊懸四大朱索，以備四伎人攀緣。又設捧制書木鶴仙人一，以紅繩貫之，引以轆轤，置於御前欄干上。又設承鶴畫臺於樓下正中，〔五〕臺以弩手四人對舉。大樂署設宮縣於樓下，又設鼓一於宮縣之左稍北，東向。兵部立黃麾仗於門外。刑部、御史臺、大興府以囚徒集於左仗外。御史臺、閤門司設文武百官位於樓下，東西相向。又設典儀位於門下稍東，西向。宣徽院設承受制書案於畫臺之前。又設皇太子侍立褥位於門下稍東，西向。又設皇太子致賀褥位於百官班前。又設協律郎位於樓上前楹稍東，西向。尙書省委所司設宣制書位於百官班之北稍東，〔六〕西向。司天臺設鷄唱生於東闕樓之上。〔七〕尙衣局備皇帝常服，如常日視朝之服。尙輦設輦於更衣御幄之前。

躬謝禮畢，皇帝乘金輅入應天門，至幄次前，侍中俛伏，跪奏「請降輅入幄」，俛伏，興。皇帝降輅入幄，簾降。少頃，侍中奏「中嚴」。又少頃，侯典贊儀引皇太子就門下侍立位，通事舍人引羣官就門下分班相向立，侍中奏「外辦」。皇帝服常朝服，尙輦進輦，侍中奏「請升輦」，傘扇侍衞如常儀，由左翔龍門踏道升應天門，至御座東，侍中奏「請降輦升座」，宮縣樂作。所司索扇，五十柄。扇合，皇帝臨軒卽御座，樓下鳴鞭，簾捲扇開，執御傘者張於軒前以障日，樂止。東上閤門使捧制書置於箱，閤門舍人二員從，以俟引繩降木鶴仙人。通事舍人引文武羣官合班北向立，宮縣樂作。凡分班、合班則樂作，立定卽止。典儀曰「再拜」，在位官皆再拜，訖，分班相向立。侍中詣御座前承旨，退，稍前南向，宣曰：「奉勅樹金鷄。」通事舍人於門下稍前東向，宣曰：「奉勅樹金鷄。」退復位。

金鷄初立，大樂署擊鼓，樹訖鼓止。竿木伎人四人，緣繩爭上竿，取鷄所銜絳幡，展示訖，三呼「萬歲」。通事舍人引文武羣官合班北向立。樓上乘鶴仙人捧制書，循繩而下至畫臺，閤使奉承置於案。閤門舍人四員舉案，又二員對捧制書，閤使引至班前，西向稱「有制」，典儀曰「拜」，在位官皆再拜，訖，以制書授尙書省長官，稍前搢笏，跪受，訖，以付右司官，右司官搢笏，跪受，訖，長官出笏，俛伏，興，退復位。右司官捧制書詣宣制位，都事對捧，右司官宣讀，至「咸赦除之」，所司帥獄吏引罪人詣班南，北向，躬稱「脫枷」，訖，三呼「萬歲」，以罪人過。右司官宣制訖，西向，以制書授刑部官。跪受訖，以制書加於笏上，退以付其屬，歸本班。典儀曰「拜」，在位官皆再拜，舞蹈，又再拜。

典贊儀引皇太子至班前褥位立定，典儀曰「拜」，皇太子以下羣官皆再拜。典贊儀引皇太子稍前，〔八〕俛伏，跪致詞，俛伏，興，典儀曰「再拜」，皇太子已下羣官皆再拜，搢笏，舞蹈，又再拜。侍中於御座前承旨，退臨軒宣曰「有制」。典儀曰「再拜」，皇太子已下羣官皆再拜。侍中宣答，宣訖歸侍位，典儀曰「再拜」，皇太子已下羣官皆再拜，搢笏，舞蹈，又再拜，訖，典贊儀引皇太子至門下褥位，通事舍人引羣官分班相向立。侍中詣御座前，俛伏，跪奏「禮畢」，俛伏，興，退復位。所司索扇，宮縣樂作，扇合，簾降，皇帝降座，樂止。樓下鳴鞭，皇帝乘輦還內，傘扇侍衞如常儀。侍中奏「解嚴」。通事舍人承勅，羣臣各還次，將士各還本所。

臣下拜赦詔儀。

宣赦日，於應天門外設香案，及設香輿於案前，又於東側設卓子，自皇太子宰臣以下序班定。閤門官於箱內捧赦書出門置於案。閤門官案東立，南向稱「有勅」，贊皇太子宰臣百僚再拜，皇太子少前上香訖，復位，皆再拜。閤門官取赦書授尙書省都事，都事跪受，及尙書省令史二人齊捧，同升於卓子讀，在位官皆跪聽，讀訖，赦書置於案，都事復位。皇太子

宰臣百僚以下再拜，搢笏，舞蹈，執笏，俛伏，興，再拜。拱衞直以下三稱「萬歲」，訖，退。其降諸書，禮亦准此，惟不稱「萬歲」。

其外郡，尙書省差官送赦書到京府節鎭，先遣人報，長官卽率僚屬吏從，備旗幟音樂綵輿香輿，詣五里外迎。見送赦書官，卽於道側下馬，所差官亦下馬，取赦書置綵輿中，長官詣香輿前上香，訖，所差官上馬，在香輿後，長官以下皆上馬後從，鳴鉦鼓作樂導至公廳，從正門入，所差官下馬。執事者先設案幷望闕褥位於庭中，香輿置於案之前，又設所差官褥位在案之側，又設卓子於案之東南。所差官取赦書置於案，綵輿退。所差官稱「有勅」，長官以下皆再拜。長官少前上香，訖，退復位，又再拜。所差官取赦書授都目，都目跪受，及孔目官二員，三人齊捧赦書，〔九〕同高几上宣讀，〔一〇〕在位官皆跪聽。讀訖，都目等復位。長官以下再拜，舞蹈，俛伏，興，再拜。公吏以下三稱「萬歲」。禮畢。明日，長官率僚屬，音樂送至郭外。

校勘記

〔一〕通事舍人引攝侍中版奏中嚴訖　按受尊號儀至此句以上，係據大金集禮以下簡稱集禮卷二帝號下大定七年册禮編寫。自此句以下，至本段末，係誤抄集禮卷一帝號上天德貞元册禮，遂與上

文不合。本書卷四〇樂志殿庭樂歌首爲「大定七年正月上册寶」樂歌，皆與集禮大定七年册禮合，而與此文不同，可證此文之誤。其抄天德貞元册禮亦多脫誤。僅脫計有四處，分別脫漏二十字、七字、一百零五字、二十六字。此段今不復校正。

〔二〕祗應官自宣徽閤門祗候　按集禮卷四〇朝會下朔望常朝儀爲本志朝參常朝儀之所本，其文「宣徽」下有「使」字。又，據文義此處亦當有「至」字。卽爲「宣徽使至閤門祗候」。

〔三〕修起居東西對立於殿欄子內副階下　按集禮卷四〇，「修起居注遇視朝，起居畢，分班陛殿陛，於殿欄子外副階下東西對立」。此處「居」下脫一「注」字，「內」係「外」字之誤。

〔四〕皆通班入見謝辭餘官於殿門外見　「謝辭」原作「辭謝」、「餘」原作「除」。按下文言「謝班皆舞蹈，七拜，辭班四拜，門見謝、辭並再拜」，知「辭謝」是誤倒。今乙正。又上文言「凡五品以上及侍御史」等，又言「若除官出使之類皆通班入見謝辭」，知是「餘官」於殿門外見。集禮同。今改正。

〔五〕又設承鶴畫臺於樓下正中　「承」原作「捧」。按集禮卷二四赦詔御樓宣赦爲本志肆赦儀之所本，其文「捧」作「承」。今據改。

〔六〕尚書省委所司設宣制書位於百官班之北稍東　原脫「宣」字。按下文有「右司官捧制書詣宣制位」。今據集禮補。

〔七〕司天臺設鷄唱生於東闕樓之上　原脫「設」字，據集禮補。

〔八〕典贊儀引皇太子稍前　原脫「贊」字，據集禮補。

〔九〕及孔目官二員三人齊捧赦書　按既云「孔目官二員」，又云「三人齊捧赦書」，殊不銜接。集禮卷二四赦詔外路迎拜赦詔爲此儀文所本，其「及孔目官二員」下，注云，「如闕則司吏內上三人」。此處脫「如闕則司吏內上」七字，幷將「三人」二字誤入正文。

〔一〇〕同高几上宣讀　按集禮此句作「同陞卓子上讀」，與上文「又設卓子於案之東南」相合。疑此處誤。

金史卷三十七

志第十八

禮十

册皇后儀。

天德二年十月九日，册妃徒單氏爲皇后。前一日，儀鸞司設座勤政殿，南向。設羣臣次於朝堂。大樂令展宮縣於殿庭，設協律郎舉麾位於樂縣西北，東向。閤門設百官班位於庭，並如常朝之儀。又設典儀位於班位之東北，贊者二人在南少却，俱西向。設册使副位於殿門外之東，又設册使副受命位於百官班前。又設册寶幄次二於殿後東廂，俱南向。

其日，諸衞勒所部，略列黃麾細仗於庭。符寶郎奉八寶置於左右。吏部侍郎奉册，禮部侍郎奉寶匣，皆置於床，訖，出就門外班。大樂令、協律郎、樂工、典儀、贊者各入就位。羣官等依時刻集朝堂，俱就次，各服朝服。侍中約刻板奏「請中嚴」，通事舍人引羣官入，就庭東西相向立，以北爲上。又引册使副立於東偏門，西向。門下侍郎引主節、奉節立於殿下東廊橫街北。〔一〕中書令、中書侍郎帥舉捧册官，奉册床立於節南。侍中、門下侍郎帥舉捧寶官，奉寶床立於册床之南，俱西面。

侍中版奏「外辦」。殿上索扇。協律郎舉麾，宮縣作。皇帝服通天冠、絳紗袍，出自東房，曲直華蓋、警蹕侍衞如常儀。卽座，南向坐，簾捲，樂止。通事舍人引册使副入，宮縣作。使副就受命位，侍中、中書令、門下侍郎、中書侍郎、舉捧官依舊西面立，羣臣合班，橫行北面，如常朝之儀，立定。典儀曰「再拜」，贊者承傳，班首已下羣官在位者皆再拜。班首問起居，又再拜。閤門官引攝侍中出班承制，降詣使副東北，西向稱「有制」。使副稍前，鞠躬再拜，攝侍中宣制曰：「命公等持節授后册寶。」宣制訖，又俱再拜，侍中還班。門下侍郎引主節詣册使所，主節以節授門下侍郎，門下侍郎執節西向授太尉，太尉受付主節，主節立於使副之左右。門下侍郎退還班位。中書侍郎引册床，門下侍郎引寶床，立於册使東北，西向，以次授與太尉，太尉皆捧受，册床置於北，寶床置於南。侍中、中書令、禮儀使、舉捧冊寶官及舁床者，退於東西塼道之左右，相向立。門下侍郎、中書侍郎退還班位。典儀曰「再拜」，贊者承傳，羣官在位者皆再拜，訖，分班東西相向立。舉捧舁冊寶床者進，冊床先行，讀冊官次之，寶床次行，讀寶官次之。舉舁官各分左右，通事舍人引冊使隨之以行，持節者前導。太尉初行，宮縣樂作，出殿門，樂止。攝侍中出班升殿，奏「侍中臣言禮畢」。[二]殿上索扇，簾降，宮縣作。降座，入自東房，樂止。通事舍人引羣官在位者以次出。俟太尉、司徒復命，禮畢，還內。

先是，有司預設太尉、司徒本品革車鹵簿於門外至殿門左右排列。俟使副出，鼓吹振作。禮儀使、舉捧官、執節者幷擡舁人，以冊寶少駐於泰和門，太尉、司徒及讀冊寶官暫歸幕次。內侍閤門引入泰和殿，俟至殿下位，鼓吹止。

有司預供張，泰和殿設皇后座於扆前，殿上垂簾。又設東西房於座之左右稍北。又設受冊位於殿庭西階之南，東向。又設內命婦次於殿之左右。大樂令設宮縣於庭，協律郎設舉麾位於殿上。又設冊寶次於門外。又設行事官次於門左右。又設外命婦次於門之內。

其日，諸衞於殿門外略設黃麾細仗。有司設二步障於殿之西階。簾前設扇，左右各十。紅傘一，在西階欄干外。[三]又設舉冊寶案位於使副之前，北向。又設宣徽使位於北廂，南向。司贊設內外命婦以下陪列位於殿庭塼道之左右，每等重行異位北向，內命婦在

後。又設司贊位於東階東南，贊者二人在南少退，俱西向。

質明，執事官大樂令等各就位。皇后常服，乘龍飾肩輿，至泰和殿後閤，近仗導衞如常儀。宣徽使奏「中嚴」。冊使副入門，宮縣作，俟冊使庭中立，樂止。冊在北，寶在南，使副立於床後。禮儀使帥持節者立於前，舉捧冊寶官立於冊寶床左右，讀冊寶官各立於其後。

宣徽使奏「外辦」。內侍閤門官引后出後閤，宮縣作。簾捲，皇后降自西階，左右步障傘扇從，至階下，望勤政殿御閤所在立，樂止。冊使進，立於右，宣曰「有制」，閤門使內侍贊「再拜」。冊使宣曰：「制遣太尉臣某、司徒臣某，恭授后冊寶。」閤門使內侍贊「再拜」。冊使少退。中書令、侍中及舉捧官率擡舁人奉冊寶以次進於前，宮縣作。冊寶床自東階升，並置於殿之前楹間，冊床在北，寶床在南，中留讀冊寶官立位，並去帕及蓋，擡舁人執之，退立於西朵殿。舉擡官分左右相向立，讀冊寶官各立於床之東，西向，立既定，樂止。閤門使內侍贊「再拜」，捧謝表官以表授左立內侍，內侍以授后，受訖，以付右立內侍，內侍持表立於右。閤門使贊「再拜」，訖，冊使退，宮縣作。持表內侍以表付閤門官，隨冊使行。冊使副至門，鼓吹振作如來儀，入西偏門，鼓吹止。冊使副至御閤所在，俛伏，跪奏：「太尉臣某、司徒臣某，奉制授冊寶，禮畢。」俛伏，興，退。持表閤門官進表，近侍接入，進讀，訖，退。

初，冊使退，及門樂止。閤門內侍引后自西階升殿，宮縣作。傘扇止於簾外，退於左右

朵殿前。步障止於階下，卷之。后於座前南向立，樂止。中書令詣冊床南立，北向，稱「中書令臣某，謹讀冊」。讀畢，降自東階，立於欄外第一墀上，西向。次侍中詣寶床南立，北向，搢稱「侍中臣某，讀寶」。讀畢降階，立於中書令之北，西向。內侍閤門引升座，[四]宮縣作，坐定，樂止。舉捧官以次招擡舁人持帕蓋覆匣床，奉置殿之左右，冊床在東，寶床在西。置訖，舉捧官以次降階，立於中書令、侍中之後，立定，合班北向，閤門贊「再拜」，拜訖，降東階，退出殿門。其擡舁人置冊寶床於東西訖，各由朵殿下階，於侍中等班後直出殿門，以俟復入，擡舁入宮。

受冊表謝訖，內侍跪奏「禮畢」。閤門引內外命婦陪列者以次進，就北向位。班首初行，宮縣作，至位樂止。閤門曰「再拜」，命婦皆再拜。閤門引班首自西階升，樂作，至階樂止，進當座前，北向躬致稱賀，訖，降自西階，樂作，至位樂止。閤門曰「再拜」，舍人承傳，命婦等皆再拜。閤門使前承令，降自西階，詣命婦前西北，東向，稱「有教旨」。命婦等皆拜，[五]閤門使宣曰：「祗奉聖恩，授以冊寶，榮幸之至，兢厲增深。所賀知。」舍人曰「再拜」，命婦皆再拜，訖，內侍引內命婦還宮。班首初行，樂作，出門，樂止。內侍引外命婦出次。宣徽使奏稱「禮畢」。降座，宮縣作，入東房，樂止。歸閤，宮縣作，至閤，樂止。更常服。內侍承敎旨，宣外命婦入會，並如常儀。會畢，閤門引外命婦降階，橫班北向，舍人曰：「再

拜」，訖，以次出。還宮，如來儀。中書門下侍郎復以引進司帥擡舁人進冊寶入內，付與都點檢司，退。

別日，會羣官，會妃主宗室等，賜酒，設食，簪花，教坊作樂，如內宴之儀。

十一日，朝永壽、永寧兩宮。皇后既受冊，越二日，內侍設座於所御殿，南向。其日夙興，宣徽使版奏「中嚴」。質明，諸侍衞宮人俱詣寢殿奉迎，宣徽使版奏「外辦」。后首飾褘衣御車，內侍前導，降自西階以出，侍衞如常儀。至太后之裏門外，降車，障扇侍衞如常儀，入立於西廂，東向。將至，宣徽使版奏「請中嚴」，既降車，宣徽使版奏「外辦」。太后常服，宣徽使引升座，南向。宣徽使引后進，升自西階，北面再拜，進跪致謝詞。存撫賜酒食，並如家人之儀。禮畢，宣徽使贊「再拜」，訖。宣徽使引降自西階以出。出門，宣徽使奏「禮畢」，降座入宮。

奉冊皇太后儀。

天德二年正月，詔有司：「擇日奉冊唐殿國妃、岐國太妃，仍別建宮名。合行典禮，禮官檢詳條具以聞。」

其日質明，有司各具傘扇，侍衞如儀，及兵部約量差軍兵，幷文武百官詣兩宮迎請，引

導皇太后入內，並赴受册殿，入御幄，侍衞如式。次奉册太尉等俱以册置於案，奉寶司徒等俱以寶置於案，皆盛以匣，覆以帕，詣別殿門外幄次。教坊提點率教坊入。侍衞官各就列。皇帝常服乘輿，至別殿後幄次。通事舍人引宣徽使版奏「中嚴」，復位，少頃，又奏「外辦」。幄簾卷，教坊樂作，扇合，兩宮皇太后出自後幄，並卽御座，南向，扇開，樂止。分左右少退。通事舍人引文武百僚班左入，依品，重行西向，立定。通事舍人喝「起居」，班依常朝例起居，七拜，訖，引文武百僚班分東西相向立。

通事舍人、太常博士贊引，太常卿前導，押册官押册而行，奉册太尉、讀册中書令、舉册官等以次從之。次押寶官押寶而行，奉寶司徒、讀寶侍中、舉寶官等以次從之。俱自正門入，教坊樂作，至殿庭西階下少東，北向，於褥位少置，樂止。册北，寶南。通事舍人、太常博士贊引，太常卿前導，押册官押册升，樂作，奉册太尉等從之，進至兩宮皇太后座前褥位，樂止。兩宮册寶〔六〕齊上，齊讀。舉册官夾侍。奉册太尉各搢笏，北向跪，俛伏，興，退立。讀册中書令俱進，向册前跪奏稱「攝中書令具官臣某，謹讀册」。舉册官單跪對舉，中書令各搢笏，讀訖，執笏，俛伏，興，搢笏，捧册輿，於位東迴册函北向，並進，跪置於御座前褥位。中書令舉册官俱降，還位。奉册太尉並降階，東向以俟。

押寶官押寶升，樂作，奉寶司徒等從之，進至兩宮皇太后座前褥位，樂止。舉寶官夾

侍。奉寶司徒各搢笏，北向跪，俛伏，興，退立。讀寶侍中俱進，當寶前跪奏稱「攝侍中具官臣某，謹讀寶」。舉寶官單跪對舉，侍中各搢笏，讀訖，執笏，俛伏，興，搢笏，捧寶輿，於位東迴寶函北向，〔七〕並進，跪置於御座前褥位册之南。通事舍人、太常博士贊引太尉、司徒以次應行事官俱降自西階，復本班序立。

宣徽使一員詣皇帝御幄前，俛伏，跪奏「臣某謹請皇帝詣兩宮皇太后前，行稱賀之禮」，俛伏，興。贊引皇帝再拜，又奏「請北向跪」，皇帝賀曰「嗣皇帝臣某言云云」，俛伏，興，又再拜，訖，又奏「請皇帝少立」，內侍承旨退，西向稱「兩宮皇太后旨云云」，皇帝再拜。宣徽使前引，皇帝歸幄，常服乘輿還內，侍衞如來儀。

應階下文武百僚重行立定，通事舍人喝「拜」，在位皆再拜。通事舍人引太師詣西階升，俛伏，跪奏稱：「文武百僚具官臣某等稽首言，皇太后殿下顯對册儀，永安帝養。仰祈福壽，與天同休。」俛伏，興，降自西階，復位立定。通事舍人贊「在位官皆再拜」，舞蹈，三稱「萬歲」，又再拜。宣徽使升自東階，取旨退，臨階西向稱「兩宮皇太后旨」，通事舍人贊「在位官皆再拜」，畢，宣曰：「公等忠敬盡心，推崇協力。膺茲令典，感愧良深。」宣訖，還位。通事舍人贊「謝宣諭，拜」。在位官皆再拜，舞蹈，三稱「萬歲」，又再拜。通事舍人分引應北向官各分班東西立。宣徽使升自東階，奏稱「具官臣等言，禮畢」，降還位。扇合，皇太后並輿，

教坊樂作，降座，還殿後幄次，扇開，樂止。通事舍人引宣徽使奏「解嚴」。中書侍郎等各帥捧册床官升殿，跪捧册並置於床，次門下侍郎等各帥捧寶床官升殿，跪捧寶並置於床，訖，通事舍人引詣東上閤門，投進所司。文武百僚以次出。皇太后常服乘輿，各還本宮，引導如來儀。文武百僚詣東上閤門拜表賀皇帝，退。

禮畢，各赴本宮，受內外命婦稱賀。所司預於殿內設皇太后御座，司賓引內外命婦於殿庭北向依序立。尚儀奏請，皇太后常服卽座。司贊曰「再拜」，命婦皆再拜。司賓引班首詣西階升，跪賀稱：「妾某氏等言，伏惟皇太后殿下，天資聖善，昭受鴻名，凡在照臨，不勝欣抃。」興，降階復位。司贊曰「再拜」，內外命婦皆再拜。尚宮承旨，降自西階，於命婦之北東向立，司贊曰「再拜」，在位者皆再拜，尚宮乃宣答曰「膺茲典禮，感愧良深」。司贊曰「再拜」，在位者皆再拜，退。

赴別殿賀皇帝，亦如賀皇太后之儀，惟不致詞，不宣答。

册皇太子儀。

大定八年正月，册皇太子，禮官擬奏，皇太子乘輿至翔龍門，東宮官導從，不乘馬。册皇太子前三日，遣使同日奏告天地宗廟。

册前一日，宣徽院帥儀鸞司，設御座於大安殿當中，南向。設皇太子次於門外之東，西向。又設文武百僚應行事官、東宮官等次於門外之東、西廊。又設册寶幄次於殿後東廂，俱南向。又設受册位於殿庭橫階之南。工部官與監造册寶官公服，自製造所導引册寶床，由宣華門入，約宣徽院同進呈畢，赴幄次安置。大樂令帥其屬，展樂縣於庭。

其日，兵部帥其屬，設黃麾仗於大安殿門之內外。其日質明，文武百僚應行事官並朝服入次。東宮官各朝服，自東宮乘馬導從，至左翔龍門外下馬，入就次。通事舍人分引百官入立班，東西相向。次引侍中、中書令、門下侍郎、中書侍郎及捧舁册寶官，詣殿後幄次前立。少頃，奉册寶出幄次，由大安殿東降，至庭中褥位，權置訖，奉引册寶官立於其後。皇太子服遠游冠、朱明衣出次，執圭，三師三少已下導從，立於門外。侍中奏「中嚴」。符寶郎奉八寶由東西偏門分入，升置御座之左右。侍中奏「外辦」。內侍承旨索扇，扇合，皇帝服通天冠、絳紗袍以出，曲直華蓋侍衞如常儀，鳴鞭，宮縣樂作。皇帝出自東序，卽御座，爐煙升，扇開簾捲，樂止。典贊儀引皇太子入門，宮縣樂作，至位樂止。師、少已下從入，立於皇太子位東南，西向。典儀贊「皇太子再拜」，搢圭，舞蹈，又再拜，奏「聖躬萬福」，又再拜，引近東，西向立。師、少已下幷奉引册寶官等，各赴百官東班，樂作，至位樂止。通事舍人引百官俱橫班北向。典儀贊「拜」，在位官皆再拜，搢笏，舞蹈，又再拜，起居，又再拜，畢，百官各

還東西班。師、少已下幷行事官各還立位。典贊儀引皇太子復受册位，樂作，至位樂止。侍中承旨，稱「有制」，皇太子已下應在位官皆再拜，躬身，侍中宣制曰「册某王爲皇太子」。又再拜。通事舍人、太常博士引中書令詣讀册位，中書侍郎引册匣置於前，捧册官西向跪捧，皇太子跪，讀畢，俛伏，興。皇太子再拜。中書令詣捧册位，奉册授皇太子，搢圭，跪受册，以授右庶子，右庶子跪受，皇太子俛伏，興，右庶子以册，興，置於床，中書令已下退復本班。

次通事舍人、太常博士引侍中詣奉寶位，門下侍郎引寶盝立於其右，侍中奉寶授皇太子，搢圭，跪受，以授左庶子，左庶子跪受，皇太子俛伏，興，左庶子以寶興，置於床，侍中已下退復本班。典儀贊「再拜」，畢，引皇太子退，初行，樂作，左右庶子帥其屬，舁册寶床匣以出，出門，樂止。侍中奏「禮畢」，內侍承旨索扇，扇合，簾降，鳴鞭，樂作，皇帝降座，入自西序還後閤，侍衞如來儀，扇開，樂止。侍中奏「解嚴」。所司承旨，放仗衞以次出。皇太子入次，改服公服，還東宮，導從如來儀。

册後二日，兵部設黃麾仗於仁政殿門之內外，陳設並如大安殿之儀。百官服朝服。皇太子公服至次，改服遠游冠、朱明衣。通事舍人引百官入至階下立班，東西相向。典贊儀引皇太子執圭出次，[八]立於門外。侍中奏「中嚴」，少頃，又奏「外辦」。皇帝出自東序，即

座，簾捲。通事舍人引百官俱橫班北向，典儀贊「拜」，在位官皆再拜，搢笏，舞蹈，又再拜，起居，又再拜，訖，分班。皇太子捧表入，至拜表位立，俟閤門使將至，單跪捧表，閤門使接表，皇太子俛伏，興，典儀贊「再拜」，搢圭，舞蹈，又再拜。俟讀表畢，侍中承旨退稱「有制」，典儀贊「再拜」，興，躬身，侍中宣訖，典儀贊「再拜」，搢圭，舞蹈，又再拜。引皇太子退。侍中奏「禮畢」。扇合，鳴鞭，入西序，還後閤，侍衞如來儀。侍中奏「解嚴」。放仗，百官以次出。後二日，百官奉表稱賀，如常儀。

正旦、生日皇太子受賀儀。

大定二年，世宗命有司議親王百官及妃主命婦見皇太子禮。有司按唐、宋舊儀，擬親王宗室賀皇太子，依册畢受賀禮。然唐禮元正復有降階見伯叔、答羣官再拜之文，又無妃主命婦見太子之禮。稽諸令文，應致恭之官相見，或貴賤殊隔，或長幼親戚，任從私禮。自今若在東宮候皇太子，便服，則當從私禮接見。若三師以下，遇皇太子誕日，在御前，則候皇太子先進酒畢，百官望皇太子再拜，[九]班首跪進酒，又再拜。若賜酒，即當殿跪飲畢，又再拜。以爲定制，命班行之。

十二月晦，皇太子奏狀曰：「按禮文，親王幷一品宗室皆北面拜伏，臣但答揖而已。雖曰尊宗子，而在長幼惇敘之間誠所未安。當時遽蒙頒降，未獲謙讓。明日元正，有司將舉此禮，伏望聖慈許臣答拜，庶敦親親友愛之義。」上從其請，命尚書省頒下所司。

若皇太子生日，則公服，左上露臺欄子外，先再拜，二閤使齊揖入欄子內，拜跪，祝畢，就拜，興，復位，再拜，又再拜，接臺進酒，退跪，候飲畢，接盞，復位，轉臺與執事者，再拜。宣徽使以酒進，皇帝親賜酒，接盞稍退跪飲，畢，宣徽使接盞，復位再拜，復揖入欄子內，跪搢笏，受賜物畢，出笏，興，復位，再拜，退更衣，入殿稍東，西向立。皇妃等進勸生日酒，皇太子跪，皇妃等亦跪，飲畢，各再拜。

羣官致賀，則其日質明，皆公服集於門外，少詹事奏「請內嚴」，又奏「外備」。典儀引升座。文武宮臣入就庭下重行北向立，典儀曰「再拜」，在位官皆再拜，班首少前跪奏「元正首祚」，生日則云「慶誕令辰」，「伏惟皇太子殿下福壽千秋」。賀畢復位，典儀曰「再拜」，宮臣皆再拜，坐受，分東西序立。次引東宮三師於殿上，三少於殿柱外，北向東上立。皇太子詣南向褥位，典儀曰「再拜」，師、少皆再拜，班首同前稱賀，復位。執事者酌酒一巵，班首奉進，樂作，飲訖，樂止。回勸師、少畢，各復位。典儀贊師、少再拜，皇太子答拜。師、少出，皇太子就坐。次引親王入欄子內，一品宗室於欄子外，餘宗室序班庭下，拜致賀、進酒如上儀。皇太子答拜畢，就坐。復引隨朝三師三公宰執於殿上，三品以上職事官於露階上，四

品以下於庭下，北向，每等重行以東爲上，立。皇太子詣褥位。典儀曰「再拜」，上下皆再拜，畢，班首少前致賀，復位，執事者酌酒一巵，班首奉進，樂作，飲畢，樂止。如有進獻如常儀。回勸三師三公，餘殿上羣官則令執事者以盤行酒，飲畢，典儀曰「再拜」，上下皆再拜，乃答拜，引羣官以次出。少詹事跪奏「禮畢」。自是歲賀爲定制。

皇太子與百官相見儀。

三師三公欄子內北向躬揖，班首稍前問候，皇太子離位稍前，正南立，答揖。宰執及一品職事官扣欄子北向躬揖，答揖同前。二品職事官欄子外稍南躬揖，皇太子起揖。三品職事官露階稍南躬揖，皇太子坐揖。四品以下職事官庭下躬揖，跪問候，皇太子坐受。太子太師、太傅、太保與隨朝三師同。東宮三少與隨朝二品同。詹事已下，並在庭下面北，每品重行以東爲上，再拜，班首稍前問候，[一〇]又再拜，皇太子坐受。大定二年所定也。

七年，定制，皇太子赴朝，許與親王宰執相見，餘官宗室並迴避。後亦許與樞密使副、御史大夫、判宗正、東宮三師相見。

九年，定制，凡皇太子出，於都門三里外設褥位，三公宰執以下公服重行立，皇太子便服，三公宰執以下鞠躬，班首致辭云「青宮萬福」，再拜，皇太子答拜，退。迎、送皆同。

校勘記

〔一〕東廊橫街北　按大金集禮以下簡稱集禮卷五皇太后皇后，天德二年册徒單氏爲本志册皇后儀之所本，其文「橫街」作「橫階」。

〔二〕奏侍中臣言禮畢　「臣」下疑脫「某」字。

〔三〕在西階欄干外　「干」集禮作「子」。

〔四〕內侍閤門引升座　「引」下疑脫「后」字。

〔五〕命婦等皆拜　「拜」上集禮有「再」字。

〔六〕兩宮册寶　「寶」原作「實」。按集禮卷五皇太后皇后，天德二年尊奉永壽永寧宮爲本志奉册皇太后儀之所本，其文作「册寶」，今據改。

〔七〕於位東迴寶函北向　「函」原作「西」。據集禮改。

〔八〕典贊儀引皇太子執圭出次　原脫「贊」字，據集禮補。

〔九〕百官望皇太子再拜　按集禮卷八皇太子雜錄爲此儀文所本，其大定二年十一月七日擬到元正誕日皇太子受百官慶賀禮作「百官望皇帝再拜」。

〔一〇〕班首稍前問候　原脫「班首」二字。按上文有「班首稍前問候」。又集禮此句亦有「班首」二字，今據補。

金史卷三十八

志第十九

禮十一

外國使入見儀　曲宴儀　朝辭儀　新定夏使儀

外國使入見儀。

皇帝即御座，鳴鞭，報時畢，殿前班小起居畢，至侍立位。引臣僚左右入，至丹墀，小起居畢，〔一〕宰執上殿，其餘臣僚分班出。閤門使奏使者入見牓子。先引宋使、副，出笏，捧書左入，至丹墀北向立。閤使左下接書，捧書者單跪授書，拜，起立。閤使左上露階，右入欄內，奏「封全」，轉讀畢，引使、副左上露階，齊揖入欄內，揖使副鞠躬，〔二〕使少前拜跪，附奏畢，拜起，復位立。待宣問宋皇帝時並鞠躬，受勅旨，再揖鞠躬，〔三〕使少前拜跪，奏畢，起復

位，〔四〕齊退却，引使、副左下，至丹墀北嚮立。禮物右入左出，盡，揖使、副傍折通班，再引至丹墀，舞蹈，五拜，不出班奏「聖躬萬福」，再拜。揖副使鞠躬，使出班謝面天顏，復位，舞蹈，五拜。再揖副使鞠躬，使出班謝遠差接伴、兼賜湯藥諸物等，復位，舞蹈，五拜。各祗候，引右出，賜衣。次引宋人從入，通名已下再拜不出班，又再拜，各祗候，亦引右出。

次引高麗使左入，至丹墀北嚮略立，引使左上露階，立定。揖橫使鞠躬，正使少前拜跪，附奏畢，拜起，復位立。閤使宣問高麗王時並鞠躬，受勅旨畢，再揖橫使鞠躬，正使少前拜跪，奏畢，拜起，復位，齊退却，引左下，至丹墀，面殿立定。禮物右入左出，盡，揖使傍折通班，畢，引至丹墀，通一十七拜，各祗候，平立，引左階立。

次引夏使見如上儀，引右階立。

次再引宋使副左入，至丹墀，謝恩，舞蹈，五拜，各祗候，平立。次引高麗、夏使並至丹墀。三使並鞠躬，有勅賜酒食，舞蹈，五拜，各祗候，引右出。次引宰執下殿，禮畢。

曲宴儀。

皇帝即御座，鳴鞭，報時畢，殿前班小起居，到侍立位。引臣僚并使客左入，傍折通班，至丹墀舞蹈，五拜，不出班奏「聖躬萬福」，又再拜。出班謝宴，舞蹈，五拜，各上殿祗候。分

引預宴官上殿，其餘臣僚右出。次引宋使從人入，至丹墀再拜，不出班奏「聖躬萬福」，又再拜。有勅賜酒食，又再拜，引左廊立。次引高麗、夏從人入，分引左右廊立。果床入，進酒。皇帝舉酒時，上下侍立官並再拜，接盞，畢，候進酒官到位，當坐者再拜，坐，卽行臣使酒。傳宣，立飲畢，再拜，坐。次從人再拜，坐。至四盞，餅茶入，致語。聞鼓笛時，揖臣使并人從立，口號絕，坐宴并侍立官並再拜，坐，次從人再拜，坐。食入，五盞，歇宴。教坊謝恩畢，揖臣使起，果床出。皇帝起入閤，臣使下殿歸幕次。賜花，人從隨出戴花畢，先引人從入，左右廊立，次引臣使入，左右上殿位立。皇帝出閤坐，果床入，坐立並再拜，坐，次從人再拜，坐。九盞，將曲終，揖從人至位再拜，引出。聞曲時，揖臣使起，再拜，下殿。果床出。至丹墀謝宴，舞蹈，五拜。分引出。

朝辭儀。

皇帝卽御座，鳴鞭、報時畢，殿前班小起居，至侍立位。引臣僚合班入，至丹墀小起居，引宰執上殿，其餘臣僚分班出。閤使奏辭榜子。先引夏使左入，傍折通班畢，至丹墀再拜，不出班奏「聖躬萬福」，又再拜。揖使副鞠躬，使出班，戀闕致詞，復位，又再拜，喝「各好去」，引右出。次引高麗使，如上儀，亦引右出。次引宋使副左入，傍折通班畢，至丹墀，依

上通六拜，各祗候，平立。閤使賜衣馬，鞠躬，聞勅，再拜。賜衣馬畢，平身，搢笏，單跪，受別錄物過盡，出笏，拜起，謝恩，舞蹈，五拜。有勅賜酒食，舞蹈，五拜。引使副左上露階，齊揖入欄內，揖鞠躬，大使少前拜跪受書，起復位。揖使副齊鞠躬，受傳達畢，齊退，引左下至丹墀，鞠躬，喝「各好去」，引右出。次引宰執下殿，禮畢。

熙宗時，夏使入見，改爲大起居。定制以宋使列於三品班，高麗、夏列於五品班。皇統二年六月，定臣使辭見，臣僚服色拜數止從常朝起居，三國使班品如舊。俟殿前班及臣僚小起居畢，宰執升殿，餘臣分班畢，乃令行入見及朝辭之禮。凡入見則宋使先，禮畢夏使入，禮畢而高麗使入。其朝辭則夏使先，禮畢而高麗使入，禮畢而宋使入。夏、高麗朝辭之賜，則遣使就賜於會同館。惟宋使之賜則庭授。

舊高麗使至闕皆有私進禮，大定五年，上以宋、夏使皆無此禮，而小國獨有之，不可，遂命罷之。

六年，詔外國使初見、朝辭則於左掖門出入，朝賀、賜宴則由應天門東偏門出入。

大定二十九年三月，章宗以在諒闇，免宋使朝辭，太常寺言：「若不面授書及傳達語言，恐後別有違失。」遂令宋使先辭靈幄，然後詣仁政殿朝辭，授書。時右丞相襄言：「伏見熙宗聖誕七月七日，以景宣忌辰避之，〔五〕更爲翌日，復用正月十七日受外國賀。今聖誕節若依期，令外方人使過界，恐爲雨潦所滯，設能到闕，或值陰雨亦難行禮，乞以正月十一日或三月十五日爲聖節，定宋人過界之期。」平章政事張汝霖、參知政事劉瑋等言：「帝王當示信，以雨潦路阻輒改之，或恐失信。且宋帝生日亦五月也，是時都在會寧，上國遣使賜生日，萬里渡越江、河，尙不避霖潦，如期而至。今久與宋好，不可以小阻示以不實。彼若過界，多作程頓亦不至留滯，縱使雨水愆期而入見，猶勝更用他日也。」御史大夫唐括貢、中丞李晏、〔六〕刑部尙書兼右諫議大夫完顏守貞〔七〕等亦皆言不可，上初從之，旣而竟用襄議，令有司移報，使明知聖誕之實，特改其日以示優待行人之意。

承安三年正月，上諭旨有司曰：「比聞宋國花宴，殿上不設餚饌，至其歇時乃備於廊下。今花宴上賜食甚爲拘束，若依彼例可乎？且向者人使見辭，殿上亦嘗有酒禮，今已移在館宴矣。」有司奏曰：「曲宴之禮舊矣。彼方，酒一行、食一上必相須成禮。而國朝之例，酒旣罷而食始進。至於花宴日，宋使至客省幕次有酒禮，而我使至其幕則有食而無酒，各因其舊，不必相同。古者宴禮設食以示慈惠，今遽更之，恐遠人有疑，失朝廷寵待臣子之意。」乃命止如舊。

正大元年十月，夏國遣使修好。二年九月，夏國和議定，以兄事金，各用本國年號，定擬使者見辭儀注云。蓋夏人自天會議和，臣屬於金八十餘年，無兵革事。及貞祐之初，小

有侵掠，以至搆難十年，兩國俱敝，至是，始以兄弟之國成和。十月，遣禮部尙書奧敦良弼、大理卿裴滿欽甫、侍御史烏古孫弘毅爲報成使。三年十月，夏人告哀，遣中大夫完顏履信爲弔祭使。夏人以兵事方殷，各停使聘。四年，遣王立之來聘，未復命而夏亡。

新定夏使儀注。

夏國使、副及參議各一，謂之使。都管三。上節、中節各五，下節二十四，謂之三節人從。報至行省，差接伴使與書表人迓於境。入界，則先具驛程腰宿之次。始至京兆行省，翌日賜宴，至河南行省亦然，謂之來宴。將至京，遣內侍一人以油絹複韜三銀盒，貯湯藥二十六品，逆於近境尉氏縣賜之。至恩華館舊名燕賓館，承安三年更名。更衣，由宜照門入，預差館伴使、副使二員，書表四人，牽攏官三十人以俟。來使三節人從至會同館，謂之聚廳，先以館伴使名銜付之，而使者亦以其銜呈，然後使、副、都管、上中節人從以次見館伴使。接伴使初相見之儀亦然。次以館伴所書表見人使，館伴所牽攏官與下節人互相參見，畢，乃請館伴、接伴人，使、副，各公服齊出幕次，對行上廳欄子外，館伴在北，對立。先接伴揖，次來使副與館伴互展狀，揖，各傳示，再揖。各就位，請收笏坐，先湯，次酒三盞，置果殽。茶罷，執笏，近前齊起，欄子外館伴在南，對立。先館伴揖，次展接伴辭狀，相別揖，各傳示，再揖，

通揖分位。

是日，皇帝遣使撫問。天使至館，轉銜如館伴初見之儀。館伴與天使、來使副各公服，齊行至位，對立。請來使副升拜褥望闕立，次請天使升拜褥稍前立。來使副鞠躬，天使言「有勅」，乃再拜鞠躬。天使口宣辭畢，復位。來使再拜，舞蹈，三拜，復位立。來使與天使各展狀，相見揖，次館伴揖。來使令人傳示，請館伴、天使與來使對行上廳，各赴椅子立，通揖。謹收笏坐，湯酒殽茶並如前，畢，執笏，近前，齊請起，至拜褥，依前對立。請來使副升褥位，進表謝撫問，再拜，副使平立，使跪奉表，天使近前搢笏受之，出笏復位，來使就拜，退，復對立。來使令人傳示館伴，依例書送天使土物，畢，展天使辭狀，相別揖，次館伴揖，各請分位。是後，每旦暮傳示，幷牽攏官聲喏如儀。

到館之明日，遣使賜酒果，天使初至轉銜後，望拜傳宣皆如撫問之儀。使副單跪，以酒果過其側，拜、舞蹈如儀。上廳湯酒茶畢，詣拜褥位，跪進謝賜酒果表，贈天使土物皆如撫問使禮，押酒果軍亦有土物之贈。乃命閤門副使至館習儀，初轉銜前後皆如館伴相見之儀。湯茶罷，館伴閤副傳示使副，來日入見，例當習儀。來使副回傳示，習儀畢。第二盞後，當面勸習儀承受人酒一盞，先揖，飲酒，再拜退。三盞果茶罷，執笏近前齊起，欄子外南爲上，對立。以來日入見，故但揖而不展辭狀，分位。乃以入見榜子付閤門持去，以付禮進

司。來使副以書送土物於引進使，及交進物軍員人等，閤門副及習儀承受人各贈土物。

第三日，入見。其日質明，都管、三節人從皆裹帶，館伴與來使副各公服，齊請赴馬臺，館伴牽攏官喝「排馬」，來使牽攏官喝「牽馬」，各上馬張蓋。都管馬上奉書在使前，至中門外，以外爲上，對立。先來使牽攏官兩聲喏，次館伴牽攏官亦然，齊揖，各傳示，再揖，請行。至左掖門外五百步，館伴與使副乃左右易位而行。揖畢，去門百步去傘下馬，出笏，對行。凡後入稱賀、曲宴皆同是儀。來使人從持物者不得入門，牽攏官權收之。客省令二人傳示，館伴與來使各令人回傳示。至客省幕前，館伴所書表在上立，齊揖，乃入幕。先館伴所書表傳示，次來使書表傳示，依前欄子外立，先揖，當面勸酒一盞，再揖，退。引館伴來使入客省幕，內爲上，對立揖畢，請分位立。先館伴揖，次展客省起居狀，揖，各传示，再揖，通揖。請赴位立，再揖，請收笏坐。先湯，次酒三盞，各有果殽。第二盞酒畢，客省乃傳示來使，請都管、上中節勸酒。回傳示畢，引都管、上中節於幕次前階下排立，先揖，飲酒，再揖，引退。第三盞酒畢，茶罷，執笏，近前齊起，幕次前立，通揖畢，各歸本幕次。

俟殿上小起居畢，宰執升殿，餘臣分班退，閤使奏來使見榜子。乃先請館伴入班。俟閤門招引，乃請客省與來使副對立於幕前，外爲上。使者奉書，揖畢對行，至三門外，與引揖閤副揖。使奉書，副出笏後隨，左上露臺殿簷柱外，奉書單跪，舊儀於丹墀內奉書。閤使接

書，使副就拜，立。閤使右入欄子內，奏「封全」，轉讀畢，故事皆不讀。引使副入殿欄子內，揖使副鞠躬再拜，引少前跪奏：「弟大夏皇帝致問兄大金皇帝，聖躬萬福。」再拜，興，復位。皇帝乃宣問夏皇帝，使副鞠躬受旨，畢，引使少前跪奏：「弟大夏皇帝聖躬萬福。」拜，復位，立。齊退，左下階，至丹墀北向立。以禮物右入左出，盡，揖使副傍折通班。再引至丹墀，舞蹈，五拜，不出班代奏「聖躬萬福」，畢，再拜。引使副前，雙跪，皇帝遣人勞問，〔八〕復位，謝恩，舞蹈，五拜。再揖使副出班，謝面天顏，復位，舞蹈，五拜。再揖閤副鞠躬，〔九〕引使出班，謝遠差接伴兼賜湯藥諸物，復位，舞蹈，五拜。喝「各祗候」，引右出，至三門階下，與閤副揖別，與客省同行至幕次前對揖，各歸幕次。

引都管、上中節左入，丹墀立，下節於門外階下立，齊鞠躬通名，先再拜，不出班奏「聖躬萬福」，再拜。下節鞠躬聲喏，初一拜呼「萬歲」，次一拜呼「萬歲」，臨起呼「萬萬歲」，喝「各祗候」，平立，引右出。乃賜使者衣，拜舞皆如賜酒果之儀，畢，使者與天使對立。次請都管、三節人從望闕立，天使稍前立，都管人從鞠躬，天使傳勅，拜謝如使儀，就拜畢，謝恩再拜。下節鞠躬聲喏，如入見儀。乃再引入，賜以酒食，閤門招、客省皆如入見儀。至丹墀，謝賜衣物，再拜，舞蹈，三拜，鞠躬。贊「有勅賜酒食」，舞蹈，五拜。喝「各祗候」，引右出，如前儀，歸幕。乃請出，館伴與使副幕前對立揖，各傳示，再揖，請行。至元下馬所，復

左右易位而行，揖畢，各收笏，上馬至館。又左右易位入門，內爲上，對立。先來使牽攏官，次館伴牽攏官，各聲喏，再拜揖，畢，請分位。乃以押伴使賜宴於館。

押伴至館，轉名銜回畢，與館伴、來使公服，齊詣褥位對立，押伴稍前立。先請押伴、館伴上褥位，望闕拜，謝坐，再拜，舞蹈，三拜，起。先請押伴上副階上立，乃引使副上褥位，望闕亦謝坐，儀同上。乃與館伴對行上廳。押伴在副階上，與使副展參狀。來使副先令人報上聞，押伴回傳示，再揖。請押伴先入，於卓前椅位立。館伴與使副對揖，各就位立，通揖，請端笏坐，湯入，乃於拜席上排立都管人從。湯盞出，揖起，押伴等離位立。都管人從鞠躬拜，下節人聲喏，如入見儀。呼「萬歲」，畢，喝「押伴及使副皆就坐」。引三都管、上中節分左右上廳，南入，北爲上，下節在西廊下立。候押伴等初盞畢，樂聲盡，坐。至三盞下，食畢，四盞下，酒畢。押伴傳示來使，面勸都管、上中節酒一盞，來使答上聞，以都管、上中節於副階下排立，先揖，飲，傳台旨勸，再揖，退。至五盞下，酒畢，茶入。都管人從於拜席上排立，待茶罷，揖押伴等起，離位立，都管人從鞠躬，喝「謝恩」，拜，下節聲喏如上儀，就位立。請押伴等齊下廳，赴拜褥對立。先請使副就褥位，謝恩，再拜，舞蹈，三拜，復位。乃請押伴、館伴就褥位，謝如上儀，復位。

第四日，命押宴官、賜宴官就館宴。先賜宴天使轉銜如前儀，各公服，請館伴、天使與

來使就褥位對立。先請使副就褥位，望闕立。次請賜宴天使就褥位稍前，使副鞠躬，天使傳宣，使副拜謝，皆如前儀。使副與天使互展狀，起居，揖。次館伴揖。使副令人傳示館伴，依例請賜宴天使茶酒，館伴暫歸幕。來使副與天使主賓對行上廳，於西間內各詣椅位揖，收笏坐。先湯，次酒三盞，果殽。茶罷，執笏，近前請起，賜宴天使暗退。請押宴使至褥位立，次請館伴齊就褥位，望闕再拜，平身，搢笏，鞠躬三舞蹈，跪左膝三叩頭，出笏就拜，興，再拜復位，對立。請押宴上廳。次請來使副詣褥位，謝坐，再拜，舞蹈，三拜，請分階升廳，欄子外，內爲上，對立。先館伴揖，次互展押宴起居狀，相見，揖。各傳示，再揖。通揖，請就位，詣椅位立。通揖，請端笏坐，以御宴不敢用踏床。湯入，都管、三節人從於拜席上排立。湯盞出，押宴離位立揖，都管人從鞠躬，下節人從聲喏，呼「萬歲」，如入見儀，喝「各就坐」。請押宴等坐。

引都管、上中節分左右上廳，北入，南爲上，立。下節於西廊下南入，北爲上，立。候押宴等初盞畢，樂聲盡，坐。至五盞後食，六盞、七盞雜劇。八盞下，酒畢。押宴傳示使副，依例請都管、上中節當面勸酒。使者答上聞，復引都管、上中節於欄子外階下排立，先揖，飲酒，再揖，退。至九盞下，酒畢，教坊退。乃請賜宴天使於幕次前。候茶入，乃於拜席排立都管、三節人從。茶盞出，揖起，押宴官等離位立，揖，都管人從鞠躬，喝「謝恩」，拜，下節

聲喏，呼「萬歲」，如入見儀，且鞠躬，〔一〇〕喝「各祗候」。請押宴等官齊出，分階下廳，與天使對行至拜褥前立。請使副就位望闕謝恩，再拜，舞蹈，三拜，畢，依位立。請押宴、館伴齊詣褥位謝恩。來使乃進謝御宴表，先再拜，平身立。使跪捧表，天使近前搢笏受表，出笏復位。使就拜，退復位，立。

使副上聞，依例書送天使土物，領畢，天使卽以物報之，然後展天使辭狀，再揖，次館伴揖，通揖，請分位。是日，來使於宴下監酒等官及教坊人等皆有所贈。

第五日，稱賀。比至客省幕次對立，皆如入見儀。至收笏坐，先湯，次酒三盞，畢，客省傳示來使，辭曰：「請都管、上中節當面勸酒。」回傳示畢，引都管、上中節於幕次前階下排立，先揖，飲酒，再揖，引退。至三盞酒畢，茶罷，出笏近前，齊請出幕次，前外爲上，對立，通揖，分位，各歸幕次。候閤門招引時，請客省與使副幕次前，外爲上，對立揖。對行至門外階下，與引揖閤副揖。引使副左入，與臣僚合班，至丹墀北嚮立定。同臣僚先再拜，平身，搢笏，鞠躬，三舞蹈，跪左膝三叩頭，出笏就拜，興，再拜，平立。俟進酒致辭畢，再拜，宣徽使稱「有制」，又再拜，宣答畢，先再拜，舞蹈，平立，分班。俟皇帝舉酒時，再拜，合班又再拜，上殿，夏使副在御座右第二行北端立。

次引都管、上中節左入，至丹墀立，下節門外階下排立，齊鞠躬，通名畢，先再拜，鞠躬，

不出班奏「聖躬萬福」。喝「拜」，又再拜，下節聲喏呼「萬歲」，如前儀。喝「各祗候」，畢，平立，再鞠躬，喝「賜酒食」，聲喏再拜呼「萬歲」，如前儀。引左廊立。待床入，進酒。皇帝飲酒時，上下侍立皆再拜。俟進酒官至位，合坐官再拜，皆坐。卽行臣使酒，普傳宣，立飲，再拜，復坐。次人從鞠躬聲喏再拜呼「萬歲」之儀如前。皆坐。至第三盞，傳宣立飲，畢，再拜，復坐。次人從如前，畢，坐。俟致語，聞鼓笛時，揖臣使皆立，俟口號絕，臣使再拜，坐，次人從如前儀，復坐。次至五盞，將曲終，人從立，再如前儀，畢，先引出。臣使起再拜，退至丹墀，合班，謝宴，再拜，舞蹈，三拜，喝「各祗候」。引出，至三門階下，與閤門副使相揖別，與客省同行，至幕次前對立，先揖，各傳示，再揖，請分位，就幕次。少頃，請館伴與使副出幕次，外爲上，對立，先揖，各傳示，再揖，引行，至元下馬處，請左右易位，對立揖，收笏上馬，至館，聲喏相揖分位，與初入見還禮同。

第六日，賜分食，幷賜酒果禮。天使至館，與第二日賜酒果禮同。是日，支押分食酒果軍土物，幷在館隨局分官員承應人例物。凡裏外門將軍、監廚直長、館都監、監酒食官、承應班祗候、衆廚子、館子、巡護軍、館伴所牽攏官，皆溥及之。

第七日，曲宴禮，如前儀。

第八日，奉辭之儀。至小起居畢，閤使先奏來使辭榜子。引使者左入，傍折通班，至丹

墀再拜，不出班奏「聖躬萬福」，又再拜。揖副鞠躬，使出班戀闕致詞，復位，再拜，喝「各好去」，引右出，次引宰執下殿，禮畢。

第九日，聚廳，送至恩華館，更衣而行。

凡使將至界，報至則差接伴使，至則差館伴使，去則差送伴使，皆有副，皆差書表以從。凡行省來宴、回宴之押宴官，皆從行省定差，就借以文武高爵長官之職，以爲轉銜之光。來回之賜宴天使，皆以閤門祗候往，詔書、口宣皆稟命於都省，以翰林院定撰焉。

夏使至，或許貿易於市二日。使至，所差者館伴使、副各一，監察、奉職、省令史各一，書表四，總領提控官、酒食官、監廚、稱肉官各一，牽攏官三十，尚食局直長、知書、都管、接手、湯藥直長、長行各一，廚子五，奉飲直長一、長行二，奉珍二，儀鸞直長一、長行十，把內外門官二，館外巡防軍三十，把館甲軍六十二，雜役軍六十，過位不通漢語軍十，凡雜役皆衣皂，過食司吏八十，街市廚子四十，方脈雜科醫各一，醫獸一，鞍馬二十四疋，後止備八疋，押馬官一員。又差說儀承受禮直官一員。凡在館鋪陳繖絡器皿什物，戶部差官與東上直閤同點檢。所經橋道皆先期命工部修治之。凡賜衣，使副各三對，人從衣各二對，使副幣帛百四十段，舊又賜貂裘二，無則使者代以銀三錠，副代以帛六十疋，後削之。惟生餼則代以綾羅三十九疋、帛六十二疋、布四疋。金帶三，金鍍銀束帶三，金塗銀閘裝鞍轡三，金

塗銀渾裹書匣、間金塗銀裝釘黑油詔匣及包書、詔匣複各一。朝辭，賜人從銀二百三十五兩，絹二百三十五疋。

賜宋、高麗使之物，其數則無所考。

校勘記

〔一〕引臣僚左右入至丹墀小起居畢　原脫「至」字。按下文曲宴儀、朝拜儀皆有「至丹墀」之文。又大金集禮以下簡稱集禮卷三九朝會上，人使辭見儀爲本志外國使入見儀之所本，其文亦作「至丹墀」。今據補。

〔二〕揖使副鞠躬　按宋之使臣，副使同時入見，齊入欄內，而出班奏事限正使一人，副使不能若無其事，故每次必請「副使鞠躬，使少前拜跪」。抄者不察，致「副使」與上下文之「使、副」相混，惟最後「再揖副使鞠躬，使出班謝遠差接伴」不誤，而殿本亦誤改爲「使副」。覩下文高麗使入見，「副使」改稱「横使」，兩言「揖横使鞠躬，正使少前拜跪」，其事非常清楚，遂無與「使副」混淆之問題。則此處「使副」當作「副使」。下同，不復出校。

〔三〕再揖鞠躬　「鞠躬」上脫「副使」二字。

〔四〕奏畢起復位　集禮「起」上有「拜」字。

志第十九　校勘記　八七九

金史卷三十八　八八〇

〔五〕以景宣忌辰避之　「宣」原作「宗」。按本書卷四熙宗紀，熙宗，「景宣皇帝子」，「上本七月七日生，以同皇考忌日，改用正月十七日」。與此處敍述正合，今據改。

〔六〕中丞李晏　「晏」原作「宴」。按本書卷八三張汝霖傳記此事作「中丞李晏」，又卷九六李晏傳，「李晏字致美」。今據改。

〔七〕刑部尙書兼右諫議大夫完顏守貞　「守」原作「居」。按「完顏居貞」之名它處不見。本書卷八三張汝霖傳記此事作「刑部尙書兼右諫議大夫完顏守道」，而卷八八完顏守道傳載守道大定二十六年已致仕，惟卷七三完顏守貞傳云，「章宗卽位，召爲刑部尙書兼右諫議大夫」，與此官名相合。今據改。

〔八〕皇帝遣入勞問　「人」疑是「入」。據道光四年殿本改。

〔九〕再揖閤副鞠躬　按本卷外國使入見儀作「再揖副使鞠躬，使出班謝遠差接伴」。疑此「閤副」或當是「副使」之誤。

〔一〇〕且鞠躬　「且」殿本作「齊」。

金史卷三十九

志第二十

樂上

雅樂　散樂　鼓吹樂　本朝樂曲　郊祀樂歌

傳曰：「王者功成作樂，治定制禮。」豈二帝三王之彌文哉，蓋有天下者，將一軌度、正民俗、合人神、和上下，舍禮樂何以焉。金初得宋，始有金石之樂，然而未盡其美也。及乎大定、明昌之際，日修月葺，粲然大備。其隸太常者，卽郊廟、祀享、大宴、大朝會宮縣二舞是也。隸教坊者，則有鐃歌鼓吹，天子行幸鹵簿導引之樂也。有散樂。有渤海樂。有本國舊音，世宗嘗寫其意度爲雅曲，史錄其一，其俚者弗載云。

志第二十　樂上　八八一

金史卷三十九　八八二

雅樂。凡大祀、中祀、天子受册寶、御樓肆赦、受外國使賀則用之。

初，太宗取汴，得宋之儀章鐘磬樂簴，挈之以歸。皇統元年，熙宗加尊號，始就用宋樂，有司以鐘磬刻「晟」字者犯太宗諱，皆以黃紙封之。大定十四年，太常始議「歷代之樂各自爲名，今郊廟社稷所用宋樂器犯廟諱，宜皆刮去，更爲製名」。於是，命禮部、學士院、太常寺撰名，乃取大樂與天地同和之義，名之曰「太和」。

文、武二舞。皇統年間，定文舞曰仁豐道洽之舞，武舞曰功成治定之舞。貞元儀又改文舞曰保大定功之舞，武舞曰萬國來同之舞。大定十一年又有四海會同之舞，於是一代之制始備。

明昌五年，詔用唐、宋故事，置所，講議禮樂。有司謂：「雅樂自周、漢以來止存大法，魏、晉而後更造律度，訖無定論。至後周保定中，得古玉斗于地中，以造尺律，其後牛弘以爲不可，止用蘇綽鐵尺，至隋亦用之。唐興，因隋樂不改，及黃巢之亂，樂縣散失，太常博士殷盈孫以周法鑄鎛鐘、編鐘，處士蕭承訓等校石磬，合而奏之。至周顯德以黍定律，議者謂比唐樂高五律。宋初亦用王朴所制樂，時和峴以周顯德律音近哀思，乃依西京銅望臬、石尺重造十二管，取聲下王朴一律。景祐初，李照取黍累尺成律，以其聲猶高，更用太府布帛尺，遂下太常樂三律。皇祐中，阮逸、胡瑗改造止下一律，[一]或謂其聲弇鬱不和，依舊用王朴樂。元豐間，楊傑參用李照鐘磬加四清聲，下王朴樂二律，以爲新樂。元祐間，范鎮又造新律，下李照樂一律，而未用。至崇寧間，魏漢津以范鎮知舊樂之高，無法以下之，乃以時君指節爲尺，其所造鐘磬卽今所用樂是也。然以王朴所制聲高，屢命改作，李照以太府尺制律，人習舊聽疑於太重。其後范鎮等論樂，復用李照所用太府尺，卽周、隋所用鐵尺，牛弘等以謂近古合宜者也。今取見有樂，以唐初開元錢校其分寸亦同，則漢津所用指尺殆與周、隋、唐所用之尺同矣。漢津用李照、范鎮之說，而恥同之，故用時君指節爲尺，使衆人不敢輕議。其尺雖爲詭說，其制乃與古同，而清濁高下皆適中，非出於法數之外私意妄爲者也。蓋今之鐘磬雖崇寧之所製，亦周、隋、唐之樂也。閱今所用樂律，聲調和平，無太高太下之失，可以久用。唯辰鐘、辰磬自昔數缺，宜補鑄辰鐘十五，辰磬二十一，通舊各爲二十四簴。」上曰：「嘗觀宋人論樂，以爲律主於人聲，不當泥於其器，要之在聲和而已。」於是，命禮部符下南京，取宋舊工，更鑄辰鐘十有二。又以舊鐘姑洗、夷則皆高五律，無射高二律，別鑄以補之，乃協。又琢辰磬各十有二，以其半少劣，擇其諧者而用之。

初，正隆間，海陵營太廟于汴，貞祐南遷，宣宗修之，以祔諸帝神主。其地，故宋景靈宮之址也，掘其下，得編鐘十三，編磬八，皆刻「大晟」字，時朝廷多故，禮器散亡，竟亦不能備也。

大定十一年，太常議：「按唐會要舊制，南北郊宮縣用二十架，周、漢、魏、晉、宋、齊六朝及唐開元、宋開寶禮，其數皆同。宋會要用三十六架，五禮新儀用四十八架，其數多，似乎太侈。今擬太常因革禮，天子宮縣之樂三十六簴，宗廟與殿庭同，郊丘則二十簴。宜用宮縣二十架，登歌編鐘、編磬各一簴。又按周禮大司樂，『凡樂，圜鐘爲宮，黃鐘爲角，太蔟爲徵，姑洗爲羽。雷鼓、雷鼗、孤竹之管、雲和之琴瑟、[二]雲門之舞，冬日至於地上之圜丘奏之，[三]若樂六變，則天神皆降，可得而禮矣』。六變，謂六成也。唐、宋因之。蓋圜鐘，夾鐘也，用爲宮者以上應房、心，有天帝明堂之象也。宮聲三奏，角徵羽各一奏，合陽之奇數，欲神聽之也。凡樂起於陽，至少陰而止，圜鐘自卯至申其數有六，故六變而樂止，則天神皆降，可得而禮也。樂曲之名，唐以『和』，宋以『安』，本朝定樂曲以『寧』爲名，今止有太廟祫享樂曲，而郊祀樂曲未備。皇統九年拜天用乾寧之曲，今圜丘降神固可就用。今太廟祫享，皇帝升降行止奏昌寧之曲，迎俎奏豐寧之曲，酌獻、舞出入奏肅寧之曲，飲福奏福寧之曲，宋開寶禮亦可就用。餘有郊祀曲名，皇帝入中壝、奠玉幣、迎俎、酌獻、舞出入樂曲，宜皆以『寧』字製名。」遂命學士院撰焉。皇帝入中壝奏昌寧之曲，降神、送神奏乾寧之曲，昊天上帝奏洪寧之曲，皇地祇奏坤寧之曲，配位奏永寧之曲，飲福奏福寧之曲，升降、望燎、出入大小次，並與入中壝同，餘載儀注及樂章。又命太常議文武二舞所當先後，太常議：「按唐、宋郊廟之禮，並先文後武，本朝自行禘祫之禮亦然。惟唐韋萬石建議謂先儒相傳，以揖讓得天下則先奏文，以征伐得天下則先奏武。當時雖從，尋復改之。其以開元禮先文後武爲定。方丘如圜丘之儀，社稷則用登歌。」

宗廟。皇帝入門，宮縣以無射宮，升殿，登歌以夾鐘，皆奏昌寧之曲。迎神、送神奏來寧之曲，九成。天德二年，晨祼畢，還小次，方奏迎神曲。大定十一年，朝享，奏依開元、開寶禮，至版位，卽奏黃鐘宮三、大呂角二、太蔟徵二、應鐘羽二，曲詞皆同。進俎，奏豐寧之曲。酌獻，宮縣奏無射大元之曲。[四]

諸室之曲，德帝曰大熙，安帝曰大安，獻祖曰大昭，[五]昭祖曰大成，景祖曰大昌，世祖曰大武，肅宗曰大明，穆宗曰大章，康宗曰大康，太祖曰大定，太宗曰大惠，熙宗曰大同，睿宗曰大和，昭德皇后廟曰儀坤，世宗曰大鈞，顯宗曰大寧，章宗曰大隆，宣宗曰大慶。[六]

皇帝還板位及亞終獻，皆奏無射宮肅寧之曲。飲福，登歌奏夾鐘宮福寧之曲。徹豆，奏豐寧之曲，皆用無射宮。大定十二年制，祫禘時享有司攝事，初獻盥洗，奏無射宮肅寧之曲。升階，登歌奏夾鐘宮嘉寧之曲。餘並與親享同。其別廟昭德皇后、宣孝太子所用，並載儀注、樂章。

舊制，太廟、皇考廟樂工各三十九人。大定二十九年，升祔顯宗，有司以爲「宋之太廟、別廟，堂上樂各四十八人，今之樂工少十八人，擬令皇考廟舊樂工皆充兩廟堂上樂，以應前代九十六人之數」。尙書省議「古樂工無定數」，遂奏太廟、別廟通以百人爲定。明昌六年，創設宮縣，樂工一百五十六人。

承安三年，勅「祭廟用教坊奏古樂，非禮也。其自今召百姓材美者，給以食直，教閱以待用」。泰和元年，命宮縣樂工月給錢粟二貫石，遇正樂工闕，驗色收補。四年，尙書省奏：「宮縣樂工總用二百五十六人，而舊所設止百人，時或用之卽以貼部教坊閱習。自明昌間，以渤海教坊兼習，而又創設九十二人。且宮縣之樂須行大禮乃始用之，若其數復闕，但前期遣漢人教坊及大興府樂人習之，亦可備用。」遂詔罷創設者。

宣宗南遷，祔諸帝主於汴京太廟。禮官言：「祔享禮畢，車駕還宮，至承天門外，百官奉迎，宮縣奏采茨。」以樂簴未備，遂止用教坊樂。哀宗遷蔡，天興二年七月丁巳，太祖、太宗及后妃御容至自汴京，奉安於乾元寺。左宣徽使溫敦七十五奏當用樂。上曰：「樂須太常，奈何？」七十五曰：「市有優樂，可假用之。」權左右司員外郎王鶚奏曰：「世俗之樂，豈可施于帝王之前。」遂止。

樂舞名數。太廟登歌，鐘一簴，磬一簴，歌工四，篇二，塤二，篪二，笛二，巢笙二，和笙二，簫二，七星匏一，九曜匏一，閏餘匏一，搏拊二，柷一，敔一，麾一，一弦琴、三弦琴、五弦琴、七弦琴、九弦琴各二，瑟四。別廟登歌並同。親祠則用金鐘、玉磬，攝祭則用編鐘、編磬。

宮縣樂三十六簴：編鐘十二簴，編磬十二簴，大鐘、鎛鐘、特磬各四簴。建鼓、應鼓、鞞鼓各四，路鼓二，路鼗二，晉鼓一，巢笙、竽笙各十，簫十，篇十，篪十，笛十，塤八，一絃琴三，三絃、五絃、七絃、九絃琴各六，瑟十二，柷一，敔一，麾一。文舞所執篇、翟各六十四，武舞所執朱干、玉戚各六十四，引舞所執旌二，纛二，牙杖二，單鼗二，單鐸二，雙鐸二，金鐃二，金錞二，金鉦二，相鼓二，雅鼓二。

有司攝祭，宮縣二十簴：編鐘四，編磬四，辰鐘十二。建鼓四，路鼓四，路鼗二，晉鼓一，巢笙、竽笙、簫、塤、篪、笛各八，一絃琴三，三絃、五絃、七絃、九絃琴各六，瑟八，柷、敔各一，麾一。登歌及二舞引舞所執與親祠同。

皇帝受册寶。前期，大樂令與協律郎設樂縣於殿廷。又設舉麾位二，一於殿西階，一於樂縣西北。又設登歌樂架於殿上。至日，侍中奏「外辦」，宮縣樂作，皇帝乃出，即坐，樂止。奉寶入門，樂作，置褥位上，樂止。初引時宮縣樂作，至位立定，樂止。寶初行，樂作，至御前置訖，樂止。皇帝受寶訖，樂作，侍中奏「稱賀」，樂止。皇太子升殿，登歌樂作，復位，樂止。侍中奏「禮畢」，宮縣樂作，皇帝還幕次，樂止。

御樓宣赦。前期，大樂署設宮縣於樓下，又設鼓一於宮縣之左。至日，金鷄初立，大樂署擊鼓，立訖，鼓止。侍中奏「外辦」，大樂令撞黃鐘之鐘，右五鐘皆應，昌寧之樂作，皇帝乃出。宣讀訖，百官舞蹈，禮畢，大樂令撞蕤賓之鐘，左五鐘皆應，昌寧之樂作，皇帝降座，樂止。凡皇帝出入升降及分班合班，皆樂作，坐、立定乃止。

其册命中宮、皇太子、太孫，受外國使賀，宴外國使，皆用宮縣。

散樂。元日、聖誕稱賀，曲宴外國使，則教坊奏之。

其樂器名曲不傳。皇統二年宰臣奏：「自古並無伶人赴朝參之例，所有教坊人員只宜聽候宣喚，不合同百寮赴起居。」從之。章宗明昌二年十一月甲寅，禁伶人不得以歷代帝王爲戲及稱萬歲者，以不應爲事重法科。泰和初，有司又奏太常工人數少，即以渤海、漢人教坊及大興府樂人兼習以備用。

鼓吹樂，馬上樂也。

天子鼓吹、橫吹各有前、後部，部又各分二節。金初用遼故物，其後雜用宋儀。海陵還燕及大定十一年鹵簿，皆分鼓吹爲四節，其他行幸惟用兩部而已。

前部第一：

鼓吹令二人

㧊鼓十二　金鉦十二

大鼓百二十　長鳴百二十

鐃鼓一十二　歌二十四

拱辰管二十四　簫二十四

笳二十四　大橫吹一百二十

前部第二：

節鼓二　笛二十四

簫二十四　篳篥二十四

笳二十四　桃皮篳篥二十四

㧊鼓十二　金鉦十二

小鼓百二十　中鳴百二十

羽葆鼓十二　歌二十四

拱辰管二十四　簫二十四

後部第一：

鼓吹丞二人

㧊鼓三　金鉦三

羽葆鼓十二　歌二十四

拱辰管二十四　簫二十四

笳二十四　節鼓二

鐃鼓十二　歌十六

簫二十四　笳二十四

小橫吹百二十

後部第二：

笛二十四　簫二十四

篳篥二十四　笳二十四

桃皮篳篥二十四

本朝樂曲。

世宗大定九年十一月庚申，皇太子生日，上宴于東宮，命奏新聲，謂大臣曰：「朕製此曲，名君臣樂，今天下無事，與卿等共之，不亦樂乎。」辭律不傳。

十三年四月乙亥，上御睿思殿，命歌者歌女直詞，顧謂皇太子曰：「朕思先朝所行之事，未嘗暫忘，故時聽此詞，亦欲令汝輩知女直醇質之風。至於文字、語言或不通曉，是忘本也。」

二十五年四月，幸上京，宴宗室于皇武殿，飲酒樂，上諭之曰：「今日甚欲成醉，此樂不

易得也。昔漢高祖過故鄉，與父老歡飲，擊筑而歌，令諸兒和之。彼起布衣，尚且如是，況我祖宗世有此土，今天下一統，朕巡幸至此，何不樂飲。」于時宗室婦女起舞，進酒畢，羣臣故老起舞，上曰：「吾來故鄉數月矣，今廻期已近，未嘗有一人歌本曲者，汝曹來前，吾爲汝歌。」乃命宗室子敍坐殿下者皆上殿，面聽上歌。曲道祖宗創業艱難，及所以繼述之意。上既自歌，至慨想祖宗音容如覩之語，悲感不復能成聲，歌畢，泣下數行。右丞相元忠暨羣臣宗戚捧觴上壽，皆稱萬歲。於是諸老人更歌本曲，如私家相會，暢然歡洽。上復續調歌曲，留坐一更，極歡而罷。其辭曰：

猗歟我祖，聖矣武元。誕膺明命，功光于天。拯溺救焚，深根固蔕。克開我後，傳福萬世。無何海陵，淫昏多罪。反易天道，荼毒海內。自昔肇基，至于繼體。積累之業，淪胥且墜。望戴所歸，不謀同意。宗廟至重，人心難拒。勉副樂推，肆予嗣緒。二十四年，兢業萬幾。億兆庶姓，懷保安綏。國家閑暇，廓然無事。乃眷上都，興帝之第。屬茲來游，惻然予思。風物減耗，殆非昔時。于鄉于里，皆非初始。雖非初始，朕自樂此。雖非昔時，朕無異視。瞻戀慨想，祖宗舊宇。屬屬音容，宛然如睹。童嬉孺慕，歷歷其處。壯歲經行，恍然如故。舊年從游，依係如昨。歡誠契闊，旦暮之若。于嗟闊別兮，云胡不樂。

郊祀樂歌。

皇帝入中壝，宮縣黃鍾宮昌寧之曲：凡步武同。〔七〕

袞服穆穆，臨于中壝。瞻言圜壇，皇皇后帝。禋祀肇稱，馨香維德。爰暨百神，於昭受職。

降神，宮縣乾寧之曲、仁豐道洽之舞。圜鍾爲宮，黃鍾爲角，太蔟爲徵，姑洗爲羽。圜鍾三奏，黃鍾、太蔟、姑洗皆一奏，詞並同：

我金之興，皇天錫羨。惟神之休，爰茲郊見。有玉其禮，有牲其薦。將受厥明，來寧來燕。

皇帝盥洗，宮縣黃鍾宮昌寧之曲：

因天事天，惇宗將禮。爰飭攸司，奉時罍洗。挹彼注茲，廼陛壇陛。先事而虔，神勞豈弟。

皇帝升壇，登歌大呂宮昌寧之曲：

相在國南，崇崇其趾。烝哉皇王，維時涖止。至誠通神，克禋克祀。於萬斯年，昊天其子。

昊天上帝，奠玉幣，登歌大呂宮洪寧之曲：

穆穆君王，有嚴有翼。珮環鏘然，圜壇是陟。嘉德升聞，馨非黍稷。高明降監，百神受職。

皇地祇，坤寧之曲：

肅敬明祇，躬行奠贄。其贄維何？黃琮制幣。從祀羣靈，咸秩厥位。惟皇能饗，允集熙事。

配位太祖皇帝，永寧之曲：

肇舉明禋，皇天后土。皇祖武元，爰作神主。功昭耆定，歌以大呂。綏我思成，有秩斯祜。

司徒迎俎，宮縣黃鍾宮豐寧之曲：

穆穆皇皇，天子躬祀。羣臣相之，罔不敬止。俎豆畢陳，物其嘉矣。馨香始升，明神燕喜。

昊天上帝，酌獻，登歌大呂宮嘉寧之曲：

郊禋展敬，昭事上靈。太尊在席，有醑斯馨。酌言獻之，靈其醉止。福祿來宜，以答明祀。

皇地祇，泰寧之曲：

袞服穆穆，臨彼泰折。於昭神宮，埋幣瘞血。爰稱匏爵，斟言薦潔。方輿常安，扶我帝業。

配位太祖皇帝，燕寧之曲：

烝哉高后，肇迪丕基。功與天合，配天以推。薦時清旨，孔肅其儀。來寧來燕，福祿綏之。

文舞退，武舞進，宮縣黃鍾宮咸寧之曲：

奉祀郊丘，雲門變舞。進秉朱干，停揮翟羽。於昭睿文，復肖聖武。無疆維烈，天子受祜。

亞終獻，宮縣黃鍾宮咸寧之曲、功成治定之舞：

掃地南郊，天神以娭。於皇君王，克禋克祀。交於神明，玄酒陶器。誠心靖純，非貴食味。

皇帝飲福，登歌大呂宮福寧之曲：

所以承天，無過乎質。天其祐之，惟精惟一。泰尊爰挹，馨香薦德。惠我無疆，子孫千億。

徹豆，登歌大呂宮豐寧之曲：

大禮爰陳，爲豆孔碩。肅肅其容，於顯百辟。皇靈降監，馨聞在德。明禋斯成，孚休罔極。

送神，宮縣圜鐘宮乾寧之曲：

赫赫上帝，臨監禋祀。居然來歆，昭答祖配。圜壇四成，神安其位。升歌贊送，天人悅喜。

方丘樂歌。

迎神，鎭寧之曲。林鐘宮再奏，太蔟角再奏，姑洗徵再奏，南呂羽再奏，詞同：

至哉坤儀，萬彙資生。稱物平施，流謙變盈。禮修泰折，祭極精誠。皇皇靈睠，永奠寰瀛。

初獻盥洗，太蔟宮肅寧之曲：

禮有五經，無先祭禮。卽時伸虔，惟時盥洗。品物吉蠲，威儀濟濟。錫之純嘏，來歆愷悌。

初獻升壇，應鐘宮肅寧之曲：

無疆之德，至哉坤元。沉潛剛克，資生實蕃。方丘之儀，惟敬無文。神其來思，時歆薦殷。

初獻奠玉幣，太蔟宮億寧之曲：

禮行方澤，文物備舉。惟皇地祇，昭假來下。奠瘞玉帛，純誠內著。神保是享，陟降斯祜。

司徒捧俎，太蔟宮豐寧之曲：

四階秩儀，壇於方澤。昭事皇祇，卽陰以墌。潔肆於祊，孔嘉且碩。神其福之，如幾如式。

正位酌獻，太蔟宮溥寧之曲：

蕩蕩坤德，物無不載。柔順利貞，含洪光大。籩豆旣陳，金石斯在。四海永寧，福祿攸介。

配位酌獻，配太宗也。太蔟宮保寧之曲：

詞闕。

亞終獻升壇，太蔟宮咸寧之曲：

卓彼嘉壇，奠玉方澤。百辟祗肅，八音純繹。祀事孔明，柔祇感格。

徹豆，應鐘宮豐寧之曲：

修理方丘，吉蠲是宜。籩豆靜嘉，登於有司。芬芬馨香，來享來儀。郊儀將終，髒歌徹之。

送神，林鐘宮鎭寧之曲：

因地方丘，濟濟多儀。樂成八變，靈祇格思。薦餘徹豆，神眖昭垂。億萬斯年，永祐丕基。

詣望燎位，太蔟宮肅寧之曲。詞同升壇。

校勘記

〔一〕皇祐中阮逸胡瑗改造止下一律　「止」原作「上」。據前後文義幷參考宋史樂志改。

〔二〕雲和之琴瑟　原脫「琴」字。據周禮卷六大司樂補。

〔三〕冬日至於地上之圜丘奏之　「冬日至於」原作「冬至日至」。據周禮大司樂改。

〔四〕酌獻宮縣奏無射大元之曲　按本書卷四〇樂下宗廟樂歌，禘祫親饗，有「始祖酌獻，宮縣無射宮大元之曲」，此「酌獻」上疑脫「始祖」二字。

〔五〕獻祖曰大昭　「祖」原作「帝」。按本書卷一世紀，安帝子爲獻祖。又卷四〇樂下宗廟樂歌，有「獻祖大昭之曲」。今據改。

〔六〕宣宗曰大慶　按自上文「世宗曰大鈞」以下四曲，自非大定宗廟樂章，蓋修史者輯入而未作說明。

〔七〕凡步武同　原作大字正文，今據殿本改作小字注文。

金史卷四十

志第二十一

樂下

宗廟樂歌　殿庭樂歌　鼓吹導引曲　采茨曲

禘祫親饗，〔一〕皇帝入門，宮縣無射宮昌寧之曲：出、入步武同。

惟時升平，禮儀肇興。鳴鑾至止，穆穆造庭。百辟卿士，恪謹迎承。恭款祖考，神宇攸寧。

皇帝升殿，登歌夾鐘宮昌寧之曲：升階及將還板位，皆同登歌。

笙鏞既陳，罍樽在戶。升降有容，惟規惟矩。恭敬明神，上儀交舉。永言保之，承天之祜。

皇帝盥洗，宮縣無射宮昌寧之曲：

惟水之功，潔淨精微。洗爵奠斝，于德有輝。皇皇穆穆，宗廟之威。宜其感格，福祉交歸。

皇帝降階，宮縣無射宮昌寧之曲：

於皇神宮，象天清明。有來肅肅，相維公卿。禮儀卒度，君子攸寧。孔時孔惠，綏我思成。

迎神，宮縣來寧之曲。黃鐘宮三奏，大呂角二奏，大蔟徵二奏，應鐘羽二奏，詞同：

八音克諧，百禮具舉。明德維清，至誠永慕。神之格思，雲軿風馭。來止來臨，千祀燕處。

司徒引俎，宮縣無射宮豐寧之曲：

維牲維犧，齊明致祠。我將我享，吉蠲奉之。博碩肥腯，神嗜爲宜。千秋歆此，永綏黔黎。

始祖酌獻，宮縣無射宮大元之曲：

惟酒既清，惟殺既馨。苾芬孝祀，在廟之庭。羞於皇祖，來燕來寧。象功昭德，先祖是聽。

德皇帝，大熙之曲：

萬方欣戴，鴻業創基。瑤源垂裕，綿瓞重熙。式崇毖祀，爰考成規。籩豆有楚，益臻皇儀。

安皇帝，大安之曲：

爰圖造邦，載德其昌。皇儀允穆，誕集嘉祥。明誠昭格，積厚流光。秖嚴清廟，鏞石琅琅。

獻祖，大昭之曲：

惟聖興邦，經始之初。鳩民化俗，還定攸居。迪德純儉，志規遠圖。時哉顯祀，精誠有孚。

昭祖，大成之曲：

天啓璇源，貽慶定基。率義爲勇，施德爲威。耀武拓境，功烈巍巍。永昌皇祚，均福黔黎。

景祖，大昌之曲：

丕顯鴻烈，基緒隆昌。聖期誕集，邦宇斯張。尊嚴廟祏，昭格休祥。煌煌縟典，億載彌光。

世祖，大武之曲：

桓桓伐功，天監其明。惟威震疊，惟德綏寧。神策無遺，鴻圖以興。曾孫孝祀，遹昭厥成。

肅宗，大明之曲：

於皇神人，武烈文謨。左右世祖，懷柔掃除。威震遐邇，化漸蟲魚。垂光綿永，成帝之孚。

穆宗，大章之曲：

烝哉文祖，欽聖弘淵。慈愛忠信，典策昭然。歆此明祀，繁祉綿綿。時純熙矣，流慶萬年。

康宗，大康之曲：

惟明惟聽，曄曄神功。儀刑世業，昭格上穹。持盈孝孫，薦芳斯豐。錫我祉福，皇化益隆。

太祖，大定之曲：

功超殷、周，德配唐、虞。天人協應，平統寰區。開祥垂裕，肇基永圖。明明天子，敬承典謨。

太宗，大惠之曲：

巍巍德鴻，無爲端扆。祚承神功，究馴俗嬓。〔二〕清宮緝熙，孝毖時祀。欽奠羞誠，犧樽嘉旨。

熙宗，大同之曲：

昭顯令德，神基丕承。對越在天，享用躋升。於穆清廟，來燕來寧。神其醉止，惟欽克誠。

睿宗，大和之曲：

皇祖開基，周武、殷湯。猗歟聖考，嗣德彌光。啓佑洪緒，長發其祥。嚴恭廟享，萬世烝嘗。

世宗，大鈞之曲：

神之來思，甫登于堂。祼圭有瓚，秬鬯芬芳。巍巍先功，啓祐無疆。萬年肆祀，孝心不忘。

顯宗，大寧之曲：

於皇神宮，有嚴惟清。吉蠲孝祀，惟神之寧。對越在天，綏我思誠。敷祐億年，邦家之慶。

章宗，大隆之曲：

兩紀踐阼，萬方寧康。文經天地，武服遐荒。禮備制定，德隆業昌。居歆典祀，億載無疆。

宣宗，大慶之曲：

猗歟聖皇，三代之英。功光先后，德被羣生。牲粢惟馨，鼓鐘其鏗。神兮來思，歆于克誠。

文舞退，武舞進，宮縣無射宮肅寧之曲：

明明先皇，神武維揚。開基垂統，萬世無疆。干戚象功，威儀有光。神保是饗，昭哉降康。

亞終獻，無射宮肅寧之曲：

涓辰之休，昭祀惟恭。威儀陟降，惟禮是從。籩豆靜嘉，於論鼓鐘。惟皇受祉，監斯德容。

皇帝飲福，登歌夾鐘宮福寧之曲：

犧牲充潔，粢盛馨香。來格來享，精神用彰。歆此純禧，簡簡穰穰。文明天子，萬壽無疆。

徹豆，登歌夾鐘宮豐寧之曲：

孝祀肅睦，明德以薦。樂奏九成，禮終三獻。百辟卿士，進徹以時。小大稽首，神保聿歸。

送神，宮縣黃鐘宮來寧之曲：

潔茲牛羊，清茲酒醴。三獻攸終，神旣燕喜。神之去兮，載錫繁祉。萬壽無疆，永保禋祀。

郊祀前，朝享太廟樂歌。

皇帝入門，宮縣無射宮昌寧之曲：

郊將升禋，廟當告虔。錫鑾戾止，孝實奉先。祀事斯畢，有序無愆。祇見祖考，神意懽然。

皇帝升殿，登歌夾鐘宮昌寧之曲：

皇皇天子，升自阼階。奠見祖禰，肅然有懷。百禮已洽，八音克諧。旣昌且寧，萬福沓來。

迎神，宮縣來寧之曲。黃鐘宮三奏，〔三〕大呂角二奏，太蔟徵二奏，應鐘羽二奏，詞同

以實應天，報本反始。潔粢豐盛，禮先肆祀。風馬雲車，神之弔矣。來止來宜，而燕翼子。

皇帝盥洗，宮縣無射宮昌寧之曲：

有水于罍，有巾于篚。帨手拭爵，圭袞有煒。玄酒大羹，德馨維菲。萬年昌寧，皇皇負扆。

皇帝陞階，宮縣無射宮昌寧之曲：降階，同。

巍巍京師，有嚴神宮。聖主戾止，多士雲從。來享來獻，肅肅其容。將昭大報，庸示推崇。

司徒奉俎，宮縣無射宮豐寧之曲：

陳其犧牲，惟純與精。苾芬孝祀，於昭克誠。不疾瘯蠡，或剝或亨。洋洋在上，以交神明。

始祖酌獻，宮縣大元之曲：

猗歟初基，兆我王迹。其命維新，貽謀丕赫。緜緜瓜瓞，國步日闢。堂構之成，焜煌今昔。

獻祖，大昭之曲：

以聖繼興，成王之孚。民從其化，咸奠攸居。淸廟觀德，猗歟偉歟。金石備樂，以奉神娛。

昭祖，大成之曲：

東夷不庭，皇祖震怒。神武削平，貽厥聖緒。猶室有基，垣墉乃樹。億萬斯年，天保孔固。

景祖，大昌之曲：

於皇藝祖，其智如神。修法施令，百度惟新。疆宇日廣，海隅咸賓。功高德厚，耀耀震震。

世祖，大武之曲：

於皇先王，昭假于天。長駕遠馭，麾斥無前。王業猶生，孫謀有傳。圓壇展禮，敢先告虔。

肅宗，大明之曲：

猗歟前人，簡惠昭融。相我世祖，成茲伐功。敷佑來葉，帝圖其隆。將修熙事，先款神宮。

穆宗，大章之曲：

仁慈忠信，惟祖之休。功光岐下，迹掩商丘。言瞻淸廟，懷想前修。神其來格，歆茲庶羞。

康宗，大康之曲：

猗歟前王，惠我無疆。儀刑典法，日靖四方。永言孝思，於乎不忘。昭告大祀，祗率舊章。

太祖，大定之曲：

天生聰明，俾乂蒸人。惟此二國，爲我敺民。撻彼威武，萬邦咸賓。明昭大報，推而配神。

太宗，大惠之曲：

維淸緝熙，於昭明德。我其收之，駿奔萬國。南郊肇修，大典增飾。淸廟吉蠲，純禧申錫。

睿宗，大和之曲：

維時祖功，肇開神基。昭哉聖考，其德增輝。上動天監，明命攸歸。謀貽翼子，無疆之辭。

文舞退，武舞進，宮縣肅寧之曲：

先皇開基，比迹殷湯。功加天下，武德彌光。容舞象成，干戈戚揚。於昭報本，懷哉不忘。

亞終獻，宮縣肅寧之曲：

於皇宗祊，朝獻維時。芬芬酒醴，棣棣威儀。誠則有餘，神之格思。神孫千億，神其相之。

皇帝飲福，登歌夾鐘宮福寧之曲：〔四〕

皇皇穆穆，丕承丕基。躬親于禋，載肅載祗。對越在天，神歆其誠。于以飲酒，如川之增。

徹豆，登歌夾鐘宮豐寧之曲：

物維其時，旣豐且旨。苾苾德馨，或將或肆。神之居歆，洽于百禮。於萬斯年，穰穰介祉。

送神，宮縣黃鐘宮來寧之曲：

濟濟多儀，皇皇雅奏。獻終反爵，薦餘徹豆。神監昭回，有秩斯祜。無疆之福，申錫厥後。

昭德皇后別廟，郊祀前薦享，登歌樂曲。

初獻盥洗，夷則宮肅寧之曲：

神無常享，時歆精誠。惟誠惟潔，感通神明。先事盥滌，注茲淸泠。巾篚旣奠，尊彝薦馨。

初獻升、降殿，中呂宮嘉寧之曲：

有來肅肅，登降以敬。粲粲袪服，鏘鏘佩聲。金石節奏，旣協且平。其儀不忒，乃終有慶。

司徒奉俎，奏夷則宮豐寧之曲：

馨我黍稷，潔我牲牷。降升有節，薦是吉蠲。工祝致告，威儀肅然。神之弔矣，元吉其旋。

酌獻，奏夷則宮儀坤之曲：

俔天之妹，坤德利貞。圜丘有事，先薦以誠。我酒既旨，我殽既盈。神其居歆，福祿來成。

徹豆，奏中呂宮豐寧之曲：

明昭祀事，舊典無違。樂既云闋，神其聿歸。禮之克成，神保斯饗。於萬斯年，迓續丕貺。

祫禘有司攝事。

初獻盥洗，宮縣無射宮肅寧之曲：

祀事之大，齊栗爲先。潔精以獻，沃盥于前。既灌以升，乃薦豆籩。神其感格，歆于吉蠲。

升自西階，登歌奏夾鍾宮嘉寧之曲：餘並同親祀。

國有太宮，合食以禮。躋階肅肅，降陛濟濟。鏘然純音，節乃容止。神之格思，永綏福履。

時享，攝事登歌樂章。

初獻盥洗，無射宮肅寧之曲：

酌彼行潦，維挹其清。潔齊以祀，祀事昭明。顯允辟公，沃盥乃升。神之至止，歆于克誠。

初獻升殿，夾鍾宮嘉寧之曲：餘同親祀，惟不用宮縣。

濟濟在庭，祗薦有序。雍容令儀，旋規折矩。爰徂于基，鳴珮接武。敬恭神明，來寧來處。

昭德皇后時享，登歌樂章。

初獻盥洗，無射宮肅寧之曲：

時祀有章，禮備樂舉。爰潔其盥，亦豐其俎。俯仰升降，中規中矩。神其來格，百福是與。

初獻升殿，夾鍾宮嘉寧之曲：三獻及司徒降，同。

假哉神宮，神宮有侐。惟時吉蠲，登降翼翼。歌鍾鏘煌，笙磬翕繹。於昭肅恭，靈鑒來格。

司徒奉俎，無射宮豐寧之曲：

宮庭枚枚，鐘磬喤喤。既儀圭鬯，既奠膋薌。齊莊奉饋，籩豆大房。靈之右饗，流慶無疆。

酌獻，無射宮儀坤之曲：

於皇坤德，作合乾儀。塗山懿範，京室芳徽。容聲如在，典祀惟時。神其克享，薦祉來宜。

亞終獻，無射宮儀坤之曲：

嘉羞實俎，高張在庭。中獻合禮，終獻改申爲三。坤德儀刑。神其是聽，用鬯清明。清明既鬯，來享來寧。

徹豆，夾鍾宮豐寧之曲：

禮成於終，神心禗禗。膋蕭發馨，樂闋獻已。徒馭孔多，靈輿載轙。青玄悠悠，歸且億矣。

宣孝太子別廟，登歌樂章。

初獻升殿，夾鍾宮承安之曲：

有腯斯牲，有馨斯齊。美哉洋洋，升降以禮。禮容既莊，樂亦諧止。神之格思，式歆明祀。

酌獻，無射宮和寧之曲：

於惟先靈，孝德昭宣。高麗有奕，來寧來燕。於薦惟祫，既時既蠲。從我烈祖，載享億年。

亞終獻，和寧之曲。

金石和奏，豆籩惟豐。祠宮奉事，齊敬精衷。笙吟伊浦，鶴駐緱峰。是保是饗，靈德無窮。

徹豆，夾鍾宮和安之曲：

寢成奕奕，今茲其時。明稱肇祀，將禮之儀。侯安以懌，羞嘉且時。樂闋獻已，神其饗思。

大定三年十月，追上睿宗册寶，應鐘宮顯寧之曲：

天開休運，積仁而昌。命茲昭考，敢忘顯揚。上儀肇舉，涓日之良。來格來享，惠我無疆。

大定十九年，升祔熙宗册寶樂曲：

恢大帝業，敉寧多方。懿德茂烈，金書發揚。肇舉上儀，涓擇吉日。鴻名赫赫，與天無極。

上册寶，宮縣靜寧之曲：

日卜其吉，承祀孔肅。廣號追崇，孝心克篤。於乎悠哉，來思睟穆。寶册既陳，委於宗祝。

皇帝降殿，宮縣鴻寧之曲：

繼世隆昌，臨朝靜默。追謚鴻名，發輝濬德。玉質金章，煌煌簡册。涓辰展儀，永傳無極。

殿庭樂歌。

大定七年正月，上册寶，皇帝將升御座，宮縣奏太蔟宮泰寧之曲：〔五〕降座，同。

德隆帝位，承天而興。侯邦來庭，民居安寧。歸美以報，傳之無極。鴻名徽稱，壽時萬億。

册寶入門，奏天保報上之曲：

四方既平，功歸聖明。定功巍巍，丕享鴻名。股肱良哉，揄揚元首。儲精優游，南山等壽。

奉册寶官將復班位，奏歸美揚功之曲：

聖德高明，萬邦咸休。錙銖唐、虞，糠粃商、周。維時羣臣，對揚稽首。天子明明，令聞不朽。

冊寶初行，奏和寧之曲：冊寶將升殿，皇太子自侍立位至降階，曲並同。

四方攸同，昭哉成功。時和年豐，諸福來崇。英聲昭騰，和氣充塞。於乎皇王，維壽時億。

皇太子升殿賀，奏同心戴聖之曲：

穆清皇風，遐方來同。於昭于天，物和歲豐。丕受鴻名，對揚偉蹟。純螫穰穰，敷錫罔極。

上壽，皇帝將升御座，宮縣和寧之曲。同前。

舉酒，萬壽無疆之曲：

四海太平，吾皇之功。羣臣對揚，誕受鴻名。霞觴瓊腴，君王樂豈。皇天垂休，萬壽無極。

皇太子升階、降階，及與宴官升殿，並奏和寧之曲。同前。

進第一爵，登歌奏王道昌明之曲：〔六〕

對天鴻休，于以鋪張。巍巍煌煌，超冠百王。皇圖皇綱，時維明昌。祉福無疆，于民敷揚。

行羣官酒，宮縣和寧之曲。文舞入，〔七〕設羣官食，奏功成治定之舞，三成止：

聖德高明，如天强名。多方治平，功大有成。流于聲音，形于蹈舞。頒觴羣臣，以昭禮遇。

進第二爵，登歌奏天子萬年之曲：

惟明后，馭寰瀛。躋升平，飛英聲。功三王，德五帝。游巖廊，億萬歲。

行羣官酒，宮縣和寧之曲。武舞入，設羣官食，奏四海會同之舞，三成止：

地平天成，時和歲豐。迓衡弗迷，率惟敉功。受天之祜，四方來荷。於萬斯年，不遐有佐。

進第三爵，登歌嘉禾之曲：

景命赫斯歸吾皇，仁風洋洋被遠荒。琛贄旅庭趨明光，氣和薰蒸爲嘉祥。殊本合穗眞異常，庾如坻京歲且穰。猗歟鴻休超前王，播爲聲詩傳無疆。行羣官酒、設羣官食、羣官降階，宮縣並奏和寧之曲，皇帝將降御座，奏泰寧之曲，並用太蔟宮。

大定十一年十一月，行冊禮，皇帝升御座，宮縣泰寧之曲：

皇皇穆穆，袞服玉趾。如日之升，如山仰止。九賓在列，媚茲天子。願言無疆，介以繁祉。

冊寶入門，奏天保報上之曲：

穆穆元聖，天迪子保。相維臣工，以奏丕號。揚于路朝，玉牒神寶。於萬斯年，吾君壽考。

奉冊寶官將復班位，奏歸美揚功之曲：

玉冊玉寶，尊聖天子。丕揚鴻名，昭受帝祉。閎休對天，其隆孰比。臣下同心，翼戴歸美。

皇太子升殿賀，奏同心戴聖之曲：

大矣我后，徽冊膺受。歡趨彤庭，拜手稽首。休明御辰，無疆萬壽。靈貺沓來，天地長久。

舉酒，奏萬壽無疆之曲：

聖德懋昭，民歸天祐。煌煌金書，典冊光受。備樂在庭，八音諧奏。羣公奉觴，天子萬壽。

進第一爵，登歌王道昌明之曲：

明明我皇，道光化溥。百度惟新，禮修樂舉。藻飾太平，爛然可覩。超躋三王，暉映千古。

設羣官食，奏和寧之曲、功成治定之舞：

穆穆我君，威折羣醜。輝光日新，仁洽九有。容典蔵蕤，超前絕後。端拱深嚴，寶冊膺受。

第二爵，登歌奏天子萬年之曲：

典禮修，惟明后。揚鴻名，燦瓊玖。羅華紳，爲萬壽。歌南山，堅且久。

行羣官酒，奏和寧之曲、四海會同之舞：

道隆政平，天開有德。萬國和寧，來王來極。昭受鴻名，俯徇列辟。錫飲行觴，歡心各得。

第三爵，登歌奏嘉禾之曲：

衆瑞畢至昭升平，爰生嘉禾迺合穗。膴膴大田無南東，稼茂如雲成豐歲。既刈既穫百室盈，擊壤歌沸野老聲。〔八〕陶唐之民茲其比，帝力何有若自遂。

大定十八年十二月，上「受命寶」，皇帝將升御座，宮縣奏泰寧之曲。並大呂宮：

上帝有赫，懷此明德。畀之神寶，庸鎮萬國。臨軒是膺，登降維則。羣臣拜首，年卜萬億。

寶入門，奏天保報上之曲：

受命大寶，昭荅眷佑。珍符明貺，人爲天授。文物具舉，韶、濩迭奏。羣臣上之，天子萬壽。

羣臣合班，奏歸美揚功之曲：

德冒生民，明明元后。端冕臨軒，神寶是受。羣工來賀，咸拜稽首。無疆無期，享祚長久。

皇太子升殿、并自侍立位降階，宮縣稱觴介壽之曲：

上儀昭舉，膺時瑞玉。羣辟在列，蹌蹌肅肅。袞衣桓圭，歸美稽首。升降惟時，天子萬壽。

舉酒，登歌奏萬壽無疆之曲：

上帝眷命，純休茲至。誕膺洪寶，光臨大器。稱觴對揚，嵩嶽萬歲。其寧惟永，無疆卜世。

天德二年十月，冊立中宮，皇帝將升御座，宮縣奏乾寧之曲：降座，同。

人道大倫，王化所基。明聖稽古，陰教欲施。臨軒發冊，備舉彝儀。麟趾、關雎，宜播聲詩。

冊寶入門，奏昌寧之曲：出門，同。

羽衞充庭，淑旂徽章。禮儀具舉，涓辰以良。相我內訓，來儀椒房。億萬斯年，邦家之光。

將受冊寶、以冊寶入門，宮縣奏肅寧之曲：命婦升、降，同。

塗山興夏，關雎美周。坤儀之尊，母臨九州。瑤册褘衣，光配凝旒。地久天長，福祿是遒。

后出閤，奏順寧之曲：升、降座，同。

天立厥配，任、姒比隆。母儀四海，化行六宮。日月並明，乾坤合德。於萬斯年，作儷宸極。

受册，奏坤寧之曲：

風化之始，由于壼闈。禮文斯備，爰正坤儀。維順以慈，儷聖同德。則百斯男，垂統無極。

天德四年二月，册皇太子，皇帝將升御座，宮縣奏乾寧之曲：皆用夾鐘宮〔九〕。

大君有爲，先圖本固。涓辰之吉，禮成儲副。文物備陳，聲樂皆具。人心載寧，克昌福祚。

册使入門，昌寧之曲：

在天成象，煥乎前星。惟聖時憲，典禮以行。一人有慶，萬邦以貞。社稷之福，寖昌寖明。

皇太子入門，奏元寧之曲：出門，同。

皇矣上帝，純佐明聖。篤生元良，日躋德性。册命主器，萬邦以正。龍樓問寢，億年之慶。

大定八年正月，册皇太子，皇帝將升御座，宮縣洪寧之曲：並用太蔟宮。

會朝清明，臨軒備禮。天威皇皇，臣工濟濟。於昭元良，膺茲典册。對揚閎休，卜年萬億。

皇太子入門，奏肅寧之曲：

光昭前星，惟天垂象。稽古而行，主器以長。曲禮告成，邇遐屬望。國本既隆，繁釐永享。

羣臣合班，奏嘉寧之曲：

於皇臨軒，禮崇上嗣。維眷之祺，傃方正位。言觀其儀，翙翙濟濟。美歸吾君，太平萬歲。

皇太子復受册位，奏和寧之曲：

祖功艱難，經營締構。基牢根深，枝繁葉茂。於昭貽謀，駢休集佑。元良斯貞，吾皇萬壽。

大定二十七年三月，册皇太孫，皇帝將升御座，宮縣泰寧之曲：並姑洗宮。

上天叢休，申錫祚胤。孫謀有詒，臨軒體正。煌煌上儀，欣欣衆聽。隆我邦本，無疆惟慶。

皇太孫入門，奏慶寧之曲：出門，同。

寶源流光，流光惟遠。孫謀有貽，慶序昭衍。於樂衆望，於皇備典。動容周旋，承茲嘉羡。

羣臣合班，奏順寧之曲：

冕旒當宁，徽章備舉。綵仗充庭，金石列簴。濟濟多士，翼翼就序。海潤山暉，傾聽樂府。

皇太孫復受册位，奏保寧之曲：

禮之攸聞，丕建世嫡。衆論協從，天心不易。名崇震宮，辭著瑞册。社稷宗廟，無疆夷懌。

鼓吹導引曲。

天眷三年九月，駕幸燕京，導引曲：無射宮。

五年一狩，仙仗到人間，問稼穡艱難。蒼生洗眼秋光裏，今日見天顏。金戈玉斧臨香火，馳道六龍閑。歌謠到處皆相似，天子壽南山。

天德二年三月，祫享廻鑾，導引曲：

禮成廟享，御衞拱飛龍，諸道起祥風。太平天子多受福，孝德與天通。鳳簫龍管韶音奏，聲在五雲中。粲然文物昭治世，萬億祺無窮。

貞元元年三月，駕幸中都，導引曲：並姑洗宮。

鑾輿順動，嘉氣滿神京，輦路宿塵清。鈎陳萬旅隨天仗，縹緲轉霓旌。都人望幸傾堯日，鼇抃溢歡聲。臨觀八極辰居正，寰宇慶昇平。

采茨曲：

新都春色滿，華蓋定全燕。時運千齡協，星辰五緯連。六龍承曉日，丹鳳倚中天。王氣盤山海，皇居億萬年。

貞元三年十一月，祫享廻鑾，采茨曲：並用。〔一〇〕

慶成廻大駕，仙仗紫雲深。龍衮輝千騎，嵩呼閒八音。太平興縟禮，萬國得懽心。孝格迎禔福，穰穰永降臨。

正隆六年六月，駕幸南京，導引曲：並林鐘宮。

神宮壯麗，宮殿壓蓬萊，向曉九門開。聖明天子初巡幸，遙駕六龍來。五雲影裏排仙仗，清蹕絕纖埃。都人齊唱昇平曲，更進萬年盃。

采茨曲：

雙闕層雲表，澄景開清曉。六龍天上來，馳道平如掃。虞巡五載合，夏諺一遊同。都人欣豫意，寫入頌聲中。

大定三年十月，祫享廻鑾，采茨、導引曲：〔一一〕皆應鐘宮。自後親祀，二曲並用。

太宮崇烈考，大禮慶初成。綵仗廻雲步，天階嚴蹕聲。舜宮合至孝，周頌詠維淸。介福應穰簡，歡交萬國情。

導引曲：

禮行淸廟，華黍薦年豐，聖孝與天通。六龍廻馭千官衞，玉振珮環風。黃麾金輅嚴天仗，非霧鬱葱葱。工歌疊奏升平曲，福祿自來崇。

大定二十七年三月，皇太孫受册，謝廟，導引曲：

璿源濬發，衍慶自靈長，聖運日隆昌。震闈顯册遵彝典，基緒煥重光。練時廟見嚴昭報，禮樂粲成章。精誠潛格神明助，福祿永無疆。

校勘記

〔一〕禘祫親饗　據本志文例，此句上當有「宗廟樂歌」四字。

〔二〕究馴俗皦　「究」疑是「宄」字之誤。

〔三〕黃鐘宮三奏　原脫「宮」字。按本書卷三〇朝享儀，朝享太廟，「宮縣奏來寧之曲，以黃鐘爲宮」，本卷上文「禘祫親饗」，「迎神，宮縣來寧之曲。黃鐘宮三奏」。今據補。

〔四〕登歌夾鐘宮福寧之曲　原脫「宮」字。按上文「禘祫親饗」，「皇帝飲福，登歌夾鐘宮福寧之曲」。今據補。

〔五〕宮縣奏太蔟宮泰寧之曲　「奏」原作「樂」。按大金集禮以下簡稱集禮卷二帝號下，大定七年册禮作「宮縣奏泰寧之曲」。今據改。又，下文「降座同」三字原作大字正文，今據殿本改作小字注文。

〔六〕進第一爵登歌奏王道昌明之曲　「昌明」原作「明昌」。按下文「大定十一年十一月行册禮」，「進第一爵，登歌王道昌明之曲」，集禮大定七年册禮亦作「昌明」。今據乙正。

〔七〕文舞入　「舞」原誤作「武」。據集禮改。

〔八〕擊壤歌沸野老聲　按本曲八句四韻，「聲」與「穗」、「歲」、「遂」不叶，疑或「輩」字之誤。

〔九〕皆用夾鐘宮　原作大字正文，今依本志文例改作小字注文。

〔一〇〕祫享迴鑾采茨曲並用　按「並用」下脫宮調名。

〔一一〕祫享迴鑾采茨導引曲　按「導引曲」見下，此「導引」二字疑是衍文。

金史卷四十一

志第二十二

儀衞上

常朝儀衞　內外立仗　常行儀衞　行仗法駕　黃麾仗

金制，天子之儀衞，一曰立仗，二曰行仗。其衞士，曰護衞，曰親軍，曰弩手，曰控鶴，曰傘子，曰長行。立仗則有殿庭內仗、殿庭外仗，凡大禮、大朝會則用之；其朔望常朝，弩手百人分立兩階而已。行仗則有法駕、大駕、黃麾仗，凡行幸及郊廟祀享則用之。其非大禮遠出，則有常行儀衞、宮中導從焉。大抵模倣宋制，錯綜增損而用之。其宿衞則見兵志云。

初，國制，凡朔望常朝日，殿下列衞士，簾下置甲兵。正隆元年，海陵去甲兵，惟存錦衣弩手百人，分立兩階。其儀，都副點檢，公服偏帶。常朝則展紫。左右衞將軍，宿直將軍，展紫，金束帶，各執玉、水晶及金飾骨朶。左右親衞，盤裹紫襖，塗金束帶，骨朶，佩兵械。供御弩手、傘子百人，並金花交脚幞頭，塗金銅銙襯花束帶，骨朶。左右班執儀物內侍二十人，展紫，塗金束帶。

朝參日，弩手、傘子直於殿門外，分兩面排立。司辰報時畢，皇帝御殿坐，鳴鞭，閤門報班齊。執擎儀物內侍分降殿階，南向立。點檢司起居，弩手、傘子於殿門外北面山呼聲喏，訖，卽於殿門外東西相向排立。都點檢以次三員陞殿，都點檢在東近南，左副又少南，右副在西，東向對立。左右衞將軍在殿下東西對立。省臣隨班起居畢，左右司侍郎從宰執奏事。殿中侍御史隨班起居畢，東西對立於左右衞將軍之北，少前。修起居注分殿陛東西對立於殿欄外副階下，以俟。奏事畢，皇帝還閤，侍衞者乃退。

凡遇大禮、大朝會，則有內外立仗。熙宗皇統元年正月，上册寶，立仗一千一百八十人。自是以後，至海陵時，俱用三千人。世宗大定七年，上册寶，頗損其數，且以天德、貞元不設車輅，遂幷去之。是後，或減至二千，或一千，或八百，或六百人。

天德二年，海陵立后，發册勤政殿，設黃麾細仗，用前六部，攝官七十一，擎執六百七十八人。受册泰和殿，用後六部，攝官三十六，擎執三百二十二人。

大定八年正月，册皇太子於大安殿，用黃麾半仗二千二百六十五人，奉表于仁政殿用黃麾細仗一千四百二人。二十七年，册皇太孫，亦如之。

大定八年，黃麾半仗，攝官一百七十五人，擎執二千八十一人，編排職掌九人。

殿庭內仗。以中心東西相向一重，幷面北旗幟爲中道。左行，自北西向排列。黃麾幡一首，執者三人。碧襴官一，大雉扇二。碧襴官一，中雉扇六。碧襴官一，小雉扇六。碧襴官一，朱團扇六。碧襴官一，睥睨四。碧襴官一，紅大傘一。碧襴官一，紫方傘二。碧襴官一，華蓋一。右行，東向列者，並同。面北，第一行，牙門旗八，共二十四人，分左右，留中道。第二行，監門校尉十二，分左右。第三行，長壽幢一，押旗大將軍一，居中。次東五方龍旗十五，次西五方鳳旗十五。第四行，自內而東，青龍旗五，紅龍旗二十。自內而西，青龍旗五，紅龍旗二十。第五行，同上，又君王萬歲旗一，五人居中。日旗一，五人在左。月旗一，五人在右。第六行，自內而東，天下太平旗、苣紋旗、日月合璧旗、苣紋旗、青龍旗、赤龍旗、河瀆

旗、江瀆旗各一，旗五人，排仗通直官一，排仗大將一。未、午、巳、辰、卯、寅旗各一，青天王旗、白天王旗各一。自內而西，祥雲旗、五星連珠旗、祥雲旗、黃龍旗、白龍旗、黑龍旗、淮瀆旗、濟瀆旗各一，旗五人，通直官一，大將一。申、酉、戌、亥、子、丑旗各一，緋天王旗、皂天王旗各一。第七行，自內而東，孔雀旗一，五人。蒼烏旗、兕旗、犛牛旗、驌驦旗、赤熊旗、白狼旗、金鸚鵡旗、馴犀旗、角端旗、鵕鸃旗、騶牙旗、野馬旗、瑞麥旗、甘露旗各一，旗五人。自內而西者同。

外仗。在門外。左邊，西向，自北排列。第一部，第一行，侍御史、大將軍、折衝都尉各一，主帥三。第二行，絳引幡五首十五人，龍頭竿四、弓矢五、揭鼓二、龍頭竿四、儀鍠斧五、龍頭竿四、朱刀盾五、綠刀盾五、龍頭竿四、小戟五。第三行，與第一行同。第四行，與第二行同。第二部、第三部、第四部、第五部以次而南，各爲前後四行，其名數與第一部同，惟無絳引幡。右五部，東向排列，色數皆同。左第五行，從北，每大旗一，均用小紅龍旗二間之。角宿旗一，三人，均用二。亢宿旗一，三人，均用二。氐宿旗一，三人，均用二。房宿旗一，三人，均用二。心宿旗一，三人，均用二。尾宿旗一，三人，均用二。箕宿旗一，三人，均用二。斗宿旗一，三人，均用二。牛宿旗一，三人，均用二。女宿旗一，三人，龍旗幷黃排襴旗各一。虛宿旗一，三人，紅、黃排襴旗二。危宿旗一，三人，紅、紫排襴旗二。室宿旗一，三人，黃、紫排襴旗二。壁宿旗一，三人，紅、黃排襴旗二。重輪旗一，三人，紅、紫排襴旗二。左攝提旗一，三人，黃、紫排襴旗二。青龍旗一，三人，紅、黃排襴旗二。木星旗一，三人，紅、紫排襴旗二。火星旗一，三人，黃、紫排襴旗二。土星旗一，三人，紅、黃排襴旗二。金星旗一，三人，紅、紫排襴旗二。水星旗一，三人，吏兵幷紫排襴旗各一。北岳旗一，三人，吏兵幷龍君旗各一。東岳旗一，三人，龍君幷黃熊旗各一。中岳旗一，三人，黃熊幷赤豹旗各一。西岳旗一，三人，赤豹幷力士旗各一。南岳旗一，三人，力士幷虎君旗各一。朱雀旗一，三人，虎君幷天馬旗各一。右第五行，從北。奎旗一，三人。婁旗一，三人。胃旗一，三人。昴旗一，三人。畢旗一，三人。觜旗一，三人。參旗一，三人。井旗一，三人。鬼旗一，三人。皆均用二旗如前。柳宿旗一，三人，紅龍幷黃排襴旗各一。星宿旗一，三人，紅、黃排襴旗二。張宿旗一，三人，紅、紫排襴旗二。翼宿旗一，三人，紫、黃排襴旗二。軫宿旗一，三人，紅、黃排襴旗二。重輪旗一，三人，紅、紫排襴旗二。右攝提旗一，三人，紫、黃排襴旗二。白虎旗一，三人，紅、黃排襴旗二。東方神旗一，三人，紅、紫排襴旗二。南方神旗一，三人，黃、紫排襴旗二。中央神旗一，三人，紅龍排襴旗二。西方神旗一，三人，紅、紫排襴旗二。北方神旗一，三人，力士幷紫排襴旗各一。風伯旗一，三人，力士幷虎君旗各一。雨師旗一，三人，虎君幷黃熊旗二。雷公旗一，三人，黃熊幷赤豹旗二。電母

旗一，三人，赤豹幷吏兵旗二。北斗旗一，三人，吏兵幷龍君旗二。玄武旗一，三人，龍君幷天馬旗二。三人執一旗者重立，二人各執小旗者亦重立。

殿門外仗，亦從北，留中道。飛麟旗、駃騠旗、鸞旗、麟旗、馴象旗各二，共十人，從中分列爲第一重。鵕鸃旗、貔旗、玉馬旗、三角獸旗、黃鹿旗各二，共十人，次外分列爲第二重。其次，第一部都尉三員，第二部至第五部俱二員，爲第三重。又其次五部，各刀盾二十，爲第四重。又其次五部，各弓矢二十，爲第五重。左右同。

黃麾細仗，攝官八十八人，擎執一千三百五人，編排職掌九人。

內仗，中道左一行，自北西向排列。黃麾幡一首，執者三人。大雉扇六、中雉扇六、小雉扇六、朱團扇六、睥睨四、紅大傘一、紫方傘二、華蓋一，凡傘扇之上皆有碧襴官一。右行東向，排次同。面北，第一行，長壽幢一，居中。牙門旗八，共二十四人，分左右。第二行，君王萬歲旗五人，居中。日旗五人，監門校尉五人，在左。月旗五人，監門校尉五人，在右。第三行，五方龍旗十五在左，五方鳳旗十五在右。第四行，紅龍旗三十四，第五行，紅龍旗三十四，皆分左右。第六行，自內而東，太平、苣紋、合璧、苣紋、赤龍、青龍旗各一，旗五人，通直一人，大將一人。未、午、巳、辰、卯、寅旗各一，青天王旗、白天王旗各一。自內而西，

祥雲、連珠、祥雲、黃龍、白龍、黑龍旗各一，旗五人，通直一人，大將一人。申、酉、戌、亥、子、丑旗各一，緋天王旗、皂天王旗各一。第七行，自內而東，河瀆、江瀆、兕、赤熊、馴犀、角端、鵕鸃、綱子旗各一，旗五人。自內而西，淮瀆、濟瀆、兕、赤熊、馴犀、角端、鵕鸃、綱子旗各一，旗五人。

外仗，左邊西向，自北排列，第一行，五部，侍御史、大將軍、折衝都尉各一，主帥各二。第二行，第一部，絳引幡五首，十五人。龍頭竿四、弓矢五、揭鼓二、儀鍠斧五，龍頭竿四、弓矢五、朱刀盾五、綠刀盾五，龍頭竿四、儀鍠斧五、朱刀盾五、綠刀盾五，龍頭竿四、小戟五，龍頭竿四、小戟五。第二部至五部無絳引幡，餘色並同，以次相接而南。右五部東向，亦如之。左第三行，從北，角、亢、氐、房、心、尾、箕、斗、牛、女、虛、危、室、壁旗各一，旗三人。次重輪、左攝提、青龍旗各一，木、火、土、金、水星旗各一，北、東、中、南、西岳旗各一，旗三人。次紫排欄四、黃排欄四、紅排欄四、吏兵旗二、天馬旗一。右第三行，從北，奎、婁、胃、昴、畢、觜、參、井、鬼、柳、星、張、翼、軫旗各一，旗三人。次重輪、右攝提、白虎旗各一，東、南、中、西、北方神旗各一，風伯、雨師、雷公、電母、北斗旗各一，旗三人。次紫排欄四、黃排欄四、紅排欄四、吏兵旗二、天馬旗一。

行仗。天子非祀享巡幸遠出，則用常行儀衞。弩手二百人、軍使五人，控鶴二百人、首領四人，俱服紅地藏根牡丹錦襖、金鳳花交脚幞頭、塗金銀束帶，控鶴或皂帽碧襖，各執金鍍銀蒜瓣骨朵。長行四百人，拳脚幞頭、紅錦四褛襖、塗金束帶，二人紫衫前導，無執物，餘執列糸骨朵七十八、瓜八十八、鐙三十四，在控鶴前，金吾仗八十、金花大劍六十俱垂紅絨結子、儀鍠斧五十八，在控鶴後。其常朝、御殿、郊廟、臨幸，凡步輦出入則有近侍導從，執金鍍銀骨朵者二人，左右扇十人，拂子四人，香盒二人，香毬二人，節二人，幢二人，盂一人，唾壺一人，淨巾一人，鉶鑼一人，水罐一人，交椅一人，斧一人，皇帝出閤則分立閤門之外，導引至殿，皇帝升座則降階以俟，入閤然後放仗。

天眷三年，熙宗幸燕，始備法駕，凡用士卒萬四千五十六人，攝官在外。海陵遷都于燕，用黃麾仗萬三百四十八人。天德二年祀廟，用黃麾四千人。世宗卽位，凡行幸祀享並用三千人，間亦不滿其數。大定十一年前，祀南郊、朝享太廟及至郊壇，用大駕七千人，此其大較也。

天眷法駕人數。攝官六百九十九人：將軍、大將軍四十三人，折衝、果毅一百二十六人，校尉五十六人，郎將三十四人，帥兵官二百四十六人，統軍六人，都頭六人，千牛一人，旅帥二人，部轄指揮使二人，押纛二人，押衙四人，四色官四人，押旗二人，引駕官四人，進馬四人，押仗通直二人，押仗大將二人，碧欄一十六人，長史二人，鼓吹令二人，鼓吹丞二人，典事五人，太史令一人，太史正一人，司丞一人，府牧一人，刻漏生四人，縣令一人，御史大夫一人，僚佐一十人，進輅職掌二人，夾輅將軍二人，陪輅將軍二人，教馬官二人，四省局官八人，導駕官四十八人，抱駕頭官一人，執扇筤一人，尙輦奉御二人，殿中少監二人，供奉職官二人，令史四人，書令史四人，押仗二人，殿中侍御史二十四人。

諸班直隊二千九百四十五人：鈞容直三百六人，人員六，長行三百。執旗一百三十六人，引駕六十二人，人員二，長行六十。駕頭天武官一十二人，執從物茶酒班一十一人，御龍直仗劍六人，天武把行門八人，殿前班擊鞭一十人，御龍直四十人，人員二，長行三十八。骨朵直一百三十四人，部押二人，殿前班行門三十五人，捧日馬隊七百人，奉宸步隊七百人，天武骨朵大劍三百一十人，人員一十，長行三百。東第四班三十一人，人員一，長行三十。扇筤天武二十人，捧日隊從領人員一十七人，簇輦茶酒班三十一人，人員一，長行三十。鈞容直三十一人，人員一，長行三十。招箭班三十三人，人員三，長行三十。天武約欄三百一十人。人員一十，長行三百。

車輅下駕士六百三十八人：玉輅下一百四十人，控馬踏路四，〔一〕駕士一百二十八，挾輅八。金輅下六十四人，控馬踏路四，駕士六十。象輅下駕士四十人，革輅、木輅、耕根車駕士同上，革車二，共五十人，指南、記里車各三十人，輅車、鸞旗、皮軒車各十八人，黃鉞、豹尾車各十五人，屬車八，共八十人。

輦輿下六百八十五人：小輿一，長行二十四人，逍遙一，共三十五人，什將節級九，長行二十六。平輦下四十二人，什將節級九，人員七，長行二十六。腰輿共一十九人，人員一，什將虞候二，長行一十六。大輦下三百七十一人，掌輦人員四，什將十二，長行三百五十五，分五番。芳亭輦一，長行六十人，御馬三十二，共百三十四人。控馬，天武官六十四。挾馬，騎御馬直長行六十四人。騎御馬直人員三，天武節級三人。押馬六人，象二十三人。〔二〕

擎執人、舁士共八千七百七十一人。〔三〕

鼓吹樂工九百九十四人。

馬六千七十八疋。

天德五年，海陵遷都于燕，用黃麾仗一萬八百二十三人，攝官在內。騎三千九百六十九，分八節。

第一節。中道，象二十三人。[四]節級二人，銅鑼，七寶、碖石、銀鈎各一，鐵鈎二，小旗十五，並服花脚幞頭、青錦絡縫緋襖衫、金鍍銀雙鹿束帶。

第一引，七十二人：淸道一，武弁、緋雲鶴袍、袴、革帶，執黑漆杖。 𢐀弩一，赤平巾幘、緋辟邪衫、革帶、赤袴。誕馬二，控四人，赤平巾幘、緋繡寶相花衫、銀革帶，纓轡涼屜二副。軺車一，赤馬二，駕士十八人，武弁、緋繡雉大袖衫、白袴。馬，纓轡涼屜、銅面、包尾。縣令一員，朝服，坐軺車。僚佐四員，並朝服。控馬八人，錦帽、絡縫紫衫、大珮、銀帶。紫方傘一，黃抹額、寶相花衫、銀帶、大口袴。朱團扇一，曲蓋一，緋抹額、寶相花衫、革帶、袴。青衣二，青平巾、青衫、袴、革帶，執青竹杖。車輻棒二，赤平巾、緋白澤衫、革帶、赤袴。告止幡二，執者六人，緋抹額、寶相花衫、革帶、袴。傳敎幡一，信幡一，各三人，並黃抹額、寶相花衫、革帶、大口袴。小戟十六。服同上。

第二引，二百六十四人：淸道二，𢐀弩一，誕馬四，控八人，服並如前。 㩳鼓一，金鉦一，平巾幘、緋鸞衫、抹帶、袴、錦螣蛇。大鼓六，黃雷花衫、袴、抹額、抹帶。節一，幢一，麾一，夾矟二，角四，儀刀十，並平巾幘、緋繡寶相花衫、銀革帶、大口袴。革車一，赤馬四，駕士二十五人，武弁、獬豸大袖、勒帛，馬飾如前。府牧一員，朝服坐車。僚佐四員，控馬八人，服並如前。鐃鼓一，簫二，笳二，笛一，篳篥

一，並平幘、緋寶相花衫、銀褐抹帶。大橫吹一，緋苣紋袍、袴、抹額、抹帶。青衣四，車輻棒四，紫方傘一，朱團扇四，曲蓋一，告止幡二，六人，傳敎幡二，六人，信幡二，六人，小戟四十，服並如前。刀盾三十六，銀褐抹額、寶相花衫、[五]銀革帶、袴。弓矢三十六，錦帽、青寶相花衫、銀革帶、袴。矟三十六。錦帽、紫寶相花袍、革帶、袴。

朱雀旗隊三十四人：折衝都尉三人，[六]平巾幘、紫辟邪衫、革帶、大口袴、錦螣蛇、橫刀弓矢。 犦矟二，平巾幘、緋繡寶相花衫、革帶、袴。朱雀旗一，五人，緋抹額、寶相花衫、革帶、大口袴、橫刀，引夾人加弓矢。弩六，弓矢六，矟十二。並平巾、緋寶相花衫、橫刀、革帶、袴。

龍旗隊七十一人：大將軍一人，朝服。引旗四人，黃抹額、寶相花衫、革帶、大口袴。旗十二，風伯旗一、雨師旗一、雷公旗一、電母旗一、北斗旗一、五星旗五、左右攝提旗二，執、夾共六十人，皆五色寶相花衫、抹額、革帶、袴、橫刀，引夾人加弓矢，後凡執旗者並同。副竿二，錦帽、黃寶相花衫、革帶、袴。護旗四人。加黃抹額、弓矢。

太僕三車八十一人：指南車，駕士三十人，武弁、緋絁繡孔雀大袖、銀褐帶、袴。記里鼓車，駕士三十人，獬豸大袖。鸞旗車，駕士十八人，瑞鷹大袖。駕車赤馬十二，執黑杖者三人。

外仗。[七]牙門旗隊二十八人：分左右。白澤旗二，執夾各五人，緣具裝冠、[八]人馬甲、錦臂韝、橫刀，引夾加弓矢。金吾牙門旗第一門，牙門旗四，執夾十二人，青寶相花衫、抹額、[九]革帶、大口袴、橫刀、引夾人加弓矢。監門校尉六人。長脚幞頭、緋抹額、獅子裲襠、銀帶、橫刀、弓矢、烏皮靴，後隊同。

前部馬隊，第一隊七十人：折衝、果毅都尉二人，錦帽、緋辟邪袍、袴、革帶、橫刀、弓矢。角宿、亢宿、斗宿、牛宿旗四，旗各五人，並五色寶相花衫、抹額、革帶、橫刀，引夾加弓矢。弩六，弓矢十四，並錦帽、青寶相花衫、革帶、袴。矟二十八。緋色衫，餘同上。

第二隊七十人：折衝、果毅都尉二人，白澤衫。氐宿、女宿、房宿、虛宿旗四，旗五人，弩六，弓矢十四，矟二十八。服、執如前。

第三隊七十人：折衝、果毅都尉二人，心宿、危宿、尾宿、室宿旗四，旗五人，弩六，弓矢十四，矟二十八。服、執如前。

第二節。中道，[一〇]金吾引駕騎二十人：折衝都尉二人，平巾幘、緋辟邪衫、革帶、袴、橫刀、弓矢。弩六，弓矢六，矟六。並平巾幘、緋寶相花裲襠、革帶、袴。

前部鼓吹五百四十七人：鼓吹令二人，長脚幞頭、綠公服、角帶、絲鞭、[一一]烏皮靴。府史四人，長脚幞頭、綠寬衫、角帶、黃絹半臂、烏靴。部轄指揮使一人，平巾幘、紫寶相花衫、革帶、錦螣蛇。主帥四十八人，分五項，平巾幘、緋鸞衫、革帶、袴、執儀刀。㩳鼓、金鉦各十二，平巾幘、緋鸞衫、銀褐抹帶、錦螣蛇。大鼓、長鳴各百二十，黃雷花衫、抹額、抹帶。鐃鼓十二，緋苣紋衫、抹額、抹帶。歌二十四，拱辰管二十四，

簫二十四，笳二十四，服如鉦鼓，無螣蛇。大橫吹百二十。服如鐃鼓。

外仗。[一二]馬部第四隊六十人：分左右。折衝都尉二人，緋麟衫。箕宿、壁宿旗各一，旗五人，弩六，弓矢十四，矟二十八。服、執並如前隊。

第五隊六十人：折衝都尉二人，奎宿、井宿旗各一，旗五人，弩六，弓矢十四，矟二十八。服、執並如前隊。

第六隊六十人：折衝都尉二人，緋瑞鷹袍。婁宿、鬼宿旗各一，旗五人，弩六，弓矢十四，矟二十八。服、執並如前隊。

第七隊六十人：折衝都尉二人，胃宿、柳宿旗各一，旗五人，弩六，弓矢十四，矟二十八。服、執並如前隊。

第八隊六十人：折衝都尉二人，昴宿、星宿旗各一，旗五人，弩六，弓矢十四，矟二十八。服、執並如前隊。

第九隊六十人：折衝都尉二人，赤豹袍。畢宿、張宿旗各一，旗五人，弩六，弓矢十四，矟二十八。服、執同前。

第十隊七十人：折衝都尉二人，瑞馬袍。觜宿、翼宿、參宿、軫宿旗各一，旗五人，弩六，弓矢十四，矟二十八。服、執如前。

步甲隊，第一、第二兩隊百一十人：領軍衛將軍二人，平巾幘、〔一三〕紫白澤袍、袴、帶、錦縢蛇、橫刀、弓矢。纛稍四，平巾幘、緋寶相花袍、大口袴。折衝都尉四人，服如將軍。鶡鷄旗二，貔旗二，旗各五人，朱傘甲弓矢四十，朱傘甲刀盾四十。兜牟、甲身、披膊、錦臂韝、行縢、鞋韈、勒甲、革帶。

第三節。中道，前部鼓吹第二，五百二十三人：侍御在外。節鼓二，笛二十四，簫二十四，篳篥二十四，笳二十四，桃皮篳篥二十四，黑平巾幘、緋對鸞衫、銀褐勒帛、大口袴。主帥二十六人，分四項，革帶、執儀刀，服如上，無勒帛。掆鼓、金鉦各十二，黑平巾幘、緋繡對鸞衫、銀褐勒帛、大口袴、錦縢蛇。小鼓百二十，中鳴百二十，黃雷花袍、袴、抹額、抹帶。羽葆鼓十二，青苣紋袍、抹額、抹帶。歌二十四，拱辰管二十四，簫二十四，笳二十四，服如前色。侍御史二員，朝服。黃麾幡一，三人。武弁、緋寶相花衫、銀褐勒帛、大口袴，執者馬、紖者步。

外仗。〔一四〕步甲，第三隊五十二人：折衝、果毅都尉二人，紫瑞馬袍。玉馬旗二，旗五人，青傘甲弓矢四十。服、執並同前隊。

第四隊五十二人：折衝、果毅都尉二人，瑞鷹袍。三角獸旗二，旗五人，青傘甲刀盾四十。

第五隊五十二人：折衝、果毅都尉二人，白澤袍。黃鹿旗二，旗五人，黑傘甲弓矢四十。

第六隊五十二人：折衝、果毅都尉二人，服同。飛麟旗二，旗五人，黑傘甲刀盾四十。

第七隊五十二人：折衝、果毅都尉二人，赤豹袍。駃騠旗二，旗五人，銀褐傘甲弓矢四十。

第八隊五十二人：折衝、果毅都尉二人，〔一五〕服同。鸞旗二，旗五人，銀褐傘甲刀盾四十。

第九隊五十二人：折衝、果毅都尉二人，瑞鷹袍。麟旗二，旗五人，黃傘甲弓矢四十。

第十隊五十二人：折衝、果毅都尉二人，〔一六〕馴象旗二，旗五人，黃傘甲刀盾四十。服、執如前。

金吾牙門旗第二門，牙門旗四，執夾十二人，監門校尉六人。服、執同第一門。左右屯衛將軍二人，平巾幘、紫飛麟袍、大口袴、錦縢蛇、革帶、橫刀、弓矢。絳引幡二十，執者六十人，武弁、緋繡寶相花衫、銀褐勒帛、大口袴。共八十人。

第四節。中道，六軍儀仗二百五十二人：統軍六人，花腳幞頭、紫繡抹額、孔雀袍、革帶、橫刀、鞦轡、器仗、珂馬。都頭六人，長腳幞頭、紫寶相花大袖、革帶、橫刀。神武軍旗二、羽林軍旗二、龍武軍旗二，旗各五人，執人錦帽，引夾人貼金帽。〔一七〕排欄旗四十八、吏兵旗四、力士旗四、赤豹旗四、黃熊旗四、龍君旗四、虎君旗四、掩尾天馬旗六，旗一人，錦帽、五色寶相花衫、革帶、錦臂韝。白簳槍九十，交腳幞頭、五色寶相花衫、抹額、革帶、汗袴。柯舒二十四，鐙杖十八。並貼金帽、五色寶相花衫、革帶。

引駕龍墀旗隊六十五人：〔一八〕排仗通直二人，排仗大將二人，並長腳幞頭、紫公服、紅鞓帶、絲

鞭、烏皮靴。天王旗四、十二辰旗各一，旗一人，並錦帽、五色寶相花衫、革帶、臂韝。天下太平旗一、五方龍旗五，旗五人，執人錦帽，引夾人貼金帽，服並如上，橫刀、弓矢。君王萬歲旗一、日月旗各一，旗五人。執人錦帽，引夾人貼金帽，服、執已見前例。

御馬六十六人：馬十六匹，匹四人，控馬三十二人，貼金帽、紫寶相花衫、革帶。夾馬三十二人，皁帽、青錦襖、塗金銅束帶。廣武節級一人，錦帽，執黑杖，服同控馬。管押騎御馬直人員一人。皁帽、紅錦襖、塗金、銅束帶。

中道隊三十二人：大將軍一人，朝服、絲鞭。日月合璧旗一、苣紋旗二、五星連珠旗一、祥雲旗二，旗各五人。服、執見前例。長壽幢一。平巾幘、緋寶相花衫、革帶、大口袴。

金吾細仗一百人：青龍旗一、白虎旗一、五嶽神旗五、五方神旗五，旗各四人，並四色寶相花衫、青黃銀褐皁抹額、抹帶、橫刀，引夾如前。押旗二人，長腳幞頭、紫公服、紅鞓角帶、烏皮靴。五方龍旗各三、五方鳳旗各三，旗一人，並五色衫、抹額、革帶、橫刀。四瀆旗四，旗五人。並皁寶相花衫、抹額、革帶、橫刀，引夾如前。

外仗。〔一九〕黃麾前第一部二百七十二人：殿中侍御史二人，朝服。左右屯衛大將軍二人，折衝都尉二人，平巾幘、紫飛麟袍、革帶、大口袴、錦縢蛇、橫刀、弓矢。主帥二十人，平巾幘、緋寶相花衫、革帶、袴、儀刀。龍頭竿一百，揭鼓六，儀鍠斧二十，小戟二十，弓矢四十，朱縢絡刀盾二十，矟二十，

綠縢絡刀盾二十。並青寶相花衫、抹額、抹帶、行縢、鞋韈。

第二部二百七十二人：殿中侍御史二人，左右領軍衛大將軍二人，折衝都尉二人，紫繡白澤袍。主帥二十人，龍頭竿一百，揭鼓六，儀鍠斧二十，小戟二十，弓矢四十，朱縢絡刀盾二十，矟二十，綠縢絡刀盾二十。服並緋。

第三部二百七十二人：殿中侍御史二人，左右屯衛大將軍二人，折衝都尉二人，紫瑞鷹袍。主帥二十人，龍頭竿一百，揭鼓六，儀鍠斧二十，小戟二十，弓矢四十，朱縢絡刀盾二十，矟二十，綠縢絡刀盾二十。服並黃，餘同上部。

第五節。中道，八寶香案共三百人：〔二〇〕轝士九十六人，平巾幘、緋寶相花衫、大口袴、塗金銀束帶。燭籠三十二，大珮銀腰帶，服同輿士。行馬十六，服同燭籠。碧襴官十六人，弓腳幞頭、碧襴衫、塗金銅束帶、〔二一〕烏皮鞾，後四人執長刀。符寶郎八人，長腳幞頭、綠公服、角帶、槐笏、步導。援寶三十二人，人員二人，武弁、紫寶相花衫、革帶、執黑漆杖。長行三十人，緋寶相花衫、執黑漆杖。香案八，轝士三十二人，服同燭籠、行馬。案後金吾仗六，方傘二，大雉扇四，服並同碧襴官。金吾仗十二人，四色官四人，長腳幞頭、綠公服、大口袴、金銅腰帶，前二人執槐笏，後二人執金銅儀刀。押仗二人，長腳幞頭、紫公服、紅鞓帶、烏皮鞾。金甲二人，披膊、兜牟、鉞斧、錦臂韝、勒甲絛。進馬四人。平巾幘、〔二二〕紫犀牛襕襖、革帶、袴、刀、矢弓。

金吾引駕四十九人：千牛將軍一人，千牛十人，郎將二人，並緋繡抹額、紫犀牛裲襠、革帶、大口袴、橫刀、弓矢、珂馬，將軍平巾幘、無抹額，千牛郎將花脚幞頭，餘同。長史二人、長脚幞頭、綠公服、金銅腰帶、袴、烏皮鞾。引駕官四人。長脚幞頭、紫公服、紅鞓帶、烏皮鞾。

中雉扇十二，大傘二，小雉扇四，華蓋二，香蹬一座，八人，火燎一，二人。武弁、緋寶相花大袖、革帶、大口袴。

腰輿人員、什將三人，皁帽、紅錦襖、塗金銀束帶。人員執杖。長行十六人，拳脚幞頭、紅錦四褛襖、塗金銀腰帶。排列官二人，長脚幞頭、紫公服、紅鞓帶、烏皮鞾。小輿二十四人，白鞓銀束帶，〔三三〕服同長行人。逍遙輦人員、什將共十六人，皁帽、塗金銀束帶、紅錦方勝練鵲。人員執黑漆杖。長行二十六人，紅地白獅錦襖、塗金銀帶，冠同。平輦人員、什將十六人，皁帽、紅錦團襖、塗金銀帶。輿輦共一百三人。

諸班開道旗隊一百七十七人：開道旗一，鐵甲、兜牟、紅背子、劍、緋馬甲。皁纛旗十二，旗一人，黑漆鐵笠、皁皮人馬甲。引駕六十二人，皁帽、紅錦團襖、紅背子、鐵人馬甲、箭、兵械、骨朵。輔龍直一百二人。皁帽、紅背子、骨朵、鐵人馬甲。

外仗。〔三四〕黃麾前第四部二百七十二人：殿中侍御史二人，左右武衞大將軍二人，折衝都尉二人，主帥二十人，龍頭竿一百，揭鼓六，儀鍠斧二十，小戟二十，弓矢四十，朱縢絡刀盾二十，矟二十，綠縢絡刀盾二十。黃寶相花衫，餘並如前第一部。

第五部二百七十二人。除左右驍衞大將軍與都尉服赤豹袍，龍竿以下服銀褐花衫，餘名色並如前第二部。

第六部二百七十二人。除將軍、都尉服瑞馬袍，龍竿以下服皁花衫，餘名色並如前第三部。

第六節。中道，門旗隊一百二十三人：騎執門旗四十，五方色龍旗十，步執紅龍門旗六十，麇旗一，簇輦紅龍旗八，日月旗二，麟旗一，鳳旗一，旗皆一人。並鐵甲、兜牟、紅錦襖、紅背子，馬執者惟紅背子，步執門旗仍帶劍。

金輅，皇太后乘之，公主侍坐，故在玉輅之前。駕士九十四人，赤平巾幘、緋繡對鳳大袖、緋抹額、赤袴、鞋韈。擊鞭內侍十人，皁帽、紅錦襖、塗金銀束帶。駕頭下，御床也。抱駕頭內侍一人，長脚幞頭、紫羅公服、塗金銀束帶。控馬二人，錦帽、錦絡縫寬衫、銀大環腰帶。廣武官十二人，錦帽、白鞓銀束帶、〔三五〕襖。茶酒班執從物十一人，水罐二、香毬二、唾盂一、厮羅一、手巾一、御椅三人、踏床一，皁帽、碧錦團襖、紅錦背子、塗金銀束帶。共百三十人。

拱聖直，人員二人，長行三十八人。眞珠頭巾、紅錦四褛襖、塗金銀束帶。

導駕官四十二人，朝服。從人八十四，錦帽、紫絡縫寬衫、大環銀腰帶。仗劍六人，皁帽、紅錦團襖、紅錦背子、鐵甲、弓矢、器械。廣武把行門八人，殿班把行門三十五人。服並如仗劍。

玉輅，帝后同乘，太子陪坐。駕士百二十八人，服如金輅，惟用青色。千牛將軍一人，具裝，執長刀於輅右。左右點檢二人，披金甲。夾輅大將軍二人，陪輅將軍二人，並朝服。進輅職掌二人，長脚幞頭、紫寬衫、塗金銀腰帶。教馬官二人，長脚幞頭、緋抹額、紫寶相花衫、塗金銀腰帶。部押二人，皁帽、〔三六〕鐵甲、紅錦襖、執骨朵。挾輅八人，控踏路馬四人，〔三七〕馬二匹，銅面、包尾、涼屜，人服如駕士。共一百五十三人。

龍翔馬隊二十隊，六百二十人，分左右，每隊人員三人，皁帽、鐵甲、紅錦襖、紅背子、弓矢、劍、骨朵、甲馬。殿侍二十八人。鐵甲、紅錦背子、弓矢、器械、甲馬。

東第五班，金槍六隊，每隊旗三人、鎗二十五人，內二十人佩弓矢。共一百六十八人，並裹鐵兜牟、金鎗。銀鎗六隊，每隊旗三人、鎗二十五人，內二十人佩弓矢。共一百六十八人。並裹鐵笠，銀鎗。

東第四班，二隊，每隊旗三人、弩二十五人，共五十六人。鐵笠、兜牟。

神勇步隊七百人：分左右作四重，每重人員十，皁帽、紅錦團襖、弓矢、器械、骨朵。長行六百六十人，並鐵兜牟、甲。內拱聖骨朵直一百六十四人，拱聖槍直一百六十四人，內執子旗者二人，餘執槍。拱聖弓箭直一百六十六人，弓矢、器械、執骨朵。拱聖弩直一百六十六人。挾弩、糊鞴。

廣武骨朵大劍三百一十人：指揮使五人，紅錦襖、紅背子。都頭五人，紅襖、紅背子，並皁帽、塗金腰帶、骨朵。長行三百人。內一百人簇四金鵰錦帽、紫孔雀寬襖、白鞓銀束帶、〔三八〕骨朵，二百人金鍍銀花朱紅笠、緋對鳳寬襖、銀帶、執銀花大劍。

導駕官四十二員，從者八十四人。服已見前。

外仗。〔三九〕青龍白虎隊五十二人：果毅都尉二人，青龍旗一、白虎旗一，旗五人，弩六人，弓矢十四，矟二十。服已見前。

第七節。中道，駕後輔龍直樂三十一人：〔四〇〕拍板一，篳篥十五，笛十四，人員一人。長行三十人，樂器自備，並皁帽、紅錦襖、塗金束帶，並馬。人員執骨朵。

扇筤二十五人：執筤官一人，控馬二人，服並如前例。紅龍扇二，長脚幞頭、紫公服、塗金銀束帶。廣武二十人。錦帽、繡寬襖、白鞓銀束帶、〔四一〕紫對鳳十領、緋對鳳十領。

七寶輦舉士四十二人：什將、人員十六人，皁帽、紅錦團襖。長行二十六人。盤裹幞頭、紅錦四褛襖、塗金束帶。

持鈒隊五十人：旅帥二人，服如都尉。重輪旗二，旗五人，服同前例。紅羅大傘二，大雉扇八，小雉扇八，紅羅繡華蓋一，武弁、緋寶相花衫、革帶、袴、錦縢蛇。朱團扇八，黃寶相花衫。眞武幢一，皁寶相花衫。睥睨八，緋寶相花大袖。麾一，幢一。紫寶相花衫、銀褐抹帶。

後部鼓吹三百三十七人：鼓吹丞二人，典士四人，部轄指揮使一人，主帥十八人，金鉦、掆鼓各三，羽葆鼓十二，歌二十四，拱辰管二十四，簫二十四，笳二十四，節鼓二，鐃鼓十二，歌十六，簫二十四，笳二十四，小橫吹一百二十。青莔紋袍、抹額、抹帶，餘並與前同。

金吾牙門旗第三門，〔三二〕牙門旗四，旗三人，監門校尉六人。服、執同第一門。

黄麾後第一部二百七十二人，第二部二百七十二人，第三部二百七十二人，殿中侍御、衛大將軍、〔三三〕折衝都尉、龍頭竿以下名色，並如前三部。

第八節。中道，後部鼓吹第二，百二十人：笛二十四，簫二十四，篳篥二十四，笳二十四，桃皮篳篥二十四。服並如前。

屬車八，牛二十四，駕士八十人。武弁、緋繡雲鶴大袖、銀褐抹帶、大口袴。豹尾車，赤馬二，駕士十五人。武弁、緋對鵝大袖、銀褐抹帶、大口袴。黄鉞車，赤馬二，駕士十五人。武弁、緋立豹大袖、銀褐抹帶、大口袴。

玄武隊六十一人：金吾折衝都尉一人，平巾幘、紫辟邪袍、革帶、袴、螣蛇、横刀、弓矢。㬓矟二，平巾幘、緋寶相花衫、革大帶。仙童旗一、玄武旗一、螣蛇旗一、神龜旗一，旗五人，服、執如前例。矟十九，弓矢十五，弩四。平巾幘、緋寶相花衫、革帶、袴。

黄麾後第四部二百七十二人，〔三四〕第五部二百七十二人，第六部二百七十二人，攝官名數服色並如前第四、第五、第六部。絳引幡二十，執者六十人。並武弁、緋繡寶相花衫、銀褐抹帶大口袴。諸從駕官並於仗後陪從，朝服不足者公服。凡應乘馬者，並同宋制。

校勘記

〔一〕控馬踏路四　「控馬踏路」原作「控踏路馬」。按下文「金輅下」有「控馬踏路四」，大金集禮以下簡稱集禮卷二七儀仗上行仗爲本志之所本，其述天眷法駕，「玉輅下一百四十人，控馬踏路四」，「金輅下六十四人，控馬踏路四」。今據乙正。

〔二〕押馬六人象二十三人　按「押馬六人」四字原誤入上句注文中，今據集禮乙正。

〔三〕擎執人舁士共八千七百七十一人　原脫「舁」字。按集禮作「擎執人共八千四百三十三人，舁士三百三十八人」。今據補。

〔四〕象二十三人　「三」原作「二」。按注文「節級二」至「小旗十五」共二十三人，又上文天眷法駕人數亦作「象二十三人」。今據改。

〔五〕寶相花衫　原脫「相」字。按上下文數見「寶相花衫」，惟此處及下文「朱雀隊朱雀旗」下、「龍旗隊引旗」下與「副竿」下小注，皆脫「相」字，集禮皆有之。今并據補。

〔六〕折衝都尉三人　「尉」原作「衛」。據集禮改。

〔七〕外仗　原脫「外仗」二字。按「外仗」與「中道」對言。上文首述「第一節中道」，則此「外仗」二字不可省，今按集禮補。

〔八〕緑具裝冠　「具」原作「貝」，并脫「裝」字。按本書卷四二大駕鹵簿第二節：「白澤旗二，旗五人，緑具裝冠。」今據改補。

〔九〕青寶相花衫抹額　「衫」字原在「抹額」下，據集禮乙正。

〔一〇〕第二節中道　原脫「中道」二字。按前後各節皆有此二字，集禮敍此儀「第二節」原文中亦有之，今據補。

〔一一〕絲鞭　「絲」原作「糸」。據集禮及殿本改。

〔一二〕外仗　原脫「外仗」二字。據集禮補。

〔一三〕平巾幘　原脫「幘」字。據集禮補。

〔一四〕外仗　原脫「外仗」二字。據集禮補。

〔一五〕折衝果毅都尉二人　原脫「果毅」二字。據集禮補。

〔一六〕第十隊五十二人折衝果毅都尉二人　原脫「折衝果毅都尉二人」八字。據集禮補。

〔一七〕貼金帽　原脫「貼」字。據集禮補。

〔一八〕引駕龍墀旗隊六十五人　原脫「旗」字。據集禮補。

〔一九〕外仗　原脫「外仗」二字。據集禮補。

〔二〇〕八寶香案共三百人　原脫「香案共」三字。據集禮補。

〔二一〕塗金銅束帶　原脫「塗」字。據集禮補。

〔二二〕平巾幘　原脫「幘」字。據集禮補。

〔二三〕白鞓銀束帶　「鞓」原作「成」。據集禮改。

〔二四〕外仗　原脫「外仗」二字。據集禮補。

〔二五〕白鞓銀束帶　「鞓」原作「成」。據集禮改。

〔二六〕皁帽　「帽」原作「袍」。據集禮改。

〔二七〕控踏路馬四人　按集禮作「控籠踏路馬二匹四人」。

〔二八〕白鞓銀束帶　「鞓」原作「成」。據集禮改。

〔二九〕外仗　原脫「外仗」二字。據集禮補。

〔三〇〕駕後輔龍直樂三十一人　「樂」原作「等」。據集禮改。

〔三一〕白鞓銀束帶　「鞓」原作「成」。按集禮「第七節」以下闕，今依上文例改。

〔三二〕金吾牙門旗第三門　原脫「旗」字。按上文第一節外仗有「金吾牙門旗第一門」，第三節外仗有「金吾牙門旗第二門」，今據補。又此句上當脫「外仗」二字。

〔三三〕殿中侍御衛大將軍　按上文「第四節」、「黄麾前第一部」及「第三部」，皆有「殿中侍御史二人，左右屯衞大將軍二人」、「第二部」作「殿中侍御史二人，左右領軍衞大將軍二人」。知此「侍御」下必有脫文。

〔三四〕黃麾後第四部二百七十二人　按上文，第四節外仗「黃麾前第一部」至「第三部」，第五節外仗「黃麾前第四部」至「第六部」，第七節外仗「黃麾後第一部」至「第三部」，則此處之「黃麾後第四部」至「第六部」，必是第八節之外仗，此句上當脫「外仗」二字。

金史卷四十二

志第二十三

儀衞下

大駕鹵簿　皇太后皇后鹵簿　皇太子鹵簿　親王儀從

諸妃嬪導從　百官儀從

大駕鹵簿。世宗大定三年，祫享，用黃麾仗三千人，分四節。第一節，無縣令、府牧，卽用黃麾前三部，次前部鼓吹，次金吾牙門旗，次駕頭，次引駕龍墀隊，次天王、十二辰等旗。第二節，黃麾第四、第五部，次君王萬歲日月旗，次御馬，內增控馬司圉、挾馬司圉〔一〕各一十六人，次日月合璧、五星連珠等旗，次八寶，內增執黑杖傳喝一十八人在香案前，次七寶輦。第三節，黃麾後第一、第二部，次玉輅，次栲栳隊，次導駕門仗官。第四節，黃麾後第

三、第四、第五部，次金輅，次牙門旗，次後部鼓吹。

大定六年九月，西京還都，用黃麾仗二千五百四十二人，攝官在內。騎七百六十二匹，分四節。第一節，攝官五十四人，執擎三百二人，樂工一百七十人。第二節，攝官三十二人，執擎三百七十六人。第三節，仗內攝官四十四人，導駕官四十二人，門仗官一百人，玉輅青馬八，駕士一百四十人，護駕栲栳隊五百人，執擎二百四十二人。第四節，攝官五十人，金輅赤馬八，駕士九十四人，控鶴二十二人，樂工八十四人，執擎二百九十人。

是歲，上還自西京，有司備儀仗，皇太子乘綴輅，〔二〕上疑其非禮，以問禮官，無能知者，上怒，皆責降之。明年，將冊皇太子，宰臣奏當備儀仗告廟，上曰：「前朕受尊號謁謝，但令朕用宋眞宗故事，朝服乘馬，於禮甚輕，今皇太子乃用備禮何耶？」丞相良弼謝，上徐曰：「此文臣因循，不加意爾。」先是，凡行幸皆役民執仗，是後詔以軍士易之。

大定十一年，將有事於南郊，朝享太廟，右丞石琚奏其禮，上曰：「前朝漢人祭天，惟務整肅儀仗，此自奉耳，非敬天也。朕謂祭天在誠，不在儀仗之盛也，其減半用之。」於是，遂增損黃麾仗爲大駕鹵簿，凡用七千人，攝官在內。分八節。

第一節，第一引，七十人，縣令。第二引，二百六十四人，府牧。第三引，二百二十九人，御史大夫，名色與府牧同，頗損其數，而增行止旗一。

第二節，金吾皁纛旗一十二人，朱雀隊三十四人，指南、記里鼓車皆五十二人，鸞旗車一十八人。前部鼓吹一百二十九人。清游隊七十二人：內白澤旗二，旗五人，緋具裝冠、緋皮甲勒皮、錦臂鞲、橫刀，引夾加弓矢，緋皮馬甲、包尾全。折衞都尉二人，黑平巾幘、紫繡辟邪袍、革帶、銀褐大口袴、錦縢蛇、橫刀、弓矢。弩六，弓矢二十四，矟三十。並錦帽、青繡寶相花衫、革帶、銀褐大口袴。佽飛隊四十八人：內果毅都尉二，黑平巾幘、紫繡飛麟袍、革帶、銀褐大口袴、錦縢蛇，佩橫刀、弓矢。虞候佽飛三十人，鐵甲、兜牟、橫刀、弓矢、黑馬甲全。鐵甲佽飛一十六人。服、執如上。前部馬隊，第一隊六十四人，第二、第三隊皆六十人，第四、第五隊皆五十八人。殳叉仗五十四人：內帥兵官二人，黑平巾幘、緋寶相花衫、革帶、銀褐大口袴，執儀刀。殳二十六，叉二十六。五色寶相花衫、抹額、抹帶、行縢、鞋韈。行止旗一。緋繡寶相花衫、抹額、銀褐抹帶、大口袴。

第三節，前部鼓吹第二，三百六十九人。前步甲隊，第一至第五隊皆四十二人。衙門旗二十人。黃麾前第一部一百五十人，第二部一百二十人。殳叉仗五十八人。行止旗一。

第四節，黃麾幡三人，六軍儀仗二百二十六人，御馬三十三人，黃麾前第三至第五部皆一百二十人，青龍白虎隊五十二人，殳叉仗五十六人，行止旗一。

第五節，八寶二百三十二人，平頭輦三十人，七寶輦四十二人。班劍、儀刀隊二百人：內將軍二人、折衝都尉二人，平巾幘、緋辟邪袍、革帶、銀褐大口袴、錦縢蛇，執儀刀。班劍、儀刀各九十

八。並平巾幘、緋繡寶相花衫、革帶、銀褐大口袴、錦縢蛇，執儀刀。驍衞翊衞隊六十人：內供奉郎將二員，黑平巾幘、緋繡瑞馬袍、革帶、銀褐大口袴，執儀刀。鳳旗二，旗五人，服、執如前。弩、弓矢、矟皆一十六。服如班劍，橫刀。夾轂隊，第一隊九十二人：內折衝都尉二人，平巾幘、緋繡飛麟袍、革帶、銀褐大口袴，執儀刀。寶符旗二，旗五人，朱鍪甲刀盾八十。朱甲、錦臂鞲、行縢、鞋襪。第二隊八十二人：內果毅都尉二人，白澤袍。飛黃旗二，旗五人，銀褐鍪甲刀盾七十。第三隊八十二人：內果毅都尉二人，赤豹袍。吉利旗二，旗五人，皁鍪甲刀盾七十。殳叉仗五十六人。行止旗一。

第六節，馬步門旗隊一百人，駕頭一十五人，廣武官、茶酒班執從物者二十三人。御龍直四十人。紅錦團襖、鍍金束帶，內人員二皁帽，三十八人眞珠頭巾。〔三〕玉輅一百五十一人。拷栳隊五百人：內金槍隊一百二十六人，分左右，人員十八、並鐵甲、皁帽、紅錦背子，執小旗，馬甲，紅錦包尾。長行一百八人，鐵甲、兜牟、紅錦背子、錦臂鞲，甲馬、紅錦包尾，執金槍。銀槍隊一百二十六人，人員十八、長行一百八人，服並如上，銀槍。弓箭直步隊一百二十四人，人員四、鐵甲、皁帽、紅錦團花戰袍，弓矢，執銀骨朶，馬甲全。長行一百二十人，鐵笠、紅錦團花戰袍、鐵甲、弓矢、骨朶。骨朶直步隊一百二十四人，人員四、長行一百二十人。服甲同上，無弓矢。金吾牙門旗二十人，黃麾後第一部一百五十人，第二部一百二十人，殳叉仗五十二人，行止旗一。

第七節，扇筤二十五人，金輅九十四人。大安輦一百八十一人：內尚輦奉御二人，殿中

少監二人，奉職官二人，並公服。令史四人，書令史四人，七人烏介幘、緋四楑素衫、銀褐抹帶、大口袴、皁靴，一人長脚幞頭、紫羅公服、角帶皁靴。掌輦四人，武弁、黃繡寶相花衫、銀褐抹帶、大口袴。人員十二，皁帽、紅錦團襖、銅束帶，內指揮使一人執銀骨朶。舁士一百五十一人。服同掌輦。御馬三十三人。持鈒隊三十九人。後部鼓吹一百六十人。黃麾後第三至第五部皆一百二十人。後步甲隊第一至第二隊皆四十二人。殳叉仗五十六人。行止旗一。

第八節，後部鼓吹第二，一百四十人。象輅、革車、木輅皆五十人，進賢車二十六人，豹尾車一十八人，屬車八十人。玄武隊六十一人。後步甲隊第三至第五隊皆四十二人。金吾牙門旗二十人。後部馬隊第一隊七十六人，第二隊六十四人，第三隊六十人。殳叉仗六十人。行止旗一。後分行旗、止旗爲二。以上名數與黃麾同者不重述。

章宗明昌五年六月，尚書省奏：「大定六年，世宗自西京還都，採宋省方還京之儀，用黃麾仗二千人、及金玉輅、拷栳隊甲騎五百人、導駕官四十二員，自後遂不復用。今車駕幸景明宮，還都之日宜依用之。」制可。

承安元年，省臣奏：「南郊大禮，大駕鹵簿當用人二萬一千二百一十八、馬八千一百九十八。世宗親行郊祀，仗用七千人。今擬大定制外量添甲卒三百，拷栳隊、執檛人二百四十八，通七千五百四十八人，仍分八節。」從之。

泰和六年，上欲親行祫享，命有司計其役費，尚書省奏：「當用仗三千五百人，錢一萬餘貫，馬八百六十五匹。舊例，馬皆借取於民，親軍、班祗皆自備從事。今軍旅方興，官馬以備緩急，不可借用，民亦不可重擾，宜令有司攝事。」上詔再議之。

八年四月，禘于太廟，依元年例，用黃麾仗三千人，屯門仗五百人。

皇太后、皇后鹵簿。用唐、宋制，共二千八百四十人。〔四〕清游隊三十人，清游旗一，執一人，引二人，夾二人。並平巾幘、緋裲襠、大口袴，佩弓矢、橫刀，執矟、弩、騎。次金吾衞折衝都尉一人，平巾幘，紫裲襠、大口袴、錦縢蛇、弓矢、橫刀。𩨂矟二人，平巾幘、緋衫、大口袴，夾折衞。領四十騎：二十人執矟、四人弩、十六人橫刀。〔五〕並平巾幘、緋裲襠、大口袴、橫刀、弓矢。次虞候佽飛二十八人。並平巾幘、緋裲襠、大口袴、弓矢、橫刀，騎夾道，分左右均布至黃麾仗。次內僕令一人、丞一人，依本品服，分左右。各書令史二人。平巾幘、緋衫、大口袴，騎從。次黃麾一，執一人、夾二人。武弁、朱衣、革帶，正道騎。次左右廂黃麾仗，廂各三行，行百人，從內第一行，短戟、五色氅，執者並黃地白花綦襖、帽、行縢、鞋、韈。次外第二行，戈、五色氅，執人並赤地黃花綦襖、帽、行縢、鞋、韈。次外第三行，儀鍠、五色幡。並青地赤花綦襖、帽、行縢、鞋、襪。次左右領軍衞、左右威衞、左右武衞、左右驍衞、左右衞等，衞各三行，行二十人，分前、後。衞各主帥六人，唯左右領軍衞各三人，並平巾幘、緋裲襠、大口袴，領軍衞前後獅子

文袍、帽，餘衞豹文袍、帽，各執鍮石裝長刀，騎領，分前、後。每衞各果毅都尉一人檢校。被繡袍，以上各一名步從。左右領軍衞有絳引幡，引前、掩後各三。〔六〕執者六人，並平巾幘、緋衫、大口袴。次內謁者監四人，給事二人，內常侍二人，內侍少監二人。並騎，分左右。以上各有內給使一人，步從。次內給使百二十人。皆宮人，並平巾幘、緋衫、大口袴，分左右，在車後。〔七〕次偏扇、團扇、方扇各二十四。分左右，以宮人執之，皆服間綵大袖裙襦、綵衣、革帶、履。次香蹬一，執擎內給使四人。平巾幘、緋裲襠、大口袴，在重翟車前。次重翟車，馬四，駕士二十四人。平巾幘、青衫、大口袴、鞋襪。次行障二，坐障二。分左右夾車，宮人執之，服同執扇。次內寺伯二人，領寺人六。分左右，平巾幘、緋裲襠、大口袴、執御刀，並騎，夾重翟車。次腰輿一，舁士八人，團雉扇二。夾輿。次大傘四，次大雉扇八。分左右，橫行爲二重。次錦華蓋二。單行，正道。〔八〕次小雉扇、朱團扇各十二。並橫行，分左右。次錦曲蓋二十四。橫行，爲二重。次錦六柱八扇。分左右。自腰輿以下並內給使執之，服同前。次宮人車。次絳麾二。分左右，執各一人，武弁、朱衣、革帶，正道。次後黃麾一，執一人，夾二人。並騎，武弁、朱衣、革帶，正道。次供奉宮人。在黃麾後。次厭翟車，馬四，駕士二十四人。次翟車、安車皆四馬，駕士各二十四人。次四望車、金根車，皆駕牛三，駕士各十二人。服同前。次左右廂牙門各二，每門執二人，夾四人。並赤綦襖、黃袍、帽。第一門在前黃麾前，第二門在後黃麾後。次左右領軍衞，每廂各一百五十人，執殳，並赤地黃花綦襖、帽、行縢、鞋襪。前與黃麾仗齊，後盡鹵簿。廂各主帥四人，檢校。平巾幘、緋衫、大口袴，被黃袍帽，執鍮

石長刀，騎。其服豹文者二在內，服獅文者二，一引前，一護後。次左右領軍衞、折衝都尉各一人，檢校殳仗。以上各一人騎從。次後殳仗內正道置牙門一，每門監門校尉二人，皆平巾幘、緋裲襠、大口袴，執銀裝長刀，騎。每廂各巡檢校尉一人，往來檢校。服仗同前。前後部鼓吹，金鉦、棡鼓、大鼓、長鳴、中鳴、鐃吹、羽葆、鼓吹、橫吹、節鼓、御馬並減大駕之半。

是歲，〔九〕重翟等六車改用圓方輅輦，及行障、坐障、錦六柱、宮人等車，其制度人數並見輿服志。

天德二年，海陵立后，皇后乘龍飾肩輿，有司設二步障於殿之西階，設扇左右各十，傘一，此蓋殿庭導引之儀也。又設皇太后導從六十人，傘子不在數內，並服簇四盤鵰團花紅錦襖、金花幞頭、塗金銀束帶。永壽、永寧宮導駕各三十人，傘子各二人，此亦常行之儀也。

皇太子鹵簿。受册寶謝廟，凡大禮、大朝會則用之。有司奏當用唐、宋儀禮，詔止用千人。

中道，清游隊二十四人：折衝都尉一人，白澤旗一，五人，弩四，弓六，矟八。並騎。清道直盪隊一十八人：折衝都尉二人，犦矟四，〔一〇〕弓矢十二。並騎。誕馬四，控攏八人。〔一一〕正直旗隊三十三人：〔一二〕果毅都尉一人，重輪旗一、馴犀旗二、野馬旗一、馴象旗二，旗各五人，副

竿二。〔一三〕並騎。細引隊一十四人：果毅都尉二人，弓矢六，矟六。矟與弓矢相間，並騎。前部鼓吹九十八人：並騎。府史二人，金鉦、棡鼓各二，大鼓十二，長鳴八，鐃鼓二，簫六，笳六，〔一四〕帥兵官二、節鼓二、小鼓十二、中鳴八、桃皮篳篥四、歌四、拱辰管六、篳篥六、大橫吹十二、羽葆鼓二、帥兵官二。傘扇八：梅紅傘二，大雉扇四，中雉扇二。小輿一十八人。導引官一十二人：中允二人、諭德二人、庶子二人、詹事二人、太師一人、太傅一人、太保一人、少師一人在金輅後。並騎。親勳翊衞團子隊七十四人：郎將二人，儀刀七十二。並騎。金輅七十人。三衞隊一十八人。執儀刀。厭角隊六十二人：郎將一人，祥雲旗一，五人，弩三，弓七，矟十五，並騎。又郎將一人，祥雲旗一，五人，弩三，弓七，矟十五。並騎。朱團扇一十六人：司禦率府校尉四人，騎。朱團扇三，紫曲蓋三，朱團扇三，紫曲蓋三。大角一十八。後部鼓吹五十四人：並騎。管轄指揮一人，金鉦、棡鼓各一，鐃鼓二，簫六，歌六，篳篥六，節鼓一，主帥二人，笛六，笳四，拱辰管六，小橫吹十，主帥二人。後拒隊四十六人：果毅都尉一人，騎。三角獸旗一，五人，弩四，弓矢十六，矟二十。

外仗。左行二百四人。牙門十六人：並騎。牙門旗一，三人，監門校尉三人，郎將一人，班劍九。前第一隊二十七人：司禦率府一人，果毅都尉一人，折衝都尉一人，主帥一人，並騎。絳引幡三首，九人，麟頭竿二，儀鍠斧二，弓矢二，麟頭竿二，儀鍠斧二，朱刀盾二，小戟

二。第二、第三、第四、第五隊各一十四人。與第一部麟頭竿已下同。後第一隊四十七人：牙門旗一，三人，監門校尉三人，果毅都尉一人，主帥一人，絳引幡三，九人，鵰鷄旗一，五人，矟四，弩三，矟四，弓矢三，朱刀盾二，小戟二。並騎。後第二隊二十九人：果毅都尉一人，綱子旗一，五人，矟五，弩三，矟五，弓矢三，矟三，弓矢四。並騎。後第三隊二十九人：果毅都尉一人，黃鹿旗一，五人，矟五，弩三，矟五，弓矢三，矟三，弓矢四。並騎。右行二百四人，排列同。

太子常行儀衞，導從六十二人，傘子二人，並服梅紅繡羅雙盤鳳襖、金花幞頭、塗金銀束帶。凡從物斷鑼、唾盂、水罐等事並用銀金飾。傘用梅紅羅，坐麒麟金浮圖。椅用金鍍銀圈，雙戲麒麟椅背，紅絨絛結。殿庭與宴，襯用繡羅間金盤鳳，卓衣則用繡羅獨角間金盤獸。東宮視事，朱髹飾椅，塗金銀獸銜，紅絨絛結、明金團花椅背，案衣則用素羅，色皆梅紅，蒙帕踏脚同。

親王傔從。引接十人，阜衫、盤裹、束帶、乘馬。捧攏官五十人，首領紫羅襖、素幞頭，執銀裹牙杖，傘子紫羅團荅繡芙蓉襖、〔一五〕間金花交脚幞頭，餘人紫羅四褸繡芙蓉襖、兩邊黃絹義襴，並用金鍍銀束帶，幞頭同。邀喝四人。傘用青表紫裏，金鍍銀浮圖。椅用銀裹

圈背。水鑵、鐁鑼、唾盂並用銀。郡王摔攏官三十人，未出宮者二十人。國公摔攏官二十人，未出宮者十四人。郡王引接六人，國公四人，未出宮者各減半。人從儀物並依一品職事官制。

諸妃嬪導從四十人，幞頭、繡盤蕉紫衫、塗金束帶。妃用偏扇、方扇、團扇各十六，諸嬪各十四，皆宮人執，服雲脚紗帽、紫四䙆衫、束帶、綠鞾。大傘各一，傘子二人，就用本服錦襖幞帶。大長公主導從一十二人，皇妹皇女一十人，並服紫羅繡胸背葵花夾襖、盤裹、幞頭、大珮銀腰帶，牙杖各二。其諸宗室女，各以親疏差降之。傘制，皇太子三位妃皆青羅表紫裏、金浮圖，親王公主王妃金鍍銀浮圖，郡主縣主夫人銀浮圖，皆青表紫裏，諸臣下母妻各從其夫子勳封品級用傘。

百官儀從。正一品：三師、三公、尚書令，朱衣直省各十人，三公稱直府。摔攏官各六十人，並服紫衫帽、銀偏帶，內執藤棒二對、骨朵三對、牙杖三對，簇馬六人，傘子二人。交椅、水鑵、鐁鑼、盂子、唾盂等事以次執之，服皁衫帽、塗金銅束帶。後凡執色人並同。邀喝四人。傘用青羅紫裏、銀浮圖。從一品：尚書左右丞相、平章政事、都元帥、樞密使，直省同，樞密稱

直院，以班祗人充。摔攏官五十人，邀喝四人。判大宗正，引接十人、摔攏官四十人。大興尹，面前兩對，餘並同。以上交椅並用銀裹圈背、紫絲絛結。

正二品：東宮三師、左右副元帥、尚書左右丞，直省八人，摔攏官四十人，邀喝三人，傘用朱浮圖。從二品：參知政事、樞密副使、御史大夫，直省同，御史臺稱通引，以㩦使班祗人充。摔攏官三十六人，邀喝數同。

正三品：東宮三少、元帥左右監軍、殿前都點檢、六部尚書、諸京留守、宣徽、勸農使、翰林學士承旨等官，凡同品者，各引接六人，摔攏官二十人。以上交椅並用直背銀閒粧、青絲絛結。諸京都轉運使、招討使、諸路提刑使、諸府尹兼本路兵馬都總管及留守，摔攏官五十人。外任，統軍使、都運、招討使、副使、〔六〕諸府尹兼總管，摔攏官四十五人，公使七十人。從三品：元帥左右都監、勸農副使、殿前副都點檢及御史中丞等官，凡同品者，各引接六人，摔攏官一十八人，內中丞引從則給緋衫。外任，運使、節度使，摔攏官四十人，諸節鎮、諸部族節度同，公使上鎮七十人、中鎮六十五人、下鎮六十人。以上外任官人從服色，除諸招討、總管、部族節度、羣牧使自來無射糧軍人力者並仍舊外，留守、統軍、總管、都運、招討、府尹、轉運、節度使人力亦仍舊，其數雖多，俱不得過四十人，並服紫衫、銀帶，銀裹圈背交椅、銀水鑵、鐁鑼、盂、盤、牙杖，內銀裹骨朵、大劍各兩對，及邀喝，唯運使無骨朵、大劍。

正四品：左右諫議大夫、國子祭酒、六部侍郎等官，凡同品者，各引接八人，本破十二人。外任，留守同統軍都監、提刑副使、〔七〕各摔攏官三十人。從四品：殿前左右衞將軍、諸猛安千戶、親王府尉、諸京同知轉運等官，凡同品者，各引接四人，本破十二人。外任，摔攏官三十五人，公使上防禦六十人、中防禦五十五人、下防禦五十人。

正五品：尚書左右司郎中、翰林待制、太常少卿等官，凡同品者，各本破八人。外任，摔攏官三十人，公使上州五十人、中州四十五人、下州四十人。凡防禦、刺史、知軍、幷京府統軍司、節鎮佐貳官人從，並服紫衫、角束帶，直背銀交椅、鐁鑼、盂子、唾盤、牙杖，傘用青表碧裏青浮圖。防禦、刺史、知軍仍用銀裹骨朵、大劍一對，邀喝，唯隨路副統軍則不邀喝。從五品：六部郎中、侍御史、大理少卿〔八〕等官，凡同品者，本破七人，侍御引從則給緋衫。外任，本破十人。以上職事官並許張蓋。

正六品：尚書左右司員外等官，凡同品者，本破六人。外任，本破九人。從六品：尚書六部員外等官，凡同品者，本破五人。外任，本破九人。

正七品：殿中侍御史等官，凡同品者，本破四人。外任，本破七人。縣令，公使十人。都軍，公使六人。從七品：應奉翰林文字等官，凡同品者，本破四人。外任，本破六人。縣令，公使十人。

正八品：大理評事等官，凡同品者，本破二人。外任，本破六人。從八品：太常太祝等官，凡同品者，本破二人。外任，本破五人。

正九品：御藥都監等官，凡同品者，本破一人。外任，本破三人。從九品：隨殿位承應、同監等官，凡同品者，本破一人。外任，本破一人。

尚書省樞密院令譯史通事、六部御史臺及統軍司通事、詰院令史、國史院書寫等職，各設本破一人。

以上職官，人力從物不得僭越。其外任官，人從服執，以本處公用或贓罰錢置。

凡內外官自親王以下，傔從各有名數差等，而朱衣直省不與。其賤者，一曰引接，亦曰引從。內官從四品以上設之。二曰摔攏官，內外正五品以上設之。三曰本破，內外正四品以下設之。四曰公使，外官正三品以下設之。五曰從己人力，外官正三品京都留守、大興府尹以下等官設之。本破如摔攏之職，公使從公家之事，從己執私家之役者也。五等皆以射糧軍充，其軍非驗物力以事攻討，特招募民年十七以上、三十以下魁偉壯健者收刺，以資糧給之，故曰射糧。其首領則有將節、承局、什將等名，而皆統於隨路都兵馬總管府焉。金之所以禮臣下、足任使者，其亦先代之遺法歟。

外任官從己人力，諸京留守、大興府尹，五十人。統軍、都轉運、招討、按察使，諸路兵馬都總管，四十五人。轉運、節度使，四十人。提控、諸羣牧、防禦使，三十五人。外任親王傅、同知留守、副統軍、按察副使、諸州刺史知軍事，三十人。同知都轉運使事、副招討、副留守、同知府尹兼總管、提舉漕運司、諸五品鹽使，二十五人。都轉運副使、按察司簽事、少尹、副總管、同知轉運節度使事，二十人。京都兵馬都指揮使，一十八人。轉運節度副使，十七人。兵馬都鈐轄，十五人。親王府尉、諸京留守總判官、同知防禦使事，十三人。警巡使、兵馬副都指揮、同提舉漕運司，正六品，鹽副使，從六品，酒麴鹽稅使、同知州軍事，一十人。統軍都轉運司京府總管散府等判官、京推官，九人。親王府司馬、招討判官、赤劇縣令、提舉上京皇城兵馬鈐轄，正七品，酒麴鹽稅副使、都轉運判官、府推官、節度觀察判官，八人。京縣次劇縣令、都巡檢使、正將、府軍都指揮使，七人。司屬令、親王府文學、〔一九〕招討司勘事官、諸縣令、警巡副使、知城堡寨鎮，從七品，鹽判、同提舉上京皇城、節鎮軍都指揮使、都巡河、同七品酒使、防禦判官，六人。市令、錄事、赤劇縣丞、副都巡檢使、副將、都巡檢、州軍判官，五人。統軍司知事、親王府記室參軍、司屬丞，正八品，酒使副、京縣次劇縣丞、諸司使，四人。大興府招討、按察司知事、京府運司節鎮司獄、管勾河橋關度譏察官，從八品，鹽判官、漕運司勾當官、警巡判官、諸縣丞、市丞、司候、主簿、錄事司判官、縣尉、副

都巡檢、諸巡檢、巡河官，正九品，酒使、諸司副使，三人。鹽場管勾、防刺以下司獄、部隊將、同管勾河橋、副譏察、司候判官、教授、統軍按察司知法、軍轄、諸司都監、節鎮以上知法，二人。鹽場同管勾、防刺以下知法、諸司同監、統軍按察司書史、統軍司譯書通事，一人。

婆速公使、從己人力，於附近東京澄州招募漢人百姓投充。謂非猛安謀克所管者。合懶、恤品、胡里改、蒲與路並於各管猛安謀克所管上中戶內輪差驅丁，依射糧軍例支給錢糧，周年一易。部羅火、土魯渾扎石合亦同。其諸糺及羣牧官員，若猛安謀克應差本管戶民充人力者，並上中戶輪當。

諸內外官有兼職各應得人從者，從多給，餘各驗品類差。

諸親王引接、引從，在都兵馬司差，公主隨朝者從守部本破內差，外路者并所在州府就差。

諸王府引從、相府捧攏官、引接，周年替代，自餘十月滿代，並以射糧軍充。

諸隨朝六品以下職官、幷諸局承應者，願令從己輸庸者聽，仍具姓名申部，本處官司周年內不得占使。

諸職官之任、以理去官者，接送人力於從己人內給半，取接者皆於所在官司出給印券差取，送還者須到本所給券發還，如無驗者權閣支請，候會問別無逃亡將帶，然後放支。

諸致仕官職俱至三品者，從己人力於願往處給半，不得輸庸。身故應送還者又減半給之，若年未六十而致仕及罷去者，則不給。

校勘記

〔一〕控馬司圉挾馬司圉　「圉」原作「圍」。按道光四年殿本考證云，「考百官、輿服志俱無『司圍』之名，但周禮圉師、圉人皆掌養馬者，則『圍』字自係『圉』字之誤，謹改」。今從之。

〔二〕皇太子乘綴輅　「綴」原作「金」。按本書卷一九顯宗紀，「故事，大駕鹵簿天子乘玉路，皇太子鹵簿乘金路。六年，世宗行自西京還都，禮官不知皇太子自有鹵簿金路，乃請太子就乘大駕綴路，行在天子之前。上疑其非禮」。今據改。

〔三〕紅錦團襖鍍金束帶內人員二皁帽三十八人眞珠頭巾　「內人員二」四字原作大字正文，文義不貫。按大金集禮以下簡稱集禮卷二七行仗，天德五年黃麾仗第六節，「拱聖直四十人，紅錦四楑襖，塗金銀束帶，人員二皁帽子，長行三十八人眞珠頭巾」。今據以改爲注文。

〔四〕共二千八百四十人　按集禮卷二八儀仗下皇后鹵簿爲本志皇太后皇后鹵簿之所本，首云「大定十九年，昭德皇后吉儀」，又云「共二千八百四十四人」，較此多一「四」字。

〔五〕領四十騎二十人執矟四人弩十六人橫刀　「橫刀」二字原在「騎」字下。按集禮作「領四十人，並騎，平巾幘，緋裲襠，大口袴，帶橫刀，二十人執矟，四人帶弩，十六人帶弓箭橫刀」，作史者誤讀破句，今乙正。政和五禮新儀卷一八皇后鹵簿作「領四十騎：執矟二十人，弩四人，服佩同執旗人，帶弓矢橫刀一十六人」，可供參考。

〔六〕左右領軍衞有絳引幡引前掩後各三　按集禮作「左、右領軍衞各絳引幡六口，三口引前，三口掩後」。政和五禮新儀卷一八作「左、右領軍衞各絳引旗六，引前旗六，掩後旗六」。

〔七〕次內給使百二十人皆宮人並平巾幘緋衫大口袴分左右在車後　按集禮作「次內給使一百二十人，並平巾幘，緋衫，大口袴，分左右單行，後盡宮人車」，政和五禮新儀卷一八同，意謂內給使一百二十人左右夾車，單行極長，直至最後之宮人車。作史者不察，以爲「皆宮人」、「在車後」，遂致文不可解。

〔八〕單行正道　「行」下原衍一「一」字。今據集禮刪。

〔九〕是歲　集禮作「是時」，指大定十九年，參見本卷校記〔四〕。

〔一〇〕折衝都尉二人犦矟四　「矟」上原空格闕一字，按本志所據集禮卷二八皇太子鹵簿作「犦」字。今據補。

〔一一〕誕馬四控攏八人　原脫「控攏」二字。據集禮補。

〔一二〕正直旗隊三十三人　按政和五禮新儀卷一九「正直」作「正道」。

〔一三〕旗各五人副竿二　原脫「副竿二」三字，則「三十三人」之數不足，今據集禮補。

〔一四〕筎六　按集禮作「筎四」。

〔一五〕傘子紫羅團荅繡芙蓉襖　「荅」字疑是「花」字之誤。

〔一六〕招討使副使　按本書卷五七百官志，「招討司：使正三品，副招討使從四品」，其儀從必不相同，此「副使」二字當有誤。本卷下文「外任官從己人力」條，「統軍、都轉運、招討、按察使，諸路兵馬都總管，四十五人」，其敍次與此相合，則「副使」或是「按察使」之誤。

〔一七〕外任留守同統軍都監提刑副使　按此處文有脫誤。下文「外任官從己人力」條「同知留守、副統軍、按察副使，三十人」，次敍與此相合按察副使卽提刑副使，知「留守同」下脫「知」字，「統軍」上脫「副」字，惟此處多「都監」二字。考本書卷五七百官志「諸京留守司：同知留守事正四品」，「統軍司：副統軍正四品」，而「都監」品秩皆卑無正四品者，卷五六百官志載「都水監：監正四品」，然非外任官，疑「都監」二字或是衍文。

〔一八〕大理少卿　「卿」原作「府」。按本書卷五六百官志，大理寺卿與少府監皆正四品，與此不合，惟大理寺少卿是從五品。今據改。

〔一九〕親王府文學　「學」原作「字」。按本書卷五七百官志親王府屬官有「文學二人，從七品」。今據改。

金史卷四十三

志第二十四

輿服上

天子車輅　皇后妃嬪車輦　皇太子車制　王公以下車制及鞍勒飾

古者車輿之制，各有名物表識，以祀以封，以田以戎，所以別上下、明等威也。歷代相承，互有損益，或因時創始，或襲舊致文，奇巧日滋，浮靡益蕩。加以後世便習騎乘，車用蓋寡，惟於郊廟祀享法駕導引，爲一代令儀而不敢廢也。其於先王經世立法之意，寥乎闊哉。金初得遼之儀物，旣而克宋，於是乎有車輅之制。熙宗幸燕，始用法駕。迨至世宗，制作乃定，班班乎古矣。考禮文，證國史，以見一代之制度云。

大定十一年，將有事於南郊，命太常寺檢宋南郊禮，鹵簿當用玉輅、金輅、象輅、革輅、木輅、耕根車、明遠車、指南車、記里鼓車、崇德車、皮軒車、進賢車、黃鉞車、白鷺車、鸞旗車、豹尾車、軺車、羊車各一，革車五，屬車十二。除見有車輅外，闕象、木、革輅，耕根、明遠、皮軒、進賢、白鷺、羊車，大輦各一，革車三，屬車四。

按五禮新儀，玉輅以青，金輅以緋，象輅以銀褐，革輅以黃，木輅以皁，蓋其物有合隨輅之色者，有當用別色者，如玉輅用青絲繡雲龍絡帶，青羅繡寶相花帶，青畫輪轅，青氂牛尾，此隨輅之色者也。若象、木、革輅則當用緋、用銀褐、用黃及皁。若至尊乘御步武所及，非若餘物但爲美觀，其踏床、倚背、踏道之褥皆用紅錦，座褥、及行馬褥、透壁輭簾三，用銀褐、黃、青羅錦三色。又大輦，宋陶穀創意爲之，至祥符中以其太重，減七百餘斤，可見當時亦無定制，各以意從長斟酌造之。其制，金玉輅闕，可見者象輅、革輅、木輅，耕根、皮軒、進賢、明遠、白鷺、羊車，革車，大輦，凡十有一。

象輅，黃質，金塗銅裝，以象飾諸末。輪衣以銀褐。建大赤。餘同玉輅。

革輅，黃質，鞔之以革，金塗銅裝，輪衣以黃，建大白。餘同玉輅。

木輅，黑質，漆之，輪衣以皁，建大麾。餘同玉輅。

耕根車，青質，蓋三重，制如玉輅而無玉飾。

皮軒車，赤質，上有漆柱，貫五輪相重，畫虎紋，一轅。

進賢車，赤質，如革車，緋輪衣、絡帶、門簾並繡鳳。〔一〕上設朱漆床、香案，紫綾衣。一轅。

明遠車，制如屋，銳頂，重簷，勾欄。頂上有金龍，〔二〕四角垂鐸。上層四面垂簾，下層周以花板。三轅。

白鷺車，赤質，周施花板，上有漆柱，柱杪刻爲鷺鶿，銜鵝毛筩，紅綬帶。〔三〕柱貫五輪相重。輪衣、皂頂、緋裙、緋絡帶，並繡飛鷺。一轅。

羊車，赤質，兩壁油畫龜紋，金鳳翅。幰衣、結帶並繡瑞羊。二轅。

大輦，赤質，正方，油畫，金塗銀葉龍鳳裝。其上四面施行龍、雲朵、火珠，方鑑、銀絲囊網，珠翠結雲龍，鈿窠霞子。四角龍頭銜香囊。頂輪施耀葉，中有銀蓮花、坐龍。紅綾裏，碧牙壓帖。內設圓鑑、香囊，銀飾勾欄臺坐，〔四〕紫絲條網蚴蟉。中施黃褥，上置御座、曲几，香鑪、錦結綬。几衣、輪衣、絡帶並緋繡雲龍寶相花，金線壓。長竿四，飾以金塗銀龍頭。畫梯、托叉、行馬。

七寶輦，制如大輦，飾以玉褶網，七寶，滴子用眞珠。宋欽宗爲上皇製，海陵自汴取而用之。

皇后之車六。一曰重翟車，青質，金飾金塗銅鈒花葉段裝釘，耀葉二十四，明金立鳳一，紫羅銷金生色寶相帷一，青羅、青油幰衣各一，朱絲絡網、紫羅明金生色雲龍絡帶各二，兩廂明金五彩間裝翟羽二，金塗鍮石長轅鳳頭三，橫轅立鸞八，香鑪香寶子一副，宜男錦帶結，朱紅漆杌子、踏床各一，扶板扶魚一副，紅羅明金衣褥，紅羅襯褥一，青羅行道褥四，青羅明金生色雲鳳夾幔一，紅羅明金緣紅竹簾二，金塗銅葉段行馬二，〔五〕朱紅漆金塗銀葉裝釘胡梯一，青羅胡梯尋儀褥二，踏道褥十，青絹裏大麻索二，油蒙帕一。

二曰厭翟車，赤質，倒仙錦帷一，紫羅、紫油幰衣各一，朱絲絡網、宜男錦絡帶各二，餘同重翟，惟行道褥、〔六〕夾幔、尋儀褥羅及裹索等用紅。

三曰翟車，黃質，金飾鍮石葉段裝釘，宜男錦帷，黃羅油幰衣，鍮石長轅鳳頭三，而無橫轅立鸞，餘同厭翟，而羅色用黃。

四曰安車，赤質，倒仙錦帷，紫、油幰衣，朱絲絡網，天下樂錦絡帶，鍮石長轅鳳頭三，無橫轅立鸞及香鑪香寶子，餘同翟車，而色皆用紅。

五曰四望車，朱質，宜男錦帷，青、油幰衣，轅端螭頭二，餘並同安車。

六曰金根車，朱質，紫羅、紫油幰衣，朱絲絡網、〔七〕倒仙錦絡帶各二，踏床衣褥用紅

綾，〔八〕尋儀褥、踏道褥並用綾，〔九〕餘並同安車。

造六車成後，復改造圓輅、重簷、方輅、五華、亭頭、平頭六等之制，又增製九龍車一，高二丈、廣一丈一尺、長二丈六尺。五鳳車四，各高一丈八尺，長廣如之。圓輅車一、方輅車一、重簷車一，各高一丈七尺，長一丈八尺，廣八尺。皆駕馬四，駕士各五十人，並平巾幘、生色青緋黃三色寶相花衫、銀褐抹帶、大口袴。平頭輦一、五華輦一、亭頭輦一，各高一丈九尺，廣丈五寸，長三丈。舁士各九十六人作兩番代，並生色緋寶相花衫，餘如前製。管押人員三十五人，長脚幞頭、紫羅窄衫、金銅帶束。駕馬繁纓、涼屜、鈴拂、包尾皆從車色，金銅面，插翟尾，朱轡，朱總。龍車合用紅羅傘一，傘子二人用本服錦帽幞帶。

又檢定扇、障等制。偏扇如仙人羽扇。行障六扇，各長八尺、高六尺，用紅羅表、朱裏，畫雲鳳，龍首竿銜鞶結，每障用宮人四。坐障三扇，各長七尺、高五尺，畫雲鳳，紅羅表、朱裏，餘同行障。錦六柱八扇，各闊二尺、高三尺，冒以錦，內給使八人執。

宮人車制如屬車，駕士八人，平巾幘、緋衫、大口袴、鞋韈，供奉宮人三十人，雲脚紗帽、紫衫束帶、綠靴。

明昌元年三月，定妃嬪車輦同鍍金鳳頭、黃結，御妻、世婦用間金鳳頭、梅紅結子。

皇太子車制。大定六年十二月，奏皇太子金輅典故制度，及上用金輅儀式，奉勅詳定。輈、旗、旂首及應用龍者更以麟爲飾，省去障塵等物。上用金輅名件色數，依上公以九爲節，減四分之一。上用輅，軾前有金龍改爲伏鹿，軾上坐龍改爲鳳，旂十二旒減爲九，駕赤騮六減爲四，及簾褥用黃羅處改用梅紅，餘並具體成造。其制，赤質，金飾諸末，重較。箱畫虡文鳥獸，黃屋。軾作赤伏鹿，龍輈。金鳳一，在軾前。〔一〇〕設障塵。朱蓋黃裏。輪畫朱牙。左建九旒，右載闟戟。旂首銜金龍頭，結綬及鈴緌。八鸞在衡，二鈴在軾。駕赤騮四，金鍐方釳，插翟尾，鏤錫鞶，纓九就。皇帝輅自頂至地高一丈七尺，〔一一〕今綱四分之一爲一丈三尺二寸，修廣之綱亦如之。

王公以下車制。一品，轅用銀螭頭，涼棚杆子、月板並許以銀裝飾。三品以上，螭頭不得施銀，涼棚杆子、月板亦聽用銀爲飾。五品以上，轅獅頭。六品以下，〔一二〕轅雲頭。庶人坐車平頭，止用一色黑油。

親王鞍，塗金銀裹，仍鈒以開花。障泥用紫羅，飾以錦。轡以塗金銀裝，束用絲結。皇家小功以上、太皇太后皇太后大功以上、皇后期親以上、并一品官、及官職俱至三品以上者，障泥許用金花。若經賜或御毬場內，不在禁限。

舊制，親王、宰執任外者，與大興尹，皆服小帽、束帶、銀鞍、絲鞭。大定中，世宗以京尹亦外官三品，而與親王無別，遂命不得御銀鞍、絲鞭，惟同外三品例，幞頭、帶、展皂視事。承安二年，制護衞銅裝鞍轡不得借人。庶人馬鞍許用黑漆，以骨、角、鐵爲飾，不得用玉較具及金、銀、犀、象飾鞍轡。

輿服中

天子袞冕　視朝之服　皇后冠服　皇太子冠服

宗室外戚及一品命婦服用　臣下朝服　祭服　公服

昔者聖人制爲玄黃黼黻之服，以象天地之德，以章貴賤之儀，夏、商損益，至周大備，不可以有加矣。自秦滅棄禮法，先王之制靡敝不存，漢初猶服袀玄以從大祀，歷代雖漸復古，終亦不純而已。金制皇帝服通天、絳紗、袞冕、偪舄，卽前代之遺制也。其臣有貂蟬法服，卽所謂朝服者。章宗時，禮官請參酌漢、唐，更製祭服，青衣朱裳，去貂蟬豎筆，以別於朝

服。惟公朝則又有紫、緋、綠三等之服，與夫窄紫、展皂等事，悉著于篇云。

天眷三年，有司以車駕將幸燕京，合用通天冠、絳紗袍，據見闕名件，依式成造。禮服，袍、裳、方心曲領、中單、蔽膝、革帶、大帶、玉具劍、綬、佩、舄、韈。乘輿服，大綬六采，黑、黃、赤、白、縹、綠，小綬三色，同大綬，間施三玉環，大綬五百首，小綬半之。白玉雙佩、革帶、玉鉤鰈。

冕制。天板長一尺六寸，廣八寸，前高八寸五分，後高九寸五分，身圍一尺八寸三分，并納言，並用青羅爲表，紅羅爲裏，週迴用金稜。天板下有四柱，四面珍珠網結子，花素墜子，前後珠旒共二十四，旒各長一尺二寸。青碧線織造天河帶一，長一丈二尺，闊二寸，兩頭各有眞珠金碧旒三節，玉滴子節花。紅線組帶二，上有眞珠金翠旒，玉滴子節花，下有金鐸子二。梅紅線款幔帶一。黈纊二，眞珠垂繫，上用金萼子二。簪窠，款幔、組帶鈿窠，各二，內組帶鈿窠四並玉鏤塵碾造。玉簪一，頂方二寸，導長一尺二寸，簪頂刻鏤塵雲龍。

袞，用青羅夾製，五綵間金繪畫，正面日一、月一、昇龍四、山十二，上下襟華蟲、火各六對，虎、蜼各六對；背面星一、昇龍四、山十二，華蟲、火各十二對，虎、蜼各六對。中單一，白羅單製，羅領、褾、襈。裳一，帶、褾、襈，紅羅八幅夾製，繡藻三十二、粉十六、米十六、黼三

十二、黻三十二。蔽膝一，帶、褾、襈，並紅羅夾製，繡昇龍二。綬一副，〔一三〕大綬以赤黃黑白綠縹六綵織，紅羅托裏，小綬三色，同大綬，銷金黃羅綬頭，上間施三玉環，皆刻雲龍，大綬五百首，小綬半之。緋白大帶一，銷金黃羅帶頭，鈿窠二十四。紅羅勒帛一，青羅抹帶一。玉佩二，白玉上中下璜各一，半月各二，皆刻雲龍，玉滴子各二，皆以眞珠穿製。金篦鉤、獸面、水葉、環、釘。涼帶一，紅羅裏，縷金，上有玉鵝七，鉈尾束各一，金攀龍口，以玳瑁板襯釘脚。舄，重底，紅羅面，白綾托裏，如意頭，銷金黃羅緣口，玉鼻仁飾以珠。韈用緋羅加綿。

凡大祭祀、加尊號、受册寶，則服袞冕。行幸、齋戒出宮或御正殿，則通天冠、絳紗袍。

鎭圭，大圭。皇統九年十月二十四日，禮部下太常，畫鎭圭式樣，大禮使據三禮圖以進，用之。大定十一年，太常寺按禮「大圭長三尺，抒上終葵首，天子服之」。自西魏、隋、唐以來，大圭長尺二寸，與鎭圭同。蓋鎭圭以鎭天下，以四鎭山爲飾，今其圭已依古制，惟無大圭。今御府有故宋白玉圭，圓，無上剡及終葵首。自西魏以來，所制玉笏皆長尺有二寸，方而不折，雖非先王之法，蓋後世玉難得，隨宜故也。擬合以御府所藏，行禮就用。

視朝之服。初，太宗卽位，始服赭黃，自後視百官朝御袍帶。章宗卽位，以世宗之喪，有司請御純吉，不從，乃服淡黃袍、烏犀帶。常朝則服小帽、紅襴、偪帶或束帶。

皇后冠服。花株冠，〔一四〕用盛子一，青羅表、青絹襯金紅羅托裏，用九龍、四鳳，前面大龍銜穗毬一朵，前後有花株各十有二，〔一五〕及鸂鶒、孔雀、雲鶴、王母仙人隊、〔一六〕浮動插瓣等，後有納言，上有金蟬鑻金兩博鬢，以上並用鋪翠滴粉縷金裝珍珠結製，下有金圈口，上用七寶鈿窠，後有金鈿窠二，穿紅羅鋪金款幔帶一。

褘衣，深青羅織成翬翟之形，素質，十二等，領、褾、襈並紅羅織成雲龍。中單以素青紗製，領織成黼形十二，褾、袖、襈織成雲龍，並織紅穀造。裳，八副，深青羅織成翟文六等，褾、襈織成紅羅雲龍，明金帶腰。蔽膝，深青羅織成翟文三等，領緣，緅色羅織成雲龍。明金帶大綬一，長五尺，闊一尺，〔一七〕黃赤白黑縹綠六彩織成，小綬三色同大綬，間七寶鈿窠，施三玉環，上碾雲龍，撚金線織成大小綬頭，紅羅花襯。大帶，青羅朱裏，紕其外，上以朱錦，下以綠錦，紐約用青組，撚金線織成帶頭。玉佩二朵，每朵上中下璜各一，半月墜子各二，並玉碾。縷金打鈒獸面、篦鉤佩子各一，水葉子眞珠穿綴。青衣革帶，用縷金青羅裹造，上用金打鈒水地龍，鵝眼鉈尾，龍口攀束子共八事，以玳瑁襯金釘脚。抹帶二，紅羅、青羅各一，並明金造，各長一丈五寸。〔一八〕舄，以青羅製，白綾裏，如意頭，明金、黃羅準上用，玉鼻仁眞珠裝，綴繫帶。韈，青羅表裏，綴繫帶。

犀冠，減撥花樣，縷金裝造，上有玉簪一，下有玳瑁盤一。

皇太子冠服。冕用白珠九旒，紅絲組爲纓，青纊充耳，犀簪導。衮，青衣朱裳，五章在衣，山、龍、華蟲、火、宗彝，四章在裳，藻、粉米、黼、黻。白紗中單，青褾襈裾。革帶，塗金銀鉤艓。蔽膝，隨裳色，爲火、山二章。瑜玉雙佩，四采織成大綬，間施玉環三。白襪，朱舄，舄加金塗銀釦。謁廟則服之。

遠遊冠，十八梁，金塗銀花，飾博山附蟬，紅絲組爲纓，犀簪導。朱明服，紅裳，白紗中單，方心曲領，絳紗蔽膝，白襪黑舄。餘同衮冕。册寶則服之。

桓圭，長九寸，廣三寸，厚半寸，用白玉，若屋之桓楹，爲二稜。

太子入朝起居及與宴，則朝服，紫袍，玉帶，雙魚袋。其視事及見師少賓客，則服小帽、皂衫，玉束帶。

宗室及外戚并一品命婦，衣服聽用明金，期親雖別籍、女子出嫁並同。又五品以上官母、妻，許披霞帔。唯首飾、霞帔、領袖、腰帶，許用明金、籠金、間金之類。其衣服止用明銀、象金及金條壓繡。正班局分承應帶官人，雖未出職係班，其祖母及母、妻、子孫之婦、同

籍兄弟之妻、及在室女、孫、姊妹並同。又禁私家用純黃帳幕陳設，若曾經宜賜鸞輿服御，日月雲肩、龍文黃服、五箇鞘眼之鞍皆須更改。

臣下朝服。凡導駕及行大禮，文武百官皆服之。正一品：貂蟬籠巾，七梁額花冠，貂鼠立筆，銀立筆，犀簪導，佩劍，緋羅大袖，緋羅裙，緋羅蔽膝各一，緋白羅大帶，天下樂暈錦玉環綬一，白羅方心曲領、白紗中單、銀褐勒帛各一，玉珠佩二，金塗銀革帶，烏皮履，白綾韈。正二品：七梁冠，銀立筆，犀簪導，不佩劍，緋羅大袖，雜花暈錦玉環綬，餘並同。正四品：[一九]五梁冠，銀立筆，犀簪，白獅錦銀環綬，珠佩，銀革帶，御史中丞則獬豸冠、青荷蓮綬，餘並同。正五品：四梁冠，簇四金鵰錦銅環綬，銀珠佩，餘並同。正六品至七品：三梁冠，黃獅錦銅環綬，銅珠佩，[二〇]銅束帶，餘並同。

大定二十二年祫享，攝官、導駕二品冠七梁，三品四品冠六梁，服有金花，五品冠五梁，六品冠四梁，七品冠三梁，監察御史獬豸冠、青綬，[二一]八品九品冠二梁，餘製並同。

祭服。皇統七年，太常寺言：「太廟成後，奉安神主，祫享行禮，凡行事、執事、助祭、陪位官，准古典當服衮冕、九章畫降龍，隨品各有等差。通典云虞、夏、殷並十二章，日、月、星辰、山、龍、華蟲作繪於衣，宗彝、藻、火、粉米、黼、黻絺繡於裳。周升三辰於旂，登龍於山，登火於宗彝，作九章之服，龍、山、華蟲、火、宗彝繪於衣，[二二]藻、粉米、黼、黻繡於裳。『公之服自衮冕而下如王之服，侯伯之服自鷩冕而下如公之服』。又後魏帝服衮冕，與祭者皆朝服。又開元禮一品服九章。又五禮新儀正一品服九旒冕、犀簪、青衣畫降龍。今汴京舊禮直官言，自宣和二年已後，一品祭服七旒冕、大袖無龍。唐雖服九章服，當時司禮少常伯孫茂道言『諸臣之章雖殊，然飾龍名衮，尊卑相亂，請三公服鷩冕八章爲宜』。臣等竊謂歷代衣服之制不同，若從後魏則止服朝服，或用宋服則爲七章，若遵唐九章，則有飾龍名衮尊卑相亂之議。」尚書省乃奏用後魏故事，止用燕京大册禮時所服朝服以祭。

大定三年八月，詔遵皇統制，攝官則朝服，散官則公服，以皇太子爲亞獻，服衮冕。十四年，用唐制，若祭遇雨雪則服常服，謂今之公服也。

泰和元年八月，禮官言：「祭服所以接神，朝服所以事君，雖歷代損益不同，然未嘗不有分別。是以衮冕十二旒，玄衣纁裳備十二章，天子之祭服也。通天冠、絳紗袍、紅羅裳，天子之視朝服也。臣下之服則用青衣朱裳以祭，朱衣朱裳以朝。國朝惟天子備衮冕、通天冠二等之服，今羣臣但有朝服，而祭服尚闕，每有祀事但以朝服從事，實於典禮未當。請依漢、唐故事，祭服冕旒畫章，然君臣冕服雖章數各殊而俱飾龍名衮，[二三]而唐孫茂道已有尊

卑相亂之論。然三公法服有龍，恐涉於僭，國初禮官亦嘗駁議。乞參酌古今，改置祭服，其冠則如朝冠，而但去其貂蟬、竪筆，其服用青衣、朱裳、白襪、朱履，非攝事者則用朝服，庶幾少有差別。」上曰：「朝、祭之服，固宜分也。」

公服。大定官制，文資五品以上官服紫。三師、三公、親王、宰相一品官服大獨科花羅，徑不過五寸，執政官服小獨科花羅，徑不過三寸。二品、三品服散搭花羅，[二四]謂無枝葉者，徑不過寸半。四品、五品服小雜花羅，謂花頭碎小者，徑不過一寸。六品、七品服緋芝蔴羅。八品、九品服綠無紋羅。應武官皆服紫。凡散官、職事皆從一高，上得兼下，下不得僭上，窄紫亦同服色，各依官制品格。其諸局分承應人並服無紋素羅。十五年制曰：「袍不加襴，非古也。」遂命文資官公服皆加襴。

帶制，皇太子玉帶，佩玉雙魚袋。親王玉帶，佩玉魚。一品玉帶，佩金魚。二品笏頭毬文金帶，佩金魚。三品、四品荔枝或御仙花金帶，並佩金魚。五品，服紫者紅鞓烏犀帶，佩金魚，服緋者紅鞓烏犀帶，佩銀魚，服綠者並皂鞓烏犀帶。武官，一品、二品佩帶同，三品、四品金帶，五品、六品、七品紅鞓烏犀帶，皆不佩魚，八品以下並皂鞓烏犀帶。司天、太醫、內侍、教坊，服皆同文武官，惟不佩魚。應殿庭承應五品以下官，非入內不許金帶，又展紫

入殿庭者，並許服紅鞓，不佩魚。又二品以上官，許兼服通犀帶，三品官若治事及見賓客，許兼服花犀帶。

大定二年制，百官趨朝、赴省，並須裹帶。五品以上官，趨朝則朝服，赴省則展皂，雨雪沾衣則從便。凡朝參，主寶、主符展紫，御仙花或太平花金束帶。近侍給使、供御筆硯、直長、符寶吏紫襖子，塗金束帶。輪直，則近侍給使並常服，常服則展紫。[二五]閤門六尚，遇朝參侍立則服本品服，若宮中當直則服窄紫、金帶。學士院官、修起居注、補闕、拾遺、祕書丞、祕書郎，朝參侍立則服本品服、色帶，當直則窄紫、金帶。東宮左右衞率、僕正、副僕正、典儀、贊儀、內直郎丞，當直亦許服之。太子太師出入宮中則展紫，至東宮則展皂，三少則展紫。

輿服下

衣服通制

君子之服，以稱德也，故德之備者其文備。古者王公及士庶人莫不各有一定之制，而

不敢相逾者，蓋風俗之奢儉，法令之齊一，必於是而觀焉。詩曰：「彼都人士，狐裘黃黃。其容不改，出言有章。」其三章曰：「彼都人士，充耳琇實。彼君子女，謂之尹吉。」此言都邑之盛，人物之懿也。明昌間，章宗謂宰臣曰：「今風俗侈靡，莫若律以制度，使貴賤有等。其令禮部具典故以聞。」他日又謂參知政事張萬公曰：「山東風俗如何？」萬公對以奢，左丞守貞因言衣服之制，上曰：「如卿所言，正恐失人心耳。」守貞曰：「止是商賈有不悅者。」萬公曰：「乞寬與之期，三年之內當如制矣。」於是，上以禮部所擬太繁，以尚書省所擬而行之。嗟乎，人君以風俗爲言，其亦知所務矣。

金人之常服四：帶，巾，盤領衣，烏皮靴。其束帶曰吐鶻。巾之制，以皂羅若紗爲之，上結方頂，折垂于後。頂之下際兩角各綴方羅徑二寸許，方羅之下各附帶長六七寸。當橫額之上，或爲一縮襉積。貴顯者於方頂，循十字縫飾以珠，其中必貫以大者，謂之頂珠。帶旁各絡珠結綬，長半帶，垂之，海陵賜大興國者是也。

其衣色多白，三品以皁，窄袖，盤領，縫腋，下爲襞積，而不缺袴。其胸臆肩袖，或飾以金繡，其從春水之服則多鶻捕鵝，雜花卉之飾，其從秋山之服則以熊鹿山林爲文，其長中骭，取便於騎也。

吐鶻，玉爲上，金次之，犀象骨角又次之。銙周鞓，小者間置於前，大者施於後，左右有雙鉈尾，納方束中，其刻琢多如春水秋山之飾。左佩牌，右佩刀。刀貴鑌，柄尚鷄舌木，黃黑相半，有黑雙距者爲上，或三事五事。室飾以醬瓣樺，鐁口飾以鮫，或屑金鍮和漆，塗鮫隙而礲平之。醬瓣樺者，謂樺皮斑文色殷紫如醬中豆瓣也，產其國，故尚之。

初，女直人不得改爲漢姓及學南人裝束，違者杖八十，編爲永制。

婦人服襜裙，多以黑紫，上編繡全枝花，周身六襞積。上衣謂之團衫，用黑紫或皁及紺，直領，左衽，掖縫，兩傍復爲雙襞積，前拂地，後曳地尺餘。帶色用紅黃，前雙垂至下齊。年老者以皁紗籠髻如巾狀，散綴玉鈿於上，謂之玉逍遙。此皆遼服也，金亦襲之。許嫁之女則服綽子，製如婦人服，以紅或銀褐明金爲之，對襟彩領，前齊拂地，後曳五寸餘。

明昌六年制，文武官六貫石以上承應人并及廕者，許用牙領，紫圓板皁條羅帶，皁靴，上得兼下。係籍儒生止服白衫領，繫背帶並以紫圓條羅帶，乾皁靴。餘人用純紫領，不得用緣，雜色圓板條羅帶不得用紫，靴用黃及黑油皁蠟等，婦人各從便。

泰和四年，以親王品官既分領緣，而復有皁靴之禁，似涉太煩，遂聽親王用銀褐領紫緣，品官皆紫領白緣，餘從明昌制。

書袋之制。大定十六年，世宗以吏員與士民之服無別，潛入民間受賕鬻獄，有司不能檢察，遂定懸書袋之制。省、樞密院令、譯史用紫紵絲爲之，臺、六部、宗正、統軍司、檢察司以黑斜皮爲之，寺、監、隨朝諸局、幷州縣，並黃皮爲之，各長七寸、闊二寸、厚半寸，並於束帶上懸帶，公退則懸於便服，違者所司糾之。

大定十三年，太常寺擬士人及僧尼道女冠有師號、幷良閑官八品以上，許服花紗綾羅絲紬。在官承應有出身人、帶八品以下官，未帶官亦同，許服花紗綾羅紵絲絲紬，家屬同，婦人許用珠爲首飾。其都孔目與八品良閑官同，[二六]京府州縣司吏皆與庶人同。

庶人止許服絁紬、絹布、毛褐、花紗、無紋素羅、絲綿，其頭巾、繫腰、領帕許用芝蔴羅、條用絨織成者，不得以金玉犀象諸寶瑪瑙玻璃之類爲器皿、及裝飾刀把鞘、幷銀裝釘床榻之類。

婦人首飾，不許用珠翠鈿子等物，翠毛除許裝飾花環冠子，餘外並禁。

兵卒許服無紋壓羅、絁紬、絹布、毛褐。

奴婢止許服絁紬、絹布、毛褐。

倡優遇迎接，公筵承應，許暫服繪畫之服，其私服與庶人同。

校勘記

〔一〕門攏並繡鳳　原脫「繡」字。按大金集禮以下簡稱集禮卷二九輿服上輅輦爲本志天子車輅之所本，其文作「並繡鳳」。今據補。

〔二〕頂上有金龍　原脫「龍」字。按宋史卷一四九輿服志明遠車條作「上有金龍」。今據補。

〔三〕紅綬帶　「綬」原作「綾」。據集禮、宋志改。

〔四〕銀飾勾欄臺坐　「飾」原作「輪」。據集禮、宋志改。

〔五〕金塗銅葉段行馬二　「段」原作「斷」。按集禮卷二九輿服上皇后車服爲本志皇后妃嬪車輦之所本，其文作「段」。今據改。

〔六〕惟行道褥　原脫「褥」字，據集禮補。

〔七〕朱絲絡網　原脫「絡網」二字，據集禮補。

〔八〕踏床衣褥用紅綾　「衣」字原在「綾」字下，據集禮文義乙正。

〔九〕尋儀褥踏道褥並用綾　按集禮作「紅綾胡梯尋儀褥二，踏道褥八」，是此「綾」上當有「紅」字。

〔一〇〕在軾前　原脫「在」字。按集禮卷二九輿服上皇太子車服爲本志皇太子車制之所本，其文作「金鳳一，在軾前」。今據補。

〔一一〕高一丈七尺　按集禮作「自頂至地高一丈七尺三寸，今擬減四分之一」，該一丈三尺二寸」，減四分之一爲一丈三尺二寸，則原高當爲一丈七尺六寸，此當脫「六寸」二字。

〔一二〕六品以下　「下」原作「上」。按集禮卷三〇輿服下臣庶車服，「大定制，文諸車，一品用銀螭頭，五品以上獅頭，六品以下雲」。今據改。

〔一三〕綬一副　「副」原作「幅」。按此指下文之「六采綬一」及「小綬」言，非止一幅。集禮卷二九輿服上皇后車服「褘衣」條，「綬一副，大綬一」，亦有「小綬」。今據改。

〔一四〕花株冠　「花株」原作「花珠」。按大唐開元禮卷三衣服「皇后服首飾花十二樹」，太常因革禮卷二五輿服后妃之制「首飾花十二株」，政和五禮新儀卷一二皇后冠服同。今據改。

〔一五〕前後有花株各十有二　「株」原作「珠」。今改，見前條。

〔一六〕王母仙人隊　「隊」原在「仙人」上。據集禮卷二九皇后車服乙正。

〔一七〕大綬一長五尺闊一尺　按宋史卷一五一輿服志天子之服，衮冕之制，「大綬六采，玄、黄、赤、白、縹、綠，純玄質，長二丈四尺五寸，首廣一尺，小雙綬長二尺六寸，色同大綬而首半之，間施三玉環」。此皇后之綬闊既相同，長亦當相同或略短，推測此處「長」字下脫「二丈」或「一丈」二字。

〔一八〕各長一丈五寸　「丈」字疑是「尺」字之誤。

〔一九〕正四品　按上敍「正二品」，下當敍「正三品」。集禮卷三〇亦無，殿本于本章末加注云，「三品舊無」。

〔二〇〕銅珠佩　原脫「銅」字。按集禮卷三〇臣庶車服作「銅珠佩二朵」。今據補。

〔二一〕監察御史獬豸冠青綬　按「監察御史」此處當作「監祭御史」。參考本書卷二八校記〔三〕。

〔二二〕作九章之服龍山華蟲火宗彝繪於衣　「龍」字原在「山」字之下。據通典卷六一乙正。

〔二三〕然君臣冕服雖章數各殊而俱飾龍名衮　原脫「臣」字。據文義補。

〔二四〕二品三品服散搭花羅　原脫「服」字。按集禮卷三〇臣庶車服，大定官制，「二品三品服散搭花頭羅」。今據補。

〔二五〕常服則展紫　按永樂大典卷一九七九二引文無「常服」二字。

〔二六〕共都孔目與八品良閑官同　原脫「良」字。按上文有「良閑官八品以上」，集禮卷三〇輿服下臣庶車服作「良閑」凡四見。今據補。

金史卷四十四

志第二十五

兵

兵制　禁軍　養兵之法

金興，用兵如神，戰勝攻取，無敵當世，曾未十年遂定大業。原其成功之速，俗本鷙勁，人多沉雄，兄弟子姓才皆良將，部落保伍技皆銳兵。加之地狹產薄，無事苦耕可給衣食，有事苦戰可致俘獲，勞其筋骨以能寒暑，徵發調遣事同一家。是故將勇而志一，兵精而力齊，一旦奮起，變弱爲强，以寡制衆，用是道也。及其得志中國，自顧其宗族國人尙少，乃割土地、崇位號以假漢人，使爲之效力而守之。猛安謀克雜厠漢地，聽與契丹、漢人昏因以相固結。迨夫國勢寖盛，則歸土地、削位

號，罷遼東渤海、漢人之襲猛安謀克者，漸以兵柄歸其內族。然樞府簽軍募軍兼采漢制，伐宋之役參用漢軍及諸部族而統以國人，非不知制勝長策在於以志一之將、用力齊之兵也，第以土宇旣廣，豈得盡任其所親哉。馴致極盛，乃自患其宗族國人之多，積其猜疑，卒自戕賊，遂致强本刊落，醇風鍥薄，將帥携離，兵士驕惰。迄其亡也，「忠孝」等軍構難于內，乣軍雜人召禍于外，向之所謂志一而力齊者，不見可恃之勢焉。豈非自壞其家法而致是歟，抑是道也可用於新造之邦，不可以保長久之天下歟。

金以兵得國，奉詔作金史，故於金之兵志考其興亡得失之跡，特著於斯。兵制、馬政、養兵等法載諸舊史者，昄列于篇。

金之初年，諸部之民無它徭役，壯者皆兵，平居則聽以佃漁射獵習爲勞事，有警則下令部內，及遣使詣諸孛堇徵兵，凡步騎之仗糗皆取備焉。其部長曰孛堇，行兵則稱曰猛安、謀克，從其多寡以爲號，猛安者千夫長也，謀克者百夫長也。謀克之副曰蒲里衍，士卒之副從曰阿里喜。

部卒之數，初無定制，至太祖卽位之二年，旣以二千五百破耶律謝十，始命以三百戶爲謀克，謀克十爲猛安。繼而諸部來降，率用猛安、謀克之名以授其首領而部伍其人。出河之戰兵始滿萬，而遼莫敵矣。及來流、鴨水、鐵驪、鱉古之民皆附，東京旣平，山西繼定，內收遼、漢之降卒，外籍部族之健士。嘗用遼人訛里野以北部百三十戶爲一謀克，漢人王六兒以諸州漢人六十五戶爲一謀克，王伯龍及高從祐等並領所部爲一猛安。

至天會二年，平州旣平，宗望恐風俗揉雜民情弗便，乃罷是制，諸部降人但置長吏，以下從漢官之號。四年，伐宋之役，〔一〕調燕山、雲中、中京、上京、東京、遼東、平州、遼西、長春八路民兵，隸諸萬戶，其間萬戶亦有專統漢軍者。熙宗皇統五年，又罷遼東漢人、渤海猛安謀克承襲之制，〔二〕浸移兵柄於其國人，乃分猛安謀克爲上中下三等，宗室爲上，餘次之。

至海陵庶人天德二年，省併中京、東京、臨潢、咸平、泰州等路節鎮及猛安謀克，削上中下之名，但稱爲「諸猛安謀克」，循舊制間年一徵發，以補老疾死亡之數。

貞元遷都，遂徙上京路太祖、遼王宗幹、秦王宗翰之猛安，併爲合扎猛安，及右諫議烏里補猛安，太師勗、宗正宗敏之族，〔三〕處之中都。斡論、和尙、胡剌三國公，太保昂，詹事烏里野，輔國勃魯骨，定遠許烈，故杲國公勃迭八猛安處之山東。阿魯之族處之北京。按達族屬處之河間。正隆二年，命兵部尙書蕭恭等〔四〕，與舊軍皆分隸諸總管府、節度使，授田牛使之耕食，以蕃衞京國。

六年，南伐，立三道都統制府及左右領軍大都督，將三十二軍，以神策、神威、神捷、神

銳、神毅、神翼、神勇、神果、神略、神鋒、武勝、武定、武威、武安、武捷、武平、武成、武毅、武銳、武揚、武翼、武震、威定、威信、威勝、威捷、威烈、威毅、威震、威略、威果、威勇爲名，軍置都總管、副總管及巡察使、副各一員。而沿邊契丹恐妻孥被鄰寇鈔掠，不可盡行，遂皆背叛。而大名續授甲之士還迎立世宗于東京。

及大定之初，窩斡旣平，乃散契丹隸諸猛安謀克。

至三年，詔河北、山東等路所簽軍，有父兄俱已充甲軍，〔五〕子弟又爲阿里喜，恐其家更無丁男，有誤農種，與免一丁，以驅丁充阿里喜，無驅丁者於本猛安謀克內驗富强有驅丁者簽充。

十三年，徙東北等戍邊漢軍於內地。

十五年十月，遣吏部郎中蒲察兀虎等十人分行天下，再定猛安謀克戶，每謀克戶不過三百，七謀克至十謀克置一猛安。

十七年，又以西南、西北招討司契丹餘黨心素狠戾，復恐生事，它時或有邊隙，不爲我用，令遷之於烏古里石壘部及上京之地。上謂宰臣曰：「北邊番戍之人，歲冒寒暑往來千里，甚爲勞苦。縱有一二馬牛，一往則無還理，且奪其農時不得耕種。故嘗命卿等議，以何術得罷其役，使安于田里，不知卿議何如也？」左丞相良弼對曰：「北邊之地，不堪耕種，不能長

戍，故須番戍耳。」上曰：「朕一日萬幾，安能徧及，卿等既爲宰相，以此急務反以爲末事，竟無一言，甚勞朕慮。往者參政宗敍屢爲朕言，若以貧戶永屯邊境，使之耕種，官給糧廩，則貧者得濟，富戶免於更代之勞，使之得勤農務。若宗敍者可謂盡心爲國矣。朕嘗思之，宜以兩路招討司及烏古里石壘部族、臨潢府、泰州等路分定保戍，具數以聞，朕親覽焉。」

十八年，命部族、乣分番守邊。

二十年，以祖宗平定天下以來，所建立猛安謀克，因循既久，其間有戶口繁簡、地里遠近不同，又自正隆之後所授無度，及大定間亦有功多未酬者，遂更定以詔天下。復命新授者並令就封，其謀克人內有六品以下職及諸局承應人，皆爲遷之。三從以上族人願從行者，猛安不得過十戶，謀克不得過六戶。詔戍邊軍士年五十五以上，許以其子及同居弟姪承替，以奴代者罪之。

二十一年三月，詔遣大興尹完顏迪古速遷河北東路兩猛安，上曰：「朕始令移此，欲令與女直戶相錯，安置久則自相姻親，不生異意，此長久之利也。今者移馬河猛安相錯以居，甚符朕意，而遙落河猛安不如此，可再遣兵部尚書張那也按視其地以雜居之。」

二十二年，以山東屯田戶鄰之於邊鄙，命聚之一處，俾協力蠶種。右丞相烏古論元忠曰：「彼方之人以所得之地爲家，雖兄弟不同處，故貧者衆。」參政粘割斡特剌曰：「舊時兄

弟雖析猶相聚種，今則不然，宜令約束之。」又以猛安謀克舊籍不明，遇簽軍與諸差役及賑濟，增減不以實，命括其口，以實籍之。

二十三年，遣刑部尚書移剌慥遷山東東路八謀克處之河間，〔六〕其棄地以山東東路忒黑河猛安下醯苔謀克、移里閔斡魯渾猛安下翕浦謀克、什母溫山謀克九村人戶徙於劉僧、安和二謀克之舊地。其未徙者之地皆薄惡且鄰寇，遣使詢願徙者，相可居之地，圖以進。

上嘗以速頻、胡里改人驍勇可用，海陵嘗欲徙之而未能，二十四年以上京率、胡剌溫之地廣而腴，遂遣刑部尚書烏里也出府庫錢以濟行資牛畜，遷速頻一猛安、胡里改二猛安二十四謀克以實之。蓋欲上京兵多，它日可爲緩急之備也。

當是時，多易置河北、山東所屯之舊，括民地而爲之業，戶頒牛而使之耕，畜甲兵而爲之備。乃大重其權，授諸王以猛安之號，或新置者特賜之名。制其奢靡，禁其飲酒，習其騎射，儲其糧糒，其備至嚴也。

是時宗室戶百七十，猛安二百二，謀克千八百七十八，戶六十一萬五千六百二十四。

東北路部族乣軍曰迭剌部，承安三年改爲土魯渾札石合節度使。〔七〕曰唐古部，承安三年改爲部魯火札石合節度使。二部五乣，戶五千五百八十五。其它若助魯部族、烏魯古部族、石壘部族、萌骨部族、計魯部族、孛特本部族數皆稱是。西北、西南二路之乣軍十，〔八〕曰蘇謨典乣、曰耶剌都

乣、曰骨典乣、唐古乣、霞馬乣、木典乣、萌骨乣、咩乣、胡都乣凡九，其諸路曰曷懶、曰蒲與、曰婆速、曰恤頻、曰胡里改、曰移懶，移懶後廢，皆在上京之鄙，或置總管府，或置節度使。

至章宗明昌間，欲國人兼知文武，令猛安謀克舉進士，試以策論及射，以定其科甲高下。

承安四年，上謂宰臣曰：「人有以八陣圖來上者，其圖果何如？朕嘗觀宋白所集武經，具載攻守之法，亦多難行。」右丞相清臣曰：「兵書一定之法，難以應變。本朝行兵惟用正奇二軍，臨敵制變，以正爲奇，以奇爲正，故無往不克。」上曰：「自古用兵亦不出奇正二法耳。且學古兵法如學弈棋，未能自得於心，欲用舊陣勢以接敵，疏矣。敵所應與舊勢異，則必不可支。然武經所述雖難遵行，然知之猶愈不知。」

泰和間，又制武舉，其制具在選舉志。

所謂渤海軍，則渤海八猛安之兵也。所謂奚軍者，奚人遙輦昭古牙九猛安之兵也。奚軍初徙于山西，後分遷河東。其漢軍中都永固軍，大定所置者也。所謂鎮防軍，則諸軍中取以更代戍邊者也。在西北邊則有分番屯戍軍及永屯軍驅軍之別。驅軍則國初所免遼人之奴婢，使屯守于泰州者也。邊鋪軍則河南、陝西居守邊界者。河東三虞候順德軍及章宗所置諸路效節軍，京府節鎮設三十人，防刺設二十人。掌同弓手者也。

諸路所募射糧軍，五年一籍三十以下、十七以上強壯者，皆刺其□，〔九〕所以兼充雜役者也。

京師防城軍，世宗大定十七年三月改爲武衞軍，則掌京師巡捕者也。其曰牢城軍，則嘗爲盜竊者，以充防築之役。曰土兵，則以司警捕之事。

凡漢軍，有事則簽取於民，事已則或亦放免。

初，天會間，郭藥師降，有曰長勝軍者，皆遼水側人也，以鄉土歸金，皆愁怨思歸，宗望及令罷還。〔一〇〕正隆間，又嘗罷諸路漢軍，而所存者猶有威勇、威烈、威捷、順德及「韓常之軍」之號。

凡邊境置兵之州三十八，鳳翔、延安、鄜、鞏、熙、泗、潁、蔡、隴、秦、河、海、壽、唐、商、洮、蘭、會、積石、鎮戎、保安、綏德、保德、環、葭、陝、〔一一〕寧邊、東勝、淨、慶、來遠、桓、昌、曷懶、婆速、蒲與、恤品、胡里改，置於要州者十一，南京、東京、益都、京兆、太原、臨洮、臨潢、豐、泰、撫、蓋。

及宣宗南遷，乣軍潰去，兵勢益弱，遂盡擁猛安戶之老稚渡河，僑置諸總管府以統之，器械既缺，糧糒不給，朘民膏血而不足，乃行括糧之法，一人從征，舉家待哺。又謂無以堅戰士之心，乃令其家盡入京師，不數年至無以爲食，乃聽其出，而國亦屈矣。

然初南渡時，盡以河朔戰兵三十萬分隸河南行樞密及帥府，往往藏匿強壯，驅羸弱使戰，不能取勝。後乃至以二十五人爲謀克，四謀克爲猛安。每謀克除旗鼓司火頭五人，任戰者止十八人，不足成隊伍，但務存其名而已。

故混源劉祁謂金之兵制最弊，每有征伐及邊釁，輒下令簽軍，使遠近騷動。民家丁男若皆強壯，或盡取無遺，號泣動乎鄰里，嗟怨盈於道路，驅此使戰，欲其勝敵，難矣。初，貞祐時，下令簽軍，會一時任子爲監當者春赴吏部選，宰執命取爲監官軍，〔一二〕皆憤慍哀號交愬臺省，至衝宰相鹵簿以告，丞相僕散七斤大怒，趣左右取弓矢射去。已而，上知其不可用，命免之。元光末，備潼關黃河，又簽軍，諸使者歷縣邑，自見居官外，無文武小大職事官皆充軍。至許州，前侍御史劉元規年幾六十，亦選爲千戶。至陳州，以祁父從益以前監察御史亦爲千戶，餘不可悉紀。既立部伍，必以軍律相臨，物議紛然，後亦罷之。

哀宗正大二年，議選諸路精兵，直隸密院。先設總領六員，分路揀閱，因相合併。每總領司率數萬人，軍勢既張，乃易總領之名爲都尉，班在隨朝四品之列，曰建威、曰虎威、曰破虜、振威、鷹揚、虎賁、振武、折衝、盪寇、殄寇，〔一三〕必以先嘗秉帥權者居是職，雖帥府行院亦不敢以貴重臨之。天興初元，有十五都尉。〔一四〕先六人陞授，在京建威奧屯斡里卜，許州折衝夾谷澤，本姓樊。陳州振武溫撒辛，本姓李。蔡州盪寇蒲察打吉卜，申裕安平完顏斜列，嵩汝

振武唐括韓僧。續封金昌府虎威紇石烈乞兒，宣權歸德果毅完顏猪兒，南京殄寇完顏阿拍。宣權潼關都尉三：虎賁完顏陳兒、鷹揚內族大婁室、全節。

復取河朔諸路歸正人，不問鞍馬有無、譯語能否，悉送密院，增月給三倍它軍，授以官馬，得千餘人，歲時犒燕，名曰忠孝軍。以石抹燕山奴、蒲察定住統之。加以正大已後諸路所虜、臨陣所獲，皆放歸鄉土，同忠孝軍給其犒賞，使河朔俘係知之。故此軍迄于天興至七千，千戶以上將帥尙不預焉。

又以歸正人過多，乃係於忠孝籍中別爲一軍，減忠孝所給之半，不能射者令閱習一再月，然後試補忠孝軍，是所謂合里合軍也。

又以親衞馬軍，舊時所選未精，必加閱試，直取武藝如忠孝軍者得五千人，餘罷歸爲步軍。

凡進征，忠孝居前，馬軍次之。自正大改立馬軍，隊伍鞍勒兵甲一切更新，將相舊人自謂國家全盛之際馬數則有之，至於軍士精銳、器仗堅整，較之今日有不侔者，中興之期爲有望矣。一日布列曹門內教場，忠孝軍七千，馬軍五千，京師所屯建威都尉軍萬人，內族九住所統親衞軍三千，及阿排所統四千，皆哀宗控制樞密院時所選，教場地約三十頃尙不能容，餘都尉十三四軍猶不在是數。

此外，招集義軍名曰忠義，要皆燕、趙亡命，雖獲近用，終不可制，異時擅殺北使唐慶以速金亡者卽此曹也。

禁軍之制，本於合扎謀克。合扎者，言親軍也，以近親所領，故以名焉。貞元遷都，更以太祖、遼王宗幹、秦王宗翰之軍爲合扎猛安，〔一五〕謂之侍衞親軍，故立侍衞親軍司以統之。舊常選諸軍之材武者爲護駕軍，海陵又名上京龍翔軍爲神勇軍，正隆二年將南伐，乃罷歸，使就僉調，復於侍衞親軍四猛安舊止曰太祖、遼王、秦王猛安凡三，今曰四猛安，未詳，豈太祖兩猛安耶？內，選三十以下千六百人，騎兵曰龍翔，步兵曰虎步，以備宿衞。五年，罷親軍司，以所掌付大興府，置左右驍騎，所謂從駕軍也，置都副指揮使隸點檢司，步軍都副指揮使隸宣徽院。

大定初，親軍置四千人。二十二年，省爲三千五百。上京亦設守衞軍。是年，尙書省奏上京既設皇城提舉官，亦當設軍守衞。上曰：「可設四百五十，馬一百二十，分三番更代。異時朕至上京，卽作兩番巡警，限以半年交替。人日給錢五十、米一升半，馬給芻粟，猛安謀克官可差年四十上下者、軍士並取三十以上者充。」

章宗承安四年，增爲五千，又增至六千。又有威捷軍。承安增簽弩手千人。

凡選弩手之制，先以營造尺度杖，其長六尺，立之謂之等杖。取身與杖等，能踏弩至三

石，鋪弦解索登踏閑習，射六箭皆上垛，內二箭中貼者。又選親軍，取身長五尺五寸善騎射者，猛安謀克以名上兵部，移點檢司、宣徽院試補之。又設護衞二百人，近侍之執兵仗者也，取五品至七品官子孫及宗室并親軍、諸局分承應人，身長五尺六寸者，選試補之。又設控鶴二百人，皆以備出入者也。

大將府治之稱號。收國元年十二月，始置咸州軍帥司，以經略遼地，討高永昌，置南路都統司，且以討張覺。天輔五年襲遼主，始有內外諸軍都統之名。時以奚未平，又置奚路都統司，後改爲六部路都統司，以遙輦九營爲九猛安隸焉，與上京及泰州凡六處置，每司統五六萬人。又以渤海軍爲八猛安。凡猛安之上置軍帥，軍帥之上置萬戶，萬戶之上置都統。然時亦稱軍帥爲猛安，而猛安則稱親管猛安者。

燕山既下，循遼制立樞密院于廣寧府，以總漢軍。太宗天會元年，以襲遼主所立西南都統府爲西南、西北兩路都統府。三年，以伐宋更爲元帥府，置元帥及左、右副，及左、右監軍，左、右都監。

金制，都元帥必以諳版孛極烈爲之，恒居守而不出。六年，詔還二帥以鎭方面。諸路各設兵馬都總管府，州鎭置節度使，沿邊州則置防禦使。凡州府所募射糧軍、牢城軍，每五百

人爲一指揮使司，設使，分爲四都，都設左右什將及承局押官。其軍數若有餘或不足，則與近者合置，不可合者以三百人或二百人亦設指揮使，若百人則止設軍使，百人以上立爲都，不及百人止設什將及承局管押官各一員。

十年，改南京路都統司爲東南路都統司，治東京以鎮高麗。後又置統軍司于大名府。及海陵天德二年八月，改諸京兵馬都部署司爲本路都總管府。九月，罷大名統軍司，而置統軍司于山西、河南、陝西三路，以元帥府都監、監軍爲使，分統天下之兵。又改烏古迪烈路統軍司爲招討司，以婆速路統軍司爲總管府。

三年，以元帥府爲樞密院，罷萬戶之官，詔曰：「太祖開創，因時制宜，材堪統衆授之萬戶，其次千戶及謀克。當時官賞未定，城郭未下，設此職許以世襲，乃權宜之制，非經久之利。今子孫相繼〔一六〕專攬威權，其戶不下數萬，與留守總管無異，而世權過之。可罷是官。若舊無千戶之職者，續思增置。國初時賜以國姓，若爲子孫者皆令復舊。」

正隆末，復陞陝西統軍司爲都統府。大定五年，復罷府，降爲統軍司。尋又設兩招討司，與前凡三，以鎮邊陲。東北路者，初置烏古迪烈部，後置于泰州。泰和間，以去邊尙三百里，宗浩乃命分司于金山。西北路者置於應州，西南路者置於桓州，〔一七〕以重臣知兵者爲使，列城堡濠牆，戍守爲永制。樞密院每行兵則更爲元帥府，罷則復爲院。

宣宗貞祐三年，徵代州戍兵五千，從胥鼎言，留代以屏平陽。興定二年，選募河南、陝西弩手軍二千人爲一軍，賜號威勇。及南遷，河北封九公，因其兵假以便宜從事，沿河諸城置行樞密院元帥府，大者有「便宜」之號，小者有「從宜」之名。元光間，時招義軍以三十人爲謀克，五謀克爲一千戶，四千戶爲一萬戶，四萬戶爲一副統，兩副統爲一都統，此復國初之名也。然又外設一總領提控，故時皆稱元帥爲總領云。

金初因遼諸抹而置羣牧，抹之爲言無蚊蚋、美水草之地也。天德間，置迪河斡朶、斡里保、保亦作本。蒲速斡、燕恩、兀者五羣牧所，皆仍遼舊名，各設官以治之。又於諸色人內，選家富丁多、及品官家子、猛安謀克蒲輦軍與司吏家餘丁及奴，使之司牧，謂之羣子，分牧馬駝牛羊，爲之立蕃息衰耗之刑賞。後稍增其數爲九。契丹之亂遂亡其五，四所之所存者馬千餘、牛二百八十餘、羊八百六十、駝九十而已。

世宗置所七，曰特滿、忒滿、在撫州。斡覩只、蒲速椀、蒲速椀本斡覩只之地，大定七年分其地置之。承安三年改爲板底因烏魯古。甌里本、承安三年改爲烏鮮烏魯古。烏魯古者言滋息也。合魯椀、耶盧椀。在武平縣、臨潢、泰州之境。

大定二十年三月，更定羣牧官、詳穩脫朶、〔一八〕知把、羣牧人滋息損耗賞罰格。

二十一年，勅諸所，馬三歲者付女直人牧之，牛或以借民耕，或又令民畜羊，或以賑貧戶。時遣使閱實其數，缺則杖其官，而令牧人償之，匿其實者監察舉覺之。二十八年，蕃息之久，馬至四十七萬，牛十三萬，羊八十七萬，駝四千。

明昌五年，散縶馬，令中都、西京、河北東、西路驗民物力分畜之。又令它路民養馬者，死則於前四路所養者給換，若欲用則悉以送官。此金之馬政也。然每有大役，必括於民，及取羣官之餘騎，以供戰士焉。

宣宗興定元年，定民間收潰軍亡馬之法，及以馬送官酬直之格，「上等馬一疋銀五十兩，中下遞減十兩。不願酬直者，上等二疋補一官，雜班任使，中等三匹，下等四匹，如之。令下十日陳首，限外匿及殺，並絞」。又遣官括市民馬，立賞格以示勸，五百匹以上鈔千貫，千匹以上一官，二千匹以上兩官。

養兵之法。熙宗天眷三年正月，詔歲給遼東戍卒紬絹有差。正隆四年，命河南、陝西統軍司并虞候司順德軍，官兵並增廩給。六年，將南征，以絹萬疋于京城易衣襖穿膝一萬，以給軍。世宗大定三年，南征，軍士每歲可支一千萬貫，官府止有二百萬貫，外可取於官民戶，此軍須錢之所由起也。

時言事者，以山東、河南、陝西等路循宋、齊舊例，州縣司吏、弓手於民間驗物力均敷顧錢，名曰「免役」，請以是錢贍軍。至是，省具數以聞，詔罷弓手錢，其司吏錢仍舊。四年六月，奏，元帥府乞降軍須錢，上曰：「帥府支費無度，例皆科取於民，甚非朕意。仰會計軍須支用不盡之數，及諸路轉運司見在如實缺用，則別具以聞。」十年四月，命德順州建營屋以處屯軍。十七年七月，歲以羊皮三萬賜西北路戍兵。承安三年，以軍須所費甚大，乞驗天下物力均徵。擬依黃河夫錢例，徵軍須錢，驗各路新籍物力，每貫徵錢四貫，西京、北京、遼東路每貫徵錢二貫，臨潢、全州則免徵，周年三限送納。恐期遠，遂定制作半年三限輸納。

凡河南、陝西、山東放老千戶、謀克、蒲輦、正軍、阿里喜等給賞之例，舊軍千戶十年以上賞銀五十兩、絹三十疋，不及十年，比附十年以上謀克支。謀克十年以上銀四十兩、絹二十五疋，不及十年銀三十兩、絹二十疋，不及十年銀二十兩、絹一十五疋。蒲輦十年以上銀三十兩、絹二十疋，不及十年銀一十五兩、絹一十疋，阿里喜、旗鼓、吹笛、本司火頭人等同銀八兩、絹五疋。馬步正軍、阿里喜等勾當不拘年分，放老正軍銀一十五兩、絹一十疋。三虞候千戶，十年以上銀四十兩、絹二十五疋，不及十年銀三十兩、絹二十疋。謀克二十年以上銀五十兩、絹三十疋，十年以上銀三十兩、絹二十疋，不及十年銀一十兩、絹一十五疋。蒲輦十年以上銀二十兩、絹一十五疋，不及十年銀一十五兩、絹一十疋。正軍、阿里喜勾當不拘年分，放老正軍銀一十兩、絹七疋，阿里喜、旗鼓、吹笛、本司火頭人等同銀五兩，絹四疋。北邊萬戶、千戶、謀克等，歷過軍功及年老放罷給賞之例，遷官同從吏部格。正千戶管押萬戶，勾當過一十五年，遷兩官與從五品。不及一十五年年老放罷，遷一官與正六品。若十年以下，遷一官賞銀絹六十兩疋。正謀克管押萬戶，勾當一十五年遷兩官與正六品，不及一十五年年老放罷，遷一官與正七品，若十年以下遷一官賞銀絹五十兩疋。正千戶管押千戶，勾當過二十年，遷一官與正六品，不及二十年年老放罷，遷一官與正七品，若十年以下遷一官賞銀絹四十兩疋。正謀克管押千戶以下，依河南、陝西體例。

凡鎮防軍，每年試射，射若有出衆，上等賞銀四兩，特異衆者賞十兩銀馬盂。簽充武衛軍，挈家赴京者，人日給六口糧，馬四疋芻藁。

諸招軍月給例物。邊鋪軍錢五十貫、絹十疋。軍匠上中等錢五十貫、絹五疋，下等錢四十貫、絹四疋。黃河埽兵錢三十貫、絹五疋，射糧軍及溝渠等處埽兵水手，錢二十貫、絹二疋，土兵錢十貫、絹一疋。凡射糧軍指揮使及黃、沁埽兵指揮使，錢粟七貫石、絹六疋，軍使錢粟六貫石、絹同上；什將錢二貫、粟三石，春衣錢五貫、秋衣錢十貫。承局押官錢一貫五百文、粟二石，春衣錢五貫、秋衣錢七貫。牢城幷土兵錢八百文、粟二石，春衣錢四貫、秋衣錢六貫。邊鋪軍請給與射糧軍同。

河南、陝西、山東路統軍司鎮防甲軍、馬軍，猛安錢八貫、米五石二斗、絹八疋、六馬芻粟，謀克錢六貫、米二石八斗、絹六疋、五馬芻粟，蒲輦錢四貫、米石七斗、絹五疋、四馬芻粟，正軍錢二貫、米石五斗、絹四疋、綿十五兩、兩馬芻粟，阿里喜錢一貫五百文、米七斗、絹三疋、綿十兩。步軍，猛安馬二疋、謀克馬一疋芻粟。每馬給芻一束、粟五升，歲仲春野有青草馬可牧養則止，惟每猛安當差馬七十二疋，四時皆給。又定制河南、山東、河東歲給五月，陝西六月。鎮防軍補買馬錢，河南路正軍五百文，阿里喜隨色人三百文，陝西、山東路正軍三百文，阿里喜隨色人二百文。

諸屯田被差及緣邊駐扎捉殺軍，猛安月給錢六貫、米一石八斗、五馬芻粟，謀克錢四貫、米一石二斗、三馬芻粟，蒲輦錢二貫、米六斗、二馬芻粟，正軍錢一貫五百文、米四斗、一馬芻粟，阿里喜隨色人錢一貫、米四斗、一馬芻粟。德順軍指揮使錢六貫、米二石八斗、絹六疋、三馬芻粟，軍使什將錢四貫、米一石七斗、絹五疋，給兩馬料，長行錢二貫、米一石五斗、絹四疋、綿十五兩，給一馬料，溪軍謀克錢一貫五百文、米一石五斗、紬絹春秋各一疋，給三馬料，蒲輦錢一貫、米二石七斗、紬絹同上，給二馬料，長行錢一貫、米一石八斗、紬絹同上，飼一馬。

北邊臨潢等處永屯駐軍，千戶錢八貫、米五石二斗、絹八疋，飼馬六疋，步軍飼兩馬、地五頃，謀克錢六貫、米二石八斗、絹六疋、飼五馬、地四頃，蒲輦錢四貫、米一石七斗、絹五疋、飼四馬、地三頃，正軍錢二貫、米一石四斗五升、絹四疋、綿十五兩、飼兩馬、地二頃，〔一九〕阿里喜錢一貫五百文、〔二〇〕米七斗、絹三疋、綿十兩、地一頃，旗鼓司人與阿里喜同，交替軍錢二貫、米四斗，阿里喜錢一貫五百文、米四斗。上番漢軍，千戶月給錢三貫、糧四石、絹八疋、飼四馬，謀克錢二貫五百文、糧一石、絹六疋、飼二馬，正軍錢二貫、米九斗五升、絹四疋。

上京路永屯駐軍所除授，千戶月給錢粟十五貫石、絹十疋、綿二十兩、飼三馬，謀克錢六貫、米二石八斗、絹六疋、飼二馬，正軍月支錢二貫五百文、米一石二斗、絹四疋、綿十五兩、飼一馬，阿里喜隨色人錢二貫、米一石二斗、絹四疋、綿十五兩。

諸北邊永駐軍，月給補買馬錢四百文，隨色人三百文。

貞祐三年，軍前委差及掌軍官，規圖糧料，冒占職役，皆無實員，又見職及遙授者，已有俸給，又與無職事者同支劵糧，故時議欲省員減所給之數，俟征行則全給之。及興定二年，彰化軍節度使張行信言：「一軍充役，舉家廩給，蓋欲感悅士心，使爲國盡力耳。至於無軍之家，復無丁男，而其妻女猶受給何謂耶。」五年，京南行三司官石抹斡魯言：「京南、東、西三路見屯軍戶，老幼四十萬口，歲費糧百四十餘萬石，皆坐食民租，甚非善計。」語在田制。

諸屯田軍人，如差防送，日給錢一百五十文。看管孝寧宮人，月各給米五斗、柴一車、春秋衣粗布一段、秋絹二疋、綿一十五兩。諸黃院子年滿者，以元請錢糧三分內，給一貫石養老。

校勘記

〔一〕四年伐宋之役　「四」原作「五」。按本書卷三太宗紀，天會四年「八月庚子，詔左副元帥宗翰、右副元帥宗望伐宋」。「十一月甲子，宗翰自太原趨汴。丙寅，宗望自眞定趨汴」。閏月丙辰，「克汴城」。「十二月癸亥，宋主桓降」。今據改。

〔二〕熙宗皇統五年又罷遼東漢人渤海猛安謀克承襲之制　按本書卷八〇大臭傳，「天眷三年，罷漢渤海千戶謀克，以臭舊臣，獨命依舊世襲千戶」，所記與此是一事而早五年。

〔三〕宗正宗敏之族　「敏」原作「敬」。按「宗敬」之名僅此一見，本書卷六九太祖諸子傳，宗敏於皇統三年「兼判大宗正事」，知「敬」蓋「敏」之誤，今改正。

〔四〕正隆二年命兵部尚書蕭恭等　原脫「正隆」二字，「蕭恭」原作「蕭仲恭」。按本書卷八二蕭仲恭傳，仲恭未曾任兵部尚書，且於天德二年早經死去，知此處必有訛誤。卷五海陵紀云，正隆三年三月「辛巳，以兵部尚書蕭恭爲賀宋生日使」。卷八二蕭恭傳亦云「貞元二年爲大興尹，歲餘，遷兵部尚書」。又本卷下文載「六年南伐」，卽海陵之正隆伐宋。則此「二年」必屬「正隆」已明。今據改補。

〔五〕有父兄俱已充甲軍　「已」原作「亡」。據文義改。

〔六〕二十三年遣刑部尚書移剌慥還山東東路八謀克處之河間　按本書卷四七食貨志，「大定二十二年九月，遣刑部尚書移剌慥于山東路猛安內摘八謀克民，徙于河北東路酬斡、青狗兒兩猛安舊居之地」，與此自是一事。「二十三年」疑當作「二十二年」。

〔七〕承安三年改爲土魯渾札石合節度使　「札」原作「凡」。按下文有唐古部「改爲部魯火札石合節度使」之記載，本書卷二四地理志，「迪烈又作迭剌女古部族，承安三年改爲土魯渾札石合節度使」，卷四二儀衞志百官儀從「外任官從己人力」條，亦見「部羅火、土魯渾札石合」，今據改。

〔八〕西北西南二路之糺軍十　按下文所列糺名「凡九」，其數與本書卷二四地理志西京路同，惟地理志無萌骨糺而有移典糺。卷五七百官志「諸糺」條未著所在路分，亦無萌骨糺而有失魯糺、移典糺，究竟此處當爲糺軍「九」，或糺名中當有移典糺或失魯糺，今不可定。

〔九〕皆刺其□　「其」下原缺一字，疑是「面」或「頰」字。今仍以□誌闕。

〔一〇〕宗望及令罷還　「及」字疑是「乃」字之誤。

〔一一〕環葭隩　「隩」原作「澳」。按本書卷二六地理志，河東北路有隩州，厠葭州之後。今據改。

〔一二〕宰執命取爲監官軍　「監官軍」原作「監軍官」。按本書卷一四宣宗紀，貞祐三年夏四月「癸卯，籍赴選監當官爲軍」，劉祁歸潛志卷七，「貞祐初，下令簽軍，會一時任子爲監官者以春赴吏部調數，宰執使盡揀取，號監官軍」。本志此段全本劉文。今據乙改。

〔一三〕曰建威曰……殄寇　按本書卷五五百官志，都元帥府，所列都尉名稱較此多一「果毅」。

〔一四〕天興初元有十五都尉　按本書卷一一三赤盞合喜傳記此事作「十三都尉」。

〔一五〕更以太祖遼王宗幹秦王宗翰之軍爲合扎猛安　「宗翰之軍」四字原爲小字注文，下又衍一「軍」字，今據殿本改爲大字正文，並删一「軍」字。

〔一六〕今子孫相繼　「今」原作「令」。據殿本改。

〔一七〕西北路者置於應州西南路者置於桓州　按當作西北路者置于桓州，西南路者置于豐州，參見本書卷二四地理志校記〔四三〕。

〔一八〕更定羣牧官詳穩脫朵　按本書卷五七百官三「諸羣牧所」注云，「又設掃穩脫朵，分掌諸畜，所謂牛馬羣子也」，「詳」作「掃」，疑此處誤。

〔一九〕絹四疋綿十五兩飼兩馬地二頃　按「綿十五兩」原在「飼兩馬」之下，今據上下文例乙正。

〔二〇〕阿里喜錢一貫五百文　原脫「文」字。據殿本補。

金史卷四十五

志第二十六

刑

昔者先王因人之知畏而作刑，因人之知恥而作法。畏也、恥也，五性之良知，七情之大閑也。是故，刑以治已然，法以禁未然，畏以處小人，恥以遇君子。君子知恥，小人知畏，天下平矣。是故先王養其威而用之，畏可以教愛。愼其法而行之，恥可以立廉。愛以興仁，廉以興義，仁義興，刑法不幾於措乎。

金初，法制簡易，無輕重貴賤之別，刑、贖並行，此可施諸新國，非經世久遠之規也。天會以來，漸從吏議，皇統頒制，兼用古律。厥後，正隆又有續降制書。大定有權宜條理，有重修制條。明昌之世，律義、勑條並修，品式寖備。既而泰和律義成書，宜無遺憾。然國脉紓蹙，風俗醇醨，世道升降，君子觀一代之刑法，每有以先知焉。

金法以杖折徒，累及二百，州縣立威，甚者置刃於杖，虐於肉刑。季年，君臣好用筐篋故習，由是以深文傅致爲能吏，以慘酷辦事爲長才。百司姦贓眞犯，此可決也，而微過亦然。風紀之臣，失糾皆決。考滿，校其受決多寡以爲殿最。

原其立法初意，欲以同疏戚、壹小大，使之咸就繩約於律令之中，莫不齊手並足以聽公上之所爲，蓋秦人强主威之意也。是以待宗室少恩，待大夫士少禮。

終金之代，忍恥以就功名，雖一時名士有所不免。至於避辱遠引，罕聞其人。殊不知君子無恥而犯義，則小人無畏而犯刑矣。是故論者於敎愛立廉之道，往往致太息之意焉。雖然，世宗臨御，法司奏讞，或去律援經，或揆義制法。近古人君聽斷，言幾於道，鮮有及之者。章宗、宣宗嘗親民事，當宁裁決，寬猛出入雖時或過中，迹其矜恕之多，猶有祖風焉。簡牘所存，可爲龜鑑者，本紀、刑志詳略互見云。

金國舊俗，輕罪笞以柳葼，殺人及盜劫者，擊其腦殺之，沒其家貲，以十之四入官，其六償主，併以家人爲奴婢，其親屬欲以馬牛雜物贖者從之。或重罪亦聽自贖，然恐無辨於齊民，則劓、刵以爲別。其獄則掘地深廣數丈爲之。

太宗雖承太祖無變舊風之訓，亦稍用遼、宋法。天會七年，詔凡竊盜，但得物徒三年，十貫以上徒五年，刺字充下軍，三十貫以上徒終身，仍以贓滿盡命刺字於面，五十貫以上死，徵償如舊制。

熙宗天眷元年十月，禁親王以下佩刀入宮，衞禁之法，實自此始。三年，復取河南地，乃詔其民，約所用刑法皆從律文，罷獄卒酷毒刑具，以從寬恕。至皇統間，詔諸臣，以本朝舊制，兼採隋、唐之制，參遼、宋之法，類以成書，名曰皇統制，頒行中外。時制，杖罪至百，則臀、背分決。及海陵庶人以脅近心腹，遂禁之，雖主決奴婢，亦論以違制。又多變易舊制，至正隆間，著爲續降制書，與皇統制並行焉。然二君任情用法，自有異於是者矣。

及世宗卽位，以正隆之亂，盜賊公行，兵甲未息，一時制旨多從時宜，遂集爲軍前權宜條理。大定四年，尚書省奏，大興民男子李十、婦人楊仙哥並以亂言當斬。上曰：「愚民不識典法，有司亦未嘗丁寧誥戒，豈可遽加極刑。」以減死論。五年，命有司復加刪定條理，與前制書兼用。

七年，左藏庫夜有盜殺都監郭良臣盜金珠，求盜不得。命點檢司治之，執其可疑者八人鞫之，掠三人死，五人誣伏。上疑之，命同知大興府事移剌道雜治。既而親軍百夫長阿思鉢鬻金於市，事覺，伏誅。上聞之曰：「箠楚之下，何求不得，奈何鞫獄者不以情求之乎。」賜死者錢人二百貫，不死者五十貫。於是禁護衞百夫長、五十夫長非直日不得帶刀入

宮。〔一〕是歲，斷死囚二十人。

八年，制品官犯賭博法，贓不滿五十貫者其法杖，聽贖。再犯者杖之。且曰「杖者所以罰小人也。既爲職官，當先廉恥，既無廉恥，故以小人之罰罰之」。

九年，因御史臺奏獄事，上曰：「近聞法官或各執所見，或觀望宰執之意，自今制無正條者皆以律文爲準。」復命杖至百者臀、背分受，如舊法。已而，上謂宰臣曰：「朕念罪人杖不分受，恐至深重，乃令復舊。今聞民間有不欲者，其令罷之。」

十年，尚書省奏，河中府張錦自言復父讎，法當死。上曰：「彼復父讎，又自言之，烈士也。以減死論。」

十一年，詔諭有司曰：「應司獄廨舍須近獄安置，囚禁之事常親提控，其獄卒必選年深而信實者輪直。」

十二年，尚書省言：「內丘令蒲察臺補自科部內錢立德政碑，復有其餘錢二百餘貫，罪當除名。今遇赦當敍，仍免徵贓。」上以貪僞，勿敍，且曰：「乞取之贓，若以赦原，予者何辜。自今可並追還其主，惟應入官者免徵。」

尚書省奏，盜有發冢者，上曰：「功臣墳墓亦有被發者，蓋無告捕之賞，故人無所畏。自今告得實者量與給賞。」

故咸平尹石抹阿沒剌以贓死於獄，上謂其「不尸諸市已爲厚幸。貧窮而爲盜賊，蓋不得已。三品職官以贓至死，愚亦甚矣，其諸子可皆除名」。先是，詔自今除名人子孫有在仕者並取奏裁。

十三年，詔立春後、立秋前，及大祭祀，月朔、望，上、下弦，二十四氣，雨未晴，夜未明，休暇幷禁屠宰日，皆不聽決死刑，惟强盜則不待秋後。

十五年，詔有司曰：「朕惟人命至重，而在制竊盜贓至五十貫者處死，自今可令至八十貫者處死。」

十七年，陳言者乞設提刑司，以糾諸路刑獄之失。尚書省議，以謂久恐滋弊。上乃命距京師數千里外懷冤上訴者，集其事以待選官就問。

時濟南尹梁肅言，犯徒者當免杖。朝廷以爲今法已輕於古，恐滋姦惡，不從。

嘗詔宰臣，朝廷每歲再遣審錄官，本以爲民伸冤滯也，而所遣多不盡心，但文具而已。審錄之官，非止理問重刑，凡訴訟案牘，皆當閱實是非，囚徒不應囚繫則當釋放，官吏之罪卽以狀聞，失糾察者嚴加懲斷，不以贖論。

又以監察御史體察東北路官吏，輒受訟牒，爲不稱職，笞之五十。

又謂宰臣曰：「比聞大理寺斷獄，雖無疑者亦經旬月，何耶？」參知政事移剌道對曰：「在

法，決死囚不過七日，徒刑五日，杖罪三日。」上曰：「法有程限，而輒違之，弛慢也。」罷朝，御批送尚書省曰：「凡法寺斷重輕罪各有期限，法官但犯皆的決，豈敢有違。但以卿等所見不一，至於再三批送，其議定奏者書奏牘亦不下旬日，以致事多滯留，自今當勿復爾。」又曰：「故廣寧尹高楨爲政尚猛，〔二〕雖小過，有杖而殺之者。卽罪至於死而情或可恕，猶當念之，況其小過者乎。人之性命安可輕哉。」

上以正隆續降制書多任己意，傷於苛察。而與皇統之制並用，是非淆亂，莫知適從，姦吏因得上下其手。遂置局，命大理卿移剌慥總中外明法者共校正。乃以皇統、正隆之制及大定軍前權宜條理、後續行條理，倫其輕重，刪繁正失。制有闕者以律文足之。制、律俱闕及疑而不能決者，則取旨畫定。軍前權宜條理內有可以常行者亦爲定法，餘未應者亦別爲一部存之。參以近所定徒杖減半之法，凡校定千一百九十條，分爲十二卷，〔三〕以大定重修制條爲名，詔頒行焉。〔四〕

二十年，上見有蹂踐禾稼者，謂宰相曰：「今後有踐民田者杖六十，盜人穀者杖八十，並償其直。」

二十一年，尚書省奏鞏州民馬俊妻安姐與管卓姦，俊以斧擊殺之，罪當死。上曰：「可減死一等，以戒敗風俗者。」

二十二年，上謂宰臣曰：「凡尚書省送大理寺文字，一斷便可聞奏。如烏古論公說事，近取觀之，初送法寺如法裁斷，再送司直披詳，又送闔寺參詳，反覆三次，妄生情見，不得結絕。朕以國政不宜滯留，昨雖灸艾六百炷，未嘗一日不坐朝，欲使卿等知勤政也。自今可止一次送寺，闔寺披詳，苟有情見即具以聞，毋使滯留也。」

二十三年，尚書省奏，益都民范德年七十六，爲劉祐毆殺。祐法當死，以祐父母年俱七十餘，家無侍丁，上請。上曰：「范德與祐父母年相若，自當如父母相待，至毆殺之，難議末減，其論如法。」

尚書省奏招討司官及禿里乞取本部財物制，上曰：「遠人止可矜恤，若進貢不闕，更以兵邀之，强取財物，與盜何異。且或因而生事，何可不懲。」又曰：「朕所行制條，皆臣下所奏行者，天下事多，人力有限，豈能一一盡之。必因一事奏聞，方知有所窒礙，隨即更定。今有聖旨、條理，復有制條，是使姦吏得以輕重也。」

大興府民趙無事帶酒亂言，父千捕告，法當死。上曰：「爲父不恤其子而告捕之，其正如此，人所甚難。可特減死一等。」

武器署丞奕、直長骨赧坐受草畔子財，奕杖八十，骨赧笞二十，監察御史梁襄等坐失糾察罰俸一月。上曰：「監察，人君之耳目。事由朕發，何以監察爲。」

上以法寺斷獄，以漢字譯女直字，會法又復各出情見，妄生穿鑿，徒致稽緩，遂詔罷情見。

二十五年二月，上以婦人在囚，輸作不便，而杖不分決，與殺無異，遂命免死輸作者，決杖二百而免輸作，以臀、背分決。

時后族有犯罪者，尚書省引「八議」奏，上曰：「法者，公天下持平之器，若親者犯而從減，是使之恃此而橫恣也。昔漢文誅薄昭，有足取者。前二十年時，后族濟州節度使烏林達鈔兀嘗犯大辟，朕未嘗宥。今乃宥之，是開後世輕重出入之門也。」宰臣曰：「古所以議親，尊天子，別庶人也。」上曰：「外家自異於宗室，漢外戚權太重，至移國祚，朕所以不令諸王、公主有權也。夫有功於國，議勳可也。至若議賢，既曰賢矣，肯犯法乎。脫或緣坐，則固當減請也。」

二十六年，遂奏定太子妃大功以上親、及與皇家無服者、及賢而犯私罪者，皆不入議。上謂宰臣曰：「法有倫而不倫者，其改定之。」

監察御史陶鈞以携妓遊北苑，歌飲池島間，迫近殿廷，提控官石玠聞而發之。鈞令其友閻恕屬玠得緩。既而事覺，法司奏，當徒二年半。詔以鈞耳目之官，携妓入禁苑，無上下之分，杖六十，玠、恕皆坐之。

二十八年，上以制條拘於舊律，間有難解之詞，命刪修明白，使人皆曉之。

舊禁民不得收制書，恐滋告訐之弊，章宗大定二十九年，言事者乞許民藏之。平章張汝霖曰：「昔子產鑄刑書，叔向譏之者，蓋不欲預使民測其輕重也。今著不刊之典，使民曉然知之，猶江、河之易避而難犯，足以輔治，不禁爲便。」以衆議多不欲，詔姑令仍舊禁之。

明昌元年，上問宰臣曰：「今何不專用律文？」平章政事張汝霖曰：「前代律與令各有分，其有犯令，以律決之。今國家制、律混淆，固當分也。」遂置詳定所，命審定律、令。

承安二年，制軍前受財法，一貫以下，徒二年，以上徒三年，十貫處死。

符寶典書北京奴盜符寶局金牌，伏誅，仍除屬籍。按虎、阿虎帶失覺察，各杖七十。

泰和二年，御史臺奏：「監察御史史肅言，大定條理：自二十年十一月四日以前，奴娶良人女爲妻者，並準已娶爲定，若夫亡，拘放從其主。離夫摘賣者令本主收贖，依舊與夫同聚。放良從良者即聽贖換，如未贖換間與夫所生男女並聽爲良。而泰和新格復以夫亡服除準良人例，離夫摘賣及放夫爲良者，並聽爲良。若未出離再配與奴，或雜姦所生男女並許爲良。如此不同，皆編格官妄爲增減，以致隨處訴訟紛擾，是涉違枉。」勑付所司正之。

初，詔凡條格入制文內者，分爲別卷。復詔制與律文輕重不同，及律所無者，各校定以聞。如禁屠宰之類，當著于令也，愼之勿忽，律令一定，不可更矣。

明昌三年七月，[五]右司郎中孫鐸先以詳定所校名例篇進，既而諸篇皆成，復命中都路轉運使王寂、大理卿董師中等重校之。

四年七月，上以諸路枷杖多不如法，平章政事守貞曰：「枷杖尺寸有制，提刑兩月一巡察，必不敢違法也。」

五年正月，復令鈞校制、律，即付詳定所。時詳定官言：「若依重修制文爲式，則條目增減，罪名輕重，當異於律。既定復與舊同頒，則使人惑而易爲姦矣。臣等謂，用今制條，參酌時宜，準律文修定，歷採前代刑書宜於今者，以補遺闕，取刑統疏文以釋之，著爲常法，名曰明昌律義。別編榷貨、邊部、權宜等事，集爲勑條。」宰臣謂：「先所定令文尚有未完，俟皆通定，然後頒行。若律科舉人，則止習舊律。」遂以知大興府事尼厖古鑑、御史中丞董師中、翰林待制奧屯忠孝、小字牙哥。提點司天臺張嗣、翰林修撰完顏撒剌、刑部員外郎李庭義、大理丞麻安上爲校定官，大理卿閻公貞、戶部侍郎李敬義、工部郎中賈鉉爲覆定官，[六]重修新律焉。

時奏獄而法官有獨出情見者，上曰：「或言法官不當出情見，故論者紛紛不已。朕謂情見非出於法外，但折衷以從法爾。」平章守貞曰：「是制自大定二十三年罷之。然律有起請諸條，是古亦許情見矣。」上曰：「科條有限，而人情無窮，情見亦豈可無也。」

明昌五年，尚書省奏：「在制，名例內徒年之律，無決杖之文便不用杖。緣先謂流刑非今所宜，且代流役四年以上俱決杖，而徒三年以下難復不用。婦人比之男子雖差輕，亦當例減。」遂以徒二年以下者杖六十，二年以上杖七十，婦人犯者並決五十，著于勅條。

承安三年，勅尚書省，自今特旨事，如律令程式者，始可送部。自餘創行之事，但召部官赴省議之。

四年四月，尚書省請再覆定令文，上因勅宰臣曰：「凡事理明白者轉奏可也。文牘多者恐難偏覽，其三推情疑以聞。」五月，上以法不適平，常行杖樣，多不能用。遂定分寸，鑄銅爲杖式，頒之天下。且曰：「若以笞杖太輕，恐情理有難恕者，訊杖可再議之。」

五年五月，刑部員外郞馬復言：「外官尙苛刻者不遵銅杖式，輒用大杖，多致人死。」詔令按察司糾劾黜之。

先嘗令諸死囚及除名罪，所委官相去二百里外，并犯徒以下逮及二十人以上者，並令其官就讞之。刑部員外郞完顏綱言：「自是制行，如上京最近之地往還不下三、二千里，如北京留守司亦動經數月，愈致稽留，未便。」詔復從舊，令委官追取鞫之。

十二月，翰林修撰楊庭秀言：「州縣官往往以權勢自居，喜怒自任，聽訟之際，鮮克加審。但使譯人往來傳詞，罪之輕重，成於其口，貨賂公行，寃者至有三、二十年不能正者。」

上遂命定立條約，違者按察司糾之。且謂宰臣曰：「長貳官委幕職及司吏推問獄囚，命中御史臺聞奏之制，當復舉行也。」又命編前後條制，書之于册，以備將來考驗。

泰和元年正月，尚書省奏，以見行銅杖式輕細，姦宄不畏，遂命有司量所犯用大杖，且禁不得過五分。

十二月，所修律成，凡十有二篇：一曰名例，二曰衞禁，三曰職制，四曰戶婚，五曰廐庫，六曰擅興，七曰賊盜，八曰鬭訟，九曰詐僞，十曰雜律，十一曰捕亡，十二曰斷獄。實唐律也，但加贖銅皆倍之，增徒至四年、五年爲七，削不宜於時者四十七條，增時用之制百四十九條，因而略有所損益者二百八十有二條，餘百二十六條皆從其舊，又加以分其一爲二、分其一爲四者六條，凡五百六十三條，爲三十卷，附注以明其事，疏義以釋其疑，名曰泰和律義。自官品令、職員令之下，曰祠令四十八條，戶令六十六條，學令十一條，選舉令八十三條，封爵令九條，封贈令十條，宮衞令十條，軍防令二十五條，儀制令二十三條，衣服令十條，公式令五十八條，祿令十七條，倉庫令七條，廐牧令十二條，田令十七條，賦役令二十三條，關市令十三條，捕亡令二十條，賞令二十五條，醫疾令五條，假寧令十四條，獄官令百有六條，雜令四十九條，釋道令十條，營繕令十三條，河防令十一條，服制令十一條，附以年月之制，曰律令二十卷。又定制勅九十五條，榷貨八十五條，蕃部三十九條，曰新定勅條三卷，六部格式三十卷。司空襄以進，詔以明年五月頒行之。

貞祐三年，上謂宰臣，自今監察官犯罪，其事關軍國利害者，並笞決之。

貞祐四年，詔「凡監察失糾劾者，從本法論。外使入國私通本國事情，宿衞、近侍官、承應人出入親王、公主、宰執家，災傷乏食有司檢覈不實致傷人命，轉運軍儲而有私載，考試舉人而防閑不嚴，其罰並決。在京犯至兩次者，臺官減監察一等治罪，論贖，餘止坐，專差任滿日議定。若任內曾以漏察被決，依格雖爲稱職，止從平常，平常者從降罰」。

興定元年八月，上謂宰臣曰：「律有八議，今言者或謂應議之人卽當減等，何如？」宰臣對曰：「凡議者先條所坐及應議之狀以請，必議定然後奏裁也。」上然之，曰：「若不論輕重而輒減之，則貴戚皆將恃此以虐民，民何以堪。」

校勘記

〔一〕於是禁護衞百夫長五十夫長非直日不得帶刀入宮　按本書卷六世宗紀，大定八年三月「丁丑，命護衞親軍百戶、五十戶非直日不得帶刀入宮」，當卽此事，則當在下文「八年」下。

〔二〕故廣寧尹高楨爲政尙猛　「楨」原作「禎」。按本書卷八四高楨傳，「天會六年遷尙書左僕射，判廣寧尹」。今據改。本書他處以「楨」誤「禎」者皆同改，不復出校。

〔三〕凡校定千一百九十條分爲十二卷　按本書卷八九移剌慥傳記此事作「大凡一千一百九十餘，爲十二卷」。

〔四〕以大定重修制條爲名詔頒行焉　按本書卷八世宗紀，大定二十二年三月「癸巳，詔頒重修制條」。此列在大定二十年之前，未知孰是。

〔五〕明昌三年七月　原脫「明昌」二字。按此下所敍孫鐸進名例篇，中都路轉運使王寂、大理卿董師中重校事，據本書卷九九孫鐸傳，章宗「初卽位，詔刊定舊律，鐸先奏名例一篇」。卷一〇章宗紀，明昌五年正月，記有「前中都路都轉運使王寂」。卷九五董師中傳，「明昌元年，初置九路提刑司，師中選爲陝西路副使，召爲大理卿」。皆可證在明昌初年。又本卷下文「四年七月」、「五年正月」兩條，由各人名官職考之，亦皆在明昌而非泰和間事。文繁不錄。今據補「明昌」二字。

〔六〕工部郞中賈鉉爲覆定官　按本書卷九九賈鉉傳，時爲「左諫議大夫兼工部侍郞」。與此稍異。

元 脱脱 等撰

金史

第四册

卷四六至卷五八（志）

中華書局

金史卷四十六

志第二十七

食貨一

戶口　通檢推排

國之有食貨，猶人之有飲食也。人非飲食不生，國非食貨不立。然燧人、庖犧能爲飲食之道以教人，而不能使人無飲食之疾。三王能爲食貨之政以遺後世，而不能使後世無食貨之弊。唯善養生者如不欲食啖，而飲食自不闕焉，故能適飢飽之宜，可以疾少而長壽。善裕國者初不事貨殖，而食貨自不乏焉，故能制豐約之節，可以弊少而長治。

金於食貨，其立法也周，其取民也審。太祖肇造，減遼租稅，規模遠矣。熙宗、海陵之世，風氣日開，兼務遠略，君臣講求財用之制，切切然以是爲先務。雖以世宗之賢，儲積之

志曷嘗一日而忘之。章宗彌文熠興，邊費亦廣，食貨之議不容不急。宣宗南遷，國土日蹙，汙池數罟，往往而然。考其立國以來，所謂食貨之法，犖犖大者曰租稅、銅錢、交鈔三者而已。三者之法數變而數窮。

官田曰租，私田曰稅。租稅之外算其田園屋舍車馬牛羊樹藝之數，及其藏鏹多寡，徵錢曰物力。物力之徵，上自公卿大夫，下逮民庶，無苟免者。近臣出使外國，歸必增物力錢，以其受饋遺也。猛安謀克戶又有所謂牛頭稅者，宰臣有納此稅，庭陛間諮及其增減，則州縣徵求於小民蓋可知矣。故物力之外又有鋪馬、軍須、輸庸、司吏、河夫、桑皮故紙等錢，名目瑣細，不可殫述。其爲戶有數等，有課役戶、不課役戶、本戶、雜戶、正戶、監戶、官戶、奴婢戶、二稅戶。有司始以三年一籍，後變爲通檢，又爲推排。凡戶隸州縣者，與隸猛安謀克，其輸納高下又各不同。

法之初行，唯恐不密，言事者謂其厲民，卽命罷之。罷之未久，會計者告用乏，又卽舉行。其罷也志以便民，而民未見德。其行也志以足用，而用不加饒。一時君臣節用之言不絕告誡。嘗自計其國用，數亦浩瀚，若足支歷年者，郡縣稍遇歲侵，又遽不足，竟莫詰其故焉。

至於銅錢、交鈔之弊，蓋有甚者。初用遼、宋舊錢，雖劉豫所鑄，豫廢，亦兼用之。正隆

中華書局

而降，始議鼓鑄，民間銅禁甚至，銅不給用，漸興窯冶。凡產銅地脈，遣吏境內訪察無遺，且及外界，而民用銅器不可闕者，皆造於官而鬻之。既而官不勝煩，民不勝病，乃聽民冶銅造器，而官爲立價以售，此銅法之變也。

若錢法之變，則鼓鑄未廣，斂散無方，已見壅滯。初恐官庫多積，錢不及民，立法廣布。繼恐民多匿錢，乃設存留之限，開告訐之路，犯者繩以重罰，卒莫能禁。州縣錢艱，民間自鑄，私錢苦惡特甚。乃以官錢五百易其一千，其策愈下。及改鑄大錢，所準加重，百計流通，卒莫獲效。濟以鐵錢，鐵不可用，權以交鈔，錢重鈔輕，相去懸絕，物價騰踊，鈔至不行。權以銀貨，銀弊又滋，捄亦無策，遂罷銅錢，專用交鈔、銀貨。然而二者之弊乃甚於錢，在官利於用大鈔，而大鈔出多，民益見輕。在私利於得小鈔，而小鈔入多，國亦無補。於是，禁官不得用大鈔，已而恐民用銀而不用鈔，則又責民以鈔納官，以示必用。先造二十貫至百貫例，後造二百貫至千貫例，先後輕重不倫，民益眩惑。及不得已，則限以年數，限以地方，公私受納限以分數，由是民疑日深。其間，易交鈔爲寶券，寶券未久更作通寶，準銀幷用。通寶未久復作寶泉，寶泉未久織綾印鈔，名曰珍貨。珍貨未久復作寶會，訖無定制，而金祚訖矣。

歷觀自古財聚民散，以至亡國，若鹿臺、鉅橋之類，不足論也。其國亡財匱，比比有之，

而國用之屈，未有若金季之甚者。金之爲政，常有卹民之志，而不能已苛征之令，徒有聚斂之名，而不能致富國之實。及其亡也，括粟、闌糴，一切掊克之政靡不爲之。加賦數倍，豫借數年，或欲得鈔則豫賣下年差科。高琪爲相，議至榷油。進納濫官，輒售空名宣勅，或欲與以五品正班。僧道入粟，始自度牒，終至德號、綱副威儀、寺觀主席亦量其貲而鬻之。甚而丁憂鬻以求仕，監戶鬻以從良，進士出身鬻至及第。又甚而叛臣劇盜之效順，無金帛以備賞激，動以王爵固結其心，重爵不蔇，則以國姓賜之。名實混淆，倫法斁壞，皆不暇顧，國欲不亂，其可得乎。

迨夫宋絕歲幣而不許和，貪其淮南之蓄，謀以力取，至使樞府武騎盡於南伐。訛可、時全之出，初志得糧，後乃尺寸無補，三軍償亡，我師壓境，兵財俱困，無以禦之。故志金之食貨者，不能不爲之掩卷而興慨也。傳曰：「作法於涼，其弊猶貪。作法於貪，弊將若何。」

金起東海，其俗純實，可與返古。初入中夏，兵威所加，民多流亡，土多曠閒，遺黎惴惴，何求不獲。使於斯時，縱不能復井地溝洫之制，若用唐之永業、口分以制民產，倣其租庸調之法以足國計，何至百年之內所爲經畫紛紛然，與其國相終始耶。其弊在於急一時之利，踵久壞之法。及其中葉，鄙遼儉朴，襲宋繁縟之文；懲宋寬柔，加遼操切之政。是棄二國之所長，而併用其所短也。繁縟勝必至於傷財，操切勝必至於害民，訖金之世，國用易

匱，民心易離，豈不由是歟。作法不愼厥初，變法以捄其弊，秖益甚焉耳。

其他鹽筴、酒麴、常平、和糴、茶稅、征商、榷場等法，大概多宋舊人之所建明，息耗無定，變易靡恒，視錢鈔何異。田制、水利、區田之目，或驟行隨輟，或屢試無效，或熟議未行，咸著于篇，以備一代之制云。

戶口。金制，男女二歲以下爲黃，十五以下爲小，十六爲中，十七爲丁，六十爲老，無夫爲寡妻妾，諸篤廢疾不爲丁。戶主推其長充，內有物力者爲課役戶，無者爲不課役戶。令民以五家爲保。泰和六年，上以舊定保伍法，有司滅裂不行，其令結保，有匿姦細、盜賊者連坐。宰臣謂舊以五家爲保，恐人易爲計搆而難覺察，遂令從唐制，五家爲鄰、五鄰爲保，以相檢察。京府州縣郭下則置坊正，村社則隨戶衆寡爲鄉置里正，以按比戶口，催督賦役，勸課農桑。村社三百戶以上則設主首四人，二百戶以上三人，〔一〕五十戶以上二人，以下一人，以佐里正禁察非違。置壯丁，以佐主首巡警盜賊。猛安謀克部村寨，五十戶以上設寨使一人，掌同主首。寺觀則設綱首。凡坊正、里正，以其戶十分內取三分，富民均出顧錢，募強幹有抵保者充，人不得過百貫，役不得過一年。大定二十九年，章宗嘗欲罷坊、里正，復以主首遠，入城應代，妨農不便，乃以有物力謹愿者二年一更代。

凡戶口計帳，三年一籍。自正月初，州縣以里正、主首，猛安謀克則以寨使，詣編戶家責手實，具男女老幼年與姓名，生者增之，死者除之。正月二十日以實數報縣，二月二十日申州，以十日內達上司，無遠近皆以四月二十日到部呈省。

凡漢人、渤海人不得充猛安謀克戶。猛安謀克之奴婢免爲良者，止隸本部爲正戶。凡沒入官良人，隸宮籍監爲監戶，沒入官奴婢，隸太府監爲官戶。

當收國二年時，法制未定，兵革未息，貧民多依權右爲苟安，多隱蔽爲奴婢者，太祖下詔曰：「比以歲凶民飢，多附豪族，因陷爲奴隸。及有犯法，徵償莫辦，折身爲奴。或私約立限，以人對贖，過期則以爲奴者。並聽以兩人贖一爲良，元約以一人贖者從便。」

天輔五年，以境土既拓，而舊部多瘠鹵，將移其民于泰州，乃遣皇弟昱及族子宗雄按視其地。昱等苴其土以進，言可種植，遂摘諸猛安謀克中民戶萬餘，使宗人婆盧火統之，屯種于泰州。婆盧火舊居阿注滸水，又作按出虎。至是遷焉。其居寧江州者，遣拾得、查端、阿里徒歡、奚撻罕等四謀克，挈家屬耕具，徙于泰州，仍賜婆盧火耕牛五十。

天輔六年，既定山西諸州，以上京爲內地，則移其民實之。又命耶律佛頂以兵護送諸降人于渾河路，以皇弟昂監之，命從便以居。七年，以山西諸部族近西北二邊，且遼主未獲，恐陰相結誘，復命皇弟昂與孛菫稒喝等以兵四千護送，處之嶺東，惟西京民安堵如故，

且命昂鎭守上京路。既而，上聞昂已過上京，而降人復苦其侵擾多叛亡者，遂命孛堇出里底往戒諭之，比至，而諸部已叛去。又以猛安詳穩留住所領歸附之民還東京，命有司常撫慰，且貸一歲之糧，其親屬被虜者皆令聚居。及七年取燕京路，二月，盡徙六州氏族富強工技之民於內地。

太宗天會元年，以舊徙潤、隰等四州之民於瀋州之境，以新遷之戶艱苦不能自存，詔曰：「比聞民乏食至鬻子者，聽以丁力等者贖之。」又詔孛堇阿實賚曰：「先皇帝以同姓之人昔有自鬻及典質其身者，命官爲贖。今聞尙有未復者，其悉閱贖之。」又命以官粟贖上京路新遷置寧江州戶口貧而賣身者，六百餘人。二年，民有自鬻爲奴者，詔以丁力等者易之。三年，禁內外官及宗室毋得私役百姓，權勢家不得買貧民爲奴，其脅買者一人償十五人，詐買者一人償二人，罪皆杖百。七年，詔兵興以來，良人被略爲驅者，聽其父母妻子贖之。

熙宗皇統四年詔陝西、蒲、解、汝、蔡等州歲飢，百姓流落典雇爲驅者，官以絹贖爲良，丁男三疋，婦人幼小二疋。

世宗大定二年，詔免二稅戶爲民。初，遼人佞佛尤甚，多以良民賜諸寺，分其稅一半輸官，一半輸寺，故謂之二稅戶。遼亡，僧多匿其實，抑爲賤，有援左證以告者，有司各執以聞，上素知其事，故特免之。

十七年五月，省奏「咸平府路一千六百餘戶，自陳皆長白山星顯、禪春河女直人，遼時簽爲獵戶，移居於此，號移典部，遂附契丹籍。本朝義兵之興，首詣軍降，仍居本部，今乞釐正」。詔從之。

二十年，以上京路女直人戶，規避物力，自賣其奴婢，致耕田者少，遂以貧乏，詔定制禁之。又謂宰臣曰：「猛安謀克人戶，兄弟親屬若各隨所分土，與漢人錯居，每四五十戶結爲保聚，農作時令相助濟，此亦勸相之道也。」

二十一年六月，徙銀山側民於臨潢。又命避役之戶舉家逃於他所者，元貫及所寓司縣官同罪，爲定制。

二十三年，定制，女直奴婢如有得力，本主許令婚娉者，須取問房親及村老給據，方許娉於良人。

是年八月，〔二〕奏猛安謀克戶口、墾地、牛具之數。猛安二百二，謀克千八百七十八，戶六十一萬五千六百二十四，口六百一十五萬八千六百三十六，內正口四百八十一萬二千六百六十九，奴婢口一百三十四萬五千九百六十七。墾田一百六十九萬三百八十頃有奇，牛具三十八萬四千七百七十一。在都宗室將軍司，戶一百七十，口二萬八千七百九十，內正口九百八十二，奴婢口二萬七千八百八。墾田三千六百八十三頃七十五畝，牛具三百四。迭剌、唐古二部五乣，戶五千五百八十五，口十三萬七千五百四十四，內正口十一萬九千四百六十三，〔三〕奴婢口一萬八千八十一。墾田萬六千二十四頃一十七畝，牛具五千六十六。

二十五年，命宰臣禁有祿人一子、及農民避課役，爲僧道者。

大定初，天下戶纔三百餘萬，至二十七年天下戶六百七十八萬九千四百四十九，口四千四百七十萬五千八十六。

章宗大定二十九年十一月，上封事者言，乞放二稅戶爲良。省臣欲取公牒可憑者爲准，參知政事移剌履謂「憑驗眞僞難明，凡契丹奴婢今後所生者悉爲良，見有者則不得典賣，如此則三十年後奴皆爲良，而民且不病焉」。上以履言未當，令再議。省奏謂不拘括則訟終不絕，遂遣大興府治中烏古孫仲和、侍御史范楫分括北京路及中都路二稅戶，〔四〕凡無憑驗，其主自言之者及因通檢而知之者，其稅半輸官、半輸主，而有憑驗者悉放爲良。

明昌元年正月，上封事者言：「自古以農桑爲本，今商賈之外又有佛、老與他游食，浮費百倍。農歲不登，流殍相望，此末作傷農者多故也。」上乃下令，禁自披剃爲僧、道者。是歲，奏天下戶六百九十三萬九千，口四千五百四十四萬七千九百，而粟止五千二百二十六萬一千餘石，除官兵二年之費，餘驗口計之，口月食五斗，可爲四十四日之食。上曰：「蓄積不多，是力農者少故也。其集百官，議所以使民務本廣儲之道，以聞。」六月，奏北京等路所

免二稅戶，凡一千七百餘戶，萬三千九百餘口，此後爲良爲驅，皆從已斷爲定。

明昌六年二月，上謂宰臣曰：「凡言女直進士，不須稱女直字。卿等誤作迴避女直、契丹語，非也。今如分別戶民，則女直言本戶，漢戶及契丹，餘謂之雜戶。」

明昌六年十二月，奏天下女直、契丹、漢戶七百二十二萬三千四百，口四千八百四十九萬四百，物力錢二百六十萬四千七百四十二貫。

泰和七年六月，勅，中物力戶，有役則多逃避，有司令以次戶代之，事畢則復業，以致大損不逃之戶。令省臣詳議。宰臣奏，舊制太輕，遂命課役全戶逃者徒二年，賞告者錢五萬。先逃者以百日內自首，免罪。如實銷乏者，內從御史臺，外從按察司，體究免之。十二月，奏天下戶七百六十八萬四千四百三十八，口四千五百八十一萬六千七十九。〔五〕戶增於大定二十七年一百六十二萬三千七百一十五，口增八百八十二萬七千六十五。此金版籍之極盛也。

及衞紹王之時，軍旅不息，宣宗立而南遷，死徙之餘，所在爲虛矣。〔六〕戶口日耗，軍費日急，賦歛繁重，皆仰給於河南，民不堪命，率棄廬田，相繼亡去。乃屢降詔招復業者，免其歲之租，然以國用乏竭，逃者之租皆令居者代出，以故多不敢還。興定元年十二月，宣宗欲懸賞募人捕亡戶，而復慮騷動，遂命依已降詔書，已免債逋，更招一月，違而不來者然後捕獲治罪，而以所遺地賜人。四年，省臣奏，河南以歲飢而賦役不息，所亡戶令有司招之，至

明年三月不復業者，論如律。時河壖爲疆，烽𩆜屢警，故集慶軍節度使溫迪罕達言，亳州戶舊六萬，自南遷以來不勝調發，相繼逃去，所存者曾無十一，碭山下邑，野無居民矣。

通檢推排。通檢，卽周禮大司徒三年一大比，各登其鄉之衆寡、六畜、車輦，辨物行徵之制也。金自國初占籍之後，至大定四年，承正隆師旅之餘，民之貧富變更，賦役不均。世宗下詔曰：「粤自國初，有司常行大比，于今四十年矣。正隆時，兵役並興，調發無度，富者今貧不能自存，版籍所無者今爲富室而猶幸免。是用遣信臣泰寧軍節度使張弘信等十三人，分路通檢天下物力而差定之，以革前弊，俾元元無不均之嘆，以稱朕意。凡規措條理，命尚書省畫一以行。」又命「凡監戶事產，除官所撥賜之外，餘凡置到百姓有稅田宅，皆在通檢之數」。時諸使往往以苛酷多得物力爲功，弘信檢山東州縣尤爲酷暴，棣州防禦使完顏永元面責之曰：「朝廷以正隆後差調不均，故命使者均之。今乃殘暴，妄加民產業數倍，一有來申訴者，則血肉淋離，甚者卽殞杖下，此何理也。」弘信不能對，故惟棣州稍平。

五年，有司奏諸路通檢不均，詔再以戶口多寡、貧富輕重，適中定之。既而，又定通檢地土等第稅法。十五年九月，上以天下物力，自通檢以來十餘年，貧富變易，賦調輕重不均，遣濟南尹梁肅等二十六人，分路推排。

二十年四月，上謂宰臣曰：「猛安謀克戶，富貧差發不均，皆自謀克內科之，暗者惟胥吏之言是從，輕重不一。自窩斡叛後，貧富反復，今當籍其夾戶，推其家貲，儻有軍役庶可均也。」詔集百官議，右丞相克寧、平章政事安禮、樞密副使宗尹言：「女直人除猛安謀克僕從差使，餘無差役。今不推奴婢孳畜、地土數目，止驗產業科差爲便。」左丞相守道等言：「止驗財產，多寡分爲四等，置籍以科差，庶得均也。」左丞通、右丞道、都點檢襄言：「括其奴婢之數，則貧富自見，緩急有事科差，與一例科差者不同。請俟農隙，拘括地土牛具之數，各以所見上聞。」上曰：「一謀克戶之貧富，謀克豈不知。一猛安所領八謀克，一例科差。設如一謀克內，有奴婢二三百口者，有奴婢一二人者，科差與同，豈得平均。正隆興兵時，朕之奴婢萬數，孳畜數千，而不差一人一馬，豈可謂平。朕於庶事未嘗專行，與卿謀之。往年散置契丹戶，安禮極言恐擾動，朕決行之，果得安業。安禮雖盡忠，未審長策。其從左丞通等所見，拘括推排之。」十一月，上謂宰臣曰：「猛安謀克多新強舊弱，差役不均，其令推排，當自中都路始。」至二十二年八月，始詔令集耆老，推貧富，驗土地牛具奴婢之數，分爲上中下三等。以同知大興府事完顏烏里也先推中都路，續遣戶部主事按帶等十四人與外官同分路推排。九月，詔「毋令富者匿隱畜產，貧戶或有不敢養馬者。昔海陵時，拘括馬畜，絕無等級，富者倖免，貧者盡拘入官，大爲不均。今並覈實貧富造籍，有急卽按籍取之，庶幾無不均之弊。」張汝弼、梁肅奏：「天下民戶通檢既定，設有產物移易，自應隨業輸納。至於浮財，須有增耗，貧者自貧，富者自富，似不必屢推排也。」上曰：「宰執家多有新富者，故皆不願也。」肅對曰：「如臣者，能推排中都物力。臣以嘗爲南使，先自添物力錢至六十餘貫，視其他奉使無如臣多者。但小民無知，法出姦生，數動搖則易駭。如唐、宋及遼時，或三二十年不測通比則有之。頻歲推排，似爲難爾。」

二十六年，復以李晏等分路推排。二十七年，奏晏等所定物力之數，上曰：「朕以元推天下物力錢三百五萬餘貫，除三百萬貫外，〔七〕令減五萬餘貫。今減不及數，復續收二萬餘貫，卽是實二萬貫爾，〔八〕而曰續收，何也？」對曰：「此謂舊脫漏而今首出者，及民地舊無力耕種，而今耕種者也。」上曰：「通檢舊數，止於視其營運息耗，與房地多寡，而加減之。彼人賣地，此人買之，皆舊數也。至如營運，此強則彼弱，強者增之，弱者減之而已。且物力之數蓋是定差役之法，其大數不在多寡也。朕恐實有營運富家所當出者，反分與貧者爾。」

章宗大定二十九年六月，命爲國信使之副者，免增物力。又命農民如有積粟，毋充物力。錢慳之郡，所納錢貨則許折粟帛。九月，以曹州河溢，遣馬百祿等推排遭墊溺州縣之貧乏者。明昌元年四月，刑部郎中路伯達等言，民地已納稅，又通定物力，比之浮財所出差役，是爲重併也。遂詳酌民地定物力，減十之二。尚書戶部言，中都等路被水，詔委官推

排，比舊減錢五千六百餘貫。明昌三年八月，勑尚書省「百姓當豐稔之時不務積貯，一遇凶儉輒有阻飢，何法可使民重穀而多積也」。宰臣對曰：「二十九年，已詔農民能積粟免充物力。明昌初，命民之物力與地土通推者，亦減十分之二，此固其術也。」

承安元年，尚書省奏，是年九月當推排，以有故不克。詔以冬已深，比事畢恐妨農作，乃權止之。二年冬十月，勑令議通檢，宰臣奏曰：「大定二十七年通檢後，距今已十年，舊戶貧弱者衆，儻遲更定，恐致流亡。」遂定制，已典賣物業，止隨物推收，析戶異居者許令別籍，戶絕及困弱者減免，新強者詳審增之，止當從實，不必敷足元數。邊城被寇之地，皆不必推排。於是，令吏部尚書賈執剛、〔九〕吏部侍郎高汝礪先推排在都兩警巡院，示爲諸路法。每路差官一員，命提刑司官一員副之。三年九月，奏十三路籍定推排物力錢二百五十八萬六千七百二貫四百九十文，舊額三百二萬二千七百十八貫九百二十二文，以貧乏除免六十三萬八千一百一十一貫。除上京、北京、西京路無新強增者，餘路計收二十萬二千九十五貫。

泰和二年閏十二月，上以推排時，既問人戶浮財物力，而又勘當比次，期迫事繁，難得其實，勑尚書省，定人戶物力隨時推收法，令自今典賣事產者隨業推收，別置標簿，臨時止拘浮財物力以增減之。泰和四年十二月，上以職官仕於遠方，其家物力有應除而不除者，遂定典賣實業逐時推收，若無浮財營運，應除免者，令本家陳告，集坊村人戶推唱，驗實免

之。造籍後如無人告，一月內以本官文牒推唱，定標附于籍。五年，以西京、北京邊地常罹兵荒，遣使推排之。舊大定二十六年所定三十五萬三千餘貫，遂減爲二十八萬七千餘貫。

五年六月，簽南京按察司事李革言：「近制，令人戶推收物力，置簿標題，至通推時，止增新强，銷舊弱，庶得其實。今有司奉行滅裂，恐臨時冗併，卒難詳審，可定期限，立罪以督之。」遂令自今年十一月一日，令人戶告詣推收標附，至次年二月一日畢，違期不言者坐罪。且令諸處稅務，具稅訖房地，每半月具數申報所屬，違者坐以怠慢輕事之罪。仍勅物力既隨業，通推時止令定浮財。

八年九月，以吏部尚書賈守謙、知濟南府事蒲察張家奴、莒州刺史完顏百嘉、南京路轉運使宋元吉等十三員，分路同本路按察司官一員，推排諸路。上召至香閤，親諭之曰：「朕選卿等隨路推排，除推收外，其新强消乏戶，雖集衆推唱，然消乏者勿銷不盡，如一戶物力元三百貫，今蠲免二百五十貫猶有未當者。新强勿添盡，量存其力，如一戶可添三百貫，而止添二百貫之類。卿等各宜盡心，一推之後十年利害所關，苟不副所任，罪當不輕也。」

校勘記

〔一〕二百戶以上三人　原脫「戶」字。按上文言「三百戶」，下文言「五十戶」，此處顯脫，今補。

〔二〕是年八月　「八」原作「七」。按本書卷八世宗紀，大定二十三年八月乙巳，「括定猛安謀克戶口、田土、牛具」，卷四七食貨二牛頭稅條，大定二十三年「八月，尚書省奏，推排定猛安謀克戶口、田畝、牛具之數」，皆作「八月」。今據改。

〔三〕內正口十一萬九千四百六十三　原脫「一」字，則正口與奴婢口之和比上文口數適差一萬。按下卷食貨二牛具稅條記此事正作「內正口十一萬九千四百六十三」。今據補。

〔四〕分括北京路及中都路二稅戶　原脫「京」字。按下文「六月奏，北京等路所免二稅戶凡一千七百餘戶」，知「北」下脫「京」字。今據補。

〔五〕口四千五百八十一萬六千七十九　按上文「明昌六年十二月，奏天下女直、契丹、漢戶七百二十二萬三千四百，口四千八百四十九萬四百」，泰和七年戶增於前四十六萬有奇，不應口反減二百六十餘萬。且下文小注比大定二十七年戶口增加數，與該年數字核算之亦不合，知此數當有誤字。

〔六〕所在爲虛矣　「矣」原作「戾」。據文義改。

〔七〕除三百萬貫外　原脫「萬」字，據文義補。

〔八〕卽是實二萬貫爾　「實」下疑有脫文，或是「增」字。

〔九〕吏部尚書賈執剛　按「吏部尚書」本書卷一〇七高汝礪傳作「戶部尚書」。

金史卷四十七

志第二十八

食貨二

田制　租賦　牛具稅

田制。量田以營造尺，五尺爲步，闊一步，長二百四十步爲畝，百畝爲頃。民田業各從其便，賣質於人無禁，但令隨地輸租而已。凡桑棗，民戶以多植爲勤，少者必植其地十之三，猛安謀克戶少者必課種其地十之一，除枯補新，使之不闕。凡官地，猛安謀克及貧民請射者，寬鄉一丁百畝，狹鄉十畝，中男半之。請射荒地者，以最下第五等減半定租，八年始徵之。作己業者以第七等減半爲稅，七年始徵之。自首冒佃比隣地者，輸官租三分之二。〔一〕佃黃河退灘者，次年納租。

太宗天會九年五月，始分遣諸路勸農之使者。熙宗天會十四年，罷來流、混同間護邏地，以予民耕牧。海陵正隆元年二月，遣刑部尚書紇石烈婁室等十一人，分行大興府、山東、眞定府，拘括係官或荒閑牧地，及官民占射逃絕戶地，戍兵占佃宮籍監、外路官本業外增置土田，及大興府、平州路僧尼道士女冠等地，蓋以授所遷之猛安謀克戶，且令民請射，而官得其租也。

世宗大定五年十二月，上以京畿兩猛安民戶不自耕墾，及伐桑棗爲薪鬻之，命大興少尹完顏讓巡察。

十年四月，禁侵耕圍場地。十一年，謂侍臣曰：「往歲，清暑山西，傍路皆禾稼，殆無牧地。嘗下令，使民五里外乃得耕墾。今聞其民以此去之他所，甚可矜憫。其令依舊耕種，毋致失業。凡害民之事患在不知，知之朕必不爲。自今事有類此，卿等卽告毋隱。」

十三年，勅有司：「每歲遣官勸猛安謀克農事，恐有煩擾。自今止令各管職官勸督，弛慢者舉劾以聞。」

十七年六月，邢州男子趙迪簡言：「隨路不附籍官田及河灘地，皆爲豪强所占，而貧民土瘠稅重，乞遣官拘籍冒佃者，定立租課，復量減人戶稅數，庶得輕重均平。」詔付有司，將行而止。復以近都猛安謀克所給官地率皆薄瘠，豪民租佃官田歲久，往往冒爲己業，令拘籍之。又謂省臣曰：「官地非民誰種，然女直人戶自鄉土三四千里移來，盡得薄地，若不拘刷良田給之，久必貧乏，其遣官察之。」又謂參知政事張汝弼曰：「先嘗遣問女直土地，皆云良田。及朕出獵，因問之，則謂自起移至此，不能種蒔，斫蘆爲席，或斬芻以自給。卿等其議之。」省臣奏，官地所以人多蔽匿盜耕者，由其罪輕故也。乃更條約，立限令人自陳，過限則人能告者有賞。遣同知中都路轉運使張九思往拘籍之。

十九年二月，上如春水，見民桑多爲牧畜嚙毀，詔親王公主及勢要家，牧畜有犯民桑者，許所屬縣官立加懲斷。

十二月謂宰臣曰：「亡遼時所撥地，與本朝元帥府，已曾拘籍矣。民或指射爲無主地，租佃及新開荒爲己業者可以拘括。其間播種歲久，若遽奪之，恐民失業。」因詔括地官張九思戒之。復謂宰臣曰：「朕聞括地事所行極不當，如皇后莊、太子務之類，止以名稱便爲官地，百姓所執憑驗，一切不問。其相鄰冒占官地，復有幸免者。能使軍戶稍給，民不失業，乃朕之心也。」

二十年四月，以行幸道隘，扈從人不便，詔戶部沿路頓舍側近官地，勿租與民耕種。又詔故太保阿里先於山東路撥地百四十頃，大定初又於中都路賜田百頃，命拘山東之地入官。五月，諭有司曰：「白石門至野狐嶺，其間淀濼多爲民耕植者，而官民雜畜往來無牧放

之所，可差官括元荒地及冒佃之數。」

二十一年正月，上謂宰臣曰：「山東、大名等路猛安謀克戶之民，往往驕縱，不親稼穡，不令家人農作，盡令漢人佃蒔，取租而已。富家盡服紈綺，酒食遊宴，貧者爭慕效之，欲望家給人足，難矣。近已禁賣奴婢，約其吉凶之禮，更當委官閱實戶數，計口授地，必令自耕，力不贍者方許佃於人。仍禁其農時飲酒。」又曰：「奚人六猛安，已徙居咸平、臨潢、泰州，其地肥沃，且精勤農務，各安其居。女直人徙居奚地者，菽粟得收穫否？」左丞守道對曰：「聞皆自耕，歲用亦足。」上曰：「彼地肥美，異於他處，惟附都民以水害稼者賑之。」

三月，陳言者言，豪强之家多占奪田者。上曰：「前參政納合椿年占地八百頃，又聞山西田亦多爲權要所占，有一家一口至三十頃者，以致小民無田可耕，徙居陰山之惡地，何以自存。其令占官地十頃以上者皆括籍入官，將均賜貧民。」省臣又奏，「椿年子猛安參謀合、故太師耨盌溫敦思忠孫長壽等，親屬計七十餘家，〔三〕所占地三千餘頃」。上曰：「至秋，除牛頭地外，仍各給十頃，餘皆拘入官。山後招討司所括者，亦當同此也。」又謂宰臣曰：「山東路所括民田，已分給女直屯田人戶，復有籍官閑地，依元數還民，仍免租稅。」

六月，上謂省臣曰：「近者大興府平、灤、薊、通、順等州，經水災之地，免今年稅租。不罹水災者姑停夏稅，俟稔歲徵之。」時中都大水，而濱、棣等州及山後大熟，命修治懷來以南

道路，以來糴者。又命都城減價以糶。又曰：「近遣使閱視秋稼，聞猛安謀克人惟酒是務，往往以田租人，而預借三二年租課者。或種而不耘，聽其荒蕪者。自今皆令閱實各戶人力，可耨幾頃畝，必使自耕耘之，其力果不及者方許租賃。如惰農飲酒，勸農謀克及本管猛安謀克并都管，各以等第科罪。收穫數多者則亦以等第遷賞。」

七月，上謂宰臣曰：「前徙宗室戶於河間，撥地處之，而不迴納舊地，豈有兩地皆占之理，自今當以一處賜之。」八月，尚書省奏山東所刷地數，上謂梁肅曰：「朕嘗以此問卿，卿不以言。此雖稱民地，然皆無明據，括爲官地有何不可？」又曰：「黃河已移故道，梁山濼水退，地甚廣，已嘗遣使安置屯田。民昔嘗恣意種之，今官已籍其地，而民懼徵其租，逃者甚衆。若徵其租，而以冒佃不即出首罪論之，固宜。然若遽取之，恐致失所。可免其徵，赦其罪，別以官地給之。」御史臺奏「大名、濟州因刷梁山濼官地，或有以民地被刷者」。上復召宰臣曰：「雖曾經通檢納稅，而無明驗者，復當刷問。有公據者，雖付本人，仍須體問。」十月，復與張仲愈論冒占田事。

二十二年，以附都猛安戶不自種，悉租與民，有一家百口壠無一苗者，上曰：「勸農官，何勸諭爲也，其令治罪。」宰臣奏曰：「不自種而輒與人者，合科違例。」上曰：「太重，愚民安知。」遂從大興少尹王脩所奏，以不種者杖六十，謀克四十，受租百姓無罪。

又命招復梁山濼流民，官給以田。時人戶有執契據指墳壠爲驗者，亦拘在官，先委恩州刺史奚晦招之，復遣安肅州刺史張國基驗實給之，如已撥係猛安，則償以官田。上曰：「工部尚書張九思執强不通，向遣刷官田，凡犯秦、漢以來名稱，如長城、燕子城之類者，皆以爲官田。此田百姓爲己業不知幾百年矣，所見如此，何不通之甚也。」八月，以趙王永中等四王府冒占官田，罪其各府長史府掾，及安次、新城、宛平、昌平、永清、懷柔六縣官，皆罰贖有差。

九月，遣刑部尚書移剌慥于山東路猛安內摘八謀克民，徙于河北東路酬斡、青狗兒兩猛安舊居之地，無牛者官給之。河間宗室未徙者令盡徙于平州，無力者官津發之，土薄者易以良田。先嘗令俟豐年則括籍官地，至是歲，省臣復以爲奏，上曰：「本爲新徙四猛安貧窮，須刷官田與之，若張仲愈等所擬條約太刻，但以民初無得地之由，自撫定後未嘗輸稅，妄通爲己業者，刷之。如此，恐民苦之，可爲酬直。且先令猛安謀克人戶，隨宜分處，計其丁壯牛具，合得土田實數，給之。不足，則以前所刷地二萬餘頃補之。復不足，則續當議。」時有落兀者與婆薩等爭懿州地六萬頃，以皆無據驗，遂沒入官。

二十七年，隨處官豪之家多請占官地，轉與它人種佃，規取課利。命有司拘刷見數，以與貧難無地者，每丁授五十畝，庶不至失所，餘佃不盡者方許豪家驗丁租佃。章宗大定二

十九年五月，擬再立限，令貧民請佃官地，緣今已過期，計已數足，其占而有餘者，若容告訐，恐滋姦弊。況續告漏通地，勅旨已革，今限外告者宜却之，止付元佃。兼平陽一路地狹人稠，官地當盡數拘籍，驗丁以給貧民。上曰：「限外指告多佃官地者，却之，當矣。如無主不願承佃，方許諸人告請。其平陽路宜計丁限田，如一家三丁已業止三十畝，則更許存所佃官地一頃二十畝，餘者拘籍給付貧民可也。」

七月，諭旨尚書省曰：「唐、鄧、潁、蔡、宿、泗等處，水陸膏腴之地，若驗等級，量立歲租，寬其徵納之限，募民佃之，公私有益。今河南沿邊地多爲豪民冒占，若民或流移至彼，就募令耕，不惟貧民有贍，亦增羨官租。其給丁壯者田及耕具，而免其租稅。」八月，尚書省奏：「河東地狹，稍凶荒則流亡相繼。竊謂河南地廣人稀，若令招集他路流民，量給閑田，則河東飢民減少，河南且無曠地矣。」上從所請。九月戊寅，又奏：「在制，諸人請佃官閑地者免五年租課，今乞免八年，則或多墾。」並從之。十一月，尚書省奏：「民驗丁佃河南荒閑官地者，如願作官地則免租八年，〔三〕願爲己業則免稅三年，並不許貿易典賣。若豪强及公吏輩有冒佃者，限兩月陳首，免罪而全給之，其稅則視其鄰地定之，以三分爲率減一分，限外許諸人告詣給之。」制可。

明昌元年二月，諭旨有司曰：「瀕水民地，已種蒔而爲水浸者，可令以所近官田對給。」

三月，勅「當軍人所受田，止令自種，力不足者方許人承佃，亦止隨地所產納租，其自欲折錢輸納者從民所欲，不願承佃者毋强」。

六月，尚書省奏：「近制以猛安謀克戶不務栽植桑果，已令每十畝須栽一畝，今乞再下各路提刑及所屬州縣，勸諭民戶，如有不栽及栽之不及十之三者，並以事怠慢輕重罪科之。」詔可。

八月，勅「隨處係官閑地，百姓已請佃者仍舊，未佃者以付屯田猛安謀克」。

三年六月，尚書省奏：「南京、陝西路提刑司言，舊牧馬地久不分撥，以致軍民起訟，比差官往各路定之。凡民戶有憑驗已業，及宅井墳園，已改正給付，而其中復有官地者，亦驗數對易之矣。兩路牧地，南京路六萬三千五百二十餘頃，陝西路三萬五千六百八十餘頃。」

五年，諭旨尚書省：「遼東等路女直、漢兒百姓，可並令量力爲蠶桑。」二月，陳言人乞以長吏勸農立殿最，遂定制「能勸農田者，每年謀克賞銀絹十兩疋，猛安倍之，縣官於本等陞五人。〔四〕三年不怠者猛安謀克遷一官，縣官陞一等。田荒及十之一者笞三十，分數加至徒一年。三年皆荒者，猛安謀克追一官，縣官以陞等法降之」。爲永格。

六年二月，詔罷括陝西之地。又陝西提刑司言：「本路戶民安水磨、油栿，所占步數在私地有稅，官田則有租，若更輸水利錢銀，是重併也，乞除之。」省臣奏：「水利錢銀以輔本路

之用，未可除也，宜視實占地數，除稅租。」命他路視此爲法。

承安二年，遣戶部郎中上官瑜往西京幷沿邊，勸舉軍民耕種。〔五〕又差戶部郎中李敬義往臨潢等路規畫農事。舊令，軍人所授之地不得租賃與人，違者苗付地主。泰和四年九月定制，所撥地土十里內自種之數，每丁四十畝，續進丁同此，餘者許令便宜租賃及兩和分種，違者錢業還主。上聞六路括地時，其間屯田軍戶多冒名增口，以請官地，及包取民田，而民有空輸稅賦、虛抱物力者，應詔陳言人多論之。五年二月，尚書省奏：「若復遣官分往，追照案憑，訟言紛紛何時已乎。」遂令虛抱稅石已輸送入官者，命於稅內每歲續剋之。

泰和七年，募民種佃淸河等處地，以其租分爲諸春水處餌鵝鴨之食。

八年八月，戶部尚書高汝礪言：「舊制，人戶請佃荒地者，以各路最下第五等減半定租，仍免八年輸納。若作己業，並依第七等稅錢減半，亦免三年輸納。自首冒佃比隣田，定租三分納二。其請佃黃河退灘地者，次年納租。向者小民不爲久計，比至納租之時多巧避匿，或復告退，蓋由元限太遠，請佃之初無人保識故爾。〔六〕今請佃者可免三年，作己業者免一年，自首冒佃幷請退灘地，並令當年輸租，以隣首保識，爲長制。」

宣宗貞祐三年七月，以既徙河北軍戶於河南，議所以處之者，宰臣曰：「當指官田及牧地分界之，已爲民佃者則俟秋穫後，仍日給米一升，折以分鈔。」太常丞石抹世勣曰：「荒田

牧地耕闢費力，奪民素墾則民失所。況軍戶率無牛，宜令軍戶分人歸守本業，至春復還，爲固守計。」上卒從宰臣議，將括之，侍御史劉元規上書曰：「伏見朝廷有括地之議，聞者無不駭愕。向者河北、山東已爲此舉，民之塋墓井竈悉爲軍有，怨嗟爭訟至今未絕，若復行之，則將大失衆心。荒田不可耕，徒有得地之名，而無享利之實。縱得熟土，不能親耕，而復令民佃之，所得無幾，而使紛紛交病哉。」上大悟，罷之。

八月，先以括地事未有定論，北方侵及河南，由是盡起諸路軍戶南來，共圖保守，而不能知所以得軍糧之術。衆議謂可分遣官聚耆老問之，其將益賦，或與軍田，二者孰便。參政汝礪言：「河南官民地相半，又多全佃官地之家，一旦奪之，何以自活。小民易動難安，一時避賦遂有捨田之言，及與人能勿悔乎，悔則忿心生矣。如山東撥地時，腴地盡入富家，瘠者乃付貧戶，無益於軍，而民有損。惟當倍益官租，以給軍食，復以係官荒田牧地量數與之，令其自耕，則民不失業，官不厲民矣。」從之。

三年十月，高汝礪言：「河北軍戶徙居河南者幾百萬口，人日給米一升，歲費三百六十萬石，半以給直，猶支粟三百萬石。〔七〕河南租地計二十四萬頃，歲租纔一百五十六萬，乞於經費之外倍徵以給之。」遂命右司諫馮開等五人分詣諸郡，〔八〕就授以荒官田及牧地可耕者，人三十畝。

十一月，又議以括荒田及牧馬地給軍，命尚書右丞高汝礪總之。汝礪還奏：「今頃畝之數較之舊籍甚少，復瘠惡不可耕，均以可耕者與之，人得無幾。〔九〕又僻遠之處必徙居以就之，彼皆不能自耕，必以與人，又當取租於數百里之外。況今農田且不能盡闢，豈有餘力以耕叢薄交固、草根糾結之荒地哉。軍不可仰此得食也，審矣。今詢諸軍戶，皆曰：『得半糧猶足自養，得田不能耕，復罷其廩，將何所賴。』臣知初籍地之時，未嘗按閱其實，所以不如其數，不得其處也。若復考計州縣，必各妄承風旨，追呼究結以應命。不足其數，則妄指民田以充之，則所在騷然矣。今民之賦役三倍平時，飛輓轉輸，日不暇給，而復爲此舉，何以堪之。且軍戶暫遷，行有還期，何爲以此病民哉。病民而軍獲利，猶不可爲，況無所利乎。惟陛下加察。」遂詔罷給田，但半給糧、半給實直焉。

四年，復遣官括河南牧馬地，既籍其數，上命省院議所以給軍者，宰臣曰：「今軍戶當給糧者四十四萬八千餘口，計當口占六畝有奇，繼來者不與焉。但相去數百里者，豈能以六畝之故而遠來哉。兼月支口糧不可遽罷，臣等竊謂軍戶願佃者卽當計口給之。自餘僻遠不願者，宜准近制，係官荒地許軍民耕闢例，令軍民得占蒔之。」院官曰：「牧馬地少，且久荒難耕，軍戶復乏農器，然不給之，則彼自支糧外，更無從得食，非蓄銳待敵之計。給之則亦未能遽減其糧，若得遲以歲月，俟頗成倫次，漸可以省官廩耳。今奪於有力者，卽以授其無

力者，恐無以耕。乞令司縣官勸率民戶，借牛破荒，至來春然後給之。司縣官能率民戶以助耕而無騷動者，量加官賞，庶幾有所激勸。」宰臣復曰：「若如所言，則司縣官貪慕官賞，必將抑配，以至擾民。今民家之牛，量地而畜之。況比年以來，農功甫畢則併力轉輸猶恐不及，豈有暇耕它人之田也。惟如臣等前奏爲便。」詔再議之。乃擬民有能開牧馬地及官荒地作熟田者，以半給之爲永業，半給軍戶。奏可。

四年，省奏：「自古用兵，且耕且戰，是以兵食交足。今諸帥分兵不啻百萬，一充軍伍咸仰於官，至於婦子居家安坐待哺，蓋不知屯田爲經久之計也。願下明詔，令諸帥府各以其軍耕耨，亦以逸待勞之策也。」詔從之。

興定三年正月，尚書右丞領三司事侯摯言：「按河南軍民田總一百九十七萬頃有奇，見耕種者九十六萬餘頃，上田可收一石二斗，中田一石，下田八斗，十一取之，歲得九百六十萬石，自可優給歲支，且使貧富均，大小各得其所。臣在東平嘗試行二三年，民不疲而軍用足。」詔有司議行之。

四年十月，移剌不言：「軍戶自徙於河南，數歲尚未給田，兼以移徙不常，莫得安居，故貧者甚衆。請括諸屯處官田，人給三十畝，仍不移屯它所，如此則軍戶可以得所，官糧可以漸省。」宰臣奏：「前此亦有言授地者，樞密院以謂俟事緩而行之。今河南罹水災，流亡者

衆，所種麥不及五萬頃，殆減往年太半，歲所入殆不能足。若撥授之爲永業，俟有穫卽罷其家糧，亦省費之一端也。」上從之。又河南水災，逋戶太半，田野荒蕪，恐賦入少而國用乏，遂命唐、鄧、裕、蔡、息、壽、潁、亳及歸德府被水田，已燥者布種，未滲者種稻，復業之戶免本租及一切差發，能代耕者如之，有司擅科者以違制論，闕牛及食者率富者就貸。

五年正月，京南行三司石抹斡魯言：「京南、東、西三路，屯軍老幼四十萬口，歲費糧百四十餘萬石，皆坐食民租，甚非善計。宜括逋戶舊耕田，南京一路舊墾田三十九萬八千五百餘頃，內官田民耕者九萬九千頃有奇。今飢民流離者太半，東、西、南路計亦如之，朝廷雖招使復業，民恐既復之後生計未定而賦斂隨之，往往匿而不出。若分給軍戶人三十畝，使之自耕，或召人佃種，可數歲之後畜積漸饒，官糧可罷。」令省臣議之，更不能行。

租賦。金制，官地輸租，私田輸稅。租之制不傳，大率分田之等爲九而差次之。夏稅畝取三合，秋稅畝取五升，又納秸一束，束十有五斤。夏稅六月止八月，秋稅十月止十二月，爲初、中、末三限，州三百里外，紓其期一月。屯田戶佃官地者，有司移猛安謀克督之。泰和五年，章宗諭宰臣曰：「十月民穫未畢，遽令納稅可乎。」改秋稅限十一月爲初。中都、西京、北京、上京、遼東、臨潢、陝西地寒，稼穡遲熟，夏稅限以七月爲初。凡輸送粟麥，三百

里外石減五升，以上每三百里遞減五升。粟折秸百稱者，百里內減三稱，二百里減五稱，不及三百里減八稱，三百里及輸本色槀草，各減十稱。

計民田園、邸舍、車乘、牧畜、種植之資，藏鏹之數，徵錢有差，謂之物力錢。遇差科，必按版籍，先及富者，勢均則以丁多寡定甲乙。有橫科，則視物力，循大至小均科。其或不可分摘者，率以次戶濟之。凡民之物力，所居之宅不預。猛安謀克戶、監戶、官戶所居外，自置民田宅，則預其數。墓田、學田，租稅、物力皆免。

民愬水旱應免者，河南、山東、河東、大名、京兆、鳳翔、彰德部內支郡，夏田四月，秋田七月，餘路夏以五月，秋以八月，水田則通以八月爲限，遇閏月則展期半月，限外愬者不理。非時之災則無限。損十之八者全免，七分免所損之數，六分則全徵。桑被災不能蠶，則免絲綿絹稅。諸路雨雪及禾稼收穫之數，月以捷步申戶部。

凡叙使品官之家，並免雜役，驗物力所當輸者，止出雇錢。進納補官未至蔭子孫、及凡有出身者、謂司吏譯人等。出職帶官叙當身者、雜班叙使五品以下、及正品承應已帶散官未出職者，子孫與其同居兄弟，下逮終場舉人、係籍學生、醫學生，皆免一身之役。三代同居，已旌門則免差發，三年後免雜役。

太宗天會元年，勅有司輕徭賦，勸稼穡。十年，以遼人士庶之族賦役等差不一，詔有司

命悉均之。熙宗天眷五年十二月，〔一〇〕詔免民戶殘欠租稅。皇統三年，蠲民稅之未足者。世宗大定二年五月，謂宰臣曰：「凡有徭役，均科強戶，不得抑配貧民。」有言以用度不足，奏預借河北東西路、中都租稅，上以國用雖乏，民力尤艱，遂不允。三年，以歲歉，詔免二年租稅。又詔曰：「朕比以元帥府從宜行事，今聞河南、陝西、山東、北京以東、及北邊州郡，調發甚多，而省部又與他州一例征取賦役，是重擾也。可憑元帥府已取者例，蠲除之。」五年，命有司，凡罹蝗旱水溢之地，蠲其賦稅。六年，以河北、山東水，免其租。

八年十月，彰德軍節度使高昌福上書言稅租甚重，上諭翰林學士張景仁曰：「今租稅法比近代甚輕，而以爲重，何也？」景仁曰：「今之稅斂殊輕，非稅斂則國用何從而出。」

二年二月，〔一一〕尚書省奏，天下倉廩貯粟二千七十九萬餘石。上曰：「朕聞國無九年之蓄則國非其國，朕是以括天下之田以均其賦，歲取九百萬石，自經費七百萬石外，二百萬石又爲水旱之所蠲免及賑貸之用，餘纔百萬石而已。朕廣蓄積，備飢饉也。小民以爲稅重，小臣沽民譽，亦多議之，蓋不慮國家緩急之備也。」

十二年正月，以水旱免中都、西京、南京、河北、河東、山東、陝西去年租稅。十三年，謂宰臣曰：「民間科差，計所免已過半矣。慮小民不能詳知，吏緣爲姦，仍舊徵取，其令所在揭牓諭之。」十月，勅州縣官不盡力催督稅租，以致逋懸者，可止其俸，使之徵足，然後給之。十

六年正月，詔免去年被水旱路分租稅。十七年，上問宰臣曰：「遼東賦稅舊六萬餘石，通檢後幾二十萬。六萬時何以仰給，二十萬後所積幾何？」戶部契勘，謂先以官吏數少故能給，今官吏兵卒及孤老數多，以此費大。上曰：「當察其實，毋令妄費也。」十七年三月，詔免河北、山東、陝西、河東、西京、遼東等十路去年被旱蝗租稅。十八年正月，免中都、河北、河東、山東、河南、陝西等路前年被災租稅。十九年秋，中都、西京、河北、山東、河東、陝西以水旱傷民田十三萬七千七百餘頃，詔蠲其租。二十年三月，以中都、西京、河北、山東、河東、陝西路前歲被災，詔免其租稅。以戶部尚書曹望之之言，〔一二〕詔減鄜延及河東南路稅五十二萬餘石，增河北西路稅八萬八千石。又詔諸稅粟非關邊要之地者，除當儲數外，聽民從便折納。二十一年九月，以中都水災，免租。前時近官路百姓以牛夫充遞運者，復於它處未嘗就役之家徵錢償之。

二十三年，宗州民王仲規告乞徵還所役牛夫錢，省臣以奏，上曰：「此既就役，復徵錢於彼，前雖如此行之，復恐所給錢未必能到本戶，是兩不便也。不若止計所役，免租稅及鋪馬錢爲便。其預計實數以聞。若和雇價直亦須裁定也。」有司上其數，歲約給六萬四千餘貫，計折粟八萬六千餘石。上復命，自今役牛夫之家，以去道三十里內居者充役。

二十六年，軍民地罹水旱之災者，二十一萬頃免稅凡四十九萬餘石。二十七年六月，

免中都、河北等路嘗被河決水災軍民租稅。十一月，詔河水泛溢，農田被災者，與免差稅一年。懷、衞、孟、鄭四州塞河勞役，并免今年差稅。章宗大定二十九年，赦民租十之一。河東南北路則量減之。尚書省奏，兩路田多峻阪，磽瘠者往往再歲一易，若不以地等級蠲除，則有不均。遂勅以赦書特免一分外，中田復減一分，下田減二分。

舊制，夏、秋稅納麥、粟、草三色，以各處所須之物不一，戶部復令以諸所用物折納。上封事者言其不可，戶部謂如此則諸路所須之物要當和市，轉擾民矣。遂命太府監，應折納之物爲祗承宮禁者，治黃河薪芻增直二錢折納，如黃河岸所用木石固非土產，乃令所屬計置，而罷它應折納者。

明昌元年四月，〔一三〕上封事者乞薄民之租稅，恐廩粟積久腐敗。省臣奏曰：「臣等議，大定十八年戶部尚書曹望之奏，河東及鄜延兩路稅頗重，遂減五十二萬餘石。去年赦十之一，而河東瘠地又減之。今以歲入度支所餘無幾，萬一有水旱之災，既蠲免其所入，復出粟以賑之，非有備不可。若復欲減，將何以待之。如慮腐敗，令諸路以時曝晾，毋令致壞，違者論如律。」制可。

十一月，尚書省奏，「河南荒閑官地，許人計丁請佃，願仍爲官者免租八年，願爲己業者免稅三年」。詔從之。

明昌二年〔一四〕二月，勅自今民有訴水旱災傷者，即委官按視其實，申所屬州府，移報提刑司，同所屬檢畢，始令翻耕。三年六月，有司言河州災傷，闕食之民猶有未輸租者，詔蠲之。九月，以山東、河北三路被災，其權閣之租及借貸之粟，令俟歲豐日續徵。上如秋山，免圍場經過人戶今歲夏秋租稅之半。

四年冬十月，上行幸，諭旨尚書省曰：「海壖石城等縣，地瘠民困，所種惟黍稗而已。及賦於官，必以易粟輸之。或令止課所產，或依河東路減稅，至還京當定議以聞。」五年，勅免河決被災之民秋租。

泰和四年四月，以久旱下詔責躬，免所旱州縣今年夏稅。九月，陳言者謂河間、滄州逃戶，物力錢至數千貫，而其差發，有司止取辦於見戶，民不能堪矣。詔令按察司，除地土物力命隨其業，而權止其浮財物力。五年正月，詔有司，自泰和三年嘗所行幸至三次者，被科之民特免半年租稅。

八年五月，〔一五〕以宋謀和，詔天下，免河南、山東、陝西六路今年夏稅，河東、河北、大名等五路半之。八月，詔諸路農民請佃荒田者，與免租賦三年，作己業者一年，自首冒佃、及請佃黃河退灘地者，不在免例。

宣宗貞祐三年十月，御史田迥秀言：「方今軍國所需，一切責之河南。有司不惜民力，

徵調太急，促其期限，痛其棰楚。民既罄其所有而不足，遂使奔走傍求於它境，力竭財殫，相踵散亡，禁之不能止也。乞自今凡科徵必先期告之，不急者皆罷，庶民力寬而逋者可復。」詔行之。十二月，詔免逃戶租稅。

四年三月，免陝西逃戶租。五月，山東行省僕散安貞言：「泗州被災，道殣相望，所食者草根木皮而已。而邳州戍兵數萬，急徵重役，悉出三縣。官吏酷暴，擅括宿藏，以應一切之命。民皆逋竄，又別遣進納閑官以相迫督。皆怙勢營私，實到官者纔十之一，而徒使國家有厚斂之名。乞命信臣革此弊以安百姓。」詔從之。

興定元年[一六]二月，免中京、嵩、汝等逋租十六萬石。

四年，御史中丞完顏伯嘉奏，亳州大水，計當免租三十萬石，而三司官不以實報，止免十萬而已。詔命治三司官虛妄之罪。七月，以河南大水，下詔免租勸種，且命參知政事李復亨爲宣慰使，中丞完顏伯嘉副之。[一七]十月，以久雨，令寬民輸稅之限。十一月，上曰：「聞百姓多逃，而逋賦皆抑配見戶，人何以堪。軍儲既足，宜悉除免。今又添軍須錢太多，亡者詎肯復業乎。」遂命行部官閱實免之，已代納者給以恩例，或除它役，仍減桑皮故紙錢四之一。三年，令逃戶復業者但輸本租，[一八]餘差役一切皆免。能代耕者，免如復戶。有司失信擅科者，以違制論。

四年十二月，鎮南軍節度使溫迪罕思敬上書言：「今民輸稅，其法大抵有三，上戶輸遠倉，中戶次之，下戶最近。然近者不下百里，遠者數百里，道路之費倍于所輸，而雨雪有稽違之責，遇賊有死傷之患。不若止輸本郡，令有司檢算倉之所積，稱屯兵之數，使就食之。若有不足，則增斂于民，民計所斂不及道里之費，將忻然從之矣。」

五年十月，上諭宰臣曰：「比欲民多種麥，故令所在官貸易麥種。今聞實不貸與，而虛立案簿，反收其數以補不足之租。其遣使究治。」

元光元年，上聞向者有司以徵稅租之急，民不待熟而刈之，以應限。今麥將熟矣，其諭州縣，有犯者以慢軍儲治罪。九月，權立職官有田不納租罪。京南司農卿李蹊言：「按齊民要術，麥晚種則粒小而不實，故必八月種之。今南路當輸秋稅百四十餘萬石，草四百五十餘萬束，皆以八月爲終限。若輸遠倉及泥淖，往返不下二十日，使民不暇趨時，是妨來歲之食也。乞寬徵斂之限，使先盡力於二麥。」朝廷不從。

元光二年，宰臣奏：「去歲正月京師見糧纔六十餘萬石，今三倍矣，計國用頗足，而民間租稅徵之不絕，恐貧民無所輸而逋亡也。」遂以中旨遍諭止之。

牛頭稅。卽牛具稅，猛安謀克部女直戶所輸之稅也。其制每耒牛三頭爲一具，限民口二十五受田四頃四畝有奇，歲輸粟大約不過一石，官民占田無過四十具。天會三年，太宗以歲稔，官無儲積無以備飢饉，詔令一耒賦粟一石，每謀克別爲一廩貯之。四年，[一九]詔內地諸路，每牛一具賦粟五斗，爲定制。

世宗大定元年，詔諸猛安不經遷移者，徵牛具稅粟，就命謀克監其倉，虧損則坐之。十二年，尚書省奏：「唐古部民舊同猛安謀克定稅，其後改同州縣，履畝立稅，頗以爲重」，遂命從舊制。

二十年，定功授世襲謀克，許以親族從行，當給以地者，除牛九具以下全給，十具以上四十具以下者，則於官豪之家量撥地六具與之。

二十一年，世宗謂宰臣曰：「前時一歲所收可支三年，比聞今歲山西豐稔，所穫可支三年。此間地一歲所穫不能支半歲，而又牛頭稅粟，每牛一頭止令各輸三斗，又多逋懸，此皆遞互隱匿所致，當令盡實輸之。」

二十三年，有司奏其事，世宗謂左丞完顏襄曰：「卿家舊止七具，今定爲四十具。朕始令卿等議此，而卿皆不欲，蓋各顧其私爾。」是後限民口二十五，算牛一具。七月，尚書省復奏其事，上慮版籍歲久貧富不同，猛安謀克又皆年少，不練時事，一旦軍興，按籍徵之必有不均之患。乃令驗實推排，閱其戶口、畜產之數，其以上京二十二路來上。八月，尚書省

奏，推排定猛安謀克戶口、田畝、牛具之數。猛安二百二，謀克千八百七十八，戶六十一萬五千六百二十四，口六百一十五萬八千六百三十六，內正口四百八十一萬二千六百六十九，奴婢口一百三十四萬五千九百六十七。[二〇]田一百六十九萬三百八十頃有奇，牛具三十八萬四千七百七十一。在都宗室將軍司，戶一百七十，口二萬八千七百九十，內正口九百八十二，奴婢口二萬七千八百八，[二一]田三千六百八十三頃七十五畝有奇，牛具三百四。迭剌、唐古二部五糺，戶五千五百八十五，口一十三萬七千五百四十四，內正口十一萬九千四百六十三，奴婢口一萬八千八十一，[二二]田四萬六千二十四頃一十七畝，牛具五千六十六。後二十六年，尚書省奏併徵牛頭稅粟，上曰：「積壓五年，一見併徵，民何以堪。其令民隨年輸納，被災者蠲之，貸者俟豐年徵還。」

校勘記

[一] 自首冒佃比隣地者輸官租三分之二　原脫「佃」字。按下文，泰和八年八月戶部尚書高汝礪言：「舊制，……自首冒佃比隣田，定租三分納二。」今據補。

[二] 椿年子猛安參謀合……等親屬計七十餘家　原脫「子」字、「參謀合」作「三合」。按本書卷八三納合椿年傳，「以長子參謀合爲定遠大將軍，襲猛安」。又「椿年子猛安參謀合等三十餘家，凡冒占三千餘頃」，今據改補。然所記「三十餘家」與此異。

〔三〕如願作官地則免租八年　「租」原作「稅」。按本書卷四六食貨志：「官田曰租，私田曰稅。」又本卷下文租賦條亦云，「願仍爲官者免租八年」，今據改。

〔四〕縣官於本等陞五人　「人」字疑是「階」字之誤。

〔五〕遣戶部郎中上官瑜往西京幷沿邊勸舉軍民耕種　按本書卷一〇章宗紀，承安二年十二月「癸未，遣戶部侍郎上官瑜體究西京逃亡，勸率沿邊軍民耕種」，「郎中」作「侍郎」，「勸舉」作「勸率」。疑此誤。

〔六〕請佃之初無人保識故爾　「爾」原作「用」。據殿本改。

〔七〕河北軍戶徙居河南者幾百萬口人日給米一升歲費三百六十萬石半以給直猶支粟三百萬石　「幾」下原脫「百」字、「米」原作「粟」、「猶支」下原脫「粟」字、「石」字。按本書卷一〇七高汝礪傳，貞祐三年「十月，汝礪言：『今河北軍戶徙河南者幾百萬口，人日給米一升，歲率三百六十萬石，半給其直，猶支粟三百萬石。』」今據改補。

〔八〕遂命右司諫馮開等五人分詣諸郡　原脫「詣」字。按本書卷一〇七高汝礪傳記此事作「乃遣右司諫馮開等分詣諸郡就給之，人三十畝」。今據補。

〔九〕均以可耕者與之人得無幾　原脫「之」字、「得」字，文義不明。按本書卷一〇七高汝礪傳記此事作「計其可耕者均以與之，人得無幾」。今據補。

〔一〇〕熙宗天眷五年十二月　按本書卷四熙宗紀，天眷止三年，此「五」字誤。

〔一一〕二年二月　按上文爲「六年」、「八年」，下文爲「十二年」、「十三年」，則此「二年」必誤。

〔一二〕以戶部尚書曹望之之言　按下文明昌元年四月省臣奏曰：「臣等議，大定十八年戶部尚書曹望之奏，河東及鄜延兩路稅頗重，遂減五十二萬餘石」。此處次于大定二十年三月之後，恐有錯簡。

〔一三〕明昌元年四月　原脫「明昌元年」四字。按上文「大定二十九年赦民租十之一」，而此奏又云「去年赦十之一」，則此「四月」必在明昌元年已明。今據補。

〔一四〕明昌二年　「二」字原文殘缺似「一」字，今據殿本校正。

〔一五〕八年五月　按本書卷一二章宗紀記此事在「六月」。

〔一六〕興定元年　按本書卷一五宣宗紀記此事在興定二年。

〔一七〕七月以河南大水下詔免租勸種且命參知政事李復亨爲宣慰使中丞完顏伯嘉副之　據本書卷一〇〇完顏伯嘉傳，此三十四字當直接「四年」二字下，下接「御史中丞完顏伯嘉奏，亳州大水」，其事方貫。此處敍述失次。

〔一八〕三年令逃戶復業者但輸本租　「輸」原作「輪」。據殿本改。又此上下文所述皆興定四年事，具見本書卷一六宣宗紀，不應中間插入「三年」一條。卷一五宣宗紀，興定元年十二月「庚午，免逃戶復業者差賦」，當卽此事，蓋修史者誤記于此。

〔一九〕四年　按本書卷三太宗紀記此事在天會五年。

〔二〇〕內正口四百八十一萬二千六百六十九奴婢口一百三十四萬五千九百六十七　按此三十二字原爲大字正文，今依本志文例改作小字注文。

〔二一〕內正口九百八十二奴婢口二萬七千八百八　按此十八字原爲大字正文，今依本志文例改作小字注文。

〔二二〕內正口十一萬九千四百六十三奴婢口一萬八千八十一　按此二十三字原爲大字正文　今依本志文例改作小字注文。

金史卷四十八

志第二十九

食貨三

錢幣

錢幣。金初用遼、宋舊錢，天會末，雖劉豫「阜昌元寶」、「阜昌重寶」亦用之。海陵庶人貞元二年遷都之後，戶部尚書蔡松年復鈔引法，遂製交鈔，與錢並用。正隆二年，歷四十餘歲，始議鼓鑄。冬十月，初禁銅越外界，懸罪賞格。括民間銅鍮器，陝西、南京者輸京兆，他路悉輸中都。三年二月，中都置錢監二，東曰寶源，西曰寶豐。京兆置監一，曰利用。三監鑄錢，文曰「正隆通寶」，輕重如宋小平錢，而肉好字文峻整過之，與舊錢通用。世宗大定元年，用吏部尚書張中彥言，命陝西路參用宋舊鐵錢。四年，浸不行，詔陝西

行戶部、并兩路通檢官，詳究其事。皆言：「民間用錢，名與鐵錢兼用，其實不爲準數，公私不便」，遂罷之。

八年，民有犯銅禁者，上曰：「銷錢作銅，舊有禁令，然民間猶有鑄鏡者，非銷錢而何。」遂併禁之。

十年，上諭戶部臣曰：「官錢積而不散，則民間錢重，貿易必艱，宜令市金銀及諸物。其諸路酤榷之貨，亦令以物平折輸之。」十月，上責戶部官曰：「先以官錢率多，恐民間不得流通，令諸處貿易金銀絲帛，以圖流轉。今知乃有以抑配反害百姓者。前許院務得折納輕賷之物以便民，是皆朕恩而後行者也，此尚出朕，安用若爲。又隨處時有賑濟，往往近地無糧，取於它處，往返既遠，人愈難之。何爲不隨處起倉，年豐則多糴以備賑贍，設有緩急，亦豈不易辦乎，而徒使錢充府庫，將安用之。天下之大，朕豈能一一徧知，凡此數事，汝等何爲而使至此。且戶部與它部不同，當從宜爲計，若但務因循，以守其職，則戶部官誰不能爲。」

十一年二月，禁私鑄銅鏡，舊有銅器悉送官，給其直之半。惟神佛像、鐘、磬、鈸、鈷、腰束帶、魚袋之屬，則存之。

十二年正月，以銅少，命尚書省遣使諸路規措銅貨，能指坑冶得實者，賞。上與宰臣議

鼓鑄之術，宰臣曰：「有言所在有金銀坑冶，皆可採以鑄錢，臣竊謂工費過於所得數倍，恐不可行。」上曰：「金銀，山澤之利，當以與民，惟錢不當私鑄。今國家財用豐盈，若流布四方與在官何異。所費雖多，但在民間，而新錢日增爾。其遣能吏經營之。」左丞石琚進曰：「臣聞天子之富藏在天下，錢貨如泉，正欲流通。」上復問琚曰：「古亦有民自鑄錢者乎？」琚對曰：「民若自鑄，則小人圖利，錢益薄惡，此古所以禁也。」

十三年，命非屯兵之州府，以錢市易金帛，運致京師，使錢幣流通，以濟民用。

十五年十一月，上謂宰臣曰：「或言鑄錢無益，所得不償所費。朕謂不然。天下如一家，何公私之間，公家之費私家得之，但新幣日增，公私俱便也。」

十六年三月，遣使分路訪察銅鑛苗脈。

十八年，代州立監鑄錢，命震武軍節度使李天吉、知保德軍事高季孫往監之，而所鑄斑駁黑澀不可用，詔削天吉、季孫等官兩階，解職，仍杖季孫八十。更命工部郎中張大節、吏部員外郎龐珪監鑄。其錢文曰「大定通寶」，字文肉好又勝正隆之制，世傳其錢料微用銀云。十九年，始鑄至萬六千餘貫。二十年，詔先以五千進呈，而後命與舊錢並用。

初，新錢之未行也，以宋大觀錢作當五用之。二月，上聞上京修內所，市民物不卽與直，又用短錢，責宰臣曰：「如此小事，朕豈能悉知，卿等何爲不察也。」時民間以八十爲陌，

謂之短錢，官用足陌，謂之長錢。大名男子斡魯補者上言，謂官私所用錢皆當以八十爲陌，遂爲定制。

二十年十一月，名代州監曰阜通，設監一員，正五品，以州節度兼領。副監一員，正六品，以州同知兼領。丞一員，正七品，以觀察判官兼領。設勾當官二員，從八品。給銀牌，命副監及丞更馳驛經理。二十二年十月，以參知政事粘割斡特剌提控代州阜通監。二十三年，上以阜通監鼓鑄歲久，而錢不加多，蓋以代州長貳廳幕兼領，而奪於州務，不得專意綜理故也。遂設副監、監丞爲正員，而以節度領監事。

二十六年，上曰：「中外皆言錢難，朕嘗計之，京師積錢五百萬貫亦不爲多，外路雖有終亦無用，諸路官錢非屯兵處可盡運至京師。」太尉丞相克寧曰：「民間錢固已艱得，若盡歸京師，民益艱得矣。不若起其半至都，餘半變折輕齎，則中外皆便。」十一月，上諭宰臣曰：「國家銅禁久矣，尙聞民私造腰帶及鏡，託爲舊物，公然市之。宜加禁約。」

二十七年二月，曲陽縣鑄錢別爲一監，以利通爲名，設副監、監丞，給驛更出經營銅事。

二十八年，上謂宰臣曰：「今者外路見錢其數甚多，聞有六千餘萬貫，皆在僻處積貯，既不流散，公私無益，與無等爾。今中都歲費三百萬貫，支用不繼，若致之京師，不過少有輓運之費，縱所費多，亦惟散在民爾。」

章宗大定二十九年十二月，雁門、五臺民劉完等訴，「自立監鑄錢以來，有銅鑛之地雖曰官運，其顧直不足則令民共償。乞與本州司縣均爲差配」。遂命甄官署丞丁用楫往審其利病，還言「所運銅鑛，民以物力科差濟之，非所願也。其顧直既低，又有刻剝之弊。而相視苗脉工匠，妄指人之垣屋及寺觀謂當開採，因以取賄。又隨冶夫匠，日辦淨銅四兩，多不及數，復銷銅器及舊錢，送官以足之。今阜通、利通兩監，〔一〕歲鑄錢十四萬餘貫，而歲所費乃至八十餘萬貫，病民而多費，未見其利便也」。宰臣以聞，遂罷代州、曲陽二監。

初，貞元間既行鈔引法，遂設印造鈔引庫及交鈔庫，皆設使、副、判各一員，都監二員，而交鈔庫副則專主書押、搭印合同之事。印一貫、二貫、三貫、五貫、十貫五等謂之大鈔，一百、二百、三百、五百、七百五等謂之小鈔，與錢並行，以七年爲限，納舊易新，猶循宋張詠四川交子之法而紓其期爾，蓋亦以銅少，權制之法也。時有欲罷之者，至是二監既罷，有司言：「交鈔舊同見錢，商旅利於致遠，往往以錢買鈔，蓋公私俱便之事，豈可罷去。止因有釐革年限，不能無疑，乞削七年釐革之法，令民得常用。若歲久字文磨滅，許於所在官庫納舊換新，或聽便支錢。」遂罷七年釐革之限，交鈔字昏方換，法自此始，而收斂無術，出多入少，民寖輕之。厥後其法屢更，而不能革，弊亦始於此焉。

交鈔之制，外爲闌，作花紋，其上衡書貫例，左曰「某字料」，右曰「某字號」。料號外，篆書曰「僞造交鈔者斬，告捕者賞錢三百貫」。料號衡闌下曰「中都交鈔庫，准尚書戶部符，承都堂劄付，戶部覆點勘，令史姓名押字」。又曰：「聖旨印造逐路交鈔，於某處庫納錢換鈔，更許於某處庫納鈔換錢，官私同見錢流轉。」其鈔不限年月行用，如字文故暗，鈔紙擦磨，許於所屬庫司納舊換新。若到庫支錢，或倒換新鈔，每貫剋工墨錢若干文。庫掐、攢司、庫副、副使、使各押字，年月日。〔二〕印造鈔引庫庫子、庫司、副使各押字，〔三〕上至尚書戶部官亦押字。其搭印支錢處合同，餘用印依常例。

初，大定間定制，民間應許存留銅鍮器物，若申賣入官，每斤給錢二百文。其弃藏應禁器物，〔四〕首納者每斤給錢百文，非器物銅貨一百五十文，不及斤者計給之。在都官局及外路造賣銅器價，令運司佐貳檢校，鏡每斤三百十四文，鍍金御仙花腰帶十七貫六百七十一文，五子荔支腰帶十七貫九百七十一文，擡鈒羅文束帶八貫五百六十文，魚袋二貫三百九文，鈒鈷鐃磬每斤一貫九百二文，鈴杵坐銅者二貫七百六十九文，鍮石者三貫六百四十六文。明昌二年十月，勅減賣鏡價，防私鑄銷錢也。

舊嘗以夫匠逾天山北界外採銅，明昌三年，監察御史李炳言：「頃聞有司奏，在官銅數可支十年，若復每歲令夫匠過界遠採，不惟多費，復恐或生邊釁。若支用將盡之日，止可於界內採煉。」上是其言，遂不許出界。

五月，勅尚書省曰：「民間流轉交鈔，當限其數，毋令多於見錢也。」

四年，上諭宰臣曰：「隨處有無用官物，可爲計置，如鐵錢之類是也。」或有言鐵錢有破損，當令所司以銅錢償之者，參知政事胥持國不可，上曰：「令償之尚壞，不償將盡壞矣。若果無用，曷別爲計？」持國曰：「如江南用銅錢，江北、淮南用鐵錢，蓋以隔閡銅錢不令過界爾。如陝西市易亦有用銀布薑麻，若舊有鐵錢，宜姑收貯，以備緩急。」遂令有司籍鐵錢及諸無用之物，〔五〕貯於庫。

八月，提刑司言：「所降陝西交鈔多於見錢，使民艱於流轉。」宰臣以聞，遂令本路榷稅及諸名色錢，折交鈔。官兵俸，許錢絹銀鈔各半之，若錢銀數少，即全給交鈔。

五年三月，宰臣奏：「民間錢所以艱得，以官豪家多積故也。在唐元和間，嘗限富家錢過五千貫者死，〔六〕王公重貶沒入，以五之一賞告者。」上令參酌定制，令官民之家以品從物力限見錢，多不過二萬貫，猛安謀克則以牛具爲差，不得過萬貫，凡有所餘，盡令易諸物收貯之。有能告數外留錢者，奴婢免爲良，傭者出離，以十之一爲賞，餘皆沒入。

又諭旨有司，凡使高麗還者，所得銅器令盡買之。

承安二年十月，宰臣奏：「舊立交鈔法，凡以舊易新者，每貫取工墨錢十五文。至大定二十三年，不拘貫例，每張收八文，既無益於官，亦妨鈔法，宜從舊制便。若以鈔買鹽引，每貫權作一貫五十文，庶得多售。」上曰：「工墨錢，貫可令收十二文。買鹽引者，每貫可權作一貫一百文。」時交鈔所出數多，民間成貫例者艱於流轉，詔以西北二京、遼東路從宜給小鈔，且許於官庫換錢，與它路通行。

十二月，尚書省議，謂時所給官兵俸及邊戍軍須，皆以銀鈔相兼，舊例銀每鋌五十兩，其直百貫，民間或有截鑿之者，其價亦隨低昂，遂改鑄銀名「承安寶貨」，一兩至十兩分五等，每兩折錢二貫，公私同見錢用，仍定銷鑄及接受稽留罪賞格。

承安三年正月，省奏：「隨處榷場若許見錢越境，雖非銷毀，即與銷毀無異」。遂立制，以錢與外方人使及與交易者，徒五年，三斤以上死，駔儈同罪。捕告人之賞，官先爲代給錢五百貫。其逮及與接引、館伴、先排、通引、書表等以次坐罪，仍令均償。

時交鈔稍滯，命西京、北京、臨潢、遼東等路一貫以上俱用銀鈔、寶貨，不許用錢，一貫以下聽民便。時既行限錢法，人多不遵，上曰：「已定條約，不爲不重，其令御史臺及提刑察之。」九月，以民間鈔滯，〔七〕盡以一貫以下交鈔易錢用之，遂復減元限之數，更定官民存留錢法，三分爲率，親王、公主、品官許留一分，餘皆半之，其贏餘之數期五十日內盡易諸物，違者以違制論，以錢賞告者。於兩行部各置回易務，以綿絹物段易銀鈔，亦許本務納銀鈔。赴榷貨出鹽引，〔八〕納鈔於山東、河北、河東等路，從便易錢。各降補官及德號空勅三百，度牒一千，從兩行部指定處，限四月進納補換。又更造一百例小鈔，並許官庫易錢。一貫、二貫例並支小鈔，三貫例則支銀一兩、小鈔一貫，若五貫、十貫例則四分支小鈔、六分支銀，欲得寶貨者聽，有阻滯及輒減價者罪之。

四年三月，又以銀鈔阻滯，乃權止山東諸路以銀鈔與綿絹鹽引從便易錢之制。令院務諸科名錢，除京師、河南、陝西銀鈔從便，餘路並許收銀鈔各半，仍於鈔四分之一許納其本路。隨路所收交鈔，除本路者不復支發，餘通行者並循環用之。榷貨所鬻鹽引，收納寶貨與鈔相半，銀每兩止折鈔兩貫。省許人依舊詣庫納鈔，隨路漕司所收，除額外羨餘者，亦如之。所支官錢，亦以銀鈔相兼，銀已零截者令交鈔庫不復支，若寶貨數少，可浸增鑄。銀鈔既通則物價自平，雖有禁法亦安所施，遂除阻滯銀鈔罪制。

四年，以戶部言，命在都官錢、榷貨務鹽引，並聽收寶貨，附近鹽司貼錢數亦許帶納。民間寶貨有所歸，自然通行，不至銷毀。先是，設四庫印小鈔以代鈔本，令人便賫小鈔赴庫換錢，即與支見錢無異。今更不須印造，俟其換盡，可罷四庫，但以大鈔驗錢數支易見錢。

時私鑄「承安寶貨」者多雜以銅錫，寖不能行，京師閉肆。五年十二月，宰臣奏：「比以軍儲調發，支出交鈔數多，遂鑄寶貨，與錢兼用，以代鈔本，蓋權時之制，非經久之法。」遂罷「承安寶貨」。

泰和元年六月，通州刺史盧構言：「民間鈔固已流行，獨銀價未平，官之所定每鋌以十萬爲準，而市肆纔直八萬，蓋出多入少故也。若令諸稅以錢銀鈔三分均納，庶革其弊。」下省議，宰臣謂「軍興以來，全賴交鈔佐用，以出多遂滯，頃令院務收鈔七分，亦漸流通。若與銀均納，則彼增此減，理必偏勝，至礙鈔法。必欲銀價之平，宜令諸名若『鋪馬』、『軍須』等錢，許納銀半，無者聽便」。

先是，嘗行三合同交鈔，至泰和二年，止行於民間，而官不收斂，朝廷慮其病民，遂令諸稅各帶納一分，雖止係本路者，亦許不限路分通納。戶部見徵累年鋪馬錢，亦聽收其半。閏十二月，上以交鈔事，召戶部尚書孫鐸、侍郎張復亨，議於內殿。復亨以三合同鈔可行，鐸請廢不用，既而復亨言竟詘。自是而後，國虛民貧，經用不足，專以交鈔愚百姓，而法又不常，世宗之業衰焉。以至泰和三年，其弊彌甚，乃謂宰臣曰：「大定間，錢至足，今民間錢少，而又不在官，何耶？其集問百官，必有能知之者。」四年七月，罷限錢法，從戶部尚書上官瑜所請也。

四年，欲增鑄錢，命百官議所以足銅之術。中丞孟鑄謂：「銷錢作銅，及盜用出境者不止，宜罪其官及隣。」太府監梁瑭等言：「鑄錢甚費，率費十錢可得一錢。識者謂費雖多猶增一錢也，乞採銅、拘器以鑄。」宰臣謂：「鼓鑄未可速行，其銅冶聽民煎煉，官爲買之。凡寺觀不及十人，不許畜法器。民間鍮銅器期以兩月送官給價，匿者以私法坐，限外人告者，以知而不糾坐其官。寺觀許童行告者賞。俟銅多，別具以聞。」八月，定從便易錢法，聽人輸納於京師，而於山東、河北、大名、河東等路依數支取。後鑄大錢一直十，篆文曰「泰和重寶」，〔九〕與鈔參行。

五年，上欲罷交鈔工墨錢，復以印時常費遂命貫止收六文。

六年四月，陝西交鈔不行，以見錢十萬貫爲鈔本，與鈔相易，復以小鈔十萬貫相參用之。六年十一月，復許諸路各行小鈔。中都路則於中都及保州，南京路則於南京、歸德、河南府，山東東路則於益都、濟南府，山東西路則於東平、大名府，河北東路則於河間府、冀州，河北西路則於眞定、彰德府，河東南路則於平陽，河東北路則於太原、汾州，遼東則於上京、咸平，西京則於西京、撫州，北京則於臨潢府官庫易錢。令戶部印小鈔五等，附各路同見錢用。

七年正月，勅在官毋得支出大鈔，在民者令赴庫，以多寡制數易小鈔及見錢。院務商稅及諸名錢，三分須納大鈔一分，惟遼東從便。

時民以貨幣屢變，往往怨嗟，聚語於市。上知之，諭旨於御史臺曰：「自今都市敢有相聚論鈔法難行者，許人捕告，賞錢三百貫。」

五月，以戶部尚書高汝礪議，立「鈔法條約」，添印大小鈔，以鈔庫至急切，增副使一員。汝礪又與中都路轉運使孫鐸言錢幣，上命中丞孟鑄、禮部侍郎喬宇、國子司業劉昂等十人議，月餘不決。七月，上召議于泰和殿，且諭汝礪曰：「今後毋謂鈔多，不加重而輒易之。重之加於錢，可也。」明日，勅「民間之交易、典質，一貫以上並用交鈔，毋得用錢。須立契者，三分之一用諸物。六盤山西、遼河東以五分之一用鈔，東鄙屯田戶以六分之一用鈔。不須立契者，惟遼東錢鈔從便。犯者徒二年，告者賞有差，監臨犯者杖且解職，縣官能奉行流通者升除，否者降罰，集衆沮法者以違制論。工墨錢每張止收二錢。商旅賫見錢不得過十貫。所司籍辨鈔人以防僞冒。品官及民家存留見錢，比舊減其數，若舊有見錢多者，許送官易鈔，十貫以上不得出京」。

又定制，按察司以鈔法流通爲稱職，而河北按察使斜不出巡按所給券應得鈔一貫，以難支用，命取見錢，御史以沮壞鈔法劾之，上曰：「糾察之官乃先壞法，情不可恕。」杖之七十，削官一階解職。

戶部尚書高汝礪言：「鈔法務在必行，府州縣鎭宜各籍辨鈔人，給以條印，聽與人辨驗，隨貫量給二錢，貫例雖多，六錢即止。每朝官出使，則令體究通滯以聞。民間舊有宋會子，亦令同見錢用，十貫以上不許持行。榷鹽許用銀絹，餘市易及俸，並用交鈔，其奇數以小鈔足之，應支銀絹而不足者亦以鈔給之。」

上遣近侍諭旨尚書省：「今既以按察司鈔法通快爲稱職，否則爲不稱職，仍於州府司縣官給由內，明書所犯之數，但犯鈔法者雖監察御史舉其能幹，亦不准用。」

十月，楊序言：「交鈔料號不明，年月故暗，雖令赴庫易新，然外路無設定庫司，欲易無所，遠者直須赴都。」上以問汝礪，對曰：「隨處州府庫內，各有辨鈔庫子，鈔雖弊不僞，亦可收納。去都遠之城邑，既有設置合同換錢，客旅經之皆可相易。更慮無合同之地，難以易者，令官庫凡納昏鈔者受而不支，於鈔背印記官吏姓名，積半歲赴都易新鈔。如此，則昏鈔有所歸而無滯矣。」

十一月，上諭戶部官曰：「今鈔法雖行，卿等亦宜審察，少有壅滯，卽當以聞，勿謂已行而憚改。」汝礪對曰：「今諸處置庫多在公廨內，小民出入頗難，雖有商賈易之，然患鈔本不豐。比者河北西路轉運司言，一富民首其當存留錢外，見錢十四萬貫。它路臆或有如此者，臣等謂宜令州縣委官及庫典，於市肆要處置庫支換。以出首之錢爲鈔本，十萬戶以上州府，給三萬貫，以次爲差，易鈔者人不得過二貫。以所得工墨錢充庫典食直，仍令州府佐貳及轉運司官一員提控。」上是之，遂命移庫於市肆之會，令民以鈔易錢。

是月，勅捕獲僞造交鈔者，皆以交鈔爲賞。

時復議更鈔法，上從高汝礪言，命在官大鈔更不許出，聽民以五貫十貫例者赴庫易小鈔，欲得錢者五貫內與一緡，十貫內與兩緡，惟遼東從便。河南、陝西、山東及它行鈔諸路，院務諸稅及諸科名錢，並以三分爲率，一分納十貫例者，二分五貫例者，餘並收見錢。

八年正月，以京師鈔滯，定所司賞罰格。時新制，按察司及州縣官，例以鈔通滯爲陞降。遂命監察御史賞罰同外道按察司，大興府警巡院官同外路州縣官。

是月，收毀大鈔，行小鈔。

八月，從遼東按察司楊雲翼言，[10]以咸平、東京兩路商旅所集，遂從都南例，一貫以上皆用交鈔，不得用錢。十月，孫鐸又言：「民間鈔多，正宜收斂，院務稅諸名錢，可盡收鈔，秋夏稅納本色外，亦令收鈔，不拘貫例。農民知之則漸重鈔，可以流通。比來州縣抑配市肆買鈔，徒增騷擾，可罷諸處創設鈔局，止令赴省庫換易。今小鈔各限路分，亦甚未便，可令通用」。上命亟行之。

十二月，[11]宰臣奏：「舊制，內外官兵俸皆給鈔，其必用錢以足數者，可以十分爲率，軍兵給三分，官員承應人給二分，多不過十貫。凡前所收大鈔，俟至通行當復計造，其終須當精緻以圖經久。民間舊鈔故暗者，乞許於所在庫易新。若官吏勢要之家有賤買交鈔，而於院務換錢興販者，以違制論。復遣官分路巡察，其限錢過數雖許奴婢以告，乃有所屬默令其主藏匿不以實首者，可令按察司察之。若舊限已滿，當更展五十日，許再令變易鈔引諸物。」

是制既行之後，章宗尋崩，衞紹王繼立，大安三年會河之役，[12]至以八十四車爲軍賞，兵衄國殘，不遑救弊，交鈔之輕幾於不能市易矣。至宣宗貞祐二年二月，思有以重之，乃更作二十貫至百貫例交鈔，又造二百貫至千貫例者。然自泰和以來，凡更交鈔，初雖重，不數年則輕而不行，至是則愈更而愈滯矣。南遷之後，國蹙民困，軍旅不息，供億無度，輕又甚焉。

三年四月，河東宣撫使胥鼎上言曰：「今之物重，其弊在於鈔窒，有出而無入也。雖院務稅增收數倍，而所納皆十貫例大鈔，此何益哉。今十貫例者民間甚多，以無所歸，故市易多用見錢，而鈔每貫僅直一錢，曾不及工墨之費。臣愚謂，宜權禁見錢，且令計司以軍須爲名，量民力徵斂，則泉貨流通，而物價平矣。」自是，錢貨不用，富家內困藏鏹之限，外弊交鈔屢變，皆至窘敗，謂之「坐化」。商人往往舟運貿易于江淮，錢多入于宋矣。宋人以爲喜，而金人不禁也。識者惜其既不能重無用之楮，而又棄自古流行之寶焉。

五月，權西安軍節度使烏林達與言：「關陝軍多，供億不足，所仰交鈔則取於京師，徒成煩費。乞降板就造便。」又言：「懷州舊鐵錢鉅萬，[13]今既無用，願貫爲甲，以給戰士。」時有

司輕罪議罰，率以鐵贖，而當罪不平，遂命贖銅計贓皆以銀價爲準。

六月，勅議交鈔利便。七月，改交鈔名爲「貞祐寶券」，仍立沮阻罪。九月，御史臺言：「自多故以來，全藉交鈔以助軍需，然所入不及所出，則其價浸減，卒無法以禁，此必然之理也。近用「貞祐寶券」以革其弊，又慮既多而民輕，與舊鈔無異也，乃令民間市易悉從時估，嚴立罪賞，期於必行，遂使商旅不行，四方之物不敢入。夫京師百萬之衆，日費不貲，物價寧不日貴耶。且時估月再定之，而民間價旦暮不一，今有司强之，而市肆盡閉。復議搜括隱匿，必令如估鬻之，則京師之物指日盡，而百姓重困矣。臣等謂，惟官和買計贓之類可用時估，餘宜從便。」制可。

十二月，上聞近京郡縣多糴於京師，穀價翔踴，令尚書省集戶部、講議所、開封府、轉運司，議所以制之者。戶部及講議所言，以五斗出城者可闌糴其半，轉運司謂宜悉禁其出，上從開封府議，謂「寶券初行時，民甚重之。但以河北、陝西諸路所支既多，人遂輕之。商賈爭收入京，以市金銀，銀價昂，穀亦隨之。若令寶券路各殊制，則不可復入河南，則河南金銀賤而穀自輕。若直閉京城粟不出，則外亦自守，不復入京，穀當益貴。宜諭郡縣小民，毋妄增價，官爲定制，務從其便。」

四年正月，監察御史田迥秀言：「國家調度皆資寶券，行才數月，又復壅滯，非約束不

嚴、奉行不謹也。夫錢幣欲流通，必輕重相權、散斂有術而後可。今之患在出太多、入太少爾。若隨時裁損所支，而增其所收，庶乎或可也。」因條五事，一曰省冗官吏，二曰損酒使司，三曰節兵俸，四曰罷寄治官，五曰酒稅及納粟補官皆當用寶券。詔酒稅從大定之舊，餘皆不從。尋又更定捕獲僞造寶券官賞。

三月，翰林侍講學士趙秉文言：「比者寶券滯塞，蓋朝廷將議更張，已而妄傳不用，因之抑遏，漸至廢絕，此乃權歸小民也。自遷汴以來，廢回易務，臣愚謂當復置，令職官通市道者掌之，給銀鈔粟麥縑帛之類，權其低昂而出納之。仍自選良監當官營爲之，若半年無過，及券法通流，則聽所指任便差遣。」詔議行之。

四月，河東行省胥鼎言：「交鈔貴乎流通，今諸路所造不充所出，不以術收之，不無缺誤。宜量民力徵斂，以裨軍用。河中宜撫司亦以寶券多出，民不之貴，乞驗民貧富徵之。雖爲陝西，若一體徵收，〔一四〕則彼中所有日湊于河東，與不斂何異。又河北寶券以不許行于河南，由是愈滯。」宰臣謂：「昨以河北寶券，商旅賫販纏踵南渡，遂致物價翔踴，乃權宜限以路分。今鼎既以本路用度繁殷，欲徵軍須錢，宜從所請。若陝西可徵與否，詔令行省議定而後行。」

五月，上以河北州府官錢散失，多在民間，命尚書省經畫之。

八月，平章高琪奏：「軍興以來，用度不貲，惟賴寶券，然所入不敷所出，是以浸輕，今千錢之券僅直數錢，隨造隨盡，工物日增，不有以救之，弊將滋甚。宜更造新券，與舊券權爲子母而兼行之，庶工物俱省，而用不乏。」濮王守純以下皆憚改，奏曰：「自古軍旅之費皆取於民，向朝廷以小鈔殊輕，權更寶券，而復禁用錢。小民淺慮，謂楮幣易壞，不若錢可久，於是得錢則珍藏，而券則亟用之，惟恐破裂而至於廢也。今朝廷知支而不知收，所以錢日貴而券日輕。然則券之輕非民輕之，國家致之然也。不若量其所支復斂于民，出入循環，則彼知爲必用之物，而知愛重矣。今徒患輕而即欲更造，不惟信令不行，且恐新券之輕復同舊券也。」既而，隴州防禦使完顏寓及陝西行省令史惠吉繼言券法之弊。寓請姑罷印造，以見在者流通之，若滯塞則驗丁口之多寡、物力之高下而徵之。吉言：「券者所以救弊一時，非可通流與見錢比，必欲通之，不過多斂少支爾。然斂多則傷民，支少則用不足，二者皆不可。爲今日計，莫若更造，以『貞祐通寶』爲名，自百至三千等之爲十，聽各路轉運司印造，仍不得過五千貫，與舊券參用，庶乎可也。」詔集百官議。戶部侍郎奧屯阿虎、禮部侍郎楊雲翼、郎中蘭芝、刑部侍郎馮鶚皆主更造，戶部侍郎高夔、員外郎張師魯、兵部侍郎徒單歐里白皆請徵斂，惟戶部尚書蕭貢謂止當如舊，而工部尚書李元輔謂二者可並行。太子少保張行信亦言不宜更造，但嚴立不行之罪，足矣。侍御史趙伯成曰：「更造之法，陰奪民利，其弊甚於徵。徵之爲法，特徵於農民則不可，若徵於市肆商賈之家，是亦敦本抑末之一端。」刑部主事王壽寧曰：「不然，今之重錢輕券者皆農爾，其斂必先於民而後可。」轉運使王擴曰：「凡論事當究其本，今歲支軍士家口糧四萬餘石，如使斯人地着，少寬民力，然後徵之，則行之不難。」榷貨司楊貞亦欲節無名之費，罷閑冗之官。或有請鑄大錢以當百，別造小鈔以省費。或謂縣官當擇人者。獨吏部尚書溫迪罕思敬上書言：「國家立法，莫不備具，但有司不克奉之而已。誠使臣得便宜從事，凡外路四品以下官皆許杖決，三品以上奏聞，仍付監察二人馳驛往來，法不必變，民不必徵，一號令之，可使上下無不奉法。如其不然，請就重刑。」上以示宰臣曰：「彼自許如此，試委之可乎？」宰臣未有以處，而監察御史陳規、完顏素蘭交諍，以爲「事有難行，聖哲猶病之，思敬何爲者，徒害人爾。」上以衆議紛紛，月餘不決，厭之，乃詔如舊，紓其徵斂之期焉。未幾，竟用惠吉言，造「貞祐通寶」，興定元年二月，始詔行之，凡一貫當千貫，增重僞造沮阻罪及捕獲之賞。

五月，以鈔法屢變，隨出而隨壞，製紙之桑皮故紙皆取于民，至是又甚艱得，遂令計價，但徵寶券、通寶，名曰「桑皮故紙錢」，謂可以免民輸輓之勞，而省工物之費也。高汝礪言：「河南調發繁重，所徵租稅三倍於舊，僅可供億，如此其重也。而今年五月省部以歲收通寶不充所用，乃於民間斂桑皮故紙鈔七千萬貫以補之，又太甚矣。而近又以通寶稍滯，又增

兩倍。河南人戶農居三之二，今年租稅徵尚未足，而復令出此，民若不糶當納之租，則賣所食之粟，舍此將何得焉。今所急而難得者芻糧也，出於民而有限。可緩而易爲者交鈔也，出於國而可變。以國家之所自行者而强求之民，將若之何。向者大鈔滯則更爲小鈔，小鈔弊則改爲寶券，寶券不行則易爲通寶，變制在我，尙何煩民哉。民既悉力以奉軍而不足，又計口、計稅、計物、計生殖之業而加徵，若是其剝，彼不能給，則有亡而已矣。民逃田穢，兵食不給，是軍儲鈔法兩廢矣。臣非於鈔法不加意，非故與省部相違也，但以鈔滯物貴之害輕，民去軍飢之害重爾。」時不能用。

三年十月，省臣奏：「向以物重錢輕，犯贓者計錢論罪則太重，於是以銀爲則，每兩爲錢二貫。有犯通寶之贓者直以通寶論，如因軍興調發，受通寶及三十貫者，已得死刑，準以金銀價，纔爲錢四百有奇，則當杖。輕重之間懸絕如此。」遂命准犯時銀價論罪。四年三月，參知政事李復亨言：〔一五〕「近制，犯通寶之贓者並以物價折銀定罪，每兩爲錢二貫，而法當贖銅者，止納通寶見錢，亦乞令依上輸銀，既足以懲惡，又有補於官。」詔省臣議，遂命犯公錯過悞者止徵通寶見錢，贓汚故犯者輸銀。

十二月，〔一六〕鎭南軍節度使溫迪罕思敬上書言：「錢之爲泉也，貴流通而不可塞，積於官而不散則病民，散於民而不斂則闕用，必多寡輕重與物相權而後可。大定之世，民間錢多

而鈔少，故貴而易行。軍興以來，在官殊少，民亦無幾，軍旅調度悉仰于鈔，日之所出動以萬計，至于塡委市肆，能無輕乎。不若弛限錢之禁，許民自採銅鑄錢，而官製模範，薄惡不如法者令民不得用，則錢必日多，鈔可少出，少出則貴而易行矣。今日出益衆，民日益輕，有司欲重之而不得其法，至乃計官吏之俸、驗百姓之物力以斂之，而卒不能增重，曾不知錢少之弊也。臣謂宜令民鑄錢，而當斂鈔者亦聽輸銀，民因以銀鑄錢爲數等，文曰『興定元寶』，定直以備軍賞，亦救弊之一法也。」朝廷不從。

五年閏十二月，宰臣奏：「向者寶券既弊，乃造『貞祐通寶』以救之，迄今五年，其弊又復如寶券之末。初，通寶四貫爲銀一兩，今八百餘貫矣。宜復更造『興定寶泉』，子母相權，與通寶兼行，每貫當通寶四百貫，以二貫爲銀一兩，隨處置庫，許人以通寶易之。縣官能使民流通者，進官一階、陞職一等，其或姑息以致壅滯，則亦追降的決爲差。州府官以所屬司縣定罪賞，命監察御史及諸路行部官察之，定撓法失糾舉法，失舉則御史降決，行部官降罰，集衆妄議難行者徒二年，告捕者賞錢三百貫。」元光元年二月，始詔行之。

二年五月，更造每貫當通寶五十，又以綾印製「元光珍貨」，同銀鈔及餘鈔行之。行之

未久，銀價日貴，寶泉日賤，民但以銀論價。至元光二年，寶泉幾於不用，乃定法，銀一兩不得過寶泉三百貫，凡物可直銀三兩以下者不許用銀，以上者三分爲率，一分用銀，二分用寶泉及珍貨、重寶。京師及州郡置平準務，以寶泉銀相易，其私易及違法而能告者罪賞有差。是令既下，市肆晝閉，商旅不行，朝廷患之，乃除市易用銀及銀寶泉私相易之法。然上有限用之名，而下無從令之實，有司雖知，莫能制矣。義宗〔一七〕正大間，民間但以銀市易。天興二年十月印「天興寶會」于蔡州，自一錢至四錢四等，〔一八〕同見銀流轉，不數月國亡。

校勘記

〔一〕今阜通利通兩監　「利通」原作「利用」。按上文大定「二十七年二月，曲陽縣鑄錢別爲一監，以利通爲名」。本書卷八世宗紀，亦載是年二月「癸未，命曲陽縣置錢監，賜名利通」。今據改。

〔二〕庫掐攢司庫副副使使各押字年月日　按上文，「貞元間既行鈔引法，遂設印造鈔引庫及交鈔庫，皆設使、副、判各一員，都監二員」，本書卷五六百官志記所設官員與此同。疑此處「副」下衍「副使」二字。

〔三〕印造鈔引庫庫子庫司副使各押字　按傳世「貞祐寶券」、「興定寶泉」等銅版，皆有印造庫庫子、攢司、使、副押字。疑「庫司」爲「攢司」之誤。

〔四〕其弆藏應禁器物　「弆」原作「棄」。文義不貫，蓋「弆」「弃」形近致誤，今改。

〔五〕及諸無用之物　「物」原作「數」。按上文云，「隨處有無用官物，可爲計置，如鐵錢之類是也」。今據改。

〔六〕在唐元和間嘗限富家錢過五千貫者死　原脫「貫」字。按新唐書卷五四食貨志，元和十二年，勅「富家錢過五千貫者死」，有「貫」字。舊唐書卷四八食貨志記事同，今據補。

〔七〕九月以民間鈔滯　按本書卷一一章宗紀記此事在承安三年冬十月。

〔八〕赴榷貨出鹽引　「貨」原作「場」。按本書卷五〇食貨志，「榷場，與敵國互市之所也」，故此作「榷場」顯係有誤。考本卷下文「榷貨所鬻鹽引，收納寶貨與鈔相半」，又「命在都官錢、榷貨務鹽引，並聽收寶貨」，皆作「榷貨」，卷五六百官志，「榷貨務，掌發賣給隨路香茶鹽鈔引」。今據改。

〔九〕篆文曰泰和重寶　按道光四年殿本下有「背文有螭虎二」六字。其考證云，「據舊本增」。

〔一〇〕從遼東按察司楊雲翼言　原脫「按」字。按上文「又定制，按察司以鈔法流通爲稱職」，又「時新制，按察司及州縣官，例以鈔通滯爲陞降」，本書卷一一〇楊雲翼傳，泰和「七年，簽上京東京等路按察司事，因召見，章宗咨以當世之務，稱旨」，皆言「按察司」。今據補。

〔一一〕十二月　按下文「是制既行之後，章宗尋崩，衞紹王繼立」。本書卷一二章宗紀，泰和八年十一月丁酉朔，「乙卯，上不豫。丙辰，崩于福安殿」。疑此「十二月」或是「十一月」之誤。

〔一二〕大安三年會河之役　「三」原作「二」，「會」原作「潰」。按本書卷一三衞紹王紀，大安三年「九月，

千家奴、胡沙敗績于會河堡」。又卷九三獨吉思忠傳、承裕傳、卷九九徒單鎰傳、卷一〇二承暉傳、完顏弼傳、卷一三四西夏傳，記此事時間地點皆同。今據改「二年」爲三年，「潰河」爲會河。

〔一三〕懷州舊鐵錢鉅萬　「鐵」原作「鑄」。按本書卷四六食貨志序，「濟以鐵錢，鐵不可用，權以交鈔」，本卷上文「明昌四年，上諭宰臣曰：隨處有無用官物，可爲計置，如鐵錢之類是也」。「若果無用，曷別爲計」？「遂令有司籍鐵錢及諸無用之物貯於庫」。今據改。

〔一四〕雖爲陝西若一體徵收　按本書卷一〇八胥鼎傳載此句作「雖然陝西若一體徵收」。

〔一五〕四年三月參知政事李復亨言　「三月」上原脫「四年」二字，承上文當屬三年。按上文已見「三年十月」。考本書卷一六宣宗紀，興定四年三月「己酉，以吏部尚書李復亨參知政事」，與此處所書李復亨官職相合，因將下文「十二月」上之「四年」二字移此。

〔一六〕十二月　「十二月」上原有「四年」二字，今移在上文「三月」之上。見前條。

〔一七〕義宗　「義宗」之稱又見于本書卷五五百官志序。大金國志卷二六義宗皇帝紀年，「義宗皇帝名守緒」，又云，「或謂『哀』不足以盡謚，天下士夫咸以『義宗』謚，蓋取左氏君死社稷之義」。蓋當時有以「義宗」易哀宗謚者，作者沿史料舊文未改。

〔一八〕自一錢至四錢四等　按汝南遺事卷三記此事云，「戊寅，更造『天興寶會』，同見銀流轉，一錢、二錢、三錢、五錢凡四等，以楮爲之」，視此爲詳。此「四錢」當作「五錢」，蓋半兩也。

金史卷四十九

志第三十

食貨四

鹽　酒　醋　茶　諸征商　金銀稅

鹽。金制，榷貨之目有十，曰酒、麴、茶、醋、香、礬、丹、錫、鐵，而鹽爲稱首。貞元初，蔡松年爲戶部尚書，始復鈔引法，設官置庫以造鈔、引。鈔，合鹽司簿之符。引，會司縣批繳之數。七年一釐革之。

初，遼、金故地濱海多產鹽，上京、東北二路食肇州鹽，速頻路食海鹽，臨潢之北有大鹽濼，烏古里石壘部有鹽池，皆足以食境內之民，嘗征其稅。及得中土，鹽場倍之，故設官立法加詳焉。然而增減不一，廢置無恒，亦隨時捄弊而已。

益都、濱州舊置兩鹽司，大定十三年四月，併爲山東鹽司。二十一年滄州及山東各務增羨，冒禁鬻鹽，朝論慮其久或隳法，遂併爲海豐鹽使司。十一月，又併遼東等路諸鹽場，爲兩鹽司。大定二十五年，更狗濼爲西京鹽司。是後惟置山東、滄、寶坻、莒、解、北京、西京七鹽司。〔一〕

山東、滄、寶坻斤三百爲袋，袋二十有五爲大套，鈔、引、公據三者俱備然後聽鬻。小套袋十，或五、或一，每套鈔一，引如袋之數。寶坻零鹽較其斤數，或六之三，或六之一，又爲小鈔引給之，以便其鬻。

解鹽斤二百有五十爲一席，席五爲套，鈔引則與陝西轉運司同鬻，其輸粟於陝西軍營者，許以公牒易鈔引。

西京等場鹽以石計，大套之石五，小套之石三。北京大套之石四，小套之石一。遼東大套之石十。皆套一鈔，石一引。零鹽積十石，亦一鈔而十引。

其行鹽之界，各視其地宜。山東、滄州之場九，行山東、河北、大名、河南、南京、歸德諸府路，及許、亳、陳、蔡、潁、宿、泗、曹、睢、鈞、單、壽諸州。莒之場十二，濤洛場行莒州，臨洪場行贛榆縣，獨木場行海州司候司、朐山、東海縣，板浦場行漣水、沭陽縣，信陽場行密州之五場又與大鹽場通行沂、邳、徐、宿、泗、滕六州。西由場行萊州錄事司及招遠縣，衡村場行卽墨、萊陽縣，之二場鈔引及半袋小鈔引，聽本州縣鬻之。寧海州五場皆鬻零鹽，不用引目。黃縣場行黃縣，巨風場行登州司候司、蓬萊縣，福山場行福山縣，是三場又通行旁縣棲霞。寧海州場行司候司、牟平縣，文登場行文登縣。寶坻鹽行中都路，平州副使於馬城縣置局貯錢。解鹽行河東南北路、陝西東、及南京河南府、陝、鄭、唐、鄧、嵩、汝諸州。西京、遼東鹽各行其地。北京宗、錦之末鹽，行本路及臨潢府、肇州、泰州之境，與接壤者亦預焉。

世宗大定三年二月，定軍私煮鹽及盜官鹽之法，命猛安謀克巡捕。

三年十一月，詔以銀牌給益都、濱、滄鹽使司。

十一年正月，用西京鹽判宋俣言，更定狗濼鹽場作六品使司，以俣爲使，順聖縣令白仲通爲副，以是歲入錢爲定額。四月，以烏古里石壘民飢，罷其鹽池稅。

十二年十月，詔西北路招討司猛安所轄貧及富人奴婢，〔二〕皆給食鹽。宰臣言去鹽濼遠者，所得不償道里之費，遂命計口給直，富家奴婢二十口止。

十三年二月，併榷永鹽爲寶坻使司，罷平、濼鹽錢。滄州舊廢海阜鹽場，三月，州人李格請復置，詔遣使相視。有司謂是場興則損滄鹽之課，且食鹽戶仍舊，而鹽貨歲增，必徒多積而不能售，遂寢其議。三月，大鹽濼設鹽稅官。〔三〕復免烏古里石壘部鹽池之稅。

二十一年八月，參知政事梁肅言：「寶坻及傍縣多闕食，〔四〕可減鹽價增粟價，而以粟易鹽。」上命宰臣議，皆謂「鹽非多食之物，若減價易粟，恐久而不售，以至虧課。今歲糧以七十餘萬石至通州，比又以恩、獻等六州粟百餘萬石繼至，足以賑之，不煩易也」。遂罷。十二月，罷平州椿配鹽課。

二十三年七月，博興縣民李孜收日炙鹽，大理寺具私鹽及刮鹹土二法以上。宰臣謂非私鹽可比，張仲愈獨曰：「私鹽罪重，而犯者猶衆，不可縱也。」上曰：「刮鹻非煎，何以同私？」仲愈曰：「如此則渤海之人恣刮鹻而食，將侵官課矣。」力言不已，上乃以孜同刮鹻科罪，後犯則同私鹽法論。

十一月，張邦基言：「寶坻鹽課，若每石收正課百五十斤，慮有風乾折耗。」遂令石加耗鹽二十二斤半，仍先一歲貸支償直，以優竈戶。

二十四年七月，上在上京，謂丞相烏古論元忠等曰：「會寧尹蒲察通言，其地猛安謀克戶甚艱。舊速頻以東食海鹽，蒲與、胡里改等路食肇州鹽，初定額萬貫，今增至二萬七千。若罷鹽引，添竈戶，庶可易得。」元忠對曰：「已嘗遣使咸平府以東規畫矣。」上曰：「不須待此，宜亟爲之。」通又言「可罷上京酒務，聽民自造以輸稅。」上曰：「先濼州諸地亦嘗令民煮鹽，後以不便罷之，今豈可令民自沽耶。」

二十五年十月，上還自上京，謂宰臣曰：「朕聞遼東，凡人家食鹽，但無引目者，即以私治罪。夫細民徐買食之，何由有引目。可止令散辦，或詢諸民，從其所欲。」因爲之罷北京、遼東鹽使司。

二十八年，尚書省論鹽事，上曰：「鹽使司雖辦官課，然素擾民。鹽官每出巡，而巡捕人往往私懷官鹽，所至求賄及酒食，稍不如意則以所懷誣以爲私鹽。鹽司苟圖羨增，雖知其誣亦復加刑。宜令別設巡捕官，勿與鹽司關涉，庶革其弊。」五月，創巡捕使，山東、滄、寶坻各二員，解、西京各一員。山東則置於濰州、招遠縣，滄置於深州及寧津縣，寶坻置於易州及永濟縣，解置於澄城縣，西京置於兜答館，秩從六品，直隸省部，各給銀牌，取鹽使司弓手充巡捕人，且禁不得於人家搜索，若食鹽一斗以下不得究治，惟盜販私煮則捕之，在三百里內者屬轉運司，外者即隨路府提點所治罪，盜課鹽者亦如之。

章宗大定二十九年十月，上朝隆慶宮，諭有司曰：「比因獵，知百姓多有鹽禁獲罪者，民何以堪。朕欲令依平、灤、太原均辦例，令民自煎，其令百官議之。」十二月，戶部尚書鄧儼等謂「若令民計口定課，民既輸乾辦錢，又必別市而食，是重費民財，而徒增煎販者之利也。且今之鹽價，蓋昔日錢幣易得之時所定，今日與向不同，況太平日久，戶口蕃息，食鹽歲課宜有羨增，而反無之，何哉。緣官估高，貧民利私鹽之賤，致虧官課爾。近已減寶坻、山東、

滄鹽價斤爲三十八文，乞更減去八文，歲不過減一百二十餘萬貫，官價既賤，所售必多，自有羨餘，亦不全失所減之數。況今府庫金銀約折錢萬萬貫有奇，設使鹽課不足，亦足補百有餘年之經用，若量入爲出，必無不足之患。乞令平、灤乾辦鹽課亦宜減價，各路巡鹽弓手不得自專巡捕，庶革誣罔之弊。」禮部尚書李晏等曰：「所謂乾辦者，既非美名，又非良法。必欲杜絕私煮盜販之弊，莫若每斤減爲二十五文，使公私價同，則私將自已。又巡鹽兵吏往往挾私鹽以誣人，可令與所屬司縣期會，方許巡捕，違者按察司罪之。」刑部尚書郭邦傑等則謂平、灤瀕海及太原鹵地可依舊乾辦，餘同儼議。御史中丞移剌仲方則謂私煎盜販之徒，皆知禁而犯之者也。可選能吏充巡捕使，而不得入人家搜索。同知大興府事王翛請每斤減爲二十文，罷巡鹽官。左諫議大夫徒單鎰則以乾辦爲便。宰臣奏以「每斤官本十文，若減作二十五文，似爲得中。巡鹽弓手可減三分之一，鹽官出巡須約所屬同往，不同獲者不坐。可自來歲五月一日行之。」上遂命寶坻、山東、滄鹽每斤減爲三十文，已發鈔引未支者准新價足之，餘從所請。十二月，遂罷西京、解鹽巡捕使。〔五〕

時既詔罷乾辦鹽錢，十二月以大理司直移剌九勝奴、廣寧推官宋扆議北京、遼東鹽司利病，遂復置北京、遼東鹽使司，北京路歲以十萬餘貫爲額，遼東路以十三萬爲額。罷西京及解州巡捕使。

明昌元年七月，上封事者言河東北路乾辦鹽錢歲十萬貫太重，以故民多逃徙，乞緩其徵督。上命俟農隙遣使察之。十二月，定禁司縣擅科鹽制。

二年五月，省臣以山東鹽課不足，蓋由鹽司官出巡不敢擅捕，必約所屬同往，人不畏故也。遂詔，自今如有盜販者，聽鹽司官輒捕。民私煮及藏匿，則約所屬搜索。巡尉弓兵非與鹽司相約，則不得擅入人家。

三年六月，孫即康等同鹽司官議，「軍民犯私鹽，三百里內者鹽司按罪，遠者付提點所，皆徵捕獲之賞於販造者。猛安謀克部人煎販及盜者，所管官論贖，三犯杖之，能捕獲則免罪。又濱州渤海縣永和鎮去州遠，恐藏盜及私鹽，可改爲永豐鎮與曹子山村各創設巡檢，〔六〕山東、寶坻、滄鹽司判官乞陞爲從七品，〔七〕用進士。」上命猛安謀克杖者再議，餘皆從之。

尚書省奏，「山東濱、益九場之鹽行於山東等六路，濤洛等五場止行於沂、邳、徐、宿、滕、泗六州，各有定課，方之九場，大課不同。若令與九場通比增虧，其五場官恃彼大課，恐不用力，轉生姦弊」。遂定令王場自爲通比。舊法與鹽司使副通比，故至是始改焉。

五年正月，八小場鹽官左華等，以課不能及額，繳進告勅。遂遣使按視十三場再定，除濤洛等五場係設管勾，可即日恢辦，乃以華所告八場，從大定二十六年制，自見管課，依新

例永相比磨。戶部郎中李敬義等言，「八小場今新定課有減其半者，如使俱從新課，而舊課已辦入官，恐所減錢多，因而作弊，而所收錢數不復盡實附曆納官」，遂從明昌元年所定酒稅院務制，令即日收辦。

十一月，以舊制猛安謀克犯私鹽酒麴者，轉運司按罪，遂更定軍民犯私鹽者皆令屬鹽司，私酒麴則屬轉運司，三百里外者則付提點所，若逮問犯人而所屬恡不遣者徒二年。

十二月，尚書省議山東、滄州舊法每一斤錢四十一文，寶坻每一斤四十三文，自大定二十九年赦恩并特旨，減爲三十文，計減百八十五萬四千餘貫。至承安三年十二月，尚書省奏：「鹽利至大，今天下戶口蕃息，食者倍於前，軍儲支引者亦甚多，況日用不可闕之物，豈以價之低昂而有多寡也。若不隨時取利，恐徒失之。」遂復定山東、寶坻、滄州三鹽司價每一斤加爲四十二文，解州舊法每席五貫文，增爲六貫四百文。遼東、北京舊法每石九百文，增爲一貫五百文。西京煎鹽舊石二貫文，增爲二貫八百文，撈鹽舊一貫五百文，增爲二貫文，既增其價，復加其所鬻之數。七鹽司舊課歲入六百二十二萬六千六百三十六貫五百六十六文，至是增爲一千七十七萬四千五百一十二貫一百三十七文二分。山東舊課歲入二百五十四萬七千三百三十六貫，增爲四百三十三萬四千一百八十四貫四百文。滄州舊課歲入百五十三萬一千二百貫，增爲

二百七十六萬六千六百三十六貫。寶坻舊入八十八萬七千五百五十八貫六百文，增爲一百三十四萬八千八百三十九貫。解州舊入八十一萬四千六百五十七貫五百文，增爲一百三十二萬一千五百二十貫二百五十六文。遼東舊入十三萬一千五百七十二貫八百七十文，增爲三十七萬六千九百七十貫二百五十六文。北京舊入二十一萬三千八百九十二貫五百文，增爲三十四萬六千一百五十一貫六百一十七文二分。西京舊入十萬四百一十九貫六百九十六文，增爲二十八萬二百六十四貫六百八文。

四月，宰臣奏：[八]「在法，猛安謀克有告私鹽而不捕者杖之，其部人有犯而失察者，以數多寡論罪。今乃有身犯之者，與犯私酒麴、殺牛者，皆世襲權貴之家，不可不禁」。遂定制徒年、杖數，不以贖論，不及徒者杖五十。

八月，命山東、寶坻、滄州三鹽司，每春秋遣使督按察司及州縣巡察私鹽。

泰和元年九月，省臣以滄、濱兩司鹽袋，歲買席百二十萬，皆取於民。清州北靖海縣新置滄鹽場，本故獵地，沮洳多蘆，宜弛其禁，令民時採而織之。

十一月，陝西路轉運使高汝礪言：「舊制，捕告私鹽酒麴者，計斤給賞錢，皆徵于犯人。然監官獲之則充正課，巡捕官則不賞，巡捕軍則減常人之半，免役弓手又半之，是罪同而賞異也。乞以司縣巡捕官不賞之數，及巡捕弓手所減者，皆徵以入官，則罪賞均矣。」詔從之。

三年二月，以解鹽司使治本州，以副治安邑。

十一月，定進士授鹽使司官，以榜次及入仕先後擬注。

四年六月，以七鹽使司課額七年一定爲制，每斤增爲四十四文。時桓州刺史張煒乞以鹽易米，詔省臣議之。

六月，詔以山東、滄州鹽司自增新課之後，所虧歲積，蓋官既不爲經畫，而管勾、監同與合干人互爲姦弊，以致然也。卽選才幹者代兩司使副，以進士及部令史、譯人、書史、譯史、律科、經童、諸局分出身之廉慎者爲管勾，而罷其舊官。

十月，西北路有犯花鹻禁者，欲同鹽禁罪，宰臣謂若比私鹽，則有不同。詔定制，收鹻者杖八十，十斤加一等，罪止徒一年，賞同私礬例。

五年六月，以山東、滄州兩鹽司侵課，遣戶部員外郎石鉉按視之，還言令兩司分辦爲便。詔以周昂分河北東西路、大名府、恩州、南京、睢、陳、蔡、許、潁州隸滄鹽司，以山東東西路、開、濮州、歸德府、曹、單、亳、壽、泗州隸山東鹽司，各計口承課。

十月，簽河北東西大名路按察司事張德輝言，海壖人易得私鹽，故犯法者衆，可量戶口均配之。尚書省命山東按察司議其利便，言「萊、密等州比年不登，計口賣鹽所斂雖微，人以爲重，恐致流亡。且私煮者皆無籍之人，豈以配買而不爲哉。」遂定制，命與滄鹽司皆馳驛巡察境內。

六年三月，右丞相內族宗浩、參知政事賈鉉言：「國家經費惟賴鹽課，今山東虧五十餘萬貫，蓋以私煮盜販者成黨，鹽司既不能捕，統軍司、按察司亦不爲禁，若止論犯私鹽者之數，罰俸降職，彼將抑而不申，愈難制矣。宜立制，以各官在職時所增虧之實，令鹽司以達省部，以爲陞降。」遂詔諸統軍、招討司，京府州軍官，所部有犯者，兩次則奪半月俸，一歲五次則奏裁，巡捕官但犯則的決，令按察司御史察之。

四月，從涿州刺史夾谷蒲乃言，以萊州民所納鹽錢聽輸絲綿銀鈔。

七年九月，定西北京、遼東鹽使判官及諸場管勾，增虧陞降格，凡文資官吏員、諸局署承應人、應驗資歷注者，增不及分者陞本等首，一分減一資，二分減兩資、遷一官，四分減兩資、遷兩官，虧則視此爲降。如任廻驗官注擬者，增不及分陞本等首，一分減一資，二分減一資、遷一階，四分減兩資、遷兩階，虧者亦視此爲降。

十二月，尚書省以盧附翼所言，遂定制竈戶盜賣課鹽法，若應納鹽課外有餘，則盡以申官，[九]若留者減盜一等。若刮鹻土煎食之，採黃穗草燒灰淋鹵，及以酵粥爲酒者，杖八十。

八年七月，宋克俊言：「鹽管勾自改注進士諸科人，而監官有失超陞縣令之階，以故怠而虧課，乞依舊爲便。」有司以泰和四年改注時，選當時到部人截替，遂擬以秋季到部人注代。

八年七月，詔沿淮諸榷場，聽官民以鹽市易。

宣宗貞祐二年十月，戶部言，陽武、延津、原武、滎澤、河陰諸縣饒鹹鹵，民私煎不能禁。遂詔置場，設判官、管勾各一員，隸戶部。既而，御史臺奏，諸縣皆爲有力者奪之，而商販不行，遂勑御史分行申明禁約。

三年十二月，河東南路權宣撫副使烏古論慶壽言：「絳、解民多業販鹽，由大陽關以易陝、虢之粟，及還渡河，而官邀糴其八，其旅費之外所存幾何。而河南行部復自運以易粟于陝，以盡奪民利。比歲河東旱蝗，加以邀糴，物價踴貴，人民流亡，誠可閔也。乞罷邀糴，以紓其患。」四年七月，慶壽又言：「河中乏糧，既不能濟，而又邀糴以奪之。夫鹽乃官物，有司陸運至河，復以舟達京兆、鳳翔，以與商人貿易，艱得而甚勞。而陝西行部每石復邀糴二斗，是官物而自糴也。夫轉鹽易物，本濟河中，而陝西復強取之，非奪而何。乞彼此壹聽民便，則公私皆濟。」上從之。

興定二年六月，以延安行六部員外郎盧進建言：「綏德之嗣武城、義合、克戎寨近河地多產鹽，請設鹽場管勾一員，歲獲十三萬餘斤，可輸錢二萬貫以佐軍。」三年，詔用其言，設官鬻鹽給邊用。

四年，李復亨言，以河中西岸解鹽舊所易粟麥萬七千石充關東之用。尋命解鹽不得通陝西，以北方有警，河禁方急也。元光二年內族訛可言，民運解鹽有助軍食，詔修石牆以固之。

酒。金榷酤因遼、宋舊制，天會三年始命榷官以周歲爲滿。世宗大定三年，詔宗室私釀者，從轉運司鞫治。三年，省奏中都酒戶多逃，以故課額愈虧。上曰：「此官不嚴禁私釀所致也。」命設軍百人，隸兵馬司，同酒使副合干人巡察，雖權要家亦許搜索。奴婢犯禁，杖其主百。且令大興少尹招復酒戶。

八年，更定酒使司課及五萬貫以上，鹽場不及五萬貫者，依舊例通注文武官，餘並右職有才能、累差不虧者爲之。九年，大興縣官以廣陽鎮務虧課，而懼奪其俸，乃以酒散部民，使輸其稅。大理寺以財非入己，請以贖論。〔一〇〕上曰：「雖非私贓，而貧民亦被其害，若止從贖，何以懲後。」特命解職。

二十六年，省奏鹽鐵酒麴自定課後，增各有差。上曰：「朕頃在上京，酒味不嘉。朕欲如中都麴院取課，庶使民得美酒。朕日膳亦減省，嘗有一公主至，而無餘膳可與。朕欲日

用五十羊何難哉，慮費用皆出於民，不忍爲也。監臨官惟知利己，不知利何從來。若恢辦增羨者酬遷，虧者懲殿，仍更定併增併虧之課，無失元額。如橫班祗虧者，與餘差一例降罰，庶有激勸。且如功酬合辦二萬貫，而止得萬七八千，難迭兩酬者，必止納萬貫，而輒以餘錢入己。今後可令見差使內不迭酬餘錢，與後差使內所增錢通算爲酬，庶錢可入官。及監官食直，若不先與，何以責廉。今後及格限而至者，即用此法。」又奏罷杓欄人。

二十七年，議以天下院務，依中都例，改收麴課，而聽民酤。戶部遣官詢問遼東來遠軍、南京路新息、虞城，西京路西京酒使司、白登縣、迭剌部族、天成縣七處，〔一一〕除稅課外，願自承課賣酒。上曰：「自昔監官多私官錢，若令百姓承辦，庶革此弊。其試行之。」

明昌元年正月，更定新課，令即日收辦。中都麴使司，大定間，歲獲錢三十六萬一千五百貫，承安元年歲獲四十萬五千一百三十三貫。西京酒使司，大定間，歲獲錢五萬三千四百六十七貫五百八十八文，承安元年歲獲十萬七千八百九十三貫。七月，定中都麴使司以大定二十一年至明昌六年爲界，通比均取一年之數爲額。

五年四月，省奏：「舊隨處酒稅務，所設杓欄人，以射糧軍歷過隨朝差役者充，大定二十六年罷去，其隨朝應役軍人，各給添支錢粟酬其勞。今擬將元收杓欄錢，以代添支，令各院務驗所收之數，百分中取三，隨課代輸，更不入比，歲約得錢三十餘萬，以佐國用。」

泰和四年九月，省奏：「在都麴使司，自定課以來八年併增，宜依舊法，以八年通該課程，均其一年之數，仍取新增諸物一分稅錢併入，通爲課額。以後之課，每五年一定其制。」又令隨處酒務，元額上通取三分作糟酵錢。

六年，制院務賣酒數各有差，若數外賣，及將帶過數者，罪之。

宣宗貞祐三年十二月，御史田迥秀言：「大定中，酒稅歲及十萬貫者，始設使司，其後二萬貫亦設，今河南使司亦五十餘員，虛費月廩，宜依大定之制。」元光元年，復設麴使司。

醋稅。自大定初，以國用不足，設官榷之，以助經用。至二十三年，以府庫充牣，遂罷之。

章宗明昌五年，以有司所入不充所出，言事者請榷醋息，遂令設官榷之，其課額，俟當差官定之。後罷。

承安三年三月，省臣以國用浩大，遂復榷之。五百貫以上設都監，千貫以上設同監一員。

茶。自宋人歲供之外，皆貿易於宋界之榷場。世宗大定十六年，以多私販，乃更定香

茶罪賞格。章宗承安三年八月，以謂費國用而資敵，遂命設官製之。以尚書省令史承德郎劉成往河南視官造者，以不親嘗其味，但採民言謂爲溫桑，實非茶也，還即白上。上以爲不幹，杖七十，罷之。

四年三月，於淄、密、寧海、蔡州各置一坊，造新茶，依南方例每斤爲袋，直六百文。以商旅卒未販運，命山東、河北四路轉運司以各路戶口均其袋數，付各司縣鬻之。買引者，納錢及折物，各從其便。

五月，以山東人戶造賣私茶，侵侔榷貨，遂定比煎私礬例，罪徒二年。

泰和四年，上謂宰臣曰：「朕嘗新茶，味雖不嘉，亦豈不可食也。比令近侍察之，乃知山東、河北四路悉椿配於人，旣曰強民，宜抵以罪。此舉未知運司與縣官孰爲之，所屬按察司亦當坐罪也。其閱實以聞。自今其令每袋價減三百文，至來年四月不售，雖腐敗無傷也。」

五年春，罷造茶之坊。三月，上諭省臣曰：「今雖不造茶，其勿伐其樹，其地則恣民耕樵。」六年，河南茶樹槁者，命補植之。十一月，尚書省奏：「茶，飲食之餘，非必用之物。比歲上下競啜，農民尤甚，市井茶肆相屬。商旅多以絲絹易茶，歲費不下百萬，是以有用之物而易無用之物也。若不禁，恐耗財彌甚。」遂命七品以上官，其家方許食茶，仍不得賣及

饋獻。不應留者，以斤兩立罪賞。七年，更定食茶制。

八年七月，言事者以茶乃宋土草芽，而易中國絲綿錦絹有益之物，不可也。國家之鹽貨出於鹵水，歲取不竭，可令易茶。省臣以謂所易不廣，遂奏令兼以雜物博易。

宣宗元光二年三月，省臣以國蹙財竭，奏曰：「金幣錢穀，世不可一日闕者也。茶本出於宋地，非飲食之急，而自昔商賈以金帛易之，是徒耗也。泰和間，嘗禁止之，後以宋人求和，乃罷。兵興以來，復舉行之，然犯者不少衰，而邊民又窺利，越境私易，恐因泄軍情，或盜賊入境。今河南、陝西凡五十餘郡，郡日食茶率二十袋，袋直銀二兩，是一歲之中妄費民銀三十餘萬也。〔一二〕奈何以吾有用之貨而資敵乎。」乃制親王、公主及見任五品以上官，素蓄者存之，禁不得賣、饋，餘人並禁之。犯者徒五年，告者賞寶泉一萬貫。

諸征商，海陵貞元元年五月，以都城隙地賜隨朝大小職官及護駕軍，七月，各徵錢有差。大定二年，制院務創虧及功酬格。八月，罷諸路關稅，止令譏察。

三年，尚書省奏，山東西路轉運司言，坊場河渡多逋欠，詔如監臨制，以年歲遠近爲差，錫減。又以尚書工部令史劉行義言，定城郭出賃房稅之制。

五年，以前此河濼罷設官，復召民射買，兩界之後，仍舊設官。

二十年正月，定商稅法，金銀百分取一，諸物百分取三。

章宗大定二十九年，戶部言天下河泊已許與民同利，其七處設官可罷之，委所屬禁豪強毋得擅其利。

明昌元年正月，勅尚書省，定院務課商稅額，諸路使司院務千六百一十六處，比舊減九十四萬一千餘貫，遂罷坊場，免賃房稅。十月，尚書省奏：「今天下使司院務，既減課額，而監官增虧既有陞遷追殿之制，宜罷提點所給賞罰俸之制，但委提刑司，察提點官侵犯場務者，則論如制。」詔從之。

三年，詔減南京出賃官房及地基錢。

二年，諭提刑司，〔一三〕禁勢力家不得固山澤之利。又司竹監歲採入破竹五十萬竿，春秋兩次輸都水監，備河防，餘邊刀筍皮等賣錢三千貫，葦錢二千貫，爲額。

明昌五年，陳言者乞復舊置坊場，上不許，惟許增置院務，詔尚書省參酌定制，遂擬遼東、北京依舊許人分辦，中都等十一路差官按視，量添設院務于二十三處，自今歲九月一日立界，制可。

大定間，中都稅使司歲獲十六萬四千四百四十餘貫，〔一四〕承安元年，歲獲二十一萬四千五百七十九貫。泰和六年五月，制院務課虧，令運司差官監榷。

金銀之稅。大定三年，制金銀坑冶許民開採，二十分取一爲稅。〔一五〕泰和四年，言事者以金銀百分中取一，諸物取三，今物價視舊爲高，除金銀則額所不能盡該，自餘金銀可並添一分。詔從之。七年三月，戶部尚書高汝礪言：「舊制，小商貿易諸物收錢四分，而金銀乃重細之物，多出富有之家，復止三分，是爲不倫，亦乞一例收之。」省臣議以爲如此恐多匿隱，遂止從舊。

校勘記

〔一〕是後惟置山東滄寶坻莒解北京西京七鹽司　按本書卷五七百官志，「山東鹽使司，與寶坻、滄、解、遼東、西京、北京凡七司」，與此不同。

〔二〕詔西北路招討司猛安所轄貧及富人奴婢　按「貧」下有脫文，或是「戶」字。

〔三〕三月大鹽濼設鹽稅官　按上文有十三年「三月」，不應重出「三月」。本書卷九二曹望之傳，「大定初，……請於大鹽濼設官榷鹽，……從之」，其事在大定三年以前，疑此處繫年有誤。

〔四〕寶坻及傍縣多闕食　「坻」原作「池」。據殿本改。

〔五〕十二月遂罷西京解鹽巡捕使　按此十二字與下文重複，疑是衍文。

〔六〕可改爲永豐鎮與曹子山村各創設巡檢　按本書卷二五地理志，山東東路濱州「利津，明昌三年十二月以永和鎮升置」，此處「可改爲」下疑脫「利津縣」三字。

〔七〕山東寶坻滄鹽司判官乞陞爲從七品　按本書卷五七百官志，「山東鹽使司，與寶坻、滄……凡七司，判官三員，正七品」，疑「七」或爲「六」字之誤。

〔八〕四月宰臣奏　按「四月」上缺紀年，上文有「承安三年十二月」，則此當是承安四年或五年。

〔九〕則盡以申官　「申」原作「中」，據殿本改。

〔一〇〕請以贖論　「請」原作「論」，據殿本改。

〔一一〕天成縣七處　「成」原作「城」。今改。參見本書卷二四地理志校記〔四〇〕。

〔一二〕袋直銀二兩是一歲之中妄費民銀三十餘萬也　按上文「五十餘郡，郡日食茶二十袋」，是每日千袋，袋直銀二兩則一歲妄費七十餘萬，如袋直銀一兩則一歲妄費三十餘萬，「二」字或「三」字必有一誤。

〔一三〕二年諭提刑司　按上文已見「三年」，疑次序顛倒，或數目字有誤。

〔一四〕中都稅使司歲獲十六萬四千四百四十餘貫　「十六萬」原作「千六萬」，據殿本改。

〔一五〕二十分取一爲稅　按本書卷五〇食貨五，榷場條之末有「金銀之稅」三百七十六字，當是本志文，誤置彼處，當接此下。

金史卷五十

志第三十一

食貨五

榷場　和糴　常平倉　水田　區田　入粟　鬻度牒

榷場，與敵國互市之所也。皆設場官，嚴厲禁，廣屋宇以通二國之貨，歲之所獲亦大有助於經用焉。

熙宗皇統二年五月，許宋人之請，遂各置於兩界。九月，命壽州、鄧州、鳳翔府等處皆置。海陵正隆四年正月，罷鳳翔府、唐、鄧、潁、蔡、鞏、洮等州并膠西縣所置者，而專置于泗州。尋伐宋，亦罷之。五年八月，命榷場起赴南京。〔一〕

國初於西北招討司之燕子城、北羊城之間嘗置之，以易北方牧畜。世宗大定三年，市

馬於夏國之榷場。四年，以尚書省奏，復置泗、壽、蔡、唐、鄧、潁、密、鳳翔、秦、鞏、洮諸場。七年，禁秦州場不得賣米麪，及羊豕之腊，并可作軍器之物入外界。

十七年二月，上謂宰臣曰：「宋人喜生事背盟，或與大石交通，恐枉害生靈，不可不備。其陝西沿邊榷場可止留一處，餘悉罷之。令所司嚴察姦細。」前此，以防姦細，罷西界蘭州、保安、綏德三榷場。〔二〕二十一年正月，夏國王李仁孝上表乞復置，以保安、蘭州無所產，而且稅少，惟於綏德爲要地，可復設互市，命省臣議之。宰臣以陝西鄰西夏，邊民私越境盜竊，緣有榷場，故姦人得往來，擬東勝可依舊設，陝西者並罷之。上曰：「東勝與陝西道路隔絕，貿易不通，其令環州置一場。」尋於綏德州復置一場。

十二月，禁壽州榷場受分例。分例者，商人贄見場官之錢幣也。

章宗明昌二年七月，尚書省以泗州榷場自前關防不嚴，遂奏定從大定五年制，官爲增修舍屋，倍設闌禁，委場官及提控所拘榷，以提刑司舉察。惟東勝、淨、〔三〕慶州、來遠軍者仍舊，餘皆修完之。

泗州場，大定間，歲獲五萬三千四百六十七貫，承安元年，增爲十萬七千八百九十三貫六百五十三文。所須雜物，泗州場歲供進新茶千胯、荔支五百斤、圓眼五百斤、金橘六千斤、橄欖五百斤、芭蕉乾三百箇、蘇木千斤、溫柑七千箇、橘子八千箇、沙糖三百斤、生薑六百斤、梔子九十稱，犀象丹砂之類不與焉。宋亦歲得課四萬三千貫。

秦州西子城場，大定間，歲獲三萬三千六百五十六貫，〔四〕承安元年，歲獲十二萬二千九十九貫。承安二年，復置於保安、蘭州。

三年九月，行樞密院奏，斜出等告開榷場，擬於轄里尼要安置，〔五〕許自今年十一月貿易。尋定制，隨路榷場若以見錢入外界、與外人交易者，徒五年，三斤以上死。

宋界諸場，以伐宋皆罷。泰和八年八月，以與宋和，宋人請如舊置之，遂復置於唐、鄧、壽、泗、息州及秦、鳳之地。

宣宗貞祐元年，秦州榷場爲宋人所焚。二年，陝西安撫副使烏古論兗州復開設之，歲所獲以十數萬計。

三年七月，議欲聽榷場互市用銀，而計數稅之。上曰：「如此，是公使銀入外界也。」平章盡忠、權參知政事德升曰：「賞賜之用莫如銀絹，而府庫不足以給之。互市雖有禁，而私易者自如。若稅之，則斂不及民而用可足。」平章高琪曰：「小人敢犯，法不行爾，況許之乎。今軍未息，而產銀之地皆在外界，不禁則公私指日罄矣。」上曰：「當熟計之。」興定元年，集賢諮議官呂鑑言：「嘗監息州榷場，每場獲布數千匹，銀數百兩，兵興之後皆失之。」

金銀之稅。〔六〕世宗大定五年，聽人射買寶山縣銀冶。九年，御史臺奏河南府以和買金銀，抑配百姓，且下其直。上曰：「初，朕欲泉貨流通，故令行，豈可反害民乎。」遂罷之。十二年，詔金銀坑冶，恣民採，毋收稅。二十七年，尚書省奏，聽民於農隙採銀，承納官課。明昌二年，天下見在金千二百餘鋌，銀五十五萬二千餘鋌。

三年，以提刑司言，封諸處銀冶，禁民採煉。五年，以御史臺奏，請令民採煉隨處金銀銅冶，上命尚書省議之，宰臣議謂：「國家承平日久，戶口增息，雖嘗禁之，而貧人苟求生計，聚衆私煉。上有禁之之名，而無杜絕之實，故官無利而民多犯法。如令民射買，則貧民壯者爲夫匠，老稚供雜役，各得均齊，而射買之家亦有餘利。如此，則可以久行。比之官役顧工，糜費百端者，有間矣。」遂定制，有冶之地，委謀克縣令籍數，召募射買。禁權要、官吏、弓兵、里胥皆不得與。如舊場之例，令州府長官一員提控，提刑司訪察而禁治之。上曰：「此終非長策。」參知政事胥持國曰：「今姑聽如此，後有利然後設官可也。譬之酒酤，蓋先爲坊場，而後官榷也。」上亦以爲然，遂從之。

墳山、西銀山之銀窟凡百一十有三。

和糴。熙宗皇統二年十月，燕、西、東京、河東、河北、山東、汴京等路秋熟，命有司增價

和糴。

世宗大定二年，以正隆之後倉廩久匱，遣太子少師完顏守道等[七]山東東、西路收糴軍糧，除戶口歲食外，盡令納官，給其直。三年，謂宰臣曰：「國家經費甚大，向令山東和糴，止得四十五萬餘石，未足爲備。自古有水旱，所以無患者，由蓄積多也。山東軍屯處須急爲二年之儲，若遇水旱則用賑濟。自餘宿兵之郡，亦須糴以足之。京師之用甚大，所須之儲，其勑戶部宜急爲計。」

五年，責宰臣曰：「朕謂積貯爲國本，當修倉廩以廣和糴。今聞外路官文具而已。卿等不留心，甚不稱委任之意。」六年八月，勑有司，秋成之後，可於諸路廣糴，以備水旱。九年正月，諭宰臣曰：「朕觀宋人虛誕，恐不能久遵誓約。其令將臣謹飭邊備，以戒不虞。去歲河南豐，宜令所在廣糴，以實倉廩。詔州縣和糴，毋得抑配百姓。」十二年十二月，詔在都和糴以實倉廩，且使錢幣通流。又詔凡秋熟之郡，廣糴以備水旱。十六年五月，[八]諭左丞相紇石烈良弼曰：「西邊自來不備儲蓄，其令所在和糴，以備緩急。」

十七年春，尚書省奏，先奉詔賑濟東京等路飢民，三路粟數不能給。上曰：「朕嘗諭卿等，豐年廣糴以備凶歉。卿等皆言天下倉廩盈溢，今欲賑濟，乃云不給。自古帝王皆以蓄積爲國長計，朕之積粟豈欲獨用。即今不給，可於隣道取之。自今多備，當以爲常。」四月，

尚書省奏，「東京三路十二猛安尤闕食者，已賑之矣。尚有未賑者」。詔遣官詣復州、曷蘇館路，檢視富家，蓄積有餘增直以糴。令近地居民就往受糧。

十八年四月，命泰州所管諸猛安、西北路招討司所管奚猛安，咸平府慶雲縣、霧鬆河等處遇豐年，多和糴。

章宗明昌四年七月，諭旨戶部官，「聞通州米粟甚賤，若以平價官糴之，何如」？於是，有司奏，「中都路去歲不熟，今其價稍減者，以商旅運販繼至故也。若即差官爭糴，切恐市價騰踴，貧民愈病，請俟秋收日，依常平倉條理收糴」。詔從之。明昌五年五月，上曰：「聞米價騰踴，今官運至者有餘，可減直以糶之。其明告民，不須貴價私糴也。」

六年七月，勑宰臣曰：「詔制內饑饉之地令減價糶之，而貧民無錢者何以得食，其議賑濟。」省臣以爲，闕食州縣，一年則當賑貸，二年然後賑濟，如其民實無恒產者，雖應賑貸，亦請賑濟。上遂命間隔飢荒之地，可以辨錢收糴者減價糶之，貧乏無依者賑濟。

宣宗貞祐三年十月，命高汝礪糴於河南諸郡，令民輸輓入京，復命在京諸倉糴民輸之餘粟。侍御史黃摑奴申言：「汝礪所糴足給歲支，民既於租賦之外轉輓而來，亦已勞矣。止將其餘以爲歸資，而又强取之，可乎。且糴此有日矣，而止得二百餘石，此何濟也。」詔罷之。十二月，附近郡縣多糴於京師，穀價騰踴，遂禁其出境。

四年，河北行省侯摯言：「河北人相食，觀、滄等州斗米銀十餘兩。伏見沿河諸津許販粟北渡，然每石官糴其八，商人無利，誰肯爲之。且河朔之民皆陛下赤子，既罹兵革，又坐視其死，臣恐弄兵之徒得以藉口而起也。願止其糴，縱民輸販爲便。」詔從之。又制凡軍民客旅粟不於官糴處糶，而私販渡河者，杖百。沿河軍及譏察權豪家犯者，徒年、杖數並的決從重，以物沒官。

上以河北州府錢多，其散失民間頗廣，命尚書省措畫之。省臣奏：「已命山東、河北榷酤及濱、滄鹽司，以分數帶納矣。今河北艱食，販粟北渡者衆，宜權立法以遮糴之。擬於諸渡口南岸，選通練財貨官，先以金銀絲絹等博易商販之糧，轉之北岸，以迴易糴本，兼收見錢。不惟杜姦弊，亦使錢入京師。」從之。

又上封事者言：「比年以來屢艱食，雖由調度征斂之繁，亦兼幷之家有以奪之也。收則乘賤多糴，困急則以貸人，私立券質，名爲無利而實數倍。飢民惟恐不得，莫敢較者，故場功甫畢，官租未了，而囷已空矣。此富者益富，而貧者益貧者也。國朝立法，舉財物者月利不過三分，積久至倍則止，今或不期月而息三倍。願明勑有司，舉行舊法，豐熟之日增價和糴，則在公有益，而私無損矣。」詔宰臣行之。是年，權河東南路宣撫副使烏古論慶壽言邀

糴事。見鹽志下。

興定元年，上頗聞百姓以和糴太重，棄業者多，命宰臣加意焉。八月，以戶部郎中楊貞權陝西行六部尚書，收給潼、陝軍馬之用，奏糴販糧濟河者之半，以寬民。從之。

六月，立和糴賞格[九]。

常平倉。世宗大定十四年，嘗定制，[一〇]詔中外行之，其法尋廢。章宗明昌元年八月，御史請復設，勑省臣詳議以聞。省臣言：「大定舊制，豐年則增市價十之二以糴，儉歲則減市價十之一以出，平歲則已。夫所以豐則增價以收者，恐物賤傷農。儉則減價以出者，恐物貴傷民。增之損之以平粟價，故謂常平，非謂使天下之民專仰給於此也。今天下生齒至衆，如欲計口使餘一年之儲，則不惟數多難辦，又慮出不以時而致腐敗也。況復有司抑配之弊，殊非經久之計。如計諸郡縣驗戶口例以月支三斗爲率，每口但儲三月，已及千萬數，亦足以平物價救荒凶矣。若令諸處，自官兵三年食外，可充三月之食者免糴，其不及者俟豐年糴之，庶可久行也。然立法之始貴在必行，其令提刑司各路計司兼領之，郡縣吏沮格者糾，能推行者加擢用。若中都路年穀不熟之所，則依常平法，減其價三之一以糶。」詔從之。

三年八月，勑「常平倉豐糴儉糶，有司奉行勤惰褒罰之制，其徧諭諸路，其奉行滅裂者，提刑司糾察以聞」。又謂宰臣曰：「隨處常平倉，往往有名無實。況遠縣人戶豈肯跋涉，直就州府糴糶。可各縣置倉，命州府縣官兼提控管勾。」遂定制，縣距州六十里內就州倉，六十里外則特置。舊擬備戶口三月之糧，恐數多致損，改令戶二萬以上備三萬石，一萬以上備二萬石，一萬以下、五千以上備萬五千石，五千戶以下備五千石。河南、陝西屯軍貯糧之縣，不在是數。州縣有倉仍舊，否則創置。郡縣吏受代，所糴粟無壞，一月內交割給由。如無同管勾，亦准上交割。違限，委州府幷提刑司差官催督監交。本處歲豐，而收糴不及一分者，本等內降，提刑司體察，直申尚書省，至日斟酌黜陟。

九月，勑置常平倉之地，〔二〕令州府官提舉之，縣官兼董其事，以所糴多寡約量升降，爲永制。

又諭尚書省曰：「上京路諸縣未有常平倉，如亦可置，定其當備粟數以聞。」四年十月，尚書省奏，「今上京、蒲與、速頻、曷懶、胡里改等路，猛安謀克民戶計一十七萬六千有餘，每歲收稅粟二十萬五千餘石，所支者六萬六千餘石，總其見數二百四十七萬六千餘石。臣等以爲此地收多支少，遇災足以賑濟，似不必置」。遂止。

五年九月，尚書省奏，「明昌三年始設常平倉，定其永制。天下常平倉總五百一十九

處，見積粟三千七百八十六萬三千餘石，可備官兵五年之食，米八百一十餘萬石，可備四年之用，而見在錢總三千三百四十三萬貫有奇，僅支二年以上。見錢既少，且比年稍豐而米價猶貴，若復預糴，恐價騰踴，於民未便」。遂詔權罷中外常平倉和糴，俟官錢羨餘日舉行。

水田。明昌五年閏十月，言事者謂郡縣有河者可開渠，引以溉田，詔下州郡。既而八路提刑司雖有河者皆言不可溉，惟中都路言安肅、定興二縣可引河溉田四千餘畝，詔命行之。六年十月，〔三〕定制，縣官任內有能興水利田及百頃以上者，陞本等首注除。謀克所管屯田，能創增三十頃以上，賞銀絹二十兩疋，其租稅止從陸田。

承安二年，勑放白蓮潭東牐水與百姓溉田。三年，又命勿毀高梁河閘，從民灌溉。

泰和八年七月，詔諸路按察司規畫水田，部官謂：「水田之利甚大，沿河通作渠，如平陽掘井種田俱可灌溉。比年邳、沂近河布種豆麥，無水則鑿井灌之，計六百餘頃，比之陸田所收數倍。以此較之，它境無不可行者。」遂令轉運司因出計點，就令審察，若諸路按察司因勸農，可按問開河或掘井如何爲便，規畫具申，以俟興作。

貞祐四年八月，言事者程淵言：「碭山諸縣陂湖，水至則畦爲稻田，水退種麥，所收倍於陸地。宜募人佃之，官取三之一，歲可得十萬石。」詔從之。興定五年五月，南陽令李國瑞

創開水田四百餘頃，詔陞職二等，仍錄其最狀徧諭諸道。

十一月，議興水田，省奏：「漢召信臣於南陽灌溉三萬頃。魏賈逵堰汝水爲新陂，通運二百餘里，人謂之賈侯渠。鄧艾修淮陽、百尺二渠，通淮、潁，大治諸陂於潁之南，穿渠三百餘里，溉田二萬頃。今河南郡縣多古所開水田之地，收穫多於陸地數倍。」勑令分治戶部按行州郡，有可開者誘民赴功，其租止依陸田，不復添徵，仍以官賞激之。陝西除三白渠設官外，亦宜視例施行。

元光元年正月，遣戶部郎中楊大有等詣京東、西、南三路開水田。

區田之法，見稽康養生論，自是歷代未有天下通用如趙過一畝三甽之法者。章宗明昌三年三月，宰執嘗論其法於上前，上曰：「卿等所言甚嘉，但恐農民不達此法，如其可行，當遍諭之。」四年夏四月，上與宰執復言其法，久之，參知政事胥持國曰：「今日方之大定間，戶口既多，費用亦厚。若區種之法行，良多利益。」上曰：「此法自古有之，若其可行，則何爲不行也？」持國曰：「所以不行者，蓋民未見其利。今已令試種於城南之地，乃委官往監督之，若使民見收成之利，當不率而自效矣。」參知政事夾谷衡以爲「若有其利，古已行矣。且用功多而所種少，復恐廢壠畝之田功也」。上曰：「姑試行之。」六月，上問參知政事胥持國

曰：「區種事如何？」對曰：「六七月之交，方可見矣。」「河東及代州田種今歲佳否？」曰：「比常年頗登。」是日，命近侍二人馳驛巡視京畿禾稼。

五年正月，勑諭農民使區種。先是，陳言人武陟高翌上區種法，且請驗人丁地土多少，定數令種。上令尚書省議既定，遂勑令農田百畝以上，如瀕河易得水之地，須區種三十餘畝，多種者聽。無水之地則從民便。仍委各千戶謀克縣官依法勸率。

承安元年四月，初行區種法，男年十五以上、六十以下有土田者丁種一畝，丁多者五畝止。二年二月，九路提刑馬百祿奏：「聖訓農民有地一頃者區種一畝，五畝卽止。臣以爲地肥瘠不同，乞不限畝數。」制可。

泰和四年九月，尚書省奏：「近奉旨講議區田，臣等謂此法本欲利民，或以天旱乃始用之，倉卒施功未必有益也。且五方地肥瘠不同，使皆可以區種，農民見有利自當勉以效之。不然，督責雖嚴，亦徒勞耳。」勑遂令所在長官及按察司隨宜勸諭，亦竟不能行。

入粟、鬻度牒。熙宗皇統三年三月，陝西旱饑，詔許富民入粟補官。世宗大定元年，〔四〕以兵興歲歉，下令聽民進納補官。又募能濟饑民者，視其人數爲補官格。

五年，上謂宰臣曰：「頃以邊事未定，財用闕乏，自東、南兩京外，命民進納補官，及賣

僧、道、尼、女冠度牒，紫、褐衣師號，寺觀名額。今邊鄙已寧，其悉罷之。慶壽寺、天長觀歲給度牒，每道折錢二十萬以賜之。」

明昌二年，勅山東、河北闕食之地，納粟補官有差。

承安二年，賣度牒、師號、寺觀額，復令人入粟補官。三年，西京饑，詔賣度牒以濟之。

宣宗貞祐二年，從知大興府事胥鼎所請，定權宜鬻恩例格，進官升職、丁憂人許應舉求仕、監戶從良之類，〔一四〕入粟草各有數。

三年，制無問官民，有能勸率諸人納物入官者，米百五十石遷官一階，正班任使。七百石兩階，除諸司。千石三階，除丞簿。過此數則請於朝廷議賞。推司縣官有能勸二千石遷一階，三千石兩階，以濟軍儲。又定制，司縣官能勸率進糧至五千石以上者減一資考，萬石以上遷一官、減二等考，二萬石以上遷一官、陞一等，皆注見闕。

四年，河東行省胥鼎言：「河東兵多民少，倉空歲饑。竊見潞州元帥府雖設鬻爵恩例，然條目至少，未盡勸率之術。今擬凡補買正班，依格止廕一名，若願輸許增廕一名。僧道已具師號者，許補買本司官。職官願納粟或不願給俸及券糧者，宜量數遷加。三舉終場人年五十以上，四舉年四十五以上，並許入粟，該恩大小官及承應人。令譯史吏員，雖未係班，亦許進納遷官。其有品官應注諸司者，聽獻物借注丞簿。丞簿注縣令，差使免一差。

掌軍官能自備芻糧者，依職官例遷官如舊。」

四年，〔一五〕耀州僧廣惠言：「軍儲不足，凡京府節鎮以上僧道官，乞令納粟百石。防刺郡副綱、威儀等，七十石者乃充，三十月滿替。諸監寺十石，周年一代，願復買者聽。」詔從之。

興定元年，潞州行元帥府事粘割貞言：「近承奏格，凡去歲覃恩之官，以品從差等聽其入粟，委帥府書空名宣勅授之，則人無陳訴之勞，而官有儲蓄矣。比年屢降覃恩，凡羈縻軍職者多未暇授，若止許遷新覃，則將隔越矣。乞令計前後所該輸粟積遷。」詔從之。

校勘記

〔一〕五年八月命榷場起赴南京　按本書卷五海陵紀，正隆五年八月「辛亥，命榷貨務幷印造鈔引庫起赴南京」，卷五六百官志「榷貨務，掌發賣給隨路香茶鹽鈔引」，與「與敵國互市」無關，此處蓋修史者誤以榷貨務爲榷場。

〔二〕罷西界蘭州保安綏德三榷場　「三」原作「二」。按下文云，「以保安、蘭州無所產，而且稅少，惟於綏德爲要地，可復設互市」，是蘭州、保安、綏德確是三地名，今改正。

〔三〕惟東勝淨　「淨」原作「靜」。按本書卷二四地理志，西京路有淨州，屬縣天山注云，「舊爲榷場。大定十八年置，爲倚郭」。又卷四四兵志，「凡邊境置兵之州三十八」，亦作「淨州」，今據改。

〔四〕大定間歲獲三萬三千六百五十六貫　原脫「獲」字。按上文「泗州場，大定間歲獲五萬三千四百六十七貫」，下文亦云，「承安元年，歲獲十二萬二千九十九貫」。皆有「獲」字。今依例補。

〔五〕三年九月行樞密院奏斜出等告開榷場擬於轄里尼要安置　按「轄里尼要」本書卷一一章宗紀作「轄里裊」。蓋同音異譯。

〔六〕金銀之稅　按以下三百七十六字，當是本書上卷食貨四金銀之稅條之文，誤置於此。參見上卷校記〔一四〕。

〔七〕遣太子少師完顏守道等　按本書卷八八完顏守道傳，「大定二年，改太子詹事兼右諫議大夫，馳驛規畫山東兩路軍糧及賑民饑」。其「進尚書左丞兼太子少師」，據該傳及卷六世宗紀在大定四年以後，則此「少師」當作「詹事」爲是。

〔八〕十六年五月　按本書卷七世宗紀記此事在九月。

〔九〕六月立和糴賞格　按「六月」上缺紀年，疑或與上文「八月」錯簡。

〔一〇〕嘗定制　「嘗」原作「常」。據永樂大典卷七五〇七引文改。

〔一一〕九月勅置常平倉之地　按本書卷九章宗紀記此事在十月。

〔一二〕六年十月　按本書卷一〇章宗紀記此事在十一月。

〔一三〕世宗大定元年　按本書卷六世宗紀記此事在大定二年正月。

〔一四〕監戶從良之類　按本書卷一〇八胥鼎傳記此事作「官監戶從良之類」，「監」上有「官」字。卷四六食貨志，「凡沒入官良人隸宮籍監爲監戶，沒入官奴婢隸太府監爲官戶」，故皆有「從良」問題，此處似應有一「官」字。

〔一五〕四年　按上文已見「四年」，此處不得重出。據本書卷一四宣宗紀，此事在貞祐四年八月。則此「四年」當作「八月」爲是。

金史卷五十一

志第三十二

選舉一〔一〕

進士諸科　律科　經童科　制舉　武舉　試學士院官

司天醫學試科

自三代鄉舉里選之法廢,秦、漢以來各因一代之宜,以盡一時之才,苟足於用卽已,故法度之不一其來遠矣。在漢之世,雖有賢良方正諸科以取士,而推擇爲吏,由是以致公卿,公卿子弟入備宿衞,因被寵遇,以位通顯。魏、晉而下互有因革,至於唐、宋,進士盛焉。當時士君子之進,不由是塗則自以爲慊,此由時君之好尚,故人心之趨向然也。遼起唐季,頗用唐進士法取人,然仕於其國者,考其致身之所自,進士纔十之二三耳。金承遼後,凡事欲

軼遼世,故進士科目兼採唐、宋之法而增損之。其及第出身,視前代特重,而法亦密焉。若夫以策論進士取其國人,而用女直文字以爲程文,斯蓋就其所長以收其用,又欲行其國字,使人通習而不廢耳。終金之代,科目得人爲盛。諸宮護衞、及省臺部譯史、令史、通事,仕進皆列於正班,斯則唐、宋以來之所無者,豈非因時制宜,而以漢法爲依據者乎。金治純駁,議者於是每有別焉。

宣宗南渡,吏習日盛,苛刻成風,殆亦多故之秋,急於事功,不免爾歟。自時厥後,仕進之歧既廣,僥倖之俗益熾,軍伍勞效,雜置令錄,門廕右職,迭居朝著,科舉取士亦復汎濫,而金治衰矣。

原其立經陳紀之初,所爲升轉之格、考察之方,井井然有條而不紊,百有餘年才具不乏,豈非其效乎。奉詔作金史,志其選舉,因得而詳論之。司天、太醫、內侍等法歷代所有,附著於斯。鬻爵、進納,金季之弊莫甚焉,蓋由財用之不足而然也,特載食貨志。

金設科皆因遼、宋制,有詞賦、經義、策試、律科、經童之制。海陵天德三年,罷策試科。世宗大定十一年,創設女直進士科,初但試策,後增試論,所謂策論進士也。明昌初,又設制舉宏詞科,以待非常之士。故金取士之目有七焉。其試詞賦、經義、策論中選者,謂之進士。律科、經童中選者,曰舉人。〔二〕

凡養士之地曰國子監,始置於天德三年,後定制,詞賦、經義生百人,小學生百人,以宗室及外戚皇后大功以上親、諸功臣及三品以上官兄弟子孫年十五以上者入學,不及十五者入小學。大定六年始置太學,初養士百六十人,後定五品以上官兄弟子孫百五十人,曾得府薦及終場人二百五十人,凡四百人。府學亦大定十六年置,凡十七處,共千人。初以嘗與廷試及宗室皇家袒免以上親、幷得解舉人爲之。後增州學,遂加以五品以上官、曾任隨朝六品官之兄弟子孫,餘官之兄弟子孫〔三〕經府薦者,同境內舉人試補三之一,闕里廟宅子孫年十三以上不限數,經府薦及終場免試者不得過二十人。

凡試補學生,太學則禮部主之,州府則以提舉學校學官主之,曾得府薦及終場舉人,皆免試。

凡經,易則用王弼、韓康伯註,書用孔安國註,詩用毛萇註、鄭玄箋,春秋左氏傳用杜預註,禮記用孔穎達疏,周禮用鄭玄註、賈公彥疏,論語用何晏集註、邢昺疏,孟子用趙岐註、孫奭疏,孝經用唐玄宗註,史記用裴駰註,〔四〕前漢書用顏師古註,後漢書用李賢註,三國志用裴松之註,及唐太宗晉書、沈約宋書、蕭子顯齊書、姚思廉梁書陳書、魏收後魏書、李百藥

北齊書、令狐德棻周書、魏徵隋書、新舊唐書、新舊五代史,老子用唐玄宗註疏,荀子用楊倞註,揚子用李軌、宋咸、柳宗元、吳祕註,皆自國子監印之,授諸學校。

凡學生會課,三日作策論一道,又三日作賦及詩各一篇。三月一私試,以季月初先試賦,間一日試策論,中選者以上五名申部。遇旬休、節辰皆有假,病則給假,省親遠行則給程。犯學規者罰,不率教者黜。遭喪百日後求入學者,不得與釋奠禮。

凡國子學生三年不能充貢,欲就諸局承應者,學官試,能粗通大小各一經者聽。

章宗大定二十九年,上封事者乞興學校,推行三舍法,及鄉以八行貢春官,以設制舉宏詞。事下尚書省集百官議,戶部尚書鄧儼等謂:「三舍之法起於宋熙寧間,王安石罷詩賦,專尚經術。太學生初補外舍,無定員。由外陞內舍,限二百人。由內陞上舍,限百人。各治一經,每月考試,或特免解,或保舉補官。其法雖行,而多席勢力,尙趨走之弊,故蘇軾有『三舍旣興,貨賂公行』之語,是以元祐間罷之,後雖復,而宣和三年竟廢。臣等謂立法貴乎可久,彼三舍之法委之學官選試,啓僥倖之門,不可爲法。唐文皇養士至八千人,亡宋兩學五千人,今策論、詞賦、經義三科取士,而太學所養止百六十人,外京府或至十人,天下僅及千人。今若每州設學,專除教授,月加考試,每舉所取數多者賞其學官。月試定爲三等籍之,一歲中頻在上等者優復之,不率教、行惡者黜之,庶幾得人之道也。又成周鄉舉里選法

卒不可復，設科取士各隨其時。八行者乃亡宋取周禮之六行孝、友、睦、婣、任、恤，加之中、和爲八也。凡人之行莫大於孝廉，今已有舉孝廉之法，及民有才能德行者令縣官薦之。今制，犯十惡姦盜者不得應試，亦六德六行之遺意也。夫制舉宏詞，蓋天子待非常之士，若設此科，不限進士，幷選人試之，中選擢之臺閣，則人自勉矣。」上從其議。遂計州府戶口，增養士之數，於大定舊制京府十七處千人之外，置節鎭、防禦州學六十處，〔五〕增養千人，各設教授一員，選五舉終場或進士年五十以上者爲之。府學二十有四，學生九百五人。大興、開封、平陽、眞定、東平府各六十人，太原、益都府各五十人，大定、河間、濟南、大名、京兆府各四十人，遼陽、彰德府〔六〕各三十人，河中、慶陽、臨洮、河南府各二十五人，鳳翔、平涼、延安、咸平、廣寧、興中府各二十人。節鎭學三十九，共六百一十五人。絳、定、衛、懷、滄州各三十人，萊、密、潞、汾、冀、邢、兗州各二十五人，代、同、邠州各二十人，奉聖州十五人，餘二十三節鎭皆十人。防禦州學二十一，共二百三十五人。博、德、洺、棣、亳各十五人，餘十六州各十人。凡千八百人。

女直學。自大定四年，以女直大小字譯經書頒行之。〔七〕後擇猛安謀克內良家子弟爲學生，諸路至三千人。九年，取其尤俊秀者百人至京師，以編修官溫迪罕締達教之。十三年，以策、詩取士，始設女直國子學，諸路設女直府學，以新進士爲教授。國子學策論生百人，小學生百人。府州學二十二，中都、上京、胡里改、恤頻、合懶、蒲與、婆速、咸平、泰州、

臨潢、北京、冀州、開州、豐州、西京、東京、蓋州、隆州、東平、益都、河南、陝西置之。凡取國子學生、府學生之制，皆與詞賦、經義生同。又定制，每謀克取二人，若宗室每二十戶內無願學者，則取有物力家子弟年十三以上、二十以下者充。凡會課，三日作策論一道，季月私試如漢生制。大定二十九年，勅凡京府鎭州諸學，各以女直、漢人進士長貳官提控其事，具入官銜。河南、陝西女直學，承安二年罷之，餘如舊。

凡諸進士舉人，由鄉至府，由府至省，及殿廷，凡四試皆中選，則官之。至廷試五被黜，則賜之第，謂之恩例。又有特命及第者，謂之特恩。恩例者但考文之高下爲第，而不復黜落。

凡詞賦進士，試賦、詩、策論各一道。經義進士，試所治一經義、策論各一道。其設也，始於太宗天會元年十一月，時以急欲得漢士以撫輯新附，初無定數，亦無定期，故二年二月、八月凡再行焉。

五年，以河北、河東初降，職員多闕，以遼、宋之制不同，詔南北各因其素所習之業取士，號爲南北選。熙宗天眷元年五月，詔南北選各以經義詞賦兩科取士。海陵庶人天德二

年，始增殿試之制，而更定試期。三年，併南北選爲一，罷經義策試兩科，專以詞賦取士。

貞元元年，定貢舉程試條理格法。

正隆元年，命以五經、三史正文內出題，始定爲三年一闢。

大定四年，勅宰臣，進士文優則取，勿限人數。

十八年，謂宰臣「文士有偶中魁選，不問操履，而輒授翰苑之職。如趙承元，朕聞其無士行，果敗露。自今榜首，先訪察其鄉行，可取則授以應奉，否則從常調」。

十九年，謂宰臣曰：「自來御試賦題，皆士人嘗擬作者。前朕自選一題，出人所不料，故中選者多名士，而庸才不及焉。是知題難則名儒亦擅場，題易則庸流易僥倖也。」平章政事唐括安禮奏曰：「臣前日言，士人不以策論爲意者，正爲此爾。宜各場通考，選文理俱優者。」上曰：「幷答時務策，觀其議論，材自可見，卿等其議之。」

二十年，謂宰臣曰：「朕嘗論進士不當限數，則對以所取之外無合格文，故中選者少，豈非題難致然耶。若果多合格，而有司妄黜之，甚非理也。」又曰：「古者鄉舉有行者，授以官。今其考滿，察鄉曲實行出倫者擢之。」又曰：「舊不選策，今兼選矣。然自今府會兩試不須試策，已中策後，則試以制策，試學士院官。」

二十二年，謂宰臣曰：「漢進士魁，例授應奉，若行不副名，不習制誥之文者，即與

外除。」

二十三年，謂宰臣曰：「漢進士，皇統間人材殆不復見，今應奉以授狀元，蓋循資爾。制誥文字，各以職事鋪敍，皆有定式，故易。至撰赦詔，則鮮有能者。」參知政事粘哥斡特剌對曰：「舊人已登第尚爲學不輟，今人一及第輒廢而不學，故爾。」

上於聽政之隙，召參知政事張汝霖、翰林直學士李晏讀新進士所對策，至「縣令闕員取之何道」？上曰：「朕夙夜思此，未知所出。」晏對曰：「臣竊念久矣。國朝設科，始分南北兩選，北選詞賦進士擢第一百五十人，經義五十人，南選百五十人，計三百五十人。嗣場，北選詞賦進士七十人，經義三十人，南選百五十人，計二百五十人。以入仕者多，故員不闕。其後南北通選，止設詞賦科，不過取六七十人，以入仕者少，故縣令員闕也。」上曰：「自今文理可採者取之，毋限以數。」二十八年，復經義科。

章宗明昌元年正月，言事者謂〔八〕「舉人四試而鄉試似爲虛設，固當罷去。其府會試乞十人取一人，可以羣經出題，而註示本傳」。上是其言，詔免鄉試，府試以五人取一人，仍令有司議外路添考試院，及羣經出題之制。有司言：「會試所取之數，舊止五百人，比以世宗勅中格者取，乞依此制行之。府試舊六處，中有地遠者，命特添三處，上京、咸平府路則試於遼陽，河東南北路則試於平陽，山東東路則試於益都。以六經、十七史、孝經、論語、孟

中華書局

子、及荀、揚、老子內出題，皆命於題下註其本傳。」又諭有司曰：「舉人程文所用故事，恐考試官或遽不能憶，誤失人材，可自注出處。注字之誤，不在塗注乙之數。」

明昌二年，勅官或職至五品者，直赴御試。四年，平章政事守貞言：〔九〕「國家官人之路，惟女直、漢人進士得人居多。諸司局承應，舊無出身，自大定後始敍使，至今鮮有可用者。近來放進士第數稍多，此舉更宜增取，若會試止以五百人爲限，則廷試雖欲多取，不可得也。」上乃詔有司，會試毋限人數，文合格則取。

六年，言事者謂「學者率恃有司全注本傳以示之，故不勉讀書，乞減子史注本傳之制。又經義中選之文多膚淺，乞擇學官，及本科人充試官」。省臣謂若不與本傳，恐碩學者有偶忘之失，可令但知題意而已。遂命擇前經義進士爲衆所推者、才識優長者爲學官，遇差考試官之際，則驗所治經參用。詞賦進士，題注本傳，不得過五十字。經義進士，御試第二場，試論日添試策一道。

承安四年，上諭宰臣曰：「一場放二狀元，非是。後場廷試，令詞賦、經義通試時務策，止選一狀元。餘雖有明經、法律等科，止同諸科而已。」至宋王安石爲相，〔一〇〕作新經，始以經義取人。且詞賦、經義，人素所習之本業，策論則兼習者也。今捨本取兼習，恐不副陛下公選之意。」遂定御試同日各試本業，詞賦依舊，分立甲次，第一名爲狀元，經義魁次之，恩

例與詞賦第二人同，餘分爲兩甲中下人，並在詞賦之下。

五年，詔考試詞賦官各作程文一道，示爲舉人之式，試後赴省藏之。

時宰臣奏：「自大定二十五年以前，詞賦進士不過五百人，二十八年以不限人數，取至五百八十六人。先承聖訓合格則取，故承安二年取九百二十五人。兼今有四舉終場恩例，若會試取人數過多，則涉泛濫。」遂定策論、詞賦、經義人數，雖多不過六百人，少則聽其闕。

時太常丞郭人傑轉對言，詞賦舉人，不得作別名兼試經義，及入學生精加試選，無至濫補。上勅宰臣曰：「近已奏定，後場詞賦經義同日試之。若府會試更不令兼試，恐試經義者少，是虛設此科也。別名之弊，則當禁之。補試入學生員，已有舊條，恐行之滅裂爾，宜嚴防閑。」

張行簡轉對言：「擬作程文，本欲爲考試之式，今會試考試官、御試讀卷官皆居顯職，擢第後離筆硯久，不復常習，今臨試擬作之文，稍有不工，徒起謗議。」詔罷之。

泰和元年，平章政事徒單鎰病時文之弊，言：「諸生不窮經史，唯事末學，以致志行浮薄。可令進士試策日，自時務策外，更以疑難經旨相參爲問，使發聖賢之微旨、古今之事變。」詔爲永制。

先嘗勅樂人不得舉進士，而奴免爲良者則許之。尚書省奏：「舊稱工樂，謂配隸之色及

倡優之家。今少府監工匠、太常大樂署樂工，皆民也，而不得與試。前代令諸選人身及祖、父曾經免爲良者，雖在官不得居清貫及臨民，今反許試，誠玷清論。」詔遂定制，放良人不得應諸科舉，其子孫則許之。

上又謂「德行才能非進士科所能盡，可通行保舉之制」。省臣奏：「在周禮，『大司徒以鄉三物敎萬民而賓興之』，所謂萬民，農工商賈皆是也。前代立賢無方，如版築之士、鼓刀之叟，垂光簡策者不可勝舉。今草澤隱逸才行兼備者，令謀克及司縣舉，按察司具聞，以旌用之，既有已降令文矣。」上命復宣旨以申之。

宣宗貞祐二年，御史臺言，明年省試以中都、遼東、西北京等路道阻，宜於中都、南京兩處試之。〔一一〕

三年，諭宰臣曰：「國初設科，素號嚴密，今聞會試至於雜坐諠譁，何以防弊。」命治考官及監察罪。

興定二年，御史中丞把胡魯言：「國家數路取人，惟進士之選最爲崇重，不求備數，惟務得賢。今場會試，策論進士不及二人取一人，詞賦、經義二人取一。前雖有聖訓，當依大定之制，中選卽收，無問多寡。然大定間赴試者或至三千，取不過五百。泰和中，策論進士三人取一，詞賦、經義四人取一。向者貞祐初，詔免府試，赴會試者幾九千人，而取八百有奇，

則是十之一而已。時已有依大定之制，亦何嘗二人取一哉。今考官泛濫如此，非所以爲求賢也。宜於會試之前，奏請所取之數，使恩出於上可也。」詔集文資官議，卒從泰和之例。

又謂宰臣曰：「從來廷試進士，日晡後卽遣出宮，恐文思遲者不得盡其才，令待至暮時。」

特賜經義進士王彪等十三人及第，上覽其程文，愛其辭藻，咨歎久之。因怪學者益少，謂監試官左丞高汝礪曰：「養士學糧，歲稍豐熟卽以本色給之，不然此科且廢矣。」

五年，省試經義進士，考官於常格外多取十餘人，上命以特恩賜第。又命河北舉人今府試中選而爲兵所阻者，免後舉府試。

策論進士，選女直人之科也。始大定四年，世宗命頒行女直大小字所譯經書，每謀克選二人習之。尋欲興女直字學校，猛安謀克內多擇良家子爲生，諸路至三千人。九年，選異等者得百人，薦於京師，廩給之，命溫迪罕締達敎以古書，作詩、策，後復試，得徒單鎰以下三十餘人。十一年，始議行策選之制，至十三年始定每場策一道，以五百字以上成，免鄉試府試，止赴會試御試。且詔京師設女直國子學，諸路設女直府學，擬以新進士充敎授，以敎士民子弟之願學者。俟行之久、學者衆，則同漢進士三年一試之制。乃就憫忠寺試徒單

鑑等，其策曰：「賢生於世，世資於賢。世未嘗不生賢，賢未嘗不輔世。蓋世非無賢，惟用與否，若伊尹之佐成湯，傅說之輔高宗，呂望之遇文王，皆起耕築漁釣之間，而其功業卓然，後世不能企及者，蓋殷、周之君能用其人，盡其才也。本朝以神武定天下，聖上以文德綏海內，文武並用，言小善而必從，事小便而不棄，蓋取人之道盡矣。而尚憂賢能遺於草澤者，今欲盡得天下之賢而用之，又俾賢者各盡其能，以何道而臻此乎？」憫忠寺舊有雙塔，進士入院之夜半，聞東塔上有聲如音樂，西入宮。考試官侍御史完顏蒲涅等曰：「文路始開而有此，得賢之祥也。」中選者得徒單鎰以下二十七人。

十六年，命皇家兩從以上親及宰相子，直赴御試。皇家祖免以上親及執政官之子，直赴會試。至二十年，以徒單鎰等教授中外，其學大振。遂定制，今後以策、詩試三場，策用女直大字，詩用小字，程試之期皆依漢進士例。省臣奏，漢人進士來年三月二十日鄉試，八月二十日府試，次年正月二十日會試，三月十二日御試。勅以來年八月二十五日於中都、上京、咸平、東平府等路四處府試，餘從前例。

上曰：「契丹文字年遠，觀其所撰詩，義理深微，當時何不立契丹進士科舉。今雖立女直字科，慮女直字創製日近，義理未如漢字深奧，恐為後人議論。」丞相守道曰：「漢文字恐初亦未必能如此，由歷代聖賢漸加修舉也。聖主天姿明哲，令譯經教天下，行之久亦可同

漢人文章矣。」上曰：「其同漢人進士例，譯作程文，俾漢官覽之。」

二十二年三月，策試女直進士。至四月癸丑，上謂宰臣曰：「女直進士試已久矣，何尚未考定？」參知政事斡特剌對曰：「以其譯付看故也。」上命速之。

二十三年，上曰：「女直進士設科未久，若令積習精通，則能否自見矣。」

二十八年，諭宰臣曰：「女直進士惟試以策，行之既久，人能預備。今若試以經義可乎？」宰臣對曰：「五經中書、易、春秋已譯之矣，俟譯詩、禮畢，試之可也。」上曰：「大經義理深奧，不加歲月不能貫通。今宜於經內姑試以論題，後當徐試經義也。」

章宗大定二十九年，詔許諸人試策論進士舉。七月省奏，如詩、策、論俱作一日程試，恐力有不逮。詩、策作一日，論作一日，以詩、策合格為中選，而以論定其名次。上曰：「論乃新添，至第三舉時當通定去留。」

明昌元年，猛安謀克願試進士者擬依餘人例，不可令直赴御試。上曰：「是止許女直進士毋令試漢進士也。」又定制，餘官第五品散階，令直赴會試，官職俱至五品，令直赴御試。

承安二年，勅策論進士限丁習學。遂定制，內外官員、諸局分承應人、武衛軍、若猛安謀克女直及諸色人，戶止一丁者不許應試，兩丁者許一人，四丁二人，六丁以上止許三人。三次終場，不在驗丁之限。

三年，定制，女直人以年四十五以下，試進士舉，於府試十日前，委佐貳官善射者試射。其制，以六十步立垛，去射者十五步對立兩竿，相去二十步，去地二丈，以繩橫約之。弓不限強弱，不計中否，以張弓巧便、發箭迅正者為熟閑。射十箭中兩箭，出繩下至垛者為中選。餘路委提刑司，在都委監察體究。如當赴會試御試者，大興府佐貳官試驗，三舉終場者免之。

四年，禮部尚書賈鉉言：「策論進士程試弓箭，其兩舉終場及年十六以下未成丁者，若以弓箭退落，有失賢路。乞於及第後試之，中者別加任使，或升遷，否者降之。」省臣謂：「舊制三舉終場免試，今兩舉亦免之，未可。若以未成丁免試，必有妄匿年者，如果幼，使徐習未晚也。至於及第後試驗升降，則已有定格矣。」詔從舊制。

在泰和格，復有以時務策參以故事，及疑難經旨為問之制。

宣宗南遷，興定元年，制中都、西京等路，策論進士及武舉人權於南京、東平、婆速、上京四處府試。

五年，上賜進士斡勒業德等二十八人及第。上覽程文，怪其數少，以問宰臣，對曰：「大定制隨處設學，諸謀克貢三人或二人為生員，贍以錢米。至泰和中，人例授地六十畝。所給既優，故學者多。今京師雖存府學，而月給通寶五十貫而已。若於諸路總管府、及有軍

戶處置學養之，庶可加益。京師府學已設六十人，乞更增四十人。中京、亳州、京兆府並置學官於總府，以謀克內不隸軍籍者為學生，人畀地四十畝。漢學生在京者亦乞同此，餘州府仍舊制。」上從之。

凡會試之數，大定二十五年，詞賦進士不得過五百人。二十八年，以不限人數，遂至五百八十六人。章宗令合格則取，故承安二年至九百二十五人。時以復加四舉終場者，數太濫，遂命取不得過六百人。泰和二年，上命定會試諸科取人之數，司空襄言：「試詞賦經義者多，可五取一。策論絕少，可四取一。恩榜本以優老於場屋者，四舉受恩則太優，限以年則礙異材，可五舉則受恩。」平章徒單鎰等言：「大定二十五年至明昌初，率三四人取一。」平章張汝霖亦言：「五人取一，府試百人中纔得五耳。」遂定制，策論三人取一，詞賦經義五人取一，五舉終場年四十五以上、四舉終場年五十以上者受恩。

凡考試官，大定間，府試六處，各差詞賦試官三員，策論試官二員。明昌初，增為九處，路各差九員，大興府則十一員。承安四年，又增太原為十處。有司請省之，遂定策論進士女直經童千人以上差四員，五百人以上三員，不及五百二員。各以職官高者一人為考試

官，餘爲同考試官。詞賦進士與律科舉人共及三千以上五員，二千四員，不及二千三員。經義進士及經童舉人千人四員，五百以上三員，百人以上二員，不及百人以詞賦考官兼之。

後又定制，策論試官，上京、咸平、東平各三員，北京、西京、益都各二員。律科，監試官一員，試律官二員，隸詞賦考試院。〔三〕經童，試官一員，隸經義考試院，與會試同。其彌封、幷謄錄官，檢搜懷挾官，自餘修治試院，監押門官，並如會試之制。大定二十年，上以往歲多以遠地官考試，不便，遂命差近者。

凡會試，知貢舉官、同知貢舉官，詞賦則舊十員，承安五年爲七員。經義則六員，承安五年省爲四員。詮讀官二員。泰和三年，上以彌封官漢語於舉人，勅自今女直司則用右選漢人封，漢人司則以女直司封。宣宗貞祐三年，以會試賦題已嘗出，而有犯格中選者，復以考官多取所親，上怒其不公，命究治之。

凡御試，讀卷官，策論、詞賦進士各七員，經義五員，餘職事官各二員。制舉宏詞共三員。泰和七年，禮部尚書張行簡言：「舊例，讀卷官不避親，至有親人，或有不敢定其去留，或力加營護，而爲同列所疑。若讀卷官不用與進士有親者，則讀卷之際得平心商確。」上遂

命臨期多擬，其有親者汰之。

凡府試策論進士，大定二十年定以中都、〔三〕上京、咸平、東平四處，至明昌元年，添北京、西京、益都爲七處，兼試女直經童。凡上京、合懶、速頻、胡里改、蒲與、東北招討司等路者，則赴會寧府試。咸平、隆州、婆速、東京、蓋州、懿州者，則赴咸平府試。中都、河北東西路者，則赴大興府試。西京幷西南、西北二招討司者，則赴大同府試。北京、臨潢、宗州、興州、全州者，則赴大定府試。山東西、大名、南京者，則赴東平府試。山東東路則試於益都。

凡詞賦、經義進士及律科、經童府試之處，大定間，大興、大定、大同、開封、東平、京兆凡六處。明昌初，增遼陽、平陽、益都爲九處。承安四年復增太原爲十。中都、河北則試於大興府，上京、東京、咸平府等路則試於遼陽府，餘各試於其境。

凡鄉試之期，以三月二十日。

府試之期，若策論進士則以八月二十日試策，間三日試詩。詞賦進士則以二十五日試賦及詩，又間三日試策論。經義進士又間詞賦後三日試經義，又三日試策。次律科，次經童，每場皆間三日試之。

會試，則策論進士以正月二十日試策，皆以次間三日，同前。

御試，則以三月二十日策論進士試策，二十三日試詩論，二十五日詞賦進士試賦詩論，而經義進士亦以是日試經義，二十七日乃試策論。若試日遇雨雪，則俟晴日。御試唱名後，試策則稟奏，宏詞則作二日程試。舊制，試女直進士在再試漢進士後，大定二十九年以復設經義科，更定是制。

凡監檢之制，大興府則差武衞軍，餘府則於附近猛安內差摘，平陽府則差順德軍。凡府會試，每四舉人則差一人，復以官一人彈壓。御試策進士則差弩手及隨局承應人，漢進士則差親軍，人各一名，皆用不識字者，以護衞十人，親軍百人長、五十人長各一人巡護。

泰和元年，省臣奏：「搜檢之際雖當嚴切，然至於解髮袒衣，索及耳鼻，則過甚矣，豈待士之禮哉。故大定二十九年已嘗依前故事，使就沐浴，官置衣爲之更之，既可防濫，且不虧禮。」上從其說，命行之。

恩例。明昌元年，定制，省元直就御試，不中者許綴榜末。解元但免府試，四舉終場依

五舉恩例，所試文卷惟犯御名廟諱、不成文理者則黜之，餘並以文之優劣爲次。仍一日試三題，其五舉者止試賦詩，女直進士亦同此例。

承安五年，勅進士四舉該恩，詞賦經義當以各科爲場數，不得通數。又恩榜人應授官者，監試官於試時具數以奏，特恩者授之。

泰和三年，以經義會元與策論詞賦進士不同，若御試被黜則附榜末，爲太優，若同恩例，又與四舉者不同。遂定制，依曾經府試解元免府試之例，會試下第，再舉直赴御試。

律科進士，又稱爲諸科，其法以律令內出題，府試十五題，每五人取一人。大定二十二年定制，會試每場十五題，三場共通三十六條以上，文理優、擬斷當、用字切者，爲中選。臨時約取之，初無定數。其制始見於海陵庶人正隆元年，至章宗大定二十九年，有司言：「律科止知讀律，不知教化之源，可使通治論語、孟子以涵養其氣度。」遂令自今舉後，復於論語、孟子內試小義一道，府會試別作一日引試，命經義試官出題，與本科通考定之。

經童之制，凡士庶子年十三以下，能誦二大經、三小經，又誦論語諸子及五千字以上，府試十五題通十三以上，會試每場十五題，三場共通四十一以上，爲中選。所貴在幼而誦多者，若年同，則以誦大經多者爲最。

初，天會八年時，太宗以東平童子劉天驥，七歲能誦詩、書、易、禮、春秋左氏傳及論語、孟子，上命敎養之，然未有選舉之制也。熙宗卽位之二年，詔闢貢舉，始備其列，取至百二十二人。天德間，廢之。

章宗大定二十九年，上謂宰臣曰：「經童豈遽無人，其議復置。」明昌元年，益都府申，「童子劉住兒年十一歲，能詩賦，誦大小六經，所書行草頗有法，孝行夙成，乞依宋童子李淑賜出身，且加以恩詔」。上召至內殿，試鳳凰來儀賦、魚在藻詩，又令賦旱詩，上嘉之，賜本科出身，給錢粟官舍，令肄業太學。

明昌三年，平章政事完顏守貞言：「經童之科非古也，自唐諸道表薦，或取五人至十人。近代宋仁宗以爲無補，罷之。本朝皇統間取及五十人，因以爲常，天德時復廢。聖主復置，取以百數，恐久積多，不勝銓擬，乞諭旨約省取之。」上曰：「若所誦皆及格，何如？」守貞曰：「視最幼而誦不訛者精選之，則人數亦不至多也。」復問參知政事胥持國，對曰：「所誦通否易見，豈容有濫。」上曰：「限以三十或四十人，若百人皆通，亦可覆取其精者。」持國曰：「是

科蓋資敎之術耳。夫幼習其文，長玩其義，使之莅政，人材出焉。如中選者，加之修習進士舉業，則所記皆得爲用。臣謂可勿令遽登仕途，必習舉業，而後官使之可也。若能擢進士第，自同進士任用。如中府薦或會試，視其次數，優其等級。幾舉不得薦者，從本出身，又可以激勸而後得人矣。」詔議行之。

制舉有賢良方正、能直言極諫、博學宏材、達於從政等科，試無常期，上意欲行，卽告天下。聽內外文武六品以下職官無公私過者，從內外五品以上官薦於所屬，詔試之。若草澤士，德行爲鄉里所服者，則從府州薦之。凡試，則先投所業策論三十道於學士院，視其詞理優者，委官以羣經子史內出題，一日試論三道，如可，則庭試策一道，不拘常務，取其無不通貫者，優等遷擢之。

宏詞科試詔、誥、章、表、露布、檄書，則皆用四六；誡、諭、頌、箴、銘、序、記，則或依古今體，或參用四六。於每舉賜第後進士及在官六品以下無公私罪者，在外官薦之，令試策官出題就考，通試四題，分二等遷擢之。二科皆章宗明昌元年所創者也。

武舉，嘗設於皇統時，其制則見於泰和式，有上中下三等。能挽一石力弓，以重七錢竹箭，百五十步立貼，十箭內，府試欲中一箭，省試中二箭，程試中三箭。又遠射二百二十步垛，三箭內一箭至者。又百五十步內，每五十步設高五寸長八寸臥鹿二，能以七斗弓、二大鑿頭鐵箭馳射，府試則許射四反，省試三反，程試二反，皆能中二箭者。又百五十步內，每三十步，左右錯置高三尺木偶人戴五寸方板者四，以槍馳刺，府試則許馳三反，省試二反，程試三反，〔四〕左右各刺落一板者。又依廕例問律一條，又問孫、吳書十條，能說五者爲上等。凡程試，若一有不中者，皆黜之。若射貼弓八斗，遠射二百一十步，射鹿弓六斗，孫、吳書十條通四，爲中等。射貼弓七斗，遠射二百伍步，射鹿弓五斗，孫、吳書十條通三，爲下等。解律、刺板，皆欲同前。凡不知書者，雖上等爲中，中則爲下。凡試中中下，願再試者聽。

舊制，就試上等不中，不許再試中下等。泰和元年，定制，不分舊等，但從所願，試中則以三等爲次。

二年，省奏，武舉程式當與進士同時，今年八月府試，欲隨路設考試所，臨期差官，恐以創立未見應試人數，遂權令各處就考之。

宣宗貞祐三年，同進士例，賜勅命章服。時以隨處武舉入試者，自非見居職任及已用於軍前者，令郡縣盡遣詣京師，別爲一軍，以備緩急。其被薦而未授官者，亦量材任之。元光二年，東京總帥紇石烈牙吾塔言：「武舉入仕，皆授巡尉軍轄，此曹雖善騎射，不歷行陣，不知軍旅，一旦臨敵，恐致敗事。乞盡括付軍前爲長校，俟有功則升之。」宰臣奏：「國家設此科與進士等，而欲盡置軍中，非奬進人材之道。」遂籍丁憂、待闕、去職者付之。

試學士院官。大定二十八年，勅設科取士爲學士院官。禮部下太常，按唐典，初入學士院例先試，今若於進士已仕者，以隨朝六品、外路五品職事官薦，試制詔誥等文字三道，取文理優者充應奉。由是翰苑之選爲精。明昌五年，以學士院撰文字人少，命尚書省訪有文采者勾取權試。

凡司天臺學生，女直二十六人，漢人五十人，聽官民家年十五以上、三十以下試補。又三年一次，選草澤人試補。其試之制，以宣明曆試推步，及婚書、地理新書試合婚、安葬，并

易筮法、六壬課、三命五星之術。

凡醫學十科，大興府學生三十人，餘京府二十人，散府節鎮十六人，防禦州十人，每月試疑難，以所對優劣加懲勸，三年一次試諸太醫，雖不係學生，亦聽試補。

校勘記

〔一〕選舉一　原脫「一」字，據各卷標目例補。

〔二〕律科經童中選者曰舉人　「童」原作「義」。按上文金設科「有詞賦、經義、策試、律科、經童之制」，「其試詞賦、經義、策論中選者謂之進士」，此處不應重出「經義」，當是「經童」之誤，下文「律科」之後爲「經童之制」亦可證，今據改。

〔三〕餘官之兄弟子孫　「子」原作「曾」，據殿本改。

〔四〕史記用裴駰註　「裴」原作「崔」，據殿本改。

〔五〕置節鎮防禦州學六十處　「州學」上原衍「刺史」二字。按下文「節鎮學三十九」，「防禦州學二十一」，適合「六十處」之數。本書卷五七百官志，「諸節鎮」有「州教授一員」，「諸防禦州」有「州教授一員」，而「諸刺史州」下無「州教授」。卷一二章宗紀，泰和四年二月「癸丑，詔刺史州郡無宣聖廟學者並增修之」，知此處「刺史」二字是衍文，今刪。

〔六〕遼陽彰德府　按本書卷二五地理志，相州彰德軍節度「明昌三年陞爲府」，此時不當有府學，而歸德府此處不見，疑「彰」字或是「歸」字之誤。

〔七〕以女直大小字譯經書頒行之　「經」原作「尚」。按下文策論進士「始大定四年，世宗命頒行女直大小字所譯經書」，本書卷九九徒單鎰傳，「大定四年，詔以女直字譯書籍」。卷八世宗紀，大定二十三年九月「譯經所進所譯易、書、論語、孟子」。是尚書譯成在二十三年，今據改。

〔八〕言事者謂　「謂」原作「爲」，據殿本改。

〔九〕四年平章政事守貞言　原脫「四年」二字。按本書卷七三守貞傳，明昌四年召拜平章政事。「守貞因言國家選舉之法，惟女直、漢人進士得人居多」。又卷一〇章宗紀亦記明昌四年因尚書省請增取進士，詔有司會試毋限人數之事。今據補。

〔一〇〕至宋王安石爲相　按此句與上文不銜接，疑有脫文。

〔一一〕宣宗貞祐二年御史臺言明年省試以中都遼東西北京等路道阻宜於中都南京兩處試之　按本書卷五四選舉四部選條，「初，宣宗之南遷也，詔吏部以秋冬於南京、春夏於中都置選，而赴調者憚於北行，率皆南來，遂併於南京設之」。卷一四宣宗紀，貞祐三年二月「丙午，尚書省以南遷後，吏部秋冬置選南京，春夏置選中都，赴調者不便，請併選於南京，從之」，則此是吏部選授之制，非科舉，蓋修史者誤著于此。

〔一二〕隸詞賦考試院　原脫「考」字。按上文章宗明昌元年正月，「令有司議外路添考試院」，下文「經童，試官一員，隸經義考試院」，皆作「考試院」。今據補。

〔一三〕大定二十年定以中都　「都」原作「京」。按本書卷五海陵紀，貞元元年三月「改燕京爲中都」。又本卷下文，「中都、河北東西路者則赴大興府試」，「凡詞賦、經義進士及律科、經童府試之處，中都、河北則試於大興府」。今據改。

〔一四〕程試三反　按上文「府試」、「省試」、「程試」不同要求之比例推之，此當是「一」反。

金史卷五十二

志第三十三

選舉二

文武選

金制，文武選皆吏部統之。自從九品至從七品職事官，部擬。正七品以上，呈省以聽制授。凡進士則授文散官，謂之文資官。自餘皆武散官，謂之右職，又謂之右選。文資則進士爲優，右職則軍功爲優，皆循資，有陞降定式而不可越。

凡銓注，必取求仕官解由，撮所陳行績資歷之要爲銓頭，以定其能否。其有犯公私罪贓汚者，謂之犯選格，則雖遇恩而不得與。舊制，犯追一官以至追四官，皆解任周年，而復仕之。承安二年，定制，每追一官則殿一年，凡罷職會赦當敍者，及降殿當除者，皆具罪以

聞，而後仕之。凡增課陞至六品者，任回復降。既廉陞而再任覆察不同者，任回亦降。

自進士、舉人、勞效、廕襲、恩例之外，入仕之途尚多，而所定之時不一。若牌印、護衞、令史之出職，則皇統時所定者也。檢法、知法、國史院書寫，則海陵庶人所置者也。若宗室將軍、宮中諸局承應人、宰相書表、太子護衞、妃護衞、王府祗候郎君、內侍、及宰相之子、并譯史、通事、省祗候郎君、親軍驍騎諸格，則定於世宗之時，及章宗所置之太常檢討、內侍寄祿官，皆仕進之門戶也。

凡官資以三十月爲考，職事官每任以三十月爲滿，羣牧使及管課官以三周歲爲滿，防禦使以四十月、三品以上官則以五十月、轉運則以六十月爲滿。

司天、太醫、內侍官皆至四品止。

凡外任循資官謂之常調，選爲朝官謂之隨朝。隨朝則每考陞職事一等，若以廉察而陞者爲廉陞，授東北沿邊州郡而陞者爲邊陞。

凡院務監當差使則皆同從九品。

凡品官任都事、典事、主事、知事、及尙書省令史、覆實、架閣司管勾、直省直院局長副、檢法、知法、院務監當差使、及諸令史、譯史、掌書、書史、書吏、譯書、譯人、通事、并諸局分承應有出身者皆爲流外職。凡此之屬，或以尙書省差遣，或自本司判補，其出職或正班、雜

班，則莫不有當歷之名職。既仕則必循陞降之定式，雖或前後略有損益之殊，而定制則莫能渝焉。

凡門廕之制，天眷中，一品至八品皆不限所廕之人。貞元二年，定廕敍法，一品至七品皆限以數，而削八品用廕之制。世宗大定四年五月，詔：「皇家袒免以上親，就廕者依格引試，中選者勿令當僕使。」五年十月，制：「亡宋官當廕子孫者，並同亡遼官用廕。」又曰：「教坊出身人，若任流內職者，與文武同用廕。自餘有勤勞者，賞賜而已。昔正隆時常使教坊輩典城牧民，朕甚不取。」又更定冒廕及取廕官罪賞格。

七年五月，命司天臺官四品以上官改授文武資者，並聽如太醫例廕。其制，凡正班廕亦正班，雜班廕雜班。

明昌元年，以上封事者乞六品官添廕，吏部言：「天眷中，八品用廕，不限所廕之人。貞元中，七品用廕，方限以數。當是時，文始於將仕，武始於進義，以上至七品儒林、忠顯，各七階，許廕一名。至六品承直、昭信，計九階，許廕二人。自大定十四年，文武官從下各增二階，其七品視舊爲九階，亦廕一名，至五品凡十七階，方廕二人，其五品至三品並無間越，唯六品不用廕。乞依舊格，五品以上增廕一名，六品廕子孫弟兄二人，七品仍舊爲格。」時

又以舊格雖有己子許廕兄弟姪，蓋所以崇孝悌也，而新格禁之，遂聽讓廕。

舊制，司天、太醫、內侍、長行雖至四品，如非特恩換授文武官資者，不許用廕，以本人見充承應，難使係班故也。泰和二年，定制，〔一〕以年老六十以上退、與患疾及身故者，雖至止官，擬令係班，除存習本業者聽廕一名，止一子者則不須習卽廕。

凡諸色出身文武官一品，廕子孫至曾孫及弟兄姪孫六人，因門廕則五人。二品則子孫至曾孫及弟兄姪五人，因門廕則四人。三品子孫兄弟姪四人，因門廕則三人。四品、五品三人，因門廕則二人。六品二人，七品子孫兄弟一人，因門廕則六品、七品子孫兄弟一人。舊格，門廕惟七品一人，餘皆加一人。明昌格，自五品而上皆增一人。

凡進納官，舊格正班三品廕四人，雜班三人。正班武略子孫兄弟一人，雜班明威一人，懷遠以上二人，鎮國以上三人。

司天、太醫遷至四品詔換文武官者，廕一人。

凡進士所歷之階，及所循注之職。貞元元年，制南選，初除軍判、丞、簿，從八品。次除防判、錄事，正八品。三除下令，從七品。四中令、推官、節察判，正七品。五六皆上令。從六品。北選，初軍判、簿、尉，二下令，三中令，四上令，已後並上令，通注節察判、推官。

正隆元年格，上甲者初上簿軍判、丞、簿、尉，中甲者初中簿軍判、丞、簿、尉，下甲者初下簿軍判、丞、簿、尉。第二任皆中簿軍判、丞、簿、尉。〔二〕三、四、五、六、七任皆縣令，回呈省。

大定二年，詔文資官不得除縣尉。

八年格，歷五任令卽呈省。

十三年，制第二任權注下令。

舊制，狀元授承德郎，以十四年官制，文武官皆從下添兩重，命狀元更授承務郎，次舊授儒林郎，更爲承事郎。第二甲以下舊授從仕郎，更爲將仕郎。

十五年，勅狀元除應奉，兩考依例授六品。十八年，勅狀元行不顧名者與外除。十九年，命本貫察其行止美惡。

二十一年，復命第三任注縣令。

二十二年，勅進士受章服後，再試時務策一道，所謂策試者也。內才識可取者籍其名，歷任後察其政，若言行相副則升擢任使。是年九月，復詔今後及第人，策試中者初任卽升之。

二十三年格，進士，上甲，初錄事、防判，二下令，三中令。中甲，初中簿，二上簿，三下

令。下甲，初下簿，二中簿，三下令。試中策者，上甲，初錄事、防判，二中令，三上令。中甲，初上簿，二下令，三中令。下甲，初中簿，二錄事、防判，三中令。又詔今後狀元授應奉，一年後所撰文字無過人者與外除。

二十六年格，以相次合爲令者減一資歷。二十六年格，三降兩降免一降，文資右職外官減最後，上令一任通五任回呈省。遂定格，上甲，初錄事、防判，二中令，三、四、五上令。中甲，初中簿，二下令，三中令，四、五上令。策試進士，初錄事、防判，二、三、四、五上令。其次，初上簿，二中令，三、四、五上令。又次，初中簿，二下令，三中令，四、五上令。下甲，初下簿，二下令，三中令，四、五上令。

二十七年，制進士階至中大夫呈省。

明昌二年，罷勘會狀元行止之制。

七年格，縣令守闕各依舊格注授。

泰和格，諸進士及第合授資任須歷遍乃呈省，雖未盡歷，官已至中大夫亦呈省。又諸詞賦、經義進士及第後，策試中選，合授資任歷遍呈省，仍每任升本等首銓選。

貞祐三年，狀元授奉直大夫，上甲儒林郎，中甲以下授徵事郎。

經義進士。皇統八年，就燕京擬注。六年，〔三〕與詞賦第一人皆擬縣令，第二人當除察判，以無闕遂擬軍判。第二、第三甲隨各人住貫擬爲軍判、丞、簿。舊制，五經及第未及十年與關內差使，已十年者與關外差使，四十年除下令。正隆三年，不授差使，至三十年則除縣令。大定二十八年始復設是科，每舉專主一經。

女直進士。大定十三年，皆除教授。二十二年，上甲第二第三人初除上簿，中甲則除中簿，下甲則除下簿。大定二十五年，上甲甲首遷四重，餘各遷兩重。第二第三甲授隨路教授，三十月爲一任，第二任注九品，第三、第四任注錄事、軍防判，第五任下令。尋復令第四任注縣令。二十六年，減一資歷注縣令。二十八年，添試論。後皆依漢人格。

宏詞，上等遷兩官，次等遷一官，臨時取旨授之。

恩榜，章宗大定二十九年，勅今後凡五次御簾進士，可一試而不黜落，止以文之高下定其次，謂之恩榜。女直人遷將仕，漢人登仕，初任教授，三十月任滿，依本格從九品注授。明昌元年，勅四舉終場，亦同五舉恩例，直赴御試。

明昌五年，勅神童三次終場，同進士恩榜遷轉。兩次終場，全免差使。第六任與縣令，依本格遷官。如一次終場，初入仕則一除一差。其餘並依本門戶，仍使應三舉，然後入仕。每舉放四十人。

凡恩例補廕同進士者，謂大禮補致仕、遺表、陣亡等恩澤，補承襲錄用，幷與國王幷宗室女爲婚者。正隆二年格，初下簿，二中簿，三上簿，四下令，五中令，六、七上令，回呈省。

凡特賜同進士者，謂進粟、出使回、歿於王事之類，皆同雜班，補廕亦以雜班。正隆元年格，初授下簿，二中簿，三縣丞，四軍判，五、六防判，七、八下令，九中令，十上令。尋復更初注下等軍判、丞、簿、尉，次注中等軍判、丞、簿、尉，第三注上等軍判、丞、簿、尉，四下令，五中令，六上令。

律科、經童。正隆元年格，初授將仕郎，皆任司候，十年以上並一除一差，十年外則初任主簿，第二任司候，第三主簿，四主簿，五警判，六市丞，七諸縣丞，八次赤丞，九赤縣丞，十下縣令，十一中縣令，五任上縣令，〔四〕呈省。三年制，律科及第及七年者與關內差使，七

年外者與關外差。諸經及第人未十年者關內差，已十年關外差。律科四十年除下令。經童及第人視餘人復展十年，然後理算月日。

大定十四年，以從下新增官階，遂定制，律科及第者授將仕佐郎。十六年特旨，以四十年除下令太遠，其以三十二年不犯贓罪者授下令。十七年，勅諸科人仕至下令者免差。二十年，省擬，無贓罪及廉察無惡者減作二十九年注下令，經童亦同此。二十六年，省擬，以相次當爲縣令者減一資歷選注。勅命諸科人累任之餘月日至四十二月，准一除一差。又勅，舊格六任縣令呈省，遂減爲五任。二十八年，減赤縣丞一任。

明昌五年，制仕二十六年之上者，如該廉升則注縣令。六年，減諸縣丞、赤縣丞兩任後吏格，十年內擬注差使，十年外一除一差。若歷八任，或任至三十二年注下令，則免差須遍歷而後呈省。所歷之制，初、二下簿，三、四中簿，五、六、七上簿，犯選格者又歷上簿兩任，八、九則注下令，[五]十中令，十一、十二上令。

凡武舉，泰和三年格，上甲第一名遷忠勇校尉，第二、第三名遷忠翊校尉。中等遷修武校尉，收充親軍，不拘有無廕，視舊格減一百月出職。下等遷敦武校尉，亦收充親軍，減五

十月出職。

承安元年格，第一名所歷之職，初都巡，副將，二下令，三中令，四、五上令。第二、第三名，初巡尉，部將，二上簿，三下令，四中令，五、六上令。餘人，初副巡，軍轄，二中簿，三下令，四中令，五、六上令。

凡軍功有六，一曰川野見陣，最出當先，殺退敵軍。二曰攻打抗拒州縣山寨，奪得敵樓。三曰爭取船橋，越險先登。四曰遠探捕得喉舌。五曰險難之間，遠處報事情成功。六曰謀事得濟，越衆立功。

皇統八年格，凡帶官一命昭信校尉正七品以上者，初除主簿及諸司副使，正九品。二主簿及諸司使，正八品。三下令，從七品。四中令，正七品。五上令，或通注鎮軍都指揮使正七品及正將。其官不至昭信及無官者，自初至三任通注丞、簿，四下令，五中令，六上令及知城寨。從七品。

章宗大定二十九年，[六]遷至鎮國者取旨升除後，吏格之所定，女直人昭信校尉以上者，初下簿，二下令，三中令，四、五上令。女直一命遷至昭信校尉，餘人至昭信已上者，初下簿，二中簿，三下令，四中令，五、六上令。凡至宣武將軍以上者，初下令，二中令，三、四上令。

凡勞效，謂年老千戶、謀克也。大定五年，制河南、陝西統軍司，千戶四十年以上擬從七品，三十年千戶、四十年以上謀克從八品，二十年以上千戶、三十年以上謀克從九品，二十年以上謀克與正班、與差使，十年以上賞銀絹，皆以所歷千戶、謀克、蒲輦月日通算。

二十年，制以先曾充軍管押千戶、謀克、蒲輦二十年以上、六十五歲放罷者，視其強健者與差除，令係班，不則量加遷賞。後更定吏格，若一命遷宣武將軍以上，當授從七品職事者，初下令，二中令，三、四上令。官不至宣武，初授八品者授錄事，二赤劇丞，三下令，四中令，五、六上令。初授九品官者，初下簿，二中簿，三上簿，四下令，五中令，六、七上令。

大定九年格，三虞候順德軍千戶四十年以上者與從八品，三十年千戶、四十年以上謀克從九品，二十年以上千戶、三十年以上謀克與正班，以下賞銀絹。

大定十四年，定隨路軍官出職，以新制從下創添兩重，舊遷忠武校尉者今遷忠勇校尉。中都永固軍指揮使及隨路埽兵指揮使出職，舊遷敦武校尉者今遷進義校尉。

武衞軍，大定十七年定制，其猛安曰都將，謀克曰中尉，蒲輦曰隊正。都將三十月遷一官，至昭信注九品職事。以隊正陞中尉，中尉陞都將。

省令史選取之門有四，曰文資，曰女直進士，曰右職，曰宰執子。其出仕之制各異。

文資者，舊惟聽左司官舉用，至熙宗皇統八年，省臣謂，若止循舊例舉勾，久則善惡不分而多僥倖。遂奏定制，自天眷二年及第榜次姓名，從上次第勾年至五十已上、官資自承直郎從六品。至奉德大夫從五品。、無公私過者，一闕勾二人試驗，可則收補，若皆可卽籍名令還職待補。官至承直郎以上，一考者除正七品以上、從六品以下職事，兩考者除從六品以上、從五品以下。奉直大夫從六品。以上，一考者除從六品以上、從五品以下，兩考者除從五品以上、正五品以下，節運同。

正隆元年，[七]罷是制，止於密院臺及六部吏人令史內選充。

大定元年，世宗以胥吏旣貪墨，委之外路幹事又不知大體，徒多擾動，至二年，罷吏人而復皇統選進士之制。承直郎以上者，一考正七品，除運判、[八]節察判、軍刺同知。兩考者從六品，除京運判、總府判、防禦同知。奉直大夫已上，一考者從六品，除同前。兩考從五品，除節運副、京總管府留守司判官。

七年，以散階官至五品亦勾充，不願者聽。

十一年，以進士官至承直者衆，遂不論官資但以榜次勾補。

二十七年，以外多闕官，論者以爲資考所拘，難以升進，乃命不論官資，凡一考者與六品，次任降除正七品，第三任與六品，第四任升爲從五品。兩考者與從五品，次任降除六品，第三、四任皆與從五品，五任升正五品。

承安二年，以習學知除、刑房知案、及兵興時邊關令史，三十月除隨朝闕。

泰和八年以習學知除十五月以上，選充正知除，一考後理算資考。

大安三年，以從榜次則各人所歷月日不齊，遂以吏部等差其所歷歲月多寡爲次，收補知除，考滿則授隨朝職。

貞祐五年，〔九〕進士未歷任者，亦得充補，一考者除上縣令，再任上縣令升正七品，如已歷一任丞簿者，舊制除六品，乃更爲正七品，一任回降從七品，再任正七品升六品，如歷兩任丞簿者，一考舊除六品，乃更爲正七品，一任回免降，復免正七一任，即升六品。曾歷令一任者，依舊格六品，再任降除七品，還升從五品。

興定二年，勅初任未滿及未歷任者，考滿升二等爲從七品。初任未滿者兩任、未歷任者四任，回升正七品，兩任正七皆免回降。凡不依榜次勾取者同隨朝升除，俟榜次所及日聽再就補。

興定五年，定進士令史與右職令史同格，考滿未應得從七者與正七品，回降從七一任。所勾諸府令史不及三考出職者除從七品，回降除八品。若一任應得從七品者除六品，回降正七品，若一任應得正七品者免降。

女直進士令史，二十七年格，一考注正七品，兩考注正六品。二十八年，勅樞密院等處轉省者，並用進士。明昌元年，勅至三考者與漢人兩考者同除。明昌三年，罷契丹令史，其闕內增女直令史五人。五年，以與進士令史辛苦既同，資考難異，遂定與漢進士一考與從六品，兩考與從五品。

宰執子弟省令史，大定十二年，制凡承廕者，呈省引見，除特恩任用外，並內奉班收，仍於國史院署書寫，〔一〇〕太常署檢討、祕書監置校勘，〔一一〕尚書省准備差使，每三十月遷一重，百五十月出職。如承應一考以上，許試補省令譯史，則以百二十月出職，其已歷月日皆不紐折，如係終場舉人，即聽向書省試補。

十七年，定制，以三品職事官之子，試補樞密院令史。遂命吏部定制，宰執之子、并在省宗室郎君，如願就試令譯史，每年一就試，令譯史考試院試補外，緦麻袒免宗室郎君密院收補。

大定二十八年，制以宗室第二從親并宰相之子，出職與六品外，宗室第三從親并執政之子，出職與正七品。其出職皆以百五十月，若見已轉省之餘人，則至兩考止與正七品。二十九年，四從親亦許試補。

校勘記

〔一〕泰和二年定制　按本書卷一一章宗紀，泰和元年正月「己巳，以太府監孫復言，……乃更定廕敍法而頒行之」，當即此制。則「二年」是「元年」之誤。

〔二〕上甲者初上簿軍判丞簿尉中甲者初中簿軍判丞簿尉下甲者初下簿軍判丞簿尉第二任皆中簿軍判丞簿尉　按本書卷五七百官志，「諸刺史州：判官一員，從八品」，又記州有上、中、下之分。地理志皆載於各州下。「諸縣：令一員，從七品。丞一員，正九品。主簿一員，正九品。尉一員，正九品。自京縣而下，以萬戶以上爲上，三千戶以上爲中，不滿三千爲下。中縣而下不置丞，以主簿與尉通領巡捕事。下縣則不置尉，以主簿兼之」。本志常見「上令」「中令」「下令」「上簿」「中簿」「下簿」，皆縣職也。丞與尉不盡置，故主簿遂多見，惟此處之「上簿」「中簿」「下簿」以主簿釋之則不可通。本卷下文云，「凡特賜同進士者」，正隆時改爲「初注下等軍判、丞、簿、尉，第三注上等軍判、丞、簿、尉，四下令，五中令，六上令」。疑此「上簿」、「中簿」、「下簿」當是「上等」、「中等」、「下等」之誤。

〔三〕皇統八年就燕京擬注六年　按上敍「八年」，下敍「六年」，疑紀年有誤。

〔四〕五任上縣令　疑「五任」是「十二」之誤，或此句上脫「十二上縣令」五字。

〔五〕八九則注下令　「八」原作「第」。據文義改。

〔六〕章宗大定二十九年　原脫「大定」二字，今補。

〔七〕正隆元年　按本書卷五海陵紀記此事在二年。

〔八〕一考正七品除運判　「運」原作「軍」。按諸州軍判官從八品，與此不合。本書卷四二儀衞志百官儀從條，「正七品，都轉運判官、節度觀察判官」。又卷五八百官志，百官俸給條，「正七品：外官，都轉運判、諸節度判、諸觀察判」，皆與此合。則此顯係「運判」之訛。今據改。

〔九〕貞祐五年　按「年」字下有脫文。

〔一〇〕仍於國史院署書寫　「書」原作「編」。按本書卷五三選舉三，「國史院書寫。遷考出職同太常檢討」。卷五五百官志，「國史院：書寫，女直、漢人各五人」。今據改。

〔一一〕祕書監置校勘　按「置」字或是「署」字之誤。

金史卷五十三

志第三十四

選舉三

右職吏員雜選

右職。省令史、譯史。皇統八年格，初考遷一重，女直人依本法外，諸人越進義，每三十月各遷兩重，百二十月出職，除正六品以下、正七品以上職官。

正隆二年，更爲五十月遷一重。初考，女直人遷敦武校尉，餘人遷保義校尉，百五十月出職，係正班與從七品。若自樞密院臺六部轉省者，以前已成考月數通算出職。

大定二年，復以三十月遷一官，亦以百二十月出職，與正、從七品。院臺六部及它府司轉省而不及考者，以三月折兩月，一考與從七，兩考正七品，三考與六品。

三年，定格，及七十五月出職者，初上令，二中令，三下令，〔一〕四、五錄事，六下令，七中令，八上令。百五十月出職者，初刺同、運判、推官等，二、三中令，四上令，回呈省。

大定二十七年，制一考及不成考者，除從七品，須歷縣令三任，第五任則升正七品。兩考以上除正七品，再任降除縣令，三、四皆與正七品，第五任則升六品。三考以上者除六品，再任降正七品，三任、四任與六品，第五任則升從五品。

省女直譯史。大定二十八年，制以見任從七、從八人內，勾六十歲以上者相視用之。

明昌三年，取見役契丹譯史內女直、契丹字熟閑者，無則以前省契丹譯史出職官及國史院女直書寫，見任七品、八品、九品官充。

省通事。大定二十年格，三十月遷一重，百二十月出職。一考兩考與八品，三考者從七品，餘與部令譯史一體免差。

御史臺令史、譯史。皇統八年遷考之制，百二十月出職，正隆二年格，百五十月出職，皆九品，係正班。大定二年，百二十月出職，皆以三十月遷一官。其出職，一考、兩考皆與九品，三考與八品。

明昌三年，截罷見役吏人，用三品職事官子弟試中者、及終場舉人本臺試補者，若不足，於密院六部見役品官、及契丹品官子孫兄弟選充。

承安三年，勅凡補一人必詢於衆，雖爲公選，亦恐久漸生弊。況又在書史之上，不試而卽用，本臺出身門戶似涉太優。遂令除本臺班內祗、令譯史名闕外，於試中樞密院令譯史人內以名次取用，不足，卽於隨部班祗令譯史上名轉充。若須用終場舉人之闕，則令三次終場舉人，每科舉後與它試書史人同程試驗，榜次用之。女直十三人，內班內祗六人，終場舉人七人。漢人十五人，內班內祗七人，終場舉人八人。譯史四人，〔二〕內班內祗二人，終場舉人二人。

樞密院令史、譯史。令史。〔三〕正隆二年，制遷考與省同，出職除係正班正、從八品。大定二十一年，〔四〕定元帥府令譯史三十月遷一官，百二十月出職，一考、兩考與八品除授，三考與從七品。

十四年，遂命內祗、幷三品職事官承廕人、與四品五品班祗、及吏員人通試，中選者用之。

十六年，定一考、兩考者，初錄事、軍判、防判，再除上簿，三中簿，四同初，五、六下令，七、八中令，九、十上令。二十六年，兩考者免下令一任。三考以上，初上令，二中令，三下令，〔五〕四錄事、軍防判，二十六年，亦免此除。五下令，六、七中令，八上令。

十七年，制試補緦麻袒免以上宗室郎君。又定制，三品職事子弟設四人，吏員二人。

睦親府、宗正府、〔六〕統軍司令譯史，遷考出職，與臺部同。

部令史、譯史，皇統八年格，初考三十月遷一重，女直人依本格，餘人越進義，第二、第三考各遷一重，第四考並遷兩重，百二十月出職八品已下。

正隆二年，遷考與省右職令史同，出職九品。

大定二十一年，〔七〕宗正府、六部、臺、統軍司令史，番部譯史，元帥府通事，皆三十月遷一重，百二十月出職係班，一考、兩考與九品，三考已上與八品除授。

十四年，以三品至七品官承廕子孫一混試充，尋以爲不倫，命以四品五品子孫及吏員試中者，依舊例補，六品以下不與。十五年，命免差使。

十六年格，一考兩考者，初除上簿，再除中簿，三下簿，四上簿，五錄事、軍防判，〔八〕六、七下令，八、九中令，十上令。三考以上者，初除錄事、軍防判，再除上簿，三中簿，四如初，五下令，後免此除。六、七下令，八中令，九上令。

按察司書吏，以終場舉人內選補，遷加出職同臺部。

凡內外諸吏員之制，自正隆二年，定知事孔目出身俸給，凡都目皆自朝差。海陵初，除尚書省、樞密院、御史臺吏員外，皆爲雜班，乃召諸吏員於昌明殿，諭之曰：「爾等勿以班次稍降爲歉，果有人才，當不次擢用也。」又定少府監吏員，以內省司舊吏員、及外路試中司吏補。

大定二年，戶部郎中曹望之言，隨處胥吏猥多，乞減其半。詔胥吏仍舊，但禁用貼書。又命縣吏闕，則令推舉行止修舉爲鄉里所重者充。三年，以外路司吏久不升轉，往往交通豪右爲姦，命與孔目官每三十月則一轉，移於它處。七年，勅隨朝司屬吏員通事譯史勾當過雜班月日，如到部者並不理算。又詔，吏人但犯贓罪罷者，雖遇赦，而無特旨，不許復敍。又命，京府州縣及轉運司胥吏之數，視其戶口與課之多寡，增減之。

十二年，上謂宰臣曰：「外路司吏，止論名次上下，恐未得人。若其下有廉慎、熟閑吏

事，委所屬保舉。試不中程式者，付隨朝近下局分承應，以待再試。彼既知不得免試，必當盡心以求進也。」

章宗大定二十九年，上封事者言：「諸州府吏人不宜試補隨朝吏員，乞以五品以上子孫試補。蓋職官之後清勤者多，故爲可任也。」尚書省謂：「吏人試補之法，行之已久，若止收承廕人，復恐不閑案牘，或致敗事。舊格惟許五品職官子孫投試，今省部試者尚少，以所定格法未寬故也。」遂定制，散官五品而任七品，散官未至五品而職事五品，其兄弟子孫已承廕者並許投試，而六部令史內吏人試補者仍舊。

泰和四年，簽河東按察司事張行信言：「自罷移轉法後，吏勢浸重，恣爲豪奪，民不敢言。今又無朝差都目，止令上名吏人兼管經歷六案文字，與同類分受賄賂。吏目通歷三十年始得出職，常在本處侵漁，不便。」遂定制，依舊三十月移轉，年滿出職，以杜把握州府之弊。

八年，以僉東京按察司事楊雲翼言，書吏書史皆不用本路人，以別路書吏許特薦申部者類試，取中選者補用。

凡右職官，天德制，忠武以下與差使，昭信以上兩除一差。大定十二年，勅鎮國以上卸與省除。十三年，制明威注下令，宣威注中令，廣威注上令，信武權注下令，宣武、顯武免差，權注丞簿。又制宣武、顯武、功酬與上簿，無廕與中簿。二十六年，制遷至宣武、顯武始令出職。又以舊制通歷五任令呈省，詔減爲四任。

明昌三年，以諸司除授，守闕近三十月，於選調窒礙。今後依舊兩除一差，候員闕相副，則復舊制。

泰和元年，以縣令見闕，近者十四月，遠者至十六月，蓋以見格，官至明威者並注縣令，或犯選幷廕永人，若帶明威人亦注，是無別也。遂令曾廕永及犯選格，女直人展至廣威，漢人至宣武，方注縣令。又以守闕簿丞，近者十九月，遠者二十一月，依見格官至宣武、顯武、信武者合注丞簿，遂命但曾廕永，直至明威方注丞簿。又吏格，凡諸右職正雜班，謂無資歷者，班內祗同。皆驗官資注授。帶忠武以下者與監當差使，昭信以上擬諸司除授，仍兩除一差。宣武以上與中簿，功酬人與上簿。明威注下令，宣威注中令，廣威注上令，通歷縣令四任，如帶定遠已歷縣令三任者，皆呈省。若但曾廕永及犯選格，諸曾犯公罪追官、私罪解任、及犯贓、廉訪不好、供體察不堪臨民，謂之犯選格。女直人遷至武義，漢人諸色人武略，並注諸司除授，皆兩除一差。若至明威方注丞簿，女直人遷至廣威，漢人、諸色人遷至宣威者，皆兩任下令，一任中令，回呈省。

貞祐三年，制遷至宣武者，皆與諸司除授，亦兩除一差。凡不犯選格者，若懷遠方注丞簿，至安遠則注下令、上令各一任，呈省。四年，復以官至懷遠注下令，定遠注中令，安遠注上令，四任呈省。

檢法、知法。正隆二年，嘗定六部所用人數及差取格法，初考、兩考皆除司候，三考者除上簿。五年，定制，十年內者初考除下簿，兩考除中簿，三考除警判。十年外者初考除第二任司候，兩考除上簿，三考則除市丞。大定二年，制曾三考者，不拘十年內外，皆與八品錄事、市令，擬當合得本門戶。

除授，舊授劄付，大定三年始命給勑，以律科人爲之。七年，定制，驗榜次勾取，如勾省令史之制。二十六年，命三考除錄事，以後則兩除一差。

女直知法、檢法。大定三年格，以臺部統軍司出職令譯史，曾任縣佐市令差使人內奏差，考滿比元出身陞一等，依隨路知事例給勑，以三十月爲任。明昌五年，以省院臺部統軍司令譯史書史內擬，年五十以下，無過犯，愼行止，試一月，以能者充，再勒留者升一等，一考者初上令，[九]二、三中令，四上令，兩考陞二等，呈省。

太常寺檢討二人。正隆二年，五十月遷一重，女直遷敦武，餘人進義，百五十月出職，係雜班。大定二年，制以三十月遷一重，百二十月出職，係正班九品。

省祗候郎君。大定三年，制以祖免以上親願承應已試合格而無闕收補者及一品官子，已引見，止在班祗候，三十月循遷。初任與正、從七品，次任呈省。內祗在班，初、次任注正、從八品，三、四注從七品，而後呈省。班祗在班，初九品，次、三正、從八品，〔一〇〕四、五從七品，而後呈省。已上三等，並以六十月爲滿，各遷一重。

八年，定制，先役六十月以試驗其才，不能幹者進一官黜之。才幹者再理六十月。每三十月遷加，百二十月爲滿，須用識女直字者。十六年，定制，以制文試之，能解說得制意者爲中選。

十八年，制一品官子，初都軍，二錄事、軍防判，三都軍，四下令，五、六上令，〔一一〕回呈省。內祗，初錄事、軍防判，二上簿，三同初，四錄事，五都軍，六下令，七中令，八上令，回呈省。班祗，初上簿，二中簿，三同初，四錄事、軍防判，五錄事，六都軍，七下令，八中令，九上令，回呈省。

國史院書寫。正隆元年，定制，女直書寫，試以契丹字書譯成女直字，限三百字以上。契丹書寫，以熟於契丹大小字，以漢字書史譯成契丹字三百字以上，詩一首，或五言七言四韻，以契丹字出題。漢人則試論一道。遷考出職同太常檢討。

宗室將軍。六十月爲任，初刺同，二都軍，三刺同，四從六。副將軍以七品出職人充。明昌元年，以九十月爲滿，中都、上京初從七，二錄事、軍防判，三入本門戶。餘路，初錄事、軍防判，二上簿，三入本門戶。承安二年改司屬令作隨朝。

內侍御直。內直六十四人，正隆二年格，長行人五十月遷一重，女直人遷敦武，餘人遷進義，無出身。大定二年格，同上。

大定六年，更定收補內侍格，能誦一大經，以論語孟子內能誦一書，并善書札者，月給奉八貫石，稍識字能書者七貫石，不識字六貫石。

泰和二年，以參用外官失防微之道，乃創寄祿官名，以事任之，既足以酬其勞，而無侵官之弊。

凡宮中諸局分，大定元年，世宗謂諸局分承應人，班敍俸給涉於太濫，正隆時乃無出身，涉於太刻，又其官品不以勞逸爲制，遂命更定之。大定六年，諭有司曰：「宮中諸局分承應人，有年滿數差使者，往往苦於稽留，而卒不得。其差者，復多不解文字而不幹，故公私不便。今後願出局者聽，願留者亦增秩，依舊承應。其十人長，雖老願留者亦增秩，作長行承應，餘依例放還。」七年，詔宰臣曰：「女直人自來諸局分不經收充祗候。可自今除太醫、司天、內侍外，餘局分並令收充勾當。」

護衞，正隆二年格，每三十月遷一重，初考，女直遷敦武，餘遷保義，百五十月出職，與從五品以下、從六品以上除。大定二年格，更爲初遷忠勇，百二十月出職。大定十四年官制，從下添兩重，遂命女直初遷修武，餘人敦武。十八年，制初除五品者次降除六品，第三復除從五品。初任六品者不降，第四任始授從五品，再勸留者各遷一官。明昌元年資格，初任不算資歷，不勸留者，初從六品，二、三皆同上，第四任陞從五。勸留者，初從五，二、三同上，第四正五品。再勸留者，初正五品，二同上，三少尹，四刺史。明昌四年，降作六品、七品除。貞祐制，一考八品，兩考除縣令，三考正七品，四考六品。五年，定一考者注上令。

兩考者一任正七品回降從七，兩任正七回陞六品。三考者正七一任回，再任正七陞六品。四考者，三任六品陞從五品。

符寶郎，十二人，正隆二年格，皆同護衞，出職與從七品除授。大定二年格，並同護衞。十四年，初收。〔一二〕餘人遷進義。二十一年，英俊者與六品除，常人止與七品除。

奉御，十六人，以內廝馬充，舊名入寢殿小底。大定十二年，更今名。正隆二年格，同符寶郎。大定二年，出職從七品。

奉職，三十人，舊名不入寢殿小底，又名外帳小底。大定十二年更今名。正隆二年格，女直遷敦武，餘人歷進義，無出身。大定二年格，出職正班九品。大定十四年定新官制，從下添兩重，女直初考進義，餘人進義副尉。十七年格，有廕者初中簿，二下簿，無廕者注縣尉，已後則依格。明昌元年格，有廕者每勸留一考則減一資。二年，以八品出職。六年定格，初錄事、軍防判、正從八品丞，二上簿，三中簿，四正從八品，若不犯選格者則免此除，五下令，六、七中令，八上令。勸留一考者陞下令，四、五中令，六上令，回呈省。勸留兩考者陞上令，〔一三〕二中令，三、四上令，回呈省。凡奉御奉職之出職，大定十二年增爲百五十月，二十九年復舊，承安四年復增。

東宮護衞，正隆二年，出職正班從八品。大定二年，正從七品。初收女直遷敦武，餘人保義。

閤門祗候，正隆二年格，女直初遷敦武，餘人保義，出職正班從八品。大定二年格，出職從七品。八年定格，初都軍，二錄事，三軍防判，四都軍，五下令，六中令，七上令。已帶明威者即與下令，二錄事、軍防判，三都軍，四下令，五中令，六上令。泰和四年格，初都軍，二錄事、軍防判，三下令，四中令，五上令。

筆硯承奉，舊名筆硯令史，大定三年，更爲筆硯供奉，後以避顯宗諱，〔一四〕復更今名。正隆二年，女直人遷敦武，餘歷進義，無出身。大定二年格，初考女直遷敦武，餘保義，出職正班從七品。吏格，初都軍，二、三下令，四、五中令，六上令。

妃護衛，正隆二年格，與奉職同。大定二年，出職與八品。

符寶典書，四人，舊名牌印令史，以皇家袒免以上親、有服外戚、功臣子孫爲之。正隆二年格，出職九品。大定二十八年，出職八品，二上簿，回驗官資注授。

尚衣承奉，天德二年格，以班內祗人選充。大定三年，女直人遷敦武，餘人遷進義，出職九品。

知把書畫，十人，正隆二年格，與奉職同。大定二年，出職九品。十四年格，同奉職。二十一年定格，有廕者，初中簿，二軍器庫副，後依本門戶差注；無廕者，與差使。

凡已上諸局分承應人，正隆二年格，有出身者皆以五十月爲一考，五考出職，無出身者五十月止遷一官。大定二年、三年格，皆三十月爲考，遷一重，四考出職。十二年，復加爲五考。大定二十九年，又爲四考。承安四年，復爲五考。自大定十二年，凡增考者，惟護衛則否。

隨局內藏四庫本把，二十八人，正隆二年格，同奉職。大定二年格，十人長，每三十月遷一重，四考出職九品。長行，每五十月遷一重，初考女直敦武，餘人進義。轉十人長者其後依親軍例，轉五十人長者以三十月遷加，雖未至十人長而遷加至敦武者，依本門戶出職。十二年，加爲五考。二十一年格，與知把書畫同。二十八年，以合數監同人內，從下選差。明昌元年，如八貫石本把闕，六貫石局內選。六年，半於隨局承應人內選。

左右藏庫本把，八人，格同內藏。大定二十九年設，三十月遷一重，百二十月出職。

儀鸞局本把，大定二十七年，三人。明昌元年，設十五人，格比內藏本把。

尚食局本把，四人，大定二十八年設，格同儀鸞。

尚輦局本把，六人，二十八年設，格同儀鸞。

典客署書表，十八人，大定十二年，以班內祗、幷終場舉人慎行止者，試三國奉使接送禮儀、幷往復書表，格同國史院書寫。十四年，以女直人識漢字班內祗一同試補。大定二十四年，終場舉人出職八品注上簿，次下簿，三任依本門戶。明昌五年，復許終場舉人材質端偉、言語辯捷者，與內班祗同試，與正九除。

捧案，八人，大定十九年，以已承三品官廕人，命宣徽院揀試儀觀修整者，格同尚衣承奉。二十一年，格同知把書畫。

擎執傔使，大定四年，以內職及承奉班內選。明昌六年，以皇家袒免以上親、不足則於外戚、幷三品已上散官、五品以上職事官應廕子孫弟兄姪，以宣徽院選有德而美形貌者。

奉輦，舊名拽輦兒，大定二十九年更名，格同擎執。

妃奉事，舊名不入寢殿小底，大定十一年又名妃奉職，〔一五〕大定十八年更今名。格同知把書畫。

東宮妃護衛，十人，大定十三年，格同親王府祗候郎君。二十八年，有廕人與副巡檢、譏察，無廕人與司軍、軍轄等除。

東宮入殿小底，三十月遷一重。初考，女直人遷敦武，餘人遷保義。吏格，有廕無廕其出職，初八品，二上簿，三中簿，四八品，五下令，六中令，八上令，〔一六〕回呈省。

東宮筆硯，五十月遷一重，百五十月出職正班九品。無廕人差使。有廕人，大定二十一年格，〔一七〕與二十一年知把書畫格同。

正班局分，尚藥、果子本把、奉膳、奉飲、司醖、儀鸞、武庫本把、掌器、掌輦、習騎、羣子都管、生料庫本把。大定二十一年格，有廕人，知把書畫格同。章宗大定二十九年，〔一八〕諸局分長行並歷三百月、十人長九十月出職。

雜班局分，鷹坊子、尚食局厨子、果子厨子、食庫車本把、儀鸞典幄、武庫槍寨、司獸、錢帛庫官、旗鼓笛角唱曲子人、弩手、傘子。貞元元年，制弩手、傘子、尚廐局小底、尚食局厨子，並授府州作院都監。大定二十九年，長行三百月、十人長九十月出職，弩手、傘子四百月出職。

其他局分，若祕書監楷書及琴、碁、書、阮、象、説話待詔，尚廐局醫獸，〔一九〕駝馬牛羊羣子、酪人，皆無出身。

侍衛親軍長行，初收，遷一重，女直敦武，餘人進義。每五十月遷一重，以次轉五十人長者，則每三十月遷一重。如五十人長內遷至武義者，以五十人長本門戶出職。五十人長每三十月遷一重，六十月出職，係正班，與九品除授，有廕者八品除授。如轉百人長者，則三十月遷一重，六十月出職，係正班八品，有廕者七品。大定六年，百戶任滿，有廕者注七品都軍、正將，無廕及五十戶有廕者，注八品刺郡、都巡檢、副將。五十戶無廕者及長行有廕者，注縣尉，無廕注散巡檢。十六年，有廕百戶，初中令，二都軍、正將，三、四錄事，五下令，六中令，七上令，回呈省。無廕者，初都軍、正將，二錄事，三、四副將、巡檢，五都軍、正將，六下令，七中令，八上令，回呈省。此言識字者也，不識字者，初止縣尉，次主簿。二十一年，有廕者初中簿，二縣尉。無廕者初縣尉，二散巡檢。已後，依本門戶，識字、不識字並用差注。二十九年，定女直二百五十月出職，餘三百月出職。吏格，先察可親民、及不可者，驗其資歷，若已任回帶明威、懷遠者，驗資擬注。

拱衞直，正隆名龍翔軍，無出身。大定二年，改龍翔軍爲拱衞司。定格，軍使、什將、長行，每五十月遷一重，女直人敦武，餘人進義。遷至指揮使，則三十月出職，遷一重，係正班，與諸司都監。雖未至指揮使，遷至武義出職，係雜班，與差使。

司天長行，正隆二年，定五十月遷一重，女直敦武，餘人進義，無出身。

太醫，格同。貞元元年，嘗罷去六十餘人。正隆二年格，五十月遷一重，女直人敦武，餘人進義，無出身。

教坊，正隆間有典城牧民者，大定間罷，遂定格同上。

校勘記

〔一〕三年定格及七十五月出職者初上令二中令三下令　疑當作初上「簿」，二中「簿」，三下「簿」，皆正九品，「四、五錄事」爲正八品，「六下令，七中令，八上令」皆從七品，其敍方順。

〔二〕譯史四人　按本書卷五三百官志御史臺作「譯史三人」。

〔三〕樞密院令史譯史令史　按「令史、譯史」之下不應重出「令史」，上文「省令史、譯史」之後有「省通事」，又本書卷五五百官志，樞密院令史、譯史之後亦有「通事」，疑下「令史」二字是「通事」之誤。

〔四〕大定二十一年　按下文爲「十四年」「十六年」「十七年」，知此「二十一年」數目字有誤，亦或是敍事顚倒。

〔五〕三考以上初上令二中令三下令　疑當作「初上簿」，「二中簿」，「三下簿」，皆正九品，「四錄事、軍防判」則正、從八品，其敍方順，與「五下令，六、七中令，八上令」亦不重複。

〔六〕睦親府宗正府　按本書卷五五百官志，「大宗正府，泰和六年避睿宗諱改爲大睦親府」，而本條下文止作「宗正府令史」，則此處「睦親府」三字疑衍。

〔七〕大定二十一年　按下文有「十四年」「十五年」，知此「二十一年」數目字有誤，亦或是敍次顚倒。

〔八〕五錄事軍防判　「軍防」原作「防軍」，據殿本改。

〔九〕一考者初上令　按下文云「四上令」，疑此當作「初下令」。

〔一〇〕次三正從八品　原作「三四從八品」，據上下文改正。

〔一一〕五六上令　按上言「四下令」，下言「六上令」，則「五」下疑脫「中令」二字。

〔一二〕十四年初收　按「初收」下有脫文，據下文，疑或是「女直遷敦武」五字。

〔一三〕勒留兩考者陞上令　按下文「三、四上令」，則此「上」疑當作「下」。

〔一四〕後以避顯宗諱　「顯」原作「睿」。按本書卷一九世紀補，「睿宗諱宗堯」，「顯宗諱允恭」，則與「供」同音者當是「顯宗諱」之「恭」字。今據改。

〔一五〕大定十一年又名妃奉職　「妃」原作「名」，據殿本改。

〔一六〕六中令八上令　「六」下疑脫「七」字，或「八」當作「七」。

〔一七〕大定二十一年格　原脫「大定」二字，今補。

〔一八〕章宗大定二十九年　原脫「年」字，據殿本補。

〔一九〕尙廐局醫獸　按本書卷五八百官四百官俸給，「百司承應俸給」下有「尙廐獸醫」，疑此「醫獸」當是「獸醫」之誤。

金史卷五十四

志第三十五

選舉四

部選　省選　廉察　薦舉　功酬虧永

凡吏部選授之制，自太宗天會十二年，始法古立官，至天眷元年，頒新官制。及天德四年，始以河南、北選人並赴中京，吏部各置局銓注。又命吏部尚書蕭賾〔一〕定河南、北官通注格，以諸司橫班大解，幷大將軍合注差人，依年例一就銓注，餘求仕人分四季擬授，遂爲定制。貞元二年，命擬注時，依舊令，求仕官明數，謂面授也。不許就本鄉，若衰病年老者毋授繁劇處。

世宗大定元年，勅從八品以下除授，不須奏聞。又制，求仕官毋入權門，〔二〕違者追一

官降除，有所餽獻而受之者，奏之。

二年，詔隨季選人，如無過或有功酬者，依格銓注。有廉能及污濫者，約量升降，呈省。七年，命有司，自今每季求仕人到部，令本部體問，政跡出衆者、及贓污者，申省核實以聞，約量升擢懲斷，年老者勿授縣令。又謂宰臣曰：「隨朝官能否，大率可知。若外路轉運司幕官以至縣令，但驗資考，其中縱有忠勤廉潔者，無路而進，是此人終身不敢望三品矣，豈進賢退不肖之道哉。自今通三考視其能否，以定升降爲格。」又曰：「今用人之法甚弊，其有不求聞達者，入仕雖久，不離小官，至三四十年不離七品者。而新進者結朝貴，致顯達，此豈示激勸之道。卿等當審於用人，以革此弊。」

時清州防禦使常德輝上言：「吏部格法，止敍年勞，是以雖有才能，拘於法而不得升，以致人材多滯下位。又刺史縣令親民之職，多不得人，乞加體察，然後公行廉問，庶使有懼心。且今酒稅使尚選能者，況承流宣化之官，可不擇乎。自今宜以能吏當任酒使者授親民之職。」〔三〕從之。

十年，上謂宰臣曰：「守令以下小官，能否不能偏知。比聞百姓或請留者，類皆不聽。凡小官得民悅，上官多惡之，能承事上官者，必不得民悅。自今民願留者，許直赴部，告呈省。遣使覆實，其績果善可超升之，如丞簿升縣令之類，以示激勸。」

二十六年，以闕官，勅「見行格法合降資歷內，三降兩降各免一降，一降者勿降。省令譯史合得縣令資歷內，免錄事及下縣令各一任。密院令史三考以上者，同前免之。臺、部、宗正府、統軍司令譯史，合歷縣令任數，免下令一任。外路右職文資諸科，合歷縣令亦免一任。嘗過檢法知法，三考得錄事者，已後兩除一差」。

明昌三年，上曰：「舊制，每季到部求仕人，識字者試以書判，不識字者問以疑難三事，體察言行相副者。其令自今隨季部人並令依條試驗。」宰執奏曰：「既體察知與所舉相同，又試中書判，若不量與升除，無以示勸。」遂定制，若隨朝及外路六品以上官則隨長任用，外路正七品官擬升六品縣令一等除授，任滿合降者免降，從七品以下於各等資歷內減兩任擬注，以後體察相同即依已升任使，若體察不同者本等注授，若見任縣令升中上令者，幷掌錢穀及丁憂去者，候解由到部。諸局分人亦候將來出職日準上擬注。猛安謀克擬依前提刑司保舉到升任例，施行時嘗令隨門戶減一資歷。明昌七年，勅復令如舊。

泰和元年，上以縣令見守闕，近者十四月，遠者十六月，又以縣令丞簿員闕不相副，勅省臣，「右選官見格，散官至明威者注縣令，宣武者注丞簿，雖曾犯選格及虧永者亦注，是無別也」。遂定制，曾犯選格及虧永者，廣威注令，明威注丞簿。

衞紹王大安元年，以縣令闕少，令初入上中下令者，與其守闕可令再注丞簿一任，俟員

闕相副則當復舊。

宣宗貞祐二年，以播越流離，官職多闕，權命河朔諸道宣撫司得擬七品以下，尋以所注吏部不知，季放之闕多至重複，乃奏罷之。時李英言：「兵興以來，百務煩冗，政在用人，舊雖有四善、十七最之法，而拔擢蔑聞，幾爲徒設。大定間，以監察御史及審錄官分詣諸路，考覈以擬，號爲得人，可依已試之効，庶幾使人自勵。」詔從之。

三年，戶部郎中奧屯阿虎言：「諸色遷官並與女直一體，而有司不奉，妄生分別，以至上下相疑。」詔以違制禁之。

初，宣宗之南遷也，詔吏部以秋冬於南京、春夏於中都置選，而赴調者憚於北行，率皆南來，遂併於南京設之。三月，命汰不勝官者，〔四〕令五品以上官公舉，今季赴部人內，先擇材幹者量緩急易之。

興定元年，詔有司議減冗員。又詔，自今吏部每季銓選，差女直、漢人監察各一員監視，又盡罷前犯罪降除截罷、及承應未滿解去而復爲隨處官司委使者。又定制，權依劇縣例俱作正七品，令隨朝七品、外路六品以上職事官，舉正七品以下職事官年未六十無公私罪堪任使者，歲一人，仍令兼領樞密院彈壓之職，以鎮軍人。凡上司不得差占及凌辱決罰。到任半年，委巡按官體訪具申籍記。又半年覆察，考滿日分等升用。如六事備爲上等，升

職一等，四事爲中等，減二資歷，其次下等減一資歷，不稱者截罷。

凡省選之制，自熙宗皇統八年以上京僻遠，始命詣燕京擬注，歲以爲常。貞元遷都，始罷是制。其常調制，正七品兩任陞六品，六品三任陞從五品，從五品兩任陞正五品，正五品三任陞刺史。凡內外官皆以三十月爲考，隨朝官以三十月爲任，陞職一等。自非制授，尙書選在外官，命左司移文勾取。承安三年，始命置簿勾取。

大定十五年，制凡二品官及宰執樞密使不理任，每及三十月則書於貼黃，不及則附於闕滿簿。內外三品官以五十月爲任。

泰和三年，制凡文資右職官應遷三品職事者，五品以上歷五十月，六品以下及門廕雜流職事至四品以上而散官應至三品者，皆歷六十月，方許告遷。

七年，自按察使副依舊三十月理考外，內外四品以四十月理考，通八十月遷三品。

泰和八年，詔以門廕官職事至四品者甚少，自今至刺史而散官應至三品者，即許告遷三品。此省選資考之制也。

世宗大定元年，上謂宰臣曰：「朕昔歷外任，不能悉知人之優劣，每除一官必以不稱職爲憂。夫薦賢乃相職，卿等其各盡乃心，勿貽笑天下。」又曰：「凡擬注之際當爲官擇人，勿

徒任親舊，庶無曠官矣。」又曰：「守令之職當擇材能，比聞近邊殘破多用年老及罪降者，是益害邊民也。若資歷高者不當任邊遠，可取以下之才能者升授，回不復降，庶可以完復邊陲也。」邊陞之制，蓋始於此。

三年，詔監當官遷散官至三品尙任縣令者，與省除。

四年，勅隨朝六品以繁劇局分官有闕者，省不得擬注，令具闕及人以聞。

六年，制官至三品除，朝廷約量勞績歲月，特恩遷官。

七年，制內外三品官遇擬注，其歷過成考以上月日，不曾遷加，或經革撥，可於除目內備書以聞。又勅，外路四品以上職事官，幷五品合陞除官，皆具闕及人以聞。六品以下官，命尙書省擬定而復奏。上又謂宰臣曰：「擬注外官，往往未當。州縣之官良則政舉，否則政隳。卿宜辨論人材，優劣參用，則遞相勉勵，庶幾成治矣。」又曰：「從來頓舍人例爲節副，今宣徽院同簽銀术可以特收頓舍，然後授以滄州同知，此亦何功，但其人有足任使，故授以同簽也。且如自護衞、符寶、頓舍考滿者與六品五品之職，而與元苦辛特收頓舍者例除，則是不倫也。」

十年，謂宰臣曰：「凡在官者，若不爲隨朝職任，便不能離常調。若以卿等所知任使恐有滯，如驗入仕名項或廉等第用之亦可。若不稱職，即與外除。」

十一年，上謂宰臣曰：「隨朝官多自計所歷，一考謂當得某職，兩考又當得某職，故但務因循而已。及被差遣，又多稽違。近除大理司直李實爲警巡使，而奏謝言『臣內歷兩考』，意謂合得五品而除六品也。朕以此人幹事，嘗除監察御史，及爲大理司直，未嘗言情見一事，由是除長官，欲視其爲政，故授是職。自今外路與內除者，察其爲政公勤則升用，若但務苟簡者，不必待任滿即當依本等出之。不明賞罰，何以示勸勉也。」

十二年，上謂宰臣曰：「朕嘗取尙書省百官行止覩之，應任刺史知軍者甚少，近獨深州同知辭不習爲可，故用之。即今居五品者皆再任當例降之人，故不可也。護衞中有考滿者，若令出職，慮其年幼不閑政事，兼宿衞中如今日人材亦難得也。若勤留承應，累其資考，令至正五品可乎？」皆曰：「善。」

十六年，勅宰臣，選調擬注之際，須引外路求仕人，引至尙書省堂量材受職。[五]

二十一年，謂宰臣曰：「海陵時，與人本官太濫，今復太隘。」令散官小者奏之。[六]

二十四年，以舊資考太滯，命各減一任，臨時量人材、辛苦、資歷、年甲，以次奏稟。

章宗大定二十九年，定制，自正七品而上皆以兩任而後陞。

明昌四年，以前制有職官已帶三品者不許告遷，有司因之不舉，以致無由遷敍。上慮其滯，遂定制，已帶三品散官實歷五十月，從有司照勘，格前進官一階，格後爲始再算。

五年，命宰臣擬注之際，召赴選人與之語，以觀其人。

六年，命隨朝五品之要職、及外路三品官，皆具人闕進呈，以聽制授。

七年，勅隨朝除授必欲至三十月，如有急闕，則具闕及人奏稟。尋復令，不須待考滿後，當通算其所歷而已。

承安四年，勅宰臣曰：「凡除授，恐未盡當。今無門下省，雖有給事中而無封駁司，若設之，使於擬奏未受時詳審得當，然後授之可也。」乃立審官院，凡所送令詳審者，以五日內奏或中省。

承安五年，以六品、從五品闕少，勅命歷三任正七品而後陞六品。

泰和元年，諭旨宰臣曰：「凡遇急闕，與其用資歷未及之人，何如止起復丁憂舊人也。」命內外官通算，合得升等而少十五月者，依舊在職補足，而後升除，或有餘月日以後積算。

二年，命少五月以下者本任補，六月至十四月者本任或別除補之。是制既行之後，至六年，以一例遷升復恐太濫，命量材續稟。

衞紹王大安元年，定文資本職出身內，有至一品職事官應遷一品散官者，實歷五十月方許告遷。二品三品職事官應告本品循遷者，亦歷五十月，不得過本品外。四品以下職事

官如遷三品者，亦歷五十月，止許告遷三品一資。六品以下職事官歷六十月告遷，帶至三品更不許告。犯選格者皆不許。如已至三品以上職事者，六十月亦聽。凡遷三品官資及致仕幷橫遷三品者，則具行止以聞。四品則六十月告遷，雜班則否。

宣宗興定元年，從單頑僧言：「兵興以來，恩命數出，以勞進階者比年尤多。賤職下僚散官或至極品，名器之輕莫此爲甚。自今非親王子及職一品，餘人雖散官至一品乞皆不許封公。若已封者，雖不追奪其儀衞，亦當降從二品之制。」從之。

凡選監察御史，尚書省具才能者疏名進呈，以聽制授。任滿，御史臺奏其能否，仍視其所察公事具書於解由，以送尚書省。如所察事皆無謬戾爲稱職，則有陞擢。庸常者臨期取旨，不稱者降除，任未滿者不許改除。大定二十七年前，嘗令六十以上者爲之。後，臺官以年老者多廢事爲言，乃勑尚書省於六品七品內取六十以下廉幹者備選。二十九年，令臺官得自辟舉。

明昌三年，復命尚書省擬注，每一闕則具三人或五人之名，取旨授之。

承安三年，勑監察給由必經部而後呈省。

泰和四年，制以給由具所察事之大小多寡定其優劣。

八年，定制，事有失糾察者以怠慢治罪。

貞祐二年，定制以所察大事至五、小事至十爲稱職，數不及且無切務者爲庸常，數內有二事不實者爲不稱職。

四年，命臺官辟舉，以名申省，定其可否。

廉察之制，始見於海陵時，故正隆二年六月有廉罷官復與差除之令。大定三年，命廉到廉能官第一等進官一階陞一等，其次約量注授。汚濫官第一等殿三年降二等，次二年，又次一年，皆降一等。詔廉問猛安謀克，廉能者第一等遷兩官，其次遷一官。汚濫者第一等決杖百，罷去，擇其兄弟代之。第二等杖八十，第三等杖七十，皆令復職。蒲輦決則罷去，永不補差。

八年，省臣奏御史中丞移剌道所廉之官，上曰：「職官多貪汚，以致罪廢，其餘亦有因循以苟歲月者。今所察能實可甄奬，[七]若即與升除，恐無以慰民愛留之意，且可遷加，候秩滿日升除。」

十年正月，上謂宰臣曰：「今天下州縣之職多闕員，朕欲不限資歷用人，何以偏知其能。擬欲遣使廉問，又慮擾民而未得其眞。若令行辟舉之法，復恐久則生弊。不若選人暗察明廉，如其相同，然後陞黜之，何如？」宰臣曰：「當如聖訓。」

十一年，奏所廉善惡官，上曰：「罪重者遣官就治，所犯細微者蓋不能禁制妻孥耳，其誡勵而釋之。凡廉能官，四品以下委官覆實，同則升擢。三品以上以聞，朕自處之。」時陳言者有云「每三年委宰執一員廉問」者，上以大臣出則郡縣動搖，誰復敢行事者。今默察明問之制，蓋得其中矣。又謂宰臣曰：「朕以欲遍知天下官吏善惡，故每使採訪，其被升黜者多矣，宜知勸也。若常設訪察，恐任非其人以之生弊，是以姑罷之。」皆曰：「是官不設，何以知官吏之善惡也？」左丞相良弼曰：「自今臣等盡心親察之。」上曰：「宜加詳，勿使名實淆混。」

十二年，以同知城陽軍山和尙等清强，[八]上曰：「此輩，暗察明訪皆著政聲。夫賞罰必信，則善者勸、惡者懼，此道久行庶可得人也。其第其政績旌賞之。」三月，詔贓官既已被廉，若仍舊在職必復害民，其遣驛使遍詣諸道，卽日罷之。

大定二十八年，制以閤門祗候、筆硯承奉、奉職、妃護衞、東宮入殿小底、宗室郎君、王府郎君、省郎君，始以選試才能用之，不須體察。內藏本把，不入殿小底、與入殿小底，及知把書畫，則亦不體察。

明昌三年，[九]以所廉察則有清廉之聲，而政績則平常者，勑命不降注。以石仲淵等四人，雖清廉爲百姓所喜，而復有行事邀順人情之語，則與公正廉能人不同，勑命降注。凡治績平常者，奪元舉官俸一月。

四年，[一〇]上曰：「凡被舉者，或先察者不同，其後爲人再舉而察者同，或先察者同，而後察者不同，當何以處之？其議可久通行無窒之術以聞。」省臣奏曰：「保舉與體察不一者，可除不相攝提刑司境內職事，再令體察，如果同則依格用，不同則還本資歷。」時有議「凡當舉人之官，歲限以數，減資注受」者，是日，省臣併奏，以謂如此恐滋久長求請僥倖之弊。遂擬「被舉官如體察相同，隨長陞用，不如所舉者元舉官約量降除。如自囑求舉，或因勢要及爲人請囑而舉之者，各追一官，受賄者以枉法論，體察官亦同此。歲舉不限數，不舉不坐罪，但不如所舉則有降罰，如此則必不敢濫舉，而實材可得。」上曰：「是可止作條理，施行一二年，當別思其法。」

承安四年，以按察司不兼採訪，遂罷平倒別路除授之制。

泰和元年，定制，自第一等闕外，第二等闕滿，合注縣令者升上令，少一任與中令，少二任與下令，少三任以上者與錄事軍防判，仍減一資，注令。少五任以上者注丞簿。第三等任滿，合注縣令者升中令，少一任與下令，少二任以上者與錄事防判，亦減一資，注令。少四任以上者並注丞簿。已入縣令者，秩滿日與上令，仍依各等資考內通減兩任呈省。已任七品、六品者減一資注授，經保充縣令，明問相同，依資考不待滿升除，見隨朝考滿升注，既升除後將來覆察公正廉能者不降。

宣宗南遷，嘗以御史巡察。興定元年，以縣官或非材，監察御史一過不能備知，遂令每歲兩遣監察御史巡察，仍別選官巡訪，以行黜陟之政。哀宗正大元年，設司農司，自卿而下迭出巡察吏治臧否，以陞黜之。

舉薦。〔二〕大定二年，詔隨朝六品、外路五品以上官，各舉廉能官一員。三年，定制，若察得所舉相同者，即議旌除。若聲跡穢濫，所舉官約量降罰。

九年，上曰：「朕思得忠廉之臣，與之共治，故嘗命五品以上各舉所知，於今數年矣。以天下之大，豈無其人，由在上者知而不舉也。」參知政事魏子平奏曰：「可令當舉官者，每任須舉一人，視其當否以爲旌賞。」上曰：「一任舉一人，則人材或難，恐涉於濫。又少有所犯則罪舉者，故人益畏而不敢舉。宋國被舉之官有犯罪者，所舉官雖宰執亦不免降黜，若有能名，則被遷賞。且人情始慕進，故多廉愼，既得任用，或失所守。宰執自掌黜陟之權，豈可因所舉而置罪耶。」左丞相紇石列良弼曰：「已申前令，命舉之矣。」

十年，上曰：「舉人之法，若定三品官當舉幾人，是使小官皆諂媚於上也。惟任滿詢察前政，則得人矣。」

十一年，上謂宰臣曰：「昨觀貼黃，五品以下官多闕，〔三〕而難於得人。凡三品以上，朕

則自知，五品以下，不能盡識，卿等曾無一言見舉者。國家之務，朕豈能獨盡哉。蓋嘗思之，欲畫久安之計，〔三〕興百姓之利，而無良輔佐，雖有所行皆尋常事耳。」

十九年，時朝廷既取民所譽望之官而升遷之，後，上以隨路之民赴都舉請者，往往無廉能之實，多爲所使而來沽名者，不須舉行。

章宗大定二十九年，上以選舉十事，命奉御合魯諭尚書省定擬。

其一曰：「舊格，進士、軍功最高，尚且初除丞簿，第五任縣令升正七品，兩任正七品升六品，三任六品升從五品，兩任從五升正五品，正五三任而後升刺史，計四十餘年始得至刺史也，其他資格出職者可知矣。拘於資格之滯，至於如此。其令提刑司採訪可用之才，減資考而用之，庶使可用者不至衰老。」省臣遂擬，凡三任升者減爲兩任，於此資歷內，遇各品闕多，則於第二任未滿人內，選人材、苦辛可以超用者，及外路提刑司所採訪者，升擢之。

其二曰：「舊格，隨朝苦辛驗資考陞除者，任滿回日而復降之。如正七滿回降除從七品，從五品回降爲六品之類。今若其人果才能，可爲免降。」尚書吏部遂擬，今隨朝考滿，還除外路五品以下職事，幷應驗考次職滿有才能者，以本官任滿已前十五月以上、二十月以內，察訪保結呈省。

其三曰：「隨路提刑所訪廉能之官，就令定其堪任職事，從宜遷注。」

其四曰：「從來宰相不得與求仕官相見，如此何由知天下人材優劣。其許相見，以訪才能。」尚書刑部謂，「在制，求仕官不得於私第謁見達官，違者追一官降等奏除。若有求請餽遺，則以奏聞，仍委御史糾察」。上遂命削此制。

其五曰：「舊時，臣下雖知親友有可用者，皆欲遠嫌而不引薦。古者舉賢不避親讎，如祁奚舉讎，仁傑舉子，崔祐甫除吏八百皆親故也。其令五品以上官，各舉所知幾人，違者加以蔽賢之罪。」吏部議，內外五品以上職事官，每歲保廉能官一人。外路五品、隨朝六品願舉者聽。若不如所舉者，各約量降罰。今擬賢而不舉者，亦當約量降罰。

其六曰：「前代官到任之後，即舉可自代者，其令自今五品以上官，舉自代以備交承。」吏部按唐會要，建中元年赦文，文武常參官外，節度、觀察、防禦、軍使、刺史、赤令、畿令、幷七品以上淸官、大理司直評事，受命之三日，於四方館上表，讓一人以自代，外官則馳驛奏聞。表付中書門下，每官闕即以所舉多者量授。今擬內外官五品以上到任，須舉所知才行官一員以自代。太傅、丞相、平章謂，「自古人材難得，若令舉以自代，恐濫而不得實材」。參政謂，「自代非謂即令代其人也，止類姓名，取所舉多者約

量授之爾，此蓋舜官相讓，周官推賢之遺意。」上以參政所言與吏部同，從之。

其七曰：「隨朝、外路長官，一任之內足知僚屬之能否，每任可令舉幾人。」吏部擬，今內外五品以上職事官長，於僚屬內須舉才能官一人，數外舉者聽。

其八曰：「人才隨色有之，監臨諸物料及草澤隱逸之士，不無人材，宜薦舉用之。」吏部擬，監臨諸物料內，以外路五品、隨朝六品以上，舉廉能者，直言所長，移文轉申省，差官察訪得實，隨材任使。草澤隱逸，當遍下司縣，以提刑司察訪呈省。隨色人材，令內外五品以上職官薦之。

其九曰：「親軍出職，內有尤長武藝、勇敢過人者，其令內外官舉、提刑司察，如資考高者，可參注沿邊刺史、同知、縣令。」吏部擬，若依本格資歷，恐妨才能，若舉察得實者，依本格減一資歷擬注。尚書省擬，依旨升品擬注。

其十曰：「內外官所薦人材，即依所舉試之，委提刑司採訪虛實，若果能稱職，更加遷擢，如或碌碌，即送常調。古者進賢受上賞，進不肖有罰，其立定賞罰條格，庶使人不敢徇私也。」省臣議，隨款各欲舉人，則一人內所舉不下五七人。〔四〕自古知人爲難，人材亦自難得，限數多則猥避責罰，務苟簡，不副聖主求賢之意。擬以前項各款，隨色能舉一人，即充歲舉之數。如此則不濫，而實材得矣。每歲貢人數，尚書省覆察相同，

則置簿籍之，如有闕則當隨材奏擬。

明昌元年，勅齊民之中有德行才能者，司縣舉之，特賜同四舉五舉人下。明昌元年，制如所舉碌碌無過人跡者，元舉官依例治罪。

宣宗興定元年，令隨朝七品、外路六品以上職事官，舉正七品以下職事官年未六十、不犯贓、堪任使者一人。

三年，定辟舉縣令制。稱職，則元舉官減一資歷。中平，約量陞除。不稱，罰俸一月。犯免官，免所居官。及官當私罪解任、杖罪、贓汚者，約量降除。汚贓至徒以上及除名者，一任不理資考。三品以上舉縣令，稱職者約量升除，不稱奪俸一月。若被舉者犯免官等罪，奪俸兩月。贓汚至徒以上及除名者，奪俸三月。獄成，而會赦原者，亦原之。

五年，制辟舉縣令考平者，元舉者不得復舉，他人舉之者聽。又舊制，保舉縣令秩滿之後，以六事論升降，三事以下減一資歷，四事減兩資歷，六事皆備則升職一等。既而御史張升卿言：「進士中下甲及第人、及監官至明威當入縣丞主簿，而三事以下減一資歷注下令，四事減注中令，令皆七品也，若復八品矣。輕重相戾，宜更定之。」遂定制，自今四事以下如前條，六事完者，進士中下甲及第、監官當入縣丞主簿人，減三資歷，注上令。餘出身者亦同此。任二十月以上，雖未秩滿，若以理去官，六事之跡已經覆察，論升如秩滿例。

五年，以舉官或私其親、或徇於請求、或謬於鑒裁而妄舉，數歲之間以濫去者九十餘人，乃罷辟舉縣令之制。

至哀宗正大元年，乃立法，命監察御史、司農司官，先訪察隨朝七品、外路六品以上官，清慎明潔可爲舉主者，然後移文使舉所知，仍以六事課殿最，而升黜舉主。故舉主既爲之盡心，而被舉者亦爲之盡力。是時雖迫危亡，而縣令號爲得人，由作法有足取云。

功酬虧永之制。凡諸提點院務官，三十月遷一官，周歲爲滿，止取無虧月日用之。大定四年，定制，一任內虧一分以上降五人，二分以上降十人，三分以上降十五人，若有增羨則依此陞遷，其陞降不盡之數，於後任充折。

二十一年，以舊制監當官並責決，而不顧廉耻之人，以謂已決卽得赴調，不以刑罰爲畏。擬自今，若虧永及一酬以上，依格追官殿一年外，虧永不及酬者，亦殿一年。

章宗大定二十九年，罷年遷之法，更定制，比永課增及一酬遷一官，兩酬遷兩官，如虧課則削亦如之，各兩官止。又罷使司小都監與使副一體論增虧者，及罷餘前陞降不盡之數後任充折之制。〔一五〕

泰和元年，制犯選及虧永者，右職漢人至宣武將軍從五品、女直至廣威將軍正五品，方注縣令。又吏格，曾犯選及虧永者，女直至武義從六、漢人及諸色人至武略從六，皆注諸司，亦兩除一差，至明威方注丞簿。

貞祐三年，制曾虧永、犯選者，遷至宣武，注諸司，至懷遠從四下，方注丞簿，至安遠從四上，注下令。

正大元年，制曾犯選、曾虧永者，至廣威與諸司，兩除一差，至安遠注丞簿，三任，其至鎭國從三品下，方注下令。羣牧官三周歲爲滿，所牧之畜以十爲率，駝增二頭，馬增二疋，牛亦如之，〔一六〕羊增四口，而大馬百死十五疋者，及能徵前官所虧，三分爲率，能盡徵及徵二分半以上，爲上等，陞一品級。駝增一，馬牛增二，羊增三，大馬百死二十五，徵前官所虧二分以上，爲中等，約量升除。駝不增，馬牛增一，羊增二，大馬百死三十，徵虧一分以上，爲下等，依本等除。餘畜皆依元數，而大馬百死四十，徵虧不及一分者，降一等。此明昌四年制也。

五年，制馬牛羊虧元數十之一，驟馬百死四十，徵虧不及一分者，降一等，決四十。若駝馬牛羊虧元數一分、馬百死四十，徵虧不得者，杖八十，降同前。

校勘記

〔一〕又命吏部尚書蕭𩔰　「𩔰」原作「頤」。按本書卷五海陵紀，貞元二年九月「辛酉，以吏部尚書蕭𩔰爲參知政事」。頤是其弟，而官階不及此。今據改。

〔二〕又制求仕官毋入權門　按本書卷六世宗紀，大定三年十一月戊申，詔「求仕官輒入權要之門，追一官，仍降除。以請求有所饋獻及受之者，具狀奏裁」。當卽此事。則當在下文「二年」之後，或「二年」之「二」誤。

〔三〕自今宜以能吏當任酒使者授親民之職　據文義，「當」字疑是「嘗」字之誤。

〔四〕三月命汰不勝官者　「月」原作「年」。按上文已出「三年」，本書卷一四宣宗紀，貞祐三年三月「丙寅，勅沿河州縣官罷軟不勝職任者汰去，令五品已上官公舉，仍許今季到部人內先擇能者量緩急易之」。今據改。

〔五〕引至尚書省堂量材受職　按本書卷五五百官志，尚書省「直省局：局長，從八品，掌都堂之禮及官員參謝之儀」。卷一一三完顏賽不傳有「都堂會議」。「都堂」蓋尚書省之大堂，金人著作中時有及之，如劉祁歸潛志卷一一錄大梁事言，「執政召在京父老士庶計事詣都堂」，「崔立坐都堂，召在京父老僧道百姓諭言」，等等，此處「省」下蓋脫「都」字。

〔六〕令散官小者奏之　「令」原作「今」。據道光四年殿本改。

〔七〕今所察能實可甄獎　按「能」上疑脫「廉」字。

〔八〕十二年以同知城陽軍山和尚等清强　「城」原作「山」。按本書卷七世宗紀，大定十二年二月「丙午，尚書省奏，廉察到同知城陽軍事山和尚等清强官」。卷二五地理志，山東東路「莒州，本城陽軍，大定二十二年升爲城陽州」。今據改。

〔九〕明昌三年　原脫「明昌」二字。按上文爲大定二十八年，下文爲明昌四年，則此三年顯屬明昌。今將下文「四年」上之「明昌」二字移此。

〔一〇〕四年　「四年」上原有「明昌」二字，今移至上文「三年」之上。見前條。

〔一一〕擧薦　按卷首標目作「薦擧」。

〔一二〕五品以下官多闕　「下」原作「上」。按本書卷六世宗紀，大定十一年八月「上謂宰臣曰：『五品以下闕員甚多』」。今據改。

〔一三〕欲畫久安之計　「畫」原作「盡」。今據本書卷六世宗紀大定十一年文改。

〔一四〕則一人內所擧不下五七人　據文義，「一人」疑是「一任」之誤。

〔一五〕及罷餘前陞降不盡之數後任充折之制　「前」原作「錢」，據殿本改。

〔一六〕馬增二疋牛亦如之　按下文「中等」是「駝增一，馬牛增二，羊增三」，「下等」是「駝不增，馬牛增一，羊增二」，則「上等」似當是駝增二，馬牛增三，羊增四。疑此處「二」當作「三」。

金史卷五十六

志第三十六

百官一

三師　三公　尚書省　六部　都元帥府樞密院　大宗正府

御史臺　宣撫司　勸農使司　司農司　三司　國史院

翰林院　審官院　太常寺

金自景祖始建官屬，統諸部以專征伐，嶷然自爲一國。其官長，皆稱曰勃極烈，故太祖以都勃極烈嗣位，太宗以諳版勃極烈居守。諳版，尊大之稱也。其次曰國論忽魯勃極烈，國論言貴，忽魯猶總帥也。又有國論勃極烈，或左右置，所謂國相也。其次諸勃極烈之上，則有國論、乙室、忽魯、移賚、阿買、阿舍、昊、迭之號，以爲陞拜宗室功臣之序焉。其部長曰

孛堇，統數部者曰忽魯。凡此，至熙宗定官制皆廢。

其後惟鎮撫邊民之官曰禿里，烏魯骨之下有掃穩脫朵，詳穩之下有麼忽、習尼昆，此則具於官制而不廢，皆踵遼官名也。

漢官之制，自平州人不樂爲猛安謀克之官，始置長吏以下。天輔七年以左企弓行樞密院於廣寧，尚踵遼南院之舊。天會四年，建尚書省，遂有三省之制。至熙宗頒新官制及換官格，除拜內外官，始定勳封食邑入銜，而後其制定。然大率皆循遼、宋之舊。海陵庶人正隆元年罷中書、門下省，止置尚書省。自省而下官司之別，曰院、曰臺、曰府、曰司、曰寺、曰監、曰局、曰署、曰所，各統其屬以修其職。職有定位，員有常數，紀綱明，庶務擧，是以終金之世守而不敢變焉。

大定二十八年，在仕官一萬九千七百員，四季赴選者千餘，歲數監差者三千。明昌四年奏，周歲，官死及事故者六百七十，新入仕者五百一十，見在官萬一千四百九十九，內女直四千七百五員，漢人六千七百九十四員。至泰和七年，在仕官四萬七千餘，四季部擬授者千七百，監官到部者九千二百九十餘，則三倍世宗之時矣。

若宣宗之招賢所、經略司，義宗之益政院，〔一〕雖危亡之政亦必列於其次，以著一時之事云。

中華書局

三師

太師、太傅、太保各一員，皆正一品，師範一人，儀刑四海。

三公

太尉、司徒、司空各一員，皆正一品，論道經邦，燮理陰陽。

尚書省

尚書令一員，正一品，總領紀綱，儀刑端揆。

左丞相、右丞相各一員，從一品，平章政事二員，從一品，爲宰相，掌丞天子，平章萬機。

左丞、右丞各一員，正二品，參知政事二員，從二品，爲執政官，爲宰相之貳，佐治省事。

左司

郎中一員，正五品，國初置左、右司侍郎，天眷三年始更今名。舊凡視朝，執政官親執奏目，天德二年詔以付左、右司官，爲定制。員外郎一員，正六品，掌本司奏事，總察吏、戶、禮三部受事付事，

兼帶修起居注官，迴避其間記述之事。每月朔朝，則先集是月秩滿者爲簿，名曰闕本，及行止簿、貼黃簿，幷官制同進呈，御覽畢則受而藏之。每有除拜，凡尚書省所不敢擬注者，則一闕具二三人以聽制授焉。都事二員，正七品，貞元二年，左右司官，宮中出身，幷進士、令史三色人內通選。三年，以監察御史相應人取次稟奏，不復擬注。掌本司受事付事，檢勾稽失，省署文牘，兼知省內宿直，檢校架閣等事。右司所掌同。

右司

郎中一員，正五品，員外郎一員，正六品，掌本司奏事，總察兵、刑、工三部受事付事，兼帶修注官，廻避其間記述之事。都事二員，正七品。

尚書省祗候郎君管勾官，從七品，掌祗候郎君，謹其出入及差遣之事。承安二年以前，走馬郎君擬注。泰和令，以左右女直都事兼。正大間，改用親從人。

架閣庫大定二十一年六月設，仍以都事提控之。

管勾，舊二員，正大省一員。正八品，同管勾，舊二員，正大省一員。從八品，掌總察左右司大程官追付文牘，幷提控小都監給受紙筆，餘管勾同。女直省令史三十五人，左二十人，右十五人。大定二十四年爲三十人，進士十人，宰執子、宗室子十人，密院臺部統軍司令史十人。漢令史三十五人，左二十一人，右十四人。省譯史十四人，左右各七人。女直譯史同。通事八人，左右各四人。高麗、夏國、回紇譯史四人，左右各二人。諸部通事六人。曳剌二十人。走馬郎君五十人。

提點歲賜所

左右司郎中、員外郎兼之，掌提點歲賜出入錢幣之事。

堂食公使酒庫

使一員，從八品，掌受給歲賜錢，總領庫事。

副一員，正九品，掌貳使事。

直省局

局長，從八品，掌都堂之禮及官員參謝之儀。

副局長，正九品，掌貳局長。

管勾尚書省樂工，從九品。

行臺之制。熙宗天會十五年，罷劉豫，置行臺尚書省於汴。天眷元年，以河南地與宋，遂改燕京樞密院爲行臺尚書省。天眷三年，復移置於汴京。皇統二年，定行臺官品皆下中臺一等。

六部，國初與左、右司通署，天眷三年始分治。

吏部

尚書一員，正三品。

侍郎一員，正四品。

郎中二員，從五品。天德二年，增作四員，後省。

員外郎，從六品。天德二年，增作四員，後省。

掌文武選授、勳封、考課、出給制誥之政。以才行勞效，比仕者之賢否，以行止、文冊、貼黃簿，制名闕之機要。正七品以上，以名上省，聽制授。從七品以下，每至季月則循資格而擬注，自八品以上則奏，以下則否。侍郎以下，皆爲尚書之貳。郎中掌文武選、流外遷用、官吏差使、行止名簿、封爵制誥。一員掌勳級酬賞、承襲用廕、循遷、致仕、考課、議謚之事。員外郎分判曹務及參議事，所掌與郎中同。

文官九品，階凡四十有二：

從一品上曰開府儀同三司，中曰儀同三司，中次曰特進，下曰崇進。

正二品上曰金紫光祿大夫，下曰銀青榮祿大夫。

從二品上曰光祿大夫，下曰榮祿大夫。

正三品上曰資德大夫，中曰資政大夫，下曰資善大夫。

從三品上曰正奉大夫，中曰通奉大夫，下曰中奉大夫。

正四品上曰正議大夫，中曰通議大夫，下曰嘉議大夫。
從四品上曰大中大夫，中曰中大夫，下曰少中大夫。
正五品上曰中議大夫，中曰中憲大夫，下曰中順大夫。
從五品上曰朝請大夫，中曰朝散大夫，下曰朝列大夫。舊曰奉德大夫，天德二年更。
正六品上曰奉政大夫，下曰奉議大夫。
從六品上曰奉直大夫，下曰奉訓大夫。
正七品上曰承德郎，下曰承直郎。
從七品上曰承務郎，下曰儒林郎。
正八品上曰文林郎，下曰承事郎。
從八品上曰徵事郎，下曰從仕郎。
正九品上曰登仕郎，下曰將仕郎。
從九品上曰登仕佐郎，下曰將仕佐郎。此二階，大定十四年創增。

武散官，凡仕至從二品以上至從一品者，皆用文資。自正三品以下，階與文資同：
正三品上曰龍虎衛上將軍，中曰金吾衛上將軍，下曰驃騎衛上將軍。
從三品上曰奉國上將軍，中曰輔國上將軍，下曰鎮國上將軍。

正四品上曰昭武大將軍，中曰昭毅大將軍，下曰昭勇大將軍。
從四品上曰安遠大將軍，中曰定遠大將軍，下曰懷遠大將軍。
正五品上曰廣威將軍，中曰宣威將軍，下曰明威將軍。
從五品上曰信武將軍，中曰顯武將軍，下曰宣武將軍。
正六品上曰武節將軍，下曰武德將軍。
從六品上曰武義將軍，下曰武略將軍。
正七品上曰承信校尉，下曰昭信校尉。
從七品上曰忠武校尉，下曰忠顯校尉。
正八品上曰忠勇校尉，下曰忠翊校尉。
從八品上曰修武校尉，下曰敦武校尉。
正九品上曰保義校尉，下曰進義校尉。
從九品上曰保義副尉，下曰進義副尉。此二階，大定十四年創增。

封爵：
正從一品曰郡王，曰國公。
正從二品曰郡公。
正從三品曰郡侯。
正從四品曰郡伯。舊曰縣伯，承安二年更。
正五品曰縣子，從五品曰縣男。

凡勳級：
正二品曰上柱國，從二品曰柱國。
正三品曰上護軍，從三品曰護軍。
正四品曰上輕車都尉，從四品曰輕車都尉。
正五品曰上騎都尉，從五品曰騎都尉。
正六品曰驍騎尉，從六品曰飛騎尉。
正七品曰雲騎尉，從七品曰武騎尉。

凡食邑：
封王者萬戶，實封一千戶。
郡王五千戶，實封五百戶。
國公三千戶，實封三百戶。
郡公二千戶，實封二百戶。

郡侯一千戶，實封一百戶。
郡伯七百戶，縣子五百戶，縣男三百戶，皆無實封。
自天眷定制，凡食邑，同散官入銜。

司天翰林官，舊制自從七品而下止五階，至天眷定制，司天自從四品而下，立爲十五階：
從四品上曰欽象大夫，中曰正儀大夫，下曰欽授大夫。
正五品上曰靈憲大夫，中曰明時大夫，下曰頒朔大夫。
從五品上曰雲紀大夫，中曰協紀大夫，下曰保章大夫。
正六品上曰紀和大夫，下曰司玄大夫。
從六品上曰探賾郎，下曰授時郎。
正七品上曰究微郎，下曰靈臺郎。
從七品上曰明緯郎，下曰候儀郎。
正八品上曰推策郎，下曰司正郎。
從八品上曰校景郎，下曰平秩郎。
正九品上曰正紀郎，下曰挈壺郎。

從九品上曰司曆郎，下曰司辰郎。

太醫官，舊自從六品而下止七階，天眷制，自從四品而下，立爲十五階：

從四品上曰保宜大夫，中曰保康大夫，下曰保平大夫。

正五品上曰保頤大夫，中曰保安大夫，下曰保和大夫。

從五品上曰保善大夫，中曰保嘉大夫，下曰保順大夫。

正六品上曰保合大夫，下曰保沖大夫。

從六品上曰保愈郎，下曰保全郎。

正七品上曰成正郎，下曰成安郎。

從七品上曰成順郎，下曰成和郎。

正八品上曰成愈郎，下曰成全郎。

從八品上曰醫全郎，下曰醫正郎。

正九品上曰醫效郎，下曰醫候郎。

從九品上曰醫痊郎，下曰醫愈郎。

內侍，天德創制，自從四品以下，十五階：

從四品上曰中散大夫，中曰中尹大夫，下曰中侍大夫。

正五品上曰中列大夫，中曰中御大夫，下曰中儀大夫。

從五品上曰中常大夫，中曰中益大夫，下曰中衞大夫。

正六品上曰中良大夫，天德作中亮。〔三〕下曰中涓大夫。

從六品上曰通禁郎，下曰通侍郎。

正七品上曰通掖郎，下曰通御郎。

從七品上曰禁直郎，下曰侍直郎。

正八品上曰掖直郎，下曰內直郎。

從八品上曰司贊郎，下曰司謁郎。

正九品上曰司閽郎，下曰司僕郎。

從九品上曰司奉郎，下曰司引郎。

教坊，舊用武散官，大定二十九年以爲不稱，乃創定二十五階。明昌三年，自從四品以下，更立爲十五階：

從四品上曰雲韶大夫，中曰仙韶大夫，下曰成韶大夫。

正五品上曰章德大夫，中曰長寧大夫，下曰德和大夫。

從五品上曰景雲大夫，中曰雲和大夫，下曰協律大夫。

正六品上曰慶喜大夫，下曰嘉成大夫。

從六品上曰肅和郎，下曰純和郎。

正七品上曰舒和郎，下曰調音郎。

從七品上曰比音郎，下曰司樂郎。

正八品上曰典樂郎，下曰協樂郎。

從八品上曰掌樂郎，下曰和樂郎。

正九品上曰司音郎，下曰司律郎。

從九品上曰和聲郎，下曰和節郎。

凡內外官之政績，所歷之資考，更代之期，去就之故，秩滿皆備陳於解由，吏部據以定能否。又撮解由之要，於銓擬時讀之，謂之銓頭。又會歷任銓頭，而書於行止簿。行止簿者，以姓爲類，而書各人平日所歷之資考功過者也。又爲簿，列百司官名，有所更代，則以小黃綾書更代之期，及所以去就之故，而制其銓擬之要領焉。

凡縣令，則省除、部除者通書而各疏之。

泰和四年，定考課法，準唐令，作四善、十七最之制。四善之一曰德義有聞，二曰清愼明著，三曰公平可稱，四曰勤恪匪懈。十七最之一曰禮樂興行，肅淸所部，爲政敎之最。二

曰賦役均平，田野加闢，爲牧民之最。三曰決斷不滯，與奪當理，爲判事之最。四曰鈐束吏卒，姦盜不滋，爲嚴明之最。五曰案簿分明，評擬均當，爲檢校之最。以上皆謂縣令、丞簿、警巡使副、錄事、司候、判官也。六曰詳斷合宜，咨執當理，爲幕職之最。七曰盜賊消弭，使人安靜，爲巡捕之最。八曰明於出納，物無損失，爲倉庫之最。九曰訓導有方，生徒充業，爲學官之最。十曰檢察有方，行旅無滯，爲關津之最。十一曰隄防堅固，備禦無虞，爲河防之最。十二曰出納明敏，數無濫失，爲監督之最。十三曰謹察禁囚，輕重無怨，爲獄官之最。十四曰物價得實，姦濫不行，爲市司之最，謂市令也。十五曰戎器完肅，扞守有方，爲邊防之最，謂正副部隊將、鎭防官也。十六曰議獄得情，處斷公平，爲法官之最。十七曰差役均平，盜賊止息，爲軍職之最，謂都軍、軍轄也。

凡縣令以下，三最以上有四善或三善者爲上，陞一等；三最以上有二善者爲中，減兩資歷；三最以上有一善爲下，減一資歷。節度判官、防禦判官、軍判以下，一最而有四善或三善爲上，減一資歷；一最而有二善爲中，陞爲榜首；一最而有一善爲下，陞本等首。又以明昌四年所定，軍民俱稱爲廉能者是爲廉能官之制，參於其間而定其甄擢焉。

宣宗興定元年，行辟舉縣令法，以六事考之，一曰田野闢，二曰戶口增，三曰賦役平，四曰盜賊息，五曰軍民和，六曰詞訟簡。六事俱備爲上等，升職一等；兼四事者爲中等，減二

資歷，其次爲下等，減一資歷，否則爲不稱職，[三]罷而降之，平常者依本格。

凡封王：

大國號二十，曰：恒、舊爲遼，明昌二年以漢、遼、唐、宋、梁、秦、殷、楚之類，皆昔有天下者之號，不宜封臣下，遂皆改之。邵、舊爲梁。汴、舊爲宋。鎬、舊爲秦。幷、舊爲晉。[四]益、舊爲漢。彭、舊爲齊。趙、越、譙、舊爲殷。郢、舊爲楚。魯、冀、豫、絳、舊爲唐。兗、鄂、舊爲吳。夔、舊爲蜀。宛、舊爲陳。曹。

次國三十，曰：涇、舊爲隋。鄭、衞、韓、潞、豳、瀋、岐、代、澤、徐、滕、薛、紀、昇、舊爲原。邢、翼、豐、畢、鄧、鄆、霍、蔡、瀛、按金格，莒當在此。沂、荆、榮、英、壽、溫。

小國三十：濮、遂、舊曰濟。道、定、景、後改爲鄴。申、崇、宿、息、[五]莒、鄴、郜、舒、淄、鄜、萊、舊爲宗，以避諱改。鄖、鄒、杞、向、管、舊曰郇，興定元年改。密、胙、任、戴、[六]鞏、蔣、士民須知云，舊爲葛。蕭、莘、芮。

封王之郡號十：金源、廣平、平原、南陽、常山、太原、平陽、東平、安定、延安。

封公主之縣號三十：樂安、清平、蓬萊、榮安、棲霞、壽光、靈仙、壽陽、鍾秀、惠和、永寧、慶雲、靜樂、福山、隆平、德平、文安、福昌、順安、樂壽、靜安、靈壽、大寧、聞喜、秀容、宜芳、眞寧、嘉祥、金鄉、華原。

凡白號之姓，完顏、溫迪罕、夾谷、陁滿、僕散、术虎、移剌荅、斡勒、斡準、把、阿不罕、卓

魯、回特、黑罕、會蘭、沈谷、塞蒲里、吾古孫、石敦、卓陀、阿廝準、匹獨思、潘朮古、諳石剌、石古苦、綴罕、光吉剌皆封金源郡；裴滿、徒單、溫敦、兀林荅、阿典、紇石烈、納闌、孛朮魯、阿勒根、納合、石盞、蒲鮮、古里甲、阿迭、聶摸欒、抹撚、納坦、兀撒惹、阿鮮、把古、溫古孫、耨盌、撒合烈、吾塞、和速嘉、能偃、阿里班、兀里坦、聶散、蒲速烈皆封廣平郡；吾古論、兀顏、女奚烈、獨吉、黃摑、顏盞、蒲古里、必蘭、斡雷、獨鼎、尼厖窟、窟亦作古。拓特、盍散、撒荅牙、阿速、撒剗、準土谷、納謀魯、業速布、安煦烈、愛申、拿可、貴益昆、溫撒、梭罕、霍域皆封隴西郡。

黑號之姓，唐括、舊書作同古。蒲察、朮甲、蒙古、蒲速、粘割、奧屯、斜卯、準葛、諳蠻、獨虎、朮魯、磨輦、益輦、帖暖、蘇孛輦皆封彭城郡。

親王母妻，封一字王者舊封王妃，爲正從一品，次室封王夫人。承安二年，勅王妃止封王夫人，次室封孺人。郡王母妻封郡王夫人，國公母妻封國公夫人，郡公母妻封郡公夫人，郡侯母妻封郡君，承安二年更爲郡侯夫人。四品文散少中大夫、武散懷遠大將軍以上母妻封縣君，承安二年爲郡君。五品文散朝列大夫、武散宣武將軍以上母妻封鄉君。承安二年爲縣君。

皇統五年，以古官曰「牧」、曰「長」，各有總名，今庶官不分類爲名，於文移不便。遂定京府尹牧、留守、知州、縣令、詳穩、羣牧爲「長官」，同知、簽院、副使、少尹、通判、丞曰「佐貳官」，判官、推官、掌書記、主簿、縣尉爲「幕職官」，兵馬司及它司軍者曰「軍職官」，警巡、市

令、錄事、司候、諸參軍、知律、勘事、勘判爲「釐務官」，應管倉庫院務者曰「監當官」，監當官出大定制。知事孔目以下行文書者爲「吏」。

凡除拜，尙書令、左右丞相以下，品不同者，則帶「守」字。左右丞則帶「行守」字。凡臺官、御史、部官、京尹、少尹、守令、丞、簿、尉、錄事、諸卿少至協律、評事、諫官、國子監學官、諸監至丞郎、符寶郎、東宮詹事、率府、僕正副、令丞、王府官，散官高於職事者帶「行」字，職事高於散官一品者帶「守」字、二品者帶「試」字，品同者皆否。

猛安、謀克、翰林待制、修撰、判、推、勘事官、都事、典事、知事、內承奉、押班、通事舍人、通進、編修、勾當、頓舍、部役、廂官、受給管勾、巡河官、直省直院長副、諸檢法、知法、司正、教授、司獄、司候、東宮諭德、贊善、掌寶、典儀以下，王府文學、記事參軍，並帶「充」字。樞密、宣徽、勸農、諸軍都指揮、統軍、轉運使、招討、提刑、節度、羣牧、防禦、客省、引進、四方館、閤門、太醫、教坊、鷹坊、警巡、巡檢、諸司局倉庫務使副，皆帶「充」字及「知某事」。

凡帶「知」、「判」、「簽書」字者，則不帶「行」、「守」、「試」字。以上所帶字，品同者則否。

自三師、三公、平章政事、元帥以下至監軍、東宮三師、三少、點檢至振肅、承旨、學士、王傅、副統、招討、及前所不載者，皆不帶「行」、「守」、「試」、「知」、「充」字。

主事四員，從七品，掌知管差除、校勘行止，分掌封勳資考之事，惟選事則通署，及掌受

事付事、檢勾稽失省署文牘，兼知本部宿直、檢校架閣。餘部主事，自受事付事以下，所掌並同此。皇統四年，六部主事始用漢士人。大定三年，用進士，非特旨不得擬吏人，如宰執保奏人材，不入常例。承安五年，增女直主事一員。令史六十九人，內女直二十九人。譯史五人，通事二人，與令史同。泰和八年，令史增十人。

架閣庫大定二十一年六月設，仍以主事提控之。

管勾，正八品，掌吏、兵兩部架閣，兼檢校吏部行止。以識女直、契丹、漢字人充，如無，擬識女直、漢字人充。

同管勾一員。[七]

官誥院

提舉二員，掌署院事。以吏部郎中、翰林修撰各一人充。

戶部

尙書一員，正三品。

侍郎二員，正四品。泰和八年減一員，大安二年復增。[八]

郎中三員，從五品。天德二年置五員，泰和省作二員，又作四員，貞祐四年置八員，五年作六員。

員外郎三員，從六品。

郎中而下，皆以一員掌戶籍、物力、婚姻、繼嗣、田宅、財業、鹽鐵、酒麴、香茶、礬錫、丹粉、坑冶、榷場、市易等事，一員掌度支、國用、俸祿、恩賜、錢帛、寶貨、貢賦、租稅、府庫、倉廩、積貯、權衡、度量、法式、給授職田、拘收官物、幷照磨計帳等事。泰和令作二員，後增一員，貞祐四年作六員，又作八員，五年作四員。

主事五員，從七品，女直司二員，通掌戶度金倉等事，漢人司三員，同員外郎分掌曹事，泰和八年減一員，貞祐四年作八員，五年六員。兼提控編附條格、管勾架閣等事。令史七十二人，內女直十七人。譯史五人，通事二人。泰和八年增八人。

架閣庫

管勾一員，正八品，掌戶、禮兩部架閣。大安三年以主事各兼之。

同管勾，從八品。

檢法，從八品。

勾當官五員，正八品。

貞元二年，設幹辦官十員，從七品。三年，置四員，尋罷之。四年，更設爲勾當官，專提

控支納、管勾勘覆、經歷交鈔及香、茶、鹽引、照磨文帳等事。承安二年作四員，貞祐四年作十五員，

五年作十員，興定元年五員，二年復作十員。

禮部

尙書一員，正三品。

侍郎一員，正四品。

郎中一員，從五品。

員外郎一員，從六品。

掌凡禮樂、祭祀、燕享、學校、貢舉、儀式、制度、符印、表疏、圖書、册命、祥瑞、天文、漏刻、國忌、廟諱、醫卜、釋道、四方使客、諸國進貢、犒勞張設之事。凡試僧、尼、道、女冠，三年一次，限度八十人，差京府幕職或節鎭防禦佐貳官二員、僧官二人、道官一人、司吏一名、從人各一人、廚子二人、把門官一名、雜役三人。僧童能讀法華、心地觀、金光明、報恩、華嚴等經共五部，計八帙。華嚴經分爲四帙。每帙取二卷，卷擧四題，讀百字爲限。尼童試經半部，與僧童同。道士、女冠童行念道德、救苦、玉京山、消災、靈寶度人等經，皆以誦成句、依音釋爲通。中選者試官給據，以名報有司。凡僧尼官見管人及八十、道士女冠及三十人者放度一名，死者令監壇以度牒申部毁之。

主事二員，從七品。令史十五人，內女直五人。譯史二人，通事一人。

左三部檢法司

司正二員，正八品，掌披詳法狀。興定二年，右部額外設檢、知法及掌法，四年罷。

檢法二十二員，從八品，掌檢斷各司取法文字。

右三部檢法職事同。元受劄付，大定三年命給勑。

兵部

尙書一員，正三品。

侍郎一員，正四品。

郎中一員，從五品。

員外郎二員，從六品。

掌兵籍、軍器、城隍、鎭戍、廐牧、鋪驛、車輅、儀仗、郡邑圖志、險阻、障塞、遠方歸化之事。凡給馬者，從一品以上，從八人，馬十疋，食錢三貫十四文。從二品以上，從五人，馬七疋，食錢二貫九十八文。從三品以上，從三人，馬五疋，錢一貫五百十一文。從五品以上，從二人，馬四疋，錢九百六十八文。從七品以上，從一人，馬三疋，錢六百十七文。從九品以上，從一人，馬二疋，錢四百六十四文。無從人，減七十

八文。御前差無官者，視從五品。省差若有官者，人支錢四百五十一文，有從人加六十八文。走馬人支錢百五十七文。赦書日行五百里。此天興近鑑所載之制也。泰和六年置遞鋪，其制，該軍馬路十里一鋪，鋪設四人，內鋪頭一人，鋪兵三人，以所轄軍射糧軍內差充，腰鈴日行三百里。凡元帥府、六部文移，以勑遞、省遞牌子，入鋪轉送。

主事二員，從七品。貞祐五年以承發司管勾兼漢人主事。令史二十七人，內女直十二人。譯史三人，通事二人。

刑部

尙書一員，正三品。

侍郎一員，正四品。

郎中一員，從五品。

員外郎二員，從六品，一員掌律令格式、審定刑名、關津譏察、赦詔勘鞫、追徵給沒等事，一員掌監戶、官戶、配隸、訴良賤、城門啓閉、官吏改正、功賞捕亡等事。

主事二員，從七品。令史五十一人，內女直二十二人。譯史五人，通事二人。

架閣庫

管勾一員，正八品，掌刑、工兩部架閣。大安二年以主事各兼。

同管勾一員，從八品。

工部

尚書一員，正三品。

侍郎一員，正四品。

郎中一員，從五品。

掌修造營建法式、諸作工匠、屯田、山林川澤之禁、江河隄岸、道路橋梁之事。

員外郎一員，從六品。貞祐五年，兼覆實司官。〔九〕天德三年，增二員。

主事二員，從七品。令史十八人，內女直四人。譯史二人，通事一人。

覆實司

管勾一員，從七品，隸戶、工部，掌覆實營造材物、工匠價直等事。大安元年，隸三司、工部，罷同管勾。貞祐五年併罷之，以二部主事兼。興定四年復設，從省擬，不令戶、工部舉。

右三部檢法司

司正二員，正八品。

檢法，從八品，二十二員。

都元帥府掌征討之事，兵罷則省。天會二年，伐宋始置。泰和八年，復改爲樞密院。

都元帥一員，從一品。

左副元帥一員，正二品。

右副元帥一員，正二品。

元帥左監軍一員，正三品。

元帥右監軍一員，正三品。

左都監一員，從三品。

右都監一員，從三品。

經歷一員，都事一員，知事一員，見興定三年。正七品。

檢法一員，從八品。元帥府女直令史十二人，承安二年十六人，漢人令史六人。譯史三人，女直譯史一人，承安二年二人。通事，女直三人，後作六人，承安二年復作三人，漢人二人。

正隆六年，海陵南伐，立三道都統制府及左右領軍大都督，將三十二總管，有神策、神威、神捷、神銳、神毅、神翼、神勇、神果、神略、神鋒、武勝、武定、武威、武安、武捷、武平、武成、武毅、武銳、武揚、武翼、武震、威定、威信、威勝、威捷、威烈、威毅、威震、威略、威果、威勇之號。

泰和六年伐宋，權設平南撫軍上將軍，正三品，至殄寇果毅都尉，從六品，凡九階，曰平南撫軍上將軍、平南冠軍大將軍、平南龍驤將軍、平南虎威將軍、平南盪江將軍、殄寇中郎將、殄寇郎將、殄寇折衝都尉、殄寇果毅都尉，軍還罷。置令譯史八十人，正三十三人，餘四十七人從本府選擢。

元光間，招義軍，置總領使，從五品。副使，從六品。訓練官，從八品。正大二年，更總領名都尉，陞秩爲四品。四年，又陞爲從三品，有建威、折衝、振武、盪寇、果毅、殄寇、虎賁、鷹揚、破虜之名。〔一〇〕

樞密院天輔七年，始置於廣寧府。天會三年下燕山，初以左企弓爲使，後以劉彥宗。初猶如遼南院之制，後則否。泰和六年嘗改爲元帥府。

樞密使一員，從一品，掌凡武備機密之事。

樞密副使一員，從二品。泰和四年置二人，後不爲例。

簽書樞密院事一員，正三品。

同簽樞密院事一員，正四品。大定十七年增一員，尋罷。明昌初，復增一員，尋又省。三年九月復增一員。

經歷一員，從五品。興定三年見。

都事一員，正七品，掌受事付事、檢勾稽失省署文牘、兼知宿直之事。

架閣庫管勾一員，正八品。

知法二員，從八品，掌檢斷各司取法之事。餘檢法同。

樞密院令史，女直十二人，漢人六人，三品官子弟四人，吏員轉補二人。譯史三人，通事三人，回紇譯史一人，曳剌十五人。

大宗正府。泰和六年避睿宗諱，改爲大睦親府。

判大宗正事一員，從一品，以皇族中屬親者充，掌敦睦糾率宗屬欽奉王命，泰和六年改爲判大睦親事。〔一一〕

同判大宗正事一員，從二品，泰和六年改爲同判大睦親事。

同簽大宗正事一員，正三品，宗室充，大定元年置。泰和六年改同簽大睦親事。

大宗正丞二員，從四品，一員於宗室中選能幹者充，一員不限親疏，分司上京長貳、兼管治臨潢以東六司屬，泰和六年改爲大睦親丞。

知事一員，從七品。

檢法，從八品。

諸宗室將軍，正七品。上京、東溫式二處皆有之。〔一二〕世宗時始命遷官，其戶凡百二十。〔一三〕明昌二年更名曰司屬，設令、丞。承安二年以令同隨朝司令，正七品，丞正八品，中都、上京、扎里瓜、合古西南、梅堅寨、蒲與、臨潢、泰州、金山等處置，屬大宗正府。

御史臺。登聞檢院隸焉。見士民須知。總格、泰和令皆不載。

御史大夫，從二品，舊正三品，大定十二年陞。掌糾察朝儀、彈劾官邪、勘鞫官府公事。凡內外刑獄所屬理斷不當，有陳訴者付臺治之。

御史中丞，從三品，貳大夫。

侍御史二員，從五品。以上官品皆大定十二年遞陞。〔一四〕掌奏事、判臺事。

治書侍御史二員，從六品，掌同侍御史。

殿中侍御史二員，正七品，每遇朝對立於龍墀之下，專劾朝者儀矩，凡百僚假告事具奏目進呈。

監察御史十二員，正七品，掌糾察內外非違、刷磨諸司察帳并監祭禮及出使之事。參注諸色人，大定二年八員，承安四年十員，承安五年兩司各添十二員。

典事二員，從七品。

架閣庫管勾一員，從八品。

檢法四員，從八品。

獄丞一員，從九品。

御史臺令史，女直十三人，內班內祗六人，終場舉人七人。漢人十五人，內班內祗七人，終場舉人八人。譯史四人，內班內祗二人，〔一五〕終場舉人二人。通事三人。

宣撫司。泰和六年置陝西路宣撫使，節制陝西右監軍、右都監兵馬公事，八年，改陝西宣撫司爲安撫司。山東東西、大名、河北東西、河東南北、遼東、陝西、咸平、隆安、上京、肇州、北京凡十處置司。

使，從一品。

副使，正三品。

勸農使司。泰和八年罷，貞祐間復置。興定六年罷勸農司，改立司農司。

使一員，正三品。

副使一員，正五品。

掌勸課天下力田之事。

司農司。興定六年置，兼採訪公事。

大司農一員，正二品。

卿三員，正四品。

少卿三員，正五品。

知事二員，正七品。

興定六年，陝西并河南三路置行司農司，設官五員。正大元年，歸德、許州、河南、陝西各置，作三員。卿一員，正四品。少卿一員，正五品。丞一員，正六品。卿以下迭出巡案，察官吏臧否而陞黜之。使節所過，姦吏屏息，十年之間民政修舉，實賴其力。

三司。泰和八年，省戶部官員置三司，謂兼勸農、鹽鐵、度支，戶部三科也。貞祐罷之。

使一員，從二品。

副使一員，正三品。

簽三司事一員，正四品。

同簽三司事一員，正五品。

掌勸農、鹽鐵、度支。

判官三員，從六品，本參幹官，大安元年更參議。

規措審計官三員，正七品，掌同參幹官。

知事二員，從七品。以識女直、漢字人充。

勾當官二員，正八品。大安元年置三員，照磨吏員七人。

管勾架閣庫一員，正八品。三司令史五十人，內女直十人，漢人四十人。大安元年增八人。譯史二人，大安元年增一人。通事二人。

知法三員，從八品。女直知法一員，大安元年增二員。

國史院先嘗以諫官兼其職，明昌元年詔諫官不得兼，恐於其奏章私溢己美故也。

監修國史，掌監修國史事。

修國史，掌修國史，判院事。

同修國史二員。女直人、漢人各一員。承安四年更擬女直一員，〔一六〕罷契丹同修國史。

編修官，正八品，女直、漢人各四員。明昌二年罷契丹編修三員，添女直一員。大定十八年用書寫出職人。

檢閱官，從九品。書寫，女直、漢人各五人。

修遼史刊修官一員，編修官三員。

翰林學士院天德三年，命翰林學士院自侍讀學士至應奉文字，通設漢人十員，女直、契丹各七員。

翰林學士承旨，正三品，掌制撰詞命。凡應奉文字，銜內帶「知制誥」。直學士以上同。貞祐三年陞從二品。

翰林學士，正三品。

翰林侍讀學士，從三品。

翰林侍講學士，從三品。

翰林直學士，從四品，不限員。

翰林待制，正五品，不限員，分掌詞命文字，分判院事，銜內不帶「知制誥」。〔一七〕

翰林修撰，從六品，不限員，掌與待制同。

應奉翰林文字，從七品。

審官院承安四年設，大安二年罷之，若注擬失當，止令御史臺官論列。

知院一員，從三品，掌奏駁除授失當事。隨朝六品、外路五品以上官除授，並送本院審之。補闕、拾遺、監察雖七品，亦送本院。或御批亦送稟，惟部除不送。

同知審官院事一員，從四品。

掌書四人。女直、漢人各二人，以御史臺終場舉人辟充。

太常寺。皇統三年正月始置。太廟、廩犧、郊社、諸陵、大樂等署隸焉。

卿一員，從三品。

少卿一員，正五品。

丞一員，正六品。

掌禮樂、郊廟、社稷、祠祀之事。

博士二員，正七品，掌檢討典禮。

檢閱官一員，從九品，掌同博士。泰和元年置，四年罷。

檢討二員，從九品。明昌元年置，以品官子孫及終場舉人，同國史院漢人書寫例，試補。

太祝，從八品，掌奉祀神主。

奉禮郎，從八品，掌設版位，執儀行事。

協律郎，從八品，掌以麾節樂，調和律呂，監視音調。

太廟署。皇統八年太廟成，設署，置令丞，仍兼提舉慶元、明德、永祚三宮。

令一員，從六品，掌太廟、衍慶、坤寧宮殿神御諸物，及提控諸門關鍵，掃除、守衛，兼廩犧令事。

丞一員，從七品，兼廩犧署丞。

直長，明昌三年罷。

廩犧署。令、丞，以太廟令、丞兼，掌薦犧牲及養飼等事。

郊社署承安三年設祝史、齋郎百六十人，作班祗候使，周年一替。大安元年，奏兼武成王廟署。

令一員，從六品。

丞一員，從七品。

掌社稷、祠祀、祈禱并廳舍祭器等物。

直長，明昌三年廢。

武成王廟署。大安元年置。

令，從六品。

丞，從七品。

掌春秋祀享，以郊社令、丞兼。

諸陵署大安四年同隨朝。

提點山陵，正五品，涿州刺史兼。

令，從六品。丞一員，從七品。掌守山陵。

直長，正八品。

園陵署

令，宛平縣丞兼。〔一八〕貞祐二年以園陵遷大興縣境，遂以大興縣令、丞兼。

大樂署，兼鼓吹署。樂工百人。

令一員，從六品。丞，從七品。掌調和律呂，教習音聲并施用之法。

樂工部籍直長一員，正八品。

大樂正，從九品，掌祠祀及行禮陳設樂縣。

大樂副正，從九品。

右屬太常寺。

校勘記

〔一〕義宗之益政院　按本書卷五六百官二，「益政院，正大三年置於內庭」，則「義宗」當作「哀宗」。參見本書卷四八食貨志三校記〔一六〕。

〔二〕正六品上曰中良大夫天德作中亮　按海陵名「亮」，避諱甚嚴，絕無天德創制內侍稱中亮大夫之理，疑此處「良」「亮」二字顛倒，應正文作「正六品上曰中亮大夫」，小注爲「天德作中良」。

〔三〕否則爲不稱職　「職」原作「截」，據文義改。

〔四〕并舊爲晉　「晉」原作「漢」。按下文載「益舊爲漢」，與此重復，其中必有一譌。本書卷九章宗紀，明昌二年，有司議改諸國號，以「晉爲并」，則知此處「漢」字誤。又大金集禮以下簡稱集禮卷九親王條，「秦」與「漢」之間爲「晉」，與此處順序相合，知作「晉」是。今據改。

〔五〕崇宿息　「息」原作「昔」。按集禮卷九親王條，小國三十有「崇、宿、息、莒」，今據改。

〔六〕胙任戴　「戴」原作「載」。按集禮卷九親王條，天眷及大定所定國封等第，「小國三十」皆作「胙、任、戴、鞏」。今據改。

〔七〕同管勾一員　按下文戶禮部、刑工部架閣庫同管勾皆云「從八品」，此處當脫「從八品」三字。

〔八〕大安二年復增　「大」原作「承」。按上言「泰和八年」，知此必大安二年，今改正。

〔九〕貞祐五年兼覆實司官　按此九字在「天德三年」之前，年序不合。下文「覆實司，管勾一員，從七品」，注云，「貞祐五年併罷之，以二部主事兼」。知兼覆實司者乃主事，此九字當在「主事二員，從七品」之下，蓋寫刻時誤竄于此。

〔一〇〕有建威折衝振武盪寇果毅殄寇虎賁鷹揚破虜之名　按本書卷四四兵志，「哀宗正大二年，議選諸路精兵，直隸密院。乃易總領之名爲都尉，班在隨朝四品之列，曰建威、曰虎威、曰破虜、振威、鷹揚、虎賁、振武、折衝、盪寇、殄寇」，較此多「虎威」「振威」二都尉。

〔一一〕泰和六年改爲判大睦親事　原脫「判」字。據文例補。

〔一二〕上京東溫忒二處皆有之　按本書卷七〇宗亨傳，「爲淑溫特宗室將軍」，蓋「淑」或寫作「東」，疑「東」或是「束」字之誤。

〔一三〕其戶凡百二十　按本書卷四六食貨一戶口，大定二十三年七月，「在都宗室將軍司戶一百七十」，又卷四七食貨二牛具稅同。此作「百二十」，疑誤。

〔一四〕以上官品皆大定十二年遞陞　按以上十二字原作正文，今改作小注，與上文「從二品」下「舊正三品，大定十二年陞」注文同。本志注文混入正文者頗多，難于準確分辨，以下不一一舉正。

〔一五〕譯史四人內班內祗二人　「四」原作「三」，「祗」上無「內」字。按本書卷五三選舉志，「御史臺令史譯史」條作「譯史四人，內班內祗二人，終場舉人二人」。今據改。

〔一六〕承安四年更擬女直一員　按本書卷一一章宗紀，承安四年十二月「癸未，更定科舉法，增設國史院女直、漢人同修史各一人」。則此處當作更增女直、漢人各一員。

〔一七〕銜內不帶知制誥　原脫「不」字。按上文翰林學士承旨下「銜內帶知制誥」注「直學士以上同」。翰林待制在直學士以下，則不應「銜內帶知制誥」，今依文義補「不」字。

〔一八〕令宛平縣丞兼　按無以「縣丞」兼「署令」之理，疑當作「令、丞，宛平縣令、丞兼」，與下文「遂以大興縣令、丞兼」相同，蓋「令」下脫「丞」字、「縣」下脫「令」字。

金史卷五十六

志第三十七

百官二

殿前都點檢司　宣徽院　祕書監　太府監　少府監　軍器監
都水監　諫院　大理寺　弘文院　登聞鼓院　登聞檢院
記注院　集賢院　益政院　武衞軍都指揮使司　衞尉司
六部所轄諸司　三路檢察及外路倉庫牧圉等職

殿前都點檢司。天眷元年置。掌親軍，總領左右衞將軍、符寶郎、宿直將軍、左右振肅，宮籍監、近侍等諸局署，鷹坊、頓舍官隸焉。

殿前都點檢，正三品，兼侍衞將軍都指揮使。掌行從宿衞，關防門禁，督攝隊仗，總判

司事。

殿前左副都點檢，從三品，兼侍衞將軍副都指揮使。

殿前右副都點檢，從三品，兼侍衞將軍副都指揮使，掌宮掖及行從。

殿前都點檢判官，從六品。大定十二年設。

知事一員，從七品。

殿前左衞將軍，殿前右衞將軍，殿前左衞副將軍，殿前右衞副將軍，掌宮禁及行從宿衞警嚴，仍總領護衞。右衞同此。

符寶郎四員，〔一〕掌御寶及金銀等牌。舊名牌印祗候，大定二年改爲符寶祗候，改牌印令史爲符寶典書，四人。

左右宿直將軍，從五品，掌總領親軍，凡宮城諸門衞禁、并行從宿衞之事，八員。大定二十九年作十員，復作十一員。

左右振肅，正七品，掌妃嬪出入總領護衞導從。本妃嬪護衞之長，大定二年改今名。

宮籍監

提點，正五品。監，從五品。副監，從六品。丞，從七品。掌內外監戶、及地土錢帛小大差發。

直長二員，正八品，掌同丞。

近侍局

提點，正五品。泰和八年創設。〔二〕使，從五品。副使，從六品。掌侍從，承勅令，轉進奏帖。

直長，正八品。大定十八年增二員。奉御十六人，舊名入寢殿小底。奉職三十人，舊名不入寢殿小底，又名外帳小底，皆大定十二年更。

器物局

提點，正五品。使，從五品。副使，從六品。掌進御器械鞍轡諸物。

直長，正八品。

都監，正九品。明昌三年省罷。

同監，從九品。泰和四年設。

尚廄局

提點，正五品。使，從五品。副使，從六品，掌御馬調習牧養，以奉其事。大定二十九年添副使一員，管小馬羣。

直長一員，司馬牛羣。

掌廄都轄，正九品。不限員。

副轄，從九品。不限員數資考。

尚輦局

使，從五品。副使，從六品。掌承奉輿輦等事。

直長，正八品。不限資考，大定十九年，除年六十以下人充。

典輿都轄，從九品。不限資考。

收支都監，正九品。大定二十年設，掌給受之事。

同監，泰和四年設。大安二年省。

本把，四人。

鷹坊

提點，正五品。使，從五品。副使，從六品。掌調養鷹鶻「海東青」之類。

直長，正八品。不限員。

管勾，從九品。不限員數資考。

武庫署

令，從六品，掌收貯諸路常課甲仗。以曉軍器女直人充。

丞，從七品。

直長二員，正八品。大定二年省一員。

武器署

提點，從五品。令，從六品。丞，從七品。掌祭祀、朝會、巡幸及公卿婚葬鹵簿儀仗旗鼓笛角之事。

直長，正八品。或二員。

頓舍官二員，泰和令總格作四員。正八品。直長。見士民須知，泰和令無。

右屬殿前都點檢司。

宣徽院

左宣徽使，正三品。

右宣徽使，正三品。

同知宣徽院事，正四品。

同簽宣徽院事，正五品。

宣徽判官，從六品。

掌朝會、燕享，凡殿庭禮儀及監知御膳。所隸弩手、傘子二百三十九人，控鶴二百人。

拱衞直使司，威捷軍隸焉。舊名龍翔軍，正隆二年更爲神衞軍，大定二年更名爲拱衞司。

都指揮使，從四品。舊曰使。副都指揮使，從五品，舊曰副使。掌總統本直，謹嚴儀衞。大定五年，詔以使爲都指揮使，副使爲副都指揮使。

什將。

長行。

威捷軍承安二年，簽弩手千人。泰和四年，以之備邊事。鈐轄，正六品。都轄，從九品。不奏。

客省

使，正五品。副使，從六品。掌接伴人使見辭之事。

引進司〔三〕

使，正五品。副使，從六品。掌進外方人使貢獻禮物事。

閤門明昌五年，閤門官以次排轉除授。

東上閤門使二員，正五品。明昌六年省一員，作從五品。西同。副使二員，正六品。明昌六年，省一員，西同。簽事一員，從六品，掌簽判閤門事。西同。明昌六年，以減副使置。

西上閤門使二員，正五品。副使二員，正六品。簽事一員，從六品，掌贊導殿庭禮儀。〔四〕西閤門餘副貳同。

閤門祗候二十五人。正大間三十二人。

閤門通事舍人二員，從七品，掌通班贊唱、承奏勞問之事。

承奉班都知，正七品，掌總率本班承奉之事。舊置判官，後罷。

內承奉班押班，正七品，掌總率本班承奉之事。

御院通進四員，從七品，掌諸進獻禮物及薦享編次位序。

尚衣局

提點，正五品。使，從五品。副使，從六品。掌御用衣服、冠帶等事。

都監，正九品。舊設，後罷。

直長，正八品。

同監，從九品。

儀鸞局泰和四年，或以少府監官兼，或兼少府監官。

提點，正五品。使，從五品。副使，從六品。掌殿庭鋪設、帳幕、香燭等事。

直長四員，正八品。泰和令三員。

收支都監，正九品，二員，一員掌給受鋪陳諸物，一員掌萬寧宮收支庫。大定七年置，明昌二年增一員。

同監二員，從九品。司吏二人，如內藏庫知書例。

尚食局元光二年，參用近侍、奉御、奉職。

提點，正五品。使，從五品。副使，從六品。掌總知御膳、進食先嘗、兼管從官食。

直長一員，正八品。不限資考。

都監三員，正九品。不限資考。

生料庫都監、同監各一員，掌給受生料物色。

收支庫都監、同監各一員，掌給受金銀裹諸色器皿。以外路差除人內選充。

尚藥局

提點，正五品。使，從五品。出職官內選除。副使，從六品。掌進湯藥茶果。

直長，正八品。

都監，正九品。

果子都監、同監各一員，掌給受進御果子。本局本把四人。

太醫院

提點，正五品。使，從五品。副使，從六品。判官，從八品，掌諸醫藥，總判院事。

管勾，從九品，隨科至十人設一員，以術精者充。如不至十人併至十人置。不限資考。

正奉上太醫，一百二十月升除。副奉上太醫，不算月日。長行太醫，不算月日。十科額五十人。

御藥院

提點，從五品。直長，正八品，掌進御湯藥。明昌五年設，以親信內侍人充。

都監，正九品。不限員，泰和令四員。

同監，從九品。不常除，泰和令無。

教坊

提點，正五品。使，從五品。副使，從六品。判官，從八品。掌殿庭音樂，總判院事

諧音郎，從九品。不限資考、員數。

內藏庫大定二年，分爲四庫。

使，從五品。副使，從六品。掌內府珍寶財物，率隨庫都監等供奉其事。

直長一員。承安三年增。

頭面庫

都監，正九品。

同監，從九品。本把七人，大定二年定出身，依不入寢殿小底例。

段匹庫

都監，正九品。

同監，從九品。本把十二人。

金銀庫

都監，正九品。本把八人。

雜物庫

都監，正九品。

同監，從九品。本把八人。每庫知書各二人。

宮闈局舊名宮闈司，大定二年改爲局，舊設令、丞，改爲使、副。

提點，正五品。使，從五品。副使，從六品。掌宮中閤門之禁，率隨位都監、同監及內直各給其事。

直長，正八品，內直一百七十人。後作百七十九人。

內侍局

令二員，從八品。興定五年，陞作從六品。丞二員，從九品。興定五年，陞從七品。掌正位閤門之禁，率殿位都監、同監及御直各給其事。

局長二員，從九品，興定五年陞正八品。御直、內直共六十四人。明昌元年，分宮闈局正位內直置，初隸宮闈局。

東門都監、同監。諸隨殿位承應都監、同監，掌各位承應及門禁管鑰。

昭明殿都監、同監。大定二十九年設，各一員。

承徽殿都監、同監。麗妃位。

隆徽殿都監、同監。本隆和殿，係皇后位。

鸞翔殿都監、同監。

崇儀殿都監、同監。

迎暉殿都監、同監。七妃充容，泰和三年罷。

蘂珠殿都監、同監。

瑞寧殿都監、同監。

回春殿都監、同監。

芸香殿都監、同監。

瑞像殿都監、同監。係佛殿。以上「殿」字下無「位」字。

凝福、改韶景。溫芳二位都監、同監。

瑤華、柔則二位都監、同監。以上無「殿」字及「承應」字。

嘉福等殿位都監、同監。四位。

廣仁殿都監、同監。

睿思殿都監、同監。以上有「承應」字。

滋福殿都監、同監。本以隆慶改，無「位」字。

咨正殿都監、同監。

邇英殿都監、同監。

長慶院都監、同監。

仙韶院都監、同監。

貞和門都監、同監。應係錢帛經此門出入。明昌四年添一員。

右昇平門都監、同監。

長樂門都監、同監。

瓊林苑都監、同監。各二員。

廣樂園都監、同監。

順儀位提控、都監、同監。舊寶林位。

瑞華門俗名金骨朶門。都監一員，同監三員。

太師位提控、都監、同監。
寶昌門都監、同監。
會昌門都監、同監。
東京孝寧宮都監、同監。
崇妃位提控。世宗夫人，興陵。
惠妃位提控、都監、同監。裕陵。
溫妃位提控、都監、同監。裕陵二位，明昌四年添。
報德寺提控、都監、同監。世宗御容。光泰門街。
報恩寺提控、都監、同監。世宗御容。淸夷門街。明昌三年設，三。
孝嚴寺都監、同監。在南京，安宣宗御容，改興國威誠寺。正大元年設，三。以下皆在南京。
福寧殿〔五〕都監、同監。三。
純和殿都監、同監。三。
仁安殿都監、同監。三。
眞妃位都監、同監。二。
麗妃位都監、同監。

宣儀位都監、同監。
莊獻妃位都監、同監。
三廟都監、同監。貞祐二年設。
西華門都監、同監。
京後園都監、同監。
內侍寄祿官，泰和二年設，初隸宮闈局，尋直隸宣徽院。所以陞用內侍局御直、內直有年勞者。
中常侍。正五品。
給事中。從五品。
內殿通直。正六品。先名內殿給使。
黃門郎。從六品。
內謁者。正七品。
內侍殿頭。從七品。
內侍高品。正八品。不限員。
內侍高班。從八品。
典衞司大定二十九年，世宗才人、寶林位各設。泰和五年閏八月，以崇妃薨罷。〔六〕興定元年復設。世宗妃、才人、寶林位各設防衞軍導從人。
令，正七品。
丞，從七品。
直長。見士民須知。
孝靖宮章宗五妃位。大安元年以有監同、無總領者，故設。
令，從八品。
丞，正九品。
端妃位同監。眞妃徒單氏。
慧妃位同監。麗妃徒單氏。
貞妃位同監。柔妃唐括氏。
靚儀位同監。昭儀夾谷氏。
才媛位同監。修儀吾古論氏。
懿安家貞祐三年，爲莊獻太子設。
令，從八品。
丞，正九品。

宮苑司
令，從六品。丞，從七品。掌宮庭修飭洒掃、啓閉門戶、鋪設氈席之事。
直長，正八品一員。泰和令二員。
都監、同監二員。泰和元年設。〔七〕泰和四年罷同監。
尙醞署
令，從六品。丞，從七品。掌進御酒醴。
直長，正八品，二員。
典客署
令，從六品。
丞，從七品。
直長，後罷。書表十八人。
侍儀司舊名肇執局，大定元年改爲侍儀局，大定五年陞局爲司。
令，從六品。舊曰局使。掌侍奉朝儀，率捧案、擎執、奉輦各給其事。〔八〕
直長，正七品。舊設局副，品從七。
右屬宣徽院。

秘書監。著作局、筆硯局、書畫局、司天臺隸焉。

監一員，從三品。

少監一員，正五品。

丞一員，正六品。

秘書郎二員，正七品。泰和元年定爲二員。

通掌經籍圖書。

校書郎一員，從七品，承安五年二員。泰和五年以翰林院官兼，大安二年省一員。專掌校勘在監文籍。

著作局

著作郎一員，從六品。著作佐郎一員，正七品。掌修日曆。皇統六年，著作局設著作郎、佐郎各二員，編修日曆，以學士院兼領之。

筆硯局

直長二員，正八品，掌御用筆墨硯等事。泰和七年以女直應奉兼。舊名筆硯令史，大定三年改爲筆硯供奉，以避諱改爲承奉。

書畫局

直長一員，正八品，掌御用書畫紙札。

都監，正九品，二員或一員。

司天臺

提點，正五品。監，從五品，掌天文曆數、風雲氣色，密以奏聞。

少監，從六品。

判官，從八品。

教授，舊設二員，正大初省一員。係籍學生七十六人，漢人五十人，女直二十六人，試補長行。

司天管勾，從九品。不限資考、員數，隨科十人設一員，以藝業尤精者充。

長行人五十人。未授職事者，試補管勾。

天文科，女直、漢人各六人。

算曆科，八人。

三式科，四人。

測驗科，八人。

漏刻科，二十五人。

銅儀法物舊在法物庫，貞元二年始付本臺。

右屬秘書監。

國子監。國子學、太學隸焉。

祭酒，正四品。司業，正五品，掌學校。

丞二員，從六品，明昌二年增一員，兼提控女直學。

國子學

博士二員，正七品，分掌教授生員、考藝業。太學同。明昌二年添女直一員，泰和四年減，大安二年並罷。

助教二員，正八品。女直、漢人各一員。教授四員，正八品。分掌教誨諸生。明昌二年，小學各添二員，承安五年一員不除。

國子校勘，從八品，掌校勘文字。

國子書寫官，從八品，掌書寫實錄。

太學

博士四員，正七品。大安二年減二員。

助教四員，正八品。明昌二年不除一員，大安二年減二員。

右屬國子監。

太府監。左右藏、支應所、太倉、酒坊、典給署、市買司隸焉。

監，正四品。

少監，從五品。

丞二員，從六品。

掌出納邦國財用錢穀之事。

左藏庫

使，從六品。副使，從七品。興定三年增一員。掌金銀珠玉、寶貨錢幣。本把四人。

右藏庫

使，從六品。副使，從七品。興定三年添一員。掌錦帛絲綿毛褐、諸道常課諸色雜物。本把四人。

支應所又作支承所。

都監二員，正九品，掌宮中出入、御前支賜金銀幣帛。大安三年省。

太倉

使，從六品，掌九穀廩藏、出納之事。預除人。

副使，從七品。

酒坊部除。

使，從八品。副使，正九品。掌醞造御酒及支用諸色酒醴。

典給署，本鈎盾署，明昌三年更。

令，從六品，舊曰鈎盾使。丞，從七品，舊曰鈎盾副使。掌宮中所用薪炭冰燭、并管官戶。

直長一員，正八品。

市買司，天德二年更爲市買局。

使，從八品。副使，正九品。掌收買宮中所用果實生料諸物。

右屬太府監。

少府監。尚方、織染、文思、裁造、文繡等署隸焉。泰和四年，選能幹官兼儀鸞局近上官。

監，正四品。

少監，從五品。

丞二員，從六品。大定十一年省，二十一年復置。

掌邦國百工營造之事。

尚方署

令，從六品。丞，從七品。掌造金銀器物、亭帳、車輿、牀榻、簾席、鞍轡、傘扇及裝釘之事。大定二十年，令不專除人，令人兼。

直長，正八品。

圖畫署明昌七年，省入祗應司。

令，從六品。丞，從七品。掌圖畫縷金匠。

直長，正八品。明昌三年罷。

裁造署

令，從六品。丞，從七品。掌造龍鳳車具、亭帳、鋪陳諸物，宮中隨位牀榻、屏風、簾額、絛結等，及陵廟諸物并省臺部內所用物。泰和令有畫繪之事。

直長，從八品。明昌三年省。裁造匠六人，針工婦人三十七人。

文繡署

令，從六品。丞，從七品。掌繡造御用并妃嬪等服飾、及燭籠照道花卉。貞祐二年，止設官一員。

直長，正八品。繡工一人，都繡頭一人，副繡頭四人，女四百九十六人，內上等七十人，次等凡四百二十六人。〔九〕

織染署

令，從六品。丞，從七品。直長，正八品。掌織紝、色染諸供御及宮中錦綺幣帛紗縠。

文思署明昌七年，省入祗應司。

令，從六品。丞，從七品。掌造內外局分印合、傘浮圖金銀等尚輦儀鸞局車具亭帳之物并三國生日等禮物，織染文繡兩署金線。

直長，正八品。明昌三年省去。

右屬少府監。

軍器監。承安二年設，泰和四年罷，復併甲坊、利器兩署爲軍器署，置令、丞、直長，直隸兵部。至寧元年復爲軍器監，軍器庫、利器署隸焉。舊轄甲坊、利器兩署。

監，從五品。少監，從六品。丞，從七品。掌修治邦國戎器之事。

直長，正八品。泰和令無，總格有。

軍器庫，至寧元年隸大興府，貞祐三年來屬。〔一〇〕

使，正八品。副使，正九品。省擬，不奏。掌收支河南一路并在京所造常課橫添和買軍器。大定五年設。

甲坊署，泰和四年廢，舊置令、丞、直長。

利器署，本都作院，興定二年更今名，同隨朝來屬。

令，從六品。丞，從七品。掌修弓弩刀槊之屬。

直長，正八品。

右屬軍器監。

都水監。街道司隸焉。分治監，專規措黃、沁河，衞州置司。

監，正四品，掌川澤、津梁、舟楫、河渠之事。興定五年兼管勾沿河漕運事，作從五品，少監正六品以下皆同兼漕事。

少監，從五品。明昌二年增一員，衞州分治。

丞二員，正七品，內一員外監分治。貞元元年置。

掾，正八品，掌與丞同，外監分治。大定二十七年添一員，明昌五年併罷之，六年復置二員。

勾當官四員，準備分治監差委。明昌五年以罷掾設二員，興定五年設四員。

街道司

管勾，正九品，掌洒掃街道、修治溝渠。舊南京街道司，隸都水外監，貞元二年罷歸京城所。

都巡河官，從七品，掌巡視河道、修完堤堰、栽植榆柳、凡河防之事。分治監巡河官同此。諸都巡河

其瀘溝、崇福上下埽都巡河兼石橋使，通濟河節巡官兼建春宮地分河道。大定二年設滹沱河巡河官二

員。〔一一〕

散巡河官。於諸局及丞簿廉舉人，并見勾當人六十以下者充。

官，掌提控諸埽巡河官、明昌五年設，以合得縣令人年六十者選充。

黃汴都巡河官，下六處河陰、雄武、滎澤、原武、陽武、延津各設散巡河官一員。〔一二〕

黃沁都巡河官，下四處懷州、孟津、孟州、城北各設黃沁散巡河官各一員。

衞南都巡河官，下四處崇福上、崇福下、衞南、淇上，散巡河官各一員。〔一三〕

滑濬都巡河官，下四處武城、白馬、書城、教城散巡河官各一員。

曹甸都巡河官，下四處東明、西佳、孟華、淩城〔一四〕散巡河官各一員。

曹濟都巡河官，下四處定陶、濟北、寒山、金山散巡河官各一員。凡二十五埽，埽兵萬二千人。

諸埽物料場官，掌受給本場物料。分治監物料場官同此。惟崇福上、下埽物料場官與

當界官通管收支。

南京延津渡河橋官，兼譏察事。

管勾一員，同管勾一員，掌橋船渡口譏察濟渡、給受本橋諸物等事，內譏察事隸留守

司。餘浮橋官同此。

右屬都水監。皇統三年四月，懷州置黃沁河堤大管勾司，未詳何年罷。正大二年，

外監東置於歸德，〔一五〕西置於河陰。

諫院

左諫議大夫、右諫議大夫，皆正四品。

左司諫、右司諫，皆從五品。

左補闕、右補闕正七品。

左拾遺、右拾遺正七品。

大理寺。天德二年置。自少卿至評事，漢人通設六員，女直、契丹各四員。

卿，正四品。少卿，從五品。正，正六品。丞，從六品。掌審斷天下奏案、詳讞疑獄。

司直四員，正七品，掌參議疑獄、披詳法狀。舊有契丹司直一員，明昌二年罷。

評事三員，正八品，掌同司直。明昌二年省契丹評事一員，大安二年省漢人一員。

知法十一員，從八品，女直司五員，漢人司六員。掌檢斷刑名事。

明法二員，從八品，興定二年置，同流外，四年罷之。

弘文院

知院，從五品。同知弘文院事，從六品。校理，正八品。掌校譯經史。

登聞鼓院

知登聞鼓院，從五品。同知登聞鼓院事，正六品。掌奏進告御史臺、登聞檢院理斷不當

事，承安二年以諫官兼。

知法二員，從八品。女直、漢人各一員。〔一六〕

登聞檢院

知登聞檢院，從五品。同知登聞檢院，正六品。掌奏御進告尚書省、御史臺理斷不

當事。

知法，從八品。女直、漢人各一員。

記注院。修起居注，掌記言、動。明昌元年，詔毋令諫官兼或以左右衞將軍兼。貞祐三年，

以左右司首領官兼，爲定制。

集賢院。貞祐五年設。

知集賢院，從四品。正大元年，授馬璘額外兼吏部郎中。〔一七〕

同知集賢院，從五品。

司議官，正八品。不限員。

諮議官，正九品。不限員。

益政院。正大三年置於內庭，以學問該博、議論宏遠者數人兼之。日以二人上直，備顧問，

講尚書、通鑑、貞觀政要。名則經筵，實內相也。末帝出，遂罷。〔一八〕

武衞軍都指揮使司隸尚書兵部。

都指揮使，從三品。大定二十九年，以武衞軍六十人，兵馬一員，副都二員共職低，故設使，品正四，承安三年陞。

副都指揮使二員，從四品。

副都一員，從四品。初正五品，承安三年陞。

判官一員。承安三年設。

掌防衞都城，警捕盜賊。

鈐轄司

鈐轄十員，正六品。初設二員。

都鈐轄四員，從七品。興定三年權設，巡把兩宅。

都將二十員，從九品。大定十六年立名。

掌管轄軍人，防衞警捕之事。承安元年設萬人，內軍八千九百四十九人，忠衞二百人，隊正四百人。

右屬武衞軍都指揮使司。

衞尉司大安元年，擬隆慶宮人數定之。〔九〕

中衞尉，從三品，掌總中宮事務。

副尉，從四品。

左常侍，從五品。掌周護導從儀仗之事。

右常侍，從五品。

常侍官：護衞三十人，同東宮。奉引八十人，同控鶴。傘子四人，同控鶴。執旗二人。同儀鸞。

給事局

使，正七品。

副使，正八品。

內謁者兼司寶二員，從六品。內直充。

奉閤一十人。同東宮入殿小底。

閤直二十人。同宮闈局內直。

掖庭局

令，正九品，內直充。掌皇后宮事務。

丞，從九品。內直充。

宮令。宮苑司、儀鸞局兼。

食官。尚食局兼。

飲官。尚醞署兼。

醫官。尚藥局、太醫院兼。

主藏。內藏、典給署兼。

主廩。太倉兼。

右屬衞尉司。

榷貨務在京諸稅係中運司，見錢皆權於本務收。

使，從六品。副使，從七品。掌發賣給隨路香茶鹽鈔引。

交鈔庫

使，舊正八品，後陞從七品，貞祐復。掌諸路交鈔及檢勘錢鈔、換易收支之事。

副使，從八品，掌書押印合同。

判官，正九品。貞祐二年作從九品。

都監，二員。見泰和令。

印造鈔引庫大安二年兼抄紙坊。

使，從八品。副，正九品。判，正九品。掌監視印造勘覆諸路交鈔、鹽引，兼提控抄造鈔引紙。承安四年，罷四小庫，併罷庫判四員。至寧元年設二員。貞祐二年作從九品。

抄紙坊大安二年以印造鈔引庫兼。貞祐二年復置，仍設小都監二員。

使，從八品。貞祐二年同隨朝。

副使，正九品。

判，從九品。

交鈔庫物料場至寧元年置。

場官，舊正八品，後作正九品。掌收支交鈔物料。

隨處交鈔庫抄紙坊

使，從八品。貞祐二年，設於上京、西京、北京、東京、大名、益都、咸平、眞定、河間、平陽、太原、京兆、平涼、廣寧等府，瑞、澗、平、清、通、順、薊等州，貞祐三年罷之。

平準務元光二年五月設，十月罷。

使，從六品。

副使，從七品。

勾當官六員。

右自榷貨務以下，皆屬尚書戶部。

惠民司

令，從六品，掌修合發賣湯藥。舊又設丞一員。大定三年，有司言，惠民歲入息錢不償官吏俸，上曰：設此本欲濟民，官非人，怠於監視藥物，財費何足計哉，可減員而已。

直長，正八品。

都監，正九品。

右屬尚書禮部。

四方館

使，正五品。副使，從六品，掌提控諸路驛舍驛馬并陳設器皿等事。

法物庫元兼管大樂，貞元二年改付太常寺。

使，從六品。副使，從七品。掌鹵簿儀仗車輅法服等事。

直長，正八品。泰和三年省。

承發司

管勾，從七品。同管勾，從八品。掌受發省部及外路文字。

右屬尚書兵部。

萬寧宮提舉司舊太寧宮，更名壽安宮，又更今名。

提舉，從六品。同提舉，從七品。掌守護宮城殿位。本把十五人。

慶寧宮提舉司

提舉，正七品，兼龍門縣令。

同提舉，正八品，兼儀鸞監。

右屬尚書刑部。

修內司大定七年設。

使，從五品。副使，從六品。掌宮中營造事。兵匠一千六十五人，兵夫二千人，仍命少府監長官提控。

直長二員，正八品。部役官四員，正八品。掌監督工役。

受給官二員，正八品，掌支納諸物。

都城所

提舉，從六品。同提舉，從七品。掌修完廟社及城隍門鑰、百司公廨、係官舍屋并栽植樹木工役等事。

左右廂官各二員，正八品，掌監督工役。

受給官二員，正八品，掌支納諸物及埏埴等事。

祗應司

提點，從五品。令，從六品。丞，從七品。掌給宮中諸色工作。

直長，正八品。

收支庫都監、同監。泰和元年置。

甄官署

令，從六品。丞，從七品。直長，正八品。掌劖石及埏埴之事。

上林署

提點，從五品。泰和八年創，大安二年省。〔二〇〕令，從六品。掌諸苑園池沼、種植花木果蔬及承奉行幸舟船事。

丞，從七品。大定七年，增一員，分司南京，以勾判兼之。大安三年復省一員。

直長二員，正八品。

花木局都監、同監。舊設接手官四人，泰和元年罷，復以諸司人內置都監、同監二員。貞祐三年罷都、同監，以同樂園管勾兼。

熙春園都監、同監三員。泰和四年置，貞祐三年省。

同樂園管勾二員，每年額辦課程，隸南運司。宣宗南遷，罷課，改爲隨朝職，正八品。

右皆屬尚書工部。

京東、西、南三路檢察司興定四年置。

使，從六品。副使，正七品。掌檢察支散軍糧，驗軍戶實給，均軍戶差役，勸農種，毋犯私殺馬牛、私鹽酒麴。

南京豐衍東西庫隸運司，貞祐二年同隨朝。

使，正八品。

副使，從八品。

判二員，正九品。

監支、納各一員，正八品。

提舉南京榷貨司貞祐四年置。

提舉，從五品。

同提舉，從六品。

勾當官三員，正九品。

提舉倉場司貞祐五年置，先吏部辟舉，後省擬。

使，從五品。副使，從六品。掌出納公平及毋致虧敗。

監支納官，八品，十六員。以年六十以下廉幹人充，女直、漢人各一。廣盈倉、豐盈倉、永豐倉、〔三〕廣儲倉、富國倉、廣衍倉、三登倉、常盈倉、西一場、西二場、西三場、東一場、東二場、南一場、北一場、北二場。通濟倉與在京倉，置監支納使副各一員。豐備倉、豐贍倉、廣濟倉、潼關倉，興定五年創置潼關倉監支納一員，兼樞密院彈壓。陳州倉四員。淯川倉二員。

八作左右院

設官同上，掌收軍須、軍器。

軍須庫至寧二年置。

使，從八品。

副，從九品。

典牧司貞祐年置。

使，正七品。

副，從八品。

判官，正九品。

圉牧司興定二年置。

使，正七品。

副，正八品。

判官，正九品。

提舉圉牧所泰和二年置，隸各路統軍司。河南東路、河南西路、陝西路皆設提舉、同提舉，山東路止設提舉。

校勘記

〔一〕符寶郎四員　按本書卷五三選舉三作「符寶郎十二人」。

〔二〕泰和八年創設　按此六字原作大字正文，今依上下文例改作小字注文。

〔三〕引進司　原脫「司」字。按本書卷三六禮志受尊號儀、卷三七禮志册皇后儀，皆稱「引進司」。今據補。

〔四〕掌贊導殿庭禮儀　「導」原作「道」，據殿本改。

〔五〕福寧殿　「福寧」原作「寧福」。按本書卷二五地理志，南京路注記南京宮殿，「純和之次曰福寧殿」。大金國志卷三三汴京制度，「一殿曰福寧」。今據改。

〔六〕以崇妃薨罷　原脫「罷」字，據上下文義補。參見本書卷一二章宗紀校記〔五〕。

〔七〕泰和元年設　按本書卷一一章宗紀作泰和二年「三月甲寅，初置宮苑司都、同監各一人」。

〔八〕掌侍奉朝儀率捧案擎執奉輦各給其事　按以上十六字原作小字注文，今依本志文例改作大字正文。

〔九〕次等凡四百二十六人　「百」原作「各」，據文義改。

〔一〇〕軍器庫至寧元年隸大興府貞祐三年來屬　按此處所記乃宣宗遷汴以後之制，南遷前之軍器庫職掌見本書卷五七百官三，厠「諸節鎮防禦刺史縣鎮等職」後，屬于地方官，故謂「隸大興府」。

〔一一〕大定二年設滹沱河巡河官二員　按本書卷二七河渠志，「大定十年二月，滹沱河創設巡河官二員」。此作「二年」疑誤。

〔一二〕下六處河陰雄武滎澤原武陽武延津各設散巡河官一員　按本書卷二七河渠志，「雄武、滎澤、原武、陽武、延津五埽則兼汴河事，設黃汴都巡河官一員於河陰以莅之」。疑「下六處」當作「下

五處」，「河陰」衍。

〔一三〕衞南都巡河官下四處崇福上崇福下衞南淇上散巡河官各一員　「下四處」下原衍「新鄉」二字。按本書卷二七河渠志，「崇福上下、衞南、淇上四埽屬衞南都巡河官，則居新鄉」。則此處「新鄉」二字顯係衍文，今删。

〔一四〕下四處東明西佳孟華淩城　「淩」原作「陵」。按本書卷二七河渠志，「曹甸都巡河官則總東明、西佳、孟華、淩城四埽」。今據改。

〔一五〕外監東置於歸德　原脫「於」字，據文例補。

〔一六〕女直漢人各一員　原脫「員」字，據殿本補。

〔一七〕正大元年授馬璘額外兼吏部郎中　「授」原作「受」，據殿本改。

〔一八〕末帝出遂罷　按「末帝」之稱又見本書卷五九宗室表、卷一三一武禎傳附子亢傳。蓋當時人常以此稱哀宗。如劉祁歸潛志等書。「末帝出」蓋言天興元年十二月哀宗出奔。卷一八哀宗紀之末，記哀宗傳位於承麟後，自縊身死。此下所記「末帝退保子城」，「末帝爲亂兵所害」，則皆指承麟，卷一一三白撒傳亦言「末帝承麟」，所指與此不同。

〔一九〕衞尉司大安元年擬隆慶宮人數定之　按本書卷九章宗紀，大定二十九年正月「戊午，名皇太后宮曰仁壽，設衞尉等官」，二月「戊辰，更仁壽宮名隆慶」。卷一〇章宗紀二，明昌五年二月「丁酉，尙書

省奏，禮官言孝懿皇后祥除已久，宜易隆慶宮爲東宮，從之」。是大安時久已無隆慶宮之稱，此蓋大安元年檢章宗時舊制所定。

〔三〇〕泰和八年創大安二年省　按以上十字原係大字正文，今依本志文例改作小字注文。

〔三一〕永豐倉　原脫「倉」字，據殿本補。

金史卷五十七

志第三十八

百官三

內命婦　宮人女職　東宮官屬　親王府　太后兩宮官屬

大興府　諸京留守司　諸京城宮苑提舉都監等職　按察司

諸路總管府　諸節鎮防禦刺史縣鎮等職　諸轉運泉穀等職

諸府鎮兵馬等職　諸猛安部族及羣牧等職

內命婦品

元妃、貴妃、淑妃、德妃、賢妃，正一品。

昭儀、昭容、昭媛、修儀、修容、修媛、充儀、充容、充媛曰九嬪，正二品。

婕妤，正三品。美人，正四品。才人，正五品。各九員，曰二十七世婦。

寶林，正六品。御女，正七品。采女，正八品。各二十七員，曰八十一御妻。

按金格，貞祐後之制，貴妃下有眞妃，淑妃下有麗妃、柔妃，而無德妃、賢妃。九嬪同。婕妤下有麗人、才人爲正三品，順儀、淑華、淑儀爲正四品，尚宮夫人、尚宮左夫人、尚宮右夫人、宮正夫人、寶華夫人、尚儀夫人、尚服夫人、尚寢夫人、欽聖夫人、資明夫人爲正五品，尚儀御侍、尚服御侍、尚寢御侍、尚正御侍、寶符宸侍、奉恩令人、奉光令人、奉徽令人、奉美令人爲正六品，司正御侍、寶符御侍、司儀御侍、司符御侍、司寢御侍、司飾御侍、司設御侍、司衣御侍、司膳御侍、司藥御侍、仙韶使、光訓良侍、明訓良侍、邀訓良侍、從訓良侍爲正七品，典儀御侍、典膳御侍、典寢御侍、典飾御侍、典設御侍、典衣御侍、典藥御侍、仙韶副使、承和良侍、承惠良侍、承宜良侍爲正八品，掌儀御侍、掌服御侍、掌寢御侍、掌飾御侍、掌設御侍、掌衣御侍、掌膳御侍、掌藥御侍、仙韶掌音、祗肅良侍、祗敬良侍、祗順良侍爲正九品。

宮人女官職員品秩，皆同唐制。

尚宮二人，掌導引皇后，管司記、司言、司簿、司闈，仍總知五尚須物出納等事。

司記二人、典記二人、掌記二人，掌在內諸文書出入目錄，爲記審訖付行縣印等事。女史六人，掌職文簿。

司言二人，典言二人，掌言二人，女史四人，掌宣傳啓奏之事。

司簿二人，典簿二人，掌簿二人，女史六人，掌宮人名簿廩賜之事。

司闈六人，典闈六人，掌闈六人，女史四人，掌宮闈管鑰之事。

尚儀二人，掌禮儀起居，管司籍、司樂、司賓、司贊事。

司籍二人，典籍二人，掌籍二人，女史十人，掌經籍教學紙筆几案之事。

司樂四人，典樂四人，掌樂四人，女史二人，掌音樂之事。

司賓二人，典賓二人，掌賓二人，女史二人，掌賓客參見、朝會引導之事。

司贊二人，典贊二人，掌贊二人，女史二人，彤史二人，掌禮儀班序、設板贊拜之事。

尚服二人，掌管司寶、司衣、司飾、司仗之事。〔一〕

司寶二人，典寶二人，掌寶二人，女史四人，掌珍寶符契圖籍之事。

司衣二人，典衣二人，掌衣二人，女史四人，掌御衣服首飾之事。

司飾二人，典飾二人，掌飾二人，女史二人，掌膏沐巾櫛服玩之事。

司仗二人，典仗二人，掌仗二人，女史二人，掌仗衛兵器之事。

尚食二人，掌知御膳，進食先嘗，管司膳、司醞、司藥、司饎事。〔二〕

司膳四人，典膳四人，掌膳四人，女史四人，掌膳羞器皿。

司醞二人，典醞二人，掌醞二人，女史二人，掌酒醴。

司藥二人，典藥二人，掌藥二人，女史二人，掌醫藥。

司饎二人，典饎二人，掌饎二人，女史二人，掌宮人食幷柴炭之事。

尚寢二人，〔三〕管司設、司輿、司苑、司燈事。

司設二人，典設二人，掌設二人，女史二人，掌帷帳、牀褥、枕席、洒掃、鋪設。

司輿二人，典輿二人，掌輿二人，女史二人，掌輿傘扇羽儀。

司苑二人，典苑二人，掌苑二人，女史二人，掌苑囿種植蔬果。

司燈二人，典燈二人，掌燈二人，女史二人，掌燈油火燭。

尚功二人，掌女功，管司製、司珍、司綵、司計事。〔四〕

司製二人，典製二人，掌製二人，女史二人，掌裁縫衣服纂組之事。

司珍二人，典珍二人，掌珍二人，女史二人，掌金珠玉寶財貨之事。

司綵二人，典綵二人，掌綵二人，女史二人，掌錦文緋綵絲帛之事。

司計二人，典計二人，掌計二人，女史二人，掌支度衣服飲食柴炭雜物之事。

宮正二人，掌總知宮內格式，糾正推罰之事。司正二人，同掌。典正二人，糾察違失。

女史四人。

皇后位下女職依隆慶宮所設人數，大安元年定。

司闈一員，八品，掌宮內諸事幷給散宮人俸給食料。

秉儀一員，八品。丞儀一員，九品。掌左右給事、宣傳啓奏、經籍紙筆之事。

直閣一員，司陳一員，九品，掌帳幕牀褥輿傘、洒掃鋪陳、薪炭燈燭之事。

秉衣一員，奉衣一員，九品，掌首飾衣服器玩諸寶財貨、裁製緋綵之事。

掌饌一員，八品。奉饌一員，九品。掌飲食湯藥酒醴蔬果之事。

東宮官

宮師府

太子太師、太子太傅、太子太保，正二品。

太子少師、太子少傅、太子少保，正三品。

掌保護東宮，導以德義。海陵天德四年，始定制宮師府三師、三少，詹事院詹事、三寺、十率府皆隸焉。左右諭德，爲東宮僚屬。

詹事院太子詹事，從三品。少詹事，從四品。掌總統東宮內外庶務。

左右衞率府率，〔五〕從五品，掌周衞導從儀仗。

左右監門，正六品，掌門衞禁鑰。

僕正，正六品。副僕，正七品。僕丞，正九品。掌車馬廐牧弓箭鞍轡器物等事。

掌寶二人，從六品，掌奉寶，謹其出入。

典儀，從六品。贊儀，從七品。司贊禮儀。

侍正，正七品。侍丞，正八品。掌冠帶衣服、左右給使之事。

典食令，正八品。丞，正九品。承奉膳羞。

侍藥，正八品。奉藥，正九品。承奉醫藥。

掌飲令，正八品。丞，正九品。承奉賜茶及酒果之事。

家令，正八品。家丞，正九品。掌營繕栽植鋪設及燈燭之事。

司經，正八品。副，正九品。掌經史圖籍筆硯等事。

司藏，從八品。副，從九品。掌庫藏財貨出入之事。
司倉，從八品。副，從九品。掌倉廩出納薪炭等事。
中侍局都監，正九品。同監，從九品。掌東閤內之禁令、省察宮人廩賜給納諸物、轄侍人等。
左諭德、右諭德，正五品。左贊善、右贊善，正六品。掌贊諭道德、侍從文章。
內直郎，正七品。
右屬宮師府。

親王府屬官

傅，正四品，掌師範輔導，參議可否，若親王在外，亦兼本京節鎮同知。
府尉，從四品。本府長史，從五品，明昌三年改，掌警嚴侍從，兼總統本府之事。
司馬，從六品，同檢校門禁，總統府事。
文學二人，從七品，掌贊導禮義，[六]資廣學問。
記室參軍，正八品，掌表牋書啓之事。大定七年八月始置。二十年，不專除，令文學

兼之。
諸駙馬都尉，正四品。

提舉衞紹王家屬

提舉，從六品。同提舉，從七品。舊爲東海郡侯邑令、丞。

提舉鎬厲王家屬

提舉。同提舉。以上二宅，天興元年始聽自便。

提控衞國公家屬

提控。同提控。

太后兩宮官屬正大元年置。

衞尉，從三品。副衞尉，從四品。
左典禁、右典禁，從五品。

奉令，正七品。奉丞，正八品。
太僕，正六品。副僕，正七品。
門衞二員，正六品。
典寶二員，正六品。
謁者二員，從六品。
閤正，從七品。閤丞，正八品。
食官令，正八品。食官丞，正九品。
宮令，正八品。宮丞，正九品。
醫令，正八品。醫丞，正九品。
飲官令，正八品。飲官丞，正九品。
主藏，從八品。副主藏。
主廩，從八品。副主廩。

大興府

尹一員，正三品，掌宣風導俗、肅清所部，總判府事。餘府尹同。兼領本路兵馬都總管府事。車駕巡幸，則置留守同知、少尹、判官。惟留判不別置，以總判兼之。
同知一員，從四品，掌通判府事。餘府同知同此。
少尹一員，正五品，掌同同知。
總管判官一員，從五品，掌紀綱總府衆務，分判兵案之事。
府判一員，從五品，掌諮議參佐，糾正非違，紀綱衆務，分判吏、禮、工案事。
推官二員，從六品，掌同府判，分判戶、刑案事，內戶推掌通檢推排簿籍。舊一員，大定五年增一員。
知事，正八品，掌付事勾稽省署文牘，總錄諸案之事。
都孔目官，女直司一員，漢人司一員，職同知事，掌監印、監受案牘。餘都孔目官同此。不常置，省則吏目攝。六案司吏七十五人，內女直十五人，漢人六十人。司吏分掌六案，各置孔目官一員，掌呈覆糾正本案文書。餘分前後行，其他處應設十人以下、六人以上者，置孔目官三人，及置提點所處仍舊。女直司吏若十二人以上，分設六案，不及者設三案，五人以下設一案，通掌六案事。以上名充孔目官。
知法三員，從八品，女直一員，漢人二員，掌律令格式、審斷刑名。抄事一人，掌抄事目，寫法狀，以前後行吏人選。公使百人。

女直教授一員。

東京、北京、上京、河東東西路、〔七〕山東東西路、大名、咸平、臨潢、陝西統軍司、西南招討司、西北路招討司、婆速路、曷懶路、速頻、蒲與、胡里改、隆州、泰州、蓋州並同此。皆置醫院，醫正一人，醫工八人。

諸京留守司

留守一員，正三品，帶本府尹兼本路兵馬都總管。

同知留守事一員，正四品，帶同知本府尹兼本路兵馬都總管。

副留守一員，從四品，帶本府少尹兼本路兵馬副都總管。

留守判官一員，從五品。都總管判官一員，從五品。掌紀綱總府衆務、分判兵案之事。

推官一員，從六品，掌同府判，分判刑案之事，上京兼管林木事。

司獄一員，正八品。司吏。女直司吏，上京二十人，北京十三人，東京十人，南京、西京各五人。漢人司吏，三十萬戶以上六十人，二十五萬戶五十五人，十萬戶以上四十人，七萬戶以上三十五人，五萬戶以上三十人，三萬戶以上二十四人，不及萬戶十人。譯人，上京、北京各三人，東京、西京、南京各二人。通事二人。

知法，女直、漢人各一員，南京漢人二員。抄事一人，掌抄錄事目、書寫法狀。公事百人。

京城門收支器物使。貞祐元年置，每城一面設一員。五年，南京隨門添設。舊有小都監，後省。正八品，十四員，戶部辟舉。開陽門、宣仁門、安利門、平化門、通遠門、宜照門、利川門、崇德門、迎秋門、廣澤門、順義門、迎朔門、順常門、廣智門，以已上各門副尉兼職。貞祐五年制，乃罷小都監。

十四門尉，從七品。

副尉，正九品。

上京提舉皇城司

提舉一員，從六品。

同提舉一員，從七品。司吏一人。

南京提舉京城所

提舉一員，正七品。同提舉一員，從七品。掌本京城壁及繕修等事，不常置。上京同此。

管勾一員，正八品，掌佐繕治。

受給官一員，掌收支之事。

壕寨官一員，掌監督修造。

皇城使一員，正八品。副使一員，正九品。掌宮闕繕修之事，不常置。

管勾北太一宮、同樂園二員，正八品，掌守宮園繕修之事。

慶元宮小都監三員，掌鋪陳祭器諸物。餘宮同。

花園小都監二員。

東京宮苑使一員。西京、北京同。

東京、西京御容殿，閤門各二員，掌享祀禮數、鋪陳祭器。

東京萬寧宮小都監一員。

按察司　本提刑司，承安三年以上京、東京等提刑司併爲一提刑使，兼宣撫使勸農採訪事，爲官稱。副使、判官以兼宣撫副使、判官爲名。復改宣撫爲安撫，各設安撫判官一員，提刑一員，通四員。安撫司，掌鎮撫人民、譏察邊防軍旅、審錄重刑事。安撫判

官則銜內不帶「勸農採訪事」，令專管千戶謀克。安撫使副內，差一員於咸平、一員於上京分司。承安四年罷咸平分司，使在上京，副在東京，各設簽事一員。承安四年改按察司，貞祐三年罷，止委監察採訪。

使一員，正三品，掌審察刑獄、照刷案牘、糾察濫官汙吏豪猾之人、私鹽酒麴並應禁之事，兼勸農桑，與副使、簽事更出巡案。

副使，正四品，兼勸農事。

簽按察司事，正五品，承安四年設。

判官二員，從六品，大定二十九年設。明昌元年以陝西地濶，添一員。

知事，正八品。

承安三年，上京者兼經歷安撫司使。泰和八年十一月，省議以轉運司權輕，州縣不畏，不能規措錢穀，遂詔中都都轉運，依舊專管錢穀事，自餘諸路按察使並兼轉運使，副使兼同知，簽按察並兼轉運副，添按察判官一員，爲從六品。中都、西京路按察司官止兼西京路轉運司事。遼東路惟上京按察安撫使及簽事依舊署本司事。遼東轉運使兼按察副使，同知轉運使兼簽按察司事，轉運副使兼按察判官，添知事一員。

知法二員，從八品。書史四人，書吏十人，抄事一人，公使四十人。

右中都、西京並依此置。陝西、上京兩路設簽按察司事二員，上京簽安撫司事。

上京、東京等路按察司幷安撫司

使，正三品，鎭撫人民，譏察邊防軍旅之事，仍專管猛安謀克，敎習武藝及令本土純願風俗不致改易。

副使二員，正四品。

簽安撫司事，正五品。

簽按察司事，正五品。

知事兼安撫司事，正八品。

知法四員，〔八〕從八品。書史四人。上京、東京書吏十八人，女直十二人、漢人六人。中都、西京，女直五人、漢人五人。北京、臨潢，女直三人、漢人五人。南京，女直二人、漢人七人。山東，女直三人、漢人七人。大名，女直三人、漢人六人。抄事一人，公使十人也。

右按察使於上京，副使於東京各路設簽事一員，分司勾當。惟安撫司不帶「勸農」字，內知事於上京、自餘並於兩處分減存設。

諸總管府謂府尹兼領者。

都總管一員，正三品，掌統諸城隍兵馬甲仗，總判府事。

同知都總管一員，從四品，掌通判府事，惟婆速路同知都總管兼來遠軍事兵馬。〔九〕

副都總管一員，正五品，所掌與同知同。

總管判官一員，從六品，掌紀綱總府衆務，分判兵案之事。

府判一員，從六品，掌紀綱衆務，分判戶、禮案，〔一〇〕仍掌通檢推排簿籍。

推官一員，正七品，掌同府判，分判工、刑案事。

知法一員。司吏，女直，山東西路十五人，大名十四人，山東東路、咸平府、臨潢府各十二人，曷懶路、河北西路各十人，婆速路十一人，河北東路八人，河東南北路、京兆、慶陽、臨洮、鳳翔、延安各四人。漢人，戶十八萬以上四十二人，十五萬以上四十人，十三萬以上三十八人，十萬以上三十五人，七萬以上三十二人，五萬以上二十八人，三萬以上二十二人，不及三萬戶二十人，婆速路、曷懶路各二人。譯人，咸平三人，河北東西、山東東西、曷懶、大名、臨潢各二人，餘各一人。通事，婆速、曷懶路高麗通事一人，臨潢北部通事一人、部落通事一人、小部落通事二人，慶陽府通事一人。抄事一人。公使八十人。臨潢別置移剌十五人。凡諸府置員並同，惟曷懶路無府事。

諸府謂非兼總管府事者。

尹一員，正三品。同知一員，正四品。少尹一員，正五品。

府判一員，從六品，掌紀綱衆務，分判吏、戶、禮案事，專掌通檢推排簿籍。

推官一員，正七品，掌同府判，分判兵、刑、工案事。〔一一〕

府教授一員。

知法一員。司吏，女直皆三人，漢人，若管十六萬戶四十人，十四萬以上三十八人，十二萬以上三十五人，十萬以上三十二人，七萬以上三十人，五萬以上二十五人，三萬戶以上二十人，不及三萬戶十七人。譯人一人，通事一人，抄事一人，公使七十人。

諸節鎭

節度使一員，從三品，掌鎭撫諸軍防刺，總判本鎭兵馬之事，兼本州管內觀察使事。其觀察使所掌，並同府尹兼軍州事管內觀察使。

同知節度使一員，正五品。通判節度使事，兼州事者仍帶同知管內觀察使。

副使一員，從五品。

節度判官一員，正七品，掌紀綱節鎭衆務、僉判兵馬之事，兼判兵、刑、工案事。〔一二〕

觀察判官一員，正七品，掌紀綱觀察衆務，分判吏、戶、禮案事，通檢推排簿籍。

知法一員，州教授一員，司獄一員，正八品。司吏，女直，隆州十四人，蓋州十二人，泰州十一人，速頻、胡里改各十人，蒲與八人，〔一三〕平、宗、懿、定、衞、〔一四〕萊、密、滄、冀、邢、同、雄、保、兗、邠、涇、朔、奉聖、昌、雲內、許、徐、鄆、睪、鄜、全、豐各三人，餘各二人。漢人，依府尹數例。譯人一人，通事二人，抄事一人。公使人，上鎭七十、中六十五、下六十人。〔一五〕惟蒲與、胡里改、速頻各二十人。曷速館路、蒲與路、胡里改路、速頻路四節鎭，省觀察判官而無州事。

諸防禦州

防禦使一員，從四品，掌防捍不虞、禦制盜賊，餘同府尹。

同知防禦使事一員，正六品，掌通判防禦使事。

判官一員，正八品，掌簽判州事，專掌通檢推排簿籍。

知法，從九品。

州教授一員。

司軍，從九品。

軍轄兼巡捕使，從九品。司吏，女直一人，漢人管戶五萬以上二十人，以率而減。譯人一人，通事一人，抄事一人。公使，上州六十人、中五十五人、下五十人。

諸刺史州

刺史一員，正五品，掌同府尹兼治州事。

同知一員，正七品，通判州事。

判官一員，從八品，簽判州事，專掌通檢推排簿籍。

司軍，從九品。

知法一員。

軍轄兼巡捕使，從九品。司吏，女直，韓、慶、信、灤、薊、通、澄、復、瀋、貴德、涿、利、建州、來遠軍各二人，餘各一人。抄事一人。公使，上州五十、中四十五、下四十。惟來遠軍同下州，省同知。凡諸州以上知印，並於孔目官內輪差，運司押司官並同。無孔目官，以上名司吏充，司、縣同此。

諸京警巡院

使一員，正六品，掌平理獄訟、警察別部，〔一六〕總判院事。

副一員，從七品，掌警巡之事。

判官二員，正九品，掌檢稽失，簽判院事。司吏，女直，中都三人，〔一七〕上、東、西三京各二人，餘各一人。漢人，中都十五人，南京九人，西京八人，東京六人，北京五人，上京四人。惟東、西、北、上京無副使。

諸府節鎮錄事司

錄事一員，正八品。判官一員，正九品。掌同警巡使。司吏，戶萬以上設六人，以下爲率減之。凡府鎮二千戶以上則依此置，以下則止設錄事一員，不及百戶者並省。

諸防刺州司候司

司候一員，正九品。

司判一員，從九品。司吏、公使七人。然亦驗戶口置。

赤縣謂大興、宛平縣。

令一員，從六品，掌養百姓、按察所部、宣導風化、勸課農桑、平理獄訟、捕除盜賊、禁止游惰，兼管常平倉及通檢推排簿籍，總判縣事。

丞一員，正八品，〔一八〕掌貳縣事。

主簿一員，正九品，掌同縣丞。〔一九〕

尉四員，正八品，專巡捕盜賊。餘縣置四尉者同此。司吏十人，內一名取識女直、漢字者充。公使十人。

次赤縣又曰劇縣

令一員，正七品。

丞一員，正九品。〔二〇〕

主簿一員，正九品。

尉一員，正九品。

諸縣

令一員，從七品。

丞一員，正九品。

主簿一員，正九品。

尉一員，正九品。

凡縣二萬五千戶以上爲次赤、爲劇，二萬以上爲次劇，在諸京倚郭者曰京縣。自京縣而下，以萬戶以上爲上，三千戶以上爲中，不滿三千爲下。中縣而下不置丞，〔二一〕以主簿與尉通領巡捕事。下縣則不置尉，以主簿兼之。中縣司吏八人，下縣司吏六人，公使皆十人。

諸知鎮、知城、知堡、知寨，皆從七品。其設公使皆與縣同，惟驗戶口置司吏。

諸司獄

司獄一員，正九品，提控獄囚。司吏一人。公使二人。典獄二人，防守獄囚門禁啓閉之事。獄子，防守罪囚者。

市令司　唯中都置。

令一員，正八品。南遷以左、右警巡使兼。〔二二〕丞一員，正九品。掌平物價，察度量權衡之違式、百貨之估直。司吏四人，公使八人。

軍器庫

使一員，正八品。副使一員，從九品。掌甲胄兵仗。司吏二人。庫子，掌出納之數、看守巡護。中都、南京依此置，西京省副使，北京惟副使，仍兼八作使。隨府節鎮設使、副，若軍器兼作院、軍資兼軍器庫，及防刺郡，則置都監一員，〔二三〕以軍資監兼者如舊。

作院

使一員，副使一員，掌監造軍器，兼管徒囚，判院事。

都監一員，掌收支之事。牢長，監管囚徒及差設牢子。中都、南京依此置，仍加「都」字。南京省都監一員，東京、西京置使或副一員，上京並省。隨府節鎮作院使副，並以軍器使副兼之。其或置一員，或以軍資庫兼之，若元設甲院都監處，幷薊州專設使副者，並仍舊。

都轉運司

使，正三品，掌稅賦錢穀、倉庫出納、權衡度量之制。

同知，從四品。

副使，正五品。

都勾判官，從六品，紀綱衆務、分判勾案，惟南京勾判兼上林署丞。

戶籍判官二員，從六品，舊止一員，承安四年增置一員，不許別差，專管拘收徵剋等事。

支度判官二員，從六品，掌勾判、分判支度案事。

鹽鐵判官一員，從六品。

都孔目官二員，勾稽文牘。

知法二員，從八品。

都勾案、戶籍案、鹽鐵案、支度案、開拆案司吏，女直八人，漢人九十人。抄事一人，譯史三人，通事一人，押遞五十人，監運諸物公使八十人。惟中都路置都轉運司，餘置轉運司，省戶、度判官各一員。〔二四〕南京、西京、

北京、遼東、山東西路、河北東路則置女直知法、漢知法各一員。山東東路、河東南路北路、河北西路、陝西東西路則置漢知法一員。餘官皆同中都置。女直司，司吏，遼東路十人，西京、北京、山東西路各五人，餘路皆四人。譯史，遼東路三人，餘各二人。通事各一人。漢人司，司吏，課額一百八十萬貫以上者五十人，百五十萬貫以上四十五人，百二十萬貫以上四十人，九十萬貫以上三十五人，六十萬貫以上三十人，三十萬貫以上二十五人，不及三十萬貫二十人。公使人，各七十人。押遞，南京、山東東西路、河東南路、河北西路各五十人，西京、河東北路、河北東路各四十人，餘路各三十人。

山東鹽使司 與寶坻、滄、解、遼東、西京、北京凡七司。

使一員，正五品，他司皆同。副使二員，正六品。它司皆一員。判官三員，正七品。泰和作四員，寶坻、解州設二員，餘司皆一員。掌幹鹽利以佐國用。

管勾二十二員，正九品，寶坻、解、西京則設六員，北京、遼東、滄州則設四員。同管勾、都同監皆省。掌分管諸場發買收納恢辦之事。

同管勾五員。

都監八員。

監、同各七員。

知法一員。司吏二十二人，女直三人、漢人十九人。譯人一人，抄事、公使四十人，它司皆同。

中都都麴使司 酒使司、院務、稅醋使司，榷場兼酒使司附。

使，從六品。副使，正七品。掌監知人戶醞造麴蘖，辦課以佐國用。餘酒使監醞辦課同此。

都監二員，正八品，掌簽署文簿、檢視醞造。司吏四人，公使十人。

凡京都及眞定皆爲都麴酒使司，設官吏同此。它處置酒使司，課及十萬貫以上者設使、副、小都監各一員，五萬貫以上者設使、副各一員，以上皆設司吏三人。二萬貫以上者設使及都監各一員，司吏二人。不及二萬貫者爲院務，設都監、同監各一員，不及千貫之院務止設都監一員。其它稅醋使司、及榷場與酒稅相兼者，視課多寡設官吏，皆同此。諸酒稅使三萬貫以上者正八品，諸酒榷場使〔二五〕從七品，五萬貫以上副使正八品。

提舉南京路榷貨事，從六品。

中都都商稅務司

使一員，正八品。副使一員，正九品。正大元年陞爲從七品。掌從實辦課以佐國用。

都監一員，從九品，掌簽署文簿、巡察匿稅。司吏四人，公使十人。餘置官吏同酒使司。

中都廣備庫

使一員，從七品。副使一員，從八品。判官一員，正九品。掌疋帛顏色、油漆諸物出納之事。攢典四人。庫子十四人，內十二人收支，二人應辦。掌排數出納、看守巡護之事，與庫官通管。

永豐庫 鍍鐵院都監隸焉。

使一員，從七品。副使一員，從八品。判官一員，正九品。掌泉貨金銀珠玉出納之事。攢典三人。庫子十二人，內十人收支，二人應辦。凡歲收二十五萬貫者置庫子十人，不及二萬貫者置二人。

鍍鐵院都監二員，管勾生熟鐵釘線。攢典一人。京、府、鎭、通州並依此置，判官、都監皆省。或兼軍器幷作院，或設使若副一員。防刺郡設都監一員，仍兼軍器庫。

南京交鈔庫

使一員，正八品。副使一員，正九品。掌出入錢鈔兌便之事。攢典二人，攢寫計帳、類會合同。庫子八人，掌受納錢數、辨驗交鈔、毀舊注簿曆。

中都流泉務 大定十三年，上謂宰臣曰：「聞民間質典，利息重者至五七分，或以利爲本，小民苦之。若官爲設庫務，十中取一爲息，以助官吏廩給之費，似可便民。卿等其議以聞。」有司奏於中都、南京、東平、眞定等處並置質典庫，以流泉爲名，各設使、副一員。凡典質物，使、副親評價直，許典七分，月利一分，不及一月者以日計之。經二周年外，又逾月不贖，即聽下架出賣。出帖子時，寫質物人姓名，物之名色，金銀等第分兩，及所典年月日錢貫，下架年月之類。若亡失者，收贖日勒合干人，驗元典官本，幷合該利息，陪償入官外，更勒庫子，驗典物日上等時估償之，物雖故舊，依新價

償。仍委運司佐貳幕官識漢字者一員提控，若有違犯則究治。每月具數，申報上司。大定二十八年十月，京府節度州添設流泉務，凡二十八所。明昌元年，皆罷之。二年，在都依舊存設。

使一員，正八品。副使一員，正九品。掌解典諸物、流通泉貨。

勾當官一員。攢典二人。

中都店宅務

管勾四員，正九品，各以二員分左右廂，掌官房地基、徵收官錢、檢料修造摧毀房舍。攢典，左右廂各五人，掌徵收及檢料修造房屋之事。庫子，左右廂各三人。催錢人，左右廂各十五人。又別設左廂平樂樓花園子一名，右廂舘子四人。

南京店宅務同。

中都左右廂別貯院

使一員，從八品。副使一員，正九品。〔二六〕判官，從九品。掌拘收退朴等物及出給之事。〔二七〕攢典、庫子，同前。

中都木場

使一員，從八品。副使一員，判官一員，皆正九品。掌拘收材木諸物及出給之事。司

吏一人，庫子四人，花料一人，木匠一人。

中都買物司

使一員，從八品。副使一員，正九品。掌收買官中所用諸物。

都監四員，從九品，掌支應等事。司吏二人。

京兆府司竹監

管勾一員，從七品，掌蒔養竹園採斫之事。司吏一人。監兵百人，給蒔養採斫之役。

諸綾錦院置於眞定、平陽、太原、河間、懷州。

使一員，正八品。副使一員，正九品。掌織造常課疋段之事。

規措京兆府耀州三白渠公事

規措官，正七品，掌灌溉民田。

點檢渠堰官一員，掌點檢啓閉涇陽等縣渠堰。司吏二人。

漕運司

提舉一員，正五品，景州刺史兼領，掌河倉漕運之事。

同提舉一員，正六品。勾當官，從八品，掌催督起運綱船。司吏六人，分掌課使、起運兩科，〔二八〕各設孔目官，前後行各一人。傔使科，掌吏、戶、禮案。起運科，掌兵、刑、工案。公使八十一人，押綱官七十六人。景州依此置。肇州以提舉兼本州同知，同提舉兼州判。

諸倉

使，正八品。副使，正九品。掌倉廩畜積、受納租稅、支給祿廩之事。攢典，掌收支文曆、行署案牘。歲收一萬石以上設二人。倉子，掌斛斗盤量、出納看守之事。

草場

使，副使，掌儲積受給之事。攢典二人。場子，掌積垛、出納、看守、巡護之事，歲收五萬以上設四人。中都、南京、歸德、河南、京兆、鳳翔依此置。西京省副使，餘京節鎮科設使副一員，防刺仍舊，置都監一員。

南京諸倉監支納官、草場監支納官，正八品。

南京提控規運柴炭場〔二九〕

使，從五品。

副使，正六品。

京西規運柴炭場

使，從八品。

副使，正九品。

諸總管府節鎮兵馬司

都指揮使一員，正五品，巡捕盜賊，提控禁夜，糾察諸博徒、屠宰牛馬，總判司事。

副都指揮使二員，正六品，貳使職，通判司事，分管內外，巡捕盜賊。軍典十二人，掌本庫名籍、差遣文簿、行署文書、巡捕等事，餘軍典同此。司吏一人，譯人一人，公使十人。

指揮使一員，從六品，鈐轄四都之兵以屬都指揮使，專署本指揮使事。

軍使一員，正七品，指揮之職，左右什將各一人，共管一都。軍典二人，營典一人，左、右承局各一人，左、右押官各一人。

以上軍員每百人爲一指揮使，各一員分四都，〔三〇〕每都設左右什將、承局、押官各一。若人數不及，附近相合者，並依上置。如無可相合者，三百人以上爲一指揮，二百人以上止設指揮使，〔三一〕一百人止設軍使，仍每百人以上立爲一都，不及百人設什將、承局、押官各一。其指揮下軍使，什將下軍典、營典，各同此置。惟北京、西京止設使、副各一員。

諸府鎭都軍司

都指揮使一員，正七品，節鎭軍都指揮使則從七品。掌軍率差役、巡捕盜賊，總判軍事，仍與錄事同管城隍。軍典二人，公使六人。凡諸府及節鎭並依此置。

諸防刺州

軍轄一員，掌同都軍，兼巡捕，仍與司候同管城壁。軍典二人。

諸府州

兵馬鈐轄一員，從六品，掌巡捕盜賊。若有盜，則總押隨處巡尉，併力擒捕。司吏二人。京兆、咸平、濟南、鳳翔、萊、密、懿、肇州並依此置。惟京兆、咸平府置兵馬都鈐轄，餘並省。

諸巡檢

中都東北都巡檢使一員，正七品，通州置司，分管大興、漷陰、昌平、通、順、薊、盈州界盜賊事。司吏一人，掌行署文書。馬軍十五人，於武衛馬軍內選少壯熟閑弓馬人充。

西南都巡檢〔三二〕一員，正七品，良鄉縣置司，分管良鄉、宛平、安次、永清縣并涿、易州界盜賊事。

諸州都巡檢使各一員，正七品。

副都巡檢使各一員，正八品。司吏各一人。右宿、泗、唐、鄧、蔡、亳、陳、潁、德、華、河、隴、泰等州并西北路依此置，餘不加「使」字。

散巡檢，正九品。內泗州以管勾排岸兼之。皆設副巡檢一員，爲之佐。右地險要處置司。

唐、鄧、宿、泗、潁、壽、蔡等州及緣邊二十五處置。大定二十二年，廣寧府大斧山置巡檢司。明昌五年七月，升蔡州劉輝村置巡檢。

潼關

關使兼譏察官，正七品，掌關禁、譏察姦僞及管鑰啓閉。

副譏察，正九品，掌任使之事。司吏二人，女直、漢人各一。

居庸關、紫荆關、通會關、會安關及他關

皆設使，從七品。

大慶關

管勾河橋官兼譏察事一員，正八品，掌解繫浮橋、濟渡舟楫、巡視河道、修完埽岸、兼率埽兵四時功役、栽植榆柳、預備物料、譏察姦僞等事。

同管勾一員。司吏二人，女直、漢人各一人。九鼎、大陽津渡，惟置譏察官一員。

孟津渡

譏察一員，正八品，掌譏察姦僞。

副譏察一員，正九品。司吏二人。

提舉譏察使，正五品。副使，從五品。陝西一員，河南二員。南遷置譏察使，從七品。副使，正八品。南遷後，陝西置於秦州，河南置於唐、鄧、息、壽、泗五州。

提舉秦、藍兩關，提舉，從五品。同提舉，正六品。南遷後置。

提舉三門、集津南北岸，正六品。南遷後置。

沿淮譏察使，從五品。

管勾泗州兼排岸巡檢，正九品。

諸邊將

正將一員，正七品，掌提控部保將、〔三三〕輪番巡守邊境。

副將一員，正八品。部將一員，正九品，輪番巡守邊境。

隊將，正九品。鄜延九將，慶陽十將，臨洮十四將，鳳翔十六將，河東三將，並依此置。

統軍司河南，山西，陝西，益都。〔三四〕

使一員，正三品，督領軍馬、鎮攝封陲、分營衛、視察姦。

副統軍一員，正四品。

判官一員，從五品，紀綱庶務、簽判司事。大定九年置。

知事一員，從七品。

知法二員，從八品，女直、漢人各一。書史十三人，女直八人。漢人五人，掌行署文牘、上名監印。守當官四人，譯書四人，通事一人，抄事一人，公使五十人。河南依此置，山東不設判官，知法以益都府知法兼之。

招討司三處置，西北路、西南路、東北路。

使一員，正三品。副招討使二員，從四品，招懷降附、征討携離。

判官一員，從六品，紀綱職務、簽判司事。

勘事官一員，從七品。

知事一員，正八品。

知法二員，從八品，女直、漢人各一。司吏十九人。譯人三人。通事六人，內諸部三人、河西一人。移剌三十人，以上名充都管。抄事一人。公使五十人。西北路增勘事官一員。東北路不置漢人知法。

諸猛安謀克隸焉。

猛安，從四品，掌修理軍務、訓練武藝、勸課農桑，餘同防禦。司吏四人，譯一人，撻馬、差役人數並同舊例。

諸謀克，從五品，掌撫輯軍戶、訓練武藝。惟不管常平倉，餘同縣令。女直司吏一人，譯一人，撻馬。

諸部族節度使

節度使一員，從三品，統制各部，鎮撫諸軍，餘同州節度。

副使一員，從五品。

判官一員。

知法一員。司吏四人，女直、漢人各半。通事一人，譯人一人，撻馬。右部羅火部族、〔三五〕土魯渾部族並依此置。

諸乣

詳穩一員，從五品，掌守戍邊堡，餘同謀克。皇統八年六月，設本班左右詳穩，定為從五品。

麼忽一員，從八品，掌貳詳穩。司吏三人。習尼昆，掌本乣差役等事。撻馬，隨從也。咩乣、唐古乣、移

剌乣、木典乣、骨典乣、失魯乣並依此置。惟失魯乣添設譯人一名。士民須知有蘇謨典乣、胡都乣、霞馬乣，無失魯乣、移典乣。

諸移里堇司

移里堇一員，從八品，分掌部族村寨事。司吏，女直一人、漢人一人。習尼昆，掌本乣差役等事。撻馬。右土魯渾部族南北移里堇司依此置。部羅火部族左右移里堇司置女直司吏一人。

諸禿里

禿里一員，從七品，掌部落詞訟、防察違背等事。女直司吏一人，通事一人。

諸羣牧所，又國言謂「烏魯古」。

提控諸烏魯古一員，正四品，明昌四年置。是年以安遠大將軍尚廐局使石抹貞兼慶州刺史為之，設女直司吏二人，譯一人，通事一人。

使一員，從四品。國言作烏魯古使。副使一員，從六品。掌檢校羣牧畜養蕃息之事。

判官一員，正八品，掌簽判本所事。

知法一員，從八品。女直司吏四人，譯人一人，撻馬十六人，使八人，副五人，判三人。又設掃穩脫朵，分掌諸畜，所謂牛馬羣子也。

惟板底因、烏鮮、忒恩、蒲鮮羣牧依此置。

校勘記

〔一〕尚服二人掌管司寶司衣司飾司仗之事　原脫「管」字。按依文例「掌」下當有脫句，其文無可考，今僅補一「管」字。

〔二〕管司膳司醞司藥司饎事　原脫「管」字，據文例補。

〔三〕尚寢二人　按此下當有脫句述所掌某事，今無可考。

〔四〕尚功二人掌女功管司製司珍司綵司計事　原脫「事」字，據文例補。

〔五〕左右衞率府率　「府」下原脫「率」字。按唐六典卷二八，「太子左右衞率府，率各一人」，知「率府」是衙署，而「率」方是官名。本書卷七世宗紀，大定十九年九月戊午，以「太子左衞率府率裴滿胡剌為夏國生日使」。卷六七溫敦蒲剌傳，「徵為太子左衞率府率」。皆作「率府率」，與唐六典合。今據補。

〔六〕掌贊導禮義　「導」原作「道」，據殿本改。

〔七〕河東東西路　按當是「河北東西路」之誤。

〔八〕知法四員　原脫「員」字，據殿本補。

〔九〕惟婆速路同知都總管兼來遠軍事兵馬　按「事」字疑當在「兵馬」之下。

〔一〇〕分判戶禮案　按上文總管判官「分判兵案之事」，下文推官「分判工、刑案事」，則「吏案」無着。下文「諸府」府判「分判吏、戶、禮案事」，「諸節鎮」觀察判官「分判吏、戶、禮案事」，皆吏、戶、禮案由一判官專掌，諸總管府當亦如此。「戶」上疑脫「吏」字。

〔一一〕分判兵刑工案事　原脫「分判」二字，據前後各條文例補。

〔一二〕兼判兵刑工案事　「判」原作「制」，依文例改。

〔一三〕蒲與八人　原脫「人」字，依文例補。

〔一四〕平宗懿定衞　「衞」原作「行」。按三朝北盟會編卷二四四引張棣金虜圖經，「節鎮三十八處」中有衞州河平軍。大金國志卷三八「節鎮三十九處」亦有衞州河平軍。今據改。

〔一五〕下六十人　原脫「人」字，據殿本補。

〔一六〕警察別部　「別」字疑是「所」字之誤，猶下文赤縣令掌「按察所部」。

〔一七〕司吏女直中都三人　「中都」下原衍「各」字，今刪。

〔一八〕丞一員正八品　「正」原作「從」。按本書卷五二選舉志，凡勞效，「官不至宣武，初授八品者授錄事，二赤、劇丞」，據卷五七百官三「錄事，正八品」，則「赤、劇丞」亦正八品。今據改。參見本書卷五八百官四校記〔八〕。

〔一九〕主簿一員正九品掌同縣丞　按赤縣簿、尉之品秩史無可考，當與丞同。上文「丞一員，正八品」。

下文「尉四員，正八品」，則主簿亦不得低於「正八品」。疑「正九品」爲「正八品」之誤。本書卷五八百官四，百官俸給，諸劇縣丞正八品，諸京縣丞、諸次劇縣丞從八品。因疑「九」字或「八」字之誤。又簿、尉當與丞品級同，則下文主簿尉之「正九品」，亦疑當作「正八品」。

〔二〇〕丞一員正九品　按下文諸縣「丞一員，正九品」，則此不當爲「正九品」已明。本書卷五八百官四，百官俸給，諸劇縣丞正八品，諸京縣丞、諸次劇縣丞從八品。因疑「九」字或「八」字之誤。又簿、尉當與丞品級同，則下文主簿尉之「正九品」，亦疑當作「正八品」。

〔二一〕中縣而下不置丞　原脫「不」字，據文義補。

〔二二〕南遷以左右警巡使兼　原脫「巡」字。按本書卷一六宣宗紀，元光元年「九月丙午朔，以左右警巡使兼彈壓」。卷九〇高德基傳有「左警巡使李克勤、右警巡使李寶」。知此處脫「巡」字，今補。

〔二三〕及防刺郡則置都監一員　按本書卷一五宣宗紀，興定三年三月「乙酉，河南路節鎭以上立軍器庫，設使、副各一員，防刺郡設都監、同監各一員」，疑此處「都監」下脫「同監各」三字。

〔二四〕省戶度判官各一員　按謂省戶籍、支度判官各一員，「度」上疑脫「籍支」二字。

〔二五〕諸酒榷場使　按上文言「榷場與酒稅相兼者」，又「諸酒稅使三萬貫以上者」，則此處「酒」下疑脫一「稅」字。參見本書卷五八百官四校記〔七〕。

〔二六〕副使一員正九品　原脫「員」字、「品」字，據殿本補。

〔二七〕掌拘收退朴等物及出給之事　原脫「掌」字，依文例補。又「朴」疑是「材」字之誤。

〔二八〕分掌課使起運兩科　按下文作「爆使科」、「起運科」，疑「課」字誤。

〔二九〕南京提控規運柴炭場　原脫「場」字，今據下文「京西規運柴炭場」例補。

〔三〇〕以上軍員每百人爲一指揮使各一員分四都　按本書卷四四兵志，「凡州府所募射糧軍、牢城軍，每五百人爲一指揮使司，設使，分爲四都」，則此處「百」上脫「五」字。

〔三一〕如無可相合者三百人以上爲一指揮二百人以上止設指揮使　按本書卷四四兵志記此事作「不可合者以三百人或二百人亦設指揮使」。疑此處「爲一指揮」下脫「使」字，「止」爲「亦」字之誤。

〔三二〕西南都巡檢　按「檢」下疑脫「使」字。

〔三三〕掌提控部保將　「保」疑當作「堡」。

〔三四〕統軍司河南山西陝西益都　「山西」原作「山東」。按本書卷四四兵志，天德二年「九月，罷大名統軍司，而置統軍司于山西、河南、陝西三路」。卷七二穀英傳，「天德二年，遷右監軍，元帥府罷，改山西路統軍使，領西南、西北兩路招討兵馬」。又卷二五地理志，山東東路益都府，「大定八年置山東東西路統軍司」。是益都卽山東統軍司，而山西有統軍司確無可疑。今據改。

〔三五〕右部羅火部族　「火」原作「大」。按本書卷二四地理志，西京路部族節度使，「唐古部族，承安三年改爲部羅火札石合節度使」。卷四四兵志同。卷四二儀衞志百官儀從條之末亦見「部羅火、土魯渾札石合」。皆作「火」。今據改。下同。

金史卷五十八

志第三十九

百官四

符印　鐵券　官誥　百官俸給

符制。初，穆宗之前，諸部長各刻信牌，交互馳驛，訊事擾人。太祖獻議，自非穆宗之命，擅製牌號者置重法。自是，號令始一。收國二年九月，始製金牌，後又有銀牌、木牌之制，蓋金牌以授萬戶，銀牌以授猛安，木牌則謀克、蒲輦所佩者也。故國初與空名宣頭付軍帥，以爲功賞。

遞牌，卽國初之信牌也，至皇統五年三月，復更造金銀牌，其制皆不傳。大定二十九年，製綠油紅字者，尚書省文字省遞用之。朱漆金字者，勅遞用之。並左右司掌之，有合遞

文字，則牌送各部，付馬鋪轉遞，日行二百五十里。如臺部別奉聖旨文字，亦給如上制。

虎符之制，承安元年製，以禮官言，漢與郡國守相爲銅虎符，唐以銅魚符，起軍旅、易守長等用之。至是，斟酌漢、唐典故，其符用虎，並五左一右，左者留御前，以侍臣親密者掌之，其右付隨路統軍司、招討司長官主之，闕則次官主之。若發兵三百人以上及徵兵、召易本司長貳官，從尚書省奏請左第一符，近侍局以囊封付主奏者，尚書備錄聖旨，與符以函同封，用尚書省印記之，皆專使帶牌馳送至彼。主符者視其封，以右符勘合，然後奉行，若一有參差者，不敢承用。主者復用囊封貯左符，上用職印，具發兵狀與符以本司印封，卽日還付使者，送尚書省以進，乃更其封，以付內掌之人。若復有事，左符以次出，周而復始，仍各置曆注付受日月。若盜賊急速不容先陳者，雖三百人以上，其掌兵官司亦許給付，隨卽言上，詔卽施行之。

貞祐三年，更定樞密院用鹿符，宣撫司用魚符，統軍司用虎符。

若發銀牌，若省付部及點檢司者，左右司用匣封印，驗封交受。若發於他處，並封題押，以匣貯之。

印制。太子之寶。大定二十二年，世宗幸上京，鑄「守國之寶」以授皇太子。二十八年，世宗不豫，以皇太孫攝政，鑄「攝政之寶」。貞祐三年十二月，以皇太子守緒控制樞密院，詔以金鑄「撫軍之寶」，如世宗時制，於啓稟之際用之。

百官之印。天會六年，始詔給諸司，其前所帶印記無問有無新給，悉上送官，敢匿者國有常憲。至正隆元年，以內外官印新舊名及階品大小不一，有用遼、宋舊印及契丹字者，遂定制，命禮部更鑄焉。

三師、三公、親王、尚書令並金印，方二寸，重八十兩，駝紐。一字王印，方一寸七分半，金鍍銀，重四十兩，鍍金三字。諸郡王印，方一寸六分半，金鍍銀，重三十五兩，鍍金三字。國公無印。一品印，方一寸六分半，金鍍銀，重三十五兩，鍍金三字。二品印，方一寸六分，金鍍銅，重二十六兩。東宮三師、宰執與郡王同。三品印，方一寸五分半，銅，重二十四兩。四品印，方一寸五分，銅，重二十兩。五品印，方一寸四分，銅，重二十兩。六品印，一寸三分，銅，重十六兩。七品印，一寸二分，銅，重十六兩。八品印，一寸一分半，銅，重十四兩。九品印，一寸一分，銅，重十四兩。凡朱記，方一寸，銅，重十四兩。

天德二年行尚書省以其印小，遂命擬尚書省印小一等改鑄。大定二十四年二月，鑄行尚書省、御史臺、幷左右三部印，以從幸上京。

泰和元年八月，安國軍節度使高有鄰言：「本州所掌印三，曰『安國軍節度使之印』，曰『邢州觀察使印』，吏、戶、禮案用之；曰『邢州之印』，兵、刑、工案用之。以名實不正，乞改鑄。」宰臣奏謂：「節度使專行之事自當用節度使印，觀察使亦如之，其六曹提點所軍兵民訟，則當用本州印，著爲定制。」上從之。

泰和八年閏四月，敕殿前都點檢司，依總管府例鑄印，以「金」、「木」、「水」、「火」、「土」五字爲號，如本司差人則給之。

鐵券。以鐵爲之，狀如卷瓦。刻字畫欄，以金填之。外以御寶爲合，半留內府，以賞殊功也。

官誥。親王，紅遍地雲氣翔鸞錦標，金鸞五色羅十五幅，寶裝犀軸。一品，紅遍地雲鶴錦標，金雲鶴五色羅十四幅，犀軸。二品、三品，紅遍地龜蓮錦標，素五色綾十二幅，玳瑁軸。四品、五品，紅遍地水藻戲鱗錦標，大白綾十幅，銀裹間鍍軸，元牙軸承安四年改之，大安二年復改爲金縷角軸。六品、七品，紅遍地草錦標，小白綾八幅，角軸，大安加銀縷。

公主、王妃與親王同。郡主、縣主、夫人，紅遍地瑞蓮鸂鶒錦標，金蓮鸂鶒五色羅十五幅。

郡王夫人、國夫人，紅遍地芙蓉花錦標，金花五色綾十二幅，玳瑁軸。

縣君、孺人、鄉君，紅遍地雜花錦標，素五色小綾十幅，銀裹間鍍軸。軸之制，如徑二寸餘大錢貫樞之，兩端復以犀象爲鈿以轄之，可圓轉如輪。金格，一品，紅羅畫雲氣盤龍錦標，金龍五色羅十七幅，寶裝玉軸。二品，翔鳳標，金鳳羅十六幅，犀軸。三品、四品，盤鳳標，金鳳羅十五幅。五品，翔鸞錦標，金鸞羅十四幅。以上幅皆用五色羅，軸皆用犀。六品，御仙花錦標，金花五色綾十二幅。七品、八品、九品，太平花錦標，金花五色小綾十幅。軸皆用玳瑁。凡標皆紅，幅皆五色。夫人以上制授，餘勅授，皆給本色錦囊。

百官俸給。正一品：三師，錢粟三百貫石，麴米麥各五十稱石，春衣羅五十匹，秋衣綾五十匹，春秋絹各二百匹，綿千兩。三公，錢粟二百五十貫石，麴米麥各四十稱石，春衣羅四十匹，秋衣綾四十匹，春秋絹各一百五十匹，綿七百兩。親王、尚書令，錢粟二百二十貫石，麴米麥各三十五稱石，春衣羅三十五匹，秋衣綾三十五匹，春秋絹各一百二十匹，綿六

百兩。皇統二年，定制，皇兄弟及子封一字王者爲親王，給二品俸，餘宗室封一字王者以三品俸給之。天德二年，以三師、宰臣以下有以一官而兼數職者，及有親王食其祿而復領他事者，前此並給以俸，今宜從一高，其兼職之俸並不重給。至大定二十六年，詔有一官而兼數職，其兼職得罪亦不能免，而無廩給可乎。遂以職務煩簡定爲分數，給兼職之俸。

從一品：左右丞相、都元帥、樞密使、郡王、開府儀同，錢粟二百貫石，麴米麥各三十稱石，春秋衣羅綾各三十匹，絹各一百匹，綿五百兩。平章政事，錢粟一百九十貫石，麴米麥各二十八稱石，春羅秋綾各二十五匹，絹各九十五匹，綿四百五十兩。大宗正，錢粟一百八十貫石，麴米麥各二十五稱石，羅綾同上，絹各九十匹，綿四百兩。

正二品：東宮三師、副元帥、左右丞，錢粟一百五十貫石，麴米麥各二十二稱石，春羅秋綾各二十二匹，絹各八十匹，綿三百五十兩。

從二品：錢粟一百四十貫石，麴米麥各二十稱石，春羅秋綾各二十匹，絹各七十五匹，綿三百兩。同判大宗正，錢粟一百二十貫石，麴米麥各十八稱石，春羅秋綾各十八匹，絹各七十匹，綿二百五十兩。

正三品：錢粟七十貫石，麴米麥各十六稱石，春羅秋綾各十二匹，絹各五十五匹，綿二百兩。外官，錢粟一百貫石，麴米麥各十五稱石，絹各四十匹，綿二百兩，公田三十頃。統

軍使、招討使、副使，錢粟八十貫石，麴米麥十三稱石，絹各三十五匹，綿百六十兩，公田二十五頃。都運、府尹，錢粟七十貫石，麴米麥十二稱石，絹各三十匹，綿百四十兩。天德二年，省奏：「職官公田歲入有數，前此百姓各隨公宇就輸，而吏或貪冒，多取以傷民。宜送之官倉，均定其數，與月俸隨給。」

從三品：錢粟六十貫石，麴米麥各十四稱石，春秋衣羅綾各十匹，絹各五十匹，綿百八十兩。外官，錢粟六十貫石，麴米麥各十稱石，絹各二十五匹，綿一百二十兩，公田二十一頃。皇統元年二月，詔諸官、職俱至三品而致仕者，俸祿、傔人，各給其半。

正四品：錢粟四十五貫石，麴米麥各十二稱石，春秋衣羅綾各八匹，絹各四十匹，綿一百五十兩。外官，錢粟四十五貫石。副統軍，錢粟五十貫石，絹各二十二匹，綿八十兩，職田十七頃。餘同下：麴米麥各八稱石，絹各二十匹，綿七十兩，公田十五頃，許帶酒三十瓶、鹽三石。

從四品：錢粟四十貫石，麴米麥各十稱石，春秋羅綾各六匹，絹各三十匹，綿一百三十兩。外官，錢粟四十貫石，麴米麥各七稱石，絹各十八匹，綿六十兩，公田十四頃。〔一〕猛安，錢粟四十八貫石，餘皆無。烏魯古使，同，無職田。大定二十年，詔猛安謀克俸給，令運司折支銀絹。省臣議：「若估粟折支，各路運司儲積多寡不均，宜令依舊支請牛頭稅粟。如遇

凶年盡貸與民，其俸則於錢多路府支放，錢少則支銀絹〔二〕亦未晚也。」從之。

正五品：錢粟三十五貫石，麴米麥各八稱石，春秋衣羅綾各五匹，絹各二十五匹，綿一百兩。外官，刺史、知軍、鹽使，錢粟三十五貫石，麴米麥各六稱石，絹各十七匹，綿五十五兩，公田十三頃。餘官，錢粟三十貫石，麴米麥同上，絹各十六匹，綿五十兩，職田十頃。

從五品：錢粟三十貫石，麴米麥六稱石，〔三〕春秋羅綾各五匹，絹各二十匹，綿八十兩。外官，錢粟二十五貫石，麴米麥各四稱石，絹各十匹，綿四十兩，公田七頃。謀克，錢粟二十貫石，餘皆無。乣家部族都鈐轄，無職田。

正六品：錢粟二十五貫石，麥五石，絹各十七匹，綿七十兩。外官與從六品，皆錢粟二十貫石，麴米麥三稱石，絹各八匹，綿三十兩，公田六頃。

從六品：錢粟二十二貫石，麥五石，春秋絹各十五匹，綿六十兩。烏魯古副使，同，無職田。

正七品：錢粟二十二貫石，麥四石，衣絹各一十二匹，綿五十五兩。外官，諸同知州軍、都轉運判、諸府推官、諸節度判、諸觀察判、諸京縣令、諸劇縣令、〔四〕提舉南京京城、規措渠河官、諸都巡檢、諸酒麴鹽稅副、諸正將，錢粟一十八貫石，麴米麥各二稱石，春秋衣絹各七匹，綿二十五兩。〔五〕諸司屬令、諸府軍都指揮，俸同上，無職田。潼關使，錢粟一十八貫石，

麴米麥各一稱石，衣絹各六匹，綿三十兩，無職田。

從七品：錢粟一十七貫石，麥四石，衣絹各一十匹，綿五十兩。外官、統軍司知事，〔六〕錢粟一十八貫石，麴米麥各二稱石，衣絹各七匹，綿二十五兩。諸招討司勘事官、諸縣令、諸警巡副、京兆府竹監管勾、五品鹽使司判、諸部禿里、同提舉上京皇城司、同提舉南京京城所、黃河都巡河官、諸酒稅榷場使，〔七〕錢粟一十七貫石，麴米麥各二稱石，衣絹各七匹，綿二十五兩，職田五頃。會安關使，諸知鎮城堡寨，錢粟一十五貫石，麴米麥各一稱石，衣絹各六匹，綿二十兩，職田四頃。

正八品：朝官，錢粟一十五貫石，麥三石，衣絹各八匹，綿四十五兩。外官，市令、諸錄事、諸防禦判、赤縣丞、諸劇縣丞、〔八〕崇福埽都巡河官、諸酒稅使、醋使、榷場副、諸都巡檢，錢粟一十五貫石，麴米麥各一稱石，衣絹各六匹，綿二十兩，職田四頃。烏魯古判官，俸同上，無職田。按察司知事、大興府知事、招討司知事、諸副都巡檢使，錢粟一十三貫石，麴米麥各一稱石，衣絹各六匹，綿二十兩，職田二頃。諸司屬丞，俸同上，無職田。諸節鎮以上司獄、諸副將，錢粟一十三貫石，衣絹各三匹，綿一十兩，職田二頃。南京京城所管勾、京府諸司使管勾、河橋諸關渡譏察官、同樂園管勾、南京皇城使、通州倉使，錢粟一十二貫石，衣

絹各三匹，綿一十兩。節鎮諸司使、中運司柴炭場使，錢粟一十貫石，衣絹各二匹，綿八兩。

從八品：朝官，錢粟一十三貫石，麥三石，衣絹各七匹，綿四十兩。外官，南京交鈔庫使、諸統軍按察司知法，錢粟一十三貫石，麥三石，衣絹各七匹，綿四十兩。諸州軍判官、諸京縣丞、諸次劇縣丞、諸三品鹽司判官、漕運司管勾、永豐廣備庫副使、左右別貯院木場使，錢粟一十三貫石，麴米麥各一稱石，衣絹各六匹，綿二十兩，職田三頃。諸麼忽、諸移里堇，錢粟一十三貫石，麥二石，衣絹各五匹，綿一十五兩，職田三頃。

正九品：朝官，錢粟一十二貫石，麥二石，衣絹各六匹，綿三十五兩。外官，南京交鈔庫副，錢粟一十二貫石，麥二石，衣絹六匹，綿三十五兩。諸警巡判官，錢粟一十三貫石，麴米麥各一稱石，衣絹六匹，綿一十兩，職田三頃。諸縣丞、諸酒稅副使，錢粟一十二貫石，麥一石五斗，衣絹各五匹，綿一十七兩，職田三頃。市丞、諸司候、諸主簿、諸錄判、諸縣尉、散巡河官、黃河埽物料場官，錢粟一十二貫石，麥一石，衣絹各三匹，綿一十兩，職田二頃。管勾泗州排岸兼巡檢、副都巡檢、諸巡檢，俸例同上，並無麥及職田。諸鹽場管勾、左右別貯院木場副、永豐廣備庫判，錢粟一十二貫石，衣絹各三匹，綿一十兩，職田二頃。諸部將、隊將，〔九〕錢粟一十二貫石，麥一石，衣絹各三匹，綿一十兩，職田二頃。店宅務管勾，錢粟一十二貫石，綿絹同上。京府諸司副、南京皇城副、通州倉副、同管勾河橋、諸副譏察，錢粟一

十一貫石，衣絹各二匹，綿八兩。諸州軍司獄，錢粟一十一貫石，衣絹各二匹，綿八兩，職田二頃。節鎮諸司副、中運司柴炭場副，錢粟一十貫石，衣絹各二匹，綿八兩。

從九品：朝官，錢粟一十貫石，麥二石，衣絹各五匹，綿三十兩。外官，諸教授，錢粟一十二貫石，麥一石，衣絹各三匹，綿一十兩，職田二頃。三品以上官司知法，錢粟一十貫石，麥一石，衣絹各三匹，綿一十兩。司候判官，錢粟一十貫石，衣絹各二匹，綿八兩，職田二頃。諸防次軍轄，俸同上，無職田。諸榷場同管勾、左右別貯院木場判，錢粟一十貫石，衣絹各三匹，綿六兩。諸京作院都監、通州倉判、五品以上官司知法，錢粟九貫石，衣絹各二匹，綿六兩。諸府作院都監、諸埽物料場都監，錢粟八貫石，衣絹各一匹，綿六兩。諸節鎮作院都監、諸司都監，錢粟八貫石，衣絹各二匹。諸司同監，錢粟七貫石，絹同上。陝西東路德順州世襲蕃巡檢，〔一〇〕分例月支錢粟一十貫石，衣絹各二匹，綿一十兩。陝西西路原州〔一一〕世襲蕃巡檢，月支錢二貫三百九十文，米四石五斗，絹三匹。河東北路葭州等處世襲蕃巡檢，月支錢粟一十貫石，絹二匹，綿一十兩。

宮闈歲給。太后、太妃宮，每歲各給錢二千萬，綵二百段，絹千匹，綿五千兩。諸妃，歲給錢千萬，綵百段，絹三百匹，綿三千兩。嬪以下，錢五百萬，綵五十段，絹二百匹，綿二千

兩。貞元元年，妃、嬪、婕妤、美人、及供膳女侍、并仙韶、長春院供應人等，〔一二〕歲給錢帛各有差。

凡內職，貞祐之制，正一品，歲錢八千貫，幣百段，絹五百匹，綿五千兩。正二品，歲錢六千貫，幣八十段，絹三百匹，綿四千兩。正三品，歲錢五千貫，幣六十段，絹二百匹，綿三千兩。正四品，歲錢四千貫，幣四十段，絹百五十匹，綿二千兩。正五品，尙宮夫人，歲錢二千貫，幣二十段，絹百匹，綿千兩。尙宮左右夫人至宮正夫人，錢千五百貫，幣十九段，絹九十匹，綿九百兩。寶華夫人以下至資明夫人，錢千貫，幣十八段，絹八十匹，綿八百兩。有大、小令人，大、小承御，大、小近侍，俸各異。正六品，尙儀御侍以下，錢五百貫，幣十六段，絹五十匹，綿二百兩。正七品，司正御侍以下，錢四百貫，幣十四段，絹四十匹，〔一三〕綿百五十兩。正八品，典儀御侍以下，錢三百貫，幣十二段，絹三十匹，綿百兩。正九品，掌儀御侍以下，錢二百五十貫，幣十段，絹二十六匹，綿百兩。

百司承應俸給。省令史、譯史，錢粟一十貫石，絹四匹，綿四十兩。省通事、樞密令史譯史，錢粟十二貫石，絹三匹，綿三十兩。樞密通事、六部御史臺令譯史，錢粟一十貫石，衣絹三匹，綿三十兩。六部等通事、誥院令史、國史院書寫、隨府書表、親王府祗候郎君、典客署引接書表，錢粟八貫石，絹二匹，綿二十兩。走馬郎君、一品子孫十貫石，內祗八貫石，班祗七貫石，並絹二匹，綿二十兩。護衞長，支正六品俸。長行，從六品俸。符寶郎、奉御、東宮護衞長，錢粟十七貫石，絹八匹，綿四十兩。東宮護衞長行，十五貫石，絹四匹，綿四十兩。筆硯承奉、閤門祗候、侍衞親軍百戶，十二貫石，絹四匹，綿三十兩。妃護衞、奉職、符寶典書、東宮入殿小底，十貫石，絹三匹，綿三十兩，勒留則添二貫石。尙衣、奉御、捧案、擎執、奉輦、知把書畫、隨庫本把、左右藏庫本把、儀鸞局本把、尙輦局本把、妃奉事，八貫石，絹三匹，綿三十兩。侍衞親軍五十戶，九貫石，絹三匹，綿三十兩。未係班，絹三匹，綿二十兩。〔一四〕長行，七貫石，絹二匹，綿二十兩。弩傘什將，八貫石。傘子，五貫石。太醫長行，八貫石。正奉上太醫，十貫石。副奉上，同。隨位承應都監，未及十五歲者六貫石，從八品七貫石，從七品八貫石，從六品九貫石，從五品十貫石，從四品十二貫石，止掌文書者添支三貫石，牌子頭等添支二貫石。司天四科人，九品六貫石，八品七貫石，六品九貫石，五品十貫石，四品十二貫石，止教授管勾十貫石，學生錢三貫、米五斗。典客、書表，八貫石，絹二匹，綿二十兩。東宮筆硯，六貫石。尙廄獸醫、祕書監楷書，六貫石。祕書琴棊等待詔，七貫石。駝馬牛羊羣子、擠酪人，皆三貫石。〔一五〕

諸使司都監食直，二十萬貫以上六十貫，十萬貫已上五十貫，五萬貫已上四十貫，三萬貫已上三十貫，二萬貫已上二十五貫。諸院務監官食直，五千貫已上監官二十貫、同監十五貫，二千貫已上監官十五貫、同監十貫，一千貫已上監官十五貫，一千貫已下監官十貫。

舊制，凡監臨使司、院務之商稅，增者有賞，虧者尅俸。大定九年，上以吏非祿無以養廉，於是止增虧分數爲殿最，乃罷尅俸、給賞之制，而監官酬賞仍舊。二十年，詔十萬貫以上鹽酒等使，若虧額五釐，尅俸一分。奏隨處提點院務官賞格，其省除以上提點官、并運司親管院務，若能增者十分爲率以六分入官，二分與提點所官，二分與監官充賞，若虧亦依此例尅俸，若能足數則全給。大定二十二年，定每月先支其半外，如不虧則全支，虧一分則尅其一分，補足貼支。隨路使司、院務并坊場，例多虧課，上曰：「若其實可減處，約量裁減，亦公私兩便也。」二十三年，以省除提控官、與運司置司處，虧課一分尅俸一分，其罰涉重。亦命先給月俸之半，餘半驗所虧分數尅罰補，公田則不在尅限。二十六年四月，奏定院務監官虧永陪償格。

諸京府運司提刑司節鎮防刺等，漢人、女直、契丹司吏、譯史、通事、孔目官，八貫。押司官，七貫。前後行，六貫。諸防刺已上女直、契丹司吏、譯史、通事，不問千里內外，錢七

貫，公田三頃。諸鹽使司都目，十四貫。司吏，六貫。諸巡院司縣司獄等司吏，有譯史、通事者同，錢五貫。凡諸吏人，月支大紙五十張，小紙五百張，筆二管，墨二錠。

諸職官上任，不過初二日，罷任過初五日者，給當月俸。或受差及因公幹未能之官者，計程外聽給到任祿。若文牒未至，前官在任，及後官已到，前官差出，其祿兩支，職田皆給後官。凡職田，畝取粟三斗、草一稱。倉場隨月俸支俸，麴則隨直折價。諸親王授任者，祿從多，職田從職。朝官兼外者同。六十以上及未六十而病致仕者，給其祿半。承應及軍功初出職未歷致仕，雖未六十者亦給半祿。內外吏員及諸局分承應人，病告至百日則停給。除程給假者俸祿職田皆以半給，衣絹則全給。皇家袒免以上親戶別給，夫亡，妻亦同。若同居兄弟收充猛安謀克及歷任承應人者，不在給限。大功以上，錢粟一十三貫石，春秋衣絹各四匹。小功，粟一十貫石，春秋衣絹各三匹。緦麻、袒免，錢粟八貫石，春秋衣絹二匹。

諸馳驛及長行馬，職官日給，謂奉宣省院臺部委差、或許差者，下文匱所等官同。一品三貫文，二品二貫文，三品一貫五百文，四品一貫二百文，五品一貫文，六品八百文，七品六百文，八品九品四百文。

有職事官日給，外路官往回口劵，依上款給，一品二貫五百文，二品一貫六百文，三品一貫二百文，四品一貫文，五品九百文，六品七百文，七品六百文，八品九品四百文。無職事官並驗前職日給，無前職者以應仕及待闕職事給之。〔一六〕四品一貫三百文，五品一貫二百文，六品九百文，七品七百文，八品九品五百文。

隨朝吏員宜差及省部差委官踏逐者，引者亦同。及統軍司按察司書吏譯人、本局差委及隨逐者，日給錢各一百五十文。

燕賜各部官僚以下，日給米糧分例，無草地處內，親王給馬二十五匹草料，親王米一石，宰執七㪷，王府三㪷，府尉二㪷，員外郎、司馬各一㪷六升，監察御史、尙書省都事、大理司直、六部主事各八升，檢、知法七升，省令、譯史六升，院臺令譯史、省通事各五升，院臺通事、六部令譯史通事、省祗候郎君、使庫都監各四升，誥院令史、樞密院移剌各三升，王府直府、王府及省知印直省、御史臺通引、王府教讀、王傅府尉等下司吏、外路通事、省醫工調角匠、招討司移剌各二升，寫誥諸祗候人、本破人同。大程官院子酒匠柴火各一升，萬戶一㪷六升，猛安八升，謀克四升，蒲輦二升，〔一七〕正軍阿里喜、旗鼓吹笛司吏各一升。

諸外方進貢及回賜，幷人使長行馬，每匹日給草一稱、粟一斗。

宮中東宮同。承應人因公差出，皆驗見請錢粟貫石、口給食料，若係本職者住程不在給

限，其常破馬草料局分，如被差長行馬公幹本支草料，卽聽驗日剋除，若特奉宣差勾當者，依本格：十八貫石以上九百文，十七貫石八百六十文，十五貫石以上五百四十文，七貫石以上四百六十文，六貫石四百二十文，五貫石三百八十文，四貫石三百三十文，三貫石二百八十文，二貫石二百三十文。

諸試護衞親軍，聽自起發日爲始，計程至都，比至試補，其間各日給口劵，若揀退還家者，亦驗回程給之。〔一八〕未起闕住口數不在支限。〔一九〕其正收之後再揀退者，亦給人三口米糧錢一百文、馬二匹草料。諸簽軍赴鎭防處、及班祗充押遞橫差別路勾當千里以上者，沿路各日給米一升、馬一匹草料。無馬有驢者，各支依本格。車駕巡幸，顧工，馬夫三百文，步夫二百三十文，圍鵝夫、隨程幹辦人各二百文，傳遞果子夫一百五十文。車駕巡幸，若於私家內安置行宮者，約量給賜段匹。太廟神厨祠祭度勾當人、少府監隨色工匠、部役官受給官司吏，錢粟二貫石，春秋衣絹各一匹。

諸局作匠人請俸，綉女都管錢粟五貫石，都繡頭錢粟四貫石，副繡頭三貫五百石，中等細繡人三貫石，次等細繡人二貫五百石，習學本把正辦人錢支次等之半，描繡五人錢粟三

貫石，司吏二人三貫石。修內司，作頭五貫石，工匠四貫石，春秋衣絹各二匹。軍夫除錢糧外，日支錢五十、米一升半。百姓夫每日支錢一百、米一升半。國子監雕字匠人，作頭六貫石，副作頭四貫石，春秋衣絹各二匹。長行三貫石，射糧軍匠錢粟三貫石，春秋衣絹各二匹，習學給半。初習學匠錢六百，米六斗，春秋絹各一匹，布各一匹。民匠日支錢一百八十文。

諸隨朝五品以下職事官身故，因公差出、及以理去任、未給解由者，身故同。驗品，從去鄉地里支給津遺錢。並受職事給之，下條承應人准此。若外路官員在任依理身故者，各依上官品地里減半給之。〔二〇〕若係五百里內不在給限，五百里外，五品一百貫，六品七品八十貫，八品九品六十貫。一千里外，五品一百二十貫，六品七品一百貫，八品九品八十貫。二千里外，五品一百七十貫，六品七品一百五十貫，八品九品一百貫。三千里外，五品二百五十貫，六品七品二百貫，八品九品一百五十貫。

諸隨朝承應人身故應給津遺錢者，護衞、東宮護衞同。奉御、符寶、都省樞密院御史臺令譯史同九品官，通事、宗正府六部令譯史、統軍司書史〔二一〕譯書、按察司書史，同。親軍減九品官五分之二，通事、隨朝書表、吏員、譯人、統軍司通事、守當官，按察司書吏、譯人，分治都水監典吏，同。及諸

局分承應人武衛軍同。減五分之三。

天壽節設施老疾貧民錢數，在都七百貫，宮籍監給。諸京二十五貫，此以下並係省錢給。諸府二十貫文，諸節鎭一十五貫文，諸防刺州軍一十貫文，諸外縣五貫文。城寨係保鎭同。〔三〕諸孤老幼疾人，各月給米二㪷、錢五百文，春秋衣絹各一匹，五歲以下三分給二。身死者給錢一貫埋殯。

諸因災傷或遭賊驚却饑荒去處，良民典顧、冒賣爲驅，遇恩官贖爲良分例，若元價錢給。男子一十五貫文，婦人同，老幼各減半。六歲已下即聽出離，不在贖換之限。

諸士庶陳言利害，若有可採，行之便於官民者，依驗等第給賞，上等銀絹三十兩匹，中等二十兩匹，下等一十兩匹，其陳數事，止從一支。若用大事應補官者，從吏部格。

宣宗貞祐元年十二月，以糧儲不足，詔隨朝官、承應人俸，計口給之，餘依市直折之。諭旨省臣曰：「聞親軍俸，粟每石以麥六斗折之，所省能幾，而失衆心，今給本色。」二年八月，始給京府州縣及轉運司吏人月俸有差。舊制惟吏案孔目官有俸，餘止給食錢，故更定焉。

三年，詔損宮中諸位歲給有差。監察御史田迥秀言：「國家調度，行纔數月，已後停滯，

所患在支太多、收太少，若隨時裁損所支，而增其收，庶可久也。」因條五事，「一曰朝官及令譯史、諸司吏員、諸局承應人，太冗濫宜省併之。隨處屯軍皆設寄治官，徒費俸給，不若令有司兼總之。且沿河亭障各駐鄉兵，彼皆白徒，皆不可用，不若以此軍代之，以省其出」。

四月，以調度不及，罷隨朝六品以下官及承應人從己人力輪傭錢。減修內司所役軍夫之半。經兵處，州、府、司吏減半，司、縣三分減一，其餘除開封府、南京轉運司外，例減三分之一。有祿官吏而不出境者，並罷給券，出境者給其半。

興定二年正月，詔「陝州等處司、縣官徵稅不足，閣其俸給何以養廉，自今不復閣俸」。彰化軍節度使張行信言：〔一三〕「送宣之使，其視五品而上各有定數，後竟停罷。今軍官以上奉待使者有所饋獻，至六品以下亦不免如例，而莫能辦，則歛所部以與之，至有獲罪者。保舉縣尹，特增其俸，然法行至今，而關以西尚有未到任者，豈所舉少而不敷耶，宜廣選舉，以補其闕。且丞簿亦親民者也，而獨不增，安能禁其侵牟哉。」

校勘記

〔一〕公田十四頃　原作「公田四十四頃」。按上文正四品外官「公田十五頃」，下文正五品外官「公田十三頃」，則從四品不應有「公田四十四頃」，上「四」字顯係衍文，今刪。

〔二〕錢少則支銀絹　「銀」下原衍一「銀」字，今刪。

〔三〕麪米麥六稱石　據文例當作「各六稱石」，脫一「各」字。以下類此者尚有數處，皆未補。

〔四〕諸京縣令諸劇縣令　按本書卷四二儀衛志百官儀從「外任官從己人力」條，從六品「赤、劇縣令」與正七品「京縣、次劇縣令」並舉，從七品「赤、劇縣丞」與正八品「京縣、次劇縣丞」並舉，本志百官俸給「從六品」下不列外官花名，故不見「赤、劇縣令」，而正八品有「赤縣丞、諸劇縣丞」，參見本卷校記〔八〕。「從八品」下有「諸京縣丞、諸次劇縣丞」，依此例推則此處當是「諸次劇縣令」。

〔五〕綿二十五兩　按下文諸司屬令、諸府軍都指揮、潼關使皆言「無職田」，則此處必有職田。正六品外官「公田六頃」，從七品「職田五頃」，則此處亦當有「職田五頃」四字。疑此下有脫文。

〔六〕外官統軍司知事　原脫「官」字，據文例補。

〔七〕諸酒稅榷場使　「酒」原作「河」。按本書卷五七百官三，「中都都麴使司」條注云，「榷場兼酒使司附」，又「諸酒榷場使，從七品」。卷四二儀衛志百官儀從「外任官從己人力」條，從七品「都巡河」後有「同七品酒使」，亦即此官。今據改。

〔八〕赤縣丞諸劇縣丞　二「丞」字原皆作「令」。按本書卷五七百官三，赤縣令從六品，諸劇縣令正七品，且其俸給已見本卷上文，而下文「從八品」下有「諸京縣丞、諸次劇縣丞」，則此正八品者當是「赤縣丞、諸劇縣丞」。卷四二儀衛志百官儀從「外任官從己人力」條，「赤、劇縣丞」從七品，

「京縣、次劇縣丞」正八品，「諸縣丞」從八品，皆視百官俸給高一級，然依此例求之則此亦當是「赤、劇縣丞」。卷五二選舉志，凡勞效，「官不至宣武，初授八品者授錄事，二赤劇丞」，據卷五七百官三「錄事，正八品」，則「赤、劇丞」爲正八品無可疑者。今據改二「令」字爲「丞」。

〔九〕諸部將隊將　「部」原作「都」。按「都將」從九品，屬武衛軍，非外任官，見本書卷五二選舉志、卷五六百官志。此當是「部將」之誤。本書卷五七百官三，「諸邊將：部將，正九品。隊將，正九品」。部將、隊將連言與此處同，今據改。

〔一〇〕陝西東路德順州世襲蕃巡檢　原脫「路」字、「順」字。按本書卷二六地理志，天德二年，置陝西東路轉運司于京兆府，置陝西西路轉運司于平涼府，自陝西分東路、西路以後，而州名有「德」字者僅一德順州。卷一一三白撒傳言，「宋境山州宕昌東上拶一帶蕃族昔嘗歸附，分處德順、鎭戎之間」。可見德順有蕃族。今據補。

〔一一〕陝西西路原州　「路」原作「京」。按本書卷二六地理志，「慶原路，舊作陝西西路」，領刺郡三，有原州，今據改。

〔一二〕并仙韶長春院供應人等　按本書卷五六百官二，內侍局下有「長慶院都監、同監」，與「仙韶院都監、同監」並列，「慶」、「春」二字必有一誤，今無可考。

〔一三〕幣十四段絹四十匹　「絹四十匹」原作「絹十四匹」。按上文正六品「絹五十匹」，下文正八品「絹

三十四」，推斷此處當是「絹四十四」。道光四年殿本已改，今從之。

〔一四〕未係班絹三匹綿二十兩　按上下文例「未係班」下脫貫石數字。又依比例，「絹三匹」疑當作「絹二匹」。

〔一五〕駝馬牛羊羣子擠酪人皆三貫石　「羣」原作「郡」。按本書卷五三選舉志，「其他局分，若祕書監楷書……駝馬牛羊羣子、酪人，皆無出身」。卷五七百官三，諸羣牧所注，「又設掃穩脫朶，分掌諸畜，所謂牛馬羣子也」。今據改。

〔一六〕無前職者以應仕及待闕職事給之　「仕」原作「住」。據殿本改。

〔一七〕蒲輦二升　「蒲」原作「備」。按本書卷四四兵志云，「猛安者千夫長也，謀克者百夫長也，謀克之副曰蒲里衍，士卒之副從曰阿里喜」。「蒲里衍」即「蒲輦」，蓋同音異譯。同卷養兵之法載，「凡河南、陝西、山東放老千戶、謀克、蒲輦、正軍、阿里喜等，給賞之例」已作「蒲輦」，卷五二選舉志及它卷同。今據改。

〔一八〕亦驗回程給之　「回」原作「因」，據殿本改。

〔一九〕未起閑住口數不在支限　「口」字疑是「日」字之誤。

〔二〇〕各依上官品地里減半給之　「里」原作「理」，據殿本改。

〔二一〕統軍司書史　原脫「軍」字、「史」作「吏」。按本書卷五七百官三，統軍司「書史十三人」，今據

補一「軍」字，改「吏」爲「史」。下「按察司書史」同改。

〔二二〕城寨係保鎮同　按「係」是「保」字之誤，衍文。

〔二三〕彰化軍節度使張行信言　原脫「言」字，據文義補。

二十四史

金史

元　脱脱　等撰

第五册

卷五九至卷七六（表傳）

中華書局

金史卷五十九

表第一

宗室表〔一〕

古者太史掌敍邦國之世次，辨其姓氏，別其昭穆，尚矣。金人初起完顏十二部，其後皆以部爲氏，史臣記錄有稱「宗室」者，有稱完顏者。稱完顏者亦有二焉，有同姓完顏，蓋疎族，若石土門、迪古乃是也；有異姓完顏，蓋部人，若歡都是也。大定以前稱「宗室」，明昌以後避睿宗諱稱「內族」，其實一而已，書名不書氏，其制如此。宣宗詔宗室皆稱完顏，不復識別焉。大定、泰和之間，祖免以上親皆有屬籍，以敍授官，大功以上，薨卒輟朝，親親之道行焉。貞祐以後，譜牒散失，大概僅存，不可殫悉，今掇其可次第者著于篇。其上無所係、下無所承者，不能盡錄也。

斡魯		匡 本名撒速。八世孫。太師、尚書令。		

右始祖子，與德帝凡二人。

輩魯		胡率	劾者 特進。	

右德帝子，與安帝凡三人。〔二〕

信德				
謝庫德		拔達 儀同三司。		
謝夷保	盃納 開府儀同三司。			
謝里忽				

右安帝子，與獻祖凡五人。婆盧火稱安帝五代孫，不稱誰子，不可以世，置之卷末。

朴都				
阿保寒				
敵酷				
敵古廼				
撒里輦				
撒葛周				

右獻祖子，與昭祖凡七人。

烏骨出	辭不失 阿買勃極烈	〔三〕	宗亨 寧州刺史。	
			宗賢 尚書左丞相。	
跋黑	〔四〕	昂 本名奔睹。太保、兼都元帥。	宗浩 右丞相、〔五〕兼都元帥。	
跋里黑				

斡里安				
胡失荅				

右昭祖子，與景祖凡六人。什古稱昭祖曾孫，崇成稱昭祖玄孫，不稱誰子，不可以世，置之卷末。

劾者 韓國公。	撒改 國論、忽魯勃極烈、金源郡王。	宗翰 本名粘沒曷。太保、領三省事、晉國王。		秉德 左丞相〔六〕。
				斜哥
		扎保迪 特進。		
		宗憲 尚書右丞相。		
	斡魯 西南路都統、金源郡王。	撒八 銀青光祿大夫。	賽里	
劾孫 沂國公。	昱 本名蒲家奴。大司空。			阿魯

劾真保 代國公。	謾都本 金紫光祿大夫。			
麻頗 虞國公。				
	謾睹〔七〕			
〔八〕	賽也	宗尹 平章政事。	〔九〕	
		宗寧 平章政事。	亶 韓州刺史。	
阿离合懣〔一〇〕	晏 本名斡論。太尉、左丞相。	恧里乃		
		宗道 河南路統軍使。		
謾都訶 阿捨勃極烈、鄭國公。	謀里也 工部尚書。			

右景祖子，與世祖、肅宗、穆宗凡九人。冶訶、魯補稱係出景祖，〔一一〕不稱誰子，不可以世，置之卷末。

斡帶 魏王。		〔一二〕		
杲 本名斜也。諳班勃極烈、遼王。	宗義 本名孛吉。平章政事。			
	蒲馬 龍虎衛上將軍。			
	孛論出 龍虎衛上將軍。			
	阿魯 龍虎衛上將軍。			
	偎喝 龍虎衛上將軍。			
	阿虎里 襲猛安。			
斡賽 鄭王。	宗永 震武軍節度使。			

斡者 魯王。	神土懣 驃騎上將軍。	璋〔一三〕本名胡麻愈。御史大夫。		
烏故乃 漢王。				
闍母 魯王。	宗叙 參知政事。			
查剌 沂王〔一四〕。				
昂 本名烏特。平章政事、鄆王。	鄭家 益都尹。	承暉 右丞相。		
	鶻壽 耶魯瓦群牧使。			

右世祖子，與康宗、太祖、太宗凡十一人。

耨酷款 溫國公。				
蒲魯虎 崇國公。				

右肅宗子二人。

勗〔一五〕本名烏也。太師、領三省事。	宗秀 刑部尚書。			
撻懶 左副元帥。	〔一六〕			
蒲察 齊國公。				
蒲里迭 崇國公。				
撒棁 銀青光祿大夫。				

右穆宗子五人。胡八魯稱穆宗孫，不稱誰子，不可以世，置之卷末。

謀良虎〔一七〕	余里也	蒲帶 上京路提刑使〔一八〕。		
	蒲魯虎 襲猛安。	桓端 金紫光祿大夫〔一九〕。	裊頻	
	按荅海 太子太保、金源郡王。	〔二〇〕		

中華書局

	燕京			
	阿鄰 兵部尚書。			
同刮茁 昭武大將軍。				
隈可 龍虎衛上將軍。				

右康宗子三人。史載常春、胡里剌、胡剌、鶻魯、茶扎、怕八、訛出皆稱謀良虎孫，不稱誰子，不可以世。

宗幹 太師、領三省事、遼王。	充 左丞相、代王。	檀奴 歸德軍節度使。		
		永元 本名元奴。		
		耶補〔三一〕同知濟南尹。		

		阿里白 輔國上將軍。		
	兖 太尉、領三省事。	阿合 同知定武軍節度使。		
	襄 輔國上將軍。	和尚 應國公。		
	袞 西京留守。			
宗望 本名斡里不。左副元帥、宋王。	齊	皷住 襲猛安。		
	京 西京留守。			
	文 大名尹、荆王。			
宗弼 本名兀朮。太師、領三省事、梁王。	亨 廣寧尹、韓王。			
	羊蹄〔三二〕			
烏烈 豐王。				

宗傑 趙王。	奭 會寧牧、鄆王。	阿懶〔三三〕		
		撻懶〔三四〕		
宗雋 右丞相、陳王。				
訛魯 潘王。				
訛魯朶 豳王。				
宗強 衛王。	爽 本名阿鄰。太子〔三五〕太傅、榮王			
	可喜 兵部尚書。			
	阿瑣 濟南尹			
宗敏 左丞相、曹王。	褒 舒國公。			
	阿里罕 密國公。			
習泥烈 紀王。				

寧吉 息王。				
燕孫 莒王。				
斡忽 鄆王。				

右太祖子，與景宣、睿宗凡十六人。遼王宗幹子與海陵五人。

宗磐 太師、領三省事、宋王。				
宗固 左丞相、豳王。	〔三六〕			
宗雅 代王。				
阿魯補 虞王。				
斛沙虎 滕王。				
宗懿 薛王。				
宗本 左丞相、原王。	阿里虎〔三七〕			

鶻懶 翼王。	
宗美 豐王。	
神土門 鄆王。	
斛孛束 霍王。	
斡烈 蔡王。	
宗哲 畢王。	
宗順 徐王。	

右太宗子十四人。史載北京留守卞、平陽尹稟皆太宗孫，不稱誰子，不可以世。

元 本名常勝。胙王。〔二八〕	
查剌 安武軍節度使。	

右景宣子，與熙宗，凡三人。

濟安 皇太子。	
道濟 魏王。	

右熙宗子二人。

光英 皇太子。	
元壽 崇王。	
矧思阿不 宿王。	
廣陽 滕王。	

右海陵子四人。

吾里補 齊王。	

右睿宗子，與世宗凡二人。

永中 鎬王。	瑜 石古乃。
	璋 神土門。
	玘 阿思懣。
	琢 阿離合懣
執韋 趙王。	
斜魯 越王。	
永功 越王。	璐 霸孫。奉國上將軍。
	璹 壽孫。密國公。
	琳 粘沒曷。
永成 豫王。	琸 仁壽。
	瑭 仁安。
永升 夔王。	璀 歡睹。
永蹈 鄭王。	按春

永德 曹王。	琰 斡論。
	阿辛

右世宗子，與顯宗、衞紹王凡十人。

琮 承慶。鄆王。	
瓌 歡睹。瀛王。	
瓚 阿鄰。霍王。	
琦 吾里補。瀛王。	
玠 謀良虎。溫王。	

右顯宗子，與章宗、宣宗凡七人。

洪裕 絳王。	
洪靖 阿虎懶。荊王。	

洪熙　斡魯不。榮王。				
洪衍　撒改。英王。				
洪輝　訛論。壽王。				
忒鄰　葛王。				

右章宗子，凡六人。

從恪　皇太子。				
琚　猛安。				
瑄　按出。				
璪　按辰。				

右衞紹王子，史稱六子，可以名見者四人。

守忠　皇太子，謚莊獻。	鏗　皇太孫，謚沖懷。			

玄齡				
守純　荆王。	訛可　曹王。			
	孛德　鄧王。			

右宣宗子，與末帝凡四人。〔二九〕他書載守純子三人，可以名見者二人。

阿古迺　始祖兄。	不知世次	撻不也　遼太尉。	胡十門　驃騎衞上將軍。	鉤室
	不知世次	合住　遼領長，復二州。	蒲速越　遼中正節度使。	
			余里也〔三〇〕曹州防禦使。	
			布輝〔三一〕順天軍節度使。	
保活里　始祖弟。	四世孫滓不乃〔三二〕	石土門〔三三〕金源郡王。	習失　特進。	

			思敬〔三四〕平章政事。	
		阿斯懣		
		迪古乃　同中書門下平章事。		
婆盧火　安帝五代孫。泰州都統。	婆速	吾扎忽〔三五〕		
胡特孛山〔三六〕婆盧火族兄弟。	杲　本名撒離喝。行臺尚書、左丞相。	宗安　御史大夫。		
什古〔三七〕昭祖曾孫。東京留守。	阿魯帶　參知政事。	襄〔三八〕尚書左丞相。		
崇成　昭祖玄孫。武衞軍都指揮使。				
冶訶　係出景祖。銀青光祿大夫。	阿魯補　元帥右將軍〔三九〕。			

	骨赧　天德軍節度使。	喜哥		
	訛古乃　西南路招討使。			
	撒荅	蒲查　西南路招討使。		
阿魯補　係出景祖。行臺左丞相。	烏帶〔四〇〕尚書左丞相。			
	方　簽書樞密院事。			
胡八魯　穆宗孫。寧州刺史。	齊　利涉軍節度使。			
拔离速　宗室子。元帥左監軍。				
	銀术可　拔离族子。〔四一〕同中書門下平章事。	轂英　平章政事。		

麻吉 銀术可弟。銀青光祿大夫。	沃側 西北路招討使。			
宗賢 本名阿魯。太祖從姪。婆速路兵馬都總管。				

右諸宗室可譜者凡十一族，雖稱係出某帝，而不能世次，不譜于各帝之下，所以慎也。

校勘記

〔一〕宗室表　按原作「宗室表第一」，今依本書志、傳例，改作「表第一　宗室表」。以下交聘表同，不復出校。

〔二〕右德帝子與安帝凡三人　按本表安帝與輩魯祗二人，本書卷六五始祖以下諸子傳云，「德帝思皇后生安帝，季曰輩魯」。則「三」當是「二」字之誤。又本表錯誤極多，如加改、補，則變動太大，今擇要拈其錯漏，除個別外，基本不加改補。

〔三〕辭不失下一格　按本書卷七〇習不失傳，「子鶻沙虎，天會間爲真定留守，子撻不也」。又同卷

宗亨傳，「本名撻不也」，則此處當有「鶻沙虎真定留守」七字。

〔四〕跋黑下一格　按本書卷八四奔睹傳，「昂本名奔睹，景祖弟孛黑之孫，斜斡之子」，孛黑即跋黑，則此處當有斜斡一名。

〔五〕宗浩右丞相　「宗」原作「崇」。今改，參見本書卷八世宗紀校記〔七〕。又本書卷一二章宗紀，泰和七年正月「丙申，以左丞相宗浩兼都元帥」，卷六二交聘表、卷九三宗浩傳同，表作「右丞相」，誤。又浩傳載「其子宿直將軍天下奴」，表失載。

〔六〕秉德左丞相　按本書卷一三二秉德傳，記「其弟特里、糺里」及「撒改曾孫盆買」，表皆失載。

〔七〕謾睹　按本書卷六五𧬈覶傳，「𧬈覶襲父麻頗猛安。𧬈覶卒，子掃合襲。掃合卒，子撒合輦襲。撒合輦卒，子惟鎔襲。……卒，子從傑襲猛安」，表皆失載。

〔八〕賽也上一格　按後二欄「阿离合懣」四字當移于此。參見本卷校記〔一〇〕。

〔九〕宗尹下一格　按本書卷七三宗尹傳，「宗尹乞令子銀术可襲其猛安」，則此處當有銀术可之名，表失載。

〔一〇〕阿离合懣　按此四字當在前二欄「賽也」之上。本書卷七三阿离合懣傳，「子賽也、斡論，賽也子宗尹」，又同卷晏傳，「晏本名斡論，景祖之孫，阿里合懣次子也」，可以爲證。又阿离合懣傳有「其子蒲里迭」，晏傳有「晏兄子鶻魯補」，表皆失載。

〔一一〕冶訶魯補稱係出景祖　按本卷末冶訶之後有「阿魯補，係出景祖，行臺左丞相」。本書卷八〇阿离補傳亦云「系出景祖」，「皇統六年爲行臺左丞相」，「子言、方」，又卷一三二烏帶傳，「行臺左丞相阿魯補子」，知此處「魯補」上脫「阿」字。

〔一二〕斡帶下二格　按本書卷五海陵紀有「魏王斡帶孫活里甲」，卷七六宗義傳同。表失載。

〔一三〕璋　按本書卷八四杲傳有「魯王斡者孫耶魯」，當在此欄與璋平行，表失載。

〔一四〕查剌沂王　按本書卷四熙宗紀作沂王暈。或暈是漢字名，查剌是其本名。

〔一五〕勗　按本書卷六六勗傳，「字勉道，本名烏野，穆宗第五子」，則當列撒柷之後。

〔一六〕撻懶下一格　按本書卷七七撻懶傳，「昌本名撻懶」，又「撻懶二子斡帶、烏達補」當在此格，表失載。

〔一七〕謀良虎　按本書卷七三宗雄傳，「宗雄本名謀良虎」。據文例，此處當作「宗雄」，注爲「本名謀良虎」。

〔一八〕蒲帶上京路提刑使　按本書卷七三宗雄傳，「宗雄孫蒲帶」。「蒲帶爲北京臨潢提刑使」，與此不同。

〔一九〕桓端金紫光祿大夫　按本書卷七三宗雄傳，「初，蒲魯虎襲猛安，蒲魯虎卒，贈金紫光祿大夫。子桓端襲之，官至金吾衞上將軍」，則金紫光祿大夫是蒲魯虎之贈官，桓端襲者是猛安，其官爲金吾衞上將軍，本表作者未解文義致誤。

〔二〇〕按荅海下一格　按本書卷六三海陵諸嬖傳有「宗室安達海之子乙剌補」當在此格，表失載。

〔二一〕耶補　按本書卷七六充傳，「子耶補兒」，附子檀奴等傳，「元奴、耶補兒逃歸于世宗。耶補兒爲鎮國上將軍，後爲同知濟南尹事」，又永元傳記其事亦皆作「耶補兒」，知此處脫一「兒」字。

〔二二〕羊蹄　按本書卷七七亨傳稱「子羊蹄」，是其當在前一行亨下一格。

〔二三〕阿懶　按本書卷六九宗傑傳作阿愣。

〔二四〕撻懶　按本書卷六九宗傑傳作撻楞。

〔二五〕爽下一格　按本書卷六九爽傳，「爽有疾，詔除其子符寶祗候思列爲忠順軍節度副使」，思列當在此格，表失載。

〔二六〕宗固下一格　按本書卷五海陵紀，天德三年五月戊辰，納「宗固子胡里剌、胡失打」等妻宮中，卷六三海陵諸嬖傳作「宗固子胡里剌妻、胡失來妻」，又卷七六宗本傳，「京，宗固子，本名胡石賚」。「胡失打」、「胡失來」、「胡石賚」當是一人，其漢名爲「京」。是宗固有二子，胡里剌、京，當在此欄平行，表皆失載。

〔二七〕阿里虎　按本書卷七六宗本傳，「長子鎖里虎」，卽阿里虎。又卷五海陵紀，天德三年海陵納宗本子莎魯剌妻宮中，卷六三昭妃阿懶傳記其事作莎魯剌，殆阿里虎之弟，表失載。

〔二八〕元下一格　按本書卷六九胙王元傳，「元子育，本名合住，大定二十七年自南京副留守遷大宗正

丞，兼勸農副使」，當在此格。表失載。

〔二九〕右宣宗子與末帝凡四人　按末帝指哀宗，參考本書卷五六百官志校記〔一八〕。

〔三〇〕余里也　詳下條。

〔三一〕布輝　按本書卷六六合住傳，「子蒲速越，襲父職，再遷靜江中正軍節度使。子余里也，與胡十門同時歸朝，以功遷眞定府路安撫使，兼曹州防禦使，授苾里海水世襲猛安。長子布輝，襲其父猛安。累遷順天軍節度使」，是余里也、布輝父子當在蒲速越之下，表誤。

〔三二〕四世孫滓不乃　按「滓不乃」本書卷七〇石土門傳作「直离海」。

〔三三〕石土門　按本書卷七〇石土門傳，「其子蟬蠢」，又「子習失、思敬」，是石土門有三子，蟬蠢表失載。

〔三四〕思敬　按本書卷七〇思敬傳，「孫吾侃术特，大定二十四年除明威將軍，授速濱路寶鄰山猛安」。表失載。

〔三五〕吾扎忽　按本書卷七一婆盧火傳，「子剖叔，襲猛安，天眷二年爲泰州副都統。子斡帶，廣威將軍。婆速官特進，子吾扎忽」。似剖叔卽婆速，而斡帶與吾扎忽爲兄弟，表未載。

〔三六〕胡特孛山　按本書卷八四杲傳作「胡魯補山」。

〔三七〕什古　按上文「右昭祖子」下云「什古稱昭祖曾孫」，與此合。本書卷九四襄傳，「祖什古廼」，多

一「廼」字。

〔三八〕襄　按本書卷一一一內族思烈傳，「內族思烈，南陽郡王襄之子也。天興元年，權參知政事，行省事于鄧州。中京留守」。表失載。

〔三九〕阿魯補元帥右將軍　按本書卷六八阿魯補傳，「治訶之子，皇統五年，改元帥右監軍」。又卷五五百官志，都元帥府「元帥右監軍一員，正三品」，是「將」乃「監」字之誤。

〔四〇〕烏帶　按本書卷一三二烏帶傳有「其子兀荅補」，又大定六年「以阿魯補謀克授兀荅補，終同知大興尹。子璫，本名烏也阿補，以曾祖阿魯補功，充筆硯祗候」。表皆失載。

〔四一〕銀术可拔离族子　按本書卷七二銀术可傳，「銀术可，宗室子」。「子轂英」。又同卷轂英傳，「銀术可與弟拔离速」，同卷拔离速傳，「拔离速，銀术可弟」，是「拔离族子」當作「拔离速兄」。又列傳次第，銀术可附子轂英，麻吉附子沃側，再後則爲拔离速。表列銀术可、麻吉于拔离速後，且低一格，誤。

金史卷六十

表第二

交聘表上

天下之勢，曷有常哉。金人日尋干戈，撫制諸部，保其疆圉，以求逞志於遼也，豈一日哉。及太祖再乘勝，已卽帝位，遼乃招之使降，是猶龍蒸虎變，欲誰何而止之。厥後使者八九往反，終不能定約束，何者，取天下者不徇小節，成算旣定矣，終不爲卑辭厚禮而輟攻。遼人過計，宋人亦過計，海上之書曰：「克遼之後，五代時陷入契丹漢地願畀下邑。」此何計之過也。血刃相向百戰而得之，卑辭厚幣以求之，難得而易與人，豈人之情哉。宋之失計有三，撤三關故塞不能固燕山塞，汴京城下之盟竭公私之帑以約質，立梁楚而不力戰而江左稱臣。金人豈愛宋人而爲和哉！策旣失矣，名旣屈矣，假使高宗立歸德，不得河北，可保河南、山東，不然，亦不失爲晉元帝，其孰能亡之。金不能奄有四海，而宋人以尊稱與

之，是誰強之邪。

金人出于高麗，始通好爲敵國，後稱臣。夏國始稱臣，末年爲兄弟，於其國自爲帝。宋於金初或以臣禮稱「表」，終以姪禮往復稱「書」。故識其通好與間有兵爭之歲，其盛衰大指可觀也已。使者或書本階，或用借授，兩國各因舊史，不必強同云。

	宋	夏	高麗
始通好。			穆宗時，高麗醫者自完顏部歸，謂高麗人曰：「女直居黑水部族日強，兵益精悍，年穀屢稔。」高麗王聞之，乃遣使來通好。
太祖收國元年			

二年			閏正月，〔一〕高麗遣使來賀捷，且請保州。太祖曰：「爾自取之。」高麗遣蒲馬請保州，〔二〕詔諭高麗曰：「保州近爾邊境，聽爾自取。」
天輔元年	十二月，宋遣登州防禦使馬政來聘，〔三〕請石晉時陷入契丹漢地。		
二年	正月，遣散覩報聘于宋，〔四〕所請之地，與宋夾攻得者有之，本朝自取，不在分割之議。		十二月，遣孛堇朮孛以勝遼報諭高麗，〔五〕仍賜馬一疋。
三年	六月，宋遣馬政及其子		

	宏來聘。〔六〕		
四年	四月，宋復遣趙良嗣以書來議燕京、西京之地。〔七〕		詔使習顯以獲遼國州郡諭高麗。高麗使謂習顯曰：「此與先父國王之書。」習顯就館，卽依舊禮接見，而以表來賀，幷貢方物。
五年			
六年		六月，夏遣李良輔率兵三萬救遼，斡魯、婁室敗之于野谷。	
七年	正月，宋復遣趙良嗣來議燕京、西京地，答書如初約，合攻隨得者有之，		

	今自我得，理應有報。趙良嗣言，奉命若得燕京，卽納銀、絹二十萬匹、綾二萬匹，以代燕地之租稅。二月，宋復遣趙良嗣來定議，加歲幣代燕地租稅，幷議畫疆、遣使、置榷場，復請西京等事。癸卯，遣孛堇銀朮可、鐸剌報聘于宋，許以武、應、朔、蔚、奉聖、歸化、儒、嬀等州，其於西北一帶接連山川及州縣，不在許與之限。〔八〕戊		

	申，詔平州官〔九〕與宋使一同分割所與燕京六州之地。三月，宋使盧益、趙良嗣、馬宏以誓書來。四月，復誓書于宋。五月甲寅，南京留守張覺以南京叛入于宋。		
太宗天會元年	十一月，割武、朔二州與宋。是月庚午，宗望敗張覺于南京城東，覺夜遁奔于宋。十二月，遣孛堇李靖告哀于宋。	宗望至陰山，以便宜與夏國議和，許以割地。	十二月，高隨、斜野奉使高麗，至境上，接待之禮不遜，隨等不敢往。太宗曰：「高麗世臣於遼，當以事遼之禮事我。而我國有新喪，遼主未獲，

			勿遽强之。」命隨等還。
二年	四月，宋始遣太常少卿連南夫等來弔。以高朮僕古等充遣留國信使，高興輔、劉興嗣充告卽位國信使如宋。 八月，以孛堇烏爪乃、李用弓爲賀宋生日使。 十月戊午，宋使賀天清節。 十二月，孛堇高居慶、大理卿丘忠爲賀宋正旦使。	正月，夏人奉誓表，請以事遼之禮稱藩。 三月，夏使把里公亮等來上誓表。 閏三月，遣王阿海、楊天吉賜誓詔于夏。 十月，夏使謝賜誓詔。 戊午，夏使賀天清節。	
三年	正月癸酉朔，宋使賀正	正月癸酉朔，夏使賀正	

	旦。 辛丑，〔一〇〕宋龍圖閣直學士許亢宗等賀卽位。 六月，遣李用和等以滅遼告慶于宋。 七月，以耶律固等爲報謝宋國使。 十月壬子，宋使賀天清節。是月，詔諸將伐宋。 十二月，宋給事中李鄴等奉金百鋌，請復修好。 是月甲辰，宗望敗宋兵于白河，遂取燕山州縣。	旦。乙未，夏使奉表致奠于和陵。 十月壬子，夏使賀天清節。	
四年	正月己巳，宗望諸軍渡	正月丁卯朔，夏使賀正	六月，高麗使奉表稱藩，

	河，使吳孝民入汴，問宋取首謀平山者。癸酉，諸軍圍汴。甲戌，宋知樞密院事李梲等奉書謝罪，且請修好，約質，割三鎭地，增歲幣，載書稱伯姪。戊寅，宋以康王構、少宰張邦昌爲質。辛巳，宋使沈晦等賫所上誓書、三鎭地圖，至軍中。癸未，諸軍解圍。 二月丁酉朔夜，宋姚平仲以兵四十萬襲宗望軍。己亥，復進兵圍汴。	旦。 十月丁未，夏使賀天清節。	優詔答之，仍以保州地賜。 七月，遣高伯淑、烏至忠使高麗。 十月丁未，高麗賀天清節。 十一月，遣高隨等爲賜高麗生日使。

	辛丑，宋遣資政殿學士宇文虛中以書來，辯姚平仲兵非出宋主意。改肅王樞爲質，遣康王構歸。壬子，宗望渡河，以滑州、濬州與宋。 七月戊子，宋以蠟書陰搆右都監耶律余覩，蕭仲恭獻其書。 八月，諸軍復伐宋，元帥府遣楊天吉、王汭以書責宋。 十一月丙戌，宗望軍至汴。 閏月壬辰朔，宗望敗宋		

	兵于汴城下。癸巳，宗翰至汴。辛酉，宋帝詣宗翰、宗望軍，舍青城。十二月癸亥，以表降，是日歸于汴城。		
五年	正月庚子，宋帝復至青城。二月丁卯，宋上皇至青城。是月，降宋二帝爲庶人。四月，執宋二帝以歸。五月庚寅朔，宋康王構即位于歸德。十二月丙寅，宗輔伐宋。	正月辛卯朔，夏使賀正旦。十月辛未，夏使賀天清節。	正月辛卯朔，高麗使賀正旦。八月，以耶律居謹、張淮爲宣慶高麗使。十月辛未，高麗使賀天清節。
六年	正月，宋康王奔揚州。七月乙巳，宋康王貶號稱臣，遣使奉表。十月，宗翰、宗輔會軍于濮。	正月丙戌朔，夏使賀正旦。十月丙寅，夏使賀天清節。	正月丙戌朔，高麗使賀正旦。十月丙寅，高麗使賀天清節。
七年	十月己亥，〔一〕宋壽春安撫使馬世元以城降。十一月壬戌，宗弼渡江。丁卯，宋知江寧府陳邦光以城降。十二月丁亥，宗弼克杭州。阿里、蒲盧渾追宋康王于明州，宋康王入于海。	正月庚辰朔，〔二〕夏使賀正旦。十月庚寅，夏使賀天清節。	正月庚辰朔，高麗使賀正旦。十月庚寅，高麗使賀天清節。
八年		正月甲辰朔，夏使賀正旦。十月甲申，夏使賀天清節。	正月甲辰朔，高麗使賀正旦。十月甲申，高麗使賀天清節。
九年		正月己亥朔，夏使賀正旦。十月戊寅，夏使賀天清節。	正月己亥朔，高麗使賀正旦。二月乙亥，高麗使上表，乞免索保州亡入邊戶事。十月戊寅，高麗使賀天清節。
十年		正月癸巳朔，夏使賀正旦。十月壬寅，夏使賀天清節。	正月癸巳朔，高麗使賀正旦。十月壬寅，高麗使賀天清節。
十一年		正月丁巳朔，夏使賀正旦。十月丙申，夏使賀天清節。	正月丁巳朔，高麗使賀正旦。十月丙申，高麗使賀天清節。
十二年		正月辛亥朔，夏使賀正旦。十月庚寅，夏使賀天清節。	正月辛亥朔，高麗使賀正旦。十月庚寅，高麗使賀天清節。
熙宗天會十三年		正月，遣使如夏報哀。	正月，遣使如高麗報哀。三月己卯，高麗使祭奠弔慰。四月戊午，高麗使賀登寶位。

十四年		正月己巳朔，夏使賀正旦。乙酉，夏使賀萬壽節。	正月己巳朔，高麗使賀正旦。乙酉，高麗使賀萬壽節。十月甲寅，以乾文閣待制吳激爲賜高麗生日使。
十五年		正月癸亥朔，夏使賀正旦。己卯，夏使賀萬壽節。	正月癸亥朔，高麗使賀正旦。己卯，高麗使賀萬壽節。
天眷元年	八月，以河南地賜宋。右司侍郎張通古等詔諭江南。	正月戊子朔，夏使賀正旦。甲辰，夏使賀萬壽節。	正月戊子朔，高麗使賀正旦。甲辰，高麗使賀萬壽節。十二月甲戌，高麗使入貢。

二年	四月己卯，宋遣其端明殿大學士韓肖胄等奉表，謝賜河南地。九月壬寅，宋端明殿學士王倫、保信軍節度使藍公佐奉表乞歸父喪。	正月壬午朔，夏使賀正旦。戊戌，夏使賀萬壽節。十月癸酉，夏國王李乾順薨，子仁孝嗣位，遣使來告喪。	正月壬午朔，高麗使賀正旦。戊戌，高麗使賀萬壽節。
三年	四月癸亥，宋禮部尙書莫將等來迎護梓宮。五月己卯，詔復取河南、陝西。十二月乙亥，復伐宋淮南。	正月丁丑朔，夏使賀正旦。癸巳，夏使賀萬壽節。九月，夏使謝賻贈，復謝封册。	正月丁丑朔，高麗使賀正旦。癸巳，高麗使賀萬壽節。
皇統元年	二月，宗弼克廬州。九月，宗弼渡淮，宋乞罷	正月辛丑朔，夏使賀正旦。壬寅，夏使請上尊	正月辛丑朔，高麗使賀正旦。壬寅，高麗使請

	兵，宗弼以便宜與宋畫淮爲界。	號。丁巳，夏使賀萬壽節。	上尊號。丁巳，高麗使賀萬壽節。十一月己酉，高麗使賀尊號。
二年	二月辛卯，宋端明殿學士何鑄、容州觀察使曹勛來進誓表。三月丙辰，遣光祿大夫左宣徽使劉筈册宋康王爲宋帝，以故天水郡王等三喪及宋帝母韋氏歸于宋。五月乙卯，遣使賜宋誓詔。	正月乙未朔，夏使賀正旦。辛亥，夏使賀萬壽節。	正月乙未朔，高麗使賀正旦。乙巳，詔加高麗國王王楷開府儀同三司、上柱國。辛亥，高麗使賀萬壽節。十二月乙丑，高麗使謝賜封册。

	八月丁卯，詔遣宋使朱弁、張邵、洪皓等歸。十二月庚午，宋使上表，謝歸三喪及母韋氏。		
三年	正月己丑朔，宋使賀正旦。乙巳，宋使賀萬壽節。	正月己丑朔，夏使賀正旦。乙巳，夏使賀萬壽節。	正月己丑朔，高麗使賀正旦。乙巳，高麗使賀萬壽節。
四年	正月癸丑朔，〔二〕宋使賀正旦。己巳，宋使賀萬壽節。	正月癸丑朔，夏使賀正旦。己巳，夏使賀萬壽節。	正月癸丑朔，高麗使賀正旦。己巳，高麗使賀萬壽節。
五年	正月丁未朔，宋使賀正旦。癸亥，宋使賀萬壽節。	正月丁未朔，夏使賀正旦。癸亥，夏使賀萬壽節。四月庚辰，以右衞將軍	正月丁未朔，高麗使賀正旦。癸亥，高麗使賀萬壽節。

	宋	夏	高麗
		撒海、兵部郎中耶律輻為橫賜夏國使。	
六年	正月辛未朔，宋使賀正旦。丁亥，宋使賀萬壽節。	正月辛未朔，夏使賀正旦。丁亥，夏使賀萬壽節。	正月辛未朔，高麗使賀正旦。丁亥，高麗使賀萬壽節。五月壬申，高麗國王王楷薨，子晛嗣位，遣使來報喪。六月乙丑，遣使祭弔高麗。
七年	正月乙丑朔，宋使賀正旦。辛巳，宋使賀萬壽節。	正月乙丑朔，夏使賀正旦。[三]辛巳，夏使賀萬壽節。	正月乙丑朔，高麗使賀正旦。辛巳，高麗使賀萬壽節。三月戊寅，高麗使來謝

	宋	夏	高麗
			弔祭。
八年	正月庚申朔，宋使賀正旦。丙子，宋使賀萬壽節。	正月庚申朔，夏使賀正旦。丙子，夏使賀萬壽節。	正月庚申朔，高麗使賀正旦。丙子，高麗使賀萬壽節。六月，高麗使謝賜封册。
九年	正月甲申朔，宋使賀正旦。庚子，宋使賀萬壽節。	正月甲申朔，夏使賀正旦。庚子，夏使賀萬壽節。	正月甲申朔，高麗使賀正旦。庚子，高麗使賀萬壽節。
海陵天德元年	十二月，宋賀正旦使至廣寧，遣人諭以廢立之事，於中路遣還。	十二月，夏賀正旦使至廣寧，遣人諭以廢立之事，於中路遣還。	十二月，高麗賀正旦使至廣寧，遣人諭以廢立之事，於中路遣還。
二年	正月辛巳，以名諱告諭宋。是月，遣侍衛親軍步軍都指揮使完顏思	正月辛巳，以名諱告諭夏。再遣使報諭夏國。七月戊戌，夏御史中丞	正月辛巳，以名諱告諭高麗。再遣使報諭高麗。三月丙戌，高麗遣知樞

	宋	夏	高麗
	恭、翰林直學士翟永固為報諭宋國使。二月甲子，以兵部尚書完顏元宜、修起居注高懷貞為賀宋生日使。三月丙戌，[四]宋參知政事余唐弼、保信軍節度使鄭藻賀即位。余唐弼等回，以天水郡王玉帶歸于宋主。	雜辣公濟、中書舍人李崇德賀登寶位。再遣開封尹蘇執義、祕書監王舉賀受尊號。	密院事文公裕、殿中監朴純沖賀登寶位。
三年	正月癸酉朔，宋使賀正旦。三月庚寅，以翰林學士中奉大夫劉長言、少府	正月癸酉朔，夏使賀正旦。九月甲子，夏使上表，請不去尊號。以經武將軍	正月癸酉朔，高麗使賀正旦。九月，以東京路兵馬都總管府判官蕭子敏為高

	宋	夏	高麗
	監耶律五哥為賀宋生日使。六月，宋使奉表祈請山陵地，不許。十月，以右副點檢不朮魯阿海、翰林侍講學士蕭永祺為賀宋正旦使。	修起居注蕭彭哥為夏生日使。	麗生日使。
四年	正月丁酉朔，宋使賀正旦。壬子，宋使賀生辰。三月，刑部尚書田秀穎、東上閤門使大斌為賀宋生日使。十月甲申，以太子詹事張用直、左司郎中溫都	正月丁酉朔，夏使賀正旦。壬子，夏使賀生辰。九月，吏部郎中蕭中立為夏生日使。	正月丁酉朔，高麗使賀正旦。壬子，高麗使賀生辰。九月，都水使者完顏麻潑為高麗生日使。

年	宋	夏	高麗
	斡帶爲賀宋正旦使。十二月辛未，以張用直卒，改遣汴京路都轉運使左瀛爲賀宋正旦使。		
貞元元年	正月辛卯，以皇弟兗薨，不視朝，命有司受宋貢獻。四月，以右宣徽使紇石烈撒合輦、廣威將軍兵部郎中蕭簡爲賀宋生日使。十一月，以戶部尚書蔡松年、右司郎中婁室爲賀宋正旦使。	正月辛卯，以皇弟兗薨，不視朝，命有司受夏貢獻。九月丁亥朔，以翰林待制諜良虎爲夏生日使。	正月辛卯，以皇弟兗薨，不視朝，命有司受高麗貢獻。九月，以吏部郎中窊合山充高麗生日使。

年	宋	夏	高麗
二年	正月甲寅朔，以疾不視朝，宋使就館燕。己巳，宋使賀生辰。四月辛卯，工部尚書耶律安禮、吏部侍郎許霖爲賀宋生日使。十月，以刑部侍郎白彥恭爲賀宋正旦使。十二月丁未，宋使貢方物。	正月甲寅朔，以疾不視朝，賜夏使就館燕。己巳，夏使賀生辰。三月戊辰，夏使王公佐賀還都。九月辛亥朔，夏使謝恩，且請市儒、釋書。十二月丁未，夏使貢方物。	正月甲寅朔，以疾不視朝，賜高麗使就館燕。己巳，高麗使賀生辰。六月己亥，高麗使謝橫賜。十一月戊辰，高麗使謝賜生日。十二月丁未，高麗使貢方物。
三年	正月己酉朔，宋使賀正旦。甲子，宋使賀生辰。三月庚午，以左司郎中李通、同知南京路都轉	正月己酉朔，夏使賀正旦。甲子，夏使賀生辰。五月癸亥，夏使謝恩。	正月己酉朔，高麗使賀正旦。甲子，高麗使賀生辰。

年	宋	夏	高麗
	運司事耶律隆爲賀宋生日使。十月己亥，翰林學士承旨耶律歸一爲賀宋正旦使。		
正隆元年	正月癸卯朔，宋使賀正旦。戊午，宋使賀生辰。三月庚申，以左宣徽使敬嗣暉、大理卿蕭中立爲賀宋生日使。十一月己巳朔，以右司郎中梁銶、左將軍耶律滋爲賀宋正旦使。〔八〕	正月癸卯朔，夏使賀正旦。戊午，夏使賀生辰。	正月癸卯朔，高麗使賀正旦。戊午，高麗使賀生辰。
二年	正月戊辰朔，宋使賀正	正月戊辰朔，夏使賀正	正月戊辰朔，高麗使賀

年	宋	夏	高麗
	旦。癸未，宋使賀生辰。六月，以禮部尚書耶律守素、刑部侍郎許竑爲賀宋生日使。〔九〕十一月，侍衞親軍馬步軍副都指揮使高助不古、戶部侍郎阿勒根窊產爲賀宋正旦使。	旦。癸未，夏使賀生辰。四月，宿直將軍溫敦斡喝爲橫賜夏國使。九月乙丑，以宿直將軍僕散烏里黑爲夏生日使。	正旦。癸未，高麗使賀生辰。三月丙寅朔，高麗使賀受尊號。四月，以簽書宣徽院事張喆爲橫賜高麗使。
三年	正月壬戌朔，宋使孫道夫賀正旦。丁丑，宋使賀生辰。三月辛巳，以兵部尚書蕭恭、太府監魏子平爲賀宋生日使。	正月壬戌朔，夏使賀正旦。丙寅，夏奏告使還，命左宣徽使敬嗣暉諭之，云云。丁丑，夏使賀生辰。九月庚午，以宿直將軍	正月壬戌朔，高麗使賀正旦。丁丑，高麗使賀生辰。九月丁丑，以教坊提點高存福爲高麗生日使。

年	宋	夏	高麗
	十一月辛酉，以工部尚書蕭保衡、吏部侍郎阿典和實懣爲賀宋正旦使。	阿魯保爲夏生日使。	
四年	正月丙辰朔，宋使賀正旦。辛未，宋使賀生辰。四月，遣資德大夫祕書監王可道、朝散大夫左司郎中王蔚爲賀宋生日使。七月甲辰，宋使上表，謝賜戒諭。十一月甲辰，以翰林侍講學士施宜生、宿州防禦使耶律闢里剌爲賀宋正旦使。十二月乙卯，宋使來告其母韋氏哀。乙丑，以左副點檢大懷忠、大興少尹耨盌溫都謙爲宋弔祭使。	正月丙辰朔，夏使賀正旦。辛未，夏使賀生辰。三月丙辰朔，遣兵部尚書蕭恭經畫夏國邊界。九月，昭毅大將軍宿直將軍加古撻懶爲夏生日使。	正月丙辰朔，高麗使賀正旦。辛未，高麗使賀生辰。九月，遣宣武將軍翰林待制完顏達紀爲高麗生日使。
五年	正月庚辰朔，宋使賀正旦。乙未，宋使賀生辰。二月壬子，宋參知政事賀允中等爲韋后遺獻使。四月，宋使葉義問等來謝弔祭。	正月庚辰，夏使賀正旦。乙未，夏使賀生辰。	正月庚辰朔，高麗使賀正旦。乙未，高麗使賀生辰。
	十一月，以濟南尹僕散烏者、翰林直學士韓汝嘉爲賀宋正旦使。		
六年	正月甲戌朔，宋使賀正旦。己丑，宋使賀生辰。四月，以簽書樞密院事高景山爲賀宋生日使。九月，以三十二總管兵伐宋。甲午，發南京。十月丁未，渡淮。癸亥，次和州。宋人陷德順州。十一月，上駐軍江北，遣武平總管阿鄰先渡至南岸，失利。上進兵揚州。甲午，會師瓜洲渡。乙未，遇弒。	正月甲戌朔，夏使賀正旦。己丑，夏使賀生辰。	正月甲戌朔，高麗使賀正旦。己丑，高麗使賀生辰。八月，遣太常博士張崇爲高麗生日使。

校勘記

〔一〕閏正月　原脫「閏」字。按本書卷二太祖紀，收國「二年正月戊子……閏月，高麗遣使來賀捷，且求保州，詔許自取之」。今據補。

〔二〕高麗遣蒲馬請保州　按本書卷二太祖紀，天輔元年「八月癸亥，高麗遣使來請保州」。似此條二十三字當在天輔元年欄內。

〔三〕十二月宋遣登州防禦使馬政來聘　按馬政聘金在天輔二年閏九月。參考本書卷二太祖紀校記〔六〕。此條當入下欄。

〔四〕正月遣散覩報聘于宋　按散覩報宋在本年十月。參考本書卷二太祖紀校記〔七〕。

〔五〕十二月遣孛菫术孛以勝遼報諭高麗　「术孛」原作「术菫」。按本書卷二太祖紀，「天輔二年十二月甲辰，遣孛菫术孛以定遼地諭高麗」。又卷一三五高麗傳，天輔二年十二月，詔諭高麗國王曰，「今遣孛菫术孛報諭」。今據改。

〔六〕六月宋遣馬政及其子宏來聘　按馬政及其子擴使金，在天輔四年十二月。參考本書卷二太祖紀校記〔八〕。則此條當在下一欄。又，馬宏使金似在另一次，與趙良嗣同來。見本表天輔七年三月條。

〔七〕四月宋復遣趙良嗣以書來議燕京西京之地　「四」原作「二」，「嗣」原作「陣」。按三朝北盟會編卷四，趙良嗣等此行以天輔四年四月十四日抵薊州關下，隨着攻上京，城破，遂與阿骨打相見。參考本書卷二太祖紀校記〔二〕。今據改。

〔八〕其於西北一帶接連山川及州縣不在許與之限　按大金弔伐錄卷一白劄子云，「其以西並北一帶接連山後州縣，土地人民不在許與之限。」此「山川及」三字當是「山後」之誤。

〔九〕戊申詔平州官　原脫「官」字。按本書卷二太祖紀，天輔七年二月「戊申，詔平州官與宋使同分割所與燕京六州之地」。今據補。

〔一〇〕辛丑　按宣和乙巳奉使金國行程錄，許亢宗于是年「正月戊戌陛辭，翼日啓行」。至當年秋八月初五日「回程到闕」。其北行第三十五程至和里寨已「時當仲夏」，知此辛丑上脫「六月」二字。

〔一一〕十月己亥　「己亥」原作「丁酉」。按本書卷三太宗紀，天會七年十月「丁酉，阿里、當海、大㚖破敵于壽春。己亥，安撫使馬世元以城降」。今據改。

〔一二〕正月庚辰朔　「辰」原作「寅」。按本書卷三太宗紀，天會「七年正月庚辰朔，高麗、夏遣使來賀」。今據改。下高麗欄同。

〔一三〕正月癸丑朔　「丑」原作「卯」。按本書卷四熙宗紀，天眷「四年正月癸丑朔，宋、高麗、夏遣使來賀」。今據改。下夏、高麗欄同。

〔一四〕正月乙丑朔夏使賀正旦　原脫「使」字，據殿本補。

〔一五〕三月丙戌　按宋史卷三〇高宗紀，三月「丙戌，遣余堯弼等賀金主卽位」，則「三月丙戌」非宋使抵金或進賀之日。

〔一六〕左將軍耶律湛爲賀宋正旦使　按百官志無「左將軍」，或正隆時有之，或是「左衞將軍」脫「衞」字。

〔一七〕六月以禮部尚書耶律守素刑部侍郎許竑爲賀宋生日使　按宋史卷三一高宗紀，紹興二十七年「五月癸未，金遣耶律守素等來賀天申節」。知此記月有誤，本書卷五海陵紀亦誤。參考該卷校記〔一〇〕。

金史卷六十一

表第三

交聘表中

	宋	夏	高麗
世宗大定元年	十一月，宋人破陝州。十二月，元帥左監軍高忠建、德昌軍節度使張景仁以罷兵、歸正隆所侵地，報諭宋國。		十一月壬午，尚書右司員外郎完顏兀古出報諭高麗。
二年	三月，徒單合喜敗宋吳璘于德順州。六月，宋翰林學士洪邁、鎭東軍節度使張掄賀上，書詞不依舊式，詔諭洪邁，使歸諭宋主。七月丁酉，復取原州。丙午，宋主內禪。九月，大敗吳璘于德順州。宗尹復取汝州。十月己丑，詔左副元帥紇石烈志寧伐宋。十一月癸巳朔，右丞相僕散忠義節制伐宋諸軍。志寧移書張浚，使依皇統舊式通好，浚復	四月，夏左金吾衞上將軍梁元輔、翰林學士焦景顏，押進樞密副都承旨任純忠賀登寶位。再遣武功大夫賀義忠、宣德郎高愼言賀萬春節。八月癸酉，夏左金吾衞上將軍蘇執禮、匭匣使王琪，押進御史中丞趙良賀尊號。九月庚子，以尚書左司員外郎完顏正臣爲夏生日使。十二月辛未，以夏乞兵復宋侵地，遣尚書吏部郎中完顏達吉體究陝西	十二月，高麗衞尉少卿丁應起賀正旦。

年	宋	夏	高麗
	書曰：「謹遣使者至麾下議之。」	利害。夏武功大夫芭里昌祖、宣德郎揚彥敬等賀正旦。	
三年	五月，宋人破宿州。是月，志寧復取宿州。宋洪遵與志寧書，約爲叔姪國。志寧渡淮，取盱眙、濠、廬、和、滁等州。宋使胡昉以湯思退與忠義書，稱姪國，不肯加世字，忠義執胡昉，詔釋之。	三月壬辰朔，夏武功大夫訛留元智、宣德郎程公濟賀萬春節。五月，以宿直將軍阿勒根和衍爲橫賜夏國使。[一] 七月甲寅，詔市馬於夏國。九月癸巳，以宿直將軍僕散習尼列爲夏生日使。[二]	二月庚寅，高麗守司空金永胤、尚書禮部侍郎金淳夫進奉使，禮賓少卿許勢脩賀登寶位，祕書少監金居實謝宣諭。三月壬辰朔，高麗衞尉少卿李公老賀萬春節。四月己卯，以引進使韓綱爲橫賜高麗使。十月丙寅，以許王府長史移剌天佛留爲高麗生

年	宋	夏	高麗
		十月己巳，夏遣金吾衞上將軍蘇執禮、匭匣使李子美謝橫賜。	日使。十二月乙酉，高麗使殿中少監金存夫謝橫賜。
四年	十一月，徒單克寧敗宋兵于十八里口，克楚州。宋周葵、王之望與忠義書，約世爲姪國，書仍書名再拜，不稱「大」字，并以宋書副本來上，和議始定。	正月丁亥朔，夏遣武功大夫嵬哆執信、宣德郎李師白賀正旦。三月丙戌朔，夏武功大夫紐臥文忠、宣德郎陳師古賀萬春節。九月，以宿直將軍宗室烏里雅爲夏生日使。十二月，夏奏告使殿前太尉梁惟忠、翰林學士樞密都承旨焦景顏上章	正月丁亥朔，高麗禮賓少卿高處約賀正旦。三月丙戌朔，高麗遣祕書少監崔孝溫進奉使，朝散大夫衞尉少卿鄭孝偁賀萬春節。九月，以太子少詹事烏古論三合爲高麗生日使。[三] 十二月，高麗禮賓少卿金莊謝賜生日。

年	宋	夏	高麗
		奏告，乞免徵索正隆末年所虜人口。	
五年	正月癸亥，宋通問使禮部尚書魏杞、崇信軍承宣使康湑奉國書及誓書入見。二月，以殿前左副都點檢完顏仲、太子詹事楊伯雄報問宋國。三月庚戌，宋禮部尚書洪适、崇信軍承宣使龍大淵賀萬春節。八月，宋吏部尚書李若川、寧國軍承宣使曾覿	正月辛亥朔，夏武功大夫訛羅世、宣德郎高嶽賀正旦。三月庚戌，夏使賀萬春節。九月，以宿直將軍朮虎蒲查爲夏生日使。	正月辛亥朔，高麗衞尉少卿高珍縉賀正旦。三月庚戌，高麗殿中少監陳力升進奉使，祕書少監元頤冲賀萬春節。十月，以大宗正丞璋爲高麗生日使。十二月，高麗遣吏部尚書李知深、中書舍人尹敦信賀尊號，衞尉少卿王輔謝賜生日。

年	宋	夏	高麗
	等賀尊號。九月，以吏部尚書高衎、移剌道爲宋生日使。十一月，以殿前右副都點檢烏古論粘沒曷、尚書禮部侍郎劉仲淵爲賀宋正旦使。		
六年	正月丙午朔，宋戶部尚書方滋、福州觀察使王抃賀正旦。三月甲辰朔，宋吏部尚書王曮、[四] 利州觀察使魏仲昌賀萬春節。九月，以戶部尚書魏子	正月丙午朔，夏武功大夫高遵義、宣德郎安世等賀正旦。三月甲辰朔，夏武功大夫曹公達、宣德郎孟伯達、押進知中興府趙衎賀萬春節。戊申，夏御	正月丙午朔，高麗太府少卿李世儀賀正旦。三月甲辰朔，高麗國子司業趙仁貴進奉使，祕書少監李復基等賀萬春節。四月戊戌，以尚書右司

	平、殿前左衞將軍夾谷查剌爲賀宋生日使。十一月，以殿前右副都點檢駙馬都尉烏古論元忠、少府監張仲愈爲賀宋正旦使。	史中丞李克勤、翰林學士焦景顏奏告，乞免索正隆末年所虜人口，許之。四月戊戌，以宿直將軍斜卯摑剌爲橫賜使。九月辛亥，以翰林待制移剌熙載爲夏生日使。十二月戊戌，夏御史中丞賀義忠、翰林學士楊彥敬謝橫賜。	郎中移剌道爲橫賜高麗使。十月己卯，以尚書兵部侍郎移剌按答爲高麗生日使。十二月戊戌，高麗禮賓少卿崔椿謝賜生日，衞尉少卿金資用謝橫賜。
七年	正月庚子朔，宋試工部尚書薛良朋、昭慶軍承宣使張說賀正旦。	正月庚子朔，夏武功大夫劉志眞、宣德郎李師白等賀正旦。	正月庚子朔，高麗司宰少卿潘威有賀正旦。三月己亥朔，高麗尚書

	三月己亥朔，宋翰林學士梁克家、安慶軍承宣使趙應熊等賀萬春節。九月，以勸農使蒲察莎魯窩、東上閤門使梁彬爲賀宋生日使。	三月己亥朔，夏武功大夫任得仁、宣德郎李澄等賀萬春節。九月乙亥，以宿直將軍唐括鶻魯爲夏生日使。十二月壬戌，夏遣殿前太尉芭里昌祖、樞密都承旨趙衍奏告，以其臣任得敬有疾，乞遣良醫診治。詔賜之醫。	戶部侍郎柳德容賀萬春節。十二月壬戌，高麗禮賓少卿崔儇謝賜生日使。
八年	正月甲子朔，宋試戶部尚書唐琢、〔五〕保寧軍承宣使宋鈞賀正旦。三月癸亥朔，試工部尚	正月甲子朔，夏武功大夫利守信、宣德郎李穆賀正旦。三月癸亥朔，夏武功大	正月甲子朔，高麗司宰少卿金起賀正旦。三月癸亥朔，高麗尚書戶部侍郎金光利進奉

	書王淪賀萬春節。九月，以右宣徽使移剌神獨斡、太府監高彥佐爲賀宋生日使。十一月，以同簽大宗正事宗室闢合土、尚書右司郎中李昌圖爲賀宋正旦使。	夫咩布師道、宣德郎嚴立本等賀萬春節。四月戊午，夏遣任德聰謝恩使，詔却其禮物。九月丁卯，以引進使高希甫爲夏生日使。	使，朝散大夫祕書少監趙湜賀萬春節。十月乙未，以翰林待制兼同修國史宗室靖爲高麗生日使。
九年	正月戊午朔，宋試工部尚書鄭聞、明州觀察使董誠等賀正旦。三月丁巳朔，宋翰林學士胡元質、保康軍承宣使宋直溫等賀萬春節。	正月戊午朔，夏武功大夫莊浪義顯、宣德郎劉裕等賀正旦。三月丁巳朔，夏武功大夫渾進忠、宣德郎王德昌等賀萬春節。	正月戊午朔，高麗司宰少卿陳玄光、禮賓少卿徐諴等賀正旦。三月丁巳朔，高麗祕書少監金利誠賀萬春節，朝散大夫衞尉少卿崔偦

	九月，以刑部尚書高德基爲賀宋生日使。十一月，以京兆尹宗室毅、尚書左司郎中牛德昌爲賀宋正旦使。	五月丙辰，以宿直將軍完顏賽也爲橫賜夏國使。九月，以宿直將軍僕散守忠爲夏生日使。〔六〕	爲進奉使。五月，以符寶郎徒單懷貞爲橫賜高麗使。九月丙辰，以提點司天臺馬貴中爲高麗生日使。十二月戊戌，高麗邊報稱王晛誕得繼孫，欲遣使奏告。庚戌，高麗太府少卿裴衍謝賜生日，司宰少卿李世美謝橫賜。
十年	正月壬子朔，宋試吏部尚書汪大猷、寧國軍承	正月壬子朔，夏武功大夫劉志直、宣德郎韓德	正月壬子朔，高麗禮賓少卿陳升賀正旦。

年	宋	夏	高麗
	宣使曾覿賀正旦。三月壬子朔，宋試工部尚書司馬伋、泉州觀察使馬定遠等賀萬春節。閏五月丁酉，尚書省奏宋祈請使赴闕日期，詔以九月十一日朝見。九月，以簽書樞密院事移剌子敬、宮籍監張僅言爲賀宋生日使。丙戌，宋祈請使資政殿大學士范成大、崇信軍節度使康湑至，求免起立接受國書，詔不許。十一月，以太子詹事蒲	容等賀正旦。三月壬子朔，夏武功大夫張兼善、宣德郎李師白等賀萬春節。丁丑，詔以夏奏告使於閏五月十六就行在。閏五月乙未，夏權臣任得敬中分其國，脅其主李仁孝遣左樞密使浪訛進忠、參知政事楊彥敬、押進翰林學士焦景顏等上表爲得敬求封，詔不許，遣使詳問。七月庚子，宋人以蠟丸書遺任得敬，夏執其人	三月壬子朔，高麗衛尉少卿崔偀進奉使，尚書禮部侍郎崔光涉等賀萬春節。十月己酉，以大宗正丞宗室烏爲高麗生日使。十一月己卯，高麗翼陽公晧廢晛自立，不肯接受賜王晛生日使，王晧稱兄晛讓國，求封册。詔遣使詳問。

年	宋	夏	高麗
	察蒲速越、〔七〕同知宣徽院事韓綱爲賀宋正旦使。	并書以來。九月庚寅，〔八〕以尚書戶部郎中夾古阿里補爲夏生日使。十一月癸巳，夏以誅任得敬，遣其殿前太尉芭里昌祖、樞密直學士高岳等上表陳謝。	
十一年	正月丙子朔，宋試工部尚書呂正己、利州觀察使辛堅之賀正旦。三月乙亥，宋翰林學士趙雄、泉州觀察使趙伯驌等賀萬春節。	正月丙子朔，夏遣武功大夫煞執直、宣德郎馬子才賀正旦。三月乙亥，夏使賀萬春節。八月丁卯，以近侍局使	正月壬辰，高麗王晧報稱，前王久病，昏耗不治，以母弟晧權攝國事。四月丁卯，權軍國事王晧上表，并以兄晛表求封。

年	宋	夏	高麗
	八月，以尚書刑部侍郎駙馬都尉烏林荅天錫、御史中丞李文蔚爲賀宋生日使。十一月，以西南路招討使宗室宗寧、戶部侍郎程輝爲賀宋正旦使。	劉琬爲夏生日使。〔九〕	五月，以尚書吏部侍郎宗室靖爲宣問高麗王晛使。靖至高麗，晛稱避位出居他所，病加無損，不能就位拜命，往復險遠，非使者所宜往，乃以王晛表附奏。其表大概與前表同。十二月丁卯，〔一〇〕權高麗國事王晧告奏使、尚書禮部侍郎張翼明以王晧表求封。〔一一〕
十二年	正月庚午朔，宋試工部尚書莫濛、利州觀察使	正月庚午朔，夏武功大夫嵬恧執忠、〔一二〕宣德郎	正月庚午朔，高麗使賀正旦。

年	宋	夏	高麗
	孫顯祖賀正旦。三月己巳朔，宋龍圖閣學士翟紱、宣州觀察使俎士粲等賀萬春節。四月，宋試吏部尚書姚憲、安德軍承宣使曾覿賀加上尊號。九月，以殿前右副都點檢夾谷清臣、尚書左司郎中張汝弼爲賀宋生日使。十一月，以戶部尚書曹望之、尚書右司郎中紇石烈哲爲賀宋正旦使。	劉昭等賀正旦。三月己巳朔，夏武功大夫党得敬、宣德郎田公懿賀萬春節。殿前馬步軍太尉訛羅紹甫、樞密直學士呂子溫、押進匭匣使芭里直信等賀加上尊號。四月癸亥，以宿直將軍唐括阿忽里爲橫賜夏國使。九月辛巳，以殿前右衛將軍粘割斡特剌爲夏生日使。十二月癸亥，夏殿前太	三月己巳朔，權高麗國王晧遣尚書戶部侍郎金黃裕等賀萬春節。衛尉少卿蔡祥正賀加上尊號。〔一三〕丁丑，宿直將軍烏古論思列、尚書右司員外郎張亨爲封册王晧使。四月丁卯，高麗戶部尚書李著、國子祭酒崔誧賀尊號。十月，高麗檢校太尉金于蓄、太府少卿金瑄謝封册。

		尉悶榮忠、樞密直學士嚴立本等謝橫賜。	
十三年	正月乙丑朔，宋試吏部尚書馮檝、泉州觀察使龍雲等賀正旦。 三月癸巳朔，宋試禮部尚書韓元吉、利州觀察使鄭興裔等賀萬春節。 八月，以殿前左副都點檢兼侍衞將軍副都指揮使宗室襄、國子司業兼尚書戶部郎中張汝霖為賀宋生日使。 十一月，以大興尹璋、客	正月乙丑朔，夏武功大夫臥落紹昌、宣德郎張希道等賀正旦。 三月癸巳朔，夏武功大夫芭里安仁、宣德郎焦蹈等賀萬春節。 九月辛卯朔，以宿直將軍胡什賚為夏生日使。〔一四〕	正月乙丑朔，高麗國王王晧遣司宰少卿史正儒賀正旦。 三月癸巳朔，高麗太府少卿李應求賀萬春節。 十一月甲午，以引進使大洞為高麗生日使。

	省使兼東上閤門使高翊為賀宋正旦使。		
十四年	正月己丑朔，宋翰林學士留正、利州觀察使張嶷等賀正旦。癸巳，宋使朝辭，尚書省奏，宋來書語涉平易，遣人就館諭宋使。大興尹璋至宋，宋人就館奪其國書，璋乃赴其宴，受其私物，璋坐除名。 二月，以刑部尚書梁肅、趙王府長史蒲察訛里剌為詳問宋國使。	正月己丑朔，夏武功大夫煞進德、宣德郎李師旦賀正旦。 三月戊子朔，夏武功大夫芭里安仁、宣德郎焦蹈等賀萬春節。 九月乙未，以宿直將軍宗室崇肅為夏生日使。〔一五〕	正月己丑朔，高麗遣尚書吏部侍郎崔均等賀正旦。 二月丙戌，〔一六〕高麗遣尚書刑部侍郎車仁揆進奉。 三月戊子朔，高麗尚書戶部侍郎金鍊光等賀萬春節。 四月乙亥，〔一七〕以勸農副使完顏蒲涅為橫賜高麗使。

	三月戊子朔，宋遣戶部尚書韓彥直、保信軍承宣使劉炎等賀萬春節。梁肅等至宋，宋主接書如舊儀。 五月，梁肅等還，宋主以謝書附奏。 九月，以兵部尚書完顏讓、祕書少監賈少冲為賀宋生日使。己酉，宋試工部尚書張子顏、明州觀察使劉密為報聘使，仍求免起立接書，詔不許。 十一月，以御史中丞劉		十一月戊申，以儀鸞局使曹士元為高麗生日使。

	仲譓、殿前左衞將軍兼修起居注紇石烈奧也等為賀宋正旦使。		
十五年	正月，宋試戶部尚書蔡洸、江州觀察使趙益等賀正旦。 閏九月，〔一八〕以歸德尹完顏王祥、客省使兼東上閤門使盧璣為賀宋生日使。 十一月，以右宣徽使宗室靖、拱衞直都指揮使高運國為賀宋正旦使。	正月，夏武功大夫李嗣卿、宣德郎白慶嗣等賀正旦。 閏九月己未，以符寶郎斜卯和尚〔一九〕為夏生日使。 十二月丙午，夏遣中興尹訛羅紹甫、翰林學士王師信等謝橫賜。	七月丙申，曷懶路奏，得高麗邊報，以其西京留守趙位寵作亂，欲遣告奏，而義州路梗不通，欲由定州入曷懶路，詔許之。 九月，高麗西京留守趙位寵遣徐彥等進表，欲以慈悲嶺以西、鴨綠江以東內附，詔不許。 閏九月辛酉，〔二〇〕高麗國

			王王晧以平趙位寵之亂，遣祕書少監朴紹奉表告奏。十一月戊辰，以宿直將軍阿典蒲魯虎為高麗生日使。十二月丙午，高麗遣朝散大夫禮賓少卿趙永仁謝賜生日。
十六年	正月戊申朔，宋試戶部尚書謝廓然、泉州觀察使黃夷行等賀正旦。三月丙午朔，宋試工部尚書張宗元、利州觀察	正月戊申朔，夏武功大夫嵬宰師憲、宣德郎宋弘等賀正旦。三月丙午朔，夏武功大夫骨勒文昌、宣德郎王	正月戊申朔，高麗尚書吏部侍郎李章賀正旦。三月丙午朔，高麗遣尚書戶部侍郎蔡順禧賀萬春節。

	使謝純孝等賀萬春節。壬子，宋翰林學士知制誥朝散大夫湯邦彥、昭信軍承宣使陳雷等奉書申請。丙辰，宋申請使朝辭，上以書答之。九月，以殿前都點檢蒲察通、尚書左司郎中張亨為賀宋生日使。十一月，以同知宣徽院事劉珫、近侍局使烏林荅愿為賀宋正旦使。	禹珪賀萬春節。九月癸丑，〔三〕以宿直將軍完顏覬古速為夏生日使。	十一月，以尚書兵部郎中移剌子元為高麗生日使。十二月庚子，高麗遣禮賓少卿王珪謝賜生日。戶部尚書吳光陟、尚書工部侍郎尹崇謙等以不許趙位寵內附，陳謝。
十七年	正月壬寅朔，宋遣試吏部尚書閻蒼舒、江州觀	正月壬寅朔，夏武功大夫訛啰德昌、宣德郎楊	正月壬寅朔，高麗尚書戶部侍郎吳淑夫賀正

	察使李可久等來賀正旦。三月辛丑朔，宋遣試戶部尚書張子正、明州觀察使趙士葆等賀萬春節。九月，以殿前右副都點檢完顏習尼烈、提點太醫院兼儀鸞使曹士元為賀宋生日使。十一月，以延安尹完顏蒲剌覩、左諫議大夫兼翰林直學士鄭子聃為賀宋正旦使。	彥和等賀正旦。三月辛丑朔，夏武功大夫芭里慶祖、宣德郎梁宇等賀萬春節。九月丁酉朔，以尚書兵部郎中石抹忽土為夏生日使。〔三〕十月，夏國獻百頭帳，詔不受。十一月，仁孝再以表上，曰：「若不包納，則下國深誠無所展効。」詔許與正旦使同來。十二月甲午，夏遣東經略使蘇執禮橫進。	旦。二月己亥，高麗遣朝散大夫尚書戶部侍郎丁守弼進奉。三月辛丑朔，高麗遣尚書工部侍郎崔光遠賀萬春節。四月戊子，以滕王府長史徒單烏者為橫賜高麗使。十二月戊辰，以宿直將軍僕散懷忠為高麗生日使。甲午，遣禮賓少卿崔美謝橫賜。

十八年	正月丙申朔，宋翰林學士錢良臣、嚴州觀察使延璽等賀正旦。三月乙未朔，宋遣試禮部尚書趙思、宜州觀察使鄭槐等賀萬春節。九月，以大理卿張九思、殿前左衛將軍宗室崇肅為賀宋生日使。十一月，以靜難軍節度使烏延查剌、太府監王汝楫為賀宋正旦使。	正月丙申朔，夏武功大夫恧恧存忠、宣德郎武用和等賀正旦。三月乙未朔，夏武功大夫嵬茖仁顯、宣德郎趙崇道等賀萬春節。四月己丑，以太子左贊善兼翰林修撰阿不罕德甫為橫賜夏國使。九月辛未，以侍御史完顏蒲魯虎為夏生日使。十二月戊午，夏遣殿前太尉浪訛元智、翰林學士劉昭謝橫賜。	正月丙申朔，高麗尚書戶部侍郎孫應時賀正旦。二月癸巳，高麗遣吏部侍郎崔孝求進奉。三月乙未朔，高麗尚書刑部侍郎李仁成等賀萬春節。十一月丙戌，以東上閤門使左光慶為賜高麗生日使。十二月戊午，高麗禮賓少卿奇世謝賜生日。

年	宋	夏	高麗
十九年	正月庚申朔，宋遣戶部侍郎宇文价、江州觀察使趙雍等賀正旦。三月己未朔，宋龍圖閣學士錢冲之、潭州觀察使劉沓等賀萬春節。九月，以左宣徽使蒲察鼎壽、尚書刑部郎中高德裕爲賀宋生日使。十一月，以御史中丞移剌慥、東上閤門使左光慶爲賀宋正旦使。	正月庚申朔，夏武功大夫張兼善、宣德郎張希聖等賀正旦。三月己未朔，夏遣武功大夫來子敬、宣德郎梁介等賀萬春節。九月戊午，以太子左衞率府率裴滿胡剌爲夏生日使。〔二三〕	正月庚申朔，高麗刑部侍郎金節賀正旦。二月丁巳，高麗尚書吏部侍郎柳得仁進奉。三月己未朔，高麗尚書戶部侍郎盧卓儒賀萬春節。十一月戊辰，以西上閤門使盧拱爲賜高麗生日使。十二月壬子，高麗遣朝散大夫禮賓少卿柳得義謝賜生日。
二十年	正月甲寅朔，〔二四〕宋試禮部尚書陳峴、宜州觀察使孔異賀正旦。三月癸丑朔，宋試工部尚書傅淇、婺州觀察使王公弼等賀萬春節。九月，以太府監李佾、尚書左司郎中完顏烏里也爲賀宋生日使。十一月，以眞定尹駙馬都尉徒單守素、左諫議大夫楊伯仁爲賀宋正旦使。〔二五〕	正月甲寅朔，夏武功大夫安德信、宣德郎吳日休賀正旦。三月癸丑朔，夏武功大夫罔進忠、宣德郎王禹玉賀萬春節。九月壬戌，以少府少監宗室賽補爲夏生日使。〔二六〕十二月癸卯，詔有司，夏使入界，如遇當月小盡，限二十五日至都，二十七朝見。丙午，夏遣奏告使御史中丞罔永德、樞密直學士劉昭等入見。	正月甲寅朔，高麗尚書戶部侍郎尹東輔賀正旦。二月辛亥，高麗尚書吏部侍郎金鉉公進奉。三月癸丑朔，高麗尚書戶部侍郎孫碩賀萬春節。四月己亥，以西上閤門使郭喜國爲橫賜高麗使。十一月乙亥，以太常少卿任倜爲高麗生日使。〔二七〕十二月丙午，高麗禮賓少卿沈晉升謝生日，禮賓少卿王度等謝橫賜。
二十一年	正月戊申朔，宋龍圖閣學士葉宏、福州觀察使張詔賀正旦。三月丁未朔，宋試戶部尚書蓋經、閬州觀察使裴良能等賀萬春節。八月，以殿前右副都點檢宗室胡什賚、〔二八〕尚書左司郎中鄧儼爲賀宋生日使。	正月戊申朔，夏遣武功大夫謀寧好德、宣德郎郝處俊賀正旦。三月丁未朔，夏武功大夫蘇志純、宣德郎康忠義等賀萬春節。四月戊辰，以滕王府長史把德固爲橫賜夏使。八月乙丑，以尚書吏部郎中奚胡失海爲夏生日使。	正月戊申朔，高麗尚書禮部侍郎賀正旦。〔二九〕二月甲辰，高麗尚書吏部侍郎李德基進奉。三月丁未朔，高麗尚書戶部侍郎申寶至賀萬春節。
二十二年	三月辛未朔，宋使賀萬春節。九月，以殿前左衞將軍宗室禪赤、翰林直學士呂忠翰爲賀宋生日使。十一月，以昭毅大將軍吏部尚書孛术魯阿魯罕、〔三〇〕中大夫都水監宋中爲賀宋正旦使。	三月辛未朔，夏使賀萬春節。九月乙酉，以尚輦局使僕散曷速罕爲夏生日使。	三月辛未朔，高麗使賀萬春節。十一月甲申，以宿直將軍僕散忠佐爲高麗生日使。
二十三年	正月丁卯朔，宋試吏部尚書王藺、明州觀察使劉弢賀正旦。三月丙寅朔，宋試工部尚書賈選、武奉軍承宣使鄭興裔等賀萬春節。九月，以同簽大宗正事	正月丁卯朔，夏武功大夫劉進忠、宣德郎李國安等賀正旦。三月丙寅朔，夏武功大夫吳德昌、宣德郎劉思忠等賀萬春節。九月己巳，以宿直將	正月丁卯朔，高麗尚書禮部侍郎崔永濡賀正旦。二月甲子，高麗戶部侍郎文章煒進奉。三月丙寅朔，高麗戶部侍郎盧孝敦賀萬春節。

	宗室方、同知宣徽院事劉瑋爲賀宋生日使。閏十一月，〔三一〕以西京留守宗室婆盧火、尙食局使李𤁣爲賀宋正旦使。	軍完顏斜里虎爲夏生日使。	四月癸丑，以大理正紇石烈遮列速爲橫賜高麗使。十二月丁亥，高麗使崔孝著朝辭，以詔答王晧。是歲，晧母任氏薨。
二十四年	正月辛卯朔，宋顯謨閣學士余端禮、宜州觀察使王德顯等賀正旦。三月庚寅朔，宋試吏部尙書陳居仁、隨州觀察使賀錫來賀萬春節。八月，以太府監張大節、尙書左司郎中完顏婆盧	正月辛卯朔，夏武功大夫劉執中、宣德郎李昌輔賀正旦。二月丙戌，〔三二〕以器物局使宗室㐭爲橫賜夏國使。三月庚寅朔，夏武功大夫晁直信、宣德郎王庭	二月甲戌，高麗王王晧以母憂未卒哭，請免今年萬春節及進貢。詔以王晧未經起復，不當陳賀，其進貢方物宜令隨明年賀正旦使同來。丙戌，以高麗王晧母喪，遣東上閤門使完顏進

	火爲賀宋生日使。十一月甲午，詔上京地遠天寒，行人跋涉艱苦，來歲宋國正旦、生日並不須遣使。	彥等賀萬春節。五月丙申，尙書省奏，夏國王以車駕幸上京，願遣使入賀。上曰：「往復萬里，暑雨泥濘，不須遣使。」令諭止之。八月癸亥，以侍御史遙里特末哥爲夏生日使。十月丙辰朔，詔上京地遠天寒，行人跋涉艱苦，來歲賀正旦、生日、謝橫賜使，權止一年。	兒、翰林修撰郝侯爲勑祭使，西上閤門使大仲尹爲慰問使，虞王府長史永明爲起復使。十月丙辰朔，詔上京地遠天寒，行人跋涉艱苦，來歲高麗賀正旦、生辰、進奉使，權止一年。其謝勑祭、慰問、起復三番人使，令以後隨朝賀人使同來。
二十五年	十一月，以臨潢尹僕散守中、御史中丞馬惠迪	十一月丙中，夏國以車駕還京，賀尊安使御史	十一月壬寅，以尙書禮部員外郎移剌履爲高麗

	爲賀宋正旦使。十二月，宋遣試禮部尙書王信、明州觀察使吳瓌賀正旦。〔三三〕	大夫李崇懿、中興尹米崇吉、押進匭匣使李嗣卿等朝見。	生日使。十二月戊寅，高麗戶部尙書梁翼京、府少監卿崔素謝勑祭，司宰少卿康勇儒謝慰問，禮賓少卿崔仁謝起復。
二十六年	正月庚辰朔，宋使賀正旦。三月己卯朔，宋試戶部尙書章森、容州觀察使吳曦等賀萬春節。八月，以益都尹宗浩、〔三四〕左諫議大夫黃久約爲賀宋生日使。	正月庚辰朔，夏武功大夫麻骨進德、宣德郎劉光國等賀正旦。三月己卯朔，夏武功大夫麻骨德懋、宣德郎王慶崇等賀萬春節。八月己丑，以宿直將軍李達可爲夏生日使。	正月庚辰朔，尙書工部侍郎崔仁請賀正旦，以宣孝太子未大燒飯，詔權停三日曲宴禮，三國人使各賜在館宴。二月丁丑，高麗戶部侍郎門義赫進奉。三月己卯朔，高麗禮部

	十一月，以刑部尙書移剌子元、尙書左司郎中馬琪爲賀宋正旦使。		侍郎柳公權賀萬春節。四月壬戌，以客省使李磐爲橫賜高麗使。十二月庚子，高麗禮部侍郎任濡謝橫賜，禮賓少卿盧元謝生日。
二十七年	正月癸卯朔，宋遣試刑部尙書李巘、漳州觀察使趙多才賀正旦。三月癸卯朔，宋遣試兵部尙書張淑春、鄂州觀察使謝卓然等賀萬春節。九月，以河中尹田彥皐、	正月癸卯朔，夏武功大夫嵬德昭、宣德郎索遵德賀正旦。三月癸卯朔，夏武功大夫遇忠輔、宣德郎呂昌齡等賀萬春節。九月己酉，以武器署令斜卯阿土爲夏生日吏。	正月癸卯朔，高麗司宰少卿崔匡輔賀正旦。二月辛丑，高麗禮賓少卿車若松進奉。三月癸卯朔，高麗戶部侍郎李公鈞賀萬春節。十二月庚午，以翰林待制道可爲高麗生日吏。

年	宋	夏	高麗
	近侍局使宗室鶻殺虎爲賀宋生日使。十月乙亥，宋前主殂。十一月，以殿前左副都點檢崇安、翰林侍講學士兼御史中丞李晏爲賀宋正旦使。十二月壬午，宋敷文閣學士韋璞、鄂州觀察使姜特立來告哀。〔三五〕	十二月，夏殿前太尉訛羅紹先、樞密直學士嚴立本謝橫賜。	甲午，高麗禮賓少卿崔存謝賜生日。
二十八年	正月丁酉朔，宋試工部尚書萬鍾、宣州觀察使趙不逵賀正旦。是月，以左宣徽使駙馬都尉蒲	正月丁酉朔，夏武功大夫麻奴紹文、宣德郎安惟敬賀正旦。三月丁酉朔，夏武功大	正月丁酉朔，高麗司宰少卿崔迪元賀正旦。二月乙未，高麗禮賓少卿吉仁進奉。

年	宋	夏	高麗
	察克忠、戶部尚書劉瑋爲宋弔祭使。二月，宋試戶部尚書顏師魯、福州觀察使高震來進其前主遺留禮物。三月丁酉朔，宋試戶部尚書胡晉臣、鄂州觀察使鄭康孫賀萬春節。五月甲辰，宋試禮部尚書京鏜、容州觀察使劉端仁來報謝。九月丙申，以安武軍節度使王克溫、〔三六〕近侍局使鶻殺虎爲賀宋生日使。	夫渾進忠、宣德郎鄧昌祖等來賀萬春節。九月甲午朔，以鷹坊使崇慶爲夏國生日使。	三月丁酉朔，高麗戶部侍郎李禧賀萬春節。十二月丙寅，以大理正移剌彥拱爲高麗生日使。庚寅，高麗戶部侍郎周匡美謝賜生日。

年	宋	夏	高麗
	十一月，以河中尹田彥皐、吏部侍郎移剌仲方爲賀宋正旦使。		
二十九年	正月壬辰朔，宋顯謨閣學士鄭僑、廣州觀察使張時修等賀正旦。上大漸，宋正旦使遣還。甲辰，遣大理卿王元德等報哀于宋。二月，宋主內禪，子惇嗣立。四月辛未，宋葛廷瑞、〔三七〕趙不慢來弔祭。五月壬寅，宋遣羅點、譙	正月壬辰朔，夏武功大夫紐尚德昌、宣德郎宇得賢賀正旦。上大漸，夏使遣還。三月，夏殿前太尉李元貞、翰林學士餘良來陳慰。四月，進奉使御史中丞鄭顯忠、樞密直學士李國安入奠。五月，夏知興中府事廼	正月壬辰朔，高麗禮賓少卿李尙儒賀正旦。上大漸，高麗使遣還。六月乙卯，高麗檢校尙書右僕射戶部尙書李英搢、檢校工部尙書戶部侍郎黃淸來奏會葬，并祭奠。七月辛未，高麗檢校太尉鄭存實、殿中監任沖來賀登位。

年	宋	夏	高麗
	熙載來報嗣位。戊午，遣東北路招討使溫迪罕速可等使宋賀即位。閏月庚辰，宋遣沈揆、韓侂胄來賀登位。六月乙卯，勅有司移報宋天壽節。七月辛巳，遣刑部尚書完顏守貞等爲賀宋生辰使。八月丙辰，宋遣禮部尚書謝深甫、觀察使趙昂賀天壽節。十一月辛酉，遣右宣徽使裴滿餘慶等爲賀宋正	令思敬、祕書少監梁介賀登位，知中興府事田周臣押進使。八月丙辰，夏嵬峉彥、劉文慶賀天壽節。	八月，高麗遣戶部尙書崔膺甫賀天壽節。十二月，高麗禮部侍郎閔湜謝生日，戶部侍郎孫衍謝橫賜。

且使。

校勘記

〔一〕五月以宿直將軍阿勒根和衍爲橫賜夏國使　按本書卷六世宗紀記此事在大定三年六月。

〔二〕以宿直將軍僕散習尼列爲夏生日使　原脫「列」字。按本書卷六世宗紀，大定三年九月「癸巳，宿直將軍僕散習尼列爲夏國生日使」。今據補。

〔三〕九月以太子少詹事烏古論三合爲高麗生日使　原脫「少」字。按本書卷六世宗紀，大定四年九月「辛亥，以太子少詹事烏古論三合爲高麗生日使」。今據補。

〔四〕三月甲辰朔宋吏部尚書王曮　原脫「宋」字，據本表文例補。

〔五〕宋試戶部尚書唐琢　按宋史卷三四孝宗紀，乾道三年十月「丁酉，遣唐瑑等使金賀正旦」，「琢」作「瑑」。

〔六〕以宿直將軍僕散守忠爲夏生日使　原脫「守」字。按本書卷六世宗紀，大定九年「九月甲寅朔，以……宿直將軍僕散守中爲夏國生日使」。「守中」即「守忠」，同音異譯。今據補。

〔七〕十一月以太子詹事蒲察蒲速越　「蒲察蒲速越」原作「蒲察速越」。按本書卷六世宗紀，大定十年十一月「丁亥，以太子詹事蒲察蒲速越等爲賀宋正旦使」。此人又見于卷七八劉仲誨傳，今據補一「蒲」字。

〔八〕九月庚寅　原脫「九月」二字。按本書卷六世宗紀，大定十年九月「庚寅，以戶部郎中夾谷阿里補爲夏國生日使」。今據補。

〔九〕八月丁卯以近侍局使劉琬爲夏生日使　原脫「八月」二字。按本書卷六世宗紀，大定十一年八月「己巳，以……近侍局使劉琬爲夏國生日使」。今據補。

〔一〇〕十二月丁卯　原脫「十二月」三字。按本書卷一三五高麗傳，大定十一年「十二月，晧遣其禮部侍郎張翼明等請封」。今據補。

〔一一〕張翼明以王晧表求封　「張翼明」原作「張明翼」。按本書卷一三五高麗傳作「張翼明」，又高麗史卷一九明宗世家，元年之末，「是歲，遣告奏使禮部侍郎張翼明、都部署黃公遇如金」。二年「二月己酉，張翼明、黃公遇還自金」。今據乙正。

〔一二〕夏武功大夫嵬悉執忠　原脫「夏」字，據文例補。

〔一三〕衞尉少卿蔡祥正賀加上尊號　按高麗史卷一九明宗世家，二年三月「辛巳，遣尚書右丞李文著、侍郎崔誧如金賀上尊號」。十二月「乙巳，遣衞尉卿蔡祥正如金進方物」。則蔡祥正是進奉使當在本年之末。

〔一四〕九月辛卯朔以宿直將軍胡什賚爲夏生日使　原作「九月乙未，以宿直將軍宗室崇肅爲夏生日使」，與下年同。按本書卷七世宗紀，大定十三年「九月辛卯朔，以宿直將軍胡什賚爲夏國生日使」。知此處誤。今據改。又上文三月，夏芭里安仁等賀萬春節亦與下年重複，今無可考。

〔一五〕九月乙未以宿直將軍宗室崇肅爲夏生日使　原脫「以」字。按本書卷七世宗紀，大定十四年九月「乙未，以……宿直將軍崇肅爲夏國生日使」。又本表文例亦皆有「以」字。今據補。

〔一六〕二月丙戌　原脫「二月」二字。按正月己丑朔，三月戊子朔，則丙戌當在二月，今補。

〔一七〕四月乙亥　原脫「四月」二字。按三月戊子朔，無乙亥。本書卷七世宗紀，大定十四年四月「乙亥，以勸農副使完顏蒲涅爲橫賜高麗使」。今據補。

〔一八〕閏九月　原脫「閏」字。按本書卷七世宗紀，大定十五年「閏月己未，以歸德尹完顏王祥等爲賀宋生日使，符寶郎斜卯和尚爲夏國生日使」。今據補。下夏、高麗欄同。

〔一九〕斜卯和尚　「卯」原作「也」。今據本書卷七世宗紀改正。詳前條。

〔二〇〕閏九月辛酉　原脫「閏九月」三字。按本書卷七世宗紀，大定十五年「閏月辛酉，高麗國王奏告趙位寵伏誅」。今據補一「閏」字。

〔二一〕九月癸丑　「丑」原作「酉」。按是年九月癸卯朔，無癸酉。本書卷七世宗紀，大定十六年九月「癸丑，以宿直將軍完顏覿古速爲夏國生日使」。今據改。

〔二二〕九月丁酉朔以尚書兵部郎中石抹忽土爲夏生日使　按本書卷七世宗紀，此事在九月癸卯。

〔二三〕以太子左衞率府率裴滿胡剌爲夏生日使　「左衞率府」下原脫一「率」字。按本書卷七世宗紀，大定十九年「九月戊午，以太子左衞率府率裴滿胡剌爲夏國生日使」。今據補。

〔二四〕正月甲寅朔　「甲寅朔」原作「庚申朔」，與上年雷同，顯係誤書。按本書卷七世宗紀，大定「二十年正月甲寅朔，宋、高麗、夏遣使來賀」。今據改。下夏、高麗欄同。

〔二五〕左諫議大夫楊伯仁爲賀宋正旦使　原脫「伯」字。據本書卷一二五楊伯仁傳補。

〔二六〕九月壬戌以少府少監宗室賽補爲夏生日使　「少府少監」原作「少府監」，且無「以」字。按本書卷七世宗紀，大定二十年「九月壬戌，以少府少監賽補爲夏國生日使」。今據補「以」「少」二字。

〔二七〕以太常少卿任倜爲高麗生日使　原脫「少」字。按本書卷七世宗紀，大定二十年十一月乙亥，「以太常少卿任倜爲高麗生日使」。今據補。

〔二八〕八月以殿前右副都點檢宗室胡什賚　原脫「都」字。按本書卷八世宗紀，大定二十一年「八月乙丑，以右副都點檢胡什賚等爲賀宋生日使」。今據補。

〔二九〕高麗尚書禮部侍郎賀正旦　官名下脫人名。按高麗史卷二〇明宗世家，作十年十一月「癸亥，遣兵部郎中陳士龍如金賀正」。

〔三〇〕以昭毅大將軍吏部尚書孛术魯阿魯罕　「魯」下原脫「阿魯」二字。按本書卷八世宗紀，大定二十二年「十一月丙子，以吏部尚書孛术魯阿魯罕等爲賀宋正旦使」。有「阿魯」二字。卷九一孛术魯阿魯罕傳同。今據補。

〔三一〕閏十一月　原脫「閏」字。按本書卷八世宗紀，大定二十三年「閏月，以西京留守婆盧火等爲賀宋正旦使」。今據補。

〔三二〕二月丙戌　「丙」原作「甲」。按本書卷八世宗紀，大定二十四年二月「丙戌，以器物局使㐭爲橫賜夏國使」。今據改。

〔三三〕宋遣試禮部尚書王信明州觀察使吳環賀正旦　「賀正旦」原作「賀萬春節」。按宋史卷三五孝宗紀，淳熙十二年九月「庚寅，遣王信等使金賀正旦」。今據改。

〔三四〕以益都尹宗浩　「宗浩」原作「崇浩」。今改。參考本書卷八世宗紀校記〔七〕。又下卷泰和七年兩條同改，不復出校。

〔三五〕鄂州觀察使姜特立來告哀　原脫「姜」字。按周必大思陵錄卷上，淳熙十四年宋高宗死後，赴金告哀，「十月乙未，『告哀使韋璞、姜特立朝辭』」。今據補。

〔三六〕以安武軍節度使王克溫　「安武」原作「武安」。按金無「武安軍」。本書卷八世宗紀，大定二十八年九月，「以安武軍節度使王克溫等爲賀宋生日使」。今據改。

〔三七〕宋葛廷瑞　按宋史卷三六光宗紀，淳熙十六年二月乙亥，「遣諸葛廷瑞等使金弔祭」。此處脫「諸」字。

金史卷六十二

表第四

交聘表下

	宋	夏	高麗
章宗明昌元年	正月丙辰朔，宋試戶部尚書郭德麟、宜州觀察使蔡鍚賀正旦。七月己巳，遣禮部尚書王翛等爲賀宋生辰使。八月己酉，宋顯謨閣學士丘崈、福州觀察使蔡必勝賀天壽節。十一月乙卯，遣簽書樞密院事把德固等爲賀宋正旦使。	正月丙辰朔，夏武節大夫唐彥超、宣德郎揚彥直賀正旦。八月己酉，夏武節大夫拽稅守節、宣德郎張仲文賀天壽節，知中興府罔進忠謝橫賜。	八月己酉，高麗戶部侍郎陳克修、及進奉使戶部鄭世髦〔一〕賀天壽節。十二月丁未，高麗戶部侍郎盧湜謝生日。
二年	正月庚戌朔，宋試吏部尚書蘇山、潭州觀察使劉詢賀正旦。丙寅，遣左副都點檢完顏匡等使宋告哀。三月丁丑，宋遣試禮部尚書宋之端、〔二〕嚴州觀察使宋嗣祖爲皇太后弔祭使，太常少卿王叔簡	正月庚戌朔，夏武節大夫王全忠、宣德郎張思義賀正旦。許使貿易三日。三月丁巳，夏左金吾衞正將軍李元膺、御史中丞高俊英爲陳慰使。丁卯，夏進奉使知中興府李嗣卿、樞密直學士	正月庚戌朔，高麗禮賓少卿鄭克溫賀正旦。三月乙亥，高麗檢校尚書右僕射工部尚書韓正修、〔三〕吏部侍郎崔敦禮奉慰，檢校尚書文得品、禮部侍郎李世長祭奠。八月乙巳，高麗戶部侍郎柳光壽來賀天壽節，

	謨參文。 七月己巳，遣同簽大睦親府事完顏兗等爲賀宋生辰使。 八月乙巳，宋試戶部尚書趙廱、婺州觀察使田皐賀天壽節。 十一月丁巳，遣豳王傅完顏宗璧等爲賀宋正旦使。	永昌奉奠皇太后。 八月乙巳，〔四〕夏武節大夫執嵬英、宣德郎焦元昌賀天壽節。	戶部侍郎宋弘迪進奉。 十二月癸卯，高麗戶部侍郎李至純謝賜生日。
三年	正月乙巳朔，宋煥章閣學士黃申、明州觀察使張宗益賀正旦。 七月辛卯，遣殿前都點	正月乙巳朔，夏武節大夫趙好、宣德郎史從禮賀正旦。〔五〕 八月丁卯，夏武節大夫	正月乙巳朔，高麗禮賓少卿洪孝忠賀正旦。 八月丁卯，〔六〕高麗衞尉少卿朴初賀天壽節，祕

	檢僕散端等爲賀宋生辰使。 八月，宋工部尚書錢之望、廣州觀察使楊大節賀天壽節。 十一月戊寅，遣右副都點檢溫敦忠等爲賀宋正旦使。	罔敦信、宣德郎韓伯容賀天壽節。	書少監師威謝横賜，禮賓少卿石城柱進奉。 十二月丁卯，高麗遣戶部侍郎丁光敍謝賜生日。
四年	正月己巳朔，宋顯謨閣學士鄭汝諧、均州觀察使譙令雍賀正旦。 七月己丑，遣御史中丞董師中等爲賀宋生辰使。	正月己巳朔，夏武節大夫吳哆遂良、宣德郎高崇德賀正旦。 八月辛酉，夏武節大夫龐靜師德、宣德郎張崇師賀天壽節，御史中丞	正月己巳朔，高麗司宰少卿揚淑節賀正旦。 八月辛酉，高麗禮賓少卿蘇良美賀天壽節，吏部侍郎門侯軾進奉。 十二月庚申，高麗戶部

	八月辛酉，宋吏部尚書許及之、明州觀察使蔣介賀天壽節。 十一月戊寅，〔七〕遣翰林直學士完顏匡更名弼，爲賀宋正旦使。	廼令思聰謝横賜。 九月，仁孝薨，子純佑立。 十一月壬申，夏御史大夫李元吉、翰林學士李國安來訃告。〔八〕 十二月甲午朔，夏殿前太尉咩銘友直、副使樞密直學士李昌輔奉遺進禮物。	侍郎陳光卿等謝賜生日。
五年	正月癸亥朔，宋翰林學士倪思、知閤門使王知新賀正旦。 六月戊戌，宋前主昚殂。	正月癸亥朔，夏武節大夫恧恧世忠、宣德郎劉思問等賀正旦。辛巳，命中憲大夫國子祭酒劉	正月癸亥朔，高麗衞尉少卿李居正賀正旦。 八月己丑朔，高麗禮賓少卿權信賀天壽節，太

	七月甲子，宋主禪位于子擴。 八月乙卯，宋試工部尚書梁總、明州觀察使戴勳賀天壽節。 九月壬申，宋顯謨閣學士薛叔似、廣州觀察使謝淵來告哀。戊寅，以知大興府事尼厖古鑑爲宋弔祭使。 十月庚寅，宋戶部尚書林湜、泉州觀察使游恭獻遺留物。 閏十月戊午朔，宋翰林學士鄭湜、廣州觀察使	璣、尚書右司郎中烏古論慶裔等充夏國王李純佑封册起復使。 四月壬寅，夏御史中丞浪訛文廣、副使樞密直學士劉俊才、押進知中興府野遇克忠來報謝。 八月乙卯，夏武節大夫野遇思文、宣德郎張公輔賀天壽節。	府少監柳澤進奉。 十二月丁巳朔，高麗戶部侍郎劉邦氏謝賜生日。

	范仲任報卽位。甲戌，以河東南北路提刑使王啓、廣威將軍殿前左副都點檢石抹仲溫爲賀宋卽位國信使。十一月庚子，以廣威將軍右宣徽使移剌敏、山東東路轉運使高世忠爲賀宋正旦使。		
六年	正月丁亥朔，宋試禮部尙書曾三復賀正旦。二月癸未，宋煥章閣學士林季友、明州觀察使郭正己報謝。	正月丁亥朔，夏武節大夫王彥才、宣德郎高大節賀正旦。三月丙申，夏御史大夫李彥崇、知中興府事郝	正月丁亥朔，高麗戶部侍郎白存儒賀正旦。八月己卯，高麗禮部侍郎徐諧賀天壽節，衞尉少卿周元迪謝橫賜。

	八月辛未，遣吏部尙書吳鼎樞等爲賀宋生辰使。己卯，宋試吏部尙書汪義端、〔九〕福州觀察使韓侂胄賀天壽節。十一月丙申，遣刑部尙書紇石烈貞等爲賀宋正旦使。	庭俊謝賜生日。八月己卯，夏武節大夫宋克忠、宣德郎吳子正賀天壽節。	十二月丁丑，高麗尙書戶部侍郎孫弘謝賜生日。
承安元年	正月辛巳朔，宋遣翰林學士黃艾、均州觀察使柳正一賀正旦。八月甲戌，宋試工部尙書吳宗旦、湖州觀察使張卓賀天壽節。	正月辛巳朔，夏武節大夫員元亨、宣德郎元叔等賀正旦。八月甲戌，夏武節大夫同崇義、宣德郎呂昌邦賀天壽節。	正月辛巳朔，高麗禮賓少卿宋赳賀正旦。八月甲戌，高麗尙書禮部侍郎趙冲賀天壽節，太府監卿劉應舉進奉。十二月丙午朔，高麗戶

	九月癸未，遣吏部尙書張嗣等爲賀宋生辰使。十一月甲午，遣陝西路統軍使完顏崇道等爲賀宋正旦使。		部侍郎金光當謝賜生日。
二年	正月乙亥朔，宋煥章閣學士張貴謨、嚴州觀察使郭倪賀正旦。辛丑，宋試禮部尙書趙介、利州觀察使朱龜年以母喪告哀。〔一〇〕八月戊戌，宋試工部尙書衛涇、泉州觀察使陳奕賀天壽節。	正月乙亥朔，夏武節大夫嵬茗世安、宣德郎李師廣賀正旦。八月戊戌，夏武節大夫曜哆守忠、宣德郎王彥國賀天壽節。知中興府事李德冲、樞密直學士劉思問等奏告榷場。十二月丁酉，夏殿前太	正月乙亥朔，高麗禮賓少卿牙應卿賀正旦。八月戊戌，高麗禮部侍郎趙謙賀天壽節，戶部侍郎梁元進奉。

	九月丁未，遣知歸德府事完顏愈等爲賀宋生辰使。	尉李嗣卿、知中興府事高德崇謝復榷場。	
三年	正月己亥朔，宋煥章閣學士曾炎、鄂州觀察使鄭挺賀正旦。乙丑，宋試禮部尙書趙介、利州觀察使朱龜年以宋祖母喪告哀。八月癸未，宋試刑部尙書湯碩、福州觀察使李汝翼等報謝。九月丙申，宋顯謨閣學士楊王休、〔一一〕利州觀察	正月己亥朔，夏武功大夫隗敏修、宣德郎鍾伯達賀正旦。八月甲午，夏武節大夫折哆俊乂、宣德郎羅世昌賀天壽節。	三月丙寅，王晧以國讓其弟晫，禮賓少卿趙通來奏告，求封册晫。遣使宣問。是歲，晧薨，〔一二〕晫嗣立，遣禮賓少卿白汝舟來奏告。

	使李安禮賀天壽節。遣中都路都轉運使孫鐸等爲賀宋生辰使。十一月丁未，遣太常卿楊庭筠等爲賀宋正旦使。		
四年	正月癸巳朔，宋工部尚書馬覺、廣州觀察使鄭藎賀正旦。八月己丑，宋試工部尚書李大性、泉州觀察使金湯梠賀天壽節。九月己未，遣知東平府事僕散琦等爲賀宋生辰使。十一月甲寅，遣知濟南府事范楫等爲賀宋正旦使。	正月癸巳朔，夏武節大夫李慶源、宣德郎鄧昌祖賀正旦。八月己丑，夏武節大夫紐尙德昌、宣德郎李公達賀天壽節。殿前太尉廼令思聰、樞密直學士楊德先謝橫賜。	正月丁酉，高麗告哀。〔一三〕三月，遣使册高麗王王晫。八月己丑，高麗王晫遣戶部侍郎劉元順賀天壽節，戶部侍郎鄭邦輔進奉。十二月乙酉，高麗知樞密院金陟侯、太府卿王儀謝封册。
五年	正月戊子朔，宋煥章閣學士朱致知、福州觀察使李師摯賀正旦。八月壬子，宋戶部尚書趙善義、鄂州觀察使龐仲詳賀天壽節。是月，宋前主惇殂。十月庚子，宋試刑部尚書吳旰、利州觀察使林可大來告母喪。	正月戊子朔，夏武節大夫連都敦信、宣德郎丁師周賀正旦，附奏爲母疾求醫。詔遣太醫時德元、王利貞往診治，仍以御劑藥賜焉。八月壬子，夏武節大夫連都敦信、宣德郎丁師周賀天壽節，南院宣徽使劉忠亮、知中興府高永昌來謝恩。	正月戊子朔，高麗禮賓少卿白元軾來賀正旦。八月壬子，高麗戶部侍郎池資深賀天壽節，戶部侍郎申周錫等進奉。
	十一月己巳，宋煥章閣學士李寅仲、福州觀察使張良顯來告前主喪。乙卯，遣工部尚書烏古論誼等爲宋弔祭使。〔一四〕辛未，遣殿前右副點檢紇石烈忠定等爲賀宋正旦使。〔一五〕十二月癸未，遣河南路統軍使完顏充等爲宋弔祭使。〔一六〕		
泰和元年	正月壬子朔，宋寶謨閣學士林桷、〔一七〕利州觀察使王康成賀正旦。壬戌，宋試工部尚書丁常任、嚴州觀察使郭倓進遺留物。三月乙亥，宋試刑部尚書虞儔、泉州觀察使張仲舒等來報謝。八月丙申，宋試戶部尚書俞烈、福州觀察使李言等報謝。丙申，〔一八〕宋遣試吏部尚書陳宗召、廣州觀察使竇藂賀天壽節。九月戊申，遣右宣徽使徒單懷忠等爲賀宋生辰使。	正月壬子朔，夏武節大夫臥德忠、宣德郎劉筠國賀正旦。三月乙丑，夏左金吾衛上將軍野遇思文、知中興府田文徽等來謝恩。八月戊寅朔，夏武節大夫柔思義、宣德郎焦思元等賀天壽節。	正月壬子朔，高麗禮賓少卿李惟卿賀正旦。八月，高麗戶部侍郎鄭公順賀天壽節，禮賓少卿趙淑進奉，衛尉卿秦彥匡謝賜生日。十二月乙巳，高麗禮賓少卿崔南敷進奉。

年	宋	夏	高麗
	十一月庚申，遣殿前右衞將軍紇石烈七斤等爲賀宋正旦使。		
二年	正月丁未朔，宋煥章閣學士李景和、福州觀察使陳有功賀正旦。八月庚子，宋試工部尚書趙不艱、鄂州觀察使黃卓然賀天壽節。九月丙辰，[一九] 以完顏瑭、張行簡爲賀宋生日使。十二月癸酉，遣武安軍節度使徒單公弼等爲賀	正月丁未朔，夏武節大夫白克忠、宣德郎蘇夤孫賀正旦。八月庚子，夏武節大夫天籍辣忠毅、宣德郎王安道賀天壽節，殿前太尉李建德、知中興府事楊紹直等謝橫賜。	正月丁未朔，高麗司宰少卿門孝軾賀正旦。八月庚子，高麗戶部侍郎史洪祐賀天壽節，禮賓少卿韓氏謝賜生日。閏十二月己巳，高麗禮賓少卿宋弘烈進奉。

年	宋	夏	高麗
	宋正旦使。[二〇]		
三年	正月辛未朔，宋試吏部尚書魯誼、利州觀察使王處久賀正旦。八月甲子，[二一]宋試禮部尚書劉甲、泉州觀察使郭倬賀天壽節。九月壬申，遣刑部尚書承暉等爲賀宋生辰使。十一月辛未，遣簽樞密院事獨吉思忠等爲賀宋正旦使。	正月辛未朔，夏武節大夫崔元佐、宣德郎劉彥輔賀正旦。八月甲子，夏武節大夫奃德元、宣德郎高大亨賀天壽節。	正月辛未朔。高麗戶部侍郎郭公儀賀天壽節，[二二]禮賓少卿師公直謝賜生日。十二月癸亥，高麗禮賓少卿林德元進奉。是歲，王晫薨，子韺嗣位。
四年	正月乙丑朔，宋試吏部尚書張孝曾、容州觀察	正月乙丑朔，夏武節大夫梅訛宇文、宣德郎韓	正月乙丑朔，高麗司宰少卿李延壽賀正旦。

年	宋	夏	高麗
	使林伯成賀正旦。丁丑，張孝曾迴至慶都縣卒，賻贈絹、布各二百二十疋，差防禦使女奚烈元充勑祭使，館伴使張雲護送以還。[二三] 八月癸丑，宋試禮部尚書張嗣古、廣州觀察使陳渙賀天壽節。乙卯，遣知眞定府事完顏昌等爲賀宋生辰使。十一月丁卯，遣殿前右副都點檢烏林荅毅等爲賀宋正旦使。癸未，寶雞、鄜縣諸社屢被宋抄	師正賀正旦。八月癸丑，[二四]夏武節大夫李德廣、宣德郎韓承慶賀天壽節。	三月庚寅，禮部侍郎王永齡來告哀。八月癸丑，高麗國王韺遣戶部侍郎曹光壽賀天壽節，戶部侍郎李儆謝賜生日。十二月丁巳，高麗禮賓少卿姜植材進奉，司宰少卿車富民謝橫賜，戶部尚書金慶夫、禮部侍郎崔克遇謝勑祭，衞尉少卿門存謝慰問，禮賓少卿黃孝卿謝起復。

年	宋	夏	高麗
	掠。		
五年	正月己未朔，宋試吏部尚書鄧友龍、利州觀察使皇甫斌賀正旦。庚申，宋兵入遂平縣，縱掠，出獄囚，火官舍，害令尉而去。二月己酉，宋兵掠泌陽，剽巡檢家貲，害其家人。三月戊午朔，宋兵焚平氏鎭，剽民財。庚午，宋兵掠鄧州白亭巡檢家貲，持其印去。辛巳，宋兵犯犨州來遠鎭。丁	正月己未朔，夏武功大夫遇惟德、宣德郎高大倫賀正旦。閏八月辛巳，夏武節大夫趙公良、宣德郎米元懿賀天壽節，殿前太尉廼來思聰、知中興府通判劉俊德來謝橫賜。	正月己未朔，高麗司宰少卿林仁碩賀正旦。閏八月辛巳，高麗司宰少卿崔義賀天壽節。十二月辛巳，高麗衞尉卿吳應天進奉。

	亥，唐州獲宋諜，言韓侂胄屯兵鄂州，將謀北侵。〔三五〕 四月，命樞密院移文宋人，依誓約，撤新兵，毋縱入境。 五月甲子，平章政事僕散揆宣撫河南，籍諸道兵備宋。宣撫司移文宋三省樞密，問用兵之故，宋以鐫諭邊臣爲辭。乃罷宣撫司，僕散揆還京師。甲申，宋楚州安撫使戚拱遣其將高顯以兵五百人破漣水縣。		

	閏八月辛巳，宋試吏部尚書李壁、廣州觀察使林仲虎賀天壽節。 九月甲申，遣河南路統軍使紇石烈子仁等爲賀宋生辰使。 十一月乙酉，宋兵入內鄉。己丑，遣太常卿趙之傑等爲賀宋正旦使。 十二月，宋吳曦擁衆興元，欲窺關、隴。皇甫斌擾淮北。		
六年	正月癸未朔，宋試刑部尚書陳景俊、知閤門事	正月癸未朔，夏武節大夫紐尚德、宣德郎鄭勗	正月癸未朔，高麗禮賓少卿崔甫淳賀正旦。

	吳琯賀正旦。 四月丙寅，詔平章政事僕散揆行省于汴，督諸道兵伐宋。 十月庚戌，僕散揆出潁、壽。 十一月丁亥，克安豐軍，壬辰，次廬江。宋主密諭丘崈，使歸罪韓侂胄，將乞盟。崈旣送韓元靚歸，遣忠訓郎林拱持書乞和於僕散揆。癸卯，丘崈復遣武翼郎宋顯等以書幣乞和於揆。 十二月癸丑，宋吳曦納	賀正旦。 乙丑，夏李安全廢其主純佑自立，〔三六〕令純佑母羅氏爲表，遣御史大夫罔佐執中等來奏求封册。 七月戊戌，〔三七〕詔宣問羅氏所以廢立之故，安全復以羅氏表來。 九月辛丑，〔三八〕以朝議大夫尚書左司郎中溫迪罕思敬、朝請大夫太常少卿黃震爲夏國王李安全封册使。 十二月乙丑，夏御史大夫謀寧光祖、翰林學士	八月丙子，高麗遣衞尉少卿李迪儒賀天壽節，衞尉卿金升謝賜生日，禮賓卿李佾謝起復，知樞密事韓奇、太府卿李承白等來謝封册。 十二月乙亥，高麗衞尉少卿慶裕升進奉。

	款于都大提舉完顏綱，賜詔褒諭。宋簽書樞密院事丘崈復遣陳璧奉書詣揆乞和，揆以其辭倨，不見。乙丑，僕散揆班師，封吳曦爲蜀國王。吳曦遣郭澄、任辛奉表及蜀地圖志、吳氏譜牒來上。	張公甫謝封册，押進使知中興府梁德樞等入見。	
七年	正月庚寅，僕散揆還至下蔡，有疾。丙申，以左丞相宗浩代揆行省于汴。 二月，宋安丙殺吳曦。宋	正月丁丑朔，〔三九〕夏武節大夫隗敏修、宣德郎鄧昌福賀正旦。 八月甲辰朔，夏武節大夫囉略思忠、宣德郎安	正月丁丑朔，高麗戶部侍郎師應瞻賀正旦。 四月壬子，以昭勇大將軍宮籍副監楊序爲橫賜高麗使。

中華書局

	方信孺詣行省，以書乞和。五月丙申，宋張巖復遣方信孺詣都元帥府，請增歲幣。九月，宗浩薨，以平章政事完顏匡行省于汴。十一月丙子，宋韓侂胄遣王柟以書詣元帥府。壬辰，宋錢象祖、李壁移書行省議和。	禮賀天壽節。	八月壬申，高麗遣衞尉少卿徐珖賀天壽節，衞尉少卿金義元謝賜生日。十二月壬寅朔，高麗遣戶部侍郎鄭光習進奉。
八年	二月乙巳，宋錢象祖復遣王柟以書上行省。閏四月乙未，〔三〇〕宋函韓侂胄、蘇師旦首，贖淮南故地，元帥府露布以聞。宋請改叔姪爲伯姪，增歲幣至三十萬。六月癸酉，宋試禮部尙書許奕、福州觀察使吳衡奉誓書通謝。七月戊申，答宋誓書，以左副點檢完顏侃爲宋諭成使。八月己丑，遣戶部尙書高汝礪等爲賀宋生辰使。十月己卯，〔三二〕宋戶部尙書鄒應龍、泉州觀察使	正月辛未朔，夏武節大夫渾光中、宣德郎梁德懿賀正旦。三月甲申，夏樞密使李元吉、觀文殿大學士羅世昌等奏告。五月辛亥，夏殿前太尉習勒遵義、樞密都承旨蘇寅孫謝賜生日。十月己卯，夏武節大夫李世昌、宣德郎米元傑賀天壽節，御史大夫權鼎雄、樞密直學士李文政謝橫賜，參知政事浪訛德光、光祿大夫田文徽等來奏告。	正月辛未朔，高麗戶部侍郎林桂材賀正旦。十月己卯，〔三一〕高麗禮部侍郎林永祖賀天壽節，禮賓卿池利中謝賜生日。
	李謙賀天壽節。		
衞紹王大安元年	八月，宋使賀萬秋節。		五月，高麗來賀即位。
二年	八月，宋使賀萬秋節。		
三年	正月乙酉朔，宋使賀正旦。	正月乙酉朔，夏使賀正旦。	正月乙酉朔，高麗使賀正旦。
崇慶元年	正月，宋使賀正旦。	正月，夏使賀正旦。三月，遣使冊李遵頊爲夏國王。十二月，夏國王李遵頊謝封冊。	
至寧元年			
宣宗貞祐元年	閏九月辛未，奉國上將軍武衞軍都指揮使烏林答與、尙書戶部侍郎高霖爲報諭宋使。十一月，宋賀正旦使入境有期，以大兵在近，姑停之，令有司移報。	十二月癸亥，夏人陷鞏州，涇州節度使夾谷守中死之。〔三三〕	
二年	正月丁丑，宋刑部尙書眞德秀等賀即位，駐境上，以中都被圍，諭罷之。	十一月乙卯，蘭州譯人程陳僧叛入于夏。自是，連歲與夏交兵矣。	
三年	正月辛酉朔，宋顯謨閣學士聶子述、廣州觀察使周師銳賀正旦。三月壬申，宋寶謨閣學士丁焴、利州觀察使侯		

	忠信賀長春節。是月丙子，宋使朝辭，因言宋主請減歲幣如大定例。上以本自稱賀，不宜別有祈請，諭遣之。九月己巳，以左諫議大夫把胡魯、尚書工部侍郎徒單歐里白爲賀宋生日使。十一月庚辰，以拱衞直都指揮使蒲察五斤、尚書禮部侍郎楊雲翼爲賀宋正旦使。		
四年	正月乙卯朔，〔三四〕宋試工部尚書施累、廣州觀察使陳萬春賀正旦。〔三五〕三月甲子，宋遣華文館學士留筠、宜州觀察使右武衞上將軍師亮賀長春節。九月乙未，以榮祿大夫中衞尉完顏奴婢、太子少詹事納坦謀嘉爲賀宋生日使。十一月甲辰，以尚書工部侍郎內族和尚、尚書右司郎中僕散毅夫爲賀宋正旦使。		

興定元年	正月己卯朔，宋煥章閣學士陳伯震、福州觀察使霍儀賀正旦。三月己丑，宋試工部尚書錢撫、潭州觀察使馮柄賀長春節。四月丁未朔，以宋歲幣不至，命烏古論慶壽經略南邊。		
二年	十二月甲寅，朝議乘勝與宋議和，以開封治中呂子羽、南京路轉運副使馮璧爲詳問宋國使，行至淮中流，宋人拒止之，自此和好遂絕。		四月癸丑，以詔付遼東行省夾谷必蘭，〔三六〕出諭高麗貸糧、開市二事，遣典客署書表劉丙從行。

三年			正月戊辰朔，遼東行省報，高麗有奉表朝貢之意，詔行省受其表章以聞，朝貢之禮俟他日徐議。
四年			
五年			
元光元年			
二年			
哀宗正大元年	三月，以邊帥意，遣忠孝軍三百，送省令史李唐英往滁州通好。宋人宴犒旬日，以奏稟爲辭，和	十一月，夏遣使議和。〔三七〕	

	事竟不成。六月，遣樞密判官移剌蒲阿，以文榜遍諭宋界軍民更不南伐，自是宋人亦斂兵。		
二年		九月，夏國和議定，夏稱弟，各用本國年號，遣光祿大夫吏部尚書李仲諤、南院宣徽使羅世昌、中書省左司郎李紹膺來聘。十月，遣𨯚天驥、張天綱使夏講和事。十二月，夏使朝辭，國書報聘稱「兄大金皇帝致書於弟大夏皇帝闕下」，遣禮部尚書奧敦良弼、大理卿裴滿欽甫、侍御史烏古孫弘毅充報成使。	
三年		正月丁巳朔，夏遣精鼎匭匣使武紹德、副儀增、御史中丞咩元禮賀正旦。十月，夏使報哀。十一月甲戌，遣人使夏賀正旦。丙子，夏以兵事方殷，來報各停使。	

		是月，遣中奉大夫完顏履信、昭毅大將軍太府監徒單居正爲弔祭夏國使。	
四年		夏遣精方匭匣使王立之來，未復命，國亡。	
五年			
六年			
七年	揚州制置趙善湘遣黃謨詣京東帥府約和，朝廷以寧陵令王渥往議，凡再往，約竟不成。		
八年〔六〕			
天興元年			
二年	八月己卯，假蔡州都軍致仕內族阿虎帶同簽大睦親府事，如宋借糧，宋人不許。		
三年	正月己酉，國亡。		

校勘記

〔一〕戶部鄭世鬈　按「戶部」下脫官名。

〔二〕禮部尚書宋之端　按宋史卷三六光宗紀，紹熙二年正月「壬午，遣宋之瑞等使金弔祭」。「端」作「瑞」。

〔三〕高麗檢校尚書右僕射工部尚書韓正修　原脫「校」字，今補。

〔四〕八月乙巳　「乙巳」原作「丁丑朔」。按本書卷九章宗紀，明昌二年「八月乙巳，宋、高麗、夏遣使來賀天壽節」。今據改。

〔五〕宣德郎史從禮賀正旦　原脫「宣」字，據殿本補。

〔六〕八月丁卯　「丁卯」原作「辛丑朔」。按高麗史卷二〇明宗世家，二十二年「秋七月乙亥，遣使如金進方物。壬午，遣使賀天壽節。庚寅，遣使謝橫宣」。其到館及進賀當在八月朔以後。本書卷九章宗紀，明昌三年八月「丁卯，宋、高麗、夏遣使來賀天壽節」。正與之合。今據改。

〔七〕十一月戊寅　「戊」原作「庚」。按本書卷一〇章宗紀，明昌四年十一月「戊寅，以翰林直學士完顏匡等爲賀宋正旦使」。今據改。

〔八〕十一月壬申夏御史大夫李元吉……來訃告　按本書卷一〇章宗紀，明昌四年十一月「庚寅，夏國嗣子李純佑遣使來訃告」。「庚寅」在「壬申」之後十九日。

〔九〕宋試吏部尚書汪義端　按宋史卷三七寧宗紀，慶元元年六月「己未，遣汪義瑞賀金主生辰」。「端」作「瑞」。

〔一〇〕辛丑宋試禮部尚書趙介利州觀察使朱龜年以母喪告哀　以上二十三字與下年重複。按本書卷一一章宗紀，承安「三年春正月乙丑，宋主以祖母喪遣使告哀」。又宋史卷三七寧宗紀，「慶元三年十一月辛丑，太皇太后吳氏崩，丁未，遣趙介使金告哀」。知繫在下年是。

〔一一〕宋顯謨閣學士楊王休　原脫「楊」字。按宋史卷三七寧宗紀，慶元四年「六月己巳，遣楊王休賀金主生辰」。今據補。

〔一二〕是歲晧薨　按高麗史卷二〇明宗世家，是歲晧廢。「薨」字誤。

〔一三〕正月丁酉高麗告哀　按此卽上年白汝舟奏告事，王晧未薨，「告哀」是誤記，詳見本書卷一三五

高麗傳校記〔六〕。

〔一四〕烏古論誼等爲宋弔祭使　原脫「爲」字。按本書卷一一章宗紀，承安五年十一月乙卯，「以工部尚書烏古論誼等爲宋弔祭使」。今據補。

〔一五〕紇石烈忠定等爲賀宋正旦使　原脫「賀」字，據殿本補。

〔一六〕完顏充等爲宋弔祭使　「充」原作「兖」。按本書卷一一章宗紀，承安五年十二月癸未，「以河南路統軍使充等爲宋弔祭使」。又宋史卷三八寧宗紀，嘉泰元年春正月「丙子，金遣完顏充來弔祭」。今據改。

〔一七〕宋寶謨閣學士林桷　原闕「寶」字，據殿本補。「桷」原作「桶」。按宋史卷三七寧宗紀，慶元六年冬十月「戊子，遣林桷使金賀正旦」。今據改。

〔一八〕丙申　此與上一條干支重複。按本書卷一一章宗紀，「九月戊申朔，天壽節，宋、高麗、夏遣使來賀」。表例以前二日書至，通觀前後各年多如此，疑此「丙申」當作「丙午」。

〔一九〕九月丙辰　原脫「九月」二字。按是年八月壬申朔，月內無丙辰。九月壬寅朔，丙辰是十五日。據補「九月」二字。又本書卷一一章宗紀，九月甲寅，「以拱衞直都指揮使完顏瑭等爲賀宋生日使」。則比此早二日。

〔二〇〕徒單公弼等爲賀宋正旦使　原脫「徒單」二字。按本書卷一一章宗紀，泰和二年十二月癸酉，「以安武軍節度使徒單公弼等爲賀宋正旦使」。又宋史卷三八寧宗紀，嘉泰二年閏月丁卯，「金遣徒單公弼來賀明年正旦」。今據補「徒單」二字。

〔二一〕八月甲子　原脫「八月」二字，據本表夏欄補。本書卷一一章宗紀，泰和三年「九月丙寅朔，天壽節」，甲子是其前二日。

〔二二〕正月辛未朔高麗戶部侍郎郭公儀賀天壽節　按本書卷九章宗紀，章宗以其生辰「七月丙戌」爲天壽節，並「勅有司移報宋、高麗、夏，天壽節於九月一日來賀」。則郭公儀賀天壽節必不在正月朔。本書卷一一章宗紀，泰和「三年春正月辛未朔，宋、高麗、夏遣使來賀」。「九月丙寅朔，天壽節，宋、高麗、夏遣使來賀」。知「正月辛未朔」下必脫賀正旦及使臣官階、名姓。又高麗史卷二一神宗世家，「六年秋七月戊寅，遣左司郎中郭公儀如金賀天壽節」。本表宋、夏兩欄賀天壽節皆在「八月甲子」，則「高麗」上亦必脫「八月甲子」等字。

〔二三〕館伴使張雲護送以還　「館」原誤作「管」，今改。又本書卷一二章宗紀記此事作「送伴使」。

〔二四〕八月癸丑　「癸」原作「己」。按長術是年八月辛卯朔，無己丑，照本表宋欄改。下高麗欄同。

〔二五〕庚午宋兵掠鄧州……將謀北侵　以上凡四十六字原在四月一段之後。按本書卷一二章宗紀，泰和五年「四月戊子朔」，無庚午。其上文，三月「辛巳，宋兵入鞏州來遠鎭。唐州得宋諜者，言韓侂胄屯兵鄂、岳，將謀北侵」。四月「癸巳，命樞密院移文宋人依誓約撤新兵，毋縱入境」。卷

九八完顏匡傳記宋兵「泰和五年三月，焚平氏鎭，剽民財物。掠鄧州白亭巡檢家貲，持其印去」。及「唐州獲宋諜者李忭」。知表此處記事顚倒。今將此四十六字移至三月戊午一段之後，「四月」二字之前。

〔二六〕乙丑夏李安全廢其主純佑自立　按泰和六年正月癸未朔，見本書卷一二章宗紀。無乙丑。本書卷一三四西夏傳，「泰和六年三月，仁孝弟仁友子安全廢純佑自立」，而三月壬午朔，亦無乙丑。宋史卷四八六夏國傳，「純佑，開禧二年正月二十日廢，遂殂」。又安全「開禧二年正月廢其主純佑自立」，考正月二十日爲壬寅，蓋廢立事或在正月，而「乙丑」則有誤字。

〔二七〕七月戊戌　「七」原作「六」。按六月辛亥朔無戊戌。本書卷一二章宗紀，泰和六年秋七月「丙申，夏國王李純佑廢，姪安全立，遣使奉表來告」。戊戌在丙申後二日，今據改爲七月。

〔二八〕九月辛丑　原脫「九月」二字。按本書卷一二章宗紀，泰和六年九月「辛丑，遣尙書左司郎中溫迪罕思敬冊李安全爲夏國王」。今據補。

〔二九〕正月丁丑朔　原空格闕「正月」二字，據本表高麗欄及殿本補。

〔三〇〕閏四月乙未　「乙未」原繫二月下。按是年二月辛丑朔，無乙未。本書卷一二章宗紀，泰和八年閏月「乙未，宋獻韓侂胄等首于元帥府」。今據補「閏四月」三字。

〔三一〕十月己卯　「卯」原作「酉」。按十月丁卯朔，無己酉。本書卷一二章宗紀，五月「癸亥，詔移天壽

節於十月十五日」。又「冬十月辛巳，宋、高麗、夏遣使賀」。使臣例以節前二日到，知此當是己卯。夏欄同。

〔三二〕十月己卯　原作「己酉」，無月份，厠八月前。按本書卷一二章宗紀，是年五月「詔移天壽節於十月十五日」，故十月記「辛巳，宋、高麗、夏遣使來賀」。使臣例于節前二日到，因改作「十月己卯」，與夏、高麗同。幷將此條移在八月之後。

〔三三〕十二月癸亥夏人陷鞏州涇州節度使夾谷守中死之　原脫「鞏州」二字。按本書卷一二一夾谷守中傳，「至寧末，移彰化軍，未行，夏兵數萬入鞏州，守中獨不屈」。彰化軍卽涇州，見本書卷二六地理志。今據補「鞏州」二字。又此事不見于宣宗紀，疑當從夾谷守中傳繫至寧元年。衞紹王無實錄，故卷一三衞紹王本紀亦失載。

〔三四〕正月乙卯朔　「乙」原作「己」，與下年同，誤。今據長術改正。

〔三五〕廣州觀察使陳萬春賀正旦　原脫「使」字，據殿本補。

〔三六〕四月癸丑以詔付遼東行省夾谷必蘭　原脫「四月」「遼東」「夾谷」六字。按本書卷一五宣宗紀，興定二年夏四月乙巳，「以戶部尙書夾谷必蘭爲翰林學士承旨，權參知政事，行省于遼東。癸丑，完顏素蘭請宣諭高麗復開互市，從之」。又卷一〇九完顏素蘭傳，「興定二年四月……上言曰，『臣近請宣諭高麗復互市事，聞以詔書付行省必蘭出，……如遣信使明持恩詔諭之，貸糧、

開市二者必有一濟……』，上是其言，於是遣典客署書表劉丙從行」。今據補此六字。

〔三七〕十一月夏遣使議和　按本書卷一七哀宗紀作正大元年「冬十月戊午，夏國遣使來修好」。

〔三八〕八年　原缺八年一行，今據本書卷一七哀宗紀補。

金史卷六十三

列傳第一

后妃上

始祖明懿皇后　德帝思皇后　安帝節皇后　獻祖恭靖皇后

昭祖威順皇后　景祖昭肅皇后　世祖翼簡皇后

肅宗靖宣皇后　穆宗貞惠皇后　康宗敬僖皇后

太祖聖穆皇后　太祖光懿皇后　太祖欽憲皇后

太祖宣獻皇后　太祖崇妃蕭氏　太宗欽仁皇后

熙宗悼平皇后　海陵嫡母徒單氏

海陵母大氏　海陵后徒單氏　海陵諸嬖附

古者天子娶后，三國來媵，皆有娣姪，凡十二女。諸侯一娶九女。所以正嫡妾，廣繼

嗣，息妬忌，防淫慝，塞禍亂也。后亡，則媵爲繼室，各以其敍。無三媵，則娣姪繼室，亦各以其敍。繼室者，治其內政，不敢正其位號。禮，廟無兩祔，不並尊也。魯成風始兩祔，宋國三媵，齊管氏三歸，春秋皆譏之。周禮內宰，其屬則內小臣、閽人、寺人次之，九嬪、世婦、女御、女祝、女史、典婦功、典絲、典枲、內司服又次之。昏義稱「后立六宮，三夫人、九嬪、二十七世婦、八十一御妻」，不與春秋、周禮合，後世因仍其說，後宮遂至數千。

金代，后不娶庶族，甥舅之家有周姬、齊姜之義。國初諸妃皆無位號，熙宗始有貴妃、賢妃、德妃之號。海陵淫嬖，後宮寖多，元妃、姝妃、惠妃、貴妃、賢妃、宸妃、麗妃、淑妃、德妃、昭妃、溫妃、柔妃凡十二位。大定後宮簡少，明昌以後大備。

內官制度：諸妃視正一品，比三夫人。昭儀、昭容、昭媛、修儀、修容、修媛、充儀、充容、充媛視正二品，比九嬪。婕妤九人視正三品，美人九人視正四品，才人九人視正五品，比二十七世婦。〔一〕寶林二十七人視正六品，御女二十七人視正七品，采女二十七人視正八品，比八十一御妻。又有尙宮、尙儀、尙服、尙食、尙寢、尙功，皆內官也。

太祖嫡后聖穆生景宣，光懿生宗幹，有定策功，欽憲有保佑之功，故自熙宗時聖穆、光懿、欽憲皆祔。宣獻生睿宗，大定祔焉。故太祖廟祔四后，睿、世、顯、宣皆祔兩后，惟太宗、景宣、熙宗、章宗室祔一后。貞、慈、光獻、昭聖雖庶姓，皆以子貴。宣宗册溫敦氏，乃賜姓，

變古甚矣。故自初起至于國亡，列其世次，著其族里，可考鑒焉。其無與於世道者，置不錄。

始祖明懿皇后，完顏部人。年六十餘嫁始祖。天會十五年追諡。

德帝思皇后，不知何部人。天會十五年追諡。

安帝節皇后，不知何部人。天會十五年追諡。

獻祖恭靖皇后，不知何部人。天會十五年追諡。

昭祖威順皇后徒單氏，諱烏古論都葛，活剌渾水敵魯鄉徒單部人。其父拔炭都魯海。后性剛毅，人莫敢以爲室。獻祖將爲昭祖娶婦，曰：「此子勇斷異常，柔弱之女不可以爲配。」乃爲昭祖娶焉。天會十五年追諡。

景祖昭肅皇后，唐括氏，帥水隈鴉村唐括部人，諱多保眞。父石批德撒骨只，巫者也。后有識度，在父母家好待賓客，父母出，則多置酒饌享隣里，迨于行旅。景祖飲食過人，時人名之「活羅」，解在景祖紀。昭祖曰：「儉嗇之女吝惜酒食，不可以配。」烏古廼聞后性度如是，乃娶焉。

遼使同幹來伐五國蒲聶部，景祖使后與劾孫爲質於拔乙門，而與同幹襲取之，遼主以景祖爲節度使。

后雖喜賓客，而自不飲酒。景祖與客飲，后專聽之。翌日，枚數其人所爲，無一不中其綮肯。有醉而喧呶者，輒自歌以釋其忿爭。軍中有被笞罰者，每以酒食慰諭之。景祖行部，輒與偕行，政事獄訟皆與決焉。

景祖沒後，世祖兄弟凡用兵，皆稟於后而後行，勝負皆有懲勸。農月，親課耕耘刈穫，遠則乘馬，近則策杖，勤於事者勉之，晏出早休者訓勵之。

后往邑屯村，世祖、肅宗皆從。會桓赧、散達偕來，是時已有隙，被酒，語相侵不能平，遂舉刃相向。后起，兩執其手，謂桓赧、散達曰：「汝等皆吾夫時舊人，奈何一旦遽忘吾夫之恩，與小兒子輩忿爭乎。」因自作歌，桓赧、散達怒乃解。其後桓赧兄弟起兵來攻，當是時，肅宗先已再失利矣，世祖已退烏春兵，與桓赧戰于北隘甸。部人失束寬逃歸，袒甲而至，告后曰：「軍敗矣。」后方憂懣，會康宗來報捷，后乃喜。既而桓赧、散達皆降。

后不妬忌，闆略女工，能輯睦宗族，當時以爲有丈夫之度云。天會十五年追諡。

世祖翼簡皇后，拏懶氏。〔二〕大安元年癸酉歲卒。〔三〕天會十五年追諡。

肅宗靖宣皇后，蒲察氏。太祖將舉兵，入告于后。后曰：「汝邦家之長，見可則行。吾老矣，無貽我憂，汝亦必不至是。」太祖奉觴爲壽，卽奉后出門，酹酒禱天。后命太祖正坐，號令諸將。自是太祖每出師還，輒率諸將上謁，獻所俘獲。天會十五年追諡。

穆宗貞惠皇后，烏古論氏。天會十五年追諡。

康宗敬僖皇后，唐括氏。天會十五年追諡。

太祖聖穆皇后，唐括氏。天會十三年追諡。仍贈后父留速太尉、榮國公，祖迭胡本司徒、英國公，曾祖劾廼司空、溫國公。

太祖光懿皇后，裴滿氏。天會十三年追諡。

太祖欽憲皇后，紇石烈氏。天會十三年，尊爲太皇太后，宮號慶元。十四年正月己巳朔，熙宗朝于慶元宮，然後御乾元殿，受羣臣賀。是月丁丑，崩于慶元宮。二月癸卯，祔葬睿陵。

太祖宣獻皇后，僕散氏，睿宗母也。天會十三年，追册曰德妃。大定元年追諡。〔四〕

崇妃，蕭氏。熙宗時封貴妃。天德二年正月，封元妃。是月，尊封太妃。海陵母大氏事蕭氏甚謹。海陵篡立，尊大氏爲皇太后，居永寧宮。每有宴集，太妃坐上坐，大氏執婦禮。海陵積不能平，及殺宗義等，誣太妃以隱惡，殺之，併殺所生子任王隈喝。大定十九年，詔改葬。大宗正丞宗安監護葬事，遣使致祭。上欲復太妃舊號，下禮官議。「前代稱太妃者皆以子貴。古者入廟稱『后』繫夫，〔五〕在朝稱『太』繫子，與今蕭妃事不同，恐不得稱『太』，止當追封妃號」。詔從之，乃封崇妃云。

太宗欽仁皇后，唐括氏。熙宗卽位，與太祖欽憲皇后俱尊爲太皇太后，號明德宮。贈后父阿魯束太尉、宋國公，祖實匹司徒、英國公，曾祖阿魯瑣司空、溫國公。十四年正月己巳朔，上朝兩宮太后，然後御乾元殿受賀，自後歲以爲常。皇統元年，上自燕京還京師，朝謁于明德宮。明年，上如天開殿，皇子生，使使馳報太后。太后至天開殿，上與皇后親迎之。三年，崩于明德宮。〔六〕謚曰欽仁皇后，祔葬恭陵。

熙宗悼平皇后，裴滿氏。熙宗卽位，封貴妃。天眷元年，立爲皇后。父忽達拜太尉，贈曾祖斜也司空，祖鶻沙司徒。皇統元年，熙宗受尊號，册爲慈明恭孝順德皇后。二年，太子濟安生。是歲，熙宗年二十四，喜甚，乃肆赦，告天地宗廟。彌月，册爲皇太子，未一歲薨。

熙宗在位，宗翰、宗幹、宗弼相繼秉政，帝臨朝端默。雖初年國家多事，而廟算制勝，齊國就廢，宋人請臣，吏清政簡，百姓樂業。宗弼既沒，舊臣亦多物故，后干預政事，無所忌憚，朝官往往因之以取宰相。濟安薨後，數年繼嗣不立，后頗掣制熙宗。熙宗內不能平，因無聊，縱酒酗怒，手刃殺人。左丞相亮生日，上遣大興國以司馬光畫像、玉吐鶻、廐馬賜之，后亦附賜生日禮物。熙宗聞之，怒，遂杖興國而奪回所賜。海陵本懷覬覦，因之疑畏愈甚，蕭牆之變，從此萌矣。近侍高壽星隨例遷屯燕南，入訴於后，后激怒熙宗，殺左司郎中三合，杖平章政事秉德，而壽星竟得不遷。秉德、唐括辯之姦謀起焉，海陵乘之，以成逆亂之計。

久之，熙宗積怒，遂殺后，而納胙王常勝妃撒卯入宮繼之。又殺德妃烏古論氏，妃夾谷

氏、張氏、裴滿氏。明日，熙宗遇弑。海陵已弑熙宗，欲收人心，以后死無罪，降熙宗爲東昏王，追謚后爲悼皇后，封后父忽達爲王。大定間，復熙宗帝號，加謚后爲悼平皇后，祔葬思陵。

海陵嫡母，徒單氏。宗幹之正室也。徒單無子，次室李氏生長子鄭王充，次室大氏生三子，長卽海陵庶人也。徒單氏賢，遇下有恩意，大氏事之甚謹，相得歡甚。徒單雖養充爲己子，充與海陵俱爲熙宗宰相，充嗜酒，徒單常責怒之，尤愛海陵。海陵自以其母大氏與徒單嫡妾之分，心常不安。及弑熙宗，徒單與太祖妃蕭氏聞之，相顧愕然曰：「帝雖失道，人臣豈可至此。」徒單入宮見海陵，不賀，海陵銜之。

天德二年正月，徒單與大氏俱尊爲皇太后。徒單居東宮，號永壽宮，大氏居西宮，號永寧宮。天德二年，太后父蒲帶與大氏父俱贈太尉，封王。徒單太后生日，酒酣，大氏起爲壽。徒單方與坐客語，大氏跽者久之。海陵怒而出。明日，召諸公主宗婦與太后語者皆杖之。大氏以爲不可。海陵曰：「今日之事，豈能尙如前日邪。」自是嫌隙愈深。

天德四年，海陵遷中都，獨留徒單於上京。徒單常憂懼，每中使至，必易衣以俟命。大氏在中都常思念徒單太后，謂海陵曰：「永壽宮待吾母子甚厚，愼毋相忘也。」十二月十四

日，徒單氏生日，海陵使秘書監納合椿年往上京爲太后上壽。貞元元年，大氏病篤，恨不得一見。臨終，謂海陵曰：「汝以我之故，不令永壽宮偕來中都。我死，必迎致之，事永壽宮當如事我。」

三年，右丞相僕散師恭、大宗正丞胡拔魯往上京奉遷山陵，海陵因命永壽宮太后與俱來。繼使平章政事蕭玉迎祭祖宗梓宮於廣寧，海陵謂玉曰：「醫巫閭山多佳致，祭奠禮畢，可奏太后於山水佳處遊覽。」及至沙流河，海陵迎謁梓宮，遂謁見太后。海陵命左右約杖二束自隨，跪於太后前，謝罪曰：「亮不孝，久闕溫凊，願太后痛笞之。不然，且不安。」太后親扶起之，叱約杖者使去。太后曰：「今庶民有克家子，立百金之產，尙且愛之不忍笞。我有子如此，寧忍笞乎。」十月，太后至中都，海陵帥百官郊迎，入居壽康宮。是日，海陵及後宮、宰臣以下奉觴上壽，極歡而罷。

海陵侍太后于宮中，外極恭順，太后坐起，自扶腋之，常從輿輦徒行，太后所御物或自執之。見者以爲至孝，太后亦以爲誠然。及謀伐宋，太后諫止之，海陵心中益不悅，每謁太后還，必忿怒，人不知其所以。

及至汴京，太后居寧德宮。太后使侍婢高福娘問海陵起居，海陵幸之，因使伺太后動靜。凡太后動止，事無大小，福娘夫特末哥教福娘增飾其言以告海陵。及樞密使僕散師恭

征契丹撒八，辭謁太后，太后與師恭語久之。大概言「國家世居上京，既徙中都，又自中都至汴，今又興兵涉江、淮伐宋，疲弊中國，我嘗諫止之，不見聽。契丹事復如此，奈何」。福娘以告海陵。海陵意謂太后以充爲子，充四子皆成立，恐師恭將兵在外，太后或有異圖。乃召點檢大懷忠、翰林待制斡論、尙衣局使虎特末、武庫直長習失使殺太后于寧德宮，命護衞高福、辭勒、蒲速斡以兵士四十人從，且戒之曰：「汝等見太后，但言有詔，令太后跪受，卽擊殺之，勿令艱苦。太后同乳妹安特，多口必妄言，當令速死。」及指名太后左右數人，皆令殺之。太后方樗蒲，大懷忠等至，令太后跪受詔。太后愕然，方下跪，虎特末從後擊之，仆而復起者再。高福等縊殺之，年五十三。幷殺安特及郡君白散、阿魯瓦、叉察，乳母南撒，侍女阿斯、斡里保，寧德宮護衞溫迪罕查剌，直長王家奴、撒八，小底忽沙等。海陵命焚太后于宮中，棄其骨於水。幷殺充之子檀奴、阿里白、元奴，耶補兒逃匿，歸于世宗。自軍中召師恭還，殺之。及殺阿斯子孫、撒八二子、忽沙二子。封高福娘爲鄖國夫人，以特末哥爲澤州刺史。海陵許福娘征南回以爲妃，賜銀二千兩。勅戒特末哥：「無酗酒毆福娘，毆福娘必殺汝。」

大定間，謚徒單氏曰哀皇后，自澤州械特末哥、福娘至中都誅之。其後貶海陵爲庶人。宗幹去帝號，復封遼王，徒單氏降封遼王妃云。

海陵母，大氏。天德二年正月，與徒單氏俱尊爲皇太后。大氏居永寧宮。曾祖堅嗣贈司空，祖臣實贈司徒，父昊天贈太尉、國公，兄興國奴贈開府儀同三司、衞國公。十一月，昊天進封爲王。

三年正月十六日，海陵生日，宴宗室百官於武德殿。大氏歡甚，飲盡醉。明日，海陵使中使奏曰：「太后春秋高，常日飲酒不過數杯，昨見飲酒沉醉。兒爲天子，固可樂，若聖體不和，則子心不安，其樂安在。至樂在心，不在酒也。」及遷中都，永壽宮獨留上京，大氏常以爲言。

貞元元年四月，大氏有疾，詔以錢十萬貫求方藥。及病篤，遺言海陵，當善事永壽宮。戊寅，崩。詔尚書省：「應隨朝官至五月一日方治事。中都自四月十九日爲始，禁樂一月。外路自詔書到日後，官司三日不治事，禁樂一月，聲鐘七晝夜。」

貞元三年，大祥，海陵率後宮奠哭于萁宮。海陵將遷山陵于大房山，故大氏猶在萁宮也。九月，太祖、太宗、德宗梓宮至中都。尊謚曰慈憲皇后。海陵親行册禮，與德宗合葬于大房山，升祔太廟。大定七年，降封海陵太妃，削去皇后謚號。及宗幹降帝號，封遼王，詔以徒單氏爲妃，而大氏與順妃李氏、寧妃蕭氏、文妃徒單氏並追降爲遼王夫人。

廢帝海陵后，徒單氏。太師斜也之女。初爲岐國妃，天德二年封爲惠妃，九月，立爲皇后。三年十一月二十一日，后生日，百僚稱賀於武德殿。久之，海陵後宮寖多，后寵頗衰，希得進見。沈璋妻張氏嘗爲光英保母，耶律徹在北京與海陵游從，海陵使璋妻及徹妻矦氏入宮侍后。徹本名神涅，負官錢二千六百餘萬，海陵皆免之。正隆六年，海陵幸南京。六月癸亥，左丞相張浩率百官迎謁。海陵備法駕，乘玉輅，與后及太子光英共載而入。海陵伐宋，后與光英居守。海陵遇害，陀滿訛里也殺光英于汴。后至中都，居于海陵母大氏故宮。頃之，世宗憐其無依，詔歸父母家于上京，歲賜錢二千貫，奴婢皆給官廩。大定十年卒。

海陵爲人善飾詐，初爲宰相，妾媵不過三數人。及踐大位，逞欲無厭，後宮諸妃十二位，又有昭儀至充媛九位，婕妤美人才人三位，殿直最下，其他不可舉數。初即位，封岐國妃徒單氏爲惠妃，後爲皇后。第二娘子大氏封貴妃，第三娘子蕭氏封昭容，耶律氏封修容。其後貴妃大氏進封惠妃，貞元元年，進封姝妃，正隆二年，進封元妃。昭容蕭氏，天德二年，特封淑妃，貞元二年，進封宸妃。修容耶律氏，天德四年，進昭媛，貞元元年，進昭儀，三年，進封麗妃。即位之初，後宮止此三人，尊卑之敍，等威之辨，若有可觀者。及其侈心既萌，淫肆蠱惑，不可復振矣。

昭妃阿里虎，姓蒲察氏，駙馬都尉沒里野女。初嫁宗盤子阿虎迭。阿虎迭誅，再嫁宗室南家。南家死，是時南家父突葛速爲元帥都監，在南京，海陵亦從梁王宗弼在南京，欲取阿里虎，突葛速不從，遂止。及篡位方三日，詔遣阿里虎歸父母家。閱兩月，以婚禮納之。數月，特封賢妃，再封昭妃。阿里虎嗜酒，海陵責讓之，不聽，由是寵衰。

昭妃初嫁阿虎迭，生女重節。海陵與重節亂，阿里虎怒重節，批其頰，頗有詆訾之言。海陵聞之，愈不悅。阿里虎以衣服遺前夫之子，海陵將殺之，徒單后率諸妃嬪求哀，乃得免。

凡諸妃位皆以侍女服男子衣冠，號「假廝兒」。有勝哥者，阿里虎與之同卧起，如夫婦。厨婢三娘以告海陵，海陵不以爲過，惟戒阿里虎勿笞箠三娘。阿里虎榜殺之。海陵聞昭妃閤有死者，意度是三娘，曰：「若果爾，吾必殺阿里虎。」問之，果然。是月，光英生月，海陵私忌，不行戮。阿里虎聞海陵將殺之也，即不食，日焚香禱祝，冀脫死。逾月，阿里虎已委頓不知所爲，海陵使人縊殺之，併殺侍婢擊三娘者。

貴妃定哥，姓唐括氏。有容色。崇義節度使烏帶之妻。海陵舊嘗有私，侍婢貴哥與知之。烏帶在鎮，每遇元會生辰，使家奴葛魯、葛溫詣闕上壽，定哥亦使貴哥候問海陵及兩宮

太后起居。海陵因貴哥傳語定哥曰：「自古天子亦有兩后者，能殺汝夫以從我乎。」貴哥歸，具以海陵言告定哥。定哥曰：「少時醜惡，事已可恥。今兒女已成立，豈可爲此。」海陵聞之，使謂定哥：「汝不忍殺汝夫，我將族滅汝家。」定哥大恐，乃以子烏荅補爲辭，曰：「彼常侍其父，不得便。」海陵即召烏荅補爲符寶祗候。〔七〕定哥曰：「事不可止矣。」因烏帶醉酒，令葛溫、葛魯縊殺烏帶，天德四年七月也。海陵聞烏帶死，詐爲哀傷。已葬烏帶，即納定哥宮中爲娘子。貞元元年，封爲貴妃，大愛幸，許以爲后。每同輦遊瑤池，諸妃步從之。海陵嬖寵愈多，定哥希得見。一日獨居樓上，海陵與他妃同輦從樓下過，定哥望見，號呼求去，詛罵海陵，海陵陽爲不聞而去。

定哥自其夫時，與家奴閻乞兒通，嘗以衣服遺乞兒。及爲貴妃，乞兒以妃家舊人，給事本位。定哥既怨海陵疏己，欲復與乞兒通。有比丘尼三人出入宮中，定哥使比丘尼向乞兒索所遺衣服以調之。乞兒識其意，笑曰：「妃今日富貴忘我耶。」定哥欲以計納乞兒宮中，恐閽者索之，乃令侍兒以大篋盛褻衣其中，遣人載之入宮。閽者索之，見篋中皆褻衣，固已悔懼。定哥使人詰責閽者曰：「我，天子妃。親體之衣，爾故翫視，何也？我且奏之。」閽者惶恐曰：「死罪。請後不敢。」定哥乃使人以篋盛乞兒載入宮中，閽者果不敢復索。乞兒入宮十餘日，使衣婦人衣，雜諸宮婢，抵暮遣出。貴哥以告海陵。定哥縊死，乞兒及比丘尼三人

皆伏誅。封貴哥莘國夫人。

初，海陵既使定哥殺其夫烏帶，使小底藥師奴傳旨定哥，告以納之之意。藥師奴知定哥與閻乞兒有姦，定哥以奴婢十八口賂藥師奴使無言與乞兒私事。定哥敗，杖藥師奴百五十。先是，藥師奴嘗盜玉帶當死，海陵釋其罪，逐去。及還中都，復召爲小底。及藥師奴既以匿定哥姦事被杖，後與祕書監文俱與靈壽縣主有姦，文杖二百除名，藥師奴當斬。海陵欲杖之，謂近臣曰：「藥師奴於朕有功，再杖之卽死矣。」丞相李睹等執奏藥師奴於法不可恕，遂伏誅。海陵以葛溫、葛魯爲護衞，葛溫累官常安縣令，葛魯累官襄城縣令，大定初，皆除名。

麗妃石哥者，定哥之妹，祕書監文之妻也。海陵私之，欲納宮中。乃使文庶母按都瓜主文家。海陵謂按都瓜曰：「必出而婦，不然我將別有所行。」按都瓜以語文，文難之。按都瓜曰：「上謂別有所行，是欲殺汝也。豈以一妻殺其身乎。」文不得已，與石哥相持慟哭而訣。是時，海陵遷都至中京，遣石哥至中都，俱納之。海陵召文至便殿，使石哥穢談戲文以爲笑。定哥死，遣石哥出宮。不數日復召入，封爲修容。貞元三年，進昭儀。正隆元年，進封柔妃。二年，進麗妃。

柔妃彌勒，姓耶律氏。天德二年，使禮部侍郎蕭拱取之于汴。過燕京，拱父仲恭爲燕

京留守，見彌勒身形非若處女者，嘆曰：「上必以疑殺拱矣。」及入宮，果非處女，明日遣出宮。海陵心疑蕭拱，竟致之死。彌勒出宮數月，復召入，封爲充媛，封其母張氏莘國夫人，伯母蘭陵郡君蕭氏爲鞏國夫人。蕭拱妻擇特懶，彌勒女兄也。海陵既奪文妻石哥，却以擇特懶妻文。既而詭以彌勒之召，召擇特懶入宮，亂之。其後，彌勒進封柔妃云。〔八〕

昭妃阿懶，海陵叔曹國王宗敏妻也。海陵殺宗敏而納阿懶宮中，貞元元年，封爲昭妃。大臣奏「宗敏屬近尊行，不可」。乃令出宮。

修儀高氏，秉德弟糺里妻也。海陵殺諸宗室，釋其婦女。宗本子莎魯剌妻、宗固子胡里剌妻、胡失來妻及糺里妻，皆欲納之宮中，諷宰相奏請行之。使徒單貞諷蕭裕曰：「朕嗣續未廣，此黨人婦女有朕中外親，納之宮中何如？」裕曰：「近殺宗室，中外異議紛紜，奈何復爲此邪。」海陵曰：「吾固知裕不肯從。」乃使貞自以己意諷裕，必欲裕等請其事。貞謂裕曰：「上意已有所屬，公固止之，將成疾矣。」裕曰：「必不肯已，唯上擇焉。」貞曰：「必欲公等白之。」裕不得已，乃具奏，遂納之。未幾，封高氏爲修儀，加其父高耶魯瓦輔國上將軍，母完顏氏封密國夫人。高氏以家事訴於海陵。海陵自熙宗時，〔九〕見悼后干政，心惡之，故自卽位，不使母、后得預政事。於是，遣高氏還父母家。詔尚書省，凡后妃有請于宰相者，收其使以聞。

昭媛察八，姓耶律氏。嘗許嫁奚人蕭堂古帶。海陵納之，封爲昭媛。堂古帶爲護衞，察八使侍女習撚以軟金鵪鶉袋數枚遺之。事覺。是時，堂古帶謁告在河間驛，召問之。堂古帶以實對，海陵釋其罪。海陵登寶昌門樓，以察八徇諸后妃，手刃擊之，墮門下死，并誅侍女習撚。

壽寧縣主什古，宋王宗望女也。靜樂縣主蒲剌及習撚，梁王宗弼女也。師姑兒，宗雋女也。皆從姊妹。混同郡君莎里古眞及其妹餘都，太傅宗本女也，再從姊妹。郕國夫人重節，宗磐女孫，再從兄之女。及母大氏表兄張定安妻奈剌忽、麗妃妹蒲魯胡只，皆有夫，唯什古喪夫。海陵無所忌恥，使高師姑、內哥、阿古等傳達言語，皆與之私。凡妃主宗婦嘗私之者，皆分屬諸妃，出入位下。奈剌忽出入元妃位，蒲魯胡只出入麗妃位，莎里古眞、餘都出入貴妃位，什古、重節出入昭妃位，蒲剌、師姑兒出入淑妃位。海陵使內哥召什古。先於暖位小殿置琴阮其中，然後召之。什古已色衰，常譏其衰老以爲笑。唯習撚、莎里古眞最寵，恃勢笞決其夫。海陵使習撚夫稍喝押護衞直宿，莎里古眞夫撒速近侍局直宿。謂撒速曰：「爾妻年少，遇爾直宿，不可令宿於家，常令宿於妃位。」每召入，必親伺候廊下，立久，則坐於高師姑膝上。高師姑曰：「天子何勞苦如此。」海陵曰：「我固以天子爲易得耳。此等期會難得，乃可貴也。」每於臥內遍設地衣，倮逐以爲戲。莎里古眞在外爲淫泆。海陵聞之大

怒，謂莎里古眞曰：「爾愛貴官，有貴如天子者乎。爾愛人才，有才兼文武似我者乎。爾愛娛樂，有豐富偉岸過於我者乎。」怒甚，氣咽不能言。少頃，乃撫慰之曰：「無謂我聞知，便爾慚恧。遇燕會，當行立自如，無爲衆所測度也，恐致非笑。」後亦屢召入焉。餘都，牌印鬆古剌妻也。海陵嘗曰：「餘都貌雖不揚，而肌膚潔白可愛。」蒲剌進封壽康公主，什古進封昭寧公主，莎里古眞進封壽陽縣主，重節進封蓬萊縣主。重節卽昭妃蒲察氏所生，蒲察怒重節與海陵淫，批其頰，海陵怒蒲察氏，終殺之者也。

凡宮人在外有夫者，皆分番出入。海陵欲率意幸之，盡遣其夫往上京，婦人皆不聽出外。常令教坊番直禁中，每幸婦人，必使奏樂，撤其幃帳，或使人說淫穢語於其前。嘗幸室女不得遂，使元妃以手左右之。或妃嬪列坐，輒率意淫亂，使共觀。或令人效其形狀以爲笑。凡坐中有嬪御，海陵必自擲一物於地，使近侍環視之，他視者殺。誡宮中給使男子，於妃嬪位舉首者刓其目。出入不得獨行，便旋，須四人偕往，所司執刀監護，不由路者斬之。日入後，下階砌行者死，告者賞錢二百萬。男女倉猝誤相觸，先聲言者賞三品官，後言者死，齊言者皆釋之。

女使闢懶有夫在外，海陵封以縣君，欲幸之，惡其有娠，飲以麝香水，躬自揉拉其腹，欲墮其胎。闢懶乞哀，欲全性命，苟得乳免，當不舉。海陵不顧，竟墮其胎。

中華書局

蒲察阿虎迭女叉察，海陵姊慶宜公主所生，嫁秉德之弟特里。秉德誅，當連坐，太后使梧桐請于海陵，由是得免。海陵白太后欲納叉察。太后曰：「是兒始生，先帝親抱至吾家養之，至于成人。帝雖舅，猶父也，不可。」其後，嫁宗室安達海之子乙剌補。海陵數使人諷乙剌補出之，因而納之。叉察與完顏守誠有姦，守誠本名遏里來，事覺，海陵殺守誠，太后爲叉察求哀，乃釋之。叉察家奴告叉察語涉不道，海陵自臨問，責叉察曰：「汝以守誠死詈我邪？」遂殺之。

同判大宗正阿虎里妻蒲速碗，元妃之妹，因入見元妃，海陵逼淫之。蒲速碗自是不復入宮。

世宗爲濟南尹，海陵召夫人烏林荅氏。夫人謂世宗曰：「我不行，上必殺王。我當自勉，不以相累也。」夫人行至良鄉自殺，是以世宗在位二十九年，不復立后焉。

校勘記

〔一〕比三夫人……比九嬪……比二十七世婦　按「三夫人」、「九嬪」、「二十七世婦」上原皆空格缺一字，今據殿本補「比」字。

〔二〕世祖翼簡皇后拏懶氏　「翼簡」原作「簡翼」。按本書卷二太祖紀，「母曰翼簡皇后拏懶氏」。卷三

太宗紀，「母曰翼簡皇后拏懶氏」。卷三三禮志，世祖「妣曰翼簡皇后」。皆作「翼簡」。今乙正。

〔三〕大安元年癸酉歲卒　按遼道宗大安九年癸酉，「元」疑是「九」字之誤。

〔四〕大定元年追諡　按大金集禮（以下簡稱集禮）卷六追諡后條，記載宣獻皇后追諡在大定二年四月二十六日。

〔五〕古者入廟稱后繫夫　原脫「廟」字。按集禮卷七追封，「入廟稱后繫夫，在朝稱太繫子」，今據補。

〔六〕三年崩于明德宮　「三」原作「二」。按本書卷四熙宗紀，皇統三年三月「丁酉，太皇太后唐括氏崩」。今據改。

〔七〕海陵卽召烏荅補爲符寶祗候　「荅」原作「合」，據殿本改。

〔八〕其後彌勒進封柔妃云　「其」原作「兵」，據殿本改。

〔九〕海陵自熙宗時　原脫「海陵」二字，據殿本補。

金史卷六十四

列傳第二

后妃下

睿宗欽慈皇后，蒲察氏。睿宗元配。后之母，太祖之妹也。睿宗爲左副元帥，天會十三年薨，追封潞王，后封潞王妃。皇統六年，進號冀國王妃。天德間，進國號。正隆例，親王止封一字王，睿宗封許王，后封許王妃。世宗卽位，睿宗升祔，追諡欽慈皇后。贈后曾祖

賽補司空、韓國公，祖蒲剌司徒、鄭國公，父按補太尉、曹國公。大定二年，祔葬景陵。

世宗嘗曰：「今之女直，不比前輩，雖親戚世敍，亦不能知其詳。太后之母，太祖之妹，人亦不能知也。」謂宗敍曰：「亦是卿父譚王之妹，知之乎？」宗敍曰：「臣不能知也。」上曰：「父之妹且不知，其如疏遠何。」十九年，后族人勸農使莎魯窩請致仕，宰相以莎魯窩未嘗歷外，請除一外官，以均勞佚。上曰：「莎魯窩不閑政事，不可使治民。雖太后戚屬，富貴之可也。」不聽。

貞懿皇后，李氏，世宗母，遼陽人。父雛訛只，仕遼，官至桂州觀察使。天輔間，選東京士族女子有姿德者赴上京，后入睿宗邸。七年，世宗生。天會十三年，睿宗薨，世宗時年十三。后教之有義方，嘗密謂所親曰：「吾兒有奇相，貴不可言。」居上京，內治謹嚴，臧獲皆守規矩，衣服飲食器皿無不精潔，敦睦親族，周給貧乏，宗室中甚敬之。后性明敏，剛正有決，容貌端整，言不妄發。

舊俗，婦女寡居，宗族接續之。后乃祝髮爲比丘尼，號通慧圓明大師，賜紫衣，歸遼陽，營建清安禪寺，別爲尼院居之。貞元三年，世宗爲東京留守。正隆六年五月，后卒。世宗哀毀過禮，以喪去官。未幾，起復爲留守。是歲十月，后弟李石定策，世宗卽位于東京，尊

諡爲貞懿皇后，其寢園曰孝寧宮。

大定二年，改葬睿宗於景陵。初，后自建浮圖于遼陽，是爲垂慶寺，臨終謂世宗曰：「鄉土之念，人情所同，吾已用浮屠法置塔于此，不必合葬也。我死，毋忘此言。」世宗深念遺命，乃卽東京清安寺建神御殿，詔有司增大舊塔，起奉慈殿於塔前。勅禮部尚書王競爲塔銘以敍其意。贈后曾祖參君司空、潞國公，祖波司徒、衞國公，父雛訛只太尉、隋國公。四年，封后妹爲邢國夫人，賜銀千兩、錦綺二十端、絹五百匹。九年，神御殿名曰報德殿。詔翰林學士張景仁作清安寺碑，其文不稱旨，詔左丞石琚共修之。十三年，東京垂慶寺起神御殿，寺地褊狹，詔買傍近民地，優與其直，不願鬻者以官地易之。二十四年，世宗至東京，幸清安、垂慶寺。

世宗昭德皇后。烏林荅氏，其先居海羅伊河，世爲烏林荅部長，率部族來歸，居上京，與本朝爲婚姻家。曾祖勝管，康宗時累使高麗。父石土黑，騎射絕倫，從太祖伐遼，領行軍猛安。雖在行伍間，不嗜殺人。以功授世襲謀克，爲東京留守。

后聰敏孝慈，容儀整肅，在父母家，宗族皆敬重之。既歸世宗，事舅姑孝謹，治家有敍，

甚得婦道。睿宗伐宋，得白玉帶，蓋帝王之服御也。睿宗沒後，世宗寶畜之。后謂世宗曰：「此非王邸所宜有也，當獻之天子。」世宗以爲然，獻之熙宗，於是悼后大喜。熙宗晚年頗酗酒，〔一〕獨於世宗無間然。

海陵簒立，深忌宗室。烏帶譖秉德以爲意在葛王。秉德誅死，后勸世宗多獻珍異以說其心，如故遼骨睹犀佩刀、吐鶻良玉茶器之類，皆奇寶也。海陵以世宗恭順畏己，由是忌刻之心頗解。

后不妬忌，爲世宗擇後房，廣繼嗣，雖顯宗生後而此心不移。后嘗有疾，世宗爲視醫藥，數日不離去。后曰：「大王視妾過厚，其知者以爲視疾，不知者必有專妬之嫌。」又曰：「婦道以正家爲大，第恐德薄，無補內治，安能効嬪妾所爲，惟欲己厚也。」

世宗在濟南，海陵召后來中都。后念若身死濟南，海陵必殺世宗，惟奉詔，去濟南而死，世宗可以免。謂世宗曰：「我當自勉，不可累大王也。」召王府臣僕張僅言諭之曰：〔二〕「汝，王之腹心人也。爲我禱諸東嶽，我不負王，使皇天后土明鑑我心。」召家人謂之曰：「我自初年爲婦以至今日，未嘗見王有違道之事。今宗室往往被疑者，皆奴僕不良，傲恨其主，以誣陷之耳。汝等皆先國王時舊人，當念舊恩，無或妄圖也。違此言者，我死後於冥中觀汝所爲。」衆皆泣下。后既離濟南，從行者知后必不肯見海陵，將自爲之所，防護甚謹。行

至良鄉，去中都七十里，從行者防之稍緩，后得間卽自殺。海陵猶疑世宗教之使然。

世宗自濟南改西京留守，過良鄉，使魯國公主葬后于宛平縣土魯原。大定二年，追册爲昭德皇后，立別廟。贈三代，曾祖勝管司空、徐國公，曾祖母完顏氏徐國夫人，祖朮思黑司徒、代國公，祖母完顏氏、代國夫人，父石土黑太尉、瀋國公，母完顏氏瀋國夫人。勅有司改葬，命皇太子致奠。以后兄暉子天錫爲太尉，石土黑後授世襲猛安。上謂天錫曰：「朕四五歲時與皇后定婚，乃祖太尉置朕于膝上曰：『吾壻七人，此壻最幼，後來必大吾門。』今卜葬有期，疇昔之言驗矣。」

六年，利涉軍節度副使烏林荅鈔兀捕逃軍受贓，當死。有司奏，鈔兀，后大功親，當議。詔論如法。

八年七月，章宗生，世宗喜甚。謂顯宗曰：「得社稷冢嗣，朕樂何極。此皇后貽爾以陰德也。」

十年十月，將改葬太尉石土黑，有司奏禮儀，援唐葬太尉李良器、司徒馬燧故事，百官便服送至都門外五里。上曰：「前改葬太后父母，未嘗用此故事。但以本朝禮改葬之，惟親戚皆送。」詔皇太子臨奠。

十一年，皇太子生日，世宗宴於東宮。酒酣，命豫國公主起舞。上流涕曰：「此女之母

皇后，婦道至矣。朕所以不立中宮者，念皇后之德今無其比故也。」

十二年四月，立皇后別廟于太廟東北隅。是歲五月，車駕幸土魯原致奠。十九年，改卜于大房山。十一月甲寅，皇后梓宮至近郊，百官奉迎。乙卯，車駕如楊村致祭。丙辰，上登車送，哭之慟。戊午，奉安于磐寧宮。庚申，葬于坤厚陵，諸妃祔焉。二十九年，祔葬興陵。章宗時，有司奏太祖諡有「昭德」字，改諡明德皇后。

元妃張氏，父玄徵。母高氏，與世宗母貞懿皇后葭莩親。世宗納爲次室，生趙王永中，而張氏卒。大定二年，追封宸妃。是歲十月，追進惠妃。十九年，追進元妃。

大定二十五年，皇太子薨。永中於諸子最長，而世宗與徒單克寧議立章宗爲太孫。世宗嘗曰：「克寧與永中有親，而建議立太孫，眞社稷臣也。」尚書左丞汝弼者，玄徵子，永中母舅。汝弼妻高陀斡屢以邪言怵永中，畫元妃像，朝夕事之，覬望徼福，及挾左道。明昌五年，高陀斡誅死，〔三〕事連汝弼及永中，汝弼以死後事覺，得不追削官爵，而章宗心疑永中，累年不釋。諫官賈守謙、路鐸上疏欲寬解上意，章宗愈不悅。平章政事完顏守貞持其事不肯決，章宗怒守貞，罷知濟南府，諸諫官皆斥外，賜永中死。金代外戚之禍，惟張氏云。

元妃李氏，南陽郡王李石女。生鄭王允蹈、衞紹王允濟、潞王允德。豫王允成母昭儀梁氏早卒，上命允成爲妃養子。大定元年，封賢妃。二年，進封貴妃。七年，進封元妃。世宗卽位，感念昭德皇后，不復立后。嘗曰：「朕所以不復立后者，今後宮無皇后之賢故也。」元妃下皇后一等，在諸妃上。石有定策功，世宗厚賞而深制之，寵以尙書令之位，而責成左右丞相以下，妃雖貴，不得預政，宮壼無事。

大定二十一年二月，上如春水，次長春宮。戊子，妃以疾薨。詔允成、允蹈、允濟、允德皆服衰絰居喪。己丑，皇太子及扈從臣僚，奉慰于芳明殿。辛卯，留守官平章政事唐括安禮、曹王允功等上表奉慰。御史中丞張九思提控殯事，少府監左光慶、大興少尹王脩典領鹵簿儀仗。宮籍監別治殯所，還殯京師。乙未，入自崇智門，百官郊迎，親戚迎奠道路，殯于興德宮西位別室。庚子，上至京師，幸興德宮致奠。比葬，三致奠焉。詔平章政事烏古論元忠監護葬事。癸未，啓菆，上輟朝。皇太子、親王、宗戚、百官送葬。甲申，葬於海王莊。丙戌，上如海王莊燒飯。二十八年九月，與賢妃石抹氏、德妃徒單氏、柔妃大氏俱陪葬于坤厚陵。衞紹王卽位，追諡光獻皇后，贈妃弟獻可特進。貞祐三年九月，削皇后號。

顯宗孝懿皇后，徒單氏。其先忒里闢剌人也。〔四〕曾祖抄，從太祖取遼有功，命以所部爲猛安，世襲之。祖婆盧火，以戰功多，累官開府儀同三司，贈司徒、齊國公。父貞尙遼王宗幹女梁國公主，加駙馬都尉，贈太師、廣平郡王。

后以皇統七年生於遼陽。母夢神人授以寶珠，光焰滿室，既寤而生，紅光燭于庭。后性莊重寡言，父母嘗令總家事，細大畢辦，諸男不及也。

世宗初卽位，貞爲御史大夫，自南京馳見。世宗喜謂之曰：「卿雖廢主腹心臣，然未嘗助彼爲虐，況卿家法可尙，其以卿女爲朕子妃。」及顯宗爲皇太子，大定四年九月，備禮親迎於貞第。世宗臨宴，盡歡而罷。是年十一月，顯宗生辰，初封爲皇太子妃。

八年七月，上遣宣徽使移剌神獨斡以名馬、寶刀、御饍賜太子及妃，仍諭之曰：「妃今臨蓐，願平安得雄。有慶之後，宜以此刀置左右。」既而皇孫生，是爲章宗。時上幸金蓮川，次冰井，翌日，上臨幸撫視，宴甚歡。又賜御服佩刀等物，謂顯宗曰：「祖宗積慶，且皇后陰德至厚，而有今日，社稷之洪福也。」又謂李石、紇石烈志寧曰：「朕諸子雖多，皇后止有太子一人而已。今幸得嫡孫，觀其骨相不凡，又生麻達葛山，山勢衍氣清，朕甚嘉之。」因以山名爲章宗小字。

后素謙謹，每畏其家世崇寵，見父母流涕而言曰：「高明之家，古人所忌，願善自保持。」

其後，家果以海陵事敗，蓋其遠慮如此。世宗嘗謂諸王妃、公主曰：「皇太子妃容止合度，服飾得中，爾等當法效之。」章宗卽位，尊爲皇太后，更所居仁壽宮名曰隆慶宮。詔有司歲奉金千兩、銀五千兩、重幣五百端、絹二千疋、綿二萬兩、布五百疋、錢五萬貫。他所應用，內庫奉之，毋拘其數。

上月或五朝六朝，而后愈加敬儉，見諸大長公主，禮如平時，惇睦九族，恩紀皆合。尤惡聞人過，諛佞之言無所得入。恕以容物，未嘗見喜慍。然御下公平，雖至親無所阿徇。嘗誡諸姪曰：「皇帝以我故，乃推恩外家，當盡忠圖報。勿謂小善爲無益而弗爲，小惡爲無傷而弗去。毋藉吾之貴，輒肆非違，以干國家常憲。」一日，妹幷國夫人、〔五〕嫂涇國夫人等侍側，因諭之曰：「爾家累素重，且非豐厚，宜節約財用，勿以吾爲可恃。吾受天下之養，豈有所私積哉。況財用者，天下之財用也。吾終不能多取以富爾之私室。」家人有以玉盂進者，却之，且曰：「貴異物而殫財用，非我所欲也。況我之賜予有度，今爾以此爲獻，何以自給。徒費汝財，我實無用，後勿復爾。」明昌元年，禮官議以五月奉上册寶，后弗許。上屢爲之請，后曰：「今世宗服未終，遽衣錦繡、佩珠玉，於禮何安。當俟服闋行之。」上諭有司曰：「太后執意甚堅，其待來年。」明昌二年正月，崩於隆慶宮，年四十五。諡曰孝懿，祔葬裕陵。

后好詩、書，尤喜老、莊，學純淡清懿，造次必於禮。逮嬪御以和平，其有生子而母亡者，視之如己所生，慈訓無間。上時問安，見事有未當者，必加之嚴誡云。

昭聖皇后，劉氏，遼陽人。天眷二年九月己亥夜，后家若見有黃衣女子入其母室中者，俄頃，后生。性聰慧，凡字過目不忘。初讀孝經，旬日終卷。最喜佛書。世宗爲東京留守，因擊毬，見而奇之，使見貞懿皇后于府中，進退閑雅，無恣睢之色。大定元年，選入東宮，時年二十三。

三年三月十三日，宣宗生。是日，大雨震電，后驚悸得疾，尋卒。承安五年，贈裕陵昭華。宣宗卽位，追尊爲皇太后，升祔顯宗廟，追諡昭聖皇后。

章宗欽懷皇后，蒲察氏，上京路曷速河人也。曾祖太神，國初有功，累階光祿大夫，贈司空、應國公。祖阿胡迭，官至特進，贈司徒、譙國公。〔六〕父鼎壽尙熙宗鄭國公主，授駙馬都尉、中都路昏得渾山猛安、曷速木單世襲謀克，累官至金吾衞上將軍，贈太尉、越國公。

后之始生，有紅光被體，移時不退。就養於姨冀國公主，既長，孝謹如事所生。大定二十三年，章宗爲金源郡王，行納采禮。世宗遣近侍局使徒單懷忠就賜金百兩、銀千兩、廐馬

六四、重綵三十端。拜命間，慶雲見于日側，觀者異之。是年十一月，備禮親迎。詔親王宰執三品已上官及命婦會禮，封金源郡王夫人，後進封妃，崩。

后性淑明，風儀粹穆，知讀書爲文。帝卽位，遂加追册，仍詔告中外，奉安神主于坤寧宮，歲時致祭。大安初，祔葬于道陵。

元妃李氏師兒，其家有罪，沒入宮籍監。父湘，母王盼兒，皆微賤。大定末，以監戶女子入宮。是時宮教張建教宮中，師兒與諸宮女皆從之學。故事，宮教以青紗隔障蔽內外，宮教居障外，諸宮女居障內，不得面見。有不識字及問義，皆自障內映紗指字請問，宮教自障外口說教之。諸女子中惟師兒易爲領解，建不知其誰，但識其音聲清亮。章宗嘗問建，宮教中女子誰可教者。建對曰：「就中聲音清亮者最可教。」章宗以建言求得之。宦者梁道譽師兒才美，勸章宗納之。章宗好文辭，妃性慧黠，能作字，知文義，尤善伺候顏色，迎合旨意，遂大愛幸。明昌四年，封爲昭容。明年，進封淑妃。父湘追贈金紫光祿大夫、上柱國、隴西郡公。祖父、曾祖父皆追贈。

兄喜兒舊嘗爲盜，與弟鐵哥皆擢顯近，勢傾朝廷，風采動四方，射利競進之徒爭趨走其門。南京李炳、中山李著與通譜系，超取顯美。胥持國附依以致宰相。怙財固位，上下紛

然，知其姦蠹，不敢擊之，雖擊之，莫能去也。紇石烈執中貪愎不法，章宗知其跋扈，而屢斥屢起，終亂天下。

自欽懷皇后沒世，中宮虛位久，章宗意屬李氏。而國朝故事，皆徒單、唐括、蒲察、拏懶、僕散、紇石烈、烏林荅、烏古論諸部部長之家，世爲姻婚，娶后尚主，而李氏微甚。至是，章宗果欲立之，大臣固執不從，臺諫以爲言，帝不得已，進封爲元妃，而勢位熏赫，與皇后侔矣。一日，章宗宴宮中，優人瑇瑁頭者戲于前。或問：「上國有何符瑞？」優曰：「汝不聞鳳皇見乎？」其人曰：「知之，而未聞其詳。」優曰：「其飛有四，所應亦異。若嚮上飛則風雨順時，嚮下飛則五穀豐登，嚮外飛則四國來朝，嚮裏飛則加官進祿。」上笑而罷。

欽懷后及妃姬嘗有子，或二三歲或數月輒夭。承安五年，帝以繼嗣未立，禱祀太廟、山陵。少府監張汝猷因轉對，奏「皇嗣未立，乞聖主親行祀事之後，遣近臣詣諸岳觀廟祈禱」。詔司空襄往亳州禱太清宮，既而止之，遣刑部員外郎完顏匡往焉。

泰和二年八月丁酉，元妃生皇子忒隣，羣臣上表稱賀。宴五品以上于神龍殿，六品以下宴于東廡下。詔平章政事徒單鎰報謝太廟，右丞完顏匡報謝山陵，使使亳州報謝太清宮。既彌月，詔賜名，封爲葛王。葛王，世宗初封，大定後不以封臣下，由是三等國號無葛。尚書省奏，請於瀛王下附葛國號，上從之。十二月癸酉，忒隣生滿三月，勅放僧道度牒三千

道，設醮于玄眞觀，爲忒隣祈福。丁丑，御慶和殿，浴皇子。詔百官用元旦禮儀進酒稱賀，五品以上進禮物。〔七〕生凡二歲而薨。

兄喜兒，累官宣徽使、安國軍節度使。弟鐵哥，累官近侍局使、少府監。

至八年，承御賈氏及范氏皆有娠，〔八〕未及乳月，章宗已得嗽疾，頗困。是時衞王永濟自武定軍來朝。章宗於父兄中最愛衞王，欲使繼體立之，語在衞紹王紀。衞王朝辭，是日，章宗力疾與之擊毬，謂衞王曰：「叔王不欲作主人，遽欲去邪？」元妃在傍，謂帝曰：「此非輕言者。」十一月乙卯，章宗大漸，衞王未發，元妃與黃門李新喜議立衞王，使內侍潘守恒召之。守恒頗知書，識大體，謂元妃曰：「此大事，當與大臣議。」迺使守恒召平章政事完顏匡。匡，顯宗侍讀，最爲舊臣，有征伐功，故獨召之。匡至，遂與定策立衞王。丙辰，章宗崩，遺詔皇叔衞王卽皇帝位。詔曰：「朕之內人，見有娠者兩位。如其中有男，當立爲儲貳。如皆是男子，擇可立者立之。」

衞紹王卽位，大安元年二月，詔曰：「章宗皇帝以天下重器畀于眇躬，遺旨謂掖庭內人有娠者兩位，如得男則立爲儲貳。申諭多方，皎如天日。朕雖涼菲，實受付託，思克副於遺意，每曲爲之盡心，擇靜舍以俾居，遣懿親而守視。欽懷皇后母鄭國公主及乳母蕭國夫人晝夜不離。昨聞有爽於安養，已用軫憂而弗寧，爰命大臣專爲調護。今者平章政事僕散

端、左丞孫卽康奏言，承御賈氏當以十一月免乳，今則已出三月，來事未可度知。范氏產期，合在正月，而太醫副使儀師顏言，自年前十一月診得范氏胎氣有損，調治迄今，脈息雖和，胎形已失。及范氏自願於神御前削髮爲尼。重念先皇帝重屬大事，豈期聞此，深用怛然。今范氏既已有損，而賈氏猶或可冀，告於先帝，願降靈禧，默賜保全，早生聖嗣。尚恐衆庶未究端由，要不匿於播敷，使咸明於吾意。」

四月，詔曰：「近者有訴元妃李氏，潛計負恩，自泰和七年正月，章宗暫嘗違豫，李氏與新喜竊議，爲儲嗣未立，欲令宮人詐作有身，計取他兒詐充皇嗣。遂於年前閏月十日，因賈承御病嘔吐，腹中若有積塊，李氏與其母王盼兒及李新喜謀，令賈氏詐稱有身，俟將臨月，於李家取兒以入，月日不偶則規別取，以爲皇嗣。章宗崩，謀不及行。當先帝彌留之際，命平章政事完顏匡都提點中外事務，明有勅旨，『我有兩宮人有娠』，更令召平章，左右並聞斯語。李氏并新喜乃敢不依勅旨，欲喚喜兒、鐵哥，事既不克，竊呼提點近侍局烏古論慶壽與計，因品藻諸王，議復不定。知近侍局副使徒單張僧遣人召平章，已到宣華門外，始發勘同。平章入內，一遵遺旨，以定大事。方先帝疾危，數召李氏，李氏不到。及索衣服，李氏承召亦不卽來，猶與其母私議。先皇平昔或有幸御，李氏嫉妬，令女巫李定奴作紙木人、鴛鴦符以事魘魅，致絕聖嗣。所爲不軌，莫可殫陳。事既發露，遣大臣按問，俱已款服。命宰

臣往審，亦如之。有司議，法當極刑。以其久侍先帝，欲免其死。王公百僚，執奏堅確。今賜李氏自盡。王盼兒、李新喜各正典刑。李氏兄安國軍節度使喜兒、弟少府監鐵哥如律，仍追除復係監籍，於遠地安置。諸連坐並依律令施行。承御賈氏亦賜自盡。」

蓋章宗崩三日而稱范氏胎氣有損。章宗疾彌留，亦無完顏匡都提點中外事務勅旨。或謂完顏匡欲專定策功，構致如此。自後天下不復稱元妃，但呼曰李師兒。

及胡沙虎弒衞王，立宣宗，請貶降衞王，降爲東海郡侯。其詔曰：「大安之初，頒諭天下，謂李氏與其母王盼兒及李新喜同謀，令賈氏虛稱有身，各正罪法。朕惟章宗皇帝聖德聰明，豈容有此欺紿。近因集議，武衞軍副使兼提點近侍局完顏達、霍王傅大政德皆言賈氏事內有冤。此時，達職在近侍，政德護賈氏，所以知之。朕親臨問左證，其事曖昧無據，〔九〕當時被罪貶責者可俱令放免還家。」由是李氏家族皆得還。

衞紹王后徒單氏，大安元年，立爲皇后。至寧元年，胡沙虎亂，與衞王俱遷于衞邸。帝遇弒，宣宗即位，衞王降爲東海郡侯，徒單氏削皇后號。貞祐二年，遷都汴，詔凡衞紹王及鄗厲王家人皆徙鄭州，仍禁錮，不得出入。男女不得婚嫁者十九年。天興元年，詔釋禁錮。

是時，河南已不能守，子孫不知所終。

宣宗皇后王氏，中都人，明惠皇后妹也。其父微時嘗夢二玉梳化爲月，已而生二后，及沒，有芝生于柩。初，宣宗封翼王，章宗詔諸王求民家子，以廣繼嗣。是時，后與龐氏偕入王邸，及見后姊有姿色，又納之。貞祐元年九月，封后爲元妃，姊爲淑妃，龐氏爲眞妃。淑妃生哀宗，眞妃生守純，后無子，養哀宗爲己子。貞祐二年七月，賜姓溫敦氏，立爲皇后。追封后曾祖得壽司空、冀國公，曾祖母劉氏冀國夫人，祖璞司徒、益國公，祖母楊氏益國夫人，父彥昌太尉、汴國公，母馬氏汴國夫人。

三年，莊獻太子薨，哀宗爲皇太子。宣宗崩，哀宗即位。正大元年，尊后爲皇太后，號其宮曰仁聖，進封后父曰南陽郡王。

或曰：宣宗爲諸王時，莊獻太子母爲正妃，及即位，尊爲皇后。貞祐元年九月，詔曰：「元妃某氏久奉侍於潛藩，已賜封於國號，可立爲皇后。」其名氏蓋不可考也。或又曰：自王氏姊妹入宮而后寵衰，尋爲尼，王氏遂立爲后，皆后姊明惠之謀也。

初，王氏姊妹受封之日，大風昏霾，黃氣充塞天地。已而，后夢丐者數萬踵其後，心甚惡之。占者曰：「后者，天下之母也。百姓貧窶，將誰訴焉？」后遂勅有司，京城設粥與冰藥。及壬辰、癸巳歲，河南饑饉。大元兵圍汴，加以大疫，汴城之民，死者百餘萬，后皆目覩焉。

哀宗釋服，將禘饗太廟，先期，有司奏袞服成，上請仁聖、慈聖兩宮太后御內殿，因試衣之以見，兩宮大悅。上更便服，奉觴爲兩宮壽。仁聖太后諭上曰：「祖宗初取天下甚不易。何時使四方承平，百姓安樂，天子服此法服，於中都祖廟行禘饗乎？」上曰：「阿婆有此意，臣亦何嘗忘。」慈聖太后亦曰：「恒有此心，則見此當有期矣。」遂酌酒爲上壽，歡然而罷。

天興元年冬，哀宗遷歸德。二年正月，遣近侍徒單四喜、朮甲荅失不奉迎兩宮。后御仁安殿，出鋌金及七寶金洗，分賜從行忠孝軍。是夜，兩宮及柔妃裴滿氏等乘馬出宮，行至陳留，城左右火起，疑有兵，不敢進。后亟命還宮。明日，入京憩四喜家。少頃，輦迎入宮。方謀再行，京城破，后及諸妃嬪北遷，不知所終。惟寶符李氏從至宣德州，居摩訶院。李氏自入院，止寢佛殿中，作爲幡旛。會當同后妃北行，將發，佛像前自縊死，且自書門紙曰「寶符御侍此處身故」。

宣宗明惠皇后，王皇后之姊也。生哀宗。宣宗即位，封爲淑妃。及妹立爲后，進封元妃。哀宗即位，詔尊爲皇太后，號其宮曰慈聖。

后性端嚴，頗達古今。哀宗已立爲皇太子，有過尚切責之，及即位，始免檟楚。一日，宮中就食，尚器有玉盌楪三，一奉太后，二奉帝及中宮。荊王母眞妃龐氏以瑪瑙器進食，后見之怒，召主者責曰：「誰令汝妄生分別，荊王母豈卑我兒婦耶。非飲食細故，已令有司杖殺汝矣。」是後，宮中奉眞妃有加。或告荊王謀不軌者，下獄，議已決。帝言于后，后曰：「汝止一兄，奈何以讒言欲害之。章宗殺伯與叔，享年不永，皇嗣又絕，何爲欲效之耶。趣赦出，使來見我。移時不至，吾不見汝矣。」帝起，后立待，王至，涕泣慰撫之。

哀宗甚寵一宮人，欲立爲后。后惡其微賤，固命出之。上不得已，命放之出宮，語使者曰：「爾出東華門，不計何人，首遇者即賜之。」於是遇一販繒者，遂賜爲妻。點檢撒合輦教上騎鞠，后傳旨戒之云：「汝爲人臣，當輔主以正，顧乃教之戲耶。再有聞，必大杖汝矣。」

比年小捷，國勢頗振，文士有奏賦頌以聖德中興爲言者。后聞不悅曰：「帝年少氣銳，無懼心則驕怠生。今幸一勝，何等中興，而若輩諂之如是。」

正大八年九月丙申，后崩，遺命園陵制度，務從儉約。十二月己未，葬汴城迎朔門外五里莊獻太子墓之西。謚明惠皇后。

哀宗皇后，徒單氏。宣宗及后有疾，后嘗刲膚以進，宣宗聞而嘉之。興定四年，后父鎮南軍節度使頑僧有罪，宣宗以后純孝，因曲赦之，聽其致仕。正大元年，詔立爲皇后。哀宗遷歸德，遣后弟四喜等詣汴奉迎，夜至陳留，不敢進，復歸于汴。未幾，城破北遷，不知所終。

贊曰：周禮「九嬪，掌婦學之法，婦德、婦言、婦容、婦功」。班昭氏論之曰：「婦德，不必才明絕異也。婦言，不必便口利辭也。婦容，不必顏色美麗也。婦功，不必功巧過人也。清閑貞靜，守節整齊，行己有耻，動靜有法，是謂婦德。擇辭而說，不道惡語，時然後言，不厭於人，是謂婦言。盥浣塵穢，服飾鮮潔，沐浴以時，身不垢辱，是謂婦容。專心紡績，不好戲笑，潔齊酒食，以奉賓客，是謂婦功。」後世婦學不修，麗色以相高，巧言以相傾，衒能以市恩，逢迎以固寵。是故悼平聾頓皇統，以隕其身；海陵蠱惑羣嬖，幾亡其國。道陵李氏擅寵蠹政，卒僨其宗。嗚呼，可不戒哉。

校勘記

〔一〕熙宗晚年頗酗酒　「酗酒」原作「酒酗」，據文義乙正。

〔二〕召王府臣僕張僅言論之曰　「僅」原作「謹」。據本書卷一三三張覺附子僅言傳改。

〔三〕明昌五年高陀斡誅死　「五」原作「二」。按本書卷一二章宗紀，明昌五年冬十月「庚戌，張汝弼妻高陀斡以謀逆伏誅」。又卷八五永中傳，「明昌五年，高陀斡坐詛祝誅」。今據改。

〔四〕徒單氏其先忒里闢剌人也　按本書卷一三二徒單貞傳，「徒單貞，忒黑闢剌人也」。此「里」疑是「黑」字之誤。

〔五〕幷國夫人　按本書卷一〇〇完顏伯嘉傳作「晉國夫人」。係明昌以前舊稱。

〔六〕贈司徒譙國公　按「譙國公」本書卷一二〇阿虎迭傳作「楚國公」。

〔七〕用元旦禮儀進酒稱賀五品以上進禮物　按本書卷九三忒隣傳作「百官用天壽節禮儀進酒稱賀，三品以上進禮物」。

〔八〕至八年承御賈氏及范氏皆有娠　「八年」上原有「大定」二字。按大定爲世宗年號，此是章宗泰和時事，顯係誤衍，今删。

〔九〕其事曖昧無據　原脫「無」字，據上下文義補。

金史卷六十五

列傳第三

始祖以下諸子

斡魯　輩魯　謝庫德 孫拔達　謝夷保 子盆納　謝里忽　烏古出
跋黑　崇成 本名僕灰　劾孫 子蒲家奴　麻頗 子謾都本〔一〕　謾都訶
斡帶　斡賽 子宗永　斡者 孫璋　昂 本名吾都補　子鄭家

始祖明懿皇后生德帝烏魯，季曰斡魯，女曰注思版，皆福壽之語也。以六十後生子，異之，故皆以嘉名名之焉。

德帝思皇后生安帝，季曰輩魯。輩魯與獻祖俱徙海姑水，置屋宇焉。

輩魯之孫胡率。胡率之子劾者，與景祖長子韓國公劾者同名。韓國公前死，所謂肅宗納劾者之妻加古氏者是也。穆宗四年伐阿疎。阿疎走遼。遼使使來止伐阿疎軍。穆宗陽受遼帝約束，先歸國，留劾者守阿疎城。凡三年，卒攻破之。天會十五年贈特進。

安帝節皇后生獻祖，次曰信德，次曰謝庫德，次曰謝夷保，次曰謝里忽。

謝庫德之孫拔達，謝夷保之子盆納，皆佐世祖有功。盆納勇毅善射，當時有與同名者，嘗有貳志，目之曰「惡盆納」。天會十五年，拔達贈儀同三司，盆納贈開府儀同三司。在世祖時，歡都、冶訶及劾者、拔達、盆納五人者，不離左右，親若手足，元勳之最著者也。明昌五年皆配饗世祖廟廷。

淮德、朿里保者，皆加古部人。申乃因、醜阿皆馳滿部人。富者粘沒罕，完顏部人。阿庫德、白達皆雅達瀾水完顏部勃堇。此七人者，當攜離之際，能一心竭力輔戴者也。阿達紀、胡蘇皆朮甲部勃堇。勝昆、主保皆朮虎部人。阿庫德，溫迪痕部人。此五人者，又其次者也。

世祖初年，跋黑爲變，烏春盛强，使人召阿庫德、白達。阿庫德曰：「吾不知其他，死生與太師共之。」太師，謂世祖也。白達大喜曰：「我心正如此耳。烏春兵來，堅壁自守，勿與戰可也。」達紀、胡蘇居琵里郭水，烏春兵出其間，不爲變，終拒而不從。勝昆居胡不干村，其兄涬不乃勃堇，烏春止其家，而以兵圍勝昆。烏春解去，世祖殺涬不乃，勝昆請無孥戮，世祖從之。世祖破桓赧、散達，主保死焉。天會十五年，准德、申乃因、阿庫德、白達皆贈金紫光祿大夫。朿里保、醜阿、富者粘沒罕、達紀、胡蘇、勝昆、主保、溫迪痕阿庫德皆贈銀青光祿大夫，皆天會十五年追贈。

又有胡論加古部勝昆勃堇、蟬春水烏延部富者郭赧，畏烏春强，請世祖兵出其間，以爲重也。世祖使斜列、躍盤將別軍過之。郭赧教斜列取先在烏春軍中二十二人，烏春覺之，殺二人，得二十人。郭赧又以土人益斜列軍。穆宗他日嘉此功不能忘，以斜列之女守寧妻郭赧子胡里罕焉。

婆多吐水裴滿部斡不勃堇附於世祖，桓赧焚之。斡不卒，世祖厚撫其家。因併錄之，以見立國之艱難云。

謝里忽者，昭祖將定法制，諸父、國人不悅，已執昭祖，將殺之。謝里忽亟往，彎弓注矢，射於衆中，衆乃散去，昭祖得免。國俗，有被殺者，必使巫覡以詛祝殺之者，迺繫刃于杖端，與衆至其家，歌而詛之曰：「取爾一角指天、一角指地之牛，無名之馬，向之則華面，背之則白尾，橫視之則有左右翼者。」其聲哀切悽婉，若蒿里之音。既而以刃畫地，劫取畜產財物而還。其家一經詛祝，家道輒敗。

及來流水烏薩扎部殺完顏部人，昭祖往烏薩扎部以國俗治之，大有所獲，頒之於諸父昆弟而不及謝里忽。謝里忽曰：「前日免汝於死者吾之力，往治烏薩扎部者吾之謀也。分不及我，何邪。」昭祖於是早起，自齋閭金列鞢往餽之。時謝里忽猶未起，擁寢衣而問曰：「爾爲誰？」昭祖曰：「石魯先擇此實，而後頒及他人，敢私布之。」謝里忽既揚言，初不自安，至是乃大喜。列鞢者，腰佩也。

獻祖恭靖皇后生昭祖，次曰朴都，次曰阿保寒，次曰敵酷，次曰敵古迺，次曰撒里輦，次曰撒葛周。

昭祖威順皇后生景祖，次曰烏古出。次室達胡末，烏薩扎部人，生跋黑、僕里黑、斡里安。次室高麗人，生胡失答。

烏古出，初，昭祖久無子，有巫者能道神語，甚驗，乃往禱焉。巫良久曰：「男子之魂至矣。此子厚有福德，子孫昌盛，可拜而受之。若生，則名之曰烏古迺。」是爲景祖。又良久曰：「女子之魂至矣，可名曰五鵶忍。」又良久曰：「女子之兆復見，可名曰斡都拔。」又久之，復曰：「男子之兆復見，然性不馴良，長則殘忍，無親親之恩，必行非義，不可受也。」昭祖方念後嗣未立，乃曰：「雖不良，亦願受之。」巫者曰：「當名之曰烏古出。」既而生二男二女，其次第先後皆如巫者之言，遂以巫所命名名之。

景祖初立，烏古出酗酒，屢悖威順皇后。后曰：「巫言驗矣，悖亂之人終不可留。」遂與景祖謀而殺之。部人怒曰：「此子性如此，在國俗當主父母之業，奈何殺之？」欲殺景祖。后乃匿景祖，出謂衆曰：「爲子而悖其母，率是而行，將焉用之？吾割愛而殺之，烏古迺不知也，汝輩寧殺我乎？」衆乃罷去。烏古出之子習不失，自有傳。

跋黑及同母弟二人，自幼時每爭攘飲食，昭祖見而惡之，曰：「吾娶此妾而生子如此，後必爲子孫之患。」世祖初立，跋黑果有異志，誘桓赧、散達、烏春、窩謀罕離間部屬，使貳於世祖。世祖患之，乃加意事之，使爲勃堇而不令典兵。跋黑既陰與桓赧、烏春謀計，國人皆知之，而童謠有「欲生則附於跋黑，欲死則附於劾里鉢、頗刺淑」之語。世祖亦以策探得兄弟部人向背。烏春、桓赧相次以兵來攻，世祖外禦强兵，而內畏跋黑之變。將行，聞跋黑食於其愛妾之父家，肉張咽而死，且喜且悲，乃迎尸而哭之。

崇成，本名僕灰，泰州司屬司人，昭祖玄孫也。大定十八年收充奉職，改東宮入殿小底，轉護衛。二十五年，章宗爲原王，充本府祗候郎君。明年，上爲皇太孫，復爲護衛。上卽位，授河間府判官，以憂去職。起復爲宿直將軍，累遷武衞軍都指揮使。泰和三年卒，賻贈有加。崇成謹飭有守，宿衞二十餘年，未嘗有過，故久侍密近云。

景祖昭肅皇后生韓國公劾者，次世祖，次沂國公劾孫，次肅宗，次穆宗。次室注思灰，契丹人，生代國公劾眞保。次室溫迪痕氏，名敵本，生虞國公麻頗、隋國公阿离合懣、鄭國

公諲都訶。劾者、阿离合懣別有傳。〔二〕

劾孫。天會十四年大封宗室，劾孫追封王爵。正隆例降封鄭國公。

子蒲家奴又名昱，嘗從太祖伐留可、塢塔。太祖使蒲家奴招詐都，詐都卽降。康宗八年，係遼籍女直紇石烈部阿里保太彎阻兵，〔三〕招納亡命，邊民多亡歸之。蒲家奴以偏師夜行晝止，抵石勒水，襲擊破之，盡俘其孥而還。邊氓自此無復亡者。後與宗雄視泰州地土，太祖因徙萬家屯田于其地。

天輔五年，蒲家奴爲昊勃極烈，遂爲都統，使襲遼帝，而以雨潦不果行。旣而，忽魯勃極烈杲都統內外諸軍以取中京，蒲家奴等皆爲之副。遼帝西走，都統杲使蒲家奴以兵一千助撻懶擊遼都統馬哥，與撻懶不相及，蒲家奴與賽里、斜野降其西北居延之衆。而降民稍復逃散，毗室部亦叛，遂率兵襲之。至鐵呂川，遇敵八千，遂力戰，兵敗。察刺以兵來會，追及敵兵于黃水，獲畜產甚衆。是役也，輿燉按打海被十一創，竟敗敵兵而還。軍于旺國崖西。

賽里亦以兵會太祖，自草濼追遼帝，蒲家奴、宗望爲前鋒，戒之曰：「彼若深溝高壘，未可與戰，卽偵伺巡邏，勿令遁去，以俟大軍。若其無備，便可擊也。」上次胡离畛川，吳十、馬

和尚至小魚濼，夜潛入遼主營，執新羅奴以還，遂知遼帝所在。蒲家奴等晝夜兼行，追及于石輦鐸。我兵四千，至者才千人，遼兵圍之。余睹指遼帝麾蓋，騎兵馳之，遼帝遁去，兵遂潰，所殺甚衆。

宗翰爲西北西南兩路都統，蒲家奴、斡魯爲之副。烏虎部叛，蒲家奴討平之。天會間，爲司空，封王。天眷二年，宗磐等誅，辭及蒲家奴，詔奪司空。是年，薨。天德初，配享太祖廟廷。正隆二年，例封豫國公。

麻頗，天會十五年封王，正隆例封虞國公。

長子謾都本，孝友恭謹，多謀而善戰。年十五，隸軍中，從攻窩盧歡。及係遼女直胡失荅等爲變，謾都本自爲質，遂從胡失荅歸，中途以計殺守者而還。攻寧江州，取黃龍府，破高永昌，取春、泰州，皆有功，多受賞賚，遂爲謀克。討嶺東未服州郡。過土河東山，敗賊三千人。奚、契丹寇土河西，與猛安蒙葛、麻吉擊之。謾都本對敵之中，推鋒力戰，破其衆九萬人。奚衆萬餘保阿隣甸，復擊敗之，降其旁近居人。復以五百騎破遼兵一千，生擒其將以歸。與闍母攻興中府，中流矢卒，年三十七。天眷中，贈金紫光祿大夫，謚英毅。

謾都訶，屢從征伐，天會二年爲阿捨勃極烈，參議國政，明年薨。天會十五年，大封宗室，追封王。正隆例封鄭國公，明昌五年，謚定濟。

蠻覩，襲父麻頗猛安。蠻覩卒，子掃合襲。掃合卒，子撒合輦襲。撒合輦卒，子惟鎔襲。

惟鎔本名沒烈，字子鑄，駢脅多力，喜周急人。至寧初，守楊文關有功，兼都統，護漕運。貞祐二年，佩金牌護親軍家屬遷汴，遙授同知鄜州軍州事，充提控。貞祐三年，破紅襖賊於大沫堌，惟鎔入自北門，諸軍繼進，生獲劉二祖，功最。遷泰安軍節度副使，改遂王府尉、都水少監、東平府治中。坐誤以刃傷同知府事紇石烈牙吾塔，當削降殿年，仍從軍自效。討花帽賊于曹、濮間，行省蒙古綱奏其功，復前職。遷邳州經略使，卒。子從傑襲猛安，累功遙授鎮南軍節度副使。

世祖翼簡皇后生康宗，次太祖，次魏王斡帶，次太宗，次遼王斜也。次室徒單氏生衞王斡賽，次魯王斡者。次室僕散氏生漢王烏故乃。次室朮虎氏生魯王闍母。次室朮虎氏生沂王查刺。次室烏古論氏生鄆王昂。

斡帶，年二十餘，撒改伐留可，斡帶與習不失、阿里合懣等俱爲裨將。諸將議攻取，斡帶主攻城便。太祖將至軍，斡帶迎之，謂太祖曰：「留可城且下，勿惑他議。」太祖從之。至軍中，衆議乃決。斡帶急起治攻具。其夜進兵攻城，遲明破之。及二涅囊虎路、二蠢出路寇盜，斡帶盡平之。

康宗二年甲申，蘇濱水諸部不聽命，康宗使斡帶等往治其事。行次活羅海川撒阿村，召諸部。諸部皆至，惟含國部斡豁勃堇不至。斡准部狄庫德勃堇、職德部厮故速勃堇亦皆遁去，遇塢塔於馬紀嶺，塢塔遂執二人以降。於是，使斡帶將兵伐斡豁，募軍于蘇濱水，斡豁完聚固守，攻而拔之。進師北琴海關登路，攻拔泓忒城，取畔者以歸。

太祖於母弟中最愛斡帶。斡帶歸自泓忒城，太祖以事如寧江州，欲與斡帶偕行，斡帶曰：「兵役久勞，未及息也。」遂不果行。太祖還，晝寐于來流水傍，夢斡帶之場圃火，禾盡焚，不可撲滅，覺而深念之，以爲憂。是時，斡帶已寢疾，太祖至，聞之，過家門不下馬，徑至斡帶所問疾。未幾薨，年三十四。太祖每哭之慟，謂人曰：「予強與之偕行，未必死也。」

斡帶剛毅果斷，服用整肅，臨戰決策，有世祖風。世祖之世，軍旅之事多專任之。太祖平遼，歎曰：「恨斡帶之不及見也。」天會十五年，追封儀同三司、魏王，謚曰定肅。

斡賽，穆宗初，斡准部族相鈔略，遣納根涅孛堇以其兵往治，納根涅擅募蘇濱水人爲兵，不聽，輒攻略之。其人來告，穆宗使斡賽及冶訶往問狀。納根涅雖伏而不肯償所取，因遁去。冶訶等皆不欲追，斡賽督軍而進。至把忽嶺西毛密水，及之，大破其衆，納根涅死焉。斡賽撫定蘇濱水民部，執納根涅之母及其妻子而歸。穆宗曰：「斡賽年尙幼，已能集事，可嘉也。」康宗二年甲申，斡帶治蘇濱水諸部，斡賽、斡魯佐之，定諸部而還。

久之，高麗殺行人阿聒、勝昆，而築九城於曷懶甸。斡賽將內外兵，劾古活你茁、蒲察狄古廼佐之。高麗兵數萬來拒，斡賽分兵爲十隊，更出迭入，遂大破之。斡賽母和你隈疾篤，召還，以斡魯代之。未幾，斡賽復至軍，再破高麗軍，進圍其城。七月，高麗請和，盡歸前後亡命及所侵故地，退九城之戍，遂與之和。皇統五年，追封衞國王。

宗永，本名挑撻，斡賽子。長身美髯，忠確勇毅。天眷初，以宗室子預誅宗磐，擢寧遠大將軍。皇統初，充牌印祗候。五年，出爲趙州刺史，秩滿再任，轉興平軍節度使，改大名尹。貞元三年，復爲興平軍節度使，歷昭德軍、臨洮、鳳翔尹。大定二年，入爲工部尙書，與蘇保衡、完顏余里也還加伐宋士官賞。〔四〕宗永性滯不習事，凡與土賊戰者一概加之。世宗久乃知之，謂宰相曰：「若一概追還，必生怨望。若因循不問，則爵賞濫矣。其與土賊戰者，有能以寡敵衆，一人敵三十人以上者，依已遷爲定。」改

同簽大宗正事、震武軍節度使，卒。

斡者，天會十五年大封宗室，追封魯王，正隆例改封公。子神土懣，驃騎衞上將軍。

子璋本名胡麻愈，多勇略，通女直、契丹、漢字。年十八，左副元帥撒离喝引在麾下。以事如京師，見梁王宗弼與語，宗弼悅之。皇統六年，父神土懣卒，宗弼奏璋可襲謀克，詔從之。天德三年，充牌印祗候，以罪免，奪其謀克，寓居中都。海陵伐宋，左衞將軍蒲察沙离只同知中都留守，佩金牌掌留府事。世宗卽位于遼陽，璋勸沙离只歸世宗，沙离只不從。璋與守城軍官烏林荅石家奴、烏林荅愿、徒單三勝、蒲察蒲查等以兵晨入留守府，遂殺沙离只及判官漫撚撒离喝，推宗强子阿瑣爲留守，璋行同知留守事。遣石家奴佩沙离只金牌與愿、蒲查、中都轉運使左淵子貽慶、大興少尹李天吉子磐奉表如東京，賀卽位。世宗嘉之，以愿、蒲查爲武義將軍，充護衞。貽慶賜及第，授從仕郎。磐充閤門祗候。就以璋爲同知中都事。

璋以殺沙离只自攝同知留守，世宗因而授之，心常不自安，遂與兵部尙書可喜謀，因世宗謁山陵作亂。大定二年，上謁山陵，璋等九人會于可喜家，說萬戶高松，不從。璋知事不成，乃與可喜共執斡論詣有司陳，上誅可喜、李惟忠等，以璋爲彰化軍節度使。

宋將吳璘出散關，據寶雞以西，詔璋赴元帥都監徒單合喜軍前任使。於是，宋人據原州，寧州刺史顏盞門都以兵四千攻之，不克。宋將姚良輔以兵十萬至原州，權副統完顏習尼列以千騎援門都兵，而姚良輔兵多，諸將皆不敢與戰。及璋至軍，會平涼、涇州、潘原、長武等戍兵，合二萬人。璋使押軍猛安石抹許里阿補以兵二千軍於城北，習尼列以兵三千軍於城西北十里麥子原，皆據高阜爲陣。璋以本部兵陣於城西。姚良輔出自北嶺，先遣萬人攻許里阿補，自以軍九萬陣麥子原下，捍以劍盾、行馬，外列騎士，步卒居其中，敢死士鎖足行馬間，持大刀爲拒，分爲八陣，而別以騎二千襲璋軍。璋方出迎戰，習尼列來報曰：「宋之重兵皆在麥子原矣。」璋遣萬戶特里失烏也以押軍猛安奚慶喜、照撒兵二千援許里阿補，遣撒屋出、崔尹以兵二千益習尼列。許里阿補與宋人接戰，良久，敗之。宋兵在麥子原者最堅，習尼列與移剌補、奧屯撒屋出、崔尹、僕根撒屈出以兵五千沿壕爲伏，餘兵皆捨馬步戰，擊其前行騎士，走之。於是，行馬以前衝以長槍，行馬以後射以勁弓。良輔兵稍挫，習尼列乘勝麾兵，撤其行馬，破其七陣。良輔復整兵出，習尼列少却，而璋已破城下宋兵，與習尼列會。使僕根以伏兵擊良輔。習尼列亦整兵與戰，奮擊之，大破良輔軍，斬首萬餘級，墜壕死者不可勝數，鎖足行馬者盡殪之，獲甲二萬餘，器仗稱是。良輔亦中兩創脫去。遂圍原州，穴其西城，城圮，宋人宵遁。璋等入原州。宋戍軍在寶雞以西，聞之皆自散關遁去。

京兆尹烏延蒲离黑、丹州刺史赤盞胡速魯改已去德順州，〔五〕宋吳璘復據之，都監合喜以璋權都統，與習尼列將兵二萬救德順。璋率騎兵前行，與璘騎兵二萬戰于張義堡遂沙山下，敗之，追北四十餘里。璘軍遇隘不得前，斬首數十級。璋至德順，璘據城北險要爲營，璋亦策營與璘相望，可三里許。兩軍遇於城東，凡五接戰，璘軍敗走，璋追至城下。璘軍已據城北岡阜，與其城上兵相應，以弩夾射璋軍。璋軍陽却，城中出兵來追，璋反旆與戰，大敗之。合喜遣統軍都監泥河以兵七千來會，與璘軍復戰，敗之。璘遣兵據東山堡，欲樹柵，璋與習尼列、泥河議曰：「敵若據東山堡，此城亦不可拔，宜急擊之。」於是璋先據要地，習尼列以兵逼東山堡，璘兵恃濠相拒，短兵接，璘兵退走，習尼列追擊之。璘城北營兵可六千人，登北岡來戰，璋之漢軍少却，傷者二百人。璘遂焚璋軍攻城具，璋率移剌補猛安兵躡北岡擊走之。璘軍隔小塹射璋軍，移剌補少却，習尼列望見北原火發，乃止攻東山堡，亟與將士來赴，引善射者先登，率劉安漢軍三百人擊敗之。璘軍皆走險，璘以軍三萬據險作三陣，皆環以劍盾、行馬。璋遣萬戶石抹迭勒由別路自後擊之，特里失烏也、移剌補以二千人當其前，以强弓射之，璘兵大敗，墮溝壑者甚衆。璋軍度澗追之，斬數千級而還。諸將皆曰：「吳璘恃璘軍雖敗，猶恃其衆，都監合喜使武威軍副總管夾古查剌來問策。諸將皆曰：「吳璘恃

險，不善野戰，我退軍平涼，彼必棄險就平地，然後可圖也。」璋曰：「不然。彼恃其衆，非特恃險也。昔人有言，『寧棄千軍，不棄寸地』，故退兵不如濟師。我退軍平涼，彼軍深入吾地，固壘以拒我，則如之何。」查剌還報，合喜於是親率四萬人赴之。吳璘詰旦乘陰霧晦冥分兵四道來襲，戰于城東，離而復合者數四。漢軍千戶李展率麾下兵先登奮擊之，璘軍陣動。璋乘勝踵擊，璘軍復敗，追至北岡，璘走險，璋急擊之，殺略殆盡。璘分半軍守秦州，合喜駐軍水洛城東，自六盤山至石山頭分兵守之，斷其餉道。璘乃引歸。

宋經略使荆皐以步騎三萬自德順西去，璋以兵八千、習尼列以兵五千追擊之。習尼列兵乃出其前，還自赤觜，遇其前鋒，敗之于高赤崖下。復與其中軍戰，自日昃至暮，乃罷。荆皐乘夜來襲營，爲退軍八十里。明日，習尼列追之。璋兵至上八節，宋兵據險爲陣，璋捨馬步戰，地險不得接，相拒至曙。宋兵動，璋乘之，追至甘谷城，習尼列兵亦至，宋兵宵遁，璋遂班師。習尼列追至伏羌城，不及而還。

上使御史中丞遠吉視諸軍功狀，遠吉舊與璋有隙，故損其功。詔璋將士賞比諸軍半之，璋兼陝西路都統，進官一階。及元帥府上功，璋居多，詔遠吉削官兩階，杖八十，解職。上復賞璋及將士如諸軍，以璋爲西北路招討使。召爲元帥左都監，兼安化軍節度使，賜以弓矢衣帶佩刀。改益都尹，左都監如故。

宋人棄海州遁去，焚官民廬舍且盡。璋至海州，得所棄糧三萬六千餘石，安集其人，復其屯戍。五年，宋人約和，罷三路都統，復置陝西路統軍司，璋爲統軍使。上曰：「監軍合喜年老，故授卿此職。邊境無事，且召卿矣。」以本官兼京兆尹。

召爲御史大夫。璋奏：「竊觀文武百官有相爲朋黨者，今在臺自臣外無女直人，乞不限資考，量材奏擬。」上曰：「朋黨爲誰，卽糾治之。朕選女直人，未得其人，豈以資考爲限，論其人材而已。」頃之，璋奏曰：「太祖武元皇帝受天明命，太宗皇帝奄定宋土，自古帝王之興，必稱受命，當製『大金受命之寶』，以明示萬世。」上曰：「卿言正合朕意。」乃遣使夏國市玉，十八年，受命寶成，奏告天地宗廟社稷，上御正殿。

十三年，改大興尹，爲賀宋正旦使。〔六〕璋受命使宋，既行，上遣人馳諭璋曰：「宋人若不遵舊禮，愼勿付書。如不令卿等入見，卽持書歸。若迫而取之，亦勿赴宴，其回書及禮物一切勿受。」璋至臨安，宋人請以太子接書，不從。宋人就館迫取書，璋與之，且赴宴，多受禮物。有司以聞，上怒，欲置之極刑。左丞相良弼奏曰：「璋爲將，大破宋軍，宋人讎之久矣。將因此陷之死地，未可知也。今若殺璋，或者墮其計中耳。」上以爲然，乃杖璋百五十，除名，副使客省使高翊杖百，沒入其所受禮物。

後歲餘，上念璋有征伐功，起爲景州刺史，遷武定軍節度使，授山東西路蒲底山孥兀魯

河謀克，改臨洮尹。十九年，卒。

鄆王昂，本名吾都補，〔七〕世祖最幼子也。常從太祖征伐。天輔六年，昂與稍喝以兵四千監護諸部降人，〔八〕處之嶺東，就以兵守臨潢府。昂不能撫御，降人苦之，多叛亡者。上聞之，使出里底戒諭昂。已過上京，諸部皆叛去，惟章愍宮、小室韋二部達內地。詔詰版勃極烈吳乞買曰：「比遣昂徙諸部，多致怨叛，稍喝駐兵不與討襲，致使降人復歸遼主，違命失衆，當置重法。若有所疑，則禁錮之，俟師還定議。」是時，太宗居守，辭不失副之，辭不失勸太宗因國慶可薄其罰，於是杖昂七十，拘之泰州，而殺稍喝。

天會六年，權元帥左都監。十五年，爲西京留守。天眷三年，爲平章政事。皇統元年，封漆水郡王。二年，制詔昂署銜帶「皇叔祖」字，封鄆王。是歲，薨。

子鄭家、鶴壽。鶴壽累官耶魯瓦羣牧使，死于契丹撒八之難，語在忠義傳。

鄭家，皇統初，以宗室子授定遠大將軍，除磁州刺史。天德間，爲右諫議大夫，累遷會寧尹、安化軍節度使，改益都尹。海陵伐宋，爲浙東道副統制，與工部尚書蘇保衡以舟師自海道趨臨安，至松林島阻風，泊島間。詰旦，舟人望見敵舟，請爲備。鄭家問：「去此幾何？」舟人曰：「以水路測之，且三百里。風迅，行卽至矣。」鄭家不曉海路舟楫，不之信。有頃，敵

果至，見我軍無備，卽以火砲擲之。鄭家顧見左右舟中皆火發，度不得脫，赴水死，時年四十一。

校勘記

〔一〕子謾都本　原脫「本」字。據本卷傳文補。又下目「昂本名吾都補」，「吾」原作「吳」。今亦據傳文統一。

〔二〕劾者阿离合懣別有傳　按劾者無傳。

〔三〕阿里保太彎阻兵　「彎」原作「巒」。按「太彎」乃一官稱，本書屢見，如卷六七石顯傳有蒲馬太彎，卷六八歡都傳，有係案女直「阿魯不太彎」等，「巒」字顯係訛誤，今據改。

〔四〕遷加伐宋士官賞　「士」上疑脫「將」字。

〔五〕丹州刺史赤盞胡速魯改已去德順州　「丹」原作「寧」。按本書卷六世宗紀，大定二年十月壬辰，「丹州刺史赤盞胡速魯改敗宋兵于德順州」。卷八七徒單合喜傳，「遣丹州刺史赤盞胡速魯改以兵四千守德順」。皆作「丹州」。今據改。

〔六〕十三年改大興尹爲賀宋正旦使　「十三年」三字原在「正旦使」之下。按本書卷七世宗紀，大定十三年八月「己卯，御史大夫璋罷」，「十一月，以大興尹璋爲賀宋正旦使」。今據乙正。

〔七〕本名吾都補　按本書卷五九宗室表，世祖子「昂，本名烏特」。與此異。

〔八〕昂與稍喝以兵四千監護諸部降人　「諸」原作「都」。按下文「已過上京，諸部皆叛去」，知「都」爲「諸」字之誤。今據改。

金史卷六十六

列傳第四

始祖以下諸子

勗 本名烏野　子宗秀　隈可

宗室

胡十門　合住 子布輝　撾保　衷 本名醜漢　齊 本名掃合　朮魯　胡石改

宗賢 本名阿魯　撻懶　卞 本名吾母　膏 本名阿里刺　弈 本名三寶　阿喜

勗，字勉道，本名烏野，穆宗第五子。好學問，國人呼爲秀才。年十六，從太祖攻寧江州，從宗望襲遼主于石輦鐸。太宗嗣位，自軍中召還，與謀政事。宗翰、宗望定汴州，受宋帝降。太宗使勗就軍中往勞之。宗翰等問其所欲。曰：「惟好書耳。」載數車而還。

女直初無文字，及破遼，獲契丹、漢人，始通契丹、漢字，於是諸子皆學之。宗雄能以兩月盡通契丹大小字，而完顏希尹乃依倣契丹字製女直字。女直既未有文字，亦未嘗有記錄，故祖宗事皆不載。宗翰好訪問女直老人，多得祖宗遺事。太宗初即位，復進士舉，而韓昉輩皆在朝廷，文學之士稍拔擢用之。天會六年，詔書求訪祖宗遺事，以備國史，命勗與耶律迪越掌之。勗等採摭遺言舊事，自始祖以下十帝，綜爲三卷。凡部族，既曰某部，復曰某水之某，又曰某鄉某村，以別識之。凡與契丹往來及征伐諸部，其間詐謀詭計，一無所隱。事有詳有略，咸得其實。

自太祖與高麗議和，凡女直入高麗者皆索之，至十餘年，索之不已。勗上書諫曰：「臣聞德莫大於樂天，仁莫先於惠下。所索戶口，皆前世姦宄叛亡，烏蠢、訛謨罕、阿海、阿合束之緒裔。先世綏懷四境，尚未賓服，自先君與高麗通，聞我將大，因謂本自同出，稍稍款附。高麗既不聽許，遂生邊釁，因致交兵，久方連和，蓋三十年。當時壯者今皆物故，子孫安於土俗，婚姻膠固，徵索不已，彼固不敢稽留，骨肉乖離，誠非衆願。人情怨甚可愍者，〔一〕而必欲求爲己有，特彼我之蔽，非一視同仁之大也。國家民物繁夥，幅員萬里，不知得此果何益耶。今索之不還，我以强兵勁卒取之無難。然兵凶器，戰危事，不得已而後用。高麗稱藩，職貢不闕，國且臣屬，民亦非外。聖人行義，不責小過，理之所在，不俟終日。臣愚以爲宜施惠下之仁，弘樂天之德，聽免徵索，則彼不謂己有，如自我得之矣。」從之。

十五年，爲尚書左丞加鎮東軍節度使、同中書門下平章事。預平宗磐之難，賜與甚多，加儀同三司，以「皇叔祖」字冠其銜。勗皆力辭不受。

皇統元年，撰定熙宗尊號册文。上召勗飲於便殿，以玉帶賜之。所撰祖宗實錄成，凡三卷，進入，上焚香立受之，賞賚有差。制詔左丞勗、平章政事弈職俸外別給二品親王俸傔。舊制，皇兄弟、皇子爲親王給二品俸，宗室封一字王者給三品俸，勗等別給親王俸，皆異數也。宴羣臣于五雲樓，勗進酒稱謝。帝起立，宰臣進曰：「至尊爲臣下屢起，於禮未安。」上曰：「朕屈己待臣下，亦何害。」是日，上及羣臣盡歡。俄同監修國史，進拜平章政事。光懿皇后忌辰，熙宗將出獵，勗諫而止。

熙宗獵于海島，三日之間，親射五虎獲之。勗獻東狩射虎賦，上悅，賜以佩刀、玉帶、良馬。能以契丹字爲詩文，凡游宴有可言者，輒作詩以見意。時上日與近臣酣飲，或繼以夜，莫能諫之。勗上疏諫，乃爲止酒。進拜左丞相，兼侍中、監修如故。八年，奏上太祖實錄二十卷，賜黃金八十兩，銀百兩，重綵五十端，絹百匹，通犀、玉鈎帶各一。出領行臺尚書省事，召拜太保，領三省、領行臺如故，封魯國王。

勗剛正寡言。海陵方用事，朝臣多附之者。一日，大臣會議，海陵後至，勗面責之曰：

「吾年五十餘，猶不敢後，爾少年强健，乃敢如此。」海陵跪謝。九年，進拜太師，進封漢國王。海陵篡立，加恩大臣以收人望，封秦漢國王，領三省、監修如故。

及宗本無罪誅，勗髭鬢頓白，因上表請老。海陵不許，賜以玉帶，優詔諭之。有大事令宰臣就第商議，入朝不拜。勗遂稱疾篤不言，表請愈切，海陵不懌，從之。以本官致仕，進封周宋國王。正隆元年，與宗室俱遷中都。二年，例降封金源郡王。薨，年五十九。

撰定女直郡望姓氏譜及他文甚衆。大定二十年，詔曰：「太師勗諫表詩文甚有典則，朕自卽位所未嘗見。其諫表可入實錄，其射虎賦詩文等篇什，可鏤版行之。」子宗秀。

宗秀，字實甫，本名斯里忽。涉獵經史，通契丹大小字。善騎射，與平宗磐、宗雋之亂，授定遠大將軍，以宗磐世襲猛安授之。

宗弼復取河南，宗秀與海陵俱赴軍前任使。宋將岳飛軍于亳、宿之間，宗秀率步騎三千扼其衝要，遂與諸軍逆擊敗之。師還，爲太原尹，改婆速路統軍使，不受。高麗遣使以土產獻，卻之。入爲刑部尚書，改御史中丞，授翰林學士。天德初，轉承旨，封宿國公，賜玉帶。歷平陽尹、昭義軍節度使，封廣平郡王。正隆二年卒官，年四十二。是歲，例降二品以上封爵，改贈金紫光祿大夫。

康宗敬僖皇后生楚王謀良虎。次室溫都氏生昭武大將軍同刮茁。次室僕散氏坐事早死，生龍虎衞上將軍隈可。

隈可亦作偎喝，美髯鬢，勇健有材略。從太祖伐遼，取寧江州，戰出河店。天眷二年，授驃騎上將軍，除迭魯苾撒乣詳穩，遷忠順軍節度使、興平軍節度使。天德二年，入爲大宗正丞。四年，出爲昭德軍節度使。以兄謀良虎孫喚端合扎謀克餘戶，〔二〕授偎喝上京路扎里瓜猛安所屬世襲謀克。改德昌軍節度使，封廣平郡王。正隆二年，例奪王爵，改曷速館節度使，再改忠順軍節度使。大定元年，封宗國公，爲勸農使，卒官，年六十五。

始祖兄弟三人，保活里之後爲神土懣、迪古乃，別有傳。

胡十門者，曷蘇館人也。父撻不野，事遼爲太尉。胡十門善漢語，通契丹大小字，勇而善戰。高永昌據東京，招曷蘇館人，衆畏高永昌兵强，且欲歸之。胡十門不肯從，召其族人謀曰：「吾遠祖兄弟三人，同出高麗。今大聖皇帝之祖入女直，吾祖留高麗，自高麗歸于遼。吾與皇帝皆三祖之後。皇帝受命卽大位，遼之敗亡有徵，吾豈能爲永昌之臣哉！」始祖兄阿古廼留高麗中，胡十門自言如此，蓋自謂阿古廼之後云。於是率其族屬部衆詣撒改，烏蠢

降，營于馳回山之下。永昌攻之，胡十門力戰不能敵，奔于撒改。及攻開州，胡十門以糧餉給軍。後攻保州，遼將以舟師遁，胡十門邀擊敗之，降其士卒。賞賜甚厚，以爲曷蘇館七部勃堇，給銀牌一、木牌三。天輔二年卒。贈監門衞上將軍，再贈驃騎衞上將軍。

子鈎室，〔三〕嘗從攻顯州，領四謀克軍，破梁魚務，〔四〕功最，以其父所管七部爲曷蘇館都勃堇。

有合住者，亦稱始祖兄苗裔，但不知與胡十門相去幾從耳。

合住，曷速館苾里海水人也。仕遼，領辰、復二州漢人、渤海。

子蒲速越，襲父職，再遷靜江中正軍節度使，佩金牌，爲曷速館女直部長。

子余里也與胡十門同時歸朝，屢以糧餉助伐高永昌及高麗、新羅。後從宗望伐宋，以功遷眞定府路安撫使兼曹州防禦使，佩金牌。授苾里海水世襲猛安。

長子布輝，識女直、契丹、漢字，善騎射。年十八，宗弼選爲扎也，從阿里、蒲盧渾追宋康王于明州。睿宗聞其才，召置麾下，從經略山東、河北、陝西，襲其父猛安，授昭勇大將軍。海陵伐宋，以本猛安兵從，半道與南征萬戶完顏福壽等俱亡歸，謁世宗于遼陽。世宗卽位，除同知曷蘇館節度使事。刑部侍郎斜哥爲都統，布輝副之，坐擅署置官吏、

私用官中財物，削兩階解職。未浹旬，世宗獻享山陵。兵部尚書可喜、昭毅大將軍斡論、中都同知完顏璋等謀反，欲因上謁山陵舉事。斡論與布輝親舊，與之謀議，事具可喜傳。既知事不可成，乃與可喜、璋執斡論等上變。可喜不肯以始謀盡首，遂幷誅之，而賞布輝、璋。除布輝濬州防禦使，累遷順天軍節度使。致仕，卒，年六十七。

昭祖族人摑保者，從昭祖耀武于青嶺、白山。還至姑里甸，昭祖得疾，寢于村舍，洞無門扉，乃以車輪當門爲蔽，摑保臥輪下爲扞禦。已而賊至，刃交於輪輻間。摑保洞腹見膏，恐昭祖知之，乃然薪取膏以爲炙，問之，以他肉對。昭祖心知之，遂中夜啓行。

㝠，本名醜漢，中都司屬司人，世祖曾孫。祖霸合布里封鄆王，父悟烈官至特進。大定中，收充閤門祗候，授代州宣銳軍都指揮使。歲旱，州委禱雨于五臺靈潭，步致其水，雨隨下，人爲刻石紀之。四遷引進使，兼典客署令，改尚輦局使。扈從北幸，賜厩馬二以旌其勤。尋爲夏國王李仁孝封册使，歷寧海、蠡州刺史，入爲大睦親府丞。除順義軍節度使，陛辭，賜金幣，特寵異之。移鎭鎭西。泰和六年，致仕，卒。

㝠孝悌貞謹，深悉本朝婚禮，皇族婚嫁每令㝠相之。治復有能稱，其在寧海、蠡州，平

賦役無擾，民立石頌遺愛。大安初，追贈輔國上將軍。

齊，本名掃合，穆宗曾孫。父胡八魯，寧州刺史。大定中，以族次充司屬司將軍，授同知復州軍州事，累遷刑部員外郎。上諭曰：「本朝以來，未嘗有內族爲六部郎官者，以卿歷職廉能，故授之。」先是，復州合厮罕關地方七百餘里，因圍獵，禁民樵捕。齊言其地肥衍，令賦民開種則公私有益。上然之，爲弛禁。卽牧民以居，田收甚利，因名其地曰合厮罕猛安。章宗立，改戶部員外郎，出爲磁州刺史，治以寬簡，未嘗留獄。屬邑武安，有道士覬覦宇不謹，吏民爲請鄰郡王師者代主之。道士忿奪其利，告王私置禁銅器，法當徒。縣令惡其爲人，反坐之，具獄上。齊審其誣。又以王有德，不忍坐之，問同僚，無以對。齊曰：「道士同請卽同居也，當准首，俱釋其罪。」其寬明有體，皆此類也。

磁，名郡，刺史皆朝廷遴選，郡人以前政有聲如劉徽柔、程輝、高德裕皆不及也。河北提刑司以治狀聞。明昌三年，始議置諸王傅，頗難其選，乃以齊傅兗王。王將至任郡，猛安迎接，齊峻却之。王怪問故，曰：「王國藩輔，猛安皆總戎職，於王何利焉，却之以遠嫌也。」王悅服。王府家奴爲不法，輒發還本猛安，終更無敢犯者。

明年，授山東東、西路副統軍，兼同知益都府事。有惠愛，郡人爲之立碑。轉彰化軍節

度使。六年，移利涉軍。召見，勞慰有加。詔留守上京。承安二年，致仕，卒。齊明法識治體，所至有聲，內族中與丞相承暉並稱云。

朮魯，宗室子。從鄭王斡賽敗高麗于曷懶，取亞魯城，克寧江州，取黃龍府。出河店之役、達魯古城之役、護步荅岡之役皆力戰有功。東京降，爲本路招安副使。敗遼兵，破同刮營。蘇州漢民叛走，朮魯追復之，以功爲謀克。天輔四年卒，年四十一。皇統中，贈鎭國上將軍。

胡石改，宗室子也。從太祖攻寧江，敗遼兵於達魯古城，破遼主親兵，皆有功。遼軍來援濟州，胡石改與其兄賓古乃以兵迎擊，敗之。還攻濟州，中流矢，戰益力，克其城。軍中稱其勇。從攻春、泰州，降之，幷降境內諸部族，其不降者皆攻拔之。遼主西走，胡石改追至中京，獲其宮人、輜重凡八百兩。

有思泥古者，復以本部叛去，胡石改以兵五百追及之，獲其親屬部人以還。德州復叛，胡石改以兵五千克其城。從婁室擊敗敵兵二萬於歸化之南，幷降歸化。從取居庸關，幷燕之屬縣及其山谷諸屯。移失部既降，復叛去，胡石改引兵追及，戰敗之，俘獲甚衆。澤州諸

部有逃者，皆追復之。又敗叛人於臨潢，誅其酋領而安撫其人民。

天眷二年，遷永定軍節度使，改武定軍，徙汴京留守。天德三年，授世襲猛安。卒，年六十八。

宗賢，本名阿魯。太祖伐遼，從攻寧江州、臨潢府。太宗監國，選侍左右，甚見親信。臨潢復叛，從宗望復取之。爲內庫都提點，再遷歸德軍節度使。政寬簡，境內大治。秩滿，士民數百千人相率詣朝廷請留。及改武定軍，百姓扶老携幼送數十里，悲號而去。改永定軍。秉德廉訪官吏，士民持盆水與鏡，前拜言曰：「使君廉明清直類此，民實賴之。」秉德曰：「吾聞郡僚廉能如一，汝等以爲如何？」衆對曰：「公勤淸儉皆法則於使君耳。」因謂宗賢曰：「人謂君善治，當在甲乙，果然賢使君也。」用是超遷兩階。

天德初，授世襲謀克，馳驛召之。雄州父老相率張青繩懸明鏡於公署，老幼塡門，三日乃得去。封定國公，再除忠順軍節度使，賜以玉帶。捕盜司執數人至府，宗賢問曰：「罪狀明白否？」對曰：「獄具矣。」宗賢閱其案，謂僚佐曰：「吾察此輩必寃。」不數日，賊果得，人服其明。改曷懶路兵馬都總管，歷廣寧尹，封廣平郡王。改崇義軍節度使，兼領北京宗室事。正隆例奪王爵，加金紫光祿大夫，改臨海軍。大定初，遣使召之。宗賢率諸宗室見於遼陽，

除同簽大宗正事，封景國公，致仕。起爲婆速路兵馬都總管，復致仕，卒。

特進撻懶，宗室子。年十六，事太祖，未嘗去左右。出河店之役，太祖欲親戰，撻懶控其馬而止之曰：「主君何爲輕敵。臣請效力。」卽挺槍前，手殺七人。已而槍折，騎士曳而下者九人。太祖壯之曰：「誠得此輩數十，雖萬衆不能當也。」及戰于達魯古城，遼兵一千陣于營外，太祖遣撻懶往擊之。撻懶衝出敵陣，大敗其衆。攻臨潢府、春、泰州，中、西二京，皆有功。天輔六年，授謀克。

天會四年，從伐宋，屢以功受賞。明年，再舉至汴。宗望聞宋人會諸路援兵于睢陽，遣撻懶與阿里刮將兵二千往拒之。敗其前鋒軍三萬于杞縣，又破三寨，擒宋京東路都總管胡直孺，南路都統制隋師元及其三將幷直孺二子，遂取拱州，降寧陵。復破二萬于睢陽，進取亳州。聞宋兵十萬且至，會宗望益兵四千，合擊，大敗之。其卒二千，陣而立，馳之不動，卽麾軍去馬擊之，盡殪，擒其將石瑱而還。帥府嘉其功，賞賚優渥。睿宗駐兵熙州，分遣諸將略地。撻懶以軍五百入六盤山十六寨，降其官八十餘，民戶四千，獲馬二千疋。

皇統中，累加銀青光祿大夫。天德初，加特進，授世襲猛安。卒，年六十五。海陵遷諸陵於大房山，以撻懶嘗給事太祖，命作石像，置睿陵前。

卞，本名吾母，上京司屬司人。大定二年，收充護衛，積勞授彰化軍節度副使，入爲都水監丞，累遷中都、西京路提刑使，徙知歸德府、河平軍節度使。王汝嘉奏卞前在都水監導河有勞，除北京留守。未幾，改知大興府事。時有言，尚書左丞夾谷衡在軍不法，詔刑部問狀。事下大興府，卞輒令追攝，上以爲失體，杖四十。久之，乞致仕，不許。拜御史大夫。先是，左司諫赤盞高門上言，御史大夫久闕，憲紀不振，宜選剛正疾惡之人肅清庶務。上由是用卞。前時孫鐸、賈鉉俱爲尚書，鉉拜參知政事，而鐸再任，對賀客誦唐張在詩，有鬱鬱意。卞劾奏之，鐸坐降黜。既而復申前請，遂以金吾衛上將軍致仕，薨。

膏，本名阿里剌，隸上京司屬司。大定十年，以皇家近親，收充東宮護衛。轉十人長，授御院通進，從世宗幸上京。會皇太子守國薨，世宗以膏親密可委，特命與滕王府長史臺馳驛往護喪。時章宗爲金源郡王，亦留中都，且命膏等保護，諭之曰：「郡王遭此家難，哀哭當以禮節之，飲食尤宜謹視。」世宗還都，遷符寶郎，除吏部郎中。

章宗卽位，坐與御史大夫唐括貢爲壽，犯夜禁，奪官一階，罷。明昌元年，起爲同知棣州防禦使事，上書歷詆宰執。帝以小臣敢譏訕宰輔，杖八十，削一官，罷之，發還本猛安。

明年，降授同知宣德州事。召授武衛軍副都指揮使，四遷知大興府事，轉左右宣徽使。承安二年，拜尚書右丞，出爲泰定軍節度使，移知濟南府，卒。

弈，本名三寶，隸梅堅塞吾司屬司。大定七年，以近親充東宮護衛十人長，轉爲尚廄局使。章宗卽位，遷左衛副將軍，累遷右副都點檢，兼提點尚廄局使。諭旨曰：「汝非有過人才，第以久次遷授。當謹乃職，勿復有非違事，使朕聞之。」未幾，坐廄馬瘦，決三十。承安二年，改左副都點檢，[三]兼職如舊。俄授同簽大睦親府事，卒。

弈爲人貪鄙，數以贓敗，帝愛其能治圍場，故進而委信之。

阿喜，宗室子，好學問。襲父北京路窟栢山猛安，聽訟明決，人信而愛之。察廉能，除彰國軍節度副使，改上京留守判官。提刑司奏彰國軍治狀，遷同知速頻路節度事，改歸德軍，歷海、邳二州刺史，皆兼總押軍馬。

宋統領劉文謙以兵犯宿遷，阿喜逆擊，破之。復破威春、夏興國舟兵萬餘人，斬夏興國于陣。遷鎮國上將軍，再賜銀幣，爲元帥左監軍紇石列執中前鋒。渡淮，破寶應、天長二縣。師還，遷同知歸德府事，改泗州防禦使。丁母憂，起復。大安二年，改華州防禦使，遷

鎭南軍節度使。貞祐二年，改知大名府，充馬軍都提控，歷橫海、安化軍節度使，充宣差山東路左翼都提控。尋知濟南府事，徙沁南軍節度使，遷河南統軍使，兼昌武軍節度使，卒。

贊曰：金諸宗室，自始祖至康宗凡八世。獻祖徙居海姑水納葛里村，再徙安出虎水。世祖稱海姑兄弟，蓋指其所居也。完顏十二部，皆以部爲氏，宣宗詔宗室皆書姓氏，然亦有部人以部爲氏，非宗室同姓者，遂不可辨矣。

校勘記

[一] 人情怨甚可愍者　按「怨」疑是「怨」字之訛。

[二] 以兄謀良虎孫曖端合扎謀克餘戶　「孫」原作「子」。按曖端卽桓端。本書卷七三宗雄傳，「宗雄本名謀良虎，……子蒲魯虎，……蒲魯虎襲猛安，蒲魯虎卒，……子桓端襲之」。又卷五九宗室表載桓端世系相同。今據改。

[三] 子鉤室　「室」原作「空」。據本書卷五一宗室表改。

[四] 梁魚務　原作「魚梁務」。按「梁魚務」亦作「梁漁務」。本書卷二四地理志，北京路廣寧府望平，

二十四史

中華書局

鎭二」，有梁漁務。又卷八〇斜卯阿里傳，「攻顯州，下蓋山縣，取梁魚務」，與本傳所記是一事。今據乙正。

〔五〕改左副都點檢　「副」原作「司」。按本書卷五六百官志，殿前都點檢司有殿前左副都點檢。今據改。

金史卷六十七

列傳第五

石顯　桓赧 弟散達　烏春 溫敦蒲剌附　臘醅 弟麻產　鈍恩
留可　阿疎　奚王回离保

石顯，孩懶水烏林荅部人。昭祖以條教約束諸部，石顯陸梁不可制。及昭祖沒于逼剌紀村，部人以柩歸，至孩懶水，石顯與完顏部窩忽窩出邀於路，攻而奪之柩，揚言曰：「汝輩以石魯爲能而推尊之，吾今得之矣。」昭祖之徒告于蒲馬太彎，與馬紀嶺劾保村完顏部蒙葛巴土等募軍追及之，與戰，復得柩。衆推景祖爲諸部長，白山、〔一〕耶悔、統門、耶懶、土骨論、五國皆從服。

及遼使曷魯林牙來索逋人，石顯皆拒阻不聽命，景祖攻之，不能克。景祖自度不可以

力取，遂以詭計取之。乃以石顯阻絕海東路請於遼，遼帝使人讓之曰：「汝何敢阻絕鷹路？審無他意，遣其酋長來。」石顯使其長子婆諸刊入朝，曰：「不敢違大國之命。」遼人厚賜遣還，謂婆諸刊曰：「汝父信無他，宜身自入朝。」石顯信之，明年入見於春蒐，婆諸刊從。遼主謂石顯曰：「罪惟在汝，不在汝子。」乃命婆諸刊還，而流石顯於邊地。蓋景祖以計除石顯而欲撫有其子與部人也。

婆諸刊蓄怨未發，會活剌渾水紇石烈部臘醅、麻產起兵，婆諸刊往從之。及敗於暮棱水，麻產先遁去，婆諸刊與臘醅就擒，及其黨與，皆獻之遼主。久之，世祖復使人言曰：「婆諸刊不還，則其部人自知罪重，因此恐懼，不肯歸服。」遼主以爲然，遂遣婆諸刊及前後所獻罪人皆還之。

桓赧、散達兄弟者，國相雅達之子也。居完顏部邑屯村。雅達稱國相，不知其所從來。景祖嘗以幣與馬求國相於雅達，雅達許之。景祖得之，以命肅宗，其後撒改亦居是官焉。

桓赧兄弟嘗事景祖。世祖初，季父跋黑有異志，陰誘桓赧欲與爲亂。昭肅皇后往邑屯村，世祖、肅宗皆從行，遇桓赧、散達各被酒，言語紛爭，遂相毆擊，舉刃相向。昭肅皇后親

解之，乃止，自是謀益甚。

是時烏春、窩謀罕亦與跋黑相結，詭以烏不屯賣甲爲兵端，世祖不得已而與之和。間數年，烏春以其衆涉活論、來流二水，世祖親往拒之。桓赧、散達遂起兵。

肅宗以偏師拒桓赧、散達。世祖畏其合勢也，戒之曰：「可和則和，否則戰。」至斡魯紺出水，既陣成列，肅宗使盆德勃堇議和。桓赧亦恃烏春之在北也，無和意。盆德報肅宗曰：「敵欲戰。」或曰：「戰地迫近村墟，雖勝不能盡敵，宜退軍誘之寬地。」肅宗惑之，乃令軍少卻，未能成列。桓赧、散達乘之，肅宗敗焉。桓赧乘勝，大肆鈔略。是役也，烏春以久雨不能前，乃罷兵。

世祖聞肅宗敗，乃自將，經舍很、貼割兩水取桓赧、散達之家，桓赧、散達不知也。世祖焚其所居，殺略百許人而還。未至軍，肅宗之軍又敗。世祖至，責讓肅宗失利之狀，使歡都、冶訶以本部七謀克助之，復遣人議和。桓赧、散達欲得盈歌之大赤馬、辭不失之紫騮馬，世祖不許，遂與不朮魯部卜灰、蒲察部撒骨出及混同江左右匹古敦水北諸部兵皆會，厚集爲陣，鳴鼓作氣馳騁。桓赧恃其衆，有必勝之心，下令曰：「今天門開矣，悉以爾車自隨。凡烏古迺夫婦寶貨財產恣爾取之，有不從者俘略之而去。」於是婆多吐水裴滿部斡不勃堇附於世祖，桓赧等縱火焚之。斡不死，世祖厚撫其家，既定桓赧，以舊地還之。

桓赧軍復來，蒲察部沙祗勃堇、胡補荅勃堇使阿喜間道來告，且問曰：「寇將至，吾屬何以待之？」世祖復命曰：「事至此，不及謀矣。以衆從之，自救可也，惟以旗幟自別耳。」每有兵至，則輒遣阿喜穿林潛來，令與畢察往還大道，卽故潛往來林中路也。桓赧至北隘甸，世祖將出兵，聞跋黑食于馳滿村死矣。乃沿安朮虎水行，且欲幷取海故朮烈速勃堇之衆而後戰。覘者來報曰：「敵至矣。」世祖戒辭不失整軍速進，使待於脫豁改原。當是時，桓赧兵衆，世祖兵少，衆寡不敵。比世祖至軍，士氣衄甚。世祖心知之而不敢言，但令解甲少憩，以水洗面，飲麨水。頃之，士氣稍蘇息。是時，肅宗求救於遼，不在軍中。將戰，世祖屛人獨與穆宗私語，兵敗，則就與肅宗乞師以報讎。仍令穆宗勿預戰事，介馬以觀勝負，先圖去就。乃袒袖韔弓服矢，以縕袍下幅護前後心，三揚旗，三撾鼓，棄旗提劍，身爲軍鋒，盡銳搏戰。桓赧步軍以干盾進，世祖之衆以長槍擊之，步軍大敗。辭不失從後奮擊之，桓赧之騎兵亦敗。世祖乘勝逐北，破多退水水爲之赤。〔三〕世祖止軍勿追，盡獲所棄車甲馬牛軍實，以戰勝告于天地，頒所獲於將士，各以功爲差。

未幾，桓赧、散達俱以其屬來降。卜灰猶保撒阿辣村，招之不出。撒骨出據阿魯紺出村，世祖遣人與之議和，撒骨出謾言爲戲，荅之曰：「我本欲和，壯士巴的懣不肯和，泣而謂我曰：『若果與和，則美衣肥羊不可復得。』是以不敢從命。」遂縱兵俘略隣近村墅。有人從

道傍射之，中口死。

卜灰之屬曰石魯，石魯之母嫁于馳滿部達魯罕勃堇而爲之妾。達魯罕與族兄弟抹腮引勃堇俱事世祖，世祖欲間石魯於卜灰，謂達魯罕曰：「汝之事我，不如抹腮引之堅固也。」蓋謂石魯母子一彼焉，一此焉，以此撼石魯。石魯聞之，遂殺卜灰而降。

石魯通於卜灰之妾，常懼得罪，及聞世祖言，惑之，使告于達魯罕曰：「將殺卜灰而來，汝待我于江。」伺卜灰睡熟，剸刃於胸而殺之。追者急，白日露鼻匿水中，逮夜，至江，方游以濟。達魯罕使人待之，乃得免。久之，醉酒，而與達魯罕狠爭，達魯罕殺之。

烏春，阿跋斯水溫都部人，以鍛鐵爲業。因歲歉，策杖負檐與其族屬來歸。景祖與之處，以本業自給。既而知其果敢善斷，命爲本部長，仍遣族人盆德送歸舊部。盆德，烏春之甥也。

世祖初嗣節度使，叔父跋黑陰懷覬覦，間誘桓赧、散達兄弟及烏春、窩謀罕等。烏春以跋黑居肘腋爲變，信之，由是頗貳於世祖，而虐用其部人。部人訴於世祖，世祖使人讓之曰：「吾父信任汝，以汝爲部長。今人告汝有實狀，殺無罪人，聽訟不平，自今不得復爾爲

也。」烏春曰：「吾與汝父等輩舊人，汝爲長能幾日，干汝何事。」世祖內畏跋黑，恐搴朋爲變，故曲意懷撫，而欲以婚姻結其歡心。使與約婚，烏春不欲，笑曰：「狗彘之子同處，豈能生育。胡里改與女直豈可爲親也。」烏春欲發兵，而世祖待之如初，無以爲端。

加古部烏不屯，亦鐵工也，以被甲九十來售。烏春聞之，使人來讓曰：「甲，吾甲也。來流水以南、匹古敦水以北，皆吾土也。何故輒取吾甲，其亟以歸我。」世祖曰：「彼以甲來市，吾與直而售之。」烏春曰：「汝不肯與我甲而爲和解，則使汝叔之子斜葛及厮勒來。」斜葛蓋跋黑之子也。世祖度其意非眞肯議和者，將以有爲也，不欲遣。衆固請曰：「不遣則必用兵。」不得已，遣之。謂厮勒曰：「斜葛無害。彼且執汝矣，半途辭疾勿往。」既行，厮勒曰：「我疾作，將止不往。」斜葛曰：「吾亦不能獨往矣。」同行者强之使行。既見烏春，烏春與斜葛厚爲禮，而果執厮勒，曰：「得甲則生，否則殺汝。」世祖與其甲，厮勒乃得歸。烏春自此益無所憚。

後數年，烏春舉兵來戰，道斜寸嶺，涉活論、來流水，舍於朮虎部阿里矮村滓布乃勃堇家。是時十月中，大雨累晝夜不止，冰澌覆地，烏春不能進，乃引去。於是桓赧、散達亦舉兵。世祖自拒烏春，而使肅宗拒桓赧。已而烏春遇雨歸，叔父跋黑亦死，故世祖得併力於桓赧、散達，一戰而遂敗之。

斡勒部人盃乃，舊事景祖，至是亦有他志，徙于南畢懇忒村，遂以縱火誣歡都，欲因此除去之，語在歡都傳中。世祖獲盃乃，釋其罪，盃乃終不自安，徙居吐窟村，與烏春、窩謀罕結約。烏春舉兵度嶺，世祖駐軍屋闢村以待之。進至蘇素海甸，兩軍皆陣，〔三〕將戰，世祖不親戰，命肅宗以左軍戰，斜列、辭不失助之，徵異夢也。肅宗束緼縱火，大風從後起，火熾烈，時八月，野草尚青，火盡燎，烟焰張天。烏春軍在下風，肅宗自上風擊之，烏春大敗，復獲盃乃，獻于遼，而城蘇素海甸以據之。

紇石烈臘醅、麻產與世祖戰於野鵲水。世祖中四創，軍敗。臘醅使舊賊禿罕等過青嶺，見烏春，賂諸部與之交結。臘醅、麻產求助於烏春，烏春以姑里甸兵百十七人助之。世祖擒臘醅獻于遼主，并言烏春助兵之狀，仍以不修鷹道罪之。遼主使人至烏春問狀，烏春懼，乃爲謾言以告曰：「未嘗與臘醅爲助也。德鄰石之北，姑里甸之民，所管不及此。」

臘醅既敗，世祖盡得烏春姑里甸助兵一百十七人，而使其卒長斡善、斡脫往招其衆，繼遣斜鉢勃堇撫定之。斜鉢不能訓齊其人，蒲察部故石、跋石等誘三百餘人入城，盡陷之。世祖治鷹道還，斜列來告，世祖使歡都爲都統，破烏春、窩謀罕於斜堆，故石、跋石皆就擒。世祖自將過烏紀嶺，〔四〕至窩謀海村，胡論加古部勝昆勃堇居，烏延部富者郭赧請分一軍由所部伐烏春，蓋以所部與烏春近，欲以自蔽故也。乃使斜列、躍盤以支軍道其所居，世祖自

將大軍與歡都合。至阿不塞水，嶺東諸部皆會，石土門亦以所部兵來。

是時，烏春前死，窩謀罕聞知世祖來伐，訴於遼人，乞與和解。使者已至其家，世祖軍至，窩謀罕請緩師，盡以前所納亡人歸之。世祖使烏林荅故德黑勃堇往受所遣亡者。窩謀罕以三百騎乘懈來攻，世祖敗之。遼使惡其無信，不復爲主和，乃進軍圍之。太祖衣短甲行圍，號令諸軍，窩謀罕使太峪潛出城攻之。太峪馳馬援槍，將及太祖，活臘胡擊斷其槍，太祖乃得免。斜列至斜寸水，用郭赧計，取先在烏春軍者二十二人。烏春軍覺之，殺二人，餘二十人皆得之，益以土軍來助。窩謀罕自知不敵，乃遁去。遂克其城，盡以貲產分賚軍中，以功爲次，諸部皆安輯焉。穆宗常嘉郭赧功，後以斜列之女守寧妻其子胡里罕。

烏春之後爲溫敦氏，裔孫曰蒲剌。

溫敦蒲剌始居長白山阿不辛河，徙隆州移里閔河。蒲剌初從希尹征伐，攝猛安謀克事，遇賊突出，力擊敗之，手殺二十餘人，用是擢修武校尉。天德初，充護衞，還宿直將軍，與衆護衞射遠，皆莫能及，海陵以玉鞍、銜賞之。往曷懶路選可充護衞者，使還稱旨，遷耶盧椀羣牧使，改遼州刺史。正隆伐宋，召爲武翼軍副都總管，將兵二千，至汝州南，遇宋兵二萬餘，邀擊敗之，手殺將士十餘人。是時，嵩、汝兩州百姓多逃去，蒲剌招集，使之復其業。

改莫州刺史，徵爲太子左衞率府率，再遷隴州防禦使，歷鎭西、胡里改、顯德軍節度使。致仕，卒。

臘醅、麻產兄弟者，活剌渾水訶隣鄉紇石烈部人。兄弟七人，素有名聲，人推服之。及烏春、窩謀罕等爲難，故臘醅兄弟乘此際結陶溫水之民，浸不可制。其同里中有避之者，徙於苾罕村野居女直中，臘醅怒，將攻之，乃約烏古論部騷臘勃堇、富者撻懶、胡什滿勃堇、海羅勃堇、斡茁火勃堇。海羅、斡茁火間使人告野居女直，野居女直有備，臘醅等敗歸。臘醅乃由南路復襲野居女直，勝之，俘略甚衆。海羅、斡茁火、胡什滿畏臘醅，求援于世祖。斜列以輕兵邀擊臘醅等于屯睦吐村，敗之，盡得所俘。

臘醅、麻產驅掠來流水牧馬。世祖至混同江，與穆宗分軍。世祖自姤骨魯津倍道兼行，馬多乏，皆留之路傍，從五六十騎，遇臘醅于野鵲水。日已曛，臘醅兵衆，世祖兵少，歡都鏖戰，出入數四，馬中創，死者十數。世祖突陣力戰，中四創，不能軍。穆宗自庵吐渾津度江，遇敵于蒲盧買水。敵問爲誰，應之曰：「歡都。」問者射穆宗，矢著于弓箙。是歲，臘醅、麻產使其徒舊賊禿罕及馳朵剽取戶魯不濼牧馬四百，及富者粘罕之馬合七百餘匹，過

青嶺東，與烏春、窩謀罕交結。世祖自將伐之，臘醅等僞降，還軍。臘醅復求助於烏春、窩謀罕。窩謀罕以姑里甸兵百有十七人助之。臘醅據暮稜水，保固險阻，石顯子婆諸刊亦往從之。世祖率兵圍之，克其軍，麻產遁去，遂擒臘醅及婆諸刊，皆獻之遼。盡獲其兵，使其卒長斡善、斡脫招撫其衆，使斜鉢撫定之。復使阿离合懣綜暮稜水人情，并募兵與斜鉢合，語在烏春傳。

世祖既沒，肅宗襲節度使。麻產據直屋鎧水，繕完營堡，招納亡命，杜絕往來者。恃陶溫水民爲之助，招之不聽，使康宗伐之。是歲，白山混同江大溢，水與岸齊，康宗自阿隣岡乘舟至於帥水，舍舟沿帥水而進。使太祖從東路取麻產家屬，盡獲之。康宗圍麻產急，太祖來會軍，於是麻產先亡在外，其人乘夜突圍遁去。太祖曰：「麻產之家蕩盡矣，走將安歸」，追之。麻產不知太祖急求己也，與三騎來伺軍，其一人墜馬下，太祖識之，問狀。其人曰：「我隨麻產來伺軍，彼走者二人，麻產在焉。」麻產與其人分道走，太祖命劾魯古追東走者，而自追西走者。至直屋鎧水，失麻產不見，急追之，得遺甲於路，迹而往，前至大澤，濘淖。麻產棄馬入萑葦，太祖亦棄馬追及之，與之挑戰。烏古論壯士活臘胡乘馬來，問曰：「此何人也。」太祖初不識麻產，佯應曰：「麻產也。」活臘胡曰：「今亦追及此人邪。」遂下馬援槍進戰。麻產連射活臘胡，活臘胡中二矢，不能戰。有頃，軍至，圍之。歡都射中麻產首，

遂擒之。無有識之者，活臘胡乃前扶其首而視之，見其齒豁，曰：「眞麻產也。」麻產張目曰：「公等事定矣。」遂殺之。太祖獻馘於遼。

鈍恩，阿里民忒石水紇石烈部人。祖日勃魯古，父納根涅，世爲其部勃堇。斡准部人冶刺勃堇、海葛安勃堇暴其族人斡達罕勃堇及諸弟屋里黑、屋徒門，抄略其家，及抄略阿活里勃堇家，侵及納根涅所部。〔三〕穆宗使納根涅以本部兵往治冶刺等。行至蘇濱水，輒募人爲兵，主者拒之，輒抄略其人。遂攻烏古論部敵庫德，入米里迷石罕城。及斡賽、冶訶來問狀，止蘇濱水西納木汗村，納根涅止蘇濱水東屋邁村。納根涅雖款伏而不肯徵償，時甲戌歲十月也。明年八月，納根涅遁去，斡賽追而殺之，執其母及其妻子以歸，而使鈍恩復其所。

留可，統門、渾蠢水合流之地烏古論部人，忽沙渾勃堇之子。詐都，渾蠢水安春之子也。〔六〕間誘奧純、塢塔兩部之民作亂。敵庫德、鈍恩皆叛而與留可、詐都合。兩黨揚言曰：

「徒單部之黨十四部爲一，烏古論部之黨十四部爲一，蒲察部之黨七部爲一，凡三十五部。完顏部十二而已，以三十五部戰十二部，三人戰一人也，勝之必矣。」世祖降附諸部亦皆有離心。當是時，惟烏延部斜勒勃堇及統門水溫迪痕部阿里保勃堇、撒葛周勃堇等皆使人來告難。斜勒，達紀保之子也，先使其兄保骨臘來，既而以其甲來歸。阿里保等曰：「吾等必不從亂，但乞兵爲援耳。」

穆宗使撒改伐留可，使謾都訶伐敵庫德。既而太祖以七十甲詣撒改軍，中道以四十甲與謾都訶。石土門之軍與謾都訶會于米里迷石罕城下。而鈍恩將援留可，聞謾都訶之兵寡，以爲無備，而未知石土門之來會也，欲先攻謾都訶。謾都訶、石土門迎擊，大破鈍恩。米里迷石罕城遂降，獲鈍恩、敵庫德，皆釋弗誅。太祖至撒改軍，明日遂攻破留可城，城中渠帥皆誅之，取其孥累貲產而還。塢塔城亦撤守備而降。留可先在遼，塢塔已脫身在外，由是皆未獲。詐都亦詣蒲家奴降，太祖釋之。於是，諸部皆安業如故。久之，留可、塢塔皆來降。

阿疎，星顯水紇石烈部人。父阿海勃堇事景祖、世祖。世祖破烏春還，阿海率官屬士民迎謁于雙宜大濼，獻黃金五斗。世祖喻之曰：「烏春本微賤，吾父撫育之，使爲部長，而忘大恩，乃結怨於我，遂成大亂，自取滅亡。吾與汝等三十部之人，自今可以保安休息。吾大數亦將終。我死，汝等當念我，竭力以輔我子弟，若亂心一生，則滅亡如烏春矣。」阿海與衆跪而泣曰：「太師若有不諱，衆人賴誰以生，勿爲此言。」未幾，世祖沒，阿海亦死，阿疎繼之。

阿疎自其父時常以事來，昭肅皇后甚憐愛之，每至，必留月餘乃遣歸。阿疎既爲勃堇，嘗與徒單部詐都勃堇爭長，肅宗治之，乃長阿疎。

穆宗嗣節度，聞阿疎有異志，乃召阿疎賜以鞍馬，深加撫諭，陰察其意趣。阿疎歸，謀益甚，乃斥其事。復召之，阿疎不來，遂與同部毛睹祿勃堇等起兵。

穆宗自馬紀嶺出兵攻之。撒改自胡論嶺往略，定潺春、星顯兩路，攻下鈍恩城。穆宗略阿茶檜水，益募軍，至阿疎城。是日辰巳間，忽暴雨，晦暝，雷電下阿疎所居，既又有大光，聲如雷，墜阿疎城中。識者以謂破亡之徵。

阿疎聞穆宗來，與其弟狄故保往訴于遼。遼人來止勿攻。穆宗不得已，留劾者勃堇守阿疎城而歸。金初亦有兩劾者，其一撒改父，贈韓國公。其一守阿疎城者，後贈特進云。

劾者以兵守阿疎城者二年矣。阿疎在遼不敢歸，毛睹祿乃降。遼使復爲阿疎來。穆宗聞之，使烏林荅石魯濟師，且戒劾者令易衣服旗幟與阿疎城中同色，使遼使不可辨。遼

使至，乃使蒲察部胡魯勃堇、邈遜勃堇與俱至劾者軍，而軍中已易衣服旗幟，與阿疎城中如一，遼使果不能辨。劾者詭曰：「吾等自相攻，干汝何事，誰識汝之太師。」乃刺殺胡魯、邈遜所乘馬，遼使驚怖走去，遂破其城。狄故保先歸，殺之。

阿疎聞穆宗以計却遼使，破其城，殺狄故保，復訴於遼。遼使奚節度使乙烈來問狀，且使備償阿疎。穆宗復使主隈、禿荅水人僞阻絕鷹路者，而使鼈故德部節度使言於遼，「平鷹路非己不可。」遼人不察也，信之。穆宗敗於土溫水，謂遼人曰：「吾平鷹路也。」遼人以爲功，使使來賞之。穆宗盡以其物與主隈、禿荅之人而不復備償阿疎。遼人亦不復問。

阿疎在遼無所歸，後二年，使其徒達紀至生女直界上，曷懶甸人畏穆宗，執而送之，阿疎遂終于遼。

及太祖伐遼，底遼之罪告于天地，而以阿疎亡命遼人不與爲言，凡與遼往復書命必及之。天輔六年，闍母、婁室略定天德、雲內、寧邊、東勝等州，獲阿疎。軍士問之曰：「爾爲誰？」曰：「我破遼鬼也。」

贊曰：金之興也，有自來矣。世祖擒臘醅，婆諸刊，既獻之遼以爲功，則又曰：「若不貴

還，其部人疑懼，且爲亂階。」遼人不察，盡以前後所獻畀人歸之。景祖止曷魯林牙、止同幹，穆宗止遼使阿疎城，始終以鷹路誤之，而遼人不悟。景祖有黃馬，服乘如意，景祖沒，遼貴人爭欲得之。世祖弗與，曰：「難未息也，馬不可以與人。」遂割其兩耳，謂之禿耳馬，遼貴人乃弗取。其削平諸部則借遼以爲己重，既獻而求之則市以爲己重。戰陣一良馬終弗與遼人，而遼人終不悟，豈與亡有數，蓋天奪其魄歟。

奚，與契丹俱起，在元魏時號庫莫奚，歷宇文周、隋、唐，皆號兵强。其後契丹破走奚，奚西保冷陘，其留者臣服于契丹，號東、西奚。厥後遼太祖稱帝，諸部皆內屬矣。鐵勒者，古部族之號，奚有其地，號稱鐵勒州，又書作鐵驪州。奚有五王族，世與遼人爲昏，因附姓述律氏中，事具遼史，今不載。

奚有十三部、二十八落、一百一帳、三百六十二族。甲午歲，太祖破耶律謝十，諸將連戰皆捷，奚鐵驪王回离保以所部降，未幾，遁歸于遼。及遼主使使請和，太祖曰：「歸我叛人阿踈、降人回离保、迪里等，餘事徐議之。」久之，遼主至鴛鴦濼，都統杲襲之，亡走天德。回离保與遼大臣立秦晉國王耶律捏里于燕京。捏里死，蕭妃權國事。太祖入居庸關，

蕭妃自古北口出奔。回离保至盧龍嶺，遂留不行，會諸奚吏民于越里部，僭稱帝，改元天復，改置官屬，籍渤海、奚、漢丁壯爲軍。太祖詔回离保曰：「聞汝脅誘吏民，僭竊位號。遼主越在草莽，大福不再。汝之先世臣服于遼，今來臣屬，與昔何異。汝與余睹有隙，故難其來。余睹設有睚眦，朕豈從之。儻能速降，盡釋汝罪，仍俾主六部族，總山前奚衆，還其官屬財產。若尚執迷，遣兵致討，必不汝赦。」回离保不聽。天輔七年五月，回离保南寇燕地，敗於景、薊間，其衆奔潰。耶律奧古哲及甥八斤、家奴白底哥等殺之。其妻阿古聞之，自剄而死。

先是，速古部人據劾山，奚路都統撻懶招之不服，往討之。鐵泥部衆扼險拒戰，殺之殆盡。至是，速古、啜里、鐵泥三部所據十三巖皆討平之。達魯古部節度使乙列已降復叛，奚馬和尚討達魯古并五院司等諸部，諸部皆降，遂執乙列，杖之一百，其父及其家人先被獲者皆還之。

初，太祖破遼兵于達魯古城，九百奚營來降。至是，回离保死，奚人以次附屬，亦各置猛安謀克領之。

贊曰：庫莫奚、契丹起於漢末，盛於隋、唐之間，俱强爲隣國，合并爲君臣，歷八百餘年，相爲終始。奚有五，大定間，類族著姓有遙里氏、伯德氏、奧里氏、梅知氏、揣氏。

校勘記

〔一〕白山　「白」原作「自」。按本書卷一世紀，「景祖稍役屬諸部，自白山、耶悔、統門、耶懶、土骨論之屬，以至五國之長皆聽命」。今據改。

〔二〕破多退水水爲之赤　按破多退水即上文之婆多吐水。蓋同音異譯。本書卷一世紀記此事作「破多吐水水爲之赤」。

〔三〕兩軍皆陣　原脫「軍」字，據文義補。

〔四〕世祖自將過烏紀嶺　按本書卷二四地理志，上京路「其山有馬紀嶺」，又會寧縣「有馬紀嶺」，紀傳中常見馬紀嶺，如本卷石顯傳有「馬紀嶺劾保村完顏部蒙葛巴土」、阿疎傳「穆宗自馬紀嶺出兵攻之」，而「烏紀嶺」僅此一見，疑「烏」是「馬」字之誤。

〔五〕倿及納根涅所部　「納」原作「阿」，據殿本改。

〔六〕詐都渾蠢水安春之子也　「安春之」下原有「忽沙渾之」四字。按此蓋緣上文「忽沙渾勃菫之子」而衍，今刪。

金史卷六十八

列傳第六

歡都 子謀演　冶訶 子阿魯補　骨赧　訛古乃　蒲查

歡都，完顏部人。祖石魯，與昭祖同時同部同名，交相得，誓曰：「生則同川居，死則同谷葬。」土人呼昭祖爲勇石魯，呼石魯爲賢石魯。

初，烏薩扎部〔一〕有美女名罷敵悔，青嶺東混同江蜀束水人掠而去，生二女，長曰達回，幼曰滓賽。昭祖與石魯謀取之，遂偕至嶺右，炷火於箭端而射。蜀束水人怪之，皆走險阻，久之，無所復見，却還所居。昭祖及石魯以衆至，攻取其貲產，虜二女子以歸。昭祖納其一，賢石魯納其一，皆以爲妾。是時，諸部不肯用條教，昭祖耀武于青嶺、白山，入于蘇濱、耶懶之地，賢石魯佐之也。其後別去。

至景祖時，石魯之子劾孫舉部來歸，居於安出虎水源胡凱山南。胡凱山者，所謂和陵

之地是也。

歡都，劾孫子。世祖初，襲節度使。而跋黑以屬尊，蓄異謀，不可制。諸部不肯受約束，相繼爲變。歡都入與謀議，出臨戰陣，未嘗去左右。

斡勒部人盃乃，自景祖時與其兄弟俱居安出虎水之北，及烏春作難，盃乃將與烏春合，間誘斡魯紺出水居人與之相結，欲先除去歡都。會其家被火，陰約隸人不歌束，詭稱放火乃歡都、胡土二人，使注都來謂世祖曰：「不歌束來告曰『前日之火，歡都等縱之』。若不棄舊好，其執縱火之人以來。」世祖疑之。石盧斡勒勃堇曰：「盃乃兄弟也，豈以一二人之故，而與兄弟構怨乎。彼自取之，又將尤誰，不如與之便。」歡都被甲執戟而起曰：「彼爲亂之人也，若取太師兄弟，則亦與之乎。今取我輩，我輩決不可往，若必用戰，當盡力致死。」穆宗曰：〔二〕「壯哉歡都，以我所見，正如此爾。」贈歡都以馬，曰：「戰則乘此。」衆皆稱善。世祖乃往見盃乃，隔龍刺水而與之言曰：「不歌束既告縱火由歡都等，謹當如約。當先遣不歌束來。」不歌束至，世祖於馬前殺之，使盃乃見之。既而聞之，放火者盃乃家人阿出胡山也，盃乃欲開此釁，故以誣歡都云。

臘醅、麻產與世祖遇于野鵲水。日已曛，惟從五六十騎，歡都入敵陣鏖擊之，左右出入者數四，世祖中創乃止。烏春、窩謀罕據活刺渾水，世祖既許之降，遂還軍。於是騷臘勃

堇、富者撻懶觀勝負不助軍，而騷臘、撻懶先嘗與臘醅、麻產合，世祖欲因軍還而遂滅之，馳馬前進。撻懶者，貞惠皇后之弟也。歡都下馬執轡而諫曰：「獨不念愛弟蒲陽溫與弟婦乎。」世祖感其言，遂止。蒲陽溫者，漢語云幼弟也。世祖母弟中穆宗最少，故云然。穆宗德歡都言，後以撻懶女曷羅哂妻其子谷神。太祖追麻產，歡都射中其首，遂獲之。遼人命穆宗、太祖、辭不失、歡都俱爲詳穩。

斡善、斡脫以姑里甸兵來歸，使斜鉢勃堇撫定之。蒲察部故石、拔石等，誘其衆入城，陷三百餘人。歡都爲都統，往治斜鉢失軍之狀，盡解斜鉢所將軍，大破烏春、窩謀罕於斜堆，擒故石、拔石。

初，耶悔水納喝部撒八之弟曰阿注阿，與人爭部族官，不得直，來歸穆宗。阿注阿之甥曰三濱、曰撒達。辭不失破烏春窩謀罕城，獲三濱、撒達，并獲其母，以爲次室，撫其二子。撒達告阿注阿必爲變，不信而殺之。撒達臨刑歎曰：「後必知之。」至是，阿注阿果爲變。因穆宗晨出獵，糾率七八人操兵入宅，奪據寢門，劫貞惠皇后及家人等。歡都入見阿注阿曰：「汝輩所謀之事奈何。闔門眷屬豈足劫質，徒使之驚恐耳。汝固識我，盍以我爲質也。」再三言之，阿注阿從之，貞惠皇后乃得解，而質歡都。而撒改、辭不失使人告急于獵所。穆宗亦心動，罷獵。中途逢告者，日午至，阿注阿謂穆宗曰：「可使係案女直知名官僚

相結，送我兄弟親屬由咸州路入遼國，庫金廐馬與我勿惜，歡都亦當送我至遼境，然後還。」而要穆宗盟，穆宗皆從之。遂執歡都及阿魯太彎、阿魯不太彎等七人，以衣裾相結，與阿注阿俱行，至遼境，乃釋歡都。歡都至濟州，實黃龍府，使人馳驛要遮阿注阿黨屬，惟縱其親人使去。遂殺三濱并其母，具報於遼，乞還阿注阿，遼人流之曷董城。其後，阿注阿懷思鄉土，亡歸，附于係案女直，因亂其官僚之室，捕之，不伏，乃見殺。

穆宗襲位之初，諸父之子習烈、斜鉢及諸兄有異言，曰：「君相之位，皆渠輩爲之，奈何？」歡都曰：「汝輩若紛爭，則吾必不默默但已。」衆聞之遂帖然，自是不復有異言者。

歡都事四君，出入四十年，征伐之際遇敵則先戰，廣廷大議多用其謀。〔三〕世祖嘗曰：「吾有歡都，則何事不成。」肅宗時，委任冠於近僚。穆宗嗣位，凡圖遼事皆專委之。康宗以爲父叔舊人，尤加敬禮，多所補益。

康宗十一年癸巳二月，得疾，避疾於米里每水，薨，年六十三。喪歸，康宗親迓於路，送至其家，親視葬事。天會十五年，追贈儀同三司、代國公。明昌五年，贈開府儀同三司，謚曰忠敏。子谷神、謀演。谷神別有傳。

謀演，當阿注阿之難，從歡都代爲質。後與宗峻俱侍太祖，宗峻坐謀演上，上怒，命坐

其下。孛堇老孛論、拔合汝、轄、拔速三人爭千戶，上曰：「汝輩能如歡都父子有勞於國者乎。」乃命謀演爲千戶，三人者皆隸焉，其眷顧如此。天輔五年十二月卒，天會十五年贈太子少傅。

冶訶系出景祖，居神隱水完顏部，爲其部勃堇。與同部人把里勃堇，斡泯水蒲察部胡都化勃堇、厮都勃堇，泰神忒保水完顏部安團勃堇，統門水溫迪痕部活里蓋勃董，〔四〕俱來歸，金之爲國，自此益大。

肅宗拒桓赧已再失利，世祖命歡都、冶訶，以本部謀克之兵助之。冶訶與歡都常在世祖左右，居則與謀議，出則泣行陣，未嘗不在其間。

天會十五年，贈銀青光祿大夫。明昌五年，贈特進，謚忠濟，與代國公歡都、特進劾者、開府儀同三司盆納、儀同三司拔達，俱配享世祖廟廷。

冶訶子阿魯補、骨赧、訛古乃、散荅。散荅子蒲查。

阿魯補，冶訶之子。爲人魁偉多智略，勇於戰。未冠從軍，下咸州、東京。遼人來取海

州，從勃堇麻吉往援，道遇重敵，力戰，斬首千級。從斡魯古攻豪、懿州，以十餘騎破敵七百，進襲遼主。阿魯補徇北地，招降營帳二十四，民戶數千。時已下西京，闍母攻應州未下，退營於州北十餘里，夜遣阿魯補率兵四百伺敵，城中果出兵三千來襲，阿魯補道與之遇，斬首百餘，獲馬六十。後遼兵三萬出馬邑之境，以千兵擊之，斬其將於陣。

天會初，宋王宗望討張覺於平州，聞應州有兵萬餘來援，遣阿魯補與阿里帶迎擊之，斬馘數千而還。復從其兄虞劃，率兵三千攻乾州，虞劃道病卒，代領其衆，至乾州，降其軍及營帳三十，獲印四十，與僕虺攻下義州。

宗望伐宋，與郭藥師戰于白河。宗望命阿魯補以二謀克先登，奮戰，賞賚特異。至汴，破淮南援兵，斬其二將。大軍退次孟陽。姚平仲夜以重兵來襲，阿魯補適當其中，力戰敗之。既還，聞大名、開德合兵十餘萬來爭河。至河上，知去敵尚遠，乃以輕兵夜發，詰旦至衞縣，遇敵，斬首數千級，餘皆潰去。師次邢州，滹沱橋已焚，阿魯補先以偏師營於水上，比軍至而橋成。宗望嘉其功，出眞定庫物賞之，爲長勝軍千戶。

及再伐宋，從宗望破敵於井陘，遂下欒城。師自大名濟河，阿魯補屯於洺州之境。時康王留相州，大名府以兵來攻我營，阿魯補乘夜以騎二百潛出其後，反擊敗之。居數日，敵復來，蘇統制以兵二萬先至，阿魯補乘其未集，以三百騎出戰，大敗其衆，生擒蘇統制，殺之。大軍既克汴京，攻洺州，敗大名救兵，遂下洺州。從撻懶攻恩州還，洺人復叛，阿魯補先至城下，城中出兵來戰，敗之，執其守佐，遂與蒲魯懽取信德軍。

梁王宗弼取開德，阿魯補以步兵五千赴之。大名境內多盜，命阿魯補留屯其地。賊犯莘縣，聞阿魯補至，卽潰去，追襲一晝夜，至館陶及之，皆俘以歸。

從宗弼襲康王，旣渡淮，阿魯補以兵四千留和州，總督江、淮間戍將，以討未附郡縣。遂攻下太平州，隳其城。廬州叛，以偏師討之，敗其騎六千，擒三校。明日復破敵二萬於愼縣，斬首五百。張永合步騎數萬來戰，阿魯補兵止二千，敵圍之，阿魯補潰圍力戰，竟敗之，追殺四十里，獲馬三百而還。再攻廬州，與迪古不敗敵萬衆於拓臯，至廬州，騎兵五百出戰，敗之，斬其二校。師還。宗弼趨陝西，道聞大名復叛，遣阿魯補經略之，獨與譯者至城下，招之，大名果降。翌日，下令民間兵器，悉上送官，於是吏民按堵如故。爲大名開德路都統。

齊國建，阿魯補屯兵於汴城外。天會十五年，詔廢齊國，已執劉麟，阿魯補先入汴京備變。明年，除歸德尹。割河南地與宋，入爲燕京內省使。宗弼復河南，阿魯補先濟河，撫定諸郡，〔五〕再爲歸德尹、河南路都統。宋兵來取河南地，宗弼召阿魯補，與許州韓常、潁州大臬、陳州赤盞暉，皆會於汴，阿魯補以敵在近，獨不赴。而宋將岳飛、劉光世等，果乘間襲取

許、潁、陳三州，旁郡皆響應。其兵犯歸德者，阿魯補連擊敗之，復取亳、宿等州，河南平，阿魯補功最。

皇統五年，爲行臺參知政事，授世襲猛安，兼合扎謀克。改元帥右監軍，婆速路統軍，歸德軍節度使，累階儀同三司。

其在汴時，嘗取官舍材木，構私第於恩州，至是事覺，法當「議勳」、「議親」。海陵嘗在軍中，惡阿魯補，詔曰：「若論勳勞，更有過於此者。況官至一品，足以酬之。國家立法，貴賤一也，豈以親貴而有異也。」遂論死。年五十五。

阿魯補以將家子從征伐，屢立功，歷官有惠愛，得民心。及死，人皆惜之。大定三年，贈儀同三司，詔以其子爲右衞將軍，襲猛安及親管謀克，賜銀五百兩、重綵二十端、絹三百匹。

骨赧，冶訶子，善騎射，有材幹。從討桓赧、散達、烏春、窩謀罕、留可之叛，皆有功。從太祖伐遼，骨赧從軍戰寧江州出河店，破遼主親軍，皆以力戰受賞，襲其父謀克。領秦王宗翰千戶，攻下中、西兩京。

宗翰伐宋，圍太原未下，宗翰還西京，骨赧以右翼軍佐銀术可守太原。是時汾州、圍

柏、楡次、嵐、憲、潞皆有兵來援，骨赧凡四戰，皆破之。大軍圍汴，骨赧引萬戶軍，屢敗其援兵。憲、潞等州復叛，骨赧引兵復取之，幷收撫保德、火山而還。

後領軍鎭夏邊，在職十二年。天會八年，授世襲猛安。天眷初，爲天德軍節度使，致仕。累遷開府儀同三司，卒，年八十五。子喜哥襲猛安，加宣武將軍。

訛古乃，冶訶子，姿質魁偉。年十四，隸秦王宗翰軍中，常領兵行前爲偵候。及大軍襲遼主，訛古乃以甲騎六十，追遼招討徙山，獲之，又以七騎追獲遼公主牙不里以獻。有軍來爲遼援，方臨陣，中有躍馬而出者，軍帥謂之曰：「爾能爲我取此乎？」訛古乃曰：「諾。」果生擒而還，問其名，曰同瓜，蓋北部中之勇者也。

訛古乃善馳驛，日能千里。及伐宋，屢遣將命以行。天會八年，從秦王在燕，聞余睹反於西北，秦王令訛古乃馳驛以往，訛古乃黎明走天德，及至，日未曛也。

皇統元年，以功授寧遠大將軍，迭剌唐古部節度使。〔六〕五年，授千戶。六年，還西北路招討使。九年，再遷天德尹、西南路招討使。天德二年，召見。四年，遷臨洮尹，加金紫光祿大夫。卒官，年五十三。

蒲查，自上京梅堅河徙屯天德。初爲元帥府扎也，使於四方稱職，按事能得其實，領猛安。皇統間，除同知開遠軍節度使，斥候嚴整，邊境無事。正隆初，爲中都路兵馬判官。是時，京畿多盜，蒲查捕得大盜四十餘人，百姓稍安。改安化軍節度副使。大定二年，領行軍萬戶，充邳州刺史、知軍事，領本州萬戶，管所屯九猛安軍，昌武軍節度使，山東副都統。撤改南征，元帥府以蒲查行副統事。入爲太子少詹事，再遷開遠軍節度使，襲伯父骨赧猛安，歷婆速路兵馬都總管，西北路招討使，〔七〕卒。

蒲查性廉潔忠直，臨事能斷，凡被任使，無不稱云。

贊曰：賢石魯與昭祖爲友，歡都事景祖、世祖爲之臣。蓋金自景祖始大，諸部君臣之分始定，故傳異姓之臣，以歡都爲首。冶訶雖宗室，與歡都同功，故列敘焉。

校勘記

〔一〕初烏薩扎部　「烏薩扎」原作「烏扎薩」。按本書卷六五謝里忽傳，「昭祖往烏薩扎部，以國俗治之」。又同卷烏古出傳，「昭祖次室達胡末，烏薩扎部人」。皆作「烏薩扎」。今據乙正。

〔二〕穆宗曰　「宗」原作「宴」，據殿本改。

〔三〕廣廷大議多用其謀　「廷」原作「延」，據文義改。

〔四〕統門水溫迪痕部活里蓋勃堇　「統」字下原衍「八」字。按本書卷一世紀，「斡泯水蒲察部，泰神忒保水完顏部，統門水溫迪痕部，神隱水完顏部皆相繼來附」。又卷六七留可傳亦見「統門水溫迪痕部」，皆作「統門水」。今據刪。

〔五〕撫定諸郡　「郡」原作「都」，據殿本改。

〔六〕以功授寧遠大將軍迭剌唐古部節度使　「迭」原作「豪」。按本書卷二四地理志，西京路「部族節度使」有「唐古部族」及「迭剌女古部族」。卷四四兵志，東北路部族乣軍曰迭剌部，曰唐古部」。卷四六食貨志，「迭剌、唐古二部五乣，户五千五百八十五」。又卷一〇章宗紀，「以北邊糧運，括迭剌唐古部諸抹駝充之」，皆稱「迭剌唐古部」。今據改。

〔七〕西北路招討使　按本書卷五九宗室表，「蒲查，西南路招討使」，與此不同，未知孰是。

金史卷六十九

列傳第七

太祖諸子

宗雋 本名訛魯觀　宗傑 本名沒里野　宗強 本名阿魯　爽 本名阿鄰
可喜　阿瑣　宗敏 本名阿魯補　元

太祖聖穆皇后生景宣帝、豐王烏烈、趙王宗傑。光懿皇后生遼王宗幹。欽憲皇后生宋王宗望、陳王宗雋、瀋王訛魯。宣獻皇后生睿宗、豳王訛魯朶。元妃烏古論氏生梁王宗弼、衞王宗強、蜀王宗敏。崇妃蕭氏生紀王習泥烈、息王寧吉、莒王燕孫。娘子獨奴可生鄴王斡忽。宗幹、宗望、宗弼自有傳。

宗雋，本名訛魯觀。天會十四年，爲東京留守。天眷元年，入朝，與左副元帥撻懶建議，以河南、陝西地與宋。俄爲尚書左丞相，加開府儀同三司，兼侍中，封陳王。二年，拜太保，領三省事，進封兗國王，既而以謀反，誅。

宗傑，本名沒里野。天會五年，薨。天會十三年，諡孝悼。天眷元年，追封越王。以其長子奭爲會寧牧，封鄧王。後爲上京留守，再改燕京、西京。皇統三年，薨。子阿楞、撻楞。海陵爲相，將謀弑立，搆而殺之。海陵篡立，并殺宗傑妻。大定間，贈宗傑太師，進封趙王。

宗強，本名阿魯。天眷元年，封紀王。三年，代宗固爲燕京留守，封衞王，太師。皇統二年十月，薨，[一]輟朝七日。喪至上京，上親臨哭之慟，仍親視喪事。子阿鄰、可喜、阿瑣、爽。

爽，本名阿鄰。天德三年，授世襲猛安。正隆二年，除橫海軍節度使，改安武軍，留京師奉朝請。海陵將伐宋，嚴酒禁，爽坐與其弟阿瑣、及從父兄京、徒單貞會飲，被杖，下遷化州刺史，奪猛安。未幾，復除安武軍節度使。

海陵渡淮，分遣使者翦滅宗室，爽憂懼不知所出。會世宗即位東京，宗室璋推爽弟阿瑣行中都留守，遣人報爽。爽棄妻子來奔，與弟忻州刺史可喜，俱至中都。東迎車駕，至梁魚務入見，世宗大悅，即除殿前馬步軍都指揮使。封溫王，改祕書監。毋憂，尋起復，遷太子太保，進封壽王。

頃之，世宗第五女蜀國公主下嫁唐括鼎，賜宴神龍殿，謂爽曰：「朕與卿兄弟，在正隆時，朝夕常懼不保，豈意今日賴爾兄弟之福，可以享安樂矣。」爽泣下，頓首謝。未幾，判大宗正事，太子太保如故。

爽有疾，詔除其子符寶祗候思列爲忠順軍節度副使。爽入謝，上曰：「朕以卿疾，使卿子還官，冀卿因喜而愈也。思列年少，未閑政事，卿訓以義方，使有善可稱，別加升擢。」爽疾少閒，將從上如涼陘，賜錢千萬，進封英王，轉太子太傅。復世襲猛安，進封榮王，改太子太師。

顯宗長女鄴國公主下嫁烏古論誼，賜宴慶和殿，爽坐西向，迎夕照，面發赤似醉。上問曰：「卿醉邪？」對曰：「未也，臣面迎日色，非酒紅也。」上悅，顧羣臣曰：「此弟出言，未嘗不

實，自小如此。」因謂顯宗兄弟曰：「汝等可以爲法。」以爽貲用有闕，特賜錢一萬貫。二十三年，爽疾久不愈，勅有司曰：「榮王告滿百日，當給以王俸。」

既薨，上悼痛，輟朝，遣官致祭，賻銀千兩、重綵四十端、絹四百匹。陪葬山陵，親王、百官送葬。他日，謂大臣曰：「榮王之葬，朕以不果親送爲恨。」其見友愛如此。

可喜，以宗室子，累官唐括部族節度使，降忻州刺史。海陵遣使殺之，可喜聞世宗即位，即棄州來歸，與其兄歸化州刺史阿鄰會于中都。是時，弟阿瑣權中都留守事，可喜謂阿鄰曰：「阿瑣愚戇，恐不能撫治，欲少留以助之。」阿鄰乃行。可喜留中都，聞世宗發東京，乃迎見于麻吉鋪。除兵部尚書，佩金牌，將兵往南京。行至中都，聞南京已定，遂止。

可喜材武過人，狠戾好亂，自以太祖孫，頗有異志。世宗初至中都，倥傯多事，扈從諸軍未暇行賞，或有怨言。昭武大將軍斡論，[二]正隆末，被詔佩金牌，取河南兵四百人，監完顏彀英軍于歸化，次彰德。會獨吉和尚持大定赦文至。和尚使人招之，斡論不聽，率兵來迎，和尚亦以所將蒲輦兵，列陣待之。斡論兵皆不肯戰，遂請降。和尚邀之入相州，收其甲兵，置酒相勞，斡論託腹疾，不肯飲。至夜，已張燈，時時出門，與其心腹密謀，欲就執和尚。稍具弓矢，和尚覺之，佯爲不知，使其從者迫而伺之，斡論不得發。上至中都近郊，斡論上

謁，上亦撫慰之。斡論自慊，初無降志。及河南統軍司令史斡里朶，爲人狡險，憙圖事，斡論取兵于河南統軍使阤滿訛里也，斡里朶與俱來，俱不自安。同知延安尹李惟忠，與熙宗弒逆，搆殺韓王亨，世宗疎斥之。同知中都留守璋，初自領其職，因而授之。完顏布輝爲副統，以罪解職，居京師。於是可喜、斡論、李惟忠、斡里朶、璋、布輝謀，欲因扈從軍士怨望作亂。斡論曰：「押軍猛安沃窟剌，必不違我。」惟忠曰：「惟忠嘗爲神翼軍總管，有兩銀牌尙在，可以矯發內藏賞士。萬戶高松與我舊，必見聽。」衆曰：「若得此軍，舉事無難矣。」斡論往約沃窟剌，沃窟剌從之。惟忠往說高松，高松不聽，語在松傳。

大定二年正月甲戌，上謁山陵，可喜中道稱疾而歸。乙亥夜，召斡論、惟忠、斡里朶、璋、布輝會其家，沃窟剌以兵赴之，璋曰：「今不得高松軍，事不可成矣。」可喜、璋、布輝乃擒斡論、惟忠、斡里朶、沃窟剌，詣有司自首。既下詔獄，可喜不肯自言其始謀，及與斡論面質，然後款伏。上念兄弟少，太祖孫惟數人在，惻然傷之。詔罪止可喜一身，其兄弟子孫皆不緣坐。遂誅斡論、惟忠、斡里朶、沃窟剌等，其沃窟剌下謀克士卒皆釋之。除璋彰化軍節度使，布輝濬州防禦使。辛巳，詔天下。是日，賜扈從萬戶銀百兩，猛安五十兩，謀克絹十匹，甲士絹五匹、錢六貫，阿里喜以下賜各有差。

阿瑣，宗強之幼子也。長身多力。天德二年，以宗室子，授奉國上將軍，累加金吾衞上將軍，居於中都。

海陵伐宋，以左衞將軍蒲察沙离只同知中都留守事，佩金牌，守管籥。世宗卽位東京，阿瑣與璋率守城軍官烏林荅石家奴等，入留守府，殺沙离只、府判抹撚撒离喝。衆以阿瑣行留守事，璋自署同知留守事，卽遣謀克石家奴、烏林荅愿、蒲察蒲査、大興少尹李天吉子磐等，奉表東京。

大定二年，授橫海軍節度使，賜以名鷹，詔曰：「卿方年少，宜自戒愼，留心政事。」改武定軍，以母憂去官。起復興平軍節度使，賜以襲衣廄馬。遷廣寧尹，坐贓一萬四千餘貫，詔杖八十，削兩階，解職。入見于常武殿，上曰：「朕謂汝有才力，使之臨民。今汝在法當死，朕以親親之故，曲爲全貸。當思自今戒懼，勿復使惡聲達于朕聽。」改平涼、濟南尹，卒官，年三十七。上命有司致祭，賻銀千兩、重綵四十端、絹四百四。

宗敏，本名阿魯補。天眷元年，封邢王。皇統三年，爲東京留守，拜左副元帥，兼會寧牧。進拜都元帥，兼判大宗正事。再進太保，領三省事，兼左副元帥，領行臺尙書省事，封曹國王。

海陵謀弒立，畏宗敏屬尊且材勇，欲構誣以除之。時熙宗屢殺大臣，宗敏憂之，謂海陵曰：「主上喜殘殺，而國家事重，奈何。」宗敏言時，適左右無人，海陵將以此爲指斥構害之，自念無證不可發，乃止。

及弒熙宗，使葛王召宗敏。葛王者，世宗初封也。宗敏聞海陵召，疑懼不敢往，葛王曰：「叔父今不卽往，至明日，如何與之相見。」宗敏入宮，海陵欲殺之，尙猶豫，以問左右。烏帶曰：「彼太祖子也，不殺之，衆人必有異議，不如除之。」乃使僕散忽土殺之，忽土刃擊宗敏，宗敏左右走避，膚髮血肉，狼藉遍地。葛王見殺宗敏，問於衆曰：「國王何罪而死？」烏帶曰：「天許大事，尙已行之，此蟣蝨耳，何足道者。」天德三年，海陵追封宗敏爲太師，進封爵。妃蒲察氏，進國號。封子撒合輦舒國公，賜名褒，進封王，阿里罕封密國公。正隆六年，契丹撒八反，海陵遣使殺諸宗室，阿里罕遂見殺。大定間，詔復官爵。

胙王元，景宣皇帝宗峻子也，本名常勝，爲北京留守。弟查剌爲安武軍節度使。皇統七年四月戊午，左副點檢蒲察阿虎特子尙主，進禮物，賜宴便殿。熙宗被酒，酌酒賜元，元不能飲，上怒，仗劍逼之，元逃去。命左丞宗憲召元，宗憲與元俱去，上益怒，是時戶部尙書宗禮在側，使之跪，手殺之。

海陵與唐括辯謀廢立，海陵曰：「若舉大事，誰當立者。」海陵意謂己乃太祖長房之孫，當立。而辯與秉德初意不在海陵，常勝乃熙宗之弟，辯答曰：「無胙王常勝乎。」海陵復問其次，辯曰：「鄧王子阿楞。」海陵曰：「阿楞屬疎。」由是海陵謂胙王有人望，〔三〕不除之將不得立，故心忌常勝并阿楞。是時，阿楞方爲奉國上將軍。

河南軍士孫進自稱「皇弟按察大王」，熙宗疑「皇弟」二字或在常勝也，使特思鞫之，無狀。特思乃嘗疑海陵與唐括辯時時竊議，告之悼后者。海陵知熙宗有疑常勝心，因此可以除之，謂熙宗曰：「孫進反有端，不稱他人，乃稱皇弟大王。陛下弟止有常勝、查剌。特思鞫不以實，故出之矣。」熙宗以爲然，使唐括辯、蕭肄按問特思，特思自誣服，故出常勝罪。於是，乃殺常勝及其弟查剌，并殺特思。海陵乘此并擠阿楞殺之。阿楞弟撻楞，熙宗本無意殺之，海陵曰：「其兄既已伏誅，其弟安得獨存。」又殺之。熙宗以海陵爲忠，愈益任之，而不知其詐也。

海陵篡立，追封常勝、查剌、阿楞官爵，親臨葬所致祭。大定十三年六月丁巳，世宗召皇太子諸王，侍食于淸輝殿，曰：「或稱海陵多能，何也。海陵譎詐，睢盱殺人，空虛天下三分之二。太祖諸孫中，惟胙王元天性賢者也。」

元子肯，本名合住，大定二十七年，自南京副留守遷大宗正丞，兼勸農副使。上問宰臣曰：「合住爲人如何？」平章政事襄、參政宗浩對曰：「爲人淸廉幹治。」上曰：「乃父亦然。」又曰：「蒲陽溫胙王元，外若愚訥，臨事明敏過人。朕於兄弟間，於元尤款密。」

贊曰：「太祖躬擐甲冑，以定國家，擧無遺策，而諸子勇略材識，足以遂父之志。傳及太宗，而諸孫享其成矣。

校勘記

〔一〕皇統二年十月薨　按本書卷四熙宗紀作皇統元年六月甲午，「宗强薨」。

〔二〕昭武大將軍斡論　按本書卷六六合住傳，「昭武」作「昭毅」。

〔三〕由是海陵謂胙王有人望　「胙」下原脫「王」字，據文義補。

金史卷七十

列傳第八

撒改　宗憲本名阿懶　習不失　宗亨本名撻不也〔一〕

宗賢本名賽里　石土門　忠本名迪古乃　習室　思敬本名撒改

撒改者，景祖孫，韓國公劾者之長子，世祖之兄子也。劾者於次最長。景祖方計定諸部，〔二〕愛世祖膽勇材略。及諸子長，國俗當異宮居，而命劾者與世祖同邸，劾者專治家務，世祖主外事。世祖襲節度使，越劾孫而傳肅宗、穆宗，皆景祖志也。穆宗初襲位，念劾者長兄不得立，遂命撒改爲國相。

穆宗履藉父兄趾業，鋤除强梗不服己者，使撒改取馬紀嶺道攻阿踈，穆宗自將，期阿踈城下會軍。撒改行次阿不塞水，烏延部斜勒勃堇來謁，謂撒改曰：「聞國相將與太師會軍阿

踈城下，此爲深入必取之策，宜先撫定潺蠢、星顯之路，落其黨附，奪其民人，然後合軍未晚也。」撒改從之，攻鈍恩城，請濟師，穆宗與之，撒改遂攻下鈍恩城，而與穆宗來會阿踈城下。鈍恩在南，阿踈在北，穆宗初遣撒改分道，卽會攻阿踈。聞其用斜勒計，先取鈍恩城，與初議不合，頗不然之。及遼使來止勿攻阿踈，然後深以先取鈍恩城爲功也。及以國相都統討留可、詐都、塢塔等軍，而阿踈亡入于遼，終不敢歸，留可、詐都、塢塔、鈍恩皆降。

康宗沒，太祖稱都勃極烈，與撒改分治諸部，匹脫水以北太祖統之，來流水人民撒改統之。明年甲午，嗣節度命方至。

遼主荒于遊畋，政事怠廢，太祖知遼可伐，遂起兵。九月，與遼人戰于界上，獲謝十，太祖使告克于撒改，賜以所獲謝十乘馬，撒改及將士皆歡呼曰：「義兵始至遼界，一戰而勝，滅遼必自此始矣。」遣子宗翰及完顏希尹來賀捷，因勸進，太祖未之從也。十月，師克寧江州，破遼師十萬于鴨子河，師還。十二月，太宗及撒改、辭不失率諸將復勸進。收國元年正月朔，太祖卽位，撒改行國相如故。伐遼之計決於迪古迺，贊成大計實自撒改啓之。撒改自以宗室近屬，且長房，繼肅宗爲國相，旣貴且重，故身任大計，贊成如此，諸人莫之或先也。

太祖卽位後，羣臣奏事，撒改等前跪，上起，泣止之曰：「今日成功，皆諸君協輔之力，吾雖處大位，未易改舊俗也。」撒改等感激，再拜謝。凡臣下宴集，太祖嘗赴之，主人拜，上亦

答拜。天輔後，始正君臣之禮焉。七月，太宗爲諳版勃極烈，撒改國論勃極烈，辭不失阿買勃極烈，杲國論昊勃極烈。勃極烈，女直之尊官也。太祖自正位號，凡半歲，未聞有封拜。太宗介弟優禮絕等，杲母弟之最幼者，撒改、辭不失以宗室，同封拜。九月，加國論胡魯勃極烈。天輔五年，薨。太祖往弔，乘白馬，剺額哭之慟。及葬，復親臨之，賵以所御馬。

撒改爲人，敦厚多智，長于用人，家居純儉，好稼穡。自始爲國相，能馴服諸部，訟獄得其情，當時有言：「不見國相，事何從決。」及舉兵伐遼，撒改每以宗臣爲內外倚重，不以戰多爲其功也。天會十五年，追封燕國王。正隆降封陳國公。大定三年，改贈金源郡王，配饗太祖廟廷，諡忠毅。十五年，詔圖像于衍慶宮。子宗翰、宗憲。宗翰別有傳。

宗憲本名阿懶。頒行女直字書，年十六，選入學。太宗幸學，宗憲與諸生俱謁，宗憲進止恂雅，太宗召至前，令誦所習，語音清亮，善應對。侍臣奏曰：「此左副元帥宗翰弟也。」上嗟賞久之。兼通契丹、漢字。未冠，從宗翰伐宋，汴京破，衆人爭趨府庫取財物，宗憲獨載圖書以歸。朝廷議制度禮樂，往往因仍遼舊，宗憲曰：「方今奄有遼、宋，當遠引前古，因時制宜，成一代之法，何乃近取遼人制度哉。」希尹曰：「而意甚與我合。」由是器重之。

撻懶、宗雋唱議以齊地與宋，宗憲廷爭折之，當時不用其言，其後宗弼復取河南、陝西

地，如宗憲策。以捕宗磐、宗雋功，授昭武大將軍。修國史，累官尚書左丞。熙宗從容謂之曰：「嚮以河南、陝西地與宋人，卿以爲不當與，今復取之，是猶用卿言也。卿識慮深遠，自今以往，其盡言無隱。」宗憲拜謝，遂攝門下侍郎。

初，熙宗以疑似殺左丞相希尹，久之，察其無罪，深閔惜之，謂宗憲曰：「希尹有大功于國，無罪而死，朕將錄用其孫，如之何？」宗憲對曰：「陛下深念希尹，錄用其孫，幸甚。若不先明死者無罪，生者何由得仕。」上曰：「卿言是也。」卽日復希尹官爵，用其孫守道爲應奉翰林文字。皇統五年，將肆赦，議覃恩止及女直人，宗憲奏曰：「莫非王臣，慶幸豈可有間邪。」遂改其文，使均被焉。轉行臺平章政事。天德初，爲中京留守、安武軍節度使。封河內郡王。改太原尹，進封鉅鹿郡王。正隆例奪王爵，再遷震武、武定軍節度使。

世宗卽位，遣使召之，詔曰：「叔若能來，宜速至此，若爲紇石烈志寧、白彥敬所遏，亦不煩叔憂。」宗憲聞世宗卽位，先已棄官來歸，與使者遇於中都，遂見上于小遼口，除中都留守，卽遣赴任。詔與元帥完顏彀英同議軍事。明年，改西京留守。八月，改南京。僕散忠義自行臺朝京師，宗憲攝行臺尚書省事。召爲太子太師，上謂宗憲曰：「卿年老舊人，更事多矣，皇太子年尚少，謹訓導之。」俄拜平章政事，太子太師如故。詔以太祖實錄賜宗憲及平章政事完顏元宜、左丞紇石烈良弼、判秘書監溫王爽各一本。

移剌高山奴前爲寧州刺史，以貪汚免，世宗以功臣子孫宗族中無顯仕者，以爲祕書少監。是時，母喪未除，有司奏其事，宗憲曰：「高山奴傲狠貪墨，不可致之左右。」世宗曰：「朕以其父祖有功耳，旣爲人如此，豈可玷職位哉。」追還制命，因顧右丞蘇保衡、參政石琚曰：「此朕之過舉，不可不改，卿等當盡心以輔朕也。」有司言，諸路猛安謀克，怙其世襲多擾民，請同流官，以三十月爲考。詔下尚書省議，宗憲乃上議曰：「昔太祖皇帝撫定天下，誓封功臣襲猛安謀克，今若改爲遷調，非太祖約。臣謂凡猛安謀克，當明核善惡，進賢退不肖，有不職者，其弟姪中更擇賢者代之。」上從其議。進拜右丞相。大定六年，薨，年五十九。上輟朝，悼惜者久之，命百官致奠，賻銀一千五百兩、重綵五十端、絹五百匹。

習不失本作辭不失，後定爲習不失，昭祖之孫，烏骨出之次子也。初，昭祖久無繼嗣，與威順皇后徒單氏禱於巫，[三]而生景祖及烏骨出。烏骨出長而酗酒，屢悖其母。昭祖沒，徒單氏與景祖謀而殺之。部人怒，欲害景祖，徒單氏自以爲事，而景祖乃得免。

習不失健捷，能左右射。世祖襲節度，肅宗與拒桓赧、散達，戰於斡魯紺出水，已再失利，世祖至軍，吏士無人色。世祖使習不失先陣於脫豁改原，而身出搏戰，敗其步軍。習不

失自陣後奮擊之，敗其騎軍，所乘馬中九矢，不能馳，遂步趨而出。方戰，其外兄烏葛名善射，居敵騎中，將射，習不失熟視識之，呼曰：「此小兒，是汝一人之事乎，何爲推鋒居前如此。」以弓弰擊馬首而去。[四]是役也，習不失之功居多。桓赧、散達旣敗，習不失馬棄陣中者亦自歸。

世祖嘗疑朮甲孛里篤或與烏春等爲變，遣習不失單騎往觀，孛里篤與忽魯置酒樓上以飲之。習不失聞其私語呢呢，若將執己者，一躍下樓，傍出藩籬之外，乘馬而歸，[五]其勇趫如此。盃乃約烏春舉兵，世祖至蘇素海甸與烏春遇，[六]肅宗前戰，斜列、習不失佐之，束縕縱火，煙焰蔽天，大敗烏春，執盃乃以歸。太祖獲麻產，獻馘于遼，遼人賞功，穆宗、太祖、歡都、習不失皆爲詳穩焉。後與阿里合懣、斡帶俱佐撒改攻留可城，下之。太祖伐遼，使領兵千人，夾侍左右。出河店之役，惟習不失之策與太祖合，卒破十萬之師，挫其軍鋒。遂與太宗、撒改等勸進。收國元年七月，與太宗、撒改、杲俱爲勃極烈，習不失爲阿買勃極烈云。

天輔七年，太宗與習不失居守，鄆王昂違紀律失衆，法當死。於是，遼人以燕京降，宋人約歲幣。三月，世宗生。習不失謂太宗曰：「兄弟骨肉，以恩掩義，寧屈法以全之。今國家迭有大慶，可減昂以無死，若主上有責言，以我爲說。」太宗然之，遂杖昂以聞。太祖每伐遼，輒命習不失與太宗居守，雖無方面功，而倚任與撒改比侔矣。是歲七月，薨。會太祖班

師道病，太宗奉迎謁見，恐太祖感動而疾轉甚，不敢以薨告。太祖輒問曰：「阿買勃極烈安在？」太宗紿對曰：「今卽至矣。」正隆二年，贈開府儀同三司，追封曹國公。大定三年，進封金源郡王，配饗太祖廟廷，謚曰忠毅。

子鶻沙虎，國初有功，天會間，爲眞定留守。子撻不也。

宗亨本名撻不也，性忠謹。天眷初，〔七〕以宗室子，充護衞。擒宗磐、宗雋有功，加忠勇校尉，遷昭信校尉、尙廐局直長。三年，陞本局副使。丁父憂，時宗正官屬，例以材選，宗亨在選中，遂起復，爲淑溫特宗室將軍。〔八〕改會寧府少尹，歷登州刺史，改獻州刺史，爲特滿羣牧使、同知北京路轉運使，改澤州定國軍節度使。〔九〕海陵庶人南伐，以本職領武揚軍都總管，〔一〇〕過淮。

世宗卽位，以手詔賜宗亨，宗亨得詔，卽入朝。大定二年，授右宣徽使，未幾，爲北京路兵馬都統，〔一一〕以討契丹賊。右副元帥僕散忠義與窩斡遇于花道，宗亨與左翼萬戶蒲察世傑等，以七謀克軍與之戰，失利。及窩斡敗，其黨括里、扎八率衆南奔，宗亨追及之。扎八詐降，宗亨信之。扎八詭曰：「括里遁，願往邀。」宗亨聽其去。大縱軍士，取賊所棄囊橐人畜，多自有之。括里、扎八亡入于宋。坐是，降爲寧州刺史。

宗賢本名賽里，習不失之孫也。從都統杲取中京，襲遼帝于鴛鴦濼。宗翰使撻懶襲耶律馬哥，都統使蒲家奴及賽里等，以兵助之。蒲家奴使賽里、斜野、裴滿胡撻、達魯古厮列、耶律吳十等各率兵分行招諭，獲遼留守迪越家人輜重，幷降羣牧官木盧瓦，得馬甚多，使逐水草牧之。賽里等趨業迭，遂以偏師深入，敵邀擊之，撒合戰沒。蒲家奴至旺國崖西，賽里兵會之。累官至左副點檢。

天眷二年，方捕宗雋，賽里坐會飲其家，奪官爵。未幾，復官。皇統四年，授世襲謀克，轉都點檢，封豳國公。拜平章政事。進拜右丞相，兼中書令。進拜太保、左丞相，監修國史。罷爲左副元帥。無何，復爲太保、左丞相，左副元帥如故。進太師，領三省事，兼都元帥，監修國史。出爲南京留守，領行臺尙書省事。復爲左副元帥，兼西京留守。再爲太保，領三省事。復爲左丞相，兼都元帥。

賽里自護衞，未十年位兼將相，常感激，思自効以報朝廷。雖於悼后爲母黨，后專政，大臣或因之以取進用，賽里未嘗附之。皇太子濟安薨，魏王道濟死，熙宗未有嗣子，賽里勸熙宗選後宮以廣繼嗣，不少顧忌於后，后以此怨之。與海陵同在相位，未嘗少肯假借，海陵雖專而心憚賽里，外以屬尊加禮敬而內常忌之。海陵知悼后怨賽里，因與后共力排出之，賽里亦不以是少變。

胙王常勝死，熙宗納其妻宮中，頃之，殺悼后及妃數人，將以常勝妻爲后，未果也。及海陵弑熙宗，詭以熙宗將議立后，召諸王大臣，賽里聞召，以爲信然，將入宮，謂人曰：「上必欲立常勝妻爲后，我當力爭之。」及被執，猶以爲熙宗將立常勝妻，而先殺之也，曰：「誰能爲我言者，我死固不足惜，獨念主上左右無助耳。」遂遇害。

石土門，漢字一作神徒門，耶懶路完顏部人，世爲其部長。父直离海，〔一二〕始祖弟保活里四世孫，雖同宗屬，不相通問久矣。景祖時，直离海使部人邈孫來，請復通宗系。景祖留邈孫歲餘，厚其餼廩飲食，善遇之。及還，以幣帛數篋爲贈，結其厚意。久之，耶懶歲饑，景祖與之馬牛，爲助糴費，使世祖往致之。會世祖有疾，石土門日夕不離左右，世祖疾愈辭歸，與握手爲別，約它日無相忘。石土門體貌魁偉，勇敢善戰，質直孝友，强記辯捷，臨事果斷。

世祖襲位，交好益深，鄰部不悅，遂合兵攻之。石土門使弟阿斯懣率二百人南下拒敵，敵兵千人，已出其東據高阜，〔一三〕石土門將五千人迎擊之。〔一四〕敵將斡里本者，勇士也，出挑戰，石土門射中其馬，斡里本反射，射中石土門腹，石土門拔箭，戰愈力。阿斯懣與勇士七

人步戰，殺斡里本，諸部兵遂敗。石土門因招諭諸部，使附於世祖，世祖嘉之。後伐烏春、窩謀罕及鈍恩、狄庫德等，皆以所部從戰，有功。

弟阿斯懣尋卒，及終喪，大會其族，太祖率官屬往焉，就以伐遼之議訪之。方會祭，有飛烏自東而西，太祖射之，矢貫左翼而墜，石土門持至上前稱慶曰：「烏鳶人所甚惡，今射獲之，此吉兆也。」卽以金版獻之。後以本部兵從擊高麗。及伐遼，功尤多。王師攻下西京，賜以金牌。其子蟬蠢從行，上語之曰：「吾妃之妹白散者在遼，俟其獲，當以爲汝婦。」竟如其言。

上之西征，諸將皆從，石土門乃率善射者三百人來衞京師，時太宗居守，喜其至，親出迎勞。繼聞黃龍府叛，與睿宗討平之，睿宗賜以奴婢五百人，師還，賞賚良渥。至是卒，年六十一。正隆二年，封金源郡王。子習失、思敬。

完顏忠本名迪古乃，字阿思魁，石土門之弟。太祖器重之，將舉兵伐遼，而未決也，欲與迪古乃計事，於是宗翰、宗幹、完顏希尹皆從。居數日，少間，太祖與迪古乃馮肩而語曰：「我此來豈徒然也，有謀於汝，汝爲我決之。遼名爲大國，其實空虛，主驕而士怯，戰陣無勇，可取也。吾欲舉兵，杖義而西，〔一五〕君以爲如何？」迪古乃曰：「以主公英武，〔一六〕士衆樂爲用。遼帝荒于畋獵，政令無常，易與也。」太祖然之。明年，太祖伐遼，使婆盧火來徵兵，迪

古乃以兵會師。收國元年十二月，上禦遼主兵，次爻剌，迪古乃與銀术哥守達魯古路。二年，與斡魯、蒲察會斡魯古，討高永昌，破其兵，東京降。遂與斡魯古等禦耶律捏里，敗之于蒺藜山，拔顯州，乾、惠等州降。

天輔二年，與婁室俱入見，上曰：「遼主近在中京，而敢輒來，各杖之三十。」太祖駐軍草濼，迪古乃取奉聖州，破其兵五千于鷄鳴山，奉聖州降。太祖入燕京，迪古乃出德勝口，以代石土門爲耶懶路都勃堇。天會二年，〔一七〕以耶懶地薄斥鹵，遷其部於蘇濱水，仍以朮實勒之田益之。

熙宗即位，加太子太師。十四年，加保大軍節度使，同中書門下平章事，薨。天德二年，迪古乃配饗太祖廟廷。大定二年，追封金源郡王。

習室。〔一八〕康宗時，高麗築九城于曷懶甸，習室從斡賽軍。太祖攻寧江州，習室推鋒力戰，授猛安。後從斜也克中京，襲遼主于鴛鴦濼，略定山□，〔一九〕敗夏將李良輔兵，與婁室俱獲遼帝于余睹谷。

宗翰伐宋，與銀术可圍守太原。明年，攻襄垣，下潞城，降西京，至汴。元帥府以懷、孟北阻太行，南瀕河，控制險要，使習室統十二猛安軍鎮撫之。於是，殄平寇盜，招集流亡，四

境以安。天會五年，薨。熙宗時，贈特進。大定間，謚威敏。

世宗思太祖、太宗創業艱難，求當時羣臣勳業最著者，圖像于衍慶宮：遼王斜也、金源郡王撒改、遼王宗幹、秦王宗翰、宋王宗望、梁王宗弼、金源郡王習不失、金源郡王斡魯、金源郡王希尹、金源郡王婁室、楚王宗雄、魯王闍母、金源郡王銀术可、隋國公阿离合懑、金源郡王完顏忠、豫國公蒲家奴、金源郡王撒离喝、兗國公劉彥宗、特進斡魯古、齊國公韓企先，并習室凡二十一人。

初，海陵罷諸路萬戶，置蘇濱路節度使。世宗時，近臣奏請改蘇濱爲耶懶節度使，不忘舊功。上曰：「蘇濱、耶懶二水相距千里，節度使治蘇濱，不必改。石土門親管猛安子孫襲封者，可改爲耶懶猛安，以示不忘其初。」

思敬本名撒改，押懶河人，金源郡王神土懣之子，習失弟也。〔二〇〕初名思恭，避顯宗諱改焉。體貌雄偉，美鬚髯，純直有材幹。年十一，從其父謁見太祖。太祖在納鄰淀，方獵，因詔從獵，射黃羊獲之，太祖賜以從馬。

宗翰自太原伐宋，從其兄習室攻太原。宗翰取河南，思敬從完顏活女涉渡河，下洛陽、圍汴皆有功。師還，隸遼王宗幹麾下。太宗幸東京溫湯，思敬權護衛，押衛卒百人從行。

領謀克。從征朮虎麟有功，遂充護衛。天眷二年，以捕宗磐、宗雋功，遷顯武將軍。

熙宗捕魚混同江，網索絕，曹國王宗敏乘醉，鞭馬入江，手引繫網大繩，沉於水中。熙宗呼左右救之，倉卒莫有應者，思敬躍入水，引宗敏出。熙宗稱嘆，賞賚甚厚。擢右衞將軍，襲押懶路萬戶，授世襲謀克。七年，召見，賜以襲衣、廐馬、錢萬貫。及歸，復遣使賜弓劍。是年，入爲工部尚書，改殿前都點檢。無何，爲吏部尚書。

天德初，爲報諭宋國使。宋人以舊例，請觀錢塘江潮，思敬不觀，曰：「我國東有巨海，而江水有大於錢塘者。」竟不往。使還，拜尚書右丞，罷爲眞定尹。用廉，封河內郡王，徙封鉅鹿。丁母憂，起復本官，改益都尹。正隆二年，例奪王爵，改慶陽尹。

大定二年，授西南路招討使，封濟國公，兼天德軍節度使。俄爲北路都統，佩金牌及銀牌二。西北路招討使唐括孛古底副之。將本路兵二千，會孛古底，視地形衝要，或于狗濼屯駐，伺契丹賊出沒之地，置守禦，遠斥候，賊至則戰，不以晝夜爲限。詔孛古底曰：「爾兵少，思敬未至，不得先戰。」僕散忠義敗窩斡於陷泉，詔思敬選新馬三千，備追襲。窩斡入于奚中，思敬爲元帥右都監，以舊領軍入奚地張哥宅，會大軍討之。敗僞節度特末也，獲二百餘人。賊降將稍合住與其黨神獨斡，執窩斡并其母徐輦、妻子弟姪家屬及金銀牌印詣思敬降。思敬獻俘于京師，賜金百兩、銀千兩、重綵四十端、玉帶、廐馬、名鷹。拜右副元帥，經略南邊，駐山東。罷爲北京留守。復拜右副元帥，仍經略山東。〔二一〕

初，猛安謀克屯田山東，各隨所受地土，散處州縣。世宗不欲猛安謀克與民戶雜處，欲使相聚居之，遣戶部郎中完顏讓往元帥府議之。思敬與山東路總管徒單克寧議曰：「大軍方進伐宋，宜以家屬權寓州縣，量留軍衆以爲備禦。俟邊事寧息，猛安謀克各使聚居，則軍民俱便。」還奏，上從之。其後遂以猛安謀克自爲保聚，其田土與民田犬牙相入者，互易之。三年四月，召還京師，以爲北京留守，賜金鞍、勒馬。七年，召爲平章政事。先是，省併猛安謀克，及海陵時無功授猛、克者，皆罷之，〔二二〕失職者甚衆。思敬請量才用之，上從其請。思敬前爲眞定尹，其子取部民女爲妾。至是，其兄乞離異，其妾畏思敬在相位，不敢去。詔還其家。

九年，拜樞密使，上疏論五事：其一，女直人可依漢人以文理選試。其二，契丹人可分隸女直猛安。其三，鹽濼官可罷去。其四，與猛安同勾當副千戶官亦可罷。其五，親王府官屬以文資官擬注，教以女直語言文字。上皆從之。其後女直人試進士，夾谷衡、尼厖古鑑、徒單鎰、完顏匡輩，皆由此致宰相，實思敬啓之也。

久之，上謂思敬曰：「朕欲修熙宗實錄，卿嘗爲侍從，必能記其事跡。」對曰：「熙宗時，內外皆得人，風雨時，年穀豐，盜賊息，百姓安，此其大概也，何必餘事。」上大悅。世宗喜立

事，故其徽諫如此。大定十三年，薨。上輟朝，親臨喪，哭之慟，曰：「舊臣也。」賻贈加厚，葬禮悉從官給。

孫吾侃朮特，大定二十四年，除明威將軍，授速瀕路寶鄰山猛安。

贊曰：劾者讓國世祖，以開帝業。撒改治國家，定社稷，尊立太祖，深謀遠略，爲一代宗臣，賢矣哉。習不失蓋前人之愆，著勳五世。易曰「有子考無咎」，其此之謂乎。始祖與季弟異部而處，子孫俱爲强宗，而取遼之策，卒定于迪古乃，豈天道陰有以相之邪。

校勘記

〔一〕宗亨本名撻不也　「撻」原作「搭」。同音異譯，今據傳文統一。

〔二〕景祖方計定諸部　按「計」永樂大典卷六七六四引作「討」。

〔三〕與威順皇后徒單氏禱於巫　「威」原作「昭」。按本書卷三二禮志，上尊謚：「愛民立政曰成，辟土有德曰襄，强毅執正曰威，慈仁和民曰順，請上皇五代祖孛菫尊謚曰成襄皇帝，廟號昭祖，妣曰威順皇后。」又卷六三后妃傳，「昭祖威順皇后徒單氏」。卷六五烏古出傳，「昭祖威順皇后生景祖，次曰烏骨出」。今據改。

〔四〕以弓弰擊馬首而去　「弰」原作「鞘」。據永樂大典卷六七六四改。

〔五〕棄馬而歸　按「棄」永樂大典卷六七六四作「乘」。

〔六〕世祖至蘇素海甸與烏春遇　「甸」原作「春」。按本書卷一世紀，「盃乃誘烏春兵度嶺，世祖與遇于蘇素海甸」。又卷六七烏春傳，「烏春舉兵度嶺，世祖……進至蘇素海甸」。又永樂大典卷六七六四亦作「蘇素海甸」。今據改。

〔七〕天眷初　「眷」原作「輔」。按天輔是金太祖年號，宗亨年歲不相及。又下文言「擒宗磐、宗雋有功」，則是天眷二年七月事，見本書卷四熙宗紀。今據改。

〔八〕遂起復爲淑溫特宗室將軍　按本書卷五五百官志，大宗正府「諸宗室將軍，正七品，上京、東溫忒二處皆有之」，「東溫忒」疑即「淑溫特」。

〔九〕改獻州刺史爲特滿羣牧使同知北京路轉運使改澤州定國軍節度使　「獻州刺史」下原有「澤州定」三字，係下文錯入，今刪。又本書卷二六地理志，京兆府路，同州有「定國軍節度」，「澤州」疑是「同州」之誤。

〔一〇〕以本職領武揚軍都總管　「揚」原作「陽」。按本書卷五五百官志，都元帥府下，「正隆六年，海陵南伐，將三十二總管，有「武揚」之號」，今據改。

〔一一〕爲北京路兵馬都統　「北京」原作「西北」。按本書卷一三三移剌窩斡傳記此事云，「右宣徽使宗亨爲北京路都統，吏部郎中完顏達吉爲副統，會元帥府討擊之」。又「詔北京副統完顏達吉括本部馬」。今據改。

〔一二〕父直离海　按本書卷五九宗室表卷末，保活里下作「四世孫滓不乃」。或同音異譯。

〔一三〕已出其東據高阜　「阜」原作「泉」，據永樂大典卷六七六五改。

〔一四〕石土門將五千人迎擊之　按五千人數太多，非當時所能有。且多于敵兵五倍，無以見石土門英勇，與原意不合。疑「千」是「十」字之誤。

〔一五〕吾欲舉兵杖義而西　「杖」原作「扶」，據永樂大典卷六七六五改。

〔一六〕以主公英武　「主」原作「王」，據永樂大典卷六七六五改。

〔一七〕天會二年　原脫「天會」二字。按本書卷三太宗紀，天會二年二月「丁酉，命徙移懶路都勃菫完顏忠于蘇濒水」。又卷二四地理志恤品路條云，「太宗天會二年，以耶懶路都孛菫所居地瘠，遂遷于此」。今據補。

〔一八〕習室　按本卷石土門傳作「習失」，本書卷五九宗室表同。殿本逕改爲「習失」。今仍其舊。

〔一九〕略定山□　「山」字下當有闕文。施國祁云「山下當加西」，按亦或是「後」字，今僅以「□」誌闕。

〔二〇〕習失弟也　「習失」原作「辭不失」。按本卷石土門傳，「子習失、思敬」。本書卷五九宗室表同。

又下文亦言「從其兄習室攻太原」。則「辭不失」當作「習失」。今據改。

〔二一〕罷爲北京留守復拜右副元帥仍經略山東　以上十七字與下文重複，且有錯誤。按本書卷六世宗紀，大定二年九月「壬子，以元帥右都監完顏思敬爲右副元帥。戊午，詔思敬經略南邊」。三年「四月辛酉朔，右副元帥完顏思敬罷」。五月「乙卯，以北京留守完顏思敬復爲右副元帥」。以後至七年十二月「甲辰，以北京留守完顏思敬爲平章政事」，與本傳記事相合。此「罷爲北京留守」在三年四月辛酉，「復拜右副元帥」在五月乙卯，惟此後皆在北京，無「仍經略山東」之事。

〔二二〕無功授猛克者皆罷之　「猛」下當脫「安謀」二字。

金史卷七十一

列傳第九

斡魯　斡魯古勃堇　婆盧火　吾扎忽　闍母

宗敍　本名德壽

斡魯，韓國公劾者第三子。〔一〕康宗初，蘇濱水含國部斡豁勃堇及斡准、職德二部有異志，斡帶治之，斡賽、斡魯爲之佐，遂伐斡豁，拔其城以歸。高麗築九城於曷懶甸。斡賽母疾病，斡魯代將其兵者數月。斡魯亦對築九城與高麗抗，出則戰，入則守，斡賽用之，卒城高麗。

收國二年四月，詔斡魯統諸軍，與闍母、蒲察、迪古乃合咸州路都統斡魯古等，伐高永昌。詔曰：「永昌誘脅戍卒，竊據一方，直投其隙而取之耳。此非有遠大計，其亡可立而待

也。東京渤海人德我舊矣，易爲招懷。如其不從，卽議進討，無事多殺。」

高永昌渤海人，在遼爲裨將，以兵三千，屯東京八甔口。永昌見遼政日敗，太祖起兵，遼人不能支，遂覬覦非常。是時，東京漢人與渤海人有怨，而多殺渤海人。永昌乃誘諸渤海，并其戍卒入據東京，旬月之間，遠近響應，有兵八千人，遂僭稱帝，改元隆基。遼人討之，久不能克。

永昌使撻不野、杓合，以幣求救於太祖，且曰：「願併力以取遼。」太祖使胡沙補往諭之曰：「同力取遼固可。東京近地，汝輒據之，以僭大號可乎。若能歸款，當處以王爵。仍遣係遼籍女直胡突古來。」高永昌使撻不野與胡沙補、胡突古偕來，而永昌表辭不遜，且請還所俘渤海人。太祖留胡突古不遣，遣大藥師奴與撻不野往招諭之。

斡魯方趨東京，遼兵六萬來攻照散城，阿徒罕勃堇、烏論石準與戰於益褪之地，大破之。五月，斡魯與遼軍遇於瀋州，敗之，進攻瀋州，取之。永昌聞取瀋州，大懼，使家奴鐸剌以金印一、銀牌五十來，願去名號，稱藩。斡魯使胡沙補、撒八往報之。會渤海高楨降，言永昌非真降者，特以緩師耳。斡魯進兵，永昌遂殺胡沙補等，率衆來拒。遇于沃里活水，我軍既濟，永昌之軍不戰而却，逐北至東京城下。明日，永昌盡率其衆來戰，復大敗之，遂以五千騎奔長松島。

初，太祖下寧江州，獲東京渤海人皆釋之，往往中道亡去，諸將請殺之，太祖曰：「既以克敵下城，何爲多殺。昔先太師嘗破敵，獲百餘人，釋之，皆亡去。既而，往往招其部人來降。今此輩亡，後日當有效用者。」至是，東京人恩勝奴、仙哥等，執永昌妻子以城降，卽寧江州所釋東京渤海人也。先太師，蓋謂世祖云。未幾，撻不野執永昌及鐸剌以獻，皆殺之。於是，遼之南路係籍女直及東京州縣盡降。

以斡魯爲南路都統、迭勃極烈，留烏蠢知東京事。詔除遼法，省賦稅，置猛安謀克一如本朝之制。九月，斡魯上謁于婆魯買水，上慰勞之。辛亥，幸斡魯第，張宴，官屬皆預，賜賚有差。

燭偎水部實里古達，殺酬斡、僕忽得，斡魯分胡剌古、烏蠢之兵討之。酬斡宗室子，魁偉善戰，年十五，隸軍中，多見任用。以兵五百，敗室韋，獲其民衆。及招降燭偎水部，以功爲謀克。僕忽得初事撒改，從討蕭海里，降燭偎水部，領行軍千戶。從破黃龍府，戰達魯古城，皆有功。其破寧江州，渤海乙塞補叛去，僕忽得追復之。至是，與酬斡同被害。

斡魯至石里罕河，實里古達遁去，追及于合撻剌山，誅其首惡四人，撫定餘衆。詔曰：「汝討平叛亂，不勞師衆，朕甚嘉之。酬斡等死於國事，聞其尸棄于河，俟冰釋，必求以葬。其民可三百戶爲一謀克，以衆所推服者領之，仍以其子弟等爲質。」斡魯乃還。天眷中，酬

斡贈奉國上將軍，僕忽得贈昭義大將軍。

斡魯從都統襲遼主，遼主西走，西京已降復叛，敵據城西浮圖，下射攻城者。斡魯與鶻巴魯攻浮圖，奪之，復以精銳乘浮圖下射城中，遂破西京。夏國王使李良輔將兵三萬來救遼，〔二〕次于天德之境。婁室與斡魯合軍擊敗之，追至野谷，殺數千人。夏人渡澗水，水暴至，漂溺者不可勝計。遼主在陰山、青塚之間，斡魯爲西南路都統，往襲之。使勃剌淑、撒曷懣以兵二百，襲遼權六院司喝离質於白水濼，獲之。遼主留輜重於青塚，領兵一萬，往應州。遣照里、背答各率兵邀之，宗望奄至遼主營，盡俘其妻、子、宗族，得其傳國璽。斡魯使使奏捷曰：「賴陛下威靈，屢敗敵兵，遼主無歸，勢必來降。已嚴戒鄰境，毋納宋人，合饋軍糧，令銀朮可往代州受之。」詔：「徧諭有功將士，俟朕至彼，當次第推賞。遼主戚屬勿去其輿帳，善撫存之。遼主伶俜去國，懷悲負恥，恐隕其命。孽雖自作，而嘗居大位，深所不忍。如招之肯來，以其宗族付之。已遣楊璞徵糧於宋，銀朮可不須往矣。遼趙王習泥烈及諸官吏，並釋其罪，且撫慰之。」

太祖還京師，宗翰爲西北、西南兩路都統，斡魯及蒲家奴副之。宗翰朝京師，詔：「以夏人言，宋侵略新割地，以便宜決之。」斡魯奏曰：「夏人不盡歸戶口資帑，又以宋人侵賜地求援兵。宋之邊臣將取所賜夏人疆土，蓋有異圖。」詔曰：「夏人屢求援兵者，或不欲歸我戶

口，沮吾追襲遼主事也。宋人敢言自取疆土于夏，誠有異圖。宜謹守備，盡索在夏戶口，通聞兩國，事審處之。」斡魯復請弗割山西與宋，則遼主不能與宋郭藥師交通。復詔曰：「宗翰請毋與宋山西地，卿復及此，疆場之事當慎毋忽。」及宗翰等伐宋，斡魯行西南、西北兩路都統事。天會五年，薨。皇統五年，追封鄭國王。天德二年，配享太祖廟廷。

子撒八，銀青光祿大夫。子賽里。

斡魯古勃堇，宗室子也。太祖伐遼，使斡魯古、阿魯撫諭斡忽、急賽兩路係遼女直，與遼節度使撻不也戰，敗之，斬撻不也，酷輦嶺阿魯臺罕等十四太彎皆降，斡忽、急賽兩路亦降。與遼都統實婁戰于咸州西，敗之，斬實婁于陣，與婁室克咸州。陀滿忽吐以所部降于斡魯古，鄰部戶七千亦來歸，遂與遼將喝補戰，破其軍數萬人。太祖嘉之，以爲咸州軍帥。

斡魯伐高永昌于東京，斡魯古以咸州軍佐之。遼秦晉國王耶律捏里來伐，迪古乃、婁室、婆盧火等將二萬衆，合斡魯古咸州兵往擊之。

胡突古嘗叛入于遼，居于東京，高永昌據東京，太祖索之以歸。斡魯古伐永昌，以便宜署胡突古爲千戶。散都魯、訛魯補皆無功，亦以便宜除官。及以便宜解權謀克斛拔魯、寅

哥、達及保等職，皆非其罪。太祖聞之，盡復斛拔魯等謀克，胡突古等皆罷去。

太祖聞斡魯古軍中往往闕馬，而宜馬多匿於私家，遂檢括之。耶律捏里、佛頂遣斡魯古書，請和。斡魯古以捏里書幷所答書來上，且請曰：「復有書問，宜如何報之？」詔曰：「若彼再來請和，汝當以阿疎等叛亡，索而不獲至於交兵，我行人賽剌亦不遣還。若歸賽剌，及送阿疎等，則和好之議方敢奏聞。仍恐議和非實，無失備禦。」

耶律捏里軍蒺藜山，斡魯古以兵一萬，戍東京。太祖使迪古乃、婁室復以兵一萬益之，詔曰：「遼主失道，肆命徂征，惟爾將士，當體朕意，拒命者討之，服者撫安之，毋貪俘掠，毋肆殺戮。所賜捏里詔書，可傳致也。」詔捏里曰：「汝等誠欲請和，當廢黜昏主，擇立賢者，副朕弔伐之意，然後可議和約。不然，當盡幷爾國。其審圖之。」捏里復書斡魯古，云：「降去人痕孛見還，則當送阿疎等。」上曰：「痕孛等乃交兵之後來降，阿疎則平日以罪亡去，其事特異。」復詔捏里，令此月十三日送阿疎至顯州，各遣重臣議疆場事。

斡魯古等攻顯州，知東京事完顏斡論以兵來會，即以兵三千先渡遼水，得降戶千餘，遂薄顯州。郭藥師乘夜來襲，斡論擊走之。斡魯古等遂與捏里等戰于蒺藜山，大敗遼兵，追北至阿里眞陂，獲佛頂家屬。遂圍顯州，攻其城西南，軍士神篤踰城先入，燒其佛寺，煙焰撲人，守陴者不能立，諸軍乘之，遂拔顯州。於是，乾、懿、豪、徽、成、川、惠等州皆降。乾州後爲閭陽縣，遼諸陵多在此，禁無所犯。徙成、川州人于同、銀二州居之。

捏里再以書來請和，斡魯古承前詔，以阿疎爲言，答之。駐軍顯州以聽命。賜斡魯古等馬十匹，詔曰：「汝等力摧大敵，攻下諸城，朕甚嘉之。遼主未獲，人心易搖，不可恃戰勝而失備禦。」遼雙州節度使張崇降，斡魯古以便宜命復其職，仍令世襲。

斡魯古久在咸州，多立功，亦多自恣，劾里保、雙古等告斡魯古不法事：遼帝在中京可追襲而不追襲，咸州糧草豐足而奏數不以實，攻顯州獲生口財畜多自取。捏里、孛剌束等亦告孛堇疊葛、麻吉、窩論、赤閭、阿剌本、乙剌等多取生口財畜。遂以闍哥代爲咸州路都統。

闍哥亦宗室子也，既代斡魯古治咸州。初，迪古乃、婁室奏，攻顯州新降附之民，可遷其富者于咸州路，其貧者徙內地。於是，詔使闍哥擇其才可幹事者授之謀克，其豪右誠心歸附者擬爲猛安，錄其姓名以聞，饑貧之民，官賑給之，而使闍母爲其副統云。久之，遼通、祺、雙、遼四州之民八百餘家，詣咸州都統降。上曰：「遼人賦斂無度，民不堪命，相率求生，不可使失望，分置諸部，擇善地以處之。」

太祖召斡魯古自問之，斡魯古引伏。闍哥鞫窩論等。詔降斡魯古爲謀克，而禁錮窩論等。天輔六年，討賊于牛心山，道病卒。天眷中，贈特進。天德二年，配享太祖廟廷。大定十五年，諡莊翼。

婆盧火，安帝五代孫。太祖伐遼，使婆盧火徵迪古乃兵，失期，杖之。後與渾黜以四千人，往助婁室、銀朮哥攻黃龍府。辭勒罕、轄孛得兄弟，直擻里部人，嘗寇耶懶路，穆宗遣婆盧火討之。至阿里門河，辭勒罕僞降，遂略馬畜三百而去，復掠兀勒部二十五寨。[三]太祖復使婆盧火討之。婆盧火渡蘇袞河，招降旁近諸部，因籍丁壯爲軍，至特滕吳水，轄孛得僞降，復叛去，執而殺之。婆盧火至特鄰城，圍之，辭勒罕遁去。婆盧火破其城，執其妻子，辭勒罕遂降，曰：「我之馬牛財貨盡矣，何以爲生。」婆盧火與之馬十匹。直擻里部產良馬，太祖使紇石烈阿習罕掌其畜牧，婆盧火及子婆速，俱爲謀克。

天輔五年，摘取諸路猛安中萬餘家，屯田于泰州，婆盧火爲都統，賜耕牛五十。婆盧火舊居按出虎水，自是徙居泰州，而遺拾得、查端、阿里徒歡、奚撻罕等俱徙焉。唯族子撒剌喝嘗爲世祖養子，獨得不徙。

太祖取燕京，婆盧火爲右翼，兵出居庸關，大敗遼兵，遂取居庸。蕭妃遁去，都監高六等來送款乞降。習古乃追蕭妃至古北口，蕭妃已過三日，不及而還。上令婆盧火、胡實賚率輕騎追之，蕭妃已遠去，獲其從官統軍察剌、宣徽查剌，幷其家族，及銀牌二、印十有一。

及迭剌叛，婆盧火、石古乃討平之，〔四〕其羣官率衆降者，就使領其所部。太宗以空名宣頭及銀牌給之。

同時有婆盧火者，婁室平陝西，婆盧火、繩果監戰。後爲平陽尹，西南路招討使，終於慶陽尹。

泰州婆盧火守邊屢有功，太宗賜衣一襲，幷賜其子剖叔。八年，以甲胄賜所部諸謀克。天會十三年，加同中書門下平章事。天眷元年，駐烏骨迪烈地，〔五〕薨。贈開府儀同三司，謚剛毅。

子剖叔，襲猛安，天眷二年，爲泰州副都統，子斡帶，廣威將軍。

婆速，官特進，子吾扎忽。

吾扎忽，善騎射，年二十，以本班祗候郎君都管，從征伐有功，授修武校尉。皇統二年，權領泰州軍。平陝西，至涇州，大破宋兵於馬西鎭，超遷寧遠大將軍，襲猛安。復以本部軍從宗弼，權都統。正隆末，從海陵伐宋。契丹反，與德昌軍節度使移室懣同討契丹，許以便宜從事。

大定初，除咸平尹，駐軍泰州。俄改臨潢尹，攝元帥左都監。與廣寧尹僕散渾坦俱從

元帥右都監神土懣解臨潢之圍。契丹引衆東行，吾扎忽追及于窊歷山。押軍猛安契丹忽剌叔以所部叻敵，攻官軍，官軍失利。泰州節度使烏里雅來救，未至臨潢與敵遇，烏里雅敗，僅以數騎脫歸。敵攻泰州，其勢大振，城中震駭，將士不敢出戰，敵四面登城。押軍猛安烏古孫阿里補率軍士數人持鐔刀循城，應敵力戰，斫刈甚衆，敵乃退，泰州得完。吾扎忽迺使謀克蒲盧渾徙百姓旁邑及險阨之地，以俟大軍。明年，聚甲士萬三千於濟州，會元帥謀衍，敗窩斡於長濼。戰霿𩄙河，戰陷泉，皆有功，改胡里改節度使，卒。

吾扎忽性聰敏，有才智，善用軍，常出敵之不意，故能以寡敵衆，而所往無不克，號爲「鶻軍」云。

闍母，世祖第十一子，太祖異母弟也。高永昌據東京，斡魯往伐之，闍母等爲之佐。已克瀋州，城中出奔者闍母邀擊殆盡。與永昌隔沃里活水，衆遇淖不敢進，闍母以所部先濟，諸軍畢濟。軍東京城下，城中人出城來戰，闍母破之于首山，殲其衆，獲馬五百匹。

及斡魯古以罪去咸州，闍母代之，於是闍母爲咸州路副統。遼議和久不成，太祖進兵，詔咸州路都統司，令斜葛留兵一千鎭守，闍母以餘兵會于渾河。太祖攻上京，實臨潢府，諭

之不下。遼人恃儲蓄自固。上親臨陣，闍母以衆先登，克其外城，留守撻不野率衆出降。都統杲兵至中京，闍母自城西沿土河以進，城中兵尙餘三千，皆不能守，遂克之。

宗翰等攻西京，闍母、婁室等於城東爲木洞以捍蔽矢石，於北隅以芻茭塞其隍，城中出兵萬餘，將燒之。溫迪罕蒲匣率衆力戰，執旗者被創，蒲匣自執旗，奮擊却之。又爲四輪革車，高出於堞，闍母與麾下乘車先登，諸軍繼之，遂克西京。

與遼步騎五千戰于朔州之境，斬首三百級。復敗遼騎三百于河陰。遼兵五千屯于馬邑縣南，復擊破之，隳其營壘，盡得其車馬、器械。遼兵三萬，列營于西京之西，闍母以三千擊之。闍母使士卒皆去馬，陣於溝塹之間，曰：「以一擊十，不致之死地，不可使戰也。」謂衆曰：「若不勝敵，不可以求生。」於是人皆殊死戰，遼兵遂敗，追至其營而止。明日，復敗其兵七百餘人。

興中府宜州復叛，闍母討之，幷下詔招諭，詔闍母曰：「遼之土地皆爲我有，彼雖復叛，終皆吾民，可縱其耕稼，毋得侵掠。」勃堇蒙刮、斜鉢、吾撻等獲契丹九斤，興中平。〔六〕

闍母爲南路都統，討回离保，詔曰：「回离保以烏合之衆，保據險阻，其勢必將自斃。若彼不出掠，毋庸攻討。」耶律奥古哲等殺回离保于景、薊之間，其衆遂潰。

張覺據平州叛，入于宋，闍母自錦州往討之。覺將以兵脅遷、來、潤、隰四州之民，〔七〕

闍母至潤州，擊走張覺軍，逐北至榆關，遣俘持書招之。復敗覺兵於營州東北，欲乘勝進取南京。時方暑雨，退屯海壖，逐水草休息，使僕虺、蒙刮兩猛安屯潤州，制未降州縣，不得與覺交通。九月，闍母破覺將王孝古於新安，敗覺軍於樓峯口。復與覺戰於兔耳山，闍母大敗。太宗使宗望問闍母敗軍之狀，宗望遂以闍母軍討覺。及宗望破張覺，太宗乃赦闍母，召宗望赴闕。

闍母連破僞都統張敦固，遂克南京，執敦固殺之。上遣使迎勞之，詔曰：「聞下南京，撫定兵民，甚善。諸軍之賞，卿差等以給之。」又詔曰：「南京疆埸如舊，屯兵以鎭之。命有司運米五萬石于廣寧，給南京、潤州戍卒。」遂下宜州，拔叉牙山，殺其節度使韓慶民，得糧五千石。詔以南路歲饑，許田獵。

其後宋童貫、郭藥師治兵，闍母輒因降人知之，卽具奏，語在宋事中。而宗翰、宗望皆請伐宋，於是闍母副宗望伐宋，宗望以闍母屬尊，先皇帝任使有功，請以爲都統，己監戰事。於是闍母爲都統，掃喝副之，敗郭藥師兵于白河，遂降燕山，以先鋒渡河圍汴，宋人請盟。將士分屯于安肅、雄、霸、廣、信之境，宗望還山西，闍母與劉彥宗留燕京，節制諸軍。八月，復伐宋，大軍克汴州，諸軍屯于城上。城中諸軍潰而西出者十三萬人，闍母、撻懶分擊，大敗之。師還，闍母爲元帥左都監，攻河間，下之，大破敵兵萬餘於莫州。宗輔爲右副元

帥，徇地淄、靑。闍母與宗弼分兵破山谷諸屯。宋李成兵圍淄州，烏林荅泰欲破之。闍母克濰州。迪古補、朮烈速連破趙子昉等兵，至于河上。烏林荅泰欲破敵于靈城鎭。及議伐康王，闍母欲先定河北，然後進討，太宗乃酌取羣議之中，使婁室取陜西，宗翰、宗輔南伐。天會七年，薨，〔八〕年四十。熙宗時，追封吳國王。天德二年，配享太祖廟廷。正隆，改封譚王。大定二年，徙封魯王，謚莊襄。

子宗敍。

宗敍，本名德壽，闍母第四子也。奇偉有大志，喜談兵。天德二年，充護衞，授武義將軍。明年，授世襲謀克，擢御院通進，遷翰林待制，兼修起居注，轉國子司業，兼左補闕。正隆初，轉符寶郎，在宮職凡五年，皆帶劍押領宿衞。遷大宗正丞，以母憂去官。以本官起復，未幾，遷侍衞親軍馬軍都指揮使，改左驍騎都指揮使。明年，海陵幸南京，宗敍至汴。契丹撒八反，〔九〕宗敍爲咸平尹，兼本路兵馬都總管，以甲仗四千付之，許以便宜。宗敍出松亭關，取牛遞于廣寧。聞世宗卽位，將歸之。廣寧尹按荅海弟燕京勸宗敍，乃還興中。白彥敬、紇石烈志寧使宗敍奉表降。宗敍見世宗於梁魚務，授寧昌軍節度使。

明年二月，契丹攻寧昌，宗敍止有女直、渤海騎兵三十、漢兵百二十人，自將擊之。遇

賊千餘騎，漢兵皆散走，宗敍與女直、渤海三十騎盡銳力戰，身被二創，所乘馬中箭而仆，遂爲所執。居百餘日，會賊中有臨潢民移剌阿塔等，盜馬授之，得脫歸。

宗敍陷賊久，盡得其虛實，見元帥完顏謀衍、平章政事完顏元宜，謂之曰：「賊衆烏合，無紀律，破之易耳。」於是帥府欲授軍職，宗敍見謀衍貪鹵掠，失事機，欲歸白上，不肯受職，曰：「我有機密，須面奏。」是夕，乃遁去，至廣寧，矯取驛馬，馳至京師。而帥府先事以聞，上遣中使詰之曰：「汝爲節度，不度衆寡，戰敗被獲，幸得脫歸，乃拒帥府命，輒自乘傳赴都，朕姑置汝罪，可速還軍，併力破賊。」宗敍附奏曰：「臣非辭難者，事須面奏，不得不來。」遂召入，乃條奏賊中虛實，及諸軍進退不合事機狀。詔大臣議，皆以其言爲然。是時，已詔僕散忠義代謀衍爲元帥進討，於是拜宗敍爲兵部尚書，以本職領右翼都統，率宗寧、烏延查剌、烏林荅剌撒兵各千人，號三萬，佐忠義軍。至花道，遇賊，與戰，左翼都統宗亨先敗走，〔一〇〕忠義亦引却，宗敍勒本部遮擊之，麾帳下士三百，捨馬步戰，賊不得逞。大軍整列復至，合勢擊之，賊遂敗去。而元帥右監軍紇石烈志寧率軍至，追及窩斡於陷泉，大破之。復與志寧及徒單克寧，追至七渡河，復大敗之。元帥忠義遂留宗敍自從。賊平，入爲右宣徽使。

宋兵據海州，將謀深入。詔以宗敍爲元帥右監軍，往禦之。宗敍駐山東，分兵據守要害，敵不得西。尋奉詔，與左副元帥紇石烈志寧參議軍事。四年，宗敍入朝，奏曰：「暑月在

近，頓兵邊陲，飛輓頗艱，乞俟秋涼進發。」上從其請。及還軍，授以成算，賜襲衣、弓矢。九月，渡淮，宗敍出唐、鄧，比至襄陽，屢戰皆捷。明年，宋人請和，軍還，除河南路統軍使。

河決李固渡，分流曹、單之間。詔遣都水監梁肅視河決，宗敍言：「河道塡淤不受水，故有決溢之患。今欲河復故道，卒難成功，幸而可塞，它日不免決溢山東，非曹、單比也。沿河數州，驟興大役，人心動搖，恐宋人乘間扇誘，構爲邊患。」梁肅亦請聽兩河分流，以殺水勢，遂止不塞。

十年，召至京師，拜參知政事，上曰：「卿奏黃河利害，甚合朕意。朕念百姓差調，官吏爲姦，率斂星火，所費倍蓰，委積經年，腐朽不可復用，若此等類，百孔千瘡，百姓何以堪之。卿參朝政，擇利而行，以副朕心。」及與上論南邊事，宗敍曰：「南人遣諜來，多得我事情。我遣諜人，多不得其實。蓋彼以厚賞故也。」上曰：「彼以厚利資諜人，徒費其財，何能爲也。」

十一年，奉詔巡邊。〔一一〕六月，至軍中，將戰，有疾，詔以右丞相紇石烈志寧代，宗敍還。七月，病甚，遺表朝政得失，及邊防利害，力疾，使其子上之。薨，年四十六。上見其遺表，傷悼不已，輟朝，遣宣徽使敬嗣暉致祭，賻銀千兩、綵四十端、絹四百匹。上謂宰臣曰：「宗敍勤勞國家，他人不能及也。」

初，宗敍嘗請募貧民戍邊屯田，給以廩粟，既貧者無艱食之患，而富家免更代之勞，得

專農業。上善其言，而未行也。十七年，上謂宰臣曰：「戍邊之卒，歲冒寒暑，往來番休，以馬牛往戍，往往皆死。且奪其農時，敗其生業，朕甚閔之。朕欲使百姓安于田里，而邊圉強固，卿等何術可以致此。」左丞相良弼曰：「邊地不堪耕種，不能久戍，所以番代耳。」上曰：「卿等以此急務爲末事耶。往歲，參政宗敍嘗爲朕言此事。若宗敍，可謂盡心於國者矣。今以兩路招討司、烏古里石壘部族、臨潢、泰州等路，分置堡戍，詳定以聞，朕將親覽。」

上追念宗敍，聞其子孫家用不給，詔賜錢三千貫。明昌五年，配享世宗廟廷。

校勘記

〔一〕斡魯韓國公勍者第三子　按本書卷五九宗室表，勍者子「撒改、斡魯」，共二人，「三」當是「二」字之誤。

〔二〕夏國王使李良輔將兵三萬來救遼　「良」原作「仁」。按本書卷六〇交聘表，天輔六年「六月，夏遣李良輔率兵三萬救遼，斡魯、婁室敗之于野谷」。又卷一三四西夏傳，「天輔六年……夏將李良輔將兵三萬來救遼，次天德境野谷」。今據改。

〔三〕復掠兀勒部二十五寨　「掠」字原在「部」字之下，據文義乙正。

〔四〕及迭剌叛婆盧火石古乃討平之　「石古乃」卽上文「追蕭妃至古北口」之「習古乃」，本書卷七二

有傳云，「習古廼，亦書作實古廼」。卷七二婁室傳、銀术可傳記與完顏渾黜、婆盧火等攻黃龍府皆作「石古乃」。卷七四宗翰傳、卷八〇阿离補傳亦作「石古乃」。此皆同音異譯，而用「石古乃」三字較多。今特指出，不加校改。

〔五〕烏骨迪烈地　按本書卷五海陵紀、卷四四兵志皆作「烏古迪烈部」。

〔六〕輿中平　「輿」原作「與」，據永樂大典卷六七七六四改。

〔七〕覺將以兵脅遷來潤隰四州之民　「隰」原作「濕」，據永樂大典卷六七七六四改。

〔八〕天會七年薨　「七」原作「六」。按本書卷三太宗紀，天會七年正月「辛巳，吳國王闍母薨」。今據改。

〔九〕契丹撒八反　「契」原作「奚」，據殿本改。

〔一〇〕以本職領右翼都統率宗寧烏延查剌烏林荅剌撒兵各千人……左翼都統宗亨先敗走　「右」原作「左」，「左」原作「右」。按本書卷八七僕散忠義傳，「忠義追之，及于花道，宗亨爲左翼，宗敍爲右翼，與賊夾河而陣」。卷一三三移剌窩斡傳，「僕散忠義至軍中，是時窩斡西走花道，……萬戶查剌、蒲查爲左翼，宗亨統之，宗寧、剌撒爲右翼，宗敍統之」。今據改。又本書卷八六烏延查剌傳，「擊窩斡，戰于花道，大軍未集，查剌在左翼，領六百騎與賊戰」。卷一三三移剌窩斡傳，「萬戶查剌爲左翼，宗亨統之，宗寧、剌撒爲右翼，宗敍統之，……賊渡河，以兵四萬餘先犯左翼軍，

查剌以六百騎奮擊敗之」。據此則烏延查剌當時在左翼，由宗亨統之，此處不當有其名。

〔一一〕十一年奉詔巡邊　按本書卷六世宗紀，「遣參知政事宗敍北巡」在大定十年八月壬申。

金史卷七十二

列傳第十

婁室　活女　謀衍　仲本名石古乃　海里　銀术可

轂英本名撻懶　麻吉子沃側　拔离速　習古廼

婁室，字斡里衍，完顏部人。年二十一，代父白荅爲七水諸部長。〔一〕太祖克寧江州，使婁室招諭係遼籍女直，遂降移嬾益海路太彎照撒等。敗遼兵于婆剌赶山。復敗遼兵，擒兩將軍。既而益改、捺末懶兩路皆降。進兵咸州，克之。諸部相繼來降，獲遼北女直係籍之戶。遼都統耶律訛里朶以二十餘萬衆來戍邊。太祖趨達魯古城，次寧江州西，召婁室。婁室見上于軍中。上見婁室馬多疲乏，以三百給之，使隸右翼宗翰軍，〔二〕與銀术可縱兵衝其中堅，凡九陷陣，皆力戰而出。復與銀术可戍邊。

及九百奚營等部來降，則與銀术可攻黃龍府，上使完顏渾黜、婆盧火、石古乃以兵四千助之，敗遼兵萬餘于白馬濼。宗雄等下金山縣，使婁室分兵二千，招沿山逃散之人。耶律捏里軍蒺藜山，斡魯古、婁室等破之，遂取顯州。太祖取黃龍府，婁室請曰：「黃龍一都會，且僻遠，苟有變，則鄰郡相扇而起。請以所部屯守。」太祖然之，仍合諸路謀克，命婁室爲萬戶，守黃龍府。進都統，從杲取中京，與希尹等襲走迪六、和尙、雅里斯等，敗奚王霞末，降奚部西節度訛里剌。遼主自鴛鴦濼西走，婁室等追至白水濼，獲其內庫寶物。婁室遂與闍母攻破西京。復與闍母至天德、雲內、寧邊、東勝，其官吏皆降，獲阿疎。

夏人救遼，兵次天德，婁室使突撚、補攧以騎二百爲候兵，夏人敗之，幾盡。阿土罕復以二百騎往，遇伏兵，獨阿土罕脫歸。時久雨，諸將欲且休息，婁室曰：「彼再破吾騎兵，我若不復往，彼將以我怯，即來攻我矣。」乃選千騎，與習失、拔离速往。斡魯壯其言，從之。婁室遲明出陵野嶺，留拔离速以兵二百據險守之。獲生口問之，其帥李良輔也。將至野谷，登高望之。〔三〕夏人恃衆而不整，方濟水爲陣，乃使人報斡魯。婁室分軍爲二，迭出迭入，進退轉戰三十里。過宜水，斡魯軍亦至，合擊敗之。

遼都統大石犯奉聖州，壁龍門東二十五里，婁室、照里、馬和尙等以兵取之，生獲大石，其衆遂降。遼闢里剌守奉聖州，棄城遁去。後與宗望追遼帝，婁室、蒲察以二十騎候敵，敗

其軍三千人于三山，有千人將趨奉聖州，蒲察復敗之，擒其主帥而還。夏人屯兵於可敦館，宗翰遣婁室戍朔州，築城於霸德山西南二十里，遂破朔州西山兵二萬，擒其帥趙公直。其後復襲遼帝于余都谷，獲之。賜鐵券，惟死罪乃笞之，餘罪不問。

銀朮可圍太原，宋統制劉臻救太原，率衆十萬出壽陽，婁室擊破之，繼敗宋兵數千於楡次。宋張灝軍出汾州，拔离速擊走之。灝復營文水，婁室與突葛速、拔离速與戰，灝大敗。宗翰定太原，婁室取汾、石二州，及其屬縣溫泉、方山、離石，蒲察降壽陽，取平定軍及樂平，復招降遼州及楡社、遼山、和順諸縣。宗翰趨汴州，使婁室等自平陽道先趨河南，曰：「若至澤州，與賽里、婆盧火、習失遇，當與俱進。」習失之前軍三謀克，〔四〕敗宋兵三千于襄垣，遇伏兵二千，又敗之。撒剌荅破天井關，復破步兵於孔子廟南，遂降河陽。婁室軍至，既渡河，遂薄西京。城中兵來拒戰，習失逆擊敗之，西京降。婁室取偃師，永安軍、鞏縣降。撒剌荅敗宋兵於汜水。於是，滎陽、滎澤、鄭州、中牟相次皆降。宗翰已與宗望會軍于汴，使婁室率師趨陝津，攻河東郡縣之未下者。阿离土罕敗敵于河上，撒按敗敵于陝城下，鶻沙虎降虢州守陴卒三百人，遂克陝府。習古乃、桑衮破陝之散卒于平陸西北。活女別破敵於平陸。婁室破蒲、解之軍二萬，盡覆之，安邑、解州皆降，遂克河中府，降絳、慈、隰、石等州。

宗翰往洛陽，使婁室取陝西，敗宋將范致虛軍，下同、華二州，克京兆府，獲宋制置使傅

亮，遂克鳳翔。阿鄰等破宋大兵於河中，斡魯破宋劉光烈軍於馮翊，訛特剌、桑衮敗敵於渭水，遂取下邽。宗翰會宗輔伐康王，命婁室、蒲察專事陝西，以婆盧火、繩果監戰。繩果等遇敵於蒲城及同州，皆破之。婁室、蒲察克丹州，破臨眞，進克延安府，遂降綏德軍及靜邊、懷遠等城寨十六，復破青澗城。宋安撫使折可求以麟、府、豐三州，及堡寨九，降于婁室。晉寧所部九寨皆降，而晉寧軍久不下，婁室欲去之，賽里不可，曰：「此與夏鄰，且生他變。」城中無井，日取河水以爲飲，乃決渠于東，泄其水，城中遂困。李位、石乙啓郭門降，諸將率兵入城。守將徐徽言據子城，戰三日，衆潰，徽言出奔，獲之。使之拜，不聽，臨之以兵，不爲動，縶之軍中。使先降者諭之使降，徽言大罵，與統制孫昂皆不屈，乃幷殺之。遂降定安堡、渭平寨及鄜、坊二州。於是，婁室、婆盧火守延安，折可求屯綏德，蒲察還守蒲州。延安、鄜、坊州皆殘破，人民存者無幾，婁室置官府輯安之。別將斡論降建昌軍。京兆府叛，婁室復討平之，遂與阿盧補、謀里也至三原，訛哥金、阿骨欲擊淳化兵，敗之。婁室攻乾州，已築甬道，列礮具，而州降。遂進兵克邠州，軍于京兆。

陝西城邑已降定者，輒復叛，於是睿宗以右副元帥，總陝西征伐。時婁室已有疾，睿宗與張浚戰于富平，宗弼左翼軍已却，婁室以右翼力戰，軍勢復振，張浚軍遂敗。睿宗曰：「力疾鏖戰，以徇王事，遂破巨敵，雖古名將何以加也。」以所用犀玉金銀器，及甲胄，幷馬七匹

與之。

天會八年，薨。十三年，贈泰寧軍節度使，兼侍中，加太子太師。皇統元年，贈開府儀同三司，追封莘王。以正隆例改贈金源郡王，配享太宗廟廷，謚壯義。〔五〕子活女、謀衍、石古乃。

活女，年十七從攻寧江州，力戰創甚，扶出陣間。太祖憑高望見，問之，知是婁室子，親撫慰賜藥，歎曰：「此兒他日必爲名將。」其攻濟州，敗敵八千。與敵遇于信州，移剌本陷于陣，活女力戰出之，敵遂北。敗耶律佛頂等兵于潘州。及宗翰以兵襲奚王霞末，活女以兵三百，敗敵二千。從攻乙室部，敗之，破其二營。迭剌部族叛，率二謀克突入，大破之。

活女常從婁室圍太原，宋將种師中以兵十萬來援，活女擊敗之。大軍至河，無船，不得渡。婁室遣活女循水上下，活女率軍三百，自孟津而下，度其可渡，遂引軍以濟，大軍於是皆繼之。宋將郭京出兵數萬，趨婁室營，活女從旁奮擊，敵亂，遂破之。師還，破敵於平陸渡，得其船以濟。又以兵破敵於張店原。時屯留、太平、翼城皆有重敵，並破之。又分兵取陝西，蒲州降，留活女鎭之。攻鳳翔，活女先登。睿宗定陝西，活女爲都統，進攻涇州，敗其兵。王開山以兵拒歸路，邀戰，再擊，再敗之，遂降京兆、鳳翔諸縣。

婁室薨，襲合扎猛安，代爲黃龍府路萬戶。天眷三年，爲元帥右都監，遷左監軍。元帥府罷，改安化軍節度使。歷京兆尹，封廣平郡王，以正隆例，改封代國公，進封隋國公，謚貞濟。卒年六十一。

謀衍，勇力過人，善用長矛突戰。天眷間，充牌印祗候，授顯武將軍，擢符寶郎。皇統四年，其兄活女襲濟州路萬戶，以親管奧吉猛安讓謀衍，朝廷從之，權濟州路萬戶。八年，爲元帥右都監。天德三年，爲順天軍節度使，歷河間、臨潢尹，數月改婆速路兵馬都總管。

撒八反，謀衍往討之，是時世宗爲東京留守，自將討括里還，遇謀衍于常安縣，盡以甲士付之。世宗還東京，完顏福壽、高忠建率所部南征軍，亡歸東京。謀衍亦率其軍來附，卽以臣禮上謁，遂殺高存福、李彥隆等。謀衍、福壽、忠建及諸將吏民勸進，世宗卽位，拜右副元帥。都統白彥敬，副統紇石烈志寧在北京，拒不受命，謀衍伐之，遇其衆于建州之境，皆不肯戰，彥敬、志寧遂降。

二年正月，謀衍率諸軍討窩斡，會兵於濟州，合甲士萬三千人，過泰州，至朮虎崖，乃捨輜重，持數日糧，輕騎追之。是時窩斡新敗于泰州，將走濟州。謀衍兵至長濼南，獲其諜者，知敵將由別路邀糧運，遂分軍往迎之。敵吏乣者來降，謀衍用其計，因夜亟往邀敵輜

中華書局

重，忽大風，不能燧火，路暗莫相辨，比曉纔行三十餘里。將至敵營，將士少憩，謀衍率善射者數十騎，往覘之。而都統志寧、克寧等，已敗敵衆二萬餘於長濼，追殺甚衆，敵遂西遁。志寧軍先追及於霿𩂯河，急擊敗之。而謀衍貪鹵掠，不復追，以故敵得縱去，遂涉懿州界，陷靈山、同昌、惠和等縣，窺取北京，西攻三韓縣。惟克寧軍追躡，謀衍託馬弱，引還懿州。上聞之，下詔切責謀衍，以僕散忠義爲右副元帥代之，紇石烈志寧爲右監軍代完顏福壽。而謀衍子斜哥暴横軍中，詔勒歸本貫。

謀衍至京師，以爲同判大宗正事，世宗責之曰：「朕以汝爲將，汝不追賊，當正汝罪。以汝父婁室有大功，特免汝死。汝雖非宗室，而授此職，汝其勉之。」未幾，速頻路軍士朮里古，告斜哥寄書與謀衍謀反，有司幷上其書，世宗察其誣，詔鞫告者，朮里古款伏，遂誅之。召謀衍謂之曰：「人有告卿子爲反謀者，朕知卿必不爲此，今告者果自服罪，宜悉此意。」

初，窩斡方熾，上使溫迪罕阿魯帶守古北口。及窩斡敗于陷泉，入于奚中，率諸奚攻古北口。阿魯帶因其妻生日，輒離軍六十里，賊衆聞之，來襲，殺傷士卒甚衆。阿魯帶坐除名。詔謀衍、蒲察烏里雅、蒲察通以兵三千，會舊屯兵，擊之。擒賊黨猛安合住。未幾，窩斡平，乃還。

七年，出爲北京留守，上御便殿，賜食，及御服衣帶佩刀，謂之曰：「以卿故老，欲以均勞

逸，故授此職，卿其勉之。」改東京留守，封榮國公。大定十一年，薨，年六十四。

謀衍性忠厚，善擊毬射獵，時論以爲雖智略不及其父，而勇敢肖之云。

仲，本名石古乃。體貌魁偉，通女直、契丹、漢字。其兄斡魯爲統軍，愛仲才，欲使通吏事，每視事，常在左右，遇事輒問之，應對如響，斡魯嘆曰：「此子必爲令器。」皇統初，充護衞，授世襲謀克。天德元年，攝其兄活女濟州萬戶，部內稱治。除濱州刺史，以母憂去官。起復知積石軍事，轉同知河南尹。

正隆六年，伐宋，爲神勇軍副都總管。與大軍北還，除同知大興尹，將兵二千，益遼化屯軍，備契丹。遷西南路招討使，兼天德軍節度使，政尚忠信，決獄公平，蕃部不敢寇邊。召爲左副都點檢，宿衞嚴謹，每事有規矩，後來者守其法，莫能易也。世宗常謂侍臣曰：「石古乃入直，朕寢益安。」

五年，宋人請和，爲姪國，不稱臣，仲爲報問使。仲請與宋主相見禮儀，世宗曰：「宋主親起立接書，則授之。」及至宋，一一如禮。正隆用兵，宋人執商州刺史完顏守能以歸，至是，仲取守能與俱還，上嘉之。轉都點檢，兼侍衞親軍都指揮使，遷河南路統軍使，上曰：「卿在禁近，小心畏慎。河南控制江、淮，爲國重地，卿益勉之。」賜廐馬、金帶、玉吐鶻。後有罪，〔六〕解職。久之，起爲西北路招討使，改北京留守，卒。

海里，婁室族子。體貌豐偉，善用矟。婁室爲黃龍府萬戶，海里從徙於孰吉訛母。從婁室追及遼主於朔州阿敦山，遼主從數十騎逸去，婁室遣海里及朮得，往見遼主，諭之使降。遼主已窮蹙，待於阿敦山之東，婁室因獲之，賞海里金五十兩、銀五百兩、幣帛二百匹、綿三百兩。睿宗經略陝西，海里戰却吳玠軍於涇、邠之南，尋遣修棧道，宋人恐棧道成，以兵來拒，破其兵，賞銀百五十兩、奴婢十人。

天眷元年，擢宿直將軍。與定宗磐、宗雋之亂，〔七〕再遷廣威將軍，除都水使者。改西北路招討都監，歷復州、灤州刺史、耶盧椀羣牧使，迭剌部族節度使，同知大興尹、兼中都路兵馬都總管，改武寧軍節度使，廣寧尹。卒，年六十二。

銀朮可，宗室子。太祖嗣位，使蒲家奴如遼取阿踈，事久不決，乃使習古廼、銀朮可繼往。當是時，遼主荒于政，上下解體。銀朮可等還，具以遼政事人情告太祖，且言遼國可伐

之狀。〔八〕太祖決意伐遼，蓋自銀朮可等發之。

太祖與耶律訛里朵戰于達魯古城，遼兵二十餘萬，銀朮可、婁室率衆衝其中堅，凡九陷陣，輒戰而出，大敗遼軍。銀朮可爲謀克，遂與婁室戍邊，復與婁室、渾黜、婆盧火、石古乃等攻黃龍府，敗遼兵萬餘于白馬濼。太祖拒遼兵，銀朮可守達魯古城。收國二年，分鴨撻、阿懶所遷謀克二千戶，以銀朮可爲謀克，屯寧江州。

遼大册使習泥烈遣回，約以七月半至，而盡九月習泥烈未來，上使諸軍過江屯駐。遼曳剌、麻答十三人，兵士八人縱火於渾河，以絕芻牧。銀朮可獲之，乃知遼邊吏乙薛使之，太祖命釋之。從都統杲克中京，銀朮可與習古廼、蒲察、胡巴魯率兵三千，擊奚王霞末于京西七十里，霞末棄兵遁。遼主西奔天德，銀朮可以兵絕其後，遼主遂見獲。

後從宗翰伐宋，圍太原，宗翰進兵至澤州，及宗翰還西京，太原未下，皆命銀朮可留兵圍之。招討都監馬五破宋兵於文水。節度使耿守忠等敗宋黃迪兵於西都谷，所殺不可勝計。宋樊夔、施詵、高豐等軍來救太原，分據近部，銀朮可與習失、盃魯、完速大破之。索里乙室 破宋兵於太谷。宋兵據太谷、祁縣，阿鶻懶、拔离速復取之。种師中出井陘，據榆次，救太原，銀朮可使斡論擊之，破其軍。活女斬師中於殺熊嶺，進攻宋制置使姚古軍于隆州谷，〔九〕大敗之。撒里土敗宋軍於回馬口，郭企忠殲宋軍於五臺。及宗翰定太原，與宗望

會兵于汴，銀术可等攻汴城，克之。師還，銀术可降岢嵐、寧化等軍，攻嵐州拔之，招降火山軍。與希尹同賜鐵券。

宗翰趨洛陽，賽里取汝州，銀术可取鄧州，殺其將李操等。薩謀魯入襄陽，拔离速入均州，馬五取房州，擒轉運使劉吉、鄧州通判王彬。拔离速破唐、蔡、陳三州，克潁昌府，沙古質別克舊潁昌。

宗翰會伐康王，銀术可守太原。天會十年，爲燕京留守。天會十三年，致仕，加保大軍節度使，同中書門下平章事，遷中書令，封蜀王。天眷三年，薨，年六十八。以正隆例贈金源郡王，配饗太宗廟廷。大定十五年，諡武襄，改配享太祖廟廷，子彀英。

彀英，本名撻懶。幼警敏有志膽，初丱角，太祖見而奇之。年十六，父銀术可授以甲，使從伐遼，常爲先鋒，授世襲謀克。

宗翰自太原還西京，銀术可圍守之，彀英在行間，屢有功。宋兵數萬救太原，至南關，銀术可與弟拔离速、完顏婁室等擊之，當隘巷間，一卒揮刀向拔离速，彀英以刀斷其腕，一卒復從旁以槍刺之，彀英斷其槍，追殺之。拔太原，下河東諸州，攻汴京，皆有功。與都統馬五徇地漢上，至上蔡，以先鋒破孔家軍。睿宗攻開州，彀英先登，流矢中其口，睿宗親視

之，創未愈，强起之，攻大名府。第功，宗弼第一，彀英次之。攻東平，彀英居最。

拔离速襲宋康王于揚州，彀英爲先鋒。拔离速追宋孟后於江南，彀英前行趨潭州。宋大兵在常武，彀英以選兵薄其城，敗千餘人。明日，城中出兵來戰，彀英以五百騎敗之，獲馬二百匹，遂攻常武。拔离速以諸軍爲大陣，居其後，彀英以五百騎爲小陣，當前行，卽麾兵馳宋軍，宋軍亂，遂大敗之。拔离速觀其周旋，嘆賞之。

其後河東郡縣多叛，彀英以先鋒攻絳州，克之。復攻沁州，飛砲擊其右脅，舁歸營中。諸軍攻沁州，三日不能下，別將骨赧强起彀英指麾士卒，遂克之。

攝河東路都統，從左監軍移剌余睹招西北諸部。彀英將騎三千五百，平其九部，獲生口三千，馬牛羊十五萬。以先鋒破宋吳山軍，再戰再勝，遂屾宋兵于隘，死者不可勝計，宋兵遁去。

宗弼再取和尙原，彀英以本部破宋五萬人，遂奪新叉口。宗弼留兵守之。是夜，大雪，道路皆冰，和尙原宋兵勢重不可徑取，宗弼用彀英策，入自傍近高山叢薄翳薈間，出其不意，遂取和尙原。

彀英請速入大散關，自以本部爲殿，以備伏兵。宗弼至仙人關，彀英先攻之，宗弼止之，彀英不止，宗弼以刀背擊其兜鍪，使之退，彀英曰：「敵氣已沮，不乘此而取之，後必悔

之。」已而果然。宗弼嘆曰：「旣往不咎。」乃班師。彀英殿，且戰且却，遂達秦中。

齊國初廢，元帥右監軍撒离喝馳驛撫治諸郡，至同州，故齊觀察使李世輔出迎，陽墜馬稱折臂，舁歸。撒离喝入城，世輔詐使通判獻甲，以壯士十人，被甲上廳事，世輔自壁後突出，執撒离喝。彀英方索馬于外，變起倉卒，不得入。城門已閉，皆有兵衞，至東門，合荅雅領騎三十餘，與彀英遇，遂斬門者出。而世輔擁衆自西門出，彀英與合荅雅襲之，一進一退以綴世輔，使不得速。世輔慮救兵至，乃要撒离喝與之盟，勿使追之。留撒离喝於道側，彀英識其聲，與騎而歸。除安遠大將軍，攝太原尹，四境咸治，兼攝河東南、北兩路兵馬都總管。

朝廷以河南、陝西與宋，已而復取之，師至耀州。宋人每旦出城，張旗閱隊，抵暮而還。道隘，騎不得逞。彀英請兵五百，薄暮先使五十人趨山巔，令之曰：「旦日視敵出，舉幟指其所向。」乃以餘兵伏山谷間。明日，城中人出閱如前，山巔旗舉，伏兵發，宋兵爭馳入城。彀英麾軍登城，拔宋幟，立金軍旗幟。宋兵後者望見之不敢入，遂降，城中人亦降。

宋吳玠擁重兵據涇州，〔10〕涇原以西多應之。元帥撒离喝欲退守京兆，俟河南、河東軍。彀英曰：「我退守，吳玠必取鳳翔、京兆、同、華，據潼關，吾屬無類矣。」撒离喝曰：「計將安出？」彀英曰：「事危矣，不如速戰。我軍陣涇之南原，宋兵必自西原來。彀英與斜補出各

以選騎五百摧其兩翼，元帥當其中擊之，可以得志。」監軍拔离速曰：「二子當其左右，拔离速願當其中。元帥據岡阜，多張旗幟爲疑兵，可以得志。」撒离喝從之。吳玠兵果自西原來，彀英、斜補出擊其左右，自旦至午，吳玠左右軍少退，拔离速當其前衝擊之，遂敗玠軍，僵尸枕藉，大澗皆滿。自此蜀人喪氣，不敢復出，關、陝遂定。

歷行臺吏部工部侍郎，從宗弼巡邊，遷刑部尙書，轉元帥左都監。天德二年，遷右監軍。元帥府罷，改山西路統軍使，領西南、西北兩路招討兵馬，坐無功，降臨海軍節度使，歷平陽、太原尹。正隆末，爲中都留守，兼西北面都統，討契丹撒八，駐軍歸化州。

世宗卽位於遼陽，使彀英姪阿魯瓦持詔往歸化，命彀英爲左副元帥，就遣使召陝西統軍徒單合喜，宣大定改元詔、赦于西南、西北招討司，河東、河北、山東諸路州鎭，調猛安軍屯京畿。阿魯瓦見彀英，彀英猶豫未決，士卒皆欲歸世宗，彀英不得已，乃受詔。以元帥令下諸路，亟泥馬槽二萬具，諸路聞之，以爲大軍且至，然後遣人宣赦，所至皆聽命。

大定元年十一月，彀英以軍至中都，同知留守璋請至府議事。彀英疑璋有謀，乃陽許諾，排節仗若將往者，遂率騎從出施仁門，駐兵通州。見世宗于三河。詔彀英以便宜規措河南、陝西、山東邊事。二年正月，至南京，遂復汝、潁、嵩等州縣，授世襲猛安。入拜平章政事，罷爲東京留守，未行，改濟南尹。

初，彀英宿將恃功，在南京頗瀆貨，不恤軍民。詔使問以邊事，彀英不答，謂詔使曰：「爾解何事，待我到闕奏陳。」及召入，竟無一語及邊事者。在相位多自專，己所欲輒自奏行之。除留守，輒忽忽不接賓客，雖近臣往亦不見。上怒，遂改濟南。上數之曰：「朕念卿父有大功于國，卿舊將亦有功，故改授此職，卿宜知之。若復不悛，非但不保官爵，身亦不能保也。」彀英頓首謝。

久之，改平陽尹，致仕。起爲西京留守，以母憂去官。尋以本官起復。俄復爲東京，歷上京，詔曰：「上京王業所起，風俗日趨詭薄，宗室聚居，號爲難治。卿元老大臣，衆所聽服，當正風俗，檢制宗室，持以大體。」十五年，致仕。

久之，史臣上太宗、睿宗實錄，上曰：「當時舊人親見者，惟彀英在。」詔修撰溫迪罕締達往北京就其家問之，多更定焉。

十九年，薨，年七十四。最前後以功被賞者十有一，金爲兩二百五十，銀爲兩六千五百，絹爲疋八百，綿爲兩二千，馬三百十有四，牛羊六千五百，奴婢百三十人。

麻吉，銀朮可之母弟也。年十五，隸軍中，從破高麗兵，下寧江州，平係遼女直，克黃龍

府，皆身先力戰，以功爲謀克，繼領猛安。破奚兵千餘。自斡魯古攻下咸、信、瀋州及東京諸城，麻吉皆有功。都統杲取中京，與稍合、胡拾答別降楚里迪部，屯兵高州。以兵援蒙刮勃堇，大破敵兵，復敗恩州兵五萬人。討平遼人聚中京山谷者，降三千餘人。戰于高州境上，伏矢射之中目，遂卒。

麻吉大小三十餘戰，所至皆捷。皇統中，贈銀青光祿大夫，謚毅敏。子沃側。

沃側，年十七，隸軍中，從拔離速擊遼將馬五，敗之。麻吉死，領其職。宗望伐宋，至河上。宋兵屯于河外，以二舟來伺我師，乃遣沃側率勇士數輩，以一舟往迎之，盡俘以還。襲康王於江、淮間，沃側皆與焉。師還，駐東平。及廢齊，屯兵河北，招降旁近諸營，多獲畜產兵仗，軍帥嘉之，賞以甲馬。

從攻陝西，爲右翼都統，攻城破敵，皆與有功。師還，正授謀克。遷華州防禦使，屬關中歲飢，盜賊充斥，沃側募兵討平之，部以無事。郡人列狀丐留，不報。未幾，除迪列部族節度使，改迭剌部。用廉入爲都水使者，秩滿，同知燕京留守事，爲西北路招討使。撒八秩滿已數月，冒其俸祿，不即解去，沃側發其事。撒八反，沃側遇害。

拔離速，銀朮可弟。天輔六年，宗翰在北安州，將會斜也于奚王嶺，遼兵奄至古北口，使婆盧火、渾黜各領兵二百，擊之。渾黜請濟師，宗翰欲自往，希尹、婁室曰：「此易與耳，請以千人爲公破之。」渾黜以騎士三十人前行，至古北口，遇其游兵，逐入山谷，遼人以步騎萬餘迫戰，亡騎五人，渾黜退據關口。希尹、婁室至，拔離速、訛謀罕、胡實海推鋒奮擊，大破之，斬馘甚衆，盡獲甲冑輜重。希尹與撒里古獨、裴滿突撚敗其伏兵，殺千餘人，獲馬百餘四。婁室拒夏人出陵野嶺，留拔離速以兵二百，據險守之。

銀朮可圍太原，近縣先已降，宋軍來救太原者復據太谷、祁縣，拔離速、阿鶻懶復取之。宋姚古軍隆州谷，拔離速敗之，張灝兵出汾州，又擊走之。天會四年，克太原，拔離速爲管勾太原府路兵馬事，復與婁室敗宋兵于文水，遂從宗翰圍汴。與銀朮可略地襄、鄧，入均州，還攻唐、蔡、陳三州，皆破之，克潁昌府。遂與泰欲、馬五襲宋康王于揚州，康王渡江入于建康。

天會十五年，遷元帥左都監。宗弼再定河南，撒离喝經略陝西，至涇州，拔離速大破宋軍于渭州，渭州、德順軍皆降，陝西平。遷元帥左監軍，加金吾衛上將軍，卒，謚敏定。

習古廼，亦書作實古廼。〔二〕嘗與銀朮可俱往遼國取阿踈，還言遼人可取之狀，太祖始決意伐遼矣。婆盧火取居庸關，蕭妃自古北口出奔，太祖使習古廼追之，不及。後爲臨潢府軍帥，討平迭剌，其羣官率衆降者，請使就領諸部。太宗賜以空名宣頭及銀牌，使以便宜授之。獲遼許王莎邏、駙馬都尉蕭乙辛。遼梁王雅里在紇里水自立，〔三〕不知果在何處，至是始知之。於是，徙遼降人於泰州，時暑未可徙，習古廼請姑處之嶺西。及習古廼築新城於契丹周特城，詔置會平州。

烏虎里部人迪烈、劃沙率部族降，朝廷以撻僕野爲本部節度使，烏虎爲都監。習古廼封還撻僕野等宣誥，以便宜加撻僕野散官，塡空名告身授之，及錄上降附有勞故官八百九十三人，朝廷從之。於是，迪烈加防禦使，爲本部節度使。劃沙加諸司使，爲節度副使，知迪烈底部事。撻离答加左金吾衛上將軍，節度副使，知突鞠部事。阿杲加觀察使，爲本部節度使。其餘遷授有差。以厖葛城地分賜烏虎里、迪烈底二部及契丹人，其未墾者聽任力占射。

久之，領咸州烟火事。天會六年，〔三〕完顏慎思所部及其餘未置猛安謀克戶口，命習古廼通閱具籍以上。天會十年，改南京路軍帥司爲東南路都統司，習古廼爲都統，移治東京，

鎮高麗。

贊曰：金啓疆土，斡魯、斡魯古方面功最先著，婆盧火、婁室最先封，泰州之邊圉，黃龍之衝要，寄亦重矣。若闍母之勤勞南路，婁室之經營陝西，銀术可之圍守太原，勞亦至矣。斡魯古之不治，闍母之敗，譴罰之亟，諸將慴焉。夫能以弱小終制强大，其效驗與。銀术可、習古廼覯人之國而知其可伐，古語云「國有八覯」，善矣夫。

校勘記

〔一〕代父白荅爲七水諸部長　按本書卷六五謝庫德傳「白荅」作「白達」。又卷目「拔离速」，「离」原作「里」。同音異譯，今與傳文統一。

〔二〕使隸右翼宗翰軍　「右翼」原作「左翼」。按本書卷七四宗翰傳，「遼都統耶律訛里朶以二十餘萬戍邊，太祖逆擊之，宗翰爲右軍」。又柳邊紀略卷四完顏婁室碑，「太祖自將進達魯古城，將與遼兵遇，遣使馳召王以軍赴之……命居右翼」。今據改。

〔三〕將至野谷登高望之　原脫「谷」字。按本書卷二太祖紀，天輔六年六月，「斡魯、婁室敗夏人於

野谷」。又卷六〇交聘表，天輔六年「六月，夏遣李良輔率兵三萬救遼，斡魯、婁室敗之于野谷」。卷七一斡魯傳、卷一三四西夏傳等亦記此事，皆作「野谷」。今據補。

〔四〕習失之前軍三謀克　「克」原作「合」，今改正。

〔五〕諡壯義　「壯」原作「莊」。按柳邊紀略卷四金完顏婁室神道碑作「壯義」。今據改。

〔六〕後有罪　「後」原作「復」，據文義改。

〔七〕與定宗磐宗雋之亂　「雋」原作「儁」。按本書卷四熙宗紀，天眷二年「七月辛巳，宋國王宗磐、兗國王宗雋謀反伏誅」。卷六九宗雋本傳亦作「雋」，它卷同。今據改。

〔八〕且言遼國可伐之狀　原脫「可伐」二字，今據永樂大典卷六七六五補。

〔九〕進攻宋制置使姚古軍于隆州谷　「州」原作「川」。按本書卷三太宗紀、卷七二拔离速傳、卷八〇突合速傳記此事皆作「隆州谷」，今據改。

〔一〇〕宋吳玠擁重兵據涇州　按上文「朝廷以河南、陝西與宋，已而復取之」，據本書卷四熙宗紀，事在天眷三年五月，而宋史卷二九高宗紀載，紹興九年卽金天眷二年六月「己巳，吳玠薨」。則此傳「吳玠」必譌。宋史同卷接言，「乙亥，樓炤承制以楊政爲熙河經略使，吳璘爲秦鳳經略使，仍並聽四川宣撫司節制」。「丙子，分宣撫司兵四萬人出屯熙、秦，……留吳玠精兵二萬人屯興元府興、洋二州」。是「吳玠」或爲「吳璘」之誤。

〔一二〕習古廼亦書作實古廼　按「實古廼」卽「石古乃」。參看本書卷七一校記〔四〕。

〔一三〕遼梁王雅里在紇里水自立　「雅里」原在「紇里水」下，今據本書卷三太宗紀天輔七年六月太祖詔乙正。

〔一四〕天會六年　「會」原作「輔」。按本書卷三太宗紀，天會六年「三月壬辰，命南路軍帥實古廼籍節度使完顏愼思所領諸部及未置猛安謀克戶來上」。今據改。

金史卷七十三

列傳第十一

阿离合懣[一]　晏本名斡論　宗尹本名阿里罕　宗寧本名阿土古
宗道本名八十　宗雄本名謀良虎　阿鄰　按荅海
希尹本名谷神　守貞本名左靨　守能本名胡剌

阿离合懣，景祖第八子也。健捷善戰。年十八，臘醅、麻產起兵據暮稜水，烏春、窩謀罕以姑里甸兵助之。世祖擒臘醅，暮稜水人尙反側，不自安，使阿离合懣往撫察之，與斜鉢合兵攻窩謀罕。烏春已死，窩謀罕棄城遁去。後從撒改討平留可，阿离合懣功居多。太祖擒蕭海里，使阿离合懣獻馘于遼。太祖謀伐遼，阿离合懣實贊成之。及舉兵，阿离合懣在行閒屢戰有功。及太宗等勸進，太祖未之許也。阿离合懣、昱、宗翰等曰：「今大

功已集，若不以時建號，無以繫天下心。」太祖曰：「吾將思之。」收國元年，太祖卽位。阿离合懣與宗翰以耕具九爲獻，祝曰：「使陛下毋忘稼穡之艱難。」太祖敬而受之。頃之，爲國論乙室勃極烈。

爲人聰敏辨給，凡一聞見，終身不忘。始未有文字，祖宗族屬時事並能默記，與斜葛同修本朝譜牒。見人舊未嘗識，聞其父祖名，卽能道其部族世次所出。或積年舊事，偶因他及之，人或遺忘，輒一一辨析言之，有質疑者皆釋其意義。世祖嘗稱其强記，人不可及也。

天輔三年，寢疾，宗翰日往問之，盡得祖宗舊俗法度。疾病，上幸其家問疾，問以國家事，對曰：「馬者甲兵之用，今四方未平，而國俗多以良馬殉葬，可禁止之。」乃獻平生所乘戰馬。及以馬獻太宗，使其子蒲里迭代爲奏，奏有誤語，卽哂之，宗翰從傍爲改定。進奏訖，薨，年四十九。

上聞阿离合懣臨薨有奏事，曰：「臨終不亂，念及國家事，眞賢臣也。」哭之慟。及葬，上親臨。熙宗時，追封隋國王。天德中，改贈開府儀同三司、隋國公。大定間，配饗太祖廟廷，謚曰剛憲。子賽也、斡論。賽也子宗尹。

晏本名斡論，景祖之孫，阿离合懣次子也。明敏多謀略，通契丹字。天會初，烏底改叛。太宗幸北京，以晏有籌策，召問，稱旨，乃命督扈從諸軍往討之。至混同江，諭將士曰：「今叛衆依山谷，地勢險阻，林木深密，吾騎卒不得成列，未可以歲月破也。」乃具舟楫鱻江，令諸軍據高山，連木爲柵，多張旗幟，示以持久計，聲言俟大軍畢集而發。乃潛以舟師浮江而下，直擣其營，遂大破之，據險之衆不戰而潰。月餘，一境皆定。師還，授左監門衛上將軍，爲廣寧尹，入爲吏、禮兩部尙書。

皇統元年，爲北京留守，改咸平尹，徙東京。天德初，封葛王，入拜同判大宗正事，進封宋王，授世襲猛安。海陵遷都，晏留守上京，授金牌一、銀牌二，累封豫王、許王，又改越王。貞元初，進封齊。時近郊禁圍獵，特畀晏三百人從獵。在上京凡五年。正隆二年，例削王爵，改西京留守。未幾，爲臨潢尹，遂致仕，還居會寧。

海陵南伐，世宗爲東京留守，將士皆自淮南來歸，晏之子恧里乃亦自軍前率衆來歸世宗。白彥敬等在北京聞恧里乃等逃還，使會寧同知高國勝拘晏家族。上旣卽位，遣使召晏，旣又遣晏兄子鶻魯補馳驛促之。晏遂率宗室數人入見，卽拜左丞相，封廣平郡王，宴勞彌日。未幾，兼都元帥。

大定二年正月，上如山陵。禮畢，上將獵，有司已夙備。晏諫曰：「邊事未寧，畋游非所宜也。」上嘉納之。因謂晏等曰：「古者帝王虛心受諫，朕常慕之。卿等盡言毋隱。」進拜太

尉。復致仕，還鄉里。是歲，薨。詔有司致祭，賻贈銀幣甚厚。

宗尹，本名阿里罕。以宗室子充護衞，改牌印祗候，授世襲謀克，爲右衞將軍。歷順天、歸德、彰化、唐古部族、橫海軍節度使。正隆南伐，領神略軍都總管，先鋒渡淮，取揚州及瓜洲渡。大定二年，改河南路副都統，駐軍許州之境。

是時，宋陷汝州，殺刺史烏古孫麻潑及漢軍二千人。宗尹遣萬戶孛朮魯定方、完顏阿喝懶、夾谷淸臣、烏古論三合、渠雛訛只將騎四千往攻之，遂復取汝州。除大名尹，副統如故。頃之，爲河南路統軍使，遷元帥左都監，除南京留守。上曰：「卿年少壯，而心力多滯。前任點檢京尹，勤力不怠，而處事迷錯。勉修職業，以副朕意。」賜通犀帶、廐馬。八年，置山東路統軍司，宗尹爲使。遷樞密副使。錄其父功，授世襲蒲與路屯河猛安，并親管謀克。除太子太保，樞密副使如故。

上問宰臣曰：「宗尹雖才無大過人者，而性行淳厚，且國之舊臣，昔爲達官，卿等尙未仕也。朕欲以爲平章政事何如？」宰執皆曰：「宗尹爲相，甚協衆望。」卽日拜平章政事，封代國公，兼太子太傅。

是時民閒苦錢幣不通，上問宗尹，對曰：「錢者有限之物，積於上者滯於下，所以不通。

海陵軍興，爲一切之賦，有菜園、房稅、養馬錢。大定初，軍事未息，調度不繼，故因仍不改。
今天下無事，府庫充積，悉宜罷去。」上曰：「卿留意百姓，朕復何慮。太尉守道老矣，捨卿而
誰。」於是，養馬等錢始罷。
他日，上謂宰臣曰：「宗尹治家嚴密，他人不及也。」顧謂宗尹曰：「政事亦當如此矣。」有
頃，北方歲饑，軍食不足，廷議輸粟賑濟。或謂比雖不登，而舊積有餘，秋成在近，不必更勞
輸輓。宗尹曰：「國家平時積粟，本以備凶歲也，必待秋成，則憊者衆矣。人有損瘠，其如防
戍何。」上從之。
宗尹乞令子銀术可襲其猛安，會太尉守道亦乞令其子神果奴襲其謀克。凡承襲人不
識女直字者，勒令習學。世宗曰：「此二子，吾識其一習漢字，未習女直字。自今女直、契
丹、漢字曾學其一者，卽許承襲。」遂著于令。
宗尹有疾，不能赴朝。上問宰臣曰：「宗尹何爲不入朝？」太尉守道以疾對。上曰：「丞
相志寧嘗言，『若詔遣征伐，所不敢辭。宰相之職，實不敢當』。宗尹亦豈此意耶。」
二十四年，世宗將幸上京。上曰：「臨潢、烏古里石壘歲皆不登，朕欲自南道往，三月過
東京，謁太后陵寢，五月可達上京。春月鳥獸孳孕，東作方興，不必蒐田講事，卿等以爲
何如？」宗尹曰：「南道歲熟，芻粟賤，宜如聖旨。」遂由南道往焉。世宗至上京，聞同簽大宗

正事宗寧不能撫治上京宗室，宗室子往往不事生業。上謂宗尹曰：「汝察其事，宜懲戒之。」
宗尹奏曰：「隨仕之子，父沒不還本土，以此多好游蕩。」上命召還。宴宗室于皇武殿，擊毬
爲樂。上曰：「賞賜宗室，亦是小惠，又不可一概遷官，欲令諸局分收補，其間人材孰可者？」
宗尹對曰：「奉國斡準之子按出虎、豫國公昱之曾孫阿魯可任使。」上曰：「度可任何職，更訪
其餘以聞。」詔以按出虎、阿魯爲奉御。
二十七年，乞致仕。世宗曰：「此老不事事，從其請可也。」宰臣奏曰：「舊臣宜在左右。」
上曰：「宰相總天下事，非養老之地。若不堪其職，朕亦有愧焉。如賢者在朝，利及百姓，四
方瞻仰，朕亦與其光美。」宰臣無以對。宗尹入謝。上曰：「卿久任外官，不聞有過失，但恨
用卿稍晚，今精力似衰矣。省事至煩，若勉留卿，則四方以朕爲私，卿亦不自安也。」頃之，
上問宗尹子：「汝父致仕，將居何所？」其子曰：「聚屬既多，不能復在京師。」上遣使問宗尹
曰：「朕欲留卿，時相從游，卿子之言如此，今定何如？」宗尹曰：「臣豈不欲在此，但餘閑之
年，猶在輦下，恐聖主心困耳。既哀老臣不忍擯棄，時時得瞻望天顏，臣豈敢他往。鄉里故
老無存者，雖到彼，尙將與誰游乎。」於是賜甲第一區，凡宴集畋獵皆從焉。二十八年，薨。
宗寧本名阿土古，系出景祖，太尉阿离合懣之孫。性勤厚，有大志。起家爲海陵征南

都統，戰瓜洲渡，功最。歷祁州刺史。
大定二年，爲會寧府路押軍萬戶，擢歸德軍節度使。時方旱蝗，宗寧督民捕之，得死蝗
一斗，給粟一斗，數日捕絕。移鎮寧昌軍，改知臨潢府事，移天德軍。世宗嘗謂宰臣曰：「宗
寧智慮雖淺，然所至人皆愛之。」卽命爲行軍右翼都統，爲賀宋正旦使。累遷兵部尙書，授
隆州路和團猛安烈里沒世襲謀克。出知大名府事，徙鎮利涉軍，俄同簽大睦親府事。
宗寧多病，世宗欲以涼地處之，俾知咸平，詔以其子符寶郎亶爲韓州刺史，以便養。無
幾，入授同判大睦親府事，拜平章政事。明昌二年，薨。宗寧居家約儉如寒素，臨事明敏。
其鎮臨潢，鄰國有警，宗寧聞知乏糧，卽出倉粟，令以牛易之，敵知得粟，卽遁去。邊人以
窩斡亂後，苦無牛，宗寧復令民入粟易牛，既而民得牛而倉粟倍於舊，其經畫如此。
宗道本名八十，上京司屬司人，系出景祖，太尉訛論之少子也。通周易、孟子，善騎射。
大定五年，充閤門祗候，累除近侍局使。
右丞相烏古論元忠、左衞將軍僕散揆等嘗燕集，〔三〕有所竊議，宗道卽密以聞。世宗嘉
之，授右衞將軍，出爲西南路副招討。章宗卽位，改同知平陽府事。陝西路副統軍、左宣徽

使移剌仲方舉以自代，除西北路招討使。故事，諸部賀馬八百餘疋，宗道辭不受，諸部悅
服，邊鄙順治。提刑司察廉，召爲殿前右副都點檢。尋除陝西路統軍使，以鎮靜得軍民心，
特遷三階，兼知京兆府事。時夏旱，俾長安令取太白湫水，步迎於遠郊，及城而雨。是歲大
稔，人以爲精意所感，刊石紀之。
承安二年，爲賀宋正旦使，尋授河南路統軍使。泗州民張偉獲宋人王萬，言彼界事情，
宗道疑其寃，乃廉問得實。萬，楚州賈人，偉負萬貨五千餘貫，三年不償，萬理索，爲偉所
誣。乃坐偉而歸萬，時人服其明。後乞致仕，朝廷知非本心，改知河中府，有惠政，民立像
於層觀，以時祭之。移知臨洮，以病解。泰和四年，卒。贈龍虎衞上將軍。
宗雄本名謀良虎，康宗長子。其始生也，世祖見而異之，曰：「此兒風骨非常，他日必爲
國器。」因解佩刀，使常置其側，曰：「俟其成人則使佩之。」九歲能射逸兔。年十一，射中奔
鹿。世祖坐之膝上曰：「兒幼已然，異日出倫輩矣。」以銀酒器賜之。既長，風表奇偉，善談
辯，多智略，孝敬謙謹，人愛敬之。康宗沒，遼使阿息保來，乘馬至靈帷階下，擇取賵贈之
馬。太祖怒，欲殺阿息保，宗雄諫，太祖乃止。

太祖將舉兵，宗雄曰：「遼主驕侈，人不知兵，可取也。不能擒一蕭海里，而我兵擒之。」太祖善其言。攻寧江州，渤海兵銳甚。宗雄以所部敗渤海兵，以功授世襲千戶謀克。太祖敗遼兵于出河店，宗雄推鋒力戰，功多。達魯古城之役，宗雄將右軍，身先士卒戰，遼兵當右軍者已卻，上命宗雄助左軍擊遼兵。宗雄繞遼兵後擊之，遼兵遂大潰，乘勝逐北。日已暮，圍之。黎明，遼兵突圍出，追殺至乙呂白石而還。〔三〕上撫其背曰：「朕有此子，何事不濟。」以御服賜之。

及遼帝以七十萬衆至駝門，諸將皆曰：「遼軍勢甚盛，不宜速戰。」宗雄曰：「不然。遼兵雖衆，而皆庸將，士卒惴惴，不足畏也。戰則破之掌握間耳。」上曰：「善。」追及遼帝于護步荅岡。宗雄率衆直前，短兵接。宗雄令前行持挺擊遼兵馬首，後行者射之，大敗遼兵。上嘉宗雄功，執其手勞之，以御介冑及御戰馬、寶貨、奴婢賜之。

斜也攻春州，宗雄與宗幹、婁室取金山縣。行近白鷹林，獲候者七人，縱其一人使歸。縣人聞大軍至，亟潰，遂下金山縣。與斜也俱取泰州。

太祖自將取臨潢府，遣宗雄先啓行，遇遼兵五千，宗雄與戰，大軍亦至，大破之。及留守撻不野降，上以其女與宗雄，賞其啓行破遼援兵之功也。既而與蒲家奴按視泰州地土，宗雄包其土來奏曰：「其土如此，可種植也。」上從之。由是徙萬餘家屯田泰州，以宗雄等言其地可種藝也。

西京既降復叛，時糧餉垂盡，議欲罷攻。宗雄曰：「西京，都會也，若委而去之，則降者離心，遼之餘黨與夏人得以窺伺矣。」乃立重賞以激士心。既而，夜中有火，大如斗，墜于城中。宗雄曰：「此城破之象也。」及克西京，賜宗雄黃金百兩，衣十襲及奴婢等。

與宗翰等擊耿守忠兵七千于西京之東四十里，大破之。迎謁太祖于鴛鴦濼，從至歸化州。疾篤，宗幹問所欲言。宗雄曰：「國家大業既成，主上壽考萬年，肅清四方，死且無恨。」天輔六年，薨，年四十。太祖來問疾，不及見，哭之慟。謂羣臣曰：「此子謀略過人，臨陣勇決，少見其比。」賻贈加等。詔合扎千戶駙馬石家奴護喪歸，葬於歸化州，仍於死所建佛寺。

宗雄好學嗜書，嘗從上獵，誤中流矢，而神色不變，恐上知之而罪及射者。既拔去其矢，託疾歸家，臥兩月，因學契丹大小字，盡通之。凡金國初建，立法定制，皆與宗幹建白行焉。及與遼議和，書詔契丹、漢字，宗雄與宗翰、希尹主其事。而材武蹻捷，挽强射遠，幾三百步。嘗走馬射三麞，已中其二，復彎弓，馬蹶，躍而下，控弦如故，遂彀滿步射獲之。宗雄方逐兔，撻懶亦從後射之，已發矢，撻懶大呼曰：「矢及矣。」宗雄反顧，以手接其矢，就射兔，中之，其輕健如此。

天眷中，追封太師、齊國王。天德二年，加秦漢國王。正隆二年，改太傅、金源郡王。

大定二年，追封楚王，謚威敏，配享太祖廟廷。〔四〕十五年，詔圖像于衍慶宮。子蒲魯虎、按荅海、阿鄰。孫常春、胡里剌、胡剌、鶻魯、荼扎、怕八、訛出。

初，宗幹納宗雄妻，海陵銜之。及篡位，使宿直將軍晃霞、牌印闍山往河間，因宗雄妻於府署，明日，與其子婦及常春兄弟、荼扎之子七人皆殺而焚之，棄其骨於濠水。大定十七年，詔有司收葬。

初，蒲魯虎襲猛安。蒲魯虎卒，贈金紫光祿大夫，子桓端襲之，官至金吾衞上將軍。桓端卒，子蟲頻未襲而死。章宗命宗雄孫蒲帶襲之。

蒲帶，大定末，累官同簽大睦親府事。章宗即位，初置九路提刑司，蒲帶爲北京臨潢提刑使。詔曰：「朕初即位，憂勞萬民，每念刑獄未平，農桑未勉，吏或不循法度，以隳吾治。朝廷遣使廉問，事難周悉。惟提刑勸農采訪之官，自古有之。今分九路專設是職，爾其盡心，往懋乃事。」自熙宗時，遣使廉問吏治得失。世宗即位，凡數歲輒一遣黜陟之，故大定之間，郡縣吏皆奉法，百姓滋殖，號爲小康。或謂廉問使者，頗以愛憎立殿最，以問宰相。宰相曰：「臣等復爲陛下察之。」是以世宗嘗欲立提刑司而未果。章宗追述先朝，遂於即位之初行之。

及九路提刑使朝辭于慶和殿，上曰：「建立官制，當寬猛得中。凡軍民事相涉者，均平決遣，鈐束家人部曲，勿使沮擾郡縣事。今以司獄隸提刑司，惟冀獄犴無冤耳。」既退，復遣近臣諭之曰：「卿等皆妙簡才良，付以專責，盡心舉職，別有旌賞，否則有罰。」明年，蒲帶乃襲猛安云。

阿鄰，穎悟辯敏，通女直、契丹大小字及漢字。幼時嘗入宮，熙宗見而奇之，曰：「是兒他日必能宣力國家。」年十八，授定遠大將軍，爲順天軍節度使。天德二年，用廉，遷益都尹兼山東東路兵馬都總管，歷泰寧、定海、鎮西、安國等軍節度。

海陵南伐，以爲神勇、武平等軍都總管，由壽州道渡淮，與勸農使移剌元宜合兵三萬爲先鋒。是歲十月，至廬州，與宋將王權軍十餘萬戰于柘皐鎮、渭子橋，〔五〕敗之。至和州南，復與王權軍八萬餘會戰，又敗之，追殺至江上，斬首數千級。

上即位于遼陽。海陵死，大軍北還。將渡淮而舟楫甚少，軍士爭舟不得亟渡。阿鄰得生口，知可涉處，識以柳枝，命本部涉濟。既至北岸，而諸軍之爭渡者果爲宋人邀擊之。及入見，上聞阿鄰淮上戰功，又以全軍還，遷兵部尚書，監督經畫征窩斡諸軍糧餉，授以金牌一、銀牌四。窩斡敗，還至懿州，以疾卒。喪至京師，上命致祭于永安寺，百官赴弔，賻銀五百兩、重綵三十端、絹百匹。

中華書局

按荅海，又名阿魯縮，宗雄次子也。性端重，不輕發，有父之風。年十五，太祖賜以一品傘。二十餘，御毬場分朋擊毬，連勝三算，宗工舊老咸異之。進呈所勝禮物，按荅海爲班首，太宗喜曰：「今日之勝，此孫之力也。」賞之獨厚。

天眷二年，襲父猛安。除大宗正丞，以猛安讓兄子喚端，加武定軍節度使，奉朝請。改侍衞親軍都指揮使，封金源郡王，進封譚王，遷同判大宗正事，別授世襲猛安。海陵將遷中都，按荅海諫曰：「棄祖宗興王之地而他徙，非義也。」海陵不悅，留之上京。久之，進封鄆王，改封魏王，除濟南尹。按荅海不堪卑濕，多在病告，海陵聞之，改西京留守。正隆例奪王爵，改廣寧尹。

世宗卽位于東京，赦令至廣寧，弟燕京勸按荅海拒弗受。按荅海受之。會海陵遣使至城下，按荅海登城告使者曰：「此府迫近遼陽，勢不能抗，聊且從命，非得已也。」燕京亦登譙樓與使者語，指斥不遜。及諸郡皆詣東京，按荅海兄弟亦上謁。有司議，旣拜赦令，復有異言，持兩端，請併誅之。上曰：「正隆剪刈宗室，朕不可效尤。」按荅海爲弟所惑耳。」於是釋按荅海，乃誅燕京。不數日，復判大宗正事，再遷太子太保，封蘭陵郡王。改勸農使。海陵時，自上京徙河間，土瘠，詔按荅海一族二十五家，從便遷居近地，乃徙平州。詔

給平州官田三百頃，屋三百間，宗州官田一百頃。進金源郡王，致仕。

大定八年，召見，上曰：「宗室耆老如卿者，能幾人邪。」賜錢萬貫，甲第一區，留京師，使預巡幸毬獵宴會。十四年，薨，年六十七。臨終，戒諸子曰：「汝輩勿以生富貴中而爲暴戾，宜自謙退。海陵以猜忌剪滅宗室，我以純謹得免死耳。汝輩惟日爲善，勿墜吾家。」

完顏希尹本名谷神，歡都之子也。自太祖舉兵，常在行陣，或從太祖、或從撒改，或與諸將征伐，比有功。

金人初無文字，國勢日强，與鄰國交好，廼用契丹字。太祖命希尹撰本國字，備制度。希尹乃依倣漢人楷字，因契丹字制度，合本國語，製女直字。天輔三年八月，字書成，太祖大悅，命頒行之。賜希尹馬一匹、衣一襲。其後熙宗亦製女直字，與希尹所製字俱行用。希尹所撰謂之女直大字，熙宗所撰謂之小字。

遼人迪六、和尙、雅里斯棄中京走，希尹與迪古乃、婁室、余睹襲之。迪六等聞希尹兵，復走。遂降其旁近人民而還。奚人落虎來降，希尹使落虎招其父西節度使訛里剌。訛里剌以本部降。

宗翰駐軍北安，使希尹經略近地，獲遼護衞耶律習泥烈，知遼主獵于鴛鴦濼。宗翰遂請進兵。宗翰將會都統杲于奚王嶺。遼兵屯古北口。使婆盧火將兵二百擊之，渾黜亦將二百人爲後援。渾黜聞遼兵衆，請益兵。宗翰欲親往，希尹、婁室曰：「此小寇，請以千兵爲公破之。」渾黜至古北口，遇遼遊兵，逐之入谷中。遼步騎萬餘迫戰，死者數人。渾黜據關口，希尹等至，大破遼兵，斬馘甚衆，盡獲甲冑輜重。復敗其伏兵，殺千餘人，獲馬百餘匹。遂與宗翰至奚王嶺，期會於羊城濼。

宗翰襲遼帝于五院司，希尹爲前驅，所將纔八騎，與遼主戰，一日三敗之。明日，希尹得降人廝哲，言遼主在濼，委輜重，將奔西京。幾及遼主于白水濼南。遼主以輕騎遁去。盡獲其內庫寶物，遂至西京。西京降，使蒲察守之。希尹至乙室部，不及遼主而還。及宗翰入朝，希尹權西南、西北兩路都統。

是時，夏人已受盟，遼主已獲，耶律大石自立，而夏國與婁室書責諸帥棄盟，軍入其境，多掠取者。希尹上其書，且奏曰：「聞夏使人約大石取山西諸郡，以臣觀之，夏盟不可信也。」上曰：「夏事酌宜行之。軍入其境，不知信與否也。大石合謀，不可不察，其嚴備之。」

及大舉伐宋，希尹爲元帥右監軍。再伐宋，執二主以歸。師還，賜希尹鐵券，除常赦不原之罪，餘釋不問。宗翰伐康王，希尹追之于揚州，康王遁去。後與宗翰俱朝京師，請立熙

宗爲儲嗣，太宗遂以熙宗爲諳班勃極烈。

熙宗卽位，希尹爲尙書左丞相兼侍中，加開府儀同三司。希尹爲相，有大政皆身先執咎。天眷元年，乞致仕，不許，罷爲興中尹。二年，復爲左丞相兼侍中，俄封陳王。與宗幹共誅宗磐、宗雋。三年，賜希尹詔曰：「帥臣密奏，[六]姦狀已萌，心在無君，言宣不道。逮燕居而竊議，謂神器以何歸，稔於聽聞，遂致章敗。」遂賜死，并殺右丞蕭慶并希尹子同修國史把荅、符寶郎漫帶。是時，熙宗未有皇子，故嫉希尹者以此言譖之。

皇統三年，上知希尹實無他心，而死非其罪，贈希尹儀同三司、邢國公，改葬之，蕭慶銀青光祿大夫。天德三年，追封豫王。正隆二年，例降金源郡王。大定十五年，謚貞憲。孫守道、守貞、守能。守道自有傳。

守貞本名左靨，貞元二年，襲祖谷神謀克。大定改元，收充符寶祗候，授通進，除彰德軍節度副使，遷北京留守，移上京。坐安置契丹戶民部內娶妻，杖一百，除名。二十五年，起爲西京警巡使。世宗愛其剛直，授中都左警巡使，遷大興府治中，進同知，改同知西京留守事。御史臺奏守貞治有善狀，世宗因謂侍臣曰：「守貞勳臣子，又有材能，全勝其兄守道，它日可用也。」

章宗即位，召爲刑部尚書，兼右諫議大夫。守貞與修起居注張暐奏言：「唐中書門下入閤，諫官隨之，欲其預聞政事，有所開說。又起居郎、起居舍人，每皇帝視朝，左右對立，有命則臨階俯聽，退而書之，以爲起居注。緣侍從官每遇視朝，正合侍立。自來左司上殿，諫官、修起居注不避，或侍從官除授及議便遣，始令避之。比來一例令臣等廻避，及香閤奏陳言文字，亦不令臣等侍立。則凡有聖訓及所議政事，臣等無緣得知，何所記錄，何所開說，似非本設官之義。若漏泄政事，自有不密罪。」上從之。尋爲賀宋生日使，還拜參知政事。時上新即政，頗銳意於治，嘗問漢宣帝綜核名實之道，其施行之實果何如。守貞誦「樞機周密，品式詳備」以對。上曰：「行之果何始？」守貞曰：「在陛下厲精無倦耳。」久之，進尚書左丞，授上京世襲謀克。

明昌三年夏，旱，天子下詔罪己。守貞惶恐，表乞解職。詔曰：「天嗇時雨，薦歲爲災，所以警懼不逮。方與二三輔弼圖回遺闕，宜思有以助朕修政。上答天戒，消沴召和，以康百姓。卿達機務，朕所親倚，而引咎求去，其如思助何。」守貞懇辭，乃出知東平府事。命參知政事夾谷衡諭之曰：「卿勳臣之裔，早登膴仕，才用聲績，朕所素知。故嗣位之初，擢任政府，于今數載，毗贊實多。既久任繁劇，宜均適逸安，矧內外之職，亦當更治，今特授卿是命。東平素號雄藩，兼比年飢歉，正賴經畫，卿其爲朕往綏撫之。」仍賜金幣、廄馬，以寵其

行。它日，上問宰臣：「守貞治東平如何？」對曰：「亦不勞力。」上曰：「以彼之才，治一路誠有餘矣。」右丞劉瑋曰：「方今人材無出守貞者，淹留于外，誠可惜也。」上默然。尋改西京留守。監察御史蒲剌都劾奏守貞前宴賜北部有取受事，不報。右拾遺路鐸上章辯之。四年，召拜平章政事，封蕭國公。上御後閤，召守貞曰：「朕以卿乃太師所舉，故特加委用。然比者行事多太過，門下人少愼擇，復與丞相不協，以是令卿補外。載念我昭祖、太祖開創以來，乃祖佐命，積有勳勞，茲故召用。卿其勉盡乃心，與丞相議事宜相和諧，率循舊章，無輕改革。」因賜玉帶，併以蒲剌都所彈事與之，曰：「朕度卿必不爾，故以示卿。」

舊制，監察御史凡八員，漢人四員皆進士，而女直四員則文資右職參注。守貞曰：「監察乃清要之職，流品自異，俱宜一體純用進士。」一日奏事次，上問司吏移轉事。守貞曰：「今吏權重而積弊深，移轉爲便。」上嘗嘆文士卒無如党懷英者，守貞奏進士中若趙渢、王庭筠甚有時譽。上曰：「出倫者難得耳。」守貞曰：「間世之才，自古所難。然國家培養久，則人材將自出矣。」守貞因言：「國家選舉之法，惟女直、漢人進士得人居多，此舉更宜增取。其諸司局承應人舊無出身，大定後才許敍使。經童之科，古不常設，唐以諸道表薦，或取五人至十人。近代以爲無補，罷之。本朝皇統間，取及五十人，因爲常選。天德間，尋以停罷。陛下即位，復立是科，朝廷寬大，放及百數，誠恐積久不勝銓擬。宜稍裁減，以清流品。」又言節用省費之道，並嘉納焉。

先是，鄭王允蹈等伏誅，上以其家產均給諸王，戶部郎中李敬義言恐因之生事，上又以董壽爲宮籍監都管勾，並下尚書省議。守貞奏：「陛下欲以允蹈等家產分賜懿親，恩命已出，恐不可改。今已滅諸王弓矢，府尉司其出入，臣以爲賜之無害。如董壽罪人也，特恩釋之，已爲幸矣，不宜更加爵賞。」上是守貞所言。

自明昌初，北邊屢有警，或請出兵擊之。上曰：「今方南議塞河，而復用兵於北，可乎？」守貞曰：「彼屢突軼吾圉，今一懲之，後當不復來，明年可以見矣。」上因論守禦之法。守貞曰：「惟有皇統以前故事，捨此無法耳。」

守貞讀書，通法律，明習國朝故事。時金有國七十年，禮樂刑政因遼、宋舊制，雜亂無貫，章宗即位，乃更定修正，爲一代法。其儀式條約，多守貞裁訂，故明昌之治，號稱清明。又喜推轂善類，接援後進，朝廷正人，多出入門下。

先是，上以疑忌誅鄭王允蹈，後張汝弼妻高陀斡獄起，意又若在鎬王允中。時右諫議大夫賈守謙上疏陳時事，思有以寬解上意。右拾遺路鐸繼之，言尤切直。帝不悅。守貞持其事，獄久不決。帝疑有黨，乃出守貞知濟南府事，仍命即辭，前舉守貞者董師中、路鐸等皆補外。上語宰臣曰：「守貞固有才力，至其讀書，方之眞儒則未也。然太邀權譽，以彼之

才而能平心守正，朝廷豈可少離。今茲令出，蓋思之熟矣。」俄以在政府日嘗與近侍竊語宮掖事，而妄稱奏下，上命有司鞫問，守貞款伏，奪官一階，解職。遣中使持詔責諭之曰：「挾姦罔上，古有常刑，[七]結援養交，臣之大戒。孰謂予相，乃蹈厥辜。爾本出勳門，寖登膴仕。朕初嗣位，亟欲用卿。未閱歲時，升爲宰輔，每期納誨，共致太平。蓋求所長，不考其素，拔擢不爲不峻，任用不爲不專。曾報效之弗思，輒私權之自樹，交通近侍，密問起居，窺測上心，預圖趨向。繇患失之心重，故欺君之罪彰，指所無之事而妄以肆誣，實未始有言而謂之嘗諫。義豈知於歸美，意專在於要君。其飾詐之若然，豈爲臣之當耳。復觀彈奏，益見私情，求親識之援而列布宮中，縱罪廢之餘而出入門下。而又凡有宮使，斂爲己恩，謂皆涉於回邪，不宜任之中外。質之清議，固所不容，揆之乃心，烏得無愧。姑從輕典，庸示薄懲。」仍以守貞不公事，宣諭百官於尚書省。

承安元年，降授河中防禦使。五年，改部羅火扎石合節度使。過闕，上賜手詔責諭之，令赴職。久之，還知都府事。時南鄙用兵，上以山東重地，須大臣安撫，乃移知濟南府，卒。上聞而悼之。勅有司致祭，賻贈禮物依故平章政事蒲察通例。謚曰肅。

守貞剛直明亮，凡朝廷論議及上有所問，皆傅經以對。上嘗與泛論人材，守貞乃迹其心術行事，臧否無少隱，故爲胥持國輩所忌，竟以直罷。後趙秉文由外官入翰林，遽上書

言：「願陛下進君子退小人。」上問君子小人謂誰。秉文對：「君子故相完顏守貞，小人今參知政事胥持國。」其爲天下推重如此。

守能本名胡刺，累官商州刺史。正隆末，宋人陷商州，守能被執。大定五年，宋人請和，誓書曰：「俘虜之人，盡數發還。」完顏仲爲報問國信使，求守能及新息縣令完顏按辰於宋，遂與俱歸。守能等至京師，入見，詔給舊官之俸。

大定十九年，爲西北路招討使。是時，詔徙窩斡餘黨于臨潢、泰州。押剌民列嘗從窩斡，其弟鬧敵也當徙，僞稱身亡，以馬賂守能，固匿不遣。及受賕補賽也蕃部通事，事覺。是時，烏古里石壘部族節度副使奚沙阿補杖殺無罪鎭邊猛安，尙書省俱奏其事。上曰：「守能由刺史超擢至此，敢恣貪墨。向者招討司官多進良馬、橐駝、鷹鶻等物，蓋假此以率斂爾，自今並罷之。」因責其兄守道曰：「守能自刺史躐遷招討，外官之尊，無以踰此。前招討哲典以貪墨伏誅，守能豈不知，乃敢如此，其意安在。爾之親弟，何不先訓戒之也。」上謂宰臣曰：「監察專任糾彈。宗州節度使阿思懣初之官，途中侵擾百姓，到官舉動皆違法度。完顏守能爲招討使，貪冒狼籍。凡達官貴人，皆未嘗舉劾。斡睹只羣牧副使僕散那也取部人毬杖兩枝，卽便彈奏。自今，監察御史職事修舉，然後遷除。不舉職者，大則降罰，小則決責，仍不

得去職。」尙書省奏，守能兩贓俱不至五十貫，抵罪。奚沙阿補解見居官，并解世襲謀克。上曰：「此舊制之誤。居官犯除名者，與世襲併罷之，非犯除名者勿罷。」遂著于令。特詔守能杖二百，除名。

贊曰：阿离合懣之善頌，宗雄之强識，希尹之敏學，益之以征伐之功，豈不偉哉。

校勘記

〔一〕阿离合懣　「离」原作「里」。又下目「守貞本名左靨」，「靨」原作「黶」。今皆據傳文校正。

〔二〕左衞將軍僕散揆等嘗燕集　原脫「衞」字，據本書卷九三僕散揆傳補。

〔三〕追殺至乙呂白石而還　按本書卷二太祖紀，收國元年正月庚子記此事作「逐北至阿婁岡」。

〔四〕大定二年追封楚王謚威敏配享太祖廟廷　按本書卷三一禮志記宗雄配享在大定八年。

〔五〕渭子橋　按本書卷五海陵紀正隆六年十月丁未記此事作「敗宋兵于蔚子橋」。

〔六〕帥臣密奏　「帥」原作「師」，據永樂大典卷六七六五引文改。

〔七〕古有常刑　「有」原作「人」，據文義改。

金史卷七十四

列傳第十二

宗翰 本名粘罕　子斜哥　**宗望** 本名斡离不　子齊　京　文

宗翰本名粘沒喝，漢語訛爲粘罕，國相撒改之長子也。年十七，軍中服其勇。及議伐遼，宗翰與太祖意合。太祖敗遼師于境上，獲耶律謝十。撒改使宗翰及完顏希尹來賀捷，卽稱帝爲賀。及太宗以下宗室羣臣皆勸進，太祖猶謙讓。宗翰與阿离合懣、蒲家奴等進曰：「若不以時建號，無以繫天下心。」太祖意乃決。遼都統耶律訛里朶以二十餘萬戍邊，太祖逆擊之，宗翰爲右軍，大敗遼人于達魯古城。

天輔五年四月，宗翰奏曰：「遼主失德，中外離心。我朝興師，大業既定，而根本弗除，後必爲患。今乘其釁，可襲取之。天時人事，不可失也。」太祖然之，卽命諸路戒備軍事。五月戊戌，射柳，宴羣臣。上顧謂宗翰曰：「今議西征，汝前後計議多合朕意。宗室中雖有長

於汝者，若謀元帥，無以易汝。汝當治兵，以俟師期。」上親酌酒飲之，且命之酬，解御衣以衣之。羣臣言時方暑月，乃止。無何，爲移賚勃極烈，副蒲家奴西襲遼帝，不果行。

十一月，宗翰復請曰：「諸軍久駐，人思自奮，馬亦壯健，宜乘此時進取中京。」羣臣言時方寒，太祖不聽，竟用宗翰策。於是，忽魯勃極烈杲都統內外諸軍，蒲家奴、宗翰、宗幹、宗磐副之，宗峻領合扎猛安，皆受金牌，余睹爲鄉導，取中京實北京。既克中京，宗翰率偏師趨北安州，與婁室、徒單綽里合兵，大敗奚王霞末，北安遂降。

宗翰駐軍北安，遣希尹經略近地，獲遼護衞耶律習泥烈，廼知遼主獵于鴛鴦濼，殺其子晉王敖魯斡，衆益離心，西北、西南兩路兵馬皆羸弱，不可用。宗翰使耨盌溫都、移剌保報都統杲曰：「遼主窮迫於山西，猶事畋獵，不恤危亡，自殺其子，臣民失望。攻取之策，幸速見諭。若有異議，此當以偏師討之。」杲使奔睹與移剌保同來報曰：「頃奉詔旨，不令便趨山西，當審詳徐議。」當時，宗翰使人報杲，卽整衆俟兵期。及奔睹至，知杲無意進取，宗翰恐待杲約或失機會，卽決策進兵。使移剌保復往報都統曰：「初受命雖未令便取山西，亦許便宜從事。遼人可取，其勢已見，一失機會，後難圖矣。今已進兵，當與大軍會于何地，幸以見報。」宗幹勸杲當如宗翰策，杲意乃決，約以奚王嶺會議。

宗翰至奚王嶺，與都統杲會。杲軍出青嶺，宗翰軍出瓢嶺，期于羊城濼會軍。宗翰以精

兵六千襲遼主，聞遼主自五院司來拒戰，宗翰倍道兼行，一宿而至，遼主遁去。乃使希尹等追之。西京復叛，耿守忠以兵五千來救，至城東四十里，蒲察烏烈、谷赧先擊之，斬首千餘。宗翰、宗雄、宗幹、宗峻繼至，宗翰率麾下自其中衝擊之，使餘兵去馬從旁射之。守忠敗走，其衆殲焉。宗翰弟扎保迪沒于陣。天眷中，贈扎保迪特進云。

宗翰已撫定西路州縣部族，謁上于行在所，遂從上取燕京。燕京平，賜宗翰、希尹、撻懶、耶律余睹金器有差。太祖既以燕京與宋人，還軍次鴛鴦濼，不豫，將歸京師。以宗翰爲都統，昃勃極烈昱、迭勃極烈斡魯副之，駐軍雲中。

太宗即位，詔宗翰曰：「寄爾以方面，當遷官資者，以便宜除授。」因以空名宣頭百道給之。宋人來請割諸城，宗翰報以武、朔二州。宗翰請曰：「宋人不歸我叛亡，阻絕燕山往來道路，後必敗盟，請勿割山西郡縣。」太宗曰：「先皇帝嘗許之矣，當與之。」

諸將獲耶律馬哥，宗翰歸之京師。詔以馬七百匹給宗翰軍，以田種千石、米七千石賑新附之民。詔曰：「新附之民，比及農時，度地以居之。」宗翰請分宗望、撻懶、石古乃精兵討諸部。詔曰：「宗望軍不可分，別以精銳五千給之。」宗翰朝太祖陵，入見上，奏曰：「先皇帝時，山西、南京諸部漢官，軍帥皆得承制除授。今南京皆循舊制，惟山西優以朝命。」詔曰：「一用先皇帝燕京所降詔勑從事，卿等度其勤力而遷授之。」

宗翰復奏曰：「先皇帝征遼之初，圖宋協力夾攻，故許以燕地。宋人既盟之後，請加幣以求山西諸鎮，先皇帝辭其加幣。盟書曰：『無容匿逋逃，誘擾邊民。』今宋數路招納叛亡，厚以恩賞。累疏叛人姓名，索之童貫，嘗期以月日，約以誓書，一無所致。盟未朞年，今已如此，萬世守約，其可望乎。且西鄙未寧，割付山西諸郡，則諸軍失屯據之所，將有經略，或難持久，請姑置勿割。」上悉如所請。

上以宗翰破遼，經略夏國奉表稱藩，深嘉其功，以馬十匹，使宗翰自擇二匹，餘賜羣帥。及斡魯奏宋不遣歲幣戶口事，且將渝盟，不可不備。太宗命宗翰取諸路戶籍按籍索之。而闍母再奏宋敗盟有狀，宗翰、宗望俱請伐宋。於是，諳班勃極烈杲領都元帥，居京師，宗翰爲左副元帥，自太原路伐宋。

宗翰發自河陰，遂降朔州，克代州，圍太原府。宋河東、陝西軍四萬救太原，敗于汾河之北，殺萬餘人。宗望自河北趨汴，久不聞問，遂留銀术可等圍太原，宗翰率師而南。天會四年降定諸縣及威勝軍，〔一〕下隆德府實潞州。軍至澤州，宋使至軍中，始知割三鎮講和事。路允迪以宋割太原詔書來，太原人不受詔。宗翰取文水及盂縣，復留銀术可圍太原。宗翰乃還山西。

宋少帝誘蕭仲恭貽書余睹，以興復遼社稷以動之。蕭仲恭獻其書，詔復伐宋。八月，宗

翰發自西京。九月丙寅，宗翰克太原，執宋經略使張孝純等。鶻沙虎取平遙，降靈石、介休、孝義諸縣。十一月甲子，宗翰自太原趨汴，降威勝軍，克隆德府，遂取澤州。撒剌荅等先已破天井關，進逼河陽，破宋兵萬人，降其城。宗翰攻懷州，克之。丁亥，渡河。閏月，宗翰至汴，與宗望會兵。宋約畫河爲界，復請修好。不克和。丙辰，銀术可等克汴州。辛酉，宋少帝詣軍前，舍青城。十二月癸亥，少帝奏表降。詔元帥府曰：「將帥士卒立功者，第其功之高下遷賞之。其殞身行陣，沒於王事者，厚卹其家，賜贈官爵務從優厚。」使勗就軍中勞賜宗翰、宗望，使皆執其手以勞之。五年四月，〔二〕以宋二主及其宗族四百七十餘人及珪璋、寶印、袞冕、車輅、祭器、大樂、靈臺、圖書，與大軍北還。七月，賜宗翰鐵券，除反逆外，餘皆不問，賜與甚厚。

宗翰奏河北、河東府鎮州縣請擇前資官良能者任之，以安新民。上遣耶律暉等從宗翰行。

詔黃龍府路、南路、東京路於所部各選如耶律暉者遣之。宗翰遂趨洛陽。宋董植以兵至鄭州，鄭州人復叛。宗翰使諸將擊董植軍，復取鄭州。遂遷洛陽、襄陽、潁昌、汝、鄭、均、房、唐、鄧、陳、蔡之民於河北，而遣婁室平陝西州郡。是時河東寇盜尙多，宗翰乃分留將士，夾河屯守，而還師山西。昏德公致書「請立趙氏，奉職修貢，民心必喜，萬世利也。」宗翰受其書而不答。

康王遣王師正奉表，密以書招誘契丹、漢人。獲其書奏之。太宗下詔伐康王。河北諸將欲罷陝西兵，併力南伐。河東諸將不可，曰：「陝西與西夏爲鄰，事重體大，兵不可罷。」宗翰曰：「初與夏約夾攻宋人，而夏人弗應。而耶律大石在西北，交通西夏。吾舍陝西而會師河北，彼必謂我有急難。河北不足虞，宜先事陝西，略定五路，既弱西夏，然後取宋。」宗翰蓋有意于夏人也。議久不決，奏請于上，上曰：「康王構當窮其所往而追之。俟平宋，當立藩輔如張邦昌者。陝右之地，亦未可置而不取。」於是婁室、蒲察帥師，繩果、婆盧火監戰，平陝西。銀术可守太原，耶律余睹留西京。

宗翰會東軍于黎陽津，遂會睿宗于濮。進兵至東平，宋知府權邦彥棄家宵遁，降其城，駐軍東平東南五十里。復取徐州。先是，宋人運江、淮金幣皆在徐州官庫，盡得之，分給諸軍。襲慶府來降。宋知濟南府劉豫以城降于撻懶。乃遣拔离速、烏林荅泰欲、馬五襲康王于揚州，未至百五十里，馬五以五百騎先馳至揚州城下。康王聞兵來，已於前一夕渡江矣。於是，康王以書請存趙氏社稷。先是，康王嘗致書元帥府，稱「大宋皇帝構致書大金元帥帳前」，至是乃貶去大號，自稱「宋康王趙構謹致書元帥閤下」。其四月、七月兩書皆然。元帥府答其書，招之使降。於是，撻懶、宗弼、拔离速、馬五等分道南伐。宗弼之軍渡江取建康，入于杭州。康王入海，阿里、蒲盧渾等自明州行海三百里，追之弗及。宗弼乃還。其後宗翰

欲用徐文策伐江南，睿宗、宗弼議不合，乃止。語在劉豫傳。歸德叛，都統大乣里平之。

初，太宗以斜也爲諳班勃極烈，天會八年，斜也薨，久虛此位。而熙宗宗峻子，太祖嫡孫，宗幹等不以言太宗，而太宗亦無立熙宗意。宗翰朝京師，謂宗幹曰：「儲嗣虛位頗久，合剌先帝嫡孫，當立，不早定之，恐授非其人。宗翰日夜未嘗忘此。」遂與宗幹、希尹定議，入言於太宗，請之再三。太宗以宗翰等皆大臣，義不可奪，乃從之，遂立熙宗爲諳班勃極烈。於是，宗翰爲國論右勃極烈，兼都元帥。

熙宗即位，拜太保、尚書令，領三省事，封晉國王。乞致仕，詔不許。天會十四年薨，〔三〕年五十八。追封周宋國王。正隆二年，例封金源郡王。大定間，改贈秦王，謚桓忠，配享太祖廟廷。

孫秉德、斜哥。秉德別有傳。

斜哥，累官同知曷蘇館節度使事。大定初，除刑部侍郎，充都統，與副統完顏布輝自東京先赴中都，輒署置官吏，私用官中財物。世宗至中都，事覺，斜哥當死，布輝當除名。詔寬減，斜哥除名，布輝削兩階，解職。二年，起爲大宗正丞，除祁州刺史。坐贓枉法，當死，詔杖一百五十，除名。遣左衞將

軍夾谷查剌諭斜哥曰：「卿何面目至鄉中與宗族相見。今徙鄜州，以家人自隨，俟汝身死，聽家人從便。」久之，起同知興中尹，遷唐括部族節度使，歷開遠、順義軍。

斜哥前在雲內受贓，御史臺劾奏，上謂宰臣曰：「斜哥今三犯矣，蓋其資質鄙惡如此。」令强幹吏鞫之。獄成，法當死。上曰：「斜哥祖父秦王宗翰有大功，特免死，杖一百五十，除名。」久之，復起爲勸農副使。

贊曰：宗翰內能謀國，外能謀敵，決策制勝，有古名將之風。臨潢既捷，諸將皆有怠忽之心，而請伐不已。越千里以襲遼主，諸將皆有畏顧之心，而請期不已。觀其欲置江、淮，專事陝服，當時無有能識其意者。甫釋干戈，斂衽歸朝，以定熙宗之位，精誠之發，孰可掩哉。

宗望本名斡魯補，又作斡离不，太祖第二子也。每從太祖征伐，常在左右。都統杲已克中京，〔四〕宗翰在北安州，獲遼護衞習泥烈，知遼主在鴛鴦濼，宗翰請襲之。杲出青嶺，遼兵三百餘掠降人家貲。宗望曰：「若生致此輩，可審得遼主所在虛實。」遂與宗弼率百騎進。騎多罷乏，獨與馬和尚逐越盧、孛古、野里斯等，留一騎趣後軍，即馳擊敗之，生擒五人。因審遼主尚在鴛鴦濼未去無疑也，於是進兵。宗翰倍道兼行，追遼主于五院司，不及。婁室等追之至白水濼，遼主走陰山。遼秦晉國王捏里自立于燕京。新降州部，人心不固，杲使宗望請太祖臨軍。

宗望至京師，百官入賀。上曰：「宗望與十餘騎經涉兵寇數千里，可嘉也。」上宴羣臣，歡甚。宗望奏曰：「今雲中新定，諸路遼兵尚數萬，遼主尚在陰山、天德之間，而捏里自立于燕京，新降之民，其心未固，是以諸將望陛下幸軍中也。」上曰：「懸軍遠伐，授以成算，豈能盡合機事。朕以六月朔啓行。」既次大濼西南，杲使希尹奏請徙西南招討司諸部于內地。上顧謂羣臣曰：「徙諸部人當出何路？」宗望對曰：「中京殘弊，芻糧不給，由上京爲宜。然新降之人，遽爾騷動，未降者必皆疑懼。勞師害人，所失多矣。」上京謂臨潢府也。上廼下其議，命軍帥度宜行之。

上聞遼主在大魚濼，自將精兵萬人襲之。蒲家奴、宗望率兵四千爲前鋒，晝夜兼行，馬多乏，追及遼主于石輦驛，軍士至者才千人，遼軍餘二萬五千。方治營壘，蒲家奴與諸將議。余睹曰：「我軍未集，人馬疲劇，未可戰。」宗望曰：「今追及遼主而不亟戰，日入而遁，則無及。」遂戰，短兵接，遼兵圍之數重，士皆殊死戰。遼主謂宗望兵少必敗，遂與嬪御皆自高

阜下平地觀戰。余睹示諸將曰：「此遼主麾蓋也。若萃而薄之，可以得志。」騎兵馳赴之，遼主望見大驚，即遁去，遼兵遂潰。宗望等還。上曰：「遼主去不遠，亟追之。」宗望以騎兵千餘追之，蒲家奴爲後繼。

太祖已定燕京，斡魯爲都統，宗望副之，襲遼主于陰山、青塚之間。宗望、婁室、銀朮可以三千軍分路襲之。將至青塚，遇泥濘，衆不能進。宗望與當海四騎以繩繫遼都統林牙大石，使爲鄉導，直至遼主營。時遼主往應州，其嬪御諸女見敵兵奄至驚駭欲奔，命騎下執之。有頃，後軍至。遼太叔胡盧瓦妃，國王捏里次妃，遼漢夫人，幷其子秦王、許王，女骨欲、餘里衍、斡里衍、大奧野、次奧野，趙王妃斡里衍，招討迪六，詳穩六斤，節度使孛迭、赤狗兒皆降。得車萬餘乘，惟梁王雅里及其長女乘軍亂亡去。〔五〕婁室、銀朮可獲其左右與帳。進至掃里門，爲書以招遼主。

遼主自金城來，知其族屬皆見俘，率兵五千餘決戰。宗望以千兵擊敗之。遼主相去百步，遁去。獲其子趙王習泥烈及傳國璽。追二十餘里，盡得其從馬，而照里、特末、〔六〕胡巴魯、背荅別獲牧馬萬四千匹、車八千乘。及獻傳國璽于行在，太祖曰：「此羣臣之功也。」遂置璽于懷中，東面恭謝天地，乃大錄諸帥功，加賞焉。

遼主乃使謀盧瓦持兔紐金印請降。宗望受之，視其文，乃「元帥燕國王之印」也。宗望

復以書招之，諭以石晉北遷事。遂使使諭夏國，示以和好，所以沮疑其救遼之心也。宗望趣天德，遼耶律慎思降。及候人吳十回，皆言夏國迎護遼主度大河矣。宗望乃傳檄夏國曰：「果欲附我，當如前諭，執送遼主。若猶疑貳，恐有後悔。」及遼秦王等以俘見太祖，太祖嘉宗望功，以遼蜀國公主餘里衍賜之。

闍母與張覺戰，大敗於兔耳山。上使宗望問狀，就以闍母軍討張覺，降瀕海郡縣。遂與覺戰于南京城東。覺敗，宵遁奔宋，語在覺傳。城中人執覺父及其二子來獻，宗望殺之。遂使以詔書宣諭城中張敦固等出降。使使與敦固俱入城收兵仗。城中人殺使者，立敦固為都統，劫府庫，掠居民，乘城拒守。太宗賞破張覺功及有功將士各有差。

初，張覺奔宋，入于燕京，宗望責宋人納叛人，且徵軍糧。久不聞問，宗望欲移書督之，請空名宣頭千道，增信牌，安撫新降之民。詔以「新附長吏職員仍舊。已命諸路轉輪軍糧，勿督於宋。給銀牌十、空名宣頭五十道。及遷、潤、來、隰四州人徙于瀋州者，俟畢農各復其業」。乃詔咸州輸粟宗望軍。

張敦固以兵八千分四隊出戰，大敗。宗望再三開諭，敦固等曰：「屢嘗拒戰，不敢遽降。」宗望許其望闕遙拜。敦固乃開其一門。宗望使闍母奏其事，乃下詔赦南京官民，大小罪皆釋之，官職如舊。別勅有司輕徭賦、勸稼穡，疆埸之事，一決於宗望。又曰：「議索張覺

及逋亡戶口於宋。聞比歲不登，若如舊徵斂，恐民匱乏，度其糧數賦之。射糧軍願為民者，使復田里。小大之事關白軍帥，無得專達朝廷。」詔宗望曰：「選勳賢及有民望者為南京留守，及諸闕員，仍具姓名官階以聞。」是時，遷、潤、來、隰四州之民保山砦者甚衆，宗望乞選良吏招撫。上從之。

上召宗望赴闕，而闍母克南京，兵執偽都統張敦固殺之，南京平。赴京師。於是，宗翰請無割山西地與宋，斡魯亦言之。闍母論奏宋渝盟有驗，不可不備。及宗望還軍，上曰：「徵歲幣於宋，以銀二十萬兩、絹三十萬匹分賜爾軍及六部東京諸軍。」宗望至軍，宋兵三千自海道來，破九寨，殺馬城縣戍將節度使盧斡，取其銀牌兵仗及馬而去。宗望索戶口，宋人弗遺，且聞童貫、郭藥師治軍燕山。宗望奏請伐宋曰：「苟不先之，恐為後患。」宗翰亦以為言。故伐宋之策，宗望實啓之。

宗望為南京路都統，闍母副之，自燕山路伐宋。宗望奏曰：「闍母於臣為叔父，請以闍母為都統，臣監戰事。」上從之。以宗望監闍母、劉彥宗兩軍戰事。宗望至三河，破郭藥師兵四萬五千于白河，蒲莧敗宋兵三千于古北口，郭藥師降。遂取燕山府，盡收其軍實，馬萬四、甲冑五萬、兵七萬，州縣悉平。宋中山戍將王彥、劉璧率兵二千來降。蒲察、繩果以三百騎遇中山三萬人於阨隘之地，力戰，死之。术烈速、活里改軍繼至，殺二萬餘人。宗望破

宋眞定兵五千人，遂克信德府，次邯鄲。宋李鄴請修舊好。宗望留軍中不遣。

自郭藥師降，益知宋之虛實。宗望請以為燕京留守。及董才降，益知宋之地里。宗望請任以軍事。太宗俱賜姓完顏氏，皆給以金牌。

四年正月己巳，諸軍渡河，取滑州。使吳孝民入汴，以詔書問納平州張覺事，令執送童貫、譚稹、詹度，以黃河為界，納質奉貢。癸酉，諸軍圍汴。宋少帝請為伯姪國，効質納地，增歲幣請和。遂割太原、中山、河間三鎮，書用伯姪禮，以康王構、太宰張邦昌為質。沈晦以誓書、三鎮地圖至軍中，歲幣割地一依定約，語在宋事中。

二月丁酉朔，與宋平，退軍孟陽。是夜，姚平仲兵四十萬來襲。候騎覺之，分遣諸將迎擊，大破平仲軍，復進攻汴城，問舉兵之狀。少帝大恐，使宇文虛中來辨曰：「初不知其事，且將加罪其人。」宗望輟弗攻，改肅王樞為質，康王構遣歸。師還，河北兩鎮不下，遂分兵討之。

宗望罷常勝軍，給還燕人田業，命將士分屯安肅、雄、霸、廣信之境。宗望還山西。未幾，為右副元帥，有功將士遷賞有差。

頃之，宋少帝以書誘余睹，蕭仲恭獻其書，詔復伐宋。八月，宗望會諸將，發自保州。耶律鐸破敵兵三萬于雄州，殺萬餘人。那野敗宋軍七千於中山。高六、董才破宋兵三千於廣

信。宋种師閔軍四萬人駐井陘，宗望大破之，遂取天威軍。東還，遂克眞定，殺知府李邈，得戶三萬，降五縣。遂自眞定趨汴。

十一月戊辰，宗望至河上，降魏縣。諸軍渡河，留諸將分出大名之境。降臨河縣，至大名縣，德清軍、開德府，皆克之。阿里刮以騎兵三千先趨汴，破宋軍六千于路。取胙城，抵汴城下，覆宋兵千人，擒數將。宗望至汴，分遣諸將遏宋援兵，奔睹、那野、賽剌、臺實連破宋援兵。閏月壬辰朔，宋兵一萬出自汴城來戰。宗望選勁勇五千，使當海、忽魯、雛鶻失擊敗之。癸巳，宗翰自太原會軍于汴。丙辰，克汴州。辛酉，宋少帝詣軍前。十二月癸亥，宋帝奉表降。上使勗就軍中勞賜宗翰、宗望，使皆執其手以勞之。五年四月，〔七〕以宋二主及其宗族四百七十餘人，及珪璋、寶印、袞冕、車輅、祭器、大樂、靈臺、圖書，與大軍北還。

宗望乃分諸將鎮守河北。董才降廣信軍及旁近縣鎮。宗望乃西上涼陘。詔宗望曰：「自河之北，今既分畫，重念其民見城邑有被殘者，遂阻命堅守，其申諭招輯安全之。儻堅執不移，自當致討。若諸軍敢利於俘掠，輒肆毀蕩者，當底於罰。」

是月，宗望薨。〔八〕天會十三年，封魏王。皇統三年，進許國王，又徙封晉國王。天德二年，贈太師，加遼燕國王，配享太宗廟廷。正隆二年，例降封。大定三年，改封宋王，謚桓肅。子齊、京、文。

初，遼帝之奔陰山也，遼節度使和尚與林牙馬哥、男慎思俱被擒，都統杲使阿鄰護送得里底、〔九〕和尚、雅里斯等入京師。得里底道亡，太祖誅阿鄰。和尚弟道溫爲興中尹，太祖使謾都本以兵千人與和尚往招之。和尚欲亡去，不克，至興中城下，以矢繫書射城中，教道溫毋降。事泄，謾都本責之曰：「汝何反覆如此？」對曰：「以忠報國，何反覆之有，雖死不恨。」乃殺之。既而宗望軍遇遼都統孛迭等，道溫在其中，相與隔水而語。宗望承制招之，孛迭唯諾，無降意。宗望謂道溫曰：「汝兄和尚因戰而獲，未嘗加罪，後以叛誅，能無痛悼。」道溫曰：「吾兄辱於見獲，榮於死國。」宗望顧馬和尚曰：「能爲我取此乎？」對曰：「能。」遂以所部渡水擊敗其衆，直趨道溫，射中其臂，獲而殺之。

齊本名受速，長身美髯。天眷三年，以宗室子授鎮國上將軍。皇統元年，遷光祿大夫。正隆六年，遷銀靑榮祿大夫。大定初，遷特進，加安武軍節度使，留京師奉朝請。齊以近屬，上所寵遇，而性庸滯無材能。大定三年，罷節度官，給隨朝三品俸，累官特進。卒。弟京、弟文皆以謀反誅。〔一〇〕世宗盡以其家財產與齊之子皺住。詔齊妻曰：「汝等皆當緣坐，有至大辟及流竄者。朕念宋王，故置而不問，且以其家產賜汝子。宜悉朕意。」十五年，上召英王爽謂曰：「卿於諸公主女子中爲皺住擇婚，其禮幣命有司給之。」俄襲叔父京山

東西路徒毋堅猛安。

京本名忽魯，以宗室子累遷特進。天德二年，除翰林學士承旨，兼修國史，加開府儀同三司，遷工部尚書，改禮部、兵部，判大宗正事，封曹王，除河間尹。正隆二年，例封瀋國公，北京留守，以喪去官。起復益都尹。六年，坐違制，立春日與徒單貞飲酒，降灤州刺史。未幾，改絳陽軍節度使。海陵遣護衞忽魯往絳州殺之。京由間道走入汾州境得免。世宗卽位，來見于桃花塢。復判大宗正事，封壽王。二年正月戊辰朔，日食，伐鼓用幣，上不視朝，減膳徹樂。詔京代拜行禮。世宗懲創海陵疎忌宗室，加禮京兄弟，情若同生。謂京等曰：「朕每見天象變異，輒思政事之闕，寤寐自責不遑。凡事必審思而後行，猶懼獨見未能盡善，每令羣臣集議，庶幾無過舉也。」是時，伐宋未罷兵，用度不足，百官未給全俸。京家人數百口，財用少，上聞之，賜金一百五十兩、重綵百端、絹五百匹。改西京留守，賜佩刀廐馬。

京到西京，京妻嘗召日者孫邦榮推京祿命。邦榮言留守官至太師，爵封王。京問：「此上更無否？」邦榮曰：「止於此。」京曰：「若止於此，所官何爲。」邦榮察其意，乃詐爲圖讖，作詩，中有「鶻魯爲」之語，以獻於京。京曰：「後誠如此乎。」遂受其詩，再使卜之。邦榮稱所

得卦有獨權之兆。京復使邦榮推世宗當生年月。家人孫小哥妄作謠言誑惑京，如邦榮指，京信之。京妻公壽具知其事。大定五年三月，孫邦榮上變。詔刑部侍郎高德基、戶部員外郎完顏兀古出往鞫之。京等皆款伏。獄成，還奏。上曰：「海陵無道，使光英在，朕亦保全之，況京等哉。」於是，京夫婦特免死，杖一百，除名，嵐州樓煩縣安置，以奴婢百口自隨，官給上田。〔一一〕遣兀古出、劉珫宣諭京，詔曰：「朕與汝皆太祖之孫。海陵失道，翦滅宗支，朕念兄弟無幾，於汝尤爲親愛，汝亦自知之，何爲而懷此心。朕念骨肉，不忍盡法。汝若尚不思過，朕雖不加誅，天地豈能容汝也。」十年四月，詔于樓煩縣，爲京作第一區，月給節度廩俸。

十二年，兄德州防禦使文謀反。上問皇太子、趙王允中及宰臣曰：「京謀不軌，朕特免死，今復當緣坐，何如。」宰臣或言京圖逆，今不除之，恐爲後患。上曰：「天下大器歸於有德，海陵失道，朕乃得之。但務修德，餘何足慮。」太子曰：「誠如聖訓。」乃遣使宣諭京，詔曰：「卿兄文，舊封國公，不任職事，朕進封王爵，委以大藩。頃在大名，以贓得罪，止削左遷，不知恩幸，乃蓄怨心，謀不軌，罪及兄弟。朕念宋王，皆免緣坐。文之家產應沒入者，盡與卿兄子皺住。卿宜悉此意。」

二十年十一月，上問宰臣曰：「京之罪始於其妻，妄卜休咎。太祖諸孫存者無幾，朕欲召置左右，不使任職，但廩給之，卿等以爲何如？」皆曰：「置之近密，臣等以爲非宜。」上曰：

「朕若修德，何必豫懷疑忌。」久之，上復欲召京，宰臣曰：「京，不赦之罪也，赦之以爲至幸矣，豈可復。」上默良久，乃止。

文本名胡剌。皇統間，授世襲謀克，加奉國上將軍，居中京。海陵篡立，賜錢二萬貫。是時，左淵爲中京轉運使，市中有穢術敲仙者，文與淵皆與之游。海陵還中京，聞，召敲仙詰問，窮竟本末。既而殺之于市，責讓文、淵。貞元元年，除祕書，坐與靈壽縣主阿里虎有姦，杖二百，除名。俄復爲祕書監，封王。正隆例封鄖國公，以喪去官。起復翰林學士承旨、同判大宗正事、昌武軍節度使。

大定初，改武定軍，留京師，奉朝請。三年，賜上常御條服佩刀而遣之。謂文曰：「朕無兄弟，見卿往外郡，惻然傷懷。卿頗自放，宜加檢束。」除廣寧尹，召爲判大宗正事，封英王。是時，弟京得罪，上謂文曰：「朕待京不薄，乃包藏禍心，圖不軌，不忍刑及骨肉，遂從輕典。卿亦驕縱無度。宋王有社稷功。武靈封太祖諸孫爲王，卿獨不封。朕卽位，封卿兄弟爲王。自今懲咎悔過，赤心事朕，無患朕不知也。」除眞定尹，賜以衣帶。改大名尹，徙封荆王。

文到大名，多取猛安謀克良馬，或以駑馬易之，買民物與價不盡其直。尋常占役弓手

四十餘人，詭納稅草十六萬束。公用闕，取民錢一萬九千餘貫。坐是奪爵，降德州防禦使，僚佐皆坐不矯正解職。監察御史董師中按文事失糾察，已除尚書省都事，降沁南軍節度副使。詔曰：「自今長官不法，僚佐不矯正，又不言上，並嚴行懲斷。」

文既失職，居常快快，日與家奴石抹合住、忽里者爲怨言。合住揣知其意，因言南京路猛安阿古、合住、謀克頗里，銀朮可與大王厚善，果欲舉大事，彼皆願從。文信其言。乃召日者康洪占休咎，密以謀告洪。洪言來歲甚吉。文厚謝洪，使家僮剛哥等往南京以書幣遺阿古等。〔一二〕剛哥問合住何以知阿古等必從。合住曰：「阿古等與大王善，以此意其必從耳。」剛哥到南京，見阿古等，不言其本來之事。及還，紿文曰：「阿古從大王矣。」文乃造兵仗，使家奴斡敵畫陣圖。家奴重喜詣河北東路上變，府遣總管判官孛特馳往德州捕文。孛特至德州，日已晚。會文出獵，召防禦判官酬越謀就獵所執之。酬越言：「文兵衞甚衆，且暮夜，明日文生日，可就會上執之。」孛特乃止。是夜，文知本府使至，意其事覺，乃與合住、忽里者等俱亡去。河間府使奏文事，詔遣右司郎中紇石烈哲典、翰林修撰阿不罕訛里也往德州鞫問。

上聞文亡命，謂宰臣曰：「海陵翦滅宗室殆盡，朕念太祖孫存者無幾人，曲爲寬假，而文曾不知幸，尚懷異圖，何狂悖如此。」上恐文久不獲，詿誤者多，督所在捕之。詔募獲文者遷

官五階，賜錢三千貫。文以大定十二年九月事覺，亡命凡四月，至十二月被獲，伏誅。康洪論死，餘皆坐如律。詔釋其妻朮實懶。孛特、酬越不即捕，致文亡去，孛特杖二百，除名，酬越杖一百，削兩階。詔曰：「德州防禦使文、北京曹貴、鄜州李方皆因術士妄談祿命，陷于大戮。凡術士多務苟得，肆爲異說。自今宗室、宗女有屬籍者及官職三品者，除占問嫁娶、修造、葬事，不得推算相命，違者徒二年，重者從重。」上以文家財產賜其故兄特進齊之子齕住，并以西京留守京沒入家產賜之。

贊曰：宗望啓行平州，戰勝白河，席卷而南，風行電舉，兵無留難，再閱月而汴京圍矣。所謂敵不能與校者耶。既取信德，留兵守之，以爲後距，此豈輕者耶。管子曰：「徑於絕地，攻於恃固，獨出獨入，而莫之能止。」其宗望之謂乎。

校勘記

〔一〕天會四年降定諸縣及威勝軍　原脫「天會四年」四字，下文「八月」無年可繫，今據本書卷三太宗紀補。

〔二〕五年四月　原脫「五年」二字。按本書卷三太宗紀，天會五年四月，「宗翰、宗望以宋二帝歸」。今據補。

〔三〕天會十四年薨　按本書卷四熙宗紀記「太保領三省事晉國王宗翰薨」在天會十五年。

〔四〕都統杲已克中京　「中京」原作「中都」。按本書卷七六杲傳，天輔六年正月，杲「克高恩回紇三城，進至中京，遼兵不戰而潰，遂克中京」。又本卷宗翰傳亦記「既克中京，宗翰率偏師趨北安州……」。今據改。

〔五〕惟梁王雅里及其長女乘軍亂亡去　「梁」原作「寧」。按遼梁王雅里見本書卷七二習古廼傳。遼史卷二九天祚皇帝紀，保大三年四月「戊戌，金兵圍輜重于青塚硬寨，大保特母哥竊梁王雅里以遁。庚子，梁宋大長公主、特里亡歸」。所記與此略同，今據改。

〔六〕而照里特末　「末」原作「未」，據永樂大典卷六七六五改。

〔七〕五年四月　原脫「五年」二字，今補，見本卷校記〔二〕。

〔八〕是月宗望薨　「是月」，承上卽四月。按本書卷三太宗紀，天會五年六月庚辰，「右副元帥宗望薨」。則「是」當作「六」爲是。

〔九〕都統杲使阿鄰護送得里底　原脫「里」字，據下文及永樂大典卷六七六五補。

〔一〇〕弟京弟文皆以謀反誅　按下文，文以「謀反誅」，京未誅，此處或有衍文。

〔一一〕官給上田　按「上」永樂大典卷六七六五作「土」。

〔一二〕以書幣遺阿古等　「遺」原作「遣」，據永樂大典卷六七六四改。

金史卷七十五

列傳第十三

盧彥倫 子璣 孫亨嗣　毛子廉　李三錫　孔敬宗
李師夔　沈璋　左企弓　虞仲文 曹勇義 康公弼附
左泌 弟淵 姪光慶

盧彥倫，臨潢人。遼天慶初，蕭貞一留守上京，置爲吏，以材幹稱。是時，臨潢之境多盜，而城中兵無統屬者，府以彥倫爲材，薦之於朝，卽授殿直、勾當兵馬公事。遼兵敗於出河店，還至臨潢，散居民家，令給養之，而軍士縱恣侵擾，無所不至，百姓殊厭苦之。留守耶律赤狗兒不能禁戢，乃召軍民諭之曰：「契丹、漢人久爲一家，今邊方有警，國用不足，致使兵士久溷父老間，有侵擾亦當相容。」衆皆無敢言者。彥倫獨曰：「兵興以

來，民間財力困竭，今復使之養士，以國家多故，義固不敢辭。而此輩恣爲强暴，人不能堪。且番、漢之民皆赤子也，奪此與彼，謂何。」

初取臨潢，軍中有辛訛特剌者，舊爲臨潢驛吏，與彥倫善，使往招諭，彥倫殺之。遼授彥倫團練使、勾當留守司公事。

天輔四年，彥倫從留守撻不野出降。授夏州觀察使，權發遣上京留守事。師還，撻不野以城叛，彥倫乃率所部逐撻不野，盡殺城中契丹，遣使來報。未幾，遼將耶律馬哥以兵取臨潢，彥倫拒守者七月。會援兵至，敵解圍去，因赴闕。

天會二年，知新城事。城邑初建，彥倫爲經畫，民居、公宇皆有法。改靜江軍節度留後，知咸州煙火事。未幾，遷靜江軍節度使。天眷初，行少府監兼都水使者，充提點京城大內所，改利涉軍節度使。未閱月，還，復爲提點大內所。彥倫性機巧，能迎合悼后意，由是頗見寵用。歲餘，遷侍衞親軍馬步軍都指揮使，爲宋國歲元使。改禮部尚書，加特進，封郇國公。天德二年，出爲大名尹。明年，詔彥倫營造燕京宮室，以疾卒，年六十九。子璣。

璣字正甫，以蔭補閤門祗候，累遷客省使，兼東上閤門使，改提點太醫、敎坊、司天，充大定十五年宋主生日副使，遷同知宣徽院事。丁母憂，起復太府監，改開遠軍節度使，入爲

右宣徽使。章宗卽位，轉左宣徽使，致仕。明昌四年，起復左宣徽使，改定武軍節度使，復爲左宣徽使。

是時，璣年已七十，詔許朝參得坐於廊下。復致仕。泰和初，詔璣天壽節預宴。二年，元妃李氏生皇子，滿三月，章宗以璣老而康强，命以所策杖爲洗兒禮物。章宗幸玉泉山，詔璣與致仕宰相俱會食，許策杖給扶。後預天壽節，上命璣與大臣握槊戲，璣獲勝焉。從上秋山，賜名馬。上曰：「酬卿博直。」其眷遇如此。泰和六年卒，年八十。子亨嗣。

亨嗣字繼祖，以蔭補閤門祗候，內供奉。調同監平涼府醋務，改同監天山鹽場。丁母憂，服闋，監萊州酒課，累調監豐州、任丘、汲縣、東平酒務。課最，遷白登縣令。明昌四年，行六部差規措軍前糧料，入爲典給直長，改西京戶籍判官，歷官西京、中都太倉使，中都戶籍判官，尙醞署丞。丁父憂。大安初，復爲典給署丞兼太子家令。崇慶元年，遷同知順天軍節度使事。是時，兵興，徵調煩急，亨嗣以辦最，遷定遠大將軍，入爲戶部員外郎。貞祐二年，遷莒州刺史。三年，山東宣撫司討楊安兒，亨嗣行六部，兵罷，還州。興定二年，卒，年六十一。

亨嗣與弟亨益，盡友愛之道。亨嗣初以祖廕得官，大定十六年，父璣爲同知宣徽院事，

當廕子，亨嗣以讓弟亨益。亨益早卒，子銑。銑幼稚，亨嗣盡以舊業田宅奴畜財物與之。

毛子廉本名八十，臨潢長泰人，材勇善射。遼季羣盜起，募勇士，子廉應募。遼主召見，賜甲仗，率百人，會所在官兵捕盜。以功授東頭供奉官，賜良馬。

天輔四年，遣謀克辛斡特剌、移剌窟斜招諭臨潢，子廉率戶二千六百來歸。〔一〕令就領其衆，佩銀牌，招未降軍民。盧彥倫怒子廉先降，殺子廉妻及二子，使騎兵二千伺取子廉。子廉與窟斜經險阻中，騎兵圍之，兩騎突出直犯子廉。子廉引弓斃其一人，其一人挺槍幾中子廉腋。子廉避其槍，與搏戰，生擒之，乃彥倫健將孫延壽也。餘衆潰去。

天會三年，除上京副留守。久之，兼鹽鐵事。天眷中，除燕京麴院都監。遼王宗幹問宰相曰：「子廉有功，何爲下遷。」宰相以例對。宗幹曰：「盧彥倫何不除此職？子廉之功十倍彥倫，在臨潢十餘年，吏民畏愛如一日，誰能及此。」是時盧彥倫已以少府監除節度使，故宗幹引以爲比。除寧昌軍節度使。海陵弒熙宗，子廉聞之，歎曰：「曾不念國王定策之功耶。」乃致仕。大定二年，卒。

中華書局

李三錫字懷邦，錦州安昌人，以貲得官。遼季，盜攻錦州，州人推三錫主兵事，設機應變，城賴以完。錄功授左承制。遼主走天德，劉彥宗辟三錫將兵保白雲山。

金兵次來州，[二]三錫以其衆降。攝臨海軍節度副使，參預元帥府軍事，改知嚴州。宗望伐宋，三錫領行軍猛安，敗郭藥師軍於白河。進官安州防禦使。再克汴京，三錫從闍母護宋二主北歸。復知嚴州，改歸德軍節度副使。詔廢齊國，擇吏三十人與俱行，三錫在選中。還爲慶州刺史，三遷武勝軍節度使。察廉第一，遷三階，改安國軍節度使，除河北西路轉運使，致仕。

三錫政事强明，所至稱治。世宗舊聞其名，大定初，起爲北京路都轉運使。制下，而三錫已卒。

孔敬宗字仲先，其先東垣人，石晉末，徙遼陽。遼季，敬宗爲寧昌劉宏幕官。斡魯古兵至境上，敬宗勸劉宏迎降，遂以敬宗爲鄉導，拔顯州，以功補順安令。天輔二年，詔敬宗與劉宏率懿州民徙內地，授世襲猛安，知安州事。將兵千人從宗望伐宋。汴京平，宗望命敬

宗守汴。嘗自汴馳驛至河北，還至河上，會日暮無舟，敬宗策馬亂流，遂達南岸。還靜江軍節度使，歷石、辰、信、磁四州刺史，階光祿大夫。

海陵問張浩曰：「卿識孔敬宗否，何階高職下也。」浩對曰：「國初，敬宗勸劉宏以懿州效順，其後從軍積勞，有司不知，故一概常調耳。」明日，除寧昌軍節度使。從歸德軍，致仕。大定二年，卒。

李師夔字賢佐，奉聖永興人。少倜儻，有大志。以廕入仕，爲本州麴監。天輔六年，太祖襲遼主于鴛鴦濼，郡守委城遁去，衆無所屬，相與叩門請師夔主郡事。師夔許之，乃搜卒治兵。

迪古乃兵至奉聖州，師夔與其故人沈璋密謀出降，曰：「一城之命懸於此舉。」璋曰：「君言是矣。如軍民不從，奈何。」師夔卽率親信十數輩詰旦出城，見余睹，與之約曰：「今已服從，願無以兵入城及俘掠境內。」余睹許諾。詔以師夔領節度，以璋佐之。賜師夔駿馬二，俾招未附者，許以便宜從事。明年，加左監門衞大將軍。

劇賊張勝以萬人逼城，師夔度衆寡不敵，乃僞與之和，日致饋給，勝信之。師夔乘其不備，使人刺勝，殺之。以其首徇曰：「汝輩皆良民，脅從至此，今元惡已誅，可棄兵歸復其所。」賊衆大驚，皆散去。別賊焦望天、尹智穆率兵數千來寇。師夔以兵臨之，設伏歸路，使人反間之。智穆果疑，望天先引去。智穆勢孤，亦還，遇伏而敗，遂執斬之。是後賊衆不敢入境。以勞遷靜江軍節度留後，累遷武平軍節度使，改東京路轉運使，徙陝西東路轉運使。致仕，封任國公。卒，年八十五。

沈璋字之達，奉聖州永興人也。學進士業。迪古乃軍至上谷，璋與李師夔謀，開門迎降。明日，擇可爲守者，衆皆推璋，璋固稱李師夔，於是授師夔武定軍節度使，以璋副之。授太常少卿，遷鴻臚卿。丁母憂，起復山西路都轉運副使，加衞尉卿。從伐宋。汴京平，衆爭趨貲貨，璋獨無所取，惟載書數千卷而還。

太行賊陷潞州，殺其守姚璠，官軍討平之，命璋權知州事。璋至，招復逋逃，賑養困餓，收其橫屍葬之。未幾，民頗安輯。初，賊黨據城，潞之軍卒當緣坐者七百人，帥府牒璋盡誅之，璋不從。帥府聞之，大怒，召璋呵責，且欲殺璋，左右震恐，璋顏色不動，從容對曰：「招亡撫存，璋之職也。此輩初無叛心，蓋爲賊所脅，有不得已者，故招之復來。今欲殺之，是

殺降也。苟利於衆，璋死何憾。」少頃，怒解。因召潞軍曰：「吾始命戮汝，今汝使君活爾矣。」皆感泣而去。朝廷聞而嘉之，拜左諫議大夫，知潞州事。百姓爲之立祠。移知忻州，改同知太原尹，加尙書禮部侍郎。

時介休人張覺聚黨亡命山谷，鈔掠邑縣，招之不肯降，曰：「前嘗有降者，皆殺之。今以好言誘我，是欲殺我耳。獨得侍郎沈公一言，我乃無疑。」於是，命璋往招之，覺卽日降。轉尙書吏部侍郎，西京副留守，同知平陽尹，遷利涉軍節度使，爲東京路都轉運使，改鎭西軍節度使。天德元年，以病致仕。卒，年六十。

子宜中，天德三年，賜楊建中牓及第。

贊曰：危難之際，兩軍方爭，專城之將，國家之輕重繫焉。李師夔非有君命，爲衆所推，又能全活其人，猶有說也。盧彥倫之降，雖云城潰，初志不確，何尤乎毛子廉。至如子廉不仕海陵，沈璋以片言降張覺，一善足稱，何可掩也。

左企弓字君材。八世祖皓，後唐棣州刺史，以行軍司馬戍燕，遼取燕，使守薊，因家焉。企弓讀書，通左氏春秋。中進士，再遷來州觀察判官。[三]蕭英弼賊昭懷太子，窮治黨與，多連引。企弓辨析其寃，免者甚衆。自御史知雜事，出爲中京副留守，按刑遼陽。有獄本輕而入之重者，已奏待報，企弓釋之以聞。累遷知三司使事。天慶末，拜廣陵軍節度使，同中書門下平章事、知樞密院事。

金兵已拔上京，北樞密院恐忤旨，不以時奏。遼故事，軍政皆關決北樞密院，然後奏御。企弓以聞。遼主曰：「兵事無乃非卿職邪？」對曰：「國勢如此，豈敢循例爲自容計。」因陳守備之策。拜中書侍郎平章事，監修國史。時遼主聞金已克中京，將西幸以避之。企弓諫不聽。

遼主自鴛鴦濼亡保陰山。秦晉國王耶律捏里自立于燕，廢遼主爲湘陰王，改元德興。[四]企弓守司徒，封燕國公。虞仲文參知政事，領西京留守、同中書門下平章事、內外諸軍都統。曹勇義中書侍郎平章事、樞密使、燕國公。康公弼參知政事、簽樞密院事，賜號「忠烈翊聖功臣」。德妃攝政，企弓加侍中。宋兵襲燕，奄至城中，已而敗走。或疑有內應者，欲根株之，企弓爭之，乃止。

太祖至居庸關，蕭妃自古北口遁去。都監高六等送款于太祖，太祖徑至城下。高六等開門待之。太祖入城受降，企弓等猶不知。太祖駐蹕燕京城南，企弓等奉表降，太祖俾復舊職，皆受金牌。企弓守太傅、中書令，仲文樞密使、侍中、秦國公，勇義以舊官守司空，公弼同中書門下平章事、樞密副使權知院事、簽中書省，封陳國公。遼致仕宰相張琳進上降表，詔曰：「燕京應琳田宅財物並給還之。」琳年高，不能入見，止令其子弟來。

太祖既定燕，從初約，以與宋人。企弓獻詩，略曰：「君王莫聽捐燕議，一寸山河一寸金。」太祖不聽。

是時，置樞密院于廣寧府。企弓等將赴廣寧，張覺在平州有異志，太祖欲以兵送之。企弓等辭兵曰：「如此，是促之亂也。」及過平州，舍于栗林下，張覺使人殺之。企弓年七十三，謚恭烈。天會七年，贈守太師，遣使致奠。正隆二年，改贈特進、濟國公。

虞仲文字質夫，武州寧遠人也。七歲知作詩，十歲能屬文，日記千言，刻苦學問。第進士，累仕州縣，以廉能稱。舉賢良方正，對策優等。擢起居郎、史館修撰，三遷至太常少卿。宰相有左降，仲文獨出餞之。或指以爲黨，仲文乃求養親。久之，召復前職。宰相薦文行第一，權知制誥，除中書舍人。討平白霫，拜樞密直學士，權翰林學士，爲翰林侍講學士。年五十五，卒，謚文正。天會七年，贈兼中書令。正隆二年，改贈特進、濮國公。

曹勇義，廣寧人。第進士，除長春令。樞府辟令史。上書陳時政，累擢館閣，遷樞密副都承旨，權燕京三司使，加給事中。召爲樞密副使，加太子少保。與大公鼎、虞仲文、龔誼友善。與虞仲文同在樞密，羣小擠之。復出爲三司使，加宣政殿大學士。卒，謚文莊。天會七年，贈守太保。正隆二年，改贈特進、定國公。

康公弼字伯迪，其先應州人。曾祖胤，遼保寧間以戰功授誓券，家于燕之宛平。公弼好學，年二十三中進士，除著作郎、武州軍事判官。辟樞府令史，求外補，出爲寧遠令。縣中隕霜殺禾稼，漕司督賦急，繫之獄。公弼上書，朝廷乃釋之，因免縣中租賦，縣人爲立生祠。監平州錢帛庫，調役糧于川州。大盜侯概陷川州，使護送公弼出境，曰：「良吏也。」權乾州節度使。卒，謚忠肅。天會七年，贈侍中。正隆二年，改贈特進、道國公。

企弓子泌、瀛、淵。

泌字長源，企弓長子也。仕遼，官至棣州刺史。太祖平燕，泌從企弓歸朝。既而東遷至平州，企弓爲張覺所害，泌復還燕。是時，以燕與宋，宣撫司遣至汴，泌以平州仇人在是，乃間道奔還。朝廷嘉之，擢西上閤門使。從宋王宗望南伐，破眞定有功，知祁州，歷刺澤、隰等州。貞元初，爲濬州防禦使，遷陝西路轉運使，封戴國公。

泌性夷澹，好讀莊、老，年六十一，即請致仕。親友或以爲早，泌嘆曰：「予年三十秉旄鉞，使尋仕路又三十年，名遂身退，可矣。」時人高之。卒年七十四。

淵累官燕京副留守、中京路都轉運使，歷河北東路、中都路都轉運使。淵貪鄙，三任漕事，務以錢穀自營。在中都凡八年，不求遷。與李通、許霖交關賄賂，詭納漕司諸物，規取財利。世宗即位，淵使其子貽慶詣東京上表，特賜貽慶任忠傑牓第三甲進士，授從仕郎。貽慶還中都，世宗詔淵曰：「凡殿位張設悉依舊，毋增益。不得役使一夫，以擾百姓。謹宮禁出入而已。」大定二年，改沁南軍節度使。世宗素知其爲人，戒之曰：「卿宰相子，練習朝政，前爲漕司，朕甚鄙之。毋或刻削百姓，若復敢爾，勿思再用。」淵到懷州未幾，坐前爲中都轉運營盜用官材木，除名。子光慶。

光慶字君錫，幼穎悟，沉厚少言。淵嘗謂所親曰：「世吾家者，此子也。」以廕，補閤門祗候，遷西上閤門副使。丁父憂，起復東上閤門副使，再轉西上、東上閤門使，兼太廟署令。

光慶好古，讀書識大義，喜爲詩，善篆隸，尤工大字。世宗行郊禮，受尊號，及受命寶，皆光慶篆。凡宮廟牓署經光慶書者，人稱其有法。典領原廟、坤厚陵、壽安宮工役，不爲苛峻，使勞逸相均。身兼數職，勤愼周密，未嘗自伐，世宗獨察之。

初，御史大夫璋請製大金受命寶，有司以秦璽文進，上命以「大金受命萬世之寶」爲文。徑四寸八分，厚一寸四分，蟠龍紐，高厚各四寸六分有半。禮部尚書張景仁、少府監張僅言典領工事，詔光慶篆之。遷同知宣徽院事，改少府監。丁母憂，起復右宣徽使。世宗幸上京，光慶往上京治儀仗制度，時人以爲得宜。

二十五年，卒，年五十一。上遣使致祭，賻銀三百兩、重綵十端、絹百匹。平時喜爲善言，蓄善藥，號「善善道人」。晚信浮屠法，自作眞贊，語皆任達云。

贊曰：左企弓、虞仲文、曹勇義、康公弼四子者，皆有才識之士，其事遼主數有論建。及其受爵僭位，委質二君，隕身逆黨，三者胥失之，哀哉。

校勘記

〔一〕子廉率戶二千六百來歸　按本書卷二太祖紀，天輔六年七月「乙丑，上京漢人毛八十率二千餘戶降，因命領之」。卽記此事而紀年不同。

〔二〕金兵次來州　「來」原作「萊」。按萊州在山東東路，非遼及金初兵力所及。本書卷二四地理志，北京路有「瑞州，本來州」。今據改。

〔三〕再遷來州觀察判官　「來」原作「萊」，今改。參看前條。

〔四〕改元德興　按遼史卷二九天祚皇帝紀，保大二年三月，「秦晉國王淳守燕，……自稱天錫皇帝，改元建福，降封天祚爲湘陰王。……六月，淳寢疾……已而淳死，衆乃議立其妻蕭氏爲皇太后，主軍國事。……遂稱制，改元德興」。則此「德興」實爲「建福」之誤。

金史卷七十六

列傳第十四

太宗諸子　宗磐〔一〕本名蒲魯虎　宗固本名胡魯　宗本本名阿魯　蕭玉附

杲本名斜也　宗義本名孛吉　宗幹本名斡本　充本名神土懣

子檀奴等　永元本名元奴　兗本名梧桐　襄本名永慶　袞本名蒲甲

太宗子十四人：蒲魯虎、胡魯、斛魯補、阿魯帶、阿魯補、斛沙虎、阿鄰、阿魯、鶻懶、胡里甲、神土門、斛孛束、斡烈、鶻沙。

宗磐本名蒲魯虎。天輔五年，都統杲取中京，宗磐與斡魯、宗翰、宗幹皆爲之副。天會

十年，爲國論忽魯勃極烈。熙宗卽位，爲尙書令，封宋國王。未幾，拜太師，與宗幹、宗翰並領三省事。

熙宗優禮宗室，宗翰沒後，宗磐日益跋扈。嘗與宗幹爭論於上前，卽上表求退。烏野奏曰：「陛下富於春秋，而大臣不協，恐非國家之福。」熙宗因爲兩解。宗磐愈驕恣。其後於熙宗前持刀向宗幹，都點檢蕭仲恭呵止之。

既而左副元帥撻懶、東京留守宗雋入朝，宗磐陰相黨與，而宗雋遂爲右丞相，用事。撻懶屬尊，功多，先薦劉豫，立爲齊帝，至是唱議以河南、陝西與宋，使稱臣。熙宗命羣臣議，宗室大臣言其不可。宗磐、宗雋助之，卒以與宋。其後宗磐、宗雋、撻懶謀作亂，宗幹、希尹發其事，熙宗下詔誅之。坐與宴飲者，皆貶削決責有差。赦其弟斛魯補等九人，并赦撻懶，出爲行臺左丞相。

皇后生日，宰相諸王妃主命婦入賀。熙宗命去樂，曰：「宗磐等皆近屬，輒搆逆謀，情不能樂也。」以黃金合及兩銀鼎獻明德宮太皇太后，并以金合、銀鼎賜宗幹、希尹焉。

宗固本名胡魯。天會十五年爲燕京留守，封豳王。宗雅本名斛魯補，封代王。宗偉本名阿魯補，封虞王。宗英本名斛沙虎，封滕王。宗懿本名阿鄰，封薛王。宗本本名阿魯，封

原王。鶻懶封翼王。宗美本名胡里甲，封豐王。神土門封鄆王。斛孛束封霍王。斡烈封蔡王。宗哲本名鶻沙，封畢王。皆天眷元年受封。宗順本名阿魯帶，天會二年薨，皇統五年贈金紫光祿大夫，後封徐王。

宗磐既誅，熙宗使宗固子京往燕京慰諭宗固。既而翼王鶻懶復與行臺左丞相撻懶謀反伏誅。詔曰：「燕京留守豳王宗固等或謂當絕屬籍，朕所不忍。宗固等但不得稱皇叔，其母妻封號從而降者，審依舊典。」皇統二年，復封宗雅爲代王。宗固爲判大宗正，六年，爲太保、右丞相兼中書令。〔二〕是歲，薨。〔三〕

海陵在熙宗時，見太宗諸子勢强，而宗磐尤跋扈，與鶻懶相繼皆以逆誅，心忌之。熙宗厚於宗室，禮遇不衰。海陵嘗與秉德、唐括辯私議，主上不宜寵遇太宗諸子太甚。及篡立，謁奠太廟。韓王亨素號材武，使攝右衞將軍，〔四〕密諭之曰：「爾勿以此職爲輕，朕疑太宗諸子太强，得卿衞左右，可無慮耳。」遂與祕書監蕭裕謀去宗本兄弟。太宗子孫於是焉盡，語在宗本傳中。

宗本本名阿魯。皇統九年，爲右丞相兼中書令，進太保，領三省事。海陵篡立，進太傅，領三省事。

初，宗幹謀誅宗磐，〔五〕故海陵心忌太宗諸子。熙宗時，海陵私議宗本等勢强，主上不宜優寵太甚。及篡立，猜忌益深，遂與祕書監蕭裕謀殺太宗諸子。誣以秉德出領行臺，與宗本別，因會飲，約內外相應。使尙書省令史蕭玉告宗本親謂玉言：「以汝於我故舊，必無它意，可布腹心事。領省臨行，言彼在外諭說軍民，無以外患爲慮。若太傅爲內應，何事不成。」又云：「長子鎖里虎當大貴，因是不令見主上。」宗本又言：「左丞相於我及我妃處，稱主上近日見之輒不喜，故心常恐懼，若太傅一日得大位，此心方安。」唐括辯謂宗本言：「內侍張彥善相，相太傅有天子分。」宗本答曰：「宗本有兄東京留守在，宗本何能爲是。」時宗美言「太傅正是太宗主家子，秪太傅便合爲北京留守」。卞臨行與宗本言「事不可遲」。宗本與玉言「大計只於日近圍場內予決」。宗本因以馬一匹、袍一領與玉，充表識物。玉恐圍場日近，身縻於外，不能親奏，遂以告祕書監蕭裕。裕具以聞。

蕭玉出入宗本家，親信如家人。海陵既與蕭裕謀殺宗本、秉德，詔天下，恐天下以宗本、秉德輩皆懿親大臣，本無反狀，裕搆成其事，而蕭玉與宗本厚，人所共知，使玉上變，庶可示信。於是使人召宗本等擊鞠，海陵先登樓，命左衞將軍徒單特思及蕭裕妹壻近侍局副使耶律闢离剌小底密伺宗本及判大宗正事宗美，至，卽殺之。宗美本名胡里甲，臨死神色不變。

宗本已死，蕭裕使人召蕭玉。是日，玉送客出城，醉酒，露髮披衣，以車載至裕弟點僉蕭祚家。逮日暮，玉酒醒，見軍士圍守之，意爲人所累得罪，故至此。以頭觸屋壁，號咷曰：「臣未嘗犯罪，老母年七十，願哀憐之。」裕附耳告之曰：「主上以宗本諸人不可留，已誅之矣，欲加以反罪，令汝主告其事。今書汝告款已具，上卽問汝，汝但言宗本輩反如狀，勿復異詞，恐禍及汝家也。」裕乃以巾服與玉，引見海陵。海陵問玉。玉言宗本反，具如裕所教。

海陵遣使殺東京留守宗懿、北京留守卞。及還益都尹畢王宗哲、平陽尹稟、左宣徽使京等，家屬分置別所，止聽各以奴婢五人自隨。既而使人要之於路，并其子男無少長皆殺之。而中京留守宗雅喜事佛，世稱「善大王」，海陵知其無能，將存之以奉太宗。後召至闕，不數日，竟殺之。太宗子孫死者七十餘人，太宗後遂絕。卞本名可喜。稟本名胡离改。京，宗固子，本名胡石賚。

蕭玉既如蕭裕教對海陵，海陵遂以宗本、秉德等罪詔天下，以玉上變實之。

海陵使太府監完顏馮六籍宗本諸家，戒之曰：「珠玉金帛入於官，什器吾將分賜諸臣。」馮六以此不復拘籍什器，往往爲人持去，馮六家童亦取其檀木屏風。少監劉景前爲監丞時，太府監失火，案牘盡焚毀，數月方取諸司簿帳補之，監吏坐是稽緩，當得罪。景爲吏，倒

署年月。太倉都監焦子忠與景有舊，坐逋負，久不得調，景爲盡力出之。久之，馮六與景就宮中相忿爭，馮六言景倒署年月及出焦子忠事。御史劾奏景，景黨誘馮六家奴發盜屏事。馮六自陳於尙書省。海陵使御史大夫趙資福、大理少卿許竑雜治。資福等奏馮六非自盜，又嘗自首。海陵素惡馮六與宗室游從，謂宰臣曰：「馮六嘗用所盜物，其自首不及此。法，盜宮中物者死，諸物已籍入官，與宮中物何異。」謂馮六曰：「太府掌宮中財賄，汝當防制姦欺，而自用盜物。」於是，馮六棄市，資福、竑坐鞫獄不盡，決杖有差。景亦伏受焦子忠賂金。海陵曰：「受金事無左驗，景倒署年月，以免吏罪，是不可恕。」遂殺之。

大定二年，追封宗固魯王、宗雅曹王、宗順隋王、宗懿鄭王、宗美衞王、宗哲韓王、宗本潞王、神土門豳王、斛孛束潘王、斡烈鄂王，胡里改、胡什賚、可喜並贈金吾衞上將軍，惟宗磐、阿魯補、斛沙虎、鶻懶四人不復加封。

蕭玉，奚人。既從蕭裕誣宗本罪，海陵喜甚，自尙書省令史爲禮部尙書加特進，賜錢二千萬，馬五百匹、牛五百頭、羊千口，數月爲參知政事。丁母憂，以參政起復，俄授猛安，子尙公主。海陵謂玉曰：「朕始得天下，常患太宗諸子方强，賴社稷之靈，卿發其姦。朕無以報此功，使朕女爲卿男婦，代朕事卿也。」賜第一區，分宗本家貲賜之。頃之，代張浩爲尙書

右丞，拜平章政事，進拜右丞相，封陳國公。

文思署令閻拱與太子詹事張安妻坐姦事，獄具，不應訊而訊之。海陵怒，玉與左丞蔡松年、右丞耶律安禮、御史中丞馬諷決杖有差。玉等入謝罪。海陵曰：「爲人臣以己意愛憎，妄作威福，使人畏之。如唐魏徵、狄仁傑、姚崇、宋璟，豈肯立威使人畏哉，楊國忠之徒乃立威使人畏耳。」顧謂左司郎中吾帶、右司郎中梁銶曰：〔六〕「往者德宗爲相，蕭斛律爲左司郎中，趙德恭爲右司郎中，除吏議法，多用己意。汝等能不以己意愛憎爲予奪輕重，不亦善乎。朕信任汝等，有過則決責之，亦非得已。古者大臣有罪，貶謫數千里外，往來疲於奔走，有死道路者。朕則不然，有過則杖之，已杖則任之如初。如有不可恕，或處之死，亦未可知。汝等自勉。」

正隆三年，拜司徒，判大宗正事。五年，玉以司徒兼御史大夫。使參知政事李通諭旨曰：「判宗正之職固重，御史大夫尤難其人。朕將行幸南京，官吏多不法受賕，卿宜專糾劾，細務非所責也。御史大夫與宰執不相遠，朕至南京，徐當思之。」繼以司徒判大興尹，玉固辭司徒。海陵曰：「朕將南巡，京師地重，非大臣不能鎮撫，留卿居守，無爲多讓。」海陵至南京，以玉爲尚書左丞相，進封吳國公。

海陵將伐宋，因賜羣臣宴，顧謂玉曰：「卿嘗讀書否？」對曰：「亦嘗觀之。」中宴，海陵起，

卽召玉至內閣，因以漢書一册示玉。既而擲之曰：「此非所問也，朕欲與卿議事。朕今欲伐江南，卿以爲如何？」玉對曰：「不可。」海陵曰：「朕視宋國猶掌握間耳，何爲不可？」玉曰：「天以長江限南北，舟楫非我所長。苻堅百萬伐晉，不能以一騎渡，以是知其不可。」海陵怒，叱之使出。及張浩因周福兒附奏，海陵杖張浩，幷杖玉。因謂羣臣曰：「浩大臣，不面奏，因人達語，輕易如此。玉以苻堅比朕，朕欲斷其舌，釘而磔之，以玉有功，隱忍至今。大臣決責，痛及爾體，如在朕躬，有不能已者，汝等悉之。」

及海陵自將發南京，玉與張浩留治省事。世宗卽位，降奉國上將軍，放歸田里，奪所賜家產。久之，起爲孟州防禦使。世宗戒之曰：「昔海陵欲殺太宗子孫，借汝爲證，遂被進用。朕思海陵肆虐，先殺宗本諸人，然後用汝質成其事，豈得專罪汝等。今復用汝，當思改過。若謂嘗居要地，以今日爲不足，必罰無赦。」轉定海軍節度使，改太原尹，與少尹烏古論掃喝互訟不公事，各削一官，解職，尋卒。

子德用。大定二十四年，尚書省奏玉子德用當升除，上曰：「海陵假口于玉以快其毒，玉子豈可升除邪。」

贊曰：宗磐嘗從斜也取中京，不可謂無勞伐者，世祿鮮禮，自古有之，在國家善爲保全

之道耳。熙宗殺宗磐而存恤其母后，雖云矯情，猶畏物論。海陵造謀，殺宗本兄弟不遺餘力。太宗舉宋而有中原，金百世不遷之廟也，再傳而無噍類，於是太祖之美意無復幾微存者。春秋之世，宋公舍與夷而立其弟，禍延數世，害及五國，誠足爲後世監乎。

杲本名斜也，世祖第五子，太祖母弟。收國元年，太宗爲諳班勃極烈，杲爲國論昊勃極烈。〔七〕天輔元年，杲以兵一萬攻泰州，下金山縣，女固、脾室四部及渤海人皆來降，遂克泰州。城中積粟轉致烏林野，賑先降諸部，因徙之內地。

天輔五年，爲忽魯勃極烈，都統內外諸軍，取中京實北京也，蒲家奴、宗翰、宗幹、宗磐副之，宗峻領合扎猛安，皆受金牌，耶律余睹爲鄉導。詔曰：「遼政不綱，人神共棄。今欲中外一統，故命汝率大軍，以行討伐。爾其愼重兵事，擇用善謀。賞罰必行，〔八〕糧餉必繼。勿擾降服，勿縱俘掠。見可而進，無淹師期。事有從權，毋煩奏稟。」復詔曰：「若克中京，所得禮樂圖書文籍，並先次津發赴闕。」

當是時，遼人守中京者，聞知師期，焚芻糧，欲徙居民遁去。奚王霞末則欲視我兵少則迎戰，若不敵則退保山西。杲知遼人無鬭志，乃委輜重，以輕兵擊之。六年正月，克高、恩、

回紇三城，進至中京。遼兵皆不戰而潰，遂克中京。獲馬一千二百、牛五百、駝一百七十、羊四萬七千、車三百五十兩。乃分兵屯守要害之地。駐兵中京，使使奏捷、獻俘。詔曰：「汝等提兵于外，克副所任，攻下城邑，撫安人民，朕甚嘉之。分遣將士招降山前諸部，計已撫定。山後若未可往，卽營田牧，俟秋大舉，更當熟議，見可則行。如欲益兵，具數來上。無恃一戰之勝，輒自弛慢。善撫存降附，宣諭將士，使知朕意。」

完顏歡都游兵出中京南，遇騎兵三十餘紿曰：「乞明旦來降于此。」杲信之，使溫迪痕阿里出、納合鈍恩、蒲察婆羅偎、諸甲拔剔鄰往迎之。奚王霞末兵圍阿里出等。遂據坂去馬，皆殊死戰，敗霞末兵，追殺至暮而還。是役，納合鈍恩功爲多。

宗翰降北安州，希尹獲遼護衞習泥烈，言遼主在鴛鴦濼畋獵，可襲取之。宗翰移書于杲，請進兵。使者再往，曰：「一失機會，事難圖矣。」杲意尚未決。宗幹勸杲當從宗翰策，杲乃約宗翰會奚王嶺。既會，始定議，杲出青嶺，宗翰出瓢嶺，期羊城濼會軍。時遼主在草濼，使宗翰與宗幹率精兵六千襲之。遼主西走，其都統馬哥趨擣里。〔九〕宗翰遣撻懶以兵一千往擊之。撻懶請益兵于都統杲，而獲遼樞密使得里底父子。

西京已降復叛，杲使招之不從，遂攻之。留守蕭察剌踰城降。四月，復取西京。杲率大軍趨白水濼，分遣諸將招撫未降州郡及諸部族。於是，遼秦晉國王耶律捏里自立于燕

京。山西諸城雖降，而人心未固，杲遣宗望奏事，仍請上臨軍。耶律坦招西南招討司及所屬諸部，西至夏境皆降，耶律佛頂亦降于坦。金肅、西平二郡漢軍四千叛去，坦與阿沙兀野、撻不野簡料新降丁壯，追夜襲之。詰旦，戰于河上，大敗其衆，皆委仗就擒。

耶律捏里移書于杲請和，杲復書，責以不先稟命上國，輒稱大號，若能自歸，當以燕京留守處之。捏里復以書來，其略曰：「昨卽位時，在兩國絕聘交兵之際。奚王與文武百官同心推戴，何暇請命。今諸軍已集，儻欲加兵，未能束手待斃也。昔我先世，未嘗殘害大金人民，寵以位號，日益强大。今忘此施，欲絕我宗祀，於義何如也。儻蒙惠顧，則感戴恩德，何有窮已。」杲復書曰：「閤下向爲元帥，總統諸軍，任非不重，竟無尺寸之功。欲據一城，以抗國兵，不亦難乎。所任用者，前既不能死國，今誰肯爲閤下用者。而云主辱臣死，欲恃此以成功，計亦疎矣。幕府奉詔，歸者官之，逆者討之。若執迷不從，期于殄滅而後已。」捏里乃遣使請于太祖。賜捏里詔曰：「汝，遼之近屬，位居將相，不能與國存亡，乃竊據孤城，僭稱大號，若不降附，將有後悔。」

六月，上發京師，詔都統曰：「汝等欲朕親征，已於今月朔旦啓行。遼主今定何在，何計可以取之，其具以聞。」杲使馬和尚奉迎太祖于撻魯河。斡魯、婁室敗夏將李良輔，〔一〇〕杲使完顏希尹等奏捷，且請徙西南招討司諸部于內地。希尹等見上于大濼西南，上嘉賞之。上

至鴛鴦濼，杲上謁。上追遼主至回离畛川，南伐燕京，次奉聖州。詔曰：「自今諸訴訟書付都統杲決遣。若有大疑，卽令聞奏。」太祖定燕京，還次鴛鴦濼，以宗翰爲都統，杲從上還京師。

太宗卽位，杲爲諳班勃極烈，與宗幹俱治國政。天會三年伐宋，杲領都元帥，居京師。宗翰、宗望分道進兵。四年，再伐宋，獲宋二主以歸。

天會八年，薨。皇統三年，追封遼越國王。天德二年，配享太祖廟廷。正隆例封遼王。大定十五年，謚曰智烈。子孛吉。

宗義本名孛吉，斜也之第九子。天德間，爲平章政事。

海陵已殺太宗子孫，尤忌斜也諸子盛强，欲盡除宗室勳舊大臣。是時，左副元帥撒离喝在汴京與撻不野有隙，撻不野女爲海陵妃，海陵陰使撻不野圖撒离喝。於是都元帥府令史遙設迎合風指，詐爲撒离喝與其子宗安家書，宗安誤遺宮外，遙設因拾得之，以上變。其書契丹小字，其封題已開。其中白紙一幅，有白字隱約，狀若經水浸，致字畫可讀者，上有撒离喝手署及某王印。書辭云：「阿渾，汝安樂否。早晚到闕下。前者走馬來時，曾議論我教汝阿渾平章、謀里野阿渾等處覷事勢再通往來，緩急圖謀，知汝已嘗備細言之。謀里野阿

渾所言噍是，只殺撻不野則南路無憂慮矣。」詳略互見撒离喝傳中。女直謂子「阿渾」。前「阿渾」謂撒离喝子，其子宗安。後「阿渾平章」指宗義，宗義本宗室子，猶有舊稱。以是殺宗義、謀里野，幷殺宗安及太祖妃蕭氏、任王隈喝及魏王斡帶孫活里甲，海陵見其坦率善修飾，惡之。大臣以無罪爲請，海陵曰：「第殺之，無復言也。」殺斜也子孫百餘人，謀里野子孫二十餘人。謀里野，景祖孫，謾都訶次子。

斜也有幼子阿虎里，其妻撻不野女，海陵妃大氏女兄。將殺阿虎里，使者不忍見其面，以衾覆而縊之，當其頤，久不死，及去被再縊之，海陵遣使赦其死，遂得免。後封爲王，授世襲千戶。

大定初，追復宗義官爵，贈特進。弟蒲馬、孛論出、阿魯、隈喝並贈龍虎衞上將軍。

宗幹本名斡本，太祖庶長子。太祖伐遼，遼人來禦，遇于境上。使宗幹率衆先往塡塹，士卒畢渡。渤海軍馳突而前，左翼七謀克少却，遂犯中軍。杲輒出戰，太祖曰：「遇大敵不可易也。」使宗幹止杲。宗幹馳出杲前，控止導騎哲垤之馬，杲乃還。達魯古城之戰，宗幹以中軍爲疑兵。太祖既攻下黃龍府，卽欲取春州。遼主聞黃龍不守，大懼，卽自將，籍宗戚

豪右少年與四方勇士及能言兵者，皆隸軍中。宗幹勸太祖毋攻春州，休息士卒。太祖以爲然，遂班師。

宗幹得降人，言春、泰州無守備，可取。於是斜也取春、泰州，宗雄、宗幹等下金山縣。宗雄卽以兵三千屬宗幹，招集未降諸部。宗幹擇士人之材幹者，以詔書諭之。於是女固、脾室四部及渤海人皆降。

太祖克臨潢府，至沃黑河。宗幹諫曰：「地遠時暑，士罷馬乏，若深入敵境，糧餉不繼，恐有後艱。」上從之，遂班師。從都統杲取中京。宗翰自北安州移書于杲。是時，希尹獲遼人，知遼主在鴛鴦濼，可襲取之。杲不能決。宗翰使再至。宗幹謂杲曰：「移賚勃極烈灼見事機，再使來請，彼必不輕舉。且彼已發兵，不可中止，請從其策。」再三言之，杲乃報宗翰會奚王嶺。當時無宗幹，杲終無進兵意。既會軍于羊城濼，杲使宗幹與宗翰以精兵六千襲遼至五院司。遼主已遁去，與遼將耿守忠戰于西京城東四十里。守忠敗走。

太宗卽位，宗幹爲國論勃極烈，與斜也同輔政。天會三年，獲遼主于應州西余睹谷。始議禮制度，正官名，定服色，興庠序，設選舉，治曆明時，皆自宗幹啓之。四年，官制行，詔中外。

十年，熙宗爲諳班勃極烈，宗幹爲國論左勃極烈。熙宗卽位，拜太傅，與宗翰等並領三

省事。天眷二年，進太師，封梁宋國王，入朝不拜，策杖上殿，仍以杖賜之。宗幹有足疾，詔設坐奏事。無何，監修國史。皇統元年，賜宗幹輦輿上殿，制詔不名。

上幸燕京，宗幹從。有疾，上親臨問。自燕京還，至野狐嶺，宗幹疾亟不行，上親臨問，語及軍國事，上悲泣不已。明日，上及后同往視，后親與宗幹饋食，至暮而還。因赦罪囚，與宗幹禳疾。居數日，薨。上哭之慟，輟朝七日。大臣死輟朝，自宗幹始。上致祭，是日庚戌，太史奏戌亥不宜哭，上不聽曰：「朕幼冲時，太師有保傅之力，安得不哭。」哭之慟。上生日不舉樂。上還上京，幸其第視殯事。及喪至上京，上臨哭之。及葬，臨視之。

海陵篡立，追謚憲古弘道文昭武烈章孝睿明皇帝，廟號德宗，以故第爲興聖宮。大定二年，除去廟號，改謚明肅皇帝。及海陵廢爲庶人，二十二年，皇太子允恭奏，略曰：「追惟熙宗世嫡統緒，海陵無道，弒帝自立，崇正昭穆，削其煬王，俾齒庶人之列。瘞之閑曠，不封不樹，既已申大義而明至公矣。海陵追崇其親，逆配於廟。今海陵既廢爲庶人，而明肅猶竊帝尊之名，列廟祧之數。海陵大逆，正名定罪，明肅亦當緣坐。是時明肅已殂，不與於亂，臣以謂當削去明肅帝號，止從舊爵。或從太祖諸王有功例，加以官封，明詔中外，俾知大義。」書奏，世宗嘉納，下尚書省議。於是追削明肅帝號，封爲皇伯、太師、遼王，謚忠烈，妻子諸孫皆從降。明昌四年，配享太祖廟廷。

子充、亮、兗、襄、袞。亮，是爲海陵庶人。

充本名神土懣。母李氏，徒單氏以爲己子。熙宗初，加光祿大夫。天眷間，爲汴京留守。皇統間，封滔國公，爲吏部尚書，進封代王，遷同判大宗正事。九年，拜左丞相。〔一〕是歲，薨。追封鄭王。大定二十二年，追降儀同三司、左丞相。子檀奴、元奴、耶補兒、阿里白。

檀奴，爲歸德軍節度使。阿里白，定遠大將軍、和魯忽土猛安忽鄰河謀克。海陵弒徒單氏，以充嘗爲徒單養子，因并殺檀奴及阿里白。元奴、耶補兒逃歸于世宗。檀奴贈榮祿大夫，阿里白輔國上將軍。詔有司改葬。世宗時，元奴爲宗正丞，耶補兒爲鎮國上將軍，後爲同知濟南尹事。

永元字惇禮，本名元奴。幼聰敏，日誦千言。皇統元年，試宗室子作詩，永元中格。善左氏春秋，通其大義。天德初，授百女山世襲謀克。

海陵伐宋，已渡淮，軍士多亡歸而契丹叛，由是疑宗室益甚。已殺永元弟檀奴、阿里白，〔二〕永元與弟耶補兒逃匿得免。

世宗卽位于遼陽，與耶補兒俱來歸，上慰勞甚厚。授宗正丞，改符寶郎，爲灤州刺史。授世襲猛安，乞以謀克與耶補兒，詔許之。轉棣州防禦使、泰寧軍節度使。

張弘信通檢山東，專以多得民間物力爲功，督責苛急。永元面責弘信曰：「朝廷以差調不均，立通檢法。今使者所至，以殘酷妄加農民田產，箠擊百姓有至死者。市肆賈販貿易有贏虧，田園屋宇利入有多寡，故官子孫閉門自守，使與商賈同處上役，豈立法本意哉。」弘信無以對。於是棣州賦稅得以實自占。遷震武軍節度使。

大定六年，丁母憂，起復崇義軍節度使，徙順義軍。朔州西境多盜，而猾吏大姓蠹獄訟，〔三〕督亂賦役，永元剔其宿姦，百姓安之。坐賣馬與驛人取贏利，及滄州防禦使斡論坐縱孳畜踐民田，俱解職。頃之，永元起爲保大軍節度使，歷昭義、絳陽、震武軍，遷濟南尹、北京副留守。

寧國家婢醜底與咸平人化胡有姦，醜底於主印處給取印署空紙與化胡，遂寫作永元、寧國生日時辰，誣告永元、寧國謀逆。詔有司鞫問，乃醜底意望爲良，使化胡爲之。上曰：「化胡與醜底有姦，造作惡言，誣害宗室，化胡斬，醜底處死。」改興中尹，爲彰德軍節度使。卒官，年五十一。喪過中都，遣使致祭，賻銀三百兩、綵十端、絹百匹。

永元歷典大藩，多知民間利害，所至稱治，相、棣、順義政迹尤著，其民並爲立祠。

兗本名梧桐。皇統七年，爲左副點檢，轉都點檢。九年，爲會寧牧，改左宣徽使。海陵篡立，兗使宋還，拜司徒兼都元帥，領三省事，進拜太尉。及殺太祖妃蕭氏，盡以其財產賜兗。罷都元帥府，立樞密院，兗爲樞密使，太尉、領三省事如故。天德四年十二月晦，薨。明日，貞元元年元旦，海陵爲兗輟朝，不受賀。宋、夏、高麗、回鶻賀正旦使，命有司受其貢獻。追進兗王爵。大定二十二年，追降特進。

兗妻烏延氏，正隆六年坐與奴有姦，海陵殺之。其弟南京兵馬副都指揮使習泥烈私于族弟屋謀魯之妻，屋謀魯之奴謀欲執習泥烈，習泥烈乃殺其奴。海陵聞之，遂殺習泥烈。

兗子阿合，大定中爲符寶祗候，俄遷同知定武軍節度使。上曰：「汝歲秩未滿，朕念乃祖乃父爲汝遷官，勿爲不善，當盡心學之。」

襄本名永慶，海陵母弟。爲輔國上將軍。卒，天德二年，追封衛王，再贈司徒。大定二十二年，追降銀青光祿大夫。

子和尙封應國公，賜名樂善。左宣徽使許霖之子知彰與和尙鬭爭，其母妃命家奴捽入凌辱之，使人曳霖至第毆詈之。明日，霖訴于朝。詔大興尹蕭玉、左丞良弼、權御史大夫張忠輔、左司員外郎王全雜治，妃杖一百，殺其家奴爲首者，餘決杖有差。霖嘗跪于妃前，失大臣體，及所訴有妄，笞二十。

大定間，家奴小僧月一妄言和尚熟寢之次有異徵，襄妃僧酷以爲信然，召日者李端卜之。端云當爲天子，司天張友直亦云當大貴。家奴李添壽上變。僧酷、和尚下吏驗問有狀，皆伏誅。上曰：「朕嘗痛海陵翦滅宗族。今和尚所爲如此，欲貸其罪，則妖妄誤惑愚民者，便以爲眞，不可不滅。朕於此子，蓋不得已也。」傷閔者久之。

袞本名蒲甲，亦作蒲家，桀驁强悍。海陵不喜其爲人。初爲輔國上將軍。天德初，加特進，封王，爲吏部尚書，判大宗正事。坐語禁中起居狀，兵部侍郎蕭恭首問，護衞張九具言之。海陵親問。恭奪官解職，張九對不以實，特處死，袞與翰林學士承旨宗秀、護衞廝吉、小底王之章皆決杖有差。海陵自是愈忌之。未幾，授猛安。

及遷中都，道中以蒲家爲西京留守。西京兵馬完顏謨盧瓦與蒲家有舊，同在西京，遂相往來。蒲家嘗以玉帶遺之。蒲家稱謨盧瓦驍勇不減尉遲敬德。編修官圓福奴之妻與蒲家姻戚，圓福奴嘗戒蒲家曰：「大王名太彰著，宜少謙晦。」蒲家心知海陵忌之，嘗召日者問

休咎。家奴喝里知海陵疑蒲家，乃上變告之，言與謨盧瓦等謀反，嘗召日者問天命。御史大夫高楨、刑部侍郎耶律愼須呂就西京鞫之，無狀。海陵怒，使使者往械蒲家等至中都，不復究問，斬之于市。謨盧瓦、圓福奴并日者皆凌遲處死。

贊曰：金議禮制度，班爵祿，正刑法，治曆明時，行天子之事，成一代之典，杲、宗幹經始之功多矣。杲子宗義爲海陵所殺，宗幹之後又不幸而有海陵，故其子孫之昌熾旣鮮，而亦不免於僇辱焉。秦、漢而下，宗臣世家與國匹休者，何其少歟。君子於此，可以觀世變矣。

校勘記

〔一〕宗磐　「磐」原作「盤」。今據傳文改。它卷亦有作「盤」者，同音異譯，不復校正。又「本名蒲魯虎」，「魯」原作「盧」，今亦與傳文統一。

〔二〕六年爲太保右丞相兼中書令　「六年」原作「三年」。按本書卷四熙宗紀，皇統六年「四月庚子朔，上至自春水，以同判大宗正事宗固爲太保右丞相兼中書令」。今據改。

〔三〕是歲薨　承上文當是六年。按本書卷四熙宗紀，皇統七年「九月，太保丞相宗固薨」，「是歲」當作「七年」爲是。

〔四〕使攝右衞將軍　原脫「衞」字。按本書卷七七亨傳，「海陵忌太宗諸子，將謁太廟，以亨爲右衞將軍」。今據補。

〔五〕宗幹謀誅宗磐　「磐」原作「兗」。按金宗室無「宗兗」。宗幹與希尹共誅宗磐、宗雋，見本書卷七三希尹傳及本卷宗磐傳。宗磐是太宗子，宗幹與宗雋是太祖子，此「宗兗」當是「宗磐」之誤。卷四熙宗紀，天眷二年七月辛巳，「宋國王宗磐、兗國王宗雋謀反伏誅」，修史者遺「磐」字誤書爲「宗兗」。今改正。

〔六〕右司郎中梁銶曰　「銶」原作「球」。按本書卷五海陵紀，正隆二年「十一月己巳朔，以右司郎中梁銶等爲賀宋正旦使」。卷六〇交聘表同。又卷八二郭安國傳，「貞元三年，海陵使右司郎中梁銶按問失火狀」。皆作「銶」，今據改。

〔七〕杲爲國論吳勃極烈　原脫「國論」二字，據永樂大典卷六七六四引文補。

〔八〕賞罰必行　按永樂大典卷六七六四引作「賞罰必得」。

〔九〕其都統馬哥趨撟里　「撟里」下原衍「撻」字。按本書卷七七撻懶傳，「遼都統馬哥奔撟里，撻懶收其羣牧」。知「撻」字係誤入，今刪。

〔一〇〕斡魯婁室敗夏將李良輔　「斡」原作「幹」。據永樂大典卷六七六四改。

〔一一〕拜左丞相　「左」原作「右」。按本書卷四熙宗紀，皇統九年正月「戊戌，同判大宗正事充爲尚書左丞相」。「壬寅，左丞相充薨」。卷五九宗室表記載同。今據改。

〔一二〕已殺永元弟檀奴阿里白　按本卷充傳，「子檀奴、元奴、耶補兒、阿里白」。上文云，「永元……本名元奴」。則檀奴爲其兄，阿里白爲其弟。此處「弟」上當有「兄」字。

〔一三〕而猾吏大姓蠹獄訟　疑「蠹」上有脫文。

金史

元 脱脱 等撰

第六册

卷七七至卷九六（傳）

中華書局

金史卷七十七

列傳第十五

宗弼 本名兀朮 亨 本名孛迭 張邦昌 劉豫 撻懶

宗弼，本名斡啜，又作兀朮，亦作斡出，或作晃斡出，太祖第四子也。希尹獲遼護衛習泥烈，問知遼帝獵鴛鴦濼。都統杲出青嶺，宗望、宗弼率百騎與馬和尙逐越盧、孛古、野里斯等，馳擊敗之。宗弼矢盡，遂奪遼兵士槍，獨殺八人，生獲五人，遂審得遼主在鴛鴦濼畋獵，尙未去，可襲取者。

及宗望伐宋，宗弼從軍，取湯陰縣，降其卒三千人。至御河，宋人已焚橋，不得渡，合魯索以七十騎涉之，殺宋焚橋軍五百人。宗望遣吳孝民先入汴諭宋人，宗弼以三千騎薄汴城，宋上皇出奔，選百騎追之，弗及，獲馬三千而還。

宗望薨，宗輔爲右副元帥，徇地淄、靑。宗弼敗宋鄭宗孟數萬衆，遂克靑州。復破賊將

趙成于臨朐，大破黃瓊軍，遂取臨朐。宗輔軍還，遇敵三萬衆于河上，宗弼擊敗之，殺萬餘人。

詔伐宋康王，宗輔發河北，宗弼攻開德府，糧乏，轉攻濮州。前鋒烏林荅泰欲破王善二十萬衆，遂克濮州，降旁近五縣。攻開德府，宗弼以其軍先登，奮擊破之。攻大名府，宗弼軍復先登，破其城。河北平。

宋主自揚州奔于江南，宗弼等分道伐之。進兵歸德，城中有自西門北門出者，〔一〕當海復敗之。乃絕隍築道，列礮隍上，將攻之，城中人懼，遂降。先遣阿里、蒲盧渾至壽春，宗弼軍繼之。宋安撫使馬世元率官屬出降。進降廬州，再降巢縣王善軍。當海等破酈瓊萬餘衆于和州，遂自和州渡江。將至江寧西二十里，宋杜充率步騎六萬來拒戰，鶻盧補、當海、迪虎、大臭合擊破之。宋陳邦光以江寧府降。留長安奴、斡里也守江寧。使阿魯補、斡里也別將兵徇地，下太平州、濠州及句容、溧陽等縣，泝江而西，屢敗張永等兵，杜充遂降。

宗弼自江寧取廣德軍路，追襲宋主于越州。至湖州，取之。先使阿里、蒲盧渾趨杭州，具舟于錢塘江。宗弼至杭州，官守巨室皆逃去，遂攻杭州，取之。宋主聞杭州不守，遂自越奔明州。宗弼留杭州，使阿里、蒲盧渾以精兵四千襲之。訛魯補、朮列速降越州。大臭破宋周汪軍，阿里、蒲魯渾破宋兵三千，遂渡曹娥江，去明州二十五里，大破宋兵，追至其城

下。城中出兵，戰失利，宋主走入于海。宗弼中分麾下兵，會攻明州，克之。阿里、蒲盧渾泛海至昌國縣，執宋明州守趙伯諤，伯諤言「宋主奔溫州，將自溫州趨福州矣」。遂行海追三百餘里，不及，阿里、蒲盧渾乃還。

宗弼還自杭州，遂取秀州。赤盞暉敗宋軍于平江，遂取平江。阿里率兵先趨鎮江，宋韓世忠以舟師扼江口，宗弼舟小，契丹、漢軍沒者二百餘人，遂自鎮江泝流西上。世忠襲之，奪世忠大舟十艘，於是宗弼循南岸，世忠循北岸，且戰且行。世忠艨艟大艦數倍宗弼軍，出宗弼軍前後數里，擊柝之聲，自夜達旦。世忠以輕舟來挑戰，一日數接。將至黃天蕩，宗弼乃因老鸛河故道開三十里通秦淮，一日一夜而成，宗弼乃得至江寧。撻懶使移剌古自天長趨江寧援宗弼，烏林荅泰欲亦以兵來會，連敗宋兵。

宗弼發江寧，將渡江而北。宗弼軍渡自東，移剌古渡自西，與世忠戰于江渡。世忠分舟師絕江流上下，將左右掩擊之。世忠舟皆張五緉，宗弼選善射者，乘輕舟，以火箭射世忠舟上五緉，五緉著火箭，皆自焚，煙焰滿江，世忠不能軍，追北七十里，舟軍殲焉，世忠僅能自免。

宗弼渡江北還，遂從宗輔定陝西。與張浚戰于富平，宗弼陷重圍中，韓常流矢中目，怒拔去其矢，血淋漓，以土塞創，躍馬奮呼搏戰，遂解圍，與宗弼俱出。既敗張浚軍于富平，遂

與阿盧補招降熙河、涇原兩路。及攻吳玠于和尚原，抵險不可進，乃退軍，伏兵起，且戰且走，行三十里，將至平地，宋軍陣于山口，宗弼大敗，將士多戰沒。明年，復攻和尚原，克之。天會十五年，爲右副元帥，封瀋王。

天眷元年，撻懶、宗磐執議以河南之地割賜宋，詔遣張通古等奉使江南。明年，宋主遣端明殿學士韓肖胄奉表謝，遣王倫等乞歸父喪及母韋氏兄弟。宗弼自軍中入朝，進拜都元帥。宗弼察撻懶與宋人交通賂遺，遂以河南、陝西與宋，奏請誅撻懶，復舊疆。是時，宗磐已誅，撻懶在行臺，復與鶻懶謀反。會置行臺於燕京，詔宗弼爲太保，領行臺尚書省，都元帥如故，往燕京誅撻懶。撻懶自燕京南走，將亡入于宋，追至祁州，殺之。

詔「諸州郡軍旅之事，決于帥府。民訟錢穀，行臺尚書省治之」。宗弼兼總其事，遂議南伐。太師宗幹以下皆曰：「構蒙再造之恩，不思報德，妄自鴟張，祈求無厭，今若不取，後恐難圖。」上曰：「彼將謂我不能奄有河南之地。且都元帥久在方面，深究利害，宜即舉兵討之。」遂命元帥府復河南疆土，詔中外。

宗弼由黎陽趨汴，右監軍撒離喝出河中趨陝西。宋岳飛、韓世忠分據河南州郡要害，復出兵涉河東，駐嵐、石、保德之境，以相牽制。宗弼遣孔彥舟下汴、鄭兩州，王伯龍取陳州，李成取洛陽，自率衆取亳州及順昌府，嵩、汝等州相次皆下。時暑，宗弼還軍于汴，岳飛等

軍皆退去，河南平，時天眷三年也。上使使勞問宗弼以下將士，凡有功軍士三千，並加忠勇校尉。攻嵐、石、保德皆克之。

宗弼入朝，是時，上幸燕京，宗弼見於行在所。居再旬，宗弼還軍，上起立酌酒飲之，賜以甲冑弓矢及馬二匹。宗弼已啓行四日，召還。至日，希尹誅。越五日，宗弼還軍，進伐淮南，克廬州。

上幸燕京。宗弼朝燕京，乞取江南，上從之。制詔都元帥宗弼比還軍與宰臣同入奏事。俄爲尚書左丞相兼侍中，太保、都元帥、領行臺如故。詔以燕京路隸尚書省，西京及山後諸部族隸元帥府。乃還軍，遂伐江南。既渡淮，以書責讓宋人，宋人答書乞加寬宥。宗弼令宋主遣信臣來稟議，宋主乞「先斂兵，許弊邑拜表闕下」，宗弼以便宜約以畫淮水爲界。上遣護衛將軍撒改往軍中勞之。

皇統二年二月，[二]宗弼朝京師，兼監修國史。宋主遣端明殿學士何鑄等進誓表，其表曰：「臣構言，今來畫疆，合以淮水中流爲界，西有唐、鄧州割屬上國。自鄧州西四十里并南四十里爲界，屬鄧州。其四十里外並西南盡屬光化軍，爲弊邑沿邊州城。既蒙恩造，許備藩方，世世子孫，謹守臣節。每年皇帝生辰幷正旦，遣使稱賀不絕。歲貢銀、絹二十五萬兩、匹，自壬戌年爲首，每春季差人般送至泗州交納。有渝此盟，明神是殛，墜命亡氏，踣其

國家。臣今既進誓表，伏望上國蚤降誓詔，庶使弊邑永有憑焉。」

宗弼進拜太傅。廼遣左宣徽使劉筈使宋，以衮冕圭寶珮璲玉册册康王爲宋帝。其册文曰：「皇帝若曰：咨爾宋康王趙構。不弔，天降喪于爾邦，亟瀆齊盟，自貽顚覆，俾爾越在江表。用勤我師旅，蓋十有八年于茲。朕用震悼，斯民其何罪。今天其悔禍，誕誘爾衷，封奏狎至，願身列于藩輔。今遣光祿大夫、左宣徽使劉筈等持節册命爾爲帝，國號宋，世服臣職，永爲屏翰。嗚呼欽哉，其恭聽朕命。」仍詔天下。賜宗弼人口牛馬各千、駝百、羊萬，仍每歲宋國進貢內給銀、絹二千兩、匹。

宗弼表乞致仕，不許，優詔答之，賜以金券。皇統七年，[三]爲太師，領三省事，都元帥、領行臺尚書省事如故。皇統八年，薨。大定十五年，謚忠烈。十八年，配享太宗廟廷。子孛迭。

亨本名孛迭。熙宗時，封芮王，爲猛安，加銀青光祿大夫。天德初，加特進。海陵忌太宗諸子，將謁太廟，以亨爲右衛將軍，語在太宗諸王傳。

海陵賜良弓，亨性直，材勇絕人，喜自負，辭曰：「所賜弓，弱不可用。」海陵遂忌之，出爲眞定尹，謂亨曰：「太宗諸子方強，多在河朔、山東，眞定據其衝要，如其有變，欲倚卿爲重

耳。」其實忌亨也。歷中京、東京留守。家奴梁遵告亨與衞士符公弼謀反，考驗無狀，遵坐誅。海陵益疑之。改廣寧尹，再任李老僧使伺察亨動靜，且令構其罪狀。

亨初除廣寧，諸公主宗婦往賀其母徒單氏，太祖長女兀魯曰：「孛迭雖稍下遷，勿以爲嫌，國家視京府一也，況孛迭年富，何患不貴顯乎。」是時，兀魯與徒單斜也爲室，斜也妾忽撻得幸於徒單后，忽撻譖后，告「兀魯語涉怨望，且指斥，又言孛迭當大貴」。海陵使蕭裕鞫之，左驗皆不敢言，遂殺兀魯而杖斜也，免其官，以兀魯怨望，斜也不先奏聞故也。乃封忽撻爲莘國夫人。

久之，亨家奴六斤頗黠，給使總諸奴，老僧謂六斤曰：「爾渤海大族，不幸坐累爲奴，寧不念爲良乎。」六斤識其意。六斤嘗與亨侍妾私通，亨知之，怒曰：「必殺此奴。」六斤聞之懼，密與老僧謀告亨謀逆。亨有良馬，將因海陵生辰進之，以謂生辰進馬者衆，不能以良馬自異，欲他日入見進之。六斤言亨笑海陵不識馬，不足進。亨之奴有自京師來者，具言徒單阿里出虎誅死。亨曰：「彼有貸死誓券，安得誅之。」奴曰：「必欲殺之，誓券安足用哉。」亨曰：「然則將及我矣。」六斤即以爲怨望，遂誣亨欲因間刺海陵。老僧即捕繫亨以聞。工部尚書耶律安禮、大理正忒里等鞫之，亨言嘗論鐵券事，實無反心，而六斤亦自引伏與妾私通，亨嘗言欲殺之狀。安禮等還奏，海陵怒，復遣與老僧同鞫之。與其家奴並加榜掠，皆不伏。

老僧夜至亨囚所，使人蹴其陰間殺之。亨比至死，不勝楚痛，聲達於外。海陵聞亨死，佯爲泣下，遣人諭其母曰：「爾子所犯法，當考掠，不意飲水致死。」

亨擊鞠爲天下第一，常獨當數人。馬無良惡，皆如意。馬方馳，輒投杖馬前，側身附地，取杖而去。每畋獵，持鐵連鎚擊狐兔。一日與海陵同行道中，遇羣豕，亨曰：「吾能以鎚殺之。」即奮鎚逐擊，中其腹，穿入之。終以勇力見忌焉。

正隆六年，海陵遣使殺諸宗室，於是殺亨妃徒單氏、次妃大氏及子羊蹄等三人。大定初，追復亨官爵，封韓王。十七年，詔有司改葬亨及妻子。

贊曰：宗弼蹙宋主于海島，卒定畫淮之約。熙宗舉河南、陝西以與宋人，矯而正之者，宗弼也。宗翰死，宗磐、宗雋、撻懶湛溺富貴，人人有自爲之心，宗幹獨立，不能如之何，時無宗弼，金之國勢亦曰殆哉。世宗嘗有言曰：「宗翰之後，惟宗弼一人。」非虛言也。

張邦昌，宋史有傳。天會四年，[四]宗望軍圍汴，宋少帝請割三鎮地及輸歲幣、納質修好。於是，邦昌爲宋太宰，與肅王樞俱爲質以來。而少帝以書誘耶律余睹，宗翰、宗望復伐宋，執二帝以歸。劉彥宗乞復立趙氏，太宗不許。宋吏部尚書王時雍等請邦昌治國事，天會五年三月，立邦昌爲大楚皇帝。

初，少帝以康王構與邦昌爲質，既而肅王樞易之，康王乃歸。及宗望再舉兵，少帝復使康王奉玉册玉寶衮冕，增上太宗尊號請和。康王至磁州，而宗望已自魏縣渡河圍汴矣。及二帝出汴州，從大軍北來，而邦昌至汴，康王入于歸德。邦昌勸進于歸德，康王已即位，罪以隱事殺之。

邦昌死，太宗聞之，大怒，詔元帥府伐宋，宋主走揚州，事具宗翰等傳。其後，太宗復立劉豫繼邦昌，號大齊。

劉豫字彥游，景州阜城人。宋宣和末，仕爲河北西路提刑。徙浙西，抵儀眞，喪妻翟氏，繼值父憂。康王至揚州，樞密使張慤薦知濟南府。是時，山東盜賊滿野，豫欲得江南一郡，宰相不與，忿忿而去。撻懶攻濟南，有關勝者，濟南驍將也，屢出城拒戰，豫遂殺關勝出降。遂爲京東東、西，淮南安撫使，知東平府兼諸路馬步軍都總管，節制河外諸軍。以豫子麟知濟南府，撻懶屯兵衝要，以鎮撫之。

初，康王既殺張邦昌，自歸德奔揚州，詔左右副元帥合兵討之，詔曰：「俟宋平，當援立藩輔，以鎮南服，如張邦昌者。」及宋主自明州入海亡去，宗弼北還，乃議更立其人。衆議折可求、劉豫皆可立，而豫亦有心。撻懶爲豫求封，太宗用封張邦昌故事，以九月朔旦授策，受策之後，以藩王禮見使者。臣宗翰、臣宗輔議：「既策爲藩輔，稱臣奉表，朝廷報諭詔命，避正位與使人抗禮，餘禮並從帝者。」詔曰：「今立豫爲子皇帝，既爲鄰國之君，又爲大朝之子，其見大朝使介，惟使者始見躬問起居與面辭有奏則立，其餘並行皇帝禮。」

天會八年九月戊申，備禮册命，立豫爲大齊皇帝，都大名，仍號北京，置丞相以下官，赦境內。復自大名還居東平，以東平爲東京，汴州爲汴京，降宋南京爲歸德府，降淮寧、永昌、順昌、興仁府俱爲州。張孝純等爲宰相，弟益爲北京留守，母翟氏爲皇太后，妻錢氏爲皇后。錢氏，宣和內人也。以辛亥年爲阜昌元年。以其子麟爲尚書左丞相、諸路兵馬大總管。宋人畏之，待以敵國禮，國書稱大齊皇帝。豫宰相張孝純、鄭億年、李鄴家人皆在宋，宋人加意撫之。阜昌二年，豫遷都于汴。睿宗定陝西，太宗以其地賜豫，從張邦昌所受封略故也。

元帥府使蕭慶如汴，與豫議以伐宋事，豫報曰：「宋主軍帥韓世忠屯潤州，劉光世屯江寧。今舉大兵，欲往采石渡江，而劉光世拒守江寧，若出宿州抵揚州，則世忠必聚海船截瓜洲渡。若輕兵直趨采石，彼未有備，我必徑渡江矣。光世海船亦在潤州，韓世忠必先取之，

中華書局

二將由此必不和。〔五〕以此逼宋主，其可以也。」

未幾，宋主閤門宣贊舍人徐文將大小船六十隻、軍兵七百餘人來奔，至密州界中，率將佐至汴。豫與元帥府書曰：「徐文一行，久在海中，盡知江南利害。文言：宋主在杭州，其候潮門外錢塘江內有船二百隻。宋主初走入海時，於此上船，過錢塘江別有河入越州，向明州定海口迤邐前去昌國縣，其縣在海中，宋人聚船積糧之處。今大軍可先往昌國縣，攻取船糧，還趨明州城下，奪取宋主御船，直抵錢塘江口。今自密州上船，如風勢順，可五日夜到昌國縣，或風勢稍慢，十日或半月可至。」

初，宗弼自江南北還，宗翰將入朝，再議以伐宋事。宗翰堅執以爲可伐。宗弼曰：「江南卑濕，今士馬困憊，糧儲未豐足，恐無成功。」宗翰曰：「都監務偸安爾。」及豫以書報，而睿宗亦不肯用豫策，使撻懶帥師至瓜洲而還。

天會十四年，制詔「齊國與本朝軍民相訴，關涉文移，署年止用天會」。天會十五年，詔廢齊國，降封豫爲蜀王。豫稱大號凡八年。於是，置行臺尚書省於汴，除去豫弊政，人情大悅。以故齊宰相張孝純權行臺左丞相，遂遷豫家屬於臨潢府。

皇統元年，賜豫錢一萬貫、田五十頃、牛五十頭。二年，進封曹王。〔六〕六年，薨。〔七〕子麟。

麟字元瑞，豫之子也。宋宣和間，父廕補將仕郎，累加承務郎。

天會七年，豫以濟南降，麟因從軍，討水賊王江，破降之。豫節制東平，以麟知濟南府事。齊國建，以濟南爲興平軍，〔八〕麟爲節度使、開府儀同三司、梁國公，充諸路兵馬大總管，判濟南府事。明年，爲齊尚書左丞相。明年，從豫還汴，罷判濟南，依前開府，聽置參謀。豫請立麟爲太子，朝廷不許，曰：「若與我伐宋有功則立之。」於是，麟連歲帥兵南伐，皆無功而還。

及朝廷議廢齊，報以南伐之期，俾豫先遣兵駐淮上。撻懶以軍廢豫，止刁馬河，麟從數百騎出迎，撻懶諭麟，止從騎南岸，獨召麟渡河，因執麟。豫廢，麟還臨潢。頃之，授北京路都轉運使，歷中京、燕京路都轉運使、參知政事、尚書左丞，復爲興平軍節度使、上京路轉運使、開府儀同三司，封韓國公。薨，年六十四。正隆間，降二品以上官封，改贈特進、息國公。

昌本名撻懶，穆宗子。宗翰襲遼主于鴛鴦濼，遼都統馬哥奔擒里，撻懶收其羣牧。宗翰使撻懶追擊之，不及，獲遼樞密使得里底及其子磨哥、那野以還。

太祖自將襲遼主于大魚濼，留輜重于草濼，使撻懶、牙卯守之。奚路兵官渾黜不能安輯其衆，遂以撻懶爲奚六路軍帥鎮之。習古廼、婆盧火護送常勝軍及燕京豪族工匠自松亭關入內地，上戒之曰：「若遇險阸，則分兵以往。」習古廼、婆盧火廼合於撻懶。

久之，討劾山速古部奚人，奚人據險戰，殺且盡，速古、啜里、鐵尼十三巖皆平之。詔曰：「朕以奚路險阻，經略爲難，命汝往任其事，而克副所託，良用嘉歎。今回离保部族來附，餘衆奔潰，無能爲已。比命習古廼、婆盧火獲送降人，若遇險阻，卽分兵以行，餘衆悉與汝合。降詔二十，招諭未降，汝當審度其事，從宜處之。」其後撫定奚部及分南路邊界，表請設官鎮守。上曰：「依東京渤海列置千戶、謀克。」

遼外戚遙輦昭古牙部族在建州，斜野襲走之，獲其妻孥及官豪之族。撻懶復擊之，擒其隊將曷魯燥、白撒曷，殺之，降民戶千餘，進降金源縣。詔增賜銀牌十。又降遙輦二部，再破興中兵，降建州官屬，得山砦二十，村堡五百八十。阿忽復敗昭古牙，降其官民尤多。昭古牙勢蹙亦降，興中、建州皆平。詔第將士功賞，撫安新民。

撻懶請以遙輦九營爲九猛安。上以奪鄰有功，使領四猛安，昭古牙仍爲親管猛安。五猛安之都帥，命撻懶擇人授之。撻懶與劉彥宗舉蕭公翊爲興中尹，郡府各以契丹、漢官攝治，上皆從之。及宗翰、宗望伐宋，撻懶爲六部路都統。宗望已受宋盟，軍還，撻懶乃歸中京。

天會四年八月，〔九〕復伐宋。閏月，宗翰、宗望軍皆至汴州。撻懶、阿里刮破宋兵二萬於杞，覆其三營，獲京東路都總管胡直孺及其二子與南路都統制隋師元及其三將，〔一〇〕遂克拱州，降寧陵，破睢陽，下亳州。宋兵來復睢陽，又擊走之，擒其將石瑱。

宋二帝已降，大軍北還，撻懶爲元帥左監軍，徇地山東，取密州。迪虎取單州，撻懶取鉅鹿，阿里刮取宗城，迪古不取清平、臨清，蒙刮取趙州，阿里刮徇下濬、滑、恩及高唐，分遣諸將趣磁、信德，皆降之。劉豫以濟南府降，詔以豫爲安撫使，治東平，撻懶以左監軍鎮撫之，大事專決焉。後爲右副元帥。天會十五年爲左副元帥，封魯國王。

初，宋人既誅張邦昌，太宗詔諸將復求如邦昌者立之，或舉折可求，撻懶力舉劉豫。豫立爲帝，號大齊。豫爲帝數年，無尺寸功，遂廢豫爲蜀王。撻懶與右副元帥宗弼俱在河南，宋使王倫求河南、陝西地于撻懶。明年，撻懶朝京師，倡議以廢齊舊地與宋，熙宗命羣臣議，會東京留守宗雋來朝，與撻懶合力，宗幹等爭之不能得。宗雋曰：「我以地與宋，宋必德我。」宗憲折之曰：「我俘宋人父兄，怨非一日。若復資以土地，是助讎也，何德之有。勿與便。」撻懶弟勗亦以爲不可。既退，撻懶責勗曰：「他人尚有從我者，汝乃異議乎。」勗曰：

「苟利國家，豈敢私邪。」是時，太宗長子宗磐爲宰相，位在宗幹上，撻懶、宗雋附之，竟執議以河南、陝西地與宋。張通古爲詔諭江南使。

久之，宗磐跋扈尤甚，宗雋亦爲丞相，撻懶持兵柄，謀反有狀。宗磐、宗雋皆伏誅，詔以撻懶屬尊，有大功，因釋不問，出爲行臺尚書左丞相，手詔慰遣。撻懶至燕京，愈驕肆不法，復與翼王鶻懶謀反，而朝議漸知其初與宋交通而倡議割河南、陝西之地。宗弼請復取河南、陝西。會有上變告撻懶者，熙宗乃下詔誅之。撻懶自燕京南走，追而殺之于祁州，并殺翼王及宗人活离胡土、撻懶二子斡帶、烏達補，而赦其黨與。

宗弼爲都元帥，再定河南、陝西。伐宋渡淮，宋康王乞和，遂稱臣，畫淮爲界，乃罷兵。

贊曰：君臣之位，如冠屨定分，不可頃刻易也。五季亂極，綱常斁壞。遼之太宗，慢褻神器，倒置冠屨，援立石晉，以臣易君，宇宙以來之一大變也。金人效尤，而張邦昌、劉豫之事出焉。邦昌雖非本心，以死辭之，孰曰不可。豫乘時徼利，金人欲倚以爲功，豈有是理哉。撻懶初薦劉豫，後以陝西、河南歸宋，視猶儻來，初無固志以處此也。積其輕躁，終陷逆圖，事敗南奔，適足以實通宋之事爾。哀哉。

校勘記

〔一〕城中有自西門北門出者　按永樂大典卷六七六五引文無「北門」二字。

〔二〕皇統二年二月　原作「三年二月」，無「皇統」二字。按本書卷四熙宗紀，皇統二年二月「丙午，以宗弼爲太傅」。又卷六〇交聘表，皇統二年「二月辛卯，宋端明殿學士何鑄、容州觀察使曹勛來進誓表」。今據補「皇統」二字，改「三年」爲「二年」。

〔三〕皇統七年　「七」原作「三」。按本書卷四熙宗紀，皇統七年九月，「以都元帥宗弼爲太師、領三省事，都元帥、行臺尚書省事如故」。今據改。

〔四〕天會四年　「四年」原作「五年」。按本書卷三太宗紀，天會四年正月「癸酉，諸軍圍汴」，「戊寅，宋以康王構、少宰張邦昌爲質」。二月「己亥，復進師圍汴，宋使宇文虛中以書來，改以肅王樞爲質」。卷六〇交聘表同。今據改。

〔五〕二將由此必不和　「和」原作「知」，據殿本改。

〔六〕二年進封曹王　「二」原作「三」。按本書卷四熙宗紀，皇統二年二月「辛卯，改封蜀王劉豫爲曹王」。今據改。

〔七〕六年薨　「六年」原作「皇統三年」。按上文已有「皇統元年」、「二年」，此「皇統」二字衍，今删。又本書卷四熙宗紀，皇統六年九月「戊寅，曹王劉豫薨」。今據改。

〔八〕以濟南爲興平軍　按本書卷二五地理志，山東東路濟南府，「宋齊州濟南郡。初置興德軍節度使」。「興平」蓋僞齊制，或其後金又改「平」爲「德」。

〔九〕天會四年八月　原脱「天會四年」四字。按本書卷三太宗紀，天會四年「八月庚子，詔左副元帥宗翰、右副元帥宗望伐宋」。今據補。

〔一〇〕隋師元及其三將　「隋」原作「隨」，本書卷六六特進撻懶傳作「隋」，今據改。

金史卷七十八

列傳第十六

劉彥宗 劉萼 劉筈 劉仲誨 劉頍 時立愛

韓企先 子鐸

劉彥宗字魯開，大興宛平人。遠祖怦，唐盧龍節度使。石晉以幽、薊入遼，劉氏六世仕遼，相繼爲宰相。父霄至中京留守。彥宗擢進士乙科。天祚走天德。秦晉國王耶律捏里自立于燕，〔一〕擢彥宗留守判官。蕭妃攝政，遷簽書樞密院事。太祖至居庸關，蕭妃自古北口遁去，都監高六送款于太祖。太祖奄至，駐蹕城南，彥宗與左企弓等奉表降。太祖一見，器遇之，俾復舊，遷左僕射，佩金牌。

張覺爲南京留守，太祖聞覺有異志，使彥宗、斜鉢宣慰之。太祖至鴛鴦濼，不豫，還上

京，留宗翰都統軍事，留彥宗佐之。及張覺敗奔于宋，衆推張敦固爲都統，殺使者，乘城拒守，攻之不肯下。彥宗同中書門下平章事，知樞密院事，加侍中，佐宗望軍。宗望奏，方圖攻取，凡州縣之事委彥宗裁決之。

天會二年，詔彥宗曰：「中京等兩路先多拒命，故遣使撫諭，貰其官民之罪，所犯在降附前者勿論。卿等選官與使者往諭之，使勤于稼穡。」未幾，大舉伐宋，彥宗畫十策，詔彥宗兼領漢軍都統。蔡靖以燕山降。詔彥宗凡燕京一品以下官皆承制注授，遂進兵伐宋。至汴，宋少帝割地納質，師還。宗望分將士屯安肅、雄、霸、廣信之境，留闍母、彥宗于燕京節制諸軍。明年，再伐宋，已圍汴京，彥宗謂宗翰、宗望曰：「蕭何入關，秋豪無犯，惟收圖籍。遼太宗入汴，載路車、法服、石經以歸，皆令則也。」二帥嘉納之，執二帝以歸。

天會六年薨，年五十三，追封鄆王。正隆二年，例降封開府儀同三司。大定十五年，追封兗國公，謚英敏。子萼、筈。〔二〕

萼，彥宗季子也。遼末以蔭補閤門祗候。天輔七年，授禮賓使，累官德州防禦使。天德初，稍加擢用，歷左右宣徽使，拜參知政事，進尚書左丞，爲沁南軍節度使，歷臨洮、太原尹。正隆南伐，爲漢南道行營兵馬都統制。大定初，除興中尹，封任國公，歷順天、定武軍節度使、濟南尹。

萼淫縱無行，所至貪墨狼籍。廉使劾之，詔遣大理少卿張九思就濟南鞫問。既就逮，不測所以，引刃自殺，不死。詔削官一階，罷歸田里，卒。子仲詢，天德三年，賜王彥潛牓及第。

筈，彥宗次子。幼時以蔭隸閤門，不就，去從學。遼末調兵，而筈在選中。遼兵敗，左右多散亡，乃選筈爲扈從，授左承制。遼主西奔，蕭妃攝政，賜筈進士第，授尚書左司員外郎，寄班閤門。

天輔七年，太祖取燕，筈從其父兄出降，遷尚書左司郎中。八年，授殿中少監。〔三〕太祖崩，宋、夏遣使弔慰，凡館見禮儀皆筈詳定。遷衞尉少卿，授西上閤門使，仍從事元帥府。元帥府以便宜從事，凡約束廢置及四方號令多從筈之畫焉。

天會二年，遷太常少卿、東上閤門使，從宗翰伐宋，圍太原。遷衞尉卿，權簽宣徽院事。四年，授左諫議大夫。秋，復南征，權中書省樞密院事。丁父憂，明年起復，直樞密院事加給事中。七年，爲禮部侍郎。十年，改彰信軍節度使，權簽中書省樞密院事。

天眷二年，改左宣徽使，熙宗幸燕，法駕儀仗筈討論者爲多。皇統二年，充江南封册

使，〔四〕假中書侍郎。既至臨安，而宋人牓其居曰「行宮」，筈曰：「未受命，而名行宮，非也。」請去牓而後行禮。宋人驚服其有識，欲厚賂說之，奉金珠三十餘萬，而筈不之顧，皆嘆曰：「大國有人焉。」

六年，爲行臺尚書右丞相，〔五〕兼判左宣徽使事，留京師。或請釐革河南官吏之濫雜者，筈曰：「廢齊用兵江表，求一切近効，其所用人不必皆以章程，故有不由科目而爲大吏，不試弓馬而握兵柄者。今撫定未久，姑收人心，奈何爲是紛更也。」遂仍其舊。

七年，帥府議於館陶築三城，以爲有警即令北軍入居之。筈曰：「今天下一家，孰爲南北。設或有變，軍人入城，獨能安耶。當嚴武備以察姦，無示彼此之間也。」其後，竟從筈議。初，以河外三州賜夏人，或言秦之在夏者數千人，皆願來歸。諸將請約之，筈曰：「三小州不足爲輕重，恐失朝廷大信。且秦人之在蜀者倍多於此，何獨捨彼而取此乎。」遂從筈議。陝西邊帥請完沿邊城郭以備南寇，筈曰：「我利車騎而不利城守。今城之，則勞民而結怨。況盟已定，豈可妄動。」遂罷之。

九年八月，拜司空。九月，拜平章政事，封吳國公，行臺右丞相如故。天德元年，封滕王。二年，拜尚書右丞相兼中書令，進封鄭王。未幾，以疾求解政務，授燕京留守，進封曹王。

居數月，乞致仕。箚自爲宣徽使，以能得悼后意，致位宰相。海陵即位，意頗鄙之。及箚求致仕，詔略曰：「不爲暗於臨事，不爲諂於事君。未許告歸，姑從解職。」箚因慚懼而死，年五十八。子仲誨。

仲誨字子忠。皇統初，以宰相子授忠勇校尉。九年，賜進士第，除應奉翰林文字。海陵嚴暴，臣下應對多失次。嘗以時政訪問在朝官，仲誨從容敷奏，無懼色，海陵稱賞之。貞元初，丁父憂，起復翰林修撰。大定二年，遷待制，尋兼修起居注、左補闕。

三年，詔仲誨與左司員外郎蒲察蒲速越廉問所過州縣，仲誨等還奏狀，詔玉田縣令李方進一階，順州知法、權密雲縣事王宗永擢密雲縣尉，順州司候張璘、密雲縣尉石抹烏者皆免去。丁母憂，起復太子右諭德，遷翰林直學士，改棣州防禦使。猒次縣捕得强盜數十人，詣州欲以全獲希賞。仲誨疑其有冤，緩其獄。同僚曰：「縣境多盜，請置之法，以懲其餘。」仲誨乃擇老稚者先釋之。未幾，乃獲眞盜。

入爲禮部侍郎兼左諭德，遷太子詹事兼左諫議大夫。上曰：「東宮官屬，尤當選用正人，如行檢不修及不稱位者，具以名聞。」又曰：「東宮講書或論議間，當以孝儉德行正身之事告之。」頃之，東宮請增牧人及張設什用，上謂仲誨曰：「太子生於富貴，每教之恭儉。朕

服御未嘗妄有增益，卿以此意諭之。」改御史中丞。

十四年，爲宋國歲元使，宋主欲變親起接書之儀，遣館伴王抃來議，曲辨强說，欲要以必從。仲誨曰：「使臣奉命，遠來修好，固欲成禮，而信約所載，非使臣輒敢變更。公等宋國腹心，毋僥倖一時，失大國歡。」往復再三，竟用舊儀，親起接書成禮而還。

復爲太子詹事，遷吏部尚書，轉太子少師兼御史中丞。坐失糾舉大長公主事，與侍御史李瑜各削一階。仲誨前後爲東宮官且十五年，多進規戒，顯宗特加禮敬。大定十九年，卒。

仲誨立朝峻整，容色莊重，世宗嘗曰：「朕見劉仲誨嘗若將切諫者。」其以剛嚴見知如此。

頍字元矩。以大臣子孫充閤門祗候，調莘縣令，召爲承奉班都知，遷西上閤門副使兼宮苑令，累遷西上、東上閤門使。

泰和二年，宋盱眙軍報：明年賀正旦使魯𥳑、楊明輝。及過界，副使乃王處久。入見，魯𥳑殿上不雙跪。詔頍就閤詰問先報名銜楊明輝不復報改王處久之故，及不雙跪者。魯𥳑對，拜時並雙跪，有足疾似單跪者。

初，南苑有唐舊碑，書「貞元十年御史大夫劉怦葬」。上見之曰：「苑中不宜有墓。」頍家本怦後，詔賜頍錢三百貫改葬之。

三遷右宣徽使。貞祐二年，轉左宣徽使。明年，致仕，遷一官。上曰：「卿舊人也，今朝廷多故，豈宜去位。朕自東宮薨後，思慮不周，俟稍寧息，即以上郡處卿。」頃之，起爲知開封府。四年正月元日，攝左宣徽使。再請老，未半歲復起爲御史中丞。詔安撫河南路，捕盜賊。坐與保靜軍節度使會飲，解職。起爲太子詹事，遷太子少師。詹事院欲闢廣東宮周牆，頍請於皇太子曰：「師旅饑饉之際，何爲興此役。」遂止。尋卒。

時立愛字昌壽，涿州新城人。父承謙，〔六〕以財雄鄉里，歲飢發倉廩賑貧乏，假貸者與之折券。

遼太康九年，中進士第，調泰州幕官。丁父憂，服除，調同知春州事。未逾年，遷雲內縣令，再除文德令。樞密院選爲吏房副都承旨，轉都承旨。累遷御史中丞，剛正敢言，忤權貴。除燕京副留守，丁母憂，起復舊職，遷遼興軍節度使兼漢軍都統。

太祖已定燕京，訪求得平州人韓詢持詔招諭平州。是時，奚王回离保在盧龍嶺，立愛

未敢即朝見，先使人來送款曰：「民情愚執，不即順從，願降寬恩，以慰反側。」詔曰：「朕親巡西土，底定全燕，號令所加，城邑皆下。爰嘉忠款，特示優恩，應在彼大小官員可皆充舊職，諸囚禁配隸並從釋免。」於是，遼帝尚在天德，平州雖降，民心未固。奚王回离保軍所在保聚，薊州已降復叛。民間流言謂「金人所下城邑，始則存撫，後則俘掠。」時立愛雖開諭而不肯信，乃上表「乞下明詔，遣官分行郡邑，宣諭德義。他日兵臨于宋，順則撫之，逆則討之，兵不勞而天下定矣。」上覽表嘉之，詔答曰：「卿始率吏民歸附，復條利害，悉合朕意，嘉歎不忘。山西部族緣遼主未獲，恐陰相連結，故遷處于嶺東。西京人民既無異望，皆按堵如故。或有將卒貪悍，冒犯紀律，輒掠降人者。已諭諸部及軍帥，約束兵士，秋豪有犯，必刑無赦。今遣斡羅阿里等爲卿副貳，以撫斯民。其告諭所部，使知朕意。」

其後，以平州爲南京，用張覺爲留守，時立愛遂去平州。而張覺遂因燕京人東徙，其衆怨望，覺遂叛入于宋。

立愛既去平州歸鄉里，太祖以燕、薊與宋，新城入于宋。宋累詔立愛，立愛見宋政日壞，不肯起，戒其宗族不得求仕。

及宗望再取燕山，立愛詣幕府上謁，拜同中書門下平章事，任其子姪數人。立愛從宗望軍數年，謀畫居多，封陳國公。表求解機務，不從。九年，爲侍中、知樞密院事。久之，加

中書令。

天會十五年，致仕，加開府儀同三司、鄭國公。薨于家，年八十二。賻贈錢布繒帛有差。詔同簽書燕京樞密院事趙慶襲護喪事，葬用皆官給之。

韓企先，燕京人。九世祖知古，仕遼爲中書令，徙居柳城，世貴顯。

乾統間，企先中進士第，回翔不振。都統杲定中京，擢樞密副都承旨，稍遷轉運使。宗翰爲都統經略山西，表署西京留守。天會六年，劉彥宗薨，企先代之，同中書門下平章事、知樞密院事。七年，遷尚書左僕射兼侍中，封楚國公。

初，太祖定燕京，始用漢官宰相賞左企弓等，置中書省、樞密院于廣寧府，而朝廷宰相自用女直官號。太宗初年，無所改更。及張敦固伏誅，移置中書、樞密于平州，蔡靖以燕山降，移置燕京，凡漢地選授調發租稅皆承制行之。故自時立愛、劉彥宗及企先輩，官爲宰相，其職大抵如此。斜也、宗幹當國，勸太宗改女直舊制，用漢官制度。天會四年，始定官制，立尚書省以下諸司府寺。

十二年，以企先爲尚書右丞相，召至上京。入見，太宗甚驚異曰：「朕疇昔嘗夢此人，今

果見之。」於是，方議禮制度，損益舊章。企先博通經史，知前代故事，或因或革，咸取折衷。企先爲相，每欲爲官擇人，專以培植獎勵後進爲己責任。推轂士類，甄別人物，一時臺省多君子。彌縫闕漏，密謨顯諫，必咨於王。宗翰、宗幹雅敬重之，世稱賢相焉。皇統元年，封濮王。六年，薨，年六十五。正隆二年，例降封齊國公。大定八年，配享太宗廟廷。

十年，司空李德固孫引慶求襲其祖猛安，世宗曰：「德固無功，其猛安且闕之。漢人宰相惟韓企先最賢，他不及也。」十一年，將圖功臣像于衍慶宮，上曰：「丞相企先，本朝典章制度多出斯人之手，至於關決大政，與大臣謀議，不使外人知之，由是無人能知其功。前後漢人宰相無能及者，置功臣畫像中，亦足以示勸後人。」十五年，謚簡懿。

韓鐸字振文，企先次子也。皇統末，以大臣子授武義將軍。熙宗聞其有儒學，賜進士第，除宣徽判官。再遷刑部員外郎，海陵遣中使諭之曰：「郎官，高選也。汝勳賢之子，行已滋官，能世其家，故以命汝。苟能夙夜在公，當不次擢用，雖公相可到。」鐸感奮，獄或有疑，據經議讞。海陵伐宋，改兵部員外郎。

大定初，遷本部郎中，累官河州防禦使，求養親，解去。召爲左諫議大夫，遷中都路都轉運使。頃之，上謂宰臣曰：「韓鐸年高，不任繁劇，且其母老矣，可與之便郡。」於是，改順天軍節度使。卒。

贊曰：太祖入燕，始用遼南、北面官僚制度。是故劉彥宗、時立愛規爲施設，不見于朝廷之上。軍旅之暇，治官政，庀民事，務農積穀，內供京師，外給轉餉，此其功也。韓企先入相兩朝，幾二十年，成功著業，世宗稱其賢焉。

校勘記

〔一〕秦晉國王耶律捏里自立于燕　「捏」原作「雅」。按本書卷二太祖紀，天輔元年「四月，遼秦晉國王耶律捏里來伐」。又卷七四宗望傳，「遼主走陰山，遼秦晉國王捏里自立于燕京」。「宗望奏曰：『遼主尚在陰山、天德之間，而捏里自立于燕京』」。皆作「捏里」。今據改。

〔二〕子專答　按下文專爲季子，答爲次子，當先答後專。

〔三〕八年授殿中少監　按天輔無「八年」。下文敍「太祖崩」之事，據本書卷二太祖紀，在天輔七年八月。是此「八年」或是「八月」之誤。

〔四〕皇統二年充江南封册使　「二」原作「元」。按本書卷四熙宗紀，皇統二年三月「丙辰，遣左宣徽使劉筈以衮冕圭册册宋康王爲帝」。卷六〇交聘表記事同。今據改。

〔五〕六年爲行臺尚書右丞相　「六」原作「五」。按本書卷四熙宗紀，皇統六年五月「辛卯，以左宣徽使劉筈爲行臺右丞相」。今據改。

〔六〕父承誨　按程卓使金錄引金李晏時立愛墓誌銘作「公父諱承誨」。

金史卷七十九

列傳第十七

酈瓊　李成　孔彥舟　徐文　施宜生　張中孚
張中彥　宇文虛中　王倫

酈瓊字國寶，相州臨漳人。補州學生。宋宣和間，盜賊起，瓊乃更學擊刺挽强，試弓馬，隸宗澤軍，駐于磁州。未幾告歸，括集義軍七百人，復從澤，澤署瓊爲七百人長。澤死，調戍滑州。時宗望伐宋，將渡河。戍軍亂，殺其統制趙世彥而推瓊爲主。瓊因誘衆，號爲勤王，行且收兵，比渡淮，有衆萬餘。康王以爲楚州安撫使、淮南東路兵馬鈐轄，累遷武泰軍承宣使。未幾，率所領步騎十餘萬附于齊，授靜難軍節度使，知拱州。齊國廢，以爲博州防禦使。用廉，遷驃騎上將軍。宗弼復河南，以瓊爲山東路弩手千戶，知亳州事。丁母憂，

去官。

宗弼再伐江南，以瓊素知南方山川險易，召至軍與計事。從容語同列曰：「瓊嘗從大軍南伐，每見元帥國王親臨陣督戰，矢石交集，而王免冑，指麾三軍，意氣自若，用兵制勝，皆與孫、吳合，可謂命世雄材矣。至於親冒鋒鏑，進不避難，將士視之，孰敢愛死乎。宜其所向無前，日闢國千里也。江南諸帥，才能不及中人。每當出兵，必身居數百里外，謂之持重。或督召軍旅，易置將校，僅以一介之士持虛文諭之，謂之調發。制敵決勝委之偏裨，是以智者解體，愚者喪師。幸一小捷，則露布飛馳，增加俘級以爲己功，斂怨將士。縱或親臨，亦必先遁。而又國政不綱，纔有微功，已加厚賞，或有大罪，乃置而不誅。不卽覆亡，已爲天幸，何能振起耶。」衆以爲確論。元帥，謂宗弼也。

及宗弼問瓊以江南成敗，誰敢相拒者。瓊曰：「江南軍勢怯弱，皆敗亡之餘，又無良帥，何以禦我。頗聞秦檜當國用事。檜，老儒，所謂亡國之大夫，兢兢自守，惟顚覆是懼。吾以大軍臨之，彼之君臣方且心破膽裂，將哀鳴不暇，蓋傷弓之鳥可以虛弦下也。」旣而，江南果稱臣，宗弼喜瓊爲知言。

初，瓊去亳未幾，宋兵陷之而不守，復棄去，乃以州人宋超守之。及大軍至，超復以州事委其鈐轄衞經而遁去。帥府使人招經，經不下。及城潰，百姓惶懼待命，瓊請於元帥曰：「城所不下者，凶豎刼之也。民何罪，願慰安之。」元帥以瓊先嘗守亳，因止戮經而釋其州人，復命瓊守亳。凡六年，亳人德之。遷武寧軍節度使。八年，爲泰寧軍節度使。〔一〕九年，遷歸德尹。貞元元年，加金紫光祿大夫，卒于官，年五十。

李成字伯友，雄州歸信人。勇力絕倫，能挽弓三百斤。宋宣和初，試弓手，挽强異等。累官淮南招捉使。成乃聚衆爲盜，鈔掠江南，宋遣兵破之，成遂歸齊，累除知開德府，從大軍伐宋。齊廢，再除安武軍節度使。

成在降附諸將中最勇鷙，號令甚嚴，衆莫敢犯。臨陣身先諸將。士卒未食不先食，有病者親視之。不持雨具，雖沾濕自如也。有告成反者，宗弼察其誣，使成自治，成杖而釋之，其不校如此。以此，士樂爲用，所至克捷。

宗弼再取河南，宋李興據河南府。成引軍入孟津，興率衆薄城，鼓譟請戰，成不應。日下昃，興士卒倦且飢，成開門急擊，大破之。興走漢南，成遂取洛陽、嵩、汝等。河南平，宗弼奏成爲河南尹，都管押本路兵馬。嘗取官羨粟充公費，坐奪兩官，解職。正隆間，起爲眞定尹，封郡王，例封濟國公。卒，年六十九。

孔彥舟字巨濟，相州林慮人。亡賴，不事生產，避罪之汴，占籍軍中。坐事繫獄，說守者解其縛，乘夜踰城遁去。已而殺人，亡命爲盜。宋靖康初，應募，累官京東西路兵馬鈐轄。聞大軍將至山東，遂率所部，刼殺居民，燒廬舍，掠財物，渡河南去。宋人復招之，以爲沿江招捉使。彥舟暴橫，不奉約束，宋人將以兵執之，彥舟走之齊，從劉麟伐宋，爲行軍都統，改行營左總管。

齊國廢，累知淄州。從宗弼取河南，克鄭州，擒其守劉政，破孟邦傑於登封，授鄭州防禦使。討平太行車轅嶺賊。從征江南，渡淮破孫暉兵萬餘人，下安豐、霍丘。及攻濠州，以彥舟爲先鋒，順流薄城，擒其水軍統制邵青，遂克濠州。師還，累官工、兵部尙書，河南尹，封廣平郡王。正隆例降金紫光祿大夫，改西京留守。〔二〕

彥舟荒于色，有禽獸行。妾生女姿麗，彥舟苦虐其母，使自陳非己女，遂納爲妾。其官屬負官錢，私其妻與折券。惟破濠州時，諸軍凡係獲皆殺之，彥舟號令毋輒殺，免者數千人，人頗以此稱之。然自幼至老常在行伍，習兵事，知利鈍。海陵欲以爲征南將佐，正隆五年，除南京留守。

彥舟有疾，朝臣有傳彥舟死者，而彥舟尙無恙，海陵盡杖妄傳彥舟死者，以激勵之。無何竟死於汴，年五十五。遺表言「伐宋當先取淮南」云。

徐文字彥武，萊州掖縣人，徙膠水。少時販鹽爲業，往來瀕海數州，剛勇尚氣，儕輩皆憚之。宋季盜起，募戰士，爲密州板橋左十將。勇力過人，揮巨刀重五十斤，所向無前，人呼爲「徐大刀」。後隸王龍圖麾下，與夏人戰，生擒一將，補進武校尉。東還，破羣賊楊進等，轉承信郎。

宋康王渡江，召文爲樞密院淮備將，擒苗傅及韓世績，以功遷淮東、浙西、沿海水軍都統制。諸將忌其材勇。是時，李成、孔彥舟皆歸齊，宋人亦疑文有北歸志，大將閻皋與文有隙，因而譖之。宋使統制朱師敏來襲文，文乃率戰艦數十艘泛海歸于齊。

齊以文爲海、密二州滄海都招捉使兼水軍統制，遷海道副都統兼海道總管，賜金帶。文以策干劉豫，欲自海道襲臨安，豫不能用。齊國廢，元帥府承制以文爲南京步軍都虞候，權馬步軍都指揮使。天眷元年，破太行賊梁小哥，以本職兼水軍統制。朝廷以河南與宋，除文山東路兵馬鈐轄。

宗弼復取河南，文破宋將李寶於濮陽，孟邦傑於登封。宋蔣知軍據河陽，文邏明至其城下，使別將攻城東北，自將精銳潛師襲南門。城中悉衆救東北，文乃自南門斬關入城。宋軍潰去，追擊敗之。破郭清、郭遠於汝州。鄭州叛，復取之，擊走宋將戚方。河南既平，

宗弼勞賞將士，賞文銀幣鞍馬。充行軍萬戶，從宗弼取廬、濠等州，超換武義將軍。知濟州，在職七年，移知泰安軍。

海陵即位，錄舊功，累遷中都兵馬都指揮使，賜金帶，改濬州防禦使。未幾，海陵謀伐宋，改行都水監，監造戰船於通州。

東海縣人徐元、張旺作亂，縣人房眞等三人走海州，及走總管府，上變。州、府皆遣使劾隨眞等詣東海覘賊形勢，皆爲賊所害。州、府合兵攻之，累月不下。海陵且欲伐宋，惡聞其事，詔文與步軍指揮使張弘信、同知大興尹李惟忠、宿直將軍蕭阿窊率舟師九百浮海討之，謂文等曰：「朕意不在一邑，將以試舟師耳。」文等至東海，與賊戰，敗之，斬首五千餘級，獲徐元、張旺，餘衆請降。是役也，張弘信行至萊州，稱疾留止，日與妓樂飲酒。海陵聞之。師還，杖弘信二百。文遷定海軍節度使。房眞三人官賞有差。死賊者皆贈官三級，以銀百兩、絹百匹賜其家。

大定二年，詣闕自陳年老目昏，懇求致仕。許之。以覃恩遷龍虎衞上將軍，卒于家。

施宜生字明望，邵武人也。博聞强記，未冠，由鄉貢入太學。宋政和四年，擢上舍第，試學官，授潁州教授。及王師入汴，宜生走江南。復以罪北走齊，上書陳取宋之策，齊以爲大

總管府議事官。失意於劉麟，左遷彰信軍節度判官。齊國廢，擢爲太常博士，遷殿中侍御史，轉尚書吏部員外郎，爲本部郎中。尋改禮部，出爲隰州刺史。天德二年，用參知政事張浩薦宜生可備顧問，海陵召爲翰林直學士，撰太師梁王宗弼墓銘，進官兩階。正隆元年，出知深州，召爲尚書禮部侍郎，遷翰林侍講學士。

四年冬，爲宋國正旦使。宜生自以得罪北走，恥見宋人，力辭，不許。宋命張燾館之都亭，因間以首丘風之。宜生顧其介不在旁，爲廋語曰：「今日北風甚勁。」又取几間筆扣之曰：「筆來，筆來。」於是宋始警。其副使耶律闢離剌使還以聞，坐是烹死。

初，宜生困于場屋，遇僧善風鑒，謂之曰：「子面有權骨，可公可卿。而視子身之毛，皆逆上，且覆腕，必有以合乎此而後可貴也。」宜生聞其言，大喜，竟從范汝爲於建、劍。已而，汝爲敗，變服爲傭泰之吳翁家三年，翁異之，一日屏人詰其姓名，宜生曰：「我服傭事惟謹，主人乃亦置疑邪。」翁固詰之，則請其故。翁曰：「日者燕客，執事咸餒，而汝獨孫諸儕，且撤器有歎聲，是以識汝非眞傭也。」宜生遂告之故，翁贐之金，夜濟淮以歸。試一日獲熊三十六賦擢第一，其後竟如僧言。

張中孚字信甫，其先自安定徙居張義堡。父達，仕宋至太師，封慶國公。中孚以父任

補承節郎。宗翰圍太原，其父戰歿，中孚泣涕請迹父尸，乃獨率部曲十餘人入大軍中，竟得其尸以還。累官知鎭戎軍兼安撫使，屢從吳玠、張浚以兵拒大軍。浚走巴蜀，中孚權帥事。天會八年，[三]睿宗以左副元帥次涇州，中孚率其將吏來降，睿宗以爲鎭洮軍節度使知渭州，兼涇原路經略安撫使。

齊國建，以什一法括民田，籍丁壯爲鄉軍。中孚以爲涇原地瘠無良田，且保甲之法行之已習，今遽紛更，人必逃徙，秪見其害，未見其利也。竟執不行。時齊政甚急，莫敢違，人爲中孚懼，而中孚不之顧。未幾齊國廢，一路獨免掊克之患。

天眷初，爲陝西諸路節制使知京兆府，朝廷賜地江南，中孚遂入宋。宗弼再定河南、陝西，移文宋人，使歸中孚。至汴，就除行臺兵部尚書，遷除參知行臺尚書省事。明年，拜參知政事。貞元元年，遷尚書左丞，封南陽郡王。三年，以疾告老，乃爲濟南尹，加開府儀同三司，封宿王。移南京留守，又進封崇王。卒，年五十九，加贈鄧王。

中孚天性孝友剛毅，與弟中彥居，未嘗有間言。喜讀書，頗能書翰。其御士卒嚴而有恩，西人尤畏愛之。葬之日，老稚扶柩流涕蓋數萬人，至爲罷市，其得西人之望如此。正隆例封崇進、原國公。

張中彥字才甫，中孚弟。少以父任仕宋，爲涇原副將，知德順軍事。睿宗經略陝西，中彥降，除招撫使。從下熙、河、階、成州，授彰武軍承宣使，爲本路兵馬鈐轄，遷都總管。

宋將關師古圍鞏州，與秦鳳李彥琦會兵攻之。王師下饒風關，得金、洋諸州，以中彥領興元尹，撫輯新附。師還，代彥琦爲秦鳳經略使。秦州當要衝而城不可守，中彥徙治北山，因險爲壘，今秦州是也。築臘家諸城，以扼蜀道。帥秦凡十年，改涇原路經略使知平涼府。

朝廷以河南、陝西賜宋，中孚以官守隨例當留關中。熙河經略使慕洧謀入夏，將闚關、陝，中彥與環慶趙彬會兩路兵討之，洧敗入于夏。中彥與兄中孚俱至臨安，被留，以爲龍神衛四廂都指揮使，清遠軍承宣使，提舉佑神觀，靖海軍節度使。

皇統初，恢復河南，詔徵中彥兄弟北歸，爲靜難軍節度使，歷彰化軍、鳳翔尹，改尹慶陽，兼慶原路兵馬都總管、寧州刺史。宗室宗淵殿死僚佐梁郁。郁，遠人家貧無能赴告者。中彥力爲正其罪，竟置于法。改彰德軍節度使，均賦調法，姦豪無所蔽匿，人服其明。

正隆營汴京新宮，中彥採運關中材木。青峰山巨木最多，而高深阻絕，唐、宋以來不能致。中彥使構崖駕壑，起長橋十數里，以車運木，若行平地，開六盤山水洛之路，遂通汴梁。明年，作河上浮梁，復領其役。舟之始製，匠者未得其法，中彥手製小舟纔數寸許，不假膠

漆而首尾自相鉤帶，謂之「鼓子卯」，諸匠無不駭服，其智巧如此。浮梁巨艦畢功，將發旁郡民曳之就水。中彥召役夫數十人，治地勢順下傾瀉于河，取新秫稭密布於地，復以大木限其旁，淩晨督衆乘霜滑曳之，殊不勞力而致諸水。

俄遷平陽。海陵將伐宋，驛召赴闕，授西蜀道行營副都統制，賜細鎧，使先取散關俟後命。

世宗即位，赦書至鳳翔，諸將惶惑不能決去就，中彥曉譬之，諸將感悟，受詔。上召中彥入朝，以軍付統軍合喜。及見，上賜以所御通犀帶，封宗國公。尋爲吏部尚書。上疏曰：「古者關市譏而不征，今使掌關市者征而不譏。苛留行旅，至披剔囊笥甚於剽掠，有傷國體，乞禁止。」從之。

踰年，除南京留守。時淮楚用兵，士民與戍兵雜居，訟牒紛紜，所司皆依違不決。中彥得戍兵爲盜者，悉論如法，帥府怒其專決，劾奏之，朝廷置而不問。秩滿，轉眞定尹兼河北西路兵馬都總管。未幾，致仕，西歸京兆。明年，起爲臨洮尹兼熙秦路兵馬都總管。鞏州劉海構亂，既敗，籍民之從亂者數千人，中彥惟論爲首者戮之。

西羌吹折、密臧、隴逋、庞拜四族恃險不服，使侍御史沙醇之就中彥論方略，中彥曰：「此羌服叛不常，若非中彥自行，勢必不可。」即至積石達南寺，酋長四人來，與之約降，事遂

定，賞而遣之。還奏，上大悅，遣張汝玉馳驛勞之，賜以毬文金帶，用郊恩加儀同三司。以疾卒官，年七十五。百姓哀號輟市，立像祀之。

贊曰：自古健將武夫，其不才者，遭世變遷，賣降恐後。此其常態，君子之所不責也，酈瓊、徐文是已。施宜生反覆壬人，李成盜賊之靡，孔彥舟漁色親出，自絕人類，又何責也。張中孚、中彥雖有小惠足稱，然以宋大臣之子，父戰沒於金，若金若齊，義皆不共戴天之讎。金以地與齊則甘心臣齊，以地歸宋則忍恥臣宋，金取其地則又比肩臣金，若趨市然，唯利所在，於斯時也，豈復知所謂綱常也哉。吁。

宇文虛中字叔通，蜀人。初仕宋，累官資政殿大學士。天會四年，宋少帝已結盟，宗望班師至孟陽，宋姚平仲乘夜來襲，明日復進兵圍汴。少帝使虛中詣宗望軍，告以襲兵皆將帥自爲之，復請和議如初，且覘康王安否。頃之，臺諫以和議歸罪虛中，罷爲青州，復下遷祠職。建炎元年，貶韶州。二年，康王求可爲奉使者，虛中自貶中應詔，復資政殿大學士，爲祈請使。是時，興兵伐宋，已留王倫、朱弁不遣，虛中亦被留，實天會六年也。朝廷方議禮制度，頗愛虛中有才藝，加以官爵，虛中即受之，與韓昉輩俱掌詞命。明年，洪皓至上京，

見虛中甚鄙之。

天會十三年，熙宗即位。宗翰爲太保領三省事，封晉國王，乞致仕。批答不允，其詞虛中作也。天眷間，累官翰林學士知制誥兼太常卿，封河內郡開國公。書太祖睿德神功碑，進階金紫光祿大夫。皇統二年，宋人請和，其誓表曰：「自來流移在南之人，經官陳說，願自歸者，更不禁止。上國之於弊邑，亦乞並用此約。」於是，詔尚書省移文宋國，理索張中孚、張中彥、鄭億年、杜充、張孝純、宇文虛中、王進家屬，發遣李正民、畢良史還宋，惟孟庾去留聽其所欲。[四] 時虛中子師瑗仕宋，至轉運判官，携家北來。四年，轉承旨，加特進。遷禮部尚書，承旨如故。

虛中恃才輕肆，好譏訕，凡見女直人輒以獷鹵目之，貴人達官往往積不能平。虛中嘗撰宮殿牓署，本皆嘉美之名，惡虛中者摘其字以爲謗訕朝廷，由是媒蘗以成其罪矣。六年二月，唐括酬斡家奴杜天佛留告虛中謀反，詔有司鞫治無狀，乃羅織虛中家圖書爲反具，虛中曰：「死自吾分。至於圖籍，南來士大夫家家有之，高士談圖書尤多於我家，豈亦反耶。」有司承順風旨并殺士談，至今冤之。

士談字季默，高瓊之後。宣和末，爲忻州戶曹參軍。入朝，官至翰林直學士。虛中、士談俱有文集行于世。

王倫字正道，故宋宰相王旦弟王勉玄孫。[五]佞邪無賴，年四十餘尚與市井惡少羣游汴中。

天會五年，宋人以倫爲假刑部侍郎，與閤門舍人朱弁充通問使。是時，方議伐宋，凡宋使者如倫及宇文虛中、魏行可、顧縱、張邵等，皆留之不遣。居數年，倫久困，乃唱爲和議求歸。元帥府使人謂之曰：「此非江南情實，特汝自爲此言耳。」倫曰：「使事有指，不然何爲來哉。惟元帥察之。」

天會十年，劉豫連歲出師皆無功，撻懶爲元帥左監軍經略南邊，密主和議，乃遣倫歸。先此，宋已遣使乞和，朝廷未之許也。倫見康王言和議事，康王大喜，遷倫官，并官其子弟。宋方與齊用兵，未可和。

天會十五年，康王聞天水郡王已薨，以倫假直學士來請其喪，使倫請撻懶曰：「河南之地，上國既不自有，與其封劉豫，曷若歸之趙氏。」是歲，劉豫受封已八年，不能自立其國，尚勤屯戍，朝廷厭其無能爲也，乃廢劉豫。撻懶以左副元帥守汴京，於是倫適至。撻懶，太祖從父兄弟，於熙宗爲祖行。太宗長子宗磐以太師領三省事，位在宗幹上。宗翰薨已久，宗幹不能與宗磐獨抗。明年，天眷元年，撻懶與東京留守宗雋俱入朝，熙宗以宗雋爲左丞相。

宗雋，太祖子也。撻懶、宗磐、宗雋三人皆跋扈嗜利，陰有異圖，遂合議以齊地與宋，自宗幹以下爭之不能得。以侍郎張通古爲詔諭江南使，遣倫先歸。

明年，宋以倫爲端明殿學士，簽書樞密院事，進金器千兩、銀器萬兩，復來請天水郡王喪柩，及請母韋氏兄弟宗族等。保信軍節度使藍公佐副之。是歲，宗磐、宗雋、撻懶皆以謀反屬吏，熙宗誅宗磐、宗雋，以撻懶屬尊，赦其死，以爲行臺尚書省事左丞相，奪其兵權。右副元帥宗弼奏曰：「撻懶、宗磐陰與宋人交通，遂以河南、陝西地與宋人。」會撻懶復謀反，捕而殺之於祁州。倫至上京，有司詳讀康王表文，不書年，閱進奉狀，稱禮物不言職貢，上使宰相責問倫曰：「汝但知有元帥，豈知有上國耶。」遂留不遣，遣其副藍公佐歸。

三年五月，宗弼復取河南、陝西地，遂伐江南，已渡淮。皇統元年，宋人請和。二年二月，宋端明殿學士何鑄、容州觀察使曹勛進誓表。三月，遣左副點檢賽里、山東西路都轉運使劉祹送天水郡王喪柩，及宋帝母韋氏還江南。五月，李正民、畢良史南歸。七月，朱弁、張邵、洪皓南歸。

四年，以倫爲平州路轉運使，倫已受命復辭遜，上曰：「此反覆之人也。」遂殺之於上京，年六十一。

贊曰：孔子云，「行己有恥，使於四方不辱君命，可謂士矣」。宇文虛中朝至上京，夕受官爵。王倫紈袴之子，市井爲徒。此豈「行己有恥」之士，可以專使者耶。二子之死雖寃，其自取亦多矣。

校勘記

〔一〕八年爲泰寧軍節度使　按酈瓊事在齊國廢以後，而此「八年」又在「貞元元年」之前，則「八年」上當脫「皇統」二字。

〔二〕改西京留守　「西」原作「南」。按三朝北盟會編卷二二四，紹興二十六年卽正隆元年十二月，「金人以孔彥舟知西京」。又本傳下文，「正隆五年除南京留守」，知會編不誤。今據改。

〔三〕天會八年　「八」原作「九」。按本書卷三太宗紀，天會八年「十一月甲辰，宗輔下涇州。戊申，宋涇原路統制張中孚以衆降」。今據改。

〔四〕惟孟庾去留聽其所欲　「庾」原作「庚」。按大金國志卷一〇，天眷二年，「宋西京留守孟庾至汴京」。又同書卷一一，天眷三年，兀朮分四道征南，「至是攻宋東京，孟庾率官吏迎拜，兀朮入城」。宋史卷二九高宗紀，紹興十年二月丁卯，「以孟庾知開封府，爲東京留守。五月乙酉，兀朮入東京，留守孟庾以城降」。皆作「庾」。今據改。

〔五〕故宋宰相王旦弟王勉玄孫　「王勉」，宋史卷三七一王倫傳作「王勗」，蓋宋人避神宗諱，改成「王勉」。

金史卷八十

列傳第十八

熙宗二子　濟安　道濟

斜卯阿里　突合速　烏延蒲盧渾　赤盞暉

大臭本名撻不野〔一〕　磐本名蒲速越　阿离補子方

熙宗諸子：悼平皇后生太子濟安，賢妃生魏王道濟。

濟安，皇統二年二月戊子生於天開殿。上年二十四始有皇子，喜甚，遣使馳報明德宮太皇太后。五日命名，大赦天下。三月甲寅，告天地宗廟。丁巳，曏饗，奏告天地宗廟。戊午，册爲皇太子。封皇后父太尉胡塔爲王，賜人口、馬牛五百、駝五十、羊五千。隨朝職官並遷一資，皆有賜。己未，詔天下。十二月，濟安病劇，上與皇后幸佛寺焚香，流涕哀禱，曲

赦五百里內罪囚。是夜，薨。謚英悼太子，葬興陵之側，上送至烏只黑水而還。命工塑其像于儲慶寺，上與皇后幸寺安置之。海陵毁上京宮室，寺亦隨毁。

道濟，皇統三年，命爲中京留守，以直學士阿懶爲都提點，張玄素爲同提點，左右輔導之。俄封魏王，封其母爲賢妃。初居外，至是養之宮中。未幾，熙宗怒殺之。

贊曰：國初制度未立，太宗、熙宗皆自諳班勃極烈卽帝位。諳班勃極烈者，漢語云最尊官也。熙宗立濟安爲皇太子，始正名位，定制度焉。

斜卯阿里。父渾坦，穆宗時內附，數有戰功。阿里年十七從其伯父胡麻谷討詐都，獲其弟沙里只。高麗築九城於曷懶甸，渾坦攻之，遇敵於木里門甸，力戰久之，阿里挺槍馳刺其將於陣中，敵遂潰。渾坦與石適歡合兵於徒門水，阿里首敗敵兵，取其二城。高麗入寇，以我兵屯守要害，不得進，乃還。阿里追及于曷懶水，高麗人爭走冰上，阿里乘之，殺略幾盡，遂合兵于石適歡。道遇敵兵五萬，擊走之。又與石適歡遇敵七萬，阿里先登，奮擊大敗之。石適歡曰：「汝一日之間，三破重敵，功豈可忘。」乃厚賜之。

幹塞、烏睹本攻駝吉城，阿里鑿墉爲門，日已暮，不可入，以兵守之，旦日遂取其城。烏睹本以被甲并乘馬賜之。從攻下寧江州，授猛安。又從攻信州、賓州，皆克之。遼人來攻孛堇忽沙里城，阿里率百餘騎救之。遼兵數萬，阿里兵少，乃令軍士裂衣多爲旗幟，出山谷間，遼兵望見，遁去。

蘇、復州叛，衆至十萬。旁近女直皆保於太尉胡沙家，築壘爲固。敵圍之數重，守者糧芻俱盡，牛馬相食其鬃尾，人易子而食。夜，縋二人出，告急於阿里。阿里赴之，內外合擊之，破其衆於闢离密罕水上，勦殺幾盡，水爲之不流。蒲离古胡什吉水、馬韓島凡十餘戰，破數十萬衆。契丹、奚人聚舟千艘，將入于海。阿里以二十七舟邀之，中流矢，臥舟中，中夜始蘇。敵船已入王家島，卽夜取海路追及之，敵走險以拒，阿里以騎兵邀擊，再中流矢，力戰不退，竟破之，盡獲其舟。於是，蘇、復州、婆速路皆平。

攻顯州，下靈山縣，取梁魚務，敗余睹兵，功皆最。後與散睹魯屯高州，契丹昭古牙、九斤合興中兵數萬攻胡里特寨，阿里以八謀克兵救之。胡里特先往，敗於城下。阿里指陣前緋衣者二十餘人曰：「此必賊酋也。」麾兵奮擊，皆殺之，餘衆大潰。來州、隰州兵圍胡里特城，聞阿里來救，卽解圍去。

闍母討張覺，有兵出樓峯口山谷間，阿里、散篤魯、〔二〕忽盧補三猛安擊敗之。宗望代闍

母討張覺，阿里再敗平州兵。及伐宋，阿里別擊宋兵，敗之。孟陽之役，阿里扼橋渡力戰。明年，再伐宋，至保州、中山，累破之。進圍眞定，阿里與婁室、豁魯乘風縱火，焚其樓櫓，諸軍畢登，克其城。師至河上，粘割胡撒擊走宋人，扼河津，兵數千遂渡河。諸將分出大名境，阿里破敵四百盡殪，遂圍汴。汴中夜出兵來焚攻具，阿里與謀克常孫陽阿禦之，其衆大潰。還攻趙州，降之。

天會六年，〔三〕伐宋主，取陽穀、莘縣，敗海州兵八萬人，海州降。破賊船萬餘於梁山泊。招降滕陽、東平、泰山羣盜。盜攻范縣，擊走之，獲船七百艘。宗弼攻下睢陽，與烏延蒲盧渾先以二千人往招壽春，具舟淮水上。時康民聚賈船四百與壽春相近，术列速以騎四百破康民，斬馘數千。與當海、大臭破賊十萬於淮南。比至江，連破宋兵，獲舟二百艘。宗弼至江寧，阿里、蒲盧渾別降廣德軍，先趣杭州。去杭十餘里，遇宋伏兵二千，取我前驅甲士三十人。阿里使諸軍去馬搏戰，伏兵敗，皆逼死於水。宗弼至餘杭，而宋主走明州，阿里與蒲盧渾以精騎四千襲之，破東關兵，濟曹娥江，敗宋兵於高橋鎭。至明州，頗失利。宋主已入于海，乃退軍餘姚。宗弼使當海濟師，遂下明州，執宋守臣趙伯諤，進至昌國縣。宋主自昌國走溫州，由海路追三百餘里，弗及。遂隳明州，與宗弼俱北歸。

睿宗經略陝西，駐涇州，阿里先取渭州。睿宗趣熙河，阿里、斜喝、韓常三猛安爲前軍。

十二年，與高彪監護水運。宋以舟師阻亳州河路，擊敗之，追殺六十餘里，獲其將蕭通。破漣水水寨賊，盡得其大船，遂取漣水軍，招徠安輯之。天眷間，盜據石州，阿里討之。粘割胡撒與所部先登，遂克其城，石州平。

宗弼再伐宋，阿里已老，督造戰船。宋稱臣，詔賜阿里錢千萬。自結髮從軍，大小數十戰，尤習舟楫，江、淮用兵，無役不從，時人以水星目之。爲迭里部節度使，歷順義、泰寧軍，歸德、濟南尹。天德初，致仕，加特進，封王。正隆例封韓國公，召赴闕，命造戰船。以疾薨，年七十八，謚智敏。

阿里性忠直，多智略。兄弟相友愛，家故饒財，以己猛安及財物盡與弟愛拔里。愛拔里不肯受，逃避歲餘，阿里終與之。

突合速，宗室子，拏罕塞人。初隸萬戶石家奴麾下，嘗領偏師破雲中諸山寇盜。宗望攻平州，遣突合速討應州賊，平之，撫安其民而還。

及伐宋，在宗翰軍，以八謀克破石嶺關屯兵數萬，殺戮幾盡。師至太原，祁縣降而復叛，突合速攻下之。進取文水縣，後從諸帥列屯汾州之境。宋河東軍帥郝仲連、張思正、陝

西軍帥張關索及其統制馬忠，合兵數萬來援，皆敗之。

宗翰南伐至潞還，太原猶未下，即留完顏銀朮可總督諸軍，經略其地。於是，宋援兵大至，突合速從馬五、沃魯破宋兵四千于文水。聞宋將黃迪等以兵三十萬柵于縣之西山，復與耿守忠合兵九千擊之，殺八萬餘人，獲馬及資糧甚衆。宋制置使姚古率兵至隆州谷，突合速與拔离速以步騎萬餘禦之。种師中兵十萬據榆次，銀朮可乃召突合速，使中分其兵而還，與活女等合兵八千擊敗之，斬師中于殺熊嶺。宋將張灝以兵十萬營于文水近郊，復與拔离速擊破之。潞州復叛，宋兵號十七萬，骨赧、突合速、拔离速皆被圍。突合速麾軍士，下馬力戰，遂潰圍而出。

及再舉伐宋，宗翰命婁室率軍先趨汴。婁室至澤州，突合速、沃魯以五百騎爲前驅，往招河陽。先據黃河津，宋兵萬餘背水陣，進擊敗之，皆擠于水，遂降河陽。汴京平，諸將西趣陝津，略定河東郡縣。突合速取憲州，遇其援軍，擊敗之，生擒其將。孛堇濃瑰朮魯等攻保德，未下，突合速進兵助擊，梯衝並進，遂克其城。孛堇烏谷攻石州，屢敗，亡其三將，軍士歿者數百人。突合速謂烏谷曰：「敵皆步兵，吾不可以騎戰。」烏谷曰：「聞賊挾妖術，晝馬以縶其足，疾甚奔馬，步戰豈可及之。」突合速笑曰：「豈有是耶。」乃令諸軍去馬戰，盡殪之。六年，宗輔駐師鄧州，突合速、馬五、拔离速西取均、房，遂下其城。攻唐、蔡、陳州及潁昌府

皆克之。

天眷初，除彰德軍節度使。三年，爲元帥左監軍。皇統八年，改濟南尹。天德間，封定國公，授世襲千戶。卒，年七十二。正隆二年，贈應國公。

初，突合速以次室受封，次室子因得襲其猛安。及分財異居，次室子取奴婢千二百口，正室子得八百口。久之，正室子爭襲，連年不決，家貲費且盡，正室子奴婢存者二百口，次室子奴婢存者纔五六十口。世宗聞突合速諸子貧窘，以問近臣，具以爭襲之故爲對，世宗曰：「次室子豈當受封邪。」遂以嫡妻長子襲。

烏延蒲盧渾，曷懶路烏古敵昏山人。父孛古剌，龍虎衞上將軍。蒲盧渾膂力絕人，能挽强射二百七十步。與兄鶻沙虎俱以勇健隸闍母軍，居帳下。攻黃龍府，力戰有功。闍母敗于兔耳山，張覺復整兵來，諸將皆不敢戰。蒲盧渾登山望之，乃紿諸將曰：「敵軍少，急擊可破也。若入城，不可復制。」遂合戰，破之。

郭藥師、蔡靖以燕京降，蒲盧渾率九十騎先伺察城中居民去就。遂將漢兵千，隸完顏蒙适攻眞定。進攻贊皇，取之，獲人畜甲仗萬餘。汴城破，日已暮，宋人猶力戰，槍刺中蒲

盧渾手，戰益力，遂敗宋軍，賜金五十兩。

睿宗爲右副元帥，[四]已定關、陝，議取劍外諸州，遂拔和尙原。元帥府承制以蒲盧渾爲河北西路兵馬都總管。及宋主在揚州，蒲盧渾與蒙适將萬騎襲之，宋主已渡江，破其餘兵。後與斜卯阿里俱從宗弼自淮西渡江取江寧。宗弼入杭州，宋主走明州，再走溫州，由海道追三百餘里，隳明州而歸，語在阿里傳。

天眷二年，授鎭國上將軍，除安國軍，以疾去官。皇統六年，授世襲謀克，起爲延安尹，賜尙衣一襲，尋致仕。海陵遷中都，起爲歸德尹，就其家授之，賜銀牌、襲衣、玉吐鶻，馳驛之官。蒲盧渾留數十日，已違程，復聽致仕。召赴京師，至薊州，見海陵于獵所。明日，從獵，獲一狐。海陵曰：「卿年老，尙能馳逐擊獸，健捷如此。」賜以御服，封豳國公。除太子少師，進太子太保，改眞定尹，入判大宗正事。

頃之伐宋，以本官行右領軍副都督事。師次西采石，海陵欲渡江，蒲盧渾曰：「宋軍船高大，我船庳小，恐不可遽渡。」海陵怒曰：「汝昔從梁王追趙構於海島，皆大舟耶，今乃沮吾兵事。」設不能遽渡江，不過有少損耳。爾年已七十，縱自愛，豈有不死理耶。明日當與奔睹先濟。」既而復止之，乃遣別將先渡江，舟小不可戰，遂失利，兩猛安及兵士二百餘人皆陷沒。海陵遇害，軍還。

大定二年，至中都上謁，除東京留守。世宗召問年幾何，對曰：「臣今年七十三矣。」上曰：「卿宿將，久練兵事，年雖老，精神不衰。」因命到官，每旬月一視事。賜衣一襲，進階開府儀同三司，仍封豳國公。是歲，卒。十八年，孫扎虎遷廣威將軍，襲烏古敵昏山世襲猛安，并親管謀克。

赤盞暉字仲明，其先附於遼，居張皇堡，故嘗以張為氏。後家來州。〔五〕暉體貌雄偉，慷慨有志略。少遊鄉校。遼季以破賊功，授禮賓副使，領來、隰、遷、潤四州屯兵。天輔六年降，仍命領其衆，從闍母定興中府義、錦等州。及破張覺，皆與有功，以粟萬五千石助軍，授洺州刺史。

宗望初伐宋，孟陽之戰，敵之中軍徑薄宗望營，暉與諸將擊敗之，追殺至城下。訖師還，數立戰功。明年，再舉伐宋，攻下保州、眞定，暉皆與焉。進圍汴，宋人夜出兵二萬焚我攻具，暉以二謀克兵擊走之。凡城中出兵拒戰，暉之所當，無不勝捷。

既克宋還，從攻河間。敵將李成以雄、莫之兵來援，暉與所部迎擊，馬傷而墮，暉輒奮起步鬬，竟敗成兵。是日，凡七戰皆勝，敵人多逼死濠隍間，暉兩臂亦數中流矢。賊將劉先

生以兵二萬夜襲營，暉力戰達旦，賊始敗走，皆溺死于水。暉復傅城力戰，如是連月，諸軍四面合攻，遂克之。加桂州管內觀察使，因留撫河間。時居民皆爲軍士所掠，老幼存者亡幾。暉下令軍中聽贖還之。未幾，皆按堵如故。

從睿宗經略山東，既攻下青州，復從闍母攻濰州。暉督其裨校先登，而城中積芻茭乘風縱火發機石，暉率將士衝冒而下，力戰敗之。軍還，復以三十騎破敵于范橋。帥府承制加靜江軍節度使。進攻，城中砲出，幾中暉，拂其甲裳裂之。暉益奮攻，卒破其城。又從攻泗州，克之。還屯汶陽，破賊衆于梁山濼，獲舟千餘。移軍攻濟州，既敗敵兵，因傅城諭以禍福，乃舉城降。暉約束軍士，無秋毫犯，自是曹、單等州皆聞風而下。

從攻壽春、歸德，及渡淮爲先鋒，遇重敵于秀州、蘇州，皆擊敗之，遂至餘杭。通糧餉，治橋道，暉之力爲多，乃還，載資治通鑑版以歸。大軍過江寧，徙其官民北渡，時暑多疾疫，老弱轉死道路，其知府陳邦光者訴于宗弼，怒將殺之，暉曰：「此義士也。」力營救之，竟得免。

富平之戰，暉在右翼，遇濘而敗，睿宗念其前功，杖而釋之。師至熙河，暉別降諸寨將鈐轄及吐蕃酋長等，并民戶萬五千餘。蘭州叛，與訛魯補等攻下之，獲河州安撫使白常、熙河路副都總管劉維輔以獻。還攻慶陽，兩敗重敵，殺其將戴巢。師還，遷歸德軍節度使。

宋州舊無學，暉爲營建學舍，勸督生徒，肄業者復其身，人勸趨之。屬縣民家奴王夔者，嘗業進士，暉以錢五十萬贖之，使卒其業，夔後至顯官。密州吏龐乙卒於官，其孤貧，不克葬，暉爲營治葬事，且資給其家。

十三年，復從大軍渡淮。還鎭，丁母憂，尋以舊職起復。既廢齊，爲安化軍節度使。天眷三年，復河南，宋人乘間陷海州，帥府以登、萊、沂、密四州委暉經畫，敵無敢窺其境者。爲定海軍節度使，尋改濟南尹，累遷光祿大夫。俄以罪罷，久之，起爲昌武軍節度使。天德二年，遷南京留守，尋改河南路統軍使，授世襲猛安，拜尚書右丞，封河內郡王。歲餘，拜平章政事，封戴王。正隆初，出爲興平軍節度使。正隆降王爵，爲樞密副使，封景國公。未幾，復爲左丞，封濟國公。尋除大興尹，封滎國公。薨，年六十五。大定間謚曰武康。子師直，登進士第。

大臭本名撻不野，其先遼陽人，世仕遼有顯者。太祖伐遼，遼人徵兵遼陽，時臭年二十餘，在選中。遼兵敗，臭脫身走寧江。寧江破，臭越城而逃，爲軍士所獲，太祖問其家世，因收養之。收國二年，爲東京奚民謀克。是時，初破高永昌，東京旁郡邑未盡服屬，使臭伺察

反側。有聞必達，太祖以爲忠實，授猛安，兼同知東京留守事。

取中、西兩京，隸闍母軍。遼軍二十萬來戰，吳王使臭以本部守營，臭堅請出戰，不許。或謂臭曰：「戰，危事，獨苦請，何也？」臭曰：「丈夫不得一決勝負，尙何爲。苟臨戰不捷，雖死猶生也。」吳王聞而壯之，乃遣出戰。既合戰，闍母軍少却，遼兵後躡之，臭麾本部兵橫擊，殺數百人，由是顯名軍中。

天會三年，宗望伐宋，信德府居燕、汴之中，可駐軍以濟緩急，欲遂攻之，恐不能亟下，議未決。臭獨率本部兵，選善射者射其城樓，別以輕銳潛升於樓角之間，遂克其城。明年，軍至濬州，〔六〕宋人已燒河橋，宗望下令，「軍中有能先濟者功爲上」。臭捕得十餘舟，使勇悍者徑渡，擊其守者而奪其戍柵，由是大軍俱濟。

八月，再伐宋，〔七〕授萬戶，賜金牌。既破汴京，臭爲河間路都統。已克河間，闍母怒其不早降，因縱軍大掠，臭諫止之，已掠者官爲贖還。除河間尹，從攻襲慶府。先一日，臭命軍士預備畚鍤及薪，既傅城，諸將方經營攻具，未鳴鼓，臭軍有素備，遂先登。軍帥以臭未鳴鼓輒戰，不如軍令，請罪臭，朝廷釋弗問，仍例賞之。

宗弼伐江南，濟淮，宋將時康民率兵十七萬來拒，臭率本部從擊，敗之。復以騎二千與當海擊敗淮南賊十萬，殺萬餘人，王善來降。將渡江，臭軍先渡，舟行去岸尙遠，宋列兵江

口，㚖覘其水可涉，則麾兵捨舟趨岸疾擊之，宋兵走，大軍相繼而濟。俄遇杜充兵六萬於江寧之西，㚖與鶻盧補擊走之。師還，㚖留爲揚州都統，經略淮、海、高郵之間。再爲河間尹，兼總河北東路兵馬。

十一年，入見，太宗賜坐，慰勞甚久，特遷太子太保，賜衣一襲、馬二匹及鞍轡鎧甲，改元帥右都監。齊國廢，㚖守汴京。熙宗念㚖久勞，降御書寵異之。天眷三年，罷漢、渤海千戶謀克，以㚖舊臣，獨命依舊世襲千戶。是歲，拜元帥右監軍。

宗弼再伐宋，宋人稱臣乞和，遂班師，㚖獨留汴，行元帥府事。皇統三年，加開府儀同三司。八年，進左監軍。天德二年，改右副元帥，兼行臺左丞。遷平章行臺省事，進行臺右丞相，右副元帥如故。海陵疑左副元帥撒离喝，以爲行臺左丞相，使㚖伺察之，詔軍事不令撒离喝與聞。撒离喝不知海陵意旨，每與㚖爭軍事不能得，遂與㚖有隙。海陵竟殺撒离喝，召㚖入朝，拜尚書右丞相，封神麓郡王。

四年，請老，爲東京留守。貞元三年，拜太傅，領三省事，累封漢國王。十二月，有疾，海陵幸其第問之。是歲，薨，年六十八。海陵親臨哭之，詔有司廢務三日，禁樂三日。其三日當賜三國使館燕，以不賜教坊樂，命左宣徽使敬嗣暉宣諭之。贈太師、晉國王，謚傑忠，遣使護喪歸葬。正隆奪王爵，贈太傅、梁國公。子磐。

磐本名蒲速越，以大臣子累官登州刺史，襲猛安。大定三年，除嵩州刺史，從僕散忠義伐宋有功。五年，召爲符寶郎，遷拱衞直都指揮使。

初，磐以伐宋功，進官一階，磐心少之，頗形于言。上聞之，下吏按問，杖一百五十，改左衞將軍。詔求良弓，磐多自取，及護衞入直者，輒以己意更代。護衞婁室告其事，詔點檢司詰問。磐有妹在宮中爲寶林，磐屬內侍僧兒具思忠使言于寶林曰，「我無罪，問事者迫我，使自誣服」。寶林訴于上，上怒，杖僧兒一百，磐責隴州防禦使。上戒之曰：「汝在近密，執迷自用，朕以卿父之功，不忍廢棄，姑令補外，其思勉之。」改亳州防禦使，遷武寧軍節度使，坐事除名。起爲韓州刺史，改祁州刺史，復坐事，削四官，解職。

久之，尚書省奏「大磐以年當敍」，上曰：「剛暴之人，屢冒刑章，不可復用。太傅大㚖，別無嫡嗣，其世襲猛安謀克，不可易也。」

阿离補，宗室子，系出景祖。屢從征伐，滅遼舉宋皆有功。天會九年，睿宗經略陝西，阿离補爲左翼都統，與右翼都統宗弼，撫定鞏、洮、河、西寧、蘭、廓等州軍，來賓、定遠、和政、甘峪、寧洮、安隴等城寨，及鎭、堡、蕃、漢營部四十餘處，漢官軍民蕃部酋長甚衆，於是涇原、熙河兩路皆平。詔以兄猛安沙离質親管謀克之餘户，以阿离補爲世襲謀克。

天會十二年，爲元帥右都監。十五年，遷左監軍。天眷三年，從宗弼復河南，遷左副元帥。皇統三年，封譚國公。六年，爲行臺左丞相，〔八〕元帥如故。是歲，薨。

大定間，大褒功臣，圖像衍慶宮。歡都死康宗時，不及與馳騖遼、宋之郊，然而異姓之臣莫先焉。故定衍慶亞次功臣：代國公歡都，金源郡王石土門，徐國公渾黜，鄭國公謾都訶，濮國公石古乃，濟國公蒲查，〔九〕韓國公斜卯阿里，元帥左監軍拔离速，魯國公蒲察石家奴，銀青光祿大夫蒙适，隨國公活女，特進突合速，齊國公婆盧火，開府儀同三司烏延蒲盧渾，儀同三司阿魯補，鎭國上將軍烏林荅泰欲，太師領三省事勗，太傅大㚖，大興尹赤盞暉，金吾衞上將軍耶律馬五，驃騎衞上將軍韓常并阿离補咸著勳焉。子言、方，言別有傳。

方以宗室子累官京兆少尹，遷陝西路統軍都監。方專事財賄，不恤軍旅，詔戒之曰：「卿宗室舊人，乃縱肆敗法，惟利是營，朕甚惡之。自今至於後日，萬一爲之，必罰無赦。」大定三年，遷元帥右都監，轉元帥左監軍，改順天軍節度使，上曰：「卿本無功，歷顯仕，不能接僚友，往往交惡，在京兆貪鄙彰聞，至無謂也。朕念卿已過中年，必能悛改，愼勿復爾。」

除西南路招討使，朝廷以兵部郎中高通爲招討都監，以佐之。詔通曰：「卿到天德，毋以其官長曲從之也。簡閱沿邊士卒，毋用孱弱之人，毋以僕隸代役。女直舊風，凡酒食會聚，以騎射爲樂。今則弈碁雙陸，宜悉禁止，令習騎射。從其居處之便，亦不可召集擾之。」久之，方坐强買部人馬二匹，削一階，解職，降耀州刺史。通亦坐贓除名。方後遷横海軍節度使，入爲同簽大宗正事，簽書樞密院事。

初，阿魯補當授謀克，〔一〇〕未封而薨，烏帶受之。烏帶死，兀荅補襲之。兀荅補死，烏也阿補當襲。是時，已降海陵爲庶人，世宗以烏帶在熙宗逆黨中，其子孫不合受封，停封者久之，而阿离補功亦不可廢絕，特詔方襲之云。

贊曰：斜卯阿里、突合速、烏延蒲盧渾、赤盞暉、大㚖、阿离補等六人，皆收國以來所謂熊羆之士、不二心之臣也，其功有可録者焉。

校勘記

〔一〕大㚖本名撻不野　「撻不野」原作「塔不也」，同音異譯。今與傳文統一。又下目「阿离補」「离」

原作「里」。今亦與傳文統一。

〔二〕散篤魯　按上文作「散睹魯」，蓋同音異譯。

〔三〕天會六年　原脫「天會」二字。按本書卷三太宗紀，天會六年「七月乙巳，宋主遣使奉表請和，詔進兵伐之」。今據補。

〔四〕睿宗爲右副元帥　「副」原作「輔」。按本書卷一九世紀補，記睿宗云，「天會五年，宗望薨，帝爲右副元帥」。今據改。

〔五〕後家來州　「來」原作「萊」，今改正。參見本書卷七五校記〔三〕。下同。

〔六〕明年軍至滄州　「明年」二字原在下文「由是大軍俱濟」之下，今據本書卷三太宗紀天會四年春「大臭攻下滄州」移改。

〔七〕八月再伐宋　「八月」原作「明年」。按「明年」二字已移至上文「軍至滄州」之前。又本書卷三太宗紀，再伐宋在八月，今據補「八月」二字。

〔八〕六年爲行臺左丞相　按本書卷四熙宗紀，皇統六年「三月壬申，以阿离補爲行臺右丞相」，四月「戊午，行臺右丞相阿离補薨」，皆作「行臺右丞相」。卷五九宗室表，「阿魯補，係出景祖，行臺左丞相」。卷一三二烏帶傳，「行臺左丞相阿魯補子也」。則與此同。

〔九〕濟國公蒲查　按本書卷五九宗室表作「蒲察齊國公」。

〔一〇〕初阿魯補當授謀克　「阿魯」下原脫「補」字。按本書卷一三二烏帶傳，「言本名烏帶，行臺左丞

相阿魯補子也」。又「大定六年，以阿魯補謀克授兀荅補」。知「阿魯」下當有「補」字。今補據。

金史卷八十一

列傳第十九

鶻謀琶　迪姑迭　阿徒罕　夾谷謝奴　阿勒根沒都魯

黃摑敵古本　蒲察胡盞　夾谷吾里補　王伯龍　高彪

溫迪罕蒲里特　伯德特离補〔一〕　耶律懷義　蕭王家奴

田顥　趙隇

鶻謀琶，术吉水斜卯部人也。性忠直寬厚，重節義，勇於戰。父阿鶻土，贈金吾衞上將軍。

穆宗時，鶻謀琶內附，先遣子寧吉從間道送款。遂使活里疃與鶻謀琶合軍攻降諸部，因領其衆，與弟胡麻谷、渾坦、姪阿里等攻下諸城，從撒改破塢塔城，穆宗屢賞之。破高麗

戍兵。與石適歡討平諸部。蒲察部雅里孛堇與其兄弟胡八、雙括等欲叛歸遼，鶻謀琶執之，送于康宗，賜賚甚厚。破高麗曷懶甸及下陁魯城有功。

天輔六年卒，年七十二。天眷中，贈銀青光祿大夫。

迪姑迭，溫迪罕部人。祖扎古廼，父阿胡迭，世爲胡論水部長。迪姑迭年二十餘代領父謀克，攻寧江州，敗遼援兵，獲甲馬財物。攻破奚營，回至韓州，遇敵二千人，擊走之。斡魯古與遼人戰于咸州，兵已却，迪姑迭以本部兵力戰，諸軍復振，遂大破之。護步荅岡之役，乙里補孛堇陷敵中，〔二〕迪姑迭援出之。攻黃龍府，身被數創，授猛安。天輔七年，從上至山西，病卒，年四十七。天眷中，贈光祿大夫。

阿徒罕，溫迪罕部人。年十七從撒改、斡帶等討平諸部，皆身先力戰。高麗築九城于曷懶甸，斡塞禦之，阿徒罕爲前鋒。高麗有屯于海島者，阿徒罕率衆三十人夜渡，焚其營栅戰艦，大破之，遂下驗吉城。既而八城皆下，功最。遼兵自寧江州東門出，阿徒罕逆擊，盡殪之，以功授謀克。從攻黃龍府，力戰，身被數十創，竟登其城。後與烏論石準援照散城，阿徒罕請乘不備急擊之，遂夜過益褪水，詰朝，大敗之，斡魯上其功，賜幣與馬。

天輔四年五月疾病，賜良馬一匹，詔曰：「汝安則乘之。」年六十五卒。上悼惜之，遣使弔祭，以馬爲賵。阿徒罕爲人孝弟，好施惠，健捷善弋獵，至角觝、擊鞠，咸精其能。

夾谷謝奴，隆州納魯悔河人也。國初，祖阿海率所部來歸，獻器用甲仗。父不剌速，襲本部勃堇，從太祖伐遼，授世襲猛安，親管謀克，爲曷懶路都統。

謝奴，其長子也。長身多髯，善騎射，通女直、契丹大小字及漢字。既冠，隨其父見太祖，命佩金牌，總領左翼護衛。

西京未下，謝奴獲城中生口，乃知城中潛遣人求救於外，都統府得爲之備，却其救兵，西京乃下。自燕京還，過判泥恩納阿，遇敵於隘。謝奴身先士卒，射殺敵中先鋒二人，敵潰走，總管蒲魯虎以甲及馬贈之。後領其父猛安，從攻和尚原，出仙人關，宋兵據險，猛安雛訛只突戰不克，謝奴選麾下五十人戰，克之。與吳玠相拒，烏里雅行陣不整，吳玠乘之，謝奴領兵逆戰，遂大破敵。計前後功，襲其父猛安謀克。

宗弼復取河南、陝西，宋人欲潛兵襲取石閭諸營，謝奴自渭南大禹鎭掩其伏兵，射中其軍帥，宋兵敗走，多獲旗幟兵仗，帥府厚賞之。除華州防禦使。入爲工部侍郎，遷本部尚書。改平涼尹、昭義軍節度使。大定初，卒。

阿勒根沒都魯，上京納鄰河人也，後徙咸平路梅黑河。雄偉美鬚髯，勇毅善射。國初伐遼，沒都魯在軍中，領謀克猛安，每遇敵，往來馳突，人莫敢當，故所戰皆克。皇統元年，計功擢宣威將軍。明年，授同知通遠軍節度使，改移剌都糺詳穩。授世襲本路寧打渾河謀克。爲滑州刺史，改肇州防禦使、蒲與路節度使，遷驃騎上將軍。累官金吾衛上將軍。是歲，以年老致仕，卒。〔三〕年七十三。

黃摑敵古本，世居星顯水。從破寧江，取咸州，平東京路及諸山寨柵，皆有功。從廝吉破遼將和尚節使兵七千於上京，復破那野軍二萬。再從廝吉遇敵於阿鄰甸，廝吉被創，不能戰，敵古本率兵擊敗之，剿殺殆盡。從攻回鶻城，破其兵九萬，敗木匠直撒兵於山後，俘獲甚衆。敗昭古牙之兵三千，獲其家屬而還。攻平州張覺，吾春被圍於西山，敵古本引兵救之，解其圍，幷獲糧五千斛，招降戶口甚衆。從平興中，撫安其民人。天會間，大軍伐宋，敵古本從取濬、開德、大名，及取濟南、高唐、棣、密等州。皇統間，以功襲謀克，移屯於壽光縣界爲千戶。六年，授世襲千戶，棣州防禦使。卒。

蒲察胡盞，案出滸水人。年十八從軍，其父特厮死，襲爲謀克。天輔間，夏以兵三萬出天德路，胡盞從婁室迎戰，以兵三百，敗敵二千。天會三年，大軍攻太原，城中出兵萬餘來戰，胡盞以所領千戶軍擊之，復敗敵兵三萬餘於楡次境。六年，從婁室攻京兆，以所部兵屢與宋人接戰，皆先登有功。七年，取邠州，遇宋人二十餘萬，我軍右翼少却，時胡盞爲左翼千戶，摧鋒陷陣，敵遂敗去。敗張浚富平復有功。十三年，擊闍師古〔四〕於臨洮衆三萬餘。從攻涇州，從破德順、秦、鞏、臨洮、河、蘭等州，破吳璘兵，胡盞皆有力焉。授德順州刺史，改隴州防禦使，鳳翔尹。卒，年五十五。

夾谷吾里補，暗土渾河人，徙天德。父兀屯，討烏春、窩謀罕有功。吾里補隸婁室帳下，攻係遼女直，招降太彎照三等。從婁室救斡魯古于咸州，〔五〕敗遼兵于押魯虎城。遼軍營遼水，吾里補五謀克軍乘夜擊之，遼軍驚潰，殺獲幾盡。

斡魯伐高永昌，吾里補以數騎奮擊于遼水之上，復以四十騎伏于津要，遇其候騎，擊之，獲生口，因盡知永昌虛實。太祖嘉之，賞奴婢八人。永昌駐軍於兎兒陁，先據津要，軍不得渡。吾里補與撒八射殺其先鋒二人，永昌衆稍却，大軍遂渡遼水。及攻廣寧，軍帥選勇士先登，吾里補與赤盞忽沒渾各領所部，突入其陣，大軍繼之，遂拔廣寧。

太祖攻臨潢，吾里補面被重創，奮擊自若，賞以遼宮女二人。遼王杲已取中京，〔六〕吾里補以四十騎覘敵，獲遼候舌人，因知遼主所在。後從都統斡魯定雲中，從宗翰屯應州，遼軍在近境，吾里補以所部擊敗之。宗望伐宋，宋安撫使蔡靖詣吾里補降。婁室攻陝西，諸郡往往復叛，吾里補攻敗之。敗張浚軍于富平，吾里補先登，睿宗賞以金器名馬。遂以先鋒攻蘭州，下其城。加昭武大將軍，授世襲猛安。累官孛特本部族節度使，以老致仕，封芮國公。

吾里補多智略，膂力過人，雖甚老，勇健不少衰。大定初，劇賊嘯聚，出特鄙關，吾里補率鄉里年少逆擊之，賊黨遂潰。事聞，賞賚甚厚。大定二十六年卒，一百有五歲。

王伯龍，瀋州雙城人也。遼末，聚黨爲盜。天輔二年，率衆二萬及其輜重來降，授世襲猛安，知銀州，兼知雙州。

四年，太祖攻臨潢，〔七〕伯龍與韓慶和以兵護糧餉，輓夫千五百人皆授甲，慶和已將兵行前，伯龍從糧居後，遇遼兵五千餘邀於路，伯龍率輓夫擊敗之，獲馬五百匹。六年，從攻下中京，〔八〕幷克境內諸山寨，爲靜江軍節度留後。天會元年，眞授節度使，從宗望討張覺於平州，〔九〕伯龍先登馳擊，手殺數十百人，遷右金吾衛將軍。白河之戰，伯龍當其左軍，麾兵疾馳蹂之，宋軍亂，我師乘勝奮擊敗之。

宗望伐宋，伯龍爲先鋒，次保州，遇敵五萬，破之，招降新樂軍民十餘萬。大軍圍汴，宋太尉何㮚以軍數萬出酸棗門，伯龍以本部遮擊，多所斬獲。及破汴，伯龍以治攻具有功。進破孔彥舟、酈瓊衆三萬於洺州。[一〇]

是年，同知保州兵馬安撫司事，將兵數千攻北平，拔之。復取保州、河間。睿宗經略山東，伯龍從攻青州，未下，城中夜出兵襲伯龍營，伯龍不及甲，獨被衣挺刃拒營門，敵不得入，因奮擊殺數十人。已而，軍士皆甲出，殺傷宋兵不可勝計，并獲其一將，斬之。及下青州，第功，伯龍第一。

六年，還攻莫州，降之，加太子少保、莫州安撫使。破李固寨衆十餘萬於濮州。濮城守，城中鎔鐵揮我軍，攻之不能剋。伯龍被重甲，首冠大釜，挺槍先登，殺守陴者二十餘人，大軍相繼而上，遂剋之。進攻徐州，伯龍復先登，充徐、宿、邳三路軍馬都統。敗高托山之衆十五萬餘於淸河。[一一]進擊韓世忠於邳州，走之，與大軍會於宿遷，追世忠至揚州。還攻泗州。泗州守將以城降。

屯軍嵫陽，破陳宏賊衆四十餘萬。破黃戩於單州。進攻歸德，軍帥遣伯龍立攻具，伯龍從二十餘騎行視地形，城中忽出兵千餘，欲生得伯龍，伯龍縱騎馳之，敵兵亂，墮隍而死

者幾二百人。破王善之衆於巢縣，取廬州、和州，伯龍之功多。軍渡采石，擊敗岳飛、劉立、路尙等兵，[一二]獲芻糧數百萬計。

還過眞、揚，道遇酈瓊、韓世忠軍，復戰敗之。復爲莫州安撫，改知澤州。太行羣賊往往嘯聚，伯龍皆平之。

天眷元年，爲燕京馬軍都指揮使。從元帥府復收河南，權武定軍節度使，兼本路都統。宋兵據許州，伯龍擊走之，招復其人民。是年秋，泰安卒徒張貴驅脅良民，據險作亂，伯龍討平之。

皇統元年，以本部從宗弼南伐，攻破濠州而還。三年，爲武定軍節度使，改延安尹，寧昌軍節度使。天德三年，改河中尹，徙益都尹，封廣平郡王。卒，年六十五。正隆間，例贈特進、定國公。

高彪，本名召和失，辰州渤海人。祖安國，遼興、辰、開三鎭節度使。父六哥，左承制，官至刺史。彪始生，其父用術者言，爲其時日不利於己，欲不舉，其母爲營護。居數歲，竟逐之，彪匿於外家。遼人調兵東京時，六哥已老，當從軍，悵然謂所親曰：「吾兒若在，可勝兵矣。」所親具以實告，因代其父行。戰於出河店，遼兵敗走，彪獨力戰，軍帥見之曰：「此勇

士也。」令生致之。斡魯攻東京，六哥率其鄉人迎降，以爲榆河州千戶。久之告老，彪代領其衆。

都統杲攻中京，彪領謀克，從斡魯破遼將合魯燥及韓慶民於高、惠之境。已而駐軍武安，合魯燥以勁兵二萬來襲，從斡魯出戰，與所部皆去馬先登，奮擊敗之。奚人負險拒命，所在屯結，彪屢戰有功。

宗望攻平州，彪徇地西北道，破敵，招降石家山寨。再從宗望伐宋，爲猛安。師次眞定，彪率兵士七十人，臨城築甬道，城中夜出兵焚攻具，彪擊走之。大軍圍汴，以五十騎屯於東南水門。宋人再以重兵出戰，彪皆敗之。師還，屯鎭河朔，復破敵於霸州，擒其裨將祝昂。河間夜出兵二萬襲我營壘，彪率三謀克兵擊敗之。

天會五年，授靜江軍節度使、壽州刺史。明年，伐宋，從帥府徇地山東，攻城克敵，數被重賞。七年，師至睢，彪以所部招誘京西人民。次柘城縣，[一三]其官吏出降，彪獨與五十餘騎入城。繼而城中三千餘人復叛，彪率其衆力戰敗之，撫安其民而還。

從梁王宗弼襲康王，至杭州。師還，宋將韓世忠以戰艦數百扼於江北。宗弼引而西，將至黃天蕩，敵舟三十餘來逼南岸，其一先至者載兵士二百餘，彪度垂及，以鈎拽之，率勇士數十，躍入敵舟，所殺甚衆，餘皆逼死於水中。

明年，從攻陝西，師至寧州，彪與宗人昂率兵三千取鄜州。始至，有來降者言：「城東北隅守兵將謀爲內應。」彪卽夜從家奴二人以登，左右守者覺之，彪與從者皆殊死戰，諸軍繼進，遂克其城。從攻和尙原及仙人關。與阿里監護漕糧并戰艦至亳州，宋人以舟五十艘阻河路，擊敗之，擒其將蕭通。擊漣水賊水寨，進取漣水軍，其官已遁去，悉招降之。

彪勇健絕人，能日行三百里，身被重鎧，歷險如飛。及臨敵，身先士卒，未嘗反顧，大小數十戰，率以少擊衆，無不勝捷。

齊國既廢，攝滕陽軍以東諸路兵馬都統，撫諭徐、宿、曹、單、滕陽及其屬邑皆按堵如故。爲武寧軍節度使，頗黷貨，嘗坐贓，海陵以其勳舊，杖而釋之。改沂州防禦使，[一四]歷安化、安國、武勝軍節度使，遷行臺兵部尙書，改京兆尹，封郜國公。以憂去官，起復爲武定軍節度使，歸德尹。正隆例授金紫光祿大夫。久之致仕，復起爲樞密副使、舒國公，賜名彪。卒年六十七，謚桓壯。彪性機巧，通音律，人無貴賤，皆溫顏接之。

溫迪罕蒲里特，隆州移离閔河胡勒出寨人也。[一五]魁梧美髯，有謀略，以智勇聞。都統杲取中京，蒲里特權猛安，領軍五千，遇契丹賊萬餘，與戰敗之。出袞古里道，敗敵八千餘。至臘門華道，復以伏兵敗敵萬人。太祖定燕，自儒州至居庸關，執其喉舌人。有頃，賊三千

餘人復寇隰門華道，蒲里特整隊先登，賊識其旗幟，望風而遁，遂奮擊之，親執賊帥。

皇統元年，從梁王宗弼伐宋，留軍唐州。敵衆奄至，蒲里特擊之，大名軍萬四千號二十萬，蒲里特率親管猛安，身先士卒，衝擊，敵少却，乃張左右翼併擊之，敵衆散走。而別遇兵二萬來援，復以兵三千擊走之。時邳州土賊嘯聚，幾二十萬，蒲里特軍三千，分爲數隊急攻之，賊潰去。南京路遇敵軍二萬，蒲里特以軍三千擊敗之。是日，有兵自城中出者，復擊敗之。

皇統二年，遷定遠大將軍，同知鳳翔尹。六年，改京兆尹，轉寧州刺史，改西北路招討都監，遷永定軍節度使。海陵南征，改武衞軍都總管。大定三年，授開遠軍節度使，改泰寧軍。卒。十九年，以功授其子兀帶武功將軍、本猛安奚出痕世襲謀克。

伯德特离補，奚五王族人也，遼御院通進。天會初，與父撻不也歸朝，授世襲謀克，後以京兆尹致仕。

特离補招降松山等州未附軍民，及招降平州、薊州境內，督之耕作。宗望伐宋，特离補爲軍馬猛安，與諸將留，規取保、遂、安三州。攻安肅軍，河間、雄、保等兵十餘萬來救，特离補率所部先戰，大軍繼之，大破其兵，遂拔安肅。特离補攝通判事，降將胡愈陰結衆謀亂，

特离補勒兵擒愈及其衆五十餘人。安肅軍改爲州，就除同知州事。改磁州，捕獲太行羣盜。元帥府以磁、相二州屯兵屬之，擒王會、孫小十、苗清等，羣盜遂平。遷濱州刺史，廉入優等。以母憂去官，起復本職，改涿州刺史。

入爲工部郎中，從張浩營繕東京宮室。及田瑴黨事起，朝省爲之一空，特离補攝行六部事，遷大理卿，出爲同知東京留守。天德三年，復爲大理卿，同知南京留守。丁父憂，起復洺州防禦使。正隆盜起，州縣無兵，不能禦。洺舊有河附于城下，特离補乃引水注濠中以爲固，盜弗能近，州賴以安。遷崇義軍節度使，未幾，告老歸田里，卒。

特离補爲人孝謹，爲政簡靜不積財，常曰：「俸祿已足養廉，衣食之外，何用蓄積。」凡調官，行李止車一乘、婢僕數人而已。

耶律懷義本名孛迭，遼宗室子。年二十四，以戰功累遷同知點檢司事。宗翰已取西京，遼主謀奔于夏，懷義諫止之，不見聽，乃竊取遼主廐馬來降。

太祖自燕還師，留宗翰、斡魯經略西方，懷義領謀克從軍。天會初，帥府以新降諸部大小遠近不一，令懷義易置之，承制以爲西南路招討使。乃擇諸部衝要之地，建城市，通商賈。諸部兵革之餘，人多匱乏，自是衣食歲滋，畜牧蕃息矣。

從宗翰伐宋，降馬邑，破鴈門，屯兵，進攻太原，以所部別降清源縣徐溝鎮，遂與諸將列屯汾州之境。時河東、陝西路兵來救太原，劉光世、折可求栅于文水西山，懷義捕得生口，盡知宋兵屯守要害，乃分兵襲敗之。

明年，再伐宋，從婁室取汾州及其屬邑，遂過平陽，出澤、潞以趨河陽，所至皆降。及大軍圍汴，懷義屯京西，汴城既下，宋兵之出奔者，邀擊盡之。從攻鄭、鄧州及討平鄭州叛者，攻下濮州及雷澤縣，從破大名、東平府、徐、兗等州，皆有功。七年，還鎮。十年，加尚書左僕射，改西北路招討使。

懷義在西陲幾十年，撫御有恩，及去，老幼遮道攀戀，數日不得發。天眷初，爲太原尹，治有能聲。改中京留守。從宗弼過烏納水，還中京，以老乞致仕，不許。改大名尹，命不赴治所，止以俸傔給之。每歲春水扈從，餘聽自便。明年，再請老得謝，給俸傔之半。海陵即位，封漆水郡王，進封莘王。久之，進封蕭王。正隆例封景國公。

其子神都斡爲西北路招討都監，迎侍之官。神都斡從海陵南征，懷義卒于雲中，年八十二。

蕭王家奴，奚人也，居庫党河。爲人魁偉多力，未冠仕遼，爲太子率府率。天輔七年，

都統杲定奚地，王家奴率其鄉人來降，命爲千戶領之。奚王回离保既死，其親黨金臣阿古者猶保撒葛山，王家奴與突撚往討之，生擒金臣阿古者，降其餘衆。時平、灤多盜，王家奴以所部屢破賊兵，斬馘執俘，數被賞賚。

宗望伐宋，敗郭藥師於白河，亦與有功。至河上，宋兵扼津要，與諸將擊敗之。進圍汴，破其東門兵。明年，再伐宋，宗望軍至中山，諸門分兵出戰，焚我攻具，祁州、〔一六〕河間各以兵來援，皆敗之。

師還，屯鎮河朔。濱州賊葛進聚衆數萬臨淄，孛菫照里以騎兵二千討之，王家奴領謀克先登，力戰大破其衆。

明年，攻滄州，宋兵拒戰，復從照里擊走之。宋將徐文以舟百艘泊海島，即以商船十八進襲，斬首七百級，獲舟二十。

天會八年，除靜江軍節度使，授世襲千戶。從梁王宗弼征伐，爲萬戶，還爲五院部節度使。天德二年，改烏古迪烈招討都監，卒。

田顥字默之，興中人。遼天慶八年進士，歷官金部員外郎，權歸德節度使。太祖定燕，顥舉四州版圖歸朝，加都官郎中，權節度使事，四遷知眞定府事。招降齊博、游貴等賊衆五

千餘人。已而，貴復叛去，顥遣齊博偽叛從貴，因令伺間殺之，降其衆，賊壘悉平。

三遷行臺左丞、彰德軍節度使。是時，新定力役，顥錮籍之半而上之，故相之繇賦比他州獨輕。徙同知河北東路都總管，改同簽燕京留守司事，民遮留不得出，易服夜去。改河東南路轉運使，尋改絳陽軍節度使。居三年，以疾請謝事，徑解印歸。數奏不允，移鎮振武軍。入爲刑部尚書，居三月請老，卒于家。

趙隇字德固，遼陽人。其婦翁以優伶得幸於遼主，隇補閤門祗候，累遷太子左衛率。後居灤州。宗望討張覺，隇踰城出降，授洛苑副使，爲灤州千戶。還洛苑使，檢校工部尚書。

從伐宋，至汴，遷棣州刺史、侍衛步軍都虞候。及再伐宋，攻眞定與有功，改商州刺史，檢校尚書右僕射。五年，同知信德府路統押軍兵，兼沿邊安撫司事。明年，權知濟州事。八年，從定河南，授隴州團練使。十年，改知石州。隇久在兵間，不善治民，坐謗議，謫監平州甜水鹽。

齊國廢，河南皆以宿將守之，授隇宿州防禦使，統本路軍兵。隇重義，接儒士。嘗以事至汴，有故人子負官錢百萬，隇以橐金贈之，其子悉爲私費，復代輸之。頃之，有訟徐帥不

法者，朝廷使隇鞫治，隇委曲營護，坐是廢罷，寓居於燕。

海陵出領行臺省，至燕，隇往見之，因訴其事。及海陵即位，起爲保大軍節度使。貞元初，改內省使。未幾，爲中都路都轉運使。明年，再徙順義、興平，入爲太子詹事，鎮沁南，以疾卒，年六十六。

後十餘年，隇子孫、司徒張通古子孫皆不肖淫蕩，破貲產，賣田宅。世宗聞之，詔曰：「自今官民祖先亡沒，子孫不得分割居第，止以嫡幼主之，毋致鬻賣。」仍著于令。

校勘記

〔一〕伯德特离補　「离」原作「里」。今與傳文統一。又下目「田顥」原作「田灝」。今亦與傳文統一。

〔二〕護步荅岡之役乙里補孛菫陷敵中　按「乙里補」，本書卷二太祖紀收國元年十二月條作「阿离本」。

〔三〕累官金吾衛上將軍是歲以年老致仕卒　「累官金吾衛上將軍」八字，原在「卒」字下，今據文義乙正。

〔四〕十三年擊關師古　按宋史卷二七高宗紀，紹興四年三月「丙子，以關師古爲熙河蘭廓路安撫制置使」。夏四月甲午，「關師古叛，以洮、岷二州降僞齊」。胡盞之擊關師古當在此時。紹興四年是天會十二年，則「十三」當是「十二」之誤。

〔五〕從婁室救斡魯古于咸州　「咸」原作「威」。按本書卷七一斡魯古傳，「與遼都統實婁戰于咸州西，敗之，斬實婁于陣。與婁室克咸州」。又卷七二婁室傳，「進兵咸州，克之」。今據改。

〔六〕遼王杲已取中京　「王」原作「主」。按本書卷一九世紀補，贊有「遼王杲取中京」語。卷五九宗室表，「杲，本名斜也，遼王」。今據改。

〔七〕四年太祖攻臨潢　「四」原作「三」。按本書卷二太祖紀，天輔四年「四月乙未，上自將伐遼」。五月「壬子，至上京」。「甲寅，亟命進攻」。今據改。

〔八〕六年從攻下中京　「六」原作「四」。按本書卷二太祖紀，天輔六年正月「乙亥，取中京」。今據改。

〔九〕天會元年眞授節度使從宗望討張覺於平州　「天會元年」原作「五年」，無「天會」二字。按本書卷三太宗紀，天會元年十一月「壬子，命宗望問闍母罪，以其兵討張覺。庚午，宗望及張覺戰于南京東，大敗之」。今據補「天會」二字，改「五年」爲「元年」。

〔一〇〕進破孔彥舟酈瓊衆三萬於洛州　「洛」原作「沼」，據殿本改。

〔一一〕敗高托山之衆十五萬餘於清河　「十五萬餘」原作「十五餘萬」，據文義乙正。

〔一二〕擊敗岳飛劉立路尙等兵　「兵」原作「岳」，據殿本改。

〔一三〕次柘城縣　原脫「城」字。按本書卷二五地理志，南京路睢州有柘城，今據補。

〔一四〕改沂州防禦使　「沂」原作「忻」。按金石萃編卷一五四，沂州府普照寺碑後題銜「奉國上將軍、行沂州防禦使事、兼管內安撫使、統押沂海路萬戶兵馬高召和式」。高召和式卽高彪，「召和式」本卷作「召和失」，蓋同音異譯。今據改作「沂州」。

〔一五〕隆州移离閔河胡勒出寨人也　「河」原作「阿」。按本書卷六七溫敦蒲剌傳有「隆州移里閔河」，今據改。

〔一六〕祁州　「祁」原作「蘄」。據本書卷二五地理志改。

字。與耶律高八來歸。婁室問高八曰：「與爾同來者，誰可任用治軍旅事？」高八對曰：「斛里可。」

婁室與宗翰伐宋，恕隸前鋒，取和尚原，攻仙人關，特爲睿宗所知，再除太原、眞定少尹。撒离喝辟署陝西參謀，委以軍務，遷行臺兵部侍郎，再遷尚書左司郎中。海陵爲平章政事，謂恕曰：「君亦有黨乎？」恕正色曰：「窮則獨善其身，達則兼善天下。不以其道得之，非恕之志也。何朋黨之有。」海陵徐曰：「前言戲之耳。」久之，爲沁南軍節度使，遷行臺工部尚書。行臺罷，改安國軍節度使，爲參知政事。以疾求解，爲興中尹，入爲太子少保。正隆元年，致仕。封廣平郡王。薨，年六十九。二年，例贈銀青光祿大夫。

郭企忠字元弼，唐汾陽王子儀之後。郭氏自子儀至承勳，皆節鎭北方。唐季，承勳入于遼，子孫繼爲天德軍節度使，至昌金降爲副使。

企忠幼孤，事母孝謹。年十三，居母喪，哀毀如成人。服除，襲父官，加左散騎常侍。天輔中，大軍至雲中，遣耶律坦招撫諸部。企忠來降。軍帥命同勾當天德軍節度使事，從所部居于韓州。及見太祖，問知其家世，禮遇優厚，以白鷹賜之。

天會三年，伐宋，領西南諸部番、漢軍兵，爲猛安，從破雁門，屯兵，加桂州管內觀察留後，鎭代州。明年，賊楊麻胡等聚衆數千于五臺，企忠與同知州事迪里討平之。遷知汾州事。

是時，汾州初下，居民多爲軍士掠去，城邑蕭然。企忠詣帥府力請，願聽其親舊贖還。帥府從之。未幾，完實如故。石州賊閻先生衆數萬至城下，僚屬慮有內變，請爲備。企忠曰：「吾於汾人有德，保無他。」乃率吏民城守。會援至，合擊，破之。

六年，改靜江軍節度留後，遷天德軍節度使、汴京步軍都指揮使，累遷金吾衛上將軍。秩滿，權沁州刺史。到官歲餘，卒，年六十八。

烏孫訛論，善騎射，襲父撒改謀克，從蒙刮攻東京及廣寧，擊北京山賊，皆有功。蕭霸哲來攻恩州，訛論以六十騎偵之。逮夜，遇敵數百騎，掩擊之，生獲三人，知霸哲衆九萬且至，故蒙刮得以爲備，遂破霸哲。

宗望伐宋，已至汴，訛論破尉氏、中牟援兵，取其城。久之，以兵百五十人破敵一千於滄州西。明年，再伐宋。蒙刮戍開州，訛論以騎四百守河，復敗千餘人，斬首七百餘。宗弼渡淮，阿里先具舟于江上，聞王善兵扼其前。宗弼使訛論濟師敗王善于和州北。李成以兵七萬據烏江，訛論帥二千人直前敗之。宗弼遂渡江至江寧。

十五年，沂州賨防禦叛。訛論敗之，獲賨防禦。錄前後功，授猛安，加昭武大將軍。宗弼再取河南，訛論以五十騎敗楊家賊五百於徐州東。以功受賞，不可勝計。

天德二年，除唐州刺史，移淄州，遷石壘部族節度使。行至北京，病卒。

顏盞門都，隆州帕里干山人也。身長，美鬚髯。天會間，從其兄羊艾在軍中。方取汴京，其兄戰歿，遂擐甲代其兄充軍。睿宗定陝右，以門都爲蒲輦，隸監軍杲親管萬戶，攻饒風關。至坊州，杲欲與總管蒲魯虎會於鳳翔，遣門都領六十騎先往期會。及還，備得地形險阨，賞銀五十兩。其後梁王宗弼駐軍山東，遣人詣陝西，特召門都至。令齎廢齊及安撫百姓詔書，往諭監軍宗室杲。門都既還，宗弼賞以良馬銀絹。事畢，復遣從杲。

天眷初，叛將定國軍節度使李世輔僞邀杲至私署，以獻甲爲名，遂以兵劫執而去。門都突出，以告押軍猛安完顏撻懶，同率兵追及，首出與戰，杲由此得脫，以功遷明威將軍。復從杲招復陝西，進至鳳翔。齊國初廢，諸路多反覆不一。杲授門都牌劄，令往撫定。門

都所至，多張甲兵，從者安之，違者討之，帖然無復叛者，杲甚嘉之。皇統初，遷廣威將軍。四年，授同知通遠軍節度使事，改知保安軍事。天德三年，爲丹州刺史兼知軍事。正隆初，爲寧州刺史。

大定初，宋將吳璘等以軍數十萬人據秦、隴，元帥府承制以門都爲勇烈軍都總管，領軍討之。宋人保據德順。都監合喜遣武威軍副都總管夾谷查剌，會宗室璋，議征討之策。璋與門都曰：「須都監親至，敵必退矣。」合喜領軍四萬來赴，遂復德順州。明年，秦、隴平，以功還金吾衛上將軍，授通遠軍節度使。

五年，改慶陽尹，兼本路兵馬都總管，卒于官。十九年，錄功，以子六哥世襲本路曷懶兀主猛安敵骨論窟申謀克，授武功將軍。

門都性忠厚謹慤，安置營壁，尤能愼密。有敵忽來，雖矢石至前，泰然自若，廼號令士卒如平時，由是人益安附，而功易成焉。

僕散渾坦，蒲與路挾懣人也。身長七尺，勇健有力，善騎射。年十六，從其父胡沒速征伐。初授修武校尉，爲宗弼扎也。天眷二年，與宋岳飛相拒。渾坦領六十騎，深入覘伺，至

鄢陵，敗宋護糧餉軍七百餘人，多所俘獲。皇統九年，除慈州刺史，再遷利涉軍節度使，授世襲濟州和术海鸞猛安涉里斡設謀克。貞元初，以憂去官。起復舊職，歷泰寧、永定軍，改咸平尹。

海陵殺渾坦弟樞密使忽土，召渾坦至南京。既見，沈思久之，謂之曰：「汝有功舊，不因忽土得官，以此致罪，甚可矜憫。」遂釋之。改興平軍節度使。世宗卽位，以爲廣寧尹。窩斡反，爲行軍都統，與曷懶路總管徒單克寧俱在左翼，敗窩斡於長濼。改臨潢尹。賊平，賜金帛。改曷懶路兵馬都總管。徙顯德軍、慶陽尹。致仕。大定十二年，上思舊功，起爲利涉軍節度使，復以金紫光祿大夫致仕。卒，年七十二。

渾坦歷一十七官，未嘗爲佐貳。性沈厚有識，雖未嘗學問，明於聽斷，所至有治聲云。

鄭建充字仲實，其先京兆人，占籍鄜州。仕宋，累官知延安府事。天會七年來降，仍知延安府，屯兵三千。宋劉光烈兵八萬來攻建充，相距四十餘日。攻益急，建充遣人會斜喝軍，夾擊破之，俘其裨將賀貴。遷節制司統制軍馬。改京兆府路兵馬都監。敗宋曲端於彭原。高昌宗據延安，爲宋守，建充擊之，盡復城邑。復知延安軍府事。

齊國建，累遷博州團練使，知寧州。齊國廢，朝廷以地賜宋，爲宋環慶路經略安撫副使，仍知寧州。天眷復取陝西，仍以爲經略安撫使，知慶陽。〔八〕從破甘谷城，改平涼尹。

是時營建南京宮室，大發河東、陝西材木，浮河而下，經砥柱之險，筏工多沉溺，有司不敢以聞，乃誣以逃亡，錮其家。建充白其事，請至砥柱解筏，順流散下，令善游者下流接出之，而錮者得釋。正隆軍興，括筋角造軍器，百姓往往椎牛取之，或生拔取其角，牛有泣下者。建充白其事於朝。

建充性剛暴，常畜獮犬十數，奴僕有罪既笞，已復嗾犬嚙之，骨肉都盡。雖謙遜下士，於敵已上一無所屈。省部文移有不應法度，輒置之坐下，或卽毀裂，由是在位者銜之。軍胥李換竊用公帑，自度不得免，乃誣建充藏甲欲反，更再鞫，皆無狀。方奏上，攝事者素與建充有隙，恐其得釋，使吏持文書紿建充曰：「朝省有命，奈何？」建充曰：「惟汝所爲。」是夜，死于獄中。長子魍亦死焉。

烏古論三合，曷懶路愛也窟河人，後徙眞定。睿宗爲右副元帥，聞三合勇略，選充扎也。後從宗弼征伐，補麴院都監。未幾，從伐宋。與宋兵遇於潁州，三合先登破之。皇統元年，領漢軍千戶，帥府再以軍四千隸焉。除同知鄭州防禦使事，再遷太子少詹事。大定六年，改洺州防禦使。上曰：「卿昔事睿宗，積勞苦。逮事朕，輔佐太子，宣力多矣。今典名郡，所以勞卿也。」遷永定軍節度使，歷臨潢、鳳翔尹，陝西路統軍使，東平尹。節制州郡，躬行儉約，政先寬簡，邊庭久寧，人民獲安。召爲簽書樞密院事。卒。

十八年，世宗追錄三合舊勞，授其子大興河北西路愛也窟河世襲猛安阿里門河謀克，階武功將軍。

移剌溫本名阿撒，遼橫帳人，工契丹小字。睿宗爲左副元帥伐宋，溫從大臭渡江，辟江寧府都巡檢。江寧、太平初下，宋遣諜人扇構百姓，應者數萬人。溫擒其諜者，遂不敢竊發。宗弼嘉之，賜銀千兩、重綵百端、絹二百匹。宗弼每出征伐，未嘗不在行間。除同知河北西路轉運使事。會宗弼巡邊，溫從軍，不之官。

宗弼入朝，熙宗宴羣臣，宗弼欲有奏請，已被酒失次，溫掖而出宮。明日，熙宗謂宗弼曰：「阿撒事叔甚謹，不可去左右。」由是宗弼益親信之。嘗謂女壻紇石烈志寧曰：「汝可效阿撒之爲人也，可以幾古人矣。」未幾，除同知中京路都轉運使事，累遷左諫議大夫兼修起

居注。正隆伐宋，以本官爲濟州路行軍萬戶，從至揚州。軍還，除同知宣徽院事。

世宗御饌不適口，召溫嘗之。奏曰：「味非不美也，蓋南北邊事未息，聖慮有所在耳。」上意遂釋。

歷永定、震武、崇義節度使，移臨海軍。州治近水，秋雨，水潦暴至城下，城頗決，百姓惶駭，不知所爲。溫躬督役夫繕完之，雖臨不測，無所避。僚屬或止溫，溫曰：「爲政疵癘，水泛溢爲災，守臣之罪。當以此身爲百姓謝，雖死不恨。」移鎭武定，歲旱且蝗，溫割指，以血瀝酒中，禱而酹之。既而雨霑足，有羣鴉啄蝗且盡，由是歲熟，人以爲至誠之感云。以老致仕，卒。

贊曰：軍旅之事，鋒鏑在前，不計其死。耳屬金鼓，目屬旌旗，心屬號令，此行列之任也。自收國用兵，至于大定和宋以前，用命之士，雖細必錄，所以明功也。

蕭仲恭本名朮里者。祖撻不也，仕遼爲樞密使，守司徒，封蘭陵郡王。父特末，爲中書

〔四〕改歸德軍節度使　「德」原作「順」。按金無「歸順軍」，本書卷二四地理志，北京路有「瑞州，歸德軍節度使」。今據改。

〔五〕宋軍十萬餘入河隴　「河」原作「阿」。按本書卷八七徒單合喜傳，大定二年「宋吳璘侵古鎭，分據散關……寶鷄縣」。徒單合喜「以兵四千守德順，吳璘以二十萬人圍之」。宋史卷三六六吳璘傳，紹興三十二年遣姚仲攻德順，「璘按行諸屯，預治黃河戰地」。大散關、寶鷄等皆古隴地，又治黃河戰地，則知「阿」爲「河」之誤，今據改。

〔六〕正隆四年　原脫「正隆」二字。按上文言貞元二年事，而貞元僅歷三年，則此「四年」必屬正隆。本書卷五海陵紀云，正隆三年三月「辛巳，以兵部尚書蕭恭等爲賀宋生日使」。卷六〇交聘表同。又四年「三月丙辰朔，遣兵部尚書蕭恭經畫夏國邊界」。與此處相合。今據補「正隆」二字。

〔七〕天會十二年　原脫「天會」二字，今補。

〔八〕知慶陽　「陽」原作「州」。按本書卷二六地理志，慶原路有慶陽府，今據改。

〔九〕年六十四　原脫「年」字，據殿本補。

〔一〇〕可喜布輝阿瑣知事不可成　按本書卷六五璋傳記此事云，「說萬戶高松不從，璋知事不成，乃與可喜共執斡論詣有司陳」。卷六九可喜傳記此事云，「璋曰：『今不得高松軍，事不可成矣。』可喜、璋、布輝乃擒斡論」。皆有璋無阿瑣。卷六九阿瑣傳亦不及此事。疑「阿瑣」當作「璋」。

〔一一〕天德元年封崇王　按本書卷五海陵紀作天德二年二月「戊申，封子元壽爲崇王」。

金史卷八十三

列傳第二十一

張通古　張浩　張汝霖　張玄素　張汝弼　耶律安禮　納合椿年　祁宰

張通古字樂之，易州易縣人。讀書過目不忘，該綜經史，善屬文。遼天慶二年進士第，補樞密院令史。丁父憂，起復，懇辭不獲，因遁去，屏居興平。太祖定燕京，割以與宋。宋人欲收人望，召通古。通古辭謝，隱居易州太寧山下。宗望復燕京，侍中劉彥宗與通古素善，知其才，召爲樞密院主奏，改兵刑房承旨。天會四年，初建尚書省，除工部侍郎，兼六部事。高慶裔設磨勘法，仕宦者多奪官，通古亦免去。遼王宗幹素知通古名，惜其才，遣人諭之使自理。通古不肯，曰：「多士皆去，而己何心獨求

用哉。」宗幹爲論理之。除中京副留守，爲詔諭江南使，宋主欲南面，使通古北面。通古曰：「大國之卿當小國之君。天子以河南、陝西賜之宋，宋約奉表稱臣，使者不可以北面。若欲貶損使者，使者不敢傳詔。」遂索馬欲北歸。宋主遽命設東西位，使者東面，宋主西面，受詔拜起皆如儀。使還，聞宋已置戍河南，謂送伴韓肖胄曰：「天子裂壤地益南國，南國當思圖報大恩。今輒置守戍，自取嫌疑，若興師問罪，將何以爲辭？江左且不可保，況齊乎？」肖胄惶恐曰：「敬聞命矣。」卽馳白宋主。宋主遽命罷戍。通古至上京，具以白宗幹，且曰：「及其部置未定，當議收復。」宗幹喜曰：「是吾志也。」卽除參知行臺尚書省事。

未幾，詔宗弼復取河南，通古請先行至汴諭之。比至汴，宋人已去矣。或謂通古曰：「宋人先退，詐也，今聞將自許、宿來襲我。」通古曰：「南人宜言來者，正所以走耳。」廼使人覘之，宋人果潰去。宗弼撫髀笑曰：「誰謂書生不能曉兵事哉。」

河南卒孫進詐稱「皇弟按察大王」，謀作亂。是時海陵爲相，內懷覬覦，欲先除熙宗弟胙王常勝，因孫進稱皇弟大王，遂指名爲胙王以誣構之。熙宗自太子濟安薨後，繼嗣未定，深以爲念。裴滿后多專制，不得肆意後宮，頗鬱鬱，因縱酒，往往迷惑妄怒，手刃殺人。及海陵中傷胙王，熙宗以爲信然不疑，遣護衞特思就汴京鞫治。行臺知熙宗意在胙王，導引孫進連屬之。通古執其咎，極力辯止。及孫進引服，蓋假託名稱，將以惑衆，規取財物耳，

實無其人也。特思奏狀，海陵譖之曰：「特思且將徼禍於胙王。」熙宗益以海陵爲信，遂殺胙王，并特思殺之。行臺諸人乃責通古曰：「爲君所誤，今坐死矣。」通古曰：「以正獲罪，賢於生。」海陵既殺胙王，不復緣害他人，由是坐止特思，行臺不坐。

天德初，遷行臺左丞，進拜平章政事，封譚王，改封鄆王。以疾求解機務，不許。拜司徒，封瀋王。海陵御下嚴厲，收威柄，親王大臣未嘗少假以顏色，惟見通古，必以禮貌。

會磁州僧法寶欲去，張浩、張暉欲留之不可得，朝官又有欲留之者。海陵聞其事，詔三品以上官上殿，責之曰：「聞卿等每到寺，僧法寶正坐，卿等皆坐其側，朕甚不取。佛者本一小國王子，能輕舍富貴，自苦修行，由是成佛，今人崇敬。以希福利，皆妄也。況僧者，往往不第秀才，市井游食，生計不足，乃去爲僧，較其貴賤，未可與簿尉抗禮。閭閻老婦，迫於死期，多歸信之。卿等位爲宰輔，乃復效此，失大臣體。張司徒老成舊人，三教該通，足爲儀表，何不師之。」召法寶謂之曰：「汝既爲僧，去住在己，何乃使人知之？」法寶戰懼，不知所爲。海陵曰：「汝爲長老，當有定力，今乃畏死耶？」遂於朝堂杖之二百，張浩、張暉杖二十。

正隆元年，以司徒致仕，進封曹王。是年，薨，年六十九。

通古天資樂易,不為表襮,雖居宰相,自奉如寒素焉。子沉，天德三年，賜楊建中榜及第。

張浩字浩然，遼陽渤海人。本姓高，東明王之後。曾祖霸，仕遼而爲張氏。天輔中，遼東平，浩以策干太祖，太祖以浩爲承應御前文字。天會八年，賜進士及第，授祕書郎。太宗將幸東京，浩提點繕修大內，超遷衞尉卿，權簽宣徽院事，管勾御前文字，初定朝儀。求養親，去職。起爲趙州刺史。官制行，以中大夫爲大理卿。天眷二年，詳定內外儀式，歷戶、工、禮三部侍郎，遷禮部尚書。田瑴黨事起，臺省一空，以浩行六部事。簿書叢委，決遣無留，人服其才。以疾求外，補除彰德軍節度使，遷燕京路都轉運使。俄改平陽尹。平陽多盜，臨汾男子夜掠人婦，浩捕得，榜殺之，盜遂衰息。近郊有淫祠，郡人頗事之。廟祝、田主爭香火之利，累年不決。浩撤其祠屋，投其像水中。強宗黠吏屏迹，莫敢犯者。郡中大治。乃繕葺堯帝祠，作擊壤遺風亭。

海陵召爲戶部尚書，拜參知政事。天德二年，丁母憂。起復參知政事，進拜尚書右丞。天德三年，廣燕京城，營建宮室。浩與燕京留守劉筈、大名尹盧彥倫監護工作，命浩就擬差除。既而暑月，工役多疾疫。詔發燕京五百里內醫者，使治療，官給藥物，全活多者與官，其次給賞，下者轉運司舉察以聞。

貞元元年，海陵定都燕京，改燕京爲中都，改析津府爲大興府。浩進拜平章政事，賜金帶玉帶各一，賜宴于魚藻池。浩請凡四方之民欲居中都者，給復十年，以實京城，從之。拜尚書右丞相兼侍中，〔一〕封潞王，賜其子汝霖進士及第。未幾，改封蜀王，進拜左丞相。

正隆二年，改封魯國公。表乞致仕。海陵曰：「人君不明，諫不行，言不聽，則宰相求去。宰相老病不能任事則求去。卿於二者何居？」浩對曰：「臣羸病不堪任事，宰相非養病之地也，是以求去。」不許。

海陵欲伐宋，將幸汴，而汴京大內失火，於是使浩與敬嗣暉營建南京宮室。浩從容奏曰：「往歲營治中都，天下樂然趨之。今民力未復，而重勞之，恐不似前時之易成也。」不聽。浩朝辭，海陵問用兵利害。浩不敢正諫，乃婉詞以對，欲以微止海陵用兵，奏曰：「臣觀天意欲絕趙氏久矣。」海陵愕然曰：「何以知之？」對曰：「趙構無子，樹立疏屬，其勢必生變，可不煩用兵而服之。」海陵雖喜其言，而不能從也。浩至汴，海陵時時使宦者梁珫來視工役，凡一殿之成，費累鉅萬。珫指曰：「某處不如法式。」輒撤之。浩不能抗而與之均禮。汴宮成，海陵自燕來遷居之。浩拜太傅、尚書令，進封秦國公。

海陵至汴，累月不視朝，日治兵南伐，部署諸將。浩欲奏事，不得見。會海陵遣周福兒至浩家，浩附奏曰：「諸將皆新進少年，恐誤國事。宜求舊人練習兵者，以爲千戶謀克。」而

海陵部署已定，惡聞其言，乃杖之。海陵自將發汴京，皇后、太子居守。浩留治尚書省事。世宗即位于遼陽，揚州軍變，海陵遇害。都督府使殺太子光英于南京。浩遣戶部員外郎完顏謀衍上賀表。明年二月，浩朝京師，入見。世宗謂曰：「朕思天位惟艱，夙夜惕懼，不遑寧處。卿國之元老，當勠力贊治，宜令後世稱揚德政，毋失委注之意也。」俄拜太師、尚書令，封南陽郡王。世宗曰：「卿在正隆時爲首相，不能匡救，惡得無罪。營建兩宮，殫竭民力，汝亦嘗諫，故天下不以咎汝，惟怨正隆。而卿在省十餘年，練達政務，故復用卿爲相，當自勉，毋負朕意。」浩頓首謝。居數日，世宗謂浩曰：「卿爲尚書令，凡人材有可用者，當舉用之。」浩舉紇石烈志寧等，其後皆爲名臣。

浩有疾，在告者久之。遣左司郎中高衎及浩姪汝弼宣諭。浩力疾入對，卽詔入朝毋拜，許設座殿陛之東，若有咨謀，然後進對。或體中不佳，不必日至省中，大政可就第裁決。浩雖受詔，然每以退爲請。三年夏，復申前請。乃除判東京留守。疾不能赴任，因請致仕。

初，近侍有欲罷科舉者，上曰：「吾見太師議之。」浩入見，上曰：「自古帝王有不用文學者乎？」浩對曰：「有。」曰：「誰歟？」浩曰：「秦始皇。」上顧左右曰：「豈可使我爲始皇乎。」事遂寢。

是歲，薨。上輟朝一日。詔左宣徽使趙興祥率百官致奠，賻銀千兩、重綵五十端、絹五

百匹。謚曰文康。明昌五年，配享世宗廟廷。泰和元年，圖像衍慶宮。子汝爲、汝霖、汝能、汝方、汝猷。

汝霖字仲澤，少聰慧好學，浩嘗稱之曰：「吾家千里駒也。」貞元二年，賜呂忠翰牓下進士第，特授左補闕，擢大興縣令，再遷禮部員外郎、翰林待制。大定八年，除刑部郎中，召見於香閣，諭之曰：「卿以待制除郎中，勿以爲降。朕以刑部闕漢官，故以授卿。且卿入仕未久，姑試其能耳。如職事修舉，當有陞擢。爾父太師以戶部尙書升諸相位，由崇德大夫躐遷金紫，卿所自見也。當旣厥心，無忝乃父。」明年，授太子左諭德兼禮部郎中。

先是，知登聞檢院王震改禮部郎中，世宗論宰臣曰：「此除未允人望，禮官當選有學術士，如張汝霖者可也。」於是，命汝霖兼之而除震別職。擢刑部侍郎。以憂解，起復爲太子詹事，遷太子少師兼御史中丞。世宗召謂曰：「卿嘗言，監察御史所察州縣官多因沽買以得名譽，良吏奉法不爲表襮，必無所稱。朕意亦然。卿今爲臺官，可革其弊。」尋改中都路都轉運使、太子少師兼禮部尙書，俄轉吏部，爲御史大夫。

時將陵主簿高德溫大收稅戶米，逮御史獄。汝霖具二法上。世宗責之曰：「朕以卿爲公正，故登用之。德溫有人在宮掖，故朕頗詳其事。朕肯以宮掖之私撓法耶？不謂卿等顧

徇如是。」汝霖跪謝。久之，上顧左諫議大夫楊伯仁曰：「臺官不正如此。」伯仁奏曰：「罪疑惟輕，故具二法上請，在陛下裁斷耳。且人材難得，與其材智而邪，不若用愚而正者。」上作色曰：「卿輩皆愚而不正者也。」未幾，復坐失出大興推官高公美罪，謫授棣州防禦使。頃之，復爲太子少師兼禮部尙書。拜參知政事，太子少師如故。是日，汝霖兄汝弼亦進拜尙書左丞，〔二〕時人榮之。

後因朝奏日論事上前，世宗謂曰：「朕觀唐史，見太宗行事初甚厲精，晚年與羣臣議多飾辭，朕不如是也。」又曰：「唐太宗，明天子也，晚年亦有過舉。朕雖不能比迹聖帝明王，然常思始終如一。今雖年高，敬愼之心無時或怠。」汝霖對曰：「古人有言『靡不有初，鮮克有終』，有始有卒者其惟聖人乎。魏徵所言守成難者，正謂此也。」上以爲然。二十五年，章宗以原王判大興府事，上命汝霖但涓視事日且加輔導。尋坐擅支東宮諸皇孫食料，奪官一階。久之，還尙書右丞。

是時，世宗在位久，熟悉天下事，思得賢材與圖致治，而大臣皆依違苟且，無所薦達。一日，世宗召宰臣謂曰：「卿等職居輔相，曾無薦舉何也？且卿等老矣，殊無可以自代者乎？惟朕嘗言某人可用，然後從而言之。卿等旣無所言，必待朕知而後進用，將復有幾？」因顧汝霖曰：「若右丞者，亦因右丞相言而知也。」汝霖對曰：「臣等苟有所知，豈敢不薦，但無人

耳。」上曰：「春秋諸國分裂，土地褊小，皆稱有賢。今天下之大，豈無人才，但卿等不舉而已。今朕自勉，庶幾致治。他日子孫誰與共治乎？」汝霖等皆有慚色。二十八年，進拜平章政事，兼修國史，封芮國公。世宗不豫，與太尉徒單克寧、右丞相襄同受顧命。章宗卽位，加銀青榮祿大夫，進封莘。

先是，右丞相襄言：「熙宗聖節蓋七月七日，爲係景宣忌辰，更用正月受外國賀。〔三〕今天壽節在七月，雨水淫暴，外方人使赴闕，有礙行李，乞移他月爲便。」汝霖言：「帝王之道當示信於天下。昔宋主構生日，亦係五月。是時，都在會寧，上國遣使賜禮，不聞有霖潦礙阻之說。今與宋構好日久，遽以暑雨爲辭，示以不實。萬一雨水踰常，愆期到闕，猶愈更用別日。」參知政事劉瑋、御史大夫唐括貢、中丞李晏、刑部尙書兼右諫議大夫完顏守貞、〔四〕修起居注完顏烏者、同知登聞檢院事孫鐸亦皆言其不可。帝初從之，旣而竟用襄議。時帝在諒陰，初出獵，諫院聯章言心喪中未宜。其後冬獵，汝霖諫之。詔答曰：「卿能每事如此，朕復何憂。然時異事殊，難同古昔，如能斟酌得中，斯爲當矣。」

一日，帝謂宰臣曰：「今之用人，太拘資歷，如此何能得人？」汝霖奏曰：「不拘資格，所以待非常之材。」帝曰：「崔祐甫爲相，未踰年薦八百人，豈皆非常材耶。」時有司言民間收藏制文，恐因而滋訟，乞禁之。汝霖謂：「王者之法，譬猶江、河，欲使易避而難犯。本朝法制，坦

然明白，今已著爲不刊之典，天下之人無不聞誦。若令私家收之，則人皆曉然不敢爲非，亦助治之一端也。不禁爲便。」詔從之。

明昌元年三月，表乞致仕，不許。十二月，卒。時帝獵饒陽，訃聞，勅百官送葬，賻禮加厚，謚曰文襄。

汝霖通敏習事，凡進言必揣上微意，及朋附多人爲說，故言不忤而似忠也。初，章宗新卽位，有司言改造殿庭諸陳設物，日用繡工一千二百人，二年畢事。帝以多費，意輟造。汝霖曰：「此非上服用，未爲過侈。將來外國朝會，殿宇壯觀，亦國體也。」其後奢用浸廣，蓋汝霖有以導之云。

張玄素字子眞，與浩同曾祖。祖祐，父匡，仕遼至節度使。玄素初以廕得官。高永昌據遼陽，玄素在其中。斡魯軍至，乃開門出降，特授世襲銅州猛安。天會間，歷西上閤門使、客省使、東宮計司。天眷元年，以靜江軍節度使知涿州，察廉最，進官一階。皇子魏王道濟遙領中京，以玄素爲魏王府同提點，尋改鎭西軍節度使，遷東京路都轉運使，改興平軍節度使。正隆末年，天下盜起，玄素發民夫增築城郭，同僚諫止之，不聽。未幾，寇掠鄰郡，

中華書局

皆無備，而興平獨安。

世宗即位，玄素來見于東京。玄素在東京，希海陵旨，言世宗嘗取在官黃糧，及撫其數事。至是來見，世宗一切不問。玄素與李石力言宜早幸燕京，上深然之。遷戶部尚書，出鎮定武，遂致仕。年八十四，卒。

玄素厚而剛毅，人畏憚之。往往以片紙署字其上治瘧疾，輒愈，人皆異之。

汝弼字仲佐，父玄徵，彰信軍節度使，玄素之兄也。汝弼初以父蔭補官。正隆二年，中進士第，調瀋州樂郊縣主簿。玄徵妻高氏與世宗母貞懿皇后有屬，世宗納玄徵女爲次室，是爲元妃。張氏生趙王允中。世宗即位于遼陽，汝弼與叔玄素俱往歸之，擢應奉翰林文字。世宗御翠巒閣，召左司郎中高衎及汝弼問曰：「近日除授，外議何如？宜以實奏，毋少隱也。有不可用者當改之。」衎、汝弼皆無以對。自皇統以來，內藏諸物費用無度，吏夤緣爲姦，多亡失。汝弼與宮籍直長高公穆、入殿小底王添兒閱實之，以類爲籍，作四庫以貯之。於是，內藏庫使王可道等皆杖一百，汝弼等各進階。頃之，兼修起居注，轉右司員外郎。母憂去官。起復吏部郎中，累遷吏部尚書，拜參知政事。

詔徙女直猛安謀克于中都，給以近郊官地，皆塉薄。其腴田皆豪民久佃，遂專爲己有。

上出獵，猛安謀克人前訴所給地不可種蓺，詔拘官田在民久佃者與之。因命汝弼議其事。請「條約立限，令百姓自陳。過限，許人首告，實者與賞。」上可其奏。仍遣同知中都轉運使張九思拘籍之。

上問：「高麗、夏皆稱臣。使者至高麗，與王抗禮。夏王立受，使者拜，何也？」左丞襄對曰：「故遼與夏爲甥舅，夏王以公主故，受使者拜。本朝與夏約和，用遼故禮，所以然耳。」汝弼曰：「誓書稱一遵遼國舊儀，今行之已四十年，不可改也。」上曰：「卿等言是也。」上聞尚書省除授小官多不稱職，召汝弼至香閣謂之曰：「他宰相年老，卿等宜盡心。」汝弼對曰：「材薄不足以副聖意耳。」進拜尚書右丞。於是，戶部糴官倉粟，汝弼請使暖湯院得糴之。上讓曰：「汝欲積陰德邪？何區區如此。」

左丞相徒單克寧得解政務，爲樞密使。是日，汝弼亦懷表乞致仕。上使人止之曰：「卿年未老，未可退也。」進左丞，與族弟參知政事汝霖同日拜，族里以爲榮。有年未六十而乞致仕者，上不許。汝弼曰：「聖旨嘗許六十致仕。」上責之曰：「朕嘗許至六十者致仕，不許未六十者。且朕言六十致仕，是則可行，否則當言。卿等不言，皆此類也。」久之，坐擅增諸皇孫食料，與丞相守道、右丞粘割斡特剌、參政張汝霖各削官一階。上曰：「准法當解職，但示薄責耳。」汝弼在病告，上謂宰相曰：「汝弼久居執政，練習制度，頗能斟酌人材，而用心不正。」乃罷爲廣寧尹，賜通犀帶。

汝弼爲相，不能正諫。上所欲爲，則順而導之，所不欲爲，則微言以觀其意。上責之，則婉辭以引過，終不忤之也。而上亦知之。且黷貨，以計取諸家名園甲第珍玩奇好，士論薄之。二十七年，薨。

汝弼既與永中甥舅，陰相爲黨。章宗即位，汝弼妻高氏每以邪言怵永中覬非望，畫永中母像侍奉祈祝，使術者推算永中。有司鞫治，高氏伏誅。事連汝弼，上以事覺在汝弼死後，得免削奪。

耶律安禮本名納合，系出遙輦氏。幼孤，事母以孝聞。遼季，間關避難，未嘗一日怠溫凊。入朝，當路者重其行義，使主帥府文字，授左班殿直。天眷初，從元帥於山西。母喪，不克歸葬，主帥憐之，賻禮甚厚。安禮冒大暑，挽柩行千餘里，哀毀骨立，行路嗟嘆。服除，由行臺吏、禮部主事累遷工部侍郎，改左司郎中。

天德間，罷行臺尚書省，入爲工部侍郎，累遷本部尚書。明年冬，爲宋國歲元使。被詔鞫治韓王亨獄于廣寧。亨無反狀，安禮還奏。海陵怒，疑安禮梁王宗弼故吏，乃責安禮曰：

「孛迭有三罪。其論阿里出虎有誓券不當死，既引伏。其謂不足進馬，及密遣刺客二者，安得無之？汝等來奏，欲測我喜怒以爲輕重耳。」乃遣安禮再往，與李老僧同鞫之。老僧由是殺亨于獄。海陵猶謂安禮輒殺亨以絕滅事迹，親戚得以不坐。安禮之不附上刻下乃如此。

改吏部尚書，護大房山諸陵工作。拜樞密副使，封譚國公，遷尚書右丞，進封郕國公，轉左丞。議降累朝功臣封爵，密諫伐江南，忤海陵意，罷爲南京留守，封溫國公。安禮長於吏事，廉謹自將，從帥府再伐宋，寶貨人口一無所取。貴爲執政，奴婢止數人，皆有契券，時議賢之。薨，年五十六。

納合椿年本名烏野。初置女直字，立學官於西京，椿年與諸部兒童俱入學，最號警悟。久之，選諸學生送京師，俾上京教授耶魯教之，椿年在選中。補尚書省令史，累官殿中侍御史，改監察御史。

海陵爲相，薦爲右司員外郎，編定新制。海陵篡立，以爲諫議大夫。椿年有酒失，海陵使之戒酒，遂終身不復飲。改祕書監，修起居注，授世襲猛安，爲翰林學士兼御史中丞。貞元初，〔三〕起上京諸猛安於中都、山東等路安置，以勞賜玉帶閑廄馬。奉遷山陵，還爲都點檢。賜今名，拜參知政事。海陵謂椿年曰：「如卿吏材甚難得，復有如卿者乎？」椿年薦大理丞紇石烈婁室。海陵以婁室爲右司員外郎。〔六〕未旬日，海陵謂椿年曰：「吾試用婁室，果如卿言。惟賢知賢，信矣。」婁室後賜名良弼，有宰相才，世宗時，至左丞相，號賢相焉。

正隆二年，椿年薨。海陵親臨哭之，追封特進、譚國公，謚忠辯，賻銀二千兩、綵百端、絹千匹、錢千萬。以長子參謀合爲定遠大將軍，襲猛安，次子合荅爲忠武校尉。及歸葬，再賜錢百萬，仍給道路費。

椿年有宰相才，好推挽士類，然頗營產業，爲子孫慮。冒占西南路官田八百餘頃。大定中，括撿田土，百姓陳言官豪占據官地，貧民不得耕種。溫都思忠子長壽，〔七〕椿年子猛安參謀合等三十餘家凡冒占三千餘頃。詔諸家除牛頭稅地各再給十頃，其餘盡賦貧民種佃。世頗以此譏椿年云。

祁宰字彥輔，江、淮人。宋季，以醫術補官。王師破汴得之，後隸太醫。累遷中奉大夫、太醫使。數被賞賚，常感激欲自效。

海陵將伐宋，宰欲諫，不得見。會元妃有疾，召宰診視。既入見，即上疏諫，其略言：

「國朝之初，祖宗以有道伐無道，曾不十年，蕩遼戡宋。當此之時，上有武元、文烈英武之君，下有宗翰、宗雄謀勇之臣，然猶不能混一區宇，舉江淮、巴蜀之地，以遺宋人。況今謀臣猛將，異於曩時。且宋人無罪，師出無名。加以大起徭役，營中都，建南京，繕治甲兵，調發軍旅，賦役煩重，民人怨嗟，此人事之不修也。間者晝星見於牛斗，熒惑伏於翼軫。巳歲自刑，害氣在揚州，太白未出，進兵者敗，此天時不順也。舟師水涸，舳艫不繼，而江湖島渚之間，騎士馳射，不可驅逐，此地利不便也。」言甚激切，海陵怒，命戮於市，籍其家產，天下哀之。綦戩，宰壻也，海陵疑奏疏戩爲之。辭曰：「實不知也。」海陵猶杖戩。召禁中諸司局官至咸德門，諭以殺宰事。

明年，世宗即位於遼東。四年，詔贈資政大夫，復其田宅。章宗即位，詔訪其子忠勇校尉、平定州酒監公史，擢尚藥局都監。泰和初，詔定功臣謚，尚書省掾李秉鈞上言：「事有宜緩而急，若輕而重者，名教是也。伏見故贈資政大夫祁宰以忠言被誅，〔八〕嘉義之士，盡傷厥心。世宗即位，贈之以官，陛下錄用其子，甚大惠也。昔武王封比干之墓，孔子譽夷、齊之仁，何以異此。而有司拘文，以職非三品不在議謚之例，臣竊疑之。若職至三品方得請謚，當時居高官、食厚祿者，不爲無人，皆畏罪淟涊，曾不敢申一喙，畫一策，以爲社稷計。卒使立名死節之士，願出於醫卜之流，亦可以少愧矣。臣以謂非常之人，當以非常之禮待之。乞留有司特賜謚以旌其忠，斯亦助名教之一端也。」制曰：「可。」下太常，謚曰忠毅。

贊曰：异哉，海陵之爲君也，舞智御下而不卹焉。君子仕於朝，動必以禮，然後免於恥。張通古、耶律安禮位不及張浩，進退始終，其賢遠矣。浩無事不爲，無役不從，爲相最久，用之厚，遇之薄，豈亦自取之邪。海陵伐宋，浩、安禮位皆大臣，一以婉辭，一以密諫，賢於不諫而已。祁宰一醫流，獨能極諫，其後皆如所言。海陵戕之，足以成其百世之名耳。納合椿年援引善類，有君子風。其死適在宋兵未舉之前，然觀其好營產殖，亦未必忘身徇國之士也。祁宰卓乎不可及也夫。

校勘記

〔一〕拜尚書右丞相兼侍中　按本書卷五海陵紀作貞元二年「二月甲申朔，以平章政事張浩爲尚書右丞相兼中書令」。

〔二〕汝霖兄汝弼亦進拜尚書左丞　按汝弼爲汝霖族兄，下文汝弼傳言，「與族弟參知政事汝霖同日拜」，則此「兄」上脫「族」字。

〔三〕爲係景宣忌辰更用正旦受外國賀　「宣」原作「祖」，「正」原作「五」。按本書卷四熙宗紀，「天會十四年正月乙酉，萬壽節，齊、高麗、夏遣使來賀。上本七月七日生，以同皇考忌日，改用正月十七日」。其父即景宣皇帝宗峻。今據改。

〔四〕刑部尚書兼右諫議大夫完顏守貞　「貞」原作「道」。按本書卷七三守貞傳，「章宗即位，召爲刑部尚書兼右諫議大夫」。今據改。

〔五〕貞元初　「貞元」原作「正隆」。按本書卷四四兵志，「貞元遷都，遂徙上京路八猛安處之山東」。又卷五海陵紀，貞元三年，「以殿前都點檢納合椿年爲參知政事」。今據改。

〔六〕海陵以婁室爲右司員外郎　按本書卷八八紇石烈良弼傳，「天德初，累官吏部郎中，改右司郎中。……納合椿年爲參知政事，薦良弼才出己右，用是爲刑部尚書，賜今名」。此處敍婁室官名皆誤。

〔七〕溫都思忠子長壽　按本書卷四七食貨志作「故太師耨盌溫敦思忠孫長壽」。

〔八〕伏見故贈資政大夫祁宰以忠言被誅　「祁」原作「蘄」，據殿本改。

金史卷八十四

列傳第二十二

杲本名撒离喝〔一〕　耨盌温敦思忠子乙迭　温敦兀帶　奔睹

高楨　白彦敬　張景仁

杲本名撒离喝，安帝六代孫，泰州婆盧火之族，胡魯補山之子。〔二〕雄偉有才略，太祖愛之，常在軍中。及婆盧火爲泰州都統，宗族皆隨遷泰州。撒离喝嘗爲世祖養子，獨得不遷，仍居安出虎水。

宗翰、宗望已再克汴，執宋二主北還。宗望分遣諸將定河北。左都監闍母攻下河間。雄州李成棄城走，撒离喝邀擊，大破之，雄州遂降。睿宗經略山東，留撒离喝于河上，而眞定境內有賊衆，自稱元帥秦王。撒离喝擊破其衆，執而戮之。從平陝西，撒离喝徇地自渭

以西，降德順軍，又降涇原路鎭戎軍，進平熙河，降甘泉等三堡，遂取保川城。明年，同奔睹討平河外，降寧洮、安隴二寨，并降下河及樂州。至西寧，盡降其都護官屬，於是木波族長等皆迎降。攻慶陽，敗其拒者，遂降其城。慕洧以環州來降，得城寨十三，步騎一萬。於是，宗弼軍敗于和尚原，上褒美撒离喝而戒勵宗弼。

睿宗已定陝西，留兵屯衝要，使撒离喝總之。居無何，請收劍外十三州。與宋王彥之軍七千人遇于沙會灤，敗之，遂克金州。連破吳玠諸軍于饒峰關，遂取眞符縣，取洋州入興元府。敗吳玠兵于固鎭，擒其兩將。撒葛杙等破宋兵，盡下諸砦及仙人關。天會十四年，爲元帥右監軍。

天眷三年，〔三〕宗弼復取河南。撒离喝自河中出陝西。既至鳳翔，擊走宋軍。是時，宋軍在京兆西者甚衆。諸將以暑雨，欲駐軍。且聞宋兵九萬會于涇州，都元帥遣河南步卒來會軍。撒离喝留諸將屯環慶，獨以輕騎取涇州。六月，敗宋兵于涇州。宋兵走渭州，拔离速追擊，大敗之。未幾，爲右副元帥。皇統三年，封應國公，錫賚甚厚。熙宗出獵，賜具裝馬二，命射于圍中。加開府儀同三司。將還軍，命宰臣餞之。

海陵升蒲州爲河中府，撒离喝爲河中尹，左副元帥如故。自陝西入朝，因從容言曰：「唐建成不道，太宗以義除之，卽位之後，力行善政，後世稱賢。陛下以前主失德，大義廢

絕，力行善政，則如唐太宗矣。」海陵聞其言，色變，撒离喝亦悔其言。既而進封國王，從行官吏皆官賞之。海陵念撒离喝久握兵在外，頗得士心，忌之，以爲行臺左丞相兼左副元帥。又恐不奉命，陽尊以殊禮，使係屬籍，以玉帶璽書賜之。撒离喝至汴，詔諭行臺右丞相、右副元帥撻不野無使撒离喝預軍事。撒离喝不知，每事輒爭之。撻不野詭曰：「太師梁王以陝西事屬公，以河南事屬撻不野，今未嘗別奉詔命。陝西之事，撻不野固不敢干涉。」撻不野久在河南，將帥畏而附之。撒离喝始至勢孤，爭之不得，白於朝。大臣知上旨，報曰：「如梁王教。」及詔使至汴，諭旨於撻不野。使還，撻不野獨有附奏，撒离喝不得與聞，人皆知海陵使撻不野圖之矣。

會海陵欲除遼王斜也子孫及平章政事宗義等，元帥府令史遙設希海陵旨，誣撒离喝父子謀反，并平章宗義、尙書謀里野等。遙設學撒离喝手署及印文，詐爲契丹小字家書與其子宗安，從左都監奔睹上變。封題作已經開拆者，書紙隱約有白字，作曾經水浸，致字畫分明者，稱御史大夫宗安於宮門外遺下此書，遙設拾得之。其書略曰：「撻不野自來於我不好，凡事常有隄防，應是知得上意。移剌補丞相於我不好，若遲緩分毫，猜疑必落他手也。」又曰：「阿渾每見此書，約定月日，教掃胡令史却寫白字書來。」有司鞫問，宗安不服曰：「使眞有此書，我剖肌肉藏之，猶恐漏泄，安得於朝門下遺之？」有司掠笞楚毒，宗安神色不變。

乃置掃胡爐炭上，掃胡不能堪，自誣服。宗安謂掃胡曰：「爾苦矣。」宗義被掠笞，不能當，亦自誣服，曰：「我輩知不免矣，不早決，徒自苦。」宗安曰：「今雖無以自明，九泉之下當有寃對，吾終不能引屈。」竟不服而死。使厮魯渾殺撒离喝于汴，族其家，而無寫書及傳書者主名。

有折哥者，能契丹小字，舊嘗從撒离喝。特末者，陝西舊將，嘗以左副元帥事馳驛赴闕。兩人者皆族誅。撒离喝親屬坐是死者二十餘人。魯王斡者〔四〕孫耶魯候撒离喝于汴，厮魯渾執之，耶魯曰：「願付有司，若法當同坐，雖死不恨。」厮魯渾亦殺之。其家訟于朝，海陵不問，但賜錢二百萬。

奔睹遷元帥左監軍，加開府儀同三司。遙設爲同知博州事，賜錢三百萬，謂之曰：「爾無自比老人。老人親告朕，爾以告有司，設有撒离喝黨人在其間，敗吾事矣。」老人指蕭玉也。蕭玉名老人，故云然。遙設在博州數歲，後與蕭裕謀反，伏誅。

大定初，詔復撒离喝官爵。三年，追封金源郡王，謚莊襄，以郡王品秩官爲營葬。十七年，配享太宗廟廷。

平。

贊曰：撒离喝、溫敦思忠、奔睹皆有功舊臣，當天會、皇統之際，戰勝攻取，可謂壯哉。烏林荅贊謨廉直自奮，思忠擠之於死，自謂固結海陵，堅若金石，豈意執議不合而遽棄耶。始之及海陵之世，崎嶇嫌忌，撒离喝既自以言致疑，猶與大臭辨爭軍事，何見幾之不早也。烏林荅贊謨廉直自奮，思忠擠之於死，自謂固結海陵，堅若金石，豈意執議不合而遽棄耶。始之不以道，未有能終者也。且思忠之最可罪者，構害贊謨，又納其室而斂其貲，〔一〇〕此何異於殺越人于貨者乎。陰報不在其身，在其子孫，亦已晚矣。正隆之末，奔睹位三公，居上將，內不肯與謀，外不肯與戰，逼側趑趄，苟免自全，大臣之道，固若是乎。

高楨，遼陽渤海人。五世祖牟翰仕遼，官至太師，楨少好學，嘗業進士。斡魯討高永昌，已下瀋州，永昌懼，僞送款以緩師，是時，楨母在瀋州，遂來降，告以永昌降款非誠，斡魯乃進攻。既破永昌，遂以楨同知東京留守事，授猛安。天會六年，遷尚書左僕射，判廣寧尹，加太子太傅。在鎮八年，政令清肅，吏畏而人安之。十五年，加太子太師，提點河北西路錢帛事。天眷初，同簽會寧牧。及熙宗幸燕，兼同知留守，封戴國公，改同知燕京留守。

魏王道濟出守中京，以楨爲同判，俄改行臺平章政事，爲西京留守，封任國公。

是時，奚、霫軍民皆南徙，謀克別术者因之嘯聚爲盜。海陵患之，卽以楨爲中京留守，命乘驛之官，責以平賊之期。賊平，封河內郡王。海陵至中京，楨警夜嚴肅。有近侍馮僧家奴李街喜等皆得幸海陵，嘗夜飮干禁，楨杖之瀕死，由是權貴皆震懾。遷太子太保，行御史大夫，封莒王。策拜司空，進封代王，太子太保、行御史大夫如故。

楨久在臺，彈劾無所避，每進對，必以區別流品，進善退惡爲言，當路者忌之。薦張忠輔、馬諷爲中丞，二人皆險詖深刻，欲令以事中楨。正隆例封冀國公。楨因固辭曰：「臣爲衆小所嫉，恐不能免，尙可受封爵耶？」海陵知其忠直，慰而遣之。及疾革，書空獨語曰：「某事未決，某事未奏，死有餘恨。」薨，年六十九。海陵悼惜之，遣使致奠，賻贈加等。

楨性方嚴，家居無聲伎之奉。雖甚暑，未嘗解衣緩帶。對妻孥危坐終日，不一談笑，其簡默如此。

白彥敬本名遙設，部羅火部族人。初名彥恭，避顯宗諱，改焉。〔一一〕祖屋僕根。父阿斯，仕遼爲率府率。

彥敬善騎射，起家爲吏，補元帥府令史。伐宋，爲錢帛司都管勾。立三省，選爲尙書省令史，除都元帥府知事。招諭諸部，授以金牌，行數千里，有功，超遷兵部郎中。熙宗罷統軍司改招討司，遣彥敬分僚屬收牌印，諭諸部隸招討司。還爲本部侍郎，遷大理卿，出爲通州防禦使，改刑部侍郎。怨家告誣開府愼思與西北路部族謀叛，彥敬鞫得其實，海陵嘉之。遷簽書樞密院事，以便宜措置邊防。

正隆六年，調諸路兵伐宋，及調民馬，使彥敬主會寧、蒲與、胡里改三路事。改吏部尙書，充南征萬戶，遷樞密副使。契丹撒八反，樞密使僕散忽土等以無功坐誅，以彥敬爲北面行營都統，與副統紇石烈志寧以便宜往，賜御服皮襖。行至北京，聞南征諸軍逃歸者皆奔東京，欲推戴世宗。彥敬與志寧謀，陰結會寧尹完顏蒲速賚、利涉軍節度使獨吉義以圖之。

世宗已卽位，使石抹移迭、移剌曷補等九人招彥敬、志寧。彥敬拒之，使移迭跪。移迭不屈，皆殺之。及完顏謀衍將兵攻北京，彥敬使偏將率兵拒於建州之境，而獨吉義先歸世宗，蒲速賚稱疾不至。世宗密遣人乘夜揭牓於北京市，購以官賞。彥敬、志寧恐爲人圖己，遂降。以爲曷速館節度使。不數月，召爲御史大夫。

窩斡僭帝號。諸軍馬瘦弱，遣彥敬往西北路招討司市馬，得六千餘匹。窩斡敗，西走山後。完顏思敬以新馬三千備追襲。彥敬屯于夏國兩界間。窩斡平，召還爲兵部尙書，出

爲鳳翔尹，改太原尹，兼河北東路兵馬總管，尋改河中尹。大定九年，卒于官。

張景仁字壽甫，遼西人。累官翰林待制。貞元二年，與翟永固俱試禮部進士，以「尊祖配天」爲賦題，忤海陵旨，語在永固傳。

大定二年，僕散忠義伐宋，景仁掌其文辭。宋人議和，朝廷已改奉表爲國書，稱臣爲姪，但不肯世稱姪國。往復凡七書，然後定，其書皆景仁爲之。世宗稱其能，嘗曰：「今之文章如張景仁與宋人往復書，指事達意辨而裁，眞能文之士也。」五年，罷兵，入爲翰林直學士。七年，遷侍講。八年，爲詳讀官。宋國書中有「寶鄰」字，景仁奏「鄰」字太涉平易。上問累年國書有「鄰」字否，命一一校勘。六年書中亦有之，上責問六年詳讀官劉仲淵、右丞石琚亦請罪曰：「臣嘗預六年詳讀。」上曰：「此有司之過，安得一一責宰臣邪？」詔有司就諭宋臣王淪，使歸告其主，後日國書不得復爾。仲淵時爲禮部侍郎，降石州刺史，景仁遷翰林學士兼同修國史。

久之，上召景仁讀陳言文字。上問：「事款幾何？」景仁率易，少周密，對曰：「二十餘事。」復曰：「其中如某事某事十事可行，餘皆無謂也。」明日，上召景仁責之曰：「卿昨言可行

者，朕觀之，中復有不可行者。卿謂無謂者，中亦有可行者。朕未嘗使卿分別可否，卿輒專可否，何也？自今戒之。」十年，兼太常卿，學士、同修國史如故。轉承旨，兼修國史。改河南尹。二十一年，召爲御史大夫，仍兼承旨，修國史。

世宗謂景仁曰：「卿博學老儒，求如古之御史大夫，然後行之，斯爲稱矣。不能如古之人，衆人不獨諳卿，亦謂朕不能知人。卿醉中頗輕脱失言，當以酒爲戒。」初，朝臣言景仁有文藝而頗率易，不可任臺察。景仁被詔，就臺中治監察罪，輒以便服視決罰。上聞之，責景仁曰：「朕初用卿爲大夫，或言卿不可居此官，今果不用故事，率易如此。卿自慎，不然黜罰及矣！」景仁頓首謝。

未幾，詔葬元妃李氏于海王莊。平章政事烏古論元忠提控葬事，都水監丞高杲壽治道路不如式，元忠不奏，決之四十。景仁劾奏元忠輒斷六品官，無人臣禮。上曰：「卿劾奏甚當。」使左宣徽使蒲察鼎壽傳詔戒勅元忠曰：「監丞六品，有罪聞奏。今乃一切趨辦，擅決六品官，法當如是耶？御史在尊朝廷，汝當自咎，勿復再！」元忠尚豫國公主，怙寵自任，倨慢朝士。景仁劾之，朝廷肅然。是歲，薨。

贊曰：高楨以耆勞爲御史大夫，剛明自任，繩治無所避，幾不免於怨憎之荼毒。直己而行，自古難之。白彥敬不受大定之詔而世宗賢之。嚮使久在此位，其深謀讜論，必有竦動人者。張景仁儒者之勇，廷論元忠，正矣。

校勘記

〔一〕杲本名撒离喝 「离」原作「里」。今據傳文統一。它卷或有作「里」字者，同名異譯，不復校正。

〔二〕胡魯補山之子 按本書卷五九宗室表作「胡特孛山」。

〔三〕天眷三年 「三」原作「二」。按本書卷四熙宗紀，天眷三年「五月丙子，詔元帥府復取河南、陝西地。己卯……命都元帥宗弼以兵自黎陽趨汴，右監軍撒離合出河中趨陝西」。今據改。

〔四〕魯王斡者 「魯」原作「潞」。按本書卷五九宗室表，世祖子「斡者，魯王」。又卷六五始祖以下諸子傳，「斡者，天會十五年大封宗室，追封魯王」。今據改。

〔五〕思忠因構贊譔 原脱「贊」字，據上文補。

〔六〕天德三年致仕 按本書卷五海陵紀作貞元元年十一月「戊戌，左丞相耨盌溫都思忠致仕」。

〔七〕大定二年閏二月癸巳夜……延燒太和神龍殿 按本書卷六世宗紀，大定二年閏月「辛卯，太和、厚德殿火」。紀日及殿名與此不同。

〔八〕岳飛果自此穴地以入 「穴」原作「宂」，據殿本改。

〔九〕昂恐宋人躡其後 「其」原作「兵」，據殿本改。

〔一〇〕又納其室而斂其貲 「貲」原作「訾」，據殿本改。

〔一一〕初名彥恭避顯宗諱改焉 「顯」原作「睿」。按本書卷一九世紀補，睿宗名「宗堯」，與「彥恭」無關，顯宗名「允恭」，知作顯宗是。今據改。

金史卷八十五

列傳第二十三

世宗諸子

永中　永蹈　永功子璘　永德　永成　永升

世宗昭德皇后生顯宗、趙王孰輦、越王斜魯。元妃張氏生鄗王允中、越王允功。元妃李氏生鄭王允蹈、衞紹王允濟、潞王允德。昭儀梁氏生豫王允成。才人石抹氏生夔王允升。孰輦、斜魯皆早卒。

鎬王永中〔一〕本名實魯剌，又名萬僧。大定元年，封許王。五年，判大興尹。七年，進封

越王。十一年，進封趙王。十三年，拜樞密使。十九年，子石古乃加光祿大夫。是歲，改葬明德皇后于坤厚陵，永中母元妃張氏陪葬。十一月庚申，自磐寧宮發引。永中以元妃柩先發，使執黃傘者前導。俄頃，皇后柩出磐寧宮，顯宗徒跣。少府監張僅言呼執黃傘者，不應。既葬，僅言欲奏其事，顯宗解之曰：「是何足校哉，或傘人誤耳。」僅言乃止。

二十一年，改判大宗正事。永中不悅，顯宗勸之曰：「宗正之職，自親及疏，自近及遠，此親賢之任也。且皇子之貴，豈以官職閑劇爲計邪？」永中乃喜。二十四年，世宗幸上京，顯宗居守，并留永中。顯宗先遣章宗、宣宗奉表問起居于上京，既而遣永中子光祿大夫石古乃奉表。世宗喜謂豫國公主曰：「皇太子孝德天成，先遣二子，繼遣此子，兄弟之際相友愛如此也。」

二十五年六月，世宗在天平山好水川清暑，顯宗薨于中都，詔曹王永功視章宗，召永中赴行在。是歲，與章宗及永功等並加開府儀同三司。二十六年，復爲樞密使。是歲，世宗賜諸孫名。石古乃曰瑜，神土門曰瑺，阿思懣曰玭，阿离合懣曰瑑。二十七年，玭年十五以上，加奉國上將軍。章宗卽位，起復判西京留守，進封漢王，與諸弟各賜金五百兩、銀五千兩、錢二千貫、重幣三百端、絹二千匹。再賜永中修公廨錢三百萬，特加石古乃銀青榮祿大夫，阿离合懣奉國上將軍。

明昌二年正月辛酉，孝懿皇后崩。判眞定府事吳王永成、判定武軍節度使隋王永升奔喪後期，各罰俸一月，杖其長史五十。永中適有寒疾，不能至。上怒，頗意諸王有輕慢心，遣使責永中曰：「已近公除，亦不須來。」二月丙戌，禫祭，永中始至，入臨。辛卯，始克行燒飯禮。壬辰，永中及諸王朝辭，賜遺留物，禮遇雖在，而嫌忌自此始矣。

四月，進封幷王。三年，判平陽府事，進封鎬王。初置王傅、府尉官，名爲官屬，實檢制之也。府尉希望風旨，過爲苛細。永中自以世宗長子，且老矣，動有掣制，情思不堪，殊鬱鬱，乃表乞閑居。詔不許。四年，鄭王永蹈以謀逆誅。增置諸王司馬一員，檢察門戶出入，毬獵游宴皆有制限，家人出入皆有禁防。河東提刑判官把里海坐私謁永中，杖一百，解職。前近侍局副使裴滿可孫嘗受永中請託，爲石古乃求除官，可孫已改同知西京留守，猶坐免。故尚書右丞張汝弼，永中母舅也。汝弼妻高陀斡自大定間畫永中母像，奉之甚謹，挾左道爲永中求福，希覬非望。明昌五年，高陀斡坐詛祝誅。上疑事在永中，未有以發也。

會鎬王傅尉奏永中第四子阿离合懣因防禁嚴密，語涉不道。詔同簽大睦親府事龕、御史中丞孫卽康鞫問，〔二〕幷求得第二子神徒門所撰詞曲有不遜語。家奴德哥首永中嘗與侍妾瑞雪言：「我得天下，子爲大王，以爾爲妃。」詔遣官覆按狀同。再遣禮部尚書張暐、兵部侍郎烏古論慶裔覆之。上謂宰臣曰：「鎬王秪以語言得罪，與永蹈罪異。」參知政事馬琪曰：

「永中與永蹈罪狀雖異，人臣無將，則一也。」上曰：「大王何故輒出此言？」左丞相清臣曰：「素有妄想之心也。」詔以永中罪狀宣示百官雜議，五品以下附奏，四品以上入對便殿。皆曰：「請論如律。」惟宮籍監丞盧利用乞貸其死。詔賜永中死，神徒門、阿离合懣等皆棄市。勅有司用國公禮收葬永中，平陽府監護，官給葬具，妻子威州安置。泰和七年，詔復永中王爵，賜謚曰厲。勅石古乃於威州擇地，以禮改葬，歲時祭奠。貞祐二年，詔徙永中妻、子石古乃等鄭州安置。

貞祐三年，太康縣人劉全嘗爲盜，亡入衞眞界，詭稱愛王。所謂愛王，指石古乃。石古乃實未嘗有王封，小人妄以此目之。劉全欲爲亂，因假託以惑衆，誘王氏女爲妻，且言其子方聚兵河北。東平人李寧居嵩山，有妖術。全同縣人時溫稱寧可論大事，乃使范元書僞號召之。寧至，推爲國師，議僭立。事覺，全、溫、寧皆伏誅。

貞祐四年，潼關破，徙永中子孫于南京。興定二年，亳州譙縣人孫學究私造妖言云：「愛王終當奮發，今匿跡民間，自號劉二。」衞眞百姓王深等皆信以爲誠然。有劉二者出而當之，遣歐榮輩結構逆黨，市兵仗，大署旌旗，謀僭立。事覺，誅死者五十二人，緣坐者六十餘人。永中子孫禁錮，自明昌至于正大末，幾四十年。天興初，詔弛禁錮。未幾，南京亦不守云。

鄭王永蹈本名銀朮可，初名石狗兒。大定十一年，封滕王，未期月進封徐王。二十五年，加開府儀同三司。二十六年，爲大興尹。章宗即位，判彰德軍節度使，進封衞王。明昌二年，徙封鄭王。三年，改判定武軍。

初，崔溫、郭諫、馬太初與永蹈家奴畢慶壽私說讖記災祥，畢慶壽以告永蹈：「郭諫頗能相人。」永蹈乃召郭諫相己及妻子。諫說永蹈曰：「大王相貌非常，王妃及二子皆大貴。」又曰：「大王，元妃長子，不與諸王比也。」永蹈召崔溫、馬太初論讖記天象。崔溫曰：「丑年有兵災，屬兔命者來年春當收兵得位。」郭諫曰：「昨見赤氣犯紫微，白虹貫月，皆注丑後寅前兵戈僭亂事。」永蹈深信其說，乃陰結內侍鄭雨兒伺上起居，以崔溫爲謀主，郭諫、馬太初往來游說。河南統軍使僕散揆尙永蹈妹韓國公主，永蹈謀取河南軍以爲助，與妹澤國公主長樂謀，使駙馬都尉蒲剌覩致書于揆，且先請婚，以覘其意。揆拒不許結婚，使者不敢復言不軌事。永蹈家奴董壽諫永蹈，不聽。董壽以語同輩奴千家奴，上變。是時，永蹈在京師，詔平章政事完顏守貞、參知政事胥持國、戶部尙書楊伯通、知大興府事尼厖古鑑鞫問，連引甚衆，久不能決。上怒，召守貞等問狀。右丞相夾谷清臣奏曰：「事貴速絕，以安人心。」於是，

賜永蹈及妃卞玉、二子按春、阿辛，公主長樂自盡。蒲剌覩、崔溫、郭諫、馬太初等皆伏誅。僕散揆雖不聞問，猶坐除名。董壽免死，隸監籍。千家奴賞錢二千貫，特遷五官雜班敍使。自是諸王制限防禁密矣。

泰和七年，詔復王封，備禮改葬，賜謚曰剌，以衞王永濟子按辰爲永蹈後，奉其祭祀。

越王永功本名宋葛，又名廣孫，貞元二年生。沉默寡言笑，勇健絕人，涉書史，好法書名畫。大定四年，封鄭王。七年，進封隋王。十一年，進封曹王。十五年，除刑部尙書。上曰：「侍郎張汝霖，汝外舅行也，可學爲政。」十七年，授活活土世襲猛安。[三]十八年，改大興尹。世宗幸金蓮川，始出中都，親軍二蒼頭縱馬食民田，詔永功：「蒼頭各杖一百。彈壓百戶二人失覺察，勒停。」上次望京淀，永功奏曰：「親軍人止一蒼頭，兩彈壓服勤，爲日久矣。臣昧死違詔，量決蒼頭，使彈壓待罪，可使償其田直，惟陛下憐察。」上皆從之。

老嫗與男婦憩道傍，婦與所私相從亡去，或告嫗曰：「向見年少婦人自水邊小徑去矣。」嫗告伍長蹤跡之。有男子私殺牛，手持血刃，望見伍長，意其捕己，即走避之。嫗與伍長疑是殺其婦也，捕送縣，不勝楚毒，遂誣服。問尸安在？詭曰：「棄之水中矣。」求之水中，果獲一尸，已半腐。縣吏以爲是男子眞殺若婦矣，即具獄上。永功疑之曰：「婦死幾何日，而尸遽半腐哉。」頃之，嫗得其婦於所私者。永功曰：「是男子偶以殺人就獄，其拷掠足以稱殺牛之科矣。」遂釋之而去。武淸黃氏、望雲王氏豪猾不逞，永功發其罪，畿內肅然。

二十三年，判東京留守。是月，改河間尹。閏月，改北京留守。居無何，上謂宰臣曰：「朕聞永功到北京爲政無良，雖朕子，萬一敗露，法可廢乎。朕已戒勅永功，卿等可諭其長史，俾匡正之。」到北京凡七月，改東京留守。世宗幸上京，過東京，永功從。明年，上還至天平山好水川，皇太子薨。詔永功護喪事，尋拜御史大夫。章宗封原王，加開府儀同三司。趙王永中及永功兄弟皆加開府儀同三司。明年，判大宗正事。

瀛州僧與永功有舊，將訴事于彰國軍節度使移剌胡剌，求永功手書與胡剌爲地。胡剌得書，奏之。上謂宰臣曰：「永功以書囑事胡剌，此雖細微，不可不懲也。凡人小過不治，遂至大咎。有犯必懲，庶幾能改，是亦教也。」皆曰：「陛下用法無私，臣下敢不敬長。」於是永功解職。未幾，復判大宗正事。

章宗即位，除判平陽府事，進封冀王。永功之官，隨引醫人沈思存過制限，當解職。上曰：「朕知此事，當痛斷監奴及治府掾長史管轄府事者罪，仍著于令。」家奴王唐犯罪至徙，永功曲庇之。平陽治中高德裔失覺察，笞四十。於是永功改判濟南府。詔永功曰：「所坐雖細事，法令不得不如此。今已釋矣，後毋復然。濟南先帝舊治，風土甚好，可悉此意也。」

改授山東西路把魯古世襲猛安。二年，判廣寧府事，進封魯王。明年，判彰德府事。承安元年，進封鄆王。明年，判太原府事。泰和七年，改西京留守。八年，復判平陽府事。大安元年，進封譙王，判中山府事。明年，進封越王。

宣宗即位，免常參。明年，從遷汴京。久之，詔永功每月朔一朝。興定四年，詔永功無朝。五年，有疾，賜御藥。疾革，賜尙醫診視，一日五遣使候問。是歲，薨。上哭之慟，謚曰忠簡。

子福孫、壽孫、粘沒曷。[四]大定二十六年，詔賜福孫名璐，壽孫名璹，粘沒曷名琳。是年，璐加奉國上將軍。章宗即位，加銀靑榮祿大夫，封蕭國公。初爲興陵崇妃養子，常居京師，奉朝請。泰和五年，卒。章宗輟朝，百官進名奉慰。

璹本名壽孫，世宗賜名，字仲實，一字子瑜。資質簡重，博學有俊才，喜爲詩，工眞草書。大定二十七年，加奉國上將軍。明昌初，加銀靑榮祿大夫。衞紹王時，加開府儀同三司。貞祐中，封胙國公。正大初，進封密國公。

璹奉朝請四十年，日以講誦吟詠爲事，時時潛與士大夫唱酬，然不敢明白往來。永功

薨後，稍得出游，與文士趙秉文、楊雲翼、雷淵、元好問、李汾、王飛伯輩交善。初，宣宗南遷，諸王宗室顛沛奔走，璹乃盡載其家法書名畫，一帙不遺。居汴中，家人口多，俸入少，客至，貧不能具酒肴，蔬飯共食，焚香煮茗，盡出藏書，談大定、明昌以來故事，終日不聽客去，樂而不厭也。

天興初，璹已臥疾，論及時事，嘆曰：「兵勢如此，不能支，止可以降。全完顏氏一族歸吾國中，使女直不滅則善矣，餘復何望。」是時，曹王出質，璹見哀宗於隆德殿。上問：「叔父欲何言？」璹奏曰：「聞訛可欲出議和。訛可年幼，不苦諳練，恐不能辦大事。臣請副之，或代其行。」上慰之曰：「南渡後，國家比承平時有何奉養，然叔父亦未嘗沾溉。無事則置之冷地，無所顧藉，緩急則置于不測，叔父盡忠固可，天下其謂朕何。叔父休矣。」於是君臣相顧泣下。未幾，以疾薨，年六十一。

平生詩文甚多。自刪其詩，存三百首，樂府一百首，號如庵小藁。第五子守禧，字慶之，風神秀徹，璹特鍾愛，嘗曰：「平日所蓄書畫將以付斯子。」及汴城降，守禧病卒，年未三十。

潞王永德本名訛出。大定二十五年，與章宗及諸兄俱加開府儀同三司。二十七年，封薛王。明年，除祕書監。二十九年，進判祕書監，進封瀋王。明昌元年，授山東東路把魯古必剌猛安。二年，進封豳王。[五]五年，遷勸農使。承安二年，進封潞王。承安三年，再任勸農使。泰和元年，有司劾永德元日進酒後期，有詔勿問。衛紹王時，累遷太子太師。宣宗即位，改同判大睦親府事。興定五年，遷判大睦親府事。子斡論，賜名琰。

豫王永成本名鶴野，又曰婁室。母昭儀梁氏。永成風姿奇偉，博學，善屬文。世宗尤愛重之。大定七年，始封瀋王，以太學博士王彥潛為府文學，永成師事之。十一年，進封豳。十五年，就外第。十六年，判祕書監。明年，授世襲山東東路把魯古猛安，判大睦親府事。既而改中都路胡土靄哥蠻猛安。二十年，改授翰林學士承旨。二十三年，判定武軍節度使事，尋改判廣寧府。二十五年，世宗幸上京，命留守中都，判吏部尚書，進開府儀同三司，為御史大夫。

章宗即位，起復，進封吳，判眞定府事。明昌元年，改山東西路盆買必剌猛安。明年，進封兗。坐率軍民圍獵，解職，奉表謝罪。上賜手詔曰：「卿親實肺腑，夙著忠純，侍顯考於春宮，曲盡友于之愛，洎沖人之繼統，愈明忠赤之心，艱難之中，多所裨益。朕心簡在，毫楮莫窮，用是起之苦塊之中，授以維城之任。自典藩服，歲月荐更，曩爾趙邦，知驥足之難展，眇哉鎮府，固牛刀之莫施。方思驛召以赴朝，何意遽罹於國憲。偶因時獵，頗擾部民，法所不寬，憲臺聞上。朕尙含容累月，未忍即行，雖欲遂於私恩，竟莫違於公議，解卿前職，即乃世封。噫，祖宗立法，非一人之敢私，骨肉至親，豈千里而能間。以此退閑之小誡，欲成終始之洪恩。經云『在上不驕，高而不危』。是以知節愼者修身之本，驕矜者敗德之源。朕每自勵，今以戒卿。昔東平樂善，能成不朽之名，梁孝奢淫，卒致憂疑之悔。前人所行，可為龜鑑。卿兼資文武，多藝多才，履道而行，何施不可。如能德業日新，無慮牽復之晚。朕素不工詞翰，臨文草草，直寫所懷，冀不以辭害意也。」未幾，授沁南軍節度使。三年，改判咸平府事，未赴，移判太原府事。上以永成誕日，親為詩以賜，有「美譽自應輝玉牒，忠誠不待啓金縢」之語，當世榮之。

七年，改判平陽府事。承安改元，以覃恩進封豫。明年冬，進馬八十疋，以資守禦之備。上賜詔獎諭曰：「卿夙有雋望，時惟茂親，通達古今，砥礪忠義。方分憂於外服，來輸駿於上閑，欲助邊防，以增武備。惟盡心於體國，乃因物以見誠。載念懇勤，良深嘉奬。」五年，再任。俄召還，以疾不能入見。上親幸其第臨視。泰和四年，薨。訃聞，上為之震悼，

賻贈甚厚，謚曰忠獻。

永成自幼喜讀書，晚年所學益醇，每暇日引文士相與切磋，接之以禮，未嘗見驕色。自號曰「樂善居士」，有文集行于世云。

夔王允升，改名永升，本名斜不出，一名鶴壽。大定十一年，封徐王，進封虞王。二十六年，加開府儀同三司。明年，判吏部尚書，授山東西路按必出虎必剌猛安。[六]章宗即位，加恩宗室，徙封隋王，除定武軍節度使。明昌二年，改封曹王。久之，改封宛王。衛紹王即位，徙今封。貞祐元年九月，宣宗以允升年高，素羸疾，詔宮中聽扶杖。尋薨。既殯，燒飯，上親臨奠。

贊曰：世宗保全宗室，無所不至，雖矯海陵之失，亦由天資仁厚而然也。其子永中、永蹈皆死章宗之手，其理蓋有不可詰者。章宗無後，則厥報不爽矣。

校勘記

〔一〕鎬王永中　按「鎬」上文作「鄗」。又世宗諸子名皆排「允」字，後章宗避其父允恭諱，遂改「允」爲「永」。參見本書卷一九世紀補校記〔八〕。

〔二〕御史中丞孫卽康鞫問　「問」原作「門」，據永樂大典卷六六七六引文改。

〔三〕十七年授活活土世襲猛安　按本書卷六世宗紀作大定十一年十二月，「趙王永中、曹王永功俱授猛安」。

〔四〕子福孫壽孫粘沒曷　「沒」原作「役」，據殿本改。

〔五〕二年進封豳王　「二」原作「三」。按本書卷九章宗紀，明昌二年四月「甲午，改封永德豳王」。今據改。

〔六〕授山東西路按必出虎必剌猛安　按本書卷八九移剌道傳，「大定十九年，以按出虎等八猛安自河南徙置大名、東平之境」。作「按出虎」，無「必」字。疑此處「必」字涉下「必剌」字衍。

金史卷八十六

列傳第二十四

李石 子獻可　完顏福壽　獨吉義　烏延蒲离黑
烏延蒲轄奴　烏延查剌　李師雄　尼厖古鈔兀
孛朮魯定方　夾谷胡剌　蒲察斡論　夾谷查剌

李石字子堅，遼陽人，貞懿皇后弟也。先世仕遼，爲宰相。高祖仙壽，嘗脫遼主之舅於難，遼帝賜仙壽遼陽及湯池地千頃，佗物稱是，常以李舅目之。父雛訛只，桂州觀察使，高永昌據東京，率衆攻之，不勝而死。

石敦厚寡言，而器識過人。天會二年，授世襲謀克，爲行軍猛安。睿宗爲右副元帥，引置軍中，屬之宗弼。八年，除禮賓副使，轉洛苑副使。天眷元年，置行臺省於汴，石爲汴京

都巡檢使，歷大名少尹、汴京馬軍副都指揮使，累官景州刺史。海陵營建燕京宮室，石護役皇城端門。海陵遷都燕京，石隨例入見。海陵指石曰：「此非葛王之舅乎？」葛王，謂世宗也。未幾，除興中少尹。

石知海陵忌宗室，頗歎前日之言，秩滿，託疾還鄉里。世宗留守東京，禦契丹括里，石留東京巡察城中。海陵使副留守高存福伺察世宗動靜，知軍李蒲速越知存福謀，以告世宗，石因勸世宗先除存福，然後舉事，世宗從之。大定元年，以定策功爲戶部尚書。無何，拜參知政事。

阿瑣殺同知中都留守蒲察沙离只，遣使奉表東京，而羣臣多勸世宗幸上京者。石奏曰：「正隆遠在江、淮，寇盜蠭起，萬姓引領東向，宜因此時直赴中都，據腹心以號令天下，萬世之業也。惟陛下無牽於衆惑。」上意遂決，卽日啓行。世宗納石女後宮，生鄭王永蹈、衞紹王永濟，是爲元妃李氏。

三年，戶部尚書梁銶上言：「大定以前，官吏士卒俸粟支帖眞僞相雜，請一切停罷。」石買革去舊貼，下倉支粟，倉司不敢違，以新粟與之。上聞其事，以問梁銶。梁銶對不以實。上命尚書左丞翟永固鞫之。梁銶削官四階，降知火山軍，石罷爲御史大夫。久之，封道國公。

六年，上幸西京，石與少詹事烏古論三合守衞中都宮闕。詔曰：「京師巡禦不可不嚴。近都猛安內選士二千人巡警，仍給口粲芻粟。」謂宰臣曰：「府庫錢幣非徒聚貨也，若軍士貧弱，百姓困乏，所費雖多，豈可已哉。」故事，凡行幸，留守中都官每十日表問起居。上以使傳頻煩，命二十日一進表。七年，拜司徒，兼太子太師，御史大夫如故。賜第一區。

安化軍節度使徒單子溫，平章政事合喜之姪也，贓濫不法，石卽劾奏之。方石奏事，宰相下殿立，俟良久。既退，宰相或問石奏事何久，石正色曰：「正爲天下姦汚未盡誅耳。」聞者悚然。一日，上謂石曰：「御史分別庶官邪、正。卿等惟劾有罪，而未嘗舉善也，宜令監察分路刺舉善惡以聞。」

石司憲既久，年寖高。御史臺奏，事有在制前斷定，乞依新條改斷者。上曰：「若在制前行者，豈可改也。」上御香閣，召中丞移刺道謂之曰：「李石耄矣，汝等宜盡心。向所奏事甚不當，豈涉於私乎？」他日，又謂石曰：「卿近累奏皆常事。臣下善惡邪正，無語及之。卿年老矣，不能久居此，若能舉一二善事，亦不負此職也。」十年，〔一〕進拜太尉、尚書令。詔曰：「太后兄弟惟卿一人，故命領尚書事。軍國大事，涉於利害，議其可否，細事不煩卿也。」進封平原郡王。

平章政事完顏守道奏事，石神色不懌。世宗察之，謂石曰：「守道所奏，既非私事，卿當

共議可否。在上位者所見有不可，順而從之，在下位者所見雖當，則遽不從乎？豈可以與己相違而蓄怒哉。如此則下位者誰敢復言？」石對曰：「不敢。」上曰：「朕欲於京府節鎭運司長佐三員內任文臣一員，尚未得人。」石奏曰：「資考未至，不敢擬。」上曰：「近觀節度轉運副使中才能者有之。海陵時，省令史不用進士，故少尹節度轉運副使中乏人。大定以來，用進士，亦頗有人矣，節度轉運副使中有廉能者具以名聞，朕將用之。朝官不歷外任，無以見其才，外官不歷隨朝，無以進其才，中外更試，庶可得人。」他日，上復問曰：「外任五品職事多闕，何也？」石對曰：「資考少有及者。」上曰：「苟有賢能，當不次用之。」對不稱旨，上表乞骸骨，以太保致仕，進封廣平郡王。十六年，薨。上輟朝臨弔，哭之慟，賻錢萬貫，官給葬事。少府監張僅言監護，親王、宰相以下郊送，謚襄簡。

石以勳戚，久處腹心之寄，內廷獻替，外罕得聞。觀其劾奏徒單子溫退答宰臣之問，氣岸宜有不能堪者。時論得失半之，亦豈以是耶。舊史載其少貧，貞懿后周之，不受，曰：「國家方急用人，正宜自勉，何患乎貧。」后感泣曰：「汝苟能此，吾復何憂。」及中年，以冒粟見斥，衆議貪鄙，如出二人。史又稱其未貴，人有慢之者，及爲相，其人以事見石，惶恐。石曰：「吾豈念舊惡者。」待之彌厚。能爲長者言如是，又與他日氣岸逈殊。有司謂兵爲國根本，姑宜假借。石持不可，曰：「兵民

一也，孰輕孰重。國家所恃以立者紀綱耳，紀綱不明，故下敢輕冒。惟當明其疆理，示以法禁，使之無爭，是爲長久之術。」趣有司按問，〔二〕自是軍民之爭遂息。北京民曹貴謀反，大理議廷中，謂貴等陰謀久不能發，在法「詞理不能動衆，威力不足率人」，罪止論斬。石是之。又議從坐，久不能決。石曰：「罪疑惟輕。」入，詳奏其狀，上從之，緣坐皆免死。北鄙歲警，朝廷欲發民穿深塹以禦之。石與丞相紇石烈良弼皆曰：「不可。古築長城備北，徒耗民力，無益於事。北俗無定居，出沒不常，惟當以德柔之。若徒深塹，必當置戍，而塞北多風沙，曾未期年，塹已平矣。不可疲中國有用之力，爲此無益。」議遂寢。是皆足稱云。

世宗在位幾三十年，尚書令凡四人：張浩以舊官，完顏守道以功，徒單克寧以顧命，石以定策，他無及者。明昌五年，配享世宗廟廷。子獻可、遼可。

獻可字仲和，大定十年，中進士第。世宗喜曰：「太后家有子孫舉進士，甚盛事也。」累官戶部員外郎，坐事降淸水令，召爲大興少尹，遷戶部侍郎，累遷山東提刑使。卒。衞紹王卽位，以元舅贈特進，追封道國公。子道安，擢符寶郞。

完顏福壽，曷速館人也。父合住，國初來歸，授猛安。天眷二年，福壽襲父合住職，授定遠大將軍，累加金吾衞上將軍。海陵省併猛安謀克，遂停封。

正隆末，海陵伐宋，福壽領婁室、臺答藹二猛安由山東道進至泰安。既受甲，福壽乃誘將校北還，而高忠建、盧萬家奴等亦各率衆萬餘俱歸東京，欲共立世宗。至遼口，世宗遣徒單思忠、府吏張謀魯瓦等來迎，察其去就。思忠等以數騎馳入軍中，見福壽等問曰：「將軍何爲至此？」福壽等向南指海陵而言曰：「此人失道，不能保天下。國公乃太祖皇帝親孫，我輩欲推戴爲主，以此來耳。」諸軍皆東向拜，呼萬歲。爲書以授思忠。於是督諸軍渡遼水，徑至東京城下，卽諭軍士擐甲入衞宮城，殺高存福等。明日，與諸將及東京吏民從婆速路兵馬都總管完顏謀衍勸進。世宗卽位，以福壽爲元帥右監軍，賜以銀幣御馬。

初，謀衍之至也，大會諸軍，以福壽之軍居左，高忠建軍居右。忠建曰：「何以我軍爲右軍？」謀衍曰：「樹置在我，爾曷敢言！」福壽曰：「始建大事，左右軍高下何足爭也。」遂讓忠建爲左軍。世宗聞而賢之。未幾，從完顏謀衍討白彥敬、紇石烈志寧于北京。是冬，上聞臨潢尹兼元帥左都監吾扎忽等與窩斡戰不利，命福壽將兵進討。已敗賊，俘獲生口萬計。世宗以紇石烈志寧代之，召還，授興平軍節度使，復其世襲猛安，尋領濟州路諸軍事。大定三年，卒。

獨吉義本名鶻魯補，曷速館人也。徙居遼陽之阿米吉山。祖回海，父祕剌。收國二年，曷速館來附，祕剌領戶三百，遂爲謀克。祕剌長子照屋，次子忽史與義同母。祕剌死，忽史欲承謀克。義曰：「長兄雖異母，不可奪也。」忽史乃以謀克歸照屋，人咸義之。

義以質子至上京。善女直、契丹字，爲管勾御前文字。天會十五年，擢右監門衛大將軍，除寧化州刺史。察廉，遷迭剌部族節度使、復州防禦使，改卓魯部族節度使、河南路統軍都監，爲武勝軍節度使。邊郡妄稱寇至，統軍司徙居民於汴，義獨不聽，日與官屬擊毬游宴。統軍司使人責之，義曰：「太師梁王南伐淮南，死者未葬，亡者未復，彼豈敢先發？此城中有権場，若自動，彼將謂我無人。」既而果無事，統軍謝之，請以沿邊唐州等處諸軍猛安皆隸于義。

貞元元年，改唐古部族節度使，爲彰化軍，改利涉軍節度使。是時，海陵伐宋，諸軍往往逃歸，而世宗在東京得衆心。都統白彥敬自北京使人陰結義，欲與共圖世宗。頃之，世宗卽位，義卽日來歸，具陳所以與彥敬密謀者。世宗嘉其不欺，以爲參知政事。

上謂義曰：「正隆率諸道兵伐宋，若反旆北指，則計將安出？」義曰：「正隆多行無道，殺

其嫡母，阻兵虐衆，必將自斃。陛下太祖之孫，卽位此其時也。」上曰：「卿何以知之？」義曰：「陛下此舉若太早，則正隆未渡淮，太遲則窩斡必太熾。今正隆已渡淮，窩斡未至太盛，將士在南，家屬皆在此，惟早幸中都爲便。」上嘉納之。次榛子嶺，世宗聞海陵死于軍中，謂義曰：「信如卿所料。」大定二年，罷爲益都尹，兼本路兵馬都總管，賜金五十兩、銀五百兩。三年，以疾致仕。四年，薨于家，年七十一。

子和尚，大定初，除應奉翰林文字，佩金牌。陀滿訛里也子撒曷輦充護衛，司吏王得兒加保義校尉，皆佩銀牌。持詔書宣諭中都以南州郡，及往南京諭太傅張浩。中道聞海陵遇害，南京及都督府皆奉表賀，乃止。和尚爲奉使，擅廢置州縣官，輒行殺戮，詔尚書省鞫治之。十九年，詔以義孫引壽爲斜魯苔阿世襲謀克。義性辯給，善談論，服玩不尙奢侈，食不兼味云。

贊曰：章宗嘗問羣臣：「世宗初起東京，大臣爲誰？」完顏守貞對曰：「止有李石一人。」章宗歎曰：「苟如此，信有天命也。」完顏謀衍部署諸軍，高忠建爭長，完顏福壽讓忠建而已下之，其功多矣。當是時，獨吉義最先至，諸將尙未肯附。由是言之，果天也，非人力也。

烏延蒲离黑，速頻路哲特猛安人，改屬合懶路。祖思列，預平烏春、窩謀罕之亂，及伐遼、宋，皆有功，追授猛安，贈銀青光祿大夫。父國也襲猛安。

蒲离黑從太祖伐遼，勇聞軍中。天眷三年，襲猛安，授寧遠大將軍，累官武寧軍節度使，遷京兆尹。海陵伐宋，行武威軍都總管。軍還，爲順義軍節度使。徒單合喜定秦、隴，蒲离黑統完顏習尼列、顏盞門都兵救德順州，改延安、平涼尹。致仕，封任國公。大定十九年卒。

烏延蒲轄奴，速頻路星顯河人也，後改隸曷懶路。父忽撒渾，天輔初，追授猛安，親管謀克。蒲轄奴身長有力，多智略，襲其父猛安謀克，階寧遠大將軍。天德二年，授陳州防禦使。貞元元年，改昌武軍節度使，以善綏撫，再任。海陵南征，改歸德尹，爲神策軍都總管。當屯濟州，比至山東，盜已據其城，蒲轄奴領十餘騎往覘之，忽爲其衆所圍，乃與軍士皆下馬，立而射之，殺百餘人。賊衆敗走，迤邐襲之，至暮而還。明日，攻破其城，號令士卒，毋

害居民，郡中獲安。民感其惠，爲立祠以祭。

大定二年，爲慶陽尹。元帥左都監徒單合喜奏宋軍十萬餘據險阻，剽掠郡邑，請詔益兵七千，與舊兵合爲二萬。遣蒲轄奴與延安尹高景山等分領其軍以往。卒于軍，年六十一。子查剌。

烏延查剌，銀青光祿大夫蒲轄奴子也。力兼數人，勇果無敵。正隆六年伐宋，諸猛安謀克兵皆行，州縣無備。契丹括里陷韓州，圍信州，遠近震駭。查剌道出咸平，遂率本部亟還信州，與戰敗之。已而，賊復整兵環攻，且登其城，查剌下巨木壓之，殺賊甚衆，括里乃解去。查剌左右手持兩大鐵簡，簡重數十斤，人號爲「鐵簡萬戶」。追及括里于韓州東八里許，賊方就平野爲陣，查剌身率銳士，以鐵簡左右揮擊之，無不僵仆。賊不能成列，乃易馬督軍復擊之，賊衆大敗，遂走，東京、咸平、隆州民復帖然。

世宗卽位，查剌謁見，充護衛，爲驍騎副都指揮使，領萬戶。擊窩斡，戰于花道。大軍未集，查剌在左翼，領六百騎與賊戰，殺賊三千餘人。宗亨、蒲察世傑七謀克戰不利，世傑走查剌軍，賊合圍攻之。查剌圜拒而戰，宗敍軍來援，〔三〕賊乃引去。西過裊嶺，追及於陷泉。賊先犯右翼，查剌迎擊之，賊退走。窩斡募人刺之。僞護衛阿不沙身長有力，奮大刀

自後斫查剌，查剌回顧，以箭背擊阿不沙，折其右臂。與紇石烈志寧軍合擊，賊遂大敗。

窩斡平，以爲宿直將軍，賜銀三百兩、重綵二十端。丁父憂，以本官起復，襲其父猛安，除蔡州防禦使，改宿州，遷昌武軍節度使，徙鎮邠州。爲賀宋歲元使，射淮上柳樹，矢入其樹飲羽。宋人素聞其名，甚異之。改鳳翔尹，入爲右副點檢，出爲興中尹，改婆速路總管。高麗憚其威名，凡以事至婆速路者，望見而跪之。二十五年，〔四〕爲興平軍節度使，卒官。

查剌貞愨寡言，平居極和易，及臨戰奮勇，見者無不辟易，雖重圍萬衆，出入若無人之境云。

李師雄字伯威，雁門人也。有材力，喜談兵，慕古之英雄，故名師雄。宋宣和中以騎射登科，累官大名、清平尉。王師至大名，師雄與府僚出降，攝本路兵馬都監。齊國建，以爲大總管府先鋒都統制，知淄州。齊廢，爲汴京馬軍都虞候，歷知寧海軍、曹州刺史。皇統二年，爲武勝軍節度使。正隆末，爲河州防禦使。宋將吳璘軍攻秦、隴，會師雄以事就逮臨洮，宋兵至城下，州人乘城拒守，謀欲出降，師雄止之。宋將權儀鞭馬方上浮橋，師雄射之，

墜于橋下，遂擒權儀，宋師退。後從元帥左監軍徒單合喜以兵攻河州，有功。未幾，以疾歸汴，卒。

尼厖古鈔兀，曷速館人。初爲大臭扎也，補元帥府通事。宋將韓世忠率軍數萬圍邳州，鈔兀將輕騎數百與偵人數輩間道往救之，敗敵兵六千。翌日，宋兵復圍下邳，鈔兀復敗之。宋人攻濟州，奪戰艦略盡。是時，鈔兀往宿州，分蒲魯虎軍，還至大河，與敵遇，力戰敗之，盡復戰艦。王師復河南，宋別將由胡陵夜襲孛堇布輝營，〔五〕士卒盡沒。鈔兀從東平總管併力戰，卻之。元帥府賞以銀幣。鈔兀勇敢，善伺敵虛實，以此屢捷。帥府承制加忠顯校尉，爲蕃部禿里，賜錢萬貫、幣帛三百匹、衣一襲、馬二匹。將之官，河間尹大臭白于元帥，請留鈔兀以給邊事，許之。復賜錢萬貫、銀二百五十兩、重綵三百端、馬三匹。錄功，授慶陽少尹。

海陵將伐宋，而契丹反，召入諭之曰：「汝久在邊陲，屢立戰功。昨遣樞密使僕散忽土、留守石抹懷忠等討契丹，師久無功，已置諸法。今命汝與都統白彥敬、副統紇石烈志寧進討。」因賜具裝廐馬四疋。鈔兀與彥敬等至北京，未能進。會世宗卽位遼陽，鈔兀迎謁，遷

輔國上將軍，與都統吾札忽、副統渾坦討窩斡。〔六〕鈔兀行至宂歷，與窩斡遇，左軍小卻，鈔兀挺槍馳入其陣，手殺二十餘人，賊乃退。元帥僕散忠義自花道追之，鈔兀以前鋒追及于陷泉，遂大敗之。事平，遷西北路招討使，改東北路。

鈔兀與完顏思敬有隙，思敬爲北京留守，〔七〕奉詔至招討司，鈔兀不出餞。世宗聞之，遣使切責之曰：「卿本大臭扎也，起身細微。受國厚恩，累歷重任，乃以私憾，不餞詔使。當內省自訟，後勿復爾。朕不能再三曲恕汝也。」既而思敬爲平章政事，東北路招討使鈔兀〔八〕以私取諸部進馬，事覺被逮，將赴京師。〔九〕鈔兀爲人尚氣，次海濱縣，慨然曰：「吾豈能爲思敬辱哉。」遂縊而死。十九年，〔一〇〕詔以鈔兀舊功，授其子和尚世襲布輝猛安徒胡眼謀克。

孛术魯定方本名阿海，內吉河人也。材勇絕倫。海陵素聞其名。天德初，召授武義將軍，充護衞。數月，轉十人長，遷宿直將軍，賜予甚厚。尋爲殿前右衞將軍，又三月，擢殿前右副點檢，世襲猛安，改左副點檢。出爲河南尹，改彰德軍節度使。

海陵南伐，定方爲神勇軍都總管。大定二年，宋人陷汝州，河南統軍使宗尹遣定方將

兵四千往取之。汝州東南及北面皆山林險阻，不可以騎軍戰。是時，宋兵由鵶路出沒，定方至襄城，得敵虛實，遂牒諭汝州屬縣曰：「我率許州戍兵十二萬徑取汝州，爾等可備糧草二十萬。」使人揚言欲據要路絕宋兵往來。既而定方引兵趨鵶路，宋人聞之，果棄城遁去。定方至魯山境，知宋兵已去，遂遣輕騎二百追至布袴叉，擊敗之，遂復汝州。授鳳翔尹。

宋人阻邊，以本職行河南道軍馬副統，率步騎六萬，將由壽州進軍，次亳州。宋李世輔陷宿州，定方從左副元帥志寧戰於城下。時天大暑，定方督戰，馳突敵陣中，出入數四，渴甚，因出陣下馬取水，爲人所害，年四十四。上聞而閔之，詔有司致祭，賻銀五百兩、重綵二十端，贈金紫光祿大夫。

夾谷胡剌，〔一一〕上京宋葛屯猛安人。初在左副元帥撻懶帳下，有戰功，授武德將軍，襲其父謀克。正隆末，山東盜起，胡剌爲行軍猛安討賊，遇賊千五百人於徐州南，敗之。山東路統軍司選諸軍八百人作十謀克，胡剌將之，與驍騎軍皆隸點檢司。行至淮南，海陵遣以騎兵三百二十往揚州，敗宋兵千五百人於宣化鎮。僕散忠義伐宋，胡剌領萬戶由泗州進戰，遇敵於宿州，歿于陣，贈鎮國上將軍。

蒲察斡論，上京益速河人，徙臨潢。祖忽土華，父馬孫，俱贈金紫光祿大夫。

斡論剛毅有技能。天輔初，以功臣子充護衛，遷左衛將軍、定武軍節度使，召爲右副都點檢。天德初，授世襲臨潢府路曷呂斜魯猛安，改東平尹，賜錢千萬，累除河南尹。海陵伐宋，以本官爲右領軍都監。大定二年，仍爲河南尹，兼河南路都統軍使。宋以萬人據壽安縣，嵩州刺史石抹突剌，〔三〕押軍萬戶徒單賽補以騎兵三百巡邏，遇于縣東，請師於斡論。斡論使猛安完顏鶻沙虎率七百人助之。宋兵多，突剌使士卒下馬，跪而射之。宋兵不能當，走入縣城。突剌進逼之，宋人棄城去，追及于鐵索口，復大敗之，遂復壽安。改北京留守、大定尹，卒官。

夾谷查剌，隆州失撒古河人也。祖不剌速，國初授世襲曷懶兀主猛安、曷懶路總管。父謝奴，官至工部尚書。

查剌狀貌魁偉，善女直、契丹書。天德初，以功臣子充護衛。二年，授武義將軍。未

幾，擢符寶郎，凡再考，出爲灤州刺史，改知平定軍事。海陵南征，爲武威軍副都總管。軍還，大定二年，授景州刺史，遷同知京兆尹。

時彰化軍節度使宗室璋等與宋將吳璘相拒於德順州，元帥左都監徒單合喜遣查剌與諸將議破敵策。璋等議曰：「我兵雖屢勝，而敵兵不退者，知我軍少故也。須都監親至，方可破敵。」於是合喜領兵四萬至，遂下德順州。入爲殿前右衛將軍，襲父猛安，改左衛將軍，遷右副點檢。有疾，丞相良弼視之，謂所親曰：「此人國器也。他人有疾，吾未嘗往焉。」九年，出爲東北路招討使兼德昌軍節度使，仍賜金帶。到官，治有勤績，邊境以安。其斷獄公平，道不拾遺。遷臨潢尹兼本路兵馬都總管，蕃部畏服。改西北路招討使。上遣使宣諭曰：「今諸部初附，命汝撫綏，當使治聲達於朕聽。」大定十二年卒。

查剌性忠實，內明敏，每論大事，超越倫輩。太師勗嘗曰：「查剌不學而知，方之古人，如此者鮮矣。」

贊曰：陷泉之捷，震電熚熚。符離之克，我勢攸赫。隴、坻擺擽，〔一三〕淮、溷鉤釽成矣。故列敘諸將之功焉。

校勘記

〔一〕十年　「十」原作「九」。按本書卷六世宗紀，大定十年正月「甲戌，以司徒、御史大夫李石爲太尉、尚書令」。今據改。

〔二〕趣有司按問　「按」原作「拯」，據文義改。

〔三〕宗敍軍來援　「敍」原作「亨」。按本書卷一三三移剌窩斡傳，「賊渡河，以兵四萬餘先犯左翼軍，宗亨、世傑七謀克指畫失宜，陣亂敗于賊，宗敍以右翼軍來救，賊乃去」。又卷七一宗敍傳、卷八七僕散忠義傳記載略同。今據改。

〔四〕二十五年　按上當有「大定」二字。

〔五〕宋別將由胡陵夜襲孛堇布輝營　「由」原作「田」，據永樂大典卷一〇八八九引文改。

〔六〕副統渾坦討窩斡　原脫「坦」字。按本書卷六世宗紀，大定元年十一月「癸未，遣權元帥左都監吾扎忽、右都監神土懣、廣寧尹僕散渾坦討契丹諸部」。又卷七一吾扎忽傳，「大定初，與廣寧尹僕散渾坦俱從元帥右都監神土懣解臨潢之圍」。今據補。

〔七〕思敬爲北京留守　「北」原作「東」。按本書卷六世宗紀，大定三年五月「乙卯，以北京留守完顏思敬復爲右副元帥」。七年十二月「甲辰，以北京留守完顏思敬爲平章政事」。卷七〇思敬傳，

大定「三年四月，召還京師，以爲北京留守」。今據改。

〔八〕東北路招討使鈔兀　原脫「東」字，據上文補。

〔九〕將赴京師　「赴」原作「走」，據永樂大典卷一〇八八九引文改。

〔一〇〕十九年　按上當有「大定」二字。

〔一一〕夾谷胡剌　「谷」原作「古」。按本卷卷目作「谷」。本書卷五五百官志白號之姓所列亦作「夾谷」。今統一。又下文「夾谷查剌」，「谷」亦原作「古」。今并統一。

〔一二〕嵩州刺史石抹突剌　「石抹突剌」，本書卷六世宗紀大定二年二月丙辰下作「石抹术突剌」。

〔一三〕隴坻擺擽　「擺擽」原作「擽擺」。按文選張衡西京賦云，「流鏑擺擽」，今據改。

金史卷八十七

列傳第二十五

紇石烈志寧　僕散忠義　徒單合喜

紇石烈志寧本名撒曷輦，上京胡塔安人。自五代祖太尉韓赤以來，與國家世爲甥舅。父撒八，海陵時賜名懷忠，爲泰州路頗河世襲謀克，轉猛安，嘗爲東平尹、開遠軍節度使。

志寧沉毅有大略，娶梁王宗弼女永安縣主，宗弼於諸壻中，最愛之。皇統間，爲護衞。海陵以爲右宣徽使，出爲汾陽軍節度使，入爲兵部尚書，改左宣徽使、都點檢，遷樞密副使，開封尹。

契丹撒八反，樞密使僕散忽土、北京留守蕭賾、西京留守蕭懷忠皆以征討無功，坐誅。於是，志寧爲北面副統，〔一〕與都統白彥敬，以北京、臨潢、泰州三路軍討之。志寧至北京，而海陵伐宋已渡淮。彥敬、志寧聞世宗有異志，乃陰結會寧尹完顏蒲速賚、利涉軍節度使

獨吉義，將攻之。而世宗已卽位，使石抹移迭、移剌曷補來招，彥敬、志寧殺其使者九人。世宗使完顏謀衍來伐，衆不肯戰，乃與彥敬俱降。世宗問曰：「正隆暴虐，人望旣絕，朕以太祖之孫卽大位。汝殺我使者，又不能爲正隆死節，恐爲人所圖，然後來降。朕今殺汝等，將何辭？」彥敬未有以對，志寧前奏曰：「臣等受正隆厚恩，所以不降，罪當萬死。」上曰：「汝輩初心亦可謂忠於所事，自今事朕，宜勉忠節。」

世宗使扎八招窩斡，扎八乃勸之，〔二〕遂稱帝。世宗使右副元帥完顏謀衍征之，志寧以臨海節度使，都統右翼軍。窩斡敗于長濼，西走，志寧追及于霿𩃬河。賊已先渡，依岸爲陣，毀橋岸以爲阻。志寧與賊夾河，爲疑兵，與萬戶夾谷清臣、徒單海羅於下流涉渡。已渡，前有支港岸斗絕，其中泥濘，乃束柳塡藉，士卒畢濟。行數里，得平地，將士方食，賊奄至。賊據南岡，三馳下志寧陣。陣堅，力戰，流矢中左臂，戰自若。賊據上風縱火，乘煙勢馳擊。志寧步軍繼至，轉戰十餘合，火益熾，風煙突人不可當。會雨作，風煙乃熄，遂奮擊，大破之。於是，元帥謀衍、右監軍福壽不急擊賊，久無功，右丞僕散忠義請自討賊，而志寧擊賊有功，上以忠義代謀衍，志寧代福壽，封定國公，使蒲察通至軍中宣諭之。賊略懿州界，陷靈山、同昌、惠和三縣，〔三〕睥睨北京。會土河水漲，賊不得渡，乃西趨三韓縣。志寧方追躡之，元帥忠義與賊遇于花道，軍頗失利，賊見志寧踵其後，不敢乘勝，遂西走。是時，

大軍馬瘦弱，不堪追襲，諸將欲止軍勿追。志寧獲賊候人，知賊自選精銳，與老小輜重分道，期山後會集，可擊其輜重。忠義以爲然，遂過移馬嶺，進及裊嶺西陷泉。賊見左翼據南岡爲陣，不敢犯。右翼萬戶烏延查剌擊賊少却，志寧與夾谷清臣等擊之，賊衆大敗，涉水走。窩斡母徐輦舉營由落括岡西去，志寧追及之，盡獲其輜重，俘五萬餘人，雜畜不可勝計。僞節度使六，及其部族皆降。窩斡走奚中，至七渡河，志寧復敗之。賊過渾嶺，入于奚中。志寧獲賊將稍合住，釋弗殺，許以官賞，縱之歸，約以捕窩斡自効。稍合住旣去，見窩斡，祕不言見獲事，乃反間奚人于窩斡曰：「陷泉失利，奚人有貳志，不可不察。」當是時，窩斡屢敗，其下亦各有心，稍合住乃與賊帥神獨斡執窩斡，詣右都監完顏思敬降。志寧與萬戶清臣、宗寧、速哥等，追捕餘黨至燕子城，盡得所畜善馬，因至抹拔里達之地，悉獲之。逆黨旣平，入朝爲左副元帥，賜以玉帶。

經略宋事，駐軍睢陽，都元帥忠義居南京，節制諸軍。宋將黃觀察據蔡州，楊思據潁昌。志寧使完顏王祥復取蔡州，黃觀察遁去。完顏襄攻潁州，拔之，獲楊思。乃移牒宋樞密使張浚，使依皇統以來舊式，浚復書曰：「謹遣使者至麾下議之。」是時，宋得窩斡黨人括里、扎八，用其謀攻靈璧、虹縣，都統奚撻不也叛入于宋，遂陷宿州。括里等謀曰：「北人恃騎射，戰勝攻取。今夏月久雨，膠解，弓不可用。」故李世輔與之來攻宿州。歸德尹术甲撒

速、宿州防禦使烏林荅剌撒、萬戶溫迪罕速可、裴滿妻室，不守約束，不肯堅壁俟大軍，輒出與戰，由是軍敗，城陷。剌撒嘗遣人入宋界貿易，交通李世輔，受其路遺，久之，事覺，伏誅。謀克賽一坐故知不舉，除名。撻不也母斡里懶，緣坐當死，上曰：「撻不也背國棄母，殺之何益？朕閔其老」，遂原其死。詔撒速、剌撒、速可、妻室各杖有差，撒速、剌撒仍解職。世輔自以爲得志，日與括里、扎八置酒高會。志寧以精兵萬人，發自睢陽，趨宿州，中使來督軍，志寧附奏曰：「此役不煩聖慮，臣但恐世輔遁去耳。」世輔聞志寧軍止萬人，甚易之，曰：「當令十人執一人也。」括里等問候人所見上將旗幟，知是志寧，謂世輔曰：「此撒合輦監軍也，軍至萬人，愼毋輕之。」大定三年五月二十日，〔四〕志寧將至宿州，乃令從軍盡執旗幟，駐州西爲疑兵，三猛安兵駐州南。志寧自以大軍，駐州東南，阨其歸路。世輔望見州西兵旌旗蔽野，果謂大軍在州西，而謂東南兵少不足慮，先擊之。以步騎數萬，皆執盾，背城爲陣，外以行馬捍之。使別將將兵三千，出自東門，欲自陣後攻志寧軍，萬戶蒲查擊敗之。右翼萬戶夾谷清臣爲前行，撤毀行馬，短兵接戰，世輔軍亂，諸將乘之，追殺至城下。是夕，世輔盡按敗將，將斬之，其統制常吉懼而來奔，盡得城中虛實。明日，世輔悉兵出戰，騎兵居前，志寧使夾谷清臣當之。世輔別將以五六千騎爲一隊，與清臣遇，清臣踵擊之，宋將不能反旆。志寧麾諸軍力戰，世輔復大敗，走者自相蹈藉，僵尸相枕，爭城門而入，門塡塞，人人自阻，

遂緣城而上，我軍自濠外射之，往往墮死於隍間，殺騎士萬五千，步卒三萬餘人。世輔乘夜脫走。明日，夾谷清臣、張師忠追及世輔，斬首四千餘，赴水死者不可勝計，獲甲三萬，他兵仗甚衆。上以御服金線袍、玉吐鶻、賓鐵佩刀，使移剌道就軍中賜之。凡有功將士，猛安、謀克並如陝西遷賞，蒲輦進官三階，重綵三端，絹六匹，旗鼓笛手、吏人各賜錢十貫。詔志寧曰：「卿雖年少，前征契丹戰功居最，今復破大敵，朕甚嘉之。」

宋人議和不能決，都元帥僕散忠義移軍泰和，志寧移軍臨渙，遂渡淮，徒單克寧取盱眙、濠、廬、和、滁等州。宋人懼，乃決意請和，使者六七往反，議遂定，宋世爲姪國，約歲幣二十萬兩、匹，魏杞奉誓書入見，復通好。志寧還軍睢陽，上以御服、玉佩刀、通犀御帶賜之。詔曰：「靈壁、〔五〕虹縣、宿州兵士死者，朕實閔焉。宜歸葬鄉里，官爲齎送，人賻錢三十貫。」鳳翔尹孛朮魯定方以下猛安謀克，官爲致祭。定方賻銀五百兩、重綵二十端，猛安三百貫，謀克二百貫，蒲里衍一百貫，權猛安二百貫，權謀克一百五十貫，權蒲里衍七十貫。

五年三月，忠義朝京師，志寧駐軍南京。五月，志寧召至京師，拜平章政事，左副元帥如故。志寧復還軍，賜玉束帶，上曰：「卿壯年能立功如此，朕甚嘉之。南服雖定，日月尚淺，須卿一往規畫。」六年二月，志寧還京師，拜樞密使。七年十一月八日，皇太子生日，宴羣臣於東宮，志寧奉觴上壽，上悅，顧謂太子曰：「天下無事，吾父子今日相樂，皆此人力

也。」使太子取御前玉大杓酌酒，上手飲志寧，即以玉杓及黃金五百兩賜之。以第十四女下嫁志寧子諸神奴，八年十月，進幣，宴百官于慶和殿。皇女以婦禮謁見，志寧夫婦坐而受之，歡飲終日，夜久乃罷。九年，拜右丞相。十一年，代宗敍北征。既還，遣使者迎勞，賜以弓矢、玉吐鶻。入見，上慰勞良久。是日，封廣平郡王，復遣使就第慰勞之。皇太子生日，宴羣臣於東宮，以玉帶賜志寧，上曰：「此梁王宗弼所服者，故以賜卿。」郊祀覃恩，從征護衞，皆有賜，進封金源郡王。

十二年，志寧有疾，中使看問，日三四輩，疾亟，賜金丹三十粒，詔曰：「此丹未嘗以賜人也。」使者至，志寧已不能言，但稽首而已。是歲，薨。上輟朝，臨其喪，行哭而入，哀動左右。將葬，上致祭，見陳甲柩前，復慟哭之。賻銀千五百兩、重綵五十端、絹五百匹，葬事祠堂，皆從官給，謚武定。十五年，圖像衍慶宮。

志寧妻永安縣主妬甚，嘗殺孕妾，及志寧薨後，諸神奴兄弟皆病亡，世宗甚惜之，遣使諭永安縣主曰：「丞相有大功三，先朝舊臣，惟秦、宋二王功大，餘不及也。今養其孽子，當如親子視之。」二十二年，上問宰臣：「僕散忠義、紇石烈志寧孰愈？」尚書左丞襄奏曰：「忠義兵權精緻，此其所長也。」上曰：「不然。志寧臨敵，身先士卒，勇敢之氣自太師梁王未有如此人者也。」明昌五年，配享世宗廟廷。

僕散忠義本名烏者，上京拔盧古河人，宣獻皇后姪，元妃之兄也。高祖斡魯補。曾祖斑覩。祖胡闌。父背魯，國初世襲謀克，婆速路統軍使，致仕。

忠義魁偉，長髯，喜談兵，有大略。年十六，領本謀克兵，從宗輔定陝西，行間射中宋大將，宋兵遂潰，由是知名。帥府錄其功，承制署爲謀克。宗弼再取河南，表薦忠義爲猛安。從宗弼攻冀州先登，攻大名府以本部兵力戰，破其軍十餘萬，賞以奴婢、馬牛、金銀、重綵。從宗弼渡淮攻壽、廬等州，宗弼稱之曰：「此子勇略過人，將帥之器也。」賞馬五匹、牛一百五十頭、羊五百口，領親軍萬戶，超寧遠大將軍，承其父世襲謀克。

皇統四年，除博州防禦使，公餘學女直字，及古算法，閱月，盡能通之。在郡不事田獵、燕游，以職業爲務，郡中翕然稱治。忽一夕陰晦，囚徒謀爲反獄，倉猝間，將校皆惶駭失措，忠義從容，但使守更吏撾鼓鳴角，囚徒以爲天且曉，不敢出，自就桎梏。及考，郡民詣闕願留，詔從之。八年，改同知眞定尹，兼河北西路兵馬都總管，遷西北路招討使，入爲兵部尚書。

僕散忽土嘗與海陵簒立，恃勢陵傲同列，忠義因會飲衆辱之，海陵不悅，出爲震武軍節度使。火山賊李鐵槍乘暑來攻，忠義單衣從一騎迎擊之，射殺數人，賊乃退。改臨洮尹，兼

熙秦路兵馬都總管。海陵召至京師謂之曰：「洮河地接吐蕃、木波，異時剽害良民，州縣不能制。汝宿將，故以命汝。」賜條服、玉具、佩刀。閱再考，徙平陽尹，再徙濟南尹。以本官爲漢南路行營副統制，伐宋，克通化軍。

世宗立，海陵死揚州，罷兵入朝京師，拜尚書右丞。移剌窩斡僭號，兵久不決。右副元帥完顏謀衍既敗之于霿𩄙河，乃擁衆，貪鹵掠，不追討，而縱其子斜哥暴橫軍中，士卒不用命。賊得水草善地，官軍躡其遺餘，水草乏，馬益弱，賊軼出山西，久無功。忠義請曰：「契丹小寇，不時殄滅，致煩聖慮。臣聞主憂臣辱，願効死力除之。」世宗大悅。即召還謀衍，勒歸斜哥本貫。拜忠義平章政事，兼右副元帥，封榮國公，賜以御府貂裘、賓鐵吐鶻弓矢大刀、具裝對馬及安山鐵甲、金牌，詔曰：「軍中將士有犯，連職之外並以軍法從事，有功者依格遷賞。」詔諸將士曰：「兵久駐邊陲，蠹費財用，百姓不得休息。今以右丞忠義爲平章政事、右副元帥，宜同心戮力，無或弛慢。」

忠義至軍，賊陷靈山、同昌、惠和等縣，陣而西行。忠義追之，及于花道，宗亨爲左翼，宗敍爲右翼，與賊夾河而陣。賊渡河，先攻左翼，偏敗，右翼救之，賊引去。窩斡乃以精銳自隨，以羸兵護其母妻輜重由別道西走，期於山後會集。追復及于裊嶺西陷泉。與賊遇，時昏霧四塞，跬步莫覩物色，忠義禱曰：「狂寇肆暴，殺戮無辜，天不助惡，當爲開霽。」奠已，

昏霧廓然。及戰，忠義左據南岡，爲偃月陣，右迤而北，大敗之，獲其弟裊，俘生口三十萬，獲雜畜十餘萬，車帳金珍以鉅萬計，悉分諸軍。賊走趨奚地，遣將追躡，至七渡河，又敗之。旣踰渾嶺，復進軍襲之，望風奔潰，遁入奚中，降者相屬於路。詔忠義曰：「卿材能素著，果能大破賊衆，朕甚嘉之。今遣勞卿，如朕親往。賜卿御衣、及骨睹犀具佩刀、通犀帶等。就以俘獲，均散軍士。」窩斡旣敗，遂入于奚中。高忠建敗奚于栲栳山，移剌道取抹白諸奚之家，抹白奚乃降，窩斡勢益弱。紇石烈志寧獲賊將稍合住，縱之使歸，約以捕窩斡自贖，仍許以官賞。稍合住與其黨，執窩斡詣完顏思敬降。契丹平。忠義朝京師，拜尙書右丞相，改封沂國公，以玉帶賜之。

自海陵遇弒，大軍北還，而窩斡鴟張，命將徂征。及窩斡敗，其黨括里、扎八奔入于宋，宋人用其謀，侵掠邊鄙，攻取泗、壽、唐、海州。於是，宋主傳位于宗室子眘，是爲宋孝宗，雖嘗遣使來，而欲用敵國禮。世宗以紇石烈志寧經略宋事，制詔忠義以丞相總戎事，居南京節制諸將，時大定二年也。

忠義將行，陛辭，上諭之曰：「彼若歸侵疆，貢禮如故，則可罷兵。」旣至南京，簡閱士卒，分屯要害，戒諸將嚴守備。使左副元帥志寧移牒宋樞密使張浚，其略曰：「可還所侵本朝內地，各守自來畫定疆界，凡事一依皇統以來舊約，帥府亦當解嚴。如必欲抗衡，請會兵相

見。」宋宣撫使張浚復書志寧曰：「疆埸之一彼一此，兵家之或勝或負，何常之有，當置勿道。謹遣官僚，敬造麾下議之。」是時，已復泗、壽、鄧州，請隳其城，遷其民于宿、亳、蔡州，上曰：「三州本吾土也，得之則已。」忠義使將士擇善水草休息，且牧馬，俟來歲取淮南。初，世宗詔諸將由泗、壽、唐鄧三道進發，宋人聞之，卽自方城、葉縣以來田野皆燒夷之，使無所芻牧。忠義命唐、鄧道軍芻牧許、汝間。

三年，忠義入奏事，遂以丞相兼都元帥。無何，還軍中。忠義與宋相持日久，慮夏久雨，弓力易減，宋或乘時見攻，豫選勁弓萬張於別庫。及自汴赴闕議事，次濬州，宋將李世輔果掩取靈璧、虹縣，遂陷宿州。忠義使人還汴，發所貯勁弓給志寧軍，與宋人戰，遂大捷，竟復宿州。忠義還，以書責宋。宋同知樞密院事洪遵、計議官盧仲賢，遣使二輩持與志寧書及手狀，歸海、泗、唐、鄧州所侵地，約爲叔姪國。報書期十一月使入境，宋又使人來言，禮物未備，請俟十二月行成。忠義以其事馳奏，請定書式，且言宋書如式，則許其入界，如其不然，勢須遣還本國，復稟其主，若是往復，動經七八十日，恐誤軍馬進取。世宗以詔諭之曰：「若宋人歸疆，歲幣如昔，可免奉表稱臣，許世爲姪國。」忠義乃貽書宋人，前後凡七，宋人他託未從。忠義移大軍壓淮境，遣志寧率偏師渡淮，取盱眙、濠、廬、和、滁等州，宋人懼。而世宗意天下厭苦兵革，思與百姓休息，詔忠義度宜以行。

四年正月，忠義使右監軍宗敍入奏，將近暑月，乞俟秋涼進發。詔從之。宋使胡昉以右僕射湯思退書來，宋稱姪國，不肯加世字。忠義執昉留軍中，答其書，使使以聞。詔曰：「行人何罪，遣胡昉還國。邊事從宜措畫。」八月，詔忠義曰：「前請俟秋涼進發，今已八月，復俟何時？」先是，忠義乞增金、銀牌，上曰：「太師梁王兼數職，未嘗增也。」至是增都元帥金牌一、銀牌二十，左右副元帥金牌各一、銀牌各十，左右監軍金牌各一、銀牌各六，左右都監金牌各一、銀牌各四，三路都統府銀牌各二。乃定南界官員、百姓歸附遷賞格。

元帥府獲宋諜人符忠。忠前嘗至中都，大興府官詰問，忠執文據，及與泗州防禦判官張德亨知識，由是獲免，厚謝德亨，德亨受之。忠具款服，乃奏其事于朝，於是，大興少尹王全解職，德亨除名。和議始于張浚，中更洪遵、湯思退，及徒單克寧敗宋魏勝于十八里莊，取楚州，世宗下詔進師，於是宋知樞密院周葵、同知樞密院事王之望書一一如約，和議始定。宋遣試禮部尙書魏杞，崇信軍、承宣使康湑，充通問國信使，取到宋主國書式，幷國書副本，宋世爲姪國，約歲幣爲二十萬兩、匹，國書仍書名再拜，不稱「大」字。大定五年正月，魏杞、康湑入見，其書曰：「姪宋皇帝眘，謹再拜致書于叔大金聖明仁孝皇帝闕下。」魏杞還，復書「叔大金皇帝」不名，不書「謹再拜」，但曰「致書于姪宋皇帝」，不用尊號，不稱闕下。和好已定，罷兵，詔天下。以左副都點檢完顏仲爲報問國信使，太子詹事楊伯雄副之。

忠義奏官軍一十七萬三千三百餘人，留馬步軍一十一萬六千二百屯戍。上曰：「今已許宋講好，而屯戍尙多，可除舊軍外，選馬一萬二千，阿里喜稱是，步軍虞候司軍共選一萬五千，及簽軍一萬，與舊軍通留六萬。富强丁多者摘留，貧難者阿里喜官給，富者就用其奴。其存留馬步軍於河北東西、大名府、速頻、胡里改、會寧、咸平府、濟州、東京、曷速館等路軍內，約量揀取。其西南、西北招討司，臨潢府、泰州、北京、婆速、曷懶、山東東西路，並行放還。」詔近侍局使裴滿子寧佩金牌，護衞醜底、符寶祗候馳滿回海佩銀牌，諭諸路將帥，以宋國進到歲幣銀絹二十萬兩、匹，盡數給與見存留及放散軍充賞。曾過界者，人給絹二匹、銀二兩，不曾過界者銀二兩、絹一匹。阿里喜絹一匹。謀克倍軍人，猛安倍謀克。押軍猛安謀克年老有勞績者，量與除授。又詔曰：「其令一路全罷者，先發遣之。」賜忠義玉束帶。三月，詔曰：「如大軍已放還，丞相忠義宜先還，左副元帥志寧、右監軍宗敍留駐南京，餘官非急用者並勸還任。」

忠義朝京師，上勞之曰：「宋國請和，偃兵息民，皆卿力也。」拜左丞相，兼都元帥。大定初，事多權制，詔有司刪定，上謂宰臣曰：「凡已奏之事，朕嘗再閱，卿等毋懷懼。朕於大臣，豈有不相信者？但軍國事，不敢輕易，恐或有誤也。」忠義對曰：「臣等豈敢竊意陛下，但智力不及耳。陛下留神萬幾，天下之福也。」

大定六年正月，忠義有疾，上遣太醫診視，賜以御用藥物，中使撫問，相繼於道。二月，薨。〔六〕上親臨哭之慟，輟朝奠祭，賻銀千五百兩、重綵五十端、絹五百匹。世宗將幸西京，復臨奠焉。命參知政事唐括安禮護喪事，凡葬祭從優厚，官爲給之。大宗正丞竟充勑祭使，中都轉運副使王震充勑葬使，百官送葬，具一品儀物，建大將旗鼓，送至墳域。謚武莊。忠義動由禮義，謙以接下，敬儒士，與人極和易，侃侃如也。善御將士，能得其死力。及爲宰輔，知無不言。自漢、唐以來，外家多緣恩戚以致富貴，又多不克其終，未有兼任將相，功名始終如忠義者。十一年，詔曰：「故左丞相忠義族人，及昭德皇后親族，人材可用者，左副點檢烏古論元忠體察以聞。」二十一年，上思忠義功，勒銘墓碑。泰和元年，圖像衍慶宮，配享世宗廟廷。子撲，別有傳。

徒單合喜，上京速蘇海水人也。父蒲涅，世襲猛安。合喜魁偉，膂力過人，一經聞見，終身不忘。天輔間，從金源郡王婁室爲扎也，甚愛之。天會六年，以功爲謀克，尋領婁室親管猛安。元帥府聞其才，命權左翼軍事。皇統二年，爲隴州防禦使。以兵十五人敗宋兵二百於高陵，以兵五百人敗宋兵二千於秦州，以兵八百人敗宋兵三千五百於鳳翔。以二謀克拒饒風關，宋兵二千來奪其關口，奮擊敗之，諸軍乃得過險。遷平涼尹，再徙臨洮、延安

尹。是時，關、陝以西，初去兵革，百姓多失業，合喜守之以靜，民多還歸者。天德二年，爲元帥左都監，陝西統軍使。貞元二年，以本官兼河中尹。正隆六年，爲西蜀道兵馬都統。

世宗卽位，以手詔賜合喜曰：「岐國失道，殺其母后，橫虐兄弟，流毒兆庶。朕惟太祖創業之艱難，勉膺大位。卿之子弟皆自軍中來歸，卿國家舊臣，豈不知天道人事？卿軍不多，未宜深入，當領軍屯境上。陝右重地，非卿無能措畫者。俟兵革既定，卽當召卿，宜自勉之。」大定二年，復爲陝西路統軍使。未幾，改元帥右都監。表陳伐宋方略，詔許以便宜從事。轉左都監。破宋兵于華州。

是時，宋吳璘侵古鎮，分據散關、和尙原、神叉口、玉女潭、大蟲嶺、石壁寨、寶雞縣，兵十餘萬，陷河州、鎭戎軍。合喜乞濟師，詔以河南兵萬人益之。合喜遣丹州刺史赤盞胡速魯改以兵四千守德順，吳璘以二十萬人圍之。統軍都監石抹迭勒將兵萬人，破宋兵于河州，還過德順，駐兵平涼，求益兵于合喜，以解德順之圍。合喜遣萬戶完顏習尼列、大良順、寧州刺史顏盞門都各將本部兵，合二萬人，以順義軍節度使烏延蒲离黑統押之，與迭勒會。吳璘聞之，使偏將將兵五千人來迎，前鋒特里失烏也、奚王和尙擊敗之，追至德順城南小溪邊，璘自將大軍蔽岡阜而出，烏也等馳擊之，迭勒、蒲离黑繼至，併力戰，日已暮，兩軍不相辨，乃解。已而，璘報云：「宋主遣使至，兩國講和，請各罷兵。」璘遂遁去。蒲离黑亦引軍還。自宋兵圍城，至是凡四十餘日乃解。

初，德順在圍中，押軍猛安溫敦蒲里海身先士卒，力戰未嘗少挫，及救兵至，圍解，蒲里海之功爲多。頃之，吳璘復來犯陝西州郡，兵十餘萬。詔以兵七千益合喜兵，號二萬人，慶陽尹烏延蒲轄奴、延安尹高景山分領之。彰化軍節度使璋、通遠軍節度使烏延吾里補、寧州刺史移剌高山奴、京兆少尹宗室泥河、恩州刺史完顏謀良虎，皆備軍前任使。宋人驅率商、虢及華山、南山之民五萬人，來圍華州。押軍萬戶裴滿按剌欲堅壁守之，猛安移剌沙里剌曰：「宋兵雖多，半是居民，不習戰，不如擊之。」於是按剌以騎兵千人敗宋前鋒，追至其大軍，亦敗之，〔七〕斬首五千餘級。已而，璋敗宋姚良輔軍于原州，宋戍軍自寶雞以西，至于大蟲嶺，皆自散關遁去。

頃之，吳璘聞赤盞胡速魯改、〔八〕烏延蒲里黑軍已去德順，率兵號二十萬，復據德順，陷鞏州、臨洮府。臨洮少尹紇石烈騷洽死之，詔贈官一階，賜錢五百貫。合喜以璋權都統，習尼列權副統，將兵二萬攻之。連戰，宋兵雖敗，璘恃其衆，不肯去，分其兵之半，守秦州。合喜乃自行，駐水洛城，東自六盤山，西抵石山頭，分兵守之，當德順、秦州之兩間，斷其餉道，璘乃引去。

都統璋、副統習尼列邀擊宋經略使荆臯，自上八節至甘谷城，殺數千人。習尼列擒宋

將朱永以下將校十二人。宋張安撫守德順，亦棄城遁，胡速魯改邀擊之，〔九〕所殺過半，擒將校十餘人，遂復德順州。宋之守秦州者，亦自退。高景山定商、虢，宗室泥河取環州。於是，臨洮、鞏、秦、河、隴、蘭、會、原、洮、積石、鎭戎、德順、商、虢、環、華等州府一十六，盡復之，陝西平。詔書獎諭，賜以玉帶。詔陝西將士，猛安，階昭毅以下遷兩資，昭武以上遷一資。謀克，階六品以下遷兩資，五品以上遷一資。押軍猛安，階昭武以上者遷一資，昭毅以下、武義以上遷兩資，昭信以下，女直人遷宣武，餘人遷奉信，〔一〇〕無官者，女直人授敦信，〔一一〕餘人授忠武。押軍謀克，武功以下，〔一二〕忠顯以上遷兩資，忠勇以下，女直人遷昭信，餘人遷忠顯，無官者，女直人授忠顯，餘人授忠翊。正軍，有官者遷一資，無官者授兩資。猛安賞銀五十兩、重綵五端、絹十四，權、正同之。正軍人給錢三十貫，阿里喜十貫。戰沒軍官、軍士、長行，贈官賜錢有差。

五年，置陝西路統軍使，兼京兆尹。元帥府移治河中府。統軍使璋朝辭，上曰：「合喜年老，以陝西軍事委卿，凡鎭防利害，可訪問合喜也。」七年，入爲樞密副使，改東京留守，賜以衣帶、佩刀，詔曰：「卿年老，以此職優佚，宜勉之。」九年，入爲平章政事，奏睿宗收復陝西功數事，上嘉納之，藏之祕府。封定國公。

十一年，薨。〔一三〕上方擊毬，聞訃遂罷。有司致祭，備禮以葬。賻銀一千二百五十兩及

重綵幣帛。二十一年，上念其功，遷其孫三合武功將軍，授世襲本猛安曷懶若窟申謀克。泰和元年，配享世宗廟廷。

贊曰：大定之初，兵連於江、淮，難作於契丹，謀衍挾功，窩斡横噬，有弗戢之畏焉。世宗獨斷，召還謀衍，僕散忠義受任責成矣。故曰，「兵主於將，將賢則士勇」，其此之謂邪。紇石烈志寧有言，「受詔征伐，則不敢辭，爲宰相則誠不能」。如知爲相之難，固所謂賢也。秦、隴之兵，殆哉岌岌乎。徒單合喜料敵應變若此之審，亦難矣哉。

校勘記

〔一〕志寧爲北面副統　「北面」上原衍「西」字。按本書卷五海陵紀，正隆六年八月壬寅，「以樞密副使白彥恭爲北面兵馬都統，開封尹紇石烈志寧副之，中都留守完顏穀亨爲西北面兵馬都統，西北路招討使唐括宇古的副之，討契丹」。今據删。

〔二〕扎八乃勸之　據文義，「乃」疑當作「反」。

〔三〕陷靈山同昌惠和三縣　「惠」原作「慶」。按金無慶和縣。本卷僕散忠義傳，「忠義至軍，賊陷靈山、同昌、惠和等縣」。今據改。

〔四〕大定三年五月二十日　原脫「大定三年」四字。按本書卷六世宗紀，大定三年五月癸丑，「左副元帥紇石烈志寧復取宿州」。今據補。

〔五〕詔曰靈璧　「璧」原作「壁」。據殿本改。

〔六〕二月薨　「二月」原作「是月」，承上文即「正月」。按本書卷六世宗紀，大定六年「二月丁亥……僕散忠義薨」。今據改。

〔七〕追至共大軍亦敗之　原脫「之」字，據文義補。

〔八〕吳璘聞赤盞胡速魯改　原脫「胡」字。按上文「合喜遣丹州刺史赤盞胡速魯改以兵四千守德順」。又本書卷六世宗紀，大定二年十月壬辰，「丹州刺史赤盞胡速魯改敗宋兵于德順州」。卷六五斡者孫璋傳記此事亦作「赤盞胡速魯改」。今據補。

〔九〕胡速魯改邀擊之　原脫「胡」字，據上文補。參見前條。

〔一〇〕餘人遷奉信　按本書卷五五百官志，吏部，武散官「正七品上曰承信校尉」，「奉信」疑即「承信」。

〔一一〕女直人授敎信　按本書卷五五百官志，吏部，武散官「正七品下曰昭信校尉」，「敎信」疑即「昭信」。

〔一二〕武功以下　按本書卷五五百官志，吏部，武散官「從六品下曰武略將軍」，「武功」疑即「武略」。

〔一三〕十一年薨　原脫「一」字。按本書卷六世宗紀，大定十一年六月「甲子，平章政事徒單合喜薨」。今據補。

金史卷八十八

列傳第二十六

紇石烈良弼　完顏守道本名習尼列〔一〕　石琚　唐括安禮　移剌道本名趙三　子光祖

紇石烈良弼，本名婁室，回怕川人也。曾祖忽懶。祖忒不魯。父太宇，世襲蒲輦，徙宜寧。天會中，選諸路女直字學生送京師，良弼與納合椿年皆童丱，俱在選中。是時，希尹爲丞相，以事如外郡，良弼遇之途中，望見之，嘆曰：「吾輩學丞相文字，千里來京師，固當一見。」乃入傳舍求見，拜於堂下。希尹問曰：「此何兒也？」良弼自贊曰：「有司所薦學丞相文字者也。」希尹大喜，問所學，良弼應對無懼色。希尹曰：「此子他日必爲國之令器。」留之數日。年十四，爲北京教授，學徒常二百人，時人爲之語曰：「前有谷神，後有婁室。」其從學

者，後皆成名。年十七，補尚書省令史。簿書過目，輒得其隱奧。雖大文牒，口占立成，詞理皆到。時學希尹之業者稱爲第一。除吏部主事。

天德初，累官吏部郎中，改右司郎中，借秘書少監爲宋主歲元使。是時，納合椿年爲參知政事，薦良弼才出己右，用是爲刑部尚書，賜今名。丁父憂，以本官起復。海陵嘗曰：「左丞相張浩練達事務，而頗不實。刑部尚書婁室言行端正，無所阿諂。」因謂椿年曰：「卿可謂舉能矣。常人多嫉勝己者，卿舉勝於己者，賢於人遠矣。」改侍衞親軍馬步軍都指揮使。良弼音吐清亮，海陵詔諭臣下，必令良弼傳旨，聞者莫不聳動，以故常被召問。不踰年，拜參知政事，進尚書右丞，賜佩刀入宮，轉左丞。海陵伐宋，良弼諫不聽，以爲右領軍大都督。海陵在淮南，詔良弼與監軍徒單貞撫定上京、遼右。既而，諸軍往往道亡北歸，而世宗卽位于遼陽，良弼乃還汴京。

海陵死，世宗就以良弼爲南京留守兼開封尹，再兼河南都統，召拜尚書右丞。世宗謂良弼曰：「卿嘗諫正隆伐宋，不用卿言，以至廢殞。當時懷祿偷安之人，朕皆黜之矣。今復用卿，凡於國家之事，當盡言，無復顧忌也。」良弼頓首謝。窩斡敗于陷泉，入奚中，詔良弼佩金牌及銀牌四，往北京招撫奚、契丹。還，拜尚書左丞。上言：「祖宗以來未錄功賞者，臣考按得凡三十二人，宜差第封賞」。詔曰：「已有五品以上官者，聞奏。六品以下及無官者，尚書省約量遷除。」自是功勞畢賞矣。進拜平章政事，封宗國公。

初，山東兩路猛安謀克與百姓雜居，詔良弼度宜易置，使與百姓異聚，與民田互相犬牙者，皆以官田對易之，自是無復爭訴。六年十一月，〔二〕皇太子生日，上置酒于東宮，良弼、志寧同賜酒。上曰：「邊境無事，中外晏然，將相之力也。」良弼奏曰：「臣等不才，備位宰相，敢不竭犬馬之力。」上悅。進拜右丞相，監修國史。世宗謂良弼曰：「海陵時，記注皆不完。人君善惡，爲萬世勸戒，記注遺逸，後世何觀？其令史官旁求書之。」又曰：「五從以上宗室在省祗候者，才有可用，具名聞奏。其猥冗不足莅官者，亦聞奏罷去。」左丞完顏守道奏：「近都兩猛安，父子兄弟往往析居，其所得之地不能贍，日益困乏。」上以問宰臣，良弼對曰：「必欲父兄聚居，宜以所分之地與土民相換易。雖暫擾，然經久甚便。」右丞石琚曰：「百姓各安其業，不若依舊便。」上竟從良弼議。太宗實錄成，賜良弼金帶、重綵二十端，同修國史張景仁、曹望之、劉仲淵以下賜有差。

世宗與侍臣論古今爲臣孰賢不肖，因謂宰相曰：「皇統、正隆多殺臣僚，往往死非其罪。朕委卿等以大政，毋違道以自陷，毋曲從以誤朕。惟忠惟孝，匡救輔益，期致太平。」良弼對曰：「臣等過蒙嘉惠，雖譾薄，敢不盡心。聖諭諄諄，臣等不勝萬幸。」良弼請於榷場市馬，毋拘牝牡。今官馬甚少，一旦邊境有警，乃調於民，不亦晚乎。上從之。八年，選侍衞親軍，

世宗聞其中多不能弓矢，詔使習射。頃之，問良弼及平章政事思敬曰：「女直人習射尚未行耶？」良弼對曰：「已行之矣。」同知清州防禦事常德暉上書言：「吏部格法，止敍年勞，雖有材能，拘滯下位。刺史、縣令，多不得人。乞密加訪察，然後廉問。今酒稅使尚選能吏，縣令可不擇人才，乞以能吏當任酒稅使者，任親民之職。」上是其言，謂宰相曰：「朕思庶職多不得人，中夜而寤，或達旦不能寐。卿等注意選擇，朕亦密加體察。」良弼對曰：「女直、契丹人，須是曾習漢人文字，然後可。方今大率多爲黨與，或稱譽於此，或見毀於彼，所以難也。」上曰：「朕所以密令體察也。」上謂良弼曰：「猛安謀克牛頭稅粟，本以備凶年，凡水旱乏糧處就賑給之。」進拜左丞相，監修國史如故。

良弼爲相既久，練達朝政，上所詢訪盡誠開奏，垂紳正笏不動聲氣，議政多稱上意。以母憂去，起復舊職。是時，夏國王李仁孝乞分國之半，以封其臣任得敬。上以問羣臣，羣臣多言此外國事，從之可也。上曰：「此非是仁孝本心，不可從。」良弼議與上意合。既而，夏國果誅任得敬，上表來謝。參知政事宗敍請置沿邊壕塹，良弼曰：「敵國果來伐，此豈可禦哉？」上曰：「卿言是也。」高麗國王王晛表讓國於其弟晧，上疑之，以問宰相良弼。良弼策以爲讓國非王晛本心。其後趙位寵求以四十州來附，其表果言王晧弒其兄晛，如良弼策，語在高麗傳中。

世宗罷採訪官，謂宰臣曰：「官吏之善惡，何由知之？」良弼對曰：「臣等當爲陛下訪察之。」以進睿宗實錄，賜通犀帶、重綵二十端。是年，有事南郊，良弼爲大禮使。自收國以來，未嘗講行是禮，歷代典故又多不同，良弼討論損益，各合其宜，人服其能。上與良弼、守道論猛安謀克官多年幼，不習教訓，無長幼之禮。曩時，鄉里老者輒教導之。今鄉里中耆老有能教導者，或謂事不在己而不問，或非其職而人不從。可依漢制置鄉老，選廉潔正直可爲師範者，使教導之。良弼奏曰：「聖慮及此，億兆之福也。」他日，上問曰：「朕觀前史，有在下位而存心國家，直言爲民者。今無其人，何也？」良弼曰：「今豈無其人哉。蓋以直道而行，反被謗毀，禍及其身，是以不爲也。」

大定十四年，歲在甲午，大興尹璋爲賀宋正旦使，宋人就館奪其國書，詔梁肅詳問。衆議紛紛，謂凡午年必用兵，上以問良弼，對曰：「太祖皇帝以甲午年伐遼，太宗皇帝以丙午年克宋，今茲宋人奪我國書，而適在午年，故有此語，未必然也。」既而，梁肅至宋，宋主起立授受國書，如舊儀。梁肅既還，宋主遣工部尚書張子顏、知閤門事劉崈來祈請，其書曰：「言念眇躬，夙承大統。荷上國照臨之惠，尋盟遂閱於十年。修兩朝聘問之勤，繼好靡忘于一日。惟是函書之受，當新賓接之儀。嘗空臆以屢陳，飭行人而再請。仰祈眷顧，俯賜矜從。」上與大臣議，良弼奏曰：「宋國免稱臣爲姪，免奉表爲書，恩賜亦已多矣。今又乞免親接國書，

是無厭也，必不可從。」平章政事完顏守道、參知政事移剌道與良弼議合。左丞石琚、右丞唐括安禮以爲不從所請，必至于用兵。上謂琚等曰：「卿等所言，非也。所請有大於此者，更欲從之乎。」遂從良弼議，答其書，略曰：「弗循定分之常，復有授書之請。謂承大統，愈見自尊。奈何以若所爲，尙求其欲。矧曰已行之禮，靡得而更。」其授受禮儀，終不復改。

上問宰臣：「嘗求內外官舉賢能，未聞有舉者，何也？」參政魏子平請，當舉者每任須舉一人，視其當不，以爲賞罰。上曰：「宋制薦舉，其人犯私罪者，舉主雖至宰執，亦坐降罰。人心有恒者鮮，財利怵于前，或喪其所守。宰臣任大責重，豈坐是以爲升黜邪？」良弼曰：「前詔朝官六品以上，外官五品以上，各舉所知。盍申明前詔？」從之。上曰：「朕欲周知官吏善惡，若尋常遣官采訪，恐用非其人。然則，官吏善惡何以知之？」良弼曰：「臣等當爲陛下訪察。」上曰：「然，但勿使名實混淆耳。」上欲徙窩斡逆黨，分散置之遼東。良弼奏：「此輩已經赦宥，徙之生怨望。」上曰：「此目前利害，朕爲子孫後世慮耳。」良弼曰：「非臣等所及也。」於是，以嘗預亂者，徙居烏古里石壘部。上問宰臣曰：「堯有九年之水，湯有七年之旱，而民不病飢。今一二歲不登，而人民乏食，何也？」良弼對曰：「古者地廣人淳，崇尙節儉，而又惟農是務，故蓄積多，而無饑饉之患也。今地狹民衆，又多棄本逐末，耕之者少，食之者衆，故一遇凶歲而民已病矣。」上深然之，於是命有司懲戒荒縱不務生業者。

十七年，以疾辭相位，不許。告滿百日，詔賜告，遣太醫診視，屢使中使問疾。良弼在告既久，省多滯事，上以問宰相、參政，張汝弼對曰：「無之。」上曰：「豈曰無之。自今疑事久不能決者，當具以聞。」

十八年，表乞致仕歸田里，上遣使慰諭之曰：「卿比以疾在告，朕甚憂之。今聞卿將往西京養疾，彼中風土，非老疾所宜。京師中倦於人事，若就近都佳郡居處，待疾少間，速令朕知之。」良弼奏曰：「臣遭遇聖明，濫膺大任，夙夜憂懼，以至成疾。比蒙聖恩，數遣使存問，賜以醫藥，臣之苟活至今，皆陛下之賜也。臣豈敢望到鄉里，便可愈疾。臣去鄉歲久，親識多已亡沒，惟老臣獨在，鄉土之戀，誠不能忘。臣竊惟自來人臣受知人主，無逾臣者，臣雖粉骨碎身無以圖報。若使一還鄉社，得見親舊，則死無恨矣。」上問宰相曰：「丞相良弼必欲歸鄉里，朕以世襲猛安封其子符寶曷荅，俾之侍行，何如？」右丞相完顏守道曰：「不若以猛安授良弼，使其子攝事。」上從之。於是授胡論宋葛猛安，給丞相俸傔，良弼乃致仕歸。上謂宰相曰：「卿等非不盡心，但才力不及良弼，所以惜其去也。」其後，尙書省奏差除，上曰：「丞相良弼擬注差除，未嘗苟與不當得者，而薦舉往往得人。粘割斡特剌、移剌慥、裴滿餘慶，皆其所舉。至于私門請託，絕然無之。」嘗問良弼，「每旦暮日色皆赤何也」？良弼曰：「旦而色赤應在東，高麗當之。暮而色赤應在西，夏國當之。願陛下修德以應天，則災變自

弭矣。」既而，夏國有任德敬之亂，高麗有趙位寵之難，其言皆驗云。是歲，薨。年六十。上悼惜之，遣太府監移剌慥、同知西京留守王佐爲勅葬祭奠使，賻白金、綵幣加等，喪葬皆從官給。追封金源郡王，命翰林待制移剌履勒銘墓碑，諡誠敏。

良弼性聰敏忠正，善斷決，言論器識出人意表。雖起寒素，致位宰相，朝夕惕惕盡心於國，謀慮深遠，薦舉人材，常若不及。居家淸儉，親舊貧乏者周給之，與人交久而愈敬。居位幾二十年，以成太平之功，號賢相焉。〔三〕明昌五年，配饗世宗廟廷。

守道，本名習尼列，以祖谷神功，擢應奉翰林文字。皇統九年，同知盧龍軍節度使事，歷獻、祁、濱、薊四州刺史。〔四〕世宗幸中都，過薊，父老遮道請留再任。平章政事移剌元宜舉以自代，於是遷昭毅大將軍，授左諫議大夫。

內族晏以恩舊拜左丞相，守道諫曰：「陛下初即位，天下略定，邊警未息，方大有爲之時，恐晏非其材。必欲親愛，莫若厚與之祿，俾勿事事。」乃授以太尉，致仕。世宗錄扈從將士之勞，欲行賞賚，而帑藏空竭，議貸民財以與之。守道曰：「人罹虐政，方喜更生，今仁恩未及，而徵斂遽出，如羣望何，寧出宮中所有，無取於民。」遂從其言。契丹叛，遼東猛安謀

克在其境者，或附從之，朝議欲從之內地，守道極陳其不可。右副元帥謀衍將兵討賊，不即擊，守道力言於朝，詔遣僕散忠義、紇石烈志寧往代之，東方以平。

大定二年，宮中十六位火，方事完葺，時已入夏，頗妨民力，守道諫而罷。未幾，改太子詹事，兼右諫議大夫，馳驛規畫山東兩路軍糧，及賑民饑。守道籍大姓戶口，限以歲儲，使盡輸其贏入官，復給其直，以是軍民皆足。拜參知政事、兼太子少保，守道懇辭，世宗諭之曰：「乃祖勳在王室，朕亦悉卿忠謹，以是擢用，無爲多讓。」時契丹餘黨未附者尚衆，北京、臨潢、泰州民不安，詔守道佩金符往安撫之，給羣牧馬千疋，以備軍用。守道招致契丹骨迭轟合等內附，民以寧息。還進尚書左丞，兼太子少師。嘗從獵近郊，有虎傷獵夫，帝欲親射之，守道叩馬極諫而止。俄拜平章政事。十四年，宋人遣使因陳請手接書事，〔五〕左丞石琚等議從其請，帝意未決，守道等以爲不可許，帝卒從之，詳在紇石烈良弼傳中。既而，遷右丞相，監修國史，復遷左丞相，授世襲謀克。

二十年，修熙宗實錄成，帝因謂曰：「卿祖谷神，行事有未當者，尚不爲隱，見卿直筆也。」尋請避賢路，帝不許。進拜太尉、尚書令，改授尚書左丞相，諭之曰：「丞相之位不可虛曠，須用老成人，故復以卿處之，卿宜悉此。」未幾，復乞致仕，帝曰：「以卿先朝勳臣之後，特委以三公重任，自秉政以來，效竭忠勤，朕甚嘉之。今引年求退，甚得宰相體，然未得代卿

者，以是難從，汝勉之哉。」二十五年，坐擅支東宮諸皇孫食廩，奪官一階。尋改兼太子太師，特錄其子珪襲謀克，充符寶祗候。章宗爲原王，詔習騎鞠，守道諫曰：「哀制中未可。」帝曰：「此習武備耳，自爲之則不可，從朕之命，庸何傷乎？然亦不可數也。」二十六年，懇求致仕，優詔許之，特賜宴於慶春殿，〔六〕帝手飲以巵酒，錫與甚厚，以其子珪侍行，又賜次子璋進士第。明昌四年卒，年七十四。上聞之震悼，遣其弟點檢司判官蒲帶致祭，賻銀千兩、重綵五十端、絹五百疋。太常議謚曰簡憲，上改曰簡靖，蓋重其能全終始云。

石琚，字子美，定州人。沉厚好學。父皐，補郡吏，廉潔自將，稱爲長者。從魯王闍母攻青州，州人堅守不降。闍母怒之，及城破，命皐計州民之數，將使諸軍分掠有之，皐緩其事。闍母讓之，皐曰：「大王將爲朝廷撫定郡縣，當使百姓按堵，無或侵苦之。若取城邑而殘其民，則未下者必死守以拒我。皐之稽緩，安敢逃罪。」闍母感悟，乃下令曰：「敢有犯州人者，以軍法論。」指其坐謂皐曰：「汝之子孫必有居此坐者。」皐隨守定州，唐縣人王八謀爲亂，書其縣人姓名于籍，無慮數千人，其黨持其籍詣州發之，皐主鞫治。是時冬月，皐抱籍上廳事，佯爲頓仆，覆其籍爐火中，盡焚之，不可復得其姓名，止坐爲首者，餘皆得釋。

琚生七歲，讀書過目即成誦，既長博通經史，工詞章。天眷二年，中進士第一，再調弘政、邢臺縣令。邢守貪暴屬縣，掊取民財，以奉所欲，琚獨一物無所與。既而守以贓敗，他令佐皆坐累，琚以廉辦，改秀容令。復擢行臺禮部主事，召爲左司都事，累遷吏部郎中。貞元三年，以父喪去官，尋起復爲本部侍郎。世宗舊聞其名，大定二年，擢左諫議大夫，侍郎如故。奉命詳定制度，琚上疏六事，大概言正紀綱，明賞罰，近忠直，遠邪佞，省不急之務，罷無名之役。上嘉納之。遷吏部尚書。琚自員外郎至尚書，未嘗去吏部，且十年。典選久，凡宋、齊換授官格，南北通注銓法，能僂指而次第之，當時號爲詳明。頃之，拜參知政事，琚辭讓再三，上曰：「卿之材望無不可者，何以辭爲。」右丞蘇保衡監護十六位工役，詔共典其事，給銀牌二十四，許從宜規畫。上謂琚曰：「此役不欲煩民，丁匠皆給雇直，毋使貪吏夤緣爲姦利，以興民怨。卿等勉力，稱朕意焉。」徒單合喜定陝西，琚請曲赦秦、隴，以安百姓，上從之。丁母憂，尋起復，進拜尚書右丞。天長觀災，詔有司營繕，有司闢民居以廣大之，費錢三十萬貫。蔚州采地蕈，役數百千人。琚奏之，上曰：「自今凡稱御前者，皆稟奏。」琚與孟浩對曰：「聖訓及此，百姓之福也。」是時，議禁網捕狐、兔等野物，累計其獲，或至徒罪，琚奏曰：「捕禽獸而罪至徒，恐非陛下意，杖而釋之可也。」上曰：「然。」久之，進拜左丞，兼太子少師。上問宰相：「古有居下位能憂國爲民直言無忌者，今何以無之？」琚對曰：「是

豈無之，但未得上達耳。」上曰：「宜盡心采擢之。」

世宗將行郊祀，議配享，琚曰：「配者，侑神作主也。自外至者無主不止，故推祖考以配天，同尊之也。孝經曰：『郊祀后稷以配天。』漢、魏、晉皆以一帝配之。唐高宗始以高祖、太宗崇配。垂拱初，以高祖、太宗、高宗並配。玄宗開元十一年，罷同配之禮，以高祖配。宋太宗時，以宣祖、太祖配。眞宗時以太祖、太宗配。仁宗時，有司請以三帝並侑，遂以太祖、太宗、眞宗並配。其後禮院議對越天地，神無二主，當以太祖配。此唐、宋變古以三帝配天，終竟依古以一祖配也。將來親郊合依古禮，以一祖配之。」上曰：「唐、宋不足爲法，止當奉太祖皇帝配之。」琚嘗請命太子習政事，或譖之曰：「琚希恩東宮。」世宗察其無他，以此言告之，琚對曰：「臣本孤生，蒙陛下拔擢，備位執政，兼師保之任。臣愚以爲太子天下之本，當使知民事，遂言及之。」因乞解少師。十年二月，祭社，有司奏請御署祝版，上問琚曰：「當署乎？」琚曰：「故事有之。」上曰：「祭祀典禮，卿等愼之，無使後世譏誚。熙宗尊謚太祖，宇文虛中定禮儀，以常朝服行事。當時朕雖童稚，猶覺其非。」琚曰：「祭祀，大事也，非故事不敢行。」

上謂琚曰：「女直人往往徑居要達，不知閭閻疾苦。卿嘗爲丞簿，民間何事不知，凡利害極陳之。」上與宰臣議鑄錢，或以鑄錢工費數倍，欲采金銀坑冶，上曰：「山澤之利可以與

民，惟錢幣不當私鑄。若財貨流布四方，與在官何異。」琚進曰：「臣聞天子之富藏於天下，正如泉源欲其流通耳。」上問琚曰：「古亦有百姓鑄錢者乎？」對曰：「使百姓自鑄，則小人圖厚利，錢愈薄惡，古所以禁也。」

時民間往往造作妖言，相爲黨與謀不軌，事覺伏誅。上問宰臣曰：「南方尚多反側，何也？」琚對曰：「南方無賴之徒，假託釋道，以妖幻惑人。愚民無知，遂至犯法。」上曰：「如僧智究是也。此輩不足卹，但軍士討捕，利取民財，害及良民，不若杜之以漸也。」智究，大名府僧，同寺僧苑智義與智究言，蓮華經中載五濁惡世佛出魏地，心經有夢想究竟涅槃之語，汝法名智究，正應經文，先師藏瓶和尚知汝有是福分，亦作頌子付汝。智究信其言，遂謀作亂，歷大名、東平州郡，假託抄化，誘惑愚民，潛結姦黨，議以十一年十二月十七日先取兗州，會徒嶧山，以「應天時」三字爲號，分取東平諸州府。及期嚮夜，使逆黨胡智愛等，劫旁近軍寨，掠取甲仗，軍士擊敗之。會傅戬、劉宜亦於陽穀、東平上變。皆伏誅，連坐者四百五十餘人。

宗室子或不勝任官事，世宗欲授散官，量與廩祿，以贍足之，以問宰臣曰：「於前代何如？」琚對曰：「堯親九族，周家内睦九族，皆帝王盛事也。」琚之將順多此類。參知政事唐括安禮忤上意，出

十三年，上表乞致仕。十六年，再表乞致仕。皆不許。

爲橫海軍節度使，數年不復召。琚對便殿，從容進曰：「唐括安禮忠直，久在外官。」世宗深然之，遂自南京留守召爲尚書右丞。琚嘗舉室紹先以爲右司員外郎，紹先中風暴卒，上甚惜之，謂琚曰：「卿之所舉也」，感歎者再三。

十七年，拜平章政事，封莘國公。明年，拜右丞相。修起居注移剌傑上書言「朝奏屏人議事，史官亦不與聞，無由紀錄」。上以問宰相，琚與右丞唐括安禮對曰：「古者史官，天子言動必書，以儆戒人君，庶幾有畏也。周成王翦桐葉爲圭，戲封叔虞，史佚曰：『天子不可戲言，言則史書之。』以此知人君言動，史官皆得記錄，不可避也。」上曰：「朕觀貞觀政要，唐太宗與臣下議論，始議如何，後竟如何，此政史臣在側記而書之耳。若恐漏泄幾事，則擇慎密者任之。」朝奏屏人議事，記注官不避自此始。

以年老衰病固辭，上曰：「朕知卿年老，勉爲朕留，俟一二年，朕將思之。」上謂宰臣曰：「朕爲天子，未嘗敢專行獨斷，每事徧問卿等，可行則行之，不可則止也。」琚與平章政事唐括安禮奏曰：「好問則裕，自用則小，陛下行之，天下幸甚。」居一年，復表致仕，乃許。詔以一孫爲閤門祗候。卽命駕歸鄉里。久之，世宗謂宰臣：「知人最爲難事，近來左選多不得人。惟石琚爲相時，往往舉能其官，左丞移剌道、參政粘割斡特剌舉右選，頗得之。朕常以不能徧識人材爲不足。此宰相事也，左右近侍雖常有言，朕未敢輕信。」又曰：「近日刺史縣令多闕員，當擇幹濟者除之，資級不到庸何傷。」又曰：「惟石琚最爲知人。」

唐括鼎爲定武軍節度使，上謂鼎曰：「久不見石琚，精力比舊何如？汝到官往視之。」顯宗亦思之，因琚生日，寄詩以見意。二十二年，以疾薨于家，年七十二。謚文憲。泰和元年，圖像衍慶宮，配享世宗廟廷。

唐括安禮，本名斡魯古，字子敬。好學，通經史，工詞章，知爲政大體。貞元中，累官臨海軍節度使，入爲翰林侍讀學士，改濬州防禦使、彰化軍節度使。大定初，遷益都尹，召爲大興尹，上曰：「京師好訛言。府中姦吏爲民患。卿雖年少，有治才，去其宿弊，毋爲因仍。」察廉入第一等，進階榮祿大夫。

七年五月，大興府獄空，詔錫宴勞之。凡州郡有獄空者，皆賜錢爲錫宴費，大興府錫宴錢三百貫，其餘有差。久之，拜參知政事，罷爲橫海軍節度使，歷河間尹、南京留守。以喪去官，起復尚書右丞。詔曰：「南路女直戶頗有貧者，漢戶租佃田土，所得無幾，費用不給，不習騎射，不任軍旅。凡成丁者簽入軍籍，月給錢米，山東路沿邊安置。其議以聞。」浹旬，上問曰：「宰臣議山東猛安貧戶如之何？」奏曰：「未也。」乃問安禮曰：「於卿意如何？」對曰：

「猛安人與漢戶，今皆一家，彼耕此種，皆是國人，卽日簽軍，恐妨農作。」上責安禮曰：「朕謂卿有知識，每事專傚漢人，若無事之際可務農作，度宋人之意且起爭端，國家有事，農作奚暇？卿習漢字，讀詩、書，姑置此以講本朝之法。前日宰臣皆女直拜，卿獨漢人拜，是邪非邪，所謂一家者皆一類也，女直、漢人，其實則二。朕卽位東京，契丹、漢人皆不往，惟女直人偕來，此可謂一類乎。」又曰：「朕夙夜思念，使太祖皇帝功業不墜，傳及萬世，女直人物力不困。卿等悉之。」因以有益貧窮猛安人數事，詔左司郎中粘割斡特剌使書之，百官集議于尚書省。

十七年，詔遣監察御史完顏覦古速行邊，從行契丹押剌四人，挼剌、招得、雅魯、斡列阿，自邊亡歸大石。上聞之，詔曰：「大石在夏國西北。昔窩斡爲亂，契丹等響應，朕釋其罪，俾復舊業，遣使安輯之，反側之心猶未已。若大石使人間誘，必生邊患。遣使徙之，俾與女直人雜居，男婚女聘，漸化成俗，長久之策也。」於是遣同簽樞密院事紇石烈奧也、吏部郎中裴滿餘慶、翰林修撰移剌傑，徙西北路契丹人嘗預窩斡亂者上京、濟、利等路安置。以兵部郎中移剌子元爲西北路招討都監，詔子元曰：「卿可省諭徙上京、濟州契丹人，彼地土肥饒，可以生殖，與女直人相爲婚姻，亦汝等久安之計也。卿與奧也同催發徙之。仍遣猛安一員以兵護送而東，所經道路勿令與羣牧相近，脫或有變，卽便討滅。俟其過嶺，卿卽還

鎮。」上已遣奥也、子元等，謂宰臣曰：「海陵時，契丹人尤被信任，終爲叛亂，羣牧使鶴壽、駙馬都尉賽一、昭武大將軍朮魯古、金吾衛上將軍蒲都皆被害。賽一等皆功臣之後，在官時未嘗與契丹有怨，彼之野心，亦足見也。」安禮對曰：「聖主溥愛天下，子育萬國，不宜有分別。」上曰：「朕非有分別，但善善惡惡，所以爲治。異時或有邊釁，契丹豈肯與我一心也哉。」

他日，上又曰：「薦舉，大臣之職。外官五品猶得舉人，宰相無所舉，何也？」安禮對曰：「孔子稱才難。賢人君子，世不多有。陛下必欲得人，當廣取士之路，區別器使之，斯得人矣。」上曰：「除授格法不倫。奉職皆閥閱子孫，朕所知識，有資考出身月日。親軍不以門第收補，無廕者不至武義不得出職。但以女直人有超遷官資，故出職反在奉職上。天下一家，獨女直有超遷格，何也？」安禮對曰：「祖宗以來立此格，恐難輒改。」

轉左丞，與右丞蒲察通同日拜，上謂之曰：「朕今年五十有五，若過六十，必倦於政事。宜及朕之康强，凡女直猛安謀克當修舉政事，改定法令。宗族中鮮有及朕之壽者，朕頗習女直舊風，子孫豈能知之，況政事乎，卿等宜悉此意。」上又曰：「大理寺事多留滯，宰執不督責之，何也？」安禮對曰：「案牘疑難者舊例給限。」上曰：「舊例是邪非邪，今不究其事，輒給以限邪？」參政移剌道曰：「臣在大理時，未嘗有滯事。」上曰：「卿在大理無滯事，爲宰執而不能檢治，何也？」道無以對而退。上問宰臣曰：「御史臺官，亦與親知往來否？」皆曰：「往來殊

少。」上曰：「臺官當盡絕人事。諫官、記注官與聞議論，亦不可與人游從。」安禮對曰：「親知之間，恐不可盡絕也。」上曰：「職任如是，何恤人之言。」

進拜平章政事，封芮國公，授世襲謀克。上諭安禮，前代史書詳備，今祖宗實錄太簡略。對曰：「前代史皆成書，有帝紀、列傳。他日修史時，亦有帝紀、列傳，其詳自見于列傳也。」安禮嘗議科目，言于上曰：「臣覩近日士人不以策論爲意。今若詩賦策論各場考試，文理俱優者爲中選，以時務策觀其器識，庶得人也。」上曰：「卿等議之。」上謂宰臣曰：「賞有功不可緩，緩賞無以勸善。」安禮對曰：「古所謂賞不踰時者，正謂此也。」

二十一年，拜右丞相，進封申國公，固辭曰：「臣備位宰相，無補於國家，夙夜憂懼，惟恐得罪，上負陛下，下負百姓。臣實不敢受丞相位，惟陛下擇賢於臣者用之。」上曰：「朕知卿正直，與左丞相習顯無異。且練習政事，無出卿之右者。其毋多讓。」安禮頓首謝。是歲，薨。泰和元年，配享世宗廟廷。

移剌道，本名趙三，其先乙室部人也，初從咸平。爲人寬厚，有大志，以薦孝著名。通女直、契丹、漢字。皇統初，補刑部令史，轉尚書省令史，再遷大理司直。丁母憂，起復，遷戶部員外郎。正隆三年，從臨潢、咸平路、畢沙河等三猛安，屯戍斡盧速。還奏，海陵謂侍臣曰：「道骨相異常，他日必登公輔。」明年，遷本部郎中。

海陵伐宋，爲都督府長史。海陵死，師還，無復紀律，士卒掠淮南，百姓苦之。有男女二百餘人，自願與道爲奴，道受之，至淮，俟諸軍畢濟，乃悉遣還。大定二年，復爲戶部郎中，與梁銶安撫山東，招諭盜賊。民或避盜避役者，並令歸業，不問罪名輕重皆原之，軍人不得並緣虜掠。僕散忠義討窩斡，道參謀幕府事。賊平，元帥府以俘獲生口分給官僚，道悉縱遣之。

還京師，入見，既退，世宗目送之，曰：「此人有幹才，可大用也。」遷翰林直學士，兼修起居注。頃之，世宗曰：「道淸廉有幹局，翰林文雅之職，不足以盡其才。」中都轉運繁劇，乃改同知中都路都轉運事。詔道送河北、山東等路廉察善惡升降官員制勅，上曰：「卿從討契丹，不貪俘獲，其志可嘉。故命卿爲使。卿其勉之。」是歲，以廉升者，磁州刺史完顏蒲速列爲北京副留守，濰州刺史蒲察蒲查爲博州防禦使，威州刺史完顏兀荅補爲磁州刺史。治狀不善下遷者，登州刺史大磐爲嵩州刺史，同知南京留守高德基爲同知北京轉運事，衞州防禦使完顏阿鄰爲陳州防禦使，眞定尹徒單拔改爲興平軍節度使，安國軍節度使唐括重國爲彰化軍節度使。仍具功過善惡宣諭，毋受饋獻。遷大理卿。五年，宋人請和，罷兵。道往

山東，閱實軍器，振贍戍兵妻子。再除同知大興尹。

親軍百人長完顏阿思鉢非禁直日帶刀入宮，其夜入左藏庫，殺都監郭良臣，盜取金珠。點檢司執其疑似者八人，掠笞三人死，五人者自誣，其贓不可得。上疑之，命道參問。道持久其獄，既而阿思鉢鬻金事覺，伏誅。上曰：「箠楚之下，何求不得。奈何點檢司不以情求之乎。」賜掠死者錢，人二百貫，周其家，不死者人五十貫。詔自今護衞親軍百人長、五十人長，非直日不得帶刀入宮。

遷戶部尚書。上曰：「朕初卽位，卿爲戶部員外郎，聞卿孳孳爲善，進卿郎中，果有可稱。及貳京尹，亦能善治。戶部經治國用，卿其勉之。」道頓首謝。改西北路招討使，賜金帶。故事，招討使到官，諸部皆獻駝馬，多至數百，道皆却之，數月皆復貢職。父喪去官，起復參知政事。初，諸部有獄訟，招討司例遣胥吏按問，往往爲姦利。道請專設一官，上嘉納之，招討司設勘事官自此始。上謂宰臣曰：「比聞大理寺斷獄，輒經旬月，何邪？」道奏曰：「在法，決死囚不過七日，徒刑五日，杖刑三日。」上曰：「法有程限，而輒違之，此官吏之責也，嚴戒約以去其弊。」進尚書右丞。乞致仕，上曰：「卿孝於家，忠於朕，通習法令政事，雖踰六十，心力未衰，未可退也。」乃除南京留守，賜通犀帶。上曰：「河南統軍烏古論思列爲人少戇，凡邊事須與卿共議。卿以朕意諭思列也。」入拜平章政事。

道弟臨潼令幼阿補犯罪至死，道待罪于家。皇太子生日，宴于慶和殿，上問道何故不在，參知政事粘割斡特剌奏曰：「其弟犯死刑，據制不合入內。」上曰：「此何傷也。」卽詔道起視事。是時，縣令多闕，上以問宰相，道奏曰：「散官宣武以上借除以充之。」上曰：「廉察八品以下已去官者，錄事丞簿有清幹之譽者，縣尉入優等者，皆與縣令。散官至五品，無貪汙曠職之名者，亦可與之。俟縣令不闕，卽如舊制。」

二十三年，罷爲咸平尹，封莘國公。上曰：「卿數年前嘗乞致仕，朕不許卿。卿今老矣。咸平卿故鄉，地涼事少，老者所宜。」賜通犀帶。明日，復遣近侍曹淵諭旨曰：「咸平自窩斡亂後，民業尚未復舊，朕聽卿歸鄉里，所以安輯一境也。」

二十四年，薨。上聞之，悼惜良久。是歲幸上京，道過咸平，遣使致祭，賻贈有加。詔圖像藏祕府，擢其子八狗爲閤門祗候。

光祖字仲禮，幼名八狗。以蔭補閤門祗候，調平晉令、衞州都巡河、內承奉押班，累轉東上閤門使，兼典客署令。大安中，改少府少監。丁母憂，起復儀鸞局使，同知宣徽院使事，祕書監右宣徽使。興定二年十一月，詔集百官議所以爲長久之利者，光祖等三人議曰：「募士人假以方面權任，俾人自勸，各保一方。」由是公府封建之論興焉，語在「九公」傳。〔七〕

三年，轉左宣徽使。五年，卒。

贊曰：良弼、守道、琚、安禮、道，皆無聞正隆時，及其簉治朝，佐明主，諫行言聽，膏澤下於民，豈非遇其時邪。官序無闕，上下相安，君享其名，臣終其祿，可謂盛哉。海陵能知移剌道有公輔之器，而不能用，故其治績亦待大定而後著焉。人才之顯晦，有係於世道之汚隆也，尚矣。金世內燕，惟親王公主駙馬得與，世宗一日特召琚入，諸王以下竊語，心蓋易之。世宗覺之，卽語之曰：「使我父子家人輩得安然無事，而有今日之樂者，此人力也。」乃歷舉近事數十，顯著爲時所知者以曉之，皆俯伏謝罪。君臣相知如此，有不竭忠者乎。大定末，世宗將立元妃爲后，以問琚，琚屏左右曰：「元妃之立，本無異辭，如東宮何？」世宗愕然曰：「何謂也？」琚曰：「元妃自有子，元妃立，東宮搖矣。」世宗悟而止。且人主家事，人臣之所難言者，許敬宗以一言幾亡唐祚，琚之對，其爲金謀者至矣。

校勘記

〔一〕完顏守道本名習尼列　「尼」原作「宜」，蓋同音異譯。今與傳文統一。

〔二〕六年十一月　按「六年」上脫「大定」二字。

〔三〕號賢相焉　此下原衍「大定十五年圖像衍慶宮謚武定」十三字。按良弼死於大定十八年，不可能於十五年有賜謚諸事。考本書卷八七紇石烈志寧傳，志寧死後「謚武定，十五年圖像衍慶宮」。知此十三字當是志寧傳文，誤抄於此，今删。

〔四〕歷獻祁濱薊四州刺史　按本書卷八九梁肅傳，先言「前薊州刺史完顏守道」，繼書「守道自濱州刺史召爲諫議大夫」。是任濱州在任薊州之後，「濱」當在「薊」下。

〔五〕十四年宋人遣使因陳請手接書事　按本卷紇石烈良弼傳有「今又乞免親接國書」之語，「手接」卽「親接」，上脫「免」字，「書」上脫「國」字。

〔六〕特賜宴於慶春殿　按慶春殿在汴京之「太后苑」見本書卷二五地理志南京路注。非此時所能賜宴之地。金世宗常在慶和殿宴羣臣，紀傳多所記載，疑此當作「慶和殿」。

〔七〕語在九公傳　按本書無「九公」傳之名，所謂「九公」傳，當係卷一一八苗道潤等人傳。

中華書局

金史卷八十九

列傳第二十七

蘇保衡　翟永固　魏子平　孟浩 田瑴附　梁肅　移剌慥　移剌子敬

蘇保衡字宗尹，雲中天成人。父京，遼進士，爲西京留守。宗翰兵至西京，京出降。久之，京病篤，以保衡屬宗翰。京死，宗翰薦之於朝。賜進士出身，補太子洗馬，調解州軍事判官。左監軍撒离喝駐軍陝西，辟幕府，參議軍事，累官同知興中尹。天德間，繕治中都，張浩舉保衡分督工役。改大興少尹，督諸陵工役。再遷工部尙書。海陵治兵伐宋，與徐文等造舟於通州，海陵獵近郊，因至通州視工作。兵興，保衡爲浙東道水軍都統制，率舟師泛海，徑趨臨安。宋兵來襲，敗于海中，副統制鄭家死之。

大定二年，召赴中都。是時，山東盜賊嘯聚，契丹攻掠臨潢等州郡，百姓困弊。詔保衡安撫山東，前太子少保高思廉安撫臨潢，發倉粟以賑之，無衣者賜以幣帛，或官粟有闕，則收糴以給之，無妻室者具姓名以聞。還除刑部尙書。與工部尙書宗永、兵部侍郎完顏余里也，往河南、山東、陝西宣問屯田軍人，有曾破大敵及攻城野戰立功者，具姓名以聞。或以寡敵衆，或與敵相當能先登敗敵者，正軍及擐甲阿里喜補官一階，猛安謀克以功狀上尙書省，會隨海陵軍至淮上破敵者亦准上遷賞。

僕散忠義伐宋，保衡行戶部於關中，兼糾察，許以便宜，黜守令不法者十餘人。邠守傅愼微忤用事者，被譏構下獄且死，保衡力救之得免，入爲太常卿，遷禮部尙書。三年，拜參知政事。〔一〕宋人請和，詔保衡往南京，與僕散忠義斟酌事宜，行之。入奏，進右丞。四年，宋人請和，師還，保衡朝京師。初，宮女稱心縱火十六位，延燒諸殿，上以方用兵，國用不足，不復營繕。及宋和，詔保衡監護役事，遣少府監張仲愈取南京宮殿圖本。上聞之，謂保衡曰：「追仲愈還。民間將謂朕效正隆華侈也。」

六年冬，有疾，求致仕，不許。遣敬嗣暉傳詔曰：「卿以忠直擢居執政，齒髮未衰，遽以小疾求退。善加攝養，以俟疾間視事。」未幾，薨，年五十五。世宗將放鷹近郊，聞之乃還，爲輟朝，賻贈，命有司致祭。

翟永固字仲堅，中都良鄉人。太祖與宋約攻遼，事成以燕歸宋。宋人以經義兼策取士，永固中第一，授開德府儀曹參軍。金破宋，永固北歸。中天會六年詞賦科，授懷安丞，遷望雲令，補樞密院令史，辟左副元帥宗翰府掾。永固家貧，求外補，宗翰愛其能，不許，以錢三千貫周之，薦於朝，攝左司郎中。除定武軍節度副使，歷同知淸州防禦使，入爲工部員外郎。以母憂去官，起復禮部郎中，遷翰林直學士。

海陵簒立，宋國賀正旦使至廣寧，海陵使使以廢立事諭宋使，遣還之。以侍衞親軍都指揮使完顏思恭爲報諭宋使，永固爲副，且令永固伺察宋人動靜。使還，改禮部侍郎。久之，分護燕京宮室役事，永固請寫無逸圖於殿壁，不納。俄遷太常卿，考試貞元二年進士，〔二〕出尊祖配天賦題，海陵以爲猜度己意，召永固問曰：「賦題不稱朕意。我祖在位時祭天拜乎？」對曰：「拜。」海陵曰：「豈有生則致拜，死而同體配食者乎？」對曰：「古有之，載在典禮。」海陵曰：「若桀、紂曾行，亦欲我行之乎？」於是永固、張景仁皆杖二十。而進士張汝霖賦第八韻有曰：「方今，將行郊祀。」海陵詰之曰：「汝安知我郊祀乎？」亦杖之三十。頃之，永固遷禮部尙書，賜笏頭毬文金帶。改永定軍節度使。

正隆二年，例降二品以上官爵，永固階光祿大夫不降，以寵異之。遷翰林學士承旨，與

直學士韓汝嘉俱召至內殿，問以將親伐宋事，永固對曰：「宋人事本朝無釁隙，伐之無名。縱使可伐，亦無煩親征，遣將帥可也。」由是大忤海陵意，永固卽請致仕。正隆四年正月丁巳，海陵朝永壽宮，四品以上官賜宴，永固至殿門外，海陵卽以致仕宣命授之，永固歸臥于家。

大定二年，起拜尙書左丞，請依舊制廉察官吏，革正隆守令之汙，從之。明年，表乞致仕，詔不許。罷爲眞定尹，賜通犀帶。尙書省奏，永固自執政爲眞定尹，其傘蓋當用何制度，上曰：「用執政制度。」遂著爲令。五年，懇乞致仕，許之。六年，薨。

魏子平字仲均，弘州人。登進士第，調五臺主簿，累除爲尙書省令史，除大理丞，歷左司都事，同知中都轉運使事，太府監。正隆三年，爲賀宋主生日副使。是時，海陵謀伐宋，子平使還，入見，海陵問江左事，且曰：「蘇州與大名孰優？」子平對曰：「江、湖地卑濕，夏服蕉葛猶不堪暑，安得與大名比也。」海陵不悅。世宗卽位，除戶部侍郎。大定二年，丞相僕散忠義伐宋，置元帥府於南京，子平掌餽運，給金牌一、銀牌六，糧道給辦。進戶部尙書。六年，復爲賀宋主生日使，上曰：「使宋無再往者，卿昔年供河南軍儲有勞，用此優卿耳。」

久之，拜參知政事。上問子平曰：「古者稅什一而民足，今百一而民不足，何也？」子平對曰：「什一取其公田之入，今無公田而稅其私田，爲法不同。古有一易再易之田，中田一

年荒而不種，下田二年荒而不種。今乃一切與上田均稅之，此民所以困也。」上又問曰：「戍卒逋亡物故，今按物力高者補之，可乎？」對曰：「富家子弟騃懦不可用，守戍歲時求索無厭，家產隨壞。若按物力多寡賦之，募材勇騎射之士，不足則調兵家子弟補之，庶幾官收實用，人無失職之患。」上從之。

海州捕賊八十餘人，賊首海州人，其兄今爲宋之軍官。上聞之，謂宰相曰：「宋之和好恐不能久，其宿、泗間漢軍，以女直軍代之。」子平曰：「誓書稱沿邊州城，除自來合設置射糧軍數并巡尉外，更不得屯軍守戍。」上曰：「此更代之，非增戍也。」

上曰：「前日令內任官六品以上，外任五品以上，並舉所知。未聞有舉之者，豈無其才，蓋知而不舉也。」子平曰：「請令當舉之官，每任須舉一人。」澤州刺史劉德裕、祁州刺史斜哥、滄州同知訛里也、易州同知訛里剌、楚丘縣令劉春哥以贓汙抵罪，上欲詔示中外，丞相守道以爲不可，上以問子平曰：「卿意何如？」子平曰：「臣聞懲一戒百，陛下固宜行之。」上曰：「然。」遂降詔焉。

宋人於襄陽漢江上造舟爲浮梁三，南京統軍司聞而奏之，上問宰臣曰：「卿等度之，以爲何如？」子平曰：「臣聞襄陽薪芻，皆於江北取之，殆爲此也。」上曰：「朕與卿等治天下，當治其未然。及其有事，然後治之，則亦晚矣。」河南統軍使宗敍求入見奏邊事，上使修起居

注粘割斡特剌就問狀。宗敍言：「得邊報及宋來歸者言，宋國調兵募民，運糧餉，完城郭，造戰船浮橋，兵馬移屯江北。自和議後卽罷制置司，今復置矣。商、虢、海州皆有姦人出沒，此不可不備。嘗報樞密院，彼視以爲文移，故欲入見言之。」斡特剌召凡言邊事者詰問，皆無實狀，行至境上，問知襄陽浮橋乃樵采之路，如子平策。還奏。詔凡妄說邊關兵事者徒二年，告人得實，賞錢五百貫。

上問宰臣曰：「祭宗廟用牛。牛盡力稼穡有功於人，殺之何如？」子平對曰：「惟天地宗廟用之，所以異大祀之禮也。」

十一年，罷爲南京留守，未幾致仕。十五年，起爲平陽尹，復致仕。二十六年，薨于家。

孟浩字浩然，灤州人。遼末年登進士第。天會三年，爲樞密院令史，除平州觀察判官。天眷初，選入元帥府備任使，承制除歸德少尹，充行臺吏、禮部郎中，入爲戶部員外郎、郎中。

韓企先爲相，拔擢一時賢能，皆置機要，浩與田瑴皆在尚書省，瑴爲吏部侍郎，浩爲左司員外郎。既典選，善銓量人物，分別賢否，所引用皆君子。而蔡松年、曹望之、許霖皆小人，求與瑴相結，瑴薄其爲人拒之。

松年，蔡靖子。靖將兵不能守燕山，終敗宋國，瑴頗以此譏斥松年。松年初事宗弼於行臺省，以微巧得宗弼意，宗弼當國，引爲刑部員外郎。望之爲尚書省都事，霖爲省令史。皆怨瑴等，時時毀短之於宗弼，凡與瑴善者皆指以爲朋黨。韓企先疾病，宗弼往問之，是日，瑴在企先所，聞宗弼至，知其惡己，乃自屏以避。宗弼曰：「丞相年老且疾病，誰可繼丞相者？」企先舉瑴，而宗弼先入松年譖言，謂企先曰：「此輩可誅。」瑴聞流汗浹背。企先薨，瑴出爲橫海軍節度使。選人龔夷鑒除名，値赦，赴吏部銓，得預覃恩。瑴已除橫海，部吏以夷鑒白瑴，瑴乃倒用月日署之。許霖在省典覃恩，行臺省工部員外郎張子周素與瑴有怨，以事至京師，微知夷鑒覃恩事，嗾許霖發之，誣以專擅朝政。詔獄鞫之，擬瑴與奚毅、邢具瞻、王植、高鳳庭、王傚、趙益興、龔夷鑒死，其妻子及所往來孟浩等三十四人皆徙海上，仍不以赦原。天下冤之。

世宗在熙宗時，知田瑴黨事皆松年等構成之。而浩等三十二人遇天德赦令還鄉里，多物故，惟浩與瑴兄殼、王補、馮煦、王中安在。大定二年，召見，復官爵。浩爲侍御史，殼爲大理丞，補爲工部員外郎，煦爲兵部主事，中安知火山軍事，而浩尋復爲右司員外郎。

浩篤實，遇事輒言，無所隱。上嘉其忠，每對大臣稱之。有疾，求外補，除祁州刺史，致仕，歸。七年，起爲御史中丞，而浩已年老，世宗以不次用之，再閱月，拜參知政事。故事，

無自中丞拜執政者，浩辭曰：「不次之恩，非臣所敢當。」上曰：「卿自刺史致仕，除中丞，國家用人，豈拘階次。卿公正忠勤，雖年高猶可宣力數年，朕思之久矣。」浩頓首謝。

世宗勅有司東宮涼樓增建殿位，浩諫曰：「皇太子義兼臣子，若所居與至尊宮室相侔，恐制度未宜，固宜示以儉德。」上曰：「善。」遂罷其役，因謂太子曰：「朕思漢文純儉，心常慕之，汝亦可以爲則也。」未幾，皇太子生日，上宴羣臣于東宮，以大玉杓、黃金五百兩，賜丞相志寧，顧謂羣臣曰：「卿等能立功，朕亦褒賞如此。」又曰：「參政孟浩公正敢言，自中丞爲執政。卿等能如是，朕亦不次用之。」世宗嘗曰：「女直本尚純朴，今之風俗，日薄一日，朕甚憫焉。」浩對曰：「臣四十年前在會寧，當時風俗與今日不同，誠如聖訓。」上曰：「卿舊人，固知之。」上謂宰臣曰：「宋前廢帝呼其叔湘東王爲『猪王』，食之以牢，納之泥中，以爲戲笑。書于史策，所以勸善而懲惡也。海陵以近習掌記注，記注不明，當時行事，實錄不載，衆人共知之者求訪書之。」浩對曰：「良史直筆，君舉必書。帝王不自觀史，記注之臣乃得盡其直筆。」浩復奏曰：「歷古以來，不明賞罰而能治者，未之聞也。國家賞善罰惡，蓋亦多矣，而天下莫能知。乞自今凡賞功罰罪，皆具事狀頒告之，使君子知勸以遷善，小人知懼以自警。」上從之。

進尚書右丞，兼太子少傅。罷爲眞定尹，上曰：「卿年雖老，精神不衰，善治軍民，毋遽

言退。」以通犀帶賜之。十三年，薨。

田轂自大理丞累官同知中京留守，終于利涉軍節度使。

二十九年，章宗詔尚書省曰：「故吏部侍郎田轂等皆中正之士，小人以朋黨陷之，由是得罪。世宗用孟浩爲右丞，當時在者俱已用之，亡者未加追復，其議以聞。」張汝霖奏曰：「轂專權樹黨，先朝已正罪名，莫不稱當。今追贈官爵，恐無懲勸。」汝霖先朝大臣，嘗與顧命，上初卽位，不肯輒逆其意，謂之曰：「卿旣以爲不可，姑置之。」蓋張浩與蔡松年友善，故汝霖猶擠之也。汝霖死後，章宗復詔尚書省曰：「蓋自田轂黨事之後，有官者以爲戒，惟務苟且，習以成風。先帝知轂等無罪，錄用生存之人，有擢至宰執者，其次有爲節度、防禦、刺史者。其死者猶未追復，子孫猶在編戶，朕甚憫焉。惟旌賢顯善，無間存沒，宜推先帝所以褒錄忠直之意，並加恩䘏，以勵風俗。據田轂一起人除已敍用外，但未經任用身死，並與復舊官爵。其子孫當時已有官職，以父祖坐黨因而削除者，亦與追復。應合追復爵位人等子孫不及廕敍者，亦皆量與恩例。」

梁肅字孟容，奉聖州人。自幼勤學，夏夜讀書往往達旦，母葛氏常滅燭止之。天眷二年，擢進士第，調平遙縣主簿，遷望都、絳縣令。以廉，入爲尚書省令史。除定海軍節度副使，改中都警巡使，遷山東西路轉運副使。營治汴宮，肅分護役事。攝大名少尹。正隆末，境內盜起，驅百姓平人陷賊中不能自辨者數千人，皆繫大名獄。肅到官，考驗得其情讞，出者十八九。

大定二年，宛平趙植上書曰：「頃者，正隆任用閹寺，少府少監兼上林署令胡守忠因緣巧倖，規取民利。前薊州刺史完顏守道、前中都警巡使梁肅，勤恪清廉，願加進擢。」於是守忠落少監，守道自濱州刺史召爲諫議大夫，肅中都轉運副使改大興少尹。〔三〕

肅上疏言：「方今用度不足，非但邊兵耗費而已。吏部以常調除漕司僚佐，皆年老貲高者爲之，類不稱職。臣謂凡軍功、進士諸科、門蔭人，知錢穀利害，能使國用饒足而不傷民者，許上書自言。就擇其可用，授以職事。每五年委吏部通校有無水旱屯兵，視其增耗而黜陟之。自漢武帝用桑弘羊始立榷酤法，民間粟麥歲爲酒所耗者十常二三。宜禁天下酒麴，自京師及州郡官務，仍舊不得酤販出城。其縣鎭鄉村，權行停止。」不報。

三年，坐捕蝗不如期，貶川州刺史，削官一階，解職。上御便殿，召左諫議大夫奚䶵、翰林待制劉仲誨，祕書少監移剌子敬，訪問古今事。少間，䶵從容請曰：「梁肅材可惜，解職太重。」上曰：「卿言是也。」乃除河北東路轉運副使。是時，窩斡亂後，兵食不足，詔肅措置沿邊兵食。移牒肇州、北京、廣寧鹽場，許民以米易鹽，兵民皆得其利。四年，通檢東平、大名兩路戶籍物力，稱其平允。他使者所至皆以苛刻增益爲功，百姓訴苦之。朝廷勅諸路以東平、大名通檢爲準，於是始定。

七年，父憂去官。起復都水監。河決李固，〔四〕詔肅視之，還奏「決河水六分，舊河水四分。今障塞決河，復故道爲一，再決而南則南京憂，再決而北則山東、河北皆可憂。不若止於李固南築隄，使兩河分流，以殺水勢便」。上從之。

改大理卿。尙輦局本把石抹阿里哥，與釘鉸匠陳外兒，〔五〕共盜宮中造車銀釘葉。肅以阿里哥監臨，當首坐。他寺官以陳外兒爲首，抵死。上曰：「罪疑惟輕，各免死，徒五年，除名。」於時，東京久不治，上自擇肅爲同知東京留守事。遷中都都轉運使，轉吏部尙書。上疏論臺諫，其大旨謂「臺官自大夫至監察，諫官自大夫至拾遺，陛下宜親擇，不可委之宰相，恐樹私恩，塞言路也」。上嘉納之。復請奴婢不得服羅，上曰：「近已禁奴婢服明金矣，可漸行之。」肅舉同安主簿高旭，除平陽酒使，肅奏曰：「明君用人，必器使之。旭儒士，優於治民，若使坐列肆，榷酒酤，非所能也。臣愚以爲諸道鹽鐵使依舊文武參注，其酒稅使副以右選三差俱最者爲之。」上曰：「善。」改刑部尙書。

宋主屢請免立受國書之儀，世宗不從。及大興尹璋爲十四年正旦使，宋主使人就館奪其書，而重賂之。璋還，杖一百五十，除名。以肅爲宋國詳問使，其書略曰：「盟書所載，止於

帝加皇字，免奉表稱臣稱名再拜，量減歲幣，便用舊儀，親接國書。茲禮一定，於今十年。今知歲元國信使到彼，不依禮例引見，輒令迫取於館，姪國禮體當如是耶？往問其詳，宜以誠報。」肅至宋，宋主一一如約，立接國書。肅還，附書謝，其略曰：「姪宋皇帝謹再拜，致書于叔大金應天興祚欽文廣武仁德聖孝皇帝闕下。惟十載遵盟之久，無一毫成約之違，〔六〕獨顧禮文，宜存折衷。矧辱函封之貺，尙循躬受之儀，旣俯迫于輿情，嘗屢伸于誠請，因歲元之來使，遂商榷以從權。敢勞將命之還，先布鄙悰之懇，自餘專使肅控請祈。」肅還至泗州，先遣都管趙王府長史馳滿蒲馬入奏。世宗大喜，欲以肅爲執政，左丞相良弼曰：「梁肅可相，但使宋還卽爲之，宋人自此輕我矣。」上乃止。

久之，爲濟南尹，上疏曰：「刑罰世輕世重，自漢文除肉刑，罪至徒者帶鐐居役，歲滿釋之，家無兼丁者，加杖准徒。今取遼季之法，徒一年者杖一百，是一罪二刑也，刑罰之重，於斯爲甚。今太平日久，當用中典，有司猶用重法，臣實痛之。自今徒罪之人，止居作，更不決杖。」不報。

未幾，致仕，起復彰德軍節度使，召拜參知政事。上謂侍臣曰：「梁肅以治入異等，遂至大任，廉吏亦可以勸矣。」肅奏：「漢之羽林，皆通孝經。今之親軍，卽漢之羽林也。臣乞每百戶賜孝經一部，使之敎讀，庶知臣子之道，其出職也，可知政事。」上曰：「善，人之行，莫大

於孝，亦由教而後能。」詔與護衛俱賜焉。復上奏曰：「方今斗米三百，人已困餓，以錢難得故也。計天下歲入二千萬貫以上，一歲之用餘千萬。院務坊場可折納穀帛，折支官兵俸給，使錢布散民間，稍稍易得。」上曰：「懸欠院務，許折納，可也。」

肅上疏論生財舒用八事。一曰，罷隨司通事。二曰，罷酒稅司杓欄人。三曰，天水郡王本族已無在者，其餘皆遠族，可罷養濟。四曰，裁減隨司契丹吏員。五曰，罷權醋，以利與民。六曰，量減鹽價，使私鹽不行，民不犯法。七曰，隨路酒稅許折納諸物。八曰，今歲大稔，乞廣糴粟麥，使錢貨流出。上曰：「趙氏養濟一事，乃國家美政，不可罷。其七事，宰相詳議以聞。」上又曰：「朕在位二十餘年，鑒海陵之失，屢有改作，亦不免有繆戾者，卿等悉心奏之。」肅論「正員官被差，權攝官有公罪，及正員還任，皆准去官勿論，往往其人苟且，不事其事。乞于縣令中留十人備差，無差正員官」。上曰：「自今權攝有公罪，正員雖還而本職未替者，勿以去官論之。」肅曰：「誠如聖旨。」肅與宰相奏事，旣罷，肅跪而言曰：「四時畋獵，雖古禮，聖人亦以爲戒。陛下春秋高，屬時嚴寒，馳騁於山林之間。法宮燕處，亦足怡神，願爲宗社自重，天下之福也。」上曰：「朕諸子方壯，使之習武，故時一往爾。」

同知震武軍節度使鄧秉鈞陳言四事，其一言外多闕官，及循資擬注不得人，上以問宰

相張汝弼，曰：「循資格行已久，仍舊便。」肅曰：「不然。如亡遼固不足道，其用人之法有仕及四十年無敗事，卽與節度使，豈必循資哉。」上曰：「仕四十年已衰老。」肅曰：「誠如聖訓。」肅論盜賊不息，請無禁兵器。上曰：「所在有兵器，其利害如何？」肅曰：「他路則已，中都一路上農夫聽置之，似乎無害。」上曰：「朕將思之。」

凡使宋者，宋人致禮物，大使金二百兩，銀二千兩，副使半之，幣帛雜物稱是。及推排物力，肅自以身爲執政，昔嘗使宋，所得禮物多，當爲庶民率先，乃自增物力六十餘貫，論者多之。

二十三年，肅請老，上謂宰臣曰：「梁肅知無不言，正人也。卿等知而不言，朕實鄙之。雖然，肅老矣，宜從其請。」遂再致仕。詔以其子汝翼爲閤門祗候。二十八年，薨。謚正憲。

移剌慥本名移敵列，契丹虞呂部人。通契丹、漢字，尚書省辟契丹令史，攝知除，擢右司都事。正隆南伐，兼領契丹、漢字兩司都事。大定二年，除眞定少尹，入爲侍御史。母憂去官。起復右司員外郎，累官陳州防禦使。左丞相紇石烈良弼致仕，上問誰可代卿者？對曰：「陳州防禦使移剌慥，清幹忠正，臣不及也。」遂召爲太府監。改刑部侍郎。

十九年，以按出虎等八猛安，自河南徙置大名、東平之境。還爲大理卿，被詔典領更定制條。初，皇統間，參酌隋、唐、遼、宋律令，以爲皇統制條。海陵虐法，率意更改，或同罪異罰，或輕重不倫，或共條重出，或虛文贅意，吏不知適從，夤緣舞法。慥取皇統舊制及海陵續降，通類校定，通其窒礙，略其繁碎。有例該而條不載者，用例補之。特闕者用律增之。凡制律不該及疑不能參決者，取旨畫定。凡特旨處分，及權宜條例內有可常行者，收爲永格。其餘未可削去者，別爲一部。大凡一千一百九十條，爲十二卷。書奏，詔頒行之，賜銀幣有差。

頃之，摘徙山東猛安八謀克于河北東路，置之酬斡、青狗兒兩猛安舊居之地，詔無牛耕者買牛給之。攝御史大夫。數月，改御史中丞，兼同修國史，遷刑部尚書，改吏部尚書。尋改大興尹。

駕幸上京，顯宗守國，使人諭之曰：「自大駕東巡，京尹所治甚善。我將有春水之行，當益勤乃事。」還以所獲鵝鴨賜之。有疾在告，遣官醫診視。復爲刑部尚書。上還自上京，以爲西京留守，改臨洮尹，卒。

移剌子敬字同文，本名屋骨朶魯，遼五院人。曾祖霸哥，同平章事。父拔魯，准備任使

官。都統杲克中京，遼主西走，留拔魯督輜重，已而輜重被掠，拔魯乃自髡，逃于山林。

子敬讀書好學，皇統間，特進移剌固修遼史，辟爲掾屬，遼史成，除同知遼州事。舊本廳自有占地，歲入數百貫，州官歲取其課，地主以爲例，未嘗請辯。子敬曰：「已有公田，何爲更取民田」，竟不取。秩滿，郡人請留于行臺省，不許。天德三年，入爲翰林修撰，遷禮部郎中。

正隆元年，諸將巡邊，詔子敬監戰，軍帥以戰獲分將士，亦以遺子敬，子敬不受。及還，入見，海陵謂之曰：「汝家貧而不苟得，不受俘獲，朕甚嘉之。」凡同行官僚所取者，皆沒入于官。其後詔子敬宴賜諸部，諭之曰：「凡受進，例遣宰臣，以汝前能稱職，故特命汝。」使還，遷翰林待制。

大定二年，以待制同修國史。是時，窩斡餘黨散居諸猛安謀克中，詔子敬往撫之，仍宜諭猛安謀克，及州縣漢人，無以前時用兵相殺傷，挾怨輒害契丹人。使還，改祕書少監，兼修起居注，修史如故。詔曰：「以汝博通古今，故以命汝。」常召入講論古今及時政利害，或至夜半。子敬有良馬，平章政事完顏元宜索之，子敬以元宜爲相也，不與。至是，元宜乞致仕，罷爲東京，子敬乃以此馬贐行，識者韙之。

是時，僕散忠義伐宋，宋請和，而書式、疆界未定。子敬與祕書少監石抹頤、修起居注

張汝弼侍便殿，上曰：「宋主求成，反覆無信，喜爲夸大。」子敬對曰：「宋人自來浮辭相欺，來書言海陵敗于采石，大軍北歸，按兵不襲，俾全師而還。海陵未嘗敗于采石，其譎詐多此類也。回書宜言往者大軍若令渡江，宋國境土，必爲我有。」上曰：「彼以詭詐，我以誠實，但當以理折之。」遷右諫議大夫，起居注如故。

上幸西京，州縣官入見，猛安謀克不得隨班。子敬奏軍民一體，合令猛安謀克隨班入見，上嘉納之，於是責讓宣徽院。及端午朝會，詔依子敬奏行之。子敬言山後禁獵地太廣，有妨百姓耕墾，上用其言，遂以四外獵地與民。遷祕書監，諫議、起居如故。

子敬舉同知宣徽院事移剌神獨斡、兵部侍郎移剌按荅，太子少詹事烏古論三合自代，上不許。子敬與同簽宣徽院事移剌神獨斡侍，上曰：「亡遼不忘舊俗，朕以爲是。海陵習學漢人風俗，是忘本也。若依國家舊風，四境可以無虞，此長久之計也。」世宗將如涼陘，子敬與右補闕粘割斡特剌、左拾遺楊伯仁奏曰：「車駕至曷里滸，西北招討司囿於行宮之內地矣。乞遷之於界上，以屏蔽環衞。」上曰：「善。」詔尚書省曰：「招討斜里虎可徙界上，治蕃部事。都監撒八仍於燕子城治猛安謀克事。」

上與侍臣論古之人君賢否，子敬奏曰：「陛下凡與宰臣謀議，不可不令史官知之。」上曰：「卿言是也。」轉簽書樞密院事，同修國史，出爲河中尹，請老。河中地熱，上恐子敬不耐

暑，改興中尹。子敬女自懿州來興中省謁，遇盜途中，剽掠其行李且盡，既而還之，謝曰：「我輩初不知爲府尹家也，尹有德于民，尚忍侵犯邪。」徙咸平、廣寧尹。二十一年，致仕，卒于家，年七十一。子敬嘗使宋，及受諸部進貢，所受禮物，皆散之親舊。及卒，家無餘財，其子質宅以營葬事。

贊曰：金制，尚書令、左右丞相、平章政事，是謂宰相。左右丞、參知政事，是謂執政。大抵因唐官而稍異焉，因革不同，無足疑者。書曰：「元首明哉，股肱良哉，庶事康哉。」又曰：「元首叢脞哉，股肱惰哉，萬事墮哉。」宰相、執政，豈異道邪。蘇保衡、翟永固、魏子平、孟浩、梁肅皆當時之賢執政也。移剌慥、子敬有其才，適其時，而位不及者，亦命也夫。

校勘記

〔一〕三年拜參知政事　「三年」二字原在「拜參知政事」之下。按本書卷六世宗紀，大定三年六月，「以刑部尚書蘇保衡爲參知政事」。今據乙正。

〔二〕考試貞元二年進士　「二」原作「元」。按本書卷八四張景仁傳，「貞元二年，與翟永固俱試禮部進士，以尊祖配天爲賦題，忤海陵旨」。又卷八三張汝霖傳，「貞元二年，賜呂忠翰牓下進士第」。今據改。

〔三〕肅中都轉運副使改大興少尹　「肅」字下疑脫「自」字。

〔四〕河決李固　按本書卷六世宗紀、卷二三五行志、卷二七河渠志皆作「河決李固渡」。此亦或是簡稱。

〔五〕與釘鉸匠陳外兒　「鉸」原作「校」，據文義改正。

〔六〕無一毫成約之違　「毫」原作「豪」，據殿本改。

金史卷九十

列傳第二十八

趙元　移剌道本名按　高德基　馬諷　完顏兀不喝
劉徽柔　賈少冲子益　移剌斡里朶　阿勒根彥忠
張九思　高衎　楊邦基　丁暐仁

趙元字善長，涿州范陽人。遼天慶八年，登進士第，仕至尚書金部員外郎。遼亡，郭藥師爲宋守燕，以元掌機宜文字。王師取燕，藥師降，樞密使劉彥宗辟元爲本院令史。天會間，同知薊州事。有賊殺人橫道，官吏圜視莫知所爲，路人耕夫聚觀甚衆。元指田中釋耒而來者曰：「此賊也。」叱左右縛之，遂伏。僚吏問其故，元曰：「偶得於眉睫間耳。」其後朝廷立磨勘格，凡嘗仕宣和者皆除名籍，元在磨勘中。

齊國廢，置行臺省于汴，選名士十餘人備官屬，元在選中，授行兵部郎中。行臺徙大名，再徙祁州，及宗弼再取河南，元皆攝戶部事，賦調兵食取辦。天眷三年，爲行臺右司員外郎，因有殺人當死者，行臺欲宥之，元不從，反覆數四，勢不可奪，乃仰天嘆曰：「如殺人者可宥，死者復何辜，何欲徼己福而亂天下法乎？」行臺竟不能奪。改左司員外郎，攝吏部事。在行臺凡十年，吏事明敏，宗弼深知之，行臺或有事上相府，宗弼必問「曾經趙元未也」？其見重如此。爲同簽汴京留守事，改同知大名尹，用廉遷河北西路轉運使，歷彰德、武勝等軍節度使，以老致仕，卒于家。

移剌道本名按。宗室移剌古爲山東東路兵馬都總管，辟掌軍府簿書，往來元帥府計議邊事，右副元帥宗弼愛其才，召爲元帥府令史。補尚書省令史，特除監察御史，再遷大理丞，兼工部員外郎。海陵南伐，使督運芻糧，所在盜起，道路梗澁，間關僅至淮南。上謁，承問，具言四方盜賊狀，海陵惡聞其言，杖之七十，使督戰艦渡江，會海陵死，軍還。

大定二年，除工部郎中。奉詔招撫諸奚。是時，抹白猛安下謀克徐列等皆欲降，制於猛安合住，不敢卽降。道發兵掩襲合住子婦孫男女甥，及謀克留住，及蒲輦白撒妻孥。是日，適窩斡遣白撒發抹白猛安軍，白撒聞其家人被獲，遂來降。改禮部郎中。從討窩斡，佩金牌，與應奉翰林文字訛里也招降叛奚。

奉使河南，勸課農桑，密訪吏治得失。累遷御史中丞、同修國史，廉問職官殿最，還奏。上曰：「職官貪汙罪廢，其餘因循以苟歲月。今廉能卽與升除，無以慰百姓愛留之意，可就遷秩，秩滿升除。」於是，廉能官景州刺史耶律補進一階，單州刺史石抹靳家奴、泰寧軍節度副使尹昇卿、寧陵縣令監邦彥、濬州司候張匡福各進兩階。貪汙官同知濬州防禦使事蒲速越、眞定縣令特謀葛並免死，杖一百五十，除名。同知睢州事烏古孫阿里補杖一百，削四階，非奉旨不得錄用。於是，道改同知大興尹事。詔曰：「京師士民輻湊，犯法者衆，罪狀自實，毋爲文所持，斷之以公可也。朕嘗諭執政矣，必不以小苛譴卿，勉副朕意。」

遷刑部尚書。尚廄局使宗夔、副使石抹靑狗私用官芻，事覺。尚廄局隸點檢司，刑部當自問。點檢烏林荅天錫屬刑部使輕其罪，刑部以付大興府鞫治，於是道及天錫、郎中丁暐仁皆坐解職。尋起爲大理卿，兼簽書樞密院事，再遷西京留守，卒。

高德基字元履，遼陽渤海人。皇統二年，登進士第。六年，爲尚書省令史。海陵爲相，

專愎自用，人莫敢拂其意，德基每與之詳辨。及篡位，命左司郎中賈昌祚諭旨曰：「卿公直果敢，今委卿南京行省勾當。」未行，會海陵欲都燕京，命德基攝燕京行臺省都事。改攝右司員外郎，除戶部員外郎，改中都路都轉運副使，遷戶部郎中。

正隆三年，詔左丞相張浩、參知政事敬嗣暉營建南京宮室。明年，德基與御史中丞李籌、刑部侍郎蕭中一俱爲營造提點。海陵使中使謂德基等曰：「汝等欲乘傳往邪？欲乘己馬往邪？銀牌可於南京尚書省取之。」籌乞先降銀牌，復遣中使謂籌曰：「牌之與否，當出朕意，爾敢輒言，豈以三人中，官獨高邪。」遂杖之三十，遣乘己馬往，德基、中一乘傳往。轉同知開封尹。

大定三年，以察廉治狀不善，下遷同知北京路都轉運使事。是年秋，土河泛濫，水入京城，德基遽命開長樂門，疏分使入御溝，以殺其勢，水不能爲害。遷刑部侍郎。七年，改中都路都轉運使。九年，轉刑部尚書。有犯罪當死者，宰相欲從末減，德基曰：「法無二門，失出猶失入也。」不從。及奏，上曰：「刑部議，是也。」因召諸尚書諭之曰：「自朕卽位以來，以政事與宰相爭是非者，德基一人而已。自今部上省三議不合，卽具以聞。」爲宋主生日使。及還，宋人禮物外附進臘茶三千胯，不親封署。德基曰：「姪獻叔，而不署，是無名之物也。」却之。

十一年，改戶部尚書。德基上疏，乞免軍須房稅等錢，減農稅及鹽酒等課，未報。隨朝官俸粟折錢，增高市價與之，多出官錢幾四十萬貫，上使人諭之曰：「卿爲尚書，取悅宰執近臣，濫出官錢。卿之官爵，一出於朕，奈何如此。」於是決杖八十，戶部郎中王佐、員外郎盧彥沖、同知中都轉運使劉㻂、副使石抹長壽、支度判官韓鎮、左警巡使李克勤、右警巡使李竇、判官强銳昌、姚宗奭、尼厖古達吉不，皆決杖有差。詔自大定十一年十一月郊祀赦後，〔一〕尚書省、御史臺、戶部、轉運司、警巡院多支俸粟折錢，皆追還之。德基降蘭州刺史，王佐降大興府推官，盧彥沖河北西路戶籍判官，劉㻂東京警巡使，石抹長壽東京留守推官，韓鎮河東南路戶籍判官，李克勤通遠縣令，李竇清水縣令，强銳昌、姚宗奭、尼厖古達吉不皆除司候。大定十二年，德基卒，年五十四。子錫。

馬諷字良弼，大興漷陰人。國初以燕與宋，諷游學汴梁，登宣和六年進士第。宗翰克汴京，諷歸朝，復登進士第，調蔚州廣靈丞，遷雄州歸信令。境有河曰八尺口，每秋潦漲溢害民田，諷視地高下，疏決之，其患遂息。召爲尚書省令史，除獻州刺史。天德初，改寧州，民有告謀不軌者，株連數十百人，諷察其無狀，乃究問告者，告者具伏

其誣，衆歡呼感泣。再遷南京副留守，入爲大理少卿。是時，高楨爲御史大夫，素貴重，繩治無所避，權貴憚其威嚴，乃以諷及張忠輔爲中丞，欲有以中傷之者。諷、忠輔皆文吏巧法，不能與楨絲髮相假借，楨畏其害己，因訴于海陵，海陵以楨太祖舊臣，每慰安之。諷改大理卿，歲餘出爲順天軍節度使。

大定二年，復爲大理卿，遷刑部尚書，改忠順軍節度使，致仕。卒。

完顏兀不喝，會寧府海姑寨人。年十三，選充女直字學生。補上京女直吏，再習小字兼通契丹文字。充尚書省令史。天德初，除吏部主事，鞫問押懶路詐襲謀克事，人稱其能，擢右拾遺。海陵謂之曰：「始聞汝名，試以吏部主事。今計其實，優於所聞遠矣。」累遷右司郎中。〔二〕從海陵伐宋，至淮南，聞世宗卽位于遼陽，兀不喝入白其事，海陵沉思良久，曰：「卿等始聞之邪。我已知之，遣人往矣。此大事勿泄于外。」大定二年，秩滿當代，世宗嘉其善敷奏，特詔再任，謂宰臣曰：「兀不喝爲人公忠，後來有如斯人者，卿等宜薦擧之。」其見知如此。

窩斡已平，詔罷契丹猛安謀克，其元管戶口，及從窩斡作亂來降者，皆隸女直猛安謀克，遣兀不喝於猛安謀克人戶少處分置。未經罷去猛安謀克合承襲者，仍許承襲，賑贍其貧乏者，仍括買契丹馬匹，官員年老之馬不在括限。頃之，世宗以諸契丹未嘗爲亂者與來降者一概隸女直猛安中，非是，未嘗從亂可且仍舊。平章政事完顏元宜奏，已遷契丹所棄地，可遷女直人與不從亂契丹雜處。上以問右丞蘇保衡、參政石琚，皆不能對。上責之曰：「卿等每事先熟議然後奏，有問卽對，豈容不知此。」保衡、琚頓首謝，上曰：「分隸契丹，以本猛安租稅給贍之，所棄地與附近女直人及餘戶，願居者聽，其猛安謀克官，選契丹官員不預亂者充之。」改同知大興尹，遷橫海軍節度使。初到官，讞囚能得其情，人以爲不寃。五年，卒官。

劉徽柔字君美，大興安次人。天眷二年，擢進士第。初爲眞定欒城主簿，轉開遠軍節度掌書記，遷洪洞令。徽柔明敏善聽斷。縣人楊遠者，投牒于縣，以爲夜雨屋壞，壓其姪死，號訴哀切。徽柔熟視而笑曰：「汝利姪財而殺之，乃誣雨耶？」叱付獄，其人立伏曰：「公神明也，不敢延死。」遂置于法。秩滿，縣人遮戀不得去者彌日，爲立生祠，刻石頌德。正隆二年，入爲大理評事，遷司直。大定二年，同知河東南路轉運使事，以廉第一，改知平定軍，

入爲大理少卿。七年，知磁州，改同知南京留守事。十年，遷中都路轉運使，卒官。

賈少沖字若虛，通州人。勤學，日誦數百千言。家貧甚，嘗道中獲遺金，訪其主歸之。天會中，再伐宋，調及民兵。少沖甫冠，代其叔行，雖行伍間，未嘗釋卷。中天眷二年進士。劉筈欲以妹妻之，少沖辭不就曰：「富貴當自致之。」調營州軍事判官，遷定安令。蔚州刺史恃貴不法，屬吏畏之，每事輒曲從其意，少沖守正不阿。用廉進官一階，再遷吏部主事、定武軍節度副使、河中府判官。海陵寖以失道，少沖謂所親曰：「天下且亂，不可仕也。」秩滿，乃不求仕。

大定二年，調御史臺典事，累遷刑部郎中。往北京決獄，奏誅首惡，誤牽連其中者皆釋不問，全活凡千人。以本職攝右司員外郎。嘗執奏刑名甚堅，旣退，上謂侍臣曰：「少沖居下位，有守如此。」除同知河間尹。數月，入爲祕書少監，兼起居注、左補闕。

少沖外柔內剛，每從容進諫，世宗稱美之。十四年，爲宋主生日副使，宋國方有祈請，上以意諭少沖，少沖對曰：「臣有死無辱。」宋人別致珍異，少沖笑謂其人曰：「行人受賜自有常數，寧敢以賂辱君命乎。」遂不受。使還，世宗嘉之，遷右諫議大夫，祕書、起居注如故。

十七年請老，除衞州防禦使，遷河東南路轉運使，召爲太常卿，兼祕書少監。復請致仕，不許，改順天軍節度使，卒。

少冲性夷簡，不喜言利，嘗敎諸子曰：「蔭所以庇身，筦庫不可爲也。」聞者尙之。子奯。

奯字損之，少穎悟如成人。大定十四年，父少冲爲祕書少監，充宋主生日副使，奯侍行。是時，宋人嘗爭起立接受國書之禮，少冲問奯曰：「卽宋人欲變禮，持議不決，奈何？」奯曰：「守死無辱，可謂使矣。」少冲大奇之。中大定十九年進士，調河津主簿。丁父憂去官，察廉起復攀山令，補尙書省令史。丁母憂，服闋，除定海軍節度副使，監察御史，治書侍御史，轉侍御史，知登聞鼓院，兼少府少監。未幾，改禮部郎中，兼知登聞鼓院，看讀陳言文字，遷左司郎中，改吏部侍郎，兼蔡王傅。以病免。除鄭州防禦使，陝西東路轉運使，順天軍節度使。

大安初，召爲吏部尙書，有疾，改安國軍節度使。奯籍民夫修完城郭，爲戰守備，按察司止之，不聽，曰：「治城，守臣事也，按察何預。」既而兵至，以有備解去。改横海、定國軍節度使，道阻不赴。宣宗初爲吏部尙書，奯爲侍郎，相得歡甚，貞祐二年至汴京，訪奯所在，召爲太常卿。上防秋十三事，與戶部尙書李革論遷河北軍民不便，不報。貞祐三年，致仕。元光元年，卒。

移剌斡里朶，一名八斤，系出遼五院司，通契丹字。天會三年伐宋，隸軍中，遇戰輒先登，屢獲偵人，有司上其功，補尙書省令史。十五年，籍發諸部兵於山後，將與右丞蕭慶會，時官軍竄而南者凡數千，斡里朶以兵邀擊之，盡獲其輜重財物，悉送有司而去，一毫弗取。以勞遷修武校尉。宗弼復河南，斡里朶督諸路帥臣進討，事定以勞遷宣武將軍。時六部未分，乃以爲兵刑二部主事。未幾，遷右司都事。皇統二年，授大理正，歷同知昭德軍節度使事，以廉陞孟州防禦使。

正隆間，轉同知北京留守事。會遊古河闌子山等猛安契丹謀亂，時方發兵討之，別遣斡里朶押軍南下。至松山縣爲賊黨江哥所執，且欲推爲主盟，要以契約，斡里朶怒曰：「我受國厚恩，豈能從汝反耶，寧殺我，契約不可得也。」賊知不可屈，乃困辱之，使布衣草屨逐馬而行，且欲害之。斡里朶說其監奴，因得脫還。六年九月，改北京路轉運使。

大定初，爲博州防禦使，再遷利涉軍節度使。先是，有農民避賊入保郡城，以錢三十千寄之鄰家，賊平索之，鄰人諱不與，訢于縣，縣官以無契驗却之，乃訢于州。斡里朶陽怒械繫之，捕其鄰人，關以三木，詰之曰：「汝鄰乙坐劫殺人，指汝同盜。」鄰人大懼，始自陳有欺錢之隙，乃責歸所隱錢而釋之，郡人駭服。改通遠軍節度使，卒。

阿勒根彥忠本名窊合山，曷速館人也。好學，通吏事。天會十四年，還充尙書兵部孔目官，歷尙書省令史，除右司都事。七年，[三]改大理丞，爲會寧少尹，進同知會寧府事，入爲尙書吏禮部郎中。貞元二年，進本部侍郎。海陵庶人凡有所疑，常使彥忠裁決，彥忠據法以對。間有不合，則召譴之，彥忠執奏如前，終無阿屈，同列咸爲懼，彥忠固執不變，海陵壯之。明年，除御史中丞，歷尙書戶部侍郎，侍衞親軍副都指揮使。海陵南伐，除南京路都轉運使。大定二年，改大名尹，兼本路兵馬都總管。四年，入爲刑部尙書。詔規措北邊糧食戶口。及泰州、臨潢接境，度宜安置堡戍七十，[四]駐兵萬三千，芻糧之用就經畫之。還朝未及入對，以疾卒，年五十三。

彥忠性孝友，嘗使宋，所得金帛，盡分兄弟親友。贈榮祿大夫，命有司致祭，并以銀絹賜其家。

張九思字全行，錦州人。皇統初，補行臺省女直譯史，除同知易州事，三遷亳州防禦使，歸德尹。劉仲延受宋國歲貢於泗州，九思副之。往歲受歲貢者，每以幣物不精責宋使者，宋使者私饋銀幣各直數百千以爲常，九思獨不肯受，仲延從之，自是私饋遂絕。自大理評事，再遷大理少卿。淸池令雙申自陳「父虔，天眷初，知永安軍，遇叛寇孟邦傑，執而脅之，不從，遂被害。乞正班用廕」。大理寺議，虔子止合雜班敍，九思曰：「虔奮不顧身，守節以死，其子正班用廕，以勸忠孝。」世宗從九思議。改工部郎中，大興少尹，同知中都都轉運使事，轉刑部侍郎，改工部。

九思所守淸約，然急於進取，一切以功利爲務，率意任情不恤百姓。詔檢括官田，凡地名疑似者，如皇后店、太子莊、燕樂城之類，[五]不問民田契驗，一切籍之，復有鄰接官地冒占幸免者。世宗聞其如是，召還戒之曰：「如遼時支撥地土，及國初元帥府拘刷民間指射租田，近歲冒爲己業，此類當拘籍之。其餘民田，一旦奪之則百姓失業，朕意豈如此也。」轉御史中丞。九思言屯田猛安人爲盜徵償，家貧輒賣所種屯地。凡家貧不能徵償者，止令事主以其地招佃，收其租入，估買與徵償相當，卽以其地還之。臨洮尹完顏讓亦論屯田貧人徵償賣田，乞用九思議，詔從之。

遷工部尚書。年高愈自用，上謂左丞張汝弼曰：「九思耄矣，頗執强自用，欲令外補，何如？」於是，九思男若拙爲尚書省令史，冒塡詔勅，事覺，亡命。汝弼因奏其事，上曰：「九思豈不知若拙處邪？可免其官，捕若拙，獲日授職。」九思聞命惶懼，因感疾，卒。

高衍字穆仲，遼陽渤海人。斂而好學，自少有能賦聲，同舍生欲試其才，使一日賦十題戲之，衍執筆怡然，未暮十賦皆就，彬彬然有可觀。年二十六登進士第，乞歸養，逾二年方調瀘陰丞，召爲尚書省令史，除右司都事。母喪去官，起復吏部員外郎，攝左司員外郎。

王彥潛、常大榮、李慶之皆在吏部選中，吏部擬彥潛、大榮皆進士第一，次當在慶之上，彥潛洺州防禦判官，大榮臨海軍節度判官，慶之潘州觀察判官。左司郎中賈昌祚挾私，欲與慶之洺州，詭曰：「洺雖佳郡，防禦幕官在節鎭下。」乃改擬彥潛臨海軍，大榮潘州，慶之洺州。慶之初赴選，昌祚以慶之爲會試詮讀官，〔六〕而慶之弟慶雲爲尚書省令史，多與權貴游，海陵心惡之，嘗謂左右司「昌祚必與慶之善闞」。大奉國臣者，遼陽人，永寧太后族人，先爲東京警巡院使，以贓免去，欲因太后求見，海陵不許。衍與奉國臣有鄉里舊，擬爲貴德縣令。海陵大怒，於是昌祚、衍、吏部侍郎馮仲等，各杖之有差，慶雲決杖一百五十，罷去。

未幾，仲、昌祚、慶雲皆死，衍降爲清水縣主簿，兵部員外郎攝吏部主事楊邦基降宜君縣主簿，吏部主事宋仝降瀘陰縣主簿，尚書省知除楊伯傑，降聞陽縣主簿。

居二年，爲大理司直，遷戶部員外郎，同知中都都轉運使，太常少卿，吏部郎中。大定初，轉左司郎中。世宗孜孜求諫，羣臣承順旨意，無所匡正，上曰：「朕初卽位，庶政多未諳悉，實賴將相大臣同心輔佐。百姓且上書言事，或有所補。夫聽斷獄訟，簿書期會，何人不能，如唐、虞之聖，猶曰『稽于衆，舍己從人』。正隆專任獨見，不謀臣下，以取敗亂。卿等其體朕意。」使衍傳詔臺省百司曰：「凡上書言事，或爲有司沮遏，許進表以聞。」

遷吏部尚書。每季選人至，吏部託以檢閱舊籍，謂之檢卷，有滯留至後季猶不得去者。衍三爲吏部知其弊，歲餘銓事修理，選人便之。五年，爲賀宋國生日使，中道得疾去職。大定七年，卒。

楊邦基字德懋，華陰人。父絢，宋末爲易州州佐。宗望伐宋，蔡靖以燕山降，易州卽日來附，絢被殺，邦基年十餘歲，匿僧舍中，得免。旣長，好學。天眷二年，登進士第，調灤州軍事判官，遷太原交城令。太原尹徒單恭貪汙不法，託名鑄金佛，命屬縣輸金，邦基獨不與，徒單恭怒，召至府，將以手持鐵拄杖撞邦基面，邦基不動。秉德廉察官吏，尹與九縣令皆免去，邦基以廉爲河東第一，召爲禮部主事。以兵部員外郎攝吏部差除，坐銓注李慶之、大奉國臣，與高衍等皆貶官，〔七〕邦基降坊州宜君簿。〔八〕轉高密令。

大定初，尙書省擬邦基刑部郎中，世宗曰：「縣官卽除郎中，如何？」太師張浩對曰：「邦基前爲兵部員外郎矣，且其人材可用。」上許之。改太府少監，知登聞檢院，爲祕書少監，遷翰林直學士，再遷祕書監兼左諫議大夫，修起居注。

中都警巡使張子衍與邦基姻家，子衍道中遇皇太子衛仗，立馬市門不去傘，衛士訶之，子衍以鞭鞭衛士訶己者。御史臺劾奏子衍，邦基見臺官爲子衍求解，及入見顯宗，求脫子衍罪。詔削子衍官兩階。邦基坐削官一階，出爲同知西京留守事，徙山東東路轉運使，永定軍節度使，致仕。大定二十一年，卒。邦基能屬文，善畫山水人物，尤以畫名當世云。

丁暐仁字藏用，大興府宛平人。曾祖奭。祖惟壽。父筠，以吏補州縣，所至有治聲，其後致仕，杜門不出，鄉里有鬭訟者，不之官而就筠質焉。

暐仁沖澹寡欲，讀書之外，無他好，遼季避難，雖間關道塗未嘗釋卷。皇統二年，登進士第，調武清縣丞。縣經兵革後，無學校，暐仁召邑中俊秀子弟敎之學，百姓欣然從之。調磁州軍事判官。是時，詔使廉察官吏，暐仁以廉攝守事。遷和川令。前令罷耎不事事，羣小越法干禁無所憚，暐仁申明法禁，皆屛息，或走入他縣以避之。有董祐者最强悍，畏服暐仁，以刀斷指，誓終身不復犯法。凡租賦與百姓前爲期率，比他邑先辦。歷北京推官，再遷大理司直，以憂去官，尋起復。

大定三年，除定武軍節度副使，而節度使、同知皆闕，暐仁爲政無留訟。改大理丞，吏部員外郎，轉戶部郎中。於是，賈少冲爲刑部郎中，上謂左丞相紇石烈良弼曰：「少冲爲人柔緩，不稱刑部之職，其議易之。」乃以暐仁爲刑部郎中。坐尙廐局官私用官芻，違格付大興府鞫問，解職。改祁州刺史。祁州爲定武支郡，〔九〕士民聞暐仁之官，相率歡迎界上，相屬不絕。改同知西京留守事，首興學校，以明養士之法。遷陝西西路轉運使。〔一〇〕大定二十一年，卒官。

贊曰：吏之興，其秦之季邪？吏有選試，其遼、金之際邪？其文「從一，從史」，守法不貳之謂邪？守法不貳，斯眞吏矣。巧者舞文以亂法，窒者執一而弗通，此皆吏道之自失者也。高衎、高德基、張九思之徒，皆詭法以自失者矣。

校勘記

〔一〕詔自大定十一年十一月郊祀赦後　「十一月」原作「八月」。按本書卷六世宗紀，「大定十一年十一月丁亥，有事于圜丘，大赦」。今據改。

〔二〕累遷右司郎中　按本書卷五海陵紀，正隆六年十一月庚午，「左司郎中兀不喝等聞赦，入白東京即位改元事」。作「左司郎中」。

〔三〕七年　按天會十四年後，貞元二年前，有七年者惟「皇統」。則此上當脫「皇統」二字。

〔四〕度宜安置堡戍七十　原脫「十」字。按本書卷六世宗紀，大定五年正月「乙卯，詔泰州、臨潢接境設邊堡七十，駐兵萬三千」。今據補。

〔五〕如皇后店太子莊燕樂城之類　按本書卷四七食貨志，大定二十二年，「上曰：『工部尚書張九思執强不通，向遣刷官田，凡犯秦、漢以來名稱，如長城、燕子城之類者，皆以爲官田。』」疑此「樂」字當作「子」。

〔六〕昌祚以慶之爲會試詮讀官　「詮」原作「銓」，據殿本改。

〔七〕坐銓注李慶之大奉國臣與高衎等皆貶官　「大奉國臣」原作「大興國奴」。按大興國奴見本書卷六三海陵母大氏傳，「兄興國奴，贈開府儀同三司、衛國公」。爵高位尊，不在銓注之列。本卷高衎傳，「大奉國臣者，遼陽人，永寧太后族人，先爲東京警巡院使，以贓免去，……衎與奉國臣有鄉里舊，擬爲貴德縣令」。今據改。

〔八〕邦基降坊州宜君簿　「君」原作「春」。按本書卷二六地理志，鄜延路坊州有「宜君」縣。又本卷高衎傳，「楊邦基降宜君縣主簿」。今據改。

〔九〕改祁州刺史祁州爲定武支郡　「祁」原皆作「蘄」。按本書卷二五地理志，河北西路，「中山府，天會七年降爲定州博陵郡定武軍節度使，後復爲府」。所屬有「祁州」。今據改。

〔一〇〕遷陝西西路轉運使　原脫「遷」字，據文義補。

金史卷九十一

列傳第二十九

完顏撒改　龐迪　溫迪罕移室懣　神土懣　移剌成

石抹卞　楊仲武　蒲察世傑本名阿撒　蕭懷忠

移剌按荅　孛术魯阿魯罕　趙興祥　石抹榮　敬嗣暉

完顏撒改，上京納魯渾河人也，其先居於兀冷窟河。身長多力，善用槍。王師南征，睿宗爲右副元帥，置之麾下，佩以金牌，使督軍事。天眷元年，〔一〕授本班祗候郎君詳穩。其後從軍泰州路，軍帥以撒改爲萬戶，領銀术可等猛安，戍北邊，數有戰功。天德二年正月，〔二〕海陵庶人遣使夏國，諭以卽位事，因令伺彼之意。既還，稱旨，爲尚書兵部郎中。改同知會寧尹，遷迭刺部族節度使，改甌里本羣牧使，爲曷懶路都總管。海陵伐宋，授衛州防

禦使，爲武震軍都總管。

世宗卽位，遣使召撒改，既至，除昌武軍節度使。已而爲山東路元帥副都統，改安化軍節度使，兼副都統如故。四年，徙鎭安武，仍兼副統。領山東、大名、東平三路軍八萬餘渡淮，會大軍伐宋。進至楚州，宋遣使奉歲幣。還邳州，卒。

龐迪字仲由，延安人。少倜儻，喜讀兵書，習騎射，學推步孤虛之術，無所効用。應募，隸涇原路第三副將，破賊有功，授保義郎。嘗從百餘騎經行山谷，遇夏人數千，衆皆駭懼請避，迪遂躍馬犯陣，敵皆披靡，身被重創，神色自若，完軍以還。自是知名，擢爲正將，權發遣涇原路兵馬都監。

齊國建，涇原路經略使張中孚舉迪權知懷德軍，兼沿邊安撫使。夏人合軍五萬薄懷德城，迪開門待之，夏人不敢入。因以數千騎分門突出，遂破之，斬首五百級，獲軍資羊馬甚衆。復破關師古兵，擢知涇州。未到官，改知鎭戎軍、沿邊安撫使。已而權淮南東路馬步軍副總管，總制沂、密、淮陽，兼權知沂州。丁父憂，去官，尋起復爲環慶路兵馬都鈐轄，權知邠州。齊國廢，改華州防禦使。頃之，軍變，被執入山。已而賊衆悔曰：「公爲政素善，豈

宜劫辱。」遂縱之還，復領州事。

天眷元年，除永興軍路兵馬都總管兼知京兆府，徙臨洮尹，兼熙秦路兵馬都總管。陝右大饑，流亡四集，迪開渠溉田，流民利其食，居民藉其力，各得其所，郡人立碑紀其政績。官制行，吏部以武功大夫、博州團練使特授定遠大將軍。七年，〔三〕除慶陽尹。歷三考不易，以治最聞，詔書褒美，西人榮之。正隆元年，遷鳳翔尹，屢上章求退，不許。

海陵南伐，徵斂煩急，官吏因緣爲姦，富者用賄以免，貧者破產益困。迪悉召民使共議增減，不加威督而役力均，人情大悅。五年，徙汾陽軍節度使。大定初，復爲臨洮尹，遷南京路都轉運使，以省事惜費，安靜爲政，河南稱之。徙絳陽軍節度使。卒官，年七十。

迪性純孝，父病，醫藥弗効，迪仰天泣禱，刲股作羹，由是獲安。昆弟析家財，迪盡以與之，一無所取。官爵之廕，率先諸姪。疾革，沐浴朝服而逝。

溫迪罕移室懣，速頻屯懣歡春人，徙上京忽論失懶。兄朮輦，國初有功，授世襲謀克。移室懣性忠正强毅，善騎射，膂力過人。皇統初，襲其兄謀克，積戰功，爲洮州刺史。謂人曰：「謀克，兄職也。兄子斡魯古今已長矣。」遂以謀克讓還兄子。宗弼聞而嘉之曰：「能讓

世襲，可謂難矣。」除貴德州刺史，改移典乣詳穩，遷烏古里部族節度使，改德昌軍。

正隆四年，大徵兵南伐，泰州猛安定遠阿補以所部叛還，移室懣以七謀克執定遠阿補，勒其衆付大軍。契丹反，敗會寧六猛安於綿母嶺，屯於信、韓二州之境。移室懣率數千人殺賊萬餘于伊改河，以功遷臨潢尹。

世宗卽位，賜手詔曰：「南征諸路將士及卿子姪安遠、斡魯古、斜普兄弟，具甲仗悉來推戴，朕勉卽大位。卿累世有功耆舊之臣，緣邊事未寧，臨潢劇任，姑仍舊職。閒樞密副使白彥敬、南京留守紇石烈志寧來討契丹，今已遣人往招之。其家皆在南京，恐或遯去，兼起異謀，若至則已，若不至，卿當以計執而獻之。兩次遣人招誘招討都監老和尚，去人不知彼之所在，久而不還。兼老和尚不知朕已卽位，卿可使人諭以朕意。如來降，悉令復舊，邊關之事，可設耳目。」

是時，窩斡已反，領兵數萬來攻臨潢，諸路軍未至，窩斡勢益大。移室懣領城中軍士六百人邀擊窩斡，凡數接戰，剿殺甚衆，所乘馬中流矢而仆，爲賊所執。賊使移室懣招城中人曰：「爾生死在頃刻，能使城中出降，官爵如故；不然殺汝矣。」移室懣怒罵賊曰：「我受國家爵祿，肯從汝叛賊乎？」賊執之至城下，迫脅之使招城中。其妻子官屬將士皆登城臨望。移室懣厲聲曰：「我恨軍少不能滅賊。人生會有一死耳，汝輩愼勿降賊！一旦開門納賊，城中百姓皆被殺掠，毋以我故敗國家事，賊無能爲也。」賊怒殺之。城中人皆爲之感激，推官龐珪益繕完城郭，右監軍神土懣、輔國上將軍阿思懣乘城固守。賊不克攻，遂引衆東行。

神土懣本諸宗室，贈銀青光祿大夫胡速魯改子也。年十五，事太宗爲左奉宸。皇統二年，充護衞，除武器署丞，累官肇州防禦使。大定初，除元帥右都監，與咸平尹吾扎忽率泰州兵及曷懶路兵千五百人，會臨潢尹移室懣討契丹。契丹犯臨潢，移室懣死，攻之不能克，迺引衆東行。神土懣表乞濟師。十二月甲辰，世宗次海濱縣，得奏，上曰：「神土懣、吾扎忽軍不少，可以從長攻襲矣。」會右副元帥謀衍以大軍至，神土懣改曷速館節度使，隸右翼，與紇石烈志寧敗賊於長濼，戰霿𩃎河，皆有功，改婆速路兵馬都總管，卒。

移剌成本名落兀，其先遼橫帳人也。沉勇有謀，通契丹、漢字。天會間，隸撻懶下爲行軍猛安，與宋人戰於楚、泗之間，成以所部先登，大破宋軍，功最諸將。劉麟約會天長軍議進止。成與夾古查合你俱爲撻懶前鋒，得宋生口爲鄉導，遂達天長，睿宗嘉之。後從宗弼

將兵廢齊國。及再伐宋，攻濠州，每戰輒先登，多所摧破。宗弼再取河南，成及蕭懷忠等八猛安先渡。河南平，第功授宣武將軍，除威州刺史。用廉，擢同知延安尹，再遷昭義軍節度使。

正隆南伐，爲武毅軍都總管。撒八反，海陵以事誅契丹名將，成以本軍守磁，卽遣妻子還汴。海陵用是不疑。時人高其有識。改神武軍都總管，與孛朮魯定方爲淛東道先鋒，使由淮陰進兵。以所部護糧赴揚州，敵兵乘夜來攻，成整兵奮擊，斬刈甚衆。會海陵庶人死，軍還，復鎭昭義。

大定二年，以廉在優等，改河中尹。再除臨洮尹，招降喬家等族首領結什角。還南京留守，召拜樞密副使，封任國公。改北京留守。卒。訃聞，上悼惜之，授其子順思阿不武功將軍，世襲咸平路鈔赤鄰猛安下查不魯謀克。

結什角者，西番旣衰，其苗裔曰董氈，〔四〕其子曰巴氈。角始附宋，賜姓趙，改名順忠。順忠子永吉，永吉子世昌，皆受宋官，爲左武大夫，遙領萊州防禦使，襲把羊族長。朝廷定陝西，世昌換忠翊校尉。旣而鬼蘆族長京臧殺世昌，朝廷遣兵執京臧，斬之臨洮市，以世昌子鐵哥爲把羊族都管。大定四年，宋人破洮州，鐵哥弟結什角與其母走入喬家族避之。喬

家族首領播逋與鄰族木波隴逋、庞拜、丙離四族耆老大僧等立結什角爲木波四族長，號曰「王子」。其地北接洮州、積石軍。其南隴逋族，南限大山，八百餘里不通人行。東南與疊州羌接。其西丙離族，西與盧甘羌接。其北庞拜族，與西夏容魯族接。地高寒，無絲枲五穀，惟產青稞，與野菜合酥酪食之。其疆境共八千里，合四萬餘戶。其居隨水草畜牧，遷徙不常。結什角念朝廷爲其父報讎，欲棄四族歸朝，四族不許。咸至臨洮，使人招結什角，乃率四族來附，進馬百匹，仍請每年貢馬。詔曰：「遠人慕義，朕甚嘉之。其遣能吏往撫其衆，厚其賞賜。」

初，天會中，詔以舊積石地與夏人，夏人謂之祈安城。有莊浪四族，一曰吹折門，二曰密臧門，三曰隴逋門，四曰庞拜門，雖屬夏國，叛服不常。大定六年，夏人破滅吹折、密臧二門，其隴逋、庞拜二門與喬家族相鄰，遂歸結什角。夏國遣使來告莊浪族違命作亂，欲興兵剪除。朝廷不知隴逋、庞拜二門舊屬夏國，報以將檢會其地舊所隸屬，毋擅出兵。結什角之母居于莊浪族中。大定九年，結什角往省其母，夏人伺知之，遂出兵圍結什角，招之使降。結什角不從，率所部力戰，潰圍出，夏人斫斷其臂，虜其母去，部兵亦多亡者。結什角尋亦死，遺言請命朝廷，復立喬家族首領。陝西奏：「聞知夏國王李仁孝與其臣任得敬中分其國，發兵四萬，役夫三萬，築祈安城，殺喬家等族首領結什角。屢獲宋諜人，

言宋欲結夏國謀犯邊境。」詔遣大理卿李昌圖、左司員外郎粘割斡特剌往按之，且止夏人毋築祈安城及處置喬家等族別立首領。夏國報云：「祈安本積石舊城，久廢，邊臣請設戍兵鎮撫莊浪族，所以備盜，非有他也。結什角以兵入境，以是殺之，不知為喬家族首領也。」李昌圖等按視，[五]殺結什角之地本在夏境，築祈安城已畢工，皆罷歸，不得宋、夏交通之狀，乃於熙秦迫近宋、夏衝要量添戍兵。及問喬家等族民戶，願以結什角姪趙師古爲首領，於是詔以趙師古爲木波喬家、丙離、隴逋、庞拜四族都鈐轄，加宣武將軍。

石抹卞本名阿魯古列。五代祖王五，遼駙馬都尉。父五斤爲羣牧使，從睿宗秋山，卞年十三，已能射，連獲二鹿，睿宗奇之，賜以良馬及金吐鶻。

天會末，宗弼爲右監軍，召卞隸帳下。丁父憂，是時宗磐爲太師，撻懶爲左副元帥，人爭附之，使人召卞，卞不往。宗磐、撻懶皆以罪誅，人多其有識。宗弼復取河南，與宋人戰於潁州，漢軍少却，卞身被七創，率勇士十餘騎奮擊，敗之。及宋稱臣，宗弼還，嘗有勞者與俱入朝，授卞忠勇校尉。遷宣武將軍，除河間少尹。察廉，升遂州刺史，改壽州，再改唐州。丁母憂去官，起復唐州刺史。

海陵伐宋，卞爲武毅軍都總管，由別道進兵。遇宋伏兵數百人，以三十騎擊敗之，遂下信陽軍及羅山縣。至蔣州，[六]宋守將棄城遁，因取其城。頃之，軍士皆欲逃歸，閬子山猛安結漢軍三猛安謀克劫卞還，舍於獎水之曲。[七]卞乃陰約漢軍將吏乘夜掩殺閬子山猛安，復將其軍。

大定二年，除鄭州防禦使，以本官領行軍萬戶伐宋。遷武勝軍節度使。宋人請和，明年，有水牛數百頭自淮南走入州境，僚佐欲收之充官用，卞不聽，復驅過淮還之。遷河南尹，轉西南路招討使，改大名尹。大名多盜而城郭不完，卞請修大名城。奏可。城完葺，盜賊不得發。徙臨洮尹，卒官，年六十三。

楊仲武字德威，保安人。父遇，以勇聞關西，爲宥州團練使。宋末，仲武謁經略使王庶求自効，遂用爲先鋒。婁室入關，仲武與鄜延路兵馬都監鄜建充俱降，爲安塞堡兵馬都監。[八]皇統初，復陝西，將兵戍鳳翔，屢却宋軍。除知寧州。關中荐饑，境內盜賊縱橫，仲武悉平之。改坊州刺史，復知寧州，遷同知臨洮尹，改同知河中府。

海陵營繕南京，典浮橋工役。臨洮地接西羌，與木波雜居，邊將貪暴，木波苦之，遂相

率爲寇掠。仲武前治臨洮，乃從數騎入其營諭之曰：「此皆將校侵漁汝等，以至此爾。今懲治此輩，不復擾害汝也。」并以禍福曉之，羌人喜悅，寇掠遂息。至是，木波復掠熙河，熙河主帥使人諭之，不肯去，曰：「楊總管來，我乃解去。」熙河具奏，詔復遣仲武。當是時，木波謂仲武不能復來，及仲武至，與其酋帥相見，責以負約。對曰：「邊將苦我，今之來，求訴於上官耳。今幸見公，願終身不復犯塞。」乃舉酒酹天，折箭爲誓。仲武因以巵酒飲之曰：「當更爲汝請，若復背約，必用兵矣。」羌人羅拜而去。

及伐宋，以仲武爲威定軍都總管，駐兵歸德。大定三年，除武勝軍節度使、改陝西西路轉運使，卒。

蒲察世傑本名阿撒，曷速館斡篤河人，徙遼陽。初在梁王宗弼軍中。爲人多力，每與武士角力賭羊，輒勝之。能以拳擊四歲牛，折脅死之。有糧車陷淖中，七牛挽不能出，世傑手挽出之。宗敏爲東京留守，召置左右。海陵篡立，卽以爲護衞。

海陵謂世傑曰：「汝勇力絕倫，今我兄弟有異志者，期以十日除之，則有非常之賞，仍盡以各人家產賜汝。」世傑受詔而不肯爲。已過十日，海陵怒，面責之。世傑曰：「臣自誓不以

中華書局

非道害物，雖死不敢奉詔。」海陵愛其勇，不之罪也。正隆四年，調諸路兵伐宋，年二十以上、五十以下皆籍之。他使者唯恐不如詔書，得數多，世傑往曷懶路得數少。海陵怪問之，對曰：「曷懶地接高麗，今若多籍其丁，卽有緩急，何以爲備？」海陵喜曰：「他人用心不能及也。」除同知安國軍節度使事，賜銀二百五十兩、絹綵六百匹、馬二疋。

是時徵發不已，民不堪命，犯法者衆，邢久無長吏，獄囚積四百餘人。世傑到官月餘，決遣略盡。入爲宿直將軍，以事往胡里改路，還奏：「契丹部族大抵皆叛，百姓驚擾不安。今舉國南伐，賊若乘虛入據東土根本之地，雖得江、淮，無益也。宜先討平契丹，南伐未晚。」海陵不悅曰：「詔令已出矣。今以三萬兵選將屯中都以北，足以鎮壓。」世傑又曰：「若東土大族附於賊，恐三萬衆未易當也。」海陵不聽。

及發汴京，授鄭州防禦使，領武捷軍副總管。大軍渡淮，世傑以軍三千護糧餫東下，敗宋兵數千人，奪其戰船甚衆。至和州境，擊宋兵五萬人走之。明日，使其子兀迭領二百八十騎爲應兵，自領八百騎前戰，連射六十餘人皆應弦而斃，宋兵遂奔潰。海陵欲觀水戰，使世傑領水軍百人試之。宋人舟大而多，世傑舟小，乃急進，至中流取勝而還。

大定初，世傑復取陝州，敗宋兵石壕鎮，復敗宋援兵三千人，遂圍陝州。宋兵二千自潼關來，世傑以兵二百四十迎擊之，射殺十餘人，宋兵敗走。復敗之於土壕山，生擒一將。復

以兵三百至斗門城，遇宋兵萬餘，宋將三人挺槍來刺世傑，世傑以刀斷其鎗，宋兵乃退。復以四謀克軍敗宋兵於土華，復圍陝州。世傑嘗擐甲佩刀，腰箭百隻，持鎗躍馬，往來軍中。敵人見而異之，曰：「眞神將也。」親率選卒二百餘人穴地以入，城遂拔。再破宋軍三萬人，復虢州。

未幾，爲衞州防禦使，改河南路統軍都監。召赴闕，上慰勞良久，除西北路副統，賜廐馬、弓矢、佩刀。從僕散忠義討契丹。賊平，改華州防禦使，與徒單合喜經略隴右。合喜復德順，至東山堡，宋兵捍絕樵路，世傑擊走之，追至城下。城中出兵約二萬餘，敗之，殺傷甚衆。宋經略使荊臯棄德順走，世傑與左都監璋追破其軍。改亳州防禦使，四遷通遠軍節度使。宋人輒入鞏州境糴米麪，有司執之，世傑署案作歸附人，縱遣之。譯吏蔡松壽誣府主謀叛，坐斬。十八年，起爲弘州刺史。毋憂去職。累遷亳州防禦使，卒。

世傑少貧，然疎財尚氣，每臨陣，敵衆既敗，必戒士卒毋縱殺掠。平居非忠孝不言，親賢樂善，甚獲當世之譽云。

蕭懷忠本名好胡，奚人也。爲西北路招討使。蕭裕等謀立遼後，使蕭招折往西北路結懷忠，并結節度使耶律朗爲助。懷忠與朗有隙，遂執招折并執朗，遣使上變。裕等既誅，懷忠爲樞密副使，賜今名。復爲西北路招討使，西京留守，封王。改南京留守。

契丹撒八反，復以懷忠爲西京留守、西南面兵馬都統，與樞密使僕散思恭、北京留守蕭賾、右衞將軍蕭禿剌、護衞十人長斡盧保往討之。蕭禿剌戰無功，大軍追撒八不及。而海陵意謂懷忠與蕭裕皆契丹人，本同謀，逾年乃執招折上變，而撒八亦契丹部族，恐其合，以師恭與太后密語，而禿剌無功，懷忠、賾、師恭逸賊，既殺師恭，族滅其家，使使卽軍中殺賾、懷忠，皆族之。斡盧保、〔九〕禿剌初爲罪首，〔一〇〕但誅之而已。大定三年，追復賾、懷忠、禿剌、斡盧保官爵。賾弟安州刺史頤求襲賾之謀克，上不許謀克而以賾家產付之。

移剌按荅，遼橫帳人也。父留斡，與耶律余睹俱來降。西京下，復叛，留斡遇害。按荅以死事之子，授左奉宸。熙宗初，充護衞，除安州刺史，累官東京副留守。參知政事完顏守道經略北方，攝咸平路屯軍都統。入爲兵部侍郎，徙西北、西南兩路舊設堡戍迫近內地者于極邊安置，仍與泰州、臨潢邊堡相接。除武定軍節度使，以招徠邊部功遷東北路招討使，改臨潢尹，卒。

按荅騎射絕倫，善相馬，嘗論及善射者，世宗曰：「能如卿乎？」閱馬于市，見良馬，雖羸瘦，輒與善價取之，他日果良馬也。

孛术魯阿魯罕，隆州琶离葛山人。年八歲，選習契丹字，再選習女直字。既壯，爲黃龍府路萬戶令史。貞元二年，試外路胥吏三百人補隨朝，阿魯罕在第一，補宗正府令史。累擢尚書省令史。僕散忠義討窩斡，辟置幕府，掌邊關文字，甚見信任。窩斡既平，阿魯罕招集散亡，復業者數萬人。

復從忠義伐宋，屢入奏事，論列可否。上謂宰相曰：「阿魯罕所言，可行者卽行之。」宋人請和，忠義使阿魯罕往。和議定，阿魯罕入奏，賜銀百兩、重綵十端。忠義薦阿魯罕有才幹，可任尚書省都事，詔以爲大理司直。未幾，授尚書省都事，除同知順天軍節度事。紇石烈志寧北巡，阿魯罕攝左右司郎中。還朝，除刑部員外郎，再遷侍御史。上問紇石烈良弼曰：「阿魯罕何如人也？」對曰：「有幹材，持心忠正，出言不阿順。」數日，遷勸農副使，兼同修國史，侍御史如故。改右司郎中。奏請徙河南戍軍屯營城中者於十里外，從之。遷吏部侍郎，除山東統軍都監，徙置河南八猛安。遷武勝軍節度使。〔一一〕入爲吏部尚書，改西南路

招討使。有司督本路猛安人戶所貸官粟，阿魯罕乞俟豐年，從之。軍人有以甲葉貿易諸物，天德榷場及界外歲采銅礦，或因私挾兵鐵與之市易，皆一切禁絕之。上番軍不許用親戚、奴婢及傭雇者，營塹損圮以時葺治，不與所部猛安謀克會宴，故兵民皆畏愛之。

上謂太尉守道曰：「阿魯罕及上京留守完顏烏里也皆起身胥吏，阿魯罕為人沉厚，其賢過之。」改陝西路統軍使兼京兆尹。陝西軍籍有闕，舊例用子弟補充，而材多不堪用，阿魯罕於阿里喜旗鼓手內選補。軍人以春牧馬，經夏不收飼，瘠弱多死，阿魯罕命以時收秣之，故死損者少。仍春秋督閱軍士騎射，以嚴武備。終南采漆者，節其期限，檢其出入，以防姦細。上謂宰相曰：「阿魯罕所至稱治，陝西政蹟尤著，用之雖遲，亦可得數年力也。」召為參知政事，命條上天德、陝西行事，上稱善。以疾乞致仕，除北京留守，卒。

贊曰：記曰「君子聽磬聲，則思死封疆之臣」。傳曰「疆場之事，慎守其一而備其不虞」。故守戍邊圉之臣不可以不論焉。

趙興祥，平州盧龍人。六世祖思溫，遼燕京留守，封天水郡王。父瑾，遼靜江軍節度使。興祥以父任閤門祗候，謁告省親于白霫。會遼季土賊據郡作亂，興祥攜母及弟妹奔燕京，不能進，乃自柳城涉砂磧，夜視星斗而行。僅達遼軍，而不知遼主所向，遂還柳城。及婁室獲遼主，興祥乃歸國，從宗望伐宋，為六宅使。

天眷初，累官同知宣徽院事。母憂去官。熙宗素聞興祥孝行，及英悼太子受册，以本官起復，護視太子。轉右宣徽使。天德初，改左宣徽使。海陵嘗問興祥，欲使子弟為官，當自言。興祥辭謝。海陵善之，賜以玉帶，詔曰：「汝官雖未至一品，可佩此侍立。」為濟南尹，賜車馬、金幣、金銀器皿，改絳陽軍節度使，召為太子少保，封廣平郡王，改封鉅鹿。正隆初，例奪王爵，遷太子少傅，封申國公，起為定武軍節度使。海陵伐宋，興祥二子從軍。

世宗即位，海陵尚在淮南，二子未得還。興祥來見於平州，世宗嘉其誠款，以為祕書監，復為左宣徽使。上曰：「尚食庖人猥多，徒費廩祿。朕在藩邸時，家務皆委執事者，自即位以來，事皆留心。俸祿出於百姓，不可妄費，庖人可約量損減。」近臣獻琵琶，世宗却之，謂興祥曰：「朕憂勞天下，未嘗以聲伎為心，自今勿復有獻，宜悉諭朕意。」有司奏南北邊事未息，恐財用未給，乞罷修神龍殿涼位工役。上即日使興祥傳詔罷之。久之，以其孫珣為閤門祗候。十五年，〔一二〕上幸安州春水，召興祥赴萬春節。上謁于良鄉，賜銀五百兩，感風眩，賜醫藥。未幾，卒官。

石抹榮字昌祖。七世祖仕遼，封順國王。遼主奔天德，榮父惕益挺身赴之。是時，榮方六歲，母忽土特滿攜之流離道路，宗室谷神得之，〔一三〕納為次室，榮就養於谷神家。惕益既見遼主，委以軍事。軍敗被執，將殺之，金源郡王銀朮可曰：「彼忠於所事，殺之何以勸後。」遂釋之。後從伐宋，卒於軍中。

榮年長，事秦王宗翰，居幕府。天眷二年，充護衞。熙宗宴飲，命胙王元與榮角力，榮勝之，連仆力士六七人。熙宗親飲之酒，賜以金幣，遷宿直將軍。天德初，除開遠軍節度使。入謝，不覺泣下。海陵問其故。對曰：「老母在谷神家，違去膝下，是以感泣。」乃詔其母與之俱行，仍賜錢萬貫。改天德尹，徙泰寧軍，再除延安、東平尹。海陵南征，為神果軍都總管，留駐泗州，以遏逋卒。

大定初，還鎮東平，與戶部尚書梁銶按治山東盜賊。二年，以本官充山東東西、大名等路都統。有疾，改太原尹，徙益都尹。丁母憂，起復召為簽書樞密院事，北京、東京留守，陝

西路統軍使，南京、西京留守。

榮與河南尹婁室、陝州防禦使石抹靳家奴皆坐高賈賣私物、抑賈買民物得罪。靳家奴前為單州刺史，廉察官行郡，乃劫制民使作虛譽，用是得遷同知太原尹，復多取民利。及為陝州，尚書省奏其事，法當解職削階，上以靳家奴鼓虛聲以誑朝廷，不可恕，特詔除名。榮與婁室削兩階解職。久之，榮除臨潢尹，改臨洮尹。卒，年六十三。

敬嗣暉字唐臣，易州人。登天眷二年進士第，調懷安丞，遷弘政令，補尚書省令史。有才辯，海陵為宰相，愛之，及篡立，擢起居注，歷諫議大夫、吏部侍郎、左宣徽使。貞元三年八月，尚食烹飪失宜，庖官各杖二百，嗣暉與同知宣徽院事烏居仁各杖有差。久之，拜參知政事。

正隆六年伐宋，留張浩及嗣暉于南京，治尚書省事。

世宗即位，惡嗣暉巧佞，御史大夫完顏元宜劾奏蕭玉、嗣暉、許霖等六人不可用。嗣暉降通議大夫，放歸田里。嗣暉練習朝儀，進止應對閑雅，由是起為丹州刺史，戒諭之曰：「卿為正隆執政，阿順取容，朕甚鄙之。今當竭力奉職，以洗前日之咎。苟或不悛，必罰無赦。」未幾，丁母憂，起復為左宣徽使。

世宗頗好道術，謂嗣暉曰：「尙食官毋於禁中殺羊豕，朔望上七日有司毋奏刑名。」大定七年，〔一四〕蒲察通除肇州防禦使，上責其飾詐，因顧嗣暉曰：「如卿不可謂無才，但純實不足耳。」久之，有膀匿名書于通衢者，稱海陵舊臣不得用者有怨望心，將圖不軌。上曰：「豈有是哉。」謂嗣暉曰：「正隆時，卿爲執政，今指卿以爲怨望，朕極知其不然。卿性明達能辨，但頗自衒，釣衆人之譽，所以致此媒蘖，後當改之。」

十年，將有事南郊，〔一五〕廷議嗣暉在海陵時凡宗廟禘祫輒行太常事，復拜參知政事，詔以執政冠服攝太常。禮成，薨。

贊曰：趙興祥、石抹榮自拔流離艱阨中，而克有所樹立，固其識之過人，亦其所遭際致然也。迹世宗之却聲伎、減庖人，仁愛若是，而其下孰不興起哉。

校勘記

〔一〕天眷元年　「眷」原作「德」。按上文「王師南征，睿宗爲右副元帥」，據本書卷一九睿宗紀是天會五年事。海陵于皇統九年十二月十一日改元天德，元年僅二十日，不會有「其後從軍泰州路」

及「戍北邊數有戰功」等事。「德」字自是「眷」字之誤，今改正。

〔二〕天德二年正月　原無「天德」二字。按「二年」承上文「天德元年」，今上文「天德」已改天眷，因將「天德」二字補于此處。

〔三〕七年　按天眷、正隆之間有「七年」者惟一皇統，疑上脫「皇統」二字。

〔四〕其苗裔曰董氈　按「董氈」宋史卷四九二吐蕃傳中唃厮囉、董氈等傳，皆作「董氈」。

〔五〕李昌圖等按視　「圖」原作「國」。按上文「詔遣大理卿李昌圖、左司員外郎粘割斡特刺往按之」。本書卷九五粘割斡特刺傳記載同。又本書卷六世宗紀、卷一三二徒單貞傳皆有作「李昌圖」。本書卷九五粘割斡特刺傳記載同。又本書卷六世宗紀、卷一三二徒單貞傳皆有「大理卿李昌圖」。今據改。

〔六〕至蔣州　「蔣」原作「奬」。按本書卷五海陵紀，正隆六年十月「丁未，漢南道劉萼取通化軍、蔣州、信陽軍」。卽此事。又卷八二海陵諸子光英傳，「宋亦改光州爲蔣州」。宋史卷八八地理志同。今據改。

〔七〕舍於奬水之曲　「奬」疑作「蔣」。參見前條。

〔八〕爲安塞堡環慶路兵馬都監　「安塞堡」下疑有脫文。

〔九〕斡盧保　「盧」原作「魯」，據上下文改。

〔一〇〕初爲罪首　據文義疑「爲」當作「非」。

〔一一〕還武勝軍節度使　原脫「軍」字。按本書卷二五地理志，南京路，「鄧州，武勝軍節度使」。今據補。

〔一二〕十五年　按其上當脫「大定」二字。

〔一三〕宗室谷神得之　「谷神」原作「神谷」，據永樂大典卷一〇八一三引文乙正。下同。

〔一四〕大定七年　原脫「大定」二字。按本書卷六世宗紀，責蒲察通、敬嗣暉飾詐事在大定七年十二月。故今將下文「大定十年將有事南郊」之「大定」二字移此。

〔一五〕十年將有事南郊　「十年」上原有「大定」二字，今移至上文「七年」之前。參見前條。

金史卷九十二

列傳第三十

毛碩　李上達　曹望之　大懷貞　盧孝儉　盧庸

李偲　徒單克寧本名習顯

毛碩字仲權，甘陵人。宋末，試弓馬子弟，碩中選，調高陽關路安撫司准備差使。尋辟河間尉，再辟兵馬都監。宗望軍至，碩以本部迎降。齊國建，由淮東路第一副將擢知滑州。劉麟伐宋，充行營中軍統制軍馬。天眷間，歷汴京路、山東西路兵馬都監。皇統元年，權知拱州。宋將張俊據亳州，而柘城酒監房人傑叛以應俊，碩發兵討之。至柘城，躬扣城門，呼耆老以諭意。縣人縛人傑以降。碩徑入縣署，召百姓慰安之，衆皆感悅，刻石紀其事。四年，眞授拱州刺史。元帥梁王宗弼承制超武義將軍，改知曹州。有書生投書于碩，辭涉謗

訕，僚屬皆不能堪。碩延之上座，謝曰：「使碩常聞斯言，庶乎寡過。」士論以故嘉之。遷鄜州防禦使，尋改通州。

天德二年，充陝西路轉運使。碩以陝右邊荒，種藝不過麻、粟，蕎麥，賦入甚薄，市井交易惟川絹、乾薑，商賈不通，酒稅之入耗減，請視汴京、燕京例給交鈔通行。而鞏、會、德順道路多險，鹽引斤數太重，請一引分作三四，以從輕便。朝廷皆從之。秦州倉粟陳積，而百姓有支移者，止就本州折納其直，公私便之。改河東南路轉運使。上言：「頃者，定立商酒課，不量土產厚薄、戶口多寡及今昔物價之增耗，一概理責之，故監官被繫，失身破家，折傭逃竄。或爲姦吏盜有實錢，而以賒劵輸官，故河東有積負至四百餘萬貫，公私苦之。請自今禁約酒官，不得折准賒貸，惟許收用實錢，則官民俱便。」至今行之。秩滿，除南京路都轉運使。

大定六年，致仕，卒于家。碩文雅好事，性謹飭，每見古人行事有益於時者，常書置座右，以爲莅官之戒云。

李上達字達道，曹州濟陰人。在宋時以蔭補官，累東平府司戶參軍。〔一〕撻懶取東平，上達給軍須，號辦治。齊國建，爲吏部員外郎，攝戶部事。劉豫行什一之法，樂歲輸多，歉

歲寡取之，蓋古人助法也。收斂之時，蓄積蓋藏，民或不以實輸官，官亦不肯盡信，於是告訐起而獄訟繁，公私苦之。上達論其弊，豫改定爲五等之制。

齊國廢，以河南與宋人，上達隨地入宋。宗弼復取河南，上達爲同知大名尹，按察陝西、河南。是時，關、陝、蒲、解、汝、蔡民饑，上達輒以便宜發倉粟賑百姓。累遷知山東西路轉運使。上達到官再期，比舊增三十餘萬貫。戶部以其法頒之鄰路。上達長於吏事，能治繁劇，猾吏不能欺，所至稱之。卒官，年六十一。

曹望之字景蕭，其先臨潢人，遼季移家宣德。天會間，以秀民子選充女直字學生。年十四，業成，除西京教授。爲元帥府書令史，補正令史，轉行臺省令史。錄教授資，補修武校尉，除右司都事。吏部侍郎田轂素薄望之，望之願交不肯納，遂與蔡松年、許霖構致黨獄。改行臺吏部員外郎。

海陵爲相，嘗以書致其私，望之不從。天德元年，調同知石州軍州事，坐事免。丁母憂，久之，除絳陽軍節度副使，入爲戶部員外郎。詔買牛萬頭給按出虎八猛安徙居南京者，望之主給之。撒八反，轉致甲仗八萬自洺州輸燕子城。運米八十萬斛由蔡水入淮，饋伐宋諸軍，期以一日。望之如期集事。進本部郎中，特賜進士及第。

大定初，討窩斡，望之主軍食，給與有節，凡省糧三十萬石，省蒭草五十萬石。帥府以捷入告，議者欲遂罷轉輸，望之以爲元惡未誅，不可弛備。既而大軍追討，果賴以濟。以勞進一階，兼同修國史。請於大鹽濼設官榷鹽，聽民以米貿易，民成聚落，可以固邊圉，其利無窮。從之。其後凡貯米二十餘萬石。及東北路歲饑，賴以濟者不可勝數。

三年，上曰：「自正隆兵興，農桑失業，猛安謀克屯田多不如法。」詔遣戶部侍郎魏子平、大興少尹同知中都轉運事李滌、禮部侍郎李愿、禮部郎中移剌道、〔二〕戶部員外郎完顏兀古出、監察御史夾谷阿里補及望之分道勸農，廉問職官臧否。望之還言，乞汰諸路胥吏，可減其半。詔胥吏如故。於是始禁用貼書云。遷本部侍郎，領覆實繕修大內財用，費用大省。復以勞進階，上召見諭勉之。

望之家奴袁一言涉妖妄，大興府鞫治。望之恐，使戶部令史劉公輔問其事于大興少尹王全，全具其事語公輔，公輔以語望之。御史臺劾奏劉公輔言泄獄情。上曰：「妖妄之言，交相傳說何也？」於是，望之決杖一百，王全杖八十，劉公輔杖一百五十、除名。

頃之，運河堙塞，世宗出郊見之，問其故。主者奏曰：「戶部不肯經畫，歲久以致如此。」上責望之曰：「有水運不濬治，乃用陸運，煩費民力，罪在汝等，其往治之。」尚書省奏當用夫役數萬人。上曰：「方春耕作，不可勞民。以宮籍監戶及摘東宮、諸王人從充役，若不足即

以五百里內軍夫補之。」

太宗實錄成，監修國史紇石烈良弼賜金帶一、重綵二十端。同修國史張景仁、劉仲淵、望之皆賜銀幣有差。望之嘆賞薄，謂人曰：「栽花接木乃加爵命，勤勞者不遷官。」無何，張景仁遷翰林學士，望之又曰：「止與他人便遣，獨不及我哉。」世宗聞之，出望之德州防禦使，謂之曰：「汝爲人能幹而心不忠實。朕前往安州春水，人言汝無事君之義。朕勅臣下，有過卽當諫爭。汝但面從，退則謗議，此不忠不孝也。汝自五品起遷四品，太宗皇帝實錄成，優賜銀幣，不思盡心竭力，惟官賞是覬。今出汝於外，宜改心滌慮。不然，則身亦莫保。」望之到德州，有惠政，百姓爲立生祠。改同知西京留守事。上書論便宜事：

其一，論山東、河北猛安謀克與百姓雜處，民多失業。陳、蔡、汝、潁之間土廣人稀，宜徙百姓以實其處，復數年之賦以安輯之。百姓亡命及避役軍中者，閱實其人，使還本貫。或編近縣以爲客戶，或留爲佃戶者，亦籍其姓名。州縣與猛安事干涉者無相黨匿，庶幾軍民協和，盜賊弭息。

其二，論薦舉之法虛文無實。宰相拔擢及其所識，不及其所不識。內外官所舉亦輒不用，或指以爲朋黨，遂不敢復舉。宜令宰執歲舉三品二人，御史大夫以下內外官終秩舉二人，自此以下以品殺爲差等。終秩不舉者遇轉官勒不遷，三品者削後任俸三

月。其舉者已改除，吏部以類品第，季而上之。三品闕則於類第四品中補授，四品五品以下視此爲差。其待以不次者，宰執具才行功實以聞。舉當否罪當如律。廉介之士老於令幕無舉主者、七考無贓私罪者，准朝官三考勞敍。吏部每季圖上外路職官姓名，路爲一圖，大書贓汙者於其名下，使知畏慎。外任五品以上官改除，令代之者具功過以聞。年六十以上者，終更赴調，有司察其視聽精力，老疾不堪釐務，給以半祿罷遣。

其三，論守邊將帥及沿邊州縣官漁剝軍民，擅興力役，宜歲遣監察御史周行察之。邊部有訟，招討司無得輒遣白身人徵斷，宜於省部有出身女直、契丹人及縣令丞簿中擇廉能者，因其風俗，略定科條，務爲簡易。徵斷羊馬入官籍數，如邊部遇饑饉，卽以此賑給之。招討及都監視事，宜限邊部饋送駝馬。招討司女直人戶或攟野菜以濟艱食，而軍中舊籍馬死則一村均錢補買，往往鬻妻子、賣耕牛以備之。臣恐數年之後邊防困弊，臨時賑濟，費財十倍而無益，早爲之所，則財用省而邊備實矣。官給軍箭用盡，則市以補之，皆朽鈍不堪用，可每歲給官箭一分，以補其闕。邊民闕食給米，地遠負重，往往就倉賤賣而去，可計口支錢，則公私兩便。陝西正副，宜如猛安謀克用土人一員，隊將亦宜參用土人，久居其任。增弓箭田，復其賦役。以廉吏爲提舉，舉察總管

府以下官。農隙校閱，以嚴武備。則太平之時有經略之制矣。

又論六鹽場用人，宜令戶部公議辟舉。

論漕運，先計河倉見在幾何，通州容受幾何，京師歲費幾何。今近河州縣歲稅或六七萬石，小民有入資之費，富室收轉輪之利，宜計實數以科稅入。

論民間私錢苦惡，宜以官錢五百易私錢千，期以一月易之，過期以銷錢法坐之。

論州府力役錢物，戶部頒印署白簿，使盡書之，以俟審閱，有畏避不書者坐之。

論工部營造調發，妨民生業。諸路射糧軍約量人數，習武藝，期以三年成，以息調民。

書奏，多見采納。以本官行六部事於北邊，召拜戶部尚書。上數之曰：「汝前爲侍郎以不忠外補，頗能練習錢穀，故任以尚書之重，宜改前非，以圖新効也。」

是時，戶部尚書高德基坐高估俸粟責降，世宗念望之吝出納或懲德基也，既出，使人諭之曰：「勿以高德基下粟直，要在平估而已。」十五年新宮成，世宗幸新宮，勅望之曰：「新宮中所須，毋取于民間也。」有良民夫婦質身於東京留守完顏轂英家，[三]期終而不遣，尚書省下東京鞫治。望之言轂英爲留守，其同官必且阿徇，不肯窮竟，當移他州。望之久習事，有治錢穀名，性剛愎，頗沾沾自露，希覬執政。而刑部尚書梁肅自詳問宋

國使還，世宗嘗欲以爲執政，久而未用，亦頗衒耀求進。世宗謂左丞相紇石烈良弼曰：「曹望之、梁肅急於見知，涉於躁進。」遂出梁肅爲濟南尹。數年，乃召拜參知政事。而望之終於戶部尚書，年五十六。世宗惜其未及用，賜錢三千貫，勅使致祭，賻銀五百兩、重綵二十端、絹二百匹，以其子淵爲奉御，澤爲筆硯承奉。

其後，尚輦局舉出身人年六十餘可以臨事，世宗曰：「豈爲此輩惜官邪，但此輩專以盜取官錢爲謀生計，不可用也。」由是欲更改監臨格式，以問戶部尚書劉瑋。瑋恐監官謗己，不肯實對。世宗因思望之，嘆曰：「不如望之之敢行也。」

望之初不學，及貴，稍知讀書，遂刻苦自致，有詩集三十卷。

大懷貞字子正，遼陽人。皇統五年，除閤門祗候，三遷東上閤門使。丁母憂，起復符寶郎，累官右宣徽使。正隆伐宋，爲武勝軍都總管。

大定二年，除洛州防禦使兼押軍萬戶，改沂州，再遷彰國、安武軍節度使。縣尉獲盜，得一旗，上圖亢宿。詰之，有謀叛狀，株連幾萬人。懷貞當以亂民之刑，請誅其首亂者十八人，[四]餘皆釋之。嘗以私忌飯僧數人，就中一僧異常，懷貞問曰：「汝何許人也？」對曰：「山西人。」復問「曾爲盜殺人否？」對曰：「無之。」後三日詰盜，果引此僧，皆服其明察。改興中

尹。錦州富民蕭鶴壽塗中殺人，匿府少尹家，有司捕不得，懷貞以計取之，置於法。改彰德軍節度使，卒。

盧孝儉，宣德州人。登天眷二年第，調憲州軍事判官，補尚書省令史，累官太原少尹。大定二年，陝西用兵，尚書省發本路稅粟赴平涼充軍實，期甚嚴迫。孝儉輒易以金帛，馳至平涼，用省而不失期，幷人稱之。用廉，進官二階，遷同知廣寧尹。廣寧大饑，民多流亡失業，乃借僧粟，留其一歲之用，使平其價市與貧民，既以救民，僧亦獲利。累遷山東東路轉運使。

孝儉素褊躁，與同僚王公謹失歡。其子嘗私用官帑，孝儉不知也。既而改河北西路轉運使，公謹乃發其事。孝儉聞被逮，莫測所以，行至章丘，自縊死。

盧庸字子憲，薊州豐潤人。大定二十八年進士，調唐州軍事判官，再調定平縣令。庸治舊堰，引涇水溉田，民賴其利。補尚書省令史，除南京轉運副使，改中都戶籍判官。察廉，遷禮部主事，累官鳳翔治中。大安三年，徵陝西屯田軍衞中都，以庸簽三司事，主兵食。至潞州，放還屯田軍，庸改乾州刺史，入爲吏部郎中。

至寧元年，改陝西按察副使。夏人犯邊，庸繕治平涼城池，積芻粟，團結土兵爲備。十一月，夏人掠鎭戎，略涇、邠，遂圍平涼。庸矢盡，募人取夏兵射城上箭以濟急用，出府庫賞有功者，人樂爲死，平涼賴以完。貞祐二年，庸移書陝西行省僕散端，大概謂慶陽、平涼、德順陝西重地，長安以西邠爲隄塞，當重兵屯守。詔賞平涼功，庸進官四階，遷按察轉運使。

三年，詔諸道按察司講究防秋，庸陳便宜曰：「自鄜延至積石，雖多溝坂，無長河大山爲之屛蔽，恃弓箭手以禦侮，其人皆剛猛善鬬，熟于地利，夏人畏之。向者徙屯他所，夏人即時犯邊，此近年深患也。人情樂土，且耕且戰，緩急將自奮。」又曰：「防秋之際，宜先淸野。」又曰：「掌軍之官不宜臨時易代，兵家所忌，將非其人，屢代何益？」無何，有言庸老不勝任者，即罷之。

未幾，改定海軍節度使，山東亂，不能赴，按察司劾之，當奪兩官，審理官直之。庸以病請求醫藥，遂致仕。興定三年，卒。

李偲字子友，定州安喜人。中天眷二年進士，調遼山簿，累官戶部主事。丁母憂，起復舊職，除同知河東南路轉運使事。大定初，改同知中都路都轉運使事。僕散忠義行省事於汴京，奏偲幕府，世宗曰：「李偲方治京畿漕事，行省可他選也。」三年，權知登聞檢院，再遷戶部侍郎，上曰：「戶部，財用出入，朕難其人。卿非舊勞，資敍尙淺，勿以秩滿例升三品，因循歲月，若不自勉，必不汝貸。」偲每朝會與高德基屛人私語。上聞而怪之，問右丞石琚曰：「李偲果何如人？」琚曰：「亦幹事吏耳。」改同知北京留守、沂州防禦使。

沂南邊郡，戶部符借民閑田，種禾取藁秸，備警急用度。偲曰：「如此則農民失業。」具奏止之。轉運司牒郡輸粟朐山，調急夫數萬人，是時久雨泥濘，輓運不能前進。偲遣吏往朐山刺取其官廩，見儲糧數可支半歲，即具其事牒運司，請緩期，毋自困百姓。先是，郡縣街陌聞聽民作廛舍，取其僦直。至是，罷收僦直，廛舍一切撤毀。他郡奉承號令，督百姓必盡撤去，使街陌繩齊矢棘如初時然後止。偲獨敎民撤治前却不齊一者三五所，使巷道端正即已，民便之。改陝西西路轉運使，卒。

贊曰：毛碩、李上達、曹望之、李偲之流，皆金之能吏也。望之悻悻然以求大用，君子無取焉。

徒單克寧本名習顯，其先金源縣人，徙居比古土之地，後徙置猛安于山東，遂占籍萊州。父況者，官至汾陽軍節度使。

克寧資質渾厚，寡言笑，善騎射，有勇略，通女直、契丹字。左丞相希尹，克寧母舅。熙宗問希尹表戚中誰可侍衞者，希尹奏曰：「習顯可用。」以爲符寶祗候。是時，悼后干政，后弟裴滿忽土侮克寧，克寧毆之。明日，忽土以告悼后，后曰：「習顯剛直，必汝之過也。」已而，充護衞，轉符寶郎，遷侍衞親軍馬步軍都指揮使，改忠順軍節度使。

克寧娶宗幹女嘉祥縣主，同母兄蒲甲判大宗正事，海陵心忌之，出爲西京留守，搆致其罪誅之，因降克寧知滕陽軍。歷宿州防禦使、胡里改路節度使、曷懶路兵馬都總管。

大定初，詔克寧以本路兵會東京。遷左翼都統。詔與廣寧尹僕散渾坦、同知廣寧尹完顏巖雅、肇州防禦使唐括烏也，從右副元帥完顏謀衍討契丹窩斡。趨濟州。謀衍用契丹降吏乣者計策襲賊輜重，克寧與紇石烈志寧爲殿，與賊遇于長濼。謀衍使伏兵于左翼之側。賊二萬餘躡吾後，又以騎四百餘突出左翼伏兵之間，欲繞出陣後攻我。克寧與善射二十餘人拒之。衆曰：「賊衆我寡，不若與伏兵合擊，或與大軍相依，可以萬全。」克寧曰：「不可。若賊出陣後，則前後夾擊，我敗矣，大軍不可俟也。」於是奮擊，賊乃却。越九日，復追及賊于霿𩅥河。左翼萬戶襄與大軍合擊之，賊遂敗，追奔十餘里，二年四月一日也。左翼軍先與賊戰，克寧以騎二千追掩十五里，賊迫澗不得亟渡，殺傷甚衆。賊收軍返旆，大軍尙未至，克寧令軍士下馬射賊，賊遂引而南。

是時，窩斡已再北，元帥謀衍利鹵掠，駐師白濼。世宗訝其持久，遣問之。謀衍曰：「賊騎壯，我騎弱，此少駐所以完養馬力也。不然，非益萬騎不可勝。」克寧奮然而言曰：「吾馬固不少，但帥不得人耳。其意常利虜掠，賊至則引避，賊去則緩隨之，故賊常得善牧，而我常拾其蹂踐之餘，此吾馬所以弱也。今誠能更置良帥，雖不益兵，可以有功。不然，騎雖十倍，未見其利也。」朝廷知其議，召還謀衍，以平章政事僕散忠義兼右副元帥。〔五〕師將發，賊聲言乞降。克寧曰：「賊初困蹙，且無降意，所以揚言者，是欲緩吾師期也。不若攻其未備，賊若挫衄，則其降必速。如其不降，乘其怠而急擊之，可一戰而定也。」忠義以爲然，乃與克寧出中路，遂敗賊兵于羅不魯之地。賊奔七渡河，負險爲柵，克寧覘知賊柵之背其勢可上，乃潛師夜登，俯射之，大軍自下攻，賊潰，皆遁去。

契丹平，克寧除太原尹。未閱月，宋吳璘侵陝右，元帥左都監徒單合喜乞益兵，遣克寧佩金牌駐軍平涼。詔合喜曰：「朕遣克寧參議軍事，此其智勇足敵萬人，不必益軍也。」克寧至，下令安輯，未幾，民皆完聚。

治兵伐宋，右丞相僕散忠義駐南京節制諸軍，左副元帥紇石烈志寧經略邊事，克寧改益都尹，兼山東路兵馬都總管、行軍都統。四年，元帥府欲遣左都監璋以兵四千由水路進，詔曰：「可付都統徒單習顯，仍益兵二千，擇良將副之。璋可經略山東。」於是，克寧出軍楚、

泗之間，與宋將魏勝相拒于楚州之十八里口。魏勝取弊舟鑿其底，貫以大木，列植水中，別以船載巨石貫以鐵鏁，沉之水底，以塞十八里口及淮渡舟路。以步兵四萬人屯於淮渡南岸、運河之間。克寧使斜卯和尙選善游者沒水，繫大繩植木上，數百人於岸上引繩曳一植木，皆拔出之，徹去沉船。進至淮口，宋兵來拒，隔水矢石俱發，斜卯和尙以竹編籬捍矢石，復拔去植木沉船，師遂入淮。與宋兵奪渡口，合戰數四，猛安長壽先行薄岸，水淺，先率勁卒數人涉水登岸，敗其津口兵五百人，餘衆皆濟。宋兵四百餘自淸河口來，鎭國上將軍蒲察阿离合懣以步兵百人禦之。克寧自與扎也銀术可五騎先行六七里與戰，銀术可先登，奮擊敗之。宋大兵整陣來拒，克寧麾兵前戰，自旦至午，宋兵敗，踰運河爲陣，餘衆數千皆走入營中。克寧使以火箭射其營舍，盡焚，踰河撤橋，與其大軍相會。隔水射之，宋兵不能爲陣。猛安鈔兀以六十騎擊宋騎兵千餘，不利，少却。克寧以猛安賽剌九十騎橫擊之，宋兵大敗。追至楚州，射殺魏勝，遂取楚州及淮陰縣。是役也，賽剌功居多。是時，宋屢遣使請和，僕散忠義、紇石烈志寧約以世爲叔姪國，割還海、泗、唐、鄧四州。宋人尙遷延有請，及克寧取楚州，宋人乃大懼，一一如約。

兵罷，改大名尹，歷河間、東平尹，召爲都點檢。十一年，從丞相志寧北伐，還師。十一月皇太子生日，世宗置酒東宮，賜克寧金帶。明年，遷樞密副使，兼知大興府事，〔六〕改太子

太保，樞密副使如故。拜平章政事，封密國公。

克寧女嫁爲滕王永成妃，得罪，克寧不悅，求致仕，不許，罷爲東京留守。明年，上將復相克寧，改南京留守，兼河南統軍使。遣使者諭之曰：「統軍使未嘗以留守兼之，此朕意也。可過京師入見。」克寧至京師，復拜平章政事，授世襲不扎土河猛安兼親管謀克。

世宗欲以制書親授克寧，主者不知上意，及克寧已受制，上謂克寧曰：「此制朕欲親授與卿，誤授之於外也。」又曰：「朕欲盡徙卿宗族在山東者居之近地，卿族多，官田少，無以盡給之。」乃選其最親者徙之。十九年，拜右丞相，〔七〕徙封譚國公。克寧辭曰：「臣無功，不明國家大事，更內外重任，當自愧。乞歸田里，以盡餘年。」上曰：「朕念衆人之功無出卿右者，卿愼重得大臣體，毋復多讓。」克寧出朝，上使徒單懷忠諭之曰：「凡人醉時醒時處事不同，卿今日親賓慶會，可一飲，過今日可勿飮也。」克寧頓首謝曰：「陛下念臣及此，臣之福也。」

克寧爲相，持正守大體，至於簿書期會，不屑屑然也。世宗嘗曰：「習顯在樞密，未嘗有過舉。」謂克寧曰：「宰相之職，進賢爲上。」克寧謝曰：「臣愚幸得備位宰輔，但不能明於知人，以此爲恨耳。」二十一年，左丞相守道爲尙書令，克寧爲左丞相，徙封定國公，懇求致仕。上曰：「汝立功立事，洊登相位，朝廷是賴，年雖及，未可去也。」後三日，與守道奏事，俱跪而請曰：「臣等齒髮皆衰，幸陛下賜以餘年。」上曰：「上相坐而論道，不惟其官惟其人，豈可屢

改易之邪？」頃之，克寧改樞密使，而難其代。復以守道爲左丞相，虛尙書令位者數年，其重如此。未幾，以司徒兼樞密使。二十二年，詔賜今名。二十三年，克寧復以年老爲請。上曰：「卿昔在政府，勤勞夙夜，除卿樞密使亦可以優逸矣。朕念舊臣無幾人，萬一邊隅有警，選將帥，授方略，山川險要，兵道軍謀，舍卿誰可與共者？勉爲朕留！」克寧乃不敢復言。

二十四年，世宗幸上京，皇太子守國，詔左丞相守道與克寧俱留中都輔太子。上謂克寧曰：「朕巡省之後，萬一有事，卿必躬親之，毋忽細微，圖難於其易可也。」二十五年，左丞相守道賜宴北部，詔克寧行左丞相事。

是時，世宗自上京還，次天平山清暑，皇太子薨於京師，諸王妃主入宮弔哭，奴婢從入者多，頗喧雜不嚴。克寧遣出之，身護宮門，嚴飭殿廷宮門禁衞如法，然後聽宗室外戚入臨，從者有數。謂東宮官屬曰：「主上巡幸，未還宮闕，太子不幸至于大故，汝等此時能以死報國乎？吾亦不敢愛吾生也。」辭色俱厲，聞者肅然敬憚。章宗時爲金源郡王，哀毀過甚，克寧諫曰：「哭泣，常禮也。郡王身居冢嗣，豈以常禮而忘宗社之重乎？」召太子侍讀完顏匡曰：「爾侍太子日久，親臣也。郡王哀毀過甚，爾當固諫。謹視郡王，勿去左右。」世宗在天平山，皇太子訃至，哀慟者屢矣。聞克寧嚴飭宮衞，謹護皇孫，嘉其忠誠而愈重之。

九月，世宗還京師。十一月，克寧表請立金源郡王爲皇太孫，以係天下之望。其略

中華書局

曰：「今宣孝皇太子陵寢已畢，東宮虛位，此社稷安危之事，陛下明聖超越前古，寧不察此，事貴果斷，不可緩也。緩之則起覬覦之心，來讒佞之言。讒佞之言起，雖欲無疑得乎？茲事深可畏、大可慎，而不畏不慎，豈惟儲位久虛，而骨肉之禍，自此始矣。臣愚不避危身之罪，伏願亟立嫡孫金源郡王爲皇太孫，以釋天下之惑，塞覬覦之端，絕搆禍之萌，則宗廟獲安，臣民蒙福。臣備位宰相，不敢不盡言，惟陛下裁察。」

踰月，有詔起復皇孫金源郡王判大興尹，封原王。世宗諸子中趙王永中最長，其母張玄徽女，玄徽子汝弼爲尚書左丞。二十六年，世宗出汝弼爲廣寧尹。〔八〕於是，左丞相守道致仕，遂以克寧爲太尉，兼左丞相，原王爲右丞相，因使克寧輔導之。

原王爲丞相方四日，世宗問之曰：「汝治事幾日矣？」對曰：「四日。」「京尹與省事同乎？」對曰：「不同。」上笑曰：「京尹浩穰，尚書省總大體，所以不同也。」數日，復謂原王曰：「宮中有四方地圖，汝可觀之，知遠近阨塞也。」世宗與宰相論錢幣，上曰：「中外皆患錢少，今京師積錢止五百萬貫，〔九〕除屯兵路分其他郡縣錢可運至京師。」克寧曰：「郡縣錢盡入京師，民間錢益少矣。若起運其半，其半變折輕齎，庶幾錢貨流布也。」上嘉納之。

章宗雖封原王，爲丞相，克寧猶以未正太孫之位，屢請於世宗，世宗嘆曰：「克寧，社稷之臣也。」十一月戊午，宰相入見于香閣，既退，原王已出，克寧率宰臣屏左右奏立太孫，世

宗許之。庚申，詔立原王右丞相爲皇太孫。

明日，徒單公弼尙息國公主納幣，賜六品以上宴于慶和殿。上謂諸王大臣曰：「太尉忠實明達，漢之周勃也。」稱嘆再三。克寧進酒，上舉觴爲之釂。有詔給太尉假三日。明年正月，復求解機務。上曰：「卿遽求去邪？豈朕用卿有未盡乎？或因喜怒用刑賞乎？其他宰相未有能如卿者，宜勉留以輔朕。卿若思念鄉土，可以一往，不必謝政事。三月一日朕之生辰，卿不必到，從容至暑月還京師相見。」四月，克寧還朝，入見上。上問曰：「卿往鄉中，百姓皆安業否？」克寧曰：「生業頗安，然初起移至彼，未能滋殖耳。」未幾，以丞相監修國史。上問史事，奏曰：「臣聞古者人君不觀史，願陛下勿觀。」上曰：「朕豈欲觀此？深知史事不詳，故問之耳。」初，瀘溝河決久不能塞，〔一〇〕加封安平侯，久之，水復故道。上曰：「鬼神雖不可窺測，卽獲感應如此。」克寧奏曰：「神之所佑者正也，人事乖，則弗享矣。報應之來皆由人事。」上曰：「卿言是也。」世宗頗信神仙浮圖之事，故克寧及之。

宋前主殂，宋主遣使進遺留物，上怪其禮物薄。克寧曰：「此非常貢，責之近於好利。」上曰：「卿言是也。」乃以其玉器五事、玻瓈器大小二十事及茶器刀劍等還之。

二十八年十一月癸丑，上幸克寧第。初，上欲以甲第賜克寧，克寧固辭，乃賜錢因其舊居宏大之。畢工，上臨幸，賜金器錦繡重綵，克寧亦有獻。上歓歡甚，解御衣以衣之。詔畫克寧像藏內府。

十二月乙亥，世宗不豫。甲申，克寧率宰執入問起居。上曰：「朕疾殆矣。」謂克寧曰：「皇太孫年雖弱冠，生而明達，卿等竭力輔之。」又曰：「尙書省政務權聽於皇太孫。」克寧奏曰：「陛下幸上京時，宣孝太子守國，許除六品以下官，〔一一〕今可權行也。」上曰：「五品以下亦何不可。」乙酉，詔皇太孫攝行政事，注授五品以下官。詔太孫與諸王大臣俱宿禁中。克寧奏曰：「皇太孫與諸王宜別嫌疑，正名分，宿止同處，禮有未安。」詔太孫居慶和殿東廡。丙戌，詔克寧以太尉兼尙書令，封延安郡王。平章政事襄爲右丞相，右丞張汝霖爲平章政事。戊子，詔克寧、襄、汝霖宿於內殿。

二十九年正月癸巳，世宗崩于福安殿。是日，克寧等宣遺詔立皇太孫爲皇帝，是爲章宗。徙封爲東平郡王。詔克寧朝朔望，朝日設坐殿上。克寧固辭，詔近臣勉諭。克寧涕泣謝曰：「憐憫老臣，幸免常朝，豈敢當坐禮。」其後，每朝必爲克寧設坐，克寧侍立益敬。卽位詔文「凡除名開落官吏並量材錄用」，張汝霖奏眞盜枉法不可恕，克寧曰：「陛下初卽位行非常之典，贓吏誤沾恩宥其害小，國之大信不可失也。」章宗深然之。無何，進拜太傅，兼尙書令，賜尙衣玉帶。乞致仕，不許。詔譯諸葛孔明傳賜之。詔尙書省曰：「太傅年高，旬休外四日一居休，大事錄之，細事不須親也。」賜金五百兩、銀五千兩、錢千萬、重綵二百端、絹

二千匹。

尙書省奏猛安謀克願試進士者聽之，上曰：「其應襲猛安謀克者學於太學可乎？」克寧曰：「承平日久，今之猛安謀克其材武已不及前輩，萬一有警，使誰禦之？習辭藝，忘武備，於國弗便。」上曰：「太傅言是也。」章宗初卽位，頗好辭章，而疆埸方有事，故克寧言及之。

明昌二年，〔一二〕克寧屬疾，章宗往視之。克寧頓首謝曰：「臣無似，嘗蒙先帝任使，陛下卽位，屬以上相，今臣老病，將先犬馬塡溝壑，無以輔明主綏四方。陛下念臣駑怯，親枉車駕臨幸，死有餘罪矣。」是日，卽榻前拜太師，封淄王，加賜甚厚。

是歲二月，〔一三〕薨，遺表，其大概言：「人君往往重君子而反疎之，輕小人而終昵之。願陛下愼終如始，安不忘危，而言不及私。」詔有司護喪事，歸葬于萊州，謚曰忠烈。明昌五年，配享世宗廟廷，圖像衍慶宮。大安元年，改配享章宗廟廷。

贊曰：徒單克寧可謂大臣矣，功高而身愈下，位盛而心愈勞。經曰：「在上不驕，高而不危，制節謹度，滿而不溢」，所以長守富貴。故曰忠信匪懈，不施其功，履盛滿而不忘，德之上也。孜孜勉勉，恪守職業，不居不可成，不事不可行，人主知之，次也。諫期必行，言期必聽，爲其事必有其功者，又其次也。

校勘記

〔一〕槀東平府司戶參軍　「槀」下疑脫「遷」字。

〔二〕禮部郎中移剌道　「禮部」原作「工部」。按本書卷九〇移剌道傳，「大定二年除工部郎中，奉詔撫諸奚。……白撒閘其家人被獲，遂來降。改禮部郎中……奉使河南勸課農桑」。今據改。

〔三〕東京留守完顏轂英家　「京」原作「宮」，據殿本改。

〔四〕請誅其首亂者十八人　按上文「縣尉獲盜，得一旗，上圖亢宿」，知以二十八宿爲號，疑是二十八人，似脫「二」字。

〔五〕以平章政事僕散忠義兼右副元帥　「右副元帥」原作「都元帥」。按本書卷六世宗紀、卷七〇宗亨傳、卷七二謀衍傳、卷一三三窩斡傳記此事皆作「右副元帥」。今據改。

〔六〕明年遷樞密副使兼知大興府事　按「明年」承上「十一年」即「十二年」。本書卷七世宗紀大定十四年四月「戊子，以樞密副使徒單克寧兼大興尹」。與此不同。

〔七〕十九年拜右丞相　按本書卷七世宗紀作大定二十年三月「辛巳，以平章政事徒單克寧爲尚書右丞相」。

〔八〕世宗出汝弼爲廣寧尹　「寧」原作「平」。按金之廣平不得有「尹」，本書卷八三張汝弼傳作「乃

罷爲廣寧尹」。今據改。

〔九〕今京師積錢止五百萬貫　「止」原作「正」，據殿本改。

〔一〇〕瀘溝河決久不能塞　「決」原作「法」，據殿本改。

〔一一〕許除六品以下官　「許」原訛作「詐」，據殿本改。

〔一二〕明昌二年　按本書卷九章宗紀作明昌元年十二月「甲辰，幸太傅徒單克寧第視疾」。

〔一三〕是歲二月　按「二月」本書卷九章宗紀作「正月」。

金史卷九十三

列傳第三十一

顯宗諸子

琮　瓌　從彝　從憲　玠

章宗諸子

洪裕　洪靖　洪熙　洪衍　洪輝　忒隣

衞紹王子

從恪

宣宗三子

莊獻太子　玄齡　守純

獨吉思忠　承裕　僕散揆　抹撚史扢搭　宗浩

顯宗孝懿皇后生章宗，昭聖皇后生宣宗，諸姬田氏生鄆王琮、瀛王瓌、霍王從彝，劉氏生瀛王從憲，王氏生溫王玠。

鄆王琮本名承慶，母田氏，其後封裕陵充華。琮儀觀豐偉，機警清辯，性寬厚，好學。世宗選進士之有名行者納坦謀嘉敎之，女直小字及漢字皆通習。及長，輕財好施，無慍色，善吟詠，不喜聞人過，至于騎射繪塑之藝，皆造精妙。大定十八年，封道國公。二十六年，加崇進。章宗卽位，遷開府儀同三司，封鄆王。明昌元年，授婆速路猛火羅合打世襲猛安，留京師。五年，薨。上輟朝，親臨奠于殯所。謚曰莊靖，改莊惠。

瀛王瓌本名桓篤，鄆王琮之同母弟也。重厚寡言，內行修飭，工詩，精于騎射、書藝、女直大小字。大定二十二年，封崇國公。二十六年，加崇進。章宗卽位，遷開府儀同三司，封瀛王。明昌三年，薨。勅葬事所須皆從官給，命工部侍郞胥持國等典喪事。比葬，帝三臨

奠，哭之慟。謚曰文敬。其後帝謂輔臣曰：「王性忠孝，兄弟中最爲善人，故朕嘗令在左右。溫王雖幼，亦佳。不二旬俱逝，良可哀悼。」

霍王從彝本名阿憐，母田氏早卒，溫妃石抹氏養爲己子。大定二十五年，封宿國公，加崇進。二十六年，賜名瓚。章宗即位，封沂王。明昌元年，諭旨有司曰：「豐、鄆、瀛、沂四王府各賜奴婢七百人。」四年，詔追封故魯王執中爲趙王，〔二〕以從彝爲趙王後。承安元年，爲兵部尚書，改封蔡。四年，除祕書監。泰和五年，賜今名。八年，封霍。貞祐二年，薨。

瀛王從憲本名吾里不，母劉氏，後封裕陵茂儀。大定二十六年，賜名琦。章宗卽位，加開府儀同三司，封壽王。承安元年，以郊祀恩進封英。四年，改封瀛。泰和五年，更賜今名。六年，授祕書監。八年，薨。

從憲風儀秀峙，性寬厚，善騎射，待府僚以禮，秩滿去者皆有贐。帝尤愛重，初以病聞，即臨問之，賜錢五百萬。還宮，詔府僚上其疾增損狀，仍勅門司夜一鼓即奏，比五更重言之。及薨，上哭之慟，爲輟朝臨奠者再。諭旨判大睦親府事宛王永升曰：「瀛王家事，叔宜規畫。聞其二姬方孕，若生子，卽以付之。」以右宣徽使移剌都護其喪葬，斂以內庫之服，其

餘所須，亦從官給。謚曰敦懿。

溫王玠本名謀良虎，母王氏，後封裕陵婉儀。玠幼穎秀，性溫厚，好學。大定二十九年，章宗卽位，加開府儀同三司，封溫王。明昌三年，薨，年十一。訃聞，上爲輟朝，親臨奠哭之。謚曰悼敏。

章宗欽懷皇后生絳王洪裕，資明夫人林氏生荆王洪靖，諸姬生榮王洪熙、英王洪衍、壽王洪輝。元妃李氏生葛王忒隣。

洪裕，大定二十六年生。是時顯宗薨逾年，世宗深慼，及聞皇曾孫生，喜甚。滿三月，宴于慶和殿，賜曾孫金鼎，金香合，重綵二十端，骨覩犀、吐鶻玉山子、兔兒垂頭一副，名馬二匹。章宗進玉雙駝鎮紙、玉琵琶撥、玉鳳鈎、骨覩犀具佩刀、衣服一襲。世宗御酒歌歡，乙夜方罷。二十八年十月丙寅，薨。明昌三年，追封絳王，賜名。

洪靖本名阿虎懶，明昌三年生。生而警秀，上所鍾愛。四年，薨。承安四年，追封荆王，賜名，加開府儀同三司。

洪熙本名訛魯不，明昌三年生，未彌月薨。承安四年，追封榮王，賜名，加開府儀同三司。

洪衍本名撒改，明昌四年生，未幾薨。承安四年，追封英王，賜名，加開府儀同三司。

洪輝本名訛論，承安二年五月生，彌月，封壽王。閏六月壬午，病急風，募能醫者加宣武將軍，賜錢五百萬。甲申，疾愈，印無量壽經一萬卷報謝，衍慶宮作普天大醮七日，無奏刑名，仍禁屠宰。十月丁亥，薨，備禮葬。

忒隣，泰和二年八月生。上久無皇嗣，祈禱于郊、廟、衍慶宮、亳州太清宮，至是喜甚。彌月，將加封，三等國號無愜上意者，念世宗在位最久，年最高，初封葛王，遂封爲葛王。十二月癸酉，生滿百日，放僧道度牒三千道，設醮玄眞觀，宴于慶和殿。百官用天壽節禮儀，

進酒稱賀，三品以上進禮物。泰和三年，薨。

衞紹王六子，大定二十六年，賜名猛安曰琚，按出曰瑄，按辰曰瑔。

泰和七年，詔按辰出繼鄭王永蹈後，詔曰：「朕追惟鄭邸，誤蹈非彝，藁窆原野，多歷歲年，怛然軫懷，有不能已，乃詔追復王爵，備禮改葬。今稽式古典，命汝爲鄭王後，守其祭祀。」

大安元年，封子六人爲王，從恪胙王，有任王、鞏王，餘弗傳。是歲，從恪爲左丞相。二年八月，立從恪爲皇太子。至寧末，胡沙虎殺衞王，從恪兄弟皆廢居中都。貞祐二年，徙鄭州。四年，徙居南京。天興元年，崔立以從恪爲梁王，汴京破，死焉。

贊曰：章宗晚年，繼嗣不立，遂屬意衞紹王。衞紹歷年不永，諸子凡禁錮二十餘年，鎬厲王諸子禁錮四十餘年，長女鰥男皆不得婚嫁。天興初，方弛其禁，金亡祚後可知矣。

莊獻太子名守忠，宣宗長子也。其母未詳，說在王后傳。胡沙虎既廢衞王，時上未至，卽迎守忠入居東宮。貞祐元年閏九月甲申，立爲皇太子，詔曰：「朕以眇躬，嗣服景命，念祖宗之遺統，方夙夜以靡遑，將上以承九廟之靈，而下以係多方之望。皇太子守忠性秉溫良，地居長嫡，以次第言之，則宜升儲嗣，以典禮質之，則足愜羣情，其立爲皇太子。」十月己未，以鎭國上將軍、太子少保阿魯罕爲太子少師。庚申，上遣諭曰：「朕宮中每事裁減，汝亦宜知時難，斟酌撙節也。」又謂曰：「時方多艱，每事當從貶損，吾已放宮人百餘矣，東宮無用者亦宜出之。汝讀書人，必能知此也。」

二年四月，宣宗遷汴，〔三〕留守中京。七月，召至汴。三年正月，薨。上臨奠殯所凡四次。四月，葬迎朔門外五里。諡莊獻。五月，立其子鏗爲皇太孫，始二歲。十二月薨，四年正月，賜諡沖懷太孫。

玄齡，或曰莊獻太子母弟，早卒，未封爵。或曰麗妃史氏所生。

荊王守純本名盤都，宣宗第二子也。母曰眞妃龐氏。貞祐元年，封濮王。二年，爲殿前都點檢兼侍衞親軍都指揮使，權都元帥。上諭帥府曰：「濮王年幼，公事殊未諳，卿等毋

以朕子故不相規戒。凡見將校，令謙和接遇可也。」三年，爲樞密使。四年，拜平章政事。興定元年，授世襲東平府路三屯猛安。三年，以知管差除令史梁瓛，誤書轉運副使張正倫宣命，奏乞治罪。上曰：「令史有犯，宰臣自當治之，何必關朕耶？」是年三月，進封英王。時監察御史程震言其不法，宣宗切責，杖司馬及大奴尤不法者數人。四年九月，守純欲發丞相高琪罪，密召知案蒲鮮石魯剌、令史蒲察胡魯、員外郎王阿里謀之，且屬令勿泄，而石魯剌、胡魯輒以告都事僕散奴失不，奴失不白高琪。及高琪伏誅，守純劾三人者泄密事，奴失不免死，除名，〔三〕石魯剌、胡魯各杖七十，勒停。

元光二年三月壬子，上戒諭守純曰：「始吾以汝爲相者，庶幾相輔，不至爲人譏病耳。汝乃惟飲酒耽樂，公事漫不加省，何耶？吾常聞人言已過，雖自省無之，亦未敢容易去懷也。」又曰：「吾所以責汝者，但以崇飲不事事之故，汝勿過慮，遂至奪權。今諸相皆老臣，每事與之商略，使無貽物議足矣。」

是年十二月庚寅，宣宗病喉痺，危篤，將夕，守純趣入侍。哀宗後至，東華門已閉，聞守純在宮，分遣樞密院官及東宮親衞軍總領移剌蒲阿集軍三萬餘屯東華門外。部署定，扣門求見。都點檢駙馬都尉徒單合住奏中宮，得旨，領符鑰開門。哀宗入，宰相把胡魯已遣人止丞相高汝礪，不聽入宮，以護衞四人監守純於近侍局。是夕，宣宗崩。明日，哀宗卽位。

正大元年正月，進封荊王，罷平章政事、判睦親府，封眞妃龐氏爲荊國太妃。三月，或告守純謀不軌，下獄推問。慈聖宮皇太后有言於帝，由是獲免，語在皇后傳。守純三子，長曰訛可，封肅國公，天興元年三月進封曹王，出質於軍前。次曰某，封戴王。次曰孛德，封翬王。

天興初，守純府第產肉芝一株，高五寸許，色紅鮮可愛，既而枝葉津流，濡地成血，臭不可聞，剗去復生者再。夜則房榻間羣狐號鳴，秉燭逐捕則失所在。未幾，訛可出質，哀宗遷歸德。明年正月，崔立亂。四月癸巳，守純及諸宗室皆死青城。

贊曰：詩云「天難忱斯，不易維王，天位殷適，使不挾四方」。信哉。守忠立爲太子，未幾而薨，其子鏗立，又薨，哀宗復乏嗣，豈非天乎。正大間，國勢日蹙，本支殆盡，哀宗尙且疎忌骨肉，非明惠之賢，荊王幾不能免，豈「宗子維城」之道哉。

獨吉思忠本名千家奴。明昌六年，爲行省都事，累遷同簽樞密院事。承安三年，除興平軍節度使，改西北路招討使。

初，大定間修築西北屯戍，西自坦舌，東至胡烈么，〔四〕幾六百里。中間堡障，工役促迫，雖有牆隍，無女牆副堤。思忠增繕，用工七十五萬，止用屯戍軍卒，役不及民。上嘉其勞，賜詔獎諭曰：「直乾之維，搤邊之要，正資守備，以靖翰藩，垣壘弗完，營屯未固。卿督茲事役，唯用戍兵，民不知勞，時非淹久，已臻休畢，仍底工堅。賴爾忠勤，辦茲心畫，有嘉乃力，式副予懷。」賜銀五百兩、重幣十端。入爲簽樞密院事，轉吏部尙書，拜參知政事。

泰和五年，宋渝盟有端，平章政事僕散揆宣撫河南。揆奏宋人懦弱，韓侂胄用事，請遣使詰問。上召大臣議。左丞相宗浩曰：「宋久敗之國，必不敢動。」思忠曰：「宋雖羈棲江表，未嘗一日忘中國，但力不足耳。」其後，果如思忠策。六年四月，上召大臣議伐宋事，大臣猶言無足慮者。或曰：「鼠竊狗盜，非用兵也。」思忠執前議曰：「不早爲之所，彼將誤也。」上深然之。

七年正月，元帥左監軍紇石烈執中圍楚州，久不能下，宰臣奏請命大臣節制其軍，及益兵攻之。思忠請行。上曰：「以執政將兵攻一小州，克之亦不武。」乃用唐宰相宣慰諸軍故事，以思忠充淮南宣慰使，持空名宣勅賞立功者。詔大臣宿于祕書監，各具奏帖以聞。明日，詔百官集議于廣仁殿，問對者久之。既而宋人來請和，議遂寢。

頃之，進拜尙書右丞。大安初，拜平章政事。三年，與參知政事承裕將兵屯邊，方繕完

烏沙堡，思忠等不設備，大元前兵奄至，取烏月營，思忠不能守，乃退兵，思忠坐解職。衛紹王命參知政事承裕行省，既而敗績于會河堡云。

承裕本名胡沙，頗讀孫、吳書，以宗室子充符寶祗候。除中都左警巡副使，通括戶籍，百姓稱其平。遷殿中侍御史，改右警巡使、彰德軍節度副使、刑部員外郞，轉本部郞中。歷會州、惠州刺史，遷同知臨潢府事，改東北路招討副使。以病免，起爲西南招討副使。

泰和六年，伐宋，遷陝西路統軍副使，俄改通遠軍節度使、陝西兵馬都統副使，與秦州防禦使完顏璘屯成紀界。宋吳曦兵五萬由保岔、姑蘇等谷襲秦州，承裕、璘以騎兵千餘人擊走之，追奔四十里，凡六戰，宋兵大敗，斬首四千餘級。詔承裕曰：「昔乃祖乃父，戮力戎旅，汝年尙少，善於其職，故命汝與完顏璘同行出界。昔汝自言得兵三萬足以辦事，今以石抹仲溫、朮虎高琪及靑宜可與汝軍相合，計可六萬，斯亦足以辦矣。仲溫、高琪兵道險阻，汝兵道甚易也。自秦州至仙人關纔四百里耳，從長計畫，以副朕意。」詔完顏璘曰：「汝向在北邊，以幹勇見稱，頃以過失，逮問有司。近知與宋人奮戰，故特赦免，仍充副統，如能佐承裕立功業，朕於官賞，豈復吝惜。聞汝臨事頗黠，若復自速罪，且不赦汝矣。」

宋吳曦使其將馮興、楊雄、李珪以步騎八千入赤谷，承裕、璘及河州防禦使蒲察秉鉉逆擊破之。宋步兵保西山，騎兵走赤谷。承裕遣部將唐括按荅海率騎二百馳擊宋步兵，甲士蒙括挺身先入乘之，宋步兵大潰，追奔至皂郊城，斬二千餘級。猛安把添奴追宋騎兵，殺千餘人，斬楊雄、李珪于陣，馮興僅以身免。承裕進兵克成州。

八年，罷兵，還河南東路統軍使，兼知歸德府事，俄改知臨潢府事。賜金帶、重幣十端、銀百五十兩。大安初，召爲御史中丞。三年，拜參知政事，與平章政事獨吉思忠行省戍邊。烏沙堡之役不爲備，失利，朝廷獨坐思忠，詔承裕主兵事。

八月，大元大兵至野狐嶺，承裕喪氣，不敢拒戰，退至宣平。縣中土豪請以土兵爲前鋒，以行省兵爲聲援，承裕畏怯不敢用，但問此去宣德間道而已。土豪嗤之曰：「溪澗曲折，我輩諳知之。行省不知用地利力戰，但謀走耳，今敗矣。」其夜，承裕率兵南行，大元兵踵擊之。明日，至會河川，承裕兵大潰。承裕僅脫身，走入宣德。大元游兵入居庸關，中都戒嚴。識者謂金之亡決於是役。衛紹王猶薄其罪，除名而已。

崇慶元年，起爲陝西安撫使。至寧元年，還元帥右監軍，兼咸平府路兵馬都總管，與契丹留可戰，敗績。改同判大睦親府事、遼東宣撫使。貞祐初，改臨海軍節度使，卒。

贊曰：曹劌有言：「一鼓作氣，再而衰，三而竭。」夫兵以氣爲主，會河堡之役，獨吉思忠、承裕沮喪不可復振，金之亡國，兆於此焉。

僕散揆本名臨喜，其先上京人，左丞相兼都元帥沂國武莊公忠義之子也。少以世胄，選爲近侍奉御。大定十五年，尙韓國大長公主，擢器物局副使，特授臨潢府路赫沙阿世襲猛安。歷近侍局副使、尙衣局使、拱衛直副都指揮使，爲殿前左衛將軍。罷職，世宗諭之曰：「以汝宜獻皇后之親，故令尙主，置之宿衛，謂當以忠孝自勵。日者乃與外人竊議，汝腹中事，朕不能測，其罷歸田里。」尋起爲灤州刺史，改蠡州，入爲兵部侍郞、大理卿、刑部尙書。

章宗卽位，出爲泰定軍節度使，改知臨洮府事。以政蹟聞。升河南路統軍使。陝西提刑司舉揆「剛直明斷，獄無冤滯。禁戢家人，百姓莫識其面。積石、洮二州舊寇皆遁，商旅得通」。於是，進官一階，仍詔褒諭。

明昌四年，鄭王永蹈謀逆，事覺，揆坐嘗私品藻諸王，獨稱永蹈性善，靜不好事，〔五〕乃免死，除名。未幾，復五品階，起爲同知崇義軍節度使事。以戰功遷西北路副招討，進官七階，賜金馬盂一、銀二百兩、重綵一十端。復以戰功升西南路招討使兼天德軍節度使，賜金五十兩、重綵一十端。復出禦邊，嘗轉戰出塞七百里，至赤胡覩地而還。優詔褒諭，遷一官，仍許其子安貞尙邢國長公主，且許揆入謝、禮成、歸鎮。

會韓國大長公主薨，揆來赴，上諭之曰：「北邊之事，非卿不能辦。」乃賜戰馬二，卽日遣還。揆沿徼築壘穿塹，連亙九百里，營柵相望，烽候相應，人得恣田牧，北邊遂寧。復以手詔褒諭，且欲大用，以知興中府事紇石烈子仁代之，勑盡以方略授子仁。既入，拜參知政事，改授中都路胡土愛割蠻世襲猛安。進拜尙書右丞。尋出經略邊事，還拜平章政事，封濟國公。

泰和五年，宋人渝盟，以揆爲宣撫河南軍民使。上諭之曰：「朕卽位以來，任宰相未有如卿之久者，若非君臣道合，一體同心，何以及此。先丞相亦嘗總師南邊，効力先朝，今復委卿，諒無過舉。朕非好大喜功，務要寧靜內外。宋人屈服，無復可議，若怙不改，可整兵渡淮，掃蕩江左，以繼爾先公之功。」卽以尙廐名馬、玉束帶、內府重綵及御藥賜之。揆至汴，蒐練將士，軍聲大振。會天壽節，特遣其子安貞賜宴，且命持白玉杯以飮揆，及上秋獮所親獲鹿尾舌爲賜。宋人服罪，卽罷宣撫使，召揆還。

六年春，宋人復數路來侵，取泗州，取靈壁，圍壽春。命揆爲左副元帥以討之。〔六〕揆至軍前，集諸將校告以朝廷弔伐之意，分遣將士禦敵。復取臨淮、蘄縣，而符離、壽春之圍亦解去。敵屢敗衄，悉遁出境。上卽遣提點近侍局烏古論慶壽持手詔勞問征討事宜，仍賜玉具劍一、玉荷蓮盞一、金器一百兩、重綵一十端。尋復以詔褒諭，賜玉鞍勒馬二及玉具佩刀、內府重綵、御藥，以旌其功。

宋人既敗退，上欲進討，乃召揆赴闕，戒以師期，宴于慶和殿，親諭之曰：「朕以趙擴背盟，侵我疆埸，命卿措畫。曾未期月，諸處累報大捷。振我國威，挫彼賊鋒，皆卿之力，朕不能忘。」是日寵錫甚厚，特收其次子寧壽爲奉御，乃密授以成算，俾還軍。

十月，揆總大軍南伐，〔七〕分兵爲九路進。揆以行省兵三萬出潁、壽，至淮，宋人旅拒于水南。揆密遣人測淮水，惟八疊灘可涉，卽遣奧屯驤揚兵下蔡，聲言欲渡。宋帥何汝礪、姚公佐悉銳師屯花靨以備。揆乃遣右翼都統完顏賽不、先鋒都統納蘭邦烈潛渡八疊，駐南岸。揆麾大軍直壓其陣。敵不虞我卒至，皆潰走，自相蹂踐，死于水者不可勝計。進奪潁口，下安豐軍，遂攻合肥，取滁州，盡獲其軍實。上遣使諭之曰：「前得卿奏，先鋒已奪潁口，偏師又下安豐，斬馘之數，各以萬計。近又西帥奏捷，棗陽、光化旣爲我有，樊城、鄧城亦自潰散。又聞隨州闔城歸順，山東之衆久圍楚州，隴右之師剋期出界。卿提大兵攻合肥，趙

擴聞之，料已破膽，失其神守。度彼之計，乞和爲上。昔嘗畫三事付卿，以今事勢計之，徑渡長江，亦其時矣。淮南旣爲我有，際江爲界，理所宜然。如使趙擴奉表稱臣，歲增貢幣，縛送賊魁，還所俘掠，一如所諭，亦可罷兵。卿宜廣爲渡江之勢，使彼有必死之憂，從其所請而縱之，僅得餘息偸生，豈敢復萌他慮。卿於此時，經營江北，勞徠安集，除其虐政橫賦，以良吏撫字疲民，以精兵分守要害，雖未係趙擴之頸，而朕前所畫三事，上功已成矣。前入見時，已嘗議定，今復諄諄者，欲決卿成功爾。機會難遇，卿其勉之。」

既而，宋帥丘崈果奉書乞和，揆以前五事論而遣之。復進軍圍和州，敵以騎萬五千駐六合，揆偵知之，卽以右翼掩擊，斬首八千級，進屯于瓦梁河以控眞、揚諸路之衝。乃整列軍騎，畢張旗幟，沿江上下，皆金兵焉。於是江表震恐。宋眞州兵數萬保河橋，復遣統軍紇石烈子仁往攻之，分軍涉淺，潛出敵後。敵見之大驚，不戰而潰，斬首二萬餘級，生擒其帥劉侹、常思敬、蕭從德、莫子容，皆宋驍將也。遂下眞州。宋復遣陳璧來告和，揆以乞辭未誠，徒欲緩師，卻之。宋人既喪敗，不獲請成，乃決巨滕、成公、雷塘瀦積水以爲阻，盡焚其廬舍儲積，過江遁去。

揆以方春地濕，不可久留，且欲休養士馬，遂振旅而還。次下蔡，遇疾。詔遣宣徽使李仁惠及其子寧壽引太醫診視，仍遣中使撫問。泰和七年二月，薨。訃聞，上哀悼之，輟朝，

遣使迎喪殯于都城之北。百官會弔，車駕臨奠哭之，賻銀一千五百兩、重幣五十端、絹五百疋，其葬祭物皆從官給。謚曰武肅。

揆體剛內和，與物無忤，臨民有惠政。其爲將也，軍門鎭靜，賞罰必行。初渡淮，卽命徹去浮梁。所至皆因糧于敵，無餽運之勞。未嘗輕用士卒，而與之同甘苦，人亦樂爲之用。故南征北伐，爲一名將云。

抹撚史扢搭，臨潢路人也。其先以功授世襲謀克。史扢搭幼襲爵，守邊有勞。泰和六年，南鄙用兵，授同知蔡州防禦使事。

五月，宋將李爽圍壽州，田俊邁陷蘄縣，平章政事僕散揆謂諸將曰：「符離、彭城，齊魯之蔽，符離不守，是無彭城，彭城陷則齊魯危矣。」乃遣安國軍節度副使納蘭邦烈與史扢搭以精騎三千戍宿州。俊邁果率步騎二萬來襲，邦烈、史扢搭逆擊，大破之。邦烈中流矢。宋郭倬、李汝翼以衆五萬繼至，〔八〕遂圍城，攻之甚力，城中叢射，敵不能逼。會淫雨潦溢，敵露處勞倦，邦烈遣騎二百潛出敵後突擊之。敵亂，史扢搭率騎蹂之，殺傷數千人。敵復聞援軍將至，遂夜遁。邦烈、史扢搭躡其後，黎明合擊，大破之，獲田俊邁。十月，揆以行省

兵三萬出潁、壽，史扢搭爲驍騎將中軍副統，克安豐軍，戰霍丘、花靨，功居多。十二月，從攻和州，中流矢卒。

史扢搭形不過中人，而拳勇善鬬，所用槍長二丈，軍中號爲「長槍副統」。又工用手箭，箭長不盈握，每用百數，散置鎧中，遇敵抽箭，以鞭揮之，或以指鉗取飛擲，數矢齊發，無不中，敵以爲神。其箭皆以智創，雖子弟亦不能傳其法。在北部守厭山營，敵尤畏之，不敢近。及死，將士皆惋惜之。

內族宗浩字師孟，本名老，昭祖四世孫，太保兼都元帥漢國公昂之子也。貞元中，爲海陵庶人入殿小底。世宗卽位遼陽，昂遣宗浩馳賀。世宗見之喜，命充符寶祗候。大定二年冬，昂以都元帥置幕山東，宗浩領萬戶從行，仍授山東東路兵馬都總管判官。丁父憂，起復，承襲因閔斡魯渾猛安，授河南府判官。以母喪解，服闋，授同知陝州防禦使事。察廉能第一等，進官一階，陞同知彰化軍節度使事，累遷同簽樞密院事，改曷蘇館節度使。

世宗謂宰臣曰：「宗浩有才幹，可及者無幾。」二十三年，徵爲大理卿，踰年授山東路統軍使，兼知益都府事。陛辭，世宗諭之曰：「卿年尚少，以卿近屬，有治迹，故以此授卿，宜體

朕意。」因賜金帶遣之。二十六年，爲賜宋主趙昚生日使。還，授刑部尚書，俄拜參知政事。

章宗卽位，出爲北京留守，三轉同判大睦親府事。北方有警，命宗浩佩金虎符駐泰州便宜從事。朝廷發上京等路軍萬人以戍。宗浩以糧儲未備，且度敵未敢動，遂分其軍就食隆、肇間。是冬，果無警。

北部廣吉剌者尤桀驁，屢脅諸部入塞。宗浩請乘其春暮馬弱擊之。時阻𨷚亦叛，內族襄行省事于北京，詔議其事。襄以謂若攻破廣吉剌，則阻𨷚無東顧憂，不若留之，以牽其勢。宗浩奏：「國家以堂堂之勢，不能掃滅小部，顧欲藉彼爲捍乎？臣請先破廣吉剌，然後提兵北滅阻𨷚。」章再上，從之。詔諭宗浩曰：「將征北部，固卿之誠，更宜加意，毋致後悔。」宗浩覘知合底忻與婆速火等相結，廣吉剌之勢必分，彼旣畏我見討，而復掣肘仇敵，則理必求降，可呼致也。因遣主簿撒領軍二百爲先鋒，戒之曰：「若廣吉剌降，可就徵其兵以圖合底忻，仍偵餘部所在，速使來報，大軍當進，與汝擊破之必矣。」合底忻者，與山只昆皆北方別部，恃强中立，無所羈屬，往來阻𨷚、廣吉剌間，連歲擾邊，皆二部爲之也。撒入敵境，廣吉剌果降，遂徵其兵萬四千騎，馳報以待。

宗浩北進，命人齎三十日糧，報撒會于移米河共擊敵，而所遣人誤入婆速火部，由是東軍失期。宗浩前軍至忒里葛山，遇山只昆所統石魯、渾灘兩部，擊走之，斬首千二百級，俘

生口車畜甚衆。進至呼歇水，敵勢大蹙，於是合底忻部長白古帶、山只昆部長胡必剌及婆速火所遣和火者皆乞降。宗浩承詔，諭而釋之。胡必剌因言，所部迪列土近在移米河不肯偕降，乞討之。乃移軍趨移米，與迪列土遇，擊之，斬首三百級，赴水死者十四五，獲牛羊萬二千，車帳稱是。合底忻等恐大軍至，西渡移米，棄輜重遁去。撒與廣吉剌部長忒里虎追躡及之，[九]於窊里不水縱擊大破之。婆速火九部斬首、溺水死者四千五百餘人，獲駝馬牛羊不可勝計。軍還，婆速火乞內屬，幷請置吏。上優詔褒諭，遷光祿大夫，以所獲馬六千置牧以處之。明年，宴賜東北部，尋拜樞密使，封榮國公。

初，朝廷置東北路招討司泰州，去境三百里，每敵入，比出兵追襲，敵已遁去。至是，宗浩奏徙之金山，以據要害，設副招討二員，分置左右，由是敵不敢犯。

會中都、山東、河北屯駐軍人地土不贍，官田多爲民所冒占，命宗浩行省事，詣諸道括籍，凡得地三十餘萬頃。還，坐以倡女自隨，爲憲司所糾，出知眞定府事。徙西京留守，復爲樞密使，進拜尚書右丞相，超授崇進。時懲北邊不寧，議築壕壘以備守戍，廷臣多異同。平章政事張萬公力言其不可，宗浩獨謂便，乃命宗浩行省事，以督其役。功畢，上賜詔褒賚甚厚。

撒里部長陁括里入塞，宗浩以兵追躡，與僕散揆軍合擊之，殺獲甚衆，敵遁去。詔徵還，入見，優詔獎諭，躐遷儀同三司，賜玉束帶一、金器百兩、重幣二十端，進拜左丞相。

宋人畔盟，王師南伐，會平章政事揆病，乃命宗浩兼都元帥往督進討。宗浩馳至汴，大張兵勢，親赴襄陽巡師而還。宋人大懼，乃命知樞密院事張巖以書乞和。宗浩以辭旨未順却之，仍諭以稱臣、割地、縛送元謀姦臣等事。巖復遣方信孺齎其主趙擴誓藁來，且言擴倂發三使，將賀天壽節及通謝，仍報其祖母謝氏殂，致書于都元帥宗浩曰：

方信孺還，遠貽報翰及所承鈞旨，仰見以生靈休息爲重，曲示包容矜軫之意。聞命踊躍，私竊自喜，卽具奏聞，備述大金皇帝天覆地載之仁，與都元帥海涵春育之德。旋奉上旨，亟遣信使通謝宸庭，仍先令信孺再詣行省，以請定議。區區之愚，實恃高明，必蒙洞照，重布本末，幸垂聽焉。

兵端之開，雖本朝失于輕信，然痛罪姦臣之蔽欺，亦不爲不早。自去歲五月，編竄鄧友龍，六月又誅蘇師旦等，是時大國尚未嘗一出兵也，本朝卽捐已得之泗州，諸軍屯于境外者盡令徹戍而南，悔艾之誠，于茲可見。惟是名分之諭，今昔事殊，本朝皇帝本無佳兵之意，況關繫至重，又豈臣子之所敢言？

江外之地，恃爲屏蔽，儻如來諭，何以爲國？大朝所當念察。至于首事人鄧友龍等誤國之罪，固無所逃，若使執縛以送，是本朝不得自致其罰于臣下。所有歲幣，前書

已增大定所減之數，此在上國初何足以爲重輕，特欲藉手以見謝過之實。儻上國諒此至情，物之多寡，必不深計。矧惟兵興以來，連歲創殘，賦入屢蠲，若又重取于民，豈基元元無窮之困，竊計大朝亦必有所不忍也。於通謝禮幣之外，別致微誠，庶幾以此易彼。

其歸投之人，皆雀鼠偸生，一時竄匿，往往不知存亡，本朝旣無所用，豈以去來爲意。當隆興時，固有大朝名族貴將南來者，洎和議之定，亦嘗約各不取索，況茲瑣瑣，誠何足云。儻大朝必欲追求，尙容拘刷。至如泗州等處驅掠人，悉當護送歸業。

夫締新好者不念舊惡，成大功者不較小利。欲望力賜開陳，捐棄前過，闊略他事，玉帛交馳，歡好如初，海內寧謐，長無軍兵之事。功烈昭宣，德澤洋溢，鼎彝所紀，方册所載，垂之萬世，豈有旣乎。重惟大金皇帝誕節將臨，禮當修賀，兼之本國多故，又言合遣人使，接續津發，已具公移，企望取接。伏冀鑒其至再至三有加無已之誠，亟踐請盟之諾，卽底于成，咸戴恩德永永無極。誓書副本慮往復遷延，就以錄呈。

初，信孺之來，自以和議遂成，輒自稱通謝使所參議官。大定中，宋人乞和，以王抃爲通問使所參議官，信孺援以爲例。宗浩怒其輕妄，囚之以聞。朝廷亦以其爲行人而不能孚兩國之情，將留之，遣使問宗浩。宗浩曰：「今信孺事旣未集，自知還必得罪，拘之適使他日

有以藉口。不若數其悱易，而釋遣之使歸，自窮無辭以白其國人，則擴、侂胄必擇謹厚者來矣。」於是遣之。而復張巖書曰：

方信孺重以書來，詳味其辭，於請和之意雖若婉遜，而所畫之事猶未悉從，惟言當還泗州等驅掠而已。至於責貢幣，則欲以舊數爲增，追叛亡，則欲以橫恩爲例，而稱臣、割地、縛送姦臣三事，則並飾虛說，弗肯如約。豈以爲朝廷過求有不可從，將度德量力足以背城借一，與我軍角一日勝負者哉？既不能强，又不能弱，不深思熟慮以計將來之利害，徒以不情之語，形于尺牘而勤郵傳，何也？

兵者凶器，佳之不祥，然聖人不得已而用之，故三皇、五帝所不能免。夫豈不以生靈爲念，蓋犯順負義有不可恕者。乃者彼國犯盟，侵我疆埸，帥府奉命征討，雖未及出師，姑以逐處戍兵隨宜捍禦，所向摧破，莫之敢當，執俘折馘不可勝計，餘衆震懾靡然奔潰。是以所侵疆土，旋卽底平，爰及泗州亦不勞而復。今乃自謂捐其已得，斂軍徹戍，以爲悔過之効，是豈誠實之言！據陝西宣撫司申報，今夏宋人犯邊者十餘次，並爲我軍擊退，梟斬捕獲，蓋以億計。夫以悔艾罪咎，移書往來丐和之間，乃暗遣賊徒突我守圉，〔一〇〕冀乘其不虞，以徼倖毫末，然則所爲來請和者，理安在哉！

其言名分之諭，今昔事殊者，蓋與大定之事固殊矣。本朝之於宋國，恩深德厚，莫

可殫述，皇統謝章可概見也。至于世宗皇帝俯就和好，三十年間恩澤之渥，夫豈可忘。江表舊臣于我，大定之初，以失在正隆，致南服不定，故特施大惠，易爲姪國，以鎮撫之。今以小犯大，曲在於彼，既以絕大定之好，則復舊稱臣，於理爲宜。若爲非臣子所敢言，在皇統時何故敢言而今獨不敢，是又誠然乎哉！又謂江外之地將爲屏蔽，割之則無以爲國。夫藩籬之固，當守信義，如不務此，雖長江之險，亦不可恃，區區兩淮之地，何足屏蔽而爲國哉！昔江左六朝之時，淮南屢嘗屬中國矣。至後周顯德間，南唐李景獻廬、舒、蘄、黃，畫江爲界，是亦皆能爲國。既有如此故實，則割地之事，亦奚不可！

自我師出疆，所下州軍縣鎮已爲我有，未下者卽當割而獻之。今方信孺齎到誓書，乃云疆界並依大國皇統、彼之隆興年已畫爲定，若是則既不言割彼之地，又翻欲得我之已有者，豈理也哉！又來書云通謝禮幣之外，別備錢一百萬貫，折金銀各三萬兩，專以塞再增幣之責，又云歲幣添五萬兩疋，其言無可准。況和議未定，輒前具載約，擬爲誓書，又直報通謝等三番人使，其自專如是，豈協禮體。此方信孺以求成自任，臆度上國，謂如此徑往，則事必可集，輕瀆誑紿，理不可容。

尋具奏聞，欽奉聖訓：「昔宣、靖之際，棄信背盟，我師問罪，嘗割三鎮以乞和。今既無故興兵，蔑棄信誓，雖盡獻江、淮之地，猶不足以自贖。況彼國嘗自言，叔父姪子與君臣父子略不相遠，如能依應稱臣，〔一一〕卽許以江、淮之間取中爲界。如欲世爲子國，卽當盡割淮南，直以大江爲界。陝西邊面並以大軍已占爲定據。元謀姦臣必使縛送，緣彼懇欲自致其罰，可令函首以獻。外歲幣雖添五萬兩疋，止是復皇統舊額而已，安得爲增？可令更添五萬兩疋，以表悔謝之實。向汴陽乞和時〔一二〕嘗進賞軍之物，金五百萬兩，銀五千萬，表段裏絹各一百萬，牛馬騾各一萬，駝一千，書五監。今卽江表一隅之地，與昔不同，特加矜憫，止令量輸銀一千萬兩以充犒軍之用。方信孺言語反覆不足取信，如李大性、朱致知、李璧、吳琯輩似乎忠實，可遣詣軍前稟議。據方信孺詭詐之罪，過於胡昉，然自古兵交，使人容在其間，姑放令回報。」

伏遇主上聖德寬裕光大，天覆地容，包荒宥罪，其可不欽承以仰副仁恩之厚！儻猶有所稽違，則和好之事，勿復冀也。夫宋國之安危存亡，將繫于此，更期審慮，無貽後悔！

泰和七年九月，薨于汴。其後宋人竟請以叔爲伯，增歲幣，備犒軍銀，函姦臣韓侂胄、蘇師旦首以獻而乞盟焉。訃聞，上震悼，輟朝，命其子宿直將軍天下奴奔赴喪所，仍命葬畢持繪像至都，將親臨奠。以南京副留守張巖叟爲勅祭兼發引使，莒州刺史女奚列孛葛速爲

勅葬使，仍摘軍前武士及旗鼓笛角各五十人，外隨行親屬官員親軍送至葬所，賻贈甚厚。謚曰通敏。

贊曰：金自宗弼渡江而還，既而畫淮爲界。厥後海陵咈衆舉兵，國用虛耗，上下離心，內難先作。故世宗之初，章宗之末，有事于南，皆非得已，而詳問之使每先發焉。侂胄狂謀誤國，動非其時，取敗宜也。揆、宗浩雖師出輒捷，而行成之使，不拒其來。儀幣書辭，抑揚增損之際，有可藉口，卽許其平矣。函首之事，宋人亦欲因是以自除其禍耳。雖然，揆、宗浩常勝之家，史抃搭驍勇之將，三人相繼而死，和議亦成，天意蓋已休息南北之人歟？

校勘記

〔一〕詔追封故魯王執犛爲趙王　「執犛」原作「永功」。按本書卷八五世宗諸子傳，永功死於興定五年，不能有預在明昌四年「追封」事。又同卷云，「世宗昭德皇后生顯宗、趙王執犛、越王斜魯。執犛、斜魯皆早卒」。卷五九宗室表亦記世宗子執犛封趙王。蓋執犛爲章宗胞叔，故雖已早卒，仍爲立後，今據改。

〔二〕二年四月宣宗遷汴　按本書卷一四宣宗紀，貞祐二年五月，「上決意南遷，詔告國內。壬午，車駕發中都」。此作「四月」似誤。

〔三〕奴失不免死除名　「免」原作「處」，據文義改。

〔四〕東至胡烈么　按本書卷一一章宗紀，承安五年九月己未，記獨吉思忠言，「各路邊堡牆隍，西自坦舌，東至胡烈公」。「么」、「公」蓋皆「幺」字之誤，見本書卷一一校記〔一五〕。

〔五〕獨稱永蹈性善靜不好事　原脫「不」字，據文義補。

〔六〕命揆爲左副元帥以討之　「左」原作「右」。按本書卷一二章宗紀，泰和六年五月「戊子，平章政事僕散揆兼左副元帥」。七年二月「戊辰，平章政事兼左副元帥僕散揆薨于軍」。今據改。

〔七〕十月揆總大軍南伐　「十月」原作「十一月」。按本書卷一二章宗紀，泰和六年「冬十月戊申朔，平章政事僕散揆督諸道兵伐宋」。今據刪「一」字。

〔八〕宋郭倬李汝翼以衆五萬繼至　原脫「宋」字。按本書卷一二章宗紀，泰和六年五月癸巳，「宋田俊邁攻宿州。宋郭倬李汝翼以衆繼至，遂圍宿州」。今據補。

〔九〕撒與廣吉剌部長忒里虎追躡及之　「剌」原作「利」，據上文改。

〔一〇〕乃暗遣賊徒突我守圉　「圉」原作「圉」，據文義改。

〔一一〕如能依應稱臣　「應」殿本作「舊」。

〔一二〕向汴陽乞和時　「陽」疑當作「州」。按汴州指北宋首都，各傳常見，如本書卷六六勗傳，「宗翰、宗望定汴州，受宋帝降」。又卷七四宗翰傳，「丙辰，銀朮可等克汴州。辛酉，宋少帝詣軍前，舍青城。十二月癸亥，少帝奉表降」。此處敍北宋敗降納款史事，似作「汴州」爲是。

金史卷九十四

列傳第三十二

夾谷清臣　內族襄　夾谷衡　完顏安國　瑤里孛迭

夾谷清臣本名阿不沙，胡里改路桓篤人也。姿狀雄偉，善騎射。皇統八年，襲祖駁達猛安。大定元年，聞世宗卽位，率本部軍六千赴中都會之，以功遷昭武大將軍。從右副元帥紇石烈志寧爲管押萬戶，接應左都監完顏思敬，逐窩斡餘黨，敗之柔遠，至抹拔里達悉獲之。賊平，遷鎭國上將軍，知潁順軍事。

會宋兵二萬襲陷汝州，殺刺史烏古孫麻發〔一〕及漢軍二千。河南統軍宗尹〔二〕遣萬戶孛朮魯定方與清臣等領騎兵四千往擊之。宋人棄城遁，遂復汝州。三年五月，從志寧復取宿州，宋將李世輔大敗遁去，志寧復遣清臣等以兵追襲，又敗之。捷聞，授宿州防禦使。移博州，改西北路招討都監，遷烏古十疊部族節度使。〔三〕十二年，授右副都點檢，遷左副都點檢，出爲陝西路統軍使，兼知京兆府事。朝辭，賜以金帶廐馬，仍諭之曰：「卿典禁兵，日侍左右，勤勞久矣，故以是授卿，宜益思勉。」二十六年，改西京留守。閱三歲，遷樞密副使。

明昌元年，初議出師，以本職充東北路兵馬都統制使，既而詔止之。俄以其女爲昭儀，眷倚益重。二年，拜尚書左丞。頃之，進平章政事，封芮國公，賜同本朝人。四年，遷右丞相，監修國史。

時議簽軍戍邊，上問：「漢人與夏人孰勇？」清臣曰：「漢人勇。」上曰：「昔元昊擾邊，宋終不能制，何也？」清臣曰：「宋馭軍法不可得知，今西南路人殊勝彼也。」未幾，遷崇進，改封戴。一日，上謂宰臣曰：「人有以八陣圖來上者，其圖果何如？朕嘗觀宋白所集武經，然其載攻守之法亦多難行。」清臣曰：「兵書皆定法，難以應變。」上曰：「自古用兵亦不出奇正二法耳。且學古兵法如學弈碁，未能自得於心，而欲用舊陣勢以接敵，亦以疎矣。」

尋上表丐閑，不許。固請，乃賜告省親，諭之曰：「聞卿母老，欲令歸省，故特給假五十日，馳驛以往，至彼可爲一月留也。」五年二月，上御凝和殿，清臣省覲還，謁上。上問：「卿母健否？其壽幾何？相別幾年矣？」清臣對曰：「臣母年八十三矣，別十年，幸頗强健。」上曰：「何不來此？」曰：「急於家務，故不欲離耳。」上曰：「老人多如是，所謂『血氣既衰，戒之在得』也。」復謂清臣：「胡里改路風俗何如？」對曰：「視舊則稍知禮貌，而勇勁不及矣。」因言西南、西北等路軍人，其閑習弓矢，亦非復曩時。

六年，遷儀同三司，進拜左丞相，改封密。受命出師，行尚書省事於臨潢府。清臣遣人偵知虛實，以輕騎八千，令宣徽使移剌敏爲都統，左衛將軍充、〔四〕招討使完顏安國爲左右翼，分領前隊，自選精兵一萬以當後隊。進至合勒河，前隊敏等於栲栳濼攻營十四，下之，回迎大軍，屬部斜出掩其所獲羊馬資物以歸。清臣遣人責其賧罰，北阻轐由此叛去，大侵掠。上遣責清臣，命右丞相襄代之。承安五年，降授橫海軍節度使兼滄州管內觀察使。

初，上諭宰臣曰：「清臣舊有勞效，罪狀未甚明，若降授，應須告致仕耳。」初擬知廣寧府，上曰：「姑與滄州。」既而又曰：「與則與之，第恐有人言也。」尋復致仕。泰和二年薨，年七十。子么查剌襲猛安。初議征討，清臣主其事，既而領軍出征，雖屢獲捷而貪小利，遂致北邊不寧者數歲，天下尤之。

丞相襄本名唵，昭祖五世孫也。祖什古廼〔五〕從太祖平遼，以功授上京世襲猛安，歷東京留守。父阿魯帶，皇統初北伐有功，拜參知政事。

襄幼有志節，善騎射，多勇略，年十八襲世爵。大定初，契丹叛，從左副元帥謀衍以本部兵討賊，戰于肇州之長濼。襄先登塵擊，足中流矢，裹創以戰，氣愈厲，七戰皆勝。謀衍握其手曰：「今日之捷，皆公力也。」賊走渡霿㲯河，追及之，所駐地多草，賊乘風縱火，襄亦縱火，立空地以俟，戰十餘合，賊益困。襄謂謀衍曰：「今不乘此平殄，後將有悔。」謀衍然之。襄率衆搏戰。大敗之，俘獲萬計。會朝廷遣平章政事僕散忠義代謀衍將，襄復從忠義追賊至裊嶺西之陷泉，及之，率右翼身先奮擊，賊大潰，人馬相蹂而死，陷泉幾平。賊酋窩斡僅與數十騎遁去，卒就擒，論功爲第一。有司擬淄州刺史，詔特授亳州防禦使，時年二十三。

宋人犯南鄙，襄爲潁、壽都統，率甲士二千人渡潁水，敗敵兵五千，復潁州，生擒宋帥楊思。次濠州，宋將郭太尉退保橫澗山，襄攻之，伏弩射中其膝，督攻愈急，拔之，獲郭太尉。既而趨滁州，襄爲先鋒，將至清流關，得宋偵者，知敵欲三道夜出，掩我不備。左副元帥紇石烈志寧問計。襄曰：「今兵少地隘，儻不得關，敵至，我無所據，必先取之。」曰：「我與若孰往？」襄曰：「元帥國家大臣，詎宜輕動？襄當爲公往取。」志寧韙之。襄率騎二千，分二道，一由衡路，自以千兵間道潛登。既近，敵始覺。襄攻克之，據其關，志寧履行戰地，顧謂曰：「克敵於不可勝之地，眞天下英傑也。」及宋乞盟，班師，召爲拱衛直都指揮使，改殿前右衛

將軍，轉左衛，出爲東北路招討都監，遷速頻路節度使，移曷懶路兵馬都總管。

左丞相志寧疾甚，世宗臨問之，志寧薦襄「智勇兼濟，有經世才，他人莫及，異時任用，殆勝于臣」。卽召授殿前左副都點檢。爲宋生日使，宋方祈免親接國書，襄至，宋人屢來議，皆折之，迄成禮而還。授陝西路統軍使，賜之尙服、廐馬、鞍勒、佩刀。改河南統軍使。

入爲吏部尙書，轉都點檢，賜錢千萬。世宗謂宰執曰：「襄爲人甚蘊藉，非直日，亦入宮規畫諸事，事有所付乃退，其公勤如此。若襄之才豈多得哉！」擢御史大夫，踰月，拜尙書右丞，諭之曰：「卿在河南經制邊事，甚有統紀，及在吏部，至爲點檢，尤奉公守法，朕甚嘉之。近長憲臺，亦以剛直聞，是用委以機政，〔六〕其益勉之！」未幾，進拜左丞。襄在外任，治有異効，至是朝廷以褒賞廉吏詔天下，列其名以示獎勵。二十三年，進拜平章政事，封蕭國公。

世宗以金源郡王世嫡皇孫，將加王爵，詔擇國號。襄曰：「爲天下大計，必先正其本，原者本也，請封原。」從之。故事，諸部族節度使及其僚屬多用乣人，而頗有私縱不法者，議改用諸色人。襄曰：「北邊雖無事，恒須經略之，若杜此門，其後有勞績何以處之？請如舊。」他日，議及古有監軍之事。襄曰：「漢、唐初無監軍，將得專任，故戰必勝，攻必克。及叔世始以內臣監其軍，動爲所制，故多敗而少功。若將得其人，監軍誠不必置。」並嘉納之。詔受北部進貢。使還，世宗問邊事，具圖以進，因上羈縻屬部、鎭服大石之策，詔悉行之。進

拜右丞相，徙封戴。

世宗不豫，與太尉徒單克寧、平章政事張汝霖宿內殿，同受顧命。章宗初卽政，議罷僧道奴婢。太尉克寧奏曰：「此蓋成俗日久，若遽更之，於人情不安。陛下如惡其數多，宜嚴立格法，以防濫度，則自少矣。」襄曰：「出家之人安用僕隸？乞不問從初如何所得，悉放爲良。若寺觀物力元係奴婢之數推定者，並合除免。」詔從襄言。由是二稅戶多爲良者。

明昌元年，同知棣州防禦使審上封事，歷詆宰執。太傅克寧奏，審所言襄預知之。於是詔審還本猛安，而襄出知平陽府事。移知鳳翔，歷西京留守，召授同判大睦親府事，進樞密使，復拜右丞相，改封任。

時左丞相夾谷清臣北禦邊，措畫乖方，屬邊事急，命襄代將其衆，佩金牌，便宜從事。臨宴慰遣，賜以貂裘、鞍山、細鎧及戰馬二。時胡里乣亦叛，〔七〕嘯聚北京、臨潢之間。襄至，遣人招之，卽降，遂屯臨潢。頃之，出師大鹽濼，復遣右衛將軍完顏充進軍斡魯速城，欲屯守，俟隙進兵。繪圖以聞，議者異同，卽召面論，厚賜遣還。

未幾，遣西北路招討使完顏安國等趨多泉子。密詔進討，乃命支軍出東道，襄由西道。而東軍至龍駒河爲阻轐所圍，三日不得出，求援甚急，或請俟諸軍集乃發。襄曰：「我軍被圍數日，馳救之猶恐不及，豈可後時？」卽鳴鼓夜發。或請先遣人報圍中，使知援至。襄曰：

「所遣者儻爲敵得，使知我兵寡而糧在後，則吾事敗矣。」乃益疾馳。遲明，距敵近，衆請少憩。襄曰：「吾所以乘夜疾馳者，欲掩其不備爾。緩則不及。」嚮晨壓敵，突擊之，圍中將士亦鼓譟出，大戰，獲輿帳牛羊。衆皆奔斡里札河。遣安國追躡之。衆散走，會大雨，凍死者十八九，降其部長，遂勒勳九峯石壁。捷聞，上遣使厚賜以勞之，別詔許便宜賞賚士卒。九月，赴闕，拜左丞相，監修國史，封常山郡王。宴慶和殿，上親舉酒飲，解所服玉具佩刀以賜，俾卽服之。

十月，阻轐復叛，襄出屯北京，會羣牧契丹德壽、陁鎖等據信州叛，僞建元曰身聖，衆號數十萬，遠近震駭。襄閑暇如平日，人心乃安。初，襄之出鎭也，至石門鎭，密謂僚屬曰：「北部犯塞奚足慮。第恐姦人乘隙而動。北京近地軍少，當預爲之備。」卽遣官發上京等軍六千，至是果得其用。臨潢總管烏古論道遠、咸平總管蒲察守純分道進討，擒德壽等送京師。

契丹之亂，廷臣議罷郊祀，又欲改用正月上辛，上遣使問之，對曰：「郊爲重禮，且先期詔天下，又藩國已報表賀，今若中罷，何以副四方傾望之意？若改用正月上辛，乃祈穀之禮，非郊見上帝之本意也。大禮不可輕廢，請決行之，臣乞於祀前滅賊。」既而賊破，果如所料。郊禮成，進封南陽郡王。始討契丹，自龍虎衞上將軍、節度使以下許承制授之。襄以

爲賞罰之柄非人臣所預，不敢奉詔。賊平，請委近臣諭旨將士，使知上恩。乃遣李仁惠持宣三十、勅百五十，視功給之。

方德壽之叛，諸乣亦剽略爲民患，襄慮其與之合，乃移諸乣居之近京地，撫慰之。或曰：「乣人與北俗無異，今置內地，或生變奈何？」襄笑曰：「乣雖雜類，亦我之邊民，若撫以恩，焉能無感？我在此，必不敢動。」後果無患。尋詔參知政事裔代領其軍。入見，賜錢五千萬。明年，以內艱免。翌日，起復視事。時議以契丹戶之驅奴尙衆，乞盡鬻以散其黨，襄以爲非便，奏請量存口數，餘悉官贖爲良，上納之。

北部復叛，裔戰失律，復命襄爲左副元帥莅師，尋拜樞密使兼平章政事，屯北京。民方艱食，乃減價出糶倉粟以濟之。或以兵食方闕爲言，襄曰：「烏有民足而兵不足者？」卒行之，民皆悅服。時議北討，襄奏遣同判大睦親府事宗浩出軍泰州，又請左丞衡於撫州行樞密院，出軍西北路以邀阻轐，而自帥兵出臨潢。上從其策，賜內庫物卽軍中用之。其後斜出部族詣撫州降，上專使問襄，襄以爲受之便。賜寶劍，詔度宜窮討。乃令士自賫糧以省輓運，進屯於洒移刺烈、烏滿掃等山以逼之。因請就用步卒穿壕築障，起臨潢左界北京路以爲阻塞。言者多異同，詔問方略。襄曰：「今茲之費雖百萬貫，然功一成則邊防固而戍兵可減半，歲省三百萬貫，且寬民轉輸之力，實爲永利。」詔可。襄親督視之，軍民並役，又募

飢民以傭卽事，五旬而畢。於是西北、西南路亦治塞如所請。無何，泰州軍與敵接戰，宗浩督其後，殺獲過半，諸部相率送款，襄納之。自是北陲遂定。

襄還臨潢，減屯兵四萬、馬二萬疋。上以信符召還，遣近臣迎勞于途。既至，復撫問于第，入獻邊機十事，皆爲施行，仍厚賜之，復拜左丞相。初，襄至自軍，上諭宰臣曰：「樞密使襄築立邊堡完固。古來立一城一邑，尙有賞賚，卽欲拜三公，三公非賞功官，如左丞相亦非賞功者，雖然可特授之。」遣左司郎中阿勒根阿海降詔褒諭。四年正月，進拜司空，領左丞相如故。

襄重厚寡言，務以鎭靜守法。每掾有所稟，必問曰：「諸相云何？」掾對某相如是，某相如是。襄曰：「從某議。」其事無有異者。識者謂襄誠得相體。時上頗更定制度，初置提刑司，又議設清閑職位，如宋朝宮觀使，以待年高致仕之官。襄言：「年老致仕，朝廷養以俸廩，恩禮至渥。老不爲退，復有省會之法，所以抑貪冒，長廉節。若擬別設，恐涉于濫。」又言：「省事不如省官，今提刑官吏，多無益於治，徒亂有司事。議者以謂斯乃外臺，不宜罷。臣恐混淆之辭，徒煩聖聽。且憲臺所掌者察官吏非違，正下民寃枉，亦無提點刑獄、舉薦之權。若已設難以遽更，其採訪廉能不宜隸本司，宜令監察御史歲終體究，仍不時選官廉訪。」上皆聽納。俄乞致仕，不許。

時方旱，命有司祈雨，襄及平章政事張萬公、參政僕散揆等上表待罪。上召翰林學士党懷英草罪己詔，仍慰諭襄等視事。泰和元年春，承命馳禱于亳州太清宮及后土方嶽。以其世封遠，特改授河間府路算术海猛安。明年，皇子生，襄復自請報謝。既祀嵩嶽，還次芝田之府店，遂以疾薨，年六十三。訃聞，輟朝，遣使祭于路，葬禮依太師淄王克寧。謚曰武昭。命張行簡銘其碑。

襄明敏，才武過人，上親待之厚，故所至有功。其駐軍臨潢也，有以僞書遺西京留守徒單鎰，欲構以罪。書聞，上以書還畀襄，其明信如此。既而果獲爲僞書者。在政府二十年，明練故事，簡重能斷，器局尤寬大，待掾吏盡禮，用人各得所長，爲當世名將相。大安間，配享章宗廟廷。

夾谷衡本名阿里不，山東西路三土猛安益打把謀克人也。大定十三年，創設女直進士舉，衡中第四人，補東平府教授。調范陽簿，還充國史院編修官，改應奉翰林文字。世宗嘗謂宰臣曰：「女直進士中才傑之士蓋亦難得，如徒單鎰、夾谷衡、尼厖古鑑皆有用材也。」遷修起居注。章宗立，爲侍御史，轉右司員外郎，敷奏稱旨，升左司郎中。明昌二年，擢御史中丞，未幾，拜參知政事。三年八月，以病，表乞致仕，詔撫慰不許。

衡久在告，承詔始出，上見其羸瘠，復賜告一月。四年，詔賜今名，諭之曰：「朕選大臣，俾參機務，必資謀畫，協贊治平。其或得失晦而未形，利害膠而未決，正須識見純直，方能去取合公。比來議事之臣，鮮有一定之論，蓋以內無所守，故臨事而惑，致有中失，朕將何賴？卿忠實公方，審其是則執而不回，見其非則去而能果，度其事勢，有若權衡。汝之所長，衡實似之，可賜名『衡』。古者命名將以責實，汝先有實，可謂稱名，行之克終，乃副朕意。」

參知政事胥持國言區種法。衡曰：「若苟有利，古已行之，且用功多而所種少，復恐荒廢土田，徒勞民，無益也。」進尚書右丞。舊制，久歷隨朝職任者，得奉使江表。衡未使而拜執政，特賜錢六千貫。六年，遷尚書左丞，尋出行省于撫州。洎還入朝，聞父憂去，上亟召回，起復本職。

承安二年，出爲上京留守，尋改樞密副使，行院規畫邊事。三年，以修完封界，賜詔褒諭。四年正月，就拜平章政事，封英國公。薨，年五十一。上聞之惻然，爲輟朝，命官致祭，賻贈有加。遣使勅葬，謚曰貞獻。

完顏安國字正臣，本名閤母。其先占籍上京，世有戰功。祖斜婆，授西南路世襲合札謀克。

安國沉雄有謀畫，尤善騎射。正隆元年，從軍爲謀克，常以少擊衆。大定中，爲常山簿，轉虹縣令。會王府新建，選充虞王府掾。再遷儀鸞局副使。明昌元年，改本局使。會大石部長有乞修歲貢者，朝廷許其請，詔安國往使之。至則率衆遠迓至帳，望闕羅拜，執禮無惰容。

時北阻𨍏迫近塞垣，隣部欲立功以誇雄上國，議邀安國俱行討之。安國以未奉詔爲辭。强之，不可。或以危言怵之，安國曰：「大丈夫豈以生死易節。暴骨邊庭，不猶愈於病死牖下。」衆壯其言，餽贐如禮。既還，以奉使稱旨，升武衛軍都指揮使。出爲東北路副招討，未赴，改西北路副招討。

六年，左丞相夾谷清臣用兵，以安國爲先鋒都統。適臨潢、泰州屬部叛，安國先討定之，以功遷本路招討使，兼威遠軍節度使。承安元年，大鹽濼之戰，殺獲甚衆，詔賜金幣。既而右丞相襄總大軍進，安國爲兩路都統，大捷於多泉子。襄遣安國追敵，僉言糧道不繼，不可行也。安國曰：「人得一羊可食十餘日，不如驅羊以襲之便。」遂從其計。安國統所部萬人疾驅以薄之，降其部長。捷聞，進官四級，遷左翼都統。

承安二年，以營邊堡功，召簽樞密院事。賜虎符還邊，得以便宜從事。時並塞諸部降，諭使輸貢如初。進拜樞密副使。泰和元年，特授世襲西南路延晏河猛安，兼合札謀克。帝幸慶寧宮，命安國嚴飭邊備。奏西南路邊戍私竄者乞招誘以安人心，上是其言。三年，以疾致仕，封道國公。四年，起復前職，卒。上聞之，輟朝。勅有司葬以執政禮，贈特進。

安國在軍旅幾十五年，號令嚴明，指麾卒伍如左右手。又善伺知敵人虛實及山川險易，戰必身先士卒，故所向輒克。諸部入貢，安國能一一呼其祖先弟姪名字以戒諭之，諸部皆震慄，甚爲隣國所畏服。

瑤里孛迭，北京路窟白猛安陀羅山謀克人也。以軍功歷海濱令，遷徐王府掾，以稱職，再任御史臺。察廉，升同知震武軍節度使事。明昌初，爲唐州刺史，尋授西北路招討副使。未幾，改東北路。六年正月，北邊有警，聚兵圍慶州急，孛迭率本路軍往救，敵解去，州竟無患。

承安元年，丞相襄北伐，孛迭爲先鋒副統，進軍至龍駒河，受圍，會襄引大軍至，得解。後授鎭寧軍節度使，以六羣牧人叛，改寧昌軍。孛迭爲都統，領步騎萬次懿州，敵數萬來逆戰，兵勢甚張，孛迭親陷陣，奮力鏖擊却之，身中二創，捷聞，遷一官。

承安二年，乣軍千餘出沒剽掠錦、懿間，孛迭追敗之，復獲所掠，悉還本戶。三年，從同判大睦親府事宗浩爲左翼都統，戰移密河，勝；戰骨堡子西，殺獲甚衆。五年，授知廣寧府事，俄改東北路招討使。以捍邊有功，賜詔褒諭，三遷爲崇義軍節度使。泰和六年，卒。訃聞，遣官致祭，賜銀五百兩，贈金紫光祿大夫。

孛迭勇決善戰，自幼以軍功顯，任兵鎭十餘年，所向克捷，凡再遷官，賜金幣，甚爲上倚注云。

贊曰：易師之初六：「師出以律，否臧凶。」蓋初爲師之始，出師之道，當愼其始。清臣首議出師，遽以貪小利敗。襄雖賢，竭力而後勝其任。衡、安國、孛迭之功又亞於襄者也。然而，兵連禍結，以終金世。故兵無常勝，制勝在勢。勢制兵者强，兵制勢者亡。迹襄之開築壕塹以自固，其猶元魏、北齊之長城歟？金之勢可知矣。勢屈而兵勝，亡國之道也。金以兵始，亦以兵終。嗚呼！用兵之始，可不愼歟，可不愼歟！

校勘記

〔一〕殺刺史烏古孫麻發　按本書卷七三宗尹傳作「殺刺史烏古孫麻潑」。

〔二〕河南統軍宗尹　「尹」原作「正」。按本書卷六世宗紀，大定二年九月「癸亥，河南統軍使宗尹復取汝州」。卷七三宗尹傳亦記此事。今據改。

〔三〕遷烏古十疊部族節度使　按本書卷二四地理志，「部族節度使」有「烏古里部族節度使、石壘部族節度使」。又卷七三守能傳有「烏古里石壘部族節度副使」。「烏古十疊」當卽「烏古里石壘」。

〔四〕左衞將軍充　按「左衞將軍」本卷內族襄傳作「右衞將軍」。

〔五〕祖什古廼　按本書卷五九宗室表，「什古」兩見，無「廼」字。

〔六〕是用委以機政　「機政」原作「政機」，據文義乙正。

〔七〕時胡里乣亦叛　「里」原作「疋」，草書形近致誤。按本書卷九三獨吉思忠傳，「大定間，修築西北屯戍，西自坦舌，東至胡烈么，幾六百里」。「胡烈么」卽「胡烈乣」，亦卽「胡里乣」，參見本書卷一一章宗紀校記〔一五〕。

金史卷九十五

列傳第三十三

移剌履　張萬公　蒲察通　粘割斡特剌　程輝　劉瑋
董師中　王蔚　馬惠迪　馬琪　楊伯通　尼厖古鑑

移剌履字履道，遼東丹王突欲七世孫也。父聿魯，早亡。聿魯之族兄興平軍節度使德元無子，以履爲後。方五歲，晚臥廡下，見微雲往來天際，忽謂乳母曰：「此所謂『臥看青天行白雲』者耶？」德元聞之，驚曰：「是子當以文學名世。」及長，博學多藝，善屬文。初舉進士，惡搜檢煩瑣，去之。廕補爲承奉班祗候、國史院書寫。

世宗方興儒術，詔譯經史，擢國史院編修官，兼筆硯直長。一日，世宗召問曰：「朕比讀貞觀政要，見魏徵嘉謀忠節，良可稱歎。近世何故無如徵者？」履曰：「忠嘉之士，何代無之，

但上之人用與不用耳。」世宗曰：「卿不見劉仲誨、〔一〕張汝霖耶，朕超用二人者，以嘗居諫職，屢有忠言故也。安得謂之不用，第人材難得耳。」履曰：「臣未聞其諫也。且海陵杜塞言路，天下緘口，習以成風。願陛下懲艾前事，開諫諍之門，天下幸甚。」

初議以時務策設女直進士科，禮部以所學不同，未可概稱進士，詔履定其事，乃上議曰：「進士之科，起于隋大業中，始試以策。唐初因之，高宗時雜以箴銘賦詩，至文宗始專用賦。且進士之初，本專試策，今女直諸生以試策稱進士，又何疑焉。」世宗大悅，事遂施行。十五年，授應奉翰林文字，兼前職，俄遷修撰。二十年，詔提控衍慶宮畫功臣像，過期，降應奉。踰年，復爲修撰，轉尚書禮部員外郎。

章宗爲金源郡王，喜讀春秋左氏傳，聞履博洽，召質所疑。履曰：「左氏多權詐，駁而不純。尚書、孟子皆聖賢純全之道，願留意焉。」王嘉納之。二十六年，進本部郎中，兼同修國史、翰林修撰，表進宋司馬光古文孝經指解曰：「臣竊觀近世，皆以兵刑財賦爲急，而光獨以此進其君。有天下者，取其辭施諸宇內，則元元受賜。」俄以疾，乞補外，世宗曰：「履多病，可與便州。」遂授薊州刺史。無幾，召爲翰林待制，同修國史。明年，擢尚書禮部侍郎，兼翰林直學士。

世宗崩，遺詔移梓宮壽安宮。章宗詔百官議，皆謂當如遺詔，履獨曰：「非禮也。天子

七月而葬，同軌畢至。其可使萬國之臣朝大行於離宮乎？」上曰：「朕日夜思之，捨正殿而奠於別宮，情有所不忍，且於禮未安。」遂殯於大安殿。二十九年三月，進禮部尚書，兼翰林直學士，賜大定三年孟崇獻牓下進士及第。七月，拜參知政事，提控刊修遼史。明昌元年，進尚書右丞。

初，河溢曹州，帝問曰：「春秋二百四十二年，不言河決，何也？」履曰：「春秋止是魯史，所以鮮及他國事。」二年六月，薨，年六十一。是日，履所生也。謚曰文獻。

履秀峙通悟，精曆算書繪事。先是，舊大明曆舛誤，履上乙未曆，以金受命于乙未也，世服其善。初，德元未有子，以履爲後，旣而生子震，德元歿，盡推家貲與之。其自禮部兼直學士爲執政，乃舉前代光院故事，以錢五十萬送學士院，學者榮之。

張萬公字良輔，東平東阿人也。幼聰悟，喜讀書。父彌學，夢至一室，牓曰「張萬相公讀書堂」，已而萬公生，因以名焉。登正隆二年進士第，調新鄭簿。以憂去。服闋，除費縣簿。大定四年，爲東京辰瀋鹽副使，課增，遷長山令。時土寇未平，一旦至城下者幾萬人，萬公登陴諭以鄉里親舊意，衆感悟相率而去，邑人賴之，爲立生祠。久之，補尚書省令史，擢河北西路轉運司都勾判官，改大理評事，就陞司直，四遷侍御史、尚書右司員外郎。丞相

徒單克寧嘗謂曰：「後代我者必汝也。」俄授郎中，敷奏明敏，世宗嘉之，謂侍臣曰：「張萬公純直人也。」尋遷刑部侍郎。

章宗卽位，初置九路提刑司，選爲南京路提刑使。以治最，遷御史中丞。會北邊屢有警，上命樞密使夾谷清臣發兵擊之。萬公言：「勞民非便。」詔百官議於尚書省，遂罷兵。尋爲彰國軍節度使。

明昌二年，知大興府事，拜參知政事。踰年，以母老乞就養，詔不許，賜告省親。還，上問山東、河北粟貴賤，今春苗稼，萬公具以實對。上謂宰臣曰：「隨處雖得雨，尚未霑足，柰何？」萬公進曰：「自陛下卽位以來，興利除害，凡益國便民之事，聖心孜孜，無不舉行。至於旱災，皆由臣等，若依漢典故，皆當免官。」上曰：「卿等何罪，殆朕所行有不逮者。」對曰：「天道雖遠，實與人事相通，唯聖人言行可以動天地。昔成湯引六事自責，周宣遇災而懼，側身修行，莫不修飭人事。〔二〕方今宜崇節儉，不急之務、無名之費，可俱罷去。」上曰：「災異不可專言天道，蓋必先盡人事耳，故孟子謂王無罪歲。」左丞完顏守貞曰：「陛下引咎自責，社稷之福也。」上由是以萬公所言下詔罪己。

進士李邦乂者上封事，因論世俗侈靡，譏涉先朝，有司議言者罪，上謂宰臣曰：「昔唐張玄素以桀、紂比文皇。今若方我爲桀、紂，亦不之罪。至於世宗功德，豈容譏毀。」顧問萬公曰：「卿謂何如？」〔三〕萬公曰：「譏斥先朝，固當治罪，然舊無此法。今宜定立，使人知之。」乃命免邦乂罪，惟殿三舉。其奏對詳敏，多類此。

四年，復申前請，授知東平府事，諭之曰：「卿在政府，非不稱職，以卿母老，乞侍養，特畀鄉郡，以遂孝養。朕心所屬，不汝忘也。」萬公謝，且捧書言曰：「臣狂妄，有一言欲今日以聞，會受除未及耳。夫內外之職，憂責如一，畎畝之臣猶不忘君，芻蕘之言，明主所擇，伏望聖聰省察。」上嘉納之。六年，改知河中府，時軍興，調發叢劇，悉爲寬假，使民力易辦。人爲繪像於薰風樓，又建「去思堂」。

移鎭濟南，以母憂去職。卒哭，詔起復，拜平章政事，躐遷資善大夫，封壽國公。時李淑妃有寵，用事，帝意惑之，欲立爲后，大臣多不可。御史姬端脩上書論之，帝怒，御史大夫張暐削一官，侍御史路鐸削兩官，端脩杖七十，以贖論。淑妃竟進封元妃。又大兵雖罷，而邊事方殷，連歲旱暵，災異數見。又多變更制度，民以爲弗便而又改之，紛紛無定。萬公素沉厚深謹，務安靜少事以爲治，與同列議多不合，然頗嫌畏，不敢犯顏彊諫，須帝有問，然後審畫利害而質言之，帝雖從而弗行也。萬公於是兩上表以衰病匄閒，詔諭曰：「近卿言數事，朕未嘗行，乃朕之過。卿年未老，而遽告病，今特賜告兩月，復起視事。」

初，明昌間，有司建議，自西南、西北路，沿臨潢達泰州，開築壕塹以備大兵，役者三萬

人，連年未就。御史臺言：「所開旋爲風沙所平，無益於禦侮，而徒勞民。」上因旱災，問萬公所由致。萬公對以「勞民之久，恐傷和氣，宜從御史臺所言，罷之爲便」。後丞相襄師還，卒爲開築，民甚苦之。主兵者又言：「比歲征伐，軍多敗衂，蓋屯田地寡，無以養贍，至有不免飢寒者，故無鬭志。願括民田之冒稅者分給之，則戰士氣自倍矣。」朝臣議已定，萬公獨上書，言其不可者五，大略以爲：「軍旅之後，瘡痍未復，百姓拊摩之不暇，何可重擾，一也。通檢未久，田有定籍，括之必不能盡，適足以增猾吏之敝，長告訐之風，二也。浮費侈用，不可勝計，推之以養軍，可斂不及民而足，〔四〕無待於奪民之田，三也。兵士失於選擇，彊弱不別，而使同田共食，振厲者無以盡其力，疲劣者得以容其姦，四也。奪民而與軍，得軍心而失天下心，其禍有不可勝言者，五也。必不得已，乞以冒地之已括者，召民蒔之，以所入贍軍，則軍有坐獲之利，而民無被奪之怨矣。」皆不報。一日奏事，上謂萬公曰：「卿昨言天久陰晦，亦由人君用人邪正不分。君子當在內，小人當在外，甚有理也，然孰謂小人？」萬公奏「張煒、田櫟、張嘉貞等，雖有才幹，無德可稱」。上卽命三人補外。

泰和元年，連章請老，不許，遷榮祿大夫，賜其子進士及第。明年，章再上，有旨：「得非卿有所言，朕有不從者乎？或同列情見不一，而多違卿意邪？不然，何求去如是之數也。」萬公謝無他，第以病言。三年正月，章再上，不允，加銀青光祿大夫。三月，歷舉朝臣有名

者以自代，求去甚力，上知其不能留，諭曰：「朕初卽位，擢卿執政，繼遷相位，以卿先朝舊人，練習典故，朕甚重之。且年雖高而精力未衰，故以機務相勞。爲卿屢求退去，故勉從之，甚非朕意也。」加金紫光祿大夫，致仕。

六年，南鄙用兵，上以山東重地，須大臣鎭撫之，先任完顏守貞卒，於是特起萬公知濟南府、山東路安撫使。山東連歲旱蝗，沂、密、萊、莒、濰五州尤甚。萬公慮民飢盜起，當預備賑濟。時兵興，國用不給，萬公乃上言乞將僧道度牒、師德號、觀院名額幷鹽引，付山東行部，於五州給賣，納粟易換。又言督責有司禁戢盜賊之方。上皆從之。宋人請和，復乞致仕，許之，加崇進，仍給平章政事俸之半。泰和七年，薨。命依宰臣故事，燒飯，賻葬。贈儀同三司，謚曰文貞。

萬公淳厚剛正，門無雜賓，典章文物，多所裁正。上嘗與司空襄言秋山之樂，意將有事於春蒐也。顧視萬公，萬公曰：「動何如靜。」上改容而止。輔政八年，其所薦引，多廉讓之士焉。大安元年，配享章宗廟廷。

蒲察通本名蒲魯渾，中都路胡土愛割蠻猛安人也。熙宗選護衞，見通名，以筆識之。通以父老，懇乞就養。衆訝之曰：「得充侍衞，終身榮貴，今乃辭，過人遠矣。」朝廷義而從

之。後因會葬宋王宗望於房山，以門閥，加昭信校尉，授頓舍。〔五〕改御院通進。海陵伐宋，隆州諸軍尤精銳，付通總之。兵壓淮，令通率騎二百先濟覘敵。及弇中，敵兵躍出，通按兵直前，傍有舞槊來刺者，回身射之，應弦而斃。諸軍併擊，敗之。海陵召見，喜形於色，曰：「兵事定，汝勿憂爵賞。」至揚州，通營別屯。是夜，海陵遇弑，有來告者，通欲執而殺之，續聞其實，哀悶仆地，衆掖而起，徑入營門哭之。

軍還，入見，世宗顧謂近臣曰：「朕素知是人，幼嘗從游，性溫厚，有識慮，又精騎射。」授尙廐局副使。又諭近臣曰：「常令見朕，欲問以事而考其言，朕將用之。」窩斡反，命通佩金符，詣軍前督戰。賊破，以功授世襲謀克。奚人亂，承詔繼往蒞軍。還本局使，以母喪免，起爲殿前右衞將軍，兼領閑廐。尋命其子蒲速烈尙衞國公主。出爲肇州防禦使，賜以金帶，〔六〕仍諭以補外之意，因戒勅之，語在世宗紀中。尋擢蒲與路節度使，移鎭歸德軍，遷西南路招討，入知大興府事，除殿前都點檢。初，大理卿闕，世宗欲令通爲之，問宰臣，對曰：「通，點檢器也。」上曰：「點檢繁冗，無由顯其能。通明敏才幹，正掌法之官。」又曰：「通之機識，崇尹不及也。」

大定十七年，拜尙書右丞，轉左丞。詔議推排猛安謀克事　大臣皆以爲止驗見在產業，定貧富，依舊科差爲便。通言：「必須通括各謀克人戶物力多寡，則貧富自分。貧富分，則

版籍定，如有緩急，驗籍科差，富者不得隱，貧者不重困。與一例科差者，大不侔矣。」上是通言，謂宰臣曰：「議事當如通之盡心也。」閱三歲，進平章政事，封任國公。

世宗將幸上京，以通朝廷舊人，命爲上京留守，先往鎭撫之。二十五年，除知眞定府事，世宗曰：「朕復欲相卿，惜卿老矣，故以此授卿。」仍賜錢千貫。未幾，改知平陽府事，移鳳翔，致仕。明昌四年，上諭宰臣曰：「通先朝重臣，年雖高而未衰。」因命知廣寧府事。累表請老，復以開府儀同三司致仕。

承安三年薨。諭旨於其弟曰：「舊制，致仕宰相，無祭葬禮，通舊臣懿戚，故特命勅祭及葬。」初，通在政府，舉太子率府完顏守貞、監察御史裔倶可大用，其後皆爲名臣，世多其知人云。

粘割斡特剌，蓋州別里賣猛安奚屈謀克人也。貞元初，以習女直字試補戶部令史，轉尙書省令史。大定七年，選授吏部主事，歷右補闕、修起居注。

九年，河南路統軍使宗敍以宋人欲啓兵釁，上言求入見，世宗遣斡特剌就問之，仍究其實。至汴，問宗敍，及召凡嘗言邊事者詰之，皆無狀。還報，世宗喜曰：「朕固知妄也。」授左司員外郎。

十年，以夏國發兵築祁安城及襲殺喬家族首領結什角，又諜者言夏與宋人通謀犯邊，詔大理卿李昌圖與斡特剌往按其事。夏人報言，結什角以兵犯夏境故殺之，祁安城本上國所賜舊積石地，發兵修築以備他盜耳。又察知宋、夏無交通狀，及喬家族民戶願令結什角姪趙師古爲首領，具以聞。世宗甚悅，轉右衞將軍，〔七〕賜衣馬車牛弓矢器仗。十二年，爲夏國生日使，還授右司郎中，遷右副都點檢。久之，出爲河南路統軍都監，賜金帶及具裝馬。

十七年，授昌武軍節度使，兼領前職。明年，入爲刑部尙書，拜參知政事。世宗嘗諭平章政事唐括安禮曰：「朕思爲治之道，考擇人材最爲難事，其餘常務各有程式，非此比也。如斡特剌所舉者，頗稱朕意。」時右三部檢法蒙括蠻都告斡特剌與招討哲典朋黨，乞付刑部詰問，世宗曰：「若哲典免死，則可謂朋黨。今已伏誅，乃誣謗耳。」又謂宰臣曰：「朕素知此人極有識慮，貌雖柔而心甚剛直，所行不率易也。」二十二年，委提控代州阜通監，召見諭之曰：「朕自任卿以來，悉卿材幹，故擢爲執政。卿亦體朕待遇之意，能勉盡所職，凡謀議奏對多副朕心，莫倚上有宰相而自嫌外。蓋舊人年老，新人未苦經練，是以委責於卿，但有所見悉心以言，勿持嫌以爲不知也。」二十三年，進尙書右丞，兼樞密副使，表乞解一職，詔許解樞密。世宗以猛安謀克拋留土田，責宰臣曰：「此事皆卿輩所當陳舉，乃俟朕言而後行，蓋

卿輩以爲細務非天子所親。朕嘗思之，獄訟簿書有斡特剌在，餘事卿輩略不介意，朕亦安能置而不問邪？」俄坐事削一階，令視事如故。

二十六年，轉尚書左丞。世宗謂曰：「朕昨與宰臣議可授執政者，卿不在焉。今阿魯罕年老，斡魯也多病，吾欲用宗浩何如？」斡特剌奏曰：「彼二人者恐不得力，獨宗浩幹能可任。」遂用宗浩。又謂曰：「朕於天下事無不用心，一如草創時。」斡特剌曰：「自古人君始勤終怠者多矣，有始有終，惟聖人能之。」上曰：「唐太宗至明之主也，然魏徵諫以十事，謂其不能有終，是則有終始者實爲難矣。」二十八年，爲上京留守，賜通犀帶及射生馬一。

明昌二年致仕。承安初，有事北方，朝廷欲得舊臣任之，乃起爲東京留守，遣監察御史完顏綱諭旨曰：「知汝精神尚健，故復用也。」明年，改上京留守，又諭之曰：「上京祖先基業之地，卿馳驛之任，到彼便宜行事。邊事稍息，卽召卿還。」二年九月，還朝，拜平章政事，封芮國公。在位數月，薨，年六十九。訃聞，上傷悼久之，遣官致祭，賻贈銀千二百五十兩、重幣四十五端、絹四百五十疋、錢二千貫，謚曰成肅。

斡特剌性溫厚醞藉，嘗爲丞相紇石烈良弼所薦，後世宗謂宰臣曰：「良弼善知人，如斡特剌輩其才眞可用也。」在相位十餘年，甚見寵遇，唯奏定五品官子與外路司吏同試部令史，及令隨朝吏員得試國史院書寫，世宗以爲非云。

程輝字日新，蔚州靈仙人也。皇統二年，擢進士第，由尚書省令史升左司都事。久之，爲南京路轉運使，以宮殿火，降授磁州刺史。有吳僧者殺州人張善友而取其妻，輝督捕之，命張母以長錐刺僧與其妻無完膚以死。改陝西東路轉運使，再遷戶部尚書。

大定二十三年，拜參知政事。世宗諭之曰：「卿年雖老，猶可宣力。事有當言，毋或隱默。卿其勉之。」一日，輝侍朝，世宗曰：「人嘗謂卿言語荒唐，今遇事輒言，過於王蔚。」顧謂宰臣曰：「卿等以爲何如？」皆曰：「輝議政可否，略無隱情。」輝對曰：「臣年老耳聵，第患聽聞不審，或失奏對。苟有所聞，敢不盡心。」舊廟祭用牛，世宗晚年欲以他牲易之，輝奏曰：「凡祭用牛者，以牲之最重，故號太牢。語曰：『犁牛之子騂且角，雖欲勿用，山川其舍諸？』古禮不可廢也。」

二十四年，世宗幸上京，尚書省奏來歲正旦外國朝賀事，世宗曰：「上京地遠天寒，朕甚憫人使勞苦，欲卽南京受宋書，何如？」輝對曰：「外國使來必面見天子，今半途受書，異時宋人託事效之，何以辭爲？」世宗曰：「朕以誠實，彼若相詐，朕自有處置耳。」輝以爲不可，於是議權免一年。會有司市麵不時酬直，世宗怒監察不舉劾，杖責之。以問輝，輝對曰：「監察，君之耳目。所犯罪輕，不贖而杖，亦一時之怒也。」世宗曰：「職事不舉，是故犯也，杖之何不

可。」輝對曰：「往者不可諫，來者猶可追。」

二十六年，以老致仕。次年，復起知河南府事，輝辭以衰老不任，召入香閣，諭之曰：「卿年老而精力尚强，雖久歷外，未嘗得嘉郡，河南地勝事簡，故以處卿，卿可優游頤養。」輝曰：「臣猶老馬也，芻豆待養，豈可責以筋力。向者南京宮殿火，非聖恩寬貸，臣死久矣。今河之徑河南境上下千餘里，河防之責視彼尤重，此臣所以憂不任也。」於是特詔不預河事。章宗立，時輝年七十六，復乞致仕，詔許之，仍給參知政事半俸。承安元年卒，謚曰忠簡。

輝性倜儻敢言，喜雜學，尤好論醫，從河間劉守眞說，率用涼藥。神童嘗添壽者方數歲，〔八〕輝召之，因書「醫非細事」四字，添壽塗「細」字，改書作「相」，輝頗慚，人亦以此爲中其病云。

劉瑋字德玉，咸平人也。唐盧龍節度使仁敬之裔。祖弘，遼季鎭懿州，王師至，弘以州降，太祖俾知咸州，後以同平章政事致仕。父君詔，同知宣徽院事。瑋幼警悟，業進士舉，熙宗錄其舊，特賜及第。調安次丞。由遵化縣令補尚書省令史，歷戶部主事、監察御史，累轉尚書省都事。宰臣奏擬瑋經畫軍民田土，世宗見其名曰：「劉瑋尚淹此乎。」遷戶部員外郎。時將東巡，命瑋同工部郎中宋中往營行宮，就陞郎中。改同知宣徽院事，爲使宋國信副使。瑋父兄皆以是官使江左，當時榮之。還授戶部侍郎。

初，世宗器瑋材幹，以爲無施不可，及將幸上京，以行在所須皆隸太府，欲瑋領其事，嫌其稍下，故移戶部侍郎張大節於工部，而以戶部授瑋。上還，謂宰臣曰：「劉瑋極有心力，臨事閑暇，第用心不正耳。若心正當，其人才不可得也。」

明年，擢戶部尚書。時河決于衞，自衞抵淸、滄皆被其害，詔兼工部尚書往塞之。或以謂天災流行，非人力所能禦，惟當徙民以避其衝，瑋曰：「不然。天生五材，遞相休王，今河決者土不勝水也。俟秋冬之交，水勢稍殺，以漸興築，庶幾可塞。」明年春，瑋齋戒禱于河，功役齊舉，河乃復故。召還增秩，以爲宋弔祭副使。世宗不豫，拜參知政事，仍領戶部，既而爲山陵使。尋上表請外，出知濟南府事，移鎭河中。明昌二年，徙知大名府，〔九〕仍領河防事。

三年，入拜尚書右丞。上嘗問考課法今可行否，右丞相夾谷淸臣曰：「行之亦可，但格法繁則有司難於承用耳。」瑋曰：「考課之法本於總核名實，今提刑司體察廉能贓濫以行賞罰，亦其意也。若別議設法，恐涉太繁。」上問唐代何如，瑋對以「四善、二十七最」。明年六月，卒。是日，上將擊毬於臨武殿，聞瑋卒而止，謚曰安敏。

後上謂宰臣曰：「人爲小官或稱才幹，及其大用則不然。如劉瑋固甚幹，然自世宗朝逮

輔朕，於事多有知而不言者。若實愚人則不足論，知及之而不肯盡心，可乎？」平章政事完顏守貞曰：「春秋之法，責備賢者。」上曰：「夫爲宰相而欲收恩避怨，使人人皆稱己是，賢者固若是乎？」

董師中字紹祖，洺州人也。少敏贍，好學強記。擢皇統九年進士第，調澤州軍事判官。改平遙丞。縣有劇賊王乙，素凶悍不可制，師中捕得杖殺之，一境遂安。時大軍後，野多枯胔，縣有遺櫬寓于驛舍者，悉爲葬之。遷絳上令，補尚書省令史，右相唐括訛魯古尤器重之，撫其座曰：「子議論英發，襟度開朗，他日必居此座。」再考，擢監察御史，遷尚書省都事。初，師中爲監察時，漏察大名總管忽刺不公事，及忽刺以罪誅，世宗怒曰：「監察出使郡縣，職在彈糾，忽刺親貴尤當用意，乃徇不以聞。」削官一階，降授沁南軍節度副使。累遷坊州刺史。

明昌元年，初置九路提刑司，師中選爲陝西路副使，坐修公廨濫支官錢罪，以贖論。及御史臺言其寬和有體，召爲大理卿。御史中丞吳鼎樞舉以自代，尚書省亦奏其才行，遂擢中丞。時西北路招討使宗肅以平章夾谷清臣薦，知大興府事。師中上言：「宗肅近以贓罪鞫于有司，獄未竟，不宜改除。」上納其言，曰：「朕知之矣。有功不賞，有罪不罰，雖唐、虞不

能化天下。」命復送有司。

四年，上將幸景明宮，師中及侍御史賈鉉、治書侍御史粘割遵古諫，以謂「勞人費財，蓋其小者，變生不虞，所繫非輕。聖人法天地以順動，故萬舉萬全。今邊鄙不馴，反側無定，必里哥孛瓦貪暴強悍，深可爲慮。陛下若問諸左右，必有容悅而言者，謂堂堂大國，何彼之恤。夫蠭蠆有毒，患起所忽。今都邑壯麗，內外苑囿足以優佚皇情，近畿山川飛走充牣，足以閱習武事，何必千車萬騎，草居露宿，逼介邊陲，遠煩偵候，以冒不測之悔哉。」上不納。

師中等又上疏曰：「近年水旱爲沴，明詔罪已求言，罷不急之役，省無名之費，天下欣幸。今方春東作，而亟遣有司修建行宮，揆之於事，似爲不急。況西、北二京，臨潢諸路，比歲不登。加以民有養馬簽軍挑壕之役，財力大困，流移未復，米價甚貴，若扈從至彼，又必增價。日糴升合者口以萬數，舊藉北京等路商販給之，倘以物貴或不時至，則飢餓之徒將復有如曩歲，殺太尉馬、毀太府瓜果、出忿怨言、起而爲亂者矣。書曰：『民情大可見，小人難保。』況南北兩屬部數十年捍邊者，今爲必里哥孛瓦誘脅，傾族隨去，邊境蕩搖如此可虞，若忽之而往，豈聖人萬舉萬全之道哉。迺者太白晝見，京師地震，又北方有赤色，遲明始散。天之示象，冀有以警悟聖意，修德銷變。矧夫逸遊，古人所戒，遠自周、秦，近逮隋、唐與遼，皆以是生釁，可不愼哉，可不畏哉。」左補闕許安仁、右拾遺路鐸亦皆上書論諫。是日，上御後

閤，召師中等賜對，卽從其奏，仍遣諭輔臣曰：「朕欲巡幸山後，無他，不禁暑熱故也。今臺諫官咸言民間缺食處甚多，朕初不盡知，旣已知之，暑雖可畏，其忍私奉而重民之困哉。」迺罷北幸。尋爲宋生日國信使，還以所得金帛分遺親舊。五年，上復如景明宮，師中及臺諫官各上疏極諫，上怒，遣近侍局直長李仁愿詣尙書省，召師中等諭之曰：「卿等所言，非無可取，然亦有失君臣之體者。今命平章諭旨，其往聽焉。」

戶部尚書馬琪表舉自代，擢吏部尚書。初，完顏守貞改爲西京留守，朝京師，上欲復用，監察御史蒲刺都等糾彈數事，師中辨其誣，而舉守貞正人可用，守貞由是復拜平章政事。及守貞以罪斥，上曰：「向薦守貞者應降黜。如董師中言臺省無此人不治，路鐸、李敬義亦嘗推舉，可左遷於外。然三人者後俱可用，今姑出之，以正失舉罪。」除陝西西路轉運使。歲餘，徵爲御史大夫，命與禮部尚書張暐看讀陳言文字。踰三月，拜參知政事，進尚書左丞。他日奏事，上語輔臣曰：「御史姬端脩言小人在側，果誰歟？」師中曰：「應謂李喜兒輩。」上默然。

師中通古今，善敷奏，練達典憲，處事精敏，嘗言曰：「宰相不當事細務，要在知人才，振綱紀，但一心正、兩目明，足矣。」承安四年，表乞致仕，詔賜宅一區，留居京師。以寒食，乞過家上冢，許之，且命賦寒食還家上冢詩。每節辰朝會，召入侍宴，其眷禮如此。泰和二

年，薨，年七十四。上聞之，甚悼惜，顧謂大臣曰：「凡正人多執方而不通，獨師中正而通。」詔依見任宰執例葬祭，仍賻贈之，謚曰文定。

師中工文，性通達，疏財尚義，平居則樂易眞率，其臨事則剛決，挺然不可奪。弟師儉，初業進士，欲籍其資廕。師中保任之，密令人代給堂帖，使之肄業。師儉感其義方，力學後遂登第。方在政府，近侍傳詔，將錄用其子，師中奏曰：「臣有姪孤幼，若蒙恩錄，勝于臣子。」上義之，以其姪爲筆硯承奉。與胥持國同輔政，頗相親附，世以此少之。

王蔚字叔文，香河人也。登皇統二年進士第，調良鄉丞。治績優等，補尚書省令史，知管差除。蔚性通敏，曉析吏事，尋授都事，以喪去，起復，行左司員外郎，遷郎中。大定二年，超授河東北路轉運使，諭旨曰：「汝在海陵時，行事多不法。然朕素知爾才幹，欲授以內除，而憲臺有言，以是補外。如能澡心易行，必當升擢，否則勿望再用。」旣而察廉爲第一，授中都路都轉運使。改吏部尚書，以斷護衞出職事不當，奪官一階。頃之，出知河中府事，遷南京留守。

十五年，拜參知政事，蔚懇辭不任負荷，勑諭之曰：「卿但履正奉公，無或阿順，何以辭爲？」十六年，出知眞定府事，累轉知河中府。明昌元年，召拜尚書右丞，致仕，卒。

馬惠迪字吉甫，漷陰人也。擢天德三年進士第，再調昌邑令，察廉第一，補尙書省令史。大定中，出爲西京留守判官，以治最，擢同知崇義軍節度事。累遷左司郎中。先是，鄧儼居是職，世宗愛其明敏，惠迪一日奏事退，上謂宰臣曰：「人之聰明多失於浮衒，若惠迪聰明而朴實，甚可喜也。朕嘗與論事，五品以下朝官少有如者。」未幾，超授御史中丞，拜參知政事。

時烏底改叛亡，世宗已遣人討之，又欲益以甲士，毀其船栰。惠迪奏曰：「得其人不可用，有其地不可居，恐不足勞聖慮。」上曰：「朕固知之。所以毀其船栰，正欲不使再窺邊境耳。」尋以憂去，起爲昭義軍節度使。明昌元年，爲南京留守，致仕，卒。

馬琪字德玉，大興寶坻人。正隆五年擢進士第，調淸源主簿，三遷永淸令。永淸畿縣，號難治，前令要介有能聲，琪繼以治聞。補尙書省令史，以永淸治最，授同知定武軍節度使事、興中府治中，召爲戶部員外郎，改侍御史。

世宗謂宰臣曰：「比者馬琪主奏高德溫獄，其於富戶寄錢事皆略不奏。朕以琪明法律而正直，所爲乃爾，稱職之才何其難也？古人雖云『罪疑惟輕』，非爲全尙寬縱也。」尋轉左

司員外郎，扈從東巡，遷右司郎中，移左司。時擇使宋國者，世宗欲命琪，宰臣言其資淺，詔特遣之，還授吏部侍郎，改戶部。

章宗卽位，除中都路都轉運使。時戶部闕官，上命宰臣選可任者，或舉同知大興府事烏古孫仲和，上曰：「仲和雖有智力，恐不能主錢穀。理財安得如劉晏者，官用足而民不困，唐以來一人而已。」或舉琪，上然之，曰：「琪不肯欺官，亦不肯害民，是可用也。」遂擢爲戶部尙書。久之，削官一階。初，琪病告，近侍傳旨，不具服曳履而出，有司議當徒二年，減外猶追官解任。大理少卿閻公貞以爲琪本荒遽失措，與非病告有違不同，宜減徒二年三等論之。上從公貞議，任職如故。

明昌四年，拜參知政事，詔諭之曰：「戶部遽難得人，顧無以代卿者，故用卿晚耳。」一日，上謂琪曰：「卿在省久矣，比來事少於往時何也。」琪曰：「昔宰職多有異同，今情見不同者甚少。」上曰：「往多情見爲是耶，今無者爲是耶？」琪曰：「事狀明者不假情見，便用情見，亦要歸之是而已。」五年，河決陽武，灌封丘而東，琪行尙書省事往治之，訖役而還。遷中大夫。承安元年，北邊用兵，而連歲旱暵，表乞致仕，不許。明年，出鎭安武軍，致仕，卒。子師周，閤門祗候，當給假，以聞。上悼之，以不奏聞責諭有司，後二品官卒皆具以聞，自琪始。

琪性明敏，習吏事，其治錢穀尤長，然性吝好利，頗爲上所少云。

楊伯通字吉甫，弘州人。擢大定三年進士第，由尙書省令史爲吏部主事、順義軍節度副使，以憂去。吏部侍郎馬琪表薦伯通廉幹，尙書省覆察如所舉，召爲尙書省都事，授同知定武軍節度使事。明昌元年，擢左司員外郎，轉郎中，累遷吏部尙書，尋移戶部。

承安二年，拜參知政事。監察御史路鐸劾奏伯通引用鄉人李浩，以公器結私恩。左司郎中賈益承望風旨，不復檢詳，言之臺端，欲加糾劾，大夫張暐輒尼不行。上命同知大興府事賈鉉詰之，伯通居家待罪。鉉奏：「暐言彈紏大臣，須有實跡，所劾不當，徒壞臺綱。益言除授皆宰執公議，不言伯通私枉。」詔責鐸言事輕率，而慰諭伯通治事。伯通再上表辭，不許。四年，進尙書左丞，致仕，卒。

尼厖古鑑本名外留，隆州人也。識女直小字及漢字，登大定十三年進士第，調隆安教授。改卽墨主簿，召授國子助教，擢近侍局直長。世宗器其材，謂宰臣曰：「新進士中如徒單鎰、夾谷衡、尼厖古鑑，皆可用也。」改太子侍丞。〔一〇〕踰年，遷應奉翰林文字，兼右三部司正。世宗復謂宰臣曰：「鑑嘗近侍，朕知其正直幹治。及爲東宮侍丞，保護太孫，禮節言動

猶有國俗純厚舊風，朕甚嘉之。」

章宗立，累遷尙書戶部侍郎，兼翰林直學士。俄轉同知大興府，用大臣薦，改知大興府事。明昌五年拜參知政事，薨，謚曰文肅。

贊曰：移剌履從容進說，信孚於君，至論經純傳駁，以孝行爲治本，其得古人遺學歟。昔臧孫達忠諫於魯，君子知其有後，信矣。張萬公引正守己，質言無華。開壕括地之議，明灼利害，如指諸掌，閉於羣說而不式，致仕而歸，理勢然也。蒲察通之哭海陵，君臣大義死生一之，其志烈矣。程輝、斡特剌之鯁直，劉瑋、董師中之通敏，才皆足以發聞，然師中有附胥之譏，劉瑋見避事之責，其視前人多有愧矣。王蔚、馬惠迪之徒，何足算也。

校勘記

〔一〕卿不見劉仲誨　「誨」原作「晦」，據本書卷七八劉仲誨傳改。

〔二〕莫不修飭人事　「飭」原作「飾」，據殿本改。

〔三〕卿謂何如　「謂」原作「爲」，據殿本改。

〔四〕可斂不及民而足　原脫「足」字。按元遺山集卷一六平章政事壽國張文貞公神道碑記張萬公上

書大略，詞句相同，此句作「可斂不及民而足」。今據補。

〔五〕授頓舍　按本書卷五六百官志，殿前都點檢司屬官有「頓舍官二員，正八品」。「舍」下疑脫「官」字。

〔六〕賜以金帶　原脫「帶」字。按本書卷六世宗紀，大定七年十二月「戊戌，肇州防禦使蒲察通朝辭，賜通金帶」。今據補。

〔七〕轉右衞將軍　原脫「衞」字。按金制無「右將軍」。本書卷六一交聘表，大定十二年「九月辛巳，以殿前右衞將軍粘割斡特剌爲夏生日使」。今據補。

〔八〕神童嘗添壽者方數歲　按本書卷一二六麻九疇傳，「太原常添壽四歲能作詩」。疑「嘗」作「常」是。

〔九〕徙知大名府　「名」原作「明」。據本書卷二六地理志改。

〔一〇〕改太子侍丞　按本書卷八世宗紀，大定二十六年十一月「戊辰，以近侍局直長尼厖古鑑純直通敏，擢皇太孫侍丞」。又本卷下文有「及爲東宮侍丞，保護太孫」句，則「太子」當作「太孫」是。

金史卷九十六

列傳第三十四

黃久約　李晏　李仲略　李愈　王賁
許安仁　梁襄　路伯達

黃久約字彌大，東平須城人也。曾祖孝綽有隱德，號「潛山先生」。父勝，通判濟州。母劉氏，尙書右丞長言之妹，一夕夢鼠銜明珠，寤而久約生，歲實在子也。

擢進士第，調鄆城主簿，三遷曹州軍事判官。有盜竊民財，訴者以爲强，郡守欲傅以重辟，久約閱實，囚得免死。累擢禮部員外郎，兼翰林修撰，升待制，授磁州刺史。磁並山，素多盜，旣獲而款伏者，審錄官或不時至，繫者多以杖殺，或死獄中。久約慨然曰：「民雖爲盜而不死于法可乎？」乃盡請讞之而後行。

久之，復入翰林爲直學士，尋授左諫議大夫，兼禮部侍郎，爲賀宋生日副使。至臨安，適館伴使病，宋人議欲以副使代行使事，久約曰：「設副使亦病，又將使都轄、掌儀輩行禮乎？」竟令國信使獨前行，副使與館伴副使聯騎如故，乃終禮而還。道經宿、泗，見貢新枇杷子者，州縣調民夫遞進，還奏罷之。

時以貧富不均，或欲令富民分貸貧者，下有司議，久約曰：「物之不齊，物之情也。貧富不均，亦理之常。若從或者言，適足以斂怨，非損有餘補不足之道。」章宗時領右丞相，韙其議。尋上章請老，詔諭之曰：「卿忠直敢言，匡益甚多，未可使去左右。」遷太常卿，仍兼諫職。

時郡縣多闕官，久約言：「世豈乏材，閡於資格故也。明詔每責大臣以守格法而滯人材，乞斷自宸衷而力行之。」世宗曰：「此事宰相不屬意，而使諫臣言之歟？」卽日授刺史者數人。久約又言宜令親王以下職官遞相推舉，世宗曰：「薦舉人材惟宰相當爲耳，他官品雖高，豈能皆有知人之監。方今縣令最闕，宜令刺史以上舉可爲縣令者，朕將察其實能而用之。」又謂久約曰：「近日察舉好官皆是諸科監臨，全無進士何也？豈薦舉之法已有姦弊，不可久行乎？」久約曰：「諸科中豈無廉能人，不因察舉有終身不至縣令者，此法未可廢也。」上曰：「爾舉孫必福是乎？」久約曰：「臣頃任磁州時，必福爲武安丞，臣見其廉潔向公、無所顧避，所以保舉。不謂必禰既任警巡使，處決凝滯。」上曰：「必禰非獨遲緩，亦全不解事，所以罪不及保官者，幸其無贓汙耳。」久約無以對。必禰五經出身，蓋諸科人，故上問及之。塈日侍朝，故事，宰相奏事則近臣退避，久約欲趨出，世宗止之，自是諫臣不避以爲常。

章宗即位，久約以國富民貧、本輕末重、任人太雜、吏權太重、官鹽價高、坊場害民、與夫選左右、擇守令八事爲獻，皆嘉納之。再乞致仕，不許，授橫海軍節度使以優佚之。明昌二年致仕，卒。久約雋朗敢言，性友弟，爲文典贍，有外祖之風云。〔一〕

李晏字致美，澤州高平人。性警敏，倜儻尚氣。皇統六年，登經義進士第。調岳陽丞。再轉遼陽府推官，歷中牟令。會海陵方營汴京，運木於河，晏領之。晏以經三門之險，前後失敗者衆，乃馳白行臺，以其木散投之水，使工取於下流，人皆便之。丁內艱，〔二〕服除，召補尚書省令史。辭去，爲衞州防禦判官。世宗素識其才名，尋召爲應奉翰林文字，特令詣閣謝，上顧謂左右曰：「李晏精神如舊。」慰勞甚悉。時方議郊禮，命攝太常博士，俄而眞授。爲高麗讀册官，五遷祕書少監，兼尚書禮部郎中，除西京副留守。世宗謂侍臣曰：「翰林舊人少，新進士類不學，至於詔赦册命之文鮮有能者，可選外任有文章士爲之。」左右舉晏，上

曰：「李晏朕所自識。」於是召爲翰林直學士，兼太常少卿。以母老乞歸養，授鄭州防禦使，未赴，母卒。起復爲翰林直學士。

世宗御後閣，召晏讀新進士所對策，至「縣令闕員取之何道」，上曰：「朕夙夜思此，未知所出。」晏對曰：「臣伏念久矣，但無路不敢言。今幸待罪侍從，得承大問，願竭所知。」上曰：「然則何如？」對曰：「國朝設科取士始分南北兩選，北選百人，南選百五十人，合二百五十人。詞賦經義入仕之人既多，所以縣令未嘗闕員。其後南北通選，止設詞賦一科，每舉限取六七十人。入仕之人既少，縣令闕員蓋由此也。」上以爲然，詔後取人毋限以數。尋擢吏部侍郎，兼前職，諭旨曰：「卿性果敢，有激揚之意，故以授卿，宜加審愼，毋涉荒唐。」俄爲中都路推排使，遷翰林侍講學士，兼御史中丞。

會朝士以病謁告，世宗意其詐，謂晏曰：「卿素剛正，今某詐病，以宰相親故，畏而不糾歟？」晏跪對曰：「臣雖老，平生所恃者誠與直爾。百官病告，監察當視。臣爲中丞，官吏姦私則當言之。病而在告，此小事臣容有不知，其畏宰相何圖焉。」既出，世宗目送之，曰：「晏年老，氣猶未衰。」一日，御史臺奏請增監察員，上曰：「採察內外官吏，固係監察。然爾等有所聞知，亦當彈劾。況糾正非違，臺官職也，苟不能正其身，如正人何？」顧謂晏曰：「豳王年少未練，朕以臺事委卿，當一一用意。」

初，錦州龍宮寺，遼主撥賜戶民俾輸稅于寺，歲久皆以爲奴，有欲訴者害之島中。晏乃具奏：「在律，僧不殺生，況人命乎。遼以良民爲二稅戶，此不道之甚也，今幸遇聖朝，乞盡釋爲良。」世宗納其言，於是獲免者六百餘人。故同判大睦親府事謀衍家有民質券，積其息不能償，因沒爲奴，屢訴有司不能直，至是，投匭自言。事下御史臺，晏檢擿案狀得其情，遂奏免之。尋爲賀宋正旦國信副使。

章宗立，晏言十事以上：一曰，風俗奢僭，宜定制度。二曰，禁游手。三曰，宜停鑄錢。四曰，免上戶管庫。五曰，太平宜興禮樂。六曰，量輕租稅。七曰，減鹽價。八曰，免監官賠納虧欠。九曰，有司苟且，乞申明經久遠圖。十曰，禁網差密，宜尚寬大。又奏「乞委待制党懷英、修撰張行簡更直進讀陳言文字，以廣視聽」。皆採納之。以年老乞致仕，改禮部尚書，兼翰林學士承旨。越二年，復申前請，授沁南軍節度使，久之，致仕。上念其先朝舊人，復起爲昭義軍節度使。

明昌六年，歸老，得疾，詔除其子左司員外郎仲略爲澤州刺史，以便侍養。承安二年卒，年七十五，謚曰文簡。

仲略字簡之。穎敏力學，登大定十九年詞賦進士第，調代州五臺主簿。以母憂去，服

闋，轉韓州軍事判官，遷澤州晉城令，補尚書省令史。除翰林修撰，兼太常博士。改授左司都事，爲立夏國王讀册官。還，權領左司。一日，奏事退，上顧謂侍臣曰：「仲略精神明健，如俊鶻脫帽。」又曰：「李仲略健吏也。」未幾，轉員外郎，以親病求侍，特授澤州刺史以便祿養。先是，晏領沁南軍節度使，澤於懷爲支郡，父子相繼，鄉人榮之。以父喪免，起爲戶部郎中。

時上命六品以上官，十日以次轉對，乃進言曰：「凡救其末，不若正其本。所謂本者厚風俗，去冗食，養財用而已。厚風俗在乎立制度，禁奢僭。去冗食在乎寵力農，抑游墮。養財用在乎廣儲蓄，時斂散。商賈不通難得之貨，工匠不作無用之器，則下知重本。下知重本，則末息矣。」又條陳制度之宜，上嘉納之。俄授翰林直學士，兼前職，因命充經義讀卷官。上問曰：「有司以謂經義不若詞賦，罷之何如？」仲略奏曰：「經乃聖人之書，明經所以適用，非詞賦比。乞自今以經義進士爲考試官，庶得碩學之士。」上可其奏。改吏部郎中，遷侍郎，兼翼王傅，俄兼宛王傅。

時知大興府事紇石烈執中坐贓，上命仲略鞫之，罪當削解。權要競言太重，上頗然之，仲略奏曰：「教化之行，自近者始。京師，四方之則也。郡縣守令無慮數百，此而不懲，何以勵後？況執中兇殘很愎，慢上虐下，豈可宥之。」上曰：「卿言是也。」未幾，授山東東西路按

察使。尋以病訪醫京師，泰和五年卒。上聞之，歎曰：「此人於國家宣力多矣，何遽止是耶。」贈朝列大夫，謚曰襄獻。

仲略性豪邁有父風，剛介特立，不阿權貴，臨事明敏無留滯，故所任以幹濟稱云。

李愈字景韓，絳之正平人。業儒術，中正隆五年詞賦進士第，調河南澠池主簿。察廉優等爲平陽酒副使，遷冀氏令，累遷解州刺史。章宗卽位，召授同知中都路都轉運使事，改同知濟南府。

明昌二年，授曹王傅，兼同知定武軍節度使事。王奉命宴賜北部，愈從行，還過京師，表言：「諸部所貢之馬，止可委招討司受於界上，量給迴賜，務省費以廣邊儲。擬自臨潢至西夏沿邊創設重鎭十數，仍選猛安謀克勳臣子孫有材力者使居其職，田給於軍者許募漢人佃種，不必遠輓牛頭粟而兵自富强矣。」上覽其奏，謂宰臣曰：「愈一書生耳，其用心之忠如是。」以表下尚書省議。會愈遷同知西京留守，過闕復上言，以爲「前表儻可採，乞斷自宸衷」，上納用焉。自是，命五年一宴賜，人以爲便。改棣州防禦使。未幾，授大興府治中，上諭之曰：「卿資歷應得三品，以是員方闕而卿能幹，故用之，當知朕意。」北京提刑副使范楫、

知歸德府事鄧儼各舉愈以自代，由是擢河南路提刑使。上言：「隨路提刑司乞留官一員，餘分部巡按。」又言：「本司見置許州，乞移治南京爲便。」並從之。憲臺廉察，九路提刑司以愈爲最。

五年，入見，尚書省以聞，上問宰執有何議論，平章政事守貞曰：「李愈言河決事。」上曰：「愈嚮陳備禦北邊策。〔三〕言甚荒唐。」守貞曰：「愈於見職甚幹。」上曰：「蓋以其敢爲耳。」又曰：「李愈論河決事，謂宜遣大臣視護以慰人心，其言良是。」明年，改河平軍節度使。承安二年，徙順義軍，奏陳屯田利害，上遣使宣諭，仍降金牌俾領其事。四年，召爲刑部尚書。先是，刑部尚書闕，上以愈爲可用，令議之，或言愈病，上曰：「愈比陳言，有退地千里而爭言其功之語，卿等定惡此人多言耶。」特召用之。舊制，陳言者漏所言事於人，並行科罪，仍給告人賞。愈言：「此蓋所以防閑小人也。比年以來詔求直言，及命朝臣轉對，又許外路官言事，此皆聖言樂聞忠讜之意，請除去舊條以廣言路。」上嘉納焉。尋爲賀宋正旦副使。

泰和二年春，上將幸長樂川，愈切諫曰：「方今戍卒貧弱，百姓騷然，三叉尤近北陲，恒防外患。兼聞泰和宮在兩山間，地形狹隘，雨潦遄集，固不若北宮池臺之勝，優游閑適也。」上不從，夏四月，愈復諫曰：「北部侵我舊疆千有餘里，不謀雪恥，復欲北幸，一旦有警，臣恐丞相襄、樞密副使闍母等不足恃也。況皇嗣未立，羣心無定，豈可遠事逸游哉。」上異其言。

未幾，授河平軍節度使，改知河中府事，致仕。泰和六年卒，年七十二。謚曰清獻。自著狂愚集二十卷。

王賁字文孺，其先自臨潢移貫宛平。曾祖士方，正直敢言。遼道宗信樞密使耶律乙辛之讒殺其太子，世無敢白其寃者，士方擊義鍾以訴，遼主感悟，卒誅乙辛，厚賞士方，授承奉官。父中安，擢進士第，坐田穀黨事廢。世宗卽位黨禁解，終沂州防禦使。

賁性孝友，勤敏好學，第進士，由復州軍事判官補尚書省令史，擢右三部檢法司正。侍御史賈鉉舉賁安靜有守，不尙奔競，政府亦言其廉，素善論議。擢河北東西、大名府路提刑判官，選授尚書省都事，以喪去。賁敦厚尚義，篤於親朋，不營產業，比歿家甚窶，上聞憫惜之，贈朝列大夫，仍厚卹其家。

弟質字敬叔，登大定二十五年進士第，累官吏部主事，以才幹舉遷昭義軍節度副使。章宗問質臨事若何，張萬公對曰：「勝其兄賁。」章宗曰：「及其兄亦可矣。」後以禮部尚書致仕，終。

許安仁字子靜，獻州交河人。幼孤，能自刻苦讀書，善屬文。登大定七年進士第，調河間縣主簿。累遷太常博士，兼國史院編修官。章宗爲皇太孫，安仁以講學被選東宮，轉左補闕、應奉翰林文字。上卽位，改國子監丞，兼補闕，徙翰林修撰，同知制誥，兼職如故。侍御史賈鉉以安仁守道端慤，薦于朝。同知濟南府事路伯達繼上章稱其立己純正，宜加顯任，超授禮部郎中，兼左補闕。適朝議以流人實邊，安仁言：「昔漢有募民實邊之議，蓋度地營邑，制爲田宅，使至者有所居，作者有所用，於是輕去故鄉而易於遷徙。如使被刑之徒寒餓困苦，無聊之心靡所顧藉，與古之募民實塞不同，非所宜行。」上然之。

明昌四年春，上將幸景明宮，安仁與同列諫曰：「昔漢、唐雖有甘泉、九成避暑之行，然皆去京師不遠。非如金蓮千里之外，鄰沙漠，隔關嶺，萬一有警，何以應變，此不可不慮也。」疏奏，遂罷幸。

出爲澤州刺史，作無隱論上之，凡十篇，曰本朝、曰情欲、曰養心、曰田獵、曰公道、曰養源、曰冗官、曰育材、曰限田、曰理財。在郡二年，徙同知河南府事，升汾陽軍節度使，致仕。泰和五年卒，年七十七，謚曰文簡。安仁質實無華，澹然有古君子風，故爲時人所

稱云。

梁襄字公贊，絳州人。少孤，養於叔父寧。性穎悟，日記千餘言。登大定三年進士第，調耀州同官主簿。三遷邠州淳化令，有善政。察廉升慶陽府推官，召爲薛王府掾。

世宗將幸金蓮川，有司具辦，襄上疏極諫曰：

金蓮川在重山之北，地積陰冷，五穀不殖，郡縣難建，蓋自古極邊荒棄之壤也。氣候殊異，中夏降霜，一日之間寒暑交至，特與上京、中都不同，尤非聖躬將攝之所。凡奉養之具無不遠勞飛輓，越山踰嶮，其費數倍。至於頓舍之處，軍騎闐塞，主客不分，馬牛風逸以難收，臧獲逋逃而莫得，奪攘蹂躪，未易禁止。公卿百官衞士，富者車帳僅容，貧者穴居露處，輿臺皂隸不免困踣，飢不得食，寒不得衣，一夫致疾染及衆人，夭傷無辜何異刃殺。此特細故耳，更有大於此者。

臣聞高城、峻池、深居、邃禁，帝王之藩籬也，壯士、健馬、堅甲、利兵，帝王之爪牙也。今行宮之所，非有高殿廣宇城池之固，〔四〕是廢其藩籬也。掛甲常坐之馬，日暴雨蝕，臣知其必羸瘠矣。禦侮待用之軍，穴居野處，冷啖寒眠，臣知其必疲瘵矣。衞宮周

廬才容數人，一旦霖潦積旬，衣甲弓刀霑濕柔脆，豈堪爲用，是失其爪牙也。秋杪將歸，人已疲矣，馬已弱矣，裹糧已空，褚衣已弊，猶且遠幸松林，以從畋獵，行於不測之地，往來之間動踰旬月，轉輸移徙之勞更倍於前矣。

以陛下神武善騎射，舉世莫及，若夫銜橜之變，猛摯之虞，姑置勿論。設於行獵之際，烈風暴至，塵埃漲天，宿霧四塞，跬步不辨，以致翠華有崤陵之避、襄城之迷，百官狼狽於道途，衞士參錯於隊伍，當此宸衷寧無戒悔。夫神龍不可以失所，人主不可以輕行，良謂此也。所次之宮，草略尤甚，殿宇周垣唯用氈布。押宿之官、上番之士，終日驅馳，加之飢渴，已不勝倦。更使徹曙巡警，露坐不眠，精神有限，何以克堪。雖陛下悅以使人，勞而不怨，豈若不勞之爲愈也。故君人者不可恃人無異謀，要在處己於無憂患之域也。

燕都地處雄要，北倚山嶮，南壓區夏，若坐堂隍，俯視庭宇，本地所生，人馬勇勁，亡遼雖小，止以得燕故能控制南北，坐致宋幣。燕蓋京都之選首也，況今又有宮闕井邑之繁麗，倉府武庫之充實，百官家屬皆處其內，非同曩日之陪京也。居庸、古北、松亭、榆林等關，東西千里，山峻相連，近在都畿，易於據守，皇天本以限中外，開大金萬世之基而設也。奈何無事之日越居草萊，輕不貲之聖躬，愛沙磧之微涼，忽祖宗之大業，此臣所惜也。又行幸所過，山徑阻修，林谷晦靄，上有懸崖，下多深壑，垂堂之戒，不可不思。

臣聞漢、唐離宮去長安才百許里，然武帝幸甘泉遂中江充之姦，太宗居九成幾致結社之變。太康畋於洛汭，后羿拒河而失邦。魏帝拜陵近郊，司馬懿竊權而篡國。隋煬、海陵雖惡德貫盈，人誰敢議，止以離棄宮闕，遠事巡征，其禍遂速，皆可爲殷鑒也。臣嘗論之，安民濟衆，唐、虞猶難之。而今日之民，賴陛下之英武無兵革之憂，賴陛下之聖明無官吏之虐，賴陛下之寬仁無刑罰之枉，賴陛下之節儉無賦斂之繁，可謂能安濟矣。而遊畋納涼之樂，出於富貴之餘，靜而思動，非如衣食切身有不可去者，罷之至易耳。唐太宗將行關南，畏魏徵而停，漢文帝欲馳霸陵，袁盎諫而遽止。是陛下能行唐、虞之難行，而未能罷中主之易罷，臣所未諭也。

且燕京之涼非濟南之比，陛下牧濟南日，每遇炎蒸不離府署，今九重之內，臺榭高明，宴安穆清，何暑得到。議者謂陛下北幸久矣，每歲隨駕大小前歌後舞而歸，今茲再出，寧有遽不可乎。臣愚以爲患生於不戒者多矣，西漢崇用外戚，而有王莽之禍，梁武好納叛降，而有侯景之變。今者累歲北幸，狃於無虞，往而不止，臣甚懼焉。夫事知其不可猶冒爲之，則有後難必矣。

議者又謂往年遼國之君，春水、秋山、冬夏捺鉢，舊人猶喜談之，以爲眞得快樂之趣，陛下效之耳。臣愚以謂三代之政今有不可行者，況遼之過舉哉。且本朝與遼室異，遼之基業根本在山北之臨潢，臣知其所遊不過臨潢之旁，亦無重山之隔，冬猶處於燕京。契丹之人以逐水草牧畜爲業，穹廬爲居，遷徙無常，又壤地褊小，儀物殊簡，輜重不多，然隔三五歲方能一行，非歲歲皆如此也。我本朝皇業根本在山南之燕，豈可捨燕而之山北乎。上京之人棟宇是居，不便遷徙。方今幅員萬里，惟奉一君，承平日久，制度殊異，文物增廣，輜重浩穰，隨駕生聚，殆逾於百萬。如何歲歲而行，以一身之樂，歲使百萬之人困於役、傷於財、不得其所，陛下其忍之歟？臣又聞，陛下於合圍之際，麋鹿充牣圍中，大而壯者才取數十以奉宗廟，餘皆縱之，不欲多殺。是陛下恩及於禽獸，而未及於隨駕衆多之臣庶也。

議者謂，前世守文之主，生長深宮，畏見風日，彎弧、上馬皆所不能，志氣銷懦，筋力拘柔，臨難戰懼，束手就亡。陛下監其如此，〔五〕不憚勤身，遠幸金蓮，至於松漠，名爲坐夏打圍，實欲服勞講武。臣愚以爲戰不可忘，畋獵不可廢，宴安鴆毒亦不可懷，然事貴適中，不可過當。今過防驕惰之患，先蹈萬有一危之途，何異無病而服藥也。況欲習武不必度關，涿、易、雄、保、順、薊之境地廣又平，且在邦域之中，獵田以時，誰曰

不可。伏乞陛下發如綸之旨，回北轅之車，塞雞鳴之路，安處中都，不復北幸，則宗社無疆之休，天下莫大之願也。

方今海內安治，朝廷尊嚴，聖人作事，固臣下將順之時，而臣以螻蟻之命，進危切之言，仰犯雷霆之威，陷於吏議，小則名位削除，大則身首分磔，其爲身計豈不愚謬。惟陛下深思博慮，不以人廢言，以宗廟天下爲心，俯垂聽納，則小臣素願遂獲，雖死猶生，他非所覬望也。

世宗納之，遂爲罷行，仍諭輔臣曰：「梁襄諫朕毋幸金蓮川，朕以其言可取，故罷其行。然襄至謂隋煬帝以巡游敗國，不亦過乎。如煬帝者蓋由失道虐民，自取滅亡。民心既叛，雖不巡幸國將安保？爲人上者但能盡君道，則雖時或巡幸，庸何傷乎？治亂無常，顧所行何如耳。豈必深處九重便謂無虞，巡游以時卽兆禍亂者哉。」

襄由是以直聲聞。擢禮部主事、太子司經。選爲監察御史，坐失察宗室弈事，罰俸一月。世宗責之曰：「監察，人君耳目，風聲彈事可也。至朕親發其事，何以監察爲？」轉中都路都轉運戶籍判官，未幾，遷通遠軍節度副使，以喪去。服闋，授安國軍節度副使，同知定武軍節度事，避父諱改震武軍。太常卿張暐、曹州刺史段鐸薦襄學問該博，練習典故，可任禮官。轉同知順義軍節度使事、東勝州刺史。坐簸揚俸粟責倉典使償，爲按察司所劾，以贖

論。歷陝州刺史，累遷保大軍節度使，卒。

襄長于春秋左氏傳，至于地理、氏族，無不該貫。自蚤達至晚貴，膳服常淡薄，然議者譏其太儉云。

贊曰：金起東海，始立國卽設科取士，蓋亦知有文治也。漸摩培養，至大定間人材輩出，文義蔚然。加以世宗之聽納，人各盡其所能，論議書疏有可傳者。惜史無全文，僅存梁襄諫北幸一書，辭雖過繁而意亦切至，故備載之，以見當時君明臣直，不以言爲忌。金之致治於斯爲盛，嗚呼休哉。

路伯達字仲顯，冀州人也。性沉厚，有遠識，博學能詩，登正隆五年進士第，調諸城主簿。由泗州榷場使補尚書省掾，除興平軍節度副使，入爲大理司直。大定二十四年，世宗將幸上京，伯達上書諫曰：「人君以四海爲家，豈獨舊邦是思，空京師而事遠巡，非重愼之道也。」書奏，不報。閱歲，改祕書郎，兼太子司經。時章宗初嚮學，伯達以文行知名，選爲侍讀，居無何以憂去。會安武軍節度使王克溫舉伯達行義，〔六〕起爲同知西京路轉運使事，召

爲尚書禮部員外郎，兼翰林修撰，勅與張行簡進讀陳言文字。

先是，右丞相襄奏移賀天壽節於九月一日，伯達論列以其非時，平章政事張汝霖、右丞劉瑋〔七〕及臺諫亦皆言其不可，下尚書省議，伯達曰：「上始卽政，當行正、信之道，今易生辰非正，以給四方非信。且賀非其時，是輕禮重物也。」因陳正名從諫之道。升尚書刑部郎中。上問羣臣曰：「方今何道使民務本業、廣儲蓄？」伯達對曰：「布德流化，必自近始。請罷畿內採獵之禁，廣農郊以示敎本，輕幣重穀，去奢長儉，遵月令開籍田以率先天下，如是而農不勸、粟不廣者未之有也。」是時，採捕禁嚴，自京畿至眞定、滄、冀，北及飛狐，數百里內皆爲禁地，民有盜殺狐兔者有罪，故伯達及之。累遷刑部侍郎、太常卿，拜安國軍節度使，未幾，改鎭安武。

嘗使宋回，獻所得金二百五十兩、銀一千兩以助邊，表乞致仕，未及上而卒。其妻傅氏言之，上嘉其誠，贈太中大夫，仍以金銀還之，傅泣請，弗許。傅以伯達嘗修冀州學，乃市信都、棗强田以贍學，有司具以聞，上賢之，賜號「成德夫人」。

子鐸、鈞。鈞字和叔，登大定二十五年進士第，終萊州觀察判官。鐸最知名，別有傳。

贊曰：金詘宋稱臣稱姪，受其歲幣，禮也。使聘於其國，燕享禮也，納其重賂其可乎

哉？時人貪利忘禮，習以爲常，莫有知其爲非者。故去則云酬勞効，還則戶增物力，上下交征，惟利是事，此何誼耶？伯達獨能明其非禮，回獻所饋，齎志未畢，傅氏又能成之，及歸所獻，竟以買田贍學。婦人秉心之烈、制事之宜，乃能如是，士大夫溺於世俗之見者寧不愧哉。賜號成德，不亦宜乎。

校勘記

〔一〕有外祖之風云　按中州集卷九劉長言傳，「父蹟，年三十五終於儀眞令，工詩能文，有南榮集」。「外祖」下當有「劉蹟」二字，文義方完。

〔二〕丁內艱　按下文有「以母老乞歸養，授鄭州防禦使，未赴，母卒」。則是時其母未卒，疑此是「外艱」之誤。

〔三〕愈嚮陳備禦北邊策　按上文云，「上覽其奏，謂宰臣曰：『愈一書生耳，其用心之忠如是。』」幷皆「納用焉」。與下文「言甚荒唐」殊相矛盾。本書卷二七河渠志，明昌五年「八月，以河決陽武故堤，灌封丘而東，上曰：『李愈不得爲無罪，徒能張皇水勢而無經畫，問王村河口開導之月，則對以四月終，其實六月也，月日尚不知，提刑司官當如是乎』！」其「言甚荒唐」似指此而言。疑此處有脫文。

〔四〕今行宮之所非有高殿廣宇城池之固　「非」，原作「亦」，據殿本改。

〔五〕陛下監其如此　「其」，原作「某」，據殿本改。

〔六〕會安武軍節度使王克溫舉伯達行義　原脱「武」字。按本書卷八世宗紀，大定二十八年「九月甲午朔，以安武軍節度使王克溫等爲賀宋生日使」。今據補。

〔七〕右丞劉瑋　按本書卷八三張汝霖傳記此事作「參知政事劉瑋」。卷九章宗紀，大定二十九年八月「甲辰，參知政事劉瑋罷」。又明昌三年六月「乙丑，以知大名府事劉瑋爲尚書右丞」。此議移賀天壽節事在章宗卽位之初，劉瑋之官當是參知政事。

元　脱脱等撰

金史

第七册

卷九七至卷一一四（傳）

中華書局

金史卷九十七

列傳第三十五

裴滿亨字仲通，本名河西，臨潢府人。其先世居遼海，祖諱虎山者，天輔間，移屯東受降城以禦夏人，後徙居臨潢。

亨性敦敏習儒，大定間，收充奉職，世宗謂曰：「聞爾業進士舉，其勿忘爲學也。」二十八年，擢第，世宗嘉之，升爲奉御。一日問以上古爲治之道，亨奏：「陛下欲興唐、虞之治，要在進賢，退不肖，信賞罰，薄徵斂而已。」

章宗卽位，諭之曰：「朕左右侍臣多以門第顯，惟爾繇科甲進，且先朝信臣，國家利害爲朕盡言。」俄擢監察御史。內侍梁道兒恃恩驕橫，朝士側目，亨劾奏其姦。遷鎬王府尉，出爲定國軍節度副使，三遷同知大名府事。先是，豪猾從衡，前政莫制，亨下車宣明約束，闔境帖然。承安四年，改河南路按察副使，就遷本路副統軍，中都、西京等路按察使。時世襲家豪奪民田，亨檢其實，悉還正之。泰和五年，改安武軍節度使。歲大雪，民多凍殍，亨輸己俸爲之賙贍，及勸率僚屬大姓同出物以濟。轉河東南北路按察使，卒於官。上聞而惜之，贈嘉議大夫，賻物甚厚。

亨性尤謹密，出入宮禁數年，讜議忠言多所裨益，有藁則焚之，雖家人輩莫知也。所歷州郡，皆有政績可紀云。

斡勒忠本名宋浦，蓋州人也。習女直、契丹字，歷兵部、樞密院、尙書省令史，再轉大理寺知法，遷右三部司正。練達邊事，嘗奉命使北，歸致馬四千餘匹，詔褒諭之。大定二十六年爲監察御史，轉尙書省都事。章宗立，遷尙書兵部員外郎，出爲滄州刺史。河東路提刑副使徒單移剌古舉以自代，改滕州刺史。嘗調發黃河船，數以稽期聽贖。授北京副留守，入爲同簽樞密院事，兼沂王傅。承安二年，拜武寧軍節度使，致仕。泰和三年卒，年七十一。忠性敦慤，通法律，以直自守，不交權貴，故時譽歸之。

張大節字信之，代州五臺人。擢天德三年進士第，調崞縣丞。改東京市令。世宗判留務，甚愛重之。海陵修汴京，以大節領其役。世宗改元於遼東，或勸赴之，富貴可一朝遂，大節曰：「自有定分，何遽爾。」隨例補尙書省令史，擢祕書郎、大理司直。會左警巡使闕，世宗謂宰臣曰：「朕得其人矣。」遂授大節。俄以杖殺豪民爲有司所劾，削一階解職。未幾，授同知洛州防禦使事。

入爲太府丞、工部員外郎。盧溝水囓安次，承詔護視堤城。擢修內司使，推排東京路戶籍，人服其平。進工部郎中。時阜通監鑄錢法弊，與吏部員外郎麻珪涖其事，積銅皆竊惡，或欲徵民先所給直，大節曰：「此有司受納之過，民何與焉。」以其事聞，卒得免徵。就改戶部郎中，定襄退吏誣縣民匿銅者十八村，大節廉得其實，抵吏罪，民斲石頌之。召授工部侍郎，改戶部。世宗東巡，從太府監，諭之曰：「侍郎與太府監品同，以從行支應籍卿辦耳。」

尋爲宋生日使，還授橫海軍節度使，過闕謁謝東宮，顯宗撫慰良久，曰：「萬事惟中可也。」因牓其公堂曰「惟中」。郡境有巨盜久不獲，大節以方略擒之。後河決於衞，橫流而東，滄境有九河故道，大節卽相宜繕堤，水不爲害。

章宗卽位，擢中都路都轉運使，因言河東賦重宜減，議者或不同，大節以他路田賦質之，遂命減焉。乞致仕，不許，徙知太原府，以幷、代鄉郡，故優寵之。近郭有男子被殺者，聞其妻哭聲不哀，召而審之，果爲姦夫所殺，人以爲神。西山有晉叔虞祠，舊以施錢輸公使庫，大節還其廟以給營繕。還授河東路提刑使，未赴，留知大興府事，治有能名。

閱歲，移知廣寧府，復請老，授震武軍節度使。部有銀冶，有司以爲爭盜由此生，付河東、西京提刑司與州同議，皆以官榷爲便，大節曰：「山澤之利當與民共，且貧而無業者雖嚴刑能禁其竊取乎。宜明諭民，授地輸課，則其游手者有所資，於官亦便。」上從其議。復乞致仕，許之，仍擢其子尙書刑部員外郎巖叟爲忻州刺史，以便祿養。承安五年卒，年八十。

大節素廉勤好學，能勵勉後進，自以得學于任倜，待倜子如親而加厚。又善弈碁，當世推爲第一，嘗被召與禮部尙書張景仁弈。世宗嘗謂宰臣曰：「人多稱王翛能官，以朕觀之，凡事不肯盡心，一老姦耳。張大節賦性剛直，果於從政，遠在王翛之上，惜乎用之太晚。」又屢語近臣曰：「某某非不幹，然不及張大節忠實也。」其見知如此。

巖叟字孟弼，大節子也。大定十九年進士，調葭州司候判官，再除雄州觀察判官，補尚書省令史，除大理評事，再遷監察御史、同知河東北路轉運使事、中都路都轉運副使、刑部員外郎、忻州刺史，以父憂去官。起復大理少卿、河北東西大名等路按察轉運副使，累遷刑部侍郎，兼夔王傅，太常卿兼國子祭酒。

大安三年，朝廷欲塞諸城門以爲兵備，集三品官議於尚書省，巖叟曰：「塞門所以受兵，是任城而不任人。莫若遣兵擇將，背城疾戰。」時議多之。除鎭西軍節度使，移定國軍。貞祐二年改昭義，復移沁南。逾年，按察司言其年老不任邊要，乃致仕，退寓洛陽，卒。

張亨字彥通，大興漷陰人。登皇統六年進士第，調樊山丞，以廉幹聞。授弘州軍事判官，歷鉅鹿、宜川令。大定二年，補尚書省令史，除大理司直，累遷尚書左司郎中，授戶部侍郎，移吏部。擢中都路都轉運使，坐草場使鄧汝霖盜草失舉劾，解職，削一官。起授戶部尚書。世宗問宰臣曰：「御史中丞馬惠迪與張亨人才孰優？」平章政事張汝霖曰：「惠迪爲人雖正，於事不敏，亨吏才極高。」上曰：「如汝父浩，於事明敏少有及者，但臨事

多徇，若無此過則誠難得之賢相也。」時車駕東巡，費用百出，自遼以東泉貨甚少，計司患其不給，欲輦運以支調度，亨謂：「上京距都四千里，若輓錢而行，是率三而致一也，不獨枉費國用，無乃重勞民力乎。不若行會便法，使行旅便於囊橐，國家無轉輪之勞而用自足矣。」出爲絳陽軍節度使。已而，復謂宰臣曰：「漢人三品以上官常少得人，如張亨近令補外，頗爲衆議所歸，以朕觀之，無甚過人。小官中豈無才能之士，第未知耳。」又曰：「亨嘗爲左司，奏事多有脫略，是亦謬庸人也。」

章宗卽位，初置九路提刑司，時方重其選，上以亨爲河東南北路提刑使，兼勸農採訪事。訪其利病，條爲十三事以聞，上嘉納之。亨在職每事存大體，略苛細，御史以寬緩不事事劾之，降授蔡州防禦使。明年，遷南京路轉運使，轉知歸德府事，致仕。泰和二年卒，年七十八。亨才識强敏，明達吏事，終始有可稱云。

韓錫字難老，其先自析津徙薊之漁陽。祖貽愿，遼宣徽北院使。父秉休，歸朝，領忠正軍節度使。

錫以廕補閤門祗候。天會中，南伐，錫從軍掌禮儀，俄以母老迺就監差。久之，授神銳

軍都指揮使，入爲宮苑使。天德元年，擢尚書工部員外郎，領燕都營繕。特賜胡礪榜進士及第，[一]四遷尚書戶部侍郎，[二]以母喪解。

旋起復舊職，付金牌一、銀牌十，籍水手於山東。時蘇保衡爲水軍都統制，趨杭州，俾錫部船三百會廣陵。適保衡敗還，喪船過半，令錫補足之。時水淺，船不得進，海陵遣使急責之，衆稍亡，錫召諸豪諭之曰：「今連保法嚴，逃將安往，縱一身偶脫，其如妻子何？」衆悟，亡者稍止。

大定改元於遼東，錫奔赴行在，詔復前職。明年，授同知河間府事，引見於香閣，誡之曰：「聞皇族居彼者縱甚，卿當以法繩之。」錫下車宣布詔言，後無有撓政害民者。遷孟州防禦使，累拜絳陽軍節度使，改知濟南府事，告老，許之。明昌五年卒，年八十三。

鄧儼字子威，懿州宜民人也。天德三年，擢進士第。大定中，爲左司員外郎、右司郎中，尋轉左司，掌機務者數年。有司奏使宋者，世宗命選漢官一人，參知政事梁肅以戶部侍郎王翛、工部侍郎張大節、左司郎中鄧儼對，世宗曰：「王翛、張大節苦無資歷，與左右司官辛苦不同，其命儼往。」嘗謂宰臣曰：「人言鄧儼用心不正，朕視儼奏事其心識甚明，在太府

監心亦向公。」宰臣因奏儼明事機、有心力，於是擢戶部侍郎。翌日，復謂宰臣曰：「吏部掌銓選，當得通練人，可置儼於吏部。」因改命焉。累遷中都路都轉運使。

明昌初，爲戶部尚書。上命尚書省集百官議，如何使民棄末務本以廣儲蓄。儼言：「今之風俗競爲侈靡，莫若定立制度，使貴賤、上下、衣冠、車馬、室宇、器用各有等差，裁抑婚姻喪葬過度之禮，罷去鄉社追逐無名之費，用度有節則蓄積日廣矣。」尋知歸德府事，致仕，卒。

初，儼致仕復夤緣求進，上問左右「鄧儼可復用乎」？平章政事完顏守貞曰：「儼有才力，第以謀身爲心。」上曰：「朕亦知之。然儼可以誰比？」守貞曰：「臨事則不後於人，但多務自便耳。儼前乞致仕，陛下以其頗黠故許之，甚合衆議。今使復列于朝，恐風化從此壞矣。」上然之，遂不復用云。

巨構字子成，薊州平谷人。幼篤學，年二十登進士第。由信都丞，察廉爲石城令，補尚書省令史，授振武軍節度副使。改同提舉解鹽司事，以課增入爲少府監丞。再遷知登聞檢院，兼都水少監。時右司郎中段珪卒，世宗曰：「是人甚明正可用，如巨構每事但委順而

已。」二十五年，除南京副留守，上謂宰臣曰：「巨構外淳質而內明悟，第乏剛鯁耳。佐貳之任貴能與長官辨正，恐此人不能爾。若任以長官，必有可稱。」章宗卽位，擢橫海軍節度使。承安五年致仕，卒。

構性寬厚寡言，所治以鎭靜稱，性尤恬退，故人既貴不復往來，先遺以書則裁答寒溫而已。大定中，詔與近臣同經營香山行宮及佛舍，其近臣私謂構曰：「公今之德人，我欲舉奏，公行將大任矣。」構辭之。以廉愼守法在考功籍，始終無過云。

賀揚庭字公叟，曹州濟陰人也。登天德三年經義進士第，調范縣主簿兼尉，籍有治聲。大定十三年，由安肅令補尙書省令史，授沁南軍節度副使，入爲監察御史，歷右司都事、戶部員外郎、侍御史、右司員外郎。世宗喜其剛果，謂揚庭曰：「南人獷直敢爲，漢人性姦，臨事多避難。異時南人不習詞賦，故中第者少，近年河南、山東人中第者多，殆勝漢人爲官。」俄以廉能遷戶部郎中，進官二階。頃之，授左司郎中，改刑部侍郎、山東東路轉運使。章宗卽位，初置九路提刑司，驛召赴闕，授山東東西路提刑使。揚庭性疾惡，纖介不少容。明昌改元，詔諸路提刑使入見，親問所察事條，至揚庭則斥之曰：「爾何治之煩也。」明

年，下除洺州防禦使，時歲歉民飢，揚庭諭蓄積之家令出所餘以糶之，飢者獲濟，洺人爲之立石頌德。改陝西西路轉運使，表乞致仕，上曰：「揚庭能幹者也，當何如？」右丞劉瑋言其疾，遂許之。卒年六十七。

贊曰：裴滿亨以進士選奉御，能陳唐、虞致治之道於宮庭燕私之地，又能斥中貴梁道兒之姦。斡勒忠以吏道致身，始終不交權貴。世宗自立於遼東，歸者如市，張大節獨守正不赴。韓錫出守河間，面諭皇族之居彼者恣睢不道，俾繩以法，佞者必希旨以市權，錫下車宣布告戒而已。是皆有識之士，不爲富貴所移者也。巨構骫骳，賀揚庭骨鯁，大定於二人而屢評南北士習之優劣，亶其然乎。張亨始以繆庸見薄，晚以論列稱賞，亦砥礪之功歟。鄧儼專務謀身，上下稱黠，致仕又求進用，弗可改也夫。

閻公貞字正之，大興宛平人。大定七年擢進士第，調朝邑主簿。由普潤令補尙書省令史，察廉，升同知亳州防禦事，改中都左警巡使。以政績聞，遷同知武定軍節度使。明昌初，召爲大理正，累進大理卿。承安元年，遷翰林侍讀學士，仍兼前職，命與登聞檢院賈益同看讀陳言文字。

公貞居法寺幾十年，詳愼周密，未嘗有過舉。被命校定律令，多所是正，金人以爲法家之祖云。

焦旭字明銳，沃州栢鄉人。第進士，調安喜主簿。再轉大興令，攝左警巡事，以杖親軍百人長，有司議其罪當杖決，世宗曰：「旭親民吏也，若因杖有官人復行杖之，何以行事？其令收贖。」改良鄉令。世宗幸春水，見石城、玉田令皆年老不治，謂宰臣曰：「縣令最親民，當得賢才。幾甸尙如此，天下可知矣。」平章政事石琚薦旭幹能可甄用，上然之，召爲右警巡使。

旭爲人剛果自任，不避權勢。初，旭部民訴良，旭以無文據付本主，道逢監察御史訴其事，語涉訛亂，卽收付旭，旭釋之不問，爲御史所劾，削官兩階，杖百八十，出爲大名府推官。尋授右三部檢法司正，代韓天和爲監察御史，時御史臺言：「監察糾彈之司，天和諸科出身，難居是職。」上命別舉，中丞李晏薦旭剛正可任，遂授之，而改天和獲鹿令。

章宗初卽位，太傅克寧、右丞相襄請上出獵，旭劾奏其非，上慰諭之，爲罷獵。明昌元年，登聞鼓院初設官，宰執奏司諫郭安民、補闕許安仁及旭皆堪擢用。改侍御史，四遷都水監，以治河防勞進官一階，授西京路轉運使，卒。旭性警敏，練達時政，與王翛、劉仲洙輩世稱能吏云。

劉仲洙字師魯，大興宛平人。大定三年，登進士第。歷龍門主簿、香河酒稅使，再調深澤令。縣近滹沱河，時秋成，水忽暴溢，仲洙極力護塞，竟無害。有盜夜發，居民震驚，仲洙率縣卒生執其一，餘衆遂潰，旦日掩捕皆獲。尋以廉能進官一階，陞河北西路轉運司支度判官，入爲刑部主事，六遷右司員外郎，俄轉吏部。世宗謂宰臣曰：「人有言語敏辯而庸常不正者，有語言拙訥而才智通達、存心向正者，如劉仲洙頗以才行見稱，然而口語甚訥也。」右丞張汝霖曰：「人之若是者多矣，願陛下深察之。」二十九年，出爲祁州刺史，以六善爲敎，民化之。

章宗卽位，除中都、西京等路提刑副使。先是，田穀等以黨罪廢錮者三十餘家，仲洙知其寃，上書力辨，帝從之，迺復穀官爵而黨禁遂解。明昌二年，授幷王傅、兼同知大同府事，

尋改平陽，移德州防禦使。轉運郭邦傑、節度李晏皆舉仲洙以自代。陞爲定海軍節度使。歲饑，仲洙表請開倉，未報，先爲賑貸，有司劾之，罪以贖論。時仲洙兄仲淵以罪責石州，仲洙上書請以萊易石，朝廷義而不許。久之，以年老乞致仕，累表方聽。泰和八年卒，年七十五。

仲洙性剛直，果於從政，尤長於治民，所在皆有功迹，蓋一時之能吏云。

李完字全道，朔州馬邑人。經童出身，復登詞賦進士第。調澄城主簿，有遺愛，民爲立祠。用廉遷定襄令，召補尚書省令史。時以縣令闕人廉問，世宗選能吏八人按行天下，完其一也。明昌初，爲監察御史。故事，臺令史以六部令史久次者補，吏皆同類，莫肯舉劾。今完言：「尚書省令史，正隆間用雜流，大定初以太師張浩奏請，始純取進士，天下以爲當。今乞以三品官子孫及終場舉人，委臺官辟用。」上納其言。擢尚書省都事，出爲同知橫海軍節度使事、河間府治中。提刑司言「完習法律，有治劇材，軍民無間語」。陞沁州刺史，仍以璽書褒諭。遷同知廣寧府。初，遼濱民崔元入城飲不歸，求得尸於水中，有司執同飲者訊之，皆誣服，提刑司疑其寃，以獄畀完。完廉得其賊乃舟師也，遂免同飲人。改北京臨潢路提

刑副使。

承安二年，遷陝西西路轉運使，尋授南京路按察使，卒。完長於吏治，所至姦惡屛迹，民皆便之。

馬百祿字天錫，通州三河人。父柔德，天會初第進士，累遷翰林修撰，坐田轂黨免官，迨世宗朝解黨禁，復召用焉。百祿幼志學，事繼母以孝聞，登大定三年詞賦進士第，調武清主簿。由龍山令召補尚書省令史，不就，改榷貨副使、平陽府判官，入爲國子博士。朝廷以宰縣日清白有治迹，特遷官一階，升同知北京路轉運事。委錄南北路刑獄，所至無寃。召爲尚書戶部員外郎，與同知河北東路轉運事李京爲中都等路推排使。明昌初，遷耀州刺史，吏民畏愛。提刑司以狀聞，授韓王傅、同知安武軍節度事。俄改兼同知興平軍，以提刑司復舉廉，升孟州防禦使，再遷南京路提刑使。御史臺以剛直能幹聞，轉知河中府。承安四年致仕，卒。謚曰貞忠。

楊伯元字長卿，開封尉氏人。登大定三年進士第，調鄜城主簿。升楡次令，召爲大理評事，累除定海軍節度副使，用廉超授同知河東北路轉運事，入爲尚書刑部員外郎，以憂免，起爲遼州刺史。明昌元年，移涿州。久之，擢工部侍郎，四遷安武軍節度使。泰和三年致仕，卒。

伯元以才幹多被委注，凡兩爲推排定課使，累爲審錄官，人稱其平。每有疑獄，必專遣決，明辯多中理。賜謚曰達。

劉璣字仲璋，益都人也。登天德三年進士第。大定初，爲太常博士，改左拾遺，兼許王府文學。璣奏王府事，世宗責之曰：「汝職掌教道，何預奏事！」因命近侍論旨永中曰：「卿有長史，而令文學奏事何也？後勿復爾。」累除同知漕運司事，嘗奏言：「漕戶顧直太高，虛費官物，宜約量裁損。若減三之一，歲可省官錢一十五萬餘貫。」世宗是其言。授戶部員外郎，條上便宜數事，世宗謂宰臣曰：「璣言河堤種柳可省每歲隄防之費，及言官錢利害，甚可取。前後戶部官往往偷延歲月，如璣者不可多得，卿等議其可者行之。璣向言漕運省費事，盡心公家，不厚賞無以勸來者。」乃賜錢三千貫。擢濰州刺史，徙知濟州。

未幾，遷同知北京留守事，坐曲法放免奴婢訴良者，左降管州刺史。世宗謂宰臣曰：「璣爲人何如？」參知政事程輝曰：「璣執强跋扈，嘗追濟南府官錢，以至委曲生意而害及平民。」上曰：「朕聞璣在北京，凡奴隸訴良，不問契券眞僞輒放爲良，意欲徼福於冥冥，則在己之奴何爲不放？」又曰：「璣放朕之家奴，意欲以此邀福，存心若是，不宜再用。」

明昌二年，入爲國子司業，乞致仕不許，轉國子祭酒，尋擢太常卿，以昏耄不任職爲御史臺所糾罷。承安二年卒，年八十二。兄琬。

琬字伯玉，幼名太平。以功臣子補閤門祗候，遭父喪求終制，會海陵篡立，不許，改充護衞。海陵忌宗室，琬坐與往來，斥居鄉里。

世宗卽位，琬晝夜兼馳上謁，世宗大悅，以爲護衞十人長。往招宗敍、白彥敬、紇石烈志寧，皆相繼來附。還報，上喜其有功，呼其小字而謂之曰：「太平所至，庶幾能贊朕致太平矣。」改御院通進。與烏居仁等往南京發遣六宮百司，琬建議留尚書右丞紇石烈良弼經略淮右，餘皆北來，詔從之。丁母憂，起復，三遷武庫署令。車駕幸西京，留琬爲中都總管判官。再轉近侍局使，遷太子少詹事，兼引進使，賜襲衣。未幾，爲陝西統軍都監，賜廐馬、金帶，皇太子以馬與幣爲贐。召爲同知宣徽院事，遷太子詹事、右宣徽使，與張僅言典領昭德

皇后園陵，襄事，太子贈以廐馬。轉左宣徽使，以疾求補外，除定海軍節度使，以其弟太府監瑋爲同知宣徽院事。〔三〕珫朝辭，上曰：「卿舊臣，今補外，寧不惻然。東萊瀕海，風物亦佳，卿到必得調養。朕用卿弟在近密，如見卿也。」仍賜廐馬、金帶、綵十端、絹百匹。卒官，年五十七。珫柩過京畿，勑有司致祭，賻銀三百兩、重綵三十端。

康元弼字輔之，大同雲中人。幼敏學，善屬文，登正隆二年進士第。調汝陽簿，改崇義軍節度判官。由垣曲縣令補尚書省令史，累遷同知河北西路轉運使事，召爲大理丞。大定二十七年，河決曹、濮間，瀕水者多墊溺，朝廷遣元弼往視，相其地如盎，而城在盎中，水易爲害，請命於朝以徙之，卒改築於北原，曹人賴焉。出爲弘州刺史，閱歲授大理少卿。先是，衞州爲河所壞，增築蘇門以寓州治。水既退，民不樂遷，欲復歸衞，於是遣元弼按視，還言治故城便，遂復其舊。轉祕書少監，兼著作郎，改通州刺史，兼領漕事。章宗立，尊孝懿皇后爲皇太后，以元弼舊臣詔充副衞尉。再轉大理卿，以喪去，起復爲尚書刑部侍郎，兼鄆王傅，遷南京路轉運使。承安三年致仕，卒。

移剌益字子遷，本名特末阿不，中都路胡魯土猛安人也。以廕補國史院書寫，積勞調徐州錄事，召爲樞密院知法，三遷翰林修撰。時北邊有警，詔百官集尚書省議之，太尉克寧銳意用兵，益言天時未利，宜俟後圖。御史臺舉益剛正可任，遂兼監察御史。未幾，改戶部員外郎。

明昌三年，畿內饑，擢授霸州刺史，同授刺史者十一人，既入謝，詔諭之曰：「親民之職惟在守令，比歲民饑，故遣卿等往撫育之。其資序有過者有弗及者，朕不計此，但以材選，爾其知之。」既至，首出俸粟以食饑者，于是倅以下及郡人遞出粟以佐之，且命屬縣視以爲法，多所全活。郡東南有堤久頹圮，水屢爲害，益增修之，民以爲便，爲益立祠。五年，宋主新立，詔以泗州當使客所經，守臣宜擇人，宰臣進擬數人，皆不合上意，上曰：「特末阿不安在？此人可也。」即授防禦使。

召爲尚書戶部侍郎，尋轉兵部。屬羣牧人叛，命益同殿前都點檢兗往招降之。承安二年，邊鄙弗寧，上御便殿，召朝官四品以上入議，益謂「守爲便。天子之兵當取萬全，若王師輕出，少有不利，非惟損大國之威，恐啓敵人侵玩之心」。出爲山東西路轉運使。有勅使按鷹于山東，益奏：「乞止令調於近甸，何必驚遠方耳目。」書聞，上命有司治使者罪。遷河東南北路按察使。舊制，在位官有不任職，委所屬上司體訪。州府長貳幕職，許互相舉申。益上言以爲「傷禮讓之風，亦恐同官因之不睦，別生姦弊。乞止令按察司糾劾，似爲得體」。又言：「隨路點軍官與富人飲會，公通獻遺，宜依准監臨官於所部內犯罪究治。」上皆納焉。泰和二年，卒于官。

贊曰：閻公貞定金律令，楊伯元定金推排，人皆以平稱之，難矣。焦旭畿內小官，聽斷不受御史風指，遂罹深憲。大臣請人主遊獵，劾奏其非，爲之罷獵，誠有古人之風焉。李完、康元弼無他足稱，完論臺令史一事，元弼論曹、衞兩城，各當其可。馬百祿初坐黨廢，晚著治跡。劉璣初以理財得幸，晚以曲法得罪，人有前後遭遇不同，而百祿求福不回，非璣所及也。劉珫以大定之立馳赴行在，雖終身榮寵，蓋一趨時之士耳。劉仲洙剛而訥於言，移剌益剛而敢言。益以志寧北伐爲不可，仲洙釋田轂黨禍三十家。語曰「剛毅木訥近仁」，豈不信哉。

校勘記

〔一〕特賜胡礪榜進士及第　按本書卷一二五胡礪傳，天會「十年，舉進士第一」，則此「特賜胡礪榜進士及第」九字不當在天德元年之後，疑是衍文。

〔二〕四遷尚書戶部侍郎　按本書卷五海陵紀，正隆二年正月「庚寅，以工部侍郎韓錫同知宣徽院事」。「戶部」作「工部」。

〔三〕以其弟太府監瑋爲同知宣徽院事　按本書卷九五劉瑋傳，「遷戶部員外郎，就陞郎中，改同知宣徽院事」，未言官太府監。

金史卷九十八

列傳第三十六

完顏匡　完顏綱　完顏定奴

完顏匡本名撒速，始祖九世孫。事豳王允成，爲其府教讀。大定十九年，章宗年十餘歲，顯宗命詹事烏林荅愿擇德行淳謹、才學該通者，使教章宗兄弟。閏月，愿啓顯宗曰：「豳王府教讀完顏撒速、徐王府教讀僕散訛可二人，可使教皇孫兄弟。」顯宗曰：「典教幼子，須用淳謹者。」已而，召見于承華殿西便殿，顯宗問其年，對曰：「臣生之歲，海陵自上京遷中都，歲在壬申。」顯宗曰：「二十八歲爾，詹事乃云三十歲何也？」匡曰：「臣年止如此，詹事謂臣出入宮禁，故增其歲言之耳。」顯宗顧謂近臣曰：「篤實人也。」命擇日，使皇孫行師弟子禮。七月丁亥，宣宗、章宗皆就學，顯宗曰：「每日先教漢字，至申時漢字課畢，教女直小字，習國朝語。」因賜酒及綵幣。頃之，世宗詔匡、訛可俱充太子侍讀。

寢殿小底駝滿九住問匡曰：「伯夷、叔齊何如人？」匡曰：「孔子稱夷、齊求仁得仁。」九住曰：「汝輩學古，惟前言是信。夷、齊輕去其親，不食周粟餓死首陽山，仁者固如是乎？」匡曰：「不然，古之賢者行其義也，行其道也。伯夷思成其父之志以去其國，叔齊不苟從父之志亦去其國。武王伐紂，夷、齊叩馬而諫。紂死，殷爲周，夷、齊不食周粟遂餓而死。正君臣之分，爲天下後世慮至遠也，非仁人而能若是乎。」是時，世宗如春水，顯宗從，二人者馬上相語遂後。顯宗遲九住至，問曰：「何以後也？」九住以對，顯宗嘆曰：「不以女直文字譯經史，何以知此。主上立女直科舉，教以經史，乃能得其淵奧如此哉。」稱善者良久，謂九住曰：「論語『知之爲知之，不知爲不知，是知也』。汝不知不達，務辯口以難人。由是觀之，人之學、不學，豈不相遠哉。」

顯宗嘗謂中侍局都監蒲察查剌曰：「入殿小底完顏訛出、侍讀完顏撒速，與我同族，汝知之乎？」對曰：「不知也。」顯宗曰：「撒速，始祖九世孫。訛出，保活里之世也。始祖兄弟皆非常人，汝何由知此。」

顯宗命匡作睿宗功德歌，教章宗歌之，其詞曰：「我祖睿宗，厚有陰德。國祚有傳，儲嗣當立。滿朝疑懼，獨先啓策。徂征三秦，震驚來附。富平百萬，望風奔仆。靈恩光被，時雨春暘。神化周浹，春生冬藏。」蓋取宗翰與睿宗定策立熙宗，及平陝西大破張浚于富平

也。〔一〕二十三年三月萬春節，顯宗命章宗歌此詞侑觴，世宗愕然曰：「汝輩何因知此？」顯宗奏曰：「臣伏讀睿宗皇帝實錄，欲使兒子知創業之艱難，命侍讀撒速作歌教之。」世宗大喜，顧謂諸王侍臣曰：「朕念睿宗皇帝功德，恐子孫無由知，皇太子能追念作歌以教其子，嘉哉盛事，朕之樂豈有量哉。卿等亦當誦習，以不忘祖宗之功。」命章宗歌數四，酒行極歡，乙夜乃罷。

二十五年，匡中禮部策論進士。是歲，世宗在上京，顯宗監國。三月甲辰，御試，前一日癸卯，讀卷官吏部侍郎李晏、棣州防禦使把內剌、國史院編修官夾谷衡、國子助教尼厖古鑑進稟，策題問「契敷五教，皐陶明五刑，是以刑措不用、比屋可封。今欲興教化，措刑罰，振紀綱，施之萬世，何術可致？」匡已試，明日入見，顯宗問對策云何，匡曰：「臣熟觀策問敷教、措刑兩事，不詳『振紀綱』一句，秖作兩事對，策必不能中。」顯宗命匡誦所對策，終篇，曰：「是亦當中。」匡曰：「編修衡、助教鑑長於選校，必不能中。」已而，匡果下第。顯宗惜之，謂侍臣曰：「我只欲問教化、刑罰兩事，乃添振紀綱一句，命刪去，李晏固執不可，今果誤人矣。」謂侍正石敦寺家奴、唐括曷答曰：「侍讀二十一年府試不中，我本不欲侍讀再試，恐傷其志，今乃下第，使人意不樂。」是歲初取止四十五人，顯宗命添五人，僕散訛可中在四十五人，後除書畫直長。匡與訛可俱爲侍讀，匡被眷遇特異，顯宗謂匡曰：「汝無以訛可登第快

快，但善教金源郡王，何官不可至哉。」是歲，顯宗薨，章宗判大興尹，封原王，拜右丞相，立爲皇太孫。匡仍爲太孫侍讀。二十八年，匡試詩賦，漏寫詩題下注字，不取，特賜及第，除中都路教授，侍讀如故。

章宗卽位，除近侍局直長，歷本局副使、局使，提點太醫院，遷翰林直學士。使宋，上令權更名弼，以避宋祖諱，事載本紀。遷祕書監，仍兼太醫院、近侍局事，再兼大理少卿。遷簽書樞密院事，兼職如故。承安元年，行院于撫州。河北西路轉運使溫昉行六部事，主軍中餽餉，屈意事匡，以馬幣爲獻，及私以官錢佐匡宴會費，監察御史姬端脩劾之，上方委匡以邊事，遂寢其奏。三年，入奏邊事，居五日，還軍。尋入守尙書左丞，兼修國史，進世宗實錄。〔二〕

章宗立提刑司，專糾察黜陟，當時號爲外臺，匡與司空襄、參政揆奏：「息民不如省官，聖朝舊無提刑司，皇統、大定間每數歲一遣使廉察，郡縣稱治。自立此官，冀達下情，今乃是非混淆，徒煩聖聽。自古無提點刑獄專薦舉之權者，若陛下不欲遽更，不宜使兼採訪廉能之任。歲遣監察體究，仍不時選使廉訪。」上從其議，於是監察體訪之使出矣。

初，匡行院于撫州，障葛將攻邊境，會西南路通事黃摑按出使烏都椀部知其謀，奔告行院爲之備，迎擊障葛，敗其兵。按出與八品職，遷四官。匡遷三官。匡奏乞以所遷三官讓

其兄奉御賽一，上嘉其義，許之。改樞密副使，授世襲謀克。

宋主相韓侂胄。侂胄嘗再爲國使，頗知朝廷虛實。及爲相，與蘇師旦倡議復讎，身執其咎，繕器械，增屯戍，初未敢公言征伐，乃使邊將小小寇鈔以嘗試朝廷。泰和五年正月，入確山界奪民馬。三月，焚平氏鎭，剽民財物，掠鄧州白亭巡檢家貲，持其印去。遂平縣獲宋人王俊，唐州獲宋諜者李忭，俊襄陽軍卒，忭建康人。俊言宋人於江州、鄂、岳屯大兵，貯甲仗，修戰艦，期以五月入寇。忭言侂胄謂大國西北用兵連年，公私困竭，可以得志，命修建康宮，勸宋主都建康節制諸道。河南統軍司奏請益兵爲之備。詔平章政事僕散揆爲河南宣撫使，籍諸道兵，括戰馬，臨洮、德順、秦、鞏各置弓手四千人。詔揆遺書宋人曰：「奈何與兵？」宋人辭曰：「盜賊也。邊臣不謹，今黜之矣。」

宋人將啓邊釁，太常卿趙之傑、知大興府承暉、中丞孟鑄皆曰：「江南敗衄之餘，自救不暇，恐不敢敗盟。」匡曰：「彼置忠義保捷軍，取先世開寶、天禧紀元，豈忘中國者哉。」大理卿畏也曰：「宋兵攻圍城邑，動輒數千，不得爲小寇。」上問參政思忠，思忠極言宋人敗盟有狀，與匡、畏也合，上以爲然。及河南統軍使紇石烈子仁使宋還，奏宋主修敬有加，無他志。上問匡曰：「於卿何如？」匡曰：「子仁言是。」上愕然曰：「卿前議云何，今乃中變邪？」匡徐對曰：「子仁守疆圉，不妄生事，職也。書曰『有備無患』，在陛下宸斷耳。」於是，罷河南宣撫司，僕

散揆還朝。〔三〕

六年二月，宋人陷散關，取泗州、〔四〕虹縣、靈璧。四月，復詔僕散揆行省事于汴，制諸軍。頃之，以匡爲右副元帥。揆請匡先取光州，還軍懸瓠，與大軍合勢南下。匡奏：「僕散揆大軍渡淮，宋人聚兵襄、沔以窺唐、鄧，汴京留兵頗少，有掣肘之患，請出唐、鄧。」從之。遣前鋒都統烏古論慶壽以騎八千攻棗陽，遣左翼提控完顏江山以騎五千取光化，右翼都統烏古孫兀屯取神馬坡，皆克之。匡軍次白虎粒，都統完顏按帶取隨州，烏古論慶壽扼赤岸，斷襄、漢路。宋隨州將雷太尉遁去，遂克隨州。於是，宋鄧城、樊城戍兵皆潰。賜詔奬諭，戒諸軍毋虜掠、焚壞城邑。匡進兵圍德安，分遣諸將徇下安陸、應城、雲夢、漢川、荊山等縣，副統蒲察攻宜城縣取之。十二月敗宋兵二萬人于信陽之東，詔曰：「卿總師出疆屢捷，殄寇撫降，日闢土宇。彼恃漢、江以爲險阻，箠馬而渡，如涉坦途，荊、楚削平，不爲難事，雖天佑順，亦卿籌畫之效也。益宏遠圖，以副朕意。」匡進所獲女口百人。詔匡權尚書右丞，行省事，右副元帥如故。

吳曦以蜀、漢內附，詔匡先取襄陽以屏蔽蜀、漢。完顏福海破宋援襄陽兵於白石峪，遂取穀城縣。僕散揆得疾，遂班師，至蔡，疾革，詔右丞相宗浩代之。七年二月，揆薨。匡久圍襄陽，士卒疲疫，會宗浩至汴，匡乃放軍朝京師，轉左副元帥，賜宴于天香殿，還軍許州。

九月，宗浩薨，匡爲平章政事，兼左副元帥，封定國公，代宗浩總諸軍，行省于汴京。

初，僕散揆初至汴，既定河南諸盜，乃購得韓侂胄族人元靚，使行間於宋。元靚渡淮，宋督視江、淮兵馬事丘崈奏之宋主。是時，宋主、侂胄見兵屢敗以爲憂，欲乞盟無以爲請，得崈奏，卽命遣人護元靚北歸，因請議和。崈使其屬劉祐送元靚申和議于揆，揆曰：「稱臣割地，獻首禍之臣，然後可。」宋主因密諭丘崈，使歸罪邊將以請焉。及宗浩代揆，方信孺至，宗浩以方信孺輕佻不可信，移書宋人，果欲請和當遣朱致知、〔五〕吳琯、李大性、李璧來。侂胄得報大喜過望，乃召張巖于建康，罷爲福建觀察使，歸罪蘇師旦，貶之嶺南。是時，李璧已爲參政，不可遣。朱致知、吳琯已死，李大性知福州，道遠不能遽至。乃遣左司郞中王柟來，至濠州，匡使人責以稱臣等數事。柟以宋主、侂胄情實爲請，依靖康二年正月請和故事，世爲伯姪國，增歲幣爲三十萬兩、匹，犒軍錢三百萬貫，蘇師旦等俟和議定當函首以獻。柟至汴，以侂胄書上元帥府，匡復詰之，柟懇請曰：「此事實出朝旨，非行人所專。」匡察其不妄，乃具奏。章宗詔匡移書宋人，當函侂胄首贖淮南地，改犒軍錢爲銀三百萬兩。於是，宋吏部侍郞史彌遠定計殺韓侂胄，彌遠知國政，和好自此成矣。

於是，廷議諸軍已取關隘不可與。王柟以宋參政錢象祖書來，略曰：

竊惟昔者修好之初，蒙大金先皇帝許以畫淮爲界。今大國遵先皇帝聖意，自盱眙

至唐、鄧畫界仍舊，是先皇帝惠之于始，今皇帝全之于後也。然東南立國，吳、蜀相依，今川、陝關隘大國若有之，則是撤蜀之門戶，不能保蜀，何以固吳？已增歲幣至三十萬，通謝爲三百萬貫，以連歲師旅之餘，重以喪禍，豈易辦集。但邊隙既開和議，區區悔艾之實，不得不黽勉遵承。又蒙聖畫改輸銀三百萬兩，在本朝宜不敢固違，然傾國資財，竭民膏血，恐非大金皇帝棄過圖新、兼愛南北之意也。

主上仁慈寬厚，謹守信誓，豈有意於用兵。止緣侂胄啓釁生事，迷國罔上，以至於斯。是以奮發英斷，大正國典，朋附之輩誅斥靡貸。今大國欲使斬送侂胄，是未知其已死也。〔六〕侂胄實本庸愚，怙權輕信，有誤國事，而致侂胄誤國者蘇師旦也。師旦既貶，侂胄尚力庇之，囑方信孺妄言已死，近推究其事，師旦已行斬首。儻大國終惠川、陝關隘，所畫銀兩悉力祗備，師旦首函亦當傳送，以謝大國。

本朝與大國通好以來，譬如一家叔姪，本自協和，不幸奴婢交鬭其間，遂成嫌間。一旦猶子翻然改悟，斥逐奴隸，引咎謝過，則前日之嫌便可銷釋，奚必較錙銖豪末，反傷骨肉之恩乎？惟吳、蜀相爲首尾，關隘繫蜀安危，望敢備奏，始終主盟，使南北遂息肩之期，四方無兵革之患，不勝通國至願。

是時，陝西宣撫司請增新得關隘戍兵萬人。王柟狀稟，如蒙歸川、陝關隘，韓侂胄首必

當函送，遵上國之命。匡奏曰：「關隘之事，臣初亦惑之，今當增戍萬人，壁壘之役，餽餫之勞，費用必廣。祖宗所以不取者，以關隘僅能自保耳，非有益於戰也。設能入寇，縱之平地，以鐵騎蹂之，無一得脫。彼哀祈不已者，以前日負固尚且摧覆，今遂失之，是無一日之安也。必謂兵力得之不可還賜，則漢上諸郡皆膏腴耕桑之地，棗陽、光化歸順之民數萬戶，較之陝右輕重可知，獨在陛下決之耳。」詔報曰：「侂胄渠魁，既請函首，宋之悔服可謂誠矣。」匡乃遣王柟還，復書曰：「宋國負渝盟之罪，自陳悔艾，主上德度如天，不忍終絕，優示訓諭，許以更成，所以覆護鎮撫之恩至深至厚。昨奉聖訓，如能斬送韓侂胄，徐議還淮南地。來書言韓侂胄已死，將以蘇師旦首易之，飾辭相紿如此。至于犒軍銀兩欲俟歸關隘然後祇備，是皆有咈聖訓。及王柟狀稟，如蒙歸還川、陝關隘，其韓侂胄首必當函送。聖訓令斬送侂胄首者，本欲易淮南地，[七]陝西關隘不預焉。王柟所陳亦非元畫事理，不敢專決，具奏。奉旨『朕以生靈爲念，已貰宋罪，關隘區區豈足深較，既能函送韓侂胄首，陝西關隘可以還賜』。今恩訓如此，其體大國寬仁矜恤曲從之意，追修誓書，[八]齎遣通謝人使赴闕。」

王柟之歸也，匡要以先送叛亡驅掠，然後割賜淮南、川、陝，及彼誓書草本有犯廟諱字及文義有不如體製者，諭令改之。宋人以叛亡驅掠散在州縣，一旦拘刷，未易聚集。今已

四月，農事已晚，邊民連歲流離失所，扶携道路，即望復業，過此農時，遂失一歲之望。歲幣犒軍物多，非旬月可辦。錢象祖復以書來，略曰：「竊見大金皇帝前日聖旨，如能斬送韓侂胄首，沿淮之地並依皇統、大定已畫爲定。又睹今來聖旨，既能送侂胄首，陝西關隘可併還賜。以此仰見聖慈寬大，初無必待發遣驅掠官兵，然後退兵交界之語。誓書草本添改處，先次錄本齎呈，幷將侂胄首函送，及管押納合、道僧、李全家口一併發還。欲望上體大金皇帝畫定聖旨，先賜行下沿邊及陝西所屬，候侂胄首到界上，即便抽回軍馬，歸還淮南及川、陝關隘地界。所有驅掠官兵留之何益，見已從實刷勘發還。其使人禮物歲幣等已起發至眞、揚間，伺候嘉報，迤邐前去界首，以俟取接。」

匡得錢象祖書，即具奏，詔報曰：「朕以生靈之故已從所請，[九]稱臣割地尚且闊略，區區小節何足深較。其侂胄、師旦首函及諸叛亡至濠州，即聽通謝人使入界，軍馬即當徹還，川、陝關隘俟歲幣犒軍銀綱至下蔡，畫日割賜。」匡得詔書，即以諭宋人，使如詔書從事。

泰和八年閏四月乙未，[一〇]宋獻韓侂胄、蘇師旦首函至元帥府，匡遣平南撫軍上將軍紇石烈貞以侂胄、師旦首函露布以聞。五月丁未，遣戶部尚書高汝礪、禮部尚書張行簡奏告天地，武衛軍都指揮使徒單鏞奏告太廟，御史中丞孟鑄告社稷。是日，上御應天門，立黃麾

仗，受宋馘。尚書省奏露布，親王百官起居上表稱賀。獻馘廟社，以露布頒中外。竿侂胄、師旦首幷二人畫像于通衢，百姓縱觀，然後漆其首藏之軍器庫。丙辰，匡朝京師，進官兩階，賜玉帶、金一百兩、銀一千五百兩、重幣三十端。罷元帥府仍爲樞密院。六月癸酉，宋通謝使許弈、吳衡等入見。癸未，以宋人請和詔天下。

十一月丙辰，章宗崩，匡受遺詔，立衞紹王。其遺詔略曰：「皇叔衞王，承世宗之遺體，鍾厚慶於元妃，人望所歸，歷數斯在。今朕上體太祖皇帝傳授至公之意，付畀寶祚，即皇帝位於柩前。載惟禮經有嫡立嫡、無嫡立庶，今朕之內人見有娠者兩位，已詔皇帝，如其中有男當立爲儲貳，如皆是男子，擇可立者立之。」丁巳，衞紹王即位。戊午，章宗內人范氏胎氣有損。大安元年四月，平章政事僕散端、左丞孫即康奏：「承御賈氏產期已出三月，有人告元妃李氏令賈氏詐稱有身。」詔元妃李氏、承御賈氏皆賜死。初，章宗大漸，匡與元妃俱受遺詔立衞王，匡欲專定策功，遂構殺李氏。數日，匡拜尚書令，封申王。大安元年十二月，薨。

匡事顯宗，深被恩遇。自章宗幼年，侍講讀最親幸，致位將相，怙寵自用，官以賄成。承安中，撥賜家口地土，匡乃自占濟南、眞定、代州上腴田，百姓舊業輒奪之，及限外自取。上聞其事，不以爲罪，惟用安州邊吳泊舊放圍場地、奉聖州在官閑田易之，以向自占者悉還

百姓。宣宗嘗謂侍臣曰：「撒速往年嘗受人玉吐鶻，然後與之官，此豈宰相所爲哉。」

完顏綱本名元奴，字正甫。明昌中，爲奉御，累官左拾遺。詔三叉口置榷鉢，綱上疏諫，疏中有云「賊出沒其間」，詔尚書省詰問，所言不實，章宗以綱諫官，不之罪。遷刑部員外郎，綱言：「諸犯死罪除名移推相去二百里，幷犯徒罪連逮二十人以上者並令就問，會經所屬按察司審讞者移推別路，官亦依上就問。凡告移推之人皆已經本路按察審訖，即當移推別路。按察司部分廣闊，如上京路移推臨潢路，最近亦往復二三千里，北京留守司移推西北路招討司，最近亦須數月。乞依舊制，令移推官司追取其人歸問。」從之。

故事，使夏國者夏人饋贈禮物，視書幾道以爲多寡。泰和元年，綱爲賜夏主生日使，章宗命齎三詔，左司員外郎孫椿年奏詔爲一道，[一一]尋自陳首，上責宰臣曰：「椿年忽略，卿等奈何不奏也。」轉工部郎中，上言：「太府監官兼尚食局官，乞於少府監依此例，注能幹官一員兼儀鸞局官，儀鸞局官一員兼少府監官，相須檢治。」從之。四年，詔綱與喬宇、宋元吉編類陳言文字，綱等奏，「凡關涉宮庭及大臣者摘進，其餘以省臺六部各爲一類」，凡二十卷。遷同簽宣徽院事。

六年，與宋連兵，陝西諸將頗相異同，以綱爲蜀漢路安撫使、都大提舉兵馬事，與元帥府參決西事，調羌兵之未附者。於是，知鳳翔府事完顏昱、同知平涼府事蒲察秉鉉分駐鳳翔諸隘，通遠軍節度使承裕、秦州防禦使完顏璘屯成紀界，知臨洮府事石抹仲溫駐臨洮，同知臨洮府事朮虎高琪、彰化軍節度副使把回海備鞏州諸鎮，乾州刺史完顏思忠扼六盤，陝西路都統副使斡勒牙剌、京兆府推官蒲察秉彝戍虢華、扼潼關蒲津，陝西都統完顏忠本名㬮懶、同知京兆府事烏古論兗州守京兆要害，以鳳翔、臨洮路蕃漢弓箭手及緋翮翅軍散據邊陲。「緋翮翅」，軍名也。元帥右監軍充右都監蒲察貞分總其事。

宋吳曦以兵六千攻鹽川，鞏州戍將完顏王善、〔一二〕隊校僕散六斤、猛安龍延常擊走之，斬首二百級。七月，吳曦兵五萬由保坌、姑蘇等路寇秦州，承裕、璘以騎千餘擊之，曦兵大敗，追奔四十里。曦別兵萬人入來遠鎮，朮虎高琪破之。

青宜可者，吐蕃之種也。宋取河湟，夏取河西四郡，部落散處西鄙，其魯黎族帥曰泠京，據古疊州，有四十三族、十四城、三十餘萬戶，東鄰宕昌，北接臨洮、積石，南行十日至笋竹大山，蓋蠻境也。西行四十日至河外，俗不論道里而以日計之云。泠京卒，子耳骨延嗣，宋不能制，縻以官爵。傳六世至青宜可，尤勁勇得衆，以宋政令不常，有改事中國之意。曹佛留爲洮州刺史。佛留材武有智策，能結諸羌。青宜可畏慕佛留，以父呼之，請舉國內附，

朝廷以宋有盟不許，厚賜金帛以撫之。

明昌間，屬羌巳彪殺郡佐反，是時綱爲奉御，奉詔與曹佛留計事，因召青宜可會兵擊破巳彪。曹佛留遷同知臨洮尹，兼洮州刺史。子普賢爲洮州管內巡檢使。綱屢以事至洮，佛留每謂綱言青宜可願內屬，出其至情，綱輒奏之，上終不納。

及綱部署陝西，上密勅經略西事。於是，曹佛留已死，普賢爲懷羌巡檢使。綱至洮，馳召普賢攝同知洮州事。普賢傳箭入羌中，青宜可大喜，率諸部長，籍其境土人民，詣綱請內屬。綱奏其事，上以青宜可爲疊州副都總管，加廣威將軍。詔青宜可曰：「卿統有部人，世爲雄長，嚮風慕義，背僞歸朝，願效純誠，恒輸忠力，緬懷嘉矚，式厚褒旌。覽卿進上所受僞牌，朝廷之馭諸蕃固無此例，欲使卿有以鎮撫部族，增重觀望，是以特加改命，賜金牌一、銀牌二，到可祗承，服我新恩，永爲藩衞。」曹普賢眞授同知洮州事，綱遷拱衞直都指揮使，還三階，安撫、都大提舉如故。以商州刺史烏古論兗州領、曹普賢押領、青宜可勾當。詔曰：「完顏綱，初行時汝未知朝廷有青宜可之事，獨言可以招撫，必獲其用，既而果來效順。今汝勿以青宜可兵勢重大，卑屈失體，亦勿以蕃部而藐視之。」

九月，詔安慰陝西，略曰：「京兆、鳳翔、臨洮三路，應被宋兵逼脅，背國從僞，或沒落外境，若能自歸者，官吏依舊勾當，百姓各令復業，元拋地土依數給付。及受宋人旗牓結構等，或值驚擾因而避役逃亡，未發覺者，許令所在官司陳首，並行釋免，更不追究，軍前可用之人隨宜任使。限外不首，復罪如初。」

宋程松遣別將曲昌世襲方山原，自率兵數萬分道襲和尙原、西山寨、龍門等關。是日，大霧四塞，既又暴雨，和尙原、西山寨、龍門關戍兵不知宋兵來，松遂據之。蒲察貞遣行軍副統裴滿阿里、同知隴州事完顏孛論以兵千人伏方山原下，萬戶奧屯撒合門、美原縣令朮虎合沓別將壯士五百，取間道潛登，出宋兵上，自高而下，宋兵大駭，伏兵合擊，遂破之。貞乃分遣朮虎合沓、部將完顏出軍奴率兵千人出黃兒谷取和尙原，同知會州事女奚列南家、押軍猛安粘割撒改率兵千人出大寧谷取西山寨，貞自以兵七百由中路取龍門等關。程松已焚閣道，貞且修道、且進兵，至小關，松將楊廷據險注射，貞不得前，令行軍副統裴滿阿里爲疑兵，潛遣猛安胡信率甲士五十人繞出其後，反擊之，宋兵大亂，遂斬廷于陣。宋兵走二里關，復敗。宋將彭統領宋兵走龍門，追擊大破之。合沓乘夜潛登和尙原絕頂，宋人驚以爲神，皆散走，破其衆二千，生獲數十人。南家斬木開道以登西山，再與宋兵遇，皆敗之，〔一三〕遂盡復故地。

宋吳曦將馮興、楊雄、李珪以步騎八千人入赤谷，將寇秦州。承裕、完顏璘、河州防禦使蒲察秉鉉逆擊，破之。宋步兵趨西山，騎兵走赤谷。承裕分兵躡宋步兵，宋步兵據山搏

戰，部將唐括按答海率二百騎馳擊之，甲士蒙葛挺身先入其陣，衆乘之，宋步兵大潰，殺數百人，追者至皂郊城，斬首二千級。猛安把添奴追宋騎兵，殺千餘人，馮興僅以身免，楊雄、李珪皆為金軍所殺。十月，綱以蕃、漢步騎一萬出臨潭，充以關中兵一萬出陳倉，蒲察貞以岐、隴兵一萬出成紀，石抹仲溫以隴右步騎五千出鹽川，完顏璘以本部兵五千出來遠。

初，吳玠、吳璘俱爲宋大將，兄弟父子相繼守西土，得梁、益間士衆心。璘孫曦太尉、昭武軍節度使、成都潼川府夔利等州路宣撫副使，泰和六年出兵興元，有窺關、隴之志，誘募邊民爲盜，遣諜以利餌鳳翔卒溫昌，結三虞候軍爲內應。昌詣府上變。曦遣諸將出秦、隴間，與綱等諸軍相拒。上聞韓侂胄忌曦威名，可以間誘致之，梁、益居宋上游，可以得志于宋，封曦蜀國王，鑄印賜詔，詔綱經略之。其賜曦詔曰：

宋自佶、桓失守，構竄江表，僭稱位號，偸生吳會，時則乃祖武安公玠捍禦兩川。洎武順王璘嗣有大勳，固宜世胙大帥，遂荒西土，長爲藩輔，誓以河山，後裔縱有欒黶之汰，猶當十世宥之。然威略震主者身危，功蓋天下者不賞，自古如此，非止于今。

卿家專制蜀漢，積有歲年，猜嫌旣萌，進退維谷，代之而不受，召之而不赴，君臣之義已同路人，譬之破桐之葉不可以復合，騎虎之勢不可以中下矣。此事流傳，稔於朕聽，每一思之未嘗不當饋歎息，而卿猶偃然自安。且卿自視翼贊之功孰與岳飛？飛之

威名戰功暴于南北，一旦見忌，遂被叁夷之誅，可不畏哉。故智者順時而動，明者因機而發，與其負高世之勳見疑于人，惴惴然常懼不得保其首領，曷若順時因機，轉禍爲福，建萬世不朽之業哉。

今趙擴昏孱，受制强臣，比年以來頓違誓約，增屯軍馬，招納叛亡。朕以生靈之故，未欲遽行討伐，姑遣有司移文，復因來使宣諭，而乃不顧道理，愈肆憑陵，虔劉我邊陲，攻剽我城邑。是以忠臣扼腕，義士痛心，家與爲讎，人百其勇，失道至此，雖欲不亡得乎？朕已分命虎臣，臨江問罪，長驅並騖，飛渡有期，此正豪傑分功之秋也。

卿以英偉之姿，處危疑之地，必能深識天命，洞見事機，若按兵閉境不爲異同，使我師併力巢穴而無西顧之虞，則全蜀之地卿所素有，當加封册，一依皇統册構故事。更能順流東下，助爲掎角，則旌麾所指盡以相付。天日在上，朕不食言。今送金寶一鈕，至可領也。

綱次臨江被詔，進至水洛，訪得曦族人端，署爲水洛城巡檢使，遣持詔間行諭曦。曦得詔意動，程松尙在興元，未敢發，詐稱杖殺端，以蔽匿其事。松兵既敗，曦乃遣掌管機宜文字姚圓與端奉表送款。綱遣前京兆府錄事張仔會吳曦于興州之置口，曦言歸心朝廷無他，張仔請以告身爲報，曦盡出以付之，仍獻階州。

朝廷以曦初附，恃中國爲援，欲先取襄陽以爲蜀漢屏蔽，乃詔右副元帥匡先攻襄陽，詔略曰：「陝西一面雖下四州，吳曦之降朕所經略。自大軍出境，惟卿所部力戰爲多，方之前人無所愧謝。今南伐之事責成卿等，區區俘獲不足羨慕，果能爲國建功，豈止一身榮寵，後世子孫亦保富貴。」匡得詔，乃移兵趨襄陽。十二月，曦遣果州團練使郭澄、仙人關使任辛奉表及蜀地圖志、吳氏譜牒來上。

七年正月，召綱赴京師，以爲陝西宣撫副使，進三階。還軍，吳曦遣郭澄進謝恩表、誓表、賀全蜀歸附三表，親王百官稱賀，朝廷以詔答之，幷賜誓詔。郭澄朝辭，諭澄曰：「汝主效順，以全蜀歸附，朕甚嘉之。然立國日淺，恐宋兵侵軼，人心不安，凡有當行事務已委宣撫完顏綱移文計議。或有緊急，卽差人就去講究。大定間，汝主嘗以事入覲，今亦多歲，朕嘉汝主之義，懷想不忘，欲得其繪像，如見其面。今已遣使封册，俟回日附進。可以此意歸諭汝主。」詔以同知臨洮府事朮虎高琪爲封册使，翰林直學士喬宇副之。詔高琪曰：「卿以邊面宣力，加之讀書，蜀人識卿威名，勿以財賄動心，失大國體。檢制隨去奉職，勿有違枉生事。」

頃之，宋安丙殺吳曦。上聞曦死，遣使責綱，詔曰：「曦之降，自當進據仙人關，以制蜀命，且爲曦重。既不據關，復撤兵，[一四]使丙無所憚，是宜有今日也。」於是，詔贈曦太師，命德順州刺史完顏思忠招魂葬于水洛縣。以曦族兄端之子爲曦後。詔諭陝西軍士，略曰：「汝等爰自去冬，出疆用命，擐披甲冑，冒涉艱險，直取山外數州，比之他軍實有勤效。界外屯駐日久，負勞苦，恩賞未行，有司申奏不明，以致如此。朕已令增給賞物，以酬爾勞。惟是餘賊未殄，猶須經略。眷我師徒，久役未解，深懷憫念，寤寐弗忘。汝等益思體國之忠，奮敵愾之勇，協心畢力，建立功勳，高爵厚祿，朕所不吝。」

宋人復陷階州、西和州，綱至鳳翔，詔徹五州之兵退保要害，五州之民願徙內地者厚撫集之。以近侍局直長爲四川安慰使。[一五]蒲察貞撤黃牛戍，宋安丙乘之，連兵來襲，遂陷散關，鞏州鈐轄兀顏阿失死之。詔奪綱官一階，降兵部侍郎，權宣撫副使。遣戶部侍郎尼厖古懷忠按治綱以下將吏。懷忠未至陝西，綱、貞遣兵潛自昆谷西山養馬澗入，四面攻之，復取散關，斬宋將張統領、于團練。綱遣使奏捷，詔書獎諭，貞等釋不問。

八年，宋獻韓侂胄、蘇師旦首，詔以陝西關隘還之，宋罷兵。綱還京師。是歲，章宗崩，衞紹王卽位，除陝西路按察使，累官尙書左丞。至寧元年，綱行省事于縉山，徒單鎰使人謂綱曰：「高琪駐兵縉山甚得人心，士皆思奮，與其行省親往，不若益兵爲便。」綱不聽。徒單鎰復使人止之曰：「高琪措畫已定，彼之功卽行省之功。」綱不從。綱至縉山遂大敗。

胡沙虎斬關入中都，遷衞紹王于衞邸，命綱子安和作家書，使親信人召綱。[一六]綱至，囚

之憫忠寺，明日，押至市中，使張霖卿數以失四川、敗縉山之事，殺之。

貞祐四年，綱子權復州刺史安和上書訟父冤，略曰：「先臣綱在章宗時，招懷西羌青宜可等十八部族，取宋五州，吳曦以全蜀歸朝。胡沙虎無故見殺，奪其官爵。」詔下尙書省議，「謹按元年詔書云，胡沙虎屢害良將，正謂綱輩也」。乃追復尙書左丞。弟定奴。

定奴與兄綱俱知名，充護衞，除平涼府判官，累官同知眞定府。從平章政事僕散揆伐宋，加平南虎威將軍。兵罷，遷河南東路副統軍，三遷武勝軍節度使，入爲右副點檢。大安二年，遷元帥右都監，救西京，改震武軍節度使。元帥奧屯襄敗績，定奴坐失期及不以軍敗實奏，降河州防禦使。遷鎭西軍節度使、河東北路按察轉運使。宣宗卽位，改知歸德府。貞祐二年，改知河南府，兼河南副統軍。尋遷河南統軍使，兼昌武軍節度使。請內外五品以上舉能幹之士充河北州縣官。改簽樞密院事、殿前都點檢、兼侍衞親軍都指揮使。復爲簽樞密院事、行院事兼知歸德府事，改兼武寧軍節度使，行院于徐州。召爲刑部尙書、參知政事。興定三年，薨。

贊曰：章宗伐宋之役，三易主帥，兵家所忌也，宋不知乘此以爲功，猶曰有人焉？韓侂胄心强智疏，蘇師旦謀淺任大，兩首燕、薊，南北皆曰賊臣，何哉？完顏匡、完顏綱皆泰和終功之臣，然匡黷忠于大安，綱罔難于至寧，富貴之惑人乃如此邪？

校勘記

〔一〕及平陝西大破張浚于富平也　「及平」原作「及乎」，據永樂大典卷六七六四引文改。

〔二〕進世宗實錄　「實」原作「寶」，據永樂大典卷六七六四引文改。

〔三〕於是罷河南宣撫司僕散揆還朝　按本書卷一二章宗紀，泰和五年八月辛卯，因宣撫使僕散揆之奏請，「詔罷宣撫司」。九月戊子，「以河南路統軍使紇石烈子仁等爲賀宋生日使」。又卷六二交聘表同。是罷宣撫司在前，子仁使宋在後。此處敍事顚倒。

〔四〕取泗州　「州」原作「川」，據永樂大典卷六七六四引文改。

〔五〕果欲請和當遣朱致知　「知」原作「和」。按本書卷六二交聘表承安五年條，卷九三宗浩傳宗浩復張巖書，宋史卷三七寧宗紀慶元五年條，皆作「朱致知」，今據改。下同。

〔六〕是未知其已死也　「已」原作「亡」，據殿本改。

〔七〕本欲易淮南地　原脫「淮」字，據上下文補。

〔八〕追修誓書　「追修」原作「修追」，據殿本乙正。

〔九〕朕以生靈之故已從所請　原脫「所」字，據文義補。

〔一〇〕泰和八年閏四月乙未　原脫「閏」字，按本書卷一二章宗紀，泰和八年「閏月乙未，宋獻韓侂胄等首于元帥府」。據長術此年閏四月，今補「閏」字。

〔一一〕左司員外郎孫椿年奏詔爲一道　「奏詔」原作「詔奏」，據文義乙正。

〔一二〕宋吳曦以兵六千攻鹽川鞏州戍將完顏王善　「川」原作「州」。按本書卷二六地理志，臨洮路鞏州定西縣「鎭一，鹽川」。又卷一二章宗紀，「泰和六年六月乙亥，宋吳曦攻鹽川，戍將完顏王喜敗之」。今據改爲「鹽川」。至于「王善」「王喜」之異，因無它證，今仍兩存。

〔一三〕再與宋兵遇皆敗之　原脫「之」字，據殿本補。

〔一四〕復撤兵　「撤」原作「撒」，據殿本改。

〔一五〕以近侍局直長爲四川安慰使　按此處脫人名。

〔一六〕命綱子安和作家書使親信人召綱　按本書卷一三衞紹王紀，至寧元年八月，胡沙虎「誘奉御和尚使作書急召其父左丞元奴議事，元奴以軍來，并其子皆殺之」。元奴卽綱，子名「和尚」，且與綱同被殺，與此略異。

金史卷九十九

列傳第三十七

徒單鎰　賈鉉　孫鐸　孫卽康　李革

徒單鎰本名按出，上京路速速保子猛安人。父烏輦，北京副留守。鎰穎悟絕倫，甫七歲，習女直字。大定四年，詔以女直字譯書籍。五年，翰林侍講學士徒單子溫進所譯貞觀政要、白氏策林等書。六年，復進史記、西漢書，詔頒行之。選諸路學生三十餘人，〔一〕令編修官溫迪罕締達教以古書，習作詩、策。鎰在選中，最精詣，遂通契丹大小字及漢字，該習經史。久之，樞密使完顏思敬請教女直人舉進士，下尚書省議。奏曰：「初立女直進士科，且免鄉、府兩試，其禮部試、廷試，止對策一道，限字五百以上成。在都設國子學，諸路設府學，並以新進士充教授，士民子弟願學者聽。歲久，學者當自衆，卽同漢人進士三年一試。」從之。十三年八月，〔二〕詔策女直進士，問以求賢爲治之道。侍御史完顏蒲涅、太常博士李晏、應奉翰林文字阿不罕德甫、移剌傑、中都路都轉運副使奚䜣考試鎰等二十七人及第。鎰授兩官，餘授一官，上三人爲中都路教授，四名以下除各路教授。

十五年，詔譯諸經，著作佐郞溫迪罕締達、編修官宗璧、尙書省譯史阿魯、吏部令史楊克忠譯解，〔三〕翰林修撰移剌傑、應奉翰林文字移剌履講究其義。鎰自中都路教授選爲國子助教。左丞相紇石烈良弼嘗到學中與鎰談論，深加禮敬。丁母憂，起復國史院編修官。

世宗嘗問太尉完顏守道曰：「徒單鎰何如人也？」守道對曰：「有材力，可任政事。」上曰：「然，當以劇任處之。」又曰：「鎰容止溫雅，其心平易。」久之，兼修起居注，累遷翰林待制，兼右司員外郎。獻漢光武中興賦，世宗大悅曰：「不設此科，安得此人。」

章宗卽位，遷左諫議大夫，兼吏部侍郎。明昌元年，爲御史中丞。無何，拜參知政事，兼修國史。鎰言：「人生有欲，不限以制則侈心無極。今承平日久，當愼行此道，以爲經久之治。」

章宗銳意于治平，鎰上書，其略曰：「臣竊觀唐、虞之書，其臣之進言於君曰『戒哉』，『懋哉』，曰『吁』，曰『都』。既陳其戒，復導其美。君之爲治也，必曰『稽于衆，舍己從人』。既能聽之，又能行之，又從而興起之。君臣上下之間相與如此。陛下繼興隆之運，撫太平之基，誠宜稽古崇德，留意於此，無因物以好惡喜怒，無以好惡喜怒輕忽小善，不卹人言。

夫上下之情有通塞，天地之運有否泰，唐陸贄嘗陳隔塞之九弊，上有其六，下有其三。陛下能慎其六，爲臣子者敢不慎其三哉。上下之情既通，則大綱舉而羣目張矣。」進尚書右丞，修史如故。

三年，罷爲橫海軍節度使，改定武軍節度使，知平陽府事。先是，鄭王永蹈判定武軍，鎬王永中判平陽府，相繼得罪，連引者衆，上疑其有黨，或命節度定武，[四]繼又知平陽焉。改西京留守。承安三年，改上京留守。五年，上問宰臣：「徒單鎰與宗浩孰優？」平章政事張萬公對曰：「皆才能之士，鎰似優者，鎰有執守，宗浩多數耳。」上曰：「何謂多數？」萬公曰：「宗浩微似趨合。」上曰：「卿言是也。」頃之，鎰拜平章政事，封濟國公。

淑妃李氏擅寵，兄弟恣橫，朝臣往往出入其門。是時烈風昏噎連日，詔問變異之由。鎰上疏略曰：「仁、義、禮、智、信謂之五常，父義、母慈、兄友、弟敬、子孝謂之五德。今五常不立，五德不興，縉紳學古之士棄禮義，忘廉恥，細民違道畔義，迷不知返，背毀天常，骨肉相殘，動傷和氣，此非一朝一夕之故也。今宜正薄俗，順人心，父父子子夫夫婦婦，各得其道，然後和氣普洽，福祿薦臻矣。」因論「爲政之術，其急有二。一曰，正臣下之心。竊見羣下不明禮義，趨利者衆，何以責小民之從化哉。其用人也，德器爲上，才美爲下，兼之者待以不次，才下行美者次之，雖有才能，行義無取者，抑而下之，則臣下之趨向正矣。其二曰，導學

者之志。教化之行，興于學校。今學者失其本眞，經史雅奧，委而不習，藻飾虛詞，釣取祿利，乞令取士兼問經史故實，使學者皆守經學，不惑於近習之靡，則善矣。」又曰：「凡天下之事，叢來者非一端，形似者非一體，法制不能盡，隱於近似，乃生異論。孔子曰：『義者天下之制也。』[五]記曰：『義爲斷之節。』伏望陛下臨制萬機，事有異議，少凝聖慮，尋繹其端，則裁斷有定，而疑可辨矣。」鎰言皆切時弊，上雖納其說，而不能行。

上問漢高帝、光武優劣。平章政事張萬公對曰：「高祖優甚。」鎰曰：「光武再造漢業，在位三十年，無沈湎冒色之事。高祖惑戚姬，卒至于亂。由是言之，光武優。」上默然。鎰蓋以元妃李氏隆寵過盛，故微諫云。泰和四年，罷知咸平府。五年，改南京留守。六年，徙知河中府，兼陝西安撫使。

僕散揆行省河南，陝西，元帥府雖受揆節制，實顓方面，上思用謀臣制之，由是升宣撫使一品，鎰改知京兆府事，充宣撫使，陝西元帥府並受節制。詔曰：「將帥雖武悍，久歷行陣，而宋人狡獪，亦資算勝。卿之智略，朕所深悉，且股肱舊臣，故有此寄。宜以長策御敵，厲兵撫民，稱朕意焉。」鎰言：「初置急遞鋪本爲轉送文牒，今一切乘驛，非便。」上深然之。始置提控急遞鋪官。自中都至眞定、平陽置者，達于京兆。京兆至鳳翔置者，達于臨洮。自眞定至彰德置者，達于南京。自南京分至歸德置者，達于泗州、壽州，分至許州置者，達于鄧州。自中都至滄州置者，達于益都府。自此郵達無復滯焉。

七年，吳曦死，宋安丙分兵出秦、隴間。十月，詔鎰出兵金、房以分掣宋人梁、益、漢、沔兵勢。鎰遣行軍都統斡勒葉祿瓦、副統把回海、完顏摑剌以步騎五千出商州。十一月，葉祿瓦拔鶻嶺關，摑剌別將攻破燕子關新道口，回海取小湖關敖倉，至營口鎮，破宋兵千餘人，追至上津縣，斬首八百餘級，遂取上津縣。葉祿瓦破宋兵二千于平溪，將趨金州。宋王柟以書乞和，詔鎰召葉祿瓦軍退守鶻嶺關。八年正月，宋安丙遣景統領由梅子溪、新道口、朱砂谷襲鶻嶺關，回海、摑剌擊走之，斬景統領于陣。是歲，罷兵。鎰遷特進，賜賚有差。改知眞定府事。

大安初，加儀同三司，封濮國公。改東京留守，過闕入見。衞紹王謂鎰曰：「卿兩朝舊德，欲用卿爲相。太尉匡，卿之門人，朕不可屈卿下之。」遷開府儀同三司，佩金符，充遼東安撫副使。三年，改上京留守。平章政事獨吉思忠敗績于會河堡，中都戒嚴，鎰曰：「事急矣。」乃選兵二萬，遣同知烏古孫兀屯將之，入衞中都。朝廷嘉之，徵拜尚書右丞相，監修國史。

鎰言：「自用兵以來，彼聚而行，我散而守，以聚攻散，其敗必然。不若入保大城，併力備禦。昌、桓、撫三州素號富實，[六]人皆勇健，可以內徙，益我兵勢，人畜貨財，不至亡失。」

平章政事移剌、[七]參知政事梁瑾曰：「如此是自蹙境土也。」衞紹王以責鎰。鎰復奏曰：「遼東國家根本，距中都數千里，萬一受兵，州府顧望，必須報可，誤事多矣。可遣大臣行省以鎭之。」衞紹王不悅曰：「無故置行省，徒搖人心耳。」其後失昌、桓、撫三州，衞紹王乃大悔曰：「從丞相之言，當不至此！」頃之，東京不守，衞紹王自訟曰：「我見丞相恥哉！」

术虎高琪駐兵縉山，甚得人心，士樂爲用。至寧元年，尚書左丞完顏綱將行省于縉山，鎰謂綱曰：「行省不必自往，不若益兵爲便。」綱不聽，且行，鎰遣人止之曰：「高琪之功卽行省之功也。」亦不聽。綱至縉山，遂敗績焉。

頃之，鎰墜馬傷足在告，聞胡沙虎難作，命駕將入省。或告之曰：「省府相幕皆以軍士守之，不可入矣。」少頃，兵士索人于閭巷，鎰乃還第。胡沙虎意不可測，方猶豫，不能自定，乃詣鎰問疾，從人望也。鎰從容謂之曰：「翼王，章宗之兄，顯宗長子，衆望所屬，元帥決策立之，萬世之功也。」胡沙虎默然而去，乃迎宣宗于彰德。胡沙虎既殺徒單南平，欲執其弟知眞定府事銘，鎰說之曰：「車駕道出眞定，鎬王家在威州，河北人心易搖，徒單銘有變，朝廷危矣。不如與之金牌，奉迎車駕，銘必感元帥之恩。」胡沙虎從之。至寧、貞祐之際，轉敗爲功，惟鎰是賴焉。

宣宗卽位，進拜左丞相，封廣平郡王，授中都路迭魯都世襲猛安蒲魯吉必剌謀克。鎰

尚有足疾，詔侍朝無拜。明年，鎰建議和親。言事者請罷按察司。鎰曰：「今郡縣多殘毀，正須按察司撫集，不可罷。」遂止。宣宗將幸南京，鎰曰：「鑾輅一動，北路皆不守矣。今已講和，聚兵積粟，固守京師，策之上也。南京四面受兵。遼東根本之地，依山負海，其險足恃，備禦一面，以爲後圖，策之次也。」不從。是歲，薨。詔賻贈從優厚。

鎰明敏方正，學問該貫，一時名士皆出其門，多至卿相。嘗嘆文士委頓，雖巧拙不同，要以仁義道德爲本，乃著學之急、道之要二篇。太學諸生刻之于石。有弘道集六卷。

賈鉉字鼎臣，博州博平人。性純厚，好學問。中大定十三年進士，調滕州軍事判官、單州司候，補尚書省令史。章宗爲右丞相，深器重之，除陝西東路轉運副使。入爲刑部主事，遷監察御史。遷侍御史，改右司諫。上疏論邊戍利害，上嘉納之，遷左諫議大夫兼工部侍郎，與党懷英同刊修遼史。

鉉上書曰：「親民之官，任情立威，所用決杖，分徑長短不如法式，甚者以鐵刃置於杖端，因而致死。間者陰陽愆戾，和氣不通，未必不由此也。願下州郡申明舊章，檢量封記，按察官其檢察不如法者，具以名聞。內庭勅斷，亦依已定程式。」制可。復上書論山東採茶事，其大概以爲「茶樹隨山皆有，一切護邏，已奪民利，因而以揀茶樹執誣小民，嚇取貨賂，

宜嚴禁止。仍令按察司約束。」上從之。

承安四年，遷禮部尚書，諫議如故。是時有詔，凡奉勅商量照勘公事皆期日聞奏。鉉言：「若如此，恐官吏迫於限期，姑務苟簡，反害事體。況簿書自有常程，御史臺治其稽緩，如事有應密，三月未絕者，令具次第以聞。」下尚書省議。如省部可卽定奪者，須三月擬奏，如取會案牘卒難補勘者，先具次第奏知，更限一月結絕，違者准稽緩制書罪之。

上議置相，欲用鉉，宰臣薦孫卽康。張萬公曰：「卽康及第在鉉前。」上曰：「用相安問榜次？朕意以爲賈鉉才可用也。」然竟用卽康焉。

泰和二年，興陵崇妃薨，上欲成服苑中，行登門送喪之禮，以問鉉，鉉對曰：「故宋嘗行此禮，古無是也。」遂已。改刑部尚書。泰和三年，拜參知政事。亳州醫者孫士明輒用黃紙大書「勅賜神針先生」等十二字，及於紙尾年月間摹作寶樣朱篆青龍二字，以誑惑市人。有司捕治款伏。值赦，大理寺議宜准僞造御寶，[八]雖遇赦不應原。已奏可矣。鉉奏：「天子有八寶，其文各異，若僞造，不限用泥及黃蠟。今用筆描成青龍二字，既非八寶文，論以僞造御寶，非本法意。」上悟，遂以赦原。明日，上謂大臣曰：「已行之事，賈鉉猶執奏，甚可嘉也，羣臣亦當如此矣。」

泰和六年，御試，鉉爲監試官。上曰：「丞相宗浩嘗言試題頗易，由是進士例不讀書。

朕今以日合天統爲賦題。」鉉曰：「題則佳矣，恐非所以牢籠天下士也。」上曰：「帝王以難題窘舉人，固不可，欲使自今積致學業而已。」遂用之。久之，鉉與審官院掌書大中漏言除授事。上謂鉉曰：「卿罪自知之矣。然卿久參機務，補益弘多，不深罪也。」乃出爲安武軍節度使，改知濟南府。致仕。貞祐元年，薨。

孫鐸字振之，其先滕州人，徙恩州歷亭縣。鐸性敏好學，遼陽王遵古一見器之，期以公輔。登大定十三年進士第，調海州軍事判官，衞縣丞，補尚書省令史。章宗爲右丞相，語人曰：「治官事如孫鐸，必無錯失。」初卽位，問鐸安在？有司奏爲右都管，使宋。及還，除同知登聞檢院事。鐸言：「凡上訴者皆因尚書省斷不得直，若上訴者復送省，則必不行矣，乞自宸衷斷之。」上以爲然。詔登聞檢院，凡上訴者，每朝日奏十事。詔刊定舊律，鐸先奏名例一篇。

承安元年，遷左諫議大夫，改河東南路轉運使，召爲中都路都轉運使。初置講議錢穀官十人，鐸爲選首。承安四年，遷戶部尚書。鐸因轉對奏曰：「比年號令，或已行而中輟，或既改而復行，更張太煩，百姓不信。乞自今凡將下令，再三講究，如有益于治則必行，無恤小民之言。」國子司業紇石烈善才亦言「頒行法令，絲綸既出，尤當固守」。上然之。

泰和二年閏十二月，[九]上召鐸、戶部侍郎張復亨議交鈔。復亨曰：「三合同鈔可行。」鐸請廢不用，詰難久之，復亨議詘。上顧謂侍臣曰：「孫鐸剛正人也，雖古魏徵何加焉！」

三年，御史中丞孫卽康、刑部尚書賈鉉皆除參知政事，鐸再任戶部尚書。鐸心少之，對賀客誦古人詩曰：「唯有庭前老柏樹，春風來似不曾來。」御史大夫卞劾鐸怨望，降同知河南府事。改彰化軍節度使，復爲中都轉運使。泰和七年，拜參知政事。

蒲陰縣令大中與左司郎中劉昂、通州刺史史肅、前監察御史王宇、吏部主事曹元、戶部員外郎李著、監察御史劉國樞、尚書省都事曹溫、雄州都軍馬師周、吏部員外郎徒單永康、太倉使馬良顯、順州刺史唐括直思白坐私議朝政，下獄，尚書省奏其罪。鐸進曰：「昂等非敢議朝政，但如鄉人游鄉校耳。」上悟，乃薄其罪。

鐸上言：「民間鈔多，宜收斂。院務課程及諸窠名錢須要全收交鈔。秋夏稅本色外，盡令折鈔，不拘貫例，農民知之，迤漸重鈔。比來州縣抑配行市買鈔，無益，徒擾之耳。乞罷諸處鈔局，惟省庫仍舊，小鈔無限路分，可令通行。」上覽奏，卽詔有司曰：「可速行之。」

大安初，議誅黃門李新喜。鐸曰：「此先朝用之太過耳。」衞紹王不察，卽曰：「卿今日始言之何耶？」既而復曰：「後當盡言，勿以此介意。」頃之，遷尚書左丞，兼修國史。議鈔法忤旨，猶以論李新喜降濬州防禦使。改安國軍節度使，徙絳陽軍。

宣宗即位，召赴闕，以兵道阻。宣宗遷汴，鐸上謁于宜村，除太子太師。有疾，累遣使候問。貞祐三年，致仕。是歲，薨。

孫即康字安伯，其先滄州人。石晉之末，遼徙河北實燕、薊，八代祖延應在徙中，占籍析津，實大興，仕至涿州刺史。延應玄孫克構，遼檢校太傅、啓聖軍節度使。即康，克構曾孫，中大定十年進士第。章宗爲右丞相，是時，即康爲尚書省令史，由是識其人。章宗即位，累遷戶部員外郎，講究鹽法利害，語在食貨志。除耀州刺史，入爲吏部左司郎中。

上謂宰臣曰：「孫即康向爲省掾，言語拙訥，今才力大進，非向時比也。」宰臣因曰：「即康年已高，幸及早用之。」上問：「年幾何矣？」對曰：「五十六歲。」上復問：「其才何如張萬公？」平章政事守貞對曰：「即康才過之。」上曰：「視萬公爲通耳。」由是遷御史中丞。

初，張汝弼妻高陀斡不道，伏誅。汝弼，鎬王永中舅也，上由是頗疑永中。永中府傅尉奏永中第四子阿離合懣語涉不軌，詔同簽大睦親府事暐與即康鞫之。第二子神土門嘗撰詞曲，頗輕肆，遂以語涉不遜就逮。家奴德哥首永中嘗與侍妾瑞雲言：「我得天下，以爾爲妃，子爲大王。」暐、即康還奏，詔禮部尚書張暐覆訊。永中父子皆死，時論寃之。頃之，遷

泰寧軍節度使，改知延安府事。

承安五年，上問宰相：「今漢官誰可用者？」司空襄舉即康。上曰：「不輕薄否？」襄曰：「可再用爲中丞觀之。」上乃復召即康爲御史中丞。泰和三年，除參知政事。明年，進尚書右丞。六年，宋渝盟有端，大臣猶以爲小盜竊發不足恤。即康與左丞僕散端、參政獨吉思忠以爲必當用兵，上以爲然。

上問即康、參知政事賈鉉曰：「太宗廟諱同音字，有讀作『成』字者，既非同音，便不當缺點畫。睿宗廟諱改作『崇』字，其下却有本字全體，不若將『示』字依蘭亭帖寫作『未』字。〔一〇〕顯宗廟諱『允』，『充』字合缺點畫，〔一一〕如『統』傍之『充』，似不合缺。」即康奏曰：「唐太宗諱世民，偏傍犯如『葉』字作『桒』字，『泯』字作『汦』字。」乃擬「熙宗廟諱從『面』從『且』。睿宗廟諱上字從『未』，下字從『𡉉』。〔一二〕世宗廟諱從『系』。顯宗廟諱如正犯字形，止書斜畫，『沇』字『鈗』字各從『口』，『兊』『悅』之類各從本傳。」〔一三〕從之，自此不勝曲避矣。進左丞。宋人請和，進官一階。

舊制，尚書省令史考滿優調，次任回降，崔建昌已優調興平軍節度副使，未回降即除大理司直。詔知除郭邦傑、李蹊杖七十勒停，左司員外郎高庭玉決四十解職，即康待罪，有詔勿問。章宗崩，衞紹王即位，即康進拜平章政事，封崇國公。大安三年，致仕。是歲，薨。

遣使致祭。

李革字君美，河津人。父餘慶，三至廷試，不遂，因棄去。革穎悟，讀書一再誦，輒記不忘。大定二十五年進士。調眞定主簿。察廉，遷韓城令。同知州事納富商賂，以歲課軍須配屬縣，革獨不聽，提刑司以爲能。遷河北東路轉運都勾判官、太原推官。丁母憂，起復，遷大興縣令、中都左警巡使、南京提刑判官、監察御史、同知昭義軍節度事。丁父憂，起復，簽南京按察事。

泰和六年，伐宋，尚書省奏：「軍興，隨路官，差占者別注，闕者選補，老不任職者替罷，及司、縣各存留强幹正官一員。」革與簽陝西高霖、簽山東孟子元俱被詔，體訪三路官員能否，籍存留正官，行省、行部、元帥府差占員數及事故闕員，老不任職，赴闕奏事。改刑部員外郎，調觀州刺史兼提舉漕運，陝西西路按察副使，大興府治中。知府徒單南平貴幸用事，勢傾中外，遣所親以進取誘革，革拒之。貞祐二年，遷戶部侍郎。宣宗遷汴，行河北西路六部事，遷知開封府事，河南勸農使，戶部、吏部尚書，陝西行省參議官。

四年，拜參知政事。革奏：「有司各以情見引用斷例，牽合附會，實啓倖門。乞凡斷例勅條特旨奏斷不爲永格者，不許引用，皆以律爲正。」詔從之。是歲，大元兵破潼關，革自

以執政失備禦之策，上表請罪。不許，罷爲絳陽軍節度使。興定元年，胥鼎自平陽移鎮陝西，革以知平陽府事，權參知政事，代鼎爲河東行省。

是時興兵伐宋，革上書曰：「今之計當休兵息民，養銳待敵。宋雖造釁，止可自備。若不忍小忿以勤遠略，恐或乘之，不能支也。」不納。太原兵後闕食，革移粟七萬石以濟之。二年，宣差粘割梭失至河東，於是晚禾未熟，牒行省耕毀淸野。革奏：「今歲雨澤及時，秋成可待。如令耕毀，民將不堪。」詔從革奏。十月，平陽被圍，城中兵不滿六千，屢出戰，旬日間傷者過半。徵兵吉、隰、霍三州，不時至。裨將李懷德縋城出降，兵自城東南入。左右請革上馬突圍出。革歎曰：「吾不能保此城，何面目見天子！汝輩可去矣。」乃自殺。贈尙書右丞。

贊曰：「傳曰：『君子之言，其利博哉。』」〔一四〕徒單鎰拱挹一語而宣宗立，厥功懋矣。賈鉉、孫鐸皆舊臣，鉉久致仕，鐸忤旨衞王，皆不復見用。徒單鎰亦外官，惟孫即康詭隨，乃驟至宰相。古所謂斗筲之人，即康之謂矣。鐸論李新喜，其言似漢耿育，有旨哉。貞祐執政李革，可謂君子，其進退之際，有古人爲相之風焉。

校勘記

〔一〕選諸路學生三十餘人　按此上當脫「九年」二字。本書卷五一選舉志，策論進士「始大定四年，世宗命頒行女直大小字所譯經書，九年選異等者得百人薦於京師，廩給之，命溫迪罕締達教以古書，作詩、策，後復試，得徒單鎰以下三十餘人」。又「女直學」條同，是其證。

〔二〕十三年八月　「十三年」原作「九年」。按本書卷五一選舉志策論進士條，大定「十一年始議行策選之制，至十三年始定每場策一道，……乃就憫忠寺試徒單鎰等，……中選者得徒單鎰以下二十七人」。又卷一〇五溫迪罕締達傳，大定「十三年設女直進士科，是歲徒單鎰等二十七人登第」。今據改。

〔三〕吏部令史楊克忠譯解　按本書卷一〇五溫迪罕締達傳記此事作「吏部令史張克忠」。

〔四〕或命節度定武　「或」據文義疑當作「故」。

〔五〕孔子曰義者天下之制也　「制」原作「斷」，據禮記表記改正。鎰蓋習女直文禮記，故用字不同，下文「義爲斷之節」似出禮記喪服四制，文亦不同。

〔六〕素號富實　「實」原作「貴」，據文義改。

〔七〕平章政事移剌　按姓氏下脫其名。

〔八〕大理寺議宜准僞造御寶　「造」原作「學」，據殿本改。

〔九〕泰和二年閏十二月　原脫「閏」字。按本書卷四八食貨志，泰和二年「閏十二月，上以交鈔事召戶部尚書孫鐸、侍郎張復亨議於內殿」。今據補。

〔一〇〕不若將示字依蘭亭帖寫作未字　原脫「不」字，據文義補。

〔一一〕顯宗廟諱允充字合缺點畫　原脫「顯宗廟諱允」五字，據文義補。

〔一二〕下字從㞷　「㞷」原作「丗」，據宗堯名「堯」字上半字形改。

〔一三〕沇字銑字各從口兑悅之類各從本傳　按此有誤字，疑「沇」當作「兗」，「銑」當作「銳」，「傳」當作「体」。

〔一四〕傳曰君子之言其利博哉　按左傳昭公三年，「君子曰：仁人之言，其利博哉」。引文不確。

金史卷一百

列傳第三十八

孟鑄　宗端脩　完顏閭山　路鐸　完顏伯嘉

术虎筠壽　張煒　高竑　李復亨

孟鑄，大定末，補尚書省令史。明昌元年，御史臺奏薦戶部員外郎李獻可、完顏掃合、太府丞徒單繹、宮籍監丞張庸、右警巡使衰、禮部主事蒲察振壽、戶部主事郭蛻、應奉翰林文字移剌益、中都鹽鐵判官趙昺、尚書省令史劉昂及鑄十一人皆剛工可用。詔除獻可右司諫，掃合磁州刺史，繹祕書丞，庸中都右警巡使，衰彰國軍節度副使，振壽治書侍御史，蛻同知定武軍節度使事，益翰林修撰，昺都水丞，昂戶部主事，鑄刑部主事。累遷中都路按察副使、南京副留守、河平軍節度使。

泰和四年，入爲御史中丞，召見於香閣。上謂鑄曰：「朕自知卿，非因人薦舉也。御史責任甚重，往者臺官乃推求細故，彈劾小官，至於巨室重事，則畏徇不言。其勤乃職，無廢朕命。」是歲，自春至夏，諸郡少雨。鑄奏：「今歲愆陽，已近五月，比至得雨，恐失播種之期，可依種麻菜法，擇地形稍下處撥畦種穀，穿土作井，隨宜灌溉。」上從其言，區種法自此始。知府無何，奏彈知大興府事紇石烈執中過惡，其文略曰：「京師百郡之首，四方取則。知府執中貪殘專恣，不奉法令，自奉聖州罪解以後，怙罪不悛，蒙朝廷恩貸，轉生跋扈。雄州詐奪人馬，平州冒支已俸，無故破魏廷碩家，發其冢墓。拜表以調鷹不赴，祈雨聚妓戲嬉，毆詈同僚，擅令住職，失師帥之體。乞行黜退，以厭人望。」上以執中東宮舊人，頗右之，謂鑄曰：「執中粗人，似有跋扈者。」鑄曰：「明天子在上，豈容有跋扈之臣？」上悟，詔尚書省問之。

泰和五年，唐、鄧、河南屢有警，議者謂宋且敗盟。六年正月，宋賀正旦使陳克俊等朝辭，〔一〕上使鑄就館諭克俊以國家涵容之意，果不詳此旨，恐兵未可息也。使以上言達宋主。章宗本無意用兵，故再三諭之。

鑄論提刑司改按察司，差官覆察，權削望輕。下尚書省議。參知政事賈鉉奏：「乞差監察時，即別遣官偕往，更不覆察，諸疑獄並令按察司從正與決，庶幾可慰人望。」從之。

永豐庫官不守宿，因而被盜，上召登聞鼓院官欲有所問，皆不在。上諭鑄曰：「此輩慢法如此，御史臺所職何事也！」復諭御史大夫宗肅及鑄曰：「朕聞唐宰相宿省中，卿等所知也。臺官、六部官、其餘司局亦嘗宿直。今尚書省左右司官宿直，餘亦當準此。」八年，除絳陽軍節度使。至寧元年，復爲御史中丞。

紇石烈執中作亂，召鑄及右諫議大夫張行信俱至大興府，問曰：「汝輩向來彈我者耶？」鑄等各以正言答之。執中乃遣還家，曰：「且須後命。」既而執中死，鑄亦尋卒。

宗端脩字平叔，汝州人。章宗避睿宗諱上一字，凡太祖諸子皆加「山」爲「崇」，改「宗」氏爲「姬」氏。端脩好學，喜名節，中大定二十二年進士第。明昌間，補尚書省令史。承安元年，監察御史孫椿年、武簡職事不修舉，詔以端脩及范鐸代之。

是時元妃李氏兄弟干預朝政，端脩上書乞遠小人。上遣李喜兒傳詔問端脩：「小人爲誰，其以姓名對。」端脩對曰：「小人者，李仁惠兄弟。」仁惠，喜兒賜名也。喜兒不敢隱，具奏之。上雖責喜兒兄弟，而不能去也。四年，復上書言事，宰相惡之，坐以不經臺官直進奏帖，准上書不以實，削一官，期年後敍。章宗知端脩不爲衆所容，釋之，改大理司直。

泰和四年，遷大理丞，召見于香閣。上謂端脩曰：「汝前爲御史，以幹能見用。汝言多細碎，不究其實，嘗令問汝，亦不汝罪。及爲大理司直，乃能稱職，用是擢汝爲丞，盡乃心

力，惟法是守，勿問上位宰執所見何如，汝其志之！」知大興府紇石烈執中陳言，下大理寺議。端脩謂執中言事涉私治罪。詔以端脩別出情見不當，與司直溫敦按帶各削一官解職。久之，爲節度副使，[二]卒官。

端脩終以直道不振於時，自守愈篤。妻死不復更娶，獨居二十年，士論高之。汝州司候游彥哲將之官，問爲政。端脩曰：「爲政不難，治氣養心而已。」彥哲不達，端脩曰：「心正則不私，氣平則不暴。爲政之術，盡於此矣。」

完顏閭山，蓋州猛安人。明昌二年進士，累調觀察判官，補尚書省令史，知管差除。授都轉運都勾判官，改河東南路轉運都勾判官、南京警巡使。丁母憂，起復南京按察判官，累遷沁南軍節度使，入爲工部尚書。貞祐三年，知京兆府事，充行省參議官。四年，知鳳翔府事。

興定元年冬，詔陝西行省伐宋，閭山權元帥右都監，參議諸軍事。宋兵千餘人伏吳寨谷，閭山率騎兵掩擊敗之，追襲十五里，殺三百餘，獲牛羊以千計。改知平涼府，敗宋人于步落堝。遷官一階。三年，召爲吏部尚書。廷議選戶部官，往往舉聚斂苛刻以應詔。閭山曰：「民勞至矣，復用此輩，將何以堪。」識者稱之。三年，朝廷以晉安行元帥府陀滿胡土門暴刻，以閭山代之。[三]是歲十月，卒。

路鐸字宣叔，伯達子也。明昌三年，爲左三部司正。上書言事，召見便殿，遷右拾遺。明年，盧溝河決，鐸請自玄同口以下、丁村以上無修舊堤，縱使分流，以殺減水勢。詔工部尚書胥持國與鐸同檢視。章宗將幸景明宮，是歲民饑，不可行。御史中丞董師中上書諫，鐸與左補闕許安仁繼之，賜對御閣。詔尚書省曰：「朕不禁暑熱，欲往山後。今臺諫言民間多闕食，朕初不盡知，既已知之，其忍自奉以重困民哉。」乃罷行。

尚書左丞完顏守貞每論政事，守正不移，與同列不合，罷知東平府事，臺諫因而擠之。鐸上書論守貞賢，可復用，其言太切，召對于崇政殿。既而章宗以鐸書語大臣，於是尚書左丞烏林荅愿、參知政事夾谷衡、胥持國奏路鐸以梁冀比右丞相，所言狂妄，不稱諫職。右丞相，夾谷清臣也。上曰：「周昌以桀、紂比漢高祖，高祖不以爲忤。路鐸以梁冀比丞相耳。」頃之，守貞入爲平章政事。五年，復與禮部尚書張暐、御史中丞董師中、右諫議大夫賈守謙、翰林修撰完顏撒剌諫幸景明宮，語多激切，章宗不能堪，遣近侍局直長李仁愿召凡諫北幸者詣尚書省，詔曰：「卿等諫北幸甚善，但其間頗失君臣之體耳。」

是歲，鄭忠愈獄起，事密，諫官不能察其詳，議者頗謂事涉鎬王永中，思有以寬解上意。

右諫議大夫賈守謙上封事，鐸繼之，尤切直。上優容之，謂鐸曰：「汝言諸王皆有覬心，游其門者不無橫議，是何言也。但朕不罪諫官耳。」頃之，尚書省奏擬鐸同知河北西路轉運使事，詔再任右拾遺，謂宰相曰：「鐸敢言，但識短耳。朕嘗詰責而氣不沮。」鐸因召對，論宰相權太重。上曰：「凡事由朕，宰相安得權重。」既而復奏曰：「乞陛下勿泄此言，泄則臣虀粉矣。」上曰：「宰相安能虀粉人。」至是，章宗並以此言告宰相，雖留再任，宰相愈銜之。改右補闕。

自完顏守貞再入相，以政事爲己任，胥持國方幸，尤忌守貞，并忌鐸輩。鐸輩雖嘗爲守貞論辨而不相附。鐸論邊防，守貞以爲掇拾唐人餘論，皆不行。及守貞持鎬王永中事久不決，鐸等亦上言切諫，並指以爲黨。上乃出守貞知濟南府，凡曾薦守貞者皆黜降，謂宰臣曰：「董師中謂臺省無守貞不可治，路鐸、李敬義皆稱舉之者。然三人者後俱可用，今姑出之。」上復曰：「路鐸敢言，甚有時名，一旦外補，人將謂朕不能容直臣。可選敢言及才識處鐸右者。」參知政事馬琪奏曰：「鐸雖知無不言，然亦多不當理。」上曰：「諫官非但取敢言，亦須間有出朕意表者，乃有裨益耳。」於是，吏部尚書董師中出爲陝西西路轉運使，鐸爲南京留守判官。戶部郎中李敬義方使高麗還，即出爲安化軍節度副使。詔曰：「卿等昨來交薦守貞公正可用，今坐所舉失實耳。」

承安二年，召爲翰林修撰，同看讀陳言文字。上召禮部尚書張暐、大理卿麻安上及鐸，問趙晏所言十事，〔四〕因問董師中、張萬公優劣。鐸奏：「師中附胥持國以進，趙樞、張復亨、張嘉貞皆出持國門下，嘉貞復趨走襄之門。持國不可復用，若再相，必亂綱紀。」上曰：「朕豈復相此人，但遷官二階使致仕，何爲不可？」持國黨聞之，怒愈甚。改監察御史。

參知政事楊伯通引用鄉人李浩，鐸劾奏：「伯通以公器結私恩，左司郎中賈益、知除武郁承望風旨，不詳檢起復條例。」涉妄冒，大夫張暐抑之不行。上命同知大興府事賈鉉詰問。張暐、伯通待罪于家。賈鉉奏：「近詔書詰問御史大夫張暐。暐言路鐸嘗稟會楊伯通私用鄉人李浩。暐以爲彈紏大臣，須有阿曲實迹，恐所劾不當，臺綱愈壞，令再體察。賈益言除授皆宰執公議，奏稟，不見伯通私任形迹。」於是，詔責鐸言事輕率，慰諭伯通治事如故。頃之，遷侍御史，主奏事。監察御史姬端脩以言事下吏，使御史臺令史郭公仲達意于大夫張暐及鐸。暐與鐸奏事殿上，上問：「姬端脩彈事嘗申臺官否？」對曰：「嘗來面議。」端脩款伏乃云：「秖嘗與侍御私議，大夫不知也。」既而端脩杖七十收贖，公仲杖七十替罷。暐、鐸坐奏事不實，暐追一官，鐸兩官，皆解職。頃之，起爲泰定軍節度副使。上謂宰臣曰：「凡言事者，議及朕躬亦無妨，語涉宰相，間有憎嫌，何以得進？」詔左司計鐸資考至正五品，即除東平府治中。未幾，景州闕刺史，尚書省已奏郭歧爲之，詔特改鐸爲景州刺史，仍勿送

審官院。鐸述十二訓以敎民。詔曰：「路鐸十二訓皆勸人爲善，遍諭州郡使知之。」遷陝西路按察副使。坐以糾彈之官與京兆府治中蒲察張鐵、總管判官辛孝儉、推官愛剌宴飲，奪一官解職。泰和六年，召爲翰林待制兼知登聞鼓院，累除孟州防禦使。貞祐初，城破，投沁水死。

鐸剛正，歷官臺諫，有直臣之風。爲文尚奇，詩篇溫潤精緻，號虛舟居士集云。

完顏伯嘉字輔之，北京路訛魯古必剌猛安人。明昌二年進士，調中都左警巡判官。孝懿皇后妹晉國夫人家奴買漆不酬直，伯嘉鈎致晉國用事奴數人繫獄。晉國白章宗，章宗曰：「姨酬其價，則奴釋矣。」由是豪右屏迹。改寶坻丞。補尚書省令史，除太學助敎、監察御史。劾奏平章政事僕散揆。或曰：「與宰相有隙，奈何？」伯嘉曰：「職分如此。」遷平涼治中。累官莒州刺史。䜋屬縣盜，伯嘉曰：「飢寒爲盜，得錢二千，經月不使一錢云何？此必官兵捕他盜不獲，誣以準罪耳。」詰之，果然。詔與按察官俱推排物力，召見于香閤。

大安中，三遷同知西京留守，權本路安撫使。貞祐初，遷順義軍節度使。居父母喪，卒哭，起復震武軍節度使兼宣撫副使，提控太和嶺諸隘。副統李鵬飛誣殺彰國軍節度使牙改，詔伯嘉治之。貞祐四年三月，伯嘉奏：「西京副統程琢智勇過人，持心忠孝，以私財募集壯士二萬，復取渾源、白登，有恢復山西之志，已命駐于弘州矣。近者靖大中、完顏毛吉打以三千人歸國，各遷節度副使。今山西已不守，琢收合餘衆，盡忠於國，百戰不挫。臣恐失機會，輒擬琢昭勇大將軍，同知西京留守事，兼領一路義軍，給以空名勅二十道，許擇有謀略者充州縣。」制可，仍賜琢姓夾谷氏。琢請曰：「前代皆賜國姓，不繫他族，如蒙更賜，榮莫大焉。」詔更賜完顏氏。

是月，伯嘉遷元帥左監軍，知太原府事，河東北路宣撫使。以同知太原府斡勒合打爲彰國軍節度使、宣撫副使。六月，斡勒合打奏：「同知西京留守完顏琢恃與宣撫使伯嘉雅善，徙居代州，肆爲侵掠。遂授太原治中、權堅州刺史完顏斜烈私離邊面，臣白伯嘉，伯嘉不悅，遣臣護送糧運于代州。臣請益兵，乃以羸卒數百見付，半無鎧仗。臣復爲言，伯嘉怒臣，榜掠幾死。臣立功累年，頗有寸効，伯嘉挾私陵轢，無復宣撫同僚之禮。臣欲不言，恐他日反爲所誣，無以自明。」上問宰臣，奏曰：「太原重鎭，防秋在邇，請勅諭和解。」詔曰：「太原兵衝，若以私忿廢國事，國家何賴焉！卿等同心戮力，以分北顧之憂，無執前非，誤大計也。」七月，伯嘉改知歸德府事，合打改武寧軍節度使。御史臺奏：「宣撫副使合打訴元帥伯嘉以私忿加箠楚，令本臺廉問，既得其事，遂不復窮治。若合打奏實，伯嘉安得無罪，伯嘉無罪，合打合坐欺罔，乞審正是非，明示黜陟。」宣宗曰：「今正防秋，且已。」

初，河東行省胥鼎奏：「完顏伯嘉屢言同知西京留守兼臺州刺史完顏琢，可倚之以復山西，朝廷遷官賜姓，令屯代北，扼太和嶺。今聞諸隘悉無琢兵，蓋琢挈太原之衆，保五臺剽掠耳。如倘以伯嘉之言爲可信，乞遣琢出太原，或徙之內地，分處其衆，以備不測之變。」宰臣奏：「已遣官體究琢軍，且令太原元帥府烏古論德升召琢使之矣。當以此意報鼎。」無何，德升奏：「琢兵數萬分屯代州諸險，拒戰甚力，其衆烏合，非琢不可制。」胥鼎復奏：「宜差提控古里甲石倫言，琢方招降人，謀復山西，盤桓于忻、代、定、襄間，恣爲侵擾，無復行意。發掘民粟，戕殺無辜，雖曰不煩官廪，博易爲名，實則攘劫，欺國害民無如琢者。石倫之言如此，臣已令帥府禁止之矣。」宰臣奏：「所遣官自忻、代來，云不見劫掠之迹，惟如德升言便。」從之。

伯嘉至歸德，上言，乞雜犯死罪以下納粟贖免。宰臣奏：「伯嘉前在代州嘗行之，蓋一時之權，不可爲常法。」遂寢。俄改簽樞密院事。未閱月，改知河南府事。是時，甫經兵後，乏兵食，伯嘉令輸棗栗菜根足之，皆以爲便。興定元年，知河中府，充宣差都提控，未幾召爲吏部尚書。二年，改御史中丞。

初，貞祐四年十月，詔以兵部尚書、簽樞密院事蒲察阿里不孫爲右副元帥，備禦潼關、陝州。次澠池土濠村，〔五〕兵不戰而潰。阿里不孫逸去，亡所佩虎符，變易姓名，匿柘城縣，

與其妻妹前韓州刺史合喜男婦紇石烈氏及僕婢三人僦民舍居止。合喜母徒單氏聞之，捕執紇石烈，斷其髮，拘之佛寺中。阿里不孫復亡去。監察御史完顏藥師劾奏：「乞就詰紇石烈及僕婢，當得所在。其妻子見在京師，亦無容不知，請窮治。」有司方繫其家人，特命釋之，詔曰：「阿里不孫若能自出，當免極罪。」阿里不孫乃使其子上書，請圖後效。尚書省奏：「阿里不孫幸特赦死，當詣闕自陳，乃令其子上書，猶懷顧望。」伯嘉劾之曰：「古之爲將者，受命之日忘其家，臨陣之日忘其身，服喪衣、鑿凶門而出，以示必死。進不求名，退不避罪，惟民是保。阿里不孫膺國重寄，握兵數萬，未陣而潰，委棄虎符，既不得援枹鼓以死敵，又不能負斧鑕而請罪，逃命竄伏，猥居里巷，挾匿婦人，爲此醜行。聖恩寬大，曲赦其死，自當奔走闕庭，皇恐待命。安坐要君，略無忌憚，迹其情罪，實不容誅。此而不懲，朝綱廢矣。乞尸諸市以戒爲臣之不忠者！」宣宗曰：「中丞言是，業已赦之矣。」阿里不孫乃除名。

五月，充宣差河南提控捕蝗，許決四品以下。宣宗憂旱。伯嘉奏曰：「日者君之象，陽之精，旱熯乃人君自用亢極之象，宰執以爲冤獄所致。夫燮和陰陽，宰相之職，而猥歸咎於有司。高琪武弁出身，固不足論，汝礪輩不知所職，其罪大矣。漢制，災異策免三公，顧歸之有司邪。臣謂今日之旱，聖主自用，宰相諂諛，百司失職，實此之由。」高琪、汝礪深怨之。禮部郎中抹撚胡魯剌以言事忤旨，集五品以上官顯責之。明日，伯嘉諫曰：「自古帝王

莫不欲法堯、舜而恥爲桀、紂，蓋堯、舜納諫，桀、紂拒諫也。故曰『納諫者昌，拒諫者亡』。胡魯剌所言是，無益於身，所言不是，無損於國。陛下廷辱如此，獨不欲爲堯、舜乎。近日言事者語涉謗訕，有司當以重典，陛下釋之。與其釋之以爲恩，曷若置之而不問。」

宰相請修山寨以避兵，伯嘉諫曰：「建議者必曰據險可以安君父，獨不見陳後主之入井乎？假令入山寨可以得生，能復爲國乎。人臣有忠國者，有媚君者，忠國者或拂君意，媚君者不爲國謀。臣竊論之，有國可以有君，有君未必有國也。」高琪、汝礪聞之，怒愈甚。

十二月，以御史中丞、權參知政事、元帥左監軍，行尚書省、元帥府于河中，控制河東南北路便宜從事。興定三年，伯嘉至河中，奏曰：「本路衝要，不可闕官，凡召辟者每以艱險爲辭。乞凡檄召無故不至者宜令降罰，悉心幹當者視所歷升遷。」詔召不至者決杖一百，餘如所請。廷議欲棄河東，徙其民以實陝西。伯嘉上書諫曰：「中原之有河東，如人之有肩背。古人云『不得河東不雄』，萬一失之，恐未易取也。」大忤宰執意。

頃之，召還，罷爲中丞。伯嘉入見，奏曰：「如臣駑鈍，固宜召還，更須速遣大臣鎮撫。」宣宗深然之。伯嘉上疏曰：「國家兵不强，力不足以有爲，財不富，賞不足以周衆，獨恃官爵以激勸人心。近日以功遷官赴都求調者，有司往往駁之，冒濫者固十之三，既與而復奪之，非所以勸功也。乞應軍功遷官，宣勑無僞者卽準用之。」又曰：「自兵興以來，河北桀黠往往聚衆自保，未有定屬。乞賜招撫，署以職名，無爲他人所先。」又曰：「河東、河北有能招集餘民完守城寨者，乞無問其門地，皆超踰等級，授以本處見任之職。」又曰：「河中、晉安被山帶河，保障關、陝，此必爭之地。今雖殘破，形勢猶存，若使他人據之，因鹽池之饒，聚兵積糧，則河津以南，太行以西，皆不足恃矣。」

四年秋，河南大水，充宣慰副使，按行京東。奏曰：「亳州災最甚，合免三十餘萬石。三司止奏除十萬石，民將重困，惟陛下憐之！」詔治三司奏災不以實罪。伯嘉行至蘄縣，聞前有紅襖賊，不敢至泗州。監察御史烏古孫奴申劾伯嘉違詔，不遍按視。又曰：「伯嘉知永城縣主簿蒙古訛里剌不法，沈丘令夾谷陶也受賄，匿而不發。前穀城縣令獨吉鼎术可嘗受業伯嘉，伯嘉諷御史辟之。」詔有司鞫問，會赦免。

五年，起爲彰化軍節度使，改翰林侍講學士。伯嘉純直，不能與時低昂，嘗曰：「生爲男子，當益國澤民，其他不可學也。」高汝礪方希寵固位，伯嘉論事輒與之忤，由是毀之者衆。元光元年，坐言事過切，降遙授同知歸德府事。二年三月，遙授集慶軍節度使，權參知政事，行尚書省于河中，率陝西精銳與平陽公史詠共復河東。頃之，伯嘉有疾。六月，薨。

伯嘉去太原後，完顏琢寓軍平定石仁寨，權平定州刺史范鐸以閻德用充本州提控。德用桀驁，蓄姦謀，鐸不能制，委曲容庇之。興定元年，德用率所部掩襲，[六]殺琢及官屬程琟

等百餘人，遂據石仁寨。鐸懼，挈家奔太原。德用遂據平定州。二年十月，詔誅范鐸。[七]

术虎筠壽，貞祐間爲器物局直長，遷副使。貞祐三年七月，工部下開封市白牯取皮治御用鞠杖。筠壽以其家所有鞠杖以進，因奏曰：「中都食盡，遠棄廟社，陛下當坐薪懸膽之日，奈何以毬鞠細物動搖民間，使屠宰耕牛以供不急之用，非所以示百姓也。」宣宗不懌，擲杖籠中。明日，出筠壽爲橋西提控。

贊曰：孟鑄、宗端脩、路鐸盡言於章宗，皆擯斥不遂。鑄劾胡沙虎，可謂先知，雖行其言，弗究厥罰。厥後胡沙虎逆謀，胥持國終至于誤國，而不悟也。宣宗時，完顏素蘭、許古皆敢言者，亦挫于高琪、汝礪之手。蕢土不能塞河決，有以也夫。完顏伯嘉以著功參大政，亦不能一朝而安，言之難也如是哉。术虎筠壽，所謂執藝事以諫者邪。

張煒字子明，洺州永年人，本名燝，避章宗嫌名改焉。大定二十五年進士，調葭州軍事判官，再遷中都左警巡使。煒喜言功利，寡廉節，交通部民閻元翬，縉紳薄之。累官戶部員外郎。

承安五年，天色久陰晦，平章政事張萬公奏：「此由君子小人邪正不分所致，君子宜在內，小人宜在外。」章宗問：「孰爲小人？」萬公對曰：「戶部員外郎張煒、文繡署丞田樑、都水監丞張嘉貞雖有幹才，無德而稱，好奔走以取勢利。大抵論人當先德後才。」詔三人皆與外除，煒出爲同知鎭西軍節度使事，轉同知西京轉運使事。是時，大築界牆，被行戶工部牒主役事。丁母憂，起復恒州刺史，奏請以鹽易米事，且所言利害甚多，恐涉細碎，不敢盡上。詔尚書省曰：「張煒通曉人也，朕不敢縷詰，卿等詳問之，毋爲虛文。」充宣差西北路軍儲，自言斂不及民，可以足用。大抵募商賈縱其販易，不問所從來。姦人往往投牒，妄指產業，疏隣保姓名，煒信之，多與之錢。已而亡去，卽逮繫隣保，使之代償，一路爲之疲弊。以故舊殰闕繒絮皮革折給軍士，皆棄於道而去。歲餘，改戶部郎中，遷翰林直學士，俱兼規措職事。左丞相宗浩奏：「張煒長於恢辦，比戶部給錢三十萬，已增息十四萬矣。請給錢通百萬，令從長恢辦，乞不隸省部，委臣專一提控，有應奏者，許煒專達，歲差幹事官計本息具奏。」上從其請。

泰和六年，〔八〕伐宋，煒進銀五千兩。詔曰：「汝幹集資儲，固其職也，毋令軍士有議國家。人之短汝，朕皆知之，惟能興利，斯惟汝功。」自西北路召還，勾計諸道倉庫，除簽三司事。上問：「誰可代卿規措者？」煒舉中都轉運戶籍判官王謙。謙至西北路，盡發煒前後散

失錢物以鉅萬計，對獄者積年。大安三年，起爲同簽三司事。會河堡兵敗，〔九〕軍士猶云張宣差剋我，欲倒戈殺之。累遷戶部侍郎。貞祐初，遷河北西路按察轉運使。

貞祐二年春，中都乏糧，詔同知都轉運使事。邊源以兵萬人護運通州積粟，軍敗死焉，平章政事高琪舉煒代源行六部事。以勞進官一階，改河北東路轉運使。宣宗遷汴，佐尚書右丞胥鼎前路排頓，及修南京宮闕。無何，坐事降孟州防禦使。三年，遷安國軍節度使。致仕。宣宗初以煒有才，旣察其無實，遂不復用。貞祐四年，卒。

高竑，渤海人。以蔭補官，累調貴德縣尉。提刑司舉任繁劇，遷奉聖州錄事。察廉，遷內黃令，累官左藏庫副使。元妃李氏以皁幣易紅幣，竑獨拒不肯易。元妃奏之。章宗大喜，遣人諭之曰：「所執甚善。今姑與之，後不得爲例。」轉儀鸞局、少府少監，改戶部員外郎、安州刺史。

大安中，越王永功判中山，竑以王傅同知府事。改同知河南府，充安撫使。徙同知大名府，兼本路安撫使。貞祐二年，遷河北西路按察轉運使，錄大名功，遷三官，致仕。興定四年，卒。

李復亨字仲修，榮州河津人。〔一〇〕年十八，登進士第。復中書判優等，調臨晉主簿。護送官馬入府，宿逆旅，有盜殺馬，復亨曰：「不利而殺之，必有仇者。」盡索逆旅商人過客。同邑人橐中盛佩刀，謂之曰：「刀鹹馬血，火煆之則刃青。」其人款服，果有仇。以提刑薦遷南和令。盜割民家牛耳。復亨盡召里中人至，使牛家牽牛徧過之，至一人前，牛忽驚躍，詰之，乃引伏。察廉，遷臨洮府判官，改陝西東路戶籍判官，轉河東北路支度判官。〔一一〕

泰和中，伐宋，充宣撫司經歷官，遷解鹽副使，歷保大、震武同知節度事。丁母憂，起復同知震武節度，加遙授忻州刺史。貞祐間，歷左司員外郎、郎中，遷翰林直學士行三司事。興定三年，上言：「近日興師伐宋，恐宋人乘虛掩襲南鄙，故籍邊郡民爲軍。今大軍已還，乞罷遣歸本業。」從之。復亨舉陳留縣令程震等二十九人農桑有効，徵科均一，朝廷皆遷擢之。

是歲七月，置京東、京西、京南三路行三司，掌勸農催租、軍須科差及鹽鐵酒榷等事，戶部侍郎張師魯攝東路，治歸德，戶部侍郎完顏麻斤出攝南路，治許州，復亨攝西路，治中京實河南府，三司使侯摯總之。復亨奏：「民間銷毀農具以供軍器，臣竊以爲未便。汝州魯山、寶豐，鄧州南陽皆產鐵，〔一二〕募工置冶，可以獲利，且不厲民。」又奏：「陽武設賣鹽官以佐軍用，乞禁止滄、濱鹽勿令過河，河南食陽武、解鹽，河北食滄、濱鹽，南北俱濟。」詔尚書省

行之。九月，以勸農有勞，遷兵部尙書。再閱月，轉吏部尙書，權參知政事。四年三月，眞拜參知政事，兼修國史。

七月，河南雨水害稼，復亨爲宣慰使，御史中丞完顏伯嘉副之，循行郡縣，凡官吏貪汙不治者，得廢罷推治。復亨奏乞禁宣慰司官吏不得與州府司縣行總管府及管軍官會飲。又奏曰：「詔書令臣，民間差發可免者免之。民養驛馬，此役最甚，使者求索百端，皆出養馬之家，人多逃竄，職此之由。可依舊設回馬官，使者食料皆官給之，歲終會計，〔一三〕均賦於民。」又奏：「河南閑田多，可招河東、河北移民耕種。被災及沿邊郡縣租稅全免，內地半之，以救塗炭之民，資蓄積之用。」詔有司議行焉。還奏：「南陽禾麥雖傷，土性宜稻，今因久雨，乃更滋茂。田凡五百餘頃，畝可收五石，都得二十五萬餘石。可增直糴稻給唐、鄧軍食。緣詔書不急科役卽令免罷，臣不敢輒行，如以臣言爲然，乞付有司計之。」制可。無何，被詔提控軍輿糧草。復亨奏：「河渡不通，陝西鹽價踊貴，乞以粟互易足兵食。」詔戶部從長規措。

復亨有會計才，號能吏，當時推服，故驟至通顯。旣執政，頗矜持，以私自營，譽望頓減。五年三月，廷試進士，復亨監試。進士盧元謬誤，濫放及第。讀卷官禮部尙書趙秉文、翰林待制崔禧、歸德治中時戩、應奉翰林文字程嘉善當奪三官降職，復亨當奪兩官。趙秉

文嘗請致仕，宣宗憐其老，降兩階，以禮部尚書致仕。復亨罷爲定國軍節度使。〔一四〕元光元年十一月，城破自殺，年四十六。贈資德大夫、知河中府事。

贊曰：大凡兵興則財用不足，是故張煒、李復亨乘時射利，聚斂爲功。大安，軍士欲倒戈殺煒。復亨宣慰南陽，還奏稻熟可糴。所謂聚斂之臣者，二子之謂矣。高汝之守藏，君子頗有取焉。

校勘記

〔一〕宋賀正旦使陳克俊等朝辭　按陳克俊本名景俊，爲避章宗諱改。參見本書卷一二章宗紀校記〔七〕。

〔二〕久之爲節度副使　「爲」下脫地名。按本書卷一二三姬汝作傳，「全州節度副使端脩之姪孫也」。又中州集卷八宗端脩小傳云：「以全州節度副使卒官」。蓋脫地名爲「全州」。

〔三〕三年朝廷以晉安行元帥府陀滿胡土門暴刻以閭山代之　按本書卷一二三陀滿胡土門傳，胡土門知晉安府在興定二年十月。又卷一〇八胥鼎傳，興定三年八月上言晉安帥府完顏閭山「奉旨清野」事，則閭山代胡土門當在三年八月前。又本卷上文已有「三年」二字，疑此「三年」或「三

月」之誤。

〔四〕問趙晏所言十事　按本書卷九六李晏傳，載李晏所言十事。疑此處「趙」當作「李」。

〔五〕次澠池土濠村　「澠」原作「沔」，今改。參見本書卷二五地理志校記〔一九〕。

〔六〕興定元年德用率所部掩襲　「元」原作「二」。按本書卷一五宣宗紀，興定元年四月戊午，「平定州賊閻德用之黨閻顯殺德用，以其衆降」。知事在元年。今據改。

〔七〕二年十月詔誅范鐸　原脫「二年」二字。按本書卷一五宣宗紀，興定二年十月「甲寅，權平定州刺史范鐸以棄城伏誅」。今據補。

〔八〕泰和六年　「六」原作「八」。按本書卷一二章宗紀，泰和六年五月「丙戌，以宋畔盟出師告于天地太廟社稷。辛卯，以征南詔中外」。今據改。

〔九〕會河堡兵敗　「堡」原作「東」。按本書卷一三衛紹王紀，大安三年「九月，千家奴、胡沙敗績于會河堡」。卷九三獨吉思忠傳，「既而敗績于會河堡」。又同卷承裕傳，「會河堡之役，獨吉思忠、承裕沮喪不可復振」。今據改。

〔一〇〕滎州河津人　「滎」原作「榮」，今改。參見本書卷二六地理志校記〔三〕。

〔一一〕轉河東北路支度判官　原脫「路」字，今補。「支度」原作「度支」。按本書卷五七百官志，「都轉運司，支度判官二員，從六品，掌勾判、分判支度案事」。今據乙正。

〔一二〕鄧州南陽皆產鐵　原脫「陽」字。按本書卷二五地理志，南京路鄧州有南陽縣，今據補。

〔一三〕歲終會計　「終」原作「給」，據殿本改。

〔一四〕復亨罷爲定國軍節度使　「定」原作「安」。按本書卷一六宣宗紀，元光元年「十一月丁未，大元兵徇同州，定國軍節度使李復亨、同知定國軍節度使訛可皆自盡」。又卷二六地理志，京兆府路「同州，宋馮翊郡定國軍節度」。卷二七河渠志漕渠條有「定國軍節度使李復亨言」句，知「定國軍」是。今據改。

金史卷一百一

列傳第三十九

承暉本名福興 抹撚盡忠 僕散端本名七斤 耿端義 李英 孛术魯德裕 烏古論慶壽

承暉字維明，本名福興。好學，淹貫經史。襲父益都尹鄭家塔割剌訛沒謀克。大定十五年，選充符寶祗候，遷筆硯直長，轉近侍局直長，調中都右警巡使。章宗爲皇太孫，選充侍正。章宗卽位，遷近侍局使。孝懿皇后妹夫吾也藍，世宗時以罪斥去，乙夜，詔開宮城門召之。承暉不奉詔，明日奏曰：「吾也藍得罪先帝，不可召。」章宗曰：「善。」未幾，遷兵部侍郎兼右補闕。

初置九路提刑司，承暉東京咸平等路提刑副使，改同知上京留守事。御史臺奏：「承暉

前爲提刑，豪猾屛息。」遷臨海軍節度使。歷利涉、遼海軍，遷北京路提刑使。歷知咸平、臨潢府，爲北京留守。副留守李東陽素貴，承暉自非公事，不與交一言。改知大名府，召爲刑部尙書，兼知審官院。惠民司都監余里痕都遷織染署直長，承暉駁奏曰：「痕都以廕得官，別無才能，前爲大陽渡譏察，纔八月擢惠民司都監，已爲太優，依格兩除之後，當再入監差，今乃超授隨朝八品職任。況痕都乃平章鎰之甥，不能不涉物議。」上從承暉議，召徒單鎰深責之。

改知大興府事。宦者李新喜有寵用事，借大興府妓樂。承暉拒不與，新喜慚。章宗聞而嘉之。豪民與人爭種稻水利不直，厚賂元妃兄左宣徽使李仁惠。仁惠使人屬承暉右之。承暉卽杖豪民而遣之，謂其人曰：「可以此報宣徽也。」復改知大名府事。雨潦害稼，承暉決引漆水納之濠隍。

及伐宋，遷山東路統軍使。山東盜賊起，承暉言「捕盜不卽獲，比奏報或遷官去官，請權行的決」。尙書省議：「猛安依舊收贖，謀克奏報，其餘鈐轄都軍巡尉先決奏聞，俟事定復舊。」從之。及罷兵，盜賊渠魁稍就招降，猶往往潛匿泰山巖穴間。按察司請發數萬人刊除林木，則盜賊無所隱矣。承暉奏曰：「泰山五岳之宗，故曰岱宗。王者受命，封禪告代，國家雖不行此事，而山亦不可赭也。齊人易動，驅之入山，必有凍餓失所之患，此誨盜非止盜也。天下之山亦多矣，豈可盡赭哉。」議遂寢。

是時，行限錢法。承暉上疏，略曰：「貨聚於上，怨結於下。」不報。改知興中府事。衛紹王卽位，召爲御史大夫，拜參知政事。駙馬都尉徒單沒烈與其父南平干政事，大爲姦利，承暉面質其非。進拜尙書左丞，行省于宣德。參知政事承裕敗績于會河堡，承暉亦坐除名。至寧元年，起爲橫海軍節度使。貞祐初，召拜尙書右丞。承暉卽日入朝，妻子留滄州。滄州破，妻子皆死。紇石烈執中伏誅，〔一〕進拜平章政事，兼都元帥，封鄒國公。

中都被圍，承暉出議和事。宣宗遷汴，進拜右丞相，兼都元帥，徙封定國公，與皇太子留守中都。承暉以尙書左丞抹撚盡忠久在軍旅，知兵事，遂以赤心委盡忠，悉以兵事付之，己乃總持大綱，期於保完都城。頃之，莊獻太子去之，右副元帥蒲察七斤以其軍出降，中都危急。詔以抹撚盡忠爲平章政事，兼左副元帥。三年二月，詔元帥左監軍永錫將中山、眞定兵，〔二〕元帥左都監烏古論慶壽將大名軍萬八千人、西南路步騎萬一千、河北兵一萬，御史中丞李英運糧，參知政事、大名行省孛术魯德裕調遣繼發，〔三〕救中都。承暉間遣人以礬寫奏曰：「七斤旣降，城中無有固志，臣雖以死守之，豈能持久。伏念一失中都，遼東、河朔皆非我有，諸軍倍道來援，猶冀有濟。」詔曰：「中都重地，廟社在焉，朕豈一日忘也。已趣諸路兵與糧俱往，卿會知之。」及詔中都官吏軍民曰：「朕欲紓民力，遂幸陪都，天未悔禍，時尙

多虞，道路久梗，音問難通。汝等朝暮矢石，暴露風霜，思惟報國，靡有貳心，俟兵事之稍息，當不悋於旌賞。今已會合諸路兵馬救援，故茲獎諭，想宜知悉。」永錫、慶壽等軍至霸州北。三月乙亥，李英被酒，軍無紀律，大元兵攻之，英軍大敗。

是時，高琪居中用事，忌承暉成功，諸將皆顧望。旣而，以刑部侍郎阿典宋阿爲左監軍，行元帥府于淸州，同知眞定府事女奚烈胡論出爲右都監，行元帥府于保州，〔四〕戶部侍郎侯摯行尙書六部，往來應給，終無一兵至中都者。慶壽軍聞之亦潰。

承暉與抹撚盡忠會議于尙書省。承暉約盡忠同死社稷。盡忠謀南奔，承暉怒，卽起還第，亦無如盡忠何。召盡忠腹心元帥府經歷官完顏師姑至，謂曰：「始我謂平章知兵，故推心以權界平章，嘗許與我俱死，今忽異議，行期且在何日，汝必知之。」師姑曰：「今日向暮且行。」曰：「汝行李辦未？」曰：「辦矣。」承暉變色曰：「社稷若何？」師姑不能對。叱下斬之。

承暉起，辭謁家廟，召左右司郎中趙思文與之飮酒，謂之曰：「事勢至此，惟有一死以報國家。」作遺表付尙書省令史師安石，其表皆論國家大計，辨君子小人治亂之本，歷指當時邪正者數人，曰：「平章政事高琪，賦性陰險，報復私憾，竊弄威柄，包藏禍心，終害國家。」因引咎以不能終保都城爲謝。復謂妻子死于滄州，爲書以從兄子永懷爲後。從容若平日，盡出財物，召家人隨年勞多寡而分之，皆與從良書。舉家號泣，承暉神色泰然，方與安石舉白

引滿，謂之曰：「承暉於五經皆經師授，謹守而力行之，不爲虛文。」既被酒，取筆與安石訣，最後倒寫二字，投筆歎曰：「遽爾謬誤，得非神志亂邪？」謂安石曰：「子行矣。」安石出門，聞哭聲，復還問之，則已仰藥薨矣。家人匆匆瘞庭中。是日暮，盡忠出奔，中都不守。貞祐三年五月二日也。師安石奉遺表奔赴行在奏之。宣宗設奠於相國寺，哭之盡哀。贈開府儀同三司、太尉、尚書令、廣平郡王，謚忠肅。詔以永懷爲器物局直長。永懷子撒速爲奉御。

承暉生而貴富，居家類寒素，常置司馬光、蘇軾像於書室，曰：「吾師司馬而友蘇公。」平章政事完顏守貞素敬之，與爲忘年交。

抹撚盡忠本名彖多，上京路猛安人。中大定二十八年進士第，調高陽、朝城主簿，北京、臨潢提刑司知事。御史臺舉廉能，遷順義軍節度副使。以憂去官，起復翰林修撰，同知德昌軍節度事，簽北京按察司、滑州刺史，改恩州。上言：「凡買賣軍器，乞令告給憑驗，以防盜賊私市。」尚書省議，「止聽係籍人匠貨賣，有知情售不應存留者同私造法」。從之。遷山東按察副使，坐虛奏田稼豐收請糴常平粟，詐稱宣差和糴，降虢州刺史，改乾州。

泰和六年，伐宋，爲元帥右監軍完顏充經歷官，坐奏報稽滯，杖五十。八年，入爲吏部

郎中，累遷中都、西京按察使。是時，紇石烈執中爲西京留守，與盡忠爭，私意不協。盡忠陰伺執中過失，申奏。執中雖跋扈，善撫御其部曲，密於居庸、北口置腹心刺取按察司文字。及執中自紫荆關走還中都，詔盡忠爲左副元帥兼西京留守。以保全西京功進官三階，賜金百兩、銀千兩、重綵百段、絹二百疋。未幾，拜尚書右丞，行省西京。

貞祐初，進拜左丞。詔曰：「卿總領行省，鎮撫陪京，守禦有功，人民攸賴。朕新嗣祚，念爾重臣，益勉乃力，以副朕懷。」二年五月，自西京入朝，加崇進，封申國公，賜玉帶、金鼎、重幣。二年，進拜都元帥，左丞如故。

宣宗遷汴，與右丞相承暉守中都。承暉爲都元帥，盡忠復爲左副元帥。十月，進拜平章政事，監修國史，左副元帥如故。宣宗詔盡忠善撫乣軍，盡忠不察，殺乣軍數人。已而中都受圍，承暉以盡忠久在軍旅，付以兵事，嘗約同死社稷。及烏古論慶壽等兵潰，外援不至，中都危急，密與腹心元帥府經歷官完顏師姑謀棄中都南奔，已戒行李，期以五月二日向暮出城。是日，承暉、盡忠會議于尚書省，承暉無奈盡忠何，徑歸家，召師姑問之，知將以其夜出奔，乃先殺師姑，然後仰藥而死。是日，凡在中都妃嬪，聞盡忠出奔，皆束裝至通玄門。盡忠謂之曰：「我當先出，與諸妃啓途。」諸妃以爲信然。盡忠乃與愛妾及所親者先出城，不復顧矣。中都遂不守。盡忠行至中山，謂所親曰：「若與諸妃偕來，我輩豈能至此！」

盡忠至南京，宣宗釋不問棄中都事，仍以爲平章政事。盡忠言：「記注之官，奏事不當回避，可令左右司官兼之。」宣宗以爲然。盡忠奏應奉翰林文字完顏素蘭可爲近侍局。宣宗曰：「近侍局例注本局人及宮中出身，雜以他色，恐或不和。」盡忠曰：「若給使左右，可止注本局人。既令預政，固宜慎選。」宣宗曰：「何謂預政？」盡忠曰：「中外之事得議論訪察，即爲預政矣。」宣宗曰：「自世宗、章宗朝許察外事，非自朕始也。如請謁營私，擬除不當，臺諫不職，非近侍體察，何由知之？」盡忠乃謝罪。參政德升繼之曰：「固當慎選其人。」宣宗曰：「朕於庶官曷嘗不慎，有外似可用而實無才力者，視之若忠孝而包藏悖逆者。蒲察七斤以刺史立功，驟升顯貴，輒懷異志。蒲鮮萬奴委以遼東，乃復肆亂。知人之難如此，朕敢輕乎！衆以蒲察五斤爲公幹，乃除副使。衆以斜烈爲淳直，乃用爲提點。若烏古論石虎乃汝等共舉之，朕豈不盡心哉！」德升曰：「比來訪察，開決河隄，水損田禾等，覆之皆不實。」上曰：「朕自今不敢問若輩，外間事皆不知，朕幹何事，但終日默坐聽汝等所爲矣。方朕有過，汝等不諫，今乃面訐，此豈爲臣之義哉！」德升亦謝罪。

紇石烈執中之誅，近侍局嘗先事啓之，遂以爲功，陰秉朝政。高琪託此輩以自固。及盡忠、德升面責，愈無所忌。未幾，德升罷相，盡忠下獄，自是以後，中外蔽隔，以至于亡。

盡忠與高琪素不相能，疑宣宗頗疏己，高琪間之。其兄吾里也爲許州監酒，秩滿，求調

南京。盡忠與吾里也語及中都事，曰：「邇來上頗疏我，此高琪所爲也。若再主兵，必不置此，胡沙虎之事孰爲爲之！」[五]吾里也曰：「然。」九月，尚書省奏：「遙授武寧軍節度副使徒單吾典告盡忠謀逆。」上憮然曰：「朕何負彖多，彼棄中都，凡祖宗御容及道陵諸妃皆不顧，獨與其妾偕來，此固有罪。」乃命有司鞫治，問得與兄吾里也相語事，遂幷吾里也誅之。

僕散端本名七斤，中都路火魯虎必刺猛安人。事親孝，選充護衞，除太子僕正、滕王府長史、宿直將軍、邳州刺史、尚廐局副使、右衞將軍。章宗卽位，轉左衞。章宗朝隆慶宮，護衞花狗邀駕陳言：「端叔父胡覩預弒海陵，端不宜在侍衞。」詔杖花狗六十，代撰章奏人杖五十。丁憂，起復東北路招討副使，改左副點檢，轉都點檢，歷河南、陝西統軍使，復召爲都點檢。

承安四年，上如薊州秋山獵，端射鹿誤入圍，杖之，解職。泰和三年，起爲御史大夫。明年，拜尚書左丞。泰和六年，詔大臣議伐宋，皆曰無足慮者。左丞相宗浩、參知政事賈鉉亦曰：「狗盜鼠竊，非舉兵也。」端曰：「小寇當晝伏夜出，豈敢白日列陳，犯靈壁、入渦口、攻壽春邪？此宋人欲多方誤我，不早爲之所，一旦大舉入寇，將墮其計中。」上深然之。未幾，

丁母憂，起復尚書左丞。

平章政事僕散揆伐宋，發兵南京，詔端行省，主留務。僕散揆已渡淮，次廬州。宋使皇甫拱奉書乞和，〔六〕端奏其書。朝議諸道兵既進，疑宋以計緩師，詔端遣拱還宋。七年，僕散揆以暑雨班師，端還朝。

初，婦人阿魯不嫁爲武衞軍士妻，生二女而寡，常託夢中言以惑衆，頗有驗，或以爲神。乃自言夢中屢見白頭老父指其二女曰：「皆有福人也。若侍掖廷，必得皇嗣。」是時，章宗在位久，皇子未立，端請納之。章宗從之。既而京師久不雨，阿魯不復言：「夢見白頭老父使已祈雨，三日必大澍足。」過三日雨不降，章宗疑其誕妄，下有司鞫問，阿魯不引伏。詔讓端曰：「昔者所奏，今其若何？後人謂朕信其妖妄，實由卿啓其端，俛鬱于予懷，念之難置。其循省于往咎，思善補于將來。恪整乃心，式副朕意！」端上表待罪，詔釋不問。頃之，進拜平章政事，封申國公。八年，宋人請盟，端遷一官。

章宗遺詔：「內人有娠者兩位，生子立爲儲嗣。」衞紹王卽位，命端與尚書左丞孫卽康護視章宗內人有娠者。泰和八年十一月二十日，章宗崩。二十二日，太醫副使儀師顏狀：「診得范氏胎氣有損。」明年四月，有人告元妃李氏敎承御賈氏詐稱有身。元妃、承御皆誅死。端進拜右丞相，授世襲謀克。

貞祐二年五月，判南京留守，與河南統軍使長壽、按察轉運使王質表請南遷，凡三奏，宣宗意乃決。百官士庶皆言其不可，太學生趙昉等四百人上書極論利害，宣宗慰遣之，乃下詔還都。明年，中都失守。

宣宗至南京，以端知開封府事。頃之，爲御史大夫，無何，拜尚書左丞相。三年，兼樞密副使，未幾，進兼樞密使。數月，以左丞相兼都元帥行省陝西，給親軍三十人、騎兵三百爲衞，次子宿直將軍納坦出侍行。〔七〕賜契紙勘同曰：「緩急有事，以此召卿。」端招遙領通遠軍節度使完顏狗兒卽日來歸，〔八〕奏遷知平涼府事，諸將聞之，莫不感激。遣納蘭伴僧招諭臨洮苽黎五族都管青覺兒、積石州章羅謁蘭冬及鐸精族都管阿令結、蘭州葩俄族都管汪三郎等，皆相繼內附。汪三郎賜姓完顏，後爲西方名將。

四年，以疾請致仕，不許，遣近侍與太醫診視。端雖癃老，凡朝廷使至必遠迓，宴勞不懈，故讒構不果行。宣宗聞之，詔自今專使酒三行別于儀門，他事經過者一見而止。初，同、華舊屯陝西軍及河南步騎九千餘人，皆隸陝州宣撫副使永錫，端奏：「潼關之西，皆陝西地，請此軍隸行省，緩急可使。」朝廷從之。及大元兵入潼關，永錫坐誅，〔九〕而罪不及端。

興定元年，〔一〇〕朝廷以知臨洮府事承裔爲元帥左都監，行元帥府於鳳翔。端奏：「隴外十州，介宋、夏之間，與諸番雜處，先於鞏州置元帥府以鎭之。今承裔以隴外萬兵移居鳳翔，臣恐一旦有警，援應不及。乞令承裔行元帥府於鞏州。若以鳳翔密邇宋界，則本路屯兵已多，但令總管攝行帥事，與京兆、鞏相爲首尾，足以備緩急矣。」從之。是歲，薨。訃聞，宣宗震悼，輟朝。贈延安郡王，謚忠正。正大三年，配享宣宗廟廷。

子納坦出爲定國軍節度使。天興元年十一月，納坦出之子忙押門與兄石里門及護衞顏盞宗阿同飲，忙押門詐以事出投北兵，省以刑部郎中趙楠推其家屬及同飲人。時上下迎合，必欲以知情處之，至於忙押門妻皆被訊掠。其母完顏氏曰：「忙押門通其父妾，父殺此妾，忙押門不自安，遂叛，求脫命而已。」委曲推問，無知情之狀。省中微聞之，召小吏郭從革喩以風旨，從革言之。楠方食，擲匕筯於案，大言曰：「寧使趙楠除名，亦不能屈斷無辜人。」遂以不知情奏，且以妾事上聞。上曰：「丞相功臣，納坦出父子俱受國恩，吾已保其不知情也。立命赦出之。」楠字才美，進士，高平人。

耿端義字忠嗣，博州博平人。大定二十八年進士。調滑州軍事判官，歷上洛縣令，安化、順義軍節度判官，補尚書省令史，除汾陽軍節度副使，改都轉運司戶籍判官，轉太常博

士，遷太常丞兼秘書郎，再除左司員外郎，歷太常少卿兼吏部員外郎，同修國史，戶部郎中，河北東路按察副使，同知東平府事，充山東安撫使。宣宗判汾陽軍，是時端義爲副使。宣宗卽位，召見，訪問時事，遷翰林侍講學士兼戶部侍郎，未幾，拜參知政事。

貞祐二年，中都被圍，將帥皆不肯戰。端義奏曰：「今日之患，衞王啓之。士卒縱不可使，城中軍官自都統至謀克不啻萬餘，遣此輩一出，或可以得志。」議竟不行。中都解圍，端義請遷南京。既而僕散端三表皆言遷都事，宣宗意遂決。是歲，薨。宣宗輟朝，賻贈甚厚，遣使祭葬。

李英字子賢，其先遼陽人，徙益都。中明昌五年進士第，調淳化主簿、登州軍事判官、封丘令。丁父憂，服除，調通遠令。蕃部取民物不與直，攝之不時至，卽掩捕之，論如法。補尚書省令史。

大安三年，集三品以上官議兵事，英上疏曰：「軍旅必練習者，朮虎高琪、烏古孫兀屯、納蘭伾頭、抹撚盡忠先朝嘗任使，可與商略。餘者紛紛，恐誤大計。」又曰：「比來增築城郭，修完樓櫓，事勢可知。山東、河北不大其聲援，則京師爲孤城矣。」不報。除吏部主事。

貞祐初，攝左司都事，遷監察御史。右副元帥朮虎高琪辟爲經歷官，乃上書高琪曰：「中都之有居庸，猶秦之崤、函，蜀之劍門也。邇者撤居庸兵，我勢遂去。今土豪守之，朝廷當遣官節制，失此不圖，忠義之士，將轉爲他矣。」又曰：「可鎮撫宣德、德興餘民，使之從戎。所在自有宿藏，足以取給，是國家不費斗糧尺帛，坐收所失之關隘也。居庸咫尺，都之北門，而不能衞護，英實恥之。」高琪奏其書，即除尚書工部員外郎，充宣差都提控，居庸等關隘悉隸焉。

二年正月，乘夜與壯士李雄、郭仲元、郭興祖等四百九十人出城，緣西山進至佛巖寺。令李雄等下山招募軍民，旬日得萬餘人。擇衆所推服者領之，詭稱土豪，時時出戰。被創，召還。遷翰林待制，因獻十策，其大概謂：「居中土以鎭四方，委親賢以守中都，立藩屏以固關隘，集人力以防不虞，養馬力以助軍威，愛禾稼以結民心，明賞罰以勸百官，選守令以復郡縣，併州縣以省民力。」頗施行之。

宣宗南遷，與左諫議大夫把胡魯俱爲御前經歷官。詔曰：「扈從軍馬，朕自總之，事有利害，可因近侍局以聞。」宣宗次眞定，以英爲國子祭酒，充宣差提控隴右邊事。無何，召爲御史中丞。英言：「兵興以來，百務皆弛，其要在于激濁揚清，獎進人材耳。近年改定四善、二十七最之法，徒爲虛文。大定間，數遣使者分道考察廉能，當時號爲得人。願改前日徒

設之文，遵大定已試之效，庶幾人人自勵，爲國家用矣。」宣宗嘉納之。

自兵興以來，亟用官爵爲賞，程陳僧敗官軍于龕谷，遣僞統制董九招西關堡都統王狗兒，狗兒立殺之。詔除通遠軍節度使，加榮祿大夫，賜姓完顏氏。英言：「名器不可以假人，上恩以難得爲貴。比來醲於用賞，實駭聞聽。帑藏不足，惟恃爵命，今又輕之，何以使人？伏見蘭州西關堡守將王狗兒向以微勞，既蒙甄錄，頃者堅守關城，誘殺賊使，論其忠節，誠有可嘉。若官之五品，命以一州，亦無負矣。急於勸獎，遂擢節鉞，加階一品，賜以國姓，若取蘭州，又將何以待之？陝西名將項背相望，曹記僧、包長壽、東永昌、徒單醜兒、郭祿大皆其著者。狗兒藐然賤卒，一朝處衆人之右，爲統領之官，恐衆望不厭，難得其死力。」宣宗以英奏示宰臣。宰臣奏：「狗兒奮發如此，賞以異恩，殆不爲過。」上然其言。

中都久圍，丞相承暉遣人以礬寫奏告急。詔元帥左監軍永錫、〔二〕左都監烏古論慶壽將兵，英收河間淸、滄義軍自淸州督糧運救中都。英至大名，得兵數萬，馭衆素無紀律。貞祐三年三月十六日，英被酒，與大元兵遇于霸州北，大敗，盡失所運糧。英死，士卒殲焉。慶壽、永錫軍聞之，皆潰歸。五月，中都不守，宣宗猶加恩，贈通奉大夫，謚剛貞，官護葬事，錄用其子云。

孛朮魯德裕本名蒲剌都，隆安路猛安人。補樞密院尚書省令史，右三部檢法、監察御史，遷少府監丞。明昌末，修北邊壕塹，立堡塞，以勞進官三階，授大理正。丁母憂，起復廣寧治中，歷順州、濱州刺史。坐前在順州市物虧直，遇赦，改刺淄州，累官北京路按察使、太子詹事、元帥左都監，遷左監軍兼臨潢府路兵馬都總管。坐士馬物故多，及都統按帶私率官兵救護家屬，德裕蔽之，御史劾奏逮獄。遇赦，謫寧海州刺史，稍遷泗州防禦使、武勝軍節度使。

貞祐二年，改知臨洮府事，兼陝西路副統軍。召爲御史中丞，拜參知政事兼簽樞密院事，行省大名。詔發河北兵救中都。凡眞定、中山、保、涿等兵，元帥左監軍永錫將之，大名、河間、淸、滄、觀、霸、河南等兵，德裕將之，并護淸、滄糧運。德裕不時發。及李英至霸州兵敗，糧盡亡失，坐弛慢兵期，責授沂州防禦使，尋知益都府事。興定元年二月，卒。

烏古論慶壽，河北西路猛安人，由知把書畫充奉御，除近侍局直長，再轉本局使。禦邊有勞，進一階，賜金帶。泰和四年，遷本局提點。是時，議開通州漕河，詔慶壽按視。漕河

成，賜銀一百五十兩、重幣十端。

泰和六年，伐宋，從右副元帥完顏匡出唐鄧，爲先鋒都統，賜御弓一。以騎兵八千攻下棗陽。頃之，完顏匡軍次白虎粒，遣都統完顏按帶取隨州，遣慶壽以兵五千扼赤岸，斷襄漢路。行與宋兵遇，斬首五百級，宋隨州將雷太尉遁去，遂克隨州。於是宋鄧城、樊城戍兵皆潰，遂與大軍渡漢江，圍襄陽。元帥匡表薦慶壽謀略出衆。上嘉之，進一官，遷拱衞直都指揮使，提點如故。

初，慶壽上書云：「汝州襄城縣去汝州遠於許州兩舍，請割隸許州便。」尚書省議：「汝州南有鴉路舊屯四千，其三千在襄城，今割襄隸許州，道里近便，仍食用解鹽，其屯軍三千，依舊汝州總押。」從之。八年，罷兵，遷兩階，賜銀二百五十兩、重幣十端。有疾，賜御藥。衞紹王即位，改左副點檢、近侍局如故。未幾，坐與黃門李新喜題品諸王，免死除名。久之，起爲保安州刺史，歷同知延安府，西北、西南招討副使，棣州防禦使，興平軍節度使。

貞祐二年，遷元帥右都監，以保全平州功進官五階，賜金吐鶻、重幣十端。頃之，宣宗遷汴，改右副點檢兼侍衞親軍副都指揮使。閏月，知大興府事。未行，改左副點檢兼親軍副都指揮。數月，知彰德府事。三年，中都危急，改元帥左都監，將大名兵萬八千、西南路步騎萬一千、河北兵一萬救中都。次霸州北，兵潰。頃之，中都不守，改大名府權宣撫使。

未幾，知河中府，權河東南路宣撫副使。四年，遷元帥左監軍兼陝西統軍使。〔一二〕駐兵延安，敗夏人于安塞堡。戰于鄜州之倉曲谷，有功。

興定元年，與簽樞密院事完顏賽不經略伐宋，敗宋兵于泥河灣石壕村，斬首三千級，獲馬四百匹、牛三百頭，器械稱是。復破宋兵七千於樊城縣。旣而，以軍士多被傷，奏不以實，詔有司鞫問，已而釋之。歷鎭南集慶軍節度使，卒。

贊曰：承暉守中都期年，相爲存亡，臨終就義，古人所難也。大抵宣宗旣遷，則中都必不能守，中都不守，則土崩之勢決矣。僕散端、耿端義似忠而實愚，抹撚盡忠委中都，庸何議焉。高琪忌承暉成功，孛朮魯德裕緩師期，姦人之黨，於是何誅。李英被酒敗軍，雖死不能贖也。烏古論慶壽無罰，貞祐之刑政，從可知矣。

校勘記

〔一〕紇石烈執中伏誅　按本書卷一四宣宗紀，貞祐元年十月辛亥，「殺胡沙虎于其第」。十一月庚午，「承暉爲尚書右丞」。此記執中伏誅于承暉召拜右丞之後，時序旣誤，且與上下文全無關係，

此七字當是衍文。

〔二〕詔元帥左監軍永錫將中山真定兵　按本書卷一四宣宗紀，貞祐二年十二月「戊戌，遣真定行元帥府事永錫等援中都」。此記于三年二月之下，誤。

〔三〕大名行省孛朮魯德裕調遣繼發　原脫「裕」字。按本卷孛朮魯德裕傳，「貞祐二年，行省大名，詔發河北兵救中都」。有「裕」字，今據補。

〔四〕行元帥府于保州　「于」原作「爲」，據殿本改。

〔五〕胡沙虎之事孰爲之　「事」原訛作「子」，據文義改正。

〔六〕宋使皇甫拱奉書乞和　按本書卷六二交聘表，泰和六年十一月，宋「遣忠訓郎林拱持書乞和於僕散揆」。與此不同。

〔七〕次子宿直將軍納坦出侍行　「坦」原作「丹」。按下文三見皆作「納坦出」，今據改。

〔八〕端招遙領通遠軍節度使完顏狗兒卽日來歸　「遠」原作「安」。按金無「通安軍」。本卷李英傳，「程陳僧敗官軍于龕谷，遣僞統制董九招西關堡都統王狗兒，狗兒立殺之，詔除通遠軍節度使，賜姓完顏氏」。又本書卷二六地理志，臨洮路「鞏州，皇統二年升軍事爲通遠軍節度使」。今據改。

〔九〕永錫坐誅　按本書卷一一四完顏合周傳記此事作「遂再奪爵，免死除名」。

〔一〇〕興定元年　「元」原作「四」。按本書卷一一三白撒傳，「白撒，名承裔，興定元年爲元帥左都監，行

帥府事於鳳翔」。卷一五宣宗紀，興定元年八月「甲戌，元帥右都監承裔遣其部將納蘭記僧等，合葩俄族都管尼厖古，以兵掩襲瓜黎餘族諸蕃帳」。今據改。

〔一一〕詔元帥左監軍永錫　「左」原作「右」。按上文承暉傳，「詔元帥左監軍永錫將中山、真定兵……救中都」。又下文孛朮魯德裕傳，「詔發河北兵救中都，凡真定、中山、保、涿等兵，元帥左監軍永錫將之」。皆作「左監軍」。今據改。

〔一二〕遷元帥左監軍兼陝西統軍使　「左」原作「右」。按本書卷一四宣宗紀，貞祐四年八月，「夏人入安塞堡，元帥左監軍烏古論慶壽遣軍敗之」。卷一三四西夏傳，「貞祐四年八月，左監軍烏古論慶壽敗夏兵于安塞堡」。今據改。

中華書局

金史卷一百二

列傳第四十

僕散安貞　田琢　完顏弼　蒙古綱　必蘭阿魯帶

僕散安貞本名阿海，以大臣子充奉御。父揆，尚韓國公主，鄭王永蹈同母妹也。永蹈誅，安貞罷歸，召爲符寶祗候。復爲奉御，尚邢國長公主，加駙馬都尉，襲胡土愛割蠻猛安。歷尚衣直長、御院通進、尚藥副使。丁母憂，起復，轉符寶郎，除同知定海軍節度使事。歷邳、淄、涿州刺史，拱衞直都指揮使。貞祐初，改右副點檢兼侍衞親軍副都指揮使，遷元帥左都監。二年，中都解嚴，河北州郡未破者惟眞定、大名、東平、清、沃、徐、邳、海州而已。朝廷遣安貞與兵部尚書裴滿子仁、刑部尚書武都分道宣撫。於是除安貞山東路統軍安撫等使。

初，益都縣人楊安國自少無賴，以鬻鞍材爲業，市人呼爲「楊鞍兒」，遂自名楊安兒。泰

和伐宋，山東無賴往往相聚剽掠，詔州郡招捕之。安兒降，隸諸軍，累官刺史、防禦使。大安三年，招鐵瓦敢戰軍得千餘人，以唐括合打爲都統，安兒爲副統，戍邊。至雞鳴山不進。衞紹王驛召問狀。安兒乃曰：「平章參政軍數十萬在前，無可慮者。屯駐雞鳴山所以備間道透漏者耳。」朝廷信其言。安兒乃亡歸山東，與張汝楫聚黨攻劫州縣，殺略官吏，山東大擾。

安貞至益都，敗安兒于城東。安兒奔萊陽。萊州徐汝賢以城降安兒，賊勢復振。登州刺史耿格開門納僞鄒都統，以州印付之，郊迎安兒，發帑藏以勞賊。安兒遂僭號，置官屬，改元天順，凡符印詔表儀式皆格草定，遂陷寧海，攻濰州。僞元帥方郭三據密州，〔一〕略沂、海。李全略臨朐，扼穆陵關，欲取益都。安貞以沂州防禦使僕散留家爲左翼，安化軍節度使完顏訛論爲右翼。

七月庚辰，安貞軍昌邑東，徐汝賢等以三州之衆十萬來拒戰。自午抵暮，轉戰三十里，殺賊數萬，獲器械不可勝計。壬午，賊棘七率衆四萬陣于辛河。安貞令留家由上流膠西濟，繼以大兵，殺獲甚衆。

甲申，安貞軍至萊州，僞寧海州刺史史潑立以二十萬陣于城東。留家先以輕兵薄賊，諸將繼之，賊大敗，殺獲且半，以重賞招之，不應。安貞遣萊州黥卒曹全、張德、田貴、宋福詐降于徐汝賢以爲內應。全與賊西南隅戍卒姚雲相結，約納官軍。丁亥夜，全縋城出，潛告留家。留家募勇敢士三十人從全入城，姚雲納之，大軍畢登，遂復萊州，斬徐汝賢及諸賊將以徇。安兒脫身走，訛論以兵追之。耿格、〔二〕史潑立皆降。留家略定膠西諸縣，宣差伯德玩襲殺方郭三，復密州。餘賊在諸州者皆潰去。安兒嘗遣梁居實、黃縣甘泉鎭監酒石抹充浮海赴遼東構留哥，已具舟，皆捕斬之。

十一月戊辰，曲赦山東，除楊安兒、耿格及諸故官家作過驅奴不赦外，劉二祖、張汝楫、李思溫及應脅誘從賊，并在本路自爲寇盜，罪無輕重，並與赦免。獲楊安兒者，官職俱授三品，賞錢十萬貫。十二月辛亥，耿格伏誅，〔三〕妻子皆遠徙。諸軍方攻大沬堌，赦至，宣撫副使、知東平府事烏林荅與卽引軍還。賊衆乘之，復出爲患。詔以陝西統軍使完顏弼知東平府事，權宣撫副使。其後楊安兒與汲政等乘舟入海，欲走岠嵎山。舟人曲成等擊之，墜水死。

三年二月，安貞遣提控紇石烈牙吾塔破巨蒙等四堌，及破馬耳山，殺劉二祖賊四千餘人，降餘黨八千，擒僞宣差程寬、招軍大使程福，招降脅從百姓三萬餘人。安貞遣兵會宿州提控夾谷石里哥同攻大沬堌，賊千餘逆戰。石里哥以騎兵擊之，盡殪。提控沒烈奪其北門以入，別軍取賊水寨，諸軍繼進，殺賊五千餘人。劉二祖被創，獲之，及僞參謀官崔天祐、

楊安兒僞太師李思溫。餘衆保大小峻角子山，前後追擊，殺獲以萬計，斬劉二祖。詔遷賞沒烈等有差。詔尚書省曰：「山東東、西路賊黨猶嘯聚作過者，詔書到日，並與免罪，各令復業。在處官司盡心招撫，優加存卹，無令失所。」十月，安貞遷樞密副使，行院于徐州。

四年二月，楊安兒餘黨復擾山東。詔安貞與蒙古綱、完顏弼以近詔招之。五月，安貞遣兵討郝定，連戰皆克，殺九萬人，降者三萬餘，郝定僅以身免。獲僞金銀牌、器械甚衆，來歸且萬人，皆安慰復業。自楊安兒、劉二祖敗後，河北殘破，干戈相尋。其黨往往復相團結，所在寇掠，皆衣紅納襖以相識別，號「紅襖賊」。官軍雖討之，不能除也。大概皆李全、國用安、時青之徒焉。

興定元年十月，詔安貞曰：「防河卒多老幼疲軟不勝執役之人，其令速易之。」二年十二月，〔四〕開封治中呂子羽等以國書議和于宋，宋人不受。以安貞爲左副元帥權參知政事行尚書省元帥府，及唐、息、壽、泗行元帥府分道各將兵三萬，安貞總之，晝定期日，下詔伐宋。安貞至安豐，宋兵七千拒戰，權都事完顏胡魯剌衝擊敗之，追至淝水，死者二千餘人。安貞至大江，乃班師。

三年閏月，安貞至自軍中，入見于仁安殿。胡魯剌進一階。久之，安貞燕見，奏曰：「淝水之捷，胡魯剌功第一，〔五〕臣之兵事皆咨此人，功厚賞薄，乞加賞以勸來者。」尚書省奏：

二十四史

中華書局

「凡行省行院帥府參議左右司經歷官都事以下皆遷一官，所以絕求請之路，塞姦倖之門也。安貞之請不可從。」遂止。

五年，復伐宋。二月，安貞出息州，軍于七里鎮，宋兵據淨居山，遣兵擊敗之。宋兵保山寺。縱火焚寺，乘勝追至洪門山。宋兵方浚濠立柵，安貞軍亟戰，奪其柵。宋黃統制團兵五千保黃土關，關絕險，素有備，堅壁不出。安貞遣輕兵分爲左右軍潛登，〔六〕別以兵三千直逼關門。翼日，左右軍會于山顛，俯瞰關內。宋人守關者望之，駭愕不能立。中軍急攻，宋兵潰，遂奪黃土關。遂入梅林關，找麻城縣，抵大江，至黃州，克之。進克蘄州，前後殺略不可勝計。獲宋宗室男女七十餘口，獻之，師還。安貞每獲宋壯士，輒釋不殺，無慮數萬，因用其策，輒有功。宣宗謂宰臣曰：「阿海將略固善矣，此輩得無思歸乎？南京密邇宋境，此輩既不可盡殺，安所置之？朕欲驅之境上，遣之歸如何？」宰臣不對。

六月甲寅朔，尚書省奏安貞謀叛。宣宗謂平章政事英王守純曰：「朕觀此奏，皆飾詞不實，其令覆案之。」戊寅，幷其二子殺之。〔七〕以祖忠義、父揆有大功，免兄弟緣坐。詔曰：「銀青榮祿大夫、左副元帥兼樞密副使、駙馬都尉僕散阿海，早藉世姻，寖馳仕軌，屬當軍旅之事，益厚朝廷之恩，爰自帥藩，擢居樞府。頃者南伐，時乃奏言，是俾行鱗介之誅，而盡露梟獍之狀。二城雖得，多罪稔彰，念勝負之靡常，肯刑章之輕用。始自畫因糧之計，乃更嚴橫

歛之期，督促計司，彫弊民力，信其私意，或失防秋。顧利害之實深，尚優容而弗問。頃因近侍，悉露姦謀，蓋虞前後罪之上聞，廼以金玉帶而夜獻。審事情之詭秘，命信臣而鞫推，追致款詞，乃詳實狀。自以積愆之著，必非公憲所容，欲結近臣之歡心，俾伺內庭之指意，如釁端之少露，得先事而易圖。因其方握兵權，得以謀危廟祏，事或不濟，計卽外奔。前日之俘，隨時誅戮，獨於宋族，曲活全門，示其悖德于敵讎，豫冀全身而納用。」

初，安貞破蘄州，獲宋宗室不殺而獻之，遂以爲罪。安貞憂讒，以賄近侍局，乃以質成其誣。安貞典兵征伐，嘗曰：「三世爲將，道家所忌。」自忠義、揆至安貞，凡三世大將焉。

初，安貞破蘄州，所得金帛，分給將士。南京都轉運使行六部事李特立、金安軍節度副使紇石烈蒲剌都、大名路總管判官銀朮可因而欺隱。事覺，特立當死，蒲剌都、銀朮可當杖一百除名。詔薄其罪，特立奪三官、降三等，蒲剌都、銀朮可奪兩官、降二等云。

田琢字器之，蔚州定安人。中明昌五年進士，調寧邊、茌平主簿，潞州觀察判官，中都商稅副使。丁父憂，起復懷安令，補尚書省令史。

貞祐二年，中都被圍，琢請由間道往山西招集義勇，以爲宣差兵馬提控、同知忠順軍節度使事，經略山西。琢與弘州刺史魏用有隙，琢自飛狐還蔚州，用伏甲於路，將邀而殺之。琢知其謀，自別道入定安。用入蔚州，殺觀察判官李宜、錄事判官馬士成、永興縣令張福，劫府庫倉廩，以兵攻琢於定安。琢與戰，敗之。用脫身走，易州刺史蒲察縛送中都元帥府殺之。

是時，勸農副使侯摯提控紫荆等關隘，朝廷聞蔚州亂，欲以摯就代琢守蔚州，令軍中推可爲管押者，卽以魏用金牌佩之，以安其衆。丞相承暉奏：「田琢實得軍民心，諳練山西利害，魏用將士本無勞效，以用弄兵死禍，遽爾任用，恐開倖門。」詔從之。

琢至蔚州，誅與用同惡數人。募兵旬日，得二萬人。十月，琢兵敗，僅以身免。招集散亡，得三萬餘，入中山界屯駐，而遣沈思忠招集西京蕩析百姓，得萬餘人，皆願徙河南。琢上書：「此輩與河南鎭防，往往鄉舊，若令南渡，擇壯健爲兵，自然和協，且可以招集其餘也。」從之。加沈思忠同知深州軍州事。琢復遣沈思忠、宮楫招弘州、蔚州百姓，得五萬餘人，可充軍者萬五千人，分屯蔚州諸隘，皆願得沈思忠爲將。詔加思忠順天軍節度副使，提控弘、蔚州軍馬，宮楫副之。

頃之，西山諸隘皆不能守。琢移軍沃州。沃州刺史完顏僧家奴奏：「田琢軍二千五百人，官廩不足，發民窖粟猶不能贍。其中多女直人，均爲一軍，不可復有厚薄，可令於衛、輝、大名就食。」制可。加琢河北西路宣撫副使，遙授濬州防禦使，屯濬州。琢欲陂西山諸

水以衛濬州。

貞祐三年十一月，河北行省侯摯入見，奏：「河北兵食少，請令琢汰遣老弱，就食歸德。」琢奏：「此輩嶺外失業，父子兄弟合爲一軍，若離而分之，定生他變，乞以全軍南渡，或從衛州防河。」詔盡徙屯陝。琢復奏：「臣幸徙安地，然濬乃河北要郡，今見糧可支數月，乞俟來春乃行。」數日，琢復奏：「濬不可守，惟當遷之。」宰臣劾琢前後奏陳不一，請逮鞫問。宣宗不許。

琢至陝，上書曰：「河北失業之民僑居河南、陝西，蓋不可以數計。百司用度，三軍調發，一人耕之，百人食之，其能贍乎？春種不廣，收成失望，軍民俱困，實繫安危。臣聞古之名將，雖在征行，必須屯田，趙充國、諸葛亮是也。古之良吏，必課農桑以足民，黃霸、虞詡是也。方今曠土多，游民衆，乞明勅有司，無蹈虛文，嚴升降之法，選能吏勸課，公私皆得耕墾。富者備牛出種，貧者備力服勤。若又不足，則教之區種，期于盡闢而後已。官司圉牧，勢家兼幷，亦籍其數而授之農民，寬其負算，省其徭役，使盡力南畝，則蓄積歲增，家給人足，富國强兵之道也。」宣宗深然之。

陝西元帥府請益兵，詔以琢衆與之。興定元年，朝廷易置諸將，遷山東西路轉運使。二年，改山東東路轉運使，權知益都府事，行六部尚書宣差便宜招撫使。李旺據膠西，琢遣益

都治中張林討之，生擒李旺。八月，萊州經略使朮虎山壽襲破李旺黨僞鄒元帥于小堌，獲其前鋒于水等三十人，追擊僞陳萬戶，斬首八百級。明日，復破之于朱寒寨。膠西、高密官軍亦屢破之于諸村及海島間。

是月，棣州裨將張聚殺防禦使斜卯重興，遂據棣州，襲濱州，其衆數千人。琢遣提控紇石烈醜漢會兵討之。聚棄濱專保棣州。諸軍趣棣，聚出戰，敗之，斬首百級，生擒僞都統王仙等十三人。餘衆奔潰，追及于別寨，攻拔之，聚僅以身免。遂復二州。

李全據安丘，琢遣總領提控王政、王庭玉討之。宣差提控、太府少監伯德玩率政兵攻安丘，敗焉，提控王顯死之。琢奏：「伯德玩本相視山東山堌水寨，未嘗徧行，獨留密州，輒爲此舉，乞治其罪。」詔遣官鞫玩，會赦而止。既而昌樂縣令朮虎桓都、臨朐縣令兀顏吾丁、福山縣令烏林荅石家奴、壽光縣巡檢紇石烈醜漢破李全于日照縣，琢承制各遷官一階，進職一等，詔許之。

三年，沂州泩子堌王公喜構宋兵據沂州，防禦使徒單福定徒跣脫走，百姓潰散。琢奏：「去歲顧王二嘗據沂州，邳州總領提控納合六哥前爲同知沂州防禦事，招集餘衆攻取之，百姓歸心。可用六哥取沂州，今方在行省侯摯麾下，乞發還，取便道進討。」制可。既而莒州提控燕寧復沂州，王公喜復保泩子堌。琢奏：「沂州須知兵者守之。徒單福定已衰老，納合

六哥善治兵，識沂形勢。」詔福定專治州事，以六哥爲沂州總領。琢奏：「濰州刺史致仕獨吉世顯能招集猛安餘衆及義軍，却李全，保濰州。六哥破灰山堌，沂境以安。守兗州觀察判官梁昱嘗攝淄州刺史，率軍民力田，徵科有度，饋餉不乏，保全淄州，土賊不敢發。前猗氏主簿張亞夫嘗權行部官，主餉密州，委曲購得糧二萬斛，兵儲乃足，行至高密，徵他州兵拒李全。」詔世顯升職從四品，遙授同知海州事。六哥遷一官，升一等，充沂州宣差都提控。梁昱遷一官，同知淄州事。張亞夫遷兩官，密州觀察判官。

初，張林本益都府卒，有復立府事之功，遂爲治中，而兇險不逞，恥出琢下。琢在山東徵求過當，頗失衆心，林欲因衆以去琢，未有間也。會于海、牟佐據萊州，琢遣林分兵討之。林既得兵，伺琢出，即率衆譟入府中。琢倉猝入營，領兵與林戰，不勝，欲就外縣兵，且戰且行。至章丘，兵變，求救於鄰道，不時至。東平行省蒙古綱以狀聞。宣宗度不能制林，而欲馴致之，乃遣人召琢還。行至壽張，疽發背卒。

完顏弼本名達吉不，蓋州猛安人。充護衛，轉十人長。從丞相襄戍邊，功最，除同知德州防禦使事、武衛軍鈐轄，轉宿直將軍、深州刺史。泰和六年，從左副元帥完顏匡攻襄陽，破雷太尉兵，積功加平南盪江將軍。丁母憂，起復。八年，除南京副留守、壽州防禦使。大

安二年，入爲武衛軍副都指揮使。三年，以本官領兵駐宣德。會河之敗，弼被創，馬中流矢，押軍千戶夾谷王家奴以馬授弼，遂得免。遷右副都點檢。

至寧元年，東京不守，弼爲元帥左監軍，扞禦遼東。請「自募二萬人爲一軍，萬一京師有急，亦可以回戈自救。今驅市人以應大敵，往則敗矣」。衞紹王怒曰：「我以東北路爲憂，卿言京師有急何邪？就如卿言，我自有策。以卿皇后連姻，故相委寄，乃不體朕意也。」弼曰：「陛下勿謂皇后親姻俱可恃也。」時提點近侍局駙馬都尉徒單沒烈侍側，弼意竊譏之。衞紹王怒甚，顧謂沒烈曰：「何不叱去？」沒烈乃引起，付有司，論以奏對無人臣禮，詔免死，杖一百，責爲雲內州防禦使。

貞祐初，宣宗驛召弼赴中都，是時雲內已受兵，弼善馬矟，與數騎突出，由太原出澤、潞，將從清、滄赴闕。會有詔除定武軍節度使，尋爲元帥左都監，駐眞定。弼奏：「賞罰所以勸善懲惡，有功必賞，有罪必罰，而后人可使、兵可强。今外兵日增，軍無鬭志。亦有逃歸而以戰潰自陳者，有司從而存恤之，見聞習熟，相傚成風。」又曰：「村寨城邑，兵退之後，有心力勇敢可使者，乞招用之。」又曰：「河朔郡縣，皆以拘文不相應救，由此殘破。乞勅州府，凡有告急徵兵，即須赴救，違者坐之。」又曰：「河北軍器，乞權宜弛禁，仍令團結堡寨以備外兵。」又曰：「今雖議和，萬一輕騎復來，則吾民重困矣。願速講防禦之策。」及勸遷都南京，

阻長淮，拒大河，扼潼關以自固。

宣宗將遷汴，弼兼河北西路兵馬都總管。宣宗次眞定，弼言：「皇太子不可留中都，蓋軍少則難守，軍多則難養。」又奏：「將帥以閫外爲威，今生殺之權皆從中覆。」又奏：「瑞州軍頗狡，左丞盡忠多疑，乞付他將。」宣宗頗采用其言。

大名軍變，殺蒲察阿里，詔弼鎭撫之。未幾，改陝西路統軍使、京兆兵馬都總管。宣撫副使烏古論兗州置秦州榷場，弼以擅置，移文問之。兗州曰：「近日入見，許山外從宜行事。秦州自宋兵焚蕩榷場，幾一年矣，今既安帖，復宜開設，彼此獲利，歲收以十萬計。對境天水軍移文來請，如俟報可，實慮後時。」弼奏其事，宰臣以兗州雖擅舉而無違失，苟利於民，專之亦可。宣宗曰：「朕固嘗許其從宜也。」

三年，改知東平府事、山東西路宣撫副使。是時，劉二祖餘黨孫邦佐、張汝楫保濟南勤子堌，弼遣人招之，得邦佐書云：「我輩自軍興屢立戰功，主將見忌，陰圖陷害，竄伏山林，以至今日，實畏死耳。如蒙湔洗，便當釋險面縛，餘賊未降者保盡招之。」弼奏：「方今多故，此賊果定，亦一事畢也。乞明以官賞示之。」詔曰：「孫邦佐果受招，各遷五官職。」〔八〕於是邦佐、汝楫皆降。邦佐遙授濰州刺史，汝楫遙授淄州刺史，皆加明威將軍。頃之，弼薦邦佐、汝楫改過用命，招降甚衆，稍收其兵仗，放歸田里。詔邦佐遙授同知益都府事，汝楫遙授同

知東平府事，皆加懷遠大將軍。梁聚寬遙授泰定軍節度副使，加宣武將軍。四年，弼遷宣撫使。[九]已而，汝楫復謀作亂，邦佐密告弼，弼饗汝楫，伏甲廡下，酒數行，鍾鳴伏發，殺汝楫并其黨與。手詔褒諭，封密國公。其後邦佐屢立功。元光末，累官知東平府事、山東西路兵馬都總管，充宣差招撫使。

弼上書曰：「山東、河北、河東數鎭僅能自守，恐長河之險有不足恃者。河南嘗招戰士，率皆游惰市人，不閑訓練。若選簽驅丁監戶數千，別爲一軍，立功者全戶爲良，必將爭先效命以取勝矣。武衞軍家屬嘗苦于兵，人人懷憤，若擇驍悍千餘，加以爵賞，亦可得其死力。」又曰：「老病之官，例許致仕，居河北者嫌于避難，居河南者苟于尸祿，職事曠廢。乞徧諭覈實，其精力可用者仍舊，年高昏聵不事事者罷之。」又曰：「賦役頻煩，河南百姓新強舊乏，諸路豪民行販市易，侵土人之利，未有定籍，一無庸調，乞權宜均定。如知而輒避、事過復來者，許諸人捕告，以軍興法治之。」詔下尚書省議，惟老病官從所言，餘皆不允。

大元兵圍東平，弼百計應戰，久之乃解圍去。宣宗賜詔，獎諭將士，賞賚有差。是歲五月，疽發于腦。詔太醫診視，賜御藥。俄卒。

弼平生無所好，惟喜讀書，閑暇延引儒士，歌詠投壺以爲常。所辟如承裔、陀滿胡土門、紇石烈牙吾塔，[一〇]皆立方面功。治東平，愛民省費，井邑之間軍民無相訟，有古良將之風焉。

蒙古綱本名胡里綱，咸平府猛安人。承安五年進士，累調補尚書省令史，除國子助教。貞祐初，自請招集西山兵民，進官一階，賜錢二百萬，遷都水監丞，尋加遙授永定軍節度副使。招捕有功，遷太子左諭德，除順州刺史，遷同知大興府事。三年，知河間府事，權河北東路宣撫使，屯冀州。軍食不足，徙濟南。綱欲徙河南，行至徐州，未渡河，尚書省奏：「東平宣撫使完顏弼行事多不盡。」乃以綱權山東宣撫副使。改山東路統軍使，兼知益都府事，權元帥右都監，宣撫如故。

四年十月，行元帥府事。綱奏：「山東兵後，楊安兒黨內有故淄王習顯、故留守朮羅等家奴，不在赦原，據險作亂，至今未息，民多歸之，乞普賜恩宥。」宣宗卽命赦之，仍贖爲良。

興定元年，徙知東平府事，還元帥右監軍。久之，拜右副元帥權參知政事，行尚書省。先是，東平治中沒烈坐事削降殿年，詔仍從軍，有功復用。綱遣沒烈討花帽賊于曹、濟間，捷報，沒烈乃復前職。[一一]興定二年，詔曰：「卿以忠貞，爲國捍難，保完城邑，朕甚嘉之。可進官二階，賜金帶一重、幣十端。」

興定三年，奏曰：「濟南介山東兩路之間，最爲衝要，被兵日久，雖與東平隣接，不相統屬，緩急不相應，乞權隸本路，且差近於益都。」詔從之。綱奏：「恩州武城縣艾家凹水濼、清河縣澗口河濼，其深一丈，廣數十里，險固可恃。因其地形，少加浚治，足以保禦。請遷州民其中，多募義軍以實之。」綱以山東恃東平爲重鎭，兵卒少，守城且不足，況欲分部出戰，是安坐以待困也。乃上奏曰：「伏見貞祐三年古里甲石倫招義軍，設置長校，各立等差，都統授正七品職，副統正八品，萬戶正九品，千戶正班任使，謀克雜班，仍三十人爲一謀克，五謀克爲一千戶，四千戶爲一萬戶，四萬戶爲一副統，兩副統爲一都統，設一總領提控。今乞依此格募選，以益兵威。」制可。

是歲，益都桃林寨總領張林號「張大刀」，據險爲亂，自稱安化軍節度使。綱奏：「林勢甚張，乞遣河南馬軍千人，單州經略司以衆接應。」左司郎中李蹊請令綱約燕寧同力殄滅，單州經略使完顏仲元分兵三千人同往。宰相以糧運不給，益都以東，嘯聚不止一張林，宜令綱設備禦，俟來春議之。

四年，張林侵掠東平，綱遣元帥右監軍行樞密院事王庭玉討之。至舊縣，遇張林衆萬餘人據嶺爲陣，庭玉督兵蹹嶺搏戰。林衆少却，且欲東走。庭玉踵擊，大破之，殺數千人，生擒張林，獲雜畜兵仗萬計。招降虎窟諸寨，悉令歸業。詔賜空名宣勑，聽綱第功遷賞。遣樞密院令史劉顒泣殺張林于東平。張林乞貰死自効，請曰：「臣兄演在宋爲統制，有衆三

千，駐卽墨、萊陽之境，請以書招之，使轉致諸賊之款密者，相爲表裏，然後以檄招益都張林，不從則合擊之，山東不足平也。」所謂益都張林，卽據府事逐田琢者也，事見琢傳。綱以林策請于朝，樞密院請羈縻使之。制可，以爲萊州兵馬鈐轄。久之，山東不能守，林乃降于宋云。

初，東平提控鄭倜生擒宋將李資，綱奏賞倜。宰臣謂：「李資自稱宋將，無所憑據，請詳究其實。」綱奏：「臣自按問俱獲宋將統制十餘人，皆以資爲將無異辭。此輩力屈就擒，豈肯虛稱僞將以重獲者之功？今多故之際，賞功後時，將士且解體。凡行賞必求形迹，過爲逗遛，甚未可也。」詔卽賞之。綱奏：「遼東渡海，必由恩、博二州之間，乞置經略司鎭撫。」從之。興定五年二月，東平解圍，宣宗曲赦境內。凡東平府試諸科中選人，嘗被任使，已逾省試期日，特免省試。惟經童律科卽爲及第，似涉太優，別日試之。皆從綱所請也。詔以綱、王庭玉、東莒公燕寧保全東平，各遷一階。

是歲，燕寧戰死。綱奏：「寧所居天勝寨，乃益都險要之地。寧嘗招降羣盜胡七、胡八，用爲牙校，委以腹心，羣盜皆有歸志。及寧死，復懷顧望，胡七、胡八亦反側不安。臣以提控孫邦佐世居泰安，衆心所屬，遂署招撫使。以提控黃摑兀也充總領，副之。此當先奏可，顧事勢危迫，故輒授之。」燕寧死而綱勢孤矣。

綱奏請移軍於河南，詔百官議，御史大夫紇石烈胡失門以下皆曰：「金城湯池，非粟不守。東平孤城，四無應援，萬一失之，則官吏兵民俱盡。宜徙之河南，〔二〕以助防秋。」翰林待制抹撚阿虎德奏曰：「車駕南遷，恃大河以爲險。大河以東平爲藩籬，今乃棄之，則大河不足恃矣。兵以將爲主，將以心爲主，蒙古綱既欲棄之，決不可使之守矣。宜就選將士之願守者擢用之，別遣官爲行省，付以兵馬鎧仗，從宜規畫軍食。」樞密院請用胡失門議，焚其樓櫓廨舍而徙之。宣宗曰：「此事朕不能決擇，衆議可者行之。」樞密院頗采阿虎德議，許綱內徙，率所部女直、契丹、漢軍五千人，行省邳州。元帥左監軍王庭玉將餘軍屯黃陵岡，行元帥府事。於是，綱改兼靜難軍節度使，行省邳州。自此山東事勢去矣。

是歲六月，以歸德、邳、宿、徐、泗乏軍食，詔綱率所部就食睢州。綱奏：「宿州連年饑饉，加之重斂，百姓離散。鎮防軍遽徵逋課，窘迫陵辱有甚于官，衆不勝其酷，皆懷報復之心。近日，高羊哥等苦其佃戶，佃戶憤怒，執羊哥等投之井中。武夫不識緩急，乃至于此。乞一切所負並令停止，俟夏秋收成徵還，軍人量增廩給，可也。」詔議行之。元光二年三月，以邳州經略司隸綱，令募勇敢收復山東。

初，碭山首領數人，以減罷懷忿怨，誘脅餘衆作亂，引水環城以自固，構浮橋於河上，結紅襖賊爲援。同簽樞密院事徒單牙刺哥會諸道兵討之。綱云：「碭山北近大河，南近汴堤，

東西二百里，大河分派其間，乾灘泥淖，步騎俱不可行，惟宜輕舟往來。可選銳卒數千與水軍埽兵，以舟二百艘，由便道斷浮梁，絕紅襖之援。募膽勇有口辯者，持牒密諭之以離間其黨，與臣已遣三人入賊中。復分兵屯要害，別以三百人巡邏。乞賜空名告身，從便遷賞。」樞密院奏：「已委監軍王庭玉駐歸德、寧陵備之矣。仍令牙刺哥水陸並進，先行招誘，不從，乃合擊之。其空名告身，宜從所請，以責成功。」

無何，碭山賊夜襲永城縣，行軍副總領高琬、萬戶麻吉擊走之，殺傷及溺死者甚衆，奪其所俘掠而還。詔綱併力討之。綱遣降人陳松持牒招李全，全縛松將斬之，已而但黥其面遣還。綱奏：「全有歸國意，嚴實、張林亦可招之。」此謂益都張林也。詔擬實一品官職，封國公，仍世襲。全階正三品、職正二品。林山東西路宣撫使兼知益都府事，與全皆賜田百頃。受命往招者先授正七品官職，賜銀二十五兩，事成遷五品。會綱遇害而止。

綱御下嚴，信賞必罰，邳州軍不樂屬綱。八月辛未朔，邳州從宜經略使納合六哥、都統金山顏俊〔三〕率沂州軍士百餘人晨入行省，殺綱及僚屬于省署，遂據州反。樞密院奏請出空名宣勅，設重賞招誘。丞相高汝礪曰：「懸重賞募死士，必有能取之者。」宣宗不得已，下詔罪綱，以撫諭六哥。六哥遣人送綱尸及虎符牌印，終不肯出。乃升經略司爲元帥府，加六哥泗州防禦使，權元帥左監軍，副使烏古論老漢加邳州刺史，權右監軍。頃之，邳州卒逃

歸，詣總帥牙吾塔言，六哥已結李全爲助。遣總領孛朮魯留住等毀其橋梁，攻破承安、青陽寨，留兵戍守。六哥惶懼，乃言待李全兵入邳州，誘而殺之，以圖報效。宣宗曰：「李全豈無心者，六哥能誘而殺之，殆詐耳。」十月壬辰，牙吾塔圍邳州，急攻之。紅襖賊高顯等殺六哥，函首以獻。詔加顯三品官職，授世襲謀克，侯進四品，陳榮、邢進、邊全、魏興、孫仲皆五品，賞銀有差。

必蘭阿魯帶，貞祐初，累官寧化州刺史。二年，同知眞定府事，權河北、大名宣撫副使。三年，保全贊皇，加遙授安武軍節度使，改昭義軍節度使，充宣撫副使。閏月，權元帥左都監行元帥府事，節度、宣撫如故。

遣都統奧屯喜哥復取威州及獲鹿縣。既而詔擇義軍爲三等，阿魯帶奏：「自去歲初置帥府，已按閱本軍，去其冗食。部分既定，上下既親，故能所向成功，此皆血戰屢試而可者。父子兄弟自相救援，各顧其家，心一力齊，勢不可離。今必析之，將互易其處，不相諳委矣。國家糧儲常患不繼，豈容僥冒其間？但本府之兵不至是耳。事勢方殷，分別如此，彼居中下，將氣挫心懈而不可用。且義軍率皆農民，已散歸田畝，趨時力作，徵集旬日，農事廢而歲計失矣。乞本府所定，無輕變易。」詔許之。阿魯帶繕完州縣之可守者，其不可守者遷徙

其民，依險爲柵以備緩急。

澤州舊隸昭義軍，近年改隸孟州，阿魯帶奏：「澤州城郭堅完，器械具備，若屯兵數千，臣能保守之。今聞議遷于青蓮寺山寨，距州既遠，地形狹隘，所容無幾。一旦有急，所保者少，所遺者多，徒棄名城以失太行之險，則沁南、昭義不通問矣。」詔澤州復隸昭義軍。

是歲，潼關失守，阿魯帶趨備藍田、商州，乃陳河北利害，略曰：「今忻、代撤戍，太原帥府衆纔數千，平陽行省兵亦不多，河東、河北之勢全恃潞州，潞州兵强則國家基本漸可復立。臣已將兵離境，乞復置潞州帥府。」阿魯帶行次澠池，〔四〕右副元帥蒲察阿里不孫敗績，逃匿不知所在。阿魯帶亦被創，收集潰卒，臥澠池。詔還潞州。

興定元年，改簽樞密院事。數月，以元帥左監軍兼山東路統軍使，知益都府事。未幾，權參知政事，行尚書省于益都。阿魯帶復立潞州，最有功，識遼州刺史郭文振，舉以爲將。既而去潞州，張開代領其衆，與郭文振不相得，文振漸不能守矣。

贊曰：貞祐之時，僕散安貞定山東，僕散端鎮陝西，胥鼎控制河東，侯摯經營趙、魏，其措注施設有可觀者。故田琢撫青、齊，完顏弼保東平，必蘭阿魯帶守上黨，皆嚮用有功焉。高琪忌功，汝礪固位，西啓夏釁，南挑宋兵。宣宗道謀是用，煦煦以爲慈，皦皦以爲明，孑孑

以爲强。既而潼關破毀，崤、澠喪敗，汴州城門不啓連月，高琪方且增陴浚隍爲自守計，繕御寨以祈逃死。然後田琢走益都而靑、齊裂，蒙古綱去東平而兗、魯蹙，僕散安貞死而南伐無功。雖曰天道，亦由人事。自是以往，無足言者矣。

校勘記

〔一〕僞元帥方郭三據密州　「方郭三」原作「郭方三」。按下文「宣差伯德玩襲殺方郭三，復密州」。又本書卷一二二時茂先傳，「紅襖賊方郭三據密州……方郭三聞而執之」。皆作「方郭三」。今據改。

〔二〕耿格　「格」原作「略」，據殿本改。

〔三〕十二月辛亥耿格伏誅　按本書卷一四宣宗紀，貞祐二年十二月「乙卯，登州刺史耿格伏誅，流其妻孥」。記日與此異。

〔四〕二年十二月　「十二月」原作「十月」。按本書卷一五宣宗紀，興定二年十二月「甲寅，以開封府治中呂子羽等使宋講和」。卷六二交聘表，「興定二年十二月甲寅，朝議乘勝與宋議和，以開封治中呂子羽、南京路轉運副使馮璧爲詳問宋國使」。今據補「二」字。

〔五〕胡魯剌功第一　原脫「剌」字，據殿本補。

〔六〕安貞遣輕兵分爲左右軍潛登　「潛」原作「澄」，據殿本改。

〔七〕幷其二子殺之　按本書卷一六宣宗紀，興定五年六月「戊寅，僕散安貞坐謀反，幷其三子皆伏誅」。「二子」作「三子」。

〔八〕孫邦佐果受招各遷五官職　據文義「邦佐」下當有「等」字。

〔九〕四年弼還宣撫使　按本書卷一四宣宗紀，貞祐三年八月「丙午，山東西路宣撫使完顏弼表，遙授同知東平府事張汝楫將謀復叛」。事在三年。此「年」疑當作「月」。

〔一〇〕紇石烈牙吾塔　「吾」原作「古」。按上下文三見此名皆作「吾」，又本書卷一一一有紇石烈牙吾塔傳，亦作「吾」，殿本同。今據改。

〔一一〕沒烈乃復前職　「乃」原在「沒烈」上，據文義乙正。

〔一二〕宜徙之河南　原脫「宜」字，據殿本補。

〔一三〕都統金山顏俊　「統」原作「俊」。按本書卷一六宣宗紀，元光二年「八月辛未朔，邳州從宜經略使納合六哥等率都統金山顏俊以沂州百餘人晨入省署，殺行尚書省蒙古綱，據州反」。今據改。

〔一四〕阿魯帶行次澠池　「澠」原作「沔」，今改。下文同。參見本書卷二五地理志校記〔一九〕。

金史卷一百三

列傳第四十一

完顏仲元本姓郭氏，中都人。大安中，李雄募兵，仲元與完顏阿隣俱應募，數有功。貞祐三年，與阿隣俱累功至節度。仲元爲永定軍節度使，賜姓完顏氏。仲元在當時兵最强，號「花帽軍」，人呼爲「郭大相公」，以與阿隣相別。頃之，兼本路宣撫使。八月，遙授知河間

府事。數月，改知濟南府事，權山東東路宣撫副使。

貞祐四年，山東乏糧，仲元軍三萬欲於黃河之側或陝右分屯，上書乞補京官，且言恢復河朔之策，當詣闕面陳。詔曰：「卿兄弟鳩集義旅，所在立功，忠義之誠，皎然可見。朕以參政侯摯與卿素厚，命於彼中行省，應悉朕心。卿求入見，其意固嘉，東平方危，正賴卿等相爲聲援，俟兵勢稍緩，卽從軍附河屯駐，此時卿來，蓋未晚也。尙思戮力，朕不汝忘。」未幾，改河北宣撫副使。

仲元部將李霆等積功至刺史、提控，仲元奏賜金牌，霆等皆爲名將，功名與仲元相埒。仲元屢有功，以本職爲從宜招撫使，計約從坦等軍圖恢復。詔以仲元軍猥多，差爲三等，上等備征伐，中下給戍守，懦弱者皆罷去。紅襖賊千餘人據漣水縣，仲元遣提控婁室率兵擊破之，斬首數百，敗祝春，擒郭偉，餘衆奔潰，遂復漣水縣。仲元兼單州經略使，婁室遷兩階，升職一等。未幾，仲元遙授知歸德府事。

是歲十月，從軍盧氏，改商州經略使，權元帥右都監。詔曰：「商、虢、潼關，實相連屬，卿思爲萬全之計。」未幾，潼關失守，仲元軍趨商、虢，復至嵩、汝，皆弗及。仲元上書曰：「去年六月，臣嘗請於朝廷，乞選名將督諸軍，臣得推鋒，身先士卒，糧儲不繼，竟不果行。今將坐甲待敵，則師老財殫，日就困弊。」其大概欲伐西夏以張兵勢。又曰：「陝西一路最爲重

地，潼關、禁坑及商州諸隘俱當預備。向者中都，居庸最爲要害，乃由小嶺、紫荆遶出，我軍腹背受兵，卒不能守。近日由禁坑出，遂失潼關。可選精兵分地戍之。」其後乃置秦、藍守禦，及用兵西夏矣。

興定元年，復爲單州經略使，敗宋人二千于龜山，復敗步騎千餘于盱眙，敗紅襖于白里港，獲老幼萬餘人，皆縱遣之。宋人圍海州，仲元軍高橋，令提控完顏阿隣領騎繞出其後夾擊之。宋兵解去。賜金帶，優詔獎諭。紅襖賊陷曹馬城，剽掠徐、單之間。提控高琬等分兵擊之，俘生口二千。三年，仲元奏：「州城既固，積糧二十萬石，集鄉義軍萬餘人，並閑訓練，足以守禦，乞以所部渡河。」詔屯宿州，與右都監紇石烈德同行帥府事。仲元有足疾，滿百日，詔曰：「卿處置機務，撫存將士，出兵使李辛可也。」四年，兼保靜軍節度使，尋爲勸農使。五年，爲鎮南節度使。

元光元年，知鳳翔府事。鳳翔被圍，左監軍石盞合喜來濟軍。仲元讓合喜總兵事。合喜曰：「公素得衆心，不必以官位見讓。」仲元請身先士卒，諭諸將士曰：「凡有奇功者，卽承制超擢。」及危急乃輒注四品以下。顏盞蝦蟆力戰功最，輒授通遠軍節度使。圍解，奏請擅除拜之罪。宣宗嘉其功，皆許之。

遷元帥右監軍，授河北東路洮委必刺猛安，賜金五十兩、重幣十五端、通犀帶，優詔褒

諭。正大間，爲兵部尚書，皇太后衞尉，卒。仲元爲將，沈毅有謀，南渡後最稱名將云。

完顏阿隣本姓郭氏，以功俱賜姓完顏。〔一〕大安中，李雄募兵，阿隣與完顏仲元等俱應募，數有功。宣宗卽位，遷通州防禦使。〔二〕宣宗遷汴，阿隣改同知河間府事兼清州防禦使，將所部兵駐清、滄，控扼山東。遷橫海軍節度使，賜以國姓。阿隣與山東路宣撫副使顏盞天澤不相能，詔阿隣當與天澤共濟國事，無執偏見，妄分彼此。尋改泰定軍節度使、山東西路宣撫使。是時，仲元亦積功勞，知濟南府，賜姓完顏，與阿隣俱加從宜招撫使，詔書獎諭，且令計約涿州刺史從坦等軍恢復中都。於是，仲元、阿隣部兵猥多，詔以三等差第之，上等備征伐，中下戍守，懦弱者罷去，量給地以贍其家。阿隣所部「黃鶴袖軍」駐魚臺者，桀驁不法，掠平民，劫商旅，道路不通，有司乞徙于滕州。詔阿隣就處置之。頃之，破紅襖賊郝定于泗水縣柘溝村，生擒郝定，送京師斬之。

近制，賜本朝姓者，凡以千人敗敵三千者賜及緦麻以上，敗二千人以上者賜及大功以上，敗千人以上者賜止其家。阿隣既賜姓，以兄守楫及從父兄弟爲請。宰臣奏阿隣功止賜一家，宣宗特詔許之。至是仲元上奏曰：「臣頃在軍旅，纔立微功，遽蒙天恩，賜之國姓，非臣殺身所能仰報。族兄徐州譏察副使僧喜、〔三〕前汾州酒同監三喜、前解州鹽管勾添章、守

興平縣監酒添福猶姓郭氏。念臣與僧喜等昔同一家，今爲兩族，完顏阿隣與臣同功，皇恩所加併及本族，僧喜等四人乞依此例。」不許。改輝州經略使。

阿隣有衆萬五千，詔分五千隸東平行省，其衆泣訴云：「我曹以國家多難，奮義相從，捐田宅，離親戚，轉戰至此，誓同立功，偕還鄉里。今將分配他軍，心實艱苦。乞以全軍分駐懷、衞、輝州之間，捍蔽大河，惟受阿隣節制。」阿隣亦不欲分之，因以爲請。宰臣奏：「若遂聽之，非唯東平失備，他將倣效，皆不可使矣。」宣宗以爲然。加遙授知河南府事，應援陝西。阿隣將兵八千，西赴至潼關，聞京兆已被圍，游騎至華州，陝西行院欲令阿隣駐軍商、虢，拒東向之路。阿隣上奏：「臣本援陝西，遇難而止，豈人臣之節？夫自古用兵，步騎相參，乃可以得志。今乃各有所屬，臨難不救，互分彼此。今臣所統皆步卒，願賜馬軍千人，則京兆之圍不足解矣。」宣宗謂皇太子曰：「阿隣赴難不回，固善矣。而軍勢單弱，且駐內地以觀事變，併以虢州兵五千付之，使乘隙而進，卿以此意諭之也。」

興定元年，還元帥右都監。出秦州伐宋，〔四〕宋統制吳筠守皁角角又作郊堡，城三重，據山之巔。〔五〕阿隣分兵絕其汲路，克其外城，再克其次城。宋兵縱火而出，阿隣以騎兵邀之，遣步卒襲其後，宋兵敗，生獲吳筠及將校二百人，馬數百匹，糧萬石及兵甲衣襖。復敗宋兵于裴家莊六谷中，斬五百級，墜澗死者甚衆。又敗之于寒山嶺、龍門關、大石渡，得粟二千

餘石。復敗之于稍子嶺，斬首二千餘級，生擒百人。是時三月，宿麥方滋，阿隣留兵守之。已而宋兵大至，金兵敗，阿隣戰沒。贈金紫光祿大夫、西京留守。

完顏霆本姓李氏，中都寶坻人。粗知書，善騎射，輕財好施，得鄉曲之譽。貞祐初，縣人共推霆爲四鄉部頭。霆招集離散，糾合義兵，衆賴以安。招撫司奏其事，遷兩官。霆與弟雲率衆數千巡邏固安、永清間，遙授寶坻縣丞，充義軍都統。劉璋說霆使出降，霆縛送經略司。遷三階，攝寶坻令，升都提控，遙授同知通州軍州事。

中都食盡，霆遣軍分護清、滄河路，召募買船通餉道。遙授同知清州防禦事，從河北路宣撫使完顏仲元保清、滄。遙授通州刺史、河北東路行軍提控，佩金牌。舊制，宣撫副使乃佩金牌，仲元奏：「臣軍三萬，管軍官三人，皆至五品，乞各賜金牌。」廷議霆輩忠勇絕人，遂與之。改大名路提控，復取玉田、三河、香河三縣。徙屯濱、棣、淄，留副將孫江守滄州。江以滄州降于王檝，而江將兵圍觀州。霆乃詐作書與孫江，約同取滄州者。王檝得其書，果疑孫江與霆有謀，召江還，殺之。霆乃定觀州而還。進官三階，充濱、棣行軍都提控。未幾，遙授同知益都府事，加宣差都提控，遷棣州防禦使，賜姓完顏氏，屯海州。俄權單州經略司事，充宣差總領都提控。

興定元年，泰安、滕、兗土寇蠭起，東平行省侯摯遣霆率兵討之，降石花五、夏全餘黨二萬人，老幼五萬口，充權海州經略副使。紅襖賊于忙兒寇海州，霆擊走之。二年，宋高太尉兵三萬駐朐山。霆軍乏糧，采野菜麥苗雜食之。宋兵柵朐山，下隔湖港，霆作港中暗橋，遣萬戶胡仲珪、副統劉贇率死士由暗橋登山，霆率兵四千人趨山下，約以昏時舉火爲期，上下夾擊，宋兵大敗，墜澗溺水死者，不可勝計，斬高太尉、彭元帥于陣，餘衆潰去。遷安化軍節度使，經略副使如故。以其子爲符寶典書。踰月，宋兵復至，霆逆戰，駐兵城外。夜半，宋人乘虛踰城而入。經略使阿不罕奴失剌率兵拒戰，都統溫迪罕五兒、副統蒲察永成、蒲察只魯身先士卒，殺二百餘人，城賴以完。詔五兒等各遷兩階。

四年，改集慶軍節度使，兼同知歸德府事。五年，改定國軍節度使，兼同知京兆府事，擢其子爲護衞。元光元年，陝西行省白撒奏：「京兆南山密邇宋境，官民遷避其間者，無慮百萬人。可遣官鎭撫，庶幾不生他變。」宣宗以爲然。十月，霆以本官爲安撫使，守同知歸德府惟宏、大司農丞郭皓爲副使，分護百姓之遷南山者。元光二年，卒。

烏古論長壽，臨洮府第五將突門族人也。本姓包氏，襲父永本族都管。泰和伐宋，充緋翮翅軍千戶，取床川寨及祐州、宕昌、辛城子，以功進官二階。貞祐初，夏人攻會州，統軍

使署征行萬戶，升副統，與夏人戰於窄土峽，先登陷陣，賞銀五十兩。戰東關堡，以功署都統，兼充安定、定西、保川、西寧軍馬都彈壓。詔錄前後功，遙授同知隴州防禦事，世襲本族都巡檢。三年，賜今姓。攻蘭州程陳僧，爲先鋒都統。夏人圍臨洮，扼渭源堡，〔六〕內外不通。統軍司募人偵候臨洮消息，長壽應募，馘二人，擒一人，問得臨洮及夏兵事勢。以勞遷宣武將軍，遙授通遠軍節度副使。招降諸蕃族及熟羊寨秦州逋亡者。復遷懷遠大將軍，升提控。興定元年，夏人大入隴西，長壽拒戰，遷平涼府治中，兼節度副使，充宜差鞏州規措官。頃之，遙授同知鳳翔府事，兼同知通遠軍節度事，提控如故。

興定二年，遷同知臨洮府事。與提控洮州刺史納蘭記僧分兵伐宋。長壽由鹽川鎭進兵，宋人守戍者走保馬頭山，合諸部族兵來拒。長壽擊敗之，復破其援兵四千於蕩川寨。即趨宕昌縣，破宋兵二千于八斜谷，拔宕昌縣，進攻西和州，先敗其州兵。明日，木波兵三千與宋兵合，依川爲陣，長壽奮擊，宋兵入保城，堅壁不復出，長壽乃還。凡斬馘八千，獲馬二百餘、牛羊三萬，器械軍實甚多。納蘭記僧出洮州鐵城堡，屢敗宋人，完軍而還。詔賞鳳翔、秦、鞏伐宋將士，長壽遙授隴安軍節度使，同知通遠軍、提控如故。頃之，長壽升總領都提控，改通遠軍節度使。

夏人攻定西，是時弟世顯已降夏人，夏人執世顯至定西城下，謂長壽曰：「若不速降，即殺汝弟。」長壽不顧，奮戰，夏兵退，加榮祿大夫，賜金二十五兩、重幣三端。世顯既降，二子公政、重壽當緣坐。宣宗嘉長壽守定西功，釋公政兄弟，有司廩給之。詔長壽曰：「汝久在戎行，盡忠國事。世顯之降，必不得已，汝永念國恩，益思自效。」未幾，夏人復攻會州，行元帥府事石盞合喜發兵救未至，夏人移兵臨洮，長壽伏精兵五千于定西險要間，敗夏兵三萬騎，殺千餘人，獲馬數百。夏人已破西寧，乃犯定西，長壽擊却之，斬首三百級。既而三萬騎復至，攻城甚急，長壽乘城拒戰，矢石如雨，夏兵死者數千，被創者衆，乃解去。是歲，卒。

完顏佐本姓梁氏，初爲武清縣巡檢。完顏鮌住本姓李氏，爲柳口鎭巡檢。久之，以佐爲都統，鮌住副之，戍直沽寨。貞祐二年，乣軍遣張暉等三人來招佐，佐執之。翌日，劉永昌率衆二十人持文書來，署其年曰天賜，佐擲之，麾衆執永昌，及暉等併斬之。宣宗嘉其功，遷佐奉國上將軍，遙授德州防禦使，鮌住鎭國上將軍，遙授同知河間府事，皆賜姓完顏氏。詔曰：「自今有忠義如是者，並一體遷授。」

贊曰：古者天子胙土命氏，漢以來乃有賜姓。宣宗假以賞一時之功，郭仲元、郭阿鄰以功皆賜國姓。女奚烈資祿、烏古論長壽皆封疆之臣而賜以他姓。貞祐以後，賜姓有格。夫

以名使人，用之貴則貴，用之賤則賤，使人計功而得國姓，則以其貴者反賤矣。完顏霆、完顏佐皆賜國姓者，併附于此。

石抹仲溫本名老斡，懿州胡土虎猛安人。充護衞十人長、太子僕正，除同知武寧軍節度使事、宿直將軍、器物局使。坐前在武寧造馬鞍虧直，章宗原之，改左衞將軍，遷左副點檢。坐征契丹逗遛，降蔡州防禦使。復召爲左副點檢，遷知臨洮府事。

泰和伐宋，青宜可內附，進爵二級，賜銀二百五十兩、重幣十端。詔曰：「青宜可之來，乃汝管內，與有勞焉。比與青宜可相合，其間諸事量宜而行。」頃之，諸道進兵，仲溫以隴右步騎五千出鹽川。八年，罷兵，改知河中府。崇慶初，遷陝西統軍使。貞祐二年，宋人攻秦州，仲溫率兵敗之。尋充本路安撫使，改鎭南軍節度使。致仕。興定三年，卒。

烏古論禮本名六斤，益都猛安人。充習騎，累擢近侍局直長，轉本局副使、左衞副將軍。坐受沁南軍節度使兗王永成名馬玉帶，〔七〕杖一百，削官解職。起爲蒲速碗羣牧副使，改武庫署令、宿直將軍，復爲左衞副將軍、順州刺史，累遷武寧軍節度。

泰和伐宋，爲山東路兵馬都統副使兼副統軍、安化軍節度。八年，宋人請盟，罷兵馬都

統官，仍以節度兼副統軍。大安三年，改知歸德府兼河南副統軍，歷知河南府。至寧初，改知太原府事。貞祐二年，兼河東北路安撫使。三年，充本路宣撫使，頃之，兼左副元帥。四年，太原被圍，未幾圍解，進官二階。興定三年，卒。

蒲察阿里，興州路人。以廕補官，充護衞十人長、武器署令，轉宿直將軍，遷右衞副將軍。宋兵犯分道鋪，馳驛赴邊，伺其入，以伏兵掩之。改提點器物局。泰和伐宋，從右副元帥匡爲副統，攻宜城縣，取之。八年，以功遷武衞軍副都指揮使。大安元年，同知南京留守事，徙壽州防禦使，遷興平軍節度使。崇慶初，遷元帥右都監，明年，轉左都監。時都城被圍，道路梗塞，阿里由太原至眞定，率師赴援，抵中山，不克進。貞祐二年，移駐大名。徵河南鎭防軍圖再舉，衆旣憚于行，而阿里遇之有厚薄，軍變，遇害，衆因逃散。宣宗詔元帥左都監完顏弼安集其軍，赦首惡以下，河南統軍司更加撫諭。

奧屯襄本名添壽，上京路人。大定十年，襲猛安。丞相襄舉通練邊事，授崇義軍節度副使，改烏古里乣詳穩，召爲都水少監、石州刺史。未幾，爲平南盪江將軍，以功陞壽州防禦使，遷河南路副統軍兼同知歸德府事、昌武軍節度使，仍兼副統軍。崇慶改元，爲元帥左

都監，救西京，至墨谷口，一軍盡殪，襄僅以身免，坐是除名。明年，授上京兵馬使。宣宗卽位，擢遼東路宣撫副使。未幾，改速頻路節度使，兼同知上京留守事。二年二月，爲元帥右都監，行元帥府事于北京。五月，改留守，兼前職，俄還宣撫使兼留守。

十一月，詔諭襄及遼東路宣撫使蒲鮮萬奴、宣差蒲察五斤曰：「上京、遼東國家重地，以卿等累效忠勤，故委腹心，意其協力盡公，以徇國家之急。及詳來奏，乃大不然，朕將何賴。自今每事同心，併力備禦，機會一失，悔之何及！且師克在和，善鈞從衆，尙懲前過，以圖後功。」三年正月，襄爲北京宣差提控完顏習烈所害。未幾，習烈復爲其下所殺，詔曲赦北京。

完顏蒲剌都，西南路按出灰必剌罕猛安人。充護衞，除泰定軍節度副使。以憂去官，起復唐古部族節度副使，徙安國軍、移乣詳穩，〔八〕累官原州刺史。坐買部內馬虧直，奪官一階，降北京兵馬都指揮使、寧遠軍刺史，歷同知臨洮府、西京留守事。崇慶元年，遷震武軍節度，備禦有功，遷一官。

貞祐初，置東西面經略司，〔九〕就充西面經略使，上言：「管內大和嶺諸隘屯兵，控制邊要。行元帥府輒分臣兵萬二千戍眞定，餘衆不足守禦，近日復簡精銳二千七百人以往。今見兵不滿萬，老羸者十七八。臣死固不足惜，顧國家之事不可不慮，新設經略移文西京、太原、河東取軍馬，大數並稱非臣所統。」詔眞定元帥府還其精銳二千七百人。西京、太原、嵐州有警急，約爲應援。州郡皆不欲屬經略司，遂罷經略官，入爲簽樞密院事，改左副點檢。四年，遷兵部尙書。興定元年，致仕。四年，卒。

夾谷石里哥，上京路猛安人。明昌五年進士，泰州防禦判官，補尙書省令史，歷臨潢、婆速路都總管判官，累除刑部主事，改薊州副提控，駐軍大名。俄遷翰林待制，爲宿州提控。與山東宣撫完顏弼攻大沫堌，賊衆千餘逆戰，石里哥以騎兵擊之，盡殪。提控沒烈入自北門，遂擒劉二祖。以功遷武衞軍副都指揮使。坐前在宿州掠良人爲生口，當死，特詔決杖八十。徙洺州防禦使、山東路副統軍。坐不時進兵，往宿遷取妻子，〔一〇〕解職。起爲東平行軍提控。興定元年，破宋兵于宿州，以功遙授安化軍節度使，移定海軍，卒。

朮甲臣嘉，北京路猛安人，襲父謀克。泰和伐宋，隸陝西完顏綱麾下。歷通州、海州同知軍州事。貞祐二年，除武器署丞。救集寧有功，遷河南統軍判官、拱衞直副都指揮使、河南治中，遙領綏州刺史兼延安治中，就遷同知府事，改同知河間府事。

興定元年，行樞密院于壽州，由壽、泗渡淮伐宋。二年二月，破宋兵三千於漸湖灘，〔一一〕

斬三百級。有詔蹂踐宋境上，毋深入。臣嘉駐霍丘楂岡村，縱輕騎鈔掠，焚毁積聚。獲宋諜者張聰，知宋兵二千屯高柳橋，老幼甚衆，其寨兩城，環之以水。臣嘉遣張聰持牒招之，不從。先令水軍徑渡攻之。軍士牛青操戈刺門卒，皆披靡散去，遂登陴，大軍繼之，夷其寨而還。遇宋兵數千於梅景村。臣嘉伏兵林間，以步卒誘致之，伏發，宋兵潰，追奔十餘里，生擒其將阮世安等五人，獲器仗甚衆。七月，賞征南功，〔一二〕升職一等，遷元帥右都監，充陝西行省參議官。四年，兼金安軍節度使。五年，改知延安府事，轉左都監，駐兵京兆。元光元年，卒。

紇石烈桓端，西南路忽論宋割猛安人，襲兄銀朮可謀克。泰和伐宋，充行軍萬戶，破宋兵二千於蔡州，加宣武將軍。自壽州渡淮，敗宋步騎一萬五千于鷄子嶺，遂克安豐軍。軍還，除同知懷遠軍節度事，權木典乣詳穩。大安三年，西京行省選充合扎萬戶，遙授同知淸州防禦事，改興平軍節度副使，從遼東路宣撫司都統。〔一三〕敗移剌留哥萬五千衆于御河寨，奪車數千兩，降萬餘人。加驃騎衞上將軍，遙授同知順天軍節度事。

貞祐二年，爲宣差副提控，同知婆速路兵馬都總管，行府事。貞祐三年，蒲鮮萬奴取咸平、東京、瀋、澄諸州，及猛安謀克人亦多從之者。三月，萬奴步騎九千侵婆速近境，桓端遣

都統溫迪罕怕哥輦擊却之。四月，復掠上京城，〔一四〕遣都統兀顏鉢轄拒戰。萬奴別遣五千人攻望雲驛，都統奧屯馬和尙擊之。都統夾谷合打破其衆數千于三叉里。五月，都統溫迪罕福壽攻萬奴之衆于大寧鎭，拔其壘，其衆殲焉。九月，萬奴衆九千人出宜風及湯池，桓端率兵與戰，其衆潰去，因招唵吉斡、都麻渾、賓哥、出臺、荅愛、顏哥、不灰、活拙、按出、孛德、烈隣十一猛安復來附，擇其丁男補軍，攻城邑之未下者。貞祐四年，桓端遣王汝弼由海道奏事，宣宗嘉其功，桓端遷遼海軍節度使，同知行府事，宣差提控如故。婆速路溫甲海世襲猛安、權同知府事溫迪罕哥不靏遷顯德軍節度使，兼婆速府治中。權判官、前修起居注裴滿按帶遷兩階，升二等。王汝弼遷四階，升四等。餘將士有功者，詔遼東宣撫承制遷賞。是歲，改邳州刺史，充徐州界都提控。

紅襖賊數萬攻邳州，桓端破之于黃山。賊復來，桓端薄其營，走保北山，追擊敗之，溺沂水死者甚衆。賊數萬圍沂州，同知防禦事僕散撒合突圍出求救，桓端率兵赴之。撒合還入沂州，與桓端內外夾擊之，殺萬餘人，賊乃去。樞密副使僕散安貞上其功，因奏曰：「桓端天資忠實，深有計畫，曉習軍事，撒合勇而有謀，皆得軍民心，乞加擢用。」桓端進金紫光祿大夫，兼同知武寧軍節度事，提控如故。召爲勸農副使，充都提控，屯陳州。

興定元年，自新息渡淮伐宋，破中渡店，至定城，以少擊衆，戰不留行。未幾，充宣差參

議官，復渡淮，連破宋兵，獲其將沈俊，遷武衞軍副都指揮使。宋人城守不出，分兵攻其山寨水堡，殺獲甚衆。興定二年，遷鎭南軍節度使，權元帥右都監。數月，改武衞軍都指揮使，仍權右都監，行元帥府于息州。

徐州行樞密院石盞女魯歡剛愎自用，詔桓端以本官權簽樞密院事，往代之。四年冬，上言：「竊聞宋人與李全將併力來攻，當預爲之防。」樞密院奏可，召桓端與朝臣面議。尋有疾，賜太醫御藥。五年正月，召至京師，疾病不能入見，力疾草奏，大略以南北皆用兵，當豫防其患，及防河數策。無何，卒，年四十五。勅有司給喪事。

完顏阿里不孫字彥成，曷懶路泰中必剌猛安人。明昌五年進士，調易州、忻州軍事判官、安豐縣令。補尙書省令史，除興平軍節度副使，應奉翰林文字，轉修撰，充元帥左監軍紇石烈執中經歷官。執中圍楚州，縱兵大掠，坐不諫正，決杖五十。大安初，改戶部員外郎、鈞州刺史。執中行樞密院於西京，復以爲經歷官。改威州刺史。貞祐初，累遷國子祭酒，歷越王、濮王傅，改同知平陽府事，兼本路宣撫副使。召爲兵部侍郎，遷翰林侍講學士。改陝西路宣撫副使，遷元帥左都監。改河平軍節度使、河北西路宣撫副使。改御史中丞、遼東宣撫副使。再閱月，權右副元帥、參知政事、遼東路行尙書省事，賜御衣、廐馬、安山甲。上京行省蒲察五斤奏其功，賜金百兩、絹百匹。

興定元年，眞拜參知政事，權右副元帥，行尙書省、元帥府于婆速路，承制除拜刺史以下。不協。〔一五〕是時，蒲鮮萬奴據遼東，侵掠婆速之境，高麗畏其强，助糧八萬石。上京行省蒲察五斤入朝，遼東兵勢愈弱，五斤留江山守肇州，江山亦頗懷去就。及上京宣撫使蒲察移剌都改陝西行省參議官，而伯德胡土遂有異志。宣撫使海奴不迎制使，坐而受詔，阿里不孫械繫之。頃之，阿里不孫輒矯制大赦諸道，衆乃稍安，而請罪于朝。

初，留哥據廣寧，知廣寧府事溫迪罕靑狗居蓋州，妻子留廣寧，與伯德胡土約爲兄弟。靑狗兵隸阿里不孫，內猜忌不協，蒲察移剌都嘗奏靑狗無隸阿里不孫。宣宗乃召靑狗，靑狗不受詔，阿里不孫殺之。胡土乃怨阿里不孫。既而胡土率衆伐高麗，乃以兵戕殺阿里不孫。權左都監納坦裕與監軍溫迪罕哥不靏、遙授東平判官參議軍事郭澍謀誅胡土，未敢發，會上京留守蒲察五斤遣副留守夾谷愛荅、左右司員外郎抹撚獨魯詣裕計事。裕以謀告二人，二人許諾，遂召胡土至帳中殺之。阿里不孫已死，朝廷始得矯赦奏疏，詔有司獎諭。未幾，聞阿里不孫死于亂，詔贈平章政事、芮國公。納合裕眞授左都監，〔一六〕哥不靏進一階，愛荅、獨魯、郭澍遷官升職有差。

阿里不孫寬厚愛人，敏於吏事，能治劇要，識者以爲用之未盡云。

完顏鐵哥性淳直，體貌雄偉，粗通書。年二十四，襲父速頻路曷懶合打猛安。授廣威將軍。御下惠愛。察廉，除臨海軍節度副使，改底剌乣詳穩。

丞相襄行省于北京，鐵哥爲先鋒萬戶，有功。丁母憂，服除，遷同知武勝軍節度使事，充右副元帥完顏匡副統，號平南盪江將軍。攻光化軍，王統制以步騎出東門逆戰，鐵哥擊却之，拔鹿角，奪門以入，遂克之。進攻襄陽，爲前驅，獲生口，知江渡可涉處，陰植標以識之。大軍至，鐵哥導之濟，屢戰皆捷，以勞進官兩階。匡圍德安，鐵哥總領攻城，築壘于德安南鳳凰臺，並城作甬道，立鵝車，對樓攻之，擊走張統制兵。時暑，還屯鄧州。兵罷，進官兩階，遷同知臨潢府事，改西南路副招討、宿州防禦使。貞祐二年，樞密使徒單度移剌以鐵哥充都統，入衞中都。遷東北路招討使，兼德昌軍節度使。

蒲鮮萬奴在咸平，忌鐵哥兵强，牒取所部騎兵二千，又召泰州軍三千及戶口遷咸平。鐵哥察其有異志，不遣。宣撫使承充召鐵哥赴上京，命伐蒲與路。既還，適萬奴代承充爲宣撫使，摭前不發軍罪，下獄被害。諡勇毅。

納蘭胡魯剌，大名路怕魯歡猛安人。性淳直，寡言笑，好讀書，博通今古。承安二年，

中華書局

進士第一，除應奉翰林文字。被詔括牛于臨潢、上京等路。丞相襄有田在肇州，家奴匿牛不以實聞，卽械繫正其罪而盡括之。於是豪民皆懼，無敢匿者。使還，襄稱其能。〔一七〕居父喪盡禮，御史舉其淸節。服除，轉修撰。平章政事僕散端舉廉能有文采，遷同知順天軍節度使事，從伐宋。以勞加朝請大夫，改禮部員外郎、曹州刺史。豪民僕散掃合立私渡於定陶閒，逃兵盜刼，皆籍爲囊橐，累政莫敢問。胡魯剌捕治之，窮竟其黨，闔郡肅然。改沃州。改南京路按察副使。貞祐二年，改泗州防禦使。召爲吏部侍郎，遷絳陽軍節度使，權河東南路宣撫副使。

是時兵興，胡魯剌完城郭，繕器械，料丁壯爲鄉兵。〔一八〕延問耆老，招致儒士，咨以備禦之策。鹽米儲偫，勸富民出粟，郡賴以完。賜詔褒諭，加資善大夫，官其次子吾申。改權經略使，被召，以疾不能行，卒于絳州。

贊曰：泰和、貞祐，其間相去五年耳，故將遺老往往在焉。〔一九〕高琪得君，宿將皆斥外矣。高汝礪任職，舊臣皆守藩矣。假以重任，其實疏之。故石抹仲溫以下，以見當時之將校焉。

校勘記

〔一〕以功俱賜姓完顏　按殿本無「俱」字。

〔二〕宣宗卽位遷通州防禦使　按本書卷二四地理志，中都路「通州，下，刺使。……興定二年五月陞爲防禦使」。事在南遷之前，此「防禦使」似當作「刺史」。

〔三〕族兄徐州譏察副使僧喜　「譏」原作「機」。按本書卷五七百官志，「提舉譏察使，正五品。副使，從五品」。今據改。

〔四〕出秦州伐宋　按本書卷一五宣宗紀，興定二年二月「癸丑，完顏阿鄰報皂郊堡之捷」。似「出」字上當有「二年」二字。

〔五〕據山之巔　「巔」原作「鎭」，據文義改。

〔六〕扼渭源堡　原脫「源」字。按本書卷一三四西夏傳，貞祐三年十月有「救臨洮，大敗于渭源堡」之文。又卷二六地理志，臨洮路臨洮府康樂縣有渭源堡。今據補「源」字。

〔七〕坐受沁南軍節度使兗王永成名馬玉帶　「受」原作「授」，據殿本改。

〔八〕移剌詳穩　按移下當有闕文。本書卷二四地理志，西京路後有「移典乣詳穩」，卷五七百官志「諸乣詳穩」下有「移剌乣」，卷八一阿勒根沒都魯傳有「移剌都乣詳穩」，不知此處所闕何字。

〔九〕貞祐初置東西面經略司　原脫「貞祐」二字。按本書卷二四地理志，中都路，平州「貞祐二年四月置東面經略司，八月罷」。卷二六地理志，河東北路，「代州，天會六年置震武軍節度使，貞祐二年四月僑置西面經略司，八月罷」。今據補。

〔一〇〕往宿遷取妻子　按上文言夾谷石里哥曾爲宿州提控，疑「遷」或當作「州」。

〔一一〕二年二月破宋兵三千於漸湖灘　原脫「二年」二字。按本書卷一五宣宗紀，興定二年二月「丁巳，壽州行樞密院破宋人高柳橋水砦，夷其砦而還」。今據補。

〔一二〕七月賞征南功　「七月」原作「二年」。按上文已補「二年」二字，此處重複。本書卷一五宣宗紀，興定二年「七月辛未，詔賞南伐將士有差」。今據改爲「七月」。

〔一三〕徙遼東路宣撫司都統　原脫「遼」字。按下文「宣宗嘉其功，詔遼東宣撫承制遷賞」。又本書卷一四宣宗紀，貞祐三年十月「戊戌，遼東宣撫司報敗留哥之捷」。今據補。

〔一四〕復掠上京城　「京」原作「古」。按本書卷一二二溫迪罕老兒傳，「蒲鮮萬奴攻上京」，又卷一二八紇石烈德傳，「蒲鮮萬奴逼上京」。今據改。

〔一五〕不協　疑上有脫文。

〔一六〕納合裕眞授左都監　按上文作「納坦裕」。本書卷五五百官志，吏部，「白號之姓」，有「納合」及「納坦」。今不能定何者爲是。

〔一七〕襄稱其能　原脫「其」字，據文義補。

〔一八〕料丁壯爲鄉兵　「丁」原作「才」，據文義改。

〔一九〕故將遺老往往在焉　「焉」原作「爲」，據殿本改。

金史卷一百四

列傳第四十二

納坦謀嘉　鄒谷　高霖　孟奎　烏林荅與　郭俁

溫迪罕達　王擴　移剌福僧　奧屯忠孝　蒲察思忠

紇石烈胡失門　完顏寓　斡勒合打　蒲察移剌都

納坦謀嘉，上京路牙塔懶猛安人。初習策論進士，大定二十六年，選入東宮，教鄆王琮、瀛王瓌讀書。以終場舉人試補上京提刑司書史，以廉能著稱。承安元年，契丹陀鎖叛掠韓州、信州，提刑司問諸書史「誰入奏者」？皆難之，謀嘉請行。五年，特賜同進士出身，調東京教授、湯池主簿、太學助教。丁母憂，服闋，累除翰林修撰，兼修起居注、監察御史。貞祐初，遷吏部員外郎、翰林待制、侍御史。

完顏寓舉謀嘉才行，志在匡國，可預軍政。充元帥府經歷官。中都被圍，食且盡，胥鼎奏「京師官民能贍足貧民者，計所贍遷官，皆先給據」，謀嘉不受據而去。中都危急，謀嘉曰：「帥臣統數萬衆不能出城一戰，何如自縛請降邪？」宣宗議遷都，謀嘉曰：「不可。河南地狹土薄，他日宋、夏交侵，河北非我有矣。當選諸王分鎮遼東、河南，中都不可去也。」不聽。頃之，除唐州刺史。入爲太常少卿兼左拾遺，遷鄭州防禦使。改左諭德，轉少詹事，攝御史中丞，未幾，攝太子詹事。興定元年，潼關失守，〔一〕遷河南統軍使兼昌武軍節度使，攝簽樞密院事，行院許州，汰去冗食軍士二千餘人。上書諫伐宋，不聽。

三年，降潁州防禦使。有告宋人將襲潁州者，已而宋兵果至，謀嘉有備，乃引去。有司上功，不及告者，謀嘉請而賞之。四年，召爲翰林侍講學士兼兵部侍郎，同修國史。五年，卒。

鄒谷字應仲，密州諸城人。中大定十三年進士第，累官滕王府文學。尙書省奏擬大理司直，上曰：「司直爭論情法，折正疑難，谷非所長也。」宰臣曰：「谷有吏才，陝西、河南訪察及定課皆稱職。」上以谷爲同知曹州軍州事。召爲刑部主事，轉北京、臨潢提刑判官，入爲大理寺丞。

尙書省點差接送伴宋國使官，令史周昂具數員呈請，左司都事李炳乘醉見之，怒曰：「吾口舉兩人卽是，安用許爲？」命左右攬昂衣欲杖之，會左司官召昂去乃已，詈諸令史爲奴畜。明日語權令史李秉鈞曰：「吾豈惟箠罵，汝進退去留，亦皆在我！」羣吏將陳訴，會官劾奏，事下大理寺議，差接送伴官事當奏聞，炳謂口舉兩人，當科「違制」。谷曰：「口舉兩人，一時之言，當杖贖。攬昂衣欲加杖，當決三十。」上曰：「李炳讀書人，何乃至是？」宰臣對曰：「李炳疾惡，衆人不能容耳。」上曰：「炳誠過矣，告者未必是也。」乃從谷議。

歷濟南、彰德府治中，吏部郎中，河東按察副使，沂州防禦使。歷定海、泰寧軍節度使。泰和六年，致仕。貞祐初，卒。

高霖字子約，東平人。大定二十五年進士，調符離主簿。察廉，遷泗水令，再調安國軍節度判官。以父憂還鄉里，教授生徒，恒數百人。服除，爲絳陽軍節度判官。用薦舉，召爲國史院編修官。建言：「黃河所以爲民害者，皆以河流有曲折，適逢隘狹，故致湍決。按水經當疏其阨塞，行所無事。今若開雞爪河以殺其勢，可免數埽之勞。凡捲埽工物，皆取於民，大爲時病。乞並河隄廣樹榆柳，數年之後，隄岸既固，埽材亦便，民力漸省。」朝廷從之。遷應奉翰林文字兼前職，改監察御史。丁母憂，起復太常博士。改都水監丞，簽陝西路按

察司事，體訪官員能否，仍赴闕待對。時南征調發繁急，民稍稽滯，有司皆坐失誤軍期罪。霖言其枉，悉出之。授都水少監。

大安初，爲耀州刺史。三年，遷河北東路按察副使，改韓王傅，兼翰林直學士。崇慶初，改工部侍郎兼直學士。至寧元年八月，霖奉儲狩迎宣宗至新城，勅霖南迎諸妃。旣至，賜錢千貫，遷官三階。貞祐二年，〔二〕除河平軍節度使兼都水監。霖請城宜村爲衞州以護北門，上從之。入爲兵部尙書，知大興府事，俄權參知政事，與右丞相承暉行省于中都。尋改中都留守，兼本路兵馬都總管。

平章政事抹撚盡忠棄中都南奔，霖與子義傑率其徒夜出，不能進，謂義傑曰：「汝可求生，吾死於此矣。」霖死，義傑伏羣屍中以免。贈翰林學士承旨，令立碑鄉里，歲時致祭，訪其子孫錄用，謚文簡。

孟奎字元秀，遼陽人也。大定二十一年進士，調黎陽主簿。丁母憂，服闋，調淄州軍事判官，遷汲縣令。察廉，改定興令。補尙書省令史，從參知政事馬琪塞澶淵決河，改中都左警巡使。平章政事完顏守貞禮接士大夫在其門者，號「冷巖十俊」，奎其一也。改都轉運司支度判官、〔三〕上京等路提刑判官。

初，遼東契丹判余里也嘗殺驛使大理司直，[四]有契丹人同名者，有司輒繫之獄，奎按囚遠頻路讞而出之，既而果獲其殺司直者。遷同知西京路轉運使事。置行樞密院于鎮寧，充宣差規措所官給軍用。改簽河東南北路按察司事、武州刺史。上言三事，其一曰：「親民之寄，[五]今吏部之選頗輕，使武夫計資而得，權歸胥吏。每縣宜參用士人，使紀綱其事。」未幾，改曹州刺史，再調同知中都路都轉運使事。旱，詔審錄中都路冤獄，多平反。

大安初，除博州防禦使，凡屬縣事應赴州者，不得泊於逆旅，以防吏姦，人便之。改山東東西路安撫副使，遷北京、臨潢等路按察轉運使，以本官爲行六部侍郎。劾奏監軍完顏訛出虛造功狀，訛出坐免官。詔以奎爲宣差都提控。貞祐初，以疾卒，謚莊肅。

烏林荅與本名合住，大名路納鄰必剌猛安人。充奉職、奉御、尚食局直長，兼頓舍。除監察御史，累官武勝軍節度使、北京按察轉運使、太子詹事、武衞軍都指揮使。貞祐二年，知東平府事，權宣撫副使。改西安軍節度使，入爲兵部尚書。上言：「按察轉運司拘榷錢穀，糾彈非違，此平時之治法。今四方兵動，民心未定，軍士動見刻削，乞權罷按察及勸農使。」又曰：「東平屯兵萬餘，可運濱鹽易糧餉給之。」又曰：「潼關及黃河津要，將校皆出卒伍，類庸懦不可用。乞選材武者代之。」又曰：「兗、曹、濮、濬諸郡皆可屯重兵，勅州縣官勸

民力穡，至於防秋，則淸野保城。」下尚書省，竟不施行。新制科買軍器材物稽緩者並的決，與奏：「有司必督責趣辦，民將不堪，可量罰月俸。」從之。坐前在陝州市物虧直，降鄭州防禦使。尋召爲拱衞直都指揮使，復爲兵部尚書。興定三年，卒。

郭俁字伯有，澤州人。大定二十二年進士，調長子主簿、萊州觀察判官、萊陽縣令，補尚書省令史，知管差除。除大理司直。丁母憂，起復太常博士、左司都事。御史臺舉俁及前應奉翰林文字張檝、吏部主事王質、刑部主事抹撚居中、通事舍人完顏合住、弘文校理把掃合、吏部架閣管勾烏古論和尚、尚書省令史溫迪罕思敬皆才幹可用。詔各升一等，遷除俁平陽府治中、張檝國子博士、王質昭義軍節度副使、抹撚居中大理司直、完顏合住侍儀司令、把掃合同知弘文院事、烏古論和尚利涉軍節度副使、溫迪罕思敬同知定武軍節度事。

久之，俁召爲同知登聞鼓院兼祕書丞，遷禮部郎中、滕州刺史、同知眞定府事。上言：「每季合注巡尉官，吏、刑兩部斟酌盜賊多寡處選注。」詔議行之。改中都、西京按察副使，遷國子祭酒。泰和六年，伐宋，充宣差山東安撫副使。七年，遷山東宣撫副使。大安元年，遷遼東按察轉運使，改中都路都轉運使、泰定軍節度使、陝西東路按察轉運使。貞祐三年，能按察司，仍充本路轉運使，行六部尚書。改河北西路轉運使，致仕。元光二年，卒。

溫迪罕達字子達，本名謀古魯，蓋州按春猛安人。性敦厚，寡言笑。初舉進士，廷試搜閱官易達藐小，謂之曰：「汝欲求作官邪？」達曰：「取人以才學，不以年貌。」衆咸異之。明昌五年，中第，調固安主簿。以憂去官，服除，調信州判官。丞相襄辟行省幕府。改順州刺史，補尚書省令史，除南京警巡使。居父喪，是時伐宋兵興，起復，給事行尚書省。大安初，遷德興府判官，再遷監察御史。宣宗遷汴，以本職護送衞士妻子。復被詔運大名粟，由御河抵通州，事集，遷一官，轉戶部員外郎、左司郎中。遇繼母憂，起復太常少卿，充陝西元帥府經歷官。

興定元年，召還，攝侍御史，上疏論伐宋，略曰：「天時向暑，士馬不利，宜俟秋涼，無不可者。」又曰：「遼東興王之地，移剌都不能守，走還南京。度今之勢，可令濮王守純行省蓋州，駐兵合思罕，以繫一方之心。昔祖宗封建諸王，錯峙相維，以定大業。今乃委諸疏外，非計也。」宣宗曰：「一子非所愛，但幼不更事，詎能辦此？」踰月，復上言：「天下輕重，係于宰相，邇來每令權攝，甚無謂也。今之將帥，謀者不能戰，戰者不能謀。今豈無其人，但用之未盡耳。」宣宗曰：「人才難知，故先試其稱否，卿何患焉。所謂用之未盡者爲誰？」對曰：「陝西統軍使把胡魯忠直幹略，知延安府古里甲石倫深沉有謀，能得士心，雖有微過，不足以累

大。」宰相高琪、高汝礪惡其言。俄充陝州行樞密院參議官。二年，召爲戶部侍郎。改刑部，兼左司諫，同知集賢院。改大理卿，兼越王傅。尋遷河南統軍使、昌武軍節度使，行六部，攝同簽樞密院，行院許州。改集慶軍節度使。

是時，東方荐饑，達上疏曰：「亳州戶舊六萬，今存者無十一，何以爲州？且今調發數倍于舊，乞量爲減免。」是歲大水，碭山下邑野無居民，轉運司方憂兵食，達謾聞二縣無主稻田且萬頃，收可數萬斛，卽具奏。朝廷大駭，詔戶部尚書高夔佩虎符專治其事，所獲無幾，夔坐累抵罪。達自念失奏，因感愧發病，尋卒。

王擴字充之，中山永平人。明昌五年進士，調鄧州錄事，潤色律令文字。[六]遷懷安令。猾吏張執中誣敗二令，擴到官，執中挈家避去。改徐州觀察判官，補尚書省令史，除同知德州防禦使事。被詔賑貸山東西路饑民，棣州尤甚，擴輒限數外給之。

泰和伐宋，山東盜賊起，被安撫使張萬公牒提控督捕。擴行章丘道中，遇一男子舉止不常，捕訊，果歷城大盜也。衆以爲有神。再遷監察御史，被詔詳讞冤獄。是時，凡鬬殺奏決者，章宗輒減死，由是中外斷獄，皆以出罪爲賢。擴謂同輩曰：「生者旣讞，地下之冤云何！」是時，置三司治財，擴上書曰：「大定間，曹望之爲戶部，財用殷阜，亦存乎人而已。今

三司職掌，皆戶部舊式，其官乃戶部之舊官，其吏亦戶部之舊吏，何愚於戶部而智於三司乎？」既而三司亦竟罷。張煒職辦西北路糧草者數年，失亡多，尚書省奏擴考按，會煒亦舉王謙自代，王謙發其姦蠹，擴按之無所假借。煒舊與擴厚，使人誘擴曰：「君不念同舍邪？」擴曰：「既奉詔，安得顧故人哉！」

大安中，同知橫海軍節度事，簽河東北路按察事。貞祐二年，上書陳河東守禦策，大概謂：「分軍守隘，兵散而不成軍。聚之隘內，軍合則勢重。饋餉一塗，以逸待勞，以主待客，此上策也。」又曰：「軍校猥衆，分例過優，萬戶一員，其費可給兵士三十人。本路三從宜，萬戶二百餘員，十羊九牧，類例可知。乞以千人爲一軍，擇望重者一人萬戶，〔七〕兩猛安、四謀克足以教閱約束矣，豈不簡易而省費哉。」又曰：「按察兼轉運，本欲假糾劾之權，以檢括錢穀。邇來軍興，糧道軍府得而制之。今太原、代、嵐三軍皆其州府長官，如令通掌資儲，則弊立革，按察之職舉矣。」又曰：「數免租稅，科糴益繁，民不爲恩，徒增廪給，教練無法，軍不足用。」書奏，不見省。

遷汴後，召爲戶部侍郎，遷南京路轉運使。太府監奏羊瘦不可供御。宣宗召擴詰問。擴奏曰：「官無羊，皆取於民，今民心未安，宜崇節儉。廷議肥瘠紛紛，非所以示聖德也。」宣宗首肯之。平章政事高琪閱尚食物，謂擴曰：「聖主焦勞萬機，賴膳羞以安養，臣子宜盡

心。」擴曰：「此自食監事，何勞宰相！」高琪默然，銜之。有司奪市人衣，以給往戍潼關軍士，京師大擾。擴白宰相，請三日造之。高琪怒不從。潼關已破，大元兵至近郊，遣擴行六部事，規辦潼關芻糧。偕戶部員外郎張好禮往商、虢，〔八〕過中牟不可進。高琪奏擴畏避，下吏論死。宣宗薄其責，削兩階，杖七十，張好禮削三階，杖六十。降爲遙授隴州防禦使，行六部侍郎，規辦秦、鞏軍食。踰月，權陝西東路轉運使，行六部尚書。致仕。興定三年，卒，謚剛毅。擴博學多才，梗直不容物，以是不振於時云。

移剌福僧，東北路烏連苦河猛安人。以廕補吏部令史，轉樞密院，調滕州軍事判官，歷甄官署直長、豳王府司馬、順義軍節度副使。部內世襲猛安木吞掠民婦女，藏之窟室，人頗聞之，無敢發其罪者。福僧請于節度使，願自效，既跡得其所在，率衆入索之，得婦女四十三人，木吞抵罪。徙橫海軍，轉同知開遠軍節度事，簽北京、臨潢按察事，興中治中，莫州刺史。上言「沿邊軍官私役軍人，邊防不治，及擾動等事，按察司專一體究，各路宜差提控嚴勒禁治」。詔尚書省行之。

大安初，改沃州，同知興中府事。福僧督民繕治城郭，浚濠爲禦守備，百姓頗怨。頃之，兵果至，攻其北城。福僧戰其北，使備其西，薄暮果攻其西，以有備乃解去。尋改廣寧。

崇慶元年秋，福僧被牒如鄰郡，大兵薄城，其子銅和尚率家奴拒戰，廣寧賴之以完。福僧還，悉放奴爲良，終不言子之功，識者多之。未幾，充遼東宣撫副使。歲大饑，福僧出沿海倉粟，先賑其民，而後奏之，優詔獎諭。至寧元年，除肇王傅兼吏部郎中。胡沙虎作難，福僧稱疾不出。宣宗封胡沙虎澤王，百官皆賀，福僧不往，胡沙虎欲摭而罪之。詔除福僧壽州防禦使。貞祐三年，遷山東西路按察轉運使。是歲按察司罷，仍充轉運使。久之，致仕。

興定二年十一月庚辰，宣宗御登賢門，召致仕官，兵部尚書完顏蒲剌都、戶部尚書廡貢、刑部尚書僕散偉、工部尚書奧屯扎里吉、翰林學士完顏孛迭、轉運使福僧、河東北路轉運使趙重福、沁南軍節度使猪奮、鎮南軍節度使石抹仲溫、泰定軍節度使李元輔、中衛尉完顏奴婢、原州刺史紇石烈孛吉賜食，訪問時政得失。福僧乃上書曰：「爲今之計，惟先招徠乣人。選擇乣人舊有宿望雄辨者，諭以恩信，彼若內附，然後中都可復，遼東可通。今西北多虞，而南鄙不敢撤戍，芻糧調度，仰給河南，賦役頻繁，民力疲弊。宜開宋人講和之端，撫定河朔，養兵蓄銳，策之上也。」又曰：「山東殘破，羣盜滿野，官軍既少，且無騎兵。若宋人資以糧餉，假以官爵，爲患愈大。當選才幹官充宜差招捕，以恩賞諭使復業。募其壯悍爲兵，亦致勝之一也。」又曰：「自承安用兵，軍中設監戰官，論議之間，動相矛盾，不懲其失，反

以爲法。若輩平居，皆選材勇自衞，一旦有急，驅疲懦出戰，寧不敗事？罷之爲便。」書奏，朝廷略施用焉。元光元年，卒。

贊曰：宣宗急於求賢，而使小人間之；悅於直言，而使邪說亂之。貞祐、興定之間，豈無其人哉。是故直言蔽於所惑，羣才詘於見忌耳。自納坦謀嘉以下，可考見焉。

奧屯忠孝字全道，本名牙哥，懿州胡土虎猛安人。幼孤，事母孝。中大定二十二年進士科，調蒲州司候。察廉，遷一官，除校書郎兼太子司經。三遷禮部員外郎。遷翰林待制，權戶部侍郎，佐參知政事胥持國治決河，以勞進一階。除河平軍節度使，兼都水監，遂疏七祖佛河及王村、周平、道口、雞爪、孫家港，復開東明、南陽岡、馬蹄、孫村諸河。忠孝常曰：「河之爲患，不免勞民。復壘石爲岸十餘里，民不勝其病矣。」改沁南軍，坐前在衞州勾集妨農軍借民錢不令償，〔九〕由是貧富不相假貸，軍民不相安，降寧海州刺史。改滑州，歷同知南京留守，遷定國軍節度使，復爲沁南軍。入爲太子少傅兼禮部尚書。

貞祐初，議降衞紹王，忠孝與蒲察思忠附胡沙虎議，語在思忠傳。頃之，拜參知政事。中都圍急，糧運道絕，詔忠孝搜括民間積粟，存兩月食用，悉令輸官，酬以銀鈔或僧道戒牒。

是時，知大興府事胥鼎計畫軍食，奏許人納粟買官，鼎已籍者忠孝再括之，〔一〇〕令百姓兩輸，欲爲己功。左諫議大夫張行信上疏論之曰：「民食止存兩月，而又奪之，使當絕食，不獨歸咎有司，而亦怨朝廷之不察也。」宣宗善行信言，命近臣與忠孝同審取焉。謂忠孝曰：「國家本欲得糧，今既得矣，姑從民便可也。」

頃之，行信復奏曰：「參政奧屯忠孝平生矯僞不近人情，急於功名，詭異要譽，慘刻害物，忍而不恤。勾當河防，河朔居民不勝其病。軍負民錢，抑不令償。東海欲用胡沙虎，舉朝皆曰不可，忠孝獨力薦。及胡沙虎作難，忠孝自謂有功。詔議東海爵號，忠孝請籍沒其子孫，及論特末也則云不當籍沒，其偏黨不公如此。無事之時，猶不容一相非才，況今多故，乃使此人與政，如社稷何！」宣宗曰：「朕初卽位，當以禮進退大臣，卿語其親知，諷之求去可也。」行信以語右司郎中把胡魯，把胡魯以宣宗意白忠孝，忠孝靦然不聽。頃之，罷爲太子太保，出知濟南府事，改知中山府。尋薨，年七十，謚惠敏。

蒲察思忠本名畏也，隆安路合懶合兀主猛安人。大定二十五年進士，調文德、滏陰主簿，國子助教，應奉翰林文字，太學博士，累遷涿州刺史、吏部郎中，遷潞王傅。被詔與翰林侍讀學士張行簡討論武成王廟配等列，思忠奏曰：「伏見武成王廟配享諸將，不以世代爲先。後按唐祀典，李靖、李勣居吳起、樂毅上。聖朝太祖以二千之衆，破百萬之師，太宗克宋，成此帝業，秦王宗翰、宋王宗望、婁室、谷神與前代之將，各以功德間列可也。」思忠論多矯飾，不盡錄，錄其頗有理者云。遷大理卿，兼左司諫，同修國史。

泰和六年，平章政事僕散揆宣撫河南，詔以備禦攻守之法，集百官議于尚書省。廷臣尚多異議，思忠曰：「宋人攻圍城邑，動至數千，不得爲小寇。但當選擇賢將，宜攻宜守，臨時制變，無不可者。」上以爲然。頃之，遷翰林侍講學士兼左諫議大夫，大理卿、同修國史如故。再閱月，兼知審官院正職，外兼四職自思忠始。宋人請和。賜銀五十兩、重綵十端。丁母憂，起復侍講學士，兼諫議、修史、知審官院，轉侍讀，兼兵部侍郎。

貞祐初，胡沙虎請廢衛紹王爲庶人，思忠與奧屯忠孝阿附胡沙虎，曰：「竊人之財，猶謂之盜，況偸天位以私己乎！」宣宗不從。頃之，遷太子太保兼侍讀、修國史。二年春，享于太廟，思忠攝太尉，醉毆禮直官，御史臺劾奏，降祕書監兼同修國史。頃之，遷翰林學士同修國史，卒。

紇石烈胡失門，上京路猛安人。明昌五年進士，累官補尚書省令史，除中都路支度判官，〔一一〕調河北東路都勾判官，累官翰林直學士、大理卿、右諫議大夫。興定二年，伐宋，充元帥左都監紇石烈牙吾塔參議官。牙吾塔至楚州，不待行省僕散安貞節制，輒進兵。宋人堅壁不出，野無所掠，軍士疲乏，餓死相望，直前至江而復。安貞劾奏之，牙吾塔坐不奉詔約，胡失門不矯正，特詔原之。改同知彰德府事。五遷吏部尚書。五年，拜御史大夫。元光元年，兼大司農。二年，薨，宣宗輟朝，百官致奠。

完顏寓本名訛出，西南路猛安人。大定二十八年進士，累調河東北路提刑司知事，改同知遼州軍州事，召爲國史院編修官，遷應奉翰林文字、南京路轉運副使。丁父憂，起復太府監丞，改吏部員外郎。大安初，除知登聞檢院，累遷右司郎中、翰林待制，兼侍御史。貞祐初，議衛紹王事，語在衛紹王紀。

中都圍急，詔於東華門置招賢所，內外士庶皆得言事，或不次除官，由是閭閻細民，往往衒鬻求售。王守信者，本一村夫，敢爲大言，以諸葛亮爲不知兵，寓薦于朝。詔署行軍都統，募市井無賴爲兵，敎閱進退跳擲，大概似童戲。其陣法大書「古今相對」四字於旗上，作黃布袍、緇巾、鐵牌各三十六事，牛頭響環六十四枚，欲以怖敵而走之，大率皆誕妄。因與其衆出城，殺百姓之樵採者以爲功。賈耐兒者，本岐路小說人，俚語詼嘲以取衣食，製運糧車千兩。是時材木甚艱，所費浩大，觀者皆竊笑之。草澤李棟在衛紹王時嘗事司天監李天惠，依附天文，假託占卜，趨走貴臣，俱爲司天官。棟嘗密奏白氣貫紫微，主京師兵亂，幸不貫徹，得不成禍。既而高琪殺胡沙虎，宣宗愈益信之。

左諫議大夫張行信奏曰：「狂子庸流，猥蒙拔擢，參預機務，甚無謂也。司天之官，占見天象，據經陳奏，使人主飭己修政，轉禍爲福。如有天象，乞令諸監官公同陳奏，所見或異，則各以狀聞，不宜偏聽也。」上召行信與寓面計守信事，〔一二〕復與近侍就決于高琪。高琪言守信不可用，上乃以行信之言爲然。

頃之，寓遷禮部侍郎，改東京副留守、隴州防禦使，遷安化軍節度使，兼山東路統軍副使。興定元年四月，詔寓以本官權元帥左都監，行元帥府事，和輯苗道潤、移剌鐵哥軍事，語在道潤傳。十二月，密州破，寓爲亂軍所殺。

斡勒合打，蓋州本得山猛安人。以蔭補官，充親軍，調山陰尉。〔一三〕縣當兵衝，合打率土豪官兵身先行陣。貞祐初，以功遷本縣令。縣升爲忠州，合打充刺史。州被兵久，耕桑俱廢，詔徙其民于太和嶺南。合打遙授同知太原府事，仍領其衆。俄以本官遙授彰國軍節度使，權河東北路宣撫副使，督糧餉往代州。合打不欲行，因與宣撫使完顏伯嘉爭辨。合打恐伯嘉奏聞，乃先奏伯嘉辱己。御史臺廉得其事，未及奏，伯嘉、合打皆改遷。合打改武寧軍節度使。數月，召爲勸農使。久之，爲金安軍節度使。興定元年，復爲勸農使，歷知河間府，權元帥右都監，行元帥府事，駐兵蔡、息間。權同簽樞密院事，守河清，改知歸德府事。合打屢守邊要，無他將略，雖未嘗敗北，亦無大功。元光元年，卒。

蒲察移剌都，東京猛安人。父吾迭，太子太傅致仕。移剌都勇健多力，充護衞十人長，調同知秦州防禦使事、武衞軍鈐轄，以憂去官。起復武器署令。從軍，兵潰被執。貞祐二年，與降兵萬餘人俱脫歸。遷隆安府治中，賜銀百兩、重幣六端，遙授信州刺史。有功，遷蒲與路節度使兼同知上京留守事，進三階，改知隆安府事。逾年，充遼東、上京等路宣撫使兼左副元帥。再閱月，就拜尚書右丞。

移剌都與上京行省蒲察五斤爭權，及賣隆安戰馬，擅造銀牌，睚眦殺人，已而矯稱宣召，棄隆安赴南京，宣宗皆釋不問。除知河南府事，俄改元帥左監軍，權左副元帥，充陝西行省參議官。無何，兼陝西路統軍使。興定二年四月，改簽樞密院事，權右副元帥，行樞密院於鄧州。御史臺奏移剌都在軍中，買沙覆道，盜用官銀，矯制收禁書，指斥鑾輿，使親軍守門，護衞押宿，擬前後衞仗，婢妾效內人粧飾等數事。詔吏部尚書阿不罕斜不失鞫之，坐是誅。

贊曰：讀金史，至張行信論奧屯忠孝事，曰：嗟乎，宣宗之不足與有爲也如此！夫進退宰執，豈無其道也哉！語其親知，諷之求去，豈禮邪？是故奧屯忠孝、蒲察思忠之黨比，紇石烈胡失門之疲衆，完顏寓之輕信誤國，斡勒合打之詆訟上官，於是曾不之罪，失政刑矣，豈小懲大誡之道哉！

校勘記

〔一〕興定元年潼關失守 按本書卷九九李革傳，貞祐四年拜參知政事，「是歲大元兵破潼關」。又卷一〇一僕散端傳，貞祐四年，「大元兵入潼關」。卷一〇三完顏仲元傳，貞祐四年十月「潼關失守」。皆記潼關失守在貞祐四年，與此不同。

〔二〕貞祐二年 原脫「貞祐」二字。按至寧無二年。本書卷一四宣宗紀，貞祐三年五月庚申，中都破，「知大興府事高霖皆及於難」。知此當是貞祐二年。今據補。

〔三〕改都轉運司支度判官 「支度」原作「度支」。按本書卷五七百官志，「都轉運司，支度判官二員，從六品，掌勾判、分判支度案事」。今據乙正。

〔四〕遼東契丹判余里也嘗殺驛使大理司直 按「判」下疑脫「官」字。

〔五〕其一曰親民之寄 按此句文義不完，疑「曰」下當有「縣令佐」等字。

〔六〕調鄧州錄事潤色律令文字 按元遺山集卷一八嘉議大夫陝西東路轉運使剛敏王公神道碑銘敍此事云，「明昌五年甲科，釋褐鄧州錄事，朝廷更定律令，留公不遣」。是擴因潤色律令，留朝未赴鄧州任。此處有脫文，致文義不明。

〔七〕擇望重者一人萬戶 按疑「人」下脫「爲」字。

〔八〕借戶部員外郎張好禮往商虢 原脫「借」字，據文義補。

〔九〕坐前在衞州勾集妨農軍借民錢不令償 按「妨農軍」之名僅此一見。上文云，「除河平軍節度使，兼都水監」，遂疏通黃河諸道。下文亦云，「參政奧屯忠孝……勾當河防，河朔居民不勝其病。軍負民錢，抑不令償」。考本書卷二七河渠志，河防有「河防軍」，卷八世宗紀亦有「詔增河防軍數」語。疑「妨農軍」或爲「河防軍」之誤，或當作「勾集河防軍妨農事」。

〔一〇〕鼎巳籍者忠孝再括之 「孝」原作「存」，據永樂大典卷三五八七引文改。

〔一一〕除中都路支度判官 「支度」原作「度支」，今改。參見本卷校記〔三〕。

〔一二〕上召行信與寓面計守信事 「計」原作「訂」，據文義改。

〔一三〕調山陰尉 「山陰」原作「陰山」。按本書卷二四地理志，西京路應州有山陰縣。「貞祐二年五月，陞爲忠州」。今據乙正。

金史卷一百五

列傳第四十三

程宋　任熊祥　孔璠子拯　范拱　張用直　劉樞　王翛

楊伯雄兄伯淵　蕭貢　溫迪罕締達　張翰　任天寵

程宋字公弼，燕之析津人。祖冀，仕遼廣德軍節度使。冀凡六男，父子皆擢科第，士族號其家爲「程一舉」。冀次子四穆，遼崇義軍節度使。宋，四穆之季子也。自幼如成人。及冠，篤學，中進士甲科，累遷殿中丞。天輔七年，太祖入燕，授尚書都官員外郎、錦州安昌令，累加起居郎，爲史館修撰，以從軍有勞，加少府少監。

熙宗時，歷翰林待制，兼右諫議大夫。宋上疏言事，其略曰：「殿前點檢司，古殿巖環衞

之任，所以肅禁籞、尊天子、備不虞也。臣幸得近清光，從天子觀時畋之禮。比見陛下校獵，凡羽衞從臣無貴賤皆得執弓矢馳逐，而聖駕崎嶇沙礫之地，加之林木叢欝，易以迷失。是日自卯及申，百官始出沙漠，獨不知車駕何在。瞻望久之，始有騎來報，皇帝從數騎已至行在。竊惟古天子出入警蹕，淸道而行。至於楚畋雲夢，漢獵長楊，皆大陳兵衞，以備非常。陛下膺祖宗付託之重，奈何獨與數騎出入林麓沙漠之中，前無斥候，後無羽衞，甚非肅禁籞之意也。臣願陛下熟計之。後若復獵，當預戒有司，圖上獵地，具其可否，然後下令淸道而行。擇衞要稍平之地，爲駐蹕之所，簡忠義爪牙之士，統以親信腹心之臣，警衞左右。仍先遣搜閱林藪，明立標幟，爲出入之馳道。不然，後恐貽宗廟社稷之憂。」

又曰：「臣伏讀唐史，追尊高祖以下，諡號或加至十八字。前宋大中祥符間亦加至十六字，亡遼因之，近陛下亦受『崇天體道欽明文武聖德』十字。臣竊謂人臣以歸美報上爲忠，天子以追崇祖考爲孝。太祖武元皇帝受命開基，八年之間，奄有天下，功德茂盛，振古無前，止諡『武元』二字，理或未安，何以示將來？臣願詔有司定議諡號，庶幾上慰祖宗在天之靈，使耿光丕烈，傳于無窮。」

又曰：「古者天子皆有巡狩，無非事者。或省察風俗，或審理冤獄，或問民疾苦，以布宣

德澤，皆巡狩之名也。國家肇興，誠恐郡國新民，逐末棄本，習舊染之汙，奢侈詐僞，或有不明之獄，僭濫之刑，或力役無時，四民失業。今鑾輅省方，將憲古行事，臣願天心洞照，委之長貳，釐正風俗，或置匭匣，以申冤枉，或遣使郡國，問民無告，皆古巡狩之事。昔漢昭帝問疾苦，光武求民瘼，如此則和氣通，天下丕平可坐而待也。」

又曰：「臣聞，善醫者不視他人之肥瘠，察其脈之病否而已。善計天下者不視天下之安危，察其紀綱理否而已。天下者人也，安危者肥瘠也，紀綱者脈也，脈不病雖瘠不害，脈病而肥者危矣。是故，四肢雖無故，不足恃也，脈而已矣。天下雖無事，不足矜也，綱紀而已矣。尚書省，天子喉舌之官，綱紀在焉。臣願詔尚書省，戒勵百官，各揚其職，以立綱紀。如吏部天官以進賢、退不肖爲任，誠使升黜有科，任得其人，則綱紀理而民受其賜，前代興替，未始不由此者。」

又曰：「虞舜不告而娶二妃。〔一〕帝嚳娶四妃，法天之四星。周文王一后、三夫人，嬪御有數。選求淑媛以充後宮，帝王之制也。然女無美惡，入宮見妬，陛下欲廣嗣續，不可不知而告戒之。」

又曰：「臣伏見本朝富有四海，禮樂制度，莫不一新。宮禁之制，尚未嚴密，胥吏健卒之輩，皆得出入，莫有呵止，至淆混而無別。雖有闌入之法，久尚未行，甚非嚴禁衞、明法令之

意，陛下不可不知而必行。」

疏奏，上嘉納之，於是始命有司議增上太祖尊諡。〔二〕皇統八年十二月，由翰林侍講學士爲橫海軍節度使，移彰德軍節度使。卒官，年六十二。宋剛直耿介，不諂奉權貴以希苟進，有古君子之風云。

任熊祥字子仁。八代祖圜，爲後唐宰相。圜孫睿，隨石晉北遷，遂爲燕人。熊祥登遼天慶八年進士第，爲樞密院令史。太祖平燕，以其地畀宋，熊祥至汴，授武當丞。宋法，新附官不釐務，熊祥言於郡守楊晳曰：「既不與事，請止給半俸以養親。」晳雖不許，而喜其廉。

金人取均、房州，熊祥歸朝，復爲樞密院令史。時西京留守高慶裔攝院事，無敢忤其意者，熊祥未嘗阿意事之。其後杜充、劉筈同知燕京行省，法制未一，日有異論，熊祥爲折衷之。歷深、磁州刺史，開封少尹，行臺工部郎中，同知汴京留守事。天德初，爲山東東路轉運使，改鎭西軍節度使。是時，詔徐文、張弘信討東海縣，弘信逗遛，稱疾不進，決杖二百。熊祥被詔爲會試主文，以「事不避難臣之職」爲賦題。及御試，〔三〕熊祥復以「賞罰之令信如四時」爲賦題，海陵大喜，以爲翰林侍讀學士。

大定初，起爲太子少師。時契丹賊窩斡竊號，北鄙用兵未息，上以爲憂，詔公卿百官議所以招伐之宜。衆皆異議，熊祥徐進曰：「陛下以勞民爲憂，用兵爲重，莫若以恩信招懷之。」上問：「孰可使者？」對曰：「臣雖老，憑國威靈，尚堪一行。」上曰：「卿老矣，無煩爲此。」七年，復致仕。熊祥事母以孝聞，母沒時，熊祥年已七十，不食三日，人皆稱之。卒于家。

孔璠字文老，至聖文宣王四十九代孫，故宋朝奉郎襲封端友弟端操之子。齊阜昌三年補迪功郎，襲封衍聖公，主管祀事。天會十五年，齊國廢。熙宗卽位，興制度禮樂，立孔子廟於上京。天眷三年，詔求孔子後，加璠承奉郎，襲封衍聖公，奉祀事。是時，熙宗頗讀論語、尚書、春秋左氏傳及諸史、通曆、唐律，乙夜乃罷。皇統元年三月戊午，上謁奠孔子廟，〔四〕北面再拜，顧謂侍臣曰：「朕幼年游佚，不知志學，歲月逾邁，深以爲悔。大凡爲善，不可不勉，孔子雖無位，其道可尊，萬世高仰如此。」皇統三年，璠卒。〔五〕子拯襲封，加文林郎。

拯字元濟。天德二年，定襲封衍聖公俸格，有加于常品。是歲立國子監，久之，加拯承

直郎。大定元年，卒。弟總襲封，加文林郎。

總字元會。大定二十年，召總至京師，欲與之官。尚書省奏：「總主先聖祀事，若加任使，守奉有闕。」上曰：「然。」乃授曲阜縣令。明昌元年，卒。子元措襲封，加文林郎。

元措字夢得。三年四月詔曰：「衍聖公視四品，階止八品，不稱。可超遷中議大夫，永著于令。」四年八月丁未，章宗行釋奠禮，北面再拜，親王、百官、六學生員陪位。承安二年正月，詔元措兼曲阜縣令，仍世襲。元措歷事宣宗、哀宗，後歸大元終焉。

四十八代端甫者，明昌初，學士党懷英薦其年德俱高，讀書樂道，該通古學。召至京師，特賜王澤榜及第，除將仕郎、小學教授，以主簿半俸致仕。〔六〕

范拱字清叔，濟南人。九歲能屬文，深於易學。宋末，登進士第，調廣濟軍曹，權邦彥辟爲書記，攝學事。劉豫鎭東平，〔七〕拱撰謁廟文，豫奇之，深加賞識。拱獻六箴。齊國建，累擢中書舍人。上初政錄十五篇：一曰得民，二曰命將，三曰簡禮，四曰納諫，五曰遠圖，六曰治亂，七曰舉賢，八曰守令，九曰延問，十曰畏愼，十一曰節祥瑞，十二曰戒雷同，十三曰用人，十四曰御將，十五曰御軍。豫納其說而不能盡用也。久之，權尚書右丞，進左丞，兼門下侍郎。

豫以什一稅民，名爲古法，其實裒斂，而刑法嚴急，吏夤緣爲暴。民久罹兵革，益窮困，陷罪者衆，境內苦之。右丞相張孝純及拱兄侍郎巽，極言其弊，請仍因履畝之法，豫不從。巽坐貶官，自是無復敢言者。拱曰：「吾言之則爲黨兄，不言則百姓困弊。吾執政也，寧爲百姓言之。」乃上疏，其大略以爲「國家懲亡宋重斂弊，什一稅民，本務優恤，官吏奉行太急，驅民犯禁，非長久計也」。豫雖未卽從，而亦不加譴。拱令刑部條上諸路以稅抵罪者凡千餘人，豫見其多，乃更爲五等稅法，民猶以爲重也。

齊廢，梁王宗弼領行臺省事，拱爲官屬。宗弼訪求百姓利病，拱以減稅爲請，宗弼從之，減舊三分之一，民始蘇息。拱愼許可，而推轂士，〔八〕李南、張輔、劉長言皆拱薦也。長言自汝州郟城酒監擢省郎，人不知其所以進，拱亦不自言也。以久病乞近郡，除淄州刺史。皇統四年，以疾求退，以通議大夫致仕。齋居讀書，罕對妻子。

世宗在濟南聞其名。大定初，拱上封事。七年，召赴闕，除太常卿。議郊祀。或有言前代都長安及汴、洛，以太、華等山列爲五岳，今旣都燕，當別議五岳名。寺僚取崧高疏「周都豐鎬，以吳嶽爲西岳」。拱以爲非是，議略曰：「軒轅居上谷，在恒山之西，舜居蒲坂，在華

山之北。以此言之，未嘗據所都而改岳祀也。」後遂不改。拱嘗言：「禮官當守禮，法官當守法，若漢張釋之可謂能守法矣。」故其議論確然不可移奪。九年，復致仕，卒于家，年七十四。

張用直，臨潢人。少以學行稱。遼王宗幹聞之，延置門下，海陵與其兄充皆從之學。天眷二年，以教宗子賜進士及第，除禮部郎中。皇統四年，爲宣徽判官，歷橫海軍節度副使，改寧州刺史。海陵卽位，召爲簽書徽政院事、〔九〕太常卿、太子詹事。海陵嘗謂用直曰：「朕雖不能博通經史，亦粗有所聞，皆卿平昔輔導之力。太子方就學，宜善導之。朕父子並受卿學，亦儒者之榮也。」爲賀宋國正旦使，卒于汴。海陵深悼惜之，遣使迎護其喪，官給道途費。喪至，親臨奠，賜錢千萬。其養子始七歲，特受武義將軍。

劉樞字居中，通州三河人。少以良家子從軍，屯河間。同輩皆騎射，獨樞刻意經史。登天眷二年進士，調唐山主簿。改飛狐令，蔚州刺史恃功貪汙無所顧忌，屬邑皆厭苦之，樞

一無所應，乃摭以他事繫獄，將致之死。郡人有憐樞者，導樞脫走，訴於朝。會廉察使至，守倅而下皆抵罪廢，獨樞治狀入優等，躐遷奉直大夫。張浩營建燕京宮室，選樞分治工役。遷尚書刑部員外郎，鞫治太原尹徒單阿里出虎反狀，〔一〇〕旬日獄具。轉工部郎中，進本部侍郎。正隆末，從軍還自江上。大定初，與左司郎中王蔚、右司員外郎王全俱出補外，樞爲南京路轉運使事。

初，世宗欲復用樞等，御史臺奏：「樞等在正隆時皆以巧進，敗法蠹政，人多怨嫉之。」上以樞等頗幹濟，猶用之，戒之曰：「能悛心改過，必加升擢。不然，則斥汝等矣。」是時，阿勒根彥忠爲南京都轉運使，不閑吏事，故用樞以佐之。遷山東路轉運使，改中都路轉運使。大定四年，卒于官。

王翛字翛然，涿州人也。登皇統二年進士第，由尚書省令史除同知霸州事。累遷刑部員外郎，坐請囑故人姦罪，杖四十，降授泰定軍節度副使。四遷大興府治中，授戶部侍郎。世宗謂宰臣曰：「王翛前爲外官，聞有剛直名。今聞專務出罪爲陰德，事多非理從輕。又巧倖偷安，若果剛直，則當忘身以爲國，履正以無偏，何必賣法以徼福耶？」尋命賑濟密雲等三

十六縣猛安人戶，冒請粟三萬餘石，爲尚書省奏奪官一階，出爲同知北京留守事。上曰：「人多言王翛能官，以朕觀之，凡事不肯盡力，直一老姦耳。」二十四年，遷遼東路轉運使。歲餘，改顯德軍節度使。以前任轉運使拽辱倉使王祺致死，追兩官解職，勑杖七十，降授鄜州防禦使。

章宗卽位，擢同知大興府事。審錄官奏，翛前任顯德潔廉剛直，軍吏斂迹，無訟獄。遷禮部尚書，兼大理卿。使宋還，會改葬太師廣平郡王徒單貞。貞，章宗母孝懿皇后父也。帝欲用前代故事，班劍、鼓吹、羽葆等儀衞。宰臣以貞與弑熙宗誅死，意難之。於是，詔下禮官議。翛言：「晉葬丞相王導，給前後羽葆、鼓吹、武賁、班劍百人。唐以來，大駕鹵簿有班劍，其王公以下鹵簿並無班劍，兼羽葆非臣下所宜用，國朝葬大臣亦無之。」上先知唐葬大臣李靖等皆用班劍、羽葆，怒曰：「典故所無，固可從，然用之亦不過禮。」一日，詔翛及諫議大夫兼禮部侍郎張暐詣殿門，諭之曰：「朝廷之事，汝諫官、禮官卽當辯析。且小民言可採，朕尚從之，況卿等乎？自今議事，毋但附合尚書省。」

明昌二年，改知大興府事。時僧徒多游貴戚門，翛惡之，乃禁僧午後不得出寺。嘗一僧犯禁，皇姑大長公主爲請，翛曰：「奉主命，卽令出之。」立召僧，杖一百死，京師肅然。後坐故出人罪，復削官解職。明年，特授定海軍節度使。諭旨曰：「卿賦性太剛，率意行事，乃

自陷於刑。若殿年降敍，念卿入仕久，頗有執持，故特起於罪譴之中，授以見職。且彼歲歉民飢，盜賊多，須用舊人鎭撫，庶得安治。勉盡乃心，以圖後效。」未幾，表乞致仕。上曰：「翛能幹者，得力爲多。」不許。復申請，從之。泰和七年，卒，年七十五。

翛性剛嚴，臨事果決，吏民憚其威，雖豪右不敢犯。承安間，知大興府事闕，詔諭宰臣曰：「可選極有風力如王翛輩者用之。」其爲上所知如此。

楊伯雄字希雲，眞定藁城人。八世祖彥稠，後唐清泰中爲定州兵馬使。後隨晉主北遷，〔一一〕遂居臨潢。父丘行，太子左衞率府率。

伯雄登皇統二年進士，海陵留守中京，丘行在幕府，伯雄來省覲，海陵見之，深加器重。久之，調韓州軍事判官。有二盜詐稱買販，逆旅主人見欺，至州署陳訴，實欲刼取伯雄，伯雄心覺其詐，執而詰之，幷獲其黨十餘人，一郡駭服。遷應奉翰林文字。是時，海陵執政，自以舊知伯雄，屬之使時時至其第，伯雄諾之而不往也。日，海陵怪問之，對曰：「君子受知於人當以禮進，附麗奔走，非素志也。」由是愈厚待之。海陵篡立，數月，遷右補闕，改修起居注。海陵銳於求治，講論每至夜分，嘗問曰：「人

君治天下其道何貴？」對曰：「貴靜。」海陵默然。明日，復謂曰：「我遷諸部猛安分屯邊戍，前夕之對豈指是爲非靜邪？」對曰：「徙兵分屯，使南北相維，長策也。所謂靜者，乃不擾之耳。」乙夜，復問鬼神事。伯雄進曰：「漢文帝召見賈生，夜半前席，不問百姓而問鬼神，後世頗譏之。陛下不以臣愚陋，幸及天下大計，鬼神之事未之學也。」海陵曰：「但言之，以釋永夜倦思。」伯雄不得已，乃曰：「臣家有一卷書，記人死復生，或問冥官何以免罪，答曰，汝置一曆，白日所爲，暮夜書之，不可書者是不可爲也。」海陵爲之改容。夏日，海陵登瑞雲樓納涼，命伯雄賦詩，其卒章云：「六月不知蒸鬱到，清涼會與萬方同。」海陵忻然，以示左右曰：「伯雄出語不忘規戒，爲人臣當如是矣。」再遷兵部員外郎。丁父憂，起復翰林待制，兼修起居注。遷直學士，再遷右諫議大夫，兼著作郎，修起居注如故。

皇子愼思阿不薨，伯雄坐與同直者竊議被責，語在海陵諸子傳。海陵議征江南，伯雄奏：「晉武平吳皆命將帥，何勞親總戎律？」不聽。乃落起居注，不復召見。

大定初，除大興少尹，丁母憂。顯宗爲皇太子，選東宮官屬，張浩薦伯雄，起復少詹事，兄子蟠爲左贊善，言聽諫從，時論榮之。集古太子賢不肖爲書，號瑤山往鑒，進之。及進羽獵、保成等箴，皆見嘉納。復爲左諫議大夫、翰林直學士。會太子詹事闕，宰相復舉伯雄。上曰：「伯雄不可去朕左右，而東宮亦須輔導。」遂以太子詹事兼諫議。

六年，上幸西京，欲因往涼陘避暑，伯雄率衆諫官入諫。上曰：「朕徐思之。」伯雄言之不已，同列皆引退，久之乃起。是年，至涼陘，徼巡果有疏虞。上思伯雄之言，及還，遷禮部尚書，謂近臣曰：「羣臣有幹局者衆矣，如伯雄忠實，皆莫及也。」上謂伯雄曰：「龍逢、比干皆以忠諫而死，使遇明君，豈有是哉！」伯雄對曰：「魏徵願爲良臣，正謂遇明君耳。」因顧謂宰相曰：〔一二〕「書曰『汝無面從，退有後言』。朕與卿等共治天下，事有可否，〔一三〕卽當面陳。卿等致位卿相，正行道揚名之時，偸安自便，徼倖一時，如後世何？」羣臣皆稱萬歲。

十二年，改沁南軍節度使，召爲翰林學士承旨。丞相石琚致仕，上問：「誰可代卿者？」琚對曰：「伯雄可。」時論以琚舉得其人。復權詹事，伯雄知無不言，匡救弘多。後宮僚有詭隨者，人必稱楊詹事以愧之。除定武軍節度使，改平陽尹。先是，張浩治平陽，有惠政，及伯雄爲尹，百姓稱之，曰：「前有張，後有楊。」徙河中尹。卒，年六十五。謚莊獻。弟伯傑、伯仁，族兄伯淵。

伯淵字宗之。父丘文，遼中書舍人。伯淵早孤，事母以孝聞，疏財好施，喜收古書。天會初，以名家子補尙書省令史。十四年，賜進士第，歷吏、禮二部主事，御前承應文字，秩滿，除同知永定軍節度使事。召爲司計郎中。知平定軍，用廉，遷平州路轉運使。知泰安

軍，有惠政，百姓刻石紀其事。四遷山東東路轉運使。正隆末，羣盜蠭起，州郡往往罹害，獨濟南賴伯淵保全。大定三年，致仕，卒于家。

蕭貢字眞卿，京兆咸陽人。大定二十二年進士，調鎭戎州判官，涇陽令，涇州觀察判官。補尙書省令史。舊例，試補兩月，乃補用。貢至數日，執政以爲能，卽用之。擢監察御史。提刑司奏涇州有美政，遷北京轉運副使。親老，歸養。

左丞董師中、右丞楊伯通薦其文學，除翰林修撰。上書論「比年之弊，人才不以器識、操履，巧于案牘，不涉吏議者爲工。用人不務因才授官，惟泥資敍。名器不務愼與，人多僥倖。守令不務才實，民罹其害。伏望擢眞才以振澆俗，核功能以理職業，愼名器以抑僥倖，重守令以厚邦本。然後政化可行，百事可舉矣」。詔詞臣作唐用董重質誅郭誼得失論，貢爲第一，賜重幣四端。貢論時政五弊，言路四難，詞意切至，改治書侍御史。丁父憂，起復，改右司員外郎，尋轉郎中，遷國子祭酒，兼太常少卿，與陳大任刊修遼史。改刑部侍郎，歷同知大興府事、德州防禦使，三遷河東北路按察轉運使。

大安末，改彰德軍節度使。坐兵興不能守城，亡失百姓，降同知通遠軍節度事。未幾，改靜難軍節度使，歷河東北路、南京路轉運使、御史中丞、戶部尙書。南京戒嚴，坐乏軍儲，詔釋不問。興定元年，致仕。元光二年，卒，謚文簡。貢好學，讀書至老不倦，有注史記一百卷。

溫迪罕締達，該習經史，以女直字出身，累官國史院編修官。初，丞相希尹制女直字，設學校，使訛離剌等教之。其後學者漸盛，轉習經史，故納合椿年、紇石烈良弼皆由此致位宰相。締達最號精深。大定十二年，詔締達所教生員習作詩、策，若有文采，量才任使，其自願從學者聽。十三年，設女直進士科。是歲，徒單鎰等二十七人登第。十五年，締達遷著作佐郎，與編修官宗璧、尙書省譯史阿魯、吏部令史張克忠譯解經書。〔一四〕累遷祕書丞。

十九年，改左贊善，以母老求養。顯宗使內直丞六斤謂締達曰：「贊善，初未除此官，天子謂孤曰：『朕得一出倫之才，學問該貫，當令輔汝德義。』旣數日，贊善除此官。自謂親炙德義，不勝其喜。未可去也，勿難于懷。」久之，轉翰林待制，卒。明昌五年，贈翰林學士承旨，謚文成。

子二十，章宗卽位，以爲符寶典書，累官左諫議大夫。貞祐四年，上疏，略曰：「今邊備未撤，征調不休，州縣長吏不知愛養其民，督責徵科，鞭笞逼迫，急於星火，文移重複，不勝其弊，宜勅有司務從簡易。兵興以來，忠臣烈士，孝子順孫，義夫節婦，湮沒無聞者甚衆，乞遣史官一員，廣爲采訪，以議褒嘉。」興定元年，遷武勝軍節度使，〔一五〕改吏部尙書，知開封府。坐縱軍人家屬出城，當杖，詔解職。四年，復知開封府，復坐以事屬警巡使完顏金僧奴，降爲鄭州防禦使。未幾，復爲知開封府事。

張翰字林卿，忻州秀容人。大定二十八年進士，調隰州軍事判官。有誣昆弟三人爲盜者，翰徼行廉得其狀，白于州釋之。歷東勝、義豐、會川令，補尙書省令史，除戶部主事，遷監察御史。丁母憂，服闋，調山東路鹽使。丁父憂，起復尙書省都事、戶部員外郎。大安間，平章政事獨吉思忠、參知政事承裕行省戍邊，〔一六〕翰充左右司郎中，論議不相協。處置乖方，翰屢爭之不見省。承裕就逮，衞紹王知翰嘗有言，召見撫慰之。改知登聞鼓院，兼前職，遷侍御史。貞祐初，爲翰林直學士，充元帥府經歷官。中都戒嚴，調度方殷，改戶部侍郎。

宣宗遷汴，翰規措扈從糧草至眞定，上書言五事：「一曰强本，謂當裒兵徒、徙豪民，以實南京。二曰足用，謂當按蔡、汴舊渠以通漕運。三曰防亂，謂當就集義軍假之官印，使相統攝，以安反側。四曰省事，謂縣邑不能自立者宜稍併之，旣以省官，且易於備盜。五曰推恩，謂當推恩以示天子所在稱幸之意。」上略施行之。

翰雅有治劇才，所至輒辦。遷河平軍節度使、都水監、提控軍馬使，俄改戶部尚書。是時，初至南京，庶事草略，翰經度區處皆有條理。是歲卒，謚達義。

任天寵字清叔，曹州定陶人也。明昌二年進士，調考城主簿，再遷威戎縣令。縣故堡寨，無文廟學舍，天寵以廢署建。有兄弟訟田者，天寵諭以理義，委曲周至，皆感泣而去。調泰定軍節度判官。丁父憂，服闋，調崇義軍節度判官。補尙書省令史、右三部檢法司正，遷監察御史。改右司都事，遷員外郞。改左司諫，轉左司郞中，遷國子祭酒。貞祐初，轉祕書監兼吏部侍郞，改中都路都轉運使。時京師戒嚴，糧運艱阻，天寵悉力營辦，曲盡勞瘁，出家貲以濟飢者，全活甚衆。監察御史高夔、劉元規舉天寵二十人公勤明敏，有材幹，可安集百姓。遷戶部尙書。三年，中都不守，天寵繼走南京，中道遇兵，死之。

謚純肅。

贊曰：程宋、任熊祥，遼之進士，孔璠、范拱事宋、事齊，太祖皆見禮遇，〔一七〕而金之文治日以盛矣。張用直，海陵父子並列舊學。〔一八〕劉樞之練達，王翛之强敏於事，楊伯雄之善諷諫、工辭藻，蕭貢、溫迪罕締達之文藝適時，之數人者迭用於正隆、大定、明昌之間。張翰、任天寵之經理調度，宣宗南遷，猶賴其用焉。金源氏百餘年所以培植人才而獲其效者，於斯可概見矣。

校勘記

〔一〕又曰虞舜不告而娶二妃　原脫「又曰」二字，今依上下文例補。

〔二〕於是始命有司議增上太祖尊謚　「增」原作「贈」，據文義改。

〔三〕及御試　「試」原誤作「題」。按本書卷五一選舉志，「海陵庶人天德二年，始增殿試之制」，又「自來御試賦題皆士人嘗擬作者」，「經義進士御試第二場」，「遂定御試同日各試本業」，屢見「御試」一詞。今據改。

〔四〕皇統元年三月戊午上謁奠孔子廟　按大金集禮卷三六宣聖廟祀儀作「皇統元年二月戊子日，帝詣文宣王廟奠祭」。考本書卷三五禮志云，「歲春秋仲月上丁日釋奠于文宣王」。則作二月是。

〔五〕皇統三年璠卒　按本書卷四熙宗紀作皇統二年正月，「壬子，衍聖公孔璠薨」。

〔六〕以主簿半俸致仕　原脫「半」字，「俸」作「奉」。按本書卷一〇章宗紀，明昌四年三月「丙子，特賜有司孔端甫及第，命食主簿半俸致事」。今據改。

〔七〕劉豫鎭東平　原脫「平」字。按本書卷七七劉豫傳，「撻懶攻濟南……豫遂殺關勝出降，遂爲京東東西淮南安撫使，知東平府」。又同卷撻懶傳，「劉豫以濟南府降，詔以豫爲安撫使，治東平」。今據補。

〔八〕而推轂士　據文義疑「士」下當有「類」字。

〔九〕召爲簽書徽政院事　按金無「徽政院」。本書卷五六百官志，「宣徽院：同簽宣徽院事，正五品」。且本卷上文用直嘗「爲宣徽判官」，故疑「徽政院」爲「宣徽院」之誤。

〔一〇〕鞫治太原尹徒單阿里出虎反狀　「阿里出虎」原作「阿里虎出」。按本書卷一三二徒單阿里出虎傳記此事云，「起復爲太原尹。……王乞以謂當有天命，阿里出虎喜，以王乞語告鼎，鼎上變，阿里出虎伏誅」。今據乙正。

〔一一〕後隨晉主北遷　「遷」原作「還」，據文義改。

〔一二〕因顧謂宰相曰　按「相」殿本作「臣」。

〔一三〕事有可否　「事有」原作「有事」。按本書卷六世宗紀，大定八年正月，記此作「事有不可」。今據乙正。

〔一四〕吏部令史張克忠譯解經書　按本書卷九九徒單鎰傳記此事作「吏部令史楊克忠譯解」。

〔一五〕遷武勝軍節度使　「軍」原作「州」。按本書卷二五地理志，「鄧州，武勝軍節度使」。今據改。

〔一六〕大安間平章政事獨吉思忠參知政事承裕行省戍邊　原脫「戍邊」二字，文義不明。按本書卷九三承裕傳，大安三年，「拜參知政事，與平章政事獨吉思忠行省戍邊，烏沙堡之役不爲備，失利」。今據補。

〔一七〕太祖皆見禮遇　按程宋、任熊祥入金在太祖時，孔璠、范拱入金在熙宗時。此處文欠周密。道光四年殿本作「至金皆禮遇之」，文義爲優。

〔一八〕張用直海陵父子並列舊學　原脫「海陵」二字，文義不明。按本卷張用直傳，「海陵嘗謂用直曰：『太子方就學，宜善導之。朕父子並受卿學，亦儒者之榮也。』」今據補。

金史卷一百六

列傳第四十四

張暐 張行簡 賈益謙 劉炳 术虎高琪 塔不也

張暐字明仲，莒州日照縣人。博學該通。登正隆五年進士。調陳留主簿、淄州酒稅副使，課增羨，遷昌樂令。改永清令，補尚書省令史，除太常博士，兼國子助教。丁父憂，服除，調山東東路轉運副使，入爲太常丞，兼左贊善大夫。章宗封原王，兼原王府文學。章宗冊爲皇太孫，復爲左贊善，轉左諭德，兼太常丞，充宋國報諭使。至盱眙，宋人請赴宴，暐曰：「大行在殯，未可。」及受賜，不舞蹈，宋人服其知禮。使還，遷太常少卿，兼修起居注。改禮部郎中，修起居注如故。遷右諫議大夫，兼禮部侍郎。

明昌二年，太傅徒單克寧薨，[一]章宗欲親爲燒飯，是時，孝懿皇后梓宮在殯，暐奏：「仰惟聖慈，追念勳臣，恩禮隆厚，孰不感勸。太祖時享，尚且權停，若爲大臣燒飯，禮有未安。

今已降恩旨，聖意至厚，人皆知之，乞俯從典禮，則兩全矣。」章宗從之。

上封事者言提刑司可罷，暐上疏曰：「陛下卽位，因民所利更法立制，無慮數十百條。提刑之設，政之大者，若爲浮議所搖，則內外無所取信。唐開元中，或請選擇守令，停採訪使，姚崇奏『十道採訪猶未盡得人，天下三百餘州，縣多數倍，安得守令皆稱其職』。然則，提刑之任，誠不可罷，擇其人而用之，生民之大利，國家之長策也。」因舉漢刺史六條以奏。上曰：「卿言與朕意合。」

拜禮部尚書。孫卽康鞫治鎬王永中事，還奏，有詔覆訊，[二]羣臣舉暐及兵部侍郎烏古論慶裔。[三]上使參知政事馬琪諭暐曰：「百官舉閱實鎬王事，要勿屈抑其人，亦不可虧損國法。」上因謂宰臣曰：「鎬王視永蹈爲輕。」馬琪曰：「人臣無將。」由是永中之獄決矣。

霍王從彝母早死，溫妃石抹氏養之，明昌六年溫妃薨，上問從彝喪服。暐奏：「慈母服齊衰三年，桐杖布冠，禮也。從彝近親，至尊壓降與臣下不同，乞於未葬以前服白布衣絹巾，旣葬止用素服終制，朝會從吉。」上從其奏。

承安元年八月壬子，上召暐至內殿，問曰：「南郊大祀，今用度不給，俟他年可乎？」暐曰：「陛下卽位于今八年，大禮未舉，宜亟行之。」上曰：「北方未寧，致齋之際有不測奏報何如？」對曰：「豈可逆度而妨大禮。今河平歲豐，正其時也。」上復問曰：「僧道三年一試，八十而取一，不亦少乎？」對曰：「此輩浮食，無益有損，不宜滋益也。」上曰：「周武帝、唐武宗、後周世宗皆賢君，其壽不永，雖曰偶然，似亦有因也。」對曰：「三君矯枉太過。今不毀除、不崇奉，是爲得中矣。」是歲，郊見上帝焉。

頃之，翰林修撰路鐸論胥持國不可再用，因及董師中趨走持國及丞相襄之門，上曰：「張暐父子必不如是也。」三年，爲御史大夫，懇辭，不許。明年，坐奏事不實，奪一官，解職。起爲安武軍節度使。致仕，例給半俸，久之，暐不復請，遂止。

暐自妻卒後不復娶，亦無姬侍，齋居與子行簡講論古今，諸孫課誦其側，至夜分乃罷，以爲常。歷太常、禮部二十餘年，最明古今禮學，家法爲士族儀表。子行簡、行信，行信自有傳。

行簡字敬甫。穎悟力學，淹貫經史。大定十九年進士第一，除應奉翰林文字。丁母憂，歸葬益都，杜門讀書，人莫見其面。服除，復任。章宗卽位，轉修撰，進讀陳言文字，攝太常博士。夏國遣使陳慰，欲致祭大行靈殿。行簡曰：「彼陳慰非專祭，不可。」廷議遣使橫賜高麗，「比遣使報哀，[四]彼以細故邀阻，且出嫚言，俟移問還報，橫賜未晚」。徒單克寧韙其言，深器重之。轉翰林修撰，[五]與路伯達俱進讀陳言文字，累遷禮部郎中。

司天臺劉道用改進新曆，詔學士院更定曆名，行簡奏乞覆校測驗，俟將來月食無差，然後賜名。詔翰林侍講學士党懷英等覆校。懷英等校定道用新曆：明昌三年不置閏，卽以閏月爲三月；二年十二月十四日，金木星俱在危十三度，道用曆在十三日，差一日；三年四月十六日夜月食，時刻不同。道用不曾考驗古今所記，比證事迹，輒以上進，不可用。道用當徒一年收贖，長行彭徽等四人各杖八十罷去。

羣臣屢請上尊號，章宗不從，將下詔以示四方，行簡奏曰：「往年飢民棄子，或匄以與人，其後詔書官爲收贖，或其父母衣食稍充，卽識認，官亦斷與之。自此以後，饑歲流離道路，人不肯收養，肆爲捐瘠，餓死溝中。伏見近代禦災詔書，皆曰『以後不得復取』，今乞依此施行。」上是其言，詔書中行之。[六]久之，兼同修國史。改禮部侍郎、提點司天臺，直學士，同修史如故。

行簡言：「唐制，僕射、宰相上日，百官通班致賀，降階答拜。國朝皇太子元正、生日，三師、三公、宰執以下須羣官同班拜賀，皇太子立受再答拜。今尙書省宰執上日，分六品以下別爲一班揖賀，宰執坐答揖，左右司郎中五品官廷揖，亦坐答之。臣謂身坐舉手答揖，近於坐受也。宰執受賀，其禮乃重於皇太子，恐於義未安。別嫌明微，禮之大節，伏請宰執上日令三品以下官同班賀，宰執起立，依見三品官儀式通答揖。」上曰：「此事何不早辨正之，如都省擅行，卿論之是矣。」行簡對曰：「禮部蓋嘗參酌古今典禮，擬定儀式，省廷不從，輒改以奏。」下尚書省議，遂用之。宰執上日，三品以下羣官通班賀，起立答拜，自此始。

行簡轉對，因論典故之學，乞於太常博士之下置檢閱官二員，通禮學資淺者使爲之，積資乃遷博士。又曰：「今雖有國朝集禮，至於食貨、官職、兵刑沿革，未有成書，乞定會要，以示無窮。」承安五年，遷侍講學士，同修史、提點司天如故。

泰和二年，爲宋主生日副使。上召生日使完顏瑭戒之曰：「卿過界勿飲酒，每事聽於行簡。」謂行簡曰：「宋人行禮，好事末節，苟有非是，皆須正之，舊例所有不可不至。」上復曰：「頃聞前奉使者過淮，每至中流，即以分界爭渡船，此殊非禮。卿自戒舟人，且語宋使曰：『兩國和好久矣，不宜爭細故傷大體。』丁寧諭之，使悉此意也。」四年，詔曰：「每奏事之際，須令張行簡常在左右。」

五年，羣臣復請上尊號，上不許，詔行簡作批答，因問行簡宋范祖禹作唐鑑論尊號事。行簡對曰：「司馬光亦嘗諫尊號事，不若祖禹之詞深至，以謂臣子生謚君父，頗似慘切。」上曰：「卿用祖禹意答之，仍曰太祖雖有尊號，太宗未嘗受也。」行簡乞不拘對偶，引祖禹以微見其意。從之。其文深雅，甚得代言之體。

改順天軍節度使。上謂行簡曰：「卿未更治民，今至保州，民之情僞，卒難臆度，如何治之則可？」對曰：「臣奉行法令，不敢違失，獄訟之事，以情察之，鈐制公吏，禁抑豪猾，以鎮靜爲務，庶幾萬分之一。」上曰：「在任半歲或一年，所得利害上之。」行簡到保州，上書曰：「比者括官田給軍，既一定矣，有告欲別給者，輒從其告，至今未已。名曰官田，實取之民以與之，奪彼與此，徒啓爭端。臣所管已撥深澤縣地三百餘頃，復告水占沙鹼者三之二，若悉從之，何時可定。臣謂當限以月日，不許再告爲便。」下尚書省議，奏請：「如實有水占河塌不可耕種，本路及運司佐官按視，尚書省下按察司覆同，然後改撥。若沙鹼瘠薄，當準已撥爲定。」制曰：「可。」

六年，召爲禮部尚書，兼侍講、同修國史。祕書監進太一新曆，詔行簡校之。七年，上遣中使馮賢童以實封御扎賜行簡曰：「朕念鎬、鄭二王誤干天常，自貽伊戚。藁葬郊野，多歷年所，朕甚悼焉。欲追復前爵，備禮改葬，卿可詳閱唐貞觀追贈隱、巢，并前代故事，密封以聞。」又曰：「欲使石古乃於威州擇地營葬，歲時祭奠，兼命衞王諸子中立一人爲鄭王後，謹其祭祀。此事既行，理須降詔，卿草詔文大意，一就封進。」行簡乃具漢淮南厲王長、楚王英、唐隱太子建成、巢剌王元吉、譙王重福故事爲奏，并進詔草，遂施行焉。累遷太子太保、翰林學士承旨，尚書、修史如故。

貞祐初，轉太子太傅，上書論議和事，其略曰：「東海郡侯嘗遣約和，較計細故，遷延不

決。今都城危急，豈可拒絕。臣願更留聖慮，包荒含垢，以救生靈。或如遼、宋相爲敵國，歲奉幣帛，或二三年以繼。選忠實辨捷之人，往與議之，庶幾有成，可以紓患。」是時，百官議者，雖有異同，大概以和親爲主焉。莊獻太子葬後，不置宮師官，升承旨爲二品，以寵行簡，兼職如故。

三年七月，朝廷備防秋兵械，令內外職官不以丁憂致仕，皆納弓箭。行簡上書曰：「弓箭非通有之物，其清貧之家及中下監當，丁憂致仕，安有所謂如法軍器。今繩以軍期，補弊修壞，以求應命而已，與倉猝製造何以異哉。若於隨州郡及猛安謀克人戶拘括，擇其佳者買之，不足則令職輸所買之價，庶不擾而事可辦。」左丞相僕散端、平章政事高琪、盡忠、右丞賈益謙皆曰：「丁憂致仕者可以免此。」權參政烏古論德升曰：「職官久享爵祿，軍興以來，曾無寸補，況事已行而復改，天下何所取信。」是議也，丁憂致仕官竟得免。是歲，卒，贈銀青榮祿大夫，謚文正。

行簡端慤慎密，爲人主所知。自初入翰林，至太常、禮部，典貢舉終身，縉紳以爲榮。與弟行信同居數十年，人無間言。所著文章十五卷，禮例纂一百二十卷，會同、朝獻、禘祫、喪葬，皆有記錄，及清臺、皇華、戒嚴、爲善、自公等記，藏于家。

贊曰：張暐、行簡世爲禮官，世習禮學。其爲禮也，行於家庭，講於朝廷，施用於鄰國，無不中度。古者官有世掌，學有專門，金諸儒臣，唯張氏父子庶幾無愧於古乎。

賈益謙字彥亨，沃州人也，本名守謙，避哀宗諱改焉。大定十年詞賦進士，歷仕州郡，以能稱。明昌間，入爲尚書省令史，累遷左司郎中。章宗諭之曰：「汝自知除至居是職，左司事不爲不練，凡百官行止、資歷固宜照勘，勿使差繆。若武庫署直長移剌郝自平定州軍事判官召爲典輿副轄，〔七〕在職才五月，降授門山縣簿尉。朕比閱貼黃，行止乃俱書作一十三月，行止尚如此失實，其如選法何？蓋是汝不用心致然爾。今姑杖知除掾，汝勿復犯之。」

五年，爲右諫議大夫，上言：「提刑司官不須遣監察體訪，宜據其任內行事，考其能否而升黜之。」上曰：「卿之言其有所見乎？」守謙對曰：「提刑官若不稱職，衆所共知，且其職與監察等，臣是故言之。」上嘉納焉。是年夏，上將幸景明宮清暑，守謙連上疏，極諫之。上御後閣，召守謙入對，稱旨。進兼尚書吏部侍郎。時鎬王以疑忌下獄，上怒甚，朝臣無敢言者。守謙上章論其不可，言極懇切。上諭之曰：「汝言諸王皆有覬心，而游其門者不無橫議。此

何等語，固當罪汝。以汝前言事亦有當處，故免。」既而以議鎬王事有違上意，〔八〕解職，削官二階。承安元年七月，降爲寧化州刺史。五年八月，改爲山東路按察使，轉河北西路轉運使。泰和三年四月，召爲御史中丞。四年三月，出爲定武軍節度使。

八年六月，復爲御史中丞。八月，改吏部尚書。九月，詔守謙等一十三員分詣諸路，與本路按察司官一員同推排民戶物力。上召見於香閣，諭之曰：「朕選卿等隨路推排，除推收外，其新强、銷乏戶，雖集衆推唱，然銷乏者勿銷不盡，如一戶元物力三百貫，今蠲減二百五十貫，猶有不能當。新强者勿添盡，量存氣力，如一戶添三百貫而止添二百貫之類。卿等宜各用心。百姓應當賦役，十年之間，利害非細。苟不稱所委，治罪當不輕也。」尋出知濟南府，移鎮河中。大安末，拜參知政事。貞祐二年二月，改河東南路安撫使，俄知彰德府。

三年，召爲尚書省右丞。會宣宗始遷汴梁，益謙乃建言：「汴之形勢，惟恃大河。今河朔受兵，羣盜並起，宜嚴河禁以備不虞，凡自北來而無公憑者勿聽渡。」是時，河北民還避河南者甚衆。侍御史劉元規上言：「僑戶宜與土民均應差役。」上留中，而自以其意問宰臣。丞相端，平章盡忠以為便。益謙曰：「僑戶應役，甚非計也。蓋河北人戶本避兵而來，兵稍息即歸矣。今旅寓倉皇之際，無以爲生，若又與地著者並應供億，必騷動不能安居矣。豈

主上矜恤流亡之意乎。」上甚嘉賞，曰：「此非朕意也。」因出元規章示之。三年八月，進拜尚書左丞。四年正月，致仕，居鄭州。

興定五年正月，尚書省奏：「章宗實錄已進呈，衞王事迹亦宜依海陵庶人實錄，纂集成書，以示後世。」制可。初，胡沙虎弒衞王，立宣宗，一時朝臣皆謂衞王失道，天命絕之，虎實無罪，且有推戴之功，獨張行信抗章言之，不報，舉朝遂以爲諱。及是，史官謂益謙嘗事衞王，宜知其事，乃遣編修一人就鄭訪之。益謙知其旨，謂之曰：「知衞王莫如我。然我聞海陵被弒而世宗立，大定三十年，〔九〕禁近能暴海陵蟄惡者，輒得美仕，故當時史官修實錄多所附會。衞王爲人勤儉，愼惜名器，較其行事，中材不及者多矣。吾知此而已，設欲飾吾言以實其罪，吾亦何惜餘年。」朝議偉之。正大三年，年八十，薨。三子：賢卿、頤卿、翔卿，皆以門資入仕。

贊曰：賈益謙於衞紹王，可謂盡事君之義矣。海陵之事，君子不無憾焉。夫正隆之爲惡，暴其大者斯亦足矣。中冓之醜史不絕書，誠如益謙所言，則史亦可爲取富貴之道乎？噫，其甚矣。傳曰：「不有廢者，其何以興。」

劉炳，葛城人。每讀書，見前古忠臣烈士爲國家畫策慮萬世安，輒歎息景慕。貞祐三年，中進士第，卽日上書條便宜十事：

其一曰，任諸王以鎭社稷。臣觀往歲，王師屢戰屢衄，〔一〇〕率皆自敗。承平日久，人不知兵，將帥非才，既無靖難之謀，又無效死之節，外託持重之名，而內爲自安之計，擇驍果以自隨，委疲懦以臨陣，陣勢稍動，望塵先奔，士卒從而大潰。朝廷不加詰問，輒爲益兵。是以法度日紊，倉庾日虛，閭井日凋，土地日蹙。自大駕南巡，遠近相望，益無固志。吏任河北者以爲不幸，逡巡退避，莫之敢前。昔唐天寶之末，洛陽、潼關相次失守，皇輿夜出，向非太子迴趨靈武，率先諸將，則西行之士當終老於劍南矣。臣願陛下擇諸王之英明者，總監天下之兵，北駐重鎭，移檄遠近，戒以軍政。則四方聞風者皆將自奮，前死不避。折衝厭難，無大於此。夫人情可以氣激不可以力使，一卒先登，則萬夫齊奮，此古人所以先身教而後威令也。

二曰，結人心以固基本。天子惠人，不在施予，在于除其同患，因所利而利之。今艱危之後，易於爲惠，因其欲安而慰撫之，則忠誠親上之心，當益加於前日。臣願寬其賦役，信其號令，凡事不便者一切停罷。時遣重臣按行郡縣，延見耆老，問其疾苦，選廉正，黜貪殘，拯貧窮，卹孤獨，勞來還定，則效忠徇義，無有二志矣。故曰安民可與行

義，危民易與爲亂，惟陛下留神。

三曰，廣收人材以備國用。備歲寒者必求貂狐，適長塗者必畜騏驥。河南、陝西，車駕臨幸，當有以大慰士民之心。其有操行爲民望者，稍擢用之，平居可以勵風俗，緩急可以備驅策。昭示新恩，易民觀聽，陰係天下之心也。

四曰，選守令以安百姓。郡守、縣令，天子所恃以爲治，百姓所依以爲命者也。今衆庶已弊，官吏庸暗，無安利之才，貪暴昏亂，與姦爲市，公有斗粟之賦，私有萬錢之求，遠近嚻嚻，無所控告。自今非才器過人，政迹卓異者，不可使在此職。親勳故舊，雖望隆資高，不可使爲長吏。則賢者喜於殊用，益盡其能，不肖者愧慕而思自勵矣。

五曰，褒忠義以勵臣節。忠義之士，奮身效命，力盡城破而不少屈。事定之後，有司略不加省，棄職者顧以恩貸，死事者反不見錄，天下何所慕憚，而不爲自安之計邪？使爲臣者皆知殺身之無益，臨難可以苟免，甚非國家之利也。

六曰，務農力本以廣蓄積。此最强兵富民之要術，當今之急務也。

七曰，崇節儉以省財用。今海內虛耗，田疇荒蕪，廢奢從儉以紓生民之急，無先於此者。

八曰，去冗食以助軍費。兵革之後，人物凋喪者十四五，郡縣官吏署置如故，甚非

審權救弊之道。九曰，修軍政以習守戰。自古名將料敵制勝，訓練士卒，故可使赴湯蹈火，百戰不殆。孔子曰：「以不教民戰，是謂棄之。」兵法曰：「器械不利，以其卒與敵也。卒不服習，以其將與敵也。將不知兵，以其主與敵也。主不擇將，以其國與敵也。」可不愼哉。

十曰，修城池以備守禦。保障國家，惟都城與附近數郡耳。北地不守，是無河朔矣，黃河豈足恃哉。

書奏，宣宗異焉。復試之曰：「河北城邑，何術可保？兵民雜居，何道可和？鈔法如何而通？物價如何而平？」炳對大略以審擇守將則城邑固，兵不侵民則兵民和，斂散相權則鈔法通，勸農薄賦則物價平。宣宗雖異其言，而不能用，但補御史臺令史而已。

論曰：劉炳可謂能言之士矣。宣宗召試既不失對，而以一臺令史賞之，足以倡士氣乎？

朮虎高琪或作高乞，西北路猛安人。大定二十七年充護衞，轉十人長，出職河間都總管判官，召爲武衞軍鈐轄，遷宿直將軍，除建州刺史，改同知臨洮府事。

泰和六年，伐宋，與彰化軍節度副使把回海備鞏州諸鎭，宋兵萬餘自鞏州轆轤嶺入，高琪奮擊破之，賜銀百兩、重綵十端。青宜可內附，詔知府事石抹仲溫與高琪俱出界，與青宜可合兵進取。詔高琪曰：「汝年尚少，近聞與宋人力戰奮勇，朕甚嘉之。今與仲溫同行出界，如其成功，高爵厚祿，朕不吝也。」

詔封吳曦爲蜀國王，高琪爲封册使。詔戒諭曰：「卿讀書解事，蜀人亦識威名，勿以財賄動心，失大國體。如或隨去奉職有違禮生事，卿與喬宇體察以聞。」使還，加都統，號平南虎威將軍。

宋安丙遣李孝義率步騎三萬攻秦州，先以萬人圍皂角堡，高琪赴之。宋兵列陣山谷，以武車爲左右翼，伏弩其下來逆戰。既合，宋兵陽却。高琪軍見宋兵伏不得前，退整陣，宋兵復來。凡五戰，宋兵益堅，不可以得志。高琪分騎爲二，出者戰則止者俟，止者出則戰者還，還者復出以更。久之，遣蒲察桃思剌潛兵上山，自山馳下合擊，大破宋兵，斬首四千級，生擒數百人，李孝義乃解圍去。宋兵三千致馬連寨以窺湫池，遣夾谷福壽擊走之，斬七百餘級。

大安三年，累官泰州刺史，以糺軍三千屯通玄門外。未幾，升縉山縣爲鎭州，以高琪爲防禦使，權元帥右都監，所部糺軍賞賚有差。至寧元年八月，尚書左丞完顏綱將兵十萬行省於縉山，敗績。貞祐初，遷元帥右監軍。閏月，詔高琪曰：「閫軍事皆中覆，得無失機會乎？自今當卽行之，朕但責成功耳。」

是月，被詔自鎭州移軍守禦中都迤南，次良鄉不得前，乃還中都。每出戰輒敗，紇石烈執中戒之曰：「汝連敗矣，若再不勝，當以軍法從事。」及出果敗，高琪懼誅。十月辛亥，高琪自軍中入，遂以兵圍執中第，殺執中，持其首詣闕待罪。宣宗赦之，以爲左副元帥，一行將士遷賞有差。丙寅，詔曰：「胡沙虎畜無君之心，形迹露見，不可盡言。武衞副使提點近侍局慶山奴、近侍局使斜烈、直長撒合輦累曾陳奏，方愼圖之。斜烈漏此意於按察判官胡魯，胡魯以告翰林待制訛出，訛出達於高琪，今月十五日將胡沙虎戮訖。惟茲臣庶將恐有疑，肆降札書，不匿厥旨。」論者謂高琪專殺，故降此詔。頃之，拜平章政事。

宣宗論馬政，顧高琪曰：「往歲市馬西夏，今肯市否？」對曰：「木波畜馬甚多，市之可得，括緣邊部落馬，亦不少矣。」宣宗曰：「盡括邊馬，緩急如之何？」閱三日，復奏曰：「河南鎭防二十餘軍，計可得精騎二萬，緩急亦足用。」宣宗曰：「馬雖多，養之有法，習之有時，詳諭所司令加意也。」貞祐二年十一月，宣宗問高琪曰：「所造軍器往往不可用，此誰之罪也？」對曰：「軍器美惡在兵部，材物則戶部，工匠則工部。」宣宗曰：「治之！且將敗事。」宣宗問楊安兒事，高琪對曰：「賊方據險，臣令主將以石牆圍之，勢不得出，擒在旦夕矣。」宣宗曰：「可以

急攻，或力戰突圍，我師必有傷者。」

應奉翰林文字完顏素蘭自中都議軍事還，上書求見，乞屏左右。故事，有奏密事輒屏左右。先是，太府監丞游茂以高琪威權太重，中外畏之，常以爲憂，因入見，屏人密奏，請裁抑之。宣宗曰：「既委任之，權安得不重？」茂退不自安，復欲結高琪，詣其第上書曰：「宰相自有體，豈可以此生人主之疑，招天下之議。」恐高琪不相信，復曰：「茂嘗間見主上，實惡相公權重。相公若能用茂，當使上不疑，而下無所議。」高琪聞茂嘗請間屏人奏事，疑之，乃具以聞。游茂論死，詔免死，杖一百，除名。自是凡屏人奏事，必令近臣一人侍立。及素蘭請密，召至近侍局，給筆札，使書所欲言。少頃，宣宗御便殿見之，惟留近侍局直長趙和和侍立。素蘭奏曰：「日者，元帥府議削伯德文哥兵權，朝廷乃詔領義軍。改除之命拒而不受，元帥府方欲討捕，朝廷復赦之，且不令隸元帥府。不知誰爲陛下畫此計者，臣自外風聞皆出平章高琪。」宣宗曰：「汝何以知此事出於高琪？」素蘭曰：「臣見文哥與永清副提控劉溫牒云，差人張希韓至自南京，道副樞平章處分，已奏令文哥隸大名行省，毋遵中都帥府約束。溫卽具言於帥府。然則，文哥與高琪計結，明矣。」上頷之。素蘭復奏曰：「高琪本無勳望，嚮以畏死擅殺胡沙虎，計出於無聊耳。妬賢能，樹黨與，竊弄威權，自作威福。去歲，都下書生樊知一詣高琪，言糺軍不可信，恐生亂。高琪以刀杖決殺之，自是無復敢言軍國利害

者。使其黨移剌塔不也爲武寧軍節度使，招乣軍，已而無功，復以爲武衛軍使。以臣觀之，此賊滅亂紀綱，戕害忠良，實有不欲國家平治之意。惟陛下斷然行之，社稷之福也。」宣宗曰：「朕徐思之。」素蘭出，復戒曰：「愼無泄也。」

四年十月，大元大兵取潼關，次嵩、汝間，待闕臺院令史高嶷上書曰：「向者河朔敗績，朝廷不時出應，此失機會一也。及深入吾境，都城精兵無慮數十萬，若效命一戰，必無今日之憂，此失機會二也。既退之後，不議追襲，此失機會三也。今已度關，不亟進禦，患益深矣。乞命平章政事高琪爲帥，以厭衆心。」不報。御史臺言：「兵踰潼關、崤、澠，〔二〕深入重地，近抵西郊。彼知京師屯宿重兵，不復叩城索戰，但以遊騎遮絕道路，而別兵攻擊州縣，是亦困京師之漸也。若專以城守爲事，中都之危又將見於今日，況公私蓄積視中都百不及一，此臣等所爲寒心也。不攻京城而縱其別攻州縣，是猶火在腹心，撥置于手足之上，均一身也，願陛下察之。請以陝西兵扼拒潼關，與右副元帥蒲察阿里不孫爲掎角之勢，選在京勇敢之將十數人，各付精兵數千，隨宜伺察，且戰且守，復諭河北，亦以此待之。」詔付尚書省，高琪奏曰：「臺官素不習兵，備禦方略，非所知也。」遂寢。高琪止欲以重兵屯駐南京以自固，州郡殘破不復恤也。宣宗惑之，計行言聽，終以自斃。

未幾，進拜尚書右丞相，奏曰：「凡監察有失糾彈者從本法。若人使入國，私通言語，說知本國事情，宿衛、近侍官、承應人出入親王、公主、宰執之家，災傷闕食，體究不實，致傷人命，轉運軍儲，而有私載，及考試舉人關防不嚴者，並的杖。在京犯至兩次者，臺官減監察一等論贖，餘止坐專差者。任滿日議定升降。若任內有漏察之事應的決者，依格雖爲稱職，止從平常，平常者從降罰。」制可。高琪請修南京裏城，宣宗曰：「此役一興，民滋病矣。城雖完固，能獨安乎？」

初，陳言人王世安獻攻取盱眙、楚州策，樞密院奏乞以世安爲招撫使，選謀勇二三人同往淮南，招紅襖賊及淮南宋官。宣宗可其奏，詔泗州元帥府遣人同往。興定元年正月癸未，宋賀正旦使朝辭，宣宗曰：「聞息州透漏宋人，此乃彼界饑民沿淮爲亂，宋人何敢犯我？」高琪請伐之以廣疆土。上曰：「朕但能守祖宗所付足矣，安事外討。」高琪謝曰：「今雨雪應期，皆聖德所致。而能包容小國，天下幸甚，臣言過矣。」四月，遣元帥左都監烏古論慶壽、簽樞密院事完顏賽不經略南邊，尋復下詔罷兵，然自是與宋絕矣。

興定元年十月，右司諫許古勸宣宗與宋議和，宣宗命古草牒，以示宰臣，高琪曰：「辭有哀祈之意，自示微弱不足取。」遂寢。集賢院諮議官呂鑑言：「南邊屯兵數十萬，自唐、鄧至壽、泗沿邊居民逃亡殆盡，兵士亦多亡者，亦以人煙絕少故也。臣嘗比監息州榷場，每場所獲布帛數千匹、銀數百兩，大計布帛數萬匹、銀數千兩，兵興以來俱失之矣。夫軍民有逃亡之病，而國家失日獲之利，非計也。今隆冬沍寒，吾騎得騁，當重兵屯境上，馳書諭之，誠爲大便。若俟春和，則利在於彼，難與議矣。昔燕人獲趙王，趙遣辯士說之，不許，一牧豎請行，趙王乃還。孔子失馬，馭卒得之。人無貴賤，苟中事機，皆可以成功。臣雖不肖，願效牧豎馭卒之智，伏望宸斷。」詔問尚書省。高琪曰：「鑑狂妄無稽，但其氣岸可尚，宜付陝西行省備任使。」制可。十二月，胥鼎諫伐宋，語在鼎傳。高琪曰：「大軍已進，無復可議。」遂寢。

二年，胥鼎上書諫曰：「錢穀之冗，非九重所能兼，天子總大綱，責成功而已。」高琪曰：「陛下法上天行健之義，憂勤庶務，夙夜不遑，乃太平之階也。鼎言非是。」宣宗以南北用兵，深以爲憂，右司諫呂造上章：「乞詔內外百官各上封事，直言無諱。或時召見，親爲訪問。陛下博采兼聽，以盡羣下之情，天下幸甚。」宣宗嘉納，詔集百官議河北、陝西守禦之策。高琪心忌之，不用一言。是時，築汴京城裏城，宣宗問高琪曰：「人言此役恐不能就，如何？」高琪曰：「終當告成，但其濠未及浚耳。」宣宗曰：「無濠可乎？」高琪曰：「苟防城有法，正使兵來，臣等愈得效力。」宣宗曰：「與其臨城，曷若不令至此爲善。」高琪無以對。

高琪自爲宰相，專固權寵，擅作威福，與高汝礪相唱和。高琪主機務，高汝礪掌利權，附己者用，不附己者斥。凡言事忤意，及負材力或與己頡頏者，對宣宗陽稱其才，使幹當於河北，陰置之死地。自不兼樞密元帥之後，常欲得兵權，遂力勸宣宗伐宋。置河北不復爲意，凡精兵皆置河南，苟且歲月，不肯輒出一卒，以應方面之急。

平章政事英王守純欲發其罪，密召右司員外郎王阿里、知案蒲鮮石魯剌、令史蒲察胡魯謀之。石魯剌、胡魯以告尚書省都事僕散奴失不，僕散奴失不以告高琪。英王懼高琪黨與，遂不敢發。頃之，高琪使奴賽不殺其妻，乃歸罪於賽不，送開封府殺之以滅口。開封府畏高琪，不敢發其實，賽不論死。事覺，宣宗久聞高琪姦惡，遂因此事誅之，時興定三年十二月也。尚書省都事僕散奴失不以英王謀告高琪，論死。蒲鮮石魯剌、蒲察胡魯各杖七十，勒停。

初，宣宗將遷南，欲置乣軍于平州，高琪難之。及遷汴，戒象多厚撫此軍，象多輒殺乣軍數人，以至于敗。宣宗末年嘗曰：「壞天下者，高琪、象多也。」終身以爲恨云。

移剌塔不也，東北路猛安人。明昌元年，累官西上閤門使。二年，襲父謀克。泰和伐宋，有功，遙授同知慶州事，權迪列乣詳穩。丁父憂，起復西北路招討判官，改尚輦局使、曹王傅。貞祐二年，遷武寧軍節度使，招徠中都乣軍，無功，平章高琪庇之，召爲武衛軍都指揮使。應奉翰林文字完顏素蘭嘗面奏高琪黨比，語在高琪傳。尋知河南府事，兼副統軍，從彰化軍節度使。上言：「盡籍山東、河間、大名猛安人爲兵，老弱城守，壯者捍禦。」又言：「河東地險人勇，步兵爲天下冠，可盡調以戍諸隘。」從之。自是河東郡縣屯兵少，不可守矣。改知臨洮府事，兼陝西副統軍。

貞祐三年十一月，破夏兵于熟羊寨。平章高琪率宰臣入賀曰：「塔不也以少敗衆，蓋陛下威德所致。」宣宗曰：「自古興國皆賴忠賢，今茲立功，皆將率諸賢之力也。」乃以塔不也爲勸農使，兼知平涼府事，進階銀青榮祿大夫。四年，伐西夏，攻威、靈、安、會等州。興定元年，知慶陽府事。三年，還元帥左都監，卒。

論曰：高琪擅殺執中，宣宗不能正其罪，又曲爲之說，以詔臣下。就其事論之，人君欲誅大臣，而與近侍密謀于宮中，已非其道。謀之不密，又爲外臣所知，以告敗軍之將，因殺之以爲說，此可欺後世邪。金至南渡，譬之尫羸病人，元氣無幾。琪喜吏而惡儒，好兵而厭靜，沮遷乣之議，破和宋之謀，正猶繆醫，投以烏喙、附子，祗速其亡耳。使宣宗於擅殺之日，卽能伸大義而誅之，何至誤國如是邪。

校勘記

〔一〕明昌二年太傅徒單克寧薨 「二」原作「元」。按本書卷九章宗紀，「明昌二年正月庚午，太師尙書令淄王徒單克寧薨」。今據改。

〔二〕拜禮部尙書孫卽康鞫治鎬王永中事還奏有詔覆訊 原脫「拜」字，「覆」原作「復」。按本書卷九九孫卽康傳，「永中府傅尉奏永中第四子阿离合懣語涉不軌，詔同簽大睦親府事𢹂與卽康鞫之」。「𢹂、卽康還奏，詔禮部尙書張暐覆訊」。今據補「拜」字，改「復」爲「覆」。

〔三〕羣臣舉暐及兵部侍郎烏古論慶裔 「裔」原作「壽」。按本書卷一〇一烏古論慶壽傳，其年世較晚，歷官亦不合。卷八五永中傳，「詔遣官覆按狀同，再遣禮部尙書張暐、兵部侍郎烏古論慶裔覆之」。今據改。

〔四〕比遣使報哀 「比」上當脫「行簡曰」等字。

〔五〕轉翰林修撰 按上文有「章宗卽位，轉修撰」，不應復出。下文「改禮部侍郎，提點司天臺，直學士，同修史如故」。其「直學士」一官「如故」上無所承，疑「翰林修撰」當作「直學士」。

〔六〕詔書中行之 按「書中」殿本作「中書」。本書卷五五百官志云，「正隆元年罷中書門下省，止置尙書省」。則章宗時不得有「中書」之稱。疑此或爲「尙書省」之誤。

〔七〕若武庫署直長移剌郝自平定州軍事判官召爲典輿副轄 按本書卷九三從憲傳，「泰和八年薨，以右宣徽使移剌都護其喪葬」。「移剌都」與「移剌郝」殆是一人，疑「郝」字誤。

〔八〕旣而以譏鎬王事有違上意 「鎬」原作「衞」。按本書卷一〇章宗紀，「明昌六年六月丙辰，右諫議大夫賈守謙、右拾遺僕散訛可坐鎬王永中事奏對不實，削官二階，罷之」。今據改。

〔九〕大定三十年 「三十年」原作「三十餘年」。按大定祇二十九年。中州集卷九賈益謙小傳中記此語作「知衞王莫如我，然我聞海陵被弑而世宗皇帝立，大定三十年禁近能暴海陵蟄惡者得美仕」。今據削「餘」字。

〔一〇〕王師屢戰屢衂 「衂」原作「衄」，據殿本改。

〔一一〕兵蹂潼關崤澠 「澠」原作「沔」，今改，參見本書卷二五地理志校記〔一九〕。

金史卷一百七

列傳第四十五

高汝礪　張行信

高汝礪字巖夫，應州金城人。登大定十九年進士第，涖官有能聲。明昌五年九月，章宗詔宰執，舉奏中外可爲刺史者，上親閱闕點注，蓋取兩員同舉者升用之。於是，汝礪自同知絳陽軍節度事起爲石州刺史。承安元年七月，入爲左司郎中。一日奏事紫宸殿，時侍臣皆廻避，上所御涼扇忽墮案下，汝礪以非職不敢取以進。奏事畢，上謂宰臣曰：「高汝礪不進扇，可謂知體矣。」

未幾，擢爲左諫議大夫。以賦調軍須，郡縣有司或不得人，追胥走卒利其事急，規取貨賂，深爲民害，建言「自今若因兵調發，有犯者乞權依『推排受財法』治之，庶使小人有所畏懼」。二年六月，定制，因軍前差發受財者，一貫以下徒二年，以上徒三年，十貫處死，從汝

礪之言也。

時遇奏事，臺臣亦令廻避，汝礪乃上言：「國家置諫臣以備侍從，蓋欲周知時政以參得失，非徒使排行就列而已。故唐制，凡中書、門下及三品以上入閤，必遣諫官隨之，俾預聞政事，冀其有所開說。今省臺以下，遇朝奏事則一切廻避，與諸侍衞之臣旅進旅退。殿廷論事初莫得聞，及其已行，又不詳其始末，遂專而諫，斯亦難矣。顧諫職爲何如哉？若曰非材，擇人可也，豈可置之言責而疏遠若此。乞自今以往，有司奏事諫官得以預聞，庶望少補。且修注之職，掌記言動，俱當一體。」上從之。

又言：「年前十月嘗舉行推排之法，尋以踰時而止，誠知聖上愛民之深也。切聞周制，以歲時定民之衆寡，辨物之多少，入其數于小司徒，以施政敎，以行徵令，三年則天下大比，按爲定法。伏自大定四年通檢前後，迄今三十餘年，其間雖兩經推排，其浮財物力，惟憑一時小民之語以爲增減，有司惟務速定，不復推究其實。由是豪強有力者符同而幸免，貧弱寡援者抑屈而無訴。況近年以來，邊方屢有調發，貧戶益多。如止循例推排，緣去歲條理已行，人所通知，恐新强之家預爲請囑狡獪之人，冀望至時同辭推唱。或虛作貧乏，故以產業低價質典，及將財物徙置他所，權止營運。如此姦弊百端，欲望物力均一，難矣。欲革斯弊，莫若據實通檢，預令有司照勘大定四年條理，嚴立罪賞，截日立限，關防禁約。其間有可以輕重者斟酌行之，去煩碎而就簡易，戒搔擾而事鎭靜，使富者不得以苟避，困者有望於少息，則賦稅易辦，人免不均之患矣。」詔尚書省俟邊事息行之。

是歲十月，上諭尚書省，遣官詣各路通檢民力，命戶部尚書賈執剛與汝礪先推排在都兩警巡院，令諸路所差官視以爲法焉。尋爲同知大興府事。四年十二月，爲陝西東路轉運使。泰和元年七月，改西京路轉運使。二年正月，爲北京臨潢府路按察使。四年二月，遷河北西路轉運使。十一月，進中都路都轉運使。

六年六月，拜戶部尚書。時鈔法不能流轉，汝礪隨事上言，多所更定，民甚便之，語在食貨志。上嘉其議，勅尚書省曰：「內外百官所司不同，比應詔言事者不啻千數，俱不達各司利害，汗漫陳說，莫能詳盡。近惟戶部尚書高汝礪，論本部數事，並切事情，皆已行之。其論內外百司各究利害舉明，若可舉而不卽申聞，以致上司舉行者，量制其罰。」

貞祐二年六月，宣宗南遷，次邯鄲，拜汝礪爲參知政事。次湯陰，上聞汴京穀價騰踴，慮扈從人至則愈貴，問宰臣何以處之。皆請命留守司約束，汝礪獨曰：「物價低昂，朝夕或異，然糴多糶少則貴。蓋諸路之人輻湊河南，糴者旣多，安得不貴。若禁止之，有物之家皆將閉而不出，商旅轉販亦不復入城，則糴者益急而貴益甚矣。事有難易，不可不知，今少而難得者穀也，多而易致者鈔也，自當先其所難，後其所易，多方開誘，務使出粟更鈔，則穀價

自平矣。」〔一〕上從之。

三年五月，朝廷議徙河北軍戶家屬於河南，留其軍守衞郡縣，汝礪言：「此事果行，但便於豪强家耳，貧戶豈能徙。且安土重遷，人之情也。今使盡赴河南，彼一旦去其田園，扶攜老幼，驅馳道路，流離失所，豈不可憐。且所過百姓見軍戶盡遷，必將驚疑，謂國家分別彼此，其心安得不搖。況軍人已去其家，而令護衞他人，以情度之，其不肯盡心必矣。民至愚而神者也，雖告以衞護之意，亦將不信，徒令交亂，俱不得安。此其利害所繫至重。乞先令諸道元帥府、宣撫司、總管府熟論可否，如無可疑，然後施行。」不報。

軍戶旣還，將括地分授之，未有定論，上勅尚書省曰：「北兵將及河南，由是盡起諸路軍戶，共圖保守。今旣至矣，糧食所當必與，然未有以處之。可分遣官聚耆老問之，其將益賦，或與之田，二者孰便。」又以諭汝礪。旣而所遣官言：「農民並稱，比年以來租賦已重，若更益之，力實不足，不敢復佃官田，願以給軍。」於是汝礪奏：「遷徙軍戶，一時之事也。民佃官田，久遠之計也。河南民地、官田，計數相半。又多全佃官田之家，墳塋、莊井俱在其中。率皆貧民，一旦奪之，何以自活。夫小民易動難安，一時避賦，遂有此言。及其與人，卽前日之主今還爲客，能勿悔乎，悔則忿心生矣。如山東撥地時，腴田沃壤盡入勢家，瘠惡者乃付貧戶。無益於軍，而民則有損，至於互相憎疾，今猶未已，前事不遠，足爲明戒。惟當倍

益官租，以給軍糧之半，復以係官荒田、牧馬草地量數付之，令其自耕，則百姓免失業之艱，而官司不必爲厲民之事矣。且河南之田最宜麥，今雨澤霑足，正播種之時，誠恐民疑以誤歲計，宜早決之。」上從其請。

尋遷尚書右丞。時上以軍戶地當撥付，使得及時耕墾，而汝礪復上奏曰：「在官荒田及牧馬地，民多私耕者。今正藝麥之時，彼知將以與人，必皆棄去，軍戶雖得，亦已逾時，徒成曠廢。若候畢功而後撥，量收所得，以補軍儲，則公私俱便。乞盡九月然後遣官。」十月，汝礪言：「今河北軍戶徙河南者幾百萬口，人日給米一升，歲率三百六十萬石，半給其直猶支粟三百萬石。河南租地計二十四萬頃，歲徵粟纔一百五十六萬有奇，更乞於經費之外倍徵以給，仍以係官閑田及牧馬地可耕者畀之。」奏可。乃遣右司諫馮開等分詣諸郡就給之，人三十畝，以汝礪總之。既而，括地官還，皆曰：「頃畝之數甚少，且瘠惡不可耕。計其可耕者均以與之，人得無幾，又僻遠處不免徙就之，軍人皆以爲不便。」汝礪遂言於上，詔有司罷之，但給軍糧之半，而半折以實直焉。

四年正月，拜尚書左丞，連上表乞致仕，皆優詔不許。會朝廷議發兵河北，護民芟麥，而民間流言謂官將盡取之。上聞，以問宰職曰：[二]「爲之奈何？」高琪等奏：「若令樞密院遣兵居其衝要，鎮遏土寇，仍許收逃戶之田，則軍民兩便。或有警急，軍士亦必盡心。」汝礪

曰：「甚非計也。蓋河朔之民所恃以食者惟此麥耳。今已有流言，而復以兵往，是益使之疑懼也。不若聽其自便，令宣撫司禁戢無賴，不致侵擾足矣。逃戶田令有司收之，以充軍儲可也。」乃詔遣戶部員外郎裴滿蒲剌都閱視田數，及訪民願發兵以否，還奏：「臣西由懷、孟，東抵曹、單，麥苗苦亦無多，訊諸農民，往往自爲義軍。臣卽宣布朝廷欲發兵之意，皆感戴而不願也。」於是罷之。

汝礪以數乞致仕不從，乃上言曰：「立非常之功，必待非常之人。今大兵既退，正完葺關隘、簡練兵士之時，須得通敏經綸之才預爲籌畫，俾濟中興。伏見尚書左丞兼行樞密副使胥鼎，才擅衆長，身兼數器，乞召還朝省。」不從。時高琪欲從言事者歲閱民田徵租，朝廷將從之。汝礪言：「臣聞治大國者若烹小鮮，最爲政之善喻也。國朝自大定通檢後，十年一推物力，惟其貴簡靜而重勞民耳。今言者請如河北歲括實種之田，計數徵斂，卽是常時通檢，無乃駭人視聽，使之不安乎。且河南、河北事體不同，河北累經劫掠，戶口亡匿，田疇荒廢，差調難依元額，故爲此權宜之法，蓋軍儲不加多，且地少而易見也。河南自車駕巡幸以來，百姓湊集，凡有閑田及逃戶所棄，耕墾殆徧，各承元戶輸租，其所徵斂皆準通推之額，雖軍馬益多，未嘗闕誤，詎宜一概動擾。若恐豪右蔽匿而逋征賦，則有司檢括亦豈盡實。但嚴立賞罰，許其自首，及聽人告捕，犯者以盜軍儲坐之，地付告者，自足使人知懼，而賦悉入官，何必爲是紛紛也。抑又有大不可者三，如每歲檢括，則夏田春量，秋田夏量，中間雜種亦且隨時量之，一歲中略無休息，民將厭避，耕種失時，或止耕膏腴而棄其餘，則所收仍舊而所輸益少，一不可也。檢括之時，縣官不能家至戶到，里胥得以暗通貨賂，上下其手，虛爲文具，轉失其眞，二不可也。民田與軍田犬牙相錯，彼或陰結軍人以相冒亂，而朝廷止憑有司之籍，儻使臨時少於元額，則資儲闕誤必矣，三不可也。夫朝廷舉事，務在必行，既行而復中止焉，是豈善計哉。」議遂寢。

興定元年十月，上疏曰：「言者請姑與宋人議和以息邊民，切以爲非計。宋人多詐無實，雖與文移往來，而邊備未敢遽撤。備既不撤，則議和與否蓋無以異。或復蔓以浮辭，禮例之外別有求索，言涉不遜，將若之何？或曰『大定間亦嘗先遣使，今何不可』。切謂時殊事異，難以例言。昔海陵師出無名，曲在於我，是以世宗卽位，首遣高忠建等報諭宋主，罷淮甸所侵以修舊好。彼隨遣使來，書辭慢易，不復奉表稱臣，顧還故疆爲兄弟國。雖其樞密院與我帥府時通書問，而侵軼未嘗已也。既而，征西元帥合喜敗宋將吳璘、姚良輔於德順、原州，右丞相僕散忠義、右副元帥紇石烈志寧敗李世輔于宿州，斬首五萬，兵威大振。世宗謂宰臣曰：『昔宋人言遣使請和，乘吾無備遂攻宿州，今爲我軍大敗，殺戮過當，故不敢復通問。朕哀南北生靈久困于兵，本欲息民，何較細故，其令帥府移書宋人以議和好。』宋

果遣使告和，以當時堂堂之勢，又無邊患，竟免其奉表稱臣之禮。今宋棄信背盟，侵我邊鄙，是曲在彼也。彼若請和，於理爲順，豈當先發此議而自示弱耶？恐非徒無益，反招謗侮而已。」

十一月，汝礪言：「臣聞國以民爲基，民以財爲本，是以王者必先愛養基本。國家調發，河南爲重，所徵稅租率常三倍于舊。今省部計歲收通寶不敷所支，乃于民間科斂桑皮故紙錢七千萬貫以補之。近以通寶稍滯，又加兩倍。河南人戶，農民居三之二，今稅租猶多未足，而此令復出，彼不糶所當輸租，則必減其食以應之。夫事有難易，勢有緩急。今急用而難得者芻糧也，出於民力，其來有限，可緩圖。而易爲者鈔法也，行于國家，其變無窮。向者大鈔滯更爲小鈔，小鈔弊改爲寶券，寶券不行易爲通寶，從權制變皆由于上，尙何以煩民爲哉。彼悉力以奉軍儲已患不足，而又添徵通寶，苟不能給，則有逃亡。民逃亡則農事廢，兵食何自而得。有司不究遠圖而貪近效，不固本原而較末節，誠恐軍儲、鈔法兩有所妨。臣非於鈔法不爲意也，非與省部故相違也，但以鈔法稍滯物價稍增之害輕，民生不安軍儲不給之害重耳。惟陛下外度事勢，俯察臣言，特命有司減免，則羣心和悅，而未足之租有所望矣。」

時朝廷以賈仝、苗道潤等相攻不和，[三]將分界州縣，別署名號以處之。汝礪上書曰：

「甚非計也。蓋河北諸帥多本土義軍，一時權爲隊長，亦有先嘗叛亡者，非若素宦於朝，知禮義、識名分之人也。貪暴不法，蓋無足怪。朝廷以時方多故，姑牢籠用之，庶使遺民少得安息。彼互相攻劫則勢寖弱，勢力既弱則朝廷易制。今若分地而與之，州縣官吏得輒署置，民戶稅賦得擅徵收，則地廣者日益强，狹者日益弱。久之，弱者皆併於强，强者之地不可復奪，是朝廷愈難制也。昔唐分河朔地授諸叛將，史臣謂其護養孽萌以成其禍，此可爲今日大戒也。不若姑令行省羈縻和輯，多方牽制使之不得逞。異時邊事稍息，氣力漸完，若輩又何足患哉。」議遂寢。

上嘗謂汝礪曰：「朕每見卿侍朝，恐不任其勞，許坐殿下，而卿終不從何哉？夫君臣相遇貴在誠實，小謹區區朕固不較也。」汝礪以君臣之分甚嚴，不敢奉命。

三年，河南頗豐稔，民間多積粟，汝礪乃奏曰：「國家之務莫重於食，今所在屯兵益衆，而修築新城其費亦廣，若不及此豐年多方營辦，防秋之際或乏軍興。乞於河南州府驗其物價低昂，權宜立式，凡內外四品以下雜正班散官及承廕人，免當儤使監官功酬，或僧道官師德號度牒、寺觀院額等，並聽買之。司縣官有能勸誘輸粟至三千石者，將來注授升本牓首，五千石以上遷官一階，萬石以上升職一等，並注見闕。庶幾人知勸慕，多所收獲。」上從之。同提舉榷貨司王三錫建議榷油，高琪以用度方急，勸上行之。汝礪上言曰：「古無榷

法，自漢以來始置鹽鐵酒榷均輸官，以佐經費。末流至有算舟車、稅間架，其征利之術固已盡矣，然亦未聞榷油也。蓋油者世所共用，利歸於公則害及於民，故古今皆置不論，亦厭苛細而重煩擾也。國家自軍興，河南一路歲入稅租不啻加倍，又有額徵諸錢、橫泛雜役，無非出於民者，而更議榷油，歲收銀數十萬兩。夫國以民爲本，當此之際民可以重困乎。若從三錫議，是以舉世通行之貨爲榷貨，私家常用之物爲禁物，自古不行之法爲良法，切爲聖朝不取也。若果行之，其害有五，臣請言之。河南州縣當立務九百餘所，設官千八百餘員，而胥隸工作之徒不與焉。費既不貲，而又創搆屋宇，奪買作具，公私俱擾，殆不勝言。至於提點官司有升降決罰之法，其課一虧必生抑配之弊，小民受病益不能堪，其害一也。夫油之貴賤所在不齊，惟其商旅轉販有無相易，所以其價常平，人易得之。今既設官各有分地，輒相侵犯者有罪，是使貴處常貴而賤處常賤，其害二也。民家日用不能躬自沽之，而轉鬻者增取利息，則價不得不貴，而用不得不難，其害三也。鹽、鐵、酒、醋，公私所造不同，易於分別，惟油不然，莫可辨記。今私造者有刑，捕告者有賞，則無賴輩因之得以誣搆良民枉陷於罪，其害四也。油戶所置屋宇、作具，用錢已多，有司按業推定物力，以給差賦。今奪其具、廢其業而差賦如前，何以自活，其害五也。惟罷之便。」上是之，然重違高琪意，乃詔集百官議于尙書省。戶部尙書高夔、工部侍郎粘割荊山、知開封府事溫迪罕二十等二十六人議同

高琪，禮部尙書楊雲翼、翰林侍讀學士趙秉文、南京路轉運使趙瑄、吏部侍郎趙伯成、刑部郎中姬世英、右司諫郭著、提舉倉場使時戩皆以爲不可。上曰：「古所不行者而今行之，是又生一事也，其罷之。」

十月，賜金鼎一、重幣三。四年三月，拜平章政事，俄而進拜尙書右丞相，監修國史，封壽國公。五年二月，上表乞致政，不許。九月，上諭汝礪曰：「昨日視朝，至午方罷。卿老矣，不任久立，奏事畢，用寶之際，可先退坐，恐以勞致疾，反妨議政也。」是月，復乞致仕，上諭之曰：「丞相之禮盡矣，然今廷臣誰如丞相者，而必欲求去乎，姑留輔朕可也。」十月，躐遷榮祿大夫，仍諭曰：「丞相數求去，朕以社稷事重，故堅留之。丞相老矣，而官猶未至二品，故特陞兩階。」十二月，上復諭曰：「向朕以卿年老，視朝之日侍立爲勞，令用寶時退坐廊下，而卿違之，復侍立終朝，豈有司不爲設榻耶，卿其勉從朕意。」元光元年四月，汝礪跪奏事，上命起曰：「卿大臣也，所言皆社稷計。朕之責卿惟在盡誠，何事小謹，自今勿復爾也。」

七月，上謂宰臣曰：「昔有言世宗太儉者，或曰不爾則安得廣畜積。章宗時用度甚多，而得不闕乏者，蓋先朝有以遺之也。」汝礪因進言曰：「儉乃帝王大德，陛下言及此，天下福也。」九月，上又謂宰臣曰：「有功者雖有微過亦當貸之，無功者豈可貸耶。然有功者人喜謗議。凡有以功過言於朕者，朕必深求其實，雖近侍爲言不敢輕信，亦未嘗徇一己之愛憎

也。」汝礪因對曰：「公生明，偏生暗。凡人多徇愛憎，不合公議。陛下聖明，故能如是耳。」

二年正月，復乞致政，上面諭曰：「今若從卿，始終之道俱盡，於卿甚安，在朕亦爲美事。但時方多故，而朕復不德，正賴舊人輔佐，故未能遂卿高志耳。」汝礪固辭，竟不許，因謂曰：「朕每聞人有所毀譽，必求其實。」汝礪對曰：「昔齊威王封卽墨大夫，烹阿大夫及左右之嘗毀譽者，由是羣臣恐懼，莫敢飾非，齊國大治。陛下言及此，治安可期也。」二月，上以汝礪年高，免朝拜，侍立久則憩于殿下，仍勅有司設榻焉。三月，又乞致仕，復優詔不許。上謂羣臣曰：「人有才堪任事，而處心不正者，終不足貴。」汝礪對曰：「其心不正而濟之以才，所謂虎而翼者也，雖古聖人亦未易知。」上以爲然，他日復謂宰臣曰：「凡人處心善良而行事忠實，斯爲難得。若言巧心僞，亦復何用。然善良者，人又多目爲平常。」汝礪對曰：「人材少全，亦隨其所長取之耳。」上然之。五月，上問宰執以修完京城樓櫓事，汝礪奏：「所用皆大木，顧今難得，方令計置。」上曰：「朕宮中別殿有可用者卽用之。」汝礪對以不宜毀，上曰：「所居之外，毀亦何害，不愈於勞民遠致乎。」

哀宗初卽位，諫官言汝礪欺君固位，天下所共嫉，宜黜之以厲百官。哀宗曰：「昔惠帝言，我不如高帝，當守先帝法耳。汝礪乃先帝立以爲相者，又可黜歟。」又有投匿名書云：「高某不退當殺之。」汝礪因是告老，優詔不許。正大元年三月，薨，年七十一，配享宣宗廟。

爲人愼密廉潔，能結人主知，然規守格法，循嘿避事，故爲相十餘年未嘗有譴訶。貪戀不去，當時士論頗以爲譏云。

張行信字信甫，先名行忠，[四]避莊獻太子諱，改焉。行簡弟也。登大定二十八年進士第，累官銅山令。明昌元年，以廉擢授監察御史。泰和三年，同知山東西路轉運使，俄簽河東路按察司事。四年四月，召見于泰和殿，行信因言二事，一依舊移轉吏目以除民害，一徐、邳地下宜麥，稅粟許納麥以便民。上是其言，令尚書省議行之。

崇慶二年，爲左諫議大夫。時胡沙虎已除名爲民，賂遺權貴，將復進用。舉朝無敢言者，行信乃上章曰：「胡沙虎殘忍凶悖，跋扈强梁，媚結近習，以圖稱譽。自其廢黜，士庶莫不忻悅。今若復用，惟恐爲害更甚前日，況利害之機更有大於此者。」書再上，不報。及胡沙虎弑逆，人甚危之，行信坦然不顧也。

是歲九月，宣宗卽位，改元貞祐。行信以皇嗣未立，無以係天下之望，上疏曰：「自古人君卽位，必立太子以爲儲副，必下詔以告中外。竊見皇長子每遇趨朝，用東宮儀衞，及至丹墀，還列諸王班。況已除侍臣，而今未定其禮，可謂名不正言不順矣。昔漢文帝元年，首立子啓爲太子者，所以尊祖廟、重社稷也。願與大臣詳議，酌前代故事，早下明詔，以定其位，

愼選宮僚，輔成德器，則天下幸甚。」上嘉納之。

胡沙虎誅，上封事言正刑賞，辭載胡沙虎傳。又言：「自兵興以來，將帥甚難其人，願陛下令重臣各舉所知，才果可用，卽賜召見，褒顯獎諭，令其自效，必有奮命報國者。昔李牧爲趙將，軍功爵賞皆得自專，出攻入守不從中覆，遂能北破大敵，西抑强秦。今命將若不以文法拘繩，中旨牽制，委任責成，使得盡其智能，則克復之功可望矣。」上善其言。時方擢任王守信、賈耐兒者爲將，皆鄙俗不材，不曉兵律，行信懼其誤國，上疏曰：「易稱『開國承家，小人勿用』。聖人所以垂戒後世者，其嚴如此。今大兵縱横，人情恟懼，應敵興理非賢智莫能。狂子庸流，猥蒙拔擢，參預機務，甚無謂也。」於是，上皆罷之。

權元帥右都監內族訛可率兵五千護糧通州，遇兵輒潰，行信上章曰：「御兵之道，無過賞罰，使其臨敵有所慕而樂於進，有所畏而不敢退，然後將士用命而功可成。若訛可敗衄，宜明正其罪，朝廷寬容，一切不問，臣恐御兵之道未盡也。」詔報曰：「卿意具悉，訛可等已下獄矣。」

時中都受兵，方遣使請和，握兵者畏縮不敢戰，曰「恐壞和事」。行信上言：「和與戰二事本不相干，奉使者自專議和，將兵者惟當主戰，豈得以和事爲辭。自崇慶來，皆以和誤，若我軍時肯進戰，稍挫其鋒，則和事成也久矣。頃北使既來，然猶破東京，略河東。今我使方行，將帥輒按兵不動，於和議卒無益也。事勢益急，芻糧益艱，和之成否蓋未可知，豈當閉門坐守以待斃哉。宜及士馬尙壯，擇猛將銳兵，防衞轉輸，往來拒戰，使之少沮，則附近蓄積皆可入京師，和議亦不日可成矣。」上心知其善而不能行。

二年三月，以朝廷括糧恐失民心，上書言：「近日朝廷令知大興府胥鼎便宜計畫軍食，鼎因奏許人納粟買官。既又遣參知政事奧屯忠孝括官民糧，戶存兩月，餘悉令輸官，酬以爵級銀鈔。時有粟者或先具數于鼎，未及入官。忠孝復欲多得以明己功，凡鼎所籍者不除其數，民甚苦之。今米價踴貴，無所從糴，民糧止兩月又奪之，將不獨歸咎有司，亦怨朝廷不察也。大兵在邇，人方危懼，若復無聊，或生他變，則所得不償所損矣。」上深善其言，卽命與近臣往審處焉。仍諭忠孝曰：「極知卿盡心于公，然國家本欲得糧，今既得矣，姑從人便可也。」四月，遷山東東路按察使，兼轉運使，仍權本路宣撫副使。將行，求入見，上御便殿見之。奏曰：「臣伏見奧屯忠孝飾詐不忠，臨事慘刻，與胡沙虎爲黨。」歷數其罪，且曰：「無事時猶不容一相非才，況今多故，可使斯人與政乎？願卽罷之。」上曰：「朕始卽位，進退大臣自當以禮，卿語其親知，諷令求去可也。」行信以告右司郎中把胡魯白忠孝，忠孝不恤也。

三年二月，改安武軍節度使，兼冀州管內觀察使。始至，卽上書言四事，其一曰：「楊安

兒賊黨旦暮成擒，蓋不足慮。今日之急，惟在收人心而已。向者官軍討賊，不分善惡，一概誅夷，劫其資產，掠其婦女，重使居民疑畏，逃聚山林。今宜明勅有司，嚴爲約束，毋令劫掠平民。如此則百姓無不安之心，姦人詿脅之計不行，其勢漸消矣。」其二曰：「自兵亂之後，郡縣官豪，多能糾集義徒，摧擊土寇，朝廷雖授以本處職任，未幾遣人代之。夫舊者人所素服，新者未必皆才，緩急之間，啓釁敗事。自今郡縣闕員，乞令尚書省選人擬注。其舊官，民便安者宜就加任使，如資級未及，令攝其職，待有功則正授。庶幾人盡其才，事易以立。」其三曰：「掌軍官敢進戰者十無一二，其或有之，卽當責以立功，不宜更授他職。」其四曰：「山東軍儲皆鬻爵所獲，及或持勅牒求仕，選曹以等級有不當鬻者往往駁退。夫鬻所不當，有司罪也，彼何責焉。況海岱重地，羣寇未平，田野無所收，倉廩無所積，一旦軍餉不給，復欲鬻爵，其誰信之。」朝廷多用其議。八月，召爲吏部尚書。九月，改戶部尚書。十二月，轉禮部尚書，兼同修國史。

四年二月，爲太子少保，兼前職。時尚書省奏：「遼東宣撫副使完顏海奴言，參議官王澮嘗言，本朝紹高辛，黃帝之後也。昔漢祖陶唐，唐祖老子，皆爲立廟。我朝迄今百年，不爲黃帝立廟，無乃愧於漢、唐乎。」又云：「本朝初興，旗幟尚赤，其爲火德明矣。主德之祀，闕而不講，亦非禮經重祭祀之意。臣聞於澮者如此，乞朝廷議其事。」詔問有司，行信奏曰：

「按始祖實錄止稱自高麗而來，未聞出於高辛。今所據欲立黃帝廟，黃帝高辛之祖，借曰紹之，當爲木德，今乃言火德，亦何謂也。況國初太祖有訓，因完顏部多尚白，又取金之不變，乃以大金爲國號，未嘗議及德運。近章宗朝始集百僚議之，而以繼亡宋火行之絕，定爲土德，以告宗廟而詔天下焉。顧滄所言特狂妄者耳。」上是之。

八月，上將祔享太廟，詔依世宗十六拜之禮。行信與禮官參定儀注，上言宜從四十四拜之禮，上嘉納焉，語在禮志。祭畢，賜行信寶券二萬貫、重幣十端，諭之曰：「太廟拜禮，朕初欲依世宗所行，卿進奏章，備述隨室讀祝，殊爲中理。向非卿言，朕幾失之，故特以是旌賞，自今每事更宜盡心。」是年十二月，行信以父暐卒，去官。

興定元年三月，起復舊職，權參知政事。六月，眞拜參知政事。時高琪爲相，專權用事，惡不附己者，衣冠之士動遭窘辱，惟行信屢引舊制力抵其非。會宋兵侵境，朝廷議遣使詳問，高琪等以爲失體，行信獨上疏曰：「今以遣使爲不當，臣切惑之。議者不過曰：『遣使則爲先示弱，其或不報，報而不遜，則愈失國體。』臣獨以爲不然。彼幸吾釁隙，數肆侵掠，邊臣以兵却之復來，我大國不責以辭而敵以兵，茲非示弱乎。至於問而不報，報而不遜，曲自在彼，何損於我。昔大定之初，彼嘗犯順，世宗雖遣丞相烏者行省于汴，實令元帥撒合輦先爲辭詰之，彼遂伏罪。其後宋主奪取國書，朝廷復欲加兵，丞相婁室獨以爲不可，及刑部

尚書梁肅銜命以往，彝亦屈焉。在章宗時，猖狂最甚，猶先理問而後用兵。然則遣使詳問正國家故事，何失體之有。且國步多艱，戍兵滋久，不思所以休息之，如民力何。臣書生無甚高論，然事當機會，不敢不罄其愚，惟陛下察之。」上復令尚書省議，高琪等奏：「行信所言固遵舊制，然今日之事與昔不同。」詔姑待之。已而，高汝礪亦上言先遣使不便，議遂寢，語在汝礪傳。

時監察御史多被的決，行信乃上言曰：「大定間，監察坐罪大抵收贖，或至奪俸，重則外降而已，間有的決者皆有爲而然。當時執政程輝已嘗面論其非是，又有勅旨，監察職主彈劾，而或看循者，非謂凡失察皆然也。近日無問事之大小、情之輕重，一概的決，以爲大定故實、先朝明訓，過矣。」於是詔尚書省更定監察罪名制。

史館修章宗實錄，尚書省奏：「舊制，凡修史，宰相執政皆預焉。然女直、漢人各一員。崇慶中，既以參知政事梁瑭兼之，復命翰林承旨張行簡同事，蓋行簡家學相傳，多所考據。今修章宗實錄，左丞汝礪已充兼修，宜令參知政事行信同修如行簡例。」制可。

二年二月，出爲彰化軍節度使，兼涇州管內觀察使，諭之曰：「初，朕以朝臣多稱卿才，乃令參決機務。而廷議之際，每不據正，妄爲異同，甚非爲相之道。復聞邇來殊不以幹當爲意，豈欲求散地故耶。今授此職，卿宜悉之。」初，內族合周避敵不擊，且詭言密奉朝旨，下獄當誅。諸皇族多抗表乞從末減，高琪以爲自古犯法無告免者，行信獨曰：「事無古今，但合周平昔忠孝，或可以免。」又以行信族弟行貞居山東，受紅襖賊僞命，樞密院得宋人書，有干涉行信事，故出之。其子莒，時爲尚書省令史，亦命別加注授焉。

初，行信言：「今法，職官論罪，多從的決。伏見大定間世宗勅旨，職官犯故違聖旨，徒年、杖數並的決。然其後三十餘年，有司論罪，未嘗引用，蓋非經久爲例之事也。乞詳定之。」行信既出，上以其章付尚書省。至是，宰臣奏：「自今違奏條之所指揮、及諸條格，當坐違制旨者，其徒年、杖數論贖可也。特奉詔旨違者，依大定例。」制可。行信去未久，上嘗諭宰臣曰：「自張行信降黜，卿等遂緘默，此殊非是。行信事，卿等具知，豈以言之故耶。自今宜各盡言，毋復畏忌。」

行信始至涇，卽上書曰：「馬者甲兵之本，方軍旅未息，馬政不可緩也。臣自到涇，聞陝右豪民多市於河州，轉入內地，利蓋百倍。及見省差買馬官平涼府判官烏古論桓端市于洮州，以銀百鋌幾得馬千疋，云生羌木波諸部蕃族人戶畜牧甚廣。蓋前所遣官或抑其直，或以勢陵奪，遂失其和，且常患銀少，所以不能多得也。又聞蕃地今秋薄收，鬻馬得銀輒以易粟。冬春之交必艱食，馬價甚低。乞令所司輦銀粟于洮、河等州，選委知蕃情、達時變如桓端者貿易之。若捐銀萬兩，可得良馬千疋，機會不可失，惟朝廷亟圖之。」

又曰：「比者沿邊戰士有功，朝廷遣使宣諭，賜以官賞，莫不感戴聖恩，願出死力，此誠得激勸之方也。然賻遺使者或馬或金，習以爲常，臣所未諭也。大定間，嘗立送宣禮，自五品以上各有定數，後竟停罷。況今時務與昔不同，而六品以下及止遷散官者，亦不免饋獻，或莫能辦，則斂所部以應之，至有因而獲罪者。彼軍士效死立功，僅蒙恩賞，而反以饋獻爲苦，是豈朝廷之意哉。乞令有司依大定例，參以時務，明立等夷，使取予有限，無傷大體，則上下兩得矣。」

又曰：「近聞保舉縣令，特增其俸，此朝廷爲民之善意也。然自關以西，尚未有到任者，遠方之民不能無望，豈舉者猶寡，而有所不敷耶。乞詔內外職事官，益廣選舉，以補其闕，使天下均受其賜。且丞、簿、尉亦皆親民，而獨不增俸，彼既不足以自給，安能禁其侵牟乎。或謂國用方闕，不宜虛費，是大不然。夫重吏祿者，固使之不擾民也，民安則國定，豈爲虛費。誠能裁減冗食，不養無用之人，亦何患乎不足。今一軍充役，舉家廩給，軍旣物故，給其子弟，感悅士心，爲國盡力耳。至於無男丁而其妻女猶給之，此何謂耶？自大駕南巡，存贍者已數年，張頤待哺，以困農民。國家糧儲常患不及，顧乃久養此老幼數千萬口，冗食虛費，正在是耳。如卽罷之，恐其失所，宜限以歲月，使自爲計，至期而罷，復將何辭。」上多採納焉。

元光元年正月，還保大軍節度使，兼鄜州管內觀察使。二月，改靜難軍節度使，兼邠州管內觀察使。未幾，致仕。哀宗卽位，徵用舊人，起爲尙書左丞，言事稍不及前，人望頗減。尋復致仕家居，惟以抄書敎子孫爲事，葺園池汴城東，築亭號「靜隱」，時時與侯摯輩游詠其間。正大八年二月乙丑，薨于嵩山崇福宮，年六十有九。初遊嵩山，嘗曰：「吾意欲主此山」，果終于此。

爲人純正眞率，不事修飾，雖兩登相位，殆若無官然。遇事輒發，無所畏避，每奏事上前，旁人爲動色，行信處之坦如也。及薨之日，雖平昔甚媢忌者，亦曰正人亡矣。初至汴，父暐以御史大夫致仕猶康健，兄行簡爲翰林學士承旨，行信爲禮部尙書，諸子姪多中第居官，當世未之有也。

贊曰：高汝礪褆身淸愼，練達事宜，久居相位，雖爲大夫士所鄙，而人主寵遇不衰。張行信礪志謇諤，言無避忌，然一簉政塗，便多坎壈，及其再用，論事稍不及前，豈以汝礪爲眞可法耶。宣宗伐宋本非萬全之策，行信諫，汝礪不諫，又沮和議。胡沙虎之惡未著，行信兩疏擊之。汝礪與高琪共事，人疑其黨附。優劣可概見於斯矣。

校勘記

〔一〕則穀價自平矣　「則」原作「例」，據文義改。

〔二〕以閒宰職曰　「職」似當作「執」。

〔三〕時朝廷以賈仝苗道潤等相攻不和　「仝」原作「全」。按本書卷一一八苗道潤傳，「旣而道潤與賈仝、賈瑀互相攻擊，詔道潤、賈仝、王福、武仙、賈瑀分畫各路元帥府控制之」。又同卷郭文振傳，「興定元年，詔文振接應苗道潤恢復中都，會道潤與賈仝相攻而止」。皆作「賈仝」。今據改。

〔四〕先名行忠　按「行忠」，中州集壬集小傳作「行中」。

金史卷一百八

列傳第四十六

胥鼎　侯摯　把胡魯　師安石

胥鼎字和之，尙書右丞持國之子也。大定二十八年擢進士第，入官以能稱，累遷大理丞。承安二年，持國卒，去官。四年，尙書省起復爲著作郞。上曰：「鼎故家子，其才如何？」宰臣奏曰：「爲人甚幹濟。」上曰：「著作職閑，緣今無他闕，姑授之。」未幾，遷右司郞中，轉工部侍郞。泰和六年，鼎言急遞鋪轉送文檄之制，上從之，時以爲便。至寧初，中都受兵，由戶部尙書拜參知政事。

貞祐元年十一月，出爲泰定軍節度使，兼兗州管內觀察使，未赴，改知大興府事，兼中都路兵馬都總管。二年正月，鼎以在京貧民闕食者衆，宜立法振救，乃奏曰：「京師官民有能贍給貧人者，宜計所贍遷官升職，以勸獎之。」遂定權宜鬻恩例格，如進官升職、丁憂人許

應舉求仕、官監戶從良之類，入粟草各有數，全活甚衆。四月，拜尙書右丞，仍兼知府事。五月，宣宗將南渡，留爲汾陽軍節度使，兼汾州管內觀察使。十一月，改知平陽府事，兼河東南路兵馬都總管，權宣撫使。

三年四月，建言利害十三事，若積軍儲、備黃河、選官讞獄、簡將練卒、鈔法、版籍之類，上頗採用焉。又言：「平陽歲再被兵，人戶散亡，樓櫓修繕未完，衣甲器械極少，庾廩無兩月食。夏田已爲兵蹂，復不雨，秋種未下。雖有復業殘民，皆老幼，莫能耕種，豈足徵求。比聞北方劉伯林聚兵野狐嶺，將深入平陽、絳、解、河中，遂抵河南。戰禦有期，儲積未備，不速錯置，實關社稷生靈大計。乞降空名宣勅一千、紫衣師德號度牒三千，以補軍儲。」上曰：「鼎言是也，有司其如數亟給之。」

七月，就拜本路宣撫使，兼前職。朝廷欲起代州戍兵五千，鼎上言：「嶺外軍已皆南徙，代爲邊要，正宜益兵保守，今更損其力，一朝兵至，何以待之。平陽以代爲藩籬，豈可撤去。」尙書省奏宜如所請，詔從之。又言：「近聞朝廷令臣淸野，切謂臣所部乃河東南路，太原則北路也，大兵若來，必始於北。故淸野當先北而後南。況北路禾稼早熟，其野旣淸，兵無所掠，則勢當自止。不然，南路雖淸，而穀草委積於北，是資兵而召之南也。臣已移文北路宣撫司矣，乞更詔諭之。」旣而大兵果出境，賜詔獎諭曰：「卿以文武之才，膺兵民之寄，往

鎮方面，式固邊防，坐釋朕憂，孰如卿力。益懋忠勤之節，以收綏靜之功，仰副予心，嗣有後寵。」尋以能設方略退兵，進官一階。

十月，鼎上言：「臣所將義軍，皆從來背本趨末、勇猛兇悍、盜竊亡命之徒，苟無訓練統攝官以制之，則朋聚黨植，無所不至。乞許臣便宜置總領義軍使、副及彈壓，仍每五千人設訓練一員，不惟預爲防閑，使有畏忌，且令武藝精熟，人各爲用。」上從之。

四年正月，大兵略霍、吉、隰三州，已而步騎六萬圍平陽，急攻者十餘日，鼎遣兵屢却之，且上言：「臣以便宜立官賞，預張文牓，招還脅從人七千有奇，續至者又六千餘，俱令復業。竊謂凡被俘未歸者，更宜多方招誘，已歸者所居從便，優加存恤，無致失所。」制可。二月，拜樞密副使，權尚書左丞，行省于平陽。時鼎方抗表求退，上不許，因進拜焉，且遣近侍諭曰：「卿父子皆朕所知，向卿執政時，因有人言，遂以河東事相委，果能勉力以保無虞。方國家多難，非卿孰可倚者。卿退易耳，能勿慮社稷之計乎。今特授卿是任，咫尺防秋，更宜悉意。」

時河南粟麥不令興販渡河，鼎上言曰：「河東多山險，平時地利不遺，夏秋荐熟，猶常藉陝西、河南通販物斛。況今累值兵戎，農民寖少，且無雨雪，闕食爲甚。又解州屯兵數多，糧儲僅及一月。伏見陝州大陽渡、河中大慶渡皆邀阻粟麥，不令過河，臣恐軍民不安，或生

內患。伏望朝廷聽其輸販，以紓解州之急。」從之。

又言：「河東兵革之餘，疲民稍復，然丁牛既少，莫能耕稼，重以亢旱蝗螟，而餽餉所須，徵科頗急，貧無依者俱已乏食，富戶宿藏亦爲盜發，蓋絕無而僅有焉，其憔悴亦已甚矣。有司宜奉朝廷德意，以謀安集，而潞州帥府遣官於遼、沁諸郡搜括餘粟，懸重賞誘人告訐，州縣憚帥府，鞭箠械繫，所在騷然，甚可憐憫。今大兵既去，惟宜汰冗兵，省浮費，招集流亡，勸督農事。彼不是務，而使瘡痍之民重罹茲苦，是兵未來而先自弊也。願朝廷亟止之，如經費果闕，以恩例勸民入粟，不猶愈於强括乎。」又言：「霍州回牛、鳳棲嶺諸隘，戍卒幾四千。今兵既去而農事方興，臣乞量留偵候，餘悉遣歸，有警復徵。既休民力，且省縣官，萬一兵來，亦足禦遏。舉一事而獲二利，臣敢以爲請。」詔趣行之。

又言：「河東兩路農民寖少，而兵戍益多，是以每歲糧儲常苦不繼。臣切見潞州元帥府雖設鬻爵恩例，然條目至少，未盡勸誘之術，故進獻者無幾。宜增益其條，如中都時，仍許各路宣撫司俱得發賣，庶幾多獲貯儲，以濟不給。」於是尚書省更定制奏行焉。

又言：「交鈔貴於通流，今諸路所造不敷所出，苟不以術收之，不無闕誤。宜從行省行部量民力徵斂，以裨軍用。河中宣撫司亦以寶券所支已多，民不貴，乞驗民貧富徵之。雖然，陝西若一體徵收，則彼中所有日湊于河東，其與不斂何異。又河北寶券以不許行于河

南，由是愈滯，將誤軍儲而啓釁端。」時以河北寶券商旅齎販南渡，致物價翔貴，權限路分行用，因鼎有言，罷之。

又言：「比者朝廷命擇義軍爲三等，臣卽檄所司，而潞帥必蘭阿魯帶言：『自去歲初置帥府時已按閱本軍，去其冗者。部分既定，上下既親，故能所向成功。此皆血戰之餘，屢試可者。且又父子兄弟自相赴援，各顧其家，心一而力齊，勢不可離。今必析之，將互易而不相諳矣。國家糧儲常恐不繼，豈容僥冒，但本府兵不至是耳。況潞州北卽爲異境，日常備戰，事務方殷，而分別如此，彼居中下者皆將氣挫心懈而不可用，慮恐因得測吾虛實。且義軍率皆農民，已各散歸田畝，趨時力作。若徵集之，動經旬日，農事廢而歲計失矣。乞從本府所定，無輕變易。』臣切是其言。」時阿魯帶奏亦至，詔遂許之。

又言：「近偵知北兵駐同、耀，竊慮梗吾東西往來之路，遂委河中經略使陀滿胡土門領軍赴援。今兵勢將叩關矣，前此臣嘗奏聞，北兵非止欲攻河東、陝西，必將進取河南。雖已移文陝州行院及陝西鄰境，俱令設備，恐未卽遵行。乞詔河南行院統軍司，議所以禦備之策。」上以示尚書省，宰臣奏：「兵已踰關，惟宜嚴責所遣帥臣趣迎擊之，及命鼎益兵渡河以掣其肘。」制可。既而鼎聞大兵已越關，乃急上章曰：「臣叨蒙國恩擢列樞府，凡有戎事，皆當任之。今入河南，〔一〕將及畿甸，豈可安據一方，坐視朝廷之急，而不思自奮以少寬陛下

之憂乎。去歲頒降聖訓，以向者都城被圍四方無援爲恨，明勑將帥，若京師有警，卽各提兵奔赴，其或不至自有常刑。臣已奉詔，先遣潞州元帥左監軍必蘭阿魯帶領軍一萬、孟州經略使徒單百家領兵五千，由便道濟河以趨關、陝，臣將親率平陽精兵直抵京師，與王師相合。」又奏曰：「京師去平陽千五百餘里，儻俟朝廷之命方圖入援，須三旬而後能至，得無失其機耶。臣以身先士卒倍道兼行矣。」上嘉其意，詔樞府督軍應之。

初，鼎以將率兵赴援京師，奏乞委知平陽府事王質權元帥左監軍，同知府事完顏僧家奴權右監軍，以鎮守河東，從之。至是，鼎拜尚書左丞，兼樞密副使。是時，大兵已過陝州，自關以西皆列營柵，連亙數十里。鼎慮近薄京畿，遂以河東南路懷、孟諸兵合萬五千，由河中入援，又遣遙授河中府判官僕散掃吾出領軍趨陝西，併力禦之。且慮北兵扼河，移檄絳、解、吉、隰、孟州經略司，相與會兵以爲夾攻之勢。已而北兵果由三門、集津北渡而去。

鼎復上言：「自兵興以來，河北潰散軍兵、流亡人戶，及山西、河東老幼，俱徙河南。〔二〕在處僑居，各無本業，易至動搖。竊慮有司妄分彼此，或加迫遣，以致不安。今兵日益盛，將及畿甸，儻復誘此失職之衆使爲鄉導，或驅之攻城，豈不益資其力。乞朝廷遣官撫慰，及令所司嚴爲防閑，庶幾不至生釁。」上從其計，遣監察御史陳規等充安撫捕盜官，巡行郡邑。大兵還至平陽，鼎遣兵拒戰，不利乃去。

興定元年正月，上命鼎選兵三萬五千，付陀滿胡土門統之西征。至是，鼎馳奏以爲非便，略曰：「自北兵經過之後，民食不給，兵力未完。若又出師，非獨饋運爲勞，而民將流亡，愈至失所。或宋人乘隙而動，復何以制之，此繫國家社稷大計。方今事勢，止當禦備南邊，西征未可議也。」遂止。是月，進拜平章政事，封莘國公。又上奏曰：「臣近遣太原、汾、嵐官軍以備西征，而太原路元帥左監軍烏古論德升以狀白臣，甚言其失計。臣愚以爲德升所言可取，敢具以聞。」詔付尚書省議之，語在德升傳。〔三〕三月，鼎以祖父名章，乞避職，詔不從。

朝廷詔鼎舉兵伐宋，且令勿復有言以沮成算。鼎已分兵由秦、鞏、鳳翔三路並進，乃上書曰：「竊懷愚懇，不敢自默，謹條利害以聞。昔泰和間，蓋嘗南伐，時太平日久，百姓富庶，馬蕃軍銳，所謂萬全之舉也，然猶亟和，以偃兵爲務。大安之後，北兵大舉，天下騷然者累年，然軍馬氣勢視舊纔十一耳。至于器械之屬亦多損弊，民間差役重繁，寖以疲乏，而日勤師旅，遠近動搖，是未獲一敵而自害者衆，其不可一也。今歲西北二兵無入境之報，此非有所憚而不敢也，意者以去年北還，姑自息養，不然則別部相攻，未暇及我。如聞王師南征，乘隙併至，雖有潼關、大河之險，殆不足恃，則三面受敵者首尾莫救，得無貽後悔乎？其不可二也。凡兵雄于天下者，必其士馬精強，器械犀利，且出其不備而後能取勝也。宋自泰和再修舊好，練兵峙糧，繕修營壘，十年于茲矣。又車駕至汴，益近宋境，彼必朝夕憂懼，委

曲爲防。況聞王師已出唐、鄧，必徙民渡江，所在清野，止留空城，使我軍無所得，徒自勞費，果何益哉？其不可三也。宋我世讎，比年非無恢復舊疆、洗雪前耻之志，特畏吾威力，不能窺其虛實，故未敢輕舉。今我軍皆山西、河北無依之人，或招還逃軍，脅從歸國，大抵烏合之衆，素非練習，而遽使從戎，豈能保其決勝哉。雖得其城，內無儲蓄，亦何以守。以不練烏合之軍，深入敵境，進不得食，退無所掠，將復遁逃嘯聚爲腹心患，其不可四也。發兵進討，欲因敵糧，此事不可必者。隨軍轉輸，則又非民力所及。沿邊人戶雖有恒產，而賦役繁重，不勝困憊。又凡失業寓河南者，類皆衣食不給。貧窮之迫，盜所由生，如宋人陰爲招募，誘以厚利，使爲鄉導，伺我不虞突而入寇，則內有叛民，外有勍敵，未易圖之，其不可五也。今春事將興，若進兵不還，必違農時，以誤防秋之用，此社稷大計，豈特疆場利害而已哉，其不可六也。臣愚以爲止當遴選材武將士，分布近邊州郡，敵至則追擊，去則力田，以廣儲蓄。至于士氣益强，民心益固，國用豐饒，自可恢廓先業，成中興之功，一區區之宋何足平乎。」詔付尚書省，宰臣以爲諸軍既進，無復可議，遂寢。

既而元帥承裔等取宋大散關，上諭鼎曰：「所得大散關，可保則保，不可則焚毀而還。」於是鼎奏：「臣近遣官問諸帥臣，皆曰散關至蔫關諸隘，其地遠甚，中間堡壘相望，如欲分屯非萬人不可。而又有恒州、虢縣所直數關，宋兵皆固守如舊，緩急有事當復分散關之兵。

餘衆數少必不能支，而鳳翔、恒、隴亦無應援，恐兩失之。且比年以來，民力困於調度，今方春農事已急，恐妨耕墾，不若焚毀此關，但屯邊隘以張其勢，彼或來侵，互相應援易爲力也。」制可。

二年四月，鼎乞致仕，上遣近侍諭曰：「卿年既耄，朕非不知，然天下事方有次第，卿舊人也，姑宜勉力以終之。」鼎以宣宗多親細務，非帝王體，乃上奏曰：「天下之大，萬機之衆，錢穀之冗，非九重所能兼，則必付之有司，天子操大綱、責成功而已，況今多故，豈可躬親細務哉？惟陛下委任大臣，坐收成算，則恢復之期不遠矣。」上覽其奏不悅，謂宰臣曰：「朕惟恐有怠，而鼎言如此何耶？」高琪奏曰：「聖主以宗廟社稷爲心，法上天行健之義，憂勤庶政，夙夜不遑，乃太平之階也。鼎言非是。」上喜之。

三年正月，上言：「沿邊州府官既有減定資歷月日之格，至于掌兵及守禦邊隘者，征行暴露，備歷艱險，宜一體減免，以示激勸。」從之。二月，上言：「近制，軍前立功犯罪之人，行省、行院、帥府不得輒行誅賞。夫賞由中出則恩有所歸，茲固至當。至于部分犯罪，主將不得施行，則下無所畏而令莫得行矣。」宰臣難之，上以問樞密院官，對如鼎言，乃下詔，自今四品以下皆得裁決。

時元帥內族承裔、移剌粘何伐宋，所下城邑多所焚掠，於是鼎上言：「承裔等奉詔宣揚

國威，所謂『弔民伐罪』者也。今大軍已克武休，將至興元。興元乃漢中、西蜀喉衿之地，乞諭帥臣，所得城邑姑無焚掠，務慰撫之。誠使一郡帖然，秋毫不犯，則其餘三十軍，將不攻自下矣。若拒王師，乃宜有戮。」上甚是其言，遂詔諭承裔。鼎以年老屢上表求致仕，上謂宰臣曰：「胥鼎以老求退，朕觀其精力未衰，已遣人往慰諭之。鼎嘗薦把胡魯，以爲過己遠甚，欲以自代。胡魯固佳，至于駕馭人材，處決機務，不及鼎多矣。」俄以伐宋有功，遷官一階。

八月，上言：「臣奉詔兼節制河東，近晉安帥府令百里內止留桑棗果木，餘皆伐之。方今秋收，乃爲此舉以奪其事，既不能禦敵而又害民，非計也。且一朝警急，其所伐木豈能盡去，使不資敵乎。他木雖伐，桑棗舍屋獨非木乎，此殆徒勞。臣已下帥府止之，而左都監完顏閭山乃言嘗奉旨清野，臣不知其可。」詔從鼎便宜規畫。是時，大元兵大舉入陝西，鼎多料敵之策，朝臣或中沮之，上諭樞密院官曰：「胥鼎規畫必無謬誤，自今卿等不須指授也。」尋又遣諭曰：「卿專制方面，凡事得以從宜規畫，又何必一一中覆，徒爲逗遛也。」

四年，進封溫國公，致仕，詔諭曰：「卿屢求退，朕初不許者，俟其安好，復爲朕用爾。今從卿請，仍可來居京師，或有大事得就諮決也。」五年三月，上遣近侍諭鼎及左丞賈益謙曰：「自去冬至今，雨雪殊少，民心不安，軍用或闕，爲害甚重。卿等皆名臣故老，今當何以處

之。欲召赴尚書省會議，恐與時相不合，難於面折，故令就第延問，其悉意以陳，毋有所隱。」元光元年五月，上勅宰相曰：「前平章胥鼎、左丞賈益謙、工部尚書札里吉、翰林學士孛迭，皆致政老臣，經練國事，當邀赴省與議利害。」仍遣侍官分詣四人者諭意焉。〔四〕

六月，晉陽公郭文振奏：「河朔受兵有年矣，向皆秋來春去，今已盛暑不廻，且不嗜戕殺，恣民耕稼，此殆不可測也。樞府每檄臣會合府兵進戰，蓋公府雖號分封，力實單弱，且不相統攝，方自保不暇，朝廷不卽遣兵爲援，臣恐人心以謂舉棄河北，甚非計也。伏見前平章政事胥鼎，才兼將相，威望甚隆，向行省河東，人樂爲用。今雖致政，精力未衰，乞付重兵，使總制公府，同力戰禦，庶幾人皆響應，易爲恢復，惟陛下圖之。」

明年，宣宗崩，哀宗卽位。正大二年，起復，拜平章政事，進封英國公，行尚書省于衞州。鼎以衰病辭，上諭曰：「卿向在河東，朝廷倚重。今河朔州郡多歸附，須卿圖畫。卿先朝大臣，必濟吾事，大河以北，卿皆節制。」鼎乃力疾赴鎮，來歸者益衆。鼎病不能自持，復申前請，優詔不許。三年，復上章請老，且舉朝賢練軍政者自代。詔答曰：「卿往在河東，殘破孤危，殆不易保，卿一至而定。迄卿移鎮，敵不復侵。何乃過爲嫌避？且君臣均爲一體，朕待下亦豈自殊，自外之語殆爲過計。況餘人才力孰可副卿者。卿年高久勞於外，朕豈不知，但國家百年積累之基，河朔億萬生靈之命，卿當勉出壯圖，同濟大事。」鼎奉詔惶懼不敢

退。是年七月，薨。

鼎通達吏事，有度量，爲政鎭靜，所在無賢不肖皆得其歡心。南渡以來，書生鎭方面者，惟鼎一人而已。

侯摯初名師尹，避諱改今名，字莘卿，東阿人。明昌二年進士，入官慷慨有爲。承安間，積遷山東路鹽使司判官。泰和元年，以課增四分，特命遷官二階。八年七月，追官一階，降授長武縣令。初，摯爲戶部主事，與王謙規措西北路軍儲以代張煒，〔五〕摯上章論本路財用不實，至是降除焉。貞祐初，大兵圍燕都，時摯爲中都麴使，請出募軍，已而嬰城有功，擢爲右補闕。二年正月，詔摯與少府監丞李迥秀分詣西山招撫。宣宗南渡，轉勸農副使，提控紫荆等關。俄遷行六部侍郎。三年四月，同簽樞密院阿勒根訛論等以謂「今車駕駐南京，河南兵不可易動，且兵不在多，以將爲本。侯摯有過人之才，儻假以便宜之權，使募兵轉糧，事無不克，可升爲尚書，以總制永錫、慶壽兩軍」。於是以摯爲太常卿，行尚書六部事，往來應給之。

摯遂上章言九事，其一曰：「省部所以總天下之紀綱，今隨路宣差便宜、從宜，往往不遵條格，輒劄付六部及三品以下官，其於紀綱豈不紊亂，宜革其弊。」其二曰：「近置四帥府，所統兵校不爲不衆，然而弗克取勝者，蓋一處受敵，餘徒傍觀，未嘗發一卒以爲援，稍見小却，則棄戈遁去，此師老將怯故也。將將之道，惟陛下察之。」其三曰：「率兵禦寇，督民運糧，各有所職，本不可以兼行，而帥府每令雜進，累遇寇至，軍未戰而丁夫已遁，行伍錯亂，敗之由也。夫前陣雖勝，而後必更者，恐爲敵所料耳，況不勝哉。用兵尚變，本無定形，今乃因循不改覆轍，臣雖素不知兵，妄謂率由此失。」其四曰：「雄、保、安肅諸郡據白溝、易水、西山之固，今多闕員，又所任者皆柔懦不武，宜亟選勇猛才幹者分典之。」其五曰：「漳水自衞至海，宜沿流設備，以固山東，使力穡之民安服田畝。」其六曰：「近都州縣官吏往往遠逃，蓋以往來敵中失身者多，兼轉輸頻併，民力困弊，應給不前復遭責罰，秩滿乃與他處一體計資考，實負其人。乞詔有司優定等級，以別異之。」其七曰：「兵威不振，罪在將帥輕敵妄舉，如近日李英爲帥，臨陣之際酒猶未醒，是以取敗。臣謂英既無功，其濫注官爵並宜削奪。」其八曰：「大河之北，民失稼穡，官無俸給，上下不安，皆欲逃竄。加以潰散軍卒還相剽掠，以致平民愈不聊生。宜優加矜恤，亟招撫之。」其九曰：「從來掌兵者多用世襲之官，此屬自幼驕惰不任勞苦，且心膽懦怯何足倚辦。宜選驍勇過人、衆所推服者，不考其素用之。」上略施行焉。

時元帥蒲察七斤以通州叛，累遣諜者問摯，摯恐爲所陷，上章自辯。詔諭之曰：「卿朕

素知，豈容間耶。其一意於職，無以猜嫌自沮也。」八月，權參知政事。俄拜參知政事，行尚書省于河北。先是，摯言：「河北東、西兩路最爲要地，而眞定守帥胡論出輒棄城南奔，州縣危懼。今防秋在邇，甚爲可憂，臣願募兵與舊部西山忠義軍往安撫之。」制可，故有是命。十一月，入見。壬申，遣祭河神于宜村。十二月，復行省于河北。

四年正月，進拜尚書右丞。嘗上言，宜開沁水以便饋運，至是，詔有司開之。是時，河北大飢，摯上言曰：「今河朔饑甚，人至相食，觀、滄等州斗米銀十餘兩，殍殣相屬。伏見沿河上下許販粟北渡，然每石官糴其八，彼商人非有濟物之心也，所以涉河往來者特利其厚息而已，利既無有，誰復爲之。是雖有濟物之名，而實無所渡之物，其與不渡何異。昔春秋列國各列疆界，然晉饑則秦輸之粟，及秦饑，晉閉之糴，千古譏之。況今天下一家，河朔之民皆陛下赤子，而遏糴兵革，尤爲可哀，其忍坐視其死而不救歟。人心惟危，臣恐弄兵之徒，得以藉口而起也。願止其糴，縱民輸販爲便。」詔尚書省行之。

時紅襖賊數萬人入臨沂、費縣之境，官軍敗之，生擒僞宣徽使李壽甫。訊之，則云其衆皆楊安兒、劉二祖散亡之餘，今復聚及六萬，賊首郝定者兖州泗水人，署置百官，僭稱大漢皇帝，已攻泰安、滕、兖、單諸州，及萊蕪、新泰等十餘縣，又破邳州硇子堌，得船數百艘，近遣人北構南連皆成約，行將跨河爲亂。摯以其言聞于上，且曰：「今邳、滕之路不通，恐實有

此謀。」遂詔摯行省事于東平，權本路兵馬都總管，以招誘之，若不從卽率兵捕討。興定元年四月，濟南、泰安、滕、兗等州土賊並起，肆行剽掠，摯遣提控遙授棣州防禦使完顏霆率兵討之，前後斬首千餘，招降僞元帥石花五、夏全餘黨壯士二萬人，老幼五萬口。

是年冬，陞資德大夫，兼三司使。二年二月，摯上言：「山東、河北數罹兵亂，遺民嗷嗷，實可哀卹，近朝廷遣官分往撫輯，其惠大矣。然臣忝預執政，敢請繼行，以宣布國家德信，使疲瘵者得以少蘇，是亦圖報之一也。」宰臣難之，無何，詔遣摯行省于河北，兼行三司安撫事。旣行，又上言曰：「臣近歷黃陵崗南岸，多有貧乏老幼自陳本河北農民，因敵驚擾故南遷以避，今欲復歸本土及春耕種，而河禁邀阻。臣謂河禁本以防閑自北來者耳，此乃由南而往，安所容姦，乞令有司驗實放渡。」詔付尚書省，宰臣奏「宜令樞府講究」，上曰：「民饑且死，而尙爲次第何耶。其令速放之。」

四月，招撫副使黃摑阿魯荅破李全於密州。初，賊首李全據密州及膠西、高密諸縣，摯督兵討之。會高密賊陳全等四人默白招撫副使黃摑阿魯荅，願爲內應，阿魯荅乃遣提控朱琛率兵五百赴之。時李全暨其黨于忙兒者皆在城中，聞官軍且西來，全潛逸去，忙兒不知所爲。阿魯荅馳抵城下，鼓譟逼之，賊守陴者八百人皆下乞降，餘賊四千出走，進軍邀擊之，斬首千級，俘百餘人，所獲軍實甚衆，遂復其城。是夜，琛又用陳全計，拔高密焉。六月，上遣諭摯曰：「卿勤勞王家，不避患難，身居相職而往來山堌水寨之間，保庇農民收穫二麥，忠恪之意朕所具知。雖然，大臣也，防秋之際亦須擇安地而處，不可墮其計中。」摯對曰：「臣蒙大恩，死莫能報，然承聖訓敢不奉行。擬駐兵于長淸縣之靈巖寺，有屋三百餘間，且連接泰安之天勝寨，介於東平、益都之間，萬一兵來，足相應援。」上恐分其兵糧，乃詔權移邳州行省。

九月，摯上言：「東平以東累經殘毀，至于邳、海尤甚，海之民戶曾不滿百而屯軍五千，邳戶僅及八百，軍以萬計。夫古之取兵以八家爲率，一家充軍七家給之，猶有傷生廢業、疲於道路之歎。今兵多而民不足，使蕭何、劉晏復生亦無所施其術，況於臣者何能爲哉。伏見邳、海之間，貧民失業者甚衆，日食野菜，無所依倚，恐因而嘯聚以益敵勢。乞募選爲兵，自十月給糧，使充戍役，至二月罷之，人授地三十畝，貸之種粒而驗所收穫，量數取之，逮秋復隸兵伍。且戰且耕，公私俱利，亦望被俘之民易于招集也。」詔施行之。

是時，樞密院以海州軍食不足，艱于轉輸，奏乞遷于內地。詔問摯，摯奏曰：「海州連山阻海，與沂、莒、邳、密皆邊隅衝要之地，比年以來爲賊淵藪者，宋人資給之故。若棄而他徙，則直抵東平無非敵境，地大氣增，後難圖矣，臣未見其可。且朝廷所以欲遷者，止慮糧儲不給耳。臣請盡力規畫，勸喩農民趨時耕種，且令賚鹽易糧，或置場宿遷，以通商旅，可不勞民力而辦。仍擇沭陽之地可以爲營屯者，分兵護邏，雖不遷無患也。」上是其言，乃止。

十月，先是，邳州副提控王汝霖以州廩將乏，扇其軍爲□。〔六〕山東東路轉運副使兼同知沂州防禦使程戩懼禍及己，遂與同謀，因結宋兵以爲外應。摯聞，卽遣兵捕之，訊覓具伏，汝霖及戩幷其黨彈壓崔榮、副統韓松、萬戶威誼等皆就誅，至是以聞。三年七月，設汴京東、西、南三路行三司，詔摯居中總其事焉。十月，以裏城畢工，遷官一階。四年七月，遷榮祿大夫，致仕。

天興元年正月，起復爲大司農。四月，歸大司農印，復致仕。八月，復起爲平章政事，封蕭國公，行京東路尙書省事。以軍三千護送就舟張家渡，行至封丘，敵兵覺，不能進。諸將卒謀倒戈南奔，留數騎衞摯。摯知其謀，遂下馬，坐語諸將曰：「敵兵環視，進退在我。汝曹不思持重，吾寧死於汝曹之手，不忍爲亂兵所蹂，以辱君父之命。」諸將諾而止，得全師以還，聞者壯之。十一月，復致仕。居汴中，有園亭蔡水濱，日與耆舊讌飮，及崔立以汴城降，爲大兵所殺。

摯爲人威嚴，御兵人莫敢犯。在朝遇事敢言，又喜薦士，如張文舉、雷淵、麻九疇輩皆由摯進用。南渡後宰執中，人望最重。

把胡魯，不詳其初起。貞祐二年五月，宣宗南遷，由左諫議大夫擢爲御前經歷官，上面諭之曰：「此行，軍馬朕自總之，事有利害可因近侍局以聞。」三年十一月，出爲彰化軍節度使，兼涇州管內觀察使。四年五月，改知京兆府事，兼本路兵馬都總管，充行省參議官。興定元年三月，授陝西路統軍使，兼前職。二年正月，召爲御史中丞。三月，上言：「國家取人，惟進士之選爲重，不求備數，務在得賢。竊見今場會試，考官取人泛濫，非求賢之道也。宜革其弊，依大定舊制。」詔付尚書省集文資官雜議，卒依泰和例行之。是月，拜參知政事。六月，詔權左副元帥，與平章胥鼎同事防秋。三年六月，平涼等處地震，胡魯因上言：「皇天不言，以象告人，災害之生必有其故，乞明諭有司，敬畏天戒。」上嘉納之，遣右司諫郭著往閱其迹，撫諭軍民焉。

四年四月，權尙書右丞、左副元帥，行尙書省、元帥府于京兆。時陝西歲運糧以助關東，民力寖困，胡魯上言：「若以舟楫自渭入河，順流而下，庶可少紓民力。」從之。時以爲便。

五年正月，朝議欲復取會州，胡魯上言：「臣竊計之，月當費米三萬石、草九萬稱，轉運丁夫不下十餘萬人。使此城一月可拔，其費已如此，況未必耶。臨洮路新遭刼掠，瘡痍未復，所須芻糧決不可辦，雖復取之慶陽、平涼、鳳翔及邠、涇、寧、原、恒、隴等州，亦恐未能無闕。今農事將興，沿邊常費已不暇給，豈可更調十餘萬人以餉此軍。果欲行之，則數郡春種盡廢矣。政使此城必得，不免留兵戍守，是飛輓之役無時而已也。止宜令承裔軍于定西、鞏州之地，護民耕稼，俟敵意怠，然後取之。」詔付省院曰：「其言甚當，從之可也。」

三月，上言：「禦敵在乎強兵，強兵在乎足食，此當今急務也。竊見自陝以西，州郡置帥府者九，其部衆率不過三四千，而長校猥多，虛糜廩給，甚無謂也。臣謂延安、鳳翔、鞏州邊隅重地固當仍舊，德順、平涼等處宜皆罷去。河南行院、帥府存沿邊並河者，餘亦宜罷之。」制可。

是年十月，〔七〕西北兵三萬攻延安，胡魯遣元帥完顏合達、元帥納合買住禦之，遂保延安。先是，胡魯以西北兵勢甚大，屢請兵於朝，上由是惡之。元光元年正月，遂罷參知政事，以知河中府事權安撫使。〔八〕於是陝西西路轉運使夾谷德新上言曰：「臣伏見知河中府把胡魯廉直忠孝，公家之利知無不爲，實朝廷之良臣也。去歲，兵入延安，胡魯遣將調兵，城賴以完，不爲無功。今合達、買住各授世封，而胡魯改知河中府。切謂方今用人之時，使謀略之臣不獲展力，緩急或失事機。誠宜復行省之任，使與承裔共守京兆，令合達、買住捍禦延安，以藩衞河南，則內外安矣。」不報。

六月，召爲大司農，既至汴，遂上言曰：「邇來羣盜擾攘，侵及內地，陳、潁去京不及四百

里，民居稀闊，農事半廢，蔡、息之間十去八九。甫經大赦，賊起益多，動計數百，驅牛焚舍，恣行剽掠，田穀雖熟莫敢穫者。所在屯兵率無騎士，比報至而賊已遁，叢薄深惡復難追襲，則徒形跡而已。今向秋成，奈何不爲處置也。」八月，復拜參知政事，上謂之曰：「卿頃爲大司農，巡行郡縣，盜賊如何可息？」對曰：「盜賊之多，以賦役多也。賦役省則盜賊息。」上曰：「朕固省之矣。」胡魯曰：「如行院、帥府擾之何。」上曰：「司農官既兼採訪，自今其令禁止之。」

初，胡魯拜命日，巡護衞紹王宅都將把九斤來賀，御史粘割阿里言：「九斤不當遊執政門，胡魯亦不當受其賀，請併案之。」於是詔諭曰：「卿昔行省陝西，擅出繫囚，此自人主當行，非臣下可專，人苟有言，其罪豈特除名。朕爲卿地，因而肆赦，以弭衆口，卿知之乎。今九斤有職守，且握兵柄，而縱至門下，法當責降，朕重卿素有直氣，故復曲留。公家事但當履正而行，要取人情何必爾也，卿其戒之。」是年十二月，進拜尚書右丞。

元光二年正月，上諭宰臣曰：「陝右之兵將退，當審後圖，不然今秋又至矣。右丞胡魯深悉彼中利害，其與共議之。」尋遣胡魯往陝西，與行省賽不、合達從宜規畫焉。哀宗即位，以有册立功，進拜平章政事。正大元年四月，薨。〔九〕詔加贈右丞相、東平郡王。胡魯爲人忠實，憂國奉公。及亡，朝廷公宰，下逮吏民，皆嗟惜之。

師安石字子安，清州人，本姓尹氏，避國諱更焉。承安五年詞賦進士。爲人輕財尙義。初補尙書省令史，適宣宗南遷，留平章完顏承暉守燕都，承暉將就死，以遺表託安石使赴行在，安石間道走汴以聞。上嘉之，擢爲樞密院經歷官。時哀宗在春宮，領密院事，遂見知遇。

元光二年，累遷御史中丞。其七月，上章言備禦二事，其一曰：「自古所以安國家、息禍亂，不過戰、守、避、和四者而已。爲今之計，守、和爲上。所謂守者，必求智謀之士，使內足以得戍卒之心，外足以挫敵人之銳，不惟彼不能攻，又可以伺其隙而敗之。其所謂和，則漢、唐之君固嘗用此策矣，豈獨今日不可用乎。乞令有司詳議而行。」其二曰：「今敵中來歸者頗多，宜豐其糧餉，厚其接遇，度彼果肯爲我用，則擇有心力者數十人，潛往以誘致其餘。來者既衆，彼必轉相猜貳，然後徐起而圖之，則中興之功不遠矣。」上嘉納之。

九月，坐劾英王守純附奏不實，決杖追官。及哀宗即位，正大元年擢爲同簽樞密院事。二年，復御史中丞。三年，工部尚書、權左參政。四年，進尚書右丞。五年，臺諫劾近侍張文壽、張仁壽、李麟之，安石亦論列三人不已，上怒甚，有旨謂安石曰：「汝便承取賢相，朕爲昏主，止矣。」如是數百言。安石驟蒙任用，遽遭摧折，疽發腦而死，上甚悼惜之。

贊曰：宣宗南遷，天命去矣，當是時雖有忠良之佐、謀勇之將，亦難爲也。然而汝礪、行信拯救于內，胥鼎、侯摯守禦于外，訖使宣宗得免亡國，而哀宗復有十年之久，人才有益于人國也若是哉。胡魯養兵惜穀之論，善矣。安石不負承暉之託，遂見知遇，以論列近侍觸怒而死，悲夫。

校勘記

〔一〕今入河南　據文義「今」下疑脫「北兵」二字。

〔二〕及山西河東老幼俱徙河南　按山西與河東意複。上文「北兵非止欲攻河東、陝西」，又「是時，大兵已過陝州，自關以西皆列營柵，連亙數十里」。疑「山西」當作「陝西」。

〔三〕語在德升傳　按本書卷一二二烏古論德升傳並無西征失計事。

〔四〕仍遣侍官分詣四人者諭意焉　按本書卷五六百官志，「近侍局，掌侍從，承勑令，轉進奏帖」。此「侍」上當脫「近」字。

〔五〕與王謙規措西北路軍儲以代張煒　「謙」原作「說」。按本書卷一〇〇張煒傳，「上問誰可代卿規措者，煒舉中都轉運戶籍判官王謙。謙至西北路盡發煒前後散失錢物以鉅萬計，對獄者積年」。

又卷一〇四王擴傳，「張煒職辦西北路糧草者數年，失亡多，尚書省奏擴考按，會煒亦舉王謙自代，王謙發其姦蠹，擴按之無所假借」。今據改。

〔六〕扇其軍爲□　「爲」字下當闕一「變」字或「亂」字，今以□誌缺。

〔七〕是年十月　按本書卷一六宣宗紀，興定五年「十一月，大元兵攻延安」。卷一一二完顏合達傳，興定五年十一月，「與元帥買住又戰延安，皆被重創，十二月以保延安功賜金帶一」。此「十」下疑脫「一」字。

〔八〕以知河中府事權安撫使　原脫「知」字。按下文有「臣伏見知河中府把胡魯廉直忠孝」句，知此處脫「知」字。道光四年殿本已補，今從之。

〔九〕正大元年四月薨　按本書卷一七哀宗紀，正大元年「五月戊戌，平章政事把胡魯薨」。作「五月」，與此異。

金史卷一百九

列傳第四十七

完顏素蘭　陳規　許古

完顏素蘭一名翼，字伯揚，至寧元年策論進士也。貞祐初，累遷應奉翰林文字，權監察御史。二年，宣宗遷汴，留皇太子於燕都，既而召之，素蘭以爲不可，平章高琪曰：「主上居此，太子宜從。且汝能保都城必完否？」素蘭曰：「完固不敢必，但太子在彼則聲勢俱重，邊隘有守則都城可無虞。昔唐明皇幸蜀，太子實在靈武，蓋將以繫天下之心也。」不從，竟召太子從。

七月，車駕至汴，素蘭上書言事，略曰：「昔東海在位，信用讒諂，疏斥忠直，以致小人日進，君子日退，紀綱紊亂，法度益隳。風折城門之關，火焚市里之舍，蓋上天垂象以儆懼之也。言者勸其親君子、遠小人，恐懼修省以答天變，東海不從，遂至亡滅。夫善救亂者必迹

其亂之所由生，善革弊者必究其弊之所自起，誠能大明黜陟以革東海之政，則治安之効可指日而待也。陛下龍興，不思出此，輒議南遷，詔下之日士民相率上章請留，啓行之日風雨不時，橋梁數壞，人心天意亦可見矣。此事既往，豈容復追，但自今尤宜戒愼，覆車之轍不可引轅而復蹈也。」

又曰：「國家不可一日無兵，兵不可一日無食。陛下爲社稷之計，宮中用度皆從貶損，而有司復多置軍官，不恤妄費，甚無謂也。或謂軍官之衆所以張大威聲，臣竊以爲不然。不加精選而徒務其多，緩急臨敵其可用乎？且中都惟其糧乏，故使車駕至此。稍獲安地，遂忘其危而不之備，萬一再如前日，未知有司復請陛下何之也。」

三年正月，素蘭自中都計議軍事廻，上書求見，乞屏左右。上遣人諭之曰：「屏人奏事，朕固常爾。近以游茂因緣生疑間之語，故凡有所引見，必令一近臣立侍，汝有封章亦無患不密也。」尋召至近侍局，給紙劄令書所欲言，書未及半，上出御便殿見之，悉去左右，惟近侍局直長趙和和在焉。素蘭奏曰：「臣聞興衰治亂有國之常，在所用之人如何耳。用得其人，雖衰亂尚可扶持，一或非才，則治安亦亂矣。向者糺軍之變，中都帥府自足勦滅，朝廷乃令移剌塔不也等招誘之，使帥府不敢盡其力，既不能招，愈不可制矣。至於伯德文哥之叛，帥府方議削其權，而朝廷傳旨俾領義軍，文哥由是益肆，改除之令輒拒不受，不臣之狀

亦顯矣。帥府方且收捕，而朝廷復赦之，且不令隸帥府。國家付方面於重臣，乃不信任，顧養叛賊之姦，不知誰爲陛下畫此計者。臣自外風聞，皆平章高琪之意，惟陛下裁察。」上曰：「汝言皆是。文哥之事，朕所未悉，誠如所言，朕肯赦之乎？且汝何以知此事出於高琪。」素蘭曰：「臣見文哥牒永清副提控劉溫云『所差人張希韓至自南京，道副樞平章處分，已奏令文哥隸大名行省，勿復遵中都帥府約束』。溫卽具言於帥府。然則，罪人與高琪計結明矣。」上頷之。素蘭續奏曰：「高琪本無勳勞，亦無公望，向以畏死故擅誅胡沙虎，蓋出無聊耳。一旦得志，妬賢能，樹姦黨，竊弄國權，自作威福。去歲，都下書生樊知一者詣高琪言，『糺軍不可信，恐終作亂』，遂以刀杖決殺之，自是無復敢言軍國利害者。宸聰之不通，下情之不達，皆此人罪也。及糺軍爲變，以黨人塔不也爲武寧軍節度使往招之，已而無成，則復以爲武衞軍使。塔不也何人，且有何功，而重用如此。以臣觀之，此賊變亂紀綱，戕害忠良，實有不欲國家平治之意。昔東海時，胡沙虎跋扈無上，天下知之，而不敢言，獨臺官烏古論德升、張行信彈劾其惡，東海不察，卒被其禍。今高琪之姦過於胡沙虎遠矣。臺諫職當言責，迫於兇威，噤不敢忤。然內外臣庶見其恣橫，莫不扼腕切齒，欲一剚刃，陛下何惜而不去之耶。臣非不知言出而患至，顧臣父子迭仕聖朝，久食厚祿，不敢偸安。惟陛下斷然行之，社稷之福也。」上曰：「此乃大事，汝敢及之，甚善。」素蘭復奏：「丞相福興，國之勳

舊，乞召還京，以鎭雅俗，付左丞豸多以留後事，足矣。」上曰：「如卿所言，二人得無相惡耶。」素蘭曰：「福興、豸多同心同德，無不協者。」上曰：「都下事殷，恐丞相不可輟。」素蘭曰：「臣聞朝廷正則天下正，不若令福興還，以正根本。」上曰：「朕徐思之。」素蘭出，上復戒曰：「今日與朕對者止汝二人，愼無泄也。」厥後，上以素蘭屢進直言，命再任監察御史。

四年三月，言：「臣近被命體問外路官，廉幹者擬不差遣，若懦弱不公者罷之，具申朝廷，別議擬注。臣伏念彼懦弱不公之人雖令罷去，不過止以待闕者代之，其能否又未可知，或反不及前官，蓋徒有選人之虛名，而無得人之實跡。古語曰『縣令非其人，百姓受其殃』。今若後官更劣，則爲患滋甚，豈朝廷恤民之意哉。夫守令，治之本也。乞令隨朝七品、外路六品以上官，各舉堪充司縣長官者，仍明著舉官姓名，他日察其能否，同定賞罰，庶幾其可。議者或以閡選法、紊資品爲言，是不知方今之事與平昔不同，豈可拘一定之法，坐視斯民之病而不權宜更定乎。」詔有司議行之。

時哀宗爲皇太子，春宮所設師保贊諭之官多非其人，於是素蘭上章言：「臣聞太子者天下之本也，欲治天下先正其本，正本之要無他，在選人輔翼之耳。夫生于齊者能齊言而不能楚語，未習之故也。人之性亦在夫習之而已。昔成王在襁褓中，卽命周、召以爲師保，戒其逸豫之心，告以持守之道，終之功光文、武，垂休無窮。欽惟陛下順天人之心，預建春宮。

皇太子仁孝聰明出于天資，總制樞務固已綽然有餘，儻更選賢如周、召之儔者使之夾輔，則成周之治不足侔矣。」上稱善。未幾，擢爲內侍局直長，尋遷諫議大夫，進侍御史。

興定二年四月，以蒲鮮萬奴叛，遣素蘭與近侍局副使內族訛可同赴遼東，詔諭之曰：「萬奴事竟不知果何如，卿等到彼當得其詳，然宜止居鐵山，若復遠去，則朕難得其耗也。」又曰：「朕以訛可性頗率易，故特命卿偕行，每事當詳議之。」素蘭將行，上言曰：「臣近請宣諭高麗復開互市事，聞以詔書付行省必蘭出。若令行省就遣諭之，不過鄰境頒受，恐中間有所不通，使聖恩不達於高麗，高麗亦無由知朝廷本意也。況彼世爲藩輔，未嘗闕臣子禮，如遣信使明持恩詔諭之，貸糧、開市二者必有一濟。苟俱不從，則其曲在彼，然後別議圖之可也。」上是其言，於是遣典客署書表劉丙從行。及還，授翰林待制。

正大元年正月，詔集羣臣議修復河中府，素蘭與陳規等奏其未可，語在規傳。是月，轉刑部郎中。時南陽人布陳謀反，坐繫者數百人，司直白華言於素蘭曰：「此獄詿誤者多，新天子方務寬大，他日必再詔推問，比得昭雪，死於榜笞之下者多矣。」素蘭命華及檢法邊澤分別當死、當免者，素蘭以聞，止坐首惡及擬僞將相者數人，餘悉釋之。八月，權戶部侍郎。二年三月，授京西司農卿，俄改司農大卿，轉御史中丞。七年七月，權元帥右都監、參知政事，行省於京兆。未幾，還金安軍節度使，兼同、華安撫使。既而，召還朝，行至陝被圍，久

之，亡奔行在，道中遇害。

素蘭莅官以修謹得名，然苛細不能任大事，較之輩流頗可稱。自擢爲近侍局直長，每進言多有補益。其居父喪，不飮酒，廬墓三年，時論以爲難。

陳規字正叔，絳州稷山人。明昌五年詞賦進士，南渡爲監察御史。貞祐三年十一月，上章言：「參政侯摯初以都西立功，獲不次之用，遂自請鎭撫河北。陛下遽授以執政，蓋欲責其報効也。既而盤桓西山，不能進退，及召還闕，自當辭避，乃恬然安居，至於按閱倉庫，規畫榷酤，豈大臣所宜親。方今疆土日蹙，將帥乏人，士不選練，冗食猥多，守令貪殘，百姓流亡，盜賊滋起，災變不息，則當日夜講求其故，啓告陛下者也，而摯未嘗及之。伏願陛下特賜省察，量其才分別加任使，無令負天下之謗。」不報。又言：「警巡使馮祥進由刀筆，無他才能，第以慘刻督責爲事。由是升職，恐長殘虐之風，乞黜退以勵餘者。」詔卽罷祥職，且諭規曰：「卿知臣子之分，敢言如此，朕甚嘉之。」

四年正月，上言：「伏見沿河悉禁物斛北渡，遂使河北艱食，人心不安。昔秦、晉爲讎，一遇年饑則互輸之粟。今聖主在上，一視同仁，豈可以一家之民自限南北，坐視困餒而不

敉哉。況軍民効死禦敵，使復乏食，生亦何聊，人心一搖，爲害不細。臣謂宜於大陽、孟津等渡委官閱視，過河之物每石官收不過其半，則富有之家利其厚息，輻湊而往，庶幾公私俱足。」宰執以河南軍儲爲重，詔兩渡委官取其八，二以與民，至春澤足，大兵北還，乃依規請。制可。

三月，上言：「臣因巡按至徐州。去歲河北紅襖盜起，州遣節度副使紇石烈鶴壽將兵討之，而乃大掠良民家屬爲驅，甚不可也。乞明勅有司，凡鶴壽所虜俱放免之，餘路軍人有掠本國人爲驅者，亦乞一體施行，庶幾河朔有所係望，上恩無有極已。」事下尚書省，命徐州、歸德行院拘括放之，有隱匿者坐掠人爲奴婢法，仍許諸人告捕，依令給賞，被虜人自訴者亦賞之。

四月，上言：「河北瀕河州縣，率距一舍爲一寨，籍居民爲兵。數寨置總領官一人，並以宣差從宜爲名。其人大抵皆閑官，義軍之長、偏裨之屬尤多無賴輩，徵逐宴飲取給于下，日以爲常。及敵至則伏匿不出，敵去騷擾如初。此輩小人假以重柄，朝廷號令威權無乃太輕乎。臣謂宜皆罷之，第委宣撫司從宜措畫足矣。」制可。

七月，上章言：

陛下以上聖寬仁之姿，當天地否極之運，廣開言路以求至論，雖狂妄失實者亦不

坐罪。臣忝耳目之官，居可言之地，苟爲緘默，何以仰酬洪造。謹條陳八事，願不以人微而廢之，卽無可採，乞放歸山林以懲尸祿之罪。

一曰：責大臣以身任安危。今北兵起自邊陲，深入吾境，大小之戰無不勝捷，以致神都覆沒，翠華南狩，中原之民肝腦塗地，大河以北莽爲盜區，臣每念及此，驚怛不已。況宰相大臣皆社稷生靈所繫以安危者，豈得不爲陛下憂慮哉。每朝奏議不過目前數條，特以碎末，互生異同，俱非救時之急者。況近詔軍旅之務，專委樞府，尚書省坐視利害，泛然不問，以爲責不在己，其於避嫌周身之計則得矣，社稷生靈將何所賴。古語云：「疑則勿任，任則勿疑。」又曰：「謀之欲衆，斷之欲獨。」陛下旣以宰相任之，豈可使親其細而不圖其大者乎。伏願特出睿斷，若軍伍器械、常程文牘卽聽樞府專行，至于戰守大計、征討密謀皆須省院同議可否，則爲大臣者知有所責，而天下可爲矣。

二曰：任臺諫以廣耳目。人主有政事之臣，有議論之臣。政事之臣者宰相執政，和陰陽，遂萬物，鎭撫四夷，親附百姓，與天子經綸於廟堂之上者也。議論之臣者諫官御史，與天子辨曲直、正是非者也。二者豈可偏廢哉。昔唐文皇制中書門下入閤議事皆令諫官隨之，有失輒諫。國朝雖設諫官，徒備員耳，每遇奏事皆令廻避。或兼他職，或爲省部所差，有終任不覿天顏、不出一言而去者。雖有御史，不過責以糾察官吏、照

刷案牘、巡視倉庫而已，其事關利害或政令更革，則皆以爲機密而不聞。萬一政事之臣專任胸臆、威福自由，或掌兵者以私見敗事機，陛下安得而知之。伏願遴選學術該博、〔一〕通曉世務、骨鯁敢言者以爲臺諫，凡事關利害皆令預議，其或不當，悉聽論列，不許兼職及充省部委差，苟畏徇不言則從而黜之。

三曰：崇節儉以答天意。昔衞文公乘狄人滅國之餘，徙居楚丘，緫革車三十兩，乃躬行儉約，冠大帛之冠，衣大布之衣，季年致騋牝三千，遂爲富庶。漢文帝承秦、項戰爭之後，四海困窮，天子不能具鈞駟，乃示以敦朴，身衣弋綈，足履革舃，未幾天下富安，四夷咸服。國家自兵興以來，州縣殘毀，存者復爲土寇所擾，獨河南稍完，然大駕所在，其費不貲，舉天下所奉責之一路，顧不難哉。夫應天者要在以實，行儉者天必降福。賴陛下慈仁，上天眷佑，蝗災之餘而去歲秋禾、今年夏麥稍得支持。切見宮中及東宮奉養與平時無異，隨朝官吏、諸局承應人亦未嘗有所裁省。至於貴臣、豪族、掌兵官莫不以奢侈相尙，服食車馬惟事紛華。今京師鬻明金衣服及珠玉犀象者日增於舊，俱非克己消厄之道。願陛下以衞文公、漢文帝爲法，凡所奉之物痛自撙節，罷冗員，減浮費，戒豪侈，禁戢明金服飾，庶皇天悔禍，太平可致。

四曰：選守令以結民心。方今舉天下官吏軍兵之費、轉輸營造之勞，皆仰給河南、

陝西。加之連年蝗旱，百姓荐饑，行賑濟則倉廩懸乏，免征調則用度不足，欲其實惠及民，惟得賢守令而已。當賦役繁殷、期會促迫之際，若措畫有方則百姓力省而易辦，一或乖謬有不勝其害者。況縣令之弊無甚于今，由軍衞監當進納勞効而得者十居八九，其桀黠者乘時貪縱，庸懦者權歸猾吏。近雖遣官廉察，治其姦濫，易其疲軟，然代者亦非選擇，所謂除狼得虎也。伏乞明勅尚書省，公選廉潔無私、才堪牧民者，以補州府官。仍淸縣令之選，及責隨朝七品、外任六品以上官各保堪任縣令者一員，如他日犯贓並從坐。其資歷已係正七品，及見任縣令者，皆聽寄理，俟秩滿升遷。復令監察以時巡按，有不法及不任職者究治之，則實惠及民而民心固矣。

五曰：博謀羣臣以定大計。比者徙河北軍戶百萬餘口于河南，雖革去冗濫而所存猶四十二萬有奇，歲支粟三百八十餘萬斛，致竭一路終歲之斂，不能贍此不耕不戰之人。雖無邊事，亦將坐困，況兵事方興，未見息期耶。近欲分布沿河，使自種殖，然游惰之人不知耕稼，羣飲賭博習以成風，是徒煩有司徵索課租而已。舉數百萬衆坐糜廩給，緩之則用闕，急之則民疲，朝廷惟此一事已不知所處，又何以待敵哉。是蓋不審於初，不計其後，致此誤也。使初遷時去留從其所願，〔二〕則欲來者是足以自贍之家，何假官廩，其留者必有避難之所，不必强遣，當不至今日措畫之難。古昔人君將舉大事，

則謀及乃心，謀及卿士、庶人、卜筮，乞自今凡有大事必令省院臺諫及隨朝五品以上官同議爲便。

六曰：重官賞以勸有功。陛下即位以來，屢沛覃恩以均大慶，不吝官爵以激人心，至有未滿一任而併進十級，承應未出職而已帶驃騎榮祿者，冗濫之極至于如此，復開鬻爵進獻之門，然則被堅執銳効死行陣者何所勸哉。官本虛名，特出於人主之口，而天下之人極意趨慕者，以朝廷愛重耳。若不計勳勞，朝授一官，暮升一職，人亦將輕之而不慕矣。已然之事既不可咎，伏願陛下重惜將來，無使公器爲尋常之具，功賞爲僥倖所乘。又今之散官動至三品，有司艱於遷授，宜於減罷八資內量增階數，易以美名，庶幾歷官者不至于太驟，而國家恩權不失之太輕矣。

七曰：選將帥以明軍法。夫將者國之司命，天下所賴以安危者也。舉萬衆之命付之一人，呼吸之間以決生死，其任顧不重歟？自北兵入境，野戰則全軍俱殃，城守則闔郡被屠，豈皆士卒單弱、守備不嚴哉，特以庸將不知用兵之道而已。古語云：「三辰不軌，取士爲相。四夷交侵，拔卒爲將。」今之將帥大抵先論出身官品，或門閥膏粱之子，或親故假託之流，平居則意氣自高，遇敵則首尾退縮，將帥既自畏怯，士卒夫誰肯前。又居常裒刻，納其饋獻，士卒因之以擾良民而莫可制。及率之應敵，在途則前後

亂行，頓次則排門擇屋，〔三〕恐逼小民，恣其求索，以此責其畏法死事，豈不難哉。況今軍官數多，自千戶而上有萬戶、有副統、有都統、有副提控，十羊九牧，號令不一，動相牽制。切聞國初取天下，元帥而下惟有萬戶，所統軍士不下數萬人，專制一路豈在多哉，多則難擇，少則易精。今之軍法，每二十五人爲一謀克，四謀克爲一千戶，謀克之下有蒲輦一人、旗鼓司火頭五人，其任戰者纔十有八人而已。又爲頭目選其壯健以給使令，則是一千戶所統不及百人，不足成其隊伍矣。古之良將常與士卒同甘苦，今軍官既有俸廩，又有劵糧，一日之給兼數十人之用。將帥則豐飽有餘，士卒則飢寒不足，曷若裁省冗食而加之軍士哉。伏乞明勅大臣，精選通曉軍政者，分詣諸路，編列隊伍，要必五十人爲一謀克，四謀克爲一千戶，五千戶爲一萬戶，謂之散將。萬人設一都統，謂之大將，總之帥府。數不足者皆併之，其副統、副提控及無軍虛設都統、萬戶者悉罷省。仍勅省院大臣及內外五品以上，各舉方略優長、武勇出衆、材堪將帥者一二人，不限官品，以充萬戶以上都統、元帥之職。千戶以下，選軍中有謀略武藝爲衆所服者充。至于弓申明軍法，居常教閱，必使將帥明於奇正虛實之數，士卒熟于坐作進退之節。至于弓矢鎧仗須令自負，習於勞苦。若有所犯，必刑無赦。則將帥得人，士氣日振，可以待敵矣。

八曰：練士卒以振兵威。昔周世宗常曰：「兵貴精而不貴多，百農夫不能養一戰士，奈何朘民脂膏養此無用之卒。苟健懦不分，衆何以勸。」因大蒐軍卒，遂下淮南、取三關，兵不血刃，選練之力也。唐魏徵曰：「兵在以道御之而已。御壯健足以無敵于天下，何取細弱以增虛數。」比者凡戰多敗，非由兵少，正以其多而不分健懦，故爲敵所乘，懦者先奔，健者不能獨戰而遂潰，此所以取敗也。今莫若選差習兵公正之官，將已籍軍人隨其所長而類試之。其武藝出衆者別作一軍，量增口糧，時加訓練，視等第而賞之。如此，則人人激厲，爭効所長，而衰懦者亦有可用之漸矣。昔唐文皇出征，常分其軍爲上中下，凡臨敵則觀其強弱，使下當其上，而上當其中，中當其下。敵乘下軍不過奔逐數步，而上軍中軍已勝其二軍，用是常勝。蓋古之將帥亦有以懦兵委敵者，要在預爲分別，不使混淆耳。

上覽書不悅，詔付尚書省詰之。宰執惡其紛更諸事，謂所言多不當。於是，規惶懼待罪，詔諭曰：「朕始以規有放歸山林之語，故令詰之，乃辭以不識忌諱，意謂朕惡其言而怒也。朕初無意加罪，其令御史臺諭之。」尋出爲徐州帥府經歷官。

正大元年，召爲右司諫，數上章言事，尋權吏部郎中。時詔羣臣議修復河中府，規與楊雲翼等言：「河中今爲無人之境，陝西民力疲乏，修之亦不能守，不若以見屯軍士量力補治，

待其可守即修之未晚也。」從之。未幾，坐事解職。初，吏部尚書趙伯成坐銓選吏員出身王京與進士王著塡開封警巡判官見闕，爲京所訟免官，規亦坐之。是年十一月，改充補闕。十二月，言將相非材，且薦數人可用者。

二年正月，規及臺諫同奏五事：一，乞尚書省提控樞密院，如大定、明昌故事。二，簡留親衞軍。三，沙汰冗軍，減行樞密院、帥府。四，選大臣爲宣撫使，招集流亡以實邊防。五，選官置所，議一切省減。略施行之。

四月，以大旱詔規審理寃滯，臨發上奏：「今河南一路便宜、行院、帥府、從宜凡二十處，陝西行尚書省二、帥府五，皆得以便宜殺人，寃獄在此不在州縣。」又曰：「雨水不時則責審理，然則職變理者當何如。」上善其言而不能有爲也。

十一月，上召完顏素蘭及規入見，面諭曰：「宋人輕犯邊界，我以輕騎襲之，冀其懲創告和，以息吾民耳。宋果行成，尚欲用兵乎。卿等當識此意。」規進曰：「帝王之兵貴於萬全，昔光武中興，所征必克，猶言『每一出兵，頭須爲白』。兵不妄動如此。」上善之。四年三月，〔四〕上召羣臣喻以陝西事曰：「方春北方馬漸羸瘠，秋高大勢併來，何以支持。朕已喻合達盡力決一戰矣，卿等以爲如何。」又言和事無益，撒合輦力破和議，賽不言：「今已遣和使，可中輟乎。」餘皆無言，規獨進曰：「兵難遙度，百聞不如一見。臣嘗任陝西官，近年又屢到

陝西，兵將冗懦，恐不可用，未如聖料。」言未終，烏古論四和曰：「陳規之言非是，臣近至陝西，軍士勇銳，皆思一戰。」監察御史完顏習顯從而和之，上首肯，又泛言和事。規對曰：「和事固非上策，又不可必成，然方今事勢不得不然。使彼難從，猶可以激厲將士，以待其變。」上不以爲然。明日，又令集議省中，欲罷和事，羣臣多以和爲便，乃詔行省斟酌發遣，而事竟不行。

十月，規與右拾遺李大節上章，劾同判大睦親事撒合輦諂佞，招權納賄及不公事。由是撒合輦竟出爲中京留守，朝廷快之。五年二月，又與大節言三事：一，將帥出兵每爲近臣牽制，不得專輒。二，近侍送宣傳旨，公受賂遺，失朝廷體，可一切禁絕。三，罪同罰異，何以使人。上嘉納焉。

初，宣宗嘗召文繡署令王壽孫作大紅半身繡衣，且戒以勿令陳規知。及成，進，召壽孫問曰：「曾令陳規輩知否？」壽孫頓首言：「臣侍禁庭，凡宮省大小事不敢爲外人言，況親被聖訓乎。」上因歎曰：「陳規若知，必以華飾諫我，我實畏其言。」蓋規言事不假借，朝望甚重，凡宮中舉事，上必曰：「恐陳規有言。」一時近臣切議，惟畏陳正叔耳，挺然一時直士也。後出爲中京副留守，未赴，卒，士論惜之。

規博學能文，詩亦有律度。爲人剛毅質實，有古人風，篤於學問，至老不廢。渾源劉從

益見其所上八事，歎曰：「宰相材也。」每與人論及時事輒憤惋，蓋傷其言之不行也。南渡後，諫官稱許古、陳規，而規不以訐直自名，尤見重云。死之日，家無一金，知友爲葬之。子良臣。

許古字道眞，汾陽軍節度使致仕安仁子也。登明昌五年詞賦進士第。貞祐初，自左拾遺拜監察御史。時宣宗遷汴，信任丞相高琪，無恢復之謀，古上章曰：

自中都失守，廟社、陵寢、宮室、府庫，至于圖籍、重器，百年積累，一朝棄之。惟聖主痛悼之心至爲深切，夙夜思懼所以建中興之功者，未嘗少置也。爲臣子者食祿受責，其能無愧乎。且閭閻細民猶顒望朝廷整訓師徒，爲恢復計。而今纔聞拒河自保，又盡徙諸路軍戶河南，彼既棄其恒產無以自生，土居之民復被其擾，臣不知誰爲此謀者。然業已如是，但當議所以處之，使軍無妄費，民不至困窮則善矣。

臣聞安危所繫在於一相，孔子稱「危而不持，顚而不扶，則將焉用」？事勢至此，不知執政者每對天顏，何以仰答清問也。今之所急，莫若得人，如前御史大夫裴滿德仁、工部尚書孫德淵，忠諒明敏，可以大用，近皆許告老，願復起而任之，必能有所建立以

利國家。太子太師致仕孫鐸，雖頗衰疾，如有大議猶可賜召，或就問之。人才自古所難，凡知治體者皆當重惜，況此耆舊，豈宜輕棄哉。若乃臨事不盡其心，雖盡心而不明於理，得無益、失無損者，縱其尙壯，亦安所用。方時多難，固不容碌碌之徒備員尸素，以塞賢路也。惟陛下宸衷剛斷，黜陟一新，以幸天下。臣前爲拾遺時，已嘗備論擇相之道，乞取臣前奏幷今所言，加審思焉。

臣又聞將者民之司命，國家安危所繫，故古之人君必重其選，爲將者亦必以天下爲己任。夫將者貴謀而賤戰，必也賞罰使人信之而不疑，權謀使人由之而不知，三軍奔走號令以取勝，然後中心誠服而樂爲之用。邇來城守不堅，臨戰輒北，皆以將之不才故也。私於所暱，賞罰不公，至於衆怨，而懼其生變則撫摩慰藉，一切爲姑息之事。由是兵輕其將，將畏其兵，尙能使之出死力以禦敵乎？願令腹心之臣及閑於兵事者，各舉所知，果得眞才，優加寵任，則戰功可期矣。如河東宣撫使胥鼎、山東宣撫使完顏弼、涿州刺史內族從坦、昭義節度使必蘭阿魯帶，或忠勤勇幹，或重厚有謀，皆可任之以扞方面。

又曰：

河北諸路以都城既失，軍戶盡遷，將謂國家舉而棄之，州縣官往往逃奔河南。乞

令所在根括，立期遣還，違者勿復錄用。未嘗離任者議加恩賚，如願自効河北者亦聽陳請，仍先賞之，減其日月。州縣長貳官並令兼領軍職，許擇軍中有才略膽勇者爲頭目，或加爵命以收其心，能取一府者卽授以府長官，州縣亦如之，使人懷復土之心。別遣忠實幹濟者，以文檄官賞招諸脅從人，彼既苦於敵役，來者必多，敵勢當自削。有司不知出此，而但爲清野計，事無緩急惟期速辦，今晚禾十損七八，遠近危懼，所謂大戾矣。

又曰：

京師諸夏根本，況今常宿重兵，緩急征討必由于此，平時尙宜優於外路，使百姓有所蓄積，雖在私室猶公家也。今有司搜括餘糧，致轉販者無復敢入，宜卽止之。

臣頃看讀陳言，見其盡心竭誠以吐正論者率皆草澤疏賤之人，況在百僚，豈無爲國深憂進章疏者乎？誠宜明勅中外，使得盡言不諱，則太平之長策出矣。

詔付尚書省，略施行焉。

尋遷尚書左司員外郎，兼起居注，無何，轉右司諫。時丞相高琪立法，職官有犯皆的決，古及左司諫抹撚胡魯剌上言曰：「禮義廉恥以治君子，刑罰威獄以治小人，此萬世不易論也。近者朝廷急於求治，有司奏請從權立法：職官有犯應贖者亦多的決。夫爵祿所以馭

責也，責不免辱，則卑賤者又何加焉。車駕所駐非同征行，而凡科徵小過皆以軍期罪之，不已甚乎。陛下仁恕，決非本心，殆有司不思寬靜可以措安，而專事督責故耳。且百官皆朝廷遴選，多由文行、武功、閥閱而進，乃與凡庶等，則享爵祿者亦不足爲榮矣。抑又有大可慮者，爲上者將曰官猶不免，民復何辭，則苛暴之政日行。爲下者將曰彼既亦然，吾復何耻，〔二〕則陵犯之心益肆。其弊豈勝言哉。伏願依元年赦恩『刑不上大夫』之文，削此一切之法，幸甚。」上初欲行之，而高琪固執以爲不可，遂寢。

四年，以右司諫兼侍御史。時大兵越潼關而東，詔尚書省集百官議，古上言曰：「兵踰關而朝廷甫知，此蓋諸將欺蔽罪也。雖然，大兵駐閿鄉境數日不動，意者恐吾河南之軍逆諸前，陝西之衆議其後，或欲先令覘者伺趣向之便，或以深入人境非其地利而自危，所以覩望未遽進也。此時正宜選募銳卒併力擊之，且開其歸路，彼既疑惑，遇敵必走，我衆從而襲之，其破必矣。」上以示尚書省，高琪沮其議，遂不行。是月，始置招賢所，令古等領其事。

興定元年七月，上聞宋兵連陷贛榆、漣水諸縣，且獲僞檄，辭多詆斥，因諭宰臣曰：「宋人構禍久矣，朕姑含容者，衆慮開兵端以勞吾民耳。今數見侵，將何以處，卿等其與百官議。」於是集衆議于都堂，古曰：「宋人孱弱，畏我素深，且知北兵方强，將恃我爲屏蔽，雖時跳梁，計必不敢深入，其侮嫚之語，特市井屠沽兒所爲，烏足較之。止當命有司移文，諭以

本朝累有大造，及聖主兼愛生靈意。彼若有知，復尋舊好，則又何求。其或怙惡不悛，舉衆討之，顧亦未晚也。」時預議者十餘人，雖或小異而大略則一，既而丞相高琪等奏：「百官之議，咸請嚴兵設備以逸待勞，此上策也。」上然之。

時朝廷以諸路把軍官時有不和不聽，更相訴訟，古上言曰：「臣以爲善者有勸，惡者有懲，國之大法也。苟善惡不聞，則上下相蒙，懲勸無所施矣。」上嘉納之。

古以朝廷欲舉兵伐宋，上疏諫曰：「昔大定初，宋人犯宿州，已而屢敗，世宗料其不敢遽乞和，乃勅元帥府遣人議之，自是太平幾三十年。泰和中，韓侂胄妄開邊釁，章宗遣駙馬僕散揆討之。揆慮兵興費重不能久支，陰遣侂胄族人賫乃祖琦畫像及家牒，僞爲歸附，以見丘崇，因之繼好，振旅而還。夫以世宗、章宗之隆，府庫充實，天下富庶，猶先俯屈以即成功，告之祖廟，書之史册，爲萬世美談，今其可不務乎？今大兵少息，若復南邊無事，則太平不遠矣。或謂專用威武可使宋人屈服，此殆虛言，不究實用。借令時獲小捷，亦不足多賀。彼見吾勢大，必堅守不出，我軍倉猝無得，須還以就糧，彼復乘而襲之，使我欲戰不得、欲退不能，則休兵之期殆未見也。況彼有江南蓄積之餘，我止河南一路征斂之弊，可爲寒心。願陛下隱忍包容，速行此策，果通和，則大兵聞之亦將斂跡，以吾無掣肘故也。河南既得息肩，然後經略朔方，則陛下享中興之福，天下賴涵養之慶矣。惟陛下略近功、慮後患，不勝

幸甚。」上是其言，即命古草議和牒文，既成以示宰臣，宰臣言其有哀祈之意，自示微弱，遂不用。

監察御史粘割梭失劾榷貨司同提舉毛端卿貪汚不法，古以詞理繁雜輒爲刪定，頗有脫漏，梭失以聞，削官一階，解職，特免殿年。三年正月，尚書省奏諫官闕員，因以古爲請，上曰：「朕昨暮方思古，而卿等及之，正合朕意，其趣召之。」復拜左補闕。八月，削官四階，解職。初，朝廷遣近侍局直長溫敦百家奴暨刑部侍郎奧屯胡撒合徙吉州之民於丹以避兵鋒，州民重遷，遮道控訴，百家奴諭以天子恐傷百姓之意，且令召晉安兵將護老幼以行。衆意兵至則必見强也，硒譟入州署，索百家奴殺之。胡撒合畏禍，矯徇衆情，與之會飲歌樂盡日，衆肩舁導擁、讙呼拜謝而去。既還，詔古與監察御史紇石烈鐵論鞫之，諭旨曰：「百家奴之死皆胡撒合所實也，其閱實以聞。」奧屯胡撒合既下獄，上怒甚，亟欲得其情以正典刑，而古等頗寬縱之，胡撒合自縊死，有司以故出論罪，遂有是罰。

哀宗初即位，召爲補闕，俄遷左司諫，言事稍不及昔時。未幾，致仕，居伊陽，郡守爲起伊川亭。古性嗜酒，老而未衰，每乘舟出村落間，留飲或十數日不歸，及泝流而上，老稚爭爲挽舟，數十里不絕，其爲時人愛慕如此。正大七年卒，年七十四。古平生好爲詩及書，然不爲士大夫所重，時論但稱其直云。

天興間，有右司諫陳岢者，遇事輒言無少隱，上嘗面獎。及汴京被兵，屢上封事言得失，請戰一書尤爲剴切，其略云：「今日之事，皆出陛下不斷，將相怯懦，若因循不決，一旦無如之何，恐君臣相對涕泣而已。」可謂切中時病，而時相赤盞合喜等沮之，策爲不行，識者惜焉。岢字和之，滄州人，大安元年進士。

贊曰：宣宗即位，孜孜焉以繼述世宗爲志，而其所爲一切反之。大定講和，南北稱治，貞祐用兵，生民塗炭。石琚爲相，君臣之間務行寬厚。高琪秉政，惡儒喜吏，上下苛察。完顏素蘭首攻琪惡，謂琪必亂紀綱。陳規力言刀筆吏殘虐，恐壞風俗。許古請與宋和，辭極忠愛。三人所言皆切中時病，有古諍臣之風焉。宣宗知其爲直，而不用其言，如是而欲比隆世宗，難矣。

校勘記

〔一〕伏願遴選學術該博　按「詼」殿本作「該」。疑當作「浹」。

〔二〕使初還時去留從其所願　「時」原作「將」，據殿本改。

〔三〕頓次則排門擇屋　「頓」字筆畫原有殘缺，類「頃」；殿本卽誤作「頃」。道光四年殿本補足原缺，作「頓」，今從之。

〔四〕四年三月　按本書卷一一一撒合輦傳，正大「四年，大元旣滅西夏，進軍陝西。四月丙申，召尙書溫迪罕壽孫、中丞烏古孫卜吉、祭酒裴滿阿虎帶、直學士蒲察世達、右司諫陳規、監察烏古論四和完顏習顯、同判睦親府事撒合輦同議西事」。疑「三月」當作「四月」。

〔五〕吾復何耻　「吾」下原係一空格，今據殿本補「復」字。

金史卷一百十

列傳第四十八

楊雲翼　趙秉文　韓玉　馮璧　李獻甫　雷淵　程震

楊雲翼字之美，其先贊皇檀山人，六代祖忠客平定之樂平縣，遂家焉。曾祖靑、祖郁、考恒皆贈官于朝。雲翼天資穎悟，初學語輒畫地作字，日誦數千言。登明昌五年進士第一，詞賦亦中乙科，特授承務郎、應奉翰林文字。承安四年，出爲陝西東路兵馬都總管判官。泰和元年，召爲太學博士，遷太常寺丞，兼翰林修撰。七年，簽上京、東京等路按察司事，因召見，章宗咨以當世之務，稱旨。大安元年，翰林承旨張行簡薦其材，且精術數，召授提點司天臺，兼翰林修撰，俄兼禮部郎中。崇慶元年，以病歸。貞祐二年，有司上官簿，宣宗閱之，記其姓名，起授前職，兼吏部郎中。三年，轉禮部侍郎，兼提點司天臺。

四年，大元及西夏兵入鄜延，潼關失守，朝議以兵部尙書蒲察阿里不孫爲副元帥以禦

之。雲翼言其人言浮於實，必誤大事。不聽，後果敗。

興定元年六月，遷翰林侍講學士，兼修國史，知集賢院事，兼前職，詔曰：「官制入三品者例外除，以卿遇事敢言，議論忠讜，故特留之。」時右丞相高琪當國，人有請權油者，高琪主之甚力，詔集百官議，戶部尙書高夔等二十六人同聲曰：「可。」雲翼獨與趙秉文、時戩等數人以爲不可，議遂格。高琪後以事譴之，雲翼不卹也。二年，拜禮部尙書，兼職如故。三年，築京師子城，役兵民數萬，夏秋之交病者相籍，雲翼提舉醫藥，躬自調護，多所全濟。四年，改吏部尙書。凡軍興以來，入粟補官及以戰功遷授者，事定之後，有司苛爲程式，或小有不合輒罷去，雲翼奏曰：「賞罰國之大信，此輩宜從寬錄，以勸將來。」

是年九月，上召雲翼及戶部尙書夔、翰林學士秉文於內殿，皆賜坐，問以講和之策，或以力戰爲言，上俯首不樂，雲翼徐以孟子事大、事小之說解之，且曰：「今日奚計哉，使生靈息肩，則社稷之福也。」上色乃和。

十一月，改御史中丞。宗室承立權參知政事，行尙書省事於京兆，大臣言其不法，詔雲翼就鞫之，獄成，廷奏曰：「承立所坐皆細事，不足問。向大兵掠平涼以西，數州皆破，承立坐擁强兵，瞻望不進。鄜延帥臣完顏合達以孤城當兵衝，屢立戰績。其功如此，而承立之罪如彼，願陛下明其功罪以誅賞之，則天下知所勸懲矣。自餘小失，何足追咎。」承立由是免

官，合達遂掌機務。

哀宗即位，首命雲翼攝太常卿，尋拜翰林學士。正大二年二月，[一]復爲禮部尚書，兼侍讀。詔集百官議省費，雲翼曰：「省費事小，戶部司農足以辦之。樞密專制軍政，蔑視尚書。尚書出政之地，政無大小皆當總領。今軍旅大事，社稷繫焉，宰相乃不得預聞，欲使利病兩不相蔽得乎。」上嘉納之。

明年，設益政院，雲翼爲選首，每召見賜坐而不名。時講尚書，雲翼爲言帝王之學不必如經生分章析句，但知爲國大綱足矣。因擧「任賢」「去邪」、「與治同道」「與亂同事」、「有言逆於汝心」「有言遜於汝志」等數條，一皆本於正心誠意，敷繹詳明。上聽忘倦。尋進龜鑑萬年錄、聖學、聖孝之類凡二十篇。

當時朝士，廷議之際多不盡言，顧望依違，寖以成俗。一日，經筵畢，因言：「人臣有事君之禮，有事君之義。禮，不敢齒君之路馬，蹴其芻者有罰，入君門則趨，見君之几杖則起，君命召不俟駕而行，受命不宿於家，是皆事君之禮，人臣所當盡者也。然國家之利害，生民之休戚，一一陳之，則向所謂禮者特虛器耳。君曰可，而有否者獻其否。君曰否，而有可者獻其可。言有不從，雖引裾、折檻、斷鞅、軔輪有不恤焉者。當是時也，姑徇事君之虛禮，而不知事君之大義，國家何賴焉。」上變色曰：「非卿，朕不聞此言。」

雲翼嘗患風痺，至是稍愈，上親問愈之之方，對曰：「但治心耳。心和則邪氣不干，治國亦然，人君先正其心，則朝廷百官莫不一於正矣。」上矍然，知其爲醫諫也。

夏人既通好，遣其徽猷閣學士李弁來議互市，往返不能決，朝廷以雲翼往議乃定。五年卒，年五十有九，謚文獻。

雲翼天性雅重，自律甚嚴，其待人則寬，與人交分一定，死生禍福不少變。其於國家之事，知無不言。貞祐中，主兵者不能外禦而欲取償於宋，故頻歲南伐。有言之者，不謂之與宋爲地，則疑與之有謀。至於宰執，他事無不言者，獨南伐則一語不敢及。雲翼乃建言曰：「國家之慮，不在於未得淮南之前，而在於既得淮南之後。蓋淮南平則江之北盡爲戰地，進而爭利於舟楫之間，恐勁弓良馬有不得騁者矣。彼若扼江爲屯，潛師於淮以斷饟道，或決水以瀦淮南之地，則我軍何以善其後乎。」及時全倡議南伐，宣宗以問朝臣，雲翼曰：「朝臣率皆諛辭，天下有治有亂，國勢有弱有強，今但言治而不言亂，言強而不言弱，言勝而不言負，此議論所以偏也。臣請兩言之。夫將有事於宋者，非貪其土地也，第恐西北有警而南又綴之，則我三面受敵矣，故欲我師乘勢先動，以阻其進。借使宋人失淮，且不敢來，此戰勝之利也。就如所料，其利猶未可必然。彼江之南其地尚廣，雖無淮南豈不能集數萬之衆，伺我有警而出師耶。戰而勝且如此，如不勝害將若何。且我以騎當彼之步，理宜萬全，

臣猶恐其有不敢恃者。蓋今之事勢與泰和不同，泰和以冬征，今我以夏往，此天時之不同也。冬則水涸而陸多，夏則水潦而塗淖，此地利之不同也。泰和擧天下全力，驅乣軍以爲前鋒，今能之乎，此人事之不同也。議者徒見泰和之易，而不知今日之難。請以夏人觀之，向日弓箭手之在西邊者[二]一遇敵則搏而戰、袒而射，彼已奔北之不暇。今乃陷吾城而虜守臣，敗吾軍而禽主將。曩則畏我如彼，今則侮我如此。夫以夏人既非前日，奈何以宋人獨如前日哉。願陛下思其勝之之利，又思敗之之害，無悅甘言，無貽後悔。」章奏不報。時全果大敗於淮上，一軍全沒。宣宗責諸將曰：「當使我何面目見楊雲翼耶。」

河朔民十有一人爲游騎所迫，泗河而南，有司論罪當死，雲翼曰：「法所重私渡者，防姦僞也。今平民爲兵所迫，奔入於河，爲逭死之計耳。今使不死於敵而死於法，後惟從敵而已。」宣宗悟，盡釋之。哀宗以河南旱，詔遣官理冤獄，而不及陝西，雲翼言：「天地人通爲一體，今人一支受病則四體爲之不寧，豈可專治受病之處而置其餘哉。」朝廷是之。

司天有以太乙新曆上進者，尚書省檄雲翼參訂，摘其不合者二十餘條，曆家稱焉。所著文集若干卷，校大金禮儀若干卷，續通鑑若干卷，周禮辨一篇，左氏、莊、列賦各一篇，五星聚井辨一篇，縣象賦一篇，勾股機要、象數雜說等著藏于家。

趙秉文字周臣，磁州滏陽人也。幼穎悟，讀書若夙習。登大定二十五年進士第，調安塞簿，以課最遷邯鄲令，再遷唐山。丁父憂，用薦者起復南京路轉運司都勾判官。

明昌六年，入爲應奉翰林文字，同知制誥。上書論宰相胥持國當罷，宗室守貞可大用。章宗召問，言頗差異，於是命知大興府事內族膏等鞫之。秉文初不肯言，詰其僕，歷數交游者，秉文乃曰：「初欲上言，嘗與修撰王庭筠、御史周昂、省令史潘豹、鄭贊道、高坦等私議。」庭筠等皆下獄，決罰有差。有司論秉文上書狂妄，法當追解，上不欲以言罪人，遂特免焉。當時爲之語曰：「古有朱雲，今有秉文，朱雲攀檻，秉文攀人。」士大夫莫不恥之。坐是久廢，後起爲同知岢嵐軍州事，轉北京路轉運司支度判官。[三]承安五年冬十月，陰晦連日，宰相張萬公入對，上顧謂萬公曰：「卿言天日晦冥，亦猶人君用人邪正不分，極有理。若趙秉文曩以言事降授，聞其人有才藻、工書翰，又且敢言，朕非棄不用，以北邊軍事方興，姑試之耳。」泰和二年，召爲戶部主事，遷翰林修撰。十月，出爲寧邊州刺史。三年，改平定州。前政苛於用刑，每聞赦將至，先掊賊死乃拜赦，而盜愈繁。秉文爲政一從寬簡，旬月盜悉屏跡。歲饑，出祿粟倡豪民以賑，全活者甚衆。[四]

大安初，北兵南嚮，召秉文與待制趙資道論備邊策，秉文言：「今我軍聚於宣德，城小，列營其外，涉暑雨器械弛敗，人且病，俟秋敵至將不利矣。可遣臨潢一軍擣其虛，則山西之

圍可解，兵法所謂『出其不意，攻其必救』者也。」衞王不能用，其秋宣德果以敗聞。尋爲兵部郎中，兼翰林修撰，俄轉翰林直學士。

貞祐初，建言時事可行者三：一遷都，二導河，三封建。朝廷略施行之。明年，上書願爲國家守殘破一州，以宣布朝廷恤民之意，且曰：「陛下勿謂書生不知兵，顏眞卿、張巡、許遠輩以身許國，亦書生也。」又曰：「使臣死而有益於國，猶勝坐糜廪祿爲無用之人。」上曰：「秉文志固可尚，然方今翰苑尤難其人，卿宿儒當在左右。」不許。

四年，拜翰林侍講學士，言：「寶券滯塞，蓋朝廷初議更張，市肆已妄傳其不用，因之抑遏，漸至廢絕。臣愚以爲宜立回易務，令近上職官通市道者掌之，給以銀鈔粟麥縑帛之類，權其低昂而出納。」詔有司議行之。

興定元年，轉侍讀學士。拜禮部尚書，兼侍讀學士，同修國史，知集賢院事。又明年，知貢舉，坐取進士盧亞重用韻，〔五〕削兩階，因請致仕。金自泰和、大安以來，科舉之文其弊益甚。蓋有司惟守格法，所取之文卑陋陳腐，苟合程度而已，稍涉奇峭，卽遭絀落，於是文風大衰。貞祐初，秉文爲省試，得李獻能賦，雖格律稍疏而詞藻頗麗，擢爲第一。舉人遂大喧譟，愬於臺省，以爲趙公大壞文格，且作詩謗之，久之方息。俄而獻能復中宏詞，入翰林，而秉文竟以是得罪。

五年，復爲禮部尚書，入謝，上曰：「卿春秋高，以文章故須復用卿。」秉文以身受厚恩，無以自效，願開忠言、廣聖慮，每進見從容爲上言，人主當儉勤、愼兵刑，所以祈天永命者，上嘉納焉。哀宗卽位，再乞致仕，不許。改翰林學士，同修國史，兼益政院說書官。以上嗣德在初，當日親經史以自裨益，進無逸直解、貞觀政要、申鑒各一通。

正大九年正月，汴京戒嚴，上命秉文爲赦文，以布宣悔悟哀痛之意。秉文指事陳義，辭情俱盡。及兵退，大臣欲稱賀，且命爲表，秉文曰：「春秋『新宮火，三日哭』。今園陵如此，酌之以禮，當慰不當賀。」遂已。時年已老，日以時事爲憂，雖食息頃不能忘。每聞一事可便民，一士可擢用，大則拜章，小則爲當路者言，殷勤鄭重，不能自已。三月，草開興改元詔，閭巷間皆能傳誦，洛陽人拜詔畢，舉城痛哭，其感人如此。是年五月壬辰，卒，年七十四，積官至資善大夫、上護軍、天水郡侯。

正大間，同楊雲翼作龜鑑萬年錄上之。又因進講，與雲翼共集自古治術，號君臣政要爲一編以進焉。秉文自幼至老未嘗一日廢書，著易叢說十卷，中庸說一卷，揚子發微一卷，太玄箋贊六卷，文中子類說一卷，南華略釋一卷，列子補注一卷，刪集論語、孟子解各一十卷，資暇錄一十五卷，所著文章號滏水集者三十卷。

秉文之文長於辨析，極所欲言而止，不以繩墨自拘。七言長詩筆勢縱放不拘一律，律詩壯麗，小詩精絕多以近體爲之，至五言古詩則沉鬱頓挫。字畫則草書尤遒勁。朝使至自河、湟者，多言夏人問秉文及王庭筠起居狀，其爲四方所重如此。

爲人至誠樂易，與人交不立崖岸，未嘗以大名自居。仕五朝，官六卿，自奉養如寒士。楊雲翼嘗與秉文代掌文柄，時人號楊趙。然晚年頗以禪語自汚，人亦以爲秉文之恨云。

贊曰：楊雲翼、趙秉文，金士巨擘，其文墨論議以及政事皆有足傳。雲翼諫伐宋一疏，宣宗雖不見聽，此心何愧景略。庭筠之累，秉文所爲，茲事大愧高允。

韓玉字溫甫，其先相人，曾祖錫仕金，以濟南尹致仕。玉明昌五年經義、辭賦兩科進士，入翰林爲應奉，應制一日百篇，文不加點。又作元勳傳，稱旨，章宗嘆曰：「勳臣何幸，得此家作傳耶。」泰和中，建言開通州潞水漕渠，船運至都。陞兩階，授同知陝西東路轉運使事。

大安三年，都城受圍。夏人連陷邠、涇，陝西安撫司檄玉以鳳翔總管判官爲都統府募軍，旬日得萬人，與夏人戰，敗之，獲牛馬千餘。時夏兵五萬方圍平涼，又戰于北原，夏人疑大軍至，是夜解去。當路者忌其功，驛奏玉與夏寇有謀，朝廷疑之，使使者授玉河平軍節度

副使，且覘其軍。

先是，華州李公直以都城隔絕，謀舉兵入援，而玉恃其軍爲可用，亦欲爲勤王之舉，乃傳檄州郡云：「事推其本，禍有所基，始自賊臣貪容姦賂，繼緣二帥貪固威權。」又云：「裹糧坐費，盡膏血於生民。棄甲復來，竭資儲於國計。要權力而望形勢，連歲月而守妻孥。」又云：「人誰無死，有臣子之當然。事至于今，忍君親之弗顧。勿謂百年身後，虛名一聽史臣。只如今日目前，何顏以居人世。」公直一軍行有日矣，將有違約、〔六〕國朝人有不從者，輒以軍法從事。京兆統軍便謂公直據華州反，遣都統楊珪襲取之，遂置極刑。公直曾爲書約玉，玉不預知，其書乃爲安撫所得，及使者覘玉軍，且疑預公直之謀，卽實其罪。玉道出華州，被囚死於郡學，臨終書二詩壁間，士論冤之。

子不疑，字居之。以父死非罪，誓不祿仕。藏其父臨終時手書云：「此去冥路，吾心皓然，剛直之氣，必不下沉。兒可無慮。世亂時艱，努力自護，幽明雖異，寧不見爾。」讀者惻然。

馮璧字叔獻，眞定縣人。幼潁悟不凡，弱冠補太學生。承安二年經義進士，制策復優等，調莒州軍事判官，宰相奏留校祕書。未幾，調遼濱主簿。縣有和糴粟未給價者餘十萬

斛，散貯民居，以富人掌之，有腐敗則責償於民，民殊苦之。璧白漕司，即日罷之，民大悅。

泰和四年，調鄜州錄事。〔七〕明年，伐蜀，行部檄充軍前檢察，帥府以書檄委之。章宗欲招降吳曦，詔先以文告曉之，然後用兵。蜀人守散關不下，金兵殺獲甚衆，璧言：「彼軍拒守而并禍其民，無乃與詔旨相戾乎？」主帥憾之，以璧招兩當潰卒，璧即日率鳳州已降官屬淡剛、李果偕行。道逢軍士所得子女金帛牛馬皆奪付剛，使歸其家，軍士則以違制決遣之。比到兩當，軍民三萬餘衆鼓舞迎勞，璧以朝旨慰遣之。及還，主帥嘉其能，奏遷一官。五年，自東阿丞召補尙書省令史，用宗室承暉薦授應奉翰林文字，兼韓王府記室參軍。俄轉太學博士。至寧初，忽沙虎弒逆，遂去官。

宣宗南遷，璧時避兵東方，由單父渡河詣汴梁，時相奏復前職。貞祐三年，遷翰林修撰。時山東、河朔軍六十餘萬口，仰給縣官，率不逞輩竄名其間。詔璧攝監察御史，汰逐之。總領撒合問冒券四百餘口，劾案以聞，詔杖殺之，故所至爭自首，減幾及於半。復進一官。初，監察御史本溫被命汰宗室從坦軍於孟州，軍士欲謀變，本溫懼不知所爲，尋有旨北軍沈思忠以下四將屯衞州，餘衆果叛入太行。於是，密院奏以璧代本溫竟其事。璧馳至衞，召四將喻以上意，思忠等挾叛者請還奏之，璧責以大義，將士慚服，不日就汰者三千人。六月，改大理丞，與臺官行關中，劾奏姦贓之尤者商州防禦使宗室重福等十數人，自是權貴側目。

興定四年，以宋人拒使者於淮上，遣兵南伐，〔八〕詔京東總帥紇石烈牙吾塔攻盱眙，牙吾塔不從命，乃率精騎由滁州路宣化，縱兵大掠。故兵所至原野蕭條，絕無所資，宋人堅壁不戰，乃無功而歸。行省奏牙吾塔故違節制，詔璧佩金符鞫之。璧馳入牙吾塔軍，奪其金符，易以他帥攝。牙吾塔入獄，兵士譁譟，以吾帥無罪爲言，璧怒責牙吾塔曰：「元帥欲以兵抗制使耶，待罪之禮恐不如此，使者還奏，獄能竟乎。」牙吾塔伏地請死，璧曰：「兵法，進退自專，有失機會以致覆敗者斬。」即擬以聞，時議壯之。

十月，改禮部員外郎，權右司諫、治書侍御史。詔問時務所當先者，璧上六事，大略言減冗食，備選鋒，緩疑似以愼刑，擇公廉以檢吏，屯戍革朘削之弊，權貴嚴請託之科。又條自治之策四，謂別賢佞，信賞罰，聽覽以通下情，貶損以謹天戒。

詔以東方飢饉，盜賊並起，以御史中丞完顏伯嘉爲宣慰使，監察御史道遠從行。道遠發永城令簿姦贓，伯嘉與令有違，付令有司，釋簿不問，燕語之際又許參佐克忠等臺職，璧皆劾之，伯嘉竟得罪去。

初，諜者告歸德行樞密院言，河朔叛軍有竊謀南渡者，行院事胡土門、都水監使毛花輦易其人，不爲備。一日，紅衲數百聯筏南渡，殘下邑而去。命璧鞫之。璧以二將託疾營私，

閒寇弛備，且來不戰、去不追，在法皆當斬。或以爲言：「二將皆寵臣，而都水者貲累巨萬，若求援禁近，必從輕典，君徒結怨權貴，果何益耶？」璧嘆曰：「睢陽行闕，東藩重兵所宿，門廷之寇且不能禦，有大於此者復何望乎。」即具所擬聞。

四年，遷刑部郎中。關中旱，詔璧與吏部侍郎畏忻審理冤獄。時河中帥阿虎帶及僚屬十數人皆以棄城罪當死，繫同州獄待報。同州官僚承望風旨，問璧何以處之，璧曰：「河中今日重地，朝議擬爲駐蹕之所，若失此則河南、陝西有脣亡之憂。以彼宗室勳貴故使鎭之，平居無事竭民膏血爲浚築計，一旦有警乃遽焚蕩而去，此而不誅，三尺法無用矣。」竟以無冤上之。

冬十月，出爲歸德治中。未幾，改同知保靜軍節度使，又改同知集慶軍節度使，到官即上章乞骸骨，進一官致仕。正大九年，河南破，北歸，又數年卒，年七十有九。

李獻甫字欽用，獻能從弟也。博通書傳，尤精左氏及地理學。爲人有幹局，心所到則絕人遠甚，故時人稱其精神滿腹。興定五年登進士第，歷咸陽簿，辟行臺令史。

正大初，夏使來請和，朝廷以翰林待制馮延登往議，時獻甫爲書表官，從行。夏使有口辯，延登不能折，往復數日不定，至以歲幣爲言，獻甫不能平，從旁進曰：「夏國與我和好百

年，今雖易君臣之名爲兄弟之國，使兄輸幣寧有據耶。」使者曰：「兄弟且不論。宋歲輸吾國幣二十五萬疋，典故具在，君獨不知耶。金朝必欲修舊好，非此例不可。」獻甫作色曰：「使者尙忍言耶。宋以歲幣餌君家而賜之姓，岸然以君父自居，夏國君臣無一悟者，誠謂使者當以爲諱，乃今公言之。使者果能主此議，以從賜姓之例，弊邑雖歲捐五十萬，獻甫請以身任之。」夏使語塞，和議乃定。後朝廷錄其功，授慶陽總帥府經歷官。

尋辟長安令。京兆行臺所在，供億甚繁，獻甫處之常若有餘，縣民賴之以安。入爲尙書省令史。天興元年，充行六部員外郎，守備之策時相倚任之。以功遷鎭南軍節度副使，兼右警巡使，死於蔡州之難，年四十。

所著文章號天倪集，留汴京。獻甫死，其家亦破，同年華陰王元禮購得之，傳于世。

雷淵字希顏，一字季默，應州渾源人。父思，名進士，仕至同知北京轉運使，註易行于世。淵庶出，年最幼，諸兄不齒，父歿不能安於家，乃發憤入太學，衣弊履穿，坐榻無席，自以跣露恒兀坐讀書，不迎送賓客，人皆以爲倨。其友商衡每爲辯之，且賙卹焉。後從李之純游，遂知名。登至寧元年詞賦進士甲科，調涇州錄事，坐高庭玉獄幾死。

後改東平，河朔重兵所在，驕將悍卒倚外敵爲重，自行臺以下皆摩撫之，淵出入軍中偃

然不爲屈。不數月，閭巷間多畫淵像，雖大將不敢以新進書生遇之。尋遷東阿令，轉徐州觀察判官。

興定末，召爲英王府文學兼記室參軍，轉應奉翰林文字。拜監察御史，言五事稱旨，又彈劾不避權貴，出巡郡邑所至有威譽，奸豪不法者立箠殺之。至蔡州，杖殺五百人，時號曰「雷半千」，坐此爲人所訟，罷去。久之，用宰相侯摯薦，起爲太學博士、南京轉運司戶籍判官，遷翰林修撰。一夕暴卒，年四十八。

正大庚寅倒廻谷之役，淵嘗上書破朝臣孤注之論，引援深切，灼然易見，主兵者沮之，策竟不行。

爲人軀幹雄偉，髯張口哆，顏渥丹，眼如望洋，遇不平則疾惡之氣見於顏間，或嚼齒大罵不休，雖痛自懲創，然亦不能變也。爲文章詩喜新奇。善結交，凡當塗貴要與布衣名士無不往來。居京師，賓客踵門未嘗去舍，家無餘貲，及待賓客甚豐腆。莅官喜立名，初登第攝遂平縣事，年少氣銳，擊豪右，發姦伏，一邑大震，稱爲神明。嘗擅笞州魁吏，州檄召之不應，罷去。後凡居一職輒震耀，亦坐此不達。

程震字威卿，東勝人。與其兄鼎俱擢第。震入仕有能聲。興定初，詔百官舉縣令，〔九〕震得陳留，治爲河南第一，召拜監察御史，彈劾無所撓。時皇子荊王爲宰相，家僮輩席勢侵

民，震以法劾之，奏曰：「荊王以陛下之子，任天下之重。不能上贊君父，同濟艱難。顧乃專恃權勢，蔑棄典禮，開納貨賂，進退官吏。縱令奴隸侵漁細民，名爲和市，其實脅取。諸所不法不可枚舉。陛下不能正家，而欲正天下，難矣。」於是，上責荊王，出內府銀以償物直，杖大奴尤不法者數人。未幾，坐爲故吏所訟，罷官。歲餘，嘔血卒。

震爲人剛直有材幹，忘身徇國，不少私與。及爲御史，臺綱大振，以故小人側目者衆，不能久留於朝，士論惜之。

贊曰：韓玉、馮璧、李獻甫、雷淵皆金季豪傑之士也。邠、涇之變，玉募兵旬日而得萬人。牙吾塔之凶暴，璧以王度繩之，卒不敢動。夏人援宋例以邀歲幣，獻甫以宋賜夏姓一事折之，夏使語塞而和議定。淵爲御史，權貴斂避，古之國士何加焉。玉以疑見冤，璧、淵疾惡太甚，議者以酷譏之，瑕豈可以掩瑜哉。程震劾荊抵罪，比蹤馮、雷，然亦以羣小齟齬而死，直士之不容於世也久矣。吁。

校勘記

〔一〕正大二年二月　「二年」原作「三年」。按下文有「明年設益政院」云云，本書卷一七哀宗紀，正大三年八月，「詔設益政院于內廷，以禮部尙書楊雲翼等爲益政院說書官」。又卷五六百官志所記同。今據改。

〔二〕向日弓箭手之在西邊者　「手之」原作「之手」，據文義乙正。

〔三〕支度判官　原作「度支判官」。今據本書卷五七百官志乙正。

〔四〕十月出爲寧邊州刺史三年改平定州至全活者甚衆　按以上六十六字當在下文「其秋宣德果以敗聞」之下，「三年」當作「二年」。元遺山集卷一七閑閑公墓銘，「泰和二年改戶部主事，遷翰林修撰，考滿留再任。衞紹王大安初，北兵入邊，召公與待制趙資道論邊備……王不能用，其秋宣德以敗聞。十月，出爲寧邊州刺史。二年，改平定州。……入爲兵部郎中兼翰林修撰」。考之滏水文集詩文皆合，此誤。

〔五〕又明年知貢舉坐取進士盧亞重用韻　按本書卷一七哀宗紀，正大四年六月「丙辰，賜詞賦經義盧亞以下進士第」，與此年代不合。又卷一〇〇李復亨傳，「興定五年三月，廷試進士，復亨監試，進士盧元謬誤，濫放及第，讀卷官禮部尙書趙秉文……當奪三官降職」。則「又明年」當爲「五年」，「盧亞」當作「盧元」。

〔六〕將有違約　按中州集卷八韓玉小傳記此事作「將佐違約」。

〔七〕泰和四年調鄜州錄事　原脫「泰和」二字。按元遺山集卷一九內翰馮公神道碑銘，「璧以承安二年中乙科，調莒州軍事判官。丁母憂，服闋，調遼濱主簿。丁父憂，服闋，調鄜州錄事」。則此「四年」決非承安四年。又本卷下文云：「明年伐蜀……，章宗欲招降吳曦」。考本書卷一二章宗紀，泰和六年十二月辛酉，「完顏綱遣京兆錄事張仔會吳曦于興州之置口，曦具言所以歸朝之意」。卷九八完顏綱傳記其事亦在泰和六年，知此「四年」當是泰和四年。今據補。又下文「明年」亦當作「六年」。

〔八〕興定四年以宋人拒使者於淮上遣兵南伐　原脫「興定」二字。按本書卷六二交聘表，「興定二年十二月甲寅，朝議乘勝與宋議和，以開封治中呂子羽、南京路轉運副使馮璧爲詳問宋國使，行至淮中流，宋人拒之，自此和好遂絕」。又卷一五宣宗紀，「興定三年春正月庚午，呂子羽至淮，宋人不納而還。詔伐宋」。是伐宋事在興定三年。本書列傳中，紀年之下或偶述已發生之事，而其事實在前一年。此處云「以宋人拒使者……」義尤明顯，蓋馮璧鞫牙吾塔在興定四年。今據補「興定」二字。又下文「四年」亦是興定四年。王鶚汝南遺事卷二，宣宗朝，阿虎帶「帥河中，以棄城應死，議親獲免」。卽本卷所記之事，可爲佐證。

〔九〕詔百官舉縣令　「詔」原作「召」，據文義改。

金史卷一百十一

列傳第四十九

古里甲石倫　內族訛可　撒合輦　强伸　烏林荅胡土　內族思烈　紇石烈牙吾塔

古里甲石倫，隆安人。以武舉登第。爲人剛悍頗自用，所在與人不合，宣宗以其勇善戰，每任用之。貞祐二年，累遷副提控、太原府判官，與從宜都提控、振武軍節度使完顏蒲刺都議拒守不合，措置乖方，敵因大入，幾不可禦。既乃交章論列以自辨其無罪，上惡其不和，詔分統其兵。

未幾，遷同知太原府事。奏請招集義軍，設置長校，各立等差。都統授正七品職，副統正八品，萬戶正九品，千戶正班任使，謀克雜班。仍三十人爲一謀克，五謀克爲一千戶，四

千戶爲一萬戶，四萬戶爲一副統，兩副統爲一都統，外設一總領提控。制可。

四年，遷河東宣撫副使，上章言宣撫使烏古論禮不肯分兵禦敵，且所行多不法。詔禮罷職，石倫遷絳陽軍節度使，權經略使，尋知延安府事、兼鄜延路兵馬都總管。大元兵圍忻州，石倫率兵往援，以兵護其民入太原，所保軍民甚衆。

興定元年七月，改河平軍節度、兼衞州管內觀察使，詔諭曰：「朕初謂汝勇果，爲國盡力，故倚以濟事。尋聞汝嗜酒不法，而太原知府烏古論德升亦屢嘗爲朕言之，然皆瑣屑，乃若不救汾州，豈細事哉。有司議罪如此，汝其悉之，益當戮力，以掩前過。」是年十一月，遷鎭西軍節度使、兼嵐州管內觀察使、行元帥府事。

二年四月，石倫言：「去歲北兵破太原，游兵時入嵐州境，而官民將士悉力扞禦，卒能保守無虞。向者河東內郡皆駐以精甲，實以資儲，視邊城尤爲完富，然兵一至相繼淪沒。嵐兵寡而食不足，惟其上下協同，表裏相應，遂獲安帖。當大軍初入，郡縣倉皇，非此帥府控制，則隩、管保德、嵐、寧化皆不可知矣。今防秋不遠，乞朝廷量加旌賞，務令益盡心力，易以鎭守。」詔有功者各遷官一級，仍給降空名宣勅，令樞密院遣授之。

三年二月，石倫奏：「向者并、汾既破，兵入內地，臣謂必攻平陽，平陽不守，將及潞州，其還當由龍州谷以入太原。故臣嘗請兵欲扼其歸路，朝廷不以爲然，既而皆如臣所料。始

敵入河東時，郡縣民皆携老幼徙居山險，後雖太原失守，而衆卒不從，其意謂敵不久留，且望官軍復至也。今敵居半歲，遣步騎擾諸保聚，而官軍竟無至者，民其能久抗乎。夫太原，河東之要郡，平陽，陝西、河南之藩籬也。若敵兵久不去，居民盡從，屯兵積糧以固基本，而復擾吾郡縣未殘者，則邊城指日皆下矣。北路不守，則南路爲邊，去陝西、河南益近，臣竊憂之，故復請兵以圖戰守。而樞府檄臣，拌將權太原治中郭遹祖、義軍李天祿等萬餘人，就其糧五千石，會汾州權元帥右都監抹撚胡刺復太原。臣召遹祖，欲號令其衆，遹祖不從。尋得胡刺報曰：『嘗問軍數於遹祖，但稱天祿等言之，未嘗親閱。問糧，則曰散在數處。』蓋其情本欲覩朝廷以己有兵糧，冀或見用，以取重職，不可指爲實用也。雖然，臣已遣提控石盞吾里忻等領軍以往矣。但敵勢頗重，而往者皆新集白徒，絕無精銳，恐不能勝。乞於河南、陝西量分精兵，以增臣力，仍令陝西州郡近河東者給之資糧，更令南路諸軍綴敵之南，以分其勢，如此庶幾太原可復也。」詔陝西、河東行省分糧與之，請兵之事以方伐宋不從。

三月，石倫復上言曰：「頃者大兵破太原，招民耕稼，爲久駐之基。臣以太原要鎭，所當必爭，遣提控石盞吾里忻引官兵義兵共圖收復。而執政以爲賞功罰罪皆須中覆。夫河東去京師甚遠，移報往返不暇數十日，官軍皆敗亡之餘，鋒銳略盡，而義兵亦不習行陣，無異烏合，以重賞誘之

猶恐不爲用，況有功而久不見報乎。夫衆不可用則不能退敵，敵不退則太原不可復，太原不可復則平陽之勢日危，而境土日蹙矣。今朝廷抑而不許，不過慮其濫賞耳。借使有濫賞之弊，其與失太原之害孰重？」於是詔從其請，自太原治中及他州從七品以下職、四品以下散官，並聽石倫遷調焉。

是月，石倫復言：「日者遣軍潛擣敵壘，欲分石州兵五百權屯方山，剿殺土寇，且備嵐州，而同知蒲察桓端拒而不發。又召同知寧邊軍節度使姚里鴉鶻與之議兵，竟不聽命。近領兵將取太原，委石州刺史納合萬家權行六部，而辭以他故，幾誤軍糧。約武州刺史郭憲率所領併進，憲亦不至。臣猥當方面之任，而所統官屬並不稟從，乞朝廷嚴爲懲誡，庶人知職分，易以責辦。」宰臣惡之，乃奏曰：「桓端、鴉鶻已經奏改，無復可議。石倫身兼行部，不自規畫，而使萬家往來應給，石州無人恐亦有失。武州邊郡正當兵衝，使憲率軍離城，敵或乘之，孰與守禦。萬家等不從，未爲過也。」上以爲然，因遣諭石倫曰：「卿嘗行院于歸德，衞州防備之事非不素知，乃屢以步騎爲請何耶。比授卿三品，且數免罪譴卿，嘗自誓以死報國，今所爲如此，豈報國之道哉！意謂河南之衆必不可分，但圖他日得以藉口耳。卿果赤心爲國，盡力經畫，亦足自效。萬家等若必懲戒，彼中誰復可使者，姑爲容忍可也。」

閏三月，石倫駐兵太原之西，俟諸道兵至進戰，聞脅從人頗有革心，上言于朝，乞降空

名宣勅、金銀符，許便宜遷注，以招誘之。上從其請，並給付之，仍聽注五品以下官職。

六月，保德州振威軍萬戶王章、弩軍萬戶齊鎮殺其刺史孛术魯銀朮哥，仍滅其家，脅官吏軍民同狀白嵐州帥府，言銀朮哥專恣慘酷，私造甲仗，將謀不軌。石倫密令同知州事把蒲剌都圖之，蒲剌都乃與兵吏置酒召章等飲，擒而族誅之。至是，朝廷命行省胥鼎量宜遷賞，仍令蒲剌都攝州事，撫安其衆焉。

六月，遷金安軍節度使，行帥府事於葭州。時鄜州元帥內族承立慮夏人入寇，遣納合買住以兵駐葭州，石倫輒分留買住兵千八百人，令以餘兵屯綏德，而後奏之。有司論罪當絞，既而遇赦，乃止除名。元光元年，起爲鄭州同知防禦使，與防禦使裴滿羊哥部內酤酒不償直，皆除名。三月，上諭元帥監軍內族訛可曰：「石倫今以罪廢，欲再起之，恐生物議，汝軍前得無用之乎。此人頗善戰，果可用便當遣去。古亦有白衣領職者，渠雖除名何害也。」十月，大元兵圍青龍堡，詔以石倫權左都監，將兵會上黨公、晉陽公往援之。兵次彈平寨東三十里，敵兵梗道不得進，會青龍堡破，召還。既而復以罪免。

正大八年，大兵入河南，州郡無不下者，朝議以權昌武軍節度使粘葛仝周不知兵事，起石倫代之。石倫初赴昌武，詔諭曰：「卿先朝宿將，甚有威望，故起拜是職。元帥蘇椿、武監軍皆曉兵事，今在昌武，宜與同議，勿復不睦失計也。」時北兵已至許，石倫赴鎮幾爲游騎

所獲。數日，知兩省軍敗，潰軍踵來，有忠孝軍完顏副統入城，兩手皆折，血汚滿身，州人憂怖不知所出。石倫遣歸順軍提控嵐州人高珪往斥候，珪因持在州軍馬糧草數目奔大元軍，〔一〕仍告以城池深淺。俄大兵至城下，以鳳翔府韓壽孫持檄招降，言三峰敗狀。石倫、蘇椿不詰問卽斬之市中。既而武監軍偏裨何魏輩開東門，內族按春開南門，夾谷太守開西門，大元軍入城，擒蘇椿，問以大名南奔之事，椿曰：「我本金朝人，無力故降，我歸國得爲大官，何謂反耶。」大將怒其不屈，卽殺之。石倫投廨後井中，仝周自縊州廨。武監軍者初不預開門之謀，何魏輩欲保全之，故言於大將曰：「監軍令我輩獻門。」然亦怒其不迎軍而降，亦殺之。

仝周名暉，字子陽，策論進士，興定間爲徐州行樞密院參議官，上章言：「惟名與器不可假人，自古帝王靡不爲重。今之金銀牌，卽古符節也，其上有太祖御畫，往年得佩者甚難，兵興以來授予頗濫，市井道路黃白相望，恐非所以示信於下也。乞寶惜之，有所甄別。」上以語宰臣，而丞相高琪等奏：「時方多難，急於用人，駕馭之方，此其一也，如故爲便。」

蘇椿，大名人，初守大名，歸順于大元，正大二年九月，〔二〕自大名奔汴，詔置許州，至是

見殺。

完顏訛可，內族也。時有兩訛可，皆護衛出身，一曰「草火訛可」，每得賊好以草火燎之，一曰「板子訛可」，嘗誤以宮中牙牌報班齊者爲板子，故時人各以是目之。

正大八年九月，大兵攻河中。初，宣宗議遷都，朝臣謂可遷河中：「河中背負關陝五路，士馬全盛，南阻大河，可建行臺以爲右翼。前有絳陽、平陽、太原三大鎮，敵兵不敢輕入。應三鎮郡縣之民皆聚之山寨，敵至則爲晝攻夜刼之計。屯重軍中條，則行在有萬全之固矣。」主議者以河中在河朔，又無宮室，不及汴梁，議遂寢。

宣宗既遷河南，三二年之後，詔元帥都監內族阿祿帶行帥府事。阿祿帶恇怯不能軍，竭民膏血爲浚築之計。未幾，絳州破，阿祿帶益懼，馳奏河中孤城不可守，有旨親視，果不可守則棄之，無至資敵。阿祿帶遂棄河中，燒民戶官府，一二日而盡。尋有言河中重鎮，國家基本所在，棄之爲失策，設爲敵人所據，則大河之險我不得專恃矣。宣宗悔悟，繫阿祿帶同州獄，累命完復之，隨守隨破。至是，以內族兩訛可將兵三萬守之。

大兵謀取宋武休關。未幾，鳳翔破，睿宗分騎兵三萬入散關，攻破鳳州，徑過華陽，屠

洋州，攻武休關。開生山，截焦崖，出武休東南，遂圍興元。興元軍民散走，死於沙窩者數十萬。分軍而西，西軍由別路入沔州，取大安軍路開魚鼈山，撤屋爲筏，渡嘉陵江入關堡，並江趨葭萌，略地至西水縣而還。東軍止屯興元、洋州之間，遂趨饒峰。宋人棄關不守，大兵乃得入。

初，大兵期以明年正月合南北軍攻汴梁，故自將攻河中。河中告急，合打蒲阿遣王敢率步兵一萬救之。十二月，河中破。初，河中主將知大兵將至，懼軍力不足，截故城之半守之。及被攻，行帳命築松樓高二百尺，下瞰城中，土山地穴百道並進。至十一月，攻愈急。自王敢救軍至，軍士殊死鬬，日夜不休，西北樓櫓俱盡，白戰又半月，力盡乃陷。草訛可戰數十合始被擒，尋殺之。板訛可提敗卒三千奪船走，北兵追及，鼓譟北岸上，矢石如雨。數里之外有戰船橫截之，敗軍不得過，船中有賫火砲名「震天雷」者連發之，砲火明，見北船軍無幾人，力斫橫船開，得至潼關，遂入閿鄉。尋有詔赦將佐以下，〔三〕責訛可以不能死，車載入陝州，決杖二百。識者以爲河中城守不下，德順力竭而陷，非戰之罪，故訛可之死人有寃之者。

初，訛可以元帥右監軍、邠涇總帥、權參知政事，奉旨於邠、涇、鳳翔往來防秋，奉御六兒監戰，於訛可爲孫行，而訛可動爲所制，意頗不平，漸生猜隙。七年九月，召赴京師，改河

中總帥，受京兆節制。此時六兒同赴召，謂訛可奉旨往來防秋，而乃畏怯避遠，正與朝旨相違，上意頗罪訛可。及河中陷，苦戰力盡，而北兵百倍臨之，人謂雖至不守猶可以自贖，竟杖而死，蓋六兒先入之言主之也。

劉祁曰：〔四〕「金人南渡之後，近侍之權尤重。蓋宣宗喜用其人以爲耳目，伺察百官，故奉御輩採訪民間，號『行路御史』，或得一二事卽入奏之，上因以責臺官漏泄，〔五〕皆抵罪。又方面之柄雖委將帥，又差一奉御在軍中，號曰『監戰』，每臨機制變多爲所牽制，遇敵輒先奔，故師多喪敗。」哀宗因之不改，終至亡國。

論曰：古里甲石倫善戰而好犯法，故見廢者屢，晚起爲將，卒死於難。金運將終，又用數奇之李廣，其乏絕不亦宜乎。草訛可力戰而死，板訛可亦力戰，不死於陣而死於刑，論者以爲有近侍先入之言。夫以暬御治軍，既掣之肘，又信其讒以殺人，金失政刑矣。唐之亡，坐以近侍監軍，金蹈其轍，哀哉。

撒合輦字安之，內族也。宣宗朝，累遷同簽樞密院事。元光二年十二月庚寅夜，宣宗病篤，英王盤都先入侍，哀宗後至，東華門已閉，聞英王在宮，遣樞密院官及東宮親衞軍總領移剌蒲阿勒兵東華門，都點檢駙馬都尉徒單合住奏中宮，得旨，領符鑰啓門。合住見上，上命撒合輦解合住刀佩之，哀宗遂入，明日卽位，由是見親信。正大元年正月庚申，以輦同判大睦親府事，兼前職。刑部完顏素蘭言：「把胡魯策功第一，非超拜右丞相無以酬之。」然同功數人亦有不次之望，故胡魯之命中輟，輦猶升二品云。

四年，大元旣滅西夏，進軍陝西。四月丙申，召尚書溫迪罕壽孫、中丞烏古孫卜吉、祭酒裴滿阿虎帶、直學士蒲察世達、右司諫陳規、監察烏古論四和完顏習顯、同判睦親府事撒合輦同議西事，上曰：「已諭合達盡力決一戰矣。」羣臣多主和事，獨輦力破和議，語在陳規傳。

八月，朝廷得清水之報，令有司罷防城及修城丁壯，凡軍需租調不急者權停。初，聞大兵自鳳翔入京兆，關中大震，以中丞卜吉、祭酒阿忽帶兼司農卿，簽民兵，督秋稅，令民入保爲避遷計。當時議者以謂大兵未至而河南先亂，且曰：「御史監察城洛陽，治書供帳北使，中丞下兼司農簽軍督稅，臺政可知矣。」至是，上謂撒合輦曰：「諺云，水深見長人。朝臣或欲我一戰，汝獨言當靜以待之，與朕意合，今日有太平之望，皆汝謀也。先帝嘗言汝可用，

可謂知人矣。」

未幾，右拾遺李大節、右司諫陳規言，撒合輦諂佞納賄及不公事，奏帖留中不報。明惠皇后嘗傳旨戒曰：「汝諂事上，上之騎鞠皆汝所教。」尉忻亦極言之，上頗悟，出爲中京留守、兼行樞密院事。初，宣宗改河南府爲金昌府，號中京，又擬少室山頂爲御營，命移剌粘合築之，至是撒合輦爲留守。

九年正月，北兵從河清徑渡，分兵至洛，出沒四十餘日。二月乙亥，立砲攻城。洛中初無軍，得三峰潰卒三四千人，與忠孝軍百餘守禦。時輦疽發于背，不能軍，同知溫迪罕斡朶羅主軍務，有大事則就輦稟之。三月甲申，忠孝軍百餘騎入使宅，强擁輦出奔，輦不得已從之，幷以官屬及其子自隨，才出南裏城門，城上軍覺，閉之甕城中，〔六〕矢石亂下，人馬多死傷。輦知不能出，仰呼求救，軍士知出奔非輦意，以繩引而上，送入其宅，不敢出。鎭撫官縛出奔之黨，欲殺之，已斬三人，輦親爲乞命，得免。

乙酉，斡朶羅賫金帛出北門，如前日巡城犒軍之狀，旣出卽沿城而西，直出外壕，城上人呼曰：「同知講和去矣。」軍士及將領隨而下者三四百人。少之，輦傳令云：「同知叛降，有再下城者斬。」凡斬三四人，乃定。丙戌夜，城東北角破，輦奪南門出不得，投濠水死。已而，大兵退，强伸復立帥府。

强伸，本河中射糧軍子弟，貌極寢陋，而膂力過人。興定初，從華州副都統安寧復潼關，以勞任使，嘗監郃陽醋。後客洛下，選充官軍，戍陝鐵嶺，軍潰被虜，從都尉兀林荅胡土竄歸中京。時中京已破，留守兼行樞密院使內族撒合輦死之，元帥任守眞復立府事，以便宜署伸警巡使。後守眞率部曲軍從行省思烈入援，鄭州之敗守眞死。

天興元年八月，中京人推伸爲府簽事，領所有軍二千五百人，傷殘老幼半之。甫三日，北兵圍之，東西北三面多樹大砲，伸括衣帛爲幟，立之城上，率士卒赤身而戰，以壯士五十人〔七〕往來救應，大叫，以「憨子軍」爲號，其聲勢與萬衆無異。兵器已盡，以錢爲鏃，得大兵一箭截而爲四，以筒鞭發之。又創遏砲，用不過數人，能發大石於百步外，所擊無不中。伸奔走四應，所至必捷。得二駞及所乘馬皆殺之，以犒軍士，人不過一啗，而得者如百金之賜。九月，大兵退百里外。閏月，復攻，兵數倍於前。又一月，不能拔。事聞，哀宗降詔褒諭，以伸爲中京留守、元帥左都監、世襲謀克、行元帥府事。

十月，參知政事內族思烈自南山領軍民十餘萬入洛，行省事。二年二月，伸建一堂於洛川驛之東，名曰「報恩」，刻詔文於石，願以死自効。三月，中使至，以伸便宜從事。是月，

大兵自汴驅思烈之子於東門下，誘思烈降。思烈卽命左右射之，旣而知崔立之變，病不能語而死。總帥忽林荅胡土代行省事，仲行總帥府事，月餘糧盡，軍民稍稍散去。

五月，大兵復來，陣於洛南，仲陣水北。有韓帥者匹馬立水濱，招仲降，仲謂帥曰：「君獨非我家臣子耶？一日勤王，猶遺令名于世，君旣不能，乃欲誘我降耶？我本一軍卒，今貴爲留守，誓以死報國耳。」遂躍而射之。帥奔陣，率步卒數百奪橋，仲軍一旗手獨出拒之，殺數人，仲乃手解都統銀符與之佩，士卒氣復振。初，築戰壘於城外四隅，至五門內外皆有屏，謂之迷魂牆。大兵以五百騎迫之，仲率卒二百鼓噪而出，大兵退。

六月，行省胡土率衆走南山，鷹揚都尉〔八〕獻西門以降，仲知城不能守，率死士數十人突東門出，轉戰至偃師，力盡就執。載以一馬，擁迫而行，仲宛轉不肯進，强掖之，將見大帥塔察。及中京七里河，仲語不遜，兵卒相謂曰：「此人乖角如此，若見大帥其能降乎，不若殺之。」因好語誘之曰：「汝能北面一屈膝，吾貸汝命。」仲不從，左右力持使北面，仲拗頭南向，〔九〕遂殺之。

烏林荅胡土。正大九年正月戊子，北兵以河中一軍由洛陽東四十里白坡渡河。白坡故河清縣，河有石底，歲旱水不能尋丈。國初以三千騎由此路趨汴，是後縣廢爲鎭，宣宗南遷，河防上下千里，常以此路爲憂，每冬日命洛陽一軍戍之。河中破，有言此路可徒涉者，已而果然。北兵旣渡，奪河陰官舟以濟諸軍。時胡土爲破虜都尉，戍潼關，以去冬十二月被旨入援，至偃師，聞白坡徑渡之耗，直趨少室，夜至少林寺。時登封縣官民已遷太平頂御寨。明日，胡土使人紿縣官云：「吾軍中家屬輜重欲留此山，卽率兵赴汴京。」因攝縣官下山，使之前導，一軍隨之而上。山旣險固，糧亦充足，遂有久住之意。尋縱軍下山劫掠居民，甚於盜賊，旁近一二百里無不被害。胡土畏變，知而不禁，又所劫牛畜糧糗亦分有之。

七月，恒山公武仙、參政思烈兩行省軍，屯登封城南大林下，遣人約之入京。胡土百計不肯下，不得已，乃分其軍四千，與思烈俱東。八月三日，兩行省軍潰於中牟，胡土狼狽上山，殘卒三二十人外偏裨無一人至者。十二月，思烈自留山行省於中京，徵兵同保洛陽，又遷延不行。思烈以檄來，言：「若依前逗遛，自有典憲，吾不汝容矣。」胡土懼，乃挈妻子及軍往中京，留其半山上以爲巢穴。天興二年三月，思烈病卒，留語胡土代行省事。六月，敵勢益重，强仲方盡力戰禦，而胡土卽領輕騎、挈妻子棄城南奔，遂失中京。

初，胡土在太平頂旣顧望不進，又懼人議己，乃出榜募人爲救駕軍，云：「一旅之衆可以興復國家，諸人有能奮發許國捐軀者，豈不濟大事乎！」於是，不逞之徒隨募而出，得澤人緋麻冀、武錄事等二十餘人，促令赴京，行及盧店卽行劫，械至，杖之二百，人無不竊笑。

旣而，走蔡州，上召見慰問，而心薄之。會宋人攻唐州，元帥烏古論黑漢屢遣人告急，卽命胡土領忠孝軍百人，就徵西山招撫烏古論換住、黃八兒等軍赴之。胡土率兵至唐，宋人斂避，縱其半入城，夾擊之，胡土大敗，僅存三十騎以還，換住死焉。

旣而，以胡土爲殿前都點檢，罷權參政。大兵圍蔡，分軍防守，胡土守西面。十一月，胡土之奴竊其金牌，夜縋城降，朝士喧播謂胡土縱之往，將有異志。胡土聞之，內不自安，乞解軍職。上慰之曰：「卿父子昆弟皆爲帥臣，受恩不爲不厚，顧肯降耶。且卿向在洛陽不卽降，而千里遠來降於蔡，豈人情也哉。聞卿遇奴太察，且其衣食不常給之，此蓋往求溫飽耳，卿何慊焉。」因賜饌以安其心。初，胡土罷機政，頗有怨言，左右勸上誅之，上不聽。及令守西城，尤怏怏不樂，至是始感恩無他慮矣。

尋以總帥孛术魯婁室與胡土皆權參政，婁室與右丞仲德同事，胡土防守如故，復以都尉承麟爲東面元帥權總帥。先是，攻東城，婁室隨機備禦。二日移攻南城，烏古論鎬易之，砲擊城樓幾仆，右丞仲德率軍救援，乃罷攻。俄而四面受敵，仲德艱於獨援，遂薦承麟代婁室東面，而乞與婁室同救應。初，胡土失外城，頗慚恨，聲言力小不能令衆，仲德亦薦之，故有是命。蔡城破，投汝水死。

贊曰：撒合輦本以佞進，烏林荅胡土戰陣不武，付以孤城，望其捍禦大難，豈得爲知人乎。强伸一射糧卒耳，及授以兵，乃能應變制勝，遠過二人，力盡乃斃，猶有烈丈夫之風焉。古人有言：「四郊多壘，拔士爲將。」使金運未去，仲足以建功名矣夫。

內族思烈，南陽郡王襄之子也。資性詳雅，頗知書史。自五六歲入宮充奉御，甚見寵幸，世號曰「自在奉御」。當宣宗入承大統，胡沙虎跋扈，思烈尚在髫齔，嘗涕泣跪抱帝膝致說曰：「願早誅權臣，以靖王室。」帝急顧左右掩其口。自是，帝甚器重之。後由提點近侍局遷都點檢。

天興元年，汴京被圍，哀宗以思烈權參知政事，行省事于鄧州。會武仙引兵入援，於是思烈率諸軍發自汝州，過密縣，遇大元兵，不用武仙阻澗之策，遂敗績于京水，語在武仙傳。中京留守、元帥左監軍任守眞死之。上聞，罷思烈行省之職，以守中京。無何，大兵圍中京未能下，崔立遣人監思烈子於中京城下，招之使降。思烈不顧，令軍士射之，旣而知崔立已以汴京歸順，病數日而死。

初，思烈會武仙等軍入援，即與仙論議不同，仙以思烈方得君，每假借之。思烈謂仙本無入援意，特以朝廷遣一參政召兵，迫於不得已乃行耳。然仙知兵，頗以持重爲事。思烈急於入京，不聽仙策，於是左右司員外郎王渥乃勸思烈曰：「武仙大小數百戰，經涉不爲不多，兵事當共議。」思烈疑其與仙有謀，幾斬之，渥自以無愧於內，不懼也。已而，思烈果敗，渥歿於陣。

渥字仲澤，後名仲澤，太原人。性明俊不羈，博學善談論，工尺牘，字畫清美，有晉人風。少游太學，長於詞賦，登興定二年進士第。爲時帥奧屯邦獻、完顏斜烈所知，故多在兵間。後辟寧陵令，有治迹，入爲尚書省令史。因使宋至揚州，應對敏給，宋人重之。及還，爲太學助教，轉樞密院經歷官，俄遷右司都事，稍見信用。及思烈往鄧州，以渥爲左右司員外郎，從行。

贊曰：思烈夙惠，請誅權奸以立主威，有甘羅、辟疆之風，所謂「茂良不必父祖」者也。中京之圍，崔立脅其子使招之降，不顧而趣射之，何愧乎橋玄。至如不從武仙之言，以至於

敗，此蓋時人因惜王仲澤之死而有是言，仙無入援之意則非誣也。

紇石烈牙吾塔一名志。本出親軍，性剛悍喜戰。貞祐間，僕散安貞爲山東路宣撫使，以牙吾塔爲軍中提控。是時，山東羣盜蜂起，安貞遣牙吾塔破巨蒙等四堌，又破馬耳山砦，殺劉二祖賊黨四千餘人，降賊八千，虜其僞宣差程寬、招軍大使程福，又降脅從民三萬餘人。貞祐四年六月，積功累遷欄通渡經略使。十月，爲元帥左都監。十二月，行山東西路兵馬都總管府事，兼武寧軍節度使、徐州管內觀察使。

興定二年正月，宋兵萬餘攻泗州，牙吾塔赴援，至臨淮，遇宋人三百，掩殺殆盡。及泗州，宋兵八千圍甚急，督衆進戰，大破之，溺水死者甚衆，獲馬三百餘匹，俘五十餘人。又圍盱眙，宋人閉門堅守不敢出。以騎兵分掠境內，而時遣羸卒薄城誘之。宋人出騎數百來拒，牙吾塔麾兵佯北，發伏擊之，斬首二百。宋人復出步騎八千來援，合擊敗之，殺一太尉，斬首三百。尋獲覘者，稱青平宋兵甚衆，將救盱眙。牙吾塔移兵赴之，宋兵步騎七千人突出，兵少却，旋以輕騎扼其後，初逗遛不與戰，縱之走東南，薄諸河，斬首千餘，溺死者無算，獲馬牛數百，甲仗以千計。師還，遇宋兵三千於連塘村，斬首千餘級，俘五十人，獲馬三十

五疋。宣宗以其有功，賜金帶一。

三年正月，敗宋人於濠州之香山村。二月，又敗之於滁州，[10]斬首千級。拔小江寨，殺統制王大簻等，斬三萬，俘萬餘人。又拔輔嘉平山寨，斬首數千，俘五百餘人，獲馬牛數百，糧萬斛。三月，提控奧敦吾里不大敗宋人于上津縣，兵還至濠州，宋人以軍八千拒戰，牙吾塔迎擊敗之，獲馬百餘疋。

五年正月，上以紅襖賊助宋爲害，邊兵久勞苦，詔牙吾塔遺宋人書求戰，略曰：「宋與我國通好，百年於此，頃歲以來，納我叛亡，絕我貢幣，又遣紅襖賊乘間竊出，跳梁邊疆，使吾民不得休息。彼國若以此曹爲足恃，請悉衆而來，一決勝負，果能當我之鋒，沿邊城邑當以相奉。度不能，即宜安分保境，何必狐號鼠竊、乘陰伺夜以爲此態耶？且彼之將帥亦自受鉞總戎，而臨敵則望風遠遁，被攻則閉壘深藏，逮吾師還，然後現形耀影以示武。夫小民尙氣，女子有志者猶不爾也，切爲彼國羞之。」

先是，宋將時青襲破泗州西城。二月，牙吾塔將兵取之，宋兵拒守甚力，乃募死士以梯衝並進，大敗宋兵。時青乘城指麾，射中其目，遂拔衆南奔。乃陳兵橫絕走路擊之，宋兵大潰，遂復泗州西城。三月，復出兵宋境，以報其役，破團山、買家等諸寨，進逼濠州。牙吾塔慮州人出拒，躬率勁兵逆之，遇邏騎二百于城東，擊殺過半。會偵者言前路芻糧甚艱，乃西

掠定遠，由渦口而還。九月，又率兵渡淮，大破宋兵於團山，詔遷官升職有差。

元光元年五月，以京東便宜總帥兼行戶、工部事，上因謂宰臣曰：「牙吾塔性剛，人皆畏之，委之行部，無不辦者。至於御下亦頗有術，提控有胡論出者，渠厚待之，常同器而食，其人感奮，遂以戰死。」英王守純曰：「凡爲將帥，駕馭人材皆當如此。」上曰：「然。」未幾，宋人三千潛渡淮，至聊林，盡伐隄柳，塞汴水以斷吾糧道。牙吾塔遣精甲千餘破之，獲其舟及渡者七百人，汴流由是復通。

二年四月，上言：「賞罰國之大信，帝王所以勸善而懲惡，其令一出不可中變。向官軍戰歿者皆廩給其家，恩至厚也。臣近抵宿州，乃知例以楮幣折支，往往不給，至于失所。此殆有司出納之吝，不能奉行朝廷德意之過也。自今願支本色，令得贍濟。」以糧儲方艱，詔有司給其半。

紅襖賊寇壽、潁，剽掠數日而去。牙吾塔聞之，率兵渡淮，偵知朱村、孝義村有賊各數百，分兵攻之，連破兩柵，及焚其村塢數十。還遇宋兵數百，陣淮南岸，擊殺其半，尋有兵千餘自東南來追，復大敗之。

先是，納合六哥殺元帥蒙古綱，據邳州以叛。十月，牙吾塔圍之，焚其樓櫓，斬首百餘。於是，宋鈐轄高顯、統制侯進、正將陳榮等知不能守，共誅六哥，持其首縋城降。六哥既誅，

衆猶拒守，方督兵進攻，宋總領劉斌、提控黃溫等縛首亂顏俊、戚誼、完顏乞哥，及梟提控金山八打首，遣其校馬俊、吳珪來獻。旣而紅襖監軍徐福、統制王喜等亦遣其總領孫成、總押徐琦納欵。劉斌等遂率軍民出降，牙吾塔入城，撫慰其衆，各使安集，又招獲紅襖統制十有五人，將官訓練百三十有九人。十一月，遣人來報，仍函六哥首以獻。宣宗大喜，進牙吾塔官一階，賜金三百兩、內府重幣十端，將士遷賞有差。

正大三年十一月，北兵猝入西夏，攻中興府甚急。召陝西行省及陝州、靈寶二總帥訛可、牙吾塔議兵。又詔諭兩省曰：「儻邊方有警，內地可憂，若不早圖，恐成噬臍。旦夕事勢不同，隨機應變，若逐旋申奏，恐失事機，並從行省從宜規畫。」

四年，牙吾塔復取平陽，獲馬三千。是歲，大兵旣滅夏國，進攻陝西德順、秦州、清水等城，遂自鳳翔入京兆，關中大震。五年，圍慶陽。〔二〕六年十月，上命陝省以羊酒及幣赴慶陽犒北帥，爲緩師計。北中亦遣唐慶等往來議和，尋遣斡骨欒爲小使，徑來行省。十二月，詔以牙吾塔與副樞蒲阿權簽樞密院事，內族訛可將兵救慶陽。七年正月，戰于大昌原，慶陽圍解。詔以牙吾塔爲左副元帥，屯京兆。初，斡骨欒來，行省恐泄事機，因留之。蒲阿等旣解慶陽之圍，志氣驕滿，乃遣還，謂使者曰：「我已準備軍馬，可戰鬭來。」語甚不遜。〔三〕斡骨欒以此言上聞，太宗皇帝大怒，至應州，以九日拜天，卽親統大兵入陝西。八年，遷居民

於河南，棄京兆東還。五月，至閺鄉，得寒疾，汗不出，死。

「塔」亦作「太」，亦曰「牙忽帶」，蓋女直語，無正字也。是歲九月，國信使內族乘慶自北使還，始知牙吾塔不遜激怒之語，且言慶等在旁心魄震蕩，殆不忍聞。當時以帥臣不知書，悞國乃爾。〔一三〕

塔爲人鷙狠狠戾，好結小人，不聽朝廷節制。嘗入朝，詣省堂，詆毀宰執，宰執亦不敢言，而上倚其鎭東方，亦優容之。尤不喜文士，僚屬有長裾者輒以刀截去。又喜凌侮使者，凡朝廷遣使來，必以酒食困之，或辭以不飲，因併食不給，使餓而去。司農少卿張用章以行戶部過宿，塔飲以酒，張辭以寒疾，塔笑曰：「此易治耳。」趣左右持艾來，臥張於牀，灸之數十。又以銀符佩妓，屢往州郡取賕，州將之妻皆遠迎迓，號「省差行首」，厚賄之。御史康錫上章劾之，且曰：「朝廷容之，適所以害之。欲保全其人，宜加裁制。」朝廷竟不治其罪。以屢敗宋兵，威震淮、泗，好用鼓椎擊人，世呼曰「盧鼓椎」，其名可以怖兒啼，大概如呼「麻胡」云。

有子名阿里合，世目曰「小鼓椎」，嘗爲元帥，從哀宗至歸德，與蒲察官奴作亂，伏誅。

康錫字伯祿，趙州人。至寧元年進士。正大初，由省掾拜御史，劾侯摯、師安石非相材，近侍局宗室撒合輦聲勢熏灼，請托公行，不可使在禁近，時論韙之。轉右司都事、京南路司農丞，爲河中路治中。河中破，從時帥率兵南奔，濟河，船敗死。爲人氣質重厚，公家之事知無不爲，與雷淵、冀禹錫齊名。

贊曰：金自胡沙虎、高琪用事，風俗一變，朝廷矯寬厚之政，好爲苛察，然爲之不果，反成姑息。將帥鄙儒雅之風，好爲粗豪，然用非其宜，終至跋扈。牙吾塔戰勝攻取，威行江、淮，而矜暴不法，肆侮王人，此豈可制者乎？棄陝而歸，死於道途，殆其幸歟。其子效尤，竟陷大僇，君子乃知康錫之言不爲過也。

校勘記

〔一〕珪因持在州軍馬糧草數目奔大元軍　「目」原作「日」，據殿本改。

〔二〕正大二年九月　按本書卷一七哀宗紀記此事在正大二年五月。

〔三〕尋有詔赦將佐以下　「詔赦」原作「赦詔」，據文義乙正。

〔四〕劉祁曰　「祁」原作「祈」。按此文見劉祁歸潛志卷七，今據改。

〔五〕上因以責臺官漏泄　「以」原作「所」，文義不通。據歸潛志卷七改。

〔六〕閉之甕城中　「甕」原作「壅」，據文義改。

〔七〕以壯士五十人　「十」原作「千」。按上文「領所有軍二千五百人，傷殘老幼半之」，則所謂「壯士」必不至「五千」，蓋「十」與「千」形近致誤，今改正。

〔八〕鷹揚都尉　按下闕人名。

〔九〕伸拗頭南向　「拗」原作「拗」，據殿本改。

〔一〇〕二月又敗之於滁州　原脫「之」字。按本書卷一五宣宗紀，興定三年二月庚子，「紇石烈牙吾塔敗宋人于滁」。今據補。

〔一一〕五年圍慶陽　按本書卷一七哀宗紀不載正大五年元兵圍慶陽事，而記六年十月「犒北帥」「緩師」事則與下文同。疑此「五年」或誤。

〔一二〕語甚不遜　「遜」原作「孫」，據殿本改。下同。

〔一三〕悞國乃爾　「爾」原作「耳」，據文義改。

金史卷一百十二

列傳第五十

完顏合達　移剌蒲阿

完顏合達名瞻，字景山。少長兵間，習弓馬，能得人死力。貞祐初，以親衞軍送岐國公主，充護衞。〔一〕三年，授臨潢府推官，權元帥右監軍。時臨潢避遷，與全、慶兩州之民共壁平州。合達隸其經略使烏林荅乞住，乞住以便宜授軍中都統，累遷提控，佩金符。未幾，會燕南諸帥將兵復中都城，行至平州遷安縣，臨潢、全慶兩軍變，殺乞住，擁合達還平州，推爲帥，統乞住軍。合達以計誅首亂者數人。其年六月，北兵大將喊得不遣監戰提軍至平州城下，以州人黃裳入城招降，父老不從，合達引兵逆戰，知事勢不敵，以本軍降於陣。監戰以合達北上，留半歲，令還守平州。已而，謀自拔歸，乃遣奉先縣令紇石烈布里哥、北京教授蒲察胡里安、右三部檢法蒲察蒲女涉海來報。

四年十一月，合達果率所部及州民並海西南歸國。詔進官三階，升鎭南軍節度使，駐益都，與元帥蒙古綱相應接，充宣差都提控。十二月，大元兵徇地博興、樂安、壽光，東涉濰州之境，蒙古綱遣合達率兵屢戰於壽光、臨淄。興定元年正月，轉通遠軍節度使、兼鞏州管內觀察使。七月，改平西軍節度使、兼河州管內觀察使。二年正月，知延安府事、兼鄜延路兵馬都總管。

三年正月，詔伐宋，以合達爲元帥右都監。三月，破宋兵於梅林關，擒統領張時。又敗宋兵於馬嶺堡，獲馬百匹。又拔麻城縣，獲其令張倜、幹辦官郭守紀。

四月，夏人犯通秦寨，〔二〕合達出兵安塞堡，抵隆州，夏人自城中出步騎二千逆戰，進兵擊之，斬首數十級，俘十人，遂攻隆州，陷其西南隅，〔三〕會日暮乃還。六月，行元帥府事於唐、鄧，上遣諭曰：「以卿才幹故委卿，無使敵人侵軼，第固吾圉可也。」四年正月，復爲元帥右都監，屯延安。十月，夏人攻綏德州，駐兵于㧾天山，合達將兵擊之，別遣先鋒提控樊澤等各率所部分三道以進，畢會于山顚，見夏人數萬餘傅山而陣，卽縱兵分擊，澤先登，擢其左軍，諸將繼攻其右，敗之。

五年五月，知延安府事，兼前職。上言：「諸軍官以屢徙，故往往不知所居地形迂直險易，緩急之際恐至敗事，自今乞勿徙。」又言：「河南、陝西鎭防軍皆分屯諸路，在營惟老稚而

已。乞選老成人爲各路統軍以鎭撫之，且督其子弟習騎射，將來可用。」皆從之。

十一月，夏人攻安塞堡，其軍先至，合達與征行元帥納合買住禦之。合達策之曰：「比北方兵至，先破夏人則後易爲力。」於是潛軍裹糧倍道兼進，夜襲其營，夏人果大潰，追殺四十里，墜崖谷死者不可勝計。上聞之，賜金各五十兩、重幣十端，且詔諭曰：「卿等克成大功，朕聞之良喜。經畫如此，彼當知畏，期之數年，卿等可以休息矣。」仍詔以合達之功徧諭河南帥臣。是月，與元帥買住又戰延安，皆被重創。十二月，以保延安功賜金帶一、玉吐鶻一、重幣十端。

元光元年正月，遷元帥左監軍，授山東西路吾改必剌世襲謀克。權參知政事，行省事於京兆。未幾，眞拜。〔四〕是年五月，上言：「頃河中安撫司報，北將按察兒率兵入隰、吉、翼州，寖及榮、解之境，今時已暑，猶無回意，蓋將蹂吾禾麥。儻如此，則河東之土非吾有也。又河南、陝西調度仰給解鹽，今正漉鹽之時，而敵擾之，將失其利。乞速濟師，臣已擬分兵二萬，與平陽、上黨、晉陽三公府兵同力禦之。竊見河中、榮、解司縣官與軍民多不相諳，守禦之間或失事機。乞從舊法，凡司縣官使兼軍民，庶幾上下相得，易以集事。」又言鹽利：「今方敵兵迫境，不厚以分人，孰肯冒險而取之。若自輪運者十與其八，則人爭赴以濟國用。」從之。

葭州提控王公佐言於合達曰：「去歲十月，北兵旣破葭州，構浮梁河上。公佐寓州治北石山子，〔五〕招集餘衆得二千餘人，欲復州城。以士卒皆自北逃歸者，且無鎧仗，故嘗請兵於帥府，將焚其浮橋，以取葭州，帥府不聽。又請兵援護老幼稍徙內地，而帥府亦不應。今葭州之民迫於敵境，皆有動搖之心。若是秋敵騎復來，則公佐力屈死於敵手，而遺民亦俱屠矣。」合達乃上言：「臣願馳至延安，與元帥買住議，以兵護公佐軍民來屯吳堡，伺隙而動。」詔省院議之，於是命合達率兵取葭州。行至鄜州，千戶張子政等殺萬戶陳紋，將掠城中。合達已勒兵爲備，子政等乃出城走，合達追及之，衆復來歸，斬首惡數十人，軍乃定。

六月，合達上言：「累獲諜者，皆云北方已約夏人，將由河中、葭州以入陝西。防秋在近，宜預爲計。今陝西重兵兩行省分制之，然京兆抵平涼六百餘里，萬一敵梗其間，使不得通，是自孤也。宜令平涼行省內族白撒領軍東下，與臣協力禦敵，以屛潼、陝，敵退後復議分司爲便。」詔許之。二年二月，以保鳳翔之功進官，賜金幣及通犀帶一。是時，河中已破，合達提兵復取之。

正大二年七月，陝西旱甚，合達齋戒請雨，雨澍，是歲大稔，民立石頌德。延安旣殘毀，合達令於西路買牛付主者，招集散亡，助其耕墾，自是延安之民稍復耕稼之利。八月，鞏州田瑞反，合達討之，諸軍進攻，合達移文諭之曰：「罪止田瑞一身，餘無所問。」不數日，端弟

濟殺瑞以降，合達如約撫定一州，民賴以寧。三年，詔遷平涼行省。四年二月，[六]徵還，拜平章政事，芮國公。七年七月庚寅朔，以平章政事妨職樞密副使。初，蒲阿面奏：「合達在軍中久，今日多事之際乃在於省，用違其長。臣等欲與樞密協力軍務，擢之相位似亦未晚。」故有此授。

十月己未朔，詔合達及樞密副使蒲阿救衞州。初，朝廷以恒山公仙屯衞州，公府節制不一，欲合而一之。至是，河朔諸軍圍衞，內外不通已連月，但見塔上時舉火而已。合達等既至，先以親衞兵三千嘗之，北兵小退，翼日圍解。上登承天門犒軍，皆授世襲謀克，賜良馬玉帶，全給月俸本色，蓋異恩也。

未幾，以蒲阿權參知政事，同合達行省事於閿鄉，以備潼關。先是，陝省言備禦策，朝官集議，上策親征，中策幸陝，下策棄秦保潼關。議者謂止可助陝西軍以決一戰，使陝西不守，河南亦不可保。至是，自陝以西亦不守矣。

八年正月，北帥速不解攻破小關，殘盧氏、朱陽，散漫百餘里間。潼關總帥納合買住率夾谷移迪烈、都尉高英拒之，求救於二省。省以陳和尚忠孝軍一千，都尉夾谷澤軍一萬往應，[七]北軍退，追至谷口而還。兩省輒稱大捷，以聞。既而北軍攻鳳翔，二省提兵出關二十里，與渭北軍交，至晚復收兵入關，鳳翔遂破。二省遂棄京兆，與牙古塔起遷居民於河南，留慶山奴守之。九月，北兵入河中，時二相防秋還陝，量以軍馬出冷水谷以爲聲援。

十一月，鄧州報，北兵道饒峯關，由金州而東。於是，兩省軍入鄧，遣提控劉天山以劄付下襄陽制置司，約同禦北兵，且索軍食。兩省以前月癸卯行，留楊沃衍軍守閿鄉。沃衍尋被旨取洛南路入商州，屯豐陽川備上津，與恒山公仙相掎角。合達復留禦侮中郎將完顏陳和尚於閿鄉南十五里，乃行。陳和尚亦隨而往。沃衍軍八千及商州之木瓜平，一日夜馳三百里入桃花堡，知北兵由豐陽而東，亦東還，會大軍於鎭平。恒山公仙萬人元駐胡陵關，至是亦由荆子口、順陽來會。十二月朔，俱至鄧下，屯順陽。乃遣天山入宋。

初，宋人於國朝君之、伯之、叔之，納歲幣將百年。南渡以後，宋以我爲不足虞，絕不往來。故宣宗南伐，士馬折耗十不一存，雖攻陷淮上數州，徒使驕將悍卒恣其殺虜、飽其私欲而已。又宣徽使奧敦阿虎使北方，北中大臣有以輿地圖指示之曰：「商州到此中軍馬幾何？」又指興元云：「我不從商州，則取興元路入汝界矣。」阿虎還奏，宣宗甚憂之。哀宗卽位，羣臣建言可因國喪遣使報哀，副以遺留物，因與之講解，盡撤邊備，共守武休之險。遂下省院議之，而當國者有仰而不能俯之疾，皆以朝廷先遣人則於國體有虧爲辭。元年，上諭南鄙諸帥，遣人往滁州與宋通好，宋人每以奏稟爲辭，和事遂不講。然十年之間，朝廷屢勅邊將不妄侵掠，彼我稍得休息，宋人始信之，遂有繼好之意。及天山以劄付至宋，劄付者指揮之別名，宋制使陳該怒辱天山，且以惡語復之。報至，識者皆爲竊嘆。

戊辰，北兵渡漢江而北，諸將以爲可乘其半渡擊之，蒲阿不從。丙子，兵畢渡，戰於禹山之前，北兵小却，營於三十里之外。二相以大捷驛報，百官表賀，諸相置酒省中，左丞李蹊且喜且泣曰：「非今日之捷，生靈之禍可勝言哉。」蓋以爲實然也。先是，河南聞北兵出饒峰，百姓往往入城壁、保險固，及聞敵已退，至有晏然不動者，不二三日游騎至，人無所逃，悉爲捷書所誤。

九年正月丁酉，兩省軍潰於陽翟之三峯山。初，禹山之戰，兩軍相拒，北軍散漫而北，金軍懼其乘虛襲京城，乃謀入援。時北兵遣三千騎趨河上，已二十餘日，泌陽、南陽、方城、襄、郟至京諸縣皆破，[八]所有積聚焚燬無餘。金軍由鄧而東無所仰給，乃並山入陽翟，旣行，北兵卽襲之，且行且戰，北兵傷折亦多。恒山一軍爲突騎三千所衝，軍殊死鬭，北騎退走，追奔之際，忽大霧四塞，兩省命收軍。少之，霧散乃前，前一大澗長闊數里，非此霧則北兵人馬滿中矣。明日，至三峯山，遂潰，事載蒲阿傳。合達知大事已去，欲下馬戰，而蒲阿已失所在。合達以數百騎走鈞州，北兵塹其城外攻之，走門不得出，匿窟室中，城破，北兵發而殺之。時朝廷不知其死，或云已走京兆，賜以手詔，募人訪之。及攻汴，乃揚言曰：「汝家所恃，惟黃河與合達耳。今合達爲我殺，黃河爲我有，不降何待。」

合達熟知敵情，習於行陣，且重義輕財，與下同甘苦，有俘獲卽分給，遇敵則身先之而不避，衆亦樂爲之用，其爲人亦可知矣。左丞張行信嘗薦之曰：「完顏合達今之良將也。」

移剌蒲阿本契丹人，少從軍，以勞自千戶遷都統。初，哀宗爲皇太子，控制樞密院，選充親衞軍總領，佩金符。元光二年冬十二月庚寅，宣宗疾大漸，皇太子異母兄英王守純先入侍疾，太子自東宮扣門求見，令蒲阿衷甲聚兵屯於艮嶽，以備非常。哀宗卽位，嘗謂近臣言：「向非蒲阿，何至於此。」遂自遙授同知睢州軍州事，權樞密院判官，自是軍國大計多從決之。

正大四年十二月，河朔軍突入商州，殘朱陽、盧氏，蒲阿逆戰至靈寶東，遇游騎十餘，[九]獲一人，餘卽退，蒲阿輒以捷聞。賞世襲謀克，仍厚賜之。人共知其罔上，而無敢言，吏部郎中楊居仁以微言取怒。

六年二月丙辰，以蒲阿權樞密副使。自去年夏，北軍之在陝西者駸駸至涇州，且阻慶陽糧道。蒲阿奏：「陝西設兩行省，本以藩衞河南，今北軍之來三年於茲，行省統軍馬二三十萬，未嘗對壘，亦未嘗得一折箭，何用行省。」院官亦俱奏將來須用密院軍馬勾當，上不語者久之。是後，以丞相賽不行尚書省事於關中，召平章政事合達還朝，白撒亦召至闕，蒲阿率完顏陳和尚忠孝軍一千駐邠州，且令觀北勢。八月丙申，蒲阿再復潞州。十月乙未朔，蒲阿東還。

十二月乙未，詔蒲阿與總帥牙吾塔、權簽樞密院事訛可救慶陽。七年正月，戰北兵於大昌原，〔一〇〕北軍還，慶陽圍解。詔以訛可屯邠州，蒲阿、牙吾塔還京兆。未幾，以權參知政事與合達行省于閿鄉。八年正月，北軍入陝西，鳳翔破，兩行省棄京兆而東，至洛陽驛，被召議河中事，語在白華傳。

十二月，北兵濟自漢江，兩省軍入鄧州，議敵所從出，謂由光化截江戰爲便、放之渡而戰爲便？張惠以「截江爲便，縱之渡，我腹空虛能不爲所潰乎？」蒲阿麾之曰：「汝但知南事，於北事何知。我向於裕州得制旨云，『使彼在沙磧且當往求之』，況今自來乎。汝等更勿似大昌原、舊衞州、扇車回縱出之。」定住、高、樊皆謂蒲阿此言爲然。合達乃問按得木，木以爲不然。軍中以木北人，知其軍情，此言爲有理，然不能奪蒲阿之議。

順陽留二十日，光化探騎至，云「千騎已北渡」，兩省是夜進軍，比曉至禹山，探者續云「北騎已盡濟」。癸酉，北軍將近，兩省立軍高山，各分據地勢，步迎於山前，騎屯於山後。甲戌，日未出，北兵至，大帥以兩小旗前導來觀，觀竟不前，散如雁翅，轉山麓出騎兵之後，分三隊而進，輜重外餘二萬人。合達令諸軍，「觀今日事勢不當戰，且待之。」俄而北騎突

前，金兵不得不戰，至以短兵相接，戰三交，北騎少退。北兵之在西者望蒲阿親繞甲騎後而突之，至於三，爲蒲察定住力拒而退。大帥以旗聚諸將，議良久。合達知北兵意向。時高英軍方北顧，而北兵出其背擁之，英軍動，合達幾斬英，英復督軍力戰。北兵稍却觀變，英軍定，復擁樊澤軍，合達斬一千夫長，軍殊死鬭，乃却之。

北兵回陣，南向來路。兩省復議，「彼雖號三萬，而輜重三之一焉。又相持二三日不得食，乘其却退當擁之。」張惠主此議，蒲阿言：「江路已絕，黃河不冰，彼入重地，將安歸乎，何以速爲。」不從。乙亥，北兵忽不知所在，營火寂無一耗。兩省及諸將議，四日不見軍，又不見營，鄧州津送及路人不絕，而亦無見者，豈南渡而歸乎。己卯，邏騎乃知北軍在光化對岸棗林中，晝作食，夜不下馬，望林中往來，不五六十步而不聞音響，其有謀可知矣。

初，禹山戰罷，有二騎迷入營，問之，知北兵凡七頭項，大將統之。復有詐降者十人，斃衣羸馬泣訴艱苦，兩省信之，易以肥馬，飲之酒，及煖衣食而置之陣後，十人者皆鞭馬而去，始悟其爲覘騎也。

庚辰，兩省議入鄧就糧，辰巳間到林後，北兵忽來突，兩省軍迎擊，交綏之際，北兵以百騎邀輜重而去，金兵幾不成列，逮夜乃入城，懼軍士迷路，鳴鍾招之。樊澤屯城西，高英屯城東。九年正月壬午朔，耀兵於鄧城下，北兵不與戰，大將使來索酒，兩省與之二十瓶。

癸未，大軍發鄧州，趨京師，騎二萬，步十三萬，騎帥蒲察定住、蒲察荅吉卜，郎將按忒木，忠孝軍總領夾谷愛荅、內族達魯歡，總領夾谷移特剌，提控步軍臨淄郡王張惠，殄寇都尉完顏阿排、高英、樊澤，中軍陳和尚，與恒山公武仙、楊沃衍軍合。是日，次五朵山下，取鴉路，北兵以三千騎尾之，遂駐營待楊武。

楊武至，知申、裕兩州已降。七日至夜，議北騎明日當復襲我，彼止騎三千，而我示以弱，將爲所輕，當與之戰。乃伏騎五十於鄧州道。明日軍行，北騎襲之如故，金以萬人擁之而東，伏發，北兵南避。是日雨，宿竹林中。庚寅，頓安皐。辛卯，宿鴉路、魯山。河西軍已獻申、裕，擁老幼牛羊取鴉路，金軍適值之，奪其牛羊餉軍。

癸巳，望鈞州，至沙河，北騎五千待於河北，金軍奪橋以過，北軍卽西首斂避。金軍縱擊，北軍不戰，復南渡沙河。金軍欲盤營，北軍復渡河來襲。金軍不能得食，又不得休息。合昏，雨作，明旦變雪。北兵增及萬人，且行且戰，至黃榆店，望鈞州二十五里，雨雪不能進，盤營三日。丙申，一近侍入軍中傳旨，集諸帥聽處分，制旨云：「兩省軍悉赴京師，我御門犒軍，換易御馬，然後出戰未晚。」復有密旨云：「近知張家灣透漏二三百騎，已遷衞、孟兩州，兩省當常切防備。」領旨訖，蒲阿拂袖而起，合達欲再議，蒲阿言：「止此而已，復何所議。」蓋已奪魄矣。軍卽行。

北軍自北渡者畢集，前後以大樹塞其軍路，沃衍軍奪路，得之。合達又議陳和尚先擁山上大勢，比再整頓，金軍已接竹林，去鈞州止十餘里矣。金軍遂進，北軍果却三峯之東北、西南。武、高前鋒擁其西南，楊、樊擁其東北，北兵俱却，止有三峯之東。張惠、按得木立山上望北兵二三十萬，約厚二十里。按得木與張惠謀曰：「此地不戰欲何爲耶。」乃率騎兵萬餘乘上而下擁之，北兵却。

須臾雪大作，白霧蔽空，人不相覿。時雪已三日，戰地多麻田，往往耕四五過，人馬所踐泥淖沒脛。軍士被甲胄僵立雪中，槍槊結凍如椽，軍士有不食至三日者。北兵與河北軍合，四外圍之，熾薪燔牛羊肉，更遞休息，乘金困憊，乃開鈞州路縱之走，而以生軍夾擊之。金軍遂潰，聲如崩山，忽天氣開霽，日光皎然，金軍無一人得逃者。

武仙率三十騎入竹林中，楊、樊、張三軍爭路，北兵圍之數重，及高英殘兵共戰於柿林村南，沃衍、澤、英皆死，〔一一〕惟張惠步持大槍奮戰而歿。蒲阿走京師，未至，追及，擒之。七月，械至官山，召問降否，往復數百言，但曰：「我金國大臣，惟當金國境內死耳。」遂見殺。

贊曰：金自南渡，用兵克捷之功史不絕書，然而地不加闢，殺傷相當，君子疑之。異時伐宋，唐州之役喪師七百，主將訛論匿之，而以捷聞。御史納蘭糾之，宣宗獎御史，而不罪

訛論，是君臣相率而爲虛聲也。禹山之捷，兩省爲欺，遂致誤國，豈非宣宗前事有以啓之耶。至於三峯山之敗，不可收拾，上下瞬眙，而金事已去十九。天朝取道襄、漢，懸軍深入，機權若神，又獲天助，用能犯兵家之所忌，以建萬世之儁功，合達雖良將，何足以當之。蒲阿無謀，獨以一死無愧，猶足取焉爾。

校勘記

〔一〕充護衞　「衞」原訛作「尉」，今改正。

〔二〕四月夏人犯通秦寨　原脫「寨」字。按本書卷一五宣宗紀，興定三年四月「辛卯，夏人犯通秦砦，元帥完顏合達出兵安塞堡以擣其巢」。又卷一三四西夏傳，「興定三年閏月，夏人破通秦寨，……華州元帥完顏合達出安塞堡至隆州，敗其兵二千」。今據補。

〔三〕遂攻隆州陷其西南隅　「南」原作「北」。按本書卷一五宣宗紀記此事作「陷其西南隅」。卷一三四西夏傳記此事亦云「進攻隆州，克其西南」。今據改。

〔四〕權參知政事行省事於京兆未幾眞拜　按本書卷一七哀宗紀，正大元年三月「甲寅，以延安帥臣完顏合達戰禦有功，授金虎符，權參知政事，行尚書省事于京兆，兼統河東兩路」。考之各傳皆合。此在元光元年，誤。

〔五〕公佐寓州治北石山子　「州治」原作「治州」，據文義乙正。

〔六〕四年二月　按本書卷一七哀宗紀作正大六年二月「丙辰，召平章政事完顏合達還朝」。

〔七〕都尉夾谷澤軍一萬往應　「澤」原作「渾」。按本書卷四四兵志，「天興初元，有十五都尉」，其一是「許州折衝夾谷澤」，原注「本姓樊」。樊澤在本書中屢見，如本卷移剌蒲阿傳，有「北兵稍却觀變，英軍定，復擁樊澤軍」、「樊澤屯城西，高英屯城東」、「殄寇都尉完顏阿排、高英、樊澤，中軍陳和尙」、「澤、英皆死」等文。又卷一一四白華傳，「遂私問樊澤、定住、陳和尙以爲何如」。皆高英、樊澤、陳和尙相偕，知此都尉「夾谷渾」必「夾谷澤」之誤，今據改。

〔八〕泌陽南陽方城襄郟至京諸縣皆破　「郟」原作「陝」。按本書卷二五地理志，南京路，汝州有郟城，許州有襄城，蓋以二縣名接方城之後，皆有「城」字，遂省稱「襄、郟」。「郟」字不常見，寫刻誤以爲「陝」。襄、郟與京皆近，陝州則遠，今改正。

〔九〕過游騎十餘　「過」原作「至」，據殿本改。

〔一〇〕戰北兵於大昌原　「大」原作「太」。按本書卷一一一紇石烈牙吾塔傳，「正大七年正月戰于大昌原，慶陽圍解」。卷一一三赤盞合喜傳，「故頻年有大昌原、倒回谷之捷」。卷一二三完顏陳和尙傳，「正大五年，北兵入大昌原，以四百騎破八千衆，蓋自軍興二十年始有此捷」。又曰「大昌原之勝者我也」。皆作「大昌原」。今據改。下同。

〔一一〕沃衍澤英皆死　按本書卷一七哀宗紀，天興元年正月「丁酉，大雪，大元兵及兩省軍戰鈞州之三峯山，兩省軍大潰，合達、陳和尙、楊沃衍走鈞州，城破皆死之」。又卷一二三楊沃衍傳，「三峯山之敗，沃衍走鈞州」。此處衍「沃衍」二字。

中華書局

金史卷一百十三

列傳第五十一

完顏賽不　白撒 一名承裔　赤盞合喜

完顏賽不，始祖弟保活里之後也。狀貌魁偉，沉厚有大略。初補親衞軍，章宗時，選充護衞。明昌元年八月，由宿直將軍爲寧化州刺史。未幾，遷武衞軍副都指揮使。泰和二年，轉胡里改路節度使。四年，升武衞軍都指揮使，尋爲殿前左副都點檢。

及平章僕散揆伐宋，爲右翼都統。六年六月，宋將皇甫斌遣率步騎數萬由確山、褒信分路侵蔡，〔一〕聞郭倬、李爽之敗，阻溱水不敢進。於是，揆遣賽不及副統尙廐局使蒲鮮萬奴、深州刺史完顏達吉不等以騎七千往擊之。會溱水漲，宋兵扼橋以拒，賽不等謀潛師夜出，達吉不以騎涉水出其右，萬奴等出其左，賽不度其軍畢渡，乃率副統阿魯帶以精兵直趨橋，宋兵不能遏，比明大潰，萬奴以兵斷眞陽路，諸軍追擊至陳澤，斬首二萬級，獲戰馬雜畜千餘。兵還，進爵一級，賜金幣甚厚。

貞祐初，拜同簽樞密院事。三年，遷知臨洮府事，兼陝西路副統軍。上召見諭曰：「卿向在西京盡心爲國，及治華州亦嘗宣力，今始及三品。特升授汝此職者，以陝西安撫副使烏古論兗州不遵安撫使達吉不節制，多致敗事。今已責罰兗州，命卿副之。宜益務盡心，其或不然，復當別議行之。」八月，知鳳翔府事，兼本路兵馬都總管，俄爲元帥右都監。四年四月，調兵拔宋木陡關。五月，夏人於來羌城界河修折橋，以兵守護，賽不遣兵焚之。八月，夏人寇結耶觜川，遣兵擊走之，尋又破其衆于車兒堡。

興定元年二月，轉簽樞密院事。時上以宋歲幣不至，且復侵盜，詔賽不討之。四月，與宋人戰於信陽，斬首八千，生擒統制周光，獲馬數千、牛羊五百。又遇宋人於隴山、七里山等處，前後六戰，斬獲甚衆。尋遣兵渡淮，略中渡店，拔光山、羅山、定城等縣，破光州兩關，斬首萬餘，獲馬牛及布，分給將士。詔賜玉兎鶻一、內府重幣十端。

七月，上章言：「京都天下之根本，其城池宜極高深，今外城雖堅，然周六十餘里，倉猝有警難於拒守。竊見城中有子城故基，宜於農隙築而新之，爲國家久長之利。及凡河南、陝西州府，皆乞量修。」從之。

二年正月，破宋人於鐵山及上石店、唐縣。四月，進兼西南等路招討使、西安軍節度使、陝州管內觀察使。奉詔攻棗陽，宋出兵三萬拒戰，稍誘擊之，宋兵敗走城，薄諸濠，殺及溺死者三千餘人，遂進兵圍之。宋騎兵千、步卒萬來援，逆戰復大敗之。七月，遷行山東西路兵馬都總管，兼武寧軍節度使。三年二月，奪宋白石關，殺其守者千餘人，獲鎧仗千計。三月，破宋兵於七口倉，又奪宋小鶻倉，獲糧九千石、兵仗三十餘萬。是月，復敗宋兵三千于石鶻崖。

四年三月，奉詔出兵河北招降，晉安權府事皇甫珪、正平縣令席永堅率五千餘人來歸，得糧萬石。時河北所在義軍官民堅守堡寨，力戰破敵者衆。賽不上章言：「此類忠赤可嘉，若不旌酬無以激人心。乞朝廷量加官賞，萬一敵兵復來，將爭先効用矣。」上覽奏，召樞密官曰：「朕與卿等亦嘗有此議，以不見彼中事勢，故一聽帥臣規畫。今觀此奏，甚稱朕意，其令有司遷賞之。」是年四月，遷樞密副使。

五年五月，奉詔引兵救河東，戰屢捷，復晉安、平陽二城。監察御史言其不能檢束士衆，縱之虜略，請正其罪。上以有功，詔勿問。元光二年五月，復河中。六月，詔諭宰臣曰：「樞密副使賽不本皇族，先世偶然脫遺。朕重其舊人，且久勞王家，已命睦親府附于屬籍矣。卿等宜知之。」

正大元年五月，拜平章政事。未幾，轉尙書右丞相。雅與參知政事李蹊相得，及蹊以

公罪出尹京洛，賽不數薦蹊比唐魏徵，以故蹊得復相。三年，宣宗廟成，將禘祭，議配享功臣，論者紛紜。賽不爲大禮使，因言「丞相福興死王事，七斤謹守河南以迎大駕，功宜配享」。議遂定。

四年，吏部郎中楊居仁上封事，言宰相宜擇人，上語大臣曰：「相府非其人，御史諫官當言，彼吏曹何與于此。」尙書左丞顏盞世魯素嫉居仁，亦以爲僭，賽不徐進曰：「天下有道，庶人猶得獻言，況在郎官。陛下有寬弘之德，故不應言者猶言。使其言可用則行之，不可用不必示臣下也。」上是之。居仁字行之，大興人。泰和三年進士。天興末時北渡，舉家投黃河死。

五年，行尙書省于京兆，〔二〕謂都事商衡曰：「古來宰相必用文人，以其知爲相之道。賽不何所知，使居此位，吾恐他日史官書之，某時以某爲相而國乃亡。」卽促衡草表乞致仕。平章政事侯摯朴直無蘊藉，朝廷鄙之，天興元年兵事急，〔三〕自致仕起爲大司農，未幾復致仕，徐州行尙書省無敢行者，復拜摯平章政事。都堂會議，摯以國勢不支，因論數事，賽不顧謂白撒曰：「只是更無擘劃。」白撒怒曰：「平章出此言，國家何望耶。」意在置之不測。賽不顧謂白撒曰：「侯相言甚當。」白撒遂含憤而罷。

時大元兵薄汴，白撒策後日講和或出質必首相當行，力請賽不領省事，拜爲左丞相，尋

復致仕。是年冬，哀宗還歸德，起復爲右丞相、樞密使，兼左副元帥，封壽國公，扈從以行。河北兵潰，從至歸德，又請致仕。

二年七月，復詔行尚書省事於徐州。〔四〕既至，以州乏糧，遣郎中王萬慶會徐、宿、靈璧兵取源州，令元帥郭恩統之。九月，恩至源州城下，敗績而還。再命卓翼攻豐縣，破之。初，郭恩以敗爲恥，託疾不行，乃密與河北諸叛將郭野驢輩謀歸國用安，執元帥商瑀父子、元帥左都監紇石烈善住，併殺之。又逐都尉斡轉留奴、泥厖古桓端、蒲察世謀、元帥右都監李居仁、員外郎常忠。自是，防城與守門者皆河北義軍，出入自恣。賽不先病疽，久不視事，重爲賊黨所制，束手聽命而已。

初，源、徐交攻，郭野驢者每辭疾不行，賽不遂授野驢徐州節度副使、兼防城都總領，實羈之也。野驢既見徐州空虛，乃約源州叛將麻琮內外相應。十月甲申，詰旦，襲破徐州。時蔡已被圍，徐州將士以朝命阻絕，且逼大兵，議出降。賽不弗從，恐被執，至是投河求死，流三十餘步不沒，軍士援出之。又五日，自縊于州第。麻琮乃遣人以州降大元。

子按春，正大中充護衛，坐與宗室女姦，杖一百收係。居許州，大兵至許，按春開南門以降。從攻京師，曹王出質，朝臣及近衛有從出者，按春極口大罵，以至指斥。是冬，復自

北中逃廻，詔令押入省，問事情，按春隨近侍登階作揮涕之狀。詔問丞相云：「按春自北中來，丞相好與問彼中息耗。」賽不附奏曰：「老臣不幸生此賊，事至今日，恨不手刃之，忍與對面語乎。」〔五〕十二月，車駕東狩，留後二相下開封，擒捕斬之獄中。

贊曰：賽不臨陣對壘既有將略，洎秉鈞衡，觀其救解楊居仁、侯摯等言，殊有相度，按春之事尤有古人之風焉。晚以老病受制叛臣，致修匹夫匹婦之節，此猶大厦將傾，非一木之所能支也，悲夫。

內族白撒名承裔，末帝承麟之兄也，系出世祖諸孫。自幼爲奉御。貞祐間，累官知臨洮府事、兼本路兵馬都總管。

興定元年，爲元帥左都監，行帥府事於鳳翔。是年，詔陝西行省伐宋，白撒出鞏州鹽川，〔六〕遇宋兵于皂郊堡，敗之。又遇宋兵于天水軍，掩擊，宋兵大潰。二年四月，復敗宋兵，至雞公山，遂拔西和州，毀其諸隘營屯。遣合扎都統完顏習涅阿不率軍趨成州，宋帥羅參政、統制李大亨焚廬舍棄城遁，留千餘人城守，督兵赴之，遂克焉，獲糧七萬斛、錢數千

萬。河池縣守將楊九鼎亦焚縣舍走保清野原。統制高千據黑谷關甚固，遣兵襲之，千遁去，獲糧二萬斛，器械稱是，因夷其險而還。

三年，破虎頭關，敗宋兵于七盤子、雞冠關。褒城縣官民自焚城宇遁，因取其城。興元府提刑兼知府事趙希昔聞兵將至，率官民遁，於是白撒遂取興元，以駐兵焉。命提控張秀華馳覘洋州，官民亦遁，又取其城。尋聞漢江之南三十里，宋兵二千據山而陣，遣提控唐括移失不擊走之。行省以捷聞，宣宗大悅，進白撒官一階。時朝議以蘭州當西夏之衝，久爲敵據，將遣白撒復之，白撒奏曰：「臣近入宋境，略河池，下鳳州，破興元，抵洋州而還。經涉險阻數千里，士馬疲弊，未得少休，而欲重爲是舉，甚非計也，不若息兵養士以備。」從之。

未幾，權參知政事，行省事于平涼。四年，上言：「宋境山州宕昌東上拶一帶蕃族，昔嘗歸附，分處德順、鎮戎之間。其後，有司不能存撫，相繼亡去。近聞復有歸心，然不招之亦無由自至。誠得其衆，可以助兵，寧謐一方。臣以同知通遠軍節度使事烏古論長壽及通遠軍節度副使溫敦永昌皆本蕃屬，且久鎮邊鄙，深得彼心，已命遣人招之。其所遣及諸來歸者皆當甄獎，請預定賞格以待之。」上是其言。

是年，夏兵三萬由高峯嶺入寇定西州，環城爲柵，白撒遣刺史愛申阿失剌與行軍提控

烏古論長壽、溫敦永昌出戰，大敗之，斬首千餘，獲馬仗甚衆。五年五月，白撒言：「近詔臣遣官諭諸蕃族以討西夏，臣即令臨洮路總管女奚烈古里間計約喬家丙令族首領以諭餘族。又別遣權左右司都事趙梅委差官遙授合河縣尉劉貞同往撫諭。未幾，梅、貞報溪哥城等處諸族，與先降族共願助兵七萬八千餘人，本國蕃族願助兵九千，若更以官軍繼爲聲援，勝夏必矣。臣已令古里間將鞏州兵三萬，宜更擇勇略之臣副之。梅、貞等既悉事勢，當假以軍前之職。蕃僧納林心波亦招誘有功，乞遷官授職以獎勵之。」上皆從其請。

元光元年二月，行省上言：「近與延安元帥完顏合達、納合買住議：河北郡縣俱已殘毀，陝西、河南亦經抄掠。比者西北二敵併攻鄜延，城邑隨陷，惟延安孤墉僅得保全。若今秋復至，必長驅而深入，雖京兆、鳳翔、慶陽、平涼已各益軍，而率皆步卒，且相去闊遠，卒難應援，儻關中諸鎮不支，則河南亦不安矣。今二敵遠去，西北少休，宜乘此隙徑取蜀、漢，實國家基業萬全之計。」詔樞密議之。

先是，夏兵數十萬分寇龕谷、鄜延、大通諸城，上召白撒等授以方略，命發兵襲其浮橋，遂趨西涼。別遣將取大通城，出溪哥路，略夏地。白撒徐出鎮戎，合達出環州，以報三道之役。白撒馳至臨洮，遣總管女奚烈古里間、積石州刺史徒單牙武各攝帥職，率兵西入，遇夏兵千餘於踏南寺，擊走之。夏人據大通城，因圍之，分兵奪其橋，與守兵七千人戰，大敗之，

幾殺其半，入河死者不可計，餘兵焚其橋西遁。乃還軍攻大通，克之，斬首三千，因招來諸寺族被脅僧俗人，皆按堵如故。以河梁既焚，塞外地寒少草，師遂還。

十二月，行省言：「近有人自北來者，稱國王木華里悉兵沿渭而西，謀攻鳳翔，鳳翔既下乃圖京兆，京兆卒不可得，留兵守之，至春蹂踐二麥以困我。未幾，大兵果圍鳳翔，帥府遣人告急。臣以爲二鎮脣齒也，鳳翔蹉跌則京兆必危，而陝右大震矣。然平川廣野實騎兵馳騁之地，未可與之爭鋒。已遣提控羅桓將兵二千，循南山而進，伺隙攻其柵壘，以紓城圍。更乞發河南步騎以備潼關。」詔付尚書省樞密院議之。

二年冬，哀宗卽位，邊事益急。正大五年八月，召白撒還朝，拜尚書右丞，未幾，拜平章政事。白撒居西垂幾十年，當宋、夏之交，雖頗立微效，皆出諸將之力。然本恇怯無能，徒以儀體爲事，性愎貪鄙，〔七〕及入爲相，專愎尤甚。嘗惡堂食不適口，每以家膳自隨，國家顚覆，初不恤也。

九年正月，諸軍敗績於三峯山。〔八〕大兵與白坡兵合，長驅趨汴。令史楊居仁請乘其遠至擊之，白撒不從，且陰怒之。遂遣完顏麻斤出、邵公茂等部民萬人，開短堤，決河水，以固京城。功未畢而騎兵奄至，麻斤出等皆被害，〔九〕丁壯無一二三百人得反者。

壬辰，棄衞州，運守具入京。初，大兵破衞州，宣宗南遷，移州治於宜村渡，築新城於河

北岸，去河不數步，惟北面受敵，而以石包之，歲屯重兵於此，大兵屢至不能近。至是，棄之，隨爲大兵所據。

甲午，修京城樓櫓。初，宣宗以京城闊遠難守，詔高琪築裏城，公私力盡僅乃得成。至是，議所守。朝臣有言裏城決不可守，外城決不可棄。大兵先得外城，糧盡救絕，走一人不出。裏城或不測可用，於是決計守外城。時在城諸軍不滿四萬，京城周百二十里，人守一乳口尚不能徧，故議避遷之民充軍。又召在京軍官於上淸宮，平日防城得功者如內族按出虎、大和兒、劉伯綱等皆隨召而出，截長補短假借而用，得百餘人。又集京東西沿河舊屯兩都尉及衞州已起義軍，通建威得四萬人，益以丁壯六萬，分置四城。每面別選一千，名「飛虎軍」，以專救應，然亦不能軍矣。

三月，京城被攻，大臣分守四面。白撒主西南，受攻最急，樓櫓垂就輒摧，傳令取竹爲護簾，所司馳入城大索，竟無所得，白撒怒欲斬之。員外郎張袞附所司耳語曰：「金多則濟矣，胡不卽平章府求之。」所司懷金三百兩徑往，賂其家僮，果得之。

已而兵退，朝廷議罷白撒，白撒不自安，乃謂令史元好問曰：「我妨賢路久矣，得退是幸，爲我撰乞致仕表。」頃之，上已遣使持詔至其第，令致仕。既廢，軍士恨其不戰誤國，揚言欲殺之。白撒懼，一夕數遷，上以親軍二百陰爲之衞。軍士無以泄其憤，遂相率毀其別

墅而去。其黨元帥完顏斜捻阿不領本部軍戍汴，聞之徑詣其所，斬經其垣下者一人以鎭之。

是時，速不解等兵散屯河南，汴城糧且盡，累召援兵復無至者。冬十月，乃復起白撒爲平章政事、權樞密使、兼右副元帥。於是，羣臣爲上畫出京計，以賽不爲右丞相、樞密使、兼左副元帥，內族訛出右副元帥、兼樞密副使、權參知政事，李蹊兵部尙書、權尙書左丞，徒單百家元帥左監軍、行總帥府事。東面元帥高顯，副以果毅都尉粘合咬住兵五千。南面元帥完顏猪兒，副以建威都尉完顏斡論出兵五千。西面元帥劉益、上黨公張開，副以安平都尉紀綱軍五千。北面元帥內族婁室，副以振威都尉張闓軍五千。中翼都尉賀都喜軍四千，隷總帥百家。都尉內族久住、副都尉王簡、總領王福胤神臂軍三千五百，左翼元帥內族小婁室親衞軍一千，右翼元帥完顏按出虎親衞軍一千，總領完顏長樂、副帥溫敦昌孫馬軍三百，郡王王義深馬軍一百五十，郡王范成進、總領蘇元孫圭軍三千，隷總帥百家。飛騎都尉兼合里合總領朮虎只魯歡、〔一〇〕總領夾谷得伯、糺軍田衆家奴等百人及諸臣下，發京師。

十二月甲辰，車駕至黃陵岡，白撒先降大兵兩寨，得河朔降將，上赦之，授以印及金虎符。羣臣議以河朔諸將前導，鼓行入開州，取大名、東平，豪傑當有響應者，破竹之勢成矣。溫敦昌孫曰：「太后、中宮皆在南京，北行萬一不如意，聖主孤身欲何所爲。若往歸德，更五

六月不能還京。不如先取衞州，還京爲便。」白撒奏曰：「聖體不便鞍馬，且不可令大兵知上所在，今可駐歸德。臣等率降將往東平，俟諸軍到，可一鼓而下，因而經略河朔，且空河南之軍。」上以爲然。時上已遣官奴將三百騎探滬廝岡未還，上將御船，賜白撒劍，得便宜從事決東平之策。官奴還奏衞州有糧可取，〔一一〕上召白撒問之，白撒曰：「京師且不能守，就得衞州欲何爲耶。以臣觀之，東平之策爲便。」上主官奴之議。

明年正月朔，次黃陵岡。是日，歸德守臣以糧糗三百餘船來餉，遂就其舟以濟南岸，未濟者萬人，大元將回古乃率四千騎追擊之，賀都喜揮一黃旗督戰，身中十六七箭，軍殊死鬬，得卒十餘人，大兵少却。上遣送酒百壺勞之。須臾，北風大作，舟皆吹著南岸，諸兵復擊之，溺死者近千人，元帥猪兒、都尉紇石烈訛論等死之。建威都尉完顏訛論出降於大元。上於北岸望之震懼，率從官爲猪兒等設祭，哭之，皆贈官，錄用其子姪，斬訛論出二弟以徇。

遂命白撒攻衞州。上駐兵河上，留親衞軍三千護從，都尉高顯步軍一萬，元帥官奴忠孝軍一千，郡王范成進、王義深、上黨公張開、元帥劉益等軍總帥百家總之，各賚十日糧，聽承裔節制。發自蒲城，上時已遣賽不將馬軍北向矣，白撒以三十騎追及，謂賽不曰：「有旨，令我將馬軍。」賽不謂上曰：「北行議已決，不可中變。」上曰：「丞相當與平章和同。」完顏仲德持御馬銜苦諫曰：「存亡在此一舉，衞州決不可攻。」上麾之曰：「參政不知。」白撒遂攻衞

中華書局

州，兵至城下，御旗黃傘招之不下。其夜，北騎三千奄至，官奴、和速嘉兀地不、按出虎與之戰，北兵却六十里。然自發蒲城遷延八日始至衞，而猝無攻具，縛槍爲雲梯，州人知不能攻，守益嚴。凡攻三日不克。及聞河南大兵濟自張家渡至衞西南，遂班師。大兵躡其後，戰於白公廟，敗績，白撒等棄軍遁，劉益、張開皆爲民家所殺。車駕還次蒲城東三十里，白撒使人密奏劉益一軍叛去。點檢抹撚兀典、總領溫敦昌孫時侍行帳中，請上登舟，上曰：「正當決戰，何遽退乎。」少頃，白撒至，倉皇言於上曰：「今軍已潰，大兵近在堤外，請聖主幸歸德。」上遂登舟，侍衞皆不知，巡警如故。時夜已四更矣，遂狼狽入歸德。

白撒收潰兵大橋，得二萬餘人，懼不敢入。上聞，遣近侍局提點移剌粘古、〔一二〕紇石烈阿里合、護衞二人以舟往迎之。既至，不聽入見，并其子下獄。諸都尉司軍以白撒不戰而退，發憤出怨言。上乃暴其罪曰：「惟汝將士，明聽朕言。我初提大軍次黃陵岡得捷，白撒卽奏宜渡河取衞州，可得糧十萬石，乘勝恢復河北。我從其計，令率諸軍攻衞。去蒲城二百餘里，白撒遷延八日方至，又不預備攻具，以致敗衄。白撒棄軍竄還蒲城，便言諸軍已潰，北兵勢大不可當，信從登舟，幾死于水。若當時知諸軍未嘗潰，只河北戰死亦可垂名於後。今白撒已下獄，不復錄用，籍其家產以賜汝衆，其盡力國家，無效此人。」囚白撒七日而餓死，發其弟承麟、子狗兒徐州安置。當時議者，衞州之舉本自官奴，歸之白撒則亦過矣。

初，瀕河居民聞官軍北渡，築垣塞戶，潛伏洞穴，及見官奴一軍號令明肅，撫勞周悉，所過無絲髮之犯，老幼婦子坦然相視，無復畏避。俄白撒輩縱軍四出，剽掠俘虜，挑掘焚炙，靡所不至。哭聲相接，屍骸盈野。都尉高祿謙、苗用秀輩仍掠人食之，而白撒誅斬在口，所過官吏殘虐不勝，一飯之費有數十金不能給者，公私皇皇，日皆徯大兵至矣。

白撒目不知書，姦黠有餘，簿書政事聞之卽解，善談議，多知，接人則煦煦然，好貨殖，能捭闔中人主心，遂浸漬以取將相。既富貴，起第於汴之西城，規模擬宮掖，婢妾百數，皆衣金縷，奴隸月廩與列將等，猶以爲未足也。上嘗遣中使責之曰：「卿汲汲於此，將無北歸意耶。」白撒終不悛，以及於禍。

贊曰：白撒本非將才，恇怯誤國，徒能阿合以取富貴，性愎貪鄙，當此危亡，方謀封殖以自逸，此猶大厦將焚而燕雀不悟者歟。

赤盞合喜，性剛愎，好自用，朝廷以其有才幹任之。宣宗時，累遷蘭州刺史、提控軍馬。貞祐四年十一月，夏人四萬餘騎圍定西，輦致攻具，將取其城。合喜及楊斡烈等〔一三〕率

兵鏖戰走之，斬首二千級，俘數十人，獲馬八百餘匹，器械稱是，餘悉遁去。興定元年正月，以屢敗夏人，遙授同知臨洮府事，兼前職。是冬，陝西行省奉詔伐宋，合喜權行元帥府，駐來遠寨以張聲勢，既而獲捷。二年四月，宋兵數千侵臨洮，合喜擊走之，斬獲甚衆。三年四月，遷元帥左都監，行元帥府事于鞏州。

四年四月，夏人犯邊，合喜討之，師次鹿兒原，遇夏兵千人，遣提控烏古論世顯率偏師敗之，〔一四〕都統王定亦破其衆一千五百于新泉城。九月，夏人攻鞏州，合喜遣兵擊之，一日十餘戰，夏人退據南岡，遣精兵三萬傅城，又擊走之，生擒夏將劉打、甲玉等。訊知夏大將你思丁、兀名二人謀，以爲鞏帥府所在，鞏既下則臨洮、積石、河、洮諸城不攻自破，故先及鞏，且構宋統制程信等將兵四萬來攻。合喜聞之，飭兵嚴備。俄而兵果至，合喜督兵搏戰，却之，殺數千人。攻益急，將士殊死戰，殺傷者以萬計。夏人焚其攻具，拔柵而去。合喜已先伏甲要地邀之，復率衆躡其後，斬首甚衆。十月，以功遙授平西軍節度使。

元光元年，大將萌古不花攻鳳翔，朝廷以主將完顏仲元孤軍不足守禦，命合喜將兵援之。二年二月，木華黎國王、斜里吉不花等及夏人步騎數十萬圍鳳翔，東自扶風、岐山，西連汧、隴，數百里間皆其營柵，攻城甚急，合喜盡力，僅能禦之。於是，合喜以同知臨洮府事顏盞蝦蟆戰尤力，遂以便宜升爲通遠軍節度使，上嘉其功，許之。是歲，升簽樞密院事。哀

宗卽位，拜參知政事、權樞密副使。

正大八年十一月，鄧州馳報大元兵破嶢峯關，由金州東下。報至時日已暮，省院官入奏，上曰：「事至於此奈何。」上卽位至是八年，從在東宮日立十三都尉，〔一五〕每尉不下萬人，強壯趫捷，極爲精練。步卒負擔器甲糧糗重至六七斗，一日夜行二百里。忠孝軍萬八千人，皆回紇、河西及中州人被掠而逃歸者，人有從馬，以騎射選之乃得補。親衞、騎兵、武衞、護衞，選外諸軍又二十餘萬。故頻年有大昌原、倒回谷之捷，士氣既振，遂有一戰之資。至是，院官同奏：「北軍冒萬里之險，歷二年之久，方入武休，其勞苦已極。爲吾計者，以兵屯睢、鄭、昌武、歸德及京畿諸縣，以大將守洛陽、潼關、懷、孟等處，嚴兵備之。京師積糧數百萬斛，令河南州郡堅壁清野，百姓不能入城者聚保山砦。彼深入之師，欲攻不能，欲戰不得，師老食盡，不擊自歸矣。」上太息曰：「南渡二十年，所在之民破田宅、鬻妻子以養軍士。且諸軍無慮二十餘萬，今敵至不能迎戰，徒以自保，京城雖存，何以爲國，天下其謂我何。」又曰：「存亡有天命，惟不負民可也。」乃詔合達、蒲阿等屯軍襄、鄧。

九年正月，兩省軍潰于三峯山，北兵進薄京師。三月庚子，議曹王出質。大兵北行，留速不解攻城，攻具已辦，既有納質之請，卽又云：「我受命攻城，但曹王出則退，不然不罷也。」壬寅，曹王入辭，〔一六〕宴於宮中。癸卯，北兵立攻具，沿壕列木柵，以薪草塡壕，頃刻平

十餘步。主兵者以議和之故不敢與戰，但於城上坐視而已。

城中喧鬨，上聞之，從六七騎出端門至舟橋。時新雨淖，車駕忽出，人驚愕失措，但跪於道傍，亦有望而拜者，上自麾之曰：「勿拜，恐泥汚汝衣。」倉皇中，市肆米豆狼藉於地，上勅衛士令各歸其家，老幼遮擁至有悞觸御衣者。少頃，宰相從官皆至，進笠不受，曰：「軍士暴露，我何用此爲。」所過慰勞軍士，皆踴躍稱萬歲，臣等戰死無所恨，至有感泣者。西南軍士五六十輩聚而若有言者，上就問之，跪曰：「大兵舁土塡壕，功已過半，平章傳令勿放一鏃，恐壞和事，想豈有計耶。」上顧謂其中長者云：「朕爲生靈，稱臣進奉無不從順，止有一子，養來成長，今往作質子矣。汝等略忍，待曹王出，大兵不退，汝等死戰未晚。」復有拜泣者曰：「事急矣，聖主毋望和事。」乃傳旨城上放箭。西水門千戶劉壽控御馬仰視曰：「聖主無信賊臣，賊臣盡，大兵退矣。」衛士欲擊之，上止之曰：「醉矣，勿問。」是日，曹王出詣軍前，大兵併力進攻。甲辰，上復出撫東門將士，太學生楊奐等前白事，上問何所欲言，曰：「臣等皆太學生，令執砲夫之役，恐非國家百年以來待士之意。」勅記姓名，卽免其役。過南薰門，値被創者，親傅以藥，手酌巵酒以賜，且出內府金帛以待有功者。是日，大兵驅漢俘及婦女老幼負薪草塡壕塹，城上箭鏃四下如雨，頃刻壕爲之平。

龍德宮造砲石，取宋太湖、靈壁假山爲之，小大各有斤重，其圓如燈毬之狀，有不如度

者杖其工人。大兵用砲則不然，破大磑或碌碡爲二三，皆用之。攢竹砲有至十三稍者，餘砲稱是。每城一角置砲百餘枝，更遞下上，晝夜不息，不數日石幾與裏城平。而城上樓櫓皆故宮及芳華、玉谿所拆大木爲之，合抱之木，隨擊而碎，以馬糞麥秸布其上，網索旃褥固護之。其懸風板之外皆以牛皮爲障，遂謂不可近。大兵以火砲擊之，隨卽延爇不可撲救。父老所傳周世宗築京城，取虎牢土爲之，堅密如鐵，受砲所擊唯凹而已。大兵壕外築城圍百五十里，城有乳口樓櫓，壕深丈許，闊亦如之，約三四十步置一鋪，鋪置百許人守之。

初，白撒命築門外短牆，委曲陿隘容二三人得過，以防大兵奪門。及被攻，諸將請乘夜斫營，軍乃不能猝出，比出已爲北兵所覺。後又夜募死士千人，穴城由壕徑渡，燒其砲坐。城上懸紅紙燈爲應，約燈起渡壕，又爲圍者所覺。又放紙鳶，置文書其上，至北營則斷之，以誘被俘者。識者謂前日紙燈，今日紙鳶，宰相以此退敵難矣。右丞世魯命作江水曲，使城上之人靜夜唱之，蓋河朔先有此曲以寄謳吟之思，其謬計如此。

合喜先以守鳳翔自誇，及令守西北隅，其地受攻最急，而合喜當之，語言失措，面無人色，軍士特以車駕數出慰勞，人自激昂，爭爲效命耳。其守城之具［七］有火砲名「震天雷」者，鐵罐盛藥，以火點之，砲起火發，其聲如雷，聞百里外，所爇圍半畝之上，火點著甲鐵皆透。大兵又爲牛皮洞，直至城下，掘城爲龕，間可容人，則城上不可奈何矣。人有獻策者，以鐵繩懸「震天雷」者，順城而下，至掘處火發，人與牛皮皆碎迸無迹。又飛火槍，注藥以火發之，輒前燒十餘步，人亦不敢近。大兵惟畏此二物云。

四月罷攻。至是十六晝夜矣，內外死者以百萬計。大兵知不可下，乃謾爲好語云：「兩國已講和，更相攻耶。」朝廷亦就應之。明日，遣戶部侍郎楊居仁出宜秋門以酒炙犒師，於是營幕稍稍外遷，遂退兵。

壬戌，合喜以大兵退，［八］議入賀，諸相皆不欲，獨合喜以守城爲己功，持論甚力，呼令史元好問曰：「罷攻已三日而不入賀，何也。速召翰苑官作表。」好問以白諸相，權參政內族思烈曰：「城下之盟，諸侯以爲恥，況以罷攻爲可賀歟。」合喜怒曰：「社稷不亡，帝后免難，汝等不以爲喜耶。」明日，近侍局直長張天任至省，好問私以賀議告之，天任曰：「人不知恥乃若是耶。」因謂諸相曰：「京城受兵，上深以爲辱。聞百官欲入賀，誠有此否。」會學士趙秉文不肯撰表，議遂寢。

是月，以尚書省兼樞密院事，合喜罷樞密。合喜既失兵柄，意殊不樂，欲銷院印，諸相謂院事仍在，印有用時，不宜毀。合喜怒，欲笞其掾。有投匿名書於御路云：「副樞合喜、總帥撒合、參政訛出皆國賊，朝廷不殺，衆軍亦須殺之，爲國除害。」衛士以聞。撒合飲藥死，訛出稱疾不出，惟合喜坦然若無事者，上亦無所問，由是軍國之事盡決于合喜矣。

初，大兵圍汴，司諫陳岢屢上封事言得失，切中時病。合喜大怒，召入省，呼其名責之曰：「子爲『陳山可』耶，果如子言能退大敵，我當世世與若爲奴。」聞者無不竊笑。蓋不識「岢」字，至分爲兩耳。

天興元年七月，權參知政事思烈、恒山公武仙合軍自汝州入援，詔以合喜爲樞密使，統京城軍萬五千應之，且命賽不爲之助。八月己酉朔，駐於近郊，候益兵乃進屯中牟古城。凡三日，聞思烈軍潰，卽夜棄輜重馳還，黎明至鄭門，聚軍乃入。言者謂：「合喜始則抗命不出，中則逗遛不進，終則棄軍先遁，委棄軍資不可勝計，不斬之無以謝天下。」上貸其死，免爲庶人，旣而籍其家以賜軍士。

旣廢，居汴中，常鞅鞅不樂。會大將速不䚟遣人招之，合喜卽治裝欲行，崔立邀至省酌酒餞送，且以白金二百兩爲贐。明日，復詣省別立，方對語，適一人自歸德持文書至，發視之，乃行省傳哀宗語以諭合喜者，其言曰：「卿朕老臣，中間雖廢出，未嘗忘卿。今崔立已變，卿處舊人尚多，若能反正，與卿世襲公相。」立怒，叱左右繫之獄，是日斬之。

論曰：合喜初年用兵西夏，屢著勞效，要亦諸將顏盞蝦蟆等功也。［九］旣當大任，遂自矜伐，汴城之役舉措煩擾，［一〇］貿出兵退卽圖稱賀，此豈有體國之誠心者乎。中牟之潰，衆怒

所歸，幸道一死，猶懷異圖，卒殞猜疑，天蓋假手於崔立也。

校勘記

〔一〕宋將皇甫斌遣率步騎數萬由確山褒信分路侵蔡　按本書卷一二章宗紀，泰和六年五月「甲辰，皇甫斌攻唐州」。六月「庚申，右翼都統完顏賽不敗宋曹統制于溱水」。此處「遣」字下當脫「曹統制」三字。

〔二〕五年行尙書省于京兆　按本書卷一七哀宗紀作正大六年春二月「丙辰，以丞相完顏賽不行尙書省事于關中」。與此不同。

〔三〕天興元年兵事急　「元」原作「九」。按本書卷一七哀宗紀，天興元年八月戊辰，「起復前大司農侯摯爲平章政事，行京東路尙書省事」。今據改。

〔四〕二年七月復詔行尙書省事於徐州　按本書卷一八哀宗紀作天興二年六月「己亥，上入蔡州，詔徐州行省抹撚兀典赴蔡州，起復右丞相致仕賽不代行省事」。

〔五〕忍與對面語乎　「忍」原作「恐」，據文義改。

〔六〕白撒出鞏州鹽川　「川」原作「井」。按本書卷二六地理志，臨洮路鞏州定西縣「鎭一，鹽川」。今據改。

〔七〕性愎貪鄙　按「愎」疑當作「復」。下同。

〔八〕諸軍敗績於三峯山　按本書卷一七哀宗紀，正大九年正月「壬辰，衞州節度使完顏斜捻阿不棄城走汴」。甲午，「大元兵薄鄭州，與白坡兵合。乙未，大元游騎至汴城。丁酉，大雪，大元兵及兩省軍戰鈞州之三峯山，兩省軍大潰」。此處敍述失次。

〔九〕麻斤出等皆被害　原脫「出」字。按上文作「完顏麻斤出」。又本書卷一七哀宗紀，天興元年，「遣完顏麻斤出等部民丁萬人決河水衞京城」。亦有「出」字。今據補。

〔一〇〕飛騎都尉粂合里合總領术虎只魯歡　「里」原作「剌」。按本書卷四四兵志，「又以歸正人過多，乃係於忠孝籍中別爲一軍，減忠孝所給之半，不能射者令閱習一再月然後試補忠孝軍，是所謂合里合軍也」。卷一七、一八哀宗紀，亦皆作「合里合」。今據改。

〔一一〕官奴還奏衞州有糧可取　「還」原作「遂」。按上文「已遣官奴將三百騎探漚麻岡未還」，此「遂」顯爲「還」之誤。今改。

〔一二〕遣近侍局提點移剌粘古　「粘」原作「粘」，據殿本改。

〔一三〕合喜及楊幹烈等　「幹」原作「斡」。按本書卷一四宣宗紀貞祐四年十一月及卷一三四西夏傳貞祐四年十一月記此事皆作「楊幹烈」。今據改。

〔一四〕遣提控烏古論世顯率偏師敗之　「顯」原作「鮮」。按本書卷一三四西夏傳，「興定四年四月，夏兵犯邊，元帥石盞合喜遇于鹿兒原，提控烏古論世顯以偏師敗之」。他如卷一六宣宗紀、卷一〇三烏古論長壽傳亦皆作「世顯」。同音異譯，今統一作「世顯」。

〔一五〕從在東宮日立十三都尉　按本書卷四四兵志，「天興初元，有十五都尉」。

〔一六〕壬寅曹王入辭　「寅」原作「辰」。按本書卷一七哀宗紀，正大九年三月「庚子，封荆王子訛可爲曹王，議以爲質」。「壬寅，尙書左丞李蹊送曹王出質」。「壬辰」在「庚子」前，顯然不合，作「壬寅」是。今據改。

〔一七〕其守城之具　「守」原作「攻」，據文義改。

〔一八〕壬戌合喜以大兵退　「戌」原作「午」。按本書卷一一六石盞女魯歡傳，正大九年「三月壬午朔」，四月無壬午。卷一七哀宗紀，正大九年「四月丁巳，遣戶部侍郎楊居仁奉金帛詣大元兵乞和。戊午，又以珍異往謝許和」。本卷下文合喜云，「罷攻已三日而不入賀」，依日數計之，「壬午」當是「壬戌」之誤，今據改。

〔一九〕顏盞蝦蟆等功也　「顏盞」原作「石盞」。按本書卷一二四郭蝦蟆傳，「興定初，與兄祿大俱以善射應募……賜姓顏盞」。今據改。

〔二〇〕舉措煩擾　「措」原作「揞」，據殿本改。

金史卷一百十四

列傳第五十二

白華　斜卯愛實　合周附　石抹世勣

白華字文舉，隩州人。[一]貞祐三年進士。初爲應奉翰林文字。正大元年，累遷爲樞密院經歷官。二年九月，[二]武仙以眞定來歸，朝廷方經理河北，宋將彭義斌乘之，遂由山東取邢、洺、磁等州。華上奏曰：「北兵有事河西，故我得少寬。今彭義斌招降河朔郡縣，駸駸及於眞定，宜及此大舉，以除後患。」時院官不欲行，即遣華相視彰德，實擠之也，事竟不行。

三年五月，宋人掠壽州，永州桃園軍失利，死者四百餘人。時夏全自楚州來奔。十一月庚申，[三]集百官議和宋。上問全所以來，華奏：「全初在盱眙，從宋帥劉卓往楚州。州人訛言劉大帥來，欲屠城中北人耳。衆軍怒，殺卓以城來歸。全終不自安，跳走盱眙，盱眙不納，城下索妻孥，又不從，計無所出，乃狼狽而北，止求自免，無他慮也。」華因是爲上所知。

全至後，盱眙、楚州，王義深、張惠、范成進相繼以城降。詔改楚州爲平淮府，以全爲金源郡王、平淮府都總管，張惠臨淄郡王，義深東平郡王，成進膠西郡王。和宋議寢。

四年，李全據楚州，衆皆謂盱眙不可守，上不從，乃以淮南王招全，全曰：「王義深、范成進皆我部曲而受王封，何以處我。」竟不至。

是歲，慶山奴敗績于龜山。五年秋，增築歸德城，擬工數百萬，宰相奏遣華往相役，華見行院溫撒辛，語以民勞，朝廷愛養之意，減工三之一。溫撒，李辛賜姓也。

六年，以華權樞密院判官。上召忠孝軍總領蒲察定住、經歷王仲澤、戶部郎中刁壁及華諭之曰：「李全據有楚州，睥睨山東，久必爲患。今北事稍緩，合乘此隙令定住權監軍，率所統軍一千，別遣都尉司步軍萬人，以壁、仲澤爲參謀，同往沂、海界招之，不從則以軍馬從事，卿等以爲何如？」華對曰：「臣以爲李全借大兵之勢，要宋人供給餽餉，特一猾寇耳。老狐穴塚待夜而出，何足介懷。我所慮者北方之强耳。今北方有事，未暇南圖，一旦事定，必來攻矣。與我爭天下者此也，全何預焉。若北方事定，全將聽命不暇，設不自量，更有非望，天下之人寧不知逆順，其肯去順而從逆乎。爲今計者，姑養士馬，以備北方。使全果有不軌之謀，亦當發於北朝息兵之日，當此則我易與矣。」上沉思良久曰：「卿等且退，容我更思。」明日，遣定住還屯尉氏。

時陝西兵大勢已去，留脫或欒駐慶陽以擾河朔，且有攻河中之耗，而衞州帥府與恒山公府並立，慮一旦有警，節制不一，欲合二府爲一，又恐其不和，命華往經畫之。初，華在院屢承面諭云：「汝爲院官，不以軍馬責汝。汝辭辯，特以合喜、蒲阿皆武夫，一語不相入，便爲齟齬，害事非細，今以汝調停之，或有乖忤，罪及汝矣。院中事當一一奏我，汝之職也。今衞州之委，亦前日調停之意。」

國制，凡樞密院上下所倚任者名奏事官，其目有三，一曰承受聖旨，二曰奏事，三曰省院議事，皆以一人主之。承受聖旨者，凡院官奏事，或上處分，獨召奏事官付之，多至一二百言，或直傳上旨，辭多者即與近侍局官批寫。奏事者，謂事有區處當取奏裁者殿奏，其奏每嫌辭費，必欲言簡而意明，退而奉行，即立文字謂之檢目。省院官殿上議事則默記之，議定歸院亦立檢目，呈覆。有疑則復稟，無則付掾史施行。其赴省議者，議既定，留奏事官與省左右司官同立奏草，圓覆諸相無異同，則右司奏上。此三者之外又有難者，曰備顧問，如軍馬糧草器械、軍帥部曲名數、與夫屯駐地里阨塞遠近之類，凡省院一切事務，顧問之際一不能應，輒以不用心被譴，其職爲甚難，故以華處之。

五月，以丞相賽不行尙書省事於關中，[四]蒲阿率完顏陳和尙忠孝軍一千駐邠州，且令審觀北勢。如是兩月，上謂白華曰：「汝往邠州六日可往復否？」華自量日可馳三百，應之

曰：「可。」上令密諭蒲阿纔候春首，當事慶陽。華如期而還。上一日顧謂華言：「我見汝從來凡語及征進，必有難色，今此一舉特銳於平時，何也。」華曰：「向日用兵，以南征及討李全之事梗之，不能專意北方，故以北向爲難。今日異於平時，況事至於此，不得不一舉。大軍入界已三百餘里，若縱之令下秦川則何以救，終當一戰摧之。與其戰於近裏之平川，不若戰於近邊之險隘。」上亦以爲然。

七年正月，慶陽圍解，大軍還。白華上奏：「凡今之計，兵食爲急。除密院已定忠孝軍及馬軍都尉司步軍足爲一戰之資，此外應河南府州亦須簽揀防城軍，秋聚春放，依古務農講武之義，各令防本州府城，以今見在九十七萬，無致他日爲資敵之用。」

五月，華眞授樞密判官，上遣近侍局副使七斤傳旨云：「朕用汝爲院官，非責汝將兵對壘，第欲汝立軍中綱紀、發遣文移、和睦將帥、究察非違，至於軍伍之閱習、器仗之修整，皆汝所職。其悉力國家，以稱朕意。」

八年，大軍自去歲入陝西，翺翔京兆、同、華之間，破南山砦柵六十餘所。已而攻鳳翔，金軍自閿鄉屯至澠池，兩行省晏然不動。宰相臺諫皆以樞院瞻望逗遛爲言，京兆士庶横議蜂起，以至諸相力奏上前。上曰：「合達、蒲阿必相度機會，可進而進耳。若督之使戰，終出勉强，恐無益而反害也。」因遣白華與右司郎中夾谷八里門道宰相百官所言，并問以「目今

二月過半，有怠歸之形，諸軍何故不動」。且詔華等往復六日。華等既到同，諭兩行省以上意。合達言：「不見機會，見則動耳。」蒲阿曰：「彼軍絕無糧餉，使欲戰不得，欲留不能，將自斂矣。」合達對蒲阿及諸帥則言不可動，見士大夫則言可動，人謂合達近嘗得罪，又畏蒲阿方得君，不敢與抗，而亦言不可動。華等覰二相見北兵勢大皆有懼心，遂私問樊澤、定住、陳和尚以爲何如，三人者皆曰：「他人言北兵疲困故可攻，此言非也。大兵所在豈可輕料，是眞不敢動。」華等還，以二相及諸將意奏之，上曰：「我故知其怯不敢動矣。」卽復遣華傳旨諭二相云：「鳳翔圍久，恐守者力不能支。行省當領軍出關宿華陰界，次日及華陰，次日及華州，略與渭北軍交手。計大兵聞之必當奔赴，且以少紓鳳翔之急，我亦得爲掣肘計耳。」二相廻奏領旨。華東還及中牟，已有兩行省納奏人追及，華取報密院副本讀之，言「領旨提軍出關二十里至華陰界，與渭北軍交，是晚收軍入關」，華爲之仰天浩歎曰：「事至於此，無如之何矣。」華至京，奏章已達，知所奏爲徒然，不二三日鳳翔陷，兩行省遂棄京兆，與牙古塔起遷居民於河南，留慶山奴守之。

夏五月，楊妙眞以夫李全死於宋，構浮橋於楚州之北，就北帥梭魯胡吐乞師復讎。朝廷覘知之，以謂北軍果能渡淮，淮與河南跬步間耳，遣合達、蒲阿駐軍桃源界滶河口備之。兩行省乃約宋帥趙范、趙葵爲夾攻之計。二趙亦遣人報聘，俱以議和爲名，以張聲勢。二

相屢以軍少爲言，而省院難之，因上奏云：「向來附關屯駐半年，適還舊屯，喘不及息，又欲以暑月東行，實無可圖之事，徒自疲而已。況兼桃源、青口蚊虻湫濕之地，不便牧養，目今非征進時月，決不敢妄動。且我之所慮，特楚州浮梁耳。姑以計圖之，已遣提控王銳往視可否。」奏上，上遣白華以此傳諭二相，兼領王銳行。二相不悅。蒲阿遣水軍虹縣所屯王提控者以小船二十四隻令華順河而下，必到八里莊城門爲期，且曰：「此中望八里莊如在雲天上，省院端坐徒事口吻，今樞判親來可以相視可否，歸而奏之。」華力辭不獲，遂登舟，及淮與河合流處，纔及八里莊城門相直，城守者以白鷂大船五十泝流而上，占其上流以截華歸路。華幾不得還，昏黑得徑先歸，乃悟兩省怒朝省不益軍，謂皆華輩主之，故擠之險地耳。是夜二更後，八里莊次將遣人送款云：「早者主將出城開船，截大金歸路，某等商議，主將還卽閉門不納，渠已奔去楚州，乞發軍馬接應。」二相卽發兵騎、開船赴約，明旦入城安慰，又知楚州大軍已還河朔，宋將燒浮橋，二相附華納奏，上大喜。

初，合達謀取宋淮陰。五月渡淮。淮陰主者胡路鈐往楚州計事於楊妙眞，比還，提正官郭恩送款于金，胡還不納，慟哭而去。合達遂入淮陰，詔改歸州，以行省烏古論葉里哥守之，郭恩爲元帥右都監。既而，宋人以銀絹五萬兩匹來贖盱眙龜山，宋使留館中，郭恩謀劫而取之，或報之于盱眙帥府，卽以軍至，恩不果發。明日，宋將劉虎、湯孝信以船三十艘燒

浮梁，因遣其將夏友諒來攻盱眙，未下。泗州總領完顏矢哥利館中銀絹，遂反。防禦使徒單塔剌聞變，扼罘山亭甬路，好謂之曰：「容我拜辭朝廷然後死。」遂取朝服望闕拜，慟良久，投亭下水死。矢哥遂以州歸楊妙眞，總帥納合買住亦以盱眙降宋。

九月，陝西行省防秋，時大兵在河中，睿宗已領兵入界，慶山奴報糧盡，將棄京兆而東。一日，白華奏，偵候得睿宗所領軍馬四萬，行營軍一萬，布置如此，「爲今計者與其就漢禦之，諸軍比到可行半月，不若徑往河中。目今沿河屯守一日可渡，如此中得利，襄、漢軍馬必當遲疑不進。在北爲投機，在南爲掣肘，臣以爲如此便」。上曰：「此策汝畫之，爲得之他人？」華曰：「臣愚見如此。」上平日銳於武事，聞華言若欣快者，然竟不行。

未幾，合達自陝州進奏帖，亦爲此事，上得奏甚喜。蒲阿時在洛陽，驛召之，蓋有意於此矣。蒲阿至，奏對之間不及此，止言大兵前鋒忒木解統之，將出冷水谷口，且當先禦此軍。上曰：「朕不問此，只欲問河中可擣否。」蒲阿不獲已，始言睿宗所領兵騎雖多，計皆冗雜。大兵軍少而精，無非選鋒。金軍北渡，大兵必遣輜重屯於平陽之北，匿其選鋒百里之外，放我師渡，然後斷我歸路與我決戰，恐不得利。」上曰：「朕料汝如此，果然。更不須再論，且還陝州。」蒲阿曰：「合達樞密使所言，此間一面革撥恐亦未盡，乞召至同議可否。」上曰：「見得合達亦止此而已，往復遲滯，轉致誤事。」華奏合達必見機會，召至同議爲便。副

樞赤盞合喜亦奏蒲阿、白華之言爲是。上乃從之。召合達至，上令先與密院議定，然後入見。既議，華執合達奏帖舉似再三，竟無一先發言者。移時，蒲阿言：「且勾當冷水谷一軍何如。」合達曰：「是矣。」遂入見。上問卿等所議若何，合達數奏，其言甚多，大概言河中之事與前日上奏時勢不同，所奏亦不敢自主，議遂寢。二相還陝，量以軍馬出冷水谷，奉行故事而已。十二月，河中府破。

九年，京城被攻，四月兵退，改元天興。是月十六日，併樞密院歸尚書省，以宰相兼院官，左右司首領官兼經歷官，惟平章白撒、副樞合喜、院判白華、權院判完顏忽魯剌退罷。忽魯剌有口辯，〔五〕上愛幸之。朝議罪忽魯剌，而書生輩妬華得君，先嘗以語撼之，用是而罷。金制，樞密院雖主兵，而節制在尚書省。兵興以來，茲制漸改，凡在軍事，省官不得預，院官獨任專見，往往敗事。言者多以爲將相權不當分，至是始併之。

十二月朔，上遣近侍局提點曳剌粘古卽白華所居，問事勢至於此，計將安出。華附奏：「今耕稼已廢，糧斛將盡，四外援兵皆不可指擬，車駕當出就外兵，可留皇兄荆王使之監國，任其裁處。聖主既出，遣使告語北朝，我出非他處收整軍馬，止以軍卒擅誅唐慶，和議從此斷絕，京師今付之荆王，乞我一二州以老耳。如此則太后皇族可存，正如春秋紀季入齊爲附庸之事，聖主亦得少寬矣。」於是起華爲右司郎中。初，親巡之計決，諸將皆預其議，將

退，首領官張衮、聶天驥奏：「尚有舊人諳練軍務者，乃置而不用，今所用者皆不見軍中事體，此爲未盡。」上問未用者何人，皆曰院判白華，上頷之，故有是命。

明日，召華諭之曰：「親巡之計已決，但所往羣議未定，有言歸德四面皆水可以自保者，或言可沿西山入鄧。或言設欲入鄧，大將速不解今在汝州，不如取陳、蔡路轉往鄧下。卿以爲如何？」華曰：「歸德城雖堅，久而食盡，坐以待斃，決不可往。欲往鄧下，既汝州有速不解，斷不能往。以今日事勢，博徒所謂孤注者也。孤注云者，止有背城之戰。爲今之計當直赴汝州，與之一決，有楚則無漢，有漢則無楚。汝州戰不如半塗戰，半塗戰又不如出城戰，所以然者何，我軍食力猶在，馬則豆力猶在。若出京益遠，軍食日減，馬食野草，事益難矣。若我軍便得戰，存亡決此一舉，外則可以激三軍之氣，內則可以慰都人之心。或止爲避遷之計，人心顧戀家業，未必毅然從行。可詳審之。」遂召諸相及首領官同議，禾速嘉兀地不、元帥豬兒、高顯、王義深俱主歸德之議，丞相賽不主鄧，議竟不能決。

明日，制旨京城食盡，今擬親出，聚集軍士於大慶殿〔六〕諭以此意，諭訖，諸帥將佐合辭奏曰：「聖主不可親出，〔七〕止可命將，〔八〕三軍欣然願爲國家效死。」上猶豫，欲以官奴爲馬軍帥，高顯爲步軍帥，劉益副之，蓋採輿議也，而三人者亦欲奉命。權參政內族訛出大駡云：「汝輩把鋤不知高下，國家大事，敢易承邪。」衆默然，惟官奴曰：「若將相可了，何至使我

輩。」事亦中止。

明日，民間閧傳車駕欲奉皇太后及妃后往歸德，軍士家屬留後。目今食盡，坐視城中俱餓死矣。縱能至歸德，軍馬所費支吾復得幾許日。上聞之，召賽不、合周、訛出、烏古孫卜吉、完顏正夫議，餘人不預。移時方出，見首領官、丞相言，前日巡守之議已定，止爲一白華都改却，今往汝州就軍馬索戰去矣。遂擇日祭太廟誓師，擬以二十五日啓行。是月晦，車駕至黃陵岡，復有北幸之議，語在白撒傳。

天興二年正月朔，上次黃陵岡，就歸德餫船北渡，諸相共奏，京師及河南諸州聞上幸河北，恐生他變，可下詔安撫之。是時，在所父老僧道獻食，及牛酒犒軍者相屬，上親爲拊慰，人人爲之感泣。乃赦河朔，招集兵糧，赦文條畫十餘款，分道傳送。二日，或有云：「昨所發河南詔書，儻落大軍中，奈泄事機何。」上怒，委近侍局官傳旨，謂首領官張衮、白華、內族訛可當發詔時不爲後慮，皆量決之。

是時，衛州軍兩日至蒲城，而大軍徐躡其後。十五日，宰相諸帥共議上前，〔九〕郎中完顏胡魯剌秉筆書，某軍前鋒，某軍殿後，餘事皆有條畫。書畢，惟不言所往，華私問胡魯剌，託以不知。是晚，平章及諸帥還蒲城軍中。夜半，訛可、衮就華帳中呼華云：「上已登舟，君不知之耶？」華遂問其由，訛可云：「我昨日已知上欲與李左丞、完顏郎中先下歸德，令諸軍並北岸行，至鳳池渡河。今夜，平章及禾速嘉、元帥官奴等來，言大軍在蒲城會與金軍接戰，勢莫能支，遂擁主上登舟，軍資一切委棄，止令忠孝軍上船，馬悉留營中。計舟已行數里矣。」華又問：「公何不從往？」云：「昨日擬定首領官止令胡魯剌登舟，餘悉隨軍，用是不敢。」是夜，總帥百家領諸軍舟往鳳池，大軍覺之，兵遂潰。

上在歸德。三月，崔立以汴京降，右宣徽提點近侍局移剌粘古謀之鄧，上不聽。時粘古之兄瑗爲鄧州節度使、兼行樞密院事，其子與粘古之子並從駕爲衞士。適朝廷將召鄧兵入援，粘古因與華謀同之鄧，且拉其二子以往，上覺之，獨命華行，而粘古改之徐州。華既至鄧，以事久不濟，淹留于館，遂若無意於世者。會瑗以鄧入宋，華亦從至襄陽，宋署爲制幹，又改均州提督，後范用吉殺均之長吏送款于北朝，遂因而北歸。士大夫以華夙儒貴顯，國危不能以義自處爲貶云。

用吉者，本姓孛术魯，名久住。初歸入宋，謁制置趙范，將以計動其心，故更姓名范用吉。趙怒其觸諱，斥之，用吉猶應對如故。趙良久方悟，且利其事與己符，遂擢置左右，凡所言動略不加疑，遂易其姓曰花，使爲太尉，改鎮均州。未幾，納款于北。後以家人誣以欲叛，爲同列所害。

贊曰：白華以儒者習吏事，以經生知兵，其所論建，屢中事機，然三軍敗衄之餘，士氣不作，其言果可行乎。從瑗歸宋，聲名掃地，而猶得列於金臣之傳者，援蜀譙周等例云。

斜卯愛實字正之，策論進士也。正大間，累官翰林直學士，兼左司郎中。天興元年正月，聞大兵將至，以點檢夾谷撒合爲總帥，率步騎三萬巡河渡，命宿直將軍內族長樂權近侍局使，監其軍。行至封丘而還。入自梁門，樞密副使合喜遇之，笑語撒合曰：「吾言信矣，當爲我作主人。」蓋世俗酬謝之意也。明日，大兵遂合，朝廷置而不問。〔一〇〕於是愛實上言曰：「撒合統兵三萬，本欲乘大兵遠至，喘息未定而擊之。出京纔數十里，不逢一人騎，已畏縮不敢進。設遇大兵，其肯用命乎？乞斬二人以肅軍政。」不報。蓋合喜輩以京師倚此一軍爲命，初不敢俾之出戰，特以外議閧然，故暫出以應之云。

衞紹、鎬厲二王家屬，皆以兵防護，且設官提控，巡警之嚴過於獄犴。至是，衞紹宅二十年，鎬厲宅四十年。〔一一〕正大間，朝臣屢有言及者，不報。愛實乃上言曰：「二族衰微，無異

中華書局

匹庶，假欲爲不善，孰與同惡。男女婚嫁，人之大欲，豈有幽囚終世，永無伉儷之望，在他人尚且不忍，況骨肉乎。」哀宗感其言，始聽自便。未幾，有青城之難。

愛實憤時相非其人，嘗歷數曰：「平章白撒固權市恩，擊丸外百無一能。丞相賽不菽麥不分，更謂乏材，亦不至此人爲相。參政兼樞密副使赤盞合喜粗暴，一馬軍之材止矣，乃令兼將相之權。右丞顏盞世魯居相位已七八年，碌碌無補，備員而已。患難之際，倚注此類，欲冀中興難矣。」於是，世魯罷相，賽不乞致仕，而白撒、合喜不恤也。

是年四月，京城罷攻，大兵退。既而，以害唐慶事，和議遂絕。於是，再簽民兵爲守禦備。八月，括京城粟，以轉運使完顏珠顆、張俊民、曳剌克忠等置局，以推舉爲名，珠顆諭民曰：「汝等當從實推唱，果如一旦糧盡，令汝妻子作軍食，復能吝否。」既而，罷括粟令，復以進獻取之。

前御史大夫內族合周復冀進用，建言京城括粟可得百餘萬石。朝廷信之，命權參知政事，與左丞李蹊總其事。先令各家自實，壯者存石有三斗，幼者半之，仍書其數門首，敢有匿者以升斗論罪。京城三十六坊，各選深刻者主之，內族完顏久住尤酷暴。有寡婦二口，實豆六斗，內有蓬子約三升，久住笑曰：「吾得之矣。」執而以令于衆。婦泣訴曰：「妾夫死於兵，姑老不能爲養，故雜蓬粃以自食耳，非敢以爲軍儲也。且三升，六斗之餘。」不從，竟死

杖下。京師聞之股栗，盡投其餘于糞溷中。或白於李蹊，蹊顰蹙曰：「白之參政。」其人卽白合周，周曰：「人云『花又不損，蜜又得成』。予謂花不損，何由成蜜。且京師危急，今欲存社稷耶，存百姓耶。」當時皆莫敢言，愛實遂上奏，大概言：「罷括粟，則改虐政爲仁政，散怨氣爲和氣。」不報。

時所括不能三萬斛，而京城益蕭然矣。自是之後，死者相枕，貧富束手待斃而已。上聞之，命出太倉米作粥以食餓者，愛實聞之歎曰：「與其食之，寧如勿奪。」爲奉御把奴所告。又近侍干預朝政，愛實上章諫曰：「今近侍權太重，將相大臣不敢與之相抗。自古僕御之臣不過供給指使而已，雖名僕臣，亦必選擇正人。今不論賢否，惟以世胄或吏員爲之。夫給使令之材，使預社稷大計，此輩果何所知乎。」章既上，近侍數人泣訴上前曰：「愛實以臣等爲奴隸，置至尊何地耶。」上益怒，送有司。近侍局副使李大節從容開釋，乃赦之，出爲中京留守，後不知所終。

合周者一名永錫。貞祐中，爲元帥左監軍，失援中都，宣宗削除官爵，杖之八十。已而復用。四年，以御史大夫權尚書右丞，總兵陝西。合周留澠池數日，〔三〕進及京兆，而大兵已至，合周竟不出兵，遂失潼關。有司以敵至不出兵當斬，諸皇族百餘人上章救之，上曰：

「向合周救中都，未至而軍潰，使宗廟山陵失守，罪當誅，朕特寬貸以全其命。尋復重職，今鎭陝西，所犯乃爾，國家大法豈敢私耶。」遂再奪爵，免死除名。至是，爲參知政事。性好作詩詞，語鄙俚，人采其語以爲戲笑。因自草括粟榜文，有「雀無翅兒不飛，蛇無頭兒不行」等語，以「而」作「兒」，掾史知之不敢易也。京城目之曰「雀兒參政」。哀宗用而不悟，竟致敗事。

石抹世勣字景略。幼勤學，爲文有體裁。承安二年，以父元毅死王事，收充擎執。五年，登詞賦、經義兩科進士第。貞祐三年，累官爲太常丞，預講議所事。時朝廷徙河北軍戶河南，宰職議給以田，世勣上言曰：「荒閑之田及牧馬地，其始耕墾，費力當倍，一歲斷不能熟。若奪民素蒔者與之，則民將失所，且啓不和之端。況軍戶率無耕牛，雖或有之，而廩給未敢遽減。彼既南來，所捐田宅爲人所有，一旦北歸，能無爭奪。切謂宜令軍戶分人歸守本業，收其晚禾，至春復還爲固守計。」會侍御史劉元規亦言給田不便，上大悟，乃罷之。未幾，遷同知金安軍節度使。

興定二年，遷爲華州元帥府參議官。初，右都監完顏合達行帥府于楨州，嘗以前同知

平涼府事卓魯回蒲乃速爲參議，及移駐華州，陝西行省請復用蒲乃速，令世勣副之。上曰：「蒲乃速但能承奉人耳，餘無所長，非如世勣可任以事。華爲要鎭，而輕用其人，或致敗事。」遂獨用世勣焉。

尋入爲尚書省左司郎中。元光元年，奪一官，解職。初，世勣任華州，有薦其深通錢穀者，覆察不如所舉，未籍行止中。後主者舉覺，平章英王以世勣避都司之繁，私屬治籍吏冀改他職，奏下有司，故有是責。久之，起爲禮部侍郎，轉司農，改太常卿。正大中，爲禮部尚書，兼翰林侍講學士。

天興元年冬，哀宗將北渡，世勣率朝官劉肅、田芝等二十人求見仁安殿。上問卿等欲何言，世勣曰：「臣等聞陛下欲親出，切謂此行不便。」上曰：「我不出，軍分爲二，一軍守，一軍出戰。我出則軍合爲一。」世勣曰：「陛下出則軍分爲三，一守、一戰、一中軍護從，不若不出爲愈也。」上曰：「卿等不知，我若得完顏仲德、恒山公武仙付之兵事，何勞我出。我豈不知今日將兵者，官奴統馬兵三百止矣，劉益將步兵五千止矣，欲不自將得乎。」上又指御榻曰：「我此行豈復有還期，但恨我無罪亡國耳。我未嘗奢侈，未嘗信任小人。」世勣應聲曰：「陛下用小人則亦有之。」上曰：「小人謂誰？」世勣歷數曰：「移剌粘古、〔四〕溫敦昌孫、兀撒惹、完顏長樂皆小人也。陛下不知爲小人，所以用之。」肅與世勣復多有言，良久，君臣涕泣

而別。初，肅等求見，本欲數此四人。至是，世勣獨言之，於是哀宗以世勣從行。自蒲城至歸德。明年六月，走蔡州，次新蔡縣之姜寨。世勣子嵩，時爲縣令，拜上於馬前，兵亂後父子始相見。上嘉之，授嵩應奉翰林文字，以便養親。蔡城破，父子俱死。嵩字企隆，興定二年經義進士。

贊曰：愛實言衞、鎬家屬禁錮之虐，京城括粟之暴，近侍干政之橫；世勣言河北軍戶給田之不便，親出渡河之非計；皆藥石之言也。然金至斯時，病在膏肓間矣，倉扁何施焉。其爲忠讜，則不可廢也。

校勘記

〔一〕陝州人　「陝」原作「湊」。按本書卷二六地理志，河東北路有陝州，今據改。

〔二〕二年九月　按本書卷一七哀宗紀作正大二年「夏四月辛卯朔，恒山公武仙自眞定府來奔」。

〔三〕十一月庚申　「十一月」原作「十月」。按正大三年十月癸未朔，無庚申。本書卷一七哀宗紀作正大三年「十一月庚申，議與宋修好」。今據改。

〔四〕五月以丞相賽不行尚書省事於關中　按本書卷一七哀宗紀作正大六年二月丙辰，「以丞相完顏賽不行尚書省事于關中」。

〔五〕忽魯剌有口辯　原脫「剌」字，據上下文補。

〔六〕聚集軍士於大慶殿　「大」原作「木」，據殿本改。

〔七〕聖主不可親出　「主」原作「旨」，據殿本改。

〔八〕止可命將　「止」原作「正」，據殿本改。

〔九〕十五日宰相諸帥共議上前　按本書卷一八哀宗紀，天興二年「正月丙午朔，濟河。辛亥六日，白撒引兵攻衞州不克。乙卯十日，聞大元兵自河南渡河至衞之西南，遂退師。戊午十三日，上進次蒲城，復還魏樓村。己未十四日，上以白撒謀，夜棄六軍渡河，與副元帥、合里合六七人走歸德。庚申十五日，諸軍始知上已往，遂潰」。所謂「宰相諸帥共議上前」當在十三日戊午進次蒲城之時。「五」似爲「三」之誤。

〔一〇〕明日大兵遂合朝廷置而不問　「大」原作「金」，與上下文義不貫。按本書卷一七哀宗紀，天興元年正月記此事作「甲午，大元兵薄鄭州，與白坡兵合」。今據改。

〔一一〕至是衞紹宅二十年鎬厲宅四十年　原作「衞紹宅四十年，鎬厲宅二十年」。按本書卷八五鎬王永中傳，「永中子孫禁錮，自明昌至于正大末，幾四十年」。卷九三從恪傳贊云：「衞紹歷年不永，諸子凡禁錮二十餘年，鎬厲王諸子禁錮四十餘年，長女鰥男皆不得婚嫁，天興初方弛共禁」。今據改。

〔一二〕合周留澠池數日　「澠」原作「沔」，今改。參見本書卷二五地理志校記〔一九〕。

〔一三〕移剌粘古　「粘」原作「粘」，據殿本改。

元 脱脱等撰

金史

第八册

卷一一五至卷一三五(傳)

中華書局

二十四史

中華書局

金史卷一百十五

列傳第五十三

完顏奴申 崔立 聶天驥 赤盞尉忻

完顏奴申字正甫，素蘭之弟也。登策論進士第，仕歷清要。正大三年八月，由翰林直學士，充益政院說書官。五年，轉吏部侍郎。監察御史烏古論石魯剌劾近侍張文壽、仁壽、李麟之受敵帥饋遺，〔一〕詔奴申鞫問，得其姦狀，上曲赦其罪，皆斥去，朝論快之。九月，改侍講學士，以御史大夫奉使大元，〔二〕至龍駒河，朝見太宗皇帝。十二月，〔三〕還。明年六月，遷吏部尚書，復往。八年春，還。朝廷以勞拜參知政事。〔四〕

天興元年春，大兵駐鄭州海灘寺，遣使招哀宗降。復以奴申往乞和，不許，攻汴益急。汴受圍數月，倉庫匱乏，召武仙等入援不至，哀宗懼，以曹王訛可出質，請罷攻。冬十月，哀宗議親出捍禦，以奴申參知政事、兼樞密副使，〔五〕完顏習捏阿不樞密副使、

兼知開封府、權參知政事，總諸軍留守京師。又以翰林學士承旨烏古孫卜吉提控諸王府，同判大睦親府事兼都點檢內族合周管宮掖事，左副點檢完顏阿撒、右副點檢溫敦阿里副之，戶部尚書完顏珠顆兼裏城四面都總領，御史大夫裴滿阿虎帶兼鎭撫軍民都彈壓，諫議大夫近侍局使行省左右司郎中烏古孫奴申兼知宮省事。〔六〕又以把撒合爲外城東面元帥，术甲咬住南面元帥，崔立西面元帥，孛术魯買奴北面元帥。乙酉，除拜定，以京城付之。又以戶部侍郎刁璧爲安撫副使，總招撫司，規運京外糧斛。設講議所，受陳言文字，以大理卿納合德輝、戶部尚書仲平、中京副留守愛失等總其事。

十二月辛丑，上出京，服絳紗袍，乘馬導從如常儀。留守官及京城父老從至城外奉辭，有詔撫諭，仍以鞭揖之。速不解聞上已出，復會兵圍汴。初，上以東面元帥李辛跋扈出怨言，罷爲兵部侍郎，將出，密喩奴申等羈縶之。上既行，奴申等召辛，辛懼，謀欲出降，棄馬踰城而走，奴申等遣人追及之，斬於省門。汴民以上親出師，日聽捷報，且以二相持重，幸以無事。俄聞軍敗衞州，蒼黃走歸德，民大恐以爲不救。時汴京內外不通，米升銀二兩，百姓糧盡，殍者相望，縉紳士女多行乞於市，至有自食其妻子者，至於諸皮器物皆煑食之，貴家第宅、市樓肆館皆撤以爨。及歸德遣使迎兩宮，人情益不安，於是民間有立荆王監國以城歸順之議，而二相皆不知也。

天興二年正月丙寅，〔七〕省令史許安國詣講議所言：「古者有大疑，謀及卿士，謀及庶人。今事勢如此，可集百官及僧道士庶，問保社稷、活生靈之計。」左司都事元好問以安國之言白奴申，奴申曰：「此論甚佳，可與副樞議之。」副樞亦以安國之言爲然。好問曰：「自車駕出京今二十日許，又遣使迎兩宮。民間洶洶，皆謂國家欲棄京城，相公何以處之？」阿不曰：「吾二人惟有一死耳。」好問曰：「死不難，誠能安社稷、救生靈，死而可也。如其不然，徒欲一身飽五十紅衲軍，亦謂之死耶。」阿不款語曰：「今日惟吾二人，何言不可。」好問乃曰：「聞中外人言，欲立二王監國，以全兩宮與皇族耳。」阿不曰：「我知之矣，我知之矣。」卽命召京城官民，明日皆聚省中，諭以事勢危急當如之何。有父老七人陳詞云云，二相命好問受其詞。白之奴申，顧曰：「亦爲此事也。」且問副樞「此事謀議今幾日矣」？阿不屈指曰：「七日矣。」奴申曰：「歸德使未去，愼勿泄。」或曰是時外圍不解，如在陷穽，議者欲推立荆王以城出降，是亦春秋紀季入齊之義，況北兵中已有曹王也。衆憒二人無策，但曰「死守」而已。忽聞召京城士庶計事，奴申拱立無語，獨阿不反覆申諭，「國家至此無可奈何，凡有可行當共議之」，且繼以涕泣。

明日戊辰，西面元帥崔立與其黨孛术魯長哥、韓鐸、藥安國等爲變，率甲卒二百橫刀入省中，拔劍指二相曰：「京城危困已極，二公坐視百姓餓死，恬不爲慮何也？」二相大駭，曰：

「汝輩有事，當好議之，何遽如是。」立麾其黨先殺阿不，次殺奴申及左司郎中納合德輝等〔八〕，餘見崔立傳。

劉祁曰：「金自南渡之後，爲宰執者往往無恢復之謀，臨事相習低言緩語互相推讓，以爲養相體。每有四方災異、民間疾苦，將奏必相謂曰：『恐聖主心困。』事至危處輒罷散，曰『俟再議』，已而復然。或有言當改革者，輒以生事抑之，故所用必擇愞熟無鋒鋩易制者用之。每北兵壓境，則君臣相對泣下，或殿上發長吁而已。兵退，則大張具，會飲黃閣中矣。因循苟且，竟至亡國。又多取渾厚少文者置之台鼎，宣宗嘗責丞相僕散七斤『近來朝廷紀綱安在』？七斤不能對，退謂郎官曰：『上問紀綱安在，汝等自來何嘗使紀綱見我。』故正人君子多不見用，雖用亦未久而遽退也。」祁字京叔，〔九〕渾源人。

贊曰：劉京叔歸潛志與元裕之壬辰雜編二書雖微有異同，而金末喪亂之事猶有足徵者焉。哀宗北禦，以孤城弱卒託之奴申、阿不二人，可謂難矣。雖然，卽墨有安平君，玉壁有韋孝寬，必有以處此。

崔立，將陵人。少貧無行，嘗爲寺僧負鈸鼓，乘兵亂從上黨公開爲都統、提控，積階遙領太原知府。正大初，求入仕，爲選曹所駁，每以不至三品爲恨。天

興元年冬十二月，上親出師，授西面元帥。性淫姣，常思亂以快其欲。

藥安國者管州人，年二十餘，有勇力。嘗爲嵐州招撫使，以罪繫開封獄，既出，貧無以爲食。立將爲變，潛結納之，安國健啖，日飽之以魚，遂與之謀。先以家置西城上，事不勝則挈以逃。日與都尉揚善入省中候動靜，布置已定，召善以早食，殺之。二年正月，遂帥甲卒二百，撞省門而入。二相聞變趨出，立拔劍曰：「京城危困，二公欲如何處之？」二相曰：「事當好議之。」立不顧，麾其黨張信之、孛术魯長哥出省，〔一〇〕二相遂遇害。馳往東華門，道遇點檢溫屯阿里，見其衷甲，殺之。卽諭百姓曰：「吾爲二相閉門無謀，今殺之，爲汝一城生靈請命。」衆皆稱快。是日，御史大夫裴滿阿忽帶、諫議大夫左右司郎中烏古孫奴申、左副點檢完顏阿散、奉御忙哥、講議蒲察琦、戶部尚書完顏珠顆皆死。

立還省中，集百官議所立。立曰：「衞紹王太子從恪，〔一一〕其妹公主在北兵中，可立之。」乃遣其黨韓鐸以太后命往召從恪，須臾入，以太后誥命梁王監國。百官拜舞山呼，從恪受之，遂遣送二相所佩虎符詣速不䚟納款。立自稱太師、軍馬都元帥、尚書令、鄭王，出入御乘輿，稱其妻爲王妃，弟倚爲平章政事，侃爲殿前都點檢。其黨孛术魯長哥御史中丞，韓鐸都元帥兼知開封府事，〔一二〕折希顏、藥安國、張軍奴〔一三〕並元帥，師肅左右司郎中，賈良兵部郎中兼右司都事，內府之事皆主之。初，立假安國之勇以濟事，至

是復忌之，聞安國納一都尉夫人，數其違約斬之。

壬申，速不䚟至青城，立服御衣，儀衞往見之。大帥喜，飲之酒，立以父事之。既還，悉燒京城樓櫓，火起，大帥大喜，始信其實降也。立託以軍前索隨駕官吏家屬，聚之省中，人自閱之，日亂數人猶若不足。又禁城中嫁娶，有以一女之故殺數人者。未幾，遷梁王及宗室近族皆置宮中，以腹心守之，限其出入。以荆王府爲私第，取內府珍玩實之。二月乙酉，以天子衮冕后服上進。又括在城金銀，搜索薰灌，訊掠慘酷，百苦備至，鄖國夫人及內侍高祐、京民李民望之屬，皆死杖下。溫屯衞尉親屬八人，不任楚毒皆自盡。白撒夫人、右丞李蹊妻子皆被掠死。同惡相濟，視人如讎，期於必報而後已。人人竊相謂曰：「攻城之後七八日之中，諸門出葬者開封府計之凡百餘萬人，恨不早預其數而值此不幸也。」立時與其妻入宮，兩宮賜之不可勝計。立因諷太后作書陳天時人事，遣皇乳母招歸德。當時冒進之徒爭援劉齊故事以冀非分者，比肩接武。

四月壬辰，立以兩宮、梁王、荆王及諸宗室皆赴青城，〔一四〕甲午北行，立妻王氏備仗衞送兩宮至開陽門。是日，宮車三十七兩，太后先，中宮次之，妃嬪又次之，宗族男女凡五百餘口，次取三教、醫流、工匠、繡女皆赴北。四月，北兵入城。立時在城外，兵先入其家，取其妻妾寶玉以出，立歸大慟，無如之何。

李琦者山西人,爲都尉,在陳州與粘哥奴申同行省事,陳州變,入京,附崔立妹壻折希顏,娶夾谷元之妻。妻年二十餘,有姿色,立初拘隨駕官之家屬,妻輿病而往,得免。琦娶之後,有言其美者,立欲强之。琦每見立欲奪人妻,必差其夫遠出,一日差琦出京,琦以妻自隨,如是者再三,立遂欲殺琦。琦又數爲折希顏所折辱,乃首建殺立之謀。李伯淵者寶坻人,本安平都尉司千戶,美姿容,深沉有謀,每憤立不道,欲仗義殺之。李賤奴者燕人,嘗以軍功遙領京兆府判,壬辰冬,車駕東狩,以都尉權東面元帥。立初反,以賤奴舊與敵體,頗貌敬之。數月之後,勢已固,遂視賤奴如部曲然。賤奴積不能平,數出怨言,至是與琦等合。

三年六月甲午,傳近境有宋軍,伯淵等陽與立謀備禦之策。翌日晚,伯淵等燒外封丘門以警動立。是夜,立殊不安,一夕百臥起。比明,伯淵等身來約立視火,立從苑秀、折希顏數騎往,諭京城民十五以上、七十以下男子皆詣太廟街點集。既還,行及梳行街,伯淵欲送立還二王府,立辭數四,伯淵必欲親送,立不疑,倉卒中就馬上抱立。立顧曰:「汝欲殺我耶?」伯淵曰:「殺汝何傷。」卽出匕首橫刺之,洞而中其手之抱立處,再刺之,立墜馬死。伏兵起,元帥黃摑三合殺苑秀。折希顏後至不知,見立墜馬,謂與人鬬,欲前解之,隨爲軍士所斫,被創走梁門外,追斬之。伯淵係立屍馬尾,至內前號于衆曰:「立殺害劫奪,烝淫暴

虐,大逆不道,古今無有,當殺之不?」萬口齊應曰:「寸斬之未稱也。」乃梟立首,望承天門祭哀宗。伯淵以下軍民皆慟,或剖其心生啗之。以三尸挂闕前槐樹上,樹忽拔,人謂樹有靈亦厭其爲所汙。已而,有告立匿宮中珍玩,遂籍其家,以其妻王花兒賜丞相鎭海帳下士。

初,立之變也,前護衞蒲鮮石魯負祖宗御容五,走蔡。前御史中丞蒲察世達、西面元帥把撒合挈其家亦自拔歸蔡。七月己巳,以世達爲尚書吏部侍郞,權行六部尚書。世達嘗爲左司郞中,同簽樞密院事,充益政院官,皆稱上意。及上幸歸德,遣世達督陳糧運。陳變,世達亦與脅從,尋間道之汴,至是徒往行在,上念其舊,錄用之。左右司官因奏把撒合、石魯亦宜任用,上曰:「世達曲從非出得已,然朕猶少降資級以示薄罰。彼撒合掌軍一面,[14]石魯宿衞九重,崔立之變曾不聞發一矢,束手於人。今雖來歸,待以不死足以示恩,又安得與世達等。撒合老矣,量用其子可也。石魯但當酬其負御容之勞。」未幾,以撒合爲北門都尉,其子爲本軍都統。石魯復充護衞。世達字正夫,泰和三年進士。

論曰:崔立納款,使其封府庫、籍人民以俟大朝之命可也。乘時僭竊,大肆淫虐,徵索暴橫,輒以供備大軍爲辭,逞欲由己,斂怨歸國,其爲罪不容誅矣。而其志方且要求劉豫之事,我大朝豈肯效尤金人者乎。金俘人之主,帝人之臣,百年之後適啓崔立之狂謀,以成靑城之烈禍。曾子曰:「戒之,戒之,出乎爾者反乎爾者也。」豈不信哉。

聶天驥字元吉,五臺人。至寧元年進士,調汝陰簿,歷睢州司候、封丘令。興定初,辟爲尚書省令史。時胥吏擅威,士人往往附之,獨天驥不少假借,彼亦不能害也。尋授吏部主事,權監察御史。夏使賀正旦,互市於會同館,外戚有身貿易于其間者,天驥上章曰:「大官近利,失朝廷體,且取輕外方。」遂忤太后旨。出爲同知汝州防禦使事,未赴,陝西行尚書省辟召,特旨遙領金安軍節度副使,兼行尚書省都事。未幾,入爲右司員外郞,轉京兆治中,尋爲衞州行尚書六部事。

慶陽圍急,朝廷遣宿州總帥牙古塔救之,以天驥充經歷官。圍解,從別帥守邠,帥欲棄州而東,天驥力勸止之,不從,帥坐是被繫逮,天驥降京兆治中。尋有訟其寃者,卽召爲開封簽事,旬月復右司員外郞。丁母憂,未卒哭,奪哀復職。

哀宗遷歸德,天驥留汴中。崔立變,天驥被創甚,臥一十餘日,[15]其女舜英謁醫救療,天驥嘆曰:「吾幸得死,兒女曹乃爲謁醫,尚欲我活耶。」竟鬱鬱以死。舜英葬其父,明日亦自縊,有傳。

天驥沉靜寡言,不妄交。起於田畝,能以雅道自將,踐歷臺省若素宦然,諸人多自以爲不及也。

赤盞尉忻字大用,上京人。當襲其父謀克,不願就,中明昌五年策論進士第。後選爲尚書省令史、吏部主事、監察御史,言「諸王駙馬至京師和買諸物,失朝廷體」。有詔禁止。遷鎭南軍節度副使、息州刺史。耕鞠場種禾,兩禾合穗,進於朝,特詔褒諭。改丹州,遷鄭州防禦使,權許州統軍使。丞相高汝礪嘗薦其才可任宰相。元光二年正月,召爲戶部侍郞。未幾,權參知政事。二月,爲戶部尚書,權職如故。三月,拜參知政事,兼修國史。詔諭近臣曰:「尉忻資稟純質,事可倚任,且其性孝,朕今相之,國家必有望,汝輩當效之也。」正大元年五月,拜尚書右丞。哀宗欲修宮室,尉忻極諫,至以臥薪嘗膽爲言,上悚然從之。同判睦親府內族撒合輦交結中外,久在禁近。哀宗爲太子,有定策功,由是頗惑其言,復倚信日深,臺諫每以爲言。太后嘗戒勅曰:「上之騎鞠舉樂皆汝教之,再犯必杖汝。」哀宗終不能去。尉忻諫曰:「撒合輦姦諛之最,日在天子左右,非社稷福。」上悔悟,出爲中京留守,朝論快之。

五年,致仕,居汴中。崔立之變明日,召家人付以後事,望睢陽慟哭,以弓弦自縊而死,時年六十三。一子名董七,沒於兵間。弟秉甫字正之。

贊曰：聶天驥素履淸愼，赤盞尉忻天資忠諒，在治世皆足爲良臣，不幸仕亂離之朝，以得死爲願欲，哀哉。

校勘記

〔一〕監察御史烏古論石魯剌劾近侍張文壽仁壽李麟之受敵帥饋遺　按本書卷一七哀宗紀，正大五年三月「乙酉，監察御史烏古論不魯剌劾近侍張文壽、張仁壽、李麟之受饋遺」。「石」作「不」，「仁壽」上有「張」字。

〔二〕九月改侍講學士以御史大夫奉使大元　按本書卷一七哀宗紀作「正大五年十二月壬子，完顏訥申改侍講學士，充國信使」。月份不同。「奴申」作「訥申」，蓋同音異譯。

〔三〕十二月　按「十二月」上疑脫「六年」二字。

〔四〕朝廷以勞拜參知政事　按本書卷一七哀宗紀，天興元年七月「癸未，吏部尙書完顏奴申爲參知政事」。則此句當在下文「請罷攻」之後，其「勞」蓋指天興元年春乞和事。

〔五〕冬十月哀宗議親出捍禦以奴申參知政事兼樞密副使　按本書卷一八哀宗紀，天興元年十二月「甲申，詔議親出。乙酉，再議於大慶殿。是日，除拜扈從及留守京城官，以參知政事兼樞密院副使完顏奴申等留守」。是「十月」當作「十二月」。

〔六〕諫議大夫近侍局使行省左右司郎中烏古孫奴申兼知宮省事　原脫「局使」二字。按本書卷一二四烏古孫奴申傳，「哀宗東遷，爲諫議大夫、近侍局使、行省左右司郎中，兼知宮省事，留汴京居守」。今據補。

〔七〕天興二年正月丙寅　「丙寅」原作「戊辰」。按下文有「卽命召京城官民明日皆聚省中」，又有「明日戊辰，西面元帥崔立等爲變」，與本書卷一八哀宗紀合，知「戊辰」誤。歸潛志卷一一錄大梁事，「二十有一日，忽聞執政召在京父老士庶計事詣都堂」。是月丙午朔，見哀宗紀。二十一日爲丙寅。今據改。

〔八〕次殺奴申及左司郎中納合德輝等　「輝」原作「暉」。按上文作「輝」。今統一。

〔九〕祁字京叔　「祁」原作「祚」，據殿本改。

〔一〇〕孛术魯長哥出省　「术」原作「水」，據殿本改。

〔一一〕衞紹王太子從恪　「從」原作「承」。按本書卷一八哀宗紀，記崔立等擧兵爲亂，「勒兵入見太后，傳令召衞王子從恪爲梁王監國」。又卷九三衞紹王子從恪傳，「天興元年，崔立以從恪爲梁王，汴京破死焉」。皆作「從恪」。卷五九宗室表亦作「從恪」。今據改。下同。

〔一二〕韓鐸都元帥兼知開封府事　按上文崔立自稱「軍馬都元帥」，韓鐸不得同爲「都元帥」。本書卷一八哀宗紀記此事作「韓鐸副元帥兼知開封府」。疑原是「左」或「右副元帥」，脫「左」或「右」字。

〔一三〕張軍奴　按本書卷一八哀宗紀，此下還有完顏合荅。

〔一四〕三月壬辰立以兩宮梁王荆王及諸宗室皆赴靑城　按是年三月乙巳朔，無壬辰。本書卷一八哀宗紀，天興二年四月「癸巳，崔立以梁王從恪、荆王守純及諸宗室男女五百餘人至靑城，皆及於難」。癸巳後壬辰一日，或傳聞之誤，其繫月則不誤，作「四月」是。

〔一五〕彼撒合掌軍一面　「撒」原作「散」，據殿本改。

〔一六〕臥一十餘日　「一」疑是「二」字之誤。

中華書局

金史卷一百十六

列傳第五十四

徒單兀典　石盞女魯歡　蒲察官奴

內族承立 一名慶山奴

徒單兀典，〔一〕不知其所始，累官爲武勝軍節度使，駐鄧州。尋遷中京留守，知金昌府事，駐洛陽。鄧及洛陽兀典皆城之，且招亡命千人，號「熊虎軍」，以剽掠南鄙爲事，宋人亦時時報復，邊民爲之擾動。兀典資性深刻，而以大自居，好設耳目，凡諸將官屬下及民家細事，令親暱日報之，務爲不可欺。正大間，以兵部尚書權參知政事，行省事於徐州。自恃得君，論議之際不少假貸，同列皆畏之。

天興元年正月，朝廷聞大兵入饒風，移兀典行省閿鄉，以備潼關。徒單百家爲關陝總

帥，便宜行事。百家馳入陝，榜州民云：「淮南透漏軍馬，慮其道由潼關，勢不能守，縣鎮遷入大城，糧斛輜重聚之陝州，近山者入山寨避兵。」會阿里合傳旨召兀典入援，兀典遂與潼關總帥納合合閏、秦藍總帥都點檢完顏重喜、安平都尉苗秀、〔二〕蕩寇都尉朮甲某、振武都尉張翼及虎威、鷹揚、葭州劉趙二帥，軍十有一萬，騎五千，盡撤秦藍諸隘之備，從虢入陝。同、華、閿鄉一帶軍糧數十萬斛，備關船二百餘艘，皆順流東下。俄聞大兵近，糧皆不及載，船悉空下。復盡起州民，運靈寶、硤石倉粟，游騎至，殺掠不勝計。又遣陝州觀察副使兼規措轉運副使抹撚速也以船八十往運潼關、閿鄉糧，行及靈寶北河夾灘。義軍張信、侯三集壯士三百餘，保老幼，立水柵。北將忽魯罕只乘淺攻之不能克，遇速也船至卽降，大兵得此船遂破侯、張，殺戮殆盡。

是時陝州同知內族探春願從行省征進，兀典授以帥職，聽招在城民充軍。探春厚擬官賞，數日無一人，乃以兀典命招之，得壯士八百。宣差趙三三名偉，亦依探春招募，偉人所知識，不二日得軍八百餘，號「破敵軍」。兀典忌偉得衆，欲挾詐坑之，完顏素蘭時爲同華安撫使，力諫乃止。尋以偉權興寶軍節度使，〔三〕兼行元帥府事，領軍三百，屯金鷄堡。

大兵旣知潼關焚棄，長驅至陝，賀都喜不待命出城迎戰，馬蹶幾爲所獲，兀典易以一馬，遂下令不復令一人出，大兵亦去。自此潼關諸渡船筏俱盡，偉亦無船可渡矣。

初，兀典發閿鄉，拜天，賞軍，人白金三兩，將校有差。州之庫藏，軍資器械，爲之一空。期日進發，已而不行，日造銀器及兵幕牌印，陝州及鹽司牌亦奪取之。又欲刼州民財物以資軍，素蘭諫之而止。二月戊午，乃行。有李先生者諫曰：「方今大兵俱在河南，河北空虛，相公可先取衞州，出其不意。彼知我軍在北，必分兵北渡，京師卽得少寬，相公入援亦易爲矣。」兀典大怒，以爲泄軍機，斬之於市，遂行。軍士各以老幼自隨。州中亦有關中、河中遷避商賈老幼，亦倚兵力從行，婦女皆嫁士卒，軍中亦有强娶奪者。

是日，軍出兩東門及南門，不遵洛陽路，乃由州西南徑入大山冰雪中。葭州劉、趙兩帥卽日叛去，大兵以數百騎邀躡其後。明日，張翼軍叛往朱陽，入鹿盧關，大兵追及降之。山路積雪，晝日凍釋，泥淖及脛，隨軍婦女棄擲幼稚，哀號盈路。軍至鐵嶺，大兵潛召洛陽大軍從西三縣過盧氏，所至燒官民廬舍積聚，慮爲金軍所據，又反守鐵嶺，以斷歸路。金兵知必死，皆有鬭志，然已數日不食，行二百里許，困憊不支，頗亦散走。於是，完顏重喜先降，大軍斬於馬前。鄭倜刼苗英降，英不從，殺之，携其首以降，於是士卒大潰。兀典、合閏提數十騎走山間，追騎禽得，皆殺之。

先是，兀典嘗爲鄧州節度使，世襲謀克黃摑三合時爲宣差都總領，與兀典親厚，故決計入鄧。是役也，安平、盪寇、鷹揚、振威諸都尉，及西安、金雞等軍，脫走者百才一二。

二月，素蘭竄歸，有報徒單百家言「行省至」，百家欲出迎，父老遮馬前哀訴云：「行省復來，吾州碎矣，願無出迎。」百家曉之曰：「前日兀典欲刼此州，爲素蘭力勸而止，此行省非兀典乃素蘭也。」父老乃聽百家出城。陝州自軍出，日有逃還者，百家皆撫納之，所得及萬人。百家又募收所棄甲仗。若獲二副，卽以一與之，其一官出直買之。由是軍稍振。

五月，總帥副點檢顏盞領軍復立商州總帥。華州人王某立虢州，權刺史。七月，制旨召百家入援，以權西安軍節度使、行元帥府事阿不罕奴十剌爲金安軍節度使、關陝總帥。九月，肇昌知府元帥完顏忽斜虎入陝州，詔拜參知政事，行尚書省事。以河中總帥府經歷李獻能充左右司員外郎。獻能字欽叔，貞祐三年進士。復立山寨，安撫軍民。十月朔，制旨召忽斜虎赴南陽留山寺，以阿不罕奴十剌權參知政事，行省。

時趙偉爲河解元帥，屯金雞堡，軍務隸陝省，行省月給糧以贍其軍，明年五月，麥熟，省劄令偉計置兵食，權罷月給。十月，偉軍食又盡，屢白陝省，云無糧可給，偉私謂其軍言：「我與李員外郎有隙，坐視我軍飢餓，不爲存恤。」於是，自往永寧勸喻，偉頗爲小民所信，往往獻糧，或導其發藏。南縣把隘軍提控以偉橫恣言於行省，〔四〕行省遣趙提控者權元帥，守永寧元村寨，偉還金雞。

十一月冬至，大兵已攻破元村寨，偉攻解州不能下，於是密遣總領王茂軍士三十人入

陝州，匿菜圃中凡三四日，乘夜，王茂殺北城邏卒，舉號召偉軍八百渡河，入城刼殺阿不罕奴十剌、李獻能、提控蒲鮮某、總領來道安，因誣奏：「奴十剌等欲反，臣誅之矣。」朝廷知其寃而莫敢詰，就授偉元帥左監軍、兼西安軍節度使，行總帥府事。食盡。括粟，粟又盡，以明年三月降大兵。

或謂偉軍餉不繼，以刼掠自資，一日詣李獻能，獻能斬之，曰：「從宜破敵不易。」由是憾之。乃乘奴十剌宴飲不設備，選死士二十八人，夜由後河灘踰城而上，取餅爐碎石擲屋瓦門扇爲箭鏃聲。州人疑叛軍多，不敢動，遂開門納軍。殺行省以下官屬二十一人，獻能最爲所恨，故被害尤酷。

偉之變，絳州錄事張升字進之，大同人，戶工部令史出身，嘗爲漁陽簿，遷絳州錄事，謂知識者曰：「我本小人，受國家官祿，今日國家遭不幸，我不能從反賊。」言訖赴水死，岸上數百人皆嗟惜之。

及徒單百家鄭西之敗，單騎間道數百里入京，爲上言兀典等鐵嶺敗狀。於是籍重喜、合閭、兀典家貲，暴兀典爲罪首，牓通衢云。

石盞女魯歡，本名十六。興定三年，以河南路統軍使爲元帥右都監，行平涼元帥府事。

先是，陝西行省胥鼎言：「平涼控制西垂，實爲要地。都監女奚烈古里間材識凡庸，不閑軍務，且以入粟補官，遂得升用，握重兵，當方面，豈能服衆。防秋在邇，宜選才謀、有宿望、善將兵者代之。」故以命女魯歡。

十一月，女魯歡上言：「鎭戎赤溝川，東西四十里，地無險阻，當夏人往來之衝，比屢侵突，金兵常不得利。明年春，當城鎭戎，彼必出兵來撓。乞於二三月間，徵傍郡兵聲言防護，且令鄜、鞏各屯兵境上示進伐之勢，以掣其肘。臣領平涼之衆由鎭戎而入，攻其心腹。彼自救之不暇，安能及我，如此則鎭戎可城，而彼亦不敢來犯。又所在官軍多河北、山西失業之人，其家屬仰給縣官，每患不足。鎭戎土壤肥沃，又且平衍，臣裨將所統幾八千人，每以遷徙不常爲病。若授以荒田，使耕且戰，則可以禦備一方，縣官省費而食亦足矣。其餘邊郡亦宜一體措置。」上嘉納焉。遷昌武軍節度使。

元光二年九月，又言：「商洛重地，西控秦陝，東接河南，軍務繁密，宜選才幹之士爲防禦使、攝帥職以鎭之。又舊來諸隘守禦之官，並從帥府辟置，其所辟者多其親暱，殖產營私，專事漁獵，及當代去，又復保留，此最害之甚者。宜令樞府選舉，以革其弊。又州之戍兵艱於餽運，亦合依上屯田，以免轉輸之費。」又言：「每年防秋，諸隘守者不過數十人，餘衆盡屯保安、石門、大荆、洛南以爲應援，中間相距遠至百里，倉猝豈能徵集。宜近隘築營，徙見兵居之，以待緩急。又南邊所設巡檢十員，兵率千人，此乃平時以詰姦細者，已有大軍，宜悉罷去。」朝廷略施行之。

正大九年二月，以行樞密院事守歸德。乙丑，大元將忒木解率眞定、信安、大名、東平、益都諸軍來攻。是日，無雲而雷，有以神武祕略占之者，曰「其城無害」，人心稍安。適慶山奴潰軍亦至，城中得之，頗有鬭志。己巳，提控張定夜出斫營，發數砲而還。定平日好談兵，女魯歡令自募一軍，使爲提控，小試而勝，上下遂恃以爲可用。初患砲少，欲以泥或塼爲之，議者恐爲敵所輕，不復用。父老有言北門之西一菜圃中時得古砲，云是唐張巡所埋，掘之得五千有奇，上有刻字或「大吉」字者。大兵晝夜攻城，駐營于南城外，其地勢稍高。相傳是安祿山將尹子奇於此攻巡、遠，得睢陽。時經歷冀禹錫及官屬王璧、李琦、傅瑜極力守禦，城得不拔。

方大兵圍城，議決鳳池大橋水以護城，都水官言，去歲河決敖游堌時，嘗以水平量之，其地與城中龍興塔平，果決此口則無城矣。及大兵至，不得已遣招撫陳貴往決之，纔出門爲游騎所鈔，無一返者。三月壬午朔，攻城不能下，大軍中有獻決河之策者，主將從之。河既決，水從西北而下，至城西南，入故濉水道，城反以水爲固。求獻策者欲殺之，而不知所在。四月，以女魯歡爲總帥，佩金虎符。罷司農司，以其官蒲察世達爲集慶軍節度使、行六

部侍郎。溫特罕道僧歸德府同知，李無黨府判。五月，圍城稍緩，頗遷民出城就食。

十二月，哀宗次黃陵岡，遣奉職术甲搭失不、奉職權奉御粘合斜烈來歸德徵糧。女魯歡遣侍郎世達，治中王元慶權郎中，儀封從宜完顏胡土權元帥，護送載糧千五百石。是月晦二更發船。二年正月，達蒲城東二十里。六軍給糧盡，因留船不聽歸，且命張布爲幄，上遂用此舟以濟。

及上來歸德，隨駕軍往往出城就糧，時城中止有馬用一軍近七百人。用，山西人，與李辛同鄉里，嘗爲辛軍彈壓，在歸德權果毅都尉，車駕至，授以帥職。此軍外復有官奴忠孝軍四百五十人。河北潰軍至者皆縱遣之，故城中惟此兩軍。上時召用計事，而不及官奴，故官奴有異心。朝廷知兩人不協，恐生變。三月戊辰，〔五〕制旨令宰相錫宴省中，和解之。是夜，用撤備，官奴以兵乘之爲亂。明日，攻用軍，用敗走被殺，衆下城投水奪船而去者斯須而盡。

官奴在雙門，驅知府女魯歡至，言汝自車駕到府，上供不給，好醬亦不與，汝罪何辭。遂以一馬載之，令軍士擁至其家，檢其家雜醬凡二十甕，且出所有金具，〔六〕然後殺之。卽提兵入見，言「石盞女魯歡等反，臣殺之矣」。上不得已，就赦其罪，且暴女魯歡之惡。後其姪大安入蔡，上言求湔雪，上復其官，語在烏古論鎬傳。

禾速嘉兀底代女魯歡爲總帥，軍變，官奴無意害兀底，使二卒召之，道官奴有善意，兀底喜，各以金十星與之，同見官奴。二卒復恐受金事泄，亦殺之。

初，河北潰軍至歸德，糧餉不給。朝廷命孛朮魯阿海行總帥府事，以親軍武衛皆隸之。往宿州就食，軍士有不願者，誶語道中，朝廷聞之，使問其故。或言願入京或陳州，阿海請從其願，以券給之，軍心稍定。既而令求誶語者，阿海得四人，斬之國子監前，由是諸軍洶洶。二月庚子夜，劫府民武邦傑及蒲察巖住等凡九家，一軍遂散。數日，遂有官奴之變。

蒲察官奴，少嘗爲北兵所虜，往來河朔。後以姦事繫燕城獄，劫走夏津，殺回紇使者得鞍馬資貨，卽自拔歸。朝廷以其種人，特恩收充忠孝軍萬戶。此軍月給甚優，官奴日與羣不逞博，爲有司所劾。事聞，以其新自河朔來，未知法禁，詔勿問。

移剌蒲阿攻平陽，官奴請行，論功第一，遷本軍提控，佩金符。三峯山之敗，走襄陽，說宋制使以取鄧州自效，制使信之，至與同燕飲。已而，知汴城罷攻，復謀北歸。遣移剌留哥入鄧，說鄧帥粘合，稱欲劫南軍爲北歸計。留哥以情告粘合，官奴繼以騎卒十餘入城議事，粘合欲就甕城中擒之。官奴知事泄，卽馳還，見制使得騎兵五百，掠鄧之邊面小城，獲牛羊數百，宋人不疑。官奴掩宋軍得馬三百，至鄧州城下，移書粘合辨理屈直，留馬於鄧而去。

乃縛忠孝軍提控姬旺，詐爲唐州太守，械送北行，隨營帳取供給，因得入汴。有言其出入南北軍，行數千里而不懾，其智略有可取者，宰相以爲然，乃使權副都尉。未幾，提軍數百馳入北軍獵騎中，生挾一回紇而還。遂巡黃陵、八谷等處，劫牛羊糧資甚衆，尋轉正都尉。又以軍至黃陵，幾獲鎭州大將，於是中外皆以爲可用，遂拜爲元帥，統馬軍。

天興元年十二月，從哀宗北渡。上次黃陵岡，平章白撒率諸將戰，官奴之功居多。及渡河朔，惟官奴一軍號令明肅，秋毫無犯。明年正月，上至歸德。知府石盞女魯歡以軍衆食寡，懼不能給，請於上，令河北潰軍至者就糧於徐、宿、陳三州，親衞軍亦遣出城就食，上不得已從之。乃召諭官奴曰：「女魯歡盡散衞兵，卿當小心。」

是時，惟官奴忠孝軍四百五十人，馬用軍七百人，留府中。用本果毅都尉，上至歸德始升爲元帥，又嘗召之謀事，而不及官奴，故官奴始有圖用之志。是時，大元將忒木解攻歸德。〔七〕官奴既總兵柄，私與國用安謀，欲邀上幸海州。及近侍局直長阿勒根兀惹使用安廻，附奏帖，謂海州可就山東豪傑以圖恢復，且已具舟楫，可通遼東。上覽奏不從。又嘗請上北渡，再圖恢復，女魯歡沮之，自是有異心矣。且一軍倚外兵肆爲剽掠，官奴不之禁。於是，左丞李蹊、左右司郎中張天綱、近侍局副使李大節俱爲上言官奴有反狀。上竊憂之，以馬軍總領紇石烈阿里合、內族習顯陰察其動靜，與朝臣言及，則曰：「我從官奴微賤中起爲大帥，何負而反耶。卿等勿過慮。」阿里合、習顯知官奴漸不能制，反泄上意。上亦懼官奴、馬用相圖，因以爲亂，命宰執置酒和解之。用撤備。俄官奴乘隙率其軍攻用，用軍敗走。官奴亂殺軍民，以卒五十人守行宮，劫朝官皆聚於都水毛花輦宅，以兵監焉。驅參知政事石盞女魯歡至其家，悉出所有金具，然後殺之。乃遣都尉馬實被甲持刃劫直長把奴申於上前，上初握劍，見實，擲劍於地曰：「爲我言於元帥，我左右止有此人，且留侍我。」實不敢迫，逡巡而退。凡殺朝官左丞李蹊已下三百餘人，軍將、禁衞、民庶死者三千。郎中完顏胡魯剌、都事冀禹錫赴水死。

禹錫字京甫，龍山人。至寧元年進士，仕歷州郡有能聲。歸德受兵，禹錫爲行院都事，經畫守禦一府倚重。聞變，或勸以微服免，不從，見害。

是日薄暮，官奴提兵入見，言：「石盞女魯歡等反，〔八〕臣殺之矣。」上不得已，赦其罪，以爲樞密副使、權參知政事。

初，官奴之母，自河北軍潰，北兵得之。至是，上乃命官奴因其母以計請和，故官奴密與忒木解議和事，令阿里合往言，欲劫上以降。忒木解信之，還其母，因定和計。官奴乃日往來講議，或乘舟中流會飲。其遣來使者二十餘輩，皆女直、契丹人，上密令官奴以金銀牌與之，勿令還營。因知王家寺大將所在，故官奴畫斫營之策。

先是，忠孝軍都統張姓者，謂官奴決欲劫上北降，遂率本軍百五十人圍官奴之第，數之曰：「汝欲獻主上，我輩皆大朝不赦者，使安歸乎。」官奴懼，乃以其母出質，云：「汝等若以吾母自北中來，疑我與北有謀，卽殺之，我不恨。」張意稍解，卽以好語與之約曰：「果如參政所言，今後勿復言講和，北使至卽當殺之。」官奴曰：「殺亦可，不殺亦可，奏而殺之亦可。」張乃退。官奴卽聚軍北草場，自言無反情，今勿復相疑也。遂畫斫營之策。

五月五日，祭天。軍中陰備火槍戰具，率忠孝軍四百五十人，自南門登舟，由東而北，夜殺外堤邏卒，遂至王家寺。上御北門，繫舟待之，慮不勝則入徐州而遁。四更接戰，忠孝初小却。再進，官奴以小船分軍五七十出栅外，腹背攻之。持火槍突入，北軍不能支，卽大潰，溺水死者凡三千五百餘人，盡焚其栅而還。遂眞拜官奴參知政事、兼左副元帥，仍以御馬賜之。

槍制，以勑黃紙十六重爲筒，長二尺許，實以柳炭、〔九〕鐵滓、磁末、硫黃、砒霜之屬，以繩繫槍端。軍士各懸小鐵罐藏火，臨陣燒之，焰出槍前丈餘，藥盡而筒不損。蓋汴京被攻已嘗得用，今復用之。

兵既退，官奴入亳州，留習顯總其軍。上御照碧堂，無一人敢奏對者，日悲泣云：「自古無不亡之國、不死之君，但恨我不知用人，故爲此奴所囚耳。」於是，內局令宋乞奴與奉御吾古孫愛實、納蘭忔答、女奚烈完出密謀誅官奴。或言，官奴密令兀惹計構國用安，脅上傳位，恢復山東。事不成則獻上於宋，自贖反復之罪。

官奴以己未往亳州。辛酉，召之還，不至。再召，乃以六月己卯還。上諭以幸蔡事，官奴憤憤而出，至於扼腕頓足，意趣叵測。上決意欲誅之，遂與內侍宋乞奴處置，令裴滿抄合召宰相議事，完出伏照碧堂門間。官奴進見，上呼參政，官奴即應。完出從後剌其肋，上亦拔劍斫之。官奴中創投階下以走，〔一〇〕完出叱忔答、愛實追殺之。

忠孝軍聞難皆擐甲，完出請上親撫慰之。名呼李泰和，授以虎符，使往勞軍，因召范陳僧、王山兒、白進、阿里合。進先至，殺之堂下。阿里合中路覺其事，悔發之晚，爲亂箭所射而死。乞奴、愛實、忔答皆授節度使、世襲千戶，完出兼殿前右衞將軍，范陳僧、王山兒忠孝軍元帥。於是，上御雙門，赦忠孝軍以安反側。除崔立不赦外，其餘常所不原者咸赦之。

初，官奴解睢陽之圍，侍從官屬久苦飢窘，聞蔡州城池堅固、兵衆糧廣，咸勸上南幸。惟官奴以嘗從點檢內族斜烈過蔡，知其備禦不及睢陽，力爭以爲不可，故號於衆曰：「敢言南遷者斬。」衆以官奴爲無君，諷上早爲計，會其變，遂以計誅之。後遣烏古論蒲鮮如蔡，還言其城池兵糧果不足恃，上已在道，無可奈何。及蔡受兵，始悔不用官奴之言，特詔尚書省月給其母妻糧，俾無失所。

習顯既黨官奴，一日率忠孝軍劫官庫金四千兩。上命歸德治中溫特罕道僧、帥府經歷把奴申鞫問，顯伏罪下獄。官奴變，顯脫走，殺總領完顏長樂於宮門，殺道僧、奴申於其家，遂奔亳。及官奴伏誅，詔點檢阿勒根阿失荅卽亳州斬顯及忠孝軍首領數人。兀惹使用安未還，伺於中路，數其罪殺之。

內族慶山奴名承立，字獻甫，統軍使枴山之子，平章白撒之從弟也。爲人儀觀甚偉，而內恇怯無所有。〔一一〕至寧初，宣宗自彰德赴闕，慶山奴迎見于臺城。宣宗喜，遣先還中都觀變。宣宗既卽位，以承立爲西京副留守，權近侍局直長，進官五階，賜錢五千貫，且詔曰：「汝雖授此職，姑留侍朕，遇闕赴之，仍給汝副留守祿。此朕特恩，宜知悉也。」貞祐初，遷武衞軍副都指揮使，兼提點近侍局。胡沙虎專權僭竊，嘗爲宣宗言之，後胡沙虎伏誅，慶山奴愈見寵幸，以爲殿前右副都點檢。三年，大元兵圍中都，詔以慶山奴爲宣差便宜都提控，率所募兵往援。俄爲元帥右都監，行帥府事，兼前職。

四年，知慶陽府事，兼慶原路兵馬都總管，以所獲馬駝進，詔諭曰：「此皆軍士所得，卽以與之可也。朕安用哉，後勿復進。」因令徧諭諸道帥府焉。

興定元年正月，大元兵及夏人迴經寧州，慶山奴以兵邀擊敗之，以功進元帥左都監，兼保大軍節度使，行帥府事於鄜州。二年五月，夏人率步騎三千由葭州入寇，慶山奴以兵逆之，戰于馬吉峯，殺百餘人，斬酋首二級，生擒數十人，獲馬三十餘疋。三年四月，夏人據通秦寨，慶山奴遣提控納合買住討之。夏人以步騎二萬逆戰，買住擊敗之，夏人由葭蘆川遁去，凡斬首八百級。俄而，復攻寨據之，慶山奴率兵與戰，斬首五千級，復其寨。詔賜慶山奴金帶一，將士賞賚有差。四年四月，破夏兵于宥州，斬首千餘級，遂圍神堆府。慶山奴四面攻之，士卒方登陴，援兵大至，復擊走之。

正大四年，李全據楚州，詔以慶山奴爲元帥，同總帥完顏訛可將兵守盱眙，且令城守勿出戰。已而，全軍盱眙界，二帥迎敵大敗，死者萬餘人，委棄資仗甚衆。時軍無見糧，轉輸不繼，民疲奔命，愁嘆盈路。諸相不肯正言，樞密判官白華拜章乞斬之以謝天下，不報。降爲定國軍節度使，又以受賂奪一官。

八年正月，鳳翔破，兩行省徙京兆居民於河南，令慶山奴以行省守之。時京兆行省止有病卒八百、瘦馬二百，承立懼不能守，屢上奏請還。每奏一帖，附其兄白撒一書，令爲地，朝廷不許。十月，慶山奴棄京兆還朝，〔一二〕留同知乾州軍州事、保義軍提控苟琪守之。

慶山奴行至閿鄉，哀宗遣近侍裴滿七斤授以黃陵岡從宜，不聽入見。未幾，代徒單兀典行省事於徐州。九年正月，自徐引兵入援，選精銳一萬五千，與徐帥完顏兀論統之，將趨

歸德。義勝軍總領侯進、杜政、張興等率所部三千人降大兵。慶山奴留睢州三日不敢進，聞大兵且至，懼此州不可守，退保歸德。二月，行次楊驛店，遇小乃鮮軍，遂潰。兀論戰死，慶山奴馬蹶被擒，惟元帥郭恩、都尉烏林荅阿督率三百餘人走歸德。

大兵以一馬載慶山奴，擁迫而行，道中見眞定史帥，承立問曰：「君爲誰？」史帥言：「我眞定五路史萬戶也。」承立曰：「是天澤乎？」曰：「然。」曰：「吾國已殘破，公其以生靈爲念。」及見大帥忒木解，誘之使招京城，不從，又偃蹇不屈，左右以刀斫其足折，亦不降，卽殺之。議者以承立累敗不能解其軍職，死有餘責，而能以死報國，亦足稱云。

初，睢州刺史張文壽聞大兵將至，遷旁縣居民入城，大聚芻粟，然無固守意，日夜謀走以自便。既而，聞承立入援，卽以州事付其僚佐，託以應援徐兵，夜啓關挈家走歸德，慶山奴以爲行部郎中，死楊驛。俄大兵圍睢州，以無主將，故殘破之甚也。

兀論，丞相賽不之姪，元光間例以諸帥爲總領，兀論以丞相故獨不罷。金朝防近族而用疏屬，故白撒、承立、兀論輩皆腹心倚之。

贊曰：官奴素行反側，倏南倏北，若龍斷然。哀宗一旦倚爲腹心，終爲所制，照碧之處何異幽囚，其事與梁武、侯景大同而小異。徒單兀典、慶山奴爲將皆貪，宜數取敗。女魯歡

無大失行，而死於官奴，哀宗猶暴其罪，寃哉。

校勘記

〔一〕徒單兀典　按本書卷一四宣宗紀作「徒單吾典」，蓋同音異譯。

〔二〕安平都尉苗秀　「安」原作「高」。按金末都尉有「安平」之號。本書卷四四兵志載「天興初元有十五都尉」，其中有「申裕安平完顏斜列」。又卷一一三白撒傳、卷一一五崔立傳、卷一二三完顏陳和尚傳、卷一二四蒲察琦傳皆有「安平都尉」，本傳下文亦云「是役也，安平、盪寇、鷹揚、振威諸都尉及西安、金雞等軍脫走者百才一二」。今據改。又「苗秀」下文作「苗英」，卷一七哀宗紀同。疑此處誤。

〔三〕尋以偉權興寶軍節度使　按「興寶軍」或是「寶昌軍」之誤，參見本書卷一八哀宗紀校記〔二〕。

〔四〕南縣把隘軍提控以偉橫恣言於行省　按金無「南縣」，疑有脫誤。本書卷二六地理志，陝州有洛南縣，「南」上或脫「洛」字。

〔五〕三月戊辰　原作「二月戊辰朔」。按本書卷一八哀宗紀，天興二年「二月丙子朔」，無戊辰。又明記三月「戊辰，官奴以忠孝軍爲亂」。戊辰是三月二十四日，今改「二月」爲「三月」，並删「朔」字。

〔六〕且出所有金具　「具」原作「貝」，據殿本改。下同。

〔七〕大元將忒木解攻歸德　「攻」原作「守」。按本卷石盞女魯歡傳，「正大九年二月，以行樞密院事守歸德。乙丑，大元將忒木觧率眞定、信安、大名、東平、益都諸軍來攻」。本書卷一一七粘哥荆山傳，天興「二年夏四月，北省忒木解攻歸德」。作「攻」是。今據改。

〔八〕石盞女魯歡等反　「石盞」原作「赤盞」。同音異譯。今與本卷傳文統一。

〔九〕實以柳炭　「炭」原作「灰」，據殿本改。

〔一〇〕官奴中創投階下以走　「階」原作「城」，據文義改。

〔一一〕而內恇怯無所有　「恇」原作「惟」，據殿本改。

〔一二〕十月慶山奴棄京兆還朝　按本書卷一七哀宗紀記此事在九月。

金史卷一百十七

列傳第五十五

徒單益都　粘哥荆山　劉均附　王賓　王進等附
國用安　時青

徒單益都，不詳其履歷，嘗累官爲延安總管。正大九年正月，行省事於徐州。時慶山奴撤東方之備入援，未至睢州，徐、邳義勝軍總領侯進、杜政、張興率本軍降大兵於永州。辛丑，大兵守徐張盃渡。益都到官才三日，懼兵少不能守，卽令移剌長壽率甲士千人迎大兵。長壽軍無紀律，大兵掩之，一軍皆覆，徐危甚。益都籍州人及運糧埽兵得萬人。乙巳，大兵傳城，燒南關而去。侯進既降北，卽以爲京東行省，進遂請千人來襲。二月庚申未明，大兵坎南城而上，守者皆散走，城中大呼曰：「大兵入南門矣。」益都聞之不及甲，率州署夜

直兵三百，由黃樓而南，力戰禦敵。亂定，遷賞有差。

由是，軍勢稍振，復奪張盃渡，取蕭縣，破白塔，戰於土山，救被俘老幼五千還徐。既而，侯進亡命駐靈壁，杜政、張興亦慮爲北所害，窮窘自歸。益都撫而納之，興留徐，杜政還邳州。

益都資禀仁厚，持大體，二子兩姪爲軍將，頗侵漁軍民。靑州人王祐爲埽兵總領，將兵千七百人，益都常倚之，雖有過亦不責。以故祐亦橫恣，與河間張祚、下邑令李閏、義勝都統封仙、遙授永州刺史成進忠輩，乘軍政廢弛，城中空虛，以六月丁巳夜燒草場作亂。時張興臥病，祐恐事不成，起興與同行。益都疑左右皆叛，挈妻子縋城而出，就從宜衆僧奴及東面總領劉安國軍。張興推祐爲都元帥，復懼祐圖己，遂誅祐，幷張祚殺之，因大掠城中。壬戌，國用安以行山東路尚書省事率兵至徐，張興率甲士迎之。用安輕騎而入，執興與其黨十餘人，斬之于市，遂以封仙爲元帥，兼節度使，主徐州。

益都窘無所歸，乃奔宿州，節度使紇石烈阿虎以益都爲人所逐不納，乃與諸將駐于城南。時宿之鎭防軍有逃還者，阿虎以爲叛歸亦不納。城中鎭防千戶高臘哥，結小吏郭仲安，謀就徐州將士內外相應以取宿，因歸楊妙眞。甲戌夜半，開門納徐州總領王德全及妻弟高元哥軍。劉安國尋亦入城，縛阿虎父子殺之。州中請益都主帥府事，益都不從曰：「吾

國家舊人，爲將帥亦久，以資性疏迂不能周防，遂失重鎭。今大事已去，方逃罪不暇，豈有改易髻髮、奪人城池，以降外方乎。」卽日，率官吏而行，至穀熟東，遇大兵，不屈而死。

徐州既歸海州，邳帥兀林荅某亦讓印於杜政，遂送款於用安。已而，宿州王德全、劉安國亦送款海州。惟益都不改髻髮，[一]以至於死云。

粘哥荊山，不知其所始，正大中，累官亳州節度使。九年正月己丑，游騎自鄧至亳，鈔鹿邑，營於衞眞西北五十里。鹿邑令高昂霄知太康已降，卽夜趨亳，道出衞眞，呼縣令楚珩約同行。珩知勢不支，卽明諭縣人以避遷之意，遂同走亳。丁未，二邑皆降。是日，軍至亳州城下。州止有單州兵四百人，號「鎭安軍」，提控楊春、邢某、都統戴興屯已六年。荊山悉籍城中丁壯爲軍，修守具，而大兵亦不暇攻。四月，擁降民而北，城門閉，不之知也。

五月，縱遷民收麥，老幼得出，丁壯悉留之。民往往不肯留而遁，數日，城爲之空。荊山遣將領各詣所屬招之，幷將領亦不返。「鎭安」者皆紅襖餘黨，力盡來歸，變詐反覆，朝廷終以盜賊待之。荊山以遷民爲軍，蓋防之也。及召外兵不至，乃請於歸德，得甲騎百餘，兩總領統之。既至，「鎭安」疑其謀己，乃乘將士新到不設備，至夜，掩殺殆盡。荊山出走衞

眞，楚珩與之馬而去，州中豪貴悉被剽略。

劉堅者，初爲大兵守城父，亳州復，擒之，囚之於獄。楊春謀欲北降，乃出之，使爲宣差。乙巳，大兵石總管入州，改州爲順天府，春爲總管，戴興爲同知，劉順治中，留党項軍千人戍之。屬縣皆下，惟城父令李用宜不降，其妻子在亳，春以爲質，竟不屈而死。春既據州，與劉堅坐樓上，召副提控邢某。邢剛直循理，將士嚴憚之，時臥病，聞春亂，流涕不自禁。春遣人舁致之，邢指春大罵，春慚恧無言。春欲殺荊山家，邢力勸止之，且令給道路費送之出城，邢尋病卒。

二年夏四月，[二]北省忒木觧攻歸德，春以戴興提精卒以往，獨與疲弱者守城，州人王賓遂反正，春渡河北遁。既而，崔七斤爲亂，殺王賓，朝廷不得已，以七斤爲節度使，就其兵仗入蔡。八月，劉順攻亳州，破之，七斤爲城父令所殺。未幾，單州軍以州人殺其家屬，召大兵來攻，不能拔，殺屬縣民而去。既渡河，知亳人不疑，復來攻，州竟爲春所破。是年六月，[三]宋人來攻，春出降，劉堅北走。

劉均者林慮人，時爲亳州觀察判官。春既逐荊山，納款大兵，脅均同降。均佯應之，歸其家取朝服服之，顧謂妻子曰：「我起身刀筆，仰荷上知，始列朝著，又佐大藩，死亦足矣。

今頭顱已如此，假使有十年壽，何以見先帝於地下乎。」卽仰藥而死。

王賓字德卿，亳州人。貞祐二年進士。外若曠達，而深有謀畫。初調蘭陵主簿，辟虹縣令，尋入爲尙書省令史，坐事罷歸鄉里。

天興元年正月，[四]亳州軍變，節度使粘哥荊山出走，楊春以州出降。既而，自以羸兵守之。賓與前譙縣尉王進、魏節亨、呂鈞約城中軍民復其州，楊春遂遁，遣節亨詣歸德以聞。哀宗嘉之，授進節度使，賓同知節度使，節亨節度副使，鈞觀察判官。楊春復以兵來攻，月餘不能拔，卽渡河而北。

六月，哀宗遷蔡，賓奉迎於州北之高安，上與語大悅，恨用之晚，擢爲行部尙書、世襲謀克。上初至亳，賓等適徵民丁負鐵甲入蔡，及會計忠孝軍家屬口糧，故留參知政事張天綱董之，就遷有功將士。時亳之糧儲不廣，賓等常吝惜，軍士以此歸怨。及運甲之役，復不欲行。會天綱與賓等於一樓上銓次立功等第，鎭防軍崔復哥、王六十之徒擐甲譟登樓，天綱問曰：「卽欲見殺，容我望闕拜辭。」賊曰：「無預相公。」卽拽賓及呂鈞往市中。鈞且行且跪，涕淚俱下。賓岸然不懼，大叫曰：「不過殺我。但殺，但殺。」乃並害之。節度副使魏節

亨、節度判官孫良、觀察副使孫九住皆被害。又數日，殺節度使王進。

進嘗應荊山之募，由間道入汴京納奏，賞以物不受，又散家所有濟貧民，以死自勵。至汴，以勞遷本州節度判官，[五]賜以白金，亦不受，一時甚稱之。

有李喜住者，本宿州衆僧奴下宣差。天興二年四月，進糧入歸德，將還，聞亳州王進反正，制旨以喜住爲振武都尉，將兵三千應援。是時，太赤圍亳步騎十萬，喜住以衆寡不敵，獨與三人間道入城，王進方議遷左軍林，喜住不可，進卽以兵付喜住。大兵攻八日不能下，五月壬子，兵退。

己未，官奴與阿里合提忠孝軍百人至亳，與諸將議遷可否。以爲不可，當留輜重於蔡，選軍扈從入聖朶就武仙軍，遂入關中。關中地利可恃，又有郭蝦蟆等軍在西可恃。五月甲子，召官奴還歸德，不赴，再召，留其軍半於亳乃赴。

六月壬辰，車駕舟行至亳，王進奏：「臣本軍伍，不知治體，如李喜住扈從入蔡，則亳不守矣。乞留治此州。」詔以喜住爲集慶軍節度使，便宜從事，進領帥職。七月，進死。喜住先往城父督糧餫，聞亂遂不敢入亳，後投宋。

論曰：金季之亂，軍士欲代其偏裨，偏裨欲代其主將，卽羣起而僨之，無復忌憚。益都、荊山皆忠亮之士，賓、進才略尤足取焉，而並不免於難，惜哉。

國用安先名安用，本名咬兒，淄州人。紅襖賊楊安兒、李全餘黨也。嘗歸順大元，爲都元帥、行山東路尚書省事。

天興元年六月，徐州埽兵總領王祐、義勝軍都統封仙、總領張興等夜燒草場作亂，逐元帥徒單益都。安用率兵入徐，執張興與其黨十餘人斬之，以封仙爲元帥兼節度使，主徐州。宿州鎮防軍千戶高臘哥與東面總帥劉安國搆徐州總帥王德全，殺宿帥紇石烈阿虎，以其州歸海州。邳州從宜兀林荅某亦讓州於杜政，送款海州。既而，皆歸安用。北大將阿朮魯聞安用據徐、宿、邳，大怒曰：「此三州我當攻取，安用何人，輒受降。」遣信安、張進等率兵入徐，欲圖安用，奪其軍。安用懼，謀於德全，劫殺張進及海州元帥田福等數百人，與楊妙眞絕，乃還邳州。會山東諸將及徐、宿、邳主帥，刑馬結盟，誓歸金朝。既盟，諸將皆散去，安用無所歸，遂同德全、安國託從宜衆僧奴自通於朝廷。衆僧奴遣人上奏：「安用以數州反正，功甚大。且其兵力强盛，材略可稱。國家果欲倚用，非極品重權不足以堅其許國之心。」未報。安用率兵萬人攻海州，未至，衆稍散去。安國因勸安用當赤心歸國，安用亦自知反復失計，事已無可奈何，於是復金朝衣冠。妙眞怒其叛己，又懼爲所圖，悉屠安用家走益都。安用遂選兵分將，期必得妙眞，自此淮海之上無寧歲矣。

未幾，朝廷遣近侍局直長因世英、都事高天祐持手詔至邳，以安用爲開府儀同三司、平章政事、兼都元帥、京東山東等路行尚書省事，特封兗王，賜號「英烈戡難保節忠臣」，錫姓完顏，附屬籍，改名用安，賜金鍍銀印、駞紐金印、金虎符、世襲千戶宣命、勑樣、牌樣、御畫體宣、空頭河朔山東赦文，便宜從事，且以彭王妃誥委用安招妙眞。用安始聞使者至，猶豫未決，以總領楊懋迎使者入，監于州廨，問所以來。世英對以封建事，意頗順。諸帥王、杜輩皆不欲宣言，欲殺使者。明日，用安乃出見使者，跪揖如等夷，坐定，語世英曰：「予向隨大兵攻汴，嘗於開陽門下與侯摯議內外夾擊。此時大兵病死者衆，十七頭項皆在京城，若從吾計出軍，中興久矣。朝廷乃無一人敢決者，今日悔將何及。」言竟而起。既而選人取朝廷賜物遍觀之，喜見顏色。復與使者私議，欲不以朝禮受之，世英等不可，卽設宴拜授如儀，以主事常謹等隨使者奉表入謝。

上復遣世英、天祐賜以鐵券一、虎符六、龍文衣一、玉魚帶一、弓矢二，封贈其父母妻誥

命，及郡王宣、世襲宣、大信牌、玉兔鶻帶各十，聽同盟可賜者賜之。使者至邳，用安迎受如禮，始有入援意。及聞上將遷蔡州，乃遣人以蠟書言遷蔡有六不可，大率以謂：「歸德環城皆水，卒難攻擊，蔡無此險，一也。歸德雖乏糧儲，而魚芡可以取足，蔡若受圍，廩食有限，二也。大兵所以去歸德者，非畏我也，縱之出而躡其後，舍其難而就其易者攻焉，三也。蔡去宋境不百里，萬一資敵兵糧，禍不可解，四也。歸德不保，水道東行猶可以去，蔡若不守，去將安之，五也。時方暑雨，千里泥淖，聖體豐澤，不便鞍馬，倉卒遇敵，非臣子所敢言，六也。雖然，陛下必欲去歸德，莫如權幸山東。山東富庶甲天下，臣略有其地，東連沂、海，西接徐、邳，南扼盱、楚，北控淄、齊。若鑾輿少停，臣仰賴威靈，河朔之地可傳檄而定。惟陛下審察。」上以其言示宰臣。宰臣奏用安反復，本無匡輔志，此必參議張介等議之，業已遷蔡，議遂寢。

初，世英等過徐，王德全、劉安國說之曰：「朝廷恩命豈宜出自用安，郡王宣吾二人最當得者，乞就留之。」世英乃留郡王宣、世襲宣、玉帶各二。由是與用安有隙，又懼爲所圖，皆不聽其節制。十郡王者，李明德、封仙、張瑀、張友、卓翼、康琮、杜政、吳歪頭、王德全、劉安國也。用安必欲取山東，累徵徐、宿兵，止以勤王爲辭，二帥不應。用安怒，令杜政等率兵三千，以取糧爲名，襲徐、宿。既入城，德全覺之，就留杜政、封仙不遣。用安愈怒，謂德全、安國必有謀，乃執桃園帥吳某等八九人下獄鞫問。二帥遣溫特罕張哥以杜政、封仙欲襲取徐州白用安，不聽，驅吳帥、張哥輩九人併斬之。張哥將死大呼曰：「國咬兒，汝無尺寸功，受國家大封爵。何負於汝，而從杜政等變亂，又殺無罪之人。今雖死，當與汝辨於地下矣。」

會上遣臧國昌以密詔徵兵東方，故用安假朝命聲言入援，檄劉安國爲前鋒，親率兵三千駐徐州城下招德全。德全終疑見圖，不出，係封仙於獄，殺之，遣杜政出城。安國既至宿州，用安復召安國還，安國不從，獨與衆僧奴赴援。行及臨渙龍山寺，用安使人劫殺之，遂攻徐州，踰三月不能下，退歸漣水。於是，因世英以用安終不赴援，乃還朝，至宿州西遇大兵，不屈而死，事聞，贈汝州防禦使。

既而，用安軍食不給，乞糧於宋，宋陽許之，卽改從宋衣冠，〔六〕而私與朝使相親。尋益乏食，軍民多亡去，乃命蕭均以嚴刑禁亡者，血流滿道。大元東平萬戶查剌將兵至漣水，遂降焉。查剌既渡河，趨蔡州，用安以詭計還漣水，復叛歸於宋，受浙東總管、忠州團練使，隸淮閫。甲午正月，聞大兵圍沛，用安往救之，敗走徐州。會移兵攻徐，用安投水死，求得其尸，劓面繫馬尾，爲怨家田福一軍臠食而盡。

用安形狀短小無須，喜與輕薄子游，日擊鞠衢市間，顧眄自矜，無將帥大體。

介字介甫，平州人，正大元年經義進士第一，時爲用安參議。

初，天祜等出汴，微服間行，經北軍營幕，至通許崔橋始有義軍招撫司官府，去京師二百里矣。至陳州，防禦使粘葛奴申始立州事。留二日，至項城，縣令朱珍立縣事，有士卒千二百人。至泰和縣，縣令王義立縣已五月矣。八月，至宿州，衆僧奴得報，且知朝廷授以權宿州節度使、兼元帥左都監之命，具彩輿儀衞出城五里奉迎。〔七〕時東方不知朝廷音問已八月矣，官民見使者至，且拜且哭。有張顒者任俠尚氣知義理，卽謂天祜曰：「東方不知朝廷音問已數月，今見使者，百姓皆感動。若不以聖旨撫慰之，恐失東民之心。我欲矯稱制旨宣諭，如何。」天祜書生守規矩，不敢從，但以宰相旨集州民慰撫之，州民復大哭。明日，往徐州。

時青，滕陽人。初與叔父全俱爲紅襖賊，及楊安兒、劉二祖敗，承赦來降，隸軍中。興定初，青爲濟州義軍萬戶。是時，叔父全爲行樞密院經歷官。興定二年冬，全馳驛過東平，青來見，因告全將叛入宋，全祕之。頃之，青率其衆入于宋。宋人置之淮南，屯龜山，有衆數萬。

興定四年，泗州行元帥府紇石烈牙吾塔遣人招之，青以書來。書曰：「青本滕陽良民，遭時亂離，扶老携幼避地草莽。官吏不明此心，目以叛逆，無所逃死，竄匿淮海。離親舊、去鄉邑，豈人情之所樂哉。僕雖偸生寄食他國，首丘之念未嘗一日忘之。如朝廷赦青之罪，乞假邳州以屯老幼。當襲取盱眙，盡定淮南，以贖往昔之過。」牙吾塔復書曰：「公等初亦無罪，誠能爲國建功，全軍來歸，卽吾人也。邳州吾城，以吾人居之亦何不可。易曰：『君子見幾而作，不俟終日。』公其亟圖之。生還父母之邦，富貴終身，傳芳後世，與其羈縻異域，目以兵虜，孰愈哉。」牙吾塔奏其事。十月，詔加青銀青榮祿大夫，封滕陽公，仍爲本處兵馬總領元帥、兼宣撫使。青潛表陳謝，復以邳州爲請。樞密院奏：「恐青意止欲得邳州。可諭牙吾塔，若青誠實來歸，卽當授之。如審其詐，可使人入宋境宣布往來之言，及所授官爵，亦行間之術也。」青既不得邳州，復爲宋守。

興定五年正月二十五日夜，〔八〕青襲破泗州西城，提控王祿遇害。是時，時全爲同簽樞密院事，朝廷不知青襲破西城，止稱宋人而已。詔全往督泗州兵取西城。全至泗州，獲紅襖賊一人，詰問之，乃知青爲宋京東鈐轄，襲破西城。全頗喜，乃殺其人以滅口。牙吾塔晝夜力戰，募死士以梯衝逼城，青縋兵出拒不得前。牙吾塔遣提控王應孫穴城東北隅，青夜出兵來襲，擊却之。越二日，復出又却之。攻城益急，青以舟兵二千合城中兵來犯牙吾塔營，提控斡魯朶先知，設伏掩擊，青兵大敗，溺淮水死者千人，自是不復出矣。王應孫穴城將及城中，青隧地然薪逼出之。青乘城指麾，流矢中其目，餘衆往往被創，樓堞相繼摧壞，城中恟懼，遂無固志。二月二十六日夜，青拔衆走，遂復西城。〔九〕

元光元年二月，全與元帥左監軍訛可，節制三路軍馬伐宋。詔曰：「卿等重任，毋致不和以貽喪敗。其資糧可取，規取失宜不能得之，罪在訛可。既已得之，不能運致以爲我用，罪在全。」全與訛可由潁、壽進渡淮，敗宋人于高塘市，攻固始縣，破宋廬州將焦思忠兵。無何，獲生口言，時青受宋詔與全兵相拒，全匿其事。

五月，兵還，距淮二十里，諸軍將渡，全矯稱密詔「諸軍且留收淮南麥」，遂下令人穫麥三石以給軍。衆惑之，訛可及諸將佐勸之不聽，軍留三日。訛可謂全曰：「今淮水淺狹，可以速濟。時方暑雨，若值暴漲，宋乘其後，將不得完歸矣。」全力拒之。從宜達阿、移失不、斜烈、李辛稍稍不平，全怒曰：「訛可一帥耳，汝曹黨之。汝曹致身至此，皆吾之力。吾院官也，於汝無不可者。」衆乃不敢言。是夜，大雨。明日，淮水暴漲，乃爲橋渡軍。宋兵襲之，軍遂敗績。橋壞，全以輕舟先濟，士卒皆覆沒。宣宗乃下詔誅之，遣官招集潰軍，詔曰：「大軍渡淮，每立功效。諸將謬誤，部曲散亡，流離憂苦，朕甚閔焉。各歸舊營，勉圖自效。」又詔曰：「陣亡把軍品官子孫，十五以上者依品官子孫例隨局承應，十五以下、十歲以上者依品從隨局給俸，至成人本局差使。無子孫官，依例給俸。應贈官、賻錢、軍人家口當養贍者，並如舊制。」

贊曰：金自章宗季年，宋韓侂胄搆難，招誘鄰境亡命以撓中原，事竟無成。而青、徐、淮海之郊民心一搖，歲遇饑饉，盜賊蠭起，相爲長雄，又自屠滅，害及無辜，十餘年糜沸未息。宣宗不思靖難，復爲伐宋之舉，迄金之亡，其禍尤甚。簡書所載國用安、時青等遺事，至今仁人君子讀之猶蹙頞終日。當時烝黎，如魚在釜，其何以自存乎。兵，凶器也。金以兵得國，亦以兵失國，可不愼哉，可不愼哉。

校勘記

〔一〕惟益都不改髻髮　「益都」原作「安國」，據殿本改。

〔二〕二年夏四月　「二年」上當脫「天興」二字。

〔三〕是年六月　按周密齊東野語卷五端平入洛：「端平元年甲午，六月十二日離合肥，二十四日入亳州，總領七人出降。城雖土築尙堅，單州出戍軍六百餘人在內，皆出降。戍兵暴横，亳人怨之，前日降韃，今日降宋，皆此軍也。」宋端平元年卽金天興三年，則此「是年」當作「明年」。

〔四〕天興元年正月　按「亳州軍變」已見上文祐哥判山傳，事在五月。此作「正月」疑誤。

〔五〕至汴以勞遷本州節度判官　按此處文有脫誤。上文有「前譙縣尉王進」及「授進節度使」，始末甚明，則「以勞遷本州節度判官」者必非王進。上文節度判官爲孫良，疑此或敍孫良事，緣上文誤作「王進」。或本敍王進事，而有訛誤。

〔六〕卽改從宋衣冠　原脫「冠」字。按上文有「復金朝衣冠」，今亦補「冠」字。

〔七〕具彩輿儀衞出城五里奉迎　「具」原作「且」，據殿本改。

〔八〕興定五年正月二十五日夜　按本書卷一六宣宗紀，興定五年正月丙戌朔。「戊戌，宋人襲泗州西城，提控王祿死之」。戊戌是正月十三日，與此二十五日異。

〔九〕二月二十六日夜青拔衆走遂復西城　按本書卷一六宣宗紀，興定五年二月丙子，「元帥紇石烈牙吾塔破宋兵復泗州，進逼滌州，至渦口乏糧而還西城」。是月丙辰朔，丙子爲二十一日，與此「二十六日」異。

金史卷一百十八

列傳第五十六

苗道潤　王福　移剌衆家奴　武仙　張甫

靖安民　郭文振　胡天作　張開　燕寧

苗道潤，貞祐初，爲河北義軍隊長。宣宗遷汴，河北士人往往團結爲兵，或爲羣盜。道潤有勇略，敢戰鬬，能得衆心。比戰有功，略定城邑，遣人詣南京求官封。宰相難其事，宣宗召河南轉運使王擴問曰：「卿有智慮，爲朕決道潤事。今卽以其衆使爲將，肯終爲我盡力乎？」擴對曰：「兼制天下者以天下爲度。道潤得衆，有功因而封之，使自爲守，羈縻使之，策之上也。今不許，彼負其衆，何所不可爲。」宣宗顧謂宰執曰：「王擴之言，實契朕心。」於是，除道潤宣武將軍、同知中山府事。貞祐四年，復以功遷懷遠大將軍、同知中山府

事。再閱月，復戰有功，遷驃騎上將軍、中都路經略使，兼知中山府事。頃之，加中都留守、兼經略使。道潤前後撫定五十餘城。

興定元年，詔道潤恢復中都，以山東兵益之。道潤奏：「去年十一月，臣遣總領張子明招降蠡州獨吉七斤。近日，河北東路兵馬都總管移剌鐵哥移軍蠡州，襲破子明軍，殺數百人，子明亦被創。臣將提兵問罪，重以鐵哥自拔來歸，但備之而已。今欲復取都城，乞無罪鐵哥，直令受臣節制，庶可集事。」宣宗以問宰相，奏曰：「道潤、鐵哥不協，不可相統屬。」詔以完顏寓行元帥府事，督道潤復中都，和輯鐵哥軍。

初，道潤與順天軍節度使李琛不相能，兩軍士兵因之相攻，琛遣兵攻滿城、完州，道潤軍拒戰，殺琛兄桀及弟明等。琛奏：「潞州提控烏林荅吾典承道潤風指，日謀侵害。山東行省數諭道潤與臣通和，竟不見從，且殺臣兄桀、弟明等，恣横如此，將爲後患。」又奏：「乞令河北州府官不相統攝，並聽帥府節制。仍遣官增減諸路兵力，使權均勢敵無相併吞，則百姓安農畝矣。」道潤奏李琛以衆叛，陷滿城，攻完州。琛亦奏道潤叛。廷議以爲兩人失和，故至于此，令山東行省樞密院諭琛：「行省在彼，自當俱聽節制，何待帥府。士兵本以義團結，且耕且戰。今乃聚之城寨，遂相併吞。百姓不安，皆由官長無所忌憚使之然也。嚴爲約束，依時樹藝，無致生事。」有詔道潤與移剌鐵哥合兵撫定河北，令諸道兵互相應援。

既而，道潤與賈仝、〔一〕賈瑀互相攻擊，詔道潤、賈仝、王福、武仙、賈瑀分畫各路元帥府控制之，彰德衞輝招撫司隸樞密院。賈瑀既與道潤相攻，已而詐爲約和，道潤信之，遂伏兵刺殺道潤。朝廷不能問，一軍彷徨無所依，提控靖安民乞權隸潞州行元帥府，聽其節制。時興定二年也。

右丞侯摯乞以保、蠡、完三州隸眞定，而蠡州舊受移剌衆家奴節制，一旦改隸眞定，恐因而交爭。靖安民等願隸潞州，乃令河北行省審處之。經略副使張柔奏：「賈瑀攻易州寨，殺刺史馬信及其裨校，奪所佩金符而去。」頃之，張柔攻賈瑀殺之。道潤既死，靖安民代領其衆，是後乃封建矣。

初，貞祐四年，右司諫朮甲直敦乞封建河朔，詔尚書省議，事寢不行。興定三年，以太原不守，〔二〕河北州縣不能自立，詔百官議所以爲長久之利者。翰林學士承旨徒單鎬等十有六人以謂「制兵有三，一曰戰，二曰和，三曰守。今欲戰則兵力不足，欲和則彼不肯從，唯有守耳。河朔州郡既殘毀，不可一概守之，宜取願就遷徙者屯于河南、陝西，其不願者許自推其長，保聚險阻。」刑部侍郎奧屯胡撒合三人曰：「河北於河南有輔車之勢，蒲、解於陝西有襟喉之要，盡徙其民，是撤其籓籬也。宜令諸郡，選才幹衆所推服、能糾衆遷徙者，願之河南或晉安、河中及諸險隘，量給之食，授以曠土，盡力耕稼。置僑治之官，以撫循之。擇

其壯者，教之戰陣。勑晉安、河中守臣檄石、嵐、汾、霍之兵，以謀恢復，莫大之便。」兵部尚書烏林荅與等二十一人曰：「河朔諸州，親民掌兵之職，擇土人嘗居官、有材略者授之，急則走險，無事則耕種。」宣徽使移剌光祖等三人曰：「度太原之勢，雖暫失之，頃亦可復。當募土人威望服衆者，假以方面重權。能克復一道，卽以本道總管授之。必能各保一方，使百姓復業。」提點尚食局石抹穆請以高爵募民，大概同光祖議。宰臣欲置公府，宣宗意未決，御史中丞完顏伯嘉曰：「宋人以虛名致李全，遂有山東實地。苟能統衆守土，雖三公亦何惜焉。」宣宗曰：「他日事定，公府無乃多乎。」伯嘉曰：「若事定，以三公就節鎭何不可者。」宣宗意乃決。

四年二月，封滄州經略使王福爲滄海公，河間路招撫使移剌衆家奴爲河間公，眞定經略使武仙爲恒山公，中都東路經略使張甫爲高陽公，中都西路經略使靖安民爲易水公，遼州從宜郭文振爲晉陽公，平陽招撫使胡天作爲平陽公，昭義軍節度使完顏開爲上黨公，山東安撫副使燕寧爲東莒公。九公皆兼宣撫使，階銀青榮祿大夫，賜號「宣力忠臣」，總帥本路兵馬，署置官吏，徵斂賦稅，賞罰號令得以便宜行之。仍賜詔曰：「乃者邊防不守，河朔失寧，卿等自總戎昭，備殫忠力，若能自効，朕復何憂。宜膺茅土之封，復賜忠臣之號。除已畫定所管州縣外，如能收復鄰近州縣者，亦聽管屬。」

王福，本河北義軍，積戰功累遷同知橫海軍節度使事、滄州經略副使。

興定元年，福遣提控張聚、王進復濱、棣二州，以聚攝棣州防禦使，進攝濱州刺史。久之，福與聚有隙，聚以棣州附於益都張林。

興定三年九月，福上言：「滄州東濱滄海，西連眞定，北備大兵，可謂要地。乞選重臣爲經略使，得便宜從事，以鎭撫軍民。」朝廷以福初率義兵復滄州，招集殘民，今有衆萬餘，器甲完具，自雄一方。與益都張林、棣州張聚皆爲鄰境。今利津已不守，遼東道路艱阻，且其意本欲自爲使，但託詞耳。因而授之，使招集濱、棣之人，通遼東音問。今若不許，宋人或以大軍迫脅，或以官爵招之，將貽後悔。宣宗以爲然，乃以福爲本州經略使，仍令自擇副使。會福有戰功，遷遙授同知東平府事、權元帥右都監，經略節度如故。興定四年，封爲滄海公，以淸、滄、觀州，鹽山、無棣、樂陵、東光、寧津、吳橋、將陵、阜城、蓨縣隸焉。

四月，紅襖賊李二太尉寇樂陵，〔三〕棣州張聚來攻，福皆擊却之。李二復寇鹽山，經略副使張文與戰，李二大敗，擒其統制二人，斬首二千級，獲馬三十匹。七月，宋人與紅襖賊入河北，福嬰城固守。益都張林、棣州張聚日來攻掠，滄州危蹙，福將南奔，爲衆所止，遂納款於張林。東平元帥府請討福，乞益河南步卒七千、騎兵五百，滑、濬、衞州資助芻糧，先定

賞格以待有功。朝廷以防秋在近，河南兵不可往，東平兵少不能獨成功，待至來年春，使東平帥府與高陽公併力討之，乃止。

移剌衆家奴，積戰功，累官河間路招撫使，遙授開州刺史，權元帥右都監，賜姓完顏氏。興定四年，與張甫俱封。衆家奴封河間公，以獻、蠡、安、深州，河間、肅寧、安平、武強、饒陽、六家莊、郎山寨隸焉。

興定末，所部州縣皆不可守。元光元年，移屯信安，本張甫境內。張甫因奏：「信安本臣北境，地當衝要，乞權改爲府以重之。」詔改信安爲鎭安府。是歲，與甫合兵，復取河間府及安、蠡、獻三州，與張甫皆遷金紫光祿大夫。二年，衆家奴及張甫同保鎭安，各當一面，別遣總領提控〔四〕孫汝楫、楊壽、提控袁德、李成分保外垣，遂全鎭安。

未幾，衆家奴奏：「鎭安距迎樂堌海口二百餘里，實遼東往來之衝。高陽公甫有海船在鎭安西北，可募人直抵遼東，以通中外之意。若賞不重不足以使人，今擬應募者特遷忠顯校尉，授八品職，仍賞寶泉五千貫。如官職已至忠顯八品以上者，遷兩官、升職一等，回日再遷兩官、升職二等。」詔從之。

武仙，威州人。或曰嘗爲道士，時人以此呼之。貞祐二年，仙率鄉兵保威州西山，附者日衆，詔仙權威州刺史。興定元年，破石海于眞定，宣差招撫使惟宏請加官賞，眞授威州刺史，兼眞定府治中，權知眞定府事。遷洺州防禦使、兼同知眞定府事，遙授河平軍節度使。興定四年，遷知眞定府事，兼經路使，遙領中京留守，權元帥右都監。無何，封恒山公，以中山、眞定府，沃、冀、威、鎭寧、平定州，抱犢寨，欒城、南宮縣隸焉。同時九府，財富兵强恒山最盛。

是歲，歸順于大元，副史天倪治眞定。仙兄貴爲安國軍節度使，史天祥擊之，貴亦歸順于大元。仙與史天倪俱治眞定且六年，積不相能，懼天倪圖己，嘗欲南走。宣宗聞之，詔樞密院牒招之，仙得牒大喜，正大二年，仙賊殺史天倪，復以眞定來降。大元大將笑乃解討仙，仙走。閱月，乘夜復入眞定，笑乃解復擊之，仙乃奔汴京。

五年，召見，哀宗使樞密判官白華導其禮儀，復封爲恒山公，置府衞州。七年，仙圍上黨，已而大兵至，仙遁歸。未幾，衞州被圍，內外不通。詔平章政事合達、樞密副使蒲阿救之，徙仙兵屯胡嶺關，扼金州路。

八年十一月，大元兵涉襄漢，合達、蒲阿駐鄧州，仙由荆子口會鄧州軍。天興元年正月丁酉，合達、蒲阿敗績於三峯山，仙從四十餘騎走密縣，趨御寨，都尉烏林荅胡土不納，幾爲

追騎所得。乃舍騎，步登嵩山絕頂清涼寺，謂登封蘭若寨招撫使霍琢僧秀曰：「我豈敢入汴京。一旦有急，縛我獻大國矣。」遂走南陽留山，收潰軍得十萬人，屯留山及威遠寨。立官府，聚糧食，修器仗，兵勢稍振。

三月，汴京被圍，哀宗以仙爲參知政事、樞密副使、河南行省，詔與鄧州行省思烈合兵入救。八月，至密縣東，遇大元大將速不解兵過之，仙卽按軍眉山店，報思烈曰：「阻澗結營待仙至俱進，不然敗矣。」思烈急欲至汴，不聽，行至京水，大兵乘之，不戰而潰。仙亦令其軍散走，期會留山。仙至留山，潰軍至者益衆。哀宗罷思烈爲中京留守，詔仙曰：「思烈不知兵，向使從卿阻澗之策，豈有敗哉。軍務一以付卿，日夕以待，勠力一心以圖後舉。」十一月，遣刑部主事烏古論忽魯召仙，〔五〕仙不欲行，乃上疏陳利害，請緩三月，生死入援。

初，思烈至鄧州，承制授宣差總領黃摑三合五朶山一帶行元帥府事、兼行六部尚書。及仙還留山，惡三合權盛，改爲征行元帥，屯比陽。三合怨仙奪其權，乃歸順于大元，大將速不解署三合守裕州。三合乃詐以書約仙取裕州，可以得志，仙信之。三合乃報大元大將，遣兵夾擊，敗仙于柳河，仙跳走聖朶寨。

初，沈丘尉曹政承制召兵西山，裕州防禦使李天祥不用命，政斬之以徇。仙至聖朶，謂政曰：「何故擅誅吾將？」政曰：「天祥違詔逗遛不行，政用便宜斬之。」仙怒曰：「今日宣差來起軍，明日宣差來起軍，因此軍卒戰亡殆盡矣。自今還甚人來亦不聽，且教兒郎輩山中休息。」又曰：「天祥果有罪，待我來處置，汝何人輒敢殺之。」政曰：「參政柳河失利，不知存亡，天祥違詔，何爲不殺。」仙大怒，叱左右奪政所佩銀牌，令總領楊全械繫之。會赦，猶因之，及仙敗始得釋，與楊全俱降宋。

是時，哀宗走歸德，遣翰林修撰魏璠間道召仙。行至裕州，會仙敗于柳河，璠矯詔招集潰軍以待仙，仙疑璠圖己。二年正月，仙閱兵，選鋒尚十萬，璠曰：「主上旦夕西首望公，公不宜久留於此。」仙怒，幾殺璠。璠及忽魯剌還歸德，仙乃奏請誅璠，哀宗不聽，以璠爲歸德元帥府經歷官。璠字邦彥，渾源人，貞祐二年進士云。

仙部將董祐有戰功，詔賜虎符，仙畏其偪己，久不與佩。祐憾之，乃結官奴欲殺仙，猶豫未敢發。近侍局使完顏四和有謀敢斷，嘗徵兵鄧州，圍牧使移剌呆合有異志，〔六〕四和以計誅之。祐使謂四和曰：「仙終不肯入援，祐等位卑，力不能誅，惟君爲國家圖之。」四和曰：「已殺呆合，復殺武仙，他日使者來，人誰肯信。」不從。仙知祐嘗有此謀，使祐使河北，其後竟殺之。

三月，仙以聖朶軍食不足，徙軍鄧州，仰給于鄧州總帥移剌瑗。鄧州倉廩亦乏，乃分軍新野、順陽、淅川就食民家。遣講議官朱槼、劉琢往襄陽，借糧于宋制置使史嵩之。琢、槼

持兩端，畏留，廼以情告史嵩之曰：「仙兵勢不復振矣。」且曰：「名爲借糧，實欲納款，待將軍一諾耳。」嵩之以爲實然，遣田俊持書報仙。四月，仙遣大理少卿張伯直取糧于襄陽，屯軍小江口以待之。嵩之聞張伯直至大喜，謂仙送款矣，發書乃謝狀也，大怒，留伯直不遣。

仙自順陽入鄧州，移剌瑗畏逼，以女女仙，仙不疑納之，乃還順陽。鄧州糧盡，瑗終疑仙。五月，瑗舉城降宋。嵩之益知仙軍虛實，使孟珙率兵五千襲仙軍于順陽。是時，仙令士卒刈麥供軍，未至二里許始覺，仙率帳下百餘人迎擊之，孟珙不敢前。俄頃，軍士稍集，有五六百人，大敗珙兵。珙與數百人脫走，生擒其統制、統領數十人，獲馬千餘。至是，槼、琢妄謂將納款于嵩之之語泄矣，仙皆誅之。

移剌瑗本名粘合，字廷玉。世襲契丹猛安，累功鄧州便宜總帥。既至襄陽，使更姓名，稱歸正人劉介，具將校禮謁制置使。瑗大悔恨，明年三月，疽發背死。

孟珙雖敗而去，仙懼宋兵復來，七月，徙淅川之石穴。是時，哀宗在蔡州，遣近侍兀顏責仙赴難，詔曰：「朕平日未嘗負卿，國家危難至此，忍擁兵自恃，坐待滅亡邪。」將士聞之，相視哽咽，皆願赴難與國同生死。仙懼衆心有變，乃殺馬牛，與將士三千人歃血盟誓，不負國家，衆乃大喜。

無何，仙復謂衆曰：「蔡州道梗，吾兵食少，恐不能到。且蔡不可堅守，縱到亦無益。近

遣人覘視宋金州，百姓據山爲柵極險固，廣袤百里，積糧約三百萬石。今與汝曹共圖之，可不勞而下，留老弱守此寨以爲根本，然後選勁勇趨蔡，迎上西幸未晚也。」衆未及應，卽令戒行李。取淅川泝流而上，山路險阻，霖雨旬日水湍悍，老幼溺死者不可勝數，糧食絕，軍士亡者八九。

仙計無所出，八月，乃由荊子口東還，自內鄉將入聖朶寨，至峽石左右八疊秋林，聞總領楊全已降宋，留秋林十日乃還大和。九月，至黑谷泊，進退失據，遂謀北走，行部尚書盧芝、侍郎石玠不從。

芝字庭瑞，河東人，任子補官，以西安軍節度使行尚書。玠字子堅，河中人，崇慶二年進士，以汝州防禦使行侍郎。二人相與謀曰：「吾等知仙不卹國家久矣。諫之不從，去之未可，事至今日，正欠蔡州一死耳。假若不得到蔡州，死於道中猶勝死於仙也。」既去，仙始覺，追玠殺之。芝走至南陽，爲土賊所害。

甲午，蔡州破。糧且盡，將士大怨，皆散去。仙無所歸，乃從十八人北渡河，又亡五人。五月，趨澤州，爲澤之戍兵所殺。

張甫，賜姓完顏氏。初歸順大元。涿州刺史李瘸驢招之，興定元年正月，甫與張進俱

來降。東平行省蒙古綱承制除甫中都路經略使，進經略副使。二年，苗道潤死，河北行省侯摯承制以李瘸驢權道潤中都路經略使，甫與張柔爲副。頃之，苗道潤之衆請以靖安民代道潤。是時，張柔、安民實分掌道潤部衆，朝廷乃以瘸驢爲中都東路經略使，自雄、霸以東皆隸之。

甫、進與永定軍節度使賈仝不協，以兵相攻，奪據仝地，取仝馬以遺經略使李瘸驢，瘸驢受之。朝廷怪瘸驢不能和輯州府，乃有向背，召瘸驢別與官職。詔東平蒙古綱講睦甫與賈仝。綱遣同知安武軍王郁、博野令高常住往平之，輒留瘸驢不遣，因奏曰：「張甫本受瘸驢招降，情意厚善，今遣郁先與瘸驢議所以平之者然後可。況甫等不識禮義之人，瘸驢就徵則皆自疑，恐生他變，故不避專擅之罪。」詔從綱奏。未幾，賈仝復以兵捕甫部民，殺甫參議官邢琿，甫率兵攻之，賈仝敗走，遂自縊死。甫請符印以安輯部衆，詔與之。

無何，李瘸驢歸順大元。甫爲中都東路經略使、遙授同知彰德府事、權元帥右都監。三年，張進爲中都南路經略使。甫奏：「眞定兵衛，乞遣重臣與恒山公武仙併力守之。」不報。及眞定不守，甫復奏：「權元帥右都監柴茂保冀州水寨，孤立無援，若不益兵，非臣之所知也。」

四年，甫封高陽公，以雄、莫、霸州、高陽、信安、文安、大城、〔七〕保定、靜海、寶坻、武清、安次縣隸焉。元光元年，移剌衆家奴不能守河間，甫居之信安。是歲，以功進金紫光祿大夫，始賜姓完顏。二年二月，張進亦遷元帥左監軍，賜姓完顏。

靖安民，德興府永興縣人。貞祐初，充義軍，歷謀克、千戶、萬戶、都統，皆隸苗道潤麾下。以功遙授定安縣令，遷涿州刺史，遙授順天軍節度使，充提控。興定元年，遙授安武軍節度使。

興定二年，遷知德興府事、中都路總領招撫使。是歲，苗道潤死，安民代領其衆，行省承制以涿州刺史李瘸驢權中都路經略使。三年，詔瘸驢自雄、霸以東爲中都東路經略使，自易州以西安民爲中都西路經略使，西山義軍屯壘諸招撫皆隸焉。

四年，遙授知德興府事，權元帥左監軍，行中都西路元帥府事。三月，安民上書曰：「苗道潤撫定州縣五十餘城，其功甚大。西京路經略使劉鐸嫉其功，反間賈瑀、李琛與道潤不協，轉相攻伐，竟以陰謀殺道潤。鐸令所部劉智元等掠鎭撫孫資孫、招撫楊德勝家人二十餘口，錮之山寨。若鐸常居此，恐致敗事。」劉鐸亦遣副使劉璋詣南京自訴，且言：「安民侵入飛狐之境，冒濫封拜，誘惑人心，强抑總領馮通等輸銀粟。索飛狐總領王彥暉，彈壓劉智元、杜貴，欲充偏裨。彥暉等拒之，輒殺貴而杖智元，竟驅彥暉而去。」又言：「經略職卑，以

致從宜李栢山等日謀見害，乞許罷去。」廷議，劉鐸本行招誘逋亡，今乃與安民互相論列以起爭端。苗道潤死，安民實代領其衆，彥暉等軍本隸道潤，當聽安民節制。乃召鐸還。頃之，封易水公，〔八〕以涿、易、安肅、保州，君氏川、季鹿、三保河、北江、礬山寨、青白口、朝天寨、水谷、檀谷、東安寨隸焉。十月，安民出兵至礬山，復取檐車寨。

大元兵圍安民所居山寨，守寨提控馬豹等以安民妻子及老弱出降，安民軍中聞之駭亂，衆議欲降以保妻子，安民及經歷官郗端不肯從，遂遇害。詔贈金紫光祿大夫。

郭文振字拯之，太原人。承安二年進士。累官遼州刺史。貞祐四年，昭義節度使必蘭阿魯帶請升遼州爲節鎭，廷議遼州城郭人戶不稱節鎭，而文振有功當遷，乃以本官充宜差從宜都提控。興定元年，詔文振接應苗道潤，恢復中都，會道潤與賈仝相攻而止。

文振治遼州，深得衆心。興定三年，遷遙授中都副留守，權元帥左都監，行河東北路元帥府事，刺史、從宜如故。文振招降太原東山二百餘村，遷老幼于山寨，得壯士七千，分駐營柵，防護秋穫。文振奏：「若秋高無兵，直取太原，河東可復。」優詔許之。十月，權元帥右都監、行元帥府事，〔九〕與張開合堅、臺州兵復取太原。四年，詔升樂平縣爲皋州，壽陽縣西張寨爲晉州，從文振之請也。

文振上疏曰：「揚子雲有言，『御得其道則天下狙詐咸作使，御失其道則天下狙詐咸作敵』。有天下者審所御而已。河朔自用兵之後，郡邑蕭然，並無官長，武夫悍卒因緣而起以爲得志，僭越名位，瓜分角競以相侵攘，雖有內除之官亦不得領其職，所爲不法，可勝言哉？乞行帥府擅請便宜，妄自誇張以尊大其權，包藏之心蓋可知也。朝廷因而撫之，假權傳授，至與各路帥府力侔勢均，不相統屬。陝西行省總爲節制，相去遼遠，道路梗塞，卒難聞知。故飛揚跋扈無所畏憚，鄰道相望莫敢誰何。自平陽城破以來，河北不置行省，朝廷信臣不復往來布揚聲教，但令曳刺行報而已。所司勞以酒食，悅以貨財，借其聲譽共欺朝廷。姦倖既行，遂至驕恣，變故之生何所不有，此臣所以夙夜痛心而爲之憂懼也。乞分遣公廉之官徧詣訪察，庶知所在利害之實。伏見澤、潞等處芻糧猶廣，人民猶衆，地多險阻，乞選重臣復置行省，皆聽節制，上下相維可臂指使之，則國勢日重，姦惡不萌矣。」是時，澤、潞已詔張開規劃，不能盡用文振之言，但令南京兵馬使朮甲賽也行帥府於懷、孟而已。是歲，封晉陽公，河東北路皆隸焉。

文振奏：「孟州每以豪猾不逞之人攝行州事，朝廷重於更代，就令主之。去年，伯德和攝刺史，提控伯德安殺之，奪其職。河東行省以陳景璠代安，安內不能平，因誣告景璠死罪，朝廷未及按問，安輒逐之。恥受臣節制，宣言于衆，待道路稍通當隸恒山公節制。今眞

定已不守，安猶向慕不已。臣徵兵諸郡，安輒詭辭不遣。臣若興師，是自生一敵，非國家之便也。聞安有女，臣輒違律令爲姪孫遞娶之，安遂見許。臣非願與安爲姻，爲公家計，屑就之耳。自結親以來，安頗循率以從王事，法不當娶而輒娶之，敢以此罪爲請。」宣宗嘉其意，遣近臣慰諭之。

文振復奏：「武仙所統境土甚大，雖與林州元帥府共招撫之，乞更選本土州縣官，重其職任，同與安集，可使還定。」宣宗用其策。

五年，文振奏：「臣所統嵐、管、隩、石、寧化、保德諸州，境土闊遠，不能周知利害，恐誤軍國大計。伏見葭州刺史古里甲蒲察智勇過人，深悉河東事勢，乞令行元帥府事，或爲本路兵馬都總管，與臣分治。」詔文振就擇可者處之便地，仍受文振節制。

上黨公張開以厚賞誘文振將士，頗有亡歸者。詔分遼、潞粟賑太原饑民，張開不與。文振奏其事，詔遣使慰諭之。文振復申前請，以葭州刺史古里甲蒲察分治嵐、管以西諸州，制可，仍令防秋後再度其宜。文振請分上黨粟以贍太原，詔文振與張開計度。頃之，詔以石州隸晉陽公府。

元光元年，林州行元帥府惟良得罪召還，文振奏：「近聞惟良召還，臣竊以爲不可。惟良在林州五歲，政尚寬厚，大得民心，今茲被召，軍民遮路泣留。其去未幾，羲尖之衆作亂，

遂招撫使康瑭。乞遣惟良還林州爲便。」不許。

文振上書：「乞遣前平章政事胥鼎行省河北，諸公府、帥府並聽節制，詔諭百姓使知不忘遺黎之意，然後以河南、陝西精銳併力恢復。」不報。文振復奏：「河朔百姓引領南望，臣再四請於樞府，但以會合府兵爲言。公府雖號分封，力實單弱，且不相統攝，所在被兵。朝廷不卽遣兵復河北，人心將以爲舉河朔而棄之，甚非計也。」文振大抵欲起胥鼎爲行省，定河北，朝廷不能用。

二年，詔文振應援史詠復河東。是歲，遼州不能守，徙其軍于孟州，以部將郝安等爲文振副，護沿山諸寨。文振辭公府，詔不許。頃之，文振部將汾州招撫使王遇與孟州防禦使納蘭謀古魯不相能，復徙衞州，然亦不可以爲軍，迄正大間，寓于衞而已。

胡天作字景山，管州人。初以鄉兵守禦本州，累功少中大夫、管州刺史。興定二年，遙授同知太原府事，刺史如故。是歲，平陽失守，改同知平陽府事。

三年，復取平陽，天作言：「汾、潞皆置帥府，平陽大鎮，今稍完復，所管州縣不下十萬戶，復業者相繼不絕，其過汾、潞遠甚，〔一〇〕宜一體置之。」是時，晉安、嵐州皆有帥府，乃以天作充便宜招撫使、權元帥左都監。四年，封平陽公，以平陽、晉安府，隰、吉州隸焉。天作請

以晉安府之翼城縣爲翼州，以垣曲、絳縣隸焉。置平水縣于汾河之西，朝廷皆從之。

初，軒成本隸程琢麾下，琢死，成率衆保隰州，以爲同知隰州軍州事、兼提控軍馬。成增繕器甲，招納亡命，頗有他志。是時，隰州方用兵，未可制，天作請增置要害州縣，以分其勢。隰州之境蒲縣最居其衝，可改爲州，隰川之仵城鎮可改爲縣，選官守備。詔升蒲縣爲蒲州，以大寧縣隸之，仵城鎮爲仵城縣。天作守平陽凡四年，屢有功，詔錄其子定哥爲奉職。

元光元年十月，青龍堡危急，詔遣古里甲石倫會張開、郭文振兵救之，次彈平寨東三十里，不得進。知府事朮虎忽失來、總領提控王和各以兵歸順，臨城索其妻子，兵民皆潰，執天作出。天作已歸順，詔誅忽失來子之南京者，命天作子定哥承應如故。天作已受大元官爵，佩虎符，招撫懷、孟之民，定哥聞之乃自經死，贈信武將軍、同知睢州軍州事。詔張開、郭文振招天作，天作至濟源欲脫走，先遣人奏表南京，大元大將惡其反覆，遂誅之。

天作死後，宣宗以同知平陽府事史詠權行平陽公府事，後封平陽公。平陽初破，詠父祚、母蕭氏藏於窟室，索出之，使祚招詠，祚乃自縊死，蕭氏逃歸。詠妻梗氏亦自死。宣宗贈祚榮祿大夫、京兆郡公，謚成忠。蕭氏封京兆郡太夫人，賜號歸義。梗氏贈京兆郡夫人，謚義烈。未幾，詠乞內徙，徙其軍于解州河中府。

張開賜姓完顏氏，景州人。至寧末，河北兵起，開團結鄉兵爲固守，累功遙授同知清州防禦事，兼同知觀州事。

貞祐四年，開率所部復取河間府及滄、獻二州十有三縣。開有宣撫司留付空名宣勅二百道，奏乞從權署置，就任所復州縣舊官，闕者補之。詔還同知觀州軍州事。開復清州，乞輸鹽易糧，詔與之糧。遷觀州刺史、權本州經略使。至是，始賜姓完顏氏。開奏乞許便宜，及論淇門、安陽、黎陽皆作堰塞水，河運不通，乞開發水道，不報。觀州糧盡，是歲秋，徙軍輝州，乞麥種三千石、驢贏三百或寶券二百貫，戶部不與。御史臺奏：「開自觀州轉戰來此，久著勞績，欲令其軍耕種以自給，有司計小費拒不與。乞斷自宸衷，與之麥種，若無牛可與，給以寶券。」制可。

是歲，潼關不守，被召入衞南京。興定元年，遙授澤州刺史。二年，遙授同知彰德府，兼總領提控。三年，充潞州招撫使。林州元帥府徙潞人實林州，既復遣還。開乞隸晉安元帥府，或與林州並置元帥府，各自爲治。十月，開以權昭義軍節度使、遙授孟州防禦使、權元帥左都監、行元帥府事，與郭文振共復太原。四年，封上黨公，以澤、潞、沁州隸焉。五年，詔復以涉縣爲崇州，從開請也。

元光元年，復取高平縣及澤州。二年，大戰壺關，有功。既而潞州危急，開奏：「封建公府以固屏翰，今胡天作出平陽，郭文振南徙河東，公府獨臣與史詠而已。乞升澤、沁二州爲節鎮，以重守禦。」詔以澤爲忠昌軍，沁爲義勝軍。林州義尖寨衆亂，逐招撫使康琇，推杜仙爲招撫使，開請以盧芝瑞爲副，代領其衆。又奏：「比聞郭文振就食懷、孟，史詠徙解州，高倫遷葛伯寨，各自保守，民安所仰哉？臣領孤軍，內無儲峙，外無應援，臣不敢避失守之罪，恐益重朝廷之憂。」

正大間，潞州不守，開居南京，部曲離散，名爲舊公，與匹夫無異。天興初，起復，與劉益爲西面元帥，領安平都尉紀綱軍五千攻衞州，敗績于白公廟。是時，哀宗走歸德，開與劉益謀收潰兵從衞，不果，遂與承裔西走，皆爲民家所殺。

初置公府，開與恒山公武仙最强。後駐兵馬武山，遣人問道請糧二萬石，用事者難之，止給二千石。公府將佐得報皆不敢白，開聞，置酒召諸將曰：「朝廷待某特厚，今日與諸君一醉。」諸將問故，曰：「頃以糧竭爲請，祈二萬而得二千，是吾君相不以武仙輩待我也。」是時，郭文振處開西北，當兵之衝，民貧地瘠，開又不奉命以糧賑文振軍。文振窮竄，開勢愈孤，以至於敗。

燕寧，初爲莒州提控，守天勝寨，與益都田琢、東平蒙古綱相依爲輔車之勢，山東雖殘破，猶倚三人爲重。紅襖賊王公喜據注子堌，〔二〕率衆襲據沂州。寧擊走之，遂復沂州，語在田琢傳。寧旣屢破紅襖賊，招降胡七、胡八，引爲腹心，賊中聞之多有欲降者。累官遙授同知安化軍節度使事、山東安撫副使。興定四年，封東莒公，益都府路皆隸焉。

五年，與蒙古綱、王庭玉保全東平，以功遷金紫光祿大夫。還天勝，戰死。蒙古綱奏：「寧克盡忠孝，雖位居上公，祖考未有封爵，身沒之後老稚無所衣食，乞降異恩以勵節義之士。」詔贈故祖皐銀青榮祿大夫，祖母張氏范陽郡夫人，父希遷金紫光祿大夫，母彭氏、繼母許氏、妻霍氏皆爲范陽郡夫人，族屬五十二人皆廩給之。

自益都張林逐田琢，繼而寧死，蒙古綱勢孤，徙軍邳州，山東不復能守矣。

贊曰：苗道潤死，中分其地，靖安民有其西之半，中分以東者其後張甫有之，然無北境矣。大凡九公封建，宣宗實錄所載如此。他書載滄海公張進、河間公移剌中哥、易水公張進、晉陽公郭棟，此必正大間繼封，如史詠繼胡天作者，然不可考矣。

校勘記

〔一〕道潤與賈仝　「仝」原作「全」，據殿本改。下同。

〔二〕興定三年以太原不守　原脫「以」字。按本書卷一五宣宗紀，太原不守在興定二年九月，至三年正月「壬辰，以大元兵已定太原，河北事勢非復向日，集百官議備禦長久之計」。今據補「以」字。

〔三〕四月紅襖賊李二太尉寇樂陵　按本書卷一六宣宗紀記此事在興定四年五月。

〔四〕別遣總領提控　「控」原作「領」。按本書卷一一一古里甲石倫傳，貞祐三年，「奏請招集義軍，設置長校，各立等差，……外設一總領提控，制可」。卷一〇二蒙古綱傳同。卷四四兵志，「元光間，時招義軍……然又外設一總領提控」。今據改。

〔五〕遣刑部主事烏古論忽魯召仙　按下文云「忽魯剌還歸德」，或此脫或彼衍一「剌」字，今不可定。

〔六〕圉牧使移剌呆合有異志　「圉」原作「禦」。按本書卷五六百官志，「圉牧司，興定二年置，使，正七品」。今據改。

〔七〕文安大城　「城」原作「成」。按本書卷二四地理志，中都路霸州有大城縣，今據改。

〔八〕頃之封易水公　按本卷苗道潤傳，四年二月封靖安民爲易水公。此在三月以後，似誤。

〔九〕十月權元帥右都監行元帥府事　按本書卷五五百官志，都元帥府，「元帥左監軍一員，正三品。元帥右監軍一員，正三品。左都監一員，從三品。右都監一員，從三品」。本傳上文已云「權元帥左都監」，不合此反權右都監，疑是「右監軍」之誤。

〔一〇〕其過汾潞遠甚　「遠」原作「達」，據殿本改。

〔一一〕紅襖賊王公喜據注子堌　「王」原作「五」。按本書卷一〇二田琢傳，興定「三年，沂州注子堌王公喜構宋兵據沂州」，又「既而，莒州提控燕寧復沂州，王公喜復保注子堌」。今據改。

金史卷一百十九

列傳第五十七

粘葛奴申 劉天起附　完顏婁室　烏古論鎬　張天綱

完顏仲德

粘葛奴申，由任子入官，或曰策論進士。天興初，倅開封府，以嚴幹稱。其年五月，擢爲陳州防禦使。時兵戈搶攘，道路不通，奴申受命，毅然策孤騎由間道以往。陳自兵興，軍民皆避遷他郡，奴申爲之擇官吏，明號令，完城郭，立廬舍，實倉廩，備器械。未幾，聚流亡數十萬口，米一斛直白金四兩，市肆喧鬨如汴之闤闠，京城危困之民望而歸者不絕，遂指以爲東南生路。

明年，哀宗走歸德，改陳州爲金興軍，馳使褒諭，以奴申爲節度使。俄拜參知政事，行

尚書省于陳。於是，奴申立五都尉以將其兵，建威來猪糞、虎威蒲察合達、振武李順兒、振威王義、果毅完顏某，凡招撫司至者皆使隸都尉司。

是時，交戰無虛日，州所屯軍十萬有餘。奴申與官屬謀曰：「大兵日至，而吾州糧有盡，奈何。」乃減軍所給，月一斛五斗者作一斛，又作八斗，又作六斗。將領則不給。人心稍怨。故李順兒、崔都尉因而有異志，劉提控及完顏不如哥提控者預焉。

奴申知其謀，常以兵自防。及聞大元兵往朱仙鎮市易，奴申遣五都尉軍各二百人，以李順兒、副都尉崔某將之，襲項城寨。令孫鎮撫者召順兒議兵事，孫至其家，順兒已擐甲，孫欲觀其刀，順兒拔示之，孫色動，即出門奔去。順兒追殺之，乃上馬，引兵二百人入省，說軍士曰：「行省尅減軍糧，汝輩欲飽食則從我，不欲則從行省。」於是，省中軍士皆坐不起。奴申聞變走後堂，追殺之。提控劉某加害，解其虎符以與順兒，并殺其子姪壻及鄉人王都尉。順兒令五都尉軍皆甲，守街曲。自稱行省，署元帥、都尉。以劉提控語不順，斬之坐中。明日，遂遣尅石烈正之送款于汴。崔立乃遣其弟倚就加順兒淮陽軍節度使，行省如故。

未幾，虎威都尉蒲察合達與高元帥者盡殺順兒之徒，舉城走蔡州。大兵覺，追及孫家林，老幼數十萬少有脫者。

初，奴申聞崔立之變，遣人探其事情，而順兒、崔都尉亦密令人結構崔立，適與奴申所遣者同往同還。順兒懼其謀泄，故發之益速。奴申亦知其謀，故遣襲項城，欲因其行襲殺之，然已爲所先。

劉天起者起於匹夫，初甚庸鄙。汴京戒嚴，嘗上書以干君相，願暫假一職以自効。每言戰國兵法，平章白撒等信之，令景德寺監造革車三千兩。天興元年，授都招撫使，佩金符。召見，乞往陳州運糧，上從之，一時皆竊笑其僥倖。及至陳，行軍殊有方略，每出戰數有功，陳人甚倚重之。順兒之變，天起偃蹇不從，爲所殺。同時一唐括招撫者亦不屈而死。

完顏婁室三人，皆内族也，時以其名同，故各以長幼別之。

正大八年，慶山奴棄京兆，適縻揚都尉大婁室運軍器至白鹿原，遇大兵與戰，兵刃既盡，以條繫掉金牌，力戰而死。

九年正月，大兵至襄城，元帥中婁室、小婁室以馬軍三千遇之於汝墳。時大兵以三四十騎入襄城，驅驛馬而出，又入東營，殺一千夫長，金人始覺之。兩婁室以正旦飲將校，皆

醉不能軍，遂敗，退走許州。會中使召入京師。天興二年正月，河朔軍潰，哀宗走歸德，中婁室爲北面總帥，小婁室左翼元帥，收潰卒及將軍夾谷九十奔蔡州。蔡帥烏古論栲栳知其跋扈不納，遂走息州，息帥石抹九住納之。

時白華以上命送虎符於九住爲息州行帥府事。九住出近侍，好自標致，騶從盈路。三人者妬之，各以招集勤王軍士爲名，得五六百人，州以甲仗給之。久之，漸生猜貳，九住亦招負販牙儈數百人爲「虎子軍」，夜則擐甲爲備。一日，九住使一萬戶巡城，三帥執而驅之，使大呼云「勿學我欲開西門反」，即斬之。乃召九住，九住欲不往，懼州人及禍，乃從三百卒以往。三帥令甲士守街曲，九住從者過，處處執之。九住獨入，三帥問汝何爲欲反，九住曰：「我何緣反。」三帥怒，欲殺者久之，小婁室意稍解，頗爲救護得不殺，使人鎖之。以夾谷九十爲帥，兼權息州。

蔡帥栲栳聞九住爲三帥所誣，上奏辨之，三帥亦掊摭九住之過上聞。朝廷主栲栳之辨，且不直三帥。六月，赦至蔡，栲栳懼九住爲三帥所誅，遣二卒馳送詔書於息，乃得免。及上將幸蔡，密召中婁室引兵來迓，婁室遲疑久之，乃率所招卒奉迎。七月，上遣近侍局使入息州括馬，即召九住。九住至，與中婁室辨於上前。時中婁室已授同簽樞密院事，上不欲使之終訟，乃罷九住帥職，授戶部郎中，以烏古論忽魯爲息州刺史。〔一〕

時有土豪劉禿兒、馬安撫者自蔡朝還，以軍儲不給叛入宋，州之北關爲所焚毀。是時，城中軍無幾，日有叛去者，且覘知宋人有窺息之意，息帥懼，上奏請益兵爲備。朝廷以參知政事抹撚兀典行省事于息州，中婁室以同簽樞密院事爲總帥，小婁室以副點檢爲元帥，王進爲彈壓帥，夾谷九十爲都尉，以忠孝馬軍二百、步軍五百屬之，行省、院於息。將行，上諭之曰：「北兵所以常取全勝者，〔二〕恃北方之馬力，就中國之技巧耳。我實難與之敵，至於宋人，何足道哉。朕得甲士三千，縱橫江、淮間有餘力矣。卿等勉之。」

八月壬辰，行省遣人奏中渡店之捷。〔三〕初，兀典等赴息，既至之夜，潛遣忠孝軍百餘騎襲宋營於中渡。我軍皆北語，又散漫似之，宋人望之駭愕奔潰，斬獲甚衆。復奏元帥張閏不遵約束，失亡軍士，乞正典刑。婁室表閏無罪，上遣人赦之，比至，已死獄中。蓋閏爲婁室腹心，九住之獄皆閏發之，兀典廉得其事，因其失律而誅之也。九月，以忽魯退縮，〔四〕不能撫御，民多叛去，奪其職，以夾谷九十權息州事。〔五〕

十一月，宋人以軍二萬來攻。城中食盡，乃和糴，既而括之，每石止留一斗，并括金帛衣物，城中皆無聊矣。前兩月，蔡州以軍護老幼萬口來就食，北兵覺之，追及於二十里之外，至息者才十餘人。至是，蔡問不通。行省及諸帥日以歌酒爲事，聲樂不絕。下及軍士强娶寡婦幼女，絕滅人理，無所不至。

三年甲午正月，蔡囚問至，諸帥殺之以滅口，然民間亦頗有知者。初，諸帥欲北降，而遞相猜忌，無敢先發者。數日，蔡信闃然，諸帥屏人聚議，皆言送款南中爲便。時李裕爲睦親府同僉桓端國信使下經歷官，乃使送款于宋。遂發喪設祭，謚哀宗曰昭宗。州民奉行省爲領省，丞相、總帥、左平章皆娶婦。十三日，舉城南遷，宋人焚州樓櫓。州人老幼渡淮南行，入羅山，委曲之信陽。北兵見火起，追及之，無有免者，且誅索行省已下官屬于宋。宋人令官屬入城，託以犒賞，從萬戶以上六七百人皆殺之，軍中亦有奪命死敵者。宋人論諸軍，行省已下有罪已處置，汝等就迷魂寨安屯，遂以軍防之。既而與北軍接，南軍斂避，一軍悉爲所殺。

烏古論鎬本名栲栳，東北路招討司人。由護衞起身，累官慶陽總管。

天興初，遷蔡、息、陳、潁等州便宜總帥。二年，哀宗在歸德，蒲察官奴、國用安欲上幸海州，未決。會鎬餫米四百餘斛至歸德，且請幸蔡，上意遂決。先遣直學士烏古論蒲鮮如蔡，告蔡人以臨幸之意。六月，徵蔡、息軍馬來迓，以蔡重鎮，且慮有不測，詔鎬勿遠迎。

辛卯，車駕發歸德，時久雨，朝士扈從者徒行泥水中，掇青棗爲糧，數日足脛盡瘇，參政

天綱亦然。壬辰，至亳，上黃衣皂笠金兔鶻帶，以青黃旗二導前，黃傘擁後，從者二三百人，馬五十餘匹而已。行次城中，僧道父老拜伏道左，上遣近侍諭以「國家涵養汝輩百有餘年，今朕無德，令爾塗炭。朕亦無足言者，汝輩無忘祖宗之德可也」。皆呼萬歲，泣下。留一日。進亳之南六十里，避雨雙溝寺中，蒿艾滿目，無一人迹，上太息曰：「生靈盡矣。」爲之一慟。是日，小婁室自息來迓，〔六〕得馬二百。己亥，入蔡。蔡之父老千人羅拜於道，見上儀衛蕭條，莫不感泣，上亦歔欷者久之。

七月，以鎬爲御史大夫，總帥如故。初，鎬守蔡，門禁甚嚴，男女樵采必以墨識其面，人有以錢出者，十取一分有半以贍軍。上至蔡，或言其非便，卽弛其禁。時大兵去遠，商販頗集，小民鼓舞以爲復見太平，公私宿釀一日俱盡。

郾城土豪盧進殺其長吏，自稱招撫使，以前關、陝帥府經歷范天保爲副。至是，天保來見，進麥三百石及獐鹿脯、茶、蜜等物，遂賜進金牌，加天保官，自是進物者踵至。既而，遣內侍殿頭宋珪與鎬妻選室女備後宮，已得數人，右丞忽斜虎諫曰：「小民無知，將謂陛下駐蹕以來不聞恢復遠略，而先求處女以示久居。民愚而神不可不畏。」上曰：「朕以六宮失散，左右無人，故令採擇。今承規誨，敢不敬從。止留解文義者一人，餘皆放遣。」

是時，從官近侍率皆窮乏，悉取給於鎬，鎬亦不能人滿其欲，日夕交譖於上，甚以尚食

闕供爲言。上怒，雖擢拜大夫，而召見特疏。小婁室之在息州也，與石抹九住有隙，怨鎬爲九住辨曲直。及上幸蔡，婁室見於雙溝，因厚誣鎬罪，上頗信之。鎬自知被讒，憂憤鬱抑，常稱疾在告。會前參知政事石盞女魯歡姪大安來，以女魯歡無反狀，爲官奴所殺，白尚書省求改正，尚書省以聞。上曰：「朕嘗謂女魯歡反邪，而無迹可尋。謂不反邪，朕方暴露，遣人徵援兵，彼留精銳自防，發其羸弱者以來。既到睢陽，彼厚自奉養，使朕醯醬有闕。朕爲人君，不當語此細事，但四海郡縣孰非國家所有？坐保一城，臣子之分，彼乃自負而有驕君上之心，非反而何。然朕方駕馭人材以濟艱難，錄功忘過此其時也，其釐正之。」羣臣知上意之在鎬也，數爲右丞仲德言之。仲德每見上必稱鎬功業，宜令預參機務，又薦以自代，上怒少解。及參政抹撚兀典行省息州，鎬遂以御史大夫權參知政事。

九月，大兵圍蔡，鎬守南面，忠孝軍元帥蔡八兒副之。未幾，城破被執，以招息州不下，殺之。

烏古論先生者，本貴人家奴，爲全眞師。佯爲狂態，裸顚露足，綴蔴爲衣，人亦謂之「蔴帔先生」。宣宗嘗召入宮，問以祕術。因出入大長主家，殊有穢迹，上微聞之，勑有司掩捕，已逃去。正大末，從鎬來官汝南，人皆知與其妻通，而鎬不知。生不自安，求出，鎬爲營道字，親率僧道送使居之。車駕將至蔡，生欲遁無所往，因自言能使軍士服氣不費糧。右丞仲德知其妄，乃奏：「欲如田單假神師退敵之意，授一眞人之號，旋出奇計，北兵信巫必駭異之，或可以有成功。」參政天綱以爲不可，遂止。復求入見，言有詭計可以退敵。及見，長揖不拜，且多大言，欲出說大帥噴盞爲脫身計。時郎中移剌克忠、員外郎王鶚具以向者「蔴帔」爲言，上怒殺之。

贊曰：晉劉越石長於撫納，短於駕馭，以故取敗。粘葛奴申陳州之事，殆類之矣。三婁室皆金內族，唯大婁室死得其所，其兩婁室讒賊人也，襄城事急，醉不能軍，乃逭一死，金失政刑一至於是。烏古論鎬幸蔡之請，雖非至謀，區區効忠以讒見忌，哀宗之明蓋可知矣。

張天綱字正卿，霸州益津人也。至寧元年詞賦進士。性寬厚端直，論議醇正，造次不少變。累官咸寧、臨潼令，入補尚書省令史，拜監察御史，以鯁直聞。陞戶部郎中，權左右司員外郎。哀宗東幸，遷左右司郎中，扈從至歸德，改吏部侍郎。知元帥官奴有反狀，屢爲

上言之，上不從，官奴果變，遂擢天綱權參知政事。及從上遷蔡，留亳州，適軍變，天綱以便宜授作亂者官，州賴之以安。及蔡，轉御史中丞，仍權參政。

扶溝縣招撫司知事劉昌祖上封事，請大舉伐宋，其略云：「官軍在前，飢民在後，南踐江、淮，西入巴、蜀。」頗合上意。上命天綱面詰其蘊藉，召與語無可取者，然重違上命，且恐閉塞言路，奏以爲尚書省委差官。

護衞女奚烈完出、近侍局直長粘合斜烈、奉御陳謙、權近侍局直長內族泰和四人，以食不給出怨言，乞往陳州就食。天綱奏令監之出門任所往。才出及汝南岸，遇北兵皆見殺，時人快之。

妖人烏古論先生者自言能使軍士服氣，可不費糧。右丞仲德援田單故事，欲假其術以駭敵，語在烏古論鎬傳。〔七〕上頗然之，天綱力辨以爲不可，遂止，且曰：「向非張天綱，幾爲此賊所誑。」軍吏石抹虎兒者求見仲德，自謂有奇計退敵，出馬面具如獅子狀而惡，別制青蔴布爲足、尾，因言：「北兵所恃者馬而已，欲制其人，先制其馬。如我軍進戰，尋少卻，彼必來追。我以馴騎百餘皆此狀，仍繫大鈴于頸，壯士乘之，以突彼騎，騎必驚逸，我軍鼓譟繼其後，此田單所以破燕也。」天綱曰：「不可。彼衆我寡，此不足恃，縱使驚去，安保其不復來乎。恐徒費工物，秪取敵人笑耳。」乃罷之。

蔡城破，爲宋將孟珙得之，〔八〕檻車械至臨安，備禮告廟。既而，命臨安知府薛瓊問曰：「有何面目到此？」天綱對曰：「國之興亡，何代無之。我金之亡，比汝二帝何如？」瓊大叱曰：「曳去。」明日，遂奏其語，宋主召問曰：「天綱眞不畏死耶？」對曰：「大丈夫患死之不中節爾，何畏之有。」因祈死不已。宋主不聽。初，有司令供狀必欲書虜主，天綱曰：「殺卽殺，焉用狀爲。」有司不能屈，聽其所供，天綱但書故主而已。聞者憐之。後不知所終。

完顏仲德本名忽斜虎，合懶路人。少穎悟不羣，讀書習策論，有文武才。初試補親衞軍，雖備宿衞而學業不輟。中泰和三年進士第，歷仕州縣。貞祐用兵，辟充軍職，嘗爲大元兵所俘，不踰年盡解其語，尋率諸降人萬餘來歸。宣宗召見，奇之，授邳州刺史、兼從宜。增築城壁，匯水環之，州由是可守。哀宗卽位，遙授同知歸德府事，同簽樞密院事，行院於徐州。徐州城東西北三面皆黃河而南獨平陸，仲德疊石爲基，增城之半，復浚隍引水爲固，民賴以安。

正大五年，詔關陝以南行元帥府事，以備小關及扇車回。時北兵叩關，仲德適與前帥奧屯阿里不酌酒更代，而兵猝至，遂驅而東。阿里不素無守禦之策，爲有司所劾，罪當死。

仲德上書引咎，以謂「北兵越關之際，符印已交，安得歸罪前帥，臣請受戮」。上義之，止杖阿里不而貰其死。

六年，移知鞏昌府，兼行總帥府事。時陝西諸郡已殘，仲德招集散亡，得軍數萬，依山爲柵，屯田積穀，人多歸焉。一方獨得小康，號令明肅，至路不拾遺。八年四月，詔授仲德鞏昌行省及虎符、銀印。

天興元年九月，拜工部尚書、參知政事，行尚書省事於陝州。時兀典新敗，陝州殘破，仲德復立山寨，安撫軍民。會上以蠟丸書徵諸道兵入援，行省院帥府往往觀望不進，或中道遇兵而潰，惟仲德提孤軍千人，歷秦、藍、商、鄧，擷果菜爲食，間關百死至汴。至之日，適上東遷。妻子在京師五年矣，仲德不入其家，趨見上於宋門，問東幸之意。知欲北渡，力諫云：「北兵在河南，而上遠徇河北，萬一無功，得完歸乎。國之存亡，在此一舉，願加審察。臣嘗屢遣人奏，秦、鞏之間山巖深固，糧餉豐贍。不若西幸，依險固以居，命帥臣分道出戰，然後進取興元，經略巴蜀，此萬全策也。」上已與白撒議定，不從，然素重仲德，且嘉其赴難，進拜尚書省右丞、兼樞密副使，軍次黃陵岡。〔九〕

二年正月，車駕至歸德，以仲德行尚書省于徐州。既至，遣人與國用安通問。沛縣卓翼、孫璧沖者初投用安，用安封翼爲東平郡王，璧沖博平公，升沛縣爲源州。已而，翼、璧沖

來歸，仲德畀之舊職，令統河北諸砦，行源州帥府事。用安累檄王德全入援，不赴，仲德至徐，德全大恐，求赴歸德。仲德留之，遣人納奏帖云：「徐州重地，德全不宜離鎭。」仲德虛州廨不居，亦無兵衞自防，日以觀書爲事，而德全自疑益甚。

二月，魚山總領張瓛作亂，殺元帥完顏胡土降北。仲德累議討之，德全不從，卽領麾下十許人，親勸民兵得三百人，徑往魚山，而從宜嚴祿已誅瓛反正，仲德撫慰軍民而還。有曹總領者，盜御馬東行，制旨諭行省討之，仲德既殺賊，德全欲功出己，殺曹黨四十八人。

三月，阿朮魯攻蕭縣，游騎至徐，德全馬悉爲所邀。仲德時往宿州，德全以失馬故始議救蕭縣，遣張元哥、苗秀昌率騎八百以往。未及交戰，元哥退走，北兵掩之，皆爲所擒殺之，蕭縣遂破。四月，仲德陽以關糧往邳州，州官出迎，就執德全幷其子殺之，餘黨之外一無所問，闔郡稱快。

初，完顏胡土以遙授徐州節度，往帥嚴祿軍於永州北保安鎭。時祿已爲從宜，在碭山數年，又得士心。忽土到，軍士不悅，二月辛卯夜，遂爲總領張瓛、崔振所害。吏部郎中張敏修，忽土下經歷官，乃以軍變脅嚴祿降北。祿佯應之，陰召永州守陳立、副招撫郭昇，會諸義軍赴保安鎭誅作亂者。軍夜至，祿遣敏修召瓛、振計事，二人不疑，介胄而至，及其黨與皆爲祿所殺。徐州去保安百里，行省聞之來討，會祿已反正，乃以便宜授祿行元帥左都

監，就佩忽土虎符。朝廷復授祿遙領歸德知府、兼行帥府事。未幾，大元將阿朮魯兵至保安，祿夜遁。後祿聞官奴變，一軍頓徐、宿間幾一月，遂投漣水，敏修入徐。

五月，詔仲德赴行在。時官奴已變，官屬懼爲所紿，勸勿往。仲德曰：「君父之命，豈辨眞僞耶，死亦當行。」尋使者至，果官奴之詐。六月，官奴誅，詔仲德議還蔡，仲德雅欲奉上西幸，因贊成之。及蔡，領省院，事無鉅細率親爲之，選士括馬，繕治甲兵，未嘗一日無西志。近侍左右久困睢陽，幸卽汝陽之安，皆娶妻營業不願遷徙，日夕爲上言西行不便。未幾，大兵梗路，竟不果行。仲德每深居燕坐，瞑目太息，以不得西遷爲恨。

是月，上至蔡，命有司修見山亭及同知衙，爲遊息之所。仲德諫曰：「自古人君遭難，播越于外，必痛自刻苦貶損，然後可以克復舊物。況今諸郡殘破，保完者獨一蔡耳。蔡之公廨固不及宮闕萬一，方之野處露宿則有加矣。且上初行幸已嘗勞民葺治，今又興土木之役以求安逸，恐人心解弛，不足以濟大事。」上遽命止之。

七月，定進馬遷賞格，〔一〇〕每甲馬一匹或二匹以上，遷賞有差。自是，西山帥臣范眞、姬汝作等各以馬進，凡得千餘匹，以抹撚阿典領之。又遣使分詣諸道徵兵赴蔡，得精銳萬人。又以器甲不完，命工部侍郎朮甲咬住監督修繕，不踰月告成。軍威稍振，扈從諸人苟一時之安，遂以蔡爲可守矣。

魯山元帥元志領軍千餘來援。時諸帥往往擁兵自固，志獨冒險數百里，且戰且行，比至蔡幾喪其半。上表異之，賜以大信牌，升爲總帥。息州忠孝軍帥蔡八兒、王山兒亦來援。

壬午，忠孝軍提控李德率十餘人乘馬入省大呼，以月糧不優，幾於罵詈。郎中移剌克忠白之仲德，仲德大怒，縛德堂下，杖之六十。上諭仲德曰：「此軍得力，方欲倚用，卿何不容忍，責罰乃爾。」仲德曰：「時方多故，錄功隱過自陛下之德。至于將帥之職則不然，小犯則決，大犯則誅，强兵悍卒不可使一日不在紀律。蓋小人之情縱則驕，驕則難制，睢陽之禍豈獨官奴之罪，亦有司縱之太過耳。今欲更易前轍，不宜愛克厥威，賞必由中，罰則臣任其責。」軍士聞之，至于國亡不敢有犯。

九月，蔡城戒嚴。行六部尚書蒲察世達以大兵將至，請諭民併收晚田，不及者踐毀之，毋資敵，制可。丙辰，詔裁冗員，汰冗軍，及定官吏軍兵月俸，自宰執以下至于皁隸，人月支六斗。初，有司定減糧，人頗怨望。上聞之，欲分軍爲三，上軍月給八斗，中七斗，下六斗，人復怨不均。乃立射格，而上中軍輒多受賞，連中者或面賜酒，人益爲勸，且陰有所增而人不知，仲德之謀也。甲子，分軍防守四面。

十月壬申朔，大兵壕壘成，耀兵城下，旗幟蔽天。城中駭懼，及暮，焚四關，夷其牆而退。十一月辛丑，大兵以攻具傅城，有司盡籍民丁防守，不足則括婦女壯健者，假男子衣冠使運木石。蔡既受圍，仲德晝禦備，未嘗一至其家，拊存軍士，無不得其歡心，將校有戰亡者，親爲賻祭，哭之盡哀。己丑，西城破，城中前期築柵浚濠爲備，雖克之不能入也。但於城上立柵，南北相去百餘步而已。仲德摘三面精銳日夕戰禦，終不能拔。

三年正月庚子朔，大兵以正旦會飲，鼓吹相接，城中飢窘愁嘆而已。圍城以來，戰歿者四帥、三都尉，其餘總帥以下，不可勝紀。至是，盡出禁近，至於舍人、牌印、省部掾屬，亦皆供役。戊申，大兵鑿西城爲五門，整軍以入，督軍鏖戰及暮乃退，聲言來日復集。

己酉，大兵果復來，仲德率精兵一千巷戰，自卯及巳，俄見子城火起，聞上自縊，謂將士曰：「吾君已崩，吾何以戰爲。吾不能死於亂兵之手，吾赴汝水，從吾君矣。諸君其善爲計。」言訖，赴水死。將士皆曰：「相公能死，吾輩獨不能耶。」於是參政孛术魯婁室、兀林荅胡土，總帥元志，元帥王山兒、紇石烈柏壽、烏古論桓端及軍士五百餘人，皆從死焉。

仲德狀貌不踰常人，平生喜怒未嘗妄發，聞人過，常護諱之。雖在軍旅，手不釋卷，門生故吏每以名分敎之。家素貧，敝衣糲食，終其身晏如也。雅好賓客，及薦舉人材，人有寸長，極口稱道。其掌軍務，賞罰明信，號令嚴整，故所至軍民爲用，至危急死生之際，無一士有異志者。南渡以後，將相文武，忠亮始終無瑕，仲德一人而已。

贊曰：金之亡，不可謂無人才也。若完顏仲德、張天綱，豈非將相之器乎。昔者智伯死又無後，其臣豫讓不忘國士之報，君子謂其無所爲而爲之，眞義士也。金亡矣，仲德、天綱諸臣不變所守，豈愧古義士哉。

校勘記

〔一〕以烏古論忽魯爲息州刺史　按本書卷一八哀宗紀，天興二年七月「戊申，左右司郎中烏古論蒲鮮兼息州刺史」。汝南遺事卷一作「七月己酉」，官職略同，此作「烏古論忽魯」似誤。

〔二〕北兵所以常取全勝者　「全」原作「金」。按汝南遺事卷二記此言作「全」。今據改。

〔三〕行省遣人奏中渡店之捷　「捷」原作「楚」，據殿本改。

〔四〕九月以忽魯退縮　「忽魯」疑當作「蒲鮮」，參見本卷校記〔一〕。

〔五〕以夾谷九十權息州事　「十」原作「仕」，據殿本改。

〔六〕小婁室自息來迓　按本卷完顏婁室傳，「及上幸蔡，密召中婁室引兵來迓」。此作「小婁室」似誤。

〔七〕語在烏古論鎬傳　原脫「鎬」字，據本卷烏古論鎬傳補。

〔八〕爲宋將孟珙得之　「珙」原作「拱」，據殿本改。

〔九〕軍次黃陵岡　原脫「岡」字。按本書卷一八哀宗紀，天興元年十二月辛丑，「鞏昌元帥完顏忽斜虎至自金昌，以爲尚書右丞從行，甲辰，次黃陵岡」。今據補。

〔一〇〕七月定進馬遷賞格　「七」原作「八」。按本書卷一八哀宗紀，天興二年七月「丁卯，定進馬遷賞格」。汝南遺事卷二同。今據改。

金史卷一百二十

列傳第五十八

世戚

金昭祖娶徒單氏，后妃之族自此始見。世祖時，烏春爲難，世祖欲求昏以結其驩心，烏春曰：「女直與胡里改豈可爲昏。」世宗時，〔二〕賜夾谷清臣族同國人。清臣，胡里改人也。然則四十七部之中亦有不通昏因者矣，其故則莫能詰也。有國家者，昏因有恒族，能使風氣淳固，親義不渝，而貴賤等威有別焉，蓋良法也歟。作世戚傳。

石家奴，蒲察部人，世居案出虎水。祖斛魯短，世祖外孫。桓赧、散達〔三〕之亂，昭肅皇后父母兄弟皆在敵境，斛魯短以計迎還之。

石家奴自幼時撫養于太祖家，及長，太祖以女妻之。年十五，從攻寧江州，敗遼主親軍，攻臨潢府皆有功，襲謀克。其後，自山西護齊國王謀良虎之喪歸上京，道由興中。是時，方攻興中未下，石家奴置柩于驛，率其所領猛安兵助王師，遂破其城。

從宗望討張覺。再從宗翰伐宋。宗翰聞宗望軍已圍汴，遣石家奴計事，抵平定軍遇敵兵數萬，敗之，遂見宗望。已還報，宗翰聞其平定之戰，甚嘉之。

明年，復伐宋，石家奴隸婁室軍。婁室討陝西未下，石家奴領所部兵援之。既而，以本部屯戍西京，會契丹大石出奔，以余睹爲元帥，石家奴爲副，襲諸部族以還。未幾，有疾，退居鄉里。

天眷間，授侍中、駙馬都尉。再以都統定邊部，熙宗賜御書嘉奬之。封蘭陵郡王。除東京留守，以病致仕。卒，年六十三，加贈鄖王。正隆奪王爵，封魯國公。

裴滿達本名忽撻，婆廬木部人。爲人淳直孝友。天輔六年，從蒲家奴追叛寇於鐵呂川，力戰有功。熙宗娶忽撻女，是爲悼平皇后。天眷元年，授世襲猛安。明年，以皇后父拜太尉，封徐國公。皇統元年，除會寧牧。居數歲，以太尉奉朝請。九年，悼后死。無何，海陵弒熙宗，欲邀衆譽，揚熙宗過惡，以悼后死非罪，於是封忽撻爲王。天德三年，薨。子忽覩，爲燕京留守，以罪免，居中都，海陵命馳驛赴之。及葬，使祕書監納合椿年致祭，賻銀五百兩。

忽覩，天眷三年權猛安，皇統元年爲行軍猛安。歷橫海、崇義軍節度使，以后戚怙勢贓汙不法。其在橫海，拜富人爲父，及死，爲之行服而分其貲。在崇義，諷寺僧設齋而受其施。〔四〕及留守中京，益驕恣，苟可以得財無不爲者。選諸猛安富人子弟爲扎野，規取財物，時號「閑郎君」。朝廷以忽覩與徒單恭等汙濫至甚，命秉德黜陟天下官吏，忽覩以贓罷。海陵以忽覩所至縱家奴擾民，乃定禁外官任所閑雜人條約。天德三年，復起爲鄭州防禦使，改安國軍節度使。卒，年三十九。

徒單恭本名斜也。天眷二年，爲奉國上將軍。以告吳十反事，超授龍虎衞上將軍。爲戶部侍郎，出爲濟南尹，遷會寧牧，封譚國公。復出爲太原尹。斜也貪鄙，使工繪一佛像，自稱嘗見佛，其像如此，當以金鑄之。遂賦屬縣金，而未嘗鑄佛，盡入其家，百姓號爲「金總管」。秉德廉訪官吏，斜也以贓免。

海陵篡立，海陵后徒單氏，斜也女，由是復用爲會寧牧，封王。未幾，拜平章政事。海陵獵於胡剌渾水，斜也編列圍場，凡平日不相能者輒杖之。海陵謂宰相曰：「斜也爲相，朕非私之。今聞軍國大事凡斜也所言，卿等一無取，豈千慮無一得乎？」他宰相無以對，溫都思忠舉數事對曰：「某事本當如此，斜也輒以爲如彼，皆妄生異議，不達事宜。臣逮事康宗，累朝宰相未嘗有如斜也專恣者。」海陵默然。斜也於都堂脊杖令史馮仲尹，御史臺劾之，海陵杖之二十。斜也猛安部人撒合出者，言斜也强率取部人財物，海陵命侍御史保魯鞫之。保魯鞫不以實，海陵杖保魯，而以撒合出爲符寶祗候，改隸合扎猛安。

斜也兄定哥尚太祖長女兀魯，定哥死無子，以季弟之子查剌爲後。斜也謀取其兄家財，强納兀魯爲室而不相能，兀魯嘗怨詈斜也。斜也妾忽撻與兀魯不叶，乃譖兀魯於海陵后徒單氏曰：「兀魯怨上殺其兄宗敏，有怨望語。」會韓王亨改廣寧尹，諸公主宗婦往賀其母，兀魯以言慰亨母，忽撻亦以怨望指斥誣兀魯。海陵使蕭裕鞫之，忽撻得幸于徒單后，左驗皆不敢言，遂殺兀魯，斜也因而盡奪查剌家財。大定間皆追正之。海陵以兀魯有怨望語，斜也不奏，遂杖斜也，免所居官。俄，復爲司徒，進拜太保，領三省事，兼勸農使。再進太師，封梁晉國王。

貞元二年九月，斜也從海陵獵于順州。方獵，聞斜也薨，卽日罷獵，臨其喪，親爲擇葬地，遣使營治。及葬，賜輼輬車，上及后率百官祭之，賜謚曰忠。正隆間，改封趙國公，再進齊國公。

其妻先斜也卒，海陵嘗至其葬所致祭，起復其子率府率吾里補爲諫議大夫。大定間，海陵降爲庶人，徒單氏爲庶人妻，斜也降特進犨國公。

烏古論蒲魯虎。父當海，國初有功。蒲魯虎通契丹大小字，娶宋王宗望女昭寧公主什古。熙宗初，爲護衛，改牌印，常侍左右。轉通進，襲父謀克，再遷臨海軍節度使，改衞州防禦使。海陵賜食内殿，謂之曰：「衢州風土甚佳，勿以防禦爲降也。」對曰：「頗聞衞州官署

不利守者。」卽日，改汾陽軍節度使，賜衣服、佩玉、帶劍。入爲太子詹事，卒，年四十一。海陵親臨哭之，后妃皆弔祭，賻贈甚厚。有司給喪事，贈特進駙馬都尉。正隆例贈光祿大夫。

唐括德溫本名阿里，上京率河人也。曾祖石古，從太祖平臘醅麻產，領謀克。祖脫孛魯，領其父謀克，從太祖伐遼，攻寧江、泰州戰有功。父撻懶，尙康宗女，從宋王宗望以軍二萬收平州，至城東十里許遇敵兵甚衆，戰敗之，太祖賞賚甚厚，授行軍猛安。皇統初，遷龍虎衞上將軍，歷興平、臨海等軍節度使。

德溫善射，尙睿宗皇帝女楚國長公主。天眷三年，授宣武將軍。皇統元年，從都元帥宗弼南征，以善突戰遷廣威將軍。六年，遷定遠大將軍。七年，授殿前右副都點檢。天德初，改殿前左副都點檢，遷兵部尙書。出爲大名尹兼本路兵馬都總管，改橫海軍節度使，延安尹兼鄜延路兵馬都總管。世宗卽位，封道國公，爲殿前都點檢、駙馬都尉。大定二年，以父祖功授按出虎猛安所管世襲謀克。三年九月九日，世宗以故事出獵，謂德溫曰：「扈從軍士二千，飲食芻秣能無擾百姓乎。」嚴爲約束，仍以錢一萬貫分給之。四年，爲勸農使，出爲西京留守，賜犀弓玉帶，召入爲皇太子太傅，卒。上輟朝，親臨喪奠祭，賻贈甚厚。徒隸泰州。

十八年，追錄其父撻懶并德溫前後功，授其長子駙馬都尉鼎世襲西北路沒里山猛安，

烏古論粘沒曷，上京胡剌溫屯人也，移屯河間。祖喚端，太祖伐遼常侍左右，追遼主延禧、却夏人援兵皆有功，授世襲謀克。父歡覩，官至廣威將軍。

粘沒曷尙睿宗女冀國長公主，初爲護衞，天德二年襲謀克。海陵伐宋，爲押軍猛安。世宗卽位，軍還，授侍衞親軍步軍都指揮使，加駙馬都尉。歷左副點檢，禁直被酒不親視扃鐍，杖四十。遷右宣徽使、勸農使，出爲興平軍節度使。改廣寧尹，賜錢三千貫。

粘沒曷至廣寧，嗜酒不視事，上以兵部員外郎宗安爲少尹，詔宗安戒諭之，上謂宗安曰：「汝能繼修前政，朕不忘汝，勉之。」大定中，粘沒曷卒。上聞之，遣其子駙馬都尉公說馳驛奔喪，賜錢三千貫，沿路祭物並從官給。

蒲察阿虎迭，初授信武將軍，尙海陵姊遼國長公主迪鉢，爲駙馬都尉。遼國薨，繼尙鄧國長公主崔哥。皇統三年，爲右副點檢。五年，使宋爲賀正旦使，改左副點檢，禮部、工部尙書，廣寧、咸平、臨潢尹，武定軍節度使，封葛王。薨年二十八。海陵親臨葬，贈譚王。正隆例贈特進楚國公。

烏林荅暉本名謀良虎，明德皇后兄也。天眷初，充護衞，以捕宗磐、宗雋功授忠勇校尉，遷明威將軍。從宗弼北征，〔五〕遷廣威將軍，賞以金幣、尙廐擊毬馬。久之，除殿中侍御史，再除蒲速碗羣牧使，謹畜牧，不事遊宴，孳産蕃息，進秩，改特滿羣牧使。

世宗卽位，召見行在，除中都兵馬都指揮使。世宗至中都，將遣使於宋，以暉爲使。世宗曰：「暉嘗私用官錢五百貫。」廼數其罪而罷之，遣高忠建往。因謂宰臣曰：「朕於賞罰，豪髮無所假借。果公廉辦治，雖素所不喜必加升擢，若抵冒公法，雖至親不少恕。」遷都點檢、兼侍衞親軍副都指揮使，卒。遣官致祭，皇太子諸王百官會喪，賻銀千兩、重綵四十端、絹四十匹。詔以暉第三子天錫世襲納鄰河猛安親管謀克。

蒲察鼎壽本名和尙，上京曷速河人，欽懷皇后父也。賦性沉厚有明鑒，通契丹、漢字，長於吏事。尙熙宗女鄭國公主。貞元三年，以海陵女弟慶宜公主子加定遠大將軍，爲尙衣局使，累官器物局使。大定二年，加駙馬都尉，職如故。歷符寶郎、蠡州刺史、濬州防禦使，有惠政，兩州百姓刻石紀之。遷泰寧軍節度使，歷東平府、横海軍，入爲右宣徽使，改左宣徽，授中都路昏得渾山猛安曷速木單世襲謀克。

改河間尹，號令必行，豪右屛跡。有宗室居河間，侵削居民，鼎壽奏徙其族于平州，郡內大治。卒官。上聞之深加悼惜。喪至香山，皇太子往奠，百官致祭，賻銀綵絹。〔六〕明昌三年，以皇后父贈太尉、越國公。

鼎壽既世連姻戚，女爲皇后，長子辭不失凡三尙定國、景國、道國公主。其寵遇如此，未嘗以富貴驕人，當時以爲外戚之冠云。

徒單思忠字良弼，本名寧慶。曾祖賽補，尙景祖女。從太祖伐遼，戰歿于臨潢之渾河。父賽一，尙熙宗妹。正隆末，爲糺椀羣牧使，契丹賊窩斡擾北邊，賽一與戰死之。大定初，

贈金吾衛上將軍。

思忠通敏有才，頗通經史。世宗在潛邸，撫養之。十有二歲從上在濟南，一日，與姻戚公子出遊近郊，有醉人腰弓矢策馬突過，諸公子怒欲鞭之，思忠曰：「醉人昏昧，又何足責。」遂釋之。其人行數十步，忽執弓矢，思忠恐欲傷人，速馳至其傍，奪其弓，弛而還之。上聞之，嘉有識量，由是常使侍側。尙皇弟二女唐國公主。

大定初，世宗使思忠迎南征萬戶高忠建、完顏福壽于遼口，察其去就，思忠知其誠意，乃與俱至東京。世宗卽位，如中都，思忠從行，軍國庶事補益弘多。大定元年十月，拜殿前左衛將軍，二年，加駙馬都尉，卒。上爲輟朝，卽喪所臨奠，命有司備禮葬之，營費從官給。十九年，上追念思忠輔立功，贈驃騎衛上將軍，仍授其子鐸武功將軍、世襲中都路烏獨渾謀克。

徒單繹本名术輦，其先上京按出虎達阿人。祖撒合輦，國初有功，授隆安府路合扎謀克、〔七〕奪古阿隣猛安。

繹美姿儀，通諸國語。尙熙宗第七女瀋國公主。充符寶祗候，遷御院通進，授符寶郎。歷宣德、泰安、淄州刺史，有廉名。改同知廣寧府事，以母鄂國公主憂，不赴。世宗特許以憂制中襲父封。服闋，授同知濟南府事。二十六年，遷棣州防禦使，以政迹聞，升臨海軍節度使，卒。

繹家世貴寵，自曾祖照至繹尙公主者凡四世云。

烏林荅復本名阿里剌，東平人也。奉御出身，大定七年尙世宗第七女宛國公主，授駙馬都尉。改引進使、兼符寶郎，出爲蠡州刺史，三遷歸德軍節度使。明昌三年，轉知興中府事，久之，爲曷懶路兵馬都總管。承安四年，拜絳陽軍節度使，卒。

烏古論元忠本名訛里也，其先上京獨拔古人。父訛論，尙太祖女畢國公主。元忠幼秀異，世宗在潛邸以長女妻之，後封魯國大長公主。正隆末，從海陵南伐。世宗卽位遼陽，時太保昂爲海陵左領軍大都督，遣元忠朝于行在，遂授定遠大將軍，擢符寶郎。諭之曰：「朕初卽位，親密無如汝者，侍從宿衛宜戒不虞。」大定二年，加駙馬都尉，除近侍局使，還殿前

左衛將軍。從世宗獵，上欲射虎，元忠諫止之。進殿前右副都點檢，爲賀宋正旦使，還，轉左副都點檢。坐家奴結攬民稅，免官。十一年，復舊職。明年，升都點檢。十五年，北邊進獻，命元忠往受之，及還，詔諭曰：「朕每遇卿直宿，其寢必安。今夏幸景明宮，卿去久，朕甚思之。」

會大興府守臣闕，遂以元忠知府事。有僧犯法，吏捕得置獄，皇姑梁國大長公主屬使釋之，元忠不聽，主奏其事，世宗召謂曰：「卿不徇情，甚可嘉也，治京如此，朕復何憂。」秩滿，授吏部尙書。以其子誼尙顯宗長女薛國公主。〔八〕

十八年，擢御史大夫，授撒巴山世襲謀克。世宗問左丞相紇石烈良弼孰可相者，良弼以元忠對，乃拜平章政事，封任國公，進尙書右丞相。策論進士之科設，元忠贊成之。世宗將幸會寧，元忠進諫不聽，出知眞定府，尋復詔爲右丞相。

世宗欲甃上京城，元忠曰：「此邦遭正隆軍興，百姓凋弊，陛下休養二十餘年，尙未完復。況土性疏惡，甃之恐難經久，風雨摧壞，歲歲繕完，民將益困矣。」駕東幸久之未還，元忠奏曰：「鑾輿駐此已閱歲，倉儲日少，市買漸貴，禁衞暨諸局署多逃者，有司捕置諸法恐傷陛下仁愛。」世宗嘉納之。

尋出爲北京留守，責諭之曰：「汝强悍自用，顓權而結近密。汝心叵測，其速之官。」後

左丞張汝弼奏事，世宗惡其阿順，謂左右曰：「卿等每事依違苟避，不肯盡言，高爵厚祿何以勝任。如烏古論元忠爲相，剛直敢言，義不顧身，誠可尚也。」於是，改知眞定府事，移知河間。

明昌二年，知廣寧府。以河間修築毬場擾民，會赦下，除順義軍節度使。乞致仕不許，特加開府儀同三司、北京留守。徙知濟南府，過闕令預宴，班平章政事之上。承安二年，移守南京，尋改知彰德府，卒。訃聞，上遣宣徽使白琬燒飯，賻物甚厚。元忠素貴，性麤豪而內深忌，世宗嘗責之。又所至不能戢奴僕，世以此爲訾云。子誼。

誼本名雄名。大定八年，尚海陵女。宴宗室及六品以上官，命婦預焉，上曰：「此女亦太祖之曾孫，猶朕之女，乃父廢亡，非其女之罪也。」海陵女卒，大定二十一年，尚顯宗女廣平郡主。誼歷仕宮衞，爲人麤豪類其父。二十六年，上謂原王曰：「元忠勿望其可復相也。雄名又不及乃父，朕嘗宥待，殊不知恩，汝宜知其爲人。」謂平章政事襄曰：「雄名可令補外。自今宮掖官已有旨補外者，比及廷授，卽毋令入宮。」於是，誼除同知澄州軍州事。章宗卽位，廣平郡主進封鄴國長公主，誼改順天軍節度副使，加駙馬都尉。承安元年，累遷祕書監兼吏部侍郎，改刑部，遷工部尚書。泰和元年，遇父元忠憂。二年，以本官起復。三年，知

東平府事，改知眞定府事。六年，伐宋，遷元帥左都監。七年，轉左監軍。八年，拜御史大夫。大安中，知大名府。至寧初，以謀逆伏誅。

唐括貢本名達哥，太傅阿里之子也。尚世宗第四女吳國公主，授駙馬都尉，充奉御。特授拱衞直副都指揮使，五遷刑部侍郎，坐擅離職削官一階，出爲德州防禦使。升順天軍節度使，移鎭橫海。召爲左宣徽使，遷兵部尚書，改吏部，轉禮部尚書、兼大理卿。

先是，大理卿闕，世宗命宰臣選可授者，左丞張汝弼舉西京副留守楊子益法律詳明。上曰：「子益雖明法，而用心不正，豈可任之以分別天下是非也？大理須用公正人。」右丞粘割斡特剌舉貢可任以閑簡部分而兼領是職，遂以貢爲之。

二十八年，拜樞密副使。章宗立，爲御史大夫。會貢生日，右丞相襄、參知政事劉瑋、吏部郎中賫、中都兵馬都指揮使和喜爲貢壽，遂犯夜禁，和喜遣軍人送襄至第。監察御史徒單德勝劾其事，下刑部逮賫等問狀。上以襄、瑋大臣釋之，而貢等各解職。

尋知大興府事，復爲樞密副使。乞致仕不許，進樞密使，封莘國公，改封蕭。復上表乞退，上曰：「向已嘗告，續知意欲外除，今之告將復若何。」遂優詔許之。尋起知眞定府事。

泰和二年，薨。

烏林荅琳，本名留住。尚鄴國公主，加駙馬都尉。貞祐元年爲靜難軍節度使，夏人犯邠州，琳降。會延安府遣通事張福孫至夏國，夏人使福孫見琳，時已中風，公主令人以狀付福孫，屬以懇禱朝廷，冀早太平得還鄉之意。福孫具以聞，詔賜以藥物。

徒單公弼本名習烈，河北東路算主海猛安人。父府君奴，尚熙宗女，加駙馬都尉，終武定軍節度使。公弼初充奉御，大定二十七年，尚世宗女息國公主，加定遠大將軍、駙馬都尉，改器物局直長。轉副使、兼近侍局直長。丁父憂，起復本局副使。章宗秋山射中虎，虎怒突而前，侍衞皆避去，公弼不動，虎亦隨斃。詔責侍衞而慰諭公弼。除濱州刺史，再遷兵部侍郎，累除知大名府事。

是時，伐宋軍興，有司督逋租及牛頭稅甚急，公弼奏：「軍士從戎，民亦疲弊，可緩徵以紓民。」朝廷從之。大安初，知大興府事，讞武清盜，疑其有寃，已而果獲眞盜。歲餘拜參知

政事，進右丞，轉左丞。至寧初，拜平章政事，封定國公。

貞祐初，進拜右丞相，罷知中山府事。是時，中都圍急不可行，圍解，宣宗曰：「中山新被兵，不如河中善。」乃改知河中府。歷定國軍節度使事、太孫太師、同判大睦親府事。興定五年薨，宣宗輟朝，賻贈，謚恪愿。

徒單銘字國本，顯宗賜名重泰。祖貞，別有傳。父特進、涇國公。〔九〕性重默寡言，粗通經史，事母盡孝。大定末，充奉御。章宗卽位，特勑襲中都路渾特山猛安。明昌五年，授尚醞署直長，累遷侍儀司令、宿直將軍、尚衣局使、兵部郎中，與大理評事孫人鑑爲採訪使，覆按提刑司事。改右衞將軍，轉左衞，出爲永定軍節度使，移河東北路按察使、轉運使。大安三年，改知大名府，就陞河北東西、大名路安撫使。大名荐饑重困，銘乞大出交鈔以賑之。崇慶初，移知眞定府，復充河北東西、大名路宣撫使。至寧元年九月，奉迎宣宗于彰德府，俄拜尚書右丞，出爲北京留守，以路阻不能赴。貞祐二年，卒。

贊曰：天子娶后，王姬下嫁，豈不重哉。秦、漢以來，無世世甥舅之家。關雎之道缺，外戚驕盈，何彼襛矣不作，王姬肅雝之義幾希矣。蓋古者異姓世爵公侯與天子爲昏因，他姓不得參焉。女爲王后，已尙王姬，而自貴其貴，富厚不加焉，寵榮不與焉。使漢、唐行此道，則無呂氏、王氏、武氏之難，公主下嫁各安其分，各得其所矣。金之徒單、拏懶、唐括、蒲察、裴滿、紇石烈、僕散皆貴族也，天子娶后必于是，公主下嫁必于是，與周之齊、紀無異，此昏禮之最得宜者，盛於漢、唐矣。

徒單四喜，哀宗皇后之弟也。天興二年正月辛酉夜，〔一〇〕四喜、內侍馬福惠至自歸德，時河朔已失利，京城猶未知，二人被旨迎兩宮，遂託以報捷，執小黃旗以入，至則奏兩宮以奉迎之意。是日，召二相入議，二相及烏古孫奴申諫不可行。四喜作色曰：「我奉制旨迎兩宮，有敢言不行者當以別勑從事矣。」二相不復敢言，行議遂決。制旨所取兩宮、柔妃裴滿氏及令人張秀蘂、都轄、承御、湯藥、皇乳母鞏國夫人等十餘人外，皆放遣之。又取宮中寶物，馬蹄金四百枚、大珠如栗黃者七千枚、生金山一、龍腦板二及信瑞御璽，仍許賜忠孝軍以兩宮隨行物之半。

壬寅，太后御仁安殿，〔一一〕出錠金及七寶金洗分賜忠孝軍。是夜，兩宮騎而出，至陳留，見城外二三處火起，疑有兵，遲回間，奴申初不欲行，即承太后旨馳還。癸卯，入京頓四喜家，〔一二〕少頃，還宮。復議以是夜再往，太后憊於鞍馬不能動，遂止。

明日，崔立變。四喜、朮甲搭失不及搭失不之父咬住、四喜妻完顏氏，以忠孝卒九十七騎奪曹門而出，將往歸德，不得出，轉陳州門，亦爲門卒所止。門帥裕州防禦使阿不罕斜合已遁去，經歷官完顏合住權帥職，麾門卒放搭失不等去，且曰：「罪在我，非汝等之過。」明日，立以數十騎召合住，合住自分必死，易衣冠而往。立左右扼腕欲加刃。立遙見，問：「汝是放忠孝軍出門者耶？」合住曰：「然。天子使命，某實放之，罪在某。」立忽若有所省，顧羣卒言：「此官人我識之，前築裏城時與我同事。我所部十餘卒盜官木罪當死，此官人不之問，但笞數十而已。此家能殺人，能救人。」因好謂合住曰：「業已放出，吾不汝罪也。」

四喜等至歸德，上驚問兩宮何如，二人奏京城軍變不及入宮。上曰：「汝父汝妻獨得出耶。」下之獄，皆斬於市。

贊曰：四喜奉迎兩宮，而值崔立之變，智者居此，與兩宮周旋兵間，以俟事變之定而徐圖之。萬一不然，以一死徇之耳，他無策也。四喜奉其私親以歸，而望人主貸其死，豈非愚乎。

校勘記

〔一〕烏古論粘沒曷　「曷」原作「合」，同音異譯。今據本卷傳文統一。

〔二〕世宗時　按本書卷九四夾谷清臣傳，明昌「二年，拜尙書左丞，頃之，進平章政事，封芮國公，賜同本朝人」。是「世宗」當作「章宗」。

〔三〕桓赧散達　「達」原作「荅」，同音異譯。今據本書卷六七桓赧、散達傳統一。

〔四〕諷寺僧設齋而受其施　原脫「齋」字。殿本有「齋」字，脫「而」字。今據補「齋」字。

〔五〕從宗弼北征　按天眷以後宗弼專力伐宋，無北征事。「北」疑爲「南」字之誤。

〔六〕百官致祭賻銀綵絹　「賻」原作「䝭」，據殿本改。

〔七〕授隆安府路合扎謀克　按本書卷二四地理志，上京路隆州，遼名黃龍府，天眷三年改爲濟州，大定二十九年更今名，貞祐初升爲隆安府。是「隆安府」之名甚晚，金初當稱「上京路」或「濟州路」。

〔八〕以其子誼尙顯宗長女薛國公主　按本卷誼傳，「大定二十一年尙顯宗女廣平郡主。章宗即位，廣平郡主進封鄴國長公主」。當世宗時不得有「顯宗」「公主」等稱，此蓋修史者追記。又「薛」

字當是「鄴」字之誤。

〔九〕父特進涇國公　按此處顯有脫文，既闕其父名，下文接敍徒單銘事，亦闕一「銘」字。

〔一〇〕天興二年正月辛酉夜　原作「正大九年正月丁酉夜」。按本書卷一八哀宗紀，哀宗於天興元年十二月離汴京，二年正月辛酉至歸德，即「遣奉御朮甲搭失不、后弟徒單四喜往汴京奉迎兩宮」。又本書卷六四后妃傳記此事亦在天興二年正月。而是年正月丙午朔，亦無丁酉。今據改。

〔一一〕壬寅太后御仁安殿　按是月丙午朔，無壬寅。其事在崔立之變前二日。據本書卷一八哀宗紀，崔立之變在戊辰，則「壬寅」當是「丙寅」之誤。

〔一二〕癸卯入京頓四喜家　按下文「明日崔立變」，崔立變在戊辰，則「癸卯」當作「丁卯」。

金史卷一百二十一

列傳第五十九

忠義一

胡沙補　特虎[一]　僕忽得　粘割韓奴　曹珪　溫迪罕蒲睹
訛里也　納蘭綽赤　魏全　鄯陽　夾谷守中　石抹元毅
伯德梅和尚　烏古孫兀屯　高守約　和速嘉安禮　王維翰
移剌古與涅　宋扆　烏古論榮祖　烏古論仲溫　九住
李演　劉德基　王毅　王晦　齊鷹揚　术甲法心　高錫

欒共子曰：「民生於三，事之如一，唯其所在則致死焉。」公卿大夫居其位，食其祿，國家有難，在朝者死其官，守郡邑者死城郭，治軍旅者死行陣，市井草野之臣發憤而死，皆其所

也。故死得其所，則所欲有甚於生者焉。金代褒死節之臣，既贈官爵，仍錄用其子孫。貞祐以來，其禮有加，立祠樹碑，歲時致祭，可謂至矣。聖元詔修遼、金、宋史，史臣議凡例，凡前代之忠於所事者請書之無諱，朝廷從之，烏虖，仁哉聖元之爲政也。司馬遷記豫讓對趙襄子之言曰：「人主不掩人之美，而忠臣有成名之義。」至哉斯言，聖元之爲政足爲萬世訓矣。作忠義傳。

胡沙補，完顏部人。年三十五從軍，頗見任用。太祖使僕刮剌往遼國請阿踈，實覘其形勢。僕刮剌還言遼兵不知其數，太祖疑之，使胡沙補往。還報曰：「遼方調兵，尚未大集。」及見統軍，使其孫被甲立於傍，統軍曰：「人謂汝輩且反，故爲備耳。」及行道中，遇渤海軍，渤海軍向胡沙補且笑且言曰：「聞女直欲爲亂，汝輩是邪。」具以告太祖，又曰：「今舉大事不可後時，若俟河凍，則遼兵盛集來攻矣。乘其未集而早伐之，可以得志。」太祖深然之。及破寧江州，戰于達魯古城，皆有功，賜以旗鼓并御器械。

高永昌請和，胡沙補往招之，取胡突古以歸。高永昌詐降于斡魯，斡魯使胡沙補、撒八往報。會高楨降，言永昌非眞降者，斡魯乃進兵。永昌怒，遂殺胡沙補、撒八，皆支解之。胡

沙補就執，神色自若，罵永昌曰：「汝叛君逆天，今日殺我，明日及汝矣。」罵不絕口，至死。年五十九。天會中，與撒八俱贈遙鎮節度使。

特虎，雅撻瀾水人。軀幹雄偉，敢戰鬬。達魯古城之役，活女陷敵，特虎救出之。攻照散城，遼兵三千來拒，特虎先登，敗之。攻盧葛營，麻吉墮馬，特虎獨殺遼兵數輩，掖而出之。賞賚踰渥。自臨潢班師，至遼河，余睹來襲，婁室已引去，特虎獨殿，馬憊乃步鬬，婁室與數騎來救，特虎止之曰：「我以一死捍敵，公勿來，俱斃無益。」遂沒于陣。皇統間，贈明威將軍。

僕忽得，宗室子。初事國相撒改，伐蕭海里有功。與酬斡俱，招降燭偎水部族，酬斡爲謀克，僕忽得領行軍千戶。從破黃龍府，戰于達魯古城，皆有功。寧江州渤海乙塞補叛，僕忽得追復之。天輔五年九月，酬斡、僕忽得往鼈古河籍軍馬，燭偎水部實里古達等七人殺酬斡、僕忽得，投其尸水中，俱年四十三。太祖悼惜，遣使弔賻加等。六年正月，斡魯伐實

里古達于石里罕河，追及於合撻剌山，殺四人，撫定餘衆。詔斡魯求酬斡、僕忽得尸以葬。天眷中，贈酬斡奉國上將軍、僕忽得昭義大將軍。

酬斡，亦宗室子也。年十五隸軍，從太祖伐遼，率濤溫路兵招撫三坦、石里很、跋苦三水鱉古城邑，皆降之。敗室韋五百于阿良葛城，[二]獲其民衆。至是死焉。

粘割韓奴，以護衞從宗弼征伐，賜鎧甲弓矢戰馬。初，太祖入居庸關，遼林牙耶律大石自古北口亡去，以其衆來襲奉聖州，壁于龍門東二十五里，婁室往取之，獲大石并降其衆。宗望襲遼主輜重于青塚，以大石爲鄉導，詔曰：「遼趙王習泥烈、林牙大石、北王喝里質、節度使訛里剌、孛堇赤狗兒、招討迪六、詳穩六斤、同知海里及諸官民，並釋其罪。」復詔斡魯曰：「林牙大石雖非降附，其爲鄉導有勞，可明諭之。」時天輔六年也。[三]既而亡去，不知所往。

天會二年，遼詳穩撻不野來降，言大石稱王於北方，署置南北面官僚，有戰馬萬匹，畜產甚衆。詔曰：「追襲遼主，必酌事宜而行。攻討大石，須俟報下。」三年，都統完顏希尹言，

聞夏人與耶律大石約曰：「大金既獲遼主，諸軍皆將歸矣，宜合兵以取山西諸部。」詔答曰：「夏人或與大石合謀爲釁，不可不察，其嚴備之。」七年，泰州路都統婆盧火奏：「大石已得北部二營，恐後難制，且近羣牧，宜列屯戍。」詔答曰：「以二營之故發兵，諸部必擾，當謹斥候而已。」八年，遣耶律余睹、石家奴、拔離速追討大石，徵兵諸部，諸部不從，石家奴至兀納水而還。余睹報元帥府曰：「聞耶律大石在和州之域，恐與夏人合，當遣使索之。」夏國報曰：「小國與和州壤地不相接，且不知大石所往也。」

皇統四年，回紇遣使入貢，言大石與其國相鄰，大石已死。詔遣韓奴與其使俱往，因觀其國風俗，加武義將軍，奉使大石。韓奴去後不復聞問。

大定中，回紇移習覽三人至西南招討司貿易，自言：「本國回紇鄒括番部，所居城名骨斯訛魯朶，俗無兵器，以田爲業，所獲十分之一輸官。耆老相傳，先時契丹至不能拒，因臣之。契丹所居屯營，乘馬行自旦至日中始周匝。近歲契丹使其女壻阿本斯領兵五萬北攻葉不輦等部族，不克而還，至今相攻未已。」詔曰：「此人非隸朝廷番部，不須發遣，可於咸平府舊有回紇人中安置，毋令失所。」

是歲，粘拔恩君長撒里雅寅特斯率康里部長孛古及戶三萬餘求內附，乞納前大石所降牌印，受朝廷牌印。詔西南招討司遣人慰問，且觀其意。禿里余睹、通事阿魯帶至其國

見撒里雅，具言願歸朝廷，乞降牌印，無他意也。因曰：「往年大國嘗遣粘割韓奴自和州往使大石，既入其境，大石方適野，與韓奴相遇，問韓奴何人敢不下馬，韓奴曰：『我上國使也，奉天子之命來招汝降，汝當下馬聽詔。』大石曰：『汝單使來，欲事口舌耶。』使人捽下，使韓奴跪，韓奴罵曰：『反賊，天子不忍於爾加兵，遣招汝。爾縱不能面縛請罪闕下，亦當盡敬天子之使，乃敢反加辱乎。』大石怒乃殺之。此時大石林牙已死，子孫相繼，西方諸部仍以大石呼之。」

余睹、阿魯帶還奏，并奏韓奴事。世宗嘉韓奴忠節，贈昭毅大將軍，召其子永和縣商酒都監詳古、汝州巡檢婁室諭之曰：「汝父奉使萬里，不辱君命，能盡死節，朕甚閔之。」以詳古爲尙輦局直長，遷武義將軍，婁室爲武器署直長。

曹珪，徐州人。大定四年，州人江志作亂，珪子弼在賊黨中，珪謀誅志，并弼殺之。尙書省議，當補二官雜班敍。詔曰：「珪赤心爲國，大義滅親，自古罕聞也。法雖如是，然未足以當其功，更進一官，正班用之。」

溫迪罕蒲睹，爲兀者羣牧使。西北路契丹撒八等反，諸羣牧皆應之。蒲睹聞亂作，選家奴材勇者數十人，給以兵仗，陰爲之備。賊不得發，乃紿諸奴曰：「官閱兵器，願借兵仗以應閱。」諸奴以爲實然，遂借與之。明旦，賊至，蒲睹無以禦之。賊執蒲睹而問之曰：「今欲反未？」蒲睹曰：「吾家世受國厚恩，子姪皆仕宦，不能從汝反而累吾族也。」賊怒，臠而殺之，子與孫皆與害。

是時，迪斡羣牧使徒單賽里、副使赤盞胡失荅，耶魯瓦羣牧使鶴壽，歐里不羣牧使完顏术里骨、〔四〕副使完顏辭不失，卜迪不部副使赤盞胡失賴，速木典糺詳穩加古買住，胡睹糺詳穩完顏速沒葛，轄木糺詳穩高彭祖等皆遇害。

鶴壽，鄆王昂子，本名吾都不。〔五〕五院部人老和尙率衆來招鶴壽與俱反，鶴壽曰：「吾宗室子，受國厚恩，寧殺我，不能與賊俱反。」遂與二子皆被殺。

訛里也，契丹人。爲尙廄局直長。大定初，招諭契丹，窩斡叱令訛里也跪見，訛里也不

從，謂曰：「我朝廷使也，豈可屈節於汝。汝等早降可全性命，若大軍至，汝輩悔將何及。」窩斡怒曰：「汝本契丹人，而不我從，敢出是言。」遂害之。從行驍騎軍士閭孫、史大、習馬小底頗荅皆被害。三年，贈訛里也宣武將軍，錄其子阿不沙爲外帳小底。閭孫、史大皆贈修武校尉。頗荅贈忠翊校尉。

納蘭綽赤，咸平路伊改河猛安人。契丹括里使人招之，綽赤不從。括里兵且至，綽赤遂團結旁近村寨爲兵，出家馬百餘匹給之，教以戰陣擊刺之法，相與拒括里于伊改渡口，〔六〕由是賊衆月餘不得進。既而括里兵四萬人大至，綽赤拒戰，賊兵十倍，遂見執，臠而殺之。詔贈官兩階，二子皆得用廕。

魏全，壽州人。泰和六年，宋李爽圍壽州，刺史徒單羲盡籍城中兵民及部曲廝役得三千餘人，隨機拒守堅甚。羲善撫御，得衆情，雖婦人皆樂爲用。同知蒲烈古中流矢卒，羲益勵不衰，募人往斫爽營，全在選中，爲爽兵所執。爽謂全曰：「若爲我罵金主，免若死。」全至

城下，反罵宋主，爽乃殺之，至死罵不絕口。

僕散揆遣河南統軍判官乞住及買哥等以騎二千人救壽州，去壽州十餘里與爽兵遇，乞住分兩翼夾擊爽兵，大破之，斬首萬餘級，追奔至城下，拔其三柵，焚其浮梁。羲出兵應之，爽兵大潰，赴淮死者甚衆。爽與其副田林僅脫身去，餘兵脫者十之四。詔遷羲防禦使，乞住同知昌武軍節度使事，買哥河南路統軍判官。

贈蒲烈古昭勇大將軍，官其子圖剌。

贈全宣武將軍、蒙城縣令，封其妻爲鄉君，賜在州官舍三間，錢百萬，俟其子年至十五歲收充八貫石正班局分承應，用所贈官廕，仍以全死節送史館，鏤版頒諭天下。

鄯陽，宗室子。爲符寶祗候。完顏石古乃爲護衛十人長。至寧元年八月，紇石烈執中作亂，入自通玄門。是日，變起倉猝，中外不知所爲，鄯陽、石古乃往天王寺召大漢軍五百人赴難，與執中戰於東華門外。執中揚言曰：「大漢軍反矣，殺一人者賞銀一定。」執中兵衆，大漢軍少，二人不勝而死。須臾，執中兵殺五百人殆盡。

執中死，詔削官爵。詔曰：「宣武將軍、護衛十人長完顏石古乃，修武校尉、符寶祗候鄯

陽，忠孝勇果，沒于王事。石古乃贈鎮國上將軍、順州刺史，鄯陽贈宣武將軍、順天軍節度副使。嘗從拒戰猛安賞錢五百貫，謀克三百貫，蒲輦散軍二百貫，各遷兩階。戰沒者，贈賞付其家。石古乃子尚幼，以八貫石俸給之，俟年十五以聞。」

夾谷守中，咸平人，本名阿土古。大定二十二年進士，歷淸池、聞喜主簿，補尚書省令史，除刑部主事，監察御史，修起居注。轉禮部員外郎、大名治中，歷嵩琢、〔七〕北京、臨洮路按察副使。以憂去官，起復同知曷懶路兵馬都總管府事，坐事謫韓州刺史，尋復同知平涼府事。大安二年，爲秦州防禦使，遷通遠軍節度使。

至寧末，移彰化軍，〔八〕未行，夏兵數萬入鞏州。守中乘城備守，兵少不能支，城陷，官吏盡降，守中獨不屈。夏人壯之，且誘且脅，守中益堅，遂載而西。至平涼，要以招降府人，守中佯許，至城下卽大呼曰：「外兵矢盡且遁矣，愼勿降。」夏人交刃殺之。

興定元年，監察御史郭著按行秦中，得其事以聞。詔贈資善大夫、東京留守，仍收其子兀母爲筆硯承奉。

石抹元毅本名神思，咸平府路酌赤烈猛安涉果歌仙謀克人也。以廕補吏部令史。再調景州寧津令，有劇盜白晝恣劫爲民害，元毅以術防捍，賊散去。入爲大理知法，除同知亳州防禦使事，被省檄，錄陝右五路刑獄，無寃人。復委受宋歲幣，故事有私遺物，元毅一無所受。

明昌初，驛召爲大名等路提刑判官，以最遷汾陽軍節度副使。時石、嵐間賊黨嘯聚，肆行剽掠，朝廷命元毅捕之，賊畏而遁，元毅追襲，盡殪之，二境以安。遷同知武勝軍節度使事，別郡有殺人者，屢鞫不伏，元毅訊不數語卽具服。河東北路田多山坂磽瘠，大比時定爲上賦，民力久困，朝廷命相地更賦，元毅以三壤法平之，民賴其利。

改彰德府治中，尋以邊警授撫州刺史。會邊將失守，芻糧馬牛焚剽殆盡，元毅率吏卒三十餘人出州經畫軍餉，卒與敵遇。州倅暨從吏堅請還，元毅曰：「我輩責任邊守，遇敵而奔其如百姓何，縱得自安，復何面目見朝廷乎。」〔九〕遂執弓矢令衆，衆感其忠，爭爲效死。元毅力戰，射無不中，敵去而復合，元毅氣愈厲，鏖戰久之，衆寡不敵遂遇害，時年四十七。事聞，上深驚悼，贈信武將軍，召用其子世勣侍儀司承應。

世勣後登進士第，奏名之日，上謂宰臣曰：「此神思子耶。」歎賞者久之。元毅性沈厚，

武勇過人，每讀書見古人忠義事未嘗不嗟歎賞慕，喜動顏色，故臨難能死所事云。

伯德梅和尚，泰州人也。性鯁直，尚氣節。正隆五年，收充護衛，授曷魯椀羣牧副使。未幾，復召爲護衛十人長，改尚廐局副使，遷本局使，轉右衛將軍拱衛使。典尚廐者十餘年，積勞特遷官二階，除復州刺史。明昌初，爲西北路副招討，改秦州防禦使，升武勝軍節度使。六年，移鎭崇義軍。時有事北邊，左丞相夾谷淸臣行省于臨潢，檄爲副統。

會敵入臨潢，梅和尚暨護衛鬪合土等領軍逆擊之。敵積陣以待，梅和尚直擣其陣，殺傷甚衆。敵知孤軍無繼，聚兵圍之。度不能免，乃下馬相背射，復殺百餘人，矢盡猶以弓提擊，爲流矢所中死，鬪合土等皆沒。

上聞之震悼，詔贈龍虎衛上將軍，賜還十階，特賜錢二十萬，命以禮葬之，物皆官給，以其子都奴爲軍前猛安，中奴護喪，就差權同知臨潢府事李達可爲勑祭使，同知德昌軍節度使事石抹和尚爲勑葬使。

承安五年，上諭尚書省曰：「梅和尚死王事，其子都奴從軍久有功，其議所以酬之。」乃命爲典署丞。

烏古孫兀屯，上京路人。大定末，襲猛安。明昌七年，以本兵充萬戶，備邊有功，除歸德軍節度副使，改盤安軍，察廉，遷同知速頻路節度使事。以憂去官，起復歸德府治中，遷唐州刺史。

泰和六年四月，宋皇甫斌步騎萬人侵唐州，兀屯兵甚少，遣泌陽尉白撒不、巡檢蕭開各以五十人乘城拒守。兀屯見宋兵在城東北者可破，令軍事判官撒虎帶以精兵百人自西門出，繞出東北宋兵營後掩擊之，殺數十百人，宋兵大亂，追夜乃遁去。五月，皇甫斌復以兵數萬來攻，行省遣泌陽副巡檢納合軍勝救唐州。兀屯出兵與軍勝合兵城東北，設伏兵以待之。乃分騎兵爲三，一出一入以致宋兵。宋兵陷于淖，伏兵發，中衝宋兵爲二，遂大潰。追奔至湖陽，斬首萬餘級，獲馬三百匹。詔遷兀屯同知河南府事，軍勝遷梁縣令，各進兩階。兀屯賞銀三百五十兩、重綵十端，爲右副元帥完顏匡右翼都統。

匡取棗陽，遣兀屯襲神馬坡，宋兵五萬人夾水陣，以强弩拒岸，兀屯分兵奪其三橋，自辰至午連拔十三柵，遂取神馬坡。從攻襄，至漢江，兀屯亂流徑度。復進一階，號平南虎威

將軍。宋人請和，遷河南副統軍。大安初，遷昌武軍節度使，副統軍如故。遷西南路招討使。兀屯御下嚴酷，軍士多亡，杖六十。除同知上京留守事。大安三年，將兵二萬入衞中都，遷元帥右都監，轉左都監，兼北京留守。有功，賜金吐鶻、重綵十端。遷元帥左監軍，留守如故。

貞祐元年閏月，以兵入衞中都，詔以兵萬六千人守定興，軍敗，兀屯戰沒。

高守約字從簡，遼陽人。大定二十八年進士，累官觀州刺史。大元兵徇地河朔，郭邦獻已歸順，從至城下，呼守約曰：「從簡當計全家室。」守約弗顧，至再三，守約厲聲曰：「吾不汝識也。」城破被執，使之跪，守約不屈，遂死。詔贈崇義軍節度使，謚忠敬。

和速嘉安禮字子敬，本名酌，大名路人。穎悟博學，淹貫經史。大定二十八年進士。至寧末，爲泰安州刺史。貞祐初，山東被兵，郡縣望風而遁，或勸安禮去之，安禮曰：「我去，城誰與守，且避難負國家之恩乎？」乃團練繕完，爲禦守計。已而，大元兵至，戰旬日不能下，謂之曰：「此孤城耳，內無糧儲，外無兵援，不降無遺類矣。」安禮不聽。城破被執，初不識其爲誰，或妄以酒監對，安禮曰：「我刺史也，何以諱爲？」使之跪，安禮不屈，遂以戈撞其胸而殺之。詔贈泰定軍節度使，謚堅貞。

王維翰字之翰，利州龍山人。父庭，遂季率縣人保縣東山，後以衆降。維翰好學不倦，中大定二十八年進士。調貴德州軍事判官，察廉遷永霸令。縣豪欲嘗試維翰，設事陳訴，維翰窮竟之，遂伏其詐，杖殺之，健訟衰息。歷弘政、獲嘉令，佐胥持國治河決，有勞，遷一階。改北京轉運戶籍判官，補尚書省令史。

除同知保靜軍節度使事，檢括戶籍，一郡稱平。屬縣有奴殺其主人者，誣主人弟殺之，刑部疑之。維翰審讞，乃徹行物色之，得其狀，奴遂引服。改中都轉運副使，擢侍御史，奏事殿中，章宗曰：「佳御史。」就除侍御史。改左司員外郎，轉右司郎中。僕散揆伐宋，維翰行省左右司郎中。

泰和七年，河南旱蝗，詔維翰體究田禾分數以聞。七月，雨，復詔維翰曰：「雨雖霑足，秋種過時，使多種蔬菜猶愈於荒萊也。蝗蝻遺子，如何可絕？舊有蝗處來歲宜菽麥，諭百姓使知之。」

八年，宋人受盟，還爲右司郎中，進官一階。上問：「宋人請和復能背盟否？」維翰對曰：「宋主怠于政事，南兵佻弱，兩淮兵後千里蕭條，其臣懲韓侂胄、蘇師旦，無復敢執其咎者，不足憂也。唯北方當勞聖慮耳。」

久之，遷大理卿，兼潞王傅，同知審官院事。新格，教坊樂工階至四品，換文武正資，服金紫。維翰奏：「伶優賤工，衣搢紳之服，非所以尊朝廷也。」從之。大安初，權右諫議大夫，三司欲稅間架，維翰諫不聽。轉御史中丞，無何，遷工部尚書，兼大理卿，改刑部尚書，拜參知政事。

貞祐初，罷爲定海軍節度使。是時，道路不通，維翰舟行遇盜，呼謂之曰：「爾輩本良民，因亂至此，財物不惜，勿恐吾家。」盜感其言而去。至鎮，無兵備，鄰郡皆望風奔潰，維翰謂吏民曰：「孤城不可守。此州阻山浮海，當有生地，無俱爲魚肉也。」乃縱百姓避難。維翰率吏民願從者奔東北山，結營堡自守，力窮被執不肯降。妻姚氏亦不肯屈，與維翰俱死。詔贈中奉大夫，姚氏芮國夫人，謚貞潔。

移剌古與涅，安化軍節度使。貞祐初，大元兵取密州，古與涅率兵力戰，流矢連中其頸，既拔去復中其頰，死焉。貞祐三年，詔贈安遠大將軍、知益都府事。

宋扆，中都宛平人也。正隆五年進士。歷辰州、寧化州軍事判官，曹王府記室參軍，陝西西路轉運都勾判官。補尚書省令史，除武定軍節度副使、中都右警巡使。時固安縣丞劉昭與部民裴原爭買鄰田，扆用昭屬，抑原使毋爭。御史臺劾奏，奪一官，解職，降廣寧府推官。改遼東路鹽使。丁父憂，起復吏部員外郎，歷薊、曹、景州刺史，〔一〇〕同知中都路轉運使事，遷北京、臨潢等路按察使。改安國軍節度使、河東南路轉運使。御史劾其前任按察侵民舍不稱職，降沂州防禦使，移濬州，遷山東西路轉運使，改定海軍節度使。貞祐二年，改沁南軍，〔一一〕正月，大元兵至懷州，城破死焉。扆天資刻酷，所至不容物，以是蹭蹬於世云。

烏古論榮祖本名福興，河間人。明昌二年進士，歷官補尚書省令史，除都轉運司都勾

判官，轉弘文校理，升中都總管府判官，察廉除震武軍節度副使、彰德府司馬，累遷戶部員外郎、寧海州刺史。貞祐二年城破，榮祖猶力戰，死之。贈安武軍節度使，賜諡毅勇。

烏古論仲溫本名胡刺，蓋州按春猛安人。大定二十五年進士，累官太學助教、應奉翰林文字、河東路提刑判官，改河北東路轉運副使。御史薦前任提刑稱職，遷同知順天軍節度使事，簽上京、東京等路按察司事，改提舉肇州漕運、兼同知武興軍節度使事、東勝州刺史。坐前在上京不稱職，降鎮寧軍節度副使。改滑州刺史、河東南路按察副使、壽州防禦使。

貞祐初，遷鎮西軍節度使。是時，中都被圍，遂至太原，移書安撫使賈益謙，約以鄉兵救中都。因馳驛如平陽，將與益謙會于絳，不能進，抵平陽而還。仲溫嘗治平陽，吏民爭留之，仲溫曰：「平陽巨鎮，易爲守禦，於私計得矣，如嵐州何。」遂還鎮。已而，大元兵大至，城破，不屈而死。贈資德大夫、婆速路兵馬都總管，諡忠毅，歲時致祭。

九住，宗室子，爲武州刺史，唐括孛果速爲軍事判官。貞祐二年十一月，大元兵取九住子姪抵城下，謂之曰：「山東、河北今皆降我，汝之家屬我亦得已，苟不速降且殺之也。」九住曰：「當以死報國，遑恤家爲。」無何，城破，力戰而死，孛果速亦不屈死焉。詔贈九住臨海軍節度使，加驃騎衞上將軍。孛果速建州刺史，加鎮國上將軍。仍令樹碑，歲時致祭。

李演字巨川，任城人。泰和六年進士第一，除應奉翰林文字。再丁父母憂，居鄉里。貞祐初，任城被兵，演墨衰爲濟州刺史，畫守禦策。召集州人爲兵，搏戰三日，衆皆市人不能戰，逃散。演被執，大將見其冠服非常，且知其名，問之曰：「汝非李應奉乎？」演答曰：「我是也。」使之跪不肯，以好語撫之亦不聽，許之官祿，演曰：「我書生也，本朝何負於我，而利人之官祿哉。」大將怒，擊折其脛，遂曳出殺之，時年三十餘。贈濟州刺史，詔有司爲立碑云。

劉德基，大興人。貞祐元年，特賜同進士出身。守官邊邑，夏兵攻城，德基坐廳事，積

薪其傍，謂家人曰：「城破即焚我。」及城破，其家人不忍縱火，遂被執。脅使跪降，德基不屈。同僚故人紿夏人曰：「此人素病狂，故敢如此。」德基曰：「爲臣子當如此爾，吾豈狂耶？」夏人壯其義，乃繫諸獄，冀其改圖。已而召問，德基大罵，終不能從，曰：「吾豈苟生者哉。」遂害之。贈朝列大夫、同知通遠軍節度使事。

王毅，大興人。經義進士，累官東明令。貞祐二年，東明圍急，毅率民兵願戰者數百人拒守。城破，毅猶率衆抗戰，力窮被執，與縣人王八等四人同驅之郭外。先殺二人，王八即前跪將降，毅以足踣之，厲聲曰：「忠臣不佐二主，汝乃降乎。」驅毅者以刃斫其脛，毅不屈而死。贈曹州刺史。

王晦字子明，澤州高平人。少負氣自憙，常慕張詠之爲人，友妻與人有私，晦手刃殺之。中明昌二年進士，調長葛主簿，有能聲。察廉除遼東路轉運司都勾判官，提刑司舉其能，轉北京轉運戶籍判官。遷安陽令，累除簽陝西西路按察司事，改平涼治中。召爲少府

少監，遷戶部郎中。貞祐初，中都戒嚴，或舉晦有將帥才，俾募人自將，得死士萬餘統之。率所統衞送通州粟入中都，有功，遷霍王傅。以部兵守順州。

通州圍急，晦攻牛欄山以解通州之圍。賜賚優渥，遷翰林侍讀學士，加勸農使。九月，順州受兵，晦有別部在滄、景，遣人突圍召之，衆皆踊躍思奮，而主者不肯發。王臻，晦之故部曲也，免冑出見，且拜曰：「事急矣，自苦何爲，苟能相從，可不失富貴。」晦曰：「朝廷何負汝耶？」臻曰：「臻雖負國，不忍負公。」因泣下。晦叱曰：「吾年六十，致位三品，死則吾分，詎從汝耶。」將射之，臻掩泣而去。無何，將士縋城出降，晦被執，不肯降，遂就死。

初，晦就執，謂其愛將牛斗曰：「若能死乎？」曰：「斗蒙公見知，安忍獨生。」併見殺。詔贈榮祿大夫、樞密副使，仍命有司立碑，歲時致祭。錄其子汝霖爲筆硯承奉。

齊鷹揚，淄州軍事判官。楊敏中，屯留縣尉致仕。張乞驢，淄州民。貞祐初，大元兵取淄州，鷹揚等募兵備禦，城破，率衆巷戰。鷹揚等三人創甚被執，欲降之，鷹揚伺守者稍怠，卽起奪槊殺數人，與敏中、乞驢皆不屈以死。〔二〕詔贈鷹揚嘉議大夫、淄州刺史，仍立廟于州，以時致祭。敏中贈昭勇大將軍、同知橫海軍節度使事。乞驢特贈宣武將軍、同知淄州軍州事。

术甲法心，薊州猛安人。官至北京副留守。貞祐二年，爲提控，與同知順州軍州事溫迪罕咬查剌俱守密雲縣。法心家屬在薊州，大元兵得之，以示法心曰：「若速降當以付汝，否則殺之。」法心曰：「吾事本朝受厚恩，戰則速戰，終不能降也，豈以家人死生爲計耶。」城破，死于陣。咬查剌被執，亦不屈而死。

盤安軍節度判官蒲察糺舍與雞澤縣令溫迪罕十方奴同守薊州，衆潰而出，糺舍、十方奴死之。

詔贈法心開府儀同三司、樞密副使，封宿國公，咬查剌鎭國上將軍、順州刺史，糺舍金紫光祿大夫、薊州刺史，十方奴鎭國上將軍、薊州刺史。仍命樹碑，以時致祭。

高錫字永之，德基子。以廕補官。積勞調淄州酒使，課最。遷平鄉令。〔一三〕察廉遷遼東路轉運支度判官、〔一四〕太倉使、法物庫使、兼尚林署直長、提舉都城所，歷北京、遼東轉運副使、同知南京路轉運使事。貞祐初，累遷河北東路按察轉運使。城破，遂自投城下而死。

校勘記

〔一〕特虎　原作「特虎雅」。按本卷特虎傳云，「特虎，雅撻懶水人」。此「雅」字顯係涉下文而衍。道光四年殿本已删，今從之。

〔二〕敗室韋五百于阿良葛城　按本書卷七一斡魯傳記此事作「以兵五百敗室韋，獲其民衆」。

〔三〕時天輔六年也　按本書卷二太祖紀，天輔七年「四月，生獲大石，悉降其衆」。又五月己巳，次落藜濼，「斡魯等以趙王習泥烈、林牙大石、駙馬乳奴等來獻」。與此作「六年」異。

〔四〕歐里不羣牧使完顏朮里骨　原脫「使」字。據本書卷五七百官志諸羣牧所條補。

〔五〕鶴壽鄆王昂子本名吾都不　按卷六五昂傳，「鄆王昂，本名吾都補」。「不」「補」同音異譯，疑此處「子」字當在「吾都不」之下。

〔六〕相與拒括里于伊改渡口　原脫「伊」字。按上文已見伊改河之名。本書卷九一溫迪罕移室懣傳，正隆末年契丹反，「移室懣率數千人殺賊萬餘于伊改河」。今據補。

〔七〕歷嵩琢　「琢」殿本作「涿」。按金地名無「琢」。本書常見「嵩汝」連書，此「琢」或「汝」字之誤。

〔八〕至寧末移彰化軍　「化」原作「德」。按本書卷二六地理志，「涇州，彰化軍節度使」。卷六二交聘表，「貞祐元年十二月癸亥，夏人陷鞏州，涇州節度使夾谷守中死之」。今據改。

〔九〕復何面目見朝廷乎　原脫「見」字，據文義補。

〔一〇〕歷薊曹景州刺史　「薊」原作「蘇」。按本書卷二四地理志，中都路有「薊州，刺史」。今據改。

〔一一〕改沁南軍　「沁」原作「泌」，據殿本改。

〔一二〕與敏中乞驢皆不屈以死　原脫「與」字，據文義補。

〔一三〕遷平鄉令　「平」原作「苹」。按本書卷二五地理志，河北西路邢州有平鄉縣。今據改。

〔一四〕察廉遷遼東路轉運支度判官　「支度」原作「度支」，據本書卷五七百官志都轉運司條改。

金史卷一百二十二

列傳第六十

忠義二

吳僧哥，西南路唐古乙剌糺上沙鷰部落人。拳勇善騎射。大安間，選籍山西人爲兵，

僧哥充馬軍千戶，有功。貞祐初，遷萬戶，權順義軍節度使。朔州失守，僧哥復取之，眞授同知節度使事。弟權同知節度使事迪剌眞授節度副使。權節度副使燕曹兒眞授節度判官。提控馬壽兒以下，遷授有差。

衆苦乏食，僧哥乞賜糧十五萬斛，朝廷以爲應州已破，朔爲孤城，其勢不可守，乃遷朔之軍民九萬餘口分屯於嵐、石、隰、吉、絳、解之間。未行，大元兵至朔州，戰七晝夜，有功，加遙授同知太原府事、兼同知節度使事，迪剌石州刺史，曹兒同知岢嵐州防禦使事。四年，始遷其民南行，且戰且行者數十里，僧哥力憊馬蹶死焉，時年三十。詔贈鎭國上將軍、順義軍節度使。

烏古論德升本名六斤，益都路猛安人。明昌二年進士。累官補尙書省令史，知管差除。除吏部主事、絳陽軍節度副使。丁父憂，起復太常博士、東平治中。大安初，知弘文院。改侍御史，論西京留守紇石烈執中姦惡，衞紹王不聽，遷肇州防禦使。

宣宗遷汴，召赴闕，上言：「泰州殘破，東北路招討司猛安謀克人皆寓于肇州，凡徵調往復甚難。乞升肇州爲節度使，以招討使兼之。置招討副使二員，分治泰州及宜春。」詔從之。進翰林侍讀學士、兼戶部侍郎。俄以翰林侍讀權參知政事，與平章政事抹撚盡忠論近

侍局預政，宣宗怒，語在盡忠傳。無何，出爲集慶軍節度使，改汾陽軍節度使、河東北路宣撫副使，復改知太原府事、權元帥左監軍。

興定元年，大元兵急攻太原，糧道絕。德升屢出兵戰，糧道復通，詔遷官一階。德升上言：「皇太子聰明仁孝，保訓之官已備，更宜選德望素著之士朝夕左右之。日聞正言、見正行，此社稷之洪休、生民之大慶也。」宣宗嘉納之。

二年，眞授左監軍，行元帥府事。大元兵復圍太原，環之數匝，已破濠垣，德升植柵爲拒，出其家銀幣及馬賞戰士。北軍壞城西北隅以入，德升聯車塞之，三却三登，矢石如雨，守陴者不能立。城破，德升至府署，謂其姑及其妻曰：「吾守此數年，不幸力窮。」乃自縊而死。其姑及其妻皆自殺。詔贈翰林學士承旨。子兀里偉尙幼，詔以奉御俸養之。

張順，淄州士伍。淄州被圍，行省侯摰遣總領提控王庭玉將兵救之。庭玉募順等三十人往覘兵勢，且欲令城中知援兵之至。乘夜潛至城下，順爲所得。執之使宣言行省軍敗績，庭玉亦死，宜速降。順陽許諾，旣乃呼謂城中曰：「外兵無多，王節度軍且至，堅守毋降。」兵刃交下，順曰：「得爲忠孝鬼，足矣。」遂死。淄人知救兵至，以死守，城賴以完。後贈宣武將軍、同知棣州防禦使事。詔有司給養其親，且訪其子孫，優加任用。

馬驤，禹城人也。登進士，歷官有聲。貞祐三年，爲曹州濟陰令。四月，大元克曹州，驤被執。軍卒搒掠求金，驤曰：「吾書生，何從得是。」又使跪，驤曰：「吾膝不能屈，欲殺卽殺，得死爲大金鬼，足矣。」遂死。贈朝列大夫、泰定軍節度副使，仍樹碑于州，歲時致祭。〔二〕貞祐四年七月，詔以其男惟賢于八貫石局分收補。

伯德窊哥，西南路咩糺奚人。壯健沉勇。大元兵克西南路，鄰郡皆降，窊哥獨不屈。貞祐五年，東勝州已破，窊哥與姚里鴉胡、姚里鴉兒招集義軍，披荆棘復立州事。河東北路行元帥府承制除窊哥武義將軍、寧遠軍節度副使，姚里鴉胡武義將軍、節度判官，姚里鴉兒武義將軍、觀察判官。窊哥等以恩不出朝廷，頗懷觖望，縱兵剽掠。興定元年，詔窊哥遙授武州刺史、權節度使，姚里鴉胡權同知節度使事，姚里鴉兒權節度副使，各遷官兩階。

興定三年，窊哥特遷三官，遙授同知晉安府事，尋眞授東勝軍節度使。東勝被圍，城中糧盡，援兵絕，窊哥率衆潰圍，走保長寧寨，詔各進一官，戰沒者贈三官。九月，復被圍，窊哥死之。

奧屯醜和尚，爲代州經略使。貞祐四年八月，大元兵攻代州，和尚禦戰敗績，身被數創，被執。欲降之，不屈，遂死。

從坦，宗室子。大安中，充尚書省祗候郎君。貞祐二年，自募義兵數千，充宣差都提控，詔從提舉奉先、范陽三都統兵。除同知涿州事，遷刺史，佩金牌，經略海州。頃之，充宣差都提控，安撫山西軍民，應援中都。上書曰：「絳、解二州僅能城守，而村落之民皆嘗被兵，重以連歲不登，人多艱食，皆恃鹽布易米。今大陽等渡乃不許粟麥過河，願罷其禁，官稅十三，則公私皆濟矣。」又曰：「絳、解、河中必爭之地，惟令寶昌軍節度使從宜規畫鹽池之利，〔三〕以實二州，則民受其利，兵可以强矣。」又曰：「中條之南，垣曲、平陸、芮城、虞鄉，河東之形勢，陝、洛之襟喉也。可分陝州步騎萬二千人爲一提控、四都統，分戍四縣，此萬全之策也。」又曰：「平陸產銀鐵，若以鹽易米，募工鍊冶，可以廣財用、備戎器，小民傭力爲食，可以息盜。」又曰：「河北貧民渡河逐食，已而復還濟其饑者，艱苦殊甚。苛暴之吏抑止誅求，弊莫大焉。」又曰：「河南、陝西調度未急，擇騎軍牝馬羣牧，不二三年可增數萬騎，軍勢自振矣。」又曰：「諸路印造寶券，久而益多，必將積滯。止於南京印造給降，庶可久行。」又曰：「河北職任雖除授不次，而人皆不顧者，蓋以物價十倍河南，祿廩不給，飢寒且

至。若實給俸粟之半，少足養廉，則可責其効力。」又曰：「河北之官，朝廷減資遷秩躐等以答其勞。聞河南官吏以貶逐目之，彼若以爲信然，誰不解體。」書奏，下尚書省議，惟許放大陽等渡、宣撫司量民力給河北官俸、目河北爲貶所者有禁而已。

四年，行樞密院于河南府，上書曰：「用兵累年，出輒無功者，兵不素勵也。士庶且充行伍，況於皇族與國同休戚哉。皆當從軍，親冒矢石爲士卒先，少寬聖主之憂。族人道哥實同此心，願隸臣麾下。」宣宗嘉其忠，許之。

興定元年，改輝州刺史，權河平軍節度使、孟州經略使。初，御史大夫權尚書右丞永錫被詔經略陝西，宣宗曰：「敵兵强則謹守潼關，毋使得東。」永錫既行，留澠池數日，〔四〕至京兆駐兵不動。頃之，潼關破，大元兵次近郊。由是永錫下獄，久不決。從坦乃上疏救之，略曰：「竊聞周祚八百，漢享國四百餘載，皆以封建親戚，犬牙相制故也。孤秦、曹魏亡國不永，晉八王相魚肉，猶歷過秦、魏，自古同姓之親未有不與國存亡者。本朝胡沙虎之難，百僚將士無敢誰何，鄯陽、石古乃奮身拒戰，盡節而死。御史大夫永錫才不勝任，而必用之，是朝廷之過也。國之枝葉已無幾矣，伏惟陛下審圖之。」於是，宗室四百餘人上書論永錫，皆不報。久之，永錫杖一百，除名。

當是時諸路兵皆入城自守，百姓耕稼失所，從坦上書曰：「養兵所以衞民。方今河朔惟眞定、河間之衆可留扞城，其餘府州皆當散屯于外，以爲民防，俟稼穡畢功然後移于屯守之地，是爲長策。」從之。加遙授同知東平府事，權元帥左監軍、行元帥府事，與參知政事李革俱守平陽。

興定二年十月，從坦上奏：「太原已破，行及平陽。河東郡縣皆不守，大抵屯兵少、援兵不至故耳。行省兵不滿六千。平陽，河東之根本，河南之藩籬也。乞併懷、孟、衞州之兵以實潞州，調澤州、沁水、端氏、高平諸兵並山爲營，爲平陽聲援。惟祈聖斷，以救倒懸之急。」是月壬子，大元兵至平陽，提控郭用戰于城北濠垣，被執不屈而死。癸丑，城破，從坦自殺。贈昌武軍節度使。

孛朮魯福壽，爲唐邑主簿。大元兵攻唐邑，福壽與戰，死之。贈官三階，賻錢五百貫。

吳邦傑，登州軍事判官。邦傑寓居日照之村墅，爲大元兵所得，驅令攻城，邦傑曰：「吾荷吾國恩，詎忍攻吾君之城。」與之酒食不顧，乃殺之。詔贈朝列大夫、定海軍節度副使。

納合蒲刺都，大名路猛安人。承安二年進士，調大名教授。累除比陽令，補尚書省令

史，除彰德軍節度副使，以憂去官。貞祐二年，調同知西安軍節度使事，歷同知臨洮、平涼府事，河州防禦使。三年，夏人圍定羌，蒲刺都擊走之，以功加遙授彰化軍節度使。

四年，升河州爲平西軍，就以蒲刺都爲節度使。上言：「古者一人從軍，七家奉之，興十萬之師，不得操事者七十萬家。今籍諸道民爲兵者十之七八，奉之者纔二三，民安得不困。夫兵貴精，不在衆寡。擇勇敢謀略者爲兵，脆懦之徒使歸農畝，是亦紓民之一端也。」又請補官贖罪以足用，及請許人射佃陝西荒田、開採礦冶，不報。

改知平涼府事，入爲戶部尚書。是時，伐宋大捷，蒲刺都奏：「宋人屢敗，其氣必沮，可乘此遣人諭說，以尋舊盟。若宋人不從，然後伐之，疾讎怒頑，易以成功。」朝廷不能用。蒲刺都又言：「諸軍當汰去老弱，妙選精銳，庶可取勝。陝西弓箭手不習騎射，可選善騎者代之。延安屯兵甚衆，分徙萬人駐平涼。關中元帥猥多，除京兆重鎮，其餘皆可罷。鞏縣以北，黃河南岸，及金鉤、弔橋、虎牢關、虢州嵎嶺，凡斜徑僻路俱當置兵防守。」詔下尚書省、樞密院議，竟不施行。

未幾，改元帥右監軍、兼昭義軍節度使、行元帥府事。興定二年，潞州破，力戰而死。贈御史大夫。

女奚烈斡出，仕至楨州刺史，被行省牒徙州人于金勝堡。已而大兵至，斡出拒戰，中流矢，病創臥。花帽軍張提控言：「兵勢不可當，宜速降。」斡出曰：「吾曹坐食官祿，可忘國家恩乎。汝不聞趙坊州乎，以金帛子女與敵人，終亦不免。我輩但當力戰而死耳。」至夜，張提控引數人持兵仗以入，脅斡出使出降，斡出曰：「聽汝所爲，吾終不屈也。」遂殺之，執其妻子出降。

初，楨州人遷金勝堡多不能至，軍事判官王謹收遺散之衆，別屯周安堡。周安堡不繕完樓堞，置戰守之具，兵至，謹拒戰十餘日，內潰，被執不屈而死。詔斡出、謹各贈官六階、升職三等。

時茂先，日照縣沙溝酒監，寓居諸城。紅襖賊方郭三據密州，過其村，居民相率迎之，賊以元帥自稱，茂先怒謂衆曰：「此賊首耳，何元帥之有。」方郭三聞而執之，斷其腕，茂先大罵，賊不勝忿，復剔其目，亂刃剉之，至死罵不絕。詔贈武節將軍、同知沂州防禦使事。

溫迪罕老兒，爲同知上京留守事。蒲鮮萬奴攻上京，其子鐵哥生獲老兒，脅之使招餘人，不從，鐵哥怒，亂斫而死。贈龍虎衞上將軍、婆速兵馬都總管，以其姪黑厮爲後，特授四官。

梁持勝字經甫，本名詢誼，避宣宗嫌名改焉。保大軍節度使襄之子。多力善射。泰和六年進士，復中宏詞。累官太常博士，遷咸平路宣撫司經歷官。

興定初，宣撫使蒲鮮萬奴有異志，[五]欲棄咸平徙曷懶路，持勝力止之，萬奴怒，杖之八十。持勝走上京，告行省太平。是時，太平已與萬奴通謀，口稱持勝忠，而心實不然，署持勝左右司員外郎。

既而，太平受萬奴命，焚毀上京宗廟，執元帥承充，奪其軍。持勝與提控咸平治中裴滿賽不、萬戶韓公恕約，殺太平，復推承充行省事，共伐萬奴。事泄，俱被害。詔贈持勝中順大夫、韓州刺史，賽不鎮國上將軍、顯德軍節度使，公恕明威將軍、信州刺史。

賈邦獻，霍州霍邑縣陳村人也。舉進士第。質直有勇略。大元攻河東，邦獻集居民爲守禦計。既而，兵大至，居民悉降。邦獻棄其家，獨與子懿保於松平寨。是時，權知州事劉珍在寨，與之共守，竟能成功。珍每欲辟之，邦獻輒以衰老爲辭。

興定四年十月，兵復大至，病不能避，與懿俱被執。欲以爲鎮西元帥，且持刃脅之，邦獻不屈，密遣懿歸松平，遂自剄。贈奉直大夫、本縣令。

移剌阿里合，遼人。興定間，累遷霍州刺史。興定四年正月，移霍州治好義堡。大元兵至，阿里合力戰不能敵，兵敗被執。誘使降，阿里合曰：「吾有死無貳。」叱使跪，但向闕而立，於是叢矢射殺之。

寶昌軍節度副使孔祖湯同時被獲。既又令祖湯跪，祖湯不從，亦死。

詔贈阿里合龍虎衞上將軍、泰定軍節度使，祖湯資善大夫、同知平陽府事。祖湯，泰和三年進士。

完顏六斤，中都路胡土愛割蠻猛安人。大安中，以蔭補官，選充親軍。調阜平尉，遷方城令，改通州軍事判官，以功遷本州刺史。頃之，元帥右都監蒲察七斤執之以去。未幾，挈家脫歸，除同知臨洮府事，徙慶陽，遷保大軍節度使。興定五年，鄜州破，六斤自投崖下死焉。贈特進、知延安府事。詔陝西行省訪其子孫以聞。

紇石烈鶴壽，河北西路山春猛安人。性淳質，軀幹雄偉。初充親軍。中泰和三年武

舉，調褒信縣副巡檢。六年，宋人圍蔡州，鶴壽請于防禦使，與勇士五十人夜斫宋營，使諸軍譟于城上，斬三百餘級，宋兵自相蹂踐，死者千餘人。遲明，宋人解圍去。鶴壽追之，使殿曳柴，宋人顧塵起，以爲大兵且至，遂奔，追至陳寨而還。已而，宋兵復據新蔡、新息、褒信三縣，鶴壽皆復取之，得馬三百匹。充行軍萬戶，從大軍出壽春，敗宋人于渦口，奪馬千餘匹，攻下眞、滁二州及盱眙軍。軍還，進九官，遷同知息州軍州事。改萬寧宮同提舉。

大安三年，充西南路馬軍萬戶。夏人五萬圍東勝，鶴壽救之，突圍入城，夏兵解去。遷兩階，賜銀百兩、重綵十端。遷尚方署令，充行軍副統，升充行省左翼都統。轉武衞軍都統，充馬軍副提控。轉鈐轄，充都城東面宣差副提控。

貞祐二年，丁父憂，起復武寧軍節度副使。破紅襖賊于蘭陵石城堝，一切掠良人爲生口。監察御史陳規奏：「乞勑有司，凡鶴壽所獲俱從放免。」詔徐州、歸德行院拘括放之。尋遙授同知武寧軍節度使事，兼節度副使。坐出獵縱火延燒官草，杖一百，改同知河平軍節度使事。

興定元年，充馬軍都提控，入宋襄陽界，遙授同知武勝軍節度使事，改遙授睢州刺史。二年，攻棗陽，三敗宋兵，改遙授同知歸德府事。三年，奪宋石渠寨，決去棗陽濠水，加宣差鄧州路軍馬從宜，遙授汝州防禦使。四年，宋扈太尉步騎十萬圍鄧州，鶴壽分兵拒守，出府

庫金帛賞士，許以遷官加爵。自將餘衆日出搏戰，宋兵焚營去，鶴壽被創不能騎馬，遣招撫副使朮虎移剌答追及之，殺數十人，奪其俘而還。詔所散金帛勿問，將士優遷官爵，鶴壽遷金紫光祿大夫，遙授武勝軍節度使。

俄丁母憂，以本官起復，權元帥左都監，行元帥府于鄜州。興定五年閏十二月，鄜州破，〔六〕鶴壽與數騎突出城，追及之，鶴壽據土山力戰而死。謚果勇。

蒲察婁室，東北路按出虎割里罕猛安人。泰和三年進士。調慶都、牟平主簿，以廉能遷中都右警巡副使。補尚書省令史，知管差除。貞祐初，除吏部主事、監察御史。丁母憂，服闋，充行省經歷官，改京兆治中，遙授定西州刺史，充元帥參議官。興定二年，與元帥承裔攻下西和州。白撒由秦州進兵抵棧道，宋人悉銳來拒，婁室乘高立幟，策馬旋走，揚塵爲疑兵，別遣精騎掩出其後，宋兵大潰，乘勝遂拔興元。進一階，除丹州刺史。

再遷同知河中府事，權元帥右都監、河東路安撫使。復取平陽、晉安，優詔褒寵，進一階，賜銀二百兩、重幣二十端，遙授孟州防禦使，權都監如故。將兵救鄜州，轉戰而至，城破死之。贈資德大夫、定國軍節度使，謚襄勇。勑行省求其尸以葬。

女奚烈資祿本姓張氏，咸平府人。泰和伐宋，從軍有功，調易縣尉，遷潞縣主簿。貞祐初，遙授同知德州防禦事，改秦州。三年，遙授同知通遠軍節度事。興定元年，改西寧州刺史，賜今姓。久之，遙授同知臨洮府事，兼定西州刺史。從元帥右都監完顏阿鄰破宋兵于梢子嶺。三年，攻破武休關，資祿功最。詔比將士遷五官、職二等外，資祿更加官、職一等，遙授通遠軍節度使，刺史如故。

五年，遙授隴安軍節度使，俄改金安軍，詔曰：「陝西行省奏軍官闕員。卿久在行陣，御下有法，舊隸士卒多在京兆。今正防秋，關、河要衝，悉心備禦。」將兵救鄜州。閏十二月，鄜州破，被執不肯降，遂死。贈銀青榮祿大夫、中京留守。元光元年，言事者謂資祿褒贈尚薄，詔錄其二子烈山、林泉，升職一等，陝西行省軍中用之。

趙益，太原人。讀書肄業。大元兵入境，益鳩合土豪，保聚山砦，〔七〕屢戰有功。晉陽公郭文振署爲壽陽令，駐兵榆次重原寨。遂率衆收復太原，夜登其城，斬馘甚衆，所獲馬仗不可計，護老幼二萬餘口以出。升太原治中，復擢同知府事、兼招撫使。元光元年八月，大元兵大至，攻城益急，知不可支，廼自焚其府庫，殺妻子，沉其符印于井，遂自殺。宣宗聞之嘉歎，贈銀青榮祿大夫、河東北路宣撫使，仍諭有司求其子孫錄用。

侯小叔，河東縣人。爲河津水手。貞祐初，籍充鎮威軍，以勞補官。元光元年，遷河中府判官，權河東南路安撫副使。小叔盡護農民入城，以家財賞戰士。河中圍解，遷治中，安撫如故。樞密院奏：「小叔才能可用，權位輕不足以威衆，乞假符節。」十二月，詔權元帥右都監，〔八〕便宜從事。

提控吳德說小叔出降，叱出斬之。表兄張先從容言大兵勢重，可出降以保妻子，小叔怒謂先曰：「我舟人子，致身至此，何謂出降。」縛先於柱而殺之，飯僧祭葬，以盡戚黨之禮。頃之，樞密院遣都監訛論與小叔議兵事，小叔出城與訛論會，石天應乘之取河中府，作浮橋通陝西。小叔駐樂李山寨，衆兵畢會，夜半坎城以登，焚樓櫓，火照城中，天應大驚不知所爲，盡棄輜重、牌印、馬牛雜畜，死于雙市門。小叔燒絕浮橋，撫定其衆。還昭毅大將軍，遙授孟州防禦使、同知府事，監軍、安撫如故。

二年正月，大元軍騎十萬圍河中，總帥訛可遣提控孫昌率兵五千，樞密副使完顏賽不遣李仁智率兵三千，俱救河中。小叔期以夜中鳴鉦，內外相應。及期，小叔出兵戰，昌、仁智不敢動。小叔斂衆入城，圍益急，衆議出保山寨，小叔曰：「去何之？」密遣經歷官張思祖

潰圍出，奔告于汴京。

明日，城破，小叔死，不得其尸。總帥訛可以河中府推官籍阿外代小叔權右都監。樞密院奏：「小叔功卓異，或疑尚在，遽令阿外代之，絕歸向之路。」至是，小叔已亡四十餘日，中條諸寨無所統領，乃詔阿外權領。宣宗思小叔功，下詔褒贈，切責訛可不救河中之罪。

王佐字輔之，霍州農家子。豁略不事產業，輕財好施，善騎射。興定中，聚兵數千人，權領霍州事。平陽胡天作承制加忠勇校尉、趙城丞，遷霍邑令、同知蒲州軍事，權招撫副使、蒲州經略使。詔遷宣武將軍，遙授寶昌軍節度副使。

大元兵取青龍堡，佐被獲，署霍州守將，隸元帥崔環，質其妻子。招撫使成天祐與環有隙，佐與天祐謀殺環，天祐曰：「君妻子爲質奈何？」佐曰：「佐豈顧家者邪？」元光二年七月，〔九〕因環出獵殺之，率軍民數萬請命，加龍虎衞上將軍、元帥右監軍、兼知平陽府事。

佐與平陽公史詠素不協，請徙沁州玉女寨，詔從之，仍令聽上黨公完顏開節制。是歲七月，救襄垣，中流矢卒。贈金吾衞上將軍，以其子爲符寶典書。

黃摑九住，臨潢人。大定間，以廕補部令史，轉樞密院令史，調安肅州軍事判官。明昌

四年，爲大理執法，同知薊州軍事，再遷潞王府司馬，累官河東北路按察使、轉運使，改知彰德府事。戰歿。贈榮祿大夫、南京留守，仍錄用其子孫。

烏林荅乞住，大名路猛安人。大定二十八年進士。累官補尚書省令史，除山東提刑判官、英王府司馬。御史臺舉前在山東稱職，改太原府治中。簽陝西按察司事，歷汝州、沁州刺史，北京、臨潢按察副使，遷蒲與路節度使。未幾，以罪奪三官，解職，降德昌軍節度副使。崇慶初，戍邊有功，遷一官，賞銀百兩、重幣十端，轉利州刺史。貞祐初，改同知咸平府事，遷歸德軍節度使。改興平軍，就充東面經略使。尋罷經略司，改元帥右都監。赴援中都戰歿。贈榮祿大夫、參知政事，以參政半俸給其家。

陀滿斜烈，咸平路猛安人。襲父猛安。明昌中，以所部兵充押軍萬戶，戍邊。承安中，討契丹有功，除陳州防禦使。遷知平涼府事，改保大軍節度使，徙知彰德府事。貞祐四年，大元兵復取彰德，斜烈死焉。

尼厖古蒲魯虎，中都路猛安人。明昌五年進士。累官補尚書省令史，從平章政事僕散

揆伐宋。兵罷，除同知崇義軍節度使事。察廉，改東平府治中。歷環州、裕州刺史，翰林待制，開封府治中，大理卿。尋擢知河南府事，兼河南路副統軍。貞祐四年，急備京西，爲陝州宣撫副使、兼西安軍節度使。是歲，大元兵取潼關，戍卒皆潰，蒲魯虎禦戰，兵敗死焉。

兀顏畏可，隆安路猛安人。補親軍，充護衞，除益都總管府判官、中都兵馬副都指揮使，累官會州刺史。貞祐初，爲左衞將軍、拱衞直都指揮使、山東副統軍、安化軍節度使。土賊據九仙山爲巢穴，畏可擁衆不擊，賊愈熾。東平行省蒙古綱劾奏畏可不任將帥，朝廷不問。改鎮西軍，權經略副使，歷金安、武勝軍。〔一〇〕興定四年，改泰定軍。是歲五月，兗州破，死焉。

兀顏訛出虎，隆安府猛安人。大定二十八年進士。累官補尚書省令史，除順天軍節度副使，召爲治書侍御史、刑部員外郎、單州刺史、戶部郎中、河東北路按察副使、同知大興府事、秦州防禦使。丁母憂，起復泗州防禦使，遷武寧軍節度使，徙河平軍、兼都水監。坐前在武寧奏軍功不實，降沂州防禦使，遷汾陽軍節度使、兼經略使。興定二年九月，城破死焉。

粘割貞本名抄合，西南路招討司人。大定二十八年進士。歷教授、主簿，用薦舉除河北大名提刑知事。察廉遷都轉運戶籍判官，累官泰定軍節度副使。丁父憂，服闋，除德興治中、宣德州刺史。貞祐元年十二月，貞以禮部郎中攝國子祭酒，與恩州刺史攝武衞軍副都指揮使粘割合達、河間府判官攝同知順天軍節度使事梅只乞奴、保州錄事攝永定軍節度副使伯德張奴出議和事。〔一一〕二年，和議成，賞銀二百兩、重幣十端、玉吐鶻。改戶部侍郎，歷沁南、河平、鎮南、集慶、汾陽軍節度使。貞祐四年，改昭義軍，充潞州經略使。

興定二年，入爲工部尚書。由壽州伐宋，攻正陽有功。權元帥左都監，守晉安府。興定三年十一月，城破，貞與府官十餘人皆死之。

校勘記

〔一〕賈邦獻　「獻」原作「憲」。按本卷賈邦獻傳，其名凡五見，三作「獻」，二作「憲」，殿本則一律作「憲」。嘉慶重修一統志卷一五三霍州，誌其州歷朝人物，有「賈邦獻」。今皆改作「獻」。又上目「奧屯醜和尚」，「屯」原作「敦」；下目「陀滿斜烈」，「陀」原作「駞」；「尼厖古蒲魯虎」，「魯」原作「路」；「粘割貞」，「貞」原作「眞」。皆同音異譯，今亦據傳文統一。

〔二〕歲時致祭　原脫「歲」字，據文義補。

〔三〕惟令寶昌軍節度使從宜規畫鹽池之利　「池」原作「地」。按本書卷二六地理志，河東南路解州「貞祐三年復升爲節鎮，軍名寶昌」。所轄解縣、安邑皆有「鹽池」。今據改。

〔四〕留澠池數日　「澠」原作「沔」，今改。參考本書卷二五地理志校記〔一九〕。

〔五〕興定初宣撫使蒲鮮萬奴有異志　按本書卷一四宣宗紀，貞祐三年十月壬子，「遼東賊蒲鮮萬奴僭號，改元天泰」。卷一〇三完顏鐵哥傳，「貞祐二年，遷東北路招討使兼德昌軍節度使。蒲鮮萬奴在咸平，忌鐵哥兵强，牒取所部騎兵二千，又召泰州軍三千及戶口遷咸平，鐵哥察其有異志，不遣」。則「興定初」當爲「貞祐初」。

〔六〕興定五年閏十二月鄜州破　「閏十二月」原作「十月」。按本書卷一六宣宗紀，興定五年「閏月辛巳朔，大元兵徇鄜州，……，權元帥左都監紇石烈鶴壽、……遙授金安軍節度使女奚烈資祿皆死之」。本卷女奚烈資祿傳，「興定五年，遙授鄜安軍節度使，俄改金安軍，將兵救鄜州。閏十二月，鄜州破，被執不肯降，遂死」。今據改。

〔七〕保聚山硤　「硤」原作「陜」。按上文云，「益鳩合土豪」，且云「保聚」，則規模必不甚大。又下文亦僅記其「率衆收復太原」，而不及陝事，則「陝」字必譌。施云「陝」當作「硤」是。今據改。

〔八〕詔權元帥右都監　「右」原作「左」。按本書卷一六宣宗紀，元光元年「十二月乙亥朔，以河中治中侯小叔權元帥右都監，便宜行事」。又本傳下文「總帥訛可以河中府推官籍阿外代小叔權右

都監」。皆作「右都監」。今據改。

〔九〕元光二年七月　按本書卷一六宣宗紀，元光二年「夏四月癸酉朔，復霍州汾西縣，詔給空名宣勑，遷賞將士之有功者」。王佐反正當在此時。本卷下文記佐死於七月亦可證。知此作「七月」誤。

〔一〇〕歷金安武勝軍　「金」原作「全」。按金無「全安軍」。本書卷二六地理志，京兆府路，「華州，貞祐三年八月升爲節鎭，軍曰金安」。今據改。

〔一一〕保州錄事攝永定軍節度副使伯德張奴出議和事　原脫「軍」字。按本書卷二四地理志，中都路，「雄州，天會七年置永定軍節度使」。今據補。

金史卷一百二十三

列傳第六十一

忠義三

徒單航　完顏陳和尚　楊沃衍〔一〕　烏古論黑漢
陀滿胡土門　姬汝作　愛申 馬肩龍附　禹顯

徒單航一名張僧，駙馬樞密使某之子也。父號九駙馬，衞王有事北邊，改授都元帥，仍權平章，殊不允人望。張僧時爲吏部侍郎，力勸其父請辭帥職，遂拜平章。至寧元年，胡沙虎弒逆，降航爲安州刺史。會北兵大至城下，聲言都城已失守，汝可速降。航謂其民曰：「城守雖嚴，萬一攻破，汝輩無孑遺矣。我家兩世駙馬，受國厚恩，決不可降。汝輩計將安出？」其民曰：「太守不屈，我輩亦何忍降，願以死守。」航乃盡出家財以犒軍民，軍民皆盡力

備禦。又五日，城危，航度不可支，謂其妻孥曰：「今事急矣，惟有死爾。」乃先縊其妻孥，謂其家人曰：「我死即撤屋焚之。」遂自縊死。城破，人猶力戰，曰：「太守既死，我輩不可獨降。」死者甚衆。

完顏陳和尚名彝，字良佐，世以小字行，豐州人。系出蕭王諸孫。父乞哥，泰和南征，以功授同知階州軍事，及宋復階州，乞哥戰歿於嘉陵江。

貞祐中，陳和尚年二十餘，爲北兵所掠，大帥甚愛之，置帳下。時陳和尚母留豐州，從兄安平都尉斜烈事之甚謹。陳和尚在北歲餘，託以省母，乞還，大帥以卒監之至豐。乃與斜烈劫殺監卒，奪馬奉其母南奔，大兵覺，合騎追之，由他路得免。既而失馬，母老不能行，載以鹿角車，兄弟共輓，南渡河。宣宗奇之。

斜烈以世官授都統，陳和尚試補護衞，未幾轉奉御。及斜烈行壽、泗元帥府事，奏陳和尚自隨，詔以充宣差提控，佩金符。斜烈辟太原王渥爲經歷。渥字仲澤，文章論議與雷淵、李獻能相上下，故得師友之。陳和尚天資高明，雅好文史，自居禁衞日，人以秀才目之。至是，渥授以孝經、小學、論語、春秋左氏傳，略通其義。軍中無事，則窗下作牛毛細字，如寒

苦之士，其視世味漠然。

正大二年，斜烈落帥職，例爲總領，屯方城。陳和尙隨以往，凡兄軍中事皆預知之。斜烈時在病，軍中李太和者與方城鎭防軍葛宜翁相毆，訴於陳和尙，宜翁事不直，即量笞之。宜翁素凶悍，恥以理屈受杖，竟鬱鬱以死，留語其妻必報陳和尙。妻訟陳和尙以私忿侵官，故殺其夫，訴於臺省，於近侍，積薪龍津橋南，約不得報則自焚以謝其夫。以故陳和尙繫獄。議者疑陳和尙，狃於禁近倚兵閫之重必橫恣違法，當以大辟。奏上，久不能決。陳和尙聚書獄中讀之，凡十有八月。明年，斜烈病愈，詔提兵而西，入朝，哀宗怪其瘦甚，問：「卿寧以方城獄未決故耶？卿但行，吾今赦之矣。」以臺諫復有言，不敢赦。未幾，斜烈卒。上聞，始馳赦陳和尙，曰：「有司奏汝以私忿殺人。汝兄死，失吾一名將。今以汝兄故，曲法赦汝，天下必有議我者。他日，汝奮發立功名，國家得汝力，始以我爲不妄赦矣。」陳和尙且泣且拜，悲動左右，不能出一言爲謝。乃以白衣領紫微軍都統，踰年轉忠孝軍提控。

五年，北兵入大昌原，平章合達問誰可爲前鋒者，陳和尙出應命，先已沐浴易衣，若將就木然者，擐甲上馬不反顧。是日，以四百騎破八千衆，三軍之士踴躍思戰，蓋自軍興二十年始有此捷。奏功第一，手詔褒諭，授定遠大將軍、平涼府判官，世襲謀克。一日名動天下。

忠孝一軍皆回紇、乃滿、羌、渾及中原被俘避罪來歸者，鷙狠淩突號難制。陳和尙御之有方，坐作進退皆中程式，所過州邑常料所給外秋毫無犯，街曲間不復喧雜，每戰則先登陷陣，疾若風雨，諸軍倚以爲重。六年，有衞州之勝。[三]八年，有倒回谷之勝。自刑徒不四五遷爲禦侮中郎將。

副樞移刺蒲阿無持重之略，嘗一日夜馳二百里趨小利，軍中莫敢諫止。陳和尙私謂同列曰：「副樞以大將軍爲剽略之事，今日得生口三百，明日得牛羊一二千，士卒喘死者則不復計。國家數年所積，一旦必爲是人破除盡矣。」或以告蒲阿，一日，置酒會諸將飲，酒行至陳和尙，蒲阿曰：「汝曾短長我，又謂國家兵力當由我盡壞，誠有否？」陳和尙飮畢，徐曰：「有。」蒲阿見其無懼容，漫爲好語云：「有過當面論，無後言也。」

九年正月，三峯山之敗，走鈞州。城破，大兵入，即縱軍巷戰。陳和尙趨避隱處，殺掠稍定乃出，自言曰：「我金國大將，欲見白事。」兵士以數騎夾之，詣行帳前。問其姓名，曰：「我忠孝軍總領陳和尙也。大昌原之勝者我也，衞州之勝亦我也，倒回谷之勝亦我也。我死亂軍中，人將謂我負國家，今日明白死，天下必有知我者。」時欲其降，斫足脛折不爲屈，豁口吻至耳，噀血而呼，至死不絕。大將義之，酹以馬湩，祝曰：「好男子，他日再生，當令我得之。」時年四十一。是年六月，詔贈鎭南軍節度使，塑像褒忠廟，勒石紀其忠烈。

斜烈名鼎，字國器，畢里海世襲猛安。年二十，以善戰知名。自壽、泗元帥轉安平都尉，鎭商州，威望甚重，敬賢下士，有古賢將之風。初至商州，一日搜伏，於大竹林中得歐陽脩子孫，問而知之，併其族屬鄉里三千餘人皆縱遣之。

楊沃衍一名斡烈，賜姓兀林荅，朔州靜邊官莊人，本屬唐括迪剌部族。少嘗爲北邊屯田小吏，會大元兵入境，朝命徙唐括族內地，沃衍留不徙，率本部族願從者入保朔州南山茶杷溝，有衆數千，推沃衍爲招撫使，號其溝曰府。故殘破鎭縣徒黨日集，官軍不能制，又與大兵戰，連獲小捷，及乏食遂行剽劫，官軍捕之，拒戰不下，轉走寧、陝、武、朔、寧邊諸州，民以爲病。朝廷遣人招之，沃衍即以衆來歸。時宣宗適南遷，次淇門，聞之甚喜，遂以爲武州刺史。

武州屢經殘毀，沃衍入州未幾而大兵來攻，死戰二十七晝夜不能拔，乃退，時貞祐二年二月也。既而，朝廷以武州終不可守，令沃衍遷其軍民駐嵓嵐州，以武州功擢爲本州防禦使。俄升嵓嵐爲節鎭，以沃衍爲節度使，仍詔諭曰：「卿於國盡忠，累有勞績。今特升三品，

恩亦厚矣，其益勵忠勤，與宣撫司輯睦以安軍民。」沃衍自奉詔即以身許國，曰：「爲人不死王事而死於家，非大丈夫也。」

三年，奉旨屯涇、邠、隴三州，沃衍分其軍九千人爲十翼五都統，親統者十之四。是冬，西夏四萬餘騎圍定西州，[三]元帥右都監完顏賽不以沃衍提控軍事，率兵與夏人戰，斬首幾二千，生擒數十人，獲馬八百餘疋，器械稱是，餘悉遁去。詔陝西行省視功官賞之。

興定元年春，上以沃衍累有戰功，賜今姓。未幾，遙授通遠軍節度使、兼鞏州管內觀察使。是冬，詔陝西行省伐宋，沃衍與元帥左都監內族白撒、通遠軍節度使溫迪罕婁室、同知通遠軍節度使事烏古論長壽、平西軍節度副使和速嘉兀迪將兵五千出鞏州鹽川，[四]至故城逢夏兵三百，擊走之。又入西和州至岐山堡，遇兵六千凡三隊，遣軍分擊，逐北三十餘里，斬首四百級，生獲十人，馬二百疋，甲仗不勝計。尋復得散關。二年正月，捷報至，上大喜，詔遷沃衍官一階，遙授知臨洮府事。三年，武休關之捷，沃衍功居多，詔特遷一官。

元光元年正月，遙授中京留守。六月，進拜元帥右監軍，仍世襲納古胡里愛必剌謀克。二年春，北兵游騎數百掠延安而南，沃衍率兵追之，戰于野豬嶺，獲四人而還。俄而，兵大至，駐德安寨，復擊走之。未幾，大兵攻鳳翔還，道出保安，沃衍遣提控完顏查剌破于石樓臺，前後獲馬二百、符印數十。詔有司論賞。

初，聞野猪嶺有兵，沃衍約陀滿胡土門以步軍會戰。胡土門宿將，常輕沃衍，至是失期。沃衍戰還，會諸將欲斬胡土門，諸將哀請乃釋之。時大兵聲勢益振，陝西行省檄沃衍清野，不從，曰：「我若清野，明年民何所得食。」遂隔大澗持勢使民畢麥事。正大二年，進拜元帥左監軍，遙領中京留守。

八年冬，平章合達、參政蒲阿由鄧州而西，沃衍自豐陽川遇於五朵山下，問禹山之戰如何，合達曰：「我軍雖勝，而大兵已散漫趨京師矣。」沃衍憤云：「平章、參政蒙國厚恩，握兵柄，失事機，不能戰禦，乃縱兵深入，尙何言耶。」

三峯山之敗，沃衍走鈞州。其部曲白留奴、呆劉勝既降，請于大帥，願入鈞招沃衍。大帥質留奴，令勝入鈞見沃衍，道大帥意，降則當授大官。沃衍善言慰撫之，使前，拔劍斫之，曰：「我起身細微，蒙國大恩，汝欲以此汚我耶。」遂遺語部曲後事，望汴京拜且哭曰：「無面目見朝廷，惟有一死耳。」卽自縊。部曲舉火并所寓屋焚之，從死者十餘人。沃衍死時年五十二。

初，大兵破西夏，長驅而至，關輔千里皆洶洶不安，雖智者亦無如之何。沃衍與其部將劉興哥者率兵往來邠、隴間，屢戰屢勝，故大軍猝不能東下。

興哥，鳳翔虢縣人，起於羣盜，人呼曰「熱劉」。後於淸化戰死，大兵至酹酒以弔，西州耆老語之至爲泣下。

烏古論黑漢，初以親軍入仕，嘗爲唐、鄧元帥府把軍官。天興二年，唐州刺史內族斜魯病卒，鄧州總帥府以蒲察都尉權唐州事。宋軍兩來圍唐，又唐之糧多爲鄧州所取，以故乏食。六月，遣萬戶夾谷定住入歸德，奏請軍糧，不報。七月，鎭防軍馮總領、甄改住爲變，殺蒲察都尉。時朝廷道梗，帥府承制以黑漢權刺史行帥府事。

既而，鎭防軍有歸宋之謀，時裕州大成山聶都統一軍五百人在州，獨不欲歸宋，與鎭防軍爲敵，鎭防不能勝，棄老幼奔棗陽，宋人以故知唐之虛實。會鄧帥移剌瑗以城叛歸于宋，[三]遺書招黑漢，黑漢殺其使者不報。宋王安撫率兵攻唐，鄂司王太尉繼至，攻益急。黑漢聞哀宗遷蔡，遣人求救，上命權參政兀林荅胡土將兵以往。宋人設伏，縱其半入城，邀擊之，胡土大敗，僅存三十騎以還。

城中糧盡，人相食，黑漢殺其愛妾啖士，士爭殺其妻子。官屬聚議欲降，黑漢與聶都統執議益堅，馮總領乃私出城與王安撫會飲，約明日宋軍入城。馮歸，宋軍不得入，聶都統請

馮議事，卽坐中斬之，及其黨皆死。總領趙醜兒者初與馮同謀，內不自安，開西門納宋軍。黑漢率大成山軍巷戰，自辰至午，宋軍大敗而出，殺傷無數。宋人城下大呼趙醜兒，約併力殺大成山軍。大成軍敗，宋人獲黑漢，脅使降，黑漢不屈，爲所殺。其得脫走者十餘人，總領移剌望軍、女奚烈軍、醜兒走蔡州，皆得遷賞，後俱死於甲午之難。

陀滿胡土門字子秀，策論進士也。累官翰林待制。貞祐二年，遷知中山府。三年，改知臨洮府、兼本路兵馬都總管。叛賊蘭州程陳僧等誘夏人入寇，圍臨洮凡半月，城中兵數千而粟且不支，衆皆危之。胡土門日爲開諭逆順禍福，皆自奮，因捕其黨欲爲內應者二十人，斬之，擲首城外。賊四面來攻，乃夜出襲賊壘，夏兵大亂，金軍乘之，遂大捷，夏人遁去。

四年，知河中府事，權河東南路宣撫副使。十月，進元帥右監軍，兼前職。興定二年，爲絳陽軍節度使、兼絳州管內觀察使。十月，還元帥左監軍、行元帥府事、兼知晉安府、河東南路兵馬都總管。於是，修城池，繕甲兵，積芻糧，以備戰守。民不悅，行省胥鼎聞之，遺以書曰：「元帥始鎭河中，惠愛在民，移旆晉安，遠近忻仰。去歲兵入，平陽不守，河東保完者惟絳而已。蓋公坐籌制勝，威德素著，故不動聲氣以至無虞也。邇來傳聞，治政太剛，科

徵太重，鼎切憂之。古人有言，御下不寬則人多懼禍，用人有疑則士不盡心。況大兵在邇，鄰境已虛，小人易動，誠不可不慮也。願公以謙虛待下，忠孝結人，明賞罰，平賦稅，上以分聖主宵旰之憂，下以爲河東長城之託。」

胡土門得書，懼民不從且或生變，乃上言：「臣本瑣材，猥膺重寄，方將治隍陴、積芻糧爲捍禦之計，而小民難與慮始，以臣政令頗急，皆有怨言，遂貽行省之憂。自聞訓諭，措身無所，內自悛悔，外加寬撫，庶幾少慰衆心。而近以朝命分軍過河，則又譖言帥臣不益兵保守，而反助河南，將棄我也。人心如此，恐一旦遂生他變。向者李革在平陽，人不安之，而革隱忍不言，以至于敗。臣實拙繆，無以服人，敢以鼎書上聞，惟朝廷圖之。」朝廷以鼎言，遣吏部尙書完顏閭山代之。或曰，胡土門欲以計去晉安，乃大興役，恣爲殺戮，務失民心，故鼎言及之。未幾，晉安失守，死者幾百萬人，遂失河東。

三年八月，改太常卿、權簽樞密院事、知歸德府事。元光二年二月，坐上書不實，削一官。正大三年七月，復爲臨洮府總管。四年五月，城破被執，誘之降不應，使之跪不從，以刀亂斫其膝脛，終不爲屈，遂殺之。五年，詔贈中京留守，立像褒忠廟，錄用其子孫。其妻烏古論氏亦死節，有傳。

姬汝作字欽之，汝陽人，全州節度副使端脩之姪孫也。父懋以蔭試部掾，轉尚書省令史。汝作讀書知義理，性豪宕不拘細行，平日以才量稱。正大末，避兵崧山，保鄉鄰數百家，衆以長事之。後徙居交牙山砦，會近侍局使烏古論四和撫諭西山，以便宜授汝作北山招撫使，佩銀符，遂還入汝州。

初，汝州殘破之後，天興元年正月，同知宣徽院事張楷授防禦使，自汴率襄、郟縣士兵百餘人入青陽堡。時呼延實者領青陽砦事。實，趙城人，本楊沃衍部曲，以戰功至寶昌軍節度使，閒居汝之西山。楷自揣不能服衆，乃以州事託實，尋往鄧州從恒山公武仙。後大元兵至，城破，殺數千人，乃許降，以張宣差者管州事。三月，鈞州潰軍柳千戶者入州，張逃去，柳遂據之。未幾，城復破。

及汝作至，北兵雖去，但空城爾。汝作招集散亡，復立市井，北兵屢招之不從，數戰互有勝負。已而，北兵復來攻，汝作親督士卒，以死拒之。兵退，間道納奏，哀宗宣諭：「此州無險固可恃，汝乃能爲國用命，今授以同知汝州防禦使，便宜從事。」

是時，此州南通鄧州，西接洛陽，東則汴京，使傳所出，供億三面，傳通音耗。然呼延實在青陽爲總帥，忌汝作城守之功，不能相下，州事動爲所制。實欲遷州入山，謂他日必爲大

兵所破。汝作以爲倉中糧尙多，四面潰軍日至，此輩經百死，激之皆可用，朝廷倚我守此州，總帥乃欲棄之，何心哉。讒間既行，有相圖之隙，詳議官楊鵬釋之曰「外難未解而顧私忿」，語甚諄切。實乃還山，鵬因勸汝作納奏，乞死守此州，以堅軍民之心。其冬，戰于襄、郟，得馬百餘，士氣頗振，遂以汝作爲總帥，不復與實相關矣。

天興二年六月，哀宗在蔡州，遣使徵兵入援。州人爲邏騎所擾，農事盡廢，城中糧亦垂盡。是月，中京破，部曲私議有脣亡之懼，謀以城降，懼汝作，不敢言，乃以遷州入山白之。汝作怒曰：「吾家父祖食祿百年，今朝廷又以州事帥職委我，吾生爲金民，死爲金鬼。汝輩欲避於山，非欲降乎？有再言遷者吾必斬之。」

八月，塔察將大兵攻蔡，經汝州。州人梁皐作亂，與故吏溫澤、王和七八人徑入州廨，汝作不爲備，遂爲所殺。時宣使石珪體究洛陽所以破及强伸死節事，以路阻，留汝州驛。梁皐既殺汝作，走告珪曰：「汝作私積糧斛，不卹軍民，衆怒殺之矣。皐不圖汝作官職，惟宣使裁之。」珪懼，乃以皐權汝州防禦使、行帥府事。脫走入蔡，以皐殺汝作事聞。

哀宗甚嗟惜之，遣近侍張天錫贈汝作昌武軍節度使，子孫世襲謀克，仍詔峴山帥呼延實、登封帥范眞併力討皐。天錫避峴山遠，先約范眞，眞以麾下李某者往，以撫諭軍民爲名。皐率軍士迎於東門，知朝廷圖己，陰爲之備，李猶豫不敢發。皐館天錫于望崧樓，隱毒於食，天錫遂中毒而死。皐後爲大元兵所殺。

楊鵬字飛卿，能詩。

愛申逸其族與名，或曰一名忙哥。本虢縣鎭防軍，累功遷軍中總領。李文秀據秦州，宣宗詔鳳翔軍討之，軍圍秦州城。時愛申在軍中，有罪當死。宣宗問之樞帥，有知其名者奏此人將帥材，忠實可倚。宣宗命馳赦之，以爲德順節度使、行元帥府事。

正大四年春，大兵西來，擬以德順爲坐夏之所，德順無軍，人甚危之。愛申識鳳翔馬肩龍舜卿者可與謀事，乃遺書招之。肩龍得書欲行，鳳翔總管禾速嘉國鑑以大兵方進，吾城可恃，德順決不可守，勸勿往。肩龍曰：「愛申平生未嘗識我，一見許爲知己。我知德順不可守，往則必死，然以知己故，不得不爲之死耳。」乃舉行橐付族父，明爲死別，冒險而去。既至，不數日受圍，城中惟有義兵鄉軍八九千人，大兵舉天下之勢攻之。愛申假舜卿鳳翔總管府判官，守禦一與共之。凡攻百二十晝夜，力盡乃破，愛申以劍自刭，時年五十三。軍中募生致肩龍，而不知所終。臺諫有言當贈德順死事者官，以勸中外。詔各贈官，配食褒忠廟。

肩龍字舜卿，宛平人。先世遼大族，有知興中府者，故人號興中馬氏。祖大中，金初登科，節度全、錦兩州。父成誼，明昌五年登科，仕爲京兆府路統軍司判官。肩龍在太學有賦聲。

宣宗初，有誣宗室從坦殺人，將置之死。人不敢言其冤，肩龍上書，大略謂：「從坦有將帥材，少出其右者，臣一介書生，無用於世，願代從坦死，留爲天子將兵。」書奏，詔問：「汝與從坦交分厚歟？」肩龍對曰：「臣知有從坦，從坦未嘗識臣。從坦冤人不敢言，臣以死保之。」宣宗感悟，赦從坦，授肩龍東平錄事，委行省試驗。

宰相侯摯與語不契，留數月罷歸，將渡河，與排岸官紛競，搜篋中得軍馬糧料名數及利害數事，疑其爲姦人偵伺者，繫歸德獄根勘，適從坦至，立救出之。正大三年，客鳳翔，元帥愛申深器重之，至是，同死於難。

禹顯，雁門人。貞祐初，隸上黨公張開，累以戰功授義勝軍節度使、兼沁州招撫副使。元光二年四月，大帥達兒觧、按察兒攻河東，張開遣顯扼龍猪谷，夾攻敗之，擒元帥韓光國，

獲輜重甲仗甚衆，追至祁縣而還，所歷州縣悉復之。顯將軍三百人，守襄垣，八年不遷。大帥嘗集河朔步騎數萬攻之，至於數四不能拔。既而，戰於玉女寨，大獲。開言於朝，權元帥右都監。

正大六年冬十二月，軍內變，城破被擒。帥義之，不欲加害。初以鐵繩鈐之，既而，密與舊部曲二十人遁去，聞上黨公軍復振，將往從之。大兵四向來追，顯適與負釜一兵相失，乞飯山寺中，僧走報焉，被執不屈死，時年四十一。

秦州人張邦憲字正叔，登正大中進士第，爲永固令。天興二年，避兵徐州。卓翼率兵至城，邦憲被執，將驅之北，邦憲罵曰：「我進士也，誤蒙朝廷用爲邑長，可從汝曹反耶。」遂遇害。

劉全者，彭城民也。率鄉隣數百避兵沫溝，推爲砦主。北兵至徐，盡俘其老幼，全父亦在其中，北兵質之以招全，全縛其人送徐州，因竊其父以歸。徐帥益都嘉其忠，承制以爲昭信校尉，遙領彭城縣尉。後遇國用安，怒其不附己，見殺。

校勘記

〔一〕楊沃衍 「沃」原作「兀」。同音異譯。今據傳文校改。又下目「陀滿胡土門」，「陀」原作「駞」，亦與傳文統一。

〔二〕六年有衞州之勝 按本書卷一七哀宗紀，正大七年「冬十月，平章合達、副樞蒲阿引兵救衞州，衞州圍解」，是其事。「六年」當作「七年」。

〔三〕是冬西夏四萬餘騎圍定西州 按本書卷一四宣宗紀，貞祐四年十一月「乙酉，元帥右都監完顏賽不來獻其提控石盞合喜、楊斡烈等大敗夏人于定西之捷」。卷一一三赤盞合喜傳，「貞祐四年十一月，夏人四萬餘騎圍定西，合喜及楊斡烈等率兵鏖戰走之」。卷一三四西夏傳，「貞祐四年十一月，提控石盞合喜、楊斡烈解定西之圍」。則「是冬」當是貞祐四年冬。上文「三年奉旨屯涇、邠、隴三州」究是三年或四年，今無可考。

〔四〕將兵五千出鞏州鹽川 「川」原作「井」。按本書卷二六地理志，臨洮路鞏州定西縣「鎮一，鹽川」。今據改。

〔五〕會鄧帥移剌瑗以城叛歸于宋 原脫「剌」字。按本書卷一八哀宗紀，天興二年五月「甲辰，鄧州節度使移剌瑗以其城叛」。卷一一八武仙傳，「仰給于鄧州總帥移剌瑗」。今據補。

金史卷一百二十四

列傳第六十二

忠義四

馬慶祥　商衡　术甲脫魯灰　楊達夫　馮延登　烏古孫仲端　烏古孫奴申　蒲察琦　蔡八兒　溫敦昌孫　完顏絳山　畢資倫　郭蝦蟆

馬慶祥字瑞寧，本名習禮吉思。先世自西域入居臨洮狄道，以馬爲氏，後徙家淨州天山。泰和中，試補尙書省譯史。大安初，衞王始通問大元，選使副，上曰：「習禮吉思智辯通六國語，往必無辱也。」使還，授開封府判官。內城之役充應辦使，不擾而事集。未幾，大元兵出陝右，朝廷命完顏仲元爲鳳翔元帥，舉慶祥爲副，上曰：「此朕志也，且築城有勞。」即拜鳳翔府路兵馬都總管判官。

元光元年冬十一月，聞大將萌古不花將攻鳳翔，行省檄慶祥與治中胥謙分道淸野。將行，命畫工肖其貌，付其家人。或曰：「君方壯，何乃爲此不祥？」慶祥曰：「非汝所知也。」明日遂行。遇先鋒于澮水，戰不利。且行且戰，將及城，會大兵邀其歸路，度不能脫，令其騎曰：「吾屬荷國厚恩，竭力効死乃其職也。」諸騎皆曰：「諾。」人殊死戰，良久矢盡。大兵圍數匝，欲降之，軍擁以行，語言往復，竟不屈而死，年四十有六。元帥郭仲元與其尸以歸，葬鳳翔普門寺之東。事聞，詔贈輔國上將軍、恒州刺史，謚忠愍。胥謙及其子嗣亨亦不屈死，謙贈輔國上將軍、彰化軍節度使，嗣亨贈威遠將軍、鳳翔府判官。

槙州金勝堡提控僕散胡沙亦死，贈銀靑榮祿大夫。

正大二年，哀宗詔褒死節士，若馬習禮吉思、王淸、田榮、李貴、王斌、馮萬奴、張德威、高行中、程濟、姬玘、張山等十有三人，爲立褒忠廟，仍錄其孤。二人者逸其名，餘亦無所考。

商衡字平叔，曹州人。至寧元年，特恩第一人，授鄜州洛郊主簿。以廉能換鄜縣，尋辟威戎令。興定三年，歲飢，民無所於糴，衡白行省，得開倉賑貸，全活者甚衆。後因地震城圮，夏人乘釁入侵，衡率蕃部土豪守禦應敵，保以無虞。秩滿，縣人爲立生祠。再辟原武令。未幾，入爲尚書省令史，轉戶部主事，兩月拜監察御史。

哀宗姨郕國夫人不時出入宮闈，干預政事，聲跡甚惡。衡上章極言，自是郕國被召乃敢進見。內族慶山奴將兵守盱眙，與李全戰敗，朝廷置而不問。衡上言：「自古敗軍之將必正典刑，不爾則無以謝天下。」詔降慶山奴爲定國軍節度使。戶部侍郎權尚書曹溫之女在掖庭，親舊干預權利，其家人塡委諸司，貪墨彰露。臺臣無敢言者，衡歷數其罪。詔罷溫戶部，改太后府衞尉。再上章言：「溫果可罪當貶逐，無罪則臣爲妄言，豈有是非不別而兩可之理。」哀宗爲之動容，乃出溫爲汝州防禦使。

未幾，爲右司都事，改同知河平軍節度使，未赴，改樞密院經歷官，遂領昌武軍同知節度使事。丞相完顏賽不領陝西行省，奏衡爲左右司員外郎，密院表留，有旨「行省地重，急於得人，可從丞相奏」。明年，召還，行省再奏留之。

正大八年，以母喪還京師。十月，起復爲秦藍總帥府經歷官。天興元年二月，關陝行省徒單兀典等敗於鐵嶺，衡未知諸帥存歿，招集潰軍以須其至。遂爲兵士所得，欲降之，不爲屈。監至長水縣東岳祠前，誘之使招洛陽，衡曰：「我洛陽識何人爲汝招之耶？」兵知不可

誘，欲捽其巾。衡瞋目大呼曰：「汝欲脅從我耶？」終不肯降，望闕瞻拜曰：「主將無狀，亡兵失利。臣之罪責亦無所逃，但以一死報國耳。」遂引佩刀自剄，年四十有六。

正大初，河間許古詣闕拜章，言：「八座率非其材，省寺小臣有可任宰相者，不大升黜之則無以致中興。」章奏，詔古赴都堂，問孰爲可相者，古以衡對，則衡之材可知矣。

术甲脫魯灰，上京人，世爲北京路部長。其先有開國功，授北京路宋阿苔阿猛安，脫魯灰自幼襲爵。貞祐二年，宣宗遷汴，率本部兵赴中都扈從，上喜，特授御前馬步軍都總領。宋人略南鄙，命同簽樞密院事時全將大軍南伐，脫魯灰率本部屢摧宋兵破城寨，以功遂授昌武軍節度使、〔一〕元帥右都監，行蔡、息等路元帥府事。既而，宋人有因畜牧越境者，邏卒擒之，法當械送朝廷，脫魯灰曰：「國家自遷都以來，境土日蹙，民力彫耗，幸邊無事人稍得息。若戮此曹則邊釁復生，兵連禍結矣。不如釋之，以絕兵端。」

哀宗卽位，授鎭南軍節度使、蔡州管內觀察使，行戶、工部尚書。時大元兵入陝西，乃上章曰：「宋人與我爲讎敵，頃以力屈自保，非其本心。今陝西被兵，河南出師，轉戰連年不絕，兵死于陣，民疲于役，國力竭矣。壽、泗一帶南接盱、楚，紅襖賊李全巢穴也。萬一宋人諜知，與全乘虛而入，腹背受敵，非計之得者也。臣已令所部沿邊警斥，以備非常。宜敕壽、泗帥臣謹斥候，嚴烽燧，常若敵至，此兵法所謂『無恃其不來，恃吾有以待之』之道也。」上是而行之。

正大二年秋，〔二〕傳言宋人將入侵，農司令民先期刈禾，脫魯灰曰：「夫民所恃以仰事俯育及供億國家者，秋成而已。今使秋無所獲，國何以仰，民何以給。」遂遣軍巡邏，聽民待熟而刈，宋人卒不入寇。諜者又報光州汪太尉將以八月發兵來取眞陽，議者請籍丁男以備，脫魯灰曰：「汪太尉恇怯人耳，寧敢爲此？必姦人聲言來寇，欲使吾民廢務也，不可信。」已而果然。

叛人焦風子者，沿河南北屢爲反覆，朝廷授以提控之職，令將三千人戍遂平。四年春，風子謀率其衆入宋，脫魯灰策之，以兵數千伏鄎陽道，賊果夜出此途，伏發殪之。

七年，大元兵攻藍關，至八渡倉退。舉朝皆賀，以爲無事。脫魯灰獨言曰：「潼關險隘，兵精足用。然商、洛以南瀕於宋境，大山重複，宋人不知守，國家亦不能逾宋境屯戍。大兵若由散關入興元，下金、房，繞出襄、漢，北入鄧鄙，則大事去矣。宜與宋人釋怨，諭以輔車之勢，脣亡齒寒，彼必見從。據其險要以備，不然必敗。」是秋，改授小關子元帥，屯商州大吉口。

九年春，從行省參政徒單吾典將潼關兵入援，至商山遇雪，大兵邀擊之，士卒饑凍不能

戰而潰。脫魯灰被執不屈，拔佩刀自殺。

楊達夫字晉卿，耀州三原人。泰和三年進士。有才幹，所至可紀。召補省掾，草奏章，坐字誤，降平涼府判官。嘗主鄠縣簿，事一從簡，吏民樂之。達夫亦愛其山水之勝，因家焉。日以詩酒自娛，了無宦情。

會有詔徙民東入關，達夫與衆行，及鄠，避兵于州北之橫嶺，〔三〕爲游騎所執，將褫衣害之。達夫挺然直立馬首，略無所懾，稍侵辱之，卽大言曰：「我金國臣子，既爲汝所執，不過一死，忍裸袒以瀆天日耶。」遂見殺。兩山潛伏之民竊觀之者，皆相告曰：「若此好官，異日祠之，當作我橫嶺之神。」

馮延登字子俊，吉州吉鄉人。世業農。延登幼穎悟，既長事舉業，承安二年登詞賦進士第。調臨眞簿、德順州軍事判官。泰和元年，轉寧邊令。大安元年秋七月，霜害稼，民艱于食，延登發粟賑貸，全活甚衆。貞祐二年，補尚書省令史，尋授河中府判官，兼行尚書省左右司員外郎。興定五年，入爲國史院編修官，改太常博士。元光二年，知登聞鼓院，兼翰林修撰，奉使夏國，就充接送伴使。

正大七年十二月，遷國子祭酒。假翰林學士承旨，充國信使。以八年春奉國書朝見於虢縣御營。有旨問：「汝識鳳翔帥否？」對曰：「識之。」又問：「何如人？」曰：「敏於事者也。」又問：「汝能招之使降即貰汝死，不則殺汝矣。」曰：「臣奉書請和，招降豈使職乎。招降亦死，還朝亦死，不若今日即死爲愈也。」明日，復問：「汝曾思之不？」對如前，問至再三，執義不回。又明日，乃喻旨云：「汝罪應死，但古無殺使者理，汝愛汝須髯猶汝命也。」叱左右以刀截去之，延登岸然不動，乃監之豐州。二年後放還，哀宗撫慰久之，復以爲祭酒，歷禮、吏二部侍郎，權刑部尚書。

明年，大元兵圍汴京，倉猝逃難，爲騎兵所得，欲擁而北行。延登辭情慷慨，義不受辱，遂躍城旁井中，年五十八。

烏古孫仲端本名卜吉，字子正。承安二年策論進士。宣宗時，累官禮部侍郎。與翰林待制安延珍奉使乞和于大元，〔四〕謁見太師國王木華黎，於是安延珍留止，仲端獨往。並大夏，涉流沙，踰葱嶺，至西域，進見太祖皇帝，致其使事乃還。自興定四年七月啓行，明年十二月還至。朝廷嘉其有奉使勞，進官兩階，延珍進一階。歷裕州刺史。正大元年，召爲御史中丞，奉詔安撫陝西。及歸，權參知政事。

正大五年十二月，知開封府事完顏麻斤出、吏部郎中楊居仁以奉使不職，尚書省具獄，有旨釋之，備再使。仲端言曰：「麻斤出等辱君命，失臣節，大不敬，宜償禮幣誅之。」奏上，麻斤出等免死除名。會議降大軍事，及諍太后奉佛，涉亡家敗國之語，上怒，貶同州節度使。哀宗將遷歸德，召爲翰林學士承旨，兼同簽大睦親府事，留守汴京。及大元兵圍汴，日久食盡，諸將不相統一，仲端自度汴中事變不測。一日與同年汝州防禦裴滿思忠小飲，談太學同舍事以爲笑樂，因數言「人死亦易事耳」。思忠曰：「吾兄何故頻出此語？」仲端因寫一詩示之，其詩大概謂人生大似巢燕，或在華屋杏梁，或在村居茅茨，及秋社甫臨，皆當逝去。人生雖有富貴貧賤不同，要之終有一死耳。書畢，連飲數杯，送思忠出門，曰：「此別終天矣。」思忠去，仲端即自縊，其妻亦從死。明日，崔立變。

仲端爲人樂易寬厚知大體，奉公好善，獨得士譽。一子名愛實，嘗爲護衛、奉御，〔五〕以誅官奴功授節度、世襲千戶。

思忠名正之，本名蒲剌篤，亦承安二年進士。

烏古孫奴申，字道遠。由譯史入官。性伉特敢爲有直氣，嘗爲監察御史，時中丞完顏百家以酷烈聞，奴申以事糾罷，朝士聳然。後爲左司郎中、近侍局使，皆有名。哀宗東遷，

爲諫議大夫、近侍局使、行省左右司郎中、兼知宮省事，留汴京居守。崔立變之明日，同御史大夫裴滿阿虎帶自縊死於臺中。是日，戶部尚書完顏珠顆亦自縊。

阿虎帶字仲寧，珠顆字仲平，皆女直進士。

時不辱而死者，奉御完顏忙哥、大睦親府事烏古孫仲端。〔六〕大理裴滿德輝、右副點檢完顏阿撒、參政完顏奴申之子麻因，可知者數人，餘各有傳。

蒲察琦本名阿憐，字仁卿，棣州陽信人。試補刑部掾。兄世襲謀克，兄死，琦承襲。正大六年，秦、藍總帥府辟琦爲安平都尉粘葛合典下都統兼知事。其冬，小關破，事勢已迫，琦常在合典左右，合典令避矢石，琦不去，曰：「業已從公，死生當共之，尚安所避耶。」哀宗遷歸德，汴京立講議所，受陳言文字，其官則御史大夫納合寧以下十七人，皆朝臣之選，而琦以有論議預焉。時左司都事元好問領講議，兼看讀陳言文字，與琦甚相得。

崔立變後，令改易巾髻，琦謂好問曰：「今日易巾髻，在京人皆可，獨琦不可。琦一刑部譯史，襲先兄世爵，安忍作此。今以一死付公，然死則即死，付公一言亦剩矣。」因泣涕而別。琦既至其家，母氏方晝寢，驚而寤。琦問阿母何爲，母曰：「適夢三人潛伏梁間，故驚寤。」仁卿跪曰：「梁上人，鬼也。兒意在懸梁，阿母夢先見耳。」家人輩泣勸曰：「君不念老母

歟。」母止之曰：「勿勸，兒所處是矣。」即自縊，時年四十餘。

琦性沉靜好讀書，知古今事。其母完顏氏，以孝謹稱。

蔡八兒，不知其所始。趫捷有勇，性純質可任。時爲忠孝軍元帥。天興二年，自息州入援，會大將奔盞遣數百騎駐城東，令人大呼曰：「城中速降，當免殺戮，不然無噍類矣。」於是，上登城，遣八兒率挽强兵百餘潛出暗門，渡汝水，左右交射之。自是兵不復薄城，築長壘爲久困計。上令分軍防守四城，以殿前都點檢兀林荅胡土守西面，八兒副之。已而，哀宗度蔡城不守，傳位承麟。羣臣入賀，班定，八兒不拜，謂所親曰：「事至於此，有死而已，安能更事一君乎。」遂戰死。

毛佺者，恩州人。貞祐中爲盜，宣宗南渡，率衆歸國，署爲義軍招撫。哀宗遷蔡，以佺爲都尉。圍城之戰，佺力居多，城破自縊。其子先佺戰歿。

時死事者則有閻忠、郝乙、王阿驢、樊喬焉。忠，滑州人。衛王時，開州刺史賽哥叛，忠單騎入城，縛賽哥以出，由是漸被擢用。乙，磁州人，同日戰死，哀宗贈官。

阿鱸、樊喬皆河中人，初爲砲軍萬戶。鳳翔破，北降，從軍攻汴，司砲如故，卽給主者曰：「砲利於短，不利於長。」信之，使截其木數尺、縛十餘握，由是機雖起伏，所擊無力。卽日，二人皆捐家走城。

是時，女直人無死事者，長公主言於哀宗曰：「近來立功効命多諸色人，無事時則自家人爭强，有事則他人盡力，焉得不怨。」上默然。餘各有傳。

溫敦昌孫，皇太后之姪，衞尉七十五之子。爲人短小精悍，性復愷弟。累遷諸局分官。上幸蔡，授殿前左副點檢。圍城中，數引軍潛出巡邏。時尙食須魚，汝河魚甚美，上以水多浮尸，惡之。城西有積水曰練江，魚大且多，往捕必軍衞乃可。昌孫常自領兵以往，所得動千餘斤，分賜將士。後知其出，左右設伏，伺而邀之，力戰而死。蔡城破，前監察御史納坦胡失打聞之，〔七〕慟哭，投水而死。

完顏絳山，哀宗之奉御也，系出始祖。天興二年十月，蔡城被圍，城中飢民萬餘訴於有司求出，有司難之，民大呼於道。上聞之，遣近侍官分監四門，門日出千人，必老稚羸疾者聽其出。絳山時在北門，憫人之飢，出過其數，命杖之四十。然出者多泄城中虛實，尋

止之。

三年正月己酉，蔡城破，哀宗傳位承麟，卽自縊于幽蘭軒。權點檢內族斜烈矯制召承御石盞氏、近侍局大使焦春和、內侍局殿頭宋珪赴上前，曉以名分大義，及侍從官巴良弼、阿勒根文卿皆從死。斜烈將死，遺言絳山，使焚幽蘭軒。

火方熾，子城破，大兵突入，近侍左右皆走避，獨絳山留不去，爲兵所執，問曰：「汝爲誰？」絳山曰：「吾奉御絳山也。」兵曰：「衆皆散走，而獨後何也？」曰：「吾君終于是，吾候火滅灰寒，收瘞其骨耳。」兵笑曰：「若狂者耶，汝命且不能保，能瘞而君耶？」絳山曰：「人各事其君。吾君有天下十餘年，功業弗終，身死社稷，忍使暴露遺骸與士卒等耶？吾逆知君輩必不遺吾，吾是以留，果瘞吾君之後，雖寸斬吾不恨矣。」兵以告其帥，奔盞曰：「此奇男子也。」許之。絳山乃掇其餘燼，裹以弊衾，瘞于汝水之旁，再拜號哭，將赴汝水死。軍士救之得免，後不知所終。

畢資倫，縉山人也。泰和南征，以傭雇從軍，軍還，例授進義副尉。崇慶元年，改縉山爲鎭州，朮虎高琪爲防禦使、行元帥府事于是州，選資倫爲防城軍千戶。至寧元年秋，大元兵至鎭州，高琪棄城遁。資倫行及昌平，收避遷民兵，轉戰有功，擢授都統軍。軍數千，與

軍中將領沈思忠、郝子都輩同隸一府，屯鄭州及衞州，時號「沈、畢軍」。積功至都總領，思忠爲副都尉。

僕散阿海南征，軍次梅林關不得過，阿海問諸將誰能取此關者，資倫首出應命，問須軍士幾何，曰：「止用資倫所統足矣，不煩餘軍。」明日遲明，出宋軍不意，引兵薄之，萬衆崩，遂取梅林關。阿海軍得南行，留提控王祿軍萬人守關。不數日，宋兵奪關守之，阿海以梅林歸途爲敵據，計無所出，復問「誰能取梅林者，以帥職賞之」，資倫復出應命，以本軍再奪梅林。阿海破蘄、黃，按軍而還，論功資倫第一，授遙領同知昌武軍節度使、宣差總領都提控。

既而，樞密院以資倫、思忠不相能，恐敗事，以資倫統本軍屯泗州。興定五年正月戊戌，提控王祿湯餠會軍中宴飮，宋龜山統制時青乘隙襲破泗州西城。資倫知失計，墮南城求死，爲宋軍所執，以見時青。青說之曰：「畢宣差，我知爾好男子，亦宜相時達變。金國勢已衰弱，爾肯降我，宋亦不負爾。若不從，見劉大帥卽死矣。」資倫極口罵曰：「時青逆賊聽我言。我出身至貧賤，結柳器爲生，自征南始得一官，今職居三品。不幸失國家城池，甘分一死尙不能報，肯從汝反賊求生耶。」青知無降意，下盱眙獄。

時臨淮令李某者亦被執，後得歸，爲泗州從宜移剌羊哥言其事。羊哥以資倫惡語罵時青必被殺，卽以死不屈節聞于朝。時資倫子牛兒年十二，居宿州，收充皇后位奉閣舍人。

宋人亦賞資倫忠憤不撓，欲全活之，鈐以鐵繩，囚于鎭江府土獄，略給衣食使不至寒餓，脅誘百方，時一引出問云：「汝降否？」資倫或罵或不語，如是十四年。及盱眙將士降宋，宋使總帥納合買住已下北望哭拜，謂之辭故主，驅資倫在旁觀之。資倫見買住罵曰：「納合買住，國家未嘗負汝，何所求死不可，乃作如此觜鼻耶。」買住俯首不敢仰視。

及蔡州破，哀宗自縊，宋人以告資倫。資倫歎曰：「吾無所望矣。容我一祭吾君乃降耳。」宋人信之，爲屠牛羊設祭鎭江南岸。資倫祭畢，伏地大哭，乘其不防投江水而死。宋人義之，宣示四方，仍議爲立祠。

鎭江之囚有方士者親嘗見之，以告元好問，及言泗州城陷資倫被執事，且曰：「資倫長身，面赤色，顴頰微高，鬚疏而黃。資稟質直，重然諾，故其堅忍守節卓卓如此。」宣宗實錄載資倫爲亂兵所殺，當時傳聞不得其實云。

郭蝦蟆，會州人。世爲保甲射生手，與兄祿大俱以善射應募。興定初，祿大以功遷遙授同知平涼府事、兼會州刺史，進官一階，賜姓顏盞。夏人攻會州，祿大遙見其主兵者人馬皆衣金，出入陣中，約二百餘步，一發中其吭，殪之。又射一人，矢貫兩手於樹，敵大駭。城破，祿大、蝦蟆俱被禽。夏人憐其技，囚之，兄弟皆誓死不屈。朝廷聞之，議加優獎，而未知

存沒，乃特遷祿大子伴牛官一階，授巡尉職，以旌其忠。其後兄弟謀奔會，自拔其鬚，事覺，祿大竟爲所殺，蝦蟆獨拔歸。上思祿大之忠，命復遷伴牛官一階，遙授會州軍事判官，蝦蟆遙授鞏州鈐轄。會言者乞獎用祿大弟，遂遷蝦蟆官兩階，授同知蘭州軍州事。

興定五年冬，夏人萬餘侵定西，蝦蟆敗之，斬首七百，獲馬五十匹，以功遷同知臨洮府事。

元光二年，夏人步騎數十萬攻鳳翔甚急，元帥赤盞合喜以蝦蟆總領軍事。從巡城，濠外一人坐胡牀，以箭力不及，氣貌若蔑視城守者。合喜指似蝦蟆云：「汝能射此人否？」蝦蟆測量遠近，曰：「可。」蝦蟆平時發矢，伺腋下甲不掩處射之無不中，卽持弓矢伺坐者舉肘，一發而斃。兵退，升遙授靜難軍節度使，尋改通遠軍節度使，授山東西路斡可必剌謀克，仍遣使賞賚，徧諭諸郡焉。

是年冬，蝦蟆與鞏州元帥田瑞攻取會州。蝦蟆率騎兵五百皆被赭衲，薄州之南山而下，夏人猝望之以爲神。城上有舉手於懸風版者，蝦蟆射之，手與版俱貫。凡射死數百人。夏人震恐，乃出降。蓋會州爲夏人所據近四年，至是復焉。〔八〕

正大初，田瑞據鞏州叛，詔陝西兩行省併力擊之。蝦蟆率衆先登，瑞開門突出，爲其弟濟所殺，斬首五千餘級，以功遷遙授知鳳翔府事、本路兵馬都總管、元帥左都監、兼行蘭、

會、洮、河元帥府事。六年九月，蝦蟆進西馬二疋，詔曰：「卿武藝超絕。此馬可充戰用，朕乘此豈能盡其力。既入進，卽尚廐物也，就以賜卿。」仍賜金鼎一、玉兔鶻一，并所遣郭倫哥等物有差。

天興二年，哀宗遷蔡州，慮孤城不能保，擬遷鞏昌，以粘葛完展爲鞏昌行省。三年春正月，完展聞蔡已破，欲安衆心，城守以待嗣立者，乃遣人稱使者至自蔡，有旨宣諭。綏德州帥汪世顯者亦知蔡凶問，且嫉完展制己，欲發矯詔事，因以兵圖之，然憚蝦蟆威望，乃遣使約蝦蟆併力破鞏昌。使者至，蝦蟆謂之曰：「粘葛公奉詔爲行省，號令孰敢不從。今主上受圍於蔡，擬遷鞏昌。國家危急之際，我輩既不能致死赴援，又不能叶衆奉迎，乃欲攻粘葛公，先廢遷幸之地，上至何所歸乎。汝帥若欲背國家，任自爲之，何及於我。」世顯卽攻鞏昌破之，劫殺完展，送款於大元，復遣使者二十餘輩諭蝦蟆以禍福，不從。

甲午春，金國已亡，西州無不歸順者，獨蝦蟆堅守孤城。丙申歲冬十月，大兵併力攻之。蝦蟆度不能支，集州中所有金銀銅鐵，雜鑄爲砲以擊攻者，殺牛馬以食戰士，又自焚廬舍積聚，曰：「無至資兵。」日與血戰，而大兵亦不能卒拔。及軍士死傷者衆，乃命積薪於州廨，呼集家人及城中將校妻女，閉諸一室，將自焚之。蝦蟆之妻欲有所訴，立斬以徇。火既熾，率將士於火前持滿以待。城破，兵塡委以入，鏖戰既久，士卒有弓盡矢絕者，挺身入火中。蝦蟆獨上大草積，以門扉自蔽，發二三百矢無不中者，矢盡，投弓劍于火自焚，城中無一人肯降者。蝦蟆死時年四十五。土人爲立祠。

完展字世昌。泰和三年策論進士。初爲行省，以蠟丸爲詔，期以天興二年九月集大軍與上會於饒峯關，出宋不意取興元。既而不果云。

校勘記

〔一〕以功遙授昌武軍節度使　「昌武」原作「武昌」。按金無「武昌軍」。本書卷二五地理志，南京路有「許州，昌武軍節度使」。今據乙正。

〔二〕正大二年秋　原脫「正大」二字，今據上下文補。

〔三〕達夫與衆行及韶避兵于州北之橫嶺　按「韶」之名本書僅此一見。嘉慶重修一統志卷二〇五河南府云，澠池縣，「金末於縣置韶州」。嘉慶澠池縣志卷一山川，「治西二十五里，橫嶺迴障，蜿蜒十數里」。疑「韶」字下當有州字。

〔四〕與翰林待制安延珍奉使乞和于大元　按本書卷一六宣宗紀，興定五年十二月「丁巳，禮部侍郎烏古孫仲端、翰林待制安庭珍使北還，各遷一階」。「延」作「庭」。

〔五〕嘗爲護衛奉御　「衛」原作「尉」。按本書卷四一儀衛志，「金制天子之儀衛，其衛士曰護衛」。卷

四四兵志，「禁軍之制，又設護衛二百人，近侍之執兵仗者也」。今據改。

〔六〕大睦親府事烏古孫仲端　原脫「仲」字。按本卷烏古孫仲端傳，「哀宗將遷歸德，召爲翰林學士承旨，兼同簽大睦親府事，留守汴京」。元兵圍汴，「仲端卽自縊」。今據補一「仲」字。又「烏古孫」原作「吾古孫」。今亦據傳文統一。

〔七〕前監察御史納坦胡失打聞之　「監察御史」原作「御史監察」。按本書卷五五百官志，御史臺，「監察御史十二員，正七品」。今據乙正。

〔八〕蓋會州爲夏人所據近四年至是復焉　「四」原作「十」。按本書卷一六宣宗紀，興定四年八月「庚午，夏人陷會州」，至元光二年冬共四年，今據改。

金史卷一百二十五

列傳第六十三

文藝上

韓昉　蔡松年子珪　吳激　馬定國　任詢　趙可　郭長倩

蕭永祺　胡礪　王競　楊伯仁　鄭子聃　党懷英

金初未有文字。世祖以來漸立條教。〔一〕太祖既興，得遼舊人用之，使介往復，其言已文。太宗繼統，乃行選舉之法，及伐宋，取汴經籍圖，〔二〕宋士多歸之。熙宗款謁先聖，北面如弟子禮。世宗、章宗之世，儒風丕變，庠序日盛，士繇科第位至宰輔者接踵。當時儒者雖無專門名家之學，然而朝廷典策、鄰國書命，粲然有可觀者矣。金用武得國，無以異於遼，而一代制作能自樹立唐、宋之間，有非遼世所及，以文而不以武也。傳曰：「言之不文，行

之不遠。」文治有補於人之家國，豈一日之效哉。作文藝傳。

韓昉字公美，燕京人。仕遼，累世通顯。昉五歲喪父，哭泣能盡哀。天慶二年，中進士第一。補右拾遺，轉史館修撰。累遷少府少監、乾文閣待制。加衞尉卿，知制誥，充高麗國信使。

高麗雖舊通好，天會四年，奉表稱藩而不肯進誓表，累使要約，皆不得要領。而昉復至高麗，移督再三。高麗徵國中讀書知古今者，商榷辭旨，使酬答專對。凡涉旬乃始置對，謂昉曰：「小國事遼、宋二百年無誓表，未嘗失藩臣禮。今事上國當與事遼、宋同禮。而屢盟長亂聖人所不與，必不敢用誓表。」昉曰：「貴國必欲用古禮，舜五載一巡狩，羣后四朝。周六年五服一朝，又六年王乃時巡，諸侯各朝于方岳。今天子方事西狩，則貴國當從朝會矣。」高麗人無以對，乃曰：「徐議之。」昉曰：「誓表朝會，一言決耳。」於是高麗乃進誓表如約，昉乃還。宗幹大說曰：「非卿誰能辦此。」因謂執事者曰：「自今出疆之使皆宜擇人。」

明年，加昭文館直學士，兼堂後官。再加諫議大夫，遷翰林侍講學士。改禮部尚書，遷翰林學士，兼太常卿、修國史，尚書如故。昉自天會十二年入禮部，在職凡七年。當是時，

朝廷方議禮，制度或因或革，故昉在禮部兼太常甚久云。除濟南尹，拜參知政事。皇統四年，表乞致仕，不許。六年，再表乞致仕，乃除汴京留守，封鄆國公。復請如初，以儀同三司致仕。天德初，加開府儀同三司。薨。年六十八。

昉性仁厚，待物甚寬。有家奴誣告昉以馬資送叛人出境，考之無狀，有司以奴還昉，昉待之如初，曰：「奴誣主人以罪，求為良耳，何足怪哉。」人稱其長者。昉雖貴，讀書未嘗去手，善屬文，最長於詔册，作太祖睿德神功碑，當世稱之。自使高麗歸，後高麗使者至必問昉安否云。

蔡松年字伯堅。父靖，宋宣和末，守燕山。松年從父來，管勾機宜文字。宗望軍至白河，郭藥師敗，靖以燕山府降，元帥府辟松年為令史。天會中，遼、宋舊有官者皆換授，松年為太子中允，除眞定府判官，自此為眞定人。

嘗從元帥府與齊俱伐宋。是時，初平眞定西山羣盜，〔三〕山中居民為賊汙者千餘家，松年力為辨論，竟得不坐。齊國廢，置行臺尚書省於汴，松年為行臺刑部郎中。都元帥宗弼領行臺事，伐宋，松年兼總軍中六部事。宋稱臣，師還，宗弼入為左丞相，薦松年為刑部員

外郎。

皇統七年，尚書省令史許霖告田瑴黨事，松年素與瑴不相能。是時宗弼當國，瑴性剛正好評論人物，其黨皆君子，韓企先為相愛重之。而松年、許霖、曹望之欲與瑴相結，瑴拒之，由是構怨。故松年、許霖構成瑴等罪狀，勸宗弼誅之，君子之黨熄焉。是歲，松年遷左司員外郎。

松年前在宗弼府，而海陵以宗室子在宗弼軍中任使，用是相厚善。天德初，擢吏部侍郎，俄遷戶部尚書。海陵遷中都，徙榷貨務以實都城，復鈔引法，皆自松年啓之。海陵謀伐宋，以松年家世仕宋，故亟擢顯位以聳南人觀聽，遂以松年為賀宋正旦使。使還，改吏部尚書，尋拜參知政事。是年，自崇德大夫進銀青光祿大夫，遷尚書右丞，未幾，為左丞，封郜國公。

初，海陵愛宋使人山呼聲，使神衞軍習之。及孫道夫賀正隆三年正旦，入見，山呼聲不類往年來者。道夫退，海陵謂宰臣曰：「宋人知我使神衞軍習其聲，此必蔡松年、胡礪泄之。」松年惶恐對曰：「臣若懷此心，便當族滅。」

久之，進拜右丞相，加儀同三司，封衞國公。正隆四年薨，年五十三。海陵悼惜之，奠于其第，命作祭文以見意。加封吳國公，謚文簡。起復其子三河主簿珪為翰林修撰，璋賜

進士第。遣翰林待制蕭籲護送其喪，歸葬眞定，四品以下官離都城十里送之，道路之費皆從官給。

松年事繼母以孝聞，喜周恤親黨，性復豪侈，不計家之有無。文詞清麗，尤工樂府，與吳激齊名，時號「吳、蔡體」。有集行于世。子珪。

珪字正甫。中進士第，不求調，久乃除澄州軍事判官，遷三河主簿。丁父憂，起復翰林修撰，同知制誥。在職八年，改戶部員外郎，兼太常丞。珪號爲辨博，凡朝廷制度損益，珪爲編類詳定檢討删定官。

初，兩燕王墓舊在中都東城外，海陵廣京城圍，墓在東城內。前嘗有盜發其墓，大定九年詔改葬於城外。俗傳六國時燕王及太子丹之葬，及啓壙，其東墓之柩題其和曰「燕靈王舊」。「舊」，古「柩」字，通用。乃西漢高祖子劉建葬也。其西墓，蓋燕康王劉嘉之葬也。珪作兩燕王墓辯，據葬制名物款刻甚詳。

安國軍節度判官高元鼎坐監臨姦事，求援於太常博士田居實、大理司直吳長行、吏部主事高震亨、大理評事王元忠。震亨以屬鞫問官御史臺典事李仲柔，仲柔發之。珪與刑部員外郎王翛、宛平主簿任詢、前衞州防禦判官閻恕、承事郎高復亨、文林郎翟詢、敦武校尉

王景晞、進義校尉任師望，坐與居實等轉相傳教，或令元鼎逃避，居實、長行、震亨、元忠各杖八十，翛、珪、詢、恕、復亨、翟詢各笞四十，景晞、師望各徒二年，官贖外並的決。

久之，除河東北路轉運副使，復入爲修撰，遷禮部郎中，封眞定縣男。珪已得風疾，失音不能言，乃除濰州刺史，同輩已奏謝，珪獨不能入見。世宗以讓右丞唐括安禮、參政王蔚曰：「卿等閱書史，亦有不能言之人可以從政者乎。」又謂中丞劉仲誨曰：「蔡珪風疾不能奏謝，卿等何不糾之。人言卿等相爲黨蔽，今果然邪。」珪乃致仕，尋卒。

珪之文有補正水經五篇，合沈約、蕭子顯、魏收宋、齊、北魏志作南北史志三十卷，續金石遺文跋尾十卷，晉陽志十二卷，文集五十五卷。補正水經、晉陽志、文集今存，餘皆亡。

吳激字彥高，建州人。父拭，宋進士，官終朝奉郎、知蘇州。激，米芾之壻也，工詩能文，字畫俊逸得芾筆意。尤精樂府，造語清婉，哀而不傷。將宋命至金，以知名留不遣，命爲翰林待制。皇統二年，出知深州，到官三日卒。詔賜其子錢百萬、粟三百斛、田三頃以周其家。有東山集十卷行于世。「東山」，其自號也。

馬定國字子卿，茌平人。自少志趣不羣。宣、政末，〔四〕題詩酒家壁，坐譏訕得罪，亦因以知名。阜昌初，遊歷下，以詩撼齊王豫，豫大悅，授監察御史，仕至翰林學士。石鼓自唐以來無定論，定國以字畫考之，云是宇文周時所造，作辯萬餘言，出入傳記，引據甚明，學者以比蔡正甫燕王墓辯。初，學詩未有入處，夢其父與方寸白筆，從是文章大進。有集傳于世。

任詢字君謨，易州軍市人。父貴有才幹，善畫，喜談兵，宣、政間游江、浙。詢生於虔州，爲人慷慨多大節。書爲當時第一，畫亦入妙品。評者謂畫高於書，書高於詩，詩高於文，然王庭筠獨以其才具許之。登正隆二年進士第。歷益都都勾判官，北京鹽使。年六十四致仕，優游鄉里，家藏法書名畫數百軸。年七十卒。

趙可字獻之，高平人。貞元二年進士。仕至翰林直學士。博學高才，卓犖不羈。天

德、貞元間，有聲場屋。後入翰林，一時詔誥多出其手，流輩服其典雅。其歌詩樂府尤工，號玉峯散人集。

郭長倩字曼卿，文登人。登皇統丙寅經義乙科。仕至祕書少監，兼禮部郎中，修起居注。與施朋望、王無競、劉嵓老、劉無黨相友善。所撰石決明傳爲時輩所稱。有崑嵛集行于世。

蕭永祺字景純，本名蒲烈。少好學，通契丹大小字。廣寧尹耶律固奉詔譯書，辟置門下，因盡傳其業。固卒，永祺率門弟子服齊衰喪。固作遼史未成，永祺繼之，作紀三十卷、志五卷、傳四十卷，上之。加宣武將軍，除太常丞。

海陵爲中京留守，永祺特見親禮。天德初，擢左諫議大夫，遷翰林侍講學士，同修國史，再遷翰林學士。明年，遷承旨。尙書左丞耶律安禮出守南京，海陵欲以永祺代之，召見于內閣，諭以旨意，永祺辭曰：「臣材識卑下，不足以辱執政。」海陵曰：「今天下無事，朕方以

文治，卿爲是優矣。」永祺固辭，既出，或問曰：「公遇知人主，進取爵位，以道佐時，何多讓也。」永祺曰：「執政繫天下休戚，縱欲貪冒榮寵，如蒼生何。」海陵嘗選廷臣十人備諮訪，獨永祺議論寬厚，時稱長者。卒年五十七。

胡礪字元化，磁州武安人。少嗜學。天會間，大軍下河北，礪爲軍士所掠，行至燕，亡匿香山寺，與傭保雜處。韓昉見而異之，使賦詩以見志，礪操筆立成，思致清婉，昉喜甚，因館置門下，使與其子處，同敎育之，自是學業日進。昉嘗謂人曰：「胡生才器一日千里，他日必將名世。」十年，舉進士第一，授右拾遺，權翰林修撰。久之，改定州觀察判官。定之學校爲河朔冠，士子聚居者常以百數，礪督敎不倦，經指授者悉爲場屋上游，稱其程文爲「元化格」。

皇統初，爲河北西路轉運都勾判官。礪性剛直無所屈。行臺平章政事高楨之汴，道眞定，燕于漕司。礪欲就坐，楨責之，礪曰：「公在政府則禮絕百僚，今日之會自有賓主禮。」楨曰：「汝他日爲省吏當何如？」礪曰：「當官而行，亦何所避。」楨壯其言，改謝之。

改同知深州軍州事，加朝奉大夫。郡守暴戾，蔑視僚屬，礪常以禮折之，守愧服，郡事一委于礪。州管五縣，例置弓手百餘，少者猶六七十人，歲徵民錢五千餘萬爲顧直。〔五〕其人

皆市井無賴，以迹盜爲名，所至擾民。礪知其弊，悉罷去。繼而有飛語曰：「某日賊發，將殺通守。」或請爲備，礪曰：「盜所利者財耳，吾貧如此，何備爲。」是夕，令公署撤關，竟亦無事。

再補翰林修撰，遷禮部郎中，一時典禮多所裁定。海陵拜平章政事，百官賀於廟堂，礪獨不跪。海陵問其故，礪以令對，且曰：「朝服而跪，見君父禮也。」海陵深器重之。天德初，再遷侍講學士，同修國史。以母憂去官。起復爲宋國歲元副使，刑部侍郎白彥恭爲使，海陵謂礪曰：「彥恭官在卿下，以其舊勞，故使卿副之。」遷翰林學士，改刑部尚書。扈從至汴得疾，海陵數遣使臨問，卒，深悼惜之。年五十五。

王競字無競，彰德人。警敏好學。年十七以廕補官。宋宣和中，太學兩試合格，調屯留主簿。入國朝，除大寧令，歷寶勝鹽官，轉河內令。時歲饑盜起，競設方略以購賊，不數月盡得之。夏秋之交，沁水泛溢，歲發民築隄，豪民猾吏因緣爲姦，競覈實之，減費幾半，縣民爲之謠曰：「西山至河岸，縣官兩人半。」蓋以前政韓希甫與競相繼治縣，皆有幹能，絳州正平令張元亦有治績而差不及，故云然。

天眷元年，轉固安令。皇統初，參政韓昉薦之，召權應奉翰林文字，兼太常博士。詔作金源郡王完顏婁室墓碑，〔六〕競以行狀盡其實，乃請國史刊正之，時人以爲法。二年，試館閣，競文居最，遂爲眞。

遷尚書禮部員外郎。時海陵當國，政由己出，欲令百官避堂諱，競言人臣無公諱，遂止。蕭仲恭以太傅領三省事封王，欲援遼故事，親王用紫羅傘。事下禮部，競與郎中翟永固明言其非是，事竟不行，海陵由是重之。天德初，轉翰林待制，遷翰林直學士，改禮部侍郎，遷翰林侍講學士，改太常卿，同修國史，擢禮部尚書，同修國史如故。

大定二年春，從太傅張浩朝京師，詔復爲禮部尚書。是歲，奉遷睿宗山陵，儀注不應典禮，競削官兩階。詔改創五龍車，兼翰林學士承旨，修國史。四年，卒官。

競博學而能文，善草隸書，工大字，兩都宮殿牓題皆競所書，士林推爲第一云。

楊伯仁字安道，伯雄之弟也。天性孝友，讀書一過成誦。登皇統九年進士第，事親不求調。天德二年，除應奉翰林文字。初名伯英，避太子光英諱，改今名。

海陵嘗夜召賦詩，傳趣甚亟，未二鼓奏十詠，海陵喜，解衣賜之。海陵射烏，伯仁獻獲烏詩以諷。丁父憂，起復，賜金帶襲衣，及賜白金以奉母。改左拾遺。進士呂忠翰廷試已在第

一，未唱名，海陵以忠翰程文示伯仁，問其優劣，伯仁對曰：「當在優等。」海陵曰：「此今試狀元也。」伯仁自以知忠翰姓名在第一，遂宿諫省，俟唱名乃出，海陵嘉其愼密。轉翰林修撰。

孟宗獻發解第一，伯仁讀其程文稱之「此人當成大名」。是歲，宗獻府試、省試、廷試皆第一，號「孟四元」，時論以爲知文。故事，狀元官從七品，階承務郎，世宗以宗獻獨異等，與從六品，階授奉直大夫。

改著作郎。居母喪，服除，調鎭西節度副使。入爲起居注兼左拾遺，上書論時務六事。改大名少尹。郡中豪民橫恣甚，莫可制，民受其害，伯仁窮竟渠黨，四境帖然。讞館陶大辟，得其冤狀，館陶人爲立祠。府尹荊王文坐贓削封，降德州防禦使，同知裴滿子寧及伯仁、判官謝奴皆以不能匡正解職。伯仁降南京留守判官，改同知安化軍節度使，到官三日，召爲太子右諭德、兼侍御史，改翰林待制，復兼右諭德。

除濱州刺史。郡俗有遺奴出亡，捕之以規賞者，伯仁至，責其主而杖殺其奴，如是者數輩，其弊遂止。入爲左諫議大夫、兼禮部侍郎、翰林直學士。故事，諫官詞臣入直禁中，上閔其勞，特免入直。改吏部侍郎，直學士如故。鄭子聃卒，宰相舉伯仁代之，乃還侍講，兼禮部侍郎。

伯仁久在翰林，文詞典麗，上曰：「自韓昉、張鈞後，則有翟永固，近日則張景仁、鄭子

聃，今則伯仁而已，其次未見能文者。呂忠翰草降海陵庶人詔，黜責再四終不能盡朕意，狀元雖以詞賦甲天下，至於辭命未必皆能。凡進士可令補外，考其能文者召用之。」不數月，兼左諫議大夫，俄兼太常卿。

大臣舉可修起居注者數人，上以伯仁領之。從幸上京，伯仁多病，至臨潢，地寒因感疾，〔七〕還中都。明年，上還幸中都，遣使勞問，賜以丹劑。是歲，卒。

鄭子聃字景純，大定府人。父宏，遼金源令，二子子京、子聃。楊丘行嘗謂人曰：「金源二子，鳳毛也。小者尤特達，後必名世。」子聃及冠有能賦聲。天德三年，丘行爲太子左衛率府率，廷試明日，海陵以子聃程文示丘行，對曰：「可入甲乙。」及拆卷，果中第一甲第三人。調冀城丞，遷贊皇令，召爲書畫直長。

子聃頗以才望自負，常慊不得爲第一甲第一人。正隆二年會試畢，海陵以第一人程文問子聃，子聃少之。海陵問作賦何如，對曰：「甚易。」因自矜，且謂他人莫己若也。海陵不悅，乃使子聃與翰林修撰綦戩、〔八〕楊伯仁、宣徽判官張汝霖、應奉翰林文字李希顏同進士雜試。七月癸未，海陵御寶昌門臨軒親試，以「不貴異物民乃足」爲賦題，「忠臣猶孝子」爲

詩題，「憂國如飢渴」爲論題。上謂讀卷官翟永固曰：「朕出賦題，能言之或能行之，未可知也。詩、論題，庶戒臣下。」丁亥，御便殿親覽試卷，中第者七十三人，子聃果第一，海陵奇之。有頃，進官三階，除翰林修撰。改侍御史。

京畿旱，詔子聃決囚，遂澍雨，人以比顏眞卿。遷待制，兼吏部郎中，改祕書少監。遷翰林直學士，兼太子左諭德，顯宗深器重之。以疾求補外，遂爲沂州防禦使，皇太子幣贐甚厚，命以安輿之官。召還，爲左諫議大夫、兼直學士。改吏部侍郎、同修國史，直學士如故。遷侍講、兼修國史，上曰：「修海陵實錄，知其詳無如子聃者。」蓋以史事專責之也。二十年，卒，〔九〕年五十五。子聃英俊有直氣，其爲文亦然。平生所著詩文二千餘篇。

党懷英字世傑，故宋太尉進十一代孫，馮翊人。父純睦，泰安軍錄事參軍，卒官，妻子不能歸，因家焉。應舉不得意，遂脫略世務，放浪山水間。簞瓢屢空，晏如也。大定十年，中進士第，調莒州軍事判官，累除汝陰縣令、〔一〇〕國史院編修官、應奉翰林文字、翰林待制、兼同修國史。

懷英能屬文，工篆籀，當時稱爲第一，學者宗之。大定二十九年，與鳳翔府治中郝俣充

遼史刊修官，應奉翰林文字移剌益、趙渢等七人爲編修官。凡民間遼時碑銘墓誌及諸家文集，或記憶遼舊事，悉上送官。

是時，章宗初即位，好尚文辭，旁求文學之士以備侍從，謂宰臣曰：「翰林闕人如之何？」張汝霖奏曰：「郝俣能屬文，宦業亦佳。」〔一一〕上曰：「近日制詔惟党懷英最善。」移剌履進曰：「進士擢第後止習吏事，更不復讀書，近日始知爲學矣。」上曰：「今時進士甚滅裂，唐書中事亦多不知，朕殊不喜。」上謂宰臣曰：「郝俣賦詩頗佳，舊時劉迎能之，李晏不及也。」

明昌元年，懷英再遷國子祭酒。二年，遷侍講學士。明年，議開邊防濠塹，懷英等十六人請罷其役，詔從之。遷翰林學士。七年，有事于南郊，〔一二〕攝中書侍郎讀祝册，上曰：「讀册至朕名，聲微下，雖曰尊君，然在郊廟，禮非所宜，當平讀之。」承安二年乞致仕，改泰寧軍節度使。明年，召爲翰林學士承旨。泰和元年，增修遼史編修官三員，詔分紀、志、列傳刊修官，有改除者以書自隨。久之，致仕。大安三年卒，年七十八，謚文獻。懷英致仕後，章宗詔直學士陳大任繼成遼史云。

校勘記

〔一〕世祖以來漸立條教　按本書卷一世紀云，「昭祖稍以條教爲治，部落寖強」。疑此處誤。

〔二〕取汴經籍圖　按文有脫誤，或「圖」下脫「書」字，或當作「取汴京圖籍」。

〔三〕初平眞定西山羣盜　「眞」原作「鎭」，據上文「眞定」改。

〔四〕宣政末　按此言北宋末年事，宋徽宗建元政和在宣和之前，此當作「宣和末」爲是。下文任詢傳「宣政間」亦當作「政宣間」。

〔五〕歲儆民錢五千餘萬爲顧直　原脫「儆」字，據文義補。

〔六〕詔作金源郡王完顏婁室墓碑　按楊賓柳邊紀略卷四，「船廠西二百里薄屯山有金完顏婁室神道碑」，乃王彥潛撰文。又本卷下文云，「競以行狀盡其實，乃請國史刊正之」，則競似校者非作者。疑「詔作」當作「詔校」。

〔七〕地寒因感疾　「地」原作「池」，據文義改。

〔八〕乃使子聃與翰林修撰綦戩　「綦」原作「纂」。按本書卷八三祁宰傳，「綦戩，宰壻也」。今據改。

〔九〕二十年卒　「二」上當脫「大定」二字。

〔一〇〕累除汝陰縣令　「令」原作「尹」。按金制無縣尹，元始有之。此蓋作者或寫刻者之誤，今改。

〔一一〕宦業亦佳　「宦」原作「宜」，據殿本改。

〔一二〕七年有事于南郊　「七」原作「六」。按明昌六年無祀南郊事。本書卷一〇章宗紀，「承安元年十一月戊戌，有事于南郊，大赦，改元」。則祀南郊時當是明昌七年。今據改。

金史卷一百二十六

列傳第六十四

文藝下

趙渢　周昂　王庭筠　劉昂　李經　劉從益　呂中孚 張建附

李純甫　王欎　宋九嘉　龐鑄　李獻能　王若虛

王元節　麻九疇　李汾　元德明 子好問

趙渢字文孺，東平人。大定二十二年進士，仕至禮部郎中。性沖澹，學道有所得，尤工書，自號「黃山」。趙秉文云：「渢之正書體兼顏、蘇，行草備諸家體，其超放又似楊凝式，當處蘇、黃伯仲間。」党懷英小篆，李陽冰以來鮮有及者，時人以渢配之，號曰「党、趙」。有黃山集行於世。

周昂字德卿，眞定人。父伯禄字天錫，大定進士，仕至同知沁南軍節度使。

昂年二十四擢第。調南和簿，有異政。遷良鄉令，入拜監察御史。路鐸以言事被斥，昂送以詩，語涉謗訕，坐停銓。久之，起爲隆州都軍，〔一〕以邊功復召爲三司官。大安兵興，權行六部員外郎。

其甥王若虛嘗學於昂，昂教之曰：「文章工於外而拙於內者，可以驚四筵而不可以適獨坐，可以取口稱而不可以得首肯。」又云：「文章以意爲主，以言語爲役，主强而役弱則無令不從。今人往往驕其所役，至跋扈難制，甚者反役其主，雖極辭語之工，而豈文之正哉。」

昂孝友，喜名節，學術醇正，文筆高雅，諸儒皆師尊之。旣歷臺省，爲人所擠，竟坐詩得罪，謫東海上十數年。始入翰林，言事愈切。出佐三司非所好，從宗室承裕軍。承裕失利，跳走上谷，衆欲徑歸，昂獨不從，城陷，與其從子嗣明同死於難。嗣明字晦之。

王庭筠字子端，遼東人。〔二〕生未期，視書識十七字。七歲學詩，十一歲賦全題。稍長，涿郡王翛一見，期以國士。登大定十六年進士第。調恩州軍事判官，臨政卽有聲。郡民鄒四者謀爲不軌，事覺，逮捕千餘人，而鄒四竄匿不能得。朝廷遣大理司直王仲軻治其獄，庭筠以計獲鄒四，分别詿誤，坐預謀者十二人而已。再調館陶主簿。

明昌元年三月，章宗諭旨學士院曰：「王庭筠所試文，句太長，朕不喜此，亦恐四方傚之。」又謂平章張汝霖曰：「王庭筠文藝頗佳，然語句不健，其人才高，亦不難改也。」四月，召庭筠試館職，中選。御史臺言庭筠在館陶嘗犯贓罪，不當以館閣處之，遂罷。乃卜居彰德，買田隆慮，讀書黃華山寺，因以自號。是年十二月，上因語及學士，歎其乏材，參政守貞曰：「王庭筠其人也。」三年，召爲應奉翰林文字，命與祕書郎張汝方品第法書、名畫，遂分入品者爲五百五十卷。

五年八月，上顧謂宰執曰：「應奉王庭筠，朕欲以詔誥委之，其人才亦豈易得。近党懷英作長白山册文，殊不工。聞文士多妬庭筠者，不論其文顧以行止爲訾。大抵讀書人多口頰，或相黨。昔東漢之士與宦官分朋，固無足怪。如唐牛僧孺、李德裕，宋司馬光、王安石，均爲儒者，而互相排毁何耶。」遂遷庭筠爲翰林修撰。

承安元年正月，坐趙秉文上書事，削一官，杖六十，解職，語在秉文傳。二年，降授鄭州防禦判官。四年，起爲應奉翰林文字。泰和元年，復爲翰林修撰，扈從秋山，應制賦詩三十

餘首，上甚嘉之。明年，卒，年四十有七。上素知其貧，詔有司賻錢八十萬以給喪事，求生平詩文藏之祕閣。又以御製詩賜其家，其引云：「王遵古，朕之故人也。乃子庭筠，復以才選直禁林者首尾十年，今茲云亡，玉堂、東觀無復斯人矣。」

庭筠儀觀秀偉，善談笑，外若簡貴，人初不敢與接。旣見，和氣溢於顏間，殷勤慰藉如恐不及，少有可取極口稱道，他日雖百負不恨也。從游者如韓溫甫、路元亨、張進卿、李公度，其薦引者如趙秉文、馮璧、李純甫，皆一時名士，世以知人許之。

爲文能道所欲言，暮年詩律深嚴，七言長篇尤工險韻。有藂辨十卷，文集四十卷。書法學米元章，與趙渢、趙秉文俱以名家，庭筠尤善山水墨竹云。

子曼慶，亦能詩并書，仕至行省右司郎中，自號「澹游」云。

劉昂字之昂，興州人。大定十九年進士。曾、高而下七世登科。昂天資警悟，律賦自成一家，作詩得晚唐體，尤工絶句。李純甫故人外傳云，昂早得仕，年三十三爲尚書省掾，調平涼路轉運副使。時術士有言昂官止五品，昂不信。俄以母憂去職，連蹇十年，卜居洛陽，有終焉之志。有薦其才於章宗者，泰和初，自國子司業擢爲左司郎中。會掌書大中與

賈鉉漏言除授事，爲言者所劾，獄辭連昂。章宗震怒。一時聞人如史肅、李著、王宇、宗室從郁皆譴逐之，鉉尋亦罷政。昂降上京留守判官，道卒，竟如術者之言。

李經字天英，錦州人。作詩極刻苦，喜出奇語，不蹈襲前人。李純甫見其詩曰：「眞今世太白也。」由是名大震。再舉不第，拂衣去。南渡後，其鄉帥有表至朝廷，士大夫識之曰：「此天英筆也。」朝議以武功就命倅其州，後不知所終。

劉從益字雲卿，渾源人。其高祖撝，天會元年詞賦進士，子孫多由科第入仕。從益登大安元年進士第，累官監察御史，坐與當路辨曲直，得罪去。久之，起爲葉縣令，修學勵俗，有古良吏風。葉自兵興，戶減三之一，田不毛者萬七千畝有奇，其歲入七萬石如故。從益請於大司農，爲減一萬，民甚賴之，流亡歸者四千餘家。〔三〕未幾，被召，百姓詣尙書省乞留，不聽。入授應奉翰林文字，踰月以疾卒，年四十四。葉人聞之，以端午罷酒爲位而哭，且立石頌德，以致哀思。

從益博學强記，精於經學。爲文章長於詩，五言尤工，有蓬門集。子祁字京叔。爲太學生，甚有文名。値金末喪亂，作歸潛志以紀金事，修金史多採用焉。

呂中孚字信臣，冀州南宮人。張建字吉甫，蒲城人。皆有詩名。中孚有清漳集。建，明昌初，授絳州敎官，召爲宮敎、應奉翰林文字。以老請致仕，章宗愛其純素，不欲令去，授同知華州防禦使，仍賜詩以寵之。自號「蘭泉」，有集行于世。

李純甫字之純，弘州襄陰人。祖安上，嘗魁西京進士。父采，卒於益都府治中。純甫幼穎悟異常，初業詞賦，及讀左氏春秋，大愛之，遂更爲經義學。擢承安二年經義進士。爲文法莊周、列禦寇、左氏、戰國策，後進多宗之。又喜談兵，慨然有經世心。章宗南征，兩上疏策其勝負，上奇之，給送軍中，後多如所料。宰執愛其文，薦入翰林。及大元兵起，又上疏論時事，不報。宣宗遷汴，再入翰林。時丞相高琪擅威福柄，擢爲左司都事。純甫審其必敗，以母老辭去。旣而高琪誅，復入翰林，連知貢舉。正大末，坐取人踰新格，出倅坊州。未赴，改京兆府判官。卒於汴，年四十七。

純甫爲人聰敏，少自負其材，謂功名可俯拾，作矮柏賦，以諸葛孔明、王景略自期。由小官上萬言書，援宋爲證，甚切，當路者以迂闊見抑。中年，度其道不行，益縱酒自放，無仕進意。得官未成考，旋卽歸隱。日與禪僧士子游，以文酒爲事，嘯歌袒裼出禮法外，或飮數月不醒。人有酒見招，不擇貴賤必往，往輒醉，雖沉醉亦未嘗廢著書。然晚年喜佛，力探其奧義。自類其文，凡論性理及關佛老二家者號「內藁」，其餘應物文字爲「外藁」。又解楞嚴、金剛經、老子、莊子。又有中庸集解、鳴道集解，號「中國心學、西方文敎」，〔四〕數十萬言，以故爲名敎所貶云。

王鬱字飛伯，大興人。儀狀魁奇，目光如鶻。少居釣臺，閉門讀書，不接人事。久之，爲文法柳宗元，閎肆奇古，動輒數千言。歌詩俊逸，效李白。嘗作王子小傳以自敍。天興初元，汴京被圍，上書言事，不報。四月，圍稍解，挺身突出，爲兵士所得。其將遇之甚厚，鬱經行無機防，爲其下所忌，見殺。臨終，懷中出書曰：「是吾平生著述，可傳付中

州士大夫曰，王鬱死矣。」年三十餘。同時以詩鳴者，雷琯、侯册、王元粹云。

宋九嘉字飛卿，夏津人。爲人剛直豪邁，少遊太學，有能賦聲。長從李純甫讀書，爲文有奇氣，與雷淵、李經相伯仲。中至寧元年進士第。歷藍田、高陵、扶風、三水四縣令，咸以能稱。入爲翰林應奉。正大中，以疾去。沒于癸巳之難。

龐鑄字才卿，遼東人。少擢第，仕有聲。南渡後，爲翰林待制，遷戶部侍郎。坐游貴戚家，出倅東平，改京兆路轉運使，卒。博學能文，工詩，造語奇健不凡，世多傳之。

李獻能字欽叔，河中人。先世有爲金吾衞上將軍者，時號「李金吾家」。迨獻能昆弟皆以文學名，從兄獻卿、獻誠、從弟獻甫相繼擢第，故李氏有「四桂堂」。獻能苦學博覽，於文尤長於四六。貞祐三年，特賜詞賦進士，廷試第一人，宏詞優等。

授應奉翰林文字。在翰苑凡十年，出爲鄜州觀察判官。用薦者復爲應奉，俄遷修撰。正大末，以鎮南軍節度副使充河中帥府經歷官。大元兵破河中，奔陝州，行省以權左右司郎中，值趙三三軍變遇害，年四十三。

獻能爲人眇小而墨色，頗有髯。善談論，每數說今古，聲鏗亮可聽。作詩有志於風雅，又刻意樂章。在翰院，應機敏捷號得體。趙秉文、李純甫嘗曰：「李獻能天生今世翰苑材。」故每薦之，不令出館。

家故饒財，盡於貞祐之亂，在京師無以自資。其母素豪奢，厚於自奉，小不如意則必訶譴，人視之殆不堪憂，獻能處之自若也。時人以純孝稱之。嘗謂人云：「吾幼夢官至五品，壽不至五十。」後竟如其言。

王若虛字從之，稟城人也。幼穎悟，若夙昔在文字間者。擢承安二年經義進士。調鄜州錄事，歷管城、門山二縣令，皆有惠政，秩滿，老幼攀送，數日乃得行。用薦入爲國史院編修官，遷應奉翰林文字。奉使夏國，還授同知泗州軍州事，留爲著作佐郎。正大初，宣宗實錄成，〔五〕遷平涼府判官。未幾，召爲左司諫，後轉延州刺史，入爲直學士。

天興元年，哀宗走歸德。明年春，崔立變。羣小附和，請爲立建功德碑，翟奕以尚書省命召若虛爲文。時奕輩恃勢作威，人或少忤，則讒構立見屠滅。若虛自分必死，私謂左右司員外郎元好問曰：「今召我作碑，不從則死。作之則名節掃地，不若死之爲愈。雖然，我姑以理諭之。」乃謂奕輩曰：「丞相功德碑當指何事爲言。」奕輩怒曰：「丞相以京城降，活生靈百萬，非功德乎？」曰：「學士代王言，功德碑謂之代王言可乎。且丞相既以城降，則朝官皆出其門，自古豈有門下人爲主帥誦功德而可信乎後世哉。」奕輩不能奪，乃召太學生劉祁、麻革輩赴省，好問、張信之喻以立碑事，曰：「衆議屬二君，且已白鄭王矣，二君其無讓。」祁等固辭而別。數日，促迫不已，祁即爲草定，以付好問。好問意未愜，乃自爲之，既成以示若虛，乃共刪定數字，然止直敍其事而已。後兵入城，不果立也。

金亡，微服北歸鎭陽，與渾源劉郁東游泰山，至黃峴峯，憩萃美亭，顧謂同游曰：「汨沒塵土中一生，不意晚年乃造仙府，誠得終老此山，志願畢矣。」乃令子忠先歸，遣子恕前行視夷險，因垂足坐大石上，良久瞑目而逝，年七十。所著文章號慵夫集若干卷、滹南遺老若干卷，傳於世。

王元節字子元，弘州人也。祖山甫，遼戶部侍郎。父詡，海陵朝，左司員外郎。元節幼穎悟，雖家世貴顯，而從學甚謹。渾源劉撝愛其才俊，以女妻之，遂傳其賦學。登天德三年詞賦進士第。雅尚氣節，不能隨時俯仰，故仕不顯。及遷密州觀察判官，既罷，卽逍遙鄉里，以詩酒自娛，號曰「遯齋」。年五十餘卒。有詩集行於世。

弟元德，亦第進士。有能名於時，終南京路提刑使。

孫國綱字正之。業儒術，尤長吏事。爲人端重樂易，或有忤者略不與校，亦未嘗形于怒色。大安三年，試補尙書吏部掾，未幾，轉御史臺令史。宣宗聞其材幹，興定三年特召爲近侍，奉職承應，甚見寵遇，勒留凡三考，出爲同知申州事。無何，召爲筆硯直長，擢監察御史，秩滿，勒留再任，蓋知其材器故也。

開興元年，關陝完顏總帥屯河中府，與大元軍戰敗績，哀宗遣國綱乘上廐馬，徑詣河中問敗軍之由，〔六〕還至中途，值大兵見殺，時年四十四。

麻九疇字知幾，易州人。三歲識字，七歲能草書，作大字有及數尺者，一時目爲神童。

章宗召見，問：「汝入宮殿中亦懼怯否？」對曰：「君臣，父子也。子寧懼父耶？」上大奇之。弱冠入太學，有文名。

南渡後，寓居郾、蔡間，入遂平西山，始以古學自力。博通五經，於易、春秋爲尤長。興定末，試開封府，詞賦第二，經義第一。再試南省，復然。聲譽大振，雖婦人小兒皆知其名。及廷試，以誤絀，〔七〕士論惜之。已而，隱居不爲科舉計。正大初，門人王說、王采苓俱中第，上以其年幼，怪而問之，乃知嘗師九疇。平章政事侯摯、翰林學士趙秉文連章薦之，特賜盧亞牓進士第。以病，未拜官告歸。再授太常寺太祝，權博士，俄遷應奉翰林文字。

九疇性資野逸，高蹇自便，與人交，一語不相入則逕去不返顧。自度終不能與世合，頃之，復謝病去。居郾城，天興元年，大元兵入河南，挈家走確山，爲兵士所得，驅至廣平，病死，年五十。

九疇初因經義學易，後喜邵堯夫皇極書，因學算數，又喜卜筮、射覆之術。晚更喜醫，與名醫張子和游，盡傳其學，且爲潤色其所著書。爲文精密奇健，詩尤工緻。後以避謗忌，持戒不作。明昌以來，稱神童者五人，太原常添壽四歲能作詩，劉滋、劉微、張漢臣後皆無稱，獨知幾能自樹立，耆舊如趙秉文，以徵君目之而不名。

李汾字長源，太原平晉人。爲人尚氣，跌宕不羈。性褊躁，觸之輒怒，以是多爲人所惡。喜讀史。工詩，雄健有法。避亂入關，京兆尹子容愛其材，招致門下。留二年去，之涇州，謁左丞張行信，一見即以上客禮之。

元光間，游大梁，舉進士不中，用薦爲史館書寫。書寫，特抄書小史耳，凡編修官得日錄，纂述既定，以藁授書寫，書寫錄潔本呈翰長。〔八〕汾既爲之，殊不自聊。時趙秉文爲學士，雷淵、李獻能皆在院，刊修之際，汾在旁正襟危坐，讀太史公、左丘明一篇，或數百言，音吐洪暢，旁若無人。既畢，顧四坐漫爲一語云「看」。秉筆諸人積不平，而雷、李尤切齒，乃以嫚罵官長訟于有司，然時論亦有不直雷、李者。尋罷入關。

明年來京師，上書言時事，不合，去客唐、鄧間。恒山公武仙署行尚書省講議官。既而，仙與參知政事完顏思烈相異同，頗謀自安，懼汾言論，欲除之。汾覺，遁泌陽，仙令總帥王德追獲之，鎖養馬平，絕食而死，年未四十。

汾平生詩甚多，不自收集，世所傳者十二三而已。

元德明，系出拓拔魏，太原秀容人。自幼嗜讀書，口不言世俗鄙事，樂易無畦畛，布衣蔬食處之自若，家人不敢以生理累之。累舉不第，放浪山水間，飲酒賦詩以自適。年四十八卒。有東嵓集三卷。子好問，最知名。

好問字裕之。七歲能詩。年十有四，從陵川郝晉卿學，不事舉業，淹貫經傳百家，六年而業成。下太行，渡大河，爲箕山、琴臺等詩，禮部趙秉文見之，以爲近代無此作也。於是名震京師。

中興定五年第，歷內鄉令。正大中，爲南陽令。天興初，擢尚書省掾，頃之，除左司都事，轉行尚書省左司員外郎。金亡，不仕。

爲文有繩尺，備衆體。其詩奇崛而絕雕劌，巧縟而謝綺麗。五言高古沈鬱。七言樂府不用古題，特出新意。歌謠慷慨挾幽、并之氣。其長短句，揄揚新聲，以寫恩怨者又數百篇。兵後，故老皆盡，好問蔚爲一代宗工，四方碑板銘志盡趨其門。其所著文章詩若干卷、杜詩學一卷、東坡詩雅三卷、錦機一卷、詩文自警十卷。

晚年尤以著作自任，以金源氏有天下，典章法度幾及漢、唐，國亡史作，已所當任。時金國實錄在順天張萬戶家，乃言於張，願爲撰述，既而爲樂夔所沮而止。好問曰：「不可令一代之跡泯而不傳。」乃搆亭於家，著述其上，因名曰「野史」。凡金源君臣遺言往行，采摭所聞，有所得輒以寸紙細字爲記錄，至百餘萬言。今所傳者有中州集及壬辰雜編若干卷。年六十八卒。纂修金史，多本其所著云。

贊曰：韓昉、吳激，楚材而晉用之，亦足爲一代之文矣。蔡珪、馬定國之該博，胡礪、楊伯仁之敏贍，鄭子聃、麻九疇之英儁，王鬱、宋九嘉之邁往。三李卓犖，純甫知道，汾任氣，獻能尤以純孝見稱。王庭筠、党懷英、元好問自足知名異代。王競、劉從益、王若虛之吏治，文不掩其所長。蔡松年在文藝中，爵位之最重者，道金人言利，興黨獄，殺田瑴，文不能掩其所短者歟？事繼母有至行，其死家無餘貲，有足取云。

校勘記

〔一〕起爲隆州都軍　「隆」原作「龍」。按金無「龍州」。本書卷二四地理志，上京路，「隆州，古扶餘之地，遼太祖時……名黃龍府。大定二十九年更今名」。今據改。

〔二〕王庭筠字子端遼東人　「遼」原作「河」。按本書卷一二八王政傳，「王政，辰州熊岳人也」，「子遵

古」，遵古即庭筠之父。辰州熊岳縣屬東京路，見本書卷二四地理志。自當稱「遼東」。今據改。

〔三〕田不毛者萬七千畝有奇其歲入七萬石如故從益請於大司農爲減一萬民甚賴之流亡歸者四千餘家　按趙秉文葉令劉君德政碑、金文最卷七〇引石刻拓本。滏水集卷一二故葉令劉君遺愛碑、元好問中州集卷六劉御史從益所記數目均與此有出入。

〔四〕又有中庸集解鳴道集解號中國心學西方文教　原脫「又有」二字，「文教」作「父教」。按本傳全抄歸潛志卷一，而略有刪節，歸潛志云，「又解楞嚴、金剛經、老子、莊子，又有中庸集解、鳴道集解，號爲『中國心學、西方文教』」，文義分明，今據補改。

〔五〕正大初宣宗實錄成　原作「章宗宣宗實錄成」。按本書卷一六宣宗紀，興定四年九月「辛卯，進章宗實錄」。卷一七哀宗紀，正大五年冬十一月「辛巳，進宣宗實錄」。今據刪「章宗」二字。

〔六〕徑詣河中問敗軍之由　「徑」原作「經」，據殿本改。

〔七〕及廷試以誤絀　「絀」原作「出」。按歸潛志卷二述此事作「以誤絀」。今據改。

〔八〕書寫錄潔本呈翰長　「長」原作「表」。按中州集卷一〇李講議汾，「舊例，史院有監修，宰相爲之。同修，翰長至直學士兼之」。又「錄潔本呈翰長」。今據改。

金史卷一百二十七

列傳第六十五

孝友

溫迪罕斡魯補　陳顏　劉瑜　孟興　王震　劉政

孝友者人之至行也，而恒性存焉。有子者欲其孝，有弟者欲其友，豈非人之恒情乎。為子而孝，為弟而友，又豈非人之恒性乎。以人之恒情責人之恒性，而不副所欲者恒有焉。有竭力於是，豈非難乎。天生五穀以養人，五穀之有恒性也。服田力穡以望有秋，農夫之有恒情也。五穀熟，人民育，豈異事乎。然以唐、虞之世，「黎民阻飢」不免以命稷，「百姓不親，五品不遜」不免以命契，以是知順成之不可必，猶孝友之不易得也。是故「有年」、「大有年」以異書於聖人之經，孝友以至行傳於歷代之史，劭農、興孝之教不廢於歷代之政，孝弟、

力田自漢以來有其科。章宗嘗言：「孝義之人，素行已備，雖有希覬猶不失為行善。」庶幾帝王之善訓矣。夫金世孝友見於旌表，載於史册者僅六人焉。作孝友傳。

溫迪罕斡魯補，西北路宋葛斜斯渾猛安人。年十五，居父喪，不飲酒食肉，廬于墓側。母疾，刲股肉療之，疾愈。詔以為護衞。

陳顏，衞州汲縣人。世業農。父光，宋季擢武舉第，調壽陽尉，未赴。值金兵取汴，光病，圍城中。顏間關渡河，[一]往省其父，因扶疾北歸。光家奴謀良不可，誣告光與賊殺人。光繫獄，榜掠不勝，因自誣服。顏詣郡請代父死，太守徐某哀之，不敢決，適帥臣至郡，以其狀白，帥曰：「此眞孝子也。」遂併釋之。天會七年，詔旌表其門閭。

劉瑜，棣州人。家貧甚，母喪不能具葬，乃質其子以給喪事。明昌三年，詔賜粟帛，復其終身。

孟興，蚤喪父，事母孝謹，母沒，喪葬盡禮。事兄如事其父。明昌三年，詔賜帛十四、粟二十石。

王震，寧海州文登縣人。為進士學。母患風疾，刲股肉雜飲食中，[二]疾遂愈。母沒，哀泣過禮，目生翳。服除，[三]目不療而愈，皆以為孝感所致。特賜同進士出身，詔尚書省擬注職任。

劉政，洺州人。性篤孝，母老喪明，政每以舌舐母目，逾旬母能視物。母疾，晝夜侍側，衣不解帶，刲股肉啖之者再三。母死，負土起墳，鄉鄰欲佐其勞，政謝之。葬之日，飛鳥哀鳴，翔集丘木間。廬於墓側者三年。防禦使以聞，除太子掌飲丞。

隱逸

褚承亮　王去非　趙質　杜時昇　郝天挺　薛繼先
高仲振　張潛　王汝梅　宋可　辛愿　王予可

孔子稱逸民伯夷、叔齊、夷逸、朱張、柳下惠、少連，其立心造行之異同，各有所稱謂，而柳下惠則又嘗仕於當世者也。長沮、桀溺之徒，則無所取焉。後世，凡隱遁之士其名皆列於史傳，何歟？蓋古之仕者，其志將以行道，其為貧而仕下列者，猶必先事而後食焉。後世干祿者多，其先人尚人之志與歎老嗟卑之心，能去是者鮮矣。故君子於士之遠引高蹈者特稱述之，庶聞其風猶足以立懦廉頑也。作隱逸傳。

褚承亮字茂先，真定人。宋蘇軾自定武謫官過真定，承亮以文謁之，大為稱賞。宣和五年秋，應鄉試，同試者八百人，承亮為第一。明年，登第。調易州户曹，未赴，會金兵南下。

天會六年，[四]斡离不既破真定，拘籍境內進士試安國寺，承亮名亦在籍中，匿而不出。軍中知其才，嚴令押赴，與諸生對策。策問「上皇無道、少帝失信」。舉人承風旨，極口詆毀。承亮詣主文劉侍中曰：「君父之罪豈臣子所得言耶。」長揖而出。劉為之動容。餘悉放第，凡七十二人，遂號七十二賢榜。狀元許必仕為郎官，一日出左掖門，墮馬，首中闑石死，餘皆無顯者。劉多承亮之誼，薦知稾城縣。漫應之，即棄去。年七十終，門人私謚曰「玄貞先生」。

子席珍，正隆二年進士，官州縣有聲。

王去非字廣道，平陰人。嘗就舉，不得意卽屏去，督妻孥耕織以給伏臘。家居教授，束脩有餘輒分惠人。弟子班忱貧不能朝夕，一女及笄，去非爲辦資裝嫁之。北鄰有喪忌東出，西與北皆人居，南則去非家，去非壞蠶室使喪南出，遂得葬焉。大定二十四年卒，年八十四。

趙質字景道，遼相思溫之裔。大定末，舉進士不第，隱居燕城南，教授爲業。明昌間，章宗遊春水過焉，聞絃誦聲，幸其齋舍，見壁間所題詩，諷詠久之，賞其志趣不凡。召至行殿，命之官。固辭曰：「臣僻性野逸，志在長林豐草，金鑣玉絡非所願也。況聖明在上，可不容巢、由爲外臣乎。」上益奇之，賜田畝千，復之終身。泰和二年卒，年八十五。

杜時昇字進之，霸州信安人。博學知天文，不肯仕進。承安、泰和間，宰相數薦時昇可大用。時昇謂所親曰：「吾觀正北赤氣如血，東西亙天，天下當大亂，亂而南北當合爲一。消息盈虛，循環無端，察往考來，孰能違之。」是時，風俗侈靡，紀綱大壞，世宗之業遂衰。時

昇乃南渡河，隱居嵩、洛山中，從學者甚衆。大抵以「伊洛之學」教人自時昇始。

正大間，大元兵攻潼關，拒守甚堅，衆皆相賀，時昇曰：「大兵皆在秦、鞏間，若假道於宋，出襄、漢入宛、葉，鐵騎長驅勢如風雨，無高山大川爲之阻，土崩之勢也。」頃之，大元兵果自饒峯關涉襄陽出南陽，金人敗績于三峯山，汴京不守，皆如時昇所料云。正大末，卒。

郝天挺字晉卿，澤州陵川人。早衰多疾，厭於科舉，遂不復充賦。太原元好問嘗從學進士業，天挺曰：「今人賦學以速售爲功，六經百家分磔緝綴，或篇章句讀不之知，幸而得之，不免爲庸人。」又曰：「讀書不爲藝文，選官不爲利養，唯通人能之。」又曰：「今之仕多以貪敗，皆苦飢寒不能自持耳。丈夫不耐飢寒，一事不可爲。子以吾言求之，科舉在其中矣。」或曰：「以此學進士無乃戾乎？」天挺曰：「正欲渠不爲舉子爾。」

貞祐中，居河南，往來淇衞間。爲人有崖岸，耿耿自信，寧落魄困窮，終不一至豪富之門。年五十，〔五〕終于舞陽。

薛繼先字曼卿。南渡後，隱居洛西山中，課童子讀書。事母孝，與人交謙遜和雅，所居化之。子純孝字方叔，有父風。有詐爲曼卿書就方叔取物者，曼卿年已老狀貌如少者，客不知其爲曼卿而以爲方叔也，而與之書，曼卿如所取付之。

監察御史石玠行部過曼卿，曼卿不之見。或言君何無鄉曲情，曼卿曰：「君未之思耳。凡今時政未必皆善，御史一有所劾，將謂自我發之。同惡相庇，他日幷鄰里必有受禍者。」其畏愼皆此類。壬辰之亂，病沒宜陽。

高仲振字正之，遼東人。其兄領開封鎭兵，仲振依之以居。旣而以家業付其兄，挈妻子入嵩山。博極羣書，尤深易皇極經世學。安貧自樂，不入城市，山野小人亦知敬之。嘗與其弟子張潛、王汝梅行山谷間，人望之翩然如仙。或曰仲振嘗遇異人教以養生術，〔六〕嘗終日燕坐，骨節戛戛有聲，所談皆世外事，有扣之者輒不復語云。

張潛字仲升，武清人。幼有志節，慕荊軻、聶政爲人，年三十始折節讀書。時人高其行誼，目曰：「張古人。」後客崧山，從仲振受易。年五十，始娶魯山孫氏，亦有賢行，夫婦相敬如賓，負薪拾穗，行歌自得，不知其貧也。鄉里有爲潛種瓜者，及熟讓潛，潛弗許，竟分而食之。嘗行道中拾一斧，夫婦計度移時，乃持歸訪其主還之。里有兄弟分財者，其弟曰：「我家如此，獨不畏張先生知耶。」遂如初。天興間，潛挈家避兵少室，乃不食七日死，孫氏亦投

絕澗死焉。

王汝梅字大用，大名人。始由律學爲伊陽簿，秩滿，遂隱居不仕。性嗜書，動有禮法。生徒以法經就學者，兼授以經學。諸生服其教，無敢爲非義者。同業嘗憫其貧，時周之，皆謝不受。後不知所終。

宋可字予之，武陟人。其姑適大族槀氏，貞祐之兵，夫及子皆死於難。姑以白金五十笏遺可，可受不辭。其後姑得槀氏疏族立爲後，挈之省外家。可乃置酒會鄉鄰，謂姑曰：「姑往時遺可以金，可以槀氏無子故受之。今有子矣，此金槀氏物，非姑物也，可何名取之。」因呼妻子舁金歸之，鄉里用是重之。

未幾，北兵駐山陽，軍中有聞可名者，訪知所在，質其子，使人招之曰：「從我者禍福共之，不然，汝子死矣。」親舊競勸之往，可皆謝不從，曰：「吾有子無子，與吾兒死生，皆有命焉。豈以一子故，併平生所守者亡之。」後竟以無子。

辛愿字敬之，福昌人。年二十五始知讀書，取白氏諷諫集自試，一日便能背誦。乃聚

書環堵中讀之，至書伊訓、詩河廣，頗若有所省，欲罷不能，因更致力焉。由是博極書史，作文有繩尺，詩律精嚴有自得之趣。

性野逸不修威儀，貴人延客，麻衣草屨、足脛赤露坦然於其間，劇談豪飲，傍若無人。嘗謂王欝曰：「王侯將相，世所共嗜者，聖人有以得之亦不避。得之不以道，與夫居之不能行己之志，是欲澡其身而伏於厠也。是難與他人道，子宜保之。」其志趣如此。

後爲河南府治中高廷玉客。廷玉爲府尹溫迪罕福興所誣，愿亦被訊掠，幾不得免，自是生事益狼狽。

愿雅負高氣，不能從俗俯仰，迫以飢凍流離，往往見之于詩。有詩數千首，常貯竹橐中。正大末，歿洛下。其詩有云：「黃、綺暫來爲漢友，巢、由終不是唐臣。」眞處士語也。

王予可字南雲，河東吉州人。父本軍校，予可亦嘗隸籍。年三十許，大病後忽發狂，久之能把筆作詩文，及說世外恍惚事。南渡後，居上蔡、遂平、郾城之間，遇文士則稱「大成將軍」，於佛前則稱「諦摩龍什」，於道則稱「騶天玄俊」，於貴游則稱「威錦堂主人」。爲人軀幹雄偉，貌奇古，戴青葛巾，項後垂雙帶若牛耳，一金鏤環在頂額之間。兩頰以青涅之爲翠靨。衣長不能掩脛。落魄嗜酒，每入城，市人爭以酒食遺之。夜宿土室中，夏

月或尸穢在傍、蛆蟲狼藉不恤也。

人與之紙，落筆數百言，或詩或文，散漫碎雜，無句讀、無首尾，多六經中語及韻學家古文奇字，字畫峭勁，遇宋諱亦時避之。或問以故事，其應如響，諸所引書皆世所未見。談說之際稍若有條貫，則又以誕幻語亂之。麻九疇、張瑴與之游最狎，言其詩以百分爲率，可曉者才二三耳。

壬辰兵亂，爲順天將領所得，知其名，竊議欲挈之北歸，館於州之瑞雲觀。予可明日見將領自言曰：「我不能住君家瑞雲觀也。」不數日卒。後復有見於淮上者。

贊曰：金世隱逸不多見，今於簡册所有，得十有二人焉。其卓爾不羣者三人。褚承亮宋人，勸試進士，主司發策問宋徽、欽之罪，承亮長揖而去之。方金人重舉業，杜時昇居山中，首以「伊洛之學」敎後進。宋可不願仕，人執其子爲質，寧棄而不就，遂以無子。雖制行過中，豈不賢於殺妻以求大將者乎。大夫士見善明、用心剛，故能爲人所難爲者如此。

校勘記

〔一〕顏間關渡河　「間」原作「艱」。據殿本改。

〔二〕刲股肉雜飲食中　按永樂大典卷一二〇一五引文「中」作「進」。

〔三〕服除　按永樂大典卷一二〇一五引文「除」下有「日」字。

〔四〕天會六年　按，據本書卷三太宗紀，宗望（卽斡离不）破真定在天會三年，而天會五年五月「右副元帥宗望薨」。卷七四宗望傳所記同。疑此處紀年有誤。

〔五〕年五十　按中州集卷九郝天挺傳作「年五十七，卒于舞陽」。

〔六〕或曰仲振嘗遇異人教以養生術　「曰」原作「自」。據殿本改。

金史卷一百二十八

列傳第六十六

循吏

盧克忠　牛德昌　范承吉　王政　張奕　李瞻　劉敏行
傅慎微　劉煥　高昌福　孫德淵　趙鑑　蒲察鄭留
女奚烈守愚　石抹元　張彀　趙重福　武都
紇石烈德　張特立　王浩

金自穆宗號令諸部不得稱都孛堇，於是諸部始列於統屬。太祖命三百戶爲謀克，十謀克爲猛安，一如郡縣置吏之法。太宗既有中原，申畫封疆，分建守令。熙宗遣廉察之使循行四方。世宗承海陵彫攰之餘，休養生息，迄于明昌、承安之間，民物滋殖，循吏迭出焉。

泰和用兵，郡縣多故，吏治衰矣。宣宗尚刀筆之習，嚴考核之法，能吏不乏，而豈弟之政罕見稱述焉。金百餘年吏治始終可考，於是作循吏傳。

盧克忠，貴德州奉集人。〔一〕高永昌據遼陽，克忠走詣金源郡王斡魯營降，遂以撒屋出爲鄉導。斡魯克東京，永昌走長松島，克忠與渤海人撻不也追獲之。收國二年，授世襲謀克。其後，定燕伐宋皆與有功，除登州刺史，改刺澶州。天德間，同知保大軍節度使。綏德州軍卒數人道過鄜城，求宿民家，是夜有賊剽主人財而去。有司執假宿之卒，繫獄榜掠誣服。克忠察其寃，獨不肯署，未幾果得賊，假宿之卒遂釋。

大定二年，除北京副留守，會民艱食，克忠下令凡民有蓄積者計留一歲，悉平其價糴之，由是無捐瘠之患。轉陳州防禦使，後以靜難軍節度使致仕，卒。

牛德昌字彥欽，蔚州定安人。父鐸，遼將作大監。德昌少孤，其母教之學，有勸以就蔭者，其母曰：「大監遺命不使作承奉也。」中皇統二年進士第，調磐山簿。德昌到官，卽日開城門縱百姓出入，牓曰：「民苦飢寒，剽掠鄉聚以偸旦夕之命，甚可憐也。能自新者一不問。」賊皆感激解散，縣境以安。府尹王伯龍嘉之，禮待甚厚。累官刑部、吏部侍郎，中都路都轉運使，廣寧、太原尹。卒，贈中奉大夫。

范承吉字寵之。好學問，屬遼季盜賊起，雖避地未嘗廢書。天慶八年中進士丙科，授祕書省校書郎，至大定府金源令。歸朝爲御前承應文字。天會初，〔二〕遷殿中少監。四年，從攻太原，遷少府監。五年，宗翰克宋，所得金珠承吉司其出入，無毫髮欺，及還，犢車載書史而已。尋遷昭文館直學士，知絳州。

先是，軍興，民有爲將士所掠而逃歸者，承吉使吏遍諭，俾其自實，凡數千人，具白元帥府，許自贖爲良，或貧無貲者以公廚代輸。六年，改河東北路轉運使。時承宋季之弊，民賦繁重失當，承吉乃爲經畫，立法簡便，所入增十數萬斛，官既足而民有餘。歷同知平陽尹、西京副留守，遷河東南路轉運使，改同簽燕京留守事、順天軍節度使。屬地震壞民廬舍，有欲爭先營葺者，工匠過取其直，承吉命官屬董其役，先後以次，不問貧富，民賴以省費。

歷鎭西軍節度使、行臺禮部尙書、泰寧軍節度使，復鎭順天。奚卒散居境內，率數千人爲盜，承吉繩以法不少貸，懼而不敢犯。貞元二年以光祿大夫致仕，卒年六十六。

王政，辰州熊岳人也。其先仕渤海及遼，皆有顯者。政當遼季亂，浮沈州里。高永昌據遼東，知政材略，欲用之。政度其無成，辭謝不就。永昌敗，渤海人爭縛永昌以爲功，政獨逡巡引退。吳王闍母聞而異之，言於太祖，授盧州渤海軍謀克。從破白霫，下燕雲。及金兵伐宋，滑州降，留政爲安撫使。前此，數州既降，復殺守將反爲宋守。及是，人以爲政憂，政曰：「苟利國家，雖死何避。」宋王宗望壯之，曰：「身沒王事，利及子孫，汝言是也。」政從數騎入州。是時，民多以饑爲盜，坐繫。政皆釋之，發倉廩以賑貧乏，於是州民皆悅，不復叛。傍郡聞之，亦多降者。宋王召政至轅門，撫其背曰：「吾以汝爲死矣，乃復成功耶。」慰諭者久之。

天會四年，爲燕京都麴院同監。未幾，除同知金勝軍節度使事。改權侍衞親軍都指揮使，兼掌軍資。是時，軍旅始定，筦庫紀綱未立，掌吏皆因緣爲姦。政獨明會計，嚴扃鐍，金帛山積而出納無錙銖之失。吳王闍母戲之曰：「汝爲官久矣，而貧不加富何也？」對曰：「政以楊震四知自守，安得不貧。」吳王笑曰：「前言戲之耳。」以黃金百兩、銀五百兩及所乘馬遺之。

六年，授左監門將軍，歷安州刺史、檀州軍州事、戶吏房主事。天眷元年，遷保靜軍節度使，〔三〕致仕卒，年六十六。

政本名南撒里，嘗使高麗，因改名政。子遵仁、遵義、遵古。遵古子庭筠有傳。〔四〕

張奕字彥微，其先澤州高平人。以廕補官，仕齊爲歸德府通判。齊國廢，齊兵之在郡者二萬人謀爲亂，約夜半舉燎相應。奕知之，選市人丁壯授以兵，結陣扼其要巷，開小南門以示生路，亂不得作，比明亡匿略盡，擒其首惡誅之。後五日，都統完顏阿魯補以軍至歸德，〔五〕欲根株餘黨，奕以闔門保郡人無他，遂止。行臺承制除同知歸德尹。

天眷元年，以河南與宋，改同知沂州防禦使事。三年，宗弼復取河南，徵奕赴行省，既定汴京，授汴京副留守。歷陳、秦州防禦使，同知太原尹。

晉寧軍報夏人侵界，詔奕往征之。奕至境上，按籍各歸所侵土，還奏曰：「折氏世守麟府，以抗夏人。本朝有其地遂以與夏。夏人夷折氏墳壠而戮其屍，折氏怨入骨髓而不得報也。今復使守晉寧，故激怒夏人使爲鼠侵，而條上其罪，苟欲開邊釁以雪私讎耳。獨可徙折氏他郡，則夏人自安。」朝廷從之，遂移折氏守青州。

正隆間，同知西京留守事，遷河東北路轉運使。大定二年，徵爲戶部尚書，甫視事，得疾卒。

李瞻，薊州玉田人。遼天慶二年進士，爲平州望雲令。張覺據平州叛，以瞻從事。宗望復平州，覺亡去，城中復叛，瞻踰城出降，其子不能出，爲賊所害。宋王宗望嘉之，承制以爲興平府判官。

天會三年，遷大理少卿，從宗望南伐，爲漢軍糧料使。四年，金兵圍汴，宋人請割河北三鎮，瞻與禮部侍郎李天翼安撫河北東、西兩路，略定懷、濬、衛等州，衛、湯陰等縣。七年，知寧州，累遷德州防禦使。爲政寬平，民懷其惠，相率詣京師請留者數百千人。

貞元三年，遷濟州路轉運使，改忠順軍節度使。正隆末，盜賊蠭起，瞻增築城壘爲備，蔚人賴之以安。大定初，卒于官。

劉敏行，平州人。登天會三年進士。除太子校書郎，累遷肥鄉令。歲大饑，盜賊掠人爲食。諸縣老弱入保郡城，不敢耕種，農事廢，畎畝荒蕪。敏行白州，借軍士三十護縣民出耕，多張旗幟爲疑兵，敏行率軍巡邏，日暮則閱民入城，由是盜不敢犯而耕稼滋殖。

轉高平令。縣城圮壞久不修，大盜橫恣，掠縣鎮不能禦。敏行出己俸，率僚吏出錢顧役繕治，百姓欣然從之，凡用二千人，版築遂完。鄉村百姓入保，賊至不能犯。凡九遷，爲

河北東路轉運使。致仕，卒。

傅慎微字幾先。其先秦州沙溪人，後徙建昌。慎微還居長安。宋末登進士，累官河東路經制使。宗翰已克汴京，使婁室定陝西，慎微率衆迎戰，兵敗被獲，送至元帥府。元帥宗翰愛其才學，弗殺，羈置歸化州，希尹收置門下。宗弼復取河南地，起爲陝西經略使，尋權同州節度使事。明年，陝西大旱，饑死者十七八，以慎微爲京兆、鄜延、環慶三路經濟使，許以便宜。慎微募民入粟，得二十餘萬石，立養濟院飼餓者，全活甚衆。改同知京兆尹，權陝西諸路轉運使。復修三白、龍首等渠以溉田，募民屯種，貸牛及種子以濟之，民賴其利。轉中京副留守，用廉改忻州刺史，累遷太常卿，除定武軍節度使，移靜難軍，忤用事者，蘇保衡救之得免。

大定初，復爲太常卿，遷禮部尚書，與翰林侍講學士徒單子溫、翰林待制移剌熙載俱兼同修國史。卒官，年七十六。

慎微博學喜著書，嘗奏興亡金鏡錄一百卷。性純質，篤古喜談兵，時人以爲迂闊云。

劉煥字德文，中山人。宋末兵起，城中久乏食，煥尚幼，煮糠覈而食之，自飲其清者，以

釃厚者供其母，鄉里異之。稍長就學，天寒擁糞火讀書不怠。登天德元年進士。調任丘尉。縣令貪汙，煥每規正之，秩滿，令持盃酒謝曰：「尉廉慎，使我獲考。」調中都市令。樞密使僕散忽土家有絛結工，牟利於市，不肯從市籍役，煥繫之。忽土召煥，煥不往，暴工罪而笞之。煥初除市令，過謝鄉人吏部侍郎石琚，琚不悅曰：「京師浩穰，不與外郡同，棄簡就煩，吾所不曉也。」至是，始重之。

以廉升京兆推官，再遷北京警巡使。捕二惡少杖于庭中，戒之曰：「孝弟敬慎，則爲君子。暴戾隱賊，則爲小人。自今以往，毋狃于故習，國有明罰，吾不得私也。」自是，衆皆畏憚，毋敢犯者。召爲監察御史，父老數百人或臥車下，或挽其靴鐙，曰：「我欲復留使君期年，不可得也。」

以本官攝戶部員外郎。代州錢監雜青銅鑄錢，錢色惡，類鐵錢。民間盜鑄，抵罪者衆，朝廷患之，下尚書省議。煥奏曰：「錢寶純用黃銅精治之，中濡以錫，若青銅可鑄，歷代無緣不用。自代州取二分與四六分，青黃雜糅，務省銅而功易就。由是，民間盜鑄，陷罪者衆，非朝廷意也。必欲爲天下利，宜純用黃銅，得數少而利遠。其新錢已流行者，宜驗數輸納準換。」從之。

再遷管州刺史，耆老數百人疏其著蹟十一事，詣節鎮請留煥，曰：「刺史守職奉法，乞留

之。」以廉升鄭州防禦使，遷官一階，轉同知北京留守事。

世宗幸上京，所過州郡大發民夫治橋梁馳道，以希恩賞，煥所部惟平治端好而已。上嘉其意，遷遼東路轉運使，卒。

高昌福，中都宛平人。父履，遼御史中丞致仕，太宗聞其名召之，未及入見而卒，特詔昌福釋服應舉。登天會十年進士第，補樞密院令史。明年，辟元帥府令史。

皇統初，宗弼復河南，元帥府治汴，人有疑似被獲，皆目爲宋諜者，卽殺之。昌福讞得其實，釋去者甚衆。

許州都統韓常用法嚴，好殺人，遣介送囚於汴，或道亡，監吏自度失囚恐得罪，欲盡殺諸囚以滅口。昌福識監吏意，窮竟其狀，免死者十七八，而諸吏遂怨昌福，欲搆害之。是時方用兵，梁、楚間夜多陰雨，元帥府選人偵宋兵動靜，諸吏遣昌福。昌福不辭卽行，盡得敵軍虛實報元帥府。師還，除震武軍節度副使，轉行臺禮部員外郎。天德間，行臺罷，改絳陽軍節度副使，入爲兵部員外郎，改河間少尹。

世宗卽位，上書陳便宜事，上披閱再三，因謂侍臣曰：「內外官皆上書言事，可以知人材優劣，不然，朕何由知之。」三除同知東京留守事，治最，遷山東西路轉運使、工部尚書，改彰

德軍節度使。上書言賦稅太重，上問翰林學士張景仁曰：「稅法比近代爲輕，而以爲重何也。」景仁曰：「今之稅殊輕，若復輕之，國用且不足。」事遂寢。累遷河中尹，致仕，卒。

孫德淵字資深，興中府人也。〔六〕大定十六年進士，調石州軍事判官、淶水丞，察廉遷沙河令。有盜秋桑者，主逐捕之，盜以叉自刺其足面，曰：「秋桑例不禁採，汝何得刺我。」主懼，賂而求免，盜不從，訴之縣。德淵曰：「若逐捕而傷，瘡必在後，今在前，乃自刺也。」盜遂引服。還尚書省令史，不就。丁父憂去官，民爲刻石祠之。

察廉起復北京轉運司都勾判官，以累薦遷中都左警巡使、監察御史、山東東路轉運副使，累官大理丞、兼左拾遺。審官院奏德淵剛正幹能，可任繁劇，遂再任。丁母憂，服除特遷恩州刺史，入爲右司郎中，滕州刺史，遷同知河間府事，歷大興治中、同知府事。大安初，遷盤安軍節度使，改河北西路按察轉運使，改昭義軍節度使。潞州破被執，俄有拜于前者，皆沙河舊民也，密護德淵，由是得脫。

貞祐二年，拜工部尚書，攝御史中丞。是時，山東乏兵食，有司請鬻恩例舉人，居喪者亦許納錢就試。德淵奏，此大傷名敎，事遂寢。尋致仕。監察御史許古論德淵「忠亮明敏，可以大用，近許告老，士大夫竊歎。望朝廷起復，必能建明以利國家」。宣宗嘉納，未及用而卒。

趙鑑字擇善，濟南章丘人。宋建炎二年進士，調廬州司理參軍。是時江、淮方用兵，鑑棄官還鄉里。齊國建，除歷城丞，轉長淸令，皆劇邑難治，鑑政甚著。劉豫召見，遷直祕閣、提舉涇原路弓箭手、兼提點本路刑獄公事，誡之曰：「邊將多不法，可痛繩之。」原州守將武悍自用，以鑑年少易之，鑑發其姦，守將坐免，郡縣聞風無敢犯者。

齊廢，除知城陽軍，改山東東路轉運副使，攝行臺左司郎中。行臺宰相欲以故宋宦者權都水監，鑑曰：「誤國閹豎，汴人視爲寇讎，付以美官，將失人望。」遂不用。以母憂解職，天德初，起爲濟州刺史，移涿州。海陵召鑑入朝，應對失旨，遣還郡，俄除知火山軍，以病免。

大定初，起知寧海軍。秋禾方熟，子方蟲生，〔七〕鑑出城行視，蟲乃自死。再遷鎭西軍節度使，改河北西路轉運使，致仕，卒。

蒲察鄭留字文叔，東京路斡底必刺猛安人。大定二十二年進士，調高苑主簿、濬州司候，補尚書省令史，除監察御史，累遷北京、臨潢按察副使、戶部侍郎。御史臺奏鄭留前任

北京稱職，遷陝西路按察使，改順義軍節度使。

西京人李安兄弟爭財，府縣不能決，按察司移鄭留平理，月餘不問。會釋奠孔子廟，鄭留乃引安兄弟與諸生敍齒，列坐會酒，陳說古之友悌數事，安兄弟感悟，謝曰：「節使父母也，誓不復爭。」乃相讓而歸。

朔州多盜，鄭留禁絕游食，多蓄兵器，因行春撫諭之，盜乃衰息，獄空。賜錫宴錢以褒之。

改利涉軍節度使，詔括馬，鄭留使百姓飼養以須，御史劾之。既而伐宋，諸路括馬皆瘦，惟隆州馬肥，乃釋鄭留。大安初，徙安國軍。二年，知慶陽府事。三年，夏人犯邊，鄭留擊走之。至寧元年，改知平涼府。是時，平涼新被兵，夏人復來攻，鄭留招潰卒爲禦守計，夏兵退，遷官四階。貞祐二年，改東京留守，致仕。貞祐四年，卒。

鄭留重厚寡言笑，人不見其喜慍，臨終取奏稾盡焚之。

女奚烈守愚字仲晦，本名胡里改門，眞定府路吾直克猛安人也。六歲知讀書。既亂，或謂食肉昏神識，乃戒而不食。性至孝，父沒時年十五，營葬如禮，治家有法，鄉人稱之。中明昌二年進士。調深澤主簿，治有聲。遷懷仁令，改弘文校理，秩滿爲臨沂令。有不逞

輩五百人，結爲黨社，大擾境內，守愚下車，其黨散去。蝗起莒、密間，獨不入臨沂境。

先是，朝廷括河朔、山東地，隱匿者沒入官，告者給賞。莒州刺史教其奴告臨沂人冒地，積賞錢三百萬，先給官鏹乃徵于民，民甚苦之。守愚列其冤狀白州，州不爲理，卽聞于戶部而徵還之，流民歸業，縣人勒其事于石。

改祕書郎。母喪，勺飲不入口三日，終喪未嘗至內寢。太常寺、勸農司交辟守愚，皆不聽，服除，除同知登聞檢院，改著作郎、永定軍節度副使。泰和伐宋，守愚爲山東行六部員外郎，改大興都總管判官。大安元年，除修起居注，轉刑部員外郎、戶部郎中、太子左諭德。貞祐初，除戶部侍郎，數月拜諫議大夫、提點近侍局。二年，除保大軍節度使，改翰林學士、參議陝西路安撫司事。安撫完顏弼重其爲人，每事咨而後行。未幾，有疾，詔賜御藥。三年，卒。

守愚爲人忠實無華，孜孜于公，蓋天性然也。

石抹元字希明，懿州路胡土虎猛安人。七歲喪父，號泣不食者數日。十三居母喪如成人。嘗爲擊鞠戲，馬踣，歎曰：「生無兄弟，而數乘此險，設有不測奈何。」由是終身不復爲之。補樞密院尚書省譯史，調同知恩州軍州事，遷監察御史，爲同知淄州軍州事。劇盜劉

奇久爲民患，一日捕獲，方訊鞫，聞赦將至，亟命杖殺之，闔郡稱快。改大興府判官、沂王府司馬、沁南軍節度副使。河內民家有多美橙者，歲獲厚利。仇家夜入殘毀之，主人捕得，乃以劫財誣其人，仇家引服，贓不可得。元攝州事，究得其情。尋改河北西路轉運副使，累遷山東西路按察轉運使。

貞祐初，黃摑吾典徵兵東平，擁衆不進，大括民財，衆皆忿怨。副統僕散掃合殺吾典於坐，取其符佩之，縱恣尤甚。元密疏劾掃合擅殺近臣，無上不道，掃合坐誅。移知濟南府，到官六月卒。

元生平寡言笑，尙節儉，居官自守，不交權要，人以是稱之。

張轂字伯英，許州臨潁人。大定二十八年進士，調寧陵縣主簿。改泰定軍節度判官，率儒士行鄉飮酒禮。改同州觀察判官。是時，出兵備邊，州徵箭十萬，限以鵰雁羽爲之，其價翔躍不可得。轂曰：「矢去物也，何羽不可。」節度使曰：「當須省報。」轂曰：「州距京師二千里，如民急何。萬一有責，下官身任其咎。」一日之間，價減數倍。尙書省竟如所請。補尙書省令史，除同知鄭州防禦使事，改北京鹽使。丁父憂，服除，再遷監察御史。從伐宋，遷武寧軍節度副使。居母憂。貞祐二年，改惠民司令，歷河南治中、隰州刺史、刑部郎中、

同知河南府事，遷河東南路轉運使、權行六部尙書、安撫使。興定元年，以疾卒。

轂天性孝友，任子悉先諸弟，俸入所得亦委其弟掌之，未嘗問有無云。

趙重福字履祥，豐州人。通女直大小字，試補女直誥院令史。轉兵部譯史、陝西提刑知法，遷陝西東路都勾判官、右藏庫副使、同知陳州防禦事。宋諜人蘇泉入河南，重福迹之，至魚臺將渡河，見前一舟且渡，令從者大呼泉姓名，前舟中忽有蒼惶失措者，執之果泉也。

改滄州鹽副使。歲饑，民煮鹵爲鹽賣以給食，鹽官往往杖殺之。重福曰：「寧使課殿，不忍殺人。」歲滿，課殿當降，尙書右丞完顏匡、三司使按出虎知其事，乃以歲荒薄其罰，除織染署令。

大安三年，佐戶部尙書張煒調兵食于古北口，[八]遷都水少監，行西北路六部郎中，治密雲縣，俄兼戶部員外郎。貞祐二年，以守密雲功遷同知河間府事，行六部侍郎，權淸州防禦使，攝河北東路兵馬都總管。三年，河間被圍，有劉中者嘗與重福密雲聯事，勸重福出降，重福不聽。是時，河間兵少，多羸疾不任戰，欲亡去。重福勸其父老率其子弟，强者戰、弱者守，會久雨圍乃解去。遷河東北路轉運使，致仕。元光二年，卒。

武都字文伯，東勝州人。大定二十二年進士，調陽穀主簿，遷商水令。縣素多盜，凡姦民嘗縱火行劫、椎埋發冢者，都皆廉得姓名，牓之通衢，約毋再犯，悉奔他境。察廉遷南京路轉運支度判官，[九]累遷中都路都轉運副使，以親老，與弟監察御史郁俱乞侍。尋丁憂，服除，調太原治中，復爲都轉運副使，遷灤州刺史。充宣差北京路規措官，都拘括散逸官錢百萬。入爲戶部郎中，權右司郎中，奏事稱旨。被詔由海道漕遼東粟賑山東，都高其價直募人入粟，招海賈船致之。三遷中都、西京按察副使。大安三年，充宣差行六部侍郎，以勞遷本路按察使，行西南路六部尙書，佐元帥抹撚盡忠備禦西京，有勞，召爲戶部尙書，賞銀二百兩、絹一百匹。

宣宗卽位，議衞紹王降封，語在衞紹王紀。頃之，中都戒嚴，都知大興府，佩虎符便宜行事，彈壓中外軍民。都醉酒以褻衣見詔使，坐是解職。起爲刑部尙書。中都解圍，爲河東路宣撫使，俄以參知政事胥鼎代之。興定元年，以疾卒。

紇石烈德字廣之，眞定路山春猛安人。明昌二年進士，調南京教授。察廉能遷厭次令，補尙書省令史，除同知泗州防禦事、監察御史、大名治中、安、曹、裕三州刺史，歷同知臨

濆、大興府事。

貞祐二年，遷肇州防禦使。是歲，肇州升爲武興軍節度，德爲節度使宣撫司署都提控。肇州圍急，食且盡，有糧三百船在鴨子河，去州五里不能至。德乃浚濠增陴，築甬道導濠水屬之河。鑿陷馬穽，伏甲其傍以拒守，一日兵數接，士殊死戰。渠成，船至城下，兵食足，圍乃解。改遼東路轉運使，軍民遮道挽留，乘夜乃得去。遷東京留守，歷保靜、武勝軍節度使。興定二年，蒲鮮萬奴逼上京，德與部將劉子元戰却之。以本官行六部事。三年，以節度權元帥右都監，與左都監單州經略使完顏仲元俱行元帥府于宿州。四年，遷工部尚書。明年，召還中都。是歲，卒。

張特立字文舉，曹州東明人。泰和三年中進士第，調宣德州司候。郡多皇族巨室，特立律之以法，闔境肅然。調萊州節度判官，不赴，躬耕杞之圉城，〔一〇〕以經學自樂。正大初，左丞侯摯、參政師安石薦其才，授洛陽令。

四年，拜監察御史。拜章言：「鎬、厲二宅，久加禁錮，棘圍柝警，如防寇盜。近降赦恩，謀反大逆皆蒙湔雪，彼獨何罪，幽囚若是。世宗神靈在天，得無傷其心乎。聖嗣未立，未必不由是也。」又言：「方今三面受敵，百姓凋敝，宰執非才，臣恐中興之功未可以歲月期也。」

又言：「尚書右丞顏盞世魯遣其奴與小民爭田，失大臣體。參知政事徒單兀典諂事近習，得居其位。皆宜罷之。」

當路者忌其直，陰有以擠之。因劾省掾高楨輩受請託，飲娼家。時平章政事白撒犒軍陝西歸，楨等泣訴于道，以當時同席弁有省掾王賓，張爲其進士故不劾。白撒以其私且不實，幷治特立及賓。特立左遷邳州軍事判官，〔一一〕杖五十，賓亦勒停。士論皆惜特立之去。後卒癸丑歲，年七十五。

王浩，由吏起身，初辟涇陽令，廉白爲關輔第一。時西臺檄州縣增植棗果，督責嚴急，民甚被擾，浩獨無所問，主司將坐之，浩曰：「是縣所植已滿其數，若欲增植，必盜他人所有，取彼置此，未見其利。」其愛民多此類。所在有善政，民絲毫無所犯，秦人爲立生祠，歲時思之。

南遷後，爲扶溝令。開興元年正月，民錢大亨等執縣官送款于北，大亨以浩有恩於民，不忍加刃，日遣所知勸之降，浩終不聽，於是殺之，無血。主簿劉坦、尉宋乙並見害。棄屍道路，自春徂夏，獨浩屍儼然如生，目且不瞑，烏犬莫敢近，殆若有神護者。

初，辟舉法行，縣官甚多得人，如咸寧令張天綱、長安令李獻甫、洛陽令張特立三人有傳。餘如興平師夔、臨潼武天禎、氾水党君玉、偃師王登庸、高陵宋九嘉、登封薛居中、長社李天翼、河津孫鼎臣、郟城李無黨、滎陽李過庭、尉氏張瑜、長葛張子玉、猗氏安德璋、三原蕭邦傑、藍田張德直、葉縣劉從益皆清愼才敏，極一時之選，而能扶持百年將傾之祚者，亦曰吏得其人故也。

校勘記

〔一〕貴德州奉集人　「奉」原作「鳳」。按本書卷二四地理志，東京路貴德州有奉集縣，「遼集州懷遠軍奉集縣，本渤海舊縣」。今據改。

〔二〕天會初　「會」原作「眷」。按下文「四年，從攻太原。五年，宗翰克宋」。考本書卷三太宗紀，天會四年九月「丙寅，宗翰克太原」。五年正月「癸巳，宗翰宗望使使以宋降表來上」。今據改。

〔三〕遷保靜軍節度使　按遺山文集卷一六王黃華墓碑，「政事金朝，官至金吾衞上將軍、建州保靜軍節度使」。又本書卷二四地理志，北京路建州作「保靖軍」，且爲刺史非節鎭。與此異。

〔四〕遵古子庭筠有傳　原脫「子庭筠」三字。按本書遵古無傳，僅附見于子庭筠傳中，見卷一二六文藝傳下。今據補「子庭筠」三字。

〔五〕都統完顏阿魯補以軍至歸德　原脫「阿」字。按本書卷六八阿魯補傳，「天會十五年，詔廢齊國，明年，除歸德尹」。今據補。

〔六〕興中府人也　「府」原作「州」。按本書卷二四地理志，北京路有興中府。今據改。

〔七〕子方蟲生　按齊民要術卷一有「蚄蚄蟲」，廣韻陽韻「蚄蚄，蟲名」，是「子方」二字皆當有「虫」旁。

〔八〕大安三年佐戶部尚書張煒調兵食于古北口　按本書卷一〇〇張煒傳作「大安三年，起爲同簽三司事，累遷戶部侍郎」。與此處「戶部尚書」異。

〔九〕察廉遷南京路轉運支度判官　「支度」原作「度支」。據本書卷五七百官志都轉運司條乙正。

〔一〇〕躬耕杞之圉城　「圉」原作「韋」。按本書卷二五地理志，南京路開封府杞縣「鎭一，圉城」。今據改。

〔一一〕特立左遷邳州軍事判官　「事」原作「士」。按本書常見「軍事判官」，如卷一二一烏古孫兀屯傳，「遷唐州刺史，令軍事判官撒虎帶」掩擊宋兵。卷一二二女奚烈斡出傳，「仕至楨州刺史，軍事判官王謹收遺散之衆，別屯周安堡」。今據改。

金史卷一百二十九

列傳第六十七

酷吏

高閭山　蒲察合住

太史公有言，「法家嚴而少恩」。信哉斯言也。金法嚴密，律文雖因前代而增損之，大抵多準重典。熙宗迭興大獄，海陵翦滅宗室，鉤棘傅會，告姦上變者賞以不次。於是，中外風俗一變，咸尚威虐以爲事功，而讒賊作焉。流毒遠邇，慘矣。金史多闕逸，據其舊錄得二人焉，作酷吏傳。

高閭山，澄州析木人。選充護衞，調順義軍節度副使，轉唐括、移剌都糺詳穩，改震武

軍節度副使、曹王府尉、大名治中。遷汝州刺史，改單州。制禁不依法用杖決人者，閭山見之笑曰：「此亦難行。」是日，特用大杖杖死部民楊仙，坐削一官，解職。久之，降鳳翔治中，歷原州、濟州、泗州刺史，改鄭州防禦使，遷蒲與路節度使，移臨海軍、〔一〕盤安軍、寧昌軍。貞祐二年，城破死之。

蒲察合住，以吏起身，久爲宣宗所信，聲勢烜赫，性復殘刻，人知其蠹國而莫敢言。其子充護衞，先逐出之。繼而合住爲恒州刺史，需次近縣。後大兵入陝西，關中震動，或言合住赴恒州爲北走計，朝廷命開封羈其親屬，合住出怨言曰：「殺却我即太平矣。」尋爲御史所劾，初議笞贖，宰相以爲悖理，〔二〕斬於開封府門之下。故當時有宣朝三賊之目，謂王阿里、蒲察咬住，合住其一也。

興定中，駙馬僕散阿海之獄，京師宣勘七十餘所，阿里輩乘時起事以肆其毒，朝士惴惴莫克自保，惟獨吉文之在開封府幕，明其不反，竟不署字，阿海誅，文之亦無所問。

咬住，正大初致仕，居睢陽，潰軍變，與其家皆被殺。

初，宣宗喜刑罰，朝士往往被笞楚，至用刀杖決殺言者。高琪用事，威刑自恣。南渡之後習以成風，雖士大夫亦爲所移，如徒單右丞思忠好用麻椎擊人，號「麻椎相公」。李運使特立號「半截劍」，言其短小鋒利也。馮內翰璧號「馮劊」。雷淵爲御史，至蔡州得奸豪，杖殺五百人，號曰「雷半千」。又有完顏麻斤出，皆以酷聞，而合住、王阿里、李渙之徒，胥吏中尤狡刻者也。

佞幸

蕭肄　張仲軻　李通　馬欽　高懷貞　蕭裕　胥持國

世之有嗜慾者，何嘗不被其害哉。龍，天下之至神也，一有嗜慾，見制於人，故人君亦然。嗜欲不獨柔曼之傾意也，征伐、畋獵、土木、神仙，彼爲佞者皆有以投其所好焉。金主內蠱聲色，外好大喜功，莫甚於熙宗、海陵，而章宗次之。金史自蕭肄至胥持國得佞臣之尤者七人，皆被寵遇於三君之朝，以亡其身，以蠹其國，其禍皆始於此，可不戒哉。作佞幸傳。

蕭肄，本奚人，有寵於熙宗，復諂事悼后，累官參知政事。皇統九年四月壬申夜，大風雨，雷電震壞寢殿鴟尾，有火自外入，燒內寢幃幔。帝徙別殿避之，欲下詔罪己，翰林學士

張鈞視草。鈞意欲奉答天戒，當深自貶損，其文有曰：「惟德弗類，上干天威」及「顧茲寡昧眇予小子」等語。肄譯奏曰：「弗類是大無道，寡者孤獨無親，昧則於人事弗曉，眇則目無所見，小子嬰孩之稱，此漢人託文字以詈主上也。」帝大怒，命衞士拽鈞下殿，榜之數百，不死，以手劍剺其口而醢之。賜肄通天犀帶。

憑恃恩倖，倨視同列，遂與海陵有惡。及篡立，加大臣官爵，例加銀青光祿大夫。數日，召肄詰之曰：「學士張鈞何罪被誅，爾何功受賞？」肄不能對。海陵曰：「朕殺汝無難事，人或以我報私怨也。」於是，詔除名，放歸田里，禁錮不得出百里外。

張仲軻幼名牛兒，市井無賴，說傳奇小說，雜以俳優詼諧語爲業。〔三〕海陵引之左右，以資戲笑。海陵封岐國王，以爲書表，及即位，爲祕書郎。海陵嘗對仲軻與妃嬪褻瀆，仲軻但稱死罪，不敢仰視。又嘗令仲軻倮形以觀之，侍臣往往令倮裎，雖徒單貞亦不免此。兵部侍郎完顏普連、大興少尹李惇皆以贓敗，海陵置之要近。伶人于慶兒官五品，大氏家奴王之彰爲祕書郎。之彰睪珠偏僻，海陵親視之不以爲褻。唐括辯家奴和尚、烏帶家奴葛溫、葛魯，皆置宿衞，有僥倖至一品者。左右或無官職人，或以名呼之，即授以顯階，海陵語其人曰：「爾復能名之乎。」常置黃金裀褥間，喜之者令自取之，其濫賜如此。宋余唐弼賀登寶

位，且還，海陵以玉帶附賜宋帝，使謂宋帝曰：「此帶卿父所常服，今以爲賜，使卿如見而父，當不忘朕意也。」使退，仲軻曰：「此希世之寶，可惜輕賜。」上曰：「江南之地，他日當爲我有，此置之外府耳。」由是知海陵有南伐之意。

俄遷祕書丞，轉少監。是時，營建燕京宮室，有司取眞定府潭園材木，仲軻乘間言其中材木不可用，海陵意仲軻受請託，免仲軻官。未幾，復用爲少監。海陵獵于途你山，次于鐸瓦，酹天而拜，謂羣臣曰：「朕幼時習射，至一門下，默祝曰，『若我異日大貴，當使一矢橫加門脊上』。及射，果橫加門脊上。後爲中京留守，嘗大獵于此地，圍未合，禱曰，『我若有大位，百步之內當獲三鹿。若止爲公相，獲一而已』。於是不及百步連獲三鹿。又祝曰，『若統一海內，當復獲一大鹿』。於是果獲一大鹿。此事嘗與蕭裕言之，朕今復至此地，故拜奠焉。」海陵意欲取江南，故先設禨祥以諷羣臣，是以仲軻每先逢其意，導之南伐。

貞元二年正月，宋賀正旦使施巨朝辭，海陵使左宣徽使敬嗣暉問施巨曰：「宋國幾科取士？」對曰：「詩賦、經義、策論兼行。」又問：「秦檜作何官，年今幾何？」對曰：「檜爲尚書左僕射中書門下平章事，年六十五矣。」復謂之曰：「我聞秦檜賢，故問之。」

正隆二年，仲軻爲左諫議大夫，修起居注，但食諫議俸，不得言事。三年正月，宋賀正使孫道夫陛辭，海陵使左宣徽使敬嗣暉諭之曰：「歸白爾帝，事我上國多有不誠，今略舉二

事：爾民有逃入我境者，邊吏皆卽發還，我民有逃叛入爾境者，有司索之往往託辭不發，一也。爾於沿邊盜買鞍馬，備戰陣，二也。且馬待人而後可用，如無其人，得馬百萬亦奚以爲？我亦豈能無備。且我不取爾國則已，如欲取之，固非難事。我聞接納叛亡、盜買鞍馬，皆爾國楊太尉所爲，常因俘獲問知其人無能爲者也。」又曰：「聞秦檜已死，果否？」道夫對曰：「檜實死矣，陪臣亦檜所薦用者。」又曰：「爾國比來行事，殊不似秦檜時何也？」道夫曰：「容陪臣還國，一一具聞宋帝。」海陵蓋欲南伐，故先設納叛亡、盜買馬二事，而雜以他辭言之。

海陵召仲軻、右補闕馬欽、校書郎田與信、直長習失入便殿侍坐。海陵與仲軻論漢書，謂仲軻曰：「漢之封疆不過七八千里，今吾國幅員萬里，可謂大矣。」仲軻曰：「本朝疆土雖大，而天下有四主，南有宋，東有高麗，西有夏，若能一之，乃爲大耳。」海陵曰：「彼且何罪而伐之？」仲軻曰：「臣聞宋人買馬修器械，招納山東叛亡，豈得爲無罪。」海陵喜曰：「向者梁珫嘗爲朕言，宋有劉貴妃者姿質艷美，蜀之華蘂、吳之西施所不及也。今一舉而兩得之，俗所謂『因行掉手』也。江南聞我舉兵，必遠竄耳。」欽與與信俱對曰：「海島、蠻越，臣等皆知道路，彼將安往。」欽又曰：「臣在宋時，嘗帥軍征蠻，所以知也。」海陵謂習失曰：「汝敢戰乎？」對曰：「受恩日久，死亦何避。」海陵曰：「汝料彼敢出兵否，彼若出兵，汝果能死敵乎？」習失良久曰：「臣雖懦弱，亦將與之爲敵矣。」海陵曰：「彼將出兵何地？」曰：「不過淮上耳。」海陵

曰：「然則天與我也。」既而曰：「朕舉兵滅宋，遠不過二三年，然後討平高麗、夏國。一統之後，論功遷秩，分賞將士，彼必忘勞矣。」

四年三月，仲軻死。冬至前一夕，海陵夢仲軻求酒，既覺，嗟悼良久，遣使者奠其墓。

李通，以便辟側媚得幸於海陵。累官右司郎中，遷吏部尚書。請謁賄賂輻湊其門。正隆二年正月乙酉，詔左右司御史中丞以下奏事便殿，海陵曰：「知子莫若父，知臣莫若君，朕嘗試之矣。朕詢及人材，汝等若不舉同類，必舉其相善者。朕聞女直、契丹之仕進者，必賴刑部尚書烏帶、簽書樞密遙設爲之先容，左司員外郎阿里骨列任其事。渤海、漢人仕進者，必賴吏部尚書李通、戶部尚書許霖爲之先容，左司郎中王蔚任其事。凡在仕版，朕識者寡，不識者衆，莫非人臣，豈有遠近親疏之異哉。苟奉職無愆，尚書侍郎節度使便可得，萬一獲罪，必罰無赦。」頃之，拜參知政事。

海陵恃累世强盛，欲大肆征伐，以一天下，嘗曰：「天下一家，然後可以爲正統。」通揣知其意，遂與張仲軻、馬欽、宦者梁珫近習羣小輩，盛談江南富庶，子女玉帛之多，逢其意而先道之。海陵信其言，以通爲謀主，遂議興兵伐江南。四年二月，海陵諭宰相曰：「宋國雖臣服，有誓約而無誠實，比聞沿邊買馬及招納叛亡，不可不備。」遣使籍諸路猛安部族、及州

縣渤海丁壯充軍，仍括諸道民馬。於是，遣使分往上京、速頻路、胡里改路、曷懶路、蒲與路、泰州、咸平府、東京、婆速路、曷蘇館、臨潢府、西南招討司、西北招討司、北京、河間府、眞定府、益都府、東平府、大名府、西京路，凡年二十以上、五十以下者皆籍之，雖親老丁多，求一子留侍，亦不聽。五年十一月，使益都尹京等三十一人押諸路軍器於軍行要會處安置，俟軍至分給之。其分給之餘與繕完不及者，皆聚而焚之。

六年正月，海陵使通諭旨宋使徐度等曰：「朕昔從梁王嘗居南京，樂其風土。帝王巡狩，自古有之。淮右多隙地，欲校獵其間，從兵不踰萬人。汝等歸告汝主，令有司宣諭朕意，使淮南之民無懷疑懼。」二月，通進拜右丞，詔曰：「卿典領繕完兵械，今已畢功，朕嘉卿忠謹，故有是命，俟江南事畢，別當旌賞。」

四月，簽書樞密院事高景山爲賜宋帝生日使，右司員外郎王全副之，海陵謂全曰：「汝見宋主，卽面數其焚南京宮室、沿邊買馬、招致叛亡之罪，當令大臣某人某人來此，朕將親詰問之，且索漢、淮之地，如不從，卽厲聲詆責之，彼必不敢害汝。」海陵蓋使王全激怒宋主，將以爲南伐之名也。謂景山曰：「回日，以全所言奏聞。」全至宋，一如海陵之言詆責宋主，宋主謂全曰：「聞公北方名家，何乃如是？」全復曰：「趙桓今已死矣。」宋主遽起發哀而罷。海陵至南京，宋遣使賀遷都，海陵使韓汝嘉就境上止之曰：「朕始至此，比聞北方小警，欲復

歸中都，無庸來賀。」宋使乃還。

於是，大括天下贏馬，官至七品聽留一馬，等而上之。并舊籍民馬，其在東者給西軍，在西者給東軍，東西交相往來，晝夜絡繹不絕，死者狼籍于道。其亡失多者，官吏懼罪或自殺。所過蹂踐民田，調發牽馬夫役。詔河南州縣所貯糧米以備大軍，不得他用，而贏馬所至當給芻粟，無可給，有司以爲請，海陵曰：「此方比歲民間儲畜尚多，今禾稼滿野，贏馬可就牧田中，借令再歲不獲，亦何傷乎。」及徵發諸道工匠至京師，疫死者不可勝數，天下始騷然矣。調諸路馬以戶口爲率，富室有至六十匹者。凡調馬五十六萬餘匹，仍令本家養飼，以俟師期。

海陵因出獵，遂至通州觀造戰船，籍諸路水手得三萬餘人。及東海縣人張旺、徐元反，遣都水監徐文等率師浮海討之，海陵曰：「朕意不在一邑，將試舟師耳。」

於是，民不堪命，盜賊蠭起，大者連城邑，小者保山澤，遣護衛普連二十四人，各授甲士五十人，分往山東、河北、河東、中都等路節鎮州郡屯駐，捕捉盜賊。以護衛頑犀爲定武軍節度副使，尚賢爲安武軍節度副使，蒲甲爲昭義軍節度副使，皆給銀牌，使督責之。是時，山東賊犯沂州，臨沂令胡撒力戰而死。大名府賊王九等據城叛，衆至數萬。契丹邊六斤、王三輩皆以十數騎張旗幟，白晝公行，官軍不敢誰何，所過州縣開劫府庫物置于市，令人攘

取之，小人皆喜賊至，而良民不勝其害。太府監高彥福、大理正耶律道、翰林待制大穎出使還朝，皆言盜賊事，海陵惡聞，怒而杖之，穎仍除名，自是人人不復敢言。

海陵自將，分諸道兵爲神策、神威、神捷、神銳、神毅、神翼、神勇、神果、神略、神鋒、武勝、武定、武威、武安、武捷、武平、武成、武毅、武銳、武揚、武翼、武震、威定、威信、威勝、威捷、威烈、威毅、威震、威略、威果、威勇三十二軍，置都總管、副總管各一員，分隸左右領軍大都督及三道都統制府。置諸軍巡察使，副各一員。以太保奔睹爲左領軍大都督，通爲副大都督。海陵以奔睹舊將，使帥諸軍以從人望，實使通專其事。

海陵召諸將授方略，賜宴于尚書省。海陵曰：「太師梁王連年南伐，淹延歲月。今舉兵必不如彼，遠則百日，近止旬月。惟爾將士無以征行爲勞，戮力一心，以成大功，當厚加旌賞，其或弛慢，刑茲無赦。」海陵恐糧運不繼，命諸軍渡江無以僮僕從行，聞者莫不怨咨。徒單后與太子光英居守，尚書令張浩、左丞相蕭玉、參知政事敬嗣暉留治省事。

九月甲午，海陵戎服乘馬，具裝啓行。明日，妃嬪皆行，宮中慟哭久之。十月乙巳，陰晦失路，是夜二更始至蒙城。丁未，大軍渡淮，至中流，海陵拜而酹之。至宿次，見築繚垣者，殺四方館使張永鈐。將至廬州，見白兔，[四]馳射不中。既而，後軍獲之以進，海陵大喜，以金帛賜之，顧謂李通曰：「昔武王伐紂，白魚躍於舟中。今朕獲此，亦吉兆也。」癸亥，

海陵至和州，百官表奉起居，海陵謂其使「汝等欲伺我動靜邪。自今勿復來，俟平江南始進賀表」。

是時，梁山濼水涸，先造戰船不得進，乃命通更造戰船，督責苛急，將士七八日夜不得休息，壞城中民居以爲材木，煮死人膏爲油用之。遂築臺於江上，海陵被金甲登臺，殺黑馬以祭天，以一羊一豕投於江中。召都督昂、副都督蒲盧渾謂之曰：「舟楫已具，可以濟江矣。」蒲盧渾曰：「臣觀宋舟甚大，我舟小而行遲，恐不可濟。」海陵怒曰：「爾昔從梁王追趙構入海島，豈皆大舟邪。明日汝與昂先濟。」昂聞令己渡江，悲懼欲亡去。至暮，海陵使謂昂曰：「前言一時之怒耳，不須先渡江也。」明日，遣武平軍都總管阿隣、武捷軍副總管阿撒率舟師先濟。宿直將軍溫都奧剌、國子司業馬欽、武庫直長習失皆從戰。海陵置黃旗紅旗於岸上，以號令進止，紅旗立則進，黃旗仆則退。既渡江，兩舟先逼南岸，水淺不得進，與宋兵相對射者良久，兩舟中矢盡，遂爲所獲，亡一猛安、軍士百餘人。海陵遂還和州。

於是尚書省使右司郎中吾補可、員外郎王全奏報：世宗卽位於東京，改元大定。海陵前此已遣護衛謀良虎、特离補往東京，欲害世宗，行至遼水，遇世宗詔使撒八，執而殺之，遂還軍中。海陵拊髀嘆曰：「朕本欲平江南改元大定，此豈非天乎。」乃出素所書取一戎衣天下大定改元事，以示羣臣。遂召諸將帥謀北歸，且分兵渡江。

議定，通復入奏曰：「陛下親師深入異境，無功而還，若衆散於前，敵乘於後，非萬全計。若留兵渡江，車駕北還，諸將亦將解體。今燕北諸軍近遼陽者恐有異志，宜先發兵渡江，斂舟焚之，絕其歸望。然後陛下北還，南北皆指日而定矣。」海陵然之，明日遂趨揚州。過烏江縣，觀項羽祠，嘆曰：「如此英雄不得天下，誠可惜也。」

海陵至揚州，使符寶耶律沒荅護神果軍扼淮渡，凡自軍中還至淮上，無都督府文字皆殺之。乃出內箭飾以金龍，題曰御箭，繫帛書其上，使人乘舟射之南岸，其書言「宋國遣人焚毀南京宮室，及沿邊買馬，招誘軍民，今興師問罪，義在弔伐，大軍所至，必無秋毫之犯」。以此招諭宋人。於是，宋將王權亦縱所獲金軍士三人，齎書數海陵罪，通奏其書，卽命焚之。

海陵怒，亟欲渡江。驍騎高僧欲誘其黨以亡，事覺，命衆刃剉之。乃下令，軍士亡者殺其蒲里衍，蒲里衍亡者殺其謀克，謀克亡者殺其猛安，猛安亡者殺其總管，由是軍士益危懼。甲午，令軍中運鴉鶻船及糧船於瓜洲渡，期以明日渡江，敢後者死。

乙未，完顏元宜等以兵犯御營，海陵遇弒。都督府以南伐之計皆通等贊成之，徒單永年乃其姻戚，郭安國衆所共惡，皆殺之。大定二年，詔削通官爵，人心始快。

馬欽，幼名韓哥，嘗仕江南，故能知江南道路。正隆三年，海陵將南伐，遂召用欽，自貴德縣令爲右補闕。欽爲人輕脫不識大體，海陵每召見與語，欽出宮輒以語人曰：「上與我論某事，將行之矣。」其視海陵如僚友然。累遷國子司業。

海陵至和州，欲遣蒲盧渾渡江，蒲盧渾言舟小不可濟，海陵使人召欽，先戒左右曰：「欽若言舟小不可渡江，即殺之。」欽至，問曰：「此舟可渡江否？」欽曰：「臣得栰亦可渡也。」

大定二年，除名。是日，起前翰林待制大穎爲祕書丞。穎在正隆間嘗言山東盜賊，海陵惡其言，杖之除名。世宗嘉穎忠直，惡欽巧佞，故復用穎而放欽焉。

高懷貞，爲尚書省令史，素與海陵狎昵。海陵久蓄不臣之心，嘗與懷貞各言所志，海陵曰：「吾志有三：國家大事皆自我出，一也。帥師伐國，執其君長問罪於前，二也。得天下絕色而妻之，三也。」由是小人佞夫皆知其志，爭進諛說。大定縣丞張忠輔謂海陵言：「夢公與帝擊毬，公乘馬衝過之，帝墜馬下。」海陵聞之大喜。會熙宗在位久，委政大臣，海陵以近屬爲宰相，專威福柄，遂成弒逆之計，皆懷貞輩小人從臾導之。

海陵篡立，以懷貞爲修起居注，懷貞故父濱州刺史贈中奉大夫。懷貞累遷禮部侍郎。大定二年，降奉政大夫，放歸田里。五年，與許霖俱賜起復，懷貞爲定國軍節度使，上

戒之曰：「汝等在正隆時，姦佞貪私，物論鄙之。朕念沒身不齒則無以自新。若怙舊不悛，必不貸汝矣。」

蕭裕，本名遙折，奚人。初以猛安居中京，海陵爲中京留守，與裕相結，每與論天下事。裕揣海陵有覬覦心，密謂海陵曰：「留守先太師，太祖長子。德望如此，人心天意宜有所屬，誠有志舉大事，願竭力以從。」海陵喜受之，遂與謀議。海陵竟成弒逆之謀者，裕啓之也。

海陵爲左丞，除裕兵部侍郎，改同知南京留守事，改北京。海陵領行臺尚書省事，道過北京，謂裕曰：「我欲就河南兵建立位號，先定兩河，舉兵而北。君爲我結諸猛安以應我。」定約而去。海陵雖自良鄉召還，不能如約，遂弒熙宗篡立，以裕爲祕書監。

海陵心忌太宗諸子，欲除之，與裕密謀。裕傾險巧詐，因構致太傅宗本、秉德等反狀，海陵殺宗本，唐括辯遣使殺秉德、宗懿及太宗子孫七十餘人、秦王宗翰子孫三十餘人。宗本已死，裕乃求宗本門客蕭玉，教以具款反狀，令作主名上變。海陵既詔天下，天下寃之。海陵賞誅宗本功，以裕爲尚書左丞，加儀同三司，授猛安，賜錢二千萬、馬四百匹、牛四百頭、羊四千口。再閱月，爲平章政事、監修國史。舊制，首相監修國史，海陵以命裕，謂裕曰：「太祖以神武受命，豐功茂烈光於四海，恐史官有遺逸，故以命卿。」久之，裕爲右丞相、兼中書令。裕在相位，任職用事頗專恣，威福在己，勢傾朝廷。海陵倚信之，他相仰成而已。

裕與高藥師善，嘗以海陵密語告藥師，藥師以其言奏海陵，且曰：「裕有怨望心。」海陵召裕戒諭之，而不以爲罪也。或有言裕擅權者，海陵以爲忌裕者衆，不之信。又以爲人見裕弟蕭祚爲左副點檢，妹夫耶律闢離剌爲左衞將軍，勢位相憑藉，遂生忌嫉，乃出祚爲益都尹，闢離剌爲寧昌軍節度使，以絕衆疑。

裕不知海陵意，遽見出其親表補外，不令己知之，自是深念恐海陵疑己。海陵弟太師兗領三省事，共在相位，以裕多自用，頗防閑之，裕乃謂海陵使兗備之也。而海陵猜忍嗜殺，裕恐及禍，遂與前眞定尹蕭馮家奴、前御史中丞蕭招折、博州同知遙設、裕女夫遏剌補謀立亡遼豫王延禧之孫。

裕使親信蕭屯納往結西北路招討使蕭好胡，好胡即懷忠。懷忠依違未決，謂屯納曰：「此大事，汝歸遣一重人來。」裕乃使招折往。招折前爲中丞，以罪免，以此得詣懷忠。懷忠問招折與謀者復有何人，招折曰：「五院節度使耶律朗亦是也。」懷忠舊與朗有隙，而招折嘗上撻懶變事，懷忠疑招折反覆，因執招折，收朗繫獄，遣使上變。

遙設亦與筆硯令史白荅書，使白荅助裕以取富貴，白荅奏其書。海陵信裕不疑，謂白荅構誣之，命殺白荅於市。執白荅出宣華門，點檢徒單貞得蕭懷忠上變事入奏，遇見白荅，

問其故，因止之。徒單貞已奏變事，以白荅爲請，海陵遽使釋之。

海陵使宰相問裕，裕即款伏。海陵甚驚愕，猶未能盡信，引見裕，親問之。裕曰：「大丈夫所爲，事至此又豈可諱。」海陵復問曰：「汝何怨於朕而作此事？」裕曰：「陛下凡事皆與臣議，及除祚等乃不令臣知之。領省國王每事謂臣專權，頗有隄防，恐是得陛下旨意。陛下與唐括辯及臣約同生死，辯以強忍果敢致之死地，臣皆知之，恐不得死所，以此謀反，幸苟免耳。太宗子孫無罪皆死臣手，臣之死亦晚矣。」海陵復謂裕曰：「朕爲天子，若於汝有疑，雖汝弟輩在朝，豈不能施行，以此疑我，汝實錯誤。太宗諸子豈獨在汝，朕爲國家計也。」又謂之曰：「自來與汝相好，雖有此罪，貸汝性命，惟不得作宰相，令汝終身守汝祖先墳壠。」裕曰：「臣子既犯如此罪逆，何面目見天下人，但願絞死，以戒其餘不忠者。」海陵遂以刀刺左臂，取血塗裕面，謂之曰：「汝死之後，當知朕本無疑汝心。」裕曰：「久蒙陛下非常眷遇，仰戀徒切，自知錯繆，雖悔何及。」海陵哭送裕出門，殺之，并誅遙設及馮家奴。馮家奴妻，豫王女也，與其子轂皆與反謀，并殺之。遣護衞龐葛往西北路招討司誅朗及招折，而屯納、遏剌補皆出走，捕得屯納棄市，遏剌補自縊死。

屯納出走，過河間少尹蕭之詳，之詳初不知裕事，留之三日。屯納往之詳茶扎家，〔三〕茶扎遣人詣之詳告公引，得之，付屯納遣之他所。茶扎家奴發其事，吏部侍郎窊產鞫之，之

詳曰：「屯納宿二日而去。」法家以之詳隱其間，欺尚書省，罪當贖。海陵怒，命殺之，杖宂產及議法者，茶扎杖四百死。

尫蔦殺招折等，并殺無罪四人，海陵不問，杖之五十而已。以裕等罪詔天下。賞上變功，懷忠遷樞密副使，以白荅爲牌印云。高藥師遷起居注，進階顯武將軍。藥師嘗奏裕有怨望，至是賞之云。

胥持國字秉鈞，代州繁時人。經童出身，累調博野縣丞。上書者言民間冒占官地，如「太子務」、「大王莊」，非私家所宜有。部委持國按覈之。持國還言「此地自異代已爲民有，不可取也」。事遂寢。尋授太子司倉，轉掌飲令，兼司倉。皇太子識之，擢祗應司令。章宗卽位，除宮籍副監，賜宮籍庫錢五十萬、宅一區。俄改同簽宣徽院事、工部侍郎，並領宮籍監。閏三月，遷工部尚書，使宋。明昌四年，拜參知政事，賜孫用康勝下進士第。會河決陽武，持國請督役，遂行尚書省事。明年，進尚書右丞。

持國爲人柔佞有智術。初，李妃起微賤，得幸於上。持國久在太子宮，素知上好色，陰以祕術干之，又多路遺妃左右用事人。妃亦自嫌門地薄，欲藉外廷爲重，乃數稱譽持國能，由是大爲上所信任，與妃表裏，筦擅朝政。誅鄭王永蹈、鎬王永中，罷黜完顏守貞等事，皆

起於李妃、持國。士之好利躁進者皆趨走其門下。四方爲之語曰：「經童作相，監婢爲妃。」惡其卑賤庸鄙也。

承安三年，〔六〕御史臺劾奏：「右司諫張復亨、右拾遺張嘉貞、同知安豐軍節度使事趙樞、同知定海軍節度使事張光庭、戶部主事高元甫、刑部員外郎張巖叟、尚書省令史傅汝梅、張翰、裴元、郭郛，皆趨走權門，人戲謂『胥門十哲』。復亨、嘉貞尤卑佞苟進，不稱諫職。俱宜黜罷。」奏可。於是持國以通奉大夫致仕，嘉貞等皆補外。

頃之，起知大名府事，未行，改樞密副使，佐樞密使襄治軍於北京。一日，上召翰林修撰路鐸問以他事，因語及董師中、張萬公優劣，鐸曰：「師中附胥持國進。持國姦邪小人，不宜典軍馬，以臣度之，不惟不允人望，亦必不能服軍心，若回日再相，必亂天下。」上曰：「人臣進退人難，人君進退人易，朕豈以此人復爲相耶。第遷官二階，使之致仕耳。」尋卒于軍，謚曰「通敏」。後上問平章政事張萬公曰：「持國今已死，其爲人竟如何？」萬公對曰：「持國素行不純謹，如貨酒平樂樓一事，可知矣。」上曰：「此亦非好利。如馬琪位參政，私鬻省醞，乃爲好利也。」子鼎，別有傳。

校勘記

〔一〕移臨海軍 原脫「軍」字。按本書卷二四地理志，北京路，「錦州，臨海軍節度使」。今據補。

〔二〕宰相以爲悖理 「悖」原作「情」。據殿本改。

〔三〕雜以俳優詼諧語爲業 「詼」原作「談」。據殿本改。

〔四〕見白兔 按本書卷五海陵紀作「白鹿」。

〔五〕屯納往之詳茶扎家 「之詳」下疑脫一親屬稱謂詞。

〔六〕承安三年 按本書卷一〇章宗紀作「承安二年八月丙戌，右丞胥持國致仕」。

金史卷一百三十

列傳第六十八

列女

阿鄰妻　李寶信妻　韓慶民妻　雷婦師氏　康住住
李文妻　李英妻　相琪妻　阿魯眞　撒合輦妻　許古妻
馮妙眞　蒲察氏　烏古論氏　素蘭妻　忙哥妻　尹氏
白氏　聶孝女　仲德妻　寶符李氏　張鳳奴附

漢成帝時，劉向始述三代賢妃淑女，及淫泆奢僭，興亡盛衰之所由，彙分類別，號列女傳，因以諷諫。范曄始載之漢史。古者女子生十年有女師，漸長有麻枲絲繭之事，有祭祀助奠之事，既嫁職在中饋而已，故以無非無儀爲賢。若乃嫠居寡處，患難顚沛，是皆婦人之

不幸也。一遇不幸，卓然能自樹立，有烈丈夫之風，是以君子異之。

阿鄰妻沙里質者，金源郡王銀术可之妹。天輔六年，黃龍府叛卒攻鈔旁近部族。是時，阿鄰從軍，沙里質糾集附近居民得男女五百人，樹營柵爲保守計。賊千餘來攻，沙里質以氈爲甲，以裳爲旗，男夫授甲，婦女鼓譟，沙里質仗劍督戰，凡三日賊去。皇統二年，論功封金源郡夫人。大定間，以其孫藥師爲謀克。

李寶信妻王氏。寶信爲義豐縣令，張覺以平州叛，王氏陷賊中。賊欲逼室之，王氏罵賊，賊怒遂支解之。大定十二年，贈「貞烈縣君」。

韓慶民妻者，不知何許人，亦不知其姓氏。慶民事遼爲宜州節度使。天會中，攻破宜州，慶民不屈而死，以其妻配將士，其妻誓死不從，遂自殺。世宗讀太宗實錄，見慶民夫婦事，嘆曰：「如此節操，可謂難矣。」

雷婦師氏，夫亡，孝養舅姑。姑病，刲臂肉飼之，姑即愈。舅姑既殁，兄師逵與夫姪規其財產，乃僞立媒證致之官，欲必嫁之。縣官不能辨曲直，師氏畏逼，乃投縣署井中死。詔有司祭其墓，賜謚曰「節」。

康住住，鄜州人。夫早亡，服闋，父取之歸家，許嚴沂爲妻。康氏誓死弗聽，欲還夫家不可得，乃投崖而死。詔有司致祭其墓。

李文妻史氏，同州白水人。夫亡，服闋，誓死弗嫁。父强取之歸，許邑人姚乙爲妻。史氏不聽，姚訴之官，被逮，遂自縊死。詔有司致祭其墓。

李英妻張氏。英初爲監察御史，在中都，張居濰州。貞祐元年冬，大元兵取濰州，入其家，張氏盡以所有財物與之。既而，令張氏上馬，張曰：「我盡以物與汝，猶不見贖邪？」答曰：「汝品官妻，當復爲夫人。」張曰：「我死則爲李氏鬼。」頓坐不起，遂見殺。追封隴西郡夫人，謚「莊潔」。英仕至御史中丞，有傳。

相琪妻欒氏，有姿色。琪爲萊州掖縣司吏。貞祐三年八月，紅襖賊陷掖縣，琪與欒氏

及子俱爲所得。賊見欒悅之，殺琪及其子而誘欒。欒奮起以頭觸賊而仆，罵曰：「我豈爲犬彘所汙者哉。」賊怒，殺之。追封西河縣君，謚「莊潔」。

阿魯眞，宗室承充之女，胡里改猛安夾谷胡山之妻。夫亡寡居，有衆千餘。興定元年，承充爲上京元帥，上京行省太平執承充應蒲鮮萬奴。阿魯眞治廢壘，修器械，積芻糧以自守。萬奴遣人招之，不從，乃射承充書入城，阿魯眞得而碎之，曰：「此詐也。」萬奴兵急攻之，阿魯眞衣男子服，與其子蒲帶督衆力戰，殺數百人，生擒十餘人，萬奴兵乃解去。後復遣將擊萬奴兵，獲其將一人。詔封郡公夫人，子蒲帶視功遷賞。承充已被執，乘間謂其二子女胡、蒲速乃曰：「吾起身宿衛，致位一品，死無恨矣。若輩亦皆通顯，未嘗一日報國家，當思自處，以爲後圖。」二子乃冒險自拔南走，是年四月至南京。

獨吉氏，平章政事千家奴之女，護衛銀术可妹也。自幼動有禮法，及適內族撒合輦，閨門肅如。撒合輦爲中京留守，大兵圍之，撒合輦疽發背不能軍，獨吉氏度城必破，謂撒合輦曰：「公本無功能，徒以宗室故嘗在禁近，以至提點近侍局，同判睦親府，今又爲留守外路第

一等官，受國家恩最厚。今大兵臨城，公不幸病，不能戰禦。設若城破，公當率精銳奪門而出，擒一子走京師。不能則獨赴京師，又不能，戰而死猶可報國，幸無以我爲慮。」撒合輦出巡城，獨吉氏乃取平日衣服粧具玩好布之臥榻，資貨悉散之家人，艷粧盛服過於平日，且戒女使曰：「我死則扶置榻上，以衾覆面，四圍舉火焚之，無使兵見吾面。」言訖，閉門自經而死。家人如言，臥尸榻上，以衾覆之。撒合輦從外至，家人告以夫人之死，撒合輦拊榻曰：「夫人不辱我，我肯辱朝廷乎。」因命焚之。年三十有六。少頃，城破，撒合輦率死士欲奪門出，不果，投壕水死，有傳。

許古妻劉氏，定海軍節度使仲洙之女也。貞祐初，古挈家僑居蒲城，後留劉氏母子于蒲，仕于朝。既而，兵圍蒲，劉謂二女曰：「汝父在朝，而兵勢如此，事不可保。若城破被驅，一爲所汙奈何？不若俱死以自全。」已而，攻城益急，於是劉氏與二女相繼自盡。有司以聞于朝，四年五月，追封劉氏爲郡君，謚曰「貞潔」，其長女謚曰「定姜」，次「肅姜」，以其事付史館。

馮妙眞，刑部尚書延登之女也。生十有八年，適進士張檣。興定五年，檣爲洛川主簿。

大元兵破葭州、綏德，遂入鄜延。鄜人震恐具守備，守臣以西路輪芻粟不時至，檄檣詣平涼督之。時延登爲平涼行省員外郎，檣欲偕妙眞以往，妙眞辭曰：「舅姑老矣，雖有叔姒，妾能安乎。子行，妾留奉養。」十一月，洛川破，妙眞從舅姑匿窟室，兵索得之。妙眞泣與舅姑訣曰：「婦生不辰，不得終執箕箒，義不從辱。」即擕三子赴井死。縣人從而死者數十人。明年春，檣發井得屍，殯于縣之東郭外。死時年二十四。

蒲察氏字明秀，鄜州帥訥申之女，完顏長樂之妻也。哀宗遷歸德，以長樂爲總領，將兵扈從。將行，屬蒲察氏曰：「無他言，夫人愼毋辱此身。」明秀曰：「君第致身事上，無以妾爲念。妾必不辱。」長樂一子在幼，出妻柴氏所生也，明秀撫育如己出。崔立之變，驅從官妻子于省中，人自閱之。蒲察氏聞，以幼子付婢僕，且與之金幣，親具衣棺祭物，與家人訣曰：「崔立不道，强人妻女，兵在城下，吾何所逃，惟一死不負吾夫耳。汝等惟善養幼子。」遂自縊而死，欣然若不以死爲難者。時年二十七。

烏古論氏，伯祥之妹，臨洮總管陀滿胡土門之妻也。伯祥朝貴中聲譽藉甚，胡土門死王事。〔一〕崔立之變，衣冠家婦女多爲所汙，烏古論氏謂家人曰：「吾夫不辱朝廷，我敢辱吾兄及吾夫乎。」即自縊。一婢從死。

參政完顏素蘭妻，亡其姓氏。當崔立之變，謂所親曰：「吾夫有天下重名，吾豈肯隨衆陷身以辱吾夫乎。今日一死固當，但不可無名而死，亦不可離吾家而死。」即自縊于室。

溫特罕氏，夫完顏忙哥，五朶山宣差提控回里不之子也，系出蕭王。忙哥叔父益都，節度秦州，爲大元兵所攻，適病不能軍，忙哥爲提控，獨當一面。兵退而益都死，忙哥以城守功世襲謀克，收充奉御。及崔立之變，忙哥義不受辱，與其妻訣。妻曰：「君能爲國家死，我不能爲君死乎。」一婢曰：「主死，婢將安歸。」是日，夫婦以一繩同縊，婢從之。

尹氏，完顏猪兒之妻也。猪兒系出蕭王，天興二年正月從哀宗爲南面元帥，戰死黃陵岡。其妻金源郡夫人聞猪兒死，聚家貲焚之，遂自縊，年三十一。猪兒贈官，弟長住即日詔補護衞。

白氏，蘇嗣之之母，許州人，宋尚書右丞子由五世孫婦也。初，東坡、潁濱、叔黨俱葬郟城之小峨嵋山，故五世皆居許昌。白氏年二十餘即寡居，服除，外家迎歸，兄嫂竊議改醮。白氏微聞之，率車徑歸，曰：「我爲蘇學士家婦，又有子，乃欲使我失身乎。」自是，外家非有大故不往也。嘗於宅東北爲祭室，畫兩先生像，圖黃州、龍川故事壁間，香火嚴潔，躬自洒掃，士大夫求瞻拜者往往過其家奠之。天興元年正月庚戌，許州被兵，嗣之爲汴京廟官，白拜辭兩先生前曰：「兒子往京師，老婦死無恨矣，敢以告。」即自縊於室側。家人并屋焚之。年七十餘。嗣之本名宗之，避諱改焉。

聶孝女字舜英，尚書左右司員外郎天驥之長女也。年二十三，適進士張伯豪。伯豪卒，歸父母家。及哀宗遷歸德，天驥留汴。崔立劫殺宰相，天驥被創甚，日夜悲泣，恨不即死。舜英謁醫救療百方，至刲其股雜他肉以進，而天驥竟死。

時京城圍久食盡，閭巷間有嫁妻易一飽者，重以崔立之變，剽奪暴凌，無復人理。舜英頗讀書知義理，自以年尚少艾，夫既亡，父又死非命，比爲兵所汙，何若從吾父于地下乎。葬其父之明日，絕脰而死。一時士女賢之，有爲泣下者。其家以舜英合葬張伯豪之墓。

完顏仲德妻，不知其族氏。崔立之變，妻自毀其容服，擕妾及二子給以采蔬，自汴走蔡。蔡被圍，丁男皆乘城拒守，謂仲德曰：「事勢若此，丈夫能爲國出力，婦人獨不能耶。」率諸命婦自作一軍，親運矢石於城下，城中婦女爭出繼之。城破自盡。

哀宗寶符李氏，國亡從后妃北遷，至宣德州，居摩訶院，日夕寢處佛殿中，作幡旛。會當赴龍庭，將發，卽於佛像前自縊死，且自書門紙曰：「寶符御侍此處身故。」後人至其處，見其遺跡，憐而哀之。

天興元年，北兵攻城，矢石之際忽見一女子呼於城下曰：「我倡女張鳳奴也，許州破被俘至此。彼軍不日去矣，諸君努力爲國堅守，無爲所欺也。」言竟，投濠而死。朝廷遣使馳祭于西門。

正大、天興之際，婦人節義可知者特數人耳。鳳奴之事別史錄之，蓋亦有所激云。

校勘記

〔一〕胡土門死王事　「王」原作「主」。據殿本改。

金史卷一百三十一

列傳第六十九

宦者

梁珫　宋珪　潘守恒附

古之宦者皆出於刑人，刑餘不可列於士庶，故掌宮寺之事，謂之「婦寺」焉。東漢以來，宦者養子以繼世。唐世，繼者皆爲閹人，其初進也，性多巧慧便佞，善固恩寵，及其得志，黨比糾結不可制。東漢以宦者亡，唐又甚焉。世儒論宦者之害，如毒藥猛虎之不可拯也。金法置近侍局，嘗與政事，而宦者少與焉。惟海陵時有梁珫，章宗時有梁道、李新喜干政，二君爲所誤多矣。世傳梁道勸章宗納李妃後宮，金史不載梁道始末，弗得而論次之。惟宋珪、潘守恒頗能諷諫宣、哀，時有裨益，蓋傭之佼佼、鐵之錚錚者也。作宦者傳。

梁珫，本大臭家奴，隨元妃入宮，以閹豎事海陵。珫性便佞，善迎合，特見寵信。舊制，宦者惟掌掖廷宮闈之事。天德三年，始以王光道爲內藏庫使，衞愈、梁安仁皆以宦官領內藏，海陵謂光道等曰：「人言宦者不可用，朕以爲不然。後唐莊宗委張承業以軍，竟立大功，此中豈無人乎。卿等宜悉此意。帑藏之物皆出民力，費十致一，當糾察姦弊，犯者必罰無赦。」宦者始與政事，而珫委任尤甚，累官近侍局使。及營建南京宮室，海陵數數使珫往視工役。是時，一殿之費已不可勝計，珫或言其未善，卽盡撤去。雖丞相張浩亦曲意事之，與之均禮。

海陵欲伐宋，珫因極言宋劉貴妃絕色傾國。海陵大喜，及南征將行，命縣君高師姑兒貯衾褥之新潔者俟得劉貴妃用之。議者言珫與宋通謀，勸帝伐宋，徵天下兵以疲弊中國。海陵至和州，聞珫與宋人交通有狀，謂珫曰：「聞汝與宋國交通，傳泄事情。汝本奴隸，朕拔擢至此，乃敢爾耶。若至江南詢得實迹，殺汝亦未晚也。」又謂校書郎田與信曰：「爾面目亦可疑，必與珫同謀者。」皆命執於軍中。海陵遇弑，珫、與信皆爲亂軍所殺。

宋珪本名乞奴，燕人也。爲內侍殿頭。宣宗嘗以元夕欲觀燈戲，命乞奴監作，乞奴諦語云：「社稷棄之中都，南京作燈戲有何看耶。」宣宗微聞之，杖之二十，既而悔之，有旨宣諭。

哀宗放鶴後苑，鶴逸去，勅近侍追訪之。市中一農民臂此鶴，近侍不敢言宮中所逸者，百方索之，農民不與，與之物直，僅乃得。事聞，哀宗欲送其人於有司，乞奴從旁諫曰：「貴畜賤人，豈可宣示四方。」哀宗惡其大訐，又杖之，尋亦悔，賜物慰遣之。

及哀宗至歸德，馬軍元帥蒲察官奴爲變，殺左丞李蹊、參政石盞女魯歡以下從官三百餘人。倉皇之際，哀宗不得已，以官奴權參知政事，既爲所制，含恨欲誅之未能也。及官奴往亳州，珪陰與奉御吾古孫愛實、納蘭忔荅，護衛女奚烈完出、范陳僧、王山兒等謀誅之。官奴自亳還，哀宗御臨漪亭，召參政張天綱及官奴議事。官奴入見，珪等卽從旁殺之，及其黨阿里合、白進、習顯。

及蔡城破，哀宗自縊於幽蘭軒，珪與完顏斜烈、焦春和等皆從死。

有潘守恒者亦內侍也，素稱知書，南遷後規益甚多。及哀宗自蒲城走歸德，道次民家，守恒進椷，曰：「願陛下還宮之日無忘此草廬中，更加儉素，以濟大業。」上聞其言，悽惋咨嗟久之。

方伎

劉完素 張從正 李慶嗣 紀天錫 張元素

馬貴中 武禎子亢 李懋 胡德新

太史公敍九流，述日者、龜策、扁鵲倉公列傳。劉歆校中祕書，以術數、方伎載之七略。後世史官作方伎傳，蓋祖其意焉。或曰素問、內經言天道消長、氣運贏縮，假醫術，託岐、黃，以傳其祕奧耳。秦人至以周易列之卜筮。〔一〕斯豈易言哉，第古之爲術以吉凶導人而爲善，後世術者或以休咎導人爲不善，古之爲醫以活人爲功，後世醫者或因以爲利而誤殺人，故爲政於天下，雖方伎之事亦必愼其所職掌而務旌別其賢否焉。金世，如武禎、武亢之信而不誣，劉完素、張元素之治療通變，學其術者皆師尊之，不可不記云。

劉完素字守眞，河間人。嘗遇異人陳先生，以酒飲守眞，大醉，及寤洞達醫術，若有授之者。乃撰運氣要旨論、精要宣明論，慮庸醫或出妄說，又著素問玄機原病式，特舉二百八十八字，注二萬餘言。然好用涼劑，以降心火、益腎水爲主。自號「通元處士」云。

張從正字子和，睢州考城人。精於醫，貫穿難、素之學，其法宗劉守眞，用藥多寒涼，然起疾救死多取效。古醫書有汗下吐法，亦有不當汗者汗之則死，不當下者下之則死，不當吐者吐之則死，各有經絡脈理，世傳黃帝、岐伯所爲書也。從正用之最精，號「張子和汗下吐法」。妄庸淺術習其方劑，不知察脈原病，往往殺人，此庸醫所以失其傳之過也。其所著有「六門、二法」之目，存於世云。

李慶嗣，洺人。少舉進士不第，棄而學醫，讀素問諸書，洞曉其義。天德間，歲大疫，廣平尤甚，貧者往往闔門臥病。慶嗣攜藥與米分遺之，全活者衆。慶嗣年八十餘無疾而終。所著傷寒纂類四卷、改證活人書三卷、傷寒論三卷、鍼經一卷，傳於世。

紀天錫字齊卿，泰安人。早棄進士業，學醫，精於其技，遂以醫名世。集註難經五卷，大定十五年上其書，授醫學博士。

張元素字潔古，易州人。八歲試童子舉。二十七試經義進士，犯廟諱下第。乃去學醫，無所知名，夜夢有人用大斧長鑿鑿心開竅，納書數卷於其中，自是洞徹其術。河間劉完素病傷寒八日，頭痛脈緊，嘔逆不食，不知所爲。元素往候，完素面壁不顧，元素曰：「何見待之卑如此哉。」既爲診脈，謂之曰：「脈病云云。」曰：「然。」「初服某藥，用某味乎。」曰：「然。」元素曰：「子誤矣。某味性寒，下降走太陰，陽亡汗不能出。今脈如此，當服某藥則效矣。」完素大服，如其言遂愈，元素自此顯名。

平素治病不用古方，其說曰：「運氣不齊，古今異軌，古方新病不相能也。」自爲家法云。

馬貴中，天德中，爲司天提點。與校書郎高守元奏天象災異忤旨，海陵皆杖之，黜貴中爲大同府判官。久之，遷司天監。正隆三年三月辛酉朔，日當食。是日，候之不食，海陵謂貴中曰：「自今凡遇日食皆面奏，不須頒示內外。」

海陵伐宋，問曰：「朕欲自將伐宋，天道何如？」貴中對曰：「去年十月甲戌，熒惑順入太微，至屏星，留、退、西出。占書，熒惑常以十月入太微庭，受制出伺無道之國。十二月，太白晝見經天，占爲兵喪、爲不臣、爲更主，又主有兵兵罷、無兵兵起。」

鎮戎軍地震大風，海陵以問，貴中對曰：「伏陰逼陽，所以震也。」又問曰：「當震，大風何也？」對曰：「土失其性則地震，風爲號令，人君命令嚴急則有烈風及物之災。」

六年二月甲辰朔，日有暈珥戴背，海陵問：「近日天道何如？」貴中對曰：「前年八月二十九日，太白入太微右掖門，九月二日，至端門，九日，至左掖門出，並歷左右執法。太微爲天子南宮，太白兵將之象，其占，兵入天子之廷。」海陵曰：「今將征伐而兵將出入太微，正其事也。」貴中又曰：「當端門而出，其占爲受制，歷左右執法爲受事，此當有出使者，或爲兵，或爲賊。」海陵曰：「兵興之際，小盜固不能無也。」及被害于揚州，貴中之言皆驗。

大定八年，世宗擊毬於常武殿，貴中上疏諫曰：「陛下爲天下主，守宗廟社稷之重，圍獵擊毬皆危事也。前日皇太子墜馬，可以爲戒，臣願一切罷之。」上曰：「祖宗以武定天下，豈

以承平遽忘之邪。皇統嘗罷此事，當時之人皆以爲非，朕所親見，故示天下以習武耳。」

十年十一月，皇太子生日，世宗宴百官于東宮。上飲歡甚，貴中被酒前跪欲言事，錯亂失次，上不之罪，但令扶出。

武禎，宿州臨渙人。祖官太史，靖康後業農，後畫界屬金。禎深數學。貞祐間，行樞密院僕散安貞聞其名，召至徐州，以上客禮之，每出師必資焉，其占如響。正大初，徵至汴京，待詔東華門。其友王鉉問禎曰：「朝廷若問國祚修短，子何以對？」禎曰：「當以實告之，但更言周過其歷，秦不及期，亦在修德耳。」

時久旱祈禱不應，朝廷爲憂，禎忽謂鉉曰：「足下今日早歸，恐爲雨阻。」鉉曰：「萬里無雲，赤日如此，安得有雨。」禎笑曰：「若是，則天不誠也。天何嘗不誠。」既而東南有雲氣，須臾蔽天，平地雨注二尺，衆皆驚嘆。尋除司天臺管勾。

子亢，寡言笑，不妄交。嘗與一學生終日相對，握籌布畫，目炯炯若有所營，見者莫測也。哀宗至蔡州，右丞完顏仲德薦其術。召至，屏人與語，大悅，除司天長行，賞賚甚厚。

上書曰：「比者有星變于周、楚之分，彗星起于大角西，掃軫之左軸，蓋除舊布新之象。」又言：「鄭、楚、周三分野當赤地千里，兵凶大起，王者不可居也。」又曰：「蔡城有兵喪之兆，楚有亡國之徵，三軍苦戰於西垣前後有日矣。城壁傾頹，內無見糧，外無應兵，君臣數盡之年也。」聞者悚然奪氣，哀宗惟嗟嘆良久，不以爲罪。性頗倨傲，朝士以此非之。

天興二年九月，蔡州被圍，亢奏曰：「十二月三日必攻城。」及期果然。末帝問曰：〔二〕「解圍當在何日？」對曰：「明年正月十三日，城下無一人一騎矣。」帝不知其由，乃喜圍解有期，日但密計糧草使可給至其日不闕者。明年甲午正月十日，蔡州破，十三日，大元兵退。是日，亢赴水死云。

李懋，不知何許人。有異術。正大間，游京兆，行省完顏合達愛其術，與俱至汴京，薦於哀宗。遣近侍密問國運否泰，言無忌避。居之繁臺寺，朝士日走問之，或能道隱事及吉凶之變，人以爲神。帝惡其言太洩，遣使者殺之。使者乃持酒肴入寺，懋出迎，笑曰：「是矣。」使者曰：「何謂也？」懋曰：「我數當盡今日，尚復何言。」遂索酒，痛飲就死。

胡德新，河北士族也。寓居南陽，往來宛、葉間，嗜酒落魄不羈，言禍福有奇驗。正大七年夏，與燕人王鉉邂逅於葉縣村落中。與鉉初不相識，坐中謬以兵官對，胡曰：「此公在吾法中當登科甲，何以謂之兵官。」衆愕然，遂以實告。二人相得甚歡，即命家人具雞酒以待，酒酣，舉大白相屬曰：「君此去事業甚遠，不必置問。某有所見，久不敢對人言，今欲告子。」遂邀至野田，密謂曰：「某自去年來，行宛、葉道中，見往來者十且八九有死氣。今春至陳、許間，見其人亦有太半當死者。若吾目可用，則時事可知矣。」鉉驚問應驗遲速，曰：「不過歲月間耳，某亦不逃此厄，請密誌之。」明年，大元兵由金、房入，取峭石灘渡漢，所過廬舍蕭然，胡亦舉家及難，其精驗如此。

校勘記

〔一〕秦人至以周易列之卜筮　「至」原作「致」。據殿本改。

〔二〕末帝問曰　按「末帝」當作「哀宗」。參見本書卷五六百官志二校記〔一七〕。

金史卷一百三十二

列傳第七十

逆臣

秉德 本名乙辛　唐括辯　烏帶　大興國　徒單阿里出虎

僕散師恭 本名忽土　徒單貞　李老僧　完顏元宜

紇石烈執中 本名胡沙虎

昔者孔子作春秋而亂臣賊子懼，其法有五焉：微而顯，志而晦，婉而成章，盡而不汙，懲惡而勸善。夫懲惡乃所以勸善也，作逆臣傳。

秉德，本名乙辛。初爲西南路招討使，改汴京留守。丁母憂，起復爲兵部尚書，拜參知

政事。皇統八年，與烏林荅蒲盧虎等廉察郡縣，使還，拜平章政事。廷議欲徙遼陽渤海人屯燕南，秉德及左司郎中三合議其事。近侍高壽星在徙中，壽星訴於悼后，后以白帝，帝怒，杖秉德而殺三合。是時，熙宗在位久，悼后干政，而繼嗣未立，帝無聊不平，屢殺宗室，箠辱大臣。秉德以其故懷忿，乃與唐括辯、烏帶等謀廢立。

烏帶以其謀告海陵，海陵乃與秉德謀弑熙宗。皇統九年十二月九日，遂與唐括辯、烏帶、忽土、阿里出虎、〔一〕大興國、李老僧、海陵妹夫特厮，弑熙宗于寢殿。秉德初意不在海陵，已弑熙宗，未有所屬，忽土奉海陵坐，秉德等皆拜稱萬歲。殺曹國王宗敏、左丞相宗賢。時秉德位在海陵上，因被杖怨望謀廢立，而海陵因之以爲亂。既立，以秉德爲左丞相，兼侍中、左副元帥，封蕭王，賜鐵券，與錢二千萬、絹一千匹、馬牛各三百、羊三千。久之，爲烏帶所譖，出領行臺尚書省事。

時秉德方在告，亟召之，限十日內發行。會海陵欲除太宗諸子，并除秉德，以秉德首謀廢立，及弑熙宗不卽勸進，銜之。烏帶因言秉德與宗本謀反有狀，曰：「昨來秉德嘗於宗本家飲酒，海州刺史子忠言，秉德有福，貌類趙太祖，秉德偃仰笑受其言。臣妻言秉德妻嘗指斥主上，語皆不順。及秉德與宗本相別時，指斥尤甚，且謂曆數有歸。秉德招刑部侍郎漫獨曰，『已前嘗說那公事，頗記憶否』。漫獨曰，『不存性命事何可對衆便說』。似此逆狀甚

明。」海陵遣使就行臺殺秉德，并殺前行臺參知政事烏林荅贊謀。

贊謀妻，秉德乳母也。初，贊謀與前行臺左丞溫敦思忠同在行臺，思忠黷貨無厭，贊謀薄之，由是有隙，故思忠乘是并誣贊謀及其子，殺之。贊謀不肯跪受刑，行刑者立而縊殺之。海陵以贊謀家財奴婢盡賜思忠。

秉德與烏帶以口語致怨，既死遂并殺其弟特里、糺里，及宗翰子孫，死者三十餘人，宗翰之後遂絕。世宗卽位，追復秉德官爵，贈儀同三司。

初，撒改薨，宗翰襲其猛安親管謀克。秉德死，海陵以賞烏帶，傳其子兀荅補。大定六年，世宗憫宗翰無後，詔以猛安謀克還撒改曾孫盆買，遣使改葬撒改、宗翰於山陵西南二十里，百官致奠，其家產給近親以奉祭祀。

秉德既死，其中都宅第，左副元帥杲居之。杲死，海陵遷都，迎其嫡母徒單氏居之。徒單遇害，世宗惡其不祥，施爲佛寺。

唐括辯本名斡骨剌。尚熙宗女代國公主，爲駙馬都尉。累官參知政事、尚書左丞。與右丞相秉德謀廢立，而烏帶以告海陵，海陵謂辯曰：「我輩不能匡救，旦暮且及禍。若行大事，誰可立者？」辯曰：「無乃胙王常勝乎？」海陵問其次，辯曰：「鄧王子阿楞。」海陵曰：「阿楞

屬疏，安得立。」辯曰：「公豈有意邪？」海陵曰：「若不得已，捨我其誰。」於是，旦夕相與密謀。護衞將軍特思疑之，以告悼后曰：「辯等因間每竊竊偶語，不知議何事。」悼后以告熙宗，熙宗怒，召辯責之曰：「爾與亮謀何事，將如我何。」杖而遣之。自是謀益甚。

十二月九日，〔二〕代國公主爲其母悼后作佛事，居寺中，故海陵、秉德等俱會於辯家。至夜，辯等以刀藏衣下，相隨入宮，門者以辯駙馬不疑，皆內之。至殿門，直宿護衞覺之，辯舉刀呵之使無動。既弑熙宗，立海陵，辯爲尚書右丞相兼中書令，封王，賜錢二千萬、絹千匹、馬牛各三百、羊三千，并鐵券。進拜左丞相。父彰德軍節度使重國，遷東平尹。

初，辯與海陵謀逆，辯嘗言其家奴多可用者，海陵固已懷之。及行弑之夕會於辯家，待與國出宮，辯因設饌，衆皆恇懼不能食，辯獨飽食自若，海陵由此知其忮忍，畏忌之。及卽位，嘗與辯觀太祖畫像，海陵指示辯曰：「此眼與爾相似。」辯色動，海陵亦色動，由是疑辯，益忌之。及與蕭裕謀致宗本罪，并致辯嘗與宗本謀反，卽殺之。

重國坐奪官，正隆二年，起爲沂州防禦使，改淸州防禦使。大定初，重國與徒單拔改俱以政跡著聞，歷安國、彰化、橫海軍節度使。

後辯子孫上書，言辯死天德間，祖重國亦坐追削。正隆初，重國已復官職，乞追復辯官爵。是時，海陵已降爲庶人，以辯與弑逆，不許。

言本名烏帶，行臺左丞相阿魯補子也。熙宗時，累官大理卿。熙宗晚年喜怒不常，大臣往往危懼，右丞相秉德、左丞唐括辯謀廢立，烏帶即詣海陵啓之，遂與俱弒熙宗。海陵即位，烏帶爲平章政事，封許國王，賜錢、絹、馬、牛、羊、鐵券，並如其黨。

烏帶妻唐括氏淫泆，舊與海陵通，又私其家奴閻乞兒，秉德嘗對熙宗斥其事，烏帶銜之未發也。時海陵多忌，會有疾，少間，烏帶遂誣奏「秉德有指斥語，曰：主上數日不視朝，若有不諱，誰當繼者？臣曰：主上有皇子。秉德曰：嬰兒豈能勝天下大任，必也葛王乎」。海陵以爲實然，故出秉德，已而殺之，以秉德世襲猛安謀克授烏帶。進右丞相。烏帶與宗本有親，海陵以烏帶告秉德事，故宗本之禍烏帶獨免，遂以秉德千戶謀克及其子婦家產盡賜之。進司空、左丞相、兼侍中。

居數月，烏帶早朝，以日陰晦將雨，意海陵不視朝，先趨出朝，百官皆隨之去。已而海陵御殿，知烏帶率百官出朝，惡之，遂落司空，出爲崇義軍節度使。後海陵思慕唐括容色，因其侍婢來候問起居，海陵許立爲后，使殺烏帶。海陵詐爲烏帶哀傷，使其子兀荅補佩金符乘驛赴喪，追封爲王，仍詔有司送其靈車，賜絹三百爲道途費。納唐括於宮中，封貴妃。兀荅補襲猛安謀克。大定六年，以猛安謀克還撒改曾孫，以阿魯補謀克授兀荅補，終

同知大興尹。子璫，本名烏也阿補，以曾祖阿魯補功，充筆硯祗候。

大興國，事熙宗爲寢殿小底，權近侍局直長，最見親信，未嘗去左右。每逮夜，熙宗就寢，興國時從主者取符鑰歸家，主者即以付之，聽其出入以爲常。皇統九年，海陵生日，熙宗使興國以宋司馬光畫像及他珍翫賜海陵，悼后亦以物附賜，熙宗不悅，杖興國一百。

海陵謀弒，意先得興國迺可伺間入宮行大事，且度興國無罪被杖必有怨望心，可乘此說之，乃因李老僧結興國。既而，知無異心可與謀，乃召至臥內，令解衣，欲與之俱臥，意有所屬者。興國固辭不敢，曰：「即有使，惟大王之命。」海陵曰：「主上無故殺常勝，又殺皇后。乃以常勝家產賜阿楞，既又殺阿楞，遂以賜我。我深以爲憂，奈何？」興國曰：「是固可慮也。」海陵曰：「朝臣旦夕危懼，皆不自保。向者我生日，因皇后附賜物，君遂被杖，我亦見疑。主上嘗言會須殺君，我與君皆將不免，寧坐待死何如舉大事。我與大臣數人謀議已定，爾以爲如何？」興國曰：「如大王言，事不可緩也。」

乃約十二月九日夜起事。興國取符鑰開門，矯詔召海陵入。夜二更，海陵、秉德等入。熙宗常置佩刀於御榻上，是夜興國先取投榻下，及亂作，熙宗求佩刀不得，遂遇弒。海陵既立，以興國爲廣寧尹，賜奴婢百口、犀玉帶各一、錢絹馬牛鐵券如其黨，進階金紫光祿大夫。再賜興國錢千萬、黃金四百兩、銀千兩、良馬四匹、駝車一乘、橐駝三頭、眞珠巾、玉鉤帶、玉佩刀、及玉校鞍轡。天德四年，改崇義軍節度使，賜名邦基。再授絳陽、武寧節度使，改河間尹。

世宗卽位，廢于家，凡海陵所賜皆奪之。大定中，邦基兄邦傑自京兆判官還，世宗曰：「大邦傑因其弟進，濫廁搢紳，豈可復用。」併罷其子弟與所贈父官。及海陵降爲庶人，詔曰：「大邦基與海陵同謀弒逆，逋誅至今，爲幸多矣。」遂磔于思陵之側。

徒單阿里出虎，會寧葛馬合窟申人，徙懿州。父拔改，太祖時有戰功，領謀克，曷速館軍帥，皇統四年爲兵部侍郎，歷天德軍節度使，改興中尹，與宗幹世爲姻家。皇統九年，阿里出虎與僕散忽土俱爲護衛十人長。海陵將弒熙宗，欲得二人者爲內應，遂許以女妻阿里出虎子，而以逆謀告之。阿里出虎素凶暴，聞其言喜甚，曰：「阿家此言何晚邪，廢立之事亦男子所爲。主上不能保天下，人望所屬惟在阿家，今日之謀乃我素志也。」遂與忽土俱以十二月九日直禁中，海陵故以是夜二更入宮，至寢殿，阿里出虎先進刃，忽土次之，熙宗頓仆，海陵復刃之，血濺其面及衣。

海陵既立，以阿里出虎爲右副點檢，賜錢絹馬牛羊如其黨，子朮斯剌尚榮國公主合女，

加昭毅大將軍駙馬都尉。天德二年，留守東京，加儀同三司。八月，改河間尹，世襲臨潢府路斜剌阿猛安領親管謀克。以憂去職，起復爲太原尹，封王。

阿里出虎自謂有佐立功，受鐵券，凶狠益甚，奴視僚屬，少忤其意輒箠辱無所恤。嘗問休咎於卜者高鼎，遂以鼎所占問張王乞。王乞以謂當有天命，阿里出虎喜，以王乞語告鼎。鼎上變，阿里出虎伏誅，并殺其妻及王乞。海陵使其子朮斯剌焚其尸，投骨水中。

拔改自西京留守歷西南路招討使、忠順軍節度使，入爲勸農使，復爲河間尹，改臨洮尹，入爲工部尚書，改興平軍節度使、濟南尹，卒。

僕散師恭本名忽土，上京老海達葛人。本微賤，宗幹嘗周恤之，擢置宿衛爲十人長。海陵謀逆，以忽土出自其家，有恩，欲使爲內應，謂之曰：「我有一言欲告君久矣，恐泄於人，未敢也。」忽土曰：「肌肉之外皆先太師所賜，苟有補於國王，死不敢辭。」先太師，謂宗幹也。海陵曰：「主上失道，吾將行廢立事，必得君爲助乃可。」忽土許之。

十二月九日，忽土直宿，海陵因之入宮。至寢殿，熙宗聞步屣聲，叱之，衆皆却立不敢動，忽土曰：「事至此，不進得乎。」乃相與排闥而入。既弒熙宗，秉德等尚未有所屬，忽土曰：「始者議立平章，今復何疑。」乃奉海陵坐，衆前稱萬歲。遂召曹國王宗敏至，卽使忽土

殺之。

既卽位，忽土爲左副點檢，賜錢絹馬牛羊鐵券。轉都點檢，改名師恭。〔三〕遷會寧牧，拜太子少師、工部尚書，封王。頃之，以憂解職。起復爲樞密副使，進拜樞密使。貞元三年，爲右丞相。正隆初，拜太尉，復爲樞密使。無何，以憂去，起復爲太尉、樞密使。

海陵至汴京，賜忽土第一區，隣寧德宮。宮，徒單太后所居也，忽土時時入見太后。及契丹撒八反，海陵命忽土與蕭懷忠北伐。比行，忽土入辭寧德，太后與語久之。海陵聞而惡之，疑其與太后有異謀。是時，蕭禿剌、斡盧補與契丹撒八連戰皆無功，糧運不繼，乃退軍臨潢。而撒八聞師恭以大軍且至，乃謀歸大石，沿龍駒河西去。師恭至臨潢，追之不及。海陵使樞密副使白彥敬等討撒八，師恭還，遣其子忽殺虎乘傳逆之，至則執而戮于市。師恭臨刑，繩枚窒口不能言，但擧首視天日而已。遂族滅之，幷誅滅蕭禿剌、蕭賾、蕭懷忠家。

大定初，皆復官爵。及海陵降爲庶人，師恭以預弑復削之。世宗幸上京，過老海達葛，師恭族人臨潢尹守中、定遠大將軍阿里徒等皆奪官。二十八年，上謂宰臣曰：「海陵遣僕散師恭、蕭禿剌、蕭懷忠追撒八不及，皆坐誅，遂夷其族，虐之甚也。」平章政事襄對曰：「是時臣在軍中，忽土、賾有精甲一萬三千有餘，賊軍雖多皆脅從之人，以氈紙爲甲，易與也。忽土等恇怯遷延，賊乃遁去。」上曰：「審如是，則誅之可也。」兄渾坦。

徒單貞，本名特思，忒黑闢剌人也。祖抄，從太祖伐遼有功，授世襲猛安。父婆盧火，以戰功累官開府儀同三司。貞娶遼王宗幹女，海陵同母女弟也。皇統九年，貞與海陵俱弑熙宗。海陵旣立，以貞爲左衞將軍，封貞妻平陽長公主，貞爲駙馬都尉、殿前左副點檢。轉都點檢，兼太子少保，封王。改大興尹，都點檢如故。俄授臨潢府路昏斯魯猛安。

居二年，海陵召貞勖之曰：「汝自幼常在左右，頗著微勞，而近日乃怠忽，縱有罪，樹私恩。凡人富貴而驕，皆死徵也。汝若不制汝心，將無所不至，賜之死復何辭。朕念弟襄及公主與朕同胞，故少示懲戒。」貞但號泣。卽日解點檢職，仍爲大興尹，復戒之曰：「今而後能以勤自勵，朕當思之。不然，黜爾歸田里矣。」逾月，復爲都點檢、大興尹如故。正隆二年，例封瀋。還樞密副使，賜佩刀入宮，轉同判大宗正事。

海陵將伐宋，詔朝官除三國人使宴飲，其餘飲酒者死。六年正月四日立春節，益都尹京、安武節度使爽、金吾上將軍阿速飲於貞第。海陵使周福兒賜土牛至貞第，見之以告，海陵召貞詰之曰：「戎事方殷，禁百官飲酒，卿等知之乎？」貞等伏地請死，海陵數之曰：「汝等若以飲酒殺人太重，固當諫，古人三諫不聽亦勉從君命。魏武帝軍行令曰『犯麥者死』。已而所乘馬入麥中，乃割髮以自刑。犯麥，微事也，然必欲以示信。朕爲天下主，法不能行于貴近乎？朕念慈憲太后子四人，惟朕與公主在，而京等皆近屬，曲貸死罪。」於是杖貞七十，京等三人各杖一百，降貞爲安武軍節度使，京爲灤州刺史，爽歸化州刺史。

無何，拜貞御史大夫，以本官爲左監軍，從伐宋。至揚州，海陵死，北還。見世宗于中都，詔以貞女爲皇太子妃，除貞爲太原尹，改咸平。貞在咸平貪汙不法，累贓鉅萬，徙眞定尹，事覺。世宗使大理卿李昌圖鞫之，貞卽引伏，昌圖還奏，上問之曰：「貞停職否？」對曰：「未也。」上怒，抵昌圖罪，復遣刑部尚書移剌道往眞定問之，徵其贓還主。有司徵給不以時，詔先以官錢還其主，而令貞納官。凡還主贓，皆準此例。降貞爲博州防禦使，降貞妻爲清平縣主。

頃之，遷震武節度使，〔四〕遣使者往戒勑之，詔曰：「朕念卿懿戚，不待終考，更遷大鎭。非常之恩不可數得，卿勿蹈前過。」轉河中尹。進封其妻爲任國公主，賜黃金百兩、重綵二十端，賜貞擊毬馬二匹。改東京留守，賜玉吐鶻、弓矢，賜貞妻錢萬貫。

有司奏「海陵已貶爲庶人，宗幹不當猶稱帝」。於是，以宗幹有社稷功，詔追封爲遼王，其子孫及諸女皆降，貞妻降永平縣主，貞自儀同三司降特進，奪猛安，不稱駙馬都尉。再徙臨潢尹。

初，與弑熙宗凡九人，海陵以暴虐自斃，秉德、辯、忽土、阿里出虎以疑見殺，言以妻殞，

裕、老僧以反誅，至是貞與大興國尙在。而興國擯棄不用，獨貞以世姻籍恩寵，雖夫婦降削爵號，而世宗慮久遠，終不以私恩曲庇，久之，詔誅貞及其妻與二子愼思、十六，而宥其諸孫。俄而，興國亦誅，皇統逆黨盡矣。

章宗卽位，尊母皇太子妃爲皇太后，追封貞爲太尉梁國公，貞祖抄司空魯國公，父婆盧火司徒齊國公，貞妻梁國夫人，子陁補火、愼思、十六俱爲鎭國上將軍。無何，再贈貞太師、廣平郡王，謚莊簡。貞妻進封梁國公主。

李老僧，舊爲將軍司書吏，與大興國有親，素相厚。海陵秉政，興國屬諸海陵，海陵以爲省令史。及將擧事，使老僧結興國，興國終爲海陵取符鑰，納海陵宮中成弑逆者，老僧爲之也。海陵旣立，以老僧爲同知廣寧尹事，賜錢千萬、絹五百匹、馬牛各二百、羊二千。

久之，海陵惡韓王亨，將殺之，求其罪不可得，遂以亨爲廣寧尹，再任老僧同知，使伺察亨，構致其罪。亨喜博，及至廣寧，常與老僧博，待之甚厚。老僧由是不忍致亨死罪，遲疑者久之。海陵再使小底訛論促老僧，老僧乃與亨家奴六斤謀，殺亨獄中，語在亨傳。及耶律安禮自廣寧還朝，海陵謂之曰：「亨迭三罪，伏其一已見觖望。爾乃梁王故吏，若亨伏辜，必罪及親族，故榜殺之。」

海陵以老僧於亭有遲回意，遂降老僧爲易州刺史。久之，遷同知大興尹，賜名惟忠，改延安府同知。大定二年，與兵部尚書可喜謀反，誅。

論曰：書曰：「王左右常伯、常任、準人、綴衣、虎賁。周公曰：嗚呼，休茲知恤，鮮哉。」穆王告伯冏曰：「愼簡乃僚，其無以巧言令色、便辟側媚，其惟吉士。」金人所謂寢殿小底猶周之綴衣，所謂護衞猶周之虎賁也，則皆羣僕侍御之臣矣。海陵弑逆，而大興國、忽土、阿里出虎爲之扼擊，皆出于小底護衞之中，熙宗固不知恤之也。一日，熙宗與近侍飲酒，會夜，稽古殿火，上欲往視，都點檢辭不失引帝裾止之，奏曰：「臣在此，陛下何患，願無親往。」熙宗謂辭不失被酒，甚怒之，明日，杖而出之，已而思其忠，復見召用。海陵與唐括辯時時屏人私語，護衞特思察其非常，海陵擠而殺之。皇統末年，羣臣解體，無尊君謹上之心，而羣姦竊發，僕御之臣不復有如辭不失、特思者矣。綿之詩曰：「予曰有疏附，予曰有先後，予曰有奔走，予曰有禦侮。」嗚呼，先後禦侮之臣豈可少哉。

完顏元宜，本名阿列，一名移特輦，本姓耶律氏。父愼思，天輔七年，宗望追遼主至天德，愼思來降，且言夏人以兵迎遼主，將渡河去。宗望移書夏人諭以禍福，夏人乃止。賜愼

思姓完顏氏，官至儀同三司。

元宜便騎射，善擊毬。皇統元年，充護衞，累遷甌里本羣牧使，入爲武庫署令，轉符寶郎。海陵篡立，爲兵部尚書。天德三年，詔凡賜姓者皆復本姓，元宜復姓耶律氏。歷順義、昭義節度使，復爲兵部尚書、勸農使。

海陵伐宋，以本官領神武軍都總管，以大名路騎兵萬餘益之。前鋒渡淮，拔昭關，遇宋兵萬餘于柘皐，力戰却之。至和州，宋兵十萬來拒，元宜麾軍力戰，抵暮而罷。宋人乘夜襲營，元宜擊走之，黎明追及宋兵，斬首數萬，以功遷銀青光祿大夫。海陵增置浙西道都統制，〔五〕使元宜領之，督諸軍渡江，佩金牌，賜衣一襲。

是時，世宗已卽位于遼陽，軍中多懷去就。海陵軍令慘急，亟欲渡江，衆欲亡歸，決計於元宜。猛安唐括烏野曰：「前阻淮渡，皆成擒矣。比聞遼陽新天子卽位，不若共行大事，然後舉軍北還。」元宜曰：「待王祥至謀之。」王祥者元宜子，爲驍騎副都指揮使，在別軍。元宜使人密召王祥，既至，遂約詰旦衞軍番代卽行事。元宜先欺其衆曰：「有令，爾輩皆去馬，詰旦渡江。」衆皆懼，乃以舉事告之，皆許諾。

十月乙未黎明，元宜、王祥與武勝軍都總管徒單守素、猛安唐括烏野、謀克斡盧保、婁薛、溫都長壽等率衆犯御營。海陵聞亂，以爲宋兵奄至，攬衣遽起，箭入帳中，取視之，愕然曰：「乃我兵也。」大慶山曰：「事急矣，當出避之。」海陵曰：「走將安往。」方取弓，已中箭仆地。延安少尹納合斡魯補先刃之，手足猶動，遂縊殺之。驍騎指揮使大磐整兵來救，王祥出語之曰：「無及矣。」大磐乃止。軍士攘取行營服用皆盡，乃取大磐衣巾裹海陵尸，焚之。遂收尚書右丞李通、浙西道副統制郭安國、監軍徒單永年、近侍局使梁珫、副使大慶山，皆殺之。元宜行左領軍副大都督事，使使者殺皇太子光英于南京。大軍北還。

大定二年春，入見，拜御史大夫，詔曰：「高楨爲御史大夫，號爲正直，臣下衣冠不正亦被糾舉。職事有大於此者，爾宜勉之。」未幾，拜平章政事，封冀國公，賜玉帶、甲第一區，復賜姓完顏氏。

往秦州路規措討契丹事，元宜使忠勇校尉李榮招窩斡，窩斡殺榮，詔追贈榮進官四階。五月，上聞元宜將還，遣使止之。契丹已平，元宜還朝，奏請益諸羣牧鎧甲。詔從之，每羣牧益二十副。元宜復請益臨潢戍軍士馬，詔給馬六百匹。久之，罷爲東京留守。乞還所賜甲第，上從之，賜以襲衣、吐鶻、廐馬、海東青鶻。未幾，致仕，薨于家。上聞之，遣使致祭，賻贈甚厚。

大定十一年，尚書省奏擬納合斡魯補除授，上曰：「昔廢海陵，此人首入弑之，人臣之罪莫大於是，豈可復加官使？其世襲謀克姑聽仍舊。」大定十八年，扎里海上言：「凡爲人臣能

捍災禦侮有功者，宜錄用之。今弑海陵者以爲有功，賞以高爵，非所以勸事君也。宜削奪，以爲人臣之戒。臣在當時亦與其黨，如正名定罪，請自臣始。」上曰：「扎里海自請其罪以勸事君，此亦人之所難。」遂以扎里海充趙王府祗候郎君。

元宜子習涅阿補，大定二十五年爲符寶祗候，乞依女直人例遷官，上曰：「賜姓一時之權宜。」令習涅阿補還本姓。

論曰：春秋書「齊公子商人弑其君舍」，又曰：「齊人弑其君商人。」嗟乎，弑舍者商人也，弑商人者邴歜、閻職也。海陵弑熙宗，完顏元宜弑海陵。商人之弑也，邴歜、閻職去之。海陵之弑也，元宜歸于世宗。邴、閻賤役，元宜都將也，握君之親兵，窺利以弑之，其罪豈容誅乎，世宗僅能不大用之而已。扎里海猶殺人而自首者也，在律，殺人未聞准首免罪而又予賞者也，況弑逆乎。海陵弑五十三年，復有胡沙虎之事。

紇石烈執中，本名胡沙虎，阿疎裔孫也。徙東平路猛安。大定八年，充皇太子護衞，出職太子僕丞，改鷹坊直長，再遷鷹坊使、拱衞直指揮使。明昌四年，使過阻居，監酒官移剌保迎謁後時，飲以酒，酒味薄，執中怒，毆傷移剌保，詔的決五十。未幾，遷右副點檢，肆傲

不奉職，降肇州防禦使。踰年，還興平軍節度使。丁母憂，起復歸德軍節度使，改開遠軍兼西南路招討副使。俄知大名府事。承安二年，召爲簽樞密院事。詔佐丞相襄征伐，執中不欲行，奏曰：「臣與襄有隙，且殺臣矣。」上怒其言不遜，事下有司，既而赦之，出爲永定軍節度使。改西北路招討使，復爲永定軍，坐奪部軍馬解職。

泰和元年，起知大興府事。詔契丹人立功官賞恩同女直人，許存養馬匹，得充司吏譯人，著爲令。執中格詔不下，上責之曰：「汝雖意在防閑，而不知朝廷自有定格，自今勿復如此煩碎生事也。」乃下詔行之。

淶水人魏廷實祖任兒，〔六〕舊爲靳文昭家放良，天德三年，編籍正戶，已三世矣。文昭孫勔誣廷實爲奴，及妄訴毆詈，警巡院鞫對無狀，法當訴本貫。勔訴于府，執中使廷實納錢五百貫與勔。廷實不從，還淶水，執中徑遣鎖致廷實。御史臺請移問，執中轉奏御史臺不依制，府未結斷，令移推。詔吏部侍郎李炳、〔七〕戶部侍郎粘割合荅推問。炳、合荅奏御史臺理直，詔乃切責執中。

御史中丞孟鑄奏彈執中「貪殘專恣，不奉法令。釋罪之後，累過不悛。既蒙恩貸，轉生跋扈。如雄州詐認馬，平州冒支俸，破魏廷實家，發其冢墓，拜表不赴，祈雨聚妓，毆詈同僚擅令停職，失師帥之體，不稱京尹之任」。上曰：「執中粗人，似有跋扈爾。」鑄對曰：「明天子

在上，豈容有跋扈之臣。」上意寤，取閱奏章，詔尚書省問之。由是改武衞軍都指揮使。

平章政事僕散揆宣撫河南，執中除山東東西路統軍使。揆行省汴京伐宋，升諸道統軍司爲兵馬都統府，執中爲山東兩路兵馬都統，定海軍節度使完顏撒剌副之。執中分兵駐金城、朐山，請益發東平路兵屯密、沂、寧海、登、萊以遏兵衝，詔從之，時泰和六年四月也。

五月，宋兵犯金城，執中遣巡檢使周奴以騎兵三百禦之。會宋益兵轉趨沭陽，謀克三合伏卒五十人篁竹中，伺宋兵過突出擊之，殺十數人，追至縣城，宋兵不敢出。會周奴以兵入城，宋兵踰城走，三合已焚其舟，合擊大破之，斬首五百餘級，殺宋統領李藻，擒忠義軍將呂璋。

十月，執中率兵二萬出清口，宋以步騎萬餘列南岸，戰艦百艘拒上流，相持累日。執中以舟兵二千搏戰，遏宋舟兵，遣副統移剌古與涅率精騎四千自下流徑渡。宋兵望騎兵登南岸，水陸俱潰。追斬及溺死者甚衆，盡獲其戰艦及戰馬三百，遂克淮陰，進兵圍楚州。遷元帥左監軍。執中縱兵虜掠，上聞之，杖其經歷官阿里不孫，放還所掠。未幾，宋人請和，詔罷兵。除西南路招討使，改西京留守。

大安元年，授世襲謀克，復知大興府事，出知太原府，復爲西京留守，行樞密院，兼安撫使。以勁兵七千遇大兵，戰于定安之北，薄暮，先以麾下遁去，衆遂潰。行次蔚州，擅取官

庫銀五千兩及衣幣諸物，奪官民馬，與從行私人入紫荆關，杖殺淶水令。至中都，朝廷皆不問。乃遷右副元帥，權尚書左丞。執中益無所忌憚，自請步騎二萬屯宣德州，與之三千，令駐媯川。

崇慶元年正月，執中乞移屯南口或屯新莊，移文尚書省曰：「大兵來必不能支，一身不足惜，三千兵爲可憂，十二關、建春、萬寧宮且不保。」朝廷惡其言，下有司按問，詔數其十五罪，罷歸田里。

明年，復召至中都，預議軍事。左諫議大夫張行信上書曰：「胡沙虎專逞私意，不循公道，蔑省部以示强梁，媚近臣以求稱譽，骫法行事，枉害平民。行院山西，出師無律，不戰先退，擅取官物，杖殺縣令。屯駐媯川，乞移內地，其謀略概可見矣。欲使改易前非，以收後效，不亦難乎。才誠可取，雖在微賤皆當擢用，何必老舊始能立功。一將之用，安危所係，惟朝廷加察，天下幸甚。」丞相徒單鎰以爲不可用，參知政事璫跪奏其姦惡，乃止。執中善結近倖，交口稱譽。五月，詔給留守半俸，預議軍事。張行信復諫曰：「伏聞以胡沙虎老臣，欲起而用。人之能否，不在新舊。彼向之敗，朝廷既知之矣，乃復用之，無乃不可乎。」遂止。

上終以執中爲可用，賜金牌，權右副元帥，將武衞軍五千人屯中都城北。執中乃與其

黨經歷官文繡局直長完顏醜奴、提控宿直將軍蒲察六斤、武衞軍鈐轄烏古論奪剌謀作亂。是時，大元大兵在近，上使奉職卽軍中責執中止務馳獵，不恤軍事。執中方飼鷂，怒擲殺之，遂妄稱知大興府徒單南平及其子刑部侍郎駙馬都尉沒烈謀反，奉詔討之。南平姻家福海，別將兵屯於城北，遣人以好語招之，福海不知，既至乃執之。

八月二十五日未五更，分其軍爲三軍，由章義門入，自將一軍由通玄門入。執中恐城中出兵來拒，乃遣一騎先馳抵東華門大呼曰：「大軍至北關，已接戰矣。」既而再遣一騎亦如之。使徒單金壽召知大興府徒單南平，南平不知，行至廣陽門西富義坊，馬上與執中相見，執中手槍刺之墮馬下，金壽斫殺之。使烏古論奪剌召沒烈，殺之。符寶祗候鄯陽、〔八〕護衞十人長完顏石古乃聞亂，遽召大漢軍五百人赴難，〔九〕與執中戰不勝，皆死之。執中至東華門，使呼門者親軍百戶冬兒、五十戶蒲察六斤，皆不應，許以世襲猛安、三品職事官，亦不應。呼都點檢徒單渭河，渭河卽徒單鎬也。渭河縋城出見執中，執中命聚薪焚東華門，立梯登城。護衞斜烈、乞兒、親軍春山共搯鎖開門納執中。執中入宮，盡以其黨易宿衞，自稱監國都元帥，居大興府，陳兵自衞。急召都轉運使孫椿年取銀幣賞金壽、奪剌及軍官軍士、大興府輿隸。是夜，召聲妓與親黨會飲。明日，以兵逼上出居衞邸，誘左丞完顏綱至軍中，卽殺之。執中意不可測，丞相徒單鎰勸執中立宣宗，執中然之。

中華書局

是時，莊獻太子在中都，執中以皇太子儀仗迎莊獻入居東宮。召符寶郎徒單福壽取符寶，陳於大興府露階上。盗用御寶出制，除完顏醜奴德州防禦使，烏古論奪剌順天軍節度使，蒲察六斤橫海軍節度使，徒單金壽永定軍節度使，雖除外官，皆留之左右。其餘除拜猶數十人。同時有兩蒲察六斤，其一守東華門不肯從亂者。召禮部令史張好禮欲鑄監國元帥印，好禮曰：「自古無異姓監國者。」乃止。遣奉御完顏忽失來等三人，護衞蒲鮮班底、完顏醜奴等十人，迎宣宗於彰德。使宦者李思忠弑上於衞邸。盡徹沿邊諸軍赴中都平州、騎兵屯薊州以自重，邊戍皆不守矣。

九月甲辰，宣宗卽位，拜執中太師、尚書令、都元帥、監修國史，封澤王，授中都路和魯忽土世襲猛安。以其弟同知河南府特末也爲都點檢，兼侍衞親軍都指揮使，子猪糞除濮王傅、兵部侍郎，都點檢徒單渭河爲御史中丞，烏古論奪剌遙授知眞定府事，徒單金壽遙授知東平府事，蒲察六斤遙授知平陽府事，完顏醜奴同知河中府事，權宿直將軍。詔以烏古論誼居第賜執中，儀鸞局給供張，妻王賜紫結銀鐸車。

戊申，執中侍朝，宣宗賜之坐，執中就坐不辭。無何，執中奏請降衞紹王爲庶人，奏再上，詔百官議于朝堂。太子少傅奧屯忠孝、侍讀學士蒲察思忠附執中議，衆相視莫敢言，獨文學田廷芳奮然曰：「先朝素無失德，尊號在禮不當削。」於是從之者禮部張敬甫、諫議張信

甫、戶部武文伯、龐才卿、石抹晉卿等二十四人。宣宗曰：「譬諸問途，百人曰東行是，十人曰西行是，行道之人果適東乎、適西乎。豈以百人、十人爲是非哉？」既而曰：「朕徐思之。」數日，詔降爲東海郡侯。

大元遊騎至高橋，宰臣以聞。宣宗使人問執中，執中曰：「計畫已定矣。」既而讓宰執曰：「吾爲尚書令，豈得不先與議而遽奏耶？」宰執遜謝而已。

提點近侍局慶山奴、副使惟弼、奉御惟康請除執中，宣宗念援立功，隱忍不許。元帥右監軍朮虎高琪屢戰不利，執中戒之曰：「今日出兵果無功，當以軍法從事矣。」高琪出戰復敗，自度不免，頗聞慶山奴諸人有謀，十月辛亥，高琪遂率所將糺軍入中都，圍執中第。執中聞變，彎弓注矢外射，不勝，登後垣欲走，衣絓墮而傷股，軍士就斬之。高琪持執中首詣闕待罪，宣宗赦之，以爲左副元帥。〔一〇〕

執中之黨呼於衢路曰：「糺軍反矣，殺之者有賞。」市人從之，糺軍死者甚衆，一軍皆恟恟，宣宗遣近侍撫諭之，詔有司量加賻贈，衆乃稍安。明日，除特末也泰寧軍節度使，烏古論奪剌眞授知濟南府事，徒單金壽眞授知歸德府事，蒲察六斤眞授知平陽府事。

甲寅，左諫議大夫張行信上封事曰：「春秋之法，國君立不以道，若嘗與諸侯盟會，卽列爲諸侯。東海在位已六年矣，爲其臣者誰敢干之。胡沙虎握兵入城，躬行弑逆，當是時惟

鄯陽、石古乃率衆赴援，至于戰死，論其忠烈，在朝食祿者皆當愧之。陛下始親萬機，海內望化，褒顯二人，延及子孫，庶幾少慰貞魂，激天下之義氣。宋徐羡之、傅亮、謝晦弑營陽王立文帝，文帝誅之，以江陵奉迎之誠，免其妻子。胡沙虎國之大賊，世所共惡，雖已死而罪名未正，合暴其過惡，宣布中外，除名削爵，緣坐其家，然後爲快。陛下若不忍援立之勞，則依倣元嘉故事，亦足以示懲戒。」宣宗乃下詔暴執中過惡，削其官爵。贈鄯陽、石古乃，加恩其子。慶山奴、惟弼、惟康皆遷賞，近侍局自此用事矣。

論曰：金九主，遇弑者三，其逆謀者十人。熙宗之弑，惟大興國一人世宗聲其罪而磔之思陵之側。徒單貞雖誅，未聞暴其罪狀，後以戚畹又復贈官追封。餘秉德、唐括辯等六人，皆以他罪誅。海陵之弑，其首惡爲完顏元宜，則令終焉。衞紹王之弑曰胡沙虎，不死於司敗之誅，而死於高琪之手。古所謂弑君之賊人得而討之者，謂請于公上而致討焉，如孔子之請討陳恒是也。豈有如琪之擅殺而以爲功者乎。金之政刑，其亂若此，國欲不亡，其可得乎。

校勘記

〔一〕遂與唐括辯烏帶忽土阿里出虎　「忽土」原作「烏土」，「阿里出虎」原作「阿里忽出」。按本卷僕散師恭傳、本書卷四熙宗紀、卷五海陵紀皆作「忽土」。又本卷徒單阿里出虎傳及上述二紀亦皆作「阿里出虎」。今據改。

〔二〕十二月九日　按本書卷四熙宗紀記此事在皇統九年十二月丁巳卽九日。則此「十二月」上脫「皇統九年」四字。

〔三〕改名師恭　「師恭」原作「思恭」，同音異譯。今據上下文統一。

〔四〕遷震武節度使　按本書卷二六地理志，河東北路代州，「天會六年，置震武軍節度使」。又卷一〇〇完顏伯嘉傳亦有「起復震武軍節度使」句。此「震武」下脫「軍」字。又下文完顏元宜傳，「歷順義昭義節度使」，「順義」、「昭義」下亦皆脫「軍」字。

〔五〕海陵增置浙西道都統制　「道」原作「路」。按本書卷五海陵紀，正隆六年十一月，「以勸農使完顏元宜爲浙西道兵馬都統制」。卷八二郭安國傳，「海陵謀北還，更置浙西道兵馬都統制府」。今據改。下同。

〔六〕淶水人魏廷實祖任兒　「水」原作「州」。按下文「廷實不從，還淶水」。又本書卷二四地理志，中都路易州有淶水縣。今據改。

〔七〕詔吏部侍郎李炳　按本書卷九六李仲略傳，「仲略字簡之，……改吏部郎中，遷侍郎。……時知

大興府事紇石烈執中坐贓，上命仲略鞫之」。此作李炳，或其別名。

〔八〕符寶祗候鄯陽　「鄯」原作「繕」。按本書卷一二一本傳作「鄯陽」，本卷下文亦作「鄯陽」。今據改。

〔九〕遽召大漢軍五百人赴難　原脫「大」字。按本書卷一二一鄯陽傳，「至寧元年八月，紇石烈執中作亂，鄯陽、石古乃往天王寺召大漢軍五百人赴難。執中揚言曰：大漢軍反矣。大漢軍少，二人不勝而死」。今據補。

〔一〇〕以爲左副元帥　「左」原作「右」。按本書卷一四宣宗紀，貞祐元年十月辛亥，朮虎高琪殺胡沙虎，「持其首詣闕待罪，赦之，仍授左副元帥」。卷一〇六朮虎高琪傳記載同。今據改。

金史卷一百三十三

列傳第七十一

叛臣

張覺 子僅言　耶律余睹　窩斡

古書「畔」與「叛」通，畔之爲言界也。左氏曰，政猶「農之有畔」，是也。君臣上下之定分，猶此疆彼界之截然，違此向彼，卽爲叛矣。善惡判於跬步，禍患極於懷襄，吁，可畏哉！作叛臣傳。

張覺亦書作瑴，平州義豐人也。在遼第進士，仕至遼興軍節度副使。太祖定燕京，時

立愛以平州降，當時宋人以海上之盟求燕京及西京地，太祖以燕京、涿、易、檀、順、景、薊與之。平州自入契丹別爲一軍，故弗與，而以平州爲南京，覺爲留守。旣而聞覺有異志，上遣使劉彥宗及斜鉢諭之，詔曰：「平山一郡今爲南京，節度使今爲留守，恩亦厚矣。或言汝等陰有異圖，何爲當此農時輒相扇動，非去危就安之計也。其諭朕意。」

太祖每收城邑，往往徙其民以實京師，民心多不安，故時立愛因降表嘗言及之。及以燕京與宋而遷其人，獨以空城與之，遷者道出平州，故覺因之以作亂。天輔七年五月，左企弓、虞仲文、曹勇義、康公弼赴廣寧，過平州，覺使人殺之于栗林下，遂據南京叛入于宋，宋人納之。

太祖下詔諭南京官吏，詔曰：「朕初駐蹕燕京，嘉爾吏民率先降附，故升府治以爲南京，減徭役，薄賦稅，恩亦至矣，何苦輒爲叛逆。今欲進兵攻取，時方農月，不忍以一惡人而害及衆庶。且遼國舉爲我有，孤城自守，終欲何爲。今止坐首惡，餘並釋之。」

覺兵五萬屯潤州近郊，欲脅遷、來、潤、隰四州。闍母自錦州往討之，已敗覺兵，欲乘勝攻南京，時暑雨不可進，退屯于海壖。無何，闍母再敗覺兵，復與戰于兔耳山，闍母大敗，覺報捷于宋。宋建平州爲泰寧軍，以覺爲節度使，張敦固等皆加徽猷閣待制，以銀絹數萬犒軍。

宗望軍至南京城東，覺兵大敗宵遁，遂奔宋，入于燕京。宗望以納叛責宋宣撫司，〔一〕索張覺。宣撫王安中匿之於甲仗庫，紿曰：「無之。」宗望索愈急，安中乃斬貌類覺者一人當之，金人識之曰：「非覺也。」安中不得已，引覺出，數以罪，覺罵宋人不容口，遂殺覺函其首以與金人。燕京降將及常勝軍皆泣下，郭藥師自言曰：「若來索藥師當奈何。」自是，降將卒皆解體。及金人伐宋，竟以納平州之叛爲執言云。子僅言。

僅言幼名元奴。宗望攻下平山，僅言在繈褓間，里人劉承宣得之，養於家。其隣韓夫人甚愛之，年數歲，因隨韓夫人得見貞懿皇后，留之藩邸。稍長，侍世宗讀書，遂使僅言主家事，繩檢部曲，一府憚之。

世宗留守東京，海陵用兵江、淮，將士往往亡歸，詣東京，願推戴世宗爲天子。僅言勸進，世宗即位，除內藏庫副使，權發遣宮籍監事。海陵死揚州，僅言與禮部尚書烏居仁、殿前左衛將軍阿虎帶、御院通進劉珫發遣六宮百司圖書府藏在南京者。還以本職提控尚食局，轉少府監丞，仍主內藏。

僅言能心計，世宗倚任之，凡宮室營造、府庫出納、行幸頓舍皆委之。世宗嘗曰：「一經僅言，無不愜朕意者。」

六年，提舉修內役事，役夫掘地得白金匿之，事覺，法當死，僅言責取其物與官，釋其罪。尋兼祗應司。遷少府監，提控宮籍監、祗應司如故。護作太寧宮，引宮左流泉溉田，歲獲稻萬斛。十七年，復提點內藏，典領昭德皇后山陵，遷勸農使，領諸職如故。

僅言雖舊臣，出入左右，然世宗終不假以權任。二十一年，尚書省奏，宮苑司直長黎倫在職十六年，請與遷敍。上曰：「此朕之家臣，質直人也，今已老矣。如勸農使張僅言亦朕舊臣，純實頗解事，凡朝廷議論、內外除授，未嘗得干預。朕觀自古人君爲讒諂蒙蔽者多矣，朕雖不及古人，然近習憸言未嘗入耳。」宰臣曰：「誠如聖訓，此國家之福也。」世宗欲以爲橫海軍節度使，而不可去左右，遂止。

僅言始得疾，猶扶杖視事，疾亟，詔太醫診視，近侍問訊相屬。及卒，上深惜之，遣官致祭，賻銀五百兩、重綵十端、絹二百匹，棺槨、衣衾、銀汞、歛物、葬地皆官給，贈輔國上將軍。〔二〕

耶律余睹，遼宗室子也，遼主近族，父祖仕遼，具載遼史。初，太祖起兵，遼人來拒，余睹請自效，以功累遷金吾衞大將軍，爲東路都統。天輔元年，與都統耶律馬哥軍于渾河，銀术哥、希尹拒之，余睹等不敢戰。比銀术哥等至，馬哥、余睹已遁去。銀术哥、希尹坐稽緩，太祖皆罰之，所獲生口財畜入于官。天輔二年，龍化州人張應古等來降，而余睹復取之，遼以撻不野爲節度使。未幾，應古等逐撻不野自効。太祖於國書中以問遼主，〔三〕「龍化州已經降附，何爲問罪而殺其主者」。遼主託以大盜羣起，使余睹收之。

太祖已取臨潢府，賜詔余睹曰：「汝將兵在東路，前後戰未嘗不敗。今聞汝收合散亡，以拒我師。朕已於今月十五日克上京，今將往取遼主矣。汝若治兵一決勝負，可指地期日相報。若知不敵，當率衆來降，無貽後悔。」及太祖班師，闍母等還至遼河，方渡，余睹來襲，完顏背荅、烏塔等殿，力戰却之，獲甲馬五百匹。

天輔五年，余睹送款于咸州路都統，以所部來降，乞援接于桑林渡。都統司以聞，詔曰：「余睹到日，使與其官屬偕來，餘衆處之便地。」無何，余睹送上所受遼國宣誥、及器甲旗幟等，與將吏韓福奴、阿八、謝老、太師奴、蕭慶、醜和尚、高佛留、蒲荅、謝家奴、五哥等來降。

余睹作書，具言所以降之意，大概以謂：「遼主沉湎荒于遊畋，不恤政事，好佞人，遠忠直，淫刑吝賞，政煩賦重，民不聊生。」又言：「樞密使得里底本無材能，但阿諛取容，其子磨哥任以軍事。」又言：「文妃長子晉王素係人望，宜爲儲副，得里底以元妃諸子己所自出，使

晉王出繼文妃。」又言：「晉王與駙馬乙信謀復其樞密使，來告余睹共定大計，而所圖不成。」又言：「己粗更軍事，進策遼主，得里底蔽之，遼主亦不省察。」又曰：「大金疆土日闢，余睹灼知天命，遂自去年春與耶律愼思等定議，約以今夏來降。近聞得里底、高十捏等欲發，倉卒之際不及收合四遠，但率傍近部族戶三千、車五千兩、畜產數萬，遼北軍都統以兵追襲，遂棄輜重，轉戰至此。所有官吏職位姓名、人戶畜產之數，遣韓福奴具錄以聞。」遂與其將吏來見，上撫慰之，遂賜坐，班同宰相，賜宴盡醉而罷。上命余睹以舊官領所部，且諭之曰：「若能爲國立功，別當獎用。」自余睹降，益知遼人虛實矣。

余睹在軍中屢乞侍妾及子，太祖疑之，詔咸州路都統司曰：「余睹家屬，善監護之。」復詔曰：「余睹降時，其民多强率而來者，恐在邊生變，宜徙之內地。」都統杲取中京，余睹爲鄉導，與希尹等招撫奚部。奉聖州降，其官吏皆遁去，余睹舉前監酒李師夔爲節度使，進士沈璋爲副使，州吏裴贖爲觀察判官。沈璋招集居民還業者三千餘，遷太常少卿。

久之，耶律麻者告余睹、吳十、鐸剌結黨謀叛，及其未發宜先收捕。上召余睹等從容謂之曰：〔四〕「今聞汝謀叛，誠然邪，其各無隱。若果去，必須鞍馬甲冑器械之屬，當悉付汝，吾不食言。若再被擒，無蘄免死。欲留事我，則無懷異志，吾不汝疑。」余睹等戰慄不能對，乃杖鐸剌七十，餘皆不問。

天會三年，大舉伐宋，余睹爲元帥右都監，宋兵四萬救太原，余睹、屋里海逆擊于汾河北，擒其帥郝仲連、張關索，統制馬忠，殺萬餘人。

宗翰伐宋，余睹留西京。天會十年，余睹謀反，雲內節度使耶律奴哥等告之。余睹亡去，其黨燕京統軍蕭高六伏誅，蔚州節度使蕭特謀自殺。〔五〕邊部斬余睹及其諸子，函其首以獻。耶律奴哥加守太保兼侍中，趙公鑑、劉儒信、劉君輔等並授遙鎮節度使以賞之。

移剌窩斡，西北路契丹部族。先從撒八爲亂，受其僞署，後殺撒八，遂有其衆。

撒八者，初爲招討司譯史。正隆五年，海陵徵諸道兵伐宋，使牌印燥合、楊葛盡徵西北路契丹丁壯，契丹人曰：「西北路接近鄰國，世世征伐，相爲讎怨。若男丁盡從軍，彼以兵來，則老弱必盡係累矣。幸使者入朝言之。」燥合畏罪不敢言，楊葛深念後西北有事得罪，遂以憂死。燥合復與牌印耶律娜、尚書省令史沒荅涅合督起西北路兵。契丹聞男丁當盡起，於是撒八、孛特補與部衆殺招討使完顏沃側及燥合，而執耶律娜、沒荅涅合，取招討司貯甲三千，遂反。議立豫王延禧子孫，衆推都監老和尚爲招討使，山後四羣牧、山前諸羣牧皆應之。迪斡羣牧使徒單賽里、耶魯瓦羣牧使鶴壽等皆遇害，語在鶴壽傳中。五院司部人

老和尚那也亦殺節度使术甲兀者以應撒八。

會寧八猛安牧馬于山後，至迪謀魯，賊盡奪其馬。闢沙河千戶十哥等與前招討使完顏廝潑殺烏古迪列招討使烏林荅蒲盧虎，以所部趨西北路。室魯部節度使阿厮列追擊敗之，十哥與數騎遁去，合于撒八。

咸平府謀克括里，與所部自山後逃歸，咸平少尹完顏余里野欲收捕括里家屬，括里與其黨招誘富家奴隸，數日得衆二千，遂攻陷韓州及柳河縣，遂趨咸平。余里野發兵迎擊之，兵敗，賊遂據咸平，於是繕完器甲，出府庫財物以募兵，賊勢益張。權曹家山猛安綽質，集兵千餘，扼干夜河，賊不得東。綽質兵敗，括里遂犯濟州。會宿直將軍孛术魯吳括剌徵兵于速頻路，遇括里于信州，與猛安烏延查剌兵二千，擊敗括里。括里收餘衆趨東京，〔六〕是時世宗爲東京留守，以兵四百人拒之。賊至常安縣，聞空中擊鼓聲如數千鼓者，候見旌旗蔽野，傳言留守以十萬兵至矣，卽引還，亦以其衆合于撒八。

海陵使樞密使僕散忽土、西京留守蕭懷忠將兵一萬，與右衛將軍蕭禿剌討平之。禿剌與之相持數日，連與戰皆無功，而糧餉不繼，禿剌退歸臨潢。禿剌雖不能克敵，而撒八自度大軍必相繼而至，勢不可支，謀歸于大石，乃率衆沿龍駒河西出。及僕散忽土、蕭懷忠等兵至，與禿剌合兵追至河上，不及而還。忽土、懷忠、禿剌坐逗遛不卽追賊，皆誅死。北京留守蕭賾不能制其下，〔七〕殺降人而取其婦女，亦坐誅。於是，白彥恭爲北面兵馬都統，紇石烈志寧副之，完顏穀英爲西北面兵馬都統，西北路招討使唐括孛姑的副之，以討撒八等。

撒八既西行，而舊居山前者皆不欲往，僞署六院節度使移剌窩斡、兵官陳家殺撒八，執老和尚、孛特補等。

至是，窩斡始自爲都元帥，陳家爲都監，擁衆東還，至臨潢府東南新羅寨。世宗使移剌扎八、前押軍謀克播斡、前牌印廝駭、利涉軍節度判官馬腦等招之。扎八等見窩斡，以上意諭之。窩斡已約降，已而復謂扎八曰：「若降，爾能保我輩無事乎？」扎八曰：「我知招降耳，其他豈能必哉。」

扎八見窩斡兵衆强，車帳滿野，意其可以有成，因說之曰：「我之始來，以汝輩不能有爲，今觀兵勢强盛如此，汝等欲如羣羊爲人所驅去乎，將欲待天時乎？若果有大志，吾亦不復還矣。」賊將有前孛特本部族節度使逐斡者，言：「昔谷神丞相，賢能人也，嘗說他日西北部族當有事。今日正合此語，恐不可降也。」於是，窩斡遂決意不復肯降矣。扎八亦留賊中，惟廝駭、播斡還歸。

窩斡乃引兵攻臨潢府，總管移室懣出城戰，兵少被執，賊遂圍臨潢，衆至五萬。正隆六年十二月己亥，窩斡遂稱帝，改元天正。

是時，北面都統白彥敬、副統紇石烈志寧在北京，聞世宗卽位，以兵來歸。世宗使元帥左都監吾扎忽、同知北京留守事完顏骨只救臨潢，晝夜兼行，比至臨潢，賊已解圍去攻泰州。吾扎忽追及于窊歷，兩軍已陣將戰，押軍猛安契丹忽剌叔以所部兵應賊，吾扎忽軍遂敗。

泰州節度使烏里雅率千餘騎與窩斡遇，烏里雅兵復敗，僅以數騎脫歸。賊勢愈振，城中震駭，莫敢出戰。賊四面登城，押軍猛安烏古孫阿里補率軍士數人，各持刀以身率先循城擊賊力戰，斫刈甚衆，賊乃退走，城賴以完。泰州司吏顏盞蒲查奏捷，除忠翊校尉，賜銀五十兩、重綵十端。

二年正月，〔八〕右副元帥完顏謀衍率諸軍北征窩斡。二月壬戌詔曰：「應諸人若能於契丹賊中自拔歸者，更不問元初首從及被威脅之由，奴婢、良人罪無輕重並行免放。曾有官職及糺率人衆來歸者，仍與官賞，依本品量材敍使。其同來人各從所願處收係，有才能者亦與錄用。內外官員郎君羣牧直撒百姓人家驅奴、宮籍監人等，並放爲良，亦從所願處收係，與免三年差役。或能捕殺首領而歸者，准上施行，仍驗勞績約量遷賞。如捕獲窩斡者，猛安加三品官授節度使，謀克加四品官授防禦使，庶人加五品官授刺史。」詔曰：「尙書省，如節度防禦使捉獲窩斡者與世襲猛安，刺史捉獲者與世襲謀克，驅奴、宮籍監人亦與庶人

同。」復詔宰臣，徧諭將士，能捕殺窩斡者加特進、授眞總管。[九]

於是，括里將犯韓州，聞元帥兵至，不戰遁去，將轉趨懿、宜州。謀衍屯懿州慶雲縣，及屯川州武平縣，[一〇]奏請糧運當遣人護送，兵仗乞選精良者付之。詔以南征逃還軍士就往屯戍，如不足，量于富家簽調，就近地簽步軍，給仗護送糧運。詔平章政事移剌元宜往泰州規措邊事。前安遠大將軍斡里㒵、猛安七斤、庶人阿里葛、磨哥等自窩斡中來降，斡里㒵、七斤加昭武大將軍，阿里葛武義將軍，磨哥忠勇校尉。

窩斡遂自泰州往攻濟州，欲邀糧運。元帥完顏謀衍與右監軍完顏福壽、左都監吾扎忽合兵，甲士萬三千人，曷懶路總管徒單克寧、廣寧尹僕散渾坦、同知廣寧尹完顏巖雅、肇州防禦使唐括烏也爲左翼，臨海節度使紇石烈志寧、曷速館節度使神土懣、同知北京留守完顏骨只、淄州刺史尼厖古鈔兀爲右翼，至术虎崖，盡委輜重，士卒賫數日糧，輕騎襲之。

乣椀羣牧人契丹乣者，與其弟孛迭、按剌，皆棄家自賊中來降。乣者謂謀衍曰：「賊中馬肥健，官軍馬疲弱，此去賊八十里，比遇賊馬已憊。賊輜重去此不遠，我攻之，賊必救其巢穴，賊至馬必疲，我馬少得息，所謂攻其所必救，以逸待勞者也。」謀衍從之，乘夜亟發，會大風路暗不能辨，遲明行三十里許，與賊輜重相近，整兵少憩。窩斡趨濟州，知大軍取其輜重，乃還救，遇于長濼。既陣，謀衍別設伏于左翼之側，賊四百餘騎突出左翼伏兵之間，[一一]徒單克寧射却之。是日，別部諸將與賊對者，勝負未分，相去五里許而立。左翼萬戶襄別與賊戰，賊陣動，襄麾軍乘之，突出其後，俱與大軍不相及。襄以善射者二十騎，率衆自賊後擊之，賊不能支，乘勢麾軍擊其一偏，賊遂却。襄遂與大軍合，而別部諸將皆至，整陣力戰，忽反風揚砂石，賊陣亂，官軍馳擊，大破之，追北十餘里，斬獲甚衆。詔以乣者爲武義將軍，孛迭昭信校尉，按剌忠翊校尉。乣者除同知建州事，未之官，卒。孛迭取家賊中，遂被害，上憫之，後以按剌爲汝州都巡檢使。

窩斡率其衆西走，謀衍追及之于霿𩅦河。賊已濟，毀其津口，紇石烈志寧軍先至，不克渡，乃對岸爲疑兵，以夾谷清臣、徒單海羅兩萬戶於下流渡河，値支港兩岸斗絕且濘淖，命軍士束柳塡港而過。追之數里，得平地，方食，賊衆奄至。志寧軍急整陣，賊自南岡馳下，衝陣者三，志寧力戰，流矢中左臂，戰自若。大軍畢至，左翼騎兵先與賊接，賊據上風縱火，乘煙擊官軍，官軍步兵亦至，併力合戰，凡十餘合，軍士苦風煙皆植立如癡，會天降雨，風止，官軍奮擊，大敗之。徒單克寧追奔十五里，賊前阨溪澗不得亟渡，多殺傷。賊既渡，官軍亦渡，少憩，賊反旆來攻，克寧以大軍不繼，令軍士皆下馬射賊。賊引却而南，克寧亦將引而北，士未及騎馬，賊復來衝突，官軍少却，回渡澗北。大軍至，賊遂引去。

四月，詔元帥府曰：「應契丹賊人，與大軍未戰已前投降者，不得殺傷，仍加安撫。敗走

以後，招誘來降者，除奴婢准已虜爲定外，親屬分付圓聚，仍官爲換贖。」

窩斡既敗，謀衍不復追討，駐軍白濼。窩斡攻懿州不克，遂殘破川州，將遁于山西，而北京亦不邀擊之。於是，發驍騎軍二千、曷懶路留屯京師軍三千，號稱二萬，會寧濟州軍六千亦號二萬。元帥左都監高忠建總兵，沃州刺史烏古論蒲查爲曷懶路押軍萬戶，邳州刺史烏林荅剌撒爲濟州押軍萬戶，右驍騎副都指揮使烏延查剌爲驍騎萬戶，[一二]祁州刺史宗寧爲會寧路押軍萬戶，右宣徽使宗亨爲北京路都統，[一三]吏部郎中完顏達吉爲副統，會元帥府討擊之。

詔使尙廄局副使蒲察蒲盧渾往懿州戒勅將帥，上曰：「朕委卿等討賊，乃聞不就賊趨戰，而駐兵閑緩，經涉累月，雖曾追襲，乃不由有水草之地，以致馬疲弱不能百里而還。後雖破賊，而縱諸軍劫掠，數日後方追北霿𩅦河，亦不乘勝，輒復引還。賊遂入涉近地，北京、懿州由此受兵。朕欲重譴汝等，以方任兵事，且圖後功。當盡心一力，毋得似前怠弛。」上謂蒲盧渾曰：「卿若聞賊在近，卽當監督討伐。用命力戰者疏記以聞，朕將約量遷賞。無或承徇上官，抑有功、濫署無功者。善戰士卒，勿縱虜掠。」以紇石烈志寧爲元帥右監軍，右副元帥完顏謀衍、元帥右監軍完顏福壽召還京師，[一四]咸平路總管完顏兀帶復舊職。謀衍男斜哥在軍中多暴橫，詔押歸本管。窩斡使所親招節度使移里菫窟域，窟域執其使送官，與

窩斡連戰有功，遷宣武將軍，賜銀五百兩、衣二襲。起運在中都弓萬五千、箭一百五十萬赴懿州。

平章政事移剌元宜、寧昌軍節度使宗敍入見，詔使自中道却還軍中，宣諭元宜、謀衍注意經略邊事。師久無功，尙書右丞僕散忠義願効死力除邊患，世宗嘉歎。六月，忠義拜平章政事兼右副元帥，宗敍爲兵部尙書，各賜弓矢、具鞍勒馬。出內府金銀十萬兩佐軍用。詔曰：「軍中將士有犯，除連職奏聞，餘依軍法約量決責，有功者依格遷賞。」以大名尹宗尹爲河南路統軍使，河南路統軍都監蒲察世傑爲西北路副統，賜弓矢佩刀廐馬，從忠義征行。詔諭諸軍將士曰：「兵久駐邊陲，蠹費財用無成功，百姓不得休息。今命平章政事僕散忠義兼右副元帥，同心戮力以底戡定。右副元帥謀衍罷爲同判大宗正事。」

詔居庸關、古北口譏察契丹姦細，捕獲者加官賞。萬戶溫迪罕阿魯帶以兵四千屯古北口，薊州、石門關等處各以五百人守之。海陵末年，阿魯帶爲猛安，移剌娜爲牌印祗候，起契丹部族兵被執，至是挺身來降。世宗以阿魯帶爲濟州押軍萬戶，移剌娜爲同知灤州事。

西南路招討使完顏思敬爲都統，賜金牌一、銀牌二，西北路招討使唐括孛古底副之，以兵五千往會燕子城舊戍軍，[一五]視地形衝要或于狗濼屯駐，遠斥候，賊至卽戰，不以晝夜爲限。詔思敬曰：「契丹賊敗必走山後，可選新馬三千，加芻秣以備追襲。」

僕散忠義至軍中。是時，窩斡西走花道，衆尚八萬。忠義、高忠建軍與賊遇，萬戶查剌、蒲查爲左翼，宗亨統之；宗寧、剌撒爲右翼，宗敍統之；世傑亦在左翼中，與賊夾河爲陣。賊渡河，以兵四萬餘先犯左翼軍，查剌以六百騎奮擊敗之。復以四萬衆與左翼軍戰，〔一六〕宗亨、世傑七謀克指畫失宜，陣亂敗于賊。世傑挺身投于查剌軍中，賊圍查剌軍，查剌力戰，宗敍以右翼軍來救，賊乃去。

詔曰：「自契丹作逆，有爲賊詿誤者，不問如何從賊，但能復業，與免本罪。如能率衆來附，或能殺捕首領而降，或執送賊所扇誘作亂之人，皆與量加官爵。朕念正隆南征，猛安亡者招還被戮，已命其子孫襲其職。爾等勿懲前事，故懷遲疑。賊軍今既破散，山後諸處皆命將士遏其逃路，爾等雖欲不降終將安往？若猶疑貳，俱就焚滅，悔無及矣。」

窩斡自花道西走，僕散忠義、紇石烈志寧以大軍追及于裊嶺西陷泉。〔一七〕明日，賊軍三萬騎涉水而東。大軍先據南岡，左翼軍自岡爲陣，迤邐而北，步軍繼之，右翼軍繼步軍北引而東，作偃月陣，步軍居中，騎兵據其兩端，使賊不見首尾。是日，大霧晦冥，既陣霧開，少頃晴霽。賊見左翼據南岡不敢擊，擊右翼軍，烏延查剌力戰，賊稍却。志寧與夾谷清臣、烏林荅剌撒、鐸剌合戰，賊大敗，將涉水去，泥濘不得亟渡。大軍逐北，人馬相蹂踐而死，不可勝數，陷泉皆平，餘衆蹈籍而過，或奔潰竄匿林莽間。大軍踵擊之，俘斬萬計，生擒其弟僞

六院司大王裊。窩斡僅與數騎脫去，鈔兀、淸臣追四十餘里不及，斬千餘級，獲車帳甚衆。其母徐輦舉營自落括岡西走，志寧追之，盡獲輜重，俘五萬餘人，雜畜不可勝計。僞節度使六及其部族皆降。

詔北京副統完顏達吉括本部馬，規辦芻糧，仍使達吉爲監戰官，錄有功者聞奏。詔選中都、西京兩路新舊軍萬人備守禦，以窩斡敗走，恐或衝突也。

僕散忠義使使奏捷，詔略曰：「平章政事右副元帥忠義使使來奏大捷。或被軍俘獲，或自能來服，或無所歸而投拜，或將全屬歸附，或分領家族來降，或嘗受僞命，及自來曾與官軍鬬敵，皆釋其罪。其散亡人內，除窩斡一身，不以大小官員是何名色，却來歸附者，亦准釋放。有能誅捕窩斡，或於不從招納亡去人內誅捕以來，及或能率衆於掌軍官及隨處官司投降者，並給官賞。各路撫納來者，毋得輒加侵損。無資給者，不以是何路分，隨有糧處安置，仍官爲養濟。」

窩斡收合散卒萬餘人，遂入奚部，以諸奚自益，時時出兵寇速魯古淀、古北口、興化之間。溫迪罕阿魯帶守古北口，與戰敗焉。詔完顏謀衍、蒲察烏里雅、蒲察蒲盧渾以兵三千，合舊屯兵五千，擊之。詔完顏思敬以所部兵入奚地，會大軍討窩斡。賊黨霿𩅰河猛安蒲速越遣人至帥府約降，詔令擒捕窩斡，許以官賞。賊將降者甚衆，

其散走者聞詔書招降，亦多降者。其餘多疾疫而死，無復鬬志。窩斡自度勢窮，乃謀自羊城道西京奔夏國，大軍追之益急，其衆復多亡去，度不得西，乃北走沙陀間。

詔尙書省，「凡脅從之家被俘掠遂致離散，宜從改正。將士往往藏匿其人，有司檢括分付」。

監軍志寧獲賊稍合住，釋而弗殺，縱還賊中，使誘其親近捕窩斡以自効，許以官賞。九月庚子，稍合住與神獨斡執窩斡，詣右都監完顏思敬降，〔一八〕并獲其母徐輦及其妻、子、子婦、弟、姪，盡收僞金銀牌印。唐括孛古底獲前胡里改節度使什溫及其家屬。西北路招討使李家奴獲僞樞密使逐斡等三十餘人，復與猛安泥本婆果追僞監軍那也至天成縣，那也乃降，仍獲僞都元帥醜哥及金牌一、銀牌五。志寧與清臣、宗寧、速哥等追餘黨至燕子城，盡得其黨。前至抹拔里達之地，悉獲之，逆黨遂平。

甲辰，皇太子率百官上表賀。乙巳，詔天下。辛亥，完顏思敬獻俘于京師，窩斡梟首于市，磔其手足，分懸諸京府。其母徐輦及妻子皆戮之。契丹降人皆拘其器仗，貧不能自給者官爲養濟。

括里、扎八率衆南走，詔左宣徽使宗亨追及之。扎八詐稱降，宗亨信其言，遂不與戰。扎八紿之曰：「括里驚走，願追之。」宗亨縱扎八去。益都猛安欲以所部追括里、扎八，宗亨

恐分其功，不聽，而縱軍士取賊所棄資囊人畜而自有之。括里、扎八由是得亡去，遂奔于宋。宗亨降寧州刺史。其後，宋李世輔用括里、扎八，遂取宿州，頗爲邊患。

神獨斡除同知安化軍節度使，稍合住除同知震武軍節度使事。大定六年，點檢司奏，親軍中有逆黨子弟，請一切罷去。詔曰：「身預逆黨者罷之，餘勿問。」

贊曰：金人以燕山與宋，遂啓張覺跳梁之心，覺豈爲宋者哉，蓋欲乘時以徼利耳。耶律余睹從宗望追天祚，曾不遺餘力，功成驕溢，自取誅滅，咈哉。正隆佳兵，契丹作難，傳曰：「夫兵猶火也，弗戢將自焚。」可不戒哉。

校勘記

〔一〕宗望以納叛責宋宣撫司　「宣」原作「安」。按下言「宣撫王安中匿之於甲仗庫」。宋史卷二二徽宗紀，宣和五年正月「辛酉，以王安中爲河北河東燕山府路宣撫使」。今據改。

〔二〕贈輔國上將軍　原脫「國」字。據殿本補。

〔三〕太祖於國書中以問遼主　原脫「書」字。據文義補。

〔四〕上召余睹等從容謂之曰　原脫「等」字。按下文云「余睹等戰慄不能對」，明非余睹一人。此顯脫「等」字。今據補。

〔五〕蔚州節度使蕭特謀自殺　按本書卷三太宗紀作「蔚州節度使蕭特謀葛自殺」。

〔六〕括里收餘衆趨東京　原脫「東」字。按本書卷六世宗紀，正隆六年「咸平府謀克括里攻陷韓州，據咸平，將犯東京」。此處下文亦有「世宗爲東京留守」拒之之語，知脫「東」字。今據補。

〔七〕北京留守蕭賾不能制其下　「賾」原作「頤」，按本書卷五海陵紀，正隆六年八月「癸亥，殺北京留守蕭賾」。卷八七紇石烈志寧傳，「契丹撒八反，樞密使僕散忽土、北京留守蕭賾、西京留守蕭懷忠皆以征討無功坐誅」。卷九一蕭懷忠傳，「契丹撒八反，與樞密使僕散思恭、北京留守蕭賾……往討之」。今據改。

〔八〕二年正月　按本書卷六世宗紀，大定二年正月「庚寅，遣右副元帥完顏謀衍率師討蕭窩斡」。此「二年」上脫「大定」二字。

〔九〕授眞總管　「眞總管」原作「眞定總管」，據文義刪一「定」字。

〔一〇〕及屯川州武平縣　按本書卷二四地理志，北京路大定府武平縣注云：「遼築城杏堝，初名新州，統和間更名武安州。皇統三年降爲武安縣來屬，大定七年更名。」則此時當作「武安」。

〔一一〕賊四百餘騎突出左翼伏兵之間　「四百」原作「罟」。按本書卷九二徒單克寧傳記此事作「賊二

萬餘躡吾後，又以騎四百餘突出左翼伏兵之間，欲繞出陣後攻我，克寧與善射二十餘人拒之」。知「罟」爲「四百」之誤。今據改。

〔一二〕右驍騎副都指揮使烏延查剌爲驍騎萬戶　原脫「烏延查剌」四字。按本書卷八七烏延查剌傳，「世宗卽位，查剌謁見，充護衞，爲驍騎副都指揮使，領萬戶，擊窩斡」。今據補。

〔一三〕右宣徽使宗亨爲北京路都統　原脫「宗」字。按本書卷七〇宗亨傳，「大定二年授右宣徽使，未幾爲西北路兵馬都統，以討契丹賊」。今據補。

〔一四〕以紇石烈志寧爲元帥右監軍右副元帥完顏謀衍元帥右監軍完顏福壽召還京師　原脫「右副元帥完顏謀衍元帥」十字。按本書卷六世宗紀，大定二年五月「己亥，以臨海軍節度使紇石烈志寧爲元帥右監軍。右副元帥完顏謀衍、元帥右監軍完顏福壽坐逗留，召還京師，皆罷之」。今據補。

〔一五〕以兵五千往會燕子城舊戍軍　「五千」，本書卷七〇完顏思敬傳作「二千」。

〔一六〕復以四萬衆與左翼軍戰　原脫「復」字，「左」作「右」。按此戰役又見本書卷七〇宗亨傳、卷八六烏延查剌傳、卷八七僕散忠義傳，皆謂查剌、宗亨、世傑爲左翼，宗敍等爲右翼，戰敗者爲左翼，而救者爲右翼。今據改「右」爲「左」，并據文義補一「復」字。

〔一七〕紇石烈志寧以大軍追及于梟嶺西陷泉　「梟」原作「鳥」。據殿本改。

〔一八〕詣右都監完顏思敬降　原脫「降」字。按本書卷八七僕散忠義傳記此事云，「稍合住與其黨執窩斡，詣完顏思敬降」。今據補。

金史卷一百三十四

列傳第七十二

外國上

西夏

夏國王李乾順。其先曰托跋思恭，唐僖宗時，爲夏、綏、銀、宥節度使，與李茂貞、李克用等破黄巢，復京師，賜姓李氏。唐末，天下大亂，藩鎮連兵，惟夏州未嘗爲唐患。歷五代至宋，傳數世至元昊，始稱帝。遼人以公主下嫁李氏，世修朝貢不絕，事具遼史。

天輔六年，金破遼兵，遼主走陰山，夏將李良輔將兵三萬來救遼，次天德境野谷，斡魯、婁室敗之于宜水，追至野谷，澗水暴至，漂沒者不可勝計。宗望至陰山，以便宜與夏國議和，其書曰：「奉詔有之：夏王，遼之自出，不渝終始，危難相救。今茲已舉遼國，若能如事遼

之日以効職貢，當聽其來，毋致疑貳。若遼主至彼，可令執送。」天會二年，始奉誓表，以事遼之禮稱藩，請受割賜之地。宗翰承制，割下寨以北、陰山以南、乙室耶刮部吐祿濼之西，以賜之。

天會二年三月，[一]乾順遣把里公亮等來上誓表，曰：「臣乾順言：今月十五日，西南、西北兩路都統遣左諫議大夫王介儒等齎牒奉宣，若夏國追悔前非，捕送遼主，立盟上表，仍依遼國舊制及賜誓詔，將來或有不虞，交相救援者。臣與遼國世通姻契，名係藩臣，輒爲援以啓端，曾犯威而結釁。既速違天之咎，果罹敗績之憂。蒙降德音以寬前罪，仍賜土地用廣藩籬，載惟含垢之恩，常切戴天之望。自今已後，凡於歲時朝賀、貢進表章、使人往復等事，一切永依臣事遼國舊例。其契丹昏主今不在臣境，至如奔竄到此，不復存泊，即當執獻。若大朝知其所在，以兵追捕，無敢爲地及依前援助。其或徵兵，即當依應。至如殊方異域朝覲天闕，合經當國道路，亦不阻節。以上所敍數事，臣誓固此誠，傳嗣不變，苟或有渝，天地鑒察，神明殛之，禍及子孫，不克享國。」所謂西北、西南兩路都統者宗翰也。蓋宗望以太祖命與之通書，而宗翰以便宜割地議和云。

太宗使王阿海、楊天吉往賜誓詔曰：「維天會二年歲次甲辰，閏三月戊寅朔，皇帝賜誓詔於夏國王乾順：先皇帝誕膺駿命，肇啓鴻圖，而卿國據夏臺，境連遼右，以効力於昏主，致結釁於王師。先皇帝以謂忠於所事，務施恩而釋過。迨眇躬之纂紹，仰遺訓以遵行，卿乃深念前非，樂從內附，飭使軺而奉貢，効臣節以稱藩。載錫寵光，用彰復好，所有割賜地土、使聘禮節、相爲援助等事，一切恭依先朝制詔。其依應徵兵，所請宜允。三辰在上，朕豈食言，苟或變渝，亦如卿誓。遠垂戒諭，毋替厥誠。」

於是，宋人與夏人俱受山西地，宋人侵取之，乾順遣使表謝賜誓詔、并論宋所侵地。詔曰：「省所上表，具悉，已命西南、西北兩路都統府從宜定奪。」是時，宗翰朝京師未還，錄夏國奏付權都統斡魯，宋人侵略新受疆土、及使人王阿海爭儀物事，與夏通問以便宜決之。

初，以山西九州與宋人，而天德遠在一隅，緩急不可及，割以與夏。後破宋都獲二帝，乃畫陝西分界，自麟府路洛陽溝東距黄河西岸、西歷暖泉堡，鄜延路米脂谷至累勝寨，環慶路威邊寨過九星原至委布谷口，涇原路威川寨略古蕭關至北谷川，[二]秦鳳路通懷堡至古會州，自此直距黄河，依見今流行分熙河路盡西邊以限封域。[三]復分陝西北鄙以易天德、雲內，以河爲界。

及婁室定陝西，婆盧火率兵先取威戎城。軍至威戎東與敵遇，擊走之，生致二人，問之，乃知爲夏將李遇取威戎也，乃還其人而與李遇通問。李遇軍威戎西，蒲察軍威戎東，而使使議事于婁室。婁室報曰：「元帥府約束，若兵近夏境，則與夏人相爲掎角，毋相侵犯。」

李遇使人來曰：「夏國既以天德、雲內歸大國，大國許我陝西北鄙之地，是以至此。」蒲察等遂旋軍。睿宗既定陝西，元帥府不欲以陝西北鄙與夏國，詔曰：「卿等審處所宜從事。」

天眷二年，國王乾順薨，子仁孝立，遣使册命，加開府儀同三司上柱國。皇統元年，請置榷場，許之。

初，王阿海等以太宗誓詔賜夏國，乾順以契丹舊儀見使者，阿海不肯曰：「契丹與夏國甥舅也，故國王坐受，使者以禮進。今大金與夏國君臣也，見大國使者當如儀。」爭數日不能決，於是始起立受焉。厥後不遣賜生日使，至是始遣使賜之。

初，慕洧以環州降，及割陝西、河南與宋人，洧奔夏國，夏人以爲山訛首領。及撒離喝再定陝西，洧思歸，夏人知之，遂族洧，以表聞，詔書責讓之。及海陵弑熙宗，遣使報諭至境上，夏人問曰：「聖德皇帝何爲見廢。」不肯納。朝廷乃使有司以廢立之故移文報之。天德二年七月，夏使御史中丞雜辣公濟等來賀，如舊禮。

正隆末伐宋，宋人入秦、隴，夏亦乘隙攻取盪羌、通峽、九羊、會川等城寨，宋亦侵入夏境。世宗即位，夏人復以城寨來歸，且乞兵復宋侵地，詔書嘉奬，仍遣吏部郎中完顏達吉體究陝西利害。[四]邊吏奏，夏人已歸城寨，而所侵掠人口財畜尚未還，請索之。大定四年二月甲申，夏遣其武功大夫紐臥文忠等賀萬春節，[五]入見，附狀奏告，略曰：「衆軍破蕩之時，

幸而免者十無一二，繼以凍餒死亡，其存幾何。兼夏國與宋兵交，人畜之被俘僇亦多，連歲勤動，士卒暴露，勢皆朘削。又坐爲宋人牽制，使忠誠之節無繇自達，中外咸知，願止約理索，聽納臣言，不勝下國之幸。」其後屢以爲請，詔許之。

久之，其臣任得敬專國政，欲分割夏國。因賀大定八年正旦，遣奏告使殿前太尉芭里昌祖等以仁孝章乞良醫爲得敬治疾，詔保全郎王師道佩銀牌往焉。詔師道曰：「如病勢不可療，則勿治。如可治，期一月歸。」得敬疾有瘳，遣謝恩使任得聰來，得敬亦附表進禮物，上曰：「得敬自有定分，附表禮物皆不可受。」並却之。

初，仁孝嗣位，其臣屢作亂，任得敬抗禦有功，遂相夏國二十餘年，陰蓄異志，欲圖夏國，誣殺宗親大臣，其勢漸逼，仁孝不能制。大定十年，乃分西南路及靈州囉龐嶺地與得敬，自爲國，且上表爲得敬求封。世宗以問宰相，尚書令李石等曰：「事繫彼國，我何預焉，不如因而許之。」上曰：「有國之主豈肯無故分國與人，此必權臣逼奪，非夏王本意。況夏國稱藩歲久，一旦迫於賊臣，朕爲四海主，寧容此邪？若彼不能自正，則當以兵誅之，不可許也。」乃却其貢物，賜仁孝詔曰：「自我國家戡定中原，懷柔西土，始則畫疆於乃父，繼而錫命於爾躬，恩厚一方，年垂三紀，藩臣之禮既務踐修，先業所傳亦當固守。今茲請命，事頗靡常，未知措意之由來，續當遣使以詢爾。所有貢物，已令發回。」

得敬密通宋人求助，宋以蠟丸書答得敬，夏人得之。得敬始因求醫附表進禮物，欲以嘗試世宗，既不可行，而求封又不可得，仁孝乃謀誅之。八月晦，仁孝誅得敬及其黨與，上表謝，并以所執宋人及蠟丸書來上。其謝表曰：「得敬初受分土之後，曾遣使赴大朝代求封建，蒙詔書不爲俞納，此朝廷憐愛之恩，夏國不勝感戴。夏國妄煩朝廷，冒求賊臣封建，深虧禮節。今既賊臣誅訖，大朝不用遣使詢問。得敬所分之地與大朝熙秦路接境，恐自分地以來別有生事，已根勘禁約，乞朝廷亦行禁約。」

十二年，上謂宰臣曰：「夏國以珠玉易我絲帛，是以無用易我有用也。」乃減罷保安、蘭州榷場。〔六〕

仁孝深念世宗恩厚，十七年，獻本國所造百頭帳，上曰：「夏國貢獻自有方物，可却之。」仁孝再以表上曰：「所進帳本非珍異，使人亦已到邊，若不蒙包納，則下國深誠無所展效，四方鄰國以爲夏國不預大朝眷愛之數，將何所安。」乃許與正旦使同來。

先是，尚書奏：〔七〕「夏國與陝西邊民私相越境，盜竊財畜，姦人託名榷場貿易，得以往來，恐爲邊患。使人入境與富商相易，亦可禁止。」於是，復罷綏德榷場，止存東勝、環州而已。仁孝表請復置蘭州、保安、綏德榷場如舊，并乞使人入界相易用物。詔曰：「保安、蘭州地無絲枲，惟綏德建關市以通貨財。使副往來，聽留都亭貿易。」章宗卽位，詔曰：「夏使館內貿易且已。」明昌二年，復舊。

頃之，夏人肆牧於鎭戎之境，邏卒逐之，夏人執邏卒而去。邊將阿魯帶率兵詰之，夏廂官吳明契、信陵都、卜祥、徐餘立等伏兵三千於澗中，阿魯帶口中流矢而死，取其弓甲而去。詔索殺阿魯帶者，夏人處以徒刑，詔索之不已，夏人乃殺明契等。

明昌四年，仁孝薨，子純佑嗣立。承安二年，復置蘭州、保安榷場。承安五年，純佑母病風求醫，〔八〕詔太醫判官時德元及王利貞往，仍賜御藥。八月，再賜醫藥。泰和六年三月，仁孝弟仁友子安全，廢純佑自立，再閱月死于廢所。七月，使純佑母羅氏爲表，言純佑不能嗣守，與大臣定議立安全爲王，遣使奏告。夏使私問館伴官：「奏告事詔許否？」館伴官曰：「此不當問也。」夏使曰：「明日當問諸客省，若又不答，則升殿奏請。」上聞之，使客省諭以許所祈之意，乃賜羅氏詔詢其意，夏人復以羅氏表來，乃封安全爲夏國王。

大安三年，安全薨，族子遵頊立。遵頊先以狀元及第，充大都督府主，立在安全薨前一月，衞紹王無實錄，不知其故。然是時金兵敗績于會河堡，夏人乘其兵敗侵略邊境，而通使如故。

崇慶元年三月，攻葭州。至寧元年六月，攻保安州。貞祐元年十一月，攻會州，都統徒單醜兒擊走之。十二月，陷涇州。〔九〕二年八月，歸國人喬成齎夏國書，大概言金邊吏侵

略，乞禁戢。詔移文答之，宰臣言「既非公牒，今將責問，彼必飾詞，徒爲虛文，無益于事」。乃止。未幾，夏人攻慶原、延安、積石州，乃詔有司移文責問。

十一月，蘭州譯人程陳僧結夏人以州叛，邊將敗其兵三千。三年正月，夏兵攻武延川，宣宗曰：「此不足慮，恐由他道入也。」既而聞邊吏侵夏境，夏人乃攻環州，詔治邊吏罪。夏兵攻積石州，都統姜伯通敗之。夏兵入安鄉關，都統曹記僧、萬戶忽三十却之。二月，攻環州，〔一〇〕刺史烏古論延壽敗之于境上。

三月，詔議伐夏，〔一一〕陝西宣撫司奏：「往者，夏人侵我環、慶、河、蘭、積石以兵應之，悉皆遁去，遽還巢穴，蓋爲我備也。今蘭州潰兵猶未集，軍實多不完，沿邊地寒，春草始生，未可芻牧，兩界無煙火者三百餘里，不宜輕舉。」從之。

四月，詔河州提控曹記僧、通遠軍節度使完顏狗兒討程陳僧，夏人援之。九月，遂破西關堡。夏人復攻第五將城，萬戶楊再興擊走之。詔陝西宣撫司及沿邊諸將，降空名宣勅，臨陣立功，五品以下並聽遷授。十月，攻保安及延安，都統完顏國家奴破之。既而深入臨洮，總管陀滿胡土門不能禦，陝西宣撫副使完顏胡失來救臨洮，大敗于渭源堡，城破，胡失來被執。十一月，夏兵敗于克戎寨，復敗于熟羊寨，宰相入賀，宣宗曰：「此忠賢之力也。」夏兵進圍臨洮，陀滿胡土門破之。四年四月，夏葩俄族總管汪三郎率衆來降，進羊千口，詔納

之，優給其直。來遠鎮獲諜人，言宋、夏相結來攻，詔陝西行省備之。

夏於來羌城界河起折橋，元帥右都監完顏賽不焚之，斬馘甚衆。六月，鄜延路奏，夏人牒報用彼國光定年號，詔封還其牒。閏月，慶陽總管慶山奴伐夏，出環州，陝西行省請中分其軍，令慶山奴出第三將懷安寨，環州刺史完顏胡魯出環州。宣宗曰：「聞夏人移軍備其王城，尚恐詐我，勿墮其計中也。」提控完顏狗兒抵蘭州西關堡，招得舊部曲九人，掩擊夏兵于阿彌灣，殺其將士百餘人。八月，左監軍烏古論慶壽敗夏兵于安塞堡。〔一三〕右都監賽不擊走夏兵于結耶觜川，復破之于車兒堡。十一月，提控石盞合喜、楊斡烈解定西之圍。

十二月丙寅，宣宗與皇太子議伐夏，左監軍陀滿胡土門、延安總管古里甲石倫攻鹽、宥、夏州，慶陽總管慶山奴、知平涼府移剌荅不也攻威、靈、安、會等州。

興定元年正月，夏兵三萬自寧州還，慶山奴以兵邀擊，敗之。詔河東行省胥鼎選兵三萬五千，付陀滿胡土門伐夏。鼎馳奏不可，遂止，語在鼎傳。右都監完顏仲元請試兵西夏，出其不意必獲全勝，兵威既振，國力益完。詔下尚書省、樞密院議。

夏人福山以俘戶來降，除同知澤州軍州事。

五月，夏兵入大北岔，都統紇石烈猪狗掩擊，敗之。宣宗欲與夏議和，右都監慶山奴屯延安，奏曰：「夏國決不肯和，徒見欺耳。」既而，獲諜者言，遵頊聞大金將約和，戒諭將士無

犯西鄙。宰臣奏曰：「就令如此，邊備亦不宜弛。」宣宗以爲然。

右都監完顏閭山敗夏兵于黃鶴岔。夏人圍羊狼寨，都統党世昌與戰，完顏狗兒遣都統夾谷瑞夜斫夏營，遂解其圍，猶駐近地，左都監白撒發定西銳兵、龕谷副統包孝成緋翮翅軍，合擊走之。八月，安定堡馬家平總押李公直敗夏兵三千。九月，都統羅世暉却夏兵于克戎寨。

興定二年三月，右都監慶山奴奏：「夏人有乞和意，保安、綏德、葭州得文報，乞復互市，以尋舊盟。以臣觀之，此出於遵頊，非邊吏所敢專者。」朝廷不以爲然。

五月，夏人入葭州，慶山奴破之于馬吉峰。七月，犯龕谷，夾谷瑞、趙防敗之，追至質孤堡。三年閏月，夏人破通秦寨，提控納合買住擊敗之，自葭蘆川遁去。華州元帥完顏合達出安塞堡至隆州，敗其兵二千。進攻隆州，克其西南，會暮乃還。十二月，詔有司移文夏國。

四年二月，夏人犯鎮戎，金師敗績，夏人公移語不遜，詔詞臣草牒折之。四月，夏兵犯邊，元帥石盞合喜遇于鹿兒原，提控烏古論世顯以偏師敗之，都統王定復破其衆于新泉城。元帥慶山奴攻宥州，圍神堆府，穴其城，士卒有登者，援兵至，擊走之，斬首二千，俘百餘人，獲雜畜三千餘。八月，夏人陷會州，刺史烏古論世顯降，復犯龕谷，夾谷瑞連戰敗之，夏人乃去。是月，詔有司移文議和，事竟不克。

夏人三萬自高峰鎮圍定西，刺史愛申阿失剌、提控烏古論長壽、溫敦永昌擊走之。九月，夏人圍綏平寨、安定堡，未幾，陷西寧州，遂攻定西，烏古論長壽擊却之。乃襲鞏州，石盞合喜逆戰，一日十餘戰，乃解去。

五年正月，詔樞密院議夏事，奏曰：「夏人聚兵境上，欲由會州入，已遣行省白撒伏兵險要以待之。鄜延元帥府伺便發兵以綴其後，足以無慮。」二月，寧遠軍節度使夾谷海壽破夏兵于搜嵬堡。三月，復取來羌城。十月，攻龕谷，白撒連敗之。元光元年正月，夏人陷大通城，復取之。三月，提控李師林敗夏兵于永木嶺。八月，攻寧安寨，十月，攻神林堡。〔一三〕十二月，入質孤堡，〔一四〕提控唐括昉敗之。

二年，遵頊使其太子德任來伐，德任諫曰：「彼兵勢尚强，不若與之約和。」遵頊笑曰：「是非爾所知也。彼失蘭州竟不能復，何强之有。」德任固諫不從，乞避太子位，願爲僧。遵頊怒，幽之靈州，遣人代將，會天旱不果。

是歲，大元兵問罪夏國，延安、慶原元帥府欲乘夏人之困弊伐之，陝西行省白撒、合達以爲不可，乃止。

隴安軍節度使完顏阿隣日與將士宴飲，不治軍事，夏人乘之，掠民五千餘口、牛羊雜畜

數萬而去。

自天會議和，八十餘年與夏人未嘗有兵革之事。及貞祐之初，小有侵掠，以至搆難十年不解，一勝一負，精銳皆盡，而兩國俱弊。

是歲，遵頊傳位於子德旺。正大元年，和議成，自稱兄弟之國。

三年二月，遵頊死，七月，德旺死，嗣立者史失其名。明年，夏國亡。

先是，夏使精方匭匣使王立之來聘，未復命國已亡，詔於京兆安置，充宣差彈壓，主管夏國降戶。八年五月，立之妻子三十餘口至環州，詔以歸立之，賜以幣帛。立之上言，先世本申州人，乞不仕，居申州。詔如所請，以本官居申州，主管唐、鄧、申、裕等處夏國降戶，聽唐、鄧總帥府節制，給上田千畝、牛具農作云。

贊曰：夏之立國舊矣，其臣羅世昌譜敍世次稱，元魏衰微，居松州者因以舊姓爲托跋氏。按唐書党項八部有托跋部，自党項入居銀、夏之間者號平夏部。托跋思恭以破黃巢功賜姓李氏，兄弟相繼爲節度使，居夏州，在河南。繼遷再立國，元昊始大，乃北渡河，城興州而都之。

其地初有夏、綏、銀、宥、靈、鹽等州，其後遂取武威、張掖、酒泉、燉煌郡地，南界橫山，

東距西河，土宜三種，善水草，宜畜牧，所謂涼州畜牧甲天下者是也。土堅腴，水清冽，風氣廣莫，民俗强梗尚氣，重然諾，敢戰鬬。自漢、唐以水利積穀食邊兵，興州有漢、唐二渠，甘、涼亦各有灌溉，土境雖小，能以富强，地勢然也。

五代之際，朝興夕替，制度禮樂盪為灰燼，唐節度使有鼓吹，故夏國聲樂清厲頓挫，猶有鼓吹之遺音焉。然能崇尚儒術，尊孔子以帝號，其文章辭命有可觀者。立國二百餘年，抗衡遼、金、宋三國，偭鄉無常，視三國之勢强弱以為異同焉。故近代學者記西北地理，往往皆臆度言之。聖神有作，天下會于一，驛道往來視為東西州矣。

校勘記

〔一〕天會二年三月　原脫「三月」二字，則下文「今月十五日」之「今月」上無所承。按本書卷三太宗紀，天會二年三月「辛未，夏國王李乾順遣使上誓表」。又卷六〇交聘表亦載「三月，夏使把里公亮來上誓表」。今據補。

〔二〕涇原路威川寨略古蕭闕至北谷川　原脫「路」字。按本書卷二六地理志記此事作「涇原路威川寨」。今據補。

〔三〕依見今流行分熙河路盡西邊以限封域　「西」原作「四」。按本書卷二六地理志記此事作「依見

流分熙河路盡西邊」。今據改。

〔四〕仍遣吏部郎中完顏達吉體究陝西利害　「完顏達吉」原作「完顏達吉不」。按完顏達吉不是宣宗時人，曾任深州刺史、陝西安撫使等職。見本書卷一一三完顏賽不傳。與此年代不合。卷六一交聘表，大定二年「十二月辛未，以夏乞兵復宋侵地，遣尚書吏部郎中完顏達吉體究陝西利害」。今據改。

〔五〕夏遣其武功大夫紐卧文忠等賀萬春節　「紐」原作「細」。按本書卷六一交聘表，大定四年「三月丙戌朔，夏武功大夫紐卧文忠賀萬春節」。今據改。

〔六〕乃減罷保安蘭州榷場　「州」原作「安」。按下文數見蘭州、保安、綏德榷場。又本書卷五〇食貨志榷場亦屢敍蘭州、保安、綏德諸榷場，是「蘭安」顯係「蘭州」之誤。今據改。

〔七〕先是尚書奏　據文義「書」下當脫「省」字。

〔八〕承安五年純祐母病風求醫　「五」原作「六」。按本書卷六二交聘表，承安五年正月「戊子，夏武節大夫連都敦信賀正旦，附奏為母疾求醫，詔遣太醫時德元、王利貞往診治」。今據改。

〔九〕十二月陷涇州　按或是「鞏州」之誤。參見本書卷六二交聘表校記〔三三〕。

〔一〇〕二月攻環州　「二」原作「三」。按本書卷一四宣宗紀，貞祐三年二月「辛卯，環州刺史烏古論延壽及斜卯毛良虎等敗夏人于州境」。今據改。

〔一一〕三月詔議伐夏　按本書卷一四宣宗紀作貞祐三年五月「戊子，詔伐西夏」。

〔一二〕左監軍烏古論慶壽敗夏兵于安塞堡　「安塞堡」原作「寇安堡」。按本書卷一四宣宗紀，貞祐四年八月，「夏人入安塞堡，元帥左監軍烏古論慶壽遣軍敗之」。卷一〇一烏古論慶壽傳，「貞祐四年，遷元帥右監軍，敗夏人于安塞堡」。今據改。

〔一三〕十月攻神林堡　原脫「十月」二字。按本書卷一六宣宗紀，元光元年冬十月「丁丑，夏人掠德順之神林堡」。今據補。

〔一四〕十二月入質孤堡　原脫「十二月」三字。按本書卷一六宣宗紀，元光元年十二月「己丑，蘭州提控唐括昉敗夏人于質孤堡」。今據補。

金史卷一百三十五

列傳第七十三

外國下

高麗

高麗國王，王楷。其地，鴨綠江以東，曷懶路以南，東南皆至于海。自遼時，歲時遣使修貢，事具遼史。

唐初，靺鞨有粟末、黑水兩部，皆臣屬于高麗。唐滅高麗，粟末保東牟山漸彊大，號渤海，姓大氏，有文物禮樂。至唐末稍衰，自後不復有聞。金伐遼，渤海來歸，蓋其遺裔也。黑水靺鞨居古肅愼地，有山曰白山，蓋長白山，金國之所起焉。女直雖舊屬高麗，不復相通者久矣。及金滅遼，高麗以事遼舊禮稱臣于金。

初，有醫者善治疾，本高麗人，不知其始自何而來，亦不著其姓名，居女直之完顏部。穆宗時戚屬有疾，此醫者診視之，穆宗謂醫者曰：「汝能使此人病愈，則吾遣人送汝歸汝鄉國。」醫者曰：「諾。」其人疾果愈，穆宗乃以初約歸之。乙離骨嶺僕散部胡石來勃堇居高麗、女直之兩間，穆宗使族人叟阿招之，因使叟阿送醫者，歸之高麗境上。醫者歸至高麗，因謂高麗人，女直居黑水部者部族日强，兵益精悍，年穀屢稔。高麗王聞之，乃通使于女直。既而，胡石來來歸，遂率乙離骨嶺東諸部皆內附。

穆宗十年癸未，阿踈自遼使其徒達紀來說曷懶甸人，曷懶甸人執之。穆宗以達紀送高麗，謂高麗王曰：「前此爲亂於汝鄙者，皆此輩也。」及破蕭海里，使斡魯罕往高麗報捷，高麗亦使使來賀。未幾，復使斜葛與斡魯罕往聘，高麗王曰：「斜葛，女直之族弟也，其禮有加矣。」乃以一大銀盤爲謝。

厥後，曷懶甸諸部盡欲來附，高麗聞之不欲使來附，恐近於己而不利也，使人邀止之。斜葛在高麗及往來曷懶道中，具知其事，遂使石適歡往納曷懶甸人。未行而穆宗沒，康宗嗣，遣石適歡以星顯統門之兵往至乙離骨嶺，益募兵趨活涅水，徇地曷懶甸，收叛亡七城。高麗使人來告曰：「事有當議者。」曷懶甸官屬使斜勒詳穩、冶剌保詳穩往，石適歡亦使盃魯往，高麗執冶剌保等，而遣盃魯曰：「無與爾事。」於是，五水之民皆附於高麗，團練使陷者十四人。

二年甲申，高麗來攻，石適歡大破之，殺獲甚衆，追入其境，焚略其戍守而還。四月，高麗復來攻，石適歡以五百人禦於闢登水，復大破之，追入闢登水，逐其殘衆踰境。於是，高麗王曰：「告邊釁者皆官屬祥丹、傍都里、昔畢罕輩也。」十四團練、六路使人在高麗者，皆歸之，遣使來請和。遂使斜葛經正疆界，至乙離骨水、曷懶甸活禰水，留之兩月。斜葛不能聽訟，每一事輒至枝蔓，民頗苦之。康宗召斜葛還，而遣石適歡往。石適歡立幕府于三潺水，其嘗陰與高麗往來爲亂階者，卽正其罪，餘無所問。康宗以爲能。

四年丙戌，高麗使使黑歡方石來賀嗣位，康宗使盃魯報聘，且尋前約，取亡命之民。高麗許之，曰：「使使至境上受之。」康宗以爲信然，使完顏部阿聒、烏林荅部勝昆往境上受之。康宗畋于馬紀嶺乙隻村以待之。阿聒、勝昆至境上，高麗遣人殺之，而出兵曷懶甸，築九城。

康宗歸，衆咸曰：「不可擧兵也，恐遼人將以罪我。」太祖獨曰：「若不擧兵，豈止失曷懶甸，諸部皆非吾有也。」康宗以爲然，乃使斡塞將兵伐之，大破高麗兵。六月，高麗率衆來戰，斡塞敗之，進圍其城。七月，高麗復請和，康宗曰：「事若酌中，則與之和。」高麗許歸亡入之民，罷九城之戍，復所侵故地，遂與之和。

收國元年九月，太祖已克黃龍府，命加古撒喝攻保州。保州近高麗，遼侵高麗置保州。至是，命撒喝取之，[一]久不下，撒喝請濟師，且言高麗王將遣使來。太祖使納合烏蠢以百騎益之，詔撒喝曰：「汝領偏師，屢破重敵，多所俘獲，及聞胡沙數戰有功，朕甚嘉之。若保州未下，但守邊戍。吾已克黃龍府，聞遼主且至，俟破大敵復益汝兵。所言高麗遣使事，未知果否，至則護送以來。邊境之事，愼之毋忽。」十一月，係遼女直麻懣太彎等十五人皆降，攻開州取之，盡降保州諸部女直。太祖以撒喝爲保州路都統。

太祖已破走遼主軍，撒喝破合主、順化二城，復請濟師攻保州，使斡魯以甲士千人往。二年閏月，高麗遣使來賀捷，且曰：「保州本吾舊地，願以見還。」太祖謂使者曰：「爾其自取之。」詔撒喝、烏蠢等曰：「若高麗來取保州，益以胡剌古、習顯等軍備之，[二]或欲合兵，無得輒往，但謹守邊戍。」及撒喝、阿實賚等攻保州，遼守將遁去，而高麗兵已在城中。既而，高麗國王使蒲馬請保州，詔諭高麗王曰：「保州近爾邊境，聽爾自取，今乃勤我師徒，破敵城下。且蒲馬止是口陳，俟有表請，卽當別議。」

天輔二年十二月，詔諭高麗國王曰：「朕始興師伐遼，已嘗布告，賴皇天助順，屢敗敵兵，北自上京，南至于海，其間京府州縣部族人民悉皆撫定。今遣孛堇术孛報諭，仍賜馬一疋，至可領也。」

三年，高麗增築長城三尺，邊吏發兵止之，弗從，報曰：「修補舊城。」曷懶甸孛堇胡剌古、習顯以聞，詔曰：「毋得侵軼生事，但慎固營壘，廣布耳目而已。」

四年，咸州路都統司以兵分屯于保州、畢里圍二城，請益兵，詔曰：「汝等分列屯戍，以固封守，甚善。高麗累世臣事于遼，或有交通，可常遣人偵伺。」

使習顯以獲遼國州郡諭高麗，其國方誅亂者，使謂習顯曰：「此與先父國王之書。」習顯就館。凡誅戮官僚七十餘人，即依舊禮接見，而以表來賀，并貢方物。復以遼帝亡入夏國報之。

高隨、斜野奉使高麗，至境上，接待之禮不遜，隨等不敢往，太宗曰：「高麗世臣於遼，當以事遼之禮事我，而我國有新喪，遼主未獲，勿遽强之。」命高隨等還。天會二年，同知南路都統鶻實荅奏，高麗納叛亡，增邊備，必有異圖。詔曰：「凡有通問，毋違常式。或來侵略，則整爾行列與之從事。敢先犯彼者，雖捷必罰。」詔闍母以甲士千人戍海島，以備之。

四年，國王王楷遣使奉表稱藩，優詔答之。上使高伯淑、烏至忠使高麗，凡遣使往來當盡循遼舊，仍取保州路及邊地人口在彼界者，須盡數發還。勅伯淑曰：「若一一聽從，即以保州地賜之。」高伯淑至高麗，王楷附表謝，一依事遼舊制。八年，楷上表，乞免索保州亡入邊戶。是歲，高麗十人捕魚，大風飄其船抵海岸，曷蘇館人獲之，詔還其國。既而勗上表請

不索保州亡入高麗戶口，太宗從之，自是保州封域始定。

皇統二年，詔加楷開府儀同三司、上柱國。六年，楷薨，子晛嗣立。

大定四年，鴨綠江堡戍頗被侵越焚毀。〔三〕五年正月，世宗因正旦使朝辭，諭之曰：「邊境小小不虞，爾主使然邪，疆吏爲之邪？若果疆吏爲之，爾主亦當懲戒之也。」初，高麗使者別有私進禮物以爲常，是歲萬春節，上以使者私進不應典禮，詔罷之。

十年，王晛弟翼陽公晧廢晛自立。十月，賜生日使、大宗正丞紇至界上，高麗邊吏稱前王已讓位，不肯受使者。十一年三月，王晧以讓國來奏告，詔婆速路勿受，有司移文詳問。高麗告曰：「前王久病，昏耄不治，以母弟晧權攝國事。」上曰：「讓國大事也，何以不先陳請。」詔有司再詳問。高麗乃以王晛讓國表來，大略稱先臣楷遺訓傳位於弟，又言其子有罪不可立之意。上疑之，以問宰執，丞相良弼奏曰：「此不可信。晛止一子，往年生孫，嘗有表自陳生孫之喜，一也。晧嘗作亂，晛囚之，二也。今晛不遣使，晧乃遣使，三也。朝廷賜晛生日使，晧不轉達於晛，乃稱未敢奉受，四也。是晧簒兄誣請於天子，安可忍也。」右丞孟浩曰：「當詢彼國士民，果皆推服，即當遣使封册。」上曰：「封一國之君詢於民衆，此與除拜猛安謀克何異。」乃却其使者，而以詔書詳問王晛。吏部侍郎靖爲宣問王晛使。晧實簒國，囚晛於海島。靖至高麗，晧稱王晛已避位出居他所，病加無損，不能就位拜

命，往復險遠，非使者所宜往。靖竟不得見晛，乃以詔授晧，轉取晛表附奏，其言與前表大概相同。靖還，上問大臣，皆曰：「晛表如此，可遂封之。」丞相良弼、平章政事守道曰：「待晧祈請未晚也。」十二月，晧遣其禮部侍郎張翼明等請封。十二年三月，遂賜封册。晧生日在正月十九日，是歲十二月將盡，未及遣使，有司請至來歲舉行焉。

十五年，高麗西京留守趙位寵叛晧，遣徐彥等九十六人上表曰：〔四〕「前王本非避讓，大將軍鄭冲夫、郎將李義方實弑之。臣位寵請以慈悲嶺以西至鴨綠江四十餘城內屬，請兵助援。」上曰：「王晧已加封册，位寵輒敢稱兵爲亂，且欲納土，朕懷撫萬邦，豈助叛臣爲虐。」詔執徐彥等送高麗。頃之，王晧定趙位寵之亂，遣使奏謝。自位寵之亂，晧所遣生日回謝、橫賜回謝、賀正旦、進奉、萬春節等使，皆阻不通，至是，晧并奏之。詔答其意，其合遣人使令節次入朝。

十七年，賀正旦禮物，玉帶乃石似玉者，有司請移問，上曰：「彼小國無能識者，誤以爲玉耳，不必移問。」乃止。十二月，有司奏高麗下節押馬官順成例外將帶甲三過界，〔五〕上以使人所坐罪重，但令發還本國而已。二十三年，晧母任氏薨，晧乞免賜生日及賀謝等事，詔從之。

章宗即位，詔使至界上頗稽滯，詔移問，高麗遜謝。明昌三年，下節金挺回至平州撫寧

縣，毆死當驛人何添兒，有司請「凡人使往還，乞量設兵衞」。參知政事張萬公曰：「可於宿頓之地巡護之。」上可其奏。詔自今接送伴使副，失關防者當坐。故事，賀正旦使十二月二十九日入見，明昌六年十二月己卯立春，詔於前二日丁丑入見云。

承安二年，晧表自陳衰病，以國讓其弟晫。晫權國事。是歲，晧廢，晫嗣立。〔六〕

泰和四年正月乙丑朔，高麗傔人以小佩刀割梨廡下巡廊，奉職見而糾之，詔館伴官自今前期移文禁止。是歲，王晫薨，子韺嗣立。

泰和七年正月，是時用兵伐宋，夏亦有故，獨高麗遣正旦使，詔不賜曲宴。及天壽節，夏、高麗使者皆在，有司奏：「大定初，宋未請和，夏、高麗使者賜曲宴，今請依大定故事。」詔從之。

至寧元年八月，王禩薨，〔七〕嗣子未行起復。九月，宣宗即位，邊吏奏：「高麗牒稱，嗣子未起復，不可以凶服迎吉詔，又不可以草土名銜署表。」禮官議：「人臣不以私恩廢公義，宜權用吉服迎詔，署表用權國事名銜。俟高麗告哀使至闕，然後遣使致祭、慰問及行封册。」制可。

明年，宣宗遷汴，遼東道路不通，興定三年，遼東行省奏高麗復有奉表朝貢之意，宰臣奏：「可令行省受其表章，其朝貢之禮俟他日徐議。」宣宗以爲然，乃遣使撫諭高麗，終以道

路不通，未遑迎迓，詔行省且羈縻勿絕其好，然自是不復通問矣。

贊曰：金人本出靺鞨之附于高麗者，始通好爲鄰國，既而爲君臣，貞祐以後道路不通，僅一再見而已。入聖朝猶子孫相傳自爲治，故不復備論，論其與金事相涉者焉。

校勘記

〔一〕命撒喝取之　「喝」原作「合」。按上下文皆作「撒喝」，今改成一律。

〔二〕益以胡剌古習顯等軍備之　「習」原作「石」。按下文有「曷懶甸孛堇胡剌古、習顯以聞」句，本書卷二太祖紀，亦云「天輔三年十一月詔胡剌古、習顯愼固營壘」。皆作「習顯」。今據改。

〔三〕鴨綠江堡戍頗被侵越焚毀　「鴨」上原衍「詔」字。道光四年殿本已删，今從之。

〔四〕遣徐彥等九十六人上表　「徐彥」下原衍「寧」字。按本書卷六一交聘表，大定十五年「九月，高麗西京留守趙位寵遣徐彥等進表，欲以慈悲嶺以西、鴨綠江以東內附，詔不許」。高麗史卷一九明宗世家、卷一〇〇趙位寵傳，記此事亦作「徐彥」。今據删「寧」字。下同。

〔五〕有司奏高麗下節押馬官順成例外將帶甲三過界　「甲」原作「申」。據殿本改

〔六〕承安二年晧表自陳衰病以國讓其弟晫晫權國事是歲晧廢晫嗣立　「二」原作「三」、「廢」原作

「薨」。按高麗史卷二一神宗世家，明宗二十七年九月「癸亥，崔忠獻廢明宗晧，迎王晫卽位于大觀殿」。幷遣使如金獻晧表曰「染于病痾」，「於九月二十三日以弟晫權守軍國事務」。是年，當金承安二年，非三年。又該書卷二〇明宗世家敍王晧死於神宗五年，卽金泰和二年，是此年被廢而未「薨」。今據改。

〔七〕至寧元年八月王祺薨　「祺」原作「祺」，按高麗史卷二一熙宗世家，七年金大安三年十二月「癸卯，忠獻廢王祺遷于江華縣，奉漢南公貞立之」。又康宗世家，「封漢南公，改名貞，十二月癸卯，忠獻廢熙宗，奉王于私第，卽位於康安殿，改名祦」。又二年金至寧元年八月丁丑，「王薨」。今據改。

金國語解

今文尙書辭多奇澀，蓋亦當世之方言也。金史所載本國之語，得諸重譯，而可解者何可闕焉。若其臣僚之小字，或以賤，或以疾，猶有古人尙質之風，不可文也。國姓爲某，漢姓爲某，後魏孝文以來已有之矣。存諸篇終，以備考索。

官稱

都勃極烈，總治官名，猶漢云冢宰。

諳版勃極烈，官之尊且貴者。

國論勃極烈，尊禮優崇得自由者。

胡魯勃極烈，統領官之稱。

移賚勃極烈，位第三曰「移賚」。

阿買勃極烈，治城邑者。

乙室勃極烈，迎迓之官。

札失哈勃極烈，守官署之稱。

昃勃極烈，陰陽之官。

迭勃極烈，倅貳之職。

猛安，千夫長。　謀克，百夫長也。

諸乣「詳穩」，邊戍之官。

諸「移里菫」，部落墟砦之首領。

詳穩、移里菫，本遼語，金人因之而稍異同焉。

禿里，掌部落詞訟，察非違者。

烏魯古，牧圉之官。

斡里朶，官府治事之所。

人事

孛論出，胚胎之名。

阿胡迭，長子。　骨赧，季也。　蒲陽溫，曰幼子。

益都，次第之通稱。　第九曰「烏也」。　十六曰「女魯歡」。

按答海，客之通稱。

山只昆，舍人也。

散亦孛，奇男子。

撒答，老人之稱也。

什古乃，瘠人。

撒合輦，黧黑之名。

保活里，侏儒。

阿里孫，貌不揚也。

阿徒罕，採薪之子。

答不也，耘田者。

阿土古，善採捕者。　阿里喜，圍獵也。

拔里速，角觝戲者。

阿离合懣，臂鷹鶻者。

胡魯剌，戶長。　阿合，人奴也。

兀朮，曰頭。　粘罕，心也。　畏可，牙，又曰吾亦可。

盤里合，將指。

三合，人之罵也。

牙吾塔，瘍瘡。

蒲剌都，目赤而盲也。

石哥里，溲疾。

讒都諢，癡騃之謂。

謀良虎，無賴之名。〔二〕皆不美之稱也。

與人同受福曰「忽都」。　以力助人曰「阿息保」。

辭不失，酒醒也。

奴申，和睦之義。

訛出虎，寬容之名也。

賽里，安樂。

迪古乃，來也。

撒八，迅速之義。

烏古出，方言曰再休，猶言再不復也。

凡事之先者曰「石倫」。　以物與人已然曰「阿里白」。

吾里補，畜積之名。

習失，猶人云常川也。

凡市物已得曰「兀帶」，取以名子者，猶言貨取如物然也。

物象

兀典，明星。

阿鄰，山。　太神，高也。　山之上銳者曰「哈丹」。　坡陀曰「阿懶」。　大而峻曰「斜魯」。

忒鄰，海也。　沙忽帶，舟也。

生鐵曰「斡論」。　釜曰「闍母」。　刃曰「斜烈」。

婆盧火者槌也。

金曰「按春」。

銀朮可，珠也。

布囊曰「蒲盧渾」。　盆曰「阿里虎」。　罐曰「活女」。

烏烈，草廩也。

沙剌，衣襟也。

活臘胡，色之赤者也。

胡剌，竈突。

物類

桓端，松。　阿虎里，松子。　孰輦，蓮也。

活离罕，羔。　合喜，犬子。　訛古乃，犬之有文者。

斜哥，貂鼠。

蒲阿，山雞。　窩謀罕，鳥卵也。

姓氏

完顏，漢姓曰王。　烏古論曰商。　紇石烈曰高。〔三〕　徒單曰杜。　女奚烈曰郎。　兀顏曰朱。　蒲察曰李。　顏盞曰張。　溫迪罕曰溫。　石抹曰蕭。　奧屯曰曹。　孛朮魯曰魯。　移剌曰劉。　斡勒曰石。　納剌曰康。　夾谷曰仝。　裴滿曰麻。　尼忙古曰魚。〔四〕　斡准曰趙。　阿典曰雷。　阿里侃曰何。　溫敦曰空。　吾魯曰惠。　抹顏曰孟。都烈曰強。散答曰駱。呵不哈曰田。烏林荅曰蔡。僕散曰林。术虎曰董。古里甲曰汪。

其後氏族或因人變易，難以徧舉，姑載其可知者云。

金國語解終。

校勘記

〔一〕阿里孫貌不揚也　按金人多以「阿里不孫」爲名者，如本書卷一二章宗紀，泰和六年有紇石烈執中之經歷阿里不孫，卷一四宣宗紀，貞祐四年有右副元帥蒲察阿里不孫，卷一五宣宗紀，興定二年有遼東便宜阿里不孫等。疑「阿里孫」當作「阿里不孫」。

〔二〕無賴之名　「無」原作「尢」。據殿本改。

〔三〕紇石烈曰高　「紇」原作「乞」。據殿本改。

〔四〕尼忙古曰魚　按傳作「尼厖古」，如本書卷八六尼厖古鈔兀、卷九五尼厖古鑑、卷一二二尼厖古蒲路虎。

附錄

進金史表

開府儀同三司、上柱國、錄軍國重事、中書右丞相、監修國史、領經筵事、提調太醫院廣惠司事臣阿魯圖言：

竊惟漢高帝入關，任蕭何而收秦籍；唐太宗卽祚，命魏徵以作隋書。蓋曆數歸眞主之朝，而簡編載前代之事，國可滅史不可滅，善吾師惡亦吾師。矧夫典故之源流，章程之沿革，不披往牒，曷蓄前聞。

維此金源，起於海裔，以滿萬之衆，橫行天下；不十年之久，專制域中。其用兵也如縱燎而乘風，其得國也若置郵而傳令。及熠興於禮樂，乃煥有乎聲明。嘗循初而汔終，因考功而論德。非武元之英略，不足以開九帝之業；非大定之仁政，不足以固百年之基。天會有吞四海之勢，而未有壹四海之規；明昌能成一代之制，而亦能壞一代之法。海陵無道，自取覆敗；宣宗輕動，曷濟中興。迨夫浚郊多壘之秋，汝水飛煙之日，天人屬望，久有在矣；君臣守義，蓋足取焉。

我太祖法天啓運聖武皇帝，以有名之師，而釋奕世之憾；以無敵之仁，而收兆民之心。勁卒擣居庸關，北拊其背，大軍出紫荆口，南搤其吭。指顧可成於隽功，操縱莫窺於廟算，懲彼取遼之暴，容其涉河以遷。太宗英文皇帝席卷雲、朔，而徇地幷、營，囊括趙、代，而傳檄齊、魯，滅夏國以蹴秦、鞏，通宋人以偪河、淮。睿宗仁聖景襄皇帝冒萬險，出饒風，長驅平陸；戰三峯，乘大雪，遂定中原。太陽出而爝火熸，正音作而衆樂廢。爰及世祖聖德神功文武皇帝，恢弘至化，勞來遺黎。燕地定都，撤武靈之舊址；遼陽建省，撫肅愼之故墟。于時張柔歸金史於其先，王鶚輯金事於其後。是以纂修之命，見諸敷遺之謀，延祐申舉而未遑，天曆推行而弗竟。

臣阿魯圖誠惶誠懼，頓首頓首，欽惟皇帝陛下緝熙聖學，紹述先猷，當邦家閒暇之時，治經史討論之務。念彼泰和以來之事蹟，涉我聖代初興之歲年。太祖受帝號於丙寅，先五載而朱鳳應；世皇毓聖質於乙亥，蚤一歲而黃河清。若此貞符，昭然成命。第以變故多而舊史闕，耆艾沒而新說訛，弗折衷於大朝，恐失眞於他日。於是聖心獨斷，盛事力行，申命臣阿魯圖以中書右丞相、臣別兒怯不花以中書左丞相領三史事，臣脫脫以前中書右丞相仍都總裁，臣御史大夫帖睦爾達世、臣中書平章政事賀惟一、臣翰林學士承旨張起巖、臣翰林學士歐陽玄、臣治書侍御史李好文、臣禮部尚書王沂、臣崇文太監楊宗瑞爲總裁官，臣江西湖東道肅政廉訪使沙剌班、臣江西湖東道肅政廉訪副使王理、臣翰林待制伯顏、臣國子博士費著、臣祕書監著作郎趙時敏、臣太常博士商企翁爲史官，集衆技以責成書，佇奏篇以覽近監。臣阿魯圖仰承隆委，俯竭微勞。紬石室之文，誠乏司馬遷之作；獻金鏡之錄，願攄張相國之忠。謹撰述本紀十九卷、志三十九卷、表四卷、列傳七十三卷、目錄二卷，裝潢成一百三十七帙，隨表以聞，上塵天覽，無任慚愧戰汗屏營之至。

臣阿魯圖誠惶誠懼，頓首頓首謹言。

至正四年十一月　日開府儀同三司、上柱國、錄軍國重事、中書右丞相、監修國史、領經筵事、提調太醫院廣惠司事臣阿魯圖上表

修史官員

領三史事

開府儀同三司、上柱國、錄軍國重事、中書右丞相、監修國史、領經筵事臣阿魯圖

開府儀同三司、上柱國、錄軍國重事、中書左丞相、領經筵事臣別兒怯不花

都總裁

開府儀同三司、上柱國、錄軍國重事、前中書右丞相、監修國史、領經筵事臣脫脫

總裁官

銀青榮祿大夫、御史大夫、知經筵事臣帖睦爾達世

光祿大夫、中書平章政事、知經筵事臣賀惟一

翰林學士承旨、榮祿大夫、知制誥、兼修國史臣張起巖

翰林學士、資善大夫、知制誥、同修國史臣歐陽玄

翰林侍講學士、中奉大夫、知制誥、同修國史、同知經筵事臣揭傒斯

嘉議大夫、治書侍御史臣李好文

正議大夫、崇文太監、檢校書籍事臣楊宗瑞

中大夫、禮部尚書臣王沂

纂修官

江西湖東道肅政廉訪使臣沙剌班

江西湖東道肅政廉訪副使臣王理

翰林待制、奉議大夫、兼國史院編修官臣伯顏

奉訓大夫、監察御史臣趙時敏

奉訓大夫、國子博士臣費著

承務郎、太常博士臣商企翁

提調官

榮祿大夫、中書平章政事、知經筵事臣伯顏

榮祿大夫、中書右丞、知經筵事臣達世帖睦爾

資德大夫、中書左丞臣董守簡

中奉大夫、參議中書省事臣鎖南班

嘉議大夫、參議中書省事臣孿子

亞中大夫、參議中書省事臣丁元

奉議大夫、右司郎中臣老老

承德郎、右司郎中臣陳思謙

中順大夫、左司郎中臣孿子

亞中大夫、左司郎中臣何執禮

奉訓大夫、左司員外郎臣倉赤

奉訓大夫、左司都事臣趙公諒

朝請大夫、吏部尚書臣拜住

通議大夫、兵部尚書臣李獻

正議大夫、戶部尚書臣秦從龍

正議大夫、工部尚書臣路希賢

朝散大夫、禮部侍郎臣靳義

亞中大夫、刑部郎中臣顧恕

通議大夫、僉太常禮儀院事臣杜秉彝

文林郎、翰林國史院都事臣趙中

金史公文

皇帝聖旨裏。江浙等處行中書省至正五年六月二十六日准中書省咨：「至正五年四月十三日，篤怜帖木兒怯薛第二日，沙嶺納鉢斡脫裏有時分，速古兒赤雅普化、云都赤撒迪里迷失、殿中撒馬、給事中也先不先等有來，阿魯禿右丞相、帖木兒塔失大夫、太平院使、伯顏平章、達世帖木兒右丞等奏：『去歲教纂修遼、金、宋三代史書，即目遼、金史書纂修了有，如今將這史書令江浙、江西二省開板，就彼有的學校錢內就用，疾早教各印造一百部來呵。』怎生奏呵，奉聖旨那般者。欽此。」咨請欽依施行，仍令行省委自文資正官、首領官各一員，欽依提調，疾早印造完備起解。」准此，本省咨委參知政事秦中奉、左右司都事徐欒承德，欽依提調，及下江浙儒司委自提舉班惟志奉政校正字畫，杭州路委文資正官、首領官提調鋟梓印造裝褙。

至正五年九月　日

都事

承務郎、江浙等處行中書省左右司都事臣馬黑麻
承德郎、江浙等處行中書省左右司都事臣徐欒
奉政大夫、江浙等處行中書省左右司員外郎臣鄭璠
奉訓大夫、江浙等處行中書省左右司員外郎臣赫德尒
奉直大夫、江浙等處行中書省左右司郎中臣崔敬
朝列大夫、江浙等處行中書省左右司郎中臣烏剌沙
中奉大夫、江浙等處行中書省參知政事臣秦從德
資德大夫、江浙等處行中書省參知政事臣沙班
資善大夫、江浙等處行中書省左丞臣李家奴
資政大夫、江浙等處行中書省右丞臣忽都不花
平章政事
榮祿大夫、江浙等處行中書省平章政事臣卜只兒
金紫光祿大夫、江浙等處行中書省左丞相、領行宣政院事、提調江浙財賦、都總管府事
臣朶兒只

* 原無標題，今據底本此頁書口補。